HANS PETER IPSEN

EUROPÄISCHES GEMEINSCHAFTSRECHT

EUROPÄISCHES GEMEINSCHAFTSRECHT

von

HANS PETER IPSEN

1972

J. C. B. MOHR (PAUL SIEBECK) TÜBINGEN

J. C. B. Mohr (Paul Siebeck) Tübingen 1972

Printed in Germany
Satz und Druck: Gulde-Druck, Tübingen
Einband: Heinrich Koch, Großbuchbinderei, Tübingen

ISBN 3 16 633182 4

Für

JOHANNA MARIA LOUVET

10. 8. 1929

INHALTSÜBERSICHT

ERSTER TEIL: EINLEITUNG

ZWEITER TEIL: VERFASSUNGSGRUNDLAGEN UND RECHTSQUELLEN

DRITTER TEIL: DIE GEMEINSCHAFTEN UND IHRE MITGLIEDER

VIERTER TEIL: ORGANISATION UND ORGANE

FÜNFTER TEIL: HANDLUNGSERMÄCHTIGUNGEN UND RECHTSHANDLUNGEN

SECHSTER TEIL: RECHTSORDNUNG DES GEMEINSAMEN MARKTES

SIEBTER TEIL: RECHTSSTELLUNG DES MARKTBÜRGERS

ACHTER TEIL: RECHTSGRUNDLAGEN GEMEINSCHAFTLICHER WIRTSCHAFTS- UND SOZIALPOLITIK

NEUNTER TEIL: PERSPEKTIVEN

INHALTSVERZEICHNIS

Die jeweils in Klammern stehenden, kursiv gedruckten Ziffern hinter den Zwischenüberschriften geben die laufenden *Randnummern* wieder.

ANLAGE UND TECHNIK

Hierzu, zu den Literatur- und Quellennachweisen sowie zur Verweisungstechnik des Buches vgl. § 1 unter V (S. 42).

VIERTER TEIL: ORGANISATION UND ORGANE

FÜNFTER TEIL: HANDLUNGSERMÄCHTIGUNGEN UND RECHTSHANDLUNGEN

SECHSTER TEIL: RECHTSORDNUNG DES GEMEINSAMEN MARKTES

SIEBTER TEIL: RECHTSSTELLUNG DES MARKTBÜRGERS

ACHTER TEIL: RECHTSGRUNDLAGEN GEMEINSCHAFTLICHER WIRTSCHAFTS- UND SOZIALPOLITIK

NEUNTER TEIL: PERSPEKTIVEN

ABKÜRZUNGSVERZEICHNIS

Abg.	Abgeordnete(r)
Abk.	Abkommen
ABl.	Amtsblatt der Europäischen Gemeinschaften
ABl. EGKS	Amtsblatt der Europäischen Gemeinschaft für Kohle und Stahl (bis 1958)
Abschn.	Abschnitt
AcP	Archiv für die civilistische Praxis
Actes off.	Actes officiels du Congrès international d'études sur la Communauté Européenne du Charbon et de l'Acier, Mailand-Stresa 31. 5. bis 9. 6. 1957, 7 Bände (1957—1959)
ActJur	L'Actualité juridique de droit administratif
ADSP	Annales de droit et de science politique
Änd.	Änderung
ÄndG	Änderungsgesetz
AmJournCompL	The American Journal of Comparative Law
AmJournIntL	The American Journal of International Law
Anfr.	Anfrage
AnnDrScPol	Annales de droit et de science politique
AnnEur	Annuaire Européen
AnnFacDrLiège	Annales de la Faculté de Droit de Liège
AnnFrDrInt	Annuaire français de droit international
Antw.	Antwort
AöR	Archiv des öffentlichen Rechts
ArchPhilDr	Archives de philosophie du droit
ArchVR	Archiv des Völkerrechts
AtomG	Gesetz über die friedliche Verwendung der Kernenergie und den Schutz gegen ihre Gefahren (Atomgesetz) vom 23. 12. 1959
AußPol	Außenpolitik
AWD	Außenwirtschaftsdienst des Betriebs-Beraters
AWG	Außenwirtschaftsgesetz vom 28. 4. 1961
BAnz.	Bundesanzeiger
BArbBl.	Bundesarbeitsblatt
BayVBl.	Bayerische Verwaltungsblätter
BB	Der Betriebs-Berater
Beil.	Beilage
BeitrA	Akte über die Beitrittsbedingungen und die Anpassungen der Verträge (dem BeitrV und -Beschluß des Rates beigefügt)
BeitrV	Vertrag über den Beitritt des Königreichs Dänemark, Irlands, des Königreichs Norwegen und des Vereinigten Königreichs Großbritannien und Nordirland zur EWG und zur EAG

	vom 22. Januar 1972 (für den Beitritt zur EGKS: Beschluß des Rates vom gleichen Tage)
Bek.	Bekanntmachung
BerDtGesVöR	Berichte der Deutschen Gesellschaft für Völkerrecht
Betrieb	Der Betrieb
BFH	Bundesfinanzhof
BGB	Bürgerliches Gesetzbuch
BGBl.	Bundesgesetzblatt
BGHSt	Entscheidungen des Bundesgerichtshofs in Strafsachen (Amtliche Sammlung)
BGHZ	Entscheidungen des Bundesgerichtshofs in Zivilsachen (Amtliche Sammlung)
BRats-Drucks.	Bundesratsdrucksache
BRD	Bundesrepublik Deutschland
BStBl.	Bundessteuerblatt
BT-Drucks.	Bundestagsdrucksache
BullAssJurEur	Bulletin de l'Association des Juristes Européens
BullEG	Bulletin der Europäischen Gemeinschaften
BullEGKS	Bulletin der Europäischen Gemeinschaft für Kohle und Stahl (bis 1967)
BullEWG	Bulletin der Europäischen Wirtschaftsgemeinschaft (bis 1967)
BVerfGE	Entscheidungen des Bundesverfassungsgerichts (Amtliche Sammlung)
BVerwGE	Entscheidungen des Bundesverwaltungsgerichts (Amtliche Sammlung)
CahDrEur	Cahiers de droit européen
CalLRev	California Law Review
Clunet	Journal du droit international
CMLR	Common Market Law Review
ColJournTransnL	The Columbia Journal of Transnational Law
ColLRev	Columbia Law Review
COMECON	Council of Mutual Economic Assistance, Rat für Gegenseitige Wirtschaftshilfe (Abkommen vom 25. 1. 1949)
DirInt	Diritto internazionale
DirScambiInt	Il Diritto negli scambi internazionali
DJT	Deutscher Juristentag
DÖV	Die Öffentliche Verwaltung
Dok.	Dokument
DrCommEur	Droit des Communautés européennes, Hg. *Ganshof van der Meersch* (1969)
DretAff	Le droit et les affaires
DrEur	Le Droit européen
DrSoc	Droit social
DVBl.	Deutsches Verwaltungsblatt
EA	Europa-Archiv; EA ... D: Dokumente; EA ... Z: Zeittafel
EAG	Europäische Atomgemeinschaft
EAGV	Vertrag zur Gründung der Europäischen Atomgemeinschaft vom 25. 3. 1957
EFG	Entscheidungen der Finanzgerichte

EFTA	European Free Trade Association, Europäische Freihandelsassoziation (Übereinkommen vom 4. 1. 1960)
EGKS	Europäische Gemeinschaft für Kohle und Stahl
EGKSV	Vertrag zur Gründung der Europäischen Gemeinschaft für Kohle und Stahl vom 18. 4. 1951
Einl.	Einleitung
EuGH	Gerichtshof der Europäischen Gemeinschaften
EuR	Europarecht
Euratom	Europäische Atomgemeinschaft
EurGem	europäische gemeinschaft
EurParl	Europäisches Parlament
EurTranspL	European Transport Law
EVG	Europäische Verteidigungsgemeinschaft
EvStLex	Evangelisches Staatslexikon (1966)
EWA	Europäisches Währungsabkommen vom 5. 8. 1955
EWG	Europäische Wirtschaftsgemeinschaft
EWGV	Vertrag zur Gründung der Europäischen Wirtschaftsgemeinschaft vom 25. 3. 1957
EZU	Europäische Zahlungsunion (Abkommen vom 19. 9. 1950)
FAZ	Frankfurter Allgemeine Zeitung
FG	Finanzgericht
FIDE	Fédération Internationale pour le Droit Européen
FinArch	Finanzarchiv
ForoIt	Il Foro Italiano
Fs	Festschrift (siehe das Verzeichnis Seite XXXIX)
FusV	Vertrag zur Einsetzung eines gemeinsamen Rates und einer gemeinsamen Kommission der Europäischen Gemeinschaften (Fusionsvertrag) vom 8. 4. 1965
GATT	General Agreement on Tariffs and Trade, Allgemeines Zoll- und Handelsabkommen (vom 30. 10. 1947)
Gesamtbericht	Gesamtbericht über die Tätigkeit der (Europäischen) Gemeinschaften, Hg. Kommission
GG	Grundgesetz für die Bundesrepublik Deutschland vom 23. 5. 1949
GH	Gerichtshof der Europäischen Gemeinschaften
GiustCiv	Giustizia civile
GO	Geschäftsordnung
GRUR	Gewerblicher Rechtsschutz und Urheberrecht
GWB	Gesetz gegen Wettbewerbsbeschränkungen
HaushV	Vertrag zur Änderung bestimmter Haushaltsvorschriften der Verträge zur Gründung der Europäischen Gemeinschaften und des Vertrages zur Einsetzung eines gemeinsamen Rates und einer gemeinsamen Kommission der Europäischen Gemeinschaften (Haushaltsvertrag) vom 22. 4. 1970
Hg.	Herausgeber
hgg.	herausgegeben
HPB	Das Historisch-Politische Buch
HWBSozWiss	Handwörterbuch der Sozialwissenschaften, 13 Bände (1956—1968)

ICLQ	The International and Comparative Law Quarterly
IGH	Internationaler Gerichtshof
insbes.	insbesondere
IntCompLQ	The International and Comparative Law Quarterly
IWF	Internationaler Währungsfonds (Abkommen vom 9./22. 7. 1944)
JbIntR	Jahrbuch für Internationales Recht
JbÖR N. F.	Jahrbuch des öffentlichen Rechts der Gegenwart, Neue Folge
JbPolitik	Jahrbuch der Politik
JCMSt	Journal of Common Market Studies
JournCMSt	Journal of Common Market Studies
JournDrInt	Journal du droit international
JournOff.	Journal Officiel de la République Française
JR	Juristische Rundschau
JTrib	Journal des Tribunaux
JuS	Juristische Schulung
JZ	Juristenzeitung
Kaiser, Planung	siehe: Planung
KOM	Kommission (so zitiert bei ihren Dokumenten)
Komm.	Kommentar
KSE	Kölner Schriften zum Europarecht
LG	Landgericht
MBl. BFinMin	Ministerialblatt des Bundesministers der Finanzen
MDR	Monatsschrift für Deutsches Recht
m. Nachw.	mit Nachweisen
MRK	(Europäische) Konvention zum Schutze der Menschenrechte und Grundfreiheiten vom 4 11. 1950
Nachw.	Nachweise
NATO	North Atlantic Treaty Organization, Nordatlantikpakt (Vertrag vom 4. 4. 1949)
NedJBl	Nederlands Juristenblad
NedTijdschrIntR	Nederlands Tijdschrift voor Internationaal Recht
NJW	Neue Juristische Wochenschrift
NordTidsskrIntR	Nordisk Tidsskrift for International Ret
OECD	Organization for Economic Cooperation and Development, Organisation für Wirtschaftliche Zusammenarbeit und Entwicklung (Übereinkommen vom 14. 12. 1960)
OEEC	Organization for European Economic Cooperation, Organisation für Europäische Wirtschaftliche Zusammenarbeit (Abkommen vom 16. 4. 1948)
ÖstZöffR	Österreichische Zeitschrift für öffentliches Recht
OLG	Oberlandesgericht
OVG	Oberverwaltungsgericht
Planung	Planung I ff., Abhandlungsreihe hgg. v. *Joseph H. Kaiser* (1965 ff.)
PolEtr	Politique étrangère

PolVJSchr	Politische Vierteljahresschrift
RabelsZ	Rabels Zeitschrift für ausländisches und internationales Privatrecht
RdLdw	Recht der Landwirtschaft
RE	Rechnungseinheit
RecCours	Recueil des Cours de l'Académie de Droit International de La Haye
RecDalloz	Recueil Dalloz Sirey
RevBelgeDrInt	Revue belge de droit international
RevCritDrIntPr	Revue critique de droit international privé
RevCritJurBelge	Revue critique de jurisprudence belge
RevDrInt	Revue de droit international, de sciences diplomatiques et politiques
RevDrIntDrComp	Revue de droit international et de droit comparé
RevDrPubl	Revue du droit public et de la science politique en France et à l'étranger
RevFrançScPol	Revue française de science politique
RevGénDrIntPubl	Revue générale de droit international public
RevIntDrComp	Revue internationale de droit comparé
RevIntHistPolConst	Revue internationale de l'histoire politique et constitutionnelle
RevIntScAdm	Revue internationale des sciences administratives
RevJurPol	Revue juridique et politique
RevMC	Revue du Marché Commun
RevTrimDrEur	Revue trimestrielle de droit européen
RevUnivBruxelles	Revue de l'Université de Bruxelles
RivDirEur	Rivista di diritto europeo
RivDirInt	Rivista di diritto internazionale
RivDirIntCompLav	Rivista di diritto internazionale comparato del lavoro
RivPolEc	Rivista di politica economica
RivStudEur	Rivista di Studi europei
RivStudPolInt	Rivista di studi politici internazionali
Rs	Rechtssache
Rspr.	Sammlung der Rechtsprechung des Gerichtshofes der Europäischen Gemeinschaften
RW	Rechtskundig weekblad
SchweizJZ	Schweizerische Juristenzeitung
SEW	Sociaal-economische wetgeving
Sonderbeil.	Sonderbeilage
Staat	Der Staat. Zeitschrift für Staatslehre, öffentliches Recht und Verfassungsgeschichte
StabGes.	Gesetz zur Förderung der Stabilität und des Wachstums der Wirtschaft (Stabilitätsgesetz) vom 8. 6. 1967
StIGH	Ständiger Internationaler Gerichtshof
Strupp-Schlochauer, Wörterbuch	Wörterbuch des Völkerrechts, 3 Bände (1960—1962)
TexasLawRev	Texas Law Review

UA	Unterabsatz
ÜA	Abkommen über die Übergangsbestimmungen der Europäischen Gemeinschaft für Kohle und Stahl (Übergangsabkommen) vom 18. April 1951
UN	United Nations, Vereinte Nationen
UNCTAD	United Nations Conference for Trade and Development, Konferenz der Vereinten Nationen für Handel und Entwicklung
UNESCO	United Nations Educational, Scientific and Cultural Organization, Organisation der Vereinten Nationen für Erziehung, Wissenschaft und Kultur
UNO	United Nations Organization, Organisation der Vereinten Nationen
UNYB	United Nations Yearbook
UWG	Gesetz gegen Wettbewerbsbeschränkungen vom 27. 7. 1957
VerfO	Verfahrensordnung
Verh.	Verhandlungen
VerwRspr.	Verwaltungsrechtsprechung in Deutschland
VG	Verwaltungsgericht
VGH	Verwaltungsgerichtshof
Vorbem.	Vorbemerkung
VVDStRL	Veröffentlichungen der Vereinigung der Deutschen Staatsrechtslehrer
VWD Europa	Nachrichten aus den Europäischen Gemeinschaften, Hg. VWD-Vereinigte Wirtschaftsdienste GmbH, Frankfurt/M.
VwGO	Verwaltungsgerichtsordnung vom 21. 1. 1960
WEU	Westeuropäische Union (Vertrag über wirtschaftliche, soziale und kulturelle Zusammenarbeit und über kollektive Selbstverteidigung — sog. Brüsseler Vertrag — vom 17. 3. 1948)
WRP	Wettbewerb in Recht und Praxis
WRV	Verfassung des Deutschen Reiches v. 11. 8. 1919 (Weimarer Reichsverfassung)
WuW	Wirtschaft und Wettbewerb
YaleLJourn	Yale Law Journal
ZaöRVR	Zeitschrift für ausländisches öffentliches Recht und Völkerrecht
ZBR	Zeitschrift für Beamtenrecht
ZfRV	Zeitschrift für Rechtsvergleichung
ZfZ	Zeitschrift für Zölle und Verbrauchsteuern
ZGesStW	Zeitschrift für die gesamte Staatswissenschaft
ZHR	Zeitschrift für das gesamte Handelsrecht und Wirtschaftsrecht
ZParl	Zeitschrift für Parlamentsfragen
ZPO	Zivilprozeßordnung
ZPol	Zeitschrift für Politik
ZRP	Zeitschrift für Rechtspolitik
ZSchweizR	Zeitschrift für schweizerisches Recht
ZVerkWiss	Zeitschrift für Verkehrswissenschaft

VERZEICHNIS DER STÄNDIG UND ABGEKÜRZT ZITIERTEN WERKE

Actes off.	Actes officiels du Congrès international d'études sur la Communauté Européenne du Charbon et de l'Acier, Mailand-Stresa, 31. 5.—9. 6. 1957, 7 Bände (1957—1959)
Cartou Organisations Européennes	*Cartou,* Organisations Européennes, 2. Aufl. (1967)
Cartou Europäische Organisationen	*Cartou,* Europäische Organisationen (Übersetzung aus dem Französischen — 1967)
Catalano Manuel	*Catalano,* Manuel de droit des Communautés européennes, 2. Aufl. (1964)
DrCommEur	Les Novelles. Droit des Communautés européennes. Hg. *Ganshof van der Meersch* (1969)
Ehle Komm.	*Ehle,* Klage- und Prozeßrecht des EWG-Vertrages mit Entscheidungssammlung, Loseblattkommentar (1966 ff.)
Einführung	Einführung in die Rechtsfragen der europäischen Integration. Hg. Gustav-Stresemann-Institut (1969; inzwischen 2. Aufl., 1972)
v. d. Groeben u. a. Komm.	*von der Groeben—von Boeckh,* Kommentar zum EWG-Vertrag in zwei Bänden (1958, 1960)
Hallstein Bundesstaat	*Hallstein,* Der unvollendete Bundesstaat. Europäische Erfahrungen und Erkenntnisse (1969)
Ipsen Bensheim-Referat	*Ipsen,* Das Verhältnis des Rechts der europäischen Gemeinschaften zum nationalen Recht Referat anläßlich des 1. Kolloquiums der Wissenschaftlichen Gesellschaft für Europarecht in Bensheim-Auerbach am 10./11. 7. 1964, in: Aktuelle Fragen des europäischen Gemeinschaftsrechts, Heft 29 der Abhandlungen aus dem Gesamten Bürgerlichen Recht, Handelsrecht und Wirtschaftsrecht (1965)
Ipsen Fusionsverfassung	*Ipsen,* Fusionsverfassung Europäische Gemeinschaften (1969)
Ipsen Verfassungsperspektiven	*Ipsen,* Verfassungsperspektiven der Europäischen Gemeinschaften. Vortrag, gehalten vor der Berliner Juristischen Gesellschaft am 17. April 1970 (1970)
La décision	La décision dans les Communautés européennes. Colloque de l'Association pour le développement de la science politique européenne, organisé par l'Institut d'Etudes politiques de Lyon (1969)

Maunz u. a. Komm.	*Maunz-Dürig-Herzog:* Grundgesetz. Loseblatt-Kommentar (1958 ff.)
Mégret u. a. Komm.	*Mégret-Louis-Vignes-Waelbroeck,* Le droit de la Communauté Economique Européenne. Commentaire du Traité et des textes pris pour son application (1970 ff.)
Quadri u. a. Komm.	*Quadri-Monaco-Trabucchi,* Trattato istitutivo della Comunità Economica Europea (4 Bde., 1965)
Reuter CECA	*Reuter,* La Communauté Européenne du Charbon et de l'Acier (1953)
Reuter Organisations Européennes	*Reuter,* Organisations Européennes, 2. Aufl. (1970)
Sattler Entwicklung	*Sattler,* Die Entwicklung der Europäischen Gemeinschaften von ihrer Gründung bis zum Ende der EWG- Übergangszeit, JböR NF 19 (1970) 1—128
Sattler Funktionelle Integration	*Sattler,* Das Prinzip der „funktionellen Integration" und die Einigung Europas. Die Übertragung von Hoheitsrechten und ihre Konsequenzen, untersucht am Beispiel der Europäischen Gemeinschaften (1967)
Seidl-Hohenveldern Internationale Organisationen	*Seidl-Hohenveldern,* Das Recht der Internationalen Organisationen einschließlich der Supranationalen Gemeinschaften (1967); inzwischen 2. Aufl. (1971) mit Zusatzband: Lernprogramm Internationale Organisationen und Europäische Gemeinschaften
Steindorff Rechtsschutz	*Steindorff,* Rechtsschutz und Verfahren im Recht der europäischen Gemeinschaften — ausgewählte Probleme (1964)
Wagner Beschlußrecht	*Wagner,* Grundbegriffe des Beschlußrechts der Europäischen Gemeinschaften, KSE 5 (1965)
Wohlfarth u. a. Komm.	*Wohlfarth-Everling-Glaesner-Sprung,* Die Europäische Wirtschaftsgemeinschaft. Kommentar zum Vertrag (1960)
Zuleeg Recht	*Zuleeg,* Das Recht der Europäischen Gemeinschaften im innerstaatlichen Bereich, KSE 9 (1969)

VERZEICHNIS DER ZITIERTEN FESTSCHRIFTEN

Fs Bilfinger	Völkerrechtliche und Staatsrechtliche Abhandlungen Festgabe für Carl Bilfinger zum 75. Geburtstag (1954)
Fs Böhm	Wirtschaftsordnung und Rechtsordnung Festschrift zum 70. Geburtstag von Franz Böhm (1965)
Fs Dölle	Vom Deutschen zum Europäischen Recht Festschrift für Hans Dölle (1963)
Fs Eschenburg	Demokratisches System und politische Praxis der Bundesrepublik Festschrift für Theodor Eschenburg (1971)
Fs Ficker	Festschrift für Hans G. Ficker zum 70. Geburtstag (1967)
Fs Forsthoff	Säkularisation und Utopie Ernst Forsthoff zum 65. Geburtstag (1967)
Fs Guggenheim	Recueil d'études de droit international en hommage à Paul Guggenheim (1968)
Fs Hallstein	Probleme des Europäischen Rechts Festschrift für Walter Hallstein zu seinem 65. Geburtstag (1966)
Fs Heymanns Verlag	Recht im Wandel. Beiträge zu Strömungen und Fragen im heutigen Recht Festschrift hundertfünfzig Jahre Carl Heymanns Verlag KG (1965)
Fs Jahrreiß	Festschrift, Hermann Jahrreiß zu seinem siebzigsten Geburtstag gewidmet (1964)
Fs Jellinek	Forschungen und Berichte aus dem öffentlichen Recht Gedächtnisschrift für Walter Jellinek (1955)
Fs E. Kaufmann	Um Recht und Gerechtigkeit Festgabe für Erich Kaufmann zu seinem 70. Geburtstage (1950)
Fs Kraus	Mensch und Staat in Recht und Geschichte Festschrift für Herbert Kraus zur Vollendung seines 70. Lebensjahres (1954)
Fs Laun (1948)	Festschrift zu Ehren von Rudolf Laun zur Vollendung seines 65. Lebensjahres (1948)
Fs Laun (1953)	Gegenwartsprobleme des internationalen Rechtes und der Rechtsphilosophie Festschrift für Rudolf Laun zum 70. Geburtstag (1953)
Fs Makarov	Abhandlungen zum Völkerrecht Festgabe für Alexander N. Makarov (1958)
Fs Möhring	Festschrift für Philipp Möhring zum 65. Geburtstag (1965)
Fs Gebhard Müller	Festschrift für Gebhard Müller. Zum 70. Geburtstag des Präsidenten des Bundesverfassungsgerichts (1970)

Fs Müller-Armack	Wirtschaft, Gesellschaft und Kultur Festgabe für Alfred Müller-Armack (1961)
Fs Niehaus	Agrarpolitik in der EWG Festgabe für Heinrich Niehaus (1968)
Fs OLG Celle	Göttinger Festschrift für das Oberlandesgericht Celle zum 250jährigen Bestehen (1961)
Fs Ophüls	Zur Integration Europas Festschrift für Carl Friedrich Ophüls aus Anlaß seines siebzigsten Geburtstages (1965)
Fs Hans Peters	Gedächtnisschrift Hans Peters (1967)
Fs Riese	Festschrift für Otto Riese aus Anlaß seines siebzigsten Geburtstages (1964)
Fs Rolin	Problèmes de droit des gens Mélanges offerts à Henri Rolin (1964)
Fs Schack	Hamburger Festschrift für Friedrich Schack zu seinem 80. Geburtstag (1966)
Fs Schätzel	Internationalrechtliche und staatsrechtliche Abhandlungen Festschrift für Walter Schätzel zu seinem 70. Geburtstag (1960)
Fs C. Schmitt	Festschrift für Carl Schmitt zum 70. Geburtstag (1959)
Fs Schmölders	Geldtheorie und Geldpolitik Günter Schmölders zum 65. Geburtstag (1968)
Fs Smend	Rechtsprobleme in Staat und Kirche Festschrift für Rudolf Smend zum 70. Geburtstag (1952)
Fs Thoma	Festschrift, Richard Thoma zum 75. Geburtstag (1950)
Fs Verdross	Völkerrecht und rechtliches Weltbild Festschrift für Alfred Verdross (1960)
Fs Wehberg	Rechtsfragen der internationalen Organisation Festschrift für Hans Wehberg zu seinem 70. Geburtstag (1956)

Erster Teil

EINLEITUNG

§ 1 EUROPÄISCHES GEMEINSCHAFTSRECHT

1 Die Einleitung zu einem „Europäischen Gemeinschaftsrecht" sieht sich vor Fragen gestellt, die die Darstellung überlieferter Gebiete der Rechtswissenschaft nicht aufwirft. Das erklärt sich nicht nur aus der Neuartigkeit der Materie und der Tatsache, daß sie in deutscher Sprache und aus einer Feder bisher nicht systematisch behandelt worden ist. Fragwürdiges ergibt sich aus dem Gegenstande selbst, seiner Komplexität innerhalb der Rechtswissenschaft und seinen Bezügen zu Gegenständen anderer Disziplinen[1]. Vor allem aber muß der *Verfasser* einer solchen Darstellung *sich selbst* in Frage stellen: nicht nur wegen des Umfangs des Objekts und der Grenzen seiner Überschaubarkeit, sondern in seiner Legitimation zur Sache — müßte der rechte Autor doch zugleich nicht nur kompetent sein im Gesamtbereich des zivilen und des öffentlichen Rechts vom Schuldrecht über das Gesellschafts- und Wettbewerbsrecht bis hin zum Arbeitsrecht, von der Staatstheorie über Völkerrecht und Staatsrecht bis hin zum Subventionskapitel des Wirtschaftsverwaltungsrechts, und dies am besten mindestens in der Vertrautheit des zünftigen Rechtsvergleichers mit den Rechtsordnungen aller Mitgliedstaaten und ihrer Sprachen. Er sollte zudem die Wirtschaftswissenschaften und mindestens die empirischen Methoden der Politologie, besser auch ihre Theorien beherrschen, und wie nützlich, wenn nicht notwendig wäre nicht minder, ihn auch unter den Soziologen zu Hause zu wissen.

Es entsprach sicherlich zu Teilen dieser Einsicht, daß die im Jahre 1969 in Brüssel erschienene größte Gesamtdarstellung des „Droit des Communautés européennes", deren 1307 Oktavseiten mit 7 Pfunden Gewicht jeden, der sich in derselben Sache versucht, schon physisch „frustrieren" müssen, ein Werk von 70 Autoren ist — und damit eine rechte Septuaginta neuer Art.

Deshalb steht diese Einleitung zugleich für eine Erläuterung aller Unzulänglichkeiten, die diesem Versuch anzulasten sind, und für eine Offenlegung alles dessen, was die *Darstellung nicht* zu bieten vermag. *Damit wird auch erklärlich werden, warum das Buch weder als Einführung oder System noch als Lehrbuch, Grundriß, Handbuch oder wie sonst immer bezeichnet worden ist. Es ist keines von allem allein, und es ist von allem nur ein wenig.*

Ansonsten soll die Einleitung den Begriff, Bereich und Gegenstand des Europäischen Gemeinschaftsrechts beschreiben *(1/2—12)*. Sie soll diesem Ge-

[1] Dazu: *v. Simson,* Zur rechtlichen Gestalt der europäischen Integration (Besprechung von *Wagner,* Beschlußrecht), in: ZHR 130 (1967) 74.

genstand in seinen Abgrenzungen und Zuordnungen seinen Platz zuweisen zu anderen Disziplinen der Rechts- und Sozialwissenschaften *(1/13—18)*. Seine Stellung in Forschung und Lehre ist angesichts seiner Neuartigkeit zu bestimmen *(1/19—27)*. Ein ordnender Überblick über die Bibliographie und Dokumentation des Gebietes und die Entscheidungspraxis der Gerichte soll die Nachweisungen des Textes erläutern und vervollständigen *(1/28—41)*. Schließlich sind Hinweise auf Anlage und Technik der Darstellung vonnöten *(1/42—45)*.

I. Begriff, Bereich und Gegenstand

2 „Europäisches Gemeinschaftsrecht" — in den anderen Gemeinschaftssprachen als droit communautaire, droit des communautés européennes, diritto europeo, diritto comunitario, europees recht, recht van de europese gemeenschappen teils ebenso zweifach, teils nur einfach gekennzeichnet — richtet mit dieser Benennung eine Rechtsordnung zugleich räumlich *und* organisatorisch aus: an (einem engeren, zunächst auf sechs europäische Mitgliedstaaten beschränkten, dann erweiterten) Europa *und* an der organisatorischen Gestalt, die die Mitgliedstaaten ihrem Zusammenschluß in den drei Gemeinschaften gegeben haben. Die Bezeichnungen der Rechtsmaterie in den anderen Gemeinschaftssprachen verzichten teilweise auf den Raum- *oder* den Organisationsbezug, sind aber auch in dieser Verkürzung durchweg dem deutschen „Europäischen Gemeinschaftsrecht" gleichzusetzen. Der deutsche Terminus, ermöglicht durch die Kompositionsfähigkeit der flexibleren deutschen Sprache, hat den Vorzug größerer Präzision und Trennschärfe.

1. Begriff

3 a) Es ist üblich geworden, das gesamte, mit der Formierung west-, süd-, und nordeuropäischer Organisationen gegebene und verknüpfte Recht als *Europarecht* (seltener: europäisches Recht[2]) zu bezeichnen. Hierzu wird gerechnet insbesondere das Recht der NATO, der WEU, der OECD, des Europarates, der EFTA und der drei Gemeinschaften. Innerhalb dieses Rechtsbereichs wird „Europa" unterschiedlich begriffen nach der größeren oder kleineren Zahl der Organisationsmitglieder und einem durch ihre Staatsgebiete umgrenzten Teil von Europa, der sich jeweils nur negativ einheitlich abgrenzt vom kommunistischen Osteuropa.

Eine derart — überdies noch unterschiedlich — *geographisch* bestimmte Kennzeichnung vermag eine Rechtsmaterie im rechtserheblichen Sinne nicht zu klassifizieren. Insbesondere liefert solche Raum-Anknüpfung keinen An-

[2] So: *Wagner*, Beschlußrecht 87.

halt, der das Europarecht dem Völker- oder Staatsrecht zuzuordnen vermöchte[3]. Denn sie differenziert nach unterschiedlichen Vergleichsmerkmalen. Es ist deshalb auch abwegig, aus einem Begriff Europarecht rechtsrelevante Begriffsmerkmale für das ihm zugerechnete Europäische Gemeinschaftsrecht herleiten zu wollen. Überdies kann Europarecht in der Wendung „europäisches Recht" in verleitlicher, weil unzutreffender Weise in Parallele gesetzt werden zum droit public européen des 19. Jahrhunderts, worunter die verabsolutierende Objektivierung multilateralen Vertragsrechts gegenüber Nicht-Kontrahenten begriffen worden ist. Eine solche Inbezugnahme würde dem Gemeinschaftsrecht gänzlich widerstreiten.

4 b) Mit der Herauslösung des Europäischen Gemeinschaftsrechts aus der rechtlichen Unverbindlichkeit und Klassifikationslosigkeit des Europarechts gelingt für seinen Bereich eine *rechtserhebliche Qualifizierung:* der Begriff knüpft eindeutig an die *existenten Gemeinschaften als Organisationen* an, die ihrerseits durch ihre Mitglieder einheitlich raumbezogen einen Teil Europas zusammenfassen. Außerdem prägt der Begriff sein Recht, indem er es *Gemeinschafts*recht nennt, über die Anknüpfung an Organisationen hinaus, nämlich als *Recht des integrierenden Zusammenschlusses.* Zwar wird damit dem Gemeinschaftsbegriff präjudiziert. Das erscheint heute indes schon gerechtfertigt. Als solcher aber ist er *nicht raum*gebunden, sondern als *allgemeiner* Rechtsbegriff verwendbar. Wo immer sich Staaten *nach Art der drei Gemeinschaften* integrieren, würde ihr Recht den Namen Gemeinschaftsrecht vertragen. Das erlaubt die Verwendung des Begriffs Europäisches Gemeinschaftsrecht als Recht der drei existenten Gemeinschaften mit dem Anspruch auch rechtskategorialer Ergiebigkeit.

Dieser Begriff findet insbesondere in der deutschen Rechtssprache der Wissenschaft und der Praxis zunehmend Verwendung. Die anderen Gemeinschaftssprachen, die in entsprechender Wortbildung behindert sind, begnügen sich mit weithin *einteiliger* Anknüpfung — an Europa *oder* an Gemeinschaft. Deshalb bleibt bei Europa-Anknüpfung jeweils zu prüfen, ob *Gemeinschaftsrecht als solches oder Europarecht weitesten Sinnes* gedacht ist. Dabei ist auch zu berücksichtigen, daß in Frankreich wegen der Ausrichtung der Studienpläne am Thema „Europäische Organisationen" das Gemeinschaftsrecht jeweils nur einen Teil einschlägiger Gesamtdarstellungen ausmacht[4] und geschlossene Alleindarstellungen des hier behandelten Bereichs fehlen.

5 c) Europäisches Gemeinschaftsrecht ist also das Recht der drei Europäischen Gemeinschaften. Es besteht aus dem sog. Primärrecht der drei Ver-

---

[3] Richtig: *Wagner* 87, auch zum folgenden.

[4] So behandelt *Reuter* in seinen Organisations Européennes (1965) das Gemeinschaftsrecht erst von S. 173 ab, *Cartou* in seiner gleichnamigen Darstellung (2. Aufl. 1967) ab S. 89 (in der deutschen Übersetzung von 1967 ab S. 127). — *Reuter*, La Communauté européenne du charbon et de l'acier (1953) ist eine Darstellung ausschließlich des EGKS-Rechts.

träge nebst Anhängen, Protokollen und Änderungen sowie dem sekundären Gemeinschafts- oder Organrecht, das im weitesten Sinne neuerdings auch „Folgerecht" genannt wird. Unterschiedlich nach Struktur, Regelungsgegenstand und Inhalt bildet es — als Vertragsrecht, sekundär aus einheitlicher Quelle von Gemeinschaftsorganen gesetzt oder ungeschrieben als solches erkannt — im Raum der Gemeinschaften eine *Ordnung gemeinen Rechts.* Denn als solches gilt es grundsätzlich in den Mitgliedstaaten.

aa) Gemeinschaftsrecht ist deshalb *nicht* das von Organen der *Mitgliedstaaten* gesetzte Recht, dessen Erlaß auf Einwirkung des Gemeinschaftsrechts beruht, insbesondere auf Richtlinien. Solches Recht ist auch nicht deshalb Gemeinschaftsrecht, weil es richtliniengemäß in allen Mitgliedstaaten mit gleichem Inhalt gilt. Dieses Aus- oder Durchführungsrecht ist *allgemeines* Recht, nicht (gemeines) Gemeinschaftsrecht[5]. Daß dieses nationale Recht hier jedenfalls insoweit berücksichtigt wird, als es *deutsches* ist, erklärt sich aus der Aufgabe der Darstellung. Der französische Autor eines Gemeinschaftsrechts sollte das französische Ausführungsrecht behandeln, der niederländische dasjenige seines Staates usw.

bb) *Allgemeines Recht* graduell geringerer Intensität kann auch das *nationale* Recht genannt werden, das in seinen vergleichbaren *Grundsätzen Rechtserkenntnisquelle* für Gemeinschaftsorgane, insbesondere den Gerichtshof, ist und die Grundlage bildet für die Gewinnung ungeschriebenen Gemeinschaftsrechts. *Dieses allgemeine* Recht selbst ist aber *nicht Gemeinschaftsrecht. Das sind nur und erst die aus ihm erkannten ungeschriebenen allgemeinen Normen des Gemeinschaftsrechts selbst (5/17—22).*

6 d) Europäisches Gemeinschaftsrecht ist in dem Sinne und in dem Maße ein *neues* und ein *eigenständiges* Rechtsgebiet, wie die Gemeinschaften selbst neuartige und eigenständige Organisationsformen darstellen. Seine Unterscheidung vom Völkerrecht und vom Recht der tradierten internationalen Organisationen findet deshalb ihre Begründung in der Art, in der die Rechtsstellung der Gemeinschaften zu charakterisieren ist *(§ 8).* Das Ergebnis besagt:

aa) Die Gemeinschaften sind mit *Mitteln* und *in Formen völker*rechtlichen Vertragsschlusses errichtet worden, und sie sind Subjekte des Völkerrechts, wie sie auch internationale Organisationen genannt werden können. Das Vertragsrecht, also der Primär-Teil des Gemeinschaftsrechts, ist auch nach den hierfür maßgeblichen Verfassungsregeln der Mitgliedstaaten, so in der BRD gemäß Art. 59 II GG, Gegenstand des hierfür vorgesehenen Zustim-

[5] And. Ans., der nicht gefolgt werden kann, *Mosler,* Europarecht — ein neues Fach der Rechtswissenschaft (1968) 437: „... möchte ich als Europarecht auch diejenigen *nationalen* Normen bezeichnen, die *im Hinblick auf das primäre* Europarecht der Organisationen ergehen"; solches Recht verträgt auch nicht den Namen „mitgliedstaatliches Gemeinrecht", was *Meier,* Gemeinschaftsrecht und mitgliedstaatliches Gemeinrecht, EuR 1970, 326 deshalb annimmt, weil es unter gemeinschaftsrechtlichem „Bestandsschutz" stehe.

mungsverfahrens geworden mit der Wirkung, daß es auf diese Weise innerstaatliche Geltung erlangt hat. Gleichwohl kann das Europäische Gemeinschaftsrecht in seiner qualifizierenden Eigenart und Substanz *nicht Völkerrecht* genannt werden. Es wäre abwegig, es auch nur in weiterem Verständnis zum Völkerrecht zu zählen, und dies aus denselben Gründen, die die Gemeinschaften vom Kreis der sonstigen internationalen Organisationen absondern, deren Recht seinerseits dem Völkerrecht zugeordnet wird: *die Gemeinschaften und das Gemeinschaftsrecht heben sich in ihren Aufgaben- und Zielbestimmungen von den sonstigen internationalen Organisationen und ihrem Recht ab durch ihre, den Verfassungsauftrag der Mitgliedstaaten quantitativ und qualitativ beeinflussende Ent-Nationalisierung öffentlicher Aufgaben.* In den Gemeinschaften existiert und wirkt eine von der öffentlichen Gewalt der Mitgliedstaaten unterschiedene, dieser durch Rechtsregeln zugeordnete und potentiell überlegene öffentliche Gemeinschaftsgewalt. Sie kann sich rechtlich gegenüber der Staatsgewalt und im Durchgriff gegenüber den Staatsangehörigen durchsetzen. Ihre Rechtsordnung ist — anders als die der sonstigen internationalen Organisationen — eine *nach Herkunft und Geltungsgrund originäre.* Dem Völkerrecht gegenüber ist sie eine ebenso eigenständige[6] Rechtsordnung wie gegenüber dem Staatsrecht. Damit soll sie zugleich im Interesse systematischer Ordnung ihren Platz im Rechtssystem zugewiesen erhalten, und ihre Eigenständigkeit wird auch heuristisch-funktionell verstanden: sie bringt neuartige Rechtsgestaltungen und -beziehungen hervor, die weder Völker- noch Staatsrecht bislang in dieser Art erzeugt haben. *Heute kann gesagt werden, daß dem so ist.* Am Beginn mag die rechtspolitische Forderung des Juristen notwendiger gewesen sein, so *müsse* es sein, wenn die Vergemeinschaftung sich auf der Grundlage der Verträge verwirklichen solle[7].

Ob diese Qualität der *Eigenständigkeit* eine vorübergehende, eine Durchgangs-Qualität ist, hängt nicht allgemein davon ab, ob die Vergemeinschaftung nur eine Vorstufe endlicher europäischer Bundesstaatlichkeit ist, wie manche meinen und andere erhoffen. *Solange* die Gemeinschaften sind — und *so* sind, *wie* sie sind —, zählt das Gemeinschaftsrecht weder zum Völker- noch zum Staatsrecht. Und nur eben dies ist hic et nunc von Interesse und Belang.

bb) Wegen der völkerrechts-vertraglichen Verformung seiner Primärnormen hat sich das Gemeinschaftsrecht schwieriger vom Völkerrecht als vom Staatsrecht emanzipieren können. Das ist um so bemerkenswerter, als es *inhaltlich eher diesem als jenem* zuzuordnen ist: das gilt für wesentliche Teile seines Verfassungs-, Organisations-, Verwaltungs- und Prozeßrechts,

---

[6] Kritisch hierzu: *Wagner,* Die Vorstellung der Eigenständigkeit in der Rechtswissenschaft (1967) 89.

[7] Hierzu *Wagner,* Die Vorstellung 79, und 24—25 zur heuristisch-funktionellen Bedeutung der hier angenommenen Eigenständigkeit des Gemeinschaftsrechts.

vor allem aber für seine vorwiegend wirtschaftlichen Materien, die die Mitgliedstaaten ihrem Wirtschaftsrecht im weitesten Sinne, damit in ihrer Interventionsfunktion dem öffentlichen Recht zurechnen. Für den deutschen, bundesstaatsrechtlich gewöhnten Betrachter gilt das sogar auch für jene Normen des Gemeinschaftsrechts, die zwecks Vergemeinschaftung, Koordinierung, Harmonisierung oder Angleichung von Wirtschaftsrecht und Wirtschaftspolitik Verhaltensregeln für die Mitgliedstaaten aufstellen, deren Beachtung die Gemeinschaftsorgane kontrollieren und beaufsichtigen. Gleichwohl ist auch von deutscher Seite nicht eigentlich unternommen worden, das Gemeinschaftsrecht für das Staatsrecht zu vindizieren. Es hat allerdings nicht an Versuchen gefehlt, das Gemeinschaftsrecht in seinen die Stellung der Mitgliedstaaten betreffenden Partien als „praefoederales" Recht auszugeben, was dieser staatsrechtlichen Domestizierung nahekommt[8].

7 e) Wie das europäische Gemeinschaftsrecht nach Eigenart und Substanz nicht zum Völkerrecht zählt, ist es auch *nicht* dem sog. internen *Staatengemeinschaftsrecht*[9] zuzurechnen. Wiewohl *auch Gemeinschaftsrecht* genannt, fehlen *diesem* die spezifisch qualifizierenden Elemente des Rechts der Europäischen Gemeinschaften in gerade jener Art und Intensität, in der diese sich von sonstigen internationalen Organisationen abheben. Das sog. interne Staatengemeinschaftsrecht wird, weil aus einem völkerrechtlichen Vertrag hergeleitet und deshalb *nicht* dem *allgemeinen* Völkerrecht zugehörig, in seiner Verbindlichkeit nur für die Organisationsmitglieder *partikuläres Völkerrecht* genannt. Das mag für internationale Organisationen überlieferten Typs von Nutzen sein. Denn damit wird *ihr* Recht vom sog. klassischen Völkerrecht als „Zwischensouveränitätsrecht" wenigstens terminologisch unterschieden, wenn es als solches auch dem Gesamtbereich des Völkerrechts weiterhin zugeordnet bleibt. Aber gerade wegen der gleichzeitigen Verwendung der Kennzeichnung „Gemeinschafts"-Recht (Staatengemeinschaftsrecht — Europäisches Gemeinschaftsrecht) bleibt zu betonen, daß das Staatengemeinschaftsrecht der besonderen Elemente entbehrt, die das Europäische Gemeinschaftsrecht qualifizieren.

8 f) In dem Maße, in dem Gegenstände des innerstaatlichen *Wirtschaftsrechts* zur Aufgabe internationaler Organisationen geworden sind, ist ein Komplex des *internationalen Wirtschaftsrechts* entstanden. Seine Grundpro-

---

[8] *Bülck* VVDStRL 23 (1966) 121 folgert aus einem Prozeß dialektischer Gegenläufigkeit des subjektiven Prinzips der Staaten und des objektiven Prinzips des Völkerlebens *(Kaltenborn):* „Staat und Staatengemeinschaft gleichen damit ihre Strukturen und Funktionen einander an. Staatsrecht und Völkerrecht werden einander ähnlicher, am ähnlichsten im Recht der supranationalen Wirtschaftsgemeinschaften." So sehr damit einer strukturellen *Konvergenz* das Wort geredet wird, kann diese Folgerung der hinreichenden Konturierung des Gemeinschaftsrechts doch nicht genügen.

[9] So *Seidl-Hohenveldern,* Internationale Organisationen 180; dazu: *Wagner,* Beschlußrecht 85.

bleme konnten konzipiert werden[10], *nachdem* ein derartiger Komplex von Normen entstanden war. Das „*zwingende Beziehungsmerkmal* für ihre Affinität und damit für die zweckmäßige Definition des neuen Begriffs (ist) gerade die *Organisation*"[11] — weshalb es auch als *Recht der internationalen Organisationswirtschaft* bezeichnet wird. Es war in seinen Erscheinungen für die Völkerrechtswissenschaft neu, weil diese sich in modernen Systemen erst geäußert hatte, als der Staat *schon nicht mehr* und *noch nicht wieder* an der Wirtschaft wesentlich interessiert war. Seine Besonderheit lag darüber hinaus in seiner Neuartigkeit für *alle* — oder jedenfalls viele — Rechtsdisziplinen, die wegen der internationalen Organisation der von ihnen normierten Aufgaben nun ihrerseits „internationalisiert" wurden[12].

Im Sinne und in der Erfahrung *dieser* Vorgänge ist die Vergemeinschaftung und die Formierung des Europäischen Gemeinschaftsrechts ein *weiterer neuer* Prozeß einer Mutation des Wirtschaftsrechts — eben seiner Vergemeinschaftung. Das Europäische Gemeinschaftsrecht bildet eine *neue Stufe der Rechtsverwandlung*. Auch sie empfängt ihr zwingendes Beziehungsmerkmal aus einem Vorgang organisatorischer Art, eben aus der Vergemeinschaftung. Diese neue Stufung würde übersehen werden, wenn das Europäische Gemeinschaftsrecht nur ein Bereich oder eine Variante des internationalen Wirtschaftsrechts genannt werden sollte.

9 g) Insoweit das Europäische Gemeinschaftsrecht — etwa in Organisations-, Personal-, Finanzregelungen — sein „eigenes Haus bestellt", also sog. Intendanturaufgaben normiert, ließe es sich in eine der möglichen (und vorkommenden) Begriffsbestimmungen des *internationalen Verwaltungsrechts* einordnen. Entsprechendes ist auch nicht ausgeschlossen, wenn als internationales Verwaltungsrecht — entsprechend dem internationalen Privat- oder Strafrecht — jene Materie gilt, die das „Grenzrecht" oder das „Rechtanwendungsrecht" der Verwaltung bildet. Denn sowohl Regelungen jener Intendanturaufgaben wie auch Grenznormen des Kollisionsrechts finden sich im Europäischen Gemeinschaftsrecht. Sie sind indes beide in seinem Gesamtbereich nur Randerscheinungen, weder qualitativ noch quantitativ von prägender Relevanz und deshalb nicht geeignet, das Gemeinschaftsrecht als Gesamtmaterie zu kennzeichnen.

10 h) Zu den Instrumenten der Vergemeinschaftung gehört die *Angleichung des Rechts* der Mitgliedstaaten in den gegenständlichen und funktionellen Grenzen, die das Vertragsrecht seiner Anwendung zieht. Die Wissenschaft von der Rechtsangleichung und -vereinheitlichung zählt zur Disziplin der *Rechtsvergleichung*. Ihrer bedarf es — und der Beherrschung ihrer

---

[10] In der Darstellung von *Erler*, Grundprobleme des internationalen Wirtschaftsrechts (1956) und in seinem Beitrag „Internationales Wirtschaftsrecht" in: *Strupp-Schlochauer*, Wörterbuch III (1962) 862.

[11] *Erler*, Grundprobleme 8.

[12] Dies zu *Ballerstedt*, Wirtschaftsverfassungsrecht, in: *Bettermann-Nipperdey-Scheuner*, Die Grundrechte III 1 (1958) 21 Anm. 58.

Arbeitsmethoden —, um dieses wichtige Instrument der Vergemeinschaftung gehörig zu handhaben. Sie selbst und ihre Wissenschaft[13] gehört nicht zu den Gegenständen dieser Darstellung.

2. *Bereich und Gegenstand*

11 a) Die drei Gemeinschaften sind *Wirtschafts*gemeinschaften. Ihre Organisation und ihr Recht sind auf die *Wirtschaft* bezogen. Diese Feststellung gilt unabhängig davon, ob das Endziel der Integration die *politische* Vergemeinschaftung ist und ob diese sich im Verlauf wirtschaftlicher Integration mit der Automatik eines zwangsläufigen spill-over-Effekts einstellt, ob sie eines quantitativen Sprungs oder eines politischen Neu-Ansatzes bedarf. Dabei steht „Wirtschaft" für eine komplexe Sachaufgabe sehr weiten Verständnisses und unter Einschluß solcher Bereiche, die sonst eher als *soziale* bezeichnet werden.

Für den *nationalen* Gebrauch ist *Wirtschaftsrecht* bezeichnet worden als „ein System von Gesetzen und staatlichen Maßnahmen zur Lenkung, Förderung oder Begrenzung der selbständigen Erwerbstätigkeit"[14]. Darin wird sichtbar, daß Wirtschaftsrecht vornehmlich Wirtschafts*verwaltungs*recht ist. Denn dieses umfaßt jene Rechtssätze, „durch die der Staat mit dem Ziel der Gefahrenabwehr, der Lenkung und der Förderung auf den wirtschaftlichen Prozeß ordnend, gestaltend und leistend einwirkt, indem er Aufgaben und Befugnisse der Verwaltung begründet"[15]. Die staatliche Präsenz und Ingerenz in der Wirtschaft und das Vordringen des öffentlichen Rechts in das Wirtschaftsrecht werden damit verdeutlicht.

Der Bereich des Europäischen Gemeinschaftsrechts wird damit aber bei weitem nicht erfaßt. Der Inhalt der Verträge *(§ 3)* verdeutlicht diese Unter-

---

[13] *Zweigert-Kötz,* Einführung in die Rechtsvergleichung auf dem Gebiete des Privatrechts II (1969). Bd. I (Allgemeine Grundlagen) wird die Generalia der Rechtsvergleichung behandeln: Geschichte, Methode, Ziele, Rechtsvereinheitlichung, Rechtskreise der Welt. — *Constantinesco,* Einführung in die Rechtsvergleichung Bd. 1 (1971); Bde. 2 und 3 waren noch für 1971 angezeigt.

[14] *Rinck,* Wirtschaftsrecht 2. Aufl. (1969) 3; zu den überlieferten Definitionen des Wirtschaftsrechts vgl. *E. R. Huber,* Wirtschaftsverwaltungsrecht I 2. Aufl. (1953) 8.

[15] *Badura,* Wirtschaftsverwaltungsrecht, in: Besonderes Verwaltungsrecht (Hg. *v. Münch)* 2. Aufl. (1970) 239. — *Verloren von Themaat,* Das innerstaatliche niederländische Wirtschaftsrecht nach der Fusion der Europäischen Gemeinschaften, AWD 1970, 253 unterscheidet innerhalb eines innerstaatlichen Wirtschaftsrechts folgende Normenbereiche: (1) Marktzugang, (2) Preise, (3) Sekundärelemente des Marktverhaltens (Zugabewesen, Ausverkauf, Ladenschluß, Teilzahlung usw.), (4) Wettbewerbsbedingungen, (5) zentrale Lenkung einzelner Wirtschaftszweige, (6) Versorgungsregelungen für Mangellagen, (7) Ein- und Ausfuhr, Zahlungsverkehr mit Drittstaaten, (8) gerechte Durchführung und Anwendung des Wirtschaftsrechts (Hilfsgesetze wie Wirtschaftsstrafrecht usw.), (9) Gesamtsteuerung der Wirtschaft (in der Art des StabGes), (10) gesetzliche Grundlagen für Wirtschaftssubventionen. — Die Übersicht zeigt, daß der Agendenkatalog des innerstaatlichen Wirtschaftsrechts ärmer ist als der des Gemeinschaftsrechts.

schiede: das Recht des Gemeinsamen Marktes bildet den wirtschaftsrechtlichen Kern; die Ziel- und Aufgabenbestimmungen, die im Recht zu seiner Ordnung spezifiziert sind, bestimmen auch Inhalt, Tendenz und Intensität der Regelungen über die Wirtschafts- und Sozialpolitik in den verschiedenen Wirtschaftssektoren. In ihnen, in den Handlungsermächtigungen und den Formbestimmungen des rechtlichen Instrumentariums sind Normenkomplexe enthalten, die — im mitgliedstaatlichen Rechtsverständnis — als solche des Staats- und Verwaltungsrechts dem Wirtschaftsrecht zuzurechnen sind. Für das Organisationsstatut der Verträge, die Verfahrensregelungen, für Normierungen, die den Rechtsschutz, die Gerichtsverfassung, den Rechtsgang regeln, gilt das nicht in gleicher Weise. Wo das Gemeinschaftsrecht Rechte und Pflichten des Marktbürgers umschreibt, spricht es auch in der Art individueller Grundrechts- und Pflichtenregelungen des Verfassungsrechts. Kurz: das Gemeinschaftsrecht hat zwar die *Wirtschaft* zum *Gegenstande*, aber seine Normen *reichen über diesen Gegenstand hinaus*. Dies deshalb, weil die Vergemeinschaftung sich in Organisationen, in Zielsetzungen und mit rechtlichen Mitteln vollzieht, *die ihrerseits selbst eine rechtliche Ordnung benötigen*. Diese Ordnung umfaßt Normen, deren auch der Staat im Verhältnis zur Wirtschaft bedarf, die *dieser* aber kraft seiner verfaßten Existenz *bereits besitzt*. Das Europäische Gemeinschaftsrecht muß *auch sie* zum Inhalt haben, um die Verfassung und das Funktionieren der das Wirtschaftsrecht anwendenden Organisation zu regeln[16].

12 b) So erklärt sich, daß das Gemeinschaftsrecht von seinem Gegenstand „Wirtschaft" her allein nicht einheitlich strukturiert ist. Insbesondere gilt das vom Primärrecht in seiner großen Zweiteilung in Organisations- und materielles Recht. Eher ergeben sich vergleichbare Strukturen für das sekundäre Folgerecht, das seinerseits auf die Mitgliedstaaten und ihre Marktbürger einwirkt zur Verwirklichung der wirtschaftspolitischen Vertragsziele und zur Funktionssicherung des Gemeinsamen Marktes.

Vom Organisationsrecht im wesentlichen abgesehen, eignet zahlreichen Komplexen des Gemeinschaftsrechts ein Zug motorischer, plan- und zeitbestimmter Impulsivität und eine Tendenz, im nationalen Recht Veränderung und Entwicklung hervorzurufen. Das charakterisiert den Beziehungszustand zwischen Gemeinschaftsrecht und nationalem Recht als einen solchen von Übergängen, von Schwebelagen, von dynamischem Gehalt. Verbunden mit der Notwendigkeit, auch das Gemeinschaftsrecht selbst in Anpassung an veränderte Lagen fortzuentwickeln und anzupassen, wird die Gemengelage beider Rechtsbereiche in höherem Maße als nationales Wirtschaftsrecht gekennzeichnet durch Züge eines *Prozesses* als durch solche sta-

[16] *Mosler*, Europarecht 420, 423 bemerkt deshalb zutreffend, das Gemeinschaftsrecht sei *nur* als Wirtschaftsrecht oder *nur* als Organisationsrecht nicht darstellbar. Dieser Vorbehalt trifft deshalb alle Darstellungen (und nicht minder: alle Lehrveranstaltungen), die das Gemeinschaftsrecht unter dem Thema „Internationale Organisationen" glauben erfassen zu können.

tischer Ordnung. Die Quantität der Regelungen, die Komplexität der Materien und ein gemeinschaftsrechtlich oft zu beobachtender Perfektionsdrang rufen den begründeten Eindruck der Unübersehbarkeit hervor. Er ist nicht gerade geeignet, bei nationalen Rechtsanwendern und Rechtsbetroffenen positive Empfindungen auszulösen[17]. Das gilt auch für den Juristen, der mit dem Gemeinschaftsrecht und seinen nationalen Ausführungsregelungen umgeht. Das erschwert es, jenes Maß an juristischem Formalismus zu bewahren, dessen es auch im Gemeinschaftsrecht bedarf, um die Vernunft seiner Ordnung zu realisieren — in seinen Zielsetzungen, dem Verhalten der Gemeinschaftsorgane und der Mitgliedstaaten, ihrer Organe und ihrer Unternehmen und Marktbürger. „Vernünftig aber ist nur eine Ordnung, die der Tatsache Rechnung trägt, daß zwar potentiell alle vernünftig sind, niemand aber *mit Sicherheit* vernünftig ist. Vernünftig ist nur eine Ordnung, die das Unvernünftige, das Subjektive, die Interessen in Rechnung stellt. Es ist deshalb vernünftig, jenen Formalismus hochzuhalten, der, neutral gegen die Vernunft des Ganzen, Unvernunft, wo sie nicht zu beseitigen ist, in Schranken hält. ... Die vernünftige Regelung des nicht durch Vernunft Definierten ist die juristische.“[18] Das ist der Sinn des Formaljuristischen und die Aufgabe juristischen Denkens, die — trotz allem — auch dem Gemeinschaftsrecht zukommen.

II. Eingrenzungen und Zuordnungen

Da die Darstellung eine *juristische* Darstellung *und nur eine solche des Europäischen Gemeinschaftsrechts* ist, grenzt sie sich von anderen juristischen Darstellungen verwandter Probleme ab, ist sie hingegen anderen Disziplinen und ihren Bemühungen um die europäische Integration zuzuordnen.

1. Eingrenzungen

13 a) Die Gemeinschaften gehören zu einem Oberbegriff der internationalen Organisationen. Die Darstellung ist gleichwohl nicht eine Teilbehandlung dieses Gesamtthemas internationaler Organisation. Sie gestattet ebensowenig, als typisches Beispiel rechtswissenschaftlicher Behandlung internationalen Organisationsrechts zu gelten. Beides verbietet sich. Denn die Europäischen Gemeinschaften heben sich in Zielen, Aufgaben und Funktionsweise so wesentlich von den anderen internationalen Organisationen ab, daß ihr Recht ein besonderes Recht bildet. Deshalb führt die Einbeziehung der Gemeinschaften in eine Gesamtdarstellung der internationalen

[17] *Ipsen*, Der deutsche Jurist und das europäische Gemeinschaftsrecht, Verh. d. 45. DJT (1964) II/L 7.

[18] *Spaemann*, Über den Sinn des Formaljuristischen, ZRP 1970, 190.

Organisationen[19] auch nicht zur Sichtbarmachung des Europäischen Gemeinschaftsrechts als solchen. Sie bleibt weithin dem nur Organisatorischen verhaftet und muß zwangsläufig seinen wesentlichen Gegenstand vernachlässigen. Das erklärt denn auch, daß das Organisationsrecht der Gemeinschaften in diesem Buch nur einen verhältnismäßig bescheidenen Platz einnehmen kann.

14 b) Das Europäische Gemeinschaftsrecht ist angelegt auf seinen normierenden, exekutiven und rechtsprechenden *Vollzug durch Organe der Mitgliedstaaten.* Vollzugsergebnis ist insbesondere die nationale Rechtsmasse, die in Befolgung gemeinschaftsrechtlicher Verhaltensmaßnahmen entsteht. Seine Darstellung ergibt sich in *Grenzen* mit Zwangsläufigkeit aus dem Zusammenhang der Gemeinschaftsrechtsregeln, die Art und Weise des nationalen Vollzuges bestimmen. Sie kann indes gegenständliche Vollständigkeit nicht beanspruchen und muß sich auf die wichtigsten und beispielhaft wesentlichen nationalen Regelungen beschränken. Beschränkung liegt auch darin, daß hier durchweg nur der nationale Vollzug im *deutschen* Recht in Betracht kommt, nicht auch der in den anderen Mitgliedstaaten. Der systematische Vergleich der nationalen Vollzüge, wie er den Gemeinschaftsorganen (insbesondere der Kommission, im Streitfall auch dem Gerichtshof) überantwortet ist, stellt rechtswissenschaftlich eine notwendige Zukunftsaufgabe dar. Von ihr können Erträge für die Fortentwicklung des Gemeinschaftsrechts und den Fortschritt der Integration selbst erwartet werden. Soweit ersichtlich, fehlt es bislang an solcher Art Arbeit.

15 c) Daß diese Darstellung sich in der Anführung *deutschen* Vollzugsrechts beschränkt, erklärt sich aus der Sache: mit den Fortschritten der Vergemeinschaftung wird das deutsche Wirtschaftsrecht zunehmend „durchsetzt" und angereichert mit Elementen, die ihrerseits gemeinschaftsrechtlich beeinflußt sind. Der Einfluß kann in der Initiative bestehen, überhaupt zu normieren. Überwiegend äußert er sich auch in der Einwirkung auf das „was", „wie" und „wozu" der nationalen Regelung. Eine Darstellung des deutschen Wirtschaftsrechts (und hierin auch gerade des Wirtschaftsverwaltungsrechts) wird in steigender Intensität diese nationale Einbettung in das Gemeinschaftsrecht zu berücksichtigen haben[20]. Ein solches „Deutsches Wirtschaftsrecht" kann diese Darstellung weder en passant darbieten noch ersetzen. Sie kann hierfür nur den Zugang öffnen und das rechtliche Vorfeld ebnen.

2. Zuordnungen

16 a) Das Europäische Gemeinschaftsrecht gegenwärtigen Befundes hat die *Wirtschaft* im weit verstandenen Sinne zum Gegenstand. Deshalb zählt

[19] Etwa diejenige von *Seidl-Hohenveldern* (1967).

[20] Das geschieht z. B. (vgl. 67—88, 166) bei *Badura,* Wirtschaftsverfassung und Wirtschaftsverwaltung. Ein exemplarischer Leitfaden (1971).

seine wissenschaftliche Behandlung zwar nicht zu den Wirtschaftswissenschaften und bleibt, was sie ist: Jurisprudenz. Das entbindet sie aber nicht von der Einsicht, daß das Gemeinschaftsrecht auf die *Wirtschaftswissenschaften* verwiesen ist. Die umgekehrte, nicht immer zu beobachtende Einsicht auch der Ökonomen wäre von Nutzen. Indes: es gibt auch Juristen, die sich dieser Zuordnung nicht bewußt sind oder sie jedenfalls nicht zum Ausdruck bringen[21]. Die gebotene Verweisung auf die Wirtschaftswissenschaften äußert sich in Trennung und Kooperation[22].

aa) Ausgangspunkt ist die Realität, daß die Politik der Staaten, die die Gemeinschaften bilden, heute in hohem Maße Wirtschafts- und Sozialpolitik ist und sein muß, weil Bedarfsdeckung, Daseinsvorsorge, Umverteilung und soziale Sicherung von der „störungsfreien Steigerung des Sozialprodukts" abhängen[23]. Deren Realisierung setzt voraus, daß nationale Wirtschaften kooperieren. Die Vergemeinschaftung ist als Instrument hierfür entstanden. Wirtschaft und Wirtschaftsverhalten sind deshalb zugleich Aufgabe und Regelungsgegenstand des Gemeinschaftsrechts. Die Wirtschaftspolitik setzt seine Orientierungspunkte. Die Wirtschaftswissenschaften sind die für sie zuständige Disziplin.

bb) Daraus ergeben sich Zuständigkeitsgrenzen und Kooperationsgebote zugleich. Ein oft zitiertes Wort des amerikanischen Soziologen *Harry Barnes* nennt die Juristen die „Strategen der Stagnation"[24]. Damit wird die gesellschaftspolitische Aufgabe des Juristen, wiewohl vermutlich so gemeint, keineswegs nur getadelt. Wenn andererseits den Wirtschaftswissenschaftlern Rechtsblindheit vorgehalten wird[25], gilt entsprechendes: gleichviel, ob sie idealtypisch in reinen Modellen, in Realtypen oder konkreten Wirtschaftsordnungen denken[26], liefern sie die Erkenntnisse und Postulate, die rechtspolitisch zur Entscheidung anstehen und im Sinne der Entscheidung rechtlich normiert werden. Insofern speist die Rechtsblindheit der Ökonomen die Phantasie der Entscheidungsmächtigen. Einen *Tadel* der Rechtsblindheit verdient aber die Entwicklung solcher *ökonomischer* Gesetzlichkeiten, die nicht nur ohne jede Rücksichtnahme auf existente *Verfassungs*gesetzlichkeiten her-

---

[21] So etwa *Teitgen* DrCommEur Nrn. 45—48.

[22] *Luhmann,* Funktionale Methode und juristische Entscheidung, AöR 94 (1969) 31; vgl. auch *Veit,* Wirtschaftswissenschaften und Rechtswissenschaft, Schriften d. Vereins f. Socialpolitik NF 33 (1964) 8.

[23] *Gehlen,* Die Intellektuellen und die Industriegesellschaft, Neue Deutsche Hefte 125 Jg. 16 Heft 4 (1969) 7; ferner: *Forsthoff,* Der Staat der Industriegesellschaft (1971) 30 ff.; *Eichenberger,* Leistungsstaat und Demokratie (1969).

[24] Vgl. *H. Huber,* Das Recht im technischen Zeitalter (1960) 19; *Börner,* Dumping und Diskriminierung, Fs Hallstein 62; dort die treffende Gegenposition: „Im Gegenteil versteht häufig erst die auf juristische Methodik gegründete Analyse, rechtspolitische Forderungen mit der Stringenz zu formulieren, die den politischen Raum beeinflußt."

[25] *Ipsen,* Fragestellungen zu einem Recht der Wirtschaftsplanung, in: Planung I (1965) 42; *ders.,* Rechtsfragen der Wirtschaftsplanung, in: Planung II (1966) 65.

[26] *H. Huber,* Das Recht im technischen Zeitalter 22.

vorgebracht, sondern als auch rechtlich verbindlich ausgegeben oder jedenfalls vollziehbar postuliert werden. Deshalb gilt — mutatis mutandis — für die Kompetenzabgrenzung und die Kooperation zwischen Rechts- und Wirtschaftswissenschaften im Hinblick auch auf das Gemeinschaftsrecht eben das, was allgemeiner für das internationale Wirtschaftsrecht treffend formuliert worden ist: Es „setzt als juristische Disziplin die Entscheidung über die wirtschaftspolitischen Ziele voraus; diese steht der Wirtschaftswissenschaft und -praxis zu. Es hat die Aufgabe, im Rahmen des rechtlich Erlaubten und Gebotenen die angemessenen und zweckmäßigsten Rechtsformen für ein bestimmtes, von den Wirtschaftlern festgelegtes Ziel herauszuarbeiten und zur Verfügung zu stellen. Es kann und soll die wirtschaftlichen Entscheidungen nur insoweit beeinflussen, als es über ihre Zulässigkeit ... befindet und für die bestmögliche rechtstechnische Durchsetzung dieser Entscheidungen die adäquaten Rechtsformen entwickelt und bereitstellt“[27].

Diese Aufgabe des Juristen wird kritisch in drei Bereichen: bei seiner Erkenntnisgewinnung und Willensbildung in der Kooperation mit dem Ökonomen, bei der Inhaltsermittlung und Auslegung wirtschaftswissenschaftlicher Begriffe in Rechtsnormen[28], bei der Prüfung und Würdigung wirtschaftlicher Fakten und Lagebeurteilungen. Der Sache nach steht der Jurist des Gemeinschaftsrechts zwar vor denselben Schwierigkeiten wie in der Befassung mit nationalem Wirtschaftsrecht. Nur sind sie im Gemeinschaftsrecht intensiviert durch die Vervielfachung der national beteiligten Rechtsordnungen, der nationalen Wirtschaftsverfassungen und Wirtschaftsrechte, durch Unterschiede der Menschen, der Sprache und Gebräuche, endlich durch die Neuartigkeit und Besonderheit der Gemeinschaftsorganisation und ihrer Entscheidungsprozesse.

17 b) Das Europäische Gemeinschaftsrecht ist das Produkt von Bemühungen, die insgesamt zur *Geschichte der europäischen Einigungsversuche* zählen. Auch über *ihren* Rang und *ihren* Erfolg wird einmal die Geschichte entscheiden. Die Materie dieses Rechtsgebietes hat in diesen Zusammenhängen ihren historischen Stellenwert. In der Reihe ihrer gebotenen Zuordnungen zu anderen Disziplinen verdienen die Vergemeinschaftung und ihre Rechtsordnung also auch eine historische Würdigung. Indes: sie kann *hier nicht* stattfinden. Das sei aus zwei Gründen besonders hervorgehoben: einmal deshalb, weil in Frankreich, den Lehrplänen der Universitäten entsprechend, die Geschichte der europäischen Einigungsbestrebungen in Darstellungen einbezogen wird, die auch das Gemeinschaftsrecht behandeln[29]. Soweit dieser Bereich nicht von der deutschsprachigen politischen oder der Geschichtswissenschaft berücksichtigt wird, kann insoweit also auf die franzö-

---

[27] *Erler,* Grundprobleme des internationalen Wirtschaftsrechts (1956) 256.

[28] Vgl. *Rinck,* Wirtschaftswissenschaftliche Begriffe in Rechtsnormen, in: Fs Heymanns Verlag 361 ff.; *Lukes,* Fs Böhm (1965) 199; *Zuck,* Bundeskartellamt und Wirtschaftspolitik, NJW 1971, 1634 mit Anm. 17.

[29] Z. B. Bei *Cartou,* Organisations Européennes III—LI.

sische Literatur mit Nutzen verwiesen werden. Eine — hier eben fehlende — historische Einbettung des Gemeinschaftsrechts kann zum anderen in nützlicher Weise dazu beitragen, die anstehende und künftige Analyse des deutschen Regierungssystems in jener europäischen Dimensionierung zu vollziehen, die bislang vernachlässigt worden ist[30]. Darin läge zugleich ein Beitrag zur Neuorientierung der Geschichtswissenschaft im Sinne übernationaler Entfaltung, wie sie auf der 27. Versammlung Deutscher Historiker 1967 in Freiburg gefordert worden ist.

18 c) Eine neuerliche Analyse des „westeuropäischen Integrationssystems" aus der Feder eines Politologen[31] gilt der energischen Abwehr von Versuchen, „die europäische Integration und die Ausbildung gemeinschaftlicher Institutionen sowie deren Tätigkeit mit den Kategorien des Staats- und Völkerrechts in den Griff zu bekommen und zu erklären". Sie postuliert empirisches Vorgehen und eine Lösung, die „sich also nicht aus der Allgemeinen Staatstheorie, sondern aus einer Politischen Theorie" ergebe.

aa) Wer als deutscher Jurist seit annähernd sieben Jahren mit dieser Darstellung des Europäischen Gemeinschaftsrechts befaßt ist und sich bei dieser Arbeit im deutschen Wissenschaftsbereich politologisch schlechthin „verlassen" fühlen mußte, kann sich — gelinde formuliert — gewisser Regungen der Verwunderung über solche Ansprüchlichkeit deutscher Politikwissenschaft schwerlich enthalten. Hat diese Disziplin doch bis in die jüngste Gegenwart hinein die europäische Integration nahezu ausnahmslos ignoriert[32] und — verglichen mit der politischen Wissenschaft in anderen Mitgliedstaaten, in den USA und Großbritannien — auch nicht im geringsten dazu beigetragen, sich für jenen Anspruch zu legitimieren. *Noch im Frühjahr 1970* mußte hierzu von einem Juristen[33] festgestellt werden, „daß die wesentlichen Beiträge zur allgemeinen Erfassung der funktionellen überstaatlichen Integration, ihrer Eignung, Methoden, Organisation und Entscheidungsprozesse — auch (was wesentlich ist) im Verhältnis zum Nationalstaat als der historisch bis heute meist praktizierten Integrationseinrichtung — *nicht* von *deut-*

[30] *Karl Kaiser,* in: Die anachronistische Souveränität (Hg. *Czempiel*) 92 Anm. 24.

[31] *Jansen,* Zur Situation des westeuropäischen Integrationssystems — Aufriß einer Analyse, Integration 1970, 204—205.

[32] Zutreffend: *Tudyka* in seiner Rezensionsabhandlung: Aspekte der westeuropäischen Integration, in: Neue Politische Literatur 1971, 89: „Nach wie vor gehört das Thema der westeuropäischen Integration zu den Favoriten der Produzenten journalistischer und propagandistischer Elaborate, während unter den Arbeiten mit wissenschaftlichem Anspruch die Disziplinen von Jurisprudenz und Ökonomie dominieren"; entsprechend: *Gantzel,* Europäische Integrationsforschung — Kritische Bemerkungen, in: Europa in Wissenschaft und Bildung — Beiträge zur Europakunde 11 (1966) 86; *H.-P. Schwarz,* Europa föderieren — aber wie? Eine Methodenkritik der europäischen Integration, Fs Eschenburg (1970) 378: „Sieht man somit einmal von amerikanischen Forschungsarbeiten ab, so stammen die wichtigsten Beiträge zur europäischen Integration von Juristen und Wirtschaftswissenschaftlern", sowie 434 Anm. 6: „Immerhin stammen mit die wichtigsten theoretischen Beiträge aus dem deutschsprachigen Raum von Juristen."

[33] *Ipsen,* Verfassungsperspektiven 7.

scher Wissenschaft erbracht werden und nicht erbracht worden sind. Das geht so weit, daß speziell auch zu den Europäischen Gemeinschaften, deren Mitbegründer und Mitglieder wir sind, die Beiträge anderer gewichtiger sind als die unsrigen ... Den amerikanischen Politologen und Soziologen von *Deutsch* und *Etzioni* bis *Lindberg* und *Haas* haben wir — mit ganz wenigen Ausnahmen — ebensowenig entgegenzusetzen wie denen des romanischen Sprachgebietes, die gerade jetzt die Referate ihres großen Kolloquiums von Lyon (1966) über den Entscheidungsprozeß (La décision) in den Gemeinschaften im Druck vorgelegt haben. Dieser Ausfall auf seiten der deutschen Sozialwissenschaften ist höchst bedauerlich. Er ist für den deutschen Juristen ein schweres Hemmnis und für unseren Beitrag zu den Verfassungsperspektiven der Gemeinschaften ein ernstes Manko. Wir brauchten einen neuen *Max Weber* der europäischen Integration. Ein *Hennis* und *Schelsky* täte es sicherlich auch schon — aber sie sind intra muros befaßt und ausgelastet, und die deutsche Politologie wohl auch mit anderen Sorgen beschäftigt als solchen wissenschaftlicher Gegenständlichkeit". Und noch 1970 hat die erste politologische Untersuchung deutscher Feder, die die Europäischen Gemeinschaften auf ihre Eignung als Instrument zur Konfliktbeschränkung geprüft hat, feststellen müssen: „In Deutschland ist der Funktionalismus als *Theorie* der internationalen Beziehungen noch kaum bekannt."[34] Es ist deshalb einer juristischen Arbeit über das Prinzip der „funktionellen Integration" und die Einigung Europas von 1967[35] kaum anzulasten, wenn auch sie hiervon nicht Kenntnis genommen hat.

Gerade jetzt scheint sich hierin aber ein erster Ansatz zu einer Wende abzuzeichnen, der weitere rechtswissenschaftliche Arbeit zu erleichtern und zu befruchten verspricht[36].

bb) Diese Darstellung kann als eine *juristische* Arbeit politologische Empirie und Theorie weder bieten noch darstellen, ihre Relevanz für eine rechte rechtswissenschaftliche Methode nur hervorheben. Das gilt nicht nur für die Perspektiven des Gemeinschaftsrechts und die Fragen seiner Verfassungspolitik, die das Ziel, die Menschen, die Sache, den Raum, die Zeit, das Verfahren, den Konsens und die Gestaltform der Vergemeinschaftung betreffen *(§ 54)*. In ihrer Zuordnung zur juristischen Durchdringung der Integration ist politologische Empirie und Theorie von besonderer Bedeutung

[34] *Zellentin*, Intersystemare Beziehungen in Europa (1970) 174.

[35] Von *Sattler*.

[36] Vgl. die Beiträge von *Krämer, Jansen, Janz* in: Integration 3/1970, 183, 203, 223, 230; insbes. aber: *H.-P. Schwarz*, Europa föderieren — aber wie?, Fs Eschenburg (1970) 377—443. — Es war immerhin bezeichnend, daß noch auf dem Münchener Weltkongreß der Politologen 31. 8.—5. 9. 1970 in der von *Carl J. Friedrich* angeregten Arbeitsgruppe „Europäische Integration" eine deutsche Mitwirkung nicht sichtbar geworden ist. Die Kongreßberichte und -beiträge, die in Integration 4/1970 veröffentlicht worden sind, stammen sämtlich von nichtdeutschen Autoren — für einen in der BRD abgehaltenen Weltkongreß einer Wissenschaft wahrlich kein Ruhmesblatt dieser hier vertretenen Disziplin, die ansonsten genug von sich reden zu machen weiß.

für die folgenden Themata: Willensbildungsprozeß der Gemeinschaftsorgane; Rolle der Experten und der „Technokraten", ihres Sachverstands im Verhältnis zur politischen Entscheidung und deren Abhängigkeit von Sachzwängen; Problem des spill-over-Effekts und der Automatik des qualitativen Sprunges, des timing, des package deal, der Planzielbestimmung; organisierte und nicht organisierte übernationale Interessenvertretung; öffentliche Meinungsbildung zum europäischen „Bewußtsein" und zur europäischen Loyalität zur Vorformung und Repräsentation in Gesellschaft, Verbänden, Parteien; Voraussetzungen der Direktwahl zur Versammlung; Methode der Anerkennungskonsentierung und Legitimierung öffentlicher Gemeinschaftsgewalt; Strukturwandel der Außenpolitik unter dem Integrationseinfluß; Eignung der Wirtschaftsintegration als Instrument der intersystemaren Konfliktbewältigung und der Friedenssicherung — um ohne Anspruch auf Vollständigkeit und Ordnung Wesentliches eines solchen Forschungsprogramms zu nennen, das rechtsrelevant und rechtsbezogen ist. *Nach* seiner hinreichenden Durchdringung erst würde eine verfassungspolitische Perspektive zum Gemeinschaftsrecht befriedigend gelingen können. Auch die deutsche Politikwissenschaft fände hier ein weites Feld „wissenschaftlicher Gegenständlichkeit"[37].

III. Forschung und Lehre

Forschung und Lehre des Europäischen Gemeinschaftsrechts bilden, soweit sie an den Universitäten und vergleichbaren Einrichtungen betrieben werden, eine Einheit. Ihre Entwicklung in der BRD bestätigt das, obwohl die Lehre dieses Rechtsgebietes hier nicht zu den Bereichen zählt, die nach Prüfungsordnungen und -anforderungen zum Pflichtenkatalog der juristischen Ausbildung gehören und schon damit wechselseitig Lehre und Forschung aktivieren.

1. Zur Entwicklung der rechtswissenschaftlichen Forschung

19 a) Die Forschung im Gemeinschaftsrecht hat sich begreiflicherweise so entwickelt, wie die Komplexität der Rechtsmaterie und die Genesis der Integration es vorbestimmten[38]: das primäre Gemeinschaftsrecht, aus dem In-

[37] Vgl. *Ipsen,* Verfassungsperspektiven 7—8: die deutschen Sozialwissenschaften „aber sind intra muros befaßt und ausgelastet, und die deutsche Politologie wohl auch mit anderen Sorgen beschäftigt als solchen wissenschaftlicher Gegenständlichkeit" — wozu der frühere deutsche Richter des Europäischen Gerichtshofs Staatssekretär a. D. *W. Strauß* den Verfasser freundlicherweise auf *Ranke,* Weltgeschichte I (1895) 222 verwiesen hat: „Die Unparteilichkeit führt zur Gegenständlichkeit."

[38] *Ophüls* Fs Heymanns Verlag 541—544 unterscheidet für „Das Gemeinschaftsrecht in der Rechtslehre" bislang drei Stadien: (1) Schrifttum aus der Feder der an den Verhandlungen über die Errichtung der Gemeinschaften Beteiligten (von *Cata-*

halt multilateraler völkerrechtlicher Verträge bestehend, ist *zunächst* in der Ressortgliederung der Rechtswissenschaften eindeutig als *ihre* Domäne von der *Völkerrechtswissenschaft* und den Internationalisten in Anspruch genommen worden. Das hatte zur Folge, daß der Frage der Einordnung des Gemeinschaftsrechts in das Rechtssystem präjudiziert wurde, daß vorgegebene völkerrechtliche Probleme seine wissenschaftliche Behandlung bestimmten und seine Zuordnung zum nationalen Recht das Tor des Art. 59 II GG durchschreiten mußte. Die Erfassung einer in Art. 24 I GG enthaltenen Integrationsgewalt, wissenschaftlich engagiert und umfänglich erörtert im Zusammenhang mit dem Verfassungsstreit um die Verteidigungsgemeinschaft, förderte zwar die Erkenntnisse in Grundfragen des Integrationsvorganges, nicht aber in der Substanz des Gemeinschaftsrechts. Sie sind in Grund- und Einzelfragen insbesondere erbracht worden von den „Europäern der ersten Stunde", juristischen Praktikern, die aus der Erfahrung ihrer Tätigkeit in Gemeinschaftsorganen und in heimischen Ressorts schöpfen konnten, und Theoretikern, die vorübergehend am Integrationsprozeß beratend oder praktisch teilhatten[39].

b) Fortschritte der wissenschaftlichen Entwicklung ergaben sich aus *drei Fragestellungen*, deren erste sich aus der versuchten Eingrenzung der Integrationsgewalt entfaltete und die sich untereinander aus ihrem Zusammenhang ergaben: das Problem notwendiger struktureller Kongruenz zwischen Staatsverfassung und Gemeinschaftsverfassung, hieraus speziell das Postulat weiterbestehenden nationalen Grundrechtsschutzes gegenüber Akten der Gemeinschaftsgewalt[40], und diese Fragestellung wiederum als Ausschnitt aus der Generalfrage nach dem „Verhältnis des Rechts der europäischen Gemeinschaften zum nationalen Recht"[41]. Im Jahre 1964 zielte das zum zwei-

---

lano bis *Wohlfarth*); (2) solches von Autoren, die die Neuordnung in die Überlieferung der klassischen Lehren (des Völkerrechts und des internationalen Rechts im übrigen) einzuordnen sich bemühten; (3) Neuansätze seit etwa 1963 unter Berücksichtigung der realen Integrationsentwicklung und in Erkenntnis der Besonderheiten der Gemeinschaftsrechtsordnung. — Gruppierungen hierzu bei: *Ipsen*, Europäisches Gemeinschaftsrecht im Hochschulstudium, NJW 1964, 961; *ders.*, Haager Kongreß für Europarecht, NJW 1964, 342 mit Anm. 4.

[39] *Ophüls*, Fs Heymanns Verlag 541 Anm. 67 a nennt folgende Namen: *Catalano, Dehousse, Etzel, Everling, Gaudet, Glaesner, v. d. Groeben, Haedrich, Hallstein, Kaiser, Krawielicky, Lagrange, Linthorst-Homan, v. Meibom, Monnet, Ophüls, Pescatore, Reuter, Riphagen, de Rossi, Sahm, Schlochauer, Baron Snoy, Steindorff, van der Meulen, de Vadder, Wohlfarth.*

[40] Hierzu die beiden, mit einschlägigen Fragen befaßten Staatsrechtslehrertagungen: Erlangen 1959: „Das Grundgesetz und die öffentliche Gewalt internationaler Staatengemeinschaften", Referenten: *Erler* und *Thieme*, VVDStRL 18 (1960); Kiel 1964: „Bewahrung und Veränderung demokratischer und rechtsstaatlicher Verfassungsstruktur in den internationalen Gemeinschaften", Referenten: *Kaiser* und *Badura*, VVDStRL 23 (1966).

[41] Europarechtliches Kolloquium der Wissenschaftlichen Gesellschaft für Europarecht 10./11. 7. 1964 zu aktuellen Fragen des europäischen Gemeinschaftsrechts, hier: Gemeinschaftsrecht und nationales Recht; Referenten: *Ipsen* und *Bülow*, in: Abh. aus dem Gesamten Bürgerlichen Recht, Handelsrecht und Wirtschaftsrecht, Heft 29 (1965).

tenmal der Integration und auch dem Gemeinschaftsrecht gewidmete Thema einer Staatsrechtslehrertagung auf die „Bewahrung und Veränderung demokratischer und rechtsstaatlicher Verfassungsstruktur in den internationalen Gemeinschaften". Die „Kieler Welle"[42] ist als eine Entwicklungsbewegung zur Emanzipation des Gemeinschaftsrechts aus einer grundgesetzintrovertierten Haltung verstanden worden. Sie hat sich teilweise auch in der Lehre des deutschen Verfassungsrechts[43] niedergeschlagen und auf die höchstrichterliche Rechtsprechung[44] ausgewirkt.

c) Es entspricht der Komplexität des Gemeinschaftsrechts, daß *bestimmte* Bereiche der Rechtswissenschaft an seiner Entwicklung *spezifisches* Interesse nehmen mußten. In erster Linie gilt das für das Wettbewerbsrecht, dessen wissenschaftliche Bearbeitung im Rahmen des Gemeinschaftsrechts weithin dominiert, ferner für Gesellschafts-, Zoll- und Steuerrecht, Agrar-, Energie- und Verkehrsrecht, das Recht der öffentlichen Unternehmen und — für alle Gebiete gleichermaßen bedeutsam — den Rechtsschutz. Von diesen Bereichen und anderen Spezialgebieten, die — wie etwa das Versicherungsrecht — vor Integrationsfragen gestellt wurden, war indes keines geeignet, umfassend in das *Zentrum* des Gemeinschaftsrechts als ein *integriertes System des Wirtschaftsverwaltungsrechts* einzudringen — wie dies ebensowenig für Spezialuntersuchungen insbesondere zu Organisationsproblemen des Gemeinschaftsrechts in Betracht kommen konnte. Dieser Befund kann bestätigen, daß ein geeigneter Ansatz zur Gesamtdarstellung des Gemeinschaftsrechts in derjenigen *öffentlich-rechtlichen* Forschung zu suchen ist, die insbesondere die *Wirtschaft* als das *Feld staatlicher oder sonst hoheitlicher Präsenz* beachtet, also in der Befassung mit dem *Wirtschaftsverwaltungsrecht. Daraus* ist der Versuch dieser Darstellung erwachsen.

2. *Forschungsorganisation*

20 a) In allen Mitgliedstaaten bestehen *Vereinigungen zur Pflege des Europäischen Gemeinschaftsrechts,* und zwar:

Wissenschaftliche Gesellschaft für Europarecht
Association Belge pour le Droit Européen
Association Française des Juristes Européens

---

[42] *Ipsen* VVDStRL 23 (1966) 128.

[43] So bei *Hesse,* Grundzüge des Verfassungsrechts der Bundesrepublik Deutschland, 4. Aufl. (1970) 41—45; von *Maunz,* Deutsches Staatsrecht, läßt sich Entsprechendes nicht sagen. Seine Feststellung, es „scheint sich eher eine Entwicklung von der Überstaatlichkeit (Supranationalität) zurück zur nationalen Staatlichkeit anzubahnen" auf S. 406 der 17. Aufl. von 1969 ist S. 411 der 18. Aufl. von 1971 allerdings gestrichen worden. *Stein,* Lehrbuch des Staatsrechts, 2. Aufl. (1971) behandelt die Vergemeinschaftung nicht — Art. 24 I GG erscheint nicht einmal im Verzeichnis der GG-Artikel (297).

[44] BVerfGE 22, 293 = EuR 1968, 134 mit Anm. *Ipsen* sowie BVerfG-Beschl. v. 9. 6. 1971 — 2 BvR 225/69 — AWD 1971, 418 = NJW 1971, 2122 mit Anm. *Meier* = EuR 1972, 51 mit Anm. *Ipsen.*

Associazione Italiana dei Giuristi Europei
Association Luxembourgeoise des Juristes Européens
Nederlandse Vereniging voor Europees Recht.

Die deutsche, betont so genannte „Wissenschaftliche Gesellschaft für Europarecht" ist am 29. April 1961 in Hamburg gegründet worden und hat sich dort am 26. April 1962 unter Bewahrung ihrer Selbständigkeit und „Bündnisfähigkeit" nach außen als (8.) „Fachgruppe für Europarecht" der Gesellschaft für Rechtsvergleichung eingegliedert. Die sechs nationalen Vereinigungen haben sich zur Fédération Internationale pour le Droit Européen (FIDE) zusammengeschlossen, die am 12. Oktober 1961 in Brüssel gegründet worden ist.

In der BRD wird das Gemeinschaftsrecht seit 1964 sporadisch im Deutschen Juristentag berücksichtigt[45], ohne hier — wie andere Gebiete außerhalb der klassischen juristischen Großbereiche — in einer Abteilung organisiert zu sein.

21 b) Unter den mit Regelmäßigkeit abgehaltenen *Kongressen* und *Tagungen,* die speziell Fragen des Gemeinschaftsrechts behandeln, sind *in der BRD* hervorzuheben:

Veranstaltungen der Wissenschaftlichen Gesellschaft für Europarecht

Wissenschaftliche Kolloquien

1. Bensheim-Auerbach, 10. und 11. Juli 1964[46]:
   a) Das Verhältnis des Rechts der europäischen Gemeinschaften zum nationalen Recht
   Referenten: *Ipsen* und *Bülow*
   b) Die Rechtsangleichung in der Europäischen Wirtschaftsgemeinschaft auf dem Gebiet des Niederlassungsrechts
   Referenten: *Everling* und *Nicolaysen*

2. Bad Ems, 5. und 6. Mai 1967[47]:
   a) Die Rechtsangleichung im Gesellschaftsrecht
   Referent: *Lutter*
   Harmonisation des droits de sociétés
   Referent: *Leleux*

---

[45] 45. DJTag (1964): *Ipsen,* Der deutsche Jurist und das europäische Gemeinschaftsrecht (Schlußvortrag); 46. DJTag (1966): *Ule, Börner, Matthies,* Empfiehlt es sich, die Bestimmungen des europäischen Gemeinschaftsrechts über den Rechtsschutz zu ändern und zu ergänzen?; Tagungsberichte *Rabels* EuR 1966, 367; *König* JZ 1966, 758; *Stahl* CahDrEur 1967, 101; 48. DJTag (1970): *Lutter, Silcher,* Empfehlen sich für die Zusammenfassung europäischer Unternehmen neben oder statt der europäischen Handelsgesellschaft und der internationalen Fusion weitere Möglichkeiten der Gestaltung auf dem Gebiet des Gesellschaftsrechts?

[46] Veröff. unter dem Titel: Aktuelle Fragen des europäischen Gemeinschaftsrechts als Heft 29 (1965) der Abhandlungen aus dem Gesamten Bürgerlichen Recht, Handelsrecht und Wirtschaftsrecht — Beihefte der ZHR; Tagungsbericht *Rabe* NJW 1964, 1608.

[47] Tagungsbericht *Rabels* EuR 1967, 258.

b) Entwurf einer europäischen Gesellschaftsform
Referent: *v. Caemmerer*
Die europäische Aktiengesellschaft
Referent: *Hauschild*

3. Bad Ems, 28. und 29. März 1968:
Probleme des Agrarrechts der EWG[48]
a) Rechtliche Grundstruktur der Marktordnungen
Referent: *Börner*
b) Grenzen der Agrarpolitik nach Art. 38 ff. EWGV
Referent: *Ehlermann*
c) Institutionelle Probleme des Agrarmarktes
Referenten: *Jaenicke* und *Naß*
d) Finanzierung des Agrarmarktes
Referenten: *Götz* und *Cordts*

4. Bad Ems, 1. und 2. April 1971:
Verkehr und Gemeinschaftsrecht[49]
a) Die Rechtsgrundlagen der gemeinsamen Verkehrspolitik der EWG
Referent: *Schmitt*
b) EWG-Vertrag und Rheinregime
Referent: *Zuleeg*
c) Lösungsmodelle für eine Integration des Luftverkehrs
Referent: *Schwenk*
d) Die Rechtsstellung der Seehäfen im Lichte der Verkehrs- und Regionalpolitik der Gemeinschaft
Referent: *Stabenow*
e) Die Probleme der Seeschiffahrt in der Integration, insbesondere bei einer Erweiterung der Gemeinschaften
Referent: *Hellwig*

5. Bad Ems, 20. und 21. April 1972:
Die institutionelle Entwicklung der Gemeinschaften in den siebziger Jahren

Fachgruppensitzungen im Rahmen der Tagungen für Rechtsvergleichung[50]

1. Wien, 18. bis 21. September 1963:
Das Auskunftsrecht gegenüber Unternehmen und Unternehmenszusammenschlüssen innerhalb internationaler Gemeinschaften[51]
Referenten: *Würdinger* und *Wohlfarth*

---

[48] Agrarrecht der EWG, KSE 10 (1969); Tagungsbericht *d'Orville* EuR 1968, 332.

[49] Demnächst als KSE 18 (1972); Tagungsberichte *Saupe* EuR 1971, 271; *Wißmann* DÖV 1971, 271; *Wägenbaur*, Integration 1971, 177.

[50] Bereits vor Eingliederung der Wissenschaftlichen Gesellschaft für Europarecht als besondere Fachgruppe in die Gesellschaft für Rechtsvergleichung *(1/20)* hatte diese ihr Interesse gemeinschaftsrechtlichen Themen zugewandt, so auf der Tagung in Bremen vom 6. bis 9. 4. 1960 mit dem Festvortrag von *Hallstein*, Auslegung zwischenstaatlicher Abkommen und das Recht der Europäischen Gemeinschaften, sowie Referaten zur „Auslegung internationaler Wirtschaftsabkommen" und zur „Steuerharmonisierung innerhalb der EWG" (Tagungsbericht *Ehrig* NJW 1960, 1000); so auf der Tagung in Trier vom 26. bis 30. 7. 1961 mit dem Festvortrag von *Riese*, Einheitliche Gerichtsbarkeit für einheitliches Recht?, und Referaten u. a. von *Duden* zu Fragen „internationaler (supranationaler) Aktiengesellschaften" (Tagungsbericht *Lewald* NJW 1961, 1712).

[51] Bd. 20 (1964) der Arbeiten zur Rechtsangleichung — Schriftenreihe der Gesell-

2. Kiel, 8. bis 11. September 1965:
   a) Über den Rechtsschutz innerhalb der Europäischen Gemeinschaften[52]
   Referent: *Riese*
   b) Rechtsfragen zum Zahlungs- und Kapitalverkehr der EWG unter besonderer Berücksichtigung der Handelspolitik der Gemeinschaft[53]
   Referent: *Börner*
3. Berlin, 27. bis 30. September 1967:
   Öffentliche Unternehmen als Instrumente planender Verwaltung — rechtsvergleichende und europarechtliche Aspekte
   Referenten: *Ayiter, Fromont, Giannini, Pfleiderer, Reimer Schmidt, Stukenberg*[54]
4. Regensburg, 24. bis 27. September 1969:
   Die Harmonisierung der Unternehmensbesteuerung im Gemeinsamen Markt[55]
   Referenten: *Debatin, Rädler, Schink*
5. Mannheim, 22. bis 25. September 1971:
   Die Anwendung des Rechts der Europäischen Gemeinschaften in Dänemark, Großbritannien, Irland und Norwegen[56]
   Berichterstatter: *Nicolaysen* (Generalbericht), *Sørensen* (Dänemark), *Simmonds* (Großbritannien), *Lang* (Irland), *Gundersen* (Norwegen)
6. Hamburg soll im Herbst 1973 Ort der nächsten Tagung sein mit dem Thema: Fragen des europäischen Wettbewerbsrechts

Veranstaltungen des Instituts für das Recht der Europäischen Gemeinschaften der Universität Köln (z. T. in Zusammenarbeit mit dem Institut für Energierecht)

1. Köln, 24. bis 26. April 1963:
   Zehn Jahre Rechtsprechung des Gerichtshofs der Europäischen Gemeinschaften[57]
   a) Der Gerichtshof und die Nationalökonomie
   Referent: *Rueff*
   b) Prozeßvoraussetzungen
   Referenten: *de Soto, Funck, Neri*
   c) Prozeßmaximen
   Referenten: *Behr, Korsch, Matthies*
   d) Der Gerichtshof und nationales Recht
   Referenten: *Migliazza, Wille, Glaesner*
   e) Auslegungsgrundsätze des Gerichtshofs
   Referenten: *Monaco, Bisdom, Wolf*

---

schaft für Rechtsvergleichung; Tagungsberichte *Rabe* JZ 1964, 194; *Fritz Münch* RivDirEur 1964, 126.

[52] EuR 1966, 24; Diskussionsbericht *Rabe* EuR 1966, 69; Tagungsberichte *Ficker* JZ 1966, 537; *Tempel* NJW 1965, 1902.

[53] EuR 1966, 97; Diskussionsbericht *Nicolaysen* EuR 1966, 159; *ders.* JZ 1966, 537.

[54] Z. T. in: *Kaiser*, Planung III (1968); Tagungsbericht *Mailänder* NJW 1968, 342.

[55] Demnächst als KSE 14 (1972); Tagungsberichte *Millarg* JZ 1969, 807; *Grabitz* EuR 1970, 79.

[56] Demnächst als KSE 15 (1972). Tagungsbericht *Millarg* EuR 2/1972. — Im Herbst 1970 hatte über die Fragen der Erweiterung der Gemeinschaften bereits eine Konferenz in Dublin stattgefunden; Tagungsberichte *Steinberger* EuR 1971, 167; *Simmonds* CMLR 1971, 266.

[57] KSE 1 (1965); Tagungsberichte *Zuleeg* JZ 1963, 419; *Steinorth* WuW 1964, 494; *Skaupy* JR 1963, 326; *Hess* EA 1963, 497; *Fritz Münch* RivDirEur 1963, 273.

f) Diskriminierungen und Subventionen
Referenten: *Börner, Ryziger, Thiesing*
g) Kartelle
Referenten: *Koenigs, de Richemont, Olivier*
h) Die Schadensersatzklage und ihr Verhältnis zur Nichtigkeitsklage
Referenten: *Cartou, Blanchet, Knöpfle*
i) Die Untätigkeitsklage
Referenten: *Boulouis, Schoeneberg, Telchini*
j) Der Gerichtshof und unbestimmte Rechtsbegriffe
Referenten: *von Simson, Reinicke, Mathijsen*
k) Finanzielle Einrichtungen
Referenten: *Steindorff* und *Pinckernelle*
l) Die Lehre vom Verwaltungshandeln
Referenten: *de Laubadère, Wieacker, Daig*
m) Der Gerichtshof als Verfassungsgericht
Referenten: *Pescatore, Catalano, van der Esch*
n) Empfiehlt es sich, Bestimmungen über den Rechtsschutz zu ändern?
Referenten: *Zweigert, Geißeler, Lagrange*

2. Köln, 23. und 24. Mai 1965:
Zusammenarbeit in der Europäischen Atomgemeinschaft[58]
a) Die wissenschaftliche Zusammenarbeit in den Europäischen Gemeinschaften und ihre Bedeutung für die künftige Entwicklung der Forschung
Referent: *Vogelaar*
b) Rechtsformen der Zusammenarbeit bei der Forschung in der Europäischen Atomgemeinschaft
Referent: *Carpentier*
c) Versorgung und Energie
Referenten: *Oboussier* und *Berger*
d) Investitionen und gemeinsame Unternehmen
Referenten: *Glaesner, Hébert, Gourrier*
e) Patente und Lizenzen
Referenten: *Hoepffner* und *van Hegelsom*

3. Köln, 24. und 25. März 1966:
Wegerecht und europäisches Wettbewerbsrecht[59]
u. a.: Rechtsfragen zu Art. 90 EWGV
Referent: *Börner*

4. Köln, 18. bis 20. März 1969:
Angleichung des Rechts der Wirtschaft in Europa[60]
a) Sinn und Grenzen der Rechtsangleichung
Referent: *Kegel*
b) Harmonisierung des Niederlassungsrechts
Referenten: *Loussouarn* und *Nicolaysen*
c) Haftung für gefährliche Anlagen
Referenten: *Tunc* und *Weitnauer*
d) Rechtsakte der Organe der EWG als Mittel der Angleichung
Referenten: *Seidl-Hohenveldern* und *Neri*

---

[58] Bd. 16/17 (1967) der Veröff. d. Inst. f. Energierecht a. d. Univ. Köln; Tagungsberichte *Kanno* EuR 1967, 264; *Henckel* CahDrEur 1967, 576.
[59] Bd. 12/13 (1966) der Veröff. d. Inst. f. Energierecht a. d. Univ. Köln.
[60] KSE 11 (1971); Tagungsberichte *Grabitz* Integration 1969, 153; *Zuleeg* DVBl. 1969, 654; *Rüber* Betrieb 1969, 1183; *Hirsch, Revaclier* CahDrEur 1969, 366.

e) Rechtsangleichung und Verflechtung der Kapitalmärkte
Referenten: *Gleske* und *Leleux*
f) Zusammenfassung von Kapitalgesellschaften über die Grenze
Referenten: *Goldmann* und *Sanders*
g) Außenwirtschafts- und Zollrecht in der EWG
Referenten: *Maas, Mueller-Thuns, Abel*
h) Die nationale Ordnung des Verkehrs und der EWGV
Referent: *Wägenbaur*
i) Gewerblicher Rechtsschutz in der EWG
Referenten: *Plaisant* und *Beier*
j) Die Angleichung der europäischen Steuersysteme
Referenten: *Hutchings* und *Cardyn*
k) Das Zusammentreffen der nationalen und supranationalen Rechte im Energiebereich
Referenten: *Börner* und *van der Esch*
l) Rechtsstreit und Vollstreckung
Referenten: *Fragistas* und *Habscheid*
m) Beseitigung der technischen Handelshemmnisse
Referenten: *Beuve-Méry* und *Seidel*
n) Rechtsangleichung in der EWG am Ende der Übergangszeit
Referent: *Houin*

22 c) Unter den *in anderen Mitgliedstaaten veranstalteten Tagungen*[61] sind zu nennen:

Semaines de Bruges des Europa-Kollegs Brügge

Die Semaines finden jedes Jahr im April statt, behandeln indes überwiegend Themen anderer Fachgebiete[62]. Juristische Tagungen waren:

8. bis 10. April 1965:
Droit communautaire et droit national[63]

4. bis 6. April 1968:
L'entreprise publique et la concurrence — Les articles 90 et 37 du Traité CEE et leurs relations avec la concurrence[64]

---

[61] Eine vollständige Dokumentation der Veranstaltungen der in den anderen Mitgliedstaaten bestehenden Vereinigungen zur Pflege des Europäischen Gemeinschaftsrechts *(1/20)* ist leider nicht möglich. Beispielhaft sei verwiesen auf folgende Tagungsberichte: RevMC 1962, 269 (Frankr.); *Ter Kuile* SEW 1965, 315 (Niederl.), die Referate im Wortlaut aaO 317, 334; *Testa* RivDirEur 1967, 256 (Belgien); *Suetens* SEW 1969, 294 (Belgien); *Slycken* CahDrEur 1971, 488 (Belgien u. Niederl. gemeinsam).

[62] Davon Semaines mit Gemeinschafts-„Einschlag" 1964: Intégration européenne et réalité économique; 1966: L'Europe de demain et ses responsables; 1970: L'avenir des ports européens.

[63] Cahiers de Bruges, N. S. 14 (1965). — Diese Veranstaltung wurde vom Direktor der juristischen Abteilung des 1949 gegründeten Kollegs *de Vreese* ausdrücklich als dessen „première ‹*Semaine Juridique*›" qualifiziert (vgl. Cahiers 22/1969, 11). Tagungsberichte *Louis* CahDrEur 1965, 74; *Lhoest* RevMC 1965, 312; *van Emde Boas, Suetens* SEW 1965, 267; *Meuwissen* CMLR 1965, 126.

[64] Cahiers N. S. 22 (1969); Tagungsbericht *Patijn* CMLR 1968, 543.

Colloques Européens des Institut d'Etudes Européennes der Universität Brüssel[65]

13. Dezember 1964:
Le droit de l'alimentation dans l'Europe de demain[66]
23. bis 26. Mai 1966:
Les institutions juridiques du gouvernement de l'économie dans les pays occidentaux et socialistes
15. und 16. November 1966:
Brevets et marques au regard du droit de la concurrence en Europe et aux Etats-Unis
16. Januar und 2. April 1968:
L'Europe centrale et orientale
27. Februar 1968:
L'adhésion de la Grande-Bretagne aux Communautés
30. April 1968:
Les Etats scandinaves
24. und 25. Oktober 1968:
Vers une politique industrielle européenne
7. bis 9. November 1968:
Droit pénal européen
21. bis 23. November 1968:
Les émissions de titres de sociétés en Europe et aux Etats-Unis
4. Dezember 1968:
Le renouvellement de la Convention de Yaoundé
24. März 1969:
La Communauté et le Tiers monde
29. April 1969:
La Communauté et les pays méditerranéens
27. und 28. November 1969:
Les régions frontalières à l'heure du Marché Commun[67]
20. und 21. März 1970:
La Communauté au seuil de la période définitive

Kolloquien über die Fusion der Europäischen Gemeinschaften des Institut d'Etudes Juridiques Européennes der Universität Lüttich

1. 28. bis 30. April 1965:
La fusion des Communautés Européennes[68]
2. 27. bis 29. April 1966:
La fusion des Communautés Européennes au lendemain des Accords de Luxembourg[69]

---

[65] Das Institut wurde 1964 gegründet und steht unter der Leitung von *Ganshof van der Meersch*. Bericht über die Tätigkeit des Instituts von *Testa* RivDirEur 1966, 79.

[66] Veröff. 1966. Auch die weiteren Tagungen sind durchweg unter ihrem jeweiligen Titel in einer der Schriftenreihen des Instituts *(1/33)* publiziert.

[67] Tagungsbericht *Dörsch* Integration 1970, 47.

[68] Collection scientifique de la Faculté de droit Nr. 22 (1965); Tagungsberichte *Louis* CahDrEur 1965, 80; *Druker* CMLR 1965, 133.

[69] Collection Nr. 24 (1967).

3. 25. bis 27. April 1967:
   Les relations extérieures de la Communauté européenne unifiée[70]
4. 23. bis 25. April 1969:
   De l'union douanière à l'union économique[71]
5. 16. bis 18. Dezember 1970:
   La constitution économique européenne dans la perspective de la fusion des Communautés[72]

23 d) Die *FIDE*[73] tagt seit 1961 alle zwei bis drei Jahre:

1. Brüssel, 12. bis 14. Oktober 1961[74]:
   a) Die Fusion von Gesellschaften
   b) Die Antitrust-Gesetze
   c) Der Verkauf mit Prämien
2. Den Haag, 23. bis 26. Oktober 1963[75]:
   a) Das Problem der unmittelbaren innerstaatlichen Anwendbarkeit (self-executing) von Bestimmungen völkerrechtlicher Verträge und seine Anwendung auf die Gemeinschaftsverträge
   b) Führt ein Verstoß gegen die unmittelbar gegenüber den Unternehmen wirkenden Gemeinschaftsbestimmungen zu einer Unterlassungsklage oder Schadensersatzklage im nationalen Recht?
3. Paris, 25. bis 27. November 1965[76]:
   a) Rechtliche Mittel zur Umsetzung von Gemeinschaftsrecht in nationales Recht durch Legislative und Exekutive der Mitgliedstaaten
   b) Die Befugnisse der leitenden Organe von Aktiengesellschaften und Gesellschaften mit beschränkter Haftung
   c) Die außervertragliche Haftung der Euratom
4. Rom, 10. bis 13. Oktober 1968[77]:
   Die Unternehmenskonzentration im gemeinsamen Markt — Gesellschaftsrecht, Steuerrecht, Wettbewerbsrecht

---

[70] Publications de l'Institut Nr. 1/1968 (= Cahier de documentation) und Nr. 2/1969 (=Referate und Diskussionen); Tagungsbericht *Tomuschat* EuR 1968, 235.

[71] Publications Nr. 3/1970; Referat *Oppermann*, Schutzklauseln in der Endphase des Gemeinsamen Marktes, EuR 1969, 231; Tagungsbericht *d'Orville* EuR 1969, 269.

[72] Referat *Markert*, Wettbewerb und Wirtschaftspolitik in der EWG, EuR 1970, 349; Tagungsberichte *Edens, van der Wielen* CMLR 1971, 273, *Dörsch* Integration 1971, 47.

[73] Die „institutionalisierte" wissenschaftliche Zusammenarbeit von Angehörigen der Mitgliedstaaten erschöpft sich nicht in der FIDE; es existieren weitere Formen der Zusammenarbeit. Vgl. nur den 3. Deutsch-Italienischen Juristenkongreß in Venedig vom April 1970: Das Statut der „Europäischen Handelsgesellschaft" und sein Verhältnis zur deutschen und italienischen Rechtsordnung (Tagungsberichte *Czasche* Integration 1970, 118; *Fleck* NJW 1970, 1495 oder das 2. Gemeinsame Seminar der Juristischen Fakultäten von Heidelberg und Montpellier vom Mai 1970: Vereinheitlichung des Handelsgesellschaftsrechts in der EWG. Grenzen und Möglichkeiten.

[74] Rapports au (premier) Colloque international de droit européen (Brüssel, 1962); die belg. Beiträge auch in: RevDrIntDrComp 38 (1961) 65.

[75] Deuxième Colloque international de droit européen (Zwolle, 1966); Tagungsbericht *Ipsen* NJW 1964, 339; *Zuleeg* JZ 1964, 268.

[76] Tagungsberichte *Gilsdorf, Ficker, Mosthaf* EuR 1966, 161; *Zuleeg* DVBl. 1966, 679; *Cassano* RivDirEur 1965, 359.

[77] Tagungsberichte *Grabitz, Gleichmann, Thiesing* EuR 1969, 61; *Joliet* CahDrEur 1969, 106.

5. Berlin, 23. bis 26. September 1970[78]:
   Das Zusammenwirken der europäischen Rechtsordnung mit den nationalen Rechtsordnungen — Landwirtschaft, Wettbewerb, Energie
6. Luxemburg wird vom 24. bis 26. Mai 1973 der Ort der nächsten Tagung sein mit dem Thema:
   Die europäische Rechtsprechung nach zwanzigjähriger Gemeinschaftserfahrung — Rechtsprechung des Europäischen Gerichtshofes und Rechtsprechung der nationalen Gerichte: Fortschritt, Probleme, gegenseitiger Einfluß.

3. *Lehre*

24 a) Über Lehreinrichtungen, Forschungsvorhaben und -erträge an den Universitäten und sonstigen Hochschulen der Mitgliedstaaten informieren die (in französischer und englischer Sprache) seit Oktober 1962 publizierten *Etudes universitaires sur l'intégration européenne* des Institut de la Communauté européenne pour les études universitaires in Brüssel (Präsident: *Max Kohnstamm*), zuletzt in Nr. 6/1970[79]. Als juristische Studienzentren in der BRD nennen sie: Hamburg, Köln, München, Saarbrücken, unter den interdisziplinär arbeitenden Einrichtungen Berlin und Mannheim. Die Übersicht gibt indes kein zuverlässiges Bild.

Mit dem Gemeinschaftsrecht sind, in der Regel an der wissenschaftlichen Ausrichtung der Lehrstühle orientiert, außerdem befaßt Einrichtungen der Universitäten Bielefeld, Frankfurt, Freiburg, Göttingen, Heidelberg, Tübingen, Regensburg, Würzburg, die Hochschule für Verwaltungswissenschaften in Speyer[80] u. a. Sonderforschungsbereiche (Schwerpunkte) für das Gemeinschaftsrecht auf Grund zuständiger Entscheidungen des Wissenschaftsrates in Verbindung mit der Deutschen Forschungsgemeinschaft sind bislang nicht ausgewiesen worden. Es bedarf ihrer auch schwerlich.

Faktisch — nach der Intensität im Lehr- und Forschungsbetrieb und der Organisation von besonderen Studiengängen, Tagungen und Publikationen — können als *Schwerpunkte* genannt werden: Saarbrücken, Köln und Hamburg. In *Saarbrücken* besteht das Europa-Institut der Universität des Saarlandes, das ein zweisemestriges postgraduate-Studium anbietet. In *Köln* hat das Institut für das Recht der Europäischen Gemeinschaften die Tagungen vom April 1963 und März 1969 *(1/21)* organisiert. Es gibt die Kölner Schriften zum Europarecht (KSE) heraus.

---

[78] Veröff. unter dem Titel: Gemeinschaftsrecht und nationale Rechte, als KSE 13 (1971); Tagungsberichte *Brändel, Sedemund, Millarg* EuR 1971, 69; *Millarg* DÖV 1971, 196; *Gert Meier* DVBl. 1971, 349; *Gijlstra, Kuiper, Lauwaars* CMLR 1971, 369; *Zuleeg* Integration 1970, 225.

[79] Außerdem auch die monatlich erscheinenden „Nouvelles universitaires européennes/Europäische Hochschulnachrichten" der Association pour la Communauté Européenne Universitaire, Paris.

[80] In Speyer z. B. Fortbildungskursus über europäische Organisationen vom Sept. 1958 (Bericht *Kratzer* BayVBl. 1958, 341), Seminar für höhere Beamte der Gemeinschaften vom Okt. 1965 (Bericht *König* DVBl. 1965, 935).

In *Hamburg* ist die im Jahre 1960 errichtete Abteilung „Europäisches Gemeinschaftsrecht" (zunächst benannt: Abteilung Wirtschaftsrecht der Europäischen Gemeinschaften) des Seminars für Öffentliches Recht und Staatslehre der Universität zuständig, die über die vollständige einschlägige Dokumentation verfügt. Sie verantwortet auch den rechtswissenschaftlichen Lehrbetrieb in der Hamburger Stiftung Europa-Kolleg zur Förderung von Graduierten-Studien.

Dieses Buch verdankt den regelmäßigen Seminaren der Abteilung, ihren Mitarbeitern und Mitarbeiterinnen und Doktoranden vielfältige Anregungen und Hilfen. Wenn das Buch hinwiederum die weitere Arbeit der Abteilung fördern und befruchten kann, möge zugleich sein Erscheinen den Dank äußern für diese Anregungen und Hilfe. Er gilt insbesondere *Gert Nicolaysen,* der der Abteilung von der „Stunde 0" an zur Verfügung stand, *Eberhard Millarg,* der zuletzt Dokumentation, Judikatur und sekundärrechtliche Nachweise überprüft, die Bibliographie erstellt, die Korrektur mitgelesen hat, und Frau *Susanne Will,* die das Ganze aus meiner Handschrift in Maschinenschrift übertragen hat (was etwas heißen will!).

Aus der Abteilung sind folgende Dissertationen[81] hervorgegangen:

1. *Donandt, Klaus*
Finanzhilfen der Europäischen Gemeinschaft für Kohle und Stahl, der Europäischen Wirtschaftsgemeinschaft und der Europäischen Atomgemeinschaft an Private (Hamburg 1961)
2. *Erdmenger, Jürgen*
Die Anwendung des EWG-Vertrages auf Seeschiffahrt und Luftfahrt. Zur Auslegung von Art. 84 Abs. 2 des Vertrages (Hamburg, de Gruyter, 1962) (ausgezeichnet mit dem I. Preis der Europäischen Gemeinschaften — 1964 —)
3. *Rabe, Hans-Jürgen*
Die Befugnis des Rates und der Kommission der Europäischen Wirtschaftsgemeinschaft zum Erlaß von Verordnungen
(Heft 51 der „Abhandlungen aus dem Seminar für Öffentliches Recht der Universität Hamburg", Appel, 1963)
4. *Haeckel, Helmut*
Der Faktor Zeit in der Verwirklichung der Europäischen Gemeinschaftsverträge (Hamburg 1965)
5. *Loerke, Eckehard*
Hoheitliche Gewalt und Diskriminierungsverbot nach dem Montanvertrage. Ein Beitrag zur Auslegung von Art. 4 Buchst. b des Monatsvertrags
(Heft 52 der „Abhandlungen aus dem Seminar für Öffentliches Recht der Universität Hamburg", Appel, 1964)
6. *Bandilla, Rüdiger*
Das Klagrecht der Mitgliedstaaten der Europäischen Gemeinschaften gegen Durchgriffsakte. Wesen und Bedeutung für den Rechtsschutz des einzelnen
(Band 2 der „Schriftenreihe zur Europäischen Integration", Hamburg 1965)

[81] Das zusammen mit den „Etudes" Nr. 6/1970 veröffentlichte Verzeichnis der „Thèses terminées et publiées 1959—1969" weist, ohne erschöpfend zu sein und ohne Beschränkung auf die Rechtswissenschaft, für den betreffenden Zeitraum insgesamt 690 Dissertationen nach.

7. *Huth, Klaus-Dieter*
   Die Sonderstellung der öffentlichen Hand im Bereich der Europäischen Gemeinschaften. Eine rechtstatsächliche und rechtsdogmatische Untersuchung unter Einbeziehung Großbritanniens (Hamburg 1964)
8. *Baumann, Fritz-Achim*
   Die Nachprüfungsbefugnis des Gerichtshofs der Europäischen Gemeinschaften gegenüber Würdigungen der wirtschaftlichen Gesamtlage durch die Exekutivorgane der Gemeinschaften (Hamburg 1965)
9. *Bierkamp, Bernd-Walter*
   Das Gebot zur Publizität im Recht der Europäischen Gemeinschaften (Hamburg 1965)
10. *Grabitz, Eberhard*
    Gemeinschaftsrecht bricht nationales Recht
    (Heft 55 der „Abhandlungen aus dem Seminar für Öffentliches Recht der Universität Hamburg", Appel, 1967)
11. *Hanebuth, Klaus*
    Das Auskunftsrecht im europäischen Wirtschaftsrecht. Rechtsgrundlagen und Handhabung
    (Band 37 der „Schriftenreihe zum Handbuch für Europäische Wirtschaft", Baden-Baden,Nomos, 1967)
12. *Rittstieg, Helmut*
    Wirtschaftsverbände und europäische Gemeinschaften. Eine Untersuchung zur institutionellen Interessenvertretung (Hamburg, Appel, 1966)
13. *Thierfelder, Rainer*
    Die Entscheidung im EWG-Vertrag
    (Heft 56 der „Abhandlungen aus dem Seminar für Öffentliches Recht der Universität Hamburg", Appel, 1968)
14. *Flohr, Herbert*
    Die Finanzverfassung der Europäischen Wirtschaftsgemeinschaft (Hamburg 1968)
15. *Ruppert, Andreas*
    Die Integrationsgewalt. Eine staatstheoretische und verfassungsrechtliche Studie zu Art. 24 Abs. 1 des Grundgesetzes
    (Heft 58 der „Abhandlungen aus dem Seminar für Öffentliches Recht der Universität Hamburg", Appel, 1969)
16. *Burghardt, Günter*
    Die Eigentumsordnungen in den Mitgliedstaaten und der EWG-Vertrag. Zur Auslegung von Art. 222 EWGV
    (Heft 57 der „Abhandlungen aus dem Seminar für Öffentliches Recht der Universität Hamburg", Appel, 1969, ausgezeichnet mit dem „éloge particulier" anläßlich der Verleihung des VI. Preises der Europäischen Gemeinschaften an Arbeiten der wirtschaftswissenschaftlichen und politologischen Sektionen — 1970 —)
17. *Seelmäcker, Hans-Joachim*
    Die Agrarfinanzierung der Europäischen Wirtschaftsgemeinschaft (Hamburg 1969)
18. *Ebeling, Friedrich*
    Die EWG-Getreidemarktordnung unter besonderer Berücksichtigung der Schutzklausel (Hamburg 1969)
19. *Müller-Heidelberg, Till*
    Schutzklauseln im Europäischen Gemeinschaftsrecht (mit Ausnahme des Agrarrechts)
    (Band 4 der „Schriftenreihe zur Europäischen Integration", Hamburg, Fundament, 1970)

20. *Gericke, Hans-Peter*
Allgemeine Rechtsetzungsbefugnisse nach Art. 235 EWG-Vertrag (Heft 60 der „Hamburger Abhandlungen aus dem Seminar für Öffentliches Recht", Appel, 1970)
21. *Petersmann, Hans*
Die Suprematie des Europäischen Gemeinschaftsrechts und die Suprematie des Britischen Parlaments (Hamburg 1971)
22. *Oetting, Ulf*
Die Mitwirkung von Bundestag und Bundesrat an der innerstaatlichen Willensbildung zu den Rechtsakten der Europäischen Gemeinschaften. Die Informationspflicht der Bundesregierung nach Art. 12 des Zustimmungsgesetzes zu den Römischen Verträgen (Hamburg 1972)

25 b) Das Gemeinschaftsrecht zählt in der BRD *nicht* zu den sog. *Pflichtvorlesungen,* kann aber an den in Betracht kommenden Hochschulorten als Wahlfach für die Erste Juristische Staatsprüfung Berücksichtigung finden[82]. Insbesondere für Doktoranden dieses Gebietes bieten die längstens sechsmonatigen Praktika (stages) in den Dienststellen der Kommission[83] die nützliche Möglichkeit zur Information und Vervollkommnung der Kenntnisse.

26 c) Seit 1968 ist die im Europarat wirkende *Europäische Konferenz der Dekane der Juristischen Fakultäten* um die „Europäisierung" des Rechtsstudiums bemüht. Ihre zweite Tagung vom April 1971 in Straßburg[84] hat die Einführung eines europarechtlichen Programms in den Grundkursen des Jurastudiums und von Wahlprüfungen hierüber empfohlen. Das vorgeschlagene Modellprogramm vernachlässigt indes das europäische Gemeinschaftsrecht gegenüber einem im weitesten Sinne so verstandenen Europarecht.

27 d) Auf Initiative der deutschen Delegation während der Messina-Konferenz von 1955[85] ist in Art. 9 II EAGV vorgesehen: „Es wird eine Anstalt im Range einer Universität gegründet; die Einzelheiten ihrer Einrichtung werden vom Rat mit qualifizierter Mehrheit auf Vorschlag der Kommission festgelegt." Der Standort dieser Vorschrift im EAGV im Anschluß an Art. 9 I, der die Gründung von Ausbildungsschulen für Fachkräfte im Rahmen der gemeinsamen Kernforschungsstelle (also eindeutig im Bereich der Kernforschung) vorsieht, spricht zwar für den Plan einer Europäischen *Technischen* Universität. Indes hat den Vertragschließenden eine *allgemeinere* Idee

[82] Zur Anlage sowie zu den Voraussetzungen und Aussichten des europarechtlichen Studiums: *Ipsen* NJW 1964, 962; zur mangelnden Berücksichtigung dieses Gebietes in den Studienordnungen (anders als z. B. in den Niederlanden und in Österreich!) vgl. *Bernhard,* Vom Provinzialismus deutscher Juristenausbildung, JZ 1971, 581.

[83] Vgl. die Regelung betreffend die Praktika bei der Kommission der Europäischen Gemeinschaften, mit beigeheftetem Bewerbungsfragebogen, in: ABl. 1970 C 66, 11. Die Praktika beginnen jeweils am 1. 1., 1. 4., 1. 7. und 1. 10. eines Jahres. — Erfahrungsberichte von *Krukenberg* JuS 1965, 80 und *Schmitt von Sydow* JuS 1971, 219.

[84] Hierüber der Bericht von *Fuß* in Integration 1971, 119.

[85] So *Hallstein* in einem Vortrag vor dem Europa-Kolleg Hamburg am 18. 7. 1958, Nachw. bei *Ipsen* NJW 1964, 963 Anm. 8.

vorgeschwebt, und der Gründungsplan hat sich unter Förderung des Parlaments von der vertraglichen Einengung auf den technologischen Sektor gelöst.

Ob es einmal ein Treppenwitz der Europa-Geschichte genannt werden muß, daß gerade von *deutscher* Seite, der die Messina-Initiative zu verdanken war, erfolgreich hinhaltender Widerstand gegen den Universitätsplan geleistet worden ist[86] (und zwar von der Westdeutschen Rektorenkonferenz[87] und auch unter Berufung auf die Kulturzuständigkeit der Länder, die der Bund als Vertragspartner nicht überwinden könne), soll sich noch erweisen. Der Widerspruch der deutschen Hochschulen galt auch, und *das* allerdings *mit Recht,* den erwogenen Monopol- und Vorranganspruchen der europäischen Universität, falls diese eine Exklusiv-Stellung in der Auswahl, Ausbildung und Präsentation europäischer Funktionäre und den Charakter nur einer post-graduate-Hochschule gefordert hätte. Denn die Ausbildung jedenfalls im Gemeinschaftsrecht muß sinnvollerweise eingebettet werden in das nationale Grundstudium und den weiteren Ausbildungsgang[88].

Am 18. Juli 1961 hat die Konferenz der Staats- und Regierungschefs in Bad Godesberg den Abschluß eines Abkommens zur Gründung einer Europäischen Universität *durch Italien* in Florenz vorgesehen. Bis heute ist sie nicht errichtet. Im Memorandum der 81. Westdeutschen Rektorenkonferenz vom Sommer 1970[89] heißt es unter III 1, da sich neue Argumente zu den Plänen einer Europäischen Universitätsgründung nicht ergeben hätten, seien die früheren Stellungnahmen „weiterhin in Kraft". Das Memorandum verweist auf die Feststellung der IV. Generalversammlung der „Ständigen Konferenz der Rektoren und Vizekanzler der Europäischen Universitäten" vom 5. September 1969, wonach „die Gemeinschaft der Universitäten der europäischen Länder die europäische Universität" bildet und deshalb „für die Gründung einer neuen Universität mit dem Namen Europäische Universität keine Notwendigkeit gesehen wird".

Demgegenüber „bekundeten" die Staats- bzw. Regierungschefs auf dem Haager Gipfel vom 1./2. Dezember 1969 „erneut ein Interesse an der Schaffung einer europäischen Universität" (Ziff. 11 des Kommuniqués)[90]. Delegationen der Mitgliedstaaten kamen daraufhin Ende Oktober 1970 in Florenz zusammen und sprachen sich übereinstimmend für ein post-graduate-

---

[86] *Hallstein,* Bundesstaat 159: „unheilige Allianz eines zurückgebliebenen Teils der akademischen Zunft — leider auch der deutschen — ...".

[87] Erklärung der 41. Westdeutschen Rektorenkonferenz zur Frage der Gründung einer „Europäischen Universität", in: Hochschuldienst 12 (1959) Ausg. A Nr. 13 v. 8. 7. 1959 S. 3.

[88] *Ipsen* NJW 1964, 964; im Ergebnis ebenso: *Hallstein,* Die Europa-Universität, in: in-unireport 3 (1971) Nr. 3/4 S. 13: „eine Universität ... für Studenten einschließlich der Anfänger bestimmt."

[89] Die Deutsche Universitätszeitung vereinigt mit Hochschuldienst 1970 Nr. 15/16 S. 28.

[90] ABl. 1970 C 136, 16.

Studienzentrum mit Namen Europäische Universität in Florenz aus. Mitte November 1971 wurde auf dem ersten Erziehungsminister-Treffen der Sechs[91] Einigkeit erzielt über die Gründung dieses post-universitären Instituts mit den vier Fachrichtungen Geschichte und Zivilisation, Rechtswissenschaften, politische und soziale Wissenschaften, Wirtschaftswissenschaften[92]. In seine Finanzierung sollen sich — bis zur Unterhaltung aus Gemeinschaftsmitteln ab 1978 — die BRD, Frankreich und Italien mit je 28, Belgien und die Niederlande mit je 7,9 sowie Luxemburg mit 0,2 % teilen[93].

IV. Bibliographie, Dokumentation, Rechtsprechung

1. Bibliographie

28 a) Gründliche bibliographische *Berichte* über die Literatur zum Gemeinschaftsrecht liefern

Wagner, AöR 91 (1966) 257—286
André, AöR 94 (1969) 608—625
Paklons, Bibliographie européenne (Bestandsaufnahme der Bibliothek des Europa-Kollegs Brügge) 1964
Zellentin-Buchrucker, Bibliographie zur Europäischen Integration, 3. Aufl. (1970)

Umfangreiche *Nachweise* einschlägiger Literatur finden sich in folgenden Bibliographien:

Juristische Veröffentlichungen über die europäische Integration (ab 1952) mit Stichwort- und Autorenverzeichnis, Hg. Dokumentationsdienst des Gerichtshofs der Europäischen Gemeinschaften 1966, Nachträge 1967, 1968, 1969
Systematischer Katalog der Bücher (der Bibliothek der Gemeinschaften in Luxemburg — früher: der Hohen Behörde); gegenwärtig bis 1969
Europäische Bibliographie
Bücher und Dokumente über die Europäischen Gemeinschaften, systematisch geordnete Karteikartensammlung, Hg. Presse- und Informationsdienst der Europäischen Gemeinschaften (jährlich ergänzt)

Bibliographie zur europäischen Rechtsprechung betr. die Entscheidungen zu den Verträgen über die Gründung der Europäischen Gemeinschaften ab 1952 (1965 m. Nachtr. 1967, 1968, 1969, 1970)

Periodisch bibliographische Angaben über Neuerscheinungen sind enthalten in den Fachzeitschriften *(1/32)*, ferner in der NJW, für Dissertationen in den Etudes *(1/24)*, in der Beilage zum Monatlichen Veröffentlichungsverzeichnis der Kommission sowie in:

---

[91] Zu seiner Vorbereitung vgl. Nouvelles universitaires européennes 50 (März 1971) 2—3; VWD Europa Nr. 20/71 v. 29. 1. 1971, I/9.

[92] VWD Europa Nr. 219/71 v. 11. 1. 1971, I/8. — Zur Entwicklung im einzelnen: *Kotthaus-Hermann,* Europäische Bildungspolitik in Sicht? Europa-Universität rückt näher, EurGem Nr. 12/1970, 8; VWD Europa Nr. 20/71 v. 29. 1. 1971, I/9 und Nr. 77/71 v. 22. 4. 1971, I/6.

[93] VWD Europa Nr. 20/72 v. 27. 1. 1972, I/14.

Karlsruher Juristische Bibliographie, Hg. *Kirchner, Mackert, Schneider* (C. H. Beck, München/Frankfurt) (monatlich)

Verzeichnisse der Neuerwerbungen (der Zentralbibliothek Brüssel) Hg. Kommission (monatlich)

Methodische Bibliographie
Teil II von: Europäische Dokumentation — Ein Überblick (informiert über Neuanschaffungen und Zeitschriftenauswertung der Bibliothek des Europäischen Parlaments) (vierteljährlich)

Ausgewählte Zeitschriftenartikel
Informationsbulletin, Hg. Zentrale Dokumentationsstelle der Kommission (vierzehntäglich)

29 b) *Textausgaben*

Sartorius Bd. II
Europa-Recht und andere internationale Verträge
(2. Bd. der Sammlung Sartorius: Verfassungs- und Verwaltungsgesetze; enthält u. a. auch die Verträge betr. die UNO, die NATO, den Europarat, die Europäische Menschenrechtskonvention, die EFTA) 1 Loseblattordner

Coing — Hallstein — Mosler — Schlochauer (Hg.)
Europäisches Recht
Textsammlung übernationalen und internationalen Rechts (u. a. auch die Verträge über die OECD und das GATT enthaltend) 2 Loseblattordner

Europa-Recht
(mit Einführung von *Steindorff*)
dtv-Beck-Texte Band 5014 (1965)

Europa-Gesetze I
(mit Einführung von *Kakies*)
Goldmanns Gelbe Taschenbücher Band 759/760 (1964)

Verträge zur Gründung der Europäischen Gemeinschaften, Verträge zur Änderung dieser Verträge, dazugehörige Dokumente (1971, Hg. Amt für amtliche Veröffentlichungen)

30 c) *Gesamtdarstellungen des Gemeinschaftsrechts*

Im folgenden sind nicht aufgeführt Darstellungen des Europarechts weitesten Sinnes, die gemeinhin Titel wie „Europäische Organisationen“, „Internationale Organisationen“ o. ä. tragen *(1/4)*[94].

Das Recht *aller drei* Gemeinschaften haben zum Gegenstand:

Belgien
Ganshof van der Meersch (Hg.), Droit des Communautés européennes (1969)[95]

[94] Außer den in Anm. 4 genannten vgl. z. B. noch: *Pinto*, Organisations Européennes (1965); *Ganshof van der Meersch*, Organisations Européennes I (1966); *van Bogaert*, Overzicht van het verdragsrecht der Europese Organisaties (1966); *Colliard*, Cours d'Organisations Européennes (1968); *Palmer—Lambert* u. a., European Unity. A survey of European Organisations (1968); *Campolongo*, Organizzazioni Economiche Internazionali (1969).

[95] Zu seiner äußeren Charakterisierung vgl. *1/1*, zweiter Abs.; Besprechung *Nicolaysen* Integration 1970, 55.

BRD

Runge, Das Recht der Europäischen Gemeinschaften, JuS 1964, 305—308, 341—345, 391—395, 474—477; 1965, 9—14.
Einführung in die Rechtsfragen der europäischen Integration (Hg. Gustav-Stresemann-Institut e. V.; 32 Mitarbeiter, 1969)
Hallstein, Der unvollendete Bundesstaat. Europäische Erfahrungen und Erkenntnisse (1969)
Sattler, Die Entwicklung der Europäischen Gemeinschaften von ihrer Gründung bis zum Ende der EWG-Übergangszeit, JböR NF 19 (1970) 1—128

Frankreich

Cartou, Le Marché Commun et le droit public (1959) = Der Gemeinsame Markt und das öffentliche Recht (1960)
Delmas, Les Communautés européennes (1965)
Pflimlin — Legrand-Lane, L'Europe communautaire (1966)
Lassalle, Répertoire du droit des Communautés européennes, 1952—1966 (1967)
Cartou, Introduction à l'étude du droit des Communautés européennes (1967)
Colliard, Cours de droit administratif européen (1967)
Gide-Loyrette-Nouel, Dictionnaire du Marché Commun (4 Order, 1968 ff.)

Italien

Catalano, Manuale di diritto delle Comunità Europee, 2. Aufl. (1965) = Manuel de droit des Communautés européennes, 2. Aufl. (1964)
Grisoli, Aspetti giuridici della integrazione economica europea. Corso di lezioni (1967)
Monaco, Diritto dell'integrazione europea (Bd. 2 von Lezioni di organizzazione internazionale; 1968)

Niederlande

Handboek voor de Europese Gemeenschappen
Teil 1 A: *Kapteyn-Verloren van Themaat*, Inleiding tot het recht van de Europese Gemeenschappen (1970)
Teil 1 B: Verdragsteksten en aanverwante stukken. EEG, Euratom, EGKS (4 Ordner, 1963 ff.)
Teil 2: Tarieflijsten
Teil 3: *Ellis — van den Heuvel*, Europees mededings- en kartelrecht. EEG en EGKS (3 Ordner, 1963 ff.)
Schrans, Inleiding tot het europees economisch recht (1969)

Weitere Staaten

Robertson, European institutions. Co-operation, integration, unification, 2. Aufl. (1966)
Stein-Hay, Law and institutions in the atlantic area. Readings, cases and problems (mit gesondertem Dokumentenband, 1967)
Campbell, Common Market Law (2 Bände, 1969)
Gundersen, Introduksjon til EEC. Rettslige og politiske spørsmål (1968)
Gundersen, EEC-Håndboken (1971)

Zusätzlich liegen für das Recht der *einzelnen* drei Gemeinschaften im wesentlichen noch vor:

EGKSV

Belgien

Vignes, La Communauté Européenne du Charbon et de l'Acier. Un exemple d'administration économique internationale (1956)
de Visscher, Le droit public de la Communauté Européenne du Charbon et de l'Acier (1957)
Blanchet, Dix ans d'application du Traité CECA à l'industrie charbonnière (1964)

BRD

Haußmann, Der Schuman-Plan. Ein Beitrag zu den Grundproblemen und zur Weiterentwicklung des Schuman-Planes (1952)
Jerusalem, Das Recht der Montanunion (1954)
Gaedke, Das Recht der Europäischen Gemeinschaft für Kohle und Stahl (1954)
Ballerstedt, Übernationale und nationale Marktordnung. Eine montanrechtliche Studie (1955)
Engel (Hg.), Handbuch der Montanunion. Entscheidungen, Empfehlungen, Stellungnahmen, systematische Darstellung der Probleme und Arbeitsergebnisse der EGKS (i. wesentl. Dokumentation; 22 Ordner, 1953 ff.)

Frankreich

Köver, Le Plan Schuman, Ses mérites, ses risques (1952)
Reuter, La Communauté Européenne du Charbon et de l'Acier (1953)
Lagrange, Le Traité du 18 avril et son régime (1955/56)
Prieur, La Communauté Européenne du Charbon et de l'Acier. Activité et évolution (1962)
de Soto, La Communauté Européenne du Charbon et de l'Acier, 2. Aufl. (1965)

Italien

Ramacciotti, La Comunità Europea del Carbone e dell'Acciaio (1953)
Natura ed esercizio del potere sopranazionale nell'organizzazione economica della Comunità Carbo-Siderurgica (Tavola rotonda, 1969)

Luxemburg

La CECA 1952—1962. Les premières dix années d'une intégration partielle. Résultats, limites, perspectives (1963)

Niederlande

Mathijsen, Le droit de la Communauté Européenne du Charbon et de l'Acier. Une étude des sources (1958)

Weitere Staaten

Mason, The European Coal and Steel Community. Experiment in supranationalism
Fischer, Det Europaeiske Kul-og Stålfaellesskab. Folkeretlige studier over internationalt samarbejde (1957)
Diebold, The Schuman Plan. A study in economic cooperation, 1950—1959 (1959)
Lister, Europe's Coal and Steel Community. An experiment in economic union (1960)
Scheingold, The rule of law in European integration. The path of the Schuman Plan (1965)

EWGV

BRD

Krämer, EWG und EFTA. Entwicklung, Aufbau, Tätigkeit, 2. Aufl. (1969)

Ehle, Klage- und Prozeßrecht des EWG-Vertrages mit Entscheidungssammlung (2 Ordner, 1966 ff.)

Frankreich

de Sainte-Lorette, Le Marché Commun, 4. Aufl. (1966)
Deniau, Le Marché Commun, 3. Aufl. (1969)
Drouin, L'Europe du Marché Commun (1968)

Italien

Catalano, La Comunità Economica Europea e l'Euratom, 2. Aufl. (1959)

Weitere Staaten

Junckerstorff (Hg.), International manual of the European Community (1963)
Weil (Hg.), A handbook on the European Economic Community (1965)
Kitzinger, The European Common Market and Community (1967)
Jensen, The Common Market (1967)
Walter, The European Common Market. Growth and pattern of trade and production (1967)
Walsh-Paxton, The structure and development of the Common Market (1968)

EAGV

Frankreich

Droit nucléaire européen, Kolloquium Paris 1966 (1968)

Italien

Catalano, La Comunità Economica Europea e l'Euratom, 2. Aufl. (1959)
Il diritto della energia nucleare, Hg. Centro Internazionale di Studi e Documentazione sulle Comunità Europee (1961)

Weitere Staaten

Polach, Euratom. Its background, issues and economic implications (1964)

31 d) *Kommentare*

EGKSV

Italien

Quadri — Monaco — Trabucchi (Hg.), Trattato istitutivo della Comunità Europea del Carbone e dell'Acciaio. Commentario (57 Mitarbeiter, 3 Bände, 1970)

EWGV

Belgien

Mégret — Louis — Vignes — Waelbroeck (Hg.), Le droit de la Communauté Économique Européenne. Commentaire du Traité et des textes pris pour son application (Bd. 1: Préambule, principes, libre circulation des marchandises, 1970; 2: Agriculture, 1970; 3: Libre circulation des travailleurs, établissements et services, capitaux, transports, 1971; 4: Concurrence, dispositions fiscales, rapprochement des législations, i. Vorber., 5: Politique économique, politique sociale, i. Vorber.)

BRD

Wohlfarth — Everling — Glaesner — Sprung, Die Europäische Wirtschaftsgemeinschaft. Kommentar zum Vertrag (1960, Neuaufl. i. Vorber.)

von der Groeben — von Boeckh, Handbuch für Europäische Wirtschaft (mit Kommentaren zum EWGV [Bände 2—10] und EAGV [Bände 12 u. 13] sowie umfangreicher Dokumentation; 16 Ordner, 1957 ff.)

Italien

Quadri — Monaco — Trabucchi, Trattato istitutivo della Comunità Economica Europea (44 Mitarbeiter, 4 Bände, 1965)

Niederlande

Europese Economische Gemeenschap, Europese Gemeenschap voor Atomenergie en Europese Gemeenschap voor Kolen en Staal. Kommentierung des EWGV (*Abeln, Dekker* u. a.) und des EAGV *(van Meerbeke),* Hg. Kluwer/Deventer (1 Ordner, 1961 ff.)

Hoogwater — Colthoff — de Ross, De Euromarkt in de praktijk (3 Ordner, 1958 ff.)

Maas — Kymmell (Hg.), Regelingen Euromarkt. Handboek betreffende de Europese Economische Gemeenschap (5 Ordner, im wesentlichen Dokumentation)

EAGV

Belgien

Errera — Symon — van der Meulen — Vernaeve, Euratom. Analyse et commentaire du Traité (1958)

BRD

von der Groeben — von Boeckh, Handbuch für Europäische Wirtschaft (vgl. bei *EWGV;* darin auch Kommentar zum EAGV = Bände 12 u. 13)

Niederlande

Europese Economische Gemeenschap, Europese Gemeenschap voor Atomenergie en Europese Gemeenschap voor Kolen en Staal. Kommentierung auch zum EAGV (vgl. bei *EWGV*)

32 e) *Zeitschriften*

Aufgeführt sind nachstehend lediglich Zeitschriften mit ausschließlich oder wesentlich europarechtlichem Inhalt. Eine große Zahl von Periodica in allen Mitgliedstaaten der Gemeinschaften bringt ständig oder gelegentlich in geringerem Umfang Beiträge zum Europäischen Gemeinschaftsrecht.

Belgien

Cahiers de Droit Européen — CahDrEur — (Brüssel)
European Transport Law = Europäisches Transportrecht (Antwerpen)

BRD

Europarecht — EuR — (München)
Integration (Bonn)
Außenwirtschaftsdienst des Betriebs-Beraters — AWD — (Heidelberg)
europäische gemeinschaft — EurGem — (Bonn)
Europa-Archiv — EA — (Bonn)

Frankreich

Revue du Marché Commun — RevMC — (Paris)
Revue Trimestrielle de Droit Européen — RevTrimDrEur — (Paris)
Le Droit et les Affaires — DretAff — (Paris)
Bulletin de l'Association des Juristes Européens (Paris)

Italien

Rivista di Diritto Europeo — RivDirEur — (Rom)
Il Diritto negli Scambi Internazionali — DirScambiIntern — (Mailand)

Niederlande

Social-Economische Wetgeving — SEW — (Zwolle/Gent)
Common Market Law Review — CMLR — (Leiden)
Common Market — CM — (Den Haag)
La Fiscalité du Marché Commun = Europäische Steuer-Zeitung (Deventer/Heidelberg)

Großbritannien

Journal of Common Market Studies — JournCMSt — (Oxford)
Common Market Law Reports — CMLRep — (Edinburgh)

33 f) *Schriftenreihen*

Auch bei der Zusammenstellung von Schriftenreihen, die ausschließlich oder überwiegend Publikationen zum Gemeinschaftsrecht enthalten, konnte Vollständigkeit nicht erzielt oder erstrebt werden.

Schriftenreihe des Instituts für Europäisches Recht der Universität des Saarlandes, Hg. *Aubin*

Kölner Schriften zum Europarecht, Hg. Institut für das Recht der Europäischen Gemeinschaften der Universität Köln

Hamburger Abhandlungen aus dem Seminar für Öffentliches Recht, Hg. *Laun* und *Ipsen*

Schriftenreihe zur Europäischen Integration, Hg. Stiftung Europa-Kolleg Hamburg

Cahiers de Bruges, Hg. Europa-Kolleg Brügge

Verschiedene Reihen des Institut d'Études Européennes der Universität Brüssel, darunter:

Colloques européens
Enseignement complémentaire
Thèses et travaux juridiques/resp. politiques/resp. économiques
Chronologie des Communautés européennes

Europese Integratie, Hg. Europa-Institut Leiden

Europese Mongrafieën, Hg. Europa-Institute Leiden und Amsterdam, Universität Utrecht

Publications de l'Institut d'Etudes Juridiques Européennes de Liège

Cours du Centre International d'Etudes et de Recherches Européennes, Hg. Université Internationale de Sciences Comparées von Luxemburg

Schriftenreihe Europäische Wirtschaft (früher Schriftenreihe zum Handbuch für Europäische Wirtschaft), Hg. MinRat a. D. *Rieber* (Nomos, Baden-Baden)

Annuaire Européen — European Yearbook, Publié sous les auspices du Conseil de l'Europe (Leiden), gegenwärtig bis Bd. XVI/1968 (1970)

Europäische Aspekte — Aspects Européens — European Aspects, Eine Schriftenreihe zur europäischen Integration, Hgg. mit Förderung des Europarates (Leiden)

2. *Dokumentation*

34 a) Als *offizielles Publikationsorgan der Gemeinschaften* und als *deutsche Fundstellennachweise* für das Gemeinschaftsrecht im weitesten Sinne sind zu nennen:

Amtsblatt der Europäischen Gemeinschaften
Teil L (= Legislatio): Rechtsvorschriften (veröffentlichungs- und nicht veröffentlichungsbedürftige Rechtsakte)
Teil C (= Communicatio): Mitteilungen und Bekanntmachungen (aller vier Gemeinschaftsorgane, darunter der Kommission über ihre vorbereitenden Rechtsakte, des Gerichtshofs über Eröffnung und Beendigung von Verfahren)
gegenwärtig im 15. Jg. (1972)

Bundesanzeiger: Hinweisender Abdruck der Inhaltsverzeichnisse des Amtsblattes
Bundesgesetzblatt Teil I: Laufender Hinweis auf die Veröffentlichung von Rechtsvorschriften der Europäischen Gemeinschaften im Amtsblatt mit unmittelbarer Rechtswirksamkeit in der BRD

Bülow-Langner, Fundstellennachweis für das Recht der Europäischen Gemeinschaften, Beilage zum Bundesanzeiger (mit Nachweisen auch für vorbereitende Rechtsakte sowie gemeinschaftswichtige innerstaatliche Vorschriften)
gegenwärtig in 10. Aufl. (Beil. z. BAnz. Nr. 2/72)

Fundstellennachweis B — Völkerrechtliche Vereinbarungen, Hg. Bundesminister der Justiz, Beilage zum BGBl. II
gegenwärtige Ausgabe abgeschl. am 31. 12. 1971

35 b) Die *Tätigkeit der Versammlung und ihrer Ausschüsse* findet ihren Niederschlag in folgenden Veröffentlichungen:

Verhandlungen des Europäischen Parlaments/Ausführliche Sitzungsberichte, Anhang zum Amtsblatt der Europäischen Gemeinschaften
(jeweils 1 Heft für eine Folge von Sitzungstagen einer Sitzungsperiode [= März bis Februar])

Sitzungsdokumente des Europäischen Parlaments (überwiegend Ausschußberichte enthaltend)
jeweils nach Sitzungsperioden durchnumeriert.

36 c) Eine Vielzahl von Dokumenten der Gemeinschaftsorgane, darunter vor allem auch Vorschläge, Programme und Memoranden der Kommission an den Rat, sind, soweit sie nicht im Amtsblatt, als Sonderbeilage zum Bulletin *(1/38)* oder in gesondertem Druck veröffentlicht werden, primär für den innerdienstlichen Gebrauch bestimmt. Insbesondere ihr Bezug wird erleichtert oder erst ermöglicht durch den vom Verbindungsbüro Bonn der Europäischen Gemeinschaften *(7/40)* herausgegebenen Dienst

Dokumente und Publikationen[96].

37 d) Einen jahrweisen Überblick über die Tätigkeit der Gemeinschaften bringen die nachstehenden Publikationen:

---

[96] Vgl. auch den vom Veröffentlichungsdienst der Gemeinschaften hgg. Katalog: Veröffentlichungen der Europäischen Gemeinschaften, März 1964—Juli 1967 (1967), Ergänzung: August 1967—Dezember 1968 (1969).

Gesamtbericht über die Tätigkeit der Gemeinschaften
Hg. Kommission (jährlich), gegenwärtig bis 5. Gesamtbericht (1971); bis 1967 (Fusion der Gemeinschaftsorgane) getrennt für EGKS, EWG und EAG

Jahrbuch des Europäischen Parlaments
Hg. Europa-Parlament, gegenwärtig bis 1971—1972

Überblick über die Tätigkeit des Rates
Hg. Sekretariat des Rates (einmal jährlich), gegenwärtig bis 19. Überblick (1970/1971)

38 e) Als *laufende Informationsquellen* stehen zur Verfügung:

Bulletin der Europäischen Gemeinschaften
Hg. Generalsekretariat der Kommission (monatlich), gegenwärtig im 5. Jg. (1972); bis 1967 getrennt für EGKS, EWG und EAG

VWD EUROPA — Nachrichten aus den Europäischen Gemeinschaften (Europa Nachrichten)
Hg. VWD — Vereinigte Wirtschaftsdienste, Frankfurt/M. (täglich)

Europe — Europäische Gemeinschaften: EGKS, Euratom, Gemeinsamer Markt
Hg. Agence-Europe, Brüssel

Europa-Archiv — Teil D: Dokumente, Teil Z: Zeittafel

Europäische Dokumentation — ein Überblick
Hg. Europäisches Parlament (berichtet über Ereignisse der Integration außerhalb der Gemeinschaftsinstitutionen, insbes. in den mitgliedstaatlichen Staatsorganen und Parteien, quartalsweise), gegenwärtig im 14. Jg. (1972)

Europäisches Parlament — Informationen
Hg. Europäisches Parlament

Engel (Hg.), Der Gemeinsame Markt. Handbuch der EWG, EAG und EGKS (i. wesentl. Dokumentation, 1957 ff., bislang 14 Ordner, lfd. Nachträge)
Schöndube, europa taschenbuch, 2. Aufl. (1970)

3. *Rechtsprechung*

39 a) Alle *Entscheidungen des Luxemburger Gerichtshofs* werden in vollem Wortlaut, jeweils mit vorangestellten unverbindlichen Leitsätzen, veröffentlicht in der für jedes Jahr heftweise von ihm herausgegebenen

Sammlung der Rechtsprechung des Gerichtshofs — Rspr. —
(bislang Bd. I/1954-1955 bis Bd. XVII/1971).

Die Sammlung erscheint jeweils gesondert auch in den anderen Amtssprachen des Gerichtshofs. Zur Erleichterung ihrer Benutzung erfolgt der Abdruck in den vier Ausgaben kongruent.

Eine niederländische Sammlung von „Standardurteilen" des Gerichtshofs bieten

Bronkhorst-Vermaes, Arresten voor europees recht — Rechtspraak van het Hof van Justitie van de Europese Gemeenschappen
(bislang Bd. I, 1970)

40 b) Sowohl die *Rechtsprechung des Gerichtshofs* wie die *Judikatur mitgliedstaatlicher Gerichte* zu Fragen des Gemeinschaftsrechts drucken auszugsweise ab:

Eversen-Sperl, Europäische Rechtsprechung — Nachschlage- und Sammelwerk der Rechtsprechung zu den Verträgen über die Gründung der Europäischen Gemeinschaften, KSE 2 ff.
(bislang KSE 2/1953-1962 bis KSE 2 h/1970 sowie KSE 3 bis 3 h — in französisch)
Dölle-Zweigert, Rechtsprechungssammlung zum Europarecht
(bislang 2 Ordner)
Ehle, Klage- und Prozeßrecht des EWG-Vertrages mit Entscheidungssammlung
(bislang 2 Ordner)

Einzelne Erkenntnisse des Europäischen Gerichtshofs und einschlägige nationale Urteile werden außerdem in den Fachzeitschriften *(1/32)* publiziert und besprochen. In mehreren von ihnen wird auch periodisch über wichtige Judikatur berichtet.

41 c) Am umfassendsten über die *mitgliedstaatliche Judikatur* informieren die vom Dokumentationsdienst des Gerichtshofs veröffentlichte

Nationale Rechtsprechung zum Recht der Europäischen Gemeinschaften
(bislang Bd. I/1953-1963, 1970),

die vom Juristischen Dienst der Kommission unregelmäßig herausgegebenen Hefte

Einzelstaatliche Entscheidungen über Gemeinschaftsrecht — Unvollständiges Fundstellenverzeichnis veröffentlichter Entscheidungen
(bislang bis Heft 13, 1971)

sowie periodische Länder-Rechtsprechungsberichte in den in- und ausländischen Zeitschriften, darunter vor allem diejenigen in EuR

für Belgien: von *Joliet* EuR 1970, 267; 1972, 59
für Frankreich: von *Fromont* EuR 1970, 48; 1971, 154
für Italien: von *Pappalardo* EuR 1970, 339
für die Niederlande: von *Brinkhorst* EuR 1970, 172.

V. Anlage und Technik

42 1. Die Darstellung zielt in der Darbietung von Literaturnachweisen, Sekundärrecht, Dokumentation und Rechtsprechung nicht auf Perfektion. Zur Ergänzung sei verwiesen auf die Angaben in „Droit des Communautés européennes“, bei *Sattler (1/30)*, in den Gesamtberichten der Kommission *(1/37)* und auf die Entscheidungssammlungen *(1/39 ff.)* sowie zum Sekundärrecht insbesondere auf den Fundstellennachweis von *Bülow-Langner (1/34)*.

43 2. Die ständig und abgekürzt zitierten Werke sind in einem besonderen Verzeichnis (S. XXXVII) nachgewiesen und werden in den den Paragraphen vorangestellten Literaturübersichten nicht wiederholt. Spezialliteratur wird — außer in diesen Übersichten — zusätzlich in den Anmerkungen nachgewiesen. Soweit sich die Titel einzelner zitierter Beiträge nicht durch Rückgriff auf die Literaturübersichten ergeben, handelt es sich durchgehend um Diskussionsbeiträge, Buchbesprechungen, Urteilsanmerkungen o. ä.

44 3. Verweisungen innerhalb des Buches erscheinen als Angabe des Paragraphen nebst Randnummer, und zwar in Klammern ohne weiteren Zusatz. Es bedeutet also z. B.: *(10/15)* die Verweisung auf § 10 Randnummer 15; einzelne Verweisungen beziehen sich insgesamt auf Paragraphen, also z. B.: *(§ 10)*. Meinem Kollegen *Eberhard Schmidhäuser* danke ich für seine Erlaubnis, auch hier seine Verweisungstechnik (Strafrecht Allgemeiner Teil, Lehrbuch, Tübingen 1970) anwenden zu dürfen.

45 4. Das Buch ist im wesentlichen mit dem Ausgang des Jahres 1971 abgeschlossen. Die durch den Beitritt neuer Mitgliedstaaten sich ändernde Zusammensetzung von Gemeinschaftsorganen und -einrichtungen ist jeweils bei ihrer Darstellung nachgewiesen. Andere bei Abschluß des Buches bereits verfügbare Angaben über Beitrittsregelungen enthält *§ 54*.

Zweiter Teil

VERFASSUNGSGRUNDLAGEN UND RECHTSQUELLEN

§ 2 NATIONALE VERFASSUNGSGRUNDLAGEN

Alder, Koordination und Integration als Rechtsprinzipien, Cahiers de Bruges N. S. 23 (1969); Die Anwendung des Rechts der Europäischen Gemeinschaften in Dänemark, Großbritannien, Irland und Norwegen, Tagung für Rechtsvergleichung 1971, Berichte von *Sørensen*, *Simmonds*, *Lang*, *Gundersen* und *Nicolaysen*, KSE 15 (1972 — Die Erweiterung...), Tagungsbericht: *Millarg* EuR 2/1972; *Badura*, Bewahrung und Veränderung demokratischer und rechtsstaatlicher Verfassungsstruktur in den internationalen Gemeinschaften, VVdStRL 23 (1966) 34; *Bauer*, Die niederländische Verfassungsänderung von 1956 betreffend die auswärtige Gewalt, ZaöRV 18 (1957/58) 137; *Bindschedler*, Rechtsfragen der europäischen Einigung. Ein Beitrag zur Lehre von den Staatenverbindungen (1954); *Brinkhorst*, Europees recht en nationale soevereiniteit, in: Hondert jaar rechtsleven (1970) 317; *Ehle*, Verfassungskontrolle und Gemeinschaftsrecht, NJW 1964, 321; *Erler*, Staatssouveränität und internationale Wirtschaftsverflechtung, BerDtGesVR 1 (1957) 29; *Erler*, Das Grundgesetz und die öffentliche Gewalt internationaler Staatengemeinschaften, VVdStRL 18 (1960) 7; *van Eysinga*, Supranational, Fs Wehberg 130; *Giesen*, Die Auswirkungen des Beitritts Großbritanniens zur Europäischen Wirtschaftsgemeinschaft auf das britische Verfassungsrecht, Diss. Bonn (1967); *Glaesner*, Die Übertragung rechtsetzender Gewalt auf internationale Organisationen in der völkerrechtlichen Praxis, DÖV 1959, 655; *Grabitz*, Gemeinschaftsrecht bricht nationales Recht, Heft 55 der Abhandlungen aus dem Seminar für öffentliches Recht der Univ. Hamburg (1966); *Grewe*, Die auswärtige Gewalt der Bundesrepublik, VVdStRL 12 (1954) 129; *Hallstein*, Die Europäische Einigung als Tatsache, in: De europese eenwording als realiteit (1963) 1; *Hallstein*, Zu den Grundlagen und Verfassungsprinzipien der europäischen Gemeinschaften, Fs Ophüls 1; *Hay*, Federalism and Supranational Organizations (1966); *Héraud*, L'inter-étatique, le supranational et le fédéral, ArchPhilDr 1961, 179; *Ipsen*, Als Bundesstaat in der Gemeinschaft, Fs Hallstein 248; *Jaenicke*, Bundesstaat oder Staatenbund. Zur Rechtsform einer europäischen Staatengemeinschaft, Fs Bilfinger 71; *Jaenicke*, Der übernationale Charakter der Europäischen Wirtschaftsgemeinschaft, ZaöRV 19 (1958) 153 (= Fs Makarov); *Jaenicke*, Supranationale Organisation, in: Strupp-Schlochauer, Wörterbuch des Völkerrechts, III (1962) 423; *Kaiser*, Zur gegenwärtigen Differenzierung von Recht und Staat. Staatstheoretische Lehren der Integration, ÖZÖffR X (1960) 413; *Kaiser*, Bewahrung und Veränderung demokratischer und rechtsstaatlicher Verfassungsstruktur in den internationalen Gemeinschaften, VVdStRL 23 (1966) 1; Der Kampf um den Wehrbeitrag, (Dokumentation zum Streit um die Verfassungsmäßigkeit des EVG-Vertrages) 3 Bde. (1952, 1953, 1958), Gutachten von *Forsthoff*, *Grewe*, *Hettlage*, *v. d. Heydte*, *Kaufmann*, *Klein*, *Kraus*, *Loewenstein*, *v. Mangoldt*, *Maunz*, *Menzel*, *Rosenberg*, *Schätzel*, *Scheuner*, *Smend*, *Süsterhenn*, *Thoma*, *Weber*, *Wehberg*, *Wolff*; *Kaufmann*, Die Übertragung von Hoheitsrechten in der deutschen Verfassungsgeschichte des 19. Jahrhunderts, in: Gesammelte Schriften II: Der Staat in der Rechtsgemeinschaft der Völker (1960) 408; *K. H. Klein*, Die Übertragung von Hoheitsrechten (1952); *Koppensteiner*, Die Europäische Integration und das Souveränitätsproblem (1963); *Kraus*, Betrachtungen über die rechtliche Struktur der Europäischen Gemeinschaft für Kohle und Stahl, Fs Smend 189; *Herbert Krüger*, Über die Herkunft der Gewalt der Staaten und der sogenannten supranationalen Organisationen, DÖV 1959, 721 (= *Krüger*, Staat — Wirtschaft — Völkergemeinschaft, Ausgewählte Schriften aus vierzig Jahren, 1970, 141); *Kruse*, Strukturelle Kongruenz und Homogenität, Fs Kraus 112;

Lerche, Das Bundesverfassungsgericht und die Verfassungsdirektiven, AöR 90 (1965) 341; *Lesguillons*, Recherche sur la mise en oeuvre du traité instituant la C. E. E. par les Etats membres: ses caractères spécifiques, Diss. Paris (1966); *Loewenstein*, Souveränität und zwischenstaatliche Zusammenarbeit, AöR 80 (1955/56) 1; *J. Martens*, Die rechtsstaatliche Struktur der Europäischen Wirtschaftsgemeinschaft, EuR 1970, 209; *Menzel*, Die auswärtige Gewalt der Bundesrepublik, VVdStRL 12 (1954) 179; *Migliazza*, Le Comunità europee in rapporto al diritto internazionale e al diritto degli Stati membri (1964); *Mitchell*, British Law and British Membership, EuR 1971, 97; *Mosler*, Die Wendung zum supranationalen Gedanken im Schumanplan, in: Recht, Staat, Wirtschaft III (1951) 245; *Mosler*, Die auswärtige Gewalt im Verfassungssystem der Bundesrepublik Deutschland, Fs Bilfinger 243; *Mosler*, Internationale Organisation und Staatsverfassung, Fs Wehberg 273; *Ophüls*, Deutsches Zustimmungsgesetz zum EWG-Vertrag teilweise verfassungswidrig?, AWD 1964, 64; *Ophüls*, Staatshoheit und Gemeinschaftshoheit. Wandlungen des Souveränitätsbegriffs, Fs Heymanns Verlag 519; *Partsch*, Die Anwendung des Völkerrechts im innerstaatlichen Recht. Überprüfung der Transformationslehre, BerDtGesVR 6 (1964) 13; *Petersmann*, Die Suprematie des Europäischen Gemeinschaftsrechts und die Suprematie des Britischen Parlaments, Diss. Hamburg (1971); *Rosenstiel*, Le principe de „supranationalité". Essai sur les rapports de la politique et du droit (1962); *Ruppert*, Die Integrationsgewalt, Heft 58 der Abhandlungen aus dem Seminar für öffentliches Recht der Univ. Hamburg (1969); *Schlenzka*, Die Europäischen Gemeinschaften und die Verfassungen der Mitgliedstaaten, Diss. Bonn (1967); *Schlochauer*, Zur Frage der Rechtsnatur der Europäischen Gemeinschaft für Kohle und Stahl, Fs Wehberg 361; *Schroeder*, Die Europäische Wirtschaftsgemeinschaft und die Länder der Bundesrepublik Deutschland. Zu verfassungsrechtlichen Fragen des Vertrages vom 25. 3. 1957, Diss. Saarbrücken (1964); *Schwantes*, Die Supranationalität. Eine Untersuchung internationaler wirtschaftlicher Organisationen Europas im 19. und 20. Jahrhundert, Diss. Köln (1962); *Seidel*, Die Verfassung der fünften Französischen Republik im Verhältnis zum Recht der Europäischen Gemeinschaften, Diss. München (1966); *Smend*, Integration, in: EvStLex (1966) 803; *Steiger*, Staatlichkeit und Überstaatlichkeit. Eine Untersuchung zur rechtlichen und politischen Stellung der Europäischen Gemeinschaften (1966); *Thieme*, Das Grundgesetz und die öffentliche Gewalt internationaler Staatengemeinschaften, VVdStRL 18 (1960) 50; *Unger*, Die Anforderungen des Grundgesetzes an die Struktur supranationaler Gemeinschaften, Diss. Frankfurt (1971); *Vogel*, Die Verfassungsentscheidung des Grundgesetzes für eine internationale Zusammenarbeit (1964); *Zemanek*, Das Vertragsrecht der internationalen Organisationen (1957).

1 Durch die Errichtung der drei Gemeinschaften und ihre Ausstattung mit Aufgaben und Hoheitsbefugnissen bis dahin nationaler Zuständigkeit haben die Mitgliedstaaten Entscheidungen getroffen, die einer Verfassungsgrundlage bedurften. Denn durch sie sind Grundnormen ihrer staatlichen Existenz berührt und ist ihre Staatlichkeit verändert worden.

Die hierfür von den Mitgliedstaaten bereitgestellten und in Anspruch genommenen Verfassungsgrundlagen sind unterschiedlicher Art. Unterschiedlich sind auch die Rechtsauffassungen über ihren Inhalt und ihre Tragweite, und dies nicht nur von Staat zu Staat, sondern auch in Theorie und Praxis innerhalb der einzelnen Mitgliedstaaten. Das ist der Grund für zahlreiche und erhebliche Kontroversen zum Gemeinschaftsrecht selbst. Denn von ihrer Lösung können abhängen: Folgerungen für die angenommene Rechtsstellung der Gemeinschaften *(§ 8)* und ihr Verhältnis zu den Mitgliedstaaten *(§ 9)*, solche zum Verfassungscharakter ihrer Organisationsgrundlagen und zur Struktur und Auslegung des Gemeinschaftsrechts *(§ 5)* sowie zur Frage der

Zuordnung des Gemeinschaftsrechts zum nationalen Recht *(§ 10)*. Darüber hinaus — und nicht nur im Sinne *rechtlicher* Fragwürdigkeit — können die einschlägigen Verfassungsgrundlagen der Mitgliedstaaten von Bedeutung sein und werden für die Weiterentwicklung und Zukunft der Vergemeinschaftung sowie die Eignung oder Anlage der Wirtschaftsintegration als Voraussetzung oder Vorstufe zur politischen Integration *(§ 54)*.

2 Darlegung, Exegese und Anwendung der nationalen Verfassungsgrundlagen der Vergemeinschaftung sind primär geboten für das Recht der gegenwärtigen sechs Mitgliedstaaten. Die deutsche Verfassungsgrundlage des Art. 24 I GG steht dabei im Vordergrund *(2/3—20)*. Ihre Deutung und Praktizierung ist maßgeblich für die Beantwortung der mit ihr verknüpften Grundfragen des Gemeinschaftsrechts aus der Sicht der deutschen Verfassungs- und Staatsorgane, denen die Wahrnehmung der deutschen Mitgliedschaftsrechte und -pflichten und die Ausführung und Anwendung des Gemeinschaftsrechts obliegt. Sie ist auch maßgeblich aus der Sicht des deutschen Marktbürgers, dessen Rechte und Pflichten durch das Gemeinschaftsrecht bestimmt oder berührt werden. Die Verfassungsgrundlagen der anderen Mitgliedstaaten *(2/58—63)* haben entsprechende Bedeutung nicht nur aus der Binnensicht ihrer Organe und ihrer Staatsangehörigen als Marktbürger. Sie berühren auch die Rechtsinteressen der anderen Mitgliedstaaten, darunter des deutschen. Denn die Vergemeinschaftung ist auf das Funktionieren der Gemeinschaftsrechtsordnung als des den Mitgliedstaaten gemeinen Rechts existentiell angewiesen. Aus vergleichbaren Gründen ist von Interesse, ob und in welcher Weise Staaten, deren Beitritt zu den Gemeinschaften in Frage steht, verfassungsrechtlich zur Teilnahme an der Vergemeinschaftung gerüstet sind *(2/64—67)*.

I. Art. 24 I GG als Verfassungsentscheidung

3 Art. 24 I GG lautet: „Der Bund kann durch Gesetz Hoheitsrechte auf zwischenstaatliche Einrichtungen übertragen“[1]. Abs. II des Art. 24 sieht zur Wahrung des Friedens die Einordnung des Bundes in ein System gegenseitiger Kollektivverbindlichkeit vor und läßt Beschränkungen seiner Hoheitsrechte zu, die eine friedliche und dauerhafte Ordnung in Europa und zwischen den Völkern der Welt herbeiführen und sichern. Nach Abs. III wird

[1] Die Übertragung (Abtretung) von Hoheitsrechten (Souveränitätsrechten) sieht das deutsche Verfassungsrecht in Art. 24 I GG nicht zum erstenmal vor. Art. 6 Satz 4 der Wiener Schlußakte vom 15. 5. 1820 hatte bestimmt: „Eine freiwillige Abtretung auf einem Bundes-Gebiete haftender Souveränitäts-Rechte kann ohne solche Zustimmung (d. h. der „Gesamtheit der Bundes-Glieder“) nur zugunsten eines Mitverbündeten geschehen.“ — Zur Souveränitätsfrage: *E. R. Huber,* Deutsche Verfassungsgeschichte seit 1789 I (1957) 654; zum Zusammenhang mit Art. 24 I GG: *Erler* VVDStRL 18 (1960) 20.

der Bund Vereinbarungen über eine allgemeine, umfassende, obligatorische, internationale Schiedsgerichtsbarkeit beitreten.

Art. 24 steht an der Spitze einer Regelungs-Trias, die mit Art. 25 die Zuordnung des Bundesrechts zu den allgemeinen Regeln des Völkerrechts, ihren Vorrang vor den Gesetzen und ihre unmittelbare Anwendbarkeit für die Bewohner des Bundesgebietes statuiert sowie in Art. 26 den Angriffskrieg, seine Vorbereitung verbietet, Kriegswaffen unter Kontrolle stellt. In ihrem Zusammenhang und Gesamtgehalt bilden Art. 24—26 GG, ergänzt durch das Präambelbekenntnis zum vereinten Europa und zum Frieden in der Welt, die grundgesetzliche Verfassungsentscheidung über die Einlassung der Bundesrepublik zur internationalen Ordnung. Zu Art. 24 GG konnte deshalb im Jahr der Errichtung der BRD gesagt werden: „Das Grundgesetz setzt damit, seiner eigenen Verfassungslage ... und dem Zustand unserer Welt mit kühnem Griff voraufeilend, sich langsam anbahnende Entscheidungen und Entwicklungen als erreichbar voraus und rüstet sich, zu seinem Teil an ihrer Realisierung mitzuwirken."[2]

1. Anwendung des Art. 24 I bei der Vergemeinschaftung

4 Art. 24 I ist als deutsche Verfassungsgrundlage für die Mitwirkung an der Errichtung der Gemeinschaften und die deutsche Mitgliedschaft in ihnen angewendet worden. Darüber gibt es keine Meinungsverschiedenheiten[3]. Solche bestanden (und bestehen z. T. noch) darüber, ob und inwieweit etwa die Übertragung deutscher Hoheitsrechte inhaltlich und in ihren Rechtswirkungen durch Verfassungsschranken begrenzt ist und diese bei der Vergemeinschaftung respektiert worden sind. Die Frage, ob die „Übertragung" durch *einfaches* oder nur durch verfassungs*änderndes* Gesetz erfolgen konnte, hatte vor dem Beitritt der Bundesrepublik zur (gescheiterten) Europäischen Verteidigungsgemeinschaft im Jahre 1952 die verfassungsrechtliche Auseinandersetzung beherrscht[4]. Sie war politisch von Bedeutung, weil die Bundesregierung im Bundestag über die nach Art. 79 II GG erforderliche Mehrheit nicht verfügte. Nach der Wahl zum Zweiten Deutschen Bundestag (1953), in dem die Regierungskoalition diese Mehrheit besaß, ist die Frage politisch und verfassungsrechtlich in den Hintergrund getreten. Für den Beitritt zur EGKS (1951) noch erörtert, hat sie bei der Errichtung von EWG und EAG auf Grund der Römischen Verträge keine wesentliche Rolle mehr gespielt. Der Verfassungsstreit um Art. 24 I GG anläßlich des Beitritts zur EVG hat indes, was wissenschaftsgeschichtlich festgehalten zu werden verdient, zur

---

[2] *Ipsen,* Über das Grundgesetz, Rede v. 17. 11. 1949, 3. Aufl. (1969) 38—39.

[3] BVerfGE 22, 296; *Ruppert,* Die Integrationsgewalt 91; *Kaiser,* VVDStRL 23 (1966) 18; *K. H. Klein* DÖV 1964, 309; *Ipsen* Fs Hallstein, 264.

[4] Die hierzu erstatteten Gutachten in: Der Kampf um den Wehrbeitrag, 3 Bde. 1952 ff.; zur Auseinandersetzung: *Ruppert* 212.

Folge gehabt, daß die deutsche Rechtswissenschaft über Gebühr nach Zeitdauer und Beanspruchung unter völkerrechtlichen und staatstheoretischen Aspekten vom Fragenkomplex des Art. 24 I absorbiert worden ist, statt sich beizeiten der Substanz des Gemeinschaftsrechts zuzuwenden. Weil der Rechtswissenschaft in den anderen Mitgliedstaaten ein „Verfassungsstreit um den Wehrbeitrag" erspart geblieben ist, hat die nicht-deutsche Theorie des Gemeinschaftsrechts zunächst einen Vorsprung vor der deutschen behaupten können. Und mit dieser deutschen Vorgeschichte hängt es auch zusammen, daß die deutsche rechtswissenschaftliche Behandlung des Gemeinschaftsrechts zunächst und vorübergehend den Internationalisten und den Vertretern der Völkerrechtswissenschaft reserviert schien, was seinem Gegenstand nicht in allen Zügen förderlich gewesen ist.

2. Die Zustimmungsgesetze zu den Gemeinschaftsverträgen

5 Die Zustimmungsgesetze zu den Gemeinschaftsverträgen (zum EGKSV vom 29. April 1952, BGBl. II, 445; zum EWGV und EAGV vom 27. Juli 1957, BGBl. II, 753) nehmen auf Art. 24 I GG nicht Bezug. Solcher Bezugnahme hat es verfassungsrechtlich auch nicht bedurft. Denn Art. 24 I enthält kein den Art. 19 I 2 oder 80 I 3 etwa vergleichbares Zitiergebot. Ein solches ist auch kraft ungeschriebenen Rechts nicht anzunehmen. Die Zustimmungsgesetze beschränken sich in ihren maßgebenden ersten Artikeln auf die Bekundung der Zustimmung zu den Verträgen. Art. II Abs. 1 des Gesetzes vom 29. April 1952 und Art. 1 S. 2 des Gesetzes vom 27. Juli 1957 verweisen gleichermaßen auf die anschließende Veröffentlichung der Verträge. Daß Art. II Abs. 1 des Gesetzes vom 29. April 1952 zum EGKSV die Wendung enthält, der Vertrag werde „nachstehend *mit Gesetzeskraft* veröffentlicht", diese in Art. 1 S. 2 des anderen Zustimmungsgesetzes aber nicht gebraucht wird, hat für die Verfassungsgrundlegung in Art. 24 I GG keine Bedeutung[5]. Der Unterschied erklärt sich aus der Neutralisierung der Formulierungstechnik. Sie wird seit der Zustimmung zu den Pariser Verträgen (1955) praktiziert, um nicht den Anschein einer (irreführenden) authentischen Interpretation über den transformationsfähigen Inhalt des Vertrages zu erwecken.

Die Zustimmungsgesetze stellen die nach Art. 59 II 1 GG erforderlichen innerstaatlichen Rechtshandlungen dar, für deren Ausgestaltung die „Form eines Bundesgesetzes" vorgeschrieben ist. Ihr Erfordernis stellt die verfassungsmäßig festgelegte Hemmung der Exekutivgewalt zugunsten der Kontrolle der Legislative im Bereich der auswärtigen Gewalt dar[6]. Da der Vertragsschluß zwischen Staaten als Mitgliedern der Völkerrechtsgemeinschaft das einzige und gegebene Instrument ist zur Herstellung solcher Rechts-

[5] *Maunz—Dürig—Herzog* GG-Komm. 27 zu Art. 59.
[6] *Maunz—Dürig—Herzog* 21 zu Art. 59.

beziehungen und Vorwegnahme solcher Rechtshandlungen, wie sie durch die Gemeinschaftsverträge stipuliert und vollzogen worden sind, war der von Art. 59 GG vorgesehene Mechanismus auch für die Vergemeinschaftung anzuwenden. Der (umstrittenen) Frage, welche Bedeutung der Wendung des Art. 24 I GG zukomme, der Bund könne Hoheitsrechte „durch Gesetz" übertragen, ist damit nicht präjudiziert. Das bleibt zu klären *(2/17—20)*.

3. Öffnung der Staatlichkeit als Verfassungsentscheidung

6 Art. 24 I GG, der die Verfassungsgrundlage der Vergemeinschaftung bildet, ist ein *tragendes* — und für die Integration *das tragende* — *Element der grundgesetzlichen Verfassungsentscheidung für die Öffnung der deutschen Staatlichkeit.* Diese Verfassungsentscheidung hat den Rang und die Qualität einer Staatszielbestimmung i. S. der Art. 20, 28 GG. Sie ist als solche nach ihrem direktiven und dynamischen Gehalt, ihrer Progressivität, andererseits ihrer Vollzugsbedürftigkeit am ehesten dem Sozialstaatsprinzip vergleichbar[7].

7 a) Die anfänglich zu Art. 24 I GG vertretene Auffassung, er erschöpfe sich in einer Art „declaration of policy", ist zweifellos überholt. Selbst seine Qualifizierung als verbindliche Rechtsnorm unter Ablehnung seines bloßen Programmcharakters reicht nicht aus, ihn in Rang und Qualität zulänglich zu kennzeichnen. Schon seine Plazierung an der Spitze der Trias der Art. 24—26 und ihre Einordnung zwischen die wichtigsten Verfassungsentscheidungen über Staatsform und Staatsziele (Art. 20, 21), über den Geltungsbereich des GG (Art. 23) und die Verfassungshomogenität von Bund, Ländern und Gemeinden (Art. 28) verweisen Art. 24 in einen Rangzusammenhang mit verfassungsrechtlichen Grundentscheidungen. Die des Art. 24 I empfängt ihre Substanz aus der (zugleich instrumentierten) Bereitschaftserklärung des Staates des GG, sich einer nicht-mehr-nationalen, eben internationalen Ordnung rechtlich einzuordnen, und dies i. S. des Art. 24 I in zwischenstaatlichen Einrichtungen mit dem Instrument der Übertragung von Hoheitsrechten. Die darin liegende Verfassungsentscheidung beruht auf der Bereitschaft des Staates, nicht mehr zu bestehen auf der Ausschließlichkeit eigener innerstaatlicher Hoheitsausübung, und sich innerstaatlich der rechtlichen Wirksamkeit solcher Hoheitsausübung zu unterstellen, die nicht-mehr-nationalen Einrichtungen zusteht[8]. Die Bereitschaft zielt also auf die Aufgabe eines bisherigen Ausschließlichkeitsanspruchs, auf Verzicht auf Souveränitätsbehauptung, auf binnenstaatliche Geltungsanerkennung nicht-staatlichen Rechts.

8 b) Mit seiner Formulierung, der Bund könne Hoheitsrechte auf zwischenstaatliche Einrichtungen übertragen, hat Art. 24 I GG einen überliefer-

---

[7] *Ruppert* 238; *Vogel,* Die Verfassungsentscheidung 42—43.
[8] *Ruppert* 240; *Vogel* 10.

ten Begriffsapparat verwendet. Er hat damit der Typisierung der gedachten zwischenstaatlichen Einrichtungen aber noch nicht präjudiziert. Im Sinne der völkerrechtlich tradierten und neu entwickelter Variationen schließt Art. 24 I GG Einrichtungsformen ein, die von solchen überlieferter internationaler Organisationen ohne Durchgriffsbefugnisse gegenüber den Staatsangehörigen über die sog. transnationalen Organisationen, d. h. Einrichtungen mit Zuständigkeiten bis hin zu Einrichtungen mit originären Hoheitsbefugnissen und Durchgriffsgewalt, also supranationalen Organisationen reichen[9]. Daß Art. 24 I insoweit nicht selbst differenziert und sich mit dem Terminus „zwischenstaatliche Einrichtungen" in konservativer Neutralität äußert, ist unschädlich für die Tragweite seiner Anwendung bei der Errichtung der Gemeinschaften. Denn diese Anwendungstragweite empfängt Art. 24 I in concreto der hier zu behandelnden Integrationsfrage ganz eindeutig durch den *Inhalt der Gemeinschaftsverträge*, durch die *Verfassung der Gemeinschaften*, die *Struktur ihrer Rechtsordnung*, ihre *Ausstattung mit öffentlicher Gewalt*. Ihre Betrachtung wird ergeben, daß Art. 24 I hinsichtlich der Gemeinschaften zur Errichtung supranationaler Organisationen mit Durchgriffsgewalt angewendet worden ist, was seinerseits ohne Zweifel innerhalb der Einrichtungs- und Dispositionsfreiheit des Art. 24 I lag. Ob diese Dispositionsfreiheit wegen der vorgesehenen Instrumentalisierung („Übertragung von Hoheitsrechten") im Sinne einer Direktive gerade auf die Supranationalisierung der zu schaffenden Einrichtungen verwiesen war und solcher Direktive[10] durch Errichtung der Gemeinschaften denn auch gehörig entsprochen wurde, kann getrost auf sich beruhen. Denn die Anwendungstragweite des Art. 24 I läßt in bezug auf die drei Gemeinschaften keine Zweifel.

II. Ausstattung der Gemeinschaften mit Hoheitsrechten

9 *Hoheitsrechte* kann der Bund *durch Gesetz* auf zwischenstaatliche Einrichtungen *übertragen* — so Art. 24 I GG. Nach Art. 24 II 2. Halbsatz wird der Bund (bei seiner Einordnung in ein System gegenseitiger kollektiver Sicherheit) in bestimmte *„Beschränkungen seiner Hoheitsrechte einwilligen"*. Beide Verfassungssätze gelten den *staatlichen Hoheitsrechten*, deren Übertragung oder Beschränkung zur grundgesetzlich ermöglichten und ins Ziel genommenen Öffnung der deutschen Staatlichkeit stattfindet. Vom Unterschied im Zielgehalt abgesehen — in Art. 24 I unbestimmt, in Art. 24 II im begrenzten Interesse der Verteidigungspolitik —, ist angenommen worden, auch in *Art* und *Wirkung* der „Öffnung" sei zwischen beiden Regelungen und auf sie gestützten Vorgängen zu unterscheiden, und gerade diese

[9] *Ruppert* 72.
[10] Zu Verfassungsdirektiven: *Lerche* AöR 90 (1965) 346.

Unterscheidung trage zur Deutung der in Abs. I vorgesehenen „Rechte-Übertragung" bei: *diese* danach gedacht als *endgültige* und *unwiderrufliche* Übertragung, jene gemäß Abs. II lediglich als *Übertragung zur Ausübung*[11]. Die Kontroverse beruhe hier auf sich. Sie erweist sich als unfruchtbar. Denn Art. 24 I vermag aus sich heraus zu verdeutlichen, was unter der Ausstattung der Gemeinschaften mit Hoheitsrechten zu begreifen ist.

1. Hoheitsrechte

10 a) *„Hoheitsrechte"* — in einer Wortgebung, die sicherlich *nicht* vorkonstitutionelle, mittelalterliche Vorstellungen vom Staat als bloßer Bündelung einzelner Hoheitsrechte (Regalien) erneuern wollte[12] —, zielt in vereinzelter Pluralität auf *Teile* der einheitlichen und umfassenden Staatsgewalt. Das schließt die Ermächtigung zur gesetzlichen Eingliederung *des Staates als solchen* in einen „internationalen" Einheitsstaat zweifellos aus[13]. Funktionelle oder materielle Eingrenzungen der übertragbaren Hoheitsrechte liefert Art. 24 I ansonsten nicht. Sie können solche im Bereich aller in Art. 20 II 2 GG genannten Organwalter sein: der Gesetzgebung (= Rechtsetzung), der vollziehenden Gewalt, der Rechtsprechung. Sie können materiell in den verschiedenen Gewaltbereichen *auch ungleich gewichtig* erfaßt werden — unterschiedlich also als rechtsetzend, vollziehend oder rechtsprechend in Hoheitsakten sich artikulierende Hoheitsrechte. Jedenfalls liefert Art. 24 I keine Bindung dahin, mit der Übertragung von Hoheitsrechten der vollziehenden Gewalt zugleich solche der Rechtsprechung derart zu verknüpfen, daß der gerichtliche Rechtsschutz im Übertragungsbereich gerade dem Rechtsschutzniveau entspricht, den das Grundgesetz selbst in Art. 19 IV statuiert hat. Art. 24 I enthält weder in diesem noch in anderem Sinne ein Homogenitätsgebot für die Art und Weise der Rechte-Übertragung.

11 b) „Hoheitsrechte", als quantitative Kategorie verstanden, müssen — und werden — innerhalb eines staatlichen Wirkungsbereichs keineswegs sämtliche Rechte (und auf Grund ihrer Aktualisierung entsprechende Organ- oder Gliedzuständigkeiten) umfassen, die in ihrer Komplexität einen sachlich begrenzbaren Hoheits-Bereich der Staatsgewalt umschreiben, also z. B. die Finanzhoheit, die Gerichtshoheit, die Polizeihoheit[14].

---

[11] *Maunz—Dürig—Herzog* 28 zu Art. 24.

[12] *Maunz—Dürig—Herzog* 20 zu Art. 24; zur Anknüpfung des Begriffs „Hoheitsrechte" an den Staat: *Jaenicke*, Fs Bilfinger 19—20, 95—96 mit Anm. 57.

[13] *Ruppert* 254; *Maunz—Dürig—Herzog* 20 zu Art. 24; *K. H. Klein,* Die Übertragung von Hoheitsrechten 26.

[14] *Ruppert* 249. — Auch das Gesetz zu dem Vertrag vom 22. April 1970 zur Änderung bestimmter Haushaltsvorschriften der Verträge zur Gründung der Europäischen Gemeinschaften und des Vertrages zur Einsetzung eines gemeinsamen Rates und einer gemeinsamen Kommission der Europäischen Gemeinschaften (BGBl. II, 1281) ist ein „Übertragungs"-Gesetz i. S. des Art. 24 I GG, *soweit* es die Übertragung von Hoheitsrechten bewirkt. *Ob* das der Fall ist, hängt von der Vorfrage

Es entspricht der in Art. 24 I verlautbarten Verfassungsentscheidung, die Staatlichkeit zu öffnen im Interesse integrierter, nicht-mehr-staatlicher Erledigung öffentlicher Aufgaben. Daraus folgt in teleologischer Deutung, daß auch solche Hoheitsrechte-Komplexe übertragungsfähig sind, die in ihrer Zusammenfassung, ihrer Aktualisierung in Zuständigkeitsbestimmungen und ihrer Wahrnehmung durch Akte der öffentlichen Gewalt als „Hoheit" umschrieben zu werden pflegen[15]. Art. 24 I steht der Integration solcher Komplexbereiche nicht entgegen, so etwa der Zollhoheit, wie mit der Errichtung der Zollunion und der Bildung des Gemeinsamen Außenzolltarifs denn auch geschehen.

12 c) Übertragbar sind nach Art. 24 I GG auch solche Hoheitsrechte, die das Grundgesetz in ihrer Aktualisierung zu Gliedzuständigkeiten als *Hoheitsrechte der Länder* ausgewiesen hat[16]. Ob der Bund bei der Anwendung des Art. 24 I an die bundesstaatliche Kompetenzverteilung gebunden war, die Staatlichkeit der Länder zu „respektieren" hatte, ist streitig gewesen und z. T. auch geblieben. Ohne Zweifel ist Art. 24 I bei der Errichtung der drei Gemeinschaften im Sinne der Nichtverbindlichkeit der föderalen Ordnung praktiziert worden. Das war zulässig. Nur diese Deutung ist auch imstande, die Antinomie zwischen der binnenstaatlichen Föderalisierung von Wirtschafts- und Sozialkompetenzen einerseits, ihrer von derselben Verfassung generell ermöglichten zwischenstaatlichen Vergemeinschaftung andererseits aufzulösen. Mit der verfassungsrechtlich zulässigen Übertragung auch von Landeshoheitsrechten findet also eine „Mutation" der Staatsverfassung mit ihrer Gliedzuständigkeitsordnung statt. Ihre Zulässigkeit folgt, vom Zwang zur Lösung der sonst zwischen Art. 24 I und Art. 30 verbleibenden Antinomie abgesehen, im übrigen daraus, daß *(2/19—20)* der Übertragungsakt (die Gesetzgebung gemäß Art. 24 I) Verfassungsrang[17] besitzt und die grundgesetzliche Zuständigkeitsordnung zwischen Bund und Ländern zu durchbrechen vermag.

2. Übertragung von Hoheitsrechten

13 a) Keine — vielfältig versuchte — rechtliche Deutung des Vorgangs, den Art. 24 I „übertragen" durch Gesetz nennt, durch zivilistische Konstruierung derivativen oder originären Erwerbs und keine öffentlich-rechtliche Charakterisierung, die verbal in übertragen nicht „transferre", son-

ab, ob die „horizontale" innergemeinschaftliche Verschiebung übertragener Hoheitsrechte, die der Änderungsvertrag vom Rat zum Parlament vorsieht, von der Hoheitsrechte-Übertragung und organisatorischen Zuteilung anläßlich der Eingehung der Gemeinschaftsverträge bereits erfaßt worden ist. Die begründende Denkschrift zum Haushaltsvertrag geht hierauf nicht ein (BT-Drucks. VI/879, 36—40), ebensowenig die Stellungnahme des Bundesrates v. 5. 6. 1970 (*zu* Drucks. VI/879).

[15] *Ruppert* 250 mit Belegen in Anm. 713.

[16] *Ipsen,* Fs Hallstein 254; *Ruppert* 264 mit Belegen in Anm. 771.

[17] *Ruppert* 268; and. Ans. *Maunz—Dürig—Herzog* 14 ff. zu Art. 24.

dern „conferre" verstanden wissen will, vermag die Anwendung des Art. 24 I hinlänglich zu kennzeichnen[18].

Die Annahme bloßer Derivativität des Rechte-Erwerbs durch die Gemeinschaften, Anwendung der Grundsätze „nemo plus iuris transferre potest quam ipse habet" und „res transit cum onere suo" bezwecken letztlich, die *Übertragung* auch gemäß Art. 24 I als eine solche *nur zur Ausübung* zu begreifen. Aus dieser Art der Übertragung, die als Essentiale des Vorganges galt, sollten dann Folgerungen für die so entstandene Gemeinschaftsgewalt und die „Kündigungsmöglichkeit" des Übertragungsaktes gezogen werden.

Die Hinwendung zu *öffentlich*-rechtlicher Deutung ging von den *Hoheitsrechten* als dem *Objekt* der Übertragung aus, also von den als Aspekten der Staatsgewalt originär begriffenen Staatsbefugnissen. Ihr Ziel war die Begründung, da zwischenstaatliche Einrichtungen Hoheitsrechte empfingen, diese aber nur originär begreifbar seien, könne auch ihr Erwerb nicht derivativ erklärt werden.

14 b) Zutreffende Einsichten in die rechtliche Bedeutung des Vorgangs der „Hoheitsrechte-Übertragung" liefert weder die Charakterisierung der Aktion „Übertragung" noch der Rechtsmerkmale, die dem „Hoheitsrecht" zukommen. Sie sind nur zu erwarten aus dem Vergleich der Hoheits-Lage, in der der „übertragende" Staat und die „empfangende" Einrichtung sich *bei* und *nach* diesem Vorgang befinden.

15 aa) Mit der Übertragung gibt der Staat seinen Anspruch auf Ausschließlichkeit eigener Hoheitsentfaltung in seinem Gebiet auf. Zugleich räumt er der zwischenstaatlichen Einrichtung das Recht ihrer Hoheitsentfaltung in seinem Gebiet ein[19]. Nach der Einrichtungs-Verfassung bestimmen sich Art und Umfang zulässiger Hoheitsentfaltung. Nach *ihr, nicht* nach *staatlichem* Recht, regeln sich auch die Organzuständigkeiten und die für ihre Hoheitsakte ausgewiesenen Handlungsformen und -gebote. Sie müssen deshalb auch nicht gleichartig oder rechtlich gleichwertig denen sein, unter deren Anwendung die Staaten die entsprechenden Aufgaben vor der Vergemeinschaftung wahrgenommen haben.

Ausschließlichkeits-Aufgabe und Einräumung nicht-staatlicher Hoheitsentfaltung sind also *auf der Seite des „übertragenden" Staates* die Rechtswirkungen, die die „Übertragung" auslöst. Mit dieser Deutung ist jede zivilistische oder öffentlich-rechtliche Sinnerfüllung vermieden und entbehrlich[20], die das „Übertragen" in irgendeiner Weise körperlich, symbolisch oder rechtslogisch mit der Vorstellung eines Überwechselns, eines Überganges

---

[18] Übersicht über solche Deutungsversuche bei *Ruppert* 84—88.

[19] *Ipsen,* Bensheim-Referat 27: „Die Staaten haben es eben nicht vermieden, sondern vollzogen, sich selbst im Verhältnis zur Gemeinschaft wirksam zu unterwerfen"; dazu: *Alder,* Koordination und Integration als Rechtsprinzipien 147.

[20] BVerfGE 22, 296 formuliert noch leicht zivilistisch: „Die Organe der EWG üben Hoheitsrechte aus, deren sich die Mitgliedstaaten zugunsten der von ihnen gegründeten Gemeinschaft entäußert haben."

staatlicher Hoheitsrechte auf die zwischenstaatliche Einrichtung verbindet — mit allen gewünschten oder abgelehnten rechtlichen Folgerungen für die „Herkunft" der Gemeinschaftsgewalt, für ihre „hypothekarische Belastung" mit staatlichen Verfassungsvorbehalten, für ihren „Rang" im Verhältnis zu dem staatlicher Hoheitsentfaltung.

16 bb) *Auf der Seite der Gemeinschaften* als der zwischenstaatlichen Einrichtungen, denen gegenüber der „übertragende" Staat den Ausschließlichkeitsanspruch auf eigene Hoheitsentfaltung aufgibt und denen er in seinem Gebiet Hoheitsentfaltung einräumt, erklärt sich ihre Hoheits-Lage unmittelbar aus dieser Öffnung der Staatlichkeit: da öffentliche Gemeinschaftsaufgaben sich beziehen auf die Mitgliedstaaten, auf deren Staatsangehörige und deren Gebiet, ist den Gemeinschaften mit ihrer Errichtung die Hoheitsentfaltung im Gebiet der Mitgliedstaaten durch Einräumung des Rechtes hierzu unter Aufgabe des staatlichen Ausschließlichkeitsanspruchs „eröffnet". Diese Eröffnung korrespondiert der staatlichen Einräumung, ohne daß beide Rechtsvorgänge in irgendeinem Zusammenhang eines Rechte-Überganges, einer delegierenden Rechte-Übertragung oder -Ableitung stünden. Darin liegt die Erklärung dafür, daß die Er-Öffnung der Gemeinschaftsgewalt-Entfaltung in den Mitgliedstaaten nicht derivativ, sondern originär, und daß diese nicht additiv oder komponiert, sondern einheitlich zu begreifen ist[21].

3. *Übertragung durch Gesetz*

17 *„Durch Gesetz"* entstehen jene Rechtswirkungen, die Art. 24 I mit der Übertragung von Hoheitsrechten verbindet und für deren Vollzug er das Gesetz als Instrument zur Verfügung stellt. Das Gesetz hat danach die Funktion, die staatliche Aufgabe des Ausschließlichkeitsanspruchs und die Einräumung der Gemeinschafts-Gewaltentfaltung im Staatsgebiet zu vollziehen.

18 a) Dieses Gesetz ist, was herrschender Auffassung entspricht[22], aus der Entstehungsgeschichte und in der Praxis der Vergemeinschaftungs-Vorgänge sich bestätigt, ein *einfaches Einspruchsgesetz*, also weder verfassungsänderndes Gesetz i. S. des Art. 79 II GG noch ein solches, das der Zustimmung des Bundesrates bedürfte.

Damit ist der — umstrittenen — Frage nach dem *Rang* des Übertragungs-Gesetzes im Verhältnis zum Grundgesetz selbst noch nicht präjudiziert. Denn trotz seiner Formung als einfaches Gesetz, das der Beschlußfassung des Verfassungsänderungsverfahrens gemäß Art. 79 I, II zweifellos nicht bedarf, kann dem Übertragungsgesetz selbst ein höherer Rang zukommen. Er kann sich darin äußern, daß das Übertragungsgesetz selbst die Verfassung ändert

---

[21] *Badura*, VVDStRL 23 (1966) 57.
[22] *Ruppert* 207, 213.

oder durchbricht, weil Art. 24 I gerade dies ihm ermöglicht. Er kann sich auch darin äußern, daß das Übertragungsgesetz ohne Bindung an die Verfassung, also ändernd oder durchbrechend, ergeht, weil Art. 24 I diese Wirkung bereits vorweggenommen hat.

19 b) Art. 24 I ist als eine Verfassungsentscheidung vom Rang einer Staatszielbestimmung gekennzeichnet worden *(2/3)*, die die Öffnung der Staatlichkeit, die Aufgabe ihres Ausschließlichkeitsanspruchs und die Er-Öffnung nicht-staatlicher Hoheitsentfaltung vorsieht. Daraus muß gefolgert werden, daß dem Übertragungsgesetz gemäß Art. 24 I der *Rang eines Verfassungsgesetzes* zukommt. Das Grundgesetz hat mit dieser Vorschrift einen zusätzlichen, besonderen, neben Art. 79 geregelten Weg der Verfassungsänderung und -durchbrechung eröffnet. „Immer und für alle Fälle hat das Übertragungsgesetz Verfassungsrang."[23] Deshalb könnte es nur in dem nach Art. 79 I, II vorgesehenen Verfahren geändert oder aufgehoben werden. Der Weg zurück mit Hilfe eines *einfachen* Gesetzes gemäß Art. 24 I ist hierfür *nicht* eröffnet.

20 c) Weil Art. 24 I eine grundlegende Verfassungsentscheidung darstellt, ihre Konkretisierung durch gesetzliche „Öffnung" der Staatlichkeit den bestehenden Verfassungszustand ändert („mutiert"), wirkt er in dieser Weise als „Integrationshebel"[24]. Dieses Bild der Mechanik mag verdeutlichen, daß Art. 24 I mit dem *geringeren* Aufwand des *einfachen* Gesetzes die *gesteigerte* Wirkung der Verfassungs*änderung* ermöglicht, weil seine, des Art. 24 I Stärke als Verfassungsentscheidung dem einfachen Gesetz Integrationskraft vermittelt: Öffnung der Staatlichkeit, Er-Öffnung binnenstaatlicher Wirksamkeit öffentlicher Gemeinschaftsgewalt.

III. Errichtung der Gemeinschaften als Gesamtakt staatlicher Integrationsgewalt

21 Weil die Gemeinschaften *durch (völkerrechtlichen) Vertrag* der Mitgliedstaaten gegründet worden sind (Art. 1 aller Verträge), wird der Vorgang ihrer Errichtung vielfach isoliert kontraktuell gedeutet und zu Rechtsfolgerungen für ihre Rechtsstellung, ihre Verfassung, ihre Zuordnung zu den Mitgliedstaaten benutzt. Damit wird die Gemeinschaftsgründung dem allgemeinen Rechtsstatut völkerrechtlichen Vertragsschlusses assimiliert mit dem „Schluß vom vertragsmäßigen Entstehungsgrund auf die vertragsmäßige Natur des begründeten Rechtsverhältnisses"[25].

---

[23] *Ruppert* 239, 227.
[24] *Ipsen,* Bensheim-Referat 26.
[25] *Wagner,* Beschlußrecht 103.

1. *„Inhalt und Wesen einer Ordnung ist das eine, ihre Entstehungsgrundlage das andere“*

22 a) Dieser Satz von *Albert Haenel*[26] aus dem Jahre 1873 hat nicht verhindern können, daß das Völkerrecht, solange beherrscht vom Gegensatz zwischen objektivem Recht und Rechtsgeschäft und von der Vorstellung des Staatswillens als Ursprung allen objektiven Rechts, als Produkt seiner Verträge nur wiederum obligatorische Beziehungen anzuerkennen vermochte. Auch die Figur der *Vereinbarung* als Quelle *über* den Staaten stehenden *objektiven* Rechts, das — obwohl in Geltung kraft staatlichen Willens — eben staatliches Recht zu binden, sich unterzuordnen vermöchte, war keine teleologisch gerechtfertigte Lösung vom Staatswillen, sondern begriffliche Verhüllung[27].

Eine Lösung kann nur in der Erkenntnis bestehen, daß aus der vertraglichen Entstehungsgrundlage einer Ordnung nicht zwangsläufig auf den gleichermaßen nur vertraglich-obligatorischen Inhalt der Ordnung geschlossen werden muß. Sie nimmt an, daß rechtsetzender und verfassunggebender Vertragsschluß gewissen selbständigen und eben anderen Rechtsregeln unterliegt als denen, die für völkerrechtliche Verträge ohne diese teleologische Konstruktivität gelten.

23 b) Das gehört zwar heute auch zu den an Anerkennung zunehmenden Differenzierungen der Lehre von den völkerrechtlichen Verträgen, die die besondere Figur der „Verfassungsverträge“ entwickelt hat[28]. Sie kann unschwer auf gängige Beispiele des Zivilrechts verweisen. Gleichwohl ist der *Haenel*sche Satz, der hier voransteht, weithin zur Deutung der Vergemeinschaftung nicht beachtet und befolgt worden; und auch der psychologische Versuch, mit Hilfe der „Vereinbarung“ die Herrschaft des Staatswillens mit seiner rechtssatzmäßigen Bindungsfähigkeit in Einklang zu bringen, hat weiterhin Pate gestanden bei Bemühungen, die Errichtung der Gemeinschaften rechtlich zu qualifizieren. *So* erklären sich etwa die Annahmen, die Gemeinschaftsverträge bedürften, *weil* eben völkerrechtliche Verträge, *restriktiver Auslegung;* ihrem Inhalt, *weil* überhaupt nur kraft *Inkorporierung* binnenstaatlich nur als *einfaches* Gesetz geltend, dürfe durch lex posterior nationalis derogiert werden; jeder Mitgliedstaat dürfe, *weil* Vertragsschließender, kraft staatlicher Willensentscheidung Sezession und Nullifikation vollziehen und vermöge damit über die Gemeinschaftsexistenz zu disponieren.

Dem allem kann *nicht* gefolgt werden, um die Errichtung der Gemeinschaften und ihre Rechtsfolgen zu deuten[29].

---

[26] *Haenel,* Die vertragsmäßigen Elemente der Deutschen Reichsverfassung, Studien zum Deutschen Staatsrecht I (1873) 38.

[27] *Wagner,* Beschlußrecht 102.

[28] *Zemanek,* Das Vertragsrecht der internationalen Organisationen 11; *Wagner* 103.

[29] Deshalb Zustimmung zu *Alder* 316—317.

2. *Der Gesamtakt staatlicher Integrationsgewalt*

24 a) Art. 24 I hat den Bund — mit der Verfassungsermächtigung zur Übertragung von Hoheitsrechten auf zwischenstaatliche Einrichtungen, damit notwendig auch zu ihrer Errichtung, zu ihrer Gründung — auf das Rechtsinstrument des *Gesetzes* und eben *nicht* des *Vertragsschlusses* verwiesen. Das geschieht in jenem Verfassungszusammenhang, in dem es um die existentielle Eigen-Öffnung der Staatlichkeit selbst geht. Das Grundgesetz hat damit eindeutig das *Staatsgesetz* als Erzeugungsakt für die zu errichtende Einrichtung bereitgestellt. Die „Zwischenstaatlichkeit", die Internationalität, die Mehr-Staatlichkeit und Plural-Mitgliedschaft dieser Einrichtung bedurfte selbstverständlich zu ihrer Entstehung *außer der gesetzlichen* Staatsentscheidung des deutschen Mitbegründers gleichgerichteter und übereinstimmender Rechtsakte der anderen Mit-Errichter. Denn sie war abhängig vom Zusammenwirken mit anderen, sich gleichermaßen öffnenden Staaten, zu denen der deutsche Staat in keinen anderen Beziehungen als denen des Völkerrechts stand. Das aber konnte Art. 24 I *seinerseits* außer Betracht lassen. Denn das hierfür erforderliche Rechtsinstrumentarium stellte Art. 59 GG bereit. Daß *sein* Abs. II — weil die Gemeinschaftsverträge ihm unterfallen — für diese Verträge aus Gründen der Gewaltenteilung i. S. der Gewaltbindung die Zustimmung der Legislative „in der Form eines Bundesgesetzes", also *ebenfalls* ein Staatsgesetz wie ein in Art. 24 I gefordertes, vorsieht, verwandelt das *Errichtungsgesetz des Art. 24 I* indes *nicht* in ein *übliches* Zustimmungsgesetz i. S. des Art. 59 II — und dies auch nicht, wenn *beide* Gesetzesakte von den gesetzgebenden Körperschaften buchstäblich „uno actu" beschlossen werden[30]. Im Sinne des Art. 59 II ist dieses eine Gesetz der aus Verfassungsgründen der Gewaltenteilung stattfindende Sanktionsakt der ersten Gewalt zum Vertragsschluß als Rechts*anwendung* eben des Art. 24 I. Im *Telos des Art. 24 I* ist dasselbe Gesetz dagegen *nicht Rechtsanwendung, sondern Rechtserzeugungsakt.*

25 b) Daß die Gemeinschaften als zwischenstaatliche Aufgabenträger entstehen konnten kraft internationalen Zusammenwirkens der gründenden Mitgliedstaaten, bedurfte derart völkerrechtlichen Vertragsschlusses[31]. Beurteilt nach dem Inhalt und Wesen der Ordnung, die die Staaten der von ihnen gegründeten Einrichtung gegeben haben, ist für diesen Vertragsschluß — um ihn von anderen zu unterscheiden — von einem *„Gesamtakt"* gesprochen worden[32]: die Staaten sollen ihren übereinstimmenden Willen, nebeneinander stehend, zu einem Gemeinwillen verschmolzen und damit Rechtswirkun-

---

[30] Diese Besonderheit wird nicht hinreichend verdeutlicht bei *Maunz—Dürig—Herzog* 12 zu Art. 24.

[31] Richtig *Alder* 315: „Irgendwelche rechtsdogmatischen Folgerungen in bezug auf den Geltungsgrund, die Rechtsnatur oder Qualität des Gemeinschaftsrechts lassen sich . . . daraus jedoch nicht ableiten."

[32] Dazu *Wagner* 100; *Kaiser* ÖZÖffR X (1960) 420; *Schüle*, Grenzen der Klagebefugnis vor dem Gerichtshof der Montanunion, ZaöRV 16 (1955/56) 244.

gen außer sich selbst erzeugt haben. Als „Gesamtakt" soll die im Vertragsschluß liegende Willenseinigung mit ihrer an sich auf die Vertragschließenden beschränkten Rechtswirkung (anders als die „Vereinbarung", die die Parallelität der Willensakte hervorhebt) eine *Rechtserzeugung über die Einigung hinaus* zum Ausdruck bringen.

Mit „Gesamtakt" als rechtlicher Charakterisierung der Gemeinschaftserrichtung wird die in der deutschen Bundesstaatstheorie des 19. Jahrhunderts entwickelte Kategorie bemüht. Sie soll die Entstehungsvorgänge für Einrichtungen mehrerer Staaten deuten, die ihrerseits, wie sich erweisen wird, nicht-staatliche sind. Wenn das geschieht, *ohne* damit der rechtlichen Einordnung der Gemeinschaften und weiteren, aus ihr denkbaren Ableitungen zu präjudizieren, braucht gegen ein solches Verfahren kein Bedenken zu bestehen. *Wenn* solche Präjudizierung vermieden bleibt, mag also von „Gesamtakt" die Rede sein. Die Gefahr der Präjudizierung ist indes für die deutsche Theorie, wie die Erfahrung lehrt, im Hinblick auf nur bundesstaatliche Zielvorstellungen nicht gering.

Eine andere Gefahr liegt darin, die Gründungsvorgänge der Gemeinschaften „soziologisch-völkerrechtlich" aufzuladen und ihre denkbare rechtliche Erklärung dadurch zu verhüllen. Das etwa geschieht mit Hinweisen, die Geschichte der Bundesstaaten beweise, daß ihre Entstehung auf elementare historische Vorgänge oder Vorbedingungen, vorrechtliche Lagen und Fakten zurückgehe und in ihnen ihre Legitimität finde, während der Gesamtakt als Rechtsakt erst den Vollzug artikuliere[33]. Gleichviel, ob und inwieweit vor- und außerrechtliche Umstände die Vergemeinschaftung erst ermöglichten und künftig bedingen *(§ 54)*, sollte jedoch nicht zweifelhaft sein, daß *der Rechtsakt ihrer Errichtung und sein Inhalt* ausreichen, um sie und ihre Wirkungen rechtlich zu deuten.

26 c) Um dieser zweifachen Gefährdung zu begegnen — der Präjudizierung im Hinblick auf staatliche, d. h. bundesstaatliche Kennzeichnung und der Unterwerfung der Rechtsqualifizierung unter vor- und außerrechtliche Faktizitäten —, soll der Vorgang der Gemeinschaftserrichtung in gehöriger Eingrenzung bezeichnet werden als *Gesamtakt staatlicher Integrationsgewalt.* „Integration" wird hierbei so verwendet, wie es zu deuten bleibt *(8/28—31).*

27 aa) Aus der Rechtsfigur des „Gesamtaktes" entlehnt diese Kennzeichnung die gleichgerichtete Zielsetzung der Gründerstaaten, die sich nicht obligatorisch in ihrer Willenseinigung erschöpft. In der Aufgabenstellung der

---

[33] Dazu: *Ruppert* 101—106; *Herb. Krüger,* DÖV 1959, 721 = *Herb. Krüger,* Staat — Wirtschaft — Völkergemeinschaft, Ausgewählte Schriften aus vierzig Jahren (1970) 141; *Jaenicke,* Fs Bilfinger 79. — *Ruppert* 104 lehnt es ab, die Gründungsvorgänge ohne soziologisch-vorrechtliche Betrachtung als Rechtsakte zu behandeln und folgert: „nur eine — auch normative Fakten einbeziehende — soziologische Analyse vermag ihnen voll gerecht zu werden." Das maßgebliche normative Faktum ist eben die Errichtung der Gemeinschaften. Seinen Gehalt bilden die Verträge. Zur soziologischen Analyse, die bei *Ruppert* nicht stattfindet und deren es bedarf, um Grundvoraussetzungen, -erwartungen und -chancen sowie die Verfassungsperspektiven der Gemeinschaften zu beurteilen, vgl. *§ 54.* — Daß die *Tatsache des Vertragsschlusses und des Beitritts* rechtlich relevant ist, hebt zutreffend *v. Simson* EuR 1970, 188 hervor (dort für die Zuordnung des Gemeinschaftsrechts zum nationalen Recht). Sie ist es gleichermaßen für die Charakterisierung der Vergemeinschaftung als solcher.

Gemeinschaften, ihrer Verfassung und ihrer Ausstattung ist ihre Schöpfung auf eine Rechtsordnung gerichtet, die *außerhalb* der Staaten existiert und ihnen gegenüber *selbständig* wirkt.

Nach deutschem Verfassungsrecht hat sich die staatliche Teilnahme an diesem Gesamtakt vollzogen durch den Erlaß des in Art. 24 I GG vorgesehenen Gesetzes. Kraft dieses Gesetzes ist der Ausschließlichkeitsanspruch der Staatshoheit im Rahmen der Gemeinschaftsaufgaben aufgegeben, die binnenstaatliche Wirksamkeit der Gemeinschaftshoheit zugelassen worden. Daß dasselbe Gesetz zugleich eine Funktion als Zustimmungsgesetz i. S. des Art. 59 II GG erfüllt, entspricht der durch das Völkerrecht bedingten Rechtstechnik internationalen Vertragsschlusses und der verfassungsrechtlich hierfür aus Gründen der Gewaltenteilung vorbehaltenen Mitwirkung der ersten Gewalt. Diese seine Funktion ist von jener der gesetzlichen „Öffnung" der Staatlichkeit zu unterscheiden. Das Gesetz hat für die Gemeinschaftsverfassung nicht die Funktion der Inkorporierung oder der Erteilung des Anwendungsbefehls im Sinne des Art. 59 II. Es empfängt seine spezifische Wirkung für die Gemeinschaftsverfassung, für die nationale Verfassungsordnung und die Binnenrechtsordnung vielmehr aus Art. 24 I. *Der gesetzliche Vollzug der in Art. 24 I liegenden Verfassungsentscheidung ist es, der den Vorgang rechtlich prägt. Er wird nicht geprägt durch den Mechanismus des Art. 59 II.*

28 bb) Der Vorgang der Gemeinschaftserrichtung wird als Gesamtakt *staatlicher Integrationsgewalt* bezeichnet. Das soll ihn — wozu aus den genannten Gründen Anlaß besteht — deutlich abheben von den historischen Zusammenhängen deutscher Bundesstaatsgeschichte, für die der „Gesamtakt" geprägt worden ist. Er empfängt seinen Gehalt aus dem „Inhalt und Wesen der Ordnung", zu deren Kreation der Typ dieser konkreten Gesamtakte dient, und diesen Inhalt bildet die Verfassung und Rechtsordnung der durch sie geschaffenen Integrationsverbände. Sie sind hier im Umriß zu kennzeichnen *(2/29—57)*; ihre genauere Darstellung folgt in anderen Zusammenhängen *(§§ 5, 8—10)*.

IV. Folgerungen für Recht und Verfassung der Gemeinschaften

29 Was durch den Gesamtakt staatlicher Integrationsgewalt entsteht, ist ein verfaßter rechtsfähiger Verband eigener Rechtsordnung, im Integrationsmaß begrenzter Aufgaben, eigener supranationaler öffentlicher Gewalt, die im Durchgriff unmittelbar auch die Angehörigen der Mitgliedstaaten betreffen kann.

1. Autonome Gemeinschaftsrechtsordnung

30 a) Zwischen der Rechtsordnung, die ihrerseits die Gemeinschaft verfaßt und kraft deren sie selbst Recht setzen kann, und den Staatsverfassungen, die ihre Errichtung ermöglichten, besteht kein Rechtsband der Ableitung oder der Abhängigkeit. Der Vorgang der Errichtung, die staatliche Bereitstellung der formulierten Gemeinschaftsverfassung sind rechtliche Bedingungen für die Entstehung und die Verfassung der Gemeinschaft[34]. Sie sind es *nicht auch für den Geltungsgrund ihrer Rechtsordnung.* Indem die Staaten sich selbst gegenüber und in ihrem eigenen Rechtsbereich die Geltung der Gemeinschaftsrechtsordnung durch Aufgabe ihres Ausschließlichkeitsanspruchs zuließen, konnte sie als nicht-abgeleitete, als unabhängige, autonome Rechtsordnung im Bereich bis dahin nationaler Rechtsherrschaft Geltung entfalten. Dieser alleinige Geltungsgrund steht der Annahme ihrer staatlichen Derivativität oder Delegation entgegen. Das gilt für die primäre Gemeinschaftsrechtsordnung, ihre Verfassung, ebenso wie für das auf ihrer Grundlage ergehende, abgeleitete Sekundärrecht. Das Sekundärrecht ist zwar abgeleitetes Recht, nicht originäres, dies aber in ausschließlicher Zuordnung zum Recht der Gemeinschaften, nicht zu dem der Staaten *(5/9).*

31 b) Die Gemeinschaftsrechtsordnung stattet die Gemeinschaftsorgane im Rahmen ihrer Zuständigkeit mit öffentlicher Gemeinschaftsgewalt aus. Sie kann sich rechtsetzend, vollziehend und rechtsprechend äußern. Ihre Rechtssätze und die auf sie gestützten Rechtsakte binden (außer den Gemeinschaften und ihren eigenen Organen) die Mitgliedstaaten, deren Organe und — potentiell auch — die Staatsangehörigen mit der überlegenen einseitigen Rechtswirkung der Gehorsams- und Folgepflicht. Und diese Wirkung entsteht unmittelbar aus der Gemeinschaftsgewalt, nicht aus antizipiert-genereller Inkorporierung, Transformation oder Anwendungsermächtigung der Staaten.

32 c) In den Mitgliedstaaten und ihnen, ihren Organen und Staatsangehörigen gegenüber äußert die Gemeinschaftsrechtsordnung diese Wirkung als eine fremde[35], nicht-staatliche Rechtsordnung. Die Gemeinschaftsrechtsordnung bildet mit dem staatlichen Recht keine Einheit, sondern eine von diesem gesonderte, andersartige Rechtsmasse. Diese ist auch *nicht zugleich staatliches* Recht, also etwa solches von Doppelnatur[36]. Das gilt auch für das *Primär*recht der Vertragsinhalte, obwohl die Verträge durch Gesetz nach Art. 59 II GG Zustimmung gefunden haben *(2/55—57).* Daß dasselbe für das *Sekundär*recht gilt, ergibt sich z. T. aus Normen des Gemeinschaftsrechts selbst (Art. 189 II EWGV, 161 II EAGV). Die *in den* Mitgliedstaaten *geltend*e Rechtsordnung erfährt also eine zweiteilende „Verdoppelung". In den Staaten gilt jeweils nationales Recht *und* zugleich Gemeinschaftsrecht als gemeines Recht.

---

[34] Dazu: *Ruppert* 77, 143, 148—155; *Alder* 46.

[35] Eine *fremde* Rechtsordnung — *nicht* eine *feindliche! (10/6).*

[36] *Ipsen*, Bensheim-Referat 21—22; *Badura* VVdStRL 23 (1966) 60 Anm. 109.

2. *Verfassungscharakter primären Gemeinschaftsrechts*

33 a) Ohne damit einen bestimmten Verfassungsbegriff zu absolutieren und ohne lediglich wegen ihrer formalen Zugehörigkeit zum Primärrecht der Gemeinschaftsverträge jeder ihrer Bestimmungen diesen Charakter zuzuweisen, darf von einem Inbegriff des Primärrechts als von der *materiellen Verfassung der Gemeinschaften* gesprochen werden. Er enthält die grundlegenden Rechtssätze über die Zielsetzungen, die Organisation und die Funktionsweise der Gemeinschaften. Diese Annahme impliziert nicht die weitere, die Gemeinschaften besäßen, weil „verfaßt", Staats- oder staatsartigen Charakter. Sie folgt andererseits auch nicht schon aus grenzenloser Ausweitung des Verfassungsbegriffs auf jede Grundnormierung jeder juristischen Verbandsperson. Die Gemeinschaften sind zwar Funktionsverbände im öffentlichen Aufgabenbereich bislang staatlicher Innehabung und Wahrnehmung, nicht aber in staatlicher „Rechtsnachfolge". Und ebenso wie aus dem Entstehungsvorgang ihrer Errichtung nicht auf ihre staatliche Abhängigkeit geschlossen werden darf, berechtigt die *vertragliche* Bereitstellung der Rechtssätze, die materiell die Gemeinschaftsverfassung bilden, nicht zur Leugnung ihres Verfassungscharakters[37].

34 b) Das ist bedeutsam insbesondere für die Frage, ob die Gemeinschaftsrechtsordnung in ihrem Verfassungsgehalt — in der Wendung des Art. 28 II GG formuliert — „den Grundsätzen des republikanischen, demokratischen und sozialen Rechtsstaates im Sinne dieses Grundgesetzes entsprechen" muß, mit anderen Worten: ob eine Verfassung der Gemeinschaften nur insoweit Verfassung sein *dürfe*, als sie der staatlichen Verfassung der Mitglieder homogen sei — eine Frage, die sich dann *nicht nur* aus *grundgesetzlichen*, sondern entsprechend aus den Homogenitätsanforderungen der Verfassungen auch der *anderen* Mitgliedstaaten erheben müßte.

35 Die Homogenitätsfrage stellt sich für das Verhältnis zwischen Gemeinschaftsverfassung und Staatsverfassungen nicht in gleicher Weise wie im Bundesstaat zwischen Bund und Gliedstaaten. Denn die Gemeinschaften sind nicht Aufgabenträger potentieller Allzuständigkeit, sondern ab origine begrenzter Gewalt. Eine Zuständigkeitsvermutung, die für die Länder im Verhältnis zum Bund streitet, spricht nicht für die Gemeinschaften im Verhältnis zu den Mitgliedstaaten, sondern für diese gegenüber jenen. Außerdem gebietet die bundesstaatliche Struktur an sich ein wesentlich andersartiges Homogenitätsniveau als die der Gemeinschaft im Verhältnis zu ihren Mitgliedern. Die Homogenitätsfrage wird und ist für die Gemeinschaften in wesentlichen Zügen schon dadurch beantwortet, daß die Mitgliedstaaten in einem Gesamtakt die Errichtung und Verfassung der Gemeinschaften vollzogen haben: *Vergemeinschaftung dieser Art setzt ein Min-*

---

[37] *Wagner* 97 ff.

destmaß prinzipieller Gleichheit der Verfassungsstrukturen voraus[38]. Deshalb ist der vollzogene Gesamtakt als solcher Ausdruck und Bestätigung nicht nur des staatlichen Bewußtseins hierfür, sondern auch der Existenz und Wirksamkeit hinreichender Homogenität.

36 Die Homogenitätsfrage stellt sich aus deutscher Verfassungssicht besonders artikuliert, weil Art. 79 III GG eine unabdingbare Formulierung der „positiven Verfassung" und damit der Tragweite eines Homogenitätsanspruchs liefert, wie sie in dieser Art den Verfassungen der anderen Mitgliedstaaten fehlt[39]. Das ist der Grund dafür, daß nur die *deutsche* Theorie sich an ihr derart engagiert hat. Das gilt vornehmlich für die Bewahrung des demokratischen Prinzips, außerdem für die Rechtsstaat-Entscheidung im Hinblick auf die Perfektion des gerichtlichen Rechtsschutzes und den Grundrechtsschutz.

37 Daß dieselbe Verfassung, die in Art. 24 I die gesetzliche Öffnung der Staatlichkeit als Prinzip ihrer Ausgestaltung ermöglicht, die in Art. 79 III ihre eigene „Positivität" im Sinne der Unantastbarkeit statuiert und diese in Art. 28 I als Homogenitätsmaßstab der inneren Bundesstaatlichkeit setzt, auch in einer Gemeinschaftsverfassung ihre homogene Wiederholung fordern müsse, ist schon aus ihrem Gesamtzusammenhang nicht beweisbar. Die Öffnung i. S. des Art. 24 I erfordert einen Gesamtakt *im Zusammenwirken mit anderen Staaten* und ist nur in ihm vollziehbar. Diese aber unterstehen nicht der „Positivität" des Art. 79 III; und daß als zwischenstaatliche Partner des Gesamtaktes nur Staaten verfügbar sein dürften, deren Verfassungen gerade der grundgesetzlichen Ausformung i. S. des Art. 79 III GG genügen, würde nur als Illusion oder Irrealität angesehen werden können. Träfe das zu, dürfte sich der deutsche Staat i. S. des Art. 24 I nur mit anderen Bundesstaaten integrieren. Denn auch die Bundesstaatlichkeit gehört zum Homogenitätsprogramm des Art. 79 III. Das zwingt zu dem Schluß, daß deutsche Homogenitätsansprüche bei Anwendung des Art. 24 I verfassungsrechtlich allenfalls in einem höchst begrenzten Sinne gerechtfertigt sein können: *nicht gerade* die *grundgesetzliche Ausgestaltung* der Demokratie-, Sozial- und Rechtsstaatsentscheidung kann einen Homogenitäts-Anspruch gegenüber der Gemeinschaftsverfassung inhaltlich bestimmen, sondern nur ihre Substanz an sich, ihr „Wesensgehalt"[40]. Und der Homogenitätsanspruch muß Abstriche dulden, so den auf die föderale Ordnung. Der Gestaltungsraum der Gemeinschaftsverfassung ist deshalb denkbar weit zu bemessen:

[38] Dazu: *Scheuner* VVDStRL 23 (1966) 107—109; *Ruppert* 155; *Martens* EuR 1970, 209.

[39] Die norwegische Verfassung vom 17. 5. 1814 schließt in § 112 Verfassungsänderungen aus, die den „Prinzipien der Verfassung" widersprechen, und impliziert damit Homogenitätsansprüche. Das dürfte den Beitritt Norwegens aber schwerlich behindern, auch wenn zu diesen Prinzipien die monarchische Staatsform zählt. Der durch Gesetz vom 8. 3. 1962 in die Verfassung eingefügte § 93 (Norsk Lovtidend 1962 I 189, II, 114) macht keine Homogenitätsvorbehalte. — Zu § 112 der Verfassung: *C. Schmitt*, Verfassungslehre (1928) 105—106.

[40] *Ruppert* 299—301 mit Anm. 908; zur „horizontalen" Bedeutung der Homogenitätsfrage (zwischen den Mitgliedstaaten): *Ipsen* EuR 1966, 78.

er ist abhängig vom Wirkungsbereich der öffentlichen Gemeinschaftsgewalt; er ist der Anpassung an Ausgestaltungen zugänglich, die die Verfassungen der anderen Mitgliedstaaten jenen Homogenitäts-Prinzipien haben zuteil werden lassen; er muß auch zugänglich sein der Anpassung und der Fortentwicklung dieser Prinzipien gegenüber der Besonderheit und Andersartigkeit der Funktionen, die den Gemeinschaften obliegen. Art. 79 III ist daher so zu deuten, daß er die integrierende Anwendung des Art. 24 I am wenigsten behindert und die derart entstandene Gemeinschaftsverfassung respektiert.

3. Integration als Verfassungsprinzip

38 Die Verfassung der Gemeinschaften wird durch ein Prinzip geprägt, das — im *hier* gebrauchten Verständnis — *staatlichen* Verfassungen der „Natur der Sache" wegen fehlt und fehlen muß: das *Integrationsprinzip.*

„Integration" steht hier nicht für einen Allgemeinbegriff modern gewordenen Sprachgebrauchs, der Herstellung oder Entstehung einer Einheit oder Ganzheit aus Einzelelementen derart meint, daß die gewonnene Einheit mehr ist als die Summe der vereinigten Elemente[41]. Integration als Verfassungsprinzip der Gemeinschaften erschöpft sich auch nicht in dem Integrations-Verständnis, das die Staatsverfassungen dynamisierend als Lebensordnungen ständiger Einbeziehung der einzelnen, ständiger Bewußtmachung der Staatszwecke, ihrer Rechtfertigung durch die freiwillige Zustimmung der Bürger begreift und damit die nur statische Deutung der Staatlichkeit aus ihren drei Elementen Gebiet, Volk und Staatsgewalt überwindet[42]. Integration als Verfassungsprinzip der Gemeinschaften umgreift zwar auch die allgemein-begriffliche Intention der neuen Einheits-Herstellung, und das dynamisierende Element der Integration im Staatsverfassungssinne ist auch in ihm enthalten. Es hat aber wesentliche andere Züge, die nur die Gemeinschaftsverfassungen, die auf diesem Integrationsprinzip beruhen, kennzeichnen und prägen[43]. Sie bestehen im folgenden:

39 a) Die Gemeinschaftsverfassung beruht auf der gesamtaktlichen Entscheidung der Mitgliedstaaten, öffentliche Aufgaben hoheitlich unter Überwindung einzelstaatlicher Verantwortung und Erledigung einem von ihnen geschaffenen selbständigen Verband zur ganzheitlichen Wahrnehmung zu überantworten. Die Errichtung und die Verfassungsausstattung der Gemeinschaften ergibt sich aus dem in diesem Sinne integrierenden Gesamtakt. Er ist die *Primäranwendung des Integrationsprinzips.*

---

[41] *Smend* EvStLex 803.

[42] *C. Schmitt,* Verfassungslehre 6—7.

[43] Dies auch zur Klarstellung des Berichtes von *Rauschning,* ArchVR 12 (1965) 290—291 über das Kieler Kolloquium über internationales Recht vom November 1964: das Integrationsprinzip hat in näherer Präzisierung durchaus gemeinschaftsrechtliche Bedeutung.

40 b) Die Gemeinschaftsverfassungen enthalten Zielbestimmungen als Umschreibungen begrenzter öffentlicher Gemeinschaftszwecke und als Handlungsaufträge der Gemeinschaftsorgane. Sie sind primär nicht als statische Kennzeichnung rechtlicher Zustandsordnung, sondern als Aktionsanweisungen und -ermächtigungen zu begreifen, deren Erfüllung zielbestimmte künftige Ordnung erst herzustellen bestimmt ist. So gibt das Integrationsprinzip der Gemeinschaftsverfassung einen Zug zeitiger Unerfülltheit.

41 c) Zielbestimmungen und Aktionsanweisungen bedienen sich plangestufter Zeitbemessung mit vorbestimmten Rechtsfolgen des Zeitablaufs oder der nicht rechtzeitigen Erfüllung von Aktionsaufträgen, so daß ein verfassungsrechtlicher Antrieb zur Integration und zur Sanktionierung dieser Antriebe hergestellt wird.

42 d) Die Gemeinschaftsverfassungen werden beherrscht vom Gebot zur Angleichung oder Vereinheitlichung des Rechts in der Gemeinschaft, zur Beseitigung staatsrechtlicher Ungleichbehandlung von Marktbürgern verschiedener Staatsangehörigkeit, damit zur Überwindung staatsbezogener Rechtsunterschiedlichkeit aus Zugehörigkeit und Rechtsunterworfenheit. Das Integrationsprinzip wirkt insoweit zur Herstellung einer Ordnung teils allgemeinen, d. h. in allen Mitgliedstaaten gleichen nationalen Rechts, teils von Gemeinschaftsrecht. Es zielt auf die einheitliche Rechtsstellung aller Marktbürger in dieser ihrer Eigenschaft.

43 e) Die Gemeinschaftsverfassungen stellen mit Postulaten zur Angleichung und zur Vergemeinschaftung von Politiken der Staaten weitere Gemeinschaftsziele auf. Ihre Verfolgung bedingt und bewirkt weitere Integrationsschritte, die mit der Vergemeinschaftung der Politiken selbst noch nicht vollzogen werden. Es liegt im Integrationsprinzip, daß es seine eigene Wirksamkeit mit seiner Verfolgung automatisch prolongiert, intensiviert und erweitert.

4. Supranationalität als Verfassungsprinzip

44 *Supranationalität*[44] wird hier verstanden als *verfassungsrechtliche Durchsetzbarkeit öffentlicher Gemeinschaftsgewalt gegen Staatsgewalt*[45]. In dieser Bedeutung ist Supranationalität ein Verfassungsprinzip der Gemeinschaften.

---

[44] Zur Wort- und Bedeutungsgeschichte: *Sidjanski,* Dimensions européennes de la science politique (1963) 20 ff. Danach hat *Nietzsche* (Der Wille zur Macht — 1885 — Nr. 1.051) den Ausdruck zuerst gebracht. — Ferner: *Ophüls* Fs Heymanns Verlag 547—549; kritisch: *Catalano* Manuel 2. Aufl. (1964) 19.

[45] *Ipsen,* Fusionsverfassung 23; *ders.,* Verfassungsperspektiven 11. Betont sei zur Begriffsbestimmung, daß es auf die *rechtliche* Durchsetzbarkeit ankommt, so etwa im Gerichtsverfahren gegen Mitgliedstaaten. Physischer Zwang als Sanktionsmittel ist Attribut der *Staats*gewalt, *nicht* der *Gemeinschafts*gewalt. Das mag der Wortwahl „Gemeinschafts*gewalt*" widerstreiten. Es kann bei ihr bewenden, wenn bewußt bleibt, daß die Gemeinschaften *Rechts*gemeinschaften sind. Sonst würde sich „Gemeinschafts*hoheit*" anbieten, was aber kaum weniger „belastet" erscheint.

45 a) Nicht anders als Integration ist auch Supranationalität verallgemeinernd verstanden und verwendet worden, um Vorgänge und Rechtserscheinungen der Vergemeinschaftung zu kennzeichnen. Völkerrechtliche Theorie hat versucht, bestimmte internationale Organisationen als supranationale von bisherigen völkerrechtlichen Staatenverbindungen abzuheben, ohne dabei Merkmal-Übereinstimmung zu erreichen. Einerseits wird abgestellt auf den Übergang von Souveränität oder Souveränitätsrechten der Mitgliedstaaten auf Gemeinschaftsorgane. Das bleibt unergiebig, solange Souveränität als normfreie, d. h. rechtlich nicht bindungsfähige und höchste Entscheidungskompetenz gilt und folglich die den Gemeinschaftsorganen übertragenen begrenzten Hoheitsrechte sich dieser Kompetenz gegenüber nicht durchzusetzen vermögen[46]. Andererseits sollen die Unabhängigkeit von Gemeinschaftsentscheidungen und ihr Durchgriff gegenüber den Staatsangehörigen der Mitgliedstaaten die Supranationalität kennzeichnen.

46 Art. 9 V, VI EGKSV hatte zur Kennzeichnung der Unabhängigkeit der Hohen Behörde zuerst — einmal und zuletzt — von ihrem „überstaatlichen" Charakter gesprochen, der mit ihrer Tätigkeit unvereinbare Handlungen ausschließe und von den Mitgliedstaaten zu achten sei. Mit Art. 9 FusV von 1965 und dem Aufgehen der Hohen Behörde in die (gemeinsame) Kommission der drei Gemeinschaften ist diese Formulierung entfallen. In den Römischen Verträgen von 1957 war sie (bewußt) vermieden worden, ohne (Art. 157 II EWGV, Art. 126 II EAGV) in der Sache etwas zu ändern. Und insgesamt sei der Terminus „supranational" eliminiert und durch den vertragsrechtlichen Ausdruck „gemeinschaftlich" ersetzt worden, um den Eindruck auszuschließen, „wir wollten die Nationen" zerstören[47]. Diese Abwehr dürfte ebenso entbehrlich sein wie der Einsatz des Begriffs, um solche Zukunftsperspektiven abzuwehren, die „supranational" schlicht als bundesstaatlich zu begreifen scheinen.

47 b) Was *hier* „supranational" genannt wird, deckt sich wesentlich mit der Formulierung: „le ‹supra-national› est l'ordre des souverainetés normativement subordonnées"[48]. Sein Gehalt besteht in den folgenden Merkmalen:

48 aa) Supranationalität kennzeichnet die öffentliche Gemeinschaftsgewalt, den Inbegriff der den Gemeinschaften zur Erfüllung ihrer begrenzten Aufgaben verfügbaren Hoheitsbefugnisse, als eine von der Hoheitsgewalt der Mitgliedstaaten *unterschiedene, andere* Gewalt, deren Zuordnung zueinander *durch Rechtsregeln geordnet* ist.

49 bb) Diese öffentliche Gemeinschaftsgewalt kann sich *nach verfassungs-*

---

[46] *Jaenicke,* Strupp—Schlochauer, Wörterbuch III (1962) 424. Unergiebig auch *van Eysinga,* Fs Wehberg 132, wenn er schlechthin sämtliches auf Vertrag oder Gewohnheit fußende internationale Recht supranational nennt und dem Begriff die Nebenbedeutung beimißt, ein supranationales Gebilde fasse seine Beschlüsse „nicht auf Instruktion der Staaten, die es einsetzen, sondern aus freiem Ermessen" (sic!). Mit solcher Art Supranationalität haben die rechtlich verfaßten Gemeinschaften schwerlich etwas zu tun.

[47] *Hallstein,* Bundesstaat 40. — Der Schlußappell des Kongresses europäischer Parlamentarier in Den Haag vom 9. 11. 1968 hat für neue Organe in etwaigen weiteren Integrationseinrichtungen außerhalb der bestehenden Gemeinschaften ihre Ausstattung „mit supranationalen Befugnissen" gefordert (auf Antrag des Vizepräsidenten der Kommission *Mansholt*); vgl. VWD Europa Nr. 222/68 v. 11. 11. 1968 I/5.

[48] *Héraud,* ArchPhilDr 1961, 179.

rechtlichen Rechtsregeln gegenüber der Staatsgewalt durchsetzen. Insoweit das *rechtlich* zugelassen wird, ist die Rechtsordnung der Staaten und sind diese selbst der Gemeinschaftsgewalt in allen ihren Äußerungen *nachgeordnet.* Die Nachordnung beruht auf dem Zusammenwirken der Gemeinschaftsverfassung mit den Verfassungen der Mitgliedstaaten. Diese haben die Durchsetzbarkeit von Gemeinschaftsgewalt sich und ihren Staatsangehörigen gegenüber insoweit zugelassen, als ihr in den Gemeinschaftsverfassungen öffentliche Aufgaben und Hoheitsbefugnisse überantwortet worden sind. Damit haben die Staaten „sich selbst im Verhältnis zur Gemeinschaft wirksam unterworfen"[49].

50 cc) Die Durchsetzbarkeit kommt *allen* Erscheinungsformen zu, in denen die öffentliche Gemeinschaftsgewalt sich äußert. In diesem Sinne haben Gemeinschaftsrechts*normen Geltung* in den Mitgliedstaaten, und ihnen kommt im Verhältnis zum nationalen Recht *Anwendungsvorrang* zu *(10/55—59). Einzelhoheits-(Verwaltungs-)akte* der Gemeinschaften äußern und beanspruchen *Tatbstandswirkung,* d. h. alle nationalen Organe haben sie wegen des Tatbestandes ihrer rechtlichen Existenz als solche zu respektieren. *Rechtsprechungsakte* des Gerichtshofs *binden* die als Parteien am Rechtsstreit bebeteiligten Staaten; als Vorabentscheidungen binden sie das vorlegende nationale Prozeßgericht.

51 dd) *Verfassungsrechtliche Durchsetzbarkeit* kommt den Akten der Gemeinschaftsgewalt zu, d. h. sie sind gegenüber der nationalen Staatsgewalt *rechtlich* sanktionierbar. Worin die rechtlichen Sanktionsmittel bestehen, ergibt sich aus der Art und Grundlage des durchsetzbaren Hoheitsaktes. Durchsetzbarkeit kann auch darin bestehen, daß die nationale Staatsgewalt Sanktionshilfe zur Verfügung stellt und insoweit der allein ihr letztlich verfügbare physische Zwang den Gemeinschaftsakt sanktioniert. Gegenüber der nationalen Staatsgewalt selbst verfügt die *Gemeinschaftsgewalt* über dieses letzte Mittel *nicht, ihre* Durchsetzbarkeit bleibt insoweit eine *nur rechtliche:* ihr *soll* staatlich entsprochen werden. Ob ihr entsprochen wird, liegt jenseits rechtlicher Sanktionierbarkeit. Die Unterworfenheit der Staaten unter die Gemeinschaften ist und bleibt eine rechtliche, keine solche physischer Erzwingbarkeit[50].

52 ee) Zur rechtlichen Durchsetzbarkeit der Gemeinschaftsgewalt gehört, daß ihre Rechtsnormen im *„Durchgriff"* den Staatsangehörigen als Marktbürger unmittelbar berechtigen und verpflichten können, ohne daß die Staatsgewalt dieser unmittelbaren Rechtswirkung entgegenstünde oder es ihrer irgendwie gearteten Mitwirkung hierzu bedürfte[51] *(5/49—64).* Für manche erschöpft sich Supranationalität im Durchgriffs-Vermögen des Gemeinschaftsrechts. In dieser seiner Andersartigkeit gegenüber dem Recht überlie-

---

[49] *Ipsen,* Bensheim-Referat 27.
[50] *Grabitz,* Gemeinschaftsrecht bricht nationales Recht 38 ff.
[51] *Ipsen,* Verfassungsperspektiven 12.

ferter internationaler Organisationen liegt in der Tat ein relevantes Merkmal supranationaler Rechtsgestaltung. Es kennzeichnet aber nur *einen* ihrer Züge, wenn auch einen wesentlichen und markanten.

53 c) Supranationalität dieses Verständnisses ist nicht nur Prinzip der Gestaltung der Gemeinschaftsverfassung. Es ist — ähnlich wie das Integrationsprinzip — auch dynamisch wirksam in Akten der Vollziehung und Anwendung von Gemeinschaftszielen und -ermächtigungen, die sich nicht in Rechtsakten der Gemeinschaftsorgane artikulieren oder gerade nur in der Art ihrer Hervorbringung produzieren. Das gilt vornehmlich von der Willensbildung durch Mehrheitsbeschluß, und dies auch, wo trotz gemeinschaftsrechtlicher Zulässigkeit der Mehrheitsentscheidung einstimmig beschlossen wird, die Einstimmigkeit aber auf Stimmenthaltung aus Einsicht in die Majorisierbarkeit beruht.

54 d) In dieser Inhaltsbestimmung sind die Begriffe „Supranationalität" und „supranational" trotz gegenteiliger Auffassungen hinreichend präzisiert und für die Vergemeinschaftung von spezifischer Prägekraft. Ihre hier gegebene Inhaltsbestimmung versucht, ihre Charakterisierung lediglich als „selbständig" und „unabhängig" (im Verhältnis zur nationalen Hoheitsgewalt der Mitgliedstaaten nämlich)[52] zu vertiefen und zu verbreitern.

5. Geltungsgrund des Gemeinschaftsrechts in den Mitgliedstaaten

Zu den wichtigsten Folgerungen, die für das Gemeinschaftsrecht aus den Grundlagen und dem Errichtungsvorgang der Gemeinschaften zu ziehen sind, gehört die Fixierung des *Geltungsgrundes des Gemeinschaftsrechts in den Mitgliedstaaten.* Er ist insbesondere auch zu berücksichtigen bei der rechten Zuordnung des Gemeinschaftsrechts zum nationalen Recht *(§ 10).* Ohne ihrer Klärung im einzelnen hier vorzugreifen, ist zur Fixierung des Geltungsgrundes[53] folgendes festzuhalten:

55 a) Geltungsgrund allen Gemeinschaftsrechts auch im Geltungsbereich deutschen Rechts ist seine *Herkunft aus der öffentlichen Gemeinschaftsgewalt.* Ihre Existenz beruht auf der nationalen Verfassungsentscheidung zur Öffnung der Staatlichkeit und ihrer Anwendung zur gesamtaktlichen Errichtung der Gemeinschaften unter Erlaß des in Art. 24 I GG vorgesehenen Gesetzes. Mit ihm hat der deutsche Staat den Anspruch auf ausschließliche Geltung nationalen Rechts aufgegeben und die Geltung des Gemeinschaftsrechts im deutschen Rechtsraum zugelassen. Der Geltungsgrund ist also zurückzuführen auf den nach Verfassungsrecht erforderlichen, aber hierfür auch ausreichenden Gesetzesakt des Art. 24 I GG. Zwar war ein Gesetzesakt verfassungsrechtlich *auch* geboten, um gemäß Art. 59 III dem zur Gemeinschaftserrichtung völkerrechtlich erforderlichen Vertrag mit den

---

[52] So *Ophüls,* Fs Heymanns Verlag 547—549.
[53] Dazu *Ophüls,* Fs Heymanns Verlag 561 ff.; *Grabitz* 38 ff.

anderen Mitgliedstaaten aus Gründen der Gewaltenteilung die Zustimmung der Legislative zu vermitteln. Das aber verschafft dem Gemeinschaftsrecht im nationalen Rechtsraum *weder einen anderen noch einen zusätzlichen noch einen veränderten Geltungsgrund:*

aa) einen *anderen,* der den aus Art. 24 I-Anwendung resultierenden ersetzen könnte, *deshalb nicht,* weil es zur Ausschließlichkeitsaufgabe und Geltungszulassung originären Gemeinschaftsrechts eben einzig des i. S. des Art. 24 I „öffnenden" Gesetzes bedarf und ein Gesetz i. S. des Art. 59 II diese *Öffnungs-Wirkung* nicht besitzt;

bb) einen *zusätzlichen* Geltungsgrund *deshalb nicht*[54], weil das Gemeinschaftsrecht eine originäre, selbständige Rechtsordnung bildet. Das gilt *auch* für das Gemeinschafts-*Primär*recht der Verträge, das *nicht Völkerrecht* ist. Es stellt von den zugrunde liegenden Verträgen gelöstes, autonomes Recht dar, das das Verfassungsrecht der durch Gesamtakt der Integrationsgewalt geschaffenen Gemeinschaften bildet. In dieser seiner Qualität *gilt* es in den Staaten *nicht erst kraft eines zusätzlichen Aktes jener* Art, dessen es bedarf, um *vertraglichem Völkerrecht* innerstaatliche Geltung zu vermitteln, also kraft Inkorporierung, Transformation oder staatlichen Vollzugsbefehls[55];

cc) einen *veränderten* Geltungsgrund *deshalb nicht,* weil das nach Art. 59 II GG erforderliche Zustimmungsgesetz sich ausschließlich auf den *völkerrechtlichen Vertragsschluß* bezieht, der das Zusammenwirken der Errichtungsstaaten, *nicht* aber die *gesetzliche Öffnung i. S. des Art. 24 I* zum Gegenstand hat.

56 b) Auf das Gesetz gemäß Art. 24 I GG ist der alleinige binnenstaatliche Geltungsgrund *allen* Gemeinschaftsrechts zurückzuführen. Für das Verfassungsgemeinschaftsrecht, das *Primär*recht der Verträge, folgt das aus der gesetzlichen Verfassungsanwendung zur Teilnahme am Errichtungs-Gesamtakt. Für das Gemeinschafts-*Sekundär*recht folgt das aus der in der Gemeinschaftsverfassung vorgesehenen Normsetzungsbefugnis von Gemeinschaftsorganen. Das von ihnen gesetzte Sekundärrecht gilt deshalb binnenstaatlich, weil seine Erzeugung als Gemeinschaftsrecht durch nicht-staatliche Gemeinschaftsorgane zugelassen ist. Daß solche Gemeinschaftsnormen die unantastbare Eigenart haben, in der Gemeinschaft ganzheitlich und einheitlich zu gelten, wie das für die Gemeinschaftsverordnung den Art. 189 II EWGV, 161 II EAGV exemplarisch zu entnehmen ist, stellt eine ausdrückliche gemeinschaftsrechtliche *Qualifikation* dieses Sekundärrechts dar. Diese Vorschriften fungieren dagegen nicht, wie fälschlich angenommen worden ist und noch vertreten wird[56], als sog. antizipierte Generaltransformatoren, die — als Gegenstück zum Transformationsgesetz gemäß Art. 59 II GG — ihrerseits erst den Gemeinschaftsverordnungen einen innerstaatlichen Geltungsgrund vermittelten.

---

54 *Badura* VVDStRL 23 (1966) 60 mit Nachweisen in Anm. 109.

55 *Zuleeg,* Recht 70; *Alder* 39—40.

56 Vgl. *Ipsen,* Bensheim-Referat 20—21

57 c) Der Geltungsgrund des Gemeinschaftsrechts ist — neben seiner Qualitätsausweisung als in der Gemeinschaft ganzheitlich und einheitlich geltendes Recht — maßgeblich für die Frage, in welcher Weise Normen des Gemeinschafts- und solche des nationalen Rechts für die binnenstaatliche Rechtsanwendung einander zuzuordnen sind, d. h. welche von beiden im Kollisionsfall anzuwenden ist *(10/7)*.

V. Verfassungsgrundlagen der anderen Mitgliedstaaten[57]

1. Belgien[58]

58 Die belgische Verfassung vom 7. Februar 1831, unter der die drei Gemeinschaftsverträge abgeschlossen und ratifiziert worden sind, enthielt keine Übertragungsgrundlagen nach Art des Art. 24 I GG oder vergleichbarer Regelung. Die parlamentarische Zustimmung hat im Wege *einfacher* Gesetzgebung gemäß Art. 68 II der Verfassung stattgefunden. Art. 25 mit seinem Grundsatz unbeschränkter nationaler Souveränität ist angesichts der veränderten Umstände nicht mehr als Hindernis empfunden worden. Gleichwohl ist — insbesondere wegen der Zuordnung des Gemeinschaftsrechts zum nationalen belgischen Recht und der Schwierigkeiten, die die Rechtsprechung der Anerkennung eines Gemeinschaftsvorranges machte *(10/89)*, — mehrfach versucht worden, die Verfassung nachträglich zur Integrationsfähigkeit durch Revision „aufzurüsten". Letztlich ist Art. 25 durch Art. 25 *bis* ergänzt wor-

[57] Sammlungen von Verfassungstexten: *Mayer-Tasch—Contiades,* Die Verfassungen Europas (1966): *Franz* (Hg.); Staatsverfassungen — Eine Sammlung wichtiger Verfassungen der Vergangenheit und Gegenwart in Urtext und Übersetzung, 2. Aufl. (1964) (nur Belgien und Frankreich); *Peaslee,* Constitutions of nations, 3. Aufl. II (in 2 Teilen) „Europa" (1968). — Vergleichende Darstellungen der Verfassungslage in den Mitgliedstaaten: *Schlenzka,* Verfassungen der Mitgliedstaaten; *de Visscher,* Les tendances internationales des constitutions modernes, RecCours 80 (1952) I, 511, 546; *Waelbroeck—van der Mensbrugghe,* L'attribution des compétences constitutionnelles à des institutions de droit international public, in: L'adaption de la Constitition belge aux réalités internationales, Actes du colloque des 6 et 7 mai 1965 (1966) 39; *Lesguillons,* Recherche sur la mise en oeuvre du traité instituant la C. E. E. par les Etats membres: ses caractères spécifiques, Diss. Paris (1966); *Ganshof van der Meersch,* Le droit communautaire et ses rapports avec les droits des Etats membres, in: DrCommEur Nrn. 191 ff.; *Ganshof van der Meersch,* Vues comparatives sur l'ordre juridique communautaire et l'ordre juridique national dans les droits belge, néerlandais et luxembourgeois, RevIntDrComp 1966, 797.

[58] *Mast,* Les transferts de souveraineté et la révision de la Constitution, AnnDrScPol 1952, 37; *Durieux,* Le Plan Schuman et la Constitution belge, JTrib. 1951, 677; *Durieux,* La Constitution belge dans l'Europe de demain, JTrib. 1953, 166; *Ganshof van der Meersch,* La Constitution belge et l'évolution de l'ordre juridique international, AnnDrScPol 1952, 333; *ders.,* Le Plan Schuman et la Constitution belge, RevUnivBruxelles 4 (1951/52), 1; *Goossens,* La C. E. C. A. et le régime constitutionnel de la Belgique, RevDrPubl 1955, 98; *Orban,* L'intégration européenne et la révision de la Constitution belge, RevInternHistPolConst 4 (1954), 21; *Dehousse,* La ratification du Traité instituant la C. E. C. A., in: *Dehousse,* L'Europe et le monde (1960), 195; *Wigny,* Propos constitutionnels (1963) 99 ff.; *de Vischer—Smets,* La révision de l'art. 68 de la Constitution belge, in: L'adaption de la Constitution belge aux réalités internationales, Actes du colloque des 6 et 7 mai 1965 (1966) 13; *Louis,* L'article 25 *bis* de la Constitution belge, RevMC 1970, 410.

den, der besagt: „Die Ausübung bestimmter Befugnisse kann durch Vertrag oder Gesetz auf Institutionen des Völkerrechts übertragen werden."[59] Damit folgt Belgien in etwa dem Beispiel Luxemburgs *(2/62)*.

2. *Frankreich*[60]

59 a) Die drei Gemeinschaftsverträge sind unter der Geltung der Verfassung der IV. Republik von 1946[61] abgeschlossen und im Wege *einfacher* Gesetzgebung gemäß ihrem Art. 27 I ratifiziert worden. In ihrer Präambel bestimmte Absatz 15: „Unter dem Vorbehalt der Gegenseitigkeit stimmt Frankreich den Souveränitätsbeschränkungen zu, die für die Gestaltung und Verteidigung des Friedens notwendig sind." Diese Bestimmung steht mit dem Bekenntnis zur Bindung an die Regeln des Völkerrechts und zur Verurteilung des Eroberungskrieges (Absatz 14) in vergleichbarem Zusammenhang wie Art. 24 I GG mit den Art. 25 und 26 GG. Anders als Art. 24 I spricht Absatz 15 aber *nicht* von zulässiger *Übertragung* von Hoheitsrechten, sondern (wie Art. 24 II GG) nur von *Beschränkungen* (der Souveränität).

Erörterungen über die Verfassungsmäßigkeit der Vergemeinschaftung, die am verfassungsrechtlichen Rang der Präambel und ihrer Tragfähigkeit als Verfassungsgrundlage zweifelten[62], sind ohne Folgen geblieben, nachdem die Rechtsprechung des Conseil d'Etat die Präambelgrundsätze als Prüfungsmaßstab verwendete. Andere Zweifel sind wegen des Art. 3 der Verfassung geltend gemacht worden, wonach die nationale Souveränität dem französischen Volk zustehe, und wegen des Art. 13, wonach die zur Gesetzgebung allein befugte Nationalversammlung dieses Recht nicht übertragen könne. Auch decke Absatz 15 der Präambel jedenfalls keine *Aufgabe* von Hoheitsbefugnissen, wenn die Vergemeinschaftung in ihrer *Zielsetzung* auch der von der Präambel verfolgten Friedenssicherung entspreche.

60 b) Die *geltende Verfassung* der V. Republik vom 28. September 1958[63] beschränkt sich in Absatz 1 ihrer Präambel auf eine Verweisungsklausel: „Das französische Volk verkündet feierlich seine Verbundenheit mit den Menschenrechten und mit den Grundsätzen der nationalen Souveränität, wie sie in der Erklärung von 1789 umschrieben sind, die durch die Präambel der Verfassung von 1946 bestätigt und ergänzt worden ist." Daß die Verweisung die Beschränkungsermächtigung des Absatzes 15 der Verfassungspräambel von 1946 einbeschließt, wird überwiegend angenommen, ebenso auch der Verfassungscharakter der neuen Präambel-Vorschrift bejaht.

Andererseits enthält die Verfassung von 1958 Neuerungen, die die Einräumung von Hoheitsbefugnissen an internationale Organisationen jedenfalls nicht eindeutig begünstigen: Art. 54 fordert eine vorgängige Verfassungsrevision, falls der (vom Präsidenten der Republik, vom Premierminister oder vom Präsidenten einer der beiden Kammern angerufene) *Verfassungsrat* erklärt, daß eine internationale Verpflichtung eine der Verfassung zuwiderlaufende Klausel enthält; und Art. 11 ermöglicht (an Stelle der gesetzlichen Ratifizierung gemäß Art. 53 I), daß die Regie-

---

[59] Gesetz vom 20. 7. 1970, Moniteur belge Nr. 158 vom 18. 8. 1970, 8421.

[60] *Seidel,* Die Verfassung der fünften Französischen Republik; *Frély,* Les Communautés européennes et la Constitution française, Diss. Lyon (1955); *Breban,* L'ordre constitutionnel et administratif français et le droit des Communautés européennes (1962); *Pelloux,* Le préambule de la Constitution du 27 oct. 1946, RevDrPubl 1947, 347; *ders.,* Quelques réflexions sur le préambule de la Constitution française de 1958, in: Hommage au Président Basdevant (1960) 398; *Rousseau,* La Constitution de 1958 et les traités internationaux, ebda 463; *Georgel,* Aspects du préambule de la Constitution du 3 oct. 1958, RevDrPubl 1960, 85.

[61] Journal officiel 1946, 9166; *Franz* 410.

[62] Hierzu *Schlenzka* 100.

[63] Journal Officiel v. 5. 10. 1958; *Franz* 452.

rung oder beide Kammern einen *Volksentscheid* herbeiführen über einen Gesetzentwurf zur Ratifizierung eines Vertrages, der — ohne seinerseits der Verfassung zu widersprechen — Auswirkungen auf die Tätigkeit der Staatseinrichtungen haben würde. Beide Verfahren — Anrufung des Verfassungsrates und Herbeiführung eines Volksentscheides — können von den zuständigen Staatsorganen auch in Anspruch genommen werden, um sich von einer Entscheidung des Verfassungsrates oder einem Volksentscheid in einer integrationsgegnerischen Haltung oder Politik unterstützen zu lassen.

Das erste nach Art. 54 durchgeführte Verfahren, und zwar zu dem Vertrag vom 22. April 1970 zur Änderung bestimmter Haushaltsvorschriften der Gemeinschaftsverträge und des Fusionsvertrages sowie zum Ratsbeschluß vom 21. April 1970 *(18/4)*, ist indes nicht nur überaus schnell — nach Anrufung des Rates am 11. Juni bereits am 19. Juni 1970 —, sondern auch in einem die Vergemeinschaftung *fördernden* Sinne verlaufen. Die Entscheidung des Verfassungsrates vom 19. Juni 1970[64] nimmt an, daß der Vertrag vom 22. April 1970 nur die Kompetenzverteilung *innerhalb* der Gemeinschaften, *nicht* die *Rechte der Mitgliedstaaten* berührt. Damit scheint der Verfassungsrat den Gesichtspunkt der strukturellen Homogenität für unerheblich zu erachten, wie er — anders als zu Art. 24 I GG in der BRD — übrigens auch vorher kaum erörtert worden war. Die Entscheidung hat in der Bezugnahme auf Absatz 15 der Präambel der Verfassung von 1946 zugleich ihren *Verfassungsrang* und ihre *Fortgeltung bejaht*. Da der Verfassungsrat verfahrensmäßig gehindert war, die Verfassungsmäßigkeit der innerstaatlichen Geltung der ratifizierten Gemeinschaftsverträge zu prüfen, dürfte in seiner Entscheidung zwar keine nachträgliche ausdrückliche Bestätigung ihrer Verfassungsmäßigkeit liegen, indes ist sie insgesamt mit Recht als „europafreundlich" bewertet worden. Ob sie weiteren Integrationsschritten zugleich auch gewisse Grenzen zieht, ist zweifelhaft.

3. Italien[65]

61 Die italienische Verfassung vom 27. Dezember 1947[66] sieht vor, daß Italien „unter der Voraussetzung der Gleichstellung mit den anderen Staaten den Souveränitätsbeschränkungen zu(stimmt), die für eine Ordnung notwendig sind, welche den Frieden und die Gerechtigkeit unter den Völkern sichern soll; es fördert und begünstigt die auf dieses Ziel ausgerichteten internationalen Organisationen".

Ähnlich wie das deutsche und das französische Verfassungsrecht, bildet auch die italienische Verfassung in ihrem Art. 11 in Verbindung mit Nachbarvorschriften über die Verbindlichkeit der allgemein anerkannten Regeln des Völkerrechts und der Verurteilung des Angriffskrieges jenes Trias-System, das ihren Staat der internationalen Ordnung einfügt.

Lehre und Verfassungspraxis in Italien haben in der Ermächtigung nur zu Souveränitäts*beschränkungen* kein rechtliches Hindernis gesehen, um die Vergemeinschaf-

---

[64] EuR 1971, 60 mit Anm. *Goose.*

[65] *Perassi,* La Costituzione italiana e l'ordinamento internazionale, Scritti Giuridici I (1956) 419; *Catalano,* Portata dell'art. 11 della Costituzione in relazione ai Trattati istitutivi delle Comunità europee, ForoIt 1964 I, 465; *Sico,* Considerazioni sull' interpretazione dell'art. 11 della Costituzione, DirInt 1966, 297; *Monaco,* Costituzionalità del diritto delle Comunità europee nell'ordinamento giuridico italiano (1966); *Bile,* Orientamenti sulla legittimità delle leggi di ratifica dei Trattati istitutivi delle Comunità europee, GiustCiv 1965, 38.

[66] Gazzetta Uffiziale Nr. 298 v. 27. 12. 1947; *Carullo,* La Costituzione della Republica Italiana (1959); *Monaco—Consacchi,* La Costituzione Italiana, 10. Aufl. (1963) 225.

tung als Vorgang der *Übertragung* von Hoheitsbefugnissen zu begreifen[67]. Gemäß Art. 72 IV, 80 der Verfassung sind die Gemeinschaftsverträge durch *einfache* Gesetzgebung ratifiziert worden. Einen Volksentscheid über die Ratifizierung internationaler Verträge schließt Art. 75 II ausdrücklich aus.

Die verfassungsrechtliche Tragweite der Vergemeinschaftung ist in Italien insbesondere wegen der Zuordnung des Gemeinschaftsrechts zum nationalen Recht erörtert worden. Hier hat sich die Vorstellung von der Andersartigkeit des Gemeinschaftsrechts gegenüber Völkervertragsrecht, der Unerheblichkeit der Transformationswirkung und der Unanwendbarkeit der lex posterior-Regel nur mühselig zur Geltung bringen können *(10/91)*. Die Autorität der konventionellen Völkerrechtsdoktrin hat sich in Italien nachhaltiger ausgewirkt als im deutschen Recht.

4. Luxemburg[68]

62 Die mit der Errichtung des EGKS verbundene Beschränkung seiner Hoheit ist in Luxemburg unter Berufung auf Gewohnheitsrecht gerechtfertigt worden[69]. Vor den Römischen Verträgen ist die Verfassung vom 17. Oktober 1868 am 25. Oktober 1956[70] durch Einfügung des Art. 49 *bis* ergänzt worden: „Die Ausübung von Befugnissen, die durch die Verfassung der gesetzgebenden, der vollziehenden und der rechtsprechenden Gewalt vorbehalten sind, kann durch Vertrag auf Zeit völkerrechtlichen Einrichtungen übertragen werden."

Die — am Beispiel des EGKSV orientierte — *Zeitbegrenzung* hat den Abschluß der unbefristeten Römischen Verträge indes *nicht* behindert. Sie sind gemäß Art. 37 II (i. F. des Gesetzes vom 25. Oktober 1956) i. Verb. mit Art. 114 V der Verfassung *mit verfassungsändernder Mehrheit* ($^2/_3$ der Kammermitglieder bei $^3/_4$ Anwesenheit) gebilligt worden, worin Luxemburg unter den Mitgliedstaaten allein steht. Ihrer bedarf es *auch* für *weitere* Integrationsverträge. Der *Umfang* der Ermächtigung (auf die drei Gewalten bezogen) bedeutet selbstverständlich nicht, daß aus ihrem Bereich nicht *Einzel*befugnisse übertragen werden dürfen, wie bislang denn auch nur geschehen.

5. Niederlande[71]

63 Der EGKSV ist nach den allgemeinen, für völkerrechtlichen Vertragsschluß geltenden Verfassungsregeln in Kraft gesetzt worden. Nachdem das Ratifikationsverfahren das Bedürfnis nach deutlicherer Verfassungsgrundlage sichtbar gemacht hatte, ist die Verfassung vor den Römischen Verträgen durch Änderungsgesetze vom 22.

[67] *Schlenzka* 128 mit Nachweisen.

[68] *Schaus,* Les fondements du statut international de Luxembourg 1944—1957, in: Le Conseil d'Etat du Grand-Duché de Luxembourg, Livre Jubilaire (1957) 241, 294; *Pescatore,* Conclusion et effet des traités internationaux selon le droit constitutionnel, les usages et la jurisprudence du Grand-Duché de Luxembourg (1964).

[69] *Schlenzka* 136 mit Nachweisen.

[70] Mémorial 1956, 927, 1151; Text der Verfassung unter Berücksichtigung der Änderungen, in: Textes législatifs étrangers (1957) Nr. 1, 27; Constitution du 17 octobre 1868 revisée (1968).

[71] *Zimmermann,* Die Neuregelung der auswärtigen Gewalt in der Verfassung der Niederlande (m. synopt. Abdr. v. Urtext u. Übers.), ZaöRV 15 (1953/54) 164; *Bauer* ZaöRV 18 (1957/58) 137; *Dynstee,* Grondswets-herziening 1953. De nieuwe bepalingen omtrent de buitenlandse betrekkingen in de Grondwet (1954); *Polak,* Grondwet en internationale overeenkomsten, NedJbl 1952, 162; *van Panhuys,* The Netherlands Constitution and international law, AmJIntL 47 (1953) 537; *ders.,* La revision récente des dispositions constitutionnelles relatives aux relations internationales, RevDrPubl 1955, 330.

Mai 1953[72] und vom 23. August 1956[73] ergänzt worden, so daß Art. 67 I lautet: „Erforderlichenfalls unter Beachtung des in Art. 63 Bestimmten, können durch Vertrag oder auf Grund eines Vertrages auf völkerrechtliche Organisationen Gesetzgebungs-, Verwaltungs- und Rechtsprechungsbefugnisse übertragen werden." Wie in Art. 24 I GG, ist also Befugnis-*Übertragung* ermöglicht. Die Verfassung hat außerdem eine — in ihrer Art einmalige — Vorrangregel zugunsten des Gemeinschaftsrechts erhalten *(10/87)*.

Die Generalstaaten haben den Römischen Verträgen (und vorher dem EGKSV) gemäß Art. 60 II, 61 I der Verfassung durch *einfaches* Gesetz zugestimmt. Nach Art. 61 I 1, II kommt künftig auch eine stillschweigende Zustimmung zu Integrationsakten in Betracht, wenn keine Kammer der Generalstaaten ausdrückliche Zustimmung verlangt. Der Vorbehalt des Art. 63 in Art. 67 I zielt auf Zweidrittelmehrheit beider Kammern, falls ein Integrationsvertrag von der Verfassung abweicht.

VI. Verfassungsgrundlagen der Beitrittsanwärter

1. Dänemark[74]

64 § 20 I der Verfassung vom 5. Juni 1953[75] bestimmt: „Befugnisse, die nach diesem Grundgesetz den Organen des Königreiches zustehen, können durch Gesetz in näher bestimmtem Umfang solchen zwischenstaatlichen Organen übertragen werden, die durch gegenseitige Übereinkunft mit anderen Staaten zur Förderung zwischenstaatlicher Rechtsordnung und Zusammenarbeit errichtet worden sind." Das Gesetz bedarf der Annahme durch das Folketing mit Mehrheit von fünf Sechsteln der Mitglieder (§ 20 II 1). Stimmt nur die für einfache Gesetzgebung erforderliche Mehrheit zu, beharrt die Regierung aber auf ihrer Vorlage, so wird diese bei anschließender Volksabstimmung abgelehnt, wenn die Mehrheit der abstimmenden Wähler (mindestens jedoch 30 % der Stimmberechtigten) sich negativ entscheidet (§ 20 II 2 i. Verb. mit § 12 V 2 der Verfassung). Auch bei positiver Beschlußfassung des Folketing kann ein Drittel seiner Mitglieder binnen drei Werktagen eine Volksabstimmung herbeiführen (§ 42 I). Sie ist geplant für den 2. 10. 1972.

2. Großbritannien[76]

65 Das Vereinigte Königreich kennt keine geschriebene Verfassung. Wenn — wie

[72] Staatsblad Nr. 261, Nr. *295* (Neuveröff.); ZaöRV 15 (1953/54) 207.

[73] Staatsblad Nr. 472, Nr. *536* (Neuveröff.); ZaöRV 18 (1957/58) 137.

[74] *Marcus*, Die dänische Verfassung vom 5. Juni 1953 und das Thronfolgegesetz vom 27. März 1953, ZaöRV 15 (1953/54) 211, 217; Danmark og de europaeiske faelleskaber. Udvalget verdroerende Danmarks forhold til de Europaeiske faelleskaber (1968); Les Communautés dans l'Europe, Heft 3: Les Etats scandinaves (1969); *Sørensen* in: Die Erweiterung KSE 15 (1972).

[75] Lovtidende Abt. A Nr. 169; *Karnov's* Lovsamling, 6. Ausg. (1961) 1.

[76] *Giesen*, Die Auswirkungen des Beitritts; *Petersmann*, Die Suprematie; *Watson*, The British Constitution and Europe (1959); English Law and the Common Market (1963); Europe and the law — Studies on the implementations of the ECC's common policy and its impact on United Kingdom laws (1968); *Mitchell*, „What do you want to be inscrutable for, Marcia?" or: The White Paper on the legal and constitutional implications of United Kingdom membership of the European Communities, CMLR 5 (1967/68) 112; *Simmonds*, Legal problems, in: Communautés dans l'Europe et l'adhésion de la Grande Bretagne aux Com-

es formuliert worden ist[77] — eine „Insellage eine Verfassung ersetzte", so würde seine Vergemeinschaftung diese Lage in verfassungsrechtlich relevanten Merkmalen gerade aufheben. Was bislang zur verfassungsrechtlichen Bereitstellung Großbritanniens für die Integration erörtert worden ist, wird, soweit es den britischen Weißbüchern von 1967 und 1971[78] zu entnehmen ist, der anstehenden Problematik schwerlich gerecht. Dafür mögen verschiedene Gründe maßgeblich sein, unter ihnen nicht nur solche mangelnder Vertrautheit mit dem Gemeinschaftsrecht, seinen Strukturen und Wirkungen, sondern auch solche der politischen Taktik und gewisse, nur traditionell und ideologisch erklärbare Verfassungsvorstellungen von der Suprematie des Parlaments. Über den Akt des Vertragsschlusses selbst und die Übertragbarkeit von Hoheitsrechten schweigt das Weißbuch sich aus. Der Vorschlag, über den Beitritt ein Referendum herbeizuführen, hat nur wenig Zustimmung gefunden, und zwar unter Hinweis auf die Suprematie des Parlaments. Der Antrag, über den Beitritt nur mit Zweidrittelmehrheit zu entscheiden, ist im April 1971 mit großer Mehrheit vom Unterhaus abgelehnt worden. Ende Oktober 1971 haben sich das britische Ober- und Unterhaus gleichfalls mit großer Mehrheit für den Beitritt ausgesprochen.

Das Weißbuch behandelt die „Anwendung" des Gemeinschaftsrechts durch das britische Parlament, ohne die entscheidenden Fragen seiner Durchgriffswirkung und seines Vorrangs zu beantworten. Daß den Durchgriffsnormen des Gemeinschaftsrechts erst durch Parlamentsgesetz Geltung vermittelt werden müsse, da nach britischem Verfassungsrecht der Beitritt nicht zur unmittelbaren Änderung nationalen Rechts führen könne, wird dem Gemeinschaftsrecht schwerlich genügen. Daß die „acceptance in advance" künftiger gemeinschaftsrechtlicher Durchgriffsnormen im britischen Recht, wie amtlich gesagt wird, *ohne Praecedenz* sei, kann den Integrationsanforderungen der Gemeinschaftsverträge, wiewohl sachlich zutreffend, nicht genügen, ebensowenig die lakonische Feststellung, solche Normen würden „like ordinary delegated legislation ... derive their force under the law of the United Kingdom from the original enactment passed by Parliament".

3. Irland[79]

66 Die irische Verfassung vom 1. Juli 1937[80] enthält in ihrem, die „internationa-

---

munautés (1969) 15; *Mitchell,* L'adhésion du Royaume-Uni aux Communautés, CahDrEur 1970, 251; *Hunnings,* Constitutional implications of joining the Common Market, CMLR 6 (1968/69) 50; *Heald,* Die britische parlamentarische Souveränität und der Vertrag von Rom, EA 1962, 543; *Cosgrove,* Großbritannien und die Europäische Gemeinschaft, EA 1971, 54; *Mitchell* EuR 1971, 97; *Simmonds* in: Die Erweiterung KSE 15 (1972). — Der Court of Appeal hat in der Sache *Blackburn v. Attorney General* (Urt. v. 10. 5. 1971, EuR 1971, 267 mit Anm. *Bebr*) auf die Frage, ob die gesetzliche Inkorporierung der Gemeinschaftsverträge durch das Parlament gegen das britische Verfassungsrecht verstoße, festgestellt: „It was legal theory that one Parliament could not bind another and that no Act was irreversible; but legal theory did not always march alongside political reality." Das berechtigt zu der Annahme, daß die englischen Gerichte den Anforderungen des Gemeinschaftsrechts zur Durchsetzung verhelfen werden. Eine Analyse der Entscheidung gibt *Petersmann* a.a.O. 328—331 (Mskr.).

[77] *C. Schmitt,* Verfassungslehre (1928) 50.

[78] Legal and constitutional implications of United Kingdom membership of the European Communities, Presented to Parliament by the Lord High Chancellor by command of Her Majesty May 1967 (1967); Auszüge aus dem Weißbuch der britischen Regierung v. 7. 7. 1971 in EA 1971, D 357 ff., dort insbes. Ziff. 31 (D 360).

[79] *Lang,* A constitutional aspect of economic integration, ICLQ 1963, 552; *ders.,*

len Beziehungen" regelnden Art. 29 keine Integrationsermächtigung. Das Weißbuch der irischen Regierung[81] hat deshalb (unter X, 2 f.) eine Verfassungsänderung als erforderlich bezeichnet, ohne sie inhaltlich zu präzisieren[82]. Zur Verfassungsänderung bedarf es nach Art. 46 II, 47 I des Volksentscheides mit der Mehrheit der Abstimmenden.

4. Norwegen[83]

67 Das Königreich Norwegen hat seiner Verfassung vom 17. Mai 1814[84] durch Gesetz vom 8. März 1962 unter den „Allgemeinen Bestimmungen" den § 93 eingefügt:

(1) „Zur Sicherung des internationalen Friedens und der internationalen Sicherheit oder zur Förderung der internationalen Rechtsordnung und Zusammenarbeit kann das Storting mit Dreiviertelmehrheit zustimmen, daß ein internationaler Zusammenschluß, dem Norwegen angehört oder sich noch anschließt, auf einem sachlich begrenzten Gebiet Befugnisse soll ausüben können, die nach diesem Grundgesetz an sich den Staatsorganen zustehen, mit Ausnahme der Befugnis, dieses Grundgesetz zu ändern. Bei Erteilung der Zustimmung durch das Storting müssen — wie bei der Behandlung von Verfassungsänderungen — mindestens zwei Drittel seiner Mitglieder anwesend sein.

(2) Die Vorschriften dieses Paragraphen gelten nicht für den Beitritt zu einem internationalen Zusammenschluß, dessen Beschlüsse allein rein völkerrechtliche Wirkungen für Norwegen haben."

Absatz 2 ergibt eindeutig, daß Absatz 1 den Anschluß an „supranationale" Organisation ermöglicht. Gleichwohl wird erwogen, vor dem Beitritt eine Volksabstimmung durchzuführen, da die Regierung sich nicht erneut (wie nach dem NATO-Beitritt) dem Vorwurf aussetzen wolle, gegen den Willen der Mehrheit des Volkes gehandelt zu haben[85]. Eine ausdrückliche Grundlage für eine solche Volksabstimmung ist in der Verfassung allerdings nicht ersichtlich. § 49 bestimmt ohne Einschränkung: „Das Volk übt die gesetzgebende Gewalt durch das Storting aus." Danach kommt eine Volksbefragung in Betracht.

Constitutional aspects of the ECC in Ireland, in: *Lang*, The Common Market and Common Law (1966) 39; *ders.* in: Die Erweiterung KSE 15 (1972); *Cochrane*, Implications for Ireland of membership of the European Communities, CMLR 7 (1970) 336.

[80] In der Fassung der letzten Änderung vom 30. 5. 1941 bei *Peaslee* I, 463.

[81] Membership of the European Communities — Implications for Ireland, Laid by the Government before each House of the Oireachtas (April 1970).

[82] Als revisionsbedürftig nennt das Weißbuch: Art. 5, der die nationale Souveränität statuiert, Art. 6 II, wonach die Staatsgewalt nur durch die von der Verfassung geschaffenen Organe oder in deren Auftrag ausgeübt werden, Art. 15 II, wonach nur das Parlament Staatsgesetze („laws for the State") erlassen kann.

[83] *Fleischer*, Roma-Traktat og Grundlov, in: Tidsskrift for rettsvitenskap 1962, 205; *Opsahl*, En moderne forfatning under debatt, in: Tidsskrift for rettsvitenskap 1962, 369; *Dons*, Lovgivningsproblemer ved norsk medlemskap i ECC, in: Tidsskrift for rettsvitenskap 1968, 225. — *Gundersen*, Introduksjon til ECC (1968), behandelt die Verfassungsgrundlage nicht; aber *ders.* in: Die Erweiterung KSE 15 (1972).

[84] Geltende Fassung in: Norges Lover 1682—1963, Hg. Jur. Fak. Oslo (1964) 45.

[85] VWD Europa Nr. 122/70 v. 29. 6. 1970 I/9. — Das Referendum ist für den 24. u. 26. 9. 1972 vorgesehen. Bei geringer Wahlbeteiligung oder nicht hinreichend „solider Mehrheit" der Entscheidung müsse diese (so Ministerpräsident *Bratelli*) vom Parlament getroffen werden (VWD Europa Nr. 170/71 v. 3. 9. 1971, I/6).

§ 3 DIE DREI GEMEINSCHAFTSVERTRÄGE

Carstens, Die Errichtung des Gemeinsamen Marktes in der EWG, EAG und EGKS, ZaöRV 18 (1957/58) 459; *Iaccarino,* Introduzione ad un profilo sistematico degli „atti" delle Comunità (1970); *Krawielicki,* Strukturunterschiede zwischen dem Montanvertrag und dem Vertrag über die Europäische Wirtschaftsgemeinschaft und ihr Einfluß auf die Fusion der Verträge, Fs Möhring 483; *Ophüls,* Grundzüge europäischer Wirtschaftsverfassung, ZHR 124 (1962) 136; *Ophüls,* Quellen und Aufbau des Europäischen Gemeinschaftsrechts, NJW 1963, 1697; *Trabucchi,* Per una visione sistematica del diritto communitario, in: Università degli Studi di Ferrara Bd. 9 (1966) 3.

1 Das Recht der drei Europäischen Gemeinschaften beruht auf drei verschiedenen, mehrfach geänderten völkerrechtlichen Verträgen nebst zahlreichen Übergangs- und Zusatzabkommen und solchen Ordnungen und Satzungen, die auf Grund der Verträge zur Vervollständigung der Gemeinschaftsorganisation ergangen sind. Das Recht der Gemeinschaften erschöpft sich hierin nicht. Es ist außerdem in solchen Normen enthalten, die von zuständigen Gemeinschaftsorganen auf Grund ihnen gemeinschaftsvertraglich zugewiesener Kompetenzen erlassen werden (sog. abgeleitetes oder sekundäres Gemeinschaftsrecht). Hier ist zunächst nur das grundlegende Gemeinschaftsrecht der drei Verträge und ihrer Zusatzregelungen anzuführen.

I. Die drei Gemeinschaftsverträge nebst Änderungen, Zusatz- und Ausführungsregelungen

1. Der EGKSV

2 Dem Vertrag über die Gründung der Europäischen Gemeinschaft für Kohle und Stahl (EGKSV), am 18. April 1951 in Paris unterzeichnet, hat der Bundestag durch Gesetz vom 29. April 1952 (BGBl. II, 445) zugestimmt. Der Vertrag ist am 23. Juli 1952 in Kraft getreten (Bekanntmachung v. 14. Oktober 1952, BGBl. II, 978). Er ist *geändert* worden:

durch das Abkommen über gemeinsame Organe für die Europäischen Gemeinschaften vom 25. März 1957 (BGBl. II, 1156); durch Änderung des Art. 56 (BGBl. II 1960, 1574); durch den Vertrag zur Einsetzung eines gemeinsamen Rates und einer gemeinsamen Kommission der Europäischen Gemeinschaften vom 8. April 1965 (BGBl. II, 1454), den sog. (am 1. Juli 1967 in Kraft getretenen) Fusionsvertrag (Gesetz vom 20. Oktober 1965, BGBl.

II, 1453 nebst Bekanntmachung vom 27. Juli 1967, BGBl. II, 2156); durch den Vertrag vom 22. April 1970 zur Änderung bestimmter Haushaltsvorschriften der Gemeinschaftsverträge und des Fusionsvertrages, den sog. Haushaltsvertrag (BGBl. II, 1281, ABl. 1971 L 2,1; in Kraft getreten am 1. Januar 1971, Bekanntmachung vom 7. Januar 1971, BGBl. II, 8).

Die Anlagen II bis III zum EGKSV enthalten die Begriffsbestimmungen für „Kohle", „Stahl", „Schrott" und „Edelstähle" zur näheren Umschreibung der gegenständlichen Vertragsanwendung nach Art. 81 EGKSV.

Zusätzliche Regelungen zum EGKSV sind:

3 a) das *Abkommen über die Übergangsbestimmungen* (ÜA) vom 18. April 1951 (BGBl. II, 491), das in Durchführung des Art. 85 EGKSV die *Ingangsetzung* des Vertrages in *zwei Zeitabschnitten* regelte: der *Anlaufzeit* vom Inkrafttreten des Vertrages am 23. Juli 1952 bis zur Errichtung des gemeinsamen Marktes für Kohle, Eisenerz und Schrott am 10. Februar 1953 (ABl. 1953, 5), für Stahl am 1. Mai 1953 (ABl. 1953, 112), für Edelstähle am 1. August 1954 (ABl. 1954, 427); der *Übergangszeit* von der Errichtung des Gemeinsamen Marktes bis zum Ablauf von fünf Jahren nach der Errichtung des gemeinsamen Kohlemarktes (d. h. am 10. Februar 1958). Anders als der EWGV, der nach seinem Art. 8 I während einer Übergangszeit von zwölf Jahren schrittweise in drei Stufen von je vier Jahren verwirklicht werden sollte, konnte der gemeinsame Kohle- und Stahlmarkt nach kurzer Anlaufzeit errichtet werden. Er unterstand lediglich noch in der fünfjährigen Übergangszeit den Anpassungsregeln des Abkommens über die Übergangsbestimmungen.

4 b) das *Protokoll über die Vorrechte und Immunitäten der Gemeinschaft* vom 18. April 1951 (BGBl. II, 479), das gemäß Art. 76 EGKSV die Immunitäten und Vorrechte regelte, die die EGKS in den Gebieten ihrer Mitgliedstaaten zur Erfüllung ihrer Aufgaben genießt; es ist durch das (als Anhang zum Fusionsvertrag vom 8. April 1965 beschlossene) Protokoll über die Vorrechte und Befreiungen der Europäischen Gemeinschaften vom 8. April 1965 (BGBl. II, 1482) ersetzt worden.

5 c) Der Versuch, die Kartellvorschriften in Art. 65 § 2 EGKSV zu ändern, um die kartellierte Organisation des Ruhrkohlenverkaufs zu ermöglichen, ist gescheitert, nachdem der Gerichtshof[1] gemäß Art. 95 IV 3 EGKSV festgestellt hatte, daß die als sog. kleine Vertragsrevision gedachten Änderungsvorschläge der Hohen Behörde und des Besonderen Ministerrates mit Art. 95 III nicht übereinstimmten.

2. *Der EWGV*

6 Dem Vertrag zur Gründung der Europäischen Wirtschaftsgemeinschaft (EWGV), am 25. März 1957 in Rom unterzeichnet, hat der Bundestag durch Gesetz vom 27. Juli 1957 (BGBl. II, 753) zugestimmt. Der Vertrag ist am 1. Januar 1958 in Kraft getreten (Bek. v. 27. Dezember 1957, BGBl. 1958 II, 1).

Die Anhänge I und II (zu den Art. 19, 20, 38 EWGV) enthalten die Listen der Tarifpositionen zur Berechnung der Sätze des Gemeinsamen Zolltarifs, dessen Einführung Art. 9 EWGV zur Errichtung der Zollunion vorsieht. Anhang III enthält die Liste der sog. „unsichtbaren Transaktionen", die als neue Beschränkungen für

---

[1] EuGH Stellungnahme 1/61 vom 13. 12. 1961 Rspr. VII, 527, 551; dazu: *Sattler,* Funktionelle Integration 55.

Zahlungsverkehr-Transferierungen zu unterlassen die Mitgliedstaaten gemäß Art. 106 III EWGV verpflichtet sind. Anhang IV zählt die überseeischen Länder und Hoheitsgebiete auf, für die gemäß Art. 227 III EWGV das besondere Assoziierungssystem des Vierten Vertragsteiles (Art. 131—136) festgelegt ist. Hierzu war das (inzwischen ersetzte) Durchführungsabkommen über die Assoziierung der überseeischen Länder und Hoheitsgebiete mit der Gemeinschaft vom 25. März 1957 (BGBl. II, 998) geschlossen worden *(7/16)*.

Die insbes. durch den Fusions- und den Haushaltsvertrag eingetretenen *Änderungen* erstrecken sich auch auf den EWGV.

Zusätzliche Regelungen zum EWGV sind ferner:

7 a) das Protokoll über die *Satzung der Europäischen Investitionsbank* vom 25. März 1957 (BGBl. II, 964) (geändert durch den Fusionsvertrag vom 8. April 1965, BGBl. II, 1454). Es enthält die Satzung der in Art. 129 EWGV errichteten Europäischen Investitionsbank;

8 b) acht Protokolle vom gleichen Tage, die „gewisse besondere Probleme" der einzelnen Mitgliedstaaten behandeln, unter ihnen das Protokoll über den *innerdeutschen Handel* und die damit zusammenhängenden Fragen (BGBl. 1957 II, 984). Es berücksichtigt die infolge der Teilung Deutschlands gegebenen Verhältnisse und erkennt an, daß der Handel zwischen den deutschen Gebieten innerhalb des Geltungsbereichs des Grundgesetzes (Art. 23 GG) und den deutschen Gebieten außerhalb dieses Geltungsbereichs Bestandteil des innerdeutschen Handels ist. Er ist also nicht Handel mit einem „dritten Land" (Art. 3 b EWGV), so daß die Anwendung des EWGV in Deutschland keine Änderung des bestehenden Systems dieses Handels erforderte;

9 c) das Protokoll über die *Vorrechte und Befreiungen* der Europäischen Gemeinschaften vom 8. April 1965 (BGBl. II, 1482), das das entsprechende Protokoll für die EWG vom 17. April 1957 (BGBl. II, 1182) ersetzt hat und die Vorrechte und Befreiungen regelt, die die Gemeinschaften in den Hoheitsgebieten der Mitgliedstaaten zur Erfüllung ihrer Aufgaben genießen.

3. Der EAGV

10 Dem Vertrag zur Gründung der Europäischen Atomgemeinschaft (EURATOM) (EAGV), ebenfalls am 25. März 1957 in Rom unterzeichnet, hat der Bundestag durch Gesetz vom 27. Juli 1957 (BGBl. II, 753; Vertrag: 1014) zugestimmt. Der Vertrag ist wie der EWGV am 1. Januar 1958 in Kraft getreten (Bekanntmachung vom 27. Dezember 1957, BGBl. 1958 II, 1).

Art. 209—223 EAGV haben die sog. „Anlaufzeit" der EAG geregelt. Anhang I zu Art. 4 EAGV bezeichnet die Gebiete der Kernforschung, auf denen die Kommission ihre Tätigkeit ausübt; Anhang II zu Art. 41 diejenigen Industriezweige, die der Kommission neue Investitionsvorhaben anzuzeigen haben; Anhang III zu Art. 49 diejenigen Vergünstigungen, die solchen Unternehmen gewährt werden können, die für die Entwicklung der Kernindustrie in der Gemeinschaft von ausschlaggebender Bedeutung sind und deshalb als „gemeinsame Unternehmen" i. S. des Art. 45 EAGV errichtet werden können. Anhang IV zu Kap. IX (Art. 92—100) EAGV enthält die Listen der Güter und Erzeugnisse, die dem Gemeinsamen Markt auf dem Kerngebiet unterfallen. Anhang V, der das erste Forschungs-

und Ausbildungsprogramm gemäß Art. 215 EAGV für den ersten Fünfjahresabschnitt (1958—1962) enthielt, hat sich erledigt.

Fusions- und Haushaltsvertrag haben auch den EAGV *geändert.*

11 An Stelle des Protokolls über die Vorrechte und Befreiungen der EAG vom 17. April 1957 (BGBl. II, 1212) zur Ausführung des Art. 191 EAGV gilt jetzt das Protokoll vom 8. April 1965 (BGBl. II, 1482).

4. Gemeinsame Organe

12 a) Im Zusammenhang mit den Römischen Verträgen zur Errichtung der EWG und der EAG vom 25. März 1957 haben die Mitgliedstaaten zunächst in dem Bestreben, die Zahl der Gemeinschaftsorgane zu beschränken, durch das Abkommen vom gleichen Tage (BGBl. II, 1156) als gemeinsame Organe *für alle drei Gemeinschaften* die (einzige) „Versammlung" und den (einzigen) „Gerichtshof" gebildet.

13 Die Versammlung (das „Europäische Parlament") übt die ihr in Art. 4 I, 137—144 EWGV, Art. 3 I, 107—114 EAGV übertragenen Befugnisse und Zuständigkeiten aus und ist an die Stelle der in Art. 21 EGKSV vorgesehenen Gemeinsamen Versammlung getreten, deren Befugnisse und Zuständigkeiten aus Art. 20—25 EGKSV sie ebenfalls wahrnimmt.

14 Entsprechendes gilt für den Gerichtshof (Art. 164—188 EWGV, Art. 136—160 EAGV, Art. 31—45 EGKSV).

15 b) Die Aufgaben des *Wirtschafts- und Sozialausschusses,* die Art. 193 bis 198 EWGV und Art. 165—170 EAGV vorsehen, werden durch einen *einzigen Ausschuß* dieser Bezeichnung ausgeübt. Der nach Art. 18 EGKSV bei der Hohen Behörde (jetzt: Kommission) gebildete *Beratende Ausschuß* ist gesondert bestehen geblieben.

16 c) Eine weitergehende Zusammenfassung von Gemeinschaftsorganen hat der Vertrag zur Einsetzung eines gemeinsamen Rates und einer gemeinsamen Kommission der Europäischen Gemeinschaften vom 8. April 1965 (BGBl. II, 1454) herbeigeführt (hierzu: Gesetz vom 20. Oktober 1965, BGBl. II, 1453). Der sog. Fusionsvertrag ist am 1. Juli 1967 in Kraft getreten (Bekanntmachung vom 27. Juli, BGBl. II, 2156).

17 Seit der Fusionierung auch der Exekutiven handeln die Gemeinschaften also durch ihre drei wichtigsten Organe (Rat, Kommission, Gerichtshof) organschaftlich gemeinsam. Für den Wirtschafts- und Sozialausschuß besteht ursprüngliche Organgemeinschaft nach den beiden Römischen Verträgen.

5. Sprachregelung

18 a) Nach seinem Art. 100 ist der *EGKSV* in einem *einzigen* Exemplar in *französischer* Sprache verfaßt und damit in dieser verbindlich. Seine Veröffentlichung in Nr. 7 des BGBl. 1952 II, 448 ist infolgedessen als „Übersetzung" gekennzeichnet. Sie verlautbart gleichzeitig die französische Fassung. Nach dem Protokoll der Konferenz der Außenminister der EGKS-Mitgliedstaaten vom 23.—25. Juli 1952[2] sind dagegen Amtssprachen und Arbeitssprachen der EGKS deutsch, französisch, italienisch und niederländisch.

19 b) Nach Art. 248 EWGV, Art. 225 EAGV sind die *Römischen Verträge* in deutscher, französischer, italienischer und niederländischer Sprache abgefaßt, wobei jeder Wortlaut gleichermaßen verbindlich ist. Ihre Veröffentlichung in Nr. 23 des BGBl. 1957 II, 766, 1014 enthält den Vertragstext in allen vier Sprachen.

20 c) Satzungsregelungen einzelner Gemeinschaftsorgane ergänzen diese Bestimmungen über die Amtssprachen.

II. Aufbau und Inhalt der Gemeinschaftsverträge

21 Aufbau und Inhalt der Gemeinschaftsverträge sind vom Willen der Vertragschließenden und dem Zweck ihres Vertragsschlusses bestimmt: die drei verschiedenen Gemeinschaften zu errichten, ihnen Rechtsgestalt und Organisation zu geben, ihre Aufgaben und Zielsetzungen zu umschreiben, ihr Handeln zu ermöglichen und rechtlich so zu umgrenzen, daß die Akte der öffentlichen Gemeinschaftsgewalt nach Prinzipien der Rechtsstaatlichkeit ergehen. Da die EGKS einerseits, EWG und EAG andererseits im Zeitabstand von nahezu sechs Jahren errichtet wurden, konnte den Römischen Verträgen zwar die Erfahrung mit der EGKS und auch der „Vorgang" des EGKSV zugrunde gelegt werden. Indes gaben die Römischen Verträge zur Integration eines Gesamtmarktes, nicht mehr nur zur Teil-Integration der Grundstoffe Kohle und Stahl, zur Vergemeinschaftung einer neuartigen Wirtschaftsaufgabe, der Erforschung und Industrialisierung der Kernkraft, andersartige Probleme auf als die Integrierung der Grundstoff-Wirtschaft. Der Anstoß zu dieser war überdies unmittelbar politisch aus dem deutsch-französischen Nachkriegsverhältnis motiviert gewesen. Aufbau und Inhalt der drei Verträge zeigen daher im Vergleich Spuren fortschreitender Integrations-Technik, vergleichbare Parallelzüge bis hin zu Verschränkungen in teilweise gemeinsamer Organisation, aber auch wesentliche Unterschiede[3].

1. Verfassungsregeln der Verträge

22 *Vergleichbar* sind in allen drei Verträgen (außer der Anwendung von Vertragspräambeln) Vorschriften über die Gründung der Gemeinschaft, ihre Rechtspersönlichkeit, ihre Stellung in den Mitgliedstaaten, ihre mitgliedschaftliche Struktur, ihr Verhältnis zu dritten Staaten und anderen internationalen Organisationen sowie zulässige Vertragsänderungen. Diese Vorschriften sind enthalten in den Eingangsartikeln und den am Ende aller drei

---

[2] Text bei *Gaedke,* Das Recht der Europäischen Gemeinschaft für Kohle und Stahl, Textsammlung (1954), 100.

[3] Hierzu: *Krawielicki,* Fs Möhring 483; *Ophüls,* ZHR 124 (1962) 141; *Carstens,* ZaöVR 18 (1957/58) 459.

Verträge plazierten Allgemeinen Bestimmungen, die z. T. auch Legaldefitionen liefern.

2. *Gemeinschaftsorgane*

23 *Vergleichbar* ist auch die Zusammenfassung der Vertragsvorschriften über die Gemeinschaftsorgane. Sie haben (in der durch den Fusionsvertrag geänderten Form) im EGKSV ihren Platz in den Art. 7—45 im Anschluß an die wichtigen Art. 2—5 über die Ziele und Aufgaben der EGKS und den Gemeinsamen Markt sowie über die Gemeinschaftsbefugnisse, aber vor dem Dritten Titel (Art. 46—75) mit seinen Wirtschafts- und Sozialbestimmungen. Im EWGV (Art. 137—209) und im EAGV (Art. 107—170) folgen die Organ-Vorschriften den Bestimmungen, die die Grundlagen und die Politik der EWG (Art. 9—136) und die Förderung des Fortschritts auf dem Gebiet der Kernkraft (Art. 4—106) behandeln. Insoweit ist nur das Aufbauschema der beiden Römischen Verträge miteinander vergleichbar.

3. *Aufgaben- und Zielbestimmungen*

Ihre *Individualität* zeigen die Verträge in den Partien, die ihre Aufgaben und Ziele umschreiben.

24 a) Der *EGKSV* befaßt sich mit ihnen in seinen Grundsatzartikeln 2—5 und in den sog. Wirtschafts- und Sozialbestimmungen der Art. 46—75. Von diesen gehören die allgemeinen Bestimmungen der Art. 46—48 über die Aufgaben der Hohen Behörde und ihre Auskunftsbefugnisse systematisch zu den Art. 8 ff., die Art. 49—50 (Umlage) ebenfalls zum Organisationsrecht. Erst die Art. 51 ff. über Kredite und Gewährleistungen, finanzielle Einrichtungen, Investitionen und finanzielle Hilfen, Erzeugung, Preise, Kartelle und Zusammenschlüsse, die Löhne und die Freizügigkeit der Arbeitnehmer, über Frachten und Transporte sowie über die Handelspolitik bilden die Konkretisierungs- und Ausführungsregeln der Grundsatzbestimmungen über den Gemeinsamen Markt, seine Ziele und Aufgaben.

25 b) Der *EWGV*, mit seinen 248 Artikeln der umfänglichste, umschreibt und fixiert in den Art. 2—8 die Aufgabe der EWG nach Zielsetzung und Tätigkeitsbereichen, die Mitwirkungs- und Unterlassungspflichten der Mitgliedstaaten und (Art. 8) den dreistufigen Integrationsplan von 12 Jahren zur schrittweisen Verwirklichung des Gemeinsamen Marktes. Als Grundlagen der Gemeinschaft regelt der EWGV (Art. 9—37) den freien Warenverkehr (durch Errichtung der Zollunion und Beseitigung der mengenmäßigen Beschränkungen im Warenverkehr zwischen den Mitgliedstaaten) sowie (Art. 48—73) die „vier Freiheiten", nämlich die Freizügigkeit der Arbeitskräfte, die Niederlassungsfreiheit, die Freiheiten des Dienstleistungs- und des Kapitalverkehrs. Art. 38—47 über die Landwirtschaft und Art. 74—84 über den Verkehr sind (in anderer Systematik als die dazwischen plazierten Art. 48—73 über die vier Freiheiten) Sonderregelungen für bestimmte Wirtschaftszweige, deren Zuordnung zu den übrigen Vorschriften über die Grundlagen und die Politik der Gemeinschaft nicht wenige Zweifelsfragen aufgibt. Der dritte Teil (Art. 85—130) gilt der „Politik der Gemeinschaft“ hinsichtlich der Wettbewerbsfreiheit, der Konjunktur-, Zahlungs- und Handelspolitik sowie der Sozialpolitik. Art. 95—99 über steuerliche Regelungen der Mitgliedstaaten erscheinen ebenso als Gemeinsame Regeln wie Art. 100 bis 102 über die Angleichung ihrer Rechts- und Verwaltungsvorschriften, die den Gemeinsamen Markt oder seine Wettbewerbsbedingungen berühren. Art. 123—128 über den Europäischen Sozialfonds und Art. 129—130 über die Europäische Investitionsbank enthalten Aufgaben- und Organisationsvorschriften.

26 c) Der *EAGV* stand, was die Vertragstechnik angeht, insofern vor einer leichteren Regelungsaufgabe, als die Forschung und Industrialisierung auf dem Gebiet der Kernenergie in den Mitgliedstaaten (anders als in den USA und Großbritannien) sich noch nicht entfaltet hatten. Seine Aufgabe war insoweit schwieriger, als die Vertragschließenden eigene Erfahrungen in ihr Vertragswerk nicht einbringen konnten. Nach Aufzählung der EAG-Tätigkeitsbereiche in Art. 2 gilt der umfassendste Zweite Titel des Vertrages (Art. 4—106) der Förderung der Kernenergie-Forschung. Ihr dienen die Aufstellung von höchstens jeweils fünfjährigen Forschungsprogrammen und die Einrichtung von Forschungsstellen und Schulen sowie Maßnahmen zur Verbreitung der einschlägigen „Kenntnisse“ (durch Lizenzeinräumung oder -erteilung), die Errichtung gemeinsamer Unternehmen und die Sicherung der Versorgung mit Ausgangsstoffen und Erzen durch die Versorgungsagentur mit besonderen Bezugs- und Zuteilungsrechten. Umfassende Sorge wendet der EAGV dem Gesundheitsschutz, der Überwachung der Sicherheit und dem Schutz der Geheimhaltung zu. Art. 86—91 EAGV über das Eigentum der EAG enthalten eine neuartige Herrschaftsordnung für die besonderen spaltbaren Stoffe. Da der EAGV nationale Märkte dieser Stoffe in seinen Mitgliedstaaten noch nicht antraf, sind die einschlägigen Art. 92—100 über den Gemeinsamen Markt auf dem Gebiet der Kernkraft wesentlich übersichtlicher als die Vergleichsbestimmungen der beiden anderen Verträge.

4. Regelungsstil und -systematik

27 Stil, Diktion, rechtliche Prägnanz und Systematik der Verträge können nicht den Maßstäben entsprechen, die für die nationalen Rechtsordnungen auf dem Gebiet des Wirtschaftsrechts gelten. Das hat verschiedene Gründe:

die Entstehung der Verträge aus langwierigen und schwierigen Verhandlungen von sechs Nationalstaaten unterschiedlicher politischer, wirtschaftlicher und rechtlicher Haltung, Struktur, Vergangenheit und Zielsetzung, die jeweils um die Vertragsgestaltung auch im Sinne ihres eigenen Rechtssystems bemüht waren;

die Neuartigkeit des Vertragsgegenstandes und Vertragsziels, insbesondere auch die Notwendigkeit, die nationalen Souveränitätsansprüche zu überwinden;

die Schwierigkeit, wirtschaftliche und wirtschaftspolitische Situationen, Vorgänge, Prinzipien und Programme zu Tatbestands- und Rechtsfolgeaussagen von Rechtsnormen zu verwenden;

das Problem, ohne Herstellung einer politischen Organisation unter tunlicher Respektierung allgemein anerkannter Grundsätze der nationalen Verfassungen und der Regeln der Rechtsstaatlichkeit eine neue öffentliche Hoheitsorganisation einer Wirtschaftsgemeinschaft zu schaffen, ohne einer politischen Vergemeinschaftung vorzugreifen, aber auch ohne ihre definitive Präklusion;

endlich die Aufgabe, den einzelnen (Individuum und Unternehmen) als Teilnehmer der Wirtschaft, als Marktbürger, in eine neue öffentliche Gemeinschaftsordnung einzufügen, ohne ihn seines Status als Staatsangehöriger seines Staates zu entsetzen.

Daß die Gemeinschaftsverträge als solche wirtschaftlicher Integration den kontinentalen Rechtsdualismus zwischen privatem und öffentlichem Recht in Rechnung stellen, in vielen Beziehungen aber auch überwinden mußten, oblag ihnen in gleicher Weise wie dem deutschen Wirtschaftsrecht. Aber auch hierin liegt ein Grund für Minderungen juristischer Ansprüche an das Niveau der Verträge, da die Grenzlinie zwischen privatem und öffentlichem Wirtschaftsrecht in den Mitgliedstaaten nicht einheitlich verläuft.

III. Rechtsgehalt und Systematik der Gemeinschaftsverträge

28 Die Gemeinschaftsverträge sind weder Kodifikationen des Gemeinschaftsrechts noch nur Verfassungen oder Organisationsstatute der Gemeinschaften, weder Allgemeine und Besondere Teile des öffentlichen oder zivilen Wirtschaftsrechts im Bereich der Gemeinschaftsaufgaben noch normativ fixierte und perfekte Wirtschaftsprogramme oder Normierungen von Wirtschaftsprinzipien. Die Gemeinschaftsverträge sind nach Rechtsgehalt und Systematik mit den herkömmlichen Vorstellungen des nationalen Rechtsquellensystems nicht zu erfassen. Sie sind eigenständige Rechtsordnungen, die in Gehalt und System nach den Maßstäben des nationalen Rechts nur partiell und punktuell charakterisiert werden können. Wenn das — wie hier — geschieht, so lediglich zu dem Zweck, um Blickpunkte und Beurteilungsmaßstäbe für die unterschiedlichen Teilgehalte der Verträge zu gewinnen und dem deutschen Juristen die Anknüpfung an die Systematik des deutschen Binnenrechts zu erleichtern. Die Eigenständigkeit der Vertragsordnungen in ihrer Normengesamtheit darf darüber nicht verkannt werden.

1. Zielbestimmungen und Aufgabenumschreibungen

29 a) Sämtliche Verträge enthalten sog. Zielbestimmungen und allgemeine Aufgabenumschreibungen, so Art. 2 und 3 EGKSV, Art. 2 und 3 EWGV, Art. 1 II und 2 EAGV. Der Zielbestimmungscharakter, vergleichbar den Zielbestimmungen staatsrechtlich verstandener Integration nationaler Verfassungen, tritt am deutlichsten hervor in Art. 2 I EGKSV: die EGKS „ist dazu berufen, ... zur Ausweitung der Wirtschaft, zur Steigerung der Beschäftigung und zur Hebung der Lebenshaltung in den Mitgliedstaaten beizutragen". Art. 2 EWGV und Art. 1 I EAGV sprechen in gleichem Zusammenhang in weniger gehobener Sprache von den Aufgaben der Gemeinschaften, die der EWG weit komplexer obliegen als der EAG (hier nur: Hebung der Lebenshaltung in den Mitgliedstaaten und Entwicklung der Beziehungen mit anderen Ländern, in der EWG außerdem: harmonische Entwicklung des Wirtschaftslebens, Wirtschaftsausweitung, Erhöhung der Stabilität). Diese Bestimmungen sind in ihrem normativen Gehalt nur begrenzt determiniert und vollziehbar, aber auch nur begrenzt vollzugsbedürftig, da die sich anschließenden Aufgaben-Enumerationen die allgemeinen Ziel- und Aufgabenumschreibungen näher konkretisieren.

30 b) Sie sind zunächst enthalten in Art. 2 II und 3 EGKSV, Art. 3 EWGV, Art. 2 EAGV. Die Enumerationstechnik des EGKSV unterscheidet sich von der insoweit besser gelungenen der Römischen Verträge, die (in Art. 4 EWGV, Art. 3 EAGV) den in Art. 3 EGKSV in die Aufgabenenumeration en passant eingefügten Grundsatz der begrenzten Kompetenz der Gemeinschaftsorgane gesondert anführen. Die Bedeutung dieses Grundsatzes liegt in der Unterscheidung zwischen Aufgabenumschreibung und Befugniszuweisung, die sich jeweils aus anderen Vertragsbestimmungen ergibt.

31 c) Es entspricht dem Wesen der Vergemeinschaftung mit dem Ziel der Wirtschaftsintegration, daß die Römischen Verträge Sach- und Zielprogramme enthalten, so z. B. die Gestaltung einer gemeinsamen Agrarpolitik (Art. 38 ff. EWGV), die Verfolgung einer gemeinsamen Verkehrspolitik (Art. 74 ff. EWGV), die Koordinierung der Wirtschaftspolitik(en) der Mitgliedstaaten (Art. 105 EWGV) usw., in der EAG die Festlegung und Durchführung von Forschungs- und Ausbildungsprogrammen (Art. 7 EAGV). Der Programmcharakter des EGKSV ist geringer, weniger isoliert verdeutlicht und, soweit überhaupt, in der Aufgabenenumeration enthalten (z. B. Art. 3 e: Verbesserung der Lebens- und Arbeitsbedingungen der Arbeiter, Art. 3 f: Entwicklung des zwischenstaatlichen Austausches, Art. 3g: Modernisierung der Erzeugung).

32 Programmvorschriften dieser Art sind der nationalen Wirtschaftsgesetzgebung am wenigsten vergleichbar. Die Erklärung liegt darin, daß der Staat solche Programme vornehmlich in politischen Regierungserklärungen, Parlamentsbeschlüssen oder Finanzplanungen hervorbringt und in den Normen der Gesetzgebung realisiert. Dafür ist in der BRD (gemäß Art. 109 II, IV GG i. F. des Gesetzes vom 8. Juni 1967 — BGBl. I, 581 — verfassungsrechtlich bedingt) das Gesetz zur Förderung der Stabilität und des Wachstums der Wirtschaft vom 8. Juni 1967 (BGBl. I, 582) in der durchführenden Regelung ein Beispiel. In den Gemeinschaftsverträgen mußten die Mitgliedstaaten den Gemeinschaften und ihren Organen programmatisch Aufgaben stellen und zugleich limitieren. Denn ihnen fehlt die Totalität eines staatlichen Wirkungskreises, der den Gemeinschaften erst durch entsprechende „Übertragung" bisher staatlicher Hoheitsrechte dosiert und limitiert eingeräumt worden ist. Die Programmvorschriften der Verträge sind rechtlich also auch Ausdruck fehlender Kompetenz-Kompetenz der Gemeinschaften und aus diesem Grunde Normenelemente, die in dieser Art dem nationalen Verfassungsrecht fremd sind.

2. *Organisationsstatut*

33 Allen Verträgen gemeinsam sind Vorschriften über die Errichtung und Rechtsstellung der Gemeinschaften, die Kreation, Zusammensetzung, Willensbildung und Aufgaben ihrer Organe sowie die Finanzierung der Gemeinschaften. Diese Vertragsteile bilden in ihrer systematischen Gesamtheit ihr Organisationsstatut und sind als solches demjenigen Typus nationaler Verfassungen in etwa vergleichbar, der unter Verzicht auf eine Grundrechtsordnung noch nicht den Charakter einer Vollverfassung angenommen hat. Diese Vorschriften sind einheitlich solche öffentlichen Rechts und weithin an den Vorbildern innerstaatlichen Verfassungsrechts orientiert: sie sind die Kreationsgrundlagen der Gemeinschaften und konstituieren in den Gemeinschaftsorganen die Träger der öffentlichen Gemeinschaftsgewalt. In ihnen durchbrechen die Gemeinschaftsverträge in neuen Gestaltungsformen, instrumental die überlieferte Form des multilateralen völkerrechtlichen Vertrages verwendend, das Koordinationsprinzip vertraglicher Zuordnung der Staaten durch Herstellung einer gegliederten und gestuften öffentlichen Gemeinschaftsordnung.

3. *Mitgliedschaftliche Ordnung*

34 Die Gemeinschaften sind mitgliedschaftliche Organisationen ihrer Gründerstaaten, die (Art. 237 EWGV, Art. 205 EAGV, Art. 98 EGKSV) jedem anderen europäischen Staat den Erwerb der Mitgliedschaft ermöglichen. Die Römischen Verträge (Art. 238 EWGV, Art. 206 EAGV) sehen für dritte

Staaten, Staatenverbindungen oder internationale Organisationen die sog. Assoziierung vor. Vollmitgliedschaft und der Status der Assoziierung verlangen Regelungen über die gegenseitigen Rechte und Pflichten im Verhältnis der Gemeinschaften zu Mitgliedern und Assoziierten und untereinander. Diejenigen für den mitgliedschaftlichen Status der Gründerstaaten sind in den Verträgen enthalten, die übrigen bedürfen besonderer Abkommen und etwaiger Vertragsanpassungen oder -änderungen. Die in den Verträgen bereits angelegte Ordnung (insbes. Art. 169, 170, 175, 180, 182, 218, 223 ff. EWGV, Art. 102 ff., 141, 142, 145, 146, 148, 154, 191, 202 EAGV, Art. 86 bis 89 EGKSV) ist in ihrer Gesamtheit maßgeblich für die mitgliedschaftliche Struktur der Gemeinschaft und prägt insoweit ihre Rechtsnatur. Gleichviel, ob in ihr Ansätze eines beschränkt bündischen oder „bundesstaatlichen" Gefüges erkennbar sind, entsprechen diese Regelungen jedenfalls *in ihrer Funktion* denjenigen Bestimmungen, die im Grundgesetz die föderale Ordnung der Bundesrepublik herstellen. Sie werden in den Gemeinschaftsverträgen durch diejenigen Vorschriften des sog. Organisationsstatus ergänzt, die die Kreation, Zusammensetzung und Willensbildung der Gemeinschaftsorgane und (in den Römischen Verträgen) die Finanzierung regeln, da auch sie (unterschiedlich) auf die mitgliedschaftliche Stellung der Gründerstaaten abstellen.

4. Kompetenznormen

35 Hinsichtlich der Mitgliedstaaten, der von der öffentlichen Gemeinschaftsgewalt berührten Individuen und Unternehmen sowie des Verhältnisses der Gemeinschaftsorgane zueinander sind diejenigen Vertragsbestimmungen rechtlich von Belang, die den Organen Befugnisse zuerkennen, also Kompetenznormen sind. Nach dem den Verträgen gemeinsamen Prinzip der begrenzten Zuständigkeit handelt jedes Gemeinschaftsorgan „nach Maßgabe der ihm in diesem Vertrag zugewiesenen Befugnisse" (so Art. 4 EWGV und Art. 3 EAGV), „im Rahmen der jedem von ihnen zugewiesenen Befugnisse" (so Art. 3 I EGKSV).

Die Kompetenznormen unterscheiden sich vielfältig. Ihre Systematisierung ergibt sich im Zusammenhang der weiteren Sachdarstellung. Sie entsprechen im nationalen Recht dem gesamten Komplex ermächtigender Normen des positiven Rechts (von der Verfassung über das einfache Gesetz und die Rechtsverordnung bis zur Satzung), die öffentliche Organe zu normativer, exekutiver oder rechtsprechender Hoheitstätigkeit befugen. Da die Verträge einheitliche Normenkomplexe sind, kennen sie die dem nationalen Recht typische Stufung der Ermächtigungsnormen nicht. Indes geben auch die Verträge Rechtsfragen ihrer wechselseitigen Zuordnung auf, so insbes. der allgemeinen zu den besonderen, der in den Verträgen selbst vorgesehenen zu solchen organgeschaffenen Gemeinschaftsrechts usw.

5. *Markterrichtung und Marktordnung*

Die Vertragsbestimmungen über Markterrichtung und Marktordnung bilden den materiellen Kern der Integrationsverträge.

36 a) Als Grundlage der *EGKS* beschreibt Art. 4 EGKSV den gemeinsamen Kohle- und Stahlmarkt als einen solchen, mit dem die nach den weiteren Vertragsbestimmungen aufgehobenen und untersagten, unter lit. a bis d des Art. 4 bezeichneten Beschränkungen, Maßnahmen oder Praktiken unvereinbar sind. Nach Art. 2 II EGKSV hat die Gemeinschaft in fortschreitender Entwicklung die Voraussetzung zu schaffen, die von sich aus, also aus der Automatik des Marktes selbst und ohne weitere Gemeinschaftseingriffe, die Ziele der Vergemeinschaft realisieren. Die Marktordnungsregeln, die den in Art. 4 EGKSV beschriebenen Gemeinsamen Markt formen, sind in den Kapiteln II—X des Vertrages enthalten.

37 b) Art. 2 und 8 *EWGV* streben das Integrationsziel des Vertrages an durch die schrittweise Verwirklichung des Gemeinsamen Marktes und eine ebenfalls schrittweise Annäherung der Wirtschaftspolitik der Mitgliedstaaten. Grundlage der Gemeinschaft ist eine Zollunion (Art. 9). Im Gemeinsamen Markt ist jede Diskriminierung aus Gründen der Staatsangehörigkeit (Art. 7), im Wirtschaftsverkehr zwischen den Mitgliedstaaten sind mengenmäßige Einfuhrbeschränkungen verboten (Art. 30). Die Regelungen zur Herstellung der vier Freiheiten sind Ausfluß des Diskriminierungsverbots. Die Ordnung des Gemeinsamen Marktes im übrigen ist Aufgabe der Politik der Gemeinschaft, wie sie im Dritten Teil des Vertrages umschrieben ist.

38 c) Der Gemeinsame Markt der *EAG* (Art. 92 ff. EAGV), der ebenfalls keine mengenmäßigen Einfuhrbeschränkungen duldet und einen gemeinsamen Zolltarif vorsieht, wird nach den Regeln des Zweiten Titels des EAGV entwickelt und geordnet.

39 d) Die Vertragsbestimmungen über Markterrichtung und Marktordnung regeln oder berühren Materien, die im Bereich der deutschen Rechtsordnung von Normen unterschiedlichen Ranges, unterschiedlicher Herkunft und Systematik erfaßt werden, u. a.: Zoll- und Steuerrecht, Berufs- und Gewerberecht, Preisrecht, Arbeitsrecht, Subventionsrecht, Agrarrecht, Verkehrsrecht aller Sparten, Wirtschaftsrecht, Finanzrecht, Kartellrecht, Recht der Monopole, öffentliches Verdingungswesen, Wirtschaftsverbandsrecht, Außenhandels-Wirtschaftsrecht, verschiedene Bereiche des Sozialrechts, Kreditwesen, Schadensersatzrecht, Amtshaftung, Eigentumsordnung, Patentrecht, Gesundheitsrecht, Polizeirecht, internationales Privat- und Verwaltungsrecht, Kapitalverkehrsrecht usw.

Der Gemengelage der durch die Vertragsbestimmungen ganz unterschiedlich berührten deutschen Rechtsmasse stehen die Verträge mit einer geschlossen konzipierten Ordnung gegenüber, der eine vergleichbare nationale Ordnung also nicht entspricht. Das erklärt sich nicht nur daraus, daß die nationalen Regelungen etwa des Steuerrechts oder des Gesundheitswesens von anderen Bezugspunkten als dem Markt und der Wirtschaft ausgehen. Der Grund für diese Diskrepanz liegt auch in der historischen Aufschichtung und Entwicklung der nationalen Rechtsordnung, während die Gemeinschaftsverträge mit ihren Normen in einem bestimmten historischen Augenblick existent und relevant geworden sind und mit ihren Auswirkungen und neuen Rechtserzeugungen das nationale Recht für die Zukunft fortschreitend zu beeinflussen begonnen haben.

40 e) Ob die Vertragsregeln über Markterrichtung und Marktordnung von einer ihnen immanenten Grundordnung bestimmt sind, die den Rechtsgehalt einer Wirtschaftsverfassung aufweist, und wie ihre Konzeption sich zu derjenigen einer deutschen Wirtschaftsverfassung und solcher der anderen Mitgliedstaaten verhält, ist gesondert zu behandeln *(28/27, 30, 31)*.

6. Individualrechtliche Regelungen

41 Anders als die Verfassungen der Mitgliedstaaten, enthalten die Gemeinschaftsverträge ausdrücklich keine Grundrechte, obwohl das Individuum (die natürliche oder juristische Person) als Marktbürger vielfältig von der öffentlichen Gemeinschaftsgewalt betroffen wird oder betroffen werden kann. Der tiefere Grund hierfür liegt in dem Umstand, daß die Verträge primär nicht menschen-, sondern sachbezogen sind und den einzelnen wirtschaftlich funktionalisiert ansehen. Gleichwohl enthalten die Verträge in ihrer prinzipiell rechtsstaatlichen Ausgestaltung, aber auch in ihren sozialstaatlich bestimmten Elementen Normen, kraft deren dem einzelnen Rechte oder rechtlich geschützte Positionen gegenüber der öffentlichen Gemeinschaftsgewalt zustehen. Solche Rechte und Positionen erwachsen z. B. aus dem Verbot nationaler Diskriminierung (Art. 7 EWGV), aus dem Verbot staatlich bewilligter Subventionen und Beihilfen oder staatlich auferlegter Sonderlasten (Art. 4 c EGKSV), aus dem Klagrecht der Individuen nach Art. 33 II EGKSV, Art. 173 II EWGV, Art. 146 II EAGV, ferner aus den Schadenshaftungsbestimmungen des Art. 40 EGKSV, Art. 215 II EWGV, Art. 188 II EAGV. Von diesen positiven Regelungen abgesehen, umfaßt das Gemeinschaftsrecht auch ungeschriebene allgemeine Verbürgungen grundrechtlicher Wirksamkeit *(41/22, 23)*.

Systematisch und gegenständlich handelt es sich bei den positiven Vertragsbestimmungen um Regelungen, die die deutsche Rechtsordnung in den Grundrechten des Grundgesetzes (Art. 3, 19, 34 GG) enthält.

7. Materielles und formelles Verwaltungsrecht

42 Die Gemeinschaftsverträge enthalten Vorschriften, die die deutsche Rechtsordnung dem (z. T. noch ungeschriebenen) allgemeinen materiellen

Verwaltungsrecht der Verwaltungshandlungen und dem Verwaltungsverfahrensrecht zuweist. So behandeln Art. 190, 191 EWGV, Art. 162, 163 EAGV, Art. 15 EGKSV Form und Wirksamkeit von Rechtshandlungen (auch normativen Inhalts) der Gemeinschaftsorgane, Art. 192 EWGV, Art. 164 EAGV, Art. 92 EGKSV die Vollstreckung von Akten der Gemeinschaftsorgane. Andere einschlägige Materien, so die Widerruflichkeit und Fehlerhaftigkeit solcher Akte, sind im Gemeinschaftsrecht nicht geregelt, so daß Fragen der Rechtslückenausfüllung auftreten *(5/75)*.

8. Gerichtsverfassungs- und -verfahrensrecht

43 Da die Gemeinschaftsverträge ein rechtsstaatliches Rechtsschutzsystem enthalten, entsprechen Gruppen von Vertragsbestimmungen nationalem Gerichtsverfassungs- und Prozeßrecht, und zwar (entsprechend der gemischten Zuständigkeit des Gerichtshofs) auf den Gebieten der Staats-, der Verwaltungs-, der Disziplinar- und Arbeits- sowie der ordentlichen Gerichtsbarkeit. Das sind die Art. 164—188, 225 II EWGV, Art. 136—160 EAGV, Art. 31—45, 88, 89 EGKSV.

9. Verweisungen auf andere Rechtsordnungen

44 a) Verweisungen der Gemeinschaftsverträge auf das nationale Recht der Mitgliedstaaten finden sich in Art. 192 EWGV, Art. 164 EAGV, Art. 92 EGKSV für die Vornahme von Zwangsvollstreckungen. Anwendbar ist das Recht des Staates, in dessen Hoheitsgebiet die Vollstreckung stattfindet.

45 b) Während Art. 40 EGKSV die Amtshaftung der EGKS eigenständig regelt, verweisen Art. 215 II EWGV und Art. 188 II EAGV im Bereich der außervertraglichen Haftung auf die „allgemeinen Rechtsgrundsätze, die den Rechtsordnungen der Mitgliedstaaten gemeinsam sind".

46 c) Für die vertragliche Haftung der Gemeinschaften verweisen Art. 215 I EWGV und Art. 188 I EAGV auf das Recht, das auf den betreffenden Vertrag anzuwenden ist, d. h. auf das nach den Regeln des internationalen Privatrechts der Vertragsstaaten zuständige Vertragsstatut.

10. Zuordnung der Gemeinschaftsverträge

47 a) Da die Vergemeinschaftung des Kohle- und Stahlmarktes zeitlich der Errichtung des Gemeinsamen Marktes der EWG und der EAG voraufging, der Gemeinsame Markt für Kohle und Stahl und für Kernenergie nur Teile der im übrigen vom EWGV integrierten Gesamtwirtschaft erfaßt, hatte der EWGV in beiden Richtungen seine Zuordnung zu den beiden anderen Verträgen klarzustellen. Das ist in Art. 232 EWGV geschehen. Nach seinem

Abs. I ändert der EWGV nicht die Bestimmungen des EGKSV, insbesondere hinsichtlich der Rechte und Pflichten der Mitgliedstaaten, der Befugnisse der EGKS-Organe und der Vertragsvorschriften über das Funktionieren des Gemeinsamen Marktes für Kohle und Stahl. Nach seinem Abs. II beeinträchtigt der EWGV nicht die Vorschriften des EAGV.

48 b) Die durch das Abkommen über Gemeinsame Organe für die Europäischen Gemeinschaften vom 25. März 1957 (BGBl. II, 1156) vorgenommenen organisatorischen Maßnahmen, die zu Änderungen des EGKSV geführt haben, werden durch Art. 232 I EWGV nicht berührt.

49 c) Der sog. Fusionsvertrag vom 8. April 1965 (BGBl. II, 1454) enthält in seinen Art. 7, 8 II, 19, 21, 26—30, 37 verschiedene Regelungen, durch die Bestimmungen der drei Gemeinschaftsverträge aufgehoben, geändert oder dem Fusionsvertrag zugeordnet werden.

50 d) Die in Art. 32 I FusV vorgesehene „Gründung einer einzigen Europäischen Gemeinschaft", also die Fusion der Gemeinschaften selbst, wirft u. a. die Frage auf, ob der EWGV als „Hauptvertrag" die beiden anderen Verträge als neue Sonderkapitel in sich aufnehmen wird, ob eine fortschrittliche Neuverfassung auf seiner Grundlage oder ob eine auf politischer Endziel-Setzung ganz neuartiger Gestaltung in Betracht kommt[4]. Der für solche Entscheidung in Art. 32 I FusV in Aussicht genommene Zeitraum von 3 Jahren (seit Inkrafttreten am 1. 7. 1967) ist Mitte 1970 abgelaufen. Seither ist die Fusionierung der Verträge vertagt.

---

[4] Darstellung der Gestaltungsmöglichkeiten und -vorschläge bei: *Ipsen,* Fusionsverfassung, 41, 51. Vgl. auch *Noël,* La fusion des institutions et la fusion des Communautés européennes (1966); *Jacqué — Cubaynes,* Les problèmes relatifs à une éventuelle fusion des Communautés européennes, RevTrimDrEur 1968, 763; *Twitchett — Cosgrove,* Die Verschmelzung der Exekutiven der Europäischen Gemeinschaften. Eine Untersuchung im Hinblick auf die Fusion der Verträge, EA 1969, 171; Entschließung des Europäischen Parlaments über die durch die Ausarbeitung eines Vertrages über die Fusion der Europäischen Gemeinschaften aufgeworfenen Probleme (ABl. 1968 C 55, 15).

§ 4 RÄUMLICHER GELTUNGSBEREICH; DAUER, ÄNDERUNG, ERGÄNZUNG DER GEMEINSCHAFTSVERTRÄGE

Carstens, Die Errichtung des Gemeinsamen Marktes in der EWG, EAG und EGKS, ZaöVR 18 (1957/58) 459; *Carstens,* Die kleine Revision des Vertrages über die Europäische Gemeinschaft für Kohle und Stahl, ZaöRV 21 (1961) 1; *Friedensburg,* L'unité européenne et la réunification de l'Allemagne, in: Politique Etrangère 1965, 125; *Gericke,* Allgemeine Rechtsetzungsbefugnisse nach Art. 235 EWGV, Heft 60 der Hamburger Abhandlungen aus dem Seminar für Öffentliches Recht (1970); *Jochen Jahn,* Die Europäische Wirtschaftsgemeinschaft und Berlin, Diss. Köln (1966); *Köpp,* Die Revision der Verträge zur Gründung der EGKS, der EWG und der EAG, Diss. Saarbrücken (1964); *von Meibom,* Lückenfüllung bei den Europäischen Gemeinschaftsverträgen, NJW 1968, 2165; *von Meibom,* Auswirkungen des EWG- und Euratom-Vertrages in bezug auf Berlin, NJW 1967, 2096; *Schumacher,* Die Ausfüllung von Kompetenzlücken im Verfassungsrecht der Europäischen Gemeinschaften, AWD 1970, 539; *Soldatos,* Durée et dénonciation des Traités de Rome, RevDrInt 1969, 257; *Tomuschat,* EWG und DDR. Völkerrechtliche Überlegungen zum Sonderstatus des Außenseiters einer Wirtschaftsunion, EuR 1969, 298; *de Visscher,* La nature de la Communauté Européenne du Charbon et de l'Acier, in: Actes off. II (1957) 9.

1 Geltung und Bestand der Gemeinschaftsverträge nach Raum und Zeit werfen wegen der Art ihrer Entstehung, ihres Inhalts und ihrer Zielsetzung Rechtsfragen auf, die sich in dieser Weise für multilaterale völkerrechtliche Verträge zur Regelung zwischenstaatlicher Wirtschaftsbeziehungen sonst in aller Regel nicht stellen.

Sie ergeben sich, was den *räumlichen* Geltungsbereich angeht, insbesondere für die Bundesrepublik wegen der Teilung Deutschlands und seiner erstrebten Wiedervereinigung; für diejenigen Mitgliedstaaten (Frankreich, die Niederlande, Belgien), deren überseeische Besitzungen schrittweise Selbständigkeit erlangen oder erlangt haben, in Gestalt ihrer Assoziierung.

Die Vertrags*dauer* ist von Belang für die rechtliche Charakterisierung der Gemeinschaften, diese wiederum für die Frage möglicher Vertragsbeendigung aus sonst allgemein anerkannten völkerrechtlichen Rechtsgründen. Beides wird davon berührt, daß die Verträge eigenständige Gemeinschaften konstituiert haben und ihnen ein immanenter Zwang zur Fortentwicklung der Gemeinschaften zugedacht wird.

Neben ausdrücklich vorgesehenen Verfahren zur *Vertragsänderung* kennen alle drei Verträge solche zu sog. *Vertragsergänzungen.* Nach ihrer Tragweite und ihren Modalitäten bestimmt sich, ob eine die Verfassungsstrukturen der Mitgliedstaaten berührende, sich von ihnen emanzipierende *autonome Selbstgestaltung* der Gemeinschaften stattfinden kann. Das Problem der Vertragsergänzung hängt außerdem mit methodischen Fragen der *Vertragsauslegung* mit Hilfe der Theorie der implied powers zusammen *(20/42 ff.).*

I. Räumlicher Geltungsbereich

1. In Europa

2 Nach Art. 227 I EWGV, Art. 198 I EAGV, Art. 79 I EGKSV, die trotz unterschiedlicher Formulierungen inhaltlich soweit übereinstimmen, finden die Verträge zunächst Anwendung auf die europäischen Hoheitsgebiete der sechs Mitgliedstaaten (Bundesrepublik, Belgien, Frankreich, Italien, Niederlande, Luxemburg), ebenso nach Art. 227 IV EWGV, Art. 198 II EAGV, Art. 79 I EGKSV auf die europäischen Hoheitsgebiete, deren auswärtige Angelegenheiten ein Mitgliedstaat wahrnimmt (Monaco, evtl. Andorra durch Frankreich, San Marino durch Italien)[1].

3 Da der EGKSV *vor* der Wiedereingliederung des Saarlandes in die Bundesrepublik in Kraft trat, hatte die Bundesregierung ihren Vorbehalt hinsichtlich des damaligen Status an der Saar verlautbart, während der Landtag des Saarlandes durch Gesetz vom 6. März 1952 dem EGKSV zugestimmt hatte. Mit der Wiedereingliederung am 5. Juli 1959 fanden diese Fragen ihre Erledigung, soweit der Saarvertrag vom 29. Oktober 1956 (BGBl. II 1587) nichts Abweichendes vorsah.

4 Von zunehmender Bedeutung — zumal nach etwaigem Beitritt Großbritanniens und Dänemarks — kann es werden, daß der EWGV auf den Teil des *Festlandsockels* anwendbar ist, auf dem die Mitgliedstaaten Hoheitsrechte ausüben. Das gilt insbesondere für Hoheitsrechte, die zum Aufsuchen und Ausbeuten von Naturschätzen (Erdöl, Erdgas) ausgeübt werden, aber auch hinsichtlich der Niederlassungsfreiheit. Diese Fragen sind im Rat erörtert worden. Die Kommission hat hierzu am 24. September 1970 dem Rat das Memorandum „über die Anwendbarkeit des EWGV auf dem Festlandsockel" (Dok. SEK 70/3095 endg.) vorgelegt (dazu auch BullEG 11/70, 51). Nach dem Bundesgesetz zur vorläufigen Regelung der Rechte am Festlandsockel vom 24. 7. 1964 (BGBl. I, 497) ist die Aufsuchung von Bodenschätzen des deutschen Festlandsockels, in dem deutsche Hoheitsrechte bestehen, erlaubnispflichtig. Das Gesetz fußt auf der Proklamation der Bundesregierung vom 20. 1. 1964 (BGBl. II, 104). Diese war ergangen *vor* der deutschen Ratifikation der Genfer Konvention von 1958 über diesen Gegenstand und *vor* ihrem Inkrafttreten, um vorsorglich die innerdeutsche Geltung des Völkerrechtssatzes festzustellen, jenseits der Küstengewässer bestünden am Boden des freien Meeres punktuelle, aus der Kontiguität zur Gebietshoheit erklärbare Hoheitsrechte des Küstenstaates; hierzu *Ipsen,* Der deutsche Jurist und das europäische Gemeinschaftsrecht, 45. DJT Verh. II/L (1964) L 17 Anm. 21; *Kölble,* Bundesstaat und Festlandsockel, DÖV 1964, 217; *v. Münch,* Die Ausnützung des Festlandsockels vor der deutschen Nordseeküste, ArchVR 11 (1963/64), 393; *Seidl-Hohenveldern,* Der deutsche Festlandsockel und die Bundesländer, Fs Jahrreiß (1964) 395; zu den von *Seidl-Hohenveldern* 400 Anm. 25 erwähnten Rechtsgutachten gehört: *Ipsen,* Rechtsgutachten

[1] *Wohlfarth* u. a., Komm. 12 zu Art. 227.

über die dem Konsortium Nordsee vom Oberbergamt Clausthal-Zellerfeld am 25. März 1963 erteilte Konzessions-Zusage im Bereich des deutschen Festlandsockels v. 10. 3. 1964. Es gelangt u. a. zu dem Ergebnis, daß die Sockel-Hoheitsrechte nicht solche des Bundes sind, da es kein Bundesgebiet gibt, das nicht gleichzeitig Landesgebiet wäre, vgl. *Ipsen* DVBl. 1964, 407 Anm. *; ebenso *Maunz,* Deutsches Staatsrecht 18. Aufl. (1971) 20. — Zum Konzessionsrecht im Festlandsockel: *Ipsen,* Rechtsstaatliche Erdölkonzessionierung, in: Gedächtnisschrift für Hans Peters (1967) 686.

2. *Außerhalb Europas*

5 Art. 198 I EAGV erstreckt seine Anwendung ferner auf die den Mitgliedstaaten unterstehenden außereuropäischen Gebiete. Insoweit differenzieren indes Art. 79 II EGKSV und Art. 227 II, III EWGV.

6 a) Art. 79 II EGKSV verpflichtet jeden Mitgliedstaat, den anderen Mitgliedstaaten die Vergünstigungen einzuräumen, die er in den seiner Herrschaftsgewalt unterstehenden außereuropäischen Gebieten für Kohle und Stahl genießt[2].

7 b) Art. 227 II EWGV, in Kraft getreten *vor* der Verselbständigung Algeriens (3. Juli 1962), erklärte die besonderen und allgemeinen Vertragsbestimmungen für Algerien und die französischen überseeischen Departements für anwendbar hinsichtlich der Organe, des freien Waren- und Dienstleistungsverkehrs, der Landwirtschaft (mit Ausnahme des Art. 40 IV), der Wettbewerbsregeln und der Schutzmaßnahmen der Art. 108, 109, 226. Algerien ist jetzt Drittland[3].

8 c) Für die im Anhang IV zum EWGV aufgeführten überseeischen Länder und Hoheitsgebiete hat der Vertrag das besondere Assoziierungssystem der Art. 131 bis 136 EWGV vorgesehen, das inzwischen fortentwickelt worden ist *(7/9—17).*

II. Sonderfragen der deutschen Teilung

9 Die drei Verträge berücksichtigen die *Sonderfragen,* die sich aus *der deutschen Teilung* ergeben. Sie betreffen das *Verhältnis der BRD zur DDR* und die besondere *Stellung Berlins.* Als die Verträge geschlossen wurden, ging die Bundesregierung vom Bestand der staatlichen und wirtschaftlichen Einheit Deutschlands aus, deren Realisierung nur tatsächlich, nicht rechtlich verhindert werden könnte. Hiermit wäre die Errichtung einer Zollgrenze innerhalb Deutschlands — zwischen der BRD und der DDR — unvereinbar gewesen. Da die Vertragsgestaltung der Römischen Verträge diese Auffassung respektiert[4], haben die Gemeinschaften in der BRD einen Mitgliedstaat, dessen Grenze hinsichtlich des Gemeinsamen Marktes nach Osten hin

---

[2] Hierzu das Protokoll vom 25. 3. 1957 (BGBl. II, 994); *Carstens* ZaöRV 18 (1957/58) 464.

[3] *Constantinesco* EuR 1968, 321. — Diese Rechtsänderung war bedeutsam im Falle der Entsch. Conseil d'Etat 1. 3. 1968 (Syndicat général de fabricants de semoules de France), in: EuR 1968, 317 mit Anm. von *Constantinesco* und *Ipsen.*

[4] *Wohlfarth* u. a., Komm. S. 662; ebenda Protokoll über den innerdeutschen Handel und die damit zusammenhängenden Fragen vom 25. 3. 1957 (BGBl. II, 984); *Tomuschat,* EuR 1969, 298—332 (auch zum Folgenden).

offen ist. Die Lösung der Verträge besteht darin, das bei Vertragsschluß vorgefundene System des Warenverkehrs grundsätzlich aufrechtzuerhalten (ähnlich wie beim Beitritt der BRD zum GATT) und Vorkehrungen zu treffen gegen etwaige Verkehrsverlagerungen und Beeinträchtigungen einzelner Mitgliedstaaten (auch der BRD selbst), falls für sie durch den Handel eines anderen Mitgliedstaates mit der DDR Schwierigkeiten entstehen sollten.

1. Rechtsgrundlagen

10 a) Da Art. 227 I EWGV den territorialen Geltungsbereich des Vertrages hinsichtlich Deutschlands auf die BRD bezieht und die DDR kein europäisches Hoheitsgebiet darstellt, dessen „auswärtige Beziehungen" die BRD „wahrnimmt" (Art. 227 IV), gehört die DDR nicht zum Geltungsbereich des Vertrages. Die DDR unterhält auch keine unmittelbaren Rechtsbeziehungen zur Gemeinschaft, so daß die Ordnung aller einschlägigen Sonderfragen Regelungsgegenstand der Mitgliedstaaten ist und die DDR selbst an ihr nicht teilhat.

11 b) Maßgebend für den *Warenverkehr* ist das Protokoll über den innerdeutschen Handel und die damit zusammenhängenden Fragen vom 25. März 1957 (BGBl. 1957 II, 984). Sein Abs. I bestätigt den Fortbestand des bestehenden Systems des innerdeutschen Handels, Abs. II sichert die wechselseitige Unterrichtung der Mitgliedstaaten und die Verhinderung von Schädigungen aus Verkehrsverlagerungen, Abs. III schafft einen besonderen Schutzklausel-Tatbestand.

12 c) Das Protokoll vom 25. März 1957 regelt *nur* den *Waren*verkehr zwischen der BRD und der DDR. Die übrigen Freiheitsregelungen des EWGV (Art. 48—66) knüpfen sämtlich an den Begriff der Staatsangehörigkeit an, so auch die Freizügigkeit. Da, wie Art. 116 I GG bestätigt, das Grundgesetz nur *eine deutsche* Staatsangehörigkeit, nicht eine solche zur BRD, kennt, diese auch den Bewohnern der DDR zurechnet und nach allgemeinem Völkerrecht jedem Staat überlassen ist, den Kreis seiner Angehörigen selbständig abzugrenzen, hat die Bundesregierung bei Unterzeichnung der Römischen Verträge erklärt: „Als Staatsangehörige der BRD gelten alle Deutschen im Sinne des Grundgesetzes für die BRD" (BGBl. 1957 II, 764). Die Rechtsverbindlichkeit dieser Erklärung, die die BRD beim Abschluß aller Assoziierungsverträge später wiederholt hat, wird weit überwiegend anerkannt[5]. Auch durch die Einführung einer besonderen DDR-Staatsbürgerschaft durch das Gesetz vom 20. Februar 1967[6] ist hieran nichts geändert worden. Praktisch ist die Tragweite der personellen Einbeziehung der DDR-Bewohner in die Vertragsgeltung insoweit ohne Bedeutung, als ihnen die DDR selbst faktisch keine Möglichkeit gibt, von den Marktfreiheiten Gebrauch zu machen. Für den DDR-Bewohner, der in das Gebiet der Gemeinschaften gelangt, wird dies indes rechtlich relevant.

13 d) Da nach der von der BRD vertretenen Rechtsauffassung *Berlin* ein Land und damit Gebiet der BRD ist, gelten die Römischen Verträge auch für das Land Berlin. Das für Berlin bestehende Besatzungsregime gibt ihm

[5] Ausführliche Darlegung bei *Tomuschat* 317—332.
[6] *Maunz*, Deutsches Staatsrecht 18. Aufl. (1971) 386.

indes eine Sonderstellung[7], die auch seine Einbeziehung in die völkerrechtlichen Verträge der BRD einem besonderen Verfahren unterordnet. Dementsprechend hat die BRD bei Vertragsunterzeichnung erklärt, die Verträge hätten auch Geltung für Berlin unter dem Vorbehalt der bestehenden besatzungsrechtlichen Befugnisse (BGBl. 1957 II, 764).

Der EGKSV gilt *als solcher nicht* in Berlin. Auf Grund innerdeutscher Vorschriften gelten in Berlin aber für Kohle und Stahl die im übrigen Bundesgebiet anwendbaren Regelungen.

2. *Warenverkehr BRD — DDR*

14 Für den Warenverkehr dieses sog. *„Interzonenhandels"* sind nach den angezogenen Rechtsgrundlagen folgende Besonderheiten wesentlich:

15 a) Da das System des bestehenden Interzonenhandels unberührt geblieben ist, dürfen DDR-Waren zollfrei in die BRD eingeführt werden. Damit wird der Grundsatz des gemeinsamen Außenzolltarifs durchbrochen. Diese Durchbrechung wird gerechtfertigt durch den von den Verträgen mehrfach berücksichtigten Grundsatz, bei ihrem Abschluß vorgefundene, besonders enge wirtschaftliche Beziehungen der Mitgliedstaaten aufrechtzuerhalten (vgl. auch Art. 131 ff., 227 II EWGV sowie die Absichtserklärung der Mitgliedstaaten — BGBl. 1957 II, 760 — hinsichtlich der Assoziierungen) *(7/7—9)*. Da der Interzonenhandel *nur den mit der DDR* betrifft, unterfällt der Handel mit Gebieten östlich der Oder-Neiße-Linie dem Vorbehalt nicht. Die Nichtanwendung des Außenzolltarifs auf ihre Exporte in die BRD bringt der DDR finanzielle Vorteile, und zwar auf dem Agrarsektor deshalb, weil sie ihre Produkte in der BRD — statt zu niedrigeren Weltmarktpreisen — zu den höheren EWG-Preisen absetzen kann[8].

16 b) Der zollfreie Warenverkehr ist beschränkt auf Erzeugnisse mit Ursprung in der DDR, der nachzuweisen ist. Insoweit bildet dieser Warenverkehr *deutschen Binnenhandel*. Da für den Warenverkehr der DDR mit den anderen Mitgliedstaaten Sonderregelungen nicht bestehen, ist die DDR im übrigen den Gemeinschaften gegenüber also Drittland, auf dessen Exporte in die Gemeinschaften der gemeinsame Außenzolltarif anzuwenden ist.

17 c) Um zu verhindern, daß DDR-Waren ausschließlich *über die BRD* in die Gemeinschaften eingeführt werden und dadurch Verkehrsverlagerungen eintreten, steht der Handel mit der DDR auf Grund der Interzonenhandel-Verordnung vom 18. Juli 1951 (BGBl. I, 463) unter deutschem Genehmigungsvorbehalt. Die anderen Mitgliedstaaten verfügen nach Abs. III des Protokolls autonom (ohne Komissionsmitwirkung) über eine Schutzklausel, kraft deren sie selbst geeignete Maßnahmen treffen können, falls sich für sie aus dem Interzonenhandel Schwierigkeiten er-

---

[7] *Wohlfarth* u. a., Komm. 4 zu Art. 227. — Es ist bemerkt worden, daß der III. Senat des FG Berlin im Januar 1971 erstmals den EuGH im Vorabentscheidungsverfahren angerufen hat (Die Welt Nr. 21 v. 20. 1. 1971 S. 10; Rs 3/71 Urt. v. 17. 6. 1971).

[8] Dazu: Schriftliche Anfrage Nr. 474/69 des Abg. *Vredeling* im Parlament (ABl. 1970 C 41, 4). Die Antwort der Kommission v. 23. 3. 1970 verweist auf eine gründliche Untersuchung des Problems; in ihrer ergänzenden Antwort v. 21. 10. 1970 (ABl. 1970 C 133, 2) legt die Kommission dar, warum eine Bezifferung dieser Vorteile nicht möglich sei.

geben. Sonderfragen haben sich wegen der Abschöpfungsansprüche für Agrarerzeugnisse ergeben, die den Marktordnungen unterliegen[9].

3. Sonderstellung Berlins[10]

18 a) Bei der Unterzeichnung der Römischen Verträge haben die nichtdeutschen Mitgliedstaaten ihre Bereitschaft zu allen erforderlichen Maßnahmen erklärt, um die wirtschaftliche und soziale Lage Berlins zu erleichtern (BGBl. 1957 II, 760). Außerdem ist hierbei und bei der Hinterlegung der Ratifizierungsurkunde die deutsche Berlin-Erklärung dahin abgegeben worden, daß die Verträge vorbehaltlich der Rechte der drei Mächte auch für Berlin Geltung haben. Das entspricht Art. 4 des Zustimmungsgesetzes vom 27. Juli 1957. Durch das 25. Berliner Gesetz über die Anwendung von Bundesgesetzen über internationale Abkommen der BRD vom 12. Dezember 1957 (GVBl. Berlin 1791) ist das Zustimmungsgesetz zu den Römischen Verträgen in Berlin für anwendbar erklärt worden.

19 b) Sekundärrechtsakte der Gemeinschaften, insbesondere Verordnungen, sind unter Berücksichtigung der alliierten Vorbehaltsrechte ebenso zu behandeln wie die vom Bund erlassenen Rechtsverordnungen. Sie werden, falls keine Einwendungen bestehen, in Berlin durch Verweisung auf die gemeinschaftsrechtliche Publikation in Kraft gesetzt.

III. Vertragsdauer

1. Die Vertragsregelungen

20 Nach Art. 97 gilt der EGKSV für die Dauer von fünfzig Jahren (das würde heißen: bis 23. Juli 2002). Die Römischen Verträge gelten „auf unbegrenzte Zeit" (Art. 240 EWGV, Art. 208 EAGV). Die Bestimmungen verdeutlichen (und zwar Art. 97 EGKSV trotz seiner Terminierung im Prinzip nicht minder als die Vorschriften der Römischen Verträge), daß die Vertragschließenden Bindungen eingehen wollten, die wegen der mit den Verträgen letztlich verfolgten politischen Ziele ihrem Wesen nach auf Fortentwicklung gerichtet sind. Indem der EGKSV auf ein halbes Jahrhundert, die Römischen Verträge zeitlich unbegrenzt stipuliert worden sind, schließen sie nach allgemeinen Regeln des Völkerrechts die Kündigung durch einen Mitgliedstaat aus[11]. Das ist für die rechtliche Charakterisierung der Gemeinschaften von Bedeutung *(4/26; 9/7)*. Nach allgemeinen Regeln des Völkerrechts ist mit Zustimmung aller Vertragspartner die (vorzeitige) Entlassung möglich, wenn einem Mitgliedstaat (wegen Verlustes seiner Völker-

[9] *Tomuschat* 313.
[10] *von Meibom* NJW 1967, 2096.
[11] *Wohlfarth* u. a., Komm. 1 zu Art. 240.

rechtssubjektivität, seiner Handlungsfähigkeit) die Vertragserfüllung unmöglich wird. Das ist für die Gemeinschaftsverträge weniger interessant als die etwaige Neutralisation eines Mitgliedstaates, die ihm die Einhaltung der Vertragsverpflichtungen verwehren würde. Der Grundkonzeption aller drei Gemeinschaftsverträge entspricht am ehesten die Vorstellung, sie gegebenenfalls durch Vereinbarung eines neuen Vertrages zu ersetzen. Das würde auch völkerrechtlich unbedenklich sein.

2. *Clausula rebus sic stantibus*

21 Auch soweit das Völkerrecht die Berufung auf die clausula rebus sic stantibus als ausnahmsweise Vertragsbeendigung noch zuläßt[12], steht sie *als solche* den Mitgliedstaaten der Gemeinschaftsverträge *nicht* zu Gebote. Ob ihre Praktizierung nicht schon de facto ausgeschlossen erscheint, bleibe hier dahingestellt.

22 a) Die Verträge sehen ausdrücklich Verfahren zur Änderung und Umgestaltung der Verträge vor *(4/27—29)*. Die Mitgliedstaaten sind zu ihrer vorgängigen Erschöpfung verpflichtet. Denn ihre vertragliche Regelung und die Gemeinschaftsstruktur antizipierten die Bereitschaft zur Verständigung und den Verzicht auf einseitige Vertragsbeendigung.

23 b) Der Tatbestand der Nichterfüllung oder nicht gehöriger Erfüllung der Verträge durch einen Mitgliedstaat ist in ihnen ausdrücklich in seinen Rechtswirkungen geregelt. Er ist letztlich in seinen Rechtsfolgen der Entscheidung des Gerichtshofs überantwortet. Deshalb entfällt er als Grund für die Inanspruchnahme der clausula.

24 c) Die in den Gemeinschaftsverträgen stipulierten Rechte und Pflichten der Staaten sind auf tatsächliche Verhältnisse zugeschnitten, deren Änderung in ständig abänderbaren Maßnahmen der Gemeinschaftsorgane Berücksichtigung finden kann. Auf den Inhalt dieser Maßnahmen können die Mitgliedstaaten in der vertraglich vorgesehenen Weise Einfluß nehmen. Eine Änderung der tatsächlichen Verhältnisse, die die Vertragserfüllung unzumutbar machen könnte, erscheint schon danach weithin ausgeschlossen.

25 d) Durch die Verträge sind von den Mitgliedstaaten unabhängige Gemeinschaften entstanden. Ihre Existenz und Wirksamkeit entzieht sich einseitiger Disposition einzelner Mitgliedstaaten. Das steht in erster Linie einem „Sezessions*recht*" entgegen[13]. Die Annahme, ein „europäischer Ge-

---

[12] Dazu: *Menzel*, Völkerrecht (1962) 269; *Schaumann* in: Strupp—Schlochauer, Wörterbuch I (1960) 289; *Herbert Krüger*, Allgemeine Staatslehre 2. Aufl. (1966) 767: es gebe schon kraft ungeschriebenen Rechts die Befugnis zum Austritt aus den Vereinten Nationen, und „nicht anders verhält es sich in der Regel mit den sog. ‹Supranationalen Organisationen›, wobei an die clausula rebus sic stantibus noch nicht einmal gedacht ist". Zu denken bliebe indes jedenfalls für die Gemeinschaften an den Verfassungsgehalt der Gemeinschaftsverträge, der die „Regelanwendung" ausschließen dürfte.

[13] *Wohlfarth* u. a. Komm. 1 zu Art. 240; insgesamt hierzu: *Erler* VVDStRL 18

meingeist der Völker" vermöchte eine Sezession zu verhindern[14], rechnet mit politischen Faktoren der öffentlichen Meinung, nicht mit Rechtsgründen der Verträge. Zu diesen zählt ein den Verträgen immanenter Rechtszwang ihrer Mitgliedstaaten zur Fortentwicklung der Gemeinschaften, damit zur Verfolgung vertraglicher Integrationsziele. Das wird sichtbar in den Präambeln (EWGV-Präambel Abs. 1, EGKSV-Präambel Abs. 5) sowie in Art. 138 II EWGV, Art. 108 III EAGV, Art. 21 I EGKSV.

26 e) Die Frage nach dem *Sezessionsrecht der Mitgliedstaaten* pflegt auch umzugehen in der provokatorischen Wendung: Wer sind die „Herren der Verträge"? Ihre Formulierung bereits zielt auf die Antwort: niemand anders als die Staaten *(9/7)*. Wer im Staat die einzige, letzte, höchste öffentliche Organisation sieht, *muß* so — und kann schwerlich anders — antworten. *Diesem Staat* stünde dann auch die Entscheidung darüber zu, „was die Lage erfordert". „Es läßt sich nicht vorstellen, wie ein Staat noch sollte Staat genannt werden dürfen, der über diese Befugnis ganz oder auch nur teilweise nicht verfügte. ... Ein Staat ohne diese Befugnis würde somit seines Existenzsinnes und damit, als geistige Wesenheit, der Existenz überhaupt entbehren." Letztlich — und auch in bezug auf die Gemeinschaften — endet diese Konzeption[15] für solche Staaten, die sich mit anderen verbinden, in der der deutschen Staatslehre nun in der Tat hinlänglich bekannten Frage nach der Rechtsnatur von Staatenbund und Bundesstaat, der Suche nach dem Verbleib des Staatscharakters in ihnen und nach der „Souveränität". Diese Konzeption kann die Vergemeinschaftung nicht erfassen, weil sie nur „in Staaten" denkt. Daß *Souveränität* unter den Aspekten der Vergemeinschaftung keine rechtliche Prägekraft mehr besitzt, zeigt die Stellung der Mitgliedstaaten in den Gemeinschaften *(9/49—63)*. Ihre Kennzeichnung beantwortet denn auch die Sezessionsfrage als Rechtsfrage.

Gänzlich anders steht es zum Thema „Sezessionsrecht" mit der unabdingbaren Vorfrage, *ob* die Mitgliedstaaten *in der „Lage"*, in der sie sich *innerhalb der Gemeinschaften im Zeitpunkt ihrer* etwa notwendigen *Beantwortung* befinden, als „Herren der Verträge" zu verhalten *imstande und gewillt* sind. *Das* ist dann *kein* Thema der Vertragsinterpretation, der Vertragsanwendung, der Rechtsprüfung durch den Gerichtshof, sondern der „auf dem Spiel" stehenden öffentlichen Interessen, der öffentlichen Meinung, der politischen Konsens-Chancen, der existentiellen Risikobereitschaft. Auf *diese Vorfrage* gibt das Gemeinschafts*recht* keine Antwort, und das ist auch *nicht seine* Aufgabe.

(1960) 18; *Thieme* VVDStRL 18 (1960) 71; *Jerusalem*, Das Recht der Montanunion (1954) 16; *Dahm*, Völkerrecht II (1961) 682; *Verdross*, Völkerrecht 4. Aufl. (1959) 280; *Catalano*, Manuel 2. Aufl. (1964) 622; *de Visscher* Actes off. II, 9; *von der Groeben—Boeckh*, Komm. 3 zu Art. 224.

[14] *Jerusalem*, Das Recht der Montanunion (1954) 16.

[15] *Herbert Krüger*, Allgemeine Staatslehre 2. Aufl. (1966) 767—768.

IV. Vertragsänderung

1. Die Vertragsregelungen

27 Die drei Gemeinschaftsverträge regeln die Frage der Vertragsänderung ausdrücklich (Art. 236 EWGV, Art. 204 EAGV, Art. 95 III, IV, 96 EGKSV).

28 a) Dessen hätte es substantiell nicht bedurft, soweit die Verträge *nach ihrem Zustandekommen* solche des *Völker*rechts sind. Denn als Vertragschließende könnten die Staaten im Wege neuen Vertragsschlusses über ihren Inhalt disponieren. Die genannten ausdrücklichen Regelungen erklären sich einmal aus der Besonderheit der Gemeinschaftsverträge, die die schrittweise wirtschaftliche Vergemeinschaftung als mögliche Vorstufe zu weitergehender Vergemeinschaftung vorsehen; zum anderen daraus, daß die Verträge selbständige Gemeinschaften kreiert und verfaßt haben, die eigene hoheitliche Existenz und Aufgaben besitzen. Die Regelungen sind daher in erster Linie als solche eines rechtlich gebundenen Änderungsverfahrens anzusehen, das zu beachten die Mitgliedstaaten sich verpflichtet haben[16].

29 b) Von den besonderen Regeln des Änderungsverfahrens abgesehen, eröffnet das Vertragsrecht *in Einzelfällen* (nicht generell) den Weg sog. *autonomer Vertragsänderung*, so in Art. 14 VII EWGV, wonach der Rat die Bestimmungen über die Zeitfolge der Herabsetzung der Zölle zwischen den Mitgliedstaaten auf Vorschlag der Kommission und nach Anhörung der Versammlung einstimmig ändern konnte. Ferner kann der Rat auf Antrag des Gerichtshofs die Anzahl der Richter und Generalanwälte erhöhen und die einschlägigen Bestimmungen ändern (Art. 165 IV, 166 III EWGV; Art. 137 IV, 138 III EAGV; entsprechend Art. 32 IV EGKSV). Nach Art. 10 I FusV kann die Zahl der Kommissionsmitglieder vom Rat einstimmig geändert werden (*vor* dem FusV: Art. 157 I EWGV, Art. 126 I EAGV, Art. 9 II EGKSV; vgl. Art. 19 FusV). In allen Fällen derartiger autonomer Vertragsänderung wird durch die erforderliche Einstimmigkeit des Rats-Beschlusses die Mitwirkung der Mitgliedstaaten gesichert.

30 c) Von der ausdrücklich verfahrensmäßig geregelten Vertragsänderung und der autonomen Vertragsänderung zu unterscheiden sind die *Vertragsermächtigungen zur sog. Lückenschließung*[17], die Art. 235 EWGV, Art. 203 EAGV, Art. 95 I, II EGKSV vorsehen. Danach erläßt in den Römischen Verträgen der Rat einstimmig auf Vorschlag der Kommission und nach Anhörung der Versammlung (für die EGKS die Kommission mit einstimmiger Zustimmung des Rates und nach Anhörung des Beratenden Ausschusses) die geeigneten Vorschriften (Entscheidungen, Empfehlungen), wenn ein Tätig-

---

[16] *Wohlfarth* u. a. Komm. 2 zu Art. 236; *Jerusalem* 17.

[17] *Gericke*, Allgemeine Rechtsetzungsbefugnisse nach Art. 235 EWGV; *Schumacher* AWD 1970, 539; *von Meibom* NJW 1968, 2165.

werden der Gemeinschaft erforderlich erscheint, um im Rahmen des Gemeinsamen Marktes ein Gemeinschaftsziel zu erreichen und im Vertrag die hierfür erforderlichen Befugnisse nicht vorgesehen sind.

31 aa) Diese Ermächtigungen sind bemerkenswerte Ergänzungen, genauer: Korrekturen des allen Verträgen im übrigen zugrunde liegenden Prinzips der begrenzten Zuständigkeit *(20/37—42)*, nach dem die Organe der Gemeinschaft nur nach Maßgabe des Vertrages tätig werden dürfen (Art. 4 I EWGV, Art. 3 I EAGV, Art. 3 I EGKSV, sowie die diesem Prinzip entsprechenden weiteren Spezialbestimmungen der Verträge). Die Ermächtigungen bezwecken die Legalisierung von Organhandlungen, die zur Erreichung von Vertragszielen erforderlich, insoweit also final vertragsgemäß sind, durch ausdrückliche Kompetenzzuweisungen der Verträge aber nicht gedeckt sein würden. Über die Erforderlichkeit bestimmen die zur Inanspruchnahme und Erteilung der Ermächtigung zuständigen Gemeinschaftsorgane nach ihrem Ermessen, letztlich der Rat, und dies unter der Ermessensmißbrauchskontrolle des Gerichtshofs.

32 bb) Die Erteilung und Handhabung dieser Ermächtigungen hat für die Durchführung der Verträge Bedeutung gewonnen. Denn sie eröffnet (außer der thematisch begrenzten Möglichkeit autonomer Vertragsänderung) einen Weg weiterer autonomer Intensivierung oder Vervollständigung der Vertragszielverwirklichung. Daraus erklärt sich die hierfür vorgesehene Verfahrensregelung, die in allen Fällen einstimmige Mitwirkung des Rates voraussetzt. Sie ist unabhängig von der Mitwirkung der Parlamente der Mitgliedstaaten, daher einfacher zu handhaben und eine „Versuchung" zur Inanspruchnahme einer (nicht existierenden) gemeinschaftseigenen Kompetenz-Kompetenz. Sie ist andererseits ein vertraglich legalisierter Weg zu „supranationalisierender" Ausschöpfung aller in den Verträgen gesetzten Zielbestimmungen. So gesehen, liegt es letztlich in der Hand des für die Gemeinschaftspolitik verantwortlichen Rates, ob und in welcher Intensität dieser Hebel zur Supranationalisierung angesetzt und gehandhabt wird.

33 cc) Der Rat ist *nicht* weiter *gebunden* in der Entscheidung darüber, *welches* — speziellere oder allgemeinere — Vertrags*ziel* er unter Inanspruchnahme der genannten Ermächtigungen zu verwirklichen sucht. Rechtlich *gebunden* ist er hingegen in der *Mittelwahl:* nur jene sind ihm verfügbar, die jeweils in concreto zur Verwirklichung des mit seinem Tätigwerden verfolgten Zieles erforderlich sind. Es entspricht den Vertragsgrundsätzen, daß die Ermächtigungen zur Lückenschließung eher restriktiv als weit auszulegen sind. Das schließt ihre Anwendung aber nicht deshalb aus, weil das Vertragsrecht in Einzelregelungen die Befugnis zum Erlaß bestimmter Rechtshandlungen vorsieht, während weitergehende sich als erforderlich erweisen, um ein Vertragsziel zu verwirklichen. Die Ermächtigungen befugen den Rat *nicht, seinerseits neue* Befugnisse zu begründen. Die etwaige Lükken schließende Befugnis ist ihrerseits bereits in den Ermächtigungsnormen angelegt und wird vom Rat als solche subsidiärer Art in concreto lediglich in Anspruch genommen[18].

34 dd) Der Rat hat bislang in mehr als zwanzig Beschlüssen[19] von diesen Ermächtigungen Gebrauch gemacht, überwiegend zur Beseitigung von Wettbewerbsverzerrungen für die weiterverarbeitende Industrie nach Einführung von Marktordnungen für die von ihnen verarbeiteten landwirtschaftlichen Erzeugnisse. Andere Beschlüsse betreffen die Herstellung der Zollunion, solche des Montanbereichs die Haldenfinanzierung nach dem Rückgang der Kohle-Nachfrage im Jahre 1958. Die Praxis des Rates hat die Ermächtigungsgrenzen, die der Schaffung neuer Organbefugnisse und seiner Selbstermächtigung gesetzt sind, nicht immer eingehalten.

35 ee) Die genannten Ermächtigungen, die der Verwirklichung vom Vertragsrecht kompetenzlos gelassener Zielbestimmungen dienen, decken sich nicht mit den Hilfsbefugnissen der sog. implied powers *(20/42 ff.)*. Diese sind *im Wege der Auslegung* zu ermitteln und ermöglichen die vollständige und wirksame Ausübung der den Gemeinschaften *bereits ausdrücklich zugewiesenen* Befugnisse. Die Ermächtigungen aus den Art. 235 EWGV, 203 EAGV, 95 I, II EGKSV sind also nicht überflüssig, weil und soweit sog. implied powers im Wege der Normauslegung verfügbar sind[20].

36 ff) Seit dem Ende der Übergangszeit sind zahlreiche Einzelermächtigungen entfallen, so daß die hier genannten Ermächtigungen zur Lückenschließung zunehmende Bedeutung erlangen können. Ob sie deshalb intensiver praktiziert werden, steht dahin. Denn die Gemeinschaften haben daneben die Rechtsform der Beschlüsse der im Rat vereinigten Vertreter der Regierungen der Mitgliedstaaten entwickelt *(22/2—13)*, die weiterhin verfügbar bleibt[21].

2. *Initiative und Durchführung*

37 Alle drei Verträge regeln das Verfahren der Vertragsänderung nach Initiative und Durchführung.

38 a) Die *Initiative* steht der Regierung jedes Mitgliedstaates und der Kommission zu, und zwar gegenüber dem Rat. Dieser (nach Art. 96 I EGKSV mit Zweidrittelmehrheit, sonst mit einfacher Mehrheit: Art. 148 I EWGV, Art. 118 I EAGV) öffnet durch seine Zustimmung den Weg zum Zusammentritt einer Konferenz von Vertretern der Regierungen der Mitgliedstaaten zwecks Vereinbarung der vorzunehmenden Vertragsänderungen. Nach den Römischen Verträgen hat der Rat zuvor die Stellungnahme der Versammlung und die der Kommission einzuholen, falls die Änderungsinitiative nicht von dieser, sondern einer nationalen Regierung ergriffen worden ist.

---

[18] *Gericke* 59, 72—73, 87.
[19] *Gericke* 94; *Schumacher* 544.
[20] *Gericke* 116.
[21] *Gericke* 118.

39 b) Vertragsänderungen dieses Verfahrens bedürfen der Ratifikation, von seiten der Bundesrepublik gemäß Art. 59 GG, und treten nach ihrem Vollzug in Kraft.

3. Kleine Revision des EGKSV[22]

40 Anders als die Römischen Verträge, kennt Art. 95 III, IV EGKSV außer diesem Verfahren der sog. großen Revision ein solches einer *kleinen Revision.* Diese Regelung ist nach Voraussetzungen und Inhalt bemerkenswert für die durch die Entwicklung bestätigte Einsicht der Vertragschließenden in die Wandelbarkeit der den Gemeinsamen Markt und die Integration beeinflussenden wirtschaftlichen Veränderungen. Bemerkenswert geworden ist auch das Verhalten der beteiligten Gemeinschaftsorgane und der Mitgliedstaaten zu verschiedenen Bemühungen um eine solche kleine Revision, die bislang nur in einem Fall Erfolg gehabt haben.

41 a) Voraussetzung der kleinen Revision „zur Anpassung der Vorschriften über die der Hohen Behörde (jetzt: Kommission) übertragenen Befugnisse" ist der Eintritt unvorhergesehener, durch die Erfahrung sichtbar gewordener Schwierigkeiten bei den Einzelheiten der Anwendung des Vertrages *oder* eine tiefgreifende Änderung der wirtschaftlichen oder technischen Bedingungen, die unmittelbar den Gemeinsamen Markt für Kohle und Stahl beeinflußt. Diese Alternativ-Voraussetzungen, die auch kumulativ auftreten und damit das Anpassungserfordernis steigern können, zielen einmal auf die nachträgliche Erkenntnis vertragsimmanenter Mängel, die die Vertragsanwendung, d. h. die Verwirklichung seiner Ziele, erschweren (Voraussetzung besserer Einsicht). Sie zielen zum anderen auf eine seit Beendigung der Übergangszeit eingetretene tiefgreifende Änderung der Marktbedingungen (Voraussetzung der Marktveränderung). Die „bessere Einsicht" zu gewinnen oder (und) die „Marktveränderung" als Anstoß zur kleinen Revision festzustellen, obliegt der einvernehmlichen Entscheidung der Kommission und des mit einer Mehrheit von fünf Sechsteln seiner Mitglieder beschließenden Rates. Diese Entscheidung ist dem Gerichtshof zur Stellungnahme unter tatsächlich und rechtlich unbeschränkter Nachprüfung zu unterbreiten. Jede Änderung ist ferner dahin begrenzt, daß sie weder die Art. 2, 3 und 4 EGKSV noch das Verhältnis zwischen den der Kommission und den den anderen Organen der Gemeinschaft zugewiesenen Befugnissen beeinträchtigt. Der zugelassene Änderungsrahmen ergibt sich also aus den grundlegenden Aufgaben- und Zielbestimmungen des Vertrages und dem ihm innewohnenden Gewaltenteilungssystem. Der Änderungsrahmen wird also in einer Technik und aus Motiven gebildet, die in etwa vergleichbar sind mit der Begrenzung der verfassungsändernden Gewalt, die Art. 79 III

---

[22] *Carstens,* ZaöRV 21 (1961) 1.

GG als sog. verfassungsfestes Minimum vorsieht. Verneint der Gerichtshof die Übereinstimmung der Vorschläge mit den Voraussetzungen des Art. 95 III EGKSV, so ist das Verfahren zur kleinen Revision gescheitert und beendet. Da die beiden Voraussetzungen der „besseren Einsicht" und der „Marktveränderung" sich ändern können, steht der Erneuerung des Verfahrens nichts im Wege. Stellt der Gerichtshof dagegen Übereinstimmung der Vorschläge mit Art. 95 III fest, so entscheidet die Versammlung. Zur Billigung und zum Inkrafttreten der Änderung genügt die Mehrheit von drei Vierteln der abgegebenen Stimmen und zwei Dritteln der Mitglieder. Der Ratifikation durch die nationalen Parlamente bedarf es nicht. Der EGKSV eröffnet damit in einer den Römischen Verträgen unbekannten Weise eine autonome Fortentwicklung des Vertragsrechts zur Korrektur von Vertragsmängeln und zur Anpassung an tiefgehende Marktänderungen unabhängig von der gesetzgebenden Gewalt der Vertragsstaaten.

42 b) Dieses Verfahren ist praktiziert worden zur Neufassung des Art. 56 EGKSV vom 26. Januar 1960 (ABl. 781; BGBl. II, 1573): sein neuer Abs. II ermöglicht die Bewilligung von Anpassungsbeihilfen bei Eintritt grundlegender Änderungen in den Absatzbedingungen der Kohle- und Stahlindustrie, auch wenn sie nicht unmittelbar auf die Errichtung des Gemeinsamen Marktes für Kohle und Stahl zurückzuführen sind, aber einzelne Unternehmen zur Einstellung, Einschränkung oder Änderung ihrer Tätigkeit zwingen (Verlängerung der Befugnisse aus § 23 VIII ÜA).

Die deutschen Bemühungen, in diesem Verfahren eine Änderung des Art. 65 EGKSV herbeizuführen, die von der damaligen Hohen Behörde und dem Rat aufgegriffen worden waren, sind an der negativen Stellungnahme des Gerichtshofs gescheitert[23]. Die grundlegende Veränderung der Wettbewerbslage auf dem Kohlemarkt (Aufkommen des Öl-Wettbewerbs), der Umschwung des Verkäufermarktes der Mangellage bei Abschluß des EGKSV in einen Käufermarkt des Kohleüberschusses seit 1958/59 haben in der erstrebten Revision keine Berücksichtigung erfahren. Auch das Problem des Gemeinsamen Ruhrkohleverkaufs war aus diesem Grunde lange Zeit nicht befriedigend zu lösen[24].

---

[23] EuGH Stellungnahme 1/61 vom 13. 12. 1961, Rspr. VII, 527, 551; dazu: *Sattler*, Funktionelle Integration 55.

[24] Hierüber und zur Entwicklung bis zur Aufhebung der getrennten Verkaufsorganisationen i. J. 1969: *Sattler* 55—56; zu den gemeinschaftsrechtlichen Problemen: *E. R. Huber*, Die Einheit des Ruhrkohlenverkaufs und der Montanvertrag (1960); *Ipsen*, Werkselbstverbrauch im kartellierten Kohle-Stahl-Verbund, Rechtsgutachten vom 8. März 1959.

§ 5 QUELLEN, STRUKTUREN UND AUSLEGUNG DES GEMEINSCHAFTSRECHTS

André, Konkurrierende Ersatzansprüche vor deutschen Gerichten und dem Europäischen Gerichtshof, NJW 1968, 331; *Bebr*, Provisions of the Community Law directly applicable: the development of a community notion (1969); *Bebr*, Les dispositions de droit communautaire directement applicables, CahDrEur 1970, 3; *Chevallier*, Methods and reasoning of the European Court in its interpretation of Community Law, CMLRev 1964, 21; *Coing*, Gemeines Recht und Gemeinschaftsrecht in Europa, Fs Hallstein 116; *Constantinesco*, Die unmittelbare Anwendbarkeit von Gemeinschaftsnormen und der Rechtsschutz von Einzelpersonen im Recht der EWG (1969); *Daig*, Die Rechtsprechung des Gerichtshofs der Europäischen Gemeinschaften zur unmittelbaren Wirkung von EWG-Bestimmungen auf die Rechtsbeziehungen zwischen Mitgliedstaaten und Gemeinschaftsbürgern, EuR 1970, 1; *Degan*, Procédés d'interprétation tirés de la jurisprudence de la Cour de Justice des Communautés Européennes, RevTrimDrEur 1966, 189; *Dickschat*, Problèmes d'interprétation des traités européens résultant de leur plurilinguisme, RevBelgDrInt 1968, 40; *Dumon*, La notion de „disposition directement applicable" en droit européen, CahDrEur 1968, 369; *Everling*, Europäisches Gemeinschaftsrecht und nationales Recht in der praktischen Rechtsanwendung, NJW 1967, 465; *Fuß*, Rechtssatz und Einzelakt im Europäischen Gemeinschaftsrecht, NJW 1964, 945; *Fuß*, Grundfragen der Gemeinschaftshaftung, EuR 1968, 353; *Grabitz*, Entscheidungen und Richtlinien als unmittelbar wirksames Gemeinschaftsrecht. Zur Analyse der Leber-Pfennig-Urteile des EuGH, EuR 1971, 1: *Haeckel*, Der Faktor Zeit in der Verwirklichung der Europäischen Gemeinschaftsverträge, Diss. Hamburg (1965); *Heldrich*, Die allgemeinen Rechtsgrundsätze der außervertraglichen Schadenshaftung im Bereich der Europäischen Wirtschaftsgemeinschaft (1961); *Heldrich*, Art. 215 Abs. II des Vertrages über die EWG. Ein Irrweg zu europäischer Rechtseinheit, JZ 1960, 681; *Ipsen*, Richtlinien-Ergebnisse, Fs Ophüls 67; *Kreibaum*, Die Auslegung des Vertrages zur Begründung der Europäischen Wirtschaftsgemeinschaft, ZSchweizR 83 (1964) 163; *Lorenz*, General principles of law: their elaboration in the Court of Justice of the European Communities, AmJournCompL 1964/65, 1; *Louis*, Les décisions des représentants des gouvernements des Etats membres, DrCommEur, Nr. 1173; *von Meibom*, Lückenfüllung bei den Europäischen Gemeinschaftsverträgen, NJW 1968, 2165; *Gert Meier*, Steuer und Zollrecht. Zu den Wirkungen von Entscheidungen des EWG-Rates und von EWG-Richtlinien, AWD 1970, 474; *Mertens de Wilmars*, De directe werking van het Europese recht, SEW 1969, 62; *Monaco*, Les principes d'interprétation suivis par la Cour, in: Zehn Jahre Rechtsprechung des Gerichtshofs der Europäischen Gemeinschaften, KSE 1 (1965) 177; *Ophüls*, Quellen und Aufbau des Europäischen Gemeinschaftsrechts, NJW 1963, 1697; *Ophüls*, Le problème des dispositions directement applicables des traités internationaux et son application aux traités instituant les Communautés, in: Deuxième Colloque Internationale de Droit Européen der FIDE, Den Haag 1963 (1963) 203; *Ophüls*, Die Europäischen Gemeinschaftsverträge als Planungsverfassungen, in: Kaiser, Planung I (1965) 229; *Ophüls*, Die Geltungsnormen des Europäischen Gemeinschaftsrechts, Fs Riese 1; *Ophüls*, Über die Auslegung der Europäischen Gemeinschaftsverträge, Fs Müller-Armack 279; *Pescatore*, Die Menschenrechte und die europäische Integration, Integration 1969, 103; *Pescatore*, L'application directe des traités européens par les juridictions nationales: la jurisprudence nationale, RevTrimDrEur 1969, 697; *Pescatore*, Die unmittelbare Anwendbarkeit der europäischen Verträge durch die staatlichen Gerichte, EuR 1970, 56; *Prasch*, Die unmittelbare Wirkung des EWG-Vertrages auf die Wirtschaftsunternehmen. Eine Untersuchung zur Frage der unmittelbaren Verbindlichkeit von Bestimmungen des EWG-Vertrages und ihrer Bedeutung für die einzelnen (1967); *Riese*, Das Sprachenproblem in der Praxis des Gerichtshofs der Europäischen Gemeinschaften, Fs Dölle II 507; *Wägenbaur*, Zur Wirkung von Entscheidungen und Richtlinien des EWG-Rats, AWD 1970, 481; *Werbke*, Das Recht des einzelnen zur Berufung auf staatengerichtete Entscheidungen (Art. 189 EWGV), NJW 1970, 2137; *Wijckerheld Bisdom*, Les principes d'interprétation suivis par la Cour, in: Zehn Jahre Rechtsprechung, KSE 1 (1965) 188; *Wohlfahrt-Schloh*, Les actes des institutions, DrCommEur, Nr. 1134; *Wolf*, Auslegungsgrundsätze des Gerichtshofs, in: Zehn Jahre Rechtsprechung, KSE 1 (1965) 193; *Zuleeg*, Die Auslegung des Europäischen Gemeinschaftsrechts, EuR 1969, 97; *Zweigert*, Der Einfluß des Europäischen Gemeinschaftsrechts auf die Rechtsordnung der Mitgliedstaaten, RabelsZ 28 (1964) 601; *Zweigert*, Les principes généraux du droit des Etats membres, DrCommEur Nr. 1198.

1 „Zum erstenmal seit den Tagen des Karolinger Reiches im Mittelalter, des kurzfristigen Reiches Napoleons I. in der Neuzeit existiert wieder — wenn auch in der Beschränkung auf sechs europäische Länder — eine übernationale europäische Gesetzgebungsgewalt.“[1] In diesen Zusammenhängen sieht die Rechtsgeschichte das europäische Gemeinschaftsrecht als Rechtsordnung einer die nationalen Gesetzgebungen europäisch überwindenden Rechtsquelle. Dieses Recht ist Recht „aus Gemeinschaftsquelle und von Gemeinschaftsqualität. Sein Wesen besteht darin — wie anders auch sollte es sein —, als Gemeinschaftsrecht im Gesamtgebiet der Gemeinschaft einheitlich und ganzheitlich zu gelten. ... Das Gemeinschaftsrecht ist gemeines Recht“[2].

Was das objektive Gemeinschaftsrecht vorrangig und qualifizierend kennzeichnet, ist seine Herkunft, sein Geltungsgrund, sein Geltungsbereich und Geltungsanspruch. In seinen Gegenständen gewinnt es seine Prägung aus den Zielen und der Verfassung der Vergemeinschaftung, in seinen Strukturen seine Züge aus der neuartigen Rechtstechnik integrierender Zielverfolgung und -verwirklichung. Für seine Auslegung ist zu bedenken, daß die Verträge zur Errichtung der Gemeinschaften zwar solche des Völkerrechts sind, es aber zur Anwendung kam und kommen mußte, um die selbständigen verfaßten Organisationen der Gemeinschaften als gesamtaktliche Schöpfungen der Mitgliedstaaten hervorzubringen, ohne ihre Rechtsordnung selbst damit dem Völkerrecht zuzuweisen.

I. Quellen

2 Als „Quellen“ des Gemeinschaftsrechts können — und sollen hier — nicht so sehr (im Sinne einer üblichen Rechtsquellenlehre[3]) die Erkenntnisgründe für seine Positivität, d. h. seinen Verbindlichkeits- und Vollzugsan-

[1] *Coing*, Fs Hallstein 122.
[2] *Ipsen*, Der deutsche Jurist und das europäische Gemeinschaftsrecht, 45. DJT Verh. (1964) II/L 26.
[3] *Hans J. Wolff*, Verwaltungsrecht I 8. Aufl. (1971) 2 f.

spruch sozialer Geltung und hoheitlicher Garantie verstanden werden. Sie sind im wesentlichen Gegenstand der Feststellungen zu den nationalen Verfassungsgrundlagen der Gemeinschaften, zur Ausstattung der Gemeinschaften mit Hoheitsrechten und zu ihrer Errichtung durch Gesamtakt mitgliedstaatlicher Integrationsgewalt *(2/24—28)*. Sie haben ergeben, daß die Gemeinschaftsrechtsordnung eine staatlich-unabhängige, autonome Rechtsordnung darstellt. Nach ihnen bildet sie eine fremde, d. h. nicht-staatliche Rechtsordnung, mit dem nationalen Recht keine Einheit, sondern eine von diesem gesonderte, andersartige Rechtsmasse, die auch nicht zugleich staatliches Recht, wenn auch mit diesem eng verzahnt ist. Sein Geltungsgrund ist seine Herkunft aus originärer öffentlicher Gemeinschaftsgewalt. In dieser Weise besitzt das Gemeinschaftsrecht Verbindlichkeits- und Vollzugsanspruch und wird dieser durch zuständige Gemeinschaftsorgane mit Mitteln des Rechts hoheitlich garantiert. Darin liegt seine Positivität begründet.

Quellenbestimmung des Gemeinschaftsrechts zielt hier auf Gesichtspunkte seiner ideengeschichtlichen Herkunft, seine mitgliedstaatlichen und fremden Anknüpfungen sowie die Arten der Rechtsquellen und seiner Hervorbringung.

1. Zur ideengeschichtlichen Herkunft

3 Die Frage nach ihrer „ideengeschichtlichen Herkunft“[4] ist zur Gemeinschaftsverfassung als der Grundordnung gestellt worden, durch die die Gemeinschaften in ihrer Existenz, ihrer Organisation, Zielsetzung und Aktionsform verfaßt sind. Die Frage stellt sich gleichermaßen für das gesamte Gemeinschaftsrecht.

4 a) Das Gemeinschaftsrecht ist gegenständlich und funktionell daran orientiert, daß die Mitgliedstaaten unter Aufrechterhaltung ihrer Staatlichkeit und Beibehaltung wesentlicher Staatsaufgaben sich in der Aufgabe der Wirtschaftsintegration vergemeinschafteten. Als solche der Errichtung und Funktionssicherung des Gemeinsamen Marktes erforderte sie eine Institutionalisierung von Organen, Zuständigkeiten und Handlungsweisen, die Rechtsregelung zwischen Gemeinschaften, Mitgliedstaaten, Marktbürgern, zu Drittstaaten und internationalen Organisationen. Hierfür hat das Gemeinschaftsrecht Rechtsgestaltungen verschiedener nationaler Verfassungsrechte, des Völkerrechts und des sonstigen internationalen Rechts als Anregung, Beispiel, Modell verwendet. „Eine Vielfalt ideengeschichtlicher Bestandteile ist von daher in die Vertragswerke eingeflossen. Die Hauptströmungen der westlichen Welt sind hieran beteiligt: allgemeine angelsächsische Rechtsgedanken; Grundgedanken der nordamerikanischen Verfassung; Auffassungen des festländischen, vor allem des französischen Verwaltungsrechts; Anregungen des deutschen Bundesstaatenrechts.“[5]

---

[4] *Ophüls*, Fs Hallstein 387.

[5] *Ophüls* 390; zu Konvergenzwirkungen aus der Zusammenführung staats- und

5 b) Das heutige Gemeinschaftsrecht hat in seiner jetzt eben zwanzigjährigen Existenz, gerechnet seit dem Schuman-Plan und dem ersten französischen Arbeitsdokument zum späteren EGKSV vom 24. Juni 1950[6], auch immanent bereits eine gewisse „ideengeschichtliche" Entwicklung durchlaufen. Sie ist am Beginn gekennzeichnet durch den — über die erste Konzeption hinausgreifenden — Entschluß, statt eines einzigen, supranational wirksamen Exekutivorgans eine mitgliedstaatliche Verbandsorganisation in Gestalt der Gemeinschaft zu errichten. Sie hat Entwicklungsvorstöße zur militärischen Vergemeinschaftung in Gestalt der EVG und zur Politischen Gemeinschaft erfahren, die politisch gescheitert sind[7]. Ihr Scheitern hat den Antrieb zur Fortentwicklung im wirtschaftlichen Bereich, zugleich in ihrer darin liegenden Eingrenzung gegeben mit der Errichtung der beiden Römischen Gemeinschaften. Die Organ-Fusionierung durch den Vertrag vom 8. April 1965, seine Ansage der Gemeinschaftsfusionierung selbst haben Richtung und Eingrenzung im Sinne der Wirtschaftsintegration zunächst bestätigt und verfestigt. So gesehen, hat sich die Idee der Vergemeinschaftung trotz aller Optionen für eine umfassende politische Integration im zwischenzeitlich entwickelten und geltenden Gemeinschaftsrecht fixiert und orientiert im wirtschaftlich-sozialen Lebensbereich.

6 c) Der Entwicklungsschritt von der Sektoren-Integration der Grundstoffindustrien im EGKSV zur Gesamt-Wirtschaftsintegration im EWGV ist auch rechtlich nicht unbeeinflußt geblieben vom Scheitern des Integrations-Vortriebes im militärischen und politischen Bereich. Das Gemeinschaftsrecht des EWGV (und des gleichzeitig entstandenen EAGV) ebenso wie der FusV von 1965 heben sich vom EGKSV in manchen Zügen ab: um nicht Widerstände zu wecken, die die gescheiterten Vortriebe ausgelöst hatten, vermeiden die Römischen Verträge und der FusV verbale Hervorhebungen der Supranationalität. Sie rücken die institutionellen Regelungen in der Plazierung — im Gegensatz zum EGKSV — hinter die Sachnormen. Das exekutive Element (in Gestalt der Kommission und der Gemeinschafts-Eigenexekutive überhaupt) wird weniger betont, die Mitwirkungs-, Ausführungs- und Durchführungsaufgabe der Mitgliedstaaten gestärkt. Intensiver als im EGKSV-Recht stellt das fortentwickelte Gemeinschaftsrecht mehr ab auf verzahnende Kooperation zwischen den Gemeinschaften und ihren Gliedern, und dies auch im System des Rechtsschutzes mit seinem Vorabentscheidungsverfahren. Die auf Matrikularbeiträge der Staaten — statt auf Umlagen der Unternehmen — gestützte Finanzverfassung von EWG und EAG unterstreicht diesen Entwicklungsschritt, der selbst bereits wiederum nicht der letzte war.

---

völkerrechtlicher Rechtsprinzipien im Gemeinschaftsrecht: *Bülck* VVDStRL 23 (1966) 121; *Schlochauer* ArchVR 11 (1963/64) 4.

[6] Amtliche Zusammenfassung in deutscher Sprache: Europa, Dokumente zur Frage der europäischen Einigung II (1962) 698.

[7] Dazu *Ophüls*, Fs Hallstein 401.

2. *Rechtsquellenarten — Überblick*[8]

7 Anders als innerhalb des staatlichen Rechtsbereichs sind die Arten der Rechtsquellen des Gemeinschaftsrechts nicht allgemein in einer Rang- oder Stufenordnung zu gruppieren. Denn die innerstaatlichen Rangordnungsreihen (von der Verfassung bis zur Verwaltungsverordnung im Bundesstaat, vom Bundesrecht über Landesrecht bis zum Satzungsrecht) sind für das Gemeinschaftsrecht nicht maßgeblich. Vergleichbare Rangordnungsbestimmungen sind nur verwendbar für die Zuordnung des Primärrechts zum Sekundärrecht, bedingt für die des Gemeinschaftsrechts zu nationalem Recht. Wesentlicher ist hier in der Gruppierung die Frage, welche Normen dem Gemeinschaftsrecht selbst zuzurechnen, welche anderen Rechtsquellen in dem Sinne gemeinschaftsrechtlich relevant sind, daß sie (wiewohl nicht zum Primär- und Sekundärrecht gehörig) gleichwohl von den Gemeinschaftsorganen angewendet werden können oder angewendet werden müssen.

8 a) Als *Primärrecht* bezeichnet wird das in den Verträgen selbst enthaltene Gemeinschaftsrecht.

9 b) Als *Sekundärrecht* bezeichnet wird das von den Gemeinschaftsorganen geschaffene Gemeinschaftsrecht (= organgeschaffenes Recht). Es entsteht überwiegend in den von den Verträgen ausdrücklich vorgesehenen Handlungsformen: den Verordnungen und Richtlinien der Römischen Verträge, den allgemeinen Entscheidungen und Empfehlungen des EGKSV. Zum Sekundärrecht gehören ferner Organhandlungen generellen Regelungsgehalts, die nach den Verträgen ohne Zuweisung bestimmter Handlungsformen ergehen dürfen *(21/39—42)*. Rechtshandlungen ohne normativen Charakter und solche ohne Verbindlichkeit können hier nicht zum objektiven Sekundärrecht gezählt werden.

10 c) Soweit die Verträge nach Art. 235 EWGV, 203 EAGV, 95 EGKSV ihre Ergänzung im vereinfachten Verfahren zur *Lückenschließung* vorsehen, kann Gemeinschaftsrecht entstehen, das nach seiner Zuordnung zum Vertragsrecht Primärrecht, nach dem Prozeß seiner Entstehung zum Sekundärrecht zu zählen ist *(4/30—36)*. Die (nur begrenzt zulässige und bedeutsame) Berücksichtigung sog. *implied powers* erschließt keine zusätzliche Rechtsquelle, sondern ermöglicht nur eine durch *Auslegung* gewonnene Offenlegung von Handlungsbefugnissen *(20/42 ff.)*.

11 d) *Beschlüsse der im Rat vereinigten Vertreter der Regierungen der Mitgliedstaaten* sind in ihrer Rechtsnatur Mischfiguren zwischen Gemeinschafts- und Völkerrecht und können (entsprechend ihrem Gegenstand und Inhalt) auch normativen Charakter haben *(22/5 ff.)*.

12 e) *Allgemeine Rechtsgrundsätze*, die den Rechtsordnungen der Mitgliedstaaten gemeinsam sind, zählen zum Gemeinschaftsrecht, soweit sie aus-

---

[8] *Wohlfarth* und *Schloh* DrCommEur Nrn. 1134 ff.; *Louis*, ebenda Nrn. 1173 ff.; *Mathijsen*, Le Droit de la Communauté Européenne du Charbon et de l'Acier (1958).

drücklich (so in Art. 215 EWGV) von diesem durch Rezeption für anwendbar erklärt worden sind. Ob solche Rechtsgrundsätze auch im übrigen für die Gemeinschaftsorgane Anwendung finden, ist gesondert zu prüfen *(5/17—22)*.

13 f) *Allgemeine Regeln des Völkerrechts* sind als solche nicht Bestandteil des Gemeinschaftsrechts (wie dies Art. 25 GG für sie in bezug auf das deutsche Recht vorsieht), kommen als für die Gemeinschaftsorgane anwendbar aber in Betracht *(5/23—24)*.

14 g) Ob gemeinschaftsrechtliches *Gewohnheitsrecht* entstehen kann und schon entstanden ist, bleibt zu prüfen, und hierbei insbes. auch, ob seine Entstehung auf der Rechtsprechung des Gerichtshofs beruhen kann *(5/25—27)*.

15 h) Daß aus gemeinschaftsrechtlicher Quelle, aber ohne Positivierung, nämlich schon wegen der Entstehung des Gemeinsamen Marktes, *Handelsbräuche* normativer Relevanz entstehen können, wird z. B. für das Recht des unlauteren Wettbewerbs angenommen[9]. In diesem Sinne mag von der Quelle gemeinschaftsrechtlicher Handelsbräuche gesprochen werden.

16 i) Die unter e), f) und g) bezeichneten Arten von Rechtsquellen, nämlich die allgemeinen, mitgliedstaatlich gemeinsamen Rechtsgrundsätze, die allgemeinen Regeln des Völkerrechts und das Gewohnheitsrecht, sind miteinander vergleichbar. Denn als Normen ungeschriebenen Rechts ergänzen und vervollständigen sie die eigentlichen gemeinschaftsrechtlichen Rechtsquellen, um Lücken im Normensystem dort zu schließen, wo sich das Gemeinschaftsrecht als unergiebig erweist. Hier berührt sich die Frage nach den gemeinschaftsrechtlich relevanten Rechts*quellen* mehrfach mit dem Thema seiner *Auslegung*. Denn teilweise steht der Rechtsanwender (insbes. der Gerichtshof) vor der Aufgabe, die im Gemeinschaftsrecht festgestellte Normenlücke im Wege der Auslegung zu schließen. Hierbei eben fragt sich dann, ob das durch Rückgriff auf die drei genannten ungeschriebenen Normenkomplexe geschehen darf. Es geht also im Grunde um die Zulässigkeit eines im Auslegungsverfahren stattfindenden Quellen-Anerkenntnisses, um die Legitimation des Gerichtshofs zur Rechtsschöpfung und Rechtsfortbildung durch Konkretisierung und Aktualisierung allgemeiner ungeschriebener Rechtssätze[10].

Was im folgenden *(5/17—27)* insbesondere zu diesen drei Normenkomplexen erörtert wird, gehört insoweit also auch bereits zum Thema der Auslegungsgrundsätze *(5/70—82)*.

3. Insbesondere: Allgemeine, den Rechtsordnungen der Mitgliedstaaten gemeinsame Rechtsgrundsätze[11]

17 a) In Art. 215 EWGV, 188 EAGV (nicht in den Parallelvorschriften zur Gemeinschaftshaftung in den Art. 40, 34 EGKSV) wird für die außervertragliche Haftung der Gemeinschaften verwiesen auf die „allgemeinen

[9] *Braun* DrCommEur Nr. 2644.

[10] Dazu: *Zuleeg* EuR 1969, 105; *Zweigert*, Juristische Interpretation, in: Studium generale 7 (1954) 385.

[11] *Zweigert* DrCommEur Nrn. 1198—1204; *Meier* DVBl. 1970, 614; Beispiele bei: *Pescatore*, Integration 1969, 115; *Lecheler*, Der EuGH und die allgemeinen Rechtsgrundsätze (1971).

Rechtsgrundsätze, die den Rechtsordnungen der Mitgliedstaaten gemeinsam sind". Eindeutig ist diese Verweisung in der Inbezugnahme der nationalen Rechtsordnungen, und zwar *nur der Mitgliedstaaten. Nicht* eindeutig ist, *welche* ihrer Rechtsgrundsätze als „allgemein" und welche als „gemeinsam" anzusehen sind. Ihre Qualifizierung obliegt hier letztlich der Entscheidung des Gerichtshofs, der über den geltend gemachten Schadensersatz befindet. Von welchen Gesichtspunkten er auszugehen hat, bedarf der Klärung.

18 aa) Die Verweisung ist enger als die bekannte Regel des Art. 38 § 1 des Statuts des Internationalen Gerichtshofs. Sie nimmt die von den zivilisierten Nationen anerkannten allgemeinen Rechtsgrundsätze in Bezug und hat damit eine seit langem bestehende allgemeine Regel des Völkerrechts für die internationalen Staatenbeziehungen statuiert. Ihr aus weltweiter Vergleichung gewonnener Ertrag muß sich zwangsläufig auf sehr allgemeine Normengehalte beschränken (wie den Grundsatz von Treu und Glauben, das Verbot des Rechtsmißbrauchs und die Autorität des Richterspruchs).

19 bb) Die genannte Verweisung der Römischen Verträge ist insoweit präziser und dichter. In der Verweisung auf die Rechtsordnungen nur der Mitgliedstaaten bezieht sie in gewissen Bezügen historisch und inhaltlich verwandte Rechtsordnungen ein. In ihrer Eingrenzung auf die den nationalen Rechten *gemeinsamen* allgemeinen Rechtsgrundsätze liegt indes die Gefahr, in einer Art „Bilanzierungsverfahren" unter Abstrich aller eben nicht gemeinsamen Elemente die für die Gemeinschaftshaftung relevant bleibenden Rechtssätze zu beschränken auf den Rest der Gemeinsamkeiten. Das würde ein Haftungsstatut ergeben, das ein Asyl der verschiedenen Lücken der Einzelrechtsordnungen genannt worden ist, damit eine Lösung des Minimalstandards zum Nachteil des Geschädigten darstellt, die mit dem rechtspolitischen Entwicklungsstandard des Haftungsrechts schwerlich vereinbar wäre[12].

20 cc) Die genannten Verweisungen der Römischen Verträge setzen die Rechtsanwendung auf die Aufgabe der Rechtsvergleichung an. Sie nehmen dabei nicht Bezug auf das Detail der zu vergleichenden nationalen Rechtsordnungen, sondern auf ihre allgemeinen Rechtsgrundsätze. Deshalb ist auch hier die moderne Methode kritisch-wertender Vergleichung am Platz[13]. Danach ist als Vergleichsmaßstab anwendbar nicht der Wertungsfaktor der Majorität, sondern der der Rechtsqualität, d. h. derjenigen Lösung, zu der die verglichenen Rechtsordnungen sich tendenziell orientieren und die den Zielsetzungen der Gemeinschaft am nächsten kommt. Die Rechtsprechung des Gerichtshofs liefert gewisse Anzeichen einer solchen Methode zur Anwendung der Verweisungsklausel, wenn sie insgesamt auch noch nicht befriedigen kann[14].

---

[12] *Heldrich,* Die allgemeinen Rechtsgrundsätze 19, 161; *ders.,* JZ 1960, 685.
[13] *Zweigert* Nr. 1203; *Fuß* NJW 1964, 945.
[14] Beispiel: die unbefriedigende Rechtsprechung des GH zur Subsidiarität von

21 b) Die Verweisungsklauseln der Art. 215 EWGV, 188 EAGV beziehen sich *ausdrücklich nur* auf das *außervertragliche Haftungsrecht*, und im EGKSV-Recht ist eine solche an keiner Stelle enthalten. Gleichwohl fragt sich, ob die Verweisungs-Anordnung als Methodenanweisung für die Aufgabe der Lückenschließung dem Gerichtshof nicht allgemein zu Gebote steht[15]. Grundsätzlich ist das zu bejahen, und seine Rechtsprechung ist danach denn auch in zahlreichen Lücken-Situationen bereits verfahren[16]. Darin liegen zwar gewisse Gefahren methodischer Unsicherheit. Der Ansatz ist gleichwohl praktikabel und mit Zweck und Funktion der Integration ebenso vereinbar wie insbesondere mit dem Einsatz der Rechtsangleichung und -harmonisierung als einem der wichtigsten Integrationsinstrumente, wie dies in Art. 100—102 EWGV geschehen ist *(§ 39)*.

22 Es kann dahinstehen, ob in dieser Methode nur Pragmatik, eine Anwendung von Rechtsanalogie, ein Rückgriff auf ein allgemeines europäisches Rechtsbewußtsein oder eher ein Verfahren gesehen wird, wie Art. 38 § 1 des IGH-Statuts es aufgibt. Jedenfalls stellt die durch Vergleichung stattfindende Eruierung möglichst gemeinschaftsziel-konformer allgemeiner Rechtsgrundsätze aus den mitgliedstaatlichen Rechtsordnungen, die tendenziell der feststellbaren rechtspolitischen Fortentwicklung am besten entsprechen, ein Lückenschließungsverfahren dar, das der instrumentalen Integrationstechnik entspricht und deshalb gemeinschaftsrechtlich gerechtfertigt ist. Gemeinschaftsziel-Konformität kann danach denjenigen allgemeinen Rechtsgrundsätzen zugesprochen werden, die zugleich das Funktionieren des Gemeinsamen Marktes optimal sichern und fördern und mit den allgemeinen Rechtsprinzipien im Einklang stehen, auf denen das Gemeinschaftsrecht beruht.

4. Insbesondere: Allgemeine Regeln des Völkerrechts

23 a) Auch die *allgemeinen Regeln des Völkerrechts* können als ergänzende Rechtsquelle zur Lückenschließung des Gemeinschaftsrechts herangezogen werden[17]. Die Rechtsprechung des Gerichtshofs verfährt danach[18]. In dieser Weise ist z. B. ein allgemeiner Rechtsgrundsatz der Verhältnismäßigkeit der Mittel, der von Treu und Glauben, der der Rechtssicherheit den allgemein anerkannten Regeln des Völkerrechts entnommen worden. Für

---

Amtshaftungsansprüchen, die den Geschädigten unzumutbar trifft, weil der GH das Prinzip der Gesamtschuld und den Binnenausgleich zwischen Gemeinschaft und Mitgliedstaat nicht zur Geltung bringt; vgl. *Ipsen* EuR 1969, 59; *André* NJW 1968, 331; *Fuß* EuR 1968, 366.

[15] *Ophüls*, Fs Riese 6 Anm. 10; *ders.*, Fs Heymanns Verlag 562; *Zweigert* RabelsZ 28 (1964) 609 mit Nachweisen.

[16] EuGH Rs 7/56 und 3—7/57 Rspr. III, 118; Rs 8/57 IV, 257; Rs 42 und 49/59 VII, 173; *Zweigert* DrCommEur Nr. 1199; *Pinto* ebenda Nr. 1713; *Mathijsen* 105; *Ophüls* NJW 1963, 1697.

[17] *Zweigert* DrCommEur Nr. 1200.

[18] EuGH Rs 8/55 Rspr. II, 312; Rs 13/61 VIII, 113.

den Konflikt zwischen Bindungen aus mehreren völkerrechtlichen Verträgen ist die allgemeine völkerrechtliche Rechtsregel angewendet worden, daß der Vertragsstaat durch Eingehung eines neuen Vertrages, der ihm Pflichten auferlegt, die seinen Rechten aus früher geschlossenem Vertrag widerstreiten, auf die Geltendmachung dieser Rechte verzichtet, soweit dies zur Pflichterfüllung aus dem neuen Vertrag erforderlich ist.

24 b) Wie schon diese Beispiele zeigen, ist die Lückenschließung aus Rechtsgrundsätzen *internationalrechtlicher* Herkunft für das Gemeinschaftsrecht aber von nur nachgeordneter Bedeutung. Denn sie sind von solcher Allgemeinheit, daß sie an Präzision von den dem Gemeinschaftsrecht *immanenten* und als solchen verfügbaren Rechtsprinzipien übertroffen oder noch weitergehend präzisiert werden in dem Verfahren zur Eruierung mitgliedstaatlich gemeinsamer Rechtsgrundsätze *(5/17—22)*. Nach dem Grundsatz der Subsidiarität und der Spezialität stehen insoweit die allgemeinen Regeln des Völkerrechts in ihrer Funktion zur Lückenschließung den mitgliedstaatlich gemeinsamen Rechtsgrundsätzen nach.

5. Insbesondere: Gewohnheitsrecht

25 Ob schon heute von *Gemeinschafts-Gewohnheitsrecht* als einer lückenschließenden Rechtsquelle gesprochen werden kann, ist zweifelhaft. Es mag noch an tempus und usus als Entstehungsvoraussetzungen fehlen. Indes sind diese Anforderungen — jedenfalls im Vergleich zu denen im Bereich nationaler Kodifikations-Rechtsordnungen — nicht zu übersteigern und den Integrationsfortschritten entsprechend zu bemessen. Die Feststellung, daß „das Gewohnheitsrecht vernachlässigt werden kann, weil es im Gemeinschaftsrecht praktisch noch keine Rolle spielt“[19], verliert jedenfalls zunehmend ihre Berechtigung. Die Rechtsfortbildung durch die Rechtsprechung des Gerichtshofs und ihre allgemeine Anerkennung durch die übrigen Gemeinschaftsorgane, die Mitgliedstaaten und ihre Organe sowie die Marktbürger liefern zunehmend Beiträge zur Entstehung von Gemeinschaftsgewohnheitsrecht.

26 a) So hätte die Einrichtung und Aktivität des Ausschusses der Ständigen Vertreter der Mitgliedstaaten als eine organisatorische Neubildung neben dem Organisationsrecht der Verträge angesehen werden können, die sich gewohnheitsrechtlich entwickelt hat[20]. Daß sie in Art. 4 FusV ausdrücklich instituiert worden ist, würde als Positivierung eines schon anerkannten Organisationsrechts anzusehen sein, das sich durch hinreichend andauernde Übung der Staaten unter Anerkennung der Gemeinschaftsorgane gebildet hatte.

27 b) Größer und gewichtiger als im Anwendungsbereich der Staaten und der Exekutivorgane der Gemeinschaften ist der Anteil anzusehen, den die

---

[19] *Zulegg* EuR 1969, 98; *Everling* NJW 1967, 466; *Zweigert* RabelsZ 28 (1964) 607.

[20] Darin würde ein Beispiel zu *Pinto* DrCommEur Nr. 1713 zu sehen sein.

Rechtsprechung des Gerichtshofs an der Bildung von Gemeinschaftsgewohnheitsrecht hat und fortan haben wird. Hier berührt sich die Bedeutung des Gewohnheitsrechts als Rechts*quelle* mit der *Methode der Auslegung*, die der Gerichtshof praktiziert, und ihrer Eignung, eine Voraussetzung für die Entstehung von Gewohnheitsrecht zu liefern *(5/70—82)*.

II. Strukturen

28 In seiner Strukturierung kann das Gemeinschaftsrecht unter vielfältigen Gesichtspunkten charakterisiert werden: nach seinen Regelungsgegenständen im Vergleich zur Materienerfassung innerhalb der nationalen Rechtsordnungen; nach seinen Regelungsgegenständen auch inhaltlich-gemeinschaftsimmanent gesehen; nach den Zielen der Vergemeinschaftung, ihrer Verfassung und Aktionsordnung; nach dem Grad seiner Aktualität; nach seiner Eigenart als Sach- und Geltungsnorm; nach der Zuordnung von Primär- und Sekundärrecht; nach seiner unmittelbaren Anwendbarkeit nur gegenüber den Mitgliedstaaten oder auch gegenüber den Marktbürgern.

1. Strukturierung nach Regelungsgegenständen

29 Verglichen mit den Regelungsgegenständen der nationalen Rechtsordnungen, insbesondere ihren Kodifikationen auf allen Rechtsgebieten, die die Wirtschafts- und Sozialpolitik umfassen, hat das primäre Gemeinschaftsrecht eine höchst komplexe Struktur. Sie greift über den Bereich der nationalen Wirtschafts- und Sozialgesetzgebungen hinaus. Denn das Gemeinschaftsrecht muß in seinen Verfassungs- und Organisationselementen diejenigen Regelungen bereitstellen, die die Mitgliedstaaten in ihrem Verfassungsrecht verfügbar haben. Entsprechendes gilt für Gerichtsverfassung und Rechtsschutz, in Teilen für das Straf- und Ordnungsrecht. Strukturelle Vergleiche zwischen Gemeinschaftsrecht und nationalen Rechtsordnungen sind insofern aber ohne wesentlichen Ertrag. Allenfalls vermitteln sie die Einsicht, daß das Gemeinschaftsrecht aus der Natur der Sache höchst heterogen genannt werden muß und sich hieraus Komplikationen ergeben können, die das nationale Wirtschafts- und Sozialrecht in dieser Weise nicht aufgibt. So gilt weithin vom Gemeinschaftsrecht die Feststellung: „Äußerlich haben die Texte ... nicht viel Anziehendes. Die Vorschriften sind verstreut, zum Teil unübersichtlich und nicht leicht verständlich. ... Verträge dieser Art können nicht die Ausgeglichenheit eines Lehrbuchsystems haben oder auch nur die Geschlossenheit eines staatlichen Gesetzes.“[21]

---

[21] *Ophüls*, Fs Hallstein 412.

2. *Inhaltliche Strukturierung*

30 Von einer formalen Unterscheidung abgesehen (nach Organisationsrecht und Verhaltensnormen), orientieren sich die materiellen Regelungen des Gemeinschaftsrechts an den Vertragszwecken der Wirtschaftsintegration[22].

31 a) Soweit diese Regelungen auf seine Errichtung und die Sicherung seines Funktionierens gerichtet sind, können sie als „Konstitutionsnormen des Gemeinsamen Marktes" bezeichnet werden. Sie bezwecken die Ausschaltung aller mitgliedstaatlichen Maßnahmen, die den Wirtschaftsverkehr über die Staatsgrenzen zu steuern oder zu beeinflussen vermögen.

Zu diesen Konstitutionsnormen des Gemeinsamen Marktes gehören:

32 aa) Regelungen zur Verwirklichung der Marktfreiheiten auf den Gebieten des Waren-, Kapital- und Dienstleistungsverkehrs, der Arbeitnahme und der Niederlassung;

33 bb) Regelungen zur Herstellung und Sicherung der Gleichheit im Gemeinsamen Markt durch Beseitigung und Verhinderung von Diskriminierungen aus Gründen der Staatsangehörigkeit.

Freiheit und Gleichheit im Gemeinsamen Markt konstituierende Normen können als Verbote oder Gebote ausgestaltet sein. Sie wenden sich überwiegend und insbesondere in ihrer Formulierung an die Mitgliedstaaten. Für sie kommt aber auch (z. T. nach Fristabläufen) durchgreifende unmittelbare Anwendbarkeit in bezug auf die Marktbürger in Betracht *(5/49—64)*. Gebotsnormen bedürfen durchweg gemeinschaftsrechtlicher Ausführung durch Sekundärrechtsetzung; gegenüber den Mitgliedstaaten wirken sie als Verpflichtung zur Beseitigung freiheits- oder gleichheitswidriger Beschränkungen.

34 b) Zur Erreichung der Integrationsziele verwenden die Verträge unterschiedliche Gestaltungen, deren Inhalt sich auf den Gemeinsamen Markt in seiner Ordnung bezieht. Soweit die Mitgliedstaaten Träger der Wirtschafts- und Sozialpolitik geblieben sind und bleiben werden, bindet das Gemeinschaftsrecht in unterschiedlicher Graduierung die nationalen Politiken an gemeinschaftsbezogene Orientierungen *(5/37)*. Soweit die Wirtschafts- und Sozialpolitik integriert wird, statten die Regelungen Gemeinschaftsorgane mit Kompetenzen zu hoheitlicher Gestaltung des Marktgeschehens aus *(5/35—36)*.

Beide Gestaltungsmöglichkeiten werden im EWGV verwendet, dort auch innerhalb einzelner Wirtschaftszweige, insbes. der Agrarwirtschaft. EGKSV und EAGV sind dagegen vorrangig ausgestattet mit vertragsunmittelbaren Marktordnungsregelungen, so daß die Gemeinschaftskompetenzen insoweit vertraglich determiniert sind. Alle drei Gruppen von Vertragsregelungen können in ihrer Zusammenfassung als *„Marktordnungsrecht"* bezeichnet werden. Für ihre Strukturierung gilt folgendes:

---

[22] Zum folgenden: *Grabitz*, Gemeinschaftsrecht bricht nationales Recht (1966) 76.

35 aa) In Regelungen, die Marktordnungskompetenzen begründen, werden Gemeinschaftsorgane unterschiedlich zum Erlaß sekundärrechtlicher Regelungen ermächtigt.

36 bb) Das gesamte Gemeinschaftsrecht geht ebenso wie das Wirtschaftsverfassungsrecht aller Mitgliedstaaten vom Prinzip der Wirtschaftsfreiheit aus. Es wird allein im EGKS-Recht, teilweise im EAG-Recht modifiziert. Deshalb regelt das Marktordnungsrecht der Verträge durchweg die private Wirtschaftstätigkeit nicht selbst, sondern nimmt auf sie nur ordnend Einfluß, und zwar[23]: (1) durch Auferlegung bestimmter öffentlich-rechtlicher Verhaltenspflichten, (2) durch einfache Verbotsnormen (so nur in Art. 68 § 1 EGKSV), (3) durch qualifizierte Verbots- und Lenkungsnormen (insbes. des Wettbewerbsrechts), (4) durch die Ermächtigung zu privatrechtsgestaltenden Akten (z. B. Zwangslizenzierung nach Art. 20 III EAGV).

37 cc) Gemeinschafts-Orientierungen der den Mitgliedstaaten belassenen Bereiche der Wirtschafts- und Sozialpolitik werden durch Regelungen des Gemeinschaftsrechts bewirkt, die den Staaten die Pflicht zur Koordinierung ihrer Politiken auferlegen (so speziell in der Konjunktur-, Wechselkurs-, Sozialpolitik) oder sie — in geringerer Intensität — einem Gebot zu gemeinschaftsfreundlichem Verhalten unterstellen. Entsprechende Pflichten erwachsen den Staaten aus Kompetenznormen der Gemeinschaftsorgane, die zu Maßnahmen der Harmonisierung oder Koordinierung ermächtigen.

38 c) In der im internationalen Privatrecht gebräuchlichen und auch gemeinschaftsrechtlich verwendbaren Differenzierung zwischen Sachnormen, die die Rechtsfolgen von Tatbeständen regeln, und *Geltungsnormen*, die ihrerseits Geltungskraft, Geltungsbereich und Auslegung der Sachnormen bestimmen, enthält das Gemeinschaftsrecht unentbehrliche Geltungsnormen unterschiedlicher Art und Zweckbestimmung[24]. Unter ihnen ragen an Bedeutung hervor:

39 aa) Normen über die materielle Geltungskraft des Sekundärrechts. Sie ergeben sich aus den Regelungen der Verträge über Organzuständigkeit, Verfahren und Formgebote;

40 bb) zeitliche Geltungsnormen, die — insbesondere im EWGV — die Stufenfolge der Integrationsschritte planhaft terminieren[25] und vornehmlich für Kompetenz- und Willensbildungsregelungen sowie die Statuierung mitgliedstaatlicher Pflichten von Belang sind;

41 cc) räumliche Geltungsnormen hinsichtlich der Abgrenzung der Rechtsordnungen der Mitgliedstaaten zueinander und der Gemeinschaft zu fremden Hoheitsgebieten;

---

[23] *Ballerstedt*, Übernationale und nationale Marktordnung. Eine montanrechtliche Studie (1955) 86.
[24] *Ophüls*, Fs Riese 1.
[25] Dazu: *Haeckel*, Der Faktor Zeit, 20.

42 dd) personale Geltungsnormen, die die Anwendbarkeit der Sachnormen nach Personenkreisen abgrenzen und nur im EGKSV eine Rolle spielen (Unternehmen — Arbeitnehmer — Verbraucher — Händler);

43 ee) Geltungsnormen übergreifender Art, die den Widerspruch zwischen Gemeinschafts- und nationalem Recht auszuräumen bezwecken. Sie können verfahrens- oder kollisionstechnischer Art sein. Verfahrenstechnisch wirksam ist die Regelung über das Vorabentscheidungsverfahren *(43/48 ff.);* ob Regelungen kollisionstechnischer Art im Gemeinschaftsrecht enthalten sind, ist im Zusammenhang mit dem Verhältnis zwischen Gemeinschafts- und nationalem Recht zu erörtern *(10/55—59).*

44 d) Eine Strukturierung des Gemeinschaftsrechts, die sich *an den typischen Phasen jeder Rechtsschöpfung* (Gesetzgebungspolitik, Rechtsetzung, Rechtsanwendung, Vollzug) *orientiert*[26], muß wesentliche Unterschiede zwischen Gemeinschaftsrecht und nationaler Rechtsordnung feststellen. Im Staat haben Legislative, Exekutive, Rechtsprechung und Vollzugsgewalt Ursprung und einheitlichen Bezugspunkt in seiner Souveränität. Das ist in den Gemeinschaften und ihrer Rechtsordnung anders: hier ist der Rechtsetzungsprozeß zwischen Gemeinschaften und Mitgliedstaaten aufgeteilt, und auch dies nicht durchgängig einheitlich, sondern in verschiedenen Materien unterschiedlich. So soll eine Vierteilung des Rechtsetzungsprozesses (vom politischen Ursprung bis zum Vollzug) und die Zuweisung der Regelungsmaterien in seine vier Schichten das Gemeinschaftsrecht strukturieren helfen.

45 aa) Danach soll zur *Primärschicht* gehören, was das Gemeinschaftsrecht als politische Orientierung, als rechtspolitische Einigung (über Zielsetzung, Annäherung, Harmonisierung, Abstimmung) verlautbart, die gemeinschaftsrechtlich als Richtlinie oder an die Staaten gerichtete Entscheidung geltend gemacht, ansonsten aber nur von den Staaten verwirklicht wird;

46 bb) in einer *Sekundärschicht* wird darüber hinaus auch die Rechtsnorm selbst als solche des Gemeinschaftsrechts erlassen (Beispiel: Agrarrecht, Zollrecht), während Durchführung und Gerichtskontrolle Sache der Staaten sind;

47 cc) in einer *Tertiärschicht* obliegt außer politischer Willensbildung *und* Gesetzgebungsakt *auch* die *Rechtsanwendung* der Gemeinschaft. Diese Struktur hat überwiegend das EGKS-Recht (Marktinterventionsrecht), im EWG-Bereich ist sie Ausnahme (Wettbewerbsrecht);

48 dd) eine *Quartärschicht,* in der auch der Rechtsvollzug einschließlich der Zwangsvollstreckung seinen Gemeinschaftsplatz hätte, kennt das Gemeinschaftsrecht nicht. Insoweit sind nur die Mitgliedstaaten zuständig, indes zum Vollzug auch verpflichtet.

---

[26] So der Vorschlag von *Pescatore,* Das Zusammenwirken der Gemeinschaftsrechtsordnung mit den nationalen Rechtsordnungen, EuR 1970, 307. — Die Benennung der Rechtsschichten als Primär-, Sekundärschicht usw. ist insofern mißverständlich, als diese Schichten sich nicht decken mit den Normen des üblicherweise so genannten Primär- und Sekundärrechts.

3. Strukturunterschiede nach der mittelbaren oder unmittelbaren Anwendbarkeit („Durchgriffsnormen")[27]

49 Besondere Aktualität und Tragweite hat in den Strukturunterschieden des Gemeinschaftsrechts die Qualifizierung derjenigen seiner Normen erlangt, denen „unmittelbare Anwendbarkeit" zukommt. Die Erfassung dieser Normenkategorie ist Voraussetzung für eine präzise Zuordnung des Gemeinschaftsrechts zum nationalen Recht *(10/3)*. Sie ist von Bedeutung für den Fortgang der Integrationsschritte durch Aktivität der Mitgliedstaaten oder diese — bei Inaktivität — substituierende Maßnahmen von Gemeinschaftsorganen. Sie ist von Belang für die Rechtsstellung des Marktbürgers, sein Verhältnis zur nationalen Rechtsordnung und für seinen Rechtsschutz. Die jetzt etwa achtjährige Rechtsprechung des Gerichtshofs zur unmittelbaren Anwendbarkeit gehört zu seinen wesentlichsten Beiträgen zur Fortbildung des Gemeinschaftsrechts.

50 „Unmittelbare Anwendbarkeit" ist ein vieldeutiger und vielgedeuteter, deshalb zunächst sowohl in der Rechtsprechung wie in der Literatur umstrittener Begriff. Er könnte, auf eine Gemeinschaftsrechtsnorm bezogen, bedeuten: daß es zu ihrer Anwendung des Erlasses weiterer gemeinschaftsrechtlicher Ausführungsregelung nicht mehr bedarf; daß es (umgekehrt) ihrer bedarf und unmittelbare Anwendbarkeit mit Erlaß der Ausführungsregelung eintrete; daß es sich bei der Norm nicht nur um einen Programmsatz handelt, sie also „aktuell" ist; daß sich aus anderen Vertragsnormen für ihre Auslegung nähere Bestimmungen nicht ergeben, es also an Sonderbestimmungen hierfür fehle; daß die Norm Rechte einzelner begründet, die die nationalen Gerichte und andere Rechtsanwendungsorgane zu beachten haben. Die Versuche zur Eingrenzung und Inhaltserfüllung des Begriffs sind diesen Ansätzen nachgegangen. Andere haben statt auf „unmittelbare Anwendbarkeit" auf „unmittelbare Wirksamkeit" abgestellt und auch sie zu differenzieren unternommen; weitere kreisen um die Begriffe „unmittelbare Verbindlichkeit" und „sofortige Vollziehbarkeit"[28].

51 In dieser Lage kommt es zunächst darauf an zu klären, aus welchen Gründen die Qualifizierung einer Gemeinschaftsrechtsnorm als einer unmittelbar anwendbaren — im Unterschied zu anderen, die nur mittelbar anwendbar sind — im entscheidenden Sinne rechtserheblich ist. Die Antwort lautet: von dieser Qualifizierung hängt ab, ob die fragliche Norm *ohne* Vermittlung *staatlicher* Normsetzung *den Marktbürger „erreicht" und geeignet ist, ihm subjektive Rechte zu verschaffen, auf die er sich auch gegenüber nationalen Rechtsanwendungsorganen berufen kann, oder ihn entsprechend zu verpflichten.* Es entspricht der Interessenlage, daß solche unmittel-

---

[27] *Prasch*, Die unmittelbare Wirkung des EWG-Vertrages auf die Wirtschaftsunternehmen; *Constantinesco*, Die unmittelbare Anwendbarkeit von Gemeinschaftsnormen; *Bebr* CahDrEur 1970, 3; *Daig* EuR 1970, 1; *J. Mertens de Wilmars* SEW 1969, 62; *Pescatore* RevTrimDrEur 1969, 697; *ders.* EuR 1970, 56; *Dumon* CahDrEur 1968, 369; *Zuleeg*, Recht 47—60; *Grabitz* EuR 1971, 1.

[28] *Ophüls* in: Deuxième Colloque International de Droit Européen 203; *ders.* NJW 1963, 1697; *Prasch* 39; *Wagner* 334; Übersicht über die Wortwahl: *Zuleeg* 57.

bare Begünstigung des Marktbürgers gerichtlich eher relevant wird als seine Belastung.

52 Zur sprachlichen Vereinfachung und unter Verwendung einer im deutschen Gesellschaftsrecht gebräuchlichen bildhaften Formel kann eine solche Norm dieser Charakterisierung auch *„Durchgriffsnorm“*, ihre Wirkung *„Durchgriff“* genannt werden. Was eine solche Norm „durchgreift“, erweist sich aus ihrer Charakterisierung: sie greift durch die nationale Staatshoheit und erreicht unmittelbar und ohne ihre Vermittlung den einzelnen Staatsangehörigen als Marktbürger.

53 Mit den Termini „Durchgriff“, „Durchgriffsnormen“ usw. werden im deutschen Recht gebräuchlich gewordene Kennzeichnungen verwendet, die sich für den „Durchgriff auf die Personen oder Gegenstände hinter der juristischen Person“ vornehmlich im Handels- und Gesellschaftsrecht eingebürgert haben[29]. Es geht hierbei um die rechtliche Inanspruchnahme der hinter einer als juristischer Person fingierten Rechtseinheit stehenden Individuen, um den Durchgriff auf den Menschen hinter der juristischen Person, der ausnahmsweise zugelassen wird. Die deutsche Theorie und Praxis hierzu gehen zurück auf die amerikanische Lehre vom „disregard of legal entity“, vom Mißbrauch der Rechtsform der juristischen Person. Wenn hier aus Gründen bildhafter und sprachlich vereinfachender Praktikabilität vom Durchgriff von Gemeinschaftsnormen gesprochen wird, so selbstverständlich *nicht auch*, um den Marktbürger wegen *mißbräuchlicher* Berufung auf seine Zugehörigkeit zur juristischen Person „Mitgliedstaat“ zu erreichen. Das geschieht hier lediglich, um die gemeinschaftsrechtliche Erreichbarkeit der hinter den Staaten stehenden Marktbürger zu kennzeichnen, die nach dem Stand des geltenden Gemeinschaftsrechts strukturell — jedenfalls im Primärrecht — auch heute noch nicht die Regel bildet.

54 a) *Unter welchen Voraussetzungen* in dieser Rechtserheblichkeit von Durchgriffsnormen, eben solchen unmittelbarer Anwendbarkeit, gesprochen werden kann, ist zunächst zu klären.

55 aa) In grober Skandierung einer „summa divisio“[30] können sämtliche Normen des Gemeinschaftsrechts, sowohl des primären wie des sekundären, hinsichtlich ihrer möglichen Rechtswirkungen im Bereich der staatlichen Rechtsordnungen in zwei Gruppen aufgeteilt werden: solche, die rechtlich *unmittelbar nur die Mitgliedstaaten* erreichen und infolgedessen nicht unmittelbar deren Staatsangehörige, die ihrerseits erst durch mitgliedstaatliche Normierung erreichbar werden; andererseits solche, die die Staatsangehörigen *als Marktbürger* rechtlich unmittelbar erreichen, hierzu mitgliedstaatliche Normsetzung nicht voraussetzen, weil sie die Staatshoheit durchgreifen. Diese Skandierung kann sich ausdrücklich — durch Benennung nur der Mitgliedstaaten oder auch (oder nur) der Marktbürger als Normadressaten — aus der Normformulierung ergeben oder ihr durch Auslegung entnommen werden. Die Rechtsprechung des Gerichtshofs hat solche Skandierung auch ohne Rücksicht auf die Adressierung und den Wortlaut vorgenommen.

---

[29] *Serick*, Rechtsform und Realität juristischer Personen (1955) 17, 54, 60, 66; *Drobnig*, Haftungsdurchgriff bei Kapitalgesellschaften (1959).

[30] *Constantinesco* 16.

56 bb) Die Annahme einer Durchgriffswirkung setzt voraus, daß die fragliche Gemeinschaftsrechtsnorm nach ihrem Inhalt überhaupt *geeignet* ist, diese Wirkung zu äußern. Sie muß sich in dem Sinne „selbst genügen", sie muß derart self-sufficient-Charakter besitzen, daß sie überhaupt rechtswirkungs*fähig* ist, da sie anderenfalls keine Durchgriffswirkung äußern *kann.*

Aus dieser *Eignung* zum Durchgriff, aus ihrer Wirkungs*fähigkeit,* folgt allein indes nicht, *daß* sie durchgreift. Denn der *Durchgriff* betrifft die Unmittelbarkeit der Wirkung im *nationalen Rechtsbereich.* Die Eignung zur unmittelbaren Rechtswirksamkeit einer Norm kann sich *auch* äußern lediglich gegenüber Gemeinschaftsorganen oder gegenüber den Mitgliedstaaten als solchen, als Gliedern des Gemeinschaftsverbandes. So verpflichten z. B. Art. 137 ff. EWGV (über ihre Struktur, Kompetenzen und Tätigkeiten) allein die Gemeinschaftsorgane und sind ihnen gegenüber, weil hierfür geeignet, unmittelbar rechtswirksam. Sie sind deshalb aber keine Durchgriffsnormen. Andere Vertragsnormen verpflichten (in unterschiedlichen Formulierungen) ausschließlich die Mitgliedstaaten, und auch sie sind geeignet, unmittelbar rechtswirksam zu sein, nämlich den Staaten gegenüber. Gleichwohl haben auch sie keinen Durchgriffscharakter, weil sie nicht unmittelbar die Marktbürger erreichen[31].

Ausgehend von Art. 4, 2 I und III, 5 EGKSV, hat die Rechtsprechung des Gerichtshofs für die Vertragsregelungen über Marktgrundsätze, Zielsetzungen und Mittelzuweisungen klargestllt, daß diese Normen trotz ihrer tatbestandlichen Unbestimmtheit für die Gemeinschaftsorgane unmittelbar bindende Wirkung haben. Sie sind aktuelles Recht. Sie wirken nicht erst durch Vermittlung vertraglicher Einzelregelung und ihrer Spezifizierung oder solcher des Sekundärrechts gleicher Zielsetzung. Diese Vorschriften genügen sich selbst und sind also unmittelbar anzuwenden *(28/21).* Aber auch sie haben nicht im hier fraglichen Sinne Durchgriffscharakter. Denn sie erreichen in ihrer Unmittelbarkeit möglicher Anwendung zwar Gemeinschaftsorgane und Mitgliedstaaten, nicht aber die Marktbürger.

57 cc) Deshalb trifft die Feststellung[32] zu, daß Durchgriffswirkung für eine Gemeinschaftsnorm eine „zusätzliche Eigenschaft (derart) ist, daß sie unmittelbar und ohne jede Form des Einschreitens oder der Mitwirkung des Mitgliedstaates in das innerstaatliche Recht eindringt, wo sie angewandt wird". Sie kann Normen des Primärrechts zukommen, was jeweils nach Wortlaut, Inhalt und Auslegung zu ermitteln bleibt. Diese Durchgriffswirkung kommt den *Verordnungen und allgemeinen Entscheidungen (*ebenfalls in den Grenzen ihrer selbstverständlich vorauszusetzenden Eignung hierfür als selbst genügsamen Normierungen) *deshalb generell* zu, weil Art. 189 II

---

[31] Eine Skala derartiger Eignung und Wirksamkeit von Gemeinschaftsrechtsnormen hat Generalanwalt Roemer in seinen Schlußanträgen zur Rs 26/62 (van Gend & Loos) entwickelt: EuGH Rspr. IX, 41.

[32] *Constantinesco* 21.

EWGV, 161 II EAGV (insoweit auch Art. 14 II EGKSV) *ihnen diese Wirkung ausdrücklich zuerkennt* („gilt unmittelbar in jedem Mitgliedstaat"). Daß darin *auch* eine Wert- und Qualitätsbestimmung solcher Normen liegt, ist im Durchgriffs-Zusammenhang nicht bedeutsam, wohl aber relevant für ihre Zuordnung zum nationalen Recht *(10/41, 42)*.

58 b) Es ergibt sich aus dem Charakter der Durchgriffswirkung einer Gemeinschaftsrechtsnorm, dem Nicht-Angewiesen-Sein auf die Mitwirkung des Mitgliedstaates zum Eintritt ihrer unmittelbaren Wirksamkeit für die Marktbürger, daß Durchgriffsnormen für das Funktionieren und den Fortschritt der Vergemeinschaftung von größter Bedeutung sind. „Das erklärt in gewissem Maße die Tendenz der Rechtsprechung des Gerichtshofs, der durch allmähliches Auswechseln der Kriterien das Gebiet der unmittelbar anwendbaren Bestimmungen erweitert hat."[33] In Durchgriffsnormen verfügt die Gemeinschaft über ein rechtliches Integrationsinstrument, das in seiner Effizienz als Normenkomplex gemeinen Rechts für die gesamte Gemeinschaft und alle Marktbürger den Wirkungen gleichkommt, die sonst nur das nationale Recht im einzelnen Mitgliedstaat hervorbringt. Die Durchgriffsnorm wirkt als Element der objektiven Rechtsordnung, die für den Marktbürger maßgeblich ist[34]. Durchgriffsnormen stehen im Primärrecht ausdrücklich nur dosiert bereit. In den Gestaltungsformen des Sekundärrechts erscheinen sie als Verordnung oder allgemeine Entscheidung, als an die Staaten gerichtete Entscheidung und als Richtlinie. Daß auch die an die Staaten gerichtete Entscheidung und die Richtlinie Durchgriffswirkung haben kann, hat der Gerichtshof in seinen Urteilen zur sog. Leber-Pfennig-Entscheidung begründet[35].

59 c) Die Intensivierung durchgreifender Gemeinschaftsrechtsgestaltung und -anwendung, damit die unmittelbare, von nationaler Hoheit nicht mehr beeinflußte und beeinflußbare rechtliche Einordnung des Marktbürgers in das Gemeinschaftsrecht hat seine „Emanzipation" vom nationalen Recht zur Folge und bewirkt damit eine Veränderung der Interessenlage. Denn die Mitgliedstaaten, deren Inpflichtnahme durch das Gemeinschaftsrecht aus der „Übertragung" von staatlichen Hoheitsrechten auf die Gemeinschaften erwachsen ist, sehen sich nunmehr solchen Rechtsansprüchen ausgesetzt, die

---

33 *Constantinesco* 25.

34 Richtig daher: *Grabitz* EuR 1971, 22 mit Anm. 95 im Anschluß an *Nicolaysen* EuR 1967, 150 gegen *Werbke* NJW 1970, 2137. *Werbkes* Bemühungen, die Durchgriffswirkung als ein „Berufungsrecht" des einzelnen zu deuten (der sich kraft materiellen oder prozessualen subjektiven Rechts gemeinschaftsrechtlichen oder nationalen Ursprungs oder nur kraft Einrederechts auf den Durchgriff „berufen" könne), sind abwegig. Es kommt nicht auf die berechtigende oder verpflichtende Rechts*folge* der Durchgriffsnorm an, sondern auf ihre Individualwirksamkeit (*Ipsen* EuR 1966, 359) als Norm objektiven Rechts.

35 Urteile vom 6. 10. 1970 (Rs 9/70, Rspr. XVI, 825 = EuR 1971, 31 = NJW 1970, 2182) und vom 21. 10. 1970 (Rs 20/70, 23/70 Rspr. XVI, 861, 881); dazu: *Grabitz* EuR 1971, 1; *Wägenbaur* AWD 1970, 481; *Werbke* NJW 1970, 2137.

ihre Staatsangehörigen als Marktbürger unter Berufung auf durchgreifendes Gemeinschaftsrecht geltend machen. Sie tun dies gegenüber staatlicher Rechtsetzung, exekutiver und gerichtlicher Rechtsanwendung, dort insbesondere mit der Inanspruchnahme gerichtlichen Rechtsschutzes im Wege des Vorabentscheidungsverfahrens. Dieses Verfahren gelangt zunehmend zur Anwendung, um „die Eigenschaft der unmittelbaren Anwendbarkeit einer Gemeinschaftsnorm festzustellen und so ihre unmittelbaren Wirkungen im innerstaatlichen Recht zu sichern". Das trägt zugleich zur Vervollständigung des lückenhaften Gemeinschaftsrechtsschutzes des Marktbürgers bei. Denn die nationalen Verwaltungen und Gerichte müssen die als durchgreifend qualifizierte Norm als solche beachten. Eine weitere integrationsfördernde Wirkung dieser Entwicklung besteht darin, daß mit ihr die Frage der Zuordnung des Gemeinschaftsrechts zum nationalen Recht in zunehmender Intensität aktualisiert, zur Entscheidung gestellt und zwangsläufig gebracht wird. Damit gelangen sonst unausgetragene Kollisionstatbestände zur Lösung. Denn die Zuordnungsfrage stellt sich prinzipiell nur für Durchgriffsnormen.

60 d) Wie auf kaum einem anderen integrationserheblichen Gebiet hat die Rechtsprechung des Gerichtshofs zur Durchgriffswirkung von Gemeinschaftsrechtsnormen weittragende Bedeutung erlangt. Auch mit seinen Urteilen zur Leber-Pfennig-Entscheidung[35] ist ein Abschluß dieser Judikatur noch nicht erreicht. Sie hat bislang folgende Entwicklung genommen:

61 aa) Sie hat eingesetzt mit dem Urteil Rs 26/62 vom 5. Februar 1963[36] zu Art. 12 EWGV. Unter Ablehnung der von drei Mitgliedstaaten und dem Generalanwalt eingenommenen Standpunkte hat der Gerichtshof dem Art. 12 EWGV, der nach seinem *Wortlaut allein den Mitgliedstaaten* eine stand-still-Verpflichtung in ihrer Zollpolitik auferlegt, Durchgriffscharakter zuerkannt mit der Folge, daß der Marktbürger sich in seinem Staat gegenüber dem stand-still zuwiderlaufenden neuen nationalen Zollbelastungen unmittelbar auf Art. 12 berufen kann. Das Gericht stützt seine Deutung: (1) auf die Rechtssubjektivität nicht nur der Mitgliedstaaten, sondern auch der Marktbürger innerhalb der neuartigen Gemeinschaftsrechtsordnung, (2) auf die Unerheblichkeit der Normadressierung, die in Art. 12 EWGV eindeutig auf die Mitgliedstaaten, nicht die Marktbürger zielt, (3) auf die Natur der gemeinschaftsrechtlichen Normverpflichtung, dagegen nicht auf den in der Adressierung verlautbarten, deshalb dem Wortlaut zuwider unbeachtlichen Parteiwillen der Vertragsstaaten, (4) auf die Eignung gerade einer durch Verbot begründeten staatlichen Unterlassungspflicht zur Durchgriffswirkung zugunsten des einzelnen Marktbürgers, (5) auf die vorrangige Eignung des Vorabentscheidungsverfahrens zur Sicherung der Durchgriffswirkung gegenüber dem Mängelrüge- und Aufsicht-Klagverfahren gemäß Art. 169 EWGV.

In der Folge dieser Entscheidung speziell für Stillhalte-Verpflichtungsregelungen des EWGV ist der Durchgriffscharakter von Primärrechtsnormen zunehmend geklärt worden. Die Rechtsprechung hat außerdem Impulse gesetzt für eine kräftige Intensivierung der Vorabentscheidungsverfahren aus allen Mitgliedstaaten, die zunächst eine Domäne vorwiegend der niederlän-

---

[36] Rspr. IX, 1 (van Gend & Loos).

dischen Gerichtsinitiative zu sein schienen. Weitere Folgerungen haben sich schon in diesem Stadium ergeben oder angedeutet für Durchgriffs- und durchgriffsartige Charakterisierungen auch bestimmter Sekundärrechtsakte, so vornehmlich der Richtlinien *(21/21 ff.; 5/63, 64)* und der an die Mitgliedstaaten gerichteten Entscheidungen[37].

62 bb) Der Gerichtshof hat in einer zweiten Phase seiner Judikatur seine Durchgriffs-Qualifizierung von Gemeinschaftsrechtsnormen, die sich zunächst auf *Unterlassungsgebote* gegenüber den Mitgliedstaaten beschränkte, *ausgeweitet* auf den Staaten gemeinschaftsrechtlich auferlegte *Handlungsverpflichtungen.* Hier „will der GH den Widerstand der Mitgliedstaaten selbst überwinden, wo es sich um positive Verpflichtungen handelt"[38]. Seiner Entscheidung vom 16. Juni 1966 in der Rs 57/65[39] sind mehrere, Art. 95, 97 EWGV betreffende einschlägige Vorabentscheidungen zur deutschen Umsatzausgleichsteuer gefolgt. Indem der Gerichtshof auch hier auf eine zur Durchgriffswirkung *geeignete* Staatenverpflichtung abstellt, ist allerdings fraglich geblieben, ob Art. 95 I EWGV — dem Art. 12 EWGV insoweit vergleichbar — *jedes* mitgliedstaatliche Ermessen in der Verpflichtungserfüllung auszuräumen imstande ist oder es nicht doch gewisser staatlicher Mitwirkung bedarf, um unmittelbare Wirksamkeit zu erzeugen.

Da die Rechtsprechung des Gerichtshofs ein solches staatliches Mitwirkungsbedürfnis hinsichtlich der Normsetzung ausschließt, bewirkt sie insoweit, daß die Anwendungsaufgabe dem nationalen Richter überantwortet wird. Darin liegt die Gefahr der Überforderung und der Rechtsverunsicherung. Dieselbe Problematik ist, noch gesteigert, für Art. 95 III EWGV akut geworden, dessen mitgliedstaatliche Verpflichtungsnorm auf den Beginn der zweiten Stufe befristet war[40].

63 cc) Die jüngste Phase der Urteile des Gerichtshofs zur Leber-Pfennig-Entscheidung[35] ist in ihrer Tragweite mit Recht dem Costa/ENEL-Urteil vom 15. Juli 1964 (über den Vorrang des Gemeinschaftsrechts) an die Seite gestellt worden[41].

Die Urteile sind auf Vorlage deutscher Finanzgerichte ergangen. Ihre Fragen zur Vorabentscheidung durch den GH gingen dahin, ob auch an die Mit-

---

[37] Dazu: *Ipsen,* Richtlinien-Ergebnisse, Fs Ophüls 67, 83. — Über die Tragweite der Entscheidung EuGH Rs 26/62 IX, 1 für das Kartellrecht vgl. *Steindorff,* Rechtsschutz 34; *ders.,* Das Antragsrecht im EWG-Kartellverfahren und seine prozessuale Durchsetzung, AWD 1963, 361; *Zuleeg,* Recht 174; *Scholz,* Wirtschaftsaufsicht und subjektiver Konkurrentenschutz (1971) 63 verweist auf Parallelen zu BGHZ 45, 83 (Knäckebrot-Fall) hinsichtlich etwaiger Enteignungswirkungen einer Zollschutz-Aufhebung. Näher liegt die Frage des Vertrauensschutzes aus Plangewährleistung.

[38] *Constantinesco* 96.

[39] Rs 57/65 (Lütticke ./. Hauptzollamt Saarlouis) Rspr. XII, 258 = EuR 1966, 354 mit Anm. *Ipsen.*

[40] *Constantinesco* 104.

[41] *Meier* AWD 1970, 475. Auch der Besprechungsaufsatz von *Grabitz* EuR 1971, 1 wird dieser Bedeutung gerecht, weniger *Rambow* DVBl. 1971, 46.

gliedstaaten gerichtete Entscheidungen und Richtlinien (ebenso wie Normen des primären, des Vertragsrechts) Regelungen enthalten könnten, die „unmittelbare Wirkungen in den Rechtsbeziehungen zwischen den Mitgliedstaaten und Einzelpersonen" sowie „Rechte der einzelnen" begründen, „welche auch die Gerichte der Mitgliedstaaten zu beachten haben". Den Fragen der vorlegenden Gerichte lagen Klagen von Güterverkehrsunternehmen zugrunde, die ihre Heranziehung zum sog. Leber-Pfennig verweigerten, der auf dem Gesetz über die Besteuerung des Straßengüterverkehrs vom 28. 12. 1968 (BGBl. I, 1461) beruht. Die Kläger gingen davon aus, der Leber-Pfennig sei eine spezifische Umsatzsteuer, deren Erhebung nach Einführung der Mehrwertsteuer ab 1. 1. 1968 gegen Gemeinschaftsrecht verstoße. Dieses habe in Art. 4 der Ratsentscheidung 65/271/EWG vom 13. 5. 1965 über die Harmonisierung bestimmter Vorschriften, die den Wettbewerb im Eisenbahn-, Straßen- und Binnenschiffsverkehr beeinflussen (ABl. 1965, 1500) „in Verbindung" mit Art. 1 der Ersten Richtlinie 67/227/EWG des Rates vom 11. 4. 1967 zur Harmonisierung der Rechtsvorschriften der Mitgliedstaaten über die Umsatzsteuer (ABl. 1967, 1301) bewirkt, daß nach ihm entsprechender Einführung der Mehrwertsteuer in der BRD durch das (auch für Verkehrsleistungen geltende) Umsatzsteuergesetz vom 29. 5. 1967 (BGBl. I, 545) und nach Aufhebung des Beförderungssteuergesetzes die Erhebung des Leber-Pfennigs unzulässig geworden sei. Die Frist zur Einführung des Mehrwertsteuersystems, das die BRD schon zum 1. 1. 1968 realisiert hatte, war durch die dritte Mehrwertsteuerrichtlinie des Rates (69/463/EWG) vom 9. 12. 1969 (ABl. 1969 L 320, 34) bis zum 1. 1. 1972 verlängert worden. Um das Ergebnis *zur Sache der Kläger* vorwegzunehmen: der GH hat entschieden, daß die den Klägern günstige Wirkung des Gemeinschaftsrechts, die sie mit ihren Prozessen statuiert begehrten, erst zum 1. 1. 1972 eintritt, also erst *nach* Einführung des Mehrwertsteuersystems in *allen* Mitgliedstaaten, *nicht* bereits in jedem *einzelnen* Mitgliedstaat bei *seinem* Übergang zum neuen System (inzwischen: Mitte 1972).

Aber in *dieser* Auslegungsentscheidung liegt *nicht* das Wesentliche der Urteile. Der GH mußte nämlich zunächst die Vorfrage beantworten, ob in *Entscheidungen und Richtlinien* enthaltene Normen *überhaupt die Fähigkeit zum Durchgriff* besitzen oder nicht. *Diese* Vorfrage galt also einem *entscheidenden Strukturproblem* des Gemeinschaftsrechts und war von grundsätzlicher Bedeutung. Der GH hat die Frage *bejaht,* und zwar in der Wendung, Art. 4 der Ratsentscheidung vom 13. 5. 1965 *könne „in Verbindung mit den Vorschriften der Richtlinien"* vom 11. 4. 1967/ 9. 12. 1969 „unmittelbare Wirkungen in den Rechtsbeziehungen zwischen den Mitgliedstaaten, an die sich die Entscheidung richtet, und den einzelnen erzeugen und für letztere das Recht begründen, sich auf diese Vorschrift vor Gericht zu berufen". Die Durchgriffswirksamkeit *auch der Richtlinie* wird zwar nur *in Form ihrer Verbindung mit der Ratsentscheidung* beschrieben. Gleichwohl kann *auch ihr möglicher Durchgriffscharakter nicht* bezweifelt werden. Denn die im fraglichen Art. 4 der Ratsentscheidung vorgesehene, dort aber noch nicht fixierte Terminierung ist *erst durch die Richtlinien* geliefert worden, und ohne *deren* Durchgriffswirkung hätte *eine solche der Ratsentscheidung nicht eintreten können,* weil ihre Durchgriffswirkung vom Eintritt eines bestimmten Zeitpunktes abhing.

Das Gewicht der Urteile liegt also in der Erstreckung des möglichen Durchgriffs auf die an die Staaten gerichteten Entscheidungen und auf Richtlinien[42]. Danach kann sich der einzelne auf die durch Entscheidungen oder Richtlinien für den Mitgliedstaat begründeten Verpflichtungen berufen, und

[42] Die Zweifel von *Wägenbaur* AWD 1970, 482 und von *Meier* AWD 1971, 235 sind nicht begründet; zutreffend: *Grabitz* EuR 1971, 2 Anm. 5 unter Hinweis auf den Begründungszusammenhang der Urteile.

die staatlichen Gerichte sind verpflichtet, diese Verpflichtungen *als Bestandteil des Gemeinschaftsrechts* zu berücksichtigen. Vorauszusetzen ist, daß die Verpflichtungen unbedingt, hinreichend klar und genau sind, um unmittelbare Rechtsbeziehungen zwischen den Mitgliedstaaten und ihren Marktbürgern begründen zu können. Gegenüber bestehendem staatlichen Recht bedeutet die den Entscheidungen und Richtlinien beigemessene Durchgriffswirkung, daß ihm derogiert wird, soweit die staatlichen Rechtsetzungsorgane die in ihnen enthaltenen Normierungsgebote mißachtet haben. Gegenüber späterem, inhaltlich widersprechenden nationalen Recht äußert sich die Durchgriffswirkung als Sperrwirkung[43].

64 dd) Diese Entwicklung der Rechtsprechung hat grundsätzliche Konsequenzen: nach ihr rückt dort, „wo der Mitgliedstaat vertragswidrig nicht normiert, die einschlägige Gemeinschaftsnorm, die einen materiellen Rechtssatz liefert und den Staat zur Normsetzung verpflichtet, mit ihrem Geltungs- und Anwendungsanspruch für nationale Gerichte *und* Individuen in den staatlichen Rechtsordnungsbereich ein, und zwar mit gleicher allseitiger Wirkung, die die unterlassene nationale Rechtsetzung geäußert haben würde“[44]. Hier empfängt der „Durchgriff“ eine neue Wirkungsseite, nämlich die Automatik eines Mechanismus, der „die nationale Gerichtsbarkeit auf Anruf des Marktbürgers zum unmittelbaren Vollzieher von Integrationsschritten bestellt, damit die dritte Gewalt des Mitgliedstaates mobilisierend, nachdem seine erste Gewalt, die nationale Legislative, aus gleichviel welchen Gründen unterließ, was ihr gemeinschaftsrechtlich zu tun oblag. Wenn die richterliche Gewalt in diesem Sinne eine unpolitische genannt werden kann, wird sie vom Gemeinschaftsrecht her aktiviert, im nationalen Gewaltenteilungssystem die Vertragsintegration zu vollziehen, die die beiden anderen politischen Gewalten vertragswidrig unterließen“[45].

Dieser substituierende Einsatz der dritten Gewalt der Mitgliedstaaten hat besondere Bedeutung gewonnen seit dem Ende der Übergangszeit. Alle dann noch ausstehenden Anpassungsmaßnahmen der nationalen Legislativen könnten im Sinne einer solchen Konsequenz schlagartig „ersetzt“ werden. Andererseits wird der nationale Gesetzgeber durch ihre Drohung stimuliert, seinerseits bislang unterlassene Aktivität im Interesse der Rechtssicherheit alsbald nachzuholen. Insgesamt läge darin dann — über das Phänomen des Durchgriffs hinaus — eine Erscheinung, die eine gemeinschaftsrechtlich bewirkte Veränderung der in den Mitgliedstaaten geltenden Rechtsordnung, also eine „gemeinschaftsrechtliche Alternativ-Normierung“ darstellt. Aus ihrer Existenz, ihrer Geltung und ihrem Beachtungsanspruch inter omnes in den Mitgliedstaaten ergeben sich dann zwingend alle jene Rechtswirkungen, die sonst mit unmittelbarer Rechts- und Individualwirksamkeit umschrie-

---

[43] *Grabitz* EuR 1971, 21—22; *Meier* AWD 1970, 475.
[44] *Ipsen* EuR 1966, 358.
[45] A.a.O. 359.

ben zu werden pflegen. Daß der Integrationsmechanismus sich damit entscheidend vom Instrumentarium sonstiger internationalrechtlicher Vertragsanwendung abhebt und auch den des Art. 169 EWGV entbehrlich macht, mithin alle völkerrechtliche Strukturierung hinter sich läßt, kennzeichnet die Bedeutung dieser Entwicklung. Sie hat ihre Tragweite vornehmlich für Art. 37, 40 ff., 48 ff., 52 ff., 59 ff., 67 ff. EWGV[46]. In der Tat trifft deshalb die Feststellung zu: „Hier wird keineswegs eine im Völkerrecht eingeleitete Entwicklung fortgesetzt. In Wirklichkeit löst der Gerichtshof die Nationalstaaten ab."[47]

Daß diese Entwicklung mit ihrem Einsatz der nationalen Gerichtsbarkeit Gefahren für die Rechtssicherheit auslöst, hat sich im Hinblick auf Art. 95 ff. EWGV und ihren Vollzug in der deutschen Umsatzausgleichsteuerverwaltung erwiesen[48]. Indes bleiben die Mitgliedstaaten immer in der Lage, solchen Gefahren durch nachholende, Rechtssicherheit schaffende Normierung zu begegnen. Auch die Kommission kann hierzu beitragen durch Aktivierung und Intensivierung ihrer Gemeinschaftsaufsicht, durch deren rechtzeitige Anwendung der Gefahreneintritt hätte vermieden werden können.

4. Programm, Plan und Zeitmaß als Strukturelemente

65 Aus der Aufgabe der Wirtschaftsintegration ergibt sich, daß die Verträge mit ihren Zielbestimmungen *(28/20—26)* Integrationsprogramme, Planungen und Zeitbemessungen verbinden und verwenden. Zwar ist auch den Staatsverfassungen die Figur der „Verfassungsaufträge", und dies auch unter Terminierung, nicht unbekannt[49]. Unter „dirigierenden" sozialstaatlichen Aspekten treten sie zunehmend hervor. Programmaufstellung, Planung und Zeitbemessung zählen indessen wegen der Gesamtaufgabe „Integration" im eigentlichen Sinne ungleich präziser zu den Sachstrukturen der Gemeinschaftsverträge. Diese Verträge sind sogar insgesamt als „Planungsverfassungen" bezeichnet[50] und (insofern für ein modernes Verfassungsverständnis zu weitgehend) von den staatlichen Verfassungen abgehoben worden, die (sicherlich nicht nur) „statisch den Rahmen eines bestehenden Zustandes abstecken"[51].

66 a) Programmbestimmungen sind, wie ihre Einordnung in den Kreis der durch das Gemeinschaftsrecht nicht ausdrücklich qualifizierten Ermächtigungen zu Rechtshandlungen ergibt *(22/28—30)*, mit ausdrücklicher derartiger

---

[46] *Constantinesco* 13.

[47] A.a.O. 109.

[48] Darstellung a.a.O. 113—143; dazu auch EuGH Rs 4/69 Rspr. XVII, 325 = EuR 1971, 370.

[49] Zu Verfassungsaufträgen und Verfassungsdirektiven vgl. *Lerche,* Das Bundesverfassungsgericht und die Verfassungsdirektiven, AöR 90 (1965) 341 mit Nachweisen.

[50] *Ophüls* in: Planung I (1965) 229. [51] *Ophüls* 233.

Benennung oder auch ohne solche in verschiedenen Formen und Inhalten im Primärrecht enthalten.

67 aa) In der Strukturierung der Normen des Gemeinschaftsrechts treten z. B. Programme hervor, die (wie etwa in Art. 54 I, 63 I EWGV) als solche des Rates durch die Festlegung von Liberalisierungsvoraussetzungen und -stufen die beteiligten Gemeinschaftsorgane binden. Das bedeutet, daß die Programmausführung durch Richtlinien vom Programminhalt nicht abweichen darf. Ihr Entstehungsverfahren ist genau geregelt. Rechtliche Außenwirkung i. S. eines Durchgriffs kommt solchen Programmen selbst nicht zu. Soweit Programme für Marktbürger nur Hinweisfunktion und Bestimmungsfunktion für das Organhandeln der Gemeinschaft haben, besitzen sie indikativen Charakter im Sinne einer Planwirkung, vermitteln also weder unmittelbare normative Berechtigung noch Verpflichtung für oder gegen den Marktbürger *(22/30)*.

68 bb) Den Zielbestimmungen der Verträge und den Vertragsnormen, die ihre Verfolgung spezifizieren und denen Programmgehalt zukommt, ist im einzelnen durch Auslegung zu entnehmen, ob und inwieweit sie in ihrer inhaltlichen Bestimmtheit tatbestandsmäßige Subsumtion und damit Anwendung und Vollzug „in berechenbarer Weise ermöglichen"[52]. Vom Grad der inhaltlichen Präzision hängt es ab, ob die Programmnorm Aktualität besitzt und damit vollziehbar ist. Lehre und Rechtsprechung zu den sog. „Verfassungsaufträgen" und „Verfassungsdirektiven" des deutschen Verfassungsrechts können hierfür Anhaltspunkte liefern[53]. Ihrem Gegenstande nach enthalten sie i. d. R. Bestimmungen, die dem adressierten Organ eine bestimmte Richtung der Aktivität zwecks Annäherung an vorgegebene Sachziele vorschreiben, so daß sie „sachliche Richtsätze"[54] darstellen.

69 b) Es entspricht einem Plangehalt solcher Programme, wenn sie in ihrer Eingrenzung der Aktivitätsbestimmung und ihrer sachlichen Ausrichtung sich auch des *Zeitfaktors*[55] durch Terminierung bedienen. Sie determinieren den Programminhalt über das „ob", „was" und „wie" hinaus durch den Faktor „wann" (oder: „bis wann"). Zeitbestimmungen finden sich zwar auch im Organisations- und Willensbildungsrecht (z. B. in Art. 87 EWGV) und zur Kompetenzabgrenzung zwischen Gemeinschaftsorganen und denen der Mit-

---

[52] So die einschlägige Formulierung von *C. Schmitt*, HdbDStR II (1932) 599.

[53] Außer *Lerche* AöR 90 (1965) 341, der die einschlägige Rechtsprechung des Bundesverfassungsgerichts analysiert, vgl. *Kalkbrenner*, Verfassungsauftrag und Verpflichtung des Gesetzgebers, DÖV 1963, 42; *Rupp—v. Brünneck*, Darf das Bundesverfassungsgericht an den Gesetzgeber appellieren?, Fs Gebhard Müller (1970), 370.

[54] *Lerche* 347.

[55] *Haeckel*, Der Faktor Zeit in der Verwirklichung der Europäischen Gemeinschaftsverträge, Diss. Hamburg (1965); *Norro*, Le rôle du temps dans l'intégration économique (1962); *Ipsen*, Fusionsverfassung 72; zum Zeitfaktor für Wirtschaftsplanung: *ders.*, Planung I (1965) 48; zum Zeitfaktor in der Regierungslehre: *Hennis*, Aufgaben einer modernen Regierungslehre (1965) in: Strukturwandel der modernen Regierung. Wege der Forschung CXIX (Hg. Stammen) (1967) 496 unter § 7 b) bb) und § 8 a) und b) seiner Disposition.

gliedstaaten (z. B. in Art. 88 EWGV). Zur Strukturunterscheidung der gemeinschaftsrechtlichen Normen sind sie indes besonders bedeutsam für die Programmgestaltung, die durch Zeitplanung und Terminierung im Vollzug sanktioniert wird. Die Erfahrungen haben gezeigt, daß solche Terminierungen integrationspolitisch von Gewicht und Wirksamkeit sind. Während für die Integration des Kohle- und Stahlmarktes in der EGKS Zeitbemessungen kurzer Übergangsvorbehalte ausreichten und das Zeitmaß für den Kernenergiemarkt der EAG unproblematisch war, da in der Stunde 0 beginnend, war und bleibt der Faktor Zeit für die EWG-Integration höchst bedeutsam[56]. Für sie war und ist die in Art. 3 EWGV vertraglich vorgesehene Zeitfolge der Gemeinschaftsaktivitäten, die Bemessung der Übergangszeit bis 1970 in ihrer Dreiteilung, in der Technik möglicher (und genutzter) Beschleunigung und der Willensbildungs-Verdichtung in Stufenfortschritten ein entscheidendes Strukturelement ihrer normierten Verfassung. Hierin variiert das Zeitmoment in zahlreichen Bedeutungen: der erfüllten Zeit, der Zeitwende, des Augenblicks wesentlicher Entscheidung, des Vorbehalts weiterer Entscheidung vor Eintritt und ausdrücklicher Feststellung der Zeitwende, der Veränderung von Zuständigkeiten und Willensbildungs-Anteilen wegen Zeitablaufs usw.

Die Strukturierung von Programmnormen des Gemeinschaftsrechts unter Verwendung eines Zeitrasters entspricht daher mit hohem Wirkungsgrad der Eigenart und den Erfahrungen der Integrations-Rechtstechnik. Darin kann nicht nur ein verpflichtendes und bindendes Element für die Gemeinschaftsaktivität wirken, sondern zugleich auch eine Zeitplanung liegen für den Vollzug und Fortgang nationaler und gemeinschaftlicher Kompetenzaufteilung. Unter Zeitbemessung stellt sich integrationspolitisch auch die Frage der Einführung zeitgebundener Revisionsklauseln (Revisions- und Überprüfungsaufträge) für eine künftige Fusionsverfassung der Gemeinschaften[57]. In Übergangsregelungen für neu beitretende Gemeinschaftsmitglieder wird die Verwendung von Zeitmaßen eine notwendige und wesentliche Rolle spielen.

---

[56] Über seine Bedeutung für die etwaige Fusionierung der Verträge: *Ipsen*, Fusionsverfassung 72; Zeitmaße haben sich wiederum als besonders relevant erwiesen bei der Ausgestaltung des Werner-Planes und den Ratsbeschlüssen vom 9. 2./22. 3. 1971 über die Wirtschafts- und Währungsunion *(45/17—20)* einschließlich ihrer „Vorsichtsklausel" *(45/20)*.

[57] *Pescatore*, La fusion des institutions et des pouvoirs, in: La Fusion des Communautés Européennes (1. Lüttich-Kolloquium April 1965), Collection scientifique de la Faculté de Droit, 22 (1965) 69.

III. Auslegung[58]

70 Nach welchen Regeln das Gemeinschaftsrecht auszulegen ist, kann weder durch generelle Verweisung auf die Auslegungsgrundsätze des Völkerrechts noch auf die des nationalen Rechts beantwortet werden. Eigenständigkeit und Besonderheiten des Gemeinschaftsrechts sind zu berücksichtigen. Auslegungsfragen berühren sich vielfach mit solchen nach den Quellen des Gemeinschaftsrechts. Denn die Anwendbarkeit eines bestimmten *Auslegungsverfahrens* kann mit dem in ihm stattfindenden Anerkenntnis einer relevanten Rechtsquelle Rechts*schöpfung* und Rechts*fortbildung* bedeuten. Das gilt insbesondere für Auslegungsverfahren zur Schließung sog. Rechtslücken. Deshalb steht das Auslegungsthema in engem Zusammenhang mit der Rechtsquellenfrage, auf deren Behandlung *(5/2—27)* verwiesen sei[59].

1. Integrations-Maßstäbe der Auslegung

71 Der entscheidende Maßstab für die Methode der Auslegung des Gemeinschaftsrechts wird geliefert von der zutreffenden Charakterisierung der Rechtsstellung der Integrationsinstitute, der Gemeinschaften, ihrer Verbandsstruktur, der Stellung ihrer Glieder und der Marktbürger in ihnen. Zwischen dieser Charakterisierung und der Bestimmung der adäquaten Auslegungsmethode besteht ein sachlogischer Zusammenhang.

72 Das beweist die lange und komplizierte Geschichte der Kontroversen um die rechte Methode der Auslegung völkerrechtlicher Verträge ohne oder mit verbands- und verfassungsartigen Inhalten. Unter diesem Aspekt ist auch die Kontroverse um die Auslegung des Gemeinschaftsrechts begonnen worden. „Weil die Gemeinschaftsverträge völkerrechtliche Verträge seien, müßten sie restriktiv, weil sie Verfassungen seien, müßten sie extensiv ausgelegt werden."[60] Der zutreffende Auslegungsmaßstab ergibt sich aus der Aufgabe der Integration und den Strukturen ihrer Institutionalisierung. Deshalb ist *leitender Maßstab der Auslegung* des Gemeinschaftsrechts *die vertragliche Zielsetzung der Integration,* deren Beachtung die Errichtung und das Funktionieren des Gemeinsamen Marktes gewährleistet. In diesem Sinne ist die Auslegung eine *dynamische.* Daraus folgt das Gebot zielbezogener progressiver Auslegung, das in seiner Befolgung von bestimmten Vorausset-

---

[58] *Zuleeg* EuR 1969, 97 mit den Nachweisen in Anm. 1; *Emrich,* Das Verhältnis des Rechts der Europäischen Gemeinschaften zum Recht der Bundesrepublik Deutschland (1969) 32—36; umfangreiche Darlegung der einschlägigen Lehrmeinungen und der Rechtsprechung des EuGH bei: *Green,* Political Integration by Jurisprudence (1969) 416—442 (Wiedergabe der Auffassungen von: *Mathijsen, Bebr, Monaco, Reuter, Lorenz, Chevallier, Degan, Colin);* Literaturkatalog dort 434—435.

[59] Zu diesen Zusammenhängen: *Zuleeg* EuR 1969, 97; *ders.,* Das Recht der Europäischen Gemeinschaften 354; *Wagner,* Beschlußrecht 105; *Ophüls* Fs Müller-Armack 279; *von Meibom* NJW 1968, 2165.

[60] *Wagner* 105; dort 103 zur Geschichte der Auslegungsmethode.

zungen abhängt und bestimmten Kontrollen unterliegt. Jedenfalls: „Die in gewissem Umfang für die Auslegung internationaler Verträge geltende Regel, Bestimmungen seien so auszulegen, daß sie eine möglichst geringe Einschränkung der Souveränität zur Folge haben, kann hier nicht Platz greifen.“[61]

73 a) Die Berücksichtigung der Zielsetzungen der Verträge, wie sie in den Präambeln und Zielbestimmungen zum Ausdruck kommen, entspricht, richtig verstanden, den Geboten *teleologischer* Methode. Sie stellt nicht ab auf einen „historischen“, auf Vergemeinschaftung gerichteten subjektiven Willen der Vertragsschöpfer, sondern auf eine aus dem systematischen Zusammenhang konnexer Regelungen gewertete und gewogene Eignung des Auslegungsresultates für die Zielverwirklichung. Zu wählen ist diejenige Auslegung, „die am ehsten zum Gelingen des Integrationsvorhabens beiträgt“[62], sofern die gebotene Interessenwürdigung dies gestattet. Insoweit gilt der Satz: „in dubio pro communitate.“[63]

74 b) Wertung und Abwägung des Auslegungsresultats haben die an der Normgeltung, -anwendung und -auslegung beteiligten Interessen der Gemeinschaften, ihrer Glieder und der Marktbürger nach den Maßstäben zu berücksichtigen, die sich aus der Rechtsstellung der Gemeinschaften, ihrer Zuordnung zu ihren Gliedern, der Glieder untereinander und der gemeinschaftsrechtlichen Rechtsstellung der Marktbürger ergeben. Deshalb sind *allgemeine* Auslegungsgrundsätze für oder gegen das Gemeinschaftsinteresse (in dubio pro communitate — enge Auslegung von Souveränitätsbeschränkungen) *nicht isoliert* anwendbar, sondern stets nur im Rahmen der Rechtsstellung der Gemeinschaften und der Gliedstellung der Staaten in ihnen[64]. Die Feststellung der Interessenlage und der Interssenbeteiligung ist vornehmlich der der Norm zukommenden und ihr durch Auslegung zugedachten Rechtsfolge zu entnehmen. Ihr darf aber nicht bereits bei der Sachverhaltssubsumierung präjudiziert werden. Durch Auslegung angenommene Resultate ohne Chance praktischer Realisierbarkeit sind untauglich, da im Sinne der Vertragsziele ungeeignet, und deshalb nach Interessenwertung abzulehnen.

75 c) Soweit die Auslegung eine Rechts*quelle* des Gemeinschaftsrechts *als existent erkennt* und ihr anwendbare Normen entnimmt, führt sie zur *schöpferischen Lückenfüllung*. Hierbei sind vorab die das Gemeinschaftsrecht beherrschenden Grundsätze der beschränkten Handlungsermächtigungen der Organe und die besonderen Verfahrensarten zur Ergänzung des Vertragsrechts zu beachten[65] *(20/37—46)*. Lückenschließung durch Auslegung

[61] So zutreffend: *Ophüls,* Fs Müller-Armack 288. — Aus vergleichbaren Gründen kann auch nicht eine Auslegung in Betracht kommen, die gerade nach *optimalen Grundrechtswirkungen* orientiert ist; so aber: *Meier* DVBl. 1970, 615.

[62] *Ophüls* Fs Müller-Armack 285.

[63] *Ipsen* NJW 1964, 342.

[64] *Zuleeg* EuR 1969, 106.

[65] *Zuleeg* EuR 1969, 105; Auslegung und schöpferische Lückenfüllung sind also

setzt ihre Ausschöpfung oder ihre Unanwendbarkeit voraus, kann also *nur subsidiär* stattfinden.

76 d) *Erreichung der Verfassungskonformität der Auslegung,* d. h. der Vereinbarkeit des Auslegungsergebnisses mit dem Verfassungsrecht des jeweils selbst oder durch seinen Staatsangehörigen beteiligten Mitgliedstaates, ist eine der Auslegung durch den Gerichtshof und andere Gemeinschaftsorgane aufgegebene *Empfehlung, aber keine Auslegungsbindung.* Das folgt aus der Eigenständigkeit des Gemeinschaftsrechts und seinem Anwendungsvorrang gegenüber nationalem Recht. Der *nationale* Richter wird der Auslegungsverantwortung auch gegenüber dem nationalen Verfassungsrecht ledig durch Einholung der auslegenden Vorabentscheidung des Gerichtshofs. Den letztinstanzlichen nationalen Gerichten ist diese Verantwortung ex lege abgenommen, weil sie zur Vorlage zwecks Auslegung verpflichtet sind *(43/49).* Unter Berufung auf die evidente Klarheit der Norm (französische acte-clair-Theorie[66]) darf das vorlagepflichtige nationale Gericht nicht seine Selbst-Auslegung usurpieren.

2. *Auslegungsverfahren*

77 a) Im Verfahren der Auslegung des Gemeinschaftsrechts[67] sollten Unterschiede zwischen Primär- und Sekundärrecht *nicht* gemacht werden, um die Einheit und Einheitlichkeit des Gemeinschaftsrechts zu wahren. Das entspricht dem Auslegungsmonopol des Gerichtshofs, das sich ebenfalls auf beide Bereiche erstreckt. Außerdem gebietet der Rangunterschied des Sekundärrechts gegenüber dem Primärrecht und verlangt seine Ableitung aus primärrechtlichen Ermächtigungen einheitliche Auslegung[68]. Sie ist auch möglich, obwohl das Primärrecht *genetisch Völkervertrags*recht ist. Denn spezifische Auslegungsgrundsätze des *Völker*rechts, so der tunlicher Respektierung der nationalen Souveränität, sind im Gemeinschaftsrecht weder generell noch isoliert anwendbar.

78 b) Im Auslegungsverfahren kommen verschiedene methodische Gesichtspunkte zur Geltung, die sich in ihrer Verknüpfung wechselseitig kontrollieren. Dadurch sind einzelne Auslegungsschritte in verschiedenen Stufen des Verfahrens korrigierbar oder kompensierbar. Das gilt insbesondere für die

---

nicht identisch (so etwa *Zweigert,* Studium generale 7 — 1954 — 385), sondern sind Stufen der Rechtsgewinnung.

[66] Die acte-clair-Theorie hat lange Zeit verhindert, daß der Conseil d'Etat seiner Vorlagepflicht nachkam; vgl. hierzu: *Constantinesco,* Anm. zum Urteil des Conseil d'Etat vom 1. 3. 1968, EuR 1968, 318, 325—326; *Fromont,* Die französische Rechtsprechung zum Gemeinschaftsrecht/März 1968—Juni 1969, EuR 1970, 48, 55—56; *Pescatore,* Die unmittelbare Anwendung der europäischen Verträge durch die staatlichen Gerichte/Die nationale Rechtsprechung, EuR 1970, 56, 69.

[67] Entwicklung eines gestuften Auslegungsverfahrens an Hand der Rechtsprechung des EuGH bei: *Degan* RevTrimDrEur 1966, 196—197.

[68] *Zuleeg* EuR 1969, 98.

Überprüfung des die Auslegung leitenden Maßstabes der Zielverwirklichung und Funktionssicherung. Seine Anwendung steht unter der Kontrolle der Systemgerechtigkeit und der Interessenwürdigung.

79 c) Eine am *Wortlaut* des Normtextes ansetzende Interpretation steht vor der Schwierigkeit der *sprachlichen Textgestaltung*. Auszugehen ist dabei[69] vom Grundsatz der Gleichberechtigung der vier in den Mitgliedstaaten geltenden Sprachen: des Deutschen, Französischen, Italienischen und Niederländischen. Er gilt *ausdrücklich* für den EWGV, den EAGV und ihr Sekundärrecht (Art. 248 EWGV, 225 EAGV). Der EGKSV kennt zwar nur den verbindlichen französischen Text (Art. 100 I EGKSV). Indes gelten alle vier Sprachen auch in seinem Bereich als Amtssprachen, was für die Auslegung zur Vergleichbarkeit mit den Römischen Verträgen führt. Jedenfalls folgt daraus, daß Klarheit oder Eindeutigkeit des Normtextes im Gemeinschaftsrecht noch seltener sein werden als im nationalen Recht, so daß es eben seiner Auslegung bedarf. Textvergleichung kann hierbei auch der Klarstellung nützlich sein[70].

80 d) Die für die Entstehung der Verträge maßgeblichen *Materialien* sind nicht zugänglich, also nicht verwertbar, wohl aber die im Ratifikationsverfahren der Mitgliedstaaten erstellten Begründungen zu den Verträgen und den Zustimmungsgesetzen. Ihnen können Auffassungen der beteiligten Vertragsstaaten entnommen werden, ebenso anderen nationalen Dokumentationen. Für die Auslegung bietet ihre Inanspruchnahme als Willensdeutung des „historischen Gesetzgebers" keine unmittelbare Hilfe. Sie vermag aber „Anregungen und Hinweise für Arbeitshypothesen" zu geben[71].

81 e) Die systematische Auslegung aus Aufbau und Strukturzusammenhang darf in ihren Anforderungen und ihrer Aussagekraft im Gemeinschaftsrecht nicht überschätzt und überfordert werden. Denn weder das Primärrecht noch auch überwiegend das Sekundärrecht wird dem systematischen Niveau nationaler Gesetzgebung und Kodifikation gerecht.

82 f) In allen Auslegungsvorgängen haben aus der nationalen Auslegungstechnik geläufige Denkhilfen an sich ihren Platz, so der Analogie- und der Umkehrschluß, die restriktive oder extensive Auslegung. Indes ist ihrer Anwendung vorsichtig zu begegnen, um damit nicht dem Leitgedanken der Zielverwirklichung und Funktionssicherung oder seiner Überprüfung durch Interessenwürdigung vorzugreifen.

---

[69] *Riese*, Fs Dölle II 507.
[70] Beispiel dieser Methode bei *Ipsen*, Fs Ophüls 73—74.
[71] *Zuleeg* EuR 1969, 102.

Dritter Teil

DIE GEMEINSCHAFTEN UND IHRE MITGLIEDER

§ 6 DIE DREI GEMEINSCHAFTEN

Brugmans, Le Marché commun: crise ou désintégration?, in: Res publica 9 (1967) 249; *Bülck,* Zur Systematik der Europäischen Wirtschaftsgemeinschaften, BerDtGesVöR 3 (1959) 66; *Bülck,* Der Strukturwandel der internationalen Verwaltung (1962); *Bülck,* Föderalismus als internationales Ordnungsprinzip, VVdStRL 21 (1964) 1; *Charvet,* Problèmes posés par la fusion des exécutifs européens et l'unification des traités, in: Journal Officiel de la République Française, Avis et Rapports du Conseil Economique et Social, Nr. 9 v. 23. 5. 1967, 375—442; *Delmas,* Histoire des projets d'unification politique de l'Europe 1815—1970 (1970); *Dörsch-Legros,* Les faits et les décisions de la Communauté économique européenne 1958—1964 (1969); *Erler,* Die Krise der Europäischen Gemeinschaften — Europäischer Bundesstaat oder Europa der Vaterländer?, Vortragsreihe der Niedersächsischen Landesregierung zur Förderung der wissenschaftlichen Forschung in Niedersachsen (1966); *van der Esch,* L'unité du Marché Commun dans la jurisprudence de la Cour, CahDrEur 1970, 303; Europa. Dokumente zur Frage der europäischen Einigung, Hg. Auswärtiges Amt (1953); Europa. Dokumente zur Frage der europäischen Einigung. Hg. Forschungsinstitut der Deutschen Gesellschaft für auswärtige Politik e. V., Dokumente und Berichte Bd. 17 (1962); *Foerster,* Die Idee Europa 1300 bis 1946. Quellen zur Geschichte der politischen Einigung (1963); *Foerster,* Die alten Europapläne, in: Die Geschichte und die europäische Politik (1966); *Foerster,* Europa. Geschichte einer politischen Idee (1967); La fusion des Communautés européennes. Kolloquium 28. — 30. 4. 1965 Lüttich (1965); La fusion des Communautés européennes au lendemain des accords de Luxembourg. Kolloquium 27.—29. 4. 1966 Lüttich (1967); *Hallstein,* Die Einheit Europas — Herausforderung und Hoffnung (1962); *Jüttner,* Die europäische Einigung — Entwicklung und Stand (1966); *Kaiser,* Das Europarecht in der Krise der Gemeinschaften, EuR 1966, 4; *Krämer* (Hg.), Die Europäische Wirtschaftsgemeinschaft. Texte zu ihrer Entstehung und Tätigkeit (1965); *Mosler,* Der Vertrag über die EGKS. Entstehung und Qualifizierung, ZaöRV 14 (1951/52) 1; *Mosler,* Die Entstehung des Modells supranationaler und gewaltenteilender Staatenverbindungen in den Verhandlungen über den Schuman-Plan, Fs Hallstein 355; *Newhouse,* Collision in Brussels. The Common Market Crisis of 30 June 1965 (1968) (= 30 juin 1965. Crise à Bruxelles, 1969); *Ophüls,* Schumanplan, Ruhrabkommen und Besatzungsrecht, NJW 1952, 161; *Ophüls,* Staatshoheit und Gemeinschaftshoheit. Wandlungen des Souveränitätsbegriffs, Fs Heymanns Verlag 519; *Ophüls,* Zur ideengeschichtlichen Herkunft der Gemeinschaftsverfassung, Fs Hallstein 387; *Roussakis,* Friedrich List, the Zollverein and the Uniting of Europe (1968); *von Siegler* (Hg.), Dokumentation der Europäischen Integration, 2 Bde (1961 u. 1964); Statistische Grundzahlen der Gemeinschaft (Hg. Statistisches Amt), 10. Aufl. (1970); *Teitgen,* Objectifs et principes fondamentaux communs aux trois Communautés, DrCommEur Nr. 27; *Vergès,* La crise de la C. E. C. A., Droit Social 1967, 341; *Wigny,* Historique, DrCommEur Nr. 7; *Zellentin,* Krisen der europäischen Integration, Integration 1970, 20.

1 *Die drei Gemeinschaften* — EGKS, EWG und EAG — sind *als solche* in der Darstellung des Gemeinschaftsrechts in einigen Zügen zu charakterisieren, die für ihre Rechtsordnung wesentlich erscheinen: nach ihrer Vor- und Entstehungsgeschichte, ihrer bisherigen, von Krisen mitbestimmten Entwicklung, ihrer Zuordnung zueinander und der Intention ihrer Fusionierung zu einer einzigen Gemeinschaft.

2 Es wäre Aufgabe einer — noch nicht geschriebenen — politischen Theorie der Gemeinschaft[1], auch die *Eignung* der wirtschaftlichen Integration für den Prozeß friedlicher Veränderung im Zusammenleben von Völkern zu eruieren und zu diesem Zweck der gesellschaftlich-politischen Wirklichkeit der drei Gemeinschaften nachzugehen. Im Europa bislang nationalstaatlicher Ordnung und nur völkerrechtlicher Kommunikation der Staaten untereinander würde eine solche politische Theorie der Gemeinschaft nicht verzichten können auf die Ausbreitung der weit zurückreichenden und vielfältigen Geschichte europäischer Einigungsideen und -entwürfe und ihres Ausgangs. Auf diesem Hintergrund könnte eine Wertung auch der Eigenart der *wirtschaftlich* ansetzenden Vergemeinschaftung gerecht werden.

3 In Frankreich gehört es zur üblichen Methode, das europäische *Gemeinschaftsrecht* in einen weiteren Rahmen eines *Europarechts*, dieses in den Gesamtbereich internationaler Organisationen und Beziehungen einzuordnen. Seine Entfaltung zu fundieren, wird in breiter Darlegung[2] aller jemals entworfenen und versuchten Vorhaben einer europäischen Einigung versucht. Dieses Beispiel wird hier *nicht* befolgt, um die Darstellung in Respektierung gebotener Grenzen auf das *Gemeinschaftsrecht als solches* zu konzentrieren. Deshalb kann die Charakterisierung der drei Gemeinschaften in den genannten Kennzeichnungen auf die Ideengeschichte der europäischen Einigungsbemühungen lediglich verweisen. Alles übrige wäre Sache der Historie und einer Gemeinschafts-Lehre.

I. Verweisung auf die Ideengeschichte der europäischen Einigung und Initiativen bis zum Ende des II. Weltkrieges

4 Ob die wirtschaftliche Integration in den drei Gemeinschaften unmittelbare Zusammenhänge hat mit älteren Ideen und Initiativen zur europäischen Einigung, ist vielfach erörtert worden. Das Interesse hieran gilt einmal allgemein-historischen, aber auch rechtshistorischen Voraussetzungen und Grundlagen. Es gilt zum anderen ihren politischen und kulturellen Vorbedingungen. Es gilt endlich den wirtschaftlichen und wirtschaftspolitischen Entwicklungen in den internationalen Beziehungen und dem Wandel ihrer Rechtsgestaltung[3].

---

[1] Dazu *1/18* mit den Hinweisen auf den Stand der Erörterung.

[2] Vgl. etwa: *Cartou*, Organisations Européennes 2. Aufl. (1967) III—XLVII; *Reuter*, Organisations Européennes (1965) 3 setzt mit dem Jahr 1815 ein.

[3] Dazu grundlegend: *Erler*, Grundprobleme des Internationalen Wirtschaftsrechts (1956) sowie die einschlägigen Arbeiten von *Bülck*, darunter: Föderalismus als internationales Ordnungsprinzip, VVDStRL 21 (1964) 1 sowie: Der Strukturwandel

1. Verweisung auf die Ideengeschichte der europäischen Einigung

5 Eine Verweisung auf diese Zusammenhänge kann — wie man gezählt hat[4] — Bezug nehmen auf 182 Einigungspläne aus sechseinhalb Jahrhunderten, von 1306 bis 1945. Mit ihnen verbindet sich der Name des französischen Juristen *Pierre Dubois* aus der Zeit Philipps des Schönen über den „grand dessein" mit dem des *Herzogs von Sully*, über *Leibniz*, den *Abbé de Saint-Pierre*, *Kant*, *Saint-Simon* und *Proudhon* bis zu dem Staatsrechtler *Johann Caspar Bluntschli* mit seiner „Organisation des Europäischen Staatenvereines" von 1878. Es ist nicht Sache juristischer Darstellung, wie sie hier verstanden wird, die Vor- und Auswirkungen dieser Pläne und Entwürfe auf die weitere Entwicklung zu bestimmen. Ihr obliegt insbesondere auch nicht, wie dies versucht worden ist, zu begründen, ob und inwieweit die heutige Vergemeinschaftung als Endphase solcher Entwicklung schon deshalb bewertet werden kann, weil sie sonst historisch niemals erreichte Fortschritte realisiert hat.

2. Einigungs-Initiativen zwischen den beiden Weltkriegen

6 Europäische Einigungs-Initiativen des 20. Jahrhunderts *vor* der Integration sind vornehmlich solche, die nach dem I. Weltkrieg weniger um theoretische Rechtfertigung als vielmehr um reale Fortschritte bemüht sind. Von ihnen sind hervorzuheben:

7 a) Die Paneuropa-Bewegung von *Coudenhove-Kalergi*, gestützt auf sein „Paneuropäisches Manifest" von 1923 und organisiert in der „Paneuropäischen Union", zielte auf die Errichtung einer europäischen Föderation, die Souveränitätsverzichte der europäischen Nationalstaaten voraussetzte[5].

8 b) Unter den weiteren Initiativen (darunter einer Europäischen Wirtschafts- und Zollunion und eines Verbandes für europäische Verständigung) ragt die von *Aristide Briand* am 7. September 1929 der Vollversammlung des Völkerbundes vorgeschlagene föderative Bindung hervor[6]. Sie sollte indes die Souveränität der europäischen Staaten respektieren. Dem ihr erteilten Auftrag folgend, hat die französische Regierung das Memorandum über die Organisation einer europäischen Bundesordnung vom 1. Mai 1930 vorgelegt. Es ist von den Staaten mit Ausnahme Großbritanniens wohlwollend aufgenommen worden, in einem Studienausschuß des Völkerbundes der politischen Entwicklung seit 1933 zum Opfer gefallen.

---

der internationalen Verwaltung (1962) und: Zur Systematik der Europäischen Wirtschaftsgemeinschaften, BerDtGesVöR 3 (1959) 66.

[4] *Foerster*, Europa. Geschichte einer politischen Idee mit einer Bibliographie von 182 Einigungsplänen aus den Jahren 1306 bis 1945 (1967); *ders.*, Die alten Europapläne, in: Die Geschichte und die europäische Politik (1966) 25—34; *ders.*, Die Idee Europa 1300—1946. Quellen zur Geschichte der politischen Einigung (30 Dokumente) (1963); *Scelle-Mirkine-Guetzévitch*, Union Européenne (1930); *Rougemont*, Vingt-huit siècles d'Europe (1961); dt.: Europa, Vom Mythos zur Wirklichkeit (1962); *Voyenne*, Histoire de l'idée européenne, 3. Aufl. (1964); *Curcio*, Europa — Storia di un'idea (1958); *Bindschedler*, Rechtsfragen der europäischen Einigung (1954). Grundlegend für die deutsche Theorie der europäischen Organisation: *Bluntschli*, Die Organisation des Europäischen Staatenvereines (1878) (Nachdruck 1962 aus: Gesammelte Kleine Schriften II, 1881).

[5] Dazu: *Cartou*, Europäische Organisationen (1967) 44; *Voyenne* 168.

[6] *v. Puttkammer*, Der Briand-Plan, Vorbote der europäischen Integration?, Fs Ophüls 143; *v. Albertini*, Aristide Briands Union Européenne und der Schumanplan, Schweizer Monatshefte 1950 Nr. 8.

II. Europäische Integrationsbestrebungen 1945—1950[7]

9 In dem halben Jahrzehnt, das dem Ende des II. Weltkrieges folgte und der Gründung der ersten Gemeinschaft in Gestalt der EGKS voraufging, vereinigten sich verschiedene Initiativen europäischer Bewegungen mit politischen Aktionen, die zunächst zu Organisationsgründungen überwiegend klassisch-völkerrechtlicher Konzeption führten.

1. Initiativen europäischer Bewegungen

10 Bis zu ihrer Gründung als Gesamtorganisation „Europäische Bewegung" (European Movement) am 25. Oktober 1948 haben mehrere Aktionen Anstöße zu einer breiten, auch in Deutschland wachsenden Belebung der europäischen Einigungsidee gegeben. Der Gedanke der Vereinigten Staaten von Europa in der Züricher Rede *Churchills* vom 19. September 1946 hatte dazu beigetragen. Im Dezember 1947 bildete sich der internationale Koordinierungsausschuß der Bewegungen für die Einheit Europas, der sich später zur Europa-Bewegung erweiterte; 1947/48 entstand die Europa-Union Deutschland. Der von diesem Ausschuß einberufene Haager Kongreß vom 7. bis 10. Mai 1948 gab den Anstoß zur Schaffung des Europarates. Nach dem Scheitern der Europäischen Verteidigungsgemeinschaft (1954) hat *Jean Monnet* im Oktober 1955 die Gründung einer umfassenden Bewegung im Aktionskomitee für die Vereinigten Staaten von Europa herbeigeführt. Seine Mitglieder sind die sozialistischen, christlich-demokratischen und liberalen Parteien sowie die nicht-kommunistischen Gewerkschaften. Ende Februar 1971 hat es in Bonn getagt.

11 Als *Hauptmotive* dieser Aktionen und Gründungen sind erkannt worden[8]: in Reaktion auf den II. Weltkrieg und den Zusammenbruch Westeuropas die Aufgabe der Friedenssicherung in Europa und die Verhütung eines neuen Krieges; in Reaktion auf die durch den Kriegsausgang entstandene Weltlage die Behauptung eines geeinigten Europas gegenüber den neuformierten Machtzentren der USA und der UdSSR; zur Sicherung gegenüber einer sowjetrussischen Hegemonie in Europa die Abwehr seiner Expansionsbestrebungen und seiner Ansprüche auf Ausbreitung seines Gesellschaftssystems; zur Überwindung der materiellen Notlage die Zusammenfassung aller verbliebenen Hilfsquellen und der wirtschaftliche Wiederaufbau in Europa mit amerikanischer Unterstützung.

Diese Motive suchten zu ihrer politischen Verwirklichung unterschiedliche Wege. Sie haben zu Maßnahmen und Einrichtungen geführt, deren Strukturierung teils in überlieferter völkerrechtlicher Gestaltung auf ständige Institutionen ohne übergeord-

---

[7] *Albonetti,* Vorgeschichte der Vereinigten Staaten von Europa (1961); *Wartmann,* Wege und Institutionen zur Integration Europas 1945—1961 (1961); *Jüttner,* Die europäische Einigung — Entwicklung und Stand (1966); *Lecerf,* Histoire de l'unité européenne (1965); *Aggradi,* Europa, tappe e prospettive di unificazione (1958); *Zampaglione,* Breve storia dell'integrazione europea, 2. Aufl. (1958); *Zurcher,* The struggle to unite Europe 1940—1958 (1958); Dokumentation in: *von Siegler,* Dokumentation der Europäischen Integration 1946—1961 (1961) sowie: Europa, Dokumente zur Frage der europäischen Einigung, Forschungsinstitut der Deutschen Gesellschaft für auswärtige Politik e. V., Dokumente und Berichte Bd. 17 (1962); im Rahmen des Entwurfs einer politischen Gemeinschaftslehre: *H.-P. Schwarz,* Europa föderieren — aber wie?, in: Demokratisches System und politische Praxis der Bundesrepublik (1970) 377, 387—394.

[8] *Jüttner 7.*

nete Zwangsbefugnisse abstellte, teils föderalistische Konstruktionen überstaatlicher Autorität anstrebte. Diese Ansätze sind der Ausgangspunkt der wirtschaftlichen Vergemeinschaftung und ihrer supranationalen Ausgestaltung.

2. Herkömmliche völkerrechtliche Organisationen

12 a) Eine Fortsetzung militärischer Bündnisorganisation aus der Zeit des II. Weltkrieges bildete die durch den Brüsseler Vertrag vom 17. März 1948 errichtete *Westeuropäische Union* (WEU)[9] als Bündnis zwischen Frankreich, Großbritannien, Belgien, den Niederlanden und Luxemburg. Seine Erweiterung durch Aufnahme ehemaliger Feindstaaten war von Beginn an vorgesehen. Sie fand 1954 durch den Beitritt der BRD und Italiens statt.

13 b) Durch den Pariser Vertrag vom 16. April 1948 wurde die *Europäische Organisation für Wirtschaftliche Zusammenarbeit* (OEEC)[10] errichtet, und zwar von 16 Unterzeichnerstaaten, der 1949 die BRD, 1959 Spanien hinzutraten. Sie sollte durch eine koordinierte Verwendung der von den USA bereitgestellten Mittel des Marshall-Plans den wirtschaftlichen Wiederaufbau der europäischen Staaten ermöglichen und die Liberalisierung des Handels aktivieren. Die OEEC ist 1960 unter Einschluß der USA und Kanadas in der OECD *(Organisation für Wirtschaftliche Zusammenarbeit und Entwicklung)* neu formiert worden. Daß die USA zum koordinierten Einsatz ihrer Hilfsmittel die Selbstorganisation der europäischen Staaten aktivierten, hat ihre Integrationswilligkeit befördert. Andererseits ist die Souveränitätsbehauptung Großbritanniens dadurch nicht beeinflußt worden. Daß die Vergemeinschaftung ohne Großbritannien begonnen wurde, hat auch hierin seine Ursache.

14 c) Als Nebenorganisation der OEEC wurde am 19. September 1950 von 17 europäischen Mitgliedstaaten die *Europäische Zahlungsunion* (EZU)[11] als Organisation eines multilateralen Zahlungssystems errichtet. Sie wurde 1958 durch das *Europäische Währungsabkommen* (EWA)[12] abgelöst.

15 d) Der von zehn Staaten am 5. Mai 1949 durch Unterzeichnung der Satzung errichtete *Europarat*[13] hat sich später auf 17 Mitgliedstaaten erweitert. Er sieht eine weitgehende politische, technische, soziale und wirtschaftliche Zusammenarbeit vor mit dem Ziel einer größeren politischen Einheit. Seine Gründung war beherrscht von einem fundamentalen Gegensatz: zwischen föderalen Zielsetzungen mit der Absicht, sie organisatorisch durch supranationale Einrichtungen zu verfolgen, und der strikten Ablehnung jeder Übertragung nationaler Hoheitsrechte durch Großbritannien. In seiner herkömmlichen zwischenstaatlichen Konstruktion hat der Europarat seine weitgespannten Zielsetzungen nicht realisiert. Der in seiner Beratenden Versammlung immer wieder hervortretende Gegensatz zwischen den Föderalisten der Vereinigten Staaten von Europa und den Funktionalisten begrenzter, aber wirksamer, supranationaler Integration hier, Großbritannien mit seiner eindeutigen Souveränitätsbehauptung dort verhindert, daß die Ziele des Europarates, ihren Ansprüchen adäquat, mit geeigneten Mitteln verwirklicht werden. Im zunächst *wirtschaftlichen* Integrationsbereich ist die Entwicklung deshalb am Europarat vorbeigegangen. Seine Aufgabe ist insoweit mit der Errichtung der Gemeinschaften überholt worden.

---

[9] *Bauer,* Strupp-Schlochauer, Wörterbuch III (1962) 833; *Cartou,* Europäische Organisationen 38.

[10] *Hans Möller,* Strupp-Schlochauer, Wörterbuch II (1961) 685; *Cartou* 46.

[11] *Coing,* Strupp- Schlochauer, Wörterbuch I (1960) 484; *Cartou* 47, 58.

[12] *Cartou* 58.

[13] *Carstens,* Strupp-Schlochauer, Wörterbuch I (1960) 494; *Cartou* 3, 44, 125, 396.

III. Zur Entstehung der Europäischen Gemeinschaften[14]

16 Die Entstehung der heutigen drei Gemeinschaften ist das Ergebnis einer politischen „Sprung-Prozession": dem Gelingen der Vergemeinschaftung von Kohle und Stahl im Vertrag vom 18. April 1951 folgt, durch ihren Beginn ermutigt, auf Grund des Pleven-Plans, der die EGKS kopiert, der Vertrag über die Europäische Verteidigungsgemeinschaft vom 27. Mai 1952[15]. Von den fünf anderen Signatarstaaten ratifiziert, scheitert die EVG am 30. August 1954 an der Ablehnung durch die französische Nationalversammlung ohne Debatte. Weniger als ein Jahr danach verwandelt sich dieser europäische Rückfall in der Messina-Konferenz der Außenminister vom Juni 1955 in einen großen „Wiederauftrieb" (relance) zur Integration der Gesamtwirtschaft der Sechs. Er führt nach nahezu zweijähriger Arbeit des Spaak-Ausschusses zur Unterzeichnung der Römischen Verträge am 25. März 1957. Nicht nur Historiker mögen erkunden, ob es hierzu überhaupt und alsbald auch *ohne* den Rückschlag der gescheiterten EVG gekommen wäre, und ebenso, ob der Weg der wirtschaftlichen Integration zur Einigung Europas nicht ohnehin gangbarer war und sein wird als der seiner militärischen Vergemeinschaftung.

1. Europäische Gemeinschaft für Kohle und Stahl[16]

17 a) Der Schuman-Plan als Grundlage der EGKS wird mit Recht als das Produkt zusammenwirkender politischer und wirtschaftlicher Motive angesehen. Politisch sollte er dem Ausgleich zwischen Frankreich und

[14] *Mayne,* Die Einheit Europas — EWG, Euratom, Montanunion — (1963); *Hallstein,* Die Geschichte der europäischen Integration, in: Die Einheit Europas — Herausforderung und Hoffnung — (1962) 1—18; *Pflimlin-Legrand-Lane,* L'Europe communautaire (1966); *Pintus,* Introduzione storica al diritto europeo, RivDirEur 1961, 3; *Anchieri,* La formazione storica delle Comunità europee, in: Università di Ferrara, Quaderni sulle Comunità Europee II (1961) 1; *Haas,* The uniting of Europe — Political, social and economic forces 1950—1957 (1958); *Ophüls,* Zur ideengeschichtlichen Herkunft der Gemeinschaftsverfassung, Fs Hallstein (1966) 387; *ders.,* Fs Heymanns Verlag 537.

[15] *Haedrich,* Strupp-Schlochauer, Wörterbuch I (1960) 477.

[16] *Mosler,* Der Vertrag über die EGKS. Entstehung und Qualifizierung, ZaöRV 14 (1951/52) 1; *ders.,* Die Entstehung des Modells supranationaler und gewaltenteilender Staatenverbindungen in den Verhandlungen über den Schuman-Plan, Fs Hallstein (1966) 355; *Gerbet,* La genèse du Plan Schuman. Des origines à la déclaration du 9 mai 1950 (1962 — Sonderdruck aus: RevFrançScPol 1956, 525); *Reuter* CECA (1953) 9; *Schuman,* Origines et élaborations du „Plan Schuman", Cahiers de Bruges 1953, 266; *Bonnefous,* L'Europe en face de son destin (1952); *Kövér,* Le Plan Schuman (1952); *Hahn,* Der Schuman-Plan (1953); *Diebold,* The Schuman Plan — A study in economic cooperation 1950—1959 (1959); zum Zusammenhang mit der Ruhrkontrolle: *Ophüls,* Schumanplan, Ruhrabkommen und Besatzungsrecht, NJW 1952, 161; Materialien und Dokumentation: Materialien zum Vertrag über die Gründung der EGKS (Schuman-Plan), zusammengestellt vom Auswärtigen Amt (1961); Europa, Dokumente zur Frage der europäischen Einigung, hg. vom Auswärtigen Amt (1953).

Deutschland dienen, zugleich dem französischen Interesse an institutionalisierter Gemeinschaftsbindung und -kontrolle der BRD. Er entsprach deutschem Interesse an der Ablösung des besatzungsrechtlichen Ruhrstatuts und der Lösung der Saar-Frage. Ökonomisch suchte er in der Zusammenführung des lothringischen Eisenerzes (Minette) mit der Ruhrkohle die Vergemeinschaftung der beiden Rohstoffbasen für die Grundindustrien beider Staaten. Daß die drei Benelux-Staaten und Italien in den Schuman-Plan einbezogen und von Beginn an als Mitglieder der Gemeinschaft gedacht waren, entsprach ebenso den politischen Vorbedingungen ihrer schon bestehenden Bindungen wie ökonomischen Motiven.

18 b) Die Vorgeschichte des zur EGKS führenden Schuman-Plans knüpft an den innerfranzösischen Monnet-Plan von 1946 an. Er zielte auf die Organisation der Schlüsselindustrien und ist durch *Monnet* selbst in wesentlichen Elementen der Marktvergrößerung in den Schuman-Plan eingegangen. Auch die Internationale Rohstahlgemeinschaft von 1926 (IRG)[17] aus deutschen, französischen, belgischen und luxemburgischen Stahlproduzenten — gesehen als Indiz für die Eignung und Neigung des Stahls zum internationalen Verbund — wird zutreffend als Mit-Vorläufer der EGKS ins Feld geführt. *Unmittelbar* aber hat die *politische* Konstellation Anfang 1950 den Anstoß zum grundlegenden Schuman-Plan gegeben: die Bereitschaft der USA und Großbritanniens, die BRD aus der Kontrolle des Ruhrstatuts zu entlassen; der drohende Zugriff der französischen Politik auf das Saargebiet durch seine Autonomisierung und seinen Wirtschaftsanschluß mit ihren belastenden Rückwirkungen auf das deutsch-französische Verhältnis; die politische und wirtschaftliche Erneuerung deutscher Staatlichkeit in Gestalt der BRD, die das französische Sicherheitsbedürfnis reaktiviert hat. Am 13. Januar 1950 hatte der Bundeskanzler *Adenauer* dem Außenminister *Schuman* in Bonn die drohende Zuspitzung des deutsch-französischen Verhältnisses dargelegt[18].

19 Die Dramatik der Monate Januar bis Mai 1950 verdient festgehalten zu werden: „Bei seiner Rückkehr nach Paris wird *Robert Schuman* bedrückt von der Notwendigkeit, das deutsche Problem zu regeln. Das geschah nicht in einem langsamen Reifeprozeß einer Kanzleiarbeit. Nach Beratungen mit *Jacques Cascuel*, *Paul Reuter* und seinen Mitarbeitern am Plan, *Hirsch* und *Uri*, hat *Jean Monnet* die Formel vorbereitet. Die Administrationen werden nicht konsultiert. Auch die Leitungen der Kohle- und Stahlindustrie werden nicht befragt. Am 29. April 1950 wird das Projekt dem Außenminister *Robert Schuman* überreicht zu schneller Lektüre während eines lothringischen Wochenendes. Einverstanden — antwortet der Minister, als er am Montag den Zug verläßt. In acht Tagen ist der endgültige Text fertiggestellt. Der amerikanische Außenminister *Dean Acheson*, auf der Durchreise in Paris, wird am 8. Mai unterrichtet; am selben Tag erhält der Bundeskanzler *Adenauer* eine Botschaft; beide versprechen ihre Unterstützung. Am Abend des 8. Mai werden alle

---

[17] *Kiersch*, Internationale Eisen- und Stahlkartelle (1954) 13; *ders.*, Die früheren internationalen Stahlkartelle und der Schumanplan (1951).

[18] *Konrad Adenauer*, Erinnerungen 1945—1953 (1965) 295.

vorbereitenden Papiere verbrannt. Am Dienstag, dem 9. Mai, setzt *Schuman* seinen Plan im Ministerrat auseinander. Nur einige seiner Mitglieder waren vorher unterrichtet; der Überraschungseffekt mußte vollständig sein. Am gleichen Nachmittag um 16 h gab der Außenminister im berühmten Uhrensaal des Quai d'Orsay vor der eilig zusammengerufenen Presse seine historische Erklärung ab."[19]

Nach neunmonatigen Verhandlungen wurde der EGKSV am 18. April 1951 unterzeichnet. Er ist am 23. September 1952 in Kraft getreten.

2. *Europäische Wirtschaftsgemeinschaft — Europäische Atomgemeinschaft*[20]

20 a) Pläne, in Parallele zum EGKSV einen Gemeinsamen Agrarmarkt (pool vert) und einen Transportpool zu organisieren, sind nicht verwirklicht worden[21]. Dagegen hat der Plan der Europäischen Verteidigungsgemeinschaft (mit dem Vorschlag des französischen Verteidigungsministers *Pleven*) Vertragsgestalt angenommen. Auf der Grundlage seines Art. 38 § 1 III, IV war eine politische europäische Zusammenfassung „im Rahmen des bundesstaatlichen oder staatenbündischen Aufbaues" vorgesehen. Der Vertragsentwurf war das Werk der sog. ad hoc-Versammlung (eines durch Zuwahl von 9 Mitgliedern zur Gemeinsamen Versammlung der EGKS ergänzten Gremiums) und ihres Verfassungsausschusses[22].

Mit der Ablehnung des von allen anderen Parlamenten bereits ratifizierten EVGV vom 27. Mai 1952 durch die französische Nationalversammlung am 30. August 1954 sind beide Versuche gescheitert.

21 b) Anders als die Entstehung des EGKSV, die aus einer besonders kritischen politischen Konstellation im deutsch-französischen Verhältnis zu erklären ist, kam der Entschluß zur wirtschaftlichen Vergemeinschaftung, der zu den Römischen Verträgen führte, aus der Gesamtlage und -einstellung zustande: in der „relance" von 1955[23] reaktiviert sich ein europäischer Impuls, der durch das Scheitern der EVG und der politischen Gemeinschaft

---

[19] *Wigny* DrCommEur Nr. 7; dazu *Adenauer* 327—328.

[20] *Krämer,* Die Entstehung des Vertrages zur Gründung der Europäischen Wirtschaftsgemeinschaft, in: Die EWG, Texte zu ihrer Entstehung und Tätigkeit (1965) 1—16; *Cornides-Lipgens,* Die Entstehung der Europäischen Wirtschafts- und Atomgemeinschaft, in: Die Internationale Politik 1956/57, Jahrbücher des Forschungsinstituts der Deutschen Gesellschaft für auswärtige Politik 353—378; *Mellaerts,* La genèse du Marché Commun (1968); *Ophüls,* La relance européenne, AnnEur 4 (1958) 3.

[21] Hierzu: *Stranner,* L'attitude de la Suisse en face de l'intégration politique et économique de l'Europe (1959) 31; *Bonnefous,* L'Europe en face de son destin (1952) 201—219; *Aggradi,* Europa, tappe e prospettive di unificazione (1958) 172; *Wigny* DrCommEur Nr. 9.

[22] Vgl. La querelle de la C. E. D., Essais d'analyse sociologique (Hg. *Aron* und *Lerner*) (1956); *Legaret, Martin-Dumesnil,* La Communauté Européenne de Défense. Etude analytique du Traité du 27 mai 1952 (1953); *Zurcher,* The struggle to unite Europe (1958) 81, 109.

[23] Zum „Mirakel" der relance von 1955: *Stranner,* L'attitude de la Suisse 38.

nur gehemmt worden war, in neuer Richtung. Zu den Elementen dieser Gesamtlage zählen der Eindruck der Suez-Krise, des Ungarn-Aufstandes, der Erfolg der EGKS ebenso wie die persönlichen Initiativen von *Monnet, R. Mayer, Beyen, Spaak u. a.*

22 c) Im Juni 1955 hat die Konferenz der Außenminister der Sechs in Messina[24] den Beschluß zur Einsetzung eines Sachverständigen-Ausschusses zum Studium der Möglichkeiten eines allgemeinen gemeinsamen Marktes gefaßt. Dieser Ausschuß hat unter dem Vorsitz von *P.-H. Spaak* in der Nähe von Brüssel (Schloß Val-Duchesse) verhandelt — mit der deutschen Delegation unter *Walter Hallstein.* Sein Arbeitsergebnis ist der „Bericht der Delegationsleiter an die Außenminister" (1956). Der Parallelbericht hinsichtlich der Atomgemeinschaft ist der über „Ziele und Aufgaben für Euratom" von *Armand, Etzel* und *Giordani* (1957)[25]. Die beiden hierauf gründenden Verträge zur Errichtung der EWG und der EAG sind am 25. März 1957 in Rom unterzeichnet und nach ihrer Ratifizierung am 1. Januar 1958 in Kraft getreten.

IV. Gemeinschaftsdaten[26]

23 1. Die drei Gemeinschaften, einheitlich aus ihren gegenwärtig noch sechs Mitgliedstaaten Belgien, BRD, Frankreich, Italien, Luxemburg, Niederlande bestehend, umfassen eine Fläche von 1 167 500 km² mit einer Bevölkerung von rund 190 Millionen Menschen, so daß mehr als die Hälfte der westeuropäischen Bevölkerung den Gemeinschaftsstaaten angehört. Durch den Beitritt Dänemarks, Großbritanniens, Irlands und Norwegens zu den Gemeinschaften würde sich das von ihnen umfaßte Gebiet auf 1 848 700 km² erweitern und würde die in ihnen lebende Bevölkerung auf nahezu 260 Millionen Menschen anwachsen. Damit würden die Gemeinschaften im internationalen Vergleich an flächenmäßiger Ausdehnung zwar weit hinter den USA (9 363 400 km²) und der UdSSR (22 402 200 km²) zurückbleiben, sie jedoch an Bevölkerungszahl übertreffen (USA: 205 Millionen, UdSSR:

[24] *Wigny* DrCommEur Nrn. 10—11.

[25] Vgl. *Drück,* Die internationale Zusammenarbeit bei der friedlichen Verwendung der Atomenergie innerhalb Europas (1959) 63; *Cremers* JbPolitik 1956/57 4. Lieferung 2; *Mardac* ebenda 23; *Errera, Symon, van der Meulen, Vernaeve,* Euratom, Analyse et Commentaires du Traité (1958) 10.

[26] Die Tabellen wurden im wesentlichen erstellt an Hand von: Statistische Grundzahlen der Gemeinschaft (Hg. Statistisches Amt der Europäischen Gemeinschaften) 10. Aufl. (1970); Jahrbuch der Sozialstatistik 1970 (Hg. Statistisches Amt); Allgemeine Statistik — Monatsbulletin — 1970 (Hg. Statistisches Amt); Statistisches Jahrbuch für die BRD 1971 (Hg. Statistisches Bundesamt). Einzelne noch nicht veröffentlichte Zahlenangaben beruhen auf Auskünften, die das Statistische Amt freundlicherweise brieflich erteilt hat. — Die Zahlenangaben in den Tabellen können nicht Anspruch auf äußerste Präzision erheben, zumal sie häufig auf Schätzungen basieren und überdies die Methoden zur Ermittlung der Zahlenwerte differieren.

244 Millionen). Die Bevölkerungsdichte in den Gemeinschaften liegt um ein vielfaches höher als in den USA und in der UdSSR, während z. B. Japan an Bevölkerungsdichte die Gemeinschaften insgesamt übertrifft, gegenüber einzelnen ihrer Mitgliedstaaten insoweit jedoch wiederum zurückbleibt (zu allem: *Tabelle 1*).

Tabelle 1

*Fläche, Bevölkerung, Bevölkerungsdichte**

Gebiet	Fläche (1000 km²)	Bevölkerung (1000)	Einwohner je km²
Belgien	30,5	9 676	317
BRD	248,5	61 559	248
Frankreich	551,2	50 705	92
Italien	301,2	54 504	181
Luxemburg	2,6	339,2	130
Niederlande	33,5	13 032	389
Gemeinschaft	1 167,5	189 815,2	163
Dänemark	43,0	4 910	113
Großbritannien	244,0	55 643	228
Irland	70,3	2 921	42
Norwegen	323,9	3 851	12
zusammen	681,2	67 325	99
Gemeinschaft u. Beitritts-anwärter zusammen	1 848,7	257 140	139
USA	9 363,4	205 395	22
UdSSR	22 402,2	244 000	11
Japan	369,7	103 540	280

* Daten Ende 1969 (Beitrittsanwärter) bzw. Ende 1970

2. Der quantitative Vergleich zwischen den gegenwärtig noch sechs Mitgliedstaaten der Gemeinschaften an Hand der Fläche und Bevölkerungszahl gewinnt an Gehalt und Aussagekraft, wenn er nach sog. „Regionen“ durchgeführt wird. Für die drei „großen“ Mitgliedstaaten BRD, Frankreich und Italien mag dies nachstehende *Tabelle 2* verdeutlichen.

Tabelle 2

Fläche und Bevölkerung nach Regionen

BRD*

Region	Fläche (km²)	Bevölkerung (1000)
1. Schleswig-Holstein	15 675,89	2 557
2. Hamburg	753,15	1 817
3. Bremen	403,77	756
4. Niedersachsen	47 407,68	7 100
5. Nordrhein-Westfalen	34 044,13	17 130
6. Hessen	21 110,67	5 423
7. Rheinland-Pfalz	19 836,85	3 671
8. Baden-Württemberg	35 749,60	8 910
9. Bayern	70 440,08	10 569
10. Saarland	2 567,52	1 127
11. Berlin-West	480,08	2 134
Insgesamt	248 469,42	61 195

* Ende 1969

Frankreich*

Region	Fläche (km²)	Bevölkerung (1000)
1. Région parisienne	12 070	9 518
2. Champagne	25 741	1 301
3. Picardie	19 592	1 608
4. Haute-Normandie	12 379	1 530
5. Centre	39 542	2 038
6. Nord	12 526	3 842
7. Lorraine	23 677	2 289
8. Alsace	8 324	1 439
9. Franche-Comté	16 298	1 010
10. Bretagne	28 331	2 491
11. Basse-Normandie	18 249	1 276
12. Pays de la Loire	32 671	2 616
13. Limousin	17 049	738
14. Auvergne	26 178	1 321
15. Poitou	26 302	1 492
16. Aquitaine	42 411	2 481
17. Midi et Pyrénées	45 603	2 193
18. Rhône et Alpes	44 624	4 516
19. Bourgogne	31 763	1 521
20. Languedoc	27 771	1 745
21. Provence et Côte d'Azur		3 347
22. Corse	40 500	214
Insgesamt	551 601	50 526

* Ende 1969

Italien*

Region	Fläche (km²)	Bevölkerung (1000)
1. Piemonte	25 399	4 380
2. Val d'Aosta	3 262	109

3. Liguria	5 415	1 873
4. Lombardia	23 821	8 332
5. Trentino-Alto Adige	13 613	840
6. Veneto	18 378	4 088
7. Friuli-Venezia Giulia	7 851	1 229
8. Emilia-Romagna	22 123	3 834
9. Marche	9 692	1 364
10. Toscana	22 990	3 456
11. Umbria	8 456	783
12. Lazio	17 203	4 635
13. Campania	13 595	5 159
14. Abruzzi	10 794	1 202
15. Molise	4 438	333
16. Puglia	19 347	3 629
17. Basilicata	9 988	626
18. Calabria	15 080	2 057
19. Sicilia	25 708	4 877
20. Sardegna	24 089	1 495
Insgesamt	301 241	54 304

* Ende 1969

3. Über die Verteilung der zivilen Erwerbspersonen nach Hauptwirtschaftsbereichen informiert die *Tabelle 3*. Eine aus Platzgründen ausgesparte Statistik über die jährlichen Veränderungen seit 1958 würde überdies verdeutlichen, daß z. B. die Erwerbspersonen in der Landwirtschaft seit Gründung der EWG um über 6 Millionen abgenommen, während die im Dienstleistungsbereich Tätigen um nahezu 5 Millionen zugenommen haben.

Tabelle 3

*Zivile Erwerbspersonen nach Wirtschaftsbereichen**

(in 1000)

Land	Landwirtschaft	Industrie	Dienstleistungen	Arbeitslose	Insgesamt
Belgien	191	1 653	1 839	88	3 771
BRD	2 406	13 247	11 052	149	26 854
Frankreich	2 898	8 321	9 254	356	20 829
Italien	3 683	8 209	6 884	610	19 386
Luxemburg	16	67	61	0	144
Niederlande	330	1 871	2 336	56	4 593
Gemeinschaft	9 524	33 368	31 426	1 259	75 577
Dänemark	272	884	1 138	25	2 319
Großbritannien	730	11 666	12 508	518	25 422
Irland	301	315	445	58	1 119
Norwegen	217	543	714	16	1 490
USA	3 606	26 253	48 043	2 831	80 733
UdSSR	9 835	35 000	37 465		82 300
Japan	9 460	17 670	23 270	570	50 970

* Zahlenangaben für 1970 außer für Belgien und Drittländer (1969); UdSSR nur Lohn- und Gehaltsempfänger

4. Den Zuwachs des Bruttosozialprodukts weisen die *Tabellen 4 und 5* nach, die erste für die einzelnen Länder, die zweite je Kopf der Bevölkerung. Dem Anstieg des Bruttosozialprodukts zu Marktpreisen in der Gemeinschaft von 163,4 Mrd. $ (1958) auf 485,1 Mrd. $ (1970) korrespondiert eine durchschnittliche jährliche Zuwachsrate von 5,5 %. Sie lag im gleichen Zeitraum sowohl in Großbritannien (3,0 %) wie auch in den USA (4,3 %) niedriger, während sie von Japan (11,4 %) um mehr als das Doppelte übertroffen wurde. Auch mit dem Anstieg des Bruttosozialprodukts je Einwohner in durchschnittlichen jährlichen Zuwachsraten von 1959 bis 1969 rangiert die Gemeinschaft (4,4 %) vor Großbritannien (2,3 %) und den USA (2,9 %), während Japan auch hier einen wesentlich höheren Anstieg (10,3 %) aufzuweisen hat. Innerhalb der Gemeinschaft war der Zuwachs des Bruttosozialprodukts je Kopf der Bevölkerung am stärksten in Italien (von 612 auf 1710 $). Insgesamt haben sich die Unterschiede zwischen den Mitgliedstaaten wesentlich verringert.

Tabelle 4

Bruttosozialprodukt zu Marktpreisen (in jeweiligen Preisen und Wechselkursen)

(in Mrd. $)

Land	1958	1960	1963	1964	1965	1966	1967	1968	1969	1970
Belgien	10,4	11,4	13,9	15,6	17,0	18,3	19,6	20,7	22,9	25,7
BRD	59,2	72,0	96,0	105,2	115,1	122,7	123,7	134,6	153,1	186,4
Frankreich	53,6	61,1	83,4	92,5	99,2	107,9	116,1	127,3	140,1	147,6
Italien	30,3	34,9	50,0	54,7	58,9	63,7	70,1	75,4	83,4	93,2
Luxemburg	0,4	0,5	0,5	0,6	0,7	0,7	0,7	0,8	0,9	1,0
Niederlande	9,5	11,2	14,6	17,2	19,2	20,8	22,9	25,4	28,3	31,3
Gemeinschaft	163,4	191,2	258,5	285,8	310,0	334,1	353,0	384,2	428,6	485,1
Dänemark	5,0	6,0	7,9	9,0	10,2	11,1	12,1	12,3	14,0	15,6
Großbrit.	64,8	72,2	86,0	93,3	100,3	106,8	110,2	103,2	109,8	121,4
Irland										3,9
Norwegen	4,0	4,5	5,7	6,3	7,0	7,7	8,4	9,0	9,7	11,4
Gemeinschaft und Beitrittsanwärter zus.										637,3
USA	455,0	511,4	599,7	642,8	696,3	762,7	808,1	880,1	947,8	991,1
UdSSR										288,0
Japan	32,0	43,1	68,0	80,1	88,3	101,5	119,7	141,9	166,4	196,1

Tabelle 5

Bruttosozialprodukt je Einwohner

(in $)

Land	1958	1961	1963	1964	1965	1966	1967	1968	1969	1970
Belgien	1 158	1 323	1 498	1 660	1 794	1 919	2 041	2 156	2 372	2 656
BRD	1 080	1 467	1 667	1 806	1 950	2 057	2 065	2 239	2 515	3 028
Frankreich	1 204	1 441	1 745	1 915	2 035	2 194	2 343	2 551	2 785	2 906
Italien	612	769	971	1 049	1 118	1 199	1 310	1 406	1 541	1 710
Luxemburg	1 402	1 590	1 689	1 915	1 989	2 071	2 113	2 302	2 632	2 929
Niederlande	845	1 066	1 220	1 416	1 559	1 672	1 820	1 994	2 196	2 398
Gemeinschaft	963	1 223	1 449	1 583	1 698	1 813	1 904	2 061	2 278	2 555
Dänemark										3 163
Großbritannien										2 175
Irland										1 321
Norwegen										2 937
Gemeinschaft und Beitritts-anwärter zus.										2 476
USA										4 389
Japan										1 894

5. Die Verwendung des Bruttosozialprodukts für Bruttoanlageinvestitionen hat sich, prozentual gesehen, wie aus der *Tabelle 6* ersichtlich entwickelt.

Tabelle 6

Verwendung des Bruttosozialprodukts für Bruttoanlageinvestitionen

(in %)

Gebiet	1960	1962	1964	1965	1966	1968	1969
Belgien	17,5	19,9	20,0	20,7	21,4	21,3	21,4
BRD	24,0	25,4	26,4	26,6	25,5	22,9	24,3
Frankreich	17,4	19,6	20,9	21,7	21,8	25,0	25,4
Italien	22,1	23,6	21,1	18,9	18,4	19,5	20,6
Luxemburg	23,3	27,6	32,1	25,5		24,9	25,5
Niederlande	23,9	24,0	25,2	24,5	25,4	26,7	25,6
Dänemark	19,1	20,4	21,6	22,1	21,3	20,5	21,9
Großbritannien	16,2	16,4	17,6	17,7	17,6	18,4	17,5
Irland							
Norwegen	28,3	29,5	28,7	29,2	28,9	26,3	25,1
USA	16,3	16,1	16,8	17,1	17,0	16,7	16,8
UdSSR							
Japan				32,1	31,4	33,9	35,1

6. Die *Tabelle 7* veranschaulicht die Entwicklung des innergemeinschaftlichen Warenverkehrs. Er war im Jahre 1970 gut sechsmal so umfangreich wie im Jahre 1957. Auf ihn entfallen 48,6 % des Gesamthandels der Gemeinschaft (1958: 29,6 %) und 18 % des Welthandels (1958: 7 %).

Tabelle 7

Binnenhandel

Entwicklung nach der Einfuhr aus den Mitgliedstaaten (Mutterländer)

(in Mio $)

Land	1957	1958	1959	1960	1961	1962
Luxemburg und Belgien*	1 487	1 462	1 621	1 894	2 135	2 324
BRD	1 763	1 896	2 461	3 024	3 427	3 995
Frankreich	1 308	1 227	1 362	1 848	2 102	2 523
Italien	785	687	898	1 309	1 540	1 891
Niederlande	1 689	1 518	1 750	2 076	2 514	2 683
Gemeinschaft	7 032	6 790	8 091	10 150	11 718	13 416

Land	1963	1964	1965	1966	1967	1968	1969	1970
Luxemburg und Belgien*	2 684	3 155	3 473	4 008	3 986	4 577	5 734	6 683
BRD	4 342	5 097	6 660	6 938	6 867	8 358	10 862	13 232
Frankreich	3 126	3 762	4 015	4 853	5 374	6 617	8 690	9 256
Italien	2 503	2 369	2 306	2 790	3 399	3 724	4 827	6 146
Niederlande	3 082	3 671	3 987	4 332	4 546	5 146	6 227	7 483
Gemeinschaft	15 737	18 054	20 442	22 922	24 173	28 422	36 340	42 800

* Belgisch-Luxemburgische Wirtschaftsunion (vgl. *7/3*)

7. Die Entwicklung des Warenaustausches zwischen den einzelnen Mitgliedstaaten der Gemeinschaft ist aus *Tabelle 8* abzulesen.

Tabelle 8

Austausch innerhalb der Gemeinschaft (EWG)

Entwicklung nach der Einfuhr

(in Mio $)

Ursprung	Bestimmung	1958	1960	1967	1968	1969	1970
Belgien u. Luxemburg*	BRD	335	580	1 359	1 699	2 306	2 838
	Frankreich	301	372	1 159	1 452	1 978	2 146
	Italien	64	116	288	321	443	567
	Niederlande	647	830	1 538	1 670	1 964	2 262
	Gemeinschaft	1 347	1 898	4 344	5 143	6 691	7 812
BRD	Belgien Luxemburg	538	674	1 519	1 731	2 318	2 649
	Frankreich	653	990	2 495	2 984	3 872	4 218
	Italien	386	670	1 697	1 837	2 340	2 964
	Niederlande	706	977	2 119	2 452	2 915	3 634
	Gemeinschaft	2 282	3 311	7 829	9 005	11 445	13 465
Frankreich	Belgien Luxemburg	364	538	1 063	1 271	1 589	1 945
	BRD	562	952	2 087	2 442	3 249	3 797
	Italien	155	398	1 048	1 165	1 549	1 972
	Niederlande	101	174	530	603	850	1 006
	Gemeinschaft	1 182	2 062	4 728	5 481	7 237	8 721
Italien	Belgien Luxemburg	67	94	323	359	408	428
	BRD	404	627	1 609	2 017	2 425	2 961
	Frankreich	132	253	1 074	1 328	1 743	1 765
	Niederlande	64	95	359	421	498	581
	Gemeinschaft	668	1 069	3 366	4 125	5 069	5 736
Niederlande	Belgien Luxemburg	493	588	1 081	1 215	1 425	1 661
	BRD	595	865	1 812	2 200	2 882	3 636
	Frankreich	142	233	645	853	1 097	1 127
	Italien	82	125	367	400	495	642
	Gemeinschaft	1 311	1 811	3 906	4 668	5 898	7 066
Gemeinschaft	Belgien Luxemburg	1 462	1 894	3 986	4 577	5 734	6 683
	BRD	1 896	3 024	6 867	8 358	10 862	13 232
	Frankreich	1 227	1 848	5 374	6 617	8 690	9 256
	Italien	687	1 309	3 399	3 724	4 818	6 146
	Niederlande	1 518	2 076	4 546	5 146	6 227	7 483
	Gemeinschaft	6 790	10 150	24 173	28 422	36 340	42 800

* Belgisch-Luxemburgische Wirtschaftsunion (vgl. *7/3*)

8. Über die Entwicklung des Gemeinschafts-Außenhandels schließlich informieren die *Tabellen 9* und *10*. Sie verdeutlichen, in welchem Umfang der Außenhandel der Gemeinschaft (1970: 30,3 % des Gesamt-Welteinfuhrhandels) denjenigen Großbritanniens, der USA, der UdSSR und Japans an Volumen übersteigt und welche Relationen sich insoweit nach einer Erweiterung der Gemeinschaft um die gegenwärtigen vier Beitrittskandidaten ergeben würden (1970: 41 % des Gesamt-Welteinfuhrhandels). Jedenfalls an der Gesamt*ein*fuhr gemessen würde eine erweiterte Gemeinschaft die USA (13,7 %), die UdSSR (4 %) und Japan (6,5 %) zusammengenommen im Umfang des Außenhandels übertreffen.

Tabelle 9

Außenhandel

Entwicklung nach der Gesamteinfuhr

(in Mio $)

Gebiet	1957	1958	1959	1960	1961	1962
Gemeinschaft*	17 784	16 156	16 222	15 445	20 455	22 353
Großbritannien**	11 398	10 488	11 154	12 714	12 314	12 578
Dänemark**						
Norwegen**						
Irland**						
USA	13 223	13 208	15 414	15 014	14 628	16 240
UdSSR	3 938	4 350	5 073	5 630	5 828	6 450
Japan						5 637

Gebiet	1963	1964	1965	1966	1967	1968	1969	1970
Gemeinschaft*	24 677	26 856	28 582	30 756	30 895	33 566	39 242	45 622
Großbritannien**	13 497	15 438	16 103	16 671	17 714	18 959	19 956	21 724
Dänemark**							3 799	4 385
Norwegen**							2 943	3 697
Irland**							1 413	1 569
zusammen							67 353	76 997
USA	17 014	18 600	21 290	25 367	26 732	32 992	35 870	39 963
UdSSR	7 059	7 737	8 059	7 913	9 220	9 410	10 327	11 739
Japan	6 739	7 938	8 184	9 523	11 663	12 987	15 024	18 881
zusammen							61 221	70 583

* *ohne* Einfuhr aus den Mitgliedstaaten

** Generalhandel

Tabelle 10

Außenhandel

Entwicklung nach der Gesamtausfuhr

(in Mio $)

Gebiet	1957	1958	1959	1960	1961	1962	1963
Gemeinschaft*	15 286	15 911	17 050	19 483	20 428	20 635	21 629
Großbritannien**	9 683	9 276	9 691	10 349	10 754	11 059	11 855
Dänemark**							
Norwegen**							
Irland**							
USA	20 682	17 751	17 449	20 358	20 629	21 286	22 922
UdSSR	4 382	4 298	5 441	5 563	5 998	7 035	7 272
Japan						4 916	5 448

Gebiet	1964	1965	1966	1967	1968	1969	1970
Gemeinschaft*	29 179	27 093	29 419	31 630	35 292	39 351	45 699
Großbritannien**	12 341	13 722	14 661	14 372	15 346	17 515	19 351
Dänemark**						2 957	3 564
Norwegen**						2 203	2 455
Irland**						891	1 035
zusammen						62 917	72 104
USA	25 987	27 006	29 899	31 147	33 982	37 444	43 226
UdSSR	7 681	8 174	8 841	9 652	10 634	11 655	12 800
Japan	6 673	8 456	9 776	10 441	12 972	15 990	19 318
zusammen						65 089	75 344

* ohne Ausfuhr in die Mitgliedstaaten

** Generalhandel

V. Entwicklung und Krisen[27]

1. Entwicklung

24 Die Entwicklung der drei Gemeinschaften ist nicht einheitlich zu beurteilen.

25 a) Die *EGKS* als Teilintegration der Rohstoffindustrie für Kohle und Stahl hat politisch und historisch ihre besondere Bedeutung entfaltet als Modell der Vergemeinschaftung. Auf dem Kohlemarkt hat sie — im Instrumentarium des EGKSV angelegt auf die Ordnung einer Kohle-*Mangellage* — beim Umschlag des Marktes zum Kohle*überfluß* (seit 1958) ihre Aufgabe nicht befriedigend erfüllt, nachdem der Versuch einer Vertragsanpassung an die neue Lage gescheitert war *(4/42)*. Mit der Entwicklung der EWG und angesichts ihrer Zuständigkeit für die anderen Energieträger — außer der Atomkraft — ist die EGKS im Energiesektor nur noch partiell gemeinschaftsrechtlich kompetent. Damit ist sie solange auf Beharrung verwiesen, als eine gemeinsame und einheitliche Energiepolitik nicht verwirklicht und die EGKS mit den beiden anderen Gemeinschaften nicht fusioniert wird.

26 b) Die *EAG*, vornehmlich auf die Errichtung eines gemeinsamen Kernenergiemarktes und die hierfür vorausgesetzte Forschung gezielt, hat ihre Aufgaben bislang im wesentlichen nicht erfüllt. Trotz Beseitigung aller Ein- und Ausfuhrzölle und mengenmäßigen Beschränkungen für Ein- und Ausfuhr von Kernerzeugnissen existiert kein angemessener Austausch innerhalb des Gemeinsamen Marktes. Eine gemeinsame Forschung ist nach Anfangsergebnissen — sachlich, örtlich und zeitlich — nur begrenzt und unvollkommen entwickelt worden, weil die Mitgliedstaaten (insbes. Frankreich aus militärischen Gründen) system-unterschiedlich vorgingen. Das im EAGV vorgesehene Fünf-Jahres-Forschungsprogramm ist nicht fortgeschrieben worden, die Forschungseinrichtungen der EAG waren zeitweise nur befristet in Funktion, ihre Aufgabenstellung und Finanzierung weder vereinheitlicht noch stetig gesichert. Die jüngste Entwicklung verspricht Besseres *(49/26)*.

27 c) Die *EWG* hat ihre Stufenplanung zeitgerecht, z. T. vorzeitig, durchgeführt, die Zollunion und den gemeinsamen Außenzolltarif zum 1. Juli 1968 verwirklicht, die Übergangszeit mit dem Ablauf des Jahres 1969 beendet. Die Freizügigkeit im Warenverkehr, die Freiheiten der Unternehmensniederlassung, der Arbeitnahme, des Dienstleistungs- und Kapitalverkehrs sind vertragsgemäß weitgehend gesichert. Die Agrarmarktordnung ist geschaffen, wenn auch in ihrer Gestaltung und Auswirkung angefochten und revisionsbedürftig. Im Bereich des Wettbewerbsrechts weitesten Sinnes ist das Gemeinschaftsrecht wirksam und unter Kontrolle, die Rechtsangleichung macht Fortschritte, der gerichtliche Rechtsschutz funktioniert, der Ge-

---

[27] Zusammenfassend und reich belegt: *Sattler*, Die Entwicklung der Europäischen Gemeinschaften von ihrer Gründung bis zum Ende der EWG-Übergangszeit, JböR NF 19 (1970) 1—128.

richtshof hat sich als Hüter und Motor der Integration erwiesen. In den Einzelbereichen der Wirtschafts- und Sozialpolitik ist die Lage unterschiedlich. In Erfüllung der Beschlüsse der Haager Konferenz vom 1./2. Dezember 1969[28] haben der Rat und die Vertreter der Regierungen der Mitgliedstaaten am 9. Februar/22. März 1971 die Entschließung über die Wirtschafts- und Währungsunion gefaßt[29]. Am 21. Juli 1970 sind die Verhandlungen über den Beitritt Großbritanniens und der anderen beitrittswilligen Staaten eröffnet worden[30]. Sie haben Anfang 1972 zum positiven Abschluß geführt.

28 d) Diese Faktoren der Gemeinschaftsentwicklung sind in ihrer Relevanz für die Entwicklung des Gemeinschaftsrechts und das Funktionieren der Gemeinschaftsverfassung und -organisation zu werten angesichts der krisenhaften Vorgänge, die den Integrationsfortgang mehrfach behindert und sogar bedroht haben. Sie bedürfen daher näherer Betrachtung *(6/29-37)*.

2. *Krisen*[31]

29 Die Krisengeschichte der Gemeinschaften hebt deren vier hervor: die von Anfang 1963, als die Intervention *de Gaulles* zum Abbruch der ersten Beitrittsverhandlungen mit Großbritannien führte; die sich anschließende bis zur Einigung über die grundlegenden Agrarmarktordnungen im Dezember 1963 und Dezember 1964; die von 1965/66, als Frankreich wegen der von der Kommission vorgeschlagenen Gemeinschaftsfinanzierung der Agrarpolitik den Rat verließ; die vom Sommer 1967 bis Ende 1969 (Konferenz von Den Haag) währende mit ihrem Höhepunkt 1968, als wiederum die Agrarmarktfinanzierung mit ihren Folgewirkungen für die Verfassungsstruktur der Gemeinschaft den Fortgang hemmte.

30 Von ihnen war jene von 1965/66 für das Gemeinschaftsrecht und das Funktionieren der Gemeinschaftsverfassung von exemplarischer Bedeutung[32]. Ihr Verlauf, ihre Überwindung, ihre Lehren stehen beispielhaft für die anderen, schon bewältigten Krisen, nicht weniger auch für solche, die noch bevorstehen mögen. Der Krisentatbestand und -verlauf war folgender:

Die Krise erwuchs, dem Gegenstande nach, aus den Vorschlägen der Kommission zur Finanzierung der gemeinsamen Agrarpolitik vom 31. März 1965, nachdem die

---

[28] EA 1970 D 4.

[29] ABl. 1971 C 28, 1.

[30] EA 1970 Z 172; BullEG 1970/9—10, 78; bereits am 30. 6. 1970 fand die offizielle Eröffnungssitzung mit dem gegenseitigen Austausch von Erklärungen in Luxemburg statt, EA Dok. 1970 D 358.

[31] *Sattler* 127—128.

[32] Dazu: *Kaiser*, Das Europarecht in der Krise der Gemeinschaften, EuR 1966, 4; kritischer in der Krisenanalyse und der Integrationsprognose: *Erler*, Die Krise der Europäischen Gemeinschaften — Europäischer Bundesstaat oder Europa der Vaterländer? Vortragsreihe der Niedersächsischen Landesregierung zur Förderung der wissenschaftlichen Forschung in Niedersachsen 33 (1966).

ersten Agrarmarktordnungen im Januar 1962 verabschiedet worden waren und der Rat im Februar 1964 über die Anwendung der Finanzverordnung Nr. 25 beschlossen hatte. Ende 1964 hatte der Rat im Zusammenhang mit seinem Beschluß auf Einführung gemeinsamer Getreidepreise zum 1. Juli 1967 die Kommission beauftragt, ihm bis zum 1. April 1965 hierüber Vorschläge zu machen, was fristgemäß geschah. Diese Vorschläge hätten zu einer Stärkung der Haushaltsbefugnisse der Gemeinschaft (eigene Einnahmen) und der Stellung des Parlaments geführt. Die Verhandlung hierüber wurde von dem Ratsvorsitzenden, dem französischen Außenminister, in der Nacht zum 1. Juli 1965 abgebrochen, der Ständige Vertreter Frankreichs bei den Gemeinschaften am 6. Juli 1965 zurückberufen. Am 17. Juli 1965 tagte der Ministerrat der EGKS, am 26./27. Juli, 25./26. Oktober, 29./30. November, 20. Dezember 1965 tagte der EWG-Ministerrat jeweils ohne Teilnahme Frankreichs. Inzwischen — im Juli — hatte die Kommission ihre Vorschläge modifiziert (Eigeneinnahmen der Gemeinschaft erst ab 1970) und der Rat die französische Regierung zweimal zur Rückkehr aufgefordert. Am 17./18. Januar und 28./29. Januar 1966 hielt der Rat zwei Sondersitzungen unter Beteiligung Frankreichs (ohne Anwesenheit der Kommission) ab. Seit 28. Februar/1. März 1966 tagte der Rat wiederum zusammen mit der Kommission. In der Sitzung vom 29. Januar 1966 kam zu einem französischen 10-Punkte-Memorandum und zu den Hauptstreitpunkten (Mehrheitsbeschlußfassung des Rates, Verhalten der Kommission) der sog. Luxemburger Accord zustande. Er gipfelt im Kernsatz in der Feststellung der Einhelligkeit darüber, daß eine solche über das Verfahren und die Zulassung der Majorisierbarkeit sehr wichtiger nationaler Interessen nicht bestehe. Dahinter steht die Frage nach der — nationalen oder supranationalen — Kompetenz, die Wichtigkeit dieser Interessen verbindlich zu qualifizieren und damit unter ihrer Anerkennung oder Verleugnung das vertraglich vorgesehene Verfahren möglicher Majorisierung zuzulassen oder aber zu blockieren. Begriffstheoretisch ist das die Testfrage nach der Supranationalität der Gemeinschaften, der verfassungsrechtlichen Durchsetzbarkeit öffentlicher Gemeinschaftsgewalt gegen Staatsgewalt[33].

Dieser Tatbestand erlaubt folgende beispielhaften Erkenntnisse:

31 a) Die Existenz der Gemeinschaftsverträge und der Grundsatz der Vertragstreue, der die Mitgliedstaaten nicht nur konventionell-völkerrechtlich, sondern kraft der Gemeinschaftsverfassung auch in ihrem Mitgliedschafts-Status in den Gemeinschaften und untereinander bindet, haben die Gemeinschaften und das Gemeinschaftsrecht getragen und gestützt. Der die Gemeinschaftsexistenz berührende Vertragsbruch auch eines großen Mitgliedstaates bis hin zur Sezessionsdrohung kann selbst dann ohne Existenzfolge für die Gemeinschaft bleiben, wenn die Krise sich zur Weigerung weiterer Teilnahme an der Willensbildung im Rat steigert. Auch vier Ratstagungen der EGKS und der EWG ohne Teilnahme Frankreichs über nahezu ein halbes Jahr (vom 17. Juli bis zum 20. Dezember 1965) verhinderten nicht die Ratsaktivität der anderen Mitglieder, noch weniger die der Kommission.

32 b) Selbst in dieser Krise schon der Jahre 1965/66, noch Jahre vor der Herstellung der Zollunion und vor dem Ende der Übergangszeit, erwies sich der ökonomische Zustand des Gemeinsamen Marktes als bereits so gefestigt, daß die Krise den Markt nicht merklich beeinflußte. Auch im Krisen-

---

[33] *Ipsen*, Fusionsverfassung 22—23.

jahr hat sich die Relation: „Zuwachs des Binnenhandels — Zuwachs des Bruttosozialprodukts" noch erhöht. Diese und andere Daten haben bewiesen, daß die Gemeinschaftskrise jedenfalls unmittelbar keine wesentlichen Auswirkungen auf die Wirtschaft hatte: ein ökonomischer point of no return war jedenfalls wirksam.

33 c) Dieser Umstand ist Beweis dafür, daß das individuelle Verhalten der Marktbürger und Unternehmen — wenn auch nicht als bewußt-protestatives Plebiszit für den Fortgang der Integration, so doch jedenfalls — mit ihrer Wahrnehmung der gemeinschaftsrechtlich statuierten Marktfreiheiten von einzelnen mitgliedstaatlichen Desintegrationsentscheidungen nicht beeinflußt worden ist: „Die unzähligen Akte der Ausübung solcher Rechte durch die privaten Wirtschaftssubjekte verhalten sich zu der im primären und sekundären Gemeinschaftsrecht objektivierten Integrationsidee wie Kette und Schuß, aus denen das ökonomische Gewebe des Marktes hervorgeht."[34] Für die Politik der Staaten in den Gemeinschaften erwuchsen daraus „Bindungen in der Dimension des wirtschaftlichen Gefüges", gewissermaßen Zwänge zu einer auch rechtlich gebotenen supranationalen „Plangewährleistung" durch die Gemeinschaft und ihre Mitglieder[35].

34 d) Solche Pflicht zu supranationaler „Plangewährleistung" wird legitimiert durch eine den Gemeinsamen Markt ständig konstituierende, integrativ wirkende Wahrnehmung und Verfolgung der im Gemeinschaftsrecht primär gesetzten Ziele und Nutzung der im Sekundärrecht bereitgestellten Verhaltensgrundlagen. In zahlreichen Verlautbarungen während der Krise — nicht zuletzt gerade in Frankreich, aber auch auf Gemeinschaftsebene — bekundeten die Organisationen der Wirtschaft ihr Vertrauen in den Integrationsfortgang und darauf, daß „die einzelnen Stufen, die im Gesamtablauf festgelegt worden sind, eingehalten werden, damit die Unternehmen ein Programm haben, an das sie sich halten können"[36]. Unternehmensverflechtungen, grenzüberschreitende Investitionen bis hin zur Einlassung auf den Mechanismus geordneter Teilmärkte mit Preissicherungen haben in dieser Weise die Gewährleistung der Gesamtplanung im Gemeinsamen Markt postuliert und empfangen.

35 e) Der im Grunde nicht wirtschaftlich, sondern national-politisch bestimmte und ausgelöste Zugriff auf das Funktionieren des höchsten Gemeinschaftsorgans, des Rates, hat weder *seine* Aktivität noch gar die der *anderen* Gemeinschaftsorgane, insbesondere der *Kommission* ausgeschaltet. Ausgeschaltet war auch nicht die des Gerichtshofs, und dies wohl gerade deshalb, weil kein Gemeinschaftsorgan und kein Mitgliedstaat das gerichtliche Mängelrügeverfahren als geeignetes Instrument der Krisenüberwindung glaubte anwenden zu sollen. Insgesamt: „Der institutionelle Mechanis-

---

[34] *Kaiser* EuR 1966, 9.
[35] *Kaiser* EuR 1966, 11 Anm. 28.
[36] *Kaiser* EuR 1966, 10 Anm. 25.

mus des Gemeinsamen Marktes lief auf der erreichten Integrationsstufe horizontal weiter«[37], so in der Sekundärrechtsetzung der Kommission, im Erlaß ihrer Entscheidungen, Empfehlungen und Programme, obwohl sie — anders als sonst — an den Ratstagungen ohne Frankreichs Beteiligung nicht teilhatte. Behindert war die Aktivität des Rates selbst, obwohl schriftliche und Ausschuß-Kontakte mit Frankreich stattfanden. Gleichwohl hat die weitere Zusammenarbeit der Fünf im Rat, in seinen Ausschüssen und als im Rat vereinigte Regierungsvertreter das Prinzip der Willensbildung *im Gemeinschaftsorgan Rat* und seinen Ausschüssen bis hin zur Kompromißlösung *ebenfalls im Rat* aufrechterhalten. Sie hat damit beispielhaft auch für die Zukunft seine Handlungs- und Beschlußfähigkeit selbst bei Abwesenheit eines Mitgliedes prästiert. Auch für vertragsrechtlich vorgesehene Einstimmigkeit der Beschlußfassung, der förmliche Stimmenthaltung schon kraft positiven Rechts nicht im Wege steht, sollte damit ein entsprechendes Praejudiz dahin gesetzt sein, daß gemeinschaftswidrige Abwesenheit eines Mitgliedes einstimmige Ratsbeschlüsse nicht ausschließt.

36 f) Die Krise, in der mit Frankreich eines der großen Mitglieder — und dasjenige, das in manchen Zügen einen Vorrang vor anderen beansprucht — sich der Mitwirkung im Rat entzog, hat bestätigt, daß das Gemeinschaftsrecht *keinem Mitgliedstaat* eine *Hegemonie* einräumt. Ein bis zum Luxemburger Krisen-Abschluß am 18./19. Januar 1966 etwa postulierter Vorrang Frankreichs hat jedenfalls keine Anerkennung gefunden. Es ist auch nicht ersichtlich, daß ein anderer Anspruch solcher Art sie finden könnte. Die Krise hat das Vertragsrecht dahin bestätigt, daß sich im Willensbildungsprozeß des Rates ein hegemoniales Veto nicht durchzusetzen vermag.

37 g) Der Accord vom 29. Januar 1966 ist auch als Luxemburger Patt bezeichnet worden, in der Schachsprache: Erstarrung wegen Zugunfähigkeit. Die weitere Entwicklung hat gezeigt, daß selbst die accordierende Fixierung dieser Erstarrungs-Situation den Fortgang der Ratswillensbildung als solcher nicht ausschließen konnte. Auch die förmliche Accordierung über ein nicht ausgetragenes, entscheidendes Krisenthema hat der Wiederingangsetzung vertraglicher Prozeduren nicht im Wege gestanden.

VI. Die drei Gemeinschaften bis zu ihrer Fusionierung

1. Zuordnung der Gemeinschaftsverträge[38]

38 a) Die Vergemeinschaftung des Kohle- und Stahlmarktes ist der Errichtung der EWG und der EAG um nahezu 6 Jahre voraufgegangen. Der gemeinsame Kohle- und Stahlmarkt und der des EAGV für Kernenergie

[37] *Kaiser* EuR 1966, 13.
[38] *Teitgen* DrCommEur Nrn. 27—48; *van der Esch* CahDrEur 1970, 303.

erfassen nur Sektoren der im übrigen im EWGV integrierten Gesamtwirtschaft. Deshalb hat der EWGV seine Zuordnung zu den beiden anderen Verträgen in zwei Richtungen klarstellen müssen *(3/47—50)*. Nach seinem Art. 232 I ändert der EWGV nicht die Bestimmungen des EGKSV. Nach Abs. II a.a.O. beeinträchtigt er nicht die Vorschriften des EAGV. Art. 232 I ist auch durch das Abkommen über Gemeinsame Organe für die Europäischen Gemeinschaften vom 25. März 1957 (BGBl. II, 1156), das mit den Römischen Verträgen beschlossen wurde und zu Organisationsänderungen des EGKSV führte, im übrigen nicht berührt worden. Die Zielsetzungen, Aufgaben- und Kompetenzregelungen blieben also weiterhin vom Grundsatz der funktionellen Separierung der Gemeinschaften bestimmt.

39 b) Daran hat sich auch durch den Vertrag zur Einsetzung eines gemeinsamen Rates und einer gemeinsamen Kommission der Europäischen Gemeinschaften vom 8. April 1965 (BGBl. II, 1454), der die sog. Fusion der Gemeinschaftsexekutiven herbeiführte, nichts geändert: Rat und Kommission üben die ihnen zustehenden Befugnisse und Zuständigkeiten *jeweils nach Maßgabe der drei einzelnen Gemeinschaftsverträge* (Art. 1, 9 FusV) aus.

40 c) Art. 32 I dieses Vertrages ist zu entnehmen, daß die Vertragschließenden einen „Vertrag zur Gründung einer einzigen Europäischen Gemeinschaft", also eine Fusionierung *der Gemeinschaften selbst,* beabsichtigen. Der dafür vorgesehene Zeitpunkt (nach drei Jahren, also — seit Inkrafttreten des Vertrages am 1. Juli 1967 gerechnet — der 1. Juli 1970) ist überschritten, die Fusionierung ist vertagt, damit auch die Thematik einer Fusionsverfassung. Die Gründe für die Vertagung liegen nicht in der Preisgabe des Fusionsvorhabens. Sie liegen in der politischen Entscheidung, der Entwicklung der Gemeinschaften zur Wirtschafts- und Währungsunion und ihrer etwaigen Erweiterung durch den Beitritt neuer Mitglieder Priorität zu geben. Die Vertagung der Fusionierung wird gegenwärtig (1971) auf einen Zeitraum von drei Jahren bemessen.

2. *Fusionsverfassung*[39]

41 a) Nach der Konzeption des Vertrages über die Fusion der Exekutiven vom 8. April 1965 nicht nur, sondern vor allem nach dem Stand der erreichten Integration und dem erklärten politischen Willen der Mitgliedstaaten geht es bei den Perspektiven einer Fusion der Gemeinschaften und ihrer Fusionsverfassung nicht um das „ob" und „wie" der Integration an sich. *Hierüber ist entschieden. Es geht vielmehr um einen besonderen weiteren Integrationsschritt.* Verfassungsperspektiven zur Fusion können aber nach Maß und Zukunftsansprüchen schwerlich weiter ausholen als etwa die Römischen Verträge in der Bemessung ihrer zwölfjährigen Übergangszeit oder andere aktuelle Integrationsprogramme, die mit 7 oder 8 Jahren operieren.

---

[39] Dazu: *Ipsen,* Fusionsverfassung Europäische Gemeinschaften (1969); *Teitgen* DrCommEur Nrn. 27—48.

42 b) Vorbereitungen einer Fusionsverfassung auf der Grundlage einer Arbeitshypothese der Kommission sind Ende 1967 aufgenommen worden. Das Parlament hat hierzu in seiner Entschließung vom 15. Mai 1968 Stellung genommen. Die Kommissionshypothese zielte — auf einer mittleren Linie zwischen einer Minimallösung (Beibehaltung des EWGV lediglich unter Hinzufügung neuer Kapitel über Energie und Forschung) und einer Maximalvorstellung bundesstaatsartiger Vor-Verfassung — auf folgende Maßnahmen: 1. Verschmelzung, 2. Neufixierung von Integrationszielen, 3. Renovierung und Vereinheitlichung des Handlungsinstrumentariums mit gewissen Verstärkungen im Gemeinschaftsinteresse und bemessener Kompetenzanreicherung des Parlaments. Diese fusionierende, fortschrittliche Neuverfassung erfordert einen ratifikationsbedürftigen Vertragsschluß aller Mitgliedstaaten. Für die Minimallösung einer Additions-Verfassung (Hinzufügung neuer Sonderkapitel zum EWGV) gilt dasselbe, selbstverständlich auch für eine auf politische Endziel-Setzung gerichtete Neu-Verfassung mit Parlamentarisierung der Versammlung, delegierter Normsetzungsgewalt der Kommission und Stärkung des Mehrheitsprinzips.

43 c) Den Gestaltungsprinzipien der Fusionsverfassung ist nicht — wiewohl das oft behauptet wird — zwangsläufig in Richtung auf eine Entscheidung zur parlamentarisch-demokratischen Repräsentationsverfassung dadurch präjudiziert worden, daß Art. 138 III EWGV allgemeine unmittelbare Wahlen zum Parlament vorsieht. Der Fortschrittszwang nötigt also *nicht* — weder rechtlich noch politisch — zur *europäischen Föderalverfassung überlieferter Staatlichkeit.* Daß funktionelle Integration davon abhinge, jeden Staatlichkeitsverlust durch entsprechenden Zuwachs an europäischer Bundesstaatlichkeit zu kompensieren, ist nicht erwiesen und leidet unter etatistischen Zwangsvorstellungen. Auch die fusionierte einzige Gemeinschaft kann und wird nicht jene Qualität der Staatlichkeit besitzen, die sich in der Verantwortlichkeit absoluter Ordnung für Recht, Schutz und Daseinsvorsorge des Einzelnen äußert. Andererseits wird sie als Zweckverband solche wirtschaftlichen und sozialen Leistungsaufgaben öffentlicher Gewalt integriert und supranational wahrzunehmen haben, die den modernen Staat als état actif, als Leistungsstaat kennzeichnen, und dies in funktioneller Entflechtung, weil der Nationalstaat insoweit ein Monopol nicht mehr besitzt.

44 d) Zur gehörigen Erfüllung dieser Aufgaben öffentlichen Interesses — und ohne deshalb schon einen Bundesstaat oder eine Vorstufe hierzu zu formieren — muß eine Fusionsverfassung eindeutig dem Gestaltungsprinzip der *Supranationalität* folgen. Es artikuliert sich schon in einvernehmlicher Fixierung von Vertragszielen. Auch ist jeder Akt des Vertragsvollzuges bereits Realisierung von Verfassungszielen, die nicht mehr solche staatlich-nationaler Ordnung, sondern solche von Gemeinschaftsgehalt sind. Es verwirklicht sich im Mehrheitsprinzip der Ratswillensbildung, und dies selbst dann, wenn es nicht durch Majorisierung praktiziert, sondern durch package deal in mittlerer Lösung mittelbar wirksam wird. Jede Minderung des Prinzips der Supranationalität in der Fusionsverfassung würde den Fortschritt der Vergemeinschaftung hemmen.

45 e) Die im schon geltenden Gemeinschaftsrecht wirksame Ausgestaltung des *Gewaltenteilungsprinzips* bedarf in der Fusionsverfassung keiner grundsätzlichen Wandlung. Sie wirkt horizontal zwischen Kommission und Parlament, zwischen Kommission und Rat, zwischen Rat und Parlament. Sie wirkt in der Vertikalen zwischen Mitgliedstaaten und Kommission und im Antagonismus der Ratsstruktur. Es wäre verfehlt, aus einem vermeintlich staatsrechtlich vorbestimmten Gehalt einer Gewaltenteilung auf eine notwendig staatsrechtlich determinierte Gewaltenteilung auch der Fusionsverfassung schließen zu wollen. Den Zweck der staatsrechtlichen Gewaltenteilung, die Wirksamkeit öffentlicher Gewalt zu begrenzen, erfüllen im Gemeinschaftsrecht — und kann eine Fusionsverfassung weiterhin erfüllen — die vertragliche Kompetenzzumessung an alle Gemeinschaftsorgane, ihre Kontrolle durch den Gerichtshof und der Ausschluß jeder Kompetenz-Kompetenz, auch der des Rates.

46 f) In ihrer *Systematik* sollte die Fusionsverfassung an erster Stelle die Fond-Regeln über Ziele und Aufgaben der Gemeinschaft plazieren. Ihnen — im EWGV-Stil des traité cadre, nicht dem des traité de règles des EGKSV formuliert — sind die institutionellen und bislang sog. „Verfahrens"-Regeln nachzuordnen. Eine Fusionsverfassung muß um Bewahrung und Fixierung des Erreichten und Gesicherten bemüht sein, darunter auch des Vorrangs des Gemeinschaftsrechts. Im Organisationsstatut ist und bleibt die Stellung des Rates entscheidend: als letztes Entscheidungs- und Ausgleichs-Zentrum der Gemeinschaft, mit potentieller Majorisierbarkeit in der Willensbildung, der Verhinderung hegemonialer Vetokompetenzen, in seiner Verschränkung mit der unabhängigen Kommission zur einheitlich wirksamen Entfaltung der öffentlichen Gemeinschaftsgewalt. Alle Handlungsermächtigungen und Verfahrensregeln müssen optimaler Funktionswahrnehmung dienen und, soweit angängig, in den Grenzen ihrer Planhaftigkeit zeitgebunden werden. Die Erfahrungen der bisherigen Integration und die Einsicht in die Zeitbedingtheit aller Wirtschaftsplanung gebieten, Aufgaben- und Zielbestimmungen der Fusionsverfassung unter ein Zeitraster zu legen. Darin läge nicht nur eine Bindung und Verpflichtung für die Gemeinschaftsaktivität. Darin läge zugleich eine Zeitplanung für den Vollzug nationaler und gemeinschaftlicher Kompetenzaufteilung und -wahrnehmung und eine den Marktbürger rechtsstaatlich sichernde Funktion einer supranationalen Plangewährleistungspflicht. Die die Wirtschaftsverfassung der Gemeinschaft konstituierenden, in ihr bislang objektivierten Freiheiten des Marktbürgers vertragen und verdienen individualrechtliche Aktualisierung und Sicherung gerichtlichen Rechtsschutzes im Mindestmaße des Wesensgehalts entsprechender nationaler Grundrechtsgewährleistungen. Auch die fusionierte Gemeinschaft wird als Rechtsgemeinschaft ausschließlich über das *Recht* und *Rechts-*

akte als Handlungsinstrument verfügen. Deshalb zählen die auch staatsrechtlich der Rechtsstaatlichkeit entspringenden Handlungsgebote zu ihren selbstverständlichen ungeschriebenen Maximen. Von der Rechtsprechung des Gerichtshofs bereits fixiert und ausgebreitet, bedürften sie positiver Verlautbarung im Grunde nicht mehr.

47 g) Je weiter der Bogen der Verfassungsperspektiven der fusionierten Gemeinschaft gespannt wird, um so intensiver gilt als verfassungspolitisches Anliegen das der *demokratischen Konsentierung der Gemeinschaftsgewalt.* Der Ansatz des Art. 138 III EWGV (demokratische unmittelbare Wahlen zum Parlament, Ausstattung der Versammlung mit allen Rechten in einem parlamentarischen, parteienstaatlichen Regierungssystem mit Gesetzgebungs- und Budgethoheit) dient und gilt als Zwangsmodell aller Fortentwicklung. Es fragt sich, ob dieser Zwang sinnvoll und unausweichlich ist. Das etatistische Schema verkennt einmal, daß schon das geltende Gemeinschaftsrecht zur Organbesetzung, Organentscheidung, Abberufung und Ablösung demokratische Konsentierung voraussetzt und realisiert. Diese Konsentierung erfolgt unintegriert, nicht supranational, nämlich im Rahmen und in den Verfahren der mitgliedstaatlichen Verfassungen in bezug auf solche nationalen Parlaments- und Regierungsakte, die ihrerseits als mitgliedstaatliche Teilhabe an der gemeinschaftlichen Willensbildung und der Kreation der Gemeinschaftsorgane ergehen. Das Schema des Art. 138 III EWGV in seinem Modellzwang übersieht weiterhin, daß alle Wahrnehmung öffentlicher Gemeinschaftsgewalt zu ihrer Realisierung durch Gemeinschaftsorgane *vorab* gebunden ist. Diese Bindung erwächst aus jener Qualifikation und Eingrenzung öffentlicher Gemeinschaftsinteressen, die die Aufgaben- und Zielbestimmungen verlautbaren und die ihrerseits auf demokratisch konsentierte nationale Entscheidungen zurückgehen. Kein Gemeinschaftsorgan ist zu autonomer Anreicherung oder Variation der Zielbestimmungen und Gemeinschaftsaufgaben befugt. In beiden Hinsichten stellt sich daher schon de conventione lata, aber nicht minder zur künftigen Fusionsverfassung die Frage, ob und inwieweit in *diesem* Aufgabenbereich der funktionellen Integration ein *zusätzliches* Konsentierungs- und Legitimationsbedürfnis staatsrechtlichen Demokratie-Verständnisses *überhaupt noch besteht.* Soweit die Gemeinschaftsverfassung die integrierte Verlängerung der Staatsverfassungen oder — anders formuliert — die integrierte Verdichtung staatsrechtlich noch nicht oder nicht mehr qualifizierter öffentlicher Interessen darstellt, ist diese Frage nach dem Bedürfnis zusätzlicher Konsentierung zutreffend gestellt.

48 h) Auch soweit diese Frage bejaht wird, ist damit indes nicht ebenso geklärt, daß diese zusätzliche Konsentierung sich in einer Fusionsverfassung mit Zwangsläufigkeit eben jener Methoden der Herrschaftslegitimation und -kontrolle bedienen müsse, die das 19. Jahrhundert in den geltenden Staatsverfassungen überliefert hat. Denn eine Fusionsverfassung bietet eine verpflichtende Chance der Prüfung und Erprobung, ob nicht jedenfalls im Wirkungsbereich der Wirtschafts- und Sozialpolitik einer modernen Industriegesellschaft andere, neue Legitimations- und Kontrollmethoden angebracht sind. Es fragt sich auch, ob sie etwa entbehrlich sind, soweit Wirtschafts- und Sozialpolitik aus ihrem Verfahren und der Sache heraus sich in immanenter Selbstkontrolle der Sachgerechtigkeit vollzieht. Das gilt vornehmlich für Akte von Planungsgehalt und solche, die aus dem Sachzwang der Planung, ihrer Vorbereitung und notwendigen Datenversetzung weniger zur Entscheidung als zur Einsicht und Erkenntnis nötigen. Es ist sicherlich richtig, daß Verfahren derart organisierter Willensbildung und Erkenntnis rechtstechnisch bislang noch nicht hinreichend entwickelt sind und „noch keinesfalls die Reife der klassischen politischen Institutionen für Willensbildung und Repräsentation" erlangt haben[40]. Das schließt indes nicht aus, in einer Fusionsverfassung der Frage hinreichender demokratischer Konsentierung von Akten der Gemeinschaftsgewalt mit den Erfahrungen und Erkenntnissen zu begegnen, die die bisherige Integrationspraxis und neue Methoden der Wirtschafts- und Sozialgestaltung *auch im staatlichen Bereich* geliefert haben. Es wäre abwegig, ihr im Modellzwang überlieferter, nationalstaatlicher Verfassungsschemata und in der Verleitung eines „unglaubwürdigen"[41] Art. 138 III EWGV ausschließlich und unkritisch auf den Bahnen parlamentarisch-repräsentativer Demokratie-Verfassungen zu folgen.

Diese Erwägungen zur Fusionsverfassung *(6/43—48)* gehören in den Gesamtzusammenhang der Perspektiven, die sich zur *Verfassungspolitik* der Gemeinschaften stellen *(§ 54)*.

---

[40] *H.-J. Arndt,* Die Figur des Plans als Utopie des Bewahrens, in: Säkularisation und Utopie. Erbacher Studien (1967) 147.

[41] *Wagner,* Staat 9 (1970) 267: Es sei lange verhehlt worden, „daß das Inaussichtstellen unmittelbarer Wahlen zu einem europäischen Parlament nur eine Verbeugung gegenüber dem Zeitgeist war und daß die Bestimmung des Art. 138 III EWGV nur dessen Glaubwürdigkeit beeinträchtigt".

§ 7 MITGLIEDSTAATEN — ASSOZIIERUNG — AUSSENBEZIEHUNGEN

Ananiadès, L'association aux Communautés européennes (1967); *von Arnim,* Der Stand der Assoziationsverhältnisse der EWG mit außereuropäischen Staaten, ZaöRV 30 (1970) 483; *Baer-Kaupert,* Vertragsverschmelzungen, Vertragskonkurrenzen, in: Einführung 291; *Binswanger-Mayrzedt* (Hg.), Die Neutralen in der europäischen Integration (1970); *Binswanger-Mayrzedt,* Was wird aus den Neutralen bei der Erweiterung der EWG?, EA 1970, 347; *Bot,* Negotiating community agreements: procedure and practice, CMLR 1970, 287; *Bülow,* Die Anwendung des Gemeinschaftsrechts im Verhältnis zu Drittländern, in: Einführung 50; Colloque sur les relations entre la Communauté Economique Européenne et les pays en voie de développement, Colloque de Berlin, Sept./Okt. 1968 (1970); La Communauté et les pays méditerrannéens (1970); *Doll,* Die Rechtsfragen der Entwicklungshilfepolitik, in: Einführung 199; *Erdman-Rogge,* Die Europäische Wirtschaftsgemeinschaft und die Drittländer (1960); *Everling,* Neuregelung des Assoziationsverhältnisses zwischen der Europäischen Wirtschaftsgemeinschaft und den afrikanischen Staaten und Madagaskar sowie den überseeischen Ländern und Hoheitsgebieten, ZaöRVR 24 (1964) 472; *Hardy,* The diplomatic activities of international organisations: the United Nations and the European Communities contrasted, RevBelgDrInt 1969, 44; *Hallier,* Die Vertragsschließungsbefugnis der EGKS, ZaöRV 17 (1957) 428; *Jaeger,* GATT, EWG und EFTA. Die Vereinbarkeit von EWG- und EFTA-Recht mit dem GATT-Statut. Schweizerische Beiträge zum Europarecht 4 (1970); *Jaeger,* Die Frage der räumlichen Erweiterung der EWG im Lichte des GATT-Status, in: Außenwirtschaft 1970, 64; *Kaja,* Neutralität und europäische Integration, ArchVR 11 (1963) 35; *Kovar,* Le renouvellement de la Convention de Yaoundé, RevTrimDrEur 1969, 534; *Krenzler,* Die Beziehungen der EWG zu den Mittelmeerländern, EA 1971, 139; *Lambach,* Die Außenbeziehungen der Europäischen Gemeinschaften, Integration 1969, 193; *Lörcher,* Der Abschluß völkerrechtlicher Verträge nach dem Recht der drei europäischen Gemeinschaften (1965); *Louis,* Droit et politique de relations extérieures des Communautés européennes, CahDrEur 1971, 3; *Nettesheim,* Die Vertragsschließungskompetenz der Europäischen Atomgemeinschaft, Diss. Köln (1963); *Neundoerfner,* Die auswärtige Gewalt der Europäischen Atomgemeinschaft, Diss. Frankfurt/Main (1961); *Oppermann,* Die Assoziierung Griechenlands mit der Europäischen Wirtschaftsgemeinschaft, ZaöRV 22 (1962) 486; *Pescatore,* Les Communautés en tant que personnes de droit international, DrCommEur Nr. 326; *Plessow,* Neutralität und Assoziation mit der EWG, dargestellt am Beispiel der Schweiz, Schwedens und Österreichs, KSE 8 (1967); *Reichling,* Le droit de légation des Communautés européennes (1964); Les relations extérieures de la Communauté européenne unifiée. Drittes Fusions-Kolloquium Lüttich 25. — 27. 10. 1967 (1969); *Rey,* Champ d'application dans l'espace. Procédure d'adhésion et d'association, DrCommEur Nr. 1714; *Saclé,* L'association dans le Traité de Rome, RevTrimDrEur 1968, 1; *Steinberger,* GATT und regionale Wirtschaftszusammenschlüsse, Beiträge zum ausländischen öffentlichen Recht und Völkerrecht 41 (1963); *Testa,* L'intervento degli stati membri nella procedura di concluzione degli accordi d'associazione della Comunità Economica Europea, RivDirEur 1966, 261; *Tomuschat,* EWG und DDR. Völkerrechtliche Überlegungen zum Sonderstatus des Außenseiters einer Wirtschaftsunion, EuR 1969, 298; *Vignes,* L'association des Etats africains et malgache à la C. E. E. (1970); *Wockenfoth,* Das Abkommen über die Assoziierung der Türkei mit der Europäischen Wirtschaftsgemeinschaft, AWD 1963, 298; *Wolfram,* Die Assoziierung überseeischer Gebiete an die EWG (1964); *Zieger,* Zum Rechtsbegriff der Assoziierung (1965).

I. Mitgliedstaaten

1 Mitgliedstaaten aller drei Gemeinschaften sind das Königreich Belgien, die Bundesrepublik Deutschland, die Französische Republik, die Italienische Republik, das Großherzogtum Luxemburg und das Königreich der Niederlande. Ihre Staatsoberhäupter erscheinen in den Vertragspräambeln als die für ihre Staaten Vertragschließenden. Die sechs Mitgliedstaaten werden in Art. 227 EWGV, 198 EAGV, 79 EGKSV als räumlicher Anwendungsbereich der Verträge genannt, in Art. 138 II EWGV, 108 II EAGV, 21 EGKSV hinsichtlich ihrer Repräsentation durch Abgeordnete in der Versammlung, in Art. 148 II EWGV, 118 II EAGV hinsichtlich der mitgliedstaatlichen Stimmwägung bei Ermittlung der qualifizierten Mehrheit für Ratsbeschlüsse, in Art. 194 I EWGV, 166 I EAGV hinsichtlich ihrer Vertretung im Wirtschafts- und Sozialausschuß, in Art. 200 EWGV, 172 EAGV hinsichtlich der Haushalts-Aufbringungsschlüssel. Zum Beitritt neuer Mitglieder vgl. *54/51 ff.*

2 Unter den Mitgliedstaaten stehen einmal die *BRD und Frankreich* in der besonderen Beziehung ihres Vertrages vom 15. Juni 1963 über die deutsch-französische Zusammenarbeit (BGBl. 1963 II, 705). Obwohl der Vertrag primär nicht die Wirtschaftsbeziehungen beider Staaten betrifft, bekundet die BRD in seiner Präambel ihren Willen zur Förderung der Einigung Europas auf dem durch die Schaffung der Europäischen Gemeinschaften begonnenen Wege unter Einbeziehung Großbritanniens und anderer zum Beitritt gewillter Staaten sowie zur weiteren Stärkung der Gemeinschaften, zum Abbau der Handelsschranken durch Verhandlungen zwischen der EWG, Großbritannien, den USA und anderen Staaten im Rahmen des GATT.

3 Zum anderen haben *Belgien, Luxemburg und die Niederlande* im Jahre 1944 eine Zollunion und im Jahre 1958 eine Wirtschaftsunion vereinbart. Eine Wirtschaftsunion mit Währungseinheit besteht bereits seit 1921 zwischen *Belgien und Luxemburg.* Art. 233 EWGV, 202 EAGV sehen vor, daß EWGV und EAGV regionalen Zusammenschlüssen nicht entgegenstehen, soweit ihre Ziele durch die Anwendung der beiden Verträge nicht erreicht werden. Infolgedessen gehen die jeweils *weitergehenden* Bestimmungen des EWGV und des EAGV oder der regionalen Abkommen vor[1].

1. Relationen unter den Mitgliedstaaten

4 Innerhalb der sechs Mitgliedstaaten werden die BRD, Frankreich und Italien in manchen Beziehungen (Repräsentation in der Versammlung, Stimmwägung im Rat, Vertretung im Wirtschafts- und Sozialausschuß) gleichmäßig als die drei großen Mitgliedstaaten behandelt (dies nicht hinsichtlich Italiens, das eine geringere finanzielle Aufbringungslast zu tragen

[1] *Wohlfarth* u. a. Komm. 2 zu Art. 233.

hat). Unter den drei kleineren Mitgliedstaaten werden Belgien und die Niederlande gleichbehandelt, während Luxemburg als kleinster Mitgliedstaat am geringsten, indes zur Sicherung angemessener Teilhabe in Relation zu seiner Bevölkerungszahl und Wirtschaftskraft über-repräsentiert ist.

Die Bevölkerungszahlen und der Gebietsumfang der Mitgliedstaaten machen die quantitativen Relationen zwischen ihnen sichtbar[2]. Weitere quantitative Vergleiche[3] ergeben sich aus dem Volumen ihres Bruttosozialprodukts, ihrer Bruttoanlageinvestitionen, den Zahlen ihrer Erwerbspersonen nach Wirtschaftsbereichen[4].

5 Innerhalb der drei großen Mitgliedstaaten kann — ohne Rücksicht auf die jeweilige *staatsrechtliche* Stellung dieser Teilgebiete, die nur in der BRD bundesstaatlich fixiert ist, — auch mit wirtschaftlicher Relevanz zwischen den *Ländern der BRD* und in *Frankreich und Italien* zwischen *„Regionen"* unterschieden werden[5].

2. *Rechtsstellung der Mitgliedstaaten (Verweisungen)*

6 Die *Rechtsstellung der Mitgliedstaaten* bestimmt sich insgesamt unter verschiedenen Aspekten aus dem Recht der Verträge und den Grundlagen des nationalen Rechts, kraft deren die Staaten den Gemeinschaften beigetreten sind. Im einzelnen ist zu verweisen:

für die *nationalen Verfassungsgrundlagen der Vergemeinschaftung* auf § 2;

für den *räumlichen Geltungsbereich der Gemeinschaftsverträge* im Hoheitsgebiet der Mitgliedstaaten und die Besonderheiten, die für die BRD als Mitgliedstaat in bezug auf West-Berlin und die DDR, für Frankreich in bezug auf Algerien und seine überseeischen Departments gelten, auf § 4;

für die *Assoziierungsbeziehungen* Belgiens, Frankreichs, Italiens und der Niederlande zu außereuropäischen Ländern und Hoheitsgebieten, die mit ihnen besondere Beziehungen unterhalten, auf nachstehenden Abschnitt II *(7/7—17);*

für ihre *allgemeine Rechtsstellung* als Gründer und Glieder der Gemeinschaften auf § 9;

für die *Zuordnung ihres nationalen Rechts zum Gemeinschaftsrecht* auf § 10;

für ihre *Teilhabe an Organbesetzung und -bestellung sowie am Organhandeln* der Gemeinschaften auf §§ 12—16;

für ihre Teilhabe an ihrer *Personalausstattung* auf § 17;

für ihre Teilhabe an ihrer *Finanzierung* auf § 18;

für ihre Teilhabe am *Rechtsschutzsystem* auf § 43.

Wegen der Rechte und Pflichten, die den Mitgliedstaaten innerhalb des Gemeinsamen Marktes und seiner Ordnung zustehen und obliegen, ist zu verweisen auf den VI. Teil (§§ 28—40);

wegen der *Zuordnung ihrer nationalen Wirtschafts- und Sozialpolitik zu den Zuständigkeiten der Gemeinschaften* auf den VIII. Teil (§§ 44—53).

[2] Hierzu vgl. *6/23* mit der Tabelle 1: Fläche, Bevölkerung, Bevölkerungsdichte.

[3] Für solche oder ähnliche Vergleiche stehen die wiederholt zitierten „Statistischen Grundzahlen der Gemeinschaft", Hg. Statistisches Amt der Europäischen Gemeinschaften, zur Verfügung — gegenwärtig in 10. Aufl. (1970).

[4] Vgl. *6/23* mit den entsprechenden Tabellen und statistischen Nachweisen.

[5] Vgl. *6/23* mit der Tabelle 2: Regionen.

II. Assoziierung (53/1 ff.)

7 Nach Art. 3 k EWGV umfaßt die Tätigkeit der Gemeinschaft die Assoziierung der überseeischen Länder und Hoheitsgebiete, um den Handelsverkehr zu steigern und die wirtschaftliche und soziale Entwicklung durch gemeinsame Bemühungen zu fördern. Art. 131—136 dienen der Ausführung dieser Bestimmung und haben die Rechtsgrundlagen für dieses Assoziierungssystem gegeben. Diese (in Anhang IV des Vertrages genannten) Länder und Hoheitsgebiete sind *unmittelbar durch den Vertrag selbst* in Verbindung mit dem Durchführungsabkommen vom 25. März 1957 (BGBl. II, 998) assoziiert worden. Art. 132—136 bilden ihr „besonderes Assoziierungssystem“ (Art. 227 III). Eine Assoziierung *gemäß Art. 238* kommt erst durch ein zu schließendes Abkommen zustande. Ein solches wird durch Art. 238 selbst *nicht inhaltlich,* sondern *nur in seinem System* vorbestimmt.

Nach Art. 238 EWGV, 206 EAGV können die Gemeinschaften der Römischen Verträge mit einem dritten Staat, einer Staatenverbindung oder einer internationalen Organisation Abkommen schließen, die eine Assoziierung mit gegenseitigen Rechten und Pflichten, gemeinsamem Vorgehen und besonderen Verfahren herstellen.

Während die Assoziierungen gemäß Art. 131 ff. EWGV der Zuordnung zu überseeischen Ländern und Hoheitsgebieten gelten, die ihrerseits mit Belgien, Frankreich, Italien und den Niederlanden besondere Beziehungen (kolonialen Ursprungs) unterhalten, gestatten Art. 238 EWGV, 206 EAGV Assoziierungen — außer mit nicht-europäischen — auch mit europäischen Staaten.

8 Assoziierung ist „eine dauerhafte Verbindung eines außerhalb der Gemeinschaft stehenden Staates mit der in ihrem Bestand und insbesondere ihren Organen unberührten Gemeinschaft“[6], also *nicht* (beschränkte oder teilweise) *Mitgliedschaft in der* Gemeinschaft. Sie bezweckt die Teilnahme des Assoziierten an den Gemeinschaftszielen, geht als solche über die Intentionen üblicher völkerrechtlicher Handelsverträge hinaus, behandelt Gemeinschaft und Assoziierten als gleichberechtigte Partner und findet auch in einer gewissen Institutionalisierung Ausdruck.

1. Überseeische Länder und Hoheitsgebiete

9 a) Bei Abschluß des EWGV standen überseeische Länder und Hoheitsgebiete in Afrika und im Karibischen Raum noch in abhängigen Beziehungen insbesondere zu Frankreich und Belgien. Die Bewahrung der darauf beruhenden Wirtschaftsverbindungen und die Entwicklungsförderung dieser Gebiete auch durch Finanzhilfen wurde durch Art. 131 II, III EWGV gesichert: „Ziel der Assoziierung ist die Förderung der wirtschaftlichen und

[6] *Everling* ZaöRVR 24 (1964) 477.

sozialen Entwicklung der Länder und Hoheitsgebiete und die Herstellung enger Wirtschaftsbeziehungen zwischen ihnen und der gesamten Gemeinschaft. Entsprechend den in der Präambel dieses Vertrages aufgestellten Grundsätzen soll die Assoziierung in erster Linie den Interessen der Einwohner dieser Länder und Hoheitsgebiete dienen und ihren Wohlstand fördern, um sie der von ihnen erstrebten wirtschaftlichen, sozialen und kulturellen Entwicklung entgegenzuführen."

Die meisten der fraglichen Länder und Hoheitsgebiete, die Anhang IV zum EWGV aufgezählt hat, haben inzwischen ihre Unabhängigkeit erlangt[7]. Das hatte entsprechende Änderung der Assoziierungsbeziehungen zur Folge. Die französischen überseeischen Departements zählen nach Art. 227 II EWGV nicht zu den Assoziierungs-Gebieten. Gleiches galt für Algerien[8], das mit Frankreich bereits in einer Zollunion verbunden war.

10 b) In Art. 132—135 EWGV sind die Grundsätze der Assoziation und die Zollregelungen aufgenommen worden. Das zum Vertragsbestandteil erklärte Durchführungsabkommen vom 25. März 1957 (BGBl. II, 998) enthielt gemäß Art. 136 EWGV auf die Dauer von fünf Jahren (bis Ende 1962) die näheren Regelungen über Finanzhilfen, mengenmäßige Beschränkungen und das Niederlassungsrecht. Nach Beendigung der Abhängigkeitsverhältnisse zwischen den fraglichen Gebieten und den Mitgliedstaaten entfielen die Voraussetzungen für den Fortbestand der bisherigen Assoziierungsregelungen[9]. Sie entfielen auch für die weitere Anwendung des Vierten Teils des EWGV und insbesondere seines Art. 136 II, der insoweit die Zuständigkeit des Rates vorgesehen hatte. Die Neuregelung der Assoziation war deshalb auf den Weg des Art. 238 EWGV verwiesen, der als solcher ausdrücklich indes für die Neuregelung nicht angezogen worden ist.

11 c) Sie ist erfolgt durch das am 20. Juli 1963 in Jaunde unterzeichnete, auf zunächst fünf Jahre befristete Abkommen (ABl. 1964, 1431; BGBl. 1964 II, 289). Es ist durch das Assoziierungsabkommen vom 29. Juli 1969 zwischen der EWG und den mit dieser Gemeinschaft assoziierten afrikanischen Staaten und Madagaskar (ABl. 1970 L 282, 2; BGBl. 1970 II, 522) ersetzt worden. Das am 1. Januar 1971 in Kraft getretene Abkommen soll bis zum 31. Januar 1975 gelten. Da der Vertrag vom 20. Juli 1963 nicht nur Gemeinschaftszuständigkeiten, sondern auch solche der

---

[7] Everling ZaöRVR 24 (1964) 484.

[8] Zur Stellung Algeriens: *Tomuschat* EuR 1969, 310 mit Anm. 75. Die fünfzehn algerischen Departements Frankreichs haben Unabhängigkeit erlangt auf Grund des Evian-Abkommens vom 18. 3. 1962 (Texte im ArchVR 11 [1963] 212); bis dahin war Algerien als Teil der Départements d'Outre Mer, wenn auch in besonderer Organisation, „integrierender Bestandteil der Französischen Republik"; vgl. Art. 73 der Verfassung i. Verb. mit dem Gesetz vom 3. 2. 1958 Art. 1 I (ArchVR 10 — 1961/62 — 102); *Oppermann*, Die algerische Frage (1959); zur ursprünglichen Stellung Algeriens im EWGV: *Vessilier*, L'Algérie dans le Marché Commun, RevMC 1958, 155; vgl. auch die Mitteilung der Kommission an den Rat vom 14. April 1970: Beziehungen zwischen der Gemeinschaft und Algerien, DOK. SEK (70) 1237 endg.; ferner: *Sekkiou*, L'Algérie et la Communauté, Diss. Lausanne (1971).

[9] *Everling* 497; zur rechtlichen Gestaltung: *Gérard*, *Costonis*, *Schmidt-Ohlendorf* in: L'association à la CEE, Aspects juridiques (1970) 113, 215, 319.

Mitgliedstaaten berührt, war er von der EWG (durch den Rat) *und* den Mitgliedstaaten (durch ihre Staatsoberhäupter) einerseits, 18 afrikanischen Staaten andererseits abgeschlossen worden.

In Anlehnung an das Assoziierungssystem des IV. Teils des EWGV liegen dem Abkommen für seinen *Inhalt vier Prinzipien* zugrunde[10]:

12 aa) Die Assoziation regelt die Beziehungen der Gemeinschaft und ihrer Mitgliedstaaten zu den Assoziierten als souveränen Staaten. Dem entspricht ihre Institutionalisierung in drei Einrichtungen (Assoziations-Rat mit Unterstützung durch den Assoziationsausschuß, Parlamentarische Konferenz, Schiedsgericht) *ohne* supranationale Elemente.

13 bb) Die den assoziierten Staaten eingeräumte Finanzhilfe (insbesondere aus dem Europäischen Entwicklungsfonds) dient vorwiegend der Entwicklung der wirtschaftlichen und sozialen Infrastruktur. Sie ist abzustimmen mit den eigenen Entwicklungsplänen der Assoziierten. Sie wird nicht mehr ausschließlich als verlorener Zuschuß, sondern zum Teil (von der Europäischen Investitionsbank) als Darlehen gegeben *(53/13)*.

14 cc) Zwischen der EWG und den einzelnen assoziierten Staaten sind Freihandelszonen gebildet worden, so daß der Warenverkehr zwischen ihnen und den Mitgliedstaaten zollfrei und ohne Kontingentierung stattfindet.

15 dd) Um allen kolonialen Rückentwicklungen vorzubeugen, können die Assoziierten ungehindert Zollunionen oder Freihandelszonen beitreten oder entsprechende bilaterale oder multilaterale Abkommen untereinander oder mit Drittstaaten schließen, soweit dadurch das Funktionieren der Assoziation nicht berührt wird. Insoweit können die assoziierten Staaten eine eigene Außenhandelspolitik und — im Hinblick auf ihren Haushalt — eine Zollpolitik treiben.

16 d) Für das Verhältnis der Gemeinschaft zu denjenigen in Art. 131 EWGV genannten Ländern und Hoheitsgebieten, die Selbständigkeit *nicht* erlangt haben und deshalb zu einzelnen Mitgliedstaaten weiterhin in „besonderen Beziehungen" stehen, ist nach Art. 136 II EWGV der (einstimmig zu fassende) besondere Ratsbeschluß vom 25. Februar 1964 (ABl. 1964, 1472; mit Wirkung vom 1. Januar 1971 ersetzt durch den Ratsbeschluß vom 29. September 1970, ABl. 1970 L 282, 83) ergangen. Er regelt mit allgemeiner Wirkung die Rechtsbeziehungen der Gemeinschaft zu den fraglichen Übersee-Gebieten, und zwar materiell-rechtlich in Gestalt einer autonomen Vertragsergänzung, die auch ihre Stellung im Gemeinschaftssystem ordnet[11]. Inhaltlich lehnt sich diese Regelung weitgehend an die Prinzipien der Jaunde-Abkommen an, soweit die Stellung der Gebiete dies zuließ. Die dem Abkommen entsprechenden Organzuständigkeiten werden von den Gemeinschaftsorganen wahrgenommen.

17 e) Auch für die französischen überseeischen Departements gelten die Bestimmungen des Ratsbeschlusses vom 29. September 1970. Algerien ist nach seiner Verselbständigung auch nicht mehr als überseeisches Departement Frankreichs mit der Gemeinschaft verbunden, also Drittstaat geworden. Seine Stellung hat besondere Fragen aufgeworfen, nachdem Frankreich seine Beziehungen mit Algerien neugeordnet hat.

---

[10] *Everling* 526; *Doll*, Einführung 201.

[11] *Everling* 565.

2. *Assoziierungen gemäß Art. 238 EWGV, 206 EAGV*

18 Das in Art. 131—136 EWGV vorgesehene Assoziierungssystem war auf frühere koloniale Beziehungen von Mitgliedstaaten in Übersee zugeschnitten. Es hat im Zuge der Dekolonisierung in dieser Art im wesentlichen seine Bedeutung verloren. Art. 238 EWGV, 206 EAGV zielen auf Assoziierungen mit Drittstaaten oder Staatenverbindungen (und internationalen Organisationen) unabhängig von ihrer geographischen Lage sowie von bisherigen Abhängigkeiten. Da auch diese Assoziierungen nicht die Vollwirkungen eines Beitritts zur Gemeinschaft i. S. der Art. 237 EWGV, 205 EAGV äußern, werden einschlägige Abkommen nicht von den Mitgliedstaaten, sondern von der *Gemeinschaft als solcher* geschlossen, und zwar *einstimmig* vom *Rat* nach Anhörung der Versammlung. Werden durch solche Abkommen Änderungen des Vertrages erforderlich, so müssen diese zuvor nach dem üblichen Änderungsverfahren (unter Ratifizierung) gemäß Art. 236 EWGV, 204 EAGV angenommen werden.

19 Die Assoziierung soll ein System gegenseitiger Rechte und Pflichten bilden[12], in aller Regel also *nicht* zu *nur einseitigen* Vergünstigungen führen. Gegenüber entwicklungsbedürftigen Ländern ist das indes nicht ausgeschlossen, sondern intendiert. Denn ein gleichartiger Zollabbau und die gleiche Beseitigung mengenmäßiger Beschränkungen ist wirtschaftlich schwächeren Assoziierten schwerlich zuzumuten, allenfalls schrittweise erreichbar. Entsprechende Absichtserklärungen sind schon bei Vertragsschluß abgegeben worden[13].

20 Assoziierung mit *Staatenverbindungen oder internationalen Organisationen* soll nach der Entstehungsgeschichte der Regelungen Beziehungen *auch zu Freihandelszonen* ermöglichen. Sie ist zeitweise erwogen worden im Verhältnis zur EFTA. Sie kann für deren übrige Mitglieder in Betracht kommen, sobald einzelne EFTA-Mitglieder den Gemeinschaften beitreten.

21 Assoziierungen gemäß Art. 238 EWGV, 206 EAGV sind bereits hergestellt worden mit Griechenland, der Türkei, Tunesien, Marokko, den Partnerstaaten der Ostafrikanischen Gemeinschaft (Tansania, Uganda, Kenia), Malta. Ein 1966 mit Nigeria geschlossenes Abkommen ist nicht in Kraft getreten, da es von zwei Mitgliedstaaten nicht ratifiziert wurde; ob ein neues Abkommen ausgehandelt werden wird, ist noch offen. Assoziierungen mit weiteren Staaten des Mittelmeerraumes (darunter Spanien, Algerien, Israel, Zypern, Libyen, Ägypten, Libanon), des Alpenraumes (Österreich, Schweiz) und Skandinaviens (Schweden und Finnland) sowie mit Portugal, Island werden erwogen oder vorbereitet[14]. Sie werfen aus verschiedenen Gründen besondere Probleme auf, so daß auch andere Formen der Zuordnung als gerade die Assoziierung im Wege von „Sonderabkommen“ möglich sind

---

[12] *Bülow,* Einführung 57.

[13] *Wohlfarth* u. a. Komm. 11 zu Art. 227.

[14] Überblick bei *Deringer-Sedemund* NJW 1970, 2149 und 1971, 313; *Hallstein,* Bundesstaat 214; *Rossi,* Bericht über die Handelspolitik der Gemeinschaft im Mittelmeerraum, E-Parl. Dok. 246/1970—71 v. 1. 2. 1971; *Krenzler* EA 1971, 139.

und praktiziert werden[15]. Sonderprobleme liegen für Spanien in seiner inneren Verfassungsstruktur (ähnlich wie jetzt seit dem Systemwechsel vom 21. April 1967 für das bereits assoziierte Griechenland), für Österreich, die Schweiz, Schweden und Finnland in ihrer (wiederum unterschiedlichen) Neutralität, für beide skandinavische Staaten außerdem in ihrer besonderen zollpolitischen Lage, falls Dänemark und Norwegen den Gemeinschaften beitreten und damit aus der EFTA ausscheiden[16]. Wegen dieser Schwierigkeiten können für die Beziehungen der Gemeinschaften zu Drittstaaten, deren Assoziierung angestrebt wird, gegenwärtig aber nicht realisierbar erscheint, solche anderen Gestaltungen jeweils besonderer Art in Betracht kommen, die die Form von Handelsverträgen oder Freihandelsabkommen erhalten.

22 a) Die Assoziierung *Griechenlands*[17] beruht auf dem Abkommen von Athen vom 9. Juli 1961 (ABl. 1963, 294; BGBl. 1962 II, 1143). Es ist als Vertrag zwischen der Gemeinschaft, den *ihre* Organe ausgehandelt und abgeschlossen haben, und einem souveränen Staat politisch vom Prinzip der Bilateralität und Gleichrangigkeit bestimmt. Es wird andererseits ökonomisch der wirtschaftlichen Lage Griechenlands gerecht, die entwicklungsbedürftig ist. Institutionell sieht das Abkommen im Rat, Ausschuß, Parlamentarischen Ausschuß und Schiedsgericht Organe gleichmäßiger Beteiligung der Vertragspartner vor. Es ist wegen seiner Erstreckung auf die meisten Wirtschaftsgebiete als eine Art „EWGV in vereinfachter Form“[18] bezeichnet worden. Es dient der schrittweise engeren Verflechtung der Wirtschaftsbeziehungen und soll einen etwaigen späteren Beitritt Griechenlands vorbereiten. Hierin geht das Abkommen über das Assoziierungssystem der Art. 131 ff. EWGV hinaus. Es kann damit gewisse Modellaufgaben erfüllen für die Gestaltung der Wirtschaftsbeziehungen der Gemeinschaft zu anderen westeuropäischen Staaten.

23 b) Die Assoziierung der *Türkei*[19] beruht auf dem Abkommen von Ankara vom 12. September 1963 (ABl. 1964, 3687; BGBl. 1964 II, 510). Es ähnelt in Einzelzügen und der Institutionalisierung dem Abkommen mit Griechenland und hat eine Vorbereitungs- und eine längstens zwölfjährige Übergangszeit zur Herstellung einer Zollunion sowie eine Beitrittsoption vorgesehen.

24 c) Die Assoziierung *Tunesiens* beruht auf dem Abkommen von Tunis vom 28. März 1969 (ABl. L 198, 3), die *Marokkos* auf dem Abkommen von Rabat vom 31. März 1969 (ABl. L 197, 3)[20], die *Tansanias, Ugandas und Kenias* auf dem Ab-

---

[15] Abkommen der EWG sind am 29. 6. 1970 auf der Grundlage von Art. 113 EWGV abgeschlossen worden mit Israel (ABl. 1970 L 183, 2) und Spanien (ABl. 1970 L 182, 2). Weitere derartige Präferenzabkommen mit Algerien, der Vereinigten Arabischen Republik (Ägypten), dem Libanon, Zypern werden vorbereitet. Die Kommission hat in ihrer Antwort vom 27. 1. 1971 auf die Anfrage des Abg. *Cousté* Nr. 338/70 einen Überblick über die in Assoziierungs- oder sonstigen Abkommen im Mittelmeerraum gewährten Präferenzen gegeben (ABl. 1971 C 12, 4).

[16] Gemäß Ziff. 14 des Kommuniqués von Den Haag (EA Dok. 1970 D 4) haben Österreich, Schweden, die Schweiz, Portugal, Finnland und Island im November 1970 Erklärungen über ihr Verhältnis zur EWG abgegeben; vgl. EA Dok. 1971 D 33; dazu das Kommuniqué des Rates vom 5./6. 11. 1970 und die Erklärungen des Ratspräsidenten *Scheel* vom 10. und 24. 11. 1970 (ebenda).

[17] *Oppermann* ZaöRVR 22 (1962) 486; *Rey* DrCommEur Nrn. 1730—1735; *Torrelli* in: L'association à la CEE, Aspects juridiques (1970) 23; *Bianconi*, Difficoltà nell'applicazione dell'Accordo di associazione CEE — Grecia, RivDirEur 1971, 39.

[18] *Oppermann* 487.

[19] *Rey* DrCommEur Nrn. 1736—1739; *Wockenfoth* AWD 1963, 298; *Lesort* in: L'association à la CEE, Aspects juridiques (1970) 89.

[20] *Dubois*, L'association de la Tunésie et du Maroc à la Communauté, RevMC 1969, 355; Le Maroc et le Marché Commun, RevMC 1971, Sondernr. März/April.

kommen von Arusha vom 24. September 1969 (ABl. 1970 L 282, 55; BGBl. 1970 II, 1082), die *Maltas* auf dem Abkommen von La Valetta vom 5. Dezember 1970 (ABl. 1971 L 61, 2). Die Abkommen mit *Tunesien, Marokko* und *Malta* sind allein von der Gemeinschaft, nicht auch von den Mitgliedstaaten wie im Falle *Griechenlands,* der *Türkei* und der *ostafrikanischen Staaten* abgeschlossen worden; alle enthalten eine zeitliche Begrenzung. Vor Ablauf der vertraglich festgelegten Dauer sind Neuverhandlungen vorgesehen. Im Abkommen mit *Malta* ist lediglich die erste, bis Ende März 1976 dauernde Stufe ausgestaltet, vor deren Ablauf die zweite, gleichfalls auf fünf Jahre fixierte Stufe auszuhandeln ist. Dieses Abkommen kann als Ansatz dafür gewertet werden, wie die Gemeinschaft im Zusammenhang mit dem Beitritt weiterer Staaten speziell im Mittelmeerraum die für die Commonwealth-Länder sich ergebenden Fragen regeln kann; im Hinblick auf die Commonwealth-Präferenzen *Maltas* ist eine bestimmte Übergangsperiode vorgesehen.

25 d) Für *neutrale Staaten*[21] — wie die *Schweiz, Österreich*[22] und *Schweden,* die die Assoziierung mit der Gemeinschaft schon am 14./15. Dezember 1961 beantragt hatten — erhebt sich die Frage der Vereinbarkeit ihres Status mit den Bindungen, die aus einer Assoziierung erwachsen würden. Die Politik der Neutralen zeigt, daß unter ihnen bislang die Schweiz eine größere Zurückhaltung gegenüber internationalen Organisationen politischer Zielsetzung gezeigt hat als Österreich und Schweden. Mit europäischen Regionalorganisationen wirtschaftlicher Zielsetzung haben sie sich im wesentlichen gleichartig eingelassen. Nach dieser Praxis und aus völkerrechtlichen Gründen steht ein *Beitritt* zu den Gemeinschaften nicht in Frage. Denn ihre Supranationalität und die weitere Integrationsplanung erscheinen mit dem Neutralitäts-Status unvereinbar. Die Notwendigkeit, ihre Souveränität zu behaupten, hindert die Neutralen, ihre Souveränität durch Hoheitsübertragung zu beschränken.

Neutralitätsrechtlich bildet weniger der Charakter der Gemeinschaft als Zollunion ein Hindernis als eine im Konflikt- oder Kriegsfall notwendige Wirtschaftspolitik. Diese müßte dem Grundsatz wirtschaftlicher Gleichbehandlung genügen, stünde nach Aufhebung aller Handelsschranken aber gegenüber den Gemeinschaftsmitgliedern nicht mehr zur Verfügung[23]. Auch Art. 224 EWGV wird von den Neutralen als hierfür nicht ausreichend erachtet. Schließlich müßte sich die Position der Neutralen zunehmend komplizieren, wenn die Integration zur Wirtschaftsunion wirtschaftspolitische

---

[21] Zu ihren Problemen hinsichtlich der Integration: *Plessow,* Neutralität und Assoziation mit der EWG (dazu: *Everling* ZaöRVR 29 — 1919 — 777); *Kaja* ArchVR 11 (1963) 35; *Binswanger-Mayrzedt* (Hg.), Die Neutralen in der europäischen Integration; *dies.* EA 1970, 347. — Für die Schweiz: Bericht des Bundesrates v. 11. 8. 1971 über die Entwicklung der europäischen Integrationsbestrebungen und die Haltung der Schweiz.

[22] *Seidl-Hohenveldern,* La neutralité autrichienne et les relations de l'Autriche avec les Communautés européennes, AnnFrDrInt IX (1963) 826; Vizekanzler *Bock,* Das europäische Integrationsproblem in österreichischer Sicht, Mitt. d. Übersee-Clubs Hamburg Nov. 1966, 6; *Titz,* Grundzüge und Schwierigkeiten eines Abkommens zwischen Österreich und der EWG, EA 1965, 741.

[23] *Kaja,* ArchVR 11 (1963) 58.

Kompetenzen weiterhin supranationalisiert. Im Bereich der EAG insbesondere sind auf einem kriegswirtschaftlich und militärisch bedeutsamen Gebiet schon heute Interventionsbefugnisse wirksam, die neutralitätsrechtliche Komplikationen auslösen können. Deshalb wird „für Staaten, die an ihrer Neutralitätspolitik festzuhalten wünschen, ... nur eine Form der Zusammenarbeit mit der Gemeinschaft in Betracht kommen, welche die politischen Bindungen auf ein Minimum beschränkt"[24].

Gegenwärtig erscheint eine Lösung für *Österreich* nach dem Stand intensiver Verhandlungen am ehesten erreichbar, ohne daß seine im Staatsvertrag mit der UdSSR fixierte Neutralität in Frage gestellt würde. Für die *Schweiz*, die bereits heute wirtschaftlich mit der EWG eng verflochten ist, spielt die Behauptung ihrer Souveränität, ihrer föderalen Verfassung und ihrer Entscheidung für Züge unmittelbarer Demokratie eine Rolle. Sie befürchtet, daß der Übergang von Hoheitsrechten auf die Gemeinschaften überlieferte, bis in die Kantonal- und Kommunalverwaltung wirksame Verfassungselemente berühren könnte. Sie strebt eine Freihandelszone mit der EWG an. Für *Schweden* kann die Herstellung einer Zollunion mit der EWG erstrebenswert erscheinen, um das Freihandelsniveau der EFTA zu bewahren, falls die Beitrittsanwärter, sämtlich EFTA-Mitglieder, der EWG beitreten.

Die Bemühungen, das Verhältnis der Gemeinschaften zu den Neutralen — und auch zu *Portugal* und *Island* — zu ordnen, haben durch den dahingehenden Beschluß der Haager Gipfelkonferenz vom Dezember 1969[25] neue Impulse erhalten.

III. Außenbeziehungen[26]

26 Das Verhältnis der Mitgliedstaaten zu den Gemeinschaften, denen sie angehören, mag insgesamt als ein System von *Binnenbeziehungen* bezeichnet werden. Zur Unterscheidung hiervon bestehen *Außenbeziehungen der Gemeinschaften* zu dritten Staaten oder internationalen Organisationen. Sie beurteilen sich nach den traditionellen Rechtsregeln des internationalen Rechts, soweit sie nicht dem besonderen Assoziierungsrecht der Verträge sowie darauf beruhenden Abkommen unterliegen. Hinsichtlich der Herstel-

---

[24] *Kaja* 67.

[25] EA Dok. 1970 D 4 (Ziff. 14). — Für die Zeit danach vgl. insbes. die Stellungnahme der Kommission an den Rat zu den Beziehungen der erweiterten Gemeinschaft mit den nicht beitrittswilligen Mitgliedstaaten der EFTA und dem mit der EFTA assoziierten Staat v. 16. 6. 1971 (Dok. KOM — 71 — 700) sowie die Mitteilung an den Rat vom gleichen Tage über den möglichen Inhalt etwaiger Abkommen (Dok. KOM — 71 — 701).

[26] *Pescatore* DrCommEur Nrn. 344—361; *ders.*, Les relations extérieures des Communautés européennes, contribution à la doctrine de la personnalité des organisations internationales RecCours 103, 1962 II, 27; *Hallier* ZaöRVR 17 (1957) 428; *Nettesheim*, Die Vertragsschließungskompetenz der EAG; *Lörcher*, Der Abschluß völkerrechtlicher Verträge nach dem Recht der drei europäischen Gemeinschaften; *Feld*, The competence of the European Communities for the conduct of external relations, TexasLawRev 1965, 891; *Raux*, Les relations extérieures de la CEE (1966) 33; *Bülow*, Einführung 54.

lung und des Inhalts von Assoziierungsbeziehungen gelten die besonderen Vertragsregelungen *(7/7—24)*. Sie rücken die Assoziierten in eine Mittelstellung zwischen Mitgliedschaft und konventioneller völkerrechtlicher Vertragspartnerschaft.

1. Rechtsgrundlagen

27 Als Rechtspersönlichkeiten (Art. 210 EWGV, 184 EAGV, 6 I EGKSV) und Subjekte des Völkerrechts *(8/32—39)* sind die Gemeinschaften berechtigt, Verträge mit dritten Staaten und internationalen Organisationen abzuschließen. Das Gemeinschaftsrecht braucht diese Berechtigung an sich nicht zu verlautbaren, wenn ihre immanenten Grenzen mit denen gleichgesetzt werden, die den Gemeinschaften nach den ihnen ausschließlich übertragenen Aufgaben zur Vertragsausführung gezogen sind. Gleichwohl haben die Verträge hierfür klarstellende Regelungen getroffen.

28 a) *Vertragsschließungskompetenz* ist der EWG in den Art. 111, 113 und 114 EWGV zugewiesen für das Zollrecht im Rahmen des Gemeinsamen Außenzolltarifs und für die Gemeinsame Handelspolitik seit Ablauf der Übergangszeit. Art. 101 EAGV nennt die Vertragsschließungskompetenz der EAG eine solche „im Rahmen ihrer Zuständigkeit". Auch Art. 6 II EGKSV, der von der für die Durchführung der Gemeinschaftsaufgaben und ihre Zielerreichung erforderlichen Rechts- und Geschäftsfähigkeit der Gemeinschaft „im zwischenstaatlichen Verkehr" spricht, enthält insoweit keine hinreichend klare Regelung. Art. 93, 94 EGKSV betreffen lediglich die „Verbindungen" zu den dort genannten internationalen Organisationen.

aa) Zusammenfassend[27] können die Zuständigkeiten der Gemeinschaften zum Vertragsschluß mit dritten Staaten und internationalen Organisationen als „funktionell begrenzt" bezeichnet werden. Andererseits wird durch diese Gemeinschaftskompetenz die Handlungsfähigkeit der Mitgliedstaaten in ihren Außenbeziehungen entsprechend begrenzt. Das unterscheidet sie von den einschlägigen Befugnissen anderer internationaler Organisationen. Dem Umfang und ihrer Bedeutung nach überragen die Kompetenzen der EWG zur Wahrnehmung von Außenbeziehungen diejenigen der beiden anderen Gemeinschaften erheblich. Wegen des Fehlens eines gemeinsamen Zolltarifs und ihrer nur begrenzten handelspolitischen Kompetenzen sind die Außenbeziehungen der EGKS nur gering entwickelt. Die weitergehenden der EAG sind bislang nicht ausgeschöpft worden[28].

bb) Soweit die Gemeinschaften eine ihnen ausschließlich zugewiesene Vertragsschließungskompetenz nicht besitzen, schienen sie zunächst auf das Zusammenwirken mit den Mitgliedstaaten angewiesen (durch Zustimmung der Mitgliedstaaten zum Vertragsschluß durch die Gemeinschaft, durch Handeln der Gemeinschaft namens oder im Auftrage der Mitgliedstaaten,

---

[27] *Bülow,* Einführung 50. [28] *Bülow,* Einführung 51.

durch gemeinsamen Vertragsschluß der Gemeinschaft und der Mitgliedstaaten[29]). Ob und inwieweit die Gemeinschaften durch Erlaß geeigneter Vorschriften mit zusätzlichen Vertragsschließungskompetenzen versehen werden können, die zur Vertragszielverwirklichung erforderlich, aber im Vertrag nicht vorgesehen sind, muß zum einen nach Art. 235 EWGV, 203 EAGV, 95 EGKSV beurteilt werden *(4/30—36)*. Andererseits ergeben sich Vertragsschließungskompetenzen der Gemeinschaften nach dem sog. AETR-Urteil des Gerichtshofs[30] nicht nur aus einer ausdrücklichen Verleihung. Sie können auch aus anderen Vertragsbestimmungen und aus in ihrem Rahmen ergangenen Rechtsakten der Gemeinschaftsorgane hergeleitet werden. Hat die Gemeinschaft insbes. zur Verwirklichung einer vom EWGV vorgesehenen gemeinsamen Politik bereits Vorschriften erlassen, so sind die Mitgliedstaaten weder einzeln noch selbst gemeinsam handelnd berechtigt, mit dritten Staaten Verpflichtungen einzugehen, die diese Normen beeinträchtigen. Damit wachsen der Gemeinschaft Vertragsschließungsbefugnisse in gleichem Maße zu, in dem sie von ihren internen Rechtsetzungskompetenzen Gebrauch gemacht hat.

29 b) Das *Vertragsabschlußverfahren* bestimmt sich in den Römischen Verträgen nach Art. 228 I EWGV, 101 II, III EAGV. Der EGKSV hat hierzu keine Parallelvorschriften.

aa) Nach Art. 228 I EWGV werden Abkommen von der Kommission ausgehandelt und — vorbehaltlich ihrer auf dem Vertragsgebiet bestehenden Zuständigkeit — durch den Rat geschlossen. Dieser hat zuvor in den vertraglich vorgesehenen Fällen die Versammlung zu hören. Nach Art. 228 II können Rat, Kommission oder ein Mitgliedstaat zuvor ein Gutachten des Gerichtshofs über die Vereinbarkeit des beabsichtigten Abkommens mit dem Vertrag einholen. Ablehnende Begutachtung hat zur Folge, daß das Abkommen nur gemäß Art. 236 EWGV, d. h. unter Beachtung des Vertragsänderungsverfahrens, in Kraft treten kann. Das Gutachtenverfahren soll die Einhaltung der Gemeinschaftszuständigkeit kontrollieren und sichern.

Danach liegt die *Abschlußgewalt* beim *Rat*. Er nimmt sie im Namen der Gemeinschaft als der Vertragspartei durch Beschlußfassung nach den jeweils anwendbaren Vertragsbestimmungen wahr. Wird hierfür bei rechtsetzenden Abkommen die Form der Bestätigungsverordnung verwendet, findet damit

---

[29] *Wohlfarth* u. a. Komm. 5 zu Art. 228.

[30] Rs 22/70 (Kommission ./. Rat) Rspr. XVII, 263 = EuR 1971, 242; dazu *Sasse*, Zur auswärtigen Gewalt der Europäischen Wirtschaftsgemeinschaft. Besprechung des AETR-Urteils des EuGH vom 31. 3. 1971, EuR 1971, 208. — In diesem ersten Prozeß zwischen zwei Gemeinschaftsorganen ging es um die Kompetenz zum Abschluß eines internationalen Abkommens im Verkehrssektor; zu Einzelheiten vgl. *48/19*. Um seine Schlußfolgerungen aus dem Urteil für die internen und externen Befugnisse der Gemeinschaftsorgane und der Mitgliedstaaten gebeten, hat der Rat in seiner Antwort vom 21. 9. 1971 auf die Anfrage des Abg. *Cousté* erklärt, daß er über das Urteil nicht zu beraten habe. Seine Tragweite werde sich von selbst immer mehr herausschälen (ABl. 1971 C 98, 3).

eine dem Zustimmungsgesetz-Verfahren der Mitgliedstaaten vergleichbare Praxis Anwendung[31]. Daß der Rat die Versammlung erst *nach* Vertrags*unterzeichnung* zu hören pflegt, ist mit Recht beanstandet worden.

Die unter den Voraussetzungen des Abs. I geschlossenen Abkommen sind nach Art. 228 II EWGV für die Gemeinschaftsorgane und für die Mitgliedstaaten verbindlich. Sie haben deshalb in ihnen gleiche Wirkung wie von ihnen selbst abgeschlossene Verträge. Dies gilt insbesondere auch für ihre Durchgriffswirkung, soweit sie ihnen ihrem Inhalt nach zukommt.

Die *Verhandlungsbefugnis der Kommission* ist nicht unbeschränkt. Sie bedarf hierzu einer Ermächtigung des Rates („Verhandlungsmandat"). Dieser disponiert auch über Beginn und Ende der Verhandlungen der Kommission. Das folgt aus seiner Abschlußgewalt ebenso wie daraus, daß der Rat selbst keine Verhandlungen führt. Gleichwohl hat der Rat vorübergehend (genauer: haben in ihm vertretene Mitgliedstaaten, noch genauer: hat insbesondere *ein* in ihm vertretener Mitgliedstaat) dahin gewirkt, daß der Rat „Entscheidungsbefugnisse und Funktionen zurückbehalten oder im Bemühen um die Rediplomatisierung der Gemeinschaft wieder an sich gezogen (hat), die ihm nicht zukommen"[32]. Insbesondere ist die Frage der Mandatserteilung zur *einheitlichen Stimmführung durch die Kommission* in Verhandlungen mit internationalen Organisationen Gegenstand solcher Beanstandungen gewesen.

Durch den Vorbehalt des Art. 228 I 2 EWGV zugunsten der Kommission („Zuständigkeiten, welche die Kommission auf diesem Gebiet besitzt") werden vornehmlich solche Abkommen gedeckt, die die Kommission zur Durchführung des Art. 229 EWGV (Beziehungen zu internationalen Organisationen) im eigenen Namen abschließt. Es handelt sich dabei um technische Vereinbarungen ohne Rechtsetzungsgehalt. Sie entsprechen den Verwaltungsabkommen, die von den Exekutiven mehrerer Staaten untereinander abgeschlossen werden.

bb) Im EAGV ist nach Art. 101 II der *Kommission* die *Abschlußgewalt* zugewiesen. Ihre Wahrnehmung ist indes von der Zustimmung des Rates abhängig. Er beschließt hierüber mit qualifizierter Mehrheit. Auch ist die Verhandlungsbefugnis der Kommission an die Richtlinien des Rates gebunden. Nach Abs. III a.a.O. werden Abkommen und Vereinbarungen, deren Durchführung eine Ratsmitwirkung nicht erfordert und im Rahmen des Haushaltsplans möglich ist, von der Kommission allein ausgehandelt und abgeschlossen. Sie hat den Rat hierüber nur ständig zu unterrichten.

Falls außer der Gemeinschaft ein oder mehrere Mitgliedstaaten an Abkommen und Vereinbarungen mit dritten Staaten, zwischenstaatlichen Einrichtungen oder Angehörigen von Drittstaaten beteiligt sind, können diese nach Art. 102 EAGV erst in Kraft treten, wenn alle beteiligten Mitglied-

---

[31] *Bülow,* Einführung 55.
[32] *Hallstein,* Bundesstaat 204.

staaten der Kommission mitgeteilt haben, daß sie nach innerstaatlichem Recht anwendbar geworden sind.

30 c) Die durch Verträge, Abkommen und Vereinbarungen geregelten Außenbeziehungen der Gemeinschaften sind vielfältig orientiert und am jeweiligen Aufgabengebiet der einzelnen Gemeinschaft ausgerichtet.

31 aa) Die Außenbeziehungen der EWG betreffen insbesondere solche, die sich aus der Berührung mit den Aufgaben des GATT[33] und der OECD ergeben. In Teilen ihres Funktionsbereichs entstehende Überschneidungen und Konkurrenzen bedürfen der Abstimmung. Die im Mai 1967 beendete sog. Kennedy-Runde diente der Abstimmung der Zollpolitik der EWG mit dem GATT und dem Abbau der Zollprotektion. Abstimmung ist auch erforderlich im Verkehrssektor, so z. B. im Verhältnis zur Mannheimer Akte[34] *(48/18)* und zur Europäischen Konferenz der Verkehrsminister. Denn die Gemeinschaften und die beteiligten Organisationen und Einrichtungen sind mitgliedschaftlich unterschiedlich strukturiert.

32 bb) Die Außenbeziehungen der EAG betreffen vornehmlich ihr Verhältnis zu den USA, und zwar für den Austausch von Kenntnissen, die Kooperation in der Reaktortechnik, die Versorgung mit angereichertem Uran. Mit anderen Staaten (Kanada, Argentinien, Brasilien) bestehen technische Abkommen über die friedliche Verwendung von Kernenergie.

33 cc) Die EGKS hat schon im Jahre 1954 mit Großbritannien ein (sachlich in dieser Weise unzutreffend bezeichnetes) „Assoziierungsabkommen" abgeschlossen, das wechselseitige Information und Konsultation vorsieht. Mit Österreich und der Schweiz bestehen Abkommen über Eisenbahntarife für den Transittransport von Montangütern[35].

34 d) Nach Art. 234 EWGV (Parallelvorschriften des EAGV: Art. 103 bis 106, 222, 223) werden die Rechte und Pflichten aus Übereinkünften, die Mitgliedstaaten *vor* Vertragsschluß mit Drittstaaten geschlossen haben, durch den Vertrag nicht berührt. Bei ihrer Unvereinbarkeit mit dem Vertrag müssen die Mitgliedstaaten um ihre Behebung nach Kräften bemüht sein[36]. Es geht hierbei insbesondere um Berechtigungen und Bindungen aus dem GATT, der OECD oder aus bilateralen Handelsverträgen mit Meistbegünstigungsklausel. Nach Art. 234 III sollen die Mitgliedstaaten der Tatsache

---

[33] *Jaeger,* GATT, EWG und EFTA; *Steinberger,* GATT und regionale Wirtschaftszusammenschlüsse; *Baer-Kaupert,* Einführung 291.

[34] *Rittstieg,* Rheinschiffahrt im Gemeinsamen Markt. Eine Untersuchung zur Kollision zwischenstaatlicher Rechtsordnungen, Schriftenreihe Europäische Wirtschaft 62 (1971); *Matschl,* Die Europäischen Gemeinschaften und die Freiheit der Rheinschiffahrt, Diss. Köln (1965); *Zuleeg,* EWGV und Rheinregime, Referat auf dem Wissenschaftlichen Kolloquium der Wiss. Ges. f. Europarecht, 1. 4. 1971 Bad Ems, zum Thema: Verkehr und Gemeinschaftsrecht; demnächst als KSE.

[35] *Klaer,* Der Verkehr im Gemeinsamen Markt für Kohle und Stahl (1961) 190.

[36] *Wohlfarth* u. a. Komm. 3—6 zu Art. 234. — Art. 37 V EWGV bestimmt hinsichtlich der Umformung der Handelsmonopole, daß die Verpflichtungen der Mitgliedstaaten nur insoweit gelten, als sie mit bestehenden internationalen Abkommen vereinbar sind.

der Vergemeinschaftung Rechnung tragen, indem sie die gemeinschaftsrechtlichen Vorteile nicht kraft Meistbegünstigung Drittstaaten einräumen, mit denen sie in Vertragsbeziehungen stehen. Damit soll die Solidarität der Gemeinschaft gewahrt bleiben.

Art. 234 EWGV erscheint auch auf das Sekundärrecht anwendbar[37]. Danach würde eine EWG-Verordnung einen vor 1958 geschlossenen völkerrechtlichen Vertrag eines Mitgliedstaates nicht beeinträchtigen. Für das Verhältnis später geschlossener Mitgliedstaats-Verträge zum Gemeinschaftsrecht gelten die Grundsätze über die Zuordnung des Gemeinschaftsrechts zum nationalen Recht *(10/36—68)*.

2. Beziehungen zu internationalen Organisationen

35 Daß die Gemeinschaften Außenbeziehungen zu internationalen Organisationen unterhalten, entspricht ihren Aufgaben und der Tatsache, daß ihre Mitgliedstaaten solchen Organisationen (unterschiedlich) angehören. Abgesehen von der Befugnis der Gemeinschaften, zu diesen in vertragliche Beziehungen zu treten, verweisen die Verträge ausdrücklich auf die Zweckdienlichkeit solcher Beziehungspflege und Zusammenarbeit.

36 a) Nach Art 229 EWGV, 199 EAGV, teilweise auch nach Art. 93 EGKSV unterhält die Kommission alle zweckdienlichen Beziehungen zu den Organen der *Vereinten Nationen*, ihrer Fachorganisationen, des *GATT* und zu anderen internationalen Organisationen, soweit zweckdienlich. Zweckdienlich ist insbesondere der Austausch von Informationen und die Entsendung von Beobachtern. Die Beziehungen zum GATT (einem multilateralen Vertragssystem mit einem Sekretariat zu seiner Durchführung) sind zoll- und handelspolitisch besonders bedeutungsvoll und gehen über nur technische Kontakte weit hinaus. Im Rahmen dieser Aufgaben, die der Kommission pflichtgemäß obliegen, ist sie zum Abschluß von Verwaltungsabkommen befugt.

37 b) Nach Art. 230 EWGV, 200 EAGV, 94 EGKSV (nebst Zusatzprotokoll BGBl. 1952 II, 489) führen die Gemeinschaften jede zweckdienliche Zusammenarbeit mit dem *Europarat* herbei. Sie obliegt den Gemeinschaften als solchen (nicht nur der Kommission). Durch die teilweise personelle Identität der Versammlung mit der Beratenden Versammlung des Europarates ist sie auch organisch gesichert. Das beruht auf Vereinbarungen der Regierungen der Mitgliedstaaten und der Gleichheit der Mitgliederzahlen beider Versammlungen[38]. Daß Straßburg Sitz beider Versammlungen ist, erleichtert die Zusammenarbeit.

38 c) Nach Art. 231 EWGV, 201 EAGV, in nicht so weitgehendem Ausmaß auch nach Art. 93 EGKSV führen die Gemeinschaften ein enges Zu-

[37] *Bülow*, Einführung 52.
[38] *Wohlfarth* u. a. Komm. 3 zu Art. 138.

sammenwirken mit der *OECD* herbei. Dazu werden die Einzelheiten gemeinsam festgelegt (auf seiten der Gemeinschaften durch den Rat). Dieses Zusammenwirken ist von besonderer Bedeutung für die Liberalisierung des Handelsverkehrs und die Herstellung eines einheitlichen Handels- und Zahlungsraumes. Das Zusammenwirken mit der OECD vermittelt den Gemeinschaften außerdem organisierte Verständigung mit den USA, Kanada und Japan, die der OECD angehören. Auf diese Weise besteht auch eine atlantische Verbindung[39]. Die Entwicklung hat gezeigt, daß insbesondere diejenigen zu den USA der Intensivierung bedürfen.

3. Gesandtschaftsrecht

Als internationalen Organisationen steht den Gemeinschaften nach der Entwicklung der Völkerrechtslehre und der Rechtsprechung des Internationalen Gerichtshofs[40] das *aktive und passive Gesandtschaftsrecht* zu[41].

39 a) Das *passive* Legationsrecht ist in Art. 17 des Protokolls über die Vorrechte und Befreiungen der Europäischen Gemeinschaften vom 8. April 1965 (zuvor Art. 16 der entsprechenden Protokolle für die EWG und EAG vom 17. April 1957) ausdrücklich vorausgesetzt. Die meisten Staaten — mit Ausnahme einiger kleinerer und des Ostblocks — haben diplomatische Beziehungen zu den Gemeinschaften aufgenommen[42]. Gegenwärtig sind bei ihnen Botschafter aus mehr als 80 Staaten beglaubigt, die assoziierten Staaten durch ständige Delegationen vertreten. Auch der Vatikan hat diplomatische Beziehungen aufgenommen. Sein Botschafter fungiert als Doyen des diplomatischen Korps[43].

40 b) Das *aktive* Legationsrecht wird von den Gemeinschaften nicht entsprechend und nicht generell wahrgenommen[44]. Sie unterhalten (die EGKS seit 1956) eine Botschaft nur in London, kleinere Vertretungen in Genf, Washington und Santiago de Chile. Die in den Hauptstädten der Mitgliedstaaten bestehenden Büros der Gemeinschaften[45] haben keine diplomati-

---

[39] *Hallstein,* Bundesstaat 205, 228.

[40] *Seidl-Hohenveldern,* Internationale Organisationen 37.

[41] *Pescatore* DrCommEur Nr. 347; *Erhardt,* Das Diplomatische Korps bei der EWG, AußPol 1962, 659; *ders.,* Außenbeziehungen der Europäischen Gemeinschaft, AußPol 1967, 339.

[42] *Pescatore* DrCommEur Nr. 347; *Noël-Amphoux,* ebenda Nr. 590. — Zum jeweiligen Stand: Corps diplomatique accrédité auprès des Communautés européennes (jährlich mit Nachträgen v. d. Komm. herausgeg.); zum Stand Ende 1970: 4. Gesamtbericht (1971) 386.

[43] VWD Europa 149/70 v. 5. 8. 1970 I/1.

[44] *Hallstein,* Bundesstaat 204; jüngst haben sich die EWG-Außenminister über eine diplomatische Aufwertung der EWG-Vertretung in Washington geeinigt: deren Spitze bildet künftig — als Chef de Délégation — eine Persönlichkeit im Range eines Generaldirektors der Kommission; an eine Erhebung in den Botschafterrang ist wegen französischer Widerstände allerdings nicht gedacht, vgl. VWD Europa 53/71 v. 17. 3. 1971 I/7 und 70/71 v. 13. 4. 1971 I/3.

[45] Für die BRD: Verbindungsbüro Bonn, Zitelmannstr. 22, Tel. 22 60 41 — FS

schen Funktionen. Denn die innergemeinschaftlichen Beziehungen der Mitgliedstaaten schließen solche im Rahmen der Gemeinschaftsaufgaben aus.

41 c) Die Wahrnehmung des Rechts zur Entsendung und zum Empfang diplomatischer Vertreter steht gemeinsam Rat und Kommission zu. Das entspricht der innerstaatlich üblichen Aufteilung zwischen Staatsoberhaupt und Regierung[46].

Diese Frage ist u. a. Streitgegenstand der durch den Luxemburger Accord vom 28./29. Januar 1966 beendeten Gemeinschaftskrise von 1965/66 gewesen, nachdem die Kommission das Empfangsrecht beansprucht und ausgeübt hatte. Seither werden die Beglaubigungsschreiben der Botschafter am gleichen Tage, aber getrennt den Präsidenten des Rates und der Kommission überreicht[47]. Die laufenden Beziehungen zu den Botschaften werden von der Kommission wahrgenommen, die den Rat über ihr gegenüber stattfindende Demarchen unterrichtet[48].

---

88 66 48, mit angegliedertem Büro in Berlin 31, Kurfürstendamm 102, Tel. 88 64 028 — FS 18 40 15.

[46] *Wohlfarth* u. a. Komm. 1 zu Art. 229.

[47] Der Accord (EWG-Bulletin 3/1966, 9) hatte in Ziff. 3 vorgesehen, daß die Beglaubigungsschreiben der bei der Gemeinschaft akkreditierten Missionschefs dritter Länder dem Ratspräsidenten *und* dem Präsidenten der Kommission überreicht werden, *die bei dieser Gelegenheit zusammentreffen*. Die Kommission hat zunächst diesen Beschluß der Räte der EWG und EAG als Grundlage der neuen Praxis bezeichnet (vgl. ihre Antwort v. 29. 5. 1968 auf die Anfrage Nr. 43/68, ABl. 1968 C 56, 10). In ihrer „berichtigten Antwort" v. 30. 7. 1968 verwies sie auf „eine nach Art. 162 EWGV, 131 EAGV im November ausgehandelte vorläufige Vereinbarung zwischen dem EWG- und EAG-Rat einerseits und der EWG- und EAG-Kommission andererseits" (ABl. 1968 C 78, 1). Hinsichtlich der EGKS nehme (so die Antwort im weiteren) nur der Präsident der Gemeinsamen Kommission „kraft der Rechte und Zuständigkeiten der ehemaligen Hohen Behörde" die Beglaubigungsschreiben der Leiter der bei dieser Gemeinschaft akkreditierten Missionen entgegen. Das Verfahren selbst haben die Kommissionen der EWG und der EAG in ihren Antworten vom 29. 11. 66 auf die Anfrage Nr. 78/66 (ABl. 1966, 4049—50) als mit den Räten gemäß Konsultation vereinbart wie folgt verlautbart: „(1) Die Beglaubigungsschreiben der Leiter von Vertretungen dritter Staaten müssen in zwei Urkunden gleichen Inhalts ausgefertigt werden, wovon ein Exemplar für den Präsidenten des Rates, das andere für den Präsidenten der Kommission bestimmt ist. (2) Die Beglaubigungsschreiben werden dem Präsidenten des Rates und dem Präsidenten der Kommission am selben Tage ohne Zeremoniell getrennt überreicht. (3) Der Leiter der Vertretung gilt vom Tage der Überreichung seiner Beglaubigungsschreiben an als akkreditiert und nimmt somit die Stellung eines Missionschefs ein."

Nachdem entgegen dem Luxemburger Accord, der bei dieser Gelegenheit ein Zusammentreffen vorgesehen hatte, die Überreichung der Beglaubigungsschreiben an die Präsidenten von Rat und Kommission *getrennt* stattfindet, hat es also der sicherlich beklagenswerte *Verzicht auf Zeremoniell* erspart, den roten Teppich aus diesem Grunde zerschneiden zu müssen. Bemerkenswert (und eine mögliche Quelle neuer Krisen) ist der Umstand, daß die Vereinbarung sich über die *Reihenfolge* der Überreichungsakte ausschweigt und auch nicht verlautbart, *in welchem Verfahren* dem Drittstaat die völkerrechtliche Verpflichtung aufzuerlegen ist, seinen Vertreter mit *zwei* Ausfertigungen seines Beglaubigungsschreibens zur Akkreditierung zu entsenden.

[48] *Noël-Amphoux*, Les Commissions, DrCommEur Nr. 590.

§ 8 RECHTSSTELLUNG DER GEMEINSCHAFTEN

Badura, Bewahrung und Veränderung demokratischer und rechtsstaatlicher Verfassungsstruktur in den internationalen Gemeinschaften, VVdStRL 23 (1966) 34; *Biscottini*, La natura giuridica delle comunità europee, DirInt 22 (1968) 229; *Doehring*, Internationale Organisationen und staatliche Souveränität, Fs Forsthoff (1967) 105; *Hahn*, Internationale Organisationen, in: EvStLex (1966) 810; *Hay*, Federalism and Supranational Organizations (1966); *Héraud*, Nature juridique de la Communauté européenne (1958); *Herzog*, Staatenverbindung, in: EvStLex (1966) 2166; *Jansen*, Zur Situation des westeuropäischen Integrationssystems — Aufriß einer Analyse, Integration 1970, 203; *Kunz*, Über die Rechtsnatur der Europäischen Wirtschaftsgemeinschaft, Diss. Würzburg (1968); *Lagrange*, Die Rechtsnatur der Europäischen Gemeinschaft für Kohle und Stahl und der Europäischen Wirtschaftsgemeinschaft, ZHR 12 (1961) 87; *Leibholz*, Zum Begriff der Supranationalität, Fs Guggenheim 814; *Lörcher*, Der Abschluß völkerrechtlicher Verträge nach dem Recht der drei Europäischen Gemeinschaften (1965); *Mitrany*, The prospect of integration: federal or functional?, JournComMarkSt 1965, 119; *Mosler*, Der Vertrag über die Europäische Gemeinschaft für Kohle und Stahl. Entstehung und Qualifizierung, ZaöRVR 14 (1951/52) 1; *Mosler*, Die Entstehung des Modells supranationaler und gewaltenteilender Staatenverbindungen in den Verhandlungen über den Schuman-Plan, Fs Hallstein 355; *Mosler*, Réflexions sur la personnalité juridique en droit international public, Fs Rolin 228; *Münch*, Die Abgrenzung des Rechtsbereichs der supranationalen Gemeinschaft gegenüber dem innerstaatlichen Recht, BerDtGesVöR 2 (1958) 73; *Neri*, De la nature juridique des Communautés européennes (1964); *Ophüls*, Zur ideengeschichtlichen Herkunft der Gemeinschaftsverfassung, Fs Hallstein 387; *Puchala*, Entwicklung und Strukturen regionaler Integration. Integration 1970, 163; *Ophüls*, Staatshoheit und Gemeinschaftshoheit. Wandlungen des Souveränitätsbegriffs, Fs Heymanns Verlag 519; *Pescatore*, Les Communautés en tant que personnes de droit international, DrCommEur Nr. 326; *Rigaux*, Nature juridique des Communautés, DrCommEur Nr. 49; *Salmon*, Les Communautés en tant que personnes de droit interne et leurs privilèges et immunités, DrCommEur Nr. 362; *Sarago*, I caratteri peculiari degli ordinamenti giuridici delle Comunità europee, RivDirEur 1969, 93 u. 179; *Scherer*, Die Wirtschaftsverfassung der EWG (1970); *Scheuner*, Die Rechtsetzungsbefugnis internationaler Gemeinschaften. Fs Verdroß 229; *H. P. Schwarz*, Europa föderieren — aber wie?, Fs Eschenburg 377; *Sidjanski*, Aspects fédératifs de la Communauté européenne, in: Res publica 1964, 347; *von Simson*, Zur rechtlichen Gestalt der europäischen Integration, ZHR 130 (1968) 63; *von Simson*, Der politische Wille als Gegenstand der Europäischen Gemeinschaftsverträge, Fs Riese 83; *Steiger*, Staatlichkeit und Überstaatlichkeit (1966); *Waelbroeck*, Contribution à l'étude de la nature juridique des Communautés européennes, Fs Rolin 506; *Zellentin*, Intersystemare Beziehungen in Europa (1970); *Zweigert*, Der Einfluß des Europäischen Gemeinschaftsrechts auf die Rechtsordnung der Mitgliedstaaten, RabelsZ 28 (1964) 601.

I. Zum Thema

1 Die *Rechtsstellung der Gemeinschaften* kann aus einer Vielzahl von Rechtssätzen und Rechtsmerkmalen beschrieben und bestimmt werden. Sie werden hier im Gesamtzusammenhang unter verschiedenen Fragestellungen und Gesichtspunkten behandelt: nach den nationalen Verfassungsgrundlagen der Mitgliedstaaten, die die Gemeinschaften errichtet haben, und aus der Kennzeichnung der die Errichtung vollziehenden Rechtsvorgänge mit ihren Rechtswirkungen *(§ 2);* nach den Rechtssätzen der Verträge und solchen des allgemeinen Völkerrechts zu der Frage der Existenzdauer der Gemeinschaften, dem Nullifikations- und Sezessionsrecht ihrer Mitglieder *(§ 4);* nach bestimmten Strukturen des Gemeinschaftsrechts *(§ 5)* und seiner Zuordnung zum nationalen Recht der Mitgliedstaaten *(§ 10);* nach dem Verhältnis der Gemeinschaften zu ihren Mitgliedstaaten *(§ 9),* zu den Assoziierten und zu Drittstaaten *(§ 7),* endlich auch aus der Rechtsstellung des Einzelnen in seiner Eigenschaft als Marktbürger der Gemeinschaften *(9/41—43).* So gesehen, könnte die Rechtsstellung der Gemeinschaften im Grunde *erst und nur* als *Rechtssumme aus einer Gesamtbilanzierung* aller wesentlichen Rechtselemente bestimmt werden. Zwar bliebe einer derart induzierenden Charakterisierung der Vorwurf begriffsjuristischer Konstruktivität wohl am ehesten erspart. Aber ein solches Vorgehen verbietet sich aus mehreren Gründen.

2 Im übrigen: die Frage nach der Rechtsstellung und der Rechtsnatur der Gemeinschaften (als solche der rechtsbegrifflichen Erfassung, ihrer Einordnung in ein System staatlicher Verbindungen und ihrer Zuweisung in ein adäquates Rechtsstatut verstanden) sollte in ihrer Tragweite und der möglichen Ergiebigkeit ihrer Beantwortung nicht überschätzt werden. Davor zu warnen, besteht alle Veranlassung, und dies nicht nur hinsichtlich der *deutschen* Theorie. Die Frage ist nämlich komplexer Natur. Sie ist einer Klärung im Grunde nur zugänglich aus der Summe mehrerer Einsichten, die überdies nicht nur normativen Gehalt haben.

1. Die Gefahr bundesstaatlicher Präjudizierung

3 Mehrere, insbesondere auch gerade (aber keineswegs nur) aus der bisherigen *deutschen* Theorie des Gemeinschaftsrechts erwachsene Gründe rechtfertigen, ja gebieten, die Rechtsstellung der Gemeinschaften an *dieser* Stelle in gewisser Isolierung gegenüber den genannten Fragestellungen zu behandeln. *Ein* Grund hierfür liegt darin, daß die deutsche Theorie vom Bundesstaat und Staatenbund und die deutsche historische Erfahrung des 19. Jahrhunderts bei der Entstehung der Gemeinschaftsverträge präsent und von Einfluß gewesen sind[1]. Einen *anderen* Grund bildet der Umstand, daß allein der *deutsche* Mitgliedstaat als gegliederter *Bundesstaat* den Gemeinschaften angehört, während alle anderen Mitglieder (und auch die für den

---

[1] Dies insbesondere durch die an den Vertragsverhandlungen beteiligten deutschen Juristen wie *Hallstein, Ophüls, Wohlfarth.*

Beitritt anstehenden vier Staaten) *Einheits*staaten sind[2]. Daß Belgien einen Prozeß staatsrechtlicher Föderalisierung erfährt und auch in Italien (abgeschwächt in Frankreich) regionalistische Elemente die bisherige Einheitsstaatlichkeit verändern, ist in diesem Zusammenhang weniger erheblich.

Eine *deutsche* Darstellung des Gemeinschaftsrechts kann die Einbettung der Frage nach der Rechtsstellung der Gemeinschaften in die deutsche „bundesstaatliche Befangenheit" schon aus diesen beiden Gründen nicht so ignorieren, wie das entsprechenden Darstellungen im Schrifttum anderer Mitgliedstaaten möglich und von ihrem Standort aus auch gerechtfertigt ist. Die Einsicht in diese „Befangenheit" erst gestattet auch, die fruchtbaren Bemühungen der deutschen Theorie um die Rechtsstellung der Gemeinschaften kritisch zu würdigen[3]. Ein *dritter* Grund ergibt sich weniger aus der Retrospektive als vielmehr aus Perspektive und Prognose: im Rahmen aller in der Theorie des Gemeinschaftsrechts in den Mitgliedstaaten angestellten Erwägungen über die Weiterentwicklung der Integration ist zweifellos auf *deutscher* Seite die Idee eines *künftigen europäischen Bundesstaates* am deutlichsten entwickelt worden[4]. Und diese Erwägung gilt nicht nur einer politisch gebotenen Endlösung an sich, sondern auch einer in den geltenden Gemeinschaftsverfassungen bereits angelegten, ihnen immanenten Fortschritts-Automatik[5].

Wo sich historisch-empirisch begründete Rechtsüberzeugung von der Eignung des Bundesstaates zur Integration in dieser Weise mit den Impulsen finaler Interpretation und gemeinschaftspolitischer Fortschrittlichkeit verbindet, besteht allerdings die Gefahr begriffsjuristischer Präjudizierung: dahin nämlich, daß die Frage nach der Rechtsstellung der Gemeinschaften ihre Antwort aus einer durch Abstraktion und Deduktion gewonnenen, vermeintlich beweisbaren „Rechtsnatur" empfängt oder mit ihr identisch ist. Hier droht die Gefahr einer Ableitung aus Rechtsbegrifflichkeit an sich, aus „Wesenhaftigkeit". Die Gefahr vergrößert sich, wenn die Ableitung Folgerungen für alle anderen Rechtsfragen gestatten soll, die sich, wie dargelegt, im Umkreis der Rechtsstellungs-Frage stellen. *So* gesehen, ist eine Frage nach der „Rechtsnatur" der Gemeinschaften nicht nur entbehrlich, sondern abwegig, weil verleitlich.

Was *hier* zur Rechtsstellung der Gemeinschaften zu sagen ist, hat daher primär *defensive Zwecke,* nämlich solche der Abwehr begriffsjuristischer Präjudizierung. In ihrer kritischen Erörterung können zugleich aber auch

---

[2] Hierzu: *Ipsen,* Als Bundesstaat in der Gemeinschaft, Fs Hallstein (1966) 248.

[3] Dies um so mehr, als *Ophüls,* der Hauptvertreter dieser Bemühungen, ihre nur begrenzte Verwertbarkeit für die Rechtscharakterisierung der Gemeinschaften sehr einsichtsvoll verdeutlicht; vgl. Fs Heymanns Verlag 588 Anm. 192.

[4] Beispielhaft *Hallsteins* Buchtitel (1969): Der unvollendete Bundesstaat; vorsichtig abwägend: *Herzog,* Allgemeine Staatslehre (1971) 413, 416.

[5] Dazu die Laudatio von *Ipsen* anläßlich *Hallsteins* Hamburger Ehrenpromotion, die unmittelbar nach seiner Rücktrittserklärung vom 6. Mai am 10. Mai 1967 beschlossen worden war, in: EuR 1967, 193 (197).

Elemente sichtbar werden, die zur nachfolgenden Darlegung der für die Rechtsstellung maßgebenden Rechtssätze und Merkmale nützlich sind.

2. *Die Gefahr völkerrechtlicher Präjudizierung*

4 Eine Gefahr andersartiger Präjudizierung, die nicht weniger begriffsjuristisch genannt werden muß, droht aus „völkerrechtlicher Befangenheit". Sie erwächst daraus, daß die Gemeinschaften wegen ihrer Entstehung mit Hilfe völkerrechtlichen Vertragsschlusses zwischen Völkerrechtssubjekten und wegen ihres Einsatzes in Aufgabenbereichen, die bislang typischer Wirkungsbereich internationaler Wirtschaftsverträge und -organisationen waren, als in dem Gesamtkomplex völkerrechtlicher Wirtschaftsbeziehungen eingeordnet gelten. Die Gemeinschaften werden damit einem Sammel-Typ zwischenstaatlicher internationaler Organisationen (sogar auch solchen ohne Selbständigkeit) zugerechnet, der zugleich auch „stärker integrierte internationale Organisationen" wie eben die Gemeinschaften (und den Staatenbund) einschließen soll[6]. Die Rechtfertigung hierfür wird darin gesehen, daß es sich auch bei ihnen um Zusammenschlüsse von Staaten handelt, die ihre Souveränität trotz gewisser, wegen der Gemeinschaftszielsetzung hingenommener Beschränkungen behalten. Die Gemeinschaften seien schon aus diesem Grunde nicht anzusehen als *„Bundesstaaten,* deren Beziehungen zu ihren Gliedern *staatsrechtlich* geregelt wären". Zwar wird anerkannt, daß der Beitritt zu den Gemeinschaften von den Mitgliedstaaten „Opfer an Souveränität" verlangt, die „zusammengenommen" größer sind als beim Beitritt zu sonstigen internationalen Organisationen. „Für jedes *einzelne* der in den Verträgen über die Errichtung der Gemeinschaften enthaltene Opfer an Souveränität lassen sich jedoch *Vorbilder* im Recht *anderer* Internationaler Organisationen finden." Und das soll ebenso gelten für die Erscheinung der im Durchgriff wirksamen Normen des Gemeinschaftsrechts, für die Unabhängigkeit der Kommission, die Existenz des Gerichtshofs, für die Zulassung von Mehrheitsentscheidungen und die Eigenfinanzierung. Zwar wird aus der Zusammenfassung dieser staatlichen Souveränitätsbeschränkungen in der Gemeinschaftsverfassung und der umfassenden Sachkompetenz der Gemeinschaften die Notwendigkeit hergeleitet, den Gemeinschaften als solchen von Supranationalität jedenfalls eine „besondere Bezeichnung" im Kreis der internationalen Organisationen zuzuerkennen. Entscheidende Fol-

---

[6] *Seidl-Hohenveldern,* Internationale Organisationen 4—8, auch zu den Zitaten im Text. — *Haas,* Beyond the nation-state, functionalism and international organization (1964) weiß deutlich zu unterscheiden zwischen den internationalen Organisationen überlieferter Aufgabenstellung und den Gemeinschaften, weil er von der Analyse ihrer Zielsetzungen ausgeht. Zu der Textsammlung von *Schweizer,* Internationale Organisationen (1969) begründet *Rudolf* S. 12 der Einleitung die Nichtberücksichtigung der Gemeinschaften, da sich ihr Recht „als eine eigenständige Disziplin neben dem Völkerrecht und dem Recht der internationalen Organisationen herausgebildet hat".

gerungen dafür, wegen dieser Supranationalität ihre Einfügung in das auch für die anderen internationalen Organisationen geltende Völkerrecht in wesentlichen Punkten zu überprüfen oder sie insoweit vom Völkerrecht zu emanzipieren, werden hieraus indes nicht gezogen.

So erklärt sich etwa, daß eine konventionell-völkerrechtliche Methode entscheidend *genetisch* abstellt auf ihre *Errichtung mit Hilfe völkerrechtlicher Verträge,* die die Staaten verpflichten, durch ihr Verhalten die Verträge zu sichern und störende Maßnahmen zu unterlassen. Das Verhältnis der Mitgliedstaaten zueinander wird rein oder überwiegend völkerrechtlich gesehen. Aus ihrer Völkerrechtssubjektivität wird ihre Befugnis hergeleitet, internationalrechtlich über Ziele und Gegenstände der Gemeinschaftsverfassungen *ohne* Rücksicht auf ihre Gliedstellung in den Gemeinschaften und die Regelung des Vertragsänderungsverfahrens in den Gemeinschaftsverträgen zu paktieren[7]. Sezessions- und Nullifikationsrecht der Mitgliedstaaten werden unter ausschließlicher Berücksichtigung ihrer Völkerrechtssubjektivität erwogen. Aus dem Völkerrecht werden Auslegungsgrundsätze für das Gemeinschaftsrecht deduziert, so das Gebot, die Verträge unter tunlicher Respektierung der Souveränität der Mitgliedstaaten im Sinne eingeschränkter Gemeinschaftskompetenzen zu interpretieren. Für die Frage des Verhältnisses des Gemeinschaftsrechts zum nationalen Recht soll sich die Antwort ergeben „aus der Erkenntnis, daß, soweit nicht der Gemeinschaftsvertrag für diesen Fall ausdrückliche Lösungen bereithält, die allgemeinen Regeln über das Verhältnis von Völkerrecht zu Landesrecht Platz greifen. Denn die Regeln des internen Gemeinschaftsrechts nehmen, da sie auf der Ermächtigung des Vertrages beruhen, an dem Rang des Vertrages gegenüber dem innerstaatlichen Recht teil. Das Verhältnis landesrechtlicher Bestimmungen zu völkerrechtlichen Regeln wird aber bestimmt durch die Vorschriften des jeweiligen nationalen Rechts und der Staatsverfassungen über diese Frage“[8]. Es entspricht dieser völkerrechtlichen Sicht, daß sie den Geltungsgrund des Gemeinschaftsrechts in den Mitgliedstaaten lediglich in staatlichen Akten der Transformation, der Inkorporierung oder in einem staatlichen Anwendungsbefehl zu sehen vermag, woraus sich wiederum Folgerungen für die Rangfrage einstellen.

In dieser Weise bewirkt die ausschließliche oder dominierende Einbettung der Gemeinschaften in die Regeln des Völkerrechts, die mit ihrem vermeintlich nur völkerrechtlichen Entstehungsmodus und der Völkerrechtssubjektivität und -handlungsfähigkeit der Mitgliedstaaten begründet wird, eine der Frage der Rechtsstellung der Gemeinschaften präjudizierende Qualifikation. Ihre begriffsjuristische Relevanz verdoppelt sich, indem diese völkerrechtliche Präjudizierung eine kontrapunktische Bestätigung sucht. Sie

[7] *Seidl-Hohenveldern* 191—192; zu den Konsequenzen dieser Auffassung: *Wagner,* Beschlußrecht 242, dazu: *von Simson* ZHR 130 (1968) 68.
[8] *Scheuner* Fs Verdroß (1960) 241.

findet sie in der nicht weniger begriffsjuristischen Erkenntnis, die Gemeinschaften besäßen *nicht* die Rechtsnatur von *Bundesstaaten* — und *folglich* (tertium non datur) könnten sie selbst und in ihrer Infrastruktur eben *nur völkerrechtlich* begriffen werden[9].

II. Kriterien der Aus- und Eingrenzung

1. Die Gemeinschaften sind nicht Staaten

5 *Staat* — als reale politische Einheit und Organisation politischer Willensbildung über das Gemeinwohl — ist *keine der Gemeinschaften.* Sie stellen weder realiter politische Einheiten dar noch bestimmen sie über das Gemeinwohl schlechthin. Sie besitzen zwar Zuständigkeiten im Gebiet der Mitgliedstaaten, dort aber nicht die Alleinzuständigkeit hoheitlicher Ordnung. Sie haben keine Gemeinschaftsangehörigen. Den Marktbürgern gegenüber besitzen sie keine Personalhoheit und üben sie keine Schutzgewalt wie ein Staat gegenüber seinen Angehörigen.

6 a) Die Staatsangehörigen der Mitgliedstaaten sind und bleiben im soziologischen Sinne *Volk* und im Rechtssinne in ihrer Gesamtheit das *Staatsvolk ihrer Staatlichkeiten.* Sie sind *weder* in *diesem noch* in *jenem* Sinne *Volk der Gemeinschaft.* Art. 137 EWGV, 107 EAGV, 20 EGKSV sprechen zutreffend von den „Völkern der in den Gemeinschaften zusammengeschlossenen Staaten". Wenn die Angehörigen dieser Völker *„Marktbürger"* genannt werden[10], ist damit ausschließlich ihre durch das Gemeinschaftsrecht (oder auf seiner Grundlage) bewirkte rechtliche „Erreichbarkeit" für Normen und Einzelakte des Gemeinschaftsrechts, also nicht-nationalen Rechts gemeint, *soweit* sie als Teilnehmer oder Benutzer des Gemeinsamen Marktes agieren *(9/132—140).* Als Marktbürger werden sie sich selbst dann nicht in Gemeinschaftsbürger oder -angehörige verwandeln, wenn sie in Durchführung des Art. 138 III EWGV die Abgeordneten der Versammlung in unmittelbaren Wahlen wählen sollten. Ihr Wahlrecht zum Gemeinschaftsorgan verwandelt sie nicht in Gemeinschaftsangehörige, ihren Status (noch) nicht zum europäischen Bürgerrecht.

7 Es steht außerhalb der Aufgaben und Zielsetzungen der Gemeinschaften, wie ihre Verfassungen sie bestimmen, *an Stelle der Mitgliedstaaten* zur

---

[9] *Seidl-Hohenveldern* 7.

[10] *Ipsen,* Deuxième Colloque International de Droit Européen La Haye 1963 (1966) 279; übersetzt: „Citoyens du marché"; *ders.,* NJW 1964, 340 mit Anm. 2: „Marktbürger" will hervorheben, daß der einzelne (Individuum, Unternehmen) als Bürger seines Staates, der Mitgliedstaat ist, und dem er weiterhin angehört, dem Recht des (gemeinsamen) Marktes untersteht, soweit er an ihm teilnimmt. — Der auch verwendete Terminus „Gemeinschaftsbürger" (*Grabitz,* Europäisches Bürgerrecht [1970] 110—115) verzichtet auf das funktionelle Moment der Beziehung zu Marktvorgängen und nähert sich der unzutreffenden Vorstellung einer Gemeinschafts-„Angehörigkeit" *(9/132—140).*

unmittelbaren Realisierung *politischer Einheit* zu wirken, also politisch zu integrieren. Die Vergemeinschaftung bildet nur „une intégration partielle au regard de la compétence générale exercée normalement par les Etats"[11]. Die öffentliche Verantwortung der Mitgliedstaaten für Außenpolitik, Verteidigung, innere Verwaltung, Sicherheit und Rechtsfrieden, Kultur und Wohlfahrt ist *in der Substanz* — trotz aller Berührungspunkte, peripherer Grenzüberschreitungen und Durchdringungen — durch die gegenwärtige Vergemeinschaftung *nicht* berührt[12]. In diesem den Staaten verbliebenen Verantwortungsbereich liegen die wesentlichen Funktionen zur Bildung und Erhaltung der politischen Einheit. Sie verfügen trotz aller den Gemeinschaften „übertragenen" Hoheitsrechte in bislang staatlichen Sachbereichen potentiell über die „Kompetenzfülle", die „Dispositionsfülle", die dem Staatsbegriff zugehört. So steht schon hiernach außer allem Zweifel und wird nicht bestritten: *die Gemeinschaften sind nicht Staaten*[13]. Es gibt hierfür weitere Gründe.

8 b) Mit den Mitteln *rechtssatzmäßiger Zuteilung* ist der Funktionsbereich der Gemeinschaften — nach Aufgaben, Zielbestimmungen, Zuständigkeiten — *bemessen und eingegrenzt. Nur in diesen Grenzen* obliegt ihnen die Bestimmung des Gemeinschaftswohls und die Aufgabe seiner Wahrnehmung. Ihnen fehlt die dem Staat eigene Kompetenz-Kompetenz. Sie benötigen für ihre Funktionen den Nachweis ausreichender Kompetenznorm, dessen der Staat nicht bedarf. Alle Hoheitsrechte, „die sich im Laufe der Entwicklung außerhalb der Verträge ergeben sollten", würden „ohne weiteres und nur nach Maßgabe ihrer eigenen Verfassung" der Staatshoheit zuwachsen. „Ebenso würden der Staatshoheit, sollten die Gemeinschaften sich auflösen oder sonstwie ihre Rechte verlieren, diese Rechte wieder zufallen." Die Staatshoheit verfügt also noch „über eine Art potentieller und subsidiärer Allzuständigkeit"[14].

Für die Nicht-Staatlichkeit der Gemeinschaften ist *nicht* entscheidend, ob die Gemeinschaftsaufgaben als überwiegend solche nur der Verwaltung, des service public, der Daseinsvorsorge, des nur Technisch-Ökonomischen, insgesamt deshalb des Nicht- oder Un-Politischen, damit jenes Bereichs gelten, der sich vom substantiell Staatlich-Politischen unterscheide[15]. Auch die Gemeinschaftsaufgaben können in diesem Sinne politisch sein oder werden. Denn das Politische ist nicht Sachkategorie, sondern macht die besondere Bezogenheit zum jeweils relevant erachteten öffentlichen Interesse aus[16].

9 c) *Staatlichkeits-Ausweisung der Gemeinschaften* liegt selbstverständlich

[11] *Pescatore*, La fusion des institutions et des pouvoirs, in: La fusion des Communautés européennes, Kolloquium Lüttich (1965) 63; *Rigaux* DrCommEur Nr. 100.

[12] *Ipsen*, Verfassungsperspektiven 6—7.

[13] *Wagner*, Beschlußrecht 66—67 mit weiteren Nachweisen in Anm. 73.

[14] *Ophüls* Fs Heymanns Verlag 585.

[15] *Rigaux* DrCommEur Nr. 101.

[16] *Ipsen*, Politik und Justiz. Das Problem der justizlosen Hoheitsakte (1937) 259—260.

auch nicht — um einem verbreiteten (nicht selten beabsichtigten) Mißverständnis zu begegnen — *in der Erkenntnis ihrer Supranationalität (2/44—54)*. Mit ihr sind *Elemente rechtlicher Zuordnung* der Gemeinschaften zu den Mitgliedstaaten charakterisiert. *Nicht* gemeint ist damit die *Rechtsqualität* der Gemeinschaften als solcher, nämlich diejenige von *Staaten über Staaten — und deshalb eben als Staaten*[17]. Supranationalität ist also *keine* Aussage über die *„Rechtsnatur"* der Gemeinschaften. Andererseits gilt auch (was zu begründen bleibt): schon deshalb, weil die Gemeinschaften *nicht Staaten* sind, sind sie *auch nicht Bundesstaaten.* Denn der *Bundesstaat ist Staat.*

2. *Die Gemeinschaften sind nicht Bundesstaaten*

10 a) Die Gemeinschaften sind Verbände von Mitgliedstaaten. Ob sie mit ihren hoheitlichen Rechtsakten nur die Mitgliedstaaten, nur deren Angehörige als Marktbürger oder beide, Gliedstaaten *und* deren Angehörige, „erreichen", kann ihnen in der theoretischen Gruppierung der Verbände einen unterschiedlichen Platz zuweisen[18] — *welchen,* hängt davon ab, ob das Merkmal der rechtlichen „Erreichbarkeit" des *einzelnen* dem *Staatsbegriff* vorbehalten bleibt und das der „Erreichbarkeit" nur des *Gliedverbandes* den *Staatenbund* charakterisiert.

„Die europäischen Gemeinschaften standen von Beginn der Verhandlungen an in diesen Antithesen."[19] Sie haben bis heute fortgewirkt, obwohl schon seit dem Ende des Deutschen Bundes die bis dahin herrschende Differenzierung von Staatenbund und Bundesstaat nach der Reichweite der Verbandsakte überwunden worden ist. Bis dahin galt als Bundesstaat (damit als „Staat") nur der Verband, dessen Akte auch den einzelnen rechtlich „erreichten", als Staatenbund, also nicht-staatlicher Bund von Staaten, derjenige, der mit ihnen nur die Gliedstaaten zu „erreichen" vermochte. Der „Durchgriff" seiner Rechtsnormen prägte den Bundesstaat.

Diese deutsche Bundesstaat-Theorie, die bis 1866 unter dem Einfluß der amerikanischen Verfassungslehre des Federalist, von *Tocqueville* und in der Ausgestaltung von *Waitz* herrschte[20], seit der Reichsgründung überwunden galt, ist periodisch — so für den Weimarer Staat durch *Nawiasky,* für den Staat des Grundgesetzes in der Theorie vom dreigliedrigen Bundesstaat — erneuert worden. Sie hat sich indes nicht wieder durchgesetzt. Maßgebend geworden ist die Erkenntnis, daß der Bundesstaat nicht allein durch seine Strukturierung, seine Fähigkeit zur Setzung von Durchgriffsnormen qualifiziert wird, es vielmehr auf *das* Merkmal ankomme, das eben *jeden Staat* ausmacht: die Innehabung von Kompetenzfülle und -dichte bis zur Kompetenz-Kompetenz.

11 b) „Die Diskussion um die Rechtsnatur der europäischen Gemeinschaften leidet daran, daß selten klar wird, ob die Autoren die Begriffe staatlich-

---

[17] Richtig: *Rigaux* DrCommEur Nr. 97.

[18] Dazu und zum Folgenden: *Wagner,* Beschlußrecht 69—78.

[19] *Wagner* 19.

[20] Dazu: *Ophüls,* Deuxième Colloque International de Droit Européen La Haye 1963 (1966) 223; *ders.,* Fs Heymanns Verlag 530 mit Anm. 30; *Neri,* De la nature juridique des Communautés européennes 20.

bundesstaatlich auf die Verbandsstruktur beziehen oder von Staat und Bundesstaat im Vollsinne sprechen; in der Polemik der einzelnen Autoren wird diese Scheidung ganz mißachtet."[21] Das bleibt jeweils zu bedenken, wenn gerade der *deutsche* Beitrag zur Konstruktion der Gemeinschaften, der Niederschlag seiner Initiatoren in den amtlichen Begründungen zu den Verträgen und ihre spätere wissenschaftliche Einflußnahme auf die Theorie des Gemeinschaftsrechts hervorzuheben sind. Für diese Zusammenhänge und die Befürwortung bundesstaatlicher Analogien steht beispielhaft der Satz: „Denn, wie jeder weiß, der die Entstehungsgeschichte kennt, sind die Institutionen der Gemeinschaften weithin nach bundesstaatlichem Vorbild gebildet worden."[22] Und: „Wir sind mit unseren bundesstaatlichen Vorstellungen an diese Aufgabe herangegangen."[23]

12 aa) Das trifft nun in der Tat zu und ist nicht zu leugnen. Aber: die deutsche bundesstaatliche Modellwirkung bezieht sich eindeutig und im wesentlichen auf die *Strukturprinzipien* der Gemeinschaften. Sie bezieht sich *nicht* auf ihre Kompetenzausstattung im Verhältnis zu den Mitgliedstaaten. Wenn aber nicht die Strukturierung, sondern das Kompetenzmaß darüber befindet, ob der Verband Bundesstaat ist — oder dies nicht ist —, vermag strukturelle Vergleichbarkeit allein keine Folgerungen zu rechtfertigen, die die Analogie zum Bundesstaat herzugeben vermöchte.

13 bb) *Strukturell* mag die Organisation der Gemeinschaften dem Bundesstaat verglichen werden: der Rat gilt als föderatives Organ zur Mitwirkung der Gliedstaaten an der Willensbildung der Gemeinschaften. Ausländische Theorie, der es an eigenen, nationalen Verfassungsvergleichen fehlt, wird nicht müde, darauf hinzuweisen, daß auch der deutsche Bundesrat aus Ministern der Gliedstaaten bestehe und an der Bildung des Bundeswillens teilhabe. Die Kommission gilt als Zentralorgan der bundesstaatlich begriffenen Gemeinschaften mit der Aufgabe, in der gemeinschaftlichen Willensbildung das Gemeinschaftselement zu realisieren. Der Gerichtshof paßt in die Analogie, soweit er für die Zuordnung der Gemeinschaften zu den Mitgliedstaaten und ihr Verhältnis untereinander als Verfassungsgericht fungiert. Daß Gemeinschaftsakte normativ und exekutiv den einzelnen erreichen, also „durchgreifen", rundet die strukturelle Vergleichbarkeit mit dem Bundesstaat ab.

In der Summierung dieser Analogien liegt der Grund für die Versuchung, auf bundesstaatliche oder bundesstaatsartige Rechtsnatur der Gemeinschaften zu schließen und aus dieser Konzeption „rückkoppelnd" wiederum Folgerungen zu deduzieren, die die Bundesstaatlichkeit als solche herzugeben vermag.

14 cc) Aus der Einsicht, daß diese Analogie die Kompetenzausstattung der Gemeinschaften im qualitativen und quantitativen Vergleich zu den Mit-

[21] *Wagner* 75. [22] *Ophüls,* Deuxième Colloque 222—223.
[23] *Mosler* VVDStRL 21 (1964) 139.

gliedstaaten vernachlässigt, ist sie von ihrem Hauptvertreter[24] reduziert worden auf dasjenige Verständnis vom Bundesstaat, das in der deutschen Theorie seit 1866 überwunden und mit Erfolg nicht erneuert worden ist, also das am *Strukturprinzip* orientierte. Indem *derart strukturelle* Vergleichbarkeiten hervorgehoben werden, kann Analogievorstellungen getrost das Feld überlassen werden. Denn *als solche* sind sie — wenn auch unergiebig, so doch — unschädlich. Mit der Feststellung etwa, der Rat sei dem deutschen Bundesrat vergleichbar, ist nichts gewonnen, aber auch nichts angerichtet. Soweit solche Analogie aber mit der Behauptung, aus der Vergleichbarkeit allein ergebe sich die Bundesstaats-Natur der Gemeinschaften oder mindestens eine Vorstufe hierzu, zugleich zu der Folgerung bemüht wird, *also* bemesse sich ihre Zuordnung zu den Mitgliedstaaten durchweg nach bundesstaatlichen Verfassungsprinzipien, entbehrt sie der Grundlage. Das gilt insbesondere für die Frage der Zuordnung des Gemeinschaftsrechts zum nationalen Recht *(10/27—28)*.

3. Die Gemeinschaften sind nicht Staatenbünde

15 Gewiß sind die Gemeinschaften (wenn nicht Bundesstaaten, so doch) „Staatenbünde" im unkritischen Sinn eines Sammelbegriffs von „Staatenverbindung", die eine auf einem Rechtsgrund beruhende dauernde Beziehung mehrerer Staaten darstellt. Sie sind dies aber nicht im Sinne der klassisch gewordenen Systematisierung, die zwar wegen ihrer vereinfachenden, formalen Typologisierung erneuerungsbedürftig (und in den Verfassungslehren von *C. Schmitt* und *Rudolf Smend* revidiert) wurde[25], gleichwohl in der Erörterung zur Rechtsstellung der Gemeinschaften wirksam geblieben ist. Diese Systematisierung hatte praktisch die denkbaren Formen von Staatenverbindungen in ihrer durch die deutsche Verfassungsentwicklung vorgezeichneten Eingrenzung auf die einzige Alternative Bundesstaat — Staatenbund reduziert. Weil den Gemeinschaften die Qualität des Bundesstaates versagt wird, scheint sich die verbleibende Aussage auf ihre Kennzeichnung als Staatenbund zu verengen. In dieser Betrachtung gilt als Staatenbund jene Staatenverbindung, der eine umfassende Zentralgewalt und das Recht zum Durchgriff fehlen. Das bedeutete, daß „die Lehre von der Rechtsnatur der Europäischen Gemeinschaften in Deutschland . . . wieder bei der alten Frage: Staatenbund oder Bundesstaat? anlangte"[26].

16 a) Positiv erfüllt ist der „klassische" Begriff des Staatenbundes, dem umfassende Zentralgewalt und Durchgriffsrechte fehlen, durch seinen vereinbarten Zweck, das Bundesgebiet nach außen zu schützen, nach innen den Frieden zwischen den verbundenen Staaten zu bewahren und sich zur Reali-

---

[24] *Ophüls*, Deuxième Colloque 222; Eingrenzungen dieser Art bei *Ophüls*, Fs Heymanns Verlag 588 Anm. 192.

[25] Dazu: *Herzog* EvStLex 2166—2168; *ders.*, Allgemeine Staatslehre (1971) 402.

[26] *Herzog* 2168.

sierung dieser Bundeszwecke dauerhaft zu organisieren. Er ist also — und das erklärt sich aus seiner deutschen Verfassungsbezüglichkeit — eindeutig auf Zwecke bezogen, die *außerhalb aller Aufgaben- und Zielbestimmungen der Gemeinschaften liegen.* Selbst wenn bedacht bleibt, daß die Mitgliedstaaten der Gemeinschaften (und auch diejenigen, die zum Beitritt anstehen) durch ihr NATO-Bündnis ein Vorverständnis der Vergemeinschaftung besitzen, das ihrer Verteidigung nach außen dient, gehört diese doch zweifellos *nicht* zu den Gemeinschaftszwecken selbst. Daß die Friedensbewahrung im Innern zu den „mitgeschriebenen" Gemeinschaftsvoraussetzungen zählt, ist so selbstverständlich, daß dadurch die Gemeinschaften als solche nicht zu qualifizieren sind.

17 b) Was die Gemeinschaften zweckhaft positiv kennzeichnet, erklärt sich aus dem grundlegenden Wandel der dem heutigen Staat gestellten Aufgaben in der Wirtschafts- und Sozialpolitik und der Notwendigkeit, sie in integrierender Vergemeinschaftung ohne Begrenzung auf nationalstaatliche Verantwortung zu erfüllen. Vom Zweck her gesehen verbietet sich daher die Zuordnung der Gemeinschaften zum Staatenbund klassischer Vorstellung mit Selbstverständlichkeit. Nach ihren Zwecken gibt es also auch keine Analogie. Daß ihre Vergleichbarkeit auch in der Disposition über den Durchgriff fehlt, der der Gemeinschaftsgewalt zusteht, dem Staatenbund abgeht, bedarf danach nicht mehr der Hervorhebung. Die Alternativfrage, ob die Gemeinschaften, wenn nicht als Bundesstaaten, so doch als Staatenbünde zu begreifen seien, ist danach schon nicht zutreffend gestellt. Sie ist auch nicht geeignet, zur Deutung ihrer Rechtsstellung beizutragen.

18 c) Entsprechendes gilt für den Vorschlag[27], die Gemeinschaften als *föderale* oder *prä-föderale* Verbände zu kennzeichnen. Föderal und föderalistisch — im dynamischen Verständnis der in föderal verfaßter Organisation wirksamen Kräfte — „bedeutet logisch und historisch sowohl Integration wie Desintegration"[28], wobei es jeweils nur auf den Ansatz ankommt: für die Gemeinschaften ist und wirkt föderalistisch, was sie in Aufgaben und Zuständigkeiten gegenüber den Mitgliedstaaten stärkt; im gegliederten Staat ist und wirkt föderalistisch, was die Zentralgewalt schwächt, den Gliedstaat stärkt. Für die Gemeinschaften vermag ihre föderale und präföderale Kennzeichnung also allenfalls ihre Aufgaben- und Zuständigkeitsausstattung im Verhältnis zu den Mitgliedstaaten zu beschreiben. Die Ausstattung der Gemeinschaften mit Zielsetzungen, deren Erfüllung die Gemeinschaftsaufgaben „auf Kosten" der Staaten erweitert und vermehrt, vermag sie dynamisch als föderalistisch orientiert zu charakterisieren. Über solchen, aus der Beschreibung der Aufgaben- und Zuständigkeitsausstattung und Zielsetzung zu ermittelnden Befund hinaus und seine Benennung als mehr oder minder föderal und föderalistisch ist für die Rechtsstellung der Gemeinschaften indes nichts gewonnen.

[27] *Scheuner* VVDStRL 23 (1966) 106.

[28] *Wagner,* Beschlußrecht 78.

Noch mehr gilt das für die Annahme ihrer *Präföderalität*. Damit wird zwar die Dynamik und der Übergangszustand der Integration[29] umschrieben, aber nichts rechtlich Erhebliches qualifiziert. Übergangs- und Schwebezustände sind kein Freibrief für rechtliche Konturlosigkeit. Gerade sie brauchen Konturen, und die Gemeinschaften brauchen Rechtskonturen, weil sie als Rechtsgemeinschaften verfaßt sind. „Präföderalität" liefert solche Konturen *nur unter einer Voraussetzung*, deren Annahme aber *weder bewiesen noch ausschließlich ist*. Nur dann nämlich, wenn „föderal" mit „bundesstaatlich" gleichgesetzt wird, *föderale* Lösung eben *bundesstaatliche* Lösung heißen soll, läge in der Annahme *präföderaler* Natur der Gemeinschaften eine deutliche rechtliche Zuordnung: *solange* ist „ihr völkerrechtlicher Charakter ... noch erhalten", „der Schritt zur föderalen Lösung ist noch nicht getan"[30] — aber (so wird unterstellt): die Gemeinschaften erscheinen als *geeignet und vorbestimmt, daß* er getan werde.

4. Die Gemeinschaften sind nicht nur internationale Organisationen

19 Die Einbeziehung der Gemeinschaften in einen Sammelbegriff der internationalen Organisationen und ihre daraus hergeleitete Unterstellung unter das Völkerrecht mit allen seinen möglichen Konsequenzen vernachlässigt Rechtsmerkmale, die nur den Gemeinschaften eigen sind. Diese Nivellierung findet statt, weil sie in der *Art der Entstehung* der Gemeinschaften durch völkerrechtlichen Vertrag den allein entscheidenden Bezugspunkt sieht. Er soll angeblich das *Rechtsstatut* zuweisen, dem die Gemeinschaften unterstehen: *das Völkerrecht*.

20 a) Die Gemeinschaften heben sich von anderen, funktionell spezifizierten internationalen Organisationen (früher zutreffend als „Verwaltungsunionen" bezeichnet) durch ihre Aufgaben- und Zielbestimmungen ab[31]. Das gilt in geringerem Maße von der EGKS und der EAG, deutlicher für die EWG, ganz eindeutig für die organisatorisch bereits weitgehend fusionierten Gemeinschaften in ihrer Gesamtheit. In keiner Erscheinungsform anderer internationaler Organisationen findet eine quantitativ und qualitativ derart umfassende und den Verfassungsauftrag der Mitgliedstaaten derart

[29] Dieser Übergangszustand wird treffend umschrieben bei *von Simson* Fs Riese 97—98: die Verträge „enthalten ferner eine politische Entscheidung über die Unterwerfung des Staatslebens unter eine durch die Gemeinschaften fortschreitend zu verwirklichende faktische Zwangsläufigkeit, die weniger und weniger reversibel und weniger und weniger einer Alternativentscheidung seitens der Mitgliedstaaten ausgesetzt ist. Diese Unterwerfung unter eine voraussehbare Zwangsläufigkeit ist der eigentlich konstituierende Akt, durch den die einzelstaatliche Souveränität nicht so sehr einer supranationalen Organisation, als vielmehr gemeinsamen, nur zusammen zu erfüllenden Existenzbedingungen unterstellt wird". Daß der „Zwangslauf" *gerade den Bundesstaat* zum Ziele habe, folgt daraus keineswegs.

[30] *Scheuner* VVDStRL 23 (1966) 109.

[31] Dazu: *Rigaux* DrCommEur Nrn. 102—103; *Hahn* EvStLex 810; *Ermacora*, Allgemeine Staatslehre (1970) 1168.

intensiv ablösende Ent-Nationalisierung öffentlicher Aufgaben statt. Zwar fehlt ihnen jene Kompetenz-Dichte, die in der Innehabung der Kompetenz-Kompetenz die Staatlichkeit ausmacht, und deshalb auch fehlt ihnen der Charakter der Bundesstaatlichkeit. Aber: „pour refuser aux Communautés européennes la qualité d'Etat fédéral, il n'est pas nécessaire de les réduire à une simple union d'Etats, du type de l'Union postale universelle, ni à une organisation internationale de caractère intergouvernemental."[32] Dieser Kurzschluß verbietet sich bereits aus der Fülle und dem Rang der Gemeinschaftsfunktionen.

21 b) Strukturelle und organisatorische Einzelelemente, die in einzelnen internationalen Organisationen isolierte, atypische Besonderheiten ausmachen, sind in den Gemeinschaften als tragendes Verfassungsprinzip der Supranationalität zur Geltung gekommen. Es äußert sich in der Existenz und Wirksamkeit einer von der öffentlichen Gewalt der Mitgliedstaaten unterschiedenen, ihr rechtlich zugeordneten öffentlichen Gemeinschaftsgewalt. Die Rechtsordnung der Staaten und diese selbst sind der Gemeinschaftsgewalt in den Grenzen dieser Zuordnung rechtlich unterworfen. In allen ihren Erscheinungsformen kann sich die Gemeinschaftsgewalt gegenüber der Staatsgewalt und im Durchgriff potentiell auch den Staatsangehörigen gegenüber durchsetzen — im Sinne der Geltung von Gemeinschaftsnormen, der Tatbestandswirkung von Gemeinschafts-Einzelakten, der Bindungskraft von Entscheidungen des Gerichtshofs. Keine andere internationale Organisation außer den Gemeinschaften ist in dieser Weise supranational verfaßt. Der Unterschied ist mehr als ein quantitativer, er ist ein Qualitätsunterschied.

22 c) Er äußert sich darin, daß der Zusammenhang zwischen völkerrechtlich-vertraglicher Errichtung und gleichzeitiger Wirksamkeit des Gründungsvertrages als Verfassung der Organisation für die Gemeinschaften anders zu beurteilen ist als für internationale Organisationen überlieferten Typs. Das berechtigt zu der Feststellung, die Gemeinschaften seien *nicht nur* internationale Organisationen.

„Dasein und Zuständigkeiten der internationalen Organisationen beruhen auf dem Willen der beteiligten Staaten. Auch nach ihrer Errichtung beruht die Organisation auf der Grundlage eines internationalen Vertrages. ... Der Gründungsvertrag ist aber mehr als ein bloßer Vertrag. Er ist zugleich die *Verfassung* oder Satzung der Organisation."[33] Das trifft zwar auch für die Gemeinschaften zu, *zusätzlich* aber ein *anderes*, das für *andere* internationale Organisationen *nicht* gilt: ihre Ausstattung mit Hoheitsgewalt durch gesamtaktliche Verfassungsentscheidung der Mitgliedstaaten, wie sie

[32] *Rigaux* Nr. 102. — *Leibholz* Fs Guggenheim (1968) 819—820 anerkennt zwar die funktionelle Besonderheit der Gemeinschaften und ihre Fähigkeit zum „Umschlag", lehnt indes ab, daraus aktuelle Folgerungen zu ziehen.

[33] *Dahm*, Völkerrecht II (1961) 5—6; *Hahn* EvStLex 813.

grundgesetzlich gemäß Art. 24 I GG ergangen ist *(2/24—28)*. Sie hat über die völkerrechtliche Willenseinigung der Staaten hinaus in der Gemeinschaftsverfassung und in der Instituierung eigener Rechtsetzungsgewalt eine autonome Gemeinschaftsrechtsordnung geschaffen, deren Geltungsgrund nicht mehr im Vertragsschluß liegt, sondern in der originären öffentlichen Gemeinschaftsgewalt. Ein Kontinuitätsband zwischen Gründungsvertrag hier, Gemeinschaftsverfassung und Gemeinschaftsrechtsordnung dort besteht nicht.

Daraus folgt, daß die Gemeinschaften mit ihrer Kennzeichnung als „internationale Organisationen" zwar nicht unzutreffend, aber unzulänglich charakterisiert werden, und dies gerade in der *nur ihnen* zukommenden *Besonderheit,* die sie *wesentlich* angeht. „International" sind die Gemeinschaften als Organisationen, weil zu ihrer Gründung völkerrechtliche Willenseinigung und Vertragsschluß der Staaten erforderlich waren und stattgefunden haben. „International" sind sie, weil sie mehrere Staaten in einer Organisation rechtlich verbinden und ihre Organe aus Staatsangehörigen der Mitgliedstaaten zusammengesetzt sind. „International" sind sie auch, weil ihr Wirkungsbereich sich über das Gebiet mehrerer Staaten erstreckt — und welche „international" zu nennenden Merkmale ihnen sonst mit anderen internationalen Organisationen gemeinsam sein mögen. *Nicht* gemeinsam mit ihnen, sondern *besonders und nur ihnen eigen* aber ist die Herkunft und der Geltungsgrund ihrer Verfassung und ihrer Rechtsordnung. Sie sind *originär* und wurzeln *nicht* im *Völker*recht. Deshalb ist es gerechtfertigt, in ihnen nicht nur internationale Organisationen zu sehen, die lediglich dem Völkerrecht zugeordnet sind.

23 d) Es wird also darauf ankommen, der Rechtsordnung der Gemeinschaften, die weder Völkerrecht noch Staatsrecht ist, ihren Platz zuzuweisen. Nicht ohne Grund ist hierzu bemerkt worden, es werde dem Gemeinschaftsrecht schwerer fallen, seine Eigenständigkeit gegenüber dem Völkerrecht als gegenüber dem Staatsrecht zu beweisen: „En poursuivant cette comparaison qui souligne l'autonomie du mode de production des sources de droit dans l'ordre communautaire, on notera que l'antériorité historique joue contre lui, alors qu'elle favorise le droit étatique. Si ce droit précède les premiers embryons de droit international, en revanche, le droit communautaire a vu le jour à une époque où le droit international général occupait déjà une position appréciable. Cela explique peut-être pourquoi le droit communautaire a plus de peine à affirmer son originalité et son autonomie à l'égard de l'ordre juridique international."[34] Und das trifft auch zu für die Behauptung der Andersartigkeit der Gemeinschaften im Kreis der internationalen Organisationen.

---

[34] *Rigaux* Nr. 111.

III. Die Gemeinschaften als Zweckverbände funktioneller Integration

24 Mit der Kennzeichnung der Gemeinschaften als *Zweckverbände funktioneller Integration* wird *nicht* der Anspruch erhoben, *die Rechtsstellung der Gemeinschaften zu definieren.* Gedacht ist lediglich an Merkmale, die sie charakterisieren im Vergleich zu staatlichen und zwischenstaatlichen Integrationsverbänden.

1. Gemeinschaften

25 a) Am Beginn der Konstruktionsversuche, die zur Errichtung der ersten Gemeinschaft für Kohle und Stahl führten, hat der Gedanke gestanden, einer einzigen supranationalen Exekutivinstanz — am ehesten vergleichbar der Corporation Sole des englischen öffentlichen Rechts — die Ausführung der Vertragsregeln kraft Kollektivauftrages der Staaten zu überantworten. Danach wären die Gründerstaaten beschränkt gewesen auf die Schaffung des Vertrages und die Bestallung der Mitglieder der Hohen Behörde. Aus der Erkenntnis, daß die gedachten Sachaufgaben des Vertrages eine umfassende Organisation mit Rechtsetzungsgewalt unter laufendem Einfluß der Mitgliedstaaten erforderten, das Rechtsstaatsgebot gerichtsförmige, das demokratische Prinzip parlamentsartige Einrichtung forderte, erwuchs die Vorstellung eines „übergreifenden supranationalen Verbandes ...: die Gestaltung eines institutionellen Gefüges, das ein lebendiger und wachsender Organismus ist — eine wirkliche ‹Gemeinschaft›“[35]. Und der Vorschlag von *Ophüls,* diese — auch für die Verwendung in den Sprachen der anderen Mitgliedstaaten[36] praktikable — Bezeichnung zu wählen, ist gerade mit solchen Erwägungen begründet worden.

26 b) Hier ist nicht der Platz, der Begriffsgeschichte des Wortes „Gemeinschaft“ nachzugehen[37], und es bedarf dessen auch nicht. Zwar ist er für die erste Gemein-

---

[35] *Ophüls* Fs Hallstein 392 mit Verweisung in Anm. 11 auf *Tönnies,* Gemeinschaft und Gesellschaft (1887). — Zur Wahl dieser Bezeichnung vgl. auch: *Scherer,* Die Wirtschaftsverfassung der EWG (1970) 72 mit Anm. 24; *Emrich,* Das Verhältnis des Rechts der Europäischen Gemeinschaften zum Recht der Bundesrepublik Deutschland (1969) 51; *Mosler,* ZaöRVR 14 (1951/52) 34; *ders.,* Fs Hallstein 382; *ders.,* Europarecht — Ein neues Fach der Rechtswissenschaft? (1968) 428; *Münch* BerDtGesVöR 2 (1958) 74—75; *Zweigert* RabelsZ 28 (1964) 603.

[36] In französischer Verfassungssprache erscheint der Begriff communauté erstmals in der Verfassung vom 28. 9. 1958 (also *nach* der Unterzeichnung des EGKSV, für den der Ausdruck „Gemeinschaft“ zuerst verwendet worden ist). Nach ihrem Art. 1 I bilden die Republik und die Völker der überseeischen Gebiete, die in freier Entscheidung diese Verfassung annehmen, eine „Communauté“. Titel XII Art. 77—87 heißt: „De la Communauté“. In der Verfassung vom 13. 10. 1946 waren die Beziehungen des Mutterlandes zu den überseeischen Gebieten noch als „Union“ (Präambel Abs. 16) und „Union Française“ (Präambel Abs. 17) bezeichnet worden, und Titel VIII Art. 60—82 hieß: „De l'Union Française.“ — Ob *Carl Friedrich Ophüls* also auch die französische Verfassungssprache befruchtet hat?

[37] Dazu: *Furth,* Gemeinde, EvStLex 607.

schaft unter Berufung auf *Tönnies'* „Gemeinschaft und Gesellschaft" (1887) eingeführt worden. Damit sollte die Unterordnung der Antithese von Staat und Gesellschaft unter die umfassendere von Gemeinschaft und Gesellschaft rezipiert werden[38], womit Gemeinschaft — anders als der von der Gesellschaft her begriffene Staat — den Rang einer selbständigen Kategorie empfängt. Indes kann der soziologische Grundbegriff für die europäische Vergemeinschaftung nichts Entscheidendes zur Inhaltserfüllung hergeben. Dies gilt um so mehr, als die deutsche Soziologie seit *Tönnies* den Grundbegriff der Gemeinschaft in ihrer Gegensätzlichkeit zur Gesellschaft vielfältig variiert hat und er vorübergehend ideologisch pervertiert worden ist. Mit Recht ist auch bezweifelt worden, ob der Begriff „Wirtschaftsgemeinschaft" im Hinblick auf *Tönnies'* Gegensatzpaar „Gemeinschaft — Gesellschaft" überhaupt richtig gebildet worden ist. Denn bei ihm (und in seiner Zeit) gehörte das Wirtschaften als Wahrnehmung privatwirtschaftlicher Beziehungen und gesellschaftlicher Verbindungen in den Zustand einer *nicht verfaßten* Wirtschaft. Die Wirtschaftsgemeinschaft bringt aber gerade eine „rechtliche Ordnung der durch das Betroffensein von dem Gesamtzusammenhang der vergesellschafteten Wirtschaft begründeten Beziehungen zwischen den Gliedern"[39] des Gemeinsamen Marktes zur Geltung.

Deshalb sollten alle Versuche unterbleiben, in „Gemeinschaft" und „Vergemeinschaftung" mehr zu begreifen als eine geglückte, sprachlich eingängige, plastische und mehrsprachig praktikable Namensgebung hinreichender Unterscheidungskraft. Ihren Gehalt empfängt sie aus anderen als heuristischen Gesichtspunkten.

2. *Zweckverbände*

27 Das gilt, wenn auch in abgeschwächtem Sinne, ebenso für die Kennzeichnung der Gemeinschaften als *Zweckverbände*[40].

Vom Staat der Gegenwart hat man gesagt, er werde mehr und mehr „zum Zweckverband degradiert"[41]. Dieselbe Tendenzierung ist gewollt, wenn auch die Gemeinschaften Zweckverbände genannt werden. Sie will sie damit weder rechtlich subsumieren noch ihnen eine „Rechtsnatur" zupassen, die ihrerseits Folgerungen für ihre Wirkungsweisen gestattet. Es geht nur darum, damit die begrenzt wirtschafts- und sozialpolitische Sachbezogenheit ihrer Aufgaben, ihre an Teilfunktionen orientierte Zweckhaftigkeit sichtbar zu machen. Sie unterscheidet sich hierin von aller Staatlichkeit als umfassender geistig-sozialer Wirklichkeit, potentiell unbeschränkter Kompetenzfülle, von Gebiets- und Personalhoheit. Denn was den Zweckverband kennzeichnet, ist die Nicht-Totalität seines Wirkungskreises, die dosierte, von der

---

[38] *Wolfgang Martens,* Öffentlich als Rechtsbegriff (1969) 25, 32; dort auch die sprachgeschichtliche Entwicklung von gemein und öffentlich (publicus) bis zu ihrer Symbiose im 18. Jahrhundert (36).

[39] *Ballerstedt,* Wirtschaftsverfassungsrecht, in: Die Grundrechte (Hg. Bettermann, Nipperdey, Scheuner) III 1 (1958) 19 mit Anm. 50.

[40] *Ipsen,* Der deutsche Jurist und das europäische Gemeinschaftsrecht 45. DJT Verh. (1964) II/L 14: Wer die Gemeinschaften bundesstaatsähnlich, präföderal „konstruiert, verkennt ihren sachbegrenzten, nüchternen — ich wage diesen Ausdruck — ‹Zweckverbandscharakter›"; vgl. auch *Ipsen* VVDStRL 23 (1966) 130.

[41] *Köttgen,* Innerstaatliche Gliederung und moderne Gesellschaftsordnung, Fs OLG Celle (1961) 82, 85.

Kompetenzfülle seiner Gründer ausgegrenzte, auf bestimmte Sachaufgaben beschränkte Aufgabenstellung, zu deren Wahrnehmung der Zweckverband weder Gebiets- noch Personalhoheit benötigt und beansprucht. Als Verband nimmt der Zweckverband diese Aufgaben seiner begrenzten Wirksamkeit gemeinschaftlich (gemeinsam) wahr. Eben das prägt auch die Gemeinschaften und ist geeignet, ihre Erscheinung vom Staat, auch von der Verbindung von Staaten zu neuer Staatlichkeit in Gestalt des Bundesstaates, nicht weniger vom Staatenbund abzuheben.

Wegen ihrer rationalen Versachlichung sind sie weder bestimmt noch geeignet, geistige, ideologische oder gar mythische Gehalte, die dem Staat verlorengehen oder schon gegangen sind, zu ersetzen[42]. Das gilt für die Gemeinschaften selbst dann, wenn ihre Gründung und ihr Antritt auch von starken emotionalen Kräften getragen gewesen sein sollte. Die integrierten Lenkungs- und Leistungsaufgaben einer künftigen Wirtschafts- und Sozialunion mögen die Voraussetzungen dafür schaffen, die geistige Selbstverantwortlichkeit des einzelnen zu erweitern oder zu intensivieren. Das wäre indes nur ein Ertrag *aller* öffentlichen Verantwortlichkeit, die jeder herrschaftlichen Verbandsorganisation obliegt. Er ist aber sicherlich nicht Primäreffekt der Vergemeinschaftung, weil ihre Funktionen nicht im Irrationalen liegen. Sie sind eben Zweckverbände, nicht „Gefühlsverbände"[43]. Die Vergemeinschaftung ist „der Sache nach ... ein Aspekt des Wohlfahrtstaates"[44], wobei es auf *Wohlfahrt,* nicht auf *Staatlichkeit* ankommt.

3. *Funktionelle Integration*

28 *Integration als Verfassungsprinzip* der Gemeinschaften, primär im Gesamtakt der sie errichtenden Mitgliedstaaten angewendet, äußert sich in der Ausgestaltung der zielbestimmten Aktionsanweisungen und -ermächtigungen, in der auf sanktionierten Antrieb gerichteten, zeitbemessenen Stufenplanung[45], in der auf Rechtsvereinheitlichung bedachten und Verlängerung, Intensivierung und Erweiterung der Integrationsziele auslösenden Vergemeinschaftung der Wirtschafts- und Sozialpolitik. Die Statik überwin-

[42] *Ipsen,* Fusionsverfassung 53—54.
[43] *Doehring,* Fs Forsthoff (1967) 131.
[44] *Badura* VVDStRL 23 (1966) LS 34.
[45] Zu ihrer Funktion und Wirkung treffend *Zellentin,* Intersystemare Beziehungen, XV: „Die Erfolge in der westeuropäischen Integration beruhen großenteils auf phasierten Abläufen, die so geplant wurden, daß die Erreichung einer neuen Stufe so viel Belohnung verspricht, daß die Lasten der Anpassung in Kauf genommen werden." — Die sog. „Vorsichtsklausel" in der Ratsentschließung vom (9. 2.)/ 22. 3. 1971 zur Realisierung der Wirtschafts- und Währungsunion binnen 10 Jahren (ABl. 1971 C 28, 1), die die Gültigkeit aller binnen 5 Jahren getroffenen Maßnahmen vom Übergang zur zweiten Stufe abhängig macht, formuliert sehr präzise das Risiko, die Maßnahme-Belohnungen einzubüßen, wenn Anpassungslasten nicht in Kauf genommen werden. Deshalb wird diese Klausel von manchen — je nach der Interessenlage — auch „Angstklausel" oder „Garantieklausel" genannt *(54/63).*

dende dynamische Unerfülltheit, ihre Prozeßhaftigkeit im Wortsinne des Pro-cedierens prägt die Integration.

29 a) Sie kann „funktionelle“ Integration[46] (als ein die Gemeinschaften charakterisierendes Merkmal) einmal genannt werden, weil in einem Prozeß „funktioneller Entflechtung“[47] bis dahin staatlich wahrgenommene Funktionen öffentlicher Wirtschafts- und Sozialgestaltung gemeinschaftlicher Erledigung zugewiesen worden sind. Darin liegt der Aspekt der *Aussonderung* einzelner Bereiche an sich staatlicher Gesamtverantwortung und ihrer „Übertragung“ zu zweckverbandlicher Gemeinschaftserledigung. In dieser „Aussonderungs“-Bedeutung tritt die funktionelle Integration rechtlich hervor bei der Deutung der Vorgänge, die Art. 24 I GG als „Übertragung von Hoheitsrechten“ bezeichnet. Hier steht die „Entflechtbarkeit“ der Staatsgewalt, die ihr gesetzte substantielle Grenze, die Rechtsform der „Entflechtung“ („durch Gesetz“) und die Frage ihrer die Verfassung durchbrechenden Wirkungen zur Erörterung *(2/4—20)*.

30 b) In einem anderen, *wirtschaftswissenschaftlichen Aspekt*[48] wirken die Gemeinschaften in funktioneller — und eben nicht institutioneller — Integration, weil ihre Aktivität einen Gemeinsamen Markt schafft und sichert, in dem sich die Marktgesetze ohne staatlich-hoheitliche Beschränkungen entfalten können, der Gemeinsame Markt also „funktionieren“ kann. Ersichtlich *dieser* Aspekt der funktionellen Integration hat ein wesentliches *normatives* Element geliefert für diejenigen Regelungen des Vertragsrechts, die die Integration im Gemeinsamen Markt mit Hilfe der Rechtsangleichung betreffen, nämlich Art. 100 und Art. 3 h (auch Art. 38 IV) EWGV: „Das ordnungsmäßige Funktionieren des Gemeinsamen Marktes.“ Dieser

[46] Es erklärt sich aus einem Versagen der deutschen Soziologie und Politikwissenschaft, daß der „Funktionalismus“ — und dieser insbesondere als Alternative gegen den „Konstitutionalismus“ — in seiner in den USA entwickelten Theorie für eine Gemeinschaftslehre weder zur Kenntnis genommen noch gar ausgewertet worden ist; vgl. *Ipsen*, Verfassungsperspektiven 7—8. So auch nur konnte *Sattlers:* Das Prinzip der „funktionellen Integration“ und die Einigung Europas (1967) an den amerikanischen Funktionalisten vorübergehen. Erst seit 1970/71 deutet sich (zu spät) eine Wende an, in: *Zellentin:* Intersystemare Beziehungen, insbes. 188—197; *H. P. Schwarz*, Europa föderieren — aber wie?, Fs Eschenburg 377—443; in den Beiträgen von *Puchala, Janz, Jansen* in: Integration 3/1970, 163, 183, 203. — Darstellung der amerikanischen Funktionalismus-Theorien von *Mitrany, Etzioni* und Hinweise auf ihre Fortwirkung bei *Haas, Lindberg* u. a. bei *Zellentin* 72 ff.; ergiebig hierfür auch die Besprechung von *Axline*, European Community Law and Organizational Development (1968) durch *Grunwald* EuR 1970, 377—382. — Wenn *Jansen*, Integration 1970, 205 bemerkt, die Deutung u. a. der europäischen Integration ergebe sich nicht „aus der Allgemeinen Staatstheorie, sondern aus der Politischen Theorie“, so kann solche posteriore Ansprüchlichkeit der deutschen Politikwissenschaft angesichts ihres bisherigen Desinteresses nur Verwunderung hervorrufen. Objektiv dagegen *H.-P. Schwarz* 378: „Politikwissenschaftliche Arbeiten sind — zumindest in Europa — generell nationalstaatlich orientiert. ... Sieht man somit einmal von amerikanischen Forschungsarbeiten ab, so stammen die wichtigsten Beiträge zur europäischen Integration von Juristen und Wirtschaftswissenschaftlern ...“.

[47] *Kitzinger*, in: Wohin treibt die EWG? Bergedorfer Gesprächskreis 6 (1964) 66.

[48] *Sannwald-Stohler*, Wirtschaftliche Integration (1958) 75.

Aspekt der funktionellen Integration liefert seinerseits den Ansatz zur Gewinnung eines für die Auslegung des Gemeinschaftsrechts tragenden Rechtsprinzips, nämlich des *Prinzips der Funktionsfähigkeit der Gemeinschaften*[49]. Es ist das Prinzip, das die Existenz der Gemeinschaften als solcher und ihre Wirksamkeit sichert als unter den Mitgliedstaaten unbestreitbare Minimalwirkung ihres integrierenden Gesamtaktes zur Errichtung der Gemeinschaften[50]. Es hat besondere Bedeutung für die Qualitätsausweisung des Gemeinschaftsrechts, nämlich seiner unantastbaren Eigenschaft, in der Gemeinschaft ganzheitlich und einheitlich zu gelten *(10/40—50)*.

31 c) Es erscheint abwegig, ist indes nicht ganz überflüssig, funktionelle Integration abzuheben von den *Formen* gemeinschaftlicher Aufgabenerledigung durch die *Gemeinschaftsexekutiven* und ihre „Funktionäre", wenn sie als „bürokratisch-funktionale" bezeichnet werden[51]. Hier ist weder an die entflechtende Aufteilung bislang nur staatlicher öffentlicher Funktionen noch an das Funktionieren des Gemeinsamen Marktes gedacht, sondern an die administrativ-technokratische Arbeitstechnik. Dabei spielen oft abwertende Vorstellungen i. S. nicht hinreichender demokratischer Legitimation und rechtsstaatlich „freischwebender Sachverstandsherrschaft" eine Rolle (bis hin zur „Technokratie in Reinkultur"[52] und *de Gaulles* „technokratischem vaterlandslosen und niemandem verantwortlichen Areopag"[53]). Mit der Sache der funktionellen Integration im zweifachen Verständnis der Entflechtung und der Wirkungsweise des Gemeinsamen Marktes haben diese Vorstellungen nichts gemein. Ersichtlich werden sie aber nicht selten damit identifiziert.

IV. Die Gemeinschaften als Subjekte des Völkerrechts

32 In den durch die Aufgaben- und Zielbestimmungen der Verträge bezeichneten Handlungsbereichen bestehen Gemeinschaftszuständigkeiten, die bis zu ihrer Vergemeinschaftung solche der Mitgliedstaaten waren. Da sie nicht mehr von diesen, sondern von den Gemeinschaften wahrzunehmen sind, bedurften diese der hierzu erforderlichen Rechts- und Handlungsfähigkeit, soweit sie hierbei den Staaten als Subjekten des Völkerrechts zukommt. Diese Fähigkeit ist Voraussetzung für die Herstellung und Wahrnehmung der durch die Verträge bedingten Beziehungen zu dritten Staaten und anderen internationalen Organisationen.

---

[49] *Ipsen,* Bensheim-Referat 21.

[50] *Ipsen* 27; *Alder,* Koordination und Integration als Rechtsprinzipien (1969) 147.

[51] *Bülck* VVDStRL 23 (1966) 121.

[52] *Wagner,* Staat 9 (1970) 268; noch drastischer: *Rupp* JZ 1967, 509: „fortschrittsgläubige Verherrlichung von Funktionsmechanismus und Verwaltungsstil der EWG."

[53] EA Dok 1965 D 490.

1. Völkerrechtliche Rechtspersönlichkeit internationaler Organisationen[54]

33 Daß internationale Organisationen, zu denen auch die Gemeinschaften zählen, selbständige Träger völkerrechtlicher Rechte und Pflichten sein können, ist heute nicht mehr zweifelhaft. Insbesondere steht die ihnen typische funktionelle Beschränkung ihres Wirkungskreises nicht entgegen, sie den Völkerrechtssubjekten zuzuzählen[55]. Dabei ist ihre Subjektivität nicht als Summierung anteiliger Völkerrechtssubjektivität der Mitgliedstaaten, also als addierte Rechts-Abspaltung, zu begreifen. Auch werden die Handlungen der Organisation kraft dieser ihrer Fähigkeit allein ihr, nicht ihren Mitgliedstaaten zugerechnet, soweit das positive Vertragsrecht (wie etwa Art. 228 II EWGV) nichts anderes bestimmt. Andererseits ergibt sich aus der Funktionsbegrenzung der Organisation, daß auch ihre Völkerrechtssubjektivität sich umfänglich an ihr orientiert. Das bedeutet nicht notwendig eine Eingrenzung nur auf die vertraglich *ausdrücklich* bezeichneten Funktionen, sondern im Sinne teleologischer Auslegung auf jene, die die Organisation zur Erfüllung ihrer Aufgaben benötigt.

Dieser anerkannte Stand der Theorie und Praxis des Völkerrechts[56] hat ermöglicht, daß die Vergemeinschaftung auch rechtlich nicht mehr angewiesen war auf die noch für den Deutschen Zollverein verwendete Lösung. Sie sah vor, einem Mitgliedstaat (Preußen) die Wahrnehmung der Außenbeziehungen für die Organisation (als Repräsentanten oder Mandatar) zu überantworten. Eine solche Lösung hätte sich im übrigen auch politisch verboten.

34 Die Ausstattung der Gemeinschaften mit Völkerrechtssubjektivität bedingt diejenige mit den hierfür erforderlichen Handlungsbefugnissen. Sie erlangt ihre Außenwirkung mit Akten der Anerkennung durch dritte Staaten oder andere internationale Organisationen. Solche Akte sind hinsichtlich aller drei Gemeinschaften zahlreich ergangen: so z. B. für die EGKS durch den Abschluß von Verträgen mit Großbritannien vom 21. Dezember 1954, mit der Schweiz vom 7. Mai/28. Juni 1965 sowie durch die Akkreditierung von Botschaftern; für die EWG durch entsprechende Akkreditierungen[57] und zahlreiche Vertragsschlüsse; für die EAG durch Vertragsschlüsse mit den USA vom 8. November 1958, mit Großbritannien vom 4. Februar 1959.

2. Rechtsgrundlagen

35 a) „Die Gemeinschaft besitzt Rechtspersönlichkeit" — so Art. 210 EWGV in Übereinstimmung mit Art. 184 EAGV und Art. 6 I EGKSV.

[54] *Pescatore* DrCommEur Nrn. 326—341.
[55] *Seidl-Hohenveldern,* Internationale Organisationen 32.
[56] *Wohlfarth* u. a. Komm. 1 zu Art. 210; abweichende Meinungen bei *Pescatore* DrCommEur 341—343.
[57] Nachweise über Akkreditierungen: *7/39 ff.* mit Anm. 42.

Art. 6 II EGKSV fügt hinzu, im zwischenstaatlichen Verkehr habe die Gemeinschaft die für die Durchführung ihrer Aufgaben und Erreichung ihrer Ziele erforderliche Rechts- und Handlungsfähigkeit. Darin liegt (in Ermangelung konkreter Befugniszuweisung) eine rechtlich an sich überflüssige Eigenschaftsbestimmung. Art. 211 EWGV, 185 EAGV, 6 III EGKSV, in der Sache gleichartig, statuieren die *zivil*rechtliche Rechtspersönlichkeit der Gemeinschaften. Deshalb kann ihre Persönlichkeitsausweisung in den vorangehenden Vorschriften trotz ihres umfassenden Wortlauts auf diejenige im allein *völker*rechtlichen Sinne bezogen angesehen werden[58]. Indes sind zivil- und völkerrechtliche Rechtsfähigkeit nur verschiedene Seiten ein und derselben Fähigkeit, nicht zwei unterscheidbare Fähigkeiten. Sie besagt, daß die Gemeinschaften als solche *Träger von völkerrechtlichen Pflichten und Rechten* sein können. Solche Rechte und Pflichten sind *die der Gemeinschaften, nicht ihrer Organe*[59].

b) Während Art. 71 I EGKSV die Zuständigkeit der Mitgliedstaaten auf dem Gebiet der Handelspolitik grundsätzlich nicht berührt, spezifizieren die Römischen Verträge die Völkerrechtssubjektivität ihrer Gemeinschaften in Einzelbestimmungen.

36 aa) Die Einführung eines Gemeinsamen Außenzolltarifs und einer gemeinsamen Handelspolitik gegenüber dritten Staaten im EWGV (Art. 3 b, 113) sowie die Assoziierung der überseeischen Länder und Hoheitsgebiete (Art. 3 k, 238) sind Aufgaben internationaler Wirksamkeit. Art. 228, der allgemein das Vertragsschließungsverfahren regelt, zielt auf Verträge „zwischen der Gemeinschaft und einem oder mehreren Staaten oder einer internationalen Organisation", also eindeutig auf die Aktion der Gemeinschaft kraft ihrer Völkerrechtssubjektivität. Auch Art. 229—231, die die Beziehungen zu den Vereinten Nationen, ihren Fachorganisationen, dem GATT, dem Europarat, der OECD betreffen und insoweit teilweise auf zweckdienliche Beziehungen der jeweils zuständigen *Organe* zueinander abstellen, zielen auf die von diesen wahrgenommenen Beziehungen *der Gemeinschaft als Völkerrechtssubjekt*[60].

37 bb) Art. 2 h EAGV nennt die Aufgabe der Gemeinschaft, zu den anderen Ländern und zwischenstaatlichen Einrichtungen alle geeigneten Verbindungen zur Förderung der friedlichen Kernenergieverwendung herzustellen. Art. 101 (entsprechend Art. 228 EWGV) regelt hierfür das Vertragsschlie-

---

[58] *Wohlfarth* u. a. Komm. 2 zu Art. 210; *Salmon* DrCommEur Nr. 363; and. Ans. *Pescatore* ebenda Nr. 333. Die Kontroverse ist aber nicht erheblich.

[59] Hierzu: *Ophüls* Fs Heymanns Verlag 545. — In Einzelfällen hat das Vertragsrecht besonderen Einrichtungen oder Organen Rechtsfähigkeit zuerkannt, so Art. 129 I EWGV der Europäischen Investitionsbank, Art. 54 I EAGV der Versorgungsagentur. Ein nach Art. 49 I EAGV errichtetes gemeinsames Unternehmen hat ebenfalls Rechtspersönlichkeit (Abs. II); dazu: *Salmon* Nr. 367.

[60] Die Aufnahme eines neuen Mitgliedes der Gemeinschaft bedarf hingegen nach Art. 237 II EWGV eines Abkommens des antragstellenden Staates *mit den Mitgliedstaaten.*

ßungsverfahren. In den in Art. 102 vorgesehenen Verträgen, an denen zusätzlich ein oder mehrere Mitgliedstaaten beteiligt sind, tritt die Gemeinschaft ebenfalls als Völkerrechtssubjekt auf. Entsprechendes gilt für Verträge i. S. des Art. 106. Art. 199—201 EAGV entsprechen den Art. 229 bis 231 EWGV.

38 c) Über die Frage der völkerrechtlichen Haftung der Gemeinschaften für Handlungen ihrer Organe enthalten die Verträge — verständlicherweise — keine Regelungen. Insoweit ist praktisch bislang auch kein Interesse sichtbar geworden. Gegebenenfalls müßten die für internationale Organisationen entwickelten Haftungsgrundsätze zur Anwendung gelangen[61].

39 d) Über die Beziehungen der Gemeinschaften zu Drittstaaten, internationalen Organisationen und assoziierten Staaten, die die Gemeinschaften kraft ihrer Eigenschaft als Völkerrechtssubjekte wahrnehmen, war gesondert zu handeln *(7/25—48)*.

V. Die Gemeinschaften als Subjekte des staatlichen Rechts

40 Auch in der Ausweisung der Gemeinschaften als Rechtssubjekte *im Sinne des in den Mitgliedstaaten geltenden Rechts* folgt das Gemeinschaftsrecht Regeln und Rechtstechniken, die entsprechend für andere internationale Organisationen praktiziert werden[62].

1. Rechtsgrundlagen

41 Nach den gleichlautenden Art. 211 EWGV, 185 EAGV und dem sachlich entsprechenden Art. 6 III EGKSV besitzen die Gemeinschaften *in jedem Mitgliedstaat die weitestgehende Rechts- und Geschäftsfähigkeit,* die juristischen Personen nach dessen Rechtsvorschriften zuerkannt ist. Insbesondere können sie bewegliches und unbewegliches Vermögen erwerben und veräußern sowie vor Gericht stehen.

2. Mitgliedstaatliche Rechtssubjektivität

42 a) Diese *mitgliedstaatliche Rechtsfähigkeit* ist — neben der völkerrechtlichen — *eine Seite* der den Gemeinschaften zukommenden *einen* Rechtsfähigkeit. Auch diese Rechtsfähigkeit ist eine umfänglich orientierte, d. h. eine solche, deren die Gemeinschaften zur Erfüllung ihrer Aufgaben bedürfen. In diesem Sinne verlautbart Art. 6 II EGKSV, der von der „für die Durchführung ihrer Aufgaben und Erreichung ihrer Ziele erforderlichen

---

[61] *Seidl-Hohenveldern,* Die völkerrechtliche Haftung für Handlungen internationaler Organisationen im Verhältnis zu Nichtmitgliedstaaten, ÖZÖffR 1961, 497; *Pescatore* DrCommEur Nrn. 360, 361.

[62] *Ophüls* Fs Hallstein 390; *Salmon* DrCommEur Nrn. 362—386.

Rechts- und Geschäftsfähigkeit" spricht, einen allen einschlägigen Vertragsbestimmungen zugrunde liegenden allgemeinen Rechtsgedanken[63]. Die Überschreitung des gemeinschaftlichen Wirkungskreises (in sachlicher oder räumlicher Hinsicht) ist in jedem Fall eine Vertragsverletzung. Insoweit wird das Organhandeln auch nicht deshalb rechtmäßig, weil die Gemeinschaft als solche, deren Organ handelt, Rechtsfähigkeit besitzt[64].

43 b) Die Rechtssubjektivität der Gemeinschaften qualifiziert diese als *juristische Personen.* Als solche besitzen sie ihre Rechtsfähigkeit kraft der Verträge und des mitgliedstaatlichen Gesamtaktes ihrer Errichtung. Sie beruht also nicht auf Rechtsvorgängen, die innerstaatlich sonst die Rechtsfähigkeit vermitteln, also auf nationalem Gesetz oder Hoheitsakt[65]. Als solche sind die Gemeinschaften juristische Personen *des Gemeinschaftsrechts,* jedenfalls also solche *öffentlichen* Rechts[66], ohne daß es hier auf die spezifische Einordnung des Gemeinschaftsrechts in das Rechtssystem ankommt *(1/3—10).*

44 c) Die Gemeinschaften besitzen in jedem Mitgliedstaat „die weitestgehende Rechts- und Geschäftsfähigkeit", „die juristischen Personen dieses Staates" zuerkannt ist. Das wirkt nach Art einer „Meistbegünstigungsklausel", wie sie auch sonst für internationale Organisationen praktiziert wird. Im Sinne des *deutschen* Verwaltungsorganisationsrechts sind die Gemeinschaften *juristische Personen des öffentlichen Rechts.* Angesichts ihrer mitgliedschaftlichen Struktur würden sie im numerus clausus der deutschen juristischen Personen am ehesten den *Körperschaften* zuzuzählen sein, obwohl sie *auch anstaltliche* Züge tragen. Indes bedarf das keiner Spezifizierung. Denn ihre juristische Rechtspersönlichkeit öffentlichen Rechts steht außer Frage. Daraus folgt, daß alle für juristische Personen öffentlichen Rechts geltenden deutschen Rechtsnormen auch auf sie anwendbar sind, soweit das Gemeinschaftsrecht nichts Abweichendes bestimmt oder gebietet.

45 d) Rechts- und Geschäftsfähigkeit öffentlichen Rechts, die den Gemeinschaften zukommt, schließt diejenige *zivilen* Rechts ein[67]. Die vertragsrechtliche Hervorhebung der Fähigkeit, insbesondere bewegliches und unbewegliches Vermögen erwerben und veräußern zu können, hat deshalb nur klarstellenden Charakter. Entsprechendes gilt von der Feststellung ihrer Prozeßfähigkeit (im Sinne von § 51 ZPO).

46 e) *Rechts*fähigkeit betrifft die Fähigkeit, *Träger* von Rechten und Pflichten zu sein. *Geschäfts*fähigkeit ist die Eigenschaft, durch Abgabe rechtserheblicher Willenserklärungen allgemein zulässige *Rechtsgeschäfte* voll wirksam vornehmen zu können. Die jeweils einschlägige *Organ*zuständig-

[63] *Salmon,* DrCommEur Nrn. 365, 369.

[64] *Forsthoff,* Verwaltungsrecht I 9. Aufl. (1966) 449; *Fuß,* Die Überschreitung des Wirkungskreises juristischer Personen des öffentlichen Rechts, DÖV 1956, 566; BGHZ 20, 119.

[65] *Wohlfarth* u. a. Komm. 1 zu Art. 211.

[66] *Salmon* Nr. 368.

[67] *Forsthoff* 451.

keit bestimmt sich nach dem *Gemeinschafts*recht. Insoweit ist die Kommission im Anwendungsbereich des EGKSV nach seinem Art. 6 IV in geringerem Umfang vertretungsberechtigt als nach Art. 211 Satz 2 EWGV, 185 Satz 2 EAGV für EWG und EAG.

47 f) Die Vergleichsermittlung der „weitestgehenden Rechts- und Geschäftsfähigkeit" im Verhältnis zur Stellung anderer juristischer Personen öffentlichen Rechts in den einzelnen Mitgliedstaaten setzt voraus, daß jedenfalls eine Mindestfähigkeits-Ausstattung gesichert bleibt. Sie hat sich zu orientieren an der Funktionsfähigkeit der Gemeinschaften und der Wirksamkeit ihrer einschlägigen Rechtshandlungen. Sonst blieben die einschlägigen Vertragsbestimmungen unvollzogen[68]. Aus denselben Gründen und im Hinblick auf die allgemeine Verpflichtung der Staaten, den Gemeinschaften die Erfüllung ihrer Aufgaben zu erleichtern und zielwirksame Gefährdungsmaßnahmen zu unterlassen, verbieten sich auch mitgliedstaatliche Regelungen, die die Gemeinschaften gegenüber anderen internationalen Organisationen diskriminieren oder ihre Mindestausstattung in Frage stellen könnten. Praktische Schwierigkeiten dieser Art sind bislang nicht aufgetreten.

48 g) Die Gemeinschaften werden durch die „Meistbegünstigungsklausel" den juristischen Personen öffentlichen Rechts im Sinne des nationalen Rechts gleichgestellt. Damit erlangen sie aber nicht die Qualität „inländischer" juristischer Personen (etwa i. S. des Art. 19 III GG)[69]. Gleichwohl unterfallen sie damit nicht den nationalen Rechtsvorschriften, die juristische Personen gerade wegen ihrer Auslandsqualität unterschiedlich behandeln[70].

49 h) Das Vertragsrecht war nicht imstande, die Rechtsfähigkeit der Gemeinschaften *in Drittstaaten* zu normieren. Diese Frage bemißt sich nach den Regeln des internationalen Privatrechts. Es überläßt die Entscheidung hierüber dem Drittstaat selbst. Ob dieser sich im Sinne gegenseitiger Anerkennung gebunden hat, hängt von seinen Vertragsbeziehungen zu den Gemeinschaften ab[71].

VI. Privilegien und Immunitäten[72]

1. Rechtsgrundlagen

50 Nach Art. 28 I des sog. Fusionsvertrages vom 8. April 1965 (BGBl. II, 1454), der in Art. 28 II die entsprechenden Art. 218 EWGV, 191 EAGV, 76 EGKSV aufgehoben hat, genießen die Gemeinschaften in den Hoheitsgebie-

---

[68] *Salmon*, DrCommEur Nr. 370.
[69] *Maunz-Dürig-Herzog* Komm. 50, 51 zu Art. 19 III GG.
[70] *Salmon* Nr. 375.
[71] *Salmon* Nrn. 385, 386; *Wohlfarth* u. a. Komm. 3 zu Art. 212.
[72] *Salmon* Nrn. 387—419; *Ophüls* Fs Hallstein 390; *ders.*, Fs Heymanns Verlag 552.

ten der Mitgliedstaaten die zur Erfüllung ihrer Aufgaben erforderlichen *Vorrechte und Befreiungen,* und zwar nach Maßgabe des als Anhang zum FusV vereinbarten Protokolls.

2. *Inhalt*

51 Aus seinem Inhalt ist hervorzuheben:

a) Räumlichkeiten, Gebäude, Archive der Gemeinschaften sind unverletzlich. Ihre Vermögensgegenstände und Guthaben dürfen ohne Ermächtigung des Gerichtshofs keinen Zwangsmaßnahmen unterworfen werden (Art. 1, 2).

b) Die Gemeinschaften sind von Steuern, Zöllen, Ein- und Ausfuhrbeschränkungen befreit (Art. 3—5).

c) Die Organe der Gemeinschaften haben für Nachrichtenübermittlung und Schriftverkehr die Stellung diplomatischer Vertretungen und unterliegen keiner Zensur (Art. 6, 7).

d) Die Mitglieder der Versammlung unterliegen keinen Reisebeschränkungen und genießen Immunität und Indemnität in einer parlamentarischen Abgeordneten vergleichbaren Art (Art. 8—10).

e) Vertretern der Mitgliedstaaten, die an den Arbeiten der Gemeinschaftsorgane teilnehmen, stehen die in Art. 11, den Beamten und sonstigen Bediensteten der Gemeinschaften die in den Art. 12—16 bezeichneten Vorrechte und Befreiungen zu.

f) Nach Art. 17 gewährt der Mitgliedstaat, in dessen Hoheitsgebiet sich der Sitz der Gemeinschaften befindet, den bei ihnen beglaubigten Vertretungen dritter Länder die üblichen diplomatischen Vorrechte und Befreiungen.

g) Nach Art. 18 werden die Vorrechte und Befreiungen den Beamten und Bediensteten der Gemeinschaften ausschließlich im Gemeinschaftsinteresse gewährt. Sie sind in allen Fällen aufzuheben, in denen dies nach der Auffassung des zuständigen Gemeinschaftsorgans den Gemeinschaftsinteressen nicht zuwiderläuft.

§ 9 GEMEINSCHAFTEN UND MITGLIEDSTAATEN

Alder, Die Befugnisse der Organe der EWG gegenüber Mitgliedstaaten und Privatunternehmen (1962); *Balladore Pallieri,* Le Comunità europee e gli ordinamenti degli Stati membri, DirInt 1961, 3; *Bandell,* Die Aufsicht der Europäischen Gemeinschaften, verglichen mit der Bundesaufsicht und unter besonderer Berücksichtigung der internationalen Kontrolle, Diss. Köln (1965); *Bandilla,* Das Klagerecht der Mitgliedstaaten der Europäischen Gemeinschaften gegen Durchgriffsakte, Diss. Hamburg (1965); *Bülck* (Hg.), Zur Stellung der Mitgliedstaaten im Europarecht (1967); *Carstens,* Die kleine Revision des Vertrages über die EGKS, ZaöRVR 21 (1961) 1; *Catalano,* La Cour en tant que juridiction fédérale et constitutionelle, in: Zehn Jahre Rechtsprechung des Gerichtshofs der Europäischen Gemeinschaften, KSE 1 (1965) 554; *Constantinesco,* Die unmittelbare Anwendbarkeit von Gemeinschaftsnormen und der Rechtsschutz von Einzelpersonen im Recht der EWG (1969); *van der Esch,* Der Gerichtshof als Verfassungsgericht, in: Zehn Jahre Rechtsprechung, KSE 1 (1965) 559; *Friauf,* Die Staatenvertretung in supranationalen Gemeinschaften (1960); *Friauf,* Probleme der Durchführung europäischer Gemeinschaftsplanungen in der BRD, in: Kaiser, Planung IV (1970) 41; *Grabitz,* Gemeinschaftsrecht bricht nationales Recht (1966); *Grabitz,* Europäisches Bürgerrecht (1970); *Hahn,* Der Maßstab der internationalen Aufsicht im Friedensvölkerrecht, JbIntR 10 (1961/62) 2; *Hay,* Federalism and Supranational Organizations (1966); *Ipsen,* Deutsche Verwaltung und europäische Wirtschaftsintegration, DÖV 1968, 441; *Jansen,* Zur Situation des westeuropäischen Integrationssystems, Integration 1970, 203; *Kaiser,* Das Europarecht in der Krise der Gemeinschaften, EuR 1966, 4; *Koppensteiner,* Die europäische Integration und das Souveränitätsproblem (1963); *Lauberau,* Rechte und Pflichten der Mitgliedstaaten bei der Herstellung des Gemeinsamen Marktes — am Beispiel der Zollunion, in: Bülck (Hg.), Zur Stellung der Mitgliedstaaten 60; *von Meibom,* Die Mitwirkung der Mitgliedstaaten bei der Rechtsetzung der EWG, in: Bülck (Hg.), Zur Stellung der Mitgliedstaaten 148; *Mertens de Wilmars — Verougstraete,* Proceedings against Member States for failure to fulfil their obligations, CMLR VII (1970) 385; *Müller-Heidelberg,* Schutzklauseln im Europäischen Gemeinschaftsrecht (mit Ausnahme des Agrarrechts) (1970); *Ophüls,* Staatshoheit und Gemeinschaftshoheit — Wandlungen des Souveränitätsbegriffs, Fs Heymanns Verlag 519; *Pescatore,* La Cour en tant que juridiction fédérale et constitutionnelle, in: Zehn Jahre Rechtsprechung, KSE 1 (1965) 519; *Pescatore,* Das Zusammenwirken der Gemeinschaftsrechtsordnung mit den nationalen Rechtsordnungen, EuR 1970, 307, auch in: Gemeinschaftsrecht und nationale Rechte, KSE 13 (1971) a. E.; *Rasquin,* Les manquements des Etats membres des Communautés européennes devant la Cour de Justice (1964); *Runge,* Die Pflichten der Mitgliedstaaten aus den Entscheidungen und Empfehlungen der Montangemeinschaft, Diss. Münster (1961); *Schulze-Eggert,* Die Verletzung von Vertragspflichten durch Mitgliedstaaten der Europäischen Gemeinschaften und die Gegenmaßnahmen der supranationalen Instanzen, Diss. Bonn (1966); *von Simson,* Zur rechtlichen Gestalt der europäischen Integration, ZHR 130 (1968) 63; *Sohier-Mégret,* Le rôle de l'exécutif national et du législateur national dans la mise en oeuvre du droit communautaire in: Droit communautaire et droit national — Semaine de Bruges 1965 (1965) 107; *Testa,* L'intervention des Etats membres dans la procédure de conclusion des accords d'association de la C. E. E., CahDrEur 1966, 492; *de Visscher,* La Communauté Européenne du Charbon et de l'Acier et les Etats membres, in: Actes off. II (1957) 7.

I. Komplexität des Rechtsregimes

1 Die Mitgliedstaaten sind die Gründer der Gemeinschaften. Sie haben die Gemeinschaften durch ihren Gesamtakt errichtet, sie in den Verträgen verfaßt und ihnen bis dahin staatliche Aufgaben „übertragen". Die Mitgliedstaaten besetzen die wichtigsten Gemeinschaftsorgane. Sie nehmen im Rat durch ihre Minister an den wesentlichen Vorgängen der Willensbildung der Gemeinschaften teil und bestimmen über Stand und Fortgang der Integration. Bei der Durchführung des Gemeinschaftsrechts wirken sie nicht nur mit. In ihrem Hoheitsbereich sind sie zuständig und verantwortlich, mit allen geeigneten Maßnahmen die aus der Vergemeinschaftung erwachsenden Verpflichtungen zu erfüllen, den Gemeinschaften ihre Aufgabenerfüllung zu erleichtern und alles zu unterlassen, was die Verwirklichung der Vertragsziele gefährden könnte. Hierin unterstehen die Mitgliedstaaten einer Aufsicht der Gemeinschaften, die ihrerseits der Kontrolle des Gerichtshofs unterliegt. Er befindet letztlich auch darüber — und zwar auf Anruf eines anderen Mitgliedstaates —, ob ein Mitgliedstaat seine Vertragspflichten erfüllt hat oder nicht. Im Rahmen der Finanzverfassung der Römischen Verträge leisten die Mitgliedstaaten Beiträge zur Finanzierung von EWG und EAG. In den Außenbeziehungen der Gemeinschaften zu Drittstaaten, Assoziierten und internationalen Organisationen stehen den Mitgliedstaaten besondere Einflußrechte zu, können sie andererseits aber auch gemeinschaftsrechtlich gebunden sein.

Diese Positionen und Beziehungen werden durch eine Vielfalt der Rechtsnormen geregelt oder ungeschrieben bestimmt. Die Stellung der Mitgliedstaaten in den Gemeinschaften wird derart in einem komplexen Gesamtbild gezeichnet. In ihm werden die Gemeinschaften als solche und in ihrer Funktionsweise sichtbar als gegliederte Träger integrierter öffentlicher Aufgaben der Wirtschafts- und Sozialpolitik. Während jede Gemeinschaft „ein unteilbares Ganzes darstellt"[1], hängt ihre Aufgabenerfüllung ab von ihrem Zusammenwirken mit ihren Gliedern, den Mitgliedstaaten. „Les Etats sont les piliers, les relais et les auxiliaires nécessaires de l'action communautaire."[2]

2 Die Staaten haben ihre Rolle als Gründer der Gemeinschaften in einer einmaligen Aktion gespielt. Als ihre Glieder haben sie eine Dauerstellung. Historisch und in der Kennzeichnung der hierfür jeweils angewendeten und maßgeblichen Rechtsregeln und -instrumente kann danach skandiert werden: im Zeitpunkt des Vertragsschlusses und des Eintritts seiner Wirksamkeit das einmalig angewendete Instrumentarium völkerrechtlichen Vertragsschlusses und jeweils erforderlicher nationaler Verfassungsanwendung zum Vollzug der Gründung der Gemeinschaften; seither die permanent anwendbaren einschlägigen Normen des primären Gemeinschaftsrechts und des auf

[1] EuGH Rs 79 und 82/63 Rspr. X, 576.
[2] *Louis*, Les règlements de la CEE (1969) 440.

ihrer Grundlage beruhenden maßgeblichen sekundären Gemeinschaftsrechts, die ihrerseits die Stellung der Staaten in den errichteten und agierenden Gemeinschaften bestimmen. Eine solche Zäsur und Abschichtung kann indes eine trennscharfe Ausweisung des Rechtsregimes, das die Stellung der Staaten in den Gemeinschaften bestimmt, nicht hervorbringen. Eine solche Abschichtung würde ihr auch nicht gerecht werden, und dies aus mehreren Gründen.

3 Die Staaten sind trotz und nach ihrer Gründung der Gemeinschaften Subjekte des Völkerrechts *und* selbständige Staaten mit Verfassungshoheit geblieben. Daher zunächst: ihre verbliebene Staatsqualität ist Voraussetzung und mitbestimmend für ihre Dauer-Stellung als Glieder der Gemeinschaften. Ihre Gliedstellung in ihnen, die von den Normen des Gemeinschaftsrechts beherrscht wird, kann ihre Staatlichkeit mit nicht vergemeinschafteten Hoheitsaufgaben nicht ignorieren. Das zeigt sich etwa in der Wirkungsweise der Richtlinie, deren Befolgung den Einsatz staatlicher Hoheit verlangt.

Und zum anderen: die Staaten haben als Subjekte des Völkerrechts unter Einsatz völkerrechtlichen Instrumentariums die Gemeinschaften errichtet. Damit haben sie ihre Qualität und Handlungsfähigkeit als Völkerrechtssubjekte auch im Hinblick auf die Gemeinschaften indes nicht gänzlich verausgabt, nicht konsumiert. Das hat das Gemeinschaftsrecht in Einzelzügen ausdrücklich respektiert, so etwa hinsichtlich bestimmter Außenbeziehungen und der Aufnahme neuer Mitglieder. In anderen Zügen, und gerade in solchen, die die Existenz der Gemeinschaften berühren können und in denen das positive Gemeinschaftsrecht sich begreiflicherweise ausschweigt, fragt sich, ob und in welcher Weise die Staaten unter Berufung auf ihre Völkerrechtssubjektivität und trotz ihrer Vergemeinschaftung „Herren" nicht nur der Verträge, sondern der Gemeinschaften und ihrer selbst geblieben sind — etwa mit der Konsequenz des Rechts zur Aufgabe ihrer Gliedstellung durch Sezession oder auch nur der Freiheit zum Paktieren mit den anderen Mitgliedstaaten über Gegenstände der Gemeinschaftsverträge selbst neben oder gar unter Abweichung von ihnen.

In dieser Lage verbietet sich jeder Versuch einer historisch abschichtenden Ermittlung des für die Stellung der Mitgliedstaaten in den Gemeinschaften maßgeblichen Rechtsregimes nach Normen ausschließlich des *Völker*rechts *oder* des *Staats*rechts *oder* des *Gemeinschafts*rechts. In Betracht kommt seine Charakterisierung jeweils nur im Hinblick auf ihren wahrgenommenen oder künftig wahrnehmbaren Aktionsanteil an Existenz und Wirksamkeit der Gemeinschaften, auf ihre Gliedstellung in ihnen, ihre Organschaft, ihre Zuordnung zu den anderen Gliedern und anderen Organschaften, und dies nach unterschiedlichen Gesichtspunkten der Gleichheit, des Zusammenwirkens oder der Hierarchie, der Aufsicht und Kontrolle, der Finanzausstattung, der Vollzugs-, Amts- und Rechtshilfe.

II. Die Mitgliedstaaten als Gründer der Gemeinschaften

1. Die Mitgliedstaaten als Vertragsstaaten

4 a) Die *gegenwärtigen* sechs Mitgliedstaaten der Gemeinschaften sind ihre *Gründer*. Andere Staaten, die nach Antragstellung durch Abkommen mit den Mitgliedstaaten in die Gemeinschaften aufgenommen werden, werden dadurch nicht nachträglich zu Mit-Gründern. Ihr Beitritt bedeutet rechtlich also *nicht auch* nachträgliche Beteiligung an dem für die Errichtung der Gemeinschaften erforderlich gewesenen Gesamtakt der Gründerstaaten. Diesen haben die errichtenden Mitgliedstaaten (und nur sie) vollzogen im Zusammenwirken ihrer integrierenden Verfassungsakte und instrumental mit Hilfe des völkerrechtlichen Vertragsschlusses. Neu aufzunehmende Mitglieder der Gemeinschaften vollziehen ihren Beitritt ebenfalls durch das Instrument ihres völkerrechtlichen Vertragsschlusses. Insoweit rücken sie — wenn auch in Übergangsschritten — in eine den Gründer-Mitgliedstaaten gleiche Stellung als Vertragsstaaten ein. Ihr gleichfalls erforderlicher nationaler Verfassungsakt zum Beitritt unter „Übertragung" von Hoheitsakten erschöpft sich hierin. Er trägt zur Errichtung der bereits bestehenden Gemeinschaften, die auch nach Erweiterung durch Beitritt rechtlich dieselben bleiben, indes nichts mehr bei.

5 b) Die Stellung der gegenwärtigen Mitgliedstaaten als historische Gründer- und als Vertragsstaaten der Gemeinschaften wird durch die Verträge deutlich verlautbart, und dies unter Verwendung der für den multilateralen völkerrechtlichen Vertragsschluß souveräner Staaten üblichen Ausdrucksweise. Die drei Verträge heißen einheitlich „Vertrag zur (EGKS: „über die") Gründung" der Gemeinschaft. Art. 1 der Verträge, der die Gründung „durch den Vertrag" statuiert, nennt die gründenden Mitgliedstaaten die „Hohen Vertragsparteien" (Art. 1 EGKSV: „Die Hohen vertragschließenden Teile"). Die Mitgliedstaaten haben damit als Subjekte des Völkerrechts und als Vertragsstaaten im Sinne des Völkerrechts gehandelt und sind folglich grundsätzlich den allgemeinen Regeln des Völkerrechts unterstellt, die auf die Beteiligten eines Vertragsschlusses als Vertragsstaaten anwendbar sind[3].

6 c) Die Gründungsverträge unterscheiden sich vom Typ anderer völkerrechtlicher Verträge zur Regelung zwischenstaatlicher Wirtschaftsbeziehungen und auch solcher zur Errichtung sonstiger internationaler Organisationen. Der Unterschied besteht in der Supranationalität der Gemeinschaften, ihrer Aufgabe funktioneller Integration und der Substanz ihrer Funktionen. Das hat aber nicht eine Verlängerung der „Gründerrolle der Staaten bewirkt"[4]. Die Mitgliedstaaten haben während der Übergangszeit des EWGV nicht etwa eine „lang andauernde" (und für den EGKSV entsprechend eine

---

[3] *de Visscher*, Actes off. II (1957) 12—13; *Carstens* ZaöRVR 21 (1961) 3; *Bandilla*, Das Klagrecht der Mitgliedstaaten 90.

[4] So aber: *Bandilla* 95.

kurz dauernde) Gründungstätigkeit entfaltet, die ihrerseits anderen als gemeinschaftsrechtlichen, eben allgemein völkerrechtlichen Regeln gefolgt wäre. Sie haben in der Verwirklichung des Gemeinsamen Marktes während der Übergangszeit (Art. 8 I EWGV; Art. 85 EGKSV i. Verb. mit dem ÜA) in Anwendung der Vertragsvorschriften an der Vertragsdurchführung durch die Gemeinschaftsorgane mitgewirkt. Die in Art. 8 III, IV EWGV vorbehalten gewesenen (nicht in Anspruch genommenen) Befugnisse der Mitgliedstaaten waren solche des Gemeinschaftsrechts, nicht des allgemeinen Völkerrechts.

2. *Die Mitgliedstaaten als „Herren" der Verträge?*

7 Die gegenwärtigen Mitgliedstaaten als Vertragsstaaten waren die historischen Gründer der Gemeinschaften[5] und handelten im Gründungsakt des Vertragsschlusses nach allgemeinem Völkerrecht als seine Rechtssubjekte. Daraus folgt indes nicht im Gegenschluß, daß sie *lediglich unter Anwendung allgemeiner Regeln des Völkerrechts* und emanzipiert vom Gemeinschaftsrecht durch contractus contrarius die Existenz der Gemeinschaften zu beenden oder über die Gemeinschaftsverträge in ihrem Inhaltsbestand zu disponieren vermöchten. Noch weniger steht einem Mitgliedstaat *allein deshalb, weil* er *Vertrags*staat im Sinne des *Völker*rechts ist, die Befugnis zu, unter Berufung auf allgemeine Regeln des Völkerrechts, etwa die clausula rebus sic stantibus, seine Mitgliedschaft in den Gemeinschaften durch Sezession zu beenden. Er ist insoweit auch rechtlich besonders gebunden *(4/26)*.

Diese Fragen — ebenso wie die der nationalen Verfassungsgrundlagen zur Vergemeinschaftung und der Charakterisierung des Errichtungsvorganges selbst — berühren den Bestand der Verträge in der Zeit und in ihrem Inhalt, damit auch ihre Abänderbarkeit. Sie sind nicht lediglich unter dem Aspekt der Gliedstellung der Staaten in den Gemeinschaften zu erfassen und deshalb an anderer Stelle behandelt *(2/3—20)*. Hierbei kann die sog. Souveränitäts-Frage nicht auf befriedigende Antworten zielen *(9/49—63)*.

III. Die Mitgliedstaaten als Glieder der Gemeinschaften

1. *Die Gliedstellung der Mitgliedstaaten*

8 a) Die Gliedstellung der Mitgliedstaaten in den Gemeinschaften ist für die *Gründerstaaten* durch ihren *Gründungsakt* entstanden. Für *neue* Mitglieder entsteht sie durch ihre *Aufnahme auf Antrag*. Ihren Rechtsinhalt empfängt die Gliedstellung aus dem Gemeinschaftsrecht, vornehmlich dem Primärrecht der Verträge, zusätzlich auch aus Sekundärrecht.

9 b) Gliedstellung beruht auf *mitgliedschaftlicher Zugehörigkeit* zur Ge-

[5] Zum Hintergrund der Historie: *Ophüls* Fs Heymanns Verlag 554.

meinschaft als Staatenverbindung eigener Rechtspersönlichkeit. Ausfluß der Gliedstellung und mit ihr verbunden ist die Teilhabe der Mitgliedstaaten an Organschaft und Organbestellung der Gemeinschaften. Gliedstellung und Organteilhabe sind nicht identisch. Die Organteilhabe umfaßt die Teilhabebefugnisse der Mitgliedstaaten an der Besetzung der Gemeinschaftsorgane und ihren Funktionen, soweit dies vorgesehen ist. Die Gliedstellung ergibt sich aus Rechten und Pflichten, die das Gemeinschaftsrecht zuweist, aus der Aufgaben- und Zuständigkeitsverteilung zwischen den Gemeinschaften und den Gliedern, den Regelungen über ihr Zusammenwirken, über die Gemeinschaftsaufsicht und die Gerichtskontrolle der Beziehungen zwischen den Gemeinschaften und den Gliedern sowie der Glieder untereinander.

Die Gemeinschaften sind nicht Staaten *(8/5)*, insbesondere auch nicht Bundesstaaten *(8/10)*. Deshalb sind deduzierende Folgerungen oder Analogien für ihre Gliedstellung aus anerkannten Verfassungsprinzipien des Bundesstaates nicht angebracht, insbesondere auch nicht gerade solche aus der Bundesstaatlichkeit der BRD oder ihrer beiden Vorgänger. Es bedarf solcher Deduktionen oder Analogien auch nicht. Denn die Gliedstellung der Staaten in den Gemeinschaften kann ihre gemeinschaftsrechts-immanente Kennzeichnung aus *seinen* Regelungen, Struktur- und Funktionsprinzipien *selbst* empfangen[6].

2. *Der Inhalt der Gliedstellung: Funktionsverteilung*

10 a) Die Aufgaben- und Zuständigkeitsverteilung zwischen den Gemeinschaften und den Mitgliedstaaten als solche der Funktionen folgt — anders als etwa die bundesstaatliche des Grundgesetzes — nicht einer bestimmten Grundsatzregel (nach Art des Art. 30 GG und ihrer Spezifikation in den Art. 70, 83, 92 GG für die drei Bereiche der Staatsgewalt). Sie ergibt sich vielmehr aus sämtlichen Einzelregelungen der Verträge, die ihrerseits die Aufgaben und Ziele der Gemeinschaften, ihre Tätigkeitsbereiche und die Organzuständigkeiten zur Anwendung der Verträge bestimmen. Insoweit danach den Gemeinschaften Hoheitsbefugnisse zur Erfüllung von Gemeinschaftsaufgaben zustehen, haben die Mitgliedstaaten auf die Ausübung eigener staatlicher Befugnisse und die Eigenerfüllung ihrer öffentlichen Aufgaben verzichtet und nehmen sie ihre Erledigung durch die Gemeinschaften hin. Die Gemeinschaften sind dabei aber in verschiedener Weise auf das Zusammenwirken mit ihren Gliedern angewiesen. Das ergibt sich im Bereich der Gemeinschaftsaufgaben aus der mitgliedstaatlichen Gliedstellung, die ihrerseits gemeinschaftsrechtlich nach Rechten und Pflichten ausgestaltet ist. In den anderen Bereichen hoheitlicher Befugnisse und öffentlicher Aufgaben sind die Mitgliedstaaten nicht Glieder der Gemeinschaften und werden sie vom Gemeinschaftsrecht nicht erfaßt.

---

[6] Anders: *Hay*, Federalism and Supranational Organizations 194.

Diese Feststellung übersieht nicht, daß für eine *Kompetenz*-Aufteilung zwischen den Gemeinschaften als Ganzen und den Mitgliedstaaten als ihren Gliedern an sich verschiedene Grundformen zur Verfügung stehen und umstritten ist, welche von ihnen als maßgebliche und zur Anwendung gelangte anzusehen ist[7]. Denn für ihre Gliedstellung kommt es allein darauf an, *daß überhaupt* eine solche *Aufteilung* besteht. Alle die Gliedstellung der Staaten regelnden Rechtssätze knüpfen an Gemeinschaftszuständigkeiten an. Wo — wie etwa auf dem Gebiet der Verteidigung — die Gemeinschaften nicht zuständig sind, nehmen die Staaten keine Gliedstellung ein.

11 b) In ihrer Gliedstellung sind die Mitgliedstaaten an die Normen des *Gemeinschaftsrechts* gebunden und aus ihnen berechtigt, *nicht* auf Grund *allgemeiner Regeln des Völkerrechts* aus der *Obligation* des Vertragsschlusses. Denn das Gemeinschaftsrecht, das die Gliedstellung regelt, ist eine eigenständige Rechtsordnung. Seine Wirksamkeit wird nicht erst durch das allgemeine Völkerrecht oder Vertragsbindungen vermittelt.

3. Der Inhalt der Gliedstellung: Mitwirkungspflicht

12 Eine umfassende Normenumschreibung der Gliedstellung der Mitgliedstaaten enthalten Art. 5 EWGV, 192 EAGV sowie (teilweise abweichend) Art. 86 I, II EGKSV. Die Durchführung der Verträge ist primär den Gemeinschaftsorganen überantwortet, obliegt aber nicht ihnen allein. Die Durchführungsaufgaben der hierfür wichtigsten Gemeinschaftsorgane sind in den Art. 145 EWGV, 115 EAGV, 26 EGKSV (für den Rat) sowie in den Art. 155 EWGV, 124 EAGV, 8 EGKSV (für die Kommission) positiv zusammengefaßt. Die Normen der Art. 5 EWGV, 192 EAGV, 86 I, II EGKSV zielen auf die Mitwirkungspflichten der Mitgliedstaaten, die ihnen in ihrer gemeinschaftsrechtlichen Gliedstellung zur Durchführung der Verträge obliegen, soweit es hierfür ihres Zusammenwirkens mit den Gemeinschaftsorganen oder ihres positiven oder negativen Verhaltens sonst bedarf. Diese Regelungen sind im sonst bekannten Recht der internationalen Organisationen einzigartig und neuartig[8]. Sie erklären sich aus der Besonderheit der supranationalen Vergemeinschaftung und der Rolle, die in ihr die Staaten als Glieder wahrnehmen. Sie gehören zu den „Grundsätzen" der Gemeinschaftsverfassungen.

13 a) Art. 5 I EWGV, 192 I EAGV einerseits, Art. 86 I EGKSV andererseits unterscheiden sich in einer für ihre Inhaltsbestimmung bemerkenswerten Weise: die Bestimmungen der Römischen Verträge stellen ab auf die den Mitgliedstaaten „obliegenden Verpflichtungen, die sich aus diesem Vertrag oder aus Handlungen der Organe der Gemeinschaften ergeben". Art. 86 I

---

[7] *Grabitz*, Gemeinschaftsrecht bricht nationales Recht (1966) 21, 64.

[8] *Ganshof van der Meersch*, Le droit communautaire et ses rapports avec les droits des Etats membres, DrCommEur Nr. 183.

EGKSV spricht von den „Verpflichtungen . . ., die sich aus den Entscheidungen und Empfehlungen der Organe der Gemeinschaften ergeben“, also *nur* von den aus Rechtshandlungen der *Organe sekundär,* nicht den aus dem *Vertrag primär* sich ergebenden Verpflichtungen. Der Textunterschied braucht nicht überschätzt zu werden. Denn es darf angenommen werden, daß die späteren Römischen Verträge die Gliedstellung der Staaten in den beiden neuen Gemeinschaften schwerlich entscheidend anders zu qualifizieren suchten als der Pariser Vertrag. Der Unterschied bietet aber Interpretationshilfe.

14 aa) Die Mitwirkungspflicht der Gemeinschaftsglieder gegenüber und innerhalb der Gemeinschaft, deren Inhalt zu umschreiben bleibt, besteht nicht nur im Rahmen und in den Grenzen sekundärrechtlicher Organakte und ihrer Rechtsbindungen. Wenn Art. 86 I EGKSV sich hierauf zu beschränken scheint, bleibt eine weitere, umfassendere Mitwirkungspflicht ausdrücklich zwar unerwähnt. An ihrer Existenz ist indes nicht zu zweifeln. Denn sie ergibt sich aus der Gliedstellung der Staaten: sie besteht darin, mitzuwirken an der Verwirklichung des Vertrages als solchen und insgesamt, d. h. am Vollzug und dem Funktionieren der Vergemeinschaftung als gemeinsamer Aufgabe der Gemeinschaftsorgane *und* der Glieder der Gemeinschaft — ein jedes für sich und zugleich für das Ganze.

15 bb) Die Textfassung der Römischen Verträge vermag das zu bestätigen. Auch Art. 86 I letzter Satzteil und sein Abs. II sind in diesem Sinne zu begreifen: wenn Art. 5 I EWGV, 192 I EAGV die Mitwirkungspflicht der Staaten — außer auf die sekundärrechtlich begründeten — auf die aus dem Vertrag sich ergebenden Verpflichtungen erstrecken, kann darin nicht tautologisch nur vertraglich die Verpflichtung statuiert sein, vertragliche Verpflichtungen zu erfüllen[9]. Eine so verstandene Norm würde nur wiederholen, was das allgemeine Völkerrecht ungeschrieben statuiert: pacta sunt servanda[10]. Ihr Sinn und Zweck wird im übrigen Normgehalt sichtbar und entspricht der in diesen Vorschriften umschriebenen Gliedstellung der Staaten. Damit will gesagt sein, daß die Mitgliedstaaten, *weil* Gemeinschaftsmitglieder, eine spezifische Pflicht haben zur Mitwirkung an der Verwirklichung des Vertrages, am Vollzug der Vergemeinschaftung und am Funktionieren der Gemeinschaft. Mit anderen Worten: daß die Gemeinschaft existentiell und funktionell angewiesen ist auf ihre Glieder wie diese auf Existenz und Funktionieren der Gemeinschaft angewiesen sind zur Erfüllung der aus ihrer Hoheit und Verantwortung entlassenen öffentlichen Aufgaben[11].

---

[9] Richtig: *Quadri* u. a. Komm. 2 zu Art. 5.

[10] And. Ans. *Ehle* Komm. 1 zu Art. 5: gedacht zur Hervorhebung der völkerrechtlichen Verpflichtung und deshalb in die Vertragsgrundsätze aufgenommen.

[11] Ähnlich *Hay*, Federalism and supranational organizations 200, 201, der abstellt auf den „fact of association“ und die „relationship“ als solche.

16 cc) Was Art. 5 EWGV, 192 EAGV, 86 I, EGKSV aus der Gliedstellung der Staaten an Mitwirkungspflichten umschreiben, ist *Gliedpflicht* der Staaten *den Gemeinschaften gegenüber, nicht* eine einzelnen Gemeinschafts-*organen* geschuldete. Auch wenn ausdrücklich nur in der Staatenverpflichtung zur Erleichterung der Gemeinschafts-Aufgabenerfüllung *von der Gemeinschaft als solcher* die Rede ist, folgt das aus der Gliedstellung der Staaten in der Gemeinschaft und der Stellung der Gemeinschaftsorgane, die selbst nicht rechtsfähig und deren Handlungen nur der Gemeinschaft selbst zuzurechnen sind.

17 dd) In der Erfüllung ihrer Mitwirkungspflichten als Glieder der Gemeinschaft handeln die Staaten *nicht,* wie vielfach angenommen wird, gleichzeitig *auch als Organe* der Gemeinschaft, also im Sinne der Theorie vom „dédoublement fonctionnel"[12]. Denn ob die Staaten als Glieder der Gemeinschaft, als „Rechtsgenossen einer Rechtsgemeinschaft"[13], zugleich Organstellung innehaben, entscheidet nicht der Zweck der Funktion, die sie in ihrer Mitwirkung wahrnehmen, sondern allein die Gemeinschaftsrechtsordnung selbst. Sie aber unterscheidet eindeutig — sowohl in den hier einschlägigen Regelungen wie auch sonst — zwischen den Gemeinschaftsorganen und den Mitgliedstaaten. Sie weist diesen an keiner Stelle und in keiner Weise durch funktionelle Verdoppelung auch eine gemeinschaftsrechtliche Organstellung zu.

18 ee) Indem die Staaten mitwirken, tragen sie bei zur Erfüllung der Gemeinschaftsaufgaben, zur Verfolgung öffentlicher Gemeinschaftsinteressen. Die Finalität ihrer Mitwirkung nimmt dieser aber nicht den Zweck, damit eigene mitgliedstaatliche Interessen zu verfolgen, im Rechtssinne nämlich Pflichten zu erfüllen, die ihnen, den Staaten, obliegen. Ihre Mitwirkung ist keineswegs nur Ausdruck „della buona volontà degli Stati membri"[14]. Ob das von den Staaten eingesehene, eigene Interesse an der Erfüllung der Verpflichtungsnorm, ob es zu erwartender „Druck" von Gemeinschaftsorganen oder anderen Mitgliedstaaten, ob es Gesichtspunkte der Wirtschaftspolitik oder politischer Moral sind[15], die die Staaten mitwirken lassen, wie das Gemeinschaftsrecht es vorsieht — *indem* sie mitwirken, *erfüllen sie* die aus ihrer Gliedstellung erwachsenen *Rechtspflichten.*

b) *Inhaltlich* umfaßt die *Mitwirkungspflicht drei Pflichtenkreise:*

19 aa) Einmal die Verpflichtung, alle geeigneten Maßnahmen allgemeiner oder besonderer Art zu treffen, um die Erfüllung ihrer gemeinschaftsrechtlichen Pflichten zu sichern. Danach sind sie gehalten, initiativ und aktiv, und

---

[12] Hierzu allgemein: *Scelle,* Manuel de Droit International Public (1948) 21; *Wiebringhaus,* Das Gesetz der funktionellen Verdoppelung 2. Aufl. (1950); speziell zum Gemeinschaftsrecht: *Mégret* u. a. Komm. 1 zu Art. 5; *Quadri* u. a. Komm. 2 zu Art. 5; *Zuleeg,* Recht 221 mit Nachweisen in Anm. 59, 60.

[13] *Wagner,* Beschlußrecht 152. [14] *Pallieri* DirInt 1961, 7.

[15] Speziell zu Rechtspflichten aus Empfehlungen: *Wengler* Völkerrecht I (1964) 153, 238, 431.

dies auch ohne dahingehende Einwirkung der zuständigen Gemeinschaftsorgane, alle ihnen zu Gebote stehenden tatsächlichen und rechtlichen Möglichkeiten und Befugnisse einzusetzen. Die Verwendung nicht oder nur beschränkt geeigneter Maßnahmen genügt nicht, wenn geeignete oder besser geeignete zur Verfügung stehen. Im Rahmen der Gemeinschaftsaufsicht steht nicht nur den Exekutiven, sondern auch dem Gerichtshof die Nachprüfung der Eignungsfrage zu. Nach der konkreten Eignung entscheidet sich auch, ob der Staat jeweils allgemeine oder besondere Maßnahmen einzusetzen hat, um seiner Mitwirkungspflicht zu genügen;

20 bb) zum anderen die Verpflichtung, der Gemeinschaft die Erfüllung ihrer Aufgaben zu erleichtern. Diese Verpflichtung ist keine pflichten-abhängige, d. h. sie ist nicht an die Voraussetzung geknüpft, daß für die in ihrer Erfüllung zu erleichternde Gemeinschaftsaufgabe gerade eine konkrete Rechtspflicht der Staaten zur Mitwirkung statuiert ist. Die Erleichterungspflicht ist also eine allgemeine, zusätzliche, in diesem Sinne selbständige und unabhängige Pflicht zur Gemeinschaftshilfe. In ihr wird die Pflichtenstellung der Staaten als Glieder der Gemeinschaft besonders verdeutlicht. Aus ihr kann daher auch gefolgert werden, daß die Staaten u. U. *an Stelle der Gemeinschaftsorgane* tätig werden müssen, wenn diese die ihnen obliegenden Aufgaben nicht erfüllen[16].

Aus der den Staaten obliegenden Erleichterungspflicht kann indes nicht ihre Bindung dahin abgeleitet werden, durch ihre Vertreter in Gemeinschaftsorganen, insbes. im Rat, ihre Stimme stets jeweils so abzugeben, daß „gemeinschaftsbezogene“ Entscheidungen zustande kommen, also etwa solche, die der Kommissionsvorschlag als im Gemeinschaftsinteresse liegend vorsieht[17]. Denn die Entscheidung des Rates selbst erst qualifiziert in seiner Zuständigkeit das rechtlich verbindliche Gemeinschaftsinteresse. Im Vorgang seiner Qualifizierung während des Willensbildungsprozesses des Rates ihre nationalen Interessen zur Geltung zu bringen und ihnen in der Stimmabgabe auch Ausdruck zu geben, wird den Staaten durch ihre Erleichterungspflicht nicht verwehrt. Selbstverständlich liegt darin keine Freistellung von Vertragspflichten und keine Entbindung von den Vertragszielen[18];

21 cc) endlich die Verpflichtung, alle Maßnahmen zu unterlassen, welche die Verwirklichung der Ziele des Vertrages (so Art. 5 II EWGV, 191 II EAGV) gefährden können (Art. 86 II EGKSV: ... „die mit dem Bestehen des gemeinsamen Marktes gemäß Art. 1 und 4 unvereinbar ist“). Inhaltlich umschreiben diese Vorschriften gleichartig die Pflicht, alles zu unterlassen, was die Zielverwirklichung gefährden könnte[19]. Die Unterlassungspflicht

---

[16] *Wohlfarth* u. a. Komm. 3 zu Art. 5.

[17] Zu weitgehend deshalb: *Schulze-Eggert,* Die Verletzung von Vertragspflichten 32.

[18] Dazu: *Friauf,* Die Staatenvertretung in supranationalen Gemeinschaften 64.

[19] *Grabitz,* Gemeinschaftsrecht bricht nationales Recht (1966) 93. — Die Unter-

zielt *nicht* auf ein *Verhalten* (auch gerade ein Unterlassen), das *seinerseits* das Gemeinschaftsrecht *verletzt.* Denn ein solches ist den Mitgliedstaaten ohnehin verwehrt und auch schon im erstgenannten Pflichtenkreis erfaßt. Sie zielt u. a. auf ein Verhalten, das seinerseits auch vertragsgemäß sein mag, gleichwohl aber im Ergebnis die Zielverwirklichung gefährden kann[20]. In gleichem Sinne ist den Staaten verwehrt, sich selbst ihr Recht zu verschaffen, soweit das Gemeinschaftsrecht sie nicht ausdrücklich hierzu befugt. Ebensowenig werden die Staaten durch Pflichtverletzungen von Gemeinschaftsorganen von der Erfüllung eigener Pflichten entbunden[21].

Die Unterlassungspflicht setzt nicht voraus, daß die fraglichen staatlichen Maßnahmen unmittelbar das Funktionieren des Gemeinsamen Marktes stören oder beeinträchtigen. Die konkrete Möglichkeit dieser Wirkungen, also die Gefährdung, verpflichtet bereits zur Unterlassung. Denn die Verwirklichung von Vertragszielen kann schon durch hemmende oder erschwerende Maßnahmen gefährdet werden[22].

22 c) Die die Gliedstellung der Mitgliedstaaten charakterisierende Mitwirkungspflicht ist in allen ihren Aspekten eine *gemeinschaftsrechtliche Rechtspflicht.* Es ist weder förderlich noch zulässig, sie durch Benennung als „Treuepflicht", Pflicht zur „Gemeinschaftstreue", zur „Gemeinschaftsfreundlichkeit" o. dgl. in Anlehnung an das ungeschriebene Verfassungsprinzip des „bundesfreundlichen Verhaltens" bundesstaatsrechtlich zu analogisieren[23]. Denn die gliedstaatliche Mitwirkungspflicht bedarf anders als im deutschen Staatsrecht angesichts ihrer Positivierung keiner Ableitung aus ungeschriebenen Verfassungsprinzipien des Gemeinschaftsrechts, ebensowenig eines Hinweises auf das Vertrauen in völkerrechtliches Wohlverhalten der Staaten als Vertragsstaaten. Außerdem gibt das ungeschriebene Prinzip der Bundestreue inhaltlich weniger her als die gemeinschaftsrechtliche Normierung[24]. Die Annahme, die Anwendung des Prinzips könne aus einer vor-konzipier-

---

lassungspflicht gemäß Art. 5 II EWGV steht auch Beschlüssen der im Rat vereinigten Vertreter der Regierungen entgegen, die mit dem Vertrag nicht vereinbar sind.

[20] *Wohlfarth* u. a. Komm. 4 zu Art. 5.

[21] EuGH Rs 90 und 91/63 Rspr. X, 1344: „Soweit nicht ausdrücklich etwas anderes vorgesehen ist, ergibt sich daher aus der dem Vertrag zugrunde liegenden Gesamtauffassung, daß es den Mitgliedstaaten verboten ist, sich selbst ihr Recht zu verschaffen. Wenn daher der Rat seinen Verpflichtungen nicht nachkommt, so kann dies die Beklagten [Luxemburg und Belgien] nicht von der Erfüllung ihrer Verpflichtungen entbinden."

[22] *Ehle* Komm. 11 zu Art. 5.

[23] So etwa: *Hahn* JbIntR 10 (1961/62) 28: „Gemeinschaftstreue"; *Hay* 194; *Ehle* Komm. 14 zu Art. 5; *von Simson* EuR 1970, 191.

[24] Daß auch das Prinzip der Bundestreue nur innerhalb bestehender Rechtsverhältnisse wirkt und nicht etwa selbständig zusätzliche Rechtsbeziehungen begründet, hebt die Rechtsprechung zutreffend hervor; vgl. BVerfGE 13, 75; 21, 326; dazu: *Friauf,* in: Planung IV (1970) 49 Anm. 25; auch *Scheuner,* Das Grundgesetz in der Entwicklung zweier Jahrzehnte, AöR 95 (1970) 388 mit Anm. 112 befürwortet eine systematische Argumentation unter Abschwächung des Bundestreue-Prinzips; ähnlich *Fuß,* AöR 96 (1971) 296.

ten Rechtsnatur der Gemeinschaften und aus den hier behandelten Vertragsbestimmungen deduziert werden[25], ist methodisch verfehlt, sachlich unbegründet und nicht weniger unergiebig. Sie ist außerdem verleitlich, wenn damit in einer Art „Rückmeldung" Bestätigungen für die „Rechtsnatur" der Gemeinschaften als bundesstaatsartigen Gebilden gesehen und aus der Rechtsnatur dann wiederum weitere Folgerungen deduziert werden. Ein solches Verfahren ist dem Vorwurf eines begriffsjuristischen Zirkelschlusses ausgesetzt.

4. Der Inhalt der Gliedstellung: allgemeine Aufgabe der Ausführung, der Anwendung und des Vollzugs des Gemeinschaftsrechts[26]

23 Das Gemeinschaftsrecht besteht nur teilweise aus Normen, die in den Mitgliedstaaten im Durchgriff unmittelbar und ohne Mitwirkung staatlicher Normsetzung anwendbar sind. Überwiegend bedarf es *mitgliedstaatlicher Ausführung durch Erlaß nationaler Rechtsvorschriften.*

Soweit das Gemeinschaftsrecht unmittelbar anwendbare, durchgreifende Normen enthält, ist es *von den zuständigen nationalen Organen,* den Gerichten und den Verwaltungsbehörden, *anzuwenden.*

Da die Gemeinschaften grundsätzlich über eine eigene Exekutive nicht verfügen, hierzu zählende Einrichtungen eines gemeinschaftseigenen Verwaltungsunterbaues — jedenfalls gegenwärtig — Ausnahmeerscheinungen sind, obliegt der Vollzug des Gemeinschaftsrechts, soweit es dessen bedarf, der Exekutive der Mitgliedstaaten.

In Ausführung, Anwendung und Vollzug des Gemeinschaftsrechts als den Staaten obliegenden Aufgaben zur Verwirklichung des Gemeinschaftsrechts äußert sich ebenfalls die Gliedstellung der Mitgliedstaaten.

24 a) Die *Ausführung* von Gemeinschaftsrecht *durch Organe der nationalen Rechtsetzung* kann auf gemeinschaftsrechtlicher Ermächtigung oder Verpflichtung beruhen. Überwiegend finden sich solche im Sekundärrecht. Das Vertragsrecht weist eine Ausführungsnormierung meist den Gemeinschaftsorganen zu. Verordnungen (und allgemeine Entscheidungen des EGKSV) bedürfen nur ausnahmsweise nationaler Ausführungsregelung. Die Richtlinie der Römischen Verträge ist die zu diesem Zweck „erfundene" Rechtshandlung des Gemeinschaftsrechts par excellence, die ihrer Struktur nach

---

[25] *Hay* 197.

[26] Hierzu: *Zuleeg,* Das Recht der Europäischen Gemeinschaften im innerstaatlichen Bereich KSE 9 (1969); die von *Zuleeg* 228—229 vorgeschlagene Terminologie (*Ausführung* des Gemeinschaftsrechts durch nationale Rechtsetzung, *Anwendung* von Durchgriffsnormen, exekutiver *Vollzug* des Gemeinschaftsrechts) wird auch hier verwendet. — „Das Zusammenwirken der europäischen Rechtsordnung mit den nationalen Rechtsordnungen" war Thema des V. Internationalen Kongresses für Europarecht der FIDE in Berlin 23.—26. 9. 1970; Berichte von *Zuleeg,* Integration 1970, 225, *Brändel, Sedemund, Millarg* EuR 1971, 69, 74, 78 und *Millarg* DÖV 1971, 196; inzwischen als KSE 13 (1971): Gemeinschaftsrecht und nationale Rechte.

nationaler Ausführungsnormierung bedarf. Auch ergänzende oder klarstellende nationale Ausführungsnormierung ist zulässig, ohne daß das Gemeinschaftsrecht die Staaten ausdrücklich ermächtigt oder verpflichtet. Das muß schon aus der Gliedstellung der Staaten und ihren Mitwirkungspflichten gefolgert werden. Der Auslegungskompetenz des Gerichtshofs wird damit nicht präjudiziert[27].

Mit der Ausführung des Gemeinschaftsrechts durch nationale Normsetzung wird die Berücksichtigung der besonderen nationalen Lebensverhältnisse ermöglicht, soweit die Wahrung der Einheit des Gemeinschaftsrechts und die Zielverwirklichung der Gemeinschaften dies zuläßt. „Die Einschaltung der nationalen Rechtsetzungsorgane stellt einen nicht zu unterschätzenden Integrationsfaktor dar."[28] Andererseits kann das wachsende Integrationsinteresse nationaler Ausführung des Gemeinschaftsrechts auch entgegenstehen. Das würde zum vorrangigen Gebrauch der Verordnung an Stelle der Richtlinie führen können. Auf dem Gebiet der Rechtsangleichung ist indes die Richtlinie, damit die nationale Ausführung, vertragsrechtlich eindeutig vorgesehen[29]. Im übrigen bemißt sich die Ausführungsbefugnis der Staaten nach dem Inhalt der ihnen erteilten Ermächtigung oder ihrer Verpflichtung[30].

25 b) Mit der *Anwendung* des Gemeinschaftsrechts nehmen die Rechtsanwendungsorgane der Staaten in ständiger Aktion an der Entfaltung der staatlichen Gliedstellung teil. Auch hierin äußert sich ein permanent wirksamer Integrationsfaktor. Er dürfte in seiner Wirksamkeit die Integrationskraft nationaler Ausführungsrechtsetzung übersteigen. Denn die Rechtsanwendung durch Gerichte und Verwaltungsbehörden trägt zur unmittelbaren Bewußtmachung des Gemeinschaftsrechts bei denjenigen bei, auf die seine Normen tatbestandlich anwendbar sind. Daß diese Bewußtmachung auch eine negative sein kann, teilt das Gemeinschaftsrecht mit dem nationalen Recht.

Von besonderer Tragweite ist der Anteil der nationalen *Gerichte* an der permanenten Ein-Gliederung der Mitgliedstaaten in die Gemeinschaftsrechtsordnung. Sie wird zielgerichtet und im Interesse ihrer Einheit ständig aktiviert durch die Regelungen des Vorabentscheidungsverfahrens *(43/48 ff.)*. Mit seiner Hilfe werden das Auslegungsmonopol des Gerichtshofs, die Tat-

---

[27] *Zuleeg* 227; *Sohier-Mégret,* Le rôle de l'exécutif national et du législateur national dans la mise en œuvre du droit communautaire, in: Droit communautaire et droit national 109.

[28] *Zuleeg* 229; *Everling,* in: Aktuelle Fragen des europäischen Gemeinschaftsrechts, Beiheft zur ZHR 29 (1965) 86; *Nicolaysen* ebenda 107.

[29] Es ist erwogen worden, zur Intensivierung der Rechtsangleichung bei einer Vertragsrevision auch das Mittel der Verordnung vorzusehen. — Ihren Entwurf eines Statuts für Europäische Aktiengesellschaften hat die Kommission in den Vorschlag einer auf Art. 235 EWGV zu stützenden Verordnung gekleidet (ABl. 1970 C 124, 1). Näher hierzu *39/12* mit Anm. 36.

[30] *Zuleeg* 233—251.

bestandswirkung und die Geltung des Gemeinschaftsrechts gesichert. Mit seiner Hilfe wird auch bewirkt, daß die nationale Gerichtsbarkeit neben dem Gerichtshof ihren Beitrag leistet zur Entwicklung von Rechtsüberzeugungen, die ihrerseits als Elemente gewohnheitsrechtlicher Rechtsfortbildung und Anerkennung der Integration zu wirken vermögen[31].

26 c) Über die Frage, *wer* zum *verwaltungsmäßigen Vollzug*[32] des Gemeinschaftsrechts zuständig ist, bestimmt dieses selbst. Das ist in verschiedenen Bereichen unterschiedlich geschehen. Weit überwiegend obliegt der Vollzug *nationalen* Instanzen. Deren konkrete Zuständigkeitsausweisung steht in der Regel unter Anwendung nationalen Rechts staatlicher Entscheidung zu. Für die Kompetenzaufteilung in der BRD sind hierfür die Art. 83 ff. GG anwendbar. Soweit nationaler Verwaltungsvollzug des Gemeinschaftsrechts stattfindet, bildet dieses die nach deutschen rechtsstaatlichen Grundsätzen erforderliche Handlungsgrundlage. Das Prinzip der Gesetzmäßigkeit der Verwaltung ist gewahrt, wenn der deutsche Verwaltungsvollzug auf Gemeinschaftsrecht beruht. Das Verwaltungsverfahren der nationalen Vollzugsinstanzen bestimmt sich nach nationalem Recht, ebenso ihre hierarchische Unterstellung und Weisungsgebundenheit. Durchgreifende Weisungsbefugnisse im Einzelfall besitzen Gemeinschaftsorgane nicht. Generelle Weisungen hinsichtlich des Verwaltungsvollzuges könnten sie als Entscheidungen nur an die Mitgliedstaaten als solche richten.

Soweit die Mitgliedstaaten das Gemeinschaftsrecht durch ihre Exekutive vollziehen, sind sie zwar gebunden, stehen sie deshalb zur Gemeinschaft aber nicht in „hierarchischer Unterordnung", als „untergeordnete Mechanismen"[33], als nachgeordnete Dienststellen. Allenfalls kann — in Anlehnung an staats- und kommunalrechtliche Terminologie — von „Auftragsverwaltung"[34] gesprochen werden. Wesentliche Analogien (für Weisungsbefugnisse, Evokationsrechte, Rechtsschutzfragen) können hieraus nicht gezogen werden.

5. Der Inhalt der Gliedstellung: Gemeinschaftsaufsicht

27 Als Glieder der Gemeinschaften unterstehen die Mitgliedstaaten einer Aufsicht der Gemeinschaften. Sie wird von der Kommission und dem Gerichtshof wahrgenommen. In üblicher Wortbildung (Reichs-, Bundes-, Kommunalaufsicht) kann sie als *Gemeinschaftsaufsicht* bezeichnet werden[35]. Sie

---

[31] Der Sichtbarmachung dieser Funktion soll das Werk von *Green,* Political Integration by Jurisprudence (1969) dienen; zur gewohnheitsrechtlichen Legitimation von Gemeinschaftsrecht mit Hilfe der nationalen Gerichtsbarkeiten vgl. *Axline,* European Community Law and Organizational Development (1968); dazu *Grunwald* EuR 1970, 377.

[32] *Zuleeg* 209—224; *Louis,* Les règlements de la CEE (1969) 314.

[33] Unzutreffend: *Cartou,* Europäische Organisationen 184.

[34] Auch *Pescatore* EuR 1970, 317 erwähnt das deutsche Staatsrecht und seine Auftragsverwaltung in rechtspolitischer Absicht nur als „wertvollen Vergleich".

[35] *Bandell,* Die Aufsicht der Europäischen Gemeinschaften 2.

bezweckt, die Gliedstellung der Mitgliedstaaten in Übereinstimmung zu halten mit dem Gemeinschaftsrecht. Sie ist also eine *Rechtsaufsicht* über die an das Gemeinschaftsrecht gebundenen Staaten. Sie umfaßt die Beobachtung, Ermittlung und Feststellung hierfür rechtserheblicher Umstände und die Maßnahmen der zuständigen Gemeinschaftsorgane gegenüber den Mitgliedstaaten zur Wiederherstellung oder Sicherung ihrer gemeinschaftsrechtlichen Gliedstellung.

Ihre Ausgestaltung im Gemeinschaftsrecht folgt — der Andersartigkeit der Gemeinschaften sonstigen internationalen Organisationen gegenüber entsprechend — seinen besonderen Strukturprinzipien. Es ist Sache der Gemeinschaft, „über die Mittel zur Erhaltung, Wahrung und Sicherung" der Gemeinschaft zu „entscheiden und nötigenfalls zu intervenieren"[36]. Da die Gemeinschaften über Kompetenz-Kompetenz nicht verfügen, sind Verfahren und Mittel dieser Aufsicht durch das Gemeinschaftsrecht selbst bestimmt und begrenzt. Diese Regelungen umfassen auch die des gerichtlichen Rechtsschutzes der von Aufsichtsmaßnahmen betroffenen Mitgliedstaaten.

Für die Gemeinschaften als rechtsverfaßte Verbände mitgliedstaatlicher Gliederung ist die Gemeinschaftsaufsicht als Rechtsinstitut ein *unabdingbares Verfassungselement*. Ihre Praktizierung vermag Existenzkraft und Funktionsfähigkeit der Gemeinschaften zu bestätigen. Ebenso können mitgliedstaatliche Versuche, sie zu paralysieren, beide in Frage stellen.

Wenige Tage vor dem Rücktritt *de Gaulles* im April 1969 ist angeblich von französischer Seite angeregt, indes jedenfalls von den Niederlanden und der Kommission zurückgewiesen worden, durch ein „gentlemen-agreement" zwischen den Staaten und der Kommission auf die Anwendung von Klagen im Aufsichtsverfahren zu verzichten[37]. Das würde hierfür symptomatisch genannt werden können.

Nicht weniger relevant ist die Initiativbereitschaft der Kommission zur Wahrnehmung der Gemeinschaftsaufsicht[38] und die Bereitwilligkeit der Mitgliedstaaten, einschlägige Entscheidungen des Gerichtshofs zu befolgen[39].

---

[36] Diese für eine Verfassungslehre des „Bundes" geprägte Formel von *C. Schmitt*, Verfassungslehre (1928) 370 hat auch hier ihren Platz.

[37] VWD Europa Nr. 84/69 v. 2. 5. 1969, I/3.

[38] Bis Ende 1969 hatte die Kommission seit ihrem Bestehen 214 Vertragsverletzungsverfahren gegen Mitgliedstaaten eingeleitet und 23 Klagen vor dem EuGH erhoben. 63 Verfahren waren noch anhängig. 60 Tatbestände waren noch in der Prüfung. Die Hohe Behörde hat in der Zeit ihres Bestehens 20 Verfahren nach Art. 88 EGKSV eingeleitet (das erste gegen die BRD wegen der deutschen Bundesbahn-Ausnahmetarife, das mit dem Urteil in der Rs 3/59 Rspr. VI, 121 beendet worden ist). Hierzu Antworten der Kommission v. 1. 12. 1969 u. v. 9. 6. 1970 auf die Anfragen des Abg. *Vredeling* Nr. 310/69 u. Nr. 501/69, ABl. 1969 C 159/6, 1970 C 73/2. Nach Art. 141 EAGV ist bislang ein einziges Verfahren in Gang gesetzt worden, und zwar gegen Frankreich wegen Nichteinhaltung der Art. 55 bis 57, 60, 54, 70 und 75 EAGV in verschiedenen Fällen, Rs 7/71 ABl. 1971 C 40/6; am 14. Dezbr. 1971 hat der Gerichtshof *gegen* Frankreich entschieden. — Die Zahl der Verfahren steigt mit zunehmender Integration. Das ist normal. — Statistische Auswertung auch bei: *Mertens de Wilmars* und *Verougstraete* CMLR VII (1970) 385; *Eynard* RivDirEur 1970, 99; ferner: *Constantinesco*, Die unmittelbare An-

28 a) Zusammenfassende Rechtsgrundlagen der Gemeinschaftsaufsicht bestehen nur hinsichtlich des Verfahrens, in dem die Aufsicht geltend zu machen ist, des Rechtsschutzes und der zulässigen Aufsichtssanktionsmittel. Einschlägig sind Art. 169 EWGV, 141 EAGV, 88 EGKSV.

29 b) In diesen Vorschriften *nicht* näher bestimmt ist das „feststehende Richtmaß", mit dem (i. S. der Aufsichtsdefinition von *Triepel*[40]) das Verhalten der Mitgliedstaaten durch die Aufsicht in Übereinstimmung zu setzen und zu erhalten ist und nach dem ihre Gliedstellung in der Gemeinschaft wiederhergestellt werden soll. Dieses Richtmaß ist der Inbegriff sämtlicher Verpflichtungen „aus dem Vertrag"[41], d. h. das die Staaten verpflichtende Gemeinschaftsrecht in seiner Gesamtheit. Durch dieses Richtmaß wird auch der Gegenstand[42] zulässiger Gemeinschaftsaufsicht umgrenzt.

30 c) Träger der Aufsicht sind die Gemeinschaften als solche, nicht die Gesamtheit der Mitgliedstaaten. Deshalb ist nicht der Rat Aufsichtsorgan, sondern die Kommission. Die Aufsicht richtet sich an die Mitgliedstaaten, nicht an staatliche Organe. Denn ihr Verhalten wird den Mitgliedstaaten als Gliedern der Gemeinschaft zugerechnet.

31 d) Die Gemeinschaftsaufsicht zur Wahrung der mitgliedstaatlichen Gliedstellung ist nicht Instrument zur Sicherung hierarchischer Unterordnung der Staaten, zur Sanktionierung von Befehl und Gehorsam. Diese Kategorien des Verwaltungsaufbaues und der Dienstdisziplin sind für die körperschaftliche Gliedstellung der Staaten im Verband der Gemeinschaften nicht adäquat. Mit ihrem alleinigen Richtmaß der Wahrung des Gemeinschaftsrechts verfolgt die Gemeinschaftsaufsicht den Zweck, den Bestand und das

---

wendbarkeit von Gemeinschaftsnormen 45 mit Anm. 80. — 1970 wurden zwei Vertragsverletzungsklagen erhoben, von denen eine gestrichen wurde; für 1971 sind ebenfalls zwei Klagen zu verzeichnen.

[39] Nach Feststellung der Kommission waren Ende 1970 fünf EuGH-Urteile von Regierungen der Mitgliedstaaten noch nicht durchgeführt worden (das älteste vom 10. 12. 1968, das jüngst ergangene vom 5. 5. 1970). Indes haben die Regierungen die notwendigen Maßnahmen eingeleitet, z. T. mit der Kommission Verhandlungen zur Klärung vertragsgemäßer Lösungen geführt. Lediglich das Urteil vom 10. 12. 1968 (Unzulässigkeit italienischer Ausfuhrabgaben auf Kunstgegenstände) war bislang wirkungslos geblieben. Die Weigerung des verurteilten Mitgliedstaates bedeutet wiederum Vertragsverletzung; *Naß* DVBl. 1970, 617. Ansonsten kommen die Mitgliedstaaten den Urteilen in angemessener Frist nach; vgl. hierzu die Antwort der Kommission v. 29. 10. 1970 auf die Anfrage des Abg. *Westerterp* Nr. 238/70, ABl. 1970 C 138, 12. Wegen der Nichtbefolgung des Urteils vom 10. 12. 1968 (Rs 7/68 Rspr. XIV, 633) hat die Kommission am 18. 12. 1970 ein neues Vertragsverletzungsverfahren gegen Italien eingeleitet (vgl. Antwort der Kommission v. 23. 2. 1971 auf die Anfrage des Abg. *Vredeling* Nr. 454/70, ABl. 1971 C 22, 12) und am 29. 7. 1971 Klage beim EuGH erhoben wegen Verstoßes gegen Art. 171 EWGV (Rs 48/71, ABl. 1971 C 84, 13).

[40] *Triepel,* Die Reichsaufsicht (1917) 121.

[41] *Bandell* 29.

[42] Auch wenn der Mitgliedstaat sein (als vertragswidrig beanstandetes) Recht während des Prozesses vor dem EuGH ändert, d. h. „konformiert", bleibt die verletzte Norm gleichwohl Streitgegenstand und ist der EuGH an der Feststellung früherer Rechtsverletzung nicht gehindert; EuGH Rs 7/69 Rspr. XVI, 111 = DVBl. 1970, 615 mit Anm. *Naß.*

Funktionieren der Gemeinschaft mit dem Mittel der Rechtswahrung zu sichern. Dafür vermag nur die gemeinschaftsgerechte Gliedstellung aller Glieder Gewähr zu bieten. Denn jedes von ihr abweichende Verhalten eines Gliedes gefährdet die Gliedstellung der anderen und ihrer Gemeinschaft.

32 e) Das Aufsichtsverfahren, seine Gerichtskontrolle und seine Sanktionsmittel sind gesondert darzustellen *(9/64—78; 26/1—4)*.

6. Der Inhalt der Gliedstellung: Glied unter Gliedern

Dasselbe Richtmaß, das die Gemeinschaftsaufsicht ausrichtet und ihren Inhalt ausmacht, die Wahrung des Gemeinschaftsrechts als der Grundlage der Gemeinschaft, bestimmt — horizontal — auch die *Stellung der Mitgliedstaaten untereinander.*

33 a) Erst ihr auf Errichtung der Gemeinschaften gerichteter Gesamtakt und die von ihnen bewirkte Ausstattung der Gemeinschaften mit originärer und einheitlicher Gemeinschaftsgewalt, die anderes und mehr ist als die Summierung staatlicher Einzelhoheitsrechte, hat den Staaten ihre Gliedstellung vermittelt.

34 b) Diese empfängt ihren Gehalt nicht nur — vertikal — durch die Mitgliedschaft der Staaten in der Gemeinschaft, sondern ebenso durch die Zuordnung der Glieder zueinander. Denn durch ihre Vergemeinschaftung haben sie ihren Status auch insoweit verändert, und zwar durch Herstellung einer dauernden, gemeinschaftsrechtlichen Zuordnung zueinander, die in das Verfassungsrecht der Mitgliedstaaten eingegangen ist. Insoweit ist die Gliedstellung eines jeden Mitgliedstaates durch die gleiche jedes anderen bedingt und stehen die Gliedstellungen aller untereinander in einer gemeinschaftsrechtlichen Gewährleistung[43].

Ihre wechselseitige gemeinschaftsrechtliche Verbundenheit ist charakterisiert durch den *rechtlichen Ausschluß* möglicher oder gar verfaßter *Hegemonialstellung* eines Mitgliedstaates oder einer Staatengruppe. Man mag von französischer Hegemonie (oder dahingehender Ansprüchlichkeit) reden wegen des praktischen Vorrangs der französischen Sprache oder wegen isonomierender Einflüsse französischer Rechtsstrukturen im Gemeinschaftsrecht — oder von entsprechender deutscher wegen seiner überragenden Wirtschaftsmacht — oder beider gemeinsam im Hinblick auf den deutsch-französischen Vertrag vom 15. Juni 1963 *(7/2)*. Die Prinzipien der Integration und der Supranationalität in ihrer gemeinschaftsrechtlichen Ausgestaltung, insbes. ihren Regeln über die Willensbildung im Rat[44], schließen *verfassungsrechtlich* eine jede Glied-Hegemonie aus.

---

[43] Das entspricht Verfassungsgrundsätzen des Bundes; vgl. *C. Schmitt*, Verfassungslehre (1928) 363.

[44] Treffend: *Hans Huber*, Weltweite Interdepenz (1968) 31: „Die Entwerfer und Urheber der EWG waren auch Realisten, indem sie sachte das alte labile Gleichgewicht der Großmächte, Gleichgewicht der reinen Macht, das aus Europa ja ver-

Daß Frankreich in der Krise 1956/66 und im Luxemburger Abkommen vom 29. Januar 1966 vergeblich versucht hat, diese Ordnung zu seinen Gunsten zu ändern, kann ihre Wirksamkeit nur bestätigen: „Die Umbildung des Gemeinsamen Marktes in eine mehr oder weniger ausgeprägte hegemoniale Struktur hätte den Abbau der supranationalen Komponente und die Verabsolutierung der zwischenstaatlichen Beziehungen zur Voraussetzung gehabt. Sie hätte ihren Ausdruck in dem unbeschnittenen Vetorecht finden müssen, das in der Hand eines wirtschaftlich und politisch Starken natürlich etwas anderes ist als in der Hand der weniger mächtigen Mitglieder."[45] Beides ist nicht eingetreten, weder Abbau noch Verabsolutierung[46].

35 c) Die Gewährleistung der Gliedstellung der Staaten umfaßt die wechselseitige Verpflichtung der Glieder, einander als solche zu respektieren und Konflikte im Aufgabenbereich der Gemeinschaften nur nach den vom Gemeinschaftsrecht gesetzten Rechtsregeln auszutragen, also den „Gemeinschaftsfrieden" nur in den Wegen „Rechtens" zu suchen[47]. Die Mitgliedstaaten waren und sind in dem historisch realisierten Gesamtakt der Gemeinschafts-Gründung und in den Aufgaben- und Zielbestimmungen der Integration in gleichgerichteten Verfassungsentscheidungen einig und verbunden. Deshalb stehen sie sämtlich in einer ihnen gemeinsamen Ordnung der *Homogenität*[48]. Sie äußert sich in den die Gemeinschaften tragenden Verfassungsprinzipien und Zielsetzungen.

36 d) Ein wesentliches Element dieser Homogenität der Glieder untereinander besteht in der Gemeinschaftsgeltung des vorhandenen und allen künftig entstehenden Gemeinschaftsrechts, mithin in einer an Umfang und Intensität wachsenden *Rechtseinheit gemeinen Rechts.* Eine Art der Zuordnung der Glieder zueinander, die fälschlich allein oder wesentlich auf ihre „schuldrechtlich"-völkerrechtliche Verbundenheit als Vertragsstaaten der Gemeinschaftsverträge abstellt, würde diese gemeinrechtliche Verbundenheit der Mitgliedstaaten schlechthin ignorieren. Sie würde damit Wesentliches der Vergemeinschaftung außer acht lassen.

37 e) Ein anderes, nicht minder bedeutsames Element der Homogenität der Glieder untereinander besteht in denjenigen von den Verträgen umschriebenen Aufgabenbereichen, in denen — ohne Vergemeinschaftung selbst — Aspekte der Wirtschafts- und Sozialpolitik der Staaten durch Koordinierung oder andere Formen der „Gleichschaltung" einander angenähert werden

---

schwunden ist, durch das neue Gleichgewicht zwischen Einstimmigkeit und Mehrheit zu ersetzen suchten, und indem sie den Einfluß der größeren und kleineren Mitglieder auf die Willensbildung behutsam rechtlich abstuften. Integration kann im Vergleich zu einer außerrechtlichen Hegemonie eine Chance für die kleinen bedeuten." — Zur „Vorgeschichte" dieses Problems vgl. auch: *Thomas Fleiner,* Die Kleinstaaten in den Staatenverbindungen des zwanzigsten Jahrhunderts (1966), dazu *Oppermann* ArchVR 14 (1969) 293.

[45] *Kaiser* EuR 1966, 21—22. [46] *Ipsen,* Fusionsverfassung 22—25.

[47] *Haenel,* Deutsches Staatsrecht I (1892) 577.

[48] Diese innere Homogenität ist wesentlich, nicht eine von den nationalen Verfassungen abgeleitete i. S. sog. struktureller Homogenität; *Ipsen* VVDStRL 23 (1966) 130—131; *Bülck* ebenda 121.

(44/7, 8). Hier empfängt die Pflicht zur Ausrichtung nationaler Politiken eines Staates ihre Rechtfertigung und wechselseitige Bedingtheit durch die korrespondierende Verpflichtung aller anderen Glieder.

38 f) Die Wahrung der Stellung eines Gliedes unter Gliedern, die Sicherung gleichmäßiger Teilhabe an Gliedrechten und Gliedpflichten, wie das Gemeinschaftsrecht sie statuiert, ist von diesem ebenfalls unter seine *Verfahrens- und Rechtsschutzregeln* gestellt worden. Nach ihnen ist jeder Mitgliedstaat befugt, als Glied die Einhaltung der Gliedstellung durch einen anderen Mitgliedstaat zu beobachten und zu kontrollieren, die etwaige Verletzung von Gliedstellungspflichten mit Hilfe der Kommission und des Gerichtshofs feststellen und sanktionieren zu lassen (im einzelnen: *9/79—81*). Hier kann jedes Glied als Hüter der Gemeinschaft wirken.

IV. Die Mitgliedstaaten als Organschaften der Gemeinschaften

Organschaft der Mitgliedstaaten in bezug auf die Gemeinschaftsorganisation umfaßt (1) ihre Befugnis zur *Besetzung von Gemeinschaftsorganen* und (2) ihre Befugnis zur *Mitwirkung in Gemeinschaftsorganen.*

1. Mitgliedstaatliche Besetzung von Gemeinschaftsorganen

39 Daß die Mitgliedstaaten die kollegialen Gemeinschaftsorgane besetzen, entspricht ihrer Gliedstellung. Ihre dahingehenden Befugnisse sind in den einschlägigen Bestimmungen vorwiegend der Gemeinschaftsverträge näher geregelt.

40 a) Der *Rat* besteht aus Vertretern der Mitgliedstaaten. Jede Regierung entsendet eines ihrer Mitglieder; Art. 2 I FusV. Auch die Mitglieder des Ausschusses der Ständigen Vertreter der Mitgliedstaaten werden von diesen ernannt; Art. 4 a.a.O.

41 b) Die Regierungen der Mitgliedstaaten ernennen im gegenseitigen Einvernehmen die Mitglieder der *Kommission.* Das Kooptationsrecht der früheren Hohen Behörde für ihr neuntes Mitglied nach dem früheren Art. 10 EGKSV, das schon die Römischen Verträge für ihre Kommissionen nicht mehr vorgesehen hatten, ist durch Art. 19 FusV beseitigt worden, damit ein supranationales Element des Organisationsrechts. Das Gemeinschaftsrecht hat damit die Gliedstellung der Staaten betont.

42 c) Die Richter des *Gerichtshofs* und seine Generalanwälte werden durch die Regierungen der Mitgliedstaaten im gegenseitigen Einvernehmen ernannt; Art. 167 I EWGV, 139 I EAGV, 32 EGKSV.

43 d) Die *Abgeordneten der Versammlung* werden nach einem von jedem Mitgliedstaat bestimmten Verfahren von den mitgliedstaatlichen Parlamenten aus ihrer Mitte ernannt; Art. 138 I EGWV, 108 I EAGV, 21 I EGKSV.

44 e) Hinsichtlich des *Wirtschafts- und Sozialausschusses* beschränkt sich die Teilhabe der Mitgliedstaaten auf die Vorlage von Kandidatenlisten doppelter Zahl. Die Ernennung seiner Mitglieder steht dem Rat zu: Art. 194, 195 EWGV, 166, 167 EAGV.

45 f) In anderen Einrichtungen und Organen der Gemeinschaften haben die Mitgliedstaaten vergleichbare Befugnisse: der Rat der Gouverneure der Europäischen Investitionsbank besteht aus den von den Staaten benannten Ministern (Art. 9 I des Protokolls über die Satzung v. 25. 3. 1957, BGBl. II S. 964); 11 der 12 ordentlichen Mitglieder ihres Verwaltungsrates werden durch die Staaten benannt (das 12. Mitglied durch die Kommission), vgl. Art. 11 II a.a.O.; die 24 Mitglieder des Beirates der EAG-Versorgungsagentur werden auf Vorschlag der Staaten vom Rat ernannt (Art. X II, III ihrer Satzung).

2. *Mitgliedstaatliche Mitwirkung in Gemeinschaftsorganen*

46 a) Von einer *Mitwirkung der Mitgliedstaaten in den Gemeinschaftsorganen* kann *im Rechtssinne* dort gesprochen werden, wo die von ihnen bestellten Organmitglieder an die Weisungen der nationalen Regierungen gebunden sind. Das ist der Fall im Rat, wiewohl er als Ganzes als Gemeinschaftsorgan handelt, und selbstverständlich im Ausschuß der Ständigen Vertreter der Mitgliedstaaten[49]. Entsprechendes gilt von den von diesem Ausschuß eingesetzten Arbeitsgruppen zur vorbereitenden Beratung von Kommissionsvorschlägen (Art. 16 III Vorl. GO des Rates). Die in ihnen mitwirkenden Referenten der nationalen Exekutiven sind weisungsgebunden[50].

47 b) Da Versammlung, Kommission und Gerichtshof unabhängige, an Weisungen nicht gebundene Gemeinschaftsorgane sind, findet eine Mitwirkung der Staaten durch die Organmitglieder ihrer Staatsangehörigkeit im Rechtssinne nicht statt[51]. Die Staaten werden durch sie in den Organen *repräsentiert.*

48 c) Die *Praxis der Gemeinschaften* hat teilweise institutionalisierte Formen der Zusammenarbeit zwischen den Regierungen der Staaten und den Gemeinschaftsorganen sowie zahlreiche Formen der Ausschußarbeit entwickelt, durch die die Beteiligung der Staaten gesichert ist *(23/7).* Mitwirkung und Zusammenwirken ergeben sich außerdem aus der Zusammensetzung und Rekrutierung des Personals der Gemeinschaften aus Staatsangehörigen der Mitgliedstaaten *(17/3).* Hierdurch sind die nationalen Verwaltungen vielfältig den Gemeinschaften gegenüber personell „geöffnet" worden mit weitgehenden Wirkungen ständiger, nichtorganisierter Integration[52].

---

[49] *Ophüls,* Fs Heymanns Verlag 545.
[50] *von Meibom* in: Zur Stellung der Mitgliedstaaten im Europarecht (1967) 153.
[51] *Ophüls* 545.
[52] *Ipsen* DÖV 1968, 445; *ders.* VVDStRL 23 (1966) 131.

V. Die Souveränitäts-Frage[53]

49 Ob die Mitgliedstaaten durch ihre Vergemeinschaftung ihre Souveränität eingebüßt oder sie bewahrt haben, zählt zu den aus der Sicht der Staats- und der Völkerrechtslehre zur Wirtschaftsintegration meist erörterten Anliegen. Diese Souveränitäts-Frage ist indes nicht geeignet, von ihrer Beantwortung sonderlich Ergiebiges für das Gemeinschaftsrecht zu erwarten — es sei denn die Auskunft, die auch hier gegeben sei: daß der bisherige Begriff der Souveränität ohnehin nicht mehr haltbar ist; daß die Vergemeinschaftung dazu beiträgt, seine Überholtheit zu bestätigen und zu fördern; daß das Gemeinschaftsrecht die Stellung der Mitgliedstaaten in den Gemeinschaften präziser und fruchtbarer bestimmt nach der Aufteilung und Innehabung der im Gebiet der Mitgliedstaaten wahrgenommenen Hoheitsrechte als danach, wem „Souveränität" zustehe; daß im Sinne *überlieferter* Fragestellung und im Zwang *ihrer* Beantwortung allenfalls von einer Noch-Nicht-Entscheidung, einem Schwebezustand gesprochen werden könnte.

1. Die Ausgangspunkte

50 Die Ausgangspunkte einer Souveränitäts-Frage im Zusammenhang der Vergemeinschaftung sind bereits bezogen worden; dies mit den Feststellungen, die Gemeinschaften seien weder Staaten noch Bundesstaaten noch Staatenbünde in der überlieferten Qualifizierung der Lehre vom Staat und den staatlichen Verbindungen *(8/5—18)*. Diese Punkte sind außerdem berührt worden mit der Erkenntnis *(9/33—38)*, daß der Mitgliedstaat als Glied unter Gliedern eines Verbandes sich in einer Stellung befindet, deren Ordnung einzelne Elemente einer Lehre vom *Bund* aufweist. Für diesen ist auf die Souveränitätsfrage die Entscheidung der Nicht-Entscheidung gegeben worden: daß sich nämlich in ihm die Souveränitätsfrage letztlich nicht stelle, sie unentschieden und in der Schwebe bleibe, solange der Bund eben Bund sei.

51 a) Sicherlich bis um die Jahrhundertwende ist Souveränität begriffen worden als rechtliche Herrschaftsfreiheit nach innen und außen. Sicherlich bis dahin war das Völkerrecht schlicht *die* Rechtsordnung zwischen souveränen Staaten. Deshalb mußte unter diesen Voraussetzungen jede *Verbindung von Staaten* zu *Verbänden*, denen *als solchen* irgendwelche Hoheitsbefugnisse *gegenüber den* in ihnen *verbundenen Staaten* zustehen, im Grunde bereits aus der Völkerrechtsordnung ausscheu-

[53] Zur Souveränitätsfrage der Gemeinschaften: *Wagner,* Beschlußrecht 51; *Ophüls* Fs Heymanns Verlag 520, 582; *Herb. Krüger,* Über die Herkunft der Gewalt der Staaten und der sogenannten supranationalen Organisationen, DÖV 1959, 721 = *Herb. Krüger,* Staat. Wirtschaft. Völkergemeinschaft (1970) 141; *Pescatore* CahDrEur 1970, 502; *Jansen,* Integration 1970, 206; *Herzog,* Allgemeine Staatslehre (1971) 413, 87. — Allgemein zum Souveränitätsthema die Übersichten bei *Dagtoglou* EvStLex 1982 und *Ermacora,* Allgemeine Staatslehre (1970) 351—363; ferner: *von Simson,* Die Souveränität im rechtlichen Verständnis der Gegenwart (1965) 226; zu den historischen Voraussetzungen der Souveränitätsqualität des modernen Staates: *Quaritsch,* Staat und Souveränität Bd. 1 (1970).

ren und im Zwang des Dualismus irgendwie staatsrechtlich begriffen werden. Das aber löste zugleich doppelte Schwierigkeit aus: einmal die, daß dann der Staatscharakter der Glieder fraglich wurde, eben weil ihre Souveränität durch Verbandshoheit in Frage gestellt war — solange eben Souveränität zum Staatsbegriff gehörig zählte; zum anderen die, daß ein Verband notwendig *staats*rechtlich begriffen wurde, der *selbst* ersichtlich *nicht Staat* war.

52 b) Von diesem Ausgangspunkt und seinen Komplikationen her erklären sich — so oder so — alle Bemühungen insbesondere der deutschen Staatsrechtslehre[54], *Staat auch* zu heißen, was *nicht mehr Souveränität* besitzt, Staatenverbände mit Hoheitsbefugnissen gegenüber ihren Gliedern, wiewohl derart vermeintlich nur staatsrechtlich begreifbar, doch dem *Völker*recht zuzuordnen und dieses weiterhin unter Leugnung dieser Subordinationselemente als Nur-Koordinationsordnung zu verstehen. Es geht schließlich, und dies danach speziell auch schon in den Bemühungen um die Charakterisierung der Gemeinschaften, um „die Versuche, die den Souveränitätsbegriff so umdeuten wollen, daß er im Rahmen staatenintegrierender Verbände noch Bestand habe“[55].

Die hier (weil in diesem Zusammenhang mit Beharrlichkeit aufgeworfene und recht unangemessen betonte, deshalb) nicht umgehbare Frage nach der Souveränität der vergemeinschafteten Mitgliedstaaten würde unter diesen Aspekten, aufrichtig präzisiert, also zu lauten haben: in welcher Weise muß der Begriff der Souveränität modifiziert, um nicht zu sagen: „manipuliert“ werden, um zu erreichen, daß ihre Innehabung den Mitgliedstaaten noch zugestanden werden kann. Diese „Modifizierung“ — so gemeint und gezielt, aber nicht eigentlich ausgesprochen — wird erwogen zu dem eindeutigen Zweck, die weiterhin auf Souveränität abstellende Völkerrechtssubjektivität der Mitgliedstaaten auch künftig annehmen zu können. Und dies wiederum, damit für ihre Stellung in den Gemeinschaften in ihrer Eigenschaft eben als völkerrechtliche Gründer-Vertragsstaaten gesuchte Folgerungen deduziert werden dürfen[56]. Der Endzweck solcher Modifikations-Bemühungen liegt dann in der erwünschten Anerkennung ihrer Stellung als „Herren“ der Gemeinschaften, ihres außergemeinschaftlichen Handlungsvermögens ohne Bindung an die gemeinschaftsrechtlichen Handlungsformen auch in Gegenständen der Vergemeinschaftung selbst, letztlich in der Anerkennung ihres Nullifikations- und Sezessionsrechts wegen Kompetenzüberschreitungen von Verbandsorganen und Vertragsbruchs anderer Mitgliedstaaten[57]. Typisch dafür etwa ist der Satz: „Nochmals sei aber betont, daß die Schaffung übernationaler Organe nichts mit der Aufgabe der Souveränität der Einzelstaaten zu tun hat, solange diese Organe auf einem völkerrechtlichen Vertrage beruhen.“[58]

---

[54] *Georg Jellinek*, Allgemeine Staatslehre 3. Aufl. (1922) 490, 764; *ders.*, Die Lehre von den Staatenverbindungen (1882) 177, 197.

[55] *Wagner*, Beschlußrecht 60.

[56] Vgl. *von Simson* ZHR 130 (1968) 69 zu *Wagner*, Beschlußrecht.

[57] Vgl. die treffende einschlägige Charakterisierung der Krise 1965/66 bei *Kaiser* EuR 1966, 22—24.

[58] *Bindschedler*, Rechtsfragen der Europäischen Einigung (1954) 236.

53 c) Die Lehre vom Gemeinschaftsrecht, die in *dieser* Weise der Souveränitäts-Frage nachgeht, kann — selbstverständlich nicht gegenständlich, wohl aber in ihren Intentionen und in ihrer Methode — in manchen Zügen verglichen werden mit den Bemühungen, der neu verfaßten deutschen Bundesstaatlichkeit seit dem Norddeutschen Bund und der Reichsgründung konstruktiv gerecht zu werden, und dies zu dem eindeutigen Zweck, die Stellung der deutschen Gliedstaaten im Bundesstaat zu behaupten. Jene Lehre hat außerdem auch Vergleichsbezüge zur Theorie von den Staatenverbindungen allgemein und ihrem Versuch, den Dualismus von staats- und völkerrechtlichen Verbindungen und in ihnen die rechte Zuweisung der Souveränität zu deuten, gleichzeitig aber ihren realen Erscheinungen gerecht zu werden. Zu diesen Zwecken — so eine treffende Zusammenfassung — „leugnete *Seydel* den Bundesstaat überhaupt, gaben *de Tocqueville* und *Waitz* die Unteilbarkeit der Souveränität auf und trennten *Laband* und *Jellinek* die Souveränität vom Staatsbegriff“[59].

54 d) Als die Souveränitäts-Frage hinsichtlich der Mitgliedstaaten der Gemeinschaften aufkam, hatte der Grundsatz, nur souveräne Staaten seien völkerrechtsfähig, zweifellos schon Ausnahmen erfahren. Auch hatten die streng dualistische Trennung zwischen Völkerrecht und Staatsrecht sowie das Dogma von der Einzigkeit und Unteilbarkeit der Souveränität schon Durchbrechungen hinnehmen müssen[60]. Indes hat sich die „Schwellensituation“[61] — die Lage auf der Schwelle zwischen dogmatischer Erfassung neu aufgetretener Realitäten mit prinzipiell noch behaupteten bisherigen Konstruktionen und der weiteren Erfaßbarkeit ganz neuartiger Realitäten in vergleichbarer Methode — einzigartig zugespitzt mit dem Auftreten der Gemeinschaften: die Normalität des noch Erfaßbaren schien durch ihre Anomalität gesprengt. „Hier handelt es sich schon um keine Grenzsituation mehr.“[62] Und das gilt allgemein von der wissenschaftstheoretischen Situation, die mit der Souveränitäts-Frage gekennzeichnet wird[63].

Paul Reuter hat gefragt, „si l'enjeu en vaut la peine“ — nämlich von der Suche nach Beantwortung der Souveränitäts-Frage zu erwarten, sie vermöchte zur Deutung der Rechtsnatur der Gemeinschaften und zur Klassifikation des Gemeinschaftsrechts allgemein beizutragen. Solche Erwartungen sind in der Tat nicht angebracht. Geboten, aber auch genügend ist die Einsicht, daß die hier gestellte Souveränitätsfrage hinreichend beantwortet wird mit der Abscheidung zwischen Hoheitsrechten der Gemeinschaften und der Staaten. Denn danach erweist sich, in welchen Beziehungen die Mitgliedstaaten weiterhin solche Zuständigkeiten besitzen, über die der im Sinne des Staats- und des Völkerrechts noch als souverän begriffene Staat verfügt. Die Lehre von der Souveränität müßte an sich daraus folgern, also besäßen die Mitgliedstaaten eine solche nicht mehr. Ob diese Lehre daraus folgern wird, Begriff und Inhalt der Souveränität seien revisionsbedürftig oder gar obsolet

[59] So die Formulierung von *Helma Fricke* in einem (unveröffentlichten) Hamburger Seminarreferat (Sommersemester 1961) (S. 19) zur Rechtsnatur der Europäischen Gemeinschaften.
[60] *Ophüls* Fs Heymanns Verlag 528.
[61] *Helma Fricke.*
[62] *Wagner*, Beschlußrecht 63.
[63] *Ophüls* 541.

geworden, mag sich erweisen. Zur Rettung des Souveränitätsbegriffs hat es bislang an Bemühungen ohnehin nicht gefehlt. Diese Konsequenzen zu prüfen, geht aber über die *hier* gestellte Souveränitätsfrage hinaus. *Eine* solche Konsequenz würde in der Annahme liegen, ein „wesensmäßiger Unterschied zwischen Staatshoheit und Gemeinschaftshoheit" bestehe nicht, und man könne „hiernach zweifeln, ob es sich empfiehlt, die Bezeichnung Souveränität überhaupt noch weiter zu verwenden"[64].

2. *Antwort auf die Souveränitäts-Frage: Verweisung auf die Aufteilung von Hoheitsrechten*

55 „Wenn sie (die Mitgliedstaaten) sich gegenüber Dritten Staaten, internationalen Organisationen und europäischen Gemeinschaften auf Souveränität in diesem Sinne (eines qualitativen Staatsbegriffs und eigener Qualität von Kompetenzfülle) berufen, so bedeutet das: sie machen die Freiheiten und die Befugnisse für sich geltend, die nach dem gegenwärtigen Stand der Weltorganisation (Völkerrecht) einem Staat normalerweise zustehen und auf die sie nicht zugunsten weiterer Verbände (internationale Organisationen, europäische Gemeinschaften u. ä.) oder durch vertragliche Verpflichtungen verzichtet haben."[65]

In dieser Art könnte die Souveränitäts-Frage für die Mitgliedstaaten substantiell schlicht verneint werden[66]. Eine inhaltliche Beantwortung liegt aber auch in *Verweisungen auf die zwischen den Gemeinschaften und den Mitgliedstaaten gemeinschaftsrechtlich statuierte Aufteilung von Hoheitsrechten.* Ob das Ergebnis dieser Verweisungen es dann noch rechtfertigt, angesichts der den Staaten verbliebenen Kompetenzen weiterhin von ihrer Souveränität zu sprechen, möge die Souveränitätslehre beantworten. Das zu tun, braucht nicht und kann nicht die Sache des Gemeinschaftsrechts und seiner Lehre sein[67]. Daß diese geeignet ist, zur Kritik an der Souveränitätslehre beizutragen, steht außer Zweifel.

56 a) Die Vergemeinschaftung hat „die öffentliche Verantwortung der Mitgliedstaaten für Außenpolitik, Verteidigung, innere Verwaltung, Sicherheit und Rechtsfrieden, Kultur und Wohlfahrt grundsätzlich — trotz aller

---

[64] *Ophüls* Fs Heymanns Verlag 585; dazu: *von Simson,* Die Souveränität 218—219, 247; *Koppensteiner,* Die europäische Integration und das Souveränitätsproblem (1963) 70.

[65] *Wagner,* Beschlußrecht 68.

[66] Folgerichtig: *Ruppert,* Die Integrationsgewalt (1969) 129. — Nicht anders im Ergebnis: *Dagtoglou,* Britain's sovereignty and the EEC, The Times 27. 7. 1971 S. 13 (Letters to the editor) sowie ebenda 14. 8. 1971 S. 13.

[67] Unergiebig deshalb *Alder,* Koordination und Integration als Rechtsprinzipien (1969) 338: die „weiterbestehende völkerrechtliche Souveränität" der Mitgliedstaaten werde (durch den Anwendungsvorrang des Gemeinschaftsrechts) „nicht beschränkt, aber er höhlt sie . . . materiell aus"; *Seidl-Hohenveldern,* Internationale Organisationen 113: die Mitgliedstaaten erbrächten „Opfer an Souveränität".

Berührungspunkte und peripherer Grenzüberschreitungen — *in der Substanz nicht* angetastet. Die Wirtschaftsvergemeinschaftung ist funktionell-begrenzte Integration unter Bewahrung echter Staatlichkeit ihrer Mitglieder, und alle Verfassungs(deutung und)-Perspektiven werden diese summa divisio der Funktionsteilung zu respektieren haben"[68].

57 b) Die Rechtstechnik, in der das Gemeinschaftsrecht die Aufteilung von Hoheitsrechten zwischen den Gemeinschaften und den Staaten — und damit in der Wahrnehmung der danach zustehenden öffentlichen Aufgaben die Aufteilung der Gemeinschafts- und der staatlichen Funktionen — vollzieht, kann mit der bundesstaatlich erprobten und in den Art. 30, 70 ff., 83 ff., 92 ff. GG formulierten Rigidität der Regelungstechnik nicht verglichen, an ihr nicht gemessen werden. Wiewohl es ihr partiell nicht nachsteht, ist das Aufteilungsverfahren des Gemeinschaftsrechts wegen des Prozeßcharakters der Stufen-Integration und wegen der notwendig unscharfen Aufteilungsmaßstäbe speziell für die Bereiche verschiedener Bereichs-Politiken ungleich flexibler. Es ist aber auch gegenständlich unbestimmter als die staatsrechtlich praktizierte und bewährte. Indes gestattet keine daraus erwachsende Schwierigkeit der Aufteilungsbegrenzung den Schluß auf Grenzenlosigkeit zugunsten der Gemeinschaften oder auch der Staaten. Immer muß dem Gemeinschaftsrecht im Wege der Auslegung entnommen werden oder bleibt der vorgesehenen Organwillensbildung überlassen, wo die Aufteilungsgrenze verläuft. Auch hier obliegt die Konfliktentscheidung im Rechtsverfahren dem Gerichtshof, wenn Gemeinschaftsorgane oder Staaten ohne seine Inanspruchnahme zu ihrer Bestimmung nicht glauben imstande oder willens zu sein. Die Aufteilungsentscheidung (ohne Inanspruchnahme des Gerichtshofs) kann im Rat auch im Entschluß zur Nicht-Entscheidung, zur Vertagung und im „dilatorischen Formelkompromiß" bestehen, letztlich selbst in der einigenden Feststellung der Nicht-Einigung. Das schließt das Gemeinschaftsrecht keineswegs immer aus.

58 c) In den großen Zügen und orientiert an den Maßstäben, die die Souveränitätslehre als prägende Kennzeichen souveräner Hoheitsdisposition verwertet hat, liegen dem geltenden Gemeinschaftsrecht die folgenden Aufteilungs-Entscheidungen zugrunde[69]:

59 aa) In ihrer Völkerrechtssubjektivität, ihrer „Außenstellung" im Verhältnis zu Drittstaaten und internationalen Organisationen, damit in ihrer äußeren Souveränität, haben die Mitgliedstaaten nicht mehr das Monopol. Hierin stehen ihnen die Gemeinschaften, deren Glieder sie sind, gleich. Denn im Wirkungsbereich der den Gemeinschaften zustehenden Hoheitsrechte, etwa der nach Art. 110 EWGV gemeinsamen Handelspolitik, agiert die Gemeinschaft als Völkerrechtssubjekt an Stelle der Staaten in dieser ihrer Qualität.

[68] *Ipsen,* Verfassungsperspektiven (1970) 6—7.
[69] *Ophüls* Fs Heymanns Verlag 583—586.

60 bb) In ihrer Völkerrechtssubjektivität, kraft deren die Mitgliedstaaten als Vertragsstaaten die Gemeinschaften errichteten, sind die Staaten seit der Aufrichtung der Gemeinschaftsverfassung und der Einnahme ihrer Gliedstellung gemeinschaftsrechtlich *beschränkt:* von ihr dürfen sie *in bezug auf die Existenz, Verfassung, Aufgaben und Ziele der Gemeinschaften in anderen* als gemeinschaftsrechtlich geregelten Verfahren, *also kraft Handlungsregeln des allgemeinen Völkerrechts,* keinen vom Gemeinschaftsrecht abweichenden oder dieses durchbrechenden Gebrauch machen[70]. Denn in den genannten Bezügen haben die Mitgliedstaaten auf die Wahrnehmung ihrer Völkerrechtssubjektivität verzichtet, steht ihnen diese also zur Wahrnehmung nicht mehr zu[71]. Daß die Mitgliedstaaten *tatsächlich anders* verfahren, kann die *Folgerichtigkeit dieser Rechtsaussage nicht* in Frage stellen. Daß „der Wille der Mitgliedstaaten ... also nicht nur den Verträgen und dem sonstigen vereinbarten Recht zu entnehmen (ist), sondern ... sich jeden Tag neu zu bilden (vermag)", daß „die Gesamtheit der Mitgliedstaaten ... über den Gemeinschaften (steht)"[72], ist zwar nicht zu bestreiten, *wenn* darin Äußerungen ihres „pouvoir constituant" gesehen werden. *Dann* sind solche Akte der Staaten aber *Verfassungsentscheidungen einer Desintegrations-Hoheit,* und ob die Verfassungen der Mitgliedstaaten *sie* bereitstellen, bedarf zunächst der Klarstellung. Art. 24 I GG stellt sie jedenfalls *nicht* bereit. Eine *allein auf die Völkerrechtssubjektivität der BRD* gestützte Vertragsaktivität zur Desintegration findet *hierin* deshalb *keine Verfassungsgrundlage.* Denn sie ist kraft Art. 24 I GG gerade durch die getroffene Integrationsentscheidung im Sinne ihrer Aufrechterhaltung beschränkt.

61 cc) Die *im Gebiet* der Mitgliedstaaten wirksame Hoheitsgewalt ist *nicht mehr nur die staatliche,* sondern *neben ihr* in den Grenzen ihrer Funktionen die der *Gemeinschaften.* Die Einzigkeit der im Staat wirksamen Hoheit ist aufgehoben, damit ein Element der inneren Souveränität. Staatshoheit wirkt in Sachbereichsaufteilung *neben* Gemeinschaftshoheit. Diese wirkt kraft ihrer Originarität unmittelbar und ohne konkrete Vermittlung der Staatshoheit. Sie wirkt in Gestalt normativer und exekutiver Hoheitsakte im Durchgriff. Da der Bereich der Gemeinschaftshoheit, durch „Übertragung" von Hoheitsrechten territorial und sachlich bestimmt, positiv zugeteilt ist, mag sie „Attributions-Hoheit", die der Staaten „Residual-Hoheit" genannt werden[73].

62 d) Ihren substantiellen Gehalt empfangen diese Aufteilungsentscheidungen durch das Gemeinschaftsrecht, nicht durch das Staatenrecht. Hierfür maßgebend ist primär das Vertragsrecht. Sekundär einschlägig sind die hierauf gestützten normativen und exekutiven Hoheitsakte der Gemeinschafts-

---

[70] Das wird bei *Ophüls* nicht hervorgehoben.
[71] And. Ans. *Kaiser* EuR 1966, 23 und die dort Anm. 89, 90 Genannten.
[72] *Kaiser* EuR 1966, 23.
[73] So *Ophüls* 585. Seiner sachenrechtlichen Vergleiche bedarf es nicht.

organe. Sie stehen sämtlich potentiell unter der Rechtskontrolle des Gerichtshofs. Die Summe dieser primären und sekundären Aufteilungsentscheidungen bildet die Grenze zwischen der „Staatsgewalt der Mitgliedstaaten" und der von ihr „deutlich geschiedenen ‹supranationalen› öffentlichen Gewalt"[74]. Wer jenen Staat, der eine teilende Verdoppelung der in ihm wirksamen öffentlichen Gewalt dieser Art nicht kennt, einen souveränen Staat heißt, wird die Souveränitäts-Frage, ob die Mitgliedstaaten der Gemeinschaften in seinem Verständnis dieses Begriffs noch souverän sind, beantworten müssen.

63 Wer noch von einem gefestigten Souveränitätsbegriff überlieferten Inhalts ausgeht, könnte auch für die Souveränitätsfrage im Rahmen der Vergemeinschaftung die Antwort geben, die für die Stellung der Glieder des Bundes von der hierfür entwickelten Lehre gefunden worden ist: die Souveränitätsfrage bleibt unentschieden und in der Schwebe[75]. Wer dagegen der Folgerung nicht ausweichen will, „daß keine entscheidenden Wesensunterschiede zwischen Staatshoheit und Gemeinschaftshoheit hinsichtlich ihrer Grundbeschaffenheit bestehen"[76], weil sie beide selbständig und nicht abgeleitet, beide nach außen völkerrechtsunmittelbar sind und beide nach innen den einzelnen unmittelbar erreichen, kann auf die Beantwortung der Souveränitätsfrage verzichten. Denn angesichts der Realität der Vergemeinschaftung ist sie keine Frage mehr. Darin läge dann der Beitrag der Gemeinschaftsrechtslehre zur Souveränitätskritik.

VI. Rechtsstreitigkeiten zwischen Gemeinschaft und Mitgliedstaat

64 Rechtsstreitigkeiten zwischen Gemeinschaft und Mitgliedstaat können erwachsen aus der Wahrnehmung der *Gemeinschaftsaufsicht (9/27—32)*. Rechtsstreit zwischen ihnen um die Wahrung des Gemeinschaftsrechts kann auch dadurch entstehen, daß ein Mitgliedstaat die Unvereinbarkeit einer Organhandlung mit dem Gemeinschaftsrecht behauptet, weil diese ihn ohne gemeinschaftsrechtliche Grundlage in seiner Rechtsstellung verletze. Das Vertragsrecht hat für die Austragung von Rechtsstreitigkeiten *beider* Art — aus Gemeinschaftsaufsicht und aus gemeinschaftsrechtswidrigem Organhandeln — prozessual gleichartige oder vergleichbare Gestaltungen gefunden. Gegenständlich können sie der Ausgestaltung bestimmter Formen der Verfassungsstreitigkeiten verglichen werden, die das Bundesstaatsrecht kennt (Art. 93 I 3 GG: Meinungsverschiedenheiten über Rechte und Pflichten des Bundes und der Länder, insbesondere bei Ausführung von Bundesrecht durch die Länder und bei der Ausübung der Bundesaufsicht).

---

[74] BVerfGE 22, 296.
[75] *C. Schmitt,* Verfassungslehre (1928) 379.
[76] *Ophüls* Fs Heymanns Verlag 584.

1. *Rechtsgrundlagen*

65 a) Anwendbar sind für die *Aufsichtsstreitigkeiten* Art. 169 EWGV, 141 EAGV, 88 EGKSV. Die Römischen Verträge weichen vom Pariser Vertrag darin ab, daß sie die *Klägerrolle* nach erfolgloser Mängelrüge der *Kommission* zuweisen. Nach Art. 88 EGKSV kann die Mängelrüge, der der gerügte Mitgliedstaat nicht entsprechen will, von *diesem* in Form der Klage gegen die Kommission beanstandet werden.

66 b) Für Klagen der Mitgliedstaaten wegen gemeinschaftswidrigen Organhandelns gegen Gemeinschaftsorgane sind anwendbar Art. 173 I, III EWGV, 146 I, III EAGV, 33 I, III EGKSV.

2. *Die Stadien des Aufsichtsverfahrens*

67 Im Sinne der Verfahrensgliederung, die für das Institut der Reichsaufsicht[77] entwickelt worden ist, zerfällt das Verfahren der Gemeinschaftsaufsicht in drei Stadien: (1) Beobachtung, (2) Berichtigung, (3) Exekution. Die Stadien der Beobachtung und Berichtigung bilden im Aufsichtsverfahren des EGKSV ein der (gegen die Mängelrüge gerichteten) Klage des Mitgliedstaates vorangehendes Vorverfahren. Im Recht der Römischen Verträge findet die Berichtigung der Kommission in Klagform statt[78].

68 a) Das Stadium der *Beobachtung* ist ein andauerndes. In ihm beaufsichtigt die Kommission die Pflichterfüllung der Mitgliedstaaten laufend. Nach Art. 213 EWGV, 187 EAGV kann die Kommission hierzu die erforderlichen Auskünfte einholen und Nachprüfungen vornehmen. Art. 47 EGKSV statuiert ein solches Recht der Kommission ausdrücklich nur den Unternehmen gegenüber. Indes dürfte es auf eine ausdrückliche ermächtigende Zuweisung dieser Beobachtungsmittel nicht ankommen und der Kommission die erforderliche Befugnis kraft ungeschriebenen Rechts zustehen[79]. Das Ergebnis solcher Beobachtung durch die Kommission, die eine Pflichtverletzung eines Mitgliedstaates erkennt, bezeichnen Art. 169 I EWGV, 141 EAGV, 88 I EGKSV als ihre Meinungsbildung dahin, nach ihrer „Auffassung" habe der Staat gegen das Gemeinschaftsrecht verstoßen.

69 b) Will die Kommission hieraus Folgerungen ziehen, hat das zu geschehen in Gestalt einer *Mängelrüge.*

aa) Nach Art. 169 I EWGV, 141 EAGV ergeht diese durch eine begründete Stellungnahme, nachdem dem Staat zuvor Gelegenheit zur Äußerung gegeben worden ist. Die Stellungnahme ist zwar rechtlich unverbindlich, sie hat aber angesichts ihres Rügegehalts, der zuvor ergangenen widersprechen-

---

[77] *Triepel*, Die Reichsaufsicht (1917) 120.

[78] *Bandell*, Die Aufsicht der Europäischen Gemeinschaften 44.

[79] *Bandell* 52; hierzu EuGH Rs 31/59 Rspr. VI, 181; Generalanwalt *Lagrange* Rs 5—11, 13—15/62 Rspr. VIII, 957.

den Äußerung des gerügten Staates und der ihr beizufügenden Fristsetzung bereits Berichtigungsgehalt.

bb) Der Berichtigungsgehalt kommt rechtlich eindeutiger der in Art. 88 I EGKSV vorgesehenen Entscheidung der Kommission zu, in der sie durch Mängelrüge die Folgerung aus ihrer durch Beobachtung gewonnenen Auffassung zieht. Denn eine solche Entscheidung ist rechtlich verbindliche Aufforderung zur Mängelbehebung.

70 c) Mit dem Berichtigungsverlangen wird der Mitgliedstaat von der aufsichtführenden Kommission zur Behebung des Mangels, d. h. zur Erfüllung der Gemeinschaftsverpflichtung aufgefordert. Das Verlangen ist hinreichend zu begründen und als Akt innerhalb des Aufsichtsverfahrens, damit als folgerichtige Rechtsbehauptung zu kennzeichnen. Die Kommission ist in ihrem Berichtigungsverfahren an die zur Mängelrüge begründete Rechtsauffassung gebunden[80].

71 d) Im EGKSV-Verfahren stellt die Kommissionsentscheidung eine förmliche Rechtsbehauptung dar. Ihre Richtigkeit zu bestreiten und ihre Folgerungen abzuwenden, steht dem Mitgliedstaat durch Klagerhebung zu. Im Verfahren der Römischen Verträge ist die Kommission — „ganz auf der Linie der Beschneidung administrativer Befugnisse der Kommission“[81] — nicht imstande, ihre Rechtsauffassung selbst gegenüber dem Mitgliedstaat durch Rechtshandlung exekutiv zu behaupten. Sie ist darauf verwiesen, ihre Auffassung ihrerseits durch Klage geltend zu machen.

72 e) Das letzte Stadium des Aufsichtsverfahrens bildet der „Exekutionsbeschluß“. Mit ihm endet der auf Klage der Kommission (EWG-, EAG-Recht) oder des Mitgliedstaates (EGKS-Recht) geführte Rechtsstreit in Gestalt des Urteils (EWG-, EAG-Recht) oder er ergibt sich (EGKS-Recht) aus der Klagabweisung des Mitgliedstaates.

Ob die Kommission im Recht der Römischen Verträge überhaupt Klage gegen den gerügten Mitgliedstaat erhebt, deren Bescheidung durch den Gerichtshof zum „Exekutionsbeschluß“ führen kann, liegt in ihrem pflichtgemäßen Ermessen. Die Kommission ist danach auch in der Lage, die Klagerhebung von gemeinschaftspolitischen Erwägungen abhängig zu machen. Sie fungiert hier als „Einleitungsbehörde“ — wie auch in zahlreichen anderen Prozeßmustern vorgesehen —, ohne hierin *nur* an *rechtliche* Maßstäbe gebunden zu sein. „Gerade im Interesse der Gemeinschaft kann es nach den Grundsätzen der Güterabwägung geboten sein, geringfügige Vertragsverstöße seitens eines Mitgliedstaates vorübergehend zu dulden.“[82]

73 aa) Im Recht der Römischen Verträge findet eine Exekution gegenüber dem unterliegenden Mitgliedstaat nicht statt. Sie verweisen auf eine „Selbst-

---

[80] Generalanwalt *Roemer* Rs 25/59 Rspr. VI, 806.
[81] Generalanwalt *Roemer* Rs 20/59 Rspr. VI, 728.
[82] *Tomuschat*, Die Aufwertung der Deutschen Mark, Beiträge zum ausl. öff. Recht u. Völkerrecht 55 (1970) 22—23.

vollstreckung der Mitgliedstaaten"[83]: „Stellt der Gerichtshof fest, daß ein Mitgliedstaat gegen eine Verpflichtung aus diesem Vertrag verstoßen hat, so hat dieser Staat die Maßnahmen zu ergreifen, die sich aus dem Urteil des Gerichtshofs ergeben" (Art. 171 EWGV, 143 EAGV). Sanktionen sind nicht vorgesehen. Auch hier tritt die betonte Gliedstellung der Staaten und ihre daraus erwachsende Verantwortlichkeit hervor.

74 bb) Nach Art. 88 III EGKSV kann die Kommission gegenüber dem im Prozeß unterliegenden Staat (und ihm gegenüber ebenso, wenn er, ohne Klage zu erheben, dem gerügten Mangel nicht fristgemäß abhilft) die dort vorgesehenen Sanktionen verhängen, nämlich: a) Zahlungen aussetzen, die sie zu seinen Gunsten auf Grund des Vertrages vorzunehmen hat, b) in Abweichung von Art. 4 EGKSV (d. h. den Grundsätzen des Gemeinsamen Marktes an sich zuwider) Maßnahmen ergreifen oder die anderen Mitgliedstaaten zu Maßnahmen ermächtigen, um die Wirkungen der festgestellten Verletzung des Vertragsrechts auszugleichen. Auch gegen diese Sanktionsentscheidungen kann der Staat wiederum Klage erheben. Erweisen sich die Sanktionen als wirkungslos, hat die Kommission hierüber an den Rat zu berichten, dem damit die Konflikterledigung obliegt.

3. Der Rechtsstreit zwischen Gemeinschaft und Mitgliedstaat vor dem Gerichtshof

75 Rechtsstreitigkeiten zwischen Gemeinschaft und Mitgliedstaat vor dem Gerichtshof *aus (1) Gemeinschaftsaufsicht und (2) aus gemeinschaftswidrigem Organhandeln* folgen im wesentlichen einheitlichen Verfahrensregeln[84].

76 a) Das Vertragsrecht aller drei Gemeinschaften bindet Klagen in solchen Rechtsstreitigkeiten an die Form der Nichtigkeitsklage. Sie wird in Aufsichtssachen als Nichtigkeitsfeststellungsklage erhoben. Für Klagen im Aufsichtsverfahren beruht das auf Art. 169 II EWGV, 141 II EAGV, 88 II EGKSV, für Klagen gegen gemeinschaftswidriges Organhandeln auf Art. 173 I EWGV, 146 I EAGV, 33 I (für Klagen gegen Kommissionshandlungen), 38 I EGKSV (für Klagen gegen Handlungen der Versammlung oder des Rates).

77 b) Für diese Nichtigkeitsklagen der Mitgliedstaaten oder der Kommission brauchen die einschränkenden Voraussetzungen, die für Nichtigkeitsklagen von natürlichen und juristischen Personen (EWG-, EAG-Recht) oder von Unternehmen (EGKS-Recht) nach Art. 173 II EWGV, 146 II EAGV, 33 II EGKSV sonst erfüllt sein müssen, nicht gegeben zu sein. Auf die un-

---

[83] *Bandell* 97.

[84] Dazu: *Ule*, Empfiehlt es sich, die Bestimmungen des europäischen Gemeinschaftsrechts über den Rechtsschutz zu ändern und zu ergänzen? Gutachten 46. DJT Bd. I Teil 4 (1966) 43; *Pescatore, Catalano, van der Esch* in: Zehn Jahre Rechtsprechung des Gerichtshofs der Europäischen Gemeinschaften KSE 1 (1965) 519, 554, 559; *Bandilla*, Das Klagrecht der Mitgliedstaaten 19.

mittelbare und individuelle Betroffenheit kommt es nicht an. Sie ist nicht Voraussetzung der Klagbefugnis[85]. Die Klage zielt also auf die Wahrung eines objektiven Rechtsstandes und dient seiner Kontrolle. Da diese Klagen im Rahmen verfassungsrechtlicher Rechtsstreitigkeiten stattfinden, können sie nicht als — nur im Rahmen der Verwaltungsgerichtsbarkeit vorkommende — Popularklage bezeichnet werden[86].

Abweichendes, nämlich Abhängigkeit der Klagbefugnis von besonderer Betroffenheit, gilt nur im EGKS-Recht für Klagen von Mitgliedstaaten nach Art. 37 II EGKSV (Klage gegen Kommissionshandlungen, die tiefgreifende und anhaltende Störungen in der Wirtschaft des Mitgliedstaates hervorrufen) und nach Art. 88 II EGKSV (Klage gegen Aufsichtsmaßnahmen der Kommission). Während die Nichtigkeitsklagen sonst auf alle Klaggründe gestützt werden können, sind hier Staatenklagen gegen Versammlungs- und Ratshandlungen (Art. 38 I EGKSV) nach Art. 38 III a.a.O. auf die Klaggründe der Unzuständigkeit und der Verletzung wesentlicher Formvorschriften beschränkt. Im Sinne der Regelungen der Römischen Verträge erscheint das EGKS-Recht reformbedürftig.

78 c) Im Aufsichtsverfahren der Römischen Verträge hat die Klage der Kommission gegen den gerügten Mitgliedstaat den Charakter einer Nichtigkeitsfeststellungsklage. Dieser Terminus wird zwar nicht positivrechtlich gebraucht. Er ergibt sich aber aus der Natur des Klagbegehrens und wird auch durch Art. 171 EWGV, 144 I EAGV bestätigt („Stellt der Gerichtshof fest, daß ein Mitgliedstaat gegen eine Verpflichtung aus diesem Vertrag verstoßen hat . . .").

VII. Rechtsstreitigkeiten zwischen Mitgliedstaaten

1. Rechtsgrundlagen

79 Nach Art. 170 I EWGV, 142 I EAGV kann jeder Mitgliedstaat den Gerichtshof anrufen, wenn er der Auffassung ist, daß ein anderer Mitgliedstaat gegen eine Verpflichtung aus dem Vertrag verstoßen hat. Nach Art. 89 I EGKSV kann „jeder Streit unter Mitgliedstaaten über die Anwendung dieses Vertrages auf Antrag eines der am Streit beteiligten Staaten" bei dem Gerichtshof anhängig gemacht werden. Die Regelung der Römischen Verträge grenzt damit die rechtlich relevanten Tatbestände, aus denen die Klagbefugnis erwächst, schärfer ein als das EGKS-Recht[87]. Sie verdient daher den Vorzug.

---

[85] *Bandilla* 89; Rechtsprechungsnachweise bei *Ule* 46 Anm. 160.
[86] *Ule* 46 Anm. 161.
[87] *Wohlfarth* u. a. Komm. 8 zu Art. 170.

2. *Vorverfahren*

80 Anders als im EGKS-Recht, setzen Art. 170 II—IV EWGV, 142 II bis IV EAGV den Ablauf eines unbefristeten Vorverfahrens voraus, bevor die Klage zulässig ist. Es ist dem im nicht gerichtlichen Aufsichtsverfahren vorgesehenen vergleichbar. Das Vorverfahren kann zur Schlichtung führen, so daß der Prozeß vermieden bleibt. Es handelt sich auch hier um ein kontradiktorisches, aber eben vor-gerichtliches Verfahren. In ihm muß der die Rechtsverletzung behauptende Staat die Kommission mit der Sache befassen. Die streitenden Mitgliedstaaten sollen in ihm ihre Standpunkte darlegen können. Die danach erforderliche begründete Stellungnahme der Kommission ist Prozeßvoraussetzung. Sie gilt aber auch dann als erfüllt, wenn die Kommission binnen drei Monaten nach Antragstellung, d. h. nach Befassung mit der Sache, nicht Stellung genommen hat. Zur Durchführung des kontradiktorischen Verfahrens selbst ist die Kommission verpflichtet, und dies auch dann, wenn sie ein Aufsichtsverfahren bereits eingeleitet oder Aufsichtsklage schon erhoben hat[88].

3. *Kontrollfunktion*

81 a) Die Klage eines Mitgliedstaates gegen einen anderen dient der Kontrolle zur Wahrung des Gemeinschaftsrechts[89]. Die Staaten wirken mit ihrer Erhebung als Glieder der Gemeinschaft. Auch sie sind — neben der Kommission — Hüter des Gemeinschaftsrechts. Die Einschaltung der Kommission in das Vorverfahren dient demselben Zweck, zumal sie zur Schlichtung der Streitigkeit führen kann. Die Klagbefugnis der Staaten hängt nicht von individueller Betroffenheit ab, prozessual nicht von der Anerkennung ihres Rechtsschutzbedürfnisses. Ihre Standschaft als Glieder der Gemeinschaft beruft sie dazu, auch mit dem Mittel der Klage über die Wahrung des Gemeinschaftsrechts zu hüten, seine Einhaltung durch die anderen Glieder zu kontrollieren. Nach Art. 219 EWGV, 193 EAGV, entsprechend wirkend auch nach Art. 87 EGKSV, sind die Mitgliedstaaten deshalb auch verpflichtet, alle Streitigkeiten über die Auslegung oder Anwendung der Verträge nicht anders als vertragsrechtlich vorgesehen — und eben in dem hier dargestellten Verfahren — zu regeln. Damit wird ihre Beilegung im Wege diplomatischer Verhandlungen selbstverständlich nicht verwehrt[90]. Jedenfalls sind andere Gerichtsbarkeiten, denen die Staaten sich unterworfen haben (insbes. die des Internationalen Gerichtshofs), insoweit nicht und ist der Gerichtshof hierfür ausschließlich zuständig. Darin liegt die Gewähr einheitlicher Wahrung des Gemeinschafts-Rechtsfriedens unter den Gliedern der

---

[88] *Wohlfarth* u. a. Komm. 4 zu Art. 170.

[89] *Bandilla* 96; *Friesenhahn*, Über Begriff und Arten der Rechtsprechung, Fs Thoma (1950) 41.

[90] *Wohlfahrt* u. a. Komm. 2 zu Art. 219.

Gemeinschaft und damit in dieser. Daß der Gerichtshof bislang in keinem einzigen Fall in dieser Weise in Anspruch genommen worden ist[91], kennzeichnet die prophylaktische Funktion dieses Instituts der Rechtswahrung.

82 b) Nach Art. 182 EWGV, 154 EAGV, 89 II EGKSV können die Mitgliedstaaten die Zuständigkeit des Gerichtshofs auch für jede mit dem Gegenstand der Verträge im Zusammenhang stehende Streitigkeit auf Grund eines *Schiedsvertrages* begründen. Mit der gemeinschaftsrechtlich so ermöglichten gerichtlichen Ausgleichung von Glied-Streitigkeiten können insbesondere die nach Art. 220 EWGV zu schließenden Verträge der Staaten erfaßt werden, die im Interesse der Gleichbehandlung der Marktbürger liegen[92].

VIII. Schutzklauseln[93]

83 Interessen der Gemeinschaften und solche der Mitgliedstaaten widerstreiten einander, wenn die Errichtung und Erhaltung des Gemeinsamen Marktes nationalen Interessen zum Schutz der staatlichen Wirtschaft entgegensteht. Zwar ist die Vergemeinschaftung als solche und insgesamt mit den sie regelnden Rechtsnormen weithin gerade ein Prozeß, solche Interessenkonflikte auszugleichen. Das Gemeinschaftsrecht hat hierzu auch ausgleichende Entscheidungen getroffen, an die die Staaten normativ gebunden sind. Aber jede Rechtsordnung bewährt sich erst in der Bereitstellung von Abhilfen für anomale Konfliktsituationen und Anpassungen an außergewöhnliche Wirkungen der Normanwendung. Deshalb muß auch die Gemeinschaftsrechtsordnung als die eines Integrationsprozesses hierfür besondere Vorkehrungen treffen. Das ist geschehen im Rechtsinstitut der sog. Schutzklauseln. Ihre Bedeutung war in den Errichtungsphasen des Gemeinsamen Marktes größer, als sie seither ist und sein wird. Beim Beitritt neuer Mitgliedstaaten wird sie wiederum steigen.

Im Institut der Schutzklauseln konzentriert sich ein die Zuordnung der Gemeinschaften zu den Mitgliedstaaten bestimmendes Verfassungsprinzip, das der Supranationalität, in zweifacher Beziehung: einmal dahin, Wirt-

---

[91] Überblick über die Tätigkeit des Gerichtshofes der Europäischen Gemeinschaften im Jahre 1970 (1971) 13.

[92] *Ule* 46 mit Nachweisen in Anm. 158.

[93] *Müller-Heidelberg*, Schutzklauseln im Europäischen Gemeinschaftsrecht (mit Ausnahme des Agrarrechts) (1970), dessen Darstellung der Text sich im Aufbau teilweise anschließt; *Ehlermann*, Die Schutzklauseln in den Agrarverordnungen der EWG, EuR 1966, 305; *Gori*, Les clauses de sauvegarde des Traités CECA et CEE (1967); *Oppermann*, Schutzklauseln in der Endphase des Gemeinsamen Marktes, EuR 1969, 231; *van Setten*, Ontsnappingclausules en het recht van de lid-staaten der EEG. De bescherming van publieke en private belangen, in: De rechtsordre der Europese Gemeenschappen tussen het internationale en het nationale recht (1966) 91; *Vanni*, Le misure di salvaguardia nel sistema del Trattato di Roma che instituisce la CEE, RivDirEuR 1963, 135; *Noël* und *Amphoux*, Les Commissions, DrCommEur Nrn. 569—572.

schaftsstörungen in den Mitgliedstaaten *im Interesse der Gemeinschaftsziele* zu verhindern oder zu überwinden; zum anderen, um die erforderlichen Schutzmaßnahmen des Mitgliedstaates ex ante oder ex post der *Gemeinschaftskontrolle* zu unterstellen und sie nicht nationaler Autonomie zu überlassen[94].

1. Anwendungsbereich und Rechtsgrundlagen

84 Anwendungsbereiche der Schutzklauseln sind das Recht der EWG und der EGKS. Es erklärt sich aus seinen Zielsetzungen und der Tatsache, daß die Mitgliedstaaten sich vorher in seinem Anwendungsbereich wirtschaftlich nicht entfaltet hatten, daß der EAGV mit entsprechenden Schutzbedürfnissen nicht zu rechnen brauchte, Schutzklauseln in ihm also nicht vorgesehen sind.

a) *EWG-Recht:*

85 aa) Von den im Bereich der *Zölle* vorgesehenen Schutzklauseln ist (nach Außerkrafttreten der Art. 17 IV, 23 II, 26) nur noch die des Art. 25 anwendbar. Sie ermöglicht die Gewährung von Zollkontingenten mit niedrigeren Zollsätzen als denen des Gemeinsamen Zolltarifs.

86 bb) Weil die Umformung der *staatlichen Handelsmonopole,* die Art. 37 EWGV vorsieht *(37/24),* noch aussteht, können sie, ihrer Funktion entsprechend, unvermeidlich Diskriminierungen im Warenverkehr hervorrufen. Deshalb ermöglicht Art. 37 III zum Ausgleich solcher Wettbewerbsverfälschungen Schutzmaßnahmen zugunsten der monopolfreien Staaten. Art. 37 III behält seine Bedeutung, bis die Umformung der Monopole vollzogen sein wird.

87 cc) Art. 67, 69 sehen die Beseitigung aller Beschränkungen im *Kapitalverkehr* vor, soweit dies für das Funktionieren des Gemeinsamen Marktes erforderlich ist. Da die Koordinierung der (hierfür wesentlichen) Devisenpolitik der Mitgliedstaaten gegenüber Drittstaaten nach Art. 70 I nur schrittweise vorgesehen ist, können Kapitalverkehrsverlagerungen eintreten. Ihnen sollen Schutzmaßnahmen nach Art. 70 II begegnen (Ursprungskontrollen schwieriger Anwendbarkeit).

88 dd) Neben dieser Spezialklausel des Art. 70 II soll Art. 73 generell als Schutzklausel gegen *Störungen auf dem Kapitalmarkt* wirken, wenn Maßnahmen nach Art. 108, 109 (zur Behebung von Zahlungsbilanzschwierigkeiten) nicht ausreichen.

89 ee) Im *Verkehrsbereich* enthalten Art. 75 III, 77, 80 Schutzklauseln. Von der zulässigen Beihilfeermächtigung abgesehen, hat hier die Genehmigungsfähigkeit von Unterstützungstarifen die größte Bedeutung.

90 ff) Im *Kartellrecht* hat die Schutzklausel des Art. 89 II, nach der die Mitgliedstaaten ermächtigt werden können, Abhilfemaßnahmen gegen kar-

[94] *Ipsen,* Vorwort zu *Müller-Heidelberg,* Schutzklauseln 3.

tellrechtliche Zuwiderhandlungen zu ergreifen, seit Erlaß der VO Nr. 17 weitgehend ihre Bedeutung verloren.

91 gg) Nach Art. 91 I konnten die Staaten zu Schutzmaßnahmen (Einfuhrbeschränkungen) gegen nicht abgestellte *Dumpingpraktiken* ermächtigt werden. Nach Beseitigung aller mengenmäßigen Beschränkungen und Zölle ist diese Schutzregelung nicht mehr von Belang.

92 hh) Art. 92—94 regeln durch generelles Verbot mit Ausnahmevorbehalt die *Zulässigkeit staatlicher Beihilfen;* weitere Beihilferegelungen enthalten Art. 42, 54 III h, 77, 80, 82, 96, 98, 112. Beihilfegenehmigung ermöglicht Schutzwirkung. Die genannten Vorschriften regeln die Genehmigungsvoraussetzungen und -tatbestände abschließend. Dabei sind *staatliche* Beihilfen die von den Mitgliedstaaten (in der BRD auch von den Ländern) aus öffentlichen Mitteln aufgebrachten Beihilfen. Auf Form und Art ihrer Gestaltung und Gewährung kommt es nicht an, sofern sie sich als Begünstigung des bedachten Unternehmens auswirken und zu Lasten öffentlicher Mittel gehen *(38/7)*[95].

93 ii) Art. 100—102 bezwecken die *Angleichung der* auf das Funktionieren des Gemeinsamen Marktes sich auswirkenden *Rechtsvorschriften.* Die Änderung wettbewerbsverzerrender Vorschriften eines Staates kann von einem anderen Staat dann nicht verlangt werden (jener genießt also weiterhin ihren Schutz), wenn dieser einer Angleichungsempfehlung der Kommission nicht nachgekommen ist.

94 kk) Während Art. 58, 59 EGKSV die zur Behebung einer Überfluß- oder Mangellage zulässigen Kommissionsmaßnahmen detailliert regeln, sieht Art. 103 IV EWGV für den Eintritt von *Versorgungsschwierigkeiten* für bestimmte Waren ein Koordinierungsverfahren der Staaten vor. Die Regelung hat deshalb eine schutzklauselartige Bedeutung, insoweit sie zu Ausnahmemaßnahmen anderer als der in Art. 103 II vorgesehenen Art führen kann (also z. B. zu Zöllen, Kontingentierungen, Bewirtschaftungsmaßnahmen).

95 ll) Im Bereich der *Zahlungsbilanzen* können Mitgliedstaaten gemäß Art. 107 II, 108, 109 zu Schutzmaßnahmen ermächtigt werden gegenüber einer wettbewerbsverfälschenden, den Zielen des Art. 104 nicht entsprechenden Wechselkursänderung eines anderen Mitgliedstaates. Art. 108, 109 ermöglichen Schutzmaßnahmen gegen eine erhebliche, Schwierigkeiten auslösende Ungleichgewichtigkeit der Zahlungsbilanz eines Staates. Die Schutzmaßnahme kann als solche des staatlichen Selbstschutzes auch in eigener Wechselkursänderung bestehen. Die Anwendung des Art. 109 ist von der Erfüllung der Anwendungsvoraussetzungen des Art. 108 abhängig *(45/11).*

96 mm) Solange gemäß Art. 113 eine gemeinsame *Handelspolitik* der Staaten noch nicht betrieben wird, können *Verkehrsverlagerungen* oder wirtschaftliche Schwierigkeiten eintreten. Ihnen dürfen die Mitgliedstaaten nach

---

[95] EuGH Rs 34/62 Rspr. IX, 287.

Art. 115 I durch ermächtigte Schutzmaßnahmen begegnen. Als solche kommen der Ausschluß von Waren aus der Gemeinschaftsbehandlung und die Erhebung von Ausgleichsabgaben oder Sonderzöllen in Betracht. Im Dringlichkeitsfall dürfen die Staaten zunächst autonom handeln (Art. 115 II). Art. 134 ist inzwischen fast bedeutungslos geworden.

97 nn) Eine Sonderstellung im Schutzklauselrecht nimmt das *Agrarrecht* ein. Die das Recht der Landwirtschaft regelnden Art. 38—47 enthalten einzelne Vorschriften mit Schutzklauselfunktion (so die Beihilferegelung in Art. 42 II, die Regelung über Ausgleichsabgaben in Art. 46). Inzwischen haben die Schutzklauseln ihre sekundärrechtliche Ausgestaltung im Gesamtkomplex der Agrarverordnungen zur gemeinsamen Marktorganisation gefunden. In ihnen ist gleichmäßig ein Schutzklausel-Instrumentarium vorgesehen. Es erlaubt den Mitgliedstaaten unter bestimmten Voraussetzungen, Schutzmaßnahmen zu treffen[96]. In ihren Strukturen, Anwendungsvoraussetzungen und Mittelausweisungen sind diese Klauseln (mit gewissen Verfahrensunterschieden) zwar auf die Besonderheiten der Agrarmarktorganisation zugeschnitten. Andererseits enthalten auch sie wesentliche Elemente, die das sonstige Schutzklauselrecht der EWG kennzeichnen. Das gilt insbesondere für den Begriff der ernstlichen Störung und ihrer Drohung, ihrer Kausalität, der Zweckbestimmung von Schutzklauseln, ihrer Mittelskala, ihrer Kontrolle oder Ermächtigungsbedürftigkeit, ihrer zeitlichen Zulässigkeit.

98 oo) Art. 224 räumt den Staaten in den dort beschriebenen Fällen *politischer oder militärischer Bedrohung* Schutzmaßnahmen ein, die vom Normalrecht abweichen. Eine Sezessionsbefugnis der Staaten wird damit nicht begründet.

99 pp) Art. 226 stellt eine *generelle Schutzklausel* dar gegen erhebliche und voraussichtlich anhaltende Schwierigkeiten in einem Wirtschaftszweig oder Wirtschaftsgebiet eines Mitgliedstaates. Sie ist Art. 37 EGKSV vergleichbar, war aber auf die Übergangszeit beschränkt. Sie hat indes ihre paradigmatische Bedeutung behalten, ist im Verhältnis zu Griechenland weiterhin anwendbar und kann beim Beitritt neuer Mitglieder als Modell wieder von Belang werden. Ihr Rechtsgehalt hat für die systematische Exegese der zu vergleichenden einzelnen Schutzklauseln Erkenntniswert.

b) *EGKS-Recht:*

100 aa) Art. 56 befugt die Kommission zur Gewährung von (nach Art. 4 c *den Staaten* verbotenen) *Beihilfen* aus EGKS-Mitteln zur Milderung sozialer Härten, wenn *Schwierigkeiten in den Arbeitsbedingungen* der Arbeiter der Kohle- und Stahlindustrie wegen technischer Neuerungen oder struktureller Änderungen in den Absatzbedingungen auftreten. Sie kann auch die Neuschaffung von Arbeitsplätzen und die Umschulung (anteilig neben den Staaten) mitfinanzieren, und dies auch für die Arbeitsplatzbeschaffung in anderen Wirtschaftszweigen im Interesse der Regionalpolitik.

---

[96] *Ehlermann* EuR 1966, 305.

101 bb) Art. 58, 59 ermöglichen ebenfalls Schutzmaßnahmen *der Gemeinschaft* in *Überfluß- oder Mangellagen.* Sie stehen im Zusammenhang mit Art. 61, der die Kommission zu Höchst- und Mindestpreisregelungen befugt. Maßnahmen nach Art. 58, 59 sind nur subsidiär nach Ausschöpfung sonstiger Vertragsermächtigungen zulässig. Deshalb sind Art. 58, 59 bislang nicht praktiziert worden. Art. 61 mit Höchstpreisfestsetzungen ist bislang nur einmal im Jahre 1953 angewendet worden. Auch in der Kohle-Überflußlage, mit der der in einer Mangellage entstandene EGKSV nicht rechnet, hat sich Art. 58 nicht als praktikabel erwiesen. In ihrer dirigistischen Interventionsstrenge (System der Erzeugungsquotierung, von Verteilungsmaßnahmen mit Mindest- und Höchstpreisfestsetzungen) haben Art. 58, 59 sich nicht bewährt. Ihre Beibehaltung wird deshalb im Falle einer Fusionierung der Verträge nicht empfohlen.

102 cc) Art. 67 stellt mitgliedstaatliche wirtschaftspolitische Maßnahmen unter Gemeinschaftskontrolle, die sich fühlbar auf die *Wettbewerbsbedingungen* in der Kohle- und Stahlindustrie auswirken können. Er erklärt sich aus der Anfälligkeit der Teilintegration gegenüber Staatsmaßnahmen in anderen Wirtschaftsbereichen (Steuer-, Verkehrstarif-, Wechselkurs-, Sozial-Politik). Art. 67 muß solche staatlichen Maßnahmen der durch den EGKSV nicht integrierten Wirtschaftspolitik außerhalb des Kohle- und Stahlsektors als an sich zulässig behandeln. Andererseits muß er um ihre Neutralisierung bemüht sein, ohne dadurch das Subventionsverbot des Art. 4 c mildern zu können. Das geschieht durch seine gemeinschaftsrechtlichen Gegenmaßnahmen zur Behebung von Wettbewerbsbeeinträchtigungen, so durch die Zulassung staatlicher Beihilfen und durch Abhilfe-Empfehlungen.

103 dd) Die Schutzklausel im *Transportwesen* (Art. 70 IV, dem Art. 80 EWGV entsprechend) ermöglicht Ausnahmen vom Verbot der Unterstützungstarife, wenn sie im Einklang mit den Vertragszielen des Art. 2 II 2 stehen. Da mit der Ausnahmegenehmigung von Verbotsvorschriften dispensiert wird, setzt ihre Zulassung außergewöhnliche, nicht vorhersehbare Schwierigkeiten voraus. Die Unterstützungstarife dürfen nicht einfache Ausgleichs-, sondern sie müssen Anpassungs- („Erziehungs"-)Funktion haben und dürfen deshalb nur zeitlich befristet zugelassen werden. Genehmigung ohne Befristung ist vertragswidrig[97].

104 ee) Art. 71 EGKSV hat die *Außenhandelspolitik* — anders als der EWGV — grundsätzlich den Mitgliedstaaten belassen. Da im EGKS-Markt ein GATT nicht besteht, können die Mitgliedstaaten also weiterhin Zollpolitik betreiben. Deshalb bedarf die Kommission der Ermächtigung zu Schutzmaßnahmen gegen störende Einwirkungen von Drittstaaten. Nach Art. 74 kann sie gegen solche Wirkungen (Dumping, nicht EGKSV-konforme Wettbewerbseinwirkungen, übermäßige Importe) vorgehen, und zwar mit Sondermaßnahmen, die mit den Zielen des Art. 3 in Einklang stehen.

[97] EuGH Rs 27—29/58 Rspr. VI, 539; Rs 28/66 Rspr. XIV, 22.

Sie ist dabei an andere Vertragsvorschriften nicht gebunden und durch andere Organkompetenzen nicht begrenzt.

105 ff) Im Rahmen ihrer *Aufsichtskompetenz (9/27—32)* kann die Kommission gemäß Art. 88 III zur Sanktionierung ihrer Mängelrüge andere Mitgliedstaaten ermächtigen, Maßnahmen zu ergreifen, um die Wirkungen der festgestellten Vertragsverletzung des gerügten Staates auszugleichen. Darin liegt eine Selbstschutzermächtigung der anderen Staaten.

106 gg) Auch die Revisionsklausel des Art. 95 I als Schutzklausel anzusehen, erscheint bedenklich. Jedenfalls ist ihre dahingehende bisherige Praktizierung durch die Kommission wegen Verletzung des Spezialitätsprinzips als mit dem Gemeinschaftsrecht nicht vereinbar anzusehen[98].

107 hh) Eine dem Art. 226 EWGV vergleichbare *Generalklausel* zum Schutz mitgliedstaatlicher Interessen enthält Art. 37. Sie ist anwendbar, wenn spezielle Schutzregelungen nicht ausreichen. Art. 37 hat also subsidiäre Bedeutung. In der Anlehnung an seinen Wortlaut (um „im Wirtschaftsleben der Mitgliedstaaten tiefgreifende und anhaltende Störungen" zu vermeiden) dient Art. 37 der Ausführung von Art. 2 II. Art. 37 ist praktisch insbesondere dann bedeutsam, wenn die Kommission im Vertragsrecht selbst keine Mittel zur Abwendung der Störungsgefahr findet und deshalb bestimmte Vorschriften für den Gemeinsamen Markt außer Kraft setzen muß. Die Schutzkompetenz der Kommission geht weit, jedenfalls weiter als die nach Art. 58, 59, 67. Sie muß aber unter Wahrung der wesentlichen Interessen der Gemeinschaft gehandhabt werden, d. h. um Interessenausgleich zwischen ihr und den Staaten bemüht sein. Hier hat die Kommission die Funktion des Schiedsrichters. Die zu wahrenden Gemeinschaftsinteressen sind die von Art. 2 umschriebenen[99].

2. *Schutzklausel-Zwecke*[100]

108 a) Schutzklauseln und ihre Anwendung bedeuten Ausnahmen vom Integrationsrecht und seine Dispensierung oder Durchbrechung. Gleichwohl gehören sie zu seinen notwendigen und nützlichen Bestandteilen. Sie waren wesentliche Voraussetzung für den Vertragsschluß und die Errichtung des Gemeinsamen Marktes. Sie sind Bedingung für den Bestand der Vergemeinschaftung in Ausnahmesituationen. Sie wirken ausgleichend gegenüber der Tatsache, daß die Wirtschaftsintegration aller drei Verträge insgesamt für die Staaten doch nur eine Teilintegration darstellt.

109 b) Abgesehen von der Stufenplanung der Integrationsschritte für die Übergangszeit des EWGV, dienen Schutzklauseln dem Bedürfnis nach Anpassung der nationalen Wirtschaftssysteme und der Überwindung außer-

---

[98] *Müller-Heidelberg*, Schutzklauseln 258.
[99] EuGH Rs 27—29/58 Rspr. VI, 519 LS 9; Rs 2—3/60 Rspr. VII. 285 LS 2.
[100] *Müller-Heidelberg*, Schutzklauseln 5—31.

gewöhnlicher, vorübergehender Schwierigkeiten. Diese können ihre Ursache primär in nicht-ökonomischen Umständen haben und als solche den normalen Wettbewerb behindern.

110 c) Schutzklauseln wirken durch ihre bloße Existenz vorbeugend und „erzieherisch", indem sie die Mitgliedstaaten wegen der Besorgnis ihrer Anwendung zugunsten der anderen Staaten zur Vertragserfüllung anhalten. Edukationseffekte können auch — wegen ihrer Modifizierung — in der Schutzklauselanwendung liegen. Sie verweisen den „ausbrechenden" Staat in seine verlassene Gliedstellung, wenn die anderen Staaten durch Schutzmaßnahmen der aufsichtführenden Kommission begünstigt werden.

111 d) Die Zweck-Skala der Schutzklausel-Einrichtung und ihrer Anwendung ist vielfältig. Aber trotz ihrer Dispens- und Ausnahmefunktion gegenüber dem Normalrecht werden auch Gemeinschaftsziele selbst von ihrer Zwecksetzung umfaßt. Das erweist sich aus der Erkenntnis, daß Schutzklauselanwendung unmittelbar zwar auch Einzelunternehmen oder nationalen Wirtschaftszweigen als solchen nutzen kann und nutzen soll. Indes sieht das Klauselrecht auch sie nicht isoliert, sondern in ihrer gesamtwirtschaftlichen Funktion der nationalen Wirtschaften und dieser in ihrer Gemeinschaftsfunktion im Gemeinsamen Markt. Hier wirkt insbesondere auch das sozialpolitische Interesse der in der Wirtschaft beschäftigten Marktbürger. Es kann daher in der Schutzklausel und ihrer Anwendung auch nicht vordergründig ein Instrument primär und ausschließlich zur Befriedigung nationaler öffentlicher Interessen gesehen werden. Denn selbst wo die Ausnahmebehandlung ihre Berücksichtigung ermöglicht — was in den vorwiegend als „Nationalklauseln" ausgestalteten Regelungen des EWGV, nicht (oder nur vereinzelt) in den „Gemeinschaftsklauseln" des EGKSV der Fall ist —, soll ihre Verfolgung der Wiedereingliederung des Mitgliedstaates und seiner Wirtschaft in das normale Funktionieren des Gemeinsamen Marktes dienen. Dieses wiederum hängt vom solidarischen Zusammenwirken ungestörter Nationalwirtschaften ab.

3. Schutzklausel-Typen[101]

112 a) Die Vielfalt von Schutzklausel-Regelungen und die Schwierigkeit, funktions-verwandte Bestimmungen von ihnen deutlich abzugrenzen, wirken zwar einem solchen Versuch entgegen. Gleichwohl kann der Schutzklausel ein gemeinsamer Gehalt von mindestens zwei Begriffselementen zuerkannt werden: (1) sie schränkt vorübergehend die Wirksamkeit (nicht den Inhalt) von Vertragsvorschriften ein; (2) sie ermöglicht in Ausnahmesituationen zur Beseitigung wirtschaftlicher Schwierigkeiten Abweichungen vom Normal-Gemeinschaftsrecht.

113 b) Zur Typisierung der Klauseln in verschiedenen Gruppen bieten sich

[101] *Müller-Heidelberg* 31—50; Prototyp der Schutzklausel dort 54.

unterschiedliche Merkmale an. Wie die Rechtsgrundlagen und Anwendungsbereiche *(9/84—107)* ergeben, können sie klassifiziert werden:

aa) in ihrer primären Interessenausrichtung nach *National*klauseln und *Gemeinschafts*klauseln;

bb) nach ihrer *Rechtfertigung* aus: (1) Teilintegration, (2) Verletzung von Vertragspflichten, (3) Anpassungsschwierigkeiten, (4) außergewöhnlichen nicht-ökonomischen Umständen, (5) Struktur- und Konjunkturschwierigkeiten;

cc) nach *generellen* und *speziellen* — was für ihre Anwendungsauswahl wegen des maßgeblichen Spezialitätsprinzips rechtserheblich ist.

4. *Schutzklausel-Disposition*[102]

114 Die Anwendung (Ausführung) der durch Schutzklauseln zugelassenen Maßnahmen obliegt den Staaten, die hierzu ermächtigt (so i. d. R. im EWG-Recht) oder verpflichtet werden (so i. d. R. im EGKS-Recht). Dieser Anwendung oder Ausführung muß die Disposition darüber voraufgehen, daß die Schutzklausel Platz greift. Die Befugnis hierzu (die „Schutzklausel-Macht"), also zur Abweichung vom Normal-Recht der Verträge, ist als Ausfluß des Prinzips der Supranationalität[103] eine solche der öffentlichen Gemeinschaftsgewalt: sie hat zum *Inhalt,* die erforderlichen Schutzmaßnahmen des Mitgliedstaates ex ante oder ex post der Gemeinschaftskontrolle zu unterstellen. Sie hat ebenfalls eine supranationale *Wirkung,* nämlich dahin, Wirtschaftsstörungen der Mitgliedstaaten im Interesse der Gemeinschaftsziele zu verhindern oder zu überwinden. Sie ist also nach Kompetenz und Intention eine solche der *Gemeinschaft,* und dies auch dann, wenn Schutzmaßnahmen zunächst ohne Gemeinschaftsermächtigung von den Staaten selbst getroffen werden. Denn auch sie handeln unter Anwendung von Gemeinschaftsrecht, und auch dies nur vorläufig und vorsorglich, und das letzte Wort hat wiederum die Gemeinschaft.

5. *Anwendungsvoraussetzungen*[104]

115 Die jeweiligen Anwendungsvoraussetzungen der Schutzklauseln bestimmen sich nach ihrer speziellen vertragsrechtlichen Ausgestaltung. Ihrer Begrifflichkeit entsprechend, kommt es hierfür an auf (a) die Feststellung und das Vorliegen erheblicher Schwierigkeiten, (b) ihre Relevanz als Ursache für die Schutzklauselanwendbarkeit, (c) den Umfang der derart ursächlichen Schwierigkeiten und (d) ihre „Aktualität" i. S. ihrer Bedrohlichkeit.

---

[102] *Müller-Heidelberg* 50—54.

[103] *Ipsen,* Vorwort zu Müller-Heidelberg 3; dies zu *Müller-Heidelberg* 50 Anm. 4 im Anschluß an *Ipsen* EuR 1966, 61.

[104] *Müller-Heidelberg* 56—114.

116 a) *Schwierigkeiten* (und andere, von den Klauseln unterschiedlich bezeichnete, inhaltlich vergleichbare Synonyma) sind allgemein-begrifflich nicht definierbar. Sie sind in ihrem Tatbestand aus der besonderen, schwerwiegenden Abnormität des wirtschaftlichen Tatbestandes in seinem Vergleich mit den Vertragszielen und der Funktionsfähigkeit des Gemeinsamen Marktes zu bestimmen. Deskriptiv und induktiv gewonnen aus der Exegese der bisher von der Kommission und dem Gerichtshof praktizierten wichtigsten Schutzklausel-Anwendungsfälle, können diese Schwierigkeiten dann angenommen werden, „wenn ein Bestehenbleiben des Zustandes erhebliche, mit dem Gemeinsamen Markt nicht notwendig verbundene und nicht nur vorübergehende Gefahren für einen Wirtschaftszweig oder die Wirtschaft eines Mitgliedstaates mit sich bringen würde, wobei als Anzeichen derartiger Gefahren und Schwierigkeiten angesehen werden können: Rückgang der Produktion und der Beschäftigtenzahl, Zunahme der Lagerbestände und Einfuhren, Abnahme der Ausfuhren, Verringerung der Erlös-Kosten-Spanne“[105].

Im Sinne der deutschen Begriffsbildung handelt es sich hierbei um einen *unbestimmten Rechtsbegriff*. Bei seiner Feststellung verfügt die Kommission über einen gerichtlich unüberprüfbaren Beurteilungsspielraum. Das findet in Art. 33 I 2 EGKSV positiven Ausdruck, gilt aber auch sonst[106]. Denn die ständige Rechtsprechung des Gerichtshofs unterscheidet im Ergebnis deutlich zwischen der Würdigung der wirtschaftlichen Lage und den ihr zugrunde liegenden Tatsachen, ohne die (dogmatisch überforderte) deutsche Differenzierung zwischen Ermessen und Beurteilungsspielraum ausdrücklich zu rezipieren. Die Lage-Würdigung ist Beurteilung im Erkenntnis-Spielraum der Kommission, die über die Schutzklausel disponiert. Sie bleibt als solche unüberprüft, wird vom Gerichtshof also auch nicht durch seine Erkenntnis substituiert. Die Faktennachprüfung hingegen steht ihm zu und wird auch wahrgenommen.

117 b) In Übereinstimmung mit der Judikatur des Gerichtshofs ist anzunehmen, daß es auf die *Art* der Schwierigkeiten-*Ursachen nicht* ankommt, sofern die Schutzklauselregelung selbst sie nicht qualifiziert und eingrenzt.

118 c) Für den *Umfang* der Schwierigkeiten, die die Schutzklausel-Anwendung rechtfertigen können, kommt es auf ihr Auftreten in einem Wirtschaftszweig, in der Wirtschaft eines Mitgliedstaates, in der Gemeinschaft und einem für sie relevanten Markt an. In Anlehnung an § 6 AWG kann als Wirtschaftszweig die Gesamtheit der Unternehmen gelten, die nach ihren typischen Leistungen, Leistungsbedingungen oder überlieferter Leistungsgestaltung üblicherweise als besondere Einheit innerhalb der Gesamtwirtschaft abgehoben und von anderen solchen Einheiten unterschieden wird[107].

---

[105] *Müller-Heidelberg* 72.

[106] *Steindorff*, Die Nichtigkeitsklage im Recht der EGKS (1952) 67.

[107] *Müller-Heidelberg* 96 unter Bezug auf *Sieg-Fahning-Kötting* AWG-Komm. (1963) 4 zu § 6.

Wo das Schutzklauselrecht auf Schwierigkeiten in der *Wirtschaft eines Mitgliedstaates* abstellt, muß diese in *wesentlichen* Teilen betroffen sein. Das ist bei Betroffenheit der Grundstoffindustrie evident.

Wo das Schutzklauselrecht auf Schwierigkeiten hinsichtlich der Wirtschaft mit *bestimmten Waren* abstellt (aber darüber hinaus auch allgemein), spielt die Relevanz des Marktes eine Rolle. Hier ist die Einbeziehung von Substitutionsgütern zulässig, um Schutzklauselanwendung zu vermeiden[108]. Die Relevanz des Marktes ist dabei nach der Zielsetzung der Schutzklausel zu bestimmen.

Soweit Schutzklauselanwendung Schwierigkeiten *in der Gemeinschaft* voraussetzt, hängt sie u. a. davon ab, ob *zunächst begrenzte* Schwierigkeiten sich in der *ganzen* Gemeinschaft ausbreiten können.

119 d) Schwierigkeiten rechtfertigen Schutzklauselanwendung nicht nur, wenn sie bereits eingetreten sind, sondern bereits bei ihrer *Drohung*, d. h. bei hinreichend großer Wahrscheinlichkeit ihres Eintretens. Ihre Funktion erfüllt die Anwendung der Klausel gerade in dieser Situation. Hinreichend konkrete Tatsachen für die Wahrscheinlichkeit sind erforderlich. Vermutungen genügen nicht. Soweit ausnahmsweise und vorsorglich eine Schutzklauselanwendung durch den Mitgliedstaat ohne vorherige Disposition der Kommission zugelassen wird, ist die Dringlichkeit der Abhilfe Voraussetzung für ihre Zulässigkeit.

6. *Anwendungsverfahren*[109]

120 In der vertragsrechtlichen Regelung des *Verfahrens* zur Anwendung von Schutzklauseln liegen Sicherungen, die über ihren prozeduralen Selbstzweck hinausgehen. Sie sollen den Klauseleinsatz gerade in der Intention gewährleisten, der sie nach dem Zweck ihrer Aufstellung entsprechen.

121 a) Speziell für sog. Nationalklauseln ist zur Einleitung des Anwendungsverfahrens teilweise ein Antrag des Mitgliedstaates vorgesehen. Das erklärt sich aus der Interessenlage. Für andere, aber auch für Gemeinschaftsklauseln ergibt sich das aus der Sache selbst, ohne daß die Kommission an eigener Initiative gehindert wäre. Jedenfalls kann sie die Anwendungsermächtigung auch ohne mitgliedstaatlichen Antrag erteilen, deshalb die Wirtschaftslage ex officio prüfen und würdigen. Das ist gerechtfertigt. Denn der Staat ist zur Anwendung nicht verpflichtet. Seine Ermächtigung kann schon hinreichend schutzwirksam sein.

122 b) In der *Auswahl* der anzuwendenden Schutzklausel handelt die Kommission in ihrer Dispositionsbefugnis ohne Bindung an etwaige mitgliedstaatliche Antragseingrenzung. Sie disponiert auf Grund ihrer, in glei-

[108] EuGH Rs 34/62 Rspr. IX, 287, 318 (Apfelsinen — Äpfel).
[109] *Müller-Heidelberg* 114—133.

cher Befugnis getroffenen Feststellung der Schwierigkeiten. Die Feststellung ist regelmäßig bloße Erkenntnis, nicht förmlicher Rechtsakt.

123 c) Die *Dispositionsbefugnis* ist weit überwiegend solche der Kommission, nicht des Rates. Von ihr kann — unterschiedlich nach den Einzelregelungen — teils nach Ermessen Gebrauch gemacht werden, teils ist ihre Anwendung obligatorisch. Aber auch Anwendungsgebote sind nur insoweit bindend, als der Beurteilungsspielraum nicht Entscheidungsfreiheit impliziert.

124 d) Bestimmte *Rechtshandlungsformen* für Schutzmaßnahme-Dispositionen bestehen nicht, wohl aber in der Art ihrer Anwendung. Im EGKS-Recht überwiegen Direktmaßnahmen der Gemeinschaftsorgane, im EWG-Recht zweistufig-indirekte, d. h. mitgliedstaatliche, zu denen die Gemeinschaftsermächtigung erteilt worden ist. Vom Mitgliedstaat im Dringlichkeitsfall des EWG-Rechts autonom ergriffene Maßnahmen werden durch Kommissionsgenehmigung nicht nachträglich für gültig erklärt, weil sie vorher als ungültig, aber heilbar anzusehen wären. Die „Genehmigung" bedeutet nur ein gemeinschaftsrechtliches „nihil obstat"[110].

7. Schutzmaßnahmen-Inhalte[111]

125 a) Im EWG-Recht ist der Inhalt der (rund zwei Dutzend) Schutzmaßnahmen nur vereinzelt ausdrücklich bestimmt. Sonst kommt es auf ihre Erforderlichkeit und Eignung an. Im EGKS-Recht (mit etwa einem Dutzend Klauseln) sind die Schutzmaßnahmen-Inhalte i. d. R. genau fixiert.

126 b) Danach und nach den allgemeinen Handlungsgeboten des Gemeinschaftsrechts *(24/6—15)* sind indirekte Maßnahmen vor direkten anwendbar. Ihre Anwendung steht unter dem allgemeineren Grundsatz des Interventionsminimums (nach Intensität und Dauer). Dabei ist die Frage der Eignung[112] eine in der Erforderlichkeit „mitgeschriebene" Voraussetzung der Anwendbarkeit, und der Teufel darf nicht mit Beelzebub ausgetrieben werden: Schutzmaßnahmen dürfen nicht neue Schwierigkeiten auslösen.

127 c) Schutzmaßnahmen sollen eine in ihren Schwierigkeiten anomale Lage wieder normalisieren. Deshalb müssen sie nach Inhalt und Funktion dynamisch und erziehend auf Anpassung gerichtet, damit notwendig zeitbemessen sein. Sie dürfen sich nicht statisch-verewigend im Dauerausgleich erschöpfen.

128 d) Als Maßnahmen zur Behebung anomaler Verhältnisse kommen sie mit der Anwendung des Normalrechts der Verträge in der Regel nicht aus. Sie sind daher auf Vertragsdurchbrechung oder Normdispens angewiesen. Als nur vorübergehende Normabweichungen sind sie auch dann gerechtfertigt, wenn das positive Schutzklauselrecht auf die Einhaltung des „Rahmens

---

[110] *Ipsen* EuR 1966, 61. [111] *Müller-Heidelberg* 135—171.

[112] EuGH Rs 2—3/60 Rspr. VII, 309; *Lerche*, Übermaß und Verfassungsrecht (1961) 346 mit Anm. 102.

des Vertrages“ verweist. Denn nach der von der Rechtsprechung angenommenen restriktiven Auslegung dieses Vorbehalts wird der Rahmen bei nur vorübergehender Abweichung nicht verlassen, sofern nur die Vertragsziele als solche respektiert bleiben.

129 e) Welche Schutzklausel in concreto anwendbar ist und nach den vorstehenden Gesichtspunkten zu Schutzmaßnahmen befugt, kann in Konkurrenzfällen zweifelhaft sein. Enumerative Benennung bestimmter allein geeigneter und erforderlicher Maßnahmen kann hierüber befinden, ebenso die Annahme erschöpfender Maßnahme-Bereitstellung unter Ausschluß anderer (so z. B. von EGKS-Unterstützungstarifen, von EWG-Beihilfen und -Außenzollsätzen). Im übrigen kann auch der Spezialitätsgrundsatz helfen, und dies auch nach der Spezialisierung der die Schwierigkeiten hervorrufenden Kausalität; ferner der Grundsatz der Subsidiarität, der Art. 226 EWGV, 37 EGKSV nur anwendbar sein läßt, wenn das sonstige Schutzklauselrecht nicht ausreicht[113].

8. Rechtsschutzfragen

130 a) Bei Streitigkeiten zwischen Mitgliedstaaten und Gemeinschaften und Mitgliedstaaten untereinander aus der Disposition über Schutzklauseln und aus ihrer Anwendung finden die hier einschlägigen allgemeinen Regeln über den Rechtsschutz Anwendung *(9/75—82)*.

131 b) Entsprechendes gilt für den Rechtsschutz von Marktbürgern und Unternehmen gegen die Anwendung, Genehmigung oder Versagung von Schutzmaßnahmen *(43/22 ff.)*. Hierbei ist die Frage der Klagzulässigkeit jeweils besonders zu prüfen. Denn Kommissionsentscheidungen, die nationale Schutzmaßnahmen aufrechterhalten, können nur unter besonderen Voraussetzungen unmittelbare Wirkung für den Marktbürger haben[114]. Sie besitzen sie in der Regel nicht, so daß der Rechtsschutz durch Anfechtungsklage ausfällt. Hier kann das Vorabentscheidungsverfahren, wie auch die Praxis zeigt, Abhilfe bedeuten.

IX. Staatsangehörige der Mitgliedstaaten als Marktbürger

132 Gemeinschaften und Mitgliedstaaten erscheinen in der Struktur des Gemeinschaftsverbandes, ebenso in der Zuordnung der Mitgliedstaaten als Glieder zur Gemeinschaft und untereinander in der Gestalt des gegliederten Verbandes. Die Menschen, die als Staatsangehörige Status im Mitgliedstaat

---

[113] Nach dem Urt. des EuGH Rs 37/70 vom 11. 2. 1971 RsprGH XVII, 23 schmälert die Aufnahme besonderer Schutzklauseln in die Agrarverordnungen den Anwendungsbereich von Art. 226 EWGV nicht.

[114] *Ipsen* EuR 1966, 61.

haben, treten durch Normen des Gemeinschaftsrechts in Rechtsbeziehungen zur Gemeinschaft. Dadurch verlieren sie ihren Status als Staatsangehörige nicht. Durch Rechtsberührung mit dem Gemeinschaftsrecht oder die Gliedzugehörigkeit ihres Staates zur Gemeinschaft gelangen sie *nicht* in einen *zusätzlichen Gemeinschafts-Status*, der den aus Staatsangehörigkeit resultierenden verdoppelte. *Es gibt keine Gemeinschaftsangehörigkeit.* Gleichwohl kann ihre Gemeinschaftsrechts-Berührung ihre Rechtsstellung kennzeichnen, und dies unter ihrer individuellen Benennung als „Marktbürger“[115], ihrer derartigen Rechtsstellung als „Marktbürgerschaft“. Diese Benennung meint den einzelnen Staatsangehörigen eines Mitgliedstaates in seiner Teilhabe am Gemeinsamen Markt, also „funktional“ insoweit, „als ihm Freiheit und Gleichheit zur Erfüllung der ökonomischen Ziele der Gemeinschaften gewährleistet wird“[116].

1. Vergemeinschaftung, Staatsangehörigkeits- und Fremdenrecht

133 a) Bis zur Vergemeinschaftung hat das Verfassungsrecht der Mitgliedstaaten — weithin unter dem Einfluß der revolutionären und nach-revolutionären Entwicklung Frankreichs stehend — im Volkswillen die letzte Legitimitätsquelle erkannt. In dem aus der Summe der Staatsangehörigen bestehenden Staatsvolk existiert der Träger des Volkswillens. Er wird identifiziert mit der Nation. Damit wird der nicht dazu zählende Ausländer „politisch nahezu rechtlos“ gestellt[117]. Die Mitgliedstaaten hatten sich aus dieser auf der Nation fußenden Legitimierung in personaler Geschlossenheit mit der Nation identifiziert. Ihr entspricht ein reservierender, grundsätzlicher Nationalvorbehalt der Grundrechte und der nationale Ermessensanspruch, den Ausländer nicht nur von politischer Betätigung und Teilhabe auszuschließen. Ausschluß oder Ausschließbarkeit nach Ermessen oder auf Grund schlichten Gesetzesvorbehalts bestanden weithin auch im Bereich gewerblicher Niederlassung und Berufsbetätigung mit Hilfe eines Systems gezielter Ausländerdiskriminierung. Auch das allgemeine Völkerrecht vermochte sie nicht zu unterbinden. Daß der Status des Ausländers auch dann letztlich innerstaatlich, nach nationalem Recht gebunden blieb, wenn bi- oder multilateraler Vertragsschluß oder Teilnahme an internationaler Organisation die Staaten verknüpfte, ergab sich durch die Notwendigkeit nationaler Transformations- oder Ausführungsakte zum Vertragsrecht. „Sein (des Ausländers) Status ist insofern also ein bedingter, als er unter dem Vorbehalt der Veränderungen innerhalb der Rechtsordnung seines Aufnahmelandes steht“[118], also im wahren Sinne „zur Disposition“ der nationalen Gesetzgebung.

---

[115] *Ipsen,* NJW 1964, 340 Anm. 2.
[116] *Grabitz,* Europäisches Bürgerrecht (1970) 68.
[117] *Grabitz* 53. [118] *Grabitz* 22.

134 b) Das hierfür von den Staaten entwickelte Instrumentarium des Fremdenrechts, des Ausländerpolizeirechts bedient sich — graduell unterschiedlich, in der Sache wesentlich vergleichbar — derjenigen Institute und Mittel, die für die BRD ihren letzten Niederschlag gefunden haben im Ausländergesetz vom 28. April 1965 (BGBl. I, 353) nebst DVO i. F. vom 12. März 1969 (BGBl. I, 207): Paß, Sichtvermerk, Aufenthaltserlaubnis, Abweisung, Zurückschiebung, Ausweisung mit Abschiebung. Über diese Instrumente verfügt die mitgliedstaatliche Exekutive unter Berufung auf weitgefaßte Generalklauseln politischen und polizeilichen Gehalts[119], deren Anwendung nur begrenzten gerichtlichen Rechtsschutz und in seinem Rahmen nur begrenzte Nachprüfung zuläßt.

135 c) Die Vergemeinschaftung hat in den Mitgliedstaaten für die Staatsangehörigen der anderen Mitgliedstaaten in Ansehung und in den Grenzen der Gemeinschaftsfunktionen für sie als „Marktbürger" eine Veränderung ihres Status (richtiger: ihres Nicht-Status) als Ausländer bewirkt. Der Fortgang der Integration wird diese Veränderungen vermehren und intensivieren. Mit der Integration der mitgliedstaatlichen Volkswirtschaften, der Errichtung des Gemeinsamen Marktes und der Annäherung der Wirtschafts- und Sozialpolitik erstrecken sich alle Maßnahmen zur Beseitigung von Wirtschaftshemmnissen und -grenzen gleichmäßig auf alle Marktbürger. Art. 7 EWGV als Grundsatz aller Gemeinschaften und seine Spezifikationen bewirken die Inländergleichbehandlung von Staatsangehörigen der anderen Mitgliedstaaten. Sie äußern sich vorrangig in den gleichen Freiheiten der freizügigen Arbeitnahme, der Niederlassung, des Dienstleistungsverkehrs *(§§ 34, 35)*. Sie finden ihre Ergänzung, soweit erforderlich, ihre Ermöglichung im gleichen Recht auf Einreise und Aufenthalt sowie in der Freizügigkeit der Produktionsfaktoren und der freien Standortwahl.

2. *Inhalt und Schranken der Marktbürger-Stellung*

136 a) Was den *Inhalt der Marktbürger-Stellung* ausmacht, den Staatsangehörigen eines Mitgliedstaates im Gebiet eines anderen vom „Fremden" und „Ausländer" unterscheidet, bestimmt das einschlägige Gemeinschaftsrecht und das zu seiner Ausführung geltende nationale Recht. In seiner durch das Gemeinschaftsrecht bestimmten „ökonomisch relevanten Rolle"[120] stellt dieses den Marktbürger dem Inländer gleich. Er ist insoweit nicht mehr *so* Ausländer, wie das nationale Recht weiterhin *andere* als Ausländer behandelt.

b) Für den Marktbürger ergeben sich aus seiner *nur ökonomischen* Teilhabe an der Vergemeinschaftung Grenzen der Inländergleichbehandlung;

---

[119] Dazu: *Rittstieg,* Grenzen ausländerbehördlichen Ermessens, JZ 1971, 113.
[120] *Grabitz* 69.

andere ergeben sich aus mitgliedstaatlichen Vorbehalten, die das Gemeinschaftsrecht respektiert.

137 aa) Der Marktbürger ist *nicht* Teilhaber an der staatlichen *Aktivbürgerschaft.* Er darf nicht wählen und hat keinen Zugang zu öffentlichen Ämtern. Einschränkungen werden auch in der Teilhabe an öffentlich-rechtlicher Organisation berufsständischer Art gemacht[121].

138 bb) Der Marktbürger bleibt beschränkender Sonderregelung — wie für Ausländer — „aus Gründen der öffentlichen Ordnung, Sicherheit oder Gesundheit" ausgesetzt, soweit der sog. Polizeivorbehalt in den Art. 36, 48 III, 56 I, 66 EWGV, Art. 69 § 1 EGKSV dies als Abweichung vom Gemeinschaftsrecht zuläßt. Die danach beachtlichen „Polizeigüter" sollten in der ganzen Gemeinschaft einheitliche Bedeutung haben, was ihre nationale Selbstqualifikation ausschließen müßte. Jedenfalls darf durch sie der Freiheits- und Gleichheitsgehalt der Marktbürger-Stellung nicht in seiner Substanz entleert und auch nicht „für wirtschaftliche Zwecke" ge-, richtiger: mißbraucht werden. Auch müssen Beschränkungen ihrerseits verhältnismäßig und erforderlich sein, was ihre Eignung einbeschließt.

139 cc) Ob der ausländische Marktbürger — von den gemeinschaftsrechtlich bedingten oder zugelassenen Beschränkbarkeiten seiner Stellung *(9/137, 138)* abgesehen — in *grundrechtlich-staatsrechtlicher* Hinsicht den Inländern im ökonomischen Bereich, insbes. beruflich gleichberechtigt ist, bemißt sich nach dem Recht der Mitgliedstaaten und ihrer Augestaltung der nationalen Grundrechte. Wo und soweit diese als *Menschen*rechte stipuliert sind und auch in ihrem Wirkungsbereich gesetzliche Ausnahme-Behandlung von Ausländern nicht zugelassen ist, ist der Marktbürger ganz unabhängig vom Gemeinschaftsrecht auch nach staatlichem Recht Grundrechtsträger — eben weil auch der Marktbürger Mensch ist. Insoweit das staatliche Recht die Grundrechte den Staatsbürgern und ihnen (wie nach Art. 93 I 4 a GG) besonderen Rechtsschutz (wie durch Verfassungsbeschwerde) reserviert, kann der ausländische Marktbürger nicht als Grundrechtsträger i. S. des staatlichen Rechts gelten. Solche Diskriminierung kommt in der BRD nach Art. 12, 11, 9 I GG in Frage. Nur indem das Gemeinschaftsrecht auch insoweit uneingeschränkte rechtliche Gleichstellung mit dem Inländer gebietet, wird volle, auch grundrechtliche Gleichbehandlung gesichert[122].

3. Staatsangehörigkeit und Marktbürgerschaft[123]

140 Mit der Marktbürgerschaft wird dem ausländischen Marktbürger im fremden Mitgliedstaat durch das Gemeinschaftsrecht eine Stellung vermittelt, die ihn von der Geltung des aus Staatshoheit wirkenden Fremdenrechts

[121] *Grabitz* 91.
[122] *Grabitz* 100.
[123] *Grabitz* 103—116.

ausnimmt. Aus dieser Stellung steht ihm ein subjektives öffentliches Recht auf Inländergleichbehandlung, auf Nichtbehandlung als Fremder zu. Der Marktbürger überwindet in dieser seiner ökonomischen Funktion die Geschlossenheit des mitgliedstaatlichen, auf Staatsangehörigkeit fußenden Anspruchs auf Bestimmung dessen, was für den Mitgliedstaat Nation bedeutet. Insoweit die Gemeinschaften als Zweckverbände[124] Hoheitsaufgaben bislang staatlicher Wahrnehmung innehaben und verantworten und das staatliche Monopol hierfür gelöst ist, wird die mitgliedstaatliche Disposition über Innehabung oder Verweigerung des Status „Staatsangehöriger" entsprechend entflochten. Sie findet ihre Ergänzung durch die gemeinschaftsrechtliche Zuordnung ihm fremder Marktbürger zum Staat und die Beschränkung seiner Disposition darüber, wer — weil nicht Staatsangehöriger — als Ausländer rechtlich einer Sonderbehandlung ausgesetzt werden darf[125].

[124] *Grabitz* 108 Anm. 16.
[125] *Grabitz* 110—116 zur Frage eines „europäischen Indigenats".

§ 10 GEMEINSCHAFTSRECHT UND NATIONALES RECHT

Arnold, Das Rangverhältnis zwischen dem Recht der europäischen Gemeinschaften und dem innerdeutschen Recht, Diss. Würzburg (1968); *Badiali,* Il diritto degli stati negli ordinamenti delle Comunità europee (1971); *Barile,* Rapporti fra norme primarie comunitare e norme costituzionali e primarie italiane, in: La Comunità Internazionale 21 (1966) 14; *Brinkhorst,* Geldt de voorrang van het gemeenschapsrecht ook voor de Franse Conseil d'Etat?, SEW 1968, 519; *Brinkhorst,* Die niederländische Rechtsprechung zum Gemeinschaftsrecht, EuR 1970, 172; *Bernardini,* Regolamento comunitario e legge statali, RivDirInt 1969, 231; *Carstens,* Der Rang europäischer Verordnungen gegenüber deutschen Rechtsnormen, Fs Riese 65; *Constantinesco,* Die Eigentümlichkeiten des Europäischen Gemeinschaftsrechts, JuS 1965, 340; *Constantinesco,* Die unmittelbare Anwendbarkeit von Gemeinschaftsnormen und der Rechtsschutz von Einzelpersonen im Recht der EWG (1969); *Constantinidès-Mégret,* Le droit de la CEE et l'ordre juridique des Etats membres (1967); *Daig,* Die Rechtsprechung des Gerichtshofs der Europäischen Gemeinschaften zur unmittelbaren Wirkung von EWG-Bestimmungen auf die Rechtsbeziehungen zwischen Mitgliedstaaten und Gemeinschaftsbürgern, EuR 1970, 1; *van Dijk,* The implementation and application of the law of the European Communities within the legal order of the Netherlands, CMLR 1969, 283; Diritto delle Comunità europee e diritto degli Stati Membri (1969); *Donner,* National law and the case law of the Court of Justice of the European Communities, CMLR 1 (1963/64) 8; Droit communautaire et droit national, Semaine de Bruges 1965 (1965); *Durante,* Sul giudizio di legitimità costituzionale delle norme comunitarie europee, RivDirInt 1968, 485; *Ehle,* Zum Verhältnis von Gemeinschaftsrecht und nationalem Recht, MDR 1964, 9; *Ehle,* Verfassungskontrolle und Gemeinschaftsrecht, NJW 1968, 321; *Emrich,* Das Verhältnis des Rechts der Europäischen Gemeinschaften zum Recht der Bundesrepublik Deutschland (1969); *Everling,* Europäisches Gemeinschaftsrecht und nationales Recht in der praktischen Rechtsanwendung, NJW 1967, 465; *Fromont,* Die französische Rechtsprechung zum Gemeinschaftsrecht, EuR 1970, 48; 1971, 154; *Frowein,* Zum Verhältnis zwischen EWG-Recht und nationalem Recht aus der Sicht des Gerichtshofs der Europäischen Gemeinschaften, AWD 1964, 233; *Fuß,* Zur Rechtsstaatlichkeit der Europäischen Gemeinschaften, DÖV 1964, 577; *Ganshof van der Meersch,* Le droit communautaire et ses rapports avec les droits des Etats membres, DrCommEur Nr. 124; *Garron,* Réflexions sur la primauté du droit communautaire, RevTrimDrEur 1969, 28; *Gaudet,* Incidences des Communautés européennes sur le droit interne des Etats membres, AnnFacDrLiège 1963, 5; *Gaudet,* Conflits du droit communautaire avec les droits nationaux (1967); Gemeinschaftsrecht und nationale Rechte. Das Zusammenwirken der europäischen Rechtsordnung mit den nationalen Rechtsordnungen, V. FIDE-Kongreß, Berlin 23. bis 26. Sept. 1970, KSE 13 (1971); Tagungsberichte: *Brändel, Sedemund, Millarg* EuR 1971, 69, *Millarg* DÖV 1971, 196; *Goffin,* Le droit communautaire prévaut-il sur le droit national?, JTrib 1970, 605; *Gorny,* Verbindlichkeit der Bundesgrundrechte bei der Anwendung von Gemeinschaftsrecht durch deutsche Staatorgane (1969); *Grabitz,* Gemeinschaftsrecht bricht nationales Recht, Heft 55 der Abhandlungen aus dem Seminar für Öffentliches Recht der Univ. Hamburg (1966); *Großfeld,* Recht der Europäischen Gemeinschaften und nationales Recht, JuS 1966, 347; *Hay,* Supremacy of community law in national courts, JournCompL 16 (1968) 524; *Hayot de Termincourt,* Le conflit „Traité — loi interne", JTrib 1963, 481; *Hoffmann,* Das Verhältnis des Rechts der Europäischen Gemeinschaften zum

Recht der Mitgliedstaaten, DÖV 1967, 433; *Ipsen* und *Bülow*, Das Verhältnis des Rechts der europäischen Gemeinschaften zum nationalen Recht, in: Aktuelle Fragen des europäischen Gemeinschaftsrechts (Europarechtliches Kolloquium 10./11. Juli 1964 in Bensheim-Auerbach), Heft 29 der Abhandlungen aus dem Gesamten Bürgerlichen Recht, Handelsrecht und Wirtschaftsrecht (1965) 1 bzw. 28; *Jaenicke*, Das Verhältnis zwischen Gemeinschaftsrecht und nationalem Recht in der Agrarmarktorganisation der Europäischen Wirtschaftsgemeinschaft, ZaöRV 23 (1963) 484; *Joliet*, Die belgische Rechtsprechung zum Gemeinschaftsrecht, EuR 1970, 267; 1972, 59; Le juge national et le droit communautaire (1966); *Klaue*, Gemeinschafts- und nationales Kartellrecht, WuW 1969, 593; *Kotthoff*, Das Rangverhältnis zwischen supranationalem Recht und dem Recht der Mitgliedstaaten in den Europäischen Gemeinschaften, Diss. Marburg (1966); *Lagrange*, Les obstacles constitutionnels à l'intégration européenne, RevTrimDrEur 5 (1969) 240; *Lagrange*, The European Court of Justice and national Courts. The theory of the acte clair: a bone of contention or a source of unity, CMLR 1971, 313; *Longo-Biraschi*, Giurisprudenza italiana su questioni costitizionali attinenti ai Trattati C. E. C. A. e C. E. E. (1966); *Gert Meier*, Zur Geltung von Gemeinschaftsnormen im staatlichen Bereich, AWD 1968, 205; *Menzel*, Verfassungsrang für die Normen der Europäischen Menschenrechtskonvention nach dem Recht der Bundesrepublik Deutschland?, Fs Guggenheim 573; *Menzel*, Die Einwirkung der Europäischen Menschenrechtskonvention auf das deutsche Recht, DÖV 1970, 509; *Mestmäcker*, Parallele Geltung von Verbotsnormen des deutschen und des europäischen Rechts der Wettbewerbsbeschränkungen, BB 1968, 1297; *Migliazza*, Le Comunità europee in rapporto al diritto internazionale e al diritto degli stati membri (1964); *Monaco*, Diritto delle Comunità europee e diritto interno (1967); *Monaco*, Costituzione italiana e Comunità europee, RelInt 1968, 9; *Neri*, Le droit communautaire et l'ordre constitutionnel italien, CahDrEur 1966, 363; *Ophüls*, Die Geltungsnormen des europäischen Gemeinschaftsrechts, Fs Riese 1; *Ophüls*, Le problème des dispositions directement applicables (self-executing) des traités internationaux et son application aux traités instituant les Communautés, in: Deuxième Colloque International de Droit Européen, Den Haag (1963) 203; *Ophüls*, Quellen und Aufbau des Europäischen Gemeinschaftsrechts, NJW 1963, 1697; *Ophüls*, Staatshoheit und Gemeinschaftshoheit. Wandlungen des Souveränitätsbegriffs, Fs Heymanns Verlag 519; *Pappalardo*, Die italienische Rechtsprechung zum Gemeinschaftsrecht 1970, 339; *Pépy*, L'article 177 du Traité de Rome et les juridictions françaises, RevCritDrIntPr 1963, 475; *Pescatore*, Gemeinschaftsrecht und staatliches Recht in der Rechtsprechung des Gerichtshofs der Europäischen Gemeinschaften, NJW 1969, 2065; *Pescatore*, Der Gerichtshof als Verfassungsgericht, in: Zehn Jahre Rechtsprechung des Gerichtshofs, KSE 1 (1965) 520; *Pescatore*, International law and community law — a comparative analysis, CMLR 1970, 167; *Pescatore*, Das Zusammenwirken der Gemeinschaftsrechtsordnung mit den nationalen Rechtsordnungen, EuR 1970, 307; De rechtsorde der Europese Gemeenschappen tussen het internationale en het nationale recht (1966); *Ritterspach*, Das supranationale Recht und die nationalen Verfassungsgerichte, Fs Gebhard Müller 301; *Roemer*, Betrachtungen zum Verhältnis Gemeinschaftsrecht — nationales Recht, Juristische Studiengesellschaft Karlsruhe Heft 91 (1969); *Rupp*, Die Grundrechte und das Europäische Gemeinschaftsrecht, NJW 1970, 353; *Ropers*, Des conflicts entre la Cour de Justice des Communautés et les juridictions nationales, Jurisclasseur Périodique 1962 No. 1709; *Sacerdoti*, L'efficacia del diritto delle Comunità europee nell'ordinamento giuridico italiano (1966); *Saint-Esteben*, Droit communautaire et droits nationaux (1967); *Sasse*, The Common Market; between international and municipal law, YaleLJourn 75 (1966) 695; *Scheuner*, Die Rechtsetzungsbefugnis internationaler Gemeinschaften, Fs Verdroß 229; *Scheuner*, Das Grundgesetz in der Entwicklung zweier Jahrzehnte, AöR 95 (1970) 353; *Schumacher*, Die Berücksichtigung nationalen Rechts durch Organe der Europäischen Gemeinschaften, NJW 1970, 980; *Schumacher*, Normenkonflikte zwischen deutschem und Gemeinschaftsrecht, Betrieb 1970, 1010; *Sorrentino*, Corte Costituzionale e Corte di Giustizia delle Comunità Europee (1970); *Spanner*, EWG-Recht und Grundrechtsschutz, BayVBl. 1970, 341; *Suy*, Les rapports entre le droit communautaire et le droit interne des Etats membres (1965); *Zweigert*, Der

Einfluß des europäischen Gemeinschaftsrechts auf die Rechtsordnungen der Mitgliedstaaten, RabelsZ 28 (1964) 601.

I. Einleitung

1 Zwei Fragen des Gemeinschaftsrechts hat die deutsche Rechtswissenschaft außergewöhnliche Anteilnahme gewidmet. Sie betreffen das Verhältnis des Gemeinschaftsrechts zum nationalen Recht, insbesondere die Leugnung oder Anerkennung eines „Vorrangs" des Gemeinschaftsrechts, und seine Wirksamkeit im Geltungsbereich der Grundrechte des Grundgesetzes.

Mit der weitestgehenden Annahme eines unbegrenzten Vorrangs des Gemeinschaftsrechts auch vor nationalem Verfassungsrecht würde *rechtslogisch* die Verletzbarkeit nationaler Grundrechte durch individuelle Rechtsakte der Gemeinschaftsgewalt entfallen. Denn da jeder individuelle Hoheitsakt eines Gemeinschaftsorgans einer gemeinschaftsrechtlichen Grundlage bedarf, um gültig und wirksam zu sein, würde er nationale Grundrechte nicht verletzen können, deren Schutzwirkung von vorrangigem Gemeinschaftsrecht eingeschränkt worden ist; und Entsprechendes müßte für deutsche Verwaltungsakte gelten, die sich ihrerseits auf eine Gemeinschaftsrechtsnorm stützen.

Es wird sich erweisen, daß mit dieser formalen und vordergründigen Antwort die Grundrechtsthematik nicht befriedigend entschärft und gelöst werden kann. Es bedarf vielmehr einer auf die Gemeinschaftswirklichkeit zugemessenen substantiellen Konfliktlösung, die in grundrechtswirksamen inneren Strukturen und Handlungsprinzipien des Gemeinschaftsrechts zu suchen ist. Im übrigen würde die allgemein gestellte Frage der Zuordnung von Gemeinschafts- und nationalem Recht auch mit der Entschärfung der Grundrechtsthematik nicht ihre Bedeutung verlieren. Denn sie stellt sich eben nicht nur im Grundrechtsbereich. Sie hat umfassenderen Rang. Ihm muß ihre Behandlung hier entsprechen.

Daß die Erörterung des Verhältnis- und Vorrang-Themas überaus umfänglich, uneinheitlich und in manchen Zügen verworren oder verwirrend genannt werden muß, und dies auch nicht nur in ihrer Behandlung im deutschen Schrifttum, hat verschiedene Gründe: sie beruhen teilweise auf der Unterschiedlichkeit der Ausgangs- und Ansatzpunkte und der danach bestimmten Methode; sie beruhen weiterhin auf der unzulänglichen Kennzeichnung und Eingrenzung der einer Zuordnung und Lösung überhaupt bedürftigen Kollisionstatbestände; sie beruhen auch auf mangelnder Klärung darüber, für wen und für welche Rechtsanwendungsorgane sich die Kollisionsfrage stellt und wem die Kompetenz zukommen kann, sie verbindlich zu beantworten; sie beruhen schließlich auf mangelnder Klarstellung dessen, was ein etwa angenommener „Vorrang" des Gemeinschaftsrechts zu bedeuten habe und worin und wie er sich äußert.

Wegen dieser Komplexität der methodischen Ansätze und der Unterschiedlichkeit der Fragestellungen ist wiederholt versucht worden, sie zu gruppieren und auf ihre Eignung zu überprüfen. Manche Versuche dieser Art erschöpfen sich darin oder in ermüdenden Wiederholungen, tragen zur Sache aber nichts Förderliches bei. Soweit Methode und Art der Fragestellung von Belang erscheinen, sollen sie hier aus sich selbst sprechen und ihre Begründung in der kritischen Abwehr anderer suchen, und zwar in der Auseinandersetzung mit den bislang unternommenen Versuchen zu ihrer Beantwortung *(10/18 ff.)*.

Die Frage der Zuordnung des Gemeinschaftsrechts zum nationalen Recht, des „Verhältnisses" beider Rechtsordnungen zueinander, ist bislang überwiegend erörtert worden unter den Aspekten ihrer möglichen *Kollision* und der *Konflikte*, vor die die Rechtsanwendung durch Exekutive und Gerichte gestellt werden kann, wenn Normen beider Ordnungen sich als entscheidungserheblich erweisen. In diesem Sinne ist die Verhältnisfrage überwiegend auch hier zu erörtern. Denn letztlich ist es der Kollisionstatbestand, der Lösung verlangt. Dabei wird indes nicht verkannt, daß die Verhältnisfrage sich in diesen Aspekten nicht erschöpft. Denn mit den Fortschritten der Integration rückt die Aufgabe in den Vordergrund, für die Anwendung, Durchführung und den Vollzug des Gemeinschaftsrechts, das selbst hierfür in der Regel eine Gemeinschaftsorganisation nicht bereitstellt, die Methode seines *Zusammenwirkens mit den nationalen Rechtsordnungen* zu entwickeln[1]. Hängt doch jeder Integrationsfortschritt davon ab, daß die Mitgliedstaaten mit ihrer Rechtsordnung und ihrer gesamten Organisation im gemeinschaftlichen Zusammenwirken mit dem Recht und den Organen der Gemeinschaften anwenden, durchführen und vollziehen, was von Gemeinschafts wegen geplant, normiert und entschieden wird. Die Konflikt-, Kollisions- und Vorrangfrage behält aber auch insoweit ihre Bedeutung und ihren Rang. Denn in allen Einzelfragen des Zusammenwirkens zwischen Gemeinschaften und Mitgliedstaaten ist die Respektierung einer Regel, die Konflikte und Kollisionen löst, unentbehrlich.

---

[1] Das hat insbesondere *Pescatore* betont; vgl. seinen Schlußvortrag auf dem Berliner FIDE-Kongreß 1970: „Das Zusammenwirken der Gemeinschaftsrechtsordnung mit den nationalen Rechtsordnungen", EuR 1970, 307, auch in: Gemeinschaftsrecht und nationale Rechte, KSE 13 (1971) a. E.

[2] Eingrenzungen der Kollisionstatbestände auch bei: *Zuleeg*, Recht 60; *Constantinesco*, Die unmittelbare Anwendbarkeit 22; *Emrich*, Das Verhältnis des Rechts der Europäischen Gemeinschaften zum Recht der Bundesrepublik Deutschland 26, 29.

II. Eingrenzung eines Kollisionstatbestandes

1. Ausräumung von Komplikationen

2 a) Einen eindeutigen Kollisionstatbestand[2], der eine Antwort auf die Zuordnungsfrage in allen ihren Elementen verlangt, bildet folgende Situation: der nationale Richter steht zur Rechtsfolgeermittlung *zugleich* vor einer entscheidungserheblichen EWG-Verordnung *und* einem gleichermaßen entscheidungserheblichen, von ihr abweichenden, später erlassenen nationalen Gesetz. Die EWG-Verordnung sei Durchgriffsnorm, d. h. unmittelbar anwendbar im Sinne ihrer Rechtswirksamkeit für und gegen den prozeßbeteiligten Marktbürger, und sie sei vom zuständigen Gemeinschaftsorgan in gehöriger Gemeinschaftskompetenz erlassen[3]. Ihre unmittelbare Anwendbarkeit und die Vertragsgemäßheit ihres Erlasses seien, um jeden Zweifel auszuschließen, in einem Verfahren gemäß Art. 177 EWGV vom Gerichtshof durch Vorabentscheidung bejaht worden[4].

In einem Kollisionsfall dieser Eindeutigkeit sind alle Vorfragen vorab erledigt und ausgeräumt, die die Zuordnungsthematik in ihren vielschichtigen Erörterungen in allen Mitgliedstaaten belastet, verhüllt und verwirrt haben.

Diese Eindeutigkeit besteht nämlich (1) *nicht,* wenn die Kollisionsfrage für die Zuordnung von *Vertrags*normen, also solchen des *primären* Gemeinschaftsrechts, zu Akten nationaler Rechtsetzung gestellt wird; denn hier könnte die Ratifikation des Vertrages mit ihrer Wirkung der Transformation, der Inkorporierung oder eines nationalen Vollzugsbefehls zu der bereits präjudizierenden Folgerung führen, die entscheidungserhebliche Vertragsnorm habe kraft Ratifizierung innerhalb der nationalen Rechtsordnung und ihrer Hierarchie einen bestimmten Rang zugewiesen erhalten (nämlich den des *einfachen* Gesetzes), der seinerseits bereits die mögliche Einwirkung späterer nationaler Gesetzgebung auf die Vertragsnorm unter Anwendung der lex posterior-Regel zulasse, ihren Vorrang also ausschließe. Diese Eindeutigkeit besteht (2) *ebenfalls nicht,* wenn die Kollisionsfrage für eine Gemeinschaftsrechtsnorm (des primären Vertrags- *oder* des Sekundärrechts) gestellt wird, deren *unmittelbare Anwendbarkeit* im Sinne ihrer durchgreifenden Rechtswirksamkeit für und gegen Marktbürger *nicht* feststeht; denn wenn es an ihr fehlt, befindet sich der nationale Richter eben nicht in der Konfliktsituation notwendiger Entscheidung darüber, welche Norm — die des Gemeinschafts- oder die des nationalen Rechts — als entscheidungserheblich anzuwenden ist, weil Normanwendung die Norm*anwendbarkeit* voraussetzt. Diese Eindeutigkeit besteht endlich (3) *nicht,* wenn die Gemein-

[3] Vgl. die Eingrenzung bei *Ipsen,* Bensheim-Referat 18—19.

[4] Die Entwicklung der Vorlagepraxis hat bewiesen, daß es den vorlegenden nationalen Gerichten in zunehmendem Umfang mit ihren Vorlagefragen gerade darauf ankam, den Durchgriffscharakter und die Vertragsgemäßheit der entscheidungserheblichen Gemeinschaftsnorm verbindlich zu klären, um nach ihrer Bejahung über ihren Vorrang zu befinden.

schaftsnorm in ihrer *Gültigkeit bezweifelt* wird, weil die Kompetenz des Gemeinschaftsorgans zu ihrem Erlaß mit dem ihr gegebenen Normgehalt bestreitbar ist; denn hierüber zu befinden (und im Wege der Auslegung ebenso über die Frage der unmittelbaren Anwendbarkeit) ist letztlich nicht der nationale Richter, sondern allein der Gerichtshof zuständig.

3 b) Von diesen, die Zuordnungsfrage belastenden drei Komplikationen hat sich in steigendem Umfang die nach der *unmittelbaren Anwendbarkeit* von Gemeinschaftsrechtsnormen als wesentlich erwiesen. Die aus Ratifikation und Inkorporierung erwachsende Erschwerung für die Frage der Zuordnung von Vertragsnormen zum nationalen Recht ist demgegenüber schrittweise an Bedeutung zurückgetreten[5]. Die quantitativ und in ihrer Relevanz zunehmende Vorabentscheidungspraxis des Gerichtshofs, die dank wachsender Vorlagebereitschaft nationaler Instanzgerichte ermöglicht wurde, hat dazu beigetragen, die Kollisionstatbestände im Sinne des hier eingangs konstruierten Kollisionsbeispiels zu präzisieren und die Austragung der Zuordnungsfrage zu provozieren. Diese Provokation war von deutscher staatsrechtlicher *Theorie* geraume Zeit unter Verkennung der Realitäten und in einer Haltung grundgesetzlicher Introvertiertheit vorwiegend im Zusammenhang mit der *Grundrechts*thematik gesehen, richtiger: gesucht oder nur behauptet worden. Rechtspraktisch haben sich für deutsche Gerichte überwiegend abgaben- und wirtschaftsrechtliche Normenbereiche ohne spezifische Grundrechtsberührung als Stimulans erwiesen, die Verhältnisfrage einzugrenzen und zu beantworten.

4 c) Die entscheidenden Impulse zur Klärung der Vorrang-Frage hat aus solchen Zusammenhängen die Rechtsprechung des Gerichtshofs gegeben, die in wachsendem Umfang die nationale Judikatur beeinflußt. Das gilt, was betont sei, insbesondere für die *deutsche* Rechtsprechung, erst in Abstufungen auch für die italienische, belgische und französische (und in dieser mehr für die ordentlichen und die Instanzgerichte als den Conseil d'État). Die einschlägige Rechtsprechung des Gerichtshofs, die derart klärend gewirkt hat, ist weit überwiegend solche in Vorabentscheidungsverfahren, die nationale Gerichte zur Frage der Durchgriffswirkung von Normen des Gemeinschaftsrechts (so zu den Art. 12, 31, 37 II, 53, 95, 97 EWGV) angestrengt hatten, und dies eben deshalb, weil sie erst bei Annahme der Durchgriffswirkung dem Normen-Kollisionstatbestand konfrontiert waren. Aber auch in Verfahren nach Art. 169 EWGV, 88 EGKSV zur Feststellung von Vertragsverletzungen der Mitgliedstaaten lag überwiegend die Kollisions- und Vorrangfrage zugrunde[6].

2. Die Vorfrage der Autonomie des Gemeinschaftsrechts

5 Erörterungen zur Verhältnis-Frage sind „vorbelastet", wenn sie — isoliert angestellt und deshalb zwangsläufig weit ausholend — zunächst ihren Standpunkt zur verfassungsrechtlichen Grundlegung der Vergemeinschaftung

[5] Zuletzt in dieser Verquickung noch: *Rupp* NJW 1970, 355.
[6] *Pescatore* NJW 1969, 2071.

und — von ihm ausgehend — zu bestimmten Strukturen des Gemeinschaftsrechts entwickeln müssen[7]. Hier kann von den Ergebnissen ausgegangen werden, die zu diesen Vorfragen gewonnen worden sind *(2/30—32, 55—57)*. Danach ergibt sich zunächst: das die Gemeinschaften verfassende und das sonstige Primärrecht sowie ihr kraft ihrer Verfassungen ergehendes Sekundärrecht, also die *Gemeinschaftsrechtsordnung als solche*, steht zum nationalen Recht nicht im Verhältnis der Ableitung oder der Abhängigkeit. Sie bildet eine unabhängige, autonome Rechtsordnung, die im Bereich bis dahin nationaler Rechtsherrschaft Geltung entfaltet. In den Mitgliedstaaten und ihnen, ihren Organen und Staatsangehörigen gegenüber ist die Gemeinschaftsrechtsordnung wirksam als eine nicht-staatliche, *in diesem Sinne* „fremde" Rechtsordnung. Sie bildet mit dem staatlichen Recht nach ihrer Herkunft und Geltung keine Einheit, sondern eine von diesem gesonderte, andersartige Rechtsmasse, die auch *nicht zugleich* staatliches Recht ist, also etwa eine Doppelnatur besitzt[8].

6 Diese „Autonomie" des Gemeinschaftsrechts will, was zur Verhältnis-Frage besonders hervorgehoben sei, um ihren Kollisions- und Konfliktgehalt nicht zu übersteigern, die wechselseitige, zusammenwirkende Angewiesenheit beider Rechtsordnungen keineswegs verleugnen. Sie will nicht besagen, daß die Mitgliedstaaten, ihre Organe und Angehörigen dem Gemeinschaftsrecht als „fremdem" Recht in Antithese, Ablehnung oder Gegnerschaft gegenüberstünden[9]. Die Staaten nehmen als Gründer und Mitglieder der Gemeinschaften in ihnen keine anderen als ihre eigenen öffentlichen Aufgaben wahr, dies aber eben in Vergemeinschaftung. Und weil die mitgliedstaatlichen Organe in denen der Gemeinschaften an der Erzeugung des Gemeinschaftsrechts teilhaben, ist dieses (nicht anders als das nationale Recht) *auch* Recht, das der Befriedigung und Regelung *nationaler* Interessen dient. Obwohl sich aus systematischen Gründen dieser Vergleich anbot, ist das Gemeinschaftsrecht im Verhältnis zum nationalen Recht also nicht in dem Sinne „fremdes" Recht, wie in allen Mitgliedstaaten während des 2. Weltkrieges und in der BRD bis 1955 vorübergehend Besatzungsrecht als „fremdes" Recht gegolten hat[10]. Als autonomes „fremdes", nicht-nationales Recht wird das Gemeinschaftsrecht hier lediglich deshalb charakterisiert, weil mit dieser Qualifizierung systematische Klarheit gesucht wird, deren es auch zur

---

[7] Vgl. *Pescatore* NJW 1969, 2068; *ders.*, CMLR VII (1970) 167.

[8] Das schließt nicht aus, daß Gemeinschaften und Mitgliedstaaten in der Ausübung ihrer Hoheitsrechte eng miteinander verbunden sind und ihre Rechts*anwendung* als Einheit betrachtet werden kann; vgl. BGHZ 55, 104 (nur Leitsätze) = BGHSt 24, 54 (Gründe).

[9] Richtig: *Pescatore* NJW 1969, 2065 mit Darlegung der EuGH-Rechtsprechung; *Meier* DVBl. 1970, 614.

[10] Deshalb hat BGHZ 55, 104 = BGHSt 24, 54 den Gerichtshof zutreffend auch *nicht* als *ausländisches* Gericht im Sinne seiner Rechtsprechung zum Doppelverfolgungsverbot angesehen (anders als etwa BGHSt 6, 177 die Militärgerichte der Besatzungsmächte).

Beantwortung der Verhältnis-Frage bedarf. Vorstellungen antithetischer Gegnerschaft sind damit nicht zu verbinden. Der Faktor wechselseitiger Angewiesenheit beider Rechtsordnungen aufeinander sei besonders hervorgehoben, um einmal die Sublimierung sechsfach nationaler Interessen im öffentlichen Gemeinschaftsinteresse der Gemeinschaftsregelungen zu kennzeichnen. Zum anderen sei auf die unverzichtbare Aufgabe der nationalen Rechtsordnungen verwiesen, ihrerseits wesentlichen Akten der Gemeinschaftsorgane in den Mitgliedstaaten zur Durchführung, Anwendung und zum Vollzug zu verhelfen.

3. Die Vorfrage des Geltungsgrundes des Gemeinschaftsrechts

7 Neben der Eigenart des Gemeinschaftsrechts als autonomer Rechtsordnung ist die Erkenntnis seines *Geltungsgrundes* von Belang, um eine andere Vorfrage des Verhältnis-Problems zu beantworten *(2/55—60)*. Geltungsgrund allen Gemeinschaftsrechts im Geltungsbereich der nationalen Rechtsordnungen ist seine *Herkunft aus der öffentlichen Gemeinschaftsgewalt.* Deren Existenz wiederum beruht auf den nationalen Verfassungsentscheidungen, nach deutschem Recht auf der Verfassungsentscheidung zur Öffnung der Staatlichkeit und ihrer Anwendung zur gesamtaktlichen Errichtung der Gemeinschaften unter Erlaß des in Art. 24 I GG vorgesehenen Gesetzes, das hierfür erforderlich war und i. S. des Art. 24 I GG ausreichte. Daß ein deutscher Gesetzesakt verfassungsrechtlich *auch* geboten war, um gemäß Art. 59 II GG dem zur Gemeinschaftserrichtung erforderlichen völkerrechtlichen Vertrag die Zustimmung der Legislative zu vermitteln, verschafft dem Gemeinschaftsrecht im nationalen Rechtsraum *weder einen anderen noch einen zusätzlichen noch einen veränderten Geltungsgrund.* Infolgedessen vermittelt das gemäß Art. 24 I GG ergangene Gesetz allem Gemeinschaftsrecht seinen Geltungsgrund öffentlicher Gemeinschaftsgewalt: dem Primärrecht wegen der darin liegenden Verfassungsanwendung zur Teilnahme am Gesamtakt der Gemeinschaftserrichtung, dem Sekundärrecht wegen der in den Gemeinschaftsverfassungen vorgesehenen Normsetzungsbefugnis von Gemeinschaftsorganen, dessen Erzeugung als Gemeinschaftsrecht durch nichtstaatliche Gemeinschaftsorgane damit zugelassen wurde.

4. Die Vorfrage des Verfassungsprinzips der Supranationalität

8 Zu den Vorfragen des Verhältnis-Problems gehört endlich die prinzipielle Klarstellung, daß die öffentliche Gemeinschaftsgewalt, kraft deren Gemeinschaftsrecht entsteht, *supranationale öffentliche Gewalt* ist: sie ist der Inbegriff der den Gemeinschaften zur Erfüllung ihrer begrenzten Aufgaben verfügbaren Hoheitsbefugnisse *(2/44—54)*. Sie ist eine von der Hoheitsgewalt der Mitgliedstaaten unterschiedene, andere Gewalt, deren Zuordnung zueinander *durch Rechtsregeln* geordnet ist. Es gehört zu ihren Kennzeichen, daß sie sich im Gebiet aller Mitgliedstaaten, gegenüber ihren Organen und Staatsangehörigen *nach Rechtsregeln* durchsetzt. Mit der hier gesuchten Antwort auf die Verhältnis-Frage ist zu klären, ob und inwieweit diese *Rechtsregeln* einen näher zu charakterisierenden Vorrang (der Geltung, der Anwendung) des Gemeinschaftsrechts gegenüber dem nationalen Recht anordnen. Ihnen ist auch zu entnehmen, *welchen Organen* die Vorrang-Erkenntnis zusteht und *in welcher Weise* ein Vorrang rechtlich sanktioniert wird.

III. Komplexität der Rangfrage

9 Im hier exemplarisch verdeutlichten Kollisionstatbestand *(10/2)* zwischen Gemeinschaftsrechtsnorm und nationaler Rechtsnorm kann die Frage der Rangordnung beider zueinander dahin verdichtet sein, ob der vor dem nationalen Richter prozessierende Marktbürger sich auf die ihm günstige ältere Gemeinschaftsverordnung berufen kann, obwohl das jüngere, ihm nachteilige nationale Gesetz ihr widerspricht. In dieser beispielhaften Verdichtung steht der nationale Richter vor der Entscheidung der Rangfrage zwischen kollidierendem, gleichermaßen entscheidungserheblichem Gemeinschafts- und staatlichem Recht. Indes ist damit lediglich erreicht, daß in der Präzisierung einer von allen denkbaren Komplikationen durch Vorfragen gereinigten Fallgestaltung die Konfliktsituation mit aller Schärfe verdeutlicht wird.

Die mögliche Komplexität denkbarer Konfliktlagen ist damit nicht umschrieben[11]. Ebensowenig ist damit aufgefächert, wie sich weitere Zusatzfragen der Zuordnung stellen können: aus der unterschiedlichen Art der kollidierenden Normen, aus der Zeitfolge ihres Inkrafttretens, aus der Kompetenz zur Bereitstellung der Kollisionsnorm oder Kollisions-Entscheidungsinstanz, schließlich aus der inhaltlichen Kennzeichnung des etwaigen Vorranges einer Norm gegenüber der anderen. Zwar würde ein anzunehmender *totaler* Vorrang des Gemeinschaftsrechts gegenüber *jedwedem* nationalen Recht manche Gesichtspunkte dieser denkbaren Komplexität als unerheblich erscheinen lassen. Solcher Annahme darf indes nicht vorgegriffen werden, zumal die Entscheidungspraxis des Gerichtshofs und der nationalen Gerichte beweist, daß alle diese Gesichtspunkte in der Judikatur bereits hervorgetreten und infolgedessen theoretisch auch schon erörtert worden sind.

1. Kollision von Normen unterschiedlicher Rangstufen

10 Das nationale Recht ist hierarchisch abgestuft. Von der Verfassung über das einfache Gesetz und die staatliche Rechtsverordnung bis hin zu Normie-

[11] Vgl. *Daig* EuR 1970, 11—12.

rungen von Selbstverwaltungskörpern besteht eine Stufenordnung, in der die höherrangige Norm der Norm niederen Ranges vorgeht und diese ihrer stärkeren Wirkung wegen bricht. In der BRD wird diese Stufen- und Rangordnung verdoppelt und durchkreuzt wegen des Vorrangs *allen* Bundesrechts vor *jedwedem Landes*recht: selbst eine bundesministerielle Rechtsverordnung geht einer Landesverfassung vor. Eine entsprechende, wenn auch weniger abgestufte Rangordnung besteht innerhalb des Gemeinschaftsrechts zwischen Primär- und Sekundärnormen.

Die Kollision zwischen Gemeinschafts- und nationalem Recht kann nun zwischen Rechtsregeln jeder Stufe jeder Rechtsordnung stattfinden, in extremo also etwa zwischen einer Entscheidung i. S. des Art. 189 IV EWGV und einer nationalen Verfassungsnorm. Hier muß die Antwort auf die Verhältnis-Frage erweisen, ob die hierarchische Stellung der miteinander kollidierenden Normen innerhalb ihres eigenen Normenbereichs die Rangordnung beeinflußt oder ob die Zugehörigkeit der Normen zu dieser oder zu jener Rechtsmasse allein für die Rangordnung maßgebend ist. Am bedeutsamsten in diesem Zusammenhang ist die oft geäußerte Ansicht geworden, ein etwa anzunehmender Vorrang des Gemeinschaftsrechts wirke *nur* gegenüber *einfacher* nationaler Gesetzgebung, *nicht* gegenüber nationalem *Verfassungs*recht, *jedenfalls nicht* gegenüber den *Grundrechten, keinesfalls* gegenüber dem verfassungsfesten Minimum i. S. des Art. 79 III GG. Die deutsche rechtswissenschaftliche Erörterung zur Verhältnis-Frage ist in weitem Ausmaß befaßt mit zahlreichen Versuchen, insoweit die Vorrang-Anerkennung des Gemeinschaftsrechts einzugrenzen. Der Gedanke notwendiger struktureller Homogenität zwischen beiden Rechtsordnungen, der Vorhalt fehlender demokratischer Legitimation gemeinschaftsrechtlicher Normsetzung und das Postulat nationaler Grundrechtsverbürgung auch gegenüber der Gemeinschaftsgewalt sind hierzu aktiviert worden.

2. Die „Altersfrage" der kollidierenden Normen

11 Größtes Gewicht in der Verhältnis-Frage hat das „Altersmoment" gewonnen, der Gesichtspunkt nämlich, ob sich aus dem früheren oder späteren Inkrafttreten der einen oder der anderen der in Kollision stehenden Normen Folgerungen für einen Vorrang einer Norm ergeben. Hierbei hat in der (und zwar nicht nur deutschen) Auseinandersetzung von Lehre und Praxis eine entscheidende Rolle die Rechtsparömie „lex posterior derogat legi priori" gespielt. Das erklärt sich insbesondere aus der internationalrechtlichen Transformationslehre und ihrer von den Dualisten vertretenen Annahme, die Rechtsregeln eines völkerrechtlichen Vertrages erlangten mit der Ratifikation innerhalb des nationalen Rechts die Rangstufe einfacher Gesetze, jedenfalls aber eine solche unter dem Rang von Verfassungsnormen. Die unreflektierte Anwendung der lex posterior-Regel auf die Zuordnung derart transformierter Vertragsnormen des Gemeinschaftsrechts zur nationalen Gesetzgebung hat in dieser Weise zu der Behauptung geführt, schon das primäre Gemeinschaftsrecht und — per argumentum a maiore ad minus — noch eindeutiger das sekundäre Gemeinschaftsrecht stehe zur Disposition des jüngeren nationalen Gesetzgebers, dessen lex posterior jede ältere Gemeinschaftsrechtsnorm zu „brechen" imstande sei. Obwohl die darin liegende Verletzung obligatorischer Vertragsbindungen nicht übersehen wurde, diente die lex posterior-Regel derart zur Ermittlung der gesuchten Kollisionsentscheidung. Dieses aus Transformationslehre und lex posterior-Regel kombinierte Verfahren zur Lösung der Rangfrage leidet an einem doppelten Denkfehler, der aufzudecken sein wird *(10/37—39)*. Das Verfahren ignoriert außerdem, daß gerade im Wirtschaftsrecht der Gemeinschaften die damit den Mitgliedstaaten eingeräumte Disposition über den Zeitfaktor einen Akt der Integration in Desintegration verwandeln kann.

3. Die Zuständigkeit zur Kollisionsregelung und zur Kollisionsentscheidung

12 a) Im hier konstruierten Kollisionsbeispiel *(10/2)* fällt die Last der Kollisionsentscheidung dem nationalen Richter zu. Er vermag ihr nicht auszuweichen. Er würde ihrer entledigt sein, wenn er die *Kollisionsfrage als solche* dem Gerichtshof als letztlich zuständiger Instanz zur Vorabentscheidung vorlegen könnte. Dieser hat indes keine solche Zuständigkeit. Er hat in seiner Judikatur eine solche kompetentiell auch nicht für sich in Anspruch genommen, obwohl er seine Rechts*auffassung* zur Verhältnis-Frage nicht verheimlicht hat.

Ihre Beantwortung wird deshalb klären müssen, *welche Instanz* (ob eine nationale oder eine solche der Gemeinschaften) für die Kollisionsentscheidung zuständig ist — und ebenso, ob diese Entscheidung innerhalb *einer* Rechtsordnung *auch* für die *andere* Rechtsordnung verbindlich ist oder nicht. Ohne solche Verbindlichkeit über die Grenze einer Rechtsordnung hinweg blieben Gemeinschaften und Mitgliedstaaten auf keinen anderen Weg als den rechtspolitischer Erledigung verwiesen, nämlich durch Rechtsänderung zur Ausräumung der Normenkollision, zu der die Mitgliedstaaten allenfalls im Wege eines Mängelrügeverfahrens vor dem Gerichtshof veranlaßt werden könnten.

13 b) Nicht weniger klärungsbedürftig ist die Feststellung einer *Kollisionsnorm* selbst, die der zur Kollisionsentscheidung zuständigen Instanz verfügbar ist. Ob solche Kollisionsnorm im Gemeinschaftsrecht oder in den nationalen Rechtsordnungen enthalten *ist*, oder ob sie *nur* in *dieser* oder *nur* in *jener* oder *zwangsläufig nur in beiden in einer Normen-Kombination* enthalten *sein kann*, hat höchst unterschiedliche Antworten gefunden. Die Schwäche dieser Antworten liegt darin, daß sie in der Sache selbst bereits weitgehend präjudizieren. Der Versuch, zum Nachweis der Kollisionsnorm auf das Gewohnheitsrecht zu rekurrieren, ist Ausdruck dieser Verlegenheit aus Schwäche[12].

4. *Inhaltswirkung eines Vorranges*

Die etwaige Annahme eines Vorrangs des Gemeinschaftsrechts besagt als solche nichts hinreichend Eindeutiges über die Wirkung, die ihm innewohnt[13].

14 a) Wenn der Gemeinschaftsvorrang nur bewirken sollte, daß der nationale Normsetzer gemeinschaftsrechtlich („obligatorisch") verpflichtet ist, seine Norm zu „konformieren", der Kollision also durch neue Normsetzung oder Normaufhebung abzuhelfen, würde die gemeinschaftswidrige nationale Rechtsregel zunächst innerstaatlich anwendbar bleiben. Der Mitgliedstaat würde den Mehrwert des Zeitvorsprunges, die Prämie auf die Innehabung zunächst wirksamer Normsetzungsgewalt genießen und den Integrationswert der Gemeinschaftsregelung auf Zeit ausräumen[14]. Dem nationalen Richter würde die Kompetenz zur Nichtanwendung der gemeinschaftswidrigen nationalen Regelung fehlen, und schon gar nicht wäre anzunehmen, daß das vorrangige Gemeinschaftsrecht die nationale Norm schon bei ihrer Inkraftsetzung „gebrochen", d. h. den Eintritt ihrer Rechtswirksamkeit von Beginn an verhindert hätte.

15 b) Ein Gemeinschaftsvorrang *weitestgehender Wirkung* würde darin bestehen, daß die Gemeinschaftsnorm die Rechtswirkungen der widerstreitenden Norm seit dem Zeitpunkt des Eintritts der Kollision aufhebt, diese also „bricht", und dies mit allseitiger Wirkung derart, daß alle nationalen Rechtsanwendungsinstanzen der Exekutive und der Gerichtsbarkeit diese Unterbindung ihrer Rechtswirksamkeit respektieren müßten, jeder Marktbürger sich vor seinem Richter hierauf berufen könnte.

16 c) Eine „mittlere" Wirkung des Gemeinschaftsvorrangs zwischen diesen beiden extremen Annahmen kann darin gesehen werden, daß die in concreto mit der nationalen Norm befaßte Anwendungsinstanz, also insbes. der nationale Richter, der nationalen Norm im anhängigen Streitfall — und nur in ihm — die Anwendung versagt. Hier würde also ein bloßer „Anwendungsvorrang" wirksam[15]. Er würde nicht eine „Brechung" der nationalen Norm bewirken, und für andere Rechtsanwendungsfälle bliebe sie wirksam, bis das Anwendungsorgan den Anwendungsvorrang des Gemeinschaftsrechts wiederum zur Geltung bringt. Eine Bindung, so zu verfahren, würde sich allein aus dem Inhalt eines solchen Anwendungsvorrangs nicht ergeben. Er mag sich ergeben aus dem nationalen Prozeß- oder Gerichtsverfassungs-

---

[12] Hierzu mit Nachweisen: *Emrich* 77. [13] *Emrich* 46.

[14] *Ipsen*, Bensheim-Referat 14 (dies gegen die unzutreffende Feststellung von *Randelzhofer*, Das Recht der Europäischen Gemeinschaften und das nationale Recht, ZHR 135 — 1971 — 253 mit Anm. 51 Satz 2); *Sasse* YaleLJourn 75 (1966) 727

[15] *Ipsen*, Bensheim-Referat, Diskussion 109; *Zuleeg*, Recht 128, 136.

recht oder dem Respekt unterer Gerichtsinstanzen vor der Spruchweisheit höherer oder höchster Gerichte.

17 d) Mit den aus dem deutschen Bundesstaatsrecht geläufigen Vorstellungen (Art. 72 II GG) würde schließlich einem Gemeinschaftsvorrang eine noch weitere Wirkung, nämlich die einer Kompetenzsperre für den nationalen Normsetzer, nur dann beizumessen sein, wenn dem Vorrang weitestgehende Wirkung (nach Art des unter b) gekennzeichneten) zukäme *und darüber hinaus* angenommen werden könnte, die Normsetzungskompetenzen zwischen den Gemeinschaften und den Mitgliedstaaten seien nach Art der deutschen konkurrierenden Gesetzgebungskompetenzverteilung geordnet. Auch an der Annahme solcher Folgerungen eines Gemeinschaftsvorrangs fehlt es nicht — begreiflicherweise im deutschen Schrifttum, das die Vergemeinschaftung am Modell der Bundesstaatlichkeit zu orientieren geneigt ist.

IV. Analyse und Kritik versuchter Kollisionslösungen

18 Die weitere Erörterung *(10/36 ff.)* soll erweisen, daß eine Kollisionsregel nachweisbar erscheint, die dem Gemeinschaftsrecht Anwendungsvorrang verschafft. Zu ihrer Darlegung und Begründung trägt die kritische Analyse anderer Versuche[16] bei, die zur Beantwortung der Verhältnis-Frage (mit diesem oder jenem Ergebnis) unternommen worden sind. Solche Analyse hat bereits am Anfang des sog. Bensheim-Referates vom 10. Juli 1964[17] gestanden, in dem die hier vertretene Anwendungsvorrang-These zuerst entwickelt worden ist. Seither ist die in- und ausländische Literatur zum Thema kaum noch übersehbar. Das Schrifttum bewegt sich weithin auf den Argumentationsbahnen von 1964, wenn seine Erwägungen inzwischen auch insbesondere durch die Judikatur des Gerichtshofs und der nationalen Gerichte angereichert worden sind. Anreicherung hat so auch der sog. pragmatische Ansatzpunkt *(10/29—35)* erfahren, und zwar durch das im Integrationsfortschritt wachsende Bedürfnis nach einem Zusammenwirken der Gemeinschaftsrechtsordnung mit den Rechtsordnungen der Mitgliedstaaten. Dieser Fortschritt gestattet und gebietet auch, die Verhältnis-Frage insgesamt zunehmend als solche notwendiger Synthese, weniger des Konflikts und der Antithese zu sehen, wenn auch das Zusammenwirken der beiden Rechtskreise einer übergeordneten Zuordnungsregel letztlich nicht entbehren kann.

---

[16] Übersicht bei: *Constantinidès-Mégret,* Le droit de la CEE et l'ordre juridique des Etats membres 104; unergiebig der sog. *Dehousse*-Bericht im Namen des Rechtsausschusses des Parlaments „über den Vorrang des Gemeinschaftsrechts vor dem Recht der Mitgliedstaaten", Europ. Parl. Sitz. Dok. Nr. 43 v. 25. 5. 1965; kritisch dazu: *Ipsen* EuR 1967, 200.

[17] *Ipsen,* Bensheim-Referat 2—12.

1. Völkerrechtliche Lösungen[18]

19 a) Die Verhältnis-Frage ist vornehmlich auch in der deutschen Literatur *zunächst* unter *völkerrechtlichen* Aspekten angefaßt und von ihnen lange Zeit beherrscht worden. Das findet seine schlichte Erklärung in der wissenschaftlichen „Ressort"-Verteilung: nach seiner Genesis ist das Gemeinschaftsrecht zunächst als *Produkt völkerrechtlichen Vertragsschlusses* schlechthin dem *internationalen* Recht zugerechnet worden. Deshalb wurde seine Zuordnung zum nationalen Recht vorerst nach konventionell-völkerrechtlicher Methode gedeutet, die von einer dualistischen Grundhaltung ausging und allenfalls Ansätze zum Monismus sah[19].

Sie stellte primär darauf ab, daß die Gemeinschaften durch den Abschluß völkerrechtlicher Verträge entstanden, die die Staaten verpflichten, durch ihr Verhalten die Vertragserfüllung zu sichern und Störungen zu unterlassen. Diese Auffassung kann den Verträgen weder ausdrücklich noch nach der von ihr angenommenen Struktur des Gemeinschaftsrechts eine Regel der Zuordnung zum Landesrecht entnehmen. Deshalb findet sie ihre Antwort (in der klassischen Formulierung eines ihrer ersten Hauptvertreter) so, wie sie sie zu anderen völkerrechtlichen Verträgen zu geben verstand: „Die Antwort ergibt sich ... aus der Erkenntnis, daß, soweit nicht der Gemeinschaftsvertrag für diesen Fall ausdrückliche Lösungen bereithält, die allgemeinen Regeln über das Verhältnis von Völkerrecht zu Landesrecht Platz greifen. Denn die Regeln des internen Gemeinschaftsrechts nehmen, da sie auf der Ermächtigung des Vertrages ruhen, an dem Rang des Vertrages gegenüber dem innerstaatlichen Recht teil. Das Verhältnis landesrechtlicher Bestimmungen zu völkerrechtlichen Regeln wird aber bestimmt durch die Vorschriften des jeweiligen nationalen Rechts und der Staatsverfassungen zu dieser Frage."[20]

---

[18] Dazu: *Ipsen*, Bensheim-Referat 2—5; *Emrich* 96; *Zuleeg*, Recht 66; *Gorny*, Verbindlichkeit der Bundesgrundrechte 24; *Alder*, Koordination und Integration als Rechtsprinzipien (1969) 37; *Grabitz*, Gemeinschaftsrecht bricht nationales Recht 42; *Ganshof van der Meersch* DrCommEur Nrn. 176—178.

[19] So u. a. *Münch, Scheuner, Erler, Wagner, Seidl-Hohenveldern, Schlochauer;* Nachweise bei *Gorny* 25 Anm. 21—27.

[20] *Scheuner* Fs Verdross (1960) 241. — Zehn Jahre später (in AöR 95 — 1970 — 361) hat *Scheuner* sich von dieser konventionell-völkerrechtlichen Betrachtung ersichtlich selbst distanziert, indem er die Funktion des Art. 24 I GG auch für die Verhältnis-Frage hervorhebt: „Unter ihnen (den Verfassungsprinzipien des GG) hat Art. 24, der die Einfügung der Bundesrepublik in die europäische Integration trägt, die bundesstaatlichen Hemmungen auf diesem Gebiet zurückschiebt und den Angelpunkt bildet, um sowohl den Rang des europäischen Rechts gegenüber dem nationalen Recht wie auch die Geltung des ersteren im inländischen Recht zu sichern, die größte Bedeutung". — Eine ähnliche Korrektur — gegenüber seiner Stellungnahme in der Fs Guggenheim (1968) 598 — offenbar auch bei *Menzel* DÖV 1970, 514: die Vollzugslehre nötige zu einer Neuordnung des Verhältnisses zwischen Völkerrecht und staatlichem Recht, „wenn die Rechtsetzung auf dem Gebiet des Europarechts ... ihren Sinn erfüllen soll". *Menzels* Hinweis darauf, das sog. sekundäre europäische Gemeinschaftsrecht habe „praktisch schon zu ähnlichen Überlegungen

Insoweit die nationalen Rechtsordnungen der Mitgliedstaaten (insbes. ihre Verfassungen) hierzu unterschiedliche Antworten geben[21], bleiben uneinheitliche Lösungen innerhalb der Gemeinschaften danach unvermeidbar. Nach weit überwiegender, wenn nicht herrschender deutscher Rechtsauffassung (ebenso in Frankreich, Belgien, Italien) stünde das gesamte Gemeinschaftsrecht in diesem Sinne dem *einfachen Gesetz* gleich, allenfalls in einer Zwischenstufe zwischen diesem und dem Verfassungsrecht[22]. Dies hat zur Folge, daß die überlieferten Derogationsregeln Platz greifen, also auch die Derogationskraft der nationalen lex posterior gegenüber der lex prior des Gemeinschaftsrechts. Daß der deutsche Gesetzgeber gegenüber dem primären Vertragsrecht solche Vertragsverletzungen aus Vertragstreue tunlich vermeiden werde, erscheint den Internationalisten als hinreichende Beruhigung. Daß darin gegenüber dem Sekundärrecht nur ein geringerer Trost liegen kann, bleibt unausgesprochen.

Die völkerrechtliche dualistische Tradition muß bei diesen Folgerungen abstellen auf die gemäß Art. 59 II GG eingetretene Transformation des Vertragsrechts in deutsches Recht. Für das Sekundärrecht, das sie dem Primärrecht in der Unterwerfung unter einen staatlichen Zulassungsakt gleichzustellen hat, sieht sie in Art. 189 II EWGV einen antizipierenden Generaltransformator. Sie erkennt mithin im gesamten Gemeinschaftsrecht eine *inkorporierte deutsche Rechtsmasse, die dem nationalen Recht gleichsteht.* Auch wenn diesen Normen die besondere Qualität von Staatengemeinschaftsrecht zuerkannt ist, was teilweise konzediert wird, bleibt ihnen die Eigenschaft *auch nationaler* Regelungen jedenfalls zugedacht.

20 b) Die betont dualistische Theorie wird innerhalb der Gemeinschaft — neben der BRD — insbesondere in Italien und in der älteren nationalen Gerichtsbarkeit vertreten. Daß sie ihre Folgerungen in der Verhältnis-Frage gerade für solche Gemeinschaftsnormen schlüssig zu begründen vermöchte, die kollisions*geeignet,* weil als Durchgriffsnormen unmittelbar anwendbar sind, ist schon aus ihrer eigenen Deduktion heraus mit Recht bestritten worden[23]. Aber auch ihre Abwandlungen zu einem gemäßigten Dualismus oder in der Gestalt eines gemäßigten Monismus[24] (der zwar normativen Vorrang des Völkerrechts vor Landesrecht annimmt, staatlichen Widerstand gegen solche Vorrangwirkungen aber duldet) vermögen zu prinzipiell anderen Ergebnissen nicht zu gelangen. Nichts anders gilt von der vordringenden, die Transformationslehre überwindenden Vollzugslehre, nach der der staatliche

---

geführt" (nämlich zur Nicht-Anwendbarkeit der lex posterior-Regel), bestätigt seine Lösung von einer konventionell-völkerrechtlichen Betrachtung des Gemeinschaftsrechts.

[21] Nachweise bei: *Alder* 40 Anm. 1; *Dehousse*-Bericht Europ. Parl. Sitz Dok. Nr. 43 v. 25. 5. 1965; *Chevallier, Waelbroeck, Neri* in: Le juge national et le droit communautaire 20, 29, 78.

[22] *Rudolf,* Völkerrecht und deutsches Recht. Theoretische und dogmatische Untersuchungen über die Anwendung völkerrechtlicher Normen in der BRD (1967) 212.

[23] *Zuleeg,* Recht 69. [24] *Alder* 37.

Vollzugsbefehl den völkerrechtlichen Charakter der Vertragsnormen nicht verändert[25]. Denn ebenso wie der Dualismus in allen Schattierungen kommt auch die Vollzugslehre nicht ohne die Annahme aus, daß das Gemeinschaftsrecht *innerstaatlich* eben erst *durch einen Akt der Staatsgewalt zur Geltung kommt.* Damit aber werden wiederum unterschiedliche Rangzuweisungen der verschiedenen Mitgliedstaaten ermöglicht.

„Das auf Grund der Strukturanalyse der Verträge gefundene Ergebnis, die Gemeinschaftsgewalt sei Geltungsgrund des Gemeinschaftsrechts, beruht auf der Annahme, daß für die Entstehung des Gemeinschaftsrechts in keinem Falle der Wille der einzelnen Mitgliedstaaten notwendige Voraussetzung ist. Gerade das würde nachträglich erreicht werden, wenn die Geltung des Gemeinschaftsrechts durch einen Akt der Staatsgewalt bedingt wäre."[26] Dieser Satz kennzeichnet treffend, daß die völkerrechtliche Methode aller Abwandlungen versagen muß gegenüber der Autonomie und dem nichtstaatlichen Geltungsgrund des Gemeinschaftsrechts, die sie beide ignoriert.

21 c) Zumal diese Auffassung im *nicht*-deutschen Schrifttum vertreten worden ist[27], muß schließlich abwehrend und klarstellend hervorgehoben werden, daß in *keiner* ernstzunehmenden deutschen Äußerung aus dem Kreis der Internationalisten eine Lösung der Vorrangfrage unter Berufung auf *Art. 25 GG* gesucht worden ist. Zu den allgemeinen Regeln des Völkerrechts, denen Art. 25 GG Durchgriffswirkung und einen (in seiner Intensität unterschiedlich bemessenen) Vorrang im deutschen Recht zuerkennt, zählen *selbstverständlich nicht* irgendwelche positiven Normen des *Gemeinschaftsrechts,* auch nicht des Primärrechts. Niemals ist deshalb dem Art. 25 GG eine verfassungsrechtliche Vorrangregel zugunsten des Gemeinschaftsrechts entnommen worden. Die Annahme, dem sei so, beruht auf einem argen Mißverständnis des deutschen Verfassungsrechts. Es begegnet sich mit dem weiteren, nicht geringeren Mißverständnis, die Anwendung des Art. 24 I GG müsse selbstverständlich das Grundgesetz beachten und könne dieses nicht durchbrechen.

2. Verfahrensrechtliche Lösung[28]

22 a) Der Versuch zur verfahrensrechtlichen Lösung der Verhältnis-Frage knüpft an das Vorlageinstitut der Art. 177 EWGV, 150 EAGV an. Er sieht sein Ziel darin, *den* Rechtswert zu aktivieren, um dessen Durchsetzung *jede* Erörterung der Verhältnis-Frage bemüht sein muß, nämlich den Rechtswert

[25] *Zuleeg,* Recht 71; *Emrich* 104, dort 106—107 Hinweise auf die Anwendung der Gesetzeskraft-Formel bei der Ratifikation des EGKSV, die für die Römischen Verträge nicht mehr verwendet worden ist: *Partsch,* Die Anwendung des Völkerrechts im innerstaatlichen Recht (Überprüfung der Transformationslehre) BerDtGesVöR 6 (1964).

[26] *Grabitz* 43. [27] Von *Lagrange* RevTrimDrEur 5 (1969) 240, 243.

[28] *Ipsen,* Bensheim-Referat 5—7; *Gorny* 39; *Zuleeg,* Recht 94; *Ganshof van der Meersch* DrCommEur Nr. 186.

der *einheitlichen Auslegung des Gemeinschaftsrechts und der Bestätigung der Gültigkeit*, d. h. der vertragsgemäßen Geltung und damit der rechtmäßigen Durchsetzung von Akten der Gemeinschaftsorgane. Dazu gehört insbesondere auch die verbindliche Feststellung der Kompetenzgemäßheit von Organakten, d. h. die verbindliche Zweifelsentscheidung über die Abgrenzung von Normierungskompetenzen zwischen den Gemeinschaften und den Mitgliedstaaten.

23 b) Als Ergebnis dieser Überlegungen ist in Übereinstimmung mit der Rechtsprechung des Gerichtshofs zunächst festzustellen, daß ein verfahrensrechtlich eröffneter Weg für die *Kollisionsfrage als solche* und mit der Chance ihrer *verbindlichen Entscheidung durch den Gerichtshof* den streitbefaßten nationalen Gerichten im Vorabentscheidungsverfahren *nicht* zur Verfügung steht. Andererseits ist die Judikatur des Gerichtshofs in Vorlageverfahren zur Verhältnis-Frage kaum zu überschätzen, und zwar aus zwei Gründen: einmal deshalb, weil der nationale Richter mit der Vorlage und der erstrebten Vorabentscheidung über Auslegung und Gültigkeit von Gemeinschaftsrechtsnormen *jene* Eingrenzung des Kollisionstatbestandes zu erreichen sucht, die *nur der Gerichtshof* verbindlich vornehmen kann, nämlich zum Durchgriffscharakter der Gemeinschaftsrechtsnorm und zu ihrer Gültigkeit, d. h. ihrer gehörigen Ermächtigungsgrundlage; zum anderen, weil der Gerichtshof bei aller kompetentiellen Selbstbescheidung, die ihm die *verbindliche Konfliktlösung* der Normenkollision verbietet, in schrittweiser Verdeutlichung doch *nicht die geringsten Zweifel* daran gelassen hat, *wie er selbst* zur Verhältnis-Frage steht, nämlich positiv in der Annahme des Gemeinschafts*vorrangs.*

24 c) Zunächst hat der Gerichtshof[29] lediglich von dem „von der Gesetzgebung der Mitgliedstaaten unabhängigen Gemeinschaftsrecht" gesprochen. Nur wenn „Unabhängigkeit" hier als Unbeeinflußbarkeit, als mitgliedstaatliche Unantastbarkeit zu begreifen wäre, würde der Gerichtshof schon damit dem Gemeinschaftsrecht im Geltungsbereich des nationalen Rechts auch einen Rang zugedacht haben, der seine Derogation durch nationale lex posterior ausschließen müßte. Bereits für diese Entscheidung war indes zu bezweifeln, ob diese Qualifizierung und mittelbare Rangzuweisung durch den Gerichtshof auch für den nationalen Richter verbindlich sein konnte, falls er im Entscheidungsfall vor dem Konflikt stand, die nationale lex posterior oder älteres widerstreitendes Gemeinschaftsrecht anzuwenden. Auch soweit der Gerichtshof dann in seiner weiteren Rechtsprechung[30] den unzweifelhaften Gemeinschaftsvorrang bejaht hat in Wendungen, die seine Unantastbarkeit durch nationale Normierung eindeutig hervorhoben, hat er sich gleichwohl stets und ebenso eindeutig und zutreffend der Behauptung enthalten, diese *seine* Vorrang-These *binde auch* den *nationalen* Richter. Seine Wendungen,

---

[29] Rs 26/62 (van Gend & Loos) Rspr. IX, 3.
[30] Rs 6/64 (Costa/ENEL) Rspr. X, 1269; dazu *Pescatore* NJW 1969, 2070.

„daß es den Staaten unmöglich ist, gegen eine von ihnen auf der Grundlage der Gegenseitigkeit angenommene Rechtsordnung nachträglich einseitige Maßnahmen ins Feld zu führen. ... Denn es würde eine Gefahr für die Verwirklichung der ... Ziele des Vertrages bedeuten ..., wenn das Gemeinschaftsrecht je nach der innerstaatlichen Gesetzgebung von einem Staat zum anderen verschiedene Geltung haben könnte", und: dem Recht des Vertrages könnten „keine wie immer gearteten innerstaatlichen Rechtsvorschriften vorgehen ..., wenn ihm nicht sein Charakter als Gemeinschaftsrecht aberkannt und wenn nicht die Rechtsgrundlage der Gemeinschaft selbst in Frage gestellt werden soll", begründen zwar in aller Klarheit den Gemeinschaftsvorrang aus der Qualität des Gemeinschaftsrechts, der Bestandssicherung und Funktionsfähigkeit der Gemeinschaft. Und diese seine Grundhaltung hat sich fortgesetzt bis zur einschlägigen Wendung, daß „Normenkonflikte zwischen Gemeinschafts- und innerstaatlichem (Kartell-)Recht ... nach dem Grundsatz des Vorrangs des Gemeinschaftsrechts zu lösen" sind[31]. In allen Fällen hat der Gerichtshof aber, und dies zutreffend in der Erkenntnis seiner Zuständigkeitsgrenzen, *nicht* beansprucht, seine *eigene* Beantwortung der Kollisionsfrage sei *rechtlich verbindlich für den nationalen Richter.* Denn die Streitentscheidung selbst, für die die Kollisionsentscheidung erheblich sei, stehe allein dem nationalen Richter zu, nicht ihm[32]. Verbindlichkeit seiner Kollisionslösung gegenüber dem nationalen Richter zu fordern, war und ist der Gerichtshof auch deshalb nicht veranlaßt, weil er selbst, der *ausschließlich* nach *Gemeinschafts*recht entscheidet, *nur dieses* auslegt und nur über seine *gemeinschafts*rechtliche Gültigkeit befindet. Er ist dem nationalen Recht nicht unterworfen und kann deshalb von nationalen Rechtsnormen in keine Konfliktlage gebracht werden, der der nationale Richter ausgesetzt ist.

25 d) Die verfahrensrechtliche Lösung dringt also zum Kern der Sache nicht vor. Denn sie vermag keine den im Konflikt stehenden nationalen Richter bindende Entscheidung des Gerichtshofs hervorzubringen[33]. Soweit die Vorlagefrage, was zulässig erscheint, dahin zielt, ob sich bei *richtiger* Auslegung des Vertrages eine Verpflichtung des Mitgliedstaates ergebe, dem Gemeinschaftsrecht gegenüber widersprechendem nationalen Recht Vorrang zu geben, liefert auch ihre Beantwortung keine Lösung für den nationalen Richter. Die Vorabentscheidung des Gerichtshofs würde ihm keine Kollisionsnorm liefern, und dem Gerichtshof stünde wegen der Fragegestaltung auch keine Organkompetenz zur Kollisionsentscheidung zu. Seine Vorabentscheidung könnte nur den Weg der Art. 5, 169 ff. EWGV begehen und auf die Verpflichtung des Mitgliedstaates verweisen, gemäß Art. 171 a.a.O.

[31] Rs 14/68 (Walt Wilhelm u. a.) Rspr. XV, 13.
[32] Rs 6/60 Rspr. VI, 1163, 1185; Rs 6/64 Rspr. X, 1251, 1286; Rs 20/64 Rspr. XI, 8; *Carstens* Fs Riese 74; *Zuleeg,* Recht 93—95; *Hallstein* Eur. Parlament Verh. 1965/66, 244; *Sasse* YaleLJourn 75 (1966) 746.
[33] *Jaenicke* ZaöRV 23 (1963) 533.

die aus dem Urteil sich ergebenden Maßnahmen zu ergreifen. Eine Folgepflicht des nationalen Richters selbst besteht nicht[34].

26 e) Eine verfahrensrechtliche Lösung ermöglicht schließlich auch nicht der Hinweis darauf, sekundäres Gemeinschaftsrecht genieße prozeßautomatisch Vorrang, weil es einer deutschen Verfassungskontrolle (etwa durch Verfassungsbeschwerde gegen eine EWG-Verordnung) nicht unterliege und sich deshalb *effektiv, weil unkontrollierbar,* mit „Vorrang" deutschem Recht gegenüber durchsetze. Denn als für den deutschen Prozeßrichter entscheidungserhebliche Norm bleibt auch das sekundäre Gemeinschaftsrecht seiner Inzidentprüfung unterworfen. Die Begrenzung seiner direkten Verfassungskontrolle nimmt ihm diese seine Prüfungspflicht nicht ab. Ganz Entsprechendes würde in Mitgliedstaten gelten (wie Belgien und Frankreich), in denen eine richterliche Verfassungsprüfung von Gesetzen nicht stattfindet, so daß gefolgert wird, also *könne* dem Gemeinschaftsrecht durch nationale Verfassungsnorm nicht derogiert werden, woraus sich im Effekt ein Gemeinschaftsvorrang ergebe[35].

3. Lösung kraft bundesstaatsähnlicher Integration[36]

27 a) Dieser Lösungsvorschlag, der auch „Kompetenztheorie" oder „bundesstaatliche (föderalistische) Konzeption" genannt wird, hat seine Hauptvertreter unter denen, die auf deutscher Seite an den Vertragsverhandlungen teilgenommen haben. Sicherlich hat es einen historischen Moment gegeben, in dem der offizielle deutsche Regierungsstandpunkt die Verhältnis-Frage in einem bestimmten bundesstaatlichen Sinne zugunsten eines Gemeinschaftsvorrangs beantwortete. So heißt es in den Erläuterungen der Regierungsvorlage des Vertrages[37]: „Steht aber eine von den Organen der Gemeinschaft ergangene Verordnung oder Entscheidung im Gegensatz zu den Bestimmungen eines nationalen Gesetzes, so bricht das unmittelbar wirksame europäische Recht diese Bestimmung des nationalen Rechts."

Dieser Ansatz aus bundesstaatsähnlicher Integration argumentiert in sich logisch und mit der Intention höchstmöglicher Integrationswirkung des Vertragsschlusses. Er folgert aus der Übertragung von Hoheitsrechten gemäß

---

[34] And. Ans. *Ehle* MDR 1964, 13; *Ropers* Jurisclasseur Périodique 1962 No. 1709; *Pépy* RevCritDrIntPr 1963, 447, wohl auch *Jeantet* Jurisclasseur Périodique 1963 No. 13177.

[35] Diese Folgerung zieht *Constantinesco* JuS 1965, 345; mit Recht kritisch: *Grabitz* EuR 1969, 182. — Für die Incident-Prüfungszuständigkeit des Prozeßgerichts auch BVerfG Beschl. v. 9. 6. 1971 — 2 BvR 225/69 — AWD 1971, 418 = EuR 1972, 51 mit Anm. *Ipsen.*

[36] *Ipsen,* Bensheim-Referat 7—10; *Gorny* 42; *Zuleeg,* Recht 85; *Schumacher* NJW 1970, 982; *ders.,* Betrieb 1970, 1013; *Ophüls* NJW 1963, 1699; *ders.,* Deuxième Colloque International de Droit Européen, La Haye (1963) 221—231; *Grabitz* 64; *Emrich* 67; *Alder* 74; *Ganshof van der Meersch* DrCommEur Nrn. 168—170; *Wohlfarth* u. a. Komm. Vorb. 4 vor Art. 189.

[37] BT-Drucks. 2. WP Nr. 3440 zu Art. 189 EWGV.

Art. 24 I GG den entsprechenden definitiven Verlust nationaler Gesetzgebungs*kompetenz* im Übertragungsbereich mit der Folge, daß nationale Normierung insoweit nicht nur nicht mehr im Sinne des Art. 5 EWGV stattfinden *dürfe* (also aus obligatorischer Verbindlichkeit heraus), sondern nicht mehr stattfinden *könne* (also kraft absolut-dinglicher Wirkung). In der klassisch gewordenen Formulierung der Föderalisten lautet das so: „Die Frage, welchen Rang das Gemeinschaftsrecht in dem nationalen Rechtssystem der Mitgliedstaaten hat, stellt sich hier gar nicht."[38] Sie kann sich hier — bundesstaatsähnlich verdeutlicht — ebensowenig stellen wie im deutschen Verfassungsrecht die Rangfrage zwischen einem in ausschließlicher Bundeskompetenz erlassenen Bundesgesetz und einem Landesgesetz gleichen Regelungsgegenstandes.

Diese Lösung geht von einer „dinglich" wirkenden Übertragung von Hoheitsrechten nach Art. 24 I GG aus. Sie hat von der Rechtsnatur der Gemeinschaften die Vorstellung einer bereits existenten bundesstaatsartigen Struktur, und zwar mindestens jenes historischen Typs, den in den Vereinigten Staaten der „Federalist" konzipiert hatte und der über *Tocqueville* und durch *Waitz* im deutschen Bundesstaatsrecht konzipiert worden ist, bis *Triepel* ihn abschließend eleminiert hat *(8/10—14).*

Zwar beruft dieser Ansatz sich *nicht* auf eine im Gemeinschaftsrecht nachweisbare *Kollisionsnorm nach Art des Art. 31 GG.* Er kann darauf in seiner Logik auch verzichten, wie es auch logisch genannt werden kann, wenn er meint, die Kollisionsfrage stelle sich gar nicht. Im Ergebnis liefert dieser Ansatz gleichwohl aber eine Antwort auf die Verhältnis-Frage: er qualifiziert das Gemeinschaftsrecht als außerhalb des nationalen Rechts stehende Rechtsmasse, andererseits aber als eine solche, die für den nationalen Richter anwendbar ist. Dieser sieht sich gleichzeitig der von ihm Respekt fordernden deutschen Rechtsnorm mit dem Rechtsschein ihrer Gültigkeit gegenüber. Folglich muß dieser Lösungsvorschlag annehmen, daß eine dem Gemeinschaftsrecht widerstreitende nationale Norm niemals Bestandteil der deutschen Rechtsordnung habe werden *können.* Weil der nationale Richter hiernach nur der Gemeinschaftsnorm folgen darf, liegt in dieser Lösung wenigstens im Effekt die Annahme einer Rangordnungs-, einer Kollisionsnorm. Ihr Fehler liegt in ihrem Versuch, aus der Kompetenzabgrenzung eine Vorrangregel gewinnen zu wollen[39].

28 b) Der entscheidende Einwand gegen eine Lösung kraft bundesstaatsähnlicher Integration liegt in ihrer begriffsjuristischen Annahme einer bundesstaatlichen Rechtsnatur der Gemeinschaften, die sich als unbegründet erwiesen hat *(8/12).* Die Gemeinschaften sind nicht Bundesstaaten — weder dieses noch jenes Typs. Der weitere Einwand ergibt sich aus ihrer Voraussetzung, zwischen Gemeinschaften und Mitgliedstaaten habe eine „nahtlose

---

[38] *Ophüls,* Deuxième Colloque 222.
[39] *Ipsen* NJW 1964, 341; *ders.,* Bensheim-Referat 9; zustimmend: *Alder* 36—37.

und vollkommene Kompetenzausscheidung“ stattgefunden[40]; diese schließe in komplementärer Zuordnung beider Kompetenzbereiche zueinander im Bereich der Gemeinschaftskompetenz eine nationale Kompetenz (und folglich jede nationale Regelung) insoweit aus, als die Gemeinschaften von ihrer eigenen Gebrauch gemacht hätten. Keine anderen Folgen ergeben sich auch für verschiedene Variationen dieses Lösungsweges, die an Stelle bundesstaatlichen Analogieschlusses auf die Natur der Sache oder auf die Genesis der Kompetenz-Übertragung abstellen wollen[41].

„Die Kompetenzabgrenzungen in den Gründungsverträgen, auf denen die Theorie aufbaut, sind nicht präzise genug, um die Rechtsfolge der Ungültigkeit nationalen Rechts daran zu knüpfen. Zwar müssen die Organe der Gemeinschaften sich an ihre Kompetenznormen halten, aber für die Abgrenzung ist mehr erforderlich: Es muß ersichtlich sein, auf welchen Gebieten die Mitgliedstaaten nicht mehr Recht setzen können, und das ist nicht mit der im Interesse der Rechtssicherheit nötigen Genauigkeit der Fall.“[42] Im übrigen leiden Analogieschlüsse aus Rangregeln nach Art des Art. 31 GG daran, daß ihr Nachweis keineswegs für jede Gestalt von Bundesstaatlichkeit gelingen kann und auch von der Logik nicht gefordert wird[43].

4. Pragmatische Lösungen[44]

29 Versuche, die Verhältnis-Frage in unterschiedlicher Methode *pragmatisch* zu lösen, verkennen in der Regel ihre prinzipielle Bedeutung zwar nicht. Sie gehen aber — aus Resignation, aus Prinzipien-Abneigung oder aus Reservehaltung gegenüber für möglich gehaltenen Konfliktlagen — den Weg, die Rang- und Zuordnungsfrage ad hoc einzugrenzen und zum Schrumpfen zu bringen. Ihre Initiatoren zählen keineswegs, was überraschen mag, nur zu den Rechtspraktikern.

30 a) Eine gegenständliche und aktuelle, auf gerade praktisch anliegende Kollisionsfragen zugeschnittene Eingrenzung (z. B. im Agrar- oder Wettbewerbsrecht) verbindet sich in der Regel mit dem Bemühen, primär alle überlieferten Auslegungs- und Anwendungsgrundsätze zur Konfliktlösung zu aktivieren, um dort eine Lösung anzubieten, wo trotz gegenständlicher Einschränkung von Kollisionstatbeständen ungelöste Reste verbleiben. Solche Hilfen werden in gemeinschaftsfreundlicher Haltung überwiegend angeboten, um den Normenkonflikt als solchen auszuräumen, so etwa durch *gemeinschaftskonforme Ausdeutung* der nationalen Norm, weil mit pathologischem Verhalten des nationalen Gesetzgebers, gemeinschaftswidrig han-

[40] So die Kritik von *Grabitz* 64; dort Anm. 273 weitere Nachweise.
[41] Vgl. die Kritik bei *Grabitz* 64 und bei *Zuleeg*, Recht 85.
[42] *Zuleeg*, Recht 89—90.
[43] *Alder* 5—13.
[44] *Ipsen*, Bensheim-Referat 10—12; *Zuleeg*, Recht 95; *Gorny* 32; *Sattler*, Funktionelle Integration 31.

deln zu wollen, nicht gerechnet werden dürfe und könne. Gemeinschaftskonformität der Auslegung steigert sich so letztlich zu der These: *in dubio pro communitate*. Gemeinsam ist dieser Haltung die Ablehnung klassisch-völkerrechtlicher Auslegungsregeln, die sich im Zweifel zugunsten staatlicher Souveränität und Nicht-Bindung auswirken würden.

31 b) Zu den pragmatischen Hilfen gehört auch die bekannte Regel in Art. 2 des deutschen Zustimmungsgesetzes zum EWGV. Danach sind Bundestag und Bundesrat über die Tätigkeit der Bundesminister im Rat vor Beschlußfassung zu informieren, um prophylaktisch der Entstehung von Normkonstellationen vorzubeugen, aus denen Konflikte erwachsen könnten[45]. In Belgien und Frankreich ist zum gleichen Zweck angeregt worden, spezielle Gutachtergremien in den nationalen Ministerien einzurichten.

32 c) Pragmatisch wirkt auch das Verfahren, Kollisionsgefahren dadurch zu begegnen, daß alle Möglichkeiten der den Gemeinschaftsorganen zustehenden unmittelbaren und mittelbaren Rechtsetzungsbefugnisse ausgeschöpft werden; dies zu dem Zweck, etwa widerstreitende nationale Rechtsetzung einzuschränken oder letztlich durch eine lex posterior communitatis auszuräumen. Das ist insbesondere für das Recht der Agrarmarktorganisation erwogen worden — ein Verfahren, das ein belgisches bon mot als „jeu de saute-mouton juridique" bezeichnet hat[46].

33 d) Pragmatisch zu nennen ist schließlich der Vorschlag[47], unter Verwendung einer sog. *Anpassungstheorie* international-privatrechtlicher Provenienz als Normenkollisionen auftretende „Harmoniestörungen" (!) durch zweifache Anpassungen zu überwinden, und zwar (1) durch Anpassung der Tatbestände (Subsumtionsanpassung) sowie (2) durch Anpassung der Rechtsfolgeanordnungen (Konklusionsanpassung). Beide sollen an abwägender Aufopferung der schwächsten Interessen zum Schutz der stärksten Interessen orientiert werden. Dieser Vorschlag kommt indes ohne Einsatz anderer erprobter Pragmatik-Hilfen der bekannten Auslegungsregeln nicht aus und läuft im Grunde auf das Prinzip der Funktionsfähigkeit *(10/40—50)* hinaus, wenn er meint: „Sehr stark wird zunächst der Anspruch des Gemeinschaftsrechts auf einheitliche und uneingeschränkte Geltung im ganzen Gemeinsamen Markt sein."

34 e) Fortschreitende Integration intensiviert das Gebot des *Zusammenwirkens beider Rechtsordnungen,* und ihre wechselseitige Angewiesenheit führt von Konflikt- und Kollisionslagen zu solchen der Kollaboration. Diese Feststellung rechtfertigt das Postulat für „ein vom Geiste gegenseitiger Achtung

---

[45] *Carstens* VVDStRL (1958) 132; dazu: *Oetting,* Die Mitwirkung von Bundestag und Bundesrat an der innerstaatlichen Willensbildung zu den Rechtsakten der Europäischen Gemeinschaften, Diss. Hamburg (1972).

[46] *Braun* JTrib 1963, 172.

[47] *Schumacher,* Betrieb 1970, 1014 im Anschluß an *Schröder,* Die Anpassung von Kollisions- und Sachnormen (1961) und *Kegel,* Internationales Privatrecht 2. Aufl. (1964) 109.

getragenes Zusammenwirken auf ein gemeinsames Ziel hin"[48]. Nähere Exegese der Rechtsprechung des Gerichtshofs vermag zu verdeutlichen, daß er im Sinne echter Integrationswirkungen zunehmend Begriffe wie „Kontakt", „Durchdringung", „Ineinandergreifen" verwendet, um beide Rechtsordnungen in einem Verhältnis zu verorten, „das einem kohärenten Ordnungssystem" entspricht. Inwieweit die Gerichtspraxis imstande sein wird, unvermeidbar gleichwohl immer wieder akut werdende Konfliktsituationen in dieser Kohärenz-Haltung zu lösen, ohne dabei doch von einer vorgegebenen generellen Kollisionsregel ausgehen zu müssen, wird die Entwicklung zeigen. Einstweilen wird auch dieses Postulat in die Reihe pragmatischer Verhaltensweisen einzuordnen sein.

35 f) Insgesamt wird nicht zu leugnen sein, „que la solution pragmatique — et l'on mesure le risque couru aujourd'hui par qui ose, après le colloque de Bensheim, se référer à ce qualificatif — soit par définition, une règle de transition. . . ."[49]. So sehr das zutrifft — es bedarf auch schon *vor* Ende dieses Transitoriums einer klaren Antwort auf die Verhältnis-Frage.

V. Vorrang des Gemeinschaftsrechts

36 Die Verhältnis-Frage beantwortet sich nicht aus Begrifflichkeiten, nicht aus der Rechtsnatur der Gemeinschaften, ihrem „Wesen", ihrer Föderalität oder „Prä-Föderalität", sondern teleologisch aus den ihnen von den Mitgliedstaaten gestellten Aufgaben und ihren und ihrer Handlungsmittel Funktionen. Zu dieser Antwort führt das *Prinzip der Sicherung ihrer Funktionsfähigkeit* — „der Funktionsfähigkeit der Gemeinschaften, deren *Existenz kraft Entscheidung ihrer Mitgliedstaaten* ja wohl das Minimum dessen darstellt, über das es nur eine Meinung gibt und geben kann"[50]. Diesem Prinzip kann die entscheidende Qualifizierung des Gemeinschaftsrechts entnommen werden; es liefert den Zugang zur Ermittlung und Plazierung der

---

[48] *Pescatore* NJW 1969, 2066.

[49] *Louis*, Les règlements de la CEE (1969) 443.

[50] *Ipsen*, Bensheim-Referat 17; zustimmend: *Alder* 315. — Dieser Auffassung steht *von Simson* EuR 1970, 186—188 nahe: die Verhältnisfrage löse sich nicht aus der Rechtsnatur der Gemeinschaften, und nationales Recht sei zur Lösung ohnehin außerstande. Der Gemeindschaftsvorrang sei begründet „in der Tatsache des Vertragsabschlusses oder des Beitritts selbst. Der Vorrang des Gemeinschaftsrechts ist eine in diesem Entschluß implizierte und seine bindende Kraft aus diesem notwendigen Zusammenhang gewinnende Bedingung der Gemeinschaftszugehörigkeit". Was *von Simson* als „notwendigen Zusammenhang" sieht, heißt hier Gemeinschaftsexistenz kraft Staatenentscheidung, damit notwendig: Sicherung ihrer Funktionsfähigkeit. — Gemeinschaftsexistenz kraft Staatenentscheidung und Gebot zur Sicherung ihrer Funktionsfähigkeit sind sinnfällige Normativitäten unbestreitbarer Realität und Wirksamkeit. Der Vorhalt, sie entstammten „mehr einem europäischen Wunschdenken . . ., als streng rechtlichen Interpretationsgrundsätzen zu genügen", kann sie nicht erreichen; dies gegen *Ritterspach* Fs Gebhard Müller (1970) 310; Entsprechendes gilt für *Randelzhofer* ZHR 135 (1971) 254—255.

maßgeblichen Kollisionsregel; es trägt zu der Erkenntnis bei, daß die Verhältnis-Frage ihre Lösung nicht aus der lex posterior-Regel finden kann; es ist auch geeignet, den Vorrang des Gemeinschaftsrechts inhaltlich und in seiner Rechtsintensität einzugrenzen, seine Überbewertung zu verhindern.

1. Unanwendbarkeit der lex posterior-Regel

37 a) In einer umfangreichen Phase der Vorrang-Diskussion ist unter Führung der Internationalisten unbesehen und unreflektiert die lex posterior-Derogationsregel im Kollisionsfall zwischen Gemeinschafts- und nationalem Recht für anwendbar erachtet worden. Diese Auffassungen haben zwar die innerstaatliche Geltung des Gemeinschaftsrechts respektiert. Sie ist für das Primärrecht aus Transformation oder kraft Vollzugsbefehls, für das Sekundärrecht aus Art. 189 II EWGV, 161 II EAGV akzeptiert worden. Das Gemeinschaftsrecht ist von diesen Auffassungen dann aber unbesehen der derogierenden Disposition späterer nationaler Gesetzgebung unterstellt worden. Für die völkerrechtlichen Traditionalisten war diese Deduktion ebenso eine Selbstverständlichkeit wie für die Pragmatiker und die Verfahrensrechtler. Den Vertretern bundesstaatsähnlicher Integration blieb dieser Kurzschluß erspart. Denn sie erstickten den Kollisionsfall mit ihrer Annahme einer Sperrwirkung gemeinschaftsrechtlicher Kompetenzwahrnehmung.

38 b) Diese Deduktion ist unbegründet[51]. Die allgemeine Derogationsregel „lex posterior derogat legi priori“ kann mit der Kraft einer überlieferten Rechtsparömie Geltung entfalten in der *horizontalen, zeitlichen* Ordnungsreihe der Normschöpfungen. Aus der Vorstellung und Wertentscheidung heraus, das *jüngere* Gesetz sei das *bessere*, der *jüngere* Gesetzgeber liefere die *bessere* Sachverhaltsregelung, entfaltet diese Regel ihre Kraft aber *immer nur in einer Reihe von Normierungen, die inhaltlich gleichen Wertes, gleicher Qualität, gleichen Geltungsgrundes sind.*

Die lex posterior-Regel gilt beispielsweise und unbestrittenermaßen *nicht* in der Reihe Verfassungsgesetz — Bundesgesetz — Landesrecht, also *vertikal.* Auch eine spätere Landesverfassung derogiert nicht dem früheren einfachen Bundesgesetz. Hier gilt die lex posterior-Regel also nicht. Umgekehrt derogiert auch eine spätere Bundesrechtsverordnung einer früheren Landesverfassung. Beides erklärt sich aber *nicht* mehr mit Hilfe der *horizontalen* lex posterior-Regel, sondern aus der *vertikalen* Rang- und Wertordnung der verschiedenen Normen[52]. Hier kommt es *nicht* an auf die vermutlich bessere, weil spätere Normierung, sondern auf die Rang- und Wertskala der Normen. Die Anwendung der Regel auf die Normsetzungen *verschiedener Organe* verfälscht die Zeit-Kollisions-Regel zu einer Rang- und Kompetenz-

---

[51] Ebenso *Roemer*, Rede zum zehnjährigen Bestehen des Gerichtshofs (1958 bis 1968) 29 („überzeugend verurteilte lex posterior-Lehre“).

[52] *Imboden*, Bundesrecht bricht kantonales Recht (1940) 12—16, 63.

Kollisionsregel. Gerade dies aber geschieht, wenn das „transformierte" Gemeinschaftsrecht nur noch in seiner angeblichen Qualität als *deutsches* Recht honoriert wird. Hier wird fälschlich so argumentiert, als ob der Geltungsgrund des Gemeinschaftsrechts im nationalen Transformationsakt oder Anwendungsbefehl bestünde und der Gemeinschaftsautor des Gemeinschaftsrechts auf diese Weise durch den deutschen Autor des Anwendungsbefehls ersetzt worden wäre[53].

39 c) Die Anwendung der horizontalen lex posterior-Regel setzt also gleichen Wert, gleiche Qualität, gleichen Geltungsgrund der in der Zeit aufeinander folgenden Normierungen voraus. Weil es hieran fehlt, ist die Regel in der Verhältnis-Frage nicht anwendbar. Sie kommt auch nicht, wie in einer juristisch unergiebigen Wendung gesagt worden ist[54], „ins Spiel". Ihre Unanwendbarkeit rechtfertigt sich im richtigen Verständnis der Vergemeinschaftung als solcher aus der Supranationalisierung nationaler Hoheitsrechte im Übertragungsbereich[55]. Für den modernen Staat der Souveränität war die lex posterior-Regel Ausdruck und Instrument zur Überwindung des Ständestaates durch den absoluten Souverän geworden. Kennzeichen der souveränen Staatsgewalt „und damit des modernen Staates schlechthin (wurde) die *rationale* Bewältigung überindividueller Daseinsaufgaben mit je nach Sachlage wechselnden Mitteln, angetrieben von dem Bewußtsein des Wechsels der Situationen und bemüht um ständig bessere Sachverhalts-Lösungen. Allein auf diesem geistesgeschichtlichen Hintergrund ist die Dauerkompetenz eines staatlichen Gesetzgebers verständlich; sie kann nur als Auftrag begriffen werden, ad hoc die perfekte Norm zu liefern. Die Rechtsparömie von der vorgehenden lex posterior ist das Zeichen der Bewußtseinslage, die in dem *jüngeren* Gesetz das *bessere* sieht"[56].

Soweit und indem der integrierende Staat seine Souveränität durch Übertragung von Hoheitsrechten einschränkt und in der Hinnahme qualitativ andersartiger Gemeinschaftsnormierung auch für sein Gebiet die bessere und perfektere Normierung anerkennt, scheidet für den an der Vergemeinschaftung teilnehmenden Staat das lex posterior-Instrument aus. Seine nationale Unanwendbarkeit gegenüber dem Gemeinschaftsrecht ist damit nichts anderes als ein Resultat der Vergemeinschaftung. Es ist aus teleologischer Einsicht die Anerkennung, daß die Gemeinschaften auf das Instrument der Gemeinschaftsnormierung und deren mitgliedstaatliche Unantastbarkeit angewiesen sind, um ihre Funktionen erfüllen zu können.

---

[53] *Ipsen,* Bensheim-Referat 24; BVerfGE 2, 130. — Daß „der nationale Gesetzgeber (entscheide), inwieweit sie (die Gemeinschaftsrechtsnorm) im staatlichen Bereich gilt", glaubt *Randelzhofer* ZHR 135 (1971) 256 noch annehmen zu können.

[54] *Ritterspach* Fs Gebhard Müller (1970) 307.

[55] Zur Begründung: *Ipsen,* Bensheim-Referat 24—25.

[56] *Quaritsch,* Das parlamentslose Parlamentsgesetz 2. Aufl. (1961) 20. Diese historische Deutung hat *Randelzhofer* ZHR 135 (1971) 256 verkannt.

2. *Prinzip der Sicherung der Funktionsfähigkeit*

40 Zur angemessenen Beantwortung der Verhältnis-Frage führt das die Vergemeinschaftung und ihr Recht bestimmende *Prinzip der Sicherung der Funktionsfähigkeit der Gemeinschaften.* Es ist geeignet, in der nach dem Integrationsprinzip gebotenen, aus der Besonderheit der Vergemeinschaftung gerechtfertigten Weise Normierungen des Gemeinschaftsrechts mit den Qualitäten auszustatten, „ohne welche sie nicht sinnvoll und vernünftig angewendet werden können“[57]. Das Prinzip wirkt also einmal als Auslegungsregel. Es ist darüber hinaus aber auch ein das Gemeinschaftsrecht ausrichtender und qualifizierender Leitsatz. Er ergibt sich ungeschrieben aus dem Wesen der Integration und findet in einzelnen Vertragsregelungen seinen positiven Niederschlag. Seine Maßgeblichkeit äußert das Prinzip also nicht nur als subsidiärer teleologischer Auslegungsfaktor, der irrelevant bleiben müßte, wenn alle anderen Auslegungsgrundsätze (wörtlich-grammatikalischer, logisch-systematischer und subjektiv-historischer Interpretation) gesicherte Ergebnisse hervorbrächten[58]. Ihm kommt vielmehr vorrangige Bedeutung zu, dem gegenüber die konventionellen Interpretationsregeln des Völker- und des nationalen Rechts zurücktreten. Daß das Prinzip als Auslegungsregel in Gestalt des principle of effectiveness (principe de l’effet utile) im Völkerrecht verwendet wird[59], steht nicht im Wege, um es im Integrationsrecht auch als materiellrechtlichen Leitsatz zur Geltung zu bringen.

41 a) Die echte Kollision zwischen Gemeinschafts- und nationalem Recht, für die die Verhältnis-Frage eine Antwort sucht, besteht in der Unvereinbarkeit nationalen Rechts mit solchen Normen des Gemeinschaftsrechts, die Durchgriffscharakter haben. Denn nur Normen dieser Art können für den nationalen Richter, der die Kollision zu lösen hat, entscheidungserheblich sein. Der Charakter der Durchgriffsnorm besteht in ihrem Nicht-Angewiesen-Sein auf die Mitwirkung des Mitgliedstaates zum Eintritt ihrer unmittelbaren Wirksamkeit gegenüber dem Marktbürger. Für das Funktionieren und den Fortschritt der Vergemeinschaftung hat sie besondere Bedeutung. In den Durchgriffsnormen verfügt die Gemeinschaft über ein rechtliches Integrationsinstrument, das in seiner Effizienz als Normenkomplex gemeinen Rechts für die *gesamte* Gemeinschaft und *alle* Marktbürger nur den Wirkungen gleichkommt, die *innerhalb* der einzelnen Mitgliedstaaten sonst das nationale Recht äußert *(5/58)*. Diese Durchgriffswirkung kann *Primär*normen zukommen, was jeweils nach Wortlaut, Inhalt und Auslegung zu ermitteln bleibt und von der Rechtsprechung des Gerichtshofs weithin geklärt ist. Sie kommt im Bereich des *Sekundär*rechts den Verordnungen und allgemeinen Entscheidungen (ebenfalls in den Grenzen ihrer selbstverständ-

---

[57] Verwendung dieser Formel in der Rechtsprechung des Gerichtshofs: Rs 8/55 Rspr. II, 312; Rs 20/59 Rspr. VI, 708; Rs 25/59 Rspr. VI, 781.
[58] *Grabitz* EuR 1969, 363 gegen *Emrich* 88—89.
[59] Nachweise bei *Alder* 146 Anm. 3.

lich vorauszusetzenden Eignung hierfür als selbstgenügsamen Normierungen) *deshalb generell* zu, weil Art. 189 II EWGV, 161 II EAGV (insoweit auch Art. 14 II EGKSV) *ihnen diese Wirkung ausdrücklich zuerkennen* („ist in allen ihren Teilen verbindlich und gilt unmittelbar in jedem Mitgliedstaat").

In der Zuerkennung der Durchgriffswirkung erschöpft sich diese Legaldefinition indes nicht. Sie geht für die Verhältnis-Frage darüber hinaus und hat für sie besondere Relevanz. Denn sie vermittelt zugleich eine Wert- und Qualitätsbestimmung des Gemeinschaftsrechts, in der sich das Prinzip der Sicherung der Funktionsfähigkeit äußert.

Beispielhaft umschreiben nämlich die genannten Vertragsbestimmungen für die dort bezeichneten Sekundärrechtsnormen ihren *Gemeinschaftscharakter,* d. h. ihre *unantastbare Eigenart, in der Gemeinschaft ganzheitlich und einheitlich zu gelten.* Diese Gemeinschaftsqualität *bedeutet mitgliedstaatliche Unantastbarkeit,* weil die Gemeinschaftsnorm sonst ihre *Gemeinschaftsgeltung* einbüßen würde[60].

42 b) In diesem Verständnis sind Art. 189 II EWGV, 161 II EAGV, 14 II EGKSV spezielle vertragsrechtliche, für das Instrument der sekundären Normsetzung verlautbarte Ausprägungen des Prinzips der Sicherung der Funktionsfähigkeit der Gemeinschaften[61]. In seiner positiv-rechtlichen Ausprägung will es besagen, daß in den Gemeinschaften *als Rechtsgemeinschaften das Instrument der Rechtsregelung* zu den wichtigsten und unentbehrlichsten Mitteln gehört, um die Funktionsfähigkeit der Gemeinschaften zu sichern. Diese Sicherung wird aber nur erreicht, wenn das hierfür in Betracht kommende Gemeinschaftsrecht *in allen Mitgliedstaaten einheitlich und unantastbar gilt und hierin nicht von unterschiedlichen Entscheidungen oder Maßnahmen der mitgliedstaatlichen Rechtsordnungen abhängt, die die*

---

[60] *Ipsen,* Bensheim-Referat 21; zustimmend: *Alder* 146—147; dort Anm. 1: „Diese These hat auffallende Ähnlichkeit mit der Argumentation des Gerichtshofs, wonach der Vorrang des Gemeinschaftsrechts auch durch Art. 189 EWGV bestätigt werde", und zwar in der Rs 6/64 Rspr. X, 1270: „Diese Bestimmung, die durch nichts eingeschränkt wird, wäre ohne Bedeutung, wenn die Mitgliedstaaten sie durch Gesetzgebungsakte, die den gemeinschaftsrechtlichen Normen vorgingen, einseitig ihrer Wirksamkeit berauben könnten. " — Abwegig (nicht nur unlogisch) *Randelzhofer* ZHR 135 (1971) 254: „189 II sichert damit die einheitliche Geltung der Verordnungen im Augenblick des Geltungsbeginns, nicht aber die Erhaltung der einheitlichen Geltung" (sic!).

[61] Das wird durch die Entstehungsgeschichte dieser Regelungen bestätigt; vgl. den Bericht von *Rabe* über die Diskussion beim Bensheim-Referat, in: Aktuelle Fragen des europäischen Gemeinschaftsrechts, Beiheft 29 zur ZHR (1965) 110—111; nach den Bekundungen von *Ophüls* und *v. Meibom* (Teilnehmern der Vertragsverhandlungen) habe „gerade die Sorge um die Sicherstellung der Funktionsfähigkeit der Wirtschaftsgemeinschaft und die Durchsetzung der zur Verwirklichung ihrer Ziele notwendigen Rechtsakte zur Schaffung des in Art. 189 niedergelegten Systems der Rechtsakte und insbesondere zur Formulierung des Art. 189 II geführt". — Zur Entstehungsgeschichte auch: *Alder* 149. Der Einwand von *Ritterspach* Fs Gebhard Müller 310, das Prinzip stehe „positiv-rechtlich auf schwachen Füßen" und sei ein „Produkt europäischen Wunschdenkens", bleibt unbegründet.

Einheitlichkeit seiner Geltung aufheben würden. Die Anerkennung dieses Prinzips und die Einsicht, es habe speziell für das Sekundärrecht in Art. 189 II EWGV, 161 II EAGV, 14 II EGKSV exemplarischen Ausdruck gefunden, ist zwar in Frage gestellt, mit den besseren Argumenten indes bestätigt, z. T. auch in Varianten unterstützt worden.

43 c) Die Ableitung eines Vorrangs des Gemeinschaftsrechts wegen seiner Qualität aus dem Prinzip der Funktionssicherung[62] ist *von Anfang an nicht formal* lediglich mit der Leistungsfähigkeit supranationaler Instanzen[63] und ihrer Disposition über die Normsetzung im Übertragungsbereich gerechtfertigt worden. Legitimation und Inhalt des Prinzips sind vielmehr *materiell aus den Zielbestimmungen der Verträge* zu gewinnen[64].

44 aa) In diesem Sinne hat die detaillierte Vergleichung[65] der Gemeinschaftsverträge hinsichtlich ihrer materiellen Ziele mit multilateralen internationalen Abkommen traditioneller Art über vergleichbare Sachbereiche erwiesen, daß die Gemeinschaftsverträge besonderen Zielsetzungen folgen, für deren Verwirklichung das Funktionsinstrument *einheitlicher Rechtsgestaltung* benötigt und von den Verträgen bereitgestellt wird. Auch die Überprüfung[66] des Prinzips der Funktionssicherung im Bereich der Konstitutionsnormen und des Marktordnungsrechts der Verträge unter dem Gesichtspunkt möglicher Rechtskollisionen hat seine Existenz und Tragweite bestätigt. Die Rechtsprechung des Gerichtshofs hat es zuletzt[67] für die Zuordnung des Gemeinschafts*kartell*rechts zum deutschen Kartellrecht verwendet mit der Wendung, im Kollisionsfall dürften „die einheitliche Anwendung des Gemeinschaftskartellrechts und die volle Wirksamkeit der zu seinem Vollzug ergangenen Maßnahmen auf dem gesamten Gemeinsamen Markt nicht beeinträchtigt“ werden.

45 bb) Auf die Sicherung der Funktionsfähigkeit in einem an den Ver-

---

[62] *Zuleeg*, Recht 134 gebraucht hierzu und zur Widerlegung der lex posterior-Argumentation die Wendung: „In richterlicher Rechtsschöpfung verlieh der Gerichtshof (in der Rs 6/64) der Theorie *Ipsens* die Autorität des Richterspruchs.“ Daß der Verfasser diese Feststellung hier zitiert und ihren Inhalt nicht bestreitet, ist ein prächtiges Beispiel für die von *Max Weber* (Politik als Beruf, in: Gesammelte Politische Schriften, Hg. Johannes Winckelmann, 2. Aufl. — 1958 — 534) diagnostizierte „Berufskrankheit“ der Gelehrtenkreise, die „ganz gemeine Eitelkeit“. Der Verfasser vermag sich — und andere — darüber, daß auch er ihr erliegt, nur mit der Anmerkung zu trösten, daß er die Zusatzdiagnose *Max Webers* jedenfalls *in dieser Sache* nicht zu teilen vermag — wonach nämlich jene professionelle Eitelkeit zur „Todfeindin aller sachlichen Hingabe und aller Distanz“ werde.

[63] Dies gegen *Alder* 150.

[64] *Ipsen* nach *Rabe*, Diskussion zum Bensheim-Referat 110: „Die Legitimation und wohl auch der Inhalt dieses Prinzips seien vor allem aus den Grundsatzartikeln der Verträge zu gewinnen“; ebenso *Kaiser* (a.a.O.) und *Zuleeg*, Recht 122.

[65] *Alder* 145.

[66] *Grabitz* 76—94; dazu *Louis* CahDrEur 1970, 244.

[67] Rs 14/68 Rspr. XV, 13; entsprechend: „Es würde dem Wesen dieser Rechtsordnung (der Gemeinschaft) widersprechen, wenn es den Mitgliedstaaten gestattet wäre, Maßnahmen zu ergreifen oder aufrechtzuerhalten, welche die praktische Wirksamkeit des Vertrages beeinträchtigen könnten“ (14).

tragszielen orientierten *materiellen* Sinne stellt der Gerichtshof seit seiner Costa—ENEL-Entscheidung ab: „Denn es würde eine Gefahr für die Verwirklichung der in Art. 5 II aufgeführten Ziele des Vertrages bedeuten und dem Verbot des Art. 7 widersprechende Diskriminierungen zur Folge haben, wenn das Gemeinschaftsrecht je nach der nachträglichen innerstaatlichen Gesetzgebung von einem Staat zum anderen verschiedene Geltung haben könnte." Zwar verlautbart Art. 5 II EWGV (ebenso wie Art. 192 II EAGV, 86 II EGKSV), wonach die Mitgliedstaaten alle Maßnahmen unterlassen, welche die Verwirklichung der Ziele des Vertrages gefährden könnten, als Verbotsnorm nur eine den Mitgliedstaaten obliegende (obligatorische) Vertragspflicht, deren Sanktionierung das Verfahren nach Art. 169 EWGV, 141 EAGV, 88 EGKSV voraussetzt. Und die Pflicht der Mitgliedstaaten aus Art. 171 EWGV, 143 EAGV, einem Urteil des Gerichtshofs nachzukommen, das eine Vertragsverletzung festgestellt hat, ist ebenso als obligatorische Vertragspflicht zu verstehen. Aber von diesen Regelungen kann ausdrücklich dem Art. 86 II EGKSV mit seiner Bezugnahme auch auf Art. 4 b und d EGKSV entnommen werden, daß er das Marktordnungsrecht des EGKSV gegenüber widersprechenden Regelungen der Mitgliedstaaten ebenso sichern will wie die Marktfreiheit und die Marktgleichheit[68]. Insoweit liegt also darin eine Ausprägung des Prinzips der Funktionssicherung. Und wenn Art. 5 II EWGV, 192 II EAGV, deren Unterlassungsgebote sich nicht auf den Bestand des Gemeinsamen Marktes, sondern nur auf die Vertragszielgefährdung beziehen, ebenso wie Art. 86 II EGKSV begriffen werden, was folgerichtig erscheint, kann ihnen gleiche exemplarische Bedeutung zukommen[69].

46 cc) *In welcher Intention* das Gemeinschaftsrecht die *Rechtsgleichheit innerhalb der Gemeinschaft,* damit den Ausschluß abweichender nationaler Regelung, als geeignetes Instrument zur Sicherung der Funktionsfähigkeit anstrebt, erhellt schließlich aus Art. 100 EWGV. Zwar stellt er *nicht* auf die Funktionssicherung der *Gemeinschaft als solcher* ab, sondern auf die Errichtung und das Funktionieren *des Gemeinsamen Marktes* und die unmittelbaren Auswirkungen, mit denen unterschiedliche Rechts- und Verwaltungsvorschriften sein Funktionieren beeinträchtigen können. Aber da seine Errichtung und die Sicherung seines Funktionierens die wesentliche Aufgabe der Gemeinschaft darstellen, hängt von ihnen auch ihre Existenz und ihr Funktionieren selbst ab.

47 d) Gegenüber dem Prinzip der Sicherung der Funktionsfähigkeit und der ihm zu entnehmenden Wert- und Qualitätsbestimmung des Gemeinschaftsrechts, „in der Gemeinschaft ganzheitlich und einheitlich zu gelten", kann anderen — *im Ergebnis* zustimmenden oder ablehnenden — Erwägungen nicht gefolgt werden.

[68] *Grabitz* 92.

[69] *Grabitz* 94, der in diesen Normen auch Vorrang-Kollisionsnormen sieht.

48 aa) Das gilt einmal von der Annahme, die Sicherung der einheitlichen Geltung des Gemeinschaftsrechts im Gesamtbereich der Gemeinschaft sei „unabdingbare Voraussetzung für die sinnvolle Anwendung des Vertragswerkes“, und in diesem Sinne könne den Verträgen ein „ungeschriebener Rechtssatz des Inhalts entnommen werden . . ., daß das Gemeinschaftsrecht jedweder Art dem nationalen Recht der Mitgliedstaaten jedweder Art im Range vorgeht“. Der Nachweis dieser ungeschriebenen Norm als Rangordnungsregel mit Hilfe der völkerrechtlichen Auslegungsregel vom effet utile[70], die bislang nur zur implied powers-Lehre in Anspruch genommen worden ist, steht in seiner Beweiskraft zurück hinter der Qualitätsausweisung des Gemeinschaftsrechts mit Hilfe des Prinzips der Funktionssicherung und seiner Nachweisung im positiven Gemeinschaftsrecht.

49 bb) Das gilt ebenso von der Erwägung, die Verhältnis-Frage löse sich in einer *kollisionsrechtlichen Methode* im Wege der Subsumtions- und Konklusionsanpassung, also einer Anpassung der Tatbestände und der Rechtsfolgeanordnungen. Denn die hierfür unausweichliche Aufgabe der Interessenabwägung kann ihrerseits, wie eingeräumt wird, nicht verzichten „auf den Anspruch des Gemeinschaftsrechts auf einheitliche und uneingeschränkte Geltung im ganzen Gemeinsamen Markt“[71]. Eben dieser Anspruch aber gründet sich auf das Prinzip der Funktionssicherung und die in seinen Positivierungen vermittelte Qualitätsausweisung des Gemeinschaftsrechts, was zu seinem Nachweis den des Prinzips und seiner Wirkungen erst voraussetzt.

50 cc) Daß die Deduktion aus dem Prinzip der Funktionssicherung und der positivierten Qualitätsausweisung des Gemeinschaftsrechts sich aus *teleologischer* Intention versteht, ist schwerlich zu bestreiten und wird keineswegs geleugnet. Das nimmt ihr indes nicht die Berechtigung, wenn behauptet wird[72], mit Hilfe traditioneller Interpretation aus Wortlaut, Systematik und Entstehungsgeschichte sei ein Vorrang des Gemeinschaftsrechts nicht nachweisbar. Denn diese Interpretationen tragen ihre Behauptung nicht. Insbesondere — vom dabei beschrittenen Irrweg der Transformationslehre und der verfehlten Inanspruchnahme der lex posterior-Regel abgesehen — gilt das von der Heranziehung und Deutung der Entstehungsgeschichte des Art. 189 II EWGV. Diese wird einmal wegen Unzulänglichkeit der Materialien als unergiebig, ja unzulässig bezeichnet. Andererseits aber wird sie ohne Bedenken benutzt[73], um die insbesondere auf das Wettbewerbsrecht bezogene, nur technisch nützliche Verwendbarkeit von Gemeinschaftsverordnungen hervorzuheben und daraus zu folgern, also gebe Art. 189 II EWGV für ihre allgemeine Qualifizierung nichts her.

---

[70] *Zweigert*, RabelsZ 28 (1964) 638—639; *ders.*, Diskussion zum Bensheim-Referat 112.

[71] *Schumacher* DB 1970, 1014 *(10/33)*.

[72] *Emrich* 89. [73] *Emrich* 34.

3. Der Sitz der Vorrangregel

51 Art. 189 II EWGV, 161 II EAGV, 14 II EGKSV sind positiv-rechtliche Qualifikationen des Gemeinschaftsrechts mit Durchgriffscharakter und als solche exemplarische Belege des Prinzips der Funktionssicherung. Ihnen ist der Vorrang des Gemeinschaftsrechts vor nationalem Recht zu entnehmen, weil ihre Qualifizierung des Gemeinschaftsrechts sie gegenüber nationalem Recht als unantastbar ausweist. Insofern enthalten diese Regelungen *zugleich Kollisionsnormen.* Hier ist in der Sachnorm eine Kollisionsnorm versteckt enthalten.

Ihre Verbindlichkeit *im nationalen Recht,* damit auch für den zur Streitentscheidung berufenen nationalen Prozeßrichter oder anderen Rechtsanwender, ist *isoliert* aus ihrer *nur gemeinschaftsrechtlichen* Existenz allerdings nicht zu begründen. Ihre Verbindlichkeit *auch für ihn* beruht aber, in dieser Wendung simplifiziert ausgedrückt, auf der „Tatsache der Zugehörigkeit seines Staates zu den Gemeinschaften“. Sie beruht, genauer und in Hinblick auf die Mitgliedschaft der BRD deutlich formuliert, darauf, daß sie „verfassungskräftig, und zwar mit Art. 24 I GG als Integrationshebel, die Existenz, die Geltung und die Wirksamkeit von Gemeinschaftsnormen in ihrem Staatsgebiet neben der nationalen Rechtsmasse anerkennt, damit von Normen, die Gemeinschaftsfunktionen entfalten und für die deutsche Staatsgewalt in dieser ihrer Funktion unantastbar sind“[74]. Mit anderen Worten: „Die nationale Rechtsordnung kann ... nicht von sich aus die einheitliche Geltung in allen Gemeinschaftsstaaten herstellen, die das Wesen des Gemeinschaftsrechts ausmacht ...: die Geltung kommt dem Gemeinschaftsrecht durch sich selbst zu; die nationale Rechtsordnung erkennt sie lediglich an“[75] — und das eben bewirkt Art. 24 I GG als „Verfassungshebel“.

Die — viel erörterte — Frage nach dem *Sitz der Vorrangregel* (ob nur im Gemeinschaftsrecht, nur im nationalen Recht oder notwendigerweise in beiden Rechtsordnungen) beantwortet sich also dahin, daß sie im Gemeinschaftsrecht existiert *und* durch die nationalen Rechtsakte zur Teilnahme an der Vergemeinschaftung auch für die Mitgliedstaaten und ihre Organe wirksam geworden ist. Die Rechtsprechung des Gerichtshofs statuiert unter Anwendung des Gemeinschaftsrechts, nach dem allein er judiziert, den Gemeinschaftsvorrang, ohne damit den nationalen Richter binden zu können[76]. Als Organ seines der Gemeinschaft angehörigen Staates ist dieser zur Berücksichtigung des Gemeinschaftsvorranges verpflichtet.

Das ist — auch gegenüber kritischen Einwänden — zu begründen.

52 a) Die Annahme[77], *allein* das *nationale* Recht vermöchte eine Kollisionsregel zur Beantwortung der Verhältnis-Frage bereitzustellen (die sie in

---

[74] *Ipsen,* Bensheim-Referat 26.
[75] *Ophüls,* Fs Heymanns Verlag 567—568; *ders.,* Fs Riese 23.
[76] *Alder* 27 mit Belegen in Anm. 2.
[77] So: *Carstens* Fs Riese 79; dagegen *Ipsen* EuR 1966, 79.

dieser Erkenntnis z. T. in Art. 24 I GG zu sehen glaubte, z. T. im nationalen Recht verleugnete und damit den nationalen Richter von der Vorrang-Beachtung freistellte), verkennt den gemeinschaftsrechtlichen Geltungsgrund des Gemeinschaftsrechts in den Mitgliedstaaten. Sie ist vornehmlich Ausfluß dualistisch-völkerrechtlicher Betrachtungsweise und als solche unbegründet[78]. Ihr abwegiges Ergebnis[79] führt dazu, daß der nationale Prozeßrichter, weil nur nationalem Recht unterworfen, von der Beachtung des Gemeinschaftsrechts und seiner Vorrangregel entbunden wird, die das *nationale* Recht als Kollisionsnorm *allein* zu liefern außerstande ist.

53 b) Daß *allein* das *Gemeinschafts*recht eine auch den nationalen Prozeßrichter bindende Kollisionsregel enthalten könne, mag in dieser Formulierung allenfalls hingenommen werden, *wenn* die verfassungsrechtlich gültig vollzogene Vergemeinschaftung seines Staates als unausgesprochene, selbstverständliche *Voraussetzung* dafür unterstellt wird, daß er überhaupt in die Konfliktlage der Vorrangfrage zu geraten vermag. Aber diese Voraussetzung ist eben nur gegeben, *weil* sein Staat Mitglied der Gemeinschaft geworden ist und damit der innerstaatlichen Geltung von Gemeinschaftsrecht Raum gegeben hat. Daraus folgt: das Gemeinschaftsrecht mit seiner Vorrangregel bindet zwar die Gemeinschaftsorgane einschließlich des Gerichtshofs, weil diese (nur) dem Gemeinschaftsrecht unterworfen sind, die Bindung auch des nationalen Richters bedarf aber einer nationalen Hebel-Wirkung. Deshalb haben Art. 189 II EWGV, 161 II EAGV, 14 II EGKSV „eine verfassungskräftig anerkannte Kollisionsnorm über den Vorrang des Gemeinschaftsrechts zum Inhalt“[80]. Art. 24 I GG als „Integrationshebel ist also die Vorschrift, die einen Vorrang des Gemeinschaftsrechts zwar nicht vorschreibt, aber doch zuläßt“[81].

54 c) Diese verschränkende Verortung der Vorrangregel ist auch nicht deshalb entbehrlich, weil Art. 5 II EWGV, 192 II EAGV, 86 II EGKSV im Gemeinschaftsrecht allein eine Vorrang-Kollisionsregel bereitstellten, zu deren Beachtung durch den nationalen Prozeßrichter und Rechtsanwender es nationaler „Hebel“ nicht bedürfe[82]. Ob diese sog. „Loyalitätsklauseln“ die Unterlassung aller die Vertragszielverwirklichung gefährdenden Maßnahmen nicht nur (ihrem Wortlaut folgend) *von den Mitgliedstaaten als solchen,* sondern auch *von allen Organen* der Mitgliedstaaten verlangen[83], hängt von

---

[78] *Zuleeg,* Recht 69, 105, weniger deutlich 123 Anm. 312 gegen *Steiger,* Staatlichkeit und Überstaatlichkeit (1966) 114.

[79] *Hoffmann* DÖV 1967, 439; *Randelzhofer* ZHR 135 (1971) 258: „grundsätzlich völkerrechtliche Züge aufweisende Struktur der Gemeinschaften“.

[80] *Ipsen,* Richtlinien-Ergebnisse, Fs Ophüls 78 mit Anm. 34 in Ergänzung zum Bensheim-Referat 26 vor 7.

[81] *Roemer,* Betrachtungen zum Verhältnis Gemeinschaftsrecht — nationales Recht 19; *Fuß* DÖV 1964, 585 Anm. 124.

[82] Unzutreffend: *Schumacher* NJW 1970, 983, *Steiger* 112, *Randelzhofer* ZHR 135 (1971) 255 mit der Annahme, die Loyalitätsklauseln der Verträge sprächen gegen den Gemeinschaftsvorrang; richtig: *Alder* 26—27 mit Anm. 3.

ihrer Sanktionierbarkeit ab. Es handelt sich um allgemeine Unterlassungspflichten der Mitgliedstaaten[84], deren Sanktionierung verwiesen ist in das Mängelrügeverfahren der Art. 169 EWGV, 141 EAGV, 88 EGKSV. Insoweit ist eine Bindung des nationalen Prozeßrichters also nicht gewährleistet. Es kommt hinzu, daß das Rügeverfahren auf Initiative der Gemeinschaftsorgane nicht dem Legalitätsprinzip folgt, weil Gemeinschaftsinteressen ihm entgegenstehen können[85]. Eine Bindung der nationalen Staats*organe*, also auch der Gerichte, an die allgemeinen Unterlassungspflichten dieser Regelungen im Sinne von Kollisions-Vorrangregeln würde voraussetzen, daß auch diese Normen als Durchgriffsnormen die einzelnen Staatsorgane zur Unterlassung verpflichten, hier also den nationalen Prozeßrichter zur Nichtanwendung der gemeinschaftsrechtswidrigen nationalen Rechtsnorm. Deutende Rechtsprechung des Gerichtshofs hierzu steht aus.

4. Inhalt und Wirkung der Vorrangregel

55 Die im Gemeinschaftsrecht enthaltene, von den Mitgliedstaaten anerkannte Regel vom Vorrang des Gemeinschaftsrechts vor nationalem Recht deckt sich inhaltlich und in ihrer Wirkung *nicht* mit dem Satz „Gemeinschaftsrecht bricht nationales Recht“[86] — womit insbesondere in der deutschen Diskussion auf Art. 13 WeimRV und Art. 31 GG („Bundesrecht bricht Landesrecht“) abgehoben wird[87]. Denn in der deutschen bundesstaatlichen Verfassungstradition verbindet sich mit diesem Satz — der keineswegs, wie andere Bundesstaatsverfassungen (Österreich) beweisen, dem Bundesstaat begriffswesentlich ist[88] — die Vorstellung, daß späteres Bundesrecht früheres Landesrecht „bricht“, also seiner Rechtswirksamkeit entkleidet, *und* Bundesrechtsetzung (im Bereich der konkurrierenden Gesetzgebung) bis dahin bestehende Landesgesetzgebungskompetenz für die Zukunft „sperrt“, so daß gleichwohl erlassenes Landesrecht, weil kompetenzlos gesetzt, von Beginn an ohne Wirksamkeit, also nichtig ist.

Diese der Vorrangregel des Gemeinschaftsrechts implizierten Inhalte und Wirkungen kommen ihr *nicht* zu, insbesondere nicht aus bundesstaatlichen Analogieschlüssen. Dies auch deshalb nicht, weil die zwischen den Gemeinschaften und den Mitgliedstaaten durch die Übertragung von Hoheitsrechten hergestellte Kompetenzverteilung weder in ihrer Trennschärfe noch in ihrer Charakterisierung der Kompetenzarten als konkurrierender bundes-

---

[83] So *Grabitz* EuR 1969, 364 gegen *Emrich* 52—54.
[84] *Much* EuR 1969, 362.
[85] *Zuleeg*, Recht 106; *Ipsen*, Bensheim-Referat 14; *Wengler*, Die Unanwendbarkeit der Europäischen Sozialcharta im Staat. Aktuelles Recht 1 (1969) 54—58 mit Anm. 87.
[86] *Ipsen*, Diskussion zum Bensheim-Referat 109.
[87] Nachweise bei *Zuleeg*, Recht 137 Anm. 370.
[88] *Alder* 33; *Jaenicke* ZaöRVR 23 (1963) 526.

staatliche Parallelisierungen gestattet. Die Vorrangregel bedarf solcher Inhalte und Wirkungen aber auch nicht, um ihre Funktion zu erfüllen. Es würde überdies der Zuordnung beider Rechtsordnungen zueinander abträglich sein, der Regel diese Inhalte und Wirkungen zuzuerkennen.

Es genügt und es entspricht der zutreffenden Zuordnung beider Rechtsordnungen und der dem Prozeßrichter gestellten Aufgabe, wenn er im Kollisonsfall incidenter und in conreto der Norm des Gemeinschaftsrechts gegenüber der nationalen Norm einen *Anwendungsvorrang* einräumt. Das bedeutet: seine Kollisionsentscheidung stellt weder die Nichtigkeit der nationalen Norm fest noch „verwirft" er sie durch richterliche „Aufhebung" oder „Nichtigerklärung" noch gar sperrt seine Entscheidung die bis dahin vom nationalen Gesetzgeber in Anspruch genommene Normierungskompetenz. Seine Kollisionsentscheidung *erschöpft sich darin,* von beiden entscheidungserheblichen Normen *diejenige des Gemeinschaftsrechts seiner Sachentscheidung zugrunde zu legen, die des nationalen Rechts nicht anzuwenden.* Dies aus folgenden Gründen:

56 a) Die Vorrangregel wird allein bei der Rechts*anwendung* wirksam (durch den Prozeßrichter, ebenso durch andere Rechtsanwendungsorgane wie die Verwaltung), also *nicht* bereits in der Stufe der nationalen *Rechtsetzung*[89]. Wer das annimmt, wie die Theorie bundesstaatsähnlicher Integration *(10/27—28),* sichert zwar auch den Gemeinschaftsvorrang. Sie deduziert indes aus verfehlter Analogie zum Bundesstaatsrecht und übersteigert die Vorrangwirkung in einer der Zuordnung von Gemeinschaften und Mitgliedstaaten abträglichen Intensität[90]. Indem im Verständnis der Vorrangregel als *Rechtsanwendungsvorrang*[91] gesichert wird, daß die nationale Norm „zurückzutreten hat, ohne daß (ihre) Gültigkeit angetastet zu werden braucht . . . und über das Verhältnis der Normen im allgemeinen nichts ausgesagt" wird, genügt sie den Anforderungen des Prinzips der Funktionssicherung, dem sie entstammt.

57 b) Es ist weder förderlich noch notwendig, die als Rechtsanwendungsvorrang wirksame Vorrangregel *systematisch anders zu placieren als im Gemeinschaftsrecht,* dem sie angehört. Innerhalb seiner Strukturen zählt sie zu den sog. Geltungsnormen[92]. In ihrer Funktion, dem nationalen Prozeßrichter im Kollisionsfall eine Verhaltensregel an die Hand zu geben, ist sie mit Kollisionsnormen solcher Art verglichen worden, wie sie im internationalen Privatrecht als Verweisungen enthalten sind. Wer die hier bestimmte Vorrangregel deshalb aber dem internationalen Privatrecht zuordnet[93], dürfte die Aufgabe und Struktur der Integration und des Gemeinschaftsrechts,

---

[89] *Alder* 27; *Zuleeg,* Recht 128 mit Nachweisen in Anm. 327, 140 mit Anm. 383.
[90] *Alder* 28.
[91] *Zuleeg,* Recht 137: „einfache Kollisionsregel"; ebenso: *Mestmäcker* BB 1968, 1300 für das Kartellrecht; ihm folgt *Sattler* JZ 1971, 199.
[92] *Ophüls* Fs Heymanns Verlag 574.
[93] So *Münch;* vgl. *Zuleeg,* Recht 139 Anm. 380.

dem sie angehört, schwerlich zutreffend einschätzen. Im übrigen hinkt der Vergleich mit den Verweisungen des internationalen Privatrechts. Denn damit wird ein Normenregime für anwendbar erklärt, *ohne* daß eine Normenkollision vorzuliegen braucht oder ihre Annahme auch nur geprüft wird[94].

58 c) Der Anwendungsvorrang des Gemeinschaftsrechts wirkt gegenüber *allen* Normen der mitgliedstaatlichen Rechtsordnungen *ohne Rücksicht auf ihren innerstaatlichen Rang und den Zeitpunkt ihres Erlasses oder Inkrafttretens.* Das entspricht den Folgerungen, die sich aus der Errichtung der Gemeinschaften durch Gesamtakt staatlicher Integrationsgewalt für das Gemeinschaftsrecht und sein Verhältnis zum nationalen Recht ergeben haben *(2/29 ff.).* Speziell für das Verhältnis des Gemeinschaftsrechts zu den nationalen Grundrechten gilt im Prinzip dasselbe *(41/2).* Indes ist hier die Kollisionsgefahr entschärft, wenn nicht ausgeräumt, da der Wesensgehalt der nationalen Grundrechte durch das Gemeinschaftsrecht selbst respektiert wird *(41/22—24).*

In der Erörterung der Verhältnis-Frage hat die Sorge, ob der Anwendungsvorrang sich auch den Grundrechten und den in Art. 79 III GG bezeichneten Verfassungsprinzipien gegenüber durchsetze, eine wesentliche Rolle gespielt. Sie hat die Diskussion bis heute in weitgehender Verkennung der Realitäten überschattet (vgl. hinsichtlich der Grundrechte *41/1—2*). Die hier vertretene Ableitung der Vorrangregel kann ihr insoweit keine Wirkungsgrenzen einräumen.

59 d) Der Anwendungsvorrang des Gemeinschaftsrechts kommt *allen Durchgriffsnormen des Gemeinschaftsrechts* zu, also sowohl denen des Primär- wie solchen des Sekundärrechts[95]. Die Ableitung der Vorrangregel aus dem Prinzip der Funktionssicherung und seine exemplarische Nachweisung speziell für Normen des Sekundärrechts in Art. 189 II EWGV, 161 II EAGV, 14 II EGKSV aus ihrer dortigen positivrechtlichen Qualifizierung vermögen ihre Geltung nicht auf das Sekundärrecht zu beschränken. Sie gilt ebenso für Durchgriffsnormen des Primärrechts, ohne daß es hierzu eines argumentum a minore ad maius bedürfte[96]. Denn die Anwendung des Art. 24 I GG auf die Verträge hat dem durchgreifenden Primärrecht „die Qualitäts-Anerkennung als gemeines Recht der Gemeinschaften verschafft“[97] und damit ihre mitgliedstaatliche Unantastbarkeit gleicher Art, wie die Verträge selbst sie als Qualität der Sekundärnormen gekennzeichnet haben.

5. Kompetenz zur Vorrangentscheidung

60 In der Konfliktlage, zwischen der Anwendbarkeit der Gemeinschafts- oder der nationalen Rechtsnorm zu entscheiden, steht der *nationale* Rechts-

[94] Zutreffend: *Zuleeg* 138 gegen *Fuß* DÖV 1964, 585.
[95] *Ipsen,* Bensheim-Referat 26—27; *Alder* 35.
[96] So aber *Zuleeg,* Recht 155. [97] *Ipsen,* Bensheim-Referat 27.

anwender. *Er* ist auch *kompetent,* die Vorrangentscheidung zu treffen, also die Gemeinschaftsrechtsnorm anzuwenden, die nationale Rechtsnorm nicht anzuwenden[98].

61 a) Ob der nationale Prozeßrichter gehalten ist, von eigener Vorrangentscheidung abzusehen und in einem Zwischenverfahren eine solche des nationalen Verfassungsgerichts herbeizuführen, bestimmt sich nach nationalem Recht[99]. Nach Art. 100 GG ist ein solches Vorlageverfahren für den Kollisionstatbestand des nationalen Rechts mit dem *Gemeinschafts*recht *nicht* vorgesehen. Somit verbleibt es bei der Incidentzuständigkeit des Prozeßrichters zur Vorrangentscheidung[100].

Eine andere Frage ist, ob der deutsche Richter nach Art. 100 I GG primäres Gemeinschaftsrecht im Falle der Kollision *mit dem Grundgesetz* deshalb dem Bundesverfassungsgericht zur Normenkontrolle vorzulegen hat, „weil das Zustimmungsgesetz, das den Vertrag in die deutsche Rechtsordnung eingeführt hat, ... den Rang eines postkonstitutionellen einfachen Gesetzes" hat[101]. Wenn der deutsche Zustimmungsakt *nur* als solcher der *vertragschließenden Gewalt i. S. des Art. 59 II GG* begriffen werden könnte, würde die Frage zu bejahen sein, obwohl die Verfassungsprüfung des Zustimmungsgesetzes nicht identisch ist mit der des Vertrages[102]. Denn diese Prüfungskompetenz nimmt das Bundesverfassungsgericht in ständiger Rechtsprechung in Anspruch[103]. Diese Folgerung ergibt sich indes *nicht,* wenn auf den *deutschen Anteil am Gesamtakt der Gemeinschaftserrichtung* abgestellt wird, der sich auf *Art. 24 I GG* stützt, seinerseits an das Grundgesetz im übrigen *nicht* gebunden war und deshalb mit diesem *auch nicht unvereinbar* sein konnte *(2/20).* Außerdem: Zweifel an der Verfassungsmäßigkeit der Zustimmungsgesetze bestehen nicht und werden ernstlich auch nicht mehr geltend gemacht. Solche Erörterung ist schlechthin irreal geworden[104].

Daß das Bundesverfassungsgericht hinsichtlich des Gemeinschaftsrechts nicht monopolisiert ist, hat Vorzüge und Nachteile der sog. „diffusen" richterlichen Prüfungszuständigkeit, wie sie *vor* der Regelung des Art. 100 GG bejaht worden ist. Ihre Nachteile würden vermieden, wenn das in Art. 100 II GG vorgesehene Verwerfungs- und Auslegungsmonopol des Bundesverfassungsgerichts auch für die Kollision zwischen Gemeinschafts- und nationalem Recht gelten würde. Hierzu bedürfte es indes einschlägiger Ergänzung des Art. 100 GG. Sie ist rechtspolitisch erwägenswert.

---

[98] *Zuleeg,* Recht 168; *Ritterspach,* Fs Gebhard Müller 311.

[99] *Ritterspach* 311; dazu BVerfG Beschl. v. 9. 6. 1971 — 2 BvR 225/69 — AWD 1971, 418 = EuR 1972, 51 mit Anm. *Ipsen.*

[100] *Ritterspach* 313; *Badura* VVDStRL 23 (1966) 90, 103.

[101] *Ritterspach* 313; *Badura* 68, 91; *Zuleeg,* Recht 392.

[102] Generalanwalt *Lagrange* Rs 6/64 Rspr. X, 1291.

[103] Belege bei *Badura* 68 Anm. 130.

[104] *Ipsen,* Fusionsverfassung 27; *Zuleeg,* Recht 160; BVerfGE 22, 134 = EuR 1967, 351.

62 b) Das in den Gemeinschaftsverträgen vorgesehene Vorabentscheidungsverfahren der Art. 177 EWGV, 150 EAGV, 41 EGKSV, in dem der Gerichtshof ausschließliche Zuständigkeit besitzt *(43/48 ff.)*, ist *als solches für die* dem nationalen Richter gestellte *Vorrangfrage nicht* eröffnet.

63 aa) Der Gerichtshof entscheidet in Vorlageverfahren über die Auslegung des Gemeinschaftsrechts und die Gültigkeit und die Auslegung von Handlungen der Gemeinschaftsorgane. Er prüft dabei nicht die Vereinbarkeit der entscheidungserheblichen nationalen Rechtsnorm mit dem Gemeinschaftsrecht, das er seinerseits auslegt und hinsichtlich des Sekundärrechts auf seine gemeinschaftsrechtliche Gültigkeit kontrolliert. Indes verlautbart der Gerichtshof mit der Aussage über die Gemeinschaftszuständigkeit und die Gültigkeit von Organakten zugleich *mittelbar* und *schlüssig*, ob die nationale Regelung ihrerseits mit dem Gemeinschaftsrecht vereinbar erscheint[105]. Weiter geht seine Kompetenz nicht. Insbesondere kann der Gerichtshof selbst gemeinschaftsrechtswidrige nationale Rechtsnormen nicht aufheben, für nichtig oder für unanwendbar erklären. Er hat diese Grenzen seiner Kompetenz zutreffend aus Art. 171 EWGV, 143 EAGV, 31 EGKSV hergeleitet, wonach seine Urteile im Mängelrügeverfahren nur Feststellungswirkung äußern und die Staaten nur verpflichten, die aus dem Urteil sich ergebenden Maßnahmen zu ergreifen[106].

64 bb) Das dem nationalen Richter (fakultativ oder obligatorisch) eröffnete Vorabentscheidungsverfahren ist — von der Kompetenzbegrenzung des Gerichtshofs im übrigen abgesehen — aber besonders geeignet (und zunehmend entsprechend praktiziert worden), um dem nationalen Richter die eigene Vorrangentscheidung zu erleichtern. Dies deshalb, weil der nationale Richter, der den Gemeinschaftvorrang anzuerkennen bereit ist, zunächst der Vorabentscheidung des *hierfür* zuständigen Gerichtshofs in der Vorfrage bedarf, ob die in Kollision stehende Gemeinschaftsnorm Durchgriffscharakter hat oder nicht. Wird diese Vorfrage vom Gerichtshof bejaht und ist der nationale Richter damit in die unzweifelhaft gewordene Konfliktlage gebracht, fällt ihm die Vorranganerkennung erfahrungsgemäß leichter, und dies insbesondere dann, wenn der Gerichtshof sich seinerseits im obiter dictum zu ihr ausläßt. Es ist nicht abwegig anzunehmen, daß manche Vorlageverfahren eingeleitet worden sind, *um solche obiter dicta zu provozieren*[107], so daß dem nationalen Richter mit Hilfe der Autorität des Gerichtshofs die Verantwortung für seine Vorrangentscheidung erleichtert wird.

65 cc) In besonderer Konstellation kann der Gerichtshof auch im Vorabentscheidungsverfahren jedenfalls darüber entscheiden, ob das Gemeinschaftsrecht eine Kollisionsregel enthält, auch wenn er den Konfliktfall selbst

---

[105] *Alder* 29.

[106] *Alder* 29 mit Nachweisen über die herrschende Lehre in Anm. 2; EuGH Rs 6/60 Rspr. VI, 1184; kritisch *Pescatore,* in: Zehn Jahre Rechtsprechung KSE 1 (1965) 547.

[107] *Donner,* The role of the lawyer in the European Communities (1968) 81.

nicht entscheiden oder die Unvereinbarkeit der nationalen Norm mit dem Gemeinschaftsrecht nicht feststellen darf[108]. So hat er in der Rs 6/64 (Costa/ENEL Rspr. X, 1251, 1269) im Rahmen der Zulässigkeitsprüfung über die Kollisionsfrage entschieden. Er hat damit den Einwand der italienischen Regierung zurückgewiesen, das Vorabentscheidungsersuchen des italienischen Prozeßrichters sei deshalb absolut unzulässig gewesen, weil im Falle einer Vertragsverletzung ausschließlich das Mängelrügeverfahren nach Art. 169 EWGV eröffnet sei.

66 c) Die Kompetenz des nationalen Rechtsanwenders zur Vorrangentscheidung wird nämlich nicht ausgeschlossen oder suspendiert durch das Institut der Mängelrüge und die insoweit bestehende Zuständigkeit des Gerichtshofs. Es gibt keinen Anhaltspunkt dafür, daß die Einführung dieses Verfahrens in das Vertragsrecht als *einziges* zulässiges Instrument wirken soll, um die Mißachtung von Gemeinschaftsrecht durch nationale Rechtsetzung festzustellen und zu sanktionieren[109]. Anderenfalls müßte der nationale Richter, vor die Kollisionsfrage gestellt, die lex posterior nationalis nicht nur als Rechtsschein, sondern als existent und in Geltung für sich verbindlich anwenden, bis sein staatlicher Gesetzgeber einem Urteil des Gerichtshofs im Mängelrügeverfahren nachkommt und seine dem Gemeinschaftsrecht widersprechende Norm aufhebt; das Urteil des nationalen Richters würde (den Vorrang der nationalen Norm zugrunde legend) in der Sache des Streitgegenstandes und in der Zeit zunächst gelten; sein Urteil schüfe res iudicata; der nationale Gesetzgeber, der das Gemeinschaftsrecht vertragswidrig geändert hatte, genösse die Prämie des Regelungsvorsprungs. Damit würde auf Zeit das gemeinschaftswidrige Verhalten des Mitgliedstaates belohnt werden. Diese Herrschaft über die Rechtsordnung *in der Zeit* bedeutet aber für Wirtschaftstatbestände der Integration und für den in Zeitstufen geregelten Vergemeinschaftungsprozeß Hemmung, Drosselung oder gar Lähmung, für den gemeinschaftswidrig handelnden Staat eine unzulässige Privilegierung[110]. Schließlich ist das Institut der Mängelrüge, die nicht nach dem Legalitätsprinzip erhoben werden muß und weithin der Aufmerksamkeit und Initiative der anderen Mitgliedstaaten anvertraut ist, zweifellos von geringerer Wirksamkeit als die permanente, tatbestandsbezogene Konfrontation der nationalen Rechtsanwendungsorgane mit Kollisionsfragen, in denen sie die Kompetenz zur Vorrangentscheidung besitzen[111].

67 d) Die Kompetenz des nationalen Richters zur Vorrangentscheidung

[108] *Zuleeg*, Recht 132.

[109] *Ipsen*, Bensheim-Referat 13; *Zuleeg* 133 bemängelt, daß Gerichtshof und Generalanwalt in der Rs 6/64 die Wirksamkeit von Aufsichtsverfahren zur Beseitigung gemeinschaftswidriger Gesetze nicht einmal geprüft haben.

[110] *Gaudet*, Annales de la Faculté de Droit de Liège 1963, 22 nennt das Art. 169-Verfahren in solchen Fällen zutreffend „un remède tardif“.

[111] Die Kommission hat auf eine Anfrage des Abg. *Westerterp*, warum sie angesichts der Judikatur des Conseil d'État nicht nach Art. 169 EWGV verfahre, geantwortet, seine Anwendung sei an sich möglich, indes entbehrlich, wenn die natio-

begründet *nicht nur* sein *Recht,* sondern auch seine *Pflicht* zu entscheiden. Ihre Wahrnehmung setzt die nach allen Auslegungsregeln gebotene Prüfung der Kollisionsfrage voraus. Dazu gehört die Prüfung der Vorfrage, ob die etwa vorgehende Gemeinschaftsnorm Durchgriffscharakter hat, worüber zu befinden letztlich dem Gerichtshof zusteht.

Weder die Prüfung der Kollisionsfrage als solcher noch die der Vorfrage darf der nationale Richter unterlassen in der Annahme, daß eine Kollision *nicht* vorliege und die Gemeinschaftsnorm *nicht* durchgreife, sei *evident. So* indes verfährt weitgehend die sog. acte clair-Theorie der französischen Rechtsprechung in Fällen der Vorabentscheidungsbedürftigkeit nach Art. 177 EWGV, und zwar insbesondere auch die des Conseil d'Etat, der als letztinstanzliches Gericht nach Art. 177 III EWGV zur Vorlage verpflichtet wäre[112]. Diese Theorie ist in Frankreich entwickelt worden bei der Auslegung von Verwaltungsakten durch Justizgerichte, um ihre sonst gebotene Vorlage bei Verwaltungsgerichten zu vermeiden, sowie bei der Auslegung völkerrechtlicher Verträge, deren Interpretation im Vorlageverfahren sonst dem Außenministerium vorbehalten ist. Die Übertragung dieser Theorie auf das Gemeinschaftsrecht ist abwegig und abzulehnen. Sie beruht letztlich auf der unkritischen Identifizierung des Gemeinschaftsrechts mit Völkervertragsrecht.

Ihre Überwindung setzt voraus, daß die subjektiven Wertungen, die die Theorie ermöglicht, durch objektive Maßstäbe darüber ersetzt werden, wann die Auslegungsbedürftigkeit einer Norm anzunehmen ist, und diese im Zweifelsfalle bejaht und nicht, wie die Theorie dies ermöglicht, verneint wird.

68 e) Daß die Kompetenz zur Vorrangentscheidung auch eine *generelle* sein kann, nämlich eine solche zur Aufstellung *normativer* Kollisionsregeln, und zwar innerhalb des Gemeinschaftsrechts mit Wirkung auch gegenüber dem nationalen Recht, beweist Art. 87 II e EWGV: die Schaffung von Rangkollisionsnormen für das Verhältnis zwischen nationalem und Gemeinschaftskartellrecht ist dort einer *Verordnung* des Rates zugewiesen[113].

VI. Rechtsprechung des Gerichtshofs zur Vorrang-Frage

69 Die Judikatur des Gerichtshofs, der Erkenntnisse zur Vorrang-Frage entnommen werden können[114], hat mit Urteilen eingesetzt, die zunächst die

---

nale Gerichtsbarkeit sich inzwischen gemäß Art. 177 EWGV verhalte; hierzu *Deringer* NJW 1970, 989.

[112] Hierzu: *Zuleeg,* Recht 362 mit Nachweisen in Anm. 114; *Constantinesco,* Die unmittelbare Anwendbarkeit von Gemeinschaftsnormen 97.

[113] *Klaue* WuW 1969, 595.

[114] Übersichten hierüber u. a. bei: *Roemer,* Betrachtungen zum Verhältnis Gemeinschaftsrecht — nationales Recht, Juristische Studiengesellschaft Karlsruhe Heft

Scheidung der *Zuständigkeiten* zwischen Gemeinschaftsinstanzen und denen mitgliedstaatlicher Organe hervorhoben und diese Vorstellung dann auf die Abschichtung auch der beiden *Rechtsordnungen* übertrugen[115]. Daß das Gemeinschaftsrecht eine eigenständige, autonome, nicht mitgliedstaatlich abgeleitete oder nur tolerierte Rechtsordnung darstelle, der gegenüber den Mitgliedstaaten unmöglich sei, nachträgliche einseitige Maßnahmen zu treffen, und daß ihm gegenüber „keine wie immer gearteten innerstaatlichen Rechtsvorschriften vorgehen" könnten, erwies sich als logische Folgerung dieser Unterscheidung. Sie entspricht in Ergebnis und wesentlicher Begründung der hier vertretenen Auffassung[116]. Diese Linie hat der Gerichtshof bis heute weiter verfolgt, zuletzt in seiner Rechtsprechung zum Wettbewerbsrecht, nach der die einheitliche Anwendung des Gemeinschaftsrechts (und die volle Wirksamkeit der von den Gemeinschaftsorganen getroffenen Maßnahmen) durch nationales Recht und seine Anwendung nicht beeinträchtigt werden dürfen, sowie in seiner Judikatur zum Zoll-Tarifierungsrecht.

Über dieser Konzeption einer Scheidung der Rechtsordnungen und der Vorrangigkeit des Gemeinschaftsrechts hat der Gerichtshof indes nicht außer acht gelassen, daß die Gemeinschaften und ihre Rechtsordnung auf das Zusammenwirken mit den Mitgliedstaaten und ihrem Recht angewiesen sind. Der Begriff der „Zusammenarbeit", die in gegenseitiger Achtung der Autonomie von Gesetzgebung und Rechtsprechung zu pflegen ist, nötigt nach seiner Auffassung zu einem „richterlichen Zusammenwirken ..., das dadurch gekennzeichnet ist, daß staatliche Gerichte und Gerichtshof — jeweils in den Grenzen der eigenen Zuständigkeit und mit dem Ziel, die einheitliche Anwendung des Gemeinschaftsrechts zu gewährleisten — gemeinsam und unmittelbar zur Rechtsfindung beizutragen haben"[117]. Dieses Zusammenwirken vollzieht sich insbesondere in den Vorabentscheidungsverfahren, die der Initiative nationaler Gerichte und ihrer zügigen Erledigung durch den Gerichtshof zu verdanken sind und deren Erkenntnisse in ihrer Tragweite vor allem zur Frage des Durchgriffs von Gemeinschaftsnormen und zur Vorrang-Frage kaum überschätzt werden können.

Darstellungen der einschlägigen Rechtsprechung sind und werden vielfältig geboten. Sie ersparen indes nicht die Kenntnis der Entscheidungen selbst und der zu ihnen jeweils von den Generalanwälten gestellten Schlußanträge. Auch soweit der Gerichtshof ihnen nicht gefolgt ist, bilden diese einen hervorragenden Beitrag zur Fortentwicklung des Gemeinschaftsrechts.

Speziell zur Vorrang-Frage sind — nach ihrer Bedeutung und ihrem exemplarischen, die Entwicklung der Rechtsprechung kennzeichnenden Wert ausgewählt — einzelne Urteile des Gerichtshofs hier hervorzuheben.

91 (1969); *Green,* Political Integration by Jurisprudence (1969) 322—335; *Hay* AmJournCompL 16 (1968) 524.

115 Darstellung der Entwicklung bei *Pescatore* NJW 1969, 2065.

116 Hierzu: *Zuleeg,* Recht 134.

117 Rs 16/65 Rspr. XI, 1165; Rs 44/65 Rspr. XI, 1275.

1. Rs 26/62 (Van Gend & Loos) Urt. v. 5. 2. 1963, Rspr. IX, 3

70 In dieser Entscheidung hat der Gerichtshof erstmals für eine Norm des *Primär*rechts, nämlich Art. 12 EWGV, den Begriff der *Durchgriffswirkung* (der unmittelbaren Anwendbarkeit) entwickelt, und dies für eine Vertragsbestimmung, deren Wortlaut eher auf eine Wirksamkeit nur gegenüber den Mitgliedstaaten, nicht den Marktbürgern deutet und die im Verfahren von den Regierungen dreier Mitgliedstaaten (BRD, Niederlande, Belgien) und von Generalanwalt *Roemer* auch nur in diesem Sinne verstanden worden war.

Das Urteil hat zwar zur Vorrangfrage als solcher nicht Stellung genommen, wozu auch kein Anlaß bestand. Seine Bedeutung liegt aber darin, daß die Durchgriffswirksamkeit von Gemeinschaftsnormen ohne entscheidende Rücksicht auf den Wortlaut gekennzeichnet und darin gesehen wird, daß solche Normen für den Marktbürger, den sie im Durchgriff erreichen, individuelle Rechte begründen, „welche die staatlichen Gerichte zu beachten haben". Damit wurde klargestellt, daß der nationale Prozeßrichter als Rechtsanwender die Aufgabe hat, die durchgreifende Gemeinschaftsnorm auch anzuwenden, *nachdem* sein Mitgliedstaat seine eigene entscheidungserhebliche Rechtsnorm nach Inkrafttreten des EWGV, dem Verbot des Art. 12 EWGV zuwider, im Sinne einer Erhöhung der Zollast geändert hatte. „Das von der Gesetzgebung der Mitgliedstaaten unabhängige Gemeinschaftsrecht soll ... den einzelnen, ebenso wie es ihnen Pflichten auferlegt, auch Rechte verleihen. Solche Rechte entstehen nicht nur, wenn der Vertrag dies ausdrücklich bestimmt, sondern auch auf Grund von eindeutigen Verpflichtungen, die der Vertrag den einzelnen wie auch den Mitgliedstaaten und den Organen der Gemeinschaft auferlegt" (S. 25). „Nach dem Geist, der Systematik und dem Wortlaut des Vertrages (ist) Art. 12 dahin auszulegen, daß er unmittelbare Wirkungen erzeugt und individuelle Rechte begründet, welche die staatlichen Gerichte zu beachten haben" (S. 27). „Die Anwendung von Art. 12 im Sinne der vorstehend gegebenen Auslegung fällt in den Zuständigkeitsbereich des nationalen Richters" (S. 28).

Der Generalanwalt hatte diese Auslegung abgelehnt mit der Begründung (S. 47/48), die Annahme einer Durchgriffswirkung des Art. 12 müsse in den Mitgliedstaaten zu unterschiedlicher Rechtsentwicklung führen, und dies deshalb, weil ihre Verfassungen in der „Beurteilung des Verhältnisses von supranationalem Recht oder internationalem Recht zu später ergangenen nationalen Gesetzen" „nicht einheitlich" seien.

Der Generalanwalt hat damit das Gemeinschaftsrecht dem konventionellen Völkervertragsrecht gleichgestellt und auch die lex posterior-Regel ohne Bedenken für die Verhältnis-Frage für relevant erachtet. Gleichwohl hat der Gerichtshof im Bewußtsein dieser Argumentation die Durchgriffswirkung des Art. 12 anerkannt und den Marktbürger für berechtigt erklärt, sich ihm gegenüber auf Art. 12 zu berufen. Darin liegt die Impuls-Bedeutung der Entscheidung, die (noch ohne *eigene* Aussage zur Vorrangfrage) den nationalen Richter aufruft, dem Art. 12 mit seiner Entscheidung im nationalen Gerichtsverfahren Wirkung zu verschaffen, obwohl eine nationale lex posterior ihm widerstreitet. Der Gerichtshof *konnte* in dieser Weise argumentieren, weil er im anhängigen Fall mit Art. 66 der niederländischen Verfassung rechnen durfte, der eine Kollisionsregel zugunsten unmittelbar anwendbarer Bestimmungen völkerrechtlicher Verträge darstellt. Es ist bekannt geworden[118], daß der

[118] Dies durch *Donner* CMLR I (1963/64) 14; dazu: *Zuleeg*, Recht 130.

Gerichtshof sich gerade mit Rücksicht auf diese Verfassungslage ausdrücklicher Äußerungen zur Vorrangfrage enthalten hat.

2. Rs 6/60 (Humblet) Urt. v. 16. 12. 1960, Rspr. VI, 1163

71 In dieser früheren Entscheidung hat der Gerichtshof die Vorrangfrage zuerst berührt und in vorsichtiger Wendung angedeutet. In der Entscheidung zur Rs 26/62 *(10/70)* über die Durchgriffswirkung des Art. 12 EWGV hat er darauf nicht Bezug genommen, obwohl dazu Anlaß gewesen wäre.

Im Humblet-Fall hatte sich der Kläger, EGKS-Beamter belgischer Staatsangehörigkeit, unter Berufung auf ihm gemeinschaftsrechtlich zustehende Vorrechte dagegen gewendet, daß seine Gemeinschaftsbezüge bei der Bemessung der belgischen ergänzenden Einkommensteuer mitberücksichtigt würden. Seine Klage richtete sich gegen den belgischen Staat, weil seine Organe die gemeinschaftsrechtliche Stellung des Klägers mit ihrem Auskunftverlangen und ihrer Steuerheranziehung nicht beachtet hätten. Der Gerichtshof hat den Feststellungsanträgen des Klägers stattgegeben und (S. 1185) die Wirkung eines solchen Feststellungsurteils gekennzeichnet: „Wenn der Gerichtshof in seinem Urteil feststellt, daß ein Akt der Gesetzgebungs- oder Verwaltungsorgane eines Mitgliedstaates dem Gemeinschaftsrecht zuwiderläuft, so ist dieser Staat nach Art. 86 EGKSV verpflichtet, sowohl diesen Akt rückgängig zu machen als auch die möglicherweise durch ihn verursachten rechtswidrigen Folgen zu beheben. Diese Verpflichtung ergibt sich aus dem Vertrag und dem Protokoll, die in den Mitgliedstaaten auf Grund der Ratifizierung Gesetzeskraft besitzen und dem innerstaatlichen Recht vorgehen."

Da die letzte Wendung der Entscheidung, die den Vorrang des Gemeinschaftsrechts uneingeschränkt und eindeutig verlautbart, verbunden ist mit dem Hinweis auf die Wirkung der Ratifizierung, dem Primärrecht Gesetzeskraft zu verschaffen, kann dem Urteil eine eigenständige Begründung für die Vorrang-Behandlung noch nicht entnommen werden. Denn der Hinweis auf die Vermittlung der Gesetzeskraft durch Ratifikation rückt das Gemeinschaftsrecht noch neben das konventionelle Völkervertragsrecht und mit seiner Gesetzes-Qualifikation in die Derogationsnähe der nationalen lex posterior.

Die entscheidende Wende zu diesen Fragen hat der Gerichtshof dann am 15. 7. 1964 vollzogen *(10/72)*.

3. Rs 6/64 (Costa ./. ENEL) Urt. v. 15. 7. 1964, Rspr. X, 1251

72 Als Aktionär der durch italienisches Gesetz verstaatlichten Elektrizitätsgesellschaft *Edisonvolta* hatte der Rechtsanwalt *Costa* die Bezahlung seiner Stromrechnung (über 1925 Lire!) an das neu gebildete staatliche Monopolunternehmen ENEL verweigert, weil er das Verstaatlichungsgesetz wegen Verstoßes gegen die italienische Verfassung und Art. 102, 93, 53 und 37 EWGV für rechtswidrig hielt. Nachdem der Friedensrichter in Mailand die Sache dem italienischen Verfassungsgerichtshof vorgelegt und dieser es abgelehnt hatte, der italienischen Verfassung eine Kollisionsregelung zugunsten des Gemeinschaftsrechts zu entnehmen, gelangte die Sache aus Mailand im Art. 177-Verfahren vor den Gerichtshof[119]. Seine Entscheidung kann als bislang bedeutsamste, und dies nicht nur zur Verhältnis-Frage, bezeichnet werden. Sie hat im Rahmen der Zulässigkeitsprüfung zur Kollisionsfrage Stellung genommen, um den Einwand der italienischen Regierung zurückzuweisen, das Vorabentscheidungsersuchen des Friedensrichters sei „absolut unzulässig“, weil bei Vertragsverletzung durch Gesetzeserlaß allein das Mängelrügeverfahren des Art. 169 EWGV anwendbar sei.

Die entscheidenden Wendungen des Urteils lauten: „Zum Unterschied von gewöhnlichen internationalen Verträgen hat der EWG-Vertrag eine eigene Rechtsordnung geschaffen, die bei seinem Inkrafttreten in die Rechtsordnungen der Mitgliedstaaten aufgenommen worden und von ihren Gerichten anzuwenden ist. Denn durch die Gründung einer Gemeinschaft für unbegrenzte Zeit, die mit eigenen Organen, mit der Rechts- und Geschäftsfähigkeit, mit internationaler Handlungsfähigkeit und insbesondere mit echten, aus der Beschränkung der Zuständigkeit der Mitgliedstaaten oder der Übertragung von Hoheitsrechten der Mitgliedstaaten auf die Gemeinschaft herrührenden Hoheitsrechten ausgestattet ist, haben die Mitgliedstaaten, wenn auch auf einem begrenzten Gebiet, ihre Souveränitätsrechte beschränkt und so einen Rechtskörper geschaffen, der für ihre Angehörigen und sie selbst verbindlich ist.

Diese Aufnahme der Bestimmungen des Gemeinschaftsrechts in das Recht der einzelnen Mitgliedstaaten und, allgemeiner, Wortlaut und Geist des Vertrages haben zur Folge, daß es den Staaten unmöglich ist, gegen eine von ihnen auf der Grundlage der Gegenseitigkeit angenommene Rechtsordnung nachträgliche einseitige Maßnahmen ins Feld zu führen. Solche Maßnahmen stehen der Anwendbarkeit der Gemeinschaftsrechtsordnung daher nicht entgegen. Denn es würde eine Gefahr für die Verwirklichung der in Artikel 5 Absatz 2 aufgeführten Ziele des Vertrages bedeuten und dem Verbot des Artikels 7 widersprechende Diskriminierungen zur Folge haben, wenn das Gemeinschaftsrecht je nach der nachträglichen innerstaatlichen Gesetzgebung von einem Staat zum anderen verschiedene Geltung haben könnte.

Die Verpflichtungen, die die Mitgliedstaaten im Vertrag zur Gründung der Gemeinschaft eingegangen sind, wären keine unbedingten mehr, sondern nur noch eventuelle, wenn sie durch spätere Gesetzgebungsakte der Signatarstaaten in Frage gestellt werden könnten. Wo der Vertrag den Staaten das Recht zu einseitigem Vorgehen zugestehen will, tut er das durch klare Bestimmungen (z. B. Art. 15, 93 Absatz 2, 223 bis 225). Für Anträge der Staaten auf Ausnahmegenehmigungen sind andererseits Genehmigungsverfahren vorgesehen (z. B. Artikel 8 Absatz 4, 17 Absatz 4, 25, 26, 73, 93 Absatz 3 Unterabsatz 3 und 226), die gegenstandslos wären, wenn die Staaten die Möglichkeit hätten, sich ihren Verpflichtungen durch den bloßen Erlaß von Gesetzen zu entziehen.

Der Vorrang des Gemeinschaftsrechts wird auch durch Artikel 189 bestätigt; ihm zufolge ist die Verordnung „verbindlich“ und „gilt unmittelbar in jedem Mitgliedstaat“. Diese Bestimmung, die durch nichts eingeschränkt wird, wäre ohne Bedeutung, wenn die Mitgliedstaaten sie durch Gesetzgebungsakte, die den gemeinschaftsrechtlichen Normen vorgingen, einseitig ihrer Wirksamkeit berauben könnten.

Aus alledem folgt, daß dem vom Vertrag geschaffenen, somit aus einer autonomen Rechtsquelle fließenden Recht wegen dieser seiner Eigenständigkeit keine wie immer gearteten innerstaatlichen Rechtsvorschriften vorgehen können, wenn ihm

[119] Zum Ablauf der Verfahren: *Sasse* EuR 1966, 363; zum Abschluß die Entscheidung des Friedensgerichts Mailand vom 4. 5. 1966, EuR 1966, 360.

nicht sein Charakter als Gemeinschaftsrecht aberkannt und wenn nicht die Rechtsgrundlage der Gemeinschaft selbst in Frage gestellt werden soll.

Die Staaten haben somit dadurch, daß sie nach Maßgabe der Bestimmungen des Vertrages Rechte und Pflichten, die bis dahin ihren inneren Rechtsordnungen unterworfen waren, der Regelung durch die Gemeinschaftsrechtsordnung vorbehalten haben, eine endgültige Beschränkung ihrer Hoheitsrechte bewirkt, die durch spätere einseitige, mit dem Gemeinschaftsbegriff unvereinbare Maßnahmen nicht rückgängig gemacht werden kann. Infolgedessen ist Artikel 177 ohne Rücksicht auf innerstaatliche Gesetze anzuwenden, wenn sich die Auslegung des Vertrages betreffende Fragen stellen."

73 a) Die Exegese dieser Ausführungen[120] ergibt für die Begründung des Gemeinschafts-Vorrangs:

aa) Das Gemeinschaftsprimärrecht unterscheidet sich von „gewöhnlichen internationalen Verträgen". Indem der EWGV „eine eigene Rechtsordnung geschaffen hat", die „aus einer autonomen Rechtsquelle" fließt, wird die Eigenständigkeit des Gemeinschaftsrechts hervorgehoben und dieses von den nationalen Rechtsordnungen unterschieden. Daß die Gemeinschaftsrechtsordnung bei Inkrafttreten des EWGV „in die Rechtsordnungen der Mitgliedstaaten aufgenommen worden ist", kann — insoweit („aufgenommen") ambivalent formuliert[121] — sowohl auf den „gewöhnlichen" Transformationsvorgang abstellen wie auch auf den Errichtungs-Gesamtakt als solchen, der von den Staaten in der Übertragung von Hoheitsakten vollzogen worden ist. Für *dieses* Verständnis spricht die anschließende Begründung („Denn ...), da sie auf die Schaffung eines Rechtskörpers durch Souveränitätsbeschränkung der Staaten abstellt und darauf, daß dieser Rechtskörper „für ihre Angehörigen und sie selbst verbindlich ist". In dieser Verbindlichkeits-Hinnahme, die als „Unterwerfung" unter die supranationale Ordnung begriffen werden kann, liegt bereits *eine* Verdeutlichung des Gemeinschaftsrechts-Vorrangs[122]. Die Hervorhebung der Eigenständigkeit des Gemeinschaftsrechts legt also in diesen Begriff keineswegs, wie behauptet worden ist[123], „das gewünschte Ergebnis hinein".

bb) In der Berufung auf Art. 5 II, 7 und 189 II EWGV stützt der Gerichtshof sich auf positive Vertragsnormen, die — systematisch verbunden — die *Qualität* des Gemeinschaftsrechts kennzeichnen, nämlich seine unantastbare Eigenart, als „gemeines" Recht in der Gemeinschaft ganzheitlich und einheitlich zu gelten. Art. 189 II schließt nach der Begründung des Gerichtshofs aus, daß Gemeinschaftsnormen durch Gesetzgebungsakte der Mitgliedstaaten, die ihnen „vorgingen, einseitig ihrer Wirksamkeit beraubt", d. h. in

---

[120] Der von *Zuleeg*, Recht 132 gegebenen Deutung kann nicht in allen Punkten gefolgt werden.

[121] *Ipsen* EuR 1966, 358: „mißverständlich"; vgl. auch: *Grabitz* 43 mit Anm. 181, 186. Entsprechend mißverständlich: BFH 93, 102 = EuR 1969, 255 mit Anm. *Zuleeg* = NJW 1969, 388 mit Anm. *Gert Meier* — auch von *Spanner* BayVBl. 1970, 344 zutreffend kritisiert.

[122] Anders: *Zuleeg*, Recht 132.

[123] *Wagner*, Beschlußrecht 282; *Zuleeg*, Recht 133.

ihrem „Charakter als Gemeinschaftsrecht" angetastet werden könnten — was die „Rechtsgrundlage der Gemeinschaft selbst in Frage stellen" würde. Art. 7, der die Gleichheit der Marktbürger im Geltungsbereich des Gemeinschaftsrechts gebietet, ist Bestätigung seiner Einheitlichkeit. Art. 5 II, der den Mitgliedstaaten alle Maßnahmen untersagt, welche die Verwirklichung der Vertragsziele (auch nur!) gefährden könnten, hält diese von „nachträglicher innerstaatlicher Gesetzgebung" ab, die mit Hilfe der lex posterior-Regel das Gemeinschaftsrecht unter den Staaten in seiner einheitlichen Geltung antastet und ihre Vertragspflichten aus „unbedingten" zu „eventuellen", d. h. von staatlichen Wollensbedingungen abhängigen denaturieren würde. In den Vertragsregelungen über zugelassenes einseitiges Vorgehen (Art. 15, 93 III, 223—225 EWGV) und über zulässige Ausnahmegenehmigungen (Art. 8 IV, 17 IV, 25, 26, 73, 93 III 3, 226) sieht der Gerichtshof diese Unbedingtheit im Gegenschluß bestätigt.

b) In der Interpretation der Entscheidung ist eine Auseinandersetzung mit der sog. „obligatorischen" Lösung der Kollision, d. h. dem möglichen Rügeverfahren nach Art. 169 EWGV, und mit dem Institut der Schutzklauseln vermißt worden. Diese Annahme[124] ist teilweise unbegründet. Im übrigen zwingt diese Enthaltsamkeit zu keinen anderen Schlüssen. Der Gesichtspunkt der zur Verfügung stehenden „obligatorischen" Lösung ist im Verfahren durch die italienische Regierung und den Generalanwalt *Lagrange* ausgiebig erörtert worden. Seine Ablehnung durch den Gerichtshof liegt in der Wendung, daß den Mitgliedstaaten jedes *einseitige* Vorgehen verwehrt ist, soweit der Vertrag es nicht ausdrücklich zuläßt. Das Rügeverfahren aber ist als *nachträgliche* Abhilfe gerade gegenüber *solchem einseitigen* Vorgehen der Staaten eingerichtet. Es kann als letztes, der Gemeinschaft verfügbares Aufsichtsmittel nicht ausschließen, daß dem Vertragsrecht andere, automatisch wirkende Bindungen der Mitgliedstaaten entnommen werden, die den Einsatz letzter Mittel ersparen. Mit wichtigen Schutzklauseln und ihrer Relevanz für die Vorrang-Frage hat sich der Gerichtshof ausdrücklich auseinandergesetzt.

c) Kritik an der Begründung des Urteils ist allein angebracht gegenüber der „mißverständlichen" Wendung von der „Aufnahme" des Gemeinschaftsrechts in das nationale Recht. Sie kann zwar durchaus i. S. der gesamtaktlichen Verbindlichkeitshinnahme verstanden werden. Sie hat aber, wie feststeht, auch Zweifeln an der Vorrang-Begründung Nahrung gegeben[125]. Insoweit hatten auch die Schlußanträge des Generalanwalts, die — wegen ihrer beschwörenden, die Gefahren für die Integration zutreffend kennzeichnenden Diktion — „denkwürdig" genannt worden sind[126], nicht die letzten Konsequenzen gezogen. Denn sie appellierten im Grunde mit der tröstlich-hoffenden, „europhorischen" Schlußwendung, der italienische Verfassunggeber

---

[124] *Zuleeg*, Recht 133.
[125] So bei *Emrich* 85.
[126] *Pescatore* NJW 1969, 2070.

werde in Erfüllung seiner Vertragspflichten das seinerseits Erforderliche tun, um den Gemeinschaftsrechts-Vorrang zu sichern, mehr an die „obligatorische" Lösung und politische Einsicht als daß sie zu der vom Gerichtshof gefundenen, der Sache allein angemessenen und aus Rechtsgründen gebotenen Lösung beitrugen.

d) Mit seinem Urteil vom 4. 5. 1966 hat der Friedensrichter in Mailand[127] unter Beachtung der Entscheidung des Gerichtshofs einen Verstoß des italienischen Verstaatlichungsgesetzes gegen Art. 37 II EWGV angenommen und das Gesetz für nicht anwendbar erklärt.

4. Rs 14/68 (Farbenhersteller Walt Wilhelm u. a.) Urt. v. 13. 2. 1969, Rspr. XV, 1

74 Diese Entscheidung[128] steht beispielhaft für die ständige neuere Rechtsprechung des Gerichtshofs, die in der Frage der Zuordnung des Gemeinschafts- und des nationalen Kartellrechts den Gemeinschaftsvorrang zur Geltung bringt.

Dem Gerichtshof war (vom KG Berlin) die Frage vorgelegt worden, ob es mit Gemeinschaftsrecht vereinbar sei, wegen einer einheitlichen Handlung, die zugleich gegen Gemeinschafts- und nationales Recht verstößt, nach beiden Rechtsordnungen Sanktionen zu verhängen. Der Gerichtshof hat die Frage bejaht und gebilligt, daß frühere Sanktionen bei späteren zu berücksichtigen seien. Über diese Bußgeldthematik hinaus hat der Gerichtshof in Fortsetzung seiner Judikatur seit dem Urteil in der Rs 6/64 *(10/72—73)* den Gemeinschaftsvorrang mit einer Wendung bestätigt, die entscheidend auf die Sicherung der Funktionsfähigkeit abstellt (S. 13): „... staatliche Kartellbehörden (sind) grundsätzlich auch gegen Sachverhalte zum Vorgehen befugt ..., die Gegenstand einer Entscheidung der Kommission sein können. Mit Rücksicht auf die allgemeine Zielsetzung des Vertrages ist diese gleichzeitige Anwendung des nationalen Rechts allerdings nur statthaft, soweit sie die einheitliche Anwendung des Gemeinschaftskartellrechts und die volle Wirksamkeit der zu seinem Vollzug ergangenen Maßnahmen auf dem gesamten Gemeinsamen Markt nicht beeinträchtigt." Die Begründung wiederholt anschließend wesentliche Formulierungen des Urteils in der Rs 6/64, und zwar mit der Hervorhebung der zu sichernden „praktischen Wirksamkeit des Vertrages" und dem markanten Schlußsatz: „Normenkonflikte zwischen Gemeinschafts- und innerstaatlichem Kartellrecht sind daher nach dem Grundsatz des Vorrangs des Gemeinschaftsrechts zu lösen." Der Gerichtshof folgert daraus, über seine bisherige Zurückhaltung hinsichtlich des danach konsequenten Verhaltens nationaler Instanzen hinausgehend, daß die nationale Behörde im Kollisionsfall „den Wirkungen

[127] EuR 1966, 360 mit Anm. *Sasse.*
[128] EuR 1969, 147 mit Anm. *Hootz.*

(der) Entscheidung (der Kommission) Rechnung tragen muß". Inhaltlich wirkt der Gemeinschaftsvorrang danach nicht nur, wenn das Vertragsrecht verbietet, sondern auch dann, wenn es erlaubt[129].

VII. Rechtsprechung deutscher Gerichte zur Vorrang-Frage

1. Überblick über Entwicklung und Stand der Rechtsprechung[130]

75 a) Es trifft zu, daß mit der Feststellung und Anerkennung des Vorrangs des Gemeinschaftsrechts allein nicht alle Fragen beantwortet sind, die sich aus Konfliktsituationen zwischen beiden Rechtsordnungen für den Rechtsanwender stellen. Auch wenn die entscheidenden *Vor*fragen einer Kollisionsentscheidung, nämlich die nach der *Durchgriffswirkung* der Gemeinschaftsrechtsnorm und ihrer *gemeinschaftsrechtlichen Gültigkeit*, unzweifelhaft oder gar im Vorabentscheidungsverfahren verbindlich für den nationalen Prozeßrichter geklärt sind, kann die Komplexität der Normenberührung und die praktische Schwierigkeit der Konfliktlösung die richterliche Entscheidung erschweren.

Solche Komplikationen haben sich insbesondere ergeben für die Handhabung der deutschen Umsatzausgleichsteuer gemäß Art. 97, 95 EWGV. Entsprechende sind seit dem Ende der Übergangszeit zu besorgen im Hinblick auf Art. 52 i. Verb. mit Art. 55—57 sowie für Art. 37 EWGV. Im Kartellrecht aufgetretenen Komplikationen hat die Rechtsprechung des Gerichtshofs mit ihrer Ausräumung der sog. Zweischrankentheorie *(31/9)* zum Teil abgeholfen. Im Bereich der landwirtschaftlichen Agrarmarktordnungen und im Zollrecht wirksame Verzahnungen zwischen Gemeinschafts- und nationalem Recht haben aus der Sicht der Vorrangregel die Frage aufgeworfen, ob für nationale Durchführungsregelungen zu Agrarverordnungen und zum Gemeinsamen Zolltarif noch ein gestaltender Ermessensspielraum nationaler Normierung verfügbar ist oder der Gemeinschaftsvorrang einen solchen ausschließt[131]. Auch bei der Einholung von Auskünften und der Erhebung von Statistiken kann die Verflechtung beider Rechtsordnungen es erschweren, den Gemeinschaftsvorrang zu verifizieren.

Wechselwirkungen beider Rechtsordnungen, Überschneidungen hier, beiderseits belassene Normierungslücken dort, Angewiesenheit des Gemein-

---

[129] *Hootz* EuR 1969, 152.

[130] Hierzu: *Everling* NJW 1967, 465; *Roemer*, Betrachtungen zum Verhältnis Gemeinschaftsrecht — nationales Recht (1969) 20—21 mit Anm. 112—117.

[131] EuGH Rs 40/69 (Putensterze) Urteil v. 18. 2. 1970 Rspr. XVI, 69 = EuR 1970, 243 mit Anm. *Ipsen;* Rs 74/69 (Manihotmehl) Urteil v. 18. 6. 1970 Rspr. XVI, 451 = EuR 1970, 334 mit Anm. *Ipsen* EuR 1971, 38.

[132] Hierzu die Verhandlungen des V. FIDE-Kongresses Berlin 1970; Berichte von *Brändel, Sedemund, Millarg* in EuR 1971, 69—81; *Millarg* DÖV 1971, 196; jetzt als: Gemeinschaftsrecht und nationale Rechte, KSE 13 (1971).

schaftsrechts auf mitgliedstaatliche Aus- und Durchführung sind die wesentlichen Gründe dafür, daß eine befriedigende Gesamtordnung im Integrationsbereich ein Zusammenwirken beider Rechtsordnungen voraussetzt[132]. Daß das einheitliche Gemeinschaftsrecht insoweit mit gewachsenen nationalen Rechtsordnungen rechnen muß, erschwert diese Aufgabe.

Gleichwohl muß dieses Zusammenwirken insgesamt von einer eindeutigen und in allen Zweifelsfällen dominant wirksamen Zuordnungsregel bestimmt sein, die nur im Vorrang des Gemeinschaftsrechts bestehen kann[133].

76 b) Ein Überblick über die Entwicklung und den Stand der *deutschen* Rechtsprechung hierzu zeigt, ohne damit rechtspolitisch-vorgreifend zu argumentieren, eine eindeutige Hinwendung zur Anerkennung des Gemeinschaftsvorrangs. Sie ist erkennbar, im zeitlichen Fortschritt der Vergemeinschaftung und an Hand der Vermehrung der Entscheidungspraxis beobachtet, vorwiegend in der *Judikatur der ersten Instanz,* dort vornehmlich in der allgemeinen Verwaltungs-, der Finanz- und Sozialgerichtsbarkeit. Unter den obersten Bundesgerichtshöfen hat sich bislang nur der Bundesfinanzhof der Vorrang-Frage gestellt *(10/79—80),* das Bundesverfassungsgericht in seinen bisherigen Entscheidungen in einer noch zu deutenden Weise *(10/81—85).* Auch in der deutschen Rechtsprechung der unteren Instanzen hat sich — anderen Mitgliedstaaten, insbes. den Niederlanden, vergleichbar —, und zwar seit 1965[134], die zunehmende Inanspruchnahme des Vorabentscheidungs-Instituts als geeignetes und prompt wirksames Instrument bewährt, um potentielle Kollisionsfragen zu verdichten und ihre Entscheidung zu ermöglichen. Diese Gerichte sind damit der Vorrang-Frage nicht ausgewichen. Rechtspolitisch gesehen, kann es im Interesse der konfliktlosen und adäquaten Einpassung der deutschen Rechtsordnung in die Integrationsfortschritte nur begrüßt werden, daß die deutsche Gerichtsbarkeit sich so der Vorlagenpraxis geöffnet hat. Nicht ohne Grund ist der französischen Rechtsprechung von kompetenter Seite[135] empfohlen worden, im nationalen französischen und im Gemeinschaftsinteresse dem deutschen Beispiel zu folgen.

77 c) Ohne die ältere Rechtsprechung *vor* dem Costa/ENEL-Urteil des Gerichtshofs vom 15. 7. 1964 auszubreiten, die angesichts seiner noch anstehenden Stellungnahme und vor allem des damaligen Standes der deutschen wissenschaftlichen Erörterung unklar und unentschieden, deshalb auch zwiespältig sein mußte, kann heute verwiesen werden auf eindeutige Judikatur deutscher Verwaltungs- und Finanzgerichte, die den Vorrang be-

---

[133] Das erklärt, daß die Verhandlungen des FIDE-Kongresses Berlin 1970 sich in allen Abteilungen mit der Verhältnis-Frage befaßt haben und diese z. B. in den Landesberichten zur Kommission I (Landwirtschaft) und in der Aussprache andere Sachfragen überschattete.

[134] Als sich der 45. Deutsche Juristentag Karlsruhe 1964 zum erstenmal mit dem Gemeinschaftsrecht befaßte, war noch von keinem deutschen Gericht ein Vorlageverfahren zum Gerichtshof eingeleitet worden.

[135] EuGH-Präsident *Lecourt,* Le droit communautaire n'est pas appliqué partout avec la même diligence, in: Le Monde, supplément zu No. 7835 v. 24. 3. 1970 S. 1.

jahen[136]. Das gegenteilige Urteil des FG Baden-Württemberg vom 21. 3. 1967[137] steht in dieser Reihe isoliert. Zutreffend ist es mit eingehender Begründung als eine „sinnlose Demonstration" bezeichnet worden, die für die Entscheidung der Sache selbst zudem nur ein obiter dictum sein konnte[138].

78 d) Bedeutsam für die Einlassung der Instanzgerichte ist — und wird bleiben — die einschlägige Rechtsprechung der Revisionsinstanzen und des Bundesverfassungsgerichts. Daß von ihnen bislang nur der Bundesfinanzhof — nach langer Zurückhaltung — ausführlicher, wenn auch unbefriedigend, Stellung bezogen hat, erklärt sich aus den Integrationsfortschritten im Agrar- und Zollrecht und der sachlichen Zuständigkeit der Finanzgerichtsbarkeit. Insgesamt zeigt sich hier aber, daß der „Integrationsschock" in der BRD (ebenso wie in Italien und Frankreich) offenbar am schwersten von den höchsten Instanzen überwunden wird, und unter ihnen von den Verfassungsgerichten, wie sie innerhalb der Gemeinschaften nur in Italien und der BRD bestehen.

2. *Rechtsprechung des Bundesfinanzhofs*

79 a) Der Bundesfinanzhof hat im Vorlagebeschluß seines VII. Senats vom 25. 4. 1967 (Neumann ./. Hauptzollamt Hof)[139] gemäß Art. 177 EWGV die bis dahin vom Bundesverfassungsgericht nicht behandelten Verfassungsfragen zum EWG-Beitritt selbst beantwortet, um sich mit der Ausräumung aller Verfassungszweifel seine dringlich gewordene Vorlage zum Gerichtshof zu ermöglichen. Das wesentliche Ergebnis dieses Beschlusses liegt in der Zurückweisung aller Zweifel, die vom Finanzgericht Rheinland-Pfalz in seinem Vorlagebeschluß zum Bundesverfassungsgericht vom 14. 11. 1963[140] „hinsichtlich der Verfassungsmäßigkeit des deutschen Ratifikationsgesetzes" geäußert worden waren. Auch im Hinblick auf die Anwendung des Art. 24 I GG für die Vergemeinschaftung sieht das Gericht keine Bedenken, weil danach „die Übertragung von Hoheitsrechten ohne weiteres durch einfaches Gesetz möglich ist". Ohne zwingenden Anlaß (und ohne darin konsequent zu bleiben) wird dem hinzugefügt: „Daß eine solche Übertragung nur unter den Beschränkungen des Art. 79 III GG möglich wäre, läßt sich dem Wortlaut des mit ihm gleichzeitig erlassenen Art. 24 I GG jedenfalls nicht entnehmen."

Gleichwohl hat das Gericht, *nachdem* es dem Gesetz nach Art. 24 I derart *schlechthin verfassungsdurchbrechende Kraft* zugesprochen hat, also die Begründung einer an das Grundgesetz nicht gebundenen Gemeinschaftsgewalt legitimierte, von einer präzisen Stellungnahme zur Vorrang-Frage abgesehen: es sei, so führt es aus, im Streitfall auch geltend gemacht worden, „daß die umstrittenen Normen des Rates und der Kommission ihrem Inhalt nach mit verschiedenen Normen des GG

---

[136] Belege bei *Roemer*, Betrachtungen 18 mit Anm. 89—92.

[137] EFG 1967 Nr. 259.

[138] *Nicolaysen* EuR 1967, 151; auch die unbelegte Behauptung von *Randelzhofer*, ZHR 135 (1971) 256, die „überwiegend entgegenstehende Praxis der Mitgliedstaaten" spreche gegen den Vorrang des Gemeinschaftsrechts — eine Behauptung, die auch sachlich falsch ist —, kann kaum anders qualifiziert werden. *Menzel*, Zur Revision des Grundgesetzes: Die Regelungen über die Auswärtige Gewalt, DÖV 1971, 538 meint ebenfalls, *die Mitgliedstaaten* hätten den Vorrang *abgelehnt*.

[139] BFH 88, 266 = EuR 1967, 239.

[140] EFG 1964, 22.

nicht vereinbar seien. Ob das der Fall ist und welche rechtlichen Folgen sich aus der Kollision von Gemeinschaftsrecht mit Verfassungsrecht von Mitgliedstaaten ergeben können, braucht in diesem Vorlagebeschluß nicht erörtert zu werden ..."

Das Gericht hat sich insoweit also zunächst enthalten.

80 b) Das abschließende Urteil zur Sache Neumann vom 10. 7. 1968[141] — nach der Vorabentscheidung des Gerichtshofs vom 13. 12. 1967[142] — holt diese Stellungnahme in einer Weise nach, die weder in der Begründung noch im Ergebnis gebilligt werden kann.

aa) Unklar und mißverständlich ist schon seine (italienisch beeinflußte) Eingangswendung, das „in die einzelstaatliche Rechtsordnung hineinwirkende Gemeinschaftsrecht ist somit hinsichtlich seiner Entstehung dem europäischen Recht, hinsichtlich seiner Anwendbarkeit dem nationalen Recht zugeordnet". Unzutreffend ist die aus dieser Zweiteilung gezogene Folgerung, es sei „Sache des nationalen Richters, darüber zu entscheiden, ob und welche rechtliche Wirkungen eine — als Gemeinschaftsrecht gültige — europäische Rechtsnorm im innerstaatlichen Bereich erzeugt" und „ob ferner der Anwendung der europäischen Norm nicht im Einzelfall Vorschriften des nationalen Rechts entgegenstehen"[143]. Daß schon die Wahrnehmung solcher Kontrolle mit dem Geltungsanspruch und Vorrang des Gemeinschaftsrechts in Widerspruch steht, der Vorrang im Grunde damit bereits abgelehnt wird, hindert das Gericht nicht, der Vorrangfrage weiter nachzugehen. Es konzentriert sie dann, der Klagbegründung folgend, auf die Vereinbarkeit der in Frage stehenden EWG-VO Nr. 135/62 mit einzelnen deutschen Grundrechten (Art. 12, 14, 3, 2 I, 19 II) und Verfassungsgrundsätzen (Verhältnismäßigkeit, Rechtssicherheit), bejaht diese und gelangt *deshalb* zu dem Schluß, die Kollisions- und Vorrangfrage könne *also* „für den Streitfall auf sich beruhen". Denn: „Einer Anwendung der EWG-VO Nr. 135 stehen im Streitfall sonach keine Normen des deutschen Verfassungsrechts entgegen."

bb) In dieser Argumentation ist das Urteil vom 10. 7. 1968 zwar ein lehrreicher Beitrag dafür, daß Gemeinschaftsrecht weithin grundrechts-indifferent ist. Zur Vorrang-Frage ist es in Begründung und Ergebnis aber weder folgerichtig noch zutreffend. Abwegig ist die Ausgangsthese, das Gemeinschaftsrecht sei im Streitfall nur insoweit wirksam, als Normen stärkerer Wirkung, und eben solche nationalen Verfassungsrechts, nicht entgegenstünden. Das Gericht ist mit seiner mißverständlichen[144] „Zuordnung" des Gemeinschaftsrechts zum nationalen Recht denn auch sogar dahin verstanden worden, als müßte das Gemeinschaftsrecht „den Regeln des nationalen Rechts gehorchen"[145]. Mit seiner (aus dem Vorlagebeschluß wiederholten) Begründung, die Vergemeinschaftung sei kraft Art. 24 I GG-Anwendung einwandfrei vollzogen, hätte das Urteil zur Bejahung des Gemeinschaftsvorrangs gelangen müssen, seine detaillierte Grundrechtsprüfung allenfalls als Hilfserwägung oder obiter dictum einen angemessenen Platz finden können. Daß nicht so argumentiert worden ist, findet seine Erklärung nur in dem Bemühen des Gerichts, die Wirksamkeit des Gemeinschaftsrechts im Grundrechtsbereich unter Kontrolle zu behalten[146]. Aber auch diese Deutung kommt nicht vorüber am Widerspruch zu der Erkenntnis des Vorlagebeschlusses, die der Art. 24 I GG-Anwendung verfassungsdurchbrechende Kraft beimißt, die nicht einmal durch Art. 79 III GG gehemmt wird.

---

[141] BFH 93, 102 = EuR 1969, 255 mit Anm. *Zuleeg*.
[142] Rspr. XIII, 591 = EuR 1968, 127 mit Anm. *Götz*.
[143] Begründete Kritik bei *Pescatore* NJW 1969, 2066 Anm. 6.
[144] *Spanner* BayVBl. 1970, 344: „verfänglich."
[145] *Meier* NJW 1969, 389.
[146] Das wird von *Zuleeg* EuR 1969, 265 insoweit gebilligt, als der Wesensgehalt der Grundrechte zu respektieren sei. Dafür sorgt indes bereits das Gemeinschaftsrecht selbst und seine Kontrolle durch den Gerichtshof.

So hinterläßt die Entscheidung zwiespältige Eindrücke, was sich bislang auf die nachgeordneten Instanzen der Finanzgerichtsbarkeit indes noch nicht ausgewirkt zu haben scheint[147].

3. Rechtsprechung des Bundesverfassungsgerichts

81 a) Der Beschluß des II. Senats des Bundesverfassungsgerichts vom 5. 7. 1967 (BVerfGE 22, 134) hat die Vorlage des Finanzgerichts Rheinland-Pfalz vom 14. 11. 1963 (EFG 1964, 22) zur Frage der Verfassungsmäßigkeit des EWGV als unzulässig verworfen, weil sie auf Normen des Gemeinschaftssekundärrechts abstellte, die das Bundesverfassungsgericht als nicht entscheidungserheblich erachtete[148]. Hier hat das Gericht — anders als der Bundesfinanzhof mit seiner Vorlage an den Gerichtshof vom 25. 4. 1967 *(10/79)* — zu den aufgeworfenen Verfassungszweifeln nicht Stellung genommen. Der Entscheidung ist nur zu entnehmen, daß das Gericht aus der etwaigen Verfassungswidrigkeit des Art. 189 EWGV und der daraus etwa folgenden Teilnichtigkeit des Art. 1 des Vertragsgesetzes nicht auf die Nichtigkeit des ganzen Art. 1 gefolgert hätte, so daß die übrigen Bestimmungen des EWGV hiervon unberührt geblieben wären.

82 b) Nachdem der II. Senat damit die entscheidenden Verfassungsfragen der Integration unbeantwortet gelassen hatte, ist der Beschluß des I. Senats vom 18. 10. 1967 (BVerfGE 22, 293)[149] ihnen nicht mehr aus dem Wege gegangen. In einer geradezu systematischen Ausbreitung hat das Gericht nach Anführung der wichtigsten Organisations- und Ermächtigungsregeln des EWGV zur Herkunft und Struktur der Gemeinschaftsgewalt, der Gemeinschaften selbst und ihrer Rechtshandlungen ausgeführt:

„Die Verordnungen des Rates und der Kommission sind Akte einer besonderen, durch den Vertrag geschaffenen, von der Staatsgewalt der Mitgliedstaaten deutlich geschiedenen ‹supranationalen› öffentlichen Gewalt. Die Organe der EWGV üben Hoheitsrechte aus, deren sich die Mitgliedstaaten zugunsten der von ihnen gegründeten Gemeinschaft entäußert haben. Die Gemeinschaft ist selbst kein Staat, auch kein Bundesstaat. Sie ist eine im Prozeß fortschreitender Integration stehende Gemeinschaft eigener Art, eine ‹zwischenstaatliche Einrichtung› im Sinne des Art. 24 I

[147] *Roemer,* Betrachtungen 18 Anm. 91 führt die Entscheidung an als Beleg für die Vorrang-Anerkennung. Im Ergebnis trifft das zu.

[148] Dazu die Glosse von *Ipsen* EuR 1967, 358.

[149] EuR 1968, 134 mit Anm. *Ipsen.* — Der Beschluß des BVerfG v. 9. 6. 1971 — 2 BvR 225/69 — AWD 1971, 418—420 = EuR 1972, 51 mit Anm. *Ipsen* hat diese Rechtsprechung fortgeführt: durch die Ratifizierung sei in Übereinstimmung mit Art. 24 I GG eine eigenständige Rechtsordnung der EWG entstanden, und Art. 24 I GG besage bei sachgerechter Auslegung nicht nur, daß die Übertragung von Hoheitsrechten auf zwischenstaatliche Einrichtungen überhaupt zulässig sei, sondern auch, daß Hoheitsakte ihrer Organe vom ursprünglich ausschließlichen Hoheitsträger anzuerkennen seien. Deutsche Gerichte müßten folglich auch solche Rechtsvorschriften anwenden, die zwar einer eigenständigen außerstaatlichen Hoheitsgewalt zuzurechnen seien, aber entgegenstehendes nationales Recht überlagern und verdrängen. „Denn nur so können die den Bürgern des Gemeinsamen Marktes eingeräumten subjektiven Rechte verwirklicht werden." Die Rangfrage zwischen Gemeinschafts- und einfachem deutschen Recht zu entscheiden, sei nicht Sache des BVerfG, sondern des zuständigen Prozeßgerichts.

GG, auf die die Bundesrepublik Deutschland — wie die übrigen Mitgliedstaaten — bestimmte Hoheitsrechte übertragen hat.

Damit ist eine neue öffentliche Gewalt entstanden, die gegenüber der Staatsgewalt der einzelnen Mitgliedstaaten selbständig und unabhängig ist; ihre Akte brauchen daher von den Mitgliedstaaten weder bestätigt (‹ratifiziert›) zu werden noch können sie von ihnen aufgehoben werden. Der EWGV stellt gewissermaßen die Verfassung der Gemeinschaft dar. Die von den Gemeinschaftsorganen im Rahmen ihrer vertragsmäßigen Kompetenzen erlassenen Rechtsvorschriften, das ‹sekundäre Gemeinschaftsrecht›, bilden eine eigene Rechtsordnung, deren Normen weder Völkerrecht noch nationales Recht der Mitgliedstaaten sind. Das Gemeinschaftsrecht und das innerstaatliche Recht der Mitgliedstaaten sind ‹zwei selbständige, voneinander verschiedene Rechtsordnungen›; das vom EWGV geschaffene Recht fließt aus einer autonomen Rechtsquelle (EGH in Rspr. GH VIII S. 97, 110; X S. 1251, 1270) . . .

Aus der Rechtsnatur der Gemeinschaft folgt, daß die von ihren Organen im Rahmen ihrer Zuständigkeit erlassenen hoheitlichen Akte, zu denen die Verordnungen nach Art. 189 II des Vertrages gehören, nicht Akte der *deutschen* öffentlichen Gewalt im Sinne des § 90 BVerfGG sind."

Das Gericht hat daraus gefolgert, daß eine unmittelbar gegen eine EWG-VO gerichtete Verfassungsbeschwerde daher nicht zulässig ist. Es hat diese Folgerung unterstützt mit dem (schon in BVerfGE 6, 18 verwerteten) Argument, der nicht-deutsche Charakter eines Organs wie der eines supranationalen EWG-Organs werde auch „durch die Mitwirkung der Staatsgewalt der BRD an seiner Errichtung nicht beseitigt". Gegenüber dem weiteren Einwand der Beschwerdeführer, der EWG-Rechtsschutz sei unzulänglich und dem müsse abgeholfen werden, hat das Gericht argumentiert: „Namentlich ginge es nicht an, das Rechtsschutzsystem der EWG, weil ihm bestimmte prozessuale Institute des deutschen Rechts fehlen, als unzulänglich anzusehen und es deshalb auf dem Wege über die deutsche Gerichtsbarkeit zu ergänzen oder zu verbessern. Das würde zu einer Verwischung der Grenzen zwischen nationaler und supranationaler Gerichtsbarkeit und zu ungleichmäßigem Rechtsschutz in den Mitgliedstaaten führen."

Der Beschluß hat schließlich als durch ihn ausdrücklich „nicht entschieden" die Frage bezeichnet, „ob und in welchem Umfang das Bundesverfassungsgericht im Rahmen eines zulässigerweise bei ihm anhängig gemachten Verfahrens Gemeinschaftsrecht an den Grundrechtsnormen des GG messen kann — eine Frage, die ersichtlich von der Entscheidung der weitergreifenden Vorfrage abhängt, ob und in welchem Sinne von einer Bindung der Organe der EWG an die Grundrechtsordnung der BRD gesprochen werden kann oder — anders gewendet — ob und in welchem Maße die BRD bei der Übertragung von Hoheitsrechten nach Art. 24 I GG die Gemeinschaftsorgane von solcher Bindung freistellen konnte".

83 aa) Der Beschluß bejaht also die Verfassungsmäßigkeit der deutschen Beteiligung an der Integration. Hierin, in der Deutung der Gemeinschaftsgewalt und der Strukturen des Gemeinschaftsrechts folgt er wissenschaftlichen Bemühungen aus der vierjährigen Periode zwischen der Neustädter Vorlage und seinem Erlaß. In diesem Sinne können seine Ergebnisse so zusammengefaßt werden: (1) Die Gemeinschaften sind nicht Staaten, auch nicht Bundesstaaten, sondern progredierende zwischenstaatliche Einrichtungen eigener Art i. S. des Art. 24 I GG; (2) die Gemeinschaften sind Träger, ihre Organe Wahrnehmer einer durch entäußernde „Übertragung" der Mitgliedstaaten entstandenen, neuen, d. h. originären öffentlichen Gewalt, die gegenüber der öffentlichen Gewalt der Staaten selbständig und unabhängig ist; (3) die Gemeinschaftsverträge „verfassen" die Gemeinschaften, deren rechtsetzende Organakte im sekundären Gemeinschaftsrecht eine eigene, autonom geschaffene Rechtsordnung hervorbringen, die weder Völkerrecht noch nationales Recht der Mitgliedstaaten darstellt und folglich von diesem zu unterscheiden ist; (4) Organakte öffentlicher „supranationaler" Gemeinschaftsgewalt sind nicht Akte deutscher öffentlicher Gewalt, und dies auch nicht deshalb, weil die Gemeinschaften unter Beteiligung der BRD gemäß Art. 24 I GG geschaffen worden sind; (5) supranationale Hoheitsakte der Gemeinschaftsgewalt bedürfen weder mitgliedstaatlicher Bestätigung („Ratifikation") noch können sie von den Mitgliedstaaten „aufgehoben" werden; (6) die Gemeinschaften besitzen ein eigenes, vom nationalen unterschiedenes Rechtsschutzsystem, dessen Zulänglichkeit nicht an den Maßstäben des deutschen Rechtsschutzsystems gemessen werden kann. Seine nach solchen Maßstäben etwa geforderte „Aufwertung" würde die Grenzen zwischen beiden Gerichtsbarkeiten unzulässig „verwischen" und „zu ungleichmäßigem Rechtsschutz in den Mitgliedstaaten führen".

84 bb) Mit den vorstehend unter (1) bis (5) fixierten Ergebnissen liefert der Beschluß alle entscheidenden Voraussetzungen für eine Beantwortung auch der Vorrang-Frage. Im Grunde hat das Gericht sie auch konkludent beantwortet, und zwar bejahend. Das Gericht meint zwar, es habe hinsichtlich der Zuordnung des Gemeinschaftsrechts *jedenfalls zu den deutschen Grundrechten* schon deshalb keine Antwort gegeben, weil es insoweit bereits hinsichtlich seiner Prüfungsbefugnis noch nicht entschieden habe. Diese Argumentation ist indes nicht schlüssig, denn: indem das Gericht zutreffend feststellt, Gemeinschaftsakte könnten von den Mitgliedstaaten nicht „aufgehoben" werden, schließt es die Derogation von Gemeinschaftsrecht durch nationale Rechtsetzung aus und attestiert es damit dem Gemeinschaftsrecht „mitgliedstaatliche Unantastbarkeit", also die Bewahrung seines ganzheitlichen und einheitlichen Gemeinschaftscharakters. Diese Aussage ist im Grunde nichts anderes als die zutreffende Erkenntnis, daß der deutsche Gesetzgeber dem Gemeinschaftsrecht nicht mit Hilfe der lex posterior-Regel derogieren kann. Indem das Gericht weiterhin eine nationale „Aufwertung" des Gemeinschaftsrechtsschutzes ausschließt, weil dieser ansonsten „ungleichmäßig" innerhalb der Gemeinschaft gelten würde, bestätigt seine eigene Argumentation diesen „Gemein"-Charakter des Integrationsrechts mit genau derjenigen Wendung, mit der der Gerichtshof im Costa/ENEL-Urteil im Hinblick u. a. auf Art. 7 und 189 II EWGV seine Unantastbarkeit gekennzeichnet hat. Der Vorbehalt des Beschlusses hinsichtlich der Grundrechtsgewährleistung will deshalb im Grunde „reservieren", was jedenfalls nach der eigenen Logik der Begründung nicht reservierbar geblieben ist: denn eine eigenständige, nicht-staatliche Hoheitsgewalt kann ihre Grundrechtsbindung nur aus sich selbst bemessen, nicht nach sechs verschiedenen nationalen Verfassungen, deren Gesetzgeber selbst im übrigen gehalten sind, das Gemeinschaftsrecht unberührt zu lassen.

85 Die — von höchst maßgeblicher Seite[150] — an diesen kritischen Deduktionen geübte Gegenkritik, die in dem Beschluß des Bundesverfassungsgerichts sogar noch weitere Reservationen finden will als die ausdrücklich zur Grundrechtsthematik geäußerte, hat keine zulängliche Begründung erfahren. Sie liegt schwerlich in der Disqualifizierung der „auf schwachen Füßen" stehenden „integrationspolitischen" These, Gemeinschaftsrecht müsse, weil eben gemeines Recht, überall in der Gemeinschaft gemeingültig, d. h. überall gleichmäßig gelten, und sie entspringe, positiv-rechtlich (trotz Art. 189 II!) nicht abgestützt, „europäischem Wunschdenken". Daß das „Aufhebungs"-Argument des Beschlusses nur auf das Unvermögen des deutschen Gesetzgebers ziele, Gemeinschaftsnormen „nicht formell aufheben" zu dürfen, die incidente Nicht-Anerkennung der Gemeinschaftsnorm indes durchaus zulasse, mag als Wortlaut-Interpretation des Beschlusses hingehen. In der Sache der Vorrang-Frage ist sie indes unschlüssig und unergiebig: wenn ein Prozeßgericht — und gar das Bundesverfassungsgericht — eine Gemeinschaftsnorm wegen Unvereinbarkeit mit deutschem Recht in concreto incidenter nicht anwendet (nicht „anerkennt"), bewirkt es genau eben das, was das Gericht zur „Aufwertung" des Gemeinsschaftsrechtsschutzes ganz zutreffend als ihm „schon aus grundsätzlichen Erwägungen" verwehrt bezeichnet: es würde die Gemeinschaftsrechtsordnung insoweit, als es diesse nicht „anerkennt" und in concreto nicht anwendet, zu einer „ungleichmäßig" in den Mitgliedstaaten geltenden Ordnung denaturieren. Seine Auffassung würde zu einer „Verwischung der Grenzen" zwischen beiden Rechtsordnungen führen und in der Sachentscheidung nichts anderes bewirken als der deutsche Gesetzgeber, der sich anheischig machte, der Gemeinschaftsnorm durch lex posterior zu derogieren.

Hinter der Kritik stehen also — mehr oder minder deutlich sichtbar — immer noch die Einflüsse der lex posterior-Regel, die „ins Spiel kommen" soll, und die Vorstellung, das Gemeinschaftsrecht müsse „als innerstaatliches Recht ... in die staatliche Normenhierarchie eingefügt" werden — Gesichtspunkte, die beide mit den zutreffenden Ausgangsthesen des Beschlusses nicht zu vereinbaren sind.

VIII. Rechtsprechung in den anderen Mitgliedstaaten[151]

86 Die — vielfach dargelegte und kommentierte — Rechtsprechung zur Vorrang-Frage in den anderen Mitgliedstaaten erweist sich auch dort als

---

[150] *Ritterspach* Fs Gebhard Müller 310.

[151] Übersichten bei: *Green,* Political integration by jurisprudence (1969) 335 bis 346; *Roemer,* Betrachtungen 17—18 mit Anm. 86—95; *van Dijk, Ganshof van der*

abhängig von den unterschiedlichen Verfassungsgrundlagen ihrer Vergemeinschaftung *(2/64—67)*. Sie ist außerdem abhängig von ihren grundsätzlichen Einlassungen zum Verhältnis zwischen nationalem und internationalem Recht, schließlich auch von ihrem Verständnis der Gewaltenteilung zwischen Gesetzgebung und Rechtsprechung. Ein Überblick zeigt, daß in Italien mit seiner dualistischen Tradition und der Institution seiner Verfassungsgerichtsbarkeit ähnliche Integrationshemmungen wirksam sind wie in der höchsten Gerichtsbarkeit in der BRD. Er zeigt durchweg, daß die Instanzgerichte integrationsoffener und -freundlicher orientiert sind als letzte Instanzen (Frankreich). Er zeigt, daß Verfassungsaussagen wie Art. 66 der niederländischen Verfassung die Vorrangfrage auch für die Gerichte klären oder ihre Beantwortung erleichtern. Er zeigt endlich, daß die Rechtsprechung dort, wo Verfassungsrigidismus hierauf Wert legt, Impulse für entsprechende Verfassungsergänzungen geben kann.

87 1. Die Vorrang-Frage ist für die *niederländische* Gerichtspraxis unproblematisch, weil durch die 1953 und 1956 neu gefaßten Art. 66, 67 der niederländischen Verfassung der Vorrang der Durchgriffsnormen des Gemeinschaftsrechts vor dem nationalen Recht gesichert ist.

88 2. In *Luxemburg*, wo es an verfassungsrechtlicher Klarstellung nach Art des Art. 66 der niederländischen Verfassung fehlt, haben die Rechtsprechung der Cour Supérieure de Justice seit ihrer Entscheidung vom 14. Juli 1954 und der Conseil d'État seit seinem Urteil vom 28. Juli 1951 den Vorrang des internationalen Rechts anerkannt. Die anderen Gerichte sind dem gefolgt. Es hat in dieser Judikatur, die sich schlechthin auf das internationale Vertragsrecht bezieht, keiner besonderen Rechtfertigung aus der Besonderheit des Gemeinschaftsrechts bedurft, um seinen Vorrang zu begründen: „La jurisprudence luxembourgeoise est unanime à reconnaître la primauté des traités internationaux sur la loi nationale... La même prééminence doit être reconnue au règlement communautaire."[152]

89 3. In *Belgien*, dessen Gerichte angesichts des Schweigens der Verfassung und bislang vergeblicher Versuche zu ihrer einschlägigen Ergänzung anfänglich die lex posterior-Regel glaubten anwenden zu müssen, haben beide Procureurs Généraux[153] den Gemeinschaftsvorrang befürwortet. Daraufhin hatte die Cour d'Appel Brüssel mit Urteil vom 4. 3. 1970[154] den Vorrang anerkannt, dies allerdings mit dem wesentlichen Vorbehalt, das letzte Wort hierzu sei dem nationalen Gesetzgeber belassen, „dem bewahrenden Organ der Verfassung und obersten Regulator der innerstaatlichen Ordnung." Seither ist dieses Wort gefallen. Die Verfassung ist zwar noch nicht durch Einfügung eines Art. 107*bis* dahin ergänzt worden, daß „les cours et tribunaux n'appliquent les lois qu'autant qu'elles seront conformes aux règles

---

Meersch, Pescatore, Rodière, Treves, Zweigert, Diritto delle Comunità Europee e diritto degli Stati Membri 25 (Belgien), 69 (Frankreich), 197 (Italien), 249 (Luxemburg), 293 (Niederlande); *Constantinides-Mégret,* Le droit de la CEE et l'ordre juridique des Etats membres 83—91; ferner die zum V. FIDE-Kongreß Berlin 1970 erstatteten Landesberichte, in: Gemeinschaftsrecht und nationale Rechte, KSE 13 (1971).

[152] *Wutgen,* FIDE-Kongreß Berlin 1970 Landesbericht Luxemburg Komm. I, 5.

[153] *Hayot de Termincourt* JTrib 1963, 481; *Ganshof van der Meersch* JTrib 1968, 494; *Joliet* EuR 1970, 270.

[154] EuR 1970, 345 mit Anm. *Bebr;* dazu *Schrans* CMLR 8 (1971) 92; *ders.* SEW 1971, 518; *Goffin-Burlion* JTrib 1970, 605.

de droit international et notamment aux traités en vigueur régulièrement publiés"[155]. Doch hat die Cour de Cassation Brüssel auf die Revision gegen das vorgenannte Urteil am 27. Mai 1971 entschieden[156], daß unmittelbar anwendbare Bestimmungen eines völkerrechtlichen Vertrages, insbes. des EWGV, Vorrang vor später erlassenen nationalen Gesetzen haben, so daß diese im Kollisionsfall nicht anwendbar sind.

90 4. In *Frankreich* haben zahlreiche Instanzgerichte[157] den Gemeinschaftsvorrang anerkannt. Art. 55 der Verfassung hat hierzu vorbehaltlich der Gegenseitigkeit den Weg geöffnet. Die lex posterior-Regel ebenso wie die Gegenseitigkeitsklausel werden weithin nicht als Vorrang-Hindernis erachtet, obwohl zutreffend bezweifelt wird, daß diese Klausel auf die Gemeinschaftsverträge überhaupt anwendbar ist. Hinderlich wirkt das französische Verständnis des Gewaltenteilungsprinzips, das dem Prozeßrichter nicht erlaubt, ein Gesetz am Maßstab anderer Normen in seiner Gültigkeit zu prüfen. Der Conseil d'État hat in seinem Urteil vom 1. 3. 1968[158], das mit Recht heftig beanstandet worden ist, den Vorrang bestritten, was im Zusammenhang mit den Schlußanträgen des Regierungskommissars seine Erklärung findet. Die Entscheidung beruft sich — trotz Art. 55 der französischen Verfassung — auf die Bindung des Gerichts an einen nationalen Souveränitätsakt in Gestalt einer parlamentarischen lex posterior. Ob ihre Wirkung in Frankreich geringer einzuschätzen ist, weil es sich im Streitfall um die delikate Folgerung aus der Liquidation des Algerien-Problems mit ihren besonderen politischen Aspekten handelte, muß die weitere Entwicklung zeigen. Die Einlassung französischer Instanzgerichte[159], insbes. der ordentlichen Gerichtsbarkeit, zur Vorrangfrage ermutigt zu der Annahme, daß die Conseil d'État-Entscheidung in ihrer Tragweite nicht überschätzt werden sollte.

91 5. In *Italien*[160] haben das Fehlen einer verfassungsrechtlichen Kollisionsregel, die Vorherrschaft der dualistischen Konzeption und die Institution einer Verfassungsgerichtsbarkeit die Vorrang-Frage in ähnlicher Weise beeinflußt wie in der BRD. Deshalb werden in der Vergleichung der einschlägigen Judikatur beide Staaten in aller Regel in einem Zuge genannt. Andererseits ist der zunehmende Einfluß der Theorie, die den Vorrang bejaht, ebenso spürbar wie derjenige der Rechtsprechung des Gerichtshofs. Das Friedensgericht in Mailand hat den Vorrang in seinem Schlußurteil i. S. Costa—ENEL anerkannt[161]. Der italienische Verfassungsgerichtshof hält an der dualistischen Transformationslehre mit ihren Folgen für seine Prüfungsbefugnis und Normen-Rangkontrolle fest. In seinen Entscheidungen vom 14. 3. 1964, 27. 12. 1965[162] und 9. 7. 1969 hat das Gericht die Eigenständigkeit des Gemeinschaftsrechts hervorgehoben, andererseits zunächst ausgeschlossen, ein italienisches Parlamentsgesetz wegen Verstoßes gegen Gemeinschaftsrecht für nichtig zu erklären. In der Entscheidung vom 9. 7. 1969 ist das hinsichtlich eines gemeinschafts-

---

155 So der letzte Entwurf zur diesbezüglichen Änderung der Verfassung.

156 EuR 1971, 261 m. Anm. *Bebr;* CahDrEur 1971, 561 mit Anm. *Pescatore.*

157 Vgl. *Constantinides-Mégret* 86 Anm. 22; *Laviolette-Slanka,* in: Gemeinschaftsrecht und nationale Rechte KSE 13 (1971) = FIDE-Kongreß Berlin 1970, Landesbericht Frankreich Komm. II, 4; *Martinière* a.a.O. Komm. I, 1; *Fromout* EuR 1970, 48; 1971, 154.

158 EuR 1968, 318 mit Anm. *Constantinesco* und *Ipsen; M. L.,* RecDallozSirey 1968, II, 286.

159 *Constantinides-Mégret* 86.

160 *Pappalardo* EuR 1970, 341; *Green* 348—388; *Selvaggi,* FIDE-Kongreß, Landesbericht Italien Komm. I, 1.

161 EuR 1966, 361 mit Anm. Sasse.

162 EuR 1966, 146 m. Anm. *Glaesner.*

widrigen sizilianischen Regionalgesetzes indes geschehen. Darin wird eine schrittweise Annäherung an die Integrationsprinzipien gesehen[163].

IX. Die Rolle der nationalen Rechtsprechung zur Vorrang-Frage im Integrationsprozeß

92 Der Vorrang des Gemeinschaftsrechts folgt letztlich aus seinem Geltungsgrund und seinen Strukturen sowie der Mitgliedschaft der Staaten in den Gemeinschaften. Der rechtlichen Argumentation, die das zu begründen vermag, und selbst den nationalen Verfassungssätzen, die den Vorrang stipulieren, ist gleichwohl im Effekt für den Fortgang der Integration nicht eine solche Bedeutung zuzusprechen, wie eben der Rechtsprechung der nationalen Gerichte, *wenn sie und indem sie den Gemeinschaftsvorrang praktizieren.* Das ist mit Recht wiederholt unterstrichen worden[164].

93 Um das zu begründen, bedürfte es rechtstheoretischer Fundierung für die Gesetzlichkeiten und Maßstäbe, nach denen in den Gemeinschaften ohne Gemeinschaftsvolk und mit Mitgliedern fortbestehender Nationalstaatlichkeit eine nicht-nationale Rechtsordnung ein Rechtsbewußtsein zu erzeugen vermag, das den Gemeinschaftsvorrang respektiert. Es ist bemerkenswert, angesichts der kontinental-einheitlichen Einschätzung der Richterrolle in den Mitgliedstaaten aber auch nicht überraschend, daß Versuche solcher Fundierung bislang nicht hier, sondern im anglo-amerikanischen Rechtskreis unternommen worden sind[165]. Sie haben hier auf fortgeschrittene sozialwissenschaftliche Bemühungen zur Integrationstheorie zurückgreifen können, andererseits auch auf dort rezipierte und fortgeführte deutsche Ansätze einer soziologischen Rechtsschule. Daß der Beitrag der Rechtsprechung des Gerichtshofs zur „political integration by jurisprudence“ in einer umfassenden Exegese seiner Judikatur (*und* derjenigen der nationalen Gerichte) in dieser Perfektion nicht mit europäischer, sondern amerikanischer Feder[166] gewürdigt worden ist, dürfte entsprechende Gründe haben. Diese und die Fundierungsversuche einer Rechtsprechungs-Integration können so beschrieben und gewertet werden[167]:

1. Die amerikanische Doktrin stützt sich auf Ansätze einer Lehre internationaler Integration, die schon vor der europäischen Vergemeinschaftung ihr Ziel darin sah, gemeinsame soziale Probleme durch friedliche Veränderung mit Hilfe gemeinschaftlicher Institutionen und Prozesse zu lösen. Dieser Lehre erscheinen solche Institutionen besonders wirksam, die mit den

---

[163] *Selvaggi* a.a.O. 5 zu allen drei genannten Entscheidungen.
[164] *Fuß*, Diskussion zum Bensheim-Referat 116; *Constantinides-Mégret* 111.
[165] *Axline*, European community law and organizational development (1968); dazu: *Grunwald* EuR 1970, 377.
[166] *Green*, Political integration by jurisprudence (1969).
[167] Dazu: *Grunwald* EuR 1970, 377.

Gliedern der teilnehmenden Staaten in unmittelbar handelnde Beziehungen des Rechts treten, also nicht nur zu den Repräsentanten, sondern auch zu den Repräsentierten, die sich derart bewußt werden, daß sie Teil einer Gesellschaft sind, welche größer ist als ihre nationale. In dieser Weise vermag das Recht über den Integrationsgehalt auszusagen.

2. Eine in den Vereinigten Staaten rezipierte Methode der sociological jurisprudence sucht daraus zu begründen, daß die Wirkungskraft des Rechts nicht in seiner Positivität oder Autorität, sondern in seiner Vergegenwärtigung in der Gesellschaft besteht: ubi societas ibi ius. Sie kennzeichnet die Wirkungsweise des common law-Richters, der das in seiner Gesellschaft wirksame Recht eruiert, so daß das Recht erscheint als Prognose dessen, was die Gerichte bei Anrufung judizieren. Unter Anlehnung an den gedachten Prozeß der Funktionenverdoppelung *(Scelle)* und mit Hilfe seiner Dimensionserweiterung durch Inversion wird der nationale Richter, der Gemeinschaftsrecht anwendet, zum Mittler der institutionell verfaßten Gemeinschaftsrechtsordnung in seiner nationalen Gesellschaft — und dies zwangsläufig im Sinne ihrer überlagernden und vorrangigen Wirksamkeit: „In dem Maße, in dem der nationale Richter das valid law der Integrationsgemeinschaft durch seine Entscheidungstätigkeit effektuiert, realisiert sich der Suprematieanspruch des Integrationsrechtssystems über die mitgliedstaatlichen Rechtssysteme“[168].

3. Für diese Betrachtungsweise muß deshalb die nationale Rechtsprechung zum Gemeinschaftsrecht und ihre Einlassung zur Vorrang-Frage der Prüfstein der Integration sein. Ihre Analyse nach den Postulaten der unity of application und primacy of application verdeutlicht, daß die jeweilige nationale Einlassung zur lex posterior-Regel hierüber maßgeblich befindet. In ihrer Nichtanerkennung durch den italienischen Verfassungsgerichtshof — und in der Existenz und Wirksamkeit von Verfassungsgerichten überhaupt — wird eine wesentliche Integrationshemmung gesehen, während die Instanzgerichte beider damit angesprochenen Mitgliedstaaten (BRD, Italien) in ihrer Integrationsbereitschaft etwa denen der Niederlande gleichgestellt werden.

4. Die entscheidenden Unterschiede zwischen dem kontinentalen und dem common law-Rechtssystem und ihrer Gerichtsbarkeiten schließen es aus, die in dieser Weise von der amerikanischen Theorie angenommene Bedeutung der nationalen Rechtsprechung und ihrer Rechtfertigung als sociological jurisprudence unbesehen in ihrer Funktion in der Vorrang-Frage zu akzeptieren. Andererseits steht außer Zweifel, daß der genetisch und strukturell begründete Vorrang ohne Wirkung bleibt, wenn er nicht in der Entscheidungspraxis der nationalen Gerichte praktiziert wird: der Vorrang setzt sich letztlich erst mit Hilfe der nationalen Gerichte durch, und erst mit seiner Durchsetzung wird die Vergemeinschaftung durch Recht gesichert.

---

[168] *Grunwald* EuR 1970, 380.

Vierter Teil

ORGANISATION UND ORGANE

§ 11 ÜBERBLICK — GEWALTENTEILUNG

Behr, The balance of power in the European Community, AnnEur V (1959) 53; *Friauf*, Zur Problematik rechtsstaatlicher und demokratischer Strukturelemente in zwischenstaatlichen Gemeinschaften, DVBl. 1964, 781; *Fuß*, Zur Rechtsstaatlichkeit der Europäischen Gemeinschaften, DÖV 1964, 577; Fuß, Die Europäischen Gemeinschaften und der Rechtsstaatsgedanke (1968); *Heising*, Die Gewaltenteilung nach dem Bonner Grundgesetz und nach dem Vertrag zur Gründung der Europäischen Wirtschaftsgemeinschaft, Diss. Münster (1969); *G. von Hippel*, La séparation des pouvoirs dans les Communautés européennes, Diss. Nancy (1963); *Kaiser* und *Badura*, Bewahrung und Veränderung demokratischer und rechtsstaatlicher Verfassungsstruktur in den internationalen Gemeinschaften, VVdStRL 23 (1966) 1 bzw. 34; *Ljubisavljevic*, Les problèmes de la pondération dans les institutions européennes (1959); *Joachim Martens*, Die rechtsstaatliche Struktur der Europäischen Wirtschaftsgemeinschaft, EuR 1970, 209; *Ophüls*, Zur ideengeschichtlichen Herkunft der Gemeinschaftsverfassung, Fs Hallstein 387; *Petzold*, Die Gewaltenteilung in den Europäischen Gemeinschaften (1966); *Sachsse*, Die Kompetenzen des Europäischen Parlaments und die Gewaltenteilung in den Europäischen Gemeinschaften, Diss. Frankfurt/Main (1971); *Seeler*, Die europäische Einigung und das Problem der Gewaltenteilung (1957); *Sidjanski*, L'originalité des Communautés européennes et la séparation de leurs pouvoirs (1961).

I. Überblick

1 Die derzeitige Organisation der Gemeinschaften ist durch mehrere Faktoren bestimmt: durch das Beispiel einer ersten Gemeinschaftsorganisation in der EGKS und durch Erfahrungen einer Fülle internationaler Organisationen[1] der Vergangenheit und Gegenwart, die zur Ausgestaltung der Gemeinschaftsorganisation beigetragen haben; durch die Aufgaben- und Zielsetzungen der Gemeinschaften; durch die spezifische Wirkungsweise supranationaler und funktioneller Integration, die eine adäquate Organisation benötigt. Als der Errichtung der EGKS in den Römischen Verträgen fünf Jahre später die gleichzeitige Organisation von EWG und EAG folgte, wurde zwischen diesen und der EGKS ein erster organisatorischer Fusionsschritt vollzogen, und zwar durch Errichtung zweier ihnen gemeinsamer Organe (der Versammlung und des Gerichtshofs). Im übrigen wurde den beiden neuen Gemeinschaften (von Sondereinrichtungen abgesehen) das gleiche Organisationsschema zugrunde gelegt. Diesen Angleichungen und organisatorischen Vereinheitlichungen entsprach als Fernziel die spätere Fusionie-

[1] Zu den Motiven für die Verschiedenheit des Aufbaus in den einzelnen Organisationen vgl. *Seidl-Hohenveldern*, Internationale Organisationen 86.

rung der Gemeinschaften. Es ist zunächst mit der Fusionierung der Exekutiven im Fusionsvertrag von 1965 zum 1. Juli 1967 organisatorisch verfolgt worden. Die Fusionierung der Gemeinschaften selbst, die eine einzige Gemeinschaftsorganisation mit sich bringen würde, ist vertagt. Die Erweiterung der Gemeinschaften durch neue Mitglieder ändert das Organisationsschema nicht.

Die bestehenden „fusionierten" Hauptorgane der drei Gemeinschaftsverträge und des Fusionsvertrages sind: die Versammlung, der Rat, die Kommission, der Gerichtshof. Der Wirtschafts- und Sozialausschuß ist Gemeinschaftseinrichtung von EWG und EAG. Der Beratende Ausschuß des EGKSV ist als solcher bestehengeblieben. Die Bildung und Zusammensetzung, Aufgaben und Befugnisse, nicht weniger das Zusammenwirken dieser Organe und Einrichtungen, ihre Kompetenzverschränkungen und -kontrollen spiegeln die mit der Vergemeinschaftung verfolgten Ziele und die verfaßte Bereitschaft der Mitgliedstaaten wider, eigene Hoheitsbefugnisse und öffentliche Aufgaben zu integrieren und in besonderer Organisation wahrzunehmen.

Bei der mit Mitteln völkerrechtlichen Vertragsschlusses vollzogenen Errichtung der Gemeinschaften und ihrer Organisation waren die Mitgliedstaaten durch völkerrechtliches Gewohnheitsrecht nicht gebunden[2]. Daß das Gemeinschaftsrecht einzelne Organisationselemente aufweist, die auch anderen internationalen Organisationen eigen zu sein pflegen, ergibt sich aus Übung und Erfahrung, nicht aus Rechtsgründen. In entscheidenden Zügen ist ihre Organisation aber in jenem Maße neuartig, wie die Vergemeinschaftung selbst strukturell und funktionell eine neuartige Gestaltungsform darstellt, überlieferte überwindet und überhöht[3].

In der Vorstellung, die Vergemeinschaftung müsse mit Zwangsläufigkeit und Automatik aus ihr zugedachter „präföderaler" Erscheinungsform zu föderaler oder bundesstaatlicher Einigung führen, sind einzelne organisatorische Züge der Gemeinschaftsstrukturen in Analogie zum Bundesstaat gedeutet worden[4], und dies begreiflicherweise insbesondere in deutscher Sicht. Darüber hinaus wird für die Gemeinschaftsorganisation gefordert, ihre Ausgestaltung und die Deutung der sie bestimmenden Vertragsvorschriften habe sich am Modell parlamentarisch-demokratisch legitimierter Rechtsstaatlichkeit des nationalen Verfassungsrechts der Mitgliedstaaten zu orientieren. Insbesondere gelte auch das Verfassungsprinzip der Gewaltenteilung als derart verbindlicher Maßstab[5]. Soweit das Organisationsrecht der Gemeinschaf-

---

[2] *Seidl-Hohenveldern,* Internationale Organisationen 87.

[3] Deshalb hat *Ophüls* Fs Hallstein 389 mit Recht davor gewarnt, zur Deutung gemeinschaftsrechtlicher Institute unkritisch auf internationale Organisationen Bezug zu nehmen.

[4] Zu den Analogien zum bundesstaatlichen Aufbau: *Seidl-Hohenveldern* 88—91.

[5] Zu dieser Fragestellung insbes.: *Kaiser* und *Badura* VVDStRL 23 (1966) 1—33, 34—104; *Ipsen* ebenda 128—135.

ten diesem Modell und Maßstab nicht gerecht wird oder sich Analogiezwängen in Norm und Wirklichkeit entzieht, wurden und werden Rechtsvorbehalte geltend gemacht[6]. Ihnen ist in der folgenden Darstellung der Organisation der Gemeinschaften in verschiedenen Zusammenhängen nachzugehen, der Frage der Gewaltenteilung schon hier *(11/3—9)*.

2 Die Behandlung der vier wichtigsten Gemeinschaftsorgane *(§§ 12—15)* und der beratenden Ausschüsse *(§ 16)* verzichtet auf eine perfekte und geschlossene Behandlung aller sonstigen organisatorischen Einrichtungen, die die Verträge, das Sekundärrecht oder formell nicht normierte Organisationsakte vorsehen oder hervorgebracht haben (wie: Investitionsbank, EAG-Agentur, Währungsausschuß, Kontrollausschuß, Europäischer Sozialfonds, Ausschüsse für mittelfristige Wirtschaftspolitik, für Konjunkturpolitik, für Haushaltspolitik usw.). Zum Verständnis der wesentlichsten Integrationsaufgaben und -vorgänge, die sich dem Entscheidungsprozeß der Gemeinschaftsorgane stellen und in ihm vollziehen, bedarf es ihrer Einbeziehung in den Vierten Teil dieses Buches nicht. Soweit erforderlich, sind diese Einrichtungen nach Organisation und Zuständigkeit jeweils im Sachzusammenhang derjenigen Gemeinschaftsaufgabe berücksichtigt, in deren Erfüllung sie fungieren.

II. Gewaltenteilung

1. Ausgestaltung

3 Geschichte und gegenwärtige Problematik des Gewaltenteilungsprinzips[7] als eines Verfassungsinstruments zur Aufgliederung und Bändigung der Staatsgewalt beweisen, daß Gewaltenteilung nicht einer bestimmten Staatsform zugeordnet und vorbehalten und unterschiedlicher Ausgestaltung zugänglich ist. Gewaltenteilung — und gar speziell horizontale oder föderative Gewaltenteilung — sind keine a priori fixierten, absoluten Begriffe und Prinzipien einer Funktionenordnung öffentlicher Organwalter. Das liberaldemokratische Verfassungsideal des 19. Jahrhunderts, dem die geschriebenen Verfassungen der Mitgliedstaaten noch heute Ausdruck geben, zielt der Freiheitsverbürgung und der Rechtsstaatlichkeit wegen auf eine Demokratie, deren Machtentfalung durch Gewaltenteilung gebändigt wird. Die Wirklichkeit ihrer Verfassungen erweist aber zunehmend, daß diese Begrenzung und Kontrolle der Macht nicht ausreicht. Denn die pluralistische Gesellschaft wird in der Auseinandersetzung ihrer Gruppenkräfte und ihrer An-

---

[6] Ihren Gipfelpunkt erreichten sie mit dem Vorlagebeschluß des Finanzgerichts Rheinland-Pfalz vom 14. 11. 1963, EFG 1964, 22, der durch Beschluß des BVerfG vom 5. 7. 1967 (BVerfGE 22, 134 = EuR 1967, 351 mit Glosse von *Ipsen*) als unzulässig verworfen worden ist.

[7] Hierzu: *W. Weber*, Gewaltenteilung, HWBSozWiss (1965) 498; *ders.*, Die Teilung der Gewalten als Gegenwartsproblem, Fs C. Schmitt (1959) 253; *Hahn*, Über die Gewaltenteilung in der Wertwelt des Grundgesetzes, JböR N. F. 14 (1965) 15; *Leisner*, Die quantitative Gewaltenteilung, DÖV 1969, 405; *Böckstiegel*, Neue Aspekte der Gewaltenteilung seit Inkrafttreten des Grundgesetzes, NJW 1970, 1712; Zur heutigen Problematik der Gewaltentrennung; Wege der Forschung Bd. CXCIV, Hg. H. Rausch und Eb. Schmidt (1969).

gewiesenheit auf sozialstaatlichen Ausgleich durch das staatsrechtliche Gewaltenteilungsprinzip nicht kanalisiert und nicht reglementiert. Es bewahrt und bewährt seine freiheitssichernde und rechtsstaatliche Funktion nur, solange die pluralistische Gruppenauseinandersetzung ihre Ergebnisse noch in Gestalt staatlicher Setzungen hoheitlich entscheidet und vollzieht. *Insoweit* — *weil* solche *staatlicher* Setzung — ist sie den Kompetenzaufgliederungen, Verschränkungen und Kontrollen der staatlichen Gewaltenteilung unterworfen. Solange diese Respektierung der Verfassung gesichert bleibt, behält die Gewaltenteilung also die ihr zugedachte Funktion. Wo sich (auch legislatorische) Ansätze dafür zeigen, die gesellschaftliche Gruppenauseinandersetzung aus dem Vorbehalt staatlicher Entscheidung und Setzung ihrer Resultate zu entlassen, käme es — solange Freiheit und Rechtsstaatlichkeit weiterhin der Bewahrung und des Schutzes wert erscheinen — darauf an, die gesellschaftliche Gruppenauseinandersetzung ihrerseits und immanent durch „Gewaltenteilung“ zu bändigen. Denn der „natürliche“ Interessengegensatz der Gruppen selbst gewährleistet solche Bändigung weder notwendig noch mit Sicherheit.

4 Diese Aufgabe wird um so dringlicher, je intensiver und wirksamer nicht-staatliche „Gewalten“ — von den Organisationen der Sozialpartner bis hin zu den „Medien“ der öffentlichen Meinungsbildung — bemüht und imstande sind, in den staatlichen Entscheidungsprozeß zu intervenieren oder an ihm teilzuhaben. Mit dem Wirkungsverlust der überlieferten und verfaßten Gewaltenteilung steigt die Notwendigkeit, auch nicht-staatliche Pluralgewalten ihrerseits zu „teilen“, um sie zu beschränken und zu kontrollieren. Daß dieselbe Notwendigkeit besteht, sie demokratisch zu legitimieren, wenn sie intervenieren oder teilhaben, hat entsprechende Ursachen.

Vor diese Fragen sind auch das Gemeinschaftsrecht und die Organisation der Gemeinschaften gestellt[8]. Sie lassen sich mit staatsverfassungsrechtlichem Analogie-Denken um so weniger beantworten, als die überlieferte staatsrechtliche Gewaltenteilung aus den genannten Gründen schon für den Staat der Industriegesellschaft selbst nicht mehr zureicht. Die Hinnahme staatlicher Modellzwänge für die Gemeinschaftsorganisation wäre allein aus diesem Grunde abzulehnen. Sie ist außerdem deshalb zu verwerfen, weil die Wirtschaftsintegration eine andersartige, neue Methode und Gestalt öffentlicher Funktionen-Wahrnehmung darstellt, die diejenige staatlicher Erledigung ersichtlich deshalb ablöst, weil sie die der Sache im besserem Sinne adäquate zu sein verspricht. Ohne diese Erwartung würde sie nicht stattfinden und auch keine Anziehungskraft für noch nicht integrierte Staaten äußern. Es darf sogar erwartet werden, daß die Integrationsmethode der Funktionen-Wahrnehmung ihrerseits Erfahrung und Modell zu liefern vermag für die den Staaten verbleibende Zuständigkeitswahrnehmung, weshalb der Staat eher auf die Gemeinschaft sehen sollte als diese auf jenen.

[8] *Ipsen*, Fusionsverfassung 28.

Wenn gleichwohl weithin, wenn auch in schrittweiser Abschwächung, an die Organisationsregeln der Gemeinschaftsverträge ein Wertmaßstab zulänglicher Gewaltenteilung nach überliefertem Ideal liberal-demokratischer Ausgestaltung angelegt wird[9], ist ein solches Verfahren methodisch und der Sache nach verfehlt. Auch das ist — ebenso wie das Argument notwendiger struktureller Homogenität und das nationaler verfassungsrechtlicher Grundrechtsbehauptung — in deutscher Sicht eine Erscheinung abwegiger „Grundgesetzintrovertiertheit"[10].

2. *Folgerungen für die Gemeinschaftsorganisation*

Für die Präsenz und Wirksamkeit eines Gewaltenteilungsprinzips in der Organisation der Gemeinschaften ist danach anzunehmen:

5 a) Das Organisationsrecht der Gemeinschaften kann nicht nach den Kriterien einer staatsrechtlich herkömmlich sog. Gewaltenteilung beurteilt werden[11]. Es gibt kein absolut herrschendes Gewaltenteilungsprinzip zur Sicherung der Freiheit und der Rechtsstaatlichkeit, das für jedwede Verfassungsgestaltung als maßgebliche Rezeptur mit dem Anspruch einer a priori-Geltung bestimmend wäre. Das gilt auch für die Verbindung eines Gewaltenteilungsprinzips mit dem demokratischen Prinzip, obwohl das Verfassungsrecht der Mitgliedstaaten (wenn auch unterschiedlich, wofür die Verfassung der V. Republik das nächste Beispiel liefert) aus historischer Überlieferung, Gewöhnung und Beharrung gegenüber sich wandelnder Wirklichkeit des gesellschaftlichen Prozesses diesem Postulat Ausdruck gibt.

6 b) Die funktionelle Integration als verfaßte Aufgabe der Gemeinschaften ist aus der Sache heraus nicht mit Selbstverständlichkeit denselben Gesetzlichkeiten der Legitimation, der Willensbildung, des Vollzuges, der Kontrolle unterworfen, die für die Wahrnehmung öffentlicher Staatsaufgaben nach den Vorstellungen geschriebenen Verfassungsrechts maßgeblich sind und die ihrerseits auch im staatlichen Bereich einem Wandlungsprozeß unterliegen, dem das geschriebene Verfassungsrecht noch nicht gefolgt ist.

7 c) Die einem staatsverfassungsrechtlichen Verständnis der Mitgliedstaaten überwiegend (noch) vertraute Teilung der Staatsgewalt nach Gesetzgebung, Exekutive und Rechtsprechung deckt sich in der ihr entsprechenden Aufteilung der Funktionen öffentlicher Hoheitsentfaltung nicht mit der Funktionen-Unterscheidung, die die Gemeinschaftsverfassungen verwenden.

---

[9] Zur Gewaltenteilung im Gemeinschaftsrecht insbes.: *Fuß* DÖV 1964, 577, 580 bis 585; *Friauf* DVBl. 1964, 781; *Joachim Martens* EuR 1970, 209, 212—230; *Petzold,* Die Gewaltenteilung in den Europäischen Gemeinschaften (1966); die Bedenken von *Achterberg* EuR 1968, 240 gegen das von *Petzold* verwendete staatsrechtliche Analogie-Verfahren sind voll begründet, ebenso gegen die Verabsolutierung eines verfassungsrechtlichen Gewaltenteilungsprinzips, das a priori und in Reinheit nicht existiert.

[10] *Ipsen* VVDStRL 23 (1966) 130.

[11] *Ipsen,* Fusionsverfassung 30; *Achterberg* EuR 1968, 240.

Aus der Zuweisung bestimmter Kompetenzen an bestimmte Gemeinschaftsorgane zur Wahrnehmung bestimmter Funktionen können deshalb keine Ortsbestimmungen dieser Organe in einem staatsrechtlich verstandenen Gewaltenteilungssystem gewonnen werden. Auf der Basis solcher Verortung lassen sich ebensowenig Wertfolgerungen für die Effizienz einer Gewaltenteilung herleiten. Entsprechendes gilt für den abwegigen Versuch, die jeweiligen Handlungserscheinungen der Gemeinschaftsorgane nach vergleichbaren Kennzeichnungen staatlicher Organe oder ihrer Hervorbringungen zu benennen — also die Ratsverordnung als „europäisches Gesetz" (weil als Normierung dem staatlichen Gesetz vergleichbar), die Versammlung als Parlament im verfassungsrechtlichen Sinne (weil aus Abgeordneten bestehend und parlamentarisch agierend), die Kommission als „Regierung", weil überwiegend exekutiv tätig, usw.

8 d) Gewaltenteilung, in ihrer Intention als Mittel der Freiheitsbewahrung und der Rechtsstaatlichkeit verstanden, ist ein Strukturprinzip, dessen verfassungspolitische Vernunft auch die Gemeinschaftsverfassungen als „Modell für die Herstellung vermehrter Ordnung mit Hilfe des Rechts"[12] zu gewährleisten gehalten und bestrebt sind. Daß die Gemeinschaftsverträge es nicht ausdrücklich — nach Art der Art. 20, 28 GG — verlautbaren, steht dem nicht entgegen, ebensowenig, daß das geschriebene Gemeinschaftsrecht diese Verfassungsvernunft nur in Einzelzügen nach dem Gewaltenteilungsrezept des Staatsrechts prästiert, so insbesondere im Einsatz der rechtsprechenden Gewalt. In den größeren und gewichtigeren Entscheidungen verfolgt und erreicht das Gemeinschaftsrecht dieses Ziel politischer Vernunft durch ein neuartiges, der Sache und der Technik der Integration adäquates, im staatsrechtlichen Maßstab non-konformes System mehrerer Mittel. Diese Mittel sind: die jeweils nur beschränkte Kompetenzzuweisung an die Gemeinschaftsorgane unter Versagung jeder Kompetenz-Kompetenz; die Verschränkung des Willensbildungs- und Entscheidungsprozesses zwischen Kommission und Rat und ihre Besetzung, Struktur und Stellung; die Freiheitssicherung für den Marktbürger durch die vertragliche Zielsetzung und die ungeschriebene, aber wirksame Garantie grundrechtlicher Wesensgehalte; die Wahrung der Rechtsstaatlichkeit unter Kontrolle unabhängiger Gerichtsbarkeit.

9 e) Das bundesstaatsrechtliche Element vertikal wirkender Gewaltenteilung äußert sich im Gemeinschaftsrecht kompetentiell identisch in der verfassungsmäßigen Bemessung der von den Mitgliedstaaten den Gemeinschaften übertragenen Funktionsbereiche. Was staatsrechtlich vertikale Gewaltenteilung heißt und die horizontale ergänzen soll, ist im Gemeinschaftsverfassungsrecht aber nicht nur Ergänzung, sondern ein Essentiale der funktionel-

---

[12] *H. Huber*, Weltweite Interdependenz (1968) 32 — und dies mit der (unausweichlichen) Prognose: „Die EWG wird vermutlich ihr Modell für die Herstellung vermehrter Ordnung mit Hilfe des Rechts nicht wieder aufgeben."

len Vergemeinschaftung selbst. Das raumbezogene Denken in der Vertikalen, das Stufen- und Ebenenvorstellungen bundesstaatlicher Gebietsgliederung entspringt, ist auf die Gemeinschaftsstruktur nicht schon deshalb übertragbar, weil die Gemeinschaften, räumlich gesehen, sich aus den Territorien der Mitgliedstaaten zusammensetzen. Die Gemeinschaftsstruktur verlangt ein von vertikalen Raumvorstellungen gelöstes Verständnis der durch Integration vollzogenen und sich permanent vollziehenden Gemeinschaftserfüllung öffentlicher Aufgaben.

3. Folgerungen für die Darstellung

10 Eine „spezifisch gemeinschaftsrechtliche Funktionenordnung“[13], deren geschlossene Darstellung nicht nur eine juristische Aufgabe bildet, würde nachzuweisen haben, aber auch nachweisen können, daß die im Staatsrecht dem überlieferten Gewaltenteilungsprinzip zugedachte Wirksamkeit sich nicht weniger im Gemeinschaftsrecht entfaltet — nur eben in ihr eigener und einer der Integration adäquaten Gestaltung. Eine solche Darstellung ist hier weder beabsichtigt noch erforderlich. Ihre Resultate können punktuell dem Organisationsrecht der Gemeinschaften *(§§ 12—16)* und dem Recht der Handlungsermächtigungen, der Handlungsformen und der Willensbildung der Gemeinschaftsorgane *(§§ 19—27)* entnommen werden. Die verfassungspolitischen Perspektiven beziehen diese Ergebnisse ein in ihre Kritik und die Chancenbeurteilung ihrer künftigen Auswertung *(§ 54)*.

---

[13] *Achterberg* EuR 1968, 245: „Nicht eine dem Staatsrecht bekannte und in das Gemeinschaftsrecht transponierte, sondern die spezifisch gemeinschaftsrechtliche Funktionenordnung ist es, die noch immer der wissenschaftlichen Durchdringung harrt.“ Das ist die richtige Sicht.

§ 12 VERSAMMLUNG

Für allgemeine direkte Wahlen zum Europäischen Parlament. Dokumentensammlung, Hg. Europäisches Parlament (1969); *Bubba*, Das Europäische Parlament im Wandel der europäischen Politik, EA 1967, 601; *Duvieusart*, Le rôle des parlements nationaux et du Parlement européen dans le développement des Communautés, in: Institutions communautaires et institutions nationales (1968) 49; Die ersten zehn Jahre, 1958—1968, Hg. Europäisches Parlament (1968); *Forsyth*, Das Parlament der Europäischen Gemeinschaft (1964); *Furler*, Im neuen Europa. Erlebnisse und Erfahrungen im Europäischen Parlament (1963); *Harms*, Die Rechtsstellung der Abgeordneten in der Beratenden Versammlung des Europarates und im Europäischen Parlament (1968); *Heidelberg*, Das Europäische Parlament. Entstehung, Aufbau — Erfahrungen und Erwartungen, 2. Aufl. (1963); *Houdbine-Vergès*, Le Parlement européen dans la construction de l'Europe des six (1966); De invloed van het Europese parlement, Hg. Europa-Institut Amsterdam (1966); *Knuth*, Direkte Wahlen zum Europäischen Parlament. Entwicklung und Tendenzen, ZParl 1969/70 Heft 0, 48; *Kohler*, Direkte Wahlen zum Europäischen Parlament. Grundlagen und Probleme der gegenwärtigen Initiativen, EA 1971, 727; *Kriedemann*, Zur Technik der Kommission bei der Beantwortung parlamentarischer Anfragen, EurGem 12/1969, 8; *Kronenburg*, Das Verhältnis der Staatenvertretung zur parlamentarischen Versammlung bei Europarat und den Europäischen Gemeinschaften, Diss. Köln (1966); *Lassalle*, Les rapports institutionnels entre le Parlement européen et les Conseils de Ministres des Communautés (1965); *Lassalle*, L'initiative parlementaire dans la procédure normative communautaire, CahDrEur 1971, 127; *Legrand-Lane/Bubba*, L'élection du Parlement européen au suffrage universel direct, RevMC 1970, 231; *Lesort*, Les nouvelles responsabilités de l'Assemblée, RevMC 1970, 189; *Manzarès*, Le Parlement européen (1964); *Misch*, Die Mitgliedschaft im Europäischen Parlament, DÖV 1969, 477; *Neunreither*, Les rapports entre le Parlement européen et les Parlements nationaux, AnnEur XV (1967) 52; *Neunreither*, Bemerkungen zum gegenwärtigen Leitbild des Europäischen Parlaments, ZParl 1971, 321; *Niblock*, The consultative role of the European Parliament in the decision-making process of the E. E. C., Diss. London (1968); *Oetting*, Die Mitwirkung von Bundestag und Bundesrat an der innerstaatlichen Willensbildung zu den Rechtsakten der Europäischen Gemeinschaften. Die Informationspflicht der Bundesregierung nach Art. 12 des Zustimmungsgesetzes zu den Römischen Verträgen, Diss. Hamburg (1972); *Pasetti Bombardella*, Le rôle du Parlement dans la structure de la Communauté, in: Symposium Europa 1950—1970. Liber discipulorum; hg. anläßlich des 20jährigen Bestehens des Europa-Kollegs Brügge (1971) 113—141; *Reifferscheid*, Die Ausschüsse des Europäischen Parlaments (1966); *Renard-Payen*, La fonction consultative du Parlement Européen dans le cadre du Traité instituant la Communauté Economique Européenne, RevTrimDrEur 1965, 526; *Sachsse*, Die Kompetenzen des Europäischen Parlaments und die Gewaltenteilung in den Europäischen Gemeinschaften, Diss. Frankfurt/Main (1971); *Schaub*, Die Anhörung des Europäischen Parlaments im Rechtsetzungsverfahren der EWG (1971); *Schwed*, Zum Dialog bereit. Die Beantwortung parlamentarischer Anfragen durch die Kommission, EurGem 4/1970, 28; *Vinci*, Il Parlamento europeo (1968).

1 Art. 137 EWGV und Art. 107 EAGV bestimmen übereinstimmend: „Die Versammlung besteht aus Vertretern der Völker der in der Gemeinschaft zusammengeschlossenen Staaten; sie übt die Beratungs- und Kontrollbefugnisse aus, die ihr nach diesem Vertrag zustehen." Nach Art. 1 des Abkommens über gemeinsame Organe für die Europäischen Gemeinschaften vom 25. März 1957 (BGBl. II, 1156) werden die in den Römischen Verträgen der Versammlung übertragenen Befugnisse und Zuständigkeiten durch diese „einzige Versammlung" ausgeübt. Sie ist nach Art 2 des Abkommens an die Stelle der in Art. 21 EGKSV vorgesehenen Gemeinsamen Versammlung getreten, die erstmalig am 10. September 1952 in Straßburg getagt hatte. Sie übt auch die Befugnisse und Zuständigkeiten aus, die dieser im EGKSV übertragen worden sind. Für die Zusammensetzung der Versammlung und die Bestellung ihrer Mitglieder gelten in übereinstimmendem Wortlaut Art. 21 EGKSV in der durch Art. 2 II des Abkommens geänderten Fassung, Art. 138 EWGV und Art. 108 EAGV.

Obwohl die Versammlung (Art. 2 I 2 des Abkommens) unterschiedliche Befugnisse und Zuständigkeiten ausübt, die ihr nach den drei Verträgen zustehen, ist sie ein *einziges Organ aller drei Gemeinschaften,* nicht eine nur durch persönliche Identität der Abgeordneten gebildete Gesamtorganisation von drei Versammlungen.

Nach ihrer Konstituierung am 19. März 1958 hat die Versammlung sich in ihrer Sitzung vom 21. März 1958 selbst die Bezeichnung „Europäisches Parlament" beigelegt[1]. „Parlament" und „Versammlung" sind seither gebräuchliche Bezeichnungen.

I. Zusammensetzung und Bestellung der Mitglieder

1. Zusammensetzung

2 Die Versammlung besteht aus Abgeordneten, die nach einem von jedem Mitgliedstaat bestimmten Verfahren von den Parlamenten aus ihrer Mitte zu bestimmen sind (Art. 138 I EWGV, 108 I EAGV, 21 I EGKSV). Ihre Zahl (142) ist wie folgt festgesetzt (Art. 138 II EWGV, 108 II EAGV, 21 II EGKSV):

Belgien	14
Deutschland	36
Frankreich	36
Italien	36
Luxemburg	6
Niederlande	14

[1] ABl. 1958, 7; Verhandlungen des Europ. Parlaments, konstituierende Sitzungsperiode März 1958, 100. — Im Französischen und Italienischen zunächst: „Europäische Parlamentarische Versammlung", a.a.O. 97; Anpassung des Sprachgebrauchs: Entschließung v. 30. 3. 1962, Verhandlungen Sitzungen 27.—30. 3. 1963, 155. — Dazu, daß der Rat die vom Parlament gewählte Bezeichnung praktisch negiert, vgl. *Neunreither* ZParl 1971, 323 mit Anm. 3.

Mit der Erweiterung der Gemeinschaften um die vier gegenwärtigen Kandidaten wird sich die Zahl der Abgeordneten auf 208 erhöhen, wobei Dänemark, Irland und Norwegen je 10 und Großbritannien 36 entsendet.

Zwar ist die Regelung des Entsendungs-Verfahrens vertragsrechtlich den Mitgliedstaaten überlassen. Indes haben die frühere Übung für den EGKSV, das in Art. 138 III EWGV, 108 III EAGV, 21 III EGKSV angelegte Prinzip künftiger allgemeiner unmittelbarer Wahlen sowie der in den vorhergehenden Artikeln sichtbare Repräsentationsgedanke („Vertreter der Völker") bewirkt, daß das nationale Recht der Mitgliedstaaten eine Gesamtrepräsentation sichert. So findet eine spiegelbildliche Vertretung der nationalen Parlamente in der Versammlung statt. Die Mitgliedstaaten, die ein Zweikammersystem kennen, entsenden Mitglieder beider Kammern[2]. Als einziger Mitgliedstaat, der nicht Einheitsstaat ist, hätte die BRD hierbei ihren föderalen Charakter und die Stellung des Bundesrates berücksichtigen können. Das ist indessen nicht geschehen. Nach geltendem Verfahren[3] entsendet die BRD nur vom Bundestag gewählte, ihm angehörende Abgeordnete. Vorschläge zu angemessener Vertretung des Bundesrates (der Länder) in der Versammlung sind nicht verwirklicht worden[4].

3 a) Die Abgeordneten der Versammlung sind weder Vertreter ihrer Staaten noch organisierter oder nichtorganisierter Teilinteressen. Sie sind Repräsentanten, als solche an keine Weisungen gebunden und nur ihrem Gewissen unterworfen. Die Errichtung der Gemeinschaften hat die natio-

---

[2] Zusammensetzung nach Kammern der nationalen Parlamente (vgl.: Europäisches Parlament-Information 5/1971, 9)

Belgien		*Italien*	
Abgeordnetenkammer	7	Abgeordnetenkammer	18
Senat	7	Senat	18
BRD		*Luxemburg*	
Bundestag	36	Abgeordnetenkammer	6
Frankreich		*Niederlande*	
Nationalversammlung	24	Erste Kammer	3
Senat	12	Zweite Kammer	11

[3] Eine gesetzliche Regelung gibt es bislang nicht. In der Praxis richtet sich das Verfahren gegenwärtig nach § 1 d. Ges. ü. die Wahl d. Vertreter der Bundesrepublik zur Beratenden Versammlung des Europarates i. F. d. Ges. v. 4. 8. 1953 (BGBl. I 779). Über das System der Sitzverteilung nach der Fraktionsstärke beschließt der BT zu Beginn der Wahlperiode (§ 68 i. V. m. § 12 GO). Während bis Nov. 1970 das Höchstzahlverfahren d'Hondt galt (vgl. zuletzt BT-Drucks. VI/37), wurde am 4. 11. 1970 eine Änderung des Systems beschlossen (BT-Drucks. VI/1534), das zunächst nur bis Ende der Wahlperiode und für Nachwahlen anwendbar ist. — Zu dem neuen System vgl. *H.-P. Schneider,* Hare contra d'Hondt. Kritische Notizen zur Einführung der mathematischen Proportion bei der Besetzung von Bundestagsausschüssen, ZParl 1969/70, 442.

[4] Von Bayern im Juli 1965 im Bundesrat eingebrachter Entwurf eines Gesetzes über die Wahl der Vertreter der Bundesrepublik zu den Europäischen Versammlungen: BR-Drucks. 453/65, vom Bundesrat beschlossen in seiner 288. Sitzung v. 29. 10. 1965, Verh. BR 1965 Sitzg.-Ber. Nr. 288, 231 B; BT-Drucks. V/37; vgl. *Ipsen,* Als Bundesstaat in der Gemeinschaft, Fs Hallstein 248; zu den Gründen, aus denen dem Bundesrat ein Entsendungsrecht bislang nicht eingeräumt worden ist, vgl. *Misch* DÖV 1969, 477.

nale Staatlichkeit ihrer Mitglieder und die Zusammenfassung der Staatsangehörigen im Rechtsverband der Staaten nicht berührt. Der Vergemeinschaftung öffentlicher Funktionen entspricht also keine Vergemeinschaftung der Völker der Mitgliedstaaten. Deshalb sind die Abgeordneten der Versammlung nicht Gesamtrepräsentanten eines Gemeinschaftsvolkes, das es nicht gibt *(9/132)*. „Als Vertreter ihrer Völker sind sie daher berechtigt, für legitime Interessen ihres Volkes einzutreten. Dabei ist selbstverständlich, daß sie als Angehörige eines Organs der Gemeinschaft deren Gesamtinteresse nicht außer acht lassen dürfen."[5]

4 b) Die vertragliche Aufschlüsselung der Mitgliederzahl sichert eine gleichmäßige Vertretung der großen Mitgliedstaaten, zugleich eine angemessene (die Relation zur Bevölkerungsgröße übersteigende) Vertretung der kleineren. Die Mitgliederzahl ist angeglichen an die der Beratenden Versammlung des Europarates (Art. 26 der Satzung) und der Versammlung der Westeuropäischen Union (Art. IX des Brüsseler Vertrages vom 17. März 1948, BGBl. 1955 II, 283). Die Hälfte der Mitglieder dieser Versammlung gehört gleichzeitig der Versammlung der drei Gemeinschaften an.

2. *Unmittelbare Wahlen*

5 Nach den übereinstimmenden Art. 138 III EWGV, 108 III EAGV, 21 III EGKSV arbeitet die Versammlung Entwürfe für allgemeine unmittelbare Wahlen nach einem einheitlichen Verfahren in allen Mitgliedstaaten aus. Die entsprechenden Bestimmungen zu erlassen, ist dem Rat überantwortet; er empfiehlt sie den Mitgliedstaaten zur Annahme gemäß ihren verfassungsrechtlichen Vorschriften.

6 a) Diese „Demokratisierungs-Klausel" ist sinnfälliger, nämlich zugleich resignierend-feststellender und aktivierend-postulierender Ausdruck für den politischen Status der Vergemeinschaftung[6]. Sie betrifft trotz ihres Wortlautes nicht nur das Wahlverfahren für die Versammlung. In ihrer Realisierbarkeit ist sie abhängig von entscheidenden Strukturänderungen der Gemeinschaften. Sie werden weithin verknüpft mit der Vorstellung, den Gemeinschaften die Gestalt einer gewaltengeteilten parlamentarischen Demokratie zu verschaffen, in der die Versammlung über Gesetzgebungs-, Haushalts- und Kontrollbefugnisse gegenüber den Exekutiven verfügt. Die Demokratisierungsklausel denkt also in etatistisch vorgezeichneten Bahnen. Sie berücksichtigt nicht die Besonderheit und Andersartigkeit der funktionellen Integration. Sie berücksichtigt auch nicht, daß ihre Realisierbarkeit von der „Europäisierung" des vor-staatlichen Raumes abhängt — im Grunde bis hin zur Formierung europäischer politischer Parteien *(54/33)*.

---

[5] *Wohlfarth* u. a. Komm. 1 zu Art. 137.

[6] Zur Bewertung der Klausel: *Ipsen*, Fusionsverfassung 57 und *Wagner*, Staat 1970, 268.

Indem die Klausel in Abs. III Satz 1 der Versammlung die Initiative zuerkennt und zuweist (die allerdings die allgemeine Empfehlungsbefugnis der Kommission nach Art. 155 EWGV, 124 EAGV, 14 I EGKSV nicht ausschließt[7]), stimuliert sie dasjenige Gemeinschaftsorgan, von dem (wie die Praxis bestätigt) die intensivsten Impulse dieser Art ohnehin zu erwarten sind.

7 b) Die gleichlautenden Demokratisierungsklauseln, die auf eine Vertragsänderung abzielen, gehen den allgemeinen Vertragsvorschriften über Vertragsänderungen vor[8]. Deshalb ist der nach Abs. III Satz 2 vorgesehene Ratsbeschluß (trotz zulässiger inhaltlicher Abweichungen) von vorgängiger Versammlungsinitiative abhängig. Der Ratsbeschluß (Beschluß eines Gemeinschaftsorgans, nicht völkerrechtlicher Vertrag der Mitgliedstaaten) bedürfte in der BRD der Ratifikation nach Art. 59 GG (Zustimmung der gesetzgebenden Körperschaften).

c) Die Versammlung hat ihre Initiative wahrgenommen[9]:

8 aa) Ihr Entwurf eines Abkommens betreffend die Wahl des Europäischen Parlaments[10], der am 17. Mai 1960 beraten worden ist, sieht unter Erhöhung der Abgeordentenzahl von 142 auf 426 vor (wobei eine weitere Erhöhung durch die Erweiterung der Gemeinschaften noch nicht berücksichtigt ist), daß die Abgeordneten nach möglichst einheitlichem Verfahren in allgemeiner unmittelbarer Wahl gewählt werden. Trotz gleichzeitigen Vorschlages einer Übergangsregelung, die den nationalen Parlamenten das Entsendungsrecht für ein Drittel der Abgeordneten auf Zeit belassen wollte, und trotz wiederholter Initiativen der Versammlung ist eine Ratsentscheidung nicht ergangen. Auf der Tagung der Staats- und Regierungschefs in Den Haag vom 1./2. Dezember 1969 ist lediglich eine weitere Prüfung der Frage der Direktwahl durch den Rat beschlossen worden.

9 bb) In der Versammlung ist wiederholt erwogen worden, die durch die Demokratisierungsklauseln vorgesehene Direktwahl durch eine gegen den Rat zu erhebende Klage beim Gerichtshof zu erzwingen. Zuletzt hat der neu gewählte Präsident des Parlaments, der deutsche Abgeordnete *Walter Behrendt*, eine Prüfung der Klagaussichten angekündigt und im Oktober 1971 ein Gutachten hierüber in Auftrag gegeben[11]. Daß ein solches Verfah-

---

[7] *Wohlfarth* u. a. Komm. 8 zu Art. 138.

[8] *Wohlfarth* u. a. Komm. 6 zu Art. 138.

[9] Hierzu Dokumentensammlung des Europäischen Parlaments, Politischer Ausschuß: Für allgemeine direkte Wahlen zum Europäischen Parlament (September 1969); *Sattler*, Entwicklung 124—126; kritisch *Neunreither* ZParl 1971, 324 ff. m. Anm. 9.

[10] ABl. 1960, 834; Dokumentensammlung 241—245, dort 165—240 die Verhandlungen vom 17. 5. 1960.

[11] Interview: EurGem 5/1971, 29; vgl. auch Verhandlungen des Europ. Parl. Nr. 135, Sitzungen 9.—10. 3. 1971, 10. — Dies, nachdem das Parlament mit Entschließung vom 3. 2. 1970 den Rat und die Regierungen der Mitgliedstaaten ersucht hatte, in gemeinsamem Einvernehmen ein geeignetes Kontaktverfahren zwischen Rat und Parlament zur Festlegung konkreter Bestimmungen zur Anwendung

ren die dem Vollzug der Demokratisierungsklausel im Wege stehenden Hindernisse auszuräumen oder die hierfür geltenden Voraussetzungen zu schaffen imstande wäre, ist schwerlich anzunehmen. Der etwaige Prozeßgegenstand ist denkbar injustiziabel.

10 cc) Innerhalb der Mitgliedstaaten sind parlamentarisch und im Rahmen der europäischen Bewegungen wiederholt zahlreiche Initiativen zur Verwirklichung der Demokratisierungsklausel ergriffen worden[12]. Die Bundesregierung ist auf der Ratssitzung vom 29. September 1970 für eine Verdoppelung der Sitzzahl der Versammlung eingetreten und hat keine Einwendungen gegen eine Direktwahl aller Abgeordneten erhoben[13].

II. Innere Organisation und Geschäftsgang

1. Organisation

11 a) Früherer Übung im Europarat und in der EGKS entsprechend, bilden die Abgeordneten Fraktionen nach ihrer politischen Zugehörigkeit, nicht nach ihrer Nationalität (Fraktionsstärke: 14). Stärkste Fraktion war nach Beginn des Parlamentsjahres 1971/72 die christlich-demokratische (52). Ihr folgten die sozialistische (37), die Fraktion der Liberalen und Nahestehenden (24) und die der Europäischen Demokratischen Union (19). Zu den sog. Fraktionslosen (9) zählen die italienischen kommunistischen und linksunabhängigen Abgeordneten[14]. Die Fraktionen verfügen über ständige Sekretariate, zur Finanzierung ihrer Arbeit über einen gleichen Sockelbetrag an Haushaltsmitteln und zusätzliche, von ihrer Stärke abhängige Haushaltsmittel.

12 b) Die innere Organisation der Versammlung, die dem Parlamentsrecht der Mitgliedstaaten nachgebildet ist, soweit die Gemeinschaftsverträge dies zulassen, ist teils in den Verträgen (Art. 23 EGKSV, Art. 140 EWGV, Art. 110), teils in ihrer autonom erlassenen Geschäftsordnung[15] geregelt.

---

von Art. 138 EWGV, 108 EAGV, 21 EGKSV zu schaffen (ABl. 1970 C 25, 28) und nachdem der Rat am 14. 12. 1970 die Ständigen Vertreter mit der Erarbeitung eines Berichts über die Direktwahl beauftragt hatte (VWD Europa Nr. 243/70 v. 15. 12. 1970 I/10). — Gutachtenauftrag an die Professoren *Constantinesco* (Saarbrücken) und *Kovar* (Nancy) (VWD Europa Nr. 211/71 v. 1. 11. 1971 I/7).

[12] Dokumentensammlung 296—340; 361—367.

[13] Antwort der Bundesregierung auf eine Kleine Anfrage von Oppositionsabgeordneten (BT-Drucks. VI/1656; VWD Europa Nr. 1/71 v. 4. 1. 71 I/11); vgl. auch die Entschließung der SPD-BT-Fraktion v. 12. 10. 1971, in der diese für eine baldige Direktwahl nach der Erweiterung der Gemeinschaften eintritt (VWD Europa Nr. 209/71 v. 28. 10. 1971, I/7). — Ende Januar 1972 hat die CDU/CSU-Fraktion einen Gesetzentwurf zur Direktwahl eingebracht (BT-Drucks. VI/3072).

[14] Europäisches Parlament — Informationen 1971/5, 8. — Zur mangelnden Effektivität der Fraktionsarbeit *Neunreither* ZParl 1971, 330.

[15] Neufassung der Geschäftsordnung v. 19. 10./10. 11. 1967 (ABl. 1967 Nr. 280, 1) mit Änderung v. 11. 3. 1969 (ABl. 1969 L 41, 9) und v. 17. 5. 1971 (ABl. 1971 C 55, 6).

13 aa) Dem Ältestenausschuß des deutschen Parlamentsrechts entspricht der Präsidialausschuß (Art. 12 I GO), dem der Präsident, die acht Vizepräsidenten und die zwölf Ausschuß- sowie die Fraktionsvorsitzenden angehören. Auf Einladung können Rat und Kommission an seinen Sitzungen teilnehmen.

14 bb) Die Versammlung bildet ständige oder nichtständige, allgemeine oder besondere Ausschüsse[16] und bestimmt ihre Befugnisse (Art. 37 I GO). Ihre Zusammensetzung durch Wahl soll einer gerechten Vertretung nach Mitgliedstaaten und politischen Richtungen Rechnung tragen (Art. 37 II 2 GO).

15 c) Nach Art. 52 GO übermittelt die Versammlung regelmäßig einen Bericht über ihre Tätigkeit an die Beratende Versammlung des Europarates. Zusammen mit dieser hält sie einmal jährlich eine gemeinsame Sitzung ab.

2. *Geschäftsgang*

16 Den Geschäftsgang der Versammlung regeln Art. 139—144 EWGV, die diesen wörtlich gleichlautenden Art. 109—114 EAGV, Art. 22—25 EGKSV sowie die Geschäftsordnung.

17 a) Plenar- und Ausschußsitzungen der Versammlung finden regelmäßig an ihrem Sitz (Straßburg) statt, und zwar in jährlichen Sitzungsperioden[17] (*ohne* Einberufung am zweiten Dienstag des Monats März). Sie „bestimmt selbständig die Dauer der Unterbrechungen der Sitzungsperiode“ (Art. 1 II GO), tagt de iure also permanent. Auf Antrag des Rates oder der Kommission tritt die Versammlung außerdem zu außerordentlichen Sitzungen zusammen (Art. 139 II EWGV, 109 II EAGV, 22 II, III EGKSV).

18 b) Die Versammlung, die regelmäßig öffentlich verhandelt (Art. 16 GO), beschließt in der Regel mit der absoluten Mehrheit der abgegebenen Stimmen (Art. 33 II, 35 V GO), zur Verabschiedung ihrer Geschäftsordnung mit der Mehrheit ihrer Mitglieder (Art. 54 II GO). Mißtrauensanträge gegen die Kommission, die von jedem einzelnen Abgeordneten gestellt werden können (Art. 21 I GO), bedürfen zu ihrer Annahme der Zweidrittelmehrheit der abgegebenen Stimmen und der Mehrheit der Mitglieder (Art. 21 IV GO), also mindestens 73.

19 c) Amtssprachen der Versammlung sind bislang Deutsch, Französisch, Italienisch und Niederländisch (Art. 15 I GO). Die Verhandlungen werden in Form Ausführlicher Sitzungsberichte als Anhang zum Amtsblatt der Gemeinschaften veröffentlicht (Art. 19 III GO).

[16] Ständige Ausschüsse: Politischer Ausschuß, Wirtschaftsausschuß, Finanz- und Haushaltsausschuß, Landwirtschaftsausschuß, Ausschuß für Sozial- und Gesundheitsfragen, Ausschuß für Außenwirtschaftsbeziehungen, Rechtsausschuß, Ausschuß für Energie, Forschung und Atomfragen, Verkehrsausschuß, Ausschuß für die Assoziation mit Griechenland, Ausschuß für die Assoziation mit der Türkei, Ausschuß für die Beziehungen zu den afrikanischen Ländern und Madagaskar; vgl. ABl. 1971 C 26, 10. — Die Ausschüsse kommen auch zwischen den Sitzungsperioden der Versammlung mindestens einmal, in der Regel mehrmals zusammen; vgl. *Noël*, Die Arbeitsweise der Institutionen der Europäischen Gemeinschaften (hg. von der Kommission) Sonderheft Nr. 18, 10.

[17] In der Regel jährlich sechs ordentliche Plenartagungen von je einer Woche (zuzüglich einiger kurzer außerordentlicher, die in der Regel in Luxemburg abgehalten werden); *Noël* 10.

20 d) Im Jahre 1970 hat die Versammlung 10 Plenartagungen von insgesamt 37 Tagen (29 in Straßburg, 8 in Luxemburg) abgehalten. Die Ausschüsse haben in insgesamt 264 Sitzungen getagt und 326 Berichte erstattet. Die Zahl der Fraktionssitzungen lag zwischen 46 (der christlich-demokratischen Fraktion) und 15 (der Europäischen Demokratischen Union)[18].

III. Befugnisse und Zuständigkeiten

21 Nach Maßstäben innerstaatlichen Verfassungsrechts ist die Aufzählung derjenigen Befugnisse und Zuständigkeiten, die der Versammlung als „Parlament" abgehen, kennzeichnender als die Bezeichnung der ihr zukommenden. Jedenfalls ist dies das Bild der geschriebenen Verträge, während es durch die politische Wirklichkeit zunehmend retouchiert wird. Die Anlegung innerstaatlicher Verfassungsmaßstäbe kann zur Schärfung des Verständnisses und zur Erörterung rechtspolitischer Bestrebungen sinnvoll sein. Als Mittel zur Interpretation des Vertragsrechts ist diese Methode indes ungeeignet. Denn die Verträge haben keine die Staatlichkeit und ihre Verfassung ablösende Gemeinschaftsorganisation geschaffen.

Die Befugnisse und Zuständigkeiten der Versammlung sind solche der Beratung und Kontrolle (Art. 137 EWGV, 107 EAGV; Art. 20 EGKSV: nur Kontrollbefugnisse), also nicht (was der Stellung als Parlament entspräche) der Legislative. Haushaltsbefugnisse sind ihr durch Neuregelungen gegenüber dem ursprünglichen Vertragsrecht zugewachsen.

1. Beratung

22 *Beratung* steht der Versammlung in den in den Römischen Verträgen genannten Fällen zu, insbes. hinsichtlich der vom Rat gefaßten Rechtsetzungsbeschlüsse und solchen besonderer politischer Bedeutung[19]. Die Beratung wird herbeigeführt, indem die Versammlung vom Rat *vor* endgültiger Beschlußfassung angehört wird. Sonderregelungen gelten für die Aufstellung der Haushaltspläne von EWG und EAG nach Art. 203, 203 a EWGV, 177, 177 a EAGV, für den Haushaltsvoranschlag der EGKS nach Art. 78, 78 A EGKSV, insgesamt nach der Neuregelung durch den sog. Haushaltsvertrag *(12/33—34)*.

23 a) Anders als für die Anhörung des Wirtschafts- und Sozialausschusses durch Rat oder Kommission (Art. 198 I 2 EWGV, 170 I 2 EAGV) ist für die Anhörung der Versammlung nicht ausdrücklich bestimmt, daß der Rat sie auch in den nicht zwingend vorgesehenen Fällen herbeiführen könnte.

---

[18] Präsident *Scelba* am 19. 1. 1971; Verh. d. Parlaments Nr. 132, Sitzg.-Berichte v. 19. /20. 1. 1971, 7—12.

[19] Aufzählung für den EWGV bei *Wohlfarth* u. a. Komm. 2 zu Art. 137; zur Konsultationspraxis vgl. *Neunreither* ZParl 1971, 328 f. m. Anm. 21 f.

Rechtliche Bedenken, dies gleichwohl zu tun, bestehen indes nicht[20]. Die Praxis bestätigt das.

24 b) Es entspricht der Stellung der Versammlung, daß sie sich — unabhängig von Vertragsregelungen — beratend außerdem mit jedem anderen Vertragsgegenstand befassen darf. Das kann geschehen, auch wenn sich dies nicht ohnehin anläßlich der Behandlung des (jährlich spätestens 1 Monat) vor Beginn ihrer Sitzungsperiode zu veröffentlichenden und ihr vorzulegenden Gesamtberichts der Kommission über die Tätigkeit der Gemeinschaften ergibt (Art. 143 EWGV, 113 EAGV; 24 I EGKSV i. Verb. mit Art. 18 FusV). Ein besonderes Verfahren solcher Befassung hat sich in der Praxis herausgebildet durch die Veranstaltung sog. Kolloquien zwischen der Versammlung, dem Rat und der Kommission. Die Meinungs- und Willensbildung der Versammlung kann sich hierbei indes nur zu Beschlüssen verdichten, die den Charakter rechtlich unverbindlicher Empfehlungen haben. Ihr Gewicht ist politisch zu werten.

2. *Kontrolle*

25 Die der Versammlung zustehenden *Kontrollbefugnisse* verdichten ihre Zuordnung zur Kommission vergleichsweise in einer Richtung zu gewissen Ansätzen eines parlamentarischen Systems. Ein solches im verfassungsrechtlichen Verständnis ist in den Verträgen im übrigen indes nicht entwickelt. Dieses Kontrollsystem besteht aus den folgenden Elementen:

26 a) Zwischen der Versammlung einerseits, der Kommission andererseits (nicht dem Rat) muß vertragsrechtlich ein Vertrauensverhältnis bestehen. Aus seiner Störung kann die Versammlung die Befugnis herleiten, das in dieser Weise kontrollierte Exekutivorgan zur Amtsniederlegung seiner Mitglieder zu zwingen (Art. 144 EWGV, 114 EAGV, 24 III EGKSV und Art. 24 II EGKSV i. F. von Art. 27 II FusV).

aa) Ein Mißtrauensantrag gegen die frühere Hohe Behörde konnte nur auf Grund ihres jährlichen Gesamtberichts eingebracht werden, d. h. nicht auf Grund anderer Umstände und (zeitlich) nicht außerhalb seiner Erörterung. Diese Regelung ist durch Art. 27 II FusV derjenigen der Römischen Verträge angeglichen worden.

bb) Nach Art. 144 II EWGV, 24 II EGKSV n. F., 114 II EAGV kann der Mißtrauensantrag schlechthin „wegen der Tätigkeit der Kommission" eingebracht werden, also ohne thematische und zeitliche Verknüpfung mit der Vorlage und Erörterung ihres jährlichen Gesamtberichts. Seine Annahme bedarf der Zweidrittelmehrheit der abgegebenen Stimmen und der Mehrheit aller Mitglieder der Versammlung (also mindestens 73).

cc) Die Annahme des Mißtrauensantrages zwingt die Mitglieder der Kom-

---

[20] Ebenso: *Wohlfarth* u. a. Komm. 3 zu Art. 137.

mission, ihr Amt geschlossen niederzulegen. Sie haben es in Wahrnehmung der laufenden Geschäfte bis zur Ernennung ihrer Nachfolger gemäß Art. 12 FusV weiterzuführen. Auch in dieser Regelung äußert sich die Kollegialverfassung der Kommission. Mißtrauensanträge gegen einzelne ihrer Mitglieder mögen nicht unzulässig sein. Sanktionswirkung i. S. der Verpflichtung zur Amtsniederlegung würden sie im Falle ihrer Annahme indes nicht haben.

dd) Diese Regelung vermittelt der Versammlung rechtlich die intensivste Kontrollbefugnis gegenüber der Kommission, die die Verträge vorsehen. Sie richtet sich gegen ein Exekutivorgan, auf dessen Ernennung die Versammlung keinen Einfluß hat. Deshalb ist die Ausgestaltung mit dem parlamentarischen System der nationalen Verfassungsrechte nicht vergleichbar, zumal die Versammlung auch nur ein Recht zur sog. Investitur (d. h. zur Billigung der Ernennung der Kommissionsmitglieder durch die Regierungen der Mitgliedstaaten) nicht besitzt (auch nicht hinsichtlich der Nachfolger der „gestürzten" Kommission). Bisher ist ein Mißtrauensantrag der Versammlung noch nicht eingebracht worden.

ee) Eine durch die Befugnis zur Erklärung des Mißtrauens oder sonst sanktionierte Kontrollbefugnis gegenüber dem *Rat* besitzt die Versammlung *nicht*. In ihrer Beziehung zum Rat ist die mögliche Ein- und Mitwirkung der Versammlung verwiesen auf ihre in den Verträgen ausdrücklich vorgesehenen Anhörungsbefugnisse. Das im Rat organisierte föderale Strukturelement der Gemeinschaften duldet darüber hinaus also keine „parlamentarische" Abschwächung.

27 b) Die Versammlung erörtert gemäß Art. 143 EWGV, 113 EAGV, 24 I EGKSV alljährlich eingehend den ihr vorzulegenden Gesamtbericht der Kommission[21]. Sie beendet diese wichtige Kontrolltätigkeit mit einer Entschließung, in der die Tätigkeit der Kommission und die Entwicklung der Gemeinschaften gewürdigt wird. Diese Entschließungen sind zusammen mit den Gesamtberichten der Kommission ein wesentliches Erkenntnis- und Informationsmittel.

28 c) Eine dem verfassungsrechtlich bekannten Interpellationsrecht vergleichbare Kontrollbefugnis besitzt die Versammlung in ihrem und ihrer Mitglieder *Fragerecht* gegenüber der Kommission. Dem entspricht ein Teilnahme- und Anhörungsrecht der Kommission, das ebenso dem Rat (kollegial, nicht seinen einzelnen Mitgliedern) zusteht (Art. 140 III EWGV, 110 III EAGV, 23 III EGKSV, 45 ff. GO). Das Fragerecht bezieht sich auf alle (rechtlichen oder tatsächlichen) Gegenstände der Verträge und die Befugnisse, Aufgaben und Tätigkeit der Kommission. Es hat in der Praxis erhebliche Bedeutung erlangt. Fragen von Abgeordneten und Antworten

---

[21] Zur Praxis: *Sattler*, Entwicklung 122—123; für das Parlamentsjahr 1971-72 vgl. Verhandlungen Nr. 140, Sitzungen v. 5.—8. 7. 1971, 82—122.

der Kommission sind gleichfalls ein wichtiges Erkenntnis- und Informationsmittel[22].

29 d) Es obliegt der Kommission, Änderungsbegehren der Versammlung zu ihren Vorschlägen im Rahmen der Verhandlungen im Rat zur Geltung zu bringen. Daraus resultiert der Wunsch der Versammlung nach Unterrichtung über das Verhalten der Kommission gegenüber dem Rat, und dies insbesondere bei Änderung ihrer Vorschläge, zu denen sie gehört worden war. Wegen der Nicht-Öffentlichkeit der Ratstagungen unterrichtet die Kommission indes jeweils nicht das Plenum, sondern nur die zuständigen Ausschüsse der Versammlung[23].

30 e) Eine *allgemeine Kontrollbefugnis* gegenüber dem *Rat* besitzt die Versammlung *nicht*. In den vertraglich bestimmten Fällen hat der Rat die Versammlung nur anzuhören. Es entspricht der Bemühung der Versammlung um Intensivierung ihrer Wirksamkeit, daß sie über die vertragsrechtlichen Regelungen hinaus auch zum Rat in Beziehung zu treten sucht. Die Entwicklung hat solche Beziehungen hergestellt:

aa) Seit 1959 findet meist während der November-Tagung des Parlaments ein Kolloquium zwischen diesem, dem Rat und der Kommission über einzelne gemeinschaftswichtige Themata statt[24].

---

[22] Die Zahl der schriftlichen Anfragen ist von unter 50 im Parlamentsjahr 1958/59 auf über 500 im Verlauf der Sitzungsperiode 1969/70 angestiegen. Von den 1969/70 an Kommission und Rat gerichteten 508 Anfragen stammten allein 222, das sind fast 44 %, von dem niederländischen Abgeordneten *Vredeling*. — Die Kommission ist im Laufe der Jahre die Antwort auf keine Anfrage schuldig geblieben; lediglich einmal wurde eine Anfrage zurückgezogen. Zum ganzen: *Schwed* EurGem 4/1970, 28; *Kriedemann* EurGem 12/1969, 8; vgl. außerdem *d'Arvisenet*, Les questions écrites et orales dans le droit parlementaire des Communautés européennes, DrEur 23/1960, 1; Le rôle des questions écrites au Parlement européen — L'example de M. Vredeling, RevMC 1966, 750; *Audretsch*, Les questions écrites au Parlement européen — Quelques statistiques, RevMC 1967, 446.

[23] *Sattler*, Entwicklung 123 mit Nachweisen und Belegen aus der Praxis in Anm. 468, 469. — Der Abg. *Vredeling* hat in einer schriftlichen Anfrage beanstandet, daß die Stellungnahmen des Parlaments vom Rat i. d. R. nicht diskutiert, sondern als sog. A-Punkte *(13/24)* erledigt werden. In seiner Antwort vom 8. 4. 1968 erklärte der Rat, die Entschließungen des Parlaments würden als B-Punkte auf seine Tagesordnung gesetzt, so daß jedes Ratsmitglied bereits bei dieser Gelegenheit seine Ansicht über den Standpunkt des Parlaments darlegen könne. Die *Stellungnahmen* des Parlaments würden sodann bei der Prüfung der betr. Fragen *im Rahmen des Rates* eingehend untersucht; das Verfahren insgesamt erlaube deren gebührende Berücksichtigung (ABl. 1968 C 36, 12). — In dieselbe Richtung zielte die weitere Anfrage *Vredelings* an die Kommission, ob sie zuständig sei, auf die Tagesordnung des Rates im Sinne einer anderen Behandlung der Parlaments-Stellungnahmen einzuwirken. Die Kommission antwortete am 12. 3. 1968, sie könne beim Rat beantragen, eine Frage auf die Tagesordnung zu setzen; *Stellungnahmen und Entschließungen* des Parlaments würden aber ohnehin als B-Punkte auf die Tagesordnung gesetzt, so daß jede Delegation sie zur Sprache bringen und eine Diskussion beantragen könne (ABl. 1968 C 23, 5).

[24] Die Kolloquien der letzten fünf Jahre behandelten: am 28. 11. 1967 „Entwicklungsaussichten der Gemeinschaften nach der Fusion der Organe", Verhandlungen des Europ. Parlaments, Ausführl. Sitzungsberichte Nr. 96, Sitzungen 27. 11.—1. 12. 1967, 72—116; am 26. 11. 1968 „Die Aussichten der Gemeinschaften nach dem

bb) Der Präsident des Rates berichtet der Versammlung regelmäßig über die Tätigkeit des Rates.

cc) Der Rat beantwortet Anfragen aus der Versammlung mit der einschränkenden Maßgabe, daß nach Beantwortung mündlicher Anfragen und der Aussprache hierüber Abstimmungen über Entschließungsanträge nicht stattfinden[25]. Die Geschäftsordnung der Versammlung hat diese alsbald nach Errichtung von EWG und EAG aufgenommene Übung fixiert (Art. 45 I 1, 46 I 1).

dd) Letztlich hat der Rat auch Bereitschaft gezeigt, Anfragen der Versammlung über Abweichungen von ihren Stellungnahmen zu beantworten, ohne dabei indes über das Verhalten einzelner Ratsmitglieder oder über laufende Arbeiten Auskunft zu geben oder weitere Vorstellungen der Versammlung bei erheblichen Abweichungen zuzulassen. Auch hat sich der Rat nicht bereiterklärt, seine Abweichungsgründe darzulegen[26] *(23/27)*.

31 f) Untersuchungs-(Enquête-)Befugnisse, wie das nationale Verfassungsrecht sie den parlamentarischen Untersuchungsausschüssen einräumt, besitzt die Versammlung *nicht*. Faktisch entspricht das dem Umstand, daß es in der Versammlung und für ihr Verhältnis zur Kommission an der Antinomie zwischen „Regierungspartei" und „Opposition" fehlt, damit an der Voraussetzung für den Untersuchungsausschuß als Instrument der opponierenden Minderheit.

3. Budgetrecht

32 a) Nach Art. 78 § 4 EGKSV a. F. war der allgemeine Haushaltsvoranschlag in den Jahresbericht aufzunehmen, der nach Art. 17 EGKSV der Versammlung vorgelegt wurde. Ihre Einwirkung beschränkte sich auf die Erörterung des Haushaltsvoranschlages im Rahmen der Behandlung des Gesamtberichts und etwaiger Erklärung des Mißtrauens nach Art. 24 II EGKSV a. F. Nach den einschlägigen Änderungen des Art. 78 EGKSV durch Art. 21 FusV war die Versammlung berechtigt, dem Rat Änderungen des Entwurfs des Verwaltungshaushaltsplans vorzuschlagen. Seine Feststellung gehörte aber zur Zuständigkeit des Rates (Art. 78 VI n. F.). Auch nach den in den Grundzügen übereinstimmenden Art. 203 EWGV, 177 EAGV hatte die Ver-

1. Juli 1968", Verhandlungen Nr. 108, Sitzungen 25.—29. 11. 1968, 15—59; am 11. 12. 1969 „Die gegenwärtige Lage und die Zukunft der Gemeinschaften nach der Konferenz in Den Haag", Verhandlungen Nr. 120, Sitzungen 9.—12. 12. 1969, 167—226; am 18. 11. 1970 „Die Wirtschaftsunion und die Aussichten für eine Währungsunion in den Gemeinschaften", Verhandlungen Nr. 130, Sitzungen 16. bis 19. 11. 1970, 103—149; am 17. 11. 1971 „Die Rolle der erweiterten Gemeinschaft bei der Entwicklung der internationalen Beziehungen und der Festigung des Friedens", Verhandlungen Nr. 143, Sitzungen 15.—19. 11. 1971, 120.

[25] *Sattler,* Entwicklung mit Nachweisen in Anm. 472; zur Praxis der schriftlichen Anfragen an Kommission und Rat: *12/28* mit Anm. 22.

[26] *Sattler,* Entwicklung mit Nachweisen in Anm. 473, 474.

sammlung nur das Recht zu Änderungsvorschlägen. Ohne Bindung an diese oblag die Feststellung ebenfalls dem Rat. Der Versammlung stand ein *echtes Budgetrecht* also *nicht* zu. Ihr Bestreben, ihre Stellung auch insoweit zu stärken, gipfelte in der vierten ihrer in der Entschließung vom 27. Juni 1963 aufgestellten Forderungen: „Dem Parlament ist das volle Entscheidungsrecht über den Haushalt zusammen mit der Erschließung direkter Finanzquellen für die Gemeinschaft einzuräumen."[27]

33 b) Im Rahmen der Neugestaltung der Finanzverfassung der Gemeinschaften ist diese Gesamtforderung auch nicht annähernd realisiert worden. Sie hat die Budgetbefugnisse der Versammlung indes verstärkt und im begrenzten Rahmen der Neuregelung einen Ansatz dafür gebildet, ihre Stellung als Parlament aufzuwerten. Insoweit künftige Eigenmittel der Gemeinschaften — Zölle, Abschöpfungen, Mehrwertsteueranteil — nicht mehr der Kontrolle der nationalen Parlamente unterliegen, rücken Budgetbefugnisse der Versammlung an ihre Stelle. Das geschieht nach den sehr komplizierten Regelungen des sog. Haushaltsvertrages vom 22. April 1970[28] in zwei Phasen, einer Übergangsphase (vom 1. Januar 1971 bis zum 31. Dezember 1974) und der sich anschließenden Normalphase (ab 1. Januar 1975). Näheres ergibt sich aus der Darstellung der Finanzverfassung *(18/16—18).*

aa) Da in der Übergangsphase Zolleinnahmen und Abschöpfungen erst schrittweise auf die Gemeinschaft übertragen werden und die Differenz zum Ausgabevolumen noch aus den Etats der Mitgliedstaaten aufgebracht wird, verbleibt es in dieser Zeit im Haushaltsverfahren für die Etatfeststellung letztlich noch bei der Zuständigkeit des Rates. Allerdings ist das Parlament befugt zu Änderungsvorschlägen, die der Rat u. U. nur mit qualifizierter Mehrheit zurückweisen kann. Auch ist der Rat verpflichtet, am Voranschlag des Parlaments für seinen eigenen Haushalt grundsätzlich Änderungen nicht vorzunehmen. Damit ist eine alte Forderung des Parlaments erfüllt worden.

bb) In der Normalphase vom Jahre 1975 ab wird das Parlament bei *obligatorischen* Haushaltsansätzen, die sich zwangsläufig aus den Verträgen und dem Sekundärrecht ergeben, Änderungen *vorschlagen* können. *Freie,* derart nicht gebundene Ansätze wird das Parlament selbst abändern dürfen. Die letzte Entscheidung steht hinsichtlich der obligatorischen Ansätze und

---

[27] ABl. 1963, 1916, 1918.

[28] Vertrag vom 22. 4. 1970 zur Änderung bestimmter Haushaltsvorschriften der Verträge zur Gründung der Europäischen Gemeinschaften und des Vertrages zur Einsetzung eines gemeinsamen Rates und einer gemeinsamen Kommission der Europäischen Gemeinschaften (BGBl. II, 1281; ABl. 1971 L 2,1; in Kraft getreten am 1. 1. 1971, Bek. v. 7. 1. 1971, BGBl. II, 8) i. Verb. mit dem Beschluß des Rates v. 21. 4. 1970 über die Ersetzung der Finanzbeiträge der Mitgliedstaaten durch eigene Mittel der Gemeinschaften (ABl. 1970 L 94, 18) und der Durchführungsverordnung hierzu v. 2. 1. 1971 (ABl. 1971 L 3, 1 mit Berichtigung L 54, 14). Hierzu Dokumentensammlung: Die Eigenmittel der Europäischen Gemeinschaften und die Haushaltsbefugnisse des Europäischen Parlaments (Juni 1970) mit Zusatzband: Die Ratifizierungsdebatten (Oktober 1971).

der auf sie bezüglichen Änderungsvorschläge dem Rat, hinsichtlich der freien Ansätze dem Parlament zu. Das Verfahren verläuft in mehreren Abschnitten. Die in ihm vorgesehenen Entscheidungen ergehen mit unterschiedlich qualifizierten Mehrheiten.

cc) Die Neuregelung[29] eröffnet dem Parlament auch eine Beteiligung an der *nachträglichen Haushaltskontrolle,* die ihm bislang nicht zustand. Die Kommission erhält letztlich nur Entlastung, wenn — außer dem Rat — *auch* die *Versammlung* ihr zustimmt.

34 c) Die Verstärkung der Budgetbefugnisse gleicht die Stellung der Versammlung noch nicht derjenigen nationaler Parlamente an. Das erklärt sich u. a. aus der über 95 %igen rechtlichen Bindung der Haushaltsausgaben der Gemeinschaften, deren Normierung ihrerseits Rat und Kommission, nicht dem Parlament obliegt. Andererseits ist das Parlament künftig — anders als vor der Neuregelung — in den eigentlichen Verhandlungsprozeß zur Haushaltsfeststellung wirksam eingeschaltet und damit in eine rechtlich und politisch wesentliche Beziehung zum Rat eingerückt.

4. Politische Wirksamkeit

35 Die politische Wirksamkeit des Parlaments[30], die Entwicklung seiner Beziehungen insbesondere zum Rat und die Neuregelung seiner Budgetbefugnisse bestätigen, daß seine Stellung innerhalb der Gemeinschaftsorganisation sich verstärkt. Die beharrliche Bemühung der Versammlung, die Ergebnisse ihrer Beratungsbefugnisse durch Einsatz ihres politischen Gewichts so zu verdichten, daß sie — wenn auch nicht de iure, so doch faktisch — als Teilhabe an Entscheidungsbefugnissen respektiert werden, zeigt ihre Früchte. Gegenüber der Kommission steht ihr nicht nur die politische Einflußmöglichkeit ihrer Mitglieder in den heimischen Parlamenten zur Verfügung, sondern gemeinschaftsrechtlich auch das Instrument des möglichen Mißtrauensvotums. Seine Wirksamkeit kann sich äußern, auch ohne daß es praktiziert wird. Es fehlt der Versammlung zwar gegenüber dem Rat. Indes sind seine Mitglieder als Minister der mitgliedstaatlichen Regierungen der politischen Kontrolle der heimischen Parlamente ausgesetzt, die gegenüber der Kommission als solcher nicht wirksam ist. Die Gemeinschaftspraxis läßt zunehmend erkennen, daß der Rat im Sinne parlamentarischen Verständnisses den politischen Willen der Versammlung nicht ignorieren kann und durch Offenlegung seiner Intentionen, gesteigerte Anhörung und Information ein

[29] Hierzu: Kommissionsvorschlag einer neuen Haushaltsordnung für den Haushaltsplan der Europäischen Gemeinschaften vom 30. 11. 1970 (ABl. 1971 C 7, 8; mit Änderungsvorschlag ABl. 1971 C 91, 1).

[30] Dazu: Die ersten zehn Jahre, 1958—1968, Hg. Europäisches Parlament (1968); *Sattler,* Entwicklung 120—126; *ders.,* Funktionelle Integration 167, 205; *Bubba* EA 1967, 601; *Martens* EuR 1970, 223; *Neunreither* ZParl 1971, 321; De invloed van het Europese Parlement (1966).

Verhältnis der Kooperation fördert. Da die Abgeordneten der Versammlung die zuständigen Sprecher in den nationalen Parlamenten sind, soweit diese mit der Integration und den Entscheidungen des Rates befaßt werden, kann das nationale parlamentarische System sich punktuell auch auf die Beziehung zwischen der Versammlung und dem Rat auswirken.

Allerdings fehlt es — auch nach der Stärkung der Budgetbefugnisse der Versammlung — an entscheidenden Voraussetzungen und Elementen zur wirksamen „Parlamentarisierung" der Versammlung: (1) Sie verfügt nicht über die Normsetzung, und sie entbehrt damit der substantiellen Potenz zur Disposition über die sekundärrechtliche Fortentwicklung der Gemeinschaftspolitik, zugleich auch der Disposition über Quantität und Qualität der Gemeinschaftsausgaben, damit des Gehalts wesentlichster Haushaltsbefugnisse; (2) sie ist trotz der Fraktionsbildung ihrer Mitglieder nach parteipolitischer Orientierung[31] in ihrer Aktivität weithin geleitet von einer communis opinio über die fortschrittliche Zielsetzung der Gemeinschaften *und* das Postulat, durch die Tendenz zur „Parlamentarisierung" der Versammlung selbst ihr eigenes politisches Integrationsgewicht zu erhöhen. In diesem Sinne fehlt es der Versammlung an einer immanenten Opposition, deren Existenz und Wirksamkeit ihre Aktivität politisch intensivieren und in der öffentlichen Meinung in höherem Maße artikulieren könnte[32]. Beide Umstände erklären sich letztlich aus den vertraglich geschaffenen Strukturen der Gemeinschaftsverfassung und dem Wesen der funktionellen Integration, mithin aus einer Disharmonie zwischen Integrationszielen, ihnen adäquaten und zur Anwendung gebrachten Methoden einerseits, dem „konstitutionalisierenden" Rückgriff auf staatsverfassungsartige Strukturen der parlamentarischen Demokratie andererseits. Diese Gesichtspunkte beeinflussen auch die Verfassungsperspektiven der Gemeinschaften *(54/100 ff.)*.

36 Im Oktober 1971 hat die Kommission eine unabhängige Arbeitsgruppe von Juristen eingesetzt, die die Fragen einer Erweiterung der Befugnisse des Europäischen Parlaments prüfen soll. Sie steht unter dem Vorsitz des Franzosen *Georges Vedel;* die BRD ist durch *Ulrich Scheuner* und *Jochen Frowein* vertreten. An den Arbeiten sind auch die Beitrittskandidaten Dänemark, Großbritannien, Irland und Norwegen mit je einem Vertreter beteiligt. Auf der Grundlage der Untersuchungen der Arbeitsgruppe will die Kommission in der ersten Hälfte des Jahres 1972 einen Vorschlag zum weiteren Ausbau der Parlamentsbefugnisse vorlegen[33].

---

[31] Dazu: Les partis politiques et l'intégration européenne. Colloque de Bruges 1968 (Annuaire 1969—70); *van Oudenhove,* The political parties in the European Parliament — The first ten years (sept. 1952 — sept. 1962) 1965; *Kraft,* Le groupe socialiste au Parlement Européen, Diss. Straßburg (1963); *Clemmens,* De actie van de socialistische fraktie in het Europees Parlement (1967).

[32] Ein seltenes Beispiel für die Wirksamkeit einer Opposition bot das Parlament, als bei der Wahl des deutschen SPD-Abgeordneten *Walter Behrendt* zum neuen Parlamentspräsidenten am 9. 3. 1971 50 Abgeordnete der christlich-demokratischen Fraktion ungültige Stimmzettel abgaben (Verhandlungen Nr. 135, Sitzungen 9. bis 10. 3. 1971, 6 f.).

[33] VWD Europa Nr. 194/71 v. 7. 10. 1971, I/4 u. Nr. 199/71 v. 14. 10. 1971, I/7 (dort Zusammensetzung der Arbeitsgruppe).

§ 13 RAT

Bähr, Le rôle des représentants permanents des Etats membres dans le fonctionnement des Communautés européennes et notamment de l'Euratom, Diss. Brüssel (1963); *Buerstedde,* Der Ministerrat im konstitutionellen System der Europäischen Gemeinschaften (1964); *Buerstedde,* Der Ministerrat im Aufbau und Wirken der Europäischen Gemeinschaften, JböR NF 14 (1965) 87; *Dickschat,* Die rechtliche Wertung der Erklärungen des Ministerrats der Europäischen Wirtschaftsgemeinschaft vom 29. Januar 1966, ArchVR 1967, 412; *Dubouis,* Institutions communautaires, l'année 1966 — Les accords de Luxembourg, RevTrimDrEur 1967, 354; *Erichsen,* Nationales und Gemeinschaftsinteresse in der Willensbildung der Montanunion und der EWG, DÖV 1966, 684; *Friauf,* Die Staatenvertretung in supranationalen Gemeinschaften. Ein Beitrag zur Rechtsstellung des Ministerrates in der EGKS, der EWG und der EAG (1960): *Harnier,* Kompetenzverteilung und Kompetenzübertragung zwischen Rat und Kommission unter Berücksichtigung der Einsetzung von Hilfsorganen im Recht der EWG, Diss. Saarbrücken (1969); *von Hassell,* Formen der Beschlußfassung des Rates der Europäischen Wirtschafgsgemeinschaft, in: Zellentin (Hg.), Formen der Willensbildung in den europäischen Organisationen (1965) 89; *Houben,* Les Conseils des Ministres des Communautés Européennes (1964); *Kaiser* und *Badura,* Bewahrung und Veränderung demokratischer und rechtsstaatlicher Verfassungsstruktur in den internationalen Gemeinschaften, VVDStRL 23 (1966) 1 bzw. 34; *Lassalle,* Les rapports institutionnels entre le Parlement européen et les Conseils de ministres des Communautés (1964); *Mégret,* Le Conseil, in: DrCommEur Nr. 610; *Mégret,* Le rôle des Conseils des ministres, in: La décision 53; *Merkel,* Rat und Kommission im Rechtsetzungsverfahren der Europäischen Wirtschaftsgemeinschaft, Diss. Lausanne (1964); *Misch,* Der Rat der Europäischen Gemeinschaften als Gesetzgeber, DÖV 1970, 364; *Mosler,* National- und Gemeinschaftsinteressen im Verfahren des EWG-Ministerrats. Die Beschlüsse der außerordentlichen Tagung des EWG-Rates in Luxemburg vom 29. Januar 1966, ZaöRVR 26 (1966) 1; *Noël,* Der Ausschuß der Ständigen Vertreter, EuR 1967, 24; *Telchini,* Il Consiglio nelle Comunità europee (1965); *Toutain,* Rapports entre le Conseil des Ministres et la Commission de la C. E. E. (1964); *Vignes,* Le rôle du sécretariat des Conseils, in: La décision 75.

1 Durch Art. 1 FusV ist der Rat der *Europäischen Gemeinschaften* eingesetzt worden. Er ist an die Stelle des Besonderen Ministerrats der EGKS und der Räte der EWG und der EAG getreten. Der Rat übt die Befugnisse und Zuständigkeiten des Besonderen Ministerrats und der EWG- und EAG-Räte nach Maßgabe der drei Verträge sowie des Fusionsvertrages aus. Seine Haushaltsbefugnisse sind durch den Haushaltsvertrag verändert worden *(13/19, 18/15—18).*

Die dem Rat nach den Art. 5, 6, 10, 12, 13, 24, 34 und 35 FusV und dem ihm beigefügten Protokoll über die Vorrechte und Befreiungen der Europäischen Gemeinschaften zugewiesenen Zuständigkeiten nimmt er nach den Art. 148—150 EWGV, 118—120 EAGV wahr (Art. 29 FusV), d. h. nach den allgemeinen, für seine Beschlußfassung maßgebenden Regeln der *Römi-*

schen Verträge, also *nicht nach* den Verfahrensbestimmungen des *Art. 28 EGKSV*. Den Übergang zum Rat der fusionierten Exekutiven hat Art. 31 FusV hergestellt. Auch für den Rat war wesentlich, daß Art. 32 FusV mit der Fusionierung der Gemeinschaften selbst binnen 3 Jahren rechnete. Daß der Rat in diesem Zeitraum auf der materiellen Grundlage der drei Verträge handeln sollte, charakterisierte die Regelung als solche einer Übergangslage. Da die Fusionierung der Verträge inzwischen vertagt ist, dauert diese Übergangsregelung an.

I. Zusammensetzung und Rechtsstellung

In Übereinstimmung mit dem Gehalt von Art. 146 I EWGV, 118 I EAGV und 27 I EGKSV bestimmt Art. 2 FusV, daß der Rat *aus Vertretern der Mitgliedstaaten* besteht und jede Regierung in ihn eines ihrer Mitglieder entsendet.

1. Zusammensetzung

2 a) Das Gemeinschaftsrecht setzt damit für die Ratsmitgliedschaft Zugehörigkeit zu den mitgliedstaatlichen Regierungen voraus, in der Regel also Ministerqualität oder -rang. Anders als in den anderen Mitgliedstaaten (auch dort aber unterschiedlich), sind in der Bundesrepublik die beamteten Staatssekretäre zwar ständige Vertreter der Minister, nicht aber Mitglieder der Bundesregierung. Die Gemeinschaftspraxis hat hierauf seit jeher und damit jetzt gewohnheitsrechtlich unter Abweichung vom Vertragsrecht Rücksicht genommen: die Bundesrepublik entsendet nämlich auch Staatssekretäre in den Rat[1] — teils zur Entlastung der Minister, teils aus Gründen spezifischer Sachkenntnis und Permanenz der Vertretung, gelegentlich auch zu politischer Demonstration oder aus „klimatischer“ Abneigung der Minister[2].

Einzelne Ratsmitglieder lassen sich (nicht selten) auch durch hohe Beamte

---

[1] Die *parlamentarischen Staatssekretäre* i. S. des Gesetzes v. 6. 4. 1967 (BGBl. I, 396), d. h. Abgeordnete, die den Ministern zu ihrer Unterstützung beigegeben werden, sind nicht beamtet. Auch sie treten aber im Rat auf; vgl. *Fromme*, Die Parlamentarischen Staatssekretäre. Entwicklung in der 6. Wahlperiode (Stand 28. 2. 1970), ZParl 1970, 53 ff., 72, für die Delegationsleitung durch den parlamentarischen Staatssekretär *Reischl* anläßlich einer Ratssitzung im Dezember 1969; FAZ Nr. 171/71 v. 28. 7. 1971, S. 1: Staatssekretärin im Bundeskanzleramt „Frau *Focke* erhält die ‹Feuertaufe›“ im Rat; VWD Europa Nr. 204/71 v. 21. 10. 1971 I/1: parlamentarischer Staatssekretär *Rosenthal* in der Ministerrats-Sitzung vom 20. 10. 1971 über die Regionalpolitik. — Zur Praxis der anderen Mitgliedstaaten: *Buerstedde* JböR NF 14 (1965) 125.

[2] Zahlenangaben über die (häufige) Mitwirkung beamteter Staatssekretäre im Rat bei *Sattler*, Entwicklung 602; *Buerstedde* 125; *Houben*, Les Conseils des Ministres 124; zur jüngsten Praxis: 2. Gesamtbericht 1968, 442; 3. Gesamtbericht 1969, 463; 4. Gesamtbericht 1970, 391.

vertreten. Diese nehmen an der Beratung teil, sind aber nicht stimmberechtigt. Das Stimmrecht kann nur auf ein anderes Ratsmitglied übertragen werden *(13/22)*[3].

3 b) Es entspricht den Aufgaben der Gemeinschaften und der supranationalen „Öffnung" der heimischen Ressorts, daß die Mitgliedstaaten im Rat nicht im Sinne eines Monopols der auswärtigen Gewalt nur durch den Außenminister vertreten werden. Die Vertretung obliegt im Wechsel — entsprechend den Beratungsthemata — auch den jeweils fachlich zuständigen Ressortministern. Danach werden Ratstagungen in allgemeiner Zusammensetzung (etwa zur Hälfte) und auch unter Beteiligung mehrerer Minister jeden Mitgliedstaates sowie Tagungen über Fragen bestimmter Wirtschaftsbereiche (Agrar-, Verkehrsfragen usw.) unter Teilnahme der Ressortminister unterschieden. Sie werden entsprechend im Sprachgebrauch als solche des „Landwirtschaftsrates", des „Verkehrsrates" usw. gekennzeichnet. Unter diesen waren die Agrartagungen am häufigsten. Auch finden gleichzeitig Tagungen dieser und jener Art statt, so daß der Rat in solchen Fällen, weil vertragsrechtlich *ein* Organ, in verschiedener Gestalt handelt[4]. So erklärt sich auch, daß der Außenminister der Mitgliedstaaten seltener als mancher Ressortminister (für Wirtschaft, für Finanzen, für Landwirtschaft usw.) im Rat auftritt. Das gilt für alle Mitgliedstaaten gleichmäßig, also auch für die BRD. Da in ihr ein „Europaministerium" nicht besteht (und sich auch nicht empfiehlt), kommt auch insoweit ein Vertretungsmonopol oder -vorrang nicht in Betracht[5].

4 c) Aus der Stellung der Ratsmitglieder in (oder zu) ihren heimischen Regierungen ergibt sich auch ohne dahingehende Vertragsregelung, daß sie

[3] Art. 4 des Vorl. GO des Besonderen Ministerrates der EGKS und der Räte der EWG und EAG; Texte bei *Buerstedde*, Der Ministerrat im konstitutionellen System 240, 243 und: *Krämer*, EWG und EFTA, 2. Aufl. (1969); *Sattler*, Entwicklung 102.

[4] Näheres bei *Sattler* 100—102; *ders.*, Funktionelle Integration 127. — Zur Verteilung des Vorsitzes nach den verschiedenen Ressorts vgl. in Anm. 2 erwähnte Fundstellen in den Gesamtberichten. — Bei Teilnahme mehrerer Minister eines Mitgliedstaates an Ratstagungen steht das Stimmrecht dem Ratsmitglied zu, das an der Spitze der „Delegation" steht. Das ergibt sich aus der nationalen Rangordnung der Minister oder der Bestimmung der Regierung darüber, welcher Minister auf der Ratstagung über das Stimmrecht verfügt; hierzu Antwort des Rates v. 17. 1. 1969 auf die Anfrage des Abg. *Vredeling* Nr. 246/68, ABl. 1969 C 14, 12.

[5] Die Koordinierung obliegt einem Ausschuß der zuständigen Staatssekretäre des Auswärtigen Amtes, des Bundeswirtschafts-, Finanz- und Landwirtschaftsministeriums sowie des Bundeskanzleramtes mit dem Leiter der Ständigen Vertretung der BRD bei den Gemeinschaften. — Die Anregung des französischen Staatspräsidenten *Pompidou*, jeder Mitgliedstaat solle sich durch einen „Europa-Minister" vertreten lassen, und diese könnten in einer Endphase ein Europa-Kabinett bilden, hat innerhalb der Bundesressorts Struktur- und Kompetenzbedenken ausgelöst; vgl. Der Spiegel 25 (1971) Nr. 18, 26; zur Frage eines Europaministers: *Buerstedde* 125. — Mit der Anregung *Pompidous* befaßt sich die Arbeitsgruppe der Kommission, welche die für den Herbst des Jahres 1972 geplante Gipfelkonferenz vorbereitet. Die Überlegungen gehen dahin, ob die Ständigen Vertreter in den Rang von Europa-Staatssekretären erhoben werden sollten (vgl. VWD Europa Nr. 200/71 v. 15. 10. 1971 I/5).

an die Weisungen ihrer Regierung gebunden sind. Das entspricht dem allgemeinen Organisationsprinzip internationaler Organisationen und ist angesichts der gegenwärtigen Strukturen der Gemeinschaften auch schwerlich auszuschließen. Daß der Rat andererseits *Gemeinschafts*organ ist, kennzeichnet die darin liegende Problematik. Deutsche Verfassungstradition des Bundesrates im Bundesstaat, der in etwa entsprechend strukturiert ist, kann ihrer noch zuerst Herr werden. Die Instruierung der deutschen Ratsmitglieder obliegt der Bundesregierung. Der Bundesrat ist hieran nicht beteiligt. Instruktionswidrige oder instruktionslose Mitwirkung von Ratsmitgliedern an Ratsbeschlüssen berührt deren gemeinschaftsrechtliche Gültigkeit nicht[6].

5 d) Als instruierte Mitglieder oder Vertreter ihrer Regierungen sind die Ratsmitglieder nicht gehindert, sondern legitimiert, mitgliedstaatliche Interessen zur Geltung zu bringen[7]. Der Rat ist das zu ihrer Geltendmachung und Austragung zuständige Gemeinschaftsorgan. Gleichwohl handelt das Ratsmitglied in der Beteiligung an der Willensbildung des Rates (ob zustimmend, ablehnend oder sich enthaltend) *als Mitglied eines Gemeinschaftsorgans*. Es ist deshalb auch der Gemeinschaftshaltung verpflichtet, die Art. 5 EWGV, 192 EAGV, 86 I, II EGKSV von den Mitgliedstaaten als solchen verlangt. Die politische Verantwortlichkeit für das Verhalten ihres Vertreters im Rat trifft die Regierung des Mitgliedstaates im Verhältnis zu ihrem nationalen Parlament. Eine solche der Regierung oder ihres Ratsvertreters gegenüber der Versammlung besteht nicht *(12/26)*.

2. *Vorsitz*

6 Nach Art. 2 II FusV (= Art. 146 II EWGV, 118 II EAGV; anders vorher hinsichtlich der Amtsdauer nach Art. 27 II EGKSV: nur 3 Monate) wird der Vorsitz im Rat von seinen Mitgliedern nacheinander für je 6 Monate wahrgenommen, und zwar in der Reihenfolge Belgien, Deutschland, Frankreich, Italien, Luxemburg, Niederlande. Das gilt unterschiedslos und gleichzeitig ohne Rücksicht auf die jeweilige Ressortstruktur der Ratssitzung. Da die Amtsdauer der nationalen Regierungen sich dem Einfluß des Gemeinschaftsrechts entzieht, das nationale Verfassungsrecht andererseits für eine stetig funktionsfähige Regierung (und sei es, für eine nur geschäftsführende) sorgt, ist die Besetzung des Rates *rechtlich* insoweit permanent ge-

---

[6] Ein Minister, der sich bei Zustimmung zu einem Ratsbeschluß die Konsultation, d. h. die Billigung seiner Stimmabgabe durch seine Regierung vorbehält, erteilt seine Zustimmung zum Ratsbeschluß „ad referendum", d. h. vorbehaltlich endgültiger Zustimmung binnen kurzer Frist. Dieses Verfahren erleichtert die Abwicklung der Tagesordnung, ohne Vertrags- oder Geschäftsordnungsrecht zu verletzen; vgl. Antwort des Rates v. 17. 1. 1969 auf die Anfrage des Abg. *Vredeling* Nr. 246/68, ABl. 1969 C 14, 12; zur Situation des nicht hinreichend instruierten Ministers: *Sattler*, Funktionelle Integration 123—131.

[7] *Friauf*, Die Staatenvertretung in supranationalen Gemeinschaften 129, 131; *von Hassell*, in: Formen der Willensbildung 90.

sichert. Der Struktur der Gemeinschaften entsprechend, genügte die angeordnete Rotation des Ratsvorsitzes[8], seine jeweilige Innehabung kann für eine Regierung gemeinschaftspolitische Prärogative und Chance, aber auch politische Last und Bürde sein. Der vorsitzende Mitgliedstaat stellt auch den Vorsitzenden in den Hilfsorganen des Rates und in den Regierungskonferenzen der im Rat vertretenen Regierungsmitglieder. Eine Vertretung des Ratspräsidenten ist nicht vorgesehen, ihre Regelung durch Gemeinschaftsrecht entbehrlich. Dafür sorgt das Recht des vorsitzenden Mitgliedstaates[9].

Der Präsident beruft den Rat ein — aus eigenem Entschluß, auf Antrag eines seiner Mitglieder oder der Kommission (Art. 3 FusV). Sein Initiativrecht verschafft ihm indes keine besondere Organstellung, auch nicht im Sinne einer Emanzipation von seiner Regierung. Es entspricht vielmehr seiner Aufgabe, den Rat in Funktion zu halten.

3. Rechtsstellung

7 In diesen Zügen seiner Zusammensetzung, der Stellung seiner Mitglieder und der Regelung seines Vorsitzes wird der Rat rechtlich charakterisiert aus dem verfassungsrechtlichen Gehalt der Gemeinschaftsverträge und des Fusionsvertrages. Seine Organschaft ergibt sich aus der Rechte- und Pflichtenstellung, die die Verträge den Staaten im Verhältnis zur Gemeinschaftsorganisation als ihren Mitgliedern, also kraft Gemeinschaftsrechts, zuweisen[10].

Wiewohl im einzelnen nicht immer klar unterschieden und unterscheidbar, stehen die Staaten zueinander als Gründer der Gemeinschaften indes *auch in Vertragsbindungen allgemeinen Völkerrechts.* Nach ihnen sind sie zur ordnungsgemäßen Besetzung und Funktionserhaltung der Gemeinschaftsorgane verpflichtet. So erklärt sich, daß der Rat, dessen Handlungen *als Organ der Gemeinschaften diesen* zuzurechnen sind, in gleicher Zusammensetzung durch seine Mitglieder zugleich auch oder ausschließlich als Regierungskonferenz der Vertragspartner agieren kann, und dies mit der Folge, daß die Handlungen der zustimmenden Ratsmitglieder als Staatenvertreter ihrem Staat zugerechnet werden. Die Mitglieder des Rates haben also potentiell eine doppelte Funktion, die aktualisiert werden oder unausgeübt bleiben kann: „Sie sind einerseits und in erster Linie Angehörige des Gemeinschaftsorgans ‹Ministerrat›, und es ist in der Regel anzunehmen, daß sie nur in dieser Eigenschaft einen Beschluß fassen, ohne den von ihnen vertretenen

[8] Dazu *Buerstedde* 126—128; zur Reihenfolge nach dem Beitritt: Art. 11, 140 BeitrA.

[9] Ein seltenes Beispiel für die Durchbrechung der Regel im 2. Gesamtbericht 1968, 443: Den Vorsitz, den in der zweiten Hälfte des Jahres 1968 Italien führte, übernahm in der 56. Tagung am 12. 12. 1968 „in Abwesenheit des italienischen Schatzministers" der luxemburgische Wirtschaftsminister.

[10] *Mosler* ZaöRVR 26 (1966) 5; *Carstens,* Die kleine Revision des Vertrages über die Europäische Gemeinschaft für Kohle und Stahl, ZaöRVR 21 (1961) 37.

Staat zugleich auch rechtsgeschäftlich binden zu wollen. Es ist aber auch denkbar, daß sie bindende Erklärungen namens der von ihnen vertretenen Mitgliedstaaten abgeben. Welcher dieser beiden Fälle vorliegt, kann nur im Wege der Auslegung der im Rat geführten Debatten und der getroffenen Entscheidungen ermittelt werden."[11]

II. Organisation

1. Ausschuß der Ständigen Vertreter

8 Das Recht der drei Verträge selbst (Art. 151 I EWGV, 121 I EAGV, 30 EGKSV) sah übereinstimmend keine besondere Organisation des Rates, sondern lediglich den Erlaß seiner Geschäftsordnungen[12] vor (jetzt Art. 5 FusV). Die Römischen Verträge (Art. 151 II EWGV, 121 II EAGV) eröffneten nur der Geschäftsordnung die Möglichkeit, einen *Ausschuß aus Vertretern der Mitgliedstaaten* vorzusehen, dessen Aufgabe und Zuständigkeit zu bestimmen dem Rat oblag. Der danach getroffenen Regelung und geübten Praxis entsprechend, ist dieser Ausschuß[13] nunmehr in Art. 4 FusV *vertragsrechtlich unmittelbar* instituiert mit der Aufgabe, „die Arbeiten des Rates vorzubereiten und die ihm vom Rat übertragenen Aufträge auszuführen". Damit hat der Ausschuß jetzt die seiner Bedeutung adäquate Rechtsgrundlage erhalten.

Der frühere Koordinierungsausschuß der EGKS (Commission de Coordination du Conseil de Ministres = COCOR), der auf Art. 10 EGKS-GO zurückging und als Hilfsorgan des Besonderen Ministerrates der EGKS seine Beschlüsse vorbereitete, ist nach der Fusionierung der Exekutive entfallen[14].

---

[11] *Carstens* ZaöRVR 21 (1961) 23; *Wagner*, Beschlußrecht 226. — Besonderes Interesse seitens des Parlaments haben die Konferenzen der Finanzminister der Mitgliedstaaten erfahren. Auf schriftliche Anfrage Nr. 125/69 des Abg. *Vredeling* hat der Rat sie in seiner Antwort v. 30. 6. 1969 als „inoffizielle Zusammenkünfte — sui generis" — charakterisiert, „die sich auf einen allgemeinen Gedankenaustausch beschränken" und weder Tagungen des Rates, noch der in ihm vereinigten Regierungsvertreter, noch der Regierungen — unabhängig von den Gemeinschaften — seien, an denen Kommissionsvertreter regelmäßig teilnähmen (ABl. 1969 C. 94, 21); vgl. auch die Rats-Antwort v. 11. 11. 1970 auf die Anfrage *Vredeling* Nr. 248/70 (ABl. 1970 C 140, 9) sowie die Kommissions-Antwort v. 16. 7. 1969 auf die Anfrage *Vredeling* Nr. 119/69, ABl. 1969 C 102, 12.

[12] Der Rat wendet, da er sich die in Art. 5 FusV vorgesehene Geschäftsordnung bislang nicht gegeben hat, nebeneinander die (praktisch übereinstimmenden) Geschäftsordnungen des Besonderen Ministerrates der EGKS und der Räte der EWG und EAG an. Diese sind amtlich nicht veröffentlicht; Texte bei *Buerstedde*, Der Ministerrat im konstitutionellen System 240, 243.

[13] Dazu: *Noël* EuR 1967, 24; *Sattler*, Entwicklung 106; *Hellmann*, VWD Europa Nr. 24/69 v. 4. 2. 1969 I/1—3.

[14] Dazu: *Wagner*, Beschlußrecht 202; *Sattler*, Entwicklung 107; *Buerstedde* 131; zur COCOR *Erichsen* DÖV 1966, 685; *Houben*, Les Conseils 138.

9 a) Der Ausschuß ist in seiner Entstehung und seiner ersten langjährigen personellen Zusammensetzung eng verknüpft mit dem Ausschuß der Delegationsleiter bei der Vorbereitung der Römischen Verträge. Ursprünglich beruhte er also auf mitgliedstaatlichen Entscheidungen. Jetzt ist er eine Einrichtung des Gemeinschaftsrechts. Er setzt sich zusammen aus Vertretern der Staaten im Botschafterrang mit unbefristeter Amtszeit. Als Vertreter seines Staates ist der „Ständige Vertreter" der Leiter seiner „Ständigen Vertretung bei den europäischen Gemeinschaften". Der „Ständige Vertreter" wird, wiewohl Botschafter, nicht wie sonst im diplomatischen Dienst gewechselt, sondern nimmt eine auf eine längere Dauer berechnete Funktion wahr[15]. Die Vertretungen sind mit Beamten des auswärtigen Dienstes und anderer Ressorts besetzt, die Ständige Vertretung der Bundesrepublik auch mit Beamten des Bundeswirtschafts- und Finanz-, Ernährungs-, Arbeits-, Verkehrs- und Forschungsministeriums.

10 b) Der Ausschuß der Ständigen Vertreter ist „der Gehilfe, das Auge und das Ohr seiner Regierung" genannt worden[16]. Das trifft zu, wenn es ihn als Hilfseinrichtung des Gemeinschaftsorgans Rat auch nicht perfekt charakterisiert. Er ist eine Verbindungsstelle zwischen der nationalen Exekutive und den Gemeinschaftsorganen, Teilnehmer an der Ausarbeitung und Koordinierung der mitgliedstaatlichen Positionen, unmittelbarer Teilnehmer an der Arbeit der Gemeinschaftsorgane.

Mittel der Verbindung ist insbesondere die laufende Information der heimischen Exekutive durch ihre Ständige Vertretung über die Arbeit der Kommission und ihrer Dienststellen, umgekehrt dieser über die die Kommissionsarbeit betreffende Tätigkeit und Haltung der heimischen Verwaltung[17].

Die Koordinierungsaufgabe der Ständigen Vertretung ist um so bedeutsamer, je weniger sie im Mitgliedstaat selbst organisatorisch einheitlich abgesichert ist, was für die Bundesrepublik (anders als z. B. für Frankreich im Generalsekretariat beim Ministerpräsidenten) zutrifft: ihre Koordinierung vollzieht sich für die BRD wesentlich über die Staatssekretäre der Ressorts, die in ihr durch Beamte vertreten sind *(13/3)*.

Entsprechend der Stellung der Minister im Rat ist der Ausschuß zugleich Kollegium zur Vertretung der Mitgliedstaaten *und* Träger einer Gemeinschaftsaufgabe. Denn er hat die Arbeiten des Rates vorzubereiten und seine Aufträge auszuführen. Er untersteht mithin einer doppelten Verantwortlichkeit.

11 c) Da die Zuständigkeiten des Rates unübertragbar sind[18], hat der Ausschuß selbst keine Entscheidungsbefugnis. Er ist also weder Delegatar noch

---

[15] Erster Ständiger Vertreter der BRD war *Carl-Friedrich Ophüls.*

[16] *Noël* EuR 1967, 28 Anm. 3.

[17] Der Ständige Vertreter, der an sämtlichen Ratstagungen teilnimmt, hält sich i. d. R. jeweils an den beiden ersten Wochentagen in der Hauptstadt seines Landes zu Konsultationen auf.

[18] *Noël* 33.

Vertretungsorgan des Rates. In Anwendung des Art. 16 III seiner Geschäftsordnung hat der Ausschuß ständige Arbeitsgruppen eingesetzt[19], deren Funktionsbereiche die Zuständigkeit der Gemeinschaften umfassen. Zur Bearbeitung von Sonderfragen werden nach Bedarf ad-hoc-Arbeitsgruppen gebildet. Sämtliche Ausschüsse (mit Ausnahme nur des für Zoll- und Handelsvertragsverhandlungen eingesetzten und des Sonderausschusses Landwirtschaft) fungieren regelmäßig unter dem Ausschuß der Ständigen Vertreter. Sie haben also keine Immediatstellung zum Rat.

Der jeweilige Vorsitzende im Ausschuß (der Ständige Vertreter des den Ratsvorsitz führenden Mitgliedstaates) verfügt über das Sekretariat des Rates und unterstreicht damit den Gemeinschaftscharakter seiner Funktion. Er organisiert auch die Ausschußarbeit, an der in der Regel Beamte (nicht auch Mitglieder) der Kommission teilnehmen. In ihrem Rahmen spielt das Verfahren der „A-Punkte“ und das schriftliche Verfahren des Rates eine wichtige Rolle. Ihre Vorbereitung obliegt dem Ausschuß *(13/23, 24)*.

2. *Sekretariat*

12 Die Struktur des Rates schließt eine organisatorische Erleichterung seiner Arbeit durch Dekonzentration auf engere Rats-Ausschüsse aus[20]. Sie findet indes statt durch sein Sekretariat. Unter der Leitung des Generalsekretärs und frei von Weisungen der Regierungen unterstützt es mit dem erforderlichen Personal den Rat und die von ihm eingesetzten Ausschüsse. Es bereitet die Ratssitzungen vor, erstellt den Haushaltsvoranschlag, verwaltet die Etatmittel und veröffentlicht die Ratsbeschlüsse, soweit vorgesehen. Die Rats-Bürokratie soll dazu neigen, sich zum Gegenspieler und Gegengewicht der Kommissions-Bürokratie zu entwickeln: „Wenn die Exekutive vertragsgemäß Gemeinschaftsregelungen betreibt und vorbereitet, besteht leicht die Tendenz, eine Parallelorganisation des Ministerrats zu dem bestehenden gemeinschaftlichen Apparat der Exekutiven aufzubauen. Diese konkurrierenden Bürokratien führen zu großen Reibungsverlusten.“[21]

III. Aufgaben und Befugnisse[22]

13 Neben exekutiven Aufgaben hat der Rat, im Licht seiner Handlungs*formen* gesehen, vornehmlich solche der Normsetzung. Mit dieser formalen Differenzierung ist die Komplexität seiner Aufgaben aber weder erfaßt

---

[19] *Sattler*, Entwicklung 107—108; Antwort des Rates vom 26. 1. 1971 auf die Anfrage Nr. 298/70 des Abg. *Califice* mit Nennung von 14 derartigen Fachgruppen, ABl. 1971, C 12, 2.

[20] *Buerstedde* 130. [21] *Buerstedde* 187.

[22] Dazu: *Buerstedde* 142—156; *Sattler*, Funktionelle Integration 104—145; *ders.*, Entwicklung 96, dort 110—112 Überblick über die wichtigsten Ratstagungen und -beschlüsse.

noch erschöpft. Nach Art. 145 EWGV sorgt der Rat zur Verwirklichung der Ziele und nach Maßgabe des Vertrages für die Abstimmung der Wirtschaftspolitik der Mitgliedstaaten und besitzt er eine Entscheidungsbefugnis. Art. 115 I EAGV verweist auf seine Zuständigkeiten und Entscheidungsbefugnisse nach Maßgabe des Vertrages, während Abs. II a.a.O. seine Aufgabe hervorhebt, die Tätigkeit der Mitgliedstaaten und der Gemeinschaft miteinander abzustimmen. Diese Abstimmungsaufgabe (und zwar zwischen der Kommission und den für die allgemeine Wirtschaftspolitik ihrer Länder verantwortlichen Regierungen) hebt auch Art. 26 I EGKSV hervor. Art. 152 EWGV, 122 EAGV statuieren die Befugnis des Rates zur Initiative gegenüber der Kommission (deren Vorschläge überwiegend allerdings Entscheidungsvoraussetzung des Rates sind, *23/3,4,8*), und zwar i. S. einer an die Kommission gerichteten Aufforderung, die nach seiner Ansicht zur Verwirklichung der gemeinsamen Ziele geeigneten Untersuchungen vorzunehmen und ihm entsprechende Vorschläge zu unterbreiten (Art. 26 III EGKSV: Aufforderung, Vorschläge und Maßnahmen aller Art zu prüfen, die er zur Erreichung der gemeinsamen Ziele für zweckmäßig oder erforderlich hält). Zu solcher Initiative des Rates genügt der Mehrheitsbeschluß. Sie ist notwendiges Korrelat zum Initiativrecht der Kommission, bewirkt indes keine Bindung der Kommission an den Rat[23].

Aus dieser Position des Rates im Verfassungssystem der Gemeinschaften, nach dem Prinzip der begrenzten Ermächtigungen und seinen Korrekturen und unter Berücksichtigung der im Rat wirksamen mitgliedstaatlichen Kräfte lassen sich seine Aufgaben und Befugnisse wie folgt gruppieren:

1. Ambivalente Struktur

14 Der Rat ist — insoweit dem deutschen Bundesrat (Art. 50 ff. GG) vergleichbar — *Organ der Gemeinschaften,* das in seinen Hoheitsakten öffentliche Gemeinschaftsfunktionen wahrnimmt und öffentliche Gemeinschaftsgewalt hervorbringt. In seiner Zusammensetzung und der Art seiner Willensbildung stellt er zugleich das Organ dar, durch welches die Mitgliedstaaten bei der gemeinschaftsrechtlichen Willensbildung mitwirken, also ihre nationalen Interessen verfolgen. So vereinigt der Rat in sich und in seinen Aufgaben und Befugnissen die gemeinschaftspolitischen Integrationselemente, die das Vertragsrecht in Zielbestimmungen, ihrer Konkretisierung und Realisierung unter der Zeitbemessung von Integrationsschritten fixiert hat, mit der mitgliedstaatlichen Teilhabe an der Beschlußfassung über die Aktivierung dieser Elemente und die Feststellung ihrer Ergebnisse[24].

Im EWG-Bereich, in dem — anders als in den EAG- und EGKS-Verwaltungsgemeinschaften — das Vertragsrecht mehr dem Stil des pactum de con-

[23] *Wohlfarth* u. a. Komm. 4 zu Art. 152.
[24] *Badura* VVDStRL 23 (1966) 101.

trahendo et statuendo entspricht, erwächst dem Rat gegenüber der Kommission ein erhöhtes Gewicht gemeinschaftspolitischer Verantwortlichkeit und Potenz[25], den in ihm vertretenen Mitgliedstaaten erhöhte Chance und erhöhtes Risiko gemeinschaftshemmender Ingerenz. In wechselnder Abhängigkeit von *jener* Potenz und von *diesem* Risiko vermag der Rat als Organ von Gemeinschaftsinteresse *und* als Ausgleichsinstanz mitgliedstaatlicher Interessen jeweils das Integrationsinteresse zu fördern, zu hemmen oder zu lähmen. *Deshalb ist der Rat der Gemeinschaften dasjenige ihrer Organe, dessen Politik vertragsimmanent letztlich über die Vergemeinschaftung entscheidet* — soweit und solange das Gemeinschaftsrecht überhaupt respektiert wird und die politischen Entscheidungen über die Gemeinschaften *in ihren Organen* und *in Anwendung des Gemeinschaftsrechts* fallen. Die bisherige „Geschichte der Gemeinschaftskrisen" *(6/29)* bestätigt und illustriert diese Ambivalenz in Struktur, Aufgaben, Befugnissen und Aktivitäten oder auch Passivitäten des Rates. Sie markiert auch jenen Punkt, an dem eine nicht mehr gehörige gemeinschaftsverfassungsmäßige Aktivität des Rates zum Rückgriff auf die völkerrechtliche Vertragspflicht der Staaten nötigt, um für das Funktionieren des Rates zu sorgen: „Die Staaten sind als Vertragschließende verpflichtet, dafür zu sorgen, daß die Organe gebildet werden und in ihrer Funktionsfähigkeit erhalten bleiben."[26]

2. *Integrationsorgan*

15 Der Rat ist dazu berufen, stimulierend, ausgleichend und angleichend die Wirtschaftspolitik der Mitgliedstaaten in den von der Vergemeinschaftung erfaßten Bereichen aufeinander abzustimmen und im Maß der Vertragsziele zu vergemeinschaften. Was Art. 6 I, 105 I EWGV allgemein als Vertragspflicht der Mitgliedstaaten bezeichnen, nämlich ihre Wirtschaftspolitik zu koordinieren, soweit dies zur Erreichung der Vertragsziele erforderlich ist, weist Art. 145 EWGV der Sorge des Rates zu, d. h. seiner Aufgabe. Er insbesondere ist das Gemeinschaftsorgan, mit dem die Mitgliedstaaten i. S. des Art. 6 I EWGV enge Zusammenarbeit pflegen sollen. Dazu ist er primär berufen und geeignet, weil er in sich selbst die Vertreter der Mitgliederstaaten vereinigt. In diesem Sinne appelliert das Vertragsrecht an die Mitgliedstaaten, sich selbst im Rat als Gemeinschaftsorgan zur Förderung der Integration zu aktivieren.

Diese Aufgabe als Integrationsorgan obliegt dem Rat unabhängig von den Handlungsformen und Regeln, die für seine Willensbildung jeweils anwendbar sind. Diese sind gesondert darzustellen *(§ 23)*, zumal sie nur im Zusammenwirken mehrerer Gemeinschaftsorgane zu begreifen sind.

---

[25] *Mosler* ZaöRVR 26 (1966) 6.
[26] *Mosler* 6.

3. Vertragsergänzende Legislative

16 a) Auf der Grundlage und im Rahmen der Art. 235 EWGV, 203 EAGV, 95 EGKSV *(4/30—35)* hat der Rat die Aufgabe und die Befugnis, geeignete Vorschriften zu erlassen, wenn in den Verträgen Befugnisse nicht vorgesehen sind, die für ein Tätigwerden der Gemeinschaft zur Verwirklichung eines Vertragszieles erforderlich erscheinen. Der Rat hat eine „vertragsergänzende Legislative“[27]. Das ist indes keine Kompetenz-Kompetenz. Seine Ermächtigung zur Lückenschließung, die die Mitwirkung der Kommission und der Versammlung voraussetzt, ermöglicht die Setzung von Gemeinschaftsrecht, das in den Mitgliedstaaten ohne Mitwirkung der nationalen Parlamente Geltung hat. Die einschlägigen Rechtshandlungen des Rates unterstehen der Kontrolle des Gerichtshofs[28].

17 b) Von vertraglich ausdrücklich vorgesehenen Fällen sog. autonomer Vertragsänderung abgesehen (so Art. 14 VII EWGV über die Zeitfolge der Zollherabsetzung, Art. 165 IV, 166 III EWGV über die Erhöhung der Zahl der Richter und Generalanwälte des Gerichtshofs), die er einstimmig beschließen kann, besitzt der Rat eine aus der Sache gebotene Zuständigkeit im Vertragsänderungsverfahren *(4/27 ff.)*. Das erklärt sich aus seiner Stellung (Art. 236 EWGV, 204 EAGV, 96 EGKSV). Die den Mitgliedstaaten verbliebene Befugnis zur Vertragsänderung wird durch diese Vorschriften in das dort geregelte Verfahren verwiesen. In ihm entscheidet der Rat mit einfacher Mehrheit über die Abhaltung einer Regierungskonferenz der Mitgliedstaaten.

4. Außenbeziehungen

18 Für die Pflege der Außenbeziehungen der Gemeinschaften zu Drittstaaten und internationalen Organisationen (Art. 228 EWGV, 101 EAGV) *(7/25 ff.)*, für die Eröffnung von Beitrittsverhandlungen gemäß Art. 237 EWGV, 205 EAGV, 98 EGKSV und den Abschluß von Assoziierungsabkommen gemäß Art. 238 EWGV, 206 EAGV *(7/18)* ist der Rat zuständiges Organ der Gemeinschaften. Er kann der Kommission Mandate zur Durchführung bestimmter Verhandlungen erteilen[29].

5. Haushalts- und Organisationsbefugnisse

19 a) Im Bereich der Finanzverwaltung der Gemeinschaften kommen der Versammlung die den nationalen Parlamenten eigenen Befugnisse der Bud-

---

[27] *Badura* VVDStRL 23 (1966) 47 Anm. 50.

[28] *Wohlfarth* u. a. Komm. 6 zu Art. 235; vgl. ferner: *Kaiser* VVDStRL 23 (1966) 19.

[29] *Buerstedde* 188.

gethoheit auch nach der Neuregelung durch den Haushaltsvertrag vom 22. April 1970 nur in sehr begrenztem Umfang zu. Im übrigen obliegen sie dem Rat *(12/33, 18/15—18).*

20 b) Auf dem Gebiet der Personal- und der Organisationshoheit verfügt der Rat über die erforderlichen Befugnisse (Art. 6, 24 FusV; bis zum FusV: Art. 154, 212 EWGV, 123, 186 EAGV) *(17/1, 2, 22/17—24).*

IV. Geschäftsgang[30]

21 Der Geschäftsgang des Rates wird durch Umstände bestimmt, die sich von den Arbeitsbedingungen einer nationalen Regierung zu Lasten seiner Funktionsfähigkeit unterscheiden. Ihm obliegen umfangreiche politische Aufgaben. Ihre Erledigung setzt ein kompliziertes Zusammenwirken mit anderen Gemeinschaftsorganen und die Überwindung mitgliedstaatlicher Partikularinteressen voraus. Es ist außerdem vertragsrechtlich in wichtigen Fragen zielbestimmt und termingebunden.

Der Rat setzt sich zusammen aus ressortmäßig wechselnden Mitgliedern der Regierungen der Mitgliedstaaten, die durch ihre heimischen Regierungsaufgaben vorrangig in Anspruch genommen sind. Er tagt nicht permanent, sondern periodisch oder ad hoc[31] und an verschiedenen Orten[32], die für die meisten Ratsmitglieder vom Sitz ihrer heimischen Regierung entfernt liegen. Diese Faktoren haben die geschäftsordnungsmäßige Regelung seines Geschäftsganges und seine Verhandlungs- und Entscheidungspraxis geprägt.

---

[30] Dazu: *Buerstedde* 129—141; *Sattler* 96, 98—112.

[31] Über die Tagungen vgl. die regelmäßigen Angaben in den Gesamtberichten sowie den jährlich vom Sekretariat veröffentlichten „Überblick über die Tätigkeit des Rates". — Von den Tagungen sind etwa die Hälfte solche in „allgemeiner Zusammensetzung", die übrigen Tagungen über Fragen einzelner Wirtschaftsbereiche. Von 41 Ratstagungen im Jahre 1970 befaßten sich 13 mit allgemeinen Angelegenheiten, 1 mit Wirtschafts- und Finanzfragen, 16 mit Agrarfragen, je 3 mit sozialen Angelegenheiten, der wissenschaftlichen und technologischen Forschung und Verkehrsfragen und 1 mit dem öffentlichen Auftragswesen, 4. Gesamtbericht 1970, 391. — Unter den Tagungen ragen diejenigen hervor, auf denen sog. „Gesamteinigungen" über „gebündelte" Beschlüsse und Regelungen zu entscheidenden Integrationsschritten zustande gekommen sind, unter ihnen solche, die wegen ihrer Dauer (bis zu 24 Stunden ohne Unterbrechung und insgesamt bis zu 17 Tagen) als „Marathon-Tagungen" bezeichnet werden; zur Bewertung der auf ihnen üblichen Technik des package deal vgl. *Sattler,* Entwicklung 112 sowie die einschlägigen politologischen Untersuchungen von *Haas,* The uniting of Europe. Political, social and economical forces 1950—1957 (1958); *ders.,* Die Einigung Europas, in: Erfolge und Krisen der Integration (1969), 39; *Lindberg,* The political dynamics of European economic integration (1963); *ders.,* Spannungen im Integrationsprozeß, in: Erfolge und Krisen der Integration 67.

[32] Der Besondere Ministerrat der EGKS hatte stets in Luxemburg, die Räte der EWG und der EAG hatten jeweils (meistens gemeinsam) in Brüssel getagt. Seit 1967 tagt der Rat der Gemeinschaften jeweils in neun Monaten in Brüssel, im April, Juni und Oktober in Luxemburg (Beschluß der Regierungen der Mitgliedstaaten über die vorläufige Unterbringung bestimmter Organe und Dienststellen

1. Ratssitzungen

22 Die wichtigsten Gemeinschaftsentscheidungen, die dem Rat obliegen, werden in seinen regelmäßigen Sitzungen (Art. 1 GO: Zusammentritt jeweils am ersten Dienstag eines jeden Monats) getroffen, und zwar auf Grund der vom Ratspräsidenten aufgestellten vorläufigen und vom Rat selbst festgesetzten Tagesordnung (Art. 2 GO).

Die Kommission ist regelmäßig zur Teilnahme an den Beratungen eingeladen. Beamte (auch solche der Kommission) können hinzugezogen werden (Art. 3 GO). Ein verhindertes Ratsmitglied kann sich vertreten lassen. Stimmrechtsübertragung ist nur zugunsten eines anderen Ratsmitgliedes zulässig (Art. 4, 5 GO). Die Konzentration des Rates auf seine politisch wesentlichen Beschlußfassungen und die Aufstellung und Einhaltung von Zeitplänen kann seinen Geschäftsgang aktivieren und beschleunigen. Dessen bedarf es um so mehr, als verzögerliche oder sonst blockierende Einlassung eines Mitgliedstaates wegen mangelnden Willens zur Zielverwirklichung und die entsprechende Handhabung des Vorsitzes durch den halbjährlich wechselnden Präsidenten hemmend auf den Geschäftsgang einwirken können[33].

2. Schriftliche Beschlußfassung

23 Neben diesem Beschlußverfahren kennt die Praxis gemäß Art. 6 GO ein schriftliches Abstimmungsverfahren über dringende Angelegenheiten bei Einverständnis aller Ratsmitglieder und Zustimmung der Kommission, wenn die schriftliche Abstimmung einen in die Zuständigkeit der Kommission fallenden Gegenstand betrifft (der z. B. Gegenstand eines Kommissionsvorschlages gewesen ist)[34]. Dieses Verfahren ist während der Krise der Jahre 1965/66 auch für andere Fragen angewendet worden. Dadurch konnten die Folgen der Abwesenheit eines Ratsmitgliedes (Frankreichs) vermieden werden.

3. A-Sachen-Verfahren

24 Praktisch bedeutsamer, auch zeitsparender ist der Geschäftsgang des Rates in sog. A-Sachen[35]. Als A-Punkte werden in die Tagesordnung alle Gegenstände aufgenommen, über die im Ausschuß der Ständigen Vertreter zwischen den sechs Ständigen Vertretern und denen der Kommission Eini-

---

der Gemeinschaften, ABl. 1967 Nr. 152, 18). Das gehört zu den Luxemburg gemachten Konzessionen, um seine Zustimmung zur Fusionierung der Exekutiven zu erlangen.

[33] *Noël* EuR 1967, 48; *Buerstedde* 187.

[34] *Noël* 48, 50.

[35] Dazu *Noël* 48; *Buerstedde* 132; *Sattler,* Entwicklung 108; Antwort des Rates v. 26. 1. 1971 auf die Anfrage *Califice* Nr. 298/70, ABl. 1971 C 12, 2.

gung erzielt worden ist. Sie werden vom Rat in einer Globalabstimmung ohne Aussprache angenommen, sofern diese nicht (was selten geschieht) von einem Ratsmitglied oder der Kommission verlangt wird. In diesem Fall findet die Erörterung dann allerdings grundsätzlich erst auf der folgenden Ratstagung statt. A-Punkte, die sich nicht auf politisch bedeutsame Fragen zu beziehen pflegen, umfassen in der Regel Verfahrensbeschlüsse, Entscheidungen der laufenden Verwaltung und solche materieller, aber unpolitisch-technischer Art. Die Statistik zeigt, daß die Praxis der A-Punkte die Aussprachen im Plenum des Ratskollegiums wesentlich entlasten konnte.

4. Nicht-Öffentlichkeit[36]

25 a) Der Geschäftsgang des Rates vollzieht sich regelmäßig unter Ausschluß der Öffentlichkeit, damit in Vertraulichkeit seiner Beratungen auch gegenüber dem Parlament. Der Rat und seine Amtsvorgänger haben die Nichtöffentlichkeit seiner Debatten und die Geheimhaltung seiner Abstimmungen mit der kollektiven Verantwortlichkeit des Rates als eines Gemeinschaftsorgans gerechtfertigt[37]. Dieser Begründung steht entgegen, daß die parlamentarische Verantwortlichkeit der Ratsmitglieder als Minister der mitgliedstaatlichen Regierungen die Offenbarung ihres Verhaltens im Rat vor dem heimischen Parlament nicht ausschließt, sondern verfassungsrechtlich gebieten kann[38].

26 b) Nach Art. 140 IV EWGV, 110 IV EAGV, 23 IV EGKSV wird der Rat nach Maßgabe seiner Geschäftsordnung von der Versammlung jederzeit gehört. Damit wird auf das Recht des Rates auf Gehör vor der Versammlung, nicht auf ihr Informationsbedürfnis gegenüber dem Rat abgestellt. „Darin kommt die unabhängige Stellung des Rates zum Ausdruck, der nicht der Kontrolle der Versammlung unterliegt."[39] Ein Interpellationsrecht der Versammlung besteht ihm gegenüber (anders als gegenüber der Kommission, vgl. Art. 140 III EWGV, 110 III EAGV, 23 III EGKSV) also nicht. Nach Art. 19 GO *beauftragt* der Rat daher *seinen Präsidenten* oder eines seiner Mitglieder, *wenn* er „von der ... Versammlung gehört zu werden" beschließt, der Versammlung Gehör zu *geben*. Der Rat kann ihr seine Ansichten auch schriftlich mitteilen. Seit 1959/60 hat der Rat zunehmend Bereitschaft gezeigt, Anfragen aus der Versammlung schriftlich oder mündlich zu

---

[36] *Sattler*, Entwicklung 102—104.

[37] *Buerstedde* 169.

[38] Zur Weigerung des Rates, den von einem seiner Mitglieder anläßlich einer Ratstagung eingenommenen Standpunkt bekanntzugeben, selbst wenn insoweit Rats-Interna bereits durch die Antwort eines Ratsmitgliedes auf eine nationale parlamentarische Anfrage offenbar geworden sind, vgl. die schriftlichen Anfragen Nr. 407/69, 24/70, 240/70 des Abg. *Vredeling* mit den lakonischen Antworten des Rates v. 11. 3., 30. 6., 11. 11. 1970 (ABl. C 33, 7, C 97, 2, C 140, 6).

[39] *Wohlfarth* u. a. Komm. 4 zu Art. 140.

beantworten sowie regelmäßig (im Herbst) an gemeinsamen Kolloquien und Sitzungen der Versammlung teilzunehmen *(12/30)*.

5. *Außerrechtliche Elemente*

27 Der Geschäftsgang des Rates wird wesentlich durch Faktoren bestimmt, die sich aus seiner Struktur und Aufgabe ergeben, rechtlicher Regelung aber entziehen. Am Tagungsort des Rates und im Zusammenhang mit seinen Sitzungen sowie andernorts und zu anderer Zeit stehen den Ratsmitgliedern Möglichkeiten der Information, Aussprache und Abstimmung untereinander[40], mit Mitgliedern der Kommission, der Versammlung, des Wirtschafts- und Sozialausschusses und Vertretern von Drittstaaten zu Gebote, die der Vorbereitung der Ratswillensbildung dienen können. „Integrative und kooperative, kommunautäre und intergouvernementale Elemente“[41] der Beschlußfassung des Rates können hierbei unterschiedlich aktiviert werden. Ihr Gewicht wird um so größer, je anomaler oder krisenhafter die Gesamtsituation der Gemeinschaften sich jeweils darstellt. Dabei spielt die Konstellation der Mitgliedstaaten zueinander und ihre gesamtpolitische Orientierung eine entscheidende Rolle, etwa im Befund der deutsch-französischen Beziehungen, der großen Bündniskonstellation im Verhältnis zu den USA und im Ost-West-Verhältnis. Unter diesen Erscheinungen kann schwerlich davon die Rede sein, daß sich im Rat ständige oder zeitweilige — große oder kleine — Koalitionen gebildet hätten, allenfalls davon, daß sich mehr als einmal eine Gruppierung zwischen Frankreich hier, den fünf anderen Mitgliedstaaten dort abzeichnete.

---

[40] Erwogen wird die Einrichtung eines „heißen Drahtes“ (abhörsichere Telefonkonferenzschaltung) zwischen den Regierungen der Mitgliedstaaten. Dadurch soll schnellere Konsultation ermöglicht werden; vgl. *von Dohnanyi*, Europa: jetzt. Überlegungen zu einer europäischen Technologiepolitik, EA 1970, 487, 495.

[41] *von Hassell*, in: Formen der Willensbildung 103.

§ 14 KOMMISSION

Cartou, Le rôle de la Commission, in: La décision 1; *Coombes,* Politics and bureaucracy in the European Community. A portrait of the Commission of the EEC (1970); *Erichsen,* Das Verhältnis von Hoher Behörde und Besonderem Ministerrat nach dem EGKSV (1966); *Everling,* Zur Errichtung nachgeordneter Behörden der Kommission der Europäischen Wirtschaftsgemeinschaft, Fs Ophüls 33; *Haase,* Die Kompetenzen der Kommission im Verordnungsrecht der Europäischen Wirtschaftsgemeinschaft, Diss. Frankfurt/Main (1965); *Hallstein,* Die Kommission, ein neues Element im internationalen Leben. Vortrag vor dem British Institute of International and Comparative Law (London) v. 25. 3. 1965; englisch in: ICLQ 14 (1965) 727; *Knöpfle,* Organisation und Arbeitsweise der Gemeinsamen Kommission der Europäischen Gemeinschaften, EuR 1968, 30; *Knöpfle,* Die Kommission der Europäischen Gemeinschaften, Integration 1970, 81; *Linder,* Das Kräfteverhältnis von Hoher Behörde und Kommission zu den Ministerräten innerhalb der europäischen Gemeinschaften unter besonderer Berücksichtigung der parlamentarischen Kontrolle (1960); *Merkel,* Rat und Kommission im Rechtsetzungsverfahren der EWG, Diss. Lausanne (1964); *Münch,* Zur Systematik der Organe der Europäischen Gemeinschaften, Fs Schätzel 339; *Noël-Amphoux,* Les Commissions, in: DrCommEur Nr. 514; *Perissich,* Gli eurocrati tra realtà e mitologia. Rapporto sulla Commissione Rey (1970); *Schierwater,* Parlament und Hohe Behörde der Montanunion (1961); *von Schroeter,* Montan-Behörde und EWG-Kommission. Leitbild und Bewahrung (1963); *Toutain,* Rapports entre le Conseil des ministres et la Commission de la C. E. E. (1964); *Wirsing,* Aufgaben und Stellung der Kommission in der Verfassungsstruktur der Europäischen Wirtschaftsgemeinschaft, EA 1964, 77.

1 Durch Art. 9 FusV ist die *Kommission der Europäischen Gemeinschaften* eingesetzt worden. Sie ist an die Stelle der Hohen Behörde der EGKS und der beiden Kommissionen (von je neun Mitgliedern) der EWG und der EAG getreten. Die Kommission übt die Befugnisse und Zuständigkeiten der Hohen Behörde und der EWG- und EAG-Kommissionen nach Maßgabe des EGKSV, des EWGV und des EAGV sowie des Fusionsvertrages aus. Art. 32 I FusV sieht die vertragliche Gründung einer einzigen Europäischen Gemeinschaft vor, wofür an einen Zeitraum von längstens drei Jahren gedacht war. Die Fusionierung ist indes vertagt worden. In der Zeit vom 1. Juli 1967 (Inkrafttreten des Fusionsvertrages) bis zum 30. Juni 1970 bestand die Kommission übergangsweise aus 14 Mitgliedern. Nach Beendigung des Amtes dieser 14köpfigen Kommission gemäß Art. 33 I FusV ist die Übergangsregelung außer Kraft getreten[1]. Wiederum 14 Mitglieder wird die Kommission nach der Erweiterung der Gemeinschaften haben (Art. 15 BeitrA).

---

[1] Vor diesem Zeitpunkt war erörtert worden, ob die Verkleinerung der 14köpfigen Kommission auf (wiederum) 9 Mitglieder nach dem Fusionsvertrag geboten oder zu vermeiden war, da damit ähnliche personelle und politische Komplikatio-

I. Zusammensetzung und Rechtsstellung

1. Zusammensetzung

2 Gegenwärtig hat die Kommission (wiederum) 9 Mitglieder (Art. 10 I FusV)[2], von denen nicht mehr als zwei dieselbe Staatsangehörigkeit besitzen dürfen. Sie werden auf Grund ihrer allgemeinen Befähigung aus den Staatsangehörigen der Mitgliedstaaten ausgewählt und müssen volle Gewähr für ihre Unabhängigkeit bieten. Jeder Mitgliedstaat muß in der Kommission durch mindestens einen Staatsangehörigen vertreten sein. Die Mitglieder der Kommission, unter ihnen ihr Präsident und die drei Vizepräsidenten, werden von den Regierungen der Mitgliedstaaten im gegenseitigen Einvernehmen ernannt; Wiederernennung ist zulässig (Art. 11, 14 FusV). Der Rat kann nach Art. 10 I FusV die Zahl der Kommissionsmitglieder einstimmig ändern. Das in Art. 10 EGKSV geregelte Verfahren der Kooptation des neunten Mitgliedes der früheren Hohen Behörde, ein supranational wirkendes Element des EGKSV, hat in den Fusionsvertrag keinen Eingang gefunden (Aufhebung des Art. 10 EGKSV durch Art. 19 FusV), ebensowenig der Gedanke der periodischen Teilergänzung (Art. 10 VI EGKSV)[3].

2. Amtszeit

3 Art. 11 II FusV bemißt die *Amtszeit* der Kommissionsmitglieder auf vier Jahre (vorher für die Mitglieder der Hohen Behörde: sechs Jahre), Art. 14 die des Präsidenten und der Vizepräsidenten auf zwei Jahre. Jedes Mitglied der Kommission kann zurücktreten (Art. 12 I FusV) und auf Antrag des Rates oder der Kommission durch den Gerichtshof seines Amtes enthoben werden, wenn es die Voraussetzungen für die Amtsausübung nicht mehr erfüllt oder eine schwere Verfehlung begangen hat (Art. 13 FusV).

nen verbunden waren wie im Jahre 1967, als aus 23 Mitgliedern der Hohen Behörde, der EWG-Kommission (je 9) und der EAG-Kommission (5) die Übergangs-Kommission von 14 Mitgliedern gebildet werden mußte. Der zutreffende Rechtsstandpunkt hat sich durchgesetzt. — Zur Auseinandersetzung um die Mitgliederzahl: *Knöpfle* EuR 1968, 35.

[2] Präsident *Mansholt* (Niederlande — bis März 1972 *Malfatti*, Italien), die drei Vizepräsidenten *Barre* (Frankreich), *Haferkamp* (BRD), *Scarascia-Mugnozza* (Italien) sowie *Borschette* (Luxemburg), *Coppé* (Belgien), *Dahrendorf* (BRD), *Deniau* (Frankreich), *Spinelli* (Italien); vgl. die Ernennungsbeschlüsse der Regierungsvertreter vom 29. 5. und 29. 6. 1970, ABl. L 156, 31—33, vom 21. 3. 1972, ABl. L 77, 38. — In dieser Zusammensetzung soll die Kommission bis zum 31. 12. 1972 im Amt bleiben, um dann nach Wirksamwerden des Beitrittsvertrages (mit Ausnahme von *Scarascia-Mugnozza*) einer neuen Vierzehner-Kommission Platz zu machen. Die Außenminister haben am 18. 10. 1971 beschlossen, auf ein entsprechendes geschlossenes Rücktrittsangebot einzugehen (VWD Europa Nr. 201/71 v. 18. 10. 1971 I/1).

[3] Die Kooptationsbefugnis der früheren Hohen Behörde war ein „supranationalisierendes" Element, das preisgegeben worden ist. Die Hohe Behörde hatte mit seiner Hilfe sichergestellt, daß eines ihrer Mitglieder aus den Reihen der Gewerkschaften kam; vgl. *Knöpfle* EuR 1968, 36. Für die jetzige Kommission ist das durch die Person des deutschen Kommissionsmitgliedes *Haferkamp* gesichert.

3. *Rechtsstellung der Mitglieder*

4 Die Mitglieder der Kommission üben ihre Tätigkeit in voller Unabhängigkeit zum allgemeinen Wohl der Gemeinschaften aus[4]. Sie dürfen bei der Erfüllung ihrer Pflichten Anweisungen von einer Regierung oder einer anderen Stelle weder anfordern noch entgegennehmen. Sie haben jede Handlung zu unterlassen, die mit ihren Aufgaben unvereinbar ist. Jeder Mitgliedstaat verpflichtet sich, diesen Grundsatz zu achten und nicht zu versuchen, die Mitglieder der Kommission bei der Erfüllung ihrer Aufgaben zu beeinflussen (Art. 10 II FusV). Mit der Stellung als Mitglied der Kommission ist jede andere Berufstätigkeit (auch die Mitgliedschaft zu einem Parlament) unvereinbar[5]. Entsprechende Zurückhaltung obliegt den Mitgliedern der Kommission auch bei der Annahme von Tätigkeiten oder Vorteilen *nach* Beendigung ihres Amtes (etwaige Sanktionierung durch den Gerichtshof gemäß Art. 13 FusV). Nach Art 20 in Verbindung mit Art. 12—15 und 18 des Protokolls über die Vorrechte und Befreiungen der Europäischen Ge-

---

[4] Zu ihrer Unabhängigkeit als wesentlichem Merkmal für die Stellung der Kommission: *Cardis,* Fédéralisme et intégration européenne (1963) 177; *von Hippel,* La séparation des pouvoirs dans les Communautés européennes (1963) 23; *Linder,* Das Kräfteverhältnis von Hoher Behörde und Kommission zu den Ministerräten; *v. Schroeter,* Montan-Behörde und EWG-Kommission (1963) 3; *Petzold,* Die Gewaltenteilung in den europäischen Gemeinschaften (1966) 160.

[5] Eine wissenschaftliche oder Lehrtätigkeit sowie die Beteiligung an politischen, beruflichen oder kulturellen Organisationen oder anderen öffentlichen oder privaten Organisationen, die dem allgemeinen Interesse dienen, wird nicht als Berufstätigkeit angesehen. Die Kommission selbst wacht über die Einhaltung der Grenzen des Art. 10 FusV; vgl. ihre Antwort v. 18. 12. 1967 auf die Anfrage Nr. 164 des Abg. *Oele,* ABl. 1968 C 1, 1. — Auch die Bewerbung eines Kommissionsmitgliedes um ein politisches Mandat auf nationaler Ebene ist zulässig und hat mehrfach stattgefunden. Während der Wahlkampagne verzichtet das Kommissionsmitglied auf Teilnahme an den Arbeiten und Sitzungen der Kommission; vgl. ihre Antwort v. 1. 8. 1968 auf die Anfrage Nr. 124/68 des Abg. *Berkhouwer,* ABl. 1968 C 83, 17. — Daß die Kommissionsmitglieder im Rahmen ihrer Kompetenzen und der Weisungen der Kommission politische Gespräche zu führen frei sind, ergibt sich aus ihrer Stellung; vgl. die Antwort der Kommission v. 16. 3. 1971 auf die Anfrage Nr. 489/70 des Abg. *Glinne,* ABl. 1971 C 29, 18. — Begründete Kritik hatten die unter dem Pseudonym „*Wieland Europa*" in den Nrn. 28, 29 der „Zeit" v. 9. und 16. 7. 1971 von dem deutschen Kommissionsmitglied *Dahrendorf* veröffentlichten Auslassungen über Gang und Stand der Integration und die Rolle der Kommission gefunden; vgl. *Katharina Focke,* Europa ohne Zauberformel, Die Zeit Nr. 30 v. 23. 7. 1971; *Felix Europa (Heinz Narjes),* Weiterbauen auf den Verträgen von Rom, Die Welt Nr. 164 v. 19. 7. 1971; *Lahnstein,* Kabinettschef der Kommission *Wieland Europa* macht es sich einfach, Die Zeit Nr. 30 v. 23. 7. 1971; *Gert Meier,* Die Welt Nr. 178 v. 4. 8. 1971 S. 12 hat in ironisierender, sachlich und rechtlich aber zutreffender Argumentation auf die der Kommission gegenüber ihrem Mitglied aus Art. 13 i. Verb. mit Art. 10 II FusV obliegenden Pflichten hingewiesen. Die Affäre ist vor und gegenüber dem Parlament durch eine das Verhalten *Dahrendorfs* bedauernde Erklärung des Präsidenten *Malfatti* im Namen der Kommission und eine persönliche Erklärung *Dahrendorfs* bereinigt worden. Sie war und bleibt gleichwohl mehr als bedauerlich, um es bei diesem Ausdruck zu belassen. Zur Aussprache im Parlament am 23. 9. 1971 vgl. Verhandlungen Nr. 141, Ausführlicher Sitzungsbericht v. 21.—23. 9. 1971, 80 ff.

meinschaften vom 8. April 1965 (BGBl. II, 1482 — Anhang zum Fusionsvertrag) wird die Unabhängigkeit der Kommissionsmitglieder durch die dort bezeichneten Vorrechte und Befreiungen gesichert. Die Unabhängigkeit der Kommission als solcher ist dadurch symbolisiert, daß ihre räumliche Unterbringung gemeinsam mit dem Rat unterblieben ist[6].

4. Kontrolle

5 Abgesehen von der *Rechtskontrolle,* der die Rechtshandlungen der Kommission im Rahmen der Zuständigkeit des Gerichtshofs unterworfen sind, untersteht diese der *parlamentarischen Kontrolle* der Versammlung, und zwar nach Maßgabe der einschlägigen Vorschriften der Römischen Verträge (Art. 144 II EWGV, 114 II EAGV) und des durch Art. 27 II FusV abgeänderten Art. 24 EGKSV. Danach kann die Versammlung einen Mißtrauensantrag gegen die Kommission schlechthin wegen ihrer Tätigkeit einbringen, und zwar nunmehr auch im Anwendungsbereich des EGKSV ohne Zusammenhang mit ihrer Vorlage des Gesamtberichts, die vor dem Fusionsvertrag hierfür Voraussetzung war *(12/26).* Das bedeutet gegenüber früherem EGKS-Recht eine Stärkung der politischen Kontrolle des Parlaments im Montanbereich.

II. Organisation

6 Die Kommission ist *Kollegialorgan der Gemeinschaften* und als solches Gemeinschaftsbehörde ohne Vorbild[7]. Sie ist weder mit dem Generalsekretariat überlieferter internationaler Organisationen vergleichbar noch mit einer staatlichen Regierung oder einem Ministerium. Wenn sie üblicherweise — neben dem Rat — als eine der Gemeinschaftsexekutiven[8] bezeichnet wird, trifft dieser Sprachgebrauch (ebenso wie für den Rat) nur bedingt zu: Exekution, d. h. Verwaltung und Verwaltungsvollzug, obliegt ihr nur in Einzelbereichen, und ihre Zuständigkeit zur Rechtsetzung bedeutet, daß sie in sich insoweit das Prinzip der Gewaltenteilung überwindet[9].

[6] Grundsatzbeschluß des Rates, wonach der Neubau Berlaymont ausschließlich von der Kommission benutzt wird, die es als unerträglich angesehen hatte, gemeinsam mit dem Rat ein Gebäude zu beziehen; VWD Europa Nr. 243/68 v. 11. 12 1968 I/12.

[7] *Knöpfle* EuR 1968, 33.

[8] Nach französischem Verfassungs- und Sprachgebrauch ist nur der Conseil als Rat der Minister Exekutive, weshalb diese Bezeichnung danach dem Rat der Gemeinschaften, keinesfalls der Kommission zukommt.

[9] Bemerkenswert in diesem Zusammenhang das Urteil eines amerikanischen Politologen zur inneren Struktur moderner politischer Führungsgremien und speziell auch der Kommission: „In practice such a person (institution) combines a large part of the law-making function with the executive function. He is the embodiment of a principle which is the opposite of the classical separation of powers. Indeed in the European Commission the *mixture of powers* is carried a stage further, for the

7 Als ihre Vorläufige Geschäftsordnung hat die Kommission — unbeschadet späterer Beschlüsse — *für ihren Geschäftsgang* die Art. 1—5, 8—12 und 24—28 der Geschäftsordnung der EWG-Kommission vom 9. Januar 1963 (ABl. 1963, 818) für anwendbar erklärt (Beschluß vom 6. 7. 1967, ABl. 1967 Nr. 147, 1 mit Änderung v. 2. 7. 1970, ABl. 1970 L 145, 28). Zwar sind Art. 13—23 a.a.O. über die Vorbereitung und Durchführung der Kommissionsbeschlüsse und die der Kommission zur Verfügung stehende Verwaltung danach nicht ausdrücklich für anwendbar erklärt worden. Gleichwohl können einzelne organisatorische Maßnahmen der Kommission seit der Fusionierung mit ihrer Hilfe gedeutet werden.

8 Jedem Mitglied der Kommission steht ein *Kabinett* von Beamten zur Verfügung, darunter der Kabinettschef und sein Stellvertreter. Diese Einrichtung, die französischem Vorbild entspricht, kann die Wirksamkeit eines Kommissionsmitgliedes wesentlich beeinflussen. Das Gewicht der Kabinettschefs ist von Belang[10].

1. Aufgabenverteilung

9 Die innere *Organisation* der Kommission ist nicht im Sinne eines echten Ressortprinzips zu begreifen. Sie hat auch nicht eine hierarchische Gliederung verwirklicht[11].

10 a) Die der Kommission obliegenden Aufgaben sind, wie dies ihr Umfang, ihre Unterschiedlichkeit und die zur Rationalisierung ihrer Arbeit erforderliche Spezialisierung verlangen, nach Sachbereichen gegliedert. Sie werden als *Generaldirektion* oder *Zentralabteilung* bezeichnet (Art. 18 GO der EWG-Kommission sprach von Generaldirektionen und „gleichgestellten Diensten"). Sie sind teils an Aufgaben orientiert, die den Gemeinschaften als Sachaufgaben obliegen (z. B. Wettbewerbskontrolle, Energiepolitik, Landwirtschaft), teils an Funktionen, die aus Intendanturaufgaben anfallen (Personal und Verwaltung, Haushalt, Finanzkontrolle) oder zentrale Wahrnehmung erfordern (Sprechergruppe, Presse und Information, Juristischer Dienst). Art. 13 II der Geschäftsordnung der EWG-Kommission sieht vor, daß das für einen speziell zugewiesenen Aufgabenbereich zuständige Kommissionsmitglied diesem gegenüber Weisungsbefugnis hat, wenn der Aufgabenbereich dem einer Generaldirektion oder dem eines gleichgestellten Dienstes entspricht. Ende 1971 bestanden 28 derartige Generaldirektionen (GD) oder Zentralabteilungen, nämlich[12]:

Commission is also endowed with limited judicial functions in relation to certain matters (Art. 85—90 of the Treaty of Rome)"; vgl. *Shonfield,* Modern Capitalism (1965) 408.

[10] Dazu: *Knöpfle* EuR 1968, 45.

[11] *Everling,* Fs Ophüls 36.

[12] Organisationsplan der Kommission der Europäischen Gemeinschaften, Stand: September 1971. — Im Parlament ist die Schaffung einer Generaldirektion für kulturelle Angelegenheiten angeregt worden; vgl. VWD Europa Nr. 178/71 v. 15. 9. 1971, I/3.

1.		— Generalsekretariat der Kommission
2.		— Juristischer Dienst
3.		— Sprechergruppe
4.		— Statistisches Amt
5.		— Kommissionsdelegation für die Verhandlungen zur Erweiterung der Europäischen Gemeinschaften
6.		— Verwaltung der Zollunion
7.	GD I	— Auswärtige Beziehungen
8.	GD II	— Wirtschaft und Finanzen
9.	GD III	— Gewerbliche Wirtschaft, Technologie und Wissenschaft
10.	GD IV	— Wettbewerb
11.	GD V	— Soziale Angelegenheiten
12.	GD VI	— Landwirtschaft
13.	GD VII	— Verkehr
14.	GD VIII	— Entwicklungshilfe
15.	GD IX	— Personal und Verwaltung
16.	GD X	— Presse und Information
17.	GD XI	— Außenhandel
	GD XII	— aufgehoben
18.	GD XIII	— Verbreitung der Kenntnisse
19.	GD XIV	— Binnenmarkt und Rechtsangleichung
	GD XV	— aufgehoben
20.	GD XVI	— Regionalpolitik
21.	GD XVII	— Energie und Überwachung der Sicherheit von Euratom
22.	GD XVIII	— Kredit und Investitionen
23.	GD XIX	— Haushalt
24.	GD XX	— Finanzkontrolle
25.		— Gemeinsame Forschungsstelle
26.		— Euratom-Versorgungsagentur
27.		— Sicherheitsbüro
28.		— Amt für amtliche Veröffentlichungen der Europäischen Gemeinschaften.

Die Gliederung zeigt, daß die fachliche Zusammenfassung die funktionelle Unterscheidung der drei Gemeinschaften nur teilweise überwindet.

An der Spitze einer jeden Generaldirektion oder Zentralabteilung steht ein federführendes Mitglied der Kommission (von denen 8 deren mehreren vorstehen). Ihre Leitung obliegt meist einem Generaldirektor, die sich gleichmäßig nach ihrer Staatsangehörigkeit auf die vier Ländergruppen Deutschland, Frankreich, Italien und Benelux verteilen.

11 b) Im Interesse der *Koordination* werden nach dem Beispiel der schon vor der Fusionierung der Exekutiven geübten Praxis (Arbeitsgruppe für Energiepolitik) *Arbeitsgruppen*[13] gebildet. Sie sollen Horizontalverbindun-

[13] *Everling*, Fs Ophüls 37; *Knöpfle* EuR 1968, 42, 53; *Wirsing* EA 1964, 77

gen zwischen mehreren Generaldirektionen oder Zentralbedingungen zur Vorarbeit für die Kommission herstellen.

Solche Arbeitsgruppen sind:
Gruppe für Probleme der allgemeinen Wirtschaft
Gruppe für Probleme der Industriewirtschaft
Gruppe für Landwirtschaftsfragen
Gruppe für Außenbeziehungen und Entwicklungshilfe
Gruppe für soziale Angelegenheiten
Gruppe für Verwaltungsfragen.

12 c) Die Organisation in Generaldirektionen und Zentralabteilungen stellt im Rechtssinne *keine Ressortgliederung* dar. Der jeweils zuständige „Kommissar" ist deshalb auch nicht einem „Ressortminister" vergleichbar, wie die Kommission insgesamt nicht „Regierung" ist. Er ist nicht Chef seines Sachbereichs, sondern nur Träger „einer besonderen Verantwortung" (Art. 13 I GO der EWG-Kommission) für seinen Bereich in der Vorbereitung der Kommissionsberatungen und -entscheidungen. Das Weisungsrecht gegenüber Generaldirektionen und gleichgestellten Diensten (Art. 13 II GO der EWG-Kommission) berührt die Stellung des Kommissionsmitgliedes in der kollegialen Kommission nicht.

13 d) Der Vorbereitung und Entlastung der wöchentlichen Kommissionsberatungen dient die *regelmäßige Zusammenkunft der Kabinettchefs* der Kommissionsmitglieder unter dem Vorsitz des Generalsekretärs der Kommission. Die Funktion dieses Gremiums ist derjenigen des Ausschusses der Ständigen Vertreter für den Rat in manchen Zügen vergleichbar. Sie soll die en bloc-Beschlußfassung der Kommission ohne weitere Beratung in entscheidungsreifen Angelegenheiten ermöglichen (Art. 11 GO über die Beschlußfassung im schriftlichen Verfahren).

2. *Vertikale Organisation*

14 Die Verträge gehen einheitlich davon aus, daß die Kommission ihre Befugnisse und Zuständigkeiten selbst in kollegialer Willensbildung, grundsätzlich also ohne dekonzentrierende Verlagerung auf ihr nachgeordnete Verwaltungseinrichtungen wahrnimmt. Die Verträge verwenden also keine Mittel *vertikaler Organisation.* Daß eine solche nicht besteht (und auch nicht zulässig erscheint) in Gestalt eines Verwaltungsunterbaues der Kommission *in den Mitgliedstaaten,* ergibt sich aus der mitgliedstaatlichen Struktur der Gemeinschaften[14]. Aber auch eine nicht-dislocierte *kommissions-eigene Vertikalorganisation* bedürfte weiterer Rechtsgrundlagen, als das geltende Vertragsrecht sie bereitstellt. Art. 17 I GO der EWG-Kommission spricht eindeutig von einer „einheitlichen Verwaltung", die der Kommission zur Vorbereitung und Durchführung ihrer Amtstätigkeit zur Verfügung steht, und

[14] *Everling,* Fs Ophüls 47.

sie sieht in Art. 18 lediglich die Gliederung in Generaldirektionen und gleichgestellte Dienste vor. Nach Art. 20 I a.a.O. gilt als „tragende Einheit im organisatorischen Aufbau der Verwaltung“ die Abteilung, in der sachlich verwandte Aufgaben zusammenzufassen sind.

15 a) Vertikalorganisation in Gestalt eines Verwaltungsunterbaues der Kommission kann erforderlich werden[15] mit dem wachsenden Anfall von Aufgaben, die sich aus der Durchführung von Entscheidungen und Regelungen der Gemeinschaften auf verschiedenen Gebieten ergeben. In Betracht kommen insbesondere solche im Gebiet der Wettbewerbskontrolle, der Landwirtschaft, der Zollpolitik, künftig auch der Energiepolitik und des Verkehrs. Die Einrichtung nachgeordneter Verwaltungsämter hierfür kann der Entlastung der Kommission, der Rationalisierung und Neutralisierung des Normvollzuges, der inneren Festigung der Integrationsapparatur, der intensiven Kontaktierung der Marktbürger mit den Gemeinschaften dienen. Grenzen sind der Vertikalorganisation gezogen durch das Verantwortungsmonopol der Kommission für die ihr vertraglich vorbehaltenen Aufgaben und Befugnisse, durch das gerichtliche Rechtsschutzsystem und die vertragliche Zuständigkeitsscheidung zwischen den Gemeinschaften und den Mitgliedstaaten.

16 b) *Nicht* zu einer Vertikalorganisation der Kommission dieser Art gehören solche Einrichtungen, die sie auf Grund der ihr ungeschrieben zustehenden Organisationsgewalt schaffen kann und geschaffen hat *(22/20)*[16]. Das gilt für die Generaldirektion Presse und Information, den Juristischen Dienst, das Statistische Amt der Gemeinschaften und die in den Verträgen vorgesehenen unselbständigen Fonds. Sie beruhen auf Organisationsakten der Kommission ohne besonders erforderliche Rechtsgrundlage sowie den für sie erforderlichen Haushaltsentscheidungen des Rates. Entsprechendes gilt von zahlreichen Ausschüssen unterschiedlicher Funktionen (so u. a. für Konjunktur-, Währungs-, Haushalts-, mittelfristige Wirtschaftspolitik).

17 c) Besondere Rechtsfragen vertikaler Organisation hat die Einrichtung von *Verwaltungsausschüssen* und des Verwaltungsausschußverfahrens im Rahmen der Agrarmarktorganisation aufgeworfen. Sie sind gesondert zu behandeln *(20/53—58)*.

18 d) Die Errichtung von selbständigen Einrichtungen der Vertikalorganisation mit der Befugnis zur Wahrnehmung von Hoheitsbefugnissen eigener Organzuständigkeit bedürfte ausdrücklicher vertraglicher Ermächtigung[17], wie sie etwa für die Errichtung von Bundesoberbehörden in Art. 87 III GG vorgesehen, den anderen Mitgliedstaaten indes weithin unbekannt ist. Solche Regelungen müßten die der Kommission vorzubehaltende Dienstaufsicht, in Grenzen auch ihre Fachaufsicht, ihre Leitungsorganisation und die Siche-

---

[15] Dazu: *Knöpfle* EuR 1968, 34, 55.
[16] *Everling*, Fs Ophüls 39.
[17] So: *Everling*, Fs Ophüls 42.

rung des gerichtlichen Rechtsschutzes (u. U. unter Vorschaltung eines Beschwerdezuges an die Kommission) näher ausgestalten. Solange solche Vertikalorganisation nicht besteht, bemißt sich die Ausübung von Hoheitsbefugnissen durch die Kommission, insbes. ihr Erlaß von Rechtshandlungen, ausschließlich nach den für ihre Willensbildung maßgeblichen Vertragsregeln *(23/3—7)*.

III. Aufgaben und Befugnisse

19 Nach dem dem Vertragsrecht zugrunde liegenden Prinzip der begrenzten Ermächtigungen ist der Katalog der der Kommission in verschiedenen Handlungsformen zustehenden Handlungsermächtigungen den Vertragsbestimmungen zu entnehmen *(20/4, 14)*. Im Rahmen der Stellung, die der Kommission in der Organisation der Gemeinschaften zukommt, können die ihr obliegenden Aufgaben und Befugnisse unterschiedlich gruppiert und beschrieben werden, ohne daß mit einer solchen vertragsrechtlichen Deskription ihre gemeinschaftspolitische Effizienz erfaßbar wäre.

1. Initiative

20 In dem für die Erreichung der Vertragsziele wichtigsten Aufgabenbereich der Gemeinschaftsorgane, in dem — eben wegen seiner Bedeutung — Rat und Kommission zusammenwirken müssen, hat die Kommission mit ihrem Vorschlagsrecht ein *Initiativmonopol*[18] *(23/22)*. Daß der Rat nach Art. 152 EWGV die Kommission auffordern kann, die nach seiner Ansicht zur Verwirklichung der gemeinsamen Ziele geeigneten Untersuchungen vorzunehmen und ihm entsprechende Vorschläge zu unterbreiten, kann diese Feststellung nur bestätigen. Denn sie zeigt, daß der Rat auf die Initiative der Kommission in Gestalt von Vorschlägen angewiesen ist. Weil er ihr gegenüber kein Weisungsrecht besitzt und ohne ihre Vorschläge untätig bleiben müßte, verbleibt ihm nur die Befugnis, die Vorschlags-Initiative der Kommission auszulösen[19].

Das Initiativmonopol der Kommission geht — verglichen mit der Stellung der Regierung etwa im deutschen parlamentarischen Regierungssystem — über ein Gesetzgebungsinitiativrecht hinaus: ohne Kommissionsinitiative kein Ratsbeschluß, Änderung des Kommissionsvorschlages nur durch Rats-

---

[18] *Lindberg*, Decision making and integration in the European Community, in: International Organization XIX (1965) 62: monopoly on Community policy initiatives.

[19] Ein anderer Tatbestand der Auslösung der Kommissionsinitiative ist ohne sonderliche Bedeutung: nach Art. 122 II EWGV kann die Versammlung die Kommission (die in ihren Jahresbericht ein besonderes Sozialkapitel einfügen muß) auffordern, Berichte über besondere, die soziale Lage betreffende Fragen auszuarbeiten *(51/9)*.

beschluß mit Einstimmigkeit[20]. Daß die Kommission in diesem Sinne als das motorische und dynamisch wirkende Organ der Gemeinschaften bezeichnet worden ist[21], entspricht ihrer Aufgabe und ihrer Rechtsstellung. Ihre bisherige Wirksamkeit wird dem — insgesamt gesehen — gerecht.

Die Erfahrung zeigt, daß die Kommission kraft ihres Initiativrechts im Entscheidungsprozeß der Gemeinschaften eine Schlüsselfunktion wahrnimmt[22]. Im Gesamtbereich der Gemeinschaften und ungehindert durch nationale Befangenheit[23] oder Begrenztheit verfügt sie über die beste Kenntnis der Tatsachen und Grenzen nationaler Zumutbarkeit. Sie ist das Organ zur „Erfindung" und Entwicklung von Lösungen, die die wichtigsten mitgliedstaatlichen Interessen noch respektieren und zugleich das Gemeinschaftsinteresse befriedigen.

2. Hüter der Verträge

21 Wie höchste Staatsorgane — der Reichspräsident der Weimarer Reichsverfassung, das Bundesverfassungsgericht des Grundgesetzes — als „Hüter der Verfassung" bezeichnet zu werden pflegen, obliegt es der Kommission, als „Hüter der Verträge" zu wirken. Ihre vertragsrechtlichen Aufgaben und Befugnisse, ihre Zusammensetzung und die Qualifikation ihrer Mitglieder berufen sie zum Sachwalter, zum Protektor und Defensor der Gemeinschaftsinteressen, wie die Verträge sie verstehen. Art. 196 EWGV, 141 EAGV, 88 EGKSV bestellen die Kommission zum Hüter der Verträge insbesondere im Hinblick auf die Mitgliedstaaten: ihr obliegt die Gemeinschaftsaufsicht und die Feststellung mitgliedstaatlicher Vertragsverstöße; sie ist Partei zur Verteidigung der Verträge im Verfahren vor dem Gerichtshof.

---

[20] Zu Einzelfragen des Vorschlagsrechts der Kommission gemäß Art. 149 I EWGV und der Änderungsbefugnis des Rates hat die Bundesregierung gegenüber dem Bundesrat am 30. 10. 1969 Stellung genommen; vgl. EuR 1970, 181.

[21] *Hallstein,* Die Kommission, ein neues Element im internationalen Leben, Vortrag vor dem British Institute of International and Comparative Law (London) v. 25. 3. 1965, englisch in: IntCompLQuarterly 14 (1965) 727; *Wirsing* EA 77.

[22] Ihre Wirksamkeit ist insbesondere von amerikanischen Politologen beobachtet, dargestellt und gewertet worden; vgl. *Haas,* The uniting of Europe. Political, social and economical forces 1950—1957 (1958); *Lindberg* (Anm. 18); *ders.,* The political dynamics of european economic integration (1963); *Lindberg* und *Scheingold,* Europe's would-be polity (1970); *Macrae,* How the EEC makes decisions, Atlantic Community 8 (1970) 363.

[23] Ob und inwieweit die Kommission als solche (oder ein einzelnes Kommissionsmitglied) allgemein und zur Vorbereitung ihrer Vorschläge den Kontakt mit den Regierungen der Mitgliedstaaten (oder speziell zur Regierung des „Entsende"-Staates) suchen und pflegen oder aber vermeiden sollte, ist vornehmlich vom Parlament kritisch verfolgt worden; vgl. hierzu auch die Vorgänge im Parlament nach dem Amtsantritt des Präsidenten Rey im September 1967 und seiner Ankündigung, künftig engeren Kontakt mit den Regierungen knüpfen zu wollen, wodurch das Initiativrecht der Kommission berührt schien (Verhandlungen des Europ. Parl. Nr. 94, Sitzung v. 20. 9. 1967, 14 ff.).

3. *Entscheidungsbefugnisse*

22 Gegenüber ihrem Initiativmonopol und ihrer Hüter-Funktion treten die der Kommission zur *selbständigen Entscheidung* zugewiesenen Kompetenzen an Bedeutung zurück. *Exekutiver* Art sind ihre Befugnisse, Mitgliedstaaten zu Schutzmaßnahmen zu ermächtigen *(9/123)*, bestimmte Kontrollen, Feststellungen und Festsetzungen vorzunehmen sowie im Wettbewerbsbereich zu entscheiden. Richtlinien- und Verordnungsermächtigungen, also Befugnisse *legislativer* Art, besitzt die Kommission punktuell, indes ohne sonderlichen Ermessensspielraum und ohne tiefere Einwirkung auf die Rechtsgestaltung. Andererseits wächst ihre exekutive Aufgabe automatisch mit den Integrationsschritten und der Anreicherung des Sekundärrechts in der *Aufsicht* darüber, daß die Mitgliedstaaten seine Regelungen vertragsgemäß ausführen. Hier wird ihre Hüter-Funktion zu einer solchen *permanenter Gemeinschaftsaufsicht*, die im EGKSV-Bereich der Hohen Behörde von Beginn an in größerem Ausmaß oblag.

4. *Schutz- und Ausgleichsfunktionen*

23 Bedeutsam ist seit Vertragsgründung die der Kommission zukommende „schiedsrichterliche" Rolle eines ausgleichenden „ehrlichen Maklers" und eines „Schutzpatrons" der kleinen Mitgliedstaaten geworden.

Diese Schutzfunktion verdeutlicht das Vertragsrecht für den Fall, daß der Rat *ohne* Kommissionsvorschlag zur Entscheidung befugt ist. Sie kann hier nur unter Mitwirkung eines kleinen Mitgliedstaates zustande kommen (Art. 148 II EWGV, 118 EAGV, 28 IV, V EGKSV i. F. des Art. 8 II b FusV). Soweit die Ratsbeschlüsse (regelmäßig) auf ihren Vorschlag ergehen, hat die Kommission hierin die Interessen auch der kleineren Gemeinschaftsmitglieder angemessen zur Geltung zu bringen. In Auseinandersetzungen der Regierungen im Rat kann die Kommission auch Entscheidungen verhindern, die lebenswichtige Interessen eines Mitgliedstaates berühren. Sie vermag damit Ansätze zu hegemonialen Koalitionen im Rat auszuschalten. Nach Art. 148 II EWGV, 118 II EAGV sind zu Ratsbeschlüssen mit qualifizierter Mehrheit auf Kommissionsvorschlag 12 von insgesamt 17 Stimmen erforderlich. Deshalb genügt der Kommission zur Aufrechterhaltung ihres Vorschlages die Unterstützung *eines* der großen Mitgliedstaaten sowie Belgiens *oder* der Niederlande mit insgesamt 6 Stimmen, da die verbleibenden 11 Stimmen zu einem anderen Beschluß nicht ausreichen.

Schiedsrichterlichen Ausgleich — zwischen dem ihr anvertrauten Gemeinschaftsinteresse und dem der im Rat wirkenden Mitgliedstaaten — vermag die Kommission in der Gestaltung ihrer Vorschläge und in ihrer Befugnis wahrzunehmen, ihre Vorschläge zu ändern, solange der Rat nicht beschlossen hat (Art. 149 I EWGV, 118 I EAGV). „Unter Berücksichtigung dessen, was bei realistischer Betrachtungsweise von der nach dem Vertrag erforderlichen Mehrheit im Rat gerade noch angenommen werden kann, entscheidet sich die Kommission in voller Unabhängigkeit für die Lösung, die ihrer Auffassung nach dem Interesse der Gemeinschaft am besten entspricht."[24] Unter Wahl des hierfür geeigneten Zeitpunktes, durch Kombination und Änderung verschiedener Vorschläge und Ausgleichung einander widerstreitender Interessen im package deal[25] hat die im Rat präsente Kommission wiederholt wichtigen Gemeinschaftsentscheidungen den Weg geebnet. Dabei ist es für die Ausgleichsaufgabe der Kommission erheblich, daß ihre Vorschläge erfahrungsgemäß höchst selten von allen Mitgliedstaaten abgelehnt werden, sie der Unterstützung einzelner Regierungen in der Regel sicher sein kann. Diese Verhandlungsgrundlage für ihre Vorschläge zu ermitteln, gehört zu ihren wichtigsten Aufgaben vor förmlicher Einbringung ihrer Vorschläge. Insoweit ist ihre „Einlassung" gegenüber den Regierungen der Mitgliedstaaten, die das Parlament mißtrauisch verfolgt, nicht nur sachgemäß, sondern auch legitim.

5. Außenwirksamkeit

24 Daß die Kommission bestimmte Aufgaben und Befugnisse besitzt in *der Wahrnehmung der Außenbeziehungen* der Gemeinschaften zu Drittstaaten und internationalen Organisationen, ergibt das Vertragsrecht, folgt z. T. auch kraft ungeschriebenen Rechts aus ihrer Stellung *(7/26 ff.)*. Protokollarische und Repräsentationsgesichtspunkte, in denen zwischen dem Rat (bzw. einzelnen Mitgliedstaaten, ganz eindeutig: Frankreich) und der Kommission unterschiedliche Auffassungen obwalteten, gehören u. a. zum Inhalt der Luxemburger Vereinbarungen vom 29. Januar 1966[26] (Ziff. 3, 4 und 6). Das gilt auch für die Informationspolitik der Gemeinschaft, die die Kommission jetzt durch ihre Generaldirektion „Presse und Information" wahrnimmt und durch ihre Sprechergruppe realisiert (Ziff. 6 der Luxemburger Vereinbarungen).

IV. Geschäftsgang

1. Geschäftsordnung

25 Einzelheiten des Geschäftsganges der Kommission regeln die für anwendbar erklärten einschlägigen Bestimmungen der Geschäftsordnung der EWG-Kommission *(12/7)*, so über die Beschlußfassung, ihre Vorbereitung, ihre Modalitäten, ihre Protokollierung und Ausfertigung (Art. 1—5, 8—12). Nach Art. 2 I GO i. F. des Beschlusses vom 2. Juli 1970 (ABl. L 145, 28) ist die Kommission bei Anwesenheit von mindestens fünf ihrer Mitglieder

---

[24] *Hallstein*, Die Kommission 7; *Lindberg*, Decision making 62: „limits of the possible".
[25] *Lindberg* 62, 68. [26] EuR 1966, 73.

beschlußfähig. Nach Art. 17 I, 10 I FusV kommen Beschlüsse zustande, wenn für sie mindestens fünf Stimmen abgegeben werden. Art. 24—28 GO regeln Vertretungsfälle sowie die Übertragung bestimmter Befugnisse auf Mitglieder der Kommission und ihre Beamten.

2. *Arbeitsstil*

26 Die Charakterisierung des *Arbeitsstils der Kommission* ist nicht Gegenstand ihrer rechtlichen Erfassung. Ob und inwieweit das Postulat höchster Sachlichkeit und Sachkenntnis, nach dem die Kommission verfährt und handelt, das Fehlen ihrer demokratischen Legitimation ersetzen kann, gehört zu den wichtigsten Verfassungsfragen der Integration[27]. Ihre Unabhängigkeit und die Versachlichung ihrer Entscheidungen können nicht verhüllen, daß sie im Handlungsniveau einer Regierung politisch agiert zur Verwirklichung der Integrationsziele. Die Technokratik ihres Arbeitsstils ist um eine auch „psychologische Integration“ aller Erkenntnisse bemüht, die der Sachverstand von Wirtschaft, Wissenschaft und Verwaltung im Gesamtbereich der Gemeinschaften anbietet[28]. Damit ist ihre Wirksamkeit geprägt als die eines „premier exemple historique de l'avènement international des technocrates“[29]. Der Arbeitsstil der Kommission kann mit dem moderner Ministerialbürokratie verglichen werden[30], die die ihr gestellten Aufgaben im gemeinsamen politischen Engagement, in relativer Unabhängigkeit, in der Nutzung technokratischer Planungsmethoden und wissenschaftlicher Beratung wahrnimmt. Die Auswahl ihrer Mitglieder[31] gewinnt damit entscheidende Bedeutung, und dies in allen denkbaren Hinsichten: positiv von ihrer persönlichen und fachlichen Qualifikation über ihren politischen Standort und Rückhalt, auch ihre Sprachkenntnisse bis hin zur Bereitschaft und Fähigkeit, sich und ihre Funktion sowie die der Kommission als Kollegium in der Öffentlichkeit der Gemeinschaften darzustellen, negativ von der Bereitschaft der Regierungen, im Interesse dieser Erfordernisse von der Anwendung von Proporz-, Versorgungs- und Pfründenerwägungen Abstand zu nehmen. „Wenn man eine Gemeinschaft will, die funktioniert, dann muß man an ihre Spitze Leute setzen, die auch in der Lage sind, diese Gemeinschaft zum Funktionieren zu bringen.“[32]

---

[27] Dazu: *Ipsen*, Fusionsverfassung 58—74 mit Nachweisen.

[28] *Hallstein*, Die Kommission 7.

[29] *Dupuy*, L'organisation internationale et l'expression de la volonté générale. Extrait de la RevGénDrIntPubl 4/1957, 38.

[30] Dazu: *Coombes*, Politics and bureaucracy in the European Community. A portrait of the Commission of the EEC (1970).

[31] Dazu: *Janz*, Integration 1970, 188; *Kaiser*, Bewahrung und Veränderung demokratischer und rechtsstaatlicher Verfassungsstruktur in den internationalen Gemeinschaften, VVDStRL 23 (1966) 25; *Knöpfle* EuR 1968, 38.

[32] Präsident *Rey* am 15. 11. 1965 vor Journalisten; vgl. *Knöpfle* EuR 1968, 38 Anm. 32.

§ 15 GERICHTSHOF

Aubert, La Cour de justice des Communautés européennes, RevTrimDrEur 1970, 78; *Bächle,* Die Rechtsstellung der Richter am Gerichtshof der Europäischen Gemeinschaften (1961); *Bebr,* Judicial control of the European Communities (1962); *van Bogaert,* Le caractère juridique de la Cour de Justice des Communautés Européennes, Fs Rolin 449; *Brinkhorst,* Het normatieve element in de Europese Gemeenschappen. De bijdrage van het Hof van Justitie, in: Besluitvorming in de Europese Gemeenschappen (1968) 141; *Catalano,* Lo stile delle sentenze della Corte di Giustizia delle Comunità Europee, ForoJt 94 (1969) 142; *Colin,* Le gouvernement des juges dans les Communautés Européennes (1966); *Daig,* Die Gerichtsbarkeit in der Europäischen Wirtschaftsgemeinschaft und in der Europäischen Atomgemeinschaft, AöR 83 (1958) 132; *Donner,* De rol van het Hof van Justitie in de uitbow van het Europees recht, in: Juridische aspecten van de europese integratie (1964) 247; *Feld,* The Court of the European Communities. New dimension in international adjudication (1964); *Gand,* Composition, organisation, fonctionnement et rôle de la Cour, in: DrCommEur Nr. 827; *Giacchè,* La Corte di Giustizia delle Comunità Europee (1965); *Green,* Political Integration by Jurisprudence. The work of the Court of Justice of the European Communities in european political integration (1969); *Hammes,* Die Rolle des Gerichtshofs im Rahmen der gemeinschaftlichen Institutionen, in: Europe Nr. 449 v. 20. 10. 1967; *Hammes,* Gedanken zu Funktion und Verfahren des Gerichtshofs der Europäischen Gemeinschaften, EuR 1968, 1; *Lagrange,* The Court of Justice as a factor in european integration, AmJournCompL 1966/67, 709; *Lauwaars,* De bevoegdheden van het Hof van Justitie krachtens een toekomstig verdrag tot oprichting van een Europese Gemeenschap, SEW 1968, 350; *Lecourt,* Rôle de la Cour de Justice dans le développement de l'Europe, RevMC 1963, 273; *Migliazza,* La Corte di Giustizia delle Comunità europee (1961); *Morelli,* La Cour de Justice des Communautés en tant que juge interne, Fs Makarov 269; *Reuter,* La Cour de Justice des Communautés européennes et le droit international, Fs Guggenheim 665; *Sautter,* La Cour de Justice, in: La décision 149; *Scheingold,* The Court of Justice of the European Communities and the development of international law, American Society of International Law, Annual Meeting 1965, Washington Proceedings (1965) 190; *Schlochauer,* Die Zuständigkeiten des Gerichtshofes der Europäischen Gemeinschaften, Fs Ophüls 167; *Schlochauer,* Der Gerichtshof der Europäischen Gemeinschaften als Integrationsfaktor, Fs Hallstein 431; *Sizaret,* La Cour de Justice des Communautés Européennes, AnnEur 1965, 88; *Strauß,* Der Gerichtshof der Europäischen Gemeinschaften und seine Rechtsprechung, in: Staat und Wirtschaft im nationalen und übernationalen Recht (1964) 203; *Strauß,* Abschied vom Gerichtshof der Europäischen Gemeinschaften, EuR 1970, 303; *Tizzano,* La Corte di Giustizia delle Comunità europee (1967); *Valentine,* The Court of Justice of the European Communities (1965, 2 Bde.); *Vandersanden,* Le rôle de la Cour de Justice des Communautés européennes dans le processus d'intégration communautaire, Außenwirtschaft (Zürich) 1970, 403; *Wefelmeier,* Der Internationale und der Europäische Gerichtshof. Vergleich und Kompetenzabgrenzung, Diss. Köln (1968); Zehn Jahre Rechtsprechung des Gerichtshofs der Europäischen Gemeinschaften, Tagung Köln vom 24. bis 26. April 1963, KSE 1 (1965); *Zweigert,* Empfiehlt es sich, Bestimmungen über den Rechtsschutz zu ändern?, in: Zehn Jahre Rechtsprechung KSE 1 (1965) 580.

1 In der Organisation der Gemeinschaften nimmt der Gerichtshof nach seiner Zusammensetzung, Kompetenz und Funktion eine Stellung ein, die ihn im Sinne der Gewaltenteilung eindeutig als Organ der Dritten Gewalt ausweist. Wenn die Gemeinschaftsorganisation über ein Element verfügt, das in einem Gewaltenteilungssystem auch ohne entscheidende Änderung seiner Aufgaben seine Rolle wahrnehmen könnte, ist dies Element der Gerichtshof.

I. Rechtsgrundlagen

1. Einheitsgericht

2 Bei der Gründung der EGKS ist der Gedanke, eine zweite, schiedsrichterlich wirkende politische Instanz zur Kontrolle der Exekutivorgane zu schaffen, alsbald zugunsten einer richterlichen Rechtskontrolle aufgegeben worden[1]. Für ihre Wahrnehmung nach den Art. 31—45 EGKSV ist der Gerichtshof instituiert worden zur „Wahrung des Rechts bei der Auslegung und Anwendung dieses Vertrages und der Durchführungsvorschriften". An seine Stelle ist auf Grund der Art. 3 und 4 des Abkommens über gemeinsame Organe für die europäischen Gemeinschaften vom 25. März 1957 (BGBl. II, 1156) anläßlich der Errichtung der EWG und der EAG der einzige Gerichtshof der europäischen Gemeinschaften getreten. Für seine Zusammensetzung und Mitgliederbestellung sind die Art. 165—167 EWGV, 137—139 EAGV sowie die Art. 32—32 c EGKSV i. F. des Art. 4 II a des Abkommens vom 25. März 1957 maßgebend. Er übt seither die ihm in allen drei Verträgen übertragenen Zuständigkeiten aus (Art. 3, 4 I des Abkommens). Der Fusionsvertrag hat insoweit in gleicher Regelungstechnik für Rat und Kommission nur nachgeholt, was für den Gerichtshof — ebenso wie für die Versammlung — seit 1957 bereits in Geltung war. Daß der Gerichtshof in dieser Weise seit der Ausdehnung der Vergemeinschaftung über den Montanbereich hinaus als einziges Organ der drei Gemeinschaften fungieren konnte, hat für die einheitliche Fortentwicklung des Gemeinschaftsrechts, seine Auslegung und Anwendung wesentliche Bedeutung gehabt.

2. Satzung

3 Auf Grund Art. 188 EWGV, 160 EAGV wurde die *Satzung des Gerichtshofs* in besonderen, als Vertragsbestandteilen wirksamen Protokollen (Art. 239 EWGV, 207 EAGV) vom 17. April 1957 (BGBl. II, 1166, 1194) festgelegt. Das Protokoll über die Satzung des Gerichtshofs der EGKS vom 18. April 1951 (BGBl. 1952 II, 482) ist gemäß Art. 4 II b des Abkommens im Umfang der erforderlichen Anpassung aufgehoben worden und hat eine weitere Anpassung durch Art. 8 III FusV erfahren.

---

[1] *Reuter* CECA 53.

3. *Verfahrensordnung*

4 Das *Verfahren des Gerichtshofs* regelt sich nach der *Verfahrensordnung* vom 3. März 1959 (Neuveröffentlichung nach Änderung v. 11. 11. 1959: ABl. 1960, 17; Änderung v. 19. 6. 1962, ABl. 1605) und der zusätzlichen Verfahrensordnung vom 9. März 1962 (ABl. 113, BGBl. II, 770), die dieser selbst auf Grund ihm erteilter Vertragsermächtigungen (Art. 188 II EWGV, 160 II EAGV, Art. 44 der Satzung des EGKS-Gerichtshofs) erlassen hat.

II. Organisation

1. *Kennzeichnung*

5 Der Gerichtshof ist das Rechtsprechungsorgan der Gemeinschaften. Es handelt in seinen Entscheidungen kraft hoheitlicher Gemeinschaftsgewalt, wendet die Gemeinschaftsrechtsordnung an, legt sie aus und äußert mit seinen Entscheidungen Rechtswirkungen gegenüber den Mitgliedstaaten und ihren Organen, gegenüber Gemeinschaftsorganen und Marktbürgern.

Der Gerichtshof entscheidet regelmäßig kollegial in Vollsitzungen durch seine sämtlichen sieben Mitglieder, mindestens durch deren fünf (Art. 26 § 2 VerfO; nach Erweiterung der Gemeinschaften um die vier gegenwärtigen Kandidaten: mindestens sieben von elf — Art. 20 BeitrA —). Über Klagen von Bediensteten der Gemeinschaften entscheidet er im Kammerverfahren (Art. 95 VerfO) durch deren drei (Art. 26 § 3 VerfO), soweit die Kammer die Rechtssache mit dem Gerichtshof vorlegt. Die beiden mit je drei Richtern besetzten Kammern sind im übrigen vornehmlich für die Durchführung von Beweisaufnahmen zuständig (Art. 24 § 1 VerfO) (vgl. Beschluß des Gerichtshofs vom 21. Oktober 1958, ABl. 1958, 467). Der Gerichtshof handelt also nach dem Prinzip der Einheitlichkeit mit geringen Möglichkeiten verfahrensmäßiger Dekonzentration oder Delegation[2] und ohne Kundmachung abweichender Meinungsäußerungen seiner Mitglieder[3].

Der Gerichtshof hat eine umfassende und komplexe Zuständigkeit ausschließlicher Natur. Denn die Mitgliedstaaten haben sich verpflichtet, Streitigkeiten über die Auslegung oder Anwendung der Verträge nicht anders, als in ihnen vorgesehen, zu regeln (Art. 219 EWGV, 193 EAGV, 87, 43 EGKSV). Ihm obliegt schlechthin, die Wahrung des Rechts bei der Auslegung und Anwendung der Verträge zu sichern (Art. 164 EWGV, 136 EAGV, 31 EGKSV).

Der Gerichtshof ist — entsprechend der Struktur internationaler Gerichtsbarkeit und nationaler in Verfassungsstreitverfahren — *einzige In-*

---

[2] *Schlochauer*, Fs Ophüls 170.
[3] Dazu: *Zweigert* in KSE 1, 585 (in Übereinstimmung mit *Riese* für Einführung von dissenting opinion) sowie die Diskussion a.a.O. 614, 618.

stanz einer einstufigen Gerichtsbarkeit[4]. Er entscheidet in aller Regel in erster und letzer Instanz.

2. *Mitglieder*

6 Der Gerichtshof besteht gegenwärtig aus sieben, nach der Erweiterung der Gemeinschaften aus elf Richtern[5], die jede Gewähr für Unabhängigkeit bieten und in ihrem Staat die für die höchsten richterlichen Ämter erforderlichen Voraussetzungen erfüllen oder Juristen von anerkannt hervorragender Befähigung sind. Sie werden von den Regierungen der Mitgliedstaaten im gegenseitigen Einvernehmen auf sechs Jahre ernannt. Alle drei Jahre findet eine teilweise Neubesetzung (abwechselnd von drei oder vier Richterstellen) statt. Das kann weder für die Wahrung der Unabhängigkeit ihrer Stellung noch für die Sicherung der Kontinuität der Rechtsprechung sonderlich förderlich genannt werden. Durch die zu beobachtende Praxis der Wiederernennung werden diese Bedenken indes gemildert.

Die Unabhängigkeit der Richter wird durch die Sicherung ihrer Immunität, durch das Verbot der Übernahme politischer Ämter und anderer Berufstätigkeit sowie eine dem Gerichtshof selbst zustehende Gerichtsbarkeit über seine Mitglieder gewährleistet (Art. 3, 4, 6 EWG- und EAG-Satzung, Art. 3, 4, 7 EGKS-Satzung). Der Unabhängigkeit entspricht auch das Recht des Richters zum Rücktritt (Art. 5 bzw. Art. 6 a.a.O.).

Wiederwahl des drei Jahre amtierenden Präsidenten[6], den die Richter selbst aus ihrer Mitte wählen, ist ebenfalls zulässig. Der Gerichtshof ernennt seinen Kanzler[7] und hat seine Stellung bestimmt (vgl. Dienstanweisungen ABl. 1960, 1417; 1962, 1115; 1965, 2413): er ist für seine personelle und sachliche Verwaltung verantwortlich und fungiert in etwa auch als Urkundsbeamter. Auf Vorschlag des Gerichtshofs kann vom Rat die Ernennung von Hilfsberichterstattern (Attachés) vorgesehen werden, die an der Bearbeitung von Rechtssachen teilnehmen und mit dem Berichterstatter zusammenarbeiten (Art. 12 EWG- und EAG-Satzung, Art. 16 II EGKS-Satzung i. F. von Art. 8 III FusV). Die Praxis zeigt, daß sich aus dem Kreis der Attachés besonders erfahrene rechtskundige Beamte der Exekutiven rekrutieren.

3. *Generalanwälte*

7 Nach dem Vorbild der Institution des französischen Conseil d'Etat wird der Gerichtshof von zwei (nach der Erweiterung der Gemeinschaften zu-

---

[4] Kritisch: *Zweigert* in KSE 1, 584.

[5] Art. 17 BeitrA; Richter deutscher Staatsangehörigkeit: *Riese* (1952—1963), *Strauß* (1963—1970), *Kutscher* (seit 1970).

[6] Präsidenten: *Pilotti* (Italien, 1952—1958), *Donner* (Niederlande, 1958—1964), *Hammes* (Luxemburg 1964—1967), *Lecourt* (Frankreich, seit 1967).

[7] Seit Errichtung des Gerichtshofs: *van Houtte* (Niederlande).

nächst drei mit möglicher Ergänzung um einen vierten) *Generalanwälten*[8] unterstützt, deren Rechtsstellung weitgehend der der Richter angeglichen ist. Der Generalanwalt[9] hat in völliger Unparteilichkeit und Unabhängigkeit begründete Schlußanträge zu den dem Gerichtshof unterbreiteten Rechtssachen öffentlich zu stellen, um diesen bei der Erfüllung seiner Aufgaben zu unterstützen. Die Mitwirkung der Generalanwälte am Verfahren ist für die Urteilsfindung und die Interpretation der Entscheidungen — vor allem angesichts ihres oft kursorischen und autoritativen Stils — von größter Bedeutung. Ihre (zusammen mit der Entscheidung publizierten) Schlußanträge haben in ihrer wissenschaftlichen Vertiefung, ihrer auf die Kontinuität der Judikatur ebenso wie auf die Fortentwicklung des Gemeinschaftsrechts bedachten Einstellung für alle Beteiligten und die Wissenschaft vom Gemeinschaftsrecht ein allseitig anerkanntes Gewicht. Entscheidende Impulse sind ihrer Wirksamkeit zu verdanken. Das wird auch nicht dadurch verkleinert, daß der Gerichtshof selbst in causes célèbres den Schlußanträgen gelegentlich nicht gefolgt ist[10].

4. Sitz

8 Der Gerichtshof hat seinen ursprünglichen *Sitz in Luxemburg* als Gemeinschaftsorgan auch nach der Fusionierung der Exekutiven beibehalten (Art. 3 I des Beschlusses der Regierungen der Mitgliedstaaten über die vorläufige Unterbringung bestimmter Organe und Dienststellen, ABl. 1967 Nr. 152, 18). Auch die Organe mit richterlichen oder quasi-richterlichen Aufgaben (einschließlich der für die Durchführung der Wettbewerbsregeln zuständigen Stellen), die auf Grund der Verträge oder sonstiger Übereinkünfte bestehen oder noch einzurichten sind, werden gleichermaßen in Luxemburg untergebracht (Art. 3 II a.a.O.). Der Gerichtshof äußert so eine konzentrierende Adhäsionskraft. Richter, Generalanwälte und Kanzler sind verpflichtet, am Sitz des Gerichtshofs zu wohnen (Art. 13 EWG- und EAG-Satzung, Art. 9 EGKS-Satzung). Nachdem Luxemburg als Exekutiven-Sitz seine Bedeutung verloren hat, ist der Gedanke der auch räumlichen Distanzierung von den anderen Gewalten, der auch dem deutschen Recht bekannt ist, vollen Umfangs realisiert.

---

[8] Art. 18 BeitrA; Generalanwälte: *Roemer* (BRD, seit 1952), *Lagrange* (Frankreich, 1952—1964), *Gand* (Frankreich, 1964—1970), *Dutheillet de Lamothe* (Frankreich, 1970—1971), *Mayras* (Frankreich, seit 1972).

[9] Zu seiner Stellung und Wirksamkeit: *Ipsen* EuR 1966, 60.

[10] So in der Rs 26/62 (van Gend & Loos) GH Rspr. IX, 1, in der Generalanwalt *Roemer* sich *gegen* die Durchgriffswirkung des Art. 12 EWGV und dafür ausgesprochen hatte, er habe nur eine Verpflichtung der Mitgliedstaaten zum Inhalt; so in der Rs. 6/64 (Costa ./. ENEL) GH Rspr. X, 1251, in der Generalanwalt *Lagrange* (a.a.O. 1291—1292) zwar nachdrücklich auf die Gefahr nationaler Rechtsetzung hingewiesen hat, die sich als lex posterior derogierende Wirkung gegenüber dem Gemeinschaftsrecht zumißt, demgegenüber aber lediglich an die integrationsfreundliche Haltung des italienischen *Gesetzgebers* appellierte und *nicht* (wie der Gerichtshof) den *Vorrang des Gemeinschaftsrechts* feststellte.

III. Zuständigkeiten

9 Da der Gerichtshof, wiewohl einziges Gericht der drei Gemeinschaften und zum Teil gleichartig zuständig, auf Grund der drei Verträge auch unterschiedliche Aufgaben und Befugnisse hat, lassen sich seine *Zuständigkeiten* nach der *Verschiedenartigkeit der Rechtsgebiete* gruppieren, auf denen er entscheidet. Dabei ergeben sich zwangsläufig Vergleiche zu den nach nationalem Recht bekannten Zweigen der Gerichtsbarkeiten.

1. Verfassungsgericht

10 Als *Verfassungsgericht* kann der Gerichtshof *seine Zuständigkeit* in fünf Bereichen wahrnehmen.

11 a) Er entscheidet in *Streitigkeiten zwischen Mitgliedstaaten* über die Vertragsanwendung. In ihnen setzen sich die Staaten also, da um den Inhalt der Gemeinschaftsverfassung streitend, nicht wie vor internationalen Gerichten[11], sondern — „bundesstaatlich" formuliert — wie Glieder eines föderalen Verbandes auseinander (Art. 170 EWGV, 142 EAGV, 89 I EGKSV). Nach den Römischen Verträgen setzt die Anrufung des Gerichtshofs durch einen Mitgliedstaat in diesem Fall ein Feststellungsverfahren der Kommission über die Rechtslage voraus *(9/79—81).*

12 b) Da die Komission für die Anwendung der Verträge sowie des Sekundärrechts Sorge zu tragen (Art. 155 EWGV, 124 EAGV, 8 EGKSV) und erforderlichenfalls Vertragsverletzungen durch einen Mitgliedstaat zu beanstanden hat, ist der Gerichtshof zuständig zur *Streitentscheidung über* die Berechtigung solcher *„Mängelrügen"*. Nach den Römischen Verträgen ist die Kommission zur Klagerhebung berufen, wenn der gerügte Mitgliedstaat nicht abhilft; nach EGKSV-Recht liegt die Klaginitiative beim Mitgliedstaat, wenn er die Rüge für unberechtigt hält, und rückt die Kommission in die Rolle der Beklagten *(9/75—78).*

13 c) Verfassungsrechtlicher Art sind auch *Streitigkeiten* vor dem Gerichtshof *über die Rechtmäßigkeit von Handlungen oder Unterlassungen eines Gemeinschaftsorgans*, die entweder zwischen diesem und einem anderen[12] oder ihm und einem Mitgliedstaat entstehen (Art. 173 I EWGV, 146 I

[11] Unzutreffend: *Buerstedde*, Der Ministerrat im Aufbau und Wirken der Europäischen Gemeinschaften, JböR NF 14 (1965) 180.

[12] Bisher einziges Verfahren dieser Art die Rs 22/70, in der die Kommission am 13. 5. 1970 gegen den Rat Klage erhob mit dem Antrag, den Ratsbeschluß v. 20. 3. 1970 aufzuheben, der die Aushandlung und den Abschluß des Europäischen Übereinkommens über die Arbeit der im internationalen Straßenverkehr beschäftigten Fahrzeugbesatzungen regelte. Der Gerichtshof hat mit Urt. v. 31. 3. 1971 gegen die Kommission entschieden (Rspr. XVII, 263 = EuR 1971, 242), ihre grundsätzliche Auffassung über ihre Befugnis zur Aushandlung von Abkommen gemäß Art. 228 I EWGV aber gebilligt. Zu seinem Urteil: *Sasse*, Zur auswärtigen Gewalt der Europäischen Wirtschaftsgemeinschaft. Besprechung des AETR-Urteils des EuGH, EuR 1971, 208; *Louis* CahDrEur 1971, 468. Zum Inhalt des Urteils: 7/30.

EAGV, 33 I EGKSV; für Vertragsverletzung durch Unterlassung: Art. 175 I EWGV, 148 I EAGV, 35 EGKSV) *(9/75 ff.)*.

14 d) Verfassungsrechtlicher Art — dem deutschen Vorlageverfahren nach Art. 100 I GG vergleichbar (und ihm nachgebildet) — ist die Zuständigkeit des Gerichtshofs zur *Vorabentscheidung* über die Auslegung der Verträge, über die Gültigkeit und Auslegung von Handlungen der Gemeinschaftsorgane und die Auslegung von Satzungen der durch den Rat geschaffenen Einrichtungen *auf Vorlage eines Gerichts eines Mitgliedstaates* (Art. 177 EWGV, 150 EAGV; 41 EGKSV) *(43/20 ff.)*. Hier hat der Gerichtshof ein „Interpretationsprivileg" (genauer: ein Interpretationsmonopol). Mit seiner Wahrnehmung unter zunehmender Inanspruchnahme[13] durch die nationalen Gerichte ist dem Gerichtshof eine für die Fortentwicklung des Gemeinschaftsrechts geradezu praetorische Funktion zugewachsen. Sie bildet heute das Schwergewicht seiner Tätigkeit. Ihr kommt auch große Bedeutung für die Ausgestaltung des Individualrechtsschutzes des Marktbürgers zu.

15 e) Gewisse Funktionen verfassungsrechtlicher Art *nicht streitentscheidender Natur* kommen dem Gerichtshof zu, soweit er zur Abgabe von Stellungnahmen, Gutachten oder Vorschlägen berufen ist (Art. 95 IV EGKSV: sog. kleine Vertragsrevision; Art. 228 II, 236 EWGV: zu beabsichtigten Abkommen mit Drittstaaten oder internationalen Organisationen; ferner nach Art. 18 I EAGV und nach Art. 24 I FusV).

2. *Verwaltungsgericht*

16 Das Schwergewicht der Zuständigkeit des Gerichtshofs als *Verwaltungsgericht* liegt in seiner Aufgabe, bei Gewährung von Rechtsschutz Streitigkeiten zu entscheiden zwischen Marktbürgern und Gemeinschaftsorganen um die Rechtmäßigkeit ihres Verhaltens, ferner — ohne Rechtsschutzinteresse für den Marktbürger — in seiner Funktion als Dienst- und Disziplinargericht für Bedienstete der Gemeinschaften.

17 a) Individualrechtsschutz gegen Gemeinschaftsorganverhalten gewährleisten (als sog. *Nichtigkeitsklage)* Art. 33 II EGKSV sowie (als *Klage)* Art. 173 II EWGV, 146 II EAGV, und zwar als Klagberechtigten „jeder natürlichen oder juristischen Person" „gegen die an sie ergangenen Entscheidungen" sowie gegen solche, die, obwohl als Verordnung oder als eine an eine andere Person gerichtete Entscheidung ergangen, „sie unmittelbar und individuell betreffen" (so Art. 173 II EWGV, 146 II EAGV; abweichend und einschränkend Art. 33 II EGKSV: gegen die Unternehmen oder die in Art. 48 genannten Verbände „individuell betreffenden Entscheidungen oder Empfehlungen") *(43/30)*.

Die Zuständigkeit des Gerichtshofs zur *incidenten Prüfung* einer Verord-

[13] *Schlochauer* Fs Ophüls 171, 179; vgl. auch: Vorabentscheidungen — Art. 177 EWGV — 1958 bis 1968 (Hg. EuGH) sowie *43/25*.

nung von Rat oder Kommission, auf deren Geltung es in einem Rechtsstreit ankommt (Art. 184 EWGV, 156 EAGV, in seiner Auslegung entsprechend hinsichtlich allgemeiner EGKSV-Entscheidungen: Art. 41 EGKSV), ergänzt diesen verwaltungsgerichtlichen Individualrechtsschutz wesentlich und wirksam *(43/45, 46)*.

Umfang und Intensität des Individualrechtsschutzes sind umstritten und Gegenstand vielschichtiger Reformvorschläge *(43/1)*.

18 b) Der Gerichtshof ist — qua Verwaltungsgericht — zuständig für *Nichtigkeitsklagen wegen Zwangsmaßnahmen*. Das hat besondere Bedeutung im Bereich der Wettbewerbskontrolle (Art. 172 EWGV, 144, 83 EAGV, 36 II EGKSV); ferner in gleicher Funktion, soweit er in Schiedsklauseln der von den Gemeinschaften abgeschlossenen öffentlich-rechtlichen Verträge hierzu berufen ist (Art. 181 EWGV, 153 EAGV, 42 EGKSV).

19 c) Individualrechtsschutz verwaltungsgerichtlicher Art gibt der Gerichtshof jedem Marktbürger, der ihn anruft, weil ein Gemeinschaftsorgan es unterlassen hat, einen anderen Akt als eine Empfehlung oder Stellungnahme (d. h. regelmäßig eine Entscheidung) an eine Person zu richten (Art. 175 III EWGV, 148 III EAGV, 35 EGKSV). Mit solcher *Untätigkeitsklage* kann der einzelne erreichen, daß der Gerichtshof eine durch Untätigkeit eintretende Vertragsverletzung feststellt *(43/40)*.

20 d) Die Aufgaben des Gerichtshofs als *Dienst- und Disziplinargericht*, die ihn nach allen Erfahrungen (nicht zum Nutzen seiner wesentlichen Aufgaben) über Gebühr und zum Teil unter seinem Rang belasten, betreffen Streitigkeiten aus Anstellungsverhältnissen (Art. 179 EWGV, 152 EAGV, 42 EGKSV nebst Beamtenstatut) sowie disziplinäre und entsprechende Fragen (Art. 13, 10 II FusV; Art. 215 III EWGV, 188 III EAGV, Art. 40 II EGKSV i. F. von Art. 26 FusV — nebst Beamtenstatut).

3. In Amtshaftungssachen

21 Nach Art. 178, 215 II EWGV, 151, 188 II EAGV, 40 I, II EGKSV ist der Gerichtshof zuständig zur Verfolgung von *Amtshaftungsansprüchen (27/13)*. Hier obliegt ihm die Aufgabe, ein einheitliches Amtshaftungsrecht, das das Vertragsrecht nicht bereitstellt, durch seine Judikatur zu entwicklen. Das ist bisher nicht hinreichend geschehen *(27/1)*.

4. Prorogation

22 Durch Prorogation kann eine *zivilgerichtliche Zuständigkeit* des Gerichtshofs durch Schiedsklauseln in privatrechtlichen Verträgen der Gemeinschaften begründet werden (Art. 181 EWGV, 153 EAGV, 42 EGKSV).

5. Sonstige Zuständigkeiten

23 Weitere Zuständigkeiten (Erteilung der Ermächtigung zu Zwangsmaßnahmen, Maßnahmen in der Zwangsvollstreckung) hat der Gerichtshof gemäß Art. 187, 192 IV EWGV, 159, 164 III EAGV, 44, 92 EGKSV.

IV. Wirksamkeit des Gerichtshofs

1. Aufgabe und Entwicklung[14]

24 Der Gerichtshof ist von den Gemeinschaftsverträgen mit Aufgaben bedacht worden, deren Umfang und Schwierigkeit ohne Beispiel ist. Den in ihren nationalen Rechtsordnungen wurzelnden Richtern obliegt, unter Überwindung auch sprachlicher Unterschiede in Verhandlung und Beratung in wirtschaftlich oft höchst komplexen Rechtsstreitigkeiten in einer Weise zu judizieren, die die Integrationsziele der Vergemeinschaftung fördert, gleichwohl begründete individuelle und nationale Interessen schützt und respektiert. Diese Rolle, die er zunächst — und weit überwiegend auch noch über die Römischen Vertragsschlüsse hinaus — nur im eng begrenzten Montanbereich wahrnehmen konnte, steigerte sich mit der fortschreitenden Übergangszeit der Römischen Verträge unter Häufung der anhängigen Rechtssachen[15]. Ihm erwuchs zunehmend die Aufgabe, im lückenhaften und uneinheitlichen Komplex des unterschiedlichen Gemeinschaftsrechts rechtsschöpferisch zu gestalten. In seiner Funktion der Rechtswahrung und Rechtsschutzgewährung oblag ihm, den Marktbürger und die Marktunternehmen gegenüber den Exekutiven zu schützen, das Gemeinschaftsinteresse an der Integration zu fördern und nationale Interessen zu begrenzen, soweit das Vertragsrecht sie beschränkte.

2. Integrationsorgan

25 Die Kritik an seiner bisherigen Tätigkeit und die hierauf und auf Unzulänglichkeiten des Vertragsrechts gestützten Reformerwägungen haben nicht außer acht gelassen, daß der Gerichtshof trotz Zunahme des Geschäftsanfalls unter tunlicher Beschleunigung seiner Verfahren[16] in voller

---

[14] Dazu: *Hammes,* in: Europe Nr. 449 v. 20. 10. 1967; *Lecourt,* Le juge devant le Marché Commun, Études et travaux de l'Institut Universitaire de Hautes Études internationales No. 10 (1970); Zehn Jahre Rechtsprechung des Gerichtshofs der Europäischen Gemeinschaften KSE 1 (1965); der für 1973 in Luxemburg geplante VI. FIDE-Kongreß wird die Rechtsprechung des Gerichtshofs nach 20 Jahren seiner Wirksamkeit behandeln.

[15] Zur Statistik der Rechtsprechung des EuGH vgl. außer der in Anm. 13 genannten Zusammenstellungen: Überblick über die Tätigkeit des Gerichtshofes der Europäischen Gemeinschaften im Jahre 1970 (Hg. EuGH, 1971) sowie die Angaben in den jährlichen Gesamtberichten der Kommission; so im 4. Gesamtbericht (1970) 456 ff.

[16] Im Jahre 1970 dauerten durch Klagen anhängig gemachte Rechtssachen durchschnittlich 8 bis 9 Monate, durch Vorabentscheidungsersuchen nationaler Gerichte anhängig gemachte durchschnittlich 5 bis 6 Monate (vgl. Überblick über die Tätigkeit des EuGH im Jahre 1970, 5 f.).

Behauptung seiner Unabhängigkeit gewirkt hat. Daß ihm seine Aufgabe erleichtert würde durch eine Neuordnung seiner personellen Organisation (längere Amtsdauer, Unabhängigkeit von der Ernennung durch die Regierungen der Mitgliedstaaten), ist weniger umstritten als der Wunsch nach Einführung einer zweiten Instanz und einer Scheidung zwischen Tatsachen- und Rechtsprüfung.

Verfahren, Verhandlungs- und Entscheidungsstil des Gerichtshofs, von Beginn an stark beeinflußt vom Vorbild des Conseil d'Etat, können sich wandeln, auch ohne daß es der Änderung seines Verfahrensrechts bedürfte. Gewisse Stil-Veränderungen dieser Tendenz — etwa die vom schweigenden, passiven zum verhandelnden, den Parteien sich öffnenden Gericht — sind feststellbar. Entsprechendes gilt von der anfänglichen Abneigung des Gerichtshofs, sich seiner Aufgabe der Tatsachenprüfung durch Beweiserhebung gebührend anzunehmen. Seitdem er in wachsendem Umfang von den nationalen Gerichten — zuerst von denen der Niederlande, inzwischen auch der anderen Mitgliedstaaten, und unter ihnen insbesondere von denen der Bundesrepublik — in Vorlageverfahren zu Vorabentscheidungen in Anspruch genommen wird *(43/54)*, hat seine Judikatur zur Wahrung der Einheit des Gemeinschaftsrechts und seiner Auslegung an Bedeutung zugenommen gegenüber der individuellen Rechtsschutzgewährung für Marktbürger und der Streitentscheidung verfassungsrechtlicher Art zwischen Gemeinschaftsorganen und Mitgliedstaaten.

3. Wirkungsbereiche

26 Eine zusammenfassende Würdigung der Judikatur des Gerichtshofs als eines „Integrationsfaktors erster Ordnung"[17] kann erweisen, daß er diese Funktion bislang vornehmlich entfaltet hat in der Deutung der Grundnormen und Wesensmerkmale des Gemeinschaftsrechts (Zielbestimmungen, Begriff des Gemeinsamen Marktes, des öffentlichen Gemeinschaftsinteresses, der Rechtsnatur des eigenständigen Gemeinschaftsrechts und seines Ranges gegenüber nationalem Recht sowie der Unmittelbarkeit seiner Anwendbarkeit), in der Auslegung der Wettbewerbsregeln der gemeinschaftsrechtlichen Marktordnung, in der Aktivierung und Präzisierung seiner Vorabentscheidungs-Kompetenz, in der Entwicklung rechtsstaatlich gesicherter Grundsätze und Methoden der Auslegung gemeinschaftsrechtlicher Normen[18], zuletzt in der Herausarbeitung der dem Gemeinschaftsrecht innewohnenden Grundrechtsgewährleistungen.

---

[17] *Hallstein,* Die echten Probleme der europäischen Integration, Kieler Vorträge, gehalten im Institut für Weltwirtschaft an der Universität Kiel, NF 37 (1965) 9. — Eine Bestandsaufnahme dieser Integrationswirkung liefert das Werk von *Green,* Political integration by jurisprudence.

[18] *Schlochauer* Fs Hallstein 431.

§ 16 WIRTSCHAFTS- UND SOZIALAUSSCHUSS BERATENDER AUSSCHUSS

Beatus, Interessengruppen in internationalen Organisationen, Studien zum internationalen Wirtschaftsrecht und Atomenergierecht 28 (1967); *Degrave,* La représentation des intérêts professionnels au sein des Communautés européennes (1963); *Dierickx,* Le rôle du Comité économique et social, in: La décision 127; *Dubois,* The economic interest group at Community level, the institutional context and political integration, CMLR 1971, 168; *Fischer,* Die institutionalisierte Vertretung der Verbände in der EWG (1965); *Genton,* La représentation et l'influence des „opérateurs économiques" dans la Communauté européenne, in: Institutions communautaires et institutions nationales (1968) 75; *Gieseke,* Die berufsständischen Organisationen der Landwirtschaft in der agrarpolitischen Willensbildung der EWG, Fs Niehaus 209; *Hallstein,* Der Wirtschafts- und Sozialausschuß als Faktor der europäischen Integration, in: Gewerkschaft, Wirtschaft, Gesellschaft (1963) 384; *Kuby,* Eine Lobby als Institution: Der Wirtschafts- und Sozialausschuß, EurGem 4/1970, 18; *Kuchenwald,* Deutsche Wirtschaftsverbände und Europäische Gemeinschaften, Diss. Aachen (1966); *Metzemaekers,* De belangengroepen en hun invloed op de beslissingen in de EEG, in: Besluitvorming in de Europese Gemeenschappen (1968) 121; *Meynaud-Sidjanski,* L'action des groupes de pression, in: La décision 133; *Neunreither,* Wirtschaftsverbände im Prozeß der europäischen Integration, in: Politische Dimensionen der europäischen Gemeinschaftsbildung (1968) 358; *Pflaumer,* Der Wirtschafts- und Sozialausschuß im Rahmen der Europäischen Gemeinschaften, NJW 1966, 285; *Rittstieg,* Wirtschaftsverbände und europäische Gemeinschaften, Diss. Hamburg (1966); *Ryffel,* Staat und Wirtschaftsverbände im nationalen und übernationalen Bereich, in: Staat und Wirtschaft im nationalen und übernationalen Recht (1964) 159; *Sperling,* Wirtschaftsräte im europäischen Verfassungssystem, JböR NF 14 (1965) 197; *Willeke,* Zur Konstituierung der Vierten Gewalt, ZGesStW 119 (1963) 639; Zehn Jahre Wirtschafts- und Sozialausschuß, Hg. Veröffentlichungsstellen der Europäischen Gemeinschaften (1968); *Zellentin,* Der Wirtschafts- und Sozialausschuß der EWG und Euratom. Interessenrepräsentation auf internationaler Ebene (1962) — zit.: *Zellentin; Zellentin,* Willensbildung und Interessenrepräsentation im Wirtschafts- und Sozialausschuß der Europäischen Gemeinschaften, in: Formen der Willensbildung in den Europäischen Organisationen (1965) 105.

1 Der Wirtschafts- und Sozialausschuß der EWG und EAG und der Beratende Ausschuß der EGKS sind Gemeinschaftseinrichtungen der Interessenrepräsentation mit beratenden und anderen Mitwirkungs-Funktionen[1]. Anders als die Bundesrepublik, deren Grundgesetz die Einrichtung des Vorläufigen Reichswirtschaftsrates nach Art. 165 WeimRV[2] nicht erneuert hat,

[1] Dazu: *Sperling* JböR NF 14 (1965) 270; *Willeke* ZGesStW 119 (1963) 647, 655, 660; *Badura,* Bewahrung und Veränderung demokratischer und rechtsstaatlicher Verfassungsstruktur in den internationalen Gemeinschaften, VVDStRL 23 (1966) 76; zur Wirksamkeit des Beratenden Ausschusses: *Haas,* The Uniting of Europe (1958).

[2] Dazu: *Sperling* JböR NF 14 (1965) 201—221.

verfügten die anderen Mitgliedstaaten beim Eintritt in die Gemeinschaften verfassungsrechtlich über entsprechende Einrichtungen (Italien indes erst seit 1957)[3]. Anfängliche grundsätzliche deutsche Bedenken gegen den Wirtschafts- und Sozialausschuß in den Römischen Verträgen haben seine Einrichtung nicht verhindert, indes bewirkt, daß das ihm zugedachte Initiativrecht entfallen ist[4].

Beide Ausschüsse sind Beratungseinrichtungen ohne eine andere als die durch die Verträge selbst bewirkte Spezialisierung ihrer Aufgaben. Spezialisiert innerhalb des EWGV sind jedoch als besondere beratende Gremien von Sachverständigen der Beratende Ausschuß für Verkehrsfragen bei der Kommission (Art. 83 EWGV)[5] und der Beratende Währungsausschuß (Art. 105 II EWGV)[6], der Rat und Kommission zur Verfügung steht. Hiervon zu unterscheiden sind vom Rat bestellte besondere Ausschüsse zur Unterstützung der Kommission bei Zollverhandlungen (Art. 111 EWGV) sowie bei Handelsvertragsverhandlungen mit Drittländern (Art. 113 III EWGV). In einem entsprechenden Ausschuß zur Unterstützung der Kommission bei der Verwaltung des Europäischen Sozialfonds (Art. 124 II EWGV) sind auch die Arbeitgeber- und Arbeitnehmerverbände vertreten.

Die Befugnisse des Wirtschafts- und Sozialausschusses werden durch diese Sonderausschüsse nicht berührt (so ausdrücklich Art. 83 EWGV). Soweit in Art 47 und 83 EWGV in Vorschriften für Landwirtschaft und Verkehr auf seine fachlichen Gruppen Bezug genommen wird, bereiten diese seine Stellungnahmen vor.

I. Rechtsgrundlagen

1. Vertragsregelungen

2 Der Wirtschafts- und Sozialausschuß beruht auf Art. 193—198 EWGV, 165—170 EAGV. Nach Art. 5 I des Abkommens über Gemeinsame Organe vom 25. März 1957 (BGBl. II, 1156) werden die ihm in *beiden* Römischen Verträgen zugewiesenen Aufgaben durch *einen einzigen Wirtschafts- und Sozialausschuß* ausgeübt. Nach Art. 5 II a.a.O. *muß* der Ausschuß deshalb *eine fachliche* Gruppe (Art. 197 I EWGV und Art. 169 I EAGV — *dieser* aber *ohne* Zwang zur Fachgruppenbildung) *für den Bereich des EAGV* umfassen.

---

[3] Darstellung bei *Sperling* JböR NF 14 (1965) 223 (Frankreich), 251 (Belgien), 258 (Niederlande), 267 (Italien). In der BRD hat jüngst die CDU den Entwurf eines Gesetzes über die Errichtung eines Bundeswirtschafts- und Sozialrates vorgelegt (BT Drucks. VI/2514); hierzu: *Thiele,* Wirtschaftsräte — eine Forderung in unserer Zeit, DVBl 1971, 773.

[4] *Pflaumer* NJW 1966, 286; *Zellentin* 186.

[5] Satzung v. 15. 9. 1958 (ABl. 509; BGBl. II 1959, 1200) mit Änderung v. 22. 6. 1964 (ABl. 1602).

[6] Satzung v. 18. 3. 1958 (ABl. 390; BGBl. II 1959, 1198) mit Änderung v. 2. 4. 1962 (ABl. 1064; BGBl. II, 932).

Der Beratende Ausschuß beruht auf Art. 18, 19 EGKSV. Der Fusionsvertrag hat seine Existenz und Zuständigkeit nicht verändert.

2. *Keine Organstellung*

3 Da Art. 4 EWGV, 3 EAGV, 7 EGKSV beide Ausschüsse *nicht* zu den *Organen der Gemeinschaften* rechnen (und Art. 4 II, 3 II a.a.O. nur die *Unterstützung* von Rat und Kommission durch die Beratung des Wirtschafts- und Sozialausschusses vorsehen), kommt ihnen nicht Organschaft, sondern lediglich die Stellung einer die Organaufgaben unterstützenden besonderen Gemeinschaftseinrichtung zu. Dabei ist der Beratende Ausschuß des EGKSV eindeutig als ein Hilfsorgan nur der Kommission (als Amtsnachfolger der Hohen Behörde) strukturiert, „bei der (er) gebildet" wird (Art. 18 I EGKSV), also nicht auch (wie der Wirtschafts- und Sozialausschuß als ein solches) des Rates.

II. Zusammensetzung, Gliederung, Willensbildung

1. *Zusammensetzung*

4 a) Nach Art. 5 I des Abkommens über Gemeinsame Organe richten sich Zusammensetzung und Bestellung der Mitglieder des Wirtschafts- und Sozialausschusses nach den gleichlautenden Art. 194, 195 EWGV, 166, 167 EAGV. Im übrigen ist nach Art. 5 III a.a.O. nur Art. 193 EWGV anwendbar.

Der Ausschuß besteht aus Vertretern der verschiedenen Gruppen des wirtschaftlichen und sozialen Lebens, insbesondere der Erzeuger, der Landwirte, der Verkehrsunternehmer, der Arbeitnehmer, der Kaufleute und Handwerker, der freien Berufe und der Allgemeinheit. Seine Mitglieder (101 an der Zahl, je 24 für die drei großen Mitgliedstaaten, je 12 für Belgien und die Niederlande, 5 für Luxemburg; nach Inkrafttreten des Beitrittsvertrages insges. 153, davon zusätzlich 24 für Großbritannien, je 9 für Dänemark, Irland und Norwegen sowie 6 für Luxemburg) werden vom Rat einstimmig auf 4 Jahre ernannt, und zwar nach Anhörung der Kommission (evtl. auch der Meinung der maßgeblichen europäischen Organisationen des Wirtschafts- und Soziallebens) aus einer von den Mitgliedstaaten vorzulegenden Kandidatenliste doppelter Anzahl. Seine Zusammensetzung muß den verschiedenen Lebensgruppen eine angemessene Vertretung sichern[7]. In

[7] In der BRD werden die Kandidaten von den Spitzenverbänden ausgewählt. Die Bundesregierung hat sich ein Einspruchsrecht vorbehalten und ist um Wahrung des Parteienproporzes bemüht; vgl. *Pflaumer* NJW 1966, 286; dort Anm. 7 Angaben über die Vertretung der einzelnen Verbände und die „Soziologie" ihrer Vertreter. — Mitgliederzahl nach Beitritt: Art. 21 BeitrA.

dieser Strukturauflage ist eine vielfältige Problematik beschlossen, nämlich die der Erfaßbarkeit und der unterschiedlichen Organisationsdichte dieser Lebensgruppen, die ungleiche Interessiertheit der Regierungen der Mitgliedstaaten, die die Kandidaten präsentieren, an ihnen als potentiellen Wählergruppen, sowie das unterschiedliche Gewicht der Verbandsorganisationen, die die Kandidaten ihrerseits benennen. Für die Struktur des Wirtschafts- und Sozialausschusses als einer *Gemeinschafts*einrichtung erhöht sich diese Problematik durch die Rücksichtnahme auf den doppelten Proporz nach Nationalität und Parteizugehörigkeit. Die Erfahrung lehrt, daß seine Wirksamkeit in dieser Zusammensetzung wesentlich abhängt von den schwer vereinbaren Postulaten, in seinen Mitgliedern hervorragende Verbandsführer politischen Gewichts, aber wegen Belastung oft ohne Präsenz zu haben, andererseits den Sachverstand angestellter Verbandsfunktionäre zu nutzen, die zwar präsent sein können, aber geringere Unabhängigkeit besitzen.

5 b) Nach Art. 18 EGKSV hat der *Beratende Ausschuß* 30 bis 51 Mitglieder (nach der Erweiterung: 60 bis 84 — Art. 22 BeitrA —), und zwar in gleicher Anzahl von Vertretern der Erzeuger, Arbeitnehmer, Verbraucher und Händler. Sie werden vom Rat auf zwei Jahre ernannt auf Grund von Listenvorschlägen der maßgebenden Erzeuger- und Arbeitnehmerorganisationen. Gegenwärtig besteht der Ausschuß aus 51 Mitgliedern.

2. *Mitglieder*

6 Die Ausschußmitglieder sind an keine Weisungen gebunden (Art. 18 IV EGKSV: nicht gebunden an Aufträge oder Weisungen der Organisationen, die sie benannt haben). In dieser Weise operiert das Vertragsrecht in verfassungsrechtlich üblicher Wendung mit der Vorstellung eines freien Mandats, ohne damit dem gerade unparlamentarischen Status der Ausschußmitglieder und der Realität ihrer Entsendung und Funktion gerecht zu werden. Denn da die Ausschüsse Einrichtungen zur organisierten Repräsentation von Interessen sind, nicht parlamentarische Institutionen der Gesamtrepräsentation, steht ihren Mitgliedern zu, das von ihnen repräsentierte Gruppeninteresse zu vertreten. Die Weisungsfreiheit sichert die Ausschußmitglieder rechtlich allerdings gegen eine Abberufung durch die Regierung (ihren Verband) und enthebt sie einer Folgepflicht gegenüber Weisungen, die ihnen mit ihrem Mandat unvereinbar erscheinen. Ihre Stellung im Wirtschafts- und Sozialausschuß hängt effektiv wesentlich ab von der Position, die sie in dem Verband einnehmen, der sie ihrer Regierung präsentiert hat. Präsidenten und Generalsekretäre ihrer Verbände können ihr Mandat freier wahrnehmen als angestellte Verbandsfunktionäre[8].

---

[8] *Zellentin* 107.

3. Gliederung

Wiewohl nicht parlamentarisches Gremium, insbesondere nicht Wirtschaftsparlament[9], ist der Wirtschafts- und Sozialausschuß in seiner Gruppengliederung und nach den Geschäftsordnungsregeln über seine Willensbildung nicht als Sachverständigenrat, sondern nach Parlamentsstil strukturiert. Hierin unterscheidet er sich vom Beratenden Ausschuß des EGKSV.

7 a) Nach Art. 5 II, III des Abkommens über Gemeinsame Organe i. Verb. mit Art. 197 EWGV umfaßt der *Wirtschafts- und Sozialausschuß fachliche Gruppen* für die Hauptsachgebiete der Römischen Verträge, insbesondere für Landwirtschaft und Verkehr, außerdem für selbständige Tätigkeiten und Dienstleistungen, Wirtschaftsfragen, Sozialfragen, für überseeische Länder und Gebiete sowie für Atomenergie (für 1970 bis 1974: ABl. 1971 C 56, 3). Weitere fachliche Gruppen kann der Ausschuß auf Vorschlag seines Präsidenten oder von wenigstens 25 seiner Mitglieder bestellen (Art. 10 II GO[10]). Die fachlichen Gruppen haben keine eigene Zuständigkeit, können aber selbständige (u. U. abweichende) Berichte und Stellungnahmen abgeben. Unterausschüsse für allgemeine Fragen oder bestimmte Gebiete haben begrenzbare vorbereitende Aufgaben. Näheres hat die Geschäftsordnung in ihren Art. 10—17, 22, 23 geregelt.

b) Zur Willensbildung im Plenum formiert sich der Ausschuß in „Gruppen“ genannten Fraktionen (Art. 19 GO)[11], die das Präsentationsrecht bei der Besetzung seiner Organe ausüben.

c) Im 15köpfigen Präsidium und in einer (im Jahre 1960 französischem Parlamentsrecht nachgebildeten) Präsidentenkonferenz (aus dem Präsidium sowie den Vorsitzenden der Gruppen und der fachlichen Gruppen — Art. 8 III GO) verfügt der Wirtschafts- und Sozialausschuß über Leitungsorgane, deren Zusammensetzung Nationalität und Gruppenzugehörigkeit im Turnus berücksichtigt.

8 d) Dem *Beratenden Ausschuß* stehen nach Art. 18 V EGKSV als Leitungsorgane der Präsident und das sechsköpfige Büro (Art. 3 § 1 GO[12]) vor; der Ausschuß gibt sich seine Geschäftsordnung selbst und hat insoweit größere Autonomie als der Wirtschafts- und Sozialausschuß, dessen Geschäftsordnung einstimmiger Genehmigung des Rates bedarf (Art. 196 II EWGV)[13].

---

[9] *Sperling* JböR NF 14 (1965) 467; *Hallstein* 389; *Pflaumer* NJW 1966, 287; and. Ans. *Zellentin* 185.

[10] Revidierte Geschäftsordnung des Wirtschafts- und Sozialausschusses, in Kraft getreten am 1. 1. 1968 (ABl. 1968 L 42, 1).

[11] Ihrer unterschiedlichen Interessenrichtung entsprechend haben sich die Gruppen „Arbeitgeber“, „Arbeitnehmer“, „Selbständige und sonstige Interessen“ gebildet; vgl. *Kuby* EurGem 4/1970, 18.

[12] Geschäftsordnung i. F. v. 1. 7. 1968 (ABl. 1969 L 40, 1).

[13] Zu den Reaktionen des Wirtschafts- und Sozialausschusses auf Begrenzungen seiner Autonomie gehören Versuche zur Erlangung eines Initiativrechts; dazu *Zellentin* 109; zur Vorgeschichte in dieser Frage: *Pflaumer* NJW 1966, 286.

III. Aufgaben

1. Wirtschafts- und Sozialausschuß

9 Der Wirtschafts- und Sozialausschuß hat die Aufgabe, Rat und Kommission durch die Abgabe von Stellungnahmen zu beraten. Nach Art. 198 I 1 EWGV *muß* er in den vertraglich vorgesehenen Fällen gehört werden. Insoweit bildet die Unterlassung der Anhörung einen Formmangel in der Willensbildung von Rat oder Kommission. Nach Art. 198 I 2 *kann* der Ausschuß in allen Fällen gehört werden, in denen Rat oder Kommission dies für angebracht halten.

Das Schwergewicht seiner obligatorischen Mitwirkung liegt in *sozialpolitischen* Fragen. Seine fakultative Anhörung hat ständig zugenommen, insbesondere durch den Rat. Die anhörenden Organe sind an die Stellungnahmen des Ausschusses rechtlich nicht gebunden. Das Gewicht ihrer Argumente ist gleichwohl erheblich, obwohl der Ausschuß vergeblich versucht hat, sich gegen den Rat unter Ausschöpfung von Geschäftsordnungshandhaben ein vertraglich nicht vorgesehenes Initiativrecht zu verschaffen. Da sich im Wirtschafts- und Sozialausschuß alle maßgebenden Gruppen der Marktbürger und in seinen Stellungnahmen ihrer aller Interessen gemeinsam repräsentieren, seine Mitwirkung im übrigen durch das Vertragsrecht über die allgemeine Auskunfts-Klausel des Art. 213 EWGV hinaus rechtlich speziell kanalisiert ist, kommt seiner Funktion im Willensbildungsprozeß der Gemeinschaftsorgane Bedeutung zu. Sie geht über die formlose Beteiligung auch europäisch organisierter Wirtschafts- und Interessenverbände hinaus[14]. Da dem so ist, wird der Ausschuß von den Exekutiven zunehmend auch zur Abgabe von Informationsberichten[15] aufgefordert, die Rat und Kommission für ihre Programmierungen wesentlich sind.

2. Beratender Ausschuß

10 Der *Beratende Ausschuß* ist nach Art. 19 I EGKSV ebenfalls obligatorisch oder fakultativ beratend tätig, und zwar *allein* gegenüber der *Kommission.* Weitergehend als für den Wirtschafts- und Sozialausschuß, sieht Art. 19 II vor, daß die Kommission ihm die allgemeinen Ziele und Programme gemäß Art. 46 unterbreitet und ihn laufend über die allgemeinen Richtlinien ihrer Tätigkeit gemäß Art. 54, 65, 66 unterrichtet. Nach Art. 19

---

[14] Im Jahre 1970 hat der Ausschuß 48 Stellungnahmen abgegeben (4. Gesamtbericht 400). — Kritisch zur Effizienz des Ausschusses: *Neunreither,* Bemerkungen zum gegenwärtigen Leitbild des Europäischen Parlaments, ZParl 1971, 337 f.

[15] Im Jahre 1970 hat der Ausschuß 5 Informationsberichte erstellt (4. Gesamtbericht 400). — In den 14 Jahren seit seiner Gründung bis Ende 1971 hat der Ausschuß in 100 Plenartagungen insges. mehr als 400 Stellungnahmen, Informationsberichte und Studien ausgearbeitet und verabschiedet (VWD Europa Nr. 22/72 v. 31. 1. 1972 I/5).

IV kann der Ausschuß sich zur Beratung über eine bestimmte Frage auch selbst einberufen (und nicht nur auf Kommissionsantrag), mithin eigene Initiative entfalten.

Es ist festgestellt worden[16], daß das Gewicht der Stellungnahmen des Beratenden Ausschusses seit 1955 abgenommen hat, da im EGKSV-Bereich Interessenvertretung durch Verbände wirksamer erschien[17].

3. *Willensbildung*

11 Die Beobachtung der in den Ausschüssen wirksamen nationalen und europäischen „Determinanten der Konsensbildung"[18] hat ergeben, daß ein im Parlament feststellbarer europäischer Überschwang, der sich teilweise aus der Unverbindlichkeit seiner Resolutionen und einer ihnen in ihren nationalen Parlamenten aufgezwungenen Zurückhaltung der Abgeordneten erklären mag, im Wirtschafts- und Sozialausschuß weniger relevant ist. Gleichwohl tritt die nationale Intention ersichtlich hinter dem Bemühen zurück, statt minimaler Kompromisse maximale Integrationsfortschritte zu erzielen, womit zugleich entsprechende Rückwirkungen in den nationalen Interessenverbänden verbunden sind[19]. Andererseits hat die Existenz nationaler Wirtschaftsräte in Frankreich, Italien und den Niederlanden mit ihrem Anteil an der staatlichen Willensbildung, umgekehrt ihr Fehlen in der Bundesrepublik[20] bewirkt, daß die deutschen Vertreter in den Ausschüssen wegen unzulänglicher „Rückendeckung" oft eine weniger fundierte Verhandlungsposition einnehmen.

---

[16] *Sperling* JböR NF 14 (1965) 272; *Haas,* The uniting of Europe (1958) 340.
[17] Über die Tätigkeit des Ausschusses im Jahre 1970: 4. Gesamtbericht 402.
[18] *Zellentin* 115.
[19] *Pflaumer* NJW 1966, 287; *Zellentin* 128.
[20] Zu Initiativen einer Errichtung vgl. Anm. 3.

§ 17 PERSONAL

Adriaens, Overwegingen in verband met het statuut van de ambtenaren van de Europese Gemeenschappen, SEW 1968, 202; *Bastiel,* La nature réglementaire ou contractuelle du lien des fonctionnaires et des institutions des Communautés Européennes, RivDirEur 1964, 135; *Bloch-Lefèvre,* La fonction publique internationale et européenne (1963); *Boisson,* Jurisprudence de la Cour de Justice des Communautés européennes en matière de fonctionnaires et agents, AnnFrDrIntern 1966, 183; *Brückner,* Das Recht der Beamten der Europäischen Gemeinschaften (1971); *Bruns,* Das Beamtenstatut der Europäischen Gemeinschaften, ZBR 1962, 311, 341; *Clemens,* Der Europäische Beamte und sein Disziplinarrecht (1962); *Coombes,* Towards a european civil service (1968); *Dubois,* Fonctionnaires publics européens. Commentaire de la jurisprudence de la Cour sur la fonction publique européenne, RevTrimEur 1965, 666; 1966, 511; 1967, 648; 1970, 120; *Euler,* Europäisches Beamtenstatut. Kommentar zum Beamtenstatut der EWG und EAG, KSE 4 a, b, c (1966); Colloques sur la fonction publique européenne Brüssel, 27.—29. 5. 1960 u. 7.—8. 6. 1963. Rapports et conclusions (1960 u. 1963); *Hennes,* Der Begriff des „Beamten“ nach den Personalstatuten der drei Europäischen Gemeinschaften im Vergleich zum deutschen und französischen Beamtenrecht, Diss. Heidelberg (1968); *Holtz,* Handbuch des europäischen Dienstrechts, Loseblattsammlung (1964 ff.); *Lassalle,* Aspects de la fonction publique européenne, RevGénDrIntPubl 1965, 682; *Manzanarès,* La représentation du personnel dans les Communautés européennes, Fs Langrod 247; *Manzanarès,* Der europäische öffentliche Dienst, DÖV 1971, 73; *van der Meersch,* Het europees openbaar ambt (1965); *von Oertzen,* Die Entsendung von Beamten in die Europäischen Gemeinschaften, DÖV 1966, 533; *Peeters,* L'imposition des rénumérations des fonctionnaires et agents des Communautés européennes (1968); *Peterson,* European bureaucrats in European regional organizations. Attitudes and administrative structures, RevIntScAdm 1970, 333; *Rogalla,* Zum Beruf des Europa-Beamten, ZfZ 1966, 129; *Schröer,* Kollision zwischen internationalem und nationalem Beamtenrecht, insbesondere beim Streik in internationalen Organisationen, AöR 50 (1965), 61; *Vignes,* Le statut des fonctionnaires et des agents, DrCommEur Nr. 1205.

I. Rechtsgrundlagen

1. Personalstatut

1 Nach Art. 212 I EWGV, Art. 186 I EAGV hatten die Räte in Zusammenarbeit mit den Kommissionen und nach Anhörung der anderen beteiligten Organe einstimmig das Statut der Beamten sowie die Beschäftigungsbedingungen für die sonstigen Bediensteten der Gemeinschaften zu erlassen (mit erleichterter Revisionsmöglichkeit nach Ablauf der ersten Stufe — jeweils Abs. II a.a.O.). Art. 78 § 3 II EGKSV und § 7 ÜA hierzu hatten (entsprechend Art. 246 III EWGV, Art. 214 III EAGV für den Anlauf) für die Anlaufzeit der EGKS dem Präsidentenausschuß und (vorher) ihren einzelnen Organen Anstellungs- und Regelungsbefugnisse für das Dienstrecht des Personals zugewiesen. Das Personalstatut und die Personalordnung der EGKS von 1956 wurden weitgehend Modell für das Statut der Beamten sowie die Beschäftigungsbedingungen für die sonstigen Bediensteten von EWG und EAG (und des Wirtschafts- und Sozialausschusses). Sie fanden ihre Regelung mit Wirkung vom 1. Januar 1962 und auch mit Wirkung für die EGKS kraft Beschluß ihres Präsidentenausschusses in der Verordnung der Räte Nr. 31/EWG und Nr. 11/EAG vom 18. Dezember 1961 (ABl. 1962, 1385 = BGBl. II 1962, 953, mit späteren Änderungen).

2. *Dienstherrenschaft*

2 Durch Art. 24 I FusV wurden die Beamten und sonstigen Bediensteten der drei Gemeinschaften solche „der Europäischen Gemeinschaften und gehören der einzigen Verwaltung dieser Gemeinschaften an". Mit der Fusionierung ist also eine einheitliche Dienstherrenschaft entstanden. Dem Auftrag, auf Vorschlag der Kommission und nach Anhörung der anderen beteiligten Organe mit qualifizierter Mehrheit ein Statut der Beamten der Europäischen Gemeinschaften und die Beschäftigungsbedingungen für ihre sonstigen Bediensteten zu erlassen (Art. 24 I 2 FusV), ist der Rat durch Erlaß der VO Nr. 259/68 vom 29. Februar 1968 nachgekommen (ABl. 1968 L 56, 1 m. Änd. ABl. 1969 L 289, 1, ABl. 1970 L 15, 1 u. 4, ABl. 1971 L 5, 1 u. L 276, 6). Die Neuregelung beschränkt sich unter geringfügigen Abänderungen und mit den erforderlichen sprachlichen Anpassungen auf die Übernahme des bisher geltenden Statuts der Beamten und der Beschäftigungsbedingungen für die sonstigen Bediensteten[1].

II. Rekrutierung

1. *Grundsätze*

3 Das Gemeinschaftsrecht hat sich in der Frage der Rekrutierung und des Dienstrechts des Gemeinschaftspersonals — anders als das Recht anderer internationaler Organisationen — in den Hauptzügen begreiflicherweise nicht angelsächsischen, sondern kontinental-europäischen Vorbildern angeschlossen. Dabei sind gewisse „hergebrachte Grundsätze des Berufsbeamtentums" (Art. 33 V GG) deutscher Auffassung mit Vorstellungen des romanischen Rechtkreises kombiniert worden. Die Internationalität der Gemeinschaftsorganisation stellt hierfür spezifische Fragen: vorwiegender Nationalitätenproporz zur Herstellung personellen Gleichgewichts in der Gemeinschaftsverwaltung *oder* Garantie für Stabilität der Beschäftigung, Unab-

[1] Hierzu insbes.: *Euler,* Europäisches Beamtenstatut. Kommentar zum Beamtenstatut der EWG und EAG und *Holtz,* Handbuch des Europäischen Dienstrechts.

hängigkeit und Aufstiegchancen nach Dienstalter, Eignung und Verdienst sowie Pressionsfreiheit gegenüber dem Heimatstaat[2]. Das Statut hat hierauf in Kompromiß und Kombination beider Grundgedanken eine Antwort gesucht. Ihre Respektierung und ihr Vollzug sind indes auch abhängig von der Einlassung der Mitgliedstaaten gegenüber ihrem Personal, das in den Dienst der Gemeinschaften eintritt. Insoweit können nationale Unterschiede insbesondere zwischen der deutschen Personalpolitik und Dienstrechtsregelung und der Einlassung Frankreichs und Italiens festgestellt werden.

2. *Dauertätigkeit*

4 Das Personal der Gemeinschaften, die auf Dauer errichtet sind, hat Daueraufgaben wahrzunehmen und ist dabei der Verfolgung von Gemeinschaftsinteressen verpflichtet. Deshalb hat sich das Gemeinschaftsrecht für die Einrichtung eines unabhängigen europäischen Beamtentums entschieden und die Alternative eines nationalen, im rotierenden Dienst in Mitgliedstaat und Gemeinschaften tätigen Personalkörpers zur Wahrnehmung der Gemeinschaftsaufgaben abgelehnt. Die Präambel des Beamtenstatuts (entsprechend sein Art. 27) bestimmt demgemäß: „Dieses Statut und die ... Beschäftigungsbedingungen sollen einerseits den Gemeinschaften die Mitarbeit von Bediensteten sichern, die in bezug auf Unabhängigkeit, Befähigung, Leistung und Integrität höchsten Ansprüchen genügen und unter den Staatsangehörigen der Mitgliedstaaten der Gemeinschaften auf möglichst breiter geographischer Grundlage auszuwählen sind; sie sollen andererseits den Bediensteten die Möglichkeit geben, ihre Aufgaben unter Voraussetzungen zu erfüllen, die ein reibungsloses Arbeiten der Dienststellen am besten gewährleisten."

3. *Verhältnis zum nationalen Dienst*

5 Eine automatische Rotation von Beamten zwischen Gemeinschafts- und mitgliedstaatlicher Verwaltung findet also nicht statt, obwohl die Mehrzahl des EWG-Personals aus staatlichen Ministerialverwaltungen stammt, während die Erst-Ausstattung der EGKS sich noch weitgehend aus Experten der Wirtschaft rekrutierte. Nach den für deutsche Bundesbeamte geltenden Entsendungsrichtlinien, die die Länder entsprechend anwenden, wird der in den Gemeinschaftsdienst eintretende Beamte unter Beibehaltung seines Status ohne Dienstbezüge beurlaubt[3]. Ernste Interessenkonflikte *können* damit ver-

[2] *Ophüls,* Ein Problem des europäischen Beamtenrechts. Eignungsprinzip oder Nationalitätenproporz?, DÖV 1964, 588.

[3] MinBl.BFinMin. 1960, 419. — Entsprechende Regelungen gelten in einigen anderen Mitgliedstaaten, ohne daß die Rechtslage insoweit einheitlich wäre; vgl. Antwort der Kommission v. 12. 2. 1968 auf die Anfrage Nr. 219 des Abg. *Berkhouwer,* ABl. 1968 C 12, 2; zur Rekrutierung vgl. *Knöpfle,* Organisation und Arbeitsweise der gemeinsamen Kommission, EuR 1968, 58.

mieden, der Sache nützliche Kontakte erhalten, Gemeinschaftserfahrungen zurückkehrender Beamter national genutzt werden[4]. Ob der geeignete, fähige und heimisch erfahrene Beamte zum zeitweisen Dienst in den Gemeinschaften und später zum Rücktritt in den heimischen Dienst ermuntert wird, um solche wechselseitige Befruchtung zu realisieren, hängt nicht wenig ab von seiner dienstrechtlichen Behandlung durch den Heimatstaat während seines Gemeinschaftsdienstes, insbesondere von seiner Teilnahme am Beförderungsaufstieg. Da es daran auf deutscher, nicht oder weniger aber z. B. auf französischer Seite fehlt, vernachlässigt die deutsche Beamtenpolitik gewisse Auswahlchancen[5].

Der Gemeinschaftsdienst stellt besondere Anforderungen, die über die des heimischen Dienstes regelmäßig hinausgehen. Das gilt nicht nur wegen der notwendigen Sprachkenntnisse, sondern auch wegen der Kompliziertheit der Materie und der Notwendigkeit, sich sowohl sachlich wie personell ständig mit den Menschen, Fakten und Ordnungen der Mitgliedstaaten auseinanderzusetzen, deren einer nur heimisch vertraut ist. Die Mitgliedstaaten liefern unterschiedliche Voraussetzungen für die Rekrutierung des Gemeinschaftspersonals solcher Anforderungen. Während die Absolventen der großen französischen Écoles hierfür als besonders qualifiziert gelten, sind auf deutscher Seite andersartige Ansätze planmäßiger Rekrutierung unternommen worden[6].

III. Rechtsstellung

1. Beamtenstellung

6 Das Personal der Gemeinschaften hat Beamtenstellung, soweit es durch Urkunde der Anstellungsbehörde nach den Vorschriften des Statuts unter Einweisung in eine Dauerplanstelle zum Beamten ernannt worden ist. Erledigung hoheitsrechtlicher Aufgaben ist hierfür nicht erforderlich, sofern es

[4] Hierzu: *Ipsen,* Deutsche Verwaltung und europäische Wirtschaftsintegration, DÖV 1968, 444; *Puchala,* Entwicklung und Strukturen regionaler Integration, Integration 1970, 173. — Eine Beeinträchtigung der Unabhängigkeit des Beamten bei der Ausübung seines Gemeinschaftsamtes erblickt die Kommission hierin nicht; vgl. ihre Antworten v. 12. 2. und 13. 8. 1968 auf die Anfragen Nr. 219 und 122/68 des Abg. *Berkhouwer,* ABl. 1968 C 12, 2 und C 86, 7.

[5] Nach Auffassung der Kommission soll die Abwesenheit des Beamten von nationalen Behörden in der Praxis eine beträchtliche Minderung seiner Beförderungsaussichten mit sich bringen; vgl. ihre Antwort v. 12. 2. 1968, ABl. 1968 C 12, 2. Es bestehe andererseits kein Grund zu der Annahme, daß Beamte in den nationalen Behörden befördert würden, weil sie als Gemeinschaftsbeamte ihrem Land bestimmte Dienste geleistet hätten; vgl. ihre Antwort v. 13. 8. 1968, ABl. 1968 C 86, 7.

[6] Die Bundesregierung hat durch Kabinettsbeschluß v. 26. 10. 1970 einer Neuorganisation der Vermittlung deutschen Personals für internationale Organisationen zugestimmt. Danach sind Maßnahmen zur Verbesserung der deutschen personellen Repräsentanz im internationalen Bereich getroffen worden; vgl. BT-Drucks. VI/1465 v. 19. 11. 1970. — Zur Praktizierung des Abordnungssystems durch die BRD und Frankreich in jüngerer Zeit vgl. *Neunreither* ZParl 1971, 337.

sich nur um Daueraufgaben handelt. Das Gemeinschaftsrecht geht hier weiter als das deutsche Beamtenrecht (§ 4 BBGes.). Sonstige Bedienstete der Gemeinschaften sind Bedienstete auf Zeit, Hilfskräfte, sog. örtliche Bedienstete und Sonderberater (Art. 1, 2 ff., 51 ff., 79 ff., 82 f. der Beschäftigungsbedingungen). Die Gemeinschaftsorgane verfügen damit über zahlreiche Möglichkeiten, sich in elastischer Personalpolitik der Dienste fachlich oder politisch besonders geeigneter Kräfte zu bedienen, ohne dabei beamtenrechtliche Dauerverbindungen eingehen oder fordern zu müssen.

2. *Pflichten*

7 Nach Art. 11 des Statuts hat der Beamte sich bei seiner Amtsausübung und in seinem Verhalten ausschließlich von den Interessen der Gemeinschaft leiten zu lassen. Er darf von keiner Regierung, Behörde, Organisation oder Person außerhalb seines Organs Weisungen anfordern oder entgegennehmen. Damit ist der Beamte, der Staatsangehöriger seines Heimatstaates bleibt, insbesondere dann zur Loyalität gegenüber der Gemeinschaft verpflichtet, wenn ihre Interessen im Widerspruch zu denen seines Heimatstaates stehen. Daß der Heimatstaat darin Illoyalität ihm gegenüber sieht, verbietet sich aus seiner Gemeinschaftsbindung nach Art des Art. 5 EWGV. Ihm ist deshalb nicht gestattet, die Eignung seines Staatsangehörigen für den Gemeinschaftsdienst in Zweifel zu ziehen[7].

3. *Gruppierung und Auswahl*

8 Die Beamtenschaft der Gemeinschaften ist in 22 Besoldungsgruppen nach vier Laufbahngruppen (A—D) gegliedert (Anhang I zum Statut). Sie entsprechen in etwa dem höheren, gehobenen, mittleren und einfachen Dienst des deutschen Beamtenrechts. Spitzenstellung ist die des A 1-Beamten (Generaldirektor), die des D 4-Beamten (Amtsgehilfe) rangiert zuletzt. Außerdem besteht die Sonderlaufbahn Sprachendienst.

Das Verfahren zur Besetzung freier Planstellen ist kompliziert und abhängig davon geregelt, ob sie durch Beförderung oder Versetzung innerhalb des Personalbestandes des Organs, durch internes Auswahlverfahren, durch Aufforderung zur Übernahme an Beamte eines anderen Organs der Gemeinschaft oder externes Auswahlverfahren für noch nicht in den Gemeinschaften bedienstete Bewerber (Art. 29 I mit Anhang III des Statuts) erledigt wird[8]. Das gestufte, formalisierte und fristbestimmte Verfahren verschafft bei demselben Organ tätigen Beamten einen sog. Karrierevorrang. Dabei rangiert das Eignungsprinzip, wie die Rechtsprechung des Gerichtshofs geklärt hat[9], vor dem Nationalitätenproporz. Sonst anwendbares Auswahlverfahren findet nach einem, dem französischen Concours-Vorbild nachgeahmten System der wettbewerblichen Personalauslese statt[10].

[7] Vgl. *Seidl-Hohenveldern,* Internationale Organisationen 107.
[8] *Rogalla* ZfZ 1966, 132.
[9] EuGH Rs 15/63 Rspr. X, 61, 78 = DÖV 1964, 629; *Ophüls* DÖV 1964, 588, 591.
[10] *Bruns* ZBR 1962, 310, 362.

Der Nationalitätenproporz[11] selbst beruht auf Art. 27 des Statuts: Auswahl auf möglichst breiter geographischer Grundlage. Er hat in der Praxis bewirkt, daß in allen Organen etwa je ein Viertel der Beamten französischer, italienischer oder deutscher Staatsangehörigkeit ist oder aus den Beneluxstaaten stammt[12].

4. Bezüge

9 Die Dienstbezüge des Personals (für Beamte nach Art. 62 III, 69 des Statuts: Grundgehalt, Familienzulagen, andere Zulagen, insbes. die Auslandszulage von 16 %) werden ergänzt durch Versicherungsschutz gegen Krankheit und Unfall sowie den Ruhegehaltsanspruch bis zur Höchstgrenze von 60 % des Endgrundgehalts nach 33 Dienstjahren (Art. 77 II des Statuts). Zur Versicherung und Pension leistet der Beamte Beiträge. Die Versorgungslasten trägt der Gemeinschaftshaushalt unter Gewährleistung der Mitgliedstaaten. Dienstbezüge sind zugunsten der Gemeinschaften steuerpflichtig[13].

5. Personalvertretung

10 Neben der Personalvertretung, die die Generalklausel des Art. 9 I des Statuts vorsieht und die sich als in hohem Maße aktiv und wirksam erwiesen hat, existieren paritätische Ausschüsse aus Vertretern der Anstellungsbehörde und solchen der Personalvertretung. Sie haben Anhörungsrechte und sind bei Stellenausschreibungen und Auswahlverfahren beteiligt[14]. Die Personalvertretung wird nach der Rechtsprechung des Gerichtshofs als ein Hilfsorgan der Gemeinschaften aufgefaßt[15]. Gewerkschaftliches Koalitionsrecht kann den Gemeinschaftsbediensteten nicht bestritten werden[16]. Ihr Streikrecht ist bestritten worden[17].

---

[11] Ende 1970 ist von seiten der Mitgliedstaaten eine Revision des Statuts angeregt worden mit dem Ziel, einen Teil der wichtigsten Personalstellen der Kommission von ihnen selbst „verwalten" zu lassen, d. h. bei Neueinstellungen oder Beförderungen ohne Entscheidungsrecht der Kommission; vgl. FAZ Nr. 279 v. 2. 12. 1970 S. 6; gegen vergleichbare Methoden einer nationalen Delegation und einer nationalen Quotierung hatte der Abg. des Europäischen Parlaments *Gerlach* schon i. J. 1968 entschieden Widerspruch erhoben; vgl. VWD Europa Nr. 229/68 v. 21. 11. 1968 S. I/2.

[12] *Knöpfle* EuR 1968, 58; *Rogalla* ZfZ 1966, 131.

[13] VO Nr. 260/68 des Rates v. 29. 2. 1968 zur Festlegung der Bestimmungen und des Verfahrens für die Erhebung der Steuer zugunsten der Europäischen Gemeinschaften (ABl. 1968 L 56, 8).

[14] Seit dem 3. 6. 1969 existiert außerdem der „Runde Tisch über die Personalpolitik"; vgl. 4. Gesamtbericht 1970, 396. — In den Auseinandersetzungen um Besoldungsfragen Ende 1970 hat die Frage eine Rolle gespielt, ob die Personalvertretung Verhandlungszugang unmittelbar zum Rat findet oder nicht und dieser seinem Ratspräsidenten eine Verhandlungsmarge einräumt; vgl. FAZ Nr. 287 v. 11. 12. 1970 S. 5.

[15] EuGH Rs 15/63 Rspr. X, 107, 111; dazu *Seidl-Hohenveldern,* Internationale Organisationen 109.

[16] Am 24. 7. 1970 hat die Kommission beschlossen, die Gewerkschafts- und Berufsverbände ihres Personals offiziell anzuerkennen; vgl. 4. Gesamtbericht 1970, 396.

[17] Vgl. die Kommissionsantwort v. 2. 5. 1966 auf die Anfrage des Abg. *Vredeling* Nr. 16/1966—1967, ABl. 1966, 1371; zur Frage des Streikrechts vgl. *Seidl-Hohenveldern,* Internationale Organisationen 109; 48. DJTag Mainz 1970 Sitzg. Ber. O 205/206, *Vandersanden,* Le droit de grève des fonctionnaires communautaires, RevMC 1971, 466. — Das Streikrecht ist indes Ende 1971 praktiziert worden.

6. *Rechtsschutz*

11 Den Gemeinschaftsbediensteten steht nach Erledigung des Beschwerdeweges der Rechtsschutz beim Gerichtshof offen „für alle Streitsachen zwischen der Gemeinschaft (und ihnen) innerhalb der Grenzen und nach Maßgabe der Bedingungen . . ., die im Statut der Beamten festgelegt sind oder sich aus den Beschäftigungsbedingungen für die Bediensteten ergeben" (Art. 179 EWGV, Art. 152 EAGV, Art. 95 EuGH-VerfO, Art. 90, 91 Statut). Solche von einer Kammer des Gerichtshofs zu entscheidenden Verfahren haben in seiner Praxis beträchtlichen Umfang angenommen[18] und zur Klärung des Dienstrechts wesentlich beigetragen[19].

7. *Vorrechte*

12 Der Beamte der Gemeinschaften hat keinen diplomatischen Status, indes gewisse Erleichterungen nach dem Protokoll über Vorrechte und Befreiungen vom 8. April 1965 (BGBl. II, 1482). Mitgliedstaatliche Gerichte können gegenüber seinen Diensthandlungen nicht angerufen werden. Das Amtshaftungsrecht der Gemeinschaften bildet im Interesse des Rechtsschutzes des betroffenen Marktbürgers hiergegen einen rechtsstaatlich wirksamen Ausgleich[20].

8. *Haftung*

13 Das Haftungsrecht der Gemeinschaften *(§ 27)* für den in Ausübung von Gemeinschaftsbediensteten verursachten Schaden bestimmt sich nach Art. 215 EWGV, 188 EAGV, 34, 40 EGKSV, die Regelung der persönlichen Haftung der Bediensteten gegenüber der Gemeinschaft im Falle schwerwiegenden Verschuldens in oder anläßlich der Amtsausübung nach Art. 22 des Statuts i. Verb. mit den genannten Vertragsbestimmungen.

---

[18] Bis Ende 1970 waren 222 Klagen von Bediensteten erhoben worden (d. h. in etwa 30 % aller beim Gerichtshof anhängig gemachten Verfahren). Von ihnen sind 132 entschieden worden, 36 waren noch anhängig, 54 anders als durch Urteil abgeschlossen (vgl. 4. Gesamtbericht 1970, 464); 1971 betrafen von 96 anhängig gemachten Verfahren 45 (also nahezu die Hälfte) Beamtenklagen.

[19] Hierzu: *Schröder*, Die „wohlerworbenen Rechte" der Bediensteten in der Rechtsprechung des Gerichtshofs der Europäischen Gemeinschaften (1969).

[20] *Seidl-Hohenveldern*, Internationale Organisationen 235. — Für den Entwurf einer Konvention über die strafrechtliche Stellung der Gemeinschafts-Beamten ist den Mitgliedstaaten Ende Sept. 1970 von der Kommission ein Memorandum zugeleitet worden (vgl. ihre Antwort v. 12. 11. 1971 auf die Anfrage Nr. 313/71 des Abg. *Vredeling*, ABl. C 119, 6).

IV. Personalbestand

14 Die Exekutiven sind auch fusioniert worden, um personell zu rationalisieren[21]. Das Ergebnis blieb umstritten. Vor der Fusionierung (Stand: 31. 10. 1965) hatte die EWG-Kommission als größte Gemeinschaftsbehörde über 3300 Beamte und sonstige Bedienstete (davon über 2300 Beamte), die Hohe Behörde ca. 1000 Beamte[22]. Beamte und Hilfskräfte des höheren Dienstes (ausschließlich Dolmetscher) machten 16 % des gesamten Personalbestandes aus, Sekretariatspersonal, Kraftfahrer und Amtsboten an die 50 %. Der Gesamtpersonalbestand aller drei Gemeinschaften belief sich auf etwa 5000 Beamte und 2000 sonstige Bedienstete. Im Jahre 1971 wies der Haushaltsplan der Gemeinschaften einen Personalbestand von 7083 Bediensteten aus (121 Zeitbedienstete einbegriffen)[23].

---

[21] *Knöpfle* EuR 1968, 52.

[22] *Rogalla* ZfZ 1966, 130.

[23] ABl. 1971 L 62, 1, mit Nachtragshaushaltsplan Nr. 1 (ABl. 1971 C 256, 37). Im einzelnen: Rat 628, Kommission 5575, Parlament 589, Gerichtshof 126, Wirtschafts- und Sozialausschuß 156, Kontrollausschuß 25, Rechnungsprüfer EGKS 4. — Aufteilung nach Laufbahngruppen für die Kommission: A 1587, B 1062, C 2065, D 300, LA 561 (Zahlen jeweils einschl. Zeitbediensteten); vgl. ABl. 1971 L 256, 39.

§ 18 FINANZORDNUNG UND KONTROLLEN

Abelein, Die Neuregelung der Finanzverfassung der Europäischen Gemeinschaften und die Erweiterung der Haushaltsbefugnisse des Europäischen Parlaments, DÖV 1971, 293; *Bonysson,* Vers un budget transnational: les nouvelles règles de financement et la procédure budgétaire des Communautés Européennes, RevScienceFin 1970, 159; *Cotteret,* L'élaboration des budgets de fonctionnement des Communautés, in: La décision 259; *Daussin,* Le régime financier des Communautés, DrCommEur Nr. 1237; *Druker,* Strengthening democracy in the E. E. C.: The parliament and the budget, CMLR 1964, 168; *Flohr,* Die Finanzverfassung der EWG, Diss. Hamburg (1968); *Gerhard,* Die Verteilung der Finanzgewalt in den europäischen Gemeinschaften in ihrer Bedeutung für die Entwicklung der Gemeinschaften, Diss. Köln (1965); *Gozat,* L'activité des Communautés européennes vue à travers leur budget, RevMC 1970, 397; *Hettlage,* Finanzrechtsprobleme der Europäischen Gemeinschaften, Fs Ficker 225; *Junker,* Das neue Haushaltsrecht der Europäischen Gemeinschaften, JZ 1971, 48; *Kohlhase,* Probleme der künftigen Finanzverfassung der Europäischen Gemeinschaften, EA 1970, 857; *Kuiper,* Financiering van het landbouwbeleid en eigen middelen van de Europese Gemeenschappen, SEW 1970, 615; *Mitzka,* Die künftige Finanzverfassung der Europäischen Gemeinschaften, ZfZ 1970, 161; *Mitzka,* Die Finanzpolitik im Rahmen der Europäischen Gemeinschaften, ZfZ 1971, 4; *Morawitz,* Die eigenen Mittel der Gemeinschaften, EuR 1970, 232; *Olmi,* Les ressources propres aux Communautés européennes, CahDrEur 1971, 379; *Patijn,* The Community's own financial resources, in: Common Market (Deventer) 1969, 465; *Schneider,* Eigene Einnahmen für die Europäische Gemeinschaft, Europäische Steuerzeitung 1970, 79; *Stahl,* Haushaltsrechtliche Grundsätze der Europäischen Gemeinschaften unter vergleichender Heranziehung des deutschen Rechts, Diss. Heidelberg (1966); *Szawlowski,* Les finances et le droit financier d'une organisation (1970); *Toscana,* Le fonti finanziare della Comunità europea, RivPolEcon 1970, 427; *Weides,* Das Finanzrecht der EGKS (1960); *Weides,* Rechnungseinheiten der Europäischen Gemeinschaften, FinArch NF 26 (1967) 278; *Winter,* Die Fondsverwaltung der Europäischen Gemeinschaften (1969); *Zellentin,* Budgetpolitik und Integration (1965).

I. Haushalt, Wirtschaft und Gemeinschaftsverfassung

1. Zusammenhänge

1 Die Finanzordnung der Gemeinschaften und die Kontrollen ihrer Finanzgebarung sind nach dem derzeitigen Stand der Integration in entscheidenden Inhalten mit der Finanz- und Kontrollordnung ihrer Mitgliedstaaten nur bedingt vergleichbar. Dies mindestens aus zwei Gründen:

a) Die Gemeinschaften sind nur in Einzelbereichen und -funktionen Leistungsverbände, die öffentlichen Finanzbedarf erfordern. In erster Linie konnte zunächst die EAG noch Leistungsverband genannt werden. Die EGKS und die EWG nehmen insofern nur Teilaufgaben wahr — zunächst etwa im Investitionsbereich, im Sozial-, im Entwicklungsfonds. Wenn die Finanzierung der gemeinsamen Agrarpolitik als Leistungsaufgabe angesehen wird, ist diese seit dem Abschluß der Agrarmarktorganisation die wichtigste Aufgabe dieser Art für die Gemeinschaft geworden. Der Finanzaufwand und der entsprechende Finanzbedarf der Gemeinschaften dienen im übrigen der Deckung ihrer *Verwaltungs*ausgaben, also einem Intendanturbedarf, für dessen Etatisierung und Kontrolle sich die Finanzverfassungs- und Kontrollfragen der Leistungsverwaltung weniger dringlich stellen.

b) Soweit und solange öffentliche Leistungsaufgaben solche der Mitgliedstaaten wurden und geblieben sind, haben sich für ihre Verfassungen die Probleme einer Neugestaltung der Finanzordnung und des Haushaltswesens gestellt. Zu ihrer Lösung ist auch das Finanz- und Haushaltsrecht der Bundesrepublik neu geregelt worden. Seine bisherige Ausgestaltung entstammte einer Zeit, als der öffentliche Haushalt gesellschaftlicher Selbststeuerung überlassen und der ideale öffentliche Haushalt niedrig und neutral war. Heute ist der öffentliche Haushalt Lenkungsinstrument für Wirtschafts- und Sozialpolitik in der Hand eines Staates, der seinerseits verfassungsrechtliche Verantwortung für das gesamtwirtschaftliche Gleichgewicht und Wachstumsvorsorge trägt. Das deutsche Verfassungs-, Wirtschaftssteuerungs- und Haushaltsrecht hat in dem geänderten Art. 109 GG, in der Neufassung des Abschnitts X: Das Finanzwesen mit Art. 104a ff. GG, im Stabilitätsgesetz und dem Haushaltsgrundsätze-Gesetz hieraus die Folgerungen gezogen[1].

2. *Entwicklungsansätze*

2 Das Finanzordnungs- und Kontrollrecht der Gemeinschaften war zur Zeit seiner Entstehung von dieser Wandlung kaum berührt, weil öffentliche Leistungsaufgaben nicht essentielle Gemeinschaftsfunktionen waren und die Gemeinschaften die erforderlichen Lenkungsaufgaben in bezug auf die Wirtschaft durch die Mitgliedstaaten wahrgenommen wußten. Infolgedessen hatten sich für das Verfassungsrecht der Gemeinschaften Auswirkungen des Funktionswandels des öffentlichen Haushalts, wie sie nationalstaatlich vielfältig hervortraten, zunächst nicht gestellt. Wo die Übertragung einzelner Leistungsaufgaben auf die EWG, folglich die Frage eigener Etathoheit in Frage stand (Agrarsektor), sind die sich hieraus ergebenden Verfassungsfolgen für ein parlamentarisches Budgetrecht und parlamentarische Budgetkontrolle zunächst noch im überlieferten Schema überkommenen Etatrechts gesehen worden. Die Neugestaltung im sog. Haushaltsvertrag *(18/4)* dient daher insbesondere auch der schrittweisen Lösung dieser Fragen.

In dem Maße, in dem sich die Gemeinschaften in der Ausgestaltung zur

[1] Zu dieser Entwicklung: *Friauf* und *Wagner*, Öffentlicher Haushalt und Wirtschaft, VVDStRL 27 (1969) 1, 47; *Vogel, Kirchhof, Mußgnug, Walter*, Bonner Komm. zu Art. 104 a ff. GG; *Stern* und *Münch*, Gesetz zur Förderung der Stabilität und des Wachstums der Wirtschaft (1967) 27, 49.

Wirtschafts- und Währungsunion zu Leistungsverbänden mit Leistungsaufwand und entsprechendem Finanzbedarf wandeln sollten, werden sich auch im Gemeinschaftsrecht Einwirkungen auf institutionelle und verfahrensrechtliche Regelungen einstellen, insbesondere für die Frage der Normierbarkeit von Leistungsaufgaben und den Ermächtigungsgehalt solcher Regelungen, für die „Gewaltenteilung" zwischen Parlament, Rat und Kommission, für ihre grundrechtlichen Auswirkungen auf die Marktbürger, für den Rechtsschutz und die Justiziabilität.

Die folgende Darstellung muß sich beschränken auf die geltenden Regelungen.

II. Rechtsgrundlagen

1. Vertragsregelungen

3 a) Die Finanz- und Kontrollvorschriften ergaben sich bis zum Ratsbeschluß vom 21. April 1970 und dem Haushaltsvertrag vom 22. April 1970 aus Art. 199—209 EWGV, 171—183 EAGV und 78—78 f. EGKSV, die gemäß Art. 21 FusV an die Stelle des ursprünglichen Art. 78 EGKSV getreten waren, um seinen Inhalt den genannten Bestimmungen der Römischen Verträge anzupassen, sowie Art. 49—53 EGKSV und Art. 20, 22 FusV.

4 b) Grundlage der jetzt geltenden Regelung ist der auf Art. 201 EWGV, 173 EAGV gestützte Beschluß des Rates vom 21. April 1970 über die Ersetzung der Finanzbeiträge der Mitgliedstaaten durch eigene Mittel der Gemeinschaften (ABl. 1970 L 94, 19) nebst Durchführungsverordnung des Rates Nr. 2/71 vom 2. Januar 1971 (ABl. 1971 L 3, 1).

Die dadurch bedingten Neuregelungen des Vertragsrechts sind getroffen worden im sog. „Haushaltsvertrag", dem Vertrag zur Änderung bestimmter Haushaltsvorschriften der Verträge zur Gründung der Europäischen Gemeinschaften und des Fusionsvertrages (ABl. 1971 L 2, 1). Er ist von den Mitgliedstaaten abgeschlossen am 22. April 1970 und — ebenso wie der Ratsbeschluß vom 21. April 1970 — am 1. Januar 1971 in Kraft getreten (ABl. 1971 L 2, 12). Der Haushaltsvertrag hat den Art. 203, 206 IV EWGV, 177, 180 EAGV, 78, 78 d IV EGKSV, 20 I FusV eine (inhaltlich übereinstimmende) neue Fassung gegeben sowie die Art. 203 a EWGV, 177 a EAGV, 78 A EGKSV neu in die Verträge eingefügt.

Um den Haushaltsplan der Gemeinschaften in den Rahmen mehrjähriger Vorausplanungen einzubauen, hat der Rat den Beschluß vom 21. April 1970 über die mehrjährige finanzielle Vorausschau (ABl. 1970 L 94, 23) gefaßt.

Zur Überarbeitung und Vereinheitlichung der Haushaltsordnungen hat die Kommission den Vorschlag einer Haushaltsordnung und einen solchen zur Verlängerung der Haushaltsordnung vom 15. Dezember 1969 zur Durchführung der Rechnungslegung und Rechnungsprüfung (für die Haushaltsjahre 1968—1970) gemacht (ABl. 1971 C 7, 8, 29; C 91, 1).

2. *Inhalt*

5 Diese Vorschriften betreffen:

a) den Haushaltsplan, seine Aufstellung, Feststellung, die Grundsätze der Haushaltswirtschaft und seinen Vollzug: Art. 199, 202—205, 209 EWGV; 171, 174—179, 183 EAGV; 78, 78 A, 78 c, 78 f EGKSV; 20 FusV.

b) *Die Aufbringung der Haushaltsmittel:* Art. 200, 201 EWGV; 172, 173 EAGV; 49—51 EGKSV.

c) *Transferierungs- und Währungsfragen:* Art. 107, 208 EWGV; 181, 182 EAGV; 52 EGKSV.

d) *Die Rechnungsprüfung:* Art. 206 EWGV; 180 EAGV; 78 d, e EGKSV; 22 FusV.

3. *Ausführungsregelungen*

6 Nach Art. 209 EWGV, 183 EAGV, 78 f EGKSV obliegt es dem Rat, einstimmig auf Vorschlag der Kommission die Haushaltsordnung festzulegen, die Einzelheiten und das Verfahren über die Beitragsleistung der Mitgliedstaaten zu bestimmen sowie die Vorschriften über die Anweisungsbefugnisse, die Rechnungsführer und Kontrollmaßnahmen zu erlassen. Die besonderen Vorschriften über die sog. Montanumlage (Art. 49—50 EGKSV) sehen in Art. 50 § 2 vor, daß die Bedingungen für die Veranlagung und Erhebung der Umlagen durch eine nach Anhörung des Rates zu erlassende allgemeine Entscheidung der Kommission festgesetzt werden.

Demgemäß sind erlassen und gegenwärtig anwendbar für die Aufstellung und Ausführung des Haushaltsplans, für die Verantwortung der Anweisungsbefugten und der Rechnungsführer die Haushaltsordnung vom 30. Juli 1968 (ABl. 1968 L 199; Verlängerung bis 31. 12. 1972; ABl. 1972 L 4, 21) sowie weitere spezielle Regelungen, die in Art. 98 des Kommissionsvorschlages (ABl. 1971 C 7, 27—28) aufgeführt sind. Für die Montanumlage sind gegenwärtig anzuwenden die Kommissionsentscheidung Nr. 2/52 über die Bedingungen für die Veranlagung und Erhebung der Umlagen i. F. der letzteren Änderungsentscheidung vom 17. März 1965 (ABl. 696), die Kommissionsentscheidung Nr. 3/52 über die Höhe und die Anwendungsvorschriften für die Umlagen in der ab 27. Dezember 1958 gültigen Fassung (ABl. 1959, 213) sowie die Entscheidung vom 15. Dezember 1971 über die Festsetzung des Umlagesatzes für das Haushaltsjahr 1972 (ABl. 1971 L 282, 22). Für Forschungs- und Investitionsmittel gelten seit 1972 die Sonderbestimmungen der entsprechenden Haushaltsordnung vom 20. September 1971 (ABl. 1971 L 218, 8).

III. Finanzmittelbedarf

1. *Bedarf*

7 Da die Gemeinschaften nur begrenzte und inhaltlich bestimmte öffentliche Aufgaben haben, was sie vom Staat mit seinem Finanzbedarf unterscheidet, ist ihr Mittelbedarf in der Zweckbestimmung fixiert[2]. Daraus erklärt sich die Wechselbeziehung zwischen Aufgaben und Ausgaben, die internationalen Funktionsverbänden eigentümlich ist. Die Ausgabenstruktur, die sich aus dem Entstehungsgrund der Ausgaben ergibt, bestimmt also den Mit-

---

[2] *Flohr,* Die Finanzverfassung 6.

telbedarf, die Deckungsmittel und ihre haushaltsmäßige Behandlung. Die Gesamtausgaben können nach Verwaltungs- und Leistungsausgaben unterschieden werden.

2. *Verwaltungsausgaben*

8 *Verwaltungsausgaben* sind die Personal- und Sachkosten der Gemeinschaftsorgane und derjenigen Einrichtungen, die ihnen haushaltsrechtlich angegliedert sind. Sie bilden die für die Aufrechterhaltung der Tätigkeit der Gemeinschaft erforderlichen Aufwendungen, deren Kennzeichnung als Verwaltungsaufgaben im unjuristischen Sinne (also nicht als Gegensatz zu Normsetzung und Rechtsprechung) gemeint ist. Zu ihnen zählen auch die EAG-Ausgaben für die Überwachung der Sicherheit und den Gesundheitsschutz (Art. 174 I b EAGV).

Die unter ihnen quantitativ wichtigsten Personalausgaben werden vor allem durch das Besoldungsniveau und die Kosten des Sprachendienstes bestimmt, die Sachausgaben auch durch die räumliche Verteilung des Sitzes und der Unterbringung der Organe und Dienststellen. Hierin ist durch die Fusion der Exekutiven eine Rationalisierung nur in begrenztem Ausmaß erreicht worden.

3. *Leistungsausgaben*

9 *Leistungsausgaben* sind Investitionsausgaben i. w. S., die direkt oder indirekt der Vertragserfüllung dienen[3], sowie die Ausgaben zur Finanzierung der gemeinsamen Agrarpolitik.

a) In der EWG umfassen die „Finanzleistungsprogramme“ den Europäischen Sozialfonds (Art. 123), den Europäischen Ausrichtungs- und Garantiefonds für die Landwirtschaft (Art. 40 IV), die Europäische Investitionsbank (Art. 130), den Europäischen Entwicklungsfonds sowie die Finanzhilfen an assoziierte Länder. Sie dienen der wirtschaftlichen und sozialen Strukturanpassung zur Errichtung des Gemeinsamen Marktes, im Agrarsektor der Zielverwirklichung der Agrarmarktorganisation und der Finanzierung ihres Vollzuges. Soweit bislang zwei Teilhaushalte bestanden (Haushaltsplan der Europäischen Gemeinschaften und Forschungs- und Investitionshaushaltsplan der EAG gemäß Art. 20 FusV), hat Art. 10 des Haushaltsvertrages ein Einheitsbudget geschaffen. Darin liegt ein Vorgriff auf die geplante Fusionierung der Verträge[4].

b) Leistungsausgaben des Forschungs- und Investitionshaushalts der EAG können diejenigen für die Beteiligung an gemeinsamen Unternehmen i. S. des Art. 171 III EAGV genannt werden, ferner die Ausgaben für die Durch-

---

[3] *Flohr,* Die Finanzverfassung 9; *Winter,* Die Fondsverwaltung.
[4] *Junker* JZ 1971, 49.

führung ihres Forschungsprogramms, die Kapitalbeteiligung an der Versorgungsagentur und deren Investitionsausgaben sowie Ausgaben für die Ausstattung von Unterrichtsanstalten (Art. 174 II).

c) Leistungsausgaben der EGKS dienen der Finanzierung von Investitionsprogrammen der Unternehmen durch Kredite oder Gewährleistungen, von Arbeiten und Einrichtungen zur Produktionssteigerung, Gestehungskostensenkung und Absatzerleichterung (Art. 54), der Förderung der technischen und wirtschaftlichen Forschung (Art. 55), der Finanzierung von Arbeitsplatzbeschaffung, Produktionsumstellung, Umschulung und Anpassungsbeihilfen (Art. 56).

IV. Gemeinschaftseinnahmen

10 Die für ihre Haushaltsaufgaben wesentlichen Mittel fließen den Gemeinschaften in unterschiedlicher Weise zu: der EWG und EAG aus *Finanzbeiträgen ihrer Mitgliedstaaten* und (seit dem 1. Januar 1971) aus Eigeneinnahmen, der EGKS aus *Umlagen der* von ihr erfaßten *Unternehmen.* Eine Vereinheitlichung ihrer Finanzierung ist weder durch die Fusion der Exekutiven noch durch den Haushaltsvertrag eingetreten. Die gegenwärtige Gemeinschaftsfinanzierung stellt ersichtlich eine Übergangslösung dar, die auch ihrerseits — in ihrer Phasenaufteilung bis Ende 1974 und ab Anfang 1975 — wiederum erst im Übergang hergestellt wird.

1. Finanzbeiträge und Eigeneinnahmen

11 Bis Ende 1970 wurde der Finanzbedarf der EWG und der EAG primär gedeckt durch Finanzbeiträge der Mitgliedstaaten. Diese Beitragspflicht besteht grundsätzlich weiterhin. Die Finanzbeiträge können als ungebundene Matrikularbeiträge bezeichnet werden[5], nämlich als nicht begrenzte finanzielle Leistungen von Gebietskörperschaften an einen höheren Verband.

a) Den Aufbringungsschlüssel orientierten Art. 200 EWGV, 172 EAGV zur Deckung der Verwaltungsausgaben gleichmäßig an politischen Gesichtspunkten. Danach waren die Bundesrepublik, Frankreich und Italien mit je 28 % sowie Belgien und die Niederlande mit je 7,9 % gleichgestellt, während auf Luxemburg 0,2 % entfielen. Der Aufbringungsschlüssel für den Sozialfonds kommt, seiner Zweckbestimmung entsprechend, der wirtschaftlichen Leistungsfähigkeit der Mitgliedstaaten näher. Der Rat kann die Aufbringungsschlüssel einstimmig ändern. Für die Finanzierung des Entwicklungsfonds, den EAG-Investitionshaushalt und die Kapitalzeichnung zur Investitionsbank gelten besondere Schlüssel.

---

[5] *Flohr,* Die Finanzverfassung 101.

b) Art. 201 EWGV, 173 EAGV zielten von Beginn an dahin, die mitgliedstaatliche Beitragsfinanzierung zu ersetzen, und zwar die der EWG durch *eigene Mittel*, insbesondere durch Einnahmen aus dem Gemeinsamen Zolltarif nach seiner endgültigen Einführung, die der EAG durch eine *steuerliche Umlage*, die (der Montanumlage vergleichbar) von bestimmten Kategorien von Unternehmen zu erheben wäre. Die erstrebte Eigenfinanzierung der Gemeinschaften konnte sich in ihren Auswirkungen indes nicht erschöpfen in technischen Änderungen von Finanzierungsregelungen. Sie zu erreichen war ein wesentliches Integrationsziel höchsten Gemeinschaftsinteresses, das von der Kommission seit Jahren verfolgt und vom Parlament beharrlich gefordert worden ist[6]. Ihre Verwirklichung mußte entscheidende Verfassungs- und Strukturfragen aufwerfen: die eines Budget- und Kontrollrechts des Parlaments allgemein oder jedenfalls insoweit, als eine mitgliedstaatliche Budgethoheit und -kontrolle über die den Gemeinschaften zugedachten Einnahmen entfiel; die des Verhältnisses zwischen Rat und Parlament in der Disposition über die Haushaltsfeststellung und -kontrolle; die des Verhältnisses zwischen den Gemeinschaften und den Mitgliedstaaten, insoweit bislang ihnen zustehende Einnahmen solche der Gemeinschaften wurden, ihre Beitragspflicht aber zur Deckung des ungedeckten Finanzbedarfs der Gemeinschaften bestehen blieb. Die Initiativen der Kommission zur Eigenfinanzierung der Gemeinschaften waren folgerichtig verknüpft mit Vorschlägen zur Stärkung der Haushaltsbefugnisse des Parlaments. Diese Zusammenhänge waren die Ursache für die Krise von 1965/66, in der Frankreich die von den anderen Mitgliedstaaten gebilligte Neuregelung ablehnte. Die Kommission hat ihre Vorschläge im Rahmen des Programms zur Vollendung der Übergangszeit im Sommer 1969 erneuert, die Haager Konferenz vom 1./2. Dezember 1969 die Verstärkung der Haushaltsbefugnisse des Parlaments gebilligt, der Ratsbeschluß vom 21. April 1970 und der Haushaltsvertrag vom 22. April 1970 haben die Folgerungen gezogen.

12 c) Die Gemeinschaften werden *in zwei Phasen schrittweise mit Eigeneinnahmen* ausgestattet[7]:

aa) In der fünfjährigen *Übergangsphase* von Anfang 1971 bis Ende 1974 werden die Einnahmen aus Zöllen schrittweise in den Haushaltsplan der Gemeinschaften eingesetzt, die Einnahmen aus Agrarabschöpfungen in vollem Umfang. Den verbleibenden Saldo (die jeweilige Differenz) haben die Mitgliedstaaten weiterhin durch Finanzbeiträge zu decken. Art. 3 II des Ratsbeschlusses vom 21. April 1970 hat den Aufbringungsschlüssel hierfür neu festgesetzt (BRD 32,9, Frankreich 32,6, Italien 20,2, Niederlande 7,3, Belgien 6,8, Luxemburg 0,2 %).

---

[6] Vgl.: Die Eigenmittel der Europäischen Gemeinschaften und die Haushaltsbefugnisse des Europäischen Parlaments, Dokumentensammlung des Europ. Parlaments (Juni 1970) sowie Zusatzband: Die Ratifizierungsdebatten (Okt. 1971); dazu: *Junker* JZ 1971, 48; *Morawitz* EuR 1970, 232; *Bülow* EuR 1970, 283; *Deringer* und *Sedemund*, NJW 1971, 312; *Kohlhase* EA 1970, 857.

[7] Zum folgenden: *Junker* JZ 1971, 50.

bb) In der Anfang 1975 beginnenden *Normalphase* erhalten die Gemeinschaften zusätzlich eine dritte eigene Einnahme, nämlich einen Anteil an der Mehrwertsteuer der Mitgliedstaaten. Dieser Anteil in Höhe des Saldos (etwa ein Drittel der Ausgaben und bis zu 1 % der in den Mitgliedstaaten einheitlich zu bemessenden Steuergrundlage) wird im Haushaltsverfahren der Gemeinschaften festgelegt und unterliegt nicht mehr der parlamentarischen Kontrolle der Mitgliedstaaten. Damit wird der Haushalt der Gemeinschaften vom 1. Januar 1975 ab „vollständig aus eigenen Mitteln der Gemeinschaften finanziert" (Art. 4 I des Ratsbeschlusses).

d) Nichtzahlung von Finanzbeiträgen ist Vertragsverletzung. Besondere Sanktionen sieht das Gemeinschaftsrecht für diesen Fall nicht vor[8].

2. *Montanumlage*

13 Die EGKS deckt ihren Finanzbedarf durch die umsatzsteuerartige *Montanumlage* auf Erzeugung von Kohle und Stahl[9]. Umlagepflichtig sind die Erzeuger, also die Bergwerksunternehmen und die Stahlwerke (Art. 49 EGKSV).

a) Die Belastung darf 1 % des Durchschnittswertes der Erzeugnisse nur mit vorheriger Zweidrittelzustimmung des Rates übersteigen (Art. 50 § 2). Das ist bislang nicht praktisch geworden. Sie beträgt gegenwärtig 0,29 %[10]. Veranlagungs- und Erhebungsverfahren werden durch allgemeine Entscheidung der Kommission nach Anhörung des Rates festgelegt.

b) Nach Art. 50 § 1 dienen die Umlagen zur Deckung der Verwaltungsausgaben, der nicht rückzahlungspflichtigen Anpassungsbeihilfen gemäß Art. 56 sowie von Leistungsausgaben i. S. der Art. 54, 55 § 2, 56 vorbehaltlich des Rückgriffs auf den Reservefonds (Art. 51 § 3: gebildet aus Erträgen von Krediten und Gewährleistungen).

V. Haushaltsgrundsätze

1. *Budgetkreislauf*

14 Das Gemeinschaftsrecht folgt einem Grundsatz des *Budgetkreislaufs*[11], wie er sich im mitgliedstaatlichen Haushaltsrecht entwickelt hat — von den Haushaltsvoranschlägen und ihrer Zusammenfassung im Vorentwurf über die Erstellung des Entwurfs bis zur endgültigen Feststellung des Haushaltsplans, seiner Ausführung und ihrer Kontrolle, der Rechnungslegung, Rechnungsprüfung und der Entlastung zur Planausführung. Für das Haushaltsrecht gilt der Grundsatz der Jährlichkeit des Kalenderjahres (Art. 203 I

---

[8] *Seidl-Hohenveldern*, Internationale Organisationen 225.
[9] *Weides*, Das Finanzrecht der EGKS (1960).
[10] Art. 1 der Entscheidung der Kommission v. 15. 12. 1971 über die Festsetzung des Umlagesatzes für das Haushaltsjahr 1972 (ABl. 1971 L 282, 22).
[11] *Flohr*, Die Finanzverfassung 24.

EWGV, 177 I EAGV, 78 I EGKSV). Der Kreislauf umfaßt insgesamt in der Regel einen Zeitraum von etwa drei Jahren.

2. *Haushaltsplanfeststellung*

15 Nach Art. 20 I FusV sind die Einnahmen und Ausgaben aller drei Gemeinschaften nach Maßgabe der jeweiligen Vertragsbestimmungen in den (einzigen) Haushaltsplan der Gemeinschaften einzusetzen. Die Kommission als das für die Haushaltsausführung verantwortliche Organ faßt die Voranschläge im Vorentwurf zusammen, der dem Rat spätestens am 1. September des dem Haushaltsjahr vorangehenden Jahres vorzulegen ist. Dieser stellt den Entwurf mit qualifizierter Mehrheit auf und leitet ihn der Versammlung zu. Das sich anschließende komplizierte Verfahren bis zur endgültigen Feststellung des Haushaltsplans und die Verteilung der Feststellungskompetenz zwischen Rat und Versammlung im jetzt anwendbaren Haushaltsvertrag sind das Ergebnis langwieriger Auseinandersetzungen um die Innehabung der Budgethoheit, die Stellung des Parlaments und das Erfordernis, die von den mitgliedstaatlichen Parlamenten nicht mehr kontrollierten öffentlichen Mittel der Kontrolle der Versammlung zu unterwerfen[12]. Die Regelungen in Art. 2, 4, 5, 7, 8 des Haushaltsvertrages, die die einschlägigen Vertragsbestimmungen geändert und ergänzt haben, bestimmen folgendes:

16 a) In *beiden* Phasen der Neuregelung (in der Übergangsphase von 1971 bis Ende 1974 *und* in der Normalphase ab 1975) wird die Feststellung des Haushaltsplans herbeigeführt im Wege eines *Verhandlungsverfahrens mehrerer Stufen zwischen dem Rat und dem Parlament.* Gegenstand dieses Verfahrens sind die zwischen beiden Organen umstrittenen einzelnen Haushaltsansätze. Nach punktueller Erledigung dieser Verfahren und in ihnen zustande gekommener Entscheidung über die einzelnen Ansätze findet abschließend eine (nur noch) formelle Schlußfeststellung statt. Sie steht in der *Normalphase* dem *Parlamentspräsidenten* zu, in der *Übergangsphase* dem *Ratspräsidenten.* Diese unterschiedliche Zuweisung der Budgethoheit (bis Ende 1974 noch an den Rat, ab 1975 an das Parlament) erklärt sich daraus, daß in der Übergangszeit die Verantwortung für die Deckung der Gemeinschaftsausgaben noch den *Mitgliedstaaten* obliegt. In der Normalphase dagegen, in der das *Parlament* verantwortlich ist für die Bemessung des Mehrwertsteuer-Hebesatzes, nach dem die Gemeinschaften am Mehrwertsteueraufkommen der Mitgliedstaaten beteiligt sein werden, um hierdurch (außer

[12] Dazu und zum folgenden: *Junker* JZ 1971, 48, 50. — Über die frühere „merkwürdigste europäische Instanz", den in Art. 78 EGKSV a. F. vorgesehenen Ausschuß der Präsidenten mit bestimmten Haushaltsbefugnissen, vgl. *Donner,* Der Einstimmigkeitsgrundsatz in dem nach Art. 78 des EGKS-Vertrages gebildeten Ausschuß der Präsidenten, Fs Riese 123.

durch die übrigen Eigeneinnahmen) den Finanzbedarf der Gemeinschaften zu decken, verfügt das *Parlament* über die Budgethoheit.

In *beiden Phasen* kann der Inhaber der Budgethoheit — bis Ende 1974 der Rat, danach das Parlament — den Haushaltsplan indes erst dann endgültig feststellen, wenn das (in ihnen unterschiedlich geregelte) Verhandlungsverfahren durchlaufen ist. Es ist dadurch gekennzeichnet, daß Änderungsvorschläge eines der beiden beteiligten Organe in genau geregelter Stufenfolge zu behandeln sind.

17 b) In der 1975 beginnenden *Normalphase* wird das Parlament (abweichend vom bisherigen Vertragsrecht) die *Befugnis* haben, die sog. *freien Ansätze* des Entwurfs *selbst abzuändern*. Freie Ansätze sind solche, die nicht zwangsläufig durch Vertrags- oder Sekundärrecht geboten sind. Nach den bei den Verhandlungen um den Haushaltsvertrag protokollierten Feststellungen auf Grund der letzten Haushaltsjahre machen diese freien Ansätze einen Anteil von nur 3,61 % des Etatvolumens aus. Mithin waren 96,39 % normativ fixiert, also obligatorische Ansätze des Haushaltsplans[13]. Seine Befugnis, freie Entwurfsansätze selbst abzuändern, muß das Parlament letztlich, um sich gegenüber dem Rat durchzusetzen, mit der Mehrheit seiner Mitglieder und drei Fünfteln der abgegebenen Stimmen wahrnehmen. Hinsichtlich der *obligatorischen Ansätze*, die sich gemeinschaftsrechtlich zwingend ergeben, liegt die *Entscheidung* über Änderungsvorschläge des Parlaments nicht bei diesen, sondern beim *Rat*.

Die Befugnis des Parlaments, durch letztlich ihm zustehende Abänderungen freier Ansätze die Haushaltsausgaben zu *erhöhen*, ist *nicht unbegrenzt*. Sie wird beschränkt durch einen jährlichen Wachstumshöchstsatz, der aus Bruttosozialprodukt, Nationalhaushalten und Lebenshaltungskosten ermittelt wird. Damit sind der Parlaments-Initiative Grenzen gezogen, wie sie sich vergleichbar in etwa für den Bundestag aus Art. 109 II GG i. Verb. mit dem Stabilitätsgesetz ergeben.

18 c) In der *Übergangsphase* bis Ende 1974 hat das Parlament noch keine eigenen Befugnisse zur Änderung von Haushaltsansätzen, sondern nur die, Änderungen *vorzuschlagen*. Führt ein solcher Vorschlag nicht zur Erhöhung des Gesamthaushalts, so wird er wirksam, falls der Rat ihn nicht mit quali-

---

[13] Die „Manövriermasse" nationaler Parlamente (Frankreichs) ist auf nur 5 % geschätzt worden: *Kohlhase* EA 1970, 859 nach *Regul*, The Budget today, Semaine des Bruges 1967, 561. — Das Gesamtbudget der Gemeinschaften hat im Haushaltsjahr 1971 ein Volumen von etwa 3,91 Mrd. RE gehabt und soll 1972 über 4 Mrd. RE umfassen, vgl. Berichtigungshaushalt 1971 (ABl. 1971 L 62, 263, 282, 299). Die im Jahre 1971 auf die Gemeinschaften übergehenden Zolleinnahmen sind auf rund 0,49 Mrd. RE, die Agrarabschöpfungen auf rund 0,85 Mrd. RE veranschlagt worden. Für den Zeitpunkt des vollen Inkrafttretens der neuen Finanzverfassung werden die Zolleinnahmen auf 1,4 Mrd. RE und der Ertrag von 1 % des Mehrwertsteueraufkommens auf 3 Mrd. RE geschätzt; vgl. *Kohlhase* EA 1970, 858. Der Gesamtetat hat danach eine dem belgischen oder niederländischen Haushalt vergleichbare Größe.

fizierter Mehrheit zurückweist. In bezug auf den eigenen Voranschlag des Parlaments hat sich der Rat verpflichtet, keine Änderungen vorzunehmen. Damit ist die Autonomie des Parlaments in einer seit langem geforderten Weise gestärkt worden. Über Erhöhungsvorschläge des Parlaments ohne Haushaltsausgleich entscheidet der Rat mit qualifizierter Mehrheit.

3. *Haushaltsgrundsätze*

19 Haushaltsgrundsätze sind im übrigen: Budgeteinheit (indes nicht vollkommen verwirklicht), Einjährigkeit, Vorherigkeit, Vollständigkeit, Genauigkeit, Klarheit, Ausgeglichenheit, Non-Affektation (Deckung sämtlicher Ausgaben durch sämtliche Einnahmen, kein Erfordernis der Einzeldeckung), Veranschlagungspflichtigkeit aller Organe, Budgetöffentlichkeit.

4. *Rechnungseinheit*

20 Da der gemeinschaftliche Zahlungsverkehr sich in allen mitgliedstaatlichen Währungen vollzieht und die Finanzbeiträge der Gemeinschaft in Landeswährung zur Verfügung gestellt werden, verbietet sich, eine Landeswährung als Haushaltswährung zu verwenden. Als solche dient daher eine fiktive Rechnungsgröße, die Rechnungseinheit (RE)[14], die als bestimmt bemessenes Feingold-Äquivalent gilt (Art. 207 EWGV, 181 EAGV, 78 a EGKSV). Da alle Mitgliedstaaten dem Europäischen Währungsabkommen angehören und ihre Währungen damit ebenfalls durch eine Feingold-Äquivalenz definiert sind, besteht eine einheitliche Bezugsgröße, die zugleich die Neutralität, die Einheitlichkeit und die Gleichmäßigkeit der Kontenführung ermöglicht. Art. 208 EWGV, 182 EAGV ermächtigen die Kommission, ihre Guthaben in der Währung eines Mitgliedstaates in die eines anderen zu transferieren, soweit dies für die Verwendung der Guthaben für Vertragszwecke erforderlich ist. Dabei sollen Störungen der Devisenmärkte vermieden werden, weshalb auch für die Finanzgeschäfte der Kommission die Notenbanken oder andere Finanzinstitute eingeschaltet werden.

VI. Ausführung, Kontrolle, Entlastung

1. *Ausführung*

21 Der endgültig festgestellte Haushaltsplan ist Grundlage der Haushaltswirtschaft der Gemeinschaften. Haushaltsausführung ist die Verwaltung der Einnahmen und der Ausgaben.

---

[14] *Flohr*, Die Finanzverfassung 38; *Weides* FinArch NF 26 (1967) 278; *Carreau*, Les unités de compte des Communautés européennes, RevTrimDrEur 1966, 228; zur Paritätsfrage bei Wechselkursänderungen der Mitgliedstaaten: *Hoffmann (— Riem)*, Rechtsfragen der Währungsparität (1969) 134.

a) Verantwortlich für die Ausführung des Haushaltsplans ist die Kommission (Art. 205 I EWGV, 179 I EAGV, 78 c I EGKSV). Sie zieht die Einnahmen ein, vollzieht die Ausgaben im Rahmen der Mittelbewilligungen, besorgt Rechnungsführung und Rechnungslegung. Delegation von Ausführungskompetenzen ist spezifiziert zugelassen.

b) Das Ausführungsverfahren folgt dem Grundsatz der Trennung von Anweisungsbefugnis, Rechnungsführung und interner Verwaltungskontrolle durch Finanzkontrolleure französischen Vorbildes. Es ist dem Grundsatz der Sparsamkeit und Wirtschaftlichkeit verpflichtet.

c) Jährlich hat die Kommission über ihre Haushaltsführung Rechenschaft abzulegen. Die Rechnungslegung betrifft die Kassen-, Haushalts- und Vermögensrechnung.

2. *Kontrolle und Entlastung*

22 Von der administrativen Selbstkontrolle abgesehen, findet eine Finanzkontrolle und eine politische Kontrolle der Haushaltsführung statt.

a) Nach Art. 22 FusV ist die *Finanzkontrolle* teilweise vereinheitlicht. Danach nimmt ein Kontrollausschuß der Gemeinschaften — an Stelle der bisherigen Finanzkontrollorgane — die in den Verträgen vorgesehenen Befugnisse und Zuständigkeiten (Art. 206 EWGV, 180 EAGV, 78 d EGKSV) wahr. Er besteht aus unabhängigen, jeweils für fünf Jahre einstimmig vom Rat gewählten Rechnungsprüfern. Die Finanzprüfung gilt auch der Wirtschaftlichkeit der Haushaltsführung.

b) Haushaltsrechnung und Prüfungsbericht des Kontrollausschusses hat die Kommission jährlich dem Rat und dem Parlament vorzulegen. Ihnen obliegt die *politische Kontrolle*. Der Rat und die Versammlung erteilen der Kommission Entlastung zur Ausführung des Haushaltsplans. Zu diesem Zweck prüfen der Rat (mit qualifizierter Mehrheitsentscheidung) und danach die Versammlung den Bericht des Kontrollausschusses. Die Kommission ist erst entlastet, wenn Rat und Versammlung entschieden haben (Art. 206 IV EWGV, 180 IV EAGV, 78 d IV EGKSV).

Fünfter Teil

HANDLUNGSERMÄCHTIGUNGEN UND RECHTSHANDLUNGEN

§ 19 ÜBERBLICK

I. Einleitung

1 Die Verwirklichung der Integration verlangt auf seiten der Gemeinschaften Handlungen ihrer Organe mit rechtlicher Wirksamkeit. Das Gemeinschaftsrecht muß daher ein Instrumentarium von Rechtshandlungen bereitstellen, wie sie öffentliche Aufgabenträger auch sonst benötigen und besitzen. Ausgerichtet auf die Strukturen und Aufgaben der Gemeinschaften und die Prinzipien ihrer Wirksamkeit, war dieses Instrumentarium von den Vertragschließenden zu „erfinden". In Art. 189 EWGV, 161 EAGV ist das für die wichtigsten Rechtshandlungen in geschlossener Systematik und Begriffsbestimmung geschehen. Die vergleichbaren Regelungen des EGKSV und die Erfahrungen ihrer Handhabung standen hierfür als Beispiel zur Verfügung, teils, wenn auch weniger, solche anderer internationaler Organisationen. Die an sich naheliegende Verwendung des überlieferten Handlungsinstrumentariums der Mitgliedstaaten kam nur bedingt in Betracht: bedingt deshalb, weil die Staaten in ihren öffentlichen Aufgaben umfassend, die Gemeinschaften nur begrenzt zuständig sind; bedingt auch, weil die Staaten überlieferte, ihren Verfassungen adäquate, aber national unterschiedliche Handlungsformen verwenden, ein Modell eines einzelnen Mitgliedstaates schlechthin auch nicht den Bedürfnissen und Interessen der Gemeinschaften entsprechen konnte. Gleichwohl hat die Gestaltung in den Verträgen terminologisch und inhaltlich — neben solchen des internationalen Rechts — auch nationale Figuren zu nutzen verstanden.

Die Gemeinschaften benötigen — wie staatliche Aufgabenträger — Apparatur, Personal, Sachgüter, Geldmittel. Sie haben ihre eigene Organisation zu gestalten. Sie treten zu Individuen, anderen Organisationen und Drittstaaten in Verbindungen rechtlicher Erheblichkeit. Sie handeln — hoheitlich, fiskalisch, öffentlich- und zivilrechtlich — auch durch Akte organisatorischer, vertraglicher oder sonstiger Rechtsnatur, die in den Gemeinschaftsverträgen nicht oder nur punktuell, jedenfalls nicht systematisch-geschlossen vorbestimmt sind. Daß Gemeinschaftsorgane schließlich, ebenso wie staatliche Organe, auch faktisch agieren, also Realakte vornehmen, die — anders als Rechtshandlungen — weder geeignet noch bestimmt sind, Rechtswirkungen hervorzurufen, entspricht ihrer Stellung und Funktion. Vom Standpunkt des

Gemeinschaftsrechts her interessieren sie weniger nach ihrer Typologie als nach der aus Rechtsgründen erklärlichen Notwendigkeit, sie von Rechtshandlungen mit dem ihnen eigenen Rechtsstatut zu unterscheiden.

2 Die Gesamtheit aller Rechtshandlungen läßt sich unterschiedlich gruppieren. Die nach staatlichem Recht wichtigste Differenzierung nach Norm und Einzelakt bietet sich primär auch für sie an. Zwar folgt das Recht der Gemeinschafts-Rechtshandlungen nicht in allen Zügen den staatsrechtlich üblichen Unterscheidungen. Gleichwohl kann der Überblick sie zunächst verwenden. So gesehen, könnte zwischen Gemeinschaftsrechtsnormen als Rechtsquellen des Gemeinschaftsrechts und solchen Rechtshandlungen unterschieden werden, die auf ihrer Grundlage, in ihrer Anwendung und zu ihrer Durchführung ergehen. Solche Rechtshandlungen können ihrerseits wiederum den Charakter von Normen haben oder Einzelakte sein, die das nationale Recht Verwaltungsakte nennen würde.

Die Gemeinschaftsverträge bilden die Quelle des primären (objektiven) Gemeinschaftsrechts. Ihm können auch Übergangs-, Zusatz- und Änderungsabkommen sowie solche Ordnungen und Satzungen zugerechnet werden, die auf Grund der Verträge zur Vervollständigung der Gemeinschaftsorganisation ergangen sind. Sekundäres (abgeleitetes) objektives Gemeinschaftsrecht wird von den zuständigen Gemeinschaftsorganen auf Grund der ihnen gemeinschaftsvertraglich zugewiesenen Kompetenzen erlassen. Was — als Primär- und Sekundärrecht — den Gesamtbestand objektiven Gemeinschaftsrechts ausmacht und durch den ständigen Fluß von Sekundärrechtsetzung dem Wandel unterliegt wie das Recht eines staatlichen Verbandes, ist einmal das Ergebnis der Rechtsschöpfung der Mitgliedstaaten als Vertragspartner und Gemeinschaftsgründer, zum anderen der normsetzenden Rechtshandlungen der Gemeinschaftsorgane.

Rechtshandlungen der Gemeinschaftsorgane, die nicht in der Setzung von Normen objektiven Rechts bestehen, sind diejenigen ihrer Akte, die Rechtswirkungen für den Einzelfall hervorrufen.

Die für das deutsche öffentliche Recht — und auch das anderer Mitgliedstaaten — gebotene und überlieferte, auf den Urheber bezogene Unterscheidung nach Rechtsakten der Legislative und der Exekutive ist für das Gemeinschaftsrecht nicht angebracht und unterbleibt daher. Dies deshalb, weil die Gemeinschaftsorgane, die zu Rechtshandlungen befugt sind, sowohl Normen setzen als auch Einzelakte erlassen können.

Wie von staatlichen, ergehen auch von Gemeinschaftsorganen außerdem Rechtshandlungen ohne normschöpfende und ohne für den Einzelfall stattfindende hoheitliche Außenwirkung, so in Gestalt von Vertragsschlüssen, Organisationsakten, Mitwirkungs- und Beteiligungsmaßnahmen. Eine Darstellung aller Rechtshandlungen der Gemeinschaftsorgane hat auch sie zu erfassen und ihnen nach Rechtsgrundlage, Rechtsnatur und Rechtswirkungen ihren Platz zuzuweisen. Daß das Vertragsrecht insoweit keine erschöpfenden und systematischen Regelungen liefert, ist erklärlich, enthebt aber nicht der Notwendigkeit ihrer Einbeziehung.

II. Vertragsgrundlagen

In einer staatlichem Verfassungsrecht nicht vergleichbaren, gerade wegen der Unvergleichbarkeit aber erklärlichen und gebotenen Rechtstechnik enthalten die Verträge „Legaldefinitionen“ sowie weitere Regelungen der wichtigsten Rechtshandlungen der Gemeinschaftsorgane, und zwar in Art. 189 bis 192 EWGV, Art. 161—164 EAGV, Art. 14—15, 28 EGKSV. Von Abweichungen zwischen Art. 192 EWGV und Art. 164 EAGV abgesehen, stimmen die Regelungen des EWGV und des EAGV überein. Beide zeigen gegenüber Art. 14—15 EGKSV Erfahrungsfortschritte nach Systematisierung und Präzision der Regelung, die auch für die Auslegung des älteren Montanrechts nützlich sind.

1. Das Quintett der Rechtshandlungen der Römischen Verträge

3 Art. 189 EWGV, 161 EAGV haben ein Quintett von Rechtshandlungen geschaffen: Verordnung, Richtlinie, Entscheidung, Empfehlung, Stellungnahme. Ihr Abs. I nennt Rat und Kommission als diejenigen Gemeinschaftsorgane, die sie „zur Erfüllung ihrer Aufgaben und nach Maßgabe dieses Vertrages“ erlassen. Ihre Abs. II bis V liefern, und zwar in einem Gefälle ihrer Rechtswirksamkeit und der Adressaten ihrer Verbindlichkeit, „Legaldefinitionen“ ihrer Rechtsnatur:

a) Die *Verordnung* hat allgemeine Geltung. Sie ist in allen ihren Teilen verbindlich und gilt unmittelbar in jedem Mitgliedstaat.

b) Die *Richtlinie* ist für jeden Mitgliedstaat, an den sie gerichtet wird, hinsichtlich des zu erreichenden Ziels verbindlich, überläßt jedoch den innerstaatlichen Stellen die Wahl der Form und der Mittel.

c)Die *Entscheidung* ist in allen ihren Teilen für diejenigen verbindlich, die sie bezeichnet.

d) Die *Empfehlung* ist nicht verbindlich.

e) Die *Stellungnahme* ist nicht verbindlich.

2. Das Terzett der Rechtshandlungen des EGKSV

4 Art. 14 EGKSV, im Aufbau den Art. 189 EWGV, 161 EAGV vergleichbar, kennt nur ein Terzett von Rechtshandlungen, die (Abs. I) die Kommission zur Erfüllung der ihr übertragenen Aufgaben im Rahmen der Bedingungen des Vertrages erläßt, und zwar als Entscheidungen, Empfehlungen oder Stellungnahmen. Daß — außer der Kommission — auch der

Rat zum Erlaß von Entscheidungen befugt ist, ergibt sich allgemein aus Art. 26 in Verb. mit Art. 28, dessen Abs. IV und V über die Beschlußfassung dem Art. 17 FusV über die Beschlußfassung der Kommission enstprechen.

a) EGKS-*Entscheidungen* sind in allen ihren Teilen verbindlich. Ihre Namens-Gleichheit mit den EWG-/EAG-Entscheidungen bedeutet nicht notwendig Gleichheit in der Rechtsnatur. EGKS-Entscheidungen können — unterschiedlich nach ihrer allgemeinen oder individuellen Geltung und Wirksamkeit — einer EWG-/EAG-Verordnung oder auch einer Entscheidung i. S. dieser Verträge gleichen. Rechtsquellen-Vereinheitlichung zur Überwindung dieser Unterschiedlichkeiten ist erst aus der Fusionierung der Verträge zu erwarten. Die Fusionierung der Exekutiven hat sie noch nicht gebracht. Die Rechtsprechung des Gerichtshofs zu EGKS-Entscheidungen ist deshalb in ihrer Tragweite für die Römischen Verträge jeweils besonders zu prüfen.

b) Was Art. 14 II EGKSV *„Empfehlungen"* heißt, entspricht nicht den gleichnamigen Rechtsakten der Art. 189 V EWGV, 161 V EAGV, sondern ihren (in Abs. III definierten) Richtlinien: sie sind hinsichtlich der von ihnen bestimmten Ziele verbindlich, lassen jedoch denen, an die sie gerichtet sind, die Wahl der für die Erreichung dieser Ziele geeigneten Mittel. Ist die Kommission befugt, eine Entscheidung zu erlassen, kann sie sich auch darauf beschränken, eine Empfehlung auszusprechen (Art. 14 V EGKSV).

c) Nach Art. 14 IV sind *Stellungnahmen* der Kommission nicht verbindlich. Das entspricht Art. 189 V EWGV, 161 V EAGV.

3. Begründungszwang

5 Nach Art. 190 EWGV, 162 EAGV sind Verordnungen, Richtlinien und Entscheidungen des Rates und der Kommission mit Gründen zu versehen und nehmen (zwingende Regel!) auf die Vorschläge und Stellungnahmen Bezug, die nach den Verträgen eingeholt werden müssen. Art. 15 EGKSV fordert Entsprechendes, dies aber — über die Römischen Verträge hinausgehend — auch für die unverbindlichen Stellungnahmen *(24/25)*.

4. Verkündungsregeln

6 Art. 191 EWGV, 163 EAGV, 15 II—IV EGKSV regeln Verkündung und Inkrafttreten. EWG- und EAG-Verordnungen sowie EGKS-Entscheidungen und -Empfehlungen, die nicht nur einen Einzelfall betreffen, werden im Amtsblatt der Gemeinschaften veröffentlicht und nach näherer Bestimmung anwendbar. EWG- und EAG-Richtlinien und -Entscheidungen werden durch Bekanntgabe an die Adressaten wirksam. Entsprechendes gilt für EGKS-Entscheidungen und -Empfehlungen, die einen Einzelfall betreffen (Eintritt der Verbindlichkeit durch Zustellung) *(24/43—47)*.

5. Vollstreckungsregeln

7 Art. 192 EWGV, 164 EAGV, 92 EGKSV regeln die Zwangsvollstreckung aus Entscheidungen, die eine Zahlung (geldliche Verpflichtungen) auferlegen *(26/12, 13)*.

III. Gemeinschaftsrechtliche Eigenständigkeit des geregelten Rechtshandlungs-Systems

1. Eigenständigkeit

8 Daß die Gemeinschaftsverträge die wichtigsten Rechtshandlungen der Gemeinschaftsorgane rechtsbegrifflich systematisiert haben, hat keinen dogmatischen Selbstzweck. Das entspricht vielmehr der Eigenständigkeit des Gemeinschaftsrechts und den ihm zugedachten Funktionen. Diese Eigenständigkeit schließt es weithin aus, das gemeinschaftsrechtliche Handlungssystem in die gewachsene und überlieferte Ordnung der nationalstaatlichen Rechtsquellen und Handlungsformen einzubetten, aus ihnen zu deuten oder an ihnen zu rechtfertigen. Was insoweit vielfältig unternommen worden ist, hat nur begrenzten, oft verleitlichen Erkenntniswert und kann auch rechtspraktische Bedeutung nur unter allen Vorbehalten äußern. Insbesondere gilt das auch für eine Parallelisierung zum gestuften deutschen System (Verfassungssatz, einfaches Gesetz, Rechtsverordnung, Verwaltungsakt) — ganz abgesehen davon, daß auch dieses selbst in der Zuordnung von Parlament und Regierung, von Gesetz und Rechtsverordnung, Rechts-, Verwaltungsverordnung und Verwaltungsrichtlinie, Innen- und Außenregelung, Verwaltungsakt und öffentlich-rechtlichem Vertrag in Bewegung geraten und in vielen Beziehungen fragwürdig geworden ist. Parallelisierung zum nationalen Recht kann überdies eine integrationsschädliche, letztlich sogar vertragswidrige Vertragsauslegung und -anwendung im Sinne nationaler Reservatbehauptung befördern. Sie kann eine gemeinschafts-immanente Durchdringung der Vertragswerke behindern, da sie nationale Unterschiedlichkeiten zur Geltung bringt, wo ihre Überwindung und Auflösung im Gemeinschaftsinteresse und im Telos der Verträge liegt. Ein Vergleich allein der deutschen mit der französischen Systematik der öffentlich-rechtlichen Handlungsformen kann das illustrieren: das deutsche öffentliche Recht differenziert am Norm-Autor (Legislative — Exekutive) und stuft in Rang und Wirksamkeit nach der vom Parlament her geknüpften Delegationskette. Ihre Stärke wird überdies permanent am Maßstab der Verfassung, ihrer Grundrechte, ihres Gewaltenteilungssystems, ihrer Sicherung des demokratischen Prinzips gemessen. Das französische Quellensystem ist anders orientiert und steht den Richtpunkten allgemeiner Geltung oder Einzelfallgestaltung näher. Soweit das Gemeinschaftsrecht eher „französisch" als „deutsch" strukturiert ist, sind

Interpretationsansprüche des deutschen Juristen aus seinen Systemgewohnheiten nicht zu rechtfertigen, soweit eben diejenigen eines anderen, des französischen Mitgliedstaates gemeinschaftsrechtlich rezipiert worden sind. Er mag bedenken, sich damit trösten, gebotenerweise aber auch zur Geltung bringen, daß diese Regel allseitig und reziprok anwendbar ist. Eine Interpretation aus französischen Rechtsvorstellungen hat also ihre Grenzen dort, wo in anderen Fällen eine solche aus deutschen oder anderen nationalen Grundlagen in Betracht kommt.

2. *Nationale Analogien*

9 Die Eigenständigkeit des Gemeinschaftsrechts verbietet insbesondere, aus deutschen Verfassungsvorstellungen vom Vorrang und Vorbehalt des demokratisch primär legitimierten Gesetzes, der Gewaltenteilung und des parlamentarischen Ermächtigungsvorbehalts für verordnungsmäßige Normsetzung der Exekutive (Art. 80 GG) Folgerungen für die Handlungssystematik der Verträge zu ziehen. Das etwa geschieht unzulässigerweise, wenn die allgemeinen Entscheidungen des EGKSV und — terminologisch mehr als naheliegend — die „Verordnungen" der Römischen Verträge den deutschen Rechtsverordnungen der Exekutive i. S. des Art. 80 GG verglichen werden — und dies mit der Konsequenz, als vermeintlich ebenfalls einer parlamentarisch-demokratischen Ermächtigung bedürftige generelle Rechtshandlungen, an der es in dieser Ausgestaltung im Gemeinschaftsrecht ersichtlich fehle, müßten sie parlamentarischer Gesetzgebung der Mitgliedstaaten schon wegen des Mangels hinreichender demokratischer Legitimation im Rang nachstehen. Ebenso verfehlt ist es, die Maßstäbe des Art. 80 I GG an Gemeinschaftsverordnungen anzulegen[1]. Nicht weniger abwegig ist andererseits die — auch als Reaktion hiergegen erklärliche — „Aufwertung" der EWG-Verordnung und ihrer Parallel-Akte des Gemeinschaftsrechts zu „europäischen Gesetzen". Denn damit werden der Gemeinschaftsorganisation gewaltenteilende Differenzierungen zugemessen, die ihr jedenfalls in dieser Weise nicht innewohnen, deren Fehlen zugleich aber als konstruktive Fehlleistung, demokratisch-rechtsstaatliche Mangelerscheinung oder Hinnahme exekutiver Gewaltenhäufung gedeutet wird. Daß auch der Gerichtshof sich an Ver-

[1] Eine Zusammenstellung solcher Analogien aus staatlichem Recht in der einschlägigen Literatur der Mitgliedstaaten bei: *Rabe,* Die Befugnis des Rates und der Kommission der Europäischen Wirtschaftsgemeinschaft zum Erlaß von Verordnungen (1963) 59—66; *Friauf,* Die Staatenvertretung in supranationalen Gemeinschaften (1960) 77; *Götz,* Europäisches Getreidepreisrecht, JZ 1963, 157; *Ophüls,* Deutsches Zustimmungsgesetz zum EWG-Vertrag teilweise verfassungswidrig?, AWD 1964, 67; *Klein* DÖV 1964, 310; *Wagner,* Beschlußrecht 263—277 lehnt zwar das verfehlte Analogie-Denken mit Recht ab, gelangt indes nicht zur Folgerung der gemeinschaftsrechtlichen Eigenständigkeit. Rechtsfolgerungen aus solchen Analogien hatte der Vorlagebeschluß des FG Rheinland-Pfalz vom 14. 11. 1963 (EFG 1964, 22) zu ziehen versucht.

suchen solcher „Aufwertung“ beteiligt hat[2], ist zwar richtig, vermag die Fehlerhaftigkeit der Methode indes nicht zu korrigieren.

Die rechtliche Kategorisierung des gemeinschaftrsechtlichen Rechtshandlungssystems muß daher ohne Präjudiz durch die nationalen Verfassungsrechte und die Dogmatik ihrer Rechtsquellenlehren darum bemüht sein, seine Eigenständigkeit zur Geltung zu bringen.

IV. Eingrenzungsgesichtspunkte

10 Die nachfolgende Darstellung der Rechtshandlungen der Gemeinschaftsorgane orientiert sich primär an den einschlägigen Regelungen des Vertragsrechts. Sie bemüht sich um Systematisierung nach ihren unterschiedlichen Rechtsgehalten, Rechtswirkungen und Adressaten. Sie hat außerdem solche Akte rechtlicher Relevanz zu erfassen, die außerhalb der in Art. 189 EWGV, 161 EAGV, 14 EGKSV gegebenen Systematik in Erscheinung treten und teils vertraglich, teils im abgeleiteten Recht, teils ungeregelt vorkommen. Besonderer Behandlung sind solche Rechtshandlungen von Gemeinschaftsorganen vorbehalten, die im Verkehr mit Assoziierten, Drittstaaten und internationalen Organisationen ergehen *(7/26—38)*. Auch gerichtliche Rechtsakte des Gemeinschaftsrechts (Entscheidungen des Gerichtshofs) sind gesondert zu behandeln *(§ 43)*.

Danach ist im folgenden zu erfassen:

1. Das System der durch die Gemeinschaftsverträge ausdrücklich und geschlossen normierten Rechtshandlungen *(§ 21)*;

2. Rechtsakte der Gemeinschaftsorgane sonstiger Art, die im Zusammenhang mit den unter 1. bezeichneten ergehen *(22/21, 22)*;

3. Rechtshandlungen der Gemeinschaftsorgane im Verhältnis zueinander und zur Regelung von Organisationsfragen *(22/17—20)*;

4. Rechtshandlungen programmatischen Charakters *(22/28—30)*;

5. Rechtshandlungen nicht-hoheitlicher Art und Vertragsschlüsse *(22/25, 26)*.

---

[2] EuGH Rs 8/55 Rspr. II, 227; Rs 9/55 Rspr. II, 367; Rs 18/57 Rspr. V, 112; Rs 36—38/58, 40—41/58 Rspr. V, 368 — wo u. a. von „Gesetzgebungsakten“, „quasi-legislatorischen Maßnahmen“ und einer „Gesetzgebungsgewalt“ im Gemeinschaftsrecht die Rede ist.

§ 20 HANDLUNGSERMÄCHTIGUNGEN

Bertram, Das Verwaltungsausschußverfahren. Ein neues Rechtsetzungsverfahren in der EWG, Diss. Bonn (1967); *Bertram,* Decision-making in the EEC. The Management Committee procedure, CMLR 1967, 246; *Bruns,* Entwicklungstendenzen im Rechtsetzungsverfahren der EWG, in: Staat und Wirtschaft im nationalen und übernationalen Recht, Schriftenreihe der Hochschule Speyer 22 (1964) 116; *Carstens,* Die Kleine Revision des Vertrages über die Europäische Gemeinschaft für Kohle und Stahl, ZaöRVR 21 (1961) 1; *Däubler,* Die Delegation von Rechtsetzungsbefugnissen im Recht der EWG, DVBl. 1966, 660; *Economides,* Le pouvoir de décision des organisations internationales européennes (1964); *Ehlermann,* Institutionelle Probleme im Bereich der Durchführung des abgeleiteten Gemeinschaftsrechts, EuR 1971, 250; *Everling,* Zur Errichtung nachgeordneter Behörden der Kommission der EWG, Fs Ophüls 33; *Gericke,* Allgemeine Rechtsetzungsbefugnisse nach Art. 235 EWGV (1970); *Gotschlich,* Gesetzgebung in Brüssel. Die Arbeitsweise der rechtsetzenden Organe am Beispiel der Agrarmarktordnungen, ZfZ 1964, 289; *Haase,* Die Kompetenzen der Kommission im Verordnungsrecht der Europäischen Wirtschaftsgemeinschaft, Diss. Frankfurt (1965); *Harnier,* Kompetenzverteilung und Kompetenzübertragung zwischen Rat und Kommission unter Berücksichtigung der Einsetzung von Hilfsorganen im Recht der EWG, Diss. Saarbrücken (1969); *Jaenicke,* Die Europäische Gemeinschaft für Kohle und Stahl. Struktur und Funktionen ihrer Organe, ZaöRVR 14 (1951/52) 727; *Kovar,* Le pouvoir réglementaire de la CECA (1964); *Kraushaar,* Zur Kompetenz der Kommissionen der Europäischen Gemeinschaften zum Erlaß von Verordnungen, DÖV 1959, 726; *Lagrange,* Les pouvoirs de la Haute Autorité et l'application du Traité de Paris, RevDrPubl 1961, 40; *Lagrange,* Le pouvoir de décision dans les Communautés européennes. Théorie et réalité, RevTrimDrEur 1967, 1; *Louis,* Les règlements de la Communauté Economique Européenne (1969); *Maas,* Delegatie van bevoegdheid in de Europese Gemeenschappen, SEW 1967, 2; *Marenco,* Les conditions d'application de l'article 235 du Traité CEE, RevMC 1970, 147; *von Meibom,* Lückenfüllung bei den Europäischen Gemeinschaftsverträgen, NJW 1968, 2165; *Merkel,* Rat und Kommission im Rechtsetzungsverfahren der EWG, Diss. Lausanne (1964); *Morand,* La législation dans les Communautés européennes (1968); *Nicolaysen,* Zur Theorie von den implied powers in den Europäischen Gemeinschaften, EuR 1966, 129; *Noël-Etienne,* Quelques considérations sur la déconcentration et la délégation du pouvoir de décision dans la CEE, RevMC 1967, 127; *Rabe,* Die Befugnis des Rates und der Kommission der Europäischen Wirtschaftsgemeinschaft zum Erlaß von Verordnungen (1963); *Schindler,* The problems of decision-making by way of the Management Committee procedure in the European Economic Community, CMLR 1971, 184; *Schindler,* Die Delegation von Zuständigkeiten in der Europäischen Gemeinschaft (1971); *Schumacher,* Die Ausfüllung von Kompetenzlücken im Verfassungsrecht der Europäischen Gemeinschaften, AWD 1970, 539; *Steiger,* Die Unabhängigkeit der Rechtsetzung der Europäischen Gemeinschaften, Diss. Münster (1964); *Tosato,* I regolamenti delle Comunità europee (1965); *de Vergottini,* Note sugli atti normativi e amministrativi dell'ordinamento comunitario europeo, RivTrimDirPubl 1963, 887; *Wohlfarth,* Von der Befugnis der Organe der Europäischen Wirtschaftsgemeinschaft zur Rechtsetzung, JbintR 9 (1960) 12.

I. Allgemeines

1 Welche Handlungsermächtigungen den Gemeinschaftsorganen zukommen, berührt Grundfragen der Integration und der Gemeinschaftsverfassung. Berührt werden die Rechtsnatur der Gemeinschaften, die Herkunft ihrer öffentlichen Gewalt, die Abgrenzung ihrer Aufgaben von denen der Mitgliedstaaten, nicht weniger die demokratische Legitimation und die Rechtsstaatlichkeit ihrer Hoheit, ihrer Hoheitsentfaltung sowie die Rechtsstellung der Marktbürger. Kaum eine zentral bedeutsame Rechtsproblematik des Gemeinschaftsrechts steht nicht im Zusammenhang mit der rechtlichen Erfassung der Handlungsermächtigungen der Gemeinschaftsorgane.

Dieser Problematik wird nicht gerecht, wer lediglich auf die Existenz des Prinzips der — nur — vertraglich *begrenzten* Ermächtigungen[1] verweist. Die Tatsache der Ermächtigungsbegrenzung an sich besitzt keine ausreichende Aussagekraft. Der Hauptgrund hierfür liegt in der unzulänglichen Unterscheidung zwischen der Umgrenzung der den Gemeinschaften als solchen zustehenden *Aufgaben* einerseits, der ihren *Organen* zur Wahrnehmung *dieser Aufgaben* zustehenden *Handlungsermächtigungen* andererseits. Aus der Feststellung, Allzuständigkeit, wie sie dem souveränen Staat zukomme, eigne den Gemeinschaften nicht, ihre Aufgaben seien vielmehr begrenzt, braucht — weder logisch noch normativ — zu folgen: also besäßen auch ihre Organe nur begrenzte Handlungsermächtigungen zu ihrer Wahrnehmung. Entsprechend den Prinzipien bundesstaatlicher Ordnung, in der dem Bund auch nur begrenzte Aufgaben zustehen, seinen Organen gleichwohl generelle Handlungsermächtigungen zukommen, könnten auch generell handlungsermächtigte Gemeinschaftsorgane gedacht werden. Die Verträge haben aber anders gedacht.

Die Exegese des positiven Vertragsrechts ergibt, daß das Prinzip der vertraglich begrenzten Ermächtigungen der Gemeinschaftsorgane differenziert gekennzeichnet werden muß. Zu unterscheiden ist nach der *Art der Rechtsakte* zwischen Ermächtigungen zur *Normsetzung* und zu *anderen als normierenden* Rechtshandlungen i. S. der Art. 189 EWGV, 161 EAGV, 14 und 15 EGKSV sowie dort nicht vorgesehenen Rechtshandlungen; außerdem ist zu differenzieren *an Hand der inhaltlichen Bestimmung des ermächtigten Organhandelns.*

[1] Üblich ist auch die Bezeichnung „Prinzip der begrenzten Einzelermächtigungen"; vgl. *Rabe,* Verordnungsrecht 70; nach *Lagrange* RevDrPubl 1961, 45 gebräuchlich: „principe de compétence d'attribution".

II. Kataloge der Handlungsermächtigungen im EWGV und EGKSV

2 Eine Übersicht verschafft und Anschaulichkeit vermittelt eine Katalogisierung der Handlungsermächtigungen[2], die die Verträge vorsehen. Dabei wird der EAGV nicht berücksichtigt, weil er atypische Spezialfragen aufwirft. Die folgenden Kataloge — gesondert für EWGV und EGKSV — stellen ab auf die *Adressaten* der Handlungsermächtigung sowie die unterschiedliche Zuweisung einer Handlungs*form* zu ihrer Wahrnehmung. Dabei wird zusätzlich differenziert nach den in Art. 189 EWGV, Art. 14, 15 EGKSV spezifizierten Handlungsformen sowie solchen Ermächtigungen, die die Handlungsform nicht ausdrücklich vorbestimmen. Verwendet werden die Organbezeichnungen des Fusionsvertrages (also Kommission statt Hohe Behörde und — einheitlich — Rat). Obwohl als solche nicht Organe der Gemeinschaften, sind in den folgenden Katalogen auch die Mitgliedstaaten als Adressaten gemeinschaftsrechtlicher Handlungsermächtigungen aufgeführt. Handlungsermächtigungen des Gerichtshofs erscheinen in den Katalogen nicht (darüber *§§ 15, 43*). Befugnisse von Gemeinschaftsorganen zur Mitwirkung an solchen anderer sind ebenfalls nicht aufgeführt (darüber *§ 23*).

1. Handlungsermächtigungen im EWGV

a) nach dem Adressaten der Ermächtigung:

3 (1) Rat

Art. EWGV	
189 I	allgemeine Handlungsformen
7 II	Regelungen für das Verbot von Diskriminierungen
8 III	Feststellung über die Erreichung der Ziele der 1. Stufe
8 IV	Bestellung einer Schiedsstelle im Verfahren des Stufen-Übergangs
8 V	Entscheidung über die Verlängerung oder Abkürzung der 2. und 3. Stufe
14 V	Besondere Probleme der Binnenzollsenkung
20 III	Festsetzung des gemeinsamen Zolltarifs für Waren der Liste G
21 I	Behebung technischer Schwierigkeiten bei der Anwendung der Art. 19, 20

[2] Solche Kataloge sind mehrfach aufgestellt worden; vgl. für die EWG: AnnFrDrInt 3 (1957), 505; für die EGKS: La CECA, Hg. L'Institut des relations internationales de Bruxelles (1953) 35; *Krämer*, Die EWG, Texte zu ihrer Entstehung und Tätigkeit (1965) 26, 36; Bericht der Abg. *Savary* und *July* für die Nationalversammlung im Zustimmungsverfahren zum EWGV und EAGV, JournOff Ass. nat. Annexe No. 5266, Sess. ord. 1956/57, 2333, 2366; zum Erkenntniswert solcher Kataloge vgl. *Wagner*, Beschlußrecht 211—216. *Sattler*, Funktionelle Integration 168 Anm. 1 hat im EWGV nebst Protokollen und Durchführungsabkommen über 200 verschiedene Rats- und Kommissionszuständigkeiten gezählt. — Die hier aufgestellten Kataloge weisen fast 140 Rats- und Kommissionszuständigkeiten des EWGV, ca. 90 des EGKSV auf. Im EWGV stehen etwa 60 Kommissionszuständigkeiten den etwa 80 zählenden des Rates gegenüber. Im EGKSV hat die Kommission etwa 75 Zuständigkeiten zugewiesen erhalten, der Rat nur etwa 15. Das illustriert die EGKS als „Verwaltungsgemeinschaft".

Art. EWGV	
21 II	Entscheidung über Anpassungen bei Verwirklichung der Art. 19, 20
25 I	Gewährung von Zollkontingenten
28	autonome Änderung oder Aussetzung von Sätzen des Gemeinsamen Zolltarifs
33 V	Verringerung des Mindestsatzes für Kontingente
33 VIII	Änderung des Verfahrens bei Kontingentabbau
42	Anwendung der Wettbewerbs- und Beihilfenregelungen auf den Agrarmarkt
43 II, III	Maßnahmen gemeinsamer Agrarpolitik
44 III	Mindestpreissystem — Grundsätze
44 IV	Berichtigung der von den Mitgliedstaaten festgesetzten Mindestpreise
44 V	Änderung von Mindestpreisen
44 VI	Endgültiges Mindestpreissystem
49	Maßnahmen zur Herstellung der Freizügigkeit
51	Maßnahmen auf dem Gebiet der sozialen Sicherheit
54 I	Allgemeines Programm zur Niederlassungsfreiheit
54 II	Verwirklichung der Niederlassungsfreiheit
55 II	Ausnahmen von der Niederlassungsfreiheit
56 II	Koordinierung der Rechts- und Verwaltungsvorschriften zur Niederlassungsfreiheit
57 I, II	Anerkennung von Befähigungsnachweisen, Koordinierung der Vorschriften über die Aufnahme und Ausübung selbständiger Tätigkeiten
59 II	Erstreckung von Vorschriften über Dienstleistungen auf Angehörige von Drittstaaten
63 I	Programm zur Dienstleistungsfreiheit
63 II	Verwirklichung der Dienstleistungsfreiheit
69	Durchführung des freien Kapitalverkehrs
70 I 2	Koordinierung der Devisenpolitik
70 II	Korrektur autonomer Maßnahmen der Mitgliedstaaten in der Devisenpolitik
73 I	Schutzmaßnahmen im Kapitalverkehr
75	Maßnahmen zur gemeinsamen Verkehrspolitik
76	Billigung autonomer Maßnahmen der Mitgliedstaaten zur Verkehrspolitik
79 III	Beseitigung von Diskriminierungen der Verkehrspolitik
84 III	Vorschriften für die See- und Luftschiffahrt
87 I	Regelungen über den Wettbewerb
93 II	Beihilfenkontrolle
94	Durchführungsverordnungen über staatliche Beihilfen
98	Genehmigung von Rückvergütungen und Ausgleichsabgaben
99	Maßnahmen zur Steuerharmonisierung
100	Maßnahmen zur Rechtsangleichung
101	Behandlung wettbewerbsverfälschender Vorschriften
103 II—IV	Konjunkturpolitische Kompetenzen
108 II	Beistandsgewährung bei Zahlungsbilanzschwierigkeiten
108 III	Kontrolle von Ermächtigungen der Kommission zu Schutzmaßnahmen der Mitgliedstaaten bei Zahlungsschwierigkeiten
109 III	Schutzmaßnahmen in Zahlungsbilanzkrisen
111	Ermächtigung der Kommission zu Zollverhandlungen

Art. EWGV	
112 I	Vereinheitlichung von Ausfuhrbeihilfen
113 II, III, IV	Gestaltung der gemeinsamen Handelspolitik
114	Abschluß von Abkommen im Namen der Gemeinschaft
116	Regelung des gemeinsamen Vorgehens in internationalen Organisationen
121	Gemeinsame Maßnahmen in der Sozialpolitik
126	Finanzausstattung und Aufgabenbestimmung für den Sozialfonds
127	Vorschriften über die Zuschußgewährung aus dem Sozialfonds
128	Allgemeine Grundsätze für die Berufsausbildung
136	Verlängerung des Assoziierungsabkommens (überseeische Gebiete)
138 III	Regelung der Direktwahl des Parlaments
172	Erweiterung von Prüfungszuständigkeiten des Gerichtshofs
200 III	Änderung des Aufbringungsschlüssels für die Finanzbeiträge der Mitgliedstaaten
201	Eigene Mittel der Gemeinschaft
203 IV—VIII	Feststellung des Haushaltsplans
203 a III	Feststellung des Entwurfs des Haushaltsplans vor 1975
203 a IV, V	Mitwirkung an der Feststellung des Haushaltsplans vor 1975
204	Genehmigung von Haushaltsvorschriften
206 IV	Entlastung der Kommission
213	Bestimmungen über Auskunftsrecht
217	Regelung der Sprachenfrage
223 II, III	Feststellung einer Liste der Waren, mit denen wesentliche Sicherheitsinteressen der Mitgliedstaaten verbunden sind
227 II	Regelung zur Anwendung des Vertrages auf Algerien und die überseeischen Departements Frankreichs
228 I	Abschluß von Abkommen
235	Erlaß von Vorschriften für nicht vorgesehene Befugnisse
236	Stellungnahme für Staatenkonferenz zur Vertragsänderung
237	Beschlußfassung zu Aufnahmeanträgen von Drittstaaten
238	Abschluß von Assoziierungsabkommen

4 (2) *Kommission*

155	Abgabe von Empfehlungen und Stellungnahmen auf den im Vertrag bezeichneten Gebieten, soweit vorgesehen oder für notwendig erachtet
189 I	allgemeine Handlungsformen
10 II	Koordinierung der Verfahren der nationalen Zollverwaltungen
13 II	Regelung zur Aufhebung zollgleicher Maßnahmen
14 VI	Empfehlungen zur Behebung von Störungen im Binnenzollabbau
15 II	Empfehlung zu schnellerer Binnenzollsenkung an die Mitgliedstaaten
17 IV	Ermächtigung eines Mitgliedstaates zur Beibehaltung eines Finanzzolls
20 II	Vorkehrungen zur Zollsatfestsetzung der Warenliste G
22 I	Einbeziehung der Finanzzölle in die Berechnung des Außenzolls
25 I	Feststellung nichtausreichender Versorgung eines Mitgliedstaates mit bestimmten Waren
25 II	Gewährung von Zollkontingenten
25 III	Ermächtigung der Mitgliedstaaten zur Zollaussetzung
25 IV	Überprüfung der gewährten Zollkontingente

Art. EWGV	
26 I	Ermächtigung eines Mitgliedstaates zur Aufschiebung der Zollanpassung
27	Empfehlung zur Angleichung der Rechts- und Verwaltungsvorschriften im Zollwesen
33 IV	Streichung eines Globalkontingents
33 VI	Zustimmung zu Berücksichtigung autonomer Einfuhrliberalisierung der Mitgliedstaaten bei Kontingentberechnung
33 VII	Regelungen zur Beseitigung von Maßnahmen kontingentgleicher Wirkung
33 VIII	Feststellung von Störungen beim Abbau der Kontingente
35	Empfehlungen zur schnelleren Beseitigung der Ein- und Ausfuhrbeschränkungen
37 III	Ermächtigung zu Schutzmaßnahmen der Mitgliedstaaten gegenüber Handelsmonopolen anderer
37 VI	Empfehlungen zur Umformung der Handelsmonopole
43 I, II	Erarbeitung der Grundlinien und Vorschläge einer gemeinsamen Agrarpolitik
46	Festsetzung von Ausgleichsabgaben
64	Empfehlungen zu weitergehender Dienstleistungsfreiheit
71	Empfehlungen zu weiterer Liberalisierung des Kapitalverkehrs
72	Unterrichtung und Stellungnahmen zu Kapitalbewegungen
73 I	Ermächtigungen zu Schutzmaßnahmen der Mitgliedstaaten im Kapitalverkehr
73 II	Aufhebung oder Abänderung autonomer Schutzmaßnahmen der Mitgliedstaaten im Kapitalverkehr
79 IV	Prüfung und Entscheidung zu Verkehrsdiskriminierungen
80 I	Genehmigung von Unterstützungsmaßnahmen
80 II	Kontrolle von Frachten und Beförderungsbedingungen
81	Empfehlungen zu Grenzabgaben
89 I	Wettbewerbskontrolle
89 II	Ahndung von Zuwiderhandlungen gegen Wettbewerbsbestimmungen
90 III	Kontrolle der öffentlichen Unternehmen
91 I	Dumpingkontrolle
91 II	Regelungen zur Dumpingkontrolle
93 I	Kontrolle von Beihilferegelungen
93 II	Maßnahmen bei unstatthaften Beihilfen
93 III	Verfahren zur Kontrolle geplanter Beihilfen
97	Regelung zum Verfahren bei kumulativer Mehrphasensteuer
101	Feststellung wettbewerbsverfälschender Vorschriften
102 I	prohibitive Rechtsangleichungskontrolle
105 I	Empfehlungen zur Koordinierung der Wirtschafts- und Währungspolitik
107 II	Ermächtigung zu Schutzmaßnahmen gegen Wechselkursänderungen
108 I	Empfehlung von Maßnahmen bei Zahlungsbilanzschwierigkeiten
108 III	Ermächtigung der Mitgliedstaaten zu Schutzmaßnahmen
109 II	Empfehlungen in Zahlungsbilanzkrisen
111	Vorschläge zur Vereinheitlichung der Handelspolitik
115	Maßnahmen zum Schutz gegen Verkehrsverlagerungen
118	Förderung der Zusammenarbeit in sozialen Fragen
124	Verwaltung des Sozialfonds

Art. EWGV	
134	Abhilfemaßnahmen bei Verkehrsverlagerungen im Zusammenhang mit der Assoziierung überseeischer Gebiete
169	Stellungnahme zu vermeintlichem Vertragsverstoß eines Mitgliedstaates
203 II	Zusammenfassung der Haushaltsvoranschläge zum Vorentwurf des Haushaltsplans
203 VIII	Feststellung des zulässigen Höchstsatzes der Ausgabenerhöhung des Haushalts
203 a II	Zusammenfassung der Haushaltsvoranschläge zum Vorentwurf des Haushaltsplans
226 II	Schutzmaßnahmen während der Übergangszeit

5 (3) *Sonstige Organe*

8 IV	*Schiedsstelle:* Schiedsspruch bei Streitigkeiten über den Übergang von der 1. zur 2. Stufe
105 II	*Beratender Währungsausschuß:* Beobachtung und Beratung zur Koordinierung der Währungspolitik
138 III	*Parlament:* Ausarbeitung von Entwürfen zur Direktwahl
206	*Kontrollausschuß:* Rechnungsprüfung (vgl. Art. 22 FusV).

6 (4) *Mitgliedstaaten*

8 IV	Beantragung einer Schiedsstelle gegen Feststellung des Rates über den Übergang zur 2. Stufe
15 I	Maßnahmen zu schnellerer Binnenzollsenkung
17 III	Ersetzung der Finanzzölle durch andere Abgaben
20 I	Hinzufügung von Waren zur Liste G
22 II	Einbeziehung der Finanzzölle; Anwendung des Verfahrens nach Art. 20 (Liste G)
24	Beschleunigte Angleichung von Zollsätzen an den Gemeinsamen Zolltarif
33 VI	Berücksichtigung autonomer Einfuhrliberalisierung bei Kontingentberechnung
44 I, IV	Anwendung von Mindestpreissystemen
70 II	Maßnahmen in der Devisenpolitik
73 II	Schutzmaßnahmen im Kapitalverkehr
76	Maßnahmen in der Verkehrspolitik
88	Entscheidungen über Wettbewerbsvereinbarungen
109 I	Maßnahmen bei Zahlungsbilanzkrise
115	Schutzmaßnahmen im Bereich der Handelspolitik
134	Ersuchen der Kommission zum Vorschlag von Abhilfemaßnahmen bei Verkehrsverlagerungen im Zusammenhang mit der Assoziierung überseeischer Gebiete
223 I	Maßnahmen zur Wahrung wesentlicher Sicherheitsinteressen

b) nach den Handlungsformen:

7 (1) *Verordnungen*

Art. EWGV

43 II, III	Rat	94	Rat
49	Rat	172	Rat
87 I	Rat	189	Rat, Kommission

8 (2) *Entscheidungen*

8 V	Rat	93 II	Kommission
21 II	Rat	93 II	Rat
28	Rat	93 II	Kommission
33 IV	Kommission	93 III	Kommission
43 II, III	Rat	97	Kommission
70 II	Rat	103 II	Rat
73 II	Kommission	108 II	Rat
79 IV	Kommission	109 III	Rat
80 II	Kommission	115	Kommission
84 II	Rat	189	Rat, Kommission
89 II	Kommission	227 II	Rat
90 III	Kommission		

9 (3) *Richtlinien*

13 II	Kommission	69	Rat
14 V	Rat	70 I	Rat
21 I	Rat	87 I	Rat
33 VII	Kommission	90 III	Kommission
43 II, III	Rat	97	Kommission
49	Rat	100	Rat
54 II	Rat	100	Rat
56 II	Rat	103 III	Rat
57 I	Rat	108 II	Rat
57 II	Rat	112 I	Rat
63 II	Rat	189	Rat, Kommission

10 (4) *Empfehlungen*

14 VI	Kommission	91 I	Kommission
15 II	Kommission	102 I	Kommission
27	Kommission	105 I	Kommission
35	Kommission	108 I	Kommission
37 VI	Kommission	109 II	Kommission
43 II, III	Rat	111	Kommission
64	Kommission	115	Kommission
71	Kommission	138 III	Rat
81	Kommission	201	Rat

Art. EWGV

11 (5) *Stellungnahmen*

72	Kommission	189	Rat, Kommission
118	Kommission	236	Rat
155	Kommission	238	Rat
169	Kommission		

12 (6) *nicht spezifizierte Handlungsformen*

7 II	Rat	33 VIII	Rat
8 III	Rat	37 III	Kommission
8 IV, V	Rat	42	Rat
10 II	Kommission	43 I	Kommission
10 II	Kommission	43 II	Kommission
14 VII	Rat	44 III	Rat
20 II	Kommission	44 IV	Rat
20 III	Rat	44 V	Rat
22 I	Kommission	44 VI	Rat
25 I	Kommission	46	Kommission
25 I	Rat	51	Rat
25 II	Kommission	54 I	Rat
25 III	Kommission	55 II	Rat
25 IV	Kommission	59 II	Rat
26 I	Kommission	63 I	Rat
33 V	Rat	73 I	Kommission
33 VI	Kommission	73 I	Rat
33 VIII	Kommission	75	Rat
76	Rat	126	Rat
79 III	Rat	127	Rat
80 I	Kommission	128	Rat
89 I	Kommission	134	Kommission
91 II	Kommission	136	Rat
93 I	Kommission	138 III	Rat
93 III	Kommission	200 III	Rat
98	Rat	201	Rat
99	Rat	203 III, IV, V	Rat
101	Rat, Kommission	204	Rat
107 II	Kommission	213	Rat
108 III	Rat	217	Rat
111	Rat	223 II, III	Rat
113 II, III		226 II	Kommission
i. V. m. IV	Rat	228 I	Rat
114	Rat	235	Rat
115	Kommission	237	Rat
116	Rat	238	Rat
118	Kommission		
121	Rat		

2. *Handlungsermächtigungen im EGKSV*

a) nach den Adressaten der Ermächtigung:

13 (1) *Rat*

Art. EGKSV	
58 § 3	Entscheidung über Beendigung des Quotensystems
59 § 2	Entscheidung über Verwendungsprioritäten und über Aufkommensverteilung
59 § 5	Beschluß von Ausfuhrbeschränkungen
59 § 6	Aufhebung des Verteilungssystems
72 I	Festsetzung der Mindest- und Höchstsätze für Zölle
78 III	Aufstellung des Entwurfs des Verwaltungshaushaltsplans
78 IV—VIII	Feststellung des Verwaltungshaushaltsplans
78 A III	Aufstellung des Entwurfs des Verwaltungshaushaltsplans vor 1975
78 A IV, V	Mitwirkung an der Feststellung des Verwaltungshaushaltsplans vor 1975
78 b II	Genehmigung von Haushaltsvorgriffen
78 d I	Festlegung der Zahl der Rechnungsprüfer
78 d IV	Entlastung der Kommission
78 e	Bestellung der Rechnungsprüfer
78 f	Erlaß der Haushaltsordnung, von Anweisungsvorschriften und Kontrollmaßnahmen
81 II	Beschluß über Listenergänzung der Ausdrücke Kohle und Stahl
98	Beschluß über Beitritt von Drittstaaten zur Gemeinschaft und die Beitrittsbedingungen

14 (2) *Kommission*

14 I	allgemeine Handlungsformen
34 I	Maßnahmen nach Nichtigerklärung von Kommissionshandlungen durch den Gerichtshof
37 II	Feststellung von Wirtschaftsstörungen in einem Mitgliedstaat und Entscheidung über Gegenmaßnahmen
46 I	Anhörungsbefugnis zwecks Zusammenarbeit
46 III	Markt- und Preisbeobachtung, Programmaufstellung, Zielbestimmungen, Untersuchungen, Auskunftseinholung
46 IV, V	Veröffentlichungspflicht
47 I	Auskunfts- und Nachprüfungsbefugnis
47 III	Verhängung von Geldbußen und Zwangsgeldern gegen Unternehmen
48 III, IV	Auskunftsbefugnis gegenüber Erzeugerverbänden
49 I	Befugnis zur Erhebung von Umlagen und Aufnahme von Anleihen
50 § 3	Befugnis zur Festsetzung von Verzugszuschlägen
51 § 2	Übernahme von Gewährleistungen für Anleihen Dritter an Unternehmen
53 I	Genehmigung zur Schaffung gemeinsamer finanzieller Einrichtungen
53 II	Empfehlungen an die Mitgliedstaaten für ihre finanziellen Einrichtungen
54 I, II	Bewilligung von Krediten und Übernahme der Gewährleistung von Anleihen
54 III	Besondere Auskunftsbefugnis zur Investitionskontrolle

Art. EGKSV	
54 IV, V	Stellungnahme oder Entscheidung zu Investitionsprogrammen
54 VI	Verhängung von Geldbußen wegen verbotener Fremdfinanzierung von Investitionen
55 § 2	Maßnahmen zur Förderung der Forschung
55 § 3	Stellungnahmen zur Verbreitung technischer Verbesserungen
56 I	Finanzierungserleichterungen nach Art. 54 und Gewährung nicht rückzahlungspflichtiger Beihilfen
58 § 1	Einführung eines Systems von Erzeugungsquoten bei Krisen
58 § 2	Regelung der Kapazitätsausnutzung durch Umlagen
58 § 3	Antrag auf Beendigung des Quotensystems
58 § 4	Verhängung von Geldbußen
59 § 1	Vorschlag eines Verteilungssystems bei Mangellage an den Rat
59 § 2	Aufstellung von Vorschlägen über Verwendungsprioritäten und Aufkommensverteilung
59 § 3	Subsidiäre Befugnis zur Aufkommensverteilung
59 § 5	Beschluß von Ausfuhrbeschränkungen nach Drittländern
59 § 6 I	Aufhebung des Verteilungssystems
59 § 7	Festsetzung von Geldbußen
60 § 1	Bezeichnung verbotener Praktiken
60 § 2	Vorschriften über Umfang und Form der Veröffentlichung von Preistafeln
60 § 2	Entscheidungen über Preisgrenzen
61 I	Festsetzung von Höchst- und/oder Mindestpreisen
62 I, II	Genehmigung von Ausgleichszahlungen
63 § 1	Empfehlungen an die Regierungen der Mitgliedstaaten bei Diskriminierungen durch Käufer
63 § 2	Bestimmungen bezüglich Verkaufsbedingungen und Haftung der Unternehmen; Begrenzung der Vertragsabschlußfreiheit der Unternehmen
63 § 3	Empfehlungen an die Mitgliedstaaten zur Beachtung der Regeln gegen Diskriminierungen
64	Verhängung von Geldbußen
65 § 2	Genehmigung von Vereinbarungen für bestimmte Erzeugnisse über Spezialisierung und gemeinsamen Ein- oder Verkauf
65 § 2	Widerruf oder Änderung von Genehmigungen
65 § 3	Einholung von Auskünften durch besondere Aufforderung oder Verordnung
65 § 4	Entscheidungen über Vertragsmäßigkeit von Vereinbarungen
65 § 5	Verhängung von Geldbußen und Zwangsgeldern
66 § 1	Vorherige Genehmigung von Zusammenschlüssen; Verordnung über die Tatbestandsmerkmale der Kontrolle eines Unternehmens
66 § 3	Verordnung über die Befreiung vom Erfordernis vorheriger Genehmigung
66 § 4	Einholung von Auskünften
66 § 5	Entscheidung über Unzulässigkeit von Zusammenschlüssen; Anordnung über die Auflösung unzulässiger Zusammenschlüsse
66 § 5	Einstweilige Maßnahmen
66 § 5	Verhängung von Zwangsgeldern
66 § 5	Vollzugsmaßnahmen
66 § 5	Empfehlungen an die Mitgliedstaaten
66 § 6	Verhängung von Geldbußen

Art. EGKSV

66 § 7	Empfehlungen oder Entscheidungen über Preise und Verkaufsbedingungen, Fabrikations- oder Lieferprogramme gegenüber marktbeherrschenden Unternehmen
66 § 7	Verhängung von Geldbußen
67 § 2	Ermächtigung an einen Mitgliedstaat zur Gewährung von Beihilfen; Empfehlung an den Mitgliedstaat, marktschädigende Auswirkungen seiner Maßnahmen zu beseitigen
67 § 3	Empfehlungen an einzelne Mitgliedstaaten
68 § 2	Empfehlungen an Unternehmen oder die Regierungen der Mitgliedstaaten wegen niedrigen Lohnniveaus
68 § 3	Empfehlungen an Unternehmen oder Regierungen der Mitgliedstaaten wegen der Folgen von Lohnsenkungen
68 § 5	Maßnahmen nach Art. 67 §§ 2 und 3
68 § 6	Verhängung von Geldbußen und Zwangsgeldern
70 IV	Vorherige Genehmigung von Ausnahmetarifen im Binnenverkehr
72 II	Stellungnahme zwecks Änderungen der Zolltarife eines Mitgliedstaates
73 II	Überwachung des Ein- und Ausfuhrlizenzverfahrens der Mitgliedstaaten
74 I, II	Maßnahmen und Empfehlungen an die Mitgliedstaaten zur Durchsetzung der Art. 3, 71 II
75 II	Empfehlungen und Stellungnahmen an die Mitgliedstaaten bezüglich der Handelsabkommen oder Abmachungen gleicher Wirkung
78 II	Zusammenfassung der Haushaltsvoranschläge zum Vorentwurf des Verwaltungshaushaltsplans
78 VIII	Feststellung des zulässigen Höchstsatzes der Aufgabenerhöhung des Haushalts
78 A II	Zusammenfassung der Haushaltsvoranschläge zum Vorentwurf des Verwaltungshaushaltsplans bis 1975
78 A VIII	Ermächtigung und Verpflichtung zur Einnahmenerhebung gemäß Art. 49
78 b I	Verfügung über Haushaltsvorgriffe
78 b II	Genehmigung zur angepaßten Umlageerhebung
78 c I	Ermächtigung zur Ausführung des Verwaltungshaushaltsplans

15	(3) *Sonstige Organe*
78 d	*Kontrollausschuß:* Prüfung der Verwaltungshaushaltsrechnung (vgl. Art. 22 FusV)
78 e	*Rechnungsprüfer:* Abfassung des Rechnungsprüfungsberichts
95 IV	*Versammlung:* Billigung der Vorschläge zur Anpassung der Vorschriften über die der Kommission übertragenen Befugnisse

16	(4) *Mitgliedstaaten*
58 § 3	Antrag der Regierung eines Mitgliedstaates auf Beendigung des Quotensystems
72 II	Bestimmung der Zolltarife durch die Mitgliedstaaten nach eigenen Verfahren

17 (1) *Entscheidungen*

49 I	Kommission	58 § 2	Kommission
54 IV, V	Kommission	60 § 1	Kommission
54 III	Kommission	60 § 2	Kommission

b) nach den Handlungsformen:

Art. EGKSV

61 I	Kommission	66 § 5	Kommission
65 § 2	Kommission	66 § 7	Kommission
65 § 2	Kommission	88 I	Kommission
65 § 4	Kommission	95 I	Kommission

18 (2) *Empfehlungen*

53 II	Kommission	67 § 3	Kommission
58 § 1	Kommission	68 § 2	Kommission
60 § 2	Kommission	68 § 3	Kommission
63 § 1	Kommission	68 § 5	Kommission
63 § 3	Kommission	73 II	Kommission
66 § 5	Kommission	74 I, II	Kommission
66 § 7	Kommission	75 II	Kommission
67 § 2	Kommission	95 I	Kommission

19 (3) *Stellungnahmen*

55 § 3	Kommission	54 IV, V	Kommission
72 II	Kommission	75 II	Kommission

20 (4) *nichtspezifizierte Handlungsformen*

34 I	Kommission	59 § 5	Kommission
37 II	Kommission	59 § 6	Kommission
46 I	Kommission	59 § 7	Kommission
46 III	Kommission	60 § 2	Kommission
47 I	Kommission	62 I, II	Kommission
47 III	Kommission	63 § 2	Kommission
48 III, IV	Kommission	64	Kommission
49 I	Kommission	65 § 3	Kommission
50 § 3	Kommission	65 § 5	Kommission
51 § 2	Kommission	66 § 1	Kommission
53 I	Kommission	66 § 3	Kommission
54 I, II	Kommission	66 § 4	Kommission
54 III	Kommission	66 § 5	Kommission
54 VI	Kommission	66 § 5	Kommission
55 § 2	Kommission	66 § 5	Kommission
56 I	Kommission	66 § 6	Kommission
58 § 1	Kommission	66 § 7	Kommission
58 § 2	Kommission	67 § 2	Kommission
58 § 3	Kommission	68 § 5	Kommission
58 § 4	Kommission	68 § 6	Kommission
59 § 2	Kommission	70 IV	Kommission
59 § 3	Kommission	73 II	Kommission
59 § 4	Kommission	74 I, II	Kommission
78 II	Kommission	98	Rat
88 III	Kommission	58 § 3	Mitgliedstaat
90 II	Kommission	72 Abs. 2	Mitgliedstaat
91	Kommission	78 III, V	Rat
58 § 3	Rat	78 b II	Rat
59 § 2	Rat	78 d	Rat
59 § 6	Rat	78 e	Rat
72 I	Rat	78 f	Rat
81 II	Rat	95 IV	Versammlung

III. Das Prinzip der begrenzten Ermächtigungen

1. Das Begrenzungsprinzip

21 a) Die Vertragsvorschriften, die die *Aufgaben* von Rat und Kommission allgemein umschreiben und ihnen generell ihre *Handlungsformen* ausdrücklich zuweisen, sprechen einheitlich davon, dies geschehe „nach Maßgabe dieses Vertrages“ (Art. 145, 155, 189 EWGV; 115, 124, 161 EAGV; 8, 26 EGKSV: „in den in diesem Vertrag vorgesehenen Fällen“). „Nach Maßgabe dieses Vertrages“ sind in Art. 3 EWGV, 2 EAGV und (mit der vergleichbaren Wendung: „unter den in diesem Vertrag vorgesehenen Bindungen“) in Art. 5 EGKSV auch die Aufgaben der drei Gemeinschaften als solcher umschrieben. Da kein Organ der Gemeinschaften andere Aufgaben als eben solche der Gemeinschaften wahrnehmen kann, liegt *eine* vertragliche Maßgabe-Begrenzung der Organermächtigungen bereits in der vertraglichen Aufgabenumschreibung der Gemeinschaften. Ob die Organe in diesem Rahmen zu *allen* Rechtshandlungen, ob sie zu Maßnahmen *ihrer Wahl* ermächtigt *oder in dieser Wahl begrenzt* sind, ist damit indes *nicht* geklärt. Das muß sich aus anderen Vorschriften als Art. 3 EWGV, 2 EAGV und 5 EGKSV ergeben.

22 b) Die den Verträgen hierfür gestellte Regelungsaufgabe unterscheidet sich grundsätzlich von derjenigen, die einer staatlichen Verfassung vom Typ der mitgliedstaatlichen Verfassungen aufgegeben ist. Dies deshalb, weil die Staatsverfassung ihren Staat als Träger prinzipiell umfassender Zuständigkeit und Inhaber gleich umfassender Gewalt versteht. Ihre Begrenzung ergibt sich aus der grundrechtlich gewährleisteten Freiheitssphäre des Bürgers. Die Relativierung der staatlichen Allzuständigkeit durch Integrationsträger wie die Gemeinschaften nimmt die Staatsverfassung durch ausdrückliche Änderung ihres Normenbestandes dagegen nicht zur Kenntnis. So ist das Grundgesetz in diesem Sinne einer durch Integration bewirkbaren staatlichen Aufgabenbegrenzung stillschweigend relativiert[3]. Denn sein Art. 24 I hebt es als „Integrationshebel“[4] über sich selbst hinaus: „ihre Normativität kann jeweils nur noch denjenigen nicht ein für allemal feststehenden Bereich erfassen, den die neuen, das nationale Recht überlagernden Ordnungen frei lassen“[5]. Aber die staatliche Verfassung hat eben nicht — anders als ein Gemeinschaftsvertrag — die Funktion (oder jedenfalls nimmt sie sie nicht wahr), die Begrenztheit der staatlichen Aufgabe zu verlautbaren und *aus diesem Grunde* die Begrenztheit der ihren Organen zustehenden Ermächtigungen zu kennzeichnen. Soweit eine Staatsverfassung Handlungsermächtigungen ihrer Organe umgrenzt, geschieht das zur Sicherung der Grundrechte und tragender Verfassungsprinzipien wie der Gewaltenteilung und der

[3] Dazu *Hesse*, Grundzüge des Verfassungsrechts der Bundesrepublik Deutschland, 4. Aufl. (1970) 44.

[4] *Ipsen*, Bensheim-Referat 26. [5] *Hesse* 44.

Rechtsstaatlichkeit. Das geschieht nicht integrationis causa[6]. Die vom staatlichen Verfassungsrecht hierfür gelieferten Ermächtigungsmodelle sind schon aus diesem Grunde für das Verständnis und die Deutung der Ermächtigungsregeln des Gemeinschaftsrechts nicht, nur bedingt oder jedenfalls mit aller Vorsicht zu verwerten. Ihre *vertragsimmanente Deutung*, die auf eine staatsrechtlich-vergleichende Bezugnahme tunlichst verzichtet, sollte deshalb den Vorzug verdienen. Entsprechendes gilt von der verleitlichen Versuchung, unter Betonung der vertraglich-völkerrechtlichen Kreation der Gemeinschaften auch insoweit einseitig aus dem Völkerrecht zu argumentieren, und dies insbesondere mit Hilfe seiner Auslegungsregel zur Behauptung der Souveränität der Vertragschließenden, wenn Auslegungszweifel bestehen *(5/72)*.

2. *Begrenzung nach Handlungsformen*

Aus den Verträgen selbst ergeben sich (unterschiedlich) Begrenzungen der Handlungsermächtigungen der Gemeinschaftsorgane dadurch, daß diese an die *Verwendung bestimmter Handlungsformen* gebunden werden.

23 a) Ohne vergleichbare Regelung in den Römischen Verträgen bestimmt Art. 14 V EGKSV, die Kommission könne sich darauf beschränken, eine (EGKS-)Empfehlung auszusprechen, wenn sie befugt sei, eine Entscheidung zu erlassen. Sie ist also zur Rechtshandlung *minderer* Rechtswirksamkeit (mit bloßer Zielverbindlichkeit unter Freistellung der staatlichen Mittelwahl) ermächtigt, wenn sie zum Erlaß einer (in allen ihren Teilen verbindlichen) Entscheidung befugt ist. Umgekehrtes gilt nicht, auch nicht im Verhältnis der übrigen Rechtshandlungen zueinander, und Handlungswahl steht ihr sonst nur dort zu, wo der EGKSV dies ausdrücklich vorsieht (z. B. in Art. 75 II: Stellungnahmen *oder* Empfehlungen; Art. 66 § 7: Empfehlungen *oder* Entscheidungen).

24 b) Solche Wahlmöglichkeit besteht auch im EWGV und EAGV, wo sie *ausdrücklich* vorgesehen ist (so z. B. in Art. 43 II EWGV: Verordnung,

[6] Als das Grundgesetz erging und die deutsche Staatsgewalt noch von der Besatzungshoheit überlagert wurde, hat die Verfassung auch diese „Lage" ignoriert; vgl. *Ipsen*, Über das Grundgesetz, 3. Aufl. (1969) 30. Erst durch das Änderungsgesetz vom 26. 3. 1954 (BGBl. I, 45) zu Art. 79 I GG und anläßlich des bevorstehenden Abbaues der Besatzungshoheit hat die Verfassung die wahre Lage klargestellt. Ob das Grundgesetz nicht auch in einem generellen Vergemeinschaftungs-Vorbehalt (etwa in Art. 20 oder 24) von der Integrationslage Kenntnis nehmen sollte, wäre der Erwägung wert. Es würde damit in der Zielsetzung des Art. 24 I „über sich selbst hinausweisen" und jener Staatsauffassung absagen, „die ihren Mittelpunkt lediglich in dem Mittel des Monopols legitimer physischer Gewaltsamkeit" findet; dies voller Zustimmung zu *Hesse* 44. — Zur Frage, ob und inwieweit Staaten und Gemeinschaften sich nach Totalität oder Begrenztheit ihrer Aufgaben (noch) unterscheiden, vgl. u. a.: *Grabitz*, Gemeinschaftsrecht bricht nationales Recht (1966) 20 mit weiteren Nachweisen; *Herb. Krüger*, Über die Herkunft der Gewalt der Staaten und der sog. supranationalen Organisationen, DÖV 1959, 721; *Wagner*, Beschlußrecht 257; *de Visscher*, Le droit public de la CECA (1956) 67, *Rabe*, Verordnungsrecht 71; *Kovar*, Le pouvoir réglementaire de la CECA 119, 122.

Richtlinie, Entscheidung, Empfehlung). EWGV und EAGV enthalten keine generelle Ermächtigung nach Art des Art. 14 V EGKSV, statt einer vorgesehenen Entscheidung eine Richtlinie zu erlassen. Dagegen stellen Art. 155 EWGV, 124 EAGV der Kommission die nicht verbindliche Empfehlung und Stellungnahme nach ihrer Wahl als Handlungsform zur Verfügung, nämlich: „soweit der Vertrag dies ausdrücklich vorsieht *oder soweit sie dies für erforderlich* erachtet". Entsprechende Wahlmöglichkeit ist für Rat und Kommission sonst generell nicht begründet. Das wird bestätigt durch die Begrenzung in ihren Handlungsformen, die Verbindlichkeit äußern, also auf Verordnung, Entscheidung und Richtlinie, soweit diese in Einzelermächtigungen vorgesehen sind. Hier bedeutet die *Ermächtigung* zur Anwendung verbindlicher Handlungsformen zugleich die *Verpflichtung* zu ihrem Einsatz. Die Ausnahmeermächtigungen der Art. 235 EWGV, 203 EAGV, 95 I EGKSV (für den Rat bzw. die Kommission) haben besondere Voraussetzungen und betreffen nicht das Normalprinzip, um das es hier geht (zu den Ausnahmeermächtigungen: *20/37—42)*.

25 c) Wo Handlungsermächtigungen der Verträge eine *bestimmte* Handlungs*form nicht* vorsehen, muß der Auslegung der einzelnen Vertragsbestimmung entnommen werden, welche Handlungsform verfügbar ist. Hier versagt das Mittel der Formbestimmung zur Ermächtigungseingrenzung. Das ist z. B. der Fall, wo der Rat befugt wird, Regelungen zu treffen, Festsetzungen vorzunehmen, zu bestimmen, zu beschließen, vorzuschreiben, Bedingungen festzulegen usw. (vgl. aus dem EWGV: Art. 7 II, 20 III, 42 I, 44 III, 126, 75 I). Daß hier und auch sonst in den Verträgen nicht die Terminologie der Art. 189 EWGV, 161 EAGV, 14 EGKSV einheitlich Verwendung gefunden hat, ist aus technischen und Zeitgründen mangelnder Koordinierungs- und Redaktionsarbeit zu erklären[7]. Infolgedessen sind Vertragsbestimmungen dieser mangelnden Prägnanz in der Regel nicht geeignet, durch Bindung in der Handlungsform Ermächtigungsgrenzen zu verdeutlichen. Vielmehr ist bei der jeweiligen Ermittlung der verfügbaren Handlungsformen umgekehrt als Auslegungsgrundsatz davon auszugehen, daß das Organhandeln vertraglich *stets nur* ein *begrenztes* ist.

3. Enumerationsprinzip

26 Die Gemeinschaftsorgane sind überwiegend auf bestimmte Handlungsformen verwiesen. Soweit diese Verbindlichkeit äußern, wird dadurch das Prinzip der begrenzten Ermächtigungen in seiner inhaltlichen Tragweite bestimmt. *Keinem Organ* (insbesondere auch nicht dem Rat) steht eine *allgemeine Rechtsetzungsbefugnis* zu. Diese ist vielmehr stets *nur enumerativ* kraft vertraglicher Einzelermächtigung verfügbar[8].

---

[7] *Rabe*, Verordnungsrecht 84.

[8] Über die Frage, ob eine allgemeine Rechtsetzungsbefugnis besteht oder nicht, ist

27 a) Abzulehnen ist daher zunächst die vom französischen Recht her gefolgerte Annahme, in einer Art Analogie zum staatlichen Verfassungsrecht bestehe jedenfalls im Bereich der Römischen Verträge eine allgemeine Organermächtigung zur Rechtsetzung, wie die staatliche Exekutive allgemein befugt sei zur Gesetzesausführung. Diese (abwegige) Annahme glaubt, sich auf Art. 4 (auch 7) EWGV, 3 EAGV stützen zu können: jedes Organ handle nach Maßgabe der ihm in diesem Vertrage zugewiesenen Befugnisse. Eine solche Analogie müßte wegen Art. 80 GG für das deutsche Recht ohnehin versagen. Diese Argumentation übersteigert das in Art. 4 EWGV, 3 EAGV (vergleichbar Art. 8, 26 EGKSV) fixierte Prinzip der Vertragsmäßigkeit (das Analogon zum staatsrechtlichen Gesetzmäßigkeitsprinzip) fälschlich von einer Funktionsanweisung zu einer materiell-rechtlichen Normierungsermächtigung. Sie verkennt auch, daß die Organaufgabe, für die Erreichung der in diesem Vertrag festgelegten „Zwecke ... zu sorgen" (so die allgemein treffende Wendung in Art. 8 EGKSV), nicht schlechthin mit der staatlichen Gesetzesausführung vergleichbar ist, insbesondere nicht bei der Entwicklung gemeinsamer Politiken, der Herstellung der Marktfreiheiten und den Harmonisierungsaufgaben. Nur für den EGKSV, der — anders als die Römischen Verträge — selbst bereits eine Marktordnung für Kohle und Stahl enthält, wäre das Bild seiner „Ausführung" durch die Organe nach Art staatlicher Gesetzesausführung durch die Exekutive allenfalls vertretbar[9].

28 b) Abzulehnen ist nicht minder, eine allgemeine Kommissionsermächtigung zur Ausführungs-Rechtsetzung aus Art. 155 EWGV, 124 EAGV herzuleiten, weil dort der (in Art. 145 I, 4 II EWGV, 115 I, 3 I EAGV verwendete) einschränkende Zusatz „nach Maßgabe des Vertrages" fehlt. Aufbau und Inhalt der Art. 155, 124 a.a.O. verbieten diese Feststellung ebenso eindeutig wie die Methode ihrer Gewinnung aus Vergleichung mit dem Verfassungsrecht der Mitgliedstaaten[10].

29 c) Daß ein *allgemeines* Rechtsetzungsrecht von Gemeinschaftsorganen *nicht* besteht, folgt im übrigen aus verschiedenen Gründen:

---

eine umfangreiche Literatur erwachsen; vgl. die Darstellung und Nachweise bei *Rabe*, Verordnungsrecht 68, *Kovar*, Le pouvoir réglementaire 119, *Wagner*, Beschlußrecht 257, *Steiger*, Staatlichkeit und Überstaatlichkeit (1966) 76. — *Für* allgemeine Rechtsetzungsbefugnis u. a.: *Cartou*, Le Marché commun et la technique du droit public, RevDrPubl 74 (1958) 207; *Kraushaar* DÖV 1959, 727; *Bärmann*, Die Europäischen Gemeinschaften und die Rechtsangleichung, JZ 1959, 556; *dagegen* die ganz überwiegende Auffassung, u. a.: *Rabe* 69 und die dort Anm. 9 Genannten; *Bindschedler*, Rechtsfragen der Europäischen Einigung (1954) 218; *Friauf*, Die Staatenvertretung in supranationalen Gemeinschaften (1960) 88; *Grassetti*, La Communauté et les entreprises, Actes off. 4, 9; *Jaenicke* ZaöRVR 14 (1951/52) 737, 747; *Kovar* 119; *Lagrange*, La Cour de justice de la CECA, RevDrPubl 70 (1954) 418; *Steiger* 76; *de Visscher*, La CECA et les Etats membres, Actes off. 2, 52; *Wagner*, Beschlußrecht 261.

[9] Dazu *Grabitz*, Gemeinschaftsrecht bricht nationales Recht (1966) 7 mit weiteren Nachweisen.

[10] Nähere Begründung bei *Rabe* 102—105.

aa) einmal aus dem Wortlaut und dem Zweck der Art. 189 EWGV, 161 EAGV, 14 EGKSV: in der Bereitstellung der dort vorgesehenen Handlungsformen zur Rechtsetzung durch die Gemeinschaftsorgane liegt keine materiell-rechtliche Normierungs-Ermächtigung. Sie bildet lediglich eine Handlungs*formen*bestimmung unter gleichzeitiger „Legal"-Definierung ihrer Rechtsnatur;

bb) zum andern aus der vertragsrechtlichen Statuierung von Rechtsetzungsbefugnissen für den Rat (die Kommission) in den *Ausnahme*tatbeständen der Art. 235 EWGV, 203 EAGV, 95 I EGKSV, die sonst vertragssystematisch überflüssig wäre;

cc) vertragssystematisch auch aus der spezifischen Zuordnung von Rat und Kommission und der Ausgewogenheit ihrer (auf die Interessen der Mitgliedstaaten im Rat, die Gemeinschaftsinteressen in der unabhängigen Kommission abgestellten) Kompetenzen, nach der der Rat für Rechtsetzungsakte auf verbindlichen Kommissionsvorschlag angewiesen ist. Ein allgemeines Rechtsetzungsrecht des Rates würde das Vorschlagsrecht der Kommission ausschalten und zur Konkurrenz von Rat und Kommission in der Rechtsetzung auf denselben Gebieten führen[11];

dd) endlich würde ein allgemeines Rechtsetzungsrecht von Gemeinschaftsorganen die nach Materiengewicht dosierte vertragliche Zuteilung von Regelungsermächtigungen in Unordnung bringen[12], nämlich in Randgebieten der Gemeinschaftsaufgaben (Sozialpolitik) Normierungskompetenz verschaffen, in Zentralgebieten nur die geringeren, jeweils vertraglich vorgesehenen Befugnisse belassen.

4. Inhaltsbegrenzungen

30 Neben der Begrenzung der Handlungsermächtigungen, die durch die spezifizierte Zuweisung von Handlungsformen und den Ausschluß einer allgemeinen Rechtsetzungsermächtigung hergestellt wird, ergibt sich eine andere Art der Ermächtigungsbegrenzung aus dem *Inhalt* der einzelnen vertraglichen Ermächtigungen. Diese unterschiedlichen Inhalte lassen sich hinsichtlich der Intensität ihrer Begrenzungswirkung gegenüber den Organbefugnissen verschiedenartig typologisieren, wozu die Handlungskataloge *(20/3—20)* das Anschauungsmaterial liefern. Danach kommen etwa in Betracht (Beispiele nur aus dem EWGV):

a) *Materien-Umschreibung:* Art. 99 (Harmonisierung der indirekten Steuern; Prüfungs- und Vorschlagsauftrag für die Kommission; Ratszuständigkeit zu einstimmiger Entscheidung); Art. 100: allgemeiner Rechtsangleichungsauftrag an den Rat für funktionserhebliches nationales Recht (Handlungsform: Richtlinie); Art. 103: Herstellung einer gemeinsamen Konjunk-

---

[11] *Rabe,* Verordnungsrecht 71.
[12] *Wagner,* Beschlußrecht 261.

turpolitik (Ermächtigung des Rates zu einstimmigen Entscheidungen und durchführenden Richtlinien);

b) *Materien-Umschreibung zur Durchführung bestimmter Vertragsziele,* so in Art. 75 I zur Zielverfolgung des Vertrages gemäß Art. 74 im Rahmen einer gemeinsamen Verkehrspolitik und auf dem in Titel IV geregelten Sachgebiet;

c) *Materien-Umschreibung zur Zielverwirklichung* (Art. 43: gemeinsame Agrarpolitik) unter gleichzeitiger Verfahrens- und Organisationsregelung;

d) *Durchführungsauftrag zur Verwirklichung vertraglich fixierter Grundsätze,* so in Art. 87 für die Art. 85, 86 (Kartellrecht).

Diese Art der Ermächtigungsbegrenzung *vom Inhalt der Aufgabe* her, die den Gemeinschaftsorganen obliegt, ist zwar *auch geeignet,* ihre Handlungsbefugnisse zu limitieren und das Fehlen einer Allzuständigkeit zu erhärten. Sie ist indes weniger als die Eingrenzung der verfügbaren Handlungs*formen* imstande, die *rechtliche* Umgrenzung der Ermächtigungen zu liefern. Denn die Inhaltsbestimmung der Aufgaben orientiert sich überwiegend an juristisch nicht geprägten Wirtschafts- und Lebenssachverhalten. Hier gilt in etwa dieselbe Eignungsskala wie im Verhältnis der Art. 71, 72 GG (Begriff der ausschließlichen Gesetzgebungskompetenz des Bundes, der konkurrierenden Gesetzgebungskompetenz von Bund und Ländern) zu den entsprechenden Art. 73, 74 GG, die die zugehörigen Regelungsmaterien aufzählen.

5. Ermächtigungen für Mitgliedstaaten

31 Die Vertragsbestimmungen, die in irgendeiner Weise „Ermächtigungen" der Mitgliedstaaten vorsehen *(20/6—16),* sind *keine Regelungen, die das Prinzip der begrenzten Ermächtigungen der Gemeinschaftsorgane betreffen.* Denn die Mitgliedstaaten (und ihre Organe) werden durch solche Vertrags-„Ermächtigungen" *nicht* als (zusätzliche) *Gemeinschaftsorgane* zur Vertragsausführung in Funktion gesetzt. Der Sache nach handelt es sich um Spezifikationen der Aufgabenabschichtung zwischen verbliebenen Staatsaufgaben und integrierten Gemeinschaftsaufgaben, und zwar solchen, in denen es auf besondere Formen der Initiativen, des Zusammenwirkens, der Reservierung oder des Schutzes nationaler Zuständigkeiten ankommt. Soweit danach mitgliedstaatliche Zuständigkeiten ausdrücklich ausgewiesen und Gemeinschaftszuständigkeiten ausgeschlossen sind, können Regelungen dieser Art die Begrenztheit der Gemeinschaftszuständigkeit *von der Aufgabe her* verdeutlichen *(20/21).* So kann z. B. ein Mitgliedstaat nach Art. 73 II EWGV aus bestimmten Gründen zur Beseitigung von Störungen seines Kapitalmarktes kraft vertraglicher Ermächtigung zunächst autonom Schutzmaßnahmen treffen, bevor die Kommission ihn dazu ermächtigt. Diese ist nicht in der Lage, ihn daran zu hindern. Insoweit ist ihre Handlungsermächtigung durch die dem Mitgliedstaat belassene zunächst begrenzt.

IV. Rechtliche Bedeutung des Prinzips der begrenzten Ermächtigungen

32 Das Prinzip hat vierfache Rechtsbedeutung, und zwar: 1. für das Verhältnis der Gemeinschaften zu den Mitgliedstaaten; 2. für ihr Verhältnis zu den Marktbürgern; 3. für die der Gemeinschaftsverfassung immanente „Gewaltenteilung"; 4. für den vom Gerichtshof ausgeübten Rechtsschutz.

1. Für das Verhältnis zu den Mitgliedstaaten

33 Eine selbstverständliche Beschränkung der Gemeinschaftsaufgaben liegt in ihrem Bezug auf die Wirtschaftsintegration als solche[13]. Im übrigen verwendet die Abgrenzung zwischen ihnen und den Aufgaben der Mitgliedstaaten — anders als etwa das Grundgesetz — nicht das Mittel der Kompetenz*ausscheidung* nach *Sachgebieten* mit der Folge, daß diese jeweils ausschließlich oder alternativ-konkurrierend entweder nur einer Gemeinschaft oder aber nur den Mitgliedstaaten zur Regelung zustünden. Die Verträge folgen vielmehr einem System kumulativ-konkurrierender Zuständigkeit. Die Beschränkung der Gemeinschaftsorgane auf bestimmte *Handlungsformen neben der Sachgebiet-Beschränkung* grenzt dagegen die *Normierungs*kompetenz der Gemeinschaften gegenüber derjenigen der Mitgliedstaaten ab. Deshalb hat das Prinzip der begrenzten Ermächtigungen in *diesem* Sinne eine *spezifische rechtliche* Bedeutung und Funktion für das Verhältnis der Gemeinschaften zu den Mitgliedstaaten. Wenn etwa Art. 49 c EWGV zum Erlaß von Richtlinien oder Verordnungen des Rates ermächtigt, durch die mitgliedstaatliche Beschränkungen der freien Arbeitsplatzwahl von Angehörigen anderer Mitgliedstaaten beseitigt werden, so bewirkt die Wahrnehmung dieser nach *Materie und Rechtsform* umgrenzten Organermächtigung einen entsprechenden Kompetenzverlust der Mitgliedstaaten.

2. Für das Verhältnis zu den Marktbürgern

34 Für das Verhältnis der Gemeinschaften und ihrer Organe zu den Marktbürgern hat das Prinzip rechtliche Bedeutung, da es die potentiellen Rechtswirkungen ihrer durchgreifenden Hoheitsgewalt „dosiert". Wo Gemeinschaftsorgane nur zum Erlaß von Richtlinien oder nicht einmal im Ziel verbindlichen Rechtshandlungen ermächtigt sind, kann der Marktbürger von der unmittelbaren Rechtswirkung durchgreifender Organakte nicht oder nur geringer betroffen werden als im Falle der Ermächtigung zu Verordnungen, allgemeinen oder Einzelfall-Entscheidungen. Hier äußert das Prinzip Rechts*wirkungen,* die *als solche* dem verfassungsrechtlichen Vorbehalt des Gesetzes und dem Prinzip der Gesetzmäßigkeit der Verwaltung vergleichbar sind. Deshalb gewähren die Verträge dem Marktbürger gerichtlichen Rechts-

---

[13] *Grabitz,* Gemeinschaftsrecht bricht nationales Recht 64.

schutz u. a. gegen sie unmittelbar und individuell betreffende Rechtshandlungen, die unter Verletzung der Verträge, d. h. hier: unter Überschreitung der Ermächtigungsgrenzen, ergehen. In den Verträgen, die — anders als die Staatsverfassungen — ein *geschriebenes* System den Marktbürgern zustehender Grundrechte nicht kennen, wird die Hoheitsgewalt der Gemeinschaftsorgane derart „von der Quelle" her begrenzt. Das hat eine Wirkung, die dem durch Grundrechte gewährleisteten Individualschutz regelmäßig nicht nachsteht.

3. Für die Gewaltenteilung

35 Die Befugnis eines Gemeinschaftsorgans zum Erlaß bestimmter Rechtshandlungen ist nach dem Handlungssystem der Verträge regelmäßig gebunden an das genau geregelte *Zusammenwirken mit anderen Gemeinschaftsorganen.* Dieser Mitwirkungs-Mechanismus erfüllt solche rechtsstaatlichen Zwecke, die das staatliche Verfassungsrecht durch den Einsatz unterschiedlicher Ausgestaltungen der Gewaltenteilung erreicht. In diesem Sinne und in dieser Verbindung zählt das Prinzip zu den rechtsstaatlichen Sicherungen des Vertragsrechts und seiner Ausführung, und dies — wie seine Begrenzung der Gemeinschaftshoheit „von der Quelle her" — im Interesse der Freiheit des Marktbürgers.

4. Für den Rechtsschutz

36 Jede Begrenzung einer Organermächtigung, die formal oder gegenständlich stattfindet, ermöglicht gerichtliche Kontrolle, da sie überprüfbare Tatbestandsmerkmale verwendet. Deshalb erweist sich das Prinzip als geeignetes Instrument zur Öffnung gerichtlichen Rechtsschutzes, der um so weniger vollziehbar wäre, je globaler Handlungsermächtigungen ausgestaltet werden. Die Vergleichung staatsrechtlicher Ermächtigungstechniken und die verfassungshistorische Erfahrung mit ihnen liefern Anschauungsmaterial für die Feststellung, daß Globalität der Ermächtigung zugleich Verkümmerung des Rechtsschutzes, Spezifikation der Ermächtigung seine Vervollkommnung bedeutet. Das gilt nicht weniger für das Gemeinschaftsrecht, das sich eindeutig für die Bemühung um Vervollkommnung entschieden hat.

V. Korrektur des Prinzips der begrenzten Ermächtigungen durch Sonderermächtigung zur Vertragslückenschließung

37 Von der *verfahrensmäßig geregelten Vertragsänderung (4/27 ff.)* und einzelnen *autonomen Vertragsänderungen,* die punktuell zugelassen sind, abgesehen, kennen die Verträge *Ermächtigungen zur Schließung von Ver-*

tragslücken, und zwar in Art. 235 EWGV, 203 EAGV, 95 I, II EGKSV. Danach können im dort geregelten Verfahren die geeigneten Vorschriften erlassen werden, wenn ein Tätigwerden der Gemeinschaft erforderlich erscheint, um im Rahmen des Gemeinsamen Marktes ein Gemeinschaftsziel zu erreichen und im Vertrag die hierfür erforderlichen Befugnisse nicht vorgesehen sind. Das geschieht in den Römischen Verträgen einstimmig durch den Rat auf Kommissionsvorschlag und nach Anhörung des Parlaments, im EGKSV durch die Kommission mit einstimmiger Rats-Zustimmung und nach Anhörung des Parlaments. Das Verhältnis dieser Sonderermächtigungen[14] zum Prinzip der begrenzten Handlungsermächtigung bedarf der Klärung. Diese setzt zunächst die inhaltliche Bestimmung der Sonderermächtigungen voraus. Sie findet *dieses Zusammenhanges wegen* hier *nochmals* statt, nachdem sie auch bereits zur Frage der Abänderbarkeit der Verträge aufgegriffen werden mußte *(4/30—36).*

1. Voraussetzungen

38 Die Voraussetzungen einer Inanspruchnahme dieser Sonderermächtigungen sowie ihr Umfang und Formgehalt sind folgende:

39 a) Ihre Inanspruchnahme setzt zunächst voraus, daß eine Gemeinschaftstätigkeit (enger Art. 95 I EGKSV: eine Entscheidung oder Empfehlung der Kommission) im Rahmen des Gemeinsamen Marktes zur Verwirklichung eines ihrer (der Gemeinschaften nämlich) Ziele erforderlich erscheint. Solche Gemeinschaftsziele nennt Art. 95 I EGKSV ausdrücklich: die in den Art. 2, 3 und 4 näher bezeichneten. Entsprechend sind Ziele der EWG die in den Vertrags-Präambeln und in Art. 2, 3 (insbes. lit. i—k) EWGV, Art. 1, 2 EAGV genannten, aber auch sonst in Vertragsbestimmungen enthaltene Grundsätze der Integration, die die Zielbestimmungen spezifizieren[15] *(28/20—26).* Sonderermächtigungen dieser Art können (und zwar nur von Gemeinschaftsorganen, nicht von Mitgliedstaaten) zu diesen Zwecken in Anspruch genommen werden „im Rahmen des Gemeinsamen Marktes" (Art. 95 I EGKSV: „auf dem Gemeinsamen Markt für Kohle und Stahl gemäß Art. 5"), d. h. zur Sicherung der Funktionsfähigkeit des Gemeinsamen Mark-

[14] Letzte zusammenfassende Darstellung: *Gericke,* Allgemeine Rechtsetzungsbefugnisse nach Art. 235 EWGV; ferner: *Carstens* ZaöRVR 21 (1961) 1; *Lambers,* Les clauses de révision des Traités instituant les Communautés européennes, AnnFrDrInt 1961, 593" *von Meibom* NJW 1968, 2165; *Schumacher* AWD 1970, 539; *Marenco* RevMC 1970, 147; ferner: *Rabe,* Verordnungsrecht 72; *Wagner,* Beschlußrecht 214; *Catalano,* Manuel 121; *Jaenicke,* Der übernationale Charakter der EWG, ZaöRVR 19 (1958) 174; *Pescatore,* Les aspects fonctionnels de la CEE, notamment les sources de droit, in: Les aspects juridiques du Marché commun (1958) 78; *Gaudet,* Les problèmes juridiques. La Comunità Economica Europea (1959) 284.

[15] *Gericke* 33; dort 33—43 sowie *Quadri* u. a. Komm. 7 zu Art. 235 zur Rahmen-Voraussetzung „Gemeinsamer Markt", die als generellen Orientierungsmaßstab sein Funktionieren erfordert.

tes. Das war auch schon zu seiner Verwirklichung während der Übergangszeit zulässig[16]. Da Art. 235 EWGV sich auf zwei qualitativ unterscheidbare Zielgruppen bezieht (*ökonomische* Ziele i. S. der Art. 2 und 3 i—k nebst Einzelvorschriften sowie außerdem auf Ziele zur *Schaffung weiteren Integrations-Instrumentariums* in Art. 3 a—h) reicht seine Sonderermächtigung dahin, zur Verwirklichung *beider* Zielgruppen Vorschriften zu erlassen[17].

40 b) Weitere zwingende Voraussetzung der Sonderermächtigung ist, daß der Vertrag die zum Tätigwerden zwecks Zielverwirklichung („hierfür") *erforderlichen* Befugnisse *nicht* vorsieht, also Inkongruenz besteht zwischen vertraglicher Zielbestimmung und vertraglicher Handlungsermächtigung. Es handelt sich also um eine Situation, in der im Sinne der Fixierung der Gemeinschaftsaufgaben und ihrer Zuständigkeitsbestimmung im Verhältnis zu den Mitgliedstaaten vertraglich keine Lücke besteht, sondern rechtliche Ordnung, das Vertragsrecht aber die Gemeinschaftsorgane nicht hinreichend ermächtigt hat. Als lückenhaft erweist sich also das *Ermächtigungssystem, nicht* das *Zielsystem* der Verträge. Da die Zielverwirklichung andererseits eindeutig den Gemeinschaftsorganen obliegt, ist die Ermächtigungslücke *zu ihren Gunsten* zu schließen.

Ob eine Sonderermächtigung dieser Art auch in Betracht kommt, wenn eine Einzel-Handlungsermächtigung eines Gemeinschaftsorgans zwar besteht, diesem zur Zielverwirklichung aber nicht ausreichend erscheint, ist umstritten[18]. Ein Verfahren auch zur Stärkung oder Ausweitung bestehender Ermächtigungen stünde zur Verfügung, um die rechtliche Intensität der verfügbaren Handlungsform zu erhöhen (also statt zu Richtlinien zum Erlaß von Verordnungen zu befugen), wenn Art. 235 EWGV, 203 EAGV mit ihrer Funktion der Lückenschließung *extensiv auch* auf das Rechts*folge*element der Einzelhandlungsermächtigung bezogen werden dürften. Für diese Annahme sprechen gute Gründe. Denn eine Lücke im Ermächtigungssystem, die es gerade zu schließen gilt, liegt immer dann vor, wenn die fraglichen Vertragsziele mit verfügbaren Befugnissen nicht zu verwirklichen sind — gleichgültig, ob solche überhaupt fehlen oder aber eben unzulänglich sind. In *beiden* Fällen fehlt es an *erforderlicher* Ermächtigung[19]. Für Art. 95 I EGKSV allerdings verbietet sich diese Argumentation, weil hier *nicht* an *fehlende Befugnisse* angeknüpft, sondern auf vertraglich *nicht vorgesehene Fälle* (unvorhergesehene Lagen) abgestellt wird.

2. *Grenzen*

41 Das Verfahren zur Begründung von Sonderermächtigungen als „Sachregelungsbefugnis" steht *für den Einzelfall* einer erforderlich erscheinenden

---

[16] *Grabitz,* Gemeinschaftsrecht bricht nationales Recht 4.
[17] *Gericke,* Allgemeine Rechtsetzungsbefugnisse 33.
[18] Darlegung des Streitstandes bei *Gericke* 63—70. [19] Ebenso *Gericke* 66.

Ermächtigung zur Verfügung, also *nicht* zur Begründung neuer, im Vertrag nicht vorgesehener *allgemeiner* Organermächtigungen[20]. Denn das würde die Anerkennung einer Art Kompetenz-Kompetenz bedeuten. Diese Annahme würde außerdem das vertraglich geregelte Verfahren einer Vertragsänderung in unzulässiger Weise umgehen. Eine — wenn auch relativ begrenzte — gegenteilige Ratspraxis[21], die eine Kompetenz-Kompetenz beansprucht, ist nicht gerechtfertigt.

Wenn das vorgeschriebene Verfahren eingehalten wird, sollte die Begründung von Sonderermächtigungen auch stillschweigend, nämlich uno actu mit ihrer konkreten Inanspruchnahme durch Befugnisausübung, zulässig sein. Das wäre in etwa vergleichbar der Verabschiedung eines verfassungdurchbrechenden Gesetzes mit verfassungsändernder Mehrheit ohne Änderung des Verfassungstextes, wie dies nach Weimarer Verfassungsrecht zulässig war und praktiziert worden, durch Art. 79 I 1 GG jetzt ausgeschlossen ist.

In der Begründung zusätzlicher Befugnisse durch Sonderermächtigung dieses Verfahrens besteht keine Bindung an den vertraglich formalisierten Rechtshandlungskatalog (nach Art. 95 I EGKSV allerdings unter Beschränkung auf Entscheidung und EGKS-Empfehlung). Das Sonderermächtigungsverfahren ist nicht erforderlich (und deshalb nicht anwendbar) zugunsten der Kommission, soweit sie EWG- und EAG-Empfehlungen oder -Stellungnahmen erlassen will, die in den Verträgen nicht vorgesehen sind. Hierzu ist sie nämlich nach Art. 155 EWGV, 124 EAGV befugt, auch wenn der Vertrag sie nicht ausdrücklich vorsieht, „soweit sie es für notwendig erachtet". Das Verfahren beschränkt sich daher auf die Sonderermächtigung zum Erlaß von verbindlichen Rechtshandlungen.

3. Subsidiarität

42 Im Verhältnis zum Prinzip der begrenzten Ermächtigung bedeutet die Sonderermächtigung zur Vertragslücken-Schließung demnach ein *Subsidiarium:* die Sonderermächtigung setzt nicht eine Ausschöpfung der begrenzten Ermächtigung voraus, sondern findet subsidiär überhaupt nur statt, wenn es an einer begrenzten Ermächtigung — und andere als begrenzte kennt das Vertragsrecht nicht — fehlt. Die Sonderermächtigung füllt also eine Lücke im nicht perfekten Ermächtigungssystem, und zwar durch Bereitstellung einer wiederum eben nur begrenzten Ermächtigung. In diesem Sinne wird das Prinzip als solches also bestätigt, allenfalls korrigiert, nicht aber durchbrochen oder gar beseitigt[22].

---

[20] *Gericke* 74, 75.

[21] Anführung solcher Ratsbeschlüsse bei *Gericke* 87—90.

[22] And. Ans. *Wagner,* Beschlußrecht 214 — Art. 235 EWGV als „salvatorische sweeping clause", die „den Räten ausdrücklich noch die Globalermächtigung geben, die sie ohnehin auf Grund zwischenstaatlicher (sic!) Befugnisse besitzen" — als ob der Rat lediglich Ministerkonferenz, nicht Gemeinschaftsorgan wäre.

VI. *Implied powers*

43 Im Völkerrecht ist anerkannt, daß das Recht internationaler Organisationen in Anlehnung an einen im staatlichen Verfassungsrecht (insbes. der USA) entwickelten Grundsatz teleologischer Auslegung im Sinne einer Einräumung sog. implied powers interpretiert werden kann[23]. Danach werden Organbefugnisse eingeräumt, die die Organisation zur Erfüllung ihrer Aufgaben benötigt, die ihr aber durch keine sonstige Auslegung des Vertrages zuerkannt werden können. Der Gerichtshof hat in seiner Entscheidung zur Rs 8/55 zum EGKSV solche implied powers angenommen[24], obwohl Art. 95 I EGKSV die Vertragslücken-Schließung durch Sonderermächtigung vorsieht. Seither ist umstritten, ob die Vertragsverfahren der Sonderermächtigungen *(20/37—42)* die implied powers-Methode entbehrlich machen, ihre Anwendung im Gemeinschaftsrecht gar ausschließen, mit ihr identisch sind oder subsidiär gleichwohl zulassen[25]. Dieselbe Frage stellt sich als solche der Auslegung *(5/75)*.

1. *Begrenzte Anwendbarkeit*

44 Die zutreffende Deutung der implied powers-Methode ergibt, daß ihre Anwendbarkeit ausdrücklich zuerkannte Kompetenzen voraussetzt, an die zu ihrer umfänglichen Bemessung angeknüpft werden kann. Sie hat daher im Gemeinschaftsrecht ohnehin nur einen begrenzten Anwendungsrahmen. Denn das Ziel, zu dessen Verwirklichung ungeschriebene Befugnisse angenommen werden könnten, besteht in der Durchführung der vertraglich ausdrücklich gewährten Ermächtigungen, also z. B. nach Art. 37 VI EWGV die in Art. 37 vorgesehene Anpassung der staatlichen Handelsmonopole. Der Grundgedanke der implied powers-Methode besteht im Schluß vom Ziel auf die Bereitstellung der zu seiner Erreichung erforderlichen Mittel. Er reduziert sich hier mithin auf den Satz, die Gemeinschaftsorgane seien zur Anwendung aller derjenigen Mittel ermächtigt, „welche die vollständige und wirksame Ausführung einer ausdrücklich zugeteilten Kompetenz erfordert“[26]. Das entspricht letztlich auch dem Willen der Mitgliedstaaten hin-

---

[23] *Seidl-Hohenveldern,* Internationale Organisationen 202.

[24] Rspr. II, 297, 312: „Der Gerichtshof hält, ohne sich dabei an eine extensive Auslegung zu begeben, die Anwendung einer sowohl im Völkerrecht als auch im innerstaatlichen Recht allgemein anerkannten Auslegungsregel für zulässig, wonach die Vorschriften eines völkerrechtlichen Vertrages oder eines Gesetzes zugleich diejenigen Vorschriften beinhalten, bei deren Fehlen sie sinnlos wären oder nicht in vernünftiger und zweckmäßiger Weise zur Anwendung gelangen könnten.“

[25] *Nicolaysen* EuR 1966, 129; Nachweise zur Anwendung bei *Rabe,* Verordnungsrecht 160; *Ophüls,* Quellen und Aufbau des Europäischen Gemeinschaftsrechts, NJW 1963, 1699; *Gericke* 112; *Quadri* u. a. Komm. 2—5 zu Art. 235; *Zuleeg,* Die Auslegung des Europäischen Gemeinschaftsrechts, EuR 1969, 107; *Kovar,* Pouvoir réglementaire 133.

[26] *Nicolaysen* EuR 1966, 135.

sichtlich ihrer Bereitschaft, zugunsten der Gemeinschaften sich der Ausübung eigener Hoheitsrechte zu enthalten. Deren Grenze wird bezeichnet durch die Aufzählung von Ermächtigungen der Gemeinschaftsorgane. Andererseits entspricht dem Willen der Mitgliedstaaten, den Gemeinschaften alle erforderlichen Befugnisse zu ihrer vollständigen Ausübung zu gewähren. Denn nur damit wird dem Prinzip der Sicherung der Funktionsfähigkeit der Gemeinschaften genügt. „Die implied powers-Doktrin ist nichts anderes als eine Realisierung dieses Satzes.“[27]

2. *Anwendungsbereich*

45 Nach der Zahl der in Betracht kommenden Anwendungstatbestände und nach ihrem Gewicht verbleibt mithin für die implied powers-Auslegung der Verträge nur ein bescheidener Wirkungsraum. Er verbleibt *neben* den ausdrücklich geregelten Vertragsverfahren der Sonder-Ermächtigungen, deren Tatbestände mit Hilfe der implied powers-Doktrin nicht gelöst werden könnten. Andererseits sind die Verfahren der Sonder-Ermächtigungen nicht entwickelt worden, um rechtsstaatlich bedenklichen Folgen der Doktrin-Anwendung zu begegnen. Sondern sie sind vertraglich bereitgestellt, weil die Doktrin-Anwendung nicht ausgereicht hätte, den Gemeinschaftsorganen hinreichende Handlungsermächtigungen zu eröffnen. Von der Doktrin-Anwendung in ihren bescheidenen Grenzen ist weder eine Durchbrechung des Prinzips der begrenzten Ermächtigung noch eine Beeinträchtigung der Stellung der Mitgliedstaaten oder der Marktbürger zu besorgen, zumal die Doktrin-Anwendung der Kontrolle des Gerichtshofs unterliegt.

3. *Praxis*

46 In der Entscheidung der Rs 8/55[28] hatte der Gerichtshof in einer viel zitierten Wendung die implied powers-Formel dahin formuliert, „die Vorschriften eines völkerrechtlichen Vertrages oder eines Gesetzes (beinhalten) zugleich diejenigen Vorschriften ..., bei deren Fehlen sie sinnlos wären oder nicht in vernünftiger und zweckmäßiger Weise zur Anwendung gelangen könnten“. Im Fall der Rs 20/59[29] hatte die Hohe Behörde ohne ausdrückliche Ermächtigung eine Verordnung zur Regelung der Veröffentlichung von Transporttarifen erlassen. Der Gerichtshof hat das mißbilligt, weil sich aus der allgemeinen Zuständigkeit der Hohen Behörde zur Vertragsüberwachung keine Befugnis zur Präventivkontrolle ergebe, die von der Diskriminierungskontrolle und der Veröffentlichungspflicht für Tarife nicht gedeckt werde. In dieser Entscheidung liegt gegenüber der in der Rs 8/55 verwendeten Argumentation eine zutreffende Eingrenzung der implied powers-Doktrin[30].

---

[27] *Nicolaysen* 137 unter Bezug auf *Ipsen,* Bensheim-Referat 17.
[28] Rspr. II, 297, 312.
[29] Rspr. VI, 681.
[30] Vgl. auch Rs 20/59 Rspr. VI, 681, 708; Rs 25/59 Rspr. VI, 743, 781, 817.

VII. Zuständigkeitsverschiebungen und Unterermächtigungen

47 Das Prinzip der begrenzten Ermächtigungen stellt auf die Handlungsermächtigung *jeweils bestimmter* Gemeinschaftsorgane ab. Indes geschieht das nicht ausnahmslos. In Betracht kommen auch Ermächtigungen, die ausdrücklich die Befugnis einbeschließen, Befugnisse zu verschieben oder Unterermächtigungen zu erteilen. In anderen Fällen entsteht das Bedürfnis nach solchen Zuständigkeitsverschiebungen, ohne daß hierfür in den Verträgen ausdrücklich Subdelegationen ermöglicht werden. Hier wird ihre Zulässigkeit fraglich. Die Delegationsfrage hängt eng zusammen mit derjenigen der Organisation der Gemeinschaftsverwaltung. Zu unterscheiden ist nach Vorgängen dieser Art, die (1) innerhalb eines Gemeinschaftsorgans, die (2) von einem Gemeinschaftsorgan zum anderen, die (3) unter Schaffung zusätzlicher Organeinrichtungen, die (4) unter Verlagerung von Zuständigkeiten von Gemeinschaftsorganen auf solche der Mitgliedstaaten oder (5) auf Private stattfinden[31].

Von Zuständigkeitsverschiebungen oder Unterermächtigungen (Subdelegationen) im Rechtssinne kann dann *nicht* gesprochen werden, wenn dem Präsidenten eines Kollegialorgans vertraglich eingeräumte Befugnisse *als die seinigen* von Kollegiums-Mitgliedern oder Organ-Bediensteten wahrgenommen werden. Denn hier handelt es sich nicht um echte Zuständigkeitsveränderungen (durch Delegation). Hier geht es um sog. *organisationsrechtliche Mandate*[32], durch welche der Zuständigkeitsinhaber (im Einzelfall oder generell) den Mandatar beauftragt und bevollmächtigt, seine Zuständigkeit in seinem, des Mandanten, Namen auszuüben. Die vertraglich geregelte Zuständigkeitsordnung wird dadurch *nicht* berührt. Die Akte des Mandatars erscheinen und gelten rechtlich als solche des Zuständigkeitsinhabers.

Mandatshandhabung dieser Art gehört zur ungeschriebenen und aner-

---

[31] Zu diesen Fragen: *Däubler* DVBl. 1966, 660; *Behr,* The balance of power in the European Communities, AnnEur V (1959) 53; *Kovar,* Le pouvoir réglementaire 150; *Rabe,* Verordnungsrecht 108; *Wirsing,* Aufgaben und Stellung der Kommission in der Verfassungsstruktur der EWG, EA 1964, 86; *Olmi,* Les règlements du Conseil en date du 4 avril 1962 établissant une organisation commune des marchés agricoles, SEW 1962, 286; *ders.,* The agricultural policy of the Community, CMLR 1963, 144; *Merkel,* Rat und Kommission im Rechtsetzungsverfahren 97; *Everling* Fs Ophüls 33; *Maas* SEW 1967, 2; *Noël-Etienne* RevMC 1967, 127; *Noël,* Der Ausschuß der Ständigen Vertreter, EuR 1967, 33; *Holderbaum,* Chancen für eine europäische Kartellbehörde?, EuR 1967, 116; *Harnier,* Kompetenzverteilung und Kompetenzübertragung zwischen Rat und Kommission 65, 88, 173, 212. — Speziell zum Verwaltungsausschußverfahren: *Bertram,* Das Verwaltungsausschußverfahren; *ders.,* CMLR 1967, 246; *Bruns,* Entwicklungstendenzen im Rechtsetzungsverfahren 116; *Gotschlich* ZfZ 1964, 289; *Holch,* Der Deutsche Bundesrat zur Rechtsetzung der EWG, EuR 1967, 217; *Deringer-Sedemund* NJW 1971, 316; *Naß,* Institutionelle Probleme des Agrarmarktes, in: KSE 10, 156; *Schindler* DVBl. 1971, 356 (kritische Anmerkung zu den Urteilen des EuGH Rs 25, 26, 30/70 v. 17. 12. 1970, Rspr. XVI, 1161, 1183, 1197); *ders.* CMLR 1971, 184; *Ehlermann* EuR 1971, 250.

[32] *Hans J. Wolff,* Verwaltungsrecht II 3. Aufl. (1970).

kannten Organisationsgewalt der Präsidenten der Gemeinschaftsorgane. Ihre Regelung ist den zur Regelung des inneren Geschäftsbetriebes der Kollegialorgane ergehenden Organisationsordnungen überlassen.

Hier — im Zusammenhang des Prinzips der begrenzten Ermächtigungen — geht es *nicht* um Mandate *dieser* Art. Hier sind von Belang solche Zuständigkeitsveränderungen, kraft deren andere Rechtssubjekte als die handlungsermächtigten Organe selbst als Delegatare *im eigenen Namen* Befugnisse ausüben, die vertragsrechtlich *diesen* Organen, *nicht* den *Delegataren* zugewiesen sind.

1. Wirksamkeit des Kollegialprinzips

48 Grundsätzlich können den Kollegialorganen der Gemeinschaften eingeräumte Handlungsermächtigungen durch Zuständigkeitsverschiebung oder Unterermächtigung auf Kollegialmitglieder *nicht* übertragen werden, so innerhalb des Rates nicht auf Rats-, innerhalb der Kommission nicht auf Kommissionsmitglieder. Denn die Verträge verlangen, daß die Organe ihre Beschlüsse stets in ihrer Gesamtheit fassen[33].

Für den *Rat* folgt das aus seiner Zusammensetzung aus weisungsgebundenen Regierungsmitgliedern und den besonderen Regeln seiner Willensbildung. Art. 150 EWGV, 120 EAGV, 28 VI EGKSV, wonach jedes Ratsmitglied sich das Stimmrecht höchstens eines anderen Mitgliedes übertragen lassen kann, ist eine für die Rats-Willensbildung im wesentlichen im Interesse der Benelux-Staaten getroffene Sonderregelung. Sie stellt keine Übertragung von Rechtszuständigkeiten dar[34].

Für die *Kommission,* deren Mitglieder zwar unabhängig sind und die die Mitgliedstaaten nicht repräsentieren, folgt dasselbe gleichwohl aus der vertraglichen Maßgeblichkeit ihrer Nationalität. Sie darf durch Zuständigkeitsverlagerungen nicht berührt werden. Sie schließt daher sowohl eine hierarchische wie auch eine Ressort-Struktur der Kommission aus. Praktische Bedürfnisse der Rationalisierung haben gleichwohl Regelungen und Verfahren hervorgebracht, die durch Mandate im Effekt zur Zuständigkeitsentlastung führten, die rechtliche Beschlußzuständigkeit des Kollegialorgans aber aufrechterhalten haben *(13/8—11, 24; 14/14—18).*

Diese Regeln gelten auch für sog. *Selbst-Ermächtigungen.* So ist der Rat rechtlich nicht imstande, sich durch Verordnung selbst dahin zu ermächtigen, künftig Verordnungen in erleichtertem Verfahren zu erlassen, also etwa ohne vertraglich vorgesehene Mitwirkung anderer Organe, insbes. ohne Kommissionsvorschlag, ohne Anhörung des Parlaments oder des Wirtschafts- und Sozialausschusses. Auch das Einverständnis der beteiligungs-

---

[33] *Everling* Fs Ophüls 36; *Maas* SEW 1967, 2.
[34] *Wohlfarth* u. a. Komm. 2 zu Art. 150.

berechtigten Organe (ihr Verzicht auf Beteiligung) kann dieses Hindernis nicht ausräumen[35].

2. *Zulässige Delegationen*

49 Ermächtigungen eines Gemeinschaftsorgans durch Delegation eines anderen sind in *einzelnen* Vertragsvorschriften *ausdrücklich* vorgesehen. Sie betreffen insbes. die Übertragbarkeit von Rechtsetzungsbefugnissen, dabei vornehmlich die Ermächtigung der Kommission durch den Rat zum Verordnungserlaß[36].

50 a) Nach Art. 155 UA I EWGV, 124 UA I EAGV hat die Kommission für die Anwendung des Vertrages sowie der *von den Organen auf Grund dieses Vertrages getroffenen Bestimmungen Sorge zu tragen.* Eine *allgemeine* Vertragsermächtigung der Kommission zum Erlaß von Durchführungsverordnungen zu Ratsverordnungen, die eine Ratsdelegation im Einzelfall entbehrlich machte, liegt hierin *nicht*. Das wird bestätigt durch Art. 155 UA IV EWGV, 124 UA IV EAGV, wonach die Kommission die Befugnisse auszuüben hat, „die ihr der Rat zur Durchführung der von ihm erlassenen Vorschriften überträgt". Das ist eine ausdrückliche Delegationsermächtigung, die den Rat instandsetzt, die Kommission zum Verordnungserlaß zu befugen, und zwar in Bereichen, in denen die Verträge selbst nur eine Verordnungsermächtigung des Rates, nicht (auch) der Kommission vorsehen. Solche Delegationsermächtigungen kommen auch in Spezialvorschriften vor, so z. B. in Art. 121 EWGV: danach kann der Rat der Kommission Aufgaben übertragen, welche die Durchführung gemeinsamer Maßnahmen auf dem Gebiete der sozialen Sicherheit aus- oder einwandernder Arbeitskräfte (Art. 48 bis 51 EWGV) betreffen. Da das Verhältnis zwischen Rat und Kommission nach dem EGKSV grundlegend anders gestaltet ist, kennt dieser eine solche Delegationsermächtigung nicht.

In dieser Weise ermächtigt, ist die Kommission befugt (und verpflichtet) zum Erlaß von Ausführungs- und Durchführungsregelungen (insbes. auch solchen des Verfahrens). Ihre Regelungen können die Ratsverordnung materiell aber weder ändern noch ergänzen oder durchbrechen. Ihre Regelungen verbleiben zur Ratsverordnung also in Abhängigkeit und Unterordnung[37]. Auch durch eine Häufung solcher Delegationen wird die Stellung der Kommission im Verhältnis zum Rat nicht geändert. Dieser ist und bleibt seinerseits vorrangiger Verordnunggeber. Er darf sich dieser Kompetenz zugunsten der Kommission auch nicht entäußern. Da Ratsverordnungen stets nur auf Vorschlag der Kommission ergehen, wird angenommen, daß die Delega-

---

[35] *Holch* EuR 1967, 219; zur Praxis des Rates bei Selbstermächtigungen im *Durchführungsrecht* vgl. EuGH Rs 25/70 Rspr. XVI, 1161 = EuR 1971, 145 mit Anm. *Ehlermann* EuR 1971, 250.

[36] Dazu *Däubler* DVBl. 1966, 660; vgl. auch *Schindler*, Die Delegation.

[37] *Holch* EuR 1967, 221.

tion gegen den Willen der Kommission vom Rat nicht widerrufen werden kann[38].

51 b) Nach Art. 155 UA I EWGV, 124 UA I EAGV ist die Kommission allgemein zur verwaltungsmäßigen Ausführung des Vertrages und des Sekundärrechts berufen. Darin liegt indes keine Delegation. Denn diese Aufgabe ist der Kommission unmittelbar kraft Vertrages überantwortet. Sie wächst ihr nicht erst im Wege einer Delegation vom Rat zu. Der „Verwaltungsauftrag" der Kommission ist also kein Delegations-Tatbestand.

52 c) Zuständigkeitsverschiebungen von anderen Gemeinschaftsorganen *zugunsten des Parlaments* sind *nicht* zulässig, obwohl damit Schritte zur „Demokratisierung" des Gemeinschaftsrechts getan werden könnten. Insbesondere kann der Rat nicht durch Delegation an das Parlament auf sein Verordnungsrecht — ganz oder für einzelne Bereiche — „verzichten", um auf diese Weise das Parlament ohne Vertragsrevision „aufzuwerten". Ein dahingehender Wille der Mitgliedstaaten kann sich nicht auf diesem Wege im Rat, sondern nur durch das Vertragsänderungsverfahren der Art. 236 EWGV, 203 EAGV (auch nicht das der Sonderermächtigung der Art. 235 EWGV, 204 EAGV) verwirklichen[39].

3. Verwaltungsausschüsse

53 Die den Gemeinschaftsorganen allgemein zustehende Organisationsgewalt befugt sie zur Errichtung ihnen nachgeordneter Behörden und Dienststellen. Die Praxis zeigt, daß hiervon umfänglich und vielfältig Gebrauch gemacht worden ist *(14/14—18)*. Im hier erörterten Zusammenhang stehen Grenzen dieser Organisationsgewalt in Frage, soweit solche Stellen zum selbständigen Erlaß von Rechtshandlungen ermächtigt werden sollen. Sie ist insbesondere akut geworden für die durch Sekundärrecht geschaffenen verschiedenen *Verwaltungsausschüsse*, die von den im Vertragsrecht selbst vorgesehenen Ausschüssen zu unterscheiden sind.

54 a) *In den Verträgen selbst vorgesehene Ausschüsse* haben nur beratende, keine entscheidenden oder normierenden Funktionen. Sie können mit ihnen auch nicht vom Rat oder der Kommission durch Delegation ausgestattet werden. Denn dadurch würde das vertragliche Organisationssystem tangiert, auch der gerichtliche Rechtsschutz unterhöhlt werden, der nur gegen Rats- und Kommissionsrechtshandlungen zugelassen ist.

55 b) Kraft Organisationsgewalt und unter Anwendung von Rechtsetzungsformen errichtete *Verwaltungsausschüsse* können — im Rahmen eines für ihre Tätigkeit vorgesehenen Verfahrens — jedoch befugt werden, *am Rechtsetzungsverfahren von Gemeinschaftsorganen mitzuwirken. Eigene* Rechtsetzungsbefugnisse können ihnen im Wege einer Delegation aber *nicht*

---

[38] *Däubler* DVBl. 1966, 161; and. Ans. *Wohlfarth* u. a. Komm. 7 zu Art. 155.
[39] *Däubler* DVBl. 1966, 662.

eingeräumt werden, und zwar aus den auch für die vertraglich eingesetzten Ausschüsse wesentlichen Rechtsgründen.

56 aa) Das Verwaltungsausschußverfahren ist seit der Ratsverordnung Nr. 19 vom 4. April 1962 über die schrittweise Errichtung einer gemeinsamen Marktorganisation für Getreide (ABl. 1962, 933) entwickelt worden, und zwar in zahlreichen Parallelregelungen der Agrarmarktorganisation[40]. Diese erfordert laufend und in schneller Entscheidung Maßnahmen zur Überwachung und Regulierung der Marktvorgänge, zu deren Wahrnehmung nicht der Rat, sondern nur die Kommission bereitstand, andererseits das im Rat wirkende Interesse der Mitgliedstaaten nicht ausgeschaltet werden konnte. Die Verfahrenslösung berücksichtigt diese drei Umstände: Entlastung des Rates, Rationalisierung der Kommissionstätigkeit, Mitwirkung der Mitgliedstaaten[41].

57 bb) Die Verwaltungsausschüsse haben die Aufgabe, zu den Maßnahme-Entwürfen der Kommission Stellung zu nehmen. Die Kommission kann ohne Rücksicht hierauf sofort anwendbare Maßnahmen treffen. Nimmt der Ausschuß ablehnend Stellung, hat die Kommission ihre getroffenen Maßnahmen dem Rat mitzuteilen. Die ständige Konsultation des Ausschusses durch die vom Rat befugte Kommission soll diese beratend unterstützen und dem Rat eine Evokation ermöglichen. Der Ausschuß selbst ist nicht befugt, an Stelle der Kommission oder des Rates zu entscheiden. Die einschlägigen Maßnahmen werden vielmehr in der Regel von der ermächtigten Kommission, im Ausnahmefall vom Rat getroffen. Das in dieser Weise speziell gestaltete neuartige Rechtsetzungsverfahren tangiert die institutionelle Struktur der Gemeinschaft nicht.

58 cc) Der langwierige und weitgreifende Streit um die Vertragsgemäßheit des Verwaltungsausschußverfahrens[42] ist durch die Rechtsprechung des Gerichtshofs[43] beendet worden, und zwar im Sinne seiner Anerkennung. Dem ist beizupflichten. Dem Rat kann im Rahmen des Art. 155 EWGV nicht das Recht bestritten werden, für die Ausübung der der Kommission übertragenen Durchführungsbefugnisse die Hinzuziehung eines aus Sachverständigen oder Vertretern der Mitgliedstaaten zusammengesetzten Hilfsorgans (eben in Gestalt der Verwaltungsausschüsse) vorzusehen. Denn der Rat kann Umfang und Bedingungen seiner Delegation nach seinem Ermessen bestimmen, solange seine Handhabung vertragsgemäß bleibt. Das ist der Fall, wenn die Kommission verpflichtet wird, zu ihren Durchführungsmaßnahmen die Stellungnahme des aus Vertretern der Mitgliedstaaten zusammengesetzten Ausschusses einzuholen.

---

[40] Nach den Angaben des Generalanwalts *Dutheillet de Lamothe* in seinen Schlußanträgen zu den Rs 11, 25, 26, 30/70 vom 2. 12. 1970 (Rspr. XVI, 1142) waren schon Ende 1970 mehr als 2000 Verordnungen im Verwaltungsausschußverfahren ergangen.

[41] Zur Vorgeschichte des Verwaltungsausschußverfahrens vgl. *Harnier* 173—183.

[42] Darstellung mit allen Nachweisen bei *Harnier* 184—196; *Schindler* DVBl. 1971, 356—359; *Ehlermann* EuR 1971, 253.

[43] Urteile v. 17. 12. 1970 Rs 25, 26, 30/70 Rspr. XVI, 1161, 1183, 1197; Teilabdruck in DVBl. 1971, 354; vgl. auch EuR 1971, 145, 153 m. Anm. *Ehlermann* S. 250.

Die hiergegen geäußerten Rechtsbedenken[44] sind nicht begründet. Denn letztlich entscheidet die kraft Delegation zuständige Kommission oder der kraft Evokation wiederum zuständig gewordene Rat. Beide Entscheidungen sind von der Stellungnahme des Ausschusses rechtlich nicht abhängig. Daß die Rechtsetzungszuständigkeit von der Kommission kraft Evokation an den Rat zurückfallen, die letztlich wahrgenommene Zuständigkeit also nicht immer ex ante vorbestimmt sein kann, ist rechtsstaatlich nicht zu beanstanden. Der Marktbürger hat einen weitergehenden Anspruch auf Instanzwahrung nicht, und im Rechtsschutz wird er durch die variable Zuständigkeitsregelung nicht berührt.

4. Delegation an Mitgliedstaaten

59 Ob Gemeinschaftsorgane Handlungsermächtigungen an die Mitgliedstaaten (als solche oder an ihre zuständigen Organe) delegieren können, hängt von der fraglichen Materie ab. Hierfür ist wesentlich, ob die Gemeinschaftsorgane im Interesse der Vertragsverwirklichung gehalten sind, von ihren Kompetenzen selbst Gebrauch zu machen. Die Verträge kennen eine allgemeine Delegationsbefugnis begreiflicherweise denn auch nicht. Sie kennen ebensowenig einen allgemeinen Ausführungsauftrag an die Mitgliedstaaten nach Art der Art. 155 UA I EWGV, 124 UA I EAGV. Er findet sich in der Abwandlung der Art. 5 EWGV, 192 EAGV, 86 I, II EGKSV lediglich in Gestalt der Verpflichtung der Mitgliedstaaten zur eigenen Exekutive, d. h. zu allen Maßnahmen, die sich aus Gemeinschaftsorganhandlungen ergeben[45]. Aber auch sonst kommen — in Grenzen — gewisse gemeinschaftsrechtliche Ermächtigungen oder wirkungsgleiche Handlungsbefugnisse der Mitgliedstaaten in Betracht.

a) Vereinzelt hat das Vertragsrecht den Mitgliedstaaten auf einem einer Gemeinschaft zugewiesenen Gebiet Regelungsbefugnis belassen, weil die Gemeinschaftsorgane nur zur Aufstellung von Programmen oder allgemeinen Grundsätzen (Art. 128 EWGV) berufen sind. Hier können solche mitgliedstaatlichen Regelungen jeden Inhalt haben, der das Programm nicht berührt. Einer Delegation bedarf es hierfür nicht.

b) Soweit Gemeinschaftsorgane von ihrer Regelungsbefugnis noch keinen Gebrauch gemacht haben, können die Mitgliedstaaten ihrerseits den vertraglich erstrebten Zustand herbeiführen. Auch hierzu ist Delegation nicht vonnöten.

c) Soweit die Verträge Gemeinschaftsorganen einen Regelungsauftrag im Wege allgemein verbindlicher Normsetzung (Verordnung, allgemeine Entscheidung) erteilen und ihnen das mildere Mittel der nur zielverbindlichen Richtlinie (EGKS-Empfehlung) nicht anheimgeben (so im EWGV Art. 94 für den Rat, Art. 48 III für die Kommission), besteht gemeinschaftsrechtliche Regelungs*verpflichtung*. Insoweit ist etwaige Delegation an die Mit-

---

[44] Von *Schindler* DVBl. 1971, 356.

[45] *Wohlfarth* u. a. Komm. 2 zu Art. 5; *Maas* SEW 1967, 14; allgemein hierzu: *Zuleeg*, Recht 209—224.

gliedstaaten ausgeschlossen. Soweit auch Richtlinien- (EGKS-Empfehlungs-) Regelung zugelassen ist, wird den Mitgliedstaaten Zielverwirklichung unter eigener Wahl von Formen und Mitteln überantwortet. Aber darin liegt keine Delegation. Denn diese Befugnis ergibt sich aus der Rechtsnatur der Richtlinie (EGKS-Empfehlung) selbst. Verwendet das zuständige Gemeinschaftsorgan zulässigerweise statt der Richtlinie (EGKS-Empfehlung) eine Verordnung (allgemeine Entscheidung), könnte es indes solche Befugnis delegationsweise übertragen[46].

d) In keinem Fall dürfen zulässige Delegationen an Mitgliedstaaten (durch Zuständigkeitsbestimmung von Bundes-, Landes-, Kommunalorganen) der innerstaatlichen Gliederung oder Kompetenzverteilung präjudizieren[47]. Denn diese ist allein Sache der Mitgliedstaaten. So darf eine Ratsverordnung für ihre mitgliedstaatliche Ausführung weder die Verwaltungsstufe noch die Art der Ausführungsverwaltung vorschreiben, für die Bundesrepublik also z. B. nicht zwischen Bundes- und Landesbehörden wählen. Denn ihre Zuständigkeitsbestimmung ist und bleibt Sache des Mitgliedstaates[48].

5. Delegation an Private

60 Ob Gemeinschaftsorgane ihnen vertraglich zustehende Befugnisse auf Private oder Verbände von Privaten zur Ausübung im eigenen Namen übertragen können, ist im Zusammenhang mit Art. 53 a EGKSV für die von der damaligen Hohen Behörde genehmigte Brüsseler Schrottausgleichskasse Gegenstand des Meroni-Urteils des Gerichtshofs in der Rs 9/56 geworden[49]. Allgemein und in der Terminologie des deutschen Verwaltungsrechts geht es dabei um Vorgänge der sog. Beleihung und um die Zulassung sog. beliehener Unternehmer[50].

61 a) Art. 53 a EGKSV befugt die Kommission, unter Bedingungen, die sie bestimmt, und unter ihrer Kontrolle die Schaffung jeder Art von gemeinsamen finanziellen Einrichtungen für mehrere Unternehmen zu genehmigen, die sie zur Durchführung der Aufgaben nach Art. 3 für erforderlich und mit dem Vertrage (insbes. Art. 65) für vereinbar hält. Da die Kommission nach Art. 53 b solche Einrichtungen auch selbst schaffen kann, bedient sich Art. 53 a hier des Subsidiaritätsprinzips.

62 b) Die für solche Delegations-Beleihung in der Rechtsprechung entwickelten Zulässigkeitsvoraussetzungen können als allgemein im Gemeinschaftsrecht anwendbar angesehen werden. Sie sind folgende:

---

[46] *Däubler* DVBl. 1966, 664. [47] *Holch* EuR 1967, 224.

[48] *Holch* EuR 1967, 225. [49] Rspr. IV, 9, 36, 79; dazu *Maas* SEW 1967, 12.

[50] Diese Gesamtthematik war Verhandlungsgegenstand der Staatsrechtslehrertagung Speyer 1970: Die Erfüllung von Verwaltungsaufgaben durch Private, Referenten: *Ossenbühl, Gallwas* (VVDStRL 29 — 1971 — 137, 211); Bericht darüber von *Scholler* AöR 96 (1971) 92. — Zur Übertragbarkeit von Befugnissen auf nicht im EWGV vorgesehene Instanzen vgl. *Ehlermann* EuR 1971, 259.

aa) Die Beleihung darf keine weitergehenden Befugnisse verschaffen, als sie dem delegierenden Gemeinschaftsorgan selbst zustehen;

bb) Soweit die Wahrnehmung der delegierten Befugnisse durch das Gemeinschaftsorgan selbst vertragsrechtlich begrenzt ist, gelten gleiche Grenzen auch für den Beliehenen;

cc) Eine solche Beleihung bedarf stets ausdrücklicher Rechtshandlung, ist stillschweigend nicht zulässig und auch in keinem Falle zu vermuten;

dd) Das Gemeinschaftsorgan hat die Beachtung der von ihm festzusetzenden objektiven Tatbestandsmerkmale der Beleihung unter strenger Aufsicht und Kontrolle zu halten;

ee) Ermessensbefugnisse sind nicht delegierbar;

ff) Die gemeinschaftsrechtlich vorgesehenen Rechtsschutzgarantien des Verwaltungsverfahrens und der Gerichtsbarkeit müssen auch im Falle einer solchen Beleihung unberührt bleiben[51].

---

[51] Generalanwalt *Roemer* Rspr. IV, 115.

§ 21 DIE RECHTSHANDLUNGEN DER VERTRÄGE

André, Art. 189 Abs. 3 EWG-Vertrag als politische Norm, EuR 1969, 191; *Börner,* Die Entscheidungen der Hohen Behörde (1965); *Colliard,* Comparaison de la décision dans les Communautés européennes et dans diverses organisations internationales, in: La décision 395; *Conforti,* Il problemi degli ‹effetti diretti› delle decisioni e delle direttive comunitarie ed il terzo Colloquio della Federazione Internazionale per il Diritto Europeo, AnnDirIntern 1965, 362; *Daig,* Zum Klagerecht von Privatpersonen nach Art. 173 Abs. 2 EWG-, 146 Abs. 2 EAG-Vertrag, Fs Riese 187; *Donner,* Aard van de rechtshandlingen der Gemeenschappen, in: De individuele rechtsbescherming in de Europese Gemeenschappen (1967) 23; *Ehle,* Inkrafttreten von EWG-Verordnungen und Rückwirkungsverbot, DVBl. 1970, 600; *Everling,* Entscheidung der Hohen Behörde der Montan-Union über Form und Bekanntgabe ihrer Akte, BB 1960, 1303; *Fuß,* Rechtssatz und Einzelakt im Europäischen Gemeinschaftsrecht, NJW 1964, 327, 945, 1600; *Fuß,* Die „Richtlinie" des europäischen Gemeinschaftsrechts, DVBl. 1965, 378; *Grabitz,* Entscheidungen und Richtlinien als unmittelbar wirksames Gemeinschaftsrecht. Zur Analyse der Leber-Pfennig-Urteile des EuGH, EuR 1971, 1; *Haase,* Die Kompetenzen der Kommission im Verordnungsrecht der Europäischen Wirtschaftsgemeinschaft, Diss. Frankfurt/Main (1965); *Heß,* Das Verordnungsrecht nach dem Vertrag über die Montanunion, Diss. Köln (1962); *Ipsen,* Richtlinien-Ergebnisse, Fs Ophüls 67; *Kellermann,* Les directives de la CEE dans l'ordre juridique néerlandais, CahDrEur 1969, 247; *Koijmans,* De richtlijn van het europese gemeenschapsrecht, karakter, functie en rechtsgevolg, SEW 1967, 121; *Kreplin,* Die Richtlinie als Instrument zur Rechtsangleichung nach Art. 100 EWGV, NJW 1965, 467; *Kovar,* Le pouvoir réglementaire de la CECA (1964); *Louis,* Les règlements de la CEE (1969); *Luchaire,* L'extension possible de la décision communautaire, in: La décision 477; *Meier,* Zur unmittelbaren Wirkung der EWG-Richtlinien, AWD 1971, 234; *Mertens de Wilmars,* Het onderscheid tussen beschikking en reglement in het legaliteitscontentieux van de EEG, Tijdschrift voor Bestuurswetenschappen en Publiekrecht 1970, 440; *Möller,* Die Verordnung der Europäischen Gemeinschaften, JböR NF 18 (1969) 1; *Monaco,* Natura ed efficacia dei regolamenti delle Comunità europee (1962); *Oldekop,* Die Richtlinien der EWG (1968); *Ophüls,* Die Geltungsnormen des Europäischen Gemeinschaftsrechts, Fs Riese 1; *Ophüls,* Les règlements et les directives dans les Traités de Rome, CahDrEur 1966, 3; *Pabel,* Rechtscharakter und Anwendung der Entscheidung im Vertrag zur Gründung der Europäischen Wirtschaftsgemeinschaft, Diss. Bonn (1969); *Pescatore,* Les aspects fonctionnels de la CEE, notamment les sources de droit, in: Les aspects juridiques du Marché Commun (1959) 51; *Rabe,* Die Befugnis des Rates und der Kommission der Europäischen Wirtschaftsgemeinschaft zum Erlaß von Verordnungen (1963); *Rambow,* Probleme bei der Durchführung von Richtlinien der EWG, DVBl. 1968, 445; *Salmon,* L'application en France des directives de la CECA, RevMC 1965, 165; *Schatz,* Zur rechtlichen Bedeutung von Art. 189 EWGV für die Rechtsangleichung durch Richtlinien, NJW 1967, 1694; *Tallon — Kovar — Lagarde,* L'exécution des directives de la CEE en France, CahDrEur 1970, 274; *Thierfelder,* Die Entscheidung im EWG-Vertrag (1968); *Tosato,* I regolamenti delle Comunità europee (1965); *de Vergottini,* Note sugli atti normativi e amministrativi dell'ordinamento comunitario europeo (1964); *Werbke,* Das Recht des Einzelnen zur Berufung auf staatengerichtete Entscheidungen (Art. 189 EWGV), NJW 1970, 2137.

1 Die Rechtshandlungen der Gemeinschaftsorgane können nach verschiedenen rechtserheblichen Merkmalen charakterisiert werden. Die wichtigsten sind ihre Rechtsform, ihre Geltung (nach Geltungsraum, Geltungsrang), die Bestimmung ihrer Adressaten und ihrer Verbindlichkeit. Diese Merkmale können sich verknüpfen und überschneiden. Art. 189 EWGV, 161 EAGV, 14 EGKSV verwenden sie, um die vertraglich ausdrücklich gekennzeichneten Rechtshandlungen zu qualifizieren. Auch für die in den Verträgen nicht allgemein geprägten sonstigen Rechtshandlungen bieten sich diese Aspekte zu ihrer Charakterisierung an. Sämtliche im Gemeinschaftsrecht vorkommenden Rechtshandlungen im Querschnitt und gesondert unter diesen Aspekten zu gruppieren, mag dogmatisch verlockend sein, verwischt aber die Konturen der einzelnen Rechtshandlung. Den Vorzug verdient ihre jeweils geschlossene Charakterisierung unter den jeweils für sie maßgeblichen Aspekten. Deshalb erfaßt die Darstellung zunächst das Quintett der Art. 189 EWGV, 161 EAGV sowie das Terzett des Art. 14 EGKSV, danach die vertraglich nicht ausdrücklich geprägten Rechtshandlungen.

I. Verordnungen — allgemeine Entscheidungen

2 *Verordnungen* i. S. der Art. 189 II EWGV, 161 II EAGV sowie *Entscheidungen* i. S. der Art. 14 II, 15 III EGKSV, die (arg. 15 II EGKSV) nicht „einen Einzelfall betreffen" und deshalb *allgemeine Entscheidungen* (i. S. der Betroffenheit einer unbestimmten Vielzahl von Fällen) genannt werden, gleichen sich in ihren wesentlichen Rechtsmerkmalen[1]. Das hat auch die Rechtsprechung[2] betont, für deren Inanspruchnahme und Rechtsschutzgewährung die Unterscheidung nach der durch den Rechtsakt ausgelösten Einzelzahl- und Vielzahl-Betroffenheit wesentlich ist.

1. Autor und Erscheinungsform

3 *Verordnungen* und *allgemeine Entscheidungen* zu erlassen sind *nur der Rat und die Kommission* zuständig, und zwar im Rahmen ihrer jeweiligen Handlungsermächtigung[3] *(20/7, 8, 17)*. Die Beschlüsse der „im Rat vereinigten Vertreter der Regierungen der Mitgliedstaaten" *(22/2—13)* sind nicht Verordnungen i. S. der Art. 189 II EWGV, 161 II EAGV. Verord-

[1] Dazu die Darstellungen von: *Rabe,* Verordnungsrecht; *Kovar,* Le pouvoir réglementaire de la CECA; *Daig* Fs Riese 190—194; *Börner,* Die Entscheidungen der Hohen Behörde (114—141; *Ophüls* CahDrEur 1966, 3; *Thierfelder,* Die Entscheidung im EWG-Vertrag 86—96; *Möller,* JbörR N. F. 18 (1969) 4—20; *Louis,* Les règlements de la CEE; *Fuß* NJW 1964, 327, 945, 1600.

[2] EuGH Rs 8/55 Rspr. II, 227; Rs 13/57 Rspr. IV, 297; Rs 10/57 Rspr. IV, 438; Rs 11/57 Rspr. IV, 477; Rs 18/57 Rspr. V, 112; Rs 36—38, 40, 41/58 Rspr. V, 368; Rs 16, 17/62 Rspr. VIII, 961; Rs 19—22/62 Rspr. VIII, 1003, 1020.

[3] *Rabe,* Verordnungsrecht 37.

nungen und allgemeine Entscheidungen sind also, auf ihren *Autor* bezogen, *Formalakte des Rates und der Kommission.* Andere Gemeinschaftsorgane verfügen über ihre Rechtsform nicht. Soweit Rat und Kommission im Sinne staatlichen Verfassungsrechts als von der Legislative unterscheidbare Exekutiven angesehen werden könnten, mögen Verordnungen und allgemeine Entscheidungen *formal* als *Exekutivakte* gelten[4].

4 a) Daß Rechtshandlungen dieser Art sich selbst als Verordnung oder Entscheidung kennzeichnen, ist vertragsrechtlich nicht vorgeschrieben, in der Praxis indes üblich. Für die Entscheidungen des EGKSV, die allgemeine *oder* Einzelfall-Entscheidungen sein können, ist damit aber nichts gewonnen. Da die Rechtsnatur einer Rechtshandlung sich nach *materiellen,* nicht formellen Kriterien bemißt, ist eine unterlassene oder fälschliche Kennzeichnung nicht präjudiziell.

Auch die Entscheidung Nr. 22/60 der Hohen Behörde vom 7. September 1960 (ABl. 1960, 1248) über die Ausführung des Art. 15 EGKSV[5] hat keine konstitutive Bedeutung. Sie liefert Regeln über Bezeichnung, Datierung, Ausfertigung, Aufbau, Zustellung, Veröffentlichung und Inkrafttreten von Entscheidungen, Empfehlungen und Stellungnahmen, „damit alle Beteiligten nach objektiven und eindeutigen Merkmalen feststellen können“, welche Art von Rechtshandlungen vorliegt. Die rechtlich wesentlichste Differenzierung — zwischen allgemeinen Entscheidungen und solchen für den Einzelfall — zu geben, wird damit nicht versucht und bleibt der Auslegung überlassen *(24/21).*

5 b) *Formal* kann auch zwischen Verordnungen des *Rates* und solchen der *Kommission* — als von unterscheidbaren Organen ergehend — differenziert werden. Nach Geltung, Adressaten und Verbindlichkeit bestehen generelle Rechtsunterschiede zwischen Rats- und Kommissionsverordnungen vertragsrechtlich nicht, soweit die Kommission aus unmittelbarer vertraglicher Ermächtigung handelt (wie etwa nach Art. 48 III EWGV). Soweit sie zum Verordnungserlaß erst vom Rat ermächtigt wird, bemißt sich der Rechtscharakter der Kommissionsverordnungen nach inhaltlichen, nicht formalen Kriterien der erteilten Ermächtigung.

2. *Allgemeine Geltung*

6 Verordnung und allgemeine Entscheidung haben *„allgemeine Geltung“.* Für die Verordnung besagen das Art. 189 II EWGV, 161 II EAGV ausdrücklich. Für die allgemeine Entscheidung des EGKSV kann Entsprechendes teilweise (nämlich tatbestandlich) aus Art. 15 II EGKSV (Unterschied zur Entscheidung, die einen Einzelfall betrifft) hergeleitet werden. „Allgemeine Geltung“ ist tatbestandlich, räumlich und rangmäßig zu verstehen.

---

[4] Generalanwalt *Lagrange,* Schlußanträge Rs 19, 22/62 Rspr. VIII, 990.
[5] Dazu: *Börner,* Die Entscheidungen der Hohen Behörde 66.

7 a) *Tatbestandlich* bedeutet allgemeine Geltung, daß der Rechtsakt, der sie äußert, Rechtswirkungen für eine unbestimmte Vielzahl von Sachverhalten ermöglicht (nicht notwendig auslöst), mithin generell und abstrakt regelt. Er hat also die Qualität eines Rechtssatzes, einer Norm objektiven Rechts.

Auf die *Dauer* der Regelung kommt es *nicht* an; ebensowenig darauf, ob die Regelung zur Zeit ihres Erlasses tatsächlich nur einen konkreten Sachverhalt erfaßt, wenn sie nur *geeignet* ist, künftig entstehende gleiche Sachverhalte mit gleicher Rechtswirkung zu erfassen. Die Figur der „Maßnahme"-Verordnung, die darin gesehen werden könnte, ist rechtlich nicht ausgeschlossen[6].

Allgemeine Geltung, tatbestandlich begriffen, kennzeichnet die Verordnung und die allgemeine Entscheidung der Kommission als Akt der *Normsetzung*. Damit werden — da ihre Autoren, staatsrechtlich gesehen, nicht Parlamente sind — ihre Rechtshandlungen im Vergleich zwangsläufig der staatlichen Rechtsverordnung, also dem Haupttyp der exekutiven Normsetzung, zugeordnet. Der Vergleich ist verfänglich und deshalb — wenn auch unterschiedlich — verworfen worden[7]. Jedenfalls ist er unangebracht, wenn aus der staatsrechtlichen Ermächtigungsbedürftigkeit der Rechtsverordnung und ihrer Angewiesenheit auf demokratisch-parlamentarische Delegation für die verglichenen Gemeinschaftsnormierungen auf ihre mangelnde demokratische Legitimation hingewiesen wird, um daraus gemeinschaftsrechtliche Folgerungen zu ziehen. Ebenso unangebracht ist — umgekehrt — ihre „Aufwertung" zu quasi-legislatorischer oder gesetzgeberischer Qualität, die aus ihrer Tragweite und inhaltlichen Bedeutung hergeleitet wird *(19/9)*.

8 b) *Räumlich* bedeutet „allgemeine Geltung", daß die Rechtshandlung *in allen Mitgliedstaaten* wirkt, also nicht auf das Gebiet eines Mitgliedstaates oder einzelner von ihnen oder sonstige Teile des Gemeinschaftsgebietes (Art. 227 EWGV) beschränkt ist[8]. Für die Verordnungen ist das in Art. 189 II 2 EWGV, 161 II 2 EAGV ausdrücklich vorgesehen, und dies mit der Folge, daß Verordnungen mit räumlich beschränktem Wirkungskreis nicht ergehen können, sie andernfalls nichtig sein würden. Das beruht auf der Ganzheit der Integration im räumlichen Sinne[9].

---

[6] Generalanwalt *Roemer*, Schlußanträge Rs 7, 9/54 Rspr. II, 123: die allgemeine Entscheidung regele einen abstrakten Tatbestand *oder* zwar eine konkrete Lage, die aber den gesamten Gemeinsamen Markt, einen Teil davon oder mindestens gewisse Produkte betreffe; für eine allgemeine Entscheidung sei indiziell, daß sich aus ihr *einzelne* Personen ihrer Anwendbarkeit nicht bestimmen ließen, weil sie selbständig nicht unmittelbar anwendbar sei und hierfür der Konkretisierung durch Einzelakt bedürfe; ähnlich *ders.*, Schlußanträge Rs 18/57 Rspr. V, 141.

[7] Hierzu: *Rabe*, Verordnungsrecht 59—66.

[8] *Ipsen*, Bensheim-Referat 21: „Eigenart, in der Gemeinschaft ganzheitlich und einheitlich zu gelten"; *Wohlfarth* u. a. Komm. 5 zu Art. 189.

[9] *Rabe* 31, 32 mit Anm. 68.

Für die allgemeinen Entscheidungen des EGKSV ist das nicht ausdrücklich vorgesehen. Deshalb ist eine auf einen Mitgliedstaat (Belgien) bezogene Entscheidung der Hohen Behörde gleichwohl als allgemeine Entscheidung angesehen worden[10]. Die Rechtfertigung für eine solche räumliche Geltungsbeschränkung müßte nach dem Maßstab des dem EGKSV innewohnenden Diskriminierungsverbots erwiesen werden.

9 c) „Allgemeine Geltung“, die das Vertragsrecht den Verordnungen beimißt, ist schließlich Ausdruck ihrer gemeinschaftsrechtlich beanspruchten *Rangstufe,* und zwar im Sinne einer Geltungsbehauptung gegenüber anderen, im gleichen Raum zum gleichen Tatbestand geltenden staatlichen Rechtsnormen. Damit haben Art. 189 II EWGV, 161 II EAGV auch die Bedeutung gemeinschaftsrechtlicher Kollisionsregeln, die (in Verbindung mit staatlichen Regeln gleichgerichteter Wirkung) den Vorrang sekundären Gemeinschaftsrechts vor nationalem Recht verlautbaren[11] *(10/53).*

Art. 14 EGKSV, der diese Wendung nicht enthält, ist mit gleichem Ergebnis zu begreifen, und zwar aus der Integrationsfunktion der allgemeinen Entscheidung und entsprechender Deutung des Merkmals „verbindlich“. Es ist als Verbindlichkeit im Sinne normativer Unterworfenheit *auch* der Organe der *Mitgliedstaaten* zu verstehen.

3. Unmittelbare Geltung

10 *Unmittelbarkeit* der Geltung messen Art. 189 II 2 EWGV, 161 II 2 EAGV den Verordnungen bei und kommt den allgemeinen Entscheidungen gleichermaßen zu. Sie stattet diese Rechtshandlungen *qualitativ* aus, und zwar im Sinne ihrer Geltung als Anwendbarkeit mit Folgerecht und Folgepflicht für und gegen alle, die es tatbestandlich angeht, *ohne* daß es hierzu mitgliedstaatlicher Mitwirkung, Intervention oder Inkorporierung bedürfte[12]. Um derart unmittelbar zu gelten, bedarf es für Verordnung und allgemeine Entscheidung eben weder staatlicher Inkorporierung, Rezeption oder Transformation noch eines staatlichen Anwendungsbefehls oder auch nur eines „nihil obstat“. Sie sind unmittelbar geltend *aus sich selbst.* Sie gelten derart kraft ihrer gemeinschaftsrechtlichen Erzeugung durch Gemeinschaftsorgane, die die Mitgliedstaaten durch die Verträge instituiert und mit dieser Normierungskompetenz ausgestattet haben.

4. Verbindlichkeit

11 Allteilige *Verbindlichkeit* kommt den Verordnungen nach Art. 189 II 2 EWGV, 161 II 2 EAGV, den allgemeinen Entscheidungen nach Art. 14 II

---

[10] EuGH Rs 8/55 Rspr. II, 223; dazu *Rabe* 32 Anm. 66; *Daig* JZ 1958, 285.
[11] *Ipsen,* Bensheim-Referat 26; *ders.,* Fs Ophüls 78 mit Anm. 34.
[12] *Catalano,* Manuel 140; vgl. auch *Louis,* Compétences des Etats dans la mise en oeuvre du règlement, CahDrEur 1971, 627.

EGKSV zu. In der *Allteiligkeit* ihrer Bindung unterscheiden sie sich im Prinzip von den *Richtlinien* (EGKSV-Empfehlungen), in der *Bindung an sich* von den *Stellungnahmen.* Verbindlichkeit bedeutet rechtliche Gehorsamspflicht und rechtliche Berufungsmöglichkeit, mit anderen Worten: Verordnungen und allgemeine Entscheidungen begründen Rechte und Pflichten für den, den der Rechtssatz tatbestandsmäßig angeht.

II. Einzelfall-Entscheidungen

12 Art. 15 II EGKSV sondert solche Entscheidungen, die einen *Einzelfall* betreffen, von den Entscheidungen i. S. des Art. 15 I, die in dieser Weise nicht qualifiziert sind, also eine Vielzahl von Fällen betreffen und deshalb allgemeine Entscheidungen heißen. Art. 189 IV EWGV, 161 IV EAGV differenzieren entsprechend, und zwar hier gegenüber den Verordnungen mit ihrer allgemeinen Geltung, indem sie auf die Verbindlichkeit der Entscheidung individualisierend für diejenigen abstellen, „die sie bezeichnet". Diese Verbindlichkeitsbezeichnung beschreibt mithin die Betroffenheit im Einzelfall (oder in mehreren, bezeichneten Einzelfällen), die eine solche Entscheidung — anders als die Verordnung mit ihrer nach „Fällen" unbegrenzten Geltung — als Einzelfall-Entscheidung charakterisiert.

Art. 189 IV EWGV, 161 IV EAGV ermöglichen Einzelfall-Entscheidungen gegenüber Mitgliedstaaten *und* gegenüber Marktbürgern, obwohl Abs. III a.a.O. in Gestalt der Richtlinie die besondere Form der Rechtshandlung bereitstellt, die sich *nur an Mitgliedstaaten* richten kann. Entgegen der ursprünglichen und systematisch korrekteren Absicht, es für staatsgerichtete Rechtshandlungen exklusiv bei der Richtlinie zu belassen[13], ist die Einzelfall-Entscheidung dann aber doch in möglicher Doppelrichtung (gegenüber Marktbürgern *oder* Mitgliedstaaten) ausgestaltet worden. Das ist letztlich geschehen, um den Gemeinschaftsorganen gegenüber den Mitgliedstaaten eine über die Richtlinien-Intensität hinausgehende Rechtshandlung zur Verfügung zu stellen. Darin liegt *ein* Grund dafür, daß die Richtlinie mit der Einzelfall-Entscheidung verwandt ist[14].

1. Autor

13 Einzelfall-Entscheidungen sind, ebenso wie Verordnung und allgemeine Entscheidung, *Formalakte des Rates oder der Kommission.* Überwiegend sind sie solche der Kommission, dies stets im EGKSV *(20/17).* Denn diese ist vornehmlich für die Durchführung des Vertrages im einzelnen zuständig.

---

[13] *Wohlfarth* u. a. Komm. 11 zu Art. 189.

[14] Dazu: *Thierfelder* 97—117, der (116) in der Richtlinie einen Sonderfall (eine Unterart) der Entscheidung sieht.

Ihr Charakter als *auf den Einzelfall* bezogener Hoheitsakt legt ihren Vergleich mit dem Verwaltungsakt jedenfalls des *deutschen* Verwaltungsrechts nahe[15], und zwar vornehmlich dann, wenn ihr Adressat ein Marktbürger ist. In der Mehrzahl ergehen Einzelfall-Entscheidungen allerdings an die Mitgliedstaaten.

Ihrem Inhalt und Entscheidungsgegenstande nach sind Einzelfall-Entscheidungen von Rat und Kommission nicht generell oder typisch unterscheidbar. Insoweit lassen sie sich nur nach der jeweils anwendbaren Ermächtigungsgrundlage kennzeichnen. Das gilt — vom Inhalt und Gestaltungsgegenstand her gesehen — auch für die Unterscheidung zwischen ihnen einerseits, den Verordnungen und allgemeinen Entscheidungen andererseits. Das erschwert ihre positiv-abgrenzende Qualifikation. Diese muß zwangsläufig auf allgemein-juristische Merkmale abheben, kann dagegen nicht nach Entscheidungsmaterien unterscheiden.

2. *Geltung*

In ihrer Geltung unterscheidet sich die Einzelfall-Entscheidung von der Verordnung und der allgemeinen Entscheidung des EGKSV.

14 a) Tatbestandlich zielt diese Unterscheidung auf die Bestimmung ihres *Adressaten*. Einen *Einzelfall betrifft* eine Entscheidung, wenn ihr Adressat („an den sie gerichtet ist", der „Beteiligte") individuell (insbes. namentlich) bezeichnet ist. Das gilt selbstverständlich auch, wenn sie sich an mehrere Adressaten richtet, solange diese nur individualisiert bezeichnet werden. Eine Entscheidung, die die von ihr Betroffenen *nur abstrakt* bezeichnet, deren Kreis weder bereits feststeht noch feststellbar oder (sollte das der Fall sein) in der Zukunft variabel, also „historisch" im Zeitpunkt des Erlasses der Entscheidung noch nicht begrenzt ist[16], ist keine Entscheidung eines Einzelfalls, sondern allgemeine Entscheidung. *Effektive oder potentielle individuelle Betroffenheit* ist also jene Geltungsart, die die Einzelfall-Entscheidung typischerweise auslöst. Art. 173 II EWGV verwendet diese Art Umschreibung tatbestandlicher Geltung im Hinblick auf die Klagebefugnis des Marktbürgers gegen (sonst prozessual für ihn nicht angreifbare) Verordnungen, die — als solche ergangen — *ihm gegenüber* als Einzelfall-Entscheidung Geltung haben[17]. Im EWG- und EAG-Bereich kann eine Rechtshandlung, die für Betroffene nur in einem (oder einzelnen) Mitgliedstaat(en) gilt, nur Einzelfall-Entscheidung sein, nicht Verordnung. Denn eine Verordnung gilt nach Art. 189 II EWGV, 161 II EAGV in jedem Mitgliedstaat, also im Gesamtgebiet der Gemeinschaft, andernfalls sie eben als Verordnung nichtig sein würde.

---

[15] Dazu *Rabe* 44. Das französische Recht, das unter acte administratif Verwaltungshandlungen mit Einzelakt- und Rechtssatzcharakter zusammenfaßt, gestattet solchen Vergleich nicht; hierzu: *Börner* 111.

[16] *Rabe* 45.

[17] *Groeben-Boeckh* u. a. Komm. Vorbem. C 2 (192) vor Art. 189.

Einzelfall-Entscheidungen können *im Verhältnis zu Dritten nicht zugleich* die Wirkung einer *allgemeinen* Entscheidung oder einer *Verordnung*, also nicht Misch- oder Doppelcharakter haben[18].

15 b) Probleme *räumlicher* Geltung bestehen ansonsten für Einzelfall-Entscheidungen nicht, da diese sich aus der Bestimmung ihres Adressaten ergibt. Auch *Rangfragen* ihrer Geltung entstehen nicht. Sie erwachsen *nur* für *Rechtsnormen* in der Stufenordnung der Rechtsquellen, nicht für Einzelakte. Diese werfen nur Fragen der sog. Tatbestands-, Feststellungswirkung und Bindungskraft auf.

3. Unmittelbare Geltung

16 Einzelfall-Entscheidungen haben, obwohl Art. 189 IV EWGV, 161 IV EAGV ihnen (wie den Verordnungen in Abs. II a.a.O.) dieses Prädikat nicht ausdrücklich zuerkennt, gegenüber denen, die sie angehen, *unmittelbare Geltung*. Ihre Rechtswirkung für und gegen die, die sie angehen, tritt also *kraft Gemeinschaftshoheit* ohne irgendwelche mitgliedstaatliche Mitwirkung ein. Das ist für Mitgliedstaaten als Adressaten selbstverständlich. Für Marktbürger als Adressaten folgt das aus sog. Durchgriffs-Wirkung dieser Akte *(5/63, 64)*. In diesem Sinne sind sie unmittelbar vollziehbar.

Daß der Mitgliedstaat, an den sie sich richtet, normative oder exekutive Vollzugshandlungen benötigt, um etwa in der Entscheidung enthaltenen Folgepflichten Rechtswirkung gegenüber seinen Staatsangehörigen oder Staatsorganen zu verschaffen, nimmt der Einzelfall-Entscheidung nicht die Kraft unmittelbarer Geltung gegenüber dem Mitgliedstaat als solchem. Er ist in dieser Weise Träger von Verpflichtungen im Sinne der Art. 5 I EWGV, 192 I EAGV, 86 I EGKSV, die sich „aus Handlungen der Organe der Gemeinschaft ergeben", nämlich hier aus dem Erlaß der Einzelfall-Entscheidung.

4. Verbindlichkeit

17 Für den, den sie angeht, ist die Einzelfall-Entscheidung „in allen ihren Teilen verbindlich". Diese Verbindlichkeit tritt grundsätzlich ein mit ihrer Zustellung (Art. 15 II EGKSV). Die Allteiligkeit der Bindung unterscheidet die Einzelfall-Entscheidung (wie die Verordnung und die allgemeine Entscheidung des EGKSV) von der Richtlinie und der EGKSV-Empfehlung. Daß sie überhaupt bindet, grenzt sie von der nicht verbindlichen Stellung-

---

[18] Das hat EuGH Rs 30/59 Rspr. VII, 73 angenommen (Verordnung mit gleichzeitigem Entscheidungscharakter); er hatte dagegen in der Rs 18/57 Rspr. V, 112 ausdrücklich festgestellt, angesichts des Schweigens des Vertrages könne eine EGKS-Einzelfall-Entscheidung (an bestimmte Unternehmen gerichtet) im Verhältnis zu Dritten nicht zugleich als allgemeine Entscheidung gelten (and. Ans. Generalanwalt *Roemer* Schlußanträge hierzu 268). — Ausführlich zur Frage möglicher Doppelnatur Generalanwalt *Lagrange*, Schlußanträge Rs 8/55 Rspr. II, 250.

nahme (und EWG- und EAG-Empfehlung) ab. Die Bindung besteht in der Folgepflicht des Beteiligten, soweit die Einzelfall-Entscheidung belastet, in der Befugnis zu ihrer Wahrnehmung, soweit sie Begünstigung verschafft. Sie besteht außerdem in dem korrespondierenden Recht oder der Pflicht aller Gemeinschaftsorgane, die Pflichterfüllung notfalls durchzusetzen, die Wahrnehmung einer Befugnis zu dulden und zu respektieren.

5. *Nebenbestimmungen*

18 Den nationalen Verwaltungsrechten aller Mitgliedstaaten ist die Erscheinung der sog. Nebenbestimmungen zu Verwaltungsakten geläufig. Sie treten — in der deutschen Terminologie — auf als Bedingung, Auflage, Befristung und Widerrufsvorbehalt. Die Gemeinschaftspraxis zeigt, daß auch sie über dieses Instrumentarium verfügt. Das erscheint *auch ohne generelle vertragsrechtliche Ermächtigung*, an der es fehlt, *zulässig*.

19 a) Dies ist zunächst zweifelsfrei in solchen Fällen, Formen und Grenzen, die punktuell im primären oder sekundären Gemeinschaftsrecht vorgesehen und geregelt sind. Beispiele hierfür sind u. a.: Art. 65 § 2 c III EGKSV (Genehmigung bestimmter Unternehmensvereinbarungen „unter bestimmten Bedingungen und für begrenzte Zeit“), Art. 66 § 2 III EGKSV (Bedingungen), Art. 70 IV EGKSV (Genehmigung von Ausnahmetarifen unter Befristung oder Bedingung). Die mit dem Hauptinhalt der Entscheidung rechtlich verknüpfte Bedingung kann von der Auflage, die dem Hauptinhalt rechtlich selbständig hinzutritt, terminologisch und begrifflich oft schwer unterschieden werden[19]. Deshalb bedarf auch positives Gemeinschaftsrecht, das solche Nebenbestimmungen vorsieht, unabhängig vom Sprachgebrauch im Einzelfall näherer Deutung. Eine die Intention des entscheidenden Gemeinschaftsorgans und den Zweck seiner jeweils gehandhabten Handlungsermächtigung berücksichtigende Rechtsvergleichung ist hierfür geboten und angebracht. Entsprechendes gilt für die Frage der Zulässigkeit von Widerrufsvorbehalten und die weitere, davon zu unterscheidende Frage ihrer Geltendmachung.

20 b) Soweit positives Gemeinschaftsrecht schweigt, dürften Nebenbestimmungen zu Entscheidungen nur zulässig sein, wo und soweit den Gemeinschaftsorganen *Handlungsermessen* eingeräumt ist. Wo diese zum Erlaß begünstigender Entscheidungen rechtlich verpflichtet sind, dürfen einschränkende Bedingungen, Befristungen und Widerrufsvorbehalte nicht beigefügt werden, Auflagen nur zu dem Zweck, die Erfüllung rechtlich vorgesehener Anforderungen zu sanktionieren. Auch die Zustimmung des Betroffenen kann diese Ermächtigung nicht erweitern.

---

[19] *Forsthoff*, Lehrbuch des Verwaltungsrechts I 9. Aufl. (1966) 208.

III. Richtlinien — EGKS-Empfehlungen

21 *Richtlinien*[20] der Art. 189 III EWGV, 161 III EAGV und *Empfehlungen* des Art. 14 III EGKSV (diese nicht zu verwechseln mit den gleichnamigen, aber nicht verbindlichen Empfehlungen der Art. 189 V EWGV, 161 V EAGV) sind als Rechtshandlungen der für ihren Erlaß zuständigen Gemeinschaftsorgane (Rat oder Kommission) regelmäßig an die Mitgliedstaaten (oder einen oder mehrere von ihnen) gerichtet. Die Richtlinie darf *stets nur* an Mitgliedstaaten, nicht — auch — an Marktbürger gerichtet werden. Sie stehen in einer Art „Grenzzone"[21] zwischen Gemeinschaftsrecht und staatlicher Rechtsordnung.

Die Richtlinie ist ein dem Gemeinschaftsrecht typisches, nationalen Handlungstypen nicht entsprechendes Instrument. Durch sie stimulieren die Gemeinschaftsorgane die Mitgliedstaaten zu Maßnahmen ihrer eigenen Hoheitsgewalt, um bestimmte Integrationsergebnisse mit ihren staatlichen Mitteln zu verwirklichen. Diese Art Rechtshandlung ist zuerst, aber noch *ohne* Begründung rechtlicher Verbindlichkeit, unter der Bezeichnung „Empfehlung" im Völkerrecht der internationalen Organisationen angewendet worden[22]. Sie ist — und dies in den Römischen Verträgen unter auch terminologisch neuer Bezeichnung als „Richtlinie" — durch Einführung einer die Adressaten treffenden Verbindlichkeit, ihr zu entsprechen, im Gemeinschaftsrecht als wichtiges Instrument zur Beförderung der Integration verwendbar. Ihre Hauptfunktion liegt in der Aufgabe der Rechtsangleichung und Rechtsvereinheitlichung. Ihre Einführung dort vermeidet in ihrem Anwendungsbereich die unmittelbar im Durchgriff wirkende Setzung von Gemeinschaftsrecht (durch Verordnung oder allgemeine EGKS-Entscheidung). Sie verzichtet also auf unmittelbare Verdrängung nationalen Rechts oder Ersetzung nationaler Rechtsetzungskompetenz. Sie bindet die insoweit geschonte nationale Hoheitsgewalt[23] lediglich dahin, das im Ziel oder Ergebnis von der Richtlinie Gewollte unter eigener Wahl von Form und Mittel ihrerseits zu verwirklichen. So steht die Richtlinie (und die EGKSV-Empfehlung) auf der Grenze zwischen mehr „bundesstaatlich" anmutender Durchgriffs-Normierung der

---

[20] Dazu: *Fuß* DVBl. 1965, 378; *Kreplin* NJW 1965, 467; *Salmon* RevMC 1965, 165; *Ipsen* Fs Ophüls 67—84; *Oldekop*, Die Richtlinien der EWG; *André* EuR 1969, 191; *Wagner*, Beschlußrecht 221; *Zuleeg*, Recht 261—294.

[21] *Ophüls* Fs Riese 19.

[22] *Dahm*, Völkerrecht II (1961) 26, 29, 721; *Reuter* CECA 48; *ders.*, Actes off. V (1957) 30; *Seidl-Hohenveldern*, Internationale Organisationen 194, 199, 211.

[23] *André* EuR 1969, 191 nennt die Richtlinie deshalb eine „politische" Norm und folgert (201), die Wahl der Abstraktionsstufe der Zielangabe der Richtlinie sei von politischen Kräften abhängig und ermögliche, „allen Schattierungen politischer Machtverhältnisse, wie sie jeweils zwischen Brüssel und den Mitgliedstaaten bestehen, wirksamen Ausdruck zu verleihen". Wenn diese Überforderung des Richtlinien-Instruments außerdem dazu legitimieren soll, bei ihrer rechtlichen Qualifikation die herkömmliche, juristische Hermeneutik zu vernachlässigen (192, 201), werden die gebotenen Grenzen der Methodik überschritten.

Gemeinschaftsorgane und mehr völkerrechtlich geprägter Vertragserfüllung durch Eigennormierung der Mitgliedstaaten.

1. Autor

22 Richtlinien und EGKSV-Empfehlungen sind stets als solche gekennzeichnete *Formalakte des Rates oder der Kommission.* Nach Gewicht und Zahl der zu ihrem Erlaß ermächtigenden Vertragsgrundlagen sind Richtlinien überwiegend solche des Rates *(20/9),* EGKSV-Empfehlungen stets solche der Kommission *(20/18).* Soweit solche Vertragsgrundlagen nicht selten Verordnung *und* Richtlinie *wahlweise* als anwendbare Handlungsform bereitstellen, ist die Richtlinie in ihrer spezifischen Funktion vertraglich nicht eigentlich individualisiert[24]. Wegen ihrer Auswechselbarkeit mit der Verordnung ist sie insoweit in ihren Rechtskonturen abgeschwächt.

Die Legaldefinitionen dieser Rechtshandlungen in Art. 189 III EWGV, 161 III EAGV und 14 III EGKSV sind — jedenfalls in ihrer Fassung (oder Übersetzung) *deutscher* Sprache — in der Bestimmung ihrer Rechtswirksamkeit nicht gelungen. Deshalb kann ihre exakte Abgrenzung zur Verordnung und Entscheidung Schwierigkeiten bereiten. Die Crux ihrer Deutung und Definition liegt im Versuch der Vertragstexte, in der Verwendung *zweier* Gestaltungs*stufen* zwischen dem sog. Richtlinien- (Empfehlungs-)Ziel einerseits, der mitgliedstaatlichen Wahl der Form und Mittel zu seiner Erreichung andererseits zu unterscheiden. Sie hat ihre Ursache darin, daß Zielerreichung hier, Form- und Mittelwahl dort in der Frage ihrer „Verbindlichkeit", d. h. des Rechtszwanges zur Folgeleistung, auf die die Legaldefinitionen unterscheidend abstellen, keine kommensurablen Größen sind.

Von ihrem Autor (Rat oder Kommission) als Gemeinschaftsorgan aus gesehen, sind Richtlinie und Empfehlung verpflichtende, belastende Formalakte. Durch sie ordnen die Gemeinschaften als Träger öffentlicher Gemeinschaftsaufgaben den ihnen angehörenden Staaten gegenüber eine *Aktivität zur Rechtsgestaltung*[25], also eine Vollzugspflicht, an. Das geschieht, ohne daß die Gemeinschaftsorgane in anderen Handlungsformen selbst Rechtsgestaltung allgemeiner Geltung vornehmen und ohne der Wahl von Form und Mittel durch die Staaten zu präjudizieren. Darin liegt konstruktiv — international- und staatsrechtlich — ein Vorgang ohne Beispiel. Daraus und in der sehr unterschiedlichen Beurteilung ihrer bisherigen Anwendung liegt auch die Ursache für ihre Lobpreisung hier, ihre Mißachtung dort. Diese

[24] Übersicht über Richtlinien-Funktionsgruppen bei *Fuß* DVBl. 1965, 379/380 unter III. Eine befriedigende Systematisierung der für Richtlinien-Erfassung zugänglichen Gemeinschaftsaufgaben ist kaum durchführbar, da die Richtlinie neben anderen Handlungsformen zu Gebote steht und die vertragliche Grundlage ihrer Anwendung komplex sein kann (z. B. gleichzeitig der Herstellung der „Freiheiten" der Art. 49, 54, 56, 63, 69, 70 und der Rechtsangleichung nach Art. 100 EWGV gegen Wettbewerbsverzerrungen dient); dazu näher: *Ipsen* Fs Ophüls 70 Anm. 13.

[25] *Schatz* NJW 1967, 1694.

reicht bis zu der (wohl unbegründeten) Anregung, sie bei der Fusionierung der Verträge zweckmäßigerweise abzuschaffen[26].

2. *Keine Geltungskraft*

23 a) Richtlinie und EGKSV-Empfehlung haben *in dem Sinne*, der eine *Rechtsnorm* derart rechtlich charakterisiert, regelmäßig *keine Geltung*, da sie mit ihren Folgepflichten nur Mitgliedstaaten als solche, nicht Marktbürger „anspricht". Was sie den Staaten gegenüber als Folgepflicht auslöst, ist ihre (sozusagen „schuldrechtliche") Verbindlichkeit, damit die von ihr hergestellte rechtliche Betroffenheit des Mitgliedstaates, an den sie gerichtet ist. Auch eine (selten vorkommende) sog. „unechte" Richtlinie, nämlich eine (fälschlich) „als Richtlinie ergangene Entscheidung" für den Einzelfall, äußert nur individuelle Betroffenheit, die in analoger Anwendung von Art. 173 II EWGV zur Klage befugen kann[27], nicht aber Geltung wie eine Rechtsnorm.

24 b) Fragen *räumlicher Geltung* erheben sich ebensowenig. Denn die räumliche Wirksamkeit ergibt sich aus der Bestimmung ihres staatlichen Adressaten. Weil Richtlinie und EGKSV-Empfehlung *nicht* stets *nur an alle* Mitgliedstaaten gerichtet werden, ihre Ziele (Ergebnisse) mithin auch *nicht stets nur im Gesamtgebiet* der Gemeinschaften verfolgt und (mitgliedstaatlich in ihrer Befolgung) verwirklicht werden, kann allenfalls von ihrer räumlich unterscheidbaren Ziel- und Ergebnisbegrenzung gesprochen werden: was in einem Mitgliedstaat (oder einzelnen, aber nicht allen) aus Gemeinschaftsinteresse durch Erlaß der Richtlinie (Empfehlung) verfolgt wird, muß in den Mitgliedstaaten, an die sie nicht gerichtet ist, entweder bereits den Gemeinschaftsinteressen entsprechend gestaltet sein oder unter ihrer Berücksichtigung solcher Gestaltung nicht bedürfen.

25 c) Die aus der Richtlinie (Empfehlung) für den Mitgliedstaat erwachsende Verpflichtung hat nicht deshalb, weil sie als Bestandteil des Gemeinschaftsrechts nur am Rang des Ratifikationsgesetzes teilnehme, nur den Rang eines einfachen Gesetzes. Die durch Art. 189 III EWGV, 161 III EAGV statuierte und dem Art. 15 III EGKSV nicht minder innewohnende Gemeinschaftsverbindlichkeit, die nach Art. 24 I GG verfassungskräftig anerkannt ist, verschafft ihren Rechtshandlungen kraft ihrer Funktion als Bindungsnorm Geltungs-, damit Vor-Rang vor nationalem Recht[28].

---

[26] Eine Blütenlese solcher „Zeugnisse" bei *Ipsen* Fs Ophüls 69. — Die Richtlinie bei der Fusionierung der Verträge zu eliminieren, hat *Pescatore* vorgeschlagen; vgl. Diskussion des Themas „Le rôle de l'exécutif national et du legislateur national dans la mise en oeuvre du droit communautaire" anläßlich der Semaine de Bruges 1965: Droit communautaire et droit national (1965) 153 f.

[27] *Gaudet*, Rechtliche Aspekte der Niederlassungsfreiheit im Gemeinsamen Markt, ZHR 124 (1961) 86 = SEW 1961, 67; *Daig* Fs Riese 200.

[28] *Ipsen* Fs Ophüls 78.

26 d) Rangfragen zwischen Richtlinien (Empfehlungen) und Normen nationalen Rechts können insbesondere dann auftreten, wenn ein zur Rechtsanwendung zuständiges nationales Organ (der Exektuive oder der Gerichtsbarkeit) bereits *vor* ihrem Erlaß und vor ihrer binnenstaatlichen Durchführung kraft nationalen Rechts ermächtigt war, seine Entscheidungen im Ergebnis der von der Richtlinie (Empfehlung) bestimmten Rechtswirkungen zu treffen. Hier äußert die Rechtshandlung des Gemeinschaftsorgans mit ihrem Inkrafttreten eine Organverbindlichkeit im Rahmen des vorgefundenen nationalen Rechts. Kraft dieser ist ihr aktueller Rangvorrang anzunehmen. Denn hier wirkt sie ausnahmsweise ohne vermittelnde staatliche Durchführung unmittelbar und vorrangig[29].

3. Gestufte Verbindlichkeit

27 Die Besonderheit der Richtlinie (Empfehlung) besteht in der *Abstufung ihrer Verbindlichkeit:* sie ist verbindlich „hinsichtlich des zu erreichenden Ziels" („hinsichtlich der von ihnen bestimmten Ziele"), überläßt jedoch „den innerstaatlichen Stellen" („denen, an die sie gerichtet sind") „die Wahl der Form und der Mittel" („die Wahl der für die Erreichung dieser Ziele geeigneten Mittel").

28 a) Die rechtlich einwandfreie Abstufung zwischen verbindlicher Zielbestimmung und unverbindlicher Wahlfreiheit für Form und Mittel der nationalen Zielerreichung ist schwierig und umstritten. Umstritten ist folglich auch, ob die Zielbestimmung so detaillieren darf, daß für nationale Form- und Mittelwahl praktisch kein Raum verbleibt, der adressierte Mitgliedstaat sich also mit der Vollzugswiederholung des Richtlinien- (Empfehlungs-)Inhalts abfinden muß. *Ein* Grund dafür liegt in der sprachlich nicht gelungenen Verwendung des deutschen Ausdrucks „Ziel" statt „Ergebnis", womit u. a. ohne Rechtfertigung *Richtlinien*-Ziele und *Vertrags*-Ziele synonym gebraucht werden. Richtlinien- (Empfehlungs-)Ziele sind aber nicht globale und originäre Vertragskonzeptionen (nach Art der Art. 1 EGKSV, 8 III, 145, 235 EWGV). Richtlinien-Ziele sind vielmehr, recht verstanden im Sinne der nichtdeutschen Vertragssprachen, Ergebnisse, d. h. die aus ihrem Inhalt sich ergebenden Rechtswirkungen, denen der Mitgliedstaat in den Formen und Mittel seiner Wahl innerstaatliche Wirksamkeit zu verschaffen hat.

---

[29] And. Ans. *Schatz* NJW 1967, 1695. — Zur Frage möglicher Durchgriffswirkung der Richtlinie: *5/63, 64;* HambOVG VRspr. 18, 737. — Der (hoffentlich nicht ernsthaft erwogene) Gedanke, einer Richtlinie die ihr zukommende Durchgriffswirkung bei ihrer nationalen Publikation durch einen Vermerk nehmen zu wollen, sie sei nicht unmittelbar anwendbar, ist selbstverständlich abwegig und fruchtlos; vgl. dazu *Wägenbaur* AWD 1970, 483.

29 b) Deshalb[30] ist die Richtlinie (Empfehlung) frei in ihrer Regelungsintensität. Sie darf neben allgemeinen Zielbestimmungen bis ins Detail ausgeformte Normierungen (Modell-Regelungen) hervorbringen, wenn dies im Interesse ihrer Funktionsfähigkeit nach der Art ihres Regelungsgegenstandes erforderlich ist. Insoweit schrumpft die Wahlfreiheit des Mitgliedstaates zum Gebot perfekter Umsetzung zusammen.

Die Verbindlichkeit zur Zielverwirklichung trifft gemeinschaftsrechtlich den adressierten Mitgliedstaat im Sinne der Art. 5 I EWGV, 192 I EAGV, 86 I EGKSV. Zu ihrer Erfüllung handelt der Mitgliedstaat durch seine Organe, die Art. 189 III EWGV, 161 III EAGV die „innerstaatlichen Stellen" nennt. Zuständig sind diejenigen Organe, die verfassungsrechtlich über die gemeinschaftsrechtlich eingeräumte Wahl der Form und Mittel verfügen (Parlament, Regierung, Verwaltung, Gerichte). Sie müssen solche Mittel und Formen einsetzen, die die Richtlinien- (Empfehlungs-)Ergebnisse zu verwirklichen staatsrechtlich auch geeignet sind.

30 c) Die Unterscheidbarkeit zwischen Richtlinie (Empfehlung) und Verordnung (allgemeiner EGKSV-Entscheidung) kann um so geringer werden, je intensiver die Richtlinie (Empfehlung) selbst ihre Ergebnisse ausgestaltet. Das gilt zwar nicht für die *Technik* der Verwirklichung, die die Verordnung einstufig, unmittelbar und selbst herstellt, die Richtlinie (Empfehlung) durch einen nationalen Rechtsakt zweiter Stufe empfängt, wohl aber für den *Inhalt* der Rechtsgestaltung. Gegenüber der Einzelfall-Entscheidung, die *auch begünstigen* kann, wirkt die Richtlinie (Empfehlung) stets *belastend*, weil Verbindlichkeiten begründend. Wo eine an einen Mitgliedstaat gerichtete gemeinschaftsrechtliche Rechtshandlung ohne Angabe über Form- und Mittelanwendung zur Herstellung einer mitgliedstaatlichen Rechtslage ergeht, kann die Rechtshandlung eine Richtlinie (Empfehlung) *oder* auch eine Einzelfall-Entscheidung sein. Das mag für die Zulassung des Rechtsschutzes von Belang werden. Hier kann die Richtlinie (Empfehlung) als Sonderfall einer Einzelfall-Entscheidung auftreten.

IV. Stellungnahmen — EWG- und EAG-Empfehlungen

31 Von den Stellungnahmen sagen Art. 189 V EWGV, 161 V EAGV, Art. 14 IV EGKSV ebenso wie Art. 189 V EWGV, 161 V EAGV von *ihren* Empfehlungen (anders als Art. 14 III EGKSV von den seinigen), sie seien *nicht verbindlich*. Dadurch wird *nicht* ausgeschlossen, sie zu den *Rechtshandlungen* der Verträge zu zählen. Denn „unverbindlich" bedeutet nicht

[30] *Schatz* NJW 1967, 1694 folgert das aus dem Umstand, daß Art. 189 III EWGV ihren Inhalt überhaupt nicht bestimme, dieser sich vielmehr aus dem übrigen Vertragsrecht ergebe.

„rechtlich irrelevant“[31]. Ihre Relevanz äußert sich aber in anderer Weise als in der Verbindlichkeit gegenüber Adressaten oder sonst Betroffenen: so etwa in einzelnen Vertragsbestimmungen in der Pflicht der Organe, dort vorgesehene Stellungnahmen oder Empfehlungen abzugeben; in anderen (z. B. Art. 101 EWGV) dahin, daß Maßnahmen zu Lasten anderer Mitgliedstaaten nicht getroffen werden dürfen, wenn ein Mitgliedstaat als ihr Adressat eine Kommissionsempfehlung nicht befolgt (weitere Fälle: Art. 91 II, 170 II—IV EWGV).

1. Autor

32 Empfehlungen (dies im folgenden zur Abkürzung für alle hier behandelten Rechtshandlungen einschließlich der Stellungnahmen) haben ihre Rechtskonturen zuerst in der völkerrechtlichen Praxis angenommen. Für das Gemeinschaftsrecht sind diese nur unter Vorbehalten verwendbar, deshalb besser außer Betracht zu lassen, um die Empfehlung eigenständig aus dem Gemeinschaftsrecht kennzeichnen zu können.

33 a) Empfehlungen zu erlassen können *Rat und Kommission* vertraglich zuständig sein *(20/10)*. EGKSV-Stellungnahmen erläßt nur die Kommission *(10/19)*. Insoweit sind auch sie *Formalakte* dieser Organe. Ob in der Einräumung einer allgemeinen Kommissionskompetenz zur Abgabe von Stellungnahmen und Empfehlungen eine Durchbrechung des Prinzips der vertraglich begrenzten Ermächtigungen liegt und sie — ungeschrieben — *auch dem Rat* zusteht, hängt davon ab, ob das Prinzip nur für Rechtshandlungen mit Verbindlichkeit gilt *(20/24, 26)*.

34 b) *Adressaten* von Empfehlungen und Stellungnahmen sind *überwiegend Mitgliedstaaten*, aber *auch Marktbürger* (Art. 91 I EWGV: Dumping-Praktiken; Art. 54 V EGKSV: Unternehmen mit Investitionsvorhaben).

35 c) Grundsätzliche Unterschiede zwischen Empfehlungen und Stellungnahmen bestehen nicht, wenn vornehmlich auf die ihnen gemeinsame Unverbindlichkeit abgestellt wird. Nach der Wortbedeutung (und weithin auch in der Vertragsanwendung so begründet) entspringt die — übrigens vertragsrechtlich und praktisch bedeutsamere — Empfehlung der eigenen Initiative des sie erlassenden Gemeinschaftsorgans. Die Stellungnahme ergeht als Meinungsäußerung zu fremder Initiative (von Mitgliedstaaten oder Marktbürgern), und zwar als Beurteilung einer rechtlichen oder tatsächlichen Situation. Soweit Stellungnahmen *zwischen Organen der Gemeinschaften* (also nicht, wie Art. 189 V EWGV, 161 V EAGV, 14 IV EGKSV voraussetzen, von solchen gegenüber Mitgliedstaaten oder Marktbürgern) ergehen, handelt es sich um Rechtsakte anderer Funktion und Bedeutung, nämlich um Be-

---

[31] *Groeben-Boeckh* u.a . Komm. Vorbem. II 5 d (183) vor Art. 189.

teiligungsvorgänge an der Willensbildung von Gemeinschaftsorganen *(23/22—30).*

2. *Unverbindlichkeit*

Empfehlungen und Stellungnahmen sind *nicht verbindlich*, und zwar im Sinne unmittelbarer Rechtsunwirksamkeit gegenüber Dritten.

36 a) Ihre gleichwohl bestehende *rechtliche Relevanz* ergibt sich — unterschiedlich nach den Vertragsregelungen über ihre Voraussetzungen und ihre Folgen bei Erlaß oder bei Unterlassung — zum Teil aus der Verpflichtung von Gemeinschaftsorganen, vertraglich vorgesehene Empfehlungen und Stellungnahmen unter bestimmten Voraussetzungen abzugeben (was u. U. mit der Untätigkeitsklage erzwingbar ist); sie ergibt sich zum Teil aus einer allgemeinen, den Art. 5 EWGV, 192 EAGV, 86 EGKSV zu entnehmenden Verpflichtung der Staaten, auch diese unverbindlichen Rechtsakte ernsthaft zu prüfen und sich ihnen gegenüber gemeinschaftsfreundlich einzulassen, d. h. gebotenenfalls auch begründet zu remonstrieren, statt sie stillschweigend zu ignorieren. Daß diese Verpflichtung weder sanktioniert noch erzwingbar ist, räumt sie als solche nicht aus.

Soweit der EWGV an die Nichtbefolgung von Empfehlungen oder Stellungnahmen durch den Adressaten Rechtsfolgen materiell- oder prozeßrechtlicher Art knüpft, und zwar durch Zulassung für diesen Fall vertraglich vorgesehener Maßnahmen (Art. 91 I, 102, 115 EWGV) oder als Prozeßvoraussetzung (Art. 169, 170 EWGV), können solche Handlungen *qualifizierte* Empfehlungen oder Stellungnahmen genannt werden. Im EGKSV spielt diese Unterscheidung allgemein keine Rolle. Einen Sonderfall bildet die Kommissions-Stellungnahme nach Art. 54 V EGKSV zu Investitionsvorhaben von Unternehmen[32]: die ungünstige, weil vertragswidrige Investitionsfolgen annehmende Stellungnahme bedeutet für das Unternehmen ein Verbot anderer als Eigenfinanzierung. Nach Art. 54 V a.a.O. gilt die ungünstige Stellungnahme als (Einzelfall-)Entscheidung im Sinne des Art. 14 EGKSV, was der Sache gerecht wird.

37 b) Relevanz äußern Empfehlungen und Stellungnahmen im übrigen in tatsächlicher, psychologischer oder politischer Hinsicht. Oft orientieren die Mitgliedstaaten ihr Verhalten nach ihnen — aus Praktikabilität, aus Einsicht, aus Opportunität, nicht ohne gelegentlich die Freiwilligkeit ihrer Einlassung zu verlautbaren, um sich für andere Fälle nicht zu präjudizieren. Da Empfehlungen und Stellungnahmen als Akte von Gemeinschaftsorganen unter Ausschöpfung der ihnen verfügbaren Übersicht und Sachkenntnis sowie unter Orientierung am Gemeinschaftsinteresse ergehen, haben sie auch ohne Rechtsverbindlichkeit ihr Gewicht und ihre Maßgeblichkeit.

---

[32] Dazu: *Börner* 28.

3. *Unterscheidungen*

38 Verbindlichkeit und Unverbindlichkeit unterscheiden Verordnungen, Entscheidungen und Richtlinien von Empfehlungen und Stellungnahmen. Die Voraussetzungen der Verträge für die Herstellung von Verbindlichkeit, ihre Bescheidung mit Unverbindlichkeit sind weithin deutlich abgrenzbar. Deshalb bereitet die Differenzierung dieser Rechtshandlungen kaum Schwierigkeiten. Eine als Empfehlung bezeichnete Rechtshandlung kann sich allenfalls, nach ihrem objektiven Gehalt beurteilt, als Richtlinie oder Entscheidung erweisen, wenn sie — insbesondere wegen Nachteilsandrohung bei Nichtbefolgung — Bindungswirkung äußert. Art. 102 II EWGV, der solche Folge selbst ausdrücklich vorsieht, ist Ausnahmeregelung.

V. *Formal nicht gekennzeichnete Rechtshandlungen*

1. *Vorkommen*

39 Zahlreiche vorgesehene Organhandlungen sind nicht unter Verwendung des Handlungsschemas der Art. 189 EWGV, 161 EAGV, 14 EGKSV formal gekennzeichnet. Das erklärt sich insbesondere aus unzulänglicher Koordinierung der vertraglichen Textbestandteile, also einem Mangel der Vertragsgestaltung, aber auch aus manchen bei Vertragsschluß nicht ausgetragenen, deshalb „vertagten" Meinungsverschiedenheiten der Vertragschließenden. So soll insbes. der Rat, um nur Beispiele aus dem EWGV zu nennen, nach Art. 7 II *Regelungen* für das Diskriminierungsverbot *treffen,* nach Art. 20 III Sätze des Gemeinsamen Zolltarifs *festsetzen,* nach Art. 42 I über die Anwendbarkeit der Wettbewerbsregeln *bestimmen,* nach Art. 14 III *objektive Grundsätze beschließen,* nach Art. 75 I *Regeln aufstellen, Bedingungen festlegen, Vorschriften erlassen,* nach Art. 126 den Wegfall von Zuschüssen *vorschreiben* usw.

2. *Verhältnis zu förmlichen Rechtshandlungen*

40 Ob die Gemeinschaftsorgane auf Grund solcher Vorschriften befugt sind, eine der in den Verträgen ausdrücklich formalisierten Rechtshandlungen vorzunehmen und — falls das bejaht wird — welche von ihnen verfügbar ist, hängt ab von dem durch Auslegung zu ermittelnden materiellen Rechtsgehalt der fraglichen Handlungsermächtigung[33]. Daß solche Ermächtigungen die jeweils verfügbare Rechtshandlung zu ihrer Anwendung formal nicht kennzeichnen, schließt ihre Anwendung nicht generell aus. Die in Art. 189 I EWGV, 161 EAGV gebrauchte Einschränkung „nach Maßgabe

[33] *Rabe* 83.

des Vertrages" (entsprechend Art. 14 I EGKSV: „im Rahmen der Bedingungen dieses Vertrages") bedeutet nämlich nicht, daß die Gemeinschaftsorgane die formalen Rechtshandlungen nur verwenden dürften, wo dies vertraglich ausdrücklich zugelassen ist. Andererseits gilt aber *nicht* umgekehrt, daß die Organe *nur sie* verwenden dürften, wenn Vertragsvorschriften formal nicht gekennzeichnete Rechtshandlungen vorsehen.

3. Einsatz förmlicher Rechtshandlungen

41 Wo solche Rechtshandlungen bezwecken, allgemeine Regelungen mit Rechtsverbindlichkeit zu erlassen (wie etwa in Art. 7 II, 51 EWGV) und die Organaufgabe nur durch sie wirksam erfüllt werden kann, spricht die Auslegung für die Befugnis zum Erlaß von Verordnungen. In anderen Fällen (so in Art. 20 III EWGV) kommt, wie die vergleichende Auslegung mit Art. 28 ergibt, als Handlungsform nur eine Richtlinie in Betracht[34]. Denn die Ratsfestsetzung i. S. des Art. 23 I soll nur das Ziel der von den Mitgliedstaaten vorzunehmenden Angleichungsmaßnahmen, nämlich die Sätze des Gemeinsamen Zolltarifs, bestimmen. Für die in Art. 75 EWGV vorgesehenen „Vorschriften", die der Rat erlassen kann, darf angenommen werden, daß sie als Oberbegriff für Verordnungen *und* Richtlinien zu verstehen sind[35]. Bei den Ratsbeschlüssen gemäß Art. 126 EWGV über den Wegfall von Zuschüssen des Sozialfonds und die Zuweisung neuer Aufgaben an ihn handelt es sich um Fälle autonomer Vertragsänderung (nämlich der Art. 125 bzw. 123)[36]. Die gekennzeichneten Handlungsformen rechtlicher Verbindlichkeit (Verordnung, Entscheidung, Richtlinie) sind zur Herstellung einer Vertragsänderung nicht geeignet. Deshalb verbleibt es hier bei einer Handlungsform (Beschluß), die nicht zu den vertraglich formalisierten gehört.

4. Systematik

42 Es wäre Aufgabe einer systematischen und typologischen Durchprüfung der Verträge, sämtliche Vorschriften, die nicht gekennzeichnete Rechtshandlungen vorsehen, nach ihrem materiellen Rechtsgehalt und der jeweils verfügbaren Handlungsform zu ordnen. Damit würde eine Bereinigung und Klarstellung nicht nur terminologischer Art erreicht, die für die Fusion der drei Verträge ohnehin erforderlich erscheint. Eine Klassifikation der atypischen Akte könnte auch einer Neigung begegnen, sie ohne zwingende Notwendigkeit zu verwenden, und helfen, die relative Eindeutigkeit der vertragsrechtlich qualifizierten Rechtshandlungen zu bewahren[37].

[34] *Wohlfarth* u. a. Komm. 5 zu Art. 20.
[35] *Wohlfarth* u. a. Komm. 9 zu Art. 75.
[36] *Wohlfarth* u. a. Komm. 3 zu Art. 126.
[37] *Louis*, Les règlements 277; dort 278—285 (unter Darlegung einschlägiger Judikatur) der Versuch, die Akte sui generis zu gruppieren nach solchen zur inneren Organisation und solchen einer Vorbereitungsfunktion (actes fonctionnels „préparatoires") wie z. B. die in Art. 54 und 63 EWGV vorgesehenen Programme des Rates.

VI. *Kundmachung, Inkrafttreten und Eintritt der Wirksamkeit*

1. Kundmachung und Inkrafttreten

43 a) Nach Art. 191 EWGV, 163 EAGV werden Verordnungen im Amtsblatt der Gemeinschaft veröffentlicht und treten zu dem durch sie festgelegten Zeitpunkt oder andernfalls am zwanzigsten Tag nach ihrer Veröffentlichung in Kraft[38]. Diese Veröffentlichungspflicht, deren Verletzung Unwirksamkeit bedeutet, gilt vertragsrechtlich also nur für Verordnungen[39]. Veröffentlichung anderer Rechtshandlungen hat Informationszweck, ist aber nicht Wirksamkeitsvoraussetzung.

Richtlinien und Entscheidungen werden denjenigen, für die sie bestimmt sind, bekanntgegeben und durch diese Bekanntgabe wirksam. Nach Art. 15 II, III EGKSV werden Entscheidungen und Empfehlungen, die einen Einzelfall betreffen, für den Beteiligten durch die Zustellung verbindlich. In den übrigen Fällen genügt für die Anwendbarkeit die Veröffentlichung. Nach Abs. IV a.a.O. sollte die Hohe Behörde hierzu Ausführungsbestimmungen erlassen. Das ist geschehen in ihrer Entscheidung Nr. 22/60 vom 7. September 1960 (ABl. 1960, 1248), Art. 4 bis 6. Art. 4 I regelt die Zustellungsform für Einzelfall-Entscheidungen und -Empfehlungen. Nach Abs. II a.a.O. werden diese, soweit der Vertrag es vorschreibt oder die Kommission es für zweckmäßig hält, außerdem gemäß Art. 5 a.a.O. veröffentlicht. Danach findet die Veröffentlichung im Amtsblatt statt. Nach Art. 6 a.a.O. treten Entscheidungen und Empfehlungen, deren Veröffentlichung zwingend vorgeschrieben ist, an dem in ihnen festgesetzten Tage in Kraft, sonst am zwanzigsten Tage nach dem Ausgabetag des Amtsblattes[40].

44 b) Die vorläufige Geschäftsordnung des Rates (Art. 13) wiederholt das Veröffentlichungsgebot für Verordnungen (unter der Verantwortung des Generalsekretärs). Publikationsorgan ist das (einheitliche) Amtsblatt der

---

[38] Zur Fristberechnung in diesem Zusammenhang vgl. jetzt Art. 4 I, II i. V. m. Art. 3 I—III der VO (EWG, Euratom) Nr. 1182/71 des Rates vom 3. 6. 1971 zur Festlegung der Regeln für die Fristen, Daten und Termine (ABl. 1971 L 124, 1); zu etwaigen Beschränkungen der Befugnis, den Zeitpunkt des Inkrafttretens zu bestimmen: EuGH Rs 17/67 Rspr. XIII, 611.

[39] *Louis* 33; nach EuGH Rs 17/67 Rspr. XIII, 611 ist die weitgehende Freiheit des die Verordnung erlassenden Organs, den Zeitpunkt ihres Inkrafttretens zu bestimmen, nicht jeder richterlichen Kontrolle entzogen, insbes. nicht hinsichtlich etwaiger rückwirkender Inkraftsetzung. „So würde ein berechtigtes Rechtssicherheitsbedürfnis beeinträchtigt, wenn das sofortige Inkrafttreten grundlos angeordnet würde"; dazu auch: *Ehle* DVBl. 1970, 600; FG Hamburg bei *Ehle*, Klage- und Prozeßrecht des EWGV mit Entscheidungssammlung (1966 ff.) Bd. II Nr. JB 38. — *Wägenbaur* AWD 1970, 483 will die etwaige Durchgriffswirkung einer Richtlinie von ihrer Veröffentlichung abhängig machen.

[40] Eine Sonderregelung gilt für die Zustellung von Entscheidungen betr. die Einholung von Auskünften oder die Vornahme von Nachprüfungen gemäß Art. 65 EGKSV bei Unternehmensverbänden: Entscheidung Nr. 1/65 v. 3. 2. 1965 (ABl. 438). Dadurch wird die Entscheidung Nr. 22/60 v. 7. 9. 1960 ergänzt; vgl. *Everling* BB 1960, 1303.

Europäischen Gemeinschaften. Es ist durch Beschlüsse des Rates der EWG und der EAG vom 15. September 1958 (ABl. 1958, 390 und 419) gegründet[41]. Bis Ende 1967 ist es in einem einzigen Teil erschienen. Wegen seines steigenden Umfanges und im Interesse der Übersichtlichkeit erscheint es seit dem 1. Januar 1968 in zwei gesonderten Teilen: Teil L (Legislatio) für Rechtsvorschriften, Teil C (Communicatio) für Mitteilungen und Bekanntmachungen. Diese Stoffverteilung ist formlos im Amtsblatt Nr. L 30 vom 2. Februar 1968 mitgeteilt worden[42].

Dieser Vorgang genügt kaum den an Publikationsregeln zu stellenden rechtsstaatlichen Anforderungen. Unbefriedigend war ebenso, daß seit 1968 Register des Amtsblattes zunächst nicht mehr erstellt worden sind. Dem ist inzwischen abgeholfen worden[43]; im Juni 1971 ist zunächst (als „erster Versuch“: S. I) das im EDV-Verfahren erstellte Sachregister für 1970 erschienen, im September 1971 dasjenige für 1969, im Dezember 1971 dasjenige für 1968.

2. *Einzelfragen*

45 a) Zusätzliche Veröffentlichung von Rechtshandlungen im Amtsblatt, d. h. ohne zwingendes Gebot stattfindende, liegt im Ermessen des handelnden Organs. Unterlassung *solcher* Veröffentlichung macht den Akt nicht fehlerhaft. Rechtlich maßgeblich ist in diesem Fall die Textfassung des zugestellten Aktes, nicht die der Veröffentlichung, für den Eintritt der Wirksamkeit allein Art. 191 EWGV, 163 EAGV. Rechtsakte der in den Verträgen nicht vorgesehenen Art, deren Veröffentlichung folglich nicht angeordnet ist (Beschlüsse im weitesten Sinne, außervertragliche Ratsbeschlüsse usw.) *(22/4)*, werden in der Praxis weitgehend ebenfalls im Amtsblatt veröffentlicht, ohne daß ihnen dadurch eine Verbindlichkeit zuwüchse, die ihnen materiellrechtlich nicht ohnehin zukommt.

---

[41] Zuständige Instanz: Amt für amtliche Veröffentlichungen der Europäischen Gemeinschaften, Sitz Luxemburg, das unter der gemeinsamen Verantwortung von Parlament, Rat, Kommission, Gerichtshof und Wirtschafts- und Sozialausschuß steht. Die Aufgaben des Amtes, das für sämtliche amtlichen Veröffentlichungen der Gemeinschaften zuständig ist, gehen also weit hinaus über die Verkündungsfunktionen des Amtsblattes.

[42] Vgl. auch Antwort der Kommission v. 13. 2. 1968 auf die Anfrage Nr. 274 des Abg. *Vredeling*, ABl. 1968 C 12, 11.

[43] Antworten der Kommission v. 20. 1. u. 21. 4. 1971 auf die Anfragen Nrn. 332/70 u. 525/70 des Abg. *Gerlach*, ABl. 1971 C 10, 5 u. C 43, 4. — Für den deutschen Gebrauch ist deshalb um so unentbehrlicher: *Bülow-Langner*, Fundstellennachweis für das Recht der Europäischen Gemeinschaften. Diese nach Sachgebieten der Verträge gegliederte Zusammenstellung der im Amtsblatt veröffentlichten Vorschriften und Bestimmungen erscheint seit 1964 jeweils zum Jahresbeginn als Beilage zum Bundesanzeiger, meist mit einem Nachtrag im Laufe des Jahres. Gegenwärtig liegt der Fundstellennachweis in 10. Aufl. vor (Beil. 2/72 zum BAnz. Nr. 26 v. 8. 2. 1972). Seit 1971 werden auch im Teil C des Amtsblattes veröffentlichte Vorschläge für Organakte nachgewiesen.

46 b) Eine innerhalb und auf Grund einer zeitlich bemessenen Ermächtigung erlassene Rechtshandlung, die erst nach dem Auslauf der befristeten Ermächtigung zugestellt worden ist, ist gleichwohl gültig ergangen. Dem Eintritt ihrer Wirksamkeit steht nichts im Wege.

47 c) Gemeinschaftsrechtliche Rechtshandlungen, die zur Aus- oder Durchführung mitgliedstaatlicher Regelungen bedürfen oder zu solchen ermächtigen, sind in ihrer gemeinschaftsrechtlichen Wirksamkeit nicht davon abhängig, daß ihre Veröffentlichung auch die mitgliedstaatlichen Regelungen publiziert. Das ist Kompetenz und Sache der Mitgliedstaaten auf Grund des in ihnen geltenden Verkündungsrechts. In der Bundesrepublik werden solche Gesetze und Verordnungen gemäß Art. 82 GG in Verb. mit dem Gesetz über die Verkündung von Rechtsverordnungen vom 30. Januar 1950 (BGBl. 23) und dem Gesetz über Bekanntmachungen vom 17. Mai 1950 (BGBl. 183) verkündet. Das Erscheinen des Amtsblattes der Gemeinschaften nebst Inhaltsangabe wird regelmäßig im Bundesanzeiger bekanntgemacht. Im Bundesgesetzblatt Teil I wird fortlaufend hingewiesen auf Rechtsvorschriften der Gemeinschaften, „die mit ihrer Veröffentlichung im Amtsblatt unmittelbare Rechtswirksamkeit in der BRD erlangt haben“.

§ 22 SONSTIGE RECHTSHANDLUNGEN

Bebr, Acts of representatives of the governments of the Member States, SEW 1966, 529; *Fikentscher-Hoffmann,* Einfluß der Form eines Rechtsaktes der Europäischen Gemeinschaftsorgane auf den Rechtsschutz vor dem Gerichtshof der Europäischen Gemeinschaften, SEW 1964, 289; *Friauf,* Probleme der Durchführung europäischer Gemeinschaftsplanungen in der BRD, in: Kaiser, Planung IV (1970) 41; *Fuß,* Rechtliche Aspekte einer gemeinsamen Wirtschaftspolitik in der EWG, Integration 1969, 137; *von der Groeben,* Probleme der überregionalen Programmierung, in: Rationale Wirtschaftspolitik und Planung in der Wirtschaft (1967), 524; *Ipsen,* Das Aktionsprogramm der EWG für die zweite Stufe, NJW 1963, 1713; *Ipsen,* Fragestellungen zu einem Recht der Wirtschaftsplanung, in: Kaiser, Planung I (1965), 35; *Ipsen,* Rechtsfragen der Wirtschaftsplanung, in: Kaiser, Planung II (1966), 63; *Kaiser,* Die im Rat vereinigten Vertreter der Regierungen der Mitgliedstaaten, Fs Ophüls 107; *Louis,* Les décisions des représentants des gouvernements des Etats membres, in: DrCommEur Nr. 1173; *von Meibom,* Zur rechtlichen Systematik der Beschlußfähigkeit der Organe der Europäischen Gemeinschaften, BB 1959, 583; *Meier,* Das Programm für die mittelfristige Wirtschaftspolitik der EWG (1966—1970), EuR 1967, 320; *Pescatore,* Remarques sur la nature juridique des „décisions des représentants des Etats membres réunis au sein du Conseil“, SEW 1966, 579; *Regul,* Allgemeine Ziele, Planung und Wachstumspolitik in den Europäischen Gemeinschaften, in: Kaiser, Planung I (1965) 247; *Schermers,* Besluiten van de Vertegenwoordigers der Lid-Staten; Gemeenschapsrecht?, SEW 1966, 545; *Winter,* Décisions de représentants des gouvernements, Ars Aequi 1968, 76; *Wohlfahrt-Schloh,* Les actes des institutions, in: DrCommEur Nr. 1134.

1 Außer dem Quintett der ausdrücklich definierten EWG- und EAG-Rechtshandlungen und dem entsprechenden Terzett des EGKSV *(19/3, 4); 21/2—38)* kennen das Gemeinschaftsrecht und die Praxis der Gemeinschaftsorgane sonstige Rechtshandlungen. Es handelt sich insbesondere um: I. Beschlüsse der im Rat vereinigten Vertreter der Regierungen der Mitgliedstaaten; II. Rechtshandlungen (Feststellungen, Vorschriften, Entscheidungen, Änderungsbeschlüsse), die außerhalb des generell und ausdrücklich geregelten Handlungsinstrumentariums über stufenweise Integrationsschritte befinden, vertraglich nicht vorgesehene Befugnisse regeln oder das Vertragsrecht fortentwickeln; III. Handlungen organisatorischer und sonstiger innerdienstlicher Natur; IV. öffentlich- und zivilrechtliche einseitige oder vertragliche Handlungen für Intendanturaufgaben der Gemeinschaftsverwaltung (im Personal- und Beschaffungswesen, für Sachleistungen, Mittelbeschaffung, Anleihen); V. Programme und ähnliche Verlautbarungen. Der Abgrenzung dient VI. die Charakterisierung informeller Organhandlungen und sog. Realakte. An anderer Stelle sind aus systematischen Rücksichten zu behandeln solche Rechtshandlungen, die die Beziehungen zu Drittstaaten und internationalen Organisationen betreffen *(7/26—38)* sowie diejenigen, die

Bestandteil von Willensbildungsvorgängen der Gemeinschaftsorgane sind *(23/22—30)*.

I. Beschlüsse der im Rat vereinigten Vertreter der Regierungen der Mitgliedstaaten

2 Der Rat, seine Kompetenzen, seine Willensbildung und die Rechtsnatur seiner Rechtshandlungen sind in den Verträgen geregelt. In ihm als Gemeinschaftsorgan, das aus Regierungsmitgliedern der Mitgliedstaaten besteht, ist die Spannung zwischen den Interessen der Gemeinschaften und denen der Staaten institutionalisiert. Er ist das Gemeinschaftsorgan, in dem sie auf der Grundlage der Verträge Ausgleich und Lösung finden sollen.

Die Erfahrung lehrt, daß das Interesse der Mitgliedstaaten einen zusätzlichen zweiten Willensbildungsweg der Vertreter der Regierungen benötigt und hervorgebracht hat. Auf ihm kommen einerseits Beschlüsse zustande, die die Verträge selbst nicht dem Gemeinschaftsorgan „Rat", sondern den Regierungen zuweisen, andererseits solche, die vertraglich nicht vorgesehen sind, endlich auch andere, die an Stelle vertraglich vorgesehener Ratsbeschlüsse ergehen. Für sie hat sich die Bezeichnung „uneigentliche Ratsbeschlüsse" eingebürgert[1]. Insgesamt handelt es sich um Beschlüsse eines vertraglich nicht instituierten Kollegialorgans, dessen Mitglieder mit dem kollegialen Rat der Gemeinschaften identisch sind. Deshalb ist weniger seine Erscheinung als Institution, als vielmehr seine Funktion der Beschlußfassung von rechtlicher Bedeutung. Das erklärt, daß von ihr auch hier — und nicht in der Darstellung der Gemeinschaftsorgane *(13/13—20)* — gehandelt wird.

1. Praxis

3 Die seitherige Praxis[2] dieser „uneigentlichen Ratsbeschlüsse" umfaßt *drei Gruppen von Aufgaben,* die den *Mitgliedstaaten* durch Regelungen der Verträge *ausdrücklich* zugewiesen sind: (1) die Ernennung von Mitgliedern der Kommission (früher der Hohen Behörde und der EWG- und der EAG-Kommission), der Richter und der Generalanwälte des Gerichtshofs (früher Art. 158 EWGV, 127 EAGV, 10, 11 EGKSV — jetzt Art. 11 FusV, Art. 167 EWGV, 139 EAGV, 32 b EGKSV); (2) die Herbeiführung des Konsenses der Mitgliedstaaten zur Durchführung be-

[1] Zusammenfassende Darstellung bei *Kaiser* Fs Ophüls 107—124; *Wagner,* Beschlußrecht 224—242; *Bebr* SEW 1966, 529; *Schermers* SEW 1966, 545; *Pescatore* SEW 1966, 579; *Houben,* Les Conseils de ministres des Communautés européennes (1964) 88; *Louis* DrCommEur Nrn. 1173—1185.

[2] Zusammenstellungen bei *Kaiser* 108—114, der bereits bis 1965 64 derartige Beschlüsse gezählt hatte; *Louis* vor Nr. 1173 ist (1969) zu einer kleineren Zahl gelangt. Das erklärt sich aus der unterschiedlichen Begriffsabgrenzung; vgl. auch *Wagner,* Beschlußrecht 227; *v. Simson,* Zur rechtlichen Gestalt der europäischen Integration, ZHR 130 (1967) 69; Verzeichnis der im Amtsblatt veröff. Beschlüsse i. d. Kommissionsantwort v. 17. 4. 1968 auf die Anfrage des Abg. *Vredeling* Nr. 336/67 (ABl. 1968 C 38, 5) sowie in der Anfrage Nr. 225/69 des Abg. *Vredeling* v. 28. 8. 1969 (ABl. 1969 C 142, 3).

stimmter Vertragsvorschriften und zur Erreichung der Vertragsziele (z. B. Art. 69 II EGKSV); (3) die Änderung der Verträge (Art. 236 II EWGV, 204 II EAGV, 96 EGKSV). *Zwei weitere* Aufgabenbereiche derart wahrgenommener Funktionen sind *in den Verträgen nicht* vorgesehen: (4) die über-vertragliche Beschleunigung von Integrationsschritten, die im Grunde einer Vertragsänderung nahekommt, und (5) Maßnahmen gemeinsamer Handelspolitik gegenüber Drittstaaten (Art. 24 EWGV) und Assoziierten. Endlich benutzen die Staaten den „uneigentlichen Ratsbeschluß", um (6) aus vorwiegend politischen Gründen durch ihn — statt durch vertraglich vorgesehenen Ratsbeschluß — zu handeln (Standstill-Abkommen vom 21. Juni 1960 zur Durchführung der Art. 95—97 EWGV statt Ratsbeschluß nach Art. 99 a.a.O.).

2. *Zweck und Erscheinung*

4 In den uneigentlichen Ratsbeschlüssen wird unter Rückgriff auf die völkerrechtliche Handlungsfähigkeit der Staaten und unter teilweiser Verwendung ihrer Handlungsformen (Abkommen, Vertrag — teils unter schlichter Notifikation, teils mit nachfolgender Ratifikation) das Handlungsverfahren der Verträge als Gelegenheit benutzt, selbst aber vermieden, um das Prinzip der beschränkten Zuständigkeit, dem die Gemeinschaftsorgane verpflichtet sind, zu überwinden oder auch die Mitwirkung nationaler Organe (Staatsoberhaupt, Parlament) entbehrlich zu machen. Obwohl ein Kommissionsvorschlag (Art. 155 EWGV) für *solche* Beschlüsse nicht vorgesehen ist, findet er in der Regel statt. Das Parlament strebt wenigstens seine Konsultation an. Überwiegend werden sie als Information oder Mitteilung im Amtsblatt publiziert *(21/45)*. Ihre Ausfertigung erscheint höchst uneinheitlich. Das gilt auch für ihr Wirksamwerden und Inkrafttreten, da hier ihr völkerrechtliches Element durchschlagen kann. Infolgedessen entscheidet das Verfassungsrecht der Mitgliedstaaten über die Notwendigkeit ihrer Ratifikation oder (wie nach Art. 59 I 2 GG im deutschen Recht für Verwaltungsabkommen) ihre Entbehrlichkeit. Ob die Verträge selbst eine etwa notwendige Ratifikation antizipiert hätten, sie also entbehrlich machten, ist gefragt, aber nicht einheitlich beantwortet worden.

Unter diesen Aspekten werden uneigentliche Ratsbeschlüsse gefaßt, gehandhabt und rechtlich in ihrer vertragsrechtlich anomalen Erscheinung in Frage gestellt.

3. *Rechtsnatur und Rechtsstatut*

5 Die uneigentlichen Ratsbeschlüsse sind „Mischfiguren"[3] von Organakten eines Verbands-Organisationsrechts und vertragsartiger Verständigung der Regierungen der Verbandsmitglieder. Als solche sind sie dem internationalen

[3] *Kaiser* Fs Ophüls 121: "januskӧpfige Gebilde"; *Schermers* SEW 1966 546: „juridisch monster"; dort auch die Kennzeichnung von *Riphagen:* „Kop en staart doen an een gemeenschapsorgan denken; het middenstruk wijst echter op een parallel optreden van nationale organen".

Organisationsrecht geläufig[4]. Sie waren speziell auch der deutschen Geschichte von Staatenverbindung und Bundesstaat schon gegenwärtig. Die deutsche Theorie vom Reich als Bundesstaat hat das plastisch formuliert: „An sich ist der Bundesrat ein nach den Grundsätzen der Kollegialverfassung gestaltetes Reichsorgan, das im Rahmen der Reichskompetenz nach Mehrheit der Stimmen Beschlüsse zu fassen hat. Die Art seiner Zusammensetzung aber und die Natur seiner Verhandlungsweise ließ ihn von Hause aus als ein Organ der Verständigung unter den Regierungen auch dann erscheinen, wenn Beschluß und Majoritätsentscheidung nicht in Betracht kamen. Es lag überaus nahe, daß sich im Schoße des Bundesrates und unter Anwendung derselben Formen, die für echte Beschlüsse in seiner Geschäftsordnung vorgesehen sind, zwischen den sämtlichen Einzelstaaten einhellige Vereinbarungen über solche Fragen treffen ließen, die einer bundesrätlichen Entscheidung nach der Verfassung nicht unterliegen können. Zum Teil verständigt man sich dort über Angelegenheiten, die überhaupt außerhalb der Reichskompetenz gelegen sind."[5]

Wer für „Bundesrat" „Rat", für „Reichsorgan" „Gemeinschaftsorgan", für „Reichskompetenz" „Gemeinschaftskompetenz", für „Einzelstaaten" „Mitgliedstaaten" liest, findet in diesen Sätzen die wesentlichen Fragen zur Rechtsnatur der uneigentlichen Ratsbeschlüsse, zu ihrer Zulässigkeit und zu ihrem Rechtsstatut gestellt.

Aus der Rechtsnatur der uneigentlichen Ratsbeschlüsse lassen sich die zu ihrer Zulässigkeit und ihrem Rechtsstatut anstehenden Fragen nicht ohne weiteres beantworten. Denn gerade sie ist weder eindeutig noch in allen Beziehungen unumstritten, in manchen auch gerade von Vorfragen abhängig. Das gilt jedenfalls für diejenigen uneigentlichen Ratsbeschlüsse, die nicht in Wahrnehmung der den Mitgliedstaaten als solchen *vertraglich* zugewiesenen Augfaben ergehen.

6 a) Die im Rat vereinigten Vertreter der Regierungen der Mitgliedstaaten sind diejenigen, die *auch* das *Gemeinschaftsorgan Rat* bilden. Als gesamtverbandliches kollegiales Repräsentativorgan erfüllt er „gleichzeitig die Voraussetzungen einer Delegiertenkonferenz der Mitgliedstaaten"[6]. Der *Rat* beschließt in Zuständigkeiten und Handlungsformen nach Regeln, die die *Verträge* vorsehen. Soweit seine Mitglieder „uneigentlich" handeln, und dies *außerhalb* vertraglicher Zuständigkeiten und Willensbildungsregeln, entziehen sie sich der Ordnung, die ihrem Handeln *als Rat* gegeben ist. Das Verfahren der uneigentlichen Ratsbeschlüsse birgt also Gefahren in sich für die Respektierung der Gemeinschaftsrechtsordnung. In der Deutung ihrer Rechtsnatur und der Feststellung ihres Rechtsstatuts verdienen deshalb diejenige Auslegung und dasjenige Ergebnis den Vorzug, die „zum Gemeinschafts-

[4] Belege bei *Wagner,* Beschlußrecht 225.
[5] *Triepel,* Die Reichsaufsicht (1917) 381.
[6] *Wagner,* Beschlußrecht 224.

recht stehen". Das folgt schon aus dem Rechtsprinzip, das in Art. 5 EWGV, 192 EAGV, 86 I, II EGKSV Ausdruck gefunden hat[7].

7 b) Uneigentliche Ratsbeschlüsse sind *in bezug auf die Gemeinschaften zulässig*, obwohl damit *außerhalb* der Vertragszuständigkeiten des Gemeinschaftsorgans Rat und seiner Handlungsformen agiert wird. Denn die Vergemeinschaftung hat den Mitgliedstaaten nicht die Fähigkeit genommen, im Bereich der ihnen belassenen (und nicht auf die Gemeinschaften übertragenen) Befugnisse zu paktieren. Das folgt aus ihrer völkerrechtlichen Handlungsfähigkeit. Ihre Freiheit, sich durch Übereinstimmungsbeschluß untereinander abzustimmen *in bezug auf die Gemeinschaften und Gemeinschaftsangelegenheiten*, ist ihnen nicht genommen. Insoweit sind die Mitgliedstaaten also auch nicht — wie der Rat als Gemeinschaftsorgan — an das Prinzip der beschränkten Einzelzuständigkeiten gebunden.

Aber: soweit Gemeinschaftsangelegenheiten vertraglich qualifiziert und ihre Wahrnehmung nach Organzuständigkeit, Handlungsformen und -verfahren sowie möglicher Änderung dieser Vorschriften ausdrücklich gemeinschaftsrechtlich geregelt sind, müssen uneigentliche Ratsbeschlüsse dies respektieren. Das Vertragsrecht hat grundsätzlich den Vorrang. Wegen der nicht stringent normierten Zuständigkeitsabschichtung zwischen Gemeinschaften und Mitgliedstaaten können in der Zulässigkeitsfrage Zweifel bestehen und Antworten offenbleiben. Das Gemeinschaftsrecht der Verträge steht *nicht* zur Disposition eines uneigentlichen Ratsbeschlusses, *soweit dieser die vertraglichen Zielbestimmungen oder die grundsätzliche Zuordnung der Gemeinschaftsorgane zueinander beeinträchtigt*. Der *exemplarisch* in Art. 95 III 2. Halbsatz EGKSV umschriebene *änderungsfeste Mindestgehalt der Verträge* darf *auch durch uneigentliche Ratsbeschlüsse nicht angetastet werden*. Sie dürfen also „über die Verträge hinausgehen, weiter integrieren, gemeinschaftsnützlich sein". Sie dürfen aber nicht „den Verträgen zuwiderhandeln, gemeinschaftsschädlich, retardierend, aufhebend" wirken, soweit damit das unantastbare Vertragsminimum berührt wird[8]. Zwar ist den Mitgliedstaaten in ihrem Wirkungsbereich Freiheit der abstimmenden Beschlußfassung *in bezug auf die Gemeinschaften* verblieben. Diese Freiheit findet ihre Grenzen aber in Bestand, Zielsetzung und Funktionserhaltung der von ihnen errichteten Gemeinschaften, solange sie nicht das vertragsimmanente Änderungsverfahren selbst zur Anwendung bringen. Auch das folgt aus dem in Art. 5 EWGV, 192 EAGV, 86 I, II EGKSV ausgedrückten Rechtsprinzip.

---

[7] Wenn *Pescatore* SEW 1966, 583 in diesen Vorschriften geradezu eine allgemeine Grundlage für uneigentliche Ratsbeschlüsse sehen will, impliziert das zwangsläufig das hier angenommene Auslegungsgebot.

[8] Dies insbes. gegen *Wagner*, Beschlußrecht 237, 242, der die uneigentlichen Ratsbeschlüsse für „nahezu omnipotent" hält — was seiner grundsätzlichen Einstellung zu den Mitgliedstaaten als den „Herren der Verträge" entspricht. Der hier vertretene Rechtsgedanke ist für das Bundesstaatsrecht des Deutschen Reiches hinsichtlich der Zuordnung der Reichsorgane bereits von *Hänel*, Deutsches Staatsrecht I (1892) 318 vertreten worden: „Ja selbst eine allseitige Verständigung der Einzel-

8 c) Da uneigentliche Ratsbeschlüsse ihrem *Gegenstande* und ihrer *Intention* nach *gemeinschaftsbezogen* sind, zählen sie insoweit zum Handlungsinstrumentarium des *Gemeinschaftsrechts*[9]. Aus demselben Grunde sind sie auch im Entstehungsverfahren und hinsichtlich ihrer Kontrolle *tunlichst* dem Gemeinschaftsrecht zuzuordnen. Daß sich insoweit aus der Praxis *gewohnheitsrechtlich* relevante Regeln entwickeln können oder schon entwickelt haben, erscheint vertretbar. Den uneigentlichen Ratsbeschluß nach seiner „Herkunft" *völkerrechtlich* zu qualifizieren, weil er der völkerrechtlichen Handlungsfähigkeit der Mitgliedstaaten entstammt, ist angängig, konstruktiv aber nicht sonderlich ergiebig. Denn „le Conseil agit toujours, lato sensu, dans le cadre du droit communautaire ... même si ... l'acte relève du droit international"[10]. Im übrigen darf insoweit kategorische Reinheit nicht erwartet werden. Als Willensbildungs- und Handlungsinstrument, das die Gemeinschaftsverträge zweifellos *nicht* statuiert haben, das den Mitgliedstaaten aber *genuin* zusteht und als solches von den Verträgen nicht genommen ist, ist der uneigentliche Ratsbeschluß eine praeter conventionem praktizierte Handlungsform. In gewohnheitsrechtlich legitimierter Handhabung zählt sein Rechtsgehalt der *Sache* und der *Funktion* nach, weil immer nur gemeinschaftsbezogen, zum *Gemeinschaftsrecht*. Daß die Mitgliedstaaten über ihn als Völkerrechtssubjekte verfügen, kann diese Qualifikation nicht aufheben. Denn auch als solche handeln sie mit ihnen nur gemeinschaftsbezogen.

9 d) Die Praxis zeigt, daß auch uneigentliche Ratsbeschlüsse unter *Mitwirkung der Kommission* zustande kommen. Diese Mitwirkung ist im Rechtssinne indes nicht als „Vorschlag" der Kommission i. S. des Vertragsrechts zu

---

staaten im Bundesrate kann im konkreten Falle verfassungswidrig sein, wenn sie nämlich in fraudem der Rechte des Reichstages erfolgt." — Im Ergebnis entsprechend dürfte *Louis* DrCommEur Nr. 1185 zu verstehen sein, wonach uneigentliche Ratsbeschlüsse stets nur *in Grenzen* zulässig seien, und: „Celles-ci nous paraissent résider, avant tout, dans les principes de base des traités, dont elles ne peuvent être que le prolongement." — Auch die Entscheidung EuGH Rs 22/70 v. 31. 3. 1971 (Rspr. XVII, 263 = EuR 1971, 242 m. Bespr. *Sasse* EuR 1971, 208) deutet in diese Richtung mit der Feststellung, „daß die Mitgliedstaaten außerhalb des Rahmens der Gemeinschaftsorgane keine Verpflichtungen eingehen können (und zwar als Ausdruck einer Koordinierung der Ausübung der von den Mitgliedstaaten zurückbehaltenen Zuständigkeiten durch diese Staaten), welche Gemeinschaftsrechtsnormen, die zur Verwirklichung der Vertragsziele ergangen sind, beeinträchtigen oder in ihrer Tragweite ändern können". Eine gründliche Verfolgung und Begründung der hier vertretenen These müßte in ähnlicher Weise der Frage des Substanzschutzes der Gemeinschaftsverfassung gegenüber den pouvoirs constitués nachgehen, wie dies für die gedankliche Herkunft des Art. 79 III GG geschehen ist.

[9] *Wagner*, Beschlußrecht 239; weniger eindeutig (keine Gemeinschaftsakte stricto sensu — teils völker-, teils gemeinschaftsrechtlich zu beurteilen): *Bebr* SEW 1966, 537; *Kaiser* Fs Ophüls 121; *ders.*, Bewahrung und Veränderung demokratischer und rechtsstaatlicher Verfassungsstruktur in den internationalen Gemeinschaften, VVDStRL 23 (1966) 19, 31; zur Verankerung in der BeitrA und der Zuordnung zum „tertiären Gemeinschaftsrecht": *Millarg* EuR 2/1972 unter I. 3. mit Anm. 12 f.

[10] *Pescatore* SEW 1966, 584.

begreifen[11]. Seiner bedarf es rechtlich auch um so weniger, als die Kommission (durch Anregung oder sonstige Mitwirkung) am Zustandekommen des Beschlusses beteiligt ist. Die Ausschaltung der Kommission würde dem Prinzip der Supranationalität, das sie vertritt, zuwiderlaufen[12].

10 e) Entsprechendes gilt von der *Anhörung des Parlaments* vor Beschlußfassung. Auch sie ist rechtlich nicht geboten und keine solche i. S. des Vertragsrechts, falls sie stattfindet[13]. Das gilt indes nicht, wenn der uneigentliche Ratsbeschluß einen Gegenstand regeln will, der seinerseits vertragsrechtlich der Zuständigkeit des Rates unterfällt, und wenn sein Rechtsakt vertragsrechtlich die Anhörung des Parlaments voraussetzt[14]. Der uneigentliche Ratsbeschluß darf also Mitwirkungsregeln, an die der Vertrag den Rat bindet, nicht unterlaufen.

11 f) *Zeichnung* und *Kundmachung* der uneigentlichen Ratsbeschlüsse folgen einer (nicht einheitlichen) Praxis, die sich nur teilweise an den für den Rat geltenden Regeln orientiert. Als „Beschlüsse" oder „Entscheidungen" veröffentlichte Akte dieser Art sind mehrfach vom Ratspräsidenten gezeichnet, als „Abkommen" deklarierte dagegen von allen Regierungsvertretern. Ihre Veröffentlichung im Amtsblatt figuriert als Information oder Mitteilung, jedenfalls nicht als solche i. S. der Art. 191 EWGV, 163 EAGV, 15 II, III EGKSV[15].

12 g) Dasselbe gilt hinsichtlich ihres *„Inkrafttretens"*. Es stellt sich nicht, wie bei den normierten Rechtshandlungen der Verträge, als Rechtsfolge der Veröffentlichung automatisch und ohne mitgliedstaatliche Mitwirkung ein. Hier wirkt sich die besondere völkerrechtliche Herkunft dieser Beschlüsse aus.

aa) Soweit das nationale Verfassungsrecht das Inkrafttreten von Regierungsabkommen *ohne* parlamentarische Ratifikation ermöglicht (Art. 59 II

---

[11] *Kaiser* Fs Ophüls 119; *Wagner*, Beschlußrecht 231, 239. Zur Praxis der Kommissionsbeteiligung: Antwort der Kommission auf die Anfrage Nr. 141 des Abg. *Vredeling* v. 12. 2. 1964 (ABl. 1964, 899); zum Zusammenhang dieser Beteiligung mit einer entsprechend entbehrlichen Begründungspflicht: EuGH Rs 22/70 Rspr. XVII, 263: „Diese in Art. 190 für Verordnungen, Richtlinien und Entscheidungen aufgestellten Erfordernisse können indessen nicht auf Rechtsakte so besonderer Art ... ausgedehnt werden. Denn die Kommission hat schon durch ihre Teilnahme an den Arbeiten des Rates alle Rechtsgarantien erlangt, die Art. 190 den Dritten sichern soll, die durch die von ihm aufgeführten Rechtsakte betroffen werden." — Zum Gegenstand des Verfahrens: *7/30*.

[12] *Wagner*, Beschlußrecht 231.

[13] Dazu *Schermers* SEW 1966, 572 sowie der sog. Burger-Bericht des Rechtsausschusses des Parlaments über die Rechtsakte der Gesamtheit der Mitgliedstaaten der Gemeinschaft und die in den Verträgen nicht vorgesehenen Rechtsakte des Rates, der nachdrücklich auf der gehörigen Beteiligung des Parlaments (und auch der Kommission) durch Anhörung (und Vorschlags-Mitwirkung) bestanden hat; vgl. Europäisches Parlament, Sitzungsdokumente 1968/1969, Dok. 215 v. 12. 3. 1969, 4 (Ziff. 5 u. 7), 18 (Ziff. 48 ff.).

[14] *Kaiser* Fs Ophüls 119 mit Anm. 15.

[15] Dazu: *Bebr* SEW 1966, 536, 540; *Kaiser* Fs Ophüls 110; *Pescatore* SEW 1966, 582.

2 GG) und der uneigentliche Ratsbeschluß (wie überwiegend) keinen weitergehenden Inhalt hat, erlangt er mit Zustandekommen unmittelbare Wirksamkeit in den Mitgliedstaaten[16].

bb) Ihr nach den Maßstäben des nationalen Verfassungsrechts insoweit relevanter Inhalt macht sie indes ratifikationsbedürftig (Art. 59 II 1 GG). Manche Beschlüsse enthalten eine Ratifikationsklausel. Sie sieht eine Notifikation der Regierungen gegenüber dem Generalsekretär des Rates darüber vor, „ob auf Grund ihrer innerstaatlichen Rechtsvorschriften zur Durchführung dieses Beschlusses besondere Verfahren erforderlich sind; sie unterrichten ihn gegebenenfalls unverzüglich über den Abschluß dieser Verfahren"[17]. Solche Klausel bedeutet keine Befreiung von Ratifikationsverfahren, soweit ein solches nach nationalem Verfassungsrecht erforderlich ist. Die Klausel *kann nicht* befreien, und sie *will auch nicht* befreien.

cc) Der sonst gebotenen Ratifikation bedürfte es nicht, wenn die Ratifikation der Gemeinschaftsverträge selbst als eine antizipierte Generalratifikation aller sonst ratifikationsbedürftigen uneigentlichen Ratsbeschlüsse zu begreifen wäre. Diese Annahme ist als Folge bloßer „Vertragsanwendung" vertreten und (mit Recht) als Verfahrenserleichterung gewertet worden. Indes war die Einsicht, hierüber bestehe zwischen den Mitgliedstaaten noch keine Einhelligkeit, wohl angebracht[18].

13 h) Da die uneigentlichen Ratsbeschlüsse dem Gegenstand nach zum Gemeinschaftsrecht zählen, gehören sie zum Recht, das der Gerichtshof anwendet. Er ist infolgedessen auch zuständig, sie vor Anwendung auf ihre Gültigkeit zu prüfen[19]. Prüfungsmaßstab ist das Gemeinschaftsrecht, und zwar, soweit es nicht selbst unmittelbar einschlägt (wie z. B. Art. 158 I, 167 I EWGV), jedenfalls in jenem unantastbaren Mindestgehalt, innerhalb dessen solche Beschlüsse überhaupt nur ergehen dürfen.

---

[16] *v. Meibom,* Zur rechtlichen Systematik der Beschlußfähigkeit der Organe der Europäischen Gemeinschaften, BB 1959, 584; *ders.* in: Staat und Wirtschaft im nationalen und übernationalen Recht (1964) 146; *Bebr* SEW 1966, 541; *Pescatore* SEW 1966, 580; *Chevallier,* Le droit de la Communauté européenne et les juridictions françaises, RevDrPubl 1962, 654. — Die vier neuen Mitgliedstaaten „treten" ihnen „bei": Art. 3 I 1 BeitrA.

[17] *Kaiser* Fs Ophüls 120 mit Anm. 19.

[18] Diese Auffassung hat *Rey* (damals belgischer Wirtschaftsminister) als Mitglied des Besonderen Ministerrates der EGKS vor der Gemeinsamen Versammlung vertreten (Verh. Bd. 3 — 1954/55 — 298): „Wir waren der Auffassung, daß wir schneller zum Ziele gelangen, wenn wir alle Regierungsvereinbarungen, die innerhalb des Besonderen Ministerrats zustande kommen, so weit wie möglich als einfache Anwendungen des Vertrages gelten lassen, die als solche ohne weiteres durch die Ratifikation des Pariser Vertrages gedeckt wären. Dieser Standpunkt wurde von unseren Regierungen nicht einmütig geteilt ..." Später — als Präsident der Kommission — hat *Rey* dem Bericht des Rechtsausschusses des Parlaments (Burger-Bericht) zugestimmt, der insoweit sehr reserviert argumentierte; vgl. Verhandlungen des Europ. Parl. Nr. 114, Ausführl. Sitzungsbericht v. Mai 1969, 151 f.

[19] *Pescatore* SEW 1966, 583; unentschieden *Wagner,* Beschlußrecht 239 (Überprüfung denkbar), 242 (am Vertrag nicht meßbar).

II. Vertragsänderungs- und -ergänzungsentscheidungen; Stufen-Feststellungen

Die Gemeinschaftsverträge rechnen, was ihrer Neuartigkeit und ihrer Aufgabe nur entspricht, mit ihrer Änderungsbedürftigkeit. Sie rechnen außerdem damit, daß zur Zielverwirklichung im Rahmen des Gemeinsamen Marktes ein Tätigwerden der Gemeinschaft erforderlich wird, ohne daß der Vertrag die hierfür erforderlichen Befugnisse vorsieht. Außer solchen Rechtsakten zur Vertragsänderung und Lückenschließung fordert die Integrationstechnik besondere Feststellungsverfahren. Dem Gemeinsamen Markt des EWGV, der — anders als derjenige für Kohle und Stahl (Art. 85 EGKSV in Verb. mit dem Übergangsabkommen) — erst in zwölfjähriger Übergangszeit schrittweise verwirklicht worden ist (Art. 8 EWGV), ging eine dreistufige Übergangszeit voraus, innerhalb deren der Übergang zur nächsten Stufe eine besondere Rechtshandlung voraussetzte (Stufen-Feststellung). Solche Technik des förmlichen Stufenübergangs nach Feststellungsbeschluß über die Erreichung der Vorstufe mag auch künftig im Vertragsrecht verwendbar sein.

Diese drei Typen besonderer Rechtshandlungen sind zu kennzeichnen.

1. Vertragsänderungen

14 Die Änderung der Verträge ist durch Art. 236 EWGV, 204 EAGV, 96 EGKSV in das dort geregelte Verfahren verwiesen. Sie bedarf eines zu ratifizierenden Übereinkommens einer Konferenz von Vertretern der Regierungen der Mitgliedstaaten. Sie setzt eine entsprechende Initiative der Kommission oder einer Regierung und positive Stellungnahme des Rates voraus (nach Art. 96 EGKSV einen Ratsbeschluß mit Zweidrittelmehrheit, nach Art. 236 II EWGV, 204 II EAGV mit einfacher Mehrheit und außerdem die Anhörung des Parlaments). Die Konferenz ist danach vom Präsidenten des Rates einzuberufen. Auch auf diese Weise wird der vertragsimmanente Charakter der Revisionsprozedur betont (zum Verfahren im übrigen *4/37)*. Die entscheidende, vertragsändernde Rechtshandlung steht aber, was der völkerrechtlichen Grundlegung der Gemeinschaften entspricht, nicht einem pouvoir constitué von Gemeinschaftsorganen selbst, sondern allein den Mitgliedstaaten zu, die pouvoir constituant der Gemeinschaften geblieben sind.

2. Vertragsergänzungen

15 *Vertragsimmanent* einschließlich der Kompetenzbestimmung zur Vertragsergänzungs-Entscheidung ist das Verfahren der Art. 235 EWGV, 203 EAGV geregelt *(20/37—42)*. Es entspricht der — üblicherweise sog. — kleinen Revision des Art. 95 EGKSV *(4/40)*. Es ermöglicht einstimmige Ratsentscheidungen (nach Art. 95 I EGKSV nach Anhörung des Beratenden Ausschusses, nach Art. 235 EWGV, 203 EAGV auf Vorschlag der Kommission und nach Anhörung des Parlaments), durch die Befugnisse begründet werden, die, in den Verträgen nicht vorgesehen, erforderlich erscheinen für ein Tätigwerden der Gemeinschaften zur Erreichung eines Gemeinschaftszieles im Rahmen des Gemeinsamen Marktes. Art. 95 I EGKSV zielt speziell auf die zusätzliche Ermächtigung der Kommission zum Erlaß von Entscheidungen und Empfehlungen. Art. 235 EWGV, 203 EAGV ermöglichen in diesem Verfahren den Erlaß geeigneter Ratsvorschriften.

Das Ergänzungsverfahren dient der *Lückenschließung,* nicht der Ausweitung vertraglich bereits vorgesehener Befugnisse. Es darf, gerade weil einer gemeinschaftsimmanenten Kompetenz ihrer Organe anvertraut, nicht mißbraucht werden zur Umgehung des Vertragsänderungsverfahrens *(4/27).*

3. Stufenfeststellungen

16 Die *Stufen-Feststellungen* nach Art. 8 III, IV EWGV sind Rechtshandlungen des Rates besonderer Art. Sie hatten für den Integrationsmechanismus umfassende rechtliche Bedeutung: sie können der Figur einer *Planfeststellung* verglichen werden, die — weder nur Norm noch nur Einzelakt — für die Stufen-Integration der EWG (Art. 8 III EWGV) die jeweilige Zielerreichung der Stufe feststellt, d. h. der Vornahme und Vollziehung der Gesamtheit von Maßnahmen, die ihr entsprechend zusammen eingeleitet und durchgeführt werden müssen (Art. 8 II EWGV), sowie die Einhaltung der mit ihr verbundenen Verpflichtungen. Die Feststellung bewirkte den Übergang zur nächsten Stufe und statuierte letztlich den Abschluß der Übergangszeit, damit die Verwirklichung des Gemeinsamen Marktes. Da der EWGV seine Handlungsermächtigungen und die den Organen und den Mitgliedstaaten obliegenden Verpflichtungen nach den Stufen skandiert, löst die Stufen-Feststellung zugleich das den Stufen entsprechende Wirksamwerden der einschlägigen Vorschriften aus.

Die Stufen-Feststellung ist eine dem Handlungskatalog des Art. 189 EWGV nicht zugehörige Rechtshandlung sui generis. Sie ist als Akt hoher gemeinschaftspolitischer Bedeutung als solche nicht justiziabel, sondern nur der etwaigen Überprüfung durch eine Schiedsstelle unterworfen (Art. 8 IV EWGV). Der Schutz der Mitgliedstaaten gegenüber ihren Wirkungen liegt in den Modalitäten des Art. 8 III, IV (Vorbehalt von Vertragsausnahmen, Schutzklauseln, Einstimmigkeitsprinzip — unter dem Vorbehalt des venire contra suum proprium —, mögliche Stufenverlängerung, letztlich Schiedsverfahren).

III. Organisations- und innerdienstliche Handlungen

17 Zu den sonstigen Rechtshandlungen, die in den Gemeinschaften vorkommen, können auch — im weitesten Sinne verstanden — Organisations- und (andere) innerdienstliche Handlungen gerechnet werden, die sich für sie (nicht anders als für den Staat und seine Verwaltungsträger) aus der Wahrnehmung öffentlicher Aufgaben ergeben[20]. Ob sie ausnahmsweise — wie die Rechtshandlungen der Verträge oder andere, hier behandelte — rechtliche Außenwirkung gegenüber Marktbürgern, Mitgliedstaaten oder Dritten haben oder — regelmäßig — nur Binnenwirkung äußern, ergibt sich im Einzelfall. Diese Unterscheidung braucht im übrigen für die Charakterisierung von Organisations- und innerdienstlichen Handlungen nicht maßgeblich zu sein. Denn auch sie ergehen durchweg mit Rechtswirkungen, nur eben solchen, die gegenüber Organen selbst eintreten, nicht nach außen. Die auch für das deutsche Verwaltungsrecht überlieferte Differenzierung nach Rechts- und Verwaltungsvorschriften mit Außen- oder Binnenwirkung ist jedenfalls für Fragen des Grundrechts- und des Rechtsschutzes fragwürdig geworden. Sie braucht für das Gemeinschaftsrecht hier nicht generell überprüft zu werden.

1. Erscheinungsformen

Das Bild der vorkommenden Handlungen dieser Art ist bunt. Ihre Erscheinungen lassen sich unterschiedlich systematisieren, ohne daß damit rechtlich Wesentliches gewonnen würde. Unterscheidbar sind etwa:

18 a) Regelungen zur Ordnung des Geschäftsganges von Gemeinschaftsorganen (Geschäftsordnungen). Sie sind z. B. vorgesehen in Art. 5 FusV für den Rat und in Art. 16 FusV für die Kommission und ihre Dienststellen. Diese Regelungen haben generellen Charakter. Innerdienstlichen Weisungen eines Organs oder seines berufenen Vertreters an Angehörige des Personals kommt regelmäßig Einzelakt-Charakter zu.

19 b) Generelle Regelungen (Personalstatut) und Einzelakte (Einstellung, Ernennung, Beförderung, Entlassung) ergehen zur Ordnung der beamten- und arbeitsrechtlichen Verhältnisse des Personals. Ihr Inhalt objektiven Rechts bildet das Dienstrecht der Gemeinschaften *(17/1)*.

20 c) Organisatorische, personal- oder haushaltsrechtliche Maßnahmen, durch die ein Gemeinschaftsorgan die Bildung, Rechtsstellung, Aufgabe anderer Organe oder Hilfsorgane regelt oder bestimmt (Art. 8 IV, 153 EWGV, 6, 12 FusV, 194 II,206 I, 203 ff. EWGV[21]). Dazu zählt etwa auch der Rats-

[20] Dazu: *Groeben-Boeckh* u. a. Komm. Vorbem. III 3 A, C vor Art. 189; *Gijssels*, Les moyens d'action d'Euratom, RevIntScAdm 1961, 119; *Kovar*, Le pouvoir réglementaire de la CECA (1964) 27; *Fikentscher-Hoffman* SEW 1964, 289.

[21] EuGH Rs 20—23/58, 32—33/58, 42/58 Rspr. V, 183, 232, 256, 281, 315, 420 hat ein Schreiben der Hohen Behörde, das den Begriff „Eigenaufkommen" von

beschluß vom 15. September 1958 (ABl. 1958, 390 und 419) über die Einrichtung des Amtsblattes der Gemeinschaften (Art. 191 I EWGV) *(21/40)*. Er ist fälschlich als „Entscheidung" bezeichnet worden.

21 d) Einzelne Vertragsvorschriften schreiben — von ihren Regeln über die Willensbildung und das Zusammenwirken der Organe abgesehen *(23/22—30)* — vor, daß ein Organ die Aktivität oder das sonstige Verhalten eines anderen stimulieren kann (so Art. 152 EWGV, 122 EAGV, wonach der Rat die Kommission zur Vornahme von Untersuchungen und Unterbreitung von Vorschlägen auffordern kann). Insoweit ergehen Rechtshandlungen interner, gleichwohl rechtserheblicher Art. Denn hier ist — wie in Art. 152, 122 a.a.O. — dem Rat eine sonst in der Regel der Kommission zugedachte Initiative vertragsrechtlich eingeräumt, der die Kommission nachzukommen hat.

22 e) Einvernehmliche Regelungen der Zusammenarbeit zwischen Rat und Kommission (Art. 15 FusV) haben entsprechende innerdienstliche Funktion, aber auch entsprechenden Rechtsgehalt. Denn beide Organe sind wechselseitig an ihre Vereinbarungen gebunden.

23 f) Die Sprachenregelungen (Art. 217 EWGV, 190 EAGV), als *Verordnungen* ergangen (ABl. 1958, 385, 401), gehen über ihre Binnenwirkung hinaus, berechtigen die Marktbürger, verpflichten die Organe. Sie sind daher zutreffend gemäß Art. 189 II EWGV, 161 II EAGV getroffen worden[22].

2. *Außenwirksamkeit*

24 Ob und inwieweit diese Rechtshandlungen Außenwirkung haben, hängt vom Einzelfall ab und ist jeweils nach *materiellen* Gesichtspunkten zu prüfen. Soweit das der Fall ist, unterliegen sie der Kontrolle des Gerichtshofs und kommt in (mindestens analoger) Anwendung der einschlägigen Vorschriften ein Klagrecht von Betroffenen in Betracht[23]. Für das Personalrecht hat die Zuständigkeit und Judikatur des Gerichtshofs große Bedeutung erlangt. Denn er ist (Art. 179 EWGV, 152 EAGV) für alle Streitigkeiten zwischen den Gemeinschaften und ihren Bediensteten im Rahmen der Dienstregelungen zuständig *(17/11)*.

Schrott nachgeordneten Dienststellen gegenüber bestimmte, als innerdienstliche Anweisung und Tätigkeitsrichtlinie bezeichnet. — Daß eine die Politik eines Gemeinschaftsorgans nur darstellende Äußerung trotz Aufnahme in eine Entscheidung und Bekanntmachung rechtlich nur als interne Maßnahme ohne rechtliche Außenwirkung gewertet werden kann, hat Generalanwalt *Lagrange* zur Rs 16—18/59 angenommen (Rspr. VI, 86) und der EuGH Rspr. VI, 65 bestätigt.

[22] *v. Meibom* BB 1959, 129; and. Ans. *Everling*, Die ersten Rechtsetzungsakte der Organe der Europäischen Gemeinschaften, BB 1959, 53.

[23] *Fikentscher-Hoffman* SEW 1964, 295, 300.

IV. Fiskalhandlungen

25 Die Gemeinschaften sind — nicht anders als staatliche Träger öffentlicher Aufgaben — zur Erfüllung ihrer Aufgaben darauf angewiesen, im Bereich der (im deutschen Recht sog.) fiskalischen Verwaltung auch ohne Einsatz öffentlicher Gemeinschaftsgewalt mit Mitteln des Zivilrechts aufzutreten. Das ist u. a. der Fall, wo Verwaltungsbedürfnisse befriedigt werden müssen durch Beschaffung von Sachmitteln, Inanspruchnahme von beweglichen Sachen und Immobilien, von Dienstleistungen im Wege zivilrechtlicher Gestaltung. Insgesamt geht es hier also um den Bereich einer Art Intendanturverwaltung und sog. Hilfsgeschäfte der Verwaltung. Art. 181 EWGV, 153 EAGV, 42 EGKSV gehen davon aus, daß die Gemeinschaften Verträge (öffentlichrechtliche oder privatrechtliche) abschließen.

1. Rechtsgrundlagen

26 Die rechtliche Fähigkeit der Gemeinschaften hierzu beruht auf Art. 210, 211 EWGV, 184, 185 EAGV, 6 I, III EGKSV. Danach besitzen die Gemeinschaften Rechtspersönlichkeit und in jedem Mitgliedstaat die weitestgehende Rechts- und Geschäftsfähigkeit, die juristischen Personen nach dessen Rechtsvorschriften zuerkannt ist *(8/41)*. Insbesondere können sie bewegliches und unbewegliches Vermögen erwerben und veräußern. Sie werden zu diesem Zweck von der Kommission vertreten. Sie haben auch Prozeßfähigkeit. Indes kommt ihnen für zivilrechtliche Klagen die ihnen sonst zustehende Immunität nicht zu (Art. 183 EWGV, 155 EAGV).

2. Zwei-Stufen-Verfahren

27 Auch für das Gemeinschaftsrecht stellt sich die Frage, ob die Gemeinschaften bestimmte ihnen obliegende Aufgaben, die nicht solche der Intendanz sind, unter Mitverwendung von Rechtsformen des Zivilrechts „zweistufig" erfüllen[24]. In solchen Verfahren ergeht die Entscheidung über das „ob" oder „ob nicht" ihrer Wahrnehmung in Gestalt einer Einzelfall-Entscheidung. Ihr Vollzug ist im Falle der Bejahung des „ob" in zivilrechtliche Formen verwiesen. Das kommt in Betracht für die Aufnahme von Anleihen gemäß Art. 172 IV, 177 V EAGV, 49 I, 51 EGKSV sowie für die Gewährung von Subventionen in Gestalt von Kreditgewährungen (Art. 51 § 1 EGKSV) und Anleihegewährleistungen (Art. 51 § 2 EGKSV). Die Annahme der Zweistufigkeit bedeutet, daß die Entscheidung erster Stufe vor dem Gerichtshof justiziabel ist.

[24] Dazu: *Fikentscher-Hoffmann* SEW 1964, 298; *Ipsen* in: KSE 1 (1965) 510; *Börner*, Die Entscheidungen der Hohen Behörde (1965) 6—19; speziell zu den Darlehensverträgen der Europäischen Investitionsbank vgl. *Käser*, Darlehen der Europäischen Investitionsbank — Darlehen der Weltbank, EuR 1967, 289.

V. *Programme*

28 Es entspricht dem zeitbemessenen, gestuften und planhaften Vollzug der Integration zur Herstellung des Gemeinsamen Marktes und ebenso der Planhaftigkeit seiner Funktionserhaltung, daß im originären Gemeinschaftsrecht die Aufstellung und Verlautbarung von *Programmen* und ähnlich bezeichneten Maßnahmen vorgesehen ist und die Gemeinschaftsorgane auch sonst „programmieren“[25].

1. Rechtsgrundlagen

Programme und vergleichbare Maßnahmen kennen alle Verträge:

29 a) Nach Art. 5 II EGKSV erhellt und erleichtert die Gemeinschaft das Handeln der Beteiligten u. a. dadurch, daß sie „allgemeine Ziele bestimmt“. Art. 46 III 2 EGKSV spezifiziert diese Aufgaben, „um allen Beteiligten Hinweise für ihre Tätigkeit zu geben und ihr eigenes Handeln nach Maßgabe dieses Vertrages zu bestimmen“, indem in regelmäßigen Abständen als „Hinweise“ dienende Programme für Erzeugung, Verbrauch, Aus- und Einfuhr unter Berücksichtigung der voraussichtlichen Entwicklung aufgestellt werden (entsprechend nach Nr. 3 a.a.O. allgemeine Ziele für die Modernisierung, die Orientierung der Fabrikation auf lange Sicht und die Ausweitung der Produktionskapazität). In der Mangellage können Fabrikationsprogramme entsprechend den festgesetzten Verwendungsprioritäten aufgestellt werden (Art. 59 § 2 EGKSV).

b) Art. 40 I EAGV sieht „hinweisende Programme“ der Kommission vor, insbesondere hinsichtlich der Ziele für die Erzeugung von Kernenergie und der hierfür erforderlichen Investitionen, um die Initiative der Personen und Unternehmen anzuregen und eine abgestimmte Entwicklung ihrer Investitionen auf dem Kerngebiet zu erleichtern.

c) Nach Art. 54 I, 63 I EWGV stellt der Rat allgemeine Programme zur Aufhebung der Beschränkungen der Niederlassungsfreiheit und des freien Dienstleistungsverkehrs auf. Sie sollen die allgemeinen Voraussetzungen und die Stufen für die Verwirklichung der Liberalisierung festlegen. Programmatischen Charakter hatten auch die Vorschläge des Rates für das bei dem gemeinsamen Vorgehen in der Übergangszeit anzuwendende Verfahren und für die Vereinheitlichung der Handelspolitik sowie für ihre einheitliche Gestaltung im errichteten Gemeinsamen Markt (Art. 111, 113 II EWGV). Ohne ausdrückliche entsprechende Weisung des Vertrages sind zahlreiche weitere Aktionsprogramme, Gestaltungs- und Durchführungsvorschläge er-

[25] Dazu: *Ipsen* NJW 1963, 1713; *Nicolaysen* NJW 1963, 2212; *Meier* EuR 1967, 320; *Fuß,* Integration 1969, 148; *v. d. Groeben* in: Rationale Wirtschaftspolitik und Planung in der Wirtschaft (1967) 524; *Regul* in: *Kaiser,* Planung I (1965) 247; *Friauf* in: *Kaiser,* Planung IV (1970) 41.

gangen, so z. B. in der Agrar- und Verkehrspolitik. Am bedeutendsten war das Memorandum der Kommission über das Aktionsprogramm für die Zweite Stufe vom 24. Oktober 1962[26] und ist künftig das Programm für die stufenweise Verwirklichung der Wirtschafts- und Währungsunion[27].

d) Von Programmen spricht das Gemeinschaftsrecht auch in Fällen, in denen ihre Aufstellung nicht einem Organ der Gemeinschaft, sondern den Mitgliedstaaten überantwortet ist (so in Art. 50 EWGV im gemeinsamen Programm über den Austausch junger Arbeitskräfte). Der in Art. 50 liegende gemeinschaftsrechtliche „Auftrag" zur Programmierung an die Mitgliedstaaten ist selbst ohne Verbindlichkeit und Sanktionierung, auch nicht im Sinne eines Auftragsübergangs an die Gemeinschaft, falls die Mitgliedstaaten ihn unerfüllt lassen.

2. *Rechtsgehalt*

30 Die verschiedenen Programme und entsprechenden Maßnahmen werden sämtlich vom Handlungsschema der Art. 189 EWGV, 161 EAGV, 14 und 15 EGKSV nicht umfaßt. Sie haben keine darin vorgesehene Rechtsform, so nicht, was noch am nächsten läge, die einer Richtlinie oder EGKSV-Empfehlung, auch nicht Teilelemente von ihnen. Gleichwohl entbehren sie *nicht jeden* Rechtsgehalts, wenn ihnen überwiegend ein *nach außen wirkender* auch nicht zukommt.

a) Die vertraglich ausdrücklich vorgesehenen Programme des Rates (so z. B. in Art. 54 I, 63 I EWGV) äußern durch die Festlegung der Liberalisierungsvoraussetzungen und -stufen bindende Wirkung für die beteiligten Gemeinschaftsorgane. Sie bedeutet, daß die Programmausführung durch Richtlinien vom Programminhalt nicht abweichen darf. Ihr entspricht die genaue Regelung ihres Entstehungsverfahrens (Vorschlag der Kommission, Anhörung des Wirtschafts- und Sozialausschusses und des Parlaments, einstimmige Verabschiedung). Außenwirkung ist ihnen nicht zugedacht. Sie kommt ihnen auch nicht zu.

b) Andere Programme sind Arbeitsprogramme der Kommission zur Koordinierung des Vorgehens der Gemeinschaftsorgane. Sie erlangen gemeinschaftsinterne Verbindlichkeit erst mit der Verabschiedung durch den Rat.

c) Soweit Programme Hinweis-Funktion für Marktbürger und Bestimmungs-Funktion für das Organhandeln der Gemeinschaft haben, kommt ihnen jener *indikative* Charakter zu, der zum Wesen eines Plan-Typs gehört. Sein Rechtsgehalt ist, wiewohl auf imperative Wirkung verzichtend, nicht zu unterschätzen. Denn der Programmzweck ist geeignet und darauf ge-

---

[26] Als Einzeldokument am 24. 10. 1962 v. d. Kommission im Druck veröff.

[27] Entschließung des Rates und der Vertreter der Regierungen der Mitgliedstaaten v. (9. 2.)/22. 3. 1971 über die stufenweise Verwirklichung der Wirtschafts- und Währungsunion in der Gemeinschaft (ABl. 1971 C 28, 1).

richtet, das Marktverhalten der Beteiligten im Programmsinne zu beeinflussen. Hier können für die Folgen von Programmfehlern und -änderungen ähnliche Rechtsfragen auftreten, wie sie im Wirtschaftsplanungsrecht gesehen werden[28]. Dies gilt um so mehr, wenn das Programm im Sinne seiner Bestimmungs-Funktion für die Gemeinschaftsorgane den Charakter eines „Entscheidungsmodells" annimmt, d. h. einer generellen Vorwegnahme und Verlautbarung derjenigen Handlungserwägungen, die im akuten Fall einer Entscheidungsbedürftigkeit der dann ergehenden Entscheidung zugrunde gelegt werden sollen.

Aktionsprogramme und solche mittelfristiger Wirtschaftspolitik verlautbaren die Absicht von Rat und Regierungen der Mitgliedstaaten, ihren Leitgedanken entsprechend zu handeln. Die Wirtschaftsfreiheit der Marktbürger im Rechtssinne wird dadurch nicht berührt[29].

d) Rechtliche Bindung mit Außenwirkung für die betroffenen Unternehmen äußern eindeutig die Fabrikationsprogramme einer EGKSV-Mangellage (Art. 59 § 2 II EGKSV). Hier handelt es sich um imperative Pläne.

3. *Absichtserklärungen*

31 Von diesen Programmen und vergleichbaren Maßnahmen zu unterscheiden sind verschiedene Formen von Absichtserklärungen. Sie werden von Gemeinschaftsorganen im Zuge von Verhandlungen unter Beteiligung von Regierungsvertretern abgegeben im Hinblick auf ihr künftiges Verhalten, so etwa in der Ermessenshandhabung bei Entscheidungen, zu denen Gemeinschaftsorgane in einer Regelung des Sekundärrechts berufen werden.

VI. Informelle Organhandlungen und Realakte

Nicht alle praktisch vorkommenden, nach außen gerichteten Handlungen der Gemeinschaftsorgane (oder ihrer Dienststellen und Funktionäre) sind Handlungen rechtlicher Wirkungen. Sie können „informelle Äußerungen"[30] sein oder auch Handlungen bloß effektiver Bedeutung, die die deutsche Terminologie *Realakte* nennt. Von ihnen allen nimmt das Vertragsrecht begreiflicherweise keine Kenntnis. Gleichwohl sind sie existent und als solche schon deshalb zu erfassen, weil sie aus verschiedenen Rechtsgründen (Form, Begründungszwang, Justiziabilität usw.) von den Rechtshandlungen (und insbesondere von den Einzelfall-Entscheidungen) abgegrenzt werden müssen.

---

[28] *Ipsen* in: Kaiser, Planung I (1965) 60; *ders.*, in: Planung II (1966) 106; *v. Simson*, Planänderung als Rechtsproblem, in: Planung I (1965) 405.
[29] *Ipsen* NJW 1963, 1715.
[30] *Groeben-Boeckh* u. a. Komm. Vorbem. C 4 vor Art. 189.

1. Informelle Organhandlungen

32 Informelle Äußerungen ergeben sich vornehmlich aus dem dienstlichen Verkehr der Gemeinschaftsverwaltung mit Marktbürgern und ihren Organisationen, aber auch intern und mit den nationalen Verwaltungen. Sie treten in Erscheinung als: Bescheidungen von Anträgen und Anfragen, die inhaltlich lediglich eine Verlautbarung der von der Gemeinschaftsverwaltung vertretenen Rechtsauffassung oder bisher geübten oder künftig beabsichtigten Praxis darstellen; klarstellende, u. U. sogar im Amtsblatt publizierte Äußerungen über die bisherige oder künftig beabsichtigte Durchführung oder Anwendung von Rechtshandlungen objektiver Rechtsetzung, und dies ohne Bescheidungscharakter hinsichtlich der Initiative Außenstehender; interne Weisungen Vorgesetzter an nachgeordnete Dienststellen oder Funktionäre, deren Rechtsgehalt sich in der Herstellung innerdienstlicher Folgepflicht erschöpft und die nach außen informeller Natur sind.

a) In diesen und vergleichbaren Fällen informeller Aktivität der Gemeinschaftsverwaltung kann ihre Selbstqualifizierung durch die Verwaltung ein gewichtiges Indiz für ihre Rechtsnatur ausmachen. So kann die Nichtverwendung einer der vertraglich für Rechtshandlungen ausdrücklich vorgesehenen Gestaltungsformen für ihren auch rechtlich informellen Charakter sprechen. Letztlich maßgeblich ist indes ihr *objektiver* Sinngehalt[31]; dies deshalb, weil die rechtliche Qualifizierung eine Rechtsfrage betrifft, über die nicht die Gemeinschaftsverwaltung, sondern der Gerichtshof das letzte Wort hat, und weiterhin, um (schuldhafte, aber auch schuldlose) Fehldeutungen, schließlich auch Mißbräuche der Verwaltung zu Lasten der Betroffenen zu vermeiden und tunlichst auszuschließen.

b) Die Ermittlung des maßgeblichen objektiven Sinngehalts erfordert jeweils eine minuziöse Auslegung der fraglichen Handlung. Sie zielt dahin, ob die Handlung Elemente rechtlicher Außenwirksamkeit enthält, die im Einzelfall geeignet sind, die Rechtslage zu beeinflussen.

2. Realakte

33 *Realakte* kommen im deutschen Verwaltungsrecht allgemein, vornehmlich dort vor, wo Leistungsverwaltung im Interesse der auf ihre Darbietungen Angewiesenen stattfindet[32]. Dem Typ der von der Gemeinschaftsverwaltung wahrgenommenen Aufgaben entspricht *diese* Erscheinung üblicherweise *nicht*. Denn insoweit steht der Marktbürger primär seiner heimischen nationalen Verwaltung gegenüber. Gleichwohl sind auch Realakte oder Tathandlungen der Gemeinschaftsverwaltung nicht ausgeschlossen. Sie dienen

[31] *Groeben-Boeckh* u. a. Komm. Vorbem. C 4 B vor Art. 189; Beispiele aus der Rechtsprechung: EuGH Rs 20/58 Rspr. V, 182—184; Rs 90 u. 91/63 Rspr. X, 1344 f.; Rs 16/67 Rspr. XIV, 449.

[32] *Wolff*, Verwaltungsrecht I 8. Aufl. (1971) 320.

insbes. zur Vorbereitung oder Ausführung von Rechtshandlungen, so als Tatsachenermittlung (durch Anfrage, Auskunftseinholung, Besichtigung, Verhandlung, Aktenbeiziehung), als statistische Erhebung, Untersuchung, Feststellung usw. Soweit solche Realakte (insbes. die Erteilung oder Einholung von Auskünften) im Einzelfall unmittelbare Rechtsfolgen haben oder haben können, mutieren sie zu Rechtshandlungen *(42/5)*. Die Qualifizierung ihrer Rechtsnatur hängt ab von ihrem objektiven Sinngehalt und von den aus objektivem Recht sich etwa ergebenden Rechtsfolgen ihrer Vornahme.

§ 23 WILLENSBILDUNG DER GEMEINSCHAFTSEXEKUTIVEN

Alting von Geusau, Les sessions marathon du Conseil des ministres, in: La décision 99; *Bellanger,* Contribution à l'étude de la nature juridique des Accords de Luxembourg du 29 janvier 1966, NedTijdschrIntR 1968, 179; *Besluitvorming* in de Europese Gemeenschappen (1968); *de Bruin,* La préparation de la décision communautaire au niveau national néerlandais, in: La décision 239; *Buchmann,* La capacité décisionnelle du système communautaire européen, in: La décision 453; *Cartou,* Le rôle de la Commission, in: La décision 1; *Colliard,* Comparaison de la décision dans les Communautés européennes et dans diverses organisations internationales, in: La décision 395; *Dehousse,* Une querelle sur un mythe: la règle de la majorité au sein des Conseils communautaires, in: L'Europe en Formation 1966, 2; *La décision* dans les Communauté Européennes, Kolloquium Lyon 1966 (1969); *Economidès,* Le pouvoir de décision des organisations internationales européennes (1964); *Flory,* Irréversibilité et point de non-retour, in: La décision 439; *Gerbet,* La préparation de la décision communautaire au niveau national français, in: La décision 195; *Gotschlich,* Gesetzgebung in Brüssel. Die Arbeitsweise der rechtsetzenden Organe am Beispiel der Agrarmarktordnungen, ZfZ 1964, 289; *von Hassell,* Formen der Beschlußfassung des Rates der EWG, in: Zellentin (Hg.), Formen der Willensbildung in den europäischen Organisationen (1965); *Hogan,* Representative government and european integration (1967); *Holch,* Der Bundesrat zur Rechtsetzung der Europäischen Gemeinschaften, EuR 1969, 213; *Holtz,* La préparation de la décision communautaire au niveau allemand, in: La décision 167; *Jaumin-Ponsar,* Essai d'interprétation d'une crise. La capacité décisionnelle du système communautaire européen (1970); *Kaiser,* Das Europarecht in der Krise der Gemeinschaften, EuR 1966, 4; *Kaltefleiter,* Funktion und Verantwortung in den europäischen Organisationen (1964); *Lagrange,* Le pouvoir de décision dans les Communautés européennes, théorie et réalité, RevTrimDrEur 1967, 1; *Lambert,* Decision-making in the Community — the Commission-Council dialog, in: Government and Opposition III (1967) 391; *Lassalle,* Les rapports entre le Parlement européen et les Conseils de Ministres des Communautés (1965); *Lassalle,* Les comités et l'évolution institutionnelle de la CEE, CahDrEur 1968, 395; *Lindberg,* The political dynamics of European Economic Integration (1963); *Lindberg,* Decision making and integration in the European Community, in: International Organisation XIX (1965) 56; *Lindberg-Scheingold,* Europe's would-be polity (1970); *Luchaire,* L'extension possible de la décision communautaire, in: La décision 477; *Maas,* Enkele opmerkingen over de Raad van Ministers in de Europese Gemeenschappen, SEW 1960, 127; *Mahieu,* La préparation de la décision communautaire au niveau national belge, in: La décision 183; *Medefind,* Die vier Organe der Europäischen Gemeinschaften. Parlament — Rat — Kommission — Gerichtshof. Aufgaben — Befugnisse — Zuständigkeiten — Arbeitsweise (1968); *Mégret,* Le rôle des Conseils des ministres, in: La décision 13; *von Meibom,* Die Mitwirkung der Mitgliedstaaten bei der Rechtsetzung der EWG, in: Zur Stellung der Mitgliedstaaten im Europarecht (1967) 148; *Mosler,* Nationale und Gemeinschaftsinteressen im Verfahren des EWG-Ministerrates. Die Beschlüsse der außerordentlichen Tagung des EWG-Rates in Luxemburg v. 29. Januar 1966, ZaöVR 26 (1966) 1; *de Muyser,* La préparation de la décision communautaire au niveau national luxembourgeois, in: La décision 229; *Neunreither,* Le rôle du Parlement européen, in: La décision 109; *Newhouse,* Collision in Brussels (1968); *Noël,* Der Ausschuß der Ständigen Vertreter, EuR 1967, 24; *Noël-Etienne,* Quelques considérations sur la déconcentration et la délégation du pouvoir de décision dans la CEE, RevMC 1967, 127; *Noë-Etienne,* Quelques aspects des rapports et de la collaboration entre le Conseil et la Commission, in: La décision 33; *Nizard,* Le modèle économique européen, in: La décision 423; *Olivetti,* La préparation de la décision communautaire au niveau national italien, in: La décision 209; *Ophüls,* Die Mehrheitsbeschlüsse der Räte in den Europäischen Gemeinschaften, EuR 1966, 193; *Partsch,* Parlament und Regierung im modernen Staat, VVDStRL 16 (1958) 74; *Pickles,* Political power in the EEC, JournComMSt II (1963/64) 63; *Remus,* Kommission und Rat im Willensbildungsprozeß der EWG (1969); *Salmon,* Le rôle de représentations permanentes, in: La décision 57; *Schaub,* Die Anhörung des Europäischen Parlaments im Rechtsetzungsverfahren der EWG (1971); *Schwarz-Liebermann von Wahlendorf,* Mehrheitsentscheid und Stimmwägung (1953); *Socini,* Sul sistema di votazione al Consiglio Speciale dei Ministri del „Piano Schuman", RivStudPolInt 1952, 442; *Suetens,* Het institutionele kader van den europees besluitvorming, in: Social-economische belangengroepen en Europese besluitvorming (1965) 6; *Torrelli,* L'application de la règle de la majorité au Conseil des ministres, in: La décision 83; *Ubertazzi,* Il principio di unanimità negli organi collegiali internazionali (1953); *Wirsing,* Aufgaben und Stellung der Kommission in der Verfassungsstruktur der EWG, in: Zellentin (Hg.), Formen der Willensbildung in den europäischen Organisationen (1965) 49; *Zellentin* (Hg.), Formen der Willensbildung in den europäischen Organisationen (1965); *Zellentin,* Formen der Konsensbildung im Europäischen Parlament, in: Zellentin (Hg.), Formen der Willensbildung in den europäischen Organisationen 75.

1 Die zum Erlaß von Rechtshandlungen zuständigen Gemeinschaftsorgane sind *Kollegialorgane.* Ihre Zuständigkeiten werden wahrgenommen von den ihnen angehörenden Organmitgliedern. Ihre Willensäußerungen bilden nach den einschlägigen vertraglichen Regeln durch Beschluß den Willen des Gemeinschaftsorgans. Diese Regeln beziehen sich auf den internen Willensbildungsprozeß der Organe *und* auf das wechselseitige Zusammenwirken der Organe. Die Gemeinschaftspraxis zeigt, daß *beide* Vorgänge, das Internum und das Zusammenwirken, sich nicht nur nach den Vertragsregeln vollziehen. Sie finden teils in Abweichung von ihnen statt, teils in ihrer Ergänzung in Formen und Verfahren, deren Realität nur die Beobachtung[1] vermittelt, deren rechtliche Zulässigkeit der Prüfung bedarf.

Daß diese Vorgänge auch hier bildhaft solche der „Willensbildung" genannt werden, entspricht der anthropomorphisierenden Übung[2], Bekundungen öffentlicher Hoheitsgewalt — wie das Gesetz und auch den Verwaltungsakt des Staates — als *Willens*akte zu bezeichnen. Da diese Sprache auch

---

[1] Über die Ergebnisse solcher Beobachtung: *Ernest B. Haas,* The uniting of Europe (1958) (nur für die EGKS bis 1957); *Lindberg,* Political dynamics 49—93; *ders.,* Decision making and integration in the European Community; International Organisation XIX (1963) 56—80; *von Hassell* in: Formen der Willensbildung in den europäischen Organisationen (Hg. Zellentin) 94; *Gotschlich* ZfZ 1964, 289; *Lagrange* RevTrimDrEur 1967, 1; La décision dans les Communautés Européennes (Kolloquium Lyon 1966), insbes. die Beiträge von *Cartou* (1), *Mégret* (13), *Noël-Étienne* (33), *Torelli* (83), *Alting von Geusau* (99), *Colliard* (395), *Nizard* (423), *Flory* (439), *Buchmann* (453), *Luchaire* (477); *Remus,* Kommission und Rat im Willensbildungsprozeß der EWG; *Lindberg-Scheingold,* Europe's would-be polity. — Wie auch sonst, ragen die politologischen Beiträge aus amerikanischer und französischer Feder zu diesem Fragenkomplex hervor; der einschlägige deutsche Anteil ist gering.

[2] *Forsthoff,* Verwaltungsrecht I 9. Aufl. (1966) 200.

binnenstaatlich (und nicht nur bei uns) üblich ist und sie im Rechtssinne psychologisch keine Überforderung darstellt, mag sie auch für die Bildung des Entscheidungsgehalts von Rechtshandlungen der Gemeinschaftsorgane Verwendung finden, zumal auch die internationalrechtliche Literatur[3] sie unbefangen gebraucht.

Was hier zu nicht normierten Modifikationen und Praktiken des Willensbildungsprozesses angemerkt wird, muß sich beschränken auf die Willensbildung zum Erlaß von *Rechtshandlungen.* Es geht hier indes nicht um einen Versuch, das Agieren der Organe im Ganzen ihrer Funktionen zu erfassen und ihren Handlungs- und Verfahrensstil, den ihrer Hilfsorgane und Apparaturen zu charakterisieren. Das ist Sache anderer Disziplinen.

I. Vom Prozeß der Willensbildung der Gemeinschaftsorgane

1. Normierte und nicht-normierte Willensbildung

2 Als verfaßte Rechtsgemeinschaften gehören die Gemeinschaften zu den mit Hoheitsgewalt ausgestatteten Trägern öffentlicher Aufgaben. Ihre Rechtshandlungen gehen aus dem rechtlich geregelten Zusammenwirken physischer Willensäußerungen von Amtsträgern hervor. Diese erscheinen als solche eines einem Kollegium juristisch zugerechneten Organwillens. Das Vertragsrecht der Gemeinschaften regelt vielfältig die Modalitäten dieses *internen* Kollegialvorgangs (darüber für den Rat: *23/9—21).* Es macht seine rechtlich einwandfreie Hervorbringung ebenso vielfältig vom geregelten *Zusammenwirken* mit anderen Gemeinschaftsorganen abhängig (darüber *23/22—30).* Es nimmt sich des Prozesses der Willensbildung indes *nicht* in *allen* seinen Abschnitten an. Es setzt vielmehr voraus, daß dieser Prozeß sowohl im Stadium der kollegialen Beschlußfassung wie auch in Vorstadien der Beteiligung anderer Organe bereits einen gewissen Grad von Bestimmtheit und Verformung angenommen hat. Denn anders kann weder über seine letzte Inhaltsbestimmung rechtsförmlich beschlossen noch zu ihm in seinem Vorstadium von einem anderen Organ rechtserheblich Stellung genommen werden.

Es gehört zum rechtlichen Verständnis der Organfunktionen und der Kompetenzhandhabung der Organe, nicht minder ihrer spezifischen Wirkungsweise zur Erfüllung der Integrationsziele der Vergemeinschaftung sonst mitgliedstaatlicher öffentlicher Aufgaben, auch den *nicht normierten* Prozeß der Willensbildung der Gemeinschaftsorgane in seiner Motivation und Rechtstechnik zu erfassen. Soweit das ohne eigene ständige Teilhabe an solchen Prozessen aus Beobachtung und Information in großen Zügen ersichtlich und erkennbar ist, gehört diese Beschreibung auch zur Deutung der Willensbildungsnormen des Vertragsrechts.

---

[3] *Seidl-Hohenveldern,* Internationale Organisationen 96.

Die den Gemeinschaftswillen juristisch realisierenden Rechtshandlungen der Gemeinschaften sind nach Funktion und Bedeutung vornehmlich solche von *Rat* und *Kommission.* Deshalb beschränkt sich die Beschreibung auf sie und für sie in bezug auf ihre Rechtsetzungsakte. Dabei bildet das Zusammenwirken von Rat und Kommission *nach den Regeln der Römischen Verträge* das Darstellungsmodell: Ratsbeschluß auf Vorschlag der Kommission. Das EGKSV-Modell (Kommissionsbeschluß unter Anhörung, Zustimmung oder Ablehnungsvorbehalt des Rates) erscheint, weil praktisch weniger bedeutsam, als Sonderregelung. Der Willensbildungsprozeß des Parlaments, des Gerichtshofs und anderer Gemeinschaftseinrichtungen vollzieht sich nach besonderen Regeln und Maßstäben und ist, soweit erforderlich, dem Zusammenhang mit ihrer Darstellung vorbehalten (vgl. *§§ 12, 15, 16).*

2. *Information und Konsultation der Kommission*

Der Willensbildungsprozeß der Exekutiven setzt regelmäßig bei der *Kommission* ein. Er vollzieht sich im ersten Stadium der Information und Konsultation unter ihrer alleinigen Disposition.

3 a) Die Kommission befindet sich hierbei in einer Lage, die mit derjenigen einer mitgliedstaatlichen Regierung, die die ihr zustehende Gesetzesinitiative wahrnimmt, nicht vergleichbar ist[4], und dies um so weniger, je weiter die Vertragsziele noch von ihrer Erfüllung entfernt sind. Die Kommission verfügt bei der Vorbereitung ihrer Vorschläge nicht über die Kenntnisse des status quo, die einer nationalen Regierung in ihrem Bereich selbstverständlich oder disponibel ist. Die Kommission muß sich diese Kenntnis aus allen Mitgliedstaaten verschaffen. Ihnen obliegt, die Erfüllung dieser Aufgabe zu erleichtern (Art. 5 I 2 EWGV, Art. 192 I EAGV, Art. 86 I EGKSV). Die nationale Herkunft des Kommissionspersonals vermittelt jeweils ihre Kenntnis des heimischen Rechts und ihre Informationsmöglichkeiten informeller Art[5]. Zeit- und Sachfortschritte reichern diesen Kenntnisstand laufend an. Wissenschaftliche Arbeit der Rechtsvergleichung im weitesten Sinne trägt dazu bei, sowohl von der Kommission organisierte und in Auftrag gegebene wie die freie Forschung einzelner und von Instituten und Organisationen in allen Mitgliedstaaten.

4 b) Die *Vorschlagsinitiative der Kommission* muß sich zwangsläufig zweifach orientieren: einerseits an den Maßstäben der vertraglichen Zielsetzung und ihren eigenen Vorstellungen über die gemeinschaftspolitisch optimale Rechtsgestaltung zur Zielverwirklichung, andererseits an den Chancen ihrer

---

[4] *Wirsing* in: Formen der Willensbildung in den europäischen Organisationen (1965) 59; *Ophüls* EuR 1966, 220.

[5] Dazu auch die Darstellung der nationalen Vorbereitung von Gemeinschaftsentscheidungen in ihren Zusammenhängen mit der Information der Kommission in: La décision 167—255 (Beiträge von *Holtz, Mahieu, Gerbet, Olivetti, de Muyser, de Bruin*).

Realisierbarkeit in dem vom Willen der Mitgliedstaaten getragenen Rat. Daraus erklärt sich, daß die Kommission regelmäßig schon *vor* der Formulierung von Vorschlägen i. S. des Vertragsrechts den Kontakt mit den Experten der nationalen Regierungsbürokratie sucht. Diese fungieren in diesem Stadium zwar nicht als gebundene Regierungsvertreter. Sie sind gleichwohl imstande, auch die politische Realisierbarkeit einer in Erwägung gezogenen Rechtsgestaltung unverbindlich einzuschätzen. Hier entfaltet sich der Kontakt in zahlreichen Expertengremien. Sie wirken als gemischte Arbeitsausschüsse und Arbeitsgruppen (aus Beamten der Gemeinschaften und solchen sowie Experten der Mitgliedstaaten) in wechselseitiger Konsultation.

Dieses Verfahren findet auch statt, soweit es um die Vorbereitung der Willensbildung der Kommission zu ihr (seltener) *allein* obliegender Entscheidung geht[6]. Schon in diesem ersten Stadium des Willensbildungsprozesses kann die Kommission durch vertragsrechtlich nicht geregelte Sichtbarmachung ihrer Intentionen die Regierungen der Mitgliedstaaten als Beteiligte interessieren und vorbereiten. Was in diesem Stadium über Informierungs-Desiderata der Kommission hinaus in den Arbeitsgruppen als Erörterungsgrundlage in Gestalt von Rohentwürfen o. dgl. bereits präsentiert wird, stellt im Rechtssinne indes noch keine die Kommission bindende Vorschlagsformulierung dar[7].

Welche Reaktionen diese „Papiere" in den ministeriellen Dienststellen der Mitgliedstaaten auslösen und was sie dort zur Vorbereitung ihrer Stellungnahme im Rat und seinen Hilfsorganen beitragen, bemißt sich nach der nationalen Regelung und Technik der mitgliedstaatlichen Willensbildung zu Gemeinschaftsakten. Für die Bundesrepublik ist das nicht nur ein Problem der Ressortabstimmung, sondern oft auch ein Bund-Länder-Problem; dies insbesondere, weil der Bundesrat nach § 2 S. 2 des Vertragsgesetzes vom 25. März 1957 (BGBl. II, 753) von der Bundesregierung erst über *förmliche* Kommissionsvorschläge unterrichtet wird, in einem späteren Stadium also, in dem die Einwirkungsmöglichkeiten der Länder bereits geschrumpft sind[8].

Die Beteiligung von Experten der nationalen Ministerialbürokratie und die darin praktizierte informelle und sondierende Abklärung des gemeinschaftspolitisch Erstrebten und im Rat etwa Erreichbaren wird teils gelobt, teils getadelt: getadelt vom Parlament, das um eine frühzeitige Minderung des Gemeinschaftsgehalts von Kommissionsvorschlägen, auch um ihre Selbständigkeit, um institutionelle Gleichgewichtsstörungen sowie um allzu starke politische Einflußnahme von Experten besorgt ist[9]; gelobt vom Mitgliedstaat Frankreich, das darüber hinaus schon frühzeitig gefordert hatte, Kommissionsvorschläge dürften dem Rat überhaupt erst *nach förmlicher Anhörung der Mitgliedstaaten* zugeleitet werden. Im Luxemburger Beschluß vom 29. Januar 1966[10] hat sich diese Forderung verdichtet. Danach ist es „wünschenswert, daß die Kommission, bevor sie einen Vorschlag von besonderer Bedeutung annimmt, in geeigneter Weise über die Ständigen Vertreter mit den Regierungen der Mitgliedstaaten Fühlung nimmt. Dieses Verfahren beeinträchtigt nicht das Vor-

---

[6] *Lindberg*, Political dynamics 58. [7] *Gotschlich*, ZfZ 1964, 290.
[8] Dazu: *Holtz* in: La décision 167; *Holch* EuR 1969, 213; vgl. auch die *1/24* unter Ziff. 22 zit. Hamb. Diss. v. *Oetting*.
[9] *Lindberg*, Political dynamics 62. [10] EuR 1966, 73.

schlagsrecht, das die Kommission nach dem Vertrag besitzt". Die an dieser Beschlußfassung nicht beteiligt gewesene Kommission hat ihre ausdrückliche Zustimmung zu diesem Verfahren nicht erklärt. Das war entbehrlich, da ihre Praxis ohnehin so verfährt.

5 c) Im ersten Informations- und Konsultationsstadium findet teilweise auch jener Vorgang statt, der sich im nationalen Gesetzgebungsverfahren sowohl der Regierungsinitiative wie der parlamentarischen Ausschußberatung als Anhörung von Interessenvertretern abspielt. Am Kontakt mit den Wirtschaftsverbänden der Gemeinschaft ist die Kommission ebenso interessiert, wie jene auf den mit der Kommission Wert legen[11].

Die Verbände versuchen im übrigen auch über die nationalen Regierungen und Parlamente auf die Bildung des Organwillens der Gemeinschaften einzuwirken. Dieser Kontakt zur Kommission während der Vorbereitung ihrer Vorschläge ist um so bedeutsamer, als er sich im späteren Stadium der eigentlichen Ratswillensbildung praktisch verbietet[12]. Für eigene Kommissionsentscheidungen bildet er sogar den einzigen Weg möglicher Einwirkung. Das Interesse der Kommission an der Konsultation mit der betroffenen Wirtschaftsgruppe kann einmal im Gewicht ihrer etwaigen Zustimmung liegen. Es liegt ferner in der Ermittlung der Interessenlagen, der Nutzung des den Verbänden verfügbaren Tatsachen- und Sachverstandes, der Gewinnung ihrer Approbation zur psychologischen und marktwirtschaftlichen Teilnahme, in der Verbreitung gemeinschaftspolitischer Vorstellungen mit Hilfe der wirtschaftlichen Spitzenverbände, die schon nach ihrer Struktur regelmäßig „gemeinschaftsfreundlich" fungieren[13]. Daß die Kommission in der Vorbereitung ihrer Vorschläge dadurch in Abhängigkeiten von der Wirtschaft geriete, dürfte angesichts ihrer Unabhängigkeit für sie weniger zu besorgen sein als für am *nationalen* Gesetzgebungsverfahren beteiligte Staatsorgane, die der Pression organisierter Interessen ausgesetzt sind. Gleichwohl besteht kein Anlaß, die Einflußmöglichkeiten der europäischen organisierten Verbandsinteressen zu unterschätzen, zumal diese auch über Kenntnisse verfügen, die die Kommission benötigt. Viel hängt auch hier ab von der Zusammensetzung der Kommission und dem Format ihrer Mitglieder.

3. Beschlußfassung der Kommission

6 Die Beschlüsse der Kommission werden mit der *Mehrheit ihrer Mitglieder* gefaßt (Art. 17 I FusV). Ihre Vorschläge können also nur auf einstimmigen oder Mehrheitsbeschlüssen beruhen. Ein Minderheitsvorschlag aus der Kommission kann im Rechtssinne den Rat nicht befassen. Die Beschlußfassung der Kommission über Rechtshandlungen ihrer eigenen Kompetenz folgt

---

[11] *Wirsing*, in: Formen der Willensbildung 55.
[12] *Rittsieg*, Wirtschaftsverbände und europäische Gemeinschaften (1966) 30.
[13] *Zellentin*, in: Formen der Willensbildung 120.

nach den Regeln ihrer Geschäftsordnung dem Stadium der Information und Konsultation und der internen Vorberatung und Vorbereitung ihres Personals. Was zur Erleichterung und Entlastung kollegialer Beschlußfassung der Kommission sowie zur Koordinierung der „Ressort"-Gesichtspunkte der Generaldirektionen außerhalb des Vertragsrechts geregelt ist und praktiziert wird *(14/11, 13)*, berührt ihre Willensbildung über Rechtshandlungen *im Verhältnis zu anderen Gemeinschaftsorganen nicht*. Das ist nur der Fall, soweit die Kommission vertragsrechtlich vor Rechtshandlungen eigener Kompetenz die Versammlung oder den Wirtschafts- und Sozialausschuß zu beteiligen hat[14].

4. Beratung mit dem Ausschuß der Ständigen Vertreter

7 Förmliche Kommissionsbeschlüsse über Vorschläge an den Rat (Art. 149 EWGV, 119 EAGV; im Geltungsbereich des EGKSV, im rechtlichen Effekt entsprechend, auch Zustimmungsersuchen der Kommission an den Rat zu ihren Entscheidungen) werden nach der Kommissionspraxis nicht bereits nach dem Stadium der Information und Konsultation und weiterer kommissionsinterner Vorbereitung gefaßt. Sie ergehen *erst nach einem weiteren Stadium der Beratung mit dem Ausschuß der Ständigen Vertreter der Mitgliedstaaten* (Art. 4 FusV), der die Aufgabe hat, die Arbeiten des Rates vorzubereiten und die ihm vom Rat übertragenen Aufträge auszuführen *(13/8—11)*. Das bewirkt, daß der Kommissionsvorschlag als solcher förmlich erst zustande kommt und den Rat erst erreicht, *nachdem* er in dieser Beratung einer etwaigen Beeinflussung durch den derart bekanntgewordenen voraussichtlichen Entscheidungswillen des Rates ausgesetzt worden ist[15]. In diesem Stadium wirken erneut Regierungsexperten der Mitgliedstaaten mit, nicht selten die bereits im ersten Stadium beteiligt gewesenen. Sie handeln hier indes als *weisungsgebundene Vertreter ihrer Ressorts*[16]. Das Verfahren kann dadurch spezifiziert werden, daß besondere Ausschüsse vom Status des Ausschusses der Ständigen Vertreter fungieren[17].

---

[14] Dazu: *Remus*, Kommission und Rat 194.

[15] Vgl. *Noël-Étienne* in: La décision 48.

[16] Die Rolle der Regierungsexperten im Stadium der Information, die die Kommission zur Erarbeitung ihres Vorschlages zu Rate zieht, und im weiteren Stadium der Beratung mit dem Ausschuß der Ständigen Vertreter kann nicht nach Sachverständigen-Unabhängigkeit und Weisungsgebundenheit unterschieden werden. Je höher diese Beamten im Rang stehen, sind sie an der Bildung der nationalen Regierungspolitik selbst beteiligt, so daß ihr Rat auch Einflußnahme bedeutet; dazu: *Remus* 198 mit Anm. 214 und 231 ff. — Die Rolle der Ständigen Vertreter und des Sekretariats der Räte in diesem Stadium hat schon früh und wiederholt die Kritik des Parlaments gefunden; vgl. etwa Verhandlungen des Europ. Parl. 1959, Sitzungen v. 9. bis 16. 4. 1959, 41, 62, 68; 1962/63, Sitzungen v. 25. bis 29. 6. 1962, 354, 360, Sitzungen v. 19. bis 23. 11. 1962, 101; 1963/64, Sitzungen v. 24. bis 28. 6. 1963, 55, 61.

[17] *Noël-Étienne* in: La décision 49.

Diese Praxis kann positiv und negativ bewertet werden. Beides geschieht. Ihre Gefahr kann darin bestehen, daß die Eigenständigkeit der Kommissionsaufgabe und das institutionelle Gleichgewicht der Organe beeinträchtigt werden, daß die Kommissionsvorschläge an Gemeinschaftsintensität einbüßen und zu Kompromißlösungen „auf dem kleinsten Nenner" herabsinken[18], daß der Ständige Ausschuß Kommissionskompetenzen de facto usurpiert und eine rivalisierende Rolle spielen mag[19]. Ihr Vorzug besteht darin, daß diese Praxis den Kommissionsvorschlag in die Grenzen des gemeinschaftspolitisch Erreichbaren, damit die Kommission erforderlichenfalls rechtzeitig in die Rolle des ausgleichenden Schiedsrichters verweist. Sie wird dadurch auch instand gesetzt, unabdingbare Gemeinschaftspositionen vor dem letzten Stadium der Ratsbeschlußfassung rechtzeitig und gründlich zu befestigen. Die Erfahrung lehrt, daß die vorschlagsbefugte Kommission diese Vorzüge des Verfahrens in aller Regel zu nutzen verstanden hat. Das kann jeweils gewährleistet bleiben nach dem Grad ihrer behaupteten Unabhängigkeit.

5. Ratsbeschlußfassung

8 Das letzte Stadium der Willensbildung ist das des *Ratsbeschlusses über den förmlichen Kommissionsvorschlag.* Obwohl vertragsrechtlich nicht vorgesehen, nimmt die Kommission an seinen Sitzungen in der Regel teil. Derart kann sie hier ihre Rolle zur Herbeiführung etwa gebotener Kompromißlösungen, aber auch die des Hüters der Gemeinschaftsinteressen wahrnehmen[20]. Die Ratspraxis entlastet sich von Beratungen, soweit der Ausschuß der Ständigen Vertreter und die Kommission Einstimmigkeit erzielt haben[21]. Über diese sog. A-Sachen der Tagesordnung entscheidet der Rat durch Annahme und ohne Aussprache *(13/24).* In den übrigen Sachen beschließt der Rat nach den Vertragsregeln und seiner Geschäftsordnung auf Grund seiner Beratung *(13/21—23, 25).*

II. Willensbildung des Rates

1. Rechtsgrundlagen

9 Der Rat der Europäischen Gemeinschaften, durch Art. 1 FusV eingesetzt, ist an die Stelle des Besonderen Ministerrates der EGKS, des Rates der EWG und des Rates der EAG getreten. Nach Art. 1 II a.a.O. übt er die diesen Organen zustehenden Befugnisse und Zuständigkeiten jeweils „nach Maßgabe" der drei Verträge und des FusV aus[22]. Die für seine Willensbildung maßgeblichen Rechtsregeln sind also weiterhin unterschiedlich den drei Verträgen zu entnehmen, soweit Art. 6—8 FusV keine anderweitige Regelung getroffen haben. Insbesondere ist Art. 28 EGKSV durch Art. 8 II FusV ge-

---

18 *Lindberg,* Political dynamics 59, 65.
19 *Noël* EuR 1967, 46, 52.
20 *Lindberg,* Political dynamics 54.
21 *Noël* EuR 1967, 48.
22 Zur Bedeutung dieser Regeln im Verhältnis zu den sog. uneigentlichen Ratsbeschlüssen vgl. *v. Simson,* Zur rechtlichen Gestalt der europäischen Integration, ZHR 130 (1967) 77.

ändert und den Vorschriften der Römischen Verträge angeglichen worden. Einschlägig sind danach Art. 148, 149 EWGV, gleichlautend Art. 118, 119 EAGV sowie Art. 28 EGKSV i. F. des Art. 8 II FusV. In allen Verträgen wird also jetzt *Einstimmigkeit* der Beschlußfassung *durch Stimmenthaltung nicht verhindert* (anders vorher Art. 28 IV EGKSV).

2. *Willensbildungs-Stimmregeln*

10 Die *völkerrechtliche* Organisierung souveräner Staaten folgt grundsätzlich dem Prinzip *formeller Gleichheit*. Danach verfügt jeder Mitgliedstaat im Beschlußgremium der internationalen Organisation über je eine Stimme gleichen Gewichts. Dem Gebot *materieller Gleichheit* würde ein Prinzip der *Stimmwägung* entsprechen[23]. Für seine Maßstäblichkeit bieten sich vornehmlich solche Kriterien an, die sich aus einer *funktionalen* Aufgabenbegrenzung der Organisation als adäquat ergeben. Stimmwägung als Willensbildungsprinzip mag mit dem der Bevorzugung kombiniert werden. Ihr Motiv kann — wie in den Gemeinschaftsverträgen — u. a. im Schutz der kleinen Mitgliedstaaten vor einer Majorisierung durch die Groß-Mitglieder in solchen Fällen bestehen, in denen vertragsrechtlich nicht Einstimmigkeit, sondern (qualifizierte oder einfache) Mehrheit zur Beschlußfassung gefordert wird. Am Ende der zweiten Stufe (1965) waren in den drei Gemeinschaftsverträgen bereits in 88 Vorschriften Mehrheitsbeschlüsse vorgesehen, seit 1966 in weiteren 10 Vorschriften. Sie stiegen am Ende der Übergangszeit auf rund 100 an. In etwa 50 Bestimmungen der Verträge ist es bei dem Erfordernis der Einstimmigkeit verblieben[24]. Die Willensbildungsregeln für den Rat haben also, dem gestuften Integrationsfortgang folgend, einen planvollen Entwicklungsprozeß durchlaufen[25]. Er hat insgesamt über ein Dutzend Formgestaltungen hervorgebracht, wenn die unterschiedliche Beteiligung der Kommission an der Rats-Willensbildung in Rechnung gestellt wird.

---

[23] *Seidl-Hohenveldern*, Internationale Organisationen 120.

[24] *Ophüls* EuR 1966, 193.

[25] Zu den Mehrheitserfordernissen: *Buerstedde*, Der Ministerrat im konstitutionellen System der Europäischen Gemeinschaften (1964) 136; *Fischer*, Die Willensbildung im Europa-Rat, dargest. am Verhältnis zwischen der Beratenden Versammlung und dem Ministerausschuß, in: Formen der Willensbildung 1; *von Hassell*, ebenda 89; *Zellentin*, ebenda 75; *Ljubisavljevic*, Les problèmes de la pondération dans les institutions européennes (Aspects Européens, 1959); *Mosler* ZaöRVR 26 (1966) 1; *Wagner*, Beschlußrecht 163; allgemein zur Stimmwägung und Willensbildung im internationalen Recht: *Schwarz-Liebermann von Wahlendorf*, Mehrheitsentscheid und Stimmwägung; *Socini* RivStudPolInt 1952, 442; *Ubertazzi*, Il principio di unanimità; beste Darstellung über die Mehrheitsbeschlüsse der Räte in den europäischen Gemeinschaften: *Ophüls* EuR 1966, 193—229; dort 203 auch Ausbreitung der historischen Entwicklung und rechtsgeschichtlicher Vorbilder; Kataloge der Vertragsregelungen mit ihren Mehrheitserfordernissen in SEW 1962, 368—373 sowie bei *Torrelli* in: La décision 94—96.

3. *Einstimmigkeits- und Mehrheitsprinzip*

11 Der aus Regierungsmitgliedern der Mitgliedstaaten bestehende Rat ist Gemeinschaftsorgan zur Wahrnehmung von Hoheitsaufgaben der Gemeinschaften. Seine Willensbildung bringt Akte von Gemeinschaftsqualität hervor — nicht anders als die Willensbildung der drei anderen Gemeinschaftsorgane: Parlament, Kommission, Gerichtshof. Das gilt für den Rat als Gemeinschaftsorgan, obwohl die ihn formierenden Organwalter Regierungsmitglieder der Mitgliedstaaten sind. Hierin, in der *Gemeinschaftsfunktion* des Rates, liegt der eigentliche Grund dafür, daß seine Willensbildung weder aus Logik noch aus Sachzwang in der Regel dem Prinzip der Einstimmigkeit folgen müßte, wie dies für überlieferte internationale Organisationen ohne gemeinschaftstypische Verfassungszüge geboten und üblich ist. In seiner *mitgliedschaftlichen Struktur* andererseits liegt der Grund dafür, daß das vertragsrechtlich stipulierte Mehrheitsprinzip zum Gegenstand nationaler Ansprüche auf faktische Behauptung der Einstimmigkeit wird, sobald Gemeinschaftsinteressen sich mit höchstqualifizierten Nationalinteressen begegnen. Die List zur Durchsetzung solcher Ansprüche *ohne evidente Vertragsverletzung* besteht darin, daß ein Beschluß, der vertragsrechtlich mit Mehrheit zulässig ist, nicht deshalb vertragswidrig ist, weil er letztlich einstimmig zustande kommt — was umgekehrt nicht zuträfe. Mitgliedstaaten, die der Forderung eines anderen nach einstimmiger Beschlußfassung schließlich nachkommen, wiewohl Mehrheit genügen würde, machen sich also jedenfalls *insoweit* nicht der Mitwirkung an einer Vertragsverletzung schuldig. Daß sie es gleichwohl tun, um den Einstimmigkeit postulierenden Mitgliedstaat an der Vertragserfüllung festzuhalten, indem sie Majorisierung preisgeben, wo der Vertrag sie gestattet, kann aus Güterabwägung gerechtfertigt erscheinen, da der Integrationsfortgang höherwertig erscheint. Diese Erwägungen ergeben sich im Hinblick auf die Krise 1965/66 und das Luxemburger Kommuniqué vom 29. Januar 1966 Ziff. I—IV *(23/19—21)*.

12 a) Nach dem Recht der Verträge selbst ist *Einstimmigkeit* der Rats-Willensbildung *nicht die Regel*, und sie macht *nicht die Mehrzahl der Vertragstatbestände* aus. Aus diesen Gründen gilt für seine Beschlußfassung das *Mehrheitsprinzip, soweit die Verträge nichts anderes bestimmen:* Art. 148 I EWGV, 118 I EAGV, 28 IV EGKSV i. F. des Art. 8 II FusV[26].

aa) *Einstimmigkeit* ist und bleibt danach insbes. erforderlich für die Willensbildung über *institutionelle* Fragen (über Zuständigkeit und Organisation der Gemeinschaften und die Stellung der Mitgliedstaaten in ihnen, wofür Vertragsänderung oder -durchbrechung erforderlich ist).

bb) Soweit die Verträge *vorübergehend* Einstimmigkeit gefordert hatten, diente sie der einvernehmlichen Willensbildung im Rat zum verfahrensmäßigen und sachlichen Fortgang der Integration in den zeitbemessenen

[26] *Ophüls* EuR 1966, 201.

Stufen, also typischen Planschritten zur Abwicklung der Übergangszeit. Insoweit hat das Einstimmigkeitsprinzip vertragsrechtlich seine wesentliche Bedeutung bereits verloren.

cc) Ganz anderer Funktion ist (und bleibt) das Einstimmigkeitsprinzip, wo der Rat, an sich auf Kommissionsvorschlag zur Mehrheitsentscheidung befugt, mit Einstimmigkeit *unter Abänderung des Kommissionsvorschlages* entscheiden kann: sichert in der Regel die Bindung des Rates an den Kommissionsvorschlag die Wahrung des Gemeinschaftsinteresses, so vermag er sich von dieser Gewährleistungsregel *nur einstimmig* zu lösen[27]. Mitgliedstaatliche Partikularinteressen können sich danach im Rat nicht durch Veto durchsetzen. Entsprechendes gilt vom Schutz der kleinen Mitgliedstaaten, der sonst der Kommission anvertraut ist *(23/22)*.

13 b) Worin und womit letztlich das *Mehrheitsprinzip* für die Willensbildung des Rates veranlaßt und legitimiert wird, ist hier nicht auszubreiten[28]. Das gehört zu den Grundfragen der Vergemeinschaftung und ihrer Strukturen an sich. Hier genügt die Feststellung: die Wirtschaftsintegration als Prozeß und der Zwang, für die Wahrnehmung der Hoheitsbefugnisse, mit denen die Mitgliedstaaten die Gemeinschaften ausgestattet haben, das Zustandekommen von Gemeinschaftsentscheidungen *auch gegen mitgliedstaatlichen Einzelwillen* zu sichern, gebietet letztlich die *Anwendung des Mehrheitsprinzips*. Integration als Fort-Schritt und Entscheidungszwang im Gemeinschaftsinteresse legitimieren damit das Mehrheitsprinzip. Seine Radizierung im Gemeinschaftsrecht zeigt im übrigen, daß es dort — unter Verwertung aus Vergleichung gewonnener und verfassungshistorischer Variationsmodelle — *nicht* generell und unsubstantiiert als *nur numerischer* Majoritätsmaßstab praktiziert wird. Es wirkt vielmehr in der Umgrenzung durch das vorrangige Vertragsrecht selbst, damit durch grundsätzliche, gerichtlich kontrollierbare Selbstbindung der Mitgliedstaaten an ihre eigenen Verträge und deren Gemeinschaftsverfassungen sowie durch differenzierte Gebote der Stimmwägung und qualifizierter Mehrheitsbildung.

14 aa) Gegenüber der völkerrechtlich überlieferten Gleichwertigkeit der Vertragspartner rechnet das Gemeinschaftsrecht mit der Realität der Mitgliedstaaten, die sich nach Wirtschaftspotential, Größe und Bevölkerung

[27] *Ophüls* EuR 1966, 214; zu Einzelfragen möglicher Änderung von Kommissionsvorschlägen durch den Rat: *Remus*, Kommission und Rat 225—236; *Noël-Étienne*, in: La décision 33—55; *Wagner*, Beschlußrecht 204; *Maas* SEW 1960, 127; *Alting von Geusau* SEW 1966, 227; *Lindberg*, Political dynamics 70; *Sattler*, Entwicklung 114; zur Praxis des Rates (gegenüber Beanstandungen des Bundesrates, wonach Kommissionsvorschläge vom Rat auch mit Mehrheit abgeändert würden) vgl. die Stellungnahme des Bundesministers für Wirtschaft im Namen der Bundesregierung v. 30. 10. 1969, EuR 1970, 181: danach wird die Stellung der Kommission durch ein solches Verfahren nicht geschwächt, sondern sogar gestärkt, weshalb diese selbst seine Anwendung auch immer wieder vorgeschlagen habe und es seit 1962 praktiziert werde.

[28] Dazu *Ophüls* EuR 1966, 202.

unterscheiden *(6/23)*. Hier wirken Gesichtspunkte, die im Prinzip auch dem Bundesstaatsrecht geläufig sind. Als einziger Mitgliedstaat hat die Bundesrepublik ein solches Verfassungsmodell in das Gemeinschaftsrecht eingebracht. Wo die Verträge das Mehrheitsprinzip für die Willensbildung des Rates vorsehen, ist in vier Fünfteln der Fälle eine *bemessene Stimmwägung* wirksam. Überwiegend reicht nur in Organisations- und Verfahrensfragen schlichte numerische Majorität aus.

15 bb) Die *Stimmwägung* orientiert sich im EGKSV (Art. 28 IV i. F. des Art. 8 II b FusV) an der mitgliedstaatlichen Kohle- und Stahlproduktion. Sie bewirkt mittelbar, daß die Bundesrepublik und Frankreich im Rat über je 2 Stimmen, die übrigen 4 Staaten über je 1 Stimme verfügen. Es bedarf daher einer Mehrheit von 5 zu 3 (also beim Zusammengehen der beiden Großen der Mitwirkung mindestens auch eines Kleinen), um einen „gewogenen" Mehrheitsbeschluß des Rates zustande zu bringen. — Art. 148 EWGV, 118 EAGV beziffern offen und unmittelbar dasselbe Resultat der Wägung: die Bundesrepublik, Frankreich und Italien (dieses hier — anders als im EGKSV — gleichgewichtig) führen je 4 Stimmen, Belgien und die Niederlande je 2, Luxemburg führt 1 Stimme. Mit der Erweiterung der Gemeinschaften sollen den drei erstgenannten sowie Großbritannien je 10, Belgien und den Niederlanden je 5, Dänemark, Irland und Norwegen je 3 und Luxemburg 2 Stimmen zukommen (Art. 14 BeitrA).

16 cc) Wo die Verträge — statt der einfachen — eine *qualifizierte Mehrheit* für die Willensbildung des Rates vorsehen, verhilft die Stimmwägung, prozentual bewertet, zur Berücksichtigung einer *Zweidrittelmehrheit*. Dies in den Römischen Verträgen nach Art. 148 II EWGV, 118 II EAGV (1. Alternative) für Ratsbeschlüsse *auf* Kommissionsvorschlag, da eine Mehrheit von 12 der insgesamt 17 (nach der Erweiterung: 43 der insgesamt 61) Stimmen erforderlich ist; wo (seltener) vom Rat *ohne* Kommissionsvorschlag entschieden wird, bedarf es *außer* dieser Zweidrittelmehrheit *zusätzlich* einer solchen der Abstimmenden (also 4 von 6; nach der Erweiterung: 6 von 10) (Art. 148 II EWGV, 118 II EAGV — 2. Alternative).

4. Abstimmungsform

17 a) Wo — mit oder ohne Stimmwägung, einfach oder qualifiziert — für die Willensbildung des Rates vom Vertragsrecht das Mehrheitsprinzip als maßgeblich bestimmt wird, braucht und pflegt nach aller Erfahrung der Ratswille weder rechtsförmlich noch de facto *ausdrücklich* in entsprechender *Abstimmung* gebildet zu werden. Dies deshalb, weil Struktur, Zusammensetzung, Beratungsstil und politischer Takt in aller Regel die Dezision in förmlicher Abstimmung zu vermeiden trachten. Letztlich wirken diese Umstände dahin, daß der in der etwaigen Abstimmung potentiell Unterliegende sich der erkannten voraussichtlichen Mehrheit *vor* förmlicher Abstimmung anschließt. Damit wird die Minderheit zur Gefolgschaft gegenüber der Mehrheit angehalten.

18 b) Besondere Würdigung verdient der Willensbildungsprozeß des Rates auch im Hinblick auf die Anwendbarkeit und Handhabung des Einstimmigkeits- und des Mehrheitsprinzips, soweit er sich in besonders langdauernden Sitzungen und über gebündelte Verhandlungsgegenstände vollzieht. Das ist das Thema der sog. *Marathon-Sitzungen* und des *package-deal*. Seine Darstellung, der Empirie ihrer Abläufe, Modalitäten, Techniken, ihrer Vorzüge und Nachteile für die Vertragsanwendung und die Integration an sich ist wesentlich für die Behandlung des Gemeinschaftsrechts, obliegt indes primär der Politologie, die sich dieser Fragen besonders angenommen hat[29]. Die rechtswissenschaftliche Darstellung kann hieraus nur Folgerungen ziehen[30].

5. *Luxemburger „Vereinbarung"*

19 a) Die Grundlagen-Krise, die die Gemeinschaften im Jahre 1965[31] erschüttert hat, gipfelte in der französischen Forderung nach einer Anwendungsbeschränkung des Mehrheitsprinzips für Fälle „sehr wichtiger Interessen eines oder mehrerer Partner" der Gemeinschaften. Die Luxemburger „Vereinbarung" der Mitgliedstaaten vom 29. Januar 1966[32] besagt hierzu:

„I. Stehen bei Beschlüssen, die mit Mehrheit auf Vorschlag der Kommission gefaßt werden können, sehr wichtige Interessen eines oder mehrerer Partner auf dem Spiel, so werden sich die Mitglieder des Rats innerhalb eines angemessenen Zeitraums bemühen, zu Lösungen zu gelangen, die von allen Mitgliedern des Rats unter Wahrung ihrer gegenseitigen Interessen und der Interessen der Gemeinschaft gemäß Artikel 2 des Vertrages angenommen werden können.

II. Hinsichtlich des vorstehenden Absatzes ist die französische Delegation der Auffassung, daß bei sehr wichtigen Interessen die Erörterung fortgesetzt werden muß, bis ein einstimmiges Einvernehmen erzielt worden ist.

III. Die sechs Delegationen stellen fest, daß in der Frage, was geschehen solle, wenn die Verständigungsbemühungen nicht vollständig zum Ziele führen, weiterhin unterschiedliche Meinungen bestehen.

IV. Die sechs Delegationen sind jedoch der Auffassung, daß diese unterschiedlichen Meinungen nicht verhindern, daß die Arbeiten der Gemeinschaften nach dem normalen Verfahren wieder aufgenommen werden."

20 b) Die französische Forderung ging ersichtlich von der Überzeugung aus, das Gemeinschaftsrecht solle (oder könne oder dürfe) einen Mitgliedstaat nicht dazu verpflichten, eine Mehrheitsentscheidung in Fragen sehr wichtigen nationalen Interesses hinzunehmen. Hierbei liegt die Annahme zu-

[29] Vgl. insbes. die in Anm. 1 zitierten Untersuchungen von *Haas, Lindberg, Lindberg-Scheingold* sowie (über die Marathon-Sitzungen) von *Alting von Geusau* in: La décision 99—107 (mit schematischen Darstellungen ihres Verlaufs); außerdem die Beispiele einzelner Willensbildungsprozesse ebenda 259—391 und ihre Bewertung durch *Luchaire* ebenda 477; ferner: *Sattler*, Entwicklung 110—111 (Verzeichnis der Marathon-Sitzungen); *ders.*, Funktionelle Integration 138.

[30] Dazu: *Ipsen*, Fusionsverfassung 24, 71.

[31] *Kaiser*, Das Europarecht in der Krise der Gemeinschaften, EuR 1966, 4—24.

[32] EuR 1966, 73.

grunde, daß die Bejahung eines Nationalinteresses dieser Intensität der *Selbstqualifikation* des betroffenen Mitgliedstaates, nicht der Fremdqualifikation eines Gemeinschaftsorgans zustehe. Es geht also um eine klassische Manipulation nationalstaatlicher Souveränitätsansprüchlichkeit[33]. Das französische Postulat zielt für solche Situationen auf ein mitgliedschaftliches, und zwar zwangsläufig allseitig bestehendes Vetorecht, damit auf eine substantielle Verleugnung eines wichtigen Verfassungsprinzips der Vergemeinschaftung, des Prinzips der Supranationalität[34]. Hierzu hat das Luxemburger Kommuniqué indes weder eine politische, außervertragliche Vereinbarung noch parallel ergehende Absichtserklärungen der Mitgliedstaaten über die Suspendierung des Mehrheitsprinzips oder ihre künftige Einlassung zu seiner Handhabung erbracht, und die Kommission hat ihm in keinem Zeitpunkt zugestimmt. Es hat vielmehr lediglich eine Fixierung der grundsätzlichen Gegensätze formuliert mit der Bekundung der Bereitwilligkeit, trotz ihrer Statuierung *zu den Gemeinschaften zu stehen und ihre Funktionen fortzusetzen.*

21 c) Dieses Resultat hat seither das Willensbildungsverfahren im Rat beeinflußt, und zwar einstweilen im Sinne der Bereitschaft, bei vertragsrechtlich gebotenen Mehrheitsentscheidungen jene entscheidende Qualifizierungsfrage nicht zu stellen, ihr also auszuweichen oder aber sie in anderer Weise zu entschärfen. In wenigen unbedeutenden Fällen ist gleichwohl mit Mehrheit entschieden worden[35]. Ein italienischer Vorstoß, in Überwindung des Luxemburger Kommuniqués das Mehrheitsprinzip vertragsgemäß zu praktizieren, blieb ohne Wirkung[36]. Im Hinblick auf die Beitrittsverhandlungen ist von französischer Seite wiederholt gefordert und begründet worden, am Prinzip der Einstimmigkeit festzuhalten[37]. Diese Einlassung, die Praxis der

---

[33] *Ipsen*, Fusionsverfassung 22.

[34] *Kaiser* EuR 1966, 4; *Ophüls* ebenda 224.

[35] So ist z. B. gegen Frankreich die verbilligte Lieferung von Butter an die Streitkräfte der Mitgliedstaaten, gegen die Niederlande die weitere Subventionierung italienischer Rapsmühlen beschlossen worden; vgl. *Löffelholz*, Mehrheit in der Minderheit, EurGem 4/1970, 9.

[36] Italien hatte Ende 1970 bei den Diskussionen über die Präferenzgewährung für Zitrusfrüchte an Drittländer, in denen es gegenüber den anderen Mitgliedstaaten isoliert war, vor der Abstimmung seine Bereitschaft erklärt, sich in dieser ihm wichtigen Frage einem Mehrheitsbeschluß des Rates zu fügen, falls auch die anderen Mitgliedstaaten sich künftig nicht mehr auf wichtige Nationalinteressen gegenüber Mehrheitsbeschlüssen berufen würden; vgl. dazu die Anfragen des Abg. *Vredeling* Nr. 406 und 407/69 an Kommission und Rat. Der Rat hat sich einer Beantwortung der gestellten Fragen unter Berufung auf das Beratungsgeheimnis entzogen (ABl. 1970 C 33, 7; vgl. auch seine Antwort v. 30. 6. 1970 auf die Anfrage Nr. 24/70 des Abg. *Vredeling*, ABl. 1970 C 97, 2). Die Kommission hat nach ihrer Antwort v. 24. 2. 1970 in der fraglichen Ratssitzung nachdrücklich darauf hingewiesen, daß ein Beschluß mit qualifizierter Mehrheit gefaßt werden könne, und hat den Rat — ohne Erfolg — aufgefordert, entsprechend zu verfahren (ABl. 1970 C 27, 2).

[37] Außenminister Schuman am 29. 6. 1970 im Rat gegenüber der Forderung des scheidenden Kommissionspräsidenten *Rey*, zum Mehrheitsprinzip zurückzukehren; VWD Europa Nr. 122/70 v. 29. 6. 1970 I/14. *Schuman:* die Luxemburger Über-

Gemeinschaftsorgane, das agreement about disagreement von Luxemburg und das in der französischen Haltung erkennbare Prinzip besagen:

aa) „Die Geschichte des Mehrheitsprinzips zeigt allgemein einen Zusammenhang mit dem Integrationsgrad einer Gemeinschaft.“[38] Das trifft eindeutig auch für die Europäischen Gemeinschaften zu: ihr Vertragsrecht sah und sieht den stufenweisen Übergang zur Mehrheitsentscheidung in wachsend bedeutsamen Gemeinschaftsangelegenheiten vor. Die Krise von 1965/66 und ihre Überwindung im Luxemburger Kommuniqué haben bewirkt, daß das Mehrheitsprinzip in vertragsrechtlich vorgesehenen Tatbeständen nicht praktiziert wird. Das bleibt für den Integrationsfortgang und die Zielverwirklichung der Verträge vertretbar, weil unschädlich, soweit Mehrheitsbeschlußfassung unterbleibt, weil Einstimmigkeit erzielbar ist. Das bedeutet aber Hemmung und Stillstand, soweit das Einstimmigkeitsverlangen, d. h. der Vetovorbehalt, wiewohl vertragsrechtlich nicht vorgesehen, wegen Unerreichbarkeit Beschlußfassung verhindert oder verzögert, wo sie mit Mehrheit vertragsrechtlich zulässig wäre. Hemmung und Stillstand solcher Art und Veranlassung entleeren ein Verfassungsprinzip, das den Verträgen zugrunde gelegt worden war, nämlich das der Supranationalität. Außer dem Vorrang des Gemeinschaftsrechts und seiner Durchgriffswirkung ist eben das Mehrheitsprinzip wesentlichstes Element der Supranationalität.

bb) Vertragsrechtlich ist das Einstimmigkeitsprinzip zwar auch nach Beendigung der Übergangszeit noch in nicht wenigen und bedeutungsvollen Tatbeständen vorgesehen[39]. Der Abschluß der Übergangszeit hat gegenüber den für sie geltenden Regelungen indes vertragsrechtlich die Chancen der Mehrheitsentscheidung bewußt vergrößert. Selbst wenn sich die Erfahrungen bis 1965/66, nach denen in rund 100 Entscheidungsfällen möglicher Mehrheitsbeschlußfassung zu 80 % gleichwohl einstimmig entschieden wurde[40], wiederholen sollten, bleibt das Mehrheitsprinzip von Gewicht als Sanktionsmittel zur Einigung jedenfalls per compromissum. Ob der im Stil des Luxemburger Kommuniqués weiterhin gebotene Zwang zur Einstimmigkeit, nämlich „solange geduldig zu verhandeln, bis in lebenswichtigen Fragen eine für

einkunft habe die Entwicklung der EWG nicht behindert, sondern begünstigt. Der Übergang zur Mehrheitsabstimmung in lebenswichtigen Fragen beuge. Es wäre z. B. unmöglich gewesen, zu einem Übereinkommen über die EWG-Weinmarktordnung zu gelangen, wenn dabei die BRD überstimmt worden wäre. Im jetzigen Stadium der Integration sei es besser, solange geduldig zu verhandeln, bis in lebenswichtigen Fragen eine für alle annehmbare Übereinkunft erzielt worden wäre. Staatspräsident *Pompidou* hat dem britischen Premierminister *Heath* gegenüber in seinen Gesprächen vom 20. und 21. Mai 1971 denselben Standpunkt vertreten (vgl. die Erklärung von Premierminister *Heath* vor dem britischen Unterhaus vom 24. 5. 1971; EA 1971 D 278).

38 *Th. Fleiner,* Die Kleinstaaten in den Staatenverbindungen des 20. Jahrhunderts (1966) 295.

39 Vgl. die in Anm. 25 zitierten Kataloge.

40 *Torrelli,* in: La décision 88; dort 87—94 eine genaue Analyse der Ratsbeschlüsse und der möglichen Motive für die Bevorzugung des vertragsrechtlich nicht geforderten Einstimmigkeitsprinzips.

alle annehmbare Übereinkunft erzielt werde“[41], heilsamer ist und wirkt, wird weder generell noch prognostisch eindeutig zu beantworten sein. *Gemeinschaftsrechtlich* können Zweifel nicht bestehen: „Der Begriff eines national bezogenen Wirtschaftsinteresses, das sich aus nationaler Sicht selbständig abgrenzen und bewerten läßt, gehört der Vorstellungswelt autonomer nationaler Märkte an. Im Rahmen eines übernationalen Gemeinsamen Marktes ist er ein Widerspruch. ... Wenn man auf den Mehrheitsgrundsatz für die Ratsbeschlüsse verzichten oder ihn allgemein einschränken wollte, so könnte man das also nur tun, wenn man bereit wäre, wesentliche Grundlagen und Ziele der Gemeinschaftsordnung und des Gemeinsamen Marktes aufzugeben.“[42]

III. Geregelte Mitwirkung der Kommission an der Willensbildung des Rates

1. Zusammenwirken

22 Der Prozeß der Willensbildung der Gemeinschaftsorgane, wie er sich ohne und außerhalb der ausdrücklichen Regelungen des Vertragsrechts herausgebildet hat, ist bereits gekennzeichnet durch ein *spezifisches System des Zusammenwirkens zwischen Rat und Kommission.* Das Vertragsrecht selbst hat das Willensbildungsverfahren des Rates *ausdrücklich* und in präziser Verfolgung bestimmter Wirkungsabsichten an eine genau bemessene Mitwirkung der Kommission gebunden. Im Grundsatz fordern diese Regelungen, daß *Ratsbeschlüsse kraft Mehrheit* (insbes. kraft Mehrheit mit Stimmwägung) *gültig nur zustande kommen in Übereinstimmung mit der Auffassung der Kommission.* Diese ist also nicht lediglich auf ihre Initiative oder einen Entscheidungsvorschlag verwiesen, über die nach „ob überhaupt“ und „wie“ der Rat zu befinden befugt wäre. Durch gleichberechtigte Mitwirkung an der Bildung des Ratswillens wird die Kommission als Organwalter des öffentlichen Gemeinschaftsinteresses instand gesetzt, *den Willen des Rates* als des mitgliedstaatlich geführten Gemeinschaftsorgans *mitzugestalten.* Darin liegt zugleich eine Mitvertretung der Interessen der kleineren Mitgliedstaaten durch die Kommission im Rat wie auch eine Geltendmachung des Gemeinschaftsinteresses als solchen in seiner Willensbildung.

a) Soweit Rat und Kommission übereinstimmen, bedarf es für Beschlüsse mit Stimmwägung keiner Zweidrittelmehrheit (d. h. nicht der Zustimmung von mindestens 4 Mitgliedstaaten) (Art. 148 II EWGV, 118 II EAGV 2. Alternative, Art. 28 III EGKSV). Fehlt es an dieser Übereinstimmung, kann ein Rats*mehrheits*beschluß *nicht* ergehen und der Rat nur nach Ein-

[41] Außenminister *Schuman;* vgl. Anm. 37.
[42] *Ophüls* EuR 1966, 228, 229.

stimmigkeit verfahren (Art. 149 I EWGV, 119 I EAGV, 59 § 1 II, 59 § 5 EGKSV).

b) In diesem Mitwirkungsverfahren handelt die Kommission (vorher: die Hohe Behörde) *im Anwendungsbereich des EGKSV* regelmäßig *mit Außenwirkung*, und sie bedarf hierzu der Zustimmung des Rates. Im Anwendungsbereich von EWGV und EAGV sind diese Rollen vertauscht. Hier handelt also der Rat außenwirksam, dies aber auf Vorschlag der Kommission. Damit wird zwar das *Verfahren* variiert, nicht aber der Rechtsgehalt des Zusammenwirkens beider Organe.

c) Ziffer 2 I der Festlegung der praktischen Modalitäten der Zusammenarbeit im Luxemburger Kommuniqué vom 29. Januar 1966 sieht vor: „Die Vorschläge und alle sonstigen offiziellen Akte, die die Kommission an den Rat und an die Mitgliedstaaten richtet, können erst veröffentlicht werden, nachdem diese damit förmlich befaßt worden sind und die Texte sich in ihrem Besitz befinden." Diese — in Abwesenheit der Kommission und ohne ihre Zustimmung getroffene — Festlegung ist mit Art. 15 FusV schwerlich zu vereinbaren. Denn danach sollen Rat und Kommission die Art und Weise ihrer Zusammenarbeit einvernehmlich regeln. Im übrigen kann die Konsultation des Parlaments oder auch von Wirtschaftsverbänden zu einem (danach noch nicht veröffentlichten) Kommissionsvorschlag schwerlich stattfinden, *ohne* daß der Vorschlag publik wird. Ziffer 2 I a.a.O. kann sich sinnvollerweise also nur auf Kommissionsvorschläge beziehen, die (wie auch andere ihrer „offiziellen Akte") das Vorstadium von Konsultationen und Angehörigen durchlaufen haben und dabei unvermeidlicherweise ohnehin publik geworden sind.

2. *Ratsbeschluß*

23 *Praktisch weit überwiegender Regelfall der Ratswillensbildung* ist danach de conventione lata im Bereich der Römischen Verträge — und damit beispielhaft für die Zukunft der fusionierten Gemeinschaften — der *Mehrheitsbeschluß des Rates mit Stimmwägung* (12 von 17) *und bestimmender Mitwirkung der Kommission*[43].

IV. Zusammenwirken mit dem Parlament

24 Erfahrungen der (nicht nur deutschen) Staatspraxis lehren, daß die gesetzgeberische Tätigkeit des Parlaments weit überwiegend auf die Initiative der Regierung zurückgeht. Das mag einem überlieferten parlamentarischen Regierungssystem an sich entsprechen und nicht anomal erscheinen. Indes wirken heute hierfür Umstände, die die Zuordnung von Parlament und Regierung substantiell berühren. Sie liegen außerhalb des normierten Verfassungsrechts und beruhen auf der Vermehrung der Staatsaufgaben, der Wachstumsvorsorge des Leistungsstaates[44], der zwangsläufigen Spezialisie-

---

[43] *Ophüls* EuR 1966,210, 224 mit Anm. 103, 104: dort die Kataloge der einschlägigen Vertragsbestimmungen.

[44] *Partsch* VVDStRL 16 (1958) 110.

rung, Komplizierung und Interdependenz von Lebensbereichen und einschlägigen Normierungen, auf der Pression in der Zeit und der Automatik notwendiger Finanz- und Wirtschaftsplanung.

Die „Abhängigkeit" der Funktion und Aktivität des Europäischen Parlaments erklärt sich indes einstweilen weniger aus solchen als vielmehr aus Strukturgründen der Gemeinschaftsverfassung. In ihrer nur mittelbaren demokratischen Legitimation, d. h. ohne Direktwahl ihrer Mitglieder durch die Marktbürger, fehlt ihrer Versammlung gegenwärtig ein hinreichend repräsentatives Mandat. Ihre Versammlung entbehrt mit der Gesetzgebungsgewalt einer funktionell-elementaren Befugnis eines Parlaments im parlamentarisch-demokratischen Verfassungsverständnis. Die bis Ende 1974 und ab 1975 der Versammlung zuwachsende, begrenzte Budgethoheit „hinkt", solange die Versammlung nicht auch über Gesetzgebungshoheit verfügt.

Aus diesen dreifachen Ursachen erklärt sich, daß die Aktivität des Parlaments in hohem Grade von der Initiative der Gemeinschaftsexekutiven abhängt. Daraus erklärt sich ebenso, daß das Parlament mit begründetem Eifer auf die Wahrung seiner Mitwirkungs- und Beteiligungsbefugnisse im Aufgabenbereich der Exekutiven bedacht ist. Auf diesem Hintergrund sind die Vertragsregelungen über Mitwirkung und Beteiligung des Parlaments an der Willensbildung der Exekutiven zu sehen[45].

1. Initiativrechte

25 a) Ein vertraglich normiertes *Initiativrecht* des Parlaments zum Erlaß von Rechtsakten durch Rat oder Kommission — und gar ein solches, ohne dessen Wahrnehmung derartige Akte nicht ergehen könnten — kennt das Gemeinschaftsrecht nicht. Rechtserhebliche Initiative steht also nur dem Rat oder der Kommission zu. Das schließt auch rechtlich indes nicht aus, daß das Parlament, das sich mit allen Vertragsgegenständen befassen und befaßt werden kann, aus eigener Initiative oder auf solche der Exekutiven in Entschließungen tätig wird[46]. Sie können auf eine Aktivität der Exekutiven zielen oder Stellungnahmen zu von ihnen beabsichtigten Maßnahmen bekunden. In beiden Richtungen hat es weder an Handlungsfreudigkeit des Parlaments noch an Beteiligungsbereitwilligkeit der Exekutiven gefehlt. Ein solches „Recht auf Anhörung" unterfällt der Beratungsbefugnis des Parlaments i. S. der Art. 137 EWGV, 107 EAGV.

---

[45] Zur praktischen Wirksamkeit: *Sattler*, Entwicklung 120—124; *Neunreither*, in: La décision 109—126; zu den „juristischen Problemen der Konsultation des Europäischen Parlaments" vgl. den im Namen seines Rechtsausschusses erstatteten Bericht des Abg. *Jozeau-Marigné* v. 8. 8. 1967, Sitz. Dok. 1967, 68, 110.

[46] *Bubba*, Das Europäische Parlament im Wandel der europäischen Politik, EA 1967, 603 gibt an, die Aktivität des Parlaments sei zu 34 % durch Konsultationen des Rates ausgelöst worden; Rat und Kommission haben ständig zu großen politischen Debatten den Anstoß gegeben.

b) Art. 149 II EWGV, 119 II EAGV setzen die grundlegende Initiativbefugnis der Kommission für Maßnahmen zur Durchführung der Verträge voraus. Sie belassen der Kommission die Freiheit der Initiative, solange ein Beschluß des Rates nicht ergangen ist. Bis dahin kann die Kommission ihren Vorschlag ändern, „insbesondere in den Fällen, in denen die Versammlung zu diesem Vorschlag gehört wurde". Hierin liegt ein vertraglich fixierter Ansatz zur beeinflussenden Initiative des Parlaments. Es legt denn auch seinerseits der Kommission gegenüber auf seine Geltendmachung Gewicht.

2. *Konsultationsrecht des Parlaments*

26 Ob das Parlament darüber hinaus und ohne ausdrückliche Vertragszuweisung ein Konsultationsrecht zwecks Beteiligung an der Entscheidung hat, falls eine solche der Exekutiven gemeinschaftspolitischen Charakter hat, erscheint zweifelhaft. Nach Art. 235 EWGV, 203 EAGV muß der Rat das Parlament anhören, wenn er Vorschriften erlassen will, seine Befugnis für solche zur Verwirklichung eines Gemeinschaftsziels erforderliche Aktivität im Vertrag aber nicht ausdrücklich vorgesehen ist. Ein *allgemeines* Anhörungsrecht des Parlaments könnte hieraus nur hergeleitet werden, wenn gemeinschaftspolitisch wesentliche Rats-Aktivität ohne ausdrücklich vorgeschriebene Parlamentsanhörung in anderen Fällen als solchen der Art. 235 EWGV, 203 EAGV nicht stattfinden könnte. Das indes ist nicht anzunehmen, infolgedessen auch nicht ein allgemeines Anhörungsrecht des Parlaments.

3. *Konsultationsbefugnisse des Parlaments*

27 *Konsultationsbefugnisse* des Parlaments sind im EGKS-Bereich nur in Art. 95 III, IV als Erfordernis seiner Zustimmung zur sog. kleinen Vertragsrevision vorgesehen. Sie werden darüber hinaus vom Parlament für den Erlaß allgemeiner Entscheidungen des Rates (ohne Rechtsgrund) gefordert. In Art. 137 EWGV, 107 EAGV (anders als nach Art. 20 EGKSV) sind sie allgemein für die vertraglich geregelten Fälle vorgesehen.

a) Der dort sog. *Beratungsbefugnis* des Parlaments entspricht eine *Anhörungspflicht der Exekutiven:* ihrer Kombination entspricht die sog. parlamentarische Konsultationsbefugnis. Der EWGV enthält zwingende Anhörungsregeln in den Art. 7, 14, 43, 54, 56, 57, 63, 75, 87, 100, 126, 127, 201, 212, 228, 235, 236, 238. Vertragsregeln für eine weitergehende *fakultative* Konsultationsbefugnis (nach Art des Art. 198 I 2 EWGV für den Wirtschafts- und Sozialausschuß) bestehen nicht. Daß sich eine dahingehende Praxis durchgesetzt hat, kann nicht als vertragswidrig angesehen werden. Über die Enumeration hinausgehende *obligatorische* Konsultationsbefugnisse bestehen nicht *(23/26)*.

b) Die Exekutiven können sich der vertraglich vorgesehenen Konsultationspflicht dem Parlament gegenüber nicht dadurch entziehen, daß sie ihre Maßnahmen in andere Rechtsformen als die in Art. 189 EWGV, 161 EAGV und die jeweils in Konsultationstatbestand vorgesehenen Handlungsformen kleiden.

c) Für Beschlüsse der im Rat vereinigten Vertreter der Mitgliedstaaten *(22/2—13)* sowie für Akte, die als „Entschließungen" des Rates in Ausübung der ihm vertraglich übertragenen Zuständigkeiten ebenfalls ohne Inanspruchnahme vertraglicher Handlungsformen (materiell i. d.R. als gemeinschaftspolitische Absichtserklärungen) ergehen, ist die Frage der Parlaments-Konsultation offen.

d) Die Konsultationsbefugnis des Parlaments hängt in ihrer Beteiligungswirksamkeit davon ab, daß die Vorlage der Kommission, zu der ihm Anhörung zuteil wurde, in ihrer Substanz unverändert die der Willensbildung des Rates maßgebliche Kommissionsvorlage bleibt. Andernfalls verliert die Stellungnahme des Parlaments im Stadium der entscheidenden Ratswillensbildung ihren eigentlichen Gegenstand und die ihr zugedachte Wirkung, Beratungsfaktor des Rates zu sein *(12/30)*. Eine derartige Diskrepanz zwischen Konsultationsvorlage und endgültiger Kommissionsvorlage an den Rat, aber auch eine (wegen geheimer Willensbildung des Rates oft nicht erkennbare) einstimmig den Kommissionsvorschlag abändernde Willensbildung des Rates entsprechend substantieller Diskrepanz kann zur Verletzung wesentlicher Formvorschriften des Vertrages, nämlich obligatorischer Konsultationspflicht, führen. Klagbefugnisse nach Art. 173 EWGV, 146 EAGV sind solchenfalls nicht ausgeschlossen.

Es ist schwierig, unter unwesentlichen und substantiellen Veränderungen von Kommissionsvorschlägen zwischen Parlamentskonsultation und Rats-Willensbildung zu unterscheiden. Gleichwohl kann daraus nicht auf die rechtliche Unmöglichkeit solcher Abgrenzung geschlossen werden. Mit Wendungen vom „Wesensgehalt", von der „Vollständigkeit" des Anhörungsthemas, nicht mehr ausreichender Anhörung dagegen bei Einführung eines „prinzipiell neuen", eines „grundlegend veränderten" Vorschlags ist versucht worden, die Konsultationsbefugnis in ihrer Substanz zu sanktionieren[47]. Daß in dieser Weise Sicherungen der Konsultationsbefugnis geboten sind und jeweils durch vergleichende Auslegung der fraglichen Vorschläge realisiert werden müssen, ist ein legitimes Anliegen des Parlaments. Letztlich ist seine Sicherung die Aufgabe des Gerichtshofes.

[47] Präsident *Hallstein* am 17. 10. 1962, Verh. d. Eur. Parl. 1962/63, Sitzungen v. 15. bis 19. 10. 1962, 122: Die Konsultation des Parlaments „ist nur dann nicht formgültig zustande gekommen, wenn der Rat *etwas prinzipiell Neues* in die Verordnung eingeführt hat, das demnach nicht Gegenstand der Konsultation gewesen ist. Denn in diesem Fall — und nur in diesem Fall — ist der Sache nach der ursprüngliche Vorschlag abgelehnt worden, und der Rat hat — das ist die Voraussetzung dieses konstruierten Falls — über einen neuen Vorschlag der Kommission entschieden, über den gar keine Konsultation des Parlaments stattgefunden hat".

e) Wenn die Kommission ihre nach Art. 155 EWGV, 124 EAGV zur Durchführung seiner Vorschriften vom Rat übertragene Befugnis ausübt, muß die Konsultationsbefugnis des Parlaments unberührt bleiben, soweit Kommissionsakte über die eigentliche Durchführung hinaus die grundlegende Ratsregelung in ihrer Substanz (ergänzend, verändernd, aufhebend) berühren. Andernfalls würde auch hier die Anhörungspflicht vertragswidrig umgangen werden können.

f) Alle Konsultationsbefugnisse des Parlaments sind als vertraglich vorgesehene Organkompetenzen, die auch das institutionelle Gleichgewicht in der Gemeinschaftsorganisation zu sichern bestimmt sind, unverzichtbar. Ebensowenig kann das Parlament seine Konsultationsbefugnis als solche auf einen seiner Ausschüsse delegieren.

4. Sonstige Mitwirkungsbefugnisse des Parlaments

28 Die Mitwirkungsbefugnisse des Parlaments im Rahmen der Budgetaufstellung und -feststellung sind in *§ 18 (18/16—18)*, die im Vertragsänderungsverfahren in *§ 4* behandelt *(4/27 ff.)*.

V. Zusammenwirken mit dem Wirtschafts- und Sozialausschuß

29 Art. 198 I EWGV, 170 EAGV sehen die obligatorische Anhörung des Wirtschafts- und Sozialausschusses durch Rat und Kommission in den vertraglich bestimmten Fällen vor, im übrigen eine fakultative in allen Fällen, „in denen diese es für angebracht halten". Abs. II, III a.a.O. regeln Befristung und Gang des Anhörungsverfahrens *(16/9)*.

30 Der dem Wirtschafts- und Sozialausschuß entsprechende Beratende Ausschuß der EGKS wirkt nach Art. 19 EGKSV entsprechend bei der Willensbildung der Kommission mit. Nichtanhörung macht im Falle der Anhörungspflicht den fraglichen Rats- oder Kommissionsakt fehlerhaft und anfechtbar (Art. 173 EWGV, 146 EAGV, 33 EGKSV). Für fakultative Anhörung, die im Ermessen der Exekutiven steht, hat die Unterlassung keine Rechtsfolgen *(16/10)*.

§ 24 HANDLUNGSGEBOTE UND RECHTSMÄNGEL

Bebr, Judicial control of the European Communities (1962); *Clever*, Ermessensmißbrauch und détournement de pouvoir nach dem Recht der Europäischen Gemeinschaften im Licht der Rechtsprechung ihres Gerichtshofs (1967); *Daig*, Die Lehre vom Verwaltungshandeln, in: Zehn Jahre Rechtsprechung, KSE 1 (1965) 496; Fragen der Nichtigkeits- und Untätigkeitsklagen nach dem Recht der Europäischen Gemeinschaft für Kohle und Stahl (1961); *Fromont*, Rechtsschutz gegenüber der Verwaltung in Deutschland, Frankreich und den Europäischen Gemeinschaften (1967); *Fuß*, Die Europäischen Gemeinschaften und der Rechtsstaatsgedanke (1967); *Köhler*, Auflagen und Bedingungen im Kartellrecht, BB 1961, 1354; *König*, Verwaltungsverfahren in den Europäischen Gemeinschaften, in: Verwaltungsverfahrensgesetze des Auslandes (1967) 943; *Lauwaars*, Rechtmatigheid en rechtskracht van gemeenschapsbesluiten, Diss. Leiden (1970); *Le Tallec-Ehlermann*, La motivation des actes des Communautés européennes, RevMC 1966, 179; *Meister*, Ermessensmißbrauch oder détournement de pouvoir als Fehlertatbestand der Nichtigkeitsklage des Montanvertrages (1971); *Roos*, Der Begriff des détournement de pouvoir nach dem französischen Conseil d'Etat und die Lehre vom Ermessensmißbrauch des deutschen Verwaltungsrechts im Hinblick auf ihre Ausgestaltung im Vertrag über die Europäische Gemeinschaft für Kohle und Stahl, Diss. Bonn (1958); *Rupprecht*, Die Nachprüfungsbefugnis des Europäischen Gerichtshofes gegenüber Ermessenshandlungen der Exekutive in der Montanunion und der Europäischen Wirtschaftsgemeinschaft, Diss. Kiel (1962); *Schrans*, De motiveringsplicht in het recht van de Europese Gemeenschappen, RW 1966, 281; *Soell*, Zur Ermessensbindung der Kommission der Europäischen Gemeinschaften am Beispiel des EGKS-Vertrages, AWD 1970, 297; *Steindorff*, Die Nichtigkeitsklage im Recht der EGKS (1952); *Steindorff*, Der Gleichheitssatz im Wirtschaftsrecht des Gemeinsamen Marktes (1965); *Valentine*, The jurisdiction of the Court of Justice of the European Communities to annul executive action, BritYIntL 1961, 174; *Weber*, La preuve du détournement de pouvoir devant la Cour de Justice des Communautés Européennes, RevTrimDrEur 1967, 507; *Zehn Jahre Rechtsprechung* des Gerichtshofs der Europäischen Gemeinschaften, Tagung Köln vom 24. bis 26. 4. 1963, KSE 1 (1965).

I. Allgemeines

1. Fehlen allgemeiner Regelung

1 Das Vertragsrecht kennt keine geschlossene Regelung derjenigen ungeschriebenen Rechtssätze, die von der deutschen Verwaltungsrechtswissenschaft in der Lehre vom fehlerhaften Verwaltungsakt zusammengefaßt zu werden pflegen. Es kennt ebensowenig eine geschlossene Regelung derjenigen Gebote, denen die zu Rechtshandlungen befugten Gemeinschaftsorgane bei ihrer Vornahme zu folgen verpflichtet sind. Abgesehen von Einzelregelungen des Vertragsrechts wie solchen über die Begründungspflicht, sind Rechtsregeln und -grundsätze, die Handlungsgebote enthalten und Aussagen über Rechtsmängel von Rechtshandlungen und ihre Folgen zulassen, in anderer Weise zu ermitteln. In Betracht kommt einmal die Ausdeutung der allgemeinen, dem Gemeinschaftsrecht zugrunde liegenden Rechtsprinzipien. Zum andern sind die Erkenntnisse der Rechtsprechung des Gerichtshofs auszuwerten. Dies insbesondere zur Gewichtung von Mängeln der Rechtshandlungen, weil das gerichtliche Klagverfahren des Gemeinschaftsrechts auf die Geltendmachung einzelner Klaggründe abstellt, die wegen bestimmter Rechtsmangelhaftigkeit von Rechtshandlungen der Gemeinschaftsorgane zugelassen sind *(43/33—37)*. In ihrer prozessualen Erheblichkeit gestatten sie Schlüsse auf diejenigen Anforderungen, die an die Fehlerfreiheit des Gemeinschaftshandelns gestellt werden. Die Ergebnisse dieser Rückschlüsse erst ergeben in positivem Sinne diejenigen Regeln, die den Gemeinschaftsorganen als Handlungsgebote obliegen, ohne daß diese vom Vertragsrecht in geschlossener und vollständiger Ordnung bereitgestellt würden.

2. *Methode der Regel-Ermittlung*

2 Die Ermittlung bestimmter grundlegender Handlungsgebote der Gemeinschaftsorgane ist dadurch erschwert, daß das Vertragsrecht, wiewohl in gewissen Bestandteilen funktionell dem Verfassungsrecht der Mitgliedstaaten vergleichbar, seine rechtsstaatlichen Wirkungen als Verhaltensgebote für das Organhandeln nicht erfüllen kann. Denn als Gemeinschafts-Verfassungsrecht behandelt es überwiegend die Organisation der Gemeinschaften, weniger die Funktionen und die Funktionsweise ihrer Organe. Im deutschen Recht können Handlungsgebote der Exekutive als detaillierte Ausmünzung von Verfassungsgrundsätzen begriffen werden[1], so der Verfassungsprinzipien der Gesetzmäßigkeit, der Rechtsstaatlichkeit, der Verhältnismäßigkeit und des Übermaßverbots. Im Gemeinschaftsrecht werden solche Gebote nur in isolierten Verlautbarungen des Vertragsrechts oder in rechtsschöpferischer Wirksamkeit der Rechtsprechung des Gerichtshofs erkennbar. Damit ist sowohl für die Rechtsprechung des Gerichtshofs wie auch für die Dogmatik des Gemeinschaftsrechts die Frage der statthaften Methode der Rechtsgewinnung gestellt.

3. *Allgemeine Rechtsgrundsätze*

3 Diese Methodenfrage ist in ihrer grundsätzlichen Tragweite nicht an dieser Stelle zu beantworten *(5/17—22)*. Eine Beschreibung der Handlungs-

[1] Zur Methodenfrage: *Fuß*, Die Europäischen Gemeinschaften und der Rechtsstaatsgedanke 11; *Ule*, Verwaltungsreform als Verfassungsvollzug, Fs Heymanns Verlag 53; *König*, in: Verwaltungsverfahrensgesetze des Auslandes, Schriftenreihe der Hochschule Speyer 31 (1967) 948.

gebote und der Rechtsmängel wirft diese Frage aber in ebenso besonderer Weise auf wie das Thema der Bestandskraft der Rechtshandlungen (vgl. *§ 25*). Sie ist daher im folgenden besonders zu berücksichtigen.

Das Gemeinschaftsrecht selbst konnte — anders als das Recht der Mitgliedstaaten — auf gewohnheitsrechtliche Ausbildung einschlägiger Rechtssätze zunächst nicht zurückgreifen. Sie kommt als Rechtsquelle erst mit dem Fortgang der Integration in Betracht. Die Anlehnung an das Völkerrecht der internationalen Organisationen bietet wegen seines fehlenden Durchgriffscharakters kaum geeignete Hilfe. Deshalb hat sich als methodisch allein verfügbarer und so denn auch beschrittener Erkenntnisweg der der Vergleichung und Ermittlung solcher „allgemeiner Rechtsgrundsätze" erwiesen, „die den Rechtsordnungen der Mitgliedstaaten gemeinsam sind"[2], wie dies Art. 215 EWGV beispielhaft für das außervertragliche Haftungsrecht formuliert hat. Die für die Auslegung des Art. 215 selbst aufgeworfenen Fragen der Methodik stellen sich auch hier[3].

4. Rechtsmängel und Klaggründe

4 Die vier Klaggründe des Vertragsrechts sind als *Rechtsmängel von Rechtshandlungen* verstanden: Unzuständigkeit, Verletzung wesentlicher Formvorschriften, Vertragsverletzung, Ermessensmißbrauch. Die inhaltliche und systematische Beschreibung dieser Rechtsmängel und ihre Zuordnung zueinander lassen eine schlichte Zweiteilung in Mängel *formaler* Art (Unzuständigkeit, Formverletzung) und solche *materieller* Natur (Vertragsverletzung, Ermessensmißbrauch) schwerlich zu. Jedes Handeln ohne Zuständigkeit oder unter Verletzung von Formvorschriften ist zugleich auch Vertragsverletzung. Die Rechtsprechung des Gerichtshofs verfährt in der Charakterisierung einzelner Rechtsmängel und ihrer Unterscheidung nicht immer eindeutig. Das hängt nicht nur damit zusammen, daß eine Rüge im Prozeß auf mehrere Rechtsgründe gestützt werden kann[4] und die Unterscheidung der Klaggründe im Bereich der Römischen Verträge von minderer Bedeutung ist als im Anwendungsbereich des EGKSV[5]. Der tiefere Grund liegt darin, daß eine systemgerechte Inhaltsunterscheidung der verschiedenen Rechtsmängel von der Enumeration der zulässigen Klaggründe nicht geliefert wird. Wenn ihr hier im weiteren gleichwohl zunächst gefolgt wird, so ist das *allein* durch den vom Vertragsrecht erzwungenen Zusammenhang zwischen den Rechtsschutzvoraussetzungen und der Lehre von den Rechtsmängeln veranlaßt und gerechtfertigt.

[2] Beispiel einer solchen Methodenanwendung etwa (für die Klärung des Begriffs Ermessensmißbrauch) bei Generalanwalt *Lagrange* Rs 3/54 Rspr. I, 158—178.

[3] *König* 961; *Everling*, Zur Errichtung nachgeordneter Behörden der Kommission der Europäischen Wirtschaftsgemeinschaft, Fs Ophüls 33; *Heldrich* EuR 1967, 344.

[4] Generalanwalt *Lagrange* Rs 66/63 Rspr. X, 1191.

[5] Generalanwalt *Roemer* Rs 34/62 Rspr. IX, 334.

5. Besonderheiten

5 Besonderheiten der Handlungsgebote der Gemeinschaftsorgane und einer für ihre Rechtshandlungen beachtlichen Fehlerhaftigkeitslehre ergeben sich vor allem aus der limitierten Zielsetzung der Integration: alle Gemeinschaftsorgane haben nur begrenzte Aufgaben und Zuständigkeiten. Die für sie maßgeblichen Handlungsgebote und Fehlerkriterien ihrer Rechtshandlungen besitzen deshalb nicht jenes Maß an Generellität, das vergleichbaren Regeln und Erkenntnissen des nationalen Rechts zukommt. Gleichwohl werden für alle Organhandlungen beachtliche *allgemeine* Regeln und Erkenntnisse dadurch nicht ausgeschlossen. Sie mögen auch für spätere etwaige Aufgabenerweiterungen der Gemeinschaften gleichermaßen relevant werden[6]. Besonderheit des Gemeinschaftsrechts liegt ferner darin, daß solche allgemeinen Regeln und Erkenntnisse in Abweichung vom nationalen Recht nicht notwendig nur Verwaltungsakte i. S. von Einzelfall-Akten, sondern auch solche von Rechtssatzqualität (Verordnungen, allgemeine Entscheidungen) betreffen. Besonderheit ist endlich, daß Erzeugungsregeln und Fehlergründe nicht nur solcher Rechtshandlungen in Frage stehen, die *im Durchgriff* die Rechtsbeziehungen zwischen Gemeinschaftshoheit und Marktbürger betreffen, sondern auch diejenigen zwischen Gemeinschaften und Mitgliedstaaten. Die Besonderheit, die in der Beispielwirkung der Gemeinschaftsverwaltung für den allgemeinen Strukturwandel der internationalen Verwaltung beschlossen ist, kann auch in dieser dualistischen Bezogenheit des Verwaltungshandelns der Gemeinschaftsorgane — eben auf Mitgliedstaaten *und* Marktbürger — hervortreten[7].

II. Allgemeine Handlungsgebote

1. Generalregeln

6 Was an Handlungsgeboten für die Organe der Gemeinschaftsverwaltung im Rückschluß aus einer Fehlerhaftigkeitslehre eruiert werden kann, bedarf als *allgemeine* Verhaltensregel keiner besonderen Hervorhebung, so z. B. nicht das Gebot, nur in gehöriger Zuständigkeit, nur auf Grund gehöriger Ermächtigung und Vertragsgrundlage zu handeln. Als *allgemeine Handlungsgebote* können indes solche regelhaften Maßstäbe bezeichnet werden, die — wegen Nichtbeachtung im Klaggrund gerügt und als Vertragsverletzung oder Ermessensmißbrauch kategorisiert — nach den Vorstellungen des deutschen Verfassungs- und Verwaltungsrechts in anderer Weise klassifiziert werden. Vor ihrer Umschreibung sind (auch unter Hinnahme von Zweifeln an gehöriger systematischer Zuordnung) zwei Gesichtspunkte des Verwal-

---

[6] *König* 950.
[7] *König* 948.

tungsverfahrens und der Fehlerhaftigkeitslehre des Gemeinschaftsrechts hervorzuheben:

7 a) Das Gemeinschaftsrecht entbehrt einer *instanziellen Stufung* seiner eigenen Organisation. Eine den nationalen Verwaltungsrechtsordnungen typische Überprüfbarkeit von Organhandlungen durch übergeordnete Organe besteht deshalb nicht. Es fehlt mithin am Beschwerdezug und seiner Funktion verwaltungseigener Kontrolle und Rechtsschutzgewährung[8]. Darin liegt auch der Grund dafür, daß ein dem gerichtlichen Rechtsschutzverfahren vorgeschaltetes *Vorverfahren der Verwaltung* im Gemeinschaftsrecht *fehlt*[9]. Nur im Beamtenrecht der Gemeinschaften existiert ein solcher kraft positiven Rechts (Art. 91 II des Beamtenstatuts) *(17/11)*. Er könnte — und mit ihm ein Vorverfahren — sonst nur in Betracht kommen, wenn die Entwicklung künftig einen gestuften Aufbau der Gemeinschaftsverwaltung und in ihm eine hierarchische Ordnung hervorbringt. Zwischen dieser selbst und den Verwaltungen der Mitgliedstaaten besteht eine hierarchische Ordnung nicht.

8 b) Auch den Rechtshandlungen der Gemeinschaftsorgane ist die im nationalen Recht als *Vermutung der Gültigkeit* (richtiger: Wirksamkeit) bezeichnete *einstweilige Selbstbehauptung*[10] eigentümlich. Kraft dieser äußert selbst der fehlerhafte Verwaltungsakt vorläufige Wirksamkeit, Folgepflicht der Betroffenen und Tatbestandswirkung, sofern er nicht an anfänglicher Nichtigkeit leidet[11]. Ein derartiger Rechtsakt verliert seine Wirksamkeit erst durch actus contrarius der Stelle a quo (aus eigener Initiative oder auf solche des Betroffenen) oder durch gerichtliche Entscheidung auf Klage des Betroffenen. Er verliert sie trotz seiner Fehlerhaftigkeit nicht, wenn der Betroffene diese nicht fristgemäß durch erfolgreiche Klage geltend macht. Die rechtliche Konsequenz besteht in einer nach ungenutztem Ablauf der Klagfristen andauernden Wirksamkeit und Beachtlichkeit auch der fehlerhaften Rechtshandlung. Sie äußert sich auch in der unterschiedlichen Zulassung von Widerrufs- oder Rücknahmegründen für solche Rechtshandlungen, die den Adressaten oder sonst Beteiligten rechtlich begünstigen. Denn solche Gründe sind eher zugelassen für fehler*hafte* als für fehler*frei* entstandene Rechtshandlungen. Dieser Fragenbereich gehört in die Lehre der Bestandskraft (Rücknehmbarkeit) der Rechtshandlungen *(25/5—9)*.

2. *Vier Gebote*

9 *Allgemeine Handlungsgebote* für die Gemeinschaftsorgane sind: a) das Prinzip der Vertragsgemäßheit; b) das Prinzip der Rechtssicherheit und des

---

[8] *Matthies* in: KSE 1, 508. [9] *König* 961; *Everling* Fs Ophüls 33.

[10] *Forsthoff*, Verwaltungsrecht I 9. Aufl. (1966) 218.

[11] EuGH Rs 7/56, 3—7/57 Rspr. III, 126; Rs 3/59 Rspr. VI, 136; *Däubler*, Der Widerruf von Verwaltungsakten im Recht der Europäischen Gemeinschaften, NJW 1965, 1647.

Vertrauensschutzes; c) das Prinzip der Verhältnismäßigkeit des Mittels; d) das Gebot der Gleichbehandlung[12].

10 a) Die Rechtshandlungen der Gemeinschaftsorgane entbehren der demokratischen Legitimation und Kontrolle solcher Art, wie sie das nationale Prinzip der Gesetzmäßigkeit der Verwaltung vermittelt. Das durch dieses Prinzip gesicherte Verhältnis zwischen der Verwaltung und den Verwalteten ist im Gemeinschaftsrecht „mediatisiert", weil die Handlungsermächtigungen der Gemeinschaftsorgane nicht unmittelbar auf parlamentarischen Gesetzen und von ihnen erteilten Verordnungsdelegationen beruhen. Die daraus gezogene Folgerung: *also* entbehre das Handlungssystem der Gemeinschaftsorgane rechtsstaatlicher Sicherung, wie sie im nationalen Recht vom Prinzip der Gesetzmäßigkeit gewährleistet werde, ist indes nicht begründet. Denn eine solche Sicherung liefert im Gemeinschaftsrecht das *Prinzip der beschränkten vertraglichen Zuständigkeit* der Gemeinschaftsorgane *(20/21 ff.)*. Es gewährleistet bereits vom Ansatz der limitierten Organzuständigkeit her diejenige rechtsstaatliche Gewaltbegrenzung, die den Marktbürger vor unkontrollierter Gewalteinwirkung schützt. Es ist deshalb gerechtfertigt, das den Gemeinschaftsverträgen zugrunde liegende *Prinzip der beschränkten Zuständigkeit* der Gemeinschaftsorgane in seiner *Wirkung* als ein *allgemeines Handlungsgebot* rechtsstaatlicher Funktion zu begreifen, dessen Verletzung gerichtlicher Kontrolle unterliegt.

11 b) Das Handeln der Gemeinschaftsorgane ist auch an das *Gebot der Rechtssicherheit* gebunden, kraft dessen der Marktbürger unter bestimmten Voraussetzungen Vertrauensschutz genießt.

12 aa) Die zu diesen Grundsätzen entwickelte Rechtsprechung des Bundesverfassungsgerichts[13] hat zu verschiedenen Fallgruppen hoheitlicher Allgemein- und Einzelfall-Regelungen und ihrer den Einzelnen nachteilig treffenden Rechtswirkungen spezielle Anwendungsregeln hervorgebracht, so u. a. zur Frage der Zulässigkeit echter und unechter Rückwirkung von Gesetzen und Verordnungen, zur Frage des Vertrauens auf den ungeänderten Fortbestand von Normen, die vermögenswerte Dispositionen des Einzelnen gebieten oder gestalten, usw. Die in ihrer Schutzwürdigkeit hierbei in Frage stehenden Interessenkollisionen zwischen der öffentlichen Gewalt und dem Einzelnen können gerade im Bereich wirtschaftserheblicher Maßnahmen der Gemeinschaftsorgane auch zwischen diesen und dem Marktbürger relevant werden.

13 bb) Spezielle Wirkung gebotenen Vertrauensschutzes liegt in der Pflicht der Gemeinschaftsorgane, bestimmte Rechtshandlungen erst nach *Einräu-*

---

[12] Zusammenfassende Darstellung bei *Fuß,* Die Europäischen Gemeinschaften und der Rechtsstaatsgedanke 42, 48; ferner: Fromont, Rechtsschutz gegenüber der Verwaltung 262.

[13] Übersicht u. a. bei: *Leibholz-Rinck,* Grundgesetz, Komm. 4. Aufl. (1971) Anm. 40 c ff. zu Art. 20.

mung hinreichenden Gehörs des Betroffenen zu erlassen. So ordnet Art. 36 I EGKSV an, daß finanzielle Sanktionen oder Zwangsgelder erst festgesetzt werden dürfen, nachdem dem Betroffenen Gelegenheit zur Stellungnahme gegeben ist. Entsprechendes gilt nach Art. 54 IV EGKSV für die Abgabe von Stellungnahmen zu Investitionsprogrammen von Unternehmen (die für Finanzierungshilfen wesentlich sind), sowie nach Art. 66 § 5 II EGKSV für Anordnungen zur Trennung unzulässiger Unternehmenszusammenschlüsse. Im Bereich des Monopol- und Kartellrechts ist dieses Gebot vorherigen Gehörs auch in das Sekundärrecht eingegangen[14].

In Fällen vergleichbarer Interessenlagen kann ein solches Gebot *auch ohne ausdrückliche Normierung* dem höherrangigen Prinzip der Rechtssicherheit entnommen werden. Denn der zu respektierende Vertrauensschutz des Marktbürgers vor belastenden Maßnahmen gewichtiger Tragweite macht es erforderlich, das Gemeinschaftsorgan vor seiner Willensbildung mit denjenigen rechtlichen und tatsächlichen Gesichtspunkten vertraut zu machen, die die Interessen des Betroffenen kennzeichnen.

14 c) Ausfluß des Prinzips der Rechtsstaatlichkeit, im Gemeinschaftsrecht speziell auch des Prinzips der vertraglich beschränkten Zuständigkeit, sind der *Grundsatz der Verhältnismäßigkeit des Mittels* und das *Übermaßverbot.* Vom Gerichtshof zunächst auf EGKSV-Entscheidungen bezogen[15], ist er jetzt auch zum Maßstab des materiellen Gemeinschaftsrechts gemacht worden[16]. Danach müssen belastende Handlungen der Gemeinschaftsorgane, wiewohl an sich vertragsrechtlich zulässig, in einem gewissen Verhältnis stehen zu demjenigen Verhalten des Betroffenen, auf dessen Beeinflussung das Organhandeln gerichtet ist. Ist den Gemeinschaftsorganen vertragsrechtlich auferlegt, ihre Befugnisse „im gemeinsamen Interesse" auszuüben, so dürfen sie die Interessen der Marktbürger nicht dadurch mißachten, daß sie diese über ein vernünftiges Maß hinaus gefährden oder beeinträchtigen[17]. Eine über das notwendige Maß hinausgehende wesentliche Beeinträchtigung der Individualinteressen (z. B. in der Wettbewerbslage der betroffenen Marktbürger) ist danach unzulässig[18]. Wo das Vertragsrecht den Gemeinschaftsorganen direkte *und* indirekte Interventionsbefugnisse in gestufter Abfolge einräumt, entspricht es dem Grundsatz der Verhältnismäßigkeit, direkte Eingriffe erst

---

[14] *König* 960.

[15] EuGH Rs 8/55 Rspr. II, 311; Rs 5—11, 13—15/62 Rspr. VIII, 944.

[16] EuGH Rs 11/70 Rspr. XVI, 1125 = AWD 1971, 181 mit Anm. von *Rittstieg,* insbes. 183; zur bisherigen Rechtsprechung vgl. *Ehlermann* EuR 1970, 47 Anm. 16.

[17] EuGH Rs 8/55 Rspr. II, 311. — Im Licht der Entscheidung Rs 11/70 bedeutet die Erstreckung dieses allgemeinen Handlungsgebots auf die Sekundärrechtsetzung, daß es auch die Beachtung der Grundrechte sichert, deren Wahrung dem Gerichtshof obliegt, und daß ihre Sicherung sich „in die Struktur und die Ziele der Gemeinschaft einfügen" muß.

[18] EuGH Rs 14/59 Rspr. V, 495.

nach erfolgloser Ausschöpfung indirekt wirkender Mittel zuzulassen[19]. Rechtliche Gesichtspunkte derartiger Erheblichkeit können im Gemeinschaftsprozeßrecht auch als Rüge des Ermessensmißbrauchs auftreten[20].

15 d) Entsprechendes gilt von der Wirksamkeit des *Gebots der Gleichbehandlung* als eines übergeordneten und allgemeinen Handlungsgebots der Gemeinschaftsorgane *(30/4)*.

Der Gerichtshof hat von Beginn an die auch gemeinschaftsrechtliche Geltung „eines in den Rechtsordnungen der Mitgliedstaaten allgemein anerkannten Rechtsgrundsatzes ... (der) Gleichheit der Betroffenen vor der Wirtschaftsgesetzgebung" anerkannt[21]. Er hat z. B. in Art. 3 b, 4 b, 70 I EGKSV, in Art. 7 EWGV, 2 d EAGV für dort umschriebene Tatbestände seinen Niederschlag gefunden. Das als „Grundsatz der Nichtdiskriminierung" bezeichnete allgemeine Gleichbehandlungsgebot, das in Spezialregelungen des Vertragsrechts spezifiziert wird, ist bei seiner Auslegung und Anwendung jeweils gleichzeitig und mit diesen Spezialregelungen zusammenhängend zur Geltung zu bringen[22]. Das kann für die Intensität seiner Wirksamkeit (unmittelbare Anwendbarkeit, zwingender Charakter) von Belang sein und rechtfertigt sich aus seiner allgemeinen und höherrangigen Rechtsnatur. Spezielle Gleichbehandlungsgebote des Vertragsrechts schließen die Anwendbarkeit des allgemeinen Gleichbehandlungsgebotes also nicht aus. Sie ergänzen einander vielmehr unter dem Gesichtspunkt der Gemeinschaftsziele, so daß ihre gleichzeitige und konkurrierende Anwendung im Einzelfall auf einen Sachverhalt gerechtfertigt sein kann[23].

III. Fehlerhaftigkeit wegen Unzuständigkeit

16 Rechtsmängel von Organhandlungen, die auf *Unzuständigkeit des handelnden Organs* beruhen, werden im gestuften, räumlich und funktionell geordneten Aufbau der *nationalen* Legislativ- und Exekutivinstanzen regelmäßig nach solchen instanzieller, örtlicher und funktioneller (sachlicher) Unzuständigkeit sowie danach unterschieden, ob die zur Normsetzung an sich zuständige Exekutive kraft gehöriger Ermächtigung handelte. Diese Auffächerung denkbarer Zuständigkeitsfehler spielt für Rechtshandlungen von Gemeinschaftsorganen keine vergleichbare Rolle. Denn instanzielle und ört-

---

[19] EuGH Rs 8/55 Rspr. II, 311; Rs 15/57 Rspr. IV, 196 f.; Rs 14/59 Rspr. V, 496; Rs 18/63 Rspr. X, 204; *Schüle*, Marktinterventionen der Hohen Behörde und finanzielle Einrichtung, ZaöRVR 19 (1958) 464.

[20] Z. B. EuGH Rs 14/59 Rspr. V, 496.

[21] EuGH Rs 8/57 Rspr. IV, 259, 410; Rs 13/57 Rspr. IV, 304; Generalanwalt *Roemer* Rs 1/55 Rspr. II, 45; Rs 7 u. 9/54 Rspr. II, 133; Generalanwalt *Lagrange* Rs 13/57 Rspr. IV, 340; *Zuleeg*, Recht 244; *Fuß* 42.

[22] EuGH Rs 27—29/58 Rspr. VI, 536.

[23] EuGH Rs 2/56 Rspr. III, 44; dazu *Börner*, Diskriminierungen und Subventionen, in: KSE 1, 216; *Ryziger* ebenda 245; *Thiesing* ebenda 259.

liche Zuständigkeitsunterschiede kommen kaum in Betracht, und die Frage der Unzuständigkeit wegen mangelnder gesetzlicher Ermächtigung geht in derjenigen der Vertragsgemäßheit des Organhandelns auf. Überdies lehrt nicht nur die Erfahrung des nationalen Rechts[24], sondern insbesondere die Anlehnung der gemeinschaftsrechtlichen Fehlerhaftigkeitslehre an das Aktionensystem des Gemeinschaftsprozesses, daß die Rüge der Vertragswidrigkeit oder die des Ermessensmißbrauchs diejenige fehlender Zuständigkeit systematisch und prozessual oft überdecken. Denn ein Handeln in mangelnder Zuständigkeit kann zugleich auch als vertragswidrig oder ermessensmißbräuchlich charakterisiert werden[25]. So erklärt sich auch, daß die Rechtsprechung des Gerichtshofs bislang spezifische Gesichtspunkte der Fehlerhaftigkeit wegen Unzuständigkeit kaum eruiert hat.

1. *Ermächtigungsmangel*

17 Unzuständigkeit i. S. *fehlender gehöriger Ermächtigung* zur Anwendung der gewählten Handlungsform (deshalb zugleich aber auch als Vertragsverletzung oder Formmangel) ist bei Erlaß einer Entscheidung (Verordnung) anzunehmen, wenn das Organ vertraglich lediglich zum Erlaß einer Empfehlung (Richtlinie) befugt ist[26].

2. *Funktionsmangel*

18 Unzuständigkeit i. S. eines *funktionellen* Mangels des Organhandelns (aber auch ein Verfahrensmangel) kann im Erlaß von Rechtshandlungen gesehen werden, zu denen die vertragsrechtlich vorgesehene Mitwirkung oder Beteiligung anderer Organe unterblieben ist[27]. Entsprechendes gilt, wenn die Rechtshandlung des Organs ohne vertragsrechtlich erforderliche Mitwirkung des Marktbürgers (etwa ohne seinen Antrag) ergeht[28].

3. *Abgrenzung zu Ermessungsfehlern*

19 Es entspricht nicht nur systematischer, sondern auch prozeßrechtlicher Klärung, eindeutig als Zuständigkeitsmängel charakterisierbare Handlungsfehler jedenfalls nicht als Ermessensfehler zu kennzeichnen. Denn die Schwierigkeiten ihrer Determinierung, Ermittlung und gerichtlichen Überprüfbarkeit sollten nicht ohne Not erhöht werden[29].

---

[24] *Forsthoff*, Verwaltungsrecht I 9. Aufl. (1966) 226.

[25] Generalanwalt *Lagrange* Rs 66/63 Rspr. X, 1190; *ders.*, Rs 8/55 Rspr. II, 231, 258, 263; Generalanwalt *Roemer* Rs 39/64 Rspr. XI, 1019, 1031. — Zur Annahme der Nichtigkeit von Rechtshandlungen der Kommission wegen Unzuständigkeit vgl. *Brinkhorst* und *Verougstraete* CMLR 7 (1970) 485.

[26] EuGH Rs 3 u. 4/64 Rspr. XI, 595, 616.

[27] Generalanwalt *Roemer* Rs 39/64 Rspr. XI, 1019, 1031.

[28] Generalanwalt *Lagrange* Rs 16—18/59 Rspr. VI, 69, 76.

[29] Generalanwalt *Lagrange* Rs 8/55 Rspr. II, 231, 258.

IV. Fehlerhaftigkeit wegen Verletzung wesentlicher Formvorschriften

20 Die Ermittlung von *Formfehlern* und die Bewertung ihrer Rechtsfolgen kann sich regelmäßig an positiven Regelungen orientieren. In einem weiteren Sinne kann als Form-Gebung von Rechtshandlungen nicht nur die Art der Aktgestaltung, seiner Kenntlichmachung und Kundmachung, seiner Formtypik verstanden werden. Auch die Ausstattung der Rechtshandlung mit Begleitäußerungen, die regelmäßig vom positiven Recht vorgeschrieben oder aus seinem Zusammenhang stillschweigend vorausgesetzt wird, also insbesondere die Beifügung einer Rechtsmittelbelehrung und einer Begründung sowie die notifizierende Ausführung vollzogener Beteiligungs- oder Mitwirkungsprozeduren zählen hierzu. Danach können im einzelnen folgende Formmängel als Fehlergründe in Betracht kommen:

1. Nichtbeachtung der Formtypik

21 Einen Verstoß gegen das *Gebot der Formtypik,* der zugleich auch als Zuständigkeitsmangel erheblich sein kann *(24/16—19),* stellt die Verwendung einer Rechtshandlungsform dar, die das Gemeinschaftsrecht zur Herbeiführung der der Handlung zugedachten intensiveren Rechtswirkungen nicht bereitstellt. Das gilt also z. B. vom Erlaß einer Entscheidung (Verordnung), wo nur eine Empfehlung (Richtlinie) zugelassen ist. Eine unzutreffende Kennzeichnung der Handlung durch das erlassende Organ ist indes unschädlich, wenn dieses nur materiellrechtlich zum Erlaß einer Handlung der zutreffenden Rechtsnatur befugt war und der Betroffene durch die Fehlbezeichnung ohne eigenes Verschulden nicht in seinen Rechtsmitteln beschränkt wurde[30]. Eine im Amtsblatt unzutreffend gekennzeichnete Rechtshandlung, die dem Betroffenen unter zutreffender Kennzeichnung zugestellt wurde, wirkt in *dieser* Form, wenn der Betroffene der Handlung ihren derart formbestimmten Rechtsgehalt auch inhaltlich entnehmen kann (so einer ihm zugestellten Entscheidung, die im Amtsblatt fälschlich als Empfehlung bezeichnet worden war[31]).

Die Formerfordernisse, die die Hohe Behörde sich in ihrer Entscheidung Nr. 22/60 *(21/4)* für den Erlaß ihrer Rechtshandlungen selbst gesetzt hat, sollen nach der Rechtsprechung des Gerichtshofs als nicht wesentlich gelten. Ihre Außerachtlassung hat also keine Fehlerfolgen[32].

---

[30] EuGH Rs 53 u. 54/63 Rspr. IX, 517, 537.

[31] Generalanwalt *Roemer* Rs 56—58/64 Rspr. XII, 401, 405.

[32] EuGH Rs 23, 24, 52/63, 53 u. 54/63 Rspr. IX, 467, 483, 497, 510, 517, 537; dazu (zustimmend) *Daig* in: KSE 1, 498; gegen diesen: *Matthies* ebenda 508.

2. Formverletzung

22 Das positive Gemeinschaftsrecht schreibt teilweise für die Gestaltung und Einkleidung der Rechtshandlungen bestimmte Formen vor (im Rahmen der Schriftform für die Kenntlichmachung und Benennung, Organbezeichnung, Ausfertigungsformel, Datierung, Unterschrift)[33]. Insoweit kommt es für die Wesentlichkeit einer Formverletzung darauf an, ob der von der Rechtshandlung Betroffene die Identität des handelnden Organs und die für die Rechtsmitteleinlegung beim Fehlen einer Zustellung wesentliche Datierung des Erlasses und der Kundmachung mit hinreichender Sicherheit feststellen kann. Soweit es hieran fehlt, liegt eine Verletzung wesentlicher Formvorschriften vor[34].

3. Verletzung von Beteiligungs- und Mitwirkungsregeln

23 Entsprechendes ist anzunehmen für die Beachtung vorgeschriebener Beteiligungs- und Mitwirkungsprozeduren bei der Erzeugung der fraglichen Rechtshandlung. Dabei ist zu beachten:

a) Positivrechtlich vorgesehene Beteiligungs- und Mitwirkungsregeln sind in ihrer Anwendbarkeit *eng auszulegen*[35]. Ihr Anwendungsbereich läßt sich im Wege der Interpretation regelmäßig *nicht* auf vertraglich *nicht vorgesehene* Tatbestände *ausdehnen* (so z. B. nicht die nach Art. 53 b EGKSV vorgesehene einstimmige Zustimmung oder die nach Art. 50 § 2 EGKSV vorgesehene Anhörung des Rates zu Genehmigungen der Kommission zur Schaffung finanzieller Einrichtungen für mehrere Unternehmen, zum Erlaß allgemeiner Entscheidungen über die Umlagebedingungen auf andere Tatbestände)[36].

b) Im übrigen sind Beteiligungs- und Mitwirkungsgebote wesentliche Formvorschriften, deren Verletzung die so erzeugte Rechtshandlung fehlerhaft macht. Das gilt u. a., wenn der Rat oder der Beratende Ausschuß des EGKSV, wiewohl vom Vertragsrecht vorgesehen, nicht angehört worden ist, oder wenn die Regierung eines Mitgliedstaates im Verfahren nach Art. 88 EGKSV keine Gelegenheit zur Äußerung erhielt. Da solche Gebote eine sorgfältige und umsichtige Vorbereitung der beabsichtigten Rechtshandlung, z. T. auch das Prinzip der Gewaltenteilung und das der Vergemeinschaftung gewährleisten sollen, ist ihre Verletzung zutreffend als wesentlicher Formmangel gekennzeichnet worden[37].

---

[33] *König* 956.

[34] Dazu, daß die Rüge mangelnder oder unrichtiger Begründung nicht unter die Verletzung wesentlicher Formvorschriften fällt, vgl. z. B. EuGH Rs 8/65 Rspr. XII, 11.

[35] EuGH Rs 111/63, 37 u. 39/64 Rspr. XI, 893, 919, 951, 972, 997, 1013; ebenso Generalanwalt *Roemer* Rs 37 u. 39/63 Rspr. XI, 976, 980, 1019, 1030.

[36] EuGH Rs 21/64 Rspr. XI, 241, 262.

[37] EuGH Rs 1/54 Rspr. I, 33; Rs 2/54 Rspr. I, 107; Rs 6/54 Rspr. 1, 233; Rs 20 u. 25/59 Rspr. VI, 717, 789.

c) Das Gebot (Art. 190 EWGV, 162 EAGV, 15 I EGKSV), die Vornahme vorgeschriebener Mitwirkung oder Beteiligung in der fraglichen Rechtshandlung zu verlautbaren, gehört zum Begründungszwang *(24/25)*.

4. *Rechtsmittelbelehrung*

24 Ein Formgebot, die Rechtshandlung mit einer *Rechtsmittelbelehrung* zu versehen, sieht das Gemeinschaftsrecht generell nicht vor[38]. Nach deutschem Verwaltungsrecht[39] liegt die Sanktion für ihre Unterlassung nicht in der Fehlerhaftigkeit der Handlung, sondern in der Suspendierung der Rechtsmittelfrist. Das Gemeinschaftsrecht kennt auch diese Folgerung nicht. Das ist um so unbefriedigender[40], als die Klagfrist (1 Monat) angesichts der Materie kurz bemessen erscheint und auch ein Vorverfahren mit geringerem Kostenrisiko nicht stattfindet.

5. *Begründungszwang*

25 Zu den Formgeboten, nach denen die Gemeinschaftsorgane beim Erlaß von Rechtshandlungen zu verfahren haben und deren Nichtachtung Fehlerfolgen hat, gehört der *Begründungszwang*.

a) Nach Art. 190 EWGV, 162 EAGV sind Verordnungen, Richtlinien und Entscheidungen mit Gründen zu versehen, und sie nehmen auf die Vorschläge und Stellungnahmen Bezug, die vertragsrechtlich eingeholt werden müssen. Art. 15 I EGKSV erstreckt den Begründungszwang zusätzlich auf unverbindliche Stellungnahmen.

b) Der Begründungszwang, der sich danach — anders als nach deutschem Recht — *auch* auf *normierende* Rechtshandlungen erstreckt und der Begründung in *tatsächlicher und* in *rechtlicher* Beziehung fordert, beruht auf drei Motivierungen: (1) er soll die Handlungsmotive des Organs offenbaren und fixieren und dient damit seiner Selbstkontrolle; (2) mit ihrer Fixierung und Offenbarung dient er dem Rechtsschutz des Betroffenen, dem damit die Nachprüfung der Rechtshandlung und die Entschlußfassung über Hinnahme oder Anfechtung der Rechtshandlung ermöglicht und erleichtert wird; (3) mit der Begründung wird eine entsprechende Wirkung erzielt für die Nachprüfung der Rechtshandlung durch den Gerichtshof[41].

Von diesen Motivierungen spielt die zweitgenannte eine geringere Rolle für die *an Mitgliedstaaten gerichteten* Rechtshandlungen[42]. Denn diese sind regelmäßig an der Erzeugung von Rechtshandlungen des Rates im handelnden Organ selbst beteiligt, sonst durch Anhörung, Vorverhandlungen usw.

---

[38] Dazu *Ule* und *Matthies* in: KSE 1, 508; *Fuß* 75.
[39] *Forsthoff*, Verwaltungsrecht I 9. Aufl. (1966) 231.
[40] *Ule* in: KSE 1, 508.
[41] *Ipsen* in: KSE 1, 510.
[42] Dagegen: *Everling* in: KSE 1, 513.

über die Entstehung und Motivierung unterrichtet. Das trifft für Marktbürger als von einer Rechtshandlung Betroffene regelmäßig nicht zu. Das sollte für die Bemessung des Begründungszwangs nicht außer Betracht bleiben, zumal die Mitgliedstaaten über eigene Erkenntnismittel verfügen, die den Marktbürgern in aller Regel fehlen. Dieser Graduierung des Begründungszwanges ist der Gerichtshof inzwischen gefolgt[43].

c) Die Begründung soll die für den Erlaß der Rechtshandlung tragenden Tatsachen und maßgebenden Erwägungen der Willensbildung angeben. Die Erörterung aller nur möglichen, gegen die Handlung denkbaren (etwa auch im Beschlußkollegium angestellten) Erwägungen wird indes ebensowenig gefordert wie die Ausbreitung allgemeiner Theorien über die Vertragsanwendung oder -auslegung oder die Auseinandersetzung mit Streitfragen hierzu. Wo die Begründung auf vorher ergangene allgemeine Vorschriften verweisen und ihre Anwendbarkeit feststellen kann, ist ihre ausdrückliche Wiederholung entbehrlich[44]. In einer komplexen Entscheidung bedarf nicht jeder Regelungsbestandteil einer selbständigen und erschöpfenden Begründung, wenn eine solche sich aus dem Zusammenhang aller zur Gesamtentscheidung herangezogenen Feststellungen ergibt. Der Begründungszwang wird unter dem Maßstab des Formgebots nicht nur durch eine Begründung erfüllt, deren rechtliche Argumentation materiellrechtlich zutrifft. Es genügt, daß die rechtliche Begründung mit der erlassenen Rechtshandlung logisch

---

[43] Der Gerichtshof hat einmal in zunehmendem Maße die früher übersteigerten Anforderungen an den Begründungszwang auf ein vernünftiges Maß reduziert, indem er die den Beteiligten verfügbare Kenntnis der Umstände in Rechnung stellte und begründende Wiederholungen für entbehrlich erklärte, wo der Sachzusammenhang die Motivation der Rechtshandlung ohnehin erkennbar machte. Es genügt auch, wenn der Wortlaut der Rechtshandlung die „Gründe in gedrängter ... Form erkennen läßt"; vgl. EuGH Rs 37/70 Rspr. XVII, 23 = AWD 1971, 140 (was *Meier* NJW 1971, 965 zu Unrecht als „praktische Abschaffung der Begründungspflicht" bezeichnet). — Der Gerichtshof hat außerdem in der Rs 22/70 (31. 3. 71) Rspr. XVII, 263 = EuR 1971, 242 mit Besprechung von *Sasse* EuR 1971, 208 zu dem Ratsbeschluß vom 20. 3. 1970 über die Aushandlung und den Abschluß eines internationalen Abkommens, dessen fehlende Begründung die Kommission beanstandet hatte, festgestellt: „Diese in Art. 190 für Verordnungen, Richtlinien und Entscheidungen aufgestellten Erfordernisse können indessen nicht auf Rechtsakte so besonderer Art wie den Beschluß vom 20. März 1970 ausgedehnt werden. Denn die Kommission hat schon durch ihre Teilnahme an den Arbeiten des Rates alle Rechtsgarantien erlangt, die Art. 190 den Dritten sichern soll, die durch die von ihm aufgeführten Rechtsakte betroffen werden." Das ist genau der Rechtsgedanke, der hier ins Feld geführt wird, um übersteigerten Begründungsanforderungen von Mitgliedstaaten zu begegnen, die aus Sachvertrautheit und Vorverhandlungen ohnehin über die Motivierungen des Gemeinschaftsrechtsaktes hinreichend informiert sind. Im Brennwein-Prozeß Rs 24/62 Rspr. IX, 141 hatte der Gerichtshof diesen Gesichtspunkt nicht akzeptiert. Der Verfasser vermerkt das mit nachträglichem Bedauern und zugleich mit Genugtuung, weil er im Jahre 1963 als Beistand der Kommission den Brennwein-Prozeß als einzigen in der Reihe von Prozessen, in denen er die Gemeinschaften vertrat, „verloren" hat.

[44] EuGH Rs 4/54 Rspr. I, 208; Rs 6/54 Rspr. I, 232; Rs 2/56 Rspr. III, 37; Rs 1/57 Rspr. III, 232; Rs 3—18, 25, 26/58 Rspr. VI, 417; Rs 36—38, 40/59 Rspr. VI, 921; Rs 16/65 Rspr. XI, 1166 f.; Rs 29/67 Rspr. XIV, 417.

vereinbar ist. Zutreffender Klaggrund würde in solchem Falle die Rüge der Vertragsverletzung, nicht die der Formverletzung sein[45]. Die Unterlassung jedweder Begründung ist prozessual als Formfehler, nicht als Vertragsverletzung zu werten[46]. Der Begründungszwang fordert sog. Simultanbegründung. Deshalb ist das „Nachschieben" solcher Gründe (mit heilender Wirkung) unzulässig, die nicht wenigstens in nuce bereits simultan angeführt worden sind. Geringfügige Redaktionsversehen der Begründungsformulierung sind unschädlich und können auch nachträglich behoben werden[47].

d) Die von der Rechtsprechung des Gerichtshofs an den Begründungszwang gestellten Anforderungen waren zunächst übersteigert, sind inzwischen aber angemessen eingegrenzt worden[48]. Allgemein wird als Begründungsmaßstab zuzulassen sein, daß die Anforderungen „den tatsächlichen Möglichkeiten sowie den technischen und zeitlichen Bedingungen angepaßt werden", unter denen die Rechtshandlung ergeht[49].

V. Fehlerhaftigkeit wegen Vertragsverletzung

1. Voraussetzungen

26 Die Gemeinschaftsorgane sind verpflichtet, ihre Rechtshandlungen unter Beachtung des Vertragsrechts zu erlassen. Die Sanktionen einer Pflichtverletzung durch die Annahme der Fehlerhaftigkeit bilden den materiell- und prozeßrechtlich allgemeinsten und umfassendsten Bestandteil derjenigen Rechtssätze, die für die Fehlerhaftigkeit von Rechtshandlungen gelten. In ihrer Gesamtheit sind sie an Bedeutung und Tragweite vergleichbar dem im deutschen Recht geltenden Prinzip der Gesetzmäßigkeit der Verwaltung und dem des Vorbehalts des Gesetzes.

Den Maßstab insoweit fehlerfreien Handels der Gemeinschaftsorgane liefert — trotz der einengenden Kennzeichnung eines Fehlers als *Vertrags*verletzung — *nicht nur* das *Vertrags*recht als solches, also das sog. *Primär*recht, sondern gleichermaßen das auf Normen des Primärrechts gestützte *Sekundär*recht. Art. 173 I EWGV, 146 I EAGV, 33 I EGKSV stellen in die-

---

[45] EuGH Rs 2/56 Rspr. III, 38; Rs 34/62 Rspr. IX, 315; Rs 32/64 Rspr. XI, 506; Rs 8/65 Rspr. XII, 11; weniger eindeutig: Rs 14/61 Rspr. VIII, 552; Generalanwalt *Roemer* Rs 37/64 Rspr. XI, 982 stellt für den Fall einer denkfehlerhaften Begründung auf die Offensichtlichkeit des Fehlers ab. Ein solcher bedeute als Begründungsmangel einen Formfehler; sonst liege Vertragsverletzung vor. Sonderlich fruchtbar und erforderlich sind diese Differenzierungen für die Praxis nicht.

[46] In EuGH Rs 31/59 Rspr. VI, 181 allerdings als Vertragsverletzung bezeichnet.

[47] EuGH Rs 111/63 Rspr. XI, 915.

[48] *Fuß* 73; EuGH Rs 30/65 Rspr. XII, 77; Rs 41/69 Rspr. XVI, 693 f.; insbes. Rs 5/67 Rspr. XIV, 144, wo hinsichtlich des Begründungsumfangs ausdrücklich nach der Rechtsnatur des Organaktes differenziert und für die Begründung einer Verordnung als ausreichend angesehen wird, daß sie die ihr zugrunde liegende Gesamtlage und die mit ihr zu erreichenden allgemeinen Ziele angibt.

[49] EuGH Rs 16/65 Rspr. XI, 1167.

sem Sinne ab auf die Verletzung des Vertrages oder einer „bei seiner Durchführung anzuwendenden Rechtsnorm“. Genauer müßte daher nach der Fehlerhaftigkeit wegen Verletzung des *Gemeinschaftsrechts* gefragt werden. In diesem Sinne zählt zu den Fehlergründen der „Vertragsverletzung“ auch nicht nur der Verstoß gegen primär- oder sekundärrechtlich *positiviertes*, also geschriebenes Gemeinschaftsrecht, sondern auch der gegen solche allgemeinen Rechtsgrundsätze, die hier *(24/9—15)* als allgemeine Handlungsgebote umschrieben worden sind.

Nicht dagegen steht hier in Frage, ob Rechtshandlungen der Gemeinschaftsorgane mit *nationalem* Recht vereinbar sind, speziell solchem, auf das der von der Rechtshandlung Betroffene seinerseits sich sonst gegenüber Akten der öffentlichen Gewalt berufen könnte. Hiervon zu unterscheiden ist die andere Frage, ob der von ihr betroffene Marktbürger die Fehlerhaftigkeit einer Rechtshandlung eines Gemeinschaftsorgans *im Verhältnis zu seiner nationalen öffentlichen Gewalt* geltend machen kann, weil ein ihr zugehöriges Organ an der Hervorbringung der Gemeinschaftsrechtshandlung mitgewirkt hat (etwa ein Bundesminister am Erlaß einer Ratsverordnung) oder es unterließ, ihre Fehlerhaftigkeit mit denjenigen Mitteln geltend zu machen, die dem Mitgliedstaat verfügbar waren, dem der betroffene Marktbürger angehört. Der betroffene Marktbürger kann die Fehlerhaftigkeit einer Rechtshandlung eines Gemeinschaftsorgans nur mit den Rechtsmitteln des Gemeinschaftsrechts und klagweise nur vor dem Gerichtshof geltend machen. Das erklärt sich aus der Eigenständigkeit der öffentlichen Gemeinschaftsgewalt und der Unzuständigkeit nationaler Rechtsschutzinstanzen, über ihre Akte zu judizieren. Das Rechtsinstitut der Vorabentscheidung *(43/48 ff.)* ermöglicht dem betroffenen Marktbürger indes, im nationalen Prozeß die Fehlerhaftigkeit von Gemeinschaftsakten mit der vom Prozeßgericht zu ziehenden Folgerung geltend zu machen, daß die Fehlerhaftigkeit mit etwaiger Wirkung für das Prozeßgericht vom Gerichtshof geprüft und festgestellt wird. Der hierin liegende Rechtsschutz des Marktbürgers nimmt an Bedeutung stetig zu.

2. *Gerichtliche Prüfung*

27 Ob der Gerichtshof die Fehlerhaftigkeit einer Rechtshandlung eines Gemeinschaftsorgans *von Amts wegen* zu prüfen hat *oder nur auf Rüge des Klägers* (und ob und inwieweit solche Rüge zu substantiieren ist), stellt sich als Frage der anwendbaren Prozeßmaximen *(43/16)*. Indes kann aus der Prüfung eines Fehlers der Vertragswidrigkeit, die das Gericht von Amts wegen (ohne Rüge der Partei) anstellt, auf das größere Gewicht etwaiger Fehlerhaftigkeit und ihre Sanktionierung mit der Nichtigkeitsfolge geschlossen werden[50], ferner darauf, daß jedenfalls nicht nur eine Frage der Zweck-

[50] *Bebr,* Prozeßmaximen, in: KSE 1, 87; *Ule* ebenda 75.

mäßigkeit der Rechtshandlung, sondern überhaupt eine solche der Rechtmäßigkeit in Frage stehen kann[51].

3. Inhalt der Vertragsverletzung

28 Worin die Vertragsverletzung — im Sinne einer Unvereinbarkeit mit ungeschriebenen allgemeinen Rechtsgrundsätzen, mit primärem oder sekundärem Gemeinschaftsrecht — mit der Folge der Fehlerhaftigkeit einer derart illegalen Rechtshandlung liegt, ergibt sich aus der konkreten Maßstäblichkeit der ungeschriebenen oder geschriebenen Norm für die fragliche Rechtshandlung. Der bei ihrer Erzeugung unterlaufene Fehler kann bestehen in der Nichtbeachtung einer Gemeinschaftsnorm, ihrer unzutreffenden Auslegung sowie der unzutreffenden oder unvollständigen Annahme ihrer rechtlichen oder tatsächlichen Anwendungsvoraussetzungen[52].

VI. Fehlerhaftigkeit wegen Ermessensmißbrauchs

1. Ermessenfehler

29 Im Sinne einer allgemeinen, den nationalen Rechtsordnungen der Mitgliedstaaten vertrauten und vom Gemeinschaftsrecht rezipierten Kategorie bedeutet das einem Organ der öffentlichen Gewalt zustehende *Ermessen* den ihm *rechtlich verfügbaren Spielraum von Entschluß und Handlung*. Ermessen gestattet also Wahlfreiheit des Verhaltens unter mehreren legalen Verhaltensweisen. Wo Spielraum und Wahlfreiheit dieser Art fehlen, Handlungsermächtigungen und Handlungsgebote Eindeutigkeit von Entschluß und Handlung fordern und *nur eine* Verhaltensweise *rechtlich zugelassen* ist, steht weder Ermessenshandhabung noch etwaiger Ermessensfehler in Frage.

Ermessensfehler (ob Ermessensmißbrauch, -fehlgebrauch, -überschreitung, -verkennung oder Fehler im Ermessen sonst benannter Art) können in ihren Auswirkungen auf den Bestand der Ermessenshandlung also nur relevant sein, wenn die etwa fehlerhafte Rechtshandlung gemeinschaftsrechtlich überhaupt das Resultat von Spielraum und Wahlfreiheit des Verhaltens sein *durfte*. Das bleibt stets zunächst festzustellen. Wo das nicht der Fall ist, können nicht Ermessensfehler, sondern nur andere Fehlergründe und -folgen in Frage stehen. Die Prüfung dieser Voraussetzung bereitet oft nicht geringere Schwierigkeiten als die Fehlerprüfung selbst. Da das Prozeßrecht im

---

[51] *Bebr*, in: KSE 1, 88.

[52] Die Rechtsprechung trifft solche Unterscheidungen; vgl. etwa: EuGH Rs 13/60 Rspr. VIII, 177, 212, 236; eingehender insoweit in der Regel die Schlußanträge der Generalanwälte, so: *Roemer* Rs 34/62 Rspr. IX, 335; Rs 106 u. 107/63 Rspr. XI, 568; Rs 6/54 Rspr. I, 251. — Als Vertragsverletzung zählt auch der Begründungsmangel, an dem die inhaltliche Richtigkeit der Gründe leidet.

Anwendungsbereich des EGKSV (Art. 33 I 2) überdies wegen der Rüge eines Ermessensmißbrauchs eine zusätzliche Prüfungszuständigkeit des Gerichtshofs eröffnet, die auch im Anwendungsbereich der Römischen Verträge nicht selten gesucht wird, ist der Fehler des Ermessensmißbrauchs oft vorschnell oder unsubstantiiert geltend gemacht, seine etwaige Relevanz damit abgenutzt. Um so wesentlicher sind daher die Konturierungen, die die Entscheidungspraxis des Gerichtshofs hervorbringt[53]. Dazu hat die Aufbereitung nationalen Vergleichsmaterials durch die Schlußanträge der Generalanwälte beigetragen[54].

Die Vertragstexte differieren (détournement de pouvoir speziell i. S. der Verwendung eines erlaubten Mittels für einen nicht erlaubten oder nicht vorgesehenen Zweck; Ermessensmißbrauch i. S. einer Globalbezeichnung für Ermessensüberschreitung, Ermessensfehlgebrauch *und* Ermessensmißbrauch i. e. S. von Ermessenswillkür oder des romanischen détournement = Zweckverfehlung). Das hat zur Annahme unterschiedlicher Tragweite von Ermessensfehlern und stärkerer Beeinflussung des Vertragsrechts durch die französische Doktrin geführt[55]. Aber auch hier hat sich bestätigt, daß Fragen der Ermessenslehre und der richterlichen Zuständigkeit zur Ermessensprüfung weitgehend erst durch die Qualifizierung eines Gerichts beantwortet werden[56].

2. *Ermessensmißbrauch*

30 Konturen einer Fehlerhaftigkeit wegen Ermessensmißbrauchs (dieser im weitesten Sinne einer beachtlichen Ermessensfehlerhaftigkeit verstanden) sind danach folgende:

a) Fehlerhaftigkeit einer Rechtshandlung wegen Ermessensmißbrauchs ist anzunehmen, wenn das Gemeinschaftsorgan mit seiner Rechtshandlung einen anderen Zweck als denjenigen verfolgt, zu dem ihm die Befugnis zur Rechtshandlung erteilt worden ist[57]. Ob solche Verkennung des Normzweckes, also Diskrepanz zwischen Ermächtigungszweck und Zweck des Ermesseneinsatzes, in concreto auf einem schwerwiegenden Mangel an Voraussicht oder Umsicht, auf Irrtum oder anderen Gründen beruht (und diese Kausalität

[53] Darstellung bei: *Clever*, Ermessensmißbrauch und détournement de pouvoir, insbes. 104—175.

[54] Umfangreiche Analyse des Begriffs in den Rechtsordnungen der Mitgliedstaaten von Generalanwalt *Lagrange* Rs 3/54 Rspr. I, 158—178; *ders.*, Rs 8/55 Rspr. II, 263.

[55] So Generalanwalt *Lagrange* Rs 3/54 Rspr. I, 180.

[56] *Steindorff*, Die Nichtigkeitsklage im Recht der EGKS 164: „Der Gerichtshof wird dadurch in der Frage des Umfangs seiner Befugnisse Richter in eigener Sache. ... Von seiner Weisheit muß deshalb ... der Erfolg seines Wirkens abhängen."

[57] So die oft verwendete Formulierung des Gerichtshofs; vgl. Rs 6/54 Rspr. I, 239; Rs 2/57 Rspr. IV, 152; Rs 15/57 Rspr. IV, 200; Rs 36—38, 40/59 Rspr. VI, 930; Rs 3 u. 4/64 Rspr. XI, 616; Rs 18 u. 35/64 Rspr. XI, 616; Rs 18 u. 35/65 Rspr. XII, 176; Rs 52 u. 55/65 Rspr. XII, 237.

prozessual vom Kläger darzutun oder ex officio zu ermitteln ist[58]), bleibt unerheblich. Unerheblich ist auch die Frage, ob diese Verursachung vom handelnden Organ verschuldet wurde.

b) Fehlerhaftigkeit dieser Art liegt nicht vor, wenn die Zweckverfolgung an sich im wesentlichen normadäquat war, ihre danach rechtmäßige Motivierung lediglich von einem zusätzlichen, aber unwesentlichen Beweggrund begleitet wurde, der als solcher mit dem Zweck der Handlungsermächtigung nicht vereinbar war. Wo die fragliche Rechtshandlung als solche objektiv ungeeignet war, den Zweck der Handlungsermächtigung zu realisieren, so daß ihre Wirkungen zwangsläufig außerhalb dieses Zwecks liegen, ist sie indes fehlerhaft.

c) Außerachtlassung wesentlicher Umstände beim Erlaß der Rechtshandlung, deren Beachtung das Gemeinschaftsorgan zu anderem Verhalten veranlaßt hätte und hätte veranlassen müssen, ist ebenfalls Fehlergrund[59].

d) Soweit die Ermessenshandhabung normativ gebunden oder dirigiert ist und diese Bindungen komplexer Natur sind, bewirkt die Außerachtlassung *eines* Bindungs- oder Direktions-Gesichtspunkts *allein* keine Fehlerhaftigkeit, wenn das Organ hierzu unter Abwägung aller Gesichtspunkte seine Wahlentscheidung so getroffen hat, daß die Abwägung dem Ermächtigungszweck überwiegend gerecht wird[60].

31 e) Ein (tatsächlicher) Irrtum des Gemeinschaftsorgans als solcher, der in der Wahlfreiheit des Ermessens den Erlaß einer Rechtshandlung anderen Inhalts bewirkt als er irrtumsfrei ergangen wäre, macht diese nicht fehlerhaft, solange der irrtümlich erzeugte Inhalt ermesssensgemäß entstehen *durfte*[61]. Ob das auch für den Tatbestand der sog. Erschleichung gilt, d. h. der durch Täuschung bewirkten Irrtumserregung, hängt einmal vom Grad des Verschuldens des von der Rechtshandlung Begünstigten ab. Wesentlich ist ferner, ob und inwieweit das Gemeinschaftsorgan im Rahmen seiner amtlichen Aufklärungspflicht und -möglichkeiten die im Zuge der Erschleichung vorgetäuschten Umstände hätte klarstellen können. Unterlassungen dieser Art *können* zu Lasten des Gemeinschaftsorgans gehen, so daß es nicht geltend machen kann, getäuscht zu sein *(25/9)*.

---

[58] Zur Frage des Beweises, Mangel an Voraussicht oder Umsicht sei fehlerkausal gewesen: Generalanwalt *Lagrange* Rs 13/57 Rspr. 373; Generalanwalt *Roemer* Rs 18/57 Rspr. IV, 153, Rs 36—38, 40 u. 41/58 Rspr. IV, 390, Rs 3 u. 4/64 Rspr. XI, 621 zählt diesen Mangel zum Begriff des Ermessensmißbrauchs.

[59] Generalanwalt *Roemer* Rs 18/57 Rspr. V, 155.

[60] EuGH Rs 1/54 Rspr. I, 34; Rs 8/55 Rspr. II, 313; Rs 2/57 Rspr. IV, 155; Rs 15/57 Rspr. IV, 202; Rs 9/57 Rspr. IV, 407.

[61] EuGH Rs 8/55 Rspr. II, 317.

§ 25 BESTANDSKRAFT VON RECHTSHANDLUNGEN

Brändel, Zur Bindungswirkung rechtswidriger Entscheidungen der EWG-Kommission, AWD 1965, 301; *Däubler,* Der Widerruf von Verwaltungsakten im Recht der Europäischen Gemeinschaften, NJW 1965, 1646; *van Empel,* L'acte public inexistant et le droit communautaire, CahDrEur 1971, 251; *Gossmann,* Der Widerruf begünstigender Verwaltungsakte im Recht der Europäischen Gemeinschaften, Diss. Köln (1963); *Lauwaars,* Rechtmatigheid en rechtskracht van gemeenschapsbesluiten, Diss. Leiden (1970); *Wiesner,* Der Widerruf individueller Entscheidungen der Hohen Behörde der EGKS (1966).

I. Allgemeines

1. Begriff

1 Bestandskraft hat eine gemeinschaftsrechtliche Rechtshandlung, wenn ihr „Autor", d. h. das Gemeinschaftsorgan, das sie erließ, rechtlich gehindert ist, sie durch actus contrarius wieder zu beseitigen. Ob die Rechtspflicht ihrer Aufrechterhaltung besteht, ist *unterschiedlich* zu beantworten, und zwar — in Ermangelung von Normen positiven Rechts — nach allgemeinen ungeschriebenen Rechtsgrundsätzen. Sie haben teilweise in der Rechtsprechung des Gerichtshofs Niederschlag gefunden[1].

Die Unterschiedlichkeit der Antwort erklärt sich einmal daraus, daß die Bestandskraft von Rechtshandlungen *normativen* Gehalts anderen Rechtsgrundsätzen folgt als die von *Einzelakten.* Für diese hängt ihre Bestandskraft u. a. davon ab, ob sie fehlerfrei entstanden sind und ihr Bestand durch Umstände in Frage gestellt wird, die nach ihrem Erlaß eingetreten sind. Relevant kann sein, ob sie den einzelnen, den sie angehen, in seiner Rechtslage begünstigt oder belastet haben. Dieser Unterschied bestimmt das Interesse des einzelnen daran, ob er die Bestandskraft der Rechtshandlung fordert oder nicht. Maßgeblich ist sein Individualinteresse an der Aufrechterhaltung, seine Gleichgültigkeit ihr gegenüber oder sein Interesse an der Beendigung der Bestandskraft. Diese Interessenlage kann gleichermaßen erheblich sein für die Frage der Bestandskraft solcher Rechtshandlungen, die rechtswidrig, also fehlerhaft, nämlich im Widerspruch zu einer zwingenden (geschriebenen oder ungeschriebenen) Rechtsnorm entstanden sind. Hier (im Wirkungs-

---

[1] Darstellung bei: *Wiesner,* Der Widerruf individueller Entscheidungen der Hohen Behörde der EGKS (1966); *Däubler,* Der Widerruf von Verwaltungsakten im Recht der Europäischen Gemeinschaften, NJW 1965, 1646.

bereich begünstigender fehlerhafter Rechtshandlungen) kann das Rechtsprinzip vertragsgemäßer, allgemein formuliert: gemeinschaftsrechtmäßiger Handhabung der öffentlichen Gemeinschaftsgewalt in Kollision geraten mit dem Individualinteresse an der Aufrechterhaltung begünstigender Rechtswirkungen einer auch fehlerhaft entstandenen Rechtshandlung.

2. *Bestandskraft und Rechtskraft*

2 Bestandskraft dieser Art ist anderes als Rechtskraft. Aus der Eigenschaft einer Rechtshandlung, nach Ablauf der Rechtsmittelfrist Rechtskraft im Sinne der Nicht-(mehr)Anfechtbarkeit (= formelle Rechtskraft) zu erlangen, ergibt sich nichts für die Frage ihrer Bestandskraft. Denn eine Rechtspflicht oder die Befugnis des Gemeinschaftsorgans, die Bestandskraft einer Rechtshandlung zu beseitigen, hängt nicht vom Eintritt ihrer formellen Rechtskraft ab[2]. Umgekehrt kann der einzelne mit Hilfe seines vor formeller Rechtskraft zulässigen Rechtsmittels nicht die Bestandskraft einer Rechtshandlung nur deshalb angreifen, weil sie noch nicht in formelle Rechtskraft erwachsen war. Rechtskraft im *materiellen* Sinne kommt nur den Entscheidungen des Gerichtshofs zu.

3. *Terminologie*

3 Im deutschen Verwaltungsrecht ist die Terminologie zur Bezeichnung solcher Akte, die die Bestandskraft eines Hoheitsaktes beenden (ebenso wie die Bezeichnung derjenigen Rechtslage, in der die Befugnis zu dieser Beendigung besteht), lange Zeit uneinheitlich gewesen. Dieser Mangel einheitlicher und eindeutiger Terminologie hat auch die einschlägige Judikatur des Gerichtshofs belastet, zumal diese ihre Erkenntnisse aus der vergleichenden Würdigung mehrerer nationaler Rechtskreise gewinnen mußte. Im Interesse der Praktikabilität und der Rücksichtnahme auf inzwischen anerkannte deutsche Sprachgewohnheit, aber auch wegen des Rechtsgehaltes solcher Kennzeichnung bleibt hier der Terminus „Widerruf" reserviert für den actus contrarius zur Beseitigung der Rechtswirkungen einer fehler*frei* entstandenen Rechtshandlung. Der Terminus „Rücknahme" steht für denjenigen Akt, der die Rechtswirkungen einer fehler*haft* entstandenen Rechtshandlung beseitigt[3].

4. *Eingrenzung*

4 Die folgende Erörterung von Widerrufs- und Rücknahmegründen beschränkt sich auf Rechtshandlungen *ohne normativen* Gehalt, also auf sog. individuelle Entscheidungen, und von ihnen auf solche, die Rechtsbeziehungen *zwischen der öffentlichen Gemeinschaftsgewalt* und dem *Marktbürger* betreffen. Einzelfallregelungen zwischen jener und einem Mitgliedstaat blei-

---

[2] *Wiesner* 67.

[3] „Widerruf" für Beseitigung fehler*hafter* Akte noch in EuGH Rs 7/56, 3—7/57 Rspr. III, 127 und Rs 15/60 Rspr. VII, 259.

ben außer Betracht, da insoweit spezifische Widerrufs- und Rücknahmefragen in aller Regel nicht auftreten. Die Bestandskraft von Rechtshandlungen *normativen* Gehalts (allgemeine Entscheidungen — Verordnungen) bemißt sich nach den Rechtsgrundsätzen, die die Dispositionsgewalt normsetzender Gewalt über ihre Normen bestimmen, insbes. also unter dem Gesichtspunkt zulässiger oder unzulässiger Rückwirkung von Normen.

II. Widerruf fehlerfreier Rechtshandlungen

Ob *fehlerfreie* Rechtshandlungen *widerrufen* werden dürfen, beantwortet sich unterschiedlich danach, ob ihre Rechtswirkungen den einzelnen belastet oder begünstigt haben.

1. Belastende Rechtshandlungen

5 Daß fehlerfreie *belastende* Rechtshandlungen widerrufen werden dürfen, ist z. B. in Art. 58 § 3, 59 § 6 I 1 EGKSV vorgesehen. Der Widerruf einer belastenden Rechtshandlung liegt regelmäßig im Interesse des Betroffenen. Dritte haben an ihrer Aufrechterhaltung kein geschütztes Interesse. Deshalb ist er — in Übereinstimmung mit den nationalen Rechtsordnungen der Mitgliedstaaten — *allgemein zulässig,* sofern das öffentliche Gemeinschaftsinteresse im Einzelfall nicht entgegensteht, dieses also nicht etwa eine Rechtspflicht zum Erlaß der Rechtshandlung vorsah[4]. Das öffentliche Gemeinschaftsinteresse ist auch maßgeblich dafür, ob von einer Widerrufsbefugnis Gebrauch zu machen ist.

2. Positiver Widerrufs-Ausschluß

6 Soweit positive Regelungen des Gemeinschaftsrechts den Widerruf fehlerfreier Rechtshandlungen ausschließen, ist er nicht zulässig; ebenso nicht aus anderen Gründen als denen, die das positive Recht abschließend als Widerrufsgründe aufzählt, oder dann, wenn es zum Erlaß der Rechtshandlung verpflichtete.

3. Unwiderruflichkeit

7 Andere fehlerfreie Rechtshandlungen sind unwiderruflich, weil ihre Rechtsnatur oder ihre rechtlich maßgebliche Zweckbestimmung ihre Bestandskraft charakterisiert oder fordert. Das gilt (unterschiedlich nach dem Recht der Mitgliedstaaten) u. a. für bestimmte rechtsfeststellende, rechtsgestaltende, streitentscheidende oder besonders formalisierte Rechtshandlun-

[4] *Wiesner* 21; EuGH Rs 4—13/59 Rspr. VI, 287.

gen. Es entspricht einem anderen, dem Gemeinschaftsrecht zu entnehmenden allgemeinen Rechtsgrundsatz, daß jedenfalls solche fehlerfreien Rechtshandlungen unwiderruflich sind, die dem einzelnen subjektive Rechte verschafft haben[5]. Auch die Frage, ob ihrer Natur oder ihrer Zweckbestimmung nach im Sinne ihrer Bestandskraft charakterisierbare fehlerfreie Rechtshandlungen unwiderruflich sind, wird letztlich danach zu beurteilen sein, ob ihr Widerruf den einzelnen in seiner Rechtslage beeinträchtigt oder nicht. Im Falle solcher Beeinträchtigung bemißt sich die Widerruflichkeit nach dem Ausfall einer Interessenabwägung, wie sie auch für die Rücknehmbarkeit fehlerhafter begünstigender Rechtshandlungen erforderlich ist[6] *(25/9)*. Hierzu sind zwei allgemeine Rechtserwägungen beachtlich:

a) Auch im Gemeinschaftsrecht gibt es keinen allgemeinen Rechtsgrundsatz des Inhalts, ein Gemeinschaftsorgan dürfe eine begünstigende Rechtshandlung *nach Ermessen* widerrufen. Es ist also insoweit nicht von einer Regel freier Widerruflichkeit (oder einer für diese sprechenden „Vermutung") auszugehen.

b) Der *für* die Bestandskraft, also die Unwiderruflichkeit einer begünstigenden Rechtshandlung wirkende Schutz des einzelnen, der ihm aus der Innehabung der durch die Rechtshandlung vermittelten oder ermöglichten Rechtsposition erwächst, wird *nicht nur* durch die Berufung auf *subjektive Rechte i. e. S.* begründet. Gerade auch im Gemeinschaftsrecht macht die Grundbeziehung den Marktbürger gegenüber der öffentlichen Gemeinschaftsgewalt in seinem Marktverhalten oft abhängig von der Voraussetzung bestimmter begünstigender Rechtshandlungen der Gemeinschaftsorgane[7]. Dadurch steigt sein rechtlich anerkennenswertes Interesse an der Bestandskraft solcher Handlungen. Deshalb rechtfertigt der sog. Gesinnungswandel, d. h. die Veränderung der für den Erlaß einer Rechtshandlung maßgeblichen Ermessenserwägungen, den Widerruf jedenfalls dann nicht, wenn der begünstigte einzelne im berechtigten Vertrauen auf ihren zweckhaften Bestand „besondere Anstalten"[8] getroffen hat — und dies, *ohne* daß solche Einlassung gerade *nur* in der Wahrnehmung von *subjektiven Rechten* sich äußerte, die die Rechtshandlung erst verschafft hatte. Deshalb kann der einzelne dem Widerruf auch entgegensetzen, daß er wirtschaftlich erhebliche oder Rechtsbeziehungen zu Dritten auf der Grundlage der fraglichen Rechtshandlung hergestellt, daß er besondere Aufwendungen gemacht und Dispositionen getroffen, in der überlieferten und bewährten Formulierung „etwas ins Werk gesetzt" habe. Das verdient unter dem Aspekt des Vertrauensschutzes und der Rechtssicherheit keinen geringeren Schutz als ein subjektives Recht.

---

[5] EuGH Rs 7/56, 3—7/57 Rspr. III, 91, 117, 126.

[6] EuGH Rs 7/56, 3—7/57 Rspr. III, 87, 118; Rs 42 u. 49/59 Rspr. VII, 172; *Däubler* NJW 1965, 1650.

[7] Zur Interessenlage: *Forsthoff*, Verwaltungsrecht I 9. Aufl. (1966) 255.

[8] *Forsthoff* 259.

III. Rücknahme fehlerhafter Rechtshandlungen

1. Belastende Rechtshandlungen

8 *Fehlerhafte* Rechtshandlungen *belastender* Wirkung sind grundsätzlich rücknehmbar. Denn ihre Rechtswidrigkeit wird vom Prinzip der Rechtmäßigkeit des Gemeinschaftshandelns nicht geduldet[9]. Die Herstellung des Zustandes der Rechtmäßigkeit durch Rücknahme ihrer belastenden Wirkungen widerstreitet auch dem Individualinteresse nicht.

2. Begünstigende Rechtshandlungen

9 Für *fehlerhafte begünstigende* Rechtshandlungen könnte derselbe Grundsatz gelten, wenn allgemeine Rechtsprinzipien des Gemeinschaftsrechts die Geltendmachung öffentlichen Interesses an der Bewahrung der Rechtmäßigkeit der Gemeinschaftsordnung *ohne* Rücksicht auf *Einzel*interessen gebieten. Das ist indes — in Übereinstimmung mit seit langem im französischen, seit geraumer Zeit auch im deutschen Verwaltungsrecht gebilligter Auffassung und anerkannter Judikatur — nicht der Fall, und zwar nunmehr auch nach der Praxis des Gerichtshofes[10]. Danach hängt die Rücknehmbarkeit einer fehlerhaften begünstigenden Rechtshandlung von einer Abwägung zwischen dem Gemeinschaftsinteresse an der Rücknahme, dem Individualinteresse an ihrer Bestandskraft ab, wenn der Begünstigte sich im Vertrauen auf den Bestand der Rechtshandlung rechtlich oder wirtschaftlich erheblich eingelassen oder disponiert hat. Das gilt nicht nur für Rechtshandlungen solcher gestaltender Art, die subjektive Rechte vermitteln, sondern auch für andere Begünstigungen oder auch solche nur feststellender Natur. Bei der danach gebotenen Abwägung ist zu berücksichtigen[11]:

a) Ist der Fehler der Rechtshandlung in der Verantwortungssphäre des Gemeinschaftsorgans entstanden, wobei es auf ein Verschulden in concreto nicht ankommt, kann sich das öffentliche Interesse an der Rücknahme nicht durchsetzen. Beruht die Fehlerhaftigkeit auf dem Verhalten des Begünstigten (insbes. schuldhafter Verursachung durch sog. Erschleichung), geht das öffentliche Interesse an der Rücknahme vor[12] *(24/31)*.

b) Ist die gebotene Abwägung der Interessen nicht bereits hiernach eindeutig im Ergebnis, kommt es auf den Grad des in Frage stehenden Ge-

---

[9] *Wiesner* 35; *Däubler* NJW 1965, 1649.

[10] Die Rechtsprechung des Gerichtshofs hat sich über die insoweit noch nicht aufgeschlossene Entscheidung in den Rs 7/56, 3—7/57 Rspr. III, 87 (freie Rücknehmbarkeit auch solcher fehlerhaften Akte, die subjektive Rechte verliehen hatten) in der Rs 42 u. 49/59 Rspr. VII, 113, der Rs 14/61 Rspr. VIII, 515, der Rs 111/63 Rspr. XI, 911 und in weiterer Judikatur zum Gebot der Interessenabwägung bekannt; vgl. *Däubler* NJW 1965, 1647—1648.

[11] *Däubler* NJW 1965, 1649; *Wiesner* 56, 61.

[12] EuGH Rs 42 u. 49/59 Rspr. VII, 109; Rs 14/61 Rspr. VIII, 511; *Wiesner* 62.

meinschaftsinteresses einerseits, die Größe der durch die Rücknahme etwa betroffenen Einzelinteressen andererseits, insgesamt also auf die konkrete Fallgerechtigkeit an. Dabei ist beachtlich, ob seit Erlaß der fehlerhaften Rechtshandlung bereits längere Zeit verflossen ist (was für den einzelnen spricht), ob bei der Rücknahme einer Rechtshandlung ihre Dauerwirkungen auch für die Zukunft in Frage stehen oder nur die Beseitigung einmalig eingetretener rechtswidriger Wirkungen, ob bei Rechtshandlungen, die Ansprüche auf Geldleistungen vermitteln, durch die Rücknahme Erstattungsansprüche des Gemeinschaftsorgans entstehen würden und der Begünstigte noch „bereichert" ist oder nicht.

c) Nach diesen Maßstäben entscheidet sich auch, ob eine zulässige Rücknahme ex nunc- oder ex tunc-Wirkung hat. Rückwirkung ist bei Rücknahme wegen Erschleichung zweifellos zulässig, sonst davon abhängig, ob der einzelne auf Dauer begünstigt war oder nicht. Auch ihm gegenüber wirkt die zulässige Rücknahme regelmäßig jedenfalls pro futuro.

3. Bei Änderung der Rechtsordnung

10 Eine fehler*frei* entstandene Rechtshandlung wird regelmäßig nicht fehlerhaft, wenn das für ihren Erlaß maßgeblich gewesene Gemeinschaftsrecht sich so ändert, daß sie unter seiner Herrschaft fehlerfrei nicht hätte entstehen können. Ob eine solche Rechtshandlung unter der veränderten Rechtslage Bestandskraft hat, ist keine Frage ihrer Rücknehmbarkeit. Das beurteilt sich nach der Anwendbarkeit der geänderten Norm in der Zeit und in bezug auf fehlerfrei hergestellte Rechtswirkungen. Es ist ein Gebot ordnungsgemäßer Normsetzung, solche Tatbestände durch adäquate Übergangsregelungen zu ordnen[13], die ihrerseits mit ungeschriebenen höherrangigen Handlungsgeboten übereinstimmen müssen.

---

[13] *Däubler* NJW 1965, 75.

§ 26 SANKTIONIERUNG UND VOLLSTRECKUNG VON RECHTSHANDLUNGEN

Aubenas, Quelques considérations sur les infractions contre les Traités de Paris et de Rome, RevMC 1969, 458; *Barthels,* Befugnisse und Zwangsmittel der EGKS- und EWG-Organe gegenüber Mitgliedstaaten und Unternehmen, Europäische Wirtschaft 1961, 6; *Gleiss-Kleinmann,* Keine Verjährung von Ordnungswidrigkeiten im europäischen Kartellrecht, NJW 1967, 2097; *Johannes,* Das Strafrecht im Bereich der Europäischen Gemeinschaften, EuR 1968, 63; *Johannes,* Zur Angleichung des Straf- und Strafprozeßrechtes in der EWG, ZgesStrafrWiss 83 (1971) 532; *Johannes,* Le droit pénal et son harmonisation dans les Communautés européennes, RevTrimDrEur 1971, 315; *König,* Verwaltungsverfahren in den Europäischen Gemeinschaften, in: Verwaltungsverfahrensgesetze des Auslandes (1967) 943; *Lagrange,* Les actions en justice dans le régime des Communautés européennes, SEW 1962, 81; *Levasseur,* Les sanctions dans le Traité constitutif du Marché Commun, in: Les problèmes juridiques et économiques du Marché Commun. Colloque des Facultés de droit, Lille (1959) 95; *Lyklema,* La gravité des infractions au droit communautaire en rapport avec la préscription de leurs poursuites, CahDrEur 1971, 522; *Motzo,* Mesures répressives et sanctions administratives dans l'organisation de la Communauté européenne, in: Bolletino dell'Istituto di Studi Europei „Alcide de Gasperi" (1968) 12; *Oldenhage,* Die Reaktionsmaßnahmen internationaler Organisationen gegen Pflichtverletzungen ihrer Mitgliedstaaten, Diss. Göttingen (1963); *Osterheld,* Die Vollstreckung von Entscheidungen der Europäischen Gemeinschaft für Kohle und Stahl in der Bundesrepublik Deutschland (1954); *Runge,* Die Zwangsvollstreckung aus Entscheidungen der Europäischen Gemeinschaften, AWD 1962, 337; *Vosskamp,* Mittel und Methoden der Sicherung der Vertragserfüllung in internationalen Zusammenschlüssen und Vereinigungen (1966); *Winkler,* Die Rechtsnatur der Geldbuße im Wettbewerbsrecht der EWG (1971).

Die Erfüllung von Pflichten, die durch Rechtshandlungen der Gemeinschaftsorgane festgestellt oder begründet worden sind, kann sanktioniert werden. Solche Sanktionen sind in den Gemeinschaftsverträgen unterschiedlich nach ihren Voraussetzungen, Mitteln und Wirkungen vorgesehen. Sie weichen hierin insbesondere danach voneinander ab, ob es sich um die Sanktionierung von Pflichten der Mitgliedstaaten oder solcher von Marktbürgern handelt[1]. Entsprechendes gilt von der Vollstreckbarkeit von Rechtshandlungen[2].

I. Sanktionen gegenüber Mitgliedstaaten

1 Ob und in welcher letzten Intensität die Gemeinschaftsorgane über Sanktionen verfügen gegenüber Mitgliedstaaten, die gemeinschaftsrechtliche

[1] Hierzu: *Seidl-Hohenveldern,* Internationale Organisationen 240—253.
[2] Hierzu: *Zuleeg,* Recht 382—394.

Pflichten verletzen[3], berührt Grundfragen der Rechtsnatur der Gemeinschaften und der Stellung der Mitgliedstaaten in ihnen. Diese sind an anderer Stelle erörtert *(9/8 ff.)*. Hier sind lediglich diejenigen Regelungen des Vertragsrechts auszubreiten, die Sanktionen als Mittel zur Erfüllung solcher Pflichten ausdrücklich vorsehen, welche in Rechtshandlungen der Gemeinschaftsorgane festgestellt oder begründet worden sind.

1. Rechtsgrundlagen

2 In der Ausgestaltung der einschlägigen Haupttatbestände unterscheidet sich die EGKS-Regelung von derjenigen der Römischen Verträge. Gemeinsam ist ihnen indes ein Prinzip: den Mitgliedstaaten fehlt die Befugnis eigener einschränkender Interpretation des Vertrags, damit einer Einschränkung ihrer Pflichten, wie sie im Rahmen internationaler Verträge sonst stattfinden kann[4]. Hierüber verfügt letztlich und ausschließlich der Gerichtshof. Nach Art. 219 EWGV, 193 EAGV (auch Art. 87, 89 EGKSV) haben die Mitgliedstaaten sich verpflichtet, Streitigkeiten über die Auslegung oder Anwendung der Verträge nicht anders als in ihnen vorgesehen zu regeln. Darüber hinaus gilt — in Abweichung vom allgemeinen internationalen Recht — der Grundsatz, daß in allen Fällen, in denen die Verträge ein *gemeinschaftsrechtliches* Verfahren vorsehen, *einseitige* Sanktionsmaßnahmen eines Mitgliedstaates ausgeschlossen sind.

2. Verfahren

3 a) Nach Art. 88 I EGKSV stellt die Kommission die Vertragsverletzung eines Mitgliedstaates durch eine begründete Entscheidung fest, wenn sie der Auffassung ist, daß dieser einer ihm nach dem EGKSV obliegenden Verpflichtung nicht nachgekommen ist. Sie hat dem Staat zuvor Gelegenheit zur Äußerung zu geben und setzt ihm in der Entscheidung eine Frist, binnen derer er seine Verpflichtung zu erfüllen hat. Der Staat kann (Art. 88 II) binnen zwei Monaten nach Zustellung der Entscheidung Klage beim Gerichtshof im Verfahren mit unbeschränkter Ermessensprüfung erheben.

Die Sanktionen, die von der Kommission nach nicht fristgemäßer oder (nach etwaiger Klagabweisung) sonst unterbleibender Pflichterfüllung mit einer mit Zweidrittelmehrheit erteilten Zustimmung des Rates verhängt werden können, sind wahlweise oder kumulativ: (1) Aussetzung von Zahlun-

---

[3] Gesamtdarstellung bei *Vosskamp,* Mittel und Methoden der Sicherung der Vertragserfüllung; ferner: *Oldenhage,* Die Reaktionsmaßnahmen internationaler Organisationen gegen Pflichtverletzungen ihrer Mitgliedstaaten; *Levasseur,* in: Les problèmes juridiques et économiques du Marché Commun. Colloque des Facultés de droit, Lille (1959) 95; *Lagrange* SEW 1962, 81; *Barthels* Europäische Wirtschaft 1961, 6.

[4] *Cartou,* Internationale Organisationen 155.

gen, die auf Grund des Vertrages von der Kommission an den Staat zu leisten sind; (2) Maßnahmen oder Ermächtigung der anderen Mitgliedstaaten zu Maßnahmen, die in Abweichung von Art. 4 EGKSV (d. h. mit diskriminierender Wirkung) die Wirkungen der festgestellten Vertragsverletzung ausgleichen. Auch gegen diese Sanktionsentscheidungen der Kommission ist (Art. 88 IV) die Klage zugelassen. Erweisen sich diese Sanktionen als wirkungslos, so berichtet die Kommission hierüber an den Rat (Art. 88 V). Der EGKSV überläßt es dem Rat, danach gebotene und geeignete Folgerungen zu ziehen. Das Vertragsinstrument der rechtlich bemessenen Sanktionierung endet mit der Berichterstattung an den Rat. Darin liegt zugleich eine stillschweigende Verweisung auf Sanktionsmöglichkeiten des allgemeinen internationalen Rechts[5].

4 b) Die Vertragsregelung dieses Haupttatbestandes in Art. 169—171 EWGV, 141—143 EAGV unterscheidet sich von der des EGKSV in der andersartigen Verteilung der Rollen, die der Kommission und dem beteiligten Mitgliedstaat zur Herbeiführung der Gerichtskontrolle über die Rechtsauffassung der Kommission zukommen, sowie in der Sanktionierbarkeit der Feststellung der Vertragsverletzung. Anders als nach EGKSV-Recht obliegt die Anrufung des Gerichtshofs der Kommission, nicht dem Mitgliedstaat, falls dieser ihrer Stellungnahme nicht fristgerecht nachkommt und die Vertragsverletzung bestreitet. Und nach Art. 171 EWGV, 143 EAGV erschöpft sich die Sanktionierung der gerichtlichen Feststellung einer Vertragsverletzung in seiner Verpflichtung, die aus dem Urteil sich ergebenden Maßnahmen zu ergreifen. Kommissionsmaßnahmen finanzieller Sanktionierung oder in Gestalt von Ermächtigungen zu Retorsionsmaßnahmen durch andere Mitgliedstaaten sehen die Römischen Verträge also nicht vor. Auch die Schutzklausel des Art. 107 II EWGV (Ermächtigung von Mitgliedstaaten zu Schutzmaßnahmen im Falle mißbräuchlicher Wechselkursänderung durch einen anderen im Widerspruch zu den Zielen des Art. 104 EWGV) ist in diesem Sinne nicht als Sanktion einer Rechtshandlung der Kommission gegenüber dem betreffenden Staat zu begreifen *(9/95)*. Entsprechendes gilt von Art. 70 II, 89 II, 102 I, 109 III, 115 EWGV. Deshalb ist dem geschilderten Verfahren der Römischen Verträge sogar der Charakter einer Sanktionierung im Rechtssinne abgesprochen und in ihm nur die Anwendung politischer und moralischer Druckmittel gesehen worden[6]. Jedenfalls findet das Niveau der gemeinschaftsrechtlichen Organisation keine Entsprechung in der Ausgestaltung des Sanktionsverfahrens. In der seitherigen Praxis haben die Mitgliedstaaten ihre Folgepflichten aus Art. 171 EWGV, 143 EAGV in der Regel erfüllt *(9/27)*.

---

[5] *Vosskamp* 177.
[6] *Oldenhage* 219.

II. Sanktionen gegenüber Marktbürgern

Sanktionen als Zwangsmaßnahmen zur Durchsetzung gemeinschaftsrechtlicher Pflichterfüllung gegenüber Einzelnen und Unternehmen sind in allen Verträgen vorgesehen, wenn auch in unterschiedlicher Regelungstechnik.

1. EGKSV-Recht

5 Der EGKSV folgt dem Enumerationsprinzip, und zwar in den Art. 47 III, 50 § 3, 54 VI, 58 § 4, 59 § 7, 64, 65 § 5, 66 § 5 IV, V, 66 § 6 I, 66 § 7, 68 § 6 und 91[7]. Sanktionsmittel sind Geldbußen, Zwangsgelder, Verzugszinsen, im Falle des Art. 91 die Aussetzung von Zahlungen, die die EGKS dem Betroffenen schuldet[8].

2. Recht der Römischen Verträge

6 Dem Art. 172 EWGV ist eine generelle Ermächtigung zu entnehmen, kraft derer Verordnungen des Rates Zwangsmaßnahmen vorsehen können. Art. 87 II a besagt Entsprechendes speziell für Verordnungen (und Richtlinien) zur Beachtung der in Art. 85 I und 86 EWGV genannten Verbote[9]. Nach Art. 83 I EAGV kann die Kommission Zwangsmaßnahmen in Stufen gegen Personen und Unternehmen verhängen, die gegen die ihnen durch Kap. VII EAGV (Art. 77 ff.) auferlegten Verpflichtungen verstoßen[10]. Nach Art. 81 III EAGV hat die Kommission beim Präsidenten des Gerichtshofs einen Gerichtsbefehl zu beantragen, um die Durchführung einer Überwachungsmaßnahme zur Beachtung des Art. 77 EWGV im Zwangswege sicherzustellen.

Auf Grund von Art. 87, 172 EWGV sind einschlägige Sanktionsregelungen in Verordnungen des Rates ergangen[11].

III. Sanktionsmittel

1. Mittel

7 *Geldbußen* sind Geldleistungen, mit deren Auferlegung Verstöße gegen den Vertrag oder Normen des Sekundärrechts geahndet werden. *Zwangsgelder* sind Geldleistungen, durch deren Auferlegung ein vertragsgemäßes Verhalten erzwungen werden soll. *Verzugszuschläge* werden wegen Nicht-

---

[7] Hierzu: *Foriers*, La réglementation de la concurrence, DrCommEur Nrn. 1487 bis 1499, 1523—1534.

[8] *Vosskamp* 177 mit Anm. 938, 939.

[9] Hierzu: *Cerexhe*, Les règles de la concurrence applicables aux entreprises, DrCommEur Nrn. 2105—2110.

[10] Hierzu: *Stein*, Le contrôle de sécurité; Le régime de propriété, DrCommEur Nrn. 2880, 2897.

[11] So z. B. in Art. 15 der Kartell-VO Nr. 17 des Rates vom 6. 2. 1962, ABl. 204.

erfüllung geldlicher Verpflichtungen gegenüber der Gemeinschaft erhoben, nach Art. 50 § 3 EGKSV als Verzugszuschläge wegen Nichtzahlung von Umlagebeträgen, für die Art. 36 EGKSV ebenfalls anwendbar erscheint.

2. *Rechtsnatur*

8 a) Geldbußen und Zwangsgelder sind nicht Kriminalstrafen, wie sie (allein) den Mitgliedstaaten verfügbar sind. Sie setzen indes nach den das Gemeinschaftsrecht tragenden rechtsstaatlichen Prinzipien rechtswidriges und schuldhaftes Handeln voraus. Ihre Höhe ist im Bereich der Römischen Verträge in den Verordnungsgrundlagen begrenzt. Im EGKSV-Bereich richtet sie sich nach dem Unternehmensumsatz (vgl. etwa Art. 47 III EGKSV) und der Art der Handlung. Insgesamt ist sie nach dem Prinzip der Verhältnismäßigkeit zu bemessen.

9 b) Für das Kartellrecht ist geklärt, daß Sanktionsverfahren nach nationalem *und* Gemeinschaftsrecht parallel, damit Doppelsanktionierungen zulässig sind. Indes gebietet ein (in Art. 90 II EGKSV auch zum Ausdruck gelangter) allgemeiner Billigkeitssatz, die frühere Sanktionsentscheidung bei der Bemessung der später zu verhängenden Sanktion zu berücksichtigen[12].

10 c) Eine Verjährung von Sanktionsvorschriften setzt im Interesse der Rechtssicherheit eine ausdrückliche Regelung voraus. Die Verordnung Nr. 17/62 sieht dies nicht vor, weshalb der Einwand der Verjährung keine Beachtung gefunden hat[13].

---

[12] EuGH Rs 14/68 Rspr. XV, 1 = EuR 1969, 147 mit Anm. *Hootz*. — BGHSt 24, 54 hat dieser Rechtsauffassung unter Berufung auf das Rechtsstaatsprinzip zugestimmt. Er hat ferner die Berufung auf das ne bis in idem-Prinzip des Art. 103 III GG zurückgewiesen mit der zutreffenden Begründung, wegen der engen Verbundenheit der Gemeinschaft und ihrer Mitgliedstaaten in der Ausübung ihrer Hoheitsbefugnisse sei der EuGH nicht als „ausländisches Gericht" i. S. der Rechtsprechung anzusehen. Diese Rechtsprechung (BVerfGE 12, 62, BGHSt 6, 176) hätte an sich das Verbot der Doppelverfolgung im Verhältnis deutscher zu ausländischer Gerichtsbarkeit ausgeschlossen. Obwohl danach im Verhältnis zum EuGH — als eben einem *nicht* ausländischen Gericht — anwendbar, hat der BGH das Verbot im Kartellverfahren deshalb nicht für wirksam erachtet, weil jedes Gericht — EuGH und nationales Gericht — jeweils nur zur Ahndung von Zuwiderhandlungen gegen solches Recht befugt ist, das es seinerseits zur Anwendung bringen darf — der EuGH das Gemeinschaftsrecht, das nationale Gericht das nationale Recht. Dem ist beizupflichten; ebenso *Th. Raiser* JZ 1971, 396. — Zur Rechtsnatur der Geldbußen im Wettbewerbsrecht der EWG vgl. die gleichnamige Schrift von *Winkler* (1971). — Mit Entscheidung vom 25. 11. 1971 hat die Kommission indes den Antrag der *Fa. Boehringer* abgelehnt, auf die vom EuGH mit Urt. v. 15. 7. 1970 (Rs 45/69 Rspr. XVI, 769) geringfügig herabgesetzte, im übrigen aber bestätigte Geldbuße eine von einem amerikanischen Gericht zuvor verhängte Geldstrafe anzurechnen (ABl. 1971 L 282, 46, *50*); Klage Rs 7/72 hiergegen: ABl. 1972 C 24, 2.

[13] EuGH Rs 41/69 Rspr. XVI, 687; Rs 44/69 Rspr. XVI, 753, Rs 45/69 Rspr. XVI, 799; vgl. auch *Gleiss-Kleinmann* NJW 1967, 2097. Auf die Anfrage Nr. 225/70 des Abg. *Burgbacher* hat die Kommission am 21. 10. 1970 geantwortet, daß sie die Probleme der Verfolgungsverjährung von Verstößen gegen Gemeinschaftsrecht prüfe und dem Rat so bald wie möglich einen entsprechenden Verordnungsvorschlag unterbreiten werde; ABl. 1970 C 133, 17.

3. Einnahmen aus Sanktionsmitteln

11 Aus finanziellen Sanktionen erzielte Einnahmen sind solche der Gemeinschaft und im Haushalt zu vereinnahmen.

IV. Vollzug und Vollstreckung

1. Vollstreckbarkeit

12 Die Entscheidungen des Rates oder der Kommission, die eine Zahlung auferlegen, sowie die Urteile des Gerichtshofs sind vollstreckbare Titel (Art. 192 I 1, 187 EWGV, 159 EAGV). Das gilt indes nicht gegenüber Staaten, also auch nicht gegenüber den Mitgliedstaaten (Art. 192 I EWGV)[14], obwohl dies weder begrifflich noch rechtlich ausgeschlossen gewesen wäre (vgl. § 882 a ZPO). Nach Art. 44 EGKSV sind die Entscheidungen des Gerichtshofs, nach Art. 92 EGKSV diejenigen der Kommission, die geldliche Verpflichtungen enthalten, vollstreckbare Titel[15].

2. Vollstreckung

13 Die Gemeinschaftsorgane besitzen weder eigene Vollstreckungsstellen, noch ist ihr Vollstreckungsverfahren im einzelnen gemeinschaftsrechtlich geregelt. Die Verträge verweisen vielmehr auf das nationale Prozeßrecht der Mitgliedstaaten. Nach Art. 192 II—IV EWGV, 164 EAGV erfolgt die Zwangsvollstreckung nach den Vorschriften des *Zivil*prozeßrechts des Staates, in dessen Hoheitsgebiet sie stattfindet. Art. 92 II EGKSV hat das jeweils anwendbare innerstaatliche Vollstreckungsverfahren nicht näher qualifiziert. Die Vollstreckungsklausel zu erteilen, obliegt der von den Regierungen der Mitgliedstaaten zu bestimmenden staatlichen Behörde, die der Kommission und dem Gerichtshof benannt wird[16]. Dieser Behörde steht eine Prüfung nur der Echtheit des Titels zu, d. h. ob die zu vollstreckende Entscheidung tatsächlich von demjenigen Gemeinschaftsorgan ergangen ist, das er bezeichnet. Eine Prüfung seiner Vereinbarkeit mit dem mitgliedstaatlichen ordre public entfällt. Denn die Mitgliedstaaten haben sich dem durch die Gemeinschaftsverträge formierten ordre public unterstellt[17] und die allgemeine Verpflichtung übernommen, der Gemeinschaft die Erfüllung ihrer Aufgaben zu erleichtern (Art. 5 EWGV, 192 EAGV, 86 EGKSV).

---

[14] *Wohlfarth* u. a. Komm. 1 zu Art. 192.

[15] Einzelheiten bei: *Zuleeg*, Recht 382; *König* in: Verwaltungsverfahrensgesetze des Auslandes (1967) 958.

[16] In der Bundesrepublik ist zuständig der Bundesminister der Justiz; vgl. für Entscheidungen nach dem EGKSV die Bekm. vom 25. 8. 1954 (BGBl. 1954 II, 1030), für Entscheidungen nach den Römischen Verträgen die Bekm. vom 3. 2. 1961 (BGBl. 1961 II, 50).

[17] *Wohlfarth* u. a. Komm. 4 zu Art. 192.

§ 27 HAFTUNG FÜR SCHÄDIGENDE RECHTSHANDLUNGEN

André, Konkurrierende Ersatzansprüche vor deutschen Gerichten und dem Europäischen Gerichtshof, NJW 1968, 331; *van der Burg*, De nietcontractuele aansprakelijkheid der Europese Gemeenschappen en de jurisprudentie van het Hof van Justitie, SEW 1969, 198; *Daig*, Réparation d'un préjudice; indemnité, in: Actes off. IV 51; *Dumon*, La responsabilité extracontractuelle des Communautés et de leurs agents, CahDrEur 1969, 3; *Fuß*, Grundfragen der Gemeinschaftshaftung, EuR 1968, 353; *Goffin*, La responsabilité de la Communauté économique européenne et de l'Euratom, JTrib 1963, 237; *Goffin*, De aansprakelijkheid van de Gemeenschappen, in: De individuele rechtsbescherming in de Europese Gemeenschappen (1967) 97; *Grisoli*, Contributo alla ricerca dei principi generali comuni ai diritti degli stati della Comunità Europea in materie di responsabilità per „faute de service" del Trattato della C. E. C. A. et l'art. 215 c. 2 Trattato della C. E. E. (1963); *Heldrich*, Art. 215 Abs. 2 des Vertrages über die EWG. Ein Irrweg zu europäischer Rechtseinheit, JZ 1960, 681; *Heldrich*, Die allgemeinen Rechtsgrundsätze der außervertraglichen Schadenshaftung im Bereich der EWG (1961); *Jurina*, Die Auslegung von Art. 215 Abs. 2 EWGV durch den Gerichtshof der Europäischen Gemeinschaften, ZaöRVR 28 (1968) 365; *Knöpfle*, Das Verhältnis der Amtshaftungsklage zur Nichtigkeitsklage im Montanvertrag, NJW 1961, 2287; *Lagrange*, The non-contractual liability of the Community in the E. C. S. C. and in the E. E. C., CMLR 1965, 10; *Much*, Die Amtshaftung im Recht der Europäischen Gemeinschaft für Kohle und Stahl (1952); *Much*, Die Haftung der Europäischen Gemeinschaften für das rechtswidrige Verhalten ihrer Organe, in: Haftung des Staates für rechtswidriges Verhalten seiner Organe, Länderberichte und Rechtsvergleichung, Beiträge zum ausl. öff. Recht und Völkerrecht 44 (1967) 723; *Schroeder*, Ersatzleistungen für rechtmäßige und rechtswidrige hoheitliche Maßnahmen der Europäischen Wirtschaftsgemeinschaft, Diss. Freiburg (1970); *de Vergottini*, La responsabilità aquiliana delle istituzioni della C. E. C. A. nell Trattato e nella giurisprudenza della Corte, Riv TrimDirPubl 1963, 91.

I. Grundlagen

1. Grundsatz

1 Die Gemeinschaftsorgane können in Ausübung der Gemeinschaftshoheit mit unmittelbarer Verbindlichkeit für die Mitgliedstaaten und Einzelne handeln. Die Gemeinschaftshoheit kann durch Rechtshandlungen unmittelbar, d. h. unter „Durchgriff" durch die nationale Hoheit seines Staates, den Marktbürger in seinen Rechten betreffen. Das entspricht der Eigenart der Vergemeinschaftung, die sie von sonstiger internationaler Organisierung öffentlicher Aufgaben unterscheidet. Da das Handeln der Gemeinschaftsorgane im wesentlichen Wirtschaftsfunktionen und Marktteilhabe zum Gegenstand hat, steigert sich die Möglichkeit, vermögenswertig erhebliche

Rechte und Interessen zu berühren. Über den gerichtlichen Individualrechtsschutz hinaus, den das Vertragsrecht bereitstellt *(43/22 ff.)*, bemüht es sich in gleicher rechtsstaatlicher Haltung auch um den Ausgleich von Schädigungen, die durch rechtswidrige Rechtshandlungen von Gemeinschaftsorganen herbeigeführt werden. Die dafür bereitstehende Regelung positiven Rechts bedarf der Ausgestaltung durch die Rechtsprechung des Gerichtshofs. Sie hat darin Fortschritte erzielt, kann in einigen Fragen indes noch nicht befriedigen. Das hat seinen Grund vornehmlich darin, daß Schädigungen von Marktbürgern auch durch Zusammenwirken gemeinschaftlicher und nationaler Organe verursacht werden können. Dann fragt sich, ob die Haftung von Gemeinschaft und Mitgliedstaat anteilig, gesamtschuldnerisch oder nach Subsidiaritätsprinzip zu bestimmen ist.

2. *Amtshaftung*

2 Das Gemeinschaftsrecht hat den wichtigsten Teilbereich öffentlichrechtlicher Entschädigungstatbestände, wie sie den Rechtsordnungen der Mitgliedstaaten bekannt sind, in einigen Grundregeln erfaßt, und zwar den nach deutschem Recht sog. Tatbestand der *Amtshaftung (Staatshaftung)*[1] *für schuldhaft rechtswidrige Schadenszufügung*. Auf die Haftung der Gemeinschaften *aus Vertrag* (Art. 215 I EWGV, 188 I EAGV, 40 III EGKSV) ist hier nicht einzugehen.

a) Nach Art. 215 II EWGV, 188 II EAGV ersetzt die Gemeinschaft im Bereich der außervertraglichen Haftung den durch ihre Organe oder Bediensteten in Ausübung ihrer Amtstätigkeit verursachten Schaden nach den allgemeinen Rechtsgrundsätzen, die den Rechtsordnungen der Mitgliedstaaten gemeinsam sind.

b) Nach Art. 40 I EGKSV haftet die Gemeinschaft auf Geldersatz, falls in Durchführung des Vertrages durch einen Amtsfehler der Gemeinschaft ein Schaden verursacht worden ist. Der Beamte der EGKS haftete nach dem früheren Art. 40 II EGKSV indes persönlich, falls der Schaden durch sein persönliches Verschulden verursacht worden war. Wurde der Geschädigte auf diese Weise nicht befriedigt, konnte der Gerichtshof die Gemeinschaft zu angemessener Entschädigung verurteilen. Diese, dem französischen Haftungsrecht entlehnte Differenzierung zwischen faute de service und faute personnelle ist mit der Fusionierung der Exekutiven beseitigt und gemäß Art. 26 FusV durch Neufassung des Art. 40 II EGKSV ausgeräumt worden. Die davon nicht berührte Sondervorschrift des Art. 34 EGKSV[2] betrifft den Spezialfall, daß ein Unternehmen i. S. des Art. 80 EGKSV durch eine fehlerhafte und deshalb vom Gerichtshof aufgehobene Rechtshandlung einen unmittelbaren und besonderen Schaden erlitten hat.

---

[1] *Fuß* EuR 1968, 353 Anm. 1 spricht von Gemeinschaftshaftung.

[2] Art. 34 EGKSV ist nicht sonderlich praktisch geworden; vgl. *Fuß* EuR 1968, 354.

3. *Ausgestaltung*

3 Danach erschöpft sich das Haftungsrecht der Gemeinschaften in einer Art Rahmen- und Orientierungsregelung, deren Ausgestaltung der Rechtsprechung des Gerichtshofs obliegt. Soweit dieser von Art. 215 II EWGV, 188 II EAGV auf die *allgemeinen, den nationalen Rechtsordnungen gemeinsamen Rechtsgrundsätze* verwiesen wird, bedarf er zur Ermittlung eines allgemein anerkannten Haftungsstandards der Methode der *Rechtsvergleichung*[3]. Er wird dabei unter Vermeidung von Rezeptionen minimalster oder maximalster Haftungsprinzipien der nationalen Rechtsordnungen um einen Haftungsstandard bemüht sein müssen, der an den Zielsetzungen und Funktionsmethoden der Vergemeinschaftung und dem Zweck der Haftungsregel orientiert ist. In diesem Sinne ist Art. 215 II EWGV erkannt worden als eine „Delegationsnorm für eine gewaltlose und zugleich reformerische Rechtsangleichung“[4]. Sie wird die den nationalen Rechtsordnungen zugrunde liegende ratio ihres Haftungsinstituts ermitteln und in einer den Gemeinschaftsfunktionen und den Strukturprinzipien der Gemeinschaftsverfassungen adäquaten Weise einheitlich ausgestalten müssen[5].

II. Haftungsvoraussetzungen

1. *Schuldhafte Rechtswidrigkeit*

4 a) Mit den Wendungen „im Bereich der außervertraglichen Haftung“ (Art. 215 II EWGV, 188 II EAGV) und „Amtsfehler der Gemeinschaft“ (Art. 40 I EGKSV) zielt das Vertragsrecht primär auf den dem Tatbestand der Amtshaftung des deutschen Rechts (Art. 34 GG i. Verb. mit § 839 BGB) vergleichbaren Zusammenhang, also Schadensverursachung durch schuldhaftrechtswidriges Handeln. Ob darüber hinaus durch diesen Orientierungsrahmen auch Tatbestände anderer staatlicher Ersatzleistungen, insbes. aus rechtmäßigem oder schuldlos-rechtswidrigem Staatshandeln erfaßt werden, ist

---

[3] Sie ist insbes. von den Generalanwälten praktiziert worden, auf deren Ergebnisse der Gerichtshof rekurriert; zur Methodenfrage allgemein: *Fuß* EuR 1968, 355; *Jaenicke*, Die Staatshaftung in rechtsvergleichender Sicht, in: Haftung des Staates für rechtswidriges Verhalten seiner Organe, Länderberichte und Rechtsvergleichung. Beiträge zum ausl. öff. Recht u. Völkerrecht 44 (1967), 863; *Jurina*, ZaöRVR 28 (1968) 375; *Heldrich* EuR 1967, 344.

[4] *Wiethölter*, Zur Frage des internationalen ordre public, BerDtGesVöR 7 (1967) 171; *Heldrich* EuR 1967, 349.

[5] Rechtssatzartig hat der EuGH die Haftungsvoraussetzungen jüngst in der Rs 4/69 Rspr. XVII, 325 = EuR 1971, 370, wie folgt formuliert: „Nach Art. 215 Abs. 2 und den allgemeinen Rechtsgrundsätzen, auf die er verweist, ist Voraussetzung für die Haftung der Gemeinschaft, daß ein Tatbestand erfüllt ist, dessen Merkmale das Vorliegen eines Schadens, das Bestehen eines Kausalzusammenhangs zwischen dem geltend gemachten Schaden und dem den Organen zur Last gelegten Verhalten und die Rechtswidrigkeit dieses Verhaltens sind“; vgl. auch Urteil vom 2. 12. 1971 in der Rs 5/71.

bestritten und dem Vertragsrecht nicht eindeutig zu entnehmen. Ausgeschlossen erscheint das nicht[6]. Insoweit ist eine rechtsschöpferische Ausgestaltung des Orientierungsrahmens durch die Rechtsprechung des Gerichtshofs denkbar. Nicht nur im deutschen Recht (dort durch die Institute des Aufopferungsanspruchs, des enteignungsgleichen Eingriffs, auch der Gefährungshaftung), auch im französischen Recht (durch die Anonymität der Haftung für faute de service, nach der théorie du risque, der egalité devant les charges publiques[7]) rechnen solche über das Amtshaftungsrecht hinausgehenden Entschädigungsgesichtspunkte zu den den mitgliedstaatlichen Rechtsordnungen allgemeinen Rechtsgrundsätzen. Allerdings bleibt zu bedenken, daß etwa Haftung aus Aufopferung und aus enteignungsgleichem Eingriff anders motiviert ist als die aus Staatshaftung, wenn auch die deutsche Rechtsprechung die Konturen zunehmend verwischt. Überdies bieten Art. 176 I EWGV, 149 I EAGV, 34 I 2 EGKSV die (bislang kaum beachtete) Möglichkeit, sog. Folgenbeseitigungsansprüche zur Geltung zu bringen, für deren prozessuale Behandlung die Analogie aus Art. 215 II EWGV vertretbar erscheint[8].

5 b) Was das Gemeinschaftshandeln als rechtswidrig qualifiziert, hat die Rechtsprechung des Gerichtshofs (wohl in Anlehnung an § 839 I 1 BGB i. Verb. mit Art. 34 GG) dem jeweiligen *Schutznormcharakter* der verletzten Rechtsregel und ihrem Schutzzweck für den Verletzten entnommen: als Betroffener ist derjenige *rechtswidrig* verletzt und ersatzberechtigt, dessen Interesse (zum Unterschied aller sonstigen Rechtsgenossen) zu schützen die verletzte Norm (auch) bestimmt ist. Der Verletzte wird entschädigt, weil er der Verwaltung näher stand als die Allgemeinheit[9].

2. *Verschulden*

6 a) Zur Haftungsbegründung der Gemeinschaft genügt die Feststellung eines „objektivierten" Verschuldens. Nicht erforderlich ist die Feststellung eines individuellen Verschuldens eines Gemeinschaftsorgans oder -bediensteten. „Anonymes Behördenverschulden" genügt. Mangelhafte Organisation der Verwaltung, ihre fehlerhafte Arbeitsweise an sich reichen deshalb aus. Damit hängt die Bemessung des erforderlichen Verschuldensgrades von der konkreten Charakterisierung der jeweiligen Amtshandlung oder Verwaltungsführung und der Schutzwürdigkeit der betroffenen Interessen ab. Immerhin ist Haftung auch im Falle nur leichter Fahrlässigkeit nicht ausgeschlossen[10].

---

[6] *Heldrich* EuR 1967, 347; *Goffin* JTrib. 1963, 237; in den Anm. 5 zit. EuGH-Urteilen wird „schuldhaft" jedenfalls nicht ausdrücklich als Haftungsvoraussetzung aufgeführt.

[7] *Ipsen*, Gleichheit, in: *Neumann-Nipperdey-Scheuner*, Die Grundrechte II (1954) 196.

[8] *Fuß* EuR 1968, 358 mit Anm. 31.

[9] *Fuß* EuR 1968, 359. [10] *Much*, in: Haftung des Staates 732.

7 b) Daß Art. 215 II EWGV auch für die Haftung aus rechtswidrig *schuldloser* Schadenszufügung angewendet wird, ist nicht ausgeschlossen — methodisch indes nicht unmittelbar, sondern derart, daß das ihm innewohnende allgemeine Verweisungsprinzip den Rückgriff auf eine den Mitgliedstaaten gemeinsame Gefährdungshaftung ermöglicht.

8 c) Wer schuldhaft unterläßt, Rechtsmittel zur Schadensbehebung zu nutzen, dürfte (vgl. § 839 III BGB) von der Haftung ausgeschlossen sein oder müßte Haftungsminderung hinnehmen. Sonst könnte die Amtshaftung zur Inanspruchnahme von Naturalersatz führen (durch Zubilligung von Ersatz für einen rechtswidrigen Akt, dessen klagweise Anfechtung unzulässig geworden ist). Die Geltendmachung von Amtshaftungsansprüchen aus Hoheitsakten ist aber nicht an die vorausgehende Feststellung ihrer Rechtswidrigkeit oder ihre Aufhebung geknüpft[11].

3. Haftung

9 a) Zu vertreten hat die Gemeinschaft das Handeln ihrer Organe und ihrer Bediensteten sowie solcher Personen und Stellen, die kraft Delegation oder sonstiger Ermächtigung der Gemeinschaft hoheitlich handeln. So ist die Haftung der EGKS für Handlungen der Brüsseler Organe der Schrottausgleichskasse mit Recht bejaht worden[12]. Sie würde indes zu verneinen sein, wenn ein mitgliedstaatlicher Beamter zwar in Beziehung zur Gemeinschaft, aber weder nach Weisungen ihrer Organe, noch in ihrem Namen oder für ihre Rechnung, sondern ausschließlich in Ausübung mitgliedstaatlicher Befugnisse handelte.

10 b) Bei *Mitverursachung* des Schadens durch ein Gemeinschaftsorgan *und* ein solches eines Mitgliedstaates müssen Gemeinschaft und Mitgliedstaat gesamtschuldnerisch einstehen und untereinander (nach dem Prinzip des § 426 BGB) ausgleichen[13]. Daß die Gemeinschaften nur subsidiär haften sollen[14], unterhöhlt das Haftungsinstitut in rechtswidriger Weise und verweist den Geschädigten in unzumutbarer Weise in ein Spiegelkabinett gemischt gemeinschaftlichen-nationalen Rechtsschutzes ohne Effizienz. Der Subsidiaritätsgrundsatz des § 839 I 2 BGB findet im Verhältnis zwischen Gemeinschaft

---

[11] Die Frage ist insbes. im Zusammenhang mit dem viel kritisierten Plaumann-Urteil des EuGH Rs 25/62 Rspr. IX, 240 erörtert worden wegen seiner Feststellung, ein nicht für nichtig erklärter Verwaltungsakt könne als solcher keinen Amtsfehler darstellen, deshalb nicht schädigen und Ersatzansprüche auslösen; vgl. *Heldrich* EuR 1967, 344 mit Anm. 2; *Ule*, DJT 1966 Verh. I, 32; *Fuß* EuR 1968, 370; *ders.* DÖV 1964, 579; gegen EuGH Rs 25/62 Rspr. IX, 240 auch Generalanwalt *Roemer*, Schlußanträge zur Rs 5/71 v. 13. 7. 1971; vgl. auch das Urteil in der Rs 5/71 vom 2. 12. 1971.

[12] EuGH Rs 18/60 Rspr. VIII, 417.

[13] *Ipsen* EuR 1968, 407; ebenso Generalanwalt *Gand* Rs 5—7, 13—24/66 Rspr. XIII, 376; *Fuß* EuR 1968, 366.

[14] So EuGH Rs 30/66 Rspr. XIII, 386; vgl. auch BGH v. 2. 12. 1971 — III ZR 51/69 — NJW 1972, 383.

und Mitgliedstaat keine Anwendung. Das folgt zwar nicht, wie angenommen[15], aus dem Gedanken der Einheit der öffentlichen Hand, der mit zunehmender Eigenfinanzierung der Gemeinschaften insoweit ohnehin abgeschwächt würde. Das folgt vielmehr aus dem Gedanken *zwangsläufiger Wirkungseinheit unterschiedlicher Funktionen* nationaler und gemeinschaftlicher öffentlicher Gewalt *gegenüber dem Marktbürger*[16].

4. Schaden und Kausalität

11 a) Aktueller Schaden, für dessen Zufügung die Gemeinschaft haftet (Vermögensschaden und immaterieller Schaden), liegt nur vor, wenn er an einem im Gemeinschaftsrecht im Interesse des Betroffenen geschützten Rechtsgut oder Interesse eingetreten ist. Die Schädigung setzt mindestens eine Intensität voraus, die über die durch Verwaltungstätigkeit allgemein verursachten normalen Nachteile (gêne commune) hinausgeht. Der Schadensbegriff des Art. 34 EGKSV (unmittelbarer und besonderer Schaden, préjudice spécial) ist hier nicht maßgeblich[17]. Vorteilsausgleichspflicht kann den Schaden mindern. Die Schadenshöhe braucht der Betroffene nicht zu beziffern. Sie muß aber bestimmbar sein. Der Gerichtshof bemißt sie in freier Schadenswürdigung nach Recht und Billigkeit. Schadensersatz ist in Geld zu leisten. Naturalrestitution, insbes. in Gestalt der Vornahme oder des Widerrufs einer Amtshandlung, findet nicht statt[18].

12 b) Im Erfordernis des *Kausalzusammenhangs* zwischen Gemeinschaftshandlung (oder Unterlassung) und Schadenseintritt entspricht die Rechtsprechung im wesentlichen den Anforderungen der *Adäquanz*, d. h. Ersatz solchen Schadens, der nach Erfahrungsregeln normaler- und vernünftigerweise als Auswirkung des die Ersatzpflicht begründenden Umstandes anzusehen ist[19]. Daß die rechtswidrige Handlung Bedingung dieser Auswirkung war, muß der Kläger beweisen, daß sie hierfür keineswegs geeignet war, obliegt der Beweislast der Beklagten.

---

[15] OLG Köln EuR 1968, 405 mit Anm. *Ipsen.*

[16] *Ipsen* EuR 1968, 408.

[17] *Fuß* EuR 1968, 367.

[18] *Much,* in: Haftung des Staates 739.

[19] *Heldrich,* Die allgemeinen Rechtsgrundsätze der außervertraglichen Schadenshaftung 154; *Fuß* EuR 1968, 364. — Auch ein *normativer* Gemeinschafts-Rechtsakt, also eine Rats-Verordnung, kann schadensursächlich sein; so Generalanwalt *Roemer,* Schlußanträge zur Rs 5/71 v. 13. 7. 1971; vgl. auch das Urteil in der Rs 5/71 vom 2. 12. 1971. Zur Haftung wegen „legislativen Unrechts" vgl. *Schack,* Die Haftung des Staates für die am Gesetzgebungsverfahren beteiligten Organe, DÖV 1971, 446; *ders.,* Ersatzpflicht des Staates bei legislativem Unrecht, MDR 1968, 186; HansOLG Hbg. DÖV 1971, 239.

III. Haftungsverfahren

1. Zuständigkeit des Gerichtshofs

13 Ausschließlich der Gerichtshof ist zuständig zur Entscheidung über Haftungsansprüche der hier erörterten Art (Art. 178 EWGV, 151 EAGV, 40 EGKSV). Das Klagverfahren ist nicht ausdrücklich geregelt. Eine Entscheidung über die Anwendbarkeit eines bestimmten Klagtyps ist nicht getroffen. Klaggrund und Schutzzweck des Haftungsinstituts sprechen für den Weg des sog. contentieux de pleine juridiction[20], also für das Verwaltungsstreitverfahren.

2. Verjährung

14 Haftungsansprüche dieser Art verjähren regelmäßig in fünf Jahren ab Kenntnis und Eintritt der Klagmöglichkeit[21]. Verjährung ist durch Einrede der beklagten Verwaltung geltend zu machen, nicht von Amts wegen zu beachten. Ein Vorverfahren ist vor Klagerhebung nicht erforderlich, aber auch nicht ausgeschlossen.

3. Beweislast

15 Obwohl im Verwaltungsstreitverfahren klagend, trifft den Kläger die materielle Beweislast hinsichtlich des Schadens, des Kausalzusammenhangs und des Verwaltungsverschuldens. Über die Modalitäten der Beweiserhebung befindet der Gerichtshof nach Offizialmaxime. Dadurch kann dem Kläger die Erfüllung seiner Beweislast erleichtert werden.

---

[20] *Much*, in: Haftung des Staates 742; *Daig*, Die Gerichtsbarkeit in der EWG und der EAG mit vergleichenden Hinweisen auf die EGKS, AöR 83 (1958) 184; EuGH Rs 44/59 Rspr. VI, 1133; zur Unterscheidung von der Nichtigkeitsklage EuGH Rs 9 u. 12/60 Rspr. VII, 463; zur Eigenständigkeit dieses Klagetyps EuGH Rs 4/69 Rspr. XVII, 325 = EuR 1971, 370.

[21] *Much* 743.

Sechster Teil

RECHTSORDNUNG DES GEMEINSAMEN MARKTES

§ 28 GEMEINSAMER MARKT — ZIEL- UND AUFGABENBESTIMMUNGEN

Ballerstedt, Übernationale und nationale Marktordnung (1955); *Barnikel,* Zur Abgrenzung des relevanten Marktes, WuW 1961, 246; *Bülck,* Raum und Zeit im Europarecht, ArchVR 12 (1964/65) 399; *Carstens,* Die Errichtung des Gemeinsamen Marktes in der Europäischen Wirtschaftsgemeinschaft, Atomgemeinschaft und Gemeinschaft für Kohle und Stahl, ZaöRVR 18 (1957/58) 459; *Friauf,* Probleme der Durchführung europäischer Gemeinschaftsplanungen in der Bundesrepublik Deutschland, in: Kaiser, Planung IV (1970) 41; *von der Groeben,* Die Entwicklung der EWG und ihre Auswirkungen auf die Wirtschaftsverfassung in den Mitgliedstaaten, in: Die öffentlichen Unternehmen in der 2. Stufe des gemeinsamen Marktes (1965) 19; *Hallstein,* La Communauté économique européenne comme ordre économique, in: L'Economie du Marché dans l'intégration de l'Europe occidentale II (1965) 19; *Hallstein,* Die Dynamik der Europäischen Gemeinschaften, Vortrag vor dem Überseetag Hamburg (1967); *Kapteyn,* De juridische consequenties van het einde van de overgangsperiode in de E. E. G., SEW 1970, 203; *Meier,* Das Programm für die mittelfristige Wirtschaftspolitik der EWG (1966—1970), EuR 1967, 320; *Mestmäcker,* Offene Märkte im System unverfälschten Wettbewerbs in der Europäischen Wirtschaftsgemeinschaft, Fs Böhm 345; *Müller-Armack,* Die Wirtschaftsordnung des Gemeinsamen Marktes, in: Weltwirtschaftliche Probleme der Gegenwart (1965) 231; *Ophüls,* Grundzüge europäischer Wirtschaftsverfassung, ZHR 124 (1962) 136; *Ophüls,* Die Europäischen Gemeinschaftsverträge als Planungsverfassungen, in: Kaiser, Planung I (1965) 229; *Rambow,* The end of the transitional period, CMLR 1968/69, 434; *Scherer,* Die Wirtschaftsverfassung der EWG (1970); *Herb. Schmidt,* Möglichkeiten und Wege zu einer europäischen Wirtschaftsverfassung (1964); *R. Schmidt,* Öffentliche Unternehmen als Instrumente planender Verwaltung — rechtsvergleichende und europarechtliche Aspekte, in: Kaiser, Planung III (1968) 291; *Schrans,* Heeft het einde van de overgangsperiode, ingericht door art. 8 van het E. E. G.-Verdrag, ten gevolge dat sommige verdragsvorschriften directe werking krijgen?, SEW 1970, 225; *von Simson,* Die Marktwirtschaft als Verfassungsprinzip in den europäischen Gemeinschaften, in: Zur Einheit der Rechts- und Staatswissenschaften — Ringvorlesung Freiburg (1967) 55; *Steindorff,* Die Vertragsziele der EGKS als Rechtsvorschriften und Richtlinien, BerDtGesVöR 2 (1957) 94.

I. Rechtsgrundlagen

1. Die Aktionsbereiche im EWGV

1 Die Errichtung eines *Gemeinsamen Marktes* ist — neben der schrittweisen Annäherung der Wirtschaftspolitik (genauer: der Wirtschaftspolitiken) der Mitgliedstaaten — für die *EWG* nach Art. 2 EWGV als *ein Mittel* bezeichnet, *um die Aufgaben der Gemeinschaft zu fördern,* nämlich: eine harmonische Entwicklung des Wirtschaftslebens innerhalb der Gemeinschaft, eine beständige und ausgewogene Wirtschaftsausweitung, eine größere Stabilität, eine beschleunigte Hebung der Lebenshaltung, engere Beziehungen zwischen den Mitgliedstaaten. Die Förderung dieser Aufgaben bildet die *Zielsetzung* der Gemeinschaft. Worin die *Tätigkeit der Gemeinschaft* im Sinne der Verwirklichung des Art. 2 besteht, umschreibt ein Katalog von elf Aktionsbereichen, die Art. 3 als Instrumentarium benennt. Einzelregelungen des Vertrages spezifizieren diese nach Rechten und Pflichten der beteiligten Organe und der Mitgliedstaaten:

2 a) *Zollunion:* Durch schrittweisen *Abbau der Zölle und der mengenmäßigen Beschränkungen* bei der Ein- und Ausfuhr von Waren sowie aller sonstigen Maßnahmen gleicher Wirkung zwischen den Mitgliedstaaten (Art. 3 a EWGV) sowie durch die *Einführung eines Gemeinsamen Zolltarifs* und einer *gemeinsamen Handelspolitik* gegenüber Drittländern waren die Voraussetzungen zu schaffen für die *Errichtung einer Zollunion.* Diese ist nach Art. 9 I die Grundlage der Gemeinschaft: eine Zollunion, die sich auf den gesamten Warenverkehr erstreckt, die das Verbot umfaßt, zwischen den Mitgliedstaaten Ein- und Ausfuhrzölle und Abgaben gleicher Wirkung zu erheben, sowie die Einführung eines Gemeinsamen Zolltarifs gegenüber Drittländern. Den schrittweisen Zollabbau regelten Art. 12—17, die Beseitigung der mengenmäßigen Beschränkungen Art. 30—37, womit den Erfordernissen des Art. XXIV des GATT für eine Zollunion entsprochen wurde.

Als bisherigen Trägern der nationalen Zollhoheit oblagen die zur Durchführung dieses Programms erforderlichen Maßnahmen überwiegend den Mitgliedstaaten. Ihre Überwachung war und ist Sache der zuständigen Gemeinschaftsorgane. Korrelat und Folgerung dieser Programmdurchführung ist die Einführung des Gemeinsamen Zolltarifs (Art. 18—29) und einer Gemeinsamen Handelspolitik (Art. 110—116) gegenüber Drittländern, wie dies Art. 3 b programmiert. Während der Übergangszeit oblag den Mitgliedstaaten nach Art. 23 die schrittweise Angleichung ihrer — sehr unterschiedlichen — Zollsätze an die des Gemeinsamen Zolltarifs, ebenso nach Art. 111 V die vereinheitlichende Liberalisierung ihrer mengenmäßigen Beschränkungen im Verkehr mit Drittländern. Nach Ablauf der Übergangszeit steht den Gemeinschaftsorganen die ausschließliche Kompetenz zur einschlägigen Normsetzung zu, ebenso (Art. 113) die Gestaltung der Handelspolitik nach einheitlichen Grundsätzen. Dazu gehört dann auch die Gemeinschaftskompetenz zum Abschluß von Zoll- und Handelsabkommen sowie das gemeinsame Vorgehen bei internationalen Wirtschaftsorganisationen (Art. 116).

3 b) *Die vier Freiheiten:* Die damit bewirkte Befreiung des Warenverkehrs wird ergänzt durch die *Beseitigung der Hindernisse* für die *Freizügigkeit der Arbeitskräfte, die Freiheit der Niederlassung, des Dienstleistungs-, Kapital- und Zahlungsverkehrs* zwischen den Mitgliedstaaten (Art. 3 c). Art. 48—51 (Freizügigkeit der Arbeitskräfte), Art. 52—58 (Niederlassungsfreiheit), Art. 59—66 (Freiheit des Dienstleistungsverkehrs einschließlich der Zulassung zur gewerblichen Betätigung) sowie Art. 67—73 (Freiheit des Kapitalverkehrs) und Art. 106 (Freiheit des Zahlungsverkehrs) sichern mit Verfahrensregelungen und Kompetenzzuweisungen an Gemeinschaftsorgane und Pflichtbegründungen der Mitgliedstaaten im einzelnen die Verwirklichung dieses Freiheitsprogramms.

4 c) Die Einführung einer gemeinsamen Politik auf dem Gebiet der *Landwirtschaft* (Art. 3 d) und auf dem Gebiet des *Verkehrs* (Art. 3 e) zielt auf zwei Wirtschaftsbereiche, die in unterschiedlicher, ihrer Struktur und Funktion entsprechenden Weise durch eine gemeinsame Politik einer Ordnung unterstellt werden sollen, die den großen Zielen des Art. 2 maximal gerecht wird.

aa) *Landwirtschaft:* Art. 39 spezifiziert diese Ziele einer gemeinsamen *Agrarpolitik,* obwohl ansonsten nach Art. 38 II die Vorschriften über die Errichtung des Gemeinsamen Marktes grundsätzlich auch auf Agrarerzeugnisse anwendbar sind. Art. 40—47 bilden die Grundlage für die gemeinsame Organisation der Agrarmärkte und ihr Preis- und Ausgleichssystem.

bb) *Verkehr:* Für das Programm einer *gemeinsamen Verkehrspolitik* (Art. 74) liefern Art. 75—84 ausfüllungsbedürftige Grundsätze, deren schrittweise Durchführung dem Rat obliegt. Dieser befindet auch über die Einbeziehung von Seeschiffahrt und Luftfahrt.

5 d) *Sozialpolitik:* Die *Sozialpolitik* ist nach Art. 117—122 gewissen Einflußnahmen der Gemeinschaftsorgane unterworfen, verbleibt indes wesentlich Aufgabe der Mitgliedstaaten. Diese bekunden ihre Einmütigkeit (Art. 117), auf eine Verbesserung der Lebens- und Arbeitsbedingungen der Arbeitskräfte hinzuwirken. Art. 3 i sieht hierfür die Schaffung des *Europäischen Sozialfonds* vor, der (Art. 123—128) die Berufsumschulungs-, Umsiedlungs- und Umstellungskosten der Mitgliedstaaten mitfinanziert.

6 e) *Entwicklungs-Investitionen:* Ebenfalls auf die Schaffung eines entsprechenden Instruments zielt Art. 3 j. Er sieht die Errichtung der *Europäischen Investitionsbank* (Art. 129—130) mit Rechtspersönlichkeit vor. Sie soll durch finanzielle Unterstützung von Entwicklungsvorhaben in weniger entwickelten Gebieten, solchen der Modernisierung und Umstellung zur Entwicklung des Gemeinsamen Marktes beitragen.

7 f) *Assoziierungen:* Überseeische Länder und Hoheitsgebiete können (Art. 3 k) der Gemeinschaft *assoziiert* werden, um den Handelsverkehr zu steigern und die wirtschaftliche und soziale Entwicklung durch gemeinsame Bemühungen zu fördern (Art. 131—136). In der *Assoziierung* können Entwicklungen gefördert werden, die sich aus der Dekolonisierung überseeischer Besitzungen von Mitgliedstaaten ergeben haben. Dementsprechend soll sie (Art. 131 III) in erster Linie den Interessen der Einwohner dieser Gebiete dienen, ihren Wohlstand, ihre wirtschaftliche, soziale und kulturelle Entwicklung fördern.

8 g) In den drei Aktionsbereichen, die Art. 3 f, g und h bezeichnen, werden Ordnungsverfahren und -systeme programmiert, die sämtlich in spezifischer Weise geboten und geeignet erscheinen zur Errichtung und zum Funktionieren des Gemeinsamen Marktes, nämlich: ein *System zum Schutz vor Wettbewerbsverfälschungen,* die *Koordinierung der nationalen Wirtschaftspolitiken* nebst Gleichgewichtssicherung der Zahlungsbilanzen, die zur Funktionssicherung des Gemeinsamen Marktes erforderliche *Rechtsangleichung.*

aa) *Ordnung des Wettbewerbs:* Die Herstellung und Aufrechterhaltung gleicher *Wettbewerbsvoraussetzungen* (Art. 3 f), Voraussetzung und zugleich Folge der Grenzaufhebung zwischen den Mitgliedstaaten, erfordert den Schutz vor Wettbewerbsverfälschungen durch Diskriminierung wegen unterschiedlicher Staatsangehörigkeit (Art. 7), durch wettbewerbsbeschränkende Kartelle und Monopole (Art. 85—90), durch Dumping und staatliche Beihilfen (Art. 91—94) und verfälschende Steuern (Art. 95—99).

bb) *Koordinierung der Wirtschaftspolitik:* Zwar beläßt die Vergemeinschaftung Wirtschafts- und Währungspolitik grundsätzlich mitgliedstaatlicher Kompetenz. Sachzusammenhang und Integrationsfortschritt nötigen aber zu einer *Koordinierung ihrer Wirtschaftspolitiken* und einer *Währungspolitik,* die Störungen im Gleichgewicht ihrer Zahlungsbilanzen zu beheben geeignet ist (Art. 39, Art. 6, 103, 105). In dieser Zielsetzung hat der Rat für die Abstimmung der Wirtschaftspolitik der Mitgliedstaaten zu sorgen. Seit Ablauf der Übergangszeit wird die Handelspolitik von den Gemeinschaftsorganen nach einheitlichen Grundsätzen gestaltet (Art.

113) und stehen ihnen nach Art. 106—109 Befugnisse zu zur Behebung von Zahlungsbilanzstörungen.

cc) *Rechtsangleichung:* Jede die Wirtschaft weitesten Sinnes berührende Rechtsvereinheitlichung befördert die Herstellung gleicher Wettbewerbsvoraussetzungen. Deshalb ist die Angleichung der innerstaatlichen Rechtsvorschriften Programm des Art. 3 h, soweit sie für das ordnungsmäßige Funktionieren des Gemeinsamen Marktes erforderlich ist (Art. 100). Soweit vorhandene Rechtsunterschiede Wettbewerbsverzerrungen bewirken oder nationale Neuregelungen solche besorgen lassen, kann Gemeinschaftskompetenz zur Korrektur und Kontrolle eingesetzt werden (Art. 101, 102).

2. Die Aktionsbereiche im EGKSV

9 Art. 1 und 2 EGKSV nennen den *Gemeinsamen Markt für Kohle und Stahl* die *Grundlage der Gemeinschaft,* die ihre Ziele und Aufgaben in Art. 2 und 3 umschreibt: Ausweitung der Wirtschaft, Steigerung der Beschäftigung, Hebung der Lebenshaltung, und dies (Art. 2 II) durch Schaffung der Voraussetzungen, die *von sich aus* die rationellste Verteilung der Erzeugung auf dem höchsten Leistungsstande sichern, durch Vorsorge gegen Unterbrechung der Beschäftigung, durch Verhinderung tiefgreifender und anhaltender Störungen im mitgliedstaatlichen Wirtschaftsleben. Art. 3 EGKSV umschreibt einen Katalog von *acht Aktionsbereichen,* die der Zielverwirklichung des Art. 2 dienen. Sie sind in den Einzelregelungen des Vertrages nach Rechten und Pflichten der Organe, der Mitgliedstaaten und der Unternehmen bestimmt:

a) *Sicherung der Versorgung:* Die Gemeinschaftsorgane haben auf eine *geordnete Versorgung des Gemeinsamen Marktes* unter Berücksichtigung des Bedarfs dritter Länder zu achten (Art. 3 a). Art. 59 befugt zu erforderlichen Maßnahmen bei Eintritt einer ernsten Mangellage an Erzeugnissen, die der Zuständigkeit der EGKS unterfallen.

b) *Gleicher Zugang zur Produktion:* Die Gemeinschaftsorgane haben allen in vergleichbarer Lage befindlichen Verbrauchern des Gemeinsamen Marktes *gleichen Zugang zur Produktion* zu sichern (Art. 3 b). Art. 4 spricht im Sinne dieser Aufgabenzuweisung ein vierseitiges Diskriminierungsverbot aus: für Ein- und Ausfuhrzölle oder Abgaben gleicher Wirkung sowie mengenmäßige Beschränkungen; für Maßnahmen oder Praktiken, die eine Diskriminierung zwischen Erzeugern oder Käufern oder Verbrauchern herbeiführen (insbesondere hinsichtlich der Preis- und Lieferbedingungen und der Transporttarife) sowie für solche, die den Käufer an freier Lieferantenwahl hindern; für Subventionen oder Beihilfen und Sonderlasten jedweder Form, die die Mitgliedstaaten bewilligen oder auferlegen; für einschränkende Praktiken, die auf Aufteilung oder Ausbeutung der Märkte abzielen. Nur für Mangellagen läßt Art. 59 § 2 Verwendungsprioritäten und Kontingentierungen zu.

c) *Bildung niedrigster Preise:* Die Gemeinschaft hat auf die *Bildung niedrigster Preise* zu achten (Art. 3 c). Dazu haben ihre Organe normale und nicht-diskriminierende Wettbewerbsbedingungen zu schaffen und zu sichern (Art. 5 II, 4 b, 60 § 1, 65, 66). Sie bestimmen über Höchst- und Mindestpreise (Art. 61) sowie die Einführung von Preisausgleichszahlungen (Art. 62).

d) *Produktionsausbau:* Die Gemeinschaft hat für die Erhaltung solcher Voraussetzungen zu sorgen, die für die Unternehmen einen *Anreiz zum Ausbau und zur Verbesserung ihres Produktionspotentials* bieten (Art. 3 d 1. Halbsatz).

e) *Ausnutzung der Hilfsquellen:* Sie hat eine Politik *rationeller Ausnutzung der natürlichen Hilfsquellen* unter Vermeidung von Raubbau zu verfolgen (Art. 3 d 2. Halbsatz).

f) *Sozial- und Arbeitspolitik:* Auf eine *Verbesserung der Lebens- und Arbeitsbedingungen der Arbeiter* ist so hinzuwirken, daß diese fortschreitend einander angeglichen werden (Art. 3 e). Art. 46 V Ziff. 5, 68 (Löhne) und 69 (Freizügigkeit der Arbeitnehmer) spezifizieren diese Aufgabe.

g) *Zwischenstaatlicher Austausch:* Die Gemeinschaft hat die *Entwicklung des zwischenstaatlichen Austausches* zu fördern und für die Einhaltung angemessener Preise auf den auswärtigen Märkten zu sorgen (Art. 3 f). Dafür stellt Art. 71 auf das Zusammenwirken zwischen der Gemeinschaft und den Mitgliedstaaten auf dem Gebiet der Handelspolitik ab. Art. 61 I c befugt die Kommission zur Festsetzung von Ausfuhrpreisen.

h) *Ausweitung und Verbesserung der Erzeugung:* Die Gemeinschaft hat die geordnete *Ausweitung und Modernisierung der Erzeugung* und die *Qualitätsverbesserung* ohne Schutzmaßnahmen gegen Konkurrenzindustrien zu fördern. Nach Art. 5 II bietet die Gemeinschaft hierfür Investitionshilfen (Art. 54) und Beteiligung an Anpassungslasten. Ziele und Programme dieser Richtung gehören zu den allgemeinen Aufgaben der Kommission (Art. 46 III Ziff. 3). Zu ihrer Verfolgung sind Ausnahmegenehmigungen vom Kartellverbot vorgesehen (Art. 65 § 2).

3. Die Aktionsbereiche im EAGV

10 Der *Gemeinsame Markt auf dem Kerngebiet* des EAGV, den zu schaffen Art. 2 g EAGV aufgibt, erstreckt sich auf Güter und Erzeugnisse, die die Listen des Anhangs IV des Vertrages umfassen (Art. 92 EAGV).

a) *Aktionsbereiche:* Art. 93—100 umschreiben einen *Katalog von Aktionsbereichen,* der in wichtigen Zügen dem des Art. 3 EWGV entspricht: Beseitigung der Zölle, der Abgaben gleicher Wirkung und aller mengenmäßigen Beschränkungen der Ein- und Ausfuhr sowie die Aufstellung eines Gemeinsamen Zolltarifs; Beseitigung aller auf die Staatsangehörigkeit gegründeten Zugangsbeschränkungen zu qualifizierten Beschäftigungen auf dem Kerngebiet (vorbehaltlich der erforderlichen Einschränkungen aus Gründen der öffentlichen Ordnung, Sicherheit und Volksgesundheit); entsprechende Freiheit in der Beteiligung am Bau von Atomanlagen wissenschaftlicher oder gewerblicher Art. Unterstützt werden diese Aktionen und Gewährleistungen durch die Erleichterung des Versicherungsschutzes, des Kapitalverkehrs zur Finanzierung der einschlägigen Erzeugungszweige und des Zahlungs- und Überweisungsverkehrs.

b) *Gemeinschaftsaufgaben:* Art. 2 EAGV umschreibt zur Substantiierung des Art. 1 II — außer der Schaffung des Gemeinsamen Marktes selbst — folgende *Aufgaben der Gemeinschaft:* Entwicklung der Forschung und Verbreitung der technischen Kenntnisse (Art. 4, 2 a); Aufstellung einheitlicher Sicherheitsnormen für den Gesundheitsschutz der Bevölkerung und der Arbeitskräfte und Vorsorge für ihre Anwendung (Art. 30—39); Investitionshilfen und — insbesondere durch Förderung der Unternehmensinitiative — Schaffung der für die Kernenergieentwicklung notwendigen Anlagen (Art. 40—51); regelmäßige und gerechte Erz- und Kernbrennstoffversorgung aller Benutzer der Gemeinschaft (Art. 52—76); Überwachung zur Verhinderung zweckwidriger Kernstoffverwendung (Art. 77—85); Ausübung des Gemeinschaftseigentumsrechts an besonderen spaltbaren Stoffen (Art. 86—91); Herstellung geeigneter Verbindungen zu anderen Ländern und zwischenstaatlichen Einrichtungen zur Förderung der friedlichen Kernenergieverwendung (Art. 101 bis 106).

4. Aufgaben-Komplexität

11 Diese — lediglich reproduzierende — Beschreibung der Aufgaben, Zielsetzungen und Aktionsbereiche, die die drei Gemeinschaftsverträge enthalten, verdeutlicht allein durch ihre Aussagen, welche Komplexität wirtschaftswissenschaftlicher und wirtschaftspolitischer Problemstellungen einerseits, welche Aufgaben rechtsnormativer Darstellung, Erfassung und Zuordnung andererseits einer Gemeinschaftsverfassung gestellt sind. Überdies ist zu bedenken, daß die Vergemeinschaftung wesentlich charakterisiert ist durch die Abschichtung bestimmter öffentlicher Funktionen, die durch partielle Hoheitsübertragung vergemeinschaftet werden, von anderen, die den Mitgliedstaaten verbleiben, und daß Vergemeinschaftung nicht Statik, sondern einen planhaft und zeitbemessen ablaufenden Prozeß bedeutet. Danach werden die Schwierigkeiten ihrer normativen Verfaßbarkeit evident: sie vervielfältigen sich noch gegenüber entsprechenden Verfassungs- und Gesetzgebungsaufgaben, die dem nationalen Recht moderner Industriestaatlichkeit gestellt sind. Es ist daher erforderlich, die Vertragsregelungen über Aufgaben, Zielsetzungen und Aktionsbereiche unter verschiedenen Gesichtspunkten und Maßstäben als Elemente des Gemeinschaftsverfassungsrechts zu ordnen und zur qualifizieren *(28/20—27,30,31)*. Dazu gehört zunächst die Deutung des „Gemeinsamen Marktes“ *(28/12—19)*.

II. Gemeinsamer Markt

1. Rechtsgehalt

12 „Markt“ im Sinne einer ökonomischen Faktizität — und so ein Begriff der Wirtschaftswissenschaften — versteht sich als der in gewisser Regelmäßigkeit vollziehende Austausch von Gütern oder Dienstleistungen zwischen selbständigen Wirtschaftssubjekten, der aus dem Zusammentreffen von Angebot und Nachfrage resultiert[1]. Wenn z. B. Art. 3 EGKSV und andere Vertragsbestimmungen zur Umschreibung wirtschaftspolitischer Ziele der Vergemeinschaftung den Marktbegriff verwenden, kann er in diesem Sinne der Austausch-Realität gemeint sein.

Darin und auch in seiner quantitativ-räumlichen Erstreckung auf das Gesamtgebiet der Mitgliedstaaten liegt indes noch *nicht* die Bedeutung und die Funktion, die das Gemeinschaftsrecht dem „Markt“ beimißt, wenn es

---

[1] *Ballerstedt*, Übernationale und nationale Marktordnung 6; *Barnikel* WuW 1961, 247, 254.

auf den „Gemeinsamen Markt“ abstellt. „Gemeinsamer Markt“ als Element des Gemeinschaftsrechts hat einen *spezifischen Rechtsgehalt*. Er ist ein gemeinschaftsrechtlicher, elementarer Rechtsbegriff[2]. Er begreift die vorgegebene und vorausgesetzte Faktizität des regelmäßigen Güter- und Dienstleistungsaustausches in einem System gemeinschaftsrechtlich erheblicher Ordnungsregeln und ordnet sie in ein solches. „In idealer Reinheit würde das wirtschaftsrechtliche Institut des Gemeinsamen Marktes den Inbegriff der Normen darstellen, welche die Gleichheitlichkeit der die Marktabläufe ordnenden rechtlichen Bedingungen für alle Partner des Gemeinsamen Marktes gewährleisten soll.“[3] Ein solcher Purismus existiert nicht, und er wird nicht existieren. Deshalb ist der Gemeinsame Markt — in der Sprache des Art. 2 EWGV als *ein* Mittel zur Aufgabenerfüllung der Gemeinschaft instrumentalisiert — ein dauernd wirksamer, im Sinne der Integration optimaler Maßstab der Gestaltung, Auslegung und Anwendung des Gemeinschaftsrechts aller Erscheinungsformen.

a) Einzelne hervorragende Elemente idealer rechtlicher Ordnung des Gemeinsamen Marktes werden hervorgehoben. Das geschieht, wenn ihm mit der Freiheit nach innen und der Einheitlichkeit nach außen „zwei Gesichter“ gegeben werden[4]. Das geschieht auch, wenn ihm — in einer weit verbreiteten, dem Vertragsrecht selbst aber unbekannten Formulierung — Befunde zugedacht werden, die ihn als Markt mit „binnenmarktähnlichen Bedingungen“ („Verhältnissen“)[5] oder als „europäischen Binnenmarkt“[6] charakterisieren. Solche Kennzeichnungen können sich etwa auf Art. 4 EGKSV stützen. Er erklärt in eigenwilliger, nur dem EGKSV bekannter Normierungstechnik die dort bezeichneten Hindernisse, Maßnahmen und Praktiken als mit dem Gemeinsamen Markt „unvereinbar“ und deshalb „aufgehoben“ und „untersagt“: damit werden die Austauschbeziehungen der Wirtschaftssubjekte *im Markt, weil Gemeinsamer Markt*, einer rechtlichen Ordnung unterworfen, die das Gemeinschaftsrecht liefert und die die Gemeinschaftsorgane zu sichern haben. Der Gerichtshof[7] nennt Art. 4 EGKSV geradezu eine nähere Bestimmung des Gemeinsamen Marktes, die Art. 2, 3 und 4 insgesamt eine

---

[2] Generalanwalt *Lagrange* Rs 1/54 Rspr. I, 57: für den Begriff des Gemeinsamen Marktes ist vom Inhalt des Vertrages auszugehen; *Daig*, BerDtGesVöR 2 (1957) 126; *Nicolaysen*, Plan-Einsatz öffentlicher Unternehmen und EWG-Vertrag (Art. 90), in: Planung III (1968) 319: „Der Gemeinsame Markt ist im Vertrag keine volkswirtschaftliche Vokabel, sondern ein Rechtsbegriff.“

[3] *Ballerstedt* 9; *Steindorff* BerDtGesVöR 2 (1957) 98 Anm. 16 will eine positive Deutung des Marktbegriffs aus seiner tatsächlichen Wirkung, eine negative aus dem Normenbestand zur Beseitigung der Handelshindernisse herleiten.

[4] *Carstens* ZaöRVR 18 (1957/58) 460.

[5] *Wohlfarth* u. a. Komm. Vorbem. 1 vor Art. 30; *Gleske*, Währungs- und budgetpolitische Aspekte der Integration, in: Weltwirtschaftliche Probleme der Gegenwart (1965) 317; *Scherer*, Die Wirtschaftsverfassung der EWG 90.

[6] *Hallstein*, Die Dynamik der Europäischen Gemeinschaften 2.

[7] EuGH Rs 1/54 Rspr. I, 23 und 2/54 Rspr. I, 97; Rs 8/57 Rspr. IV, 253; Rs 7 u. 9/54 Rspr. II, 90.

Festlegung seines Begriffs und seiner Ziele. Art. 85, 86 EWGV, insoweit Art. 4 b, c vergleichbar, die das dort bezeichnete Verhalten ebenfalls als „mit dem Gemeinsamen Markt unvereinbar und verboten" bezeichnen, besitzen entsprechende begriffsprägende Kraft.

b) Die drei Gemeinschaftsverträge rechnen jeweils mit *ihrem* Gemeinsamen Markt. Wenn auf den *Raum* der Austauschvorgänge und ihrer Rechtsordnung abgestellt wird, der in allen drei Verträgen gleichermaßen aus dem Gebiet derselben Mitgliedstaaten besteht, könnte unbedenklich von einem gemeinschaftlichen Gesamtbegriff des Gemeinsamen Marktes der drei Gemeinschaften ausgegangen werden. Eine solche raumbezogene Vereinheitlichung ist rechtlich indes unergiebig. Denn einmal ist die den ökonomisch-faktisch begriffenen Markt im Rechtssinne prägende Ordnung des Gemeinschaftsrechts *vor* der Fusion der Verträge ohnehin noch eine *unterschiedliche dreifache* Ordnung. Und zum anderen ist (und bleibt auch nach einer Fusionierung) der Gemeinsame Markt ein vielfach sektoral gegliederter Markt. Denn die einzelnen Wirtschaftszweige und die in ihnen stattfindenden Austauschleistungen unterstehen jeweils gesonderten Ordnungsregeln[8]. Das gilt selbst dann, wenn für die sektoralen Regelungen auch übergeordnete allgemeinere Rechtsgrundsätze maßgeblich sind — wie etwa Art. 85, 86 EWGV, die mit ihrer Klausel „Handel zwischen Mitgliedstaaten" ausdrücklich auf die Erheblichkeit für den Handel im Raum des Gemeinsamen Marktes abstellen. Nach der Formulierung des Art. 38 I EWGV umfaßt z. B. der Gemeinsame Markt der EWG *auch* die Landwirtschaft. Damit kann aber nicht ausgeräumt werden, daß der Agrarmarkt einer Sonderordnung unterliegt, die sich von der für andere Marktsektoren wesentlich unterscheidet. In diesem Sinne ist der Begriff des Gemeinsamen Marktes also dadurch gekennzeichnet, daß er einen Sammelbegriff bildet für die sektoral unterschiedenen gemeinsamen Einzelmärkte. Ihre gemeinschaftsrechtliche Ordnung ergibt sich aus den jeweils zuständigen Sektorenregelungen und jenen Rechtsgrundsätzen, die als allgemeine und übergeordnete Marktgrundsätze auch für sie maßgeblich sind.

2. Markt-Errichtung

13 Schritt- und Zeitmaße zur Errichtung des Gemeinsamen Marktes haben die Gemeinschaftsverträge in unterschiedlicher Weise festgelegt. Das ergab sich aus der verschiedenartigen Struktur und Beschaffenheit der Märkte im ökonomischen Sinne, deren Vergemeinschaftung die Verträge vorsehen. Die Verwirklichung des Gemeinsamen Marktes in Schritten war insbesondere für den der EWG geboten, um wirtschaftliche und soziale Beeinträchtigungen der nationalen Wirtschaften zu vermeiden, die ohne schrittweises Vorgehen unvermeidlich gewesen wären.

[8] *Bülck* ArchVR 12 (1964/65) 412.

a) Der Gemeinsame Markt für Kohle und Stahl, am 10. Februar 1953 (für Kohle, Erz und Schrott) und am 1. Mai 1953 (für Stahl, mit Ausnahme von Edelstahl: 1. Juli 1954) „errichtet“ (§ 8 ÜA sowie Entscheidung und Schreiben der Hohen Behörde, ABl. 1953, 4, 5, Beschlüsse des Rates, ABl. 1953, 92; 1954, 427), ist nach einer Übergangszeit von fünf Jahren (§ 1 Abs. V ÜA) endgültig verwirklicht worden.

b) Für die besonderen auf dem Kerngebiet verwendeten Stoffe und Ausrüstungen (Art. 2 g EAGV) sah der Sechste Titel des EAGV Vorschriften über eine *Anlaufzeit* für erste Maßnahmen zum Funktionsbeginn der EAG vor. Diese war — anders als die Übergangszeit des EWGV — nicht allgemein befristet, sondern in den Einzelbestimmungen terminiert (Art. 209—220).

c) Der Gemeinsame Markt des EWGV ist nach Art. 8 I EWGV „während einer Übergangszeit von zwölf Jahren schrittweise verwirklicht“ worden. Sie bestand aus drei Stufen von je vier Jahren, deren Dauer geändert werden konnte und denen jeweils „eine Gesamtheit von Maßnahmen (entsprach), die zusammen eingeleitet und durchgeführt werden müssen“. In dieser Vorschrift kommt der Integrationsbegriff plastisch zum Ausdruck. Art. 8 III machte den Übergang von der ersten zur zweiten Stufe von der Feststellung abhängig, daß die für die erste Stufe ausdrücklich festgelegten Ziele im wesentlichen tatsächlich erreicht und die Vertragsverpflichtungen eingehalten worden sind. Das ist zum 1. Januar 1962 geschehen[9]. Die vertraglich möglich gewesene Verlängerung der ersten Stufe um ein Jahr bzw. zwei Jahre hat nicht stattgefunden, ebensowenig infolgedessen das in Art. 8 IV vorbehaltene Schiedsspruchverfahren, das ein bei qualifiziertem Mehrheitsbeschluß des Rates überstimmter Mitgliedstaat hätte einleiten können, um eine (letzte) Verlängerung der ersten Stufe auf längstens sieben Jahre zu erreichen. Auch nach Art. 8 V mögliche Verlängerungen oder Verkürzungen der zweiten und dritten Stufe haben nicht stattgefunden: die dritte Stufe hat automatisch — ohne besonderen Beschluß — am 1. Januar 1966 begonnen und mit dem Jahre 1969 geendet. Infolgedessen ist auch Art. 8 VI bedeutungslos geblieben, der solche Verlängerungen nur so weit zuließ, daß die Übergangszeit höchstens fünfzehn Jahre dauerte. Nach Art. 8 VII war das Ende der Übergangszeit — von den vertraglich vorgesehenen Ausnahmen und Schutzklausel-Abweichungen abgesehen — gleichzeitig der Endtermin für das Inkrafttreten aller vorgesehenen Vorschriften sowie für die Durchführung aller Maßnahmen, die zur Errichtung des Gemeinsamen Marktes gehören. Damit ist das *eine* der in Art. 2 EWGV vorgesehenen Mittel zur Erfüllung der Aufgaben der Gemeinschaft, eben die Errichtung eines Gemeinsamen Marktes, abschließend zur Anwendung gelangt. Das *andere* Mittel, das der schrittweisen Annäherung der Wirtschaftspolitik der Mitgliedstaaten, ist seither das entscheidende Instrument zur Erfüllung der Gemeinschaftsaufgabe. Solche Annäherung zwingt über eine Koordinierung hinaus zur Gemeinschafts-Wirtschaftspolitik.

14 d) Über den Zeitplan des Art. 14 EWGV hinausgehend, ist der Zollabbau und die Herstellung der Zollunion nebst Einführung eines Gemeinsamen Zolltarifs wiederholt beschleunigt worden, und zwar in den Jahren 1960 und 1962 durch Beschlüsse der im Rat vereinigten Vertreter der Regierungen (ABl. 1960, 1217; 1962, 1284). Auf diese Weise ist die Zollunion bereits zum 1. Juli 1968 verwirklicht worden, also 18 Monate vor dem Ende der Übergangszeit als dem vertraglich hierfür festgesetzten Termin.

15 e) Das Ende der Übergangszeit (zum 1. Januar 1970) ist zu dem Zeitpunkt erreicht worden, den Art. 8 EWGV als den nach drei Stufen zu je vier Jahren nach normalem Vertragsvollzug vorgesehenen angenommen hat. Nach Art. 8 VII EWGV war — vorbehaltlich der vertraglich vorgesehenen Ausnahmen oder Ab-

[9] Beschluß des Rates v. 14. 1. 1962, ABl. 1962, 164 = BGBl. II 1962, 124.

weichungen — das Ende der Übergangszeit vertragsrechtlich gleichzeitig der Endtermin für das Inkrafttreten aller vorgesehenen Vorschriften sowie für die Durchführung aller Maßnahmen, die zur Errichtung des Gemeinsamen Marktes gehören. Entsprechend dem Art. 8 II prägt auch diese Bestimmung Begriff und Funktion der Integration.

16 f) Im Sinne des Art. 8 VII EWGV fragt sich, ob die mit dem Ende der Übergangszeit verbundene Erreichung des Endtermins für das Inkrafttreten aller vorgesehenen Vorschriften die unmittelbare Anwendbarkeit auch solcher Vertragsvorschriften gestattet oder anordnet, für die die vorgesehenen Durchführungsmaßnahmen nicht rechtzeitig getroffen waren. Das Parlament hat diese Frage global und nachdrücklich bejaht für solche Vertragsvorschriften, die ihrer Natur nach direkt anwendbar sind[10]. Die Kommission hat diese Automatik für solche Normen angenommen, deren Tragweite vorher durch Gemeinschaftsakte festgelegt war[11]. Es entspricht dem Zweck der Stufenregelung zur Abwicklung der Übergangszeit mit ihrem planenden Zeitraster und der Herstellung des Gemeinsamen Marktes, dem Art. 8 VII EWGV für alle zum Durchgriff geeigneten Regelungen möglichst intensive Wirkung beizumessen[12]. Das kann zur Folge haben, daß beim Fehlen von Durchführungsregelungen u. U. die Gerichte berufen sind, noch ausstehende Anpassungsmaßnahmen im Einzelfall ihrer Entscheidung substituierend zu ersetzen[13]. Es liegt im Interesse der Rechtssicherheit, wenn eine derart notwendige Aktivierung der dritten Gewalt dazu beiträgt, die Initiative untätig gebliebener Regelungsinstanzen zu beleben.

3. Stufenregelung und Automatik

17 a) Das Vertragsrecht hat insbesondere für die Errichtung des Gemeinsamen Marktes der EWG eine Methode der Stufenregelung verwendet. Sie sieht bestimmte Zeitmaße und einen in Verfahren und Kompetenzbestimmung fixierten Schrittzwang vor, um den Errichtungsprozeß schon mit Vertragsschluß unter ein Zeitraster zu legen. In dieser Weise ist die Disposition der Mitgliedstaaten beschränkt und letztlich ausgeschlossen worden, das Integrationsmittel der Errichtung des Gemeinsamen Marktes im Wege „nachgeholter Vertragsverhandlungen" in seiner Anwendung zu schwächen[14]. Die Vertragstechnik hat damit unter Anwendung kalendarischer Terminierung die Integrationsbereitschaft im Vorwege weitgehend automatisiert.

18 b) Das ist indes ersichtlich eine *andere Art* „Automatik" der Integration als die in Art. 2 II EGKSV aufgegebene: danach hat die Gemeinschaft in fortschreitender Entwicklung die Voraussetzungen zu schaffen, die *von sich aus* („par elles-mêmes") die rationellste Verteilung der Erzeugung auf

---

[10] Entschließung zu Sitz.-Dok. 185 v. 15. 1. 1969.

[11] Komm. Dok. (69) 564 endg. v. 19. 2. 1969 Anh. S. 4.

[12] *Ipsen* EuR 1966, 359; *Rambow* CMLR 6 (1968/69) 434; *Deringer* NJW 1969, 360; *Kapteyn* SEW 1970, 213; *Schrans* SEW 1970, 225; *Deringer-Sedemund* NJW 1971, 973 mit weiteren Nachweisen in Anm. 40; EuGH Rs 33/70 Rspr. XVI, 1213 hat die automatische Wirkung von Art. 9 EWGV seit dem Ende der Übergangszeit bejaht, das Urt. Rs 18/71 v. 26. 10. 1971 die von Art. 16 EWGV seit dem Ende ihrer ersten Stufe.

[13] *Ipsen* EuR 1966, 359.

[14] *Hallstein,* Die Dynamik der Europäischen Gemeinschaften 4.

dem höchsten Leistungsstande sichern (und dies ohne Unterbrechung der Beschäftigung und unter Vermeidung ernster Wirtschaftsstörungen der Mitgliedstaaten). Solche natürlichen und technischen Marktbedingungen, die kraft ihrer eigenen, tatsächlichen Existenz, also als Marktstruktur, höchste Produktion und rationellste Verteilung sichern, sind jene eines *tatsächlichen Marktes* im *ökonomischen* Sinne[15]. Wenn der Gemeinschaft aufgegeben ist, *solche* Marktbedingungen zu schaffen, und zwar mit den ihren Organen verfügbaren rechtlichen Mitteln auch hoheitlicher Einwirkung, so liefert Art. 2 II EGKSV — anders als in den Stufenregelungen geschehen — hierfür *keine rechtliche Ordnungs-Automatik.* Ob, wann und wie die Gemeinschaftsorgane Maßnahmen zu treffen haben, die ihrerseits jene automatisch wirksamen ökonomischen Marktbedingungen herstellen, ist jeweils *anderen* Rechtsregelungen zu entnehmen. Die „von sich aus"-Wirksamkeit des *Marktes* i. S. des Art. 2 II EGKSV meint also *den von ihm ausgehenden tatsächlichen ökonomischen* Zwang gegenüber Marktteilnehmern und Mitgliedstaaten[16].

4. Funktion

19 Die Darstellung der für die drei Gemeinschaften und für die einzelnen Wirtschaftssektoren unterschiedlich maßgeblichen Marktordnungsregeln wird erweisen, daß dem jeweils Gemeinsamen Markt in ihnen eine jeweils unterschiedliche Funktion zukommt. So ist der Gemeinsame Markt des EAGV wegen der auf ihm herrschenden tatsächlichen Marktbedingungen und seiner Marktteilnehmer zweifellos in anderem Sinne zu begreifen als der des EWGV. Das ergibt sich aus Natur und Verwendung von Kernstoffen ebenso wie aus Stellung und Format ihrer „Verbraucher". Art. 2 g EAGV sieht ihn insbesondere unter dem Gesichtspunkt der Verfügbarkeit über Kernstoffe und Ausrüstungen, des Investitionsbedarfs und der Freizügigkeit der Fachkräfte[17]. Höhere Bewertung des Marktprinzips liegt im Gemeinsamen Markt des EGKSV. Das ist der Fall, obwohl er — entsprechend dem EAGV — für eine Substitutionskonkurrenz in Betracht kommende Produkte ebenso von einer Marktregelung ausschließt, wie die Verbraucher von der Einräumung einer Teilhabeberechtigung. Die EWG hingegen setzt den Gemeinsamen Markt als erstes wichtigstes Instrument zur Erfüllung der Gemeinschaftsaufgabe ein.

---

[15] Dazu: EuGH Rs 7 u. 9/54 Rspr. II, 60, 91; Rs 27—29/58 Rspr. VI, 542; *Steindorff* BerDtGesVöR 2 (1957) 98, 99; zur Markt-Automatik: *Wilhelm,* Instrumentale Wirtschaftstheorie und rationale Wirtschaftspolitik, ZGesStWiss. 123 (1967) 550 mit Nachweisen in Anm. 1 ff.

[16] *Steindorff* 99, 112.

[17] *Steindorff* 112.

III. Ziel- und Aufgabenbestimmungen

Die Rechtsgrundlagen der Vergemeinschaftung *(28/1—11)* betreffen ihre *Zielsetzungen*, ihre *Aufgaben* und die zur Zielverwirklichung in der Aufgabenerfüllung einsetzbaren *Mittel*. Diese Vorschriften sind nach Rechtsgehalt, Zuordnung, Auslegung und Handhabung durch die Gemeinschaftsorgane näher zu bestimmen. Dabei werden im folgenden Ziel- und Aufgabenbestimmungen einheitlich und abgekürzt als *Zielbestimmungen* bezeichnet; dies deshalb, weil Ziele und Aufgaben verschiedene Aspekte desselben Gegenstandes betreffen. Die Mittel, die die Verträge zur Zielverwirklichung konkretisieren, verdeutlichen zugleich die Gemeinschaftsaufgaben, so z. B. Art. 3 a—f EWGV im Hinblick auf Art. 2 EWGV seine Zielsetzung und Aufgabenbestimmung. In diesem Sinne sind die Konkretisierungen des Art. 3 als „Inventar des Vertrages" bezeichnet worden[18], und logisch sind sie dem Art. 2 untergeordnet[19]. Indes sind Ziele und Aufgaben hier, Mittel dort schwerlich absolut zu unterscheiden, insbesondere nicht nach Werthaftigkeit und Wertneutralität[20].

1. Zielsetzungen

20 Die Zielbestimmungen der Gemeinschaftsverfassungen — als solche und mit ihren korrespondierenden Umschreibungen von Gemeinschaftsaufgaben und Aktionsbereichen der Gemeinschaftsorgane und der Mitgliedstaaten — dienen der normativen Erfassung gesamtwirtschaftlicher Überlegungen, die die Wirtschaftsintegration verfolgt. Solche Erfassung muß rechnen mit der Komplexität der wirtschaftspolitischen Zielsetzungen, der evidenten Unmöglichkeit, sie gleichzeitig und perfekt zu verfolgen oder gar zu erreichen, und der Schwierigkeit, den Gehalt ökonomischer Postulate überhaupt rechtsnormativ zu determinieren.

a) Gesamtwirtschaftliche Zielsetzung, die — etwa — auf „Maximierung des gesellschaftlichen Wohlstandes" gerichtet ist, muß sich bei der Artikulierung von Einzelzielen auf ihre Bündelung einlassen. Sie muß „höchste Indeterminiertheit" gerade dort in Kauf nehmen, wo diffuse Bündelung ähnlicher Worte deutliche Gewichtung verlangte[21]. Gesamtwirtschaftliche Zielsetzung muß zwangsläufig darauf verzichten, einem Ziel die Priorität vor

[18] *Maas*, Diskussionsbeitrag Kölner Tagung „Angleichung des Rechts der Wirtschaft in Europa" (1969), KSE 11 (1971) 465.

[19] *Gericke*, Allgemeine Rechtsetzungsbefugnisse nach Art. 235 EWGV (1970) 25.

[20] Dazu: *K. Schiller*, Wirtschaftspolitik, HDSW 12 (1965) 212. Das Thema ist Gegenstand wirtschaftswissenschaftlicher Auseinandersetzung; vgl. auch *Streissler*, Zur Anwendbarkeit von Gemeinwohlvorstellungen in richterlichen Entscheidungen, in: Zur Einheit der Rechts- und Sozialwissenschaften. Freiburger Ringvorlesung (1967) 1; *Scherer*, Die Wirtschaftsverfassung der EWG, 101 mit Nachweisen in Anm. 142 ff.

[21] *Streissler* 17.

dem anderen einzuräumen. Denn solche Vorordnung bleibt jeweils Sache der konkreten wirtschaftspolitischen Entscheidung, und perfekte, gleichzeitige Verwirklichung aller Teilziele als Inhalt einer Gebotsnorm ist ausgeschlossen. Das gilt nach einhelliger Meinung schon für die Teilziele des sog. magischen Dreiecks, die Vollbeschäftigung, die Preisstabilität, den Zahlungsbilanzausgleich: allenfalls zwei dieser Ziele sind — jeweils auf Kosten des dritten — gleichzeitig realisierbar. Wenn — wie auf Grund des Art. 109 II GG nach § 1 StabGes. — wirtschaftliches Wachstum und gerechte Einkommensverteilung als weiteres Teilziel der gesamtwirtschaftlichen Zielsetzung gelten, kompliziert sich zusätzlich die Chance ihrer Realisierbarkeit und erhöht sich die Notwendigkeit konkreter wirtschaftspolitischer Entscheidung über die Zuerkennung von Prioritäten innerhalb dieser Quadratur der Ziele.

a) Das „diffuse Bündel" spezifiziert umschriebener Zielsetzungen, die die Texte der Gemeinschaftsverfassungen enthalten, läßt sich zwar — wenn auch mit dem Nachteil zunehmender Indeterminiertheit — jeweils auf die genannten drei oder vier Teilziele gesamtwirtschaftlicher Orientierung reduzieren. Das gilt etwa für: rationalen Einsatz der Produktionsfaktoren, Sicherstellung der Versorgung, Verbesserung der Lebens- und Arbeitsbedingungen, Liberalisierung des Güter-, Zahlungs-, Kapital- und Dienstleistungsverkehrs, Bildung niedrigster Preise usw. Die Schwierigkeit gleichzeitiger Realisierbarkeit, die Notwendigkeit von Prioritäten bestehen für sie aber gleichermaßen.

c) Daraus folgt, daß die Juridifizierung solcher Zielsetzungen in Rechtsnormen der Gemeinschaftsverfassungen sich zweifach kompliziert: für die tatbestandliche Umschreibung der Zielsetzungen *und* für ihre systematische Zuordnung zueinander. Denn mit den Mitteln rechtlicher Systematisierung kann nicht abstrakt, generell und pro futuro entschieden werden, was dem Gegenstande nach Aufgabe konkreter wirtschaftspolitischer Entscheidung sein und bleiben muß. So erklärt sich, daß Theorie und Rechtsprechung bemüht sind, gleichzeitig den normativen Gehalt der Zielbestimmungen nach Kräften zu verdichten und zu präzisieren, andererseits der offenbleibenden wirtschaftspolitischen Prioritätsbestimmung nicht zu praejudizieren.

2. *Systematisierung*

21 Der Versuch, eine Systematisierung und Rangordnung zwischen Grundsätzen über den Markt, Zielsetzungen und Mittelzuweisungen herzustellen, wie er für den EGKSV unternommen worden ist (Art. 4 — Art. 2 I und 3 — Art. 5)[22], hat sich in dieser Weise und aus diesen Gründen in der Rechtspraxis nicht durchgesetzt. Zuerst für den EGKSV entwickelt und danach

---

[22] *Steindorff* BerDtGesVöR 2 (1957) 94—115.

auch für den EWGV praktiziert, hat die Rechtsprechung des Gerichtshofs anhand konkreter Tatbestände folgende Gesichtspunkte hervorgehoben:

a) Die Zielbestimmungen haben für die Gemeinschaftsorgane trotz ihrer tatbestandlichen Unbestimmtheit unmittelbar bindende Wirkung. Sie sind aktuelles Recht[23]. Diese Wirkung äußern sie nicht nur mittelbar, also nicht nur und erst durch Vermittlung (und deshalb in den Grenzen) vertraglicher Einzelbestimmungen oder solchen des Sekundärrechts gleicher Zielsetzung.

Trifft etwa die Kommission die zur Durchführung von Art. 60 EGKSV erforderlichen Maßnahmen (Regelungen, Preistafeln), so ist sie nicht nur berechtigt, sondern auch verpflichtet, dabei alle in den Art. 2—4 EGKSV genannten Ziele zu beachten, also auch die Festsetzung möglichst niedriger Preise und die Bekämpfung verbotener Absprachen[24]. Sie braucht sich daher nicht ausschließlich der in den Art. 61 und 65 EGKSV vorgesehenen Maßnahmen zu bedienen.

In diesem Sinne sind die Zielbestimmungen (der Art. 2—5 EGKSV) von den Gemeinschaftsorganen bei sämtlichen Eingriffen in den Wirtschaftsablauf zu berücksichtigen[25]. Diese Bestimmungen sind zwingender Natur. Sie genügen sich selbst und sind also unmittelbar anzuwenden. Auch dann, wenn diese allgemeinen Zielbestimmungen in anderen Bestimmungen Eingang gefunden haben oder dort näher geregelt sind, reduziert sich (im Sinne eines Vorrangs der Spezialnorm) ihre Wirkung nicht auf den in der Einzelregelung verlautbarten Gehalt. Vielmehr sind alle Vorschriften (die allgemeine Zielbestimmung *und* die Einzelregelung), die sich auf ein und denselben Gegenstand beziehen, in ihrer Gesamtheit zu würdigen und gleichzeitig anzuwenden.

Das bedeutet: die allgemeinen Zielbestimmungen haben in ihrer zwingenden und unmittelbaren Anwendbarkeit gegenüber einschlägigen Einzelregelungen des Primär- und des Sekundärrechts dominierenden Charakter. Ihre Relevanz wird durch Spezialnormen weder ausgeschlossen noch geschwächt. Sie sind in Aktualität und Intensität automatisch in den Einzelregelungen „mit-geschrieben“ und infolgedessen in deren Auslegung und Anwendung zu berücksichtigen. Einzelregelungen werden also auch bei insoweit unzulänglicher Ausgestaltung durch die Zielbestimmungen ständig und automatisch ziel-konform aufgewertet und nachgebessert.

b) Diese Deutung ihres Gehalts und ihrer Zuordnung zu Einzelregelungen liefert indes keine Lösung der Schwierigkeit, die Zielbestimmungen ihrerseits in ihrem komplexen Gehalt und in ihrer zwangsläufigen Unergiebigkeit als Prioritäts-Entscheidungen mit Eindeutigkeit zu erfassen. Da die

---

[23] *Zimmermann*, Die Preisdiskriminierung im Recht der EGKS (1962) 19; EuGH Rs 7 u. 9/64 Rspr. II, 60, 90; and. Ans. *Steindorff* 109 hinsichtlich der Zielbestimmungen, denen über Art. 86 I EGKSV nur mittelbare Wirkung zukomme.

[24] EuGH Rs 1/54 Rspr. I, 23; zur Respektierung der Gemeinschaftsziele bei der Anwendung von Art. 80 II EWGV durch die Kommission: Rs 1/69 Rspr. XV, 284.

[25] EuGH Rs 8/57 Rspr. IV, 253.

Zielbestimmungen jeweils mehrere Ziele setzen, ist ausgeschlossen, daß Rechtshandlungen der Gemeinschaftsorgane *alle* Ziele *gleichzeitig in gleicher Weise* zur Geltung bringen. Ihre Komplexität muß den zuständigen Organen Prioritätskompetenzen belassen[26], deren Ausübung indes nicht zur Verabsolutierung einzelner Ziele führen darf[27].

Bei der Verfolgung der Zielsetzungen haben die Gemeinschaftsorgane dafür zu sorgen, daß diese tunlichst ständig miteinander in Einklang gebracht werden. Falls Widersprüche zwischen ihnen und ihrer Realisierbarkeit auftreten, haben sie dem einen oder anderen Ziel denjenigen Vorrang einzuräumen, den sie auf Grund der wirtschaftlichen Gegebenheiten, die ihrer Handlung zugrunde liegen, für angebracht halten. Es ist also Aufgabe (und es gehört zur Kompetenz) der handlungsbefugten Organe, durch Abwägung der verschiedenen Zielinteressen unter Berücksichtigung der konkreten wirtschaftlichen Gegebenheiten nach ihrem pflichtgemäßen Ermessen eine bewertende Wahl und Prioritätsbestimmung zu treffen[28]. Die darin liegende Ermessensentscheidung genügt rechtlichen Anforderungen, wenn die fraglichen Ziele unter Berücksichtigung der Besonderheiten und der Möglichkeiten des konkreten Tatbestandes in vertretbarer, d. h. nicht willkürlicher, nicht unsachlicher Weise beachtet und sie zur Verwirklichung des Gemeinschaftsinteresses verfolgt werden. Daraus folgt, daß im Interesse *einer* Zielverfolgung eine *andere* vorübergehend außer acht bleiben darf. Das bedeutet: die Komplexität der Zielbestimmungen kann und muß den zuständigen Gemeinschaftsorganen die Befugnis belassen, in ihren Grenzen eine zielkonforme Wirtschaftspolitik zu treiben.

3. Rechtsgehalt

22 In der durch die Zielbestimmungen belassenen und eröffneten Befugnis, mit Ziel-Abwägung und Prioritätseinräumung unter Ermessenshandhabung wirtschaftspolitische Entscheidungen zu treffen, liegt eine gewisse Kompetenzeinräumung zugunsten der jeweils zuständigen Gemeinschaftsorgane. Darin allerdings erschöpft sich ihr Gehalt als Ermächtigungs- und Kompetenznorm. Das ergibt sich aus dem Maßgabe-Vorbehalt der Zielbestimmungen, wie er in Art. 3 EWGV, 2 EAGV („nach Maßgabe dieses Vertrages") und sachlich entsprechend in Art. 3 EGKSV („im Rahmen der jedem [Organ] ... zugewiesenen Befugnisse") formuliert ist. Die Zielbestimmungen sind also als solche *keine selbständigen* Ermächtigungs- und Hand-

---

[26] *Ballerstedt,* Wirtschaftsverfassungsrecht, in: Bettermann-Nipperdey-Scheuner, Die Grundrechte III 1 (1958) 22.

[27] EuGH Rs 6/54 Rspr. I, 238.

[28] EuGH 9/56, 10/56 Rspr. IV, 43, 81; Rs 8/57 Rspr. IV, 254; Rs 13/57 Rspr. IV, 301; Rs 9/57 Rspr. IV, 405; Rs 27—29/58 Rspr. VI, 542; Rs 3—18, 25, 26/58 Rspr. VI, 414; Rs 19/58 Rspr. VI, 505; Rs 28/66 Rspr. XIV, 20.

lungsgrundlagen der Organe[29]. *Diese* ergeben sich aus (anderen) primären und sekundären Einzelregelungen. Zwar begründen diese Bestimmungen mit der Beschreibung ihrer Aktionsbereiche Organpflichten zur Aktivität an sich und zur Beobachtung ihrer Aktionsziele. Insoweit liefern sie Inhalts- und Zweckbestimmungen für Organhandlungen. Rechtliche *Handlungsermächtigungen* über *Form und Ausmaß zulässiger Rechtshandlungen* liefert aber erst das (übrige) primäre und sekundäre Einzelrecht.

4. Rangstellung

23 Innerhalb der Gemeinschaftsverfassungen kommt den Zielbestimmungen ein Rang — und kraft dieses Ranges eine Rechtsnatur — zu, der ihnen (in der Sprache der deutschen Verfassungslehre) einen Platz in der Gemeinschaftsverfassung *im positiven Sinne*[30] zuweist. In einer derart dem Mechanismus des Art. 79 III GG vergleichbaren Weise zählen die Zielbestimmungen zum *revisionsfesten Minimum* der Verträge. Am deutlichsten bringt das Art. 95 III EGKSV zum Ausdruck. Die dort ermöglichte kleine Revision darf nämlich „weder die Bestimmungen der Art. 2, 3 und 4 (noch das Verhältnis zwischen den der Kommission und den den anderen Organen der Gemeinschaft zugewiesenen Befugnissen) beeinträchtigen"[31]. Die Römischen Verträge, die die sog. kleine Revision nicht kennen, entbehren infolgedessen dieser Verdeutlichung. Andererseits machen Art. 235 EWGV, 203 EAGV über das Verfahren sog. Lückenschließung erkennbar, daß auch sie die Verwirklichung der Gemeinschaftsziele für substantiell wesentlich erachten[32]. Das Vertragssystem der Handlungsermächtigungen als solches darf deshalb im vorgesehenen Lückenschließungsverfahren nur zielkonform angereichert werden. Die Zielbestimmungen selbst sind nicht antastbar. Der Vorrangcharakter der Zielbestimmungen tritt auch sonst in den Gemeinschaftsverfassungen hervor, wenn besondere Handlungsermächtigungen, Kompetenzzuweisungen oder die Ausrichtung künftiger Gemeinschaftspolitik ausdrücklich an die Ziele des Vertrages gebunden werden (so z. B. Art. 44, 74 EWGV). Daß es nicht Sache des Gerichtshofs als Organ der Rechtsprechung ist, sich über die *Zweckmäßigkeit* der von den Verträgen aufgestellten Grundsätze zu äußern, ergibt sich aus seiner Aufgabe der Rechtswahrung[33].

[29] *Zimmermann* 20; *Steindorff* 109; *Wohlfahrth* u. a. Komm. 1 zu Art. 3; *Nicolaysen,* Zur Theorie von den implied powers in den Europäischen Gemeinschaften, EuR 1966, 133; *Reuter* CECA 178.

[30] Dies i. S. der Begriffsbestimmung von *C. Schmitt,* Verfassungslehre (1928) 20, relativiert bezogen auf die Gemeinschaftsverfassung als Gesamt-Entscheidung über Art und Form der Vergemeinschaftung.

[31] Dazu die Stellungnahme des EuGH Rs 1/59 Rspr. V, 581.

[32] Dazu *Gericke,* Rechtsetzungsbefugnisse nach Art. 235 EWGV (1970) 83.

[33] EuGH Rs 1/54 Rspr. I, 31.

5. Funktion als Auslegungsdirektive

24 Rang und Funktion der Zielbestimmungen im Recht der Gemeinschaftsverfassungen erweisen sich — insoweit den Zielbestimmungen des nationalen Verfassungsrechts vergleichbar — auch darin, daß sie *Auslegungsdirektiven* für primäres und sekundäres Gemeinschaftsrecht liefern, und dies auch dann, wenn auf sie nicht ausdrücklich Bezug genommen worden ist. Sie sind als solche also auch stillschweigend präsent und wirksam. Ihre Wirksamkeit ermöglicht und gebietet eine ständige Gesamtverwirklichung der Integrationsziele. So ist z. B. die Möglichkeit der Preisbestimmung oder Absatzkontrolle für einen wesentlichen Teil der Erzeugnisse, die Art. 65 § 1 EGKSV verbietet, dann angenommen worden, wenn sie das vertraglich gewollte Mindestmaß an Wettbewerb und die *Erfüllung der Aufgaben, die der Gemeinschaft durch die Art. 2—5 zugewiesen sind,* in Gefahr bringen kann[34]. Und für die Zuordnung der Art. 46 und 65 EGKSV zueinander ist kraft Auslegung nach den Zielbestimmungen angenommen worden, daß sie einander weder ausschließen noch aufheben, sondern sich gegenseitig ergänzen[35].

6. Folgen der Nichtbeachtung

25 *Nichtbeachtung von Zielbestimmungen* durch die Gemeinschaftsorgane verletzt das Gebot rechtmäßigen Handelns und stellt eine *Vertragsverletzung* dar. Der Widerspruch einer angefochtenen Maßnahme zu Zielbestimmungen oder ihre Unvereinbarkeit mit ihnen ist indes nicht gleichbedeutend mit Ermessensmißbrauch. Auch soweit dieser geltend gemacht wird, bleibt es deshalb erforderlich, die Zweckbestimmung der Maßnahme zu prüfen[36]. Verletzung eines Vertragszieles ist also nicht per se gleichbedeutend mit Ermessensmißbrauch. Wenn einzelne oder alle Vertragsziele indes überhaupt nicht in die Entscheidungserwägungen des Gemeinschaftsorgans einbezogen worden sind, ihre Existenz also ignoriert wurde, ist der Vorwurf des Ermessensmißbrauchs gerechtfertigt[37].

7. Ziel-Gewichtung

26 Ob Rechtshandlungen der Gemeinschaftsorgane die Zielbestimmungen hinreichend gewürdigt und beachtet haben, ist für die Frage der Rechtmäßigkeit ihrer Handlungen und die Prüfungsbefugnis des Gerichtshofs insbesondere dann von Belang, wenn sie dem einen oder dem anderen Ziel Priorität zuerkannten. Die dem Gemeinschaftsorgan zustehende *Gewichtung* der verschiedenen Ziele und die in seiner Handlung wirksam werdende

[34] EuGH Rs 13/60 Rspr. VIII, 231.
[35] EuGH Rs 2/56 Rspr. III, 44.
[36] EuGH Rs 8/57 Rspr. IV, 252.
[37] *Steindorff* 109.

Vor- oder Nachordnung des einen oder des anderen ist nicht selten das Resultat eines zweistufigen Erkenntnis- und Entscheidungsvorgangs, der seinerseits also erst die Voraussetzung bildet für die auf ihn gestützte Rechtshandlung.

a) Die *erste Stufe* dieses Vorgangs[38] bildet die *Feststellung* der wirtschaftlichen Tatsachen und Umstände, die nach Auffassung des Gemeinschaftsorgans für die zweite Stufe des Vorgangs und die Rechtshandlung selbst relevant sind. Dieser Vorgang erster Stufe besteht in Untersuchungen und Ermittlungen wirtschaftlicher Tatsachen und Umstände, also z. B. im Falle einer beabsichtigten Höchstpreisfestsetzung nach Art. 61 EGKSV in der Feststellung, ob die fraglichen Unternehmen Bereitschaft zu Preissenkungen oder die Absicht zur Behauptung des Preisniveaus zeigen.

b) Die *zweite Stufe* des Vorgangs, die sich an solche Untersuchungen wirtschaftlicher Tatsachen und Umstände und ihre Feststellung anschließt, ist eine als Werturteil stattfindende *Würdigung der Gesamtlage*, d. h. eine Beurteilung der wirtschaftlichen Gesamtlage, wie sie sich dem Gemeinschaftsorgan auf der Grundlage der Feststellung erster Stufe unter Beachtung der Zielbestimmungen und ihrer konkreten Rangzuweisung ergibt.

c) Die Feststellung erster Stufe hat trotz ihrer voluntativen Elemente, die bereits im Ansatz der Fragestellung und der Annahme ihrer Relevanz wirksam werden können, einen höheren Gehalt und Grad objektiver Meßbarkeit und Nachprüfbarkeit als die die Gesamtwürdigung der „Lage", die sich der Feststellung anschließt und (u. a.) auf *ihr beruht.* Denn die Feststellung ist primär und wesentlich Tatsachen- und Verhaltensermittlung, als solche justiziabel. Die Gesamtwürdigung dagegen ist abwägende, wertende Beurteilung wirtschaftspolitischen Ermessensgehalts. Im Rechtsstreit wird sich daher eine Rüge fehlerhaften Verhaltens konkreter und substantiierter auf Fehlverhalten beim Vorgang der Feststellung erster Stufe richten können als auf den Vorgang der Gesamtwürdigung zweiter Stufe, der sich als Ermessensanwendung dem Vorwurf fehlsamer Gestaltung eher entzieht. Die berühmt gewordene Formulierung des Art. 33 I 2 EGKSV, die die Römischen Verträge nicht wieder aufgenommen haben, hat daher die Nachprüfung des Gerichtshofs ausgeschlossen für die „Würdigung der aus den wirtschaftlichen Tatsachen oder Umständen sich ergebenden Gesamtlage" — es sei denn, daß dabei das Ermessen mißbraucht oder Gemeinschaftsrecht offensichtlich verkannt worden ist. Daraus folgt, daß wohl der Vorgang zweiter Stufe, die Gesamtwürdigung, in der Regel gerichtlicher Überprüfung entzogen ist, nicht indes der Vorgang der Feststellung erster Stufe. Beide Vorgänge können wegen des voluntativ bestimmten Feststellungsansatzes erster Stufe und des Ermessenscharakters der Gesamtwürdigung zweiter Stufe oft nicht eindeutig voneinander geschieden werden. Das macht

---

[38] Hierzu: Generalanwalt *Roemer* Rs 6/54 Rspr. I, 250.

die Eingrenzung der gerichtlichen Prüfungsbefugnis in praxi nicht selten schwierig.

d) Der Vollzug von Feststellung und sich daraus ergebender Gesamtwürdigung ist seinerseits Voraussetzung für die Rechtshandlung, die das feststellende und würdigende Gemeinschaftsorgan auf ihre Ergebnisse stützt. Die Ableitung der Rechtshandlung aus diesen Ergebnissen ist an sich Tatbestandssubsumtion unter eine Rechtsnorm und als solche in ihrer Folgerichtigkeit justiziabel. Bei der Komplexität der Zielbestimmungen und dem Ermessensgehalt der Gesamtwürdigung kann indes schon die Annahme ihrer Unüberprüfbarkeit der Folgerichtigkeit der Subsumtion präjudizieren.

IV. Zielbestimmungen und Wirtschaftsverfassung der Gemeinschaften

1. Die Frage der Wirtschaftsverfassung

27 Rang und Charakter der Zielbestimmungen sind hervorragende Elemente der Gemeinschaftsverfassungen. Als solche legen sie die dem nationalen Verfassungsrecht geläufige Frage nach Existenz und Inhalt einer *Wirtschaftsverfassung der Gemeinschaften* nahe, die primär in diesen Zielbestimmungen Ausdruck fände. Die Bedeutung dieses viel erörterten Themas[39] sollte ebensowenig überschätzt werden wie die Vergleichsfrage zum deutschen Verfassungsrecht. Es ist indes nicht zu übergehen.

a) Die Frage würde sich im Sinne ihrer Erörterung für das nationale Verfassungsrecht erübrigen, wenn die Vergemeinschaftung als solche der Nationalwirtschaften ohnehin nur als ein Anliegen der „Verrechtlichung" der Wirtschaftspolitik verstanden wird. Denn soweit die Gemeinschaftsverträge Verfassungscharakter besitzen, könnten die in ihnen enthaltenen Zielbestimmungen in ihrem Gesamtzusammenhang unschwer als *die* Wirtschaftsverfassung der Gemeinschaften begriffen werden. Darin läge indes eine nur formale Betrachtung ohne materiellen Ertrag.

b) Soweit die Wirtschaftswissenschaften die Vorstellung einer Wirtschaftsverfassung verwenden und damit Unterschiedliches verbinden (ein theoretisches Modell, seine Rechtsverformung oder — rein faktisch — auch nur die reale Lage der Wirtschaft nach dem Modellmaßstab), können sie dem Verständnis einer Wirtschaftsverfassung der Gemeinschaften nur Anregung oder Material liefern. Wenn das nationale Verfassungsverständnis unter einer

---

[39] Zusammenfassend hierzu: *Scherer*, Die Wirtschaftsverfassung der EWG, mit allen weiteren Nachweisen; vgl. auch: *Badura*, Bewahrung und Veränderung demokratischer und rechtsstaatlicher Verfassungsstruktur in den internationalen Gemeinschaften, VVDStRL 23 (1966) 77; *ders.*, Die Rechtsprechung des Bundesverfassungsgerichts zu den verfassungsrechtlichen Grenzen wirtschaftspolitischer Gesetzgebung im sozialen Rechtsstaat, AöR 92 (1967) 382; *ders.*, Wirtschaftsverfassung und Wirtschaftsverwaltung (1971) 81; *Ophüls* ZHR 124 (1962) 136; *Reiner Schmidt*, Wirtschaftspolitik und Verfassung. Grundprobleme (1971).

Wirtschaftsverfassung formal solche Verfassungsnormbestände begreift, die die Wirtschaft „ordnen", würde entsprechend auch den Gemeinschaftsverträgen ein Komplex von Regelungen entnommen werden können, denen die Funktion einer Ordnung der Wirtschaft zukommt. Den Begriff „Wirtschaftsverfassung" materiell auszuweiten — wie im deutschen Sprachgebrauch geschehen — auf den Gesamtbestand *aller* die Wirtschaftsordnung umfassenden Rechtsnormen einschließlich derjenigen *ohne* Verfassungsrang, mag wirtschaftswissenschaftlichen Ansprüchen genügen. Das würde den Begriff in seinem Zusammenhang mit dem Rang der staatlichen Verfassung indes entleeren[40]. Es verdient daher den Vorzug, auch für die Gemeinschaften die Frage ihrer Wirtschaftsverfassung einzugrenzen nach dem Gehalt ihrer Verfassungen für die Ordnung der Wirtschaft.

Der „spezifische Platz der «Wirtschaftsverfassung» ist dort, wo die wirtschaftsordnenden Rechtsnormen den Rang des Verfassungsrechts einnehmen". Denn: „Sobald der Begriff «Wirtschaftsverfassung» auf den Ansatz im Verfassungsrecht verzichtet, wird er gefährdet und gefährlich."[41]

In diesem Sinne kommt Normierungen des Sekundärrechts also nicht der Rang von Elementen der Wirtschaftsverfassung der Gemeinschaften zu. Das ist um so eher gerechtfertigt, als das Anliegen der Wirtschaftsintegration primär ein solches der Wirtschaftsordnung ist oder diese jedenfalls als vornehmstes Integrationsmittel verwendet. Alles Sekundärrecht aber ist — noch intensiver als einfaches Gesetzesrecht im Verhältnis zur Staatsverfassung — an das Maß des primären Vertragsrechts gebunden.

2. *Die deutsche Wirtschaftsverfassung*

28 Entgegen der isoliert vertretenen These, in der Staatsverfassung des Grundgesetzes sei eine Wirtschaftsverfassung bestimmter wirtschaftspolitischer Konzeption, nämlich die der sozialen Marktwirtschaft, angelegt[42], und anderen Positionen, dem Grundgesetz liege das Gebot wirtschaftspolitischer Neutralität zugrunde[43], stellt das Grundgesetz dem Staat heute einen wirtschaftspolitischen Auftrag innerhalb eines Ordnungsrahmens. Dieser Rahmen begrenzt die dem Staat zukommende Aufgabe der Wirtschaftsordnung, die Art. 109 II GG — wenn auch nach seiner Plazierung in anderer Funktion — umschreibt: Sicherung des gesamtwirtschaftlichen Gleichgewichts durch konjunkturgerechte Haushaltswirtschaft und mehrjährige Finanzplanung. Darin liegt der Sache nach nicht nur bundesstaatliches Regu-

[40] Zu diesen Bedeutungsunterschieden einer „Wirtschaftsverfassung" vgl. *Badura*, Wirtschaftsverfassung und Wirtschaftsverwaltung (1971) 18; *Scherer* 42. — Wegen der Entleerung des Begriffs durch Einbeziehung aller wirtschaftsordnenden Rechtsnormen deshalb unergiebig: BGHZ 36, 91 und 102; *Günther*, in: Zehn Jahre Bundeskartellamt (1968) 11, 24; *Götz*, Recht der Wirtschaftssubventionen (1966) 258 (sämtlich zum GWB als Gesetz mit „Wirtschaftsverfassungscharakter").

[41] *Zacher*, Aufgaben einer Theorie der Wirtschaftsverfassung, Fs Böhm 77, 78 mit Belegen in Anm. 46, 48, 75.

[42] *Nipperdey*, Soziale Marktwirtschaft und Grundgesetz, 3. Aufl. (1965).

[43] Zuerst BVerfGE 4, 17; dazu *Badura* AöR 92 (1967) 382.

lativ oder Organisationsregelung, sondern *materielle Aufgabenstellung*[44]. Was § 1 StabGes. insoweit spezifiziert, ist in der Aufgabenstellung des Art. 109 II GG im Kern enthalten. Daß die Aufgabenstellung gerade (und nur) an die Budgetgestaltung anknüpft, nimmt ihr nicht ihre Bedeutung für die Wirtschaftsverfassung als solche. Denn die Haushaltswirtschaft ist wesentliches Instrument der Wirtschaftspolitik.

Den Rahmen bilden die Grundrechtsordnung mit ihren Art. 2, 3, 9, 12, 14 und 15 und das System zur Begrenzung öffentlicher Gewalthandhabung, das aus dem Rechtsstaatsprinzip abgeleitet ist. Wenn das Bundesverfassungsgericht (BVerfGE 4, 17) dem Gesetzgeber die Verfolgung der ihm jeweils sachgemäß erscheinenden Wirtschaftspolitik gestattete, sofern er dabei das Grundgesetz beachtet, so ist der Gesetzgeber seit der Neufassung des Art. 109 II GG in seiner Wirtschaftspolitik auch *inhaltlich dirigiert.* Das Grundgesetz hat in seinem Wirtschaftsverfassungsgehalt bislang nicht eine nur mit marktkonformen Mitteln zu steuernde soziale Marktwirtschaft garantiert. Andererseits hat der neue Art. 109 II nicht die Globalsteuerung als Verfassungsmittel ausdrücklich eingeführt, sie aber als zulässig vorausgesetzt. Denn ihrer bedarf es zur Aufgabenerfüllung nach Art. 109 II.

3. Die wirtschaftspolitische Materialisierung des Grundgesetzes

29 Die nuancierte Antwort auf die Frage nach der dem Grundgesetz immanenten Wirtschaftsverfassung nähert sich damit dem für die Gemeinschaftsverfassungen entsprechend erörterten Thema an[45]. Denn die wirtschaftspolitische „Materialisierung" des Grundgesetzes, die der Neufassung des Art. 109 II GG zugrunde liegt, ist ersichtlich *auch* eine Auswirkung der Wirtschaftsintegration und der Teilhabe der Bundesrepublik an ihr: was Art. 109 II GG zum Ausdruck bringt, ist *auch* das Resultat einer *wirtschaftspolitischen Substantialisierung, die die Programmierung der EWG ausgelöst hat.* So kann Art. 109 II geradezu als eine *integrationskonforme Aufwertung der grundgesetzlichen Wirtschaftsverfassung* gedeutet werden. Sie erleichtert, das Konzept einer Wirtschaftsverfassung der Gemeinschaften mit verfassungsrechtlichem Verständnis zu umreißen. Die Nuancierung hat ihre sichtbare Substanz: das Postulat der Eindämmung und Kontrolle wirtschaftlicher Macht war die ratio des Gesetzes gegen Wettbewerbsbeschränkungen und Ausdruck eines Wirtschaftsverfassungselements des Grundgesetzes *vor* Änderung des Art. 109 II GG; *jetzt* ist es ergänzt durch eine *staatliche Instrumentalisierung wirtschaftlicher Macht.* Die in Art. 109 II geforderte Sicherung des gesamtwirtschaftlichen Gleichgewichts bedarf des Einsatzes der Globalsteuerung der Wirtschaft als Planungsmittel. Die konzertierte Aktion des § 3 I StabGes. stellt einen Versuch ihrer Instrumentalisierung dar.

4. Elemente der Wirtschaftsverfassung der Gemeinschaften

30 Der Vergemeinschaftung an sich und den Zielbestimmungen der Ver-

[44] *Badura,* Wirtschaftsverfassung 81, spricht vom „Auftrag zur wohlfahrtstaatlichen Sozialgestaltung"; *Ipsen,* Rechtsfragen der Wirtschaftsplanung, Planung II (1966) 87: „Verfassungsauftrag staatlicher Wachstumsvorsorge"; *Forsthoff,* Über Mittel und Methoden moderner Planung, Planung III (1968) 31: Entscheidung für positive Wirtschaftsverfassung.

[45] Dazu: *Ritter,* Der Wandel der Wirtschaftspolitik und die wirtschaftsverfassungsrechtliche Bedeutung des Gesetzes gegen Wettbewerbsbeschränkungen, BB 1968, 1393.

träge kann entnommen werden, daß einer Wirtschaftsverfassung der Gemeinschaften[46] folgende Elemente zuzurechnen sind:

a) *Wettbewerbsordnung in Zollunion:* Tunliche Selbststeuerung der wirtschaftlichen Vorgänge durch das Mittel des Wettbewerbs in offenen Märkten zur Erreichung optimaler ökonomischer Effizienz und zur Sicherung der Freiheit einer privaten, vom Staat getrennten Wirtschaft und ihrer Marktteilnehmer als staatsfreier Glieder der Gesellschaft[47]. Dieses Element der gemeinschaftsrechtlichen Wirtschaftsverfassung gleicht nicht jener ordnungspolitischen Funktion und Tragweite, die dem deutschen Gesetz gegen Wettbewerbsbeschränkungen bis zum Erlaß des neuen Art. 109 II GG zugekommen ist. Aber das Gemeinschaftsrecht hat sich für den Wettbewerb als Ordnungsprinzip des Gemeinsamen Marktes entschieden und den Wettbewerb rechtlich geordnet, um ihn in seinem erweiterten Wirkungsbereich der Zoll- und Wirtschaftsunion vor Verfälschungen zu bewahren. So findet der gesteigerte Wettbewerb auf erweiterten offenen Märkten in seiner Lenkungsfunktion sein Korrelat in einer rechtlichen Ordnung, die seine Beschränkungen und Verfälschungen verhindert. „In diesem Sinne bilden die Wettbewerbsregeln eine Ergänzung des in der Zollunion verwirklichten Prinzips offener Märkte."[48]

b) *Die vier Freiheiten:* Die Öffnung der nationalen Märkte zum Gemeinsamen Markt eines freien Warenverkehrs auf der Grundlage der Zollunion findet ihre ergänzende Absicherung in einer grundrechtsartigen Gewährleistung der vier Freiheiten: der Freizügigkeit der Arbeitskräfte, der Niederlassungsfreiheit, der Freiheit des Dienstleistungs- und der des Kapitalverkehrs. Sie schließen durch Ge- und Verbote an die Mitgliedstaaten hoheitliche Behinderungen nationalen Rechts in diesen Wirkungsbereichen im Interesse der Marktbürger aus. Die vier Freiheiten vermitteln die rechtlichen Voraussetzungen für die Ausübung wirtschaftlicher Tätigkeiten im Gemeinsamen Markt unter angeglichenen Wettbewerbsbedingungen. Sie dienen zugleich seiner Funktionssicherung.

c) *Der Gleichheitssatz des Gemeinsamen Marktes:* Rechtlich geordneter Wettbewerb und Freiheitsgewährleistung in den wesentlichen Handlungsbereichen wirtschaftlicher Betätigung finden ihre Rechtsbasis in der Herstellung der Gleichheit *vor der* Gemeinschaft und *in der* Gemeinschaft. Ihrer bedarf es, soweit die verbleibende nationale Staatsangehörigkeit des Marktbürgers sonst der Gleichheit zuwider differenziert. Art. 7 EWGV verlautbart den großen Gleichheitssatz des Gemeinsamen Marktes. Jede Diskriminierung aus Gründen der Staatsangehörigkeit ist im Anwendungsbereich des Vertrages grundsätzlich verboten. Für Gemeinschaftsorgane und Gemeinschaftsrecht ist ebenso wie für Organe und Recht der Mitgliedstaaten die mitglied-

---

[46] Vgl. *Ophüls* Planung I (1965) 235.
[47] *Ritter* BB 1968, 1395.
[48] *Mestmäcker* Fs Böhm 369.

staatliche Staatsangehörigkeit grundsätzlich unbeachtlich. In der Sprache des Art. 3 III GG formuliert: „Kein Marktbürger darf wegen seiner Staatsangehörigkeit benachteiligt oder bevorzugt werden." Alle Marktbürger sind — *als Marktbürger, d. h. im Anwendungsbereich des Vertrages* — vor dem Gemeinschafts- und dem nationalen Recht und seinen Anwendungsorganen grundsätzlich gleich. Ausnahmen kennt dieser Gleichheitssatz nur durch Bestimmungen des Vertragsrechts und in seinem Rahmen selbst. Das ist die neue Dimension des allgemeinen Gleichheitssatzes, die Gleichheit der Integration.

d) *Planung:* Zur Wirtschaftsverfassung der Gemeinschaften gehört, daß ihr Recht angelegt ist auf eine Globalsteuerung der Wirtschaft, die als Planung der Wirtschaft im Gemeinsamen Markt bezeichnet werden kann[49]. Sie dient der Sicherung des gesamtwirtschaftlichen Gleichgewichts in seinem Bereich. Zur Planung gehören Zielbestimmung, Mittelbereitstellung, Zeit- und Stufen-Folge, institutionelle Verfahren. Die Gemeinschaftsverfassungen enthalten diese Elemente. Zu ihrer Wirtschaftsverfassung gehört folglich ihr Planungscharakter, der sich aus der Dynamik der Integration ergibt. Wettbewerbs- und Wirtschaftsfreiheit sowie die rechtsstaatlichen Sicherungen der Gemeinschaftsverfassung ziehen der Gemeinschaftsplanung rechtlich sanktionierte Grenzen.

31 e) Als *Wirtschaftsverfassung der Gemeinschaften* könnte also begriffen werden: die normative Gesamtentscheidung der Gemeinschaftsverträge zur Verwirklichung der Gemeinschaftsziele, die in der Zollunion des Gemeinsamen Marktes unter Planung der Gemeinschaftsorgane im rechtlich geordneten Wettbewerb national nicht unterschiedener, in ihrer Wirtschaftstätigkeit freier und gleicher Marktbürger verfolgt werden.

---

[49] *Ophüls,* Planung I (1965) 229, 234; *Friauf,* Planung IV (1970) 41; *Meier* EuR 1967, 320; *R. Schmidt,* Planung III (1968) 300.

§ 29 ZOLLUNION

Anselm-Rabinovitch, Réglementation douanière de la C. E. E., RevTrimDrEur 1970, 317; *v. d. Burg,* The customs tariff and customs legislation in the European Communities, CMLR 1970, 184; *Christiansen,* Die Verordnung über das gemeinschaftliche Versandverfahren, ZfZ 1969, 295; *Cludius,* Gemeinschafts-Zollkontingente, ZfZ 1969, 321; 1970, 132; *Cutera,* Graduale realizzazione dell'unione dogonale nel quadro della C. E. E., DirScambiIntern 1970, 456; *Ditges,* Die Harmonisierung des Wertzollrechts in der EWG, AWD 1968, 97; *Ditges,* EWG-Zollrecht. Eine systematische Übersicht, AWD 1969, 313; *Ditges,* Die „Anweisungen zu den Zollwertvorschriften", AWD 1971, 173; *Dorsch,* Die Zollrechtsangleichung in der Europäischen Wirtschaftsgemeinschaft und ihre Rechtsgrundlage im EWG-Vertrag, ZfZ 1966, 161; *Ehle,* EWG-Vertrag und Gebührenerhebung. Zum Anwendungsbereich der Art. 12 und 95 EWGV, AWD 1965, 281; *Ehle,* Die Zollunion der Europäischen Gemeinschaften, NJW 1969, 1509; *Ehle,* Stand der Zollrechtsangleichung innerhalb der Europäischen Gemeinschaften, Betrieb 1969, 1685; *Ehle,* Rechtsschutz und Rechtseinheit im Europäischen Zollrecht. Zugleich Gedanken zu einem Gemeinschaftsverfahren, AWD 1969, 41; *Ehle,* Maßnahmen mit gleicher Wirkung wie mengenmäßige Beschränkungen und ihre Abschaffung im Gemeinsamen Markt, AWD 1967, 453; *Ehle-Meier,* EWG-Warenverkehr. Außenhandel — Zölle — Subventionen (1971); *Fischer,* Der Deutsche Zollverein, die Europäische Wirtschaftsgemeinschaft und die Freihandelszone, EA 1961, 105; *Fuhrmann,* Die Zukunft des Zollpräferenzsystems für Entwicklungsländer, AWD 1971, 515; *Hahnfeld,* Vom nationalen zum Gemeinschaftsrecht und über den Zollwert der Waren, ZfZ 1970, 129; *Rolf Hesse,* Neue Bestimmungen über den Warenursprung, ZfZ 1969, 161; *Jaeger,* GATT, EWG und EFTA. Die Vereinbarkeit von EWG- und EFTA-Recht mit dem GATT-Statut (1970); *Jetter,* Der Anschluß-Veredelungsverkehr in der EWG, AWD 1968, 388; *Kalbe,* Grundsatzfragen der Auslegung des Gemeinsamen Zolltarifs, AWD 1971, 374; *Knoll,* Zollkontingente nach Art. 25 des EWG-Vertrages und den Protokollen zur Liste G, Diss. München (1968); *Koch,* Europäischer Zollwert ab 1. Juli 1968, Betrieb 1968, 1240; *Koch,* Das gemeinschaftliche Versandverfahren zur Erleichterung des Warenverkehrs im EWG-Bereich, Betrieb 1970, 1194; *Laubereau,* Rechte und Pflichten der Mitgliedstaaten bei der Herstellung des Gemeinsamen Marktes — am Beispiel der Zollunion, in: Zur Stellung der Mitgliedstaaten im Europarecht (1967, Hg. *Bülck*) 60; *Laubereau,* Zur Auslegung des Art. 28 des EWG-Vertrags, ZfZ 1967, 193; *Laubereau,* Der Gemeinsame Zolltarif und seine Handhabung, EuR 1968, 192; *Laubereau,* Die neue Rechtslage auf dem Zolltarifgebiet und ihre Auswirkungen, ZfZ 1969, 65; *Laubereau,* Die Rechtslage auf dem Gebiet der Erläuterungen zum Zolltarif, ZfZ 1971, 133; *Laumann,* Das Übereinkommen der EWG-Mitgliedsländer über die gegenseitige Unterstützung ihrer Zollverwaltungen und seine Bedeutung für die Erstattungsregelung, Deutsche Außenwirtschafts-Rundschau 1968, 201; *Liebich,* Die Kennedy-Runde. Eine Analyse des weltweiten Genfer Zollsenkungsabkommens (1968); *v. d. Mensbrugghe,* Vers l'achèvement de l'union douanière dans la C. E. E., CahDrEur 1969, 181; *Mestmäcker,* Offene Märkte im System unverfälschten Wettbewerbs in der Europäischen Wirtschaftsgemeinschaft, Fs Böhm 345; *Niemeier,* Zollpräferenzen für Entwicklungsländer (1970); *Olbertz,* Die Anpassung der Zollsysteme als Aufgabe des Brüsseler Zoll-Rats, ZfZ 1969, 129; *d'Orville,* Die rechtlichen Grundlagen für die gemeinsame Zoll- und Handelspolitik der EWG, Diss. Köln (1971); *Pingel,* Von der Tarifunion zur Zollunion, ZfZ 1969, 97; *Pingel,* Das allgemeine Programm der Europäischen Kommission für die Angleichung des Zollrechts, ZfZ 1971, 129; *Regul* (Hg.), Steuern und Zölle im Gemeinsamen Markt (1962 ff., 4 Ordner); *Seidel*, Der EWG-rechtliche Begriff der „Maßnahme gleicher Wirkung wie eine mengenmäßige Beschränkung", NJW 1967, 2081; *Steinberger*, GATT und regionale Wirtschaftszusammenschlüsse (1963); *Strauß*, Zölle und mengenmäßige Beschränkungen in der Rechtsprechung des Gerichtshofes der Europäischen Gemeinschaften zum Recht der Europäischen Wirtschaftsgemeinschaft, Fs Hallstein 515; *Tran van Thinh*, L'offre des préférences généralisées de la C. E. E., Integration 1971, 29; *Vaulont*, Das Zollgebiet der Gemeinschaft, ZfZ 1971, 105.

I. Grundlagen

1. Rechtsgrundlagen

1 Der Gemeinsame Markt ist „weit mehr als eine Zollunion; *in erster Linie* ist er jedoch eine Zollunion"[1]. In diesem Sinne ist die Zollunion „Grundlage der Gemeinschaft".

a) Die Zollunion des EWGV erstreckt sich auf den gesamten Warenaustausch. Sie umfaßt das Verbot, zwischen den Mitgliedstaaten Ein- und Ausfuhrzölle und Abgaben gleicher Wirkung zu erheben. Sie umfaßt ferner die Einführung eines *Gemeinsamen Zolltarifs* gegenüber dritten Ländern (Art. 9 I EWGV). Da die Zollunion sich auf den *gesamten* Warenaustausch *im Gemeinsamen Markt* erstreckt, gilt sie für die aus den Mitgliedstaaten stammenden Waren sowie *für diejenigen Waren aus dritten Ländern*, die sich *in den Mitgliedstaaten im freien Verkehr* befinden (Art. 9 II EWGV). Der Vertrag verwirklicht auf der Grundlage dieser Zollunion und nach Maßgabe seiner Art. 9—17 sowie der Art. 30—37 über die Beseitigung der mengenmäßigen Beschränkungen die Zielbestimmungen des Art. 3 a, durch Aufstellung des Gemeinsamen Zolltarifs nach Art. 18—29 die des Art. 3 b in Verbindung mit der Entwicklung einer gemeinsamen Handelspolitik gegenüber dritten Ländern (Art. 110 ff.).

Zur Präzisierung der Vorschriften über die Zollunion des EWGV und zu ihrer Anwendung ist das Zollgebiet der Gemeinschaft durch Verordnung des Rates vom 27. September 1968 (ABl. L 238, 1) ausdrücklich bestimmt worden. Nach ihrem Art. 1 umfaßt es u. a. „die deutschen Gebiete, in denen der EWGV gilt, mit Ausnahme der Insel Helgoland sowie des Gebietes von Büsingen (Vertrag zwischen der BRD und der Schweiz [vom 23. November 1964])". Die Insel Helgoland verdankt ihren Ausschluß im wesentlichen „Folklore"-Gesichtspunkten, zumal ihre Bedeutung für den Warenverkehr der Gemeinschaft unwesentlich ist[2].

---

[1] Generalanwalt *Lagrange* Rs 7/61 Rspr. VII, 725.

[2] Zur besonderen Rechtsstellung Helgolands und ihrer Entwicklung vgl. *Ipsen*, Helgoland, in: *Strupp-Schlochauer*, Wörterbuch I (1960) 783; *ders.*, Hamburgs Verfassung und Verwaltung (1956) 192; zur zollrechtlichen Sonderlage vgl. auch die Darstellung der Entwicklung in BVerfGE 8, 260 und das Gutachten des Reichsfinanzhofs vom 23. 5. 1927, RFH 21, 234.

Art. 4 der Verordnung hat Gemeinschafts-Sonderregelungen für Freizonen vorbehalten. Sie sind enthalten in der Richtlinie des Rates vom 4. März 1969 (ABl. L 58, 11). Sie ermöglicht, daß der allgemeine Status der deutschen Freihäfen nach §§ 2 I, III Nr. 3, 86, 59—66 ZG (i. F. d. 12. ÄndG vom 22. 7. 1969, Neuveröff. BGBl. I 1970, 529) beibehalten wird, darüber hinaus das wesentliche Privileg des alten Freihafens Hamburg *(29/19)*. In ihm können also auch künftig Auslandswaren be- oder verarbeitet werden, ohne daß die Voraussetzungen des aktiven Veredelungsverkehrs vorzuliegen brauchen.

b) Art. 4 a EGKSV hat — als unvereinbar mit dem Gemeinsamen Markt für Kohle und Stahl — innerhalb der Gemeinschaft Ein- und Ausfuhrzölle oder Abgaben gleicher Wirkung sowie mengenmäßige Beschränkungen des Warenverkehrs aufgehoben und untersagt. Auch für Kohle- und Stahleinfuhren werden also zwischen den Mitgliederstaaten Zölle nicht erhoben. Einfuhren aus Drittländern unterliegen dagegen weiterhin dem *nationalen* Zollrecht der Mitgliedstaaten. Ein Gemeinsamer Zolltarif für den Kohle- und Stahlmarkt besteht also nicht, doch wird das nationale Zollrecht durch Beschluß der im Rat vereinigten Regierungsvertreter koordiniert (für 1972: ABl. 1972 L 1, 383). Im Interesse der Zielsetzung des Art. 3 a EGKSV, für eine geordnete Versorgung des Gemeinsamen Marktes unter gleichzeitiger Berücksichtigung des Bedarfs dritter Länder zu sorgen, und des Art. 3 f über die Förderung des internationalen Handels stehen den Gemeinschaftsorganen zwar die handelspolitischen Befugnisse der Art. 72—75 EGKSV zu[3]. Indes wird damit die außenwirtschaftliche Einheit der EGKS nicht nach Art des EWGV verfestigt.

c) Art. 92—95 EAGV haben binnen Jahresfrist nach Inkrafttreten des Vertrages zur Beseitigung aller Ein- und Ausfuhrzölle oder Abgaben gleicher Wirkung sowie aller ihrer mengenmäßigen Beschränkungen für Güter und Erzeugnisse der Listen des Anhangs IV und zu einem Gemeinsamen Zolltarif dieses Marktes geführt.

2. *Historische Einordnung*[4]

2 Die Vergemeinschaftung hat in einem Zeitpunkt begonnen, als die Zollpolitik — historisch ein feudalistisches Instrument der Wegekosten- und Transportsicherungsfinanzierung, im zentralistisch planenden Merkantilismus ein Lenkungsmittel gegenüber dem grenzüberschreitenden Warenverkehr — neben der Außenwirtschaftskontrolle staatliches Lenkungsinstrument geworden war. Zusammen mit finanziell oder sonst belastenden Handelsschranken für den zwischenstaatlichen Warenverkehr hatte sie ein Kampf-, Befriedungs- oder Bündnisinstrument bereitgestellt. Über seinen

[3] *Steinberger*, GATT und regionale Wirtschaftszusammenschlüsse 211.
[4] Vgl. *Erler*, Grundprobleme des internationalen Wirtschaftsrechts (1956) 56, 64.

Einsatz verfügten die Staaten kraft ihrer Zollhoheit auch in der Disposition über ihre Außenhandels- und Wirtschaftspolitik. Durch allgemeine Regeln des Völkerrechts war ihre Zollhoheit nicht begrenzt.

Die Geschichte der Zollpolitik und ihres Einsatzes in politischen und Handelsverträgen spiegelt die Entwicklung bis ins 19. Jahrhundert wider. Sie hatte unter der englischen Freihandelslehre der industriellen Revolution in Eisen- und Baumwollproduktion neue Absatzmärkte auf dem Kontinent erschlossen und seit 1860 eine Freihandelsperiode eröffnet, die in den 70er Jahren durch eine gemäßigte Schutzzollpolitik abgelöst wurde. Die beiden Weltkriege haben unterschiedliche Ansätze ausgelöst (Konvention von Barcelona von 1921 über die Freiheit des Durchgangsverkehrs, Internationales Abkommen von Genf von 1923 zur Vereinfachung der Zollförmlichkeiten). Indes haben sie nicht zu entscheidenden mehrseitigen Maßnahmen zum Abbau von Handelsbeschränkungen geführt.

Als Anfang der 30er Jahre die von unbedingter Meistbegünstigung bestimmte liberale Weltwirtschaft unter der großen Weltwirtschaftskrise zur gelenkten Außenwirtschaft wurde, setzte die Periode dirigierter Liberalisierung des Außenwirtschaftsverkehrs ein. In ihr wurde die Zollpolitik neben der Außenwirtschaftskontrolle zum wichtigsten Steuerungsmittel.

Ein umfassendes multilaterales System der Zollsenkung und Tarifvereinheitlichung unter jeweiliger Meistbegünstigung aller Vertragspartner (Zusicherung automatischer, *einem* Vertragspartner eingeräumter Zollbegünstigung an *alle*) zur Ausweitung und Liberalisierung des internationalen Warenhandels hat das Allgemeine Zoll- und Handelsabkommen von 1947 (GATT) entwickelt. Ihm ist die BRD am 10. August 1951 (BGBl. II 1951, 173, 200; Änd. BGBl. II 1957, 605, 610, 621; 1967, 2331, 2005; 1968, 1031) beigetreten, und ihm gehören auch die übrigen Mitgliedstaaten der Gemeinschaften an. Sie waren bei Gründung der Gemeinschaften sämtlich auch Mitglieder des Abkommens über die Organisation für Europäische Wirtschaftliche Zusammenarbeit vom 16. April 1948, der OEEC, die sich mit Übereinkommen vom 14. Dezember 1960 zur Organisation für Wirtschaftliche Zusammenarbeit und Entwicklung, der OECD, umformiert hat (BGBl. II 1961, 1150, 1163).

3 a) Durch das GATT waren die Regelungen über Zölle und mengenmäßige Beschränkungen in Kraft gesetzt worden, die die nicht in Kraft getretene Havanna-Charta zur Schaffung einer weltweiten internationalen Handelsorganisation vorgesehen hatte. Das GATT gewährleistet Meistbegünstigung (Art. I), verbietet Diskriminierungen (Art. III) und hebt mengenmäßige Beschränkungen auf (Art. XI). Zollzugeständnisse, die nach der GATT-Regelung zwischen Mitgliedstaaten des GATT vereinbart werden, kommen kraft Meistbegünstigung automatisch allen GATT-Migliedern zugute. Nach Art. XXIV 5 a, 8 GATT gilt — außer der Abschaffung der Binnenzölle und der Schaffung eines gemeinsamen Außenzolls — auch der Abbau der mengenmäßigen Beschränkungen im Binnenverkehr als Merkmal einer Zollunion.

4 aa) Die EWG, die sich selbst Zollunion nennt, erfüllt auch die GATT-Anforderungen dieses Begriffs[5]. Indem Art. 30 ff. EWGV auch die Beseitigung der mengenmäßigen Beschränkungen für den Warenverkehr zwischen den Mitgliedstaaten vorsehen, vorhandene verbieten, ihre Neueinführung ausschließen und diese Liberalisierung auch auf alle Maßnahmen gleicher Wirkung erstrecken, entspricht die EWG in zusätzlicher Weise den GATT-Anforderungen (Art. XXIV 5 a) an eine Zollunion[6]. Die EWG blieb dem Regulativ des Art. XXIV GATT unterworfen. Das ergibt sich daraus, daß die Gemeinschaft trotz ihrer auch politischen Zielsetzung als wirtschaftlicher Funktionsverband ohne Allzuständigkeit errichtet worden ist und bislang auch nur als solcher wirkt. Es war daher begründet, daß die Mitgliedstaaten des GATT die Vereinbarkeit des EWGV nach den GATT-Kriterien geprüft haben — und sie bejahten[7]. Daraus folgt, daß auf die EWG, weil auch nach den GATT-Maßstäben Zollunion, die Meistbegünstigungsklauseln keine Anwendung finden: „Customs Union overrides most-favoured-nation-clause", wie dies ein allgemein anerkannter Satz des Völkerrechts ausdrückt (vgl. Art. XXIV 5 c GATT)[8]. Drittstaaten als GATT-Mitglieder können sich deshalb gegenüber den Mitgliedstaaten der Gemeinschaften auf die Meistbegünstigungsklausel nicht berufen.

Um zu verhindern, daß die Zollbelastung für Einfuhren in diese Zollunion, deren Mitglieder als solche auch des GATT insoweit gebunden waren, höher wurde als sie vor der Vergemeinschaftung für Importe in die Mitgliedstaaten war, wenden Art. 19, 20 EWGV Sätze des Gemeinsamen Zolltarifs an, die grundsätzlich nach dem arithmetrischen Mittel aus den bisherigen mitgliedstaatlichen Zollsätzen errechnet werden. Die EWG als regionaler Zusammenschluß von GATT-Mitgliedern erfüllt danach jene GATT-Anforderungen, die verhindern sollen, daß eine regionale Integration zur Erhöhung von Handelsschranken gegenüber dritten GATT-Mitgliedern führt und damit der Förderung des Welthandels, die das GATT verfolgt, entgegenwirkt.

5 bb) Da der Gemeinsame Markt der EGKS sich nur auf Kohle und Stahl erstreckt und den übrigen Handel zwischen ihren Mitgliedstaaten nicht erfaßt, erfüllt *sie* die Voraussetzungen des Art. XXIV 8 GATT *nicht*. Weil sie nach GATT-Maßstäben also weder als Zollunion noch als Freihandelszone galt, sondern als an sich unzulässiges Präferenzvorhaben, in dem sich die EGKS-Mitglieder wechselseitig Zollvorteile einräumten, bedurfte es ihrer Ausnahmebehandlung durch das GATT. Solche Bewilligung ist denn auch unter Zusicherung GATT-konformen Verhaltens beantragt und am 10. No-

---

[5] *Jaeger*, GATT, EWG und EFTA 242.
[6] *Catalano*, Manuel 329.
[7] *Steinberger* 124. [8] Vgl. *Wohlfarth* u. a. Komm. Vorb. 5 vor Art. 9.

vember 1952 erteilt worden (Art. XXV 5 (a) a. F.)[9]. Diese Entscheidung gewährte den Mitgliedstaaten der EGKS für ihren gegenseitigen Kohle- und Stahlhandel insbesondere die Befreiung von ihrer GATT-Verpflichtung zur Meistbegünstigung dritter Staaten nach Art. I GATT.

6 b) Die Mitgliedstaaten der Gemeinschaften haben ihre Vergemeinschaftung begonnen, als sie auch bereits Mitglieder der Organisation für Europäische Wirtschaftliche Zusammenarbeit (OEEC, später OECD) waren, deren Aufgaben vornehmlich in der Liberalisierung des zwischenstaatlichen Handels bestehen. Die Liberalisierung ist stufenweise durch Abbau der mengenmäßigen Beschränkungen um 90 % verwirklicht worden. Durch weiteren Abbau von mengenmäßigen Beschränkungen innerhalb des Gemeinsamen Marktes und gleichzeitige Beibehaltung möglicher Kontingentierungen für den Warenverkehr mit Drittstaaten wird (ganz entsprechend der Zuordnung zum GATT) Art. 9 der Liberalisierungskodices der OECD (Diskriminierungsverbot)[10] zwar berührt, durch Art. 10 a.a.O. indes legalisiert. Denn danach brauchen OECD-Mitgliedstaaten, die durch ein besonderes Zollsystem verbunden sind und Liberalisierungsmaßnahmen treffen, die über die des Art. 2 a.a.O. hinausgehen, diese nicht auf dritte OECD-Mitglieder zu erstrecken.

7 c) Die historische Einordnung der EWG als Zollunion in die Stadien der internationalen Wirtschaftsbeziehungen kann speziell für die BRD nicht vorübergehen an der Rolle des *Deutschen Zollvereins* für die deutsche Einigung[11]. Sie ist unterschiedlich bewertet worden[12]. Ebenso ist zu bezweifeln, wenn nicht zu bestreiten, ob Zollunionen staatlich-politische Einigungswirkungen auslösen. Historische Beweise für solche Auswirkungen sind kaum zu erbringen[13]. Zwar hat der Zollverein des 19. Jahrhunderts bewiesen, daß die Wirtschaft das geeignetste Integrationsobjekt ist[14]. Das deutsche Beispiel ist aber selbst bei positiver Bewertung dieser Art einer Verallgemeinerung schwerlich zugänglich. Jedenfalls rechtfertigt die Existenz der Zollunion des Gemeinsamen Marktes und ihre funktionelle Bedeutung für die Integration in Verbindung mit historischen Erfahrungen nicht, eine in staatlichen Kate-

[9] *Steinberger* 109, 110 Anm. 467, 212 Anm. 851.

[10] Kodex der Liberalisierung des Kapitalverkehrs, Neufassung Beil. BAnz. Nr. 235/65 mit späteren Änd.; Kodex der Liberalisierung der laufenden unsichtbaren Operationen, Neufassung Beil. BAnz. Nr. 194/67 mit späteren Änd.

[11] Darstellung bei *E. R. Huber*, Deutsche Verfassungsgeschichte I (1957) 787; II (1960) 282; III (1963) 143; *Henderson*, The Zollverein 2. Aufl. (1959); *Schmölders*, Der Deutsche Zollverein als historisches Vorbild einer wirtschaftlichen Integration in Europa, in: Aspects financiers et fiscaux de l'intégration (o. J.) 137.

[12] *Viner*, The Customs union issue (1950) 95; *Meyer-Cording*, Die europäische Integration als geistiger Entwicklungsprozeß, ArchVR 10 (1962/63) 42; *Fischer* EA 1961, 105.

[13] *Viner* 95, 101; *Kordt*, Überstaatliche Bindungen im Rahmen des Deutschen Zollvereins, Fs Laun (1953) 91; *ders.*, Überlegungen zur Rechtsgestalt einer europäischen Integration, Fs Schätzel (1960) 237.

[14] *Menzel*, Die Einwirkung der Europäischen Menschenrechtskonvention auf das deutsche Recht, DÖV 1970, 512.

gorien gedachte Zukunftsentwicklung der Gemeinschaften (und gar eine solche automatischen Umschlags) zu prognostizieren.

3. Zollunion und Wettbewerb

8 Zwischen der Zollunion als Grundlage des Gemeinsamen Marktes, die in der Gemeinschaft einen *offenen Markt*, einen solchen *binnenmarktähnlicher Verhältnisse* herstellt und alle Beschränkungen des Warenverkehrs beseitigt, und dem der Integration zugrundeliegenden Wettbewerbssystem besteht ein enger Zusammenhang[15]. Er wird besonders verdeutlicht angesichts der internationalen Bemühungen zur Überwindung der handelspolitischen Zersplitterung in Europa, die seit der Weltwirtschaftskonferenz des Völkerbundes von 1927 unternommen worden sind. In ihnen war der Forderung des Abbaues der Zollschranken das Postulat nach dem Schutz der nationalen Märkte *durch Kartelle* entgegengesetzt worden. Derart sollte der in der Zollunion liegende Protektionismus gegenüber Drittländern mit der Beschränkung des in ihr durch Zollabbau intensivierten Wettbewerbs vereinbart werden. Der EWGV hat die mit der Zollunion beseitigten Zölle dagegen *nicht durch Kartelle* ersetzt. Er hat vielmehr den durch Zoll- und Kontingent-Abbau intensivierten freien Warenverkehr unter Rechtsschutz gestellt und die *Kartellaufsicht* materiell und funktionell *supranationalisiert.* Durch gemeinschaftsrechtliche Gewährleistung der vier Freiheiten, in denen der Marktbürger in seinem Wirtschaftsverhalten durch nationale Hoheitsmaßnahmen behindert werden könnte, wird seine Freiheit des Warenverkehrs vervollständigt. Indem Art. 37, 90 EWGV außer dem Marktbürger *auch den Staat als Unternehmer* grundsätzlich den Wettbewerbsregeln unterstellen, überhöht das Gemeinschaftsrecht die Zollunion auf dem Wege zur Wirtschaftsunion.

II. Abschaffung der Binnenzölle und Errichtung der Zollunion mit gemeinsamem Zolltarif

1. Schrittweise Verwirklichung

9 Art. 12—17 EWGV über die stufenweise Abschaffung der Zölle zwischen den Mitgliedstaaten innerhalb der Übergangszeit sind vorzeitig, und zwar zum 1. Juli 1968, verwirklicht worden. Nach der ersten Zollsenkung zum 1. Januar 1959 und weiteren schrittweisen Senkungen um insgesamt 85 % der Ausgangsbasis der nationalen Zollsätze vom 1. Januar 1957 sind zum 1. Juli 1968 die letzten verbleibenden 15 % der Ausgangszölle beseitigt worden. Die vorzeitige Zielverwirklichung wurde erreicht durch die beiden Beschleunigungsbeschlüsse der im Rat vereinigten Vertreter der Regierungen

[15] *Mestmäcker* Fs Böhm 348.

der Mitgliedstaaten vom 12. Mai 1960 (ABl. 1217) und vom 15. Mai 1962 (ABl. 1284), letztlich durch die Ratsentscheidung vom 26. Juli 1966 (ABl. 2971). Ab 1. 7. 1968 haben die Mitgliedstaaten bei Einfuhren aus Drittländern die Zollsätze des Gemeinsamen Zolltarifs anzuwenden (a.a.O. Art. 2).

Der vollständige Zollabbau hat sich zunächst für Industrieprodukte schneller vollzogen als für landwirtschaftliche Erzeugnisse. Die gemeinsame Organisation der Agrarmärkte nach Art. 40 II EWGV hat dann aber die Aufhebung aller Agrarzölle bereits vorzeitig zum 1. Juli 1967 ermöglicht.

Die schrittweise Herstellung der Zollunion durch Abbau der Einfuhrzölle nach Art. 13—15 und die Aufhebung der Ausfuhrzölle nach Art. 16 EWGV ist befördert worden durch die standstill-Klausel des Art. 12: „Die Mitgliedstaaten werden untereinander weder neue Einfuhr- oder Ausfuhrzölle oder Abgaben gleicher Wirkung einführen, noch die in ihren gegenseitigen Handelsbeziehungen angewandten erhöhen.“ Diese nach ihrem Wortlaut nicht sonderlich obligatorisch formulierte und danach vermeintlich nur *an die Mitgliedstaaten* adressierte Verpflichtungs-Klausel ist vom Gerichtshof in einer für die Vertragsauslegung bahnbrechenden Judikatur als eine *den Marktbürger unmittelbar gegenüber seinem Staat berechtigende Anspruchsnorm* gedeutet worden, die *auch* von den *nationalen* Gerichten zu beachten sei. Die ratio dieser Judikatur[16] verdeutlicht die Begründung: Art. 12 „eignet sich seinem Wesen nach vorzüglich dazu, unmittelbare Wirkungen in den Rechtsbeziehungen zwischen den Mitgliedstaaten und den ihrem Recht unterworfenen Einzelnen zu erzeugen“.

2. Gemeinsamer Zolltarif

10 Mit der Abschaffung der Binnenzölle für den Warenverkehr *zwischen* den Mitgliedstaaten und der Herstellung der *Binnenseite* der Zollunion war die Anwendbarkeit des Zolltarifs (des Gemeinsamen Zolltarifs i. S. des Art. 19 EWGV) für die *Außenseite* der Zollunion verbunden, d. h. für den Warenverkehr der Mitgliedstaaten mit *Drittstaaten*. Ihre Bedeutung liegt darin, daß der mit der Herstellung der Zollunion bewirkte Auftrieb des Warenaustausches *im Gemeinsamen Markt* die Handelsbeziehungen der Mitgliedstaaten *zu Drittstaaten* nicht beeinträchtigen soll. Da in der Gemeinschaft mit Frankreich und Italien Hochzolländer vertreten waren, deren Zollschutz vor Einfuhren aus Mitgliedstaaten der Gemeinschaft mit der Errichtung der Zollunion entfiel, mußte die Einführung des Gemeinsamen Zolltarifs ihren Zollschutz auch gegenüber Importen aus Drittstaaten zwangsläufig verringern.

11 a) Für Zollverfahren und Zollberechnung des Gemeinsamen Zolltarifs[17] gilt folgendes:

[16] EuGH Rs 26/62 Rspr. IX, 7.

[17] Zu seiner Entstehungsgeschichte und schrittweisen Einführung vgl. *Laubereau* EuR 1968, 195, 201.

aa) Der Gemeinsame Zolltarif ist durch Verordnung des Rates vom 28. Juni 1968 (ABl. L 172, 1) aufgestellt und zum 1. Juli 1968 in Kraft gesetzt worden (Neuveröffentlichung des Tarifs in der ab 1. 1. 1972 zufolge der Zollsenkungen im Rahmen der sog. Kennedy-Runde des GATT geltenden Fassung: ABl. 1972 L 1). Der Tarif gilt danach nunmehr, weil als *Verordnung* erlassen, *ohne* mitgliedstaatlichen Vollzug *unmittelbar* in den Mitgliedstaaten. Seine vorherigen Teileinführungen beruhten auf Ratsentscheidungen, die zu ihrer Wirksamkeit mitgliedstaatlicher Umsetzung bedurften. Dadurch war Art. 23 III EWGV vorübergehend in seiner Wirkung ausgehöhlt und die Vorabentscheidungskompetenz des Gerichtshofs insoweit in Frage gestellt worden. Zwar ermächtigt Art. 28 EWGV, auf den die Verordnung vom 28. Juni 1968 gestützt ist, nur zu Änderungen und Aussetzungen von Sätzen des Gemeinsamen Zolltarifs. Indes kann und muß Art. 28 in der Disposition des Rates über seine Sätze eine solche als Gesamtverfügung über den Gemeinsamen Zolltarif als Institution sehen. Denn nur in dieser Weise kann die Zollunion als Grundlage der Gemeinschaft funktionssicher zur Anwendung kommen. Weil derart als Gemeinschaftsregelung ergangen, ist auch die einheitliche Auslegung des Gemeinsamen Zolltarifs durch den Gerichtshof nach Art. 177 EWGV gesichert[18].

bb) Um zu gewährleisten, daß die Mitgliedstaaten den Tarif einheitlich anwenden, insbes. bei der zollamtlichen Erfassung der in die Gemeinschaft verbrachten Waren und bei ihrer vorübergehenden Verwahrung unter zollamtlicher Überwachung, ist die Richtlinie des Rates vom 30. Juli 1968 (ABl. L 194, 13) zur Harmonisierung der einschlägigen Rechts- und Verwaltungsvorschriften der Mitgliedstaaten ergangen. Diese hatten ihren Harmonisierungsmaßnahmen bis zum 1. Januar 1969 nachzukommen. Weitere Harmonisierungsrichtlinien betreffen Zollager und Freizonen *(29/19)* sowie die in ihnen üblichen Behandlungen[19], den aktiven Veredelungsverkehr[20] und den Zahlungsaufschub für Zölle, Abgaben gleicher Wirkung und Abschöpfungen[21]. Die Ratsverordnung vom 18. März 1969 (ABl. L 77, 1, mit Änd. ABl. 1971 L 116, 7) regelt das gemeinschaftliche Versandverfahren. Die genannten Regelungen haben im wesentlichen die liberalen und modernen Grundsätze des deutschen Zollrechts unberührt gelassen. Der einheitlichen Anwendung des Schemas des Gemeinsamen Zolltarifs dienen auch die in der Ratsverordnung vom 16. Januar 1969 (ABl. L 14, 1) vorgesehenen Tarifierungsvorschriften. Um das gute Funktionieren der Zollunion und die Zuführung des Zollaufkommens als Eigenmittel zum Gemeinschaftshaushalt zu gewährleisten, wird die Schaffung eines gemeinsamen Zollrechts im Wege der Harmonisierung angestrebt. Mit seiner Hilfe sollen Fälligkeit, Festset-

---

[18] Ebenso *Laubereau* EuR 1968, 203.
[19] ABl. 1969 L 58, 7 und 11 sowie ABl. 1971 L 143, 28.
[20] ABl. 1969 L 58, 1.
[21] ABl. 1969 L 58, 14.

zung und Erhebung der Zölle einheitlichen Regeln unterstellt und soll die Kontrolle der Zölle unter Einschaltung der Kommission durchgeführt werden[22].

cc) Aufgrund der vorgenannten Bestimmungen wurden zahlreiche Ausführungs- und Angleichungsregelungen erforderlich, die ihren Niederschlag in der BRD hauptsächlich im 12. Gesetz zur Änderung des Zollgesetzes vom 22. Juli 1969 (BGBl. I 879; Neuveröff. des ZG in BGBl. 1970 I 1970, 529) gefunden haben[23].

dd) Für die Berechnung der Sätze des Gemeinsamen Zolltarifs wurde das einfache Mittel der in den Zollgebieten der Gemeinschaft angewandten Zollsätze zugrunde gelegt, d. h. derjenigen der BRD, Frankreichs, Italiens und der bereits in einer Zollunion vereinigten Beneluxländer *(7/3)*. Diese vierfache Mittlung hat ergeben, daß der Tarif eine unterschiedliche Senkung der bisherigen nationalen Zollsätze bewirkte, und zwar im Durchschnitt für Frankreich um 3,7 %, für Italien um 3,1 %, für die Benelux um 0,5 %, für die BRD um 0,3 %. Danach haben die früheren Hochzolländer ihre Einfuhren aus den anderen Mitgliedstaaten alsbald besonders gesteigert, so z. B. Italien im Jahre 1967 um 396 % gegenüber 1958, Frankreich um 338 %. Ihre Ausfuhren in andere Mitgliedstaaten zeigen ebenfalls die höchsten Wachstumsraten *(6/23, Tabellen 7 und 8)*.

12 b) Der Gemeinsame Zolltarif ist unter Anwendung der Art. 23, 24 EWGV *schrittweise* eingeführt worden, und zwar durch Abbau der nationalen Außenzölle in drei Schritten: zum 1. Januar 1961 und zum ersten Juli 1963 um jeweils 30 %, zum 1. Juli 1968 um die Restspanne. Insgesamt ist der Tarif niedriger als die früheren Außenzolltarife der Hochzolländer, indes höher als der deutsche und der der Benelux-Länder. Zugleich mit seinem Inkrafttreten ist der Tarif um 40 % derjenigen Zollermäßigungen gesenkt worden, die in drei Etappen bis 1972 nach den abschließenden Genfer Vereinbarungen der sog. dreijährigen Kennedy-Runde des GATT (Mai 1964 bis Mai 1967; BGBl. 1968 II, 1183, 1200, ABl. 1968 L 305) stattfinden sollten. Weitere Senkungen sind vereinbarungsgemäß in Kraft getreten, zuletzt diejenige um das letzte Fünftel zum 1. Januar 1972 (ABl. 1972 L 1). Das Regime des Gemeinsamen Zolltarifs selbst, der in dieser Weise entstanden

[22] Vgl. Antwort der Kommission vom 1. 7. 1971 auf die Anfrage Nr. 87/70 der Abg. *Brouwer* und *Westerterp* (ABl. 1971 C 70, 1) sowie das dort angekündigte Aktionsprogramm der Kommission zur Harmonisierung des Zollrechts (Entwurf: Dok. SEK [71] 682 endg. vom 28. 4. 1971); *Pingel* ZfZ 1971, 129.

[23] Insoweit vgl. außer den Angaben in den ZG-Kommentaren: *Regul* (Hg.), Steuern und Zölle im Gemeinsamen Markt, Ordner IV, Teil IV. B. 4. und 5 (S. 25 bis 75) und Teil IV. G.; *Ehle* NJW 1969, 1509; *ders.* Betrieb 1969, 1685; *ders.* AWD 1969, 41; *Hahnfeld* ZfZ 1970, 129; *Laubereau* ZfZ 1969, 65; *Pingel* ZfZ 1969, 97; *Koch* Betrieb 1968, 1240; *ders.* Betrieb 1970, 1194; *Jetter* AWD 1968, 388; *Rolf Hesse*, ZfZ 1969, 161. — Deutscher Teil-Zolltarif in der ab 1. 1. 1972 geltenden Fassung: BGBl. 1971 II, 1336.

und zur Anwendung gekommen ist, richtet sich nach Art. 28 EWGV mit den Kontingent-Vorbehalten des Art. 25 *(29/17)*.

3. *Abgaben zollgleicher Wirkung*

13 Der Abbau der Binnenzölle soll zur Herstellung der Zollunion den gesamten Warenaustausch mit höchster Wirksamkeit von Handelsbeschränkungen befreien. Deshalb ist das Gemeinschaftsrecht darum bemüht, *außer* den Zöllen i. e. S. *auch* solche *Abgaben* auf Ein- und Ausfuhrvorgänge zu beseitigen, die *zollgleiche Wirkung* haben[24]. Denn wenn an Ein- oder Ausfuhr die Entstehung einer *sonstigen* Abgabenschuld geknüpft wird, kann sie trotz Zollfreiheit in gleicher Weise wie sonst durch Zollpflichtigkeit behindert werden. Die Mitgliedstaaten haben sich seit jeher und bis heute erfindungsreich erwiesen in der Ausgestaltung und Ausnutzung ihrer in dieser Tendenz eingesetzten Abgabenhoheit, und dies auch gerade zum gezielten Ausgleich von Einnahmeausfällen oder nach dem Wegfall von Lenkungsbefugnissen, die mit einem Zollabbau verbunden waren.

a) Aus diesen Gründen verbietet Art. 9 I EWGV in der Zollunion außer der Erhebung von Ein- und Ausfuhrzöllen zwischen den Mitgliedstaaten auch die solcher *Abgaben zollgleicher Wirkung*[25]. Soweit ihre Wirkung einem *Einfuhr*zoll entspricht, hatte Art. 13 II ihre schrittweise Aufhebung angeordnet. Entsprechendes regelte Art. 16 für Abgaben mit *ausfuhr*zollgleicher Wirkung. Soweit danach die *Besteuerung* des Warenverkehrs *nicht* abzubauen war, regelt sie sich fortan nach Art. 95 ff. EWGV.

Bei der Fülle der von den Mitgliedstaaten praktizierten Abgabenkompetenzen verschiedenster Art und der begreiflichen Neigung, sie aus fiskalischen oder handelspolitischen Gründen weiterhin national zu handhaben und den Wirkungen der Zollunion entgegenzusetzen, hat es umfangreicher Ermittlungen und Richtlinienregelung der Kommission bedurft, um die zollgleiche Wirksamkeit von Abgaben festzustellen und ihre Beseitigung durchzusetzen.

b) Die rechtliche Qualifizierung von Abgaben zollgleicher Wirkung ist schwierig und hat zu Kontroversen und Rechtsstreitigkeiten vor den nationalen Gerichten und dem Gerichtshof geführt, dies insbes. auch für die BRD.

aa) Aus der Plazierung der Art. 9 und 12 EWGV jeweils an hervorragender Eingangsstellung der einschlägigen Regelungen, aus ihrer Bestimmtheit und Vorbehaltlosigkeit sowie ihrer Sachlogik hat der Gerichtshof zutreffend gefolgert[26], daß die Verbotsvorschriften zur Herstellung und Siche-

---

[24] Darstellung der einschlägigen EuGH-Rechtsprechung bei *Strauß* Fs Hallstein 515—540.

[25] Zur Abgrenzung gegenüber dem Begriff der inländischen Abgaben i. S. des Art. 95 I EWGV vgl. *Wohlfarth* u. a. Komm. 2 zu Art. 95 und 3 zu Art. 9. Die Abgrenzung ist bedeutsam wegen der möglichen Erweiterung des Kreises ausgleichsfähiger Abgaben gemäß Art. 98 EWGV, außerdem deshalb, weil bei Unanwendbarkeit der Art. 95—98 nicht auf Art. 9 ff. zurückzugreifen ist.

[26] EuGH Rs 2 u. 3/62 Rspr. VIII, 881.

rung der Zollunion grundlegender Natur sind. Deshalb bedürften alle *Ausnahmen,* die als solche in enger Auslegung zu bestimmen sein würden, *eindeutiger Anordnung.* Nur auf diese Weise kann den Verboten der Zollunions-Regelung nach der Intention des Vertrages eine „möglichst große Kraft" vermittelt werden, um zu verhindern, „daß sie mit Hilfe der mannigfaltigen zoll- und steuertechnischen Praktiken umgangen werden könnten". Diese Intention wird dadurch verdeutlicht, daß nach Art. 17 die Verbote des Art. 9 auch für sog. Finanzzölle *(29/14)* gelten; ferner dadurch, daß Art. 95 (als steuerliche Vorschrift der Politik der Gemeinschaft) Einbrüche in den Wirkungsbereich dieser Verbote verhindern soll, die mit Hilfe fiskalischer Maßnahmen erzielt werden könnten. Diese Intention „geht so weit, daß Art. 95 den Staaten verbietet, Waren anderer Mitgliedstaaten in irgendeiner Weise stärker zu belasten als ihre eigenen oder auf Waren dieser Staaten inländische Abgaben zu erheben, die geeignet sind, ihre einheimischen Waren stärker zu «schützen»".

Der Begriff der Abgabe zollgleicher Wirkung, den Art. 9 und 12 verwenden, dient daher *nicht* der *Zulassung von* Ausnahmen *vom Grundsatz des Zollverbotes,* sondern seiner *Ergänzung,* um seine Wirkung abzusichern. Es kommt danach nicht darauf an, ob die fragliche Abgabe in ihrer Bezeichnung oder Verformung einem klassischen Zoll ähnelt. Entscheidend bleibt nach der Zielbestimmung des Vertrages in Art. 3 a und b und ihrer Ausprägung in Art. 9 und 12, ob die fragliche Abgabe nach der einseitigen nationalen Entscheidung über ihre Einführung in allen oder einzelnen ihrer Wirkungen zollartig diskriminierende, protektionistische Belastungen auslöst, durch die Einfuhrwaren aus einem anderen Mitgliedstaat gegenüber gleichartigen heimischen Waren verteuert werden. Es entspricht einem rein mechanischen Differenzverfahren, einer Art „Saldierung", wenn zur Feststellung einer danach maßgeblichen Verteuerungs-Wirkung weder auf die nationale Rechtsform, die Veranlassung oder Zweckbestimmung der fraglichen Abgabe abgestellt wird, sondern *ausschließlich* auf die *rechnerisch feststellbare Verteuerung* der Importwaren im Vergleich zur gleichartigen Inlandsware. Ob die nationale Abgabe nach nationalem Recht — nach deutschem Recht etwa als Verwaltungsgebühr — auch Elemente einer Gegenleistung für besondere, im Interesse des Einführers erbrachte Verwaltungsleistungen enthält, ist danach unerheblich[27]. Eindeutigkeit und Berechenbarkeit der Verteuerung sind entscheidend.

bb) Die Errichtung der Zollunion führt insoweit nicht zur Freiheit des Warenverkehrs, als den Mitgliedstaaten *kraft ihrer Steuerhoheit* die Befugnis verbleibt, steuerliche Ausgleichsmaßnahmen im grenzüberschreitenden

---

[27] So: EuGH Rs 10/65 Rspr. XI, 636, in der Generalanwalt *Gand* in Übereinstimmung mit der BRD den gegenteiligen Standpunkt vertreten hatte, falls eine „besondere Leistung", die eine Abgabe rechtfertige, vorliege; vgl. auch *Strauß* Fs Hallstein 526 sowie *Ipsen* EuR 1966, 352.

Warenverkehr zu treffen. Entsprechendes gilt, wenn die Mitgliedstaaten weiterhin *unterschiedliche Verbrauchsteuern* auf einzelne Erzeugnisse erheben[28]. Da, um Verkehrsverlagerungen zu vermeiden, hierfür weiterhin der Warenverkehr zwischen den Mitgliedstaaten überwacht und kontrolliert werden muß, würde danach die bisherige *Zollgrenze* als *Steuergrenze* fortbestehen und könnten an ihr administrative, technische und andere Beschränkungen des Warenverkehrs aufrechterhalten bleiben. Ihre endgültige Ausräumung setzt die Angleichung der Steuersysteme und -belastungen nach Art. 99 (für die indirekten Steuern), darüber hinaus eine Harmonisierung der gesamten Steuersysteme voraus.

Um insoweit jedenfalls nationale Gegenmaßnahmen gegen die Folgen der Zollbeseitigung zu verhindern oder zu begrenzen, verbietet Art. 95 I EWGV den Mitgliedstaaten, auf Waren anderer Mitgliedstaaten unmittelbar oder mittelbar höhere inländische Abgaben gleich welcher Art zu erheben, als gleichartige inländische Waren unmittelbar oder mittelbar zu tragen haben. Und nach Art. 95 II erheben sie auf solche Waren auch keine inländischen Abgaben, die geeignet sind, andere Produktionen mittelbar zu schützen.

In der Abgrenzung zum Verbot der Erhebung von Abgaben zollgleicher Wirkung gilt Art. 95 nur für solche Abgaben, „die sowohl die Einfuhren als auch die inländischen Waren treffen, jene aber in stärkerem Maße als diese“[29]. Denn da *lediglich auf Einfuhren* erhobene Abgaben im allgemeinen *Schutz*maßnahmen darstellen mit gleicher protektionistischer Zielsetzung wie Zölle, war ihre Abschaffung gemäß Art. 9, 12 EWGV geboten. Art. 95 indes bezweckt, Einbrüche in den Geltungsbereich dieser Verbote abzuriegeln, die durch nationale fiskalische Maßnahmen erreicht werden könnten.

Für die BRD ist besonders bedeutsam und deshalb in zahlreichen Verfahren erörtert worden, ob die *Umsatzausgleichsteuer*, eine Abgabe i. S. des Art. 95, *auch* eine Abgabe *zollgleicher Wirkung* i. S. des Art. 12 darstellt, was überwiegend verneint worden ist[30]. Es geht hierbei um die Frage, ob Art. 12, 13 und Art. 95 *gleichzeitig auf denselben Sachverhalt* zur Anwendung kommen können.

4. Finanzzölle

14 Für sog. *Finanzzölle*, auf die grundsätzlich die Art. 9—15 I EWGV ebenfalls anwendbar sind, enthält Art. 17 Sondervorschriften. Bei Finanz-

[28] *Wohlfarth* u. a. Komm. Vorbem. 12 vor Art. 95.

[29] Generalanwalt *Gand* Rs 10/65 Rspr. XI, 649.

[30] Aus der umfangreichen Rechtsprechung und Literatur zur Umsatzausgleichsteuer speziell zu dieser Frage: EuGH Rs 57/65 Rspr. XII, 267; Rs 7/67 Rspr. XIV, 278; Rs 20/67 Rspr. XIV, 308; Rs 25/67 Rspr. XIV, 330; *Gert Meier*, Die Umsatzausgleichsteuer als Abgabe zollgleicher Wirkung?, AWD 1967, 140; *Gottschlich*, Umsatzausgleichsteuer und EWG-Agrarmarktordnungen, ZfZ 1967, 99; *Wägenbaur*, Das Verbot steuerlicher Diskriminierung nach dem EWG-Vertrag im Lichte der Rechtsprechung des Gerichtshofs, EuR 1969, 35.

zöllen entfällt oder vermindert sich der den Zöllen sonst eigentümliche wirtschaftspolitische Lenkungszweck der Protektion; ihr Zweck ist fiskalische Einnahmeerzielung (Kaffeesteuer usw.)[31]. Um Einnahmeausfälle der Mitgliedstaaten nach Beseitigung auch der Finanzzölle bei Herstellung der Zollunion auszugleichen, erklärt Art. 17 III sie für berechtigt, die Finanzzölle durch inländische Abgaben zu ersetzen, die dem Art. 95 genügen (Einfuhren aus anderen Mitgliedstaaten also nicht diskriminieren). Das ist in der BRD für Kaffee und Tee bereits 1958 geschehen[32].

5. Handhabung des Gemeinsamen Zolltarifs

15 Die Zollunion des Gemeinsamen Marktes bildet ein *einheitliches Zollgebiet, für dessen Warenverkehr mit Drittstaaten* der nach Art. 19 EWGV berechnete Gemeinsame Zolltarif Anwendung findet. Dieser hat die Vereinheitlichung der Zollnomenklatur und des Zollsystems vorausgesetzt, mithin eine Rechtsangleichung, die Art. 27 den Mitgliedstaaten aufgibt. Dementsprechend ist auch das deutsche Zollrecht angeglichen worden[33].

Der Tarif kann autonom[34], d. h. gemeinschaftsrechtlich ohne Vertragsschluß geändert oder ausgesetzt werden (Art. 28). Im Interesse der ausreichenden Versorgung der Mitgliedstaaten, die herkömmlicherweise zu erheblichem Teil von Einfuhren aus Drittstaaten abhängt, kann außerdem durch Gewährung von Zollkontingenten an die Mitgliedstaaten zu niedrigeren Zollsätzen materiell vom Tarif abgewichen werden (Art. 25). Für beide Vorgänge regelt der EWGV Zuständigkeit und Tatbestandsvoraussetzungen. Soweit hierfür die Kommission zuständig ist, soll sie dabei nach den in Art. 29 umschriebenen Gesichtspunkten handeln.

16 a) *Art. 29* ist nicht nur für die Handhabung der Art. 25 und 28 maßgeblich, sondern dirigiert *alle* Kommissionsmaßnahmen auf Grund der ihr in Abschnitt 2 (dort in den Art. 20—22, 25, 26, 28) zur Aufstellung und Handhabung des Tarifs zugewiesenen Aufgaben. Danach ist die Kommission gebunden an folgende *Grundsätze:*

aa) In Übereinstimmung mit der Zielsetzung in Art. 3 b und den Grundsätzen der Art. 18 und 110 (liberale Zollpolitik, harmonische Entwicklung des Welthandels und Liberalisierung des internationalen Warenverkehrs) hat die Kommission der Notwendigkeit Rechnung zu tragen, den Handelsverkehr zwischen den Mitgliedstaaten und Drittländern zu fördern, was auch der Zielsetzung des GATT entspricht.

bb) Bei der Handhabung des Tarifs ist die Steigerung der Wettbewerbsfähigkeit der Unternehmen zu fördern, ohne bei Kontingentsentscheidungen

---

[31] *Catalano*, Manuel 332.

[32] *Wohlfarth* u. a. Komm. 4 zu Art. 17.

[33] Vgl. *29/11* mit Anm. 23.

[34] Zur Anwendung des Begriffs „autonom" in *diesem* Sinne und seiner Unanwendbarkeit im Zollrecht auf *mitgliedstaatliche* Durchführungsmaßnahmen vgl. *Ipsen* EuR 1971, 40.

nach Art. 25 einem Unternehmen oder einer Unternehmensgruppe künstliche Wettbewerbsvorteile zu vermitteln[35].

cc) Die Versorgung mit Rohstoffen und Halbfertigwaren für den Verbrauch in der Gemeinschaft und nach Weiterverarbeitung für den Export ist im Sinne einer Zielbestimmung zu fördern, wie sie Art. 3 EWGV zwar nicht ausdrücklich verlautbart, wie sie aber z. B. in Art. 39 I d für die Agrarpolitik hervorgehoben wird (Sicherstellung der Versorgung; ebenso in Art. 3 a EGKSV, Art. 2 d EAGV). Die Kommission darf dabei nicht zur Verfälschung der Wettbewerbsbedingungen für Fertigwaren zwischen den Mitgliedstaaten beitragen. Das kann insbes. für Zollkontingent-Bewilligungen nach Art. 25 II (für Einfuhren zur Weiterverarbeitung) relevant sein.

dd) Art. 29 d endlich verlangt von der Kommission die Berücksichtigung von Grundsätzen komplexer Zuordnung, nämlich einmal die Unterlassung protektionistischer Maßnahmen, durch die die Produktionsentwicklung oder die ausreichende Nachfragebefriedigung in der Gemeinschaft be- oder verhindert wird, zum anderen Vorsorge gegen Auswirkungen von Drittländer-Konkurrenz, die die Produktion in der Gemeinschaft beeinträchtigen und ernsthafte Wirtschaftsstörungen auslösen könnte.

ee) Ebenso wie bei der Aufgabe der Gemeinschaftsorgane, die unterschiedlichen Zielbestimmungen zugleich, erforderlichenfalls aber unter Vorrang des einen und Nachordnung eines anderen unter Würdigung der wirtschaftlichen Gesamtlage zu beachten, hat die Kommission danach auch in der Handhabung des Gemeinsamen Zolltarifs einen gewissen wirtschaftspolitischen Ermessensspielraum. Für seine Bemessung, Grenzbestimmung und gerichtliche Überprüfbarkeit sollten die zu den Zielbestimmungen entwickelten Grundsätze entsprechend anwendbar sein *(28/20—26)*[36].

17 b) *Art. 25,* der — zulässigerweise — auch schon in der Übergangszeit angewendet worden ist, begründet Kompetenzen der Gemeinschaftsorgane, durch *Gewährung von Zollkontingenten an Mitgliedstaaten* materielle Abweichungen vom Tarif zuzulassen, und zwar derart, daß für ein nach Menge oder Wert bemessenes Kontingent an Einfuhrwaren ein *unter* dem Satz des Tarifs liegender Zollsatz erhoben wird. Für die in Art. 25 III aufgeführten landwirtschaftlichen Erzeugnisse ist darüber hinaus auch eine gänzliche oder teilweise Aussetzung der Zollsatzanwendung zulässig, sofern dies auf dem fraglichen Warenmarkt keine schwerwiegenden Störungen zur Folge hat.

Nach Voraussetzungen und Verfahren der Kontingentgewährungen ist hinsichtlich der jeweils in Frage stehenden *Warenart* zu unterscheiden, die in den Warenlisten des Anhangs I zu B, C, D (Zuständigkeit des Rates, Entscheidung mit qualifizierter Mehrheit auf Kommissionsvorschlag), zu E und G (Zuständigkeit der Kommission auf mitgliedstaatlichen Antrag), oder die in den Warenlisten des Anhangs II (landwirtschaftliche Erzeugnisse) aufge-

---

[35] *Wohlfarth* u. a. Komm. 2 zu Art. 29.
[36] *Strauß* Fs Hallstein 528.

führt sind (Zuständigkeit der Kommission zur Kontingent-Gewährung oder zur Ermächtigung eines Mitgliedstaates zu eigener Aussetzung der Zollsatzanwendung).

aa) Das *Ratsverfahren nach Abs. I* setzt für den Entscheidungsvorschlag der Kommission ihre Feststellung voraus, daß die Erzeugung bestimmter Waren in den Mitgliedstaaten für die Versorgung eines Mitgliedstaates nicht ausreicht und sie herkömmlicherweise zu einem erheblichen Teil von Einfuhren aus Drittländern abhängt. Das *Kommissionsverfahren nach Abs. II* setzt voraus, daß eine Änderung der Versorgungsquellen oder eine ungenügende Versorgung innerhalb der Gemeinschaft sich nachteilig auf die verarbeitenden Industrien des antragstellenden Mitgliedstaates auswirken könnte. In beiden Verfahren dürfen die Kontingente nicht so bemessen werden, daß eine Verlagerung wirtschaftlicher Tätigkeiten zum Nachteil anderer Mitgliedstaaten zu befürchten ist. Das *Kommissionsverfahren nach Abs. III* (Kontingentgewährung oder Ermächtigung zur Aussetzung) setzt voraus, daß seine Anwendung auf dem fraglichen Warenmarkt keine schwerwiegenden Störungen zur Folge hat. Abs. III gehört systematisch in den Titel II „Landwirtschaft".

In allen Anwendungsfällen des Art. 25 bedarf es also — trotz der Besonderheit des Verfahrens nach Abs. I — vorgängiger Feststellung der Kommission über die Auswirkungen des Gemeinsamen Zolltarifs auf die Versorgungslage in einem Mitgliedstaat, in der Gemeinschaft insgesamt, auf die Lage der Verarbeitungsindustrien, über die Rückwirkung etwaiger Kontingentgewährungen aus der Verlagerung wirtschaftlicher Tätigkeiten zum Nachteil anderer Mitgliedstaaten sowie über die Gefahr möglicher schwerwiegender Marktstörungen, die aus zugelassenen Tarif-Abweichungen erwachsen können. Es ist hierfür einmal Aufgabe der Kommission, die Schutzfunktion des Tarifs zu beachten, der das innerhalb der Gemeinschaft bestehende Preisniveau vor Einwirkungen von Drittländerimporten zu niedrigeren Preisen bewahren soll. Gleichzeitig hat die Kommission die Funktion des Tarifs als einer die Zollunion gemeinsam und einheitlich erfassenden Zollregelung zu respektieren, also den *Ausnahmecharakter* der in Art. 25 vorgesehenen *Durchbrechungs-Kompetenzen* im Hinblick auf Art. 2, 3 und 9 EWGV in Rechnung zu stellen. Die Kommission hat also bei den Folgerungen, die sie aus ihren Feststellungen zieht, „die Systematik und die tragenden Grundsätze des Gemeinsamen Marktes zu beachten"[37]. Die Feststellungen selbst sind unter Auswertung aller verfügbaren Erkenntnisquellen ex officio zu treffen, ohne daß die Kommission auf Gesichtspunkte der Antragsbegründungen beschränkt wäre. Daß das Feststellungsverfahren schon

---

[37] EuGH Rs 34/62 Rspr. IX, 295; Rs 24/62 Rspr. IX, 147. In beiden Fällen (Orangenfall, Brennweinfall) hatte die BRD gegen ablehnende Kommissionsentscheidungen über die Gewährung von Zollkontingenten geklagt; dazu *Strauß* Fs Hallstein 526 ff. und *Bülow* AWD 1963, 274 ff.

im Ansatz oder in der Methode der zu treffenden Entscheidung präjudizieren kann, erscheint nicht ausgeschlossen. Mängel dieser Art oder anderer im Feststellungsverfahren können im Rahmen zulässigen Prozedierens vor dem Gerichtshof gerügt werden, ebenso solche der Entscheidungsbegründung. Bei ihren Feststellungen kann die Kommission von der wirtschaftlichen Wirklichkeit ausgehen, die häufig auf der Interdependenz der Märkte beruht und nicht immer nur isoliert vom Markt der den Kontingentantrag betreffenden Waren geprägt wird. Interessen bestimmter Wirtschaftsgruppen können im Rahmen solcher Feststellungen gewürdigt werden, und dies auch in einzelnen Mitgliedstaaten. Denn dies mag dem Gemeinschaftsinteresse entsprechen und ist nicht nur nationalen Instanzen vorbehalten.

bb) *Feststellungen der Kommission* i. S. des Art. 25 I als Element ihres Entscheidungsvorschlages sind (wenn auch förmliches) Verwaltungs*internum* gemäß Art. 163 und als solches, weil nicht Rechtshandlung i. S. des Art. 189, *nicht anfechtbar*. Nur der die Antragstellung an den Rat ablehnenden Beschlußfassung über solche Feststellungen kommt dieser Charakter zu, so daß sie nach Art. 173 anfechtbar ist[38]. Für sonstige Kontingententscheidungen — ablehnende und gewährende — des Rates und der Kommission gilt dasselbe, ebenso für Ermächtigungsentscheidungen gemäß Abs. III.

Rats-Kontingentgewährungen nach Art. 25 I und solche der Kommission nach Abs. II sind als gebundene Rechtshandlungen anzusehen. Bei Vorliegen der Voraussetzungen sind sie also zu erlassen, und die Mitgliedstaaten können ein Recht auf Erlaß geltend machen. Für Gewährungen und Ermächtigungen nach Abs. III gilt das nicht. Hier steht der Kommission *Handlungsermessen* zu Gebote (arg. „kann"). Ihre Ermessensentscheidung, die sich an den allgemeinen Grundsätzen des Art. 29 orientieren muß, wird lediglich final dahin gebunden, daß die Gewährung oder Ermächtigung auf dem fraglichen Warenmarkt keine schwerwiegenden Störungen zur Folge haben darf.

Nach Art. 25 IV sind die Kontingentgewährungen von der Kommission in regelmäßigen Zeitabständen zu überprüfen, und zwar im Hinblick auf den Fortbestand der Gewährungsvoraussetzungen. Darin liegt zugleich eine Widerrufs- und Änderungsbefugnis der für die Gewährung zuständigen Gemeinschaftsinstanz im Falle des Wegfalls oder wesentlicher Änderung der Gewährungsvoraussetzungen[39].

18 c) Über *Änderungen und Aussetzungen der Zollsätze des Gemeinsamen Zolltarifs* entscheidet seit Herstellung der Zollunion nach *Art. 28 EWGV* allein der Rat mit qualifizierter Mehrheit auf Vorschlag der Kommission. Denn die Kompetenz der Mitgliedstaaten ist nach Angleichung der nationalen Zollsätze an den Gemeinsamen Zolltarif gemäß Art. 23 I entfallen. Quantitativ dürfen solche Änderungen oder Aussetzungen im Verordnungswege nach Art. 189 II jeweils 20 % jeden Zollsatzes nicht übersteigen. Zu-

---

[38] *Wohlfarth* u. a. Komm. 4 zu Art. 25.
[39] Ebenso *Wohlfarth* u. a. Komm. 4 zu Art. 25.

gleich sind sie auf eine Dauer von 6 Monaten mit der Möglichkeit einmaliger Wiederholung begrenzt. In der Autonomie des Rates über den Tarif, d. h. in der Wahrnehmung der Zollpolitik anders als durch Zollabkommen mit Drittländern, liegt ein wichtiges, schnell verfügbares Mittel der gemeinsamen Handelspolitik nach Art. 113 I. Die Gemeinschaftszuständigkeit des Rates aus Art. 28 wird zugunsten der Mitgliedstaaten lediglich im Verfahren nach Art. 25 III durchbrochen, aber auch dies lediglich kraft ihrer Ermächtigung durch die Kommission zur gänzlichen oder teilweisen Aussetzung der Tarifsatz-Anwendung.

Auch soweit im Rahmen der landwirtschaftlichen Marktordnungen und nach dem Übergang der Rechtsetzungsbefugnisse auf die Gemeinschaft Schwierigkeiten der Zolltarifierung und in der Bestimmung der Marktordnungsbegriffe auftreten, besitzen die Mitgliedstaaten keinerlei echte Rechtsetzungsbefugnis. Ihnen fehlt auch eine Auslegungsbefugnis, und dies selbst, wenn es an förmlicher gemeinschaftsrechtlicher Auslegung noch fehlt. Putensterze[40] und Mehl von Manihot[41] waren die beiden Produkte, in deren zolltariflicher Einordnung und Begriffsbestimmung der BRD als Mitgliedstaat verwehrt wurde, „eigene Vorschriften zu erlassen, welche die Tragweite der Verordnung selbst und insbesondere der darin enthaltenen Warenbezeichnungen berühren". Die zollrechtliche Gemeinschaftszuständigkeit wird also nach strengen Gesichtspunkten gegenüber den Mitgliedstaaten durchgesetzt. Selbst förmliche Auslegungserläuterungen der Kommission gegenüber den Mitgliedstaaten und ihre Befolgung durch nationale Instanzen können der Beurteilung der Grundnormen durch den Rat nicht präjudizieren[42].

d) Aus der Einführung des Gemeinsamen Zolltarifs sowie der grundsätzlichen Disposition von Gemeinschaftsorganen über seine Anwendung hat sich zunächst *keine Zollhoheit der Gemeinschaft i. S. einer „Einnahmegemeinschaft"* ergeben. Die Zölle des Gemeinsamen Zolltarifs wurden nämlich an den Außengrenzen der Gemeinschaft, wo sie anfallen, durch die Organe der Mitgliedstaaten erhoben, denen sie verblieben. Eine Änderung i. S. einer auch auf *eigenen* Zolleinnahmen beruhenden *Finanzautonomie* war bereits in Art. 201 EWGV vorgesehen: die Einnahmen aus dem Gemeinsamen Zolltarif sind dort, weil als Resultat der gemeinsamen Handelspolitik hierfür primär geeignet, besonders hervorgehoben, um die Finanzierung der Gemeinschaft durch Beiträge der Mitgliedstaaten zu ersetzen. Dieser Weg zur Etatautonomie der Gemeinschaft ist vom Jahre 1971 an beschritten worden. Bis Ende 1974 werden die Zolleinnahmen schrittweise auf die Gemeinschaft übertragen. Ab 1975 stehen sie insgesamt der Gemeinschaft als Eigeneinnah-

---

[40] EuGH Rs 40/69 Rspr. XVI, 69 = EuR 1970, 243 mit Anm. *Ipsen.*

[41] EuGH Rs 74/69 Rspr. XVI, 451 = EuR 1970, 334 mit Anm. *Ipsen* EuR 1971, 39; zu weiteren EuGH-Urteilen dieser Art und den Tarifauslegungs-Problemen vgl. *Kalbe* AWD 1971, 374; *Laubereau* ZfZ 1971, 133.

[42] Vgl. *Ipsen* EuR 1971, 39.

men zu. Die nähere Darstellung gehört zur Finanzordnung der Gemeinschaft (*18/12*).

19 e) Über die Anwendbarkeit des Tarifs in *Freizonen* und auf den sog. *aktiven Veredelungsverkehr*, d. h. Produktionsvorgänge in ihrem Bereich, sind die Ratsrichtlinien vom 4. März 1969 (ABl. L 58, 11 und 1) ergangen. Das Funktionieren der Zollunion würde in Frage gestellt werden, wenn die Mitgliedstaaten in Freihäfen oder Freizonen ihrer eigenen Errichtung und Umgrenzung Waren aus Drittländern ohne Beachtung des Tarifs einführen, lagern, verarbeiten oder verbrauchen ließen. Solche Freigebiete kennen Mitgliedstaaten z. T. aus langer historischer Verursachung, so auch die BRD, und dort insbes. in Hamburg[43] und Bremen[44]. Speziell auch das *Hamburger Freihafenprivileg*[45] hätte funktionell den Gemeinsamen Markt und die Zollhoheit der Zollunion berühren sowie Wettbewerbsverfälschungen nicht ausschließen können, die das Gemeinschaftsrecht auch in Freizonen nicht duldet. Da sich die Beibehaltung des Freihafenprivilegs indes für die Freihafenindustrie als wirtschaftlich notwendig erwiesen hat, ist für den Freihafen Hamburg nicht nur die Lager- und Umschlagsfreiheit zugelassen worden, sondern auch die Be- und Verarbeitung unverzollter ausländischer Waren für den Export, solange dadurch nicht die Wettbewerbsbedingungen für einen bestimmten Wirtschaftszweig in der Gemeinschaft beeinträchtigt werden. Die Kommissionkontrolle hierüber wird sich auf das Gesamtvolumen der Freihafenproduktion beziehen, nicht auf Einzelbetriebe. Insoweit ist auch eine Neuerrichtung von Betrieben nicht ausgeschlossen.

Das (ohnehin kaum noch praktizierte) Recht zum zollfreien Ge- und Verbrauch von Importwaren ist dagegen beseitigt worden. Damit entfällt die Notwendigkeit bisheriger Investitionsbeschränkungen im Veredelungsverkehr für das Inland.

III. Beseitigung der mengenmäßigen Beschränkungen

20 Der Sicherung des freien Warenverkehrs im Gemeinsamen Markt dient außer der Zollunion die *Beseitigung der mengenmäßigen Beschränkungen*

---

[43] Darstellung des Freihafen-Statuts Hamburg bei: *Ipsen*, Hamburgs Verfassung und Verwaltung (1956) 430—440; zu den Einwirkungen des EWGV und den Folgen der Errichtung der Zollunion: *Ipsen*, Hamburg in der EWG, Fs Schack 62, dort (65, 66) die Gesichtspunkte, aus denen das Freihafenprivileg funktionell den Gemeinsamen Markt und die Zollhoheit der Zollunion berühren könnte.

[44] Zum Freihafen Bremen: *Ipsen*, Hamburgs Verfassung und Verwaltung 434 mit Anm. 40.

[45] Zu seinem Inhalt: *Ipsen*, Hamburgs Verfassung und Verwaltung 432. — Da Freihafenteile in Waltershof mit ihren Tank- und Umschlagsanlagen kaum noch für den Außenhandel genutzt wurden, sind sie durch Gesetz über die Einbeziehung von Teilen des Freihafens Hamburg in das Zollgebiet vom 30. 3. 1971 (BGBl. I, 280) ihres Privilegs entkleidet worden und gehören nunmehr zum Zollgebiet der Zollunion. — Im Freihafen Hamburg hat das Privileg für 79 Industriebetriebe

des Warenverkehrs, die die Art. 30—37 EWGV regeln. Von ihnen zielt Art. 37 auf die Umformung der staatlichen Handelsmonopole, damit auf die Anpassung staatswirtschaftlicher Lenkungs- und Kontrolleinrichtungen an das Gebot der Nicht-Diskriminierung; seine Bedeutung ist im Zusammenhang mit Art. 90 EWGV gesondert zu behandeln *(37/24)*[46].

1. Verbot und Abbau

21 Mengenmäßige Beschränkungen, insbesondere mit Hilfe von Kontingentierungs- und entsprechenden Genehmigungsvorbehalten für den Außenwirtschaftsverkehr, sind vornehmlich seit dem I. Weltkrieg aus Gründen nationaler Währungs- und Devisenpolitik sowie aus protektionistischen Motiven zunehmend praktiziert worden. Alle internationalen Bemühungen zur Liberalisierung des Warenverkehrs haben daher seitdem auch dem Abbau und der Beseitigung mengenmäßiger Beschränkungen gegolten, unter ihnen insbesondere die der OEEC (OECD) und des GATT. Die Herstellung binnenmarktähnlicher Verhältnisse im Gemeinsamen Markt gebot entsprechende Maßnahmen. Sie mußten, dem Integrationsprinzip entsprechend, in die Zuständigkeit und Regelung des Gemeinschaftsrechts verwiesen werden.

a) Dementsprechend statuieren Art. 30 und 34 EWGV ein (in Art. 3 der Ratsentscheidung vom 26. Juli 1966 über die Herstellung der Zollunion[47] wiederholtes) *grundsätzliches Verbot aller mengenmäßigen Ein- und Ausfuhrbeschränkungen,* und zwar unter Anordnung zeitlich und umfangmäßig bestimmter Abbaugebote (nach Art des Art. 14 für die Zölle), denen die Mitgliedstaaten zu entsprechen hatten (Art. 32 II, 33, 34 II). Dabei bildete nach der Stillhalteverpflichtung des Art. 31 II für Einfuhren der Liberalisierungsstand von 90 % der OEEC vom 14. Januar 1955 die Ausgangsbasis, die die Mitgliedstaaten durch neue Beschränkungsmaßnahmen nicht mehr unterschreiten durften. Entsprechend verpflichtete Art. 32 die Mitgliedstaaten, in ihrem gegenseitigen Handelsverkehr die bei Inkrafttreten des EWGV bestehenden Kontingente nicht einzuschränken, sondern bis zum Ende der Übergangszeit aufzuheben. Ihre schrittweise Beseitigung hat sich nach den Zeit- und Quantitätsregelungen der Art. 33, 34 vollzogen[48].

b) Das Gemeinschaftsrecht rechnet — ebenso wie bei seinen Zollvorschriften — auch in seiner Ausräumung mengenmäßiger Beschränkungen mit nationalstaatlicher Erfindungsgabe und Umgehungsabsicht. Deshalb zielen seine einschlägigen Regelungen (Art. 30, 31 I, 32 I, 34) auch auf „Maßnah-

---

(vorwiegend des Schiffbaues und der Schiffsausrüstung) mit etwa 25 000 Beschäftigten Bedeutung.

[46] Zur Anwendbarkeit der Art. 30 ff. EWGV auf mitgliedstaatliche Maßnahmen für öffentliche Unternehmen vgl. *Nicolaysen,* Planeinsatz öffentlicher Unternehmen und EWG-Vertrag (Art. 90), in: Planung III (1968) 337.

[47] ABl. 1966, 2971.

[48] Darstellung bei *Wohlfarth* u. a. Komm. 1—11 zu Art. 33.

men gleicher Wirkung" (wie eben mengenmäßige Beschränkungen oder Kontingente i. e. S.). Ihre Erfassung und Begriffsbestimmung bedarf gesonderter Behandlung *(29/22)*.

c) Nach Art. 108 II a (Zahlungsbilanzschwierigkeiten), 226 EWGV (Wirtschaftsstörungen während der Übergangszeit) können und konnten Mitgliedstaaten durch Rats- oder Kommissionsentscheidung von ihren Abbauverpflichtungen entbunden werden.

Von diesen zulässigen Einzeldispensationen abgesehen, stellt Art. 36 die Mitgliedstaaten generell von ihren Pflichten aus den Art. 30—34 frei, soweit es sich um nationale Ein-, Aus- und Durchfuhrverbote und -beschränkungen handelt, die aus Gründen der öffentlichen Sittlichkeit, Ordnung und Sicherheit und entsprechenden Schutz-Gesichtspunkten, zum Schutz nationalen Kulturgutes oder des geistigen und kommerziellen Eigentums gerechtfertigt sind. Dieser Vorbehalt zugunsten eines ordre public national darf indes von den Mitgliedstaaten nicht als Mittel zu willkürlicher Diskriminierung oder verschleierter Handelsbeschränkung mißbraucht werden. Die Hemmung, die durch nationale Berufung auf den Vorbehalt des Art. 36 in der Herstellung freien Warenverkehrs eintreten kann, würde durch Angleichungs- oder Koordinierungsregelungen nach Art. 100 ff. EWGV gemildert werden.

d) Anders als Art. 18—29 EWGV über den Gemeinsamen Zolltarif als Mittel zur Sicherung des freien Warenverkehrs, enthalten die Vorschriften über Verbot und Abbau der mengenmäßigen Beschränkungen keine entsprechenden Normen über einheitliche Kontingentfestsetzungen nach außen, also keinen „Gemeinsamen Kontingent-Katalog" für den Handel mit Drittländern. Es fehlt also an einer Regelung der *Außenseite* des Gemeinsamen Marktes im Hinblick auf die quantitative Befreiung des Warenverkehrs von Beschränkungen. Insoweit stellte Art. 111 Ziff. 5 EWGV lediglich eine Verpflichtung der Mitgliedstaaten fest, auch schon während der Übergangszeit ihren Drittländer-Handel möglichst einheitlich zu liberalisieren. Im übrigen ist dies seither Aufgabe der gemeinsamen Handelspolitik gemäß Art. 113 EWGV[49].

e) Die Herstellung der Warenverkehrsfreiheit durch die Beseitigung mengenmäßiger Beschränkungen beruht im *Agrarmarkt* (Art. 38—47 EWGV) auf den besonderen Regelungen der einschlägigen Agrarmarkt-Verordnungen *(47/17—19)*[50].

2. *Maßnahmen gleicher Wirkung*

22 *Maßnahmen mit gleicher Wirkung wie mengenmäßige Beschränkungen und Kontingente*[51], deren Beseitigung ebenfalls der Sicherung eines freien

[49] *Wohlfarth* u. a. Komm. Vorbem. vor Art. 30.
[50] Nachweise bei *Ehle* AWD 1967, 454 mit Anm. 12.
[51] *Ehle* AWD 1967, 453; *Seidel* NJW 1967, 2081.

Warenverkehrs dient, können im nationalen Interesse erstrebten Schutz und dem Gemeinschaftsinteresse widerstreitende Diskriminierung um so intensiver herbeiführen, je liberaler der Warenverkehr im übrigen gestaltet wird. Je allgemeiner die Gemeinschaftstugend sich entfaltet, um so mehr erscheinen nationale Abweichungen als Sünde. Die zuständigen Gemeinschaftsorgane waren daher um die Ermittlung und Unterbindung solcher Maßnahmen ebenso bemüht, wie ihnen fortan obliegt, ihre weitere nationale Einführung und Handhabung zu verhindern. Ihr Erscheinungsbild ist bunt und reicht von französischen Maßnahmen zur Beschränkung des Charente-Brennwein-Bezuges zur Cognac-Herstellung über holländische Verbote zur zeitweiligen Ausfuhrsperre für Blumenzwiebeln bis hin zu belgischen Anordnungen über die Verwendung von Steuerkapseln und -banderolen[52].

a) Da das Gemeinschaftsrecht auf Warenverkehrsbeschränkungen abstellt, die durch Maßnahmen gleicher Wirkung — wie eben durch mengenmäßige Beschränkungen selbst — herbeigeführt werden, ist die Rechtsprechung des Gerichtshofs zu den Maßnahmen zollgleicher Wirkung *auch* für *ihre* Begriffsbestimmung verwendbar *(29/13)*[53]. Unabhängig von der Bezeichnung, der Form der Einführung und ihrem Inhalt, kommt es demnach darauf an, ob der Warenverkehr durch sie, wesentlichen Vertragszielen (Art. 3 a, 7, 30 EWGV) zuwider, behindert, erschwert oder umgelenkt wird, wie dies ohne ihre Existenz nicht der Fall wäre. Es kommt also auf eine umfassende, vertragsziel-determinierte Begriffsumschreibung an. In diesem Sinne genügt auch schon die *Eignung* der Maßnahme, *diese Wirkung* herbeizuführen, ohne daß es ihres konkreten Nachweises im Einzelfall bedürfte. Potentielle Gemeinschaftsschädlichkeit reicht also aus.

b) Als Maßnahmen dieser Art kommen *nur* solche *öffentlich*-rechtlicher Natur in Betracht, und zwar in der Regel diejenigen *generellen* Rechtssatz-Charakters, aber auch solche, die — nach nationalem Recht, auf dessen Qualifikation abzustellen ist, — als sog. *Verwaltungs*vorschriften ergehen. Verwaltungs*praktiken* hinreichend regelmäßiger und andauernder Handhabung müssen ihnen gleichgestellt werden können, um Umgehungen auszuschließen.

c) Daß solche Maßnahmen — *außer* ihrer *im Sinne des Art. 7 EWGV* diskriminierenden, d. h. *national* differenzierenden Wirkung — *auch innerstaatlich* belastend auf den Warenverkehr einwirken, nimmt ihnen für den grenzüberschreitenden Warenverkehr nicht den Makel der Gemeinschaftswidrigkeit.

d) Soweit der nationale ordre public-Vorbehalt des Art. 36 zugunsten der Mitgliedstaaten intentionell reicht, wirkt er *auch* für die hier fraglichen Maßnahmen gleicher Wirkung wie mengenmäßige Beschränkungen oder Kontingente i. e. S.

---

[52] *Ehle* AWD 1967, 453.

[53] Ebenso die Antwort der Kommission auf die schriftliche Anfrage Nr. 118 vom 14. 3. 1967 unter 1 (ABl. 1967, 901).

§ 30 DISKRIMINIERUNGSVERBOTE

von Ackermann, Das Diskriminierungsverbot im EWG-Vertrag und seine Bedeutung für multilaterale und bilaterale Handelsabkommen aus der Sicht der BRD, Diss. Hamburg (1964); *Bode*, Die Diskriminierungsverbote im Vertrag über die Europäische Wirtschaftsgemeinschaft, Diss. Göttingen (1966); *Borgiel*, Die Behandlung der Diskriminierung und des unlauteren Wettbewerbs im Vertrag über die EGKS, Diss. Würzburg (1958); *Canenbley*, Das Diskriminierungsverbot in den Wettbewerbsregeln des Vertrages zur Gründung der Europäischen Wirtschaftsgemeinschaft, Art. 85 Abs. 1 Buchst. d, Art. 86 Buchst. c EWG-Vertrag, Diss. Marburg (1970); *Drobnig*, Verstößt das Staatsangehörigkeitsprinzip gegen das Diskriminierungsverbot des EWG-Vertrages?, RabelsZ 1970, 636; *Erb*, Das Diskriminierungsproblem in der Montanunion, Diss. Bonn (1959); *van Hecke*, La notion de discrimination, in: Les aspects juridiques du Marché Commun (1958) 127; *van Hecke*, Das Diskriminierungsverbot des Vertrages über die EWG, in: Kartelle und Monopole im modernen Recht I (1961) 335; *Isele*, La discrimination en matière d'emploi et de profession dans les pays-membres de la Communauté Economique Européenne, RevDrComp 1969, 5; *Jerusalem*, Das Diskriminierungsverbot in der Marktordnung des Montanvertrages (1961); *Klaer*, Die Anwendung von Diskriminierungsverboten im Gemeinsamen Verkehrsmarkt, in: Zur Stellung der Mitgliedstaaten im Europarecht (1967) 98; *Loerke*, Hoheitliche Gewalt und Diskriminierungsverbot nach dem Montanvertrage (1963); *Meier*, Der Schutz des Marktbürgers durch das Diskriminierungsverbot des Art. 7 Abs. 1 EWGV, ZHR 133 (1969) 61; *Mestmäcker*, Offene Preise, Diskriminierungen und Wettbewerbsbeschränkungen in der Montanunion, WuW 1955, 151; *Mestmäcker*, Diskriminierungen, Dirigismus und Wettbewerb, WuW 1957, 28; *Mestmäcker*, Das Diskriminierungsverbot des Vertrages über die Europäische Gemeinschaft für Kohle und Stahl, in: Kartelle und Monopole im modernen Recht I (1961) 309; *Steindorff*, Der Gleichheitssatz im Wirtschaftsrecht des Gemeinsamen Marktes (1965); *Verloren van Themaat*, Bevat artikel 30 van het EEG-Verdrag slechts een non-discriminatie beginsel ten aanzien van invoerbeperkingen?, SEW 1967, 632; *Verloren van Themaat*, EEG-richtlijnen betreffende discriminerende aankooppolitiek, overheidsinstellingen, discriminerende prijsvoorschriften en andere maatregelen van gelijke werking als kwantitative invoerbeperkingen, SEW 1970, 258; *Wägenbaur*, Das Verbot steuerlicher Diskriminierung nach dem EWG-Vertrag im Lichte der Rechtsprechung des Gerichtshofs, EuR 1969, 20; *Wybo*, L'interdiction des discriminations dans les Communautés européennes (1964); *Zerr*, Der Begriff der Diskriminierung im Vertrag über die EGKS, Diss. Heidelberg (1961); *Zimmermann*, Die Preisdiskriminierung im Recht der Europäischen Gemeinschaft für Kohle und Stahl (1962); *Zimmermann*, Diskriminierungsverbote für den privaten Geschäftsverkehr in den europäischen Gemeinschaftsverträgen, in: Beiträge zum EWG-Kartellrecht (1967) 179.

1 Ausgehend vom anglo-amerikanischen Rechtskreis, insbes. dem amerikanischen Antitrustrecht, sind Begriff und Verbot der Diskriminierung nach dem ersten Weltkrieg Elemente des internationalen und europäischen Wirtschaftsrechts geworden. Danach gilt als Diskriminierung eine vom Recht mißbilligte unterschiedliche Behandlung gleicher Tatbestände. Ihr Verbot will Ungleichbehandlung verhindern und Gleichbehandlung erreichen. Als

Gleichbehandlungspflicht ist das Verbot Ausfluß und Erscheinungsform des Gleichheitssatzes. In ihm wurzeln also Begriff und Verbot der Diskriminierung. Was zum Gleichheitssatz im Verfassungs- und Verwaltungsrecht historisch, dogmatisch, von Rechtsprechung und Rechtsvergleichung beigetragen worden ist (und hier nicht reproduziert werden kann), bildet in manchen Zügen Hintergrund und Grundlage auch für die Deutung der Diskriminierungsverbote des Europäischen Gemeinschaftsrechts[1].

Daß der Gleichheitssatz in jeder Rechtsordnung sein eigenes Gesicht hat[2], bestätigt sich auch in seiner Ausgestaltung zu Diskriminierungsverboten im Gemeinschaftsrecht. Hier hat der Gleichheitssatz viele „Gesichter".

In ihm erscheint das Diskriminierungsverbot einmal als ein *an die Mitgliedstaaten* gerichtetes Verbot, einzelne Marktbürger oder Gruppen zu bevorzugen, weil dadurch die Gleichheit im Wettbewerb beeinträchtigt werden kann. In dieser Gestalt wirkt es insbesondere als Subventionsverbot *(38/1 ff.)*. In anderen Ausgestaltungen will es die Gleichbehandlung der *Marktteilnehmer untereinander*, also in ihren privatrechtlichen Marktbeziehungen (z. B. der Preisgestaltung) durchsetzen — in einer Wirkung also, die im Verständnis des verfassungsrechtlichen Gleichheitssatzes des Art. 3 GG als *Drittwirkung* zu bezeichnen wäre. Soweit die Respektierung dieser Drittwirkung von Gemeinschaftsinstanzen kontrolliert und sanktioniert wird, verschafft das Diskriminierungsverbot der Gemeinschaftsgewalt *Kontroll- und Interventionsbefugnisse und -aufgaben* (z. B. Preiskontrolle, Preisgestaltung). Entsprechend wirken Diskriminierungsverbote im Wettbewerbsrecht, die ebenfalls von Gemeinschaftsinstanzen kontrolliert und sanktioniert werden und ihnen damit die Aufgabe der Wettbewerbskontrolle zuweisen. Soweit sich das Diskriminierungsverbot *an* Gemeinschafts*organe* richtet, soll es *diese* zur Gleichbehandlung der Mitgliedstaaten oder (und auch) der Marktbürger verpflichten. Nach Adressaten und einerseits Verpflichteten, andererseits Berechtigten, nach Zielsetzung und Intention (für den Zivilrechtsverkehr, für öffentliche Gewaltausübung der Gemeinschaftsorgane und der Mitgliedstaaten, im Interesse der Wettbewerbsfreiheit, anderer Marktfreiheiten und auch gemeinschaftsrechtlicher Interventions- und Kontrollbefugnisse) sind die Diskriminierungsverbote unterschiedlich ausgestaltet und wirksam. In nicht wenigen von ihnen sind komplexe Zielsetzungen und Intentionen kombiniert[3].

---

[1] Vgl. *Loerke,* Hoheitliche Gewalt und Diskriminierungsverbot nach dem Montanvertrage 15—25; *Klaer* in: Zur Stellung der Mitgliedstaaten im Europarecht (1967) 98.

[2] Hierzu: *Ipsen,* Gleichheit, in: Neuman-Nipperdey-Scheuner, Die Grundrechte II (1954) 164; *Steindorff,* Der Gleichheitssatz im Wirtschaftsrecht des Gemeinsamen Marktes 59.

[3] Daraus erklärt sich z. B. der Zweifel, ob Gleichbehandlungsgebote und Diskriminierungsverbote von Instanzen der Wirtschaftsaufsicht lediglich im öffentlichen Interesse geltend zu machen sind oder dem von ihrer Verletzung betroffenen Konkurrenten subjektive öffentliche Rechte auf Gewährung von Aufsichts-Schutz ein-

I. *Rechtsgrundlagen*

1. *Arten von Diskriminierungsverboten*

2 Für Rechtsbeziehungen der internationalen Wirtschaft hat Art. III Ziffer 1, 4 GATT ein allgemeines, alle Lücken schließendes Diskriminierungsverbot zum Zwecke der *Inländergleichbehandlung* aufgestellt. Es wendet sich an die Staaten[4]. Danach dürfen „Gesetzesbestimmungen, Verwaltungsanordnungen und Vorschriften bezüglich des Verkaufs, des Verkaufsangebots, des Ankaufs, der Beförderung, der Verteilung oder Verwendung von Erzeugnissen auf dem Inlandsmarkt ..." nicht zum Schutz der inländischen Erzeugnisse angewandt, und die Erzeugnisse aus GATT-Staaten sollen in diesen Bestimmungen und Vorschriften nicht ungünstiger behandelt werden als gleichartige Erzeugnisse heimischen Ursprungs.

3 a) Ganz im Sinne dieser Ausprägung des Verbots kann schon die Vergemeinschaftung von sechs Nationalwirtschaften als solche und können folglich die Gemeinschaftsverträge (die Verfassungen und Instrumentarien der Gemeinschaften) auch als Mittel zur Verwirklichung des Prinzips der Nichtdiskriminierung dieser Intention der Inländergleichbehandlung angesehen werden[5]. In diesem Sinne verlautbart Art. 7 EWGV mit seinem Verbot einer Diskriminierung *aus Gründen der Staatsangehörigkeit* (eben wegen der Unzulässigkeit der nationalstaatlichen Anknüpfung als Differenzierungsmerkmal) für eine Wirtschaftsvergemeinschaftung, die aus *mehreren nationalen* Wirtschaften und Märkten *eine* Gemeinschaftswirtschaft und *einen* Gemeinsamen Markt herstellen will, *eine der Integration adäquate Variante des allgemeinen Gleichheitssatzes.* Als ihre Magna Charta verdeutlicht sie geradezu den Sinn der Wirtschaftsintegration: die *Überwindung des Nationalen* als eines maßgeblichen Merkmals sonst als gerechtfertigt praktizierter Ungleichbehandlung in der Marktteilnahme[6].

Indes liegt in der Erkenntnis *dieses* Zusammenhangs *keine* praktikable Rechtfertigung für die Existenz und Wirksamkeit eines schlechthin *allgemeinen,* nicht nur die Inländergleichbehandlung sichernden Diskriminierungsverbotes des Gemeinschaftsrechts. Schon die nationale verfassungsrechtliche Erfahrung bestätigt, daß ein allgemeines Gleichbehandlungsgebot und Diskriminierungsverbot sich in ein bloßes *Willkürverbot* verflüchtigt, das erst aus dem für die Einzelrechtsordnung anerkannten und spezifizierten Wertsystems vollziehbar wird. Das gilt noch intensiver für eine gemeinschaftsrechtliche Wirtschaftsverfassung und ihre Ordnung mit der Komplexität und

---

räumen. Das ist insbes. (aber keineswegs nur) im Kartellrecht fraglich geworden; hierzu: *Scholz,* Wirtschaftsaufsicht und subjektiver Konkurrentenschutz (1971); auch: *Hausherr,* Rechtsgleichheit — Due process and equal protection (1966).

[4] *Götz,* Recht der Wirtschaftssubventionen (1966) 125.

[5] *Van Hecke,* in: Les aspects juridiques du Marché Commun (1958) 128.

[6] *Ipsen,* Der deutsche Jurist und das europäische Gemeinschaftsrecht, 45. DJTag Verh. II (1964) L 18.

Vielfalt ihrer Tatbestände. Aus dieser Einsicht erklärt sich denn auch die Systematik und Technik, in der das Gemeinschaftsrecht das Diskriminierungsverbot verwirklicht.

4 b) Soweit gleichwohl in Theorie und Rechtsprechung von der Geltung eines *allgemeinen Gleichheitssatzes im Gemeinschaftsrecht* gesprochen wird, handelt es sich eben nur (aber dann auch) um ein zu gerechtem Verhalten anhaltendes Willkürverbot. Es bindet in erster Linie die öffentliche Gewalt, also die Gemeinschaftsorgane, gegenüber den Mitgliedstaaten und dem Marktbürger. Es wirkt als eine rechtsstaatliche Verfahrens- und Verhaltensregel sowie als Auslegungsmaxime. Seine Geltung ergibt sich aus seiner Existenz in allen Rechtsordnungen der Mitgliedstaaten, seiner Anerkennung als ungeschriebener Rechtsgrundsatz des Gemeinschaftsrechts durch die Rechtsprechung des Gerichtshofs, auch als Folgerung daraus, daß die Gemeinschaften als Rechtsgemeinschaften verfaßt sind, deren Organen jede Willkür gegenüber ihren Marktbürgern und deren Staaten verwehrt ist.

5 c) Die Diskriminierungsverbote des Gemeinschaftsrechts als solche sind, ob in negativer oder positiver Fassung formuliert, sämtlich Gleichbehandlungsgebote und Ungleichbehandlungsverbote irgendwie *spezifizierter* Art. Ihre Ausgestaltung gestattet und gebietet, ihre Wirksamkeit nach konkreteren Maßstäben zu ermitteln als dem des allgemeinen Willkürverbots. Die einzelnen gemeinschaftsrechtlichen Erscheinungen dieser Verbote bestätigen das. Sie unterscheiden sich nach Inhalt, Adressaten, Vergleichungsmerkmalen und Wirkungen. Im EWG-Recht wird sogar das grundsätzliche Diskriminierungsverbot des Art. 7 EWGV durch Spezialverbote für bestimmte Wirtschaftsbereiche und bestimmte Maßnahmen und Verhaltensweisen ergänzt und vervollständigt. Im EGKS-Recht existiert eine Kombination eines allgemeinen Diskriminierungsverbotes (Art. 4, insbes. lit. b) mit Spezialverboten insbes. für Preis- und Transporttarif-Diskriminierungen.

Die Technik der Spezifizierung ergibt sich aus der folgenden Übersicht.

2. Diskriminierungsverbote des EWGV

6 Im EWGV rangiert das allgemeine Diskriminierungsverbot „aus Gründen der Staatsangehörigkeit“ des Art. 7 I im Ersten Teil des Vertrages unter seinen „Grundsätzen“ — in *einer* Reihe mit den Vorschriften über die Vertragsziele, über das Inventar der Organaufgaben und das Prinzip ihrer begrenzten Zuständigkeiten, über die allgemeine Koordinationsklausel zur Zusammenarbeit der Mitgliedstaaten mit den Organen und der Integrations-Stufung nach Zeitplanung. Schon nach seinem *Standort* mißt sich das Verbot also besondere Bedeutung bei. Art. 7 I versteht sich selbst indes ausdrücklich „unbeschadet besonderer Bestimmungen dieses Vertrages“. Nach seiner Ausrichtung am hier allein für unzulässig erklärten Unterscheidungsmerkmal der *Staatsangehörigkeit* — dem für die Vergemeinschaftung *mehrerer natio-*

naler Wirtschaften sicherlich vorrangig bedeutsamen „Leitmotiv" des Vertrages[7] — ist es erklärlich, daß er andere Diskriminierungsverbote *anderer* Unterscheidungsmerkmale keineswegs ausschließt. Das Vertragsrecht enthält sie denn auch in zahlreichen besonderen Bestimmungen. Ebensowenig schließt Art. 7 I aus, daß gewisse Diskriminierungen auch zulässig sein können, und dies eben dann, wenn sie durch besondere Bestimmungen nicht verboten und eben nicht gerade solche des Merkmals „Staatsangehörigkeit" sind[8]. Schließlich läßt Art. 7 auch zu, daß sein eigenes Verbot des Merkmals „Staatsangehörigkeit" in besonderen, ihm dann vorgehenden Bestimmungen noch näher spezifiziert wird. Die Gruppierung der Vertragsbestimmungen liefert hierfür einschlägige Beispiele.

a) *Spezifikationen des Art. 7 I* (z. T. Wiederholungen unter Einbettung in allgemeinere Verbote wie bei Art. 85, 86) finden sich in Art. 37 I (Handelsmonopole), 40 III, 44 I, 45 I (Landwirtschaft), 48 (Freizügigkeit der Arbeitnehmer), 52 (Niederlassungsfreiheit), 60 (Dienstleistungsverkehr), 67, 68 (Kapitalverkehr), 76 (Verkehr) mit Folgewirkung für Art. 74, 75, Art. 85, 86 (Wettbewerb), 132 (Assoziierung), 220 (Verhandlungen über Gleichstellung der Staatsangehörigen), 221 (Kapitalbeteiligungen).

b) *Allgemein gefaßte Gleichbehandlungsgebote,* damit Diskriminierungsverbote enthalten die Art. 85 I d, 86 II c (dem Art. 4 b EGKSV vergleichbar). Sie verbieten die Ungleichbehandlung aller natürlichen und juristischen Personen im Geltungsbereich des Vertrages (Art. 227) aus allen nicht gerechtfertigten Gründen. Sie stehen daher Willkürverboten nahe; auf Willkür stellt auch Art. 36 (nationale Ausnahmen vom Verbot mengenmäßiger Beschränkungen) ab.

c) Die Verbote der Art. 33 I, 40 III (mengenmäßige Beschränkungen, hinsichtlich nationaler Ausnahmen auch Art. 36), 79 I (Frachten) und 95 (Steuern) sowie Art. 67 (Kapitalverkehr) knüpfen als unzulässiges Differenzierungsmerkmal an die *Herkunft* der Ware oder (so Art. 67) den *Wohnsitz* an, also zwar *nicht* an die *personale* Staatsangehörigkeit derjenigen, um deren Marktteilnahme es geht, wohl aber an *räumliche* Bezüge, die sich ihrerseits aus der Staatlichkeit der Gemeinschaftsmitglieder als Raumeinheiten ergeben.

d) Das Merkmal *„Mitgliedschaft zur Gemeinschaft"* in einem Gebot zur Gleichbehandlung ist relevant nach Art. 111 Ziff. 5 (Gebot zu ihrer Gleichbehandlung beim Abbau mengenmäßiger Beschränkungen gegenüber Drittstaaten i. S. einer Meistbegünstigungsklausel). Es handelt sich dabei um eine

---

[7] *Wohlfarth* u. a. Komm. 1 zu Art. 7.

[8] EuGH Rs 14/68 Rspr. XV, 16: Art. 7 verbiete den Mitgliedstaaten zwar, ihr Kartellrecht je nach der Staatsangehörigkeit der Betroffenen unterschiedlich anzuwenden, erfasse jedoch nicht solche Unterschiede in der Behandlung, die sich aus den Unterschieden zwischen den Rechtsordnungen der Mitgliedstaaten ergeben, sofern diese auf *alle* ihrer Herrschaft unterworfenen Personen ohne Rücksicht auf die Staatsangehörigkeit anwendbar seien.

„horizontale“ Variante des Art. 6, wenn dieser als eine „vertikale“ Gleichheitsbindung zwischen der Gemeinschaft und ihren Mitgliedern verstanden werden könnte[9].

e) Daß Art. 119 — als einziger — das *Geschlecht* als unzulässiges Unterscheidungsmerkmal hervorhebt, entspricht einer wesentlichen modernen Funktion der Geschlechtergleichbehandlung im Wirtschaftsrecht: der Gleichbehandlung von Mann und Frau *im Arbeitsentgelt* (zur Frage der Aktualität des Art. 119: *30/11*).

3. *Diskriminierungsverbote des EGKSV*

7 Der EGKSV hat — in seiner Plazierung dem EWGV vergleichbar, in seiner Tragweite weitergehend — seine *allgemeinste* Formulierung des Diskriminierungsverbotes in die Marktgrundsätze des Art. 4 eingebettet, und zwar unter Rückgriff auf Art. 3 b als Aufhebung und Untersagung von „Maßnahmen oder Praktiken, die eine Diskriminierung zwischen Erzeugern oder Käufern oder Verbrauchern herbeiführen“. Art. 4, der insgesamt auf das *Doppelziel* der Einheit des Marktes und der Gleichheit der Wettbewerbsbedingungen abstellt, will (ebenso wie in lit. d: Verbot der Aufteilung und Ausbeutung der Märkte) mit dem Verbot der lit. b zugleich *beide* Marktgrundsätze verwirklichen und sanktionieren[10].

Die *besonderen* Diskriminierungsverbote des EGKSV betreffen folgende Bereiche:

a) ein Verbot diskriminierender Praktiken gilt auf dem Gebiet der Preise (Art. 60) und der Transporttarife (Art. 70); es konkretisiert das Verbot des Art. 4 b;

b) verboten sind wettbewerbsbeschränkende Praktiken (Art. 4 d) durch Kartelle (Art. 65), in Unternehmenszusammenschlüssen (Art. 66 §§ 1—6) und marktbeherrschenden Unternehmen (Art. 66 § 7);

c) nach Art. 74 ist die Kommission zu Maßnahmen gegen Diskriminierungspraktiken ermächtigt, die sich in Dumping-Verhalten zu Lasten von Drittländern oder Drittunternehmen und sonstigem Verhalten aus Drittkontakten äußern;

d) Diskriminierungsverbote nach dem Merkmal der Staatsangehörigkeit (vergleichbar Art. 7, 48 EWGV) wirken in Art. 69 (insbes. seinem § 4) zur Sicherung der Freizügigkeit der Kohle- und Stahlfacharbeiter.

4. *Diskriminierungsverbote des EAGV*

8 Im Bereich des EAGV hat die Gemeinschaft für regelmäßige und gerechte Versorgung aller ihrer Benutzer mit Erzen und Kernbrennstoffen Sorge zu

---

[9] So für den Gleichheitssatz im Bund-Länder- und im Land-Land-Verhältnis des deutschen Verfassungsrechts: *Maunz-Dürig-Herzog* Komm. 4 zu Art. 19 III GG.

[10] *Loerke*, Hoheitliche Gewalt und Diskriminierungsverbot 34.

tragen (Art. 3 d). Art. 52 I EAGV sichert durch Spezifizierung dieser Aufgabenbestimmung für die zuständige Agentur den Grundsatz gleichen Zugangs zu den Versorgungsquellen. Er verpflichtet die Agentur in Abs. II, die Verbraucher nicht unterschiedlich zu behandeln, sofern diese die Stoffe vertrags- und bindungsgemäß verwenden. Diese Vorschriften sind Art. 3 a und b und Art. 4 b EGKSV vergleichbar.

II. Zweck und Anwendungsbereich (Adressaten und Schutzberechtigte)

1. Verbotszwecke

9 Welchen konkreten *Zweck* das Verbot jeweils verfolgt, ist primär dem *Sachbereich* seiner Wirkung zu entnehmen. Verbote der Zolldiskriminierung z. B. bezwecken die Sicherung der Zollunion, solche mengenmäßiger Beschränkungen die Freiheit des Warenverkehrs, solche der Aufenthalts- und Beschäftigungsbeschränkungen die Freizügigkeit der Arbeitnehmer, solche der Wettbewerbsbeschränkungen die Sicherung der Wettbewerbsfreiheit. Das Verbot des Art. 7 EWGV empfängt seine konkrete Zweckbestimmung, deren Grundsatz-Bedeutung sich schon aus der Vergemeinschaftung nationaler Wirtschaften an sich ergibt, aus seinen Spezifizierungen. Die Verbote der Preisdiskriminierung in Art. 60 EGKSV, der Tarifdiskriminierung in Art. 70 EGKSV sind Instrumente zur Sicherung der Gleichheit im Wettbewerb.

Die jeweils bestimmbare Zweck-Ausrichtung determiniert den Rechtsgehalt des Verbots in der Eingrenzung seiner Anwendungstatbestände und der Auswahl vergleichserheblicher Merkmale zur Feststellung der Ungleichbehandlung, wenn die konkrete Verbotsnorm selbst sie nicht ausdrücklich bereitstellt. Sie kann ferner erheblich sein zur Kompetenzbemessung des seine Einhaltung und Sanktionierung sichernden Gemeinschaftsorgans sowie für die Prüfungsbefugnis des Gerichtshofs, der wegen seiner Anwendung oder Nichtanwendung angerufen wird. Der Verbotszweck ist Maßstab für die Sachlogik, in der das Verbot hinsichtlich der Annahme der Vergleichbarkeit, nach seiner Verpflichtungskraft, Intensität und Schutzwirkung anwendbar ist. Die Anknüpfung an die Sachlogik des geregelten Gegenstandes ermöglicht auch die gebotene Würdigung aller nicht-juristischen Umstände, die den wirtschaftlichen Tatbestand, in dem die Verungleichung stattfindet, kennzeichnen — Umstände, die ihrerseits ökonomischer, technischer, soziologischer, psychologischer oder sonstiger Natur sein mögen.

2. Adressaten und Geschützte

Der Anwendungsbereich des Diskriminierungsverbots wird unterschiedlich danach bestimmt, *an wen es adressiert ist, wem es verbietet, wen es schützt.*

10 a) Der allgemeine Gleichheitssatz des Staatsrechts hat seinen historischen Ursprung und seine grundrechtlich bis heute wesentliche Funktion für die Zuordnung *des einzelnen zur öffentlichen Gewalt:* in dieser Vertikal-Wirkung („Zweitwirkung") sind die *Organe der öffentlichen Gewalt seine Adressaten,* sind diese durch ihn gebunden, ist der einzelne der vom Gleichheitssatz zu Schützende und der aus ihm Berechtigte. Darin liegt der Grundrechtscharakter des Gleichheitssatzes des Verfassungsrechts.

Die Frage seiner sog. Drittwirkung[11] geht dahin, ob der einzelne sich auf ihn *nur* (vertikal) *der öffentlichen Gewalt* oder *auch* (horizontal) *jedem Dritten gegenüber* berufen kann. Im deutschen Verfassungsrecht kommt ihm Drittwirkung *nicht* zu. Soweit ein Gleichbehandlungsgebot auch „horizontal" *ohne* positive Regelung *im privaten Rechtsverkehr* gilt, beruht diese Wirkung *nicht* auf dem *verfassungsrechtlichen* Gleichheitssatz *als solchem,* sondern einem ungeschriebenen, allgemeinsten Rechtsgrundsatz, der „das ganze Recht beherrscht"[12], und dies, ohne daß die öffentliche Gewalt diese Wirksamkeit kontrolliert und sanktioniert.

Daß die Frage der Drittwirkung für die Diskriminierungsverbote des Gemeinschaftsrechts besonders gestellt wird, ist gerechtfertigt und geboten. Denn einzelne von ihnen wenden sich an *Marktbürger als verpflichtete Adressaten* und berechtigen andere Marktbürger zur Gleichbehandlung, zugleich aber wird ihre Beachtung in dieser ihrer horizontalen Wirksamkeit *durch die Gemeinschaftsorgane kontrolliert und sanktioniert.* Derartige Diskriminierungsverbote, die einen Marktbürger in seinen privatrechtlichen Beziehungen zum anderen Marktbürger binden und diesen berechtigen, stehen unter der Kontrolle der Gemeinschaftsorgane, und ihre Beachtung kann mit Mitteln der öffentlichen Gemeinschaftsgewalt sanktioniert werden[13]. Sie sind deshalb solche *hoheitlich hergestellter Drittwirkung,* weil „die öffentliche Gewalt zur Durchsetzung des drittgerichteten Anspruchs mitzuwirken verpflichtet ist"[14]. Das unterscheidet die gemeinschaftsrechtlichen Gleichbehandlungsgebote, die im Sinne einer Drittwirkung horizontal zwischen Marktbürgern gelten, von solchen, die das nationale Zivilrecht als Ausfluß eines allgemeinen Grundsatzes kennt, der „das ganze Recht beherrscht". Die Kontroll- und Sanktionskompetenz der Gemeinschaftsorgane zur Beachtung solcher Diskriminierungsverbote mit Drittwirkung kann z. B. dem Zweck dirigierender Marktinterventionen dienen (z. B. Art. 60 EGKSV: Preiskontrolle, Preisfestsetzung), so daß das Diskriminierungsverbot damit Mittel der Marktordnung ist. Das präjudiziert nicht der weiteren Frage, ob der Marktbürger mit Hilfe des nationalen Zivilrechts aus eigenem Interesse auch zivilrechtliche Folgerungen aus der Pflichtverletzung herleiten *(42/23—27)* oder einen Anspruch gegen die öffentliche Gewalt auf Wahrnehmung ihrer Len-

---

[11] *Ipsen,* Gleichheit (vgl. Anm. 2) 143; dort Anm. 109 Nachweise über die Entwicklung der Drittwirkungs-Thematik in den USA.
[12] BGHZ 3, 251. [13] *Zuleeg,* Recht 202. [14] *Ipsen,* Gleichheit 143.

kung oder Aufsicht besitzt und prozessual verfolgen kann[15]. Entsprechendes gilt für Folgefragen aus etwaiger Amtspflichtverletzung[16].

11 b) Demnach sind nach Adressaten, Verpflichteten und Geschützten unterscheidbar:

aa) Verbote, die *nur* die *Gemeinschaftsorgane* binden. Ein derartiges Verbot findet sich in Art. 40 III EWGV: die gemeinsame Agrarmarktorganisation hat jede Diskriminierung zwischen Erzeugern oder Verbrauchern auszuschließen. Das Gebot, die Organisation so zu gestalten, verbietet den Organen, die sie schaffen, Diskriminierungen zu dulden. Vergleichbar wirkt Art. 52 II EAGV: er bindet die Versorgungsagentur an ein Diskriminierungsverbot gegenüber den Verbrauchern;

bb) Verbote, die die *Mitgliedstaaten* binden, worin z. T. eine Spezifizierung der allgemeinen mitgliedstaatlichen Verpflichtung aus Art. 5 EWGV gesehen werden kann, die Zielverwirklichung zu unterstützen und nicht zu gefährden. Sie finden sich in Art. 33, 36 II, 37 I, 44 I, 45 I, 48, 52, 60, 67, 68, 76, 79 I, 95, 111 Ziff. 5, 132, 220, 221 EWGV, Art. 69, 74 EGKSV.

Auch Art. 119 EWGV statuiert ein an die Mitgliedstaaten adressiertes Verbot. Daß erst eine Drittwirksamkeit, also unmittelbare Anwendbarkeit in den Mitgliedstaaten derart, daß Frauen sich letztlich vor ihrem nationalen Gericht im Prozeß gegen ihren Arbeitgeber auf einen durch Art. 119 vermittelten Anspruch auf Männerlohn berufen könnten, dem Zweck des Art. 119 voll genügen würde, ist einleuchtend. Denn bislang sind noch nicht alle Mitgliedstaaten dem Gleichbehandlungsgebot des Art. 119 und den zu ihm ergangenen Empfehlungen vollen Umfangs durch Setzung entsprechenden staatlichen Rechts nachgekommen. Das allein aber würde solche Drittwirkung des Art. 119 selbst entbehrlich machen. Ihre Annahme hat sich bislang nicht durchgesetzt, obwohl (mit dem Rechtsausschuß des Parlaments[17]) anzunehmen ist, „daß beachtliche Gründe für die unmittelbare Anwendbarkeit des Art. 119 sprechen". Seine Stellungnahme Ziff. 17 hält deshalb die Berufung der Frauen auf Art. 119 im Prozeß vor nationalen Gerichten mit guten Gründen für zulässig, zumal dadurch eine klärende Vorabentscheidung des Gerichtshofs herbeigeführt werden könnte. Eine solche ist bislang aber nicht ergangen;

---

[15] Dazu: *Scholz*, Wirtschaftsaufsicht und subjektiver Konkurrentenschutz (1971), für die Kartellaufsicht. [16] Dazu: *Meier* ZHR 133 (1969) 69.

[17] Stellungnahme zum Bericht des Ausschusses für Sozial- und Gesundheitsfragen, Sitz.Dok. 26/68 Anl. II; im Ergebnis ebenso: *Vogel-Polsky*, JTrib 1967 Nr. 4570. — Der belgische Conseil d'État hat dem EuGH mit Beschluß vom 4. 12. 1970 (Rs 80/70, ABl. 1971 C 8, 3) die Frage vorgelegt, ob die Gleichberechtigung der Geschlechter eine unterschiedliche Altersgrenze (40 Jahre für Luftstewardessen) duldet. Mit Urteil vom 25. 5. 1971 (Rspr. XVII, 445) hat der EuGH entschieden, daß die im Streit befindliche Altersrente keine Vergütung im Sinne von Art. 119 II sei. — Die Abg. *Lulling* hat gefordert, daß die Kommission Diskriminierungen im europäischen Beamtenstatut und für die Aufstiegsmöglichkeiten der Frauen in der Verwaltung abbaue; vgl. Verhandlungen des Eur. Parl. Nr. 137, Sitzungen v. 19. bis 23. 4. 1971, 19 f.

cc) Verbote, die den *Marktbürger und die Gemeinschaftsorgane* binden, denen *zugleich* die Kontrolle und Sanktionierung ihrer Beachtung im Rechtsverkehr der Marktbürger obliegt: Art. 85, 86 EWGV, Art. 65, 66 EGKSV, Art. 52 I EAGV; hier findet *Drittwirkung* statt;

dd) Verbote, die — in gleicher Weise wie die unter cc) bezeichneten — solche Drittwirkung äußern, darüber hinaus — *außer* der *Gemeinschaftsgewalt* — aber *auch* die *Mitgliedstaaten,* also allseitig binden: Art. 7 EWGV, Art. 4 b, 60, 70 EGKSV;

ee) Diskriminierungsverbote, die *nur die Mitgliedstaaten und in ihnen ihre Marktbürger in ihren* Rechtsbeziehungen binden, kennt das Gemeinschaftsrecht *nicht.* Es *kann* sie nicht kennen, da *diese* Rechtsbeziehungen *nicht* den Wirtschaftsverkehr *zwischen Mitgliedstaaten* berühren und deshalb *ohne Gemeinschaftsrelevanz* sind. Ist das dagegen der Fall, wird also durch sie der Wirtschaftsverkehr *zwischen den Mitgliedstaaten* berührt, so werden diese Rechtsbeziehungen *gemeinschaftsrelevant* mit der Folge, daß das Gemeinschaftsrecht hierfür die Beachtung des Verbotes *den Gemeinschaftsorganen* überantwortet. Kontrolle und Sanktionierung der Drittwirkung obliegt dann den Gemeinschaftsorganen, nicht den Mitgliedstaaten.

III. Für die Diskriminierungsverbote gemeinsam erhebliche Inhalts- und Anwendungsfragen

12 Bestimmte Rechtsfragen können sich für den *Inhalt* und die *Anwendung aller* Diskriminierungsverbote des Gemeinschaftsrechts *in gemeinsamer Erheblichkeit* stellen. Sie sind denen verwandt, die sich auch zur Exegese und Interpretation des verfassungsrechtlichen Gleichheitssatzes gestellt haben. Ihre Kennzeichnung enthebt nicht der Aufgabe, die zu ihrer Beantwortung hervorgehobenen Gesichtspunkte auf ihre Verwertbarkeit für den jeweils anstehenden Diskriminierungstatbestand anhand der gerade für ihn zuständigen speziellen Verbotsregel zu prüfen. Denn gerade im Wirkungsbereich des Gleichheitssatzes kommt alles an auf tunlichst normspezifische und fallbezogene Ermittlung des Vergleichstatbestandes und seine Subsumtion unter das konkrete Diskriminierungsverbot.

1. Wirksamkeit und Vollziehbarkeit

13 In ihrer *Wirksamkeit und Vollziehbarkeit* können Diskriminierungsverbote einen verschiedenen Platz in der Regelungsskala einnehmen. Sie reicht vom bloßen Programmsatz bis zur aktuellen, unmittelbar wirksamen und vollziehbaren Rechtsnorm.

a) So bedurfte es nach Art. 63 I EWGV des vom Rat auf Kommissionsvorschlag aufzustellenden *allgemeinen Programms* zur Aufhebung der Beschränkungen des freien Dienstleistungsverkehrs, nach Abs. II seiner *Richtlinien* zur Programmverwirklichung, um Dienstleistungsbeschränkungen nach dem verbotenen Unterscheidungsmerkmal der Staatsangehörigkeit auszuräumen.

So setzt Art. 37 I EWGV das Verbot der Diskriminierung in den Versorgungs- und Absatzbedingungen zwischen den Angehörigen der Mitgliedstaaten (durch ihre staatlichen Handelsmonopole) erst *in zeitlicher Schrittfolge* durch und auferlegt den Mitgliedstaaten *bis dahin* eine entsprechende *Stillhalteverpflichtung* für neue, entsprechend diskriminierend wirkende Maßnahmen. Wie es hier *nationaler* Durchführungsmaßnahmen bedarf, um das Verbot wirksam werden zu lassen, bedarf es hierzu in anderen Tatbeständen der Setzung von *Sekundärrecht durch die Gemeinschaftsorgane,* so etwa in Art. 48 zur Herstellung der Freizügigkeit und der Ausräumung von Diskriminierungen nach der Staatsangehörigkeit. Ob es dessen *auch* bedurfte, um die in Art. 85, 86 EWGV stipulierten Verbote zur Wirkung zu bringen, war lange Zeit streitig und ist dann im Sinne unmittelbarer Wirksamkeit dieser Wettbewerbsregeln verneint worden[18].

b) Eine andere Frage der Wirksamkeitsintensität und -breite hat sich *vertragsimmanent* gestellt für die in den Grundsatzbestimmungen von EWGV und EGKSV enthaltenen, nicht sachgebietskonkretisierten Verbote des Art. 7 EWGV und des Art. 4 b EGKSV.

aa) Von Art. 7 EWGV, dessen hervorgehobene, die ratio und Funktion der Vergemeinschaftung verdeutlichende Bedeutung außer Zweifel steht (nämlich in der Ausräumung der Staatsangehörigkeit als eines die Ungleichbehandlung rechtfertigenden Unterscheidungsmerkmals), ist angenommen worden, er sei der lediglich „unvollkommene Ausdruck für ein Verbot jeder internationalen Diskriminierung“. Das würde bedeuten, daß er (dem Art. 4 b EGKSV vergleichbar) überall dort eingreifen müßte, wo vorgehende Spezialverbote fehlen, um jede *internationale* Diskriminierung (also nicht nur die *personal* an die *Staatsangehörigkeit* anknüpfende) zu verbieten (mithin auch eine solche nach Warenherkunft, Wohnsitz usw.). Denn nur so werde das Gebot der Inländerbehandlung generell verwirklicht.

Erreicht wird dieses, in der Intention des Vertrages liegende zutreffende Ergebnis durch eine vom Staatsangehörigkeitsrecht als solchem gelöste, *materielle* Deutung des Begriffs „Staatsangehörigkeit“. Damit wird zugleich die Inländerbehandlung i. S. des Art. III GATT gesichert und Umgehungsversuchen begegnet[19]. Gleichwohl bleibt Art. 7 EWGV auch in *dieser* Generalklausel-Funktion hinter der des Art. 4 b EGKSV zurück. Denn er wirkt in dem durch spezifizierte Diskriminierungsverbote nicht erfaßten Bereich der Vertragsanwendung *eben nur,* wo aus dem Merkmal *materiell* zu bestimmender *Andersstaatlichkeit* diskriminiert wird, nicht aber dann, wenn

[18] EuGH Rs 13/61 Rspr. VIII, 97.
[19] *Steindorff,* Gleichheitssatz 30; EuGH Rs 13/63 Rspr. IX, 384.

die Unterscheidung an *andere* Merkmale anknüpft. Art. 7 EWGV ist eben *nicht der allgemeine Gleichheitssatz* des EWG-Vertrages.

Wo im Gemeinschaftsrecht für das Handeln der Gemeinschaftsorgane ein ungeschriebener allgemeiner Gleichheitssatz i. S. eines Willkürverbotes als Verfahrensgrundsatz und Ermessensdirektive rechtsstaatlich wirksam ist, vermag Art. 7 EWGV mit seinem materiellen Verständnis ergänzend als *Auslegungsregel* zu wirken. Das gilt insbes. für die Ermessenshandhabung von Rat und Kommission, die sich in der Anwendung ihrer Entscheidungs-, Initiativ- und Vorschlagsbefugnisse unter Außerachtlassung der Gleichbehandlung nicht *unterschiedlich gegenüber den Mitgliedstaaten* verhalten dürfen (etwa durch Nachgiebigkeit gegenüber politischem Widerstand eines einflußreichen Mitgliedstaates). So ist Art. 7 z. B. auch nützlich zur Interpretation des Art. 2 EWGV (Förderung einer harmonischen Wirtschaftsentwicklung in der Gemeinschaft durch die Gemeinschaftsorgane).

bb) Die Wirksamkeit des Art. 4 b EGKSV geht nach Intensität und Breite weiter als die des Art. 7 EWGV, und dies eben deshalb, weil er — anders als Art. 7 EWGV — *nicht* an Merkmale der *Anders-Staatlichkeit* anknüpft. Daraus ergibt sich, daß Art. 4 b *unmittelbar* gilt, soweit der Vertrag Spezial-Verbotsregelungen nicht bereitstellt[20]. Art 4 b (und auch die übrigen Bestimmungen des Art. 4) sind daher „selbständig und ohne weiteres anwendbar, wenn sie nicht in einem Teil des Vertrages näher bestimmt werden“. „Diese Bestimmungen sind sogar zwingender Natur und müssen gleichzeitig ins Auge gefaßt werden ... Sie genügen sich selbst, sind also, soweit sie nicht im Einzelfall in andere Bestimmungen des Vertrages Eingang gefunden haben, unmittelbar anzuwenden.“ In diesem Sinne ist Art. 4 b insbesondere zu Art. 70 EGKSV (Verbot der Tarifdiskriminierung durch Unterstützungstarife) wirksam gemacht worden[21]. Insgesamt ist Art. 4 b also in allen Vertragsregeln, die von ihm erfaßte Tatbestände betreffen, in der ihm selbst innewohnenden unmittelbaren und zwingenden Wirksamkeit „mitgeschrieben“. Art. 4 b hebt die Aktualität, Stringenz und Intensität der übrigen einschlägigen Vertragsregeln automatisch auf sein eigenes Niveau an.

c) In ihrer Funktion haben *an die Gemeinschaftsorgane* adressierte Diskriminierungsverbote, aus denen die Marktbürger berechtigt sind, *und* solche echter Drittwirkung hier beschriebenen Inhalts (wegen der Kontroll- und Sanktionskompetenzen der Gemeinschaftsorgane) für den Marktbürger den Schutz- und Abwehrwert, den im nationalen Verfassungsrecht *der Gleichheitssatz als Grundrecht* vermittelt. Insofern mag von einer gemeinschaftsrechtlichen Grundrechtsposition des Marktbürgers gesprochen werden.

---

[20] EuGH Rs 7 u. 9/54 Rspr. II, 91; Rs 2/56 Rspr. III, 44.

[21] Darstellung bei *Klaer,* Die Anwendung von Diskriminierungsverboten 98; *ders.,* Der Verkehr im Gemeinsamen Markt für Kohle und Stahl (1961) 55; *Much,* Ausnahmetarif und Wirtschaftsintegration, ZHR 124 (1961) 110; EuGH Rs 3/58 ff. Rspr. VI, 373; Rs 27/58 ff. Rspr. VI, 513.

d) *Inhaltlich* differieren die Diskriminierungsverbote auch nach ihrer Starre, ihrer Flexibilität, nach ihrer Unbedingtheit oder Dispensierbarkeit durch Ausnahme- und Freistellungsvorbehalte. Auch hier ist jeweils anhand ihrer speziellen Ausgestaltung konkrete Interpretation geboten, soweit im EGKS-Recht der in allen Spezialregelungen „mitgeschriebene" Inhalt des Art. 4 b sie nicht entbehrlich macht.

2. *Feststellung ungleicher Behandlung vergleichbarer Tatbestände*

14 *Ob* eine verbotene Diskriminierung stattfindet, hängt ab von der *Feststellung ungleicher Behandlung vergleichbarer Tatbestände*[22]. Denn das Diskriminierungsverbot, als Gleichbehandlungsgebot wirksam, gilt nur im Rahmen vergleichbarer Tatbestände. Wo die Tatbestände nicht vergleichbar sind, ist eine Differenzierung erlaubt, als solche also keine verbotene Diskriminierung.

a) Schwierigkeiten für die Feststellung des Vergleichstatbestandes bietet das Kriterium der Vergleichbarkeit nach *Vergleichsgegenstand* und *Vergleichsmaßstab*. Darin stehen die gemeinschaftsrechtlichen Diskriminierungsverbote in ihrer Handhabung dem verfassungsrechtlichen Gleichheitssatz nicht nach[23]. Auch hier ist deshalb zunächst erforderlich „eine Analyse der Rechtsstellung oder -lage desjenigen, der sich auf eine Differenzierung defensiv (gegenüber einer lästigen Benachteiligung) oder postulativ (gegenüber einer unterlassenen, ihm günstigen Handhabung ...) beruft, im Vergleich zu anderen vergleichbaren, die von der Benachteiligung unberührt geblieben sind oder die fragliche Begünstigung erfahren haben". Das bedeutet negativ: „Keine abstrahierten, generalisierenden Gleichheits-Formeln ohne konkrete, fallgebundene Tatbestandswürdigung und normative Zweckbestimmung."

Welche Unterschiede im Vergleichstatbestand irrelevant, welche dagegen relevant sind, ist dem Diskriminierungsverbot nach Sachzusammenhang und Normzweck zu entnehmen. Letztlich ist dabei auf die allgemeinen Zielbestimmungen der Verträge zurückzugreifen, deren Verwirklichung das Diskriminierungsverbot jeweils dient.

b) In dieser Weise hat die Rechtsprechung des Gerichtshofs insbesondere eingegrenzt, worin i. S. der Art. 60 und 70 EGKSV die relevante Besonderheit, das Typische der Vergleichbarkeit von Tatbeständen besteht, die ungleich zu behandeln das Verbot untersagt, und inwieweit andererseits Verschiedenheiten im jeweiligen Sachzusammenhang vorliegen, die keine Relevanz haben[24]. Art. 60 EGKSV verbietet den Marktteilnehmern, „auf vergleichbare Geschäfte ungleiche Bedingungen anzuwenden". Art. 70 EGKSV

---

[22] Dazu: *Zimmermann,* Die Preisdiskriminierung im Recht der Europäischen Gemeinschaft für Kohle und Stahl 76; EuGH Rs 20/68 Rspr. XV, 246.

[23] *Ipsen,* Gleichheit 178.

[24] Nachweise der Rechtsprechung bei *Zimmermann,* Preisdiskriminierung 69—76.

fordert, daß den „in vergleichbarer Lage befindlichen Verbrauchern vergleichbare Preisbedingungen" geboten werden. Beide Gleichbehandlungsgebote erfassen nur vergleichbare Tatbestände im Falle ihrer ungleichen Behandlung, beschränken also die Handlungsfreiheit des Marktbürgers dahin, in vergleichbarer Lage befindliche Geschäftspartner gleich zu behandeln. Bei der Vergleichung sind *nicht alle* Bedingungen zu berücksichtigen, denen die Marktteilnehmer unterliegen (da sonst „jedes Unternehmen nur mit sich selbst vergleichbar wäre"[25]). Deshalb ist i. S. des Art. 70 I EGKSV unter „vergleichbarer Lage" *nur* die Vergleichbarkeit *unter dem Gesichtspunkt des Transports* zu verstehen, nicht etwa auch die Lage des Unternehmens an sich.

3. Gemeinschaftsorgane als Verbotsadressaten

15 An die Gemeinschaftsorgane gerichtete Diskriminierungsverbote sind von diesen ebenfalls im Sinne der Zielverwirklichung der Verträge zu beachten. Auch sie dürfen hierbei nur solche Vergleichsmaßstäbe zugrunde legen, die im Sinne der Zielverfolgung adäquat und sachlich gerechtfertigt sind. Liefert das Vertragsrecht hierfür keine hinreichend konkretisierbaren Merkmale und Maßstäbe, sind die Gemeinschaftsorgane letztlich i. S. des allgemeinen Gleichheitssatzes jedenfalls dem Willkürverbot verpflichtet, d. h. gehindert, nach der ratio des Diskriminierungsverbotes inadäquat oder sachfremd zu differenzieren und unwesentliche oder unerhebliche Unterschiede als relevant zu werten[26].

Die Aufgabe der Gemeinschaftsorgane, zwischen den Marktbürgern wirkende Diskriminierungsverbote zu kontrollieren und zu sanktionieren, ist durch das Willkürverbot, dem sie selbst unterworfen sind, ebenso gebunden, wie ihre Kompetenz schlechthin in der Wahrnehmung ihrer Zuständigkeiten gegenüber den Marktbürgern. In keinem Falle ist die Gemeinschaftsgewalt befugt zu *zweck- und normfreier Dezision* und zu *subjektivem Belieben.* Ob sie diese Handlungsgrenzen überschritten hat, unterliegt der Kontrolle des Gerichtshofs. *Seine* Entscheidung darüber, ob die Gemeinschaftsgewalt willkürlich gehandhabt wurde oder nicht, ist letztlich maßgeblich und im Rahmen des Gemeinschaftsrechts nicht mehr überprüfbar. Deshalb ist und bleibt letztlich *das Verhalten* Willkür und verbotene Diskriminierung — oder (umgekehrt) gerecht und nicht verbotene Unterscheidung —, *das das Urteil des Gerichtshofs so qualifiziert.* Darin unterscheidet sich indes das Gemeinschaftsrecht und die Wirksamkeit seiner Diskriminierungsverbote nicht vom deutschen Verfassungsrecht und der Wirksamkeit seines Gleichheitssatzes: was Willkür und Diskriminierung, deshalb verfassungswidrig, oder nach Gleichheits- und Willkürprüfung als gerecht erkannt und deshalb verfassungs-

---

[25] EuGH Rs 3/58 ff. Rspr. VI, 409.

[26] *Ipsen,* Gleichheit 183, 190; *Loerke,* Hoheitliche Gewalt und Diskriminierungsverbot 70, 91.

gemäß ist, bestimmt letztlich auch hier ein Gericht, nämlich das Bundesverfassungsgericht.

4. *Subjektive und objektive Voraussetzungen*

Zur tatbestandlichen Verwirklichung des Diskriminierungsverbotes ist ein *subjektives Element absichtlicher Benachteiligung nicht* erforderlich, in *objektiver* Hinsicht *in der Regel auch nicht* der *Eintritt eines schädigenden Nachteils* als Folge der Ungleichbehandlung[27].

16 a) Da das Diskriminierungsverbot *nur das Ergebnis* des unzulässigen Verhaltens mißbilligt, kommt es auf seine Motivierung und folglich die Schuldhaftigkeit des Verhaltens nicht an. Insbesondere ist „eine auf Benachteiligung abzielende Absicht des Diskriminierenden ... nicht erforderlich. Der Tatbestand der Diskriminierung erschöpft sich in der objektiven Verletzung einer Gleichbehandlungspflicht mit benachteiligender Wirkung"[28].

17 b) Benachteiligende Wirkung als Tatbestandselement der Diskriminierung bedeutet *nicht,* daß diese einen *unmittelbaren Schaden* bewirkt haben müßte, obwohl sein Eintritt ein Indiz für eine verbotene Diskriminierung darstellt. Es genügt, daß diese für vergleichbare Fälle ungleiche Bedingungen schafft. Die Herstellung *schon dieser Lage* stellt die tatbestandsmäßig erforderliche Benachteiligung dar, nämlich eine Beeinträchtigung der Chancengleichheit im Wettbewerb. Diese Benachteiligung braucht nicht finanziellen Nachteil zu bedeuten. Das rechtfertigt die Annahme, daß Herbeiführung unmittelbaren Schadens nicht zu den Tatbestandselementen der Diskriminierung zählt. Andererseits zählt nur solche Benachteiligung, die eine gewisse Schwere und hinreichende Intensität aufweist, um überhaupt rechtlich bedeutsam zu sein[29].

---

[27] *Zimmermann* 78; *Loerke* 91; *Klaer,* Der Verkehr 54; EuGH Rs 3/58 ff. Rspr. VI, 411.

[28] *Zimmermann* 81.

[29] *Ipsen,* Gleichheit 178.

§ 31 WETTBEWERBSREGELN — ÜBERBLICK

Appollonio, Le regolamentazioni della C. E. E. sulla concorrenza (1970); *Bernardini,* Regole di concorrenza nei trattati economici internazionali (C. E. C. A. — C. E. E. — Euratom) (1960); Comparative aspects of anti-trust law in the United States, the United Kingdom and the European Economic Community (1963); *van Damme,* La mise en oeuvre des articles 85 et 86 du Traité de Rome, CahDrEur 1967, 49; *Deringer,* Zum Wettbewerb der Montanunion, BB 1955, 113; *Deringer,* The distribution of powers in the enforcement of the rules of competition under the Rome Treaty, CMLR 1963, 30; *Deringer,* Kooperation und Konzentration im Spannungsfeld von Wettbewerbs- und Gesellschaftsrecht, in: Kooperation und Konzentration im Gemeinsamen Markt, Kartellrechtsforum Brüssel (1967) 85; *Ellis,* Les règles de concurrence du Traité de Rome applicables aux entreprises, RevIntDrComp 1963, 299; *Forsyth,* Cartel policy and the Common Market (1962); *Fröhler,* Europäisches Kartellrecht (1962); *Goldman,* Cours de droit du commerce et de la concurrence dans les Communautés Européennes (1964); *Grisoli,* Disciplina delle intese e diritto europeo di concorrenza (1969); *von der Groeben,* Wettbewerbspolitik in der EWG, WuW 1961, 373; *von der Groeben,* Die Aufgaben der Wettbewerbspolitik im Gemeinsamen Markt und in der Atlantischen Partnerschaft, WuW 1964, 1001; *von der Groeben,* La politique de concurrence, partie intégrante de la politique économique dans le Marché Commun, RevTrimDrEur 1965, 401; *Günther,* Relevanter Markt im Recht der Wettbewerbsbeschränkungen (1960); *Günther,* Europäische und nationale Wettbewerbspolitik, Fs Böhm 279; *Günther,* Wege zur Europäischen Wettbewerbsordnung (1968); *Hellwig,* Das Wettbewerbsrecht bei der Fusion der drei Verträge, in: Beiträge zum EWG-Kartellrecht (1967) 211; *Kirschstein,* Die Fusion des Wettbewerbsrechts der Europäischen Gemeinschaften, EuR 1968, 10; *Klaue,* Gemeinschaftskartellrecht und nationales Kartellrecht, WuW 1969, 593; *Koch,* Das Verhältnis der Kartellvorschriften des EWG-Vertrages zum Gesetz gegen Wettbewerbsbeschränkungen, BB 1959, 241; *Kronstein,* Recht und wirtschaftliche Macht. Die Bedeutung der Wettbewerbsregeln im Gesamtrahmen des Montanvertrages und des Vertrages über die Europäische Wirtschaftsgemeinschaft (1962); *Labeau,* Aspects économiques de la politique de concurrence dans le Marché Commun, RevMC 1966, 809; *Linthorst-Homan,* Die Bedeutung der Wettbewerbsregeln in der Wirtschaftspolitik der EGKS, WuW 1965, 901; *Markert,* Wettbewerb und Wirtschaftspolitik in der EWG, EuR 1970, 349; *Mestmäcker,* Parallele Geltung von Verbotsnormen des deutschen und des europäischen Rechts der Wettbewerbsbeschränkungen, BB 1968, 1297; *Mestmäcker,* Die Vermittlung von europäischem und nationalen Recht im System unverfälschten Wettbewerbs (1969); *Mok,* The cartel policy of the E. E. C. Commission 1962—1967, CMLR 1968, 67; *Naß,* Über das Verhältnis zwischen europäischem und deutschem Kartellrecht, in: Fragen des europäischen Kartellrechts (1970) 1; *Rosauer,* Le regole di concorrenza nel sistema giuridico delle Comunità europee. Raffronto tra le norme stabilite al riguardo dal Trattato C. E. C. A. e dal Trattato C. E. E., RivDirEur 1964, 30; *Schumacher,* Die Systematik des Wettbewerbsrechts, WuW 1971, 165; *Schumacher,* Le système du droit de la concurrence, RevTrimDrEur 1971, 40, *Spormann,* Die Entwicklung der Europäischen Wettbewerbspolitik, AWD 1970, 156; *Swann-McLachlan,* Concentration or competition: a european dilemma? (1967); *Peter Ulmer,* Europäisches Kartellrecht auf neuen Wegen?, AWD 1970, 193; *Peter Ulmer,* Europäische Wettbewerbsordnung in Gefahr?, FAZ Nr. 79 vom 3. 4. 1971, 17; *Verloren van Themaat,* Competition and planning in the EEC and the Member States, CMLR 1970, 311.

I. Vertragsziele und Wettbewerbsregelungen

1. Relation

1 Nach Art. 3 f EWGV gehört zu den Zielen der EWG „die Errichtung eines Systems, das den Wettbewerb innerhalb des Gemeinsamen Marktes vor Verfälschungen schützt". Nach Art. 4 b und d EGKSV werden als unvereinbar mit dem Gemeinsamen Markt für Kohle und Stahl aufgehoben und untersagt: Maßnahmen und Praktiken, die eine Diskriminierung zwischen Erzeugern und Käufern oder Verbrauchern herbeiführen, insbesondere hinsichtlich der Preis- und Lieferbedingungen und der Beförderungstarife, sowie Maßnahmen und Praktiken, die den Käufer an der freien Wahl seines Lieferanten hindern (lit. b), und einschränkende Praktiken, die auf eine Aufteilung oder Ausbeutung der Märkte abzielen (lit. d).

Diese Zielbestimmungen stehen in Relation zu den Vertragszielen und Gemeinschaftsmaßnahmen, die — für die EWG auch mit dem Institut der Zollunion — durch Abschaffung aller mengenmäßigen und wirkungsgleichen Beschränkungen des Warenverkehrs und Sicherung ergänzender Freiheiten im Gemeinsamen Markt binnenmarktähnliche Verhältnisse herzustellen suchen. Denn die gemeinschaftsrechtliche Beseitigung hoheitlicher Handels- und Verkehrsschranken würde das Ziel der Herstellung solcher Verhältnisse verfehlen, soweit die Träger der Wirtschaft selbst durch gegenwirkende Vereinbarungen oder Praktiken den Wettbewerb im Gemeinsamen Markt Beschränkungen unterwerfen würden, die die Abschaffung nationaler Hoheitshindernisse gerade beseitigt. Das zu verhindern, ist *eine* wesentliche Intention der Wettbewerbsregeln des Gemeinschaftsrechts.

Die Wettbewerbsregeln des Gemeinschaftsrechts erneuern erfolglos gebliebene Bemühungen, die gegen „Kartelle, Konzerne, Trusts"[1] als Erscheinungsformen wirtschaftlicher Konzentration seit ihrem Aufkommen mit den Mitteln internationaler Regelung unternommen worden sind. Art. 46 I, III, Art. 50 der (nicht in Kraft getretenen) Havanna-Charta von 1947 hatten die Mitgliedstaaten zur Gesetzgebung gegen wettbewerbsbeschränkende Handelspraktiken und Monopol-Kontrollen verpflichten wollen, während das GATT von 1947 insoweit letztlich keine Bindungen mehr vorsieht. Die Wettbewerbsregeln des EGKSV sind nicht ohne Einfluß der amerikanischen Rechtsentwicklung und -erfahrung zustande gekommen[2]. Diejenigen des

---

[1] So die Dreiteilung möglicher Konzentrationserscheinungen wettbewerbsrechtlicher Relevanz nach dem gleichnamigen Titel des Werkes von *Liefmann* (7. Aufl. 1927).

[2] Zu den Zusammenhängen mit dem Interstate Commerce Act (ICA) vom 4. 2. 1887/1. 11. 1951 vgl. *Klaer,* Der Verkehr im Gemeinsamen Markt für Kohle und Stahl (1961) 47. Die Begriffsbildung, Auslegung und Handhabung des ICA durch die Interstate Commerce Commission und ihre Rechtsprechung haben deshalb in den großen Prozessen um die deutschen und französischen Ausnahmetarife der Eisenbahnen eine Rolle gespielt. Der Verfasser (als Beistand der damaligen Hohen Behörde) erinnert sich, daß *Wengler* (als Prozeßbevollmächtigter des als Streithelfer

EWGV stehen dem deutschen Recht näher, das im Gesetz gegen Wettbewerbsbeschränkungen vom 27. Juli 1957 seit dem 1. Januar 1958 anwendbar ist.

2. *Entscheidung für Wettbewerbsfreiheit*

2 Zum Gegenstand des Gemeinschaftsrechts, das den Gemeinsamen Markt mit den Mitteln des Rechts konstituiert, gehören auch Wettbewerbsregeln. Das erklärt sich indes *nicht nur* aus der Gefahr, daß Wettbewerbshindernisse privater Gestaltung die Marktfreiheit beschränken könnten, die die gemeinschaftsrechtliche Beseitigung staatlicher Hoheitsbeschränkungen gerade herstellt und sichert. Die gemeinschaftsrechtliche Regelung des Wettbewerbs im Sinne einer Sicherung der Wettbewerbsfreiheit der Marktbürger kann — von jener Wechselabhängigkeit abgesehen — *auch als prinzipielle Entscheidung* der Gemeinschaftsverfassung *für die Wettbewerbsfreiheit an sich und* für ihre funktionelle *Eignung als Mittel optimaler Marktentwicklung und Selbstregulierung* angesehen werden. Ob und inwieweit das zutrifft, ist und bleibt umstritten[3].

Die Frage grenzt — wie auch in der nationalen Auseinandersetzung — an letzte wirtschaftspolitische, allgemein-politische, ja „weltanschauliche" Wertvorstellungen. Sie entzieht sich auch deshalb eindeutiger Entscheidung, weil die Mitgliedstaaten in die Gemeinschaften mit höchst unterschiedlichen Grundvorstellungen über Wettbewerbsfreiheit und Regelungsbedürftigkeit eingetreten sind. So erklärt sich einmal, daß zwischen den strengen Wettbewerbsregeln über Kartelle und Monopole des EGKSV für Bergbau und Eisen- und Stahlindustrie einerseits, den entsprechenden Regeln des EWGV für die Wirtschaft im übrigen Gefälle-Unterschiede bestehen; zum andern, daß die EWG-Wettbewerbsregeln des Vertrages selbst nicht hinreichend eindeutig und geschlossen sind und als „Grundsätze", wie sie sich selbst nennen, erst durch das einschlägige Sekundärrecht und die Entscheidungspraxis der zuständigen Gemeinschaftsorgane, insbesondere der Kommission, festere

---

beteiligten Landes Hessen) wesentlich unter Berufung auf diese amerikanische Rechtsprechung argumentierte und es nächtlicher Telex-Kommunikation mit Washington bedurfte, um Entscheidungstexte zum Gebrauch des Gerichtshofs in der mündlichen Verhandlung zu beschaffen; vgl. EuGH Rs 3/58 ff. Rspr. VI, 392, wo auf diese Vergleichsargumentation des Landes hingewiesen wird. Der Gerichtshof hat (a.a.O. 411) „jeden Versuch, die Anwendung von Art. 70 EGKSV der Praxis des ‹Interstate Commission Act› der Vereinigten Staaten anzugleichen, als untauglich" zurückgewiesen, da der Gemeinschaft eine so umfassende verkehrspolitische Zuständigkeit, wie die Commission sie besitze, nicht zukomme.

[3] Dazu etwa: *Markert* EuR 1970, 349; *Ritter,* Der Wandel der Wirtschaftspolitik und die wirtschaftsverfassungsrechtliche Bedeutung des Gesetzes gegen Wettbewerbsbeschränkungen, BB 1968, 1393; *Günther* Fs Böhm 279; *Spormann* AWD 1970, 156; *Peter Ulmer* FAZ Nr. 79 v. 3. 4. 1971, 17; *ders.,* AWD 1970, 193. — Zur „Funktionsfähigkeit des Wettbewerbs" allgemein vgl. das gleichnamige Werk (2. Aufl. 1967) von *Kantzenbach.*

Züge angenommen haben und weiterhin annehmen werden. Insoweit ist die Entwicklung noch im Fluß.

3. *Wirtschaftliche Bedeutung und Entwicklung*

3 a) Die *wirtschaftliche Bedeutung* der gemeinschaftsrechtlichen Wettbewerbsregeln im Primär- und Sekundärrecht und ihrer Anwendung ist außerordentlich. Sie wird in ihrer Gesamtwirkung von kaum einer der anderen großen Verfassungsentscheidungen des Gemeinsamen Marktes und ihrer Durchsetzung übertroffen. Daß Rechtsfragen ihrer Auslegung und Anwendung zu den meist erörterten des Gemeinschaftsrechts zählen und eine intensive Spruchpraxis des Gerichtshofs ausgelöst haben, findet auch hierin seine Erklärung. Andererseits trägt die bevorzugte Durchdringung dieses Teilgebietes des Gemeinschaftsrechts trotz seiner Spezialität auch zur Erörterung und Klärung allgemeiner bedeutsamer Probleme des Gemeinschaftsrechts bei. Daß die Gesamtmaterie hier (in *§§ 31—33*) nur in knappen Grundzügen zu behandeln ist, wird auch dadurch gerechtfertigt, daß sie das bislang am intensivsten behandelte Teilgebiet des Gemeinschaftsrechts ausmacht.

4 b) Welche Entwicklung die europäische Wettbewerbspolitik inzwischen genommen hat, erweist sich vornehmlich an der sekundärrechtlichen Ausführung des einschlägigen Vertragsrechts, der Entscheidungspraxis und Aufsichtstätigkeit der Kommission, nicht zuletzt an der Rechtsprechung des Gerichtshofs. Ihre Bedeutung vor allem kann kaum hoch genug eingeschätzt werden. Es gehört zum Abriß des Kartellrechts *(§ 32)* und der Rechtsregeln zur Kontrolle des Mißbrauchs der Marktbeherrschung *(§ 33)*, die Thematik der sekundärrechtlichen Ausführung und die Leitentscheidungen des Gerichtshofs zur Entwicklung des Wettbewerbsrechts zu bezeichnen. Insgesamt kann für die großen Entwicklungszüge folgendes festgestellt werden:

aa) Das Gemeinschaftsrecht begreift die Freiheit des Wettbewerbs nicht an sich, sondern in seiner Wirksamkeit. Diese ist nicht nur ökonomisch-zweckhaft, sondern als Element der Privatrechtsordnung zur Durchsetzung verfassungsrechtlicher Grundrechtsprinzipien der Freiheit und der Gleichheit zu verstehen. Deshalb kommt dem Wettbewerbsrecht und seiner hoheitlichen Sanktionierung nebst Drittwirkung auch eine gesellschaftspolitische Bedeutung zu[4]. Sie wird ergänzt durch den dem Wettbewerb eigenen Integrationseffekt, den das Gemeinschaftsrecht in dieser seiner Funktion einsetzt.

bb) Deshalb soll das Gemeinschaftsrecht nicht nur verhindern, daß abgebaute staatliche Handelshemmnisse durch gleichwirkende private Wettbewerbsbeschränkungen ersetzt werden. Der Wettbewerb ist vielmehr von Beginn an auch als „Lenkungsinstrument des Wirtschaftsablaufs" bezeichnet worden, so z. B. im Aktionsprogramm der Kommission für die Zweite Stufe

---

[4] *Markert* EuR 1970, 350, 353.

vom 24. Oktober 1962[5] und im ersten Ratsprogramm für die mittelfristige Wirtschaftspolitik vom 25. April 1967[6].

Ob die hierfür zuständige Kommission diesem Programm mit hinreichender Aktivität und unter einer geschlossenen Konzeption entsprochen hat, ist in Zweifel gezogen worden[7]. Die Kommission hat zunächst in den Jahren 1958 bis 1962 die zu Art. 85, 86 EWGV erforderlichen Verfahrensregeln entwickelt. Sie sind in der Ratsverordnung Nr. 17 vom 6. Februar 1962 und den Durchführungsregelungen der Kommission ergangen. Die zweite, bis 1967 reichende Phase der Kommissionsarbeit galt vornehmlich den Grundsätzen zur Beurteilung der sog. Alleinvertriebsverträge. Danach schließlich hat die Kommission in Einzelfallentscheidungen die horizontale Unternehmenskooperation über die mitgliedstaatlichen Grenzen hinweg mit dem Ziel behandelt, die Verflechtung der nationalen Märkte zu fördern. Die Auswirkungen dieser Förderung haben auch Bedenken ausgelöst, weil sie Konzentrationsfolgen hat. Andere Bereiche der Wettbewerbspolitik sind bislang in solcher Weise wettbewerbspolitisch und -rechtlich nicht abgeklärt, so etwa der der Patentlizenzverträge. Konzentrationsvorgänge sind jetzt erstmalig von der Kommission verfahrensmäßig gemäß Art. 86 EWGV erfaßt worden. Eine Konzentrations- und Fusionskontrolle, deren Notwendigkeit auch die Kommission in ihrem Memorandum zur Industriepolitik von 1970[8] hervorgehoben hat, ist bislang weder konzipiert noch realisiert.

5 c) Aus diesem Entwicklungsstand können Folgerungen[9] für die künftig notwendige Wettbewerbspolitik der Gemeinschaft und ihre Einfügung in die gemeinschaftliche Wirtschaftspolitik gezogen und einzelne von ihnen hervorgehoben werden.

aa) Die Wettbewerbspolitik darf den Schutz vor übermäßiger Einschränkung durch wirtschaftliche Macht nicht vernachlässigen. Ihr Gegenstand sollte der Wettbewerb als Steuerungsinstrument sein, nicht die individuelle Wettbewerbsfähigkeit des Unternehmens an sich.

bb) Der Gemeinschaft obliegt, auch solche Wettbewerbsbeschränkungen zu kontrollieren, die als Verfälschungen und Verzerrungen durch mitgliedstaatliche Regelungen und Maßnahmen hervorgerufen werden. Insoweit bildet die Rechtsprechung des Gerichtshofs über die vorläufige Wirksamkeit angemeldeter, die volle Wirksamkeit nicht anmeldepflichtiger Vereinbarungen ebenso eine Erschwerung wie eine (zu beobachtende) nur zurückhaltende Mitwirkung nationaler Kartellbehörden bei der Anwendung des Wettbewerbsrechts der Gemeinschaften.

cc) Die Monopolpolitik der Gemeinschaft wird über die bloße Verhaltenskontrolle des Art. 86 EWGV hinaus eine Kontrolle der Zusammen-

---

[5] Memorandum der Kommission über das Aktionsprogramm der Gemeinschaft für die zweite Stufe (1962) Nr. 23.

[6] ABl. 1967, 1521.

[7] *Peter Ulmer*, FAZ Nr. 79 v. 3. 4. 1971, 17 (auch zum Folgenden).

[8] Die Industriepolitik der Gemeinschaft (1970) 157.

[9] Hierzu: *Markert* EuR 1970, 364; zum Entwicklungsstand: Kartelle und marktbeherrschende Stellungen. Überblick über Maßnahmen zur Anwendung der Art. 85 und 86 EWGV (Stand 1. 12. 1971; Hg. Sprechergruppe der Kommission); *Borschette*, Verh. EurParl. Nr. 139, v. 7.—11. 6. 1971, 21 f.

schlüsse schon im Prozeß ihrer Anbahnung und ihres Vollzuges wahrzunehmen haben. Eine solche erst nach Eintritt der Marktbeherrschung erfüllt den Kontrollzweck nicht oder erst zu spät.

II. Rechtsgrundlagen

Die einschlägigen Rechtsgrundlagen sind umfangreich und notwendigerweise detailliert. Dies deshalb, weil insbesondere im EWG-Bereich das Vertragsrecht nur Grundsätze bereitstellt, die erst das Sekundärrecht nach Gruppen unterschiedlicher wirtschaftlicher Tatbestands-Komplexe auffächern und ausführen konnte. Auch wurde erst mit dem Sekundärrecht das erforderliche Verfahrensrecht bereitgestellt. Im Montanbereich ist bereits das Vertragsrecht selbst näher spezifiziert.

1. EWGV

6 Die Wettbewerbsregeln der EWG sind enthalten in Art. 85—90 EWGV und in zahlreichen Regelungen des Sekundärrechts.

a) Das *Kartellrecht* regeln Art. 85 EWGV und im Sekundärrecht als wichtigste Normierungen die Rats-VO Nr. 17 (1. DVO zu Art. 85, 86)[10] nebst Ausführungsverordnung Nr. 27 der Kommission[11], die Rats-VO Nr. 19/65 (Anwendung von Art. 85 III auf Gruppen von Vereinbarungen und aufeinander abgestimmte Verhaltensweisen)[12] sowie die Kommissions-VO Nr. 67/67 (Anwendung von Art. 85 III auf Gruppen von Alleinvertriebsvereinbarungen)[13], die Rats-VO Nr. 2821/71 (weitere Gruppenfreistellungen)[14] und die Rats-VO Nr. 2822/71 (Ergänzung der VO Nr. 17: Ausnahmen von der Kartellmeldepflicht für Forschungs-, Entwicklungs- und Spezialisierungsvereinbarungen)[15]. Die Rats-VO Nr. 26[16] regelt die Anwendbarkeit bestimmter Wettbewerbsvorschriften auf die Produktion landwirtschaftlicher Erzeugnisse und den Handel mit ihnen, die Rats-VO Nr. 1017/68[17] die Anwendung von Wettbewerbsregeln auf dem Gebiet des Eisenbahn-, Straßen- und Binnenschiffsverkehrs — nebst den zu ihrer Durchführung ergangenen Kommissions-Verordnungen Nr. 1629/68[18] und Nr. 1630/69[19].

b) Gegen den *Mißbrauch einer den Markt beherrschenden Stellung*, also die mißbräuchliche Ausnutzung von Monopolstellungen, wendet sich Art. 86 EWGV.

---

[10] ABl. 1962, 204; Änd. ABl. 1962, 1655 und 1963, 2696.

[11] ABl. 1962, 1118 m. Änd. ABl. 1968 L 189, 1. — Vgl. auch Kommissions-VO Nr. 99/63 über die Anhörung nach Art. 19 I u. II der VO Nr. 17, ABl. 1963, 2268.

[12] ABl. 1965, 533. [13] ABl. 1967, 849. [14] ABl. 1971 L 285, 46.

[15] ABl. 1971 L 285, 49. [16] ABl. 1962, 933. [17] ABl. 1968 L 175, 1.

[18] ABl. 1969 L 209, 1. [19] ABl. 1969 L 209, 11.

c) Das *Verfahren zur Durchführung der Art. 85, 86* regelt kompetentiell Art. 87, der (Abs. I) dem Rat die Aufgabe zuweist, alle Verordnungen oder Richtlinien zu erlassen, die zur Verwirklichung der in den Art. 85, 86 niedergelegten Grundsätze *zweckdienlich* sind. Materiell wird diese sehr weitgehende Ermächtigung dirigiert durch die Zweckbestimmungen in Art. 87 II und — selbstverständlich — die den Art. 85, 86 zugrunde liegenden Regelungsprinzipien. Die unter a) bezeichneten Rats-Verordnungen sind kraft dieser Ermächtigung ergangen.

d) Unabhängig vom Ablauf der Übergangszeit und der Übergangsvorschrift des Art. 88 weist Art. 89 der *Kommission Kontroll- und Überwachungsaufgaben* zu zur Verwirklichung der in Art. 85, 86 niedergelegten Grundsätze.

e) Art. 90 (am Ende der Wettbewerbsregeln plaziert) grenzt ihre Anwendbarkeit ab in bezug auf die *wirtschaftliche Betätigung der öffentlichen Hand* in öffentlichen Unternehmen, Versorgungsunternehmen und Staatsmonopolen *(37/13 ff.).*

f) Von Bedeutung für die Regelung des Wettbewerbs ist endlich das Diskriminierungsverbot aus Gründen der Staatsangehörigkeit des Art. 7 EWGV[20] *(30/6, 13)* mit seinen zahlreichen Spezifikationen (Art. 48, 52 II, 60 III, 67 I, 68 II sowie Art. 37 I, 40 III, 44 I, 45 I, 132 IV, V). Dieser „große Gleichheitssatz" des Gemeinsamen Marktes aktueller Wirksamkeit, der die staatsangehörigkeitsrechtlichen Unterschiede der *Marktbürger als solcher* (*nicht* als Angehöriger *ihres Staates*) aufhebt, hat auch im Wettbewerbsrecht Bedeutung. *Seine* allgemeinen Diskriminierungsverbote umfassen *auch* dasjenige aus *Gründen der Staatsangehörigkeit,* das seinerseits kraft Art. 7 gilt und eine Differenzierung dieser Art oder Umgehungen dieser Wirkung als *per se* unzulässig und irrelevant erklärt.

2. EGKSV

7 Die Wettbewerbsregeln der EGKS sind enthalten in Art. 4 b, d sowie Art. 65—67 EGKSV. Anders als das EWG-Recht enthält der EGKSV in Art. 4 b, d ein *allgemeines Diskriminierungsverbot.* Von ihm hat die Rechtsprechung des Gerichtshofs angenommen, daß es in allen speziellen Vertragsvorschriften, die der Gleichstellung der Wettbewerbsbedingungen dienen, „mit geschrieben", in ihnen also zur Wirkung zu bringen ist *(30/13).*

a) *Kartellabsprachen* und verabredete Praktiken — über Preise, Produktionsbeschränkungen oder Marktaufteilungen — verbietet Art. 65 §§ 1, 2 für alle Kohle oder Stahl erzeugenden Unternehmen sowie für den Groß- und Zwischenhandel (Art. 80 EGKSV). Art. 65 § 2 Abs. I, II ermöglicht

[20] *Meier,* Der Schutz des Marktbürgers durch das Diskriminierungsverbot des Art. 7 I EWGV, ZHR 133 (1969) 61.

unter bestimmten Ausnahmevoraussetzungen die Zulassung bestimmter Kartelle.

b) Die Duldung von *Zusammenschlüssen* und die Beaufsichtigung *marktbeherrschender Unternehmen* regelt Art. 66 in einer der Konzentration gegenüber grundsätzlich ablehnenden Tendenz.

c) Art. 65, 66 enthalten auch genaue Zuständigkeits- und Verfahrensregelungen zur Handhabung der Kartell- und Monopolaufsicht und -kontrolle.

d) Art. 67 stellt Maßnahmen eines Mitgliedstaates, die sich fühlbar auf die Wettbewerbsbedingungen auswirken können, unter eine Gemeinschaftskontrolle.

e) Das allgemeine Diskriminierungsverbot des Art. 4 b EGKSV wird spezifiziert in Art. 60 (Preise) und 70 (Transporttarife). Kartellen und marktbeherrschenden Unternehmen ist nach Art. 65 § 2, 66 § 7 jede Diskriminierung verboten.

3. EAGV

8 Art. 52 I, II a EAGV, an der Spitze der Vorschriften über die Versorgung mit den für die Kernenergie wesentlichen Stoffen, gewährleistet den *Grundsatz gleichen Zugangs,* also das Verbot von Zugangsdiskriminierungen *zu den Versorgungsquellen* für Erze und spaltbares Material. Er verbietet daher jedes Gebaren, das darauf abzielt, einzelnen Verbrauchern eine bevorzugte Stellung zu sichern. Da das Verbot sich (außer an die Mitgliedstaaten) *auch an die Unternehmen* richtet, hat es insoweit die Bedeutung einer Wettbewerbsregel.

4. Verhältnis zum nationalen Recht

9 Die Wettbewerbsregeln des EWGV dienen der Sicherung der Wettbewerbsfreiheit im *„Handel zwischen Mitgliedstaaten"*. Wirtschaftsverhalten im Handel mit *Drittländern* oder *innerhalb* eines Mitgliedstaates *ohne* wesentliche Einwirkung auf Marktbeziehungen zu anderen Mitgliedstaaten unterliegt dagegen nicht den Wettbewerbsregeln des Gemeinschaftsrechts. Es untersteht — entsprechend der nationalen Gesetzgebung — dem jeweils zuständigen mitgliedstaatlichen Wettbewerbsrecht. Daraus resultierte die Auffassung, Gemeinschafts- und nationales Wettbewerbsrecht seien nebeneinander anwendbar, so daß das Wirtschaftsverhalten eines Marktbürgers für den innerstaatlichen Handel dem nationalen, für „Gemeinschafts"-Handel dem Gemeinschaftsrecht unterliege. Diese Auffassung gipfelte in der sog. Zweischrankentheorie[21]. Da beide Rechtsordnungen unterschiedliche Schutz-

---

[21] *Koch* BB 1959, 241.

bereiche haben, erschien ihr schon begrifflich eine Kollision beider Rechtsordnungen als ausgeschlossen. Denn wenn eine Wettbewerbsbeschränkung ihrem Tatbestande nach von beiden Rechtsordnungen erfaßt würde, seien beide — jeweils jede in ihrem Schutzbereich — anwendbar, so daß kumulative Rechtsfolgen eintreten müßten.

Die — dogmatisch und in ihrer Praktikabilität angreifbare[22] — Zweischrankentheorie hat nahezu ein Jahrzehnt die Auseinandersetzung bestimmt, weil eine ausdrückliche Zuordnungsregel für das Verhältnis beider Kartellrechtsordnungen fehlte. Die Rechtsprechung des Gerichtshofs[23] hat ihre Anwendbarkeit ausgeräumt, indem er den Grundsatz vom Vorrang des Gemeinschaftsrechts auch im Kartellrecht zur Geltung brachte: „Normenkonflikte zwischen Gemeinschafts- und innerstaatlichem Kartellrecht sind ... nach dem Grundsatz des Vorrangs des Gemeinschaftsrechts zu lösen."

Für den Montanbereich hat diese Kollisionsfrage keine Bedeutung. § 101 Nr. 3 GWB räumt insoweit dem Gemeinschaftsrecht den Vorrang ein. Eine Kollision zwischen beiden Gemeinschaftsverträgen schließt Art. 232 EWGV aus.

5. Unmittelbare Anwendbarkeit

10 Eine in der Übergangszeit — vor allem an ihrem Beginn — viel erörterte Streitfrage hat inzwischen ihre wesentliche Bedeutung verloren. Sie ging dahin, ob Art. 85, 86 EWGV unmittelbar anwendbares Recht enthielten oder — als „Grundsätze" mit bloßem Programmcharakter — bis zum Inkrafttreten von Sekundärrecht gemäß Art. 87, 88 allenfalls die Mitgliedstaaten zur Befolgung in ihrer nationalen Wettbewerbskontrolle verpflichteten, nicht aber die Unternehmen selbst. Wortlaut und Zweck der Vorschriften sprachen gegen solche vorübergehende Freistellung der Unternehmen, zumal die bei Annahme aktueller Wirksamkeit dieser Vorschriften auftretenden Anwendungsschwierigkeiten nicht unüberwindbar waren. Mit dem Inkrafttreten des einschlägigen Sekundärrechts, insbesondere der VO Nr. 17 und der klärenden Rechtsprechung des Gerichtshofs[24], wonach Art. 85 nicht nur den Charakter eines Programmsatzes, sondern wenigstens Teilwirksamkeit (i. S. einer Eingriffsermächtigung für die zuständigen Behörden) entfaltet habe, ist die Streitfrage im wesentlichen erledigt *(32/10)*.

---

[22] *Mestmäcker,* Die Vermittlung von europäischem und nationalem Recht im System unverfälschten Wettbewerbs; *ders.,* BB 1968, 1298.

[23] EuGH Rs 14/68 Rspr. XV, 1. — Zu dieser Judikatur vgl.: *Klaue* WuW 1969, 593; *Niederleithinger* BB 1969, 1185; *Peter Ulmer,* Juristische Analysen 1970, 5; *Naß,* in: Fragen des europäischen Kartellrechts (1970) 1; *Peter Ulmer* und *Klaue,* ebenda 51.

[24] EuGH Rs 13/61 Rspr. VIII, 97.

III. Grundsätze und Vergleiche

1. Tatbestände der Wettbewerbsregelungen

11 Die Tatbestände wirtschaftlichen Verhaltens, die die genannten Wettbewerbsregelungen des Gemeinschaftsrechts erfassen, nennt das deutsche Recht nach den verschiedenen Erscheinungsformen wirtschaftlicher Konzentration *Kartelle, Konzerne, Zusammenschlüsse (Fusionen)* oder *marktbeherrschende Unternehmen.* In vereinfachender Zusammenfassung spricht man — ähnlich wie für die durch das deutsche Gesetz geregelte Materie — vom Kartellrecht der Gemeinschaften und — gesondert — dem der EWG und dem der EGKS. Was deutsche Gesetzessprache und Theorie an Begriffsbestimmungen und Unterscheidungen im Recht der Wirtschaftskonzentration und ihrer Normierung und Erfassung hervorgebracht haben, kann die Regelungen des Gemeinschaftsrechts veranschaulichen und verdeutlichen. In aller Regel sind diese aber nicht gerade oder nur aus der Sicht deutscher Rechtsanschauung mit Inhalt zu erfüllen. Er ist vielmehr nach den Zielbestimmungen der Integration und ihrer Gemeinschaftsfunktion dem Gemeinschaftsrecht in eigenständiger Auslegung zu entnehmen.

2. Vergleich der EWGV- und EGKSV-Regelungen

12 Ein Vergleich des EWGV mit dem EGKSV zeigt, daß die Abs. I und II des Art. 85 EWGV offensichtlich den §§ 1 und 4 des Art. 65 EGKSV nachgebildet sind. Art. 86 EWGV findet seine Parallele in Art. 66 EGKSV. Indes ist die EGKSV-Regelung, dem Gesamtcharakter dieses Vertrages entsprechend, materiell-rechtlich detaillierter als das vergleichbare Primärrecht des EWGV. Deshalb sind auch die den Gemeinschaftsorganen eingeräumten Befugnisse der Wettbewerbskontrolle und Ausnahmezulassung im Montanbereich enger begrenzt. Mit seinen weitreichenden Ermächtigungen läßt der EWGV dagegen Raum für eine Entwicklung der Wettbewerbspolitik der Gemeinschaftsorgane. Gegenüber Zusammenschlüssen an sich ist der EGKSV in seiner dem amerikanischen Recht entlehnten Tendenz ersichtlich zurückhaltend, wenn nicht gegnerisch orientiert. Der EWGV will ihre Begrenzung weniger wegen wachsender Unternehmensgröße an sich, sondern vornehmlich dann sicherstellen, wenn die Konzentration in beherrschender Marktstellung zur Ausschaltung des Wettbewerbs mißbraucht wird. Diese unterschiedlichen Intentionen gewinnen wachsende Bedeutung in einer wirtschaftlichen Entwicklungsphase, die zur Konzentration neigt oder zwingt, und mit zunehmender Integration und abschließender Herstellung des Gemeinsamen Marktes, in dem Unternehmenskonzentration zugleich erfordert und erleichtert wird.

§ 32 KARTELLVERBOT

Alexander, L'application de l'article 85, paragraphe 3 C. E. E. par voie de décisions individuelles et de règlements, RevTrimDrEur 1965, 323; *Alexander,* Article 85 of the E. C. C. Treaty and the exclusive licence to sell patented products, CMLR 1968, 465; *Baardman,* Groepvrijstelling voor alleenverkoopconctracten in het E. E. G.-kartelrecht, SEW 1966, 587; *Baardman,* De beschikkingspraktijk in kartelzaken van de Europese Commissie in de jaren 1968 to en met 1970, SEW 1971, 119; *Belke,* Relevanter Markt und vertikale Wettbewerbsbeschränkung im EWG-Kartellrecht am Beispiel der Alleinvertriebs- und Gebietsbindungen, ZHR 1968, 239; *v. Bonin,* Ist Art. 85 des EWG-Vertrages ein Schutzgesetz im Sinne des § 823 Abs. 2 BGB?, Diss. Saarbrücken (1970); *Bortolotti,* Accordi tra imprese, pratiche concordate e art. 85 del Trattato CEE, DirScambiIntern 1969, 517; *Campbell,* Restrictive trading agreements in the Common Market. Texts - Commentaries (1964); *Catalano,* La jurisprudence de la Cour de Justice à l'égard des contrats dits d'exclusivité, CahDrEur 1967, 20; *Coing,* Zur Auslegung von Art. 85 EWG-Vertrag, ZHR 1963, 271; *Daig,* Verbotene und genehmigungsfähige Kartelle nach Artikel 65 des Vertrages über die Gründung der Europäischen Gemeinschaft für Kohle und Stahl, Diss. Tübingen (1957); *Dembowski,* Die Anwendung kartellrechtlicher Vorschriften auf Außenhandelsverträge im europäischen Markt, Diss. Hamburg (1966); *Deringer,* Alleinvertriebsverträge im Wettbewerbsrecht des Gemeinsamen Marktes, NJW 1966, 1585; *Deringer,* Das Wettbewerbsrecht der Europäischen Wirtschaftsgemeinschaft. Kommentar zu den EWG-Wettbewerbsregeln (Art. 85—94), Loseblattausgabe (1962 ff.); *Dörinkel,* Das Auskunfts- und Nachprüfungsrecht der EWG-Kommission in Kartellfällen, AWD 1966, 422; *Dormanns,* Artikel 65 MUV und das deutsche Gesetz gegen Wettbewerbsbeschränkungen, Diss. Köln (1961); *Ellis,* The extra-territorial effect of the community anti-trust legislation outside the Member States, CMLR 1965, 132; *Emmerich,* Die Auslegung von Art. 85 Abs. 1 EWG-Vertrag durch die bisherige Praxis der Kommission, EuR 1971, 295; *Fine,* Procedure under articles 85 and 86 of the EEC-Treaty as interpreted by the Commission, the European Court of Justice and the Courts of the Member States, DirScambiIntern 1966, 1; *Focsaneanu,* Les prix imposés dans la Communauté Economique Européenne. Droits nationaux et droit communautaire, RevTrimDrEur 1967, 173; *van Gerven,* Europees kartelrecht (1958—1964), TijdschrPrivR 1964, 636; *van Gerven,* Principes du droit des ententes de la Communauté Economique Européenne (1966); *van Gerven,* Les accords entre entreprises dans le droit des ententes de la C. E. E. (1966); *van Gerven,* Heeft de begrip „voorlopige geldigheid" door het Portelangearrest definitief afgedaan?, SEW 1970, 7; *van Gerven,* Over voorlopige of definitieve geldigheid en over nietigheid met of zonder terugwerkende kracht van kartelafspraken, SEW 1970, 351; *Gleiss,* Der Begriff der „aufeinander abgestimmten Verhaltensweisen" in Art. 85 EWG-Vertrag, WuW 1964, 485; *Gleiss-Hirsch-Hootz,* EWG-Kartellrecht, 2. Aufl. (1965); *Gleiss-Hirsch,* Il diritto comunitario della concorrenza (1968, ital. Übers.); *Braun-Gleiss-Hirsch-de Gryse-Francq,* Droit des ententes de la CEE (1967, franz. Ausg.); *Honig-Braun-Gleiss-Hirsch,* Cartel law of the EEC (1963, engl. Ausg.); *Oberdorfer-Gleiss-Hirsch,* Common Market cartel law, 2. amerik. Aufl. (1971); *Greiffenhagen,* Die Kartellgenehmigung im Recht des Gesetzes gegen Wettbewerbsbeschränkungen, der Europäischen Gemeinschaft für Kohle und Stahl und der Europäischen Wirtschaftsgemeinschaft (1966); *Grüneklee,* Bindungen von Geschäftsbedingungen in Austauschverträgen nach deutschem und EWG-Wettbewerbsrecht (1966); *Grupp,* Der Einfluß des Artikels 85 EWG-Vertrag und der Verordnung Nr. 17 auf die Wirksamkeit wettbewerbsbeschränkender Vereinbarungen, Diss. Tübingen (1965); *Guyénot*, Les contrats de concession commerciale. Droit français et communautaire de la concurrence (1968); *Harms*, Intra enterprise conspiracy? — Ein rechtsvergleichender Beitrag zur Auslegung der Art. 85 EWGV und 65 EGKSV, EuR 1966, 230; *Hildebrandt*, Die Beeinträchtigung des zwischenstaatlichen Handels, Diss. Heidelberg (1965); *Homburger-Jenny*, International-rechtliche Aspekte des EWG-Wettbewerbsrechts. Zur Anwendung der wettbewerbsrechtlichen Bestimmungen des EWG-Vertrages auf in Nichtmitgliedstaaten veranlaßte Wettbewerbsbeschränkungen (1966); *Houin*, Les conséquences civiles d'une infraction aux règles de concurrence, in: Annales de la Faculté de Droit Liège 1963, 27; *Johannes*, Zum Begriff der Wettbewerbseinschränkung in Art. 85 Abs. 1 des EWG-Vertrages, AWD 1968, 409; *Joliet*, The rule of reason in antitrust law. American, german and common market laws in comparative perspective (1967); *Joliet*, La coopération des entreprises selon la jurisprudence de la Commission des Communautés européennes, CahDrEur 1969, 127; *Joliet*, Prix imposés et droit européen de la concurrence, CahDrEur 1971, 16; Kartelle und Monopole im modernen Recht (1961); *Kirschstein*, Beurteilung von Alleinvertriebsverträgen nach EWG-Kartellrecht, WuW 1966, 777; *Kirschstein*, Sanctions contre la conclusion et l'exécution des ententes d'après le droit communautaire et la loi allemande contre les restrictions à la concurrence, RevTrimDrEur 1968, 92; *Kirschstein*, Entscheidungen des Gerichtshofs und der Kommission der Europäischen Gemeinschaften zum EWG-Kartellrecht, WRP 1969, 185; 1970, 377, 423; *Klausing*, Re-Importklauseln unter besonderer Berücksichtigung des EWG- und des nationalen Rechts, Diss. Köln (1966); *Koch*, Der Schutz vor unerlaubten wettbewerbsbeschränkenden Handlungen durch deutsche Zivilgerichte nach dem GWB und nach Art. 85 des Vertrages zur Gründung der Europäischen Wirtschaftsgemeinschaft, Diss. Münster (1966); *König*, Vertikale Preis- und Konditionenbindungen nach deutschem und EWG-Kartellrecht (1965); Kooperation und Konzentration im Gemeinsamen Markt, Kartellrechtsforum Brüssel (1967); *Lipps*, Die Grundzüge des englischen Kartellrechts im Vergleich mit Artikel 85 des EWG-Vertrages, Diss. Heidelberg (1967); *Magen*, Lizenzverträge und Kartellrecht (1963); *Claus Maier*, Die Verletzung von Preis- und Vertriebsbindungssystemen durch Außenseiter im Bereich der EWG, Diss. München (1966); *Mailänder*, Le règlement d'exemption de catégories d'accords d'exclusivité, CahDrEur 1968, 38; *Matthies*, Das Recht der Kartelle und Zusammenschlüsse in der Montanunion (1965); *Möhring*, Die Reimportklausel nach den Wettbewerbsregeln des EWG-Vertrages, Fs Riese 175; *Möschel*, Die rechtliche Behandlung der Paralleleinfuhr von Markenware innerhalb der Europäischen Wirtschaftsgemeinschaft (1968); *Müller*, Rechtsfragen zur Stellung der Unternehmen in der Europäischen Gemeinschaft für Kohle und Stahl, Diss. Münster (1963); *Müller-Henneberg-Schwartz*, Gesetz gegen Wettbewerbsbeschränkungen und europäisches Kartellrecht. Kommentar, 2. Aufl. (1963); *Naß*, Probleme des europäischen Kartellverfahrens, EuR 1970, 100; *van Nolten*, Concurrentiebeperking en industriele eigendom, SEW 1967, 644; *Plaisant-Franceschelli-Lassier*, Droit européen de la concurrence. Articles 85 à 89 du Traité C. E. E. (1966); *Reimer*, Preis- und Vertriebsbindungen im Gemeinsamen Markt, GRUR 1966, 509, 565; *Sandberger*, Die Nichtigkeit wettbewerbsbeschränkender Vereinbarungen und Beschlüsse im Recht der EWG (1969); *Schwanke*, Gebietsausschließlichkeiten im Vertrieb und Art. 85 EWGV sowie ihre Behandlung nach französischen und deutschen Kartellrecht, Diss. Münster (1969); *Seidl-Hohenveldern*, Völkerrechtliche Grenzen bei der Anwendung des Kartellrechts, AWD 1971, 53; *Skaupy*, Die angemessene Beteiligung der Verbraucher am Gewinn gemäß Art. 85 Abs. 3 EWGV, WuW 1967, 560; *Snijders-Brinkhorst*, De drie arresten van het Hof van Justitie inzake alleenverkoopovereenkomsten, SEW 1967, 162; *Sölter*, Grundzüge industrieller Kooperationspolitik, WuW 1966, 223; *Steckhan*, Kartelle und zwischenstaatlicher Handel. Die Zwischenstaatlichkeitsklausel in Art. 85 des EWG-Vertrages im Lichte der Rechtsprechung zur Handelsklausel der amerikanischen Bundesverfassung (1967); *Steindorff*, Das Antragsrecht im EWG-Kartellverfahren und seine prozessuale Durchsetzung, in: Kartelle und Monopole im modernen Recht I (1960) 157; *Teichmann*, Die Zwischenstaatlichkeitsklausel in Art. 85 Abs. 1 EWGV,

WuW 1969, 671; *Torley Duwel,* Signification du mot „entreprise“ dans le sens de l'article 85 du Traité C. E. E. à propos d'accords entre sociétés mères et filiales et filiales entre elles, RevTrimDrEur 1966, 400; *Peter Ulmer,* Der Unternehmensbegriff im Vertrag der Europäischen Gemeinschaft für Kohle und Stahl (1960); *Peter Ulmer,* Europäisches Kartellrecht auf neuen Wegen? Kritische Bemerkungen zu neuen kartellrechtlichen Vorabentscheidungen des Gerichtshofs der Europäischen Gemeinschaften, AWD 1970, 193; *Peter Ulmer,* Der sachliche Anwendungsbereich des EWG-Kartellverbots — Analyse des Merkmals der Handelsbeeinträchtigung in Art. 85 Abs. 1 EWG-Vertrag, in: Juristische Analysen 1970, 5; *Winkel,* Die Alleinvertriebsverträge im französischen, deutschen und europäischen Recht, Diss. Mainz (1968); *Würdinger,* Das Auskunftsrecht der Organe der EGKS und der EWG gegenüber privaten Unternehmen, WuW 1964, 579.

Die Wettbewerbsregeln der Art. 85 ff. EWGV und Art. 65 ff. EGKSV behandeln in etwa vergleichbarem Aufbau nacheinander Wettbewerbsbeschränkungen durch Kartelle und Zusammenschlüsse, ihre Unterdrückung, ihre ausnahmesweise Zulassung, ihre Kontrolle und Beaufsichtigung sowie die Rechtsfolgen ihrer unzulässigen Anwendung im Wettbewerb. Unter ihnen steht die gemeinsame Regel des Kartellverbots nicht nur in der Plazierung, sondern auch in ihrer grundsätzlichen Bedeutung an der Spitze.

I. Tatbestand

1 Art. 85 I EWGV erklärt als „mit dem Gemeinsamen Markt unvereinbar“ und *verbietet* daher „alle Vereinbarungen zwischen Unternehmen, Beschlüsse von Unternehmensvereinigungen und aufeinander abgestimmte Verhaltensweisen, welche den Handel zwischen Mitgliedstaaten zu beeinträchtigen geeignet sind und eine Verhinderung, Einschränkung oder Verfälschung des Wettbewerbs innerhalb des Gemeinsamen Marktes bezwecken oder bewirken“. In den nachfolgenden fünf Beispielen des Katalogs der lit. a bis e nennt Art. 85 I:

a) Preis- und Konditionenkartelle (entsprechend Art. 65 § 1 a EGKSV);

b) Spezialisierungs-, andere Rationalisierungs-, Absatz- u. ä. Kartelle (dem Art. 65 § 1 b EGKSV vergleichbar);

c) Wettbewerbsbeschränkungen in der Aufteilung der Märkte oder Versorgungsquellen (verschiedenster Strukturen und Formen, dem Art. 65 § 1 c EGKSV entsprechend);

d) unzulässige Diskriminierung durch wettbewerbsbeschränkendes Zusammenwirken;

e) sog. Kopplungsgeschäfte.

Die wichtigsten Tatbestandselemente dieser Verbotsregeln geben angesichts der Vielfalt wirtschaftlicher Gegebenheiten und Verhaltensweisen in objektiver und subjektiver Beziehung zahlreiche komplizierte Auslegungsfragen auf. Ihre Beantwortung insbes. im EWG-Markt war und ist von der näheren Ausgestaltung der Wettbewerbspolitik durch die nach Art. 87 zuständigen Gemeinschaftsorgane und ihre Sekundärrechtsetzung sowie von der Rechtsprechung des Gerichtshofs abhängig. Insbesondere gilt das von der Ausfüllung des in Art. 85 I c beschriebenen, höchst komplexen Beispiel-Tatbestandes der Aufteilung der Märkte und Versorgungsquellen.

1. Adressaten

2 Vom Kartellverbot betroffen, also *Adressaten der Verbotsnorm* sind (Art. 85 I) Unternehmen und Unternehmensvereinigungen. Art. 65 § 1 EGKSV spricht diese als Unternehmen und Verbände von Unternehmern an.

a) Unternehmen, deren Begriff Art. 85 I nicht bestimmt, sondern voraussetzt, sind rechtlich handlungsfähige Wirtschaftsträger, also am Wirtschaftsverkehr (durch Warenerzeugung oder -austausch oder gewerbliche Leistung) Beteiligte, ohne Rücksicht auf ihre mitgliedstaatsrechtlich bestimmte Rechtsform, ihren Sitz (im Gemeinsamen Markt oder außerhalb), ihre Größe. Der Konzern als solcher, als Wirtschaftseinheit ohne Rechtspersönlichkeit, unterfällt diesem Begriff also nicht. Für das Montanrecht, das seinerseits den Unternehmensbegriff[1] in Art. 80 EGKSV definiert, und zwar ausdrücklich erweiternd gerade im Hinblick auf Art. 65, 66 (nämlich auch für Vertriebsunternehmen), ist das durch die Rechtsprechung ausdrücklich geklärt worden.

b) Verbände von Unternehmen, Unternehmensvereinigungen sind überwiegend zur Interessenvertretung ihrer Mitglieder tätig und als solche Verbotsadressaten, auch wenn sie nicht selbst, was vorkommt, Unternehmen sind (indem sie wirtschaften, etwa den Gemeinschaftseinkauf für ihre Mitglieder betreiben).

c) Wer als Arbeitnehmer abhängige Arbeit leistet, ist nicht Träger eines Unternehmens. Deshalb unterfallen Vereinbarungen über Arbeits- und Lohnbedingungen nicht dem Kartellverbot, ebensowenig Arbeitnehmer- (Gewerkschaften) und Arbeitgeberverbände dem Begriff der Unternehmensvereinigungen.

d) Vom Bereich der *Landwirtschaft* (Art. 42) und des *Verkehrs* abgesehen *(31/6)*, gilt das Kartellverbot für Unternehmen jedweder sektoralen Zuordnung und rechtlichen Verformung. Grundsätzlich, aber unterschiedlich, gilt das nach Art. 90 EWGV auch für öffentliche Unternehmen (solche der „öffentlichen Hand") und Unternehmen öffentlicher Bedeutung mit Sonder- und Ausschließlichkeitsrechten (sog. beliehene Unternehmen), für öffentliche Versorgungsunternehmen und Finanzmonopole. Das Kartellrecht des EWGV strebt mit Wirkung für die Mitgliedstaaten als Adressaten eine grundsätzliche Erstreckung des Gesamtvertrages und insbesondere auch seiner Art. 7, 85—94, also damit des Kartellverbotes auf öffentliche Unternehmen an.

[1] Vgl. *Peter Ulmer*, Der Unternehmensbegriff im Vertrag der Europäischen Gemeinschaft für Kohle und Stahl (1960).

Dies deshalb, weil die Disposition der Mitgliedstaaten über den Sektor der öffentlichen Wirtschaft wesentlich auf die Wettbewerbsbedingungen des Gemeinsamen Marktes einwirken kann. Wegen der spezifischen öffentlichen Funktionen, die der öffentlichen Wirtschaft zukommen können, stellt Art. 90 hierfür indes ein Sonderstatut großer Tragweite bereit *(37/13—23)*.

2. *Verbotene Vereinbarungen und Verhaltensweisen*

3 Vereinbarungen (Beschlüsse, vgl. Art. 85 II EWGV) und aufeinander abgestimmte Verhaltensweisen (verabredete Praktiken) sind diejenigen Aktionen des Zusammenwirkens, die das Kartellverbot trifft.

a) *Vereinbarungen,* die — anders als möglicherweise Individualverhalten nach Art. 86 EWGV, Art. 66 EGKSV — ein autonomes (also nicht hoheitlich abverlangtes) zusammenwirkendes Verhalten mehrerer voraussetzen, werden i. d. R. zivilrechtliche Verträge zwischen Unternehmen sein, also Kartellverträge i. e. S. Um den Verbotstatbestand zu erfüllen, bedarf es dieser ausdrücklichen Zweck- und Inhaltsbestimmung (ebenso wie einer bestimmten Form) indes nicht. Deshalb unterfallen z. B. auch vertikale Preisbindungen zweiter Hand diesem Tatbestand. Die für § 1 GWB strittige Frage, ob Vertrag i. S. dieser Vorschrift den Willen zur *rechtlichen* Bindung voraussetzt, ein sog. „gentlemen's agreement" also nicht erfaßt wird, ist für Art. 85 I ohne Bedeutung. Denn dieser bezieht auch die aufeinander abgestimmten Verhaltensweisen in das Kartellverbot ein.

b) Dementsprechende *Beschlüsse* von Unternehmensvereinigungen (Unternehmensverbänden) sind die von ihren zuständigen Organen mit Rechtswirkung für ihre Mitglieder gefaßten Beschlüsse. Bloße Verbands*empfehlungen ohne* Rechtswirkung sind nicht Beschlüsse dieser Art, können indes aufeinander abgestimmte Verhaltensweisen sein.

c) Tatbestandlich schwieriger erfaßbar sind die — dem deutschen Wettbewerbsrecht als solche nicht bekannten[2], dem anglo-amerikanischen Rechtskreis entlehnten — *aufeinander abgestimmten Verhaltensweisen* (concerted actions, pratiques concertées). Ihre Erfassung durch das Kartellverbot zielt, was schon die Verhaltensbeschreibung verdeutlicht, auf die Einbeziehung solcher Unternehmens- und Verbandspraktiken, die in ihrer Formlosigkeit und Unverbindlichkeit rechtsgeschäftliche Gestaltungen, insbes. solche durch Vertragsschluß, vermeiden — und gerade vermeiden wollen. Das Kartellverbot will damit Faktizitäten des Wirtschaftsverkehrs auch ohne ihren aus Form und Rechtsrelevanz ersichtlichen Wirkungsgehalt *wegen* ihrer gleichermaßen wettbewerbserheblichen Intention und Wirksamkeit erfassen.

---

[2] Hierzu der Beschluß des Kartellsenats des BGH v. 17. 12. 1970 (Teerfarben) BGHSt 24, 54 = AWD 1971, 82 mit Anm. *Reinhart* = BB 1971, 190, der wiederum die Frage veranlaßt hat, ob de lege ferenda eine Angleichung des § 1 GWB an Art. 85 (aufeinander abgestimmte Verhaltensweisen) geboten sei.

aa) Die wechselseitige Abstimmung der Verhaltensweisen setzt subjektiv bewußte gegenseitige Willensübereinstimmung voraus[3], also wechselseitig gewollte gleichartige Verhaltensausrichtung. Eine solche braucht noch nicht im rein faktischen Gleichverhalten auf dem Markt oder der Verhaltensanpassung allein zu liegen. Sie kann aus der Konkurrenzlage und vorausschauender Kalkulation autonom erwachsen. Gemeinsamkeit der Planung des Verhaltens ist demnach erforderlich.

bb) Planhaftigkeit im Markt*verhalten* setzt voraus, daß die Beteiligten (und nicht nur einer von ihnen) dem Plan entsprechend agieren, ohne daß es nach Art. 85 I EWGV auf die Form der hierfür kausalen Abstimmung ankäme. Art. 65 § 1 EGKSV stellt dagegen auf „verabredete" Praktiken ab. Hierin liegt auch ein Unterschied zu § 38 II 2 GWB. Dieser erfaßt nur einen Teilbereich der Verbotswirkung des Gemeinschaftsrechts, indem er Empfehlungen *als Mittel* der Wettbewerbsbeschränkung (nicht das gleichförmige Verhalten als Wirkung ihrer Befolgung) verbietet[4].

3. *Wettbewerbsbeschränkungen*

4 Das Kartellverbot bezweckt die *Verhinderung von Wettbewerbsbeschränkungen* (so die Formulierung in § 1 GWB), die Art. 85 EWGV, Art. 65 § 1 EGKSV in unterschiedlich intensiver Charakterisierung als Verhinderung, Einschränkung oder Verfälschung des Wettbewerbs differenzieren.

a) Schutzgut des Verbots ist der schützenswerte, also legale Wettbewerb in allen seinen Elementen (von Preis und Qualität über Rabatte bis zur Werbung), Mitteln und Stufen (horizontal zwischen Produzenten, vertikal zwischen ihnen und ihren Abnehmern), und nicht nur der aktuelle, sondern auch der potentielle Wettbewerb.

b) Subjektiv und in der Intention der Vereinbarungen und Verhaltensweisen erfaßt das Verbot verbal zunächst solche, die eine wettbewerbsbeschränkende Wirkung nach allen in Betracht kommenden Umständen *bezweckten,* selbst wenn diese Wirkung, dem Zweck zuwider, nicht eingetreten ist. Das oft schwierig zu bestimmende subjektive Element, damit auch die Frage, ob wirkungslos gebliebene Zwecksetzung überhaupt Verbotsfolgen relevant machen könnte, ist praktisch indes ohne Bedeutung. Denn das Verbot trifft in gleicher Stringenz schon solche Vereinbarungen und Verhaltensweisen, die eine Wettbewerbsbeschränkung auch absichtslos *bewirken.* Auf die Absicht der beteiligten Unternehmen kommt es rechtlich also nicht an. Entscheidend für die Verbotsfolgen ist das „Wirkungsstatut"[5], und dies *ohne* Rücksicht auf seine *Veranlassung innerhalb oder außerhalb* des Gemeinsamen Marktes, andererseits nur dann, wenn diese *Wirkung* der Wettbewerbsbeschränkung *innerhalb des Gemeinsamen Marktes eintritt.*

---

[3] *Gleiss-Hirsch-Hootz,* EWG-Kartellrecht 2. Aufl. (1965) 15 zu Art. 85.
[4] *Gleiss-Hirsch-Hootz* 16 zu Art. 85. [5] *Gleiss-Hirsch-Hootz* 30 zu Art. 85.

c) Ihre für die Wettbewerbsordnung relevante Wirksamkeit kann eine Wettbewerbsbeschränkung indes nur dann äußern, wenn sie auch *geeignet* ist, „den Handel zwischen Mitgliedstaaten zu beeinträchtigen“, andererseits auch schon dann, wenn trotz ihrer Eignung hierzu eine solche Beeinträchtigung tatsächlich nicht eintritt. Ungünstige, nachteilige Einwirkung als Beeinträchtigung des zwischenstaatlichen Handels im Gemeinsamen Markt ist nach dem *Verbotszweck,* der den Wirtschaftsverkehr zwischen den Mitgliedstaaten vor Wettbewerbsbeschränkungen schützen will, zu bestimmen. Deshalb können auch mittelbare, wenn nur merkliche (spürbare) und nicht gänzlich unerhebliche Nachteile für die Wettbewerbsfreiheit relevant sein. Sie können selbst durch gleichzeitig eintretende förderliche Wirkungen für den zwischenstaatlichen Handel nicht kompensiert werden (dies jedenfalls nicht ex lege, sondern allenfalls im Wege der Freistellung nach Art. 85 III)[6].

4. Zwischenstaats-Klausel

5 Das Kartellverbot entfaltet seine Wirkung nur, soweit die Beeinträchtigungseignung der Vereinbarungen, Beschlüsse und Verhaltensweisen „den Handel zwischen Mitgliedstaaten“ betrifft[7]. Nur der Wirtschaftsverkehr, und zwar der gesamte Wirtschaftsverkehr, dessen Liberalisierung die Vergemeinschaftung bezweckt, *zwischen Mitgliedern der Gemeinschaft,* d. h. zwischen mindestens zwei ihrer Mitgliedstaaten, wird durch das Kartellverbot in seiner Wettbewerbsfreiheit geschützt. Wettbewerbsbeschränkungen, die den Handel *nur innerhalb eines* Mitgliedstaates *oder* den *mit Drittstaaten oder Assoziierten beeinflussen,* werden vom Verbot *nicht* erfaßt. Die (dem amerikanischen Recht) entnommene interstate commerce-Klausel bewirkt eine Abgrenzung zwischen dem gemeinschaftsrechtlichen Kartellverbot und den mitgliedstaatlichen Regelungen der Wettbewerbsbeschränkungen, also auch dem GWB. Das schließt die Anwendbarkeit des Art. 85 EWGV auf innerstaatliche Kartelle nicht aus, falls sie nur geeignet sind, den zwischenstaatlichen Handel zu beeinträchtigen (Exportkartelle deutscher Unternehmen für die Warenausfuhr in andere Mitgliedstaaten). Andererseits ist, falls diese Eignung vorliegt, der Sitz aller oder auch nur einzelner der beteiligten Unternehmen innerhalb des Gemeinsamen Marktes nicht Voraussetzung für die Verbotsgeltung. Entscheidend ist und bleibt — i. S. des Art. 3 f EWGV — der Schutz des Wettbewerbs vor Verfälschungen *innerhalb des Gemeinsamen Marktes.*

---

[6] *Gleiss-Hirsch-Hootz* 34 zu Art. 85.

[7] Dazu: *Teichmann* WuW 1969, 671; *Peter Ulmer,* Juristische Analysen 1970, 23; zu den völkerrechtlichen Grenzen der Anwendbarkeit des Kartellrechts „bezüglich Auslandstaten von Ausländern, deren einzige Berührung mit dem Inland (dem Gebiet des Gemeinsamen Marktes) darin besteht, daß sie die dort gehegten Verhaltenserwartungen nicht erfüllen“, vgl. *Seidl-Hohenveldern* AWD 1971, 53.

5. *Normierte Beispiel-Tatbestände*

6 Ohne rechtlich selbständige Bedeutung, indes zur Legalerläuterung des allgemeinen Verbotstatbestandes des Art. 85 I (arg. „insbesondere") von Belang, liefern die Beispieltatbestände des Katalogs der lit. a bis e Anhaltspunkte zur Inhaltserfüllung des Merkmals Wettbewerbsbeschränkung (Verhinderung, Einschränkung, Verfälschung des Wettbewerbs).

Wenn auch die *übrigen* Tatbestandsvoraussetzungen des allgemeinen Verbots erfüllt sind, unterfallen die Katalog-Tatbestände den Verbotswirkungen. Das Katalog-Quintett (funktionell dem Katalog des Art. 65 § 1 a bis e vergleichbar) beschreibt die rechtstatsächlich wesentlichsten Beschränkungstatbestände, nämlich: Preis- und Konditionenkartelle (= Art. 65 § 1 a EGKSV); Spezialisierungs- und andere Rationalisierungskartelle, Ein-, Verkaufs- und Forschungskartelle, solche über Quotierungen von Erzeugung, Absatz und Investitionen (= Art. 65 § 1 b EGKSV); Syndikate, Gebietskartelle, Alleinvertriebsverträge (vgl. Art. 65 § 1 c EGKSV); Vereinbarungen über Export- und Reimportverbote; Lizenzverträge; wettbewerbsbeschränkende Vereinbarungen, die Kopplungsgeschäfte erzwingen, nämlich Vertragsabreden über die Annahme zusätzlicher Leistungen, die weder sachlich noch nach Handelsbrauch in Beziehung zum Vertragsgegenstand selbst stehen.

II. Rechtsfolgen

1. *Unwirksamkeit*

7 Nach Art. 85 II EWGV (vgl. Art. 65 § 4 EGKSV) sind die nach Art. 85 verbotenen Vereinbarungen oder Beschlüsse *nichtig*, d. h. *zivilrechtlich unwirksam*. Daß dieselbe Rechtsfolge für verbotene „aufeinander abgestimmte Verhaltensweisen" nicht ebenfalls durch Art. 85 II sanktioniert worden ist, erklärt sich daraus, daß eine Nichtigkeit von Verhaltensweisen, die keine Rechtsgeschäfte darstellen, begrifflich ausgeschlossen ist[8].

2. *Nichtigkeitsfolgen*

8 Die zivilrechtlichen Rechtsfolgen der Nichtigkeit[9] bemessen sich nach dem *nationalen* Recht, das für die fraglichen Vereinbarungen oder Beschlüsse das maßgebliche Rechtsstatut bildet (vgl. § 134 BGB, evtl. § 832 II BGB), soweit das Verbot als Schutzgesetz wirkt — wie beim Boykott nach Art. 85 I d. Sie erfassen diese Vereinbarungen und Beschlüsse als solche, grundsätz-

---

[8] *Wohlfarth* u. a. Komm. 14 zu Art. 85.

[9] Dazu: *Sandberger,* Die Nichtigkeit wettbewerbsbeschränkender Vereinbarungen und Beschlüsse; BGHZ 54, 145.

lich nicht die auf ihrer Grundlage geschlossenen Einzelverträge[10]. Modifikationen der Verbotswirkung haben sich vorübergehend aus Art. 87 EWGV ergeben.

3. Geldbußen

9 Nach Art. 87 II a i. Verb. mit Art. 15 II a VO Nr. 17 können Verstöße gegen Art. 85 I von der Kommission mit Geldbußen (nicht strafrechtlicher Art) geahndet werden *(26/8, 9)*.

4. Übergangsfragen

10 Die vorübergehend umstritten gewesene Rechtsfrage, ob Art. 85 (und Art. 86) mit dem 1. Januar 1958 (Inkrafttreten des Vertrages) unmittelbar wirksam geworden war, also aktuelles Recht darstellte, war durch Art. 1 der VO Nr. 17 zunächst i. S. der Aktualität entschieden worden. Danach galten die Verbote der Art. 85, 86 unmittelbar, „ohne daß dies einer vorherigen Entscheidung bedarf". Die dem Gerichtshof überantwortete Rechtskontrolle hat diese Grundsatzwirkung abgeschwächt, nämlich die Rechtsfolge unmittelbarer Nichtigkeit eingeschränkt auf bereits national oder gemeinschaftsrechtlich als verboten erklärte und nicht freistellbare Kartelle. Der Gerichtshof[11] ist also im Interesse der Rechtssicherheit statt der sog. Direktwirkungstheorie derjenigen einer im Vertrag liegenden Eingriffsermächtigung gefolgt. Unter Auslegung der VO Nr. 17 i. S. der Ermächtigungstheorie sind deshalb nur sog. meldepflichtige Neukartelle (die nach Inkrafttreten der VO Nr. 17 zustande gekommen sind) bis zur Entscheidung über ihre Freistellung nichtig.

III. Freistellungen

1. Art. 85 III EWGV

11 Nach Art. 85 III EWGV (in seinen Anwendungsvoraussetzungen dem Art. 65 § 1 EGKSV nachgebildet) können die Bestimmungen des Art. 85 I „für nicht anwendbar erklärt", kann von ihnen also „freigestellt" werden. Die Anwendung und Handhabung dieser *Ausnahmevorschrift* ist von entscheidender Tragweite für die Durchführung der Wettbewerbspolitik und damit für die Verwirklichung des in Art. 3 f EWGV umschriebenen Vertragsziels. Es ist so erklärlich, daß die Beschlußfassung über Freistellungsregelungen geraume Zeit der Übergangsperiode auf sich warten ließ, daß die der Beschlußfassung zugrunde liegenden Tendenzen zwischen den Mitgliedstaaten und innergemeinschaftlich umstritten waren und die Wirtschaft vor dieser klärenden Beschlußfassung in ihrer Praxis verunsichert blieb. Inzwischen sind wesentliche Freistellungsentscheidungen (generelle Gruppen-

---

[10] *Gleiss-Hirsch-Hootz* 103 zu Art. 85.
[11] EuGH 13/61 Rspr. VIII, 97.

entscheidungen und Negativatteste für Einzelfälle) ergangen und hat die Rechtsprechung des Gerichtshofs zur weiteren Klärung beigetragen.

2. *Voraussetzungen*

12 Nach Art. 87 I obliegt dem *Rat*, u. a. die für die Anwendung der Freistellungsermächtigung des Art. 85 III erforderlichen Einzelheiten festzulegen. Dabei ist dem Erfordernis einer wirksamen Überwachung bei möglichst einfacher Verwaltungskontrolle Rechnung zu tragen.

Materiell-rechtlich ist eine Freistellung an vier (allgemeiner als in §§ 2—5 GWB umschriebene) Voraussetzungen (teils positiver, teils negativer Art) gebunden. Sie stellen insgesamt auf die Verbesserung der Produktion und der Verteilung sowie die Förderung des technischen und wirtschaftlichen Fortschritts ab. Im einzelnen sind diese *kumulativ* erforderlichen Voraussetzungen folgende:

a) *Positiv* müssen die durch Freistellung genehmigungsfähigen Wettbewerbsmaßnahmen zur Verbesserung der Gütererzeugung oder -verteilung *oder* zur Förderung des technischen oder wirtschaftlichen Fortschritts beitragen. Das geschieht etwa durch effektive Verbreiterung des Angebots, Rationalisierung der Produktion mit der Wirkung einer Kostensenkung, durch Lizenzvergabe gewerblicher Schutzrechte. Dabei ist das wettbewerbsbeschränkende Zusammenwirken, um dessen freistellende Genehmigung es geht, jeweils in seiner Gesamtwirkung als Ganzes zu würdigen[12];

b) *positiv* erforderlich ist *außerdem* die angemessene Beteiligung der Verbraucher (irgendeiner Stufe, nicht notwendig des Endverbrauchers) an dem durch die Wettbewerbsmaßnahme entstehenden Gewinn, d. h. dem durch sie bewirkten wirtschaftlichen Vorteil (Preissenkung, Qualitätssteigerung, Angebotsverbreiterung). Auch hier kommt es (insbesondere für die Frage der Angemessenheit der „Gewinn"-Beteiligung) auf eine Ganzheits-Würdigung der Wirkungen an;

c) *negativ* ist einmal Voraussetzung, daß die Wettbewerbsbeschränkungen, die den beteiligten Unternehmen auferlegt werden, für die Verwirklichung der beiden Positiv-Ziele zu a und b nicht unerläßlich sind — anders formuliert: daß die Beschränkung des Partners der Vereinbarung usw. objektiv und nach Gesamtwürdigung unentbehrlich und nicht übermäßig ist, um die Positiv-Ziele zu realisieren;

d) *negativ* ist *außerdem* erforderlich, daß die Wettbewerbsbeschränkung den Beteiligten nicht ermöglicht, den Wettbewerb für einen wesentlichen Teil der betreffenden Waren (oder sonstigen Leistungen) auszuschalten. Dieses Negativ-Erfordernis betrifft also (anders als das Negativ-Erfordernis zu c, das das *Innen*verhältnis der Beteiligten angeht) die Wirkung der Wettbewerbsbeschränkung *auf den Markt*, und zwar den Waren-relevanten

---

[12] *Gleiss-Hirsch-Hootz* 120 zu Art. 85.

Markt (vgl. entsprechend Art. 65 § 2 I c EGKSV: „für einen wesentlichen Teil der betreffenden Erzeugnisse"). Die Wesentlichkeit des Marktanteils hängt ab von der Relation zum Gesamtumfang und ist vom Gerichtshof[13] z. B. (zum Ruhrkohlesyndikat) bereits bei 26—44 % Anteil bejaht worden. Sie kann aber nach Marktstruktur, Import- und Außenseiter-Anteilen variieren.

3. Rechtliche Charakterisierung

13 Rechtsnatur und Rechtsform der Freistellung, die Bestimmung der Freistellungskompetenz sowie die Rechtswirkungen ihrer Erteilung sind von Art. 85 III selbst nicht abschließend geklärt.

a) Von der (inzwischen erledigten) Streitfrage abgesehen, ob die Freistellbarkeit eines Kartells die Verbotswirkung des Art. 85 I i. S. einer bloßen Deklaration mit Rückwirkung beeinflußt oder nicht und Art. 85 III als Legalausnahme anzusehen sei, kommt der Ausnahmeermächtigung die Rechtsnatur eines *Erlaubnisvorbehalts* zu[14]. Er hat den Doppelzweck eines *bis* zur positiven Anwendung des Freistellungsvorbehalts repressiv wirkenden *und* (vorher *und* nachher) zur Kontrolle befugenden Vorbehalts. Seine Handhabung, die ex officio und auf Antrag erfolgen kann, nach Art. 4, 5 der VO Nr. 17 einer Anmeldung mit Antragswirkung bedarf, kann für den *Einzelfall* als Gruppenfreistellung, d. h. für abstrakt umschriebene Vertragstypen, stattfinden. Danach sind Freistellungen i. S. des Art. 189 EWGV entweder Entscheidungen oder Verordnungen.

b) Die *Freistellungskompetenz* weist Art. 87 dem *Rat* zu. Art. 88 hinsichtlich vorübergehender Zuständigkeit der nationalen Behörden hat seine Bedeutung verloren. Der Rat hat zunächst durch VO Nr. 19/65 (ABl. 1965, 533) die Kommission zu begrenzten Gruppenfreistellungen ermächtigt, und zwar für bestimmte Beschränkungen in Alleinvertriebsabkommen, in Verträgen über Erwerb und Nutzung von gewerblichen Schutzrechten, von Herstellungsverfahren und betriebstechnischen Kenntnissen. Dementsprechend ist die Verordnung Nr. 67/67 der Kommission vom 22. März 1967 über die Anwendung von Art. 85 III auf Gruppen von Alleinvertriebsvereinbarungen ergangen (ABl. S. 849).

Eine weitere Ermächtigung der Kommission zu Gruppenfreistellungen enthält die Rats-VO Nr. 2821/71 vom 20. Dezember 1971 (ABl. L 285, 46), und zwar für Unternehmensvereinbarungen, Beschlüsse von Unternehmensvereinigungen und aufeinander abgestimmte Verhaltensweisen, die zum Gegenstand haben: a) die Anwendung von Normen und Typen, b) die Forschung und Entwicklung von Erzeugnissen oder Verfahren bis zur Produk-

---

[13] EuGH Rs 13/60 Rspr. VIII, 231.

[14] Zur einschlägigen Rechtsprechung kritisch: *Peter Ulmer* AWD 1970, 193; *ders.*, EuR 1969, 344.

tionsreife sowie die Verwertung der Ergebnisse einschließlich der Bestimmungen über gewerbliche Schutzrechte und geheimes technisches Wissen, c) die Spezialisierung einschließlich der zu ihrer Durchführung erforderlichen Abreden. Von ihrer Kompetenz zur Kooperationserleichterung durch diese Freistellungen hat die Kommission noch nicht Gebrauch gemacht.

Die Kommission hat außerdem Negativattest-Entscheidungen, Verbotsentscheidungen, Verbotsmitteilungen, Empfehlungen und Freistellungsentscheidungen erlassen. Sie hat schließlich Bekanntmachungen verlautbart u. a. über:

(1) Alleinvertriebsverträge mit Handelsvertretern vom 24. Dezember 1962 (ABl. 2921);

(2) Patentlizenzverträge vom 24. Dezember 1962 (ABl. 2922);

(3) Vereinbarungen, Beschlüsse und aufeinander abgestimmte Verhaltensweisen, die eine zwischenbetriebliche Zusammenarbeit betreffen, vom 29. Juli 1968 (ABl. C 75, 3);

(4) Vereinbarungen, Beschlüsse und aufeinander abgestimmte Verhaltensweisen von geringer Bedeutung, die nicht unter Art. 85 I fallen, vom 27. Mai 1970 (ABl. C 64, 1).

Zur Ausführung der VO Nr. 17 ist die Erste Ausführungsverordnung als VO Nr. 27 der Kommission vom 3. Mai 1962 (ABl. 1118, m. Änd. ABl. 1968, L 189, 1) ergangen (über Form, Inhalt und andere Einzelheiten von Anträgen und Anmeldungen) sowie die VO Nr. 99/63 vom 25. Juli 1963 (ABl. 2268) über die Anhörung nach Art. 19 I und II der VO Nr. 17.

Ergänzt worden ist die VO Nr. 17 durch die Rats-VO Nr. 2822/71 vom 20. Dezember 1971 (ABl. L 285, 49). Nach dem neuen Art. 4 II Nr. 3 b und c der VO Nr. 17 sind — gleichfalls im Interesse zwischenbetrieblicher Kooperation — Vereinbarungen, Beschlüsse und aufeinander abgestimmte Verhaltensweisen von der in Art. 4 I a. a. O. statuierten Anmeldepflicht ausgenommen, die zum Gegenstand haben: b) die gemeinsame Forschung und Entwicklung, c) die Spezialisierung bei der Herstellung von Erzeugnissen, einschließlich der zu ihrer Durchführung erforderlichen Abreden, letztere indes nur bis zu einer gewissen Größenordnung.

Die Rechtsprechung des Gerichtshofs hat klargestellt, daß auch Verbots*mitteilungen* der Kommission als Entscheidungen anzusehen sind. Danach hat die Kommission vor ihrem Erlaß gemäß Art. 19 VO Nr. 17 die Beschwerdepunkte zuzustellen und die Parteien gemäß VO Nr. 99/63 zu hören.

c) Bei Erfüllung der Freistellungsvoraussetzungen haben die Beteiligten einen *Rechtsanspruch auf Freistellung*, was der Wortlaut des Art. 85 III („*können* für nicht anwendbar erklärt werden") nicht hinreichend verdeutlicht[15]. Über die *Wirksamkeitsdauer* der Freistellung und ihre *Widerruflichkeit* enthalten Art. 6 und 8 der VO Nr. 17 nähere Bestimmungen. Freistellung bewirkt *Entfall der Verbotswirkungen*, d. h. *zivilrechtliche Wirksamkeit* der Vereinbarung, des Beschlusses (dies auch mit Bindung für Gerichte und Behörden der Mitgliedstaaten, aber nicht mit Dispenswirkung gegenüber tatbestandlich anwendbarem, materiellen nationalen Recht zur Regelung von Wettbewerbsbeschränkungen)[16].

---

[15] *Gleiss-Hirsch-Hootz* 141 zu Art. 85.

[16] *Gleiss-Hirsch-Hootz* 143 zu Art. 85.

§ 33 VERBOT DES MISSBRAUCHS DER MARKTBEHERRSCHUNG

Albrecht - Schulze-Brachmann, Die nationale und internationale Unternehmenskonzentration — unter besonderer Berücksichtigung einer Europäischen Handelsgesellschaft, AWD 1968, 81; *Amereller,* Die rechtliche Regelung der Marktbeherrschung im Vertrag über die Gründung der Europäischen Gemeinschaft für Kohle und Stahl und die praktische Anwendung dieser Bestimmungen, Diss. Saarbrücken (1963); *Axster,* Art. 86 EWG-Vertrag als Instrument der Fusionskontrolle?, WuW 1971, 758; *Berg,* Nachteile einer Fusionskontrolle für die deutsche Industrie, WuW 1971, 10; *Berg,* Zur Notwendigkeit einer europäischen Fusionskontrolle, WuW 1972, 5; *Börner,* Die Marktbeherrschung im Kartellrecht der Montanunion (1960); *Burki,* Le problème de l'abus des positions dominantes des grandes entreprises dans le Marché Commun (d'après l'article 86 du Traité de Rome) (1968); *Constantinesco,* Les positions dominantes: aspects juridiques, in: Les ententes à l'échelle européenne, 79; *Duesberg,* Unternehmenszusammenschlüsse und Artikel 86 EWG-Vertrag, WuW 1971, 30; *Gleiss,* Untersuchungen der EWG-Kommission über Marktbeherrschung und Konzentration, AWD 1963, 206; *von der Groeben,* Unternehmenszusammenschlüsse aus der Sicht der Europäischen Gemeinschaften, in: Notwendigkeit und Gefahr der wirtschaftlichen Konzentration in nationaler und internationaler Sicht, Veröff. der List-Gesellschaft Bd. 62 (1969) 102; *Hefermehl,* Beurteilung von Fusionen und Konzernbildungen nach Art. 85 und 86 des EWG-Vertrages, Fs Nipperdey II 771; *Hefermehl,* Unternehmenszusammenschlüsse im Lichte der Artikel 85 und 86 des Vertrages über die Europäische Wirtschaftsgemeinschaft, in: Kooperation und Konzentration im Gemeinsamen Markt, Kartellrechtsforum Brüssel (1967) 59; *Hermanns,* Nationale Fusionskontrolle und Gemeinsamer Markt, AWD 1970, 344; *Hönn,* Die Anwendbarkeit des Artikel 86 EWG-Vertrag bei Kartellen und vertikalen Wettbewerbsbeschränkungen, Diss. Frankfurt a. M. (1969); *Houssiaux,* Die wirtschaftlichen Grenzen der Unternehmenskonzentrationen und -fusionen, RevMC 1968, 51; *Joliet,* Monopolisation et abus de position dominante. Essai comparatif sur l'article 2 du Sherman Act et l'article 86 du Traité de Rome, RevTrimDrEur 1969, 645; *Kantzenbach,* Ist eine Fusionskontrolle auf nationaler Ebene erforderlich?, WuW 1971, 8; *Krawielicki,* Das Monopolverbot im Schumanplan (1952); *Kreutz,* Die mißbräuchliche Ausnutzung einer beherrschenden Stellung nach Art. 86 EWG-Vertrag, Diss. Mainz (1970); *Langen,* Marktbeherrschung und ihr Mißbrauch nach Art. 86 des EWG-Vertrages (1959); *Lecourt,* Unternehmenskonzentrationen und -fusionen als Faktoren der Europäischen Integration, in: RevMC 1968, 6; *Lübbing,* Unternehmenszusammenschlüsse nach § 23 GWB und Art. 66 MUV, Diss. Göttingen (1965); *Marchini-Camia,* La concentration industrielle, les positions dominantes sur le marché et le droit antitrust. L'expérience américaine et les problèmes européens, RevTrimDrEur 1971, 353; *Markert,* Wettbewerb und Wirtschaftspolitik in der EWG, EuR 1970, 349; *Markert,* Marktmacht und ihre Kontrolle. Monopole und ihre Zusammenschlüsse, in: Fragen des europäischen Kartellrechts (1970) 71; *Michael,* Die Beurteilung von Unternehmenszusammenschlüssen nach Art. 86 EWG-Vertrag im Lichte der amerikanischen Rechtsprechung, Diss. Tübingen (1969); *Neri,* Sul divieto dei cartelli e sulla disciplina delle posizioni dominanti nel Mercato Comune, RivDirEur 1967, 3; *Nymphius,* Der Begriff der marktbeherrschenden Unternehmen nach Art. 86 EWG-Vertrag, Diss. Freiburg (1963); *van Ommeslaghe,* L'application des articles 85 et 86 du Traité de Rome aux fusions, aux groupes de sociétés et aux entreprises communes, RevTrimDrEur 1967, 457; *van Ommeslaghe,* Unternehmenskonzentration und Rechtsangleichung,

ZHR 1969, 201, 261; *Raisch-Sölter-Kartte*, Fusionskontrolle. Für und Wider (1971); *Sacle,* Kooperation — Konzentrationen und Unternehmensfusionen in der EWG, RevMC 1968, 105; *Samkalden-Druker,* Legal problems relating to article 86 of the Rome Treaty, CMLR 1965, 158; *Scheufele,* „Beherrschende Stellung" und ihre „mißbräuchliche Ausnutzung" im EWG-Kartellrecht, AWD 1971, 457; *Schiller,* Fusionskontrolle sichert Marktwirtschaft in Europa, WuW 1971, 5; *Schlieder,* Unternehmenskonzentration, RevMC 1968, 215; *Schmidt,* Relevanter Markt, Marktbeherrschung und Mißbrauch in § 22 GWB und Art. 86 EWGV, WuW 1965, 453; *Schwaiger,* Die Unternehmenskonzentration im Recht der Wettbewerbsbeschränkungen der Europäischen Gemeinschaften, AWD 1972, 49; *Steindorff,* Die Schwierigkeiten, die sich für Konzentrationen und Fusionen aus Art. 85 und 86 EWG-Vertrag ergeben, RevMC 1968, 186; *Teitgen,* Le problème des fusions d'entreprises face au droit de la concurrence, in: Les ententes à l'échelle européenne, 165; *Ter Kuile,* Grensgebied tussen de artt. 85 en 86 E. E. G., SEW 1965, 348; *Verloren van Themaat,* Grensoverschrijdende fusies binnen de E. E. G., SEW 1968, 162; *Willemetz,* L'application de l'article 86 du Traité de la CEE, CahDrEur 1966, 583; *Würdinger,* Unternehmenskonzentration und Marktbeherrschung, WuW 1961, 745.

„Mit dem Gemeinsamen Markt unvereinbar und verboten ist die mißbräuchliche Ausnutzung einer beherrschenden Stellung auf dem Gemeinsamen Markt oder auf einem wesentlichen Teil desselben durch ein oder mehrere Unternehmen, soweit dies dazu führen kann, den Handel zwischen Mitgliedstaaten zu beeinträchtigen."

Diese Vorschrift des Art. 86 I EWGV wendet sich gegen Monopole und Oligopole. Sie entspricht in ihrer *Intention* dem Art. 66 § 7 EGKSV. Sie zielt entsprechend gleichartigen oder ähnlichen Regelungen der nationalen Wettbewerbsgesetze (§ 22 GWB) auf den Schutz unbehinderten Wettbewerbs. Wie für Art. 85 EWGV kommt es auch für Art. 86 nicht auf den Sitz des marktbeherrschenden Unternehmens an, sondern auf die Auswirkung der beherrschenden Stellung auf dem Gemeinsamen Markt (Maßgeblichkeit des sog. „Wirkungsstatuts")[1].

I. Tatbestand

1. Voraussetzungen

1 Die Anwendung des Art. 86 hängt von der Erfüllung von vier Voraussetzungen ab: a) der beherrschenden Stellung, b) ihrer mißbräuchlichen Ausnutzung, c) ihrer Auswirkung auf dem Gemeinsamen Markt oder einem wesentlichen Teil des Marktes, d) ihrer Eignung, den Handel zwischen Mitgliedstaaten zu beeinträchtigen.

a) Art. 86 I definiert seinerseits nicht, wann eine beherrschende Stellung und worin sie besteht. Auch die Beispieltatbestände a) bis d) des Art. 86 II sind insoweit unergiebig. Denn sie erläutern die Anwendungsvoraussetzung der mißbräuchlichen Ausnutzung, kurz: des *Mißbrauchs, nicht* die der marktbeherrschenden *Stellung.*

---

[1] *Gleiss-Hirsch-Hootz,* EWG-Kartellrecht 2. Aufl. (1965) 6 zu Art. 86.

aa) Aus der Vergleichung mit Art. 66 § 7 EGKSV kann gefolgert werden, daß Marktbeherrschung eines Unternehmens jedenfalls dann stattfindet, wenn es „einem tatsächlichen Wettbewerb in einem beträchtlichen Teil des Gemeinsamen Marktes entzogen" wird, es einem „Druck des Wettbewerbs" also nicht mehr ausgesetzt ist. Das ist der Fall, wenn das Unternehmen die Macht hat, die Entscheidungen den anderen Marktteilnehmern, insbes. den Abnehmern aufzuerlegen, ohne daß diese darauf abwehrend zu reagieren vermöchten[2].

bb) Marktbeherrschung dieser Art findet überwiegend nicht durch ein einzelnes Unternehmen, sondern durch mehrere statt, insbes. durch Konzerne mehrerer rechtlich selbständiger, in der Unternehmensführung verbundener Unternehmen, aber auch durch solche, die im Wege wettbewerbsbeschränkenden Zusammenwirkens den Markt beherrschen. Da dieses Zusammenwirken seinerseits den Tatbestand des Art. 85 erfüllen kann, dürfte Art. 85 I *neben* Art. 86 anwendbar sein[3].

cc) „Marktbeherrschende Stellung" läßt sich nicht generell oder abstrakt erfassen. Sie hängt auch nicht in jedem Fall allein oder kumulativ vom Marktanteil (etwa einem solchen von mindestens 51 %), von der Zahl der Wettbewerber, aktueller oder potentieller Substitutionskonkurrenz, der Betriebsgröße des Unternehmens, der Art und Methode des Marktverhaltens ab. Diese teils objektiven, teils subjektiven Umstände können lediglich konkret relevante Einzelmerkmale liefern. Erst ihre Gesamtwürdigung ohne Präjudiz durch Vermutungsfolgerungen aus Einzelumständen entscheidet über das Vorliegen einer marktbeherrschenden Stellung — und zwar nach den Feststellungen und Würdigungen der zur Mißbrauchskontrolle zuständigen Organe.

b) Mißbrauch, nämlich *mißbräuchliche Ausnutzung* dieser *Stellung,* wird durch Art. 86 I verboten, *nicht allein ihre Innehabung.* Diese wird *als solche* vom Vertrag (insoweit abweichend von Art. 66 § 7 EGKSV) weder ausgeschlossen noch verboten. Wer sie besitzt, ist nach Art. 86 (anders als nach § 23 GWB) nicht einmal zu ihrer Anzeige verpflichtet, noch weniger zur Einholung ihrer Genehmigung oder ihrer Wiederbeseitigung durch Entflech-

---

[2] Hilfreich auch hier die Definition des Wettbewerbs durch *Knöpfle,* Der Rechtsbegriff „Wettbewerb" und die Realität des Wirtschaftslebens (1966) 222 im Anschluß an seine Ausführungen WuW 1962, 159 (Zum Wettbewerb im Sinne des § 1 GWB): „Unter Wettbewerb sind zu verstehen die wirtschaftlichen Erfordernisse (positive Anforderungen und Schranken), Risiken und Chancen, die sich für die einzelnen Marktbeteiligungen daraus ergeben, daß die Marktpartner unter den verschiedenen Anbietern (Nachfragern) wählen oder doch von dem einen Anbieter (Nachfrager) auf andere ausweichen können" — so daß eben durch die Wahlmöglichkeit zwischen Risiken und Chancen ein „Wettbewerbsdruck" entsteht.

[3] Zu dieser Streitfrage vgl. Memorandum der Kommission: Das Problem der Unternehmenskonzentration im Gemeinsamen Markt, Dok SEK (65) 3500 v. 1. 12. 1965, EWG-Studien, Reihe Wettbewerb Nr. 3 (1966) III Nrn. 5—15; *Markert* EuR 1970, 358; *Steindorff* RevMC 1968, 186; *Joliet* RevTrimDrEur 1969, 691; *van Ommeslaghe* ebenda 1967, 457.

tung. Auch für den Mißbrauch-Tatbestand bietet die Generalklausel des Art. 86 keine Legaldefinition. Definitionshilfe liefert die (nicht erschöpfende) Aufzählung der Beispieltatbestände seines Abs. II a bis d, die mit denen des Art. 85 I a bis e in manchem vergleichbar sind.

aa) Trotz des dem Ausdruck „Mißbrauch" verbal zuzuschreibenden subjektiven Gehalts i. S. eines Unwerturteils ist er nicht nach ethischen Kategorien zu bestimmen, sondern ausschließlich nach solchen wirtschaftlicher Objektivität. Ebenso wie für die sechs Vorschriften des Gesetzes gegen Wettbewerbsbeschränkungen, die — außer § 22 III — das Merkmal „Mißbrauch" oder „mißbräuchlich" zur Umschreibung der normativen Eingriffsvoraussetzungen der Kartellkontrolle verwenden (§§ 11 V Nr. 2, § 12 I Nr. 1, § 17 I Nr. 2, § 102 II, § 104 I Nr. 1), gilt auch für Art. 86, daß er den Gebrauch einer Makrtstellung verbietet, wenn dieser in einer durch die normierte Wettbewerbsordnung mißbilligten Erfolgswirkung stattfindet. Ob die marktbeherrschende Stellung mißbraucht wird oder nicht, ist also immanent aus den Maßstäben der Wettbewerbsordnung selbst, und nur aus ihr heraus, zu beantworten. Diese Antwort ergibt sich nicht nach allgemeinen Rechtsvorstellungen über Rechtsmißbrauch oder deliktisches Verhalten. Mißbrauch bemißt sich also nach der objektiven Wirkung unternehmerischen Handelns, unabhängig vom Verschulden, von Kategorien der guten Sitten im Geschäftsverkehr, dem Gebot der Redlichkeit.

bb) Nach dem Inhalt der Wettbewerbsordnung mißbilligte Wirkung unternehmerischen Handelns kann z. B. aus der Tatsache indiziert werden, daß gerade und nur die Innehabung der beherrschenden Stellung dieses Verhalten ermöglicht; daß sie Vorteile verschafft, die bei Wirksamkeit, d. h. Nicht-Beeinträchtigung des Wettbewerbs nicht erzielbar wären; daß das Verhalten für Dritte ungerechtfertigte Nachteile herbeiführt. Deshalb *kann* auch die Intensität der Marktbeherrschung indiziell bedeutsam sein.

Die Beispieltatbestände des Art. 86 II bestätigen diese Argumentationsmöglichkeiten. Danach kann der Mißbrauch bestehen:

lit. a) in der unmittelbaren oder mittelbaren (rechtlichen oder wirtschaftlichen) Erzwingung objektiv unangemessener, d. h. sachlich nicht gerechtfertigter Einkaufs- oder Verkaufspreise oder sonstiger Geschäftsbedingungen, also in der Verhaltensbeziehung zwischen dem marktbeherrschenden Unternehmer als Verkäufer zu seinen Käufern (vergleichbar § 22 II Nr. 1 GWB);

lit. b) in der Einschränkung der Erzeugung, des Absatzes oder der technischen Entwicklung zum effektiven Schaden der Verbraucher, d. h. jeden Abnehmers von Waren — weshalb ohne solche Verbraucher-Schädigung stattfindende Rationalisierungsmaßnahmen des marktbeherrschenden Unternehmens, weil eben nicht mißbräuchlich, i. S. des Art. 86 unschädlich sind;

lit. c) in der Anwendung unterschiedlicher Bedingungen bei gleichwertigen Leistungen gegenüber Handelspartnern, wenn diese dadurch im Wettbewerb benachteiligt werden. Der Marktbeherrscher darf also, wenn er kontrahiert (wozu auch seine marktbeherrschende Stellung ihn nicht zwingt), nicht ungleich behandeln, nicht diskriminieren, und zwar weder Abnehmer noch Lieferer, falls seine Differenzierung nicht durch die Ungleichwertigkeit ihrer Leistung selbst etwa gerechtfertigt ist (vgl. § 26 II GWB: sachlich gerechtfertigte Ungleichbehandlung nicht unzulässig);

lit. d) in der an den Vertragsschluß geknüpften Bedingung, daß die Vertragspartner Leistungen annehmen, die weder sachlich noch nach Handelsbrauch (am Sitz des Marktbeherrschers) in Beziehung zum Vertragsgegenstand stehen (vgl. § 22 III Nr. 2 GWB, Art. 85 I e). Wer auf solche Kopplungsgeschäfte einzugehen genötigt wird, wird vom Marktbeherrscher unzulässigerweise in seiner Vertragsfreiheit eingeschränkt.

2. *Mißbrauch-Wirkungen*

2 a) Mißbräuchliche Ausnutzung einer marktbeherrschenden Stellung setzt ihre Wirksamkeit nicht irgendwo und für irgendein Austauschobjekt voraus, sondern mindestens auf einem wesentlichen Teil des Gemeinsamen Marktes (oder auf ihm insgesamt), soweit er gegenständlich für den Warenaustausch relevant genannt werden kann. Voraussetzung ist danach *gegenständlich* die nach Verwendungszweck, Eigenschaften, Preis usw. mögliche konkrete Austauschbarkeit der deshalb marktrelevanten Waren. Qualitativ-*räumlich* wird die (nicht notwendig qualitativ-*gebietlich bestimmte*) Bedeutsamkeit des beherrschten Marktteiles in Relation zum gesamten Gemeinsamen Markt hinsichtlich der relevanten Waren vorausgesetzt[4]. Der fragliche, zur EWG gehörige Austauschraum muß also ein für Angebot und Nachfrage wesentlicher Raum sein. Das *kann* auch (allein) der Raum eines einzigen Mitgliedstaates sein, wenn in ihm der Handel mit der fraglichen Ware konzentriert ist[5].

b) Dies deshalb, weil es für die Anwendbarkeit des Art. 86 (ebenso wie die des Art. 85) auf die *Eignung* des Mißbrauchs ankommt, den Handel zwischen Mitgliedstaaten zu beeinträchtigen. Eignung genügt, da die Wendung des Art. 86 I „soweit dies dazu führen kann" lediglich eine umständlichere Formulierung der Eignungs-Voraussetzung des Art. 85 I darstellt. Für die Merkmale „Handel", „zwischen Mitgliedstaaten" und „beeinträchtigen" gilt das zu denselben Elementen des Art. 85 I Gesagte *(32/4, 5)*.

---

[4] *Gleiss-Hirsch-Hootz* 6 zu Art. 86.

[5] *Cerexhe,* Les règles de concurrence applicables aux entreprises, in: DrCommEur Nr. 2095.

II. Verbot

1. Wirkung

3 Die Erfüllung des Tatbestandes des Art. 86 I löst *unmittelbar ex lege Verbotswirkung* aus, ohne daß es hierzu konkretisierender Verbotsentscheidung der Kommission bedürfte (anders § 22 GWB: Untersagungsermächtigung, in anderem Sinne anders Art. 66 § 7 EGKSV: Ermächtigung zu geeigneter Empfehlung, um zu verhindern, daß das Unternehmen seine Stellung vertragszweckwidrig ausnutzt, sowie letztlich zu Sanktionsentscheidungen und Festsetzung von Preisen, Verkaufsbedingungen sowie von Fabrikations- und Lieferprogrammen).

2. Zivilrechtliche Folgen

4 Die zivilrechtlichen Folgen des Verstoßes gegen Art. 86, also der Verbotswirkungen, regelt Art. 86 — anders als Art. 85 II — nicht. Sie bestimmen sich nach nationalem Recht. Nach deutschem Recht ergeben sich Folgen nicht nach § 134 BGB, weil Art. 86 die Nichtigkeitsfolge nicht statuiert, sondern — bei Erfüllung *seiner* Voraussetzungen — nach § 138 BGB. Folgen aus § 823 II BGB treten nicht ein, weil Art. 86, der die Wettbewerbsordnung des Gemeinsamen Marktes *als solchen* schützen soll, kein Schutzgesetz im Interesse einzelner ist[6].

3. Freistellung

5 Vom Mißbrauchsverbot kann nicht freigestellt werden. Denn Mißbrauch kann nicht erlaubnisfähig sein.

4. Sanktion

6 Sanktioniert wird Art. 86 durch die Befugnis der Kommission zur Verhängung von Geldbußen nach Art. 15 II a VO Nr. 17, ferner durch die Kommissionsbefugnis nach Art. 16 I a a.a.O. zur Verhängung von Zwangsgeldern, um das Unternehmen zur Unterlassung des Mißbrauchs anzuhalten, wenn sie die Abstellung des Mißbrauchs in einer Entscheidung gemäß Art. 3 a.a.O. angeordnet hat. Maßnahmen nach Art des Art. 66 § 7 EGKSV (Festsetzung von Preisen, Verkaufsbedingungen, Fabrikations- und Lieferprogrammen) kann die Kommission nicht treffen.

5. Praxis

7 Erstmalig ist die Kommission Anfang Juni 1971 mit einer förmlichen Entschei-

[6] *Gleiss-Hirsch-Hootz* 27 zu Art. 86.

dung gegen die mißbräuchliche Ausnutzung einer beherrschenden Stellung auf dem Gemeinsamen Markt durch einen deutschen Marktteilnehmer vorgegangen[7].

III. Fusionskontrolle

8 Nicht nur national, sondern gerade auch im Bereich des Gemeinsamen Marktes kann von der „Notwendigkeit und Gefahr der wirtschaftlichen Konzentration“[8] gesprochen werden. Eine Konzentrationsbewegung, die bis in die 50er Jahre die Entwicklung in den USA bestimmte, sich danach in Japan und Großbritannien auswirkte, hat die Wirtschaft des Gemeinsamen Marktes erfaßt. Sie steht dort auch unter amerikanischen Einflüssen und abwehrenden Reaktionen der mitgliedstaatlichen Wirtschaft[9].

Die auf eine Verhaltensüberwachung zielende Kartellaufsicht und Mißbrauchskontrolle bilden keine ausreichende Sicherung wirksamen Wettbewerbs, wenn Fusionen zu monopolistischer Konzentration führen, deren Existenz an sich wettbewerbswirksame Marktbedingungen ausschließt. Daraus resultiert die Forderung nach Rechtsgrundlagen zum Einschreiten „gegen extreme Marktstrukturveränderungen . . ., die auf lange Sicht die Aufrechterhaltung eines Mindestmaßes an Wettbewerb auf wichtigen Märkten ernsthaft gefährden“[10]. Damit soll der Gefahr wirtschaftlicher Konzentration für einen funktionswirksamen Wettbewerb begegnet werden.

Dieses Postulat zur Abwehr einer Gefahr kann der *Notwendigkeit* wirtschaftlicher Konzentration im Wege stehen. Eine solche ist erwachsen aus der Erweiterung der nationalen Märkte zum Gemeinsamen Markt, seiner Ziel-

---

[7] Entscheidung der Kommission vom 2. 6. 1971 an die Gesellschaft für musikalische Aufführungs- und mechanische Vervielfältigungsrechte (GEMA) mit Sitz in Berlin, ABl. 1971 L 134, 15. Die Entscheidung stellt einen umfangreichen Katalog von Zuwiderhandlungen gegen Art. 86 EWGV fest und spricht die Verpflichtung aus, diese ab sofort abzustellen. — Ihre am 26. 7. 1971 gegen diese Entscheidung gerichtete Nichtigkeitsklage (ABl. 1971 C 84, 11) hat die GEMA zurückgenommen, was zur Streichung der Rs 45/71 führte. — Zur Satzungsänderung der GEMA: VWD Europa Nr. 131/71 v. 12. 7. 1971 I/8; zur rechtlichen Situation der Urheberrechts-Verwertungsgesellschaften in den übrigen Mitgliedstaaten: Kommissionsantwort v. 9. 12. 1971 auf die Anfrage Nr. 349/71 des Abg. *Vredeling*, ABl. 1971 C 125, 8. — Vgl. *v. Brunn*, Der GEMA-Fall, WuW 1971, 770; *Focsanenau* RevMC 1971, 476.

[8] Dies das Thema der Tagung der List-Gesellschaft vom 10. bis 12. 3. 1969, Veröff. der List-Gesellschaft Bd. 62 (1969).

[9] Dazu: *von der Groeben*, Veröff. der List-Gesellschaft Bd. 62, 102; *Loeffelholz von Colberg*, Nationale Unternehmenskonzentration als Antwort auf die amerikanische Herausforderung?, EA 1969, 573; *Hermanns* AWD 1970, 344; *Schiller, Kantzenbach, Berg*, WuW 1971, 5, 8, 10; *Raisch-Sölter-Kartte*, Fusionskontrolle. Für und Wider; *Mestmäcker*, Konzentration und Wettbewerb, FAZ Nr. 62 v. 14. 3. 1970, 15; *Markert* EuR 1970, 357; *ders.* in: Fragen des europäischen Kartellrechts (1970) 71; *Berkhouwer*-Bericht d. E. Parl. Dok. 197 Eur. Parl. v. 2. 2. 1970: Bericht über die Wettbewerbsregeln und die Stellung der europäischen Unternehmen auf dem Gemeinsamen Markt und in der Weltwirtschaft.

[10] OECD-Studie „Marktmacht und Recht“, FIW-Dokumentation 2 (1970) Nr. 490.

setzung grenzüberschreitender Wirtschaftsverflechtung und intensiver Produktionssteigerung und -rationalisierung, der Behauptung gegen drittstaatliche Konkurrenz. Der Notwendigkeit wirtschaftlicher Konzentration dieser grenzüberschreitenden Dimension kann die Einführung mitgliedstaatlicher Fusionskontrollen, die bislang nicht existiert[11], schädlich entgegenwirken. Denn eine etwa national behinderte Wirtschaft kann im Wettbewerb des Gemeinsamen Marktes gegenüber der Wirtschaft anderer Mitgliedstaaten diskriminiert werden, die derart in ihren Konzentrationsbewegungen nicht kontrolliert und gehemmt ist.

In dieser Lage stehen das Gemeinschaftsrecht und nationale Rechtsordnungen vor dem Zwang der Entscheidung, Gemeinschaftsorgane und die Mitgliedstaaten vor der Notwendigkeit einer Ausrichtung ihrer Fusionspolitik. Das Recht der EGKS bietet in Art. 66 §§ 1, 2 und Art. 66 § 7 EGKSV die erforderlichen Rechtsgrundlagen zur präventiven Kontrolle von Konzentrationsvorgängen und mißbräuchlicher Ausnutzung marktbeherrschender Stellungen. Die Kommission hat von diesen Ermächtigungen Gebrauch gemacht[12]. Art. 86 EWGV ermöglicht nur die Kontrolle des Mißbrauchs marktbeherrschender Stellungen, keine solche von Konzentrationen. Die Kommission hat es jetzt gleichwohl unternommen, in ersten Fällen unter Berufung auf Art. 86 Unternehmenszusammenschlüssen entgegenzuwirken[13], wenn ein am Zusammenschluß beteiligtes Unternehmen beherrschender Stellung diese durch Zusammenschluß derart verstärkt, „daß dadurch im Widerspruch zu der Konzeption, auf der der Vertrag und insbesondere Art. 86 b beruht, zum Nachteil der Verbraucher, Lieferanten und Händler eine Monopolsituation geschaffen wird, die ein Funktionieren des Wettbewerbs verhindert"[14].

Da vor einschlägiger Judikatur des Gerichtshofs nicht gesichert ist, ob Art. 86 EWGV für solche präventiv einsetzende Fusionskontrolle hinrei-

[11] *Lutter*, Empfehlen sich für die Zusammenfassung europäischer Unternehmen neben oder statt der europäischen Handelsgesellschaft und der internationalen Fusion weitere Möglichkeiten der Gestaltung auf dem Gebiete des Gesellschaftsrechts?, Gutachten H zum 48. DJTag (1970) Bd. 1 H, 131—132; vgl. auch *Salinger*, Vorbereitungen zur Einführung einer Meldepflicht von Fusionen beim niederländischen Wirtschaftsministerium, WuW 1971, 376.

[12] Zur Kommissionspraxis vgl. die Angaben in den jährlichen Gesamtberichten, so u. a. 3. Gesamtbericht (1969) 64, 69; 4. Gesamtbericht (1970) 22, 29; zu den Anwendungskriterien für Art. 66 EGKSV vgl. die Kommissionsmitteilung über die „Grundzüge einer Wettbewerbspolitik hinsichtlich der Strukturen der Stahlindustrie", ABl. 1970 C 12, 5.

[13] Erstmalig gegenüber der Europemballage, in der die europäischen Beteiligungen des amerikanischen Continental-Can-Konzerns zusammengefaßt sind, angesichts des Aktienerwerbs an einem holländischen Unternehmen; vgl. ABl. 1970 C 89, 1; Entscheidung vom 9. 12. 1971, ABl. 1972 L 7, 25; hiergegen Klage vom vom 9. 2. 1972, Rs 6/72, ABl. C 24, 1.

[14] Kommission, Memorandum: Problem der Unternehmenskonzentration im Gemeinsamen Markt, Dok SEK (65) 3500 v. 1. 12. 1965, EWG-Studien Reihe Wettbewerb Nr. 3 (1966) I Nr. 28.

chende Grundlage bietet, bleiben die zur Ausgestaltung gemeinschaftsrechtlicher Konzentrationskontrolle erwogenen Vorschläge von Interesse[15]. Sie zielen z. T. dahin, für Zusammenschlüsse eine Anmeldungspflicht und eine Kommissionskontrolle einzuführen, kraft deren Zusammenschlüsse bestimmter Marktanteil-Grenzen verhindert werden können. Entsprechende, nämlich ebenfalls auf eine vorbeugende Fusionskontrolle zielende Regelungen sieht die geplante Novellierung des Gesetzes gegen Wettbewerbsbeschränkungen (§§ 23—24 b) vor[16]. Sie verpflichten zur Anmeldung von Zusammenschlüssen zwischen Unternehmen, wenn eines von ihnen ein Umsatzvolumen von einer Milliarde DM hat. Einen Untersagungsgrund liefert die Erlangung oder Verstärkung der marktbeherrschenden Stellung, wenn diese auch unter Berücksichtigung der Zusammenschlußauswirkungen auf andere Märkte den Wettbewerb wesentlich beeinträchtigt.

Eine deutsche Regelung der Fusionskontrolle kann Wirkungen hervorrufen, die Art. 101 EWGV zu verhindern sucht. Art. 102 EWGV ordnet deshalb ein vorgängiges Beratungsverfahren unter Verantwortung der Kommission an[17]. Es liegt in der Intention dieser Regelungen und entspricht der Problematik einer Fusionskontrolle im Gemeinsamen Markt, diese gemeinschaftsrechtlich zu regeln.

---

[15] Über diese vgl. *Markert* EuR 1970, 358 mit Anm. 31. — Das für Wettbewerbsfragen zuständige Kommissionsmitglied *Borschette* hält eine Anmeldung und Genehmigung von Zusammenschlüssen ab einer bestimmten Größenordnung nur auf Grund einer Vertragsänderung für möglich; vgl. Verh. des Europ. Parl. Nr. 139, Sitzungen v. 7. 6. bis 11. 6. 1971, 24, 31.

[16] Vgl. den Regierungs-Entwurf eines Zweiten Gesetzes zur Änderung des GWB, BRats-Drucks. 265/71 = BT-Drucks. VI/2520 = WuW 1971, 531.

[17] Dazu: *Hermanns* AWD 1970, 348.

§ 34 FREIZÜGIGKEIT DER ARBEITNEHMER

Antonucci, La libera circolazione dei lavoratori nella Comunità Economica Europea, RivDirLav 1964, 394; *Audinet,* Contrat de travail et liberté de circulation des personnes et des services dans la C. E. E., DrSoc 1965, 234; *Beever,* Trade unions and free labour movement in the EEC (1969); *Bouscaren,* European Economic Community migrations (1969); *Brinkhorst,* Een tweede etappe voor het vrij verkeer van werkneemers, SEW 1963, 613; *Bülow,* Die Rechtsstellung des Einzelnen in der EWG — am Beispiel der Freizügigkeit, in: Zur Stellung der Mitgliedstaaten im Europarecht (1967 Hg. Bülck) 80; *Dahlberg,* The EEC Commission and the politics of the free movement of labour, JCMSt 1968, 310; *Desmedt,* Les deux directives du Conseil de la CEE concernant la police des étrangers, CahDrEur 1966, 55; *Falchi,* Le régime définitif de la libre circulation et l'immigration des pays tiers, DrSoc 1971, 16; *Foraciari,* L'attuazione del principio della libera circolazione dei lavori nell'ambito comunitario in fiferimento all'ordinamento giuridico italiano, Diss. Rom (1966); *Gagliardi,* Passaporti e norme sulla circolazione e il soggiorno dei cittadini degli Stati membri della Comunità Economica Europea (1968); *Grabitz,* Europäisches Bürgerrecht zwischen Marktbürgerschaft und Staatsbürgerschaft (1970); *Ter Heide,* The free movement of workers in the final phase, CMLR 1969, 466; *Hildmann,* Die rechtliche Stellung der Arbeitnehmer aus den Mitgliedstaaten der EWG und aus Drittstaaten beim Zugang zur Beschäftigung in der Bundesrepublik Deutschland, Diss. Zürich (1969); *Isele* u. a., La discrimination en matière d'emploi et de profession dans les pays membres de la Communauté Economique Européenne, RevIntDrComp 1969, 5; *van Look,* Het vrij verkeer van werkneemers in de EEG nu een realiteit, SEW 1969, 274; *Lyon-Caen,* La réserve d'ordre public en matière de liberté d'établissement et de libre circulation, RevTrimDrEur 1966, 693; *Lyon-Caen,* Le régime définitif de la libre circulation des travailleurs, RevTrimDrEur 1969, 92; *Maas,* La commission administrative pour la sécurité sociale des travailleurs migrants. Une curiosité institutionelle, CahDrEur 1966, 343; *Maertens,* De geografische mobiliteit van werknemers in de Europese Gemeenschap (1969); *Maestripieri,* La libre circulation des personnes et des services dans la CEE (1971); *Mengoni,* La libera circolazione dei lavoratori nella CEE, DirLav 1970, 165; *Monaco,* La libera circolazione dei lavoratori (1959); *Pistoj,* Il diritto al lavoro e la circolazione in Italia dei lavoratori della Comunità Economica Europea, RivDirEur 1970, 217; *Raharinarivonirina,* Le droit du contrat de travail face à la libre circulation des travailleurs dans la C. E. E., Diss. Aix/Marseille (1970); *Schiefer,* Europäischer Arbeitsmarkt. Freizügigkeit und Mobilität der Arbeitnehmer (1961); *Telchini,* Il diritto dei lavoratori comunitari a rimanere nello Stato in cui hanno occupato un impiego, RivDirIntPrivProc 1970, 790; *Selmer,* Die öffentliche Sicherheit und Ordnung als Schranke der Arbeitnehmer-Freizügigkeit gemäß Art. 48 Abs. 3 des EWG-Vertrags, DÖV 1967, 328; *Valenti,* Sulla libertà di movimento delle persone in rapporto agli aspetti economici e sociali nelle Comunità europee, RivDirEur 1971, 91; *Vrillon,* La libre circulation des travailleurs de la Communauté économique européenne dans l'optique du Comité consultatif de la libre circulation, DrSoc 1966, 279; *Stabenow,* Die Freizügigkeit im Verkehrswesen in der EWG, EA 1961, 485.

I. Bedeutung im Gemeinschaftsrecht und Rechtsgrundlagen

1. Bedeutung

1 Innerhalb der vier Freiheiten, die Titel III im Zweiten Teil „Grundlagen der Gemeinschaft“ des EWGV — neben der Freiheit der Niederlassung, des Dienstleistungs- und des Kapitalverkehrs — statuiert, nimmt die *Freizügigkeit der Arbeitskräfte* nach ihrer Plazierung an erster Stelle und ihrer ökonomischen Bedeutung für die Integration einen hervorragenden Platz ein. Darüber hinaus kann dieser Vorrang-Plazierung auch eine psychologisch-soziale Intention nicht abgesprochen werden.

Von der *Freizügigkeit* des einzelnen spricht der Vertrag nur im Zusammenhang mit den Arbeitskräften in seinen Art. 48 I und 123. Die Parallelvorschrift des Art. 69 EGKSV verwendet diesen Ausdruck nicht. Dieses Recht hat in der deutschen Verfassungsüberlieferung[1] vom „freien Zug“ des Tübinger Vertrages von 1514 über den Reichsabschied von 1555, das Steinsche Edikt von 1807 und die Paulskirchen-Verfassung bis zu Art. 11 GG eine elementare Bedeutung der Freiheitsbehauptung gegen hoheitliche Beschränkung des freien Zu- und Abzuges. Das Grundrechtssystem des GG spezifiziert die Freizügigkeit zur freien Wahl von Aufenthalt und Wohnsitz im Bundesgebiet, also zur *Freiheit der Bewegung im Raumsinne.* Es gewährleistet die Freiheit der *Berufs*wahl und -ausübung in Art. 12 I GG besonders. Die Freizügigkeit des Gemeinschaftsrechts zielt, seiner wirtschaftlichen Funktion entsprechend, auf Freiheit der Bewegung im Raum des Gemeinsamen Marktes *und* auf Freiheit zur Arbeitsaufnahme zu inländergleichen Bedingungen. Wiewohl also in dieser Weise zweckbezogen, vermittelt die gemeinschaftsrechtliche Freizügigkeit mit der räumlichen Mobilität doch auch die Freiheit der grundrechtlichen Freizügigkeit, und dies über die Staatsgrenzen hinweg im Raum der Gemeinschaft.

Die Freizügigkeit der Arbeitskräfte ist als Gewährleistung der Beweglichkeit eines wesentlichen Produktionsfaktors integrationserheblich für Standortwahl, Arbeitsteilung und Steigerung des Lebensstandards. Als solche steht sie in engem Zusammenhang mit der Gewährleistung der Niederlassungsfreiheit und der Freiheit des Dienstleistungsverkehrs *(§ 35).* Niederlassungsfreiheit als Freizügigkeit der Selbständigen (Einzelner und von Unternehmen) und Dienstleistungsfreiheit als nur vorübergehende Erwerbstätigkeit außerhalb des eigenen Staates (als aktive Freiheit des Dienstleistenden, passive des Dienstleistungsempfängers) zielen ebenso wie die Arbeitnehmer-Freizügigkeit auf Gleichstellung mit dem Inländer i. S. des Art. 7 EWGV. So erklärt sich einmal, daß wesentliche Elemente des Gemeinschaftsrechts dieser drei Freiheiten einander entsprechen. So erklärt sich zum andern, daß das deutsche Recht[2], das die Einreise und den Aufenthalt von ausländischen

---

[1] *Maunz-Dürig-Herzog* Komm. 13—16 zu Art. 11 GG.

Marktbürgern, d. h. von nicht-deutschen Staatsangehörigen der EWG-Mitgliedstaaten regelt, die Träger dieser Freiheiten gleichmäßig erfaßt.

2. *Rechtsgrundlagen*

2 Art. 69 EGKSV statuierte die Freizügigkeit der Kohle- und Stahlfacharbeiter im Vertrag selbst. Zu ihrer Realisierung sind Beschlüsse der im Rat vereinigten Vertreter der Regierungen ergangen (ABl. 1957, 367; 1961, 780; 1963, 1637). Die Verwirklichung der Arbeitnehmer-Freizügigkeit der Art. 48—51 EWGV bedurfte schrittweiser Setzung von Sekundärrecht. Sie hat ihren einstweiligen Abschluß — nach der VO Nr. 15 vom 16. August 1961 (ABl. 1073) und der VO Nr. 38 vom 25. März 1964 (ABl. 965) — in der VO Nr. 1612 vom 15. Oktober 1968 (ABl. L 257, 2) gefunden. Sie wird ergänzt durch die Richtlinie des Rates vom 15. Oktober 1968 (ABl. L 257, 13) zur Aufhebung der Reise- und Aufenthaltsbeschränkungen für Arbeitnehmer der Mitgliedstaaten und ihre Familienangehörigen innerhalb der Gemeinschaft.

Zur Durchführung des Art. 96 EAGV, der die Freizügigkeit für die Aufnahme qualifizierter Beschäftigungen auf dem Kerngebiet vorsieht, ist die Richtlinie des Rates vom 5. März 1962 (ABl. 1650) ergangen.

Um den Austausch junger Arbeitskräfte nach Art. 50 EWGV zu fördern, haben die im Rat vereinigten Vertreter der Regierungen ein Erstes Programm vom 8. Mai 1964 (ABl. 1226) aufgestellt. Art. 51 EWGV ist durch mehrere Ratsverordnungen zur Herstellung der sozialen Sicherheit der Arbeitnehmer ausgeführt worden *(51/22 f.).*

Um sicherzustellen, daß die in Art. 48 III den Mitgliedstaaten vorbehaltenen Beschränkungsmöglichkeiten für die Einreise und den Aufenthalt von Ausländern aus Gründen der öffentlichen Ordnung, Sicherheit und Gesundheit das Freiheitsrecht nicht aushöhlen, hat die Richtlinie des Rates vom 25. Februar 1964 (ABl. 850) den zulässigen Inhalt solcher Sondervorschriften koordiniert. Die Bedingungen, unter denen ausländische Arbeitnehmer nach Beendigung einer Beschäftigung im Hoheitsgebiet eines Mitgliedstaates verbleiben dürfen, hat die Kommission auf Grund von Art. 48 III d EWGV in der VO Nr. 1251 vom 29. 6. 1970 (ABl. L 142, 24) festgelegt.

II. Inhalt und Verwirklichung

1. *Freizügigkeit*

3 Das Gemeinschaftsrecht hat die zahlreichen, bei Eröffnung des Gemeinsamen Marktes bereits existierenden bi- und multilateralen Abkommen der

[2] Gesetz über Einreise und Aufenthalt von Staatsangehörigen der Mitgliedstaaten der EWG v. 22. 7. 1969 (BGBl. I, 927); dazu: *Bülow,* in: Zur Stellung der Mitgliedstaaten im Europarecht (1967) 83; *Grabitz* Europäisches Bürgerrecht 69.

Mitglieder der OECD und des Europarates für die Mitgliedstaaten ersetzt und in ihrem Freiheitsgehalt durch Sekundärrechtsetzung gesteigert. Das ist insbesondere geschehen durch eine Koordinierung der Aufenthaltsbedingungen (Art. 48 III b, c, d) und eine Harmonisierung der Rechts- und Verwaltungsvorschriften über den Zugang zu verfügbaren Arbeitsplätzen sowie der Verfahren für die Zusammenführung und den Ausgleich von Angebot und Nachfrage auf dem Arbeitsmarkt (Art. 49, b, d). Damit ist die Effektivität des Grundsatzes der Gleichbehandlung des Ausländers mit dem Inländer wesentlich erhöht worden. Daß seit Ablauf der Übergangszeit Schutzmaßnahmen der Mitgliedstaaten bei anhaltenden Schwierigkeiten eines Wirtschaftszweiges oder regionalen Lageverschlechterungen (Art. 226 EWGV) ausgeschlossen sind, verhindert mitgliedstaatliche Durchbrechungen der so verwirklichten Freizügigkeit.

2. *Inländergleichbehandlung*

4 Wesentliches Ziel der Freizügigkeit i. S. des Art. 7 EWGV ist die Inländergleichbehandlung des ausländischen Arbeitnehmers, die Verhinderung seiner Diskriminierung. Art. 7 I EWGV ist unmittelbar anwendbar und, an die Mitgliedstaaten und die Marktbürger adressiert, geeignet zur Drittwirkung[3]. Art. 1 und 7 der VO Nr. 1612/68 konnten diese Wirkungen des Diskriminierungsverbotes statuieren.

5 a) Nach Art. 1 ist jeder Staatsangehörige eines Mitgliedstaates ungeachtet seines Wohnorts berechtigt, eine Tätigkeit im Lohn- und Gehaltsverhältnis im Hoheitsgebiet eines anderen Mitgliedstaates nach den für die Arbeitnehmer dieses Staates geltenden Rechts- und Verwaltungsvorschriften aufzunehmen und auszuüben. Er hat dort insbesondere mit dem gleichen Vorrang Anspruch auf Zugang zu den verfügbaren Stellen wie die Staatsangehörigen dieses Landes. Danach (und nach den Folgeartikeln 3 bis 6 der Verordnung) ist jeder Mitgliedstaat gehindert, diese Freiheit normativ und exekutiv zu beschränken oder zu behindern.

6 b) Drittwirkung vermittelt Art. 7 der VO Nr. 1612/68: danach ist der ausländische Arbeitnehmer hinsichtlich der Beschäftigungs- und Arbeitsbedingungen (Entlohnung, Kündigung, berufliche Wiedereingliederung oder Wiedereinstellung), sozial- und steuerrechtlich nicht nur im Verhältnis zur öffentlichen Gewalt, sondern auch horizontal-zivilrechtlich dem inländischen

---

[3] Das ist z. B. klargestellt worden für das Satzungsrecht eines Fußballverbandes und die Frage, ob danach zwischen Vertragsspielern verschiedener mitgliedstaatlicher Staatsangehörigkeit differenziert werden darf; vgl. die schriftliche Anfrage Nr. 379/70 des Abg. *Seefeld* v. 4. 12. 1970 und die Kommissionsantwort v. 27. 1. 1971 zur sog. Ausländerklausel in den Satzungen von Sportverbänden (ABl. 1971 C 12, 10). Zur gleichen Problematik hinsichtlich der Satzung des Internationalen Verbandes der Berufsradrennfahrer vgl. Kommissionsantwort v. 28. 9. 1971 auf die Anfrage Nr. 196/71 der Abg. *Flesch* (ABl. 1971 C 103, 3).

Arbeitnehmer gleichgestellt. Nach Art. 7 IV a.a.O. sind alle Bestimmungen in Tarif- und Einzelarbeitsverträgen oder sonstigen Kollektivvereinbarungen über Zugang zur Beschäftigung, Beschäftigung selbst, Entlohnung und alle übrigen Arbeits- und Kündigungsbedingungen nichtig, soweit sie nach der Staatsangehörigkeit diskriminieren. Diese Drittwirkung erstreckt sich mit Bindungskraft nach Art. 8 auch auf Koalitionen i. S. des Art. 9 III GG, also die Gewerkschaften (Mitgliedschaft, Wahlrecht).

7 c) Die Arbeitnehmer der nicht-deutschen Mitgliedstaaten sind damit auch im Grundrechtsverständnis der Art. 9 III, 11, 12 I GG den Deutschen materiell-rechtlich gleichgestellt. Das ergibt sich aus der Wirksamkeit und Geltung der VO Nr. 1612/68 i. S. des Art. 189 III EWGV und dem Vorrang des Gemeinschaftsrechts[4]. Gleichwohl ist das ihnen *gemeinschafts*rechtlich, also *nicht* aus *deutscher* Rechtsquelle vermittelte Recht *kein Grundrecht i. S. des Grundgesetzes*. Die kraft deutschen Verfassungsrechts spezifisch zum Grundrechtsschutz verliehene Befugnis zur Verfassungsbeschwerde steht dem EWG-Ausländer also nicht zu. Für Art. 3 III GG bedeutet die Verwirklichung der Freizügigkeit, daß eine Differenzierung nach der Staatsangehörigkeit, die ansonsten dort nicht ausgeschlossen ist[5], nicht stattfinden darf, wie sich dies auch bereits aus Art. 7 I EWGV ergibt.

3. Verwirklichung

8 Mit der VO Nr. 1612/68 ist, den Art. 48, 49 EWGV entsprechend und in systematischer Fortführung der durch diese aufgehobenen VO Nr. 38/64, außer der individuellen, gegen die Mitgliedstaaten, Arbeitgeber und Gewerkschaften wirksamen Freizügigkeit des einzelnen zugleich eine Reihe von Maßnahmen verwirklicht oder vorgesehen, die insgesamt der *Durchsetzung dieses Freiheitsrechts* dienen.

a) Die Freizügigkeit ist ausgedehnt worden auf die Familienangehörigen des Arbeitnehmers (Art. 10, 11);

b) seine Kinder sind gleichberechtigt hinsichtlich des allgemeinen Unterrichts, der Lehrlings- und Berufsausbildung (Art. 12);

c) durch Ausgleich von Angebot und Nachfrage auf den nationalen Arbeitsmärkten werden die Voraussetzungen für einen gemeinschaftlichen Arbeitsmarkt getroffen (Art. 13—20);

d) im Rahmen der Kommission besteht ein Europäisches Koordinierungsbüro mit der Aufgabe, die Zusammenführung und den Ausgleich von Stellenangeboten und Arbeitsgesuchen auf Gemeinschaftsebene zu fördern (Art. 21—23);

e) ein Beratender Ausschuß (aus Regierungsvertretern und solchen der Arbeitnehmer- und Arbeitgeberverbände, Art. 24—31) und ein Fachausschuß (aus Regierungsvertretern der Mitgliedstaaten, Art. 32—37) beraten und unterstützen die Kommission bei der Anwendung der Verordnung.

---

[4] *Bülow* 89.

[5] *Ipsen*, Gleichheit, in: Neumann-Nipperdey-Scheuner, Die Grundrechte II (1954) 134.

§ 35 FREIHEIT DER NIEDERLASSUNG UND DES DIENSTLEISTUNGSVERKEHRS

Bartolini, Il diritto di stabilimento nella Comunità Europea: significato, programmi e attuazioni, DirScambiIntern 1965, 5; *Bontemps*, Liberté d'établissement et libre prestation de services dans le Marché Commun (1968); *Briquet*, Liberté d'établissement et libre prestation de services. Travaux achevés, travaux engagés, travaux futurs, RevMC 1970, 311; *Bruns-Wüstefeld*, Die Rechtsangleichung zur Herstellung der freien beruflichen und gewerblichen Betätigung, in: Einführung 218; *Bühnemann*, Die Niederlassungsfreiheit von Versicherungsunternehmen im Gemeinsamen Markt (1967); *Colsman-Freyberger*, Probleme der Artikel 52 und 220 Unterabsatz 3 des Romvertrages im Falle eines Beitritts Englands zur EWG, Diss. Bonn (1970); *de Crayencour*, La reconnaissance mutuelle des diplômes dans le Traité de Rome, RevMC 1967, 24; *de Crayencour*, Propos sur le droit d'établissement dans le Traité de Rome, CahDrEur 1968, 420; *de Crayencour*, Le droit d'établissement des architectes, RevMC 1968, 570; *de Crayencour*, Le droit d'établissement et les professions du domaine de la santé, RevMC 1969, 167; *de Crayencour*, Le droit d'établissement et les ingénieurs, RevMC 1969, 299; *de Crayencour*, La profession d'avocat et le Traité de Rome, RevMC 1970, 158; *Desmedt*, Les deux directives du conseil de la CEE concernant la police des étrangers, CahDrEur 1966, 55; *Everling*, Niederlassungsfreiheit und freier Dienstleistungsverkehr in der Europäischen Wirtschaftsgemeinschaft, BB 1961, 1257; *Everling*, Das Niederlassungsrecht im Gemeinsamen Markt (1963); *Everling*, Die Rechtsangleichung in der Europäischen Wirtschaftsgemeinschaft auf dem Gebiet des Niederlassungsrechts, in: Aktuelle Fragen des europäischen Gemeinschaftsrechts (1965) 60; *Fröhlich*, Niederlassungsrecht und Freizügigkeit in der EWG und EFTA (1965); *Gaudet*, Rechtliche Aspekte der Niederlassungsfreiheit im Gemeinsamen Markt, ZHR 124 (1961) 66; *van Gerven*, The right of establishment and free supply of services within the Common Market, CMLR 1965, 344; *Herrgen*, Studien und Quellen zur Niederlassungsfreiheit und Dienstleistungsfreiheit von Kreditinstituten in der EWG, Diss. Hamburg (1968); *Herzog*, Die Problematik des Artikels 57 Abs. 2 des Vertrages zur Gründung der Europäischen Wirtschaftsgemeinschaft, Diss. Würzburg (1970); *Houin*, Le régime juridique des sociétés dans la Communauté Economique Européenne, RevTrimDrEur 1965, 11; *Kahlert*, Niederlassungsfreiheit, Bedürfnisprüfung und Art. 12 GG. Probleme bei der Rechtsangleichung der Berufsregelungen in den sechs EWG-Staaten, Diss. Münster (1970); *Kalbe*, Fortschritte im EWG-Niederlassungsrecht, AWD 1967, 308; *Kalbe*, Neue Maßnahmen zur Verwirklichung der Niederlassungsfreiheit und des freien Dienstleistungsverkehrs im Gemeinsamen Markt, AWD 1969, 8; *Kalbe*, Niederlassungsfreiheit und freier Dienstleistungsverkehr der freien Berufe in der Europäischen Wirtschaftsgemeinschaft, AWD 1969, 433; *Loussouarn*, L'harmonisation du droit d'établissement, in: Angleichung des Rechts der Wirtschaft in Europa, KSE 11 (1971) 51; *Loussouarn*, L'harmonisation du droit d'établissement, RevTrimDrEur 1969, 275; *Loy*, L'application de la liberté d'établissement dans les Etats membres de la Communauté économique européenne, JDrIntern 1968, 673; *Lutter*, Die erste Angleichungs-Richtlinie zu Art. 54 Abs. 3 lit. g EWGV und ihre Bedeutung für das geltende deutsche Unternehmensrecht, EuR 1969, 1; *Lyon-Caen*, La réserve d'ordre public en matière de liberté d'établissement et de libre circulation, RevTrimDrEur 1966, 693; *Maestripieri*, Liberté d'établissement et libre prestation de services dans la CEE au lendemain de la période de transition, RevMC 1971, 48; *Maestripieri,* La libre circulation des personnes et des services dans la CEE (1971); *Mascini,* Orgetto e destinatari del diritto di stabilimento nel Trattato della Comunità Economica Europea, RivDirEur 1966, 285; *Nagy,* Le droit d'établissement et les prestations des services dans la Communauté Economique Européenne, in: Wirtschaft und Recht 1969, 173; *Nicolaysen,* Niederlassungsrecht und Rechtsangleichung, in: Aktuelle Fragen des europäischen Gemeinschaftsrechts (1965) 91; *Nicolaysen,* Harmonisierung des Niederlassungsrechts, in: Angleichung des Rechts der Wirtschaft in Europa KSE 11 (1971) 77; *Oppermann,* Die Durchführung der EWG-Niederlassungs- und Dienstleistungsprogramme seit 1961, BB 1964, 563; *Platz,* EWG-Niederlassungsrecht und individuelle Rechtspositionen (1966); *de Preter,* Vestigingsregeling in Belgie en Nederlande en de bepalingen van het EEG-Verdrag inzake de vrijheid van vestiging en het vrij verrichten van dienste (1967); *Rambow,* Richtlinien des Rats der EWG über die Niederlassungsfreiheit und den freien Dienstleistungsverkehr, in: Die Aktiengesellschaft 1965, 63; *Samkalden,* Opheffing van de beperkingen tot vestiging en dienstverlening in de gemeenschappelijke markt, SEW 1965, 89; *Schwartz,* Le droit d'établissement des sociétés commerciales dans le Traité instituant la Communauté économique européene, Diss. Lausanne (1964); *Schulz,* Freier Arbeitsmarkt und Niederlassungsfreiheit in der Europäischen Wirtschaftsgemeinschaft unter besonderer Berücksichtigung der Grenz- und Gastarbeitnehmer, Diss. Würzburg (1966); *Le Tallec,* Die Ausländerpolizei in den Mitgliedstaaten der Europäischen Wirtschaftsgemeinschaft und der EWG-Vertrag, AWD 1964, 274; *Tomuschat,* Der Vorbehalt der Ausübung öffentlicher Gewalt in den Berufsfreiheitsregelungen des EWG-Vertrags und die freie Advokatur im Gemeinsamen Markt, ZaöRVR 27 (1967) 53; *Vasseur,* Liberté d'établissement et libre prestation des services en matière bancaire, boursière dans les pays de la CEE, RevTrimDrEur 1966, 129; *Verloren van Themaat,* Het ontwerp vestigingswet detailhandel, de cyclische ontwikkeling van de sociaaleconomische wetgeving en de EEC, SEW 1971, 75.

I. Bedeutung und Rechtsgrundlagen

1. Bedeutung

1 Niederlassungsfreiheit als *Freizügigkeit der Selbständigen* (von einzelnen und von Unternehmen) und Dienstleistungsfreiheit (zu *vorübergehender selbständiger Erwerbstätigkeit außerhalb des Heimatstaates)* zielen gemeinschaftsrechtlich — ebenso wie die Arbeitnehmer-Freizügigkeit *(§ 34)* — auf *Gleichstellung mit dem Inländer* (dem inländischen Unternehmen) i. S. des Art. 7 EWGV. Integrationspolitisch sind beide Freiheiten ebenfalls wesentliche Elemente zur Standortwahl, Arbeitsteilung und Steigerung des Lebensstandards[1]. Ihre Verwirklichung liegt also in der Zielsetzung der Art. 2, 3 c EWGV, 1 II, 2 g EAGV, 2, 3 e, f EGKSV. Von ihrer Wirkung im *wirtschaftlichen* Bereich abgesehen, kann die Durchsetzung des dem Art. 7 EWGV zugrunde liegenden Gleichheitsgedankens — ebenso wie die der Arbeitnehmer-Freizügigkeit — auf dem Gebiet der Niederlassungen und Dienstleistungen den Gedanken einer *europäischen Marktbürgerschaft* fördern, und dies über den engeren ökonomischen Bereich hinaus. Sie kommt auch Angehörigen freier Berufe zugute.

[1] Dazu: *Everling,* Das Niederlassungsrecht im Gemeinsamen Markt 3.

2. *Nationale Rechtsunterschiede*

2 Die nationalen Rechtsordnungen der Mitgliedstaaten differieren bereits untereinander erheblich in ihren Voraussetzungen und Anforderungen der Unternehmenserrichtung und -verfassung ebenso wie in denen für Dienstleistungsnehmer in Industrie, Handel, Handwerk und freien Berufen. Das hat unterschiedliche Gründe der historischen Entwicklung, der Sozialstruktur, der Schul- und Bildungspolitik, des Berufsausbildungswesens. Alle Mitgliedstaaten haben außerdem in Gesetzgebung und Verwaltungspraxis in sich wiederum unterschiedliche Ausländerbeschränkungen entwickelt. Sie stehen, teils gezielt diskriminierend, teils nur wegen Berufung auf die geltenden nationalen Zulassungsanforderungen, der freien Niederlassung und der freien Dienstleistung von Nicht-Staatsangehörigen im Wege. Die gemeinschaftsrechtlich geforderte Freiheit in beiden Bereichen setzt also, um realisiert zu werden, sowohl eine *Angleichung der nationalen Zulassungs-Rechtssysteme* als auch die *Ausräumung aller Diskriminierungen* von Angehörigen der Mitgliedstaaten voraus. Sie verlangt mithin insbesondere die wechselseitige Anerkennung von Ausbildungs- und Befähigungsnachweisen. Diese wird wiederum in dem Maße erleichtert oder gar entbehrlich, indem eine einschlägige Rechtsvereinheitlichung stattfindet.

3. *Rechtsgrundlagen*

3 Das *Vertragsrecht* selbst gibt nur wenige Regelungen der Materie, die Zielsetzungscharakter haben. Das sind Art. 52—58 EWGV für das Niederlassungsrecht, Art. 59—66 für den Dienstleistungsverkehr. Art. 96 EAGV und Art. 69 EGKSV betreffen, ihrem Anwendungsbereich entsprechend, die Freizügigkeit nur von Arbeitnehmern, nicht die Niederlassungs- und Dienstleistungsfreiheit als solche. Deshalb ist im folgenden lediglich auf die EWGV-Regelungen einzugehen.

4 a) Beide Regelungsgruppen enthalten — außer Begriffsbestimmungen und Abgrenzungen (Art. 52, 58, 61) — die Zielsetzung des Abbaues aller Freiheitsbeschränkungen diskriminierender Art (Art. 52, 59), das Verbot der Einführung neuer Beschränkungen (Art. 53, 62) und ein Programm zur Aufhebung der Beschränkungen (Art. 54, 63, 64). Die Ausnahmevorbehalte des Art. 55 (keine Anwendung der Niederlassungsfreiheit auf mit der Ausübung öffentlicher Gewalt verbundene Tätigkeiten) und des Art. 56 (Zulassung der Ausländer-Sonderbehandlung aus Gründen der öffentlichen Ordnung, Sicherheit oder Gesundheit) finden auf den Dienstleistungsverkehr nach Art. 66 ebenso entsprechende Anwendung wie Art. 57. Dieser sieht Richtlinien zur gegenseitigen Anerkennung von Diplomen, Prüfungszeugnissen und sonstigen Befähigungsnachweisen vor.

5 b) Wie wenige andere Regelungsbereiche des Vertrages verlangte die Herstellung der Freiheit der Niederlassung und des Dienstleistungsverkehrs ein *gegenständlich* und *zeitlich gestuftes Verfahren*. Den Plan hierfür haben die beiden *Allgemeinen Programme* zu ihrer Verwirklichung vom 18. Dezember 1961 (ABl. 1962, 32 und 36) gemäß Art. 54 I, 63 I aufgestellt, deren Entwicklung und Verabschiedung den Zeitraum von 1958—1961 benötigt hatte. In den Folgejahren 1962—1970 sind 38 Richtlinien zur Durchführung des Programms ergangen, deren Rechtsgrundlage die Art. 54 II, 57, 63 II bilden. Ihre Fortführung für die noch nicht liberalisierten Tätigkeiten wirft z. T. schwierige Koordinierungsfragen auf, soweit die Mitgliedstaaten ihr innerstaatliches Recht ändern müssen. Ihre Problematik greift in manchen Zügen tiefer als die Forderung nach Ausräumung der Ausländerdiskriminierungen. Sie kann in der Bundesrepublik auch verfassungsrechtliche Fragen aufwerfen, insbesondere bei gemeinschaftsrechtlicher Einführung objektiver Zulassungsbeschränkungen für die Apotheker im Zusammenhang mit der Rechtsprechung des Bundesverfassungsgerichts zu Art. 12 I GG[2]. Im Niederlassungsrecht hängt die Koordinierung zusammen mit dem Problem der Rechtsangleichung auf dem Gebiet des Gesellschaftsrechts und der Entwicklung einer europäischen Gesellschaftsform sowie mit Angleichungsfragen des Versicherungsvertragsrechts.

II. Inhalt und Verwirklichung

1. Berechtigte

6 Aus der Statuierung der Freiheit der Niederlassung und des Dienstleistungsverkehrs *berechtigt* sind die *Staatsangehörigen der Mitgliedstaaten*. Das sind nach deutschem Verfassungsrecht die in Art. 116 GG Genannten, d. h. auch die Bewohner der DDR, soweit sie Deutsche sind, und dies, obwohl die DDR inzwischen eine eigene Staatsangehörigkeit eingeführt hat[3].

Gesellschaften, deren Niederlassungsfreiheit in Frage steht, besitzen als solche keine Staatsangehörigkeit. In ihrer Zurechnung zu einer solchen verfahren die Rechtsordnungen der Mitgliedstaaten unterschiedlich. Deshalb hat Art. 58 EWGV sie als Berechtigte der Niederlassungsfreiheit definieren müssen. Das sind danach solche nach den Rechtsvorschriften eines Mitgliedstaates gegründeten Gesellschaften, die ihren satzungsmäßigen Sitz, ihre Hauptverwaltung oder ihre Hauptniederlassung innerhalb der Gemeinschaft haben. Dabei kommt es auf die Staatsangehörigkeit der Gesellschafter nicht an (zur Frage des Drittländerkapitals im Gemeinsamen Markt: *35/14*). Nach Art. 58 II gelten als Gesellschaften die des bürgerlichen und des Handelsrechts einschließlich der Genossenschaften sowie die sonstigen Personen des öffentlichen und privaten Rechts, soweit sie einen Erwerbszweck ver-

---

[2] Dazu: *Kahlert*, Niederlassungsfreiheit, Bedürfnisprüfung und Art. 12 GG; *Bruns-Wüstefeld*, in: Einführung 225.

[3] Gesetz über die Staatsbürgerschaft vom 20. 2. 1967; dazu: *Maunz*, Deutsches Staatsrecht 17. Aufl. (1969) 382.

folgen. Art. 58 verwendet also eine Kombination mehrerer Anknüpfungspunkte zur Legaldefinition der gemeinschaftsrechtlich berechtigten Gesellschaften, auf die das Niederlassungsrecht *entsprechend* anwendbar ist[4]. Seine Anwendbarkeit umfaßt die Verpflichtung zu ihrer Anerkennung durch den Niederlassungsstaat. Schwierigkeiten der Anerkennung (etwa auch aus dem Vorbehalt der öffentlichen Ordnung nach Art. 56) könnten insoweit ausgeräumt werden, als die Rechtsform einer europäischen Gesellschaft *(39/12, mit Anm. 39, 51/27)* Gestalt und Anwendung fände.

2. *Freiheitsinhalt*

7 Die *Herstellung der Freiheit* der Niederlassung und des Dienstleistungsverkehrs zielt auf die Beseitigung solcher mitgliedstaatlicher Beschränkungen, die eine unterschiedliche Behandlung von Inländern und Ausländern (d. h. Angehörigen der anderen Mitgliedstaaten) darstellen, wobei es auf *materielle, nicht formelle* Kriterien ankommt[5]. Solche Beschränkungen sind zu beseitigen, soweit sie jede Tätigkeit und jede Befugnis bei der Tätigkeitsausübung betreffen, also nicht nur die Zulassung zu einer solchen. Die Abschnitte III der Programme zählen diese Rechte beispielhaft auf. Ob ihre mitgliedstaatliche Beschränkung auf Rechtsnormen, Verwaltungsvorschriften oder -praktiken beruht, ist unerheblich. Deshalb unterbindet die Liberalisierung auch eine bislang diskriminierende Ermessenshandhabung. Die Herstellung der Freiheiten zielt auf die Beseitigung von *Diskriminierungen,* nicht auf die Ausräumung solcher Beschränkungen, die mitgliedstaatlich *auch für Inländer* gelten. Die Liberalisierung im Mitgliedstaat eliminiert also keine Freiheitsbeschränkungen, die das heimische Recht *seinerseits* für *seine* Staatsangehörigen anordnet. Und soweit *solche* Beschränkungen bestehen, beschränken sie zulässigerweise *auch* die Angehörigen der anderen Mitgliedstaaten, ohne sie dadurch zu diskriminieren.

3. *Liberalisierungsgesichtspunkte*

Allgemeine Liberalisierungsgesichtspunkte sind in den Programmen und Richtlinien geregelt, die auf Art. 56, 54 III g, 63 EWGV gestützt sind.

8 a) Im Sinne der Zielsetzung des Vertrages ist auch der Ausnahmevorbehalt des Art. 56 *grundsätzlich eng* auszulegen[6]. Deshalb gibt Ausländereigenschaft an sich keine Rechtfertigung für Sonderbehandlung ab, und die mit der öffentlichen Gesundheit befaßten Berufe sind nicht wegen dieses Zusammenhangs allein bereits generell von der Liberalisierung ausgeschlossen (arg. Art. 57 III: Koordinierungsvoraussetzung gerade für diese Berufe). Zwar steht die Qualifizierung der Erfordernisse der (polizeirechtlich zu ver-

[4] *Wohlfarth* u. a. Komm. 1, 3 zu Art. 58; *Everling* 35.
[5] *Everling* 42. [6] *Everling* 47.

stehenden) Gründe der öffentlichen Ordnung, Sicherheit und Gesundheit grundsätzlich den Mitgliedstaaten zu, dies indes nicht unter Erstreckung auf die *wirtschaftliche* Ordnung an sich. Überdies ist Art. 56 II auch um ihre Koordinierung bemüht durch Erlaß von Rats-Richtlinien. Auch insoweit können also mitgliedstaatliche Überforderungen des heimischen ordre public eingegrenzt werden.

Gestützt auf Art. 56 regeln zwei Richtlinien vom 25. Februar 1964 (ABl. 845, 850) die Einreise und den Aufenthalt von EWG-Staatsangehörigen (Beseitigung von Visumzwang, Aufenthaltserlaubnis, Koordinierungsregeln gemäß Art. 56 II).

9 b) Gleichbehandlung ohne Rücksicht auf die Staatsangehörigkeit ist für Niederlassung und Dienstleistung von besonderem Gewicht, wo Gewerbe- und Berufsausübung sich unter Teilnahme an *öffentlichen Ausschreibungen* vollzieht (so insbes. im Bausektor). Richtlinien über das Vergabeverfahren (Verdingungsordnungen), insbes. über die Art ihrer Veröffentlichung und das Auswahlverfahren, koordinieren die mitgliedstaatlichen Regelungen[7].

10 c) Auf Art. 54 III g ist die Richtlinie über die Koordinierung von *gesellschaftsrechtlichen Schutzbestimmungen* vom 9. März 1968 (ABl. L 65, 8) gestützt. Für AG, KGaA und GmbH ist die Veröffentlichungspflicht für Bilanzen, die Frage der Nichtigkeit der Gesellschaft und die Rechtsgültigkeit von Handlungen der Gesellschaftsorgane behandelt[8].

11 d) Die auf Art. 63, 106 I gestützte Richtlinie vom 31. Mai 1963 (ABl. 1609) verpflichtet die Mitgliedstaaten, *Devisenbeschränkungen* bei Zahlungen für Dienstleistungen zu beseitigen. Ihr Recht, Art und Durchführung der Zahlung zu überprüfen, darf nicht zur Behinderung oder Beschränkung der Zahlung führen.

4. Verwirklichung

12 a) Der Vergleich der Programminhalte von 1961 mit dem derzeitigen Stand der Liberalisierung[9] zeigt, daß ihre Anlagelisten mit Zeitstufenplanung bislang unterschiedlich vollzogen worden sind. Mit dem Ablauf der Übergangszeit, in der (Art. 52 I, 59 I) die Liberalisierung vollendet werden sollte, hat sich die Frage gestellt, ob noch existierende Beschränkungen gleichwohl fortwirkten. Nachdem das Urteil des Gerichtshofs vom 15. Juli 1964[10] der stand-still-Klausel des Art. 53 unmittelbare Wirksamkeit zuerkannt hat (i. S. eines Verbotes und automatischer

[7] Richtlinie des Rates vom 26. 7. 1971 über die Koordinierung der Verfahren zur Vergabe öffentlicher Bauaufträge (ABl. L 185, 5) nebst Erklärung der im Rat vereinigten Regierungsvertreter über die Verfahren, die in bezug auf die Konzessionen für Bauarbeiten einzuhalten sind (ABl. 1971 C 82, 13).

[8] Dazu: *Bruns-Wüstefeld,* Einführung 220, 254; *Lutter,* EuR 1969, 1; Vorschlag einer 2. Richtlinie auf Grund Art. 54 III g: ABl. 1970 C 48, einer 3.: ABl. 1970 C 89, einer 4.: ABl. 1972 C 7.

[9] Vgl. *Oppermann* BB 1964, 563; *Kalbe* AWD 1967, 308; *ders.* AWD 1969, 8; *Bontemps,* Liberté d'établissement et libre prestation de services; *Briquet* RevMC 1970, 311; *Maestripieri* RevMC 1971, 48.

[10] EuGH Rs 6/64 Rspr. X, 1274.

Aufhebung verbotener Beschränkungen), muß den Art. 52 und 59 entsprechende Wirksamkeit zukommen[11]. Sie schwächt sich indes deshalb ab, weil den in den Art. 56, 57 i. Verb. mit Art. 66 vorgeschriebenen Koordinierungsgeboten (über die Aufnahme und Ausübung selbständiger Tätigkeiten und die Diplom- und Zeugnisanerkennung) solche Automatik einer Direktwirkung *nicht* zukommt. Bisher ergangene Übergangsregelungen haben zwar auch bereits einen ersten Koordinierungseffekt (nämlich den der Anpassung zum Zweck geregelten Funktionierens). Sie entheben aber nicht der vertraglich gestellten Aufgabe einer Koordinierung höherer Intensität, nämlich einer Erweiterung der Rechte der Marktbürger über ihre Staatsgrenzen hinaus[12].

13 b) Die Durchführung der Gemeinschafts-Richtlinien zur Verwirklichung der Freiheit der Niederlassung und des Dienstleistungsverkehrs erfordert in den Mitgliedstaaten die anpassende Änderung zahlreicher einschlägiger Einzelregelungen. So erklärt sich, daß auch das deutsche Durchführungsrecht den Gesamtvorgang der Liberalisierung in seiner Konzeption und Tragweite nicht erkennen läßt, zumal es sich zum Teil in der Bereitstellung von Ermächtigungen zu Verordnungsregelungen erschöpft[13]. Überwiegend ist der Stand der mitgliedstaatlichen Durchführung, und dies insbesondere auch in der Bundesrepublik (dort nur mit Ausnahme hinsichtlich des Gesetzes über die Einreise und den Aufenthalt für Staatsangehörige der EWG-Mitgliedstaaten), als befriedigend bezeichnet worden[14]. Nur Luxemburg ist im Rückstand geblieben und deshalb mit einem Vertragsverletzungsverfahren überzogen worden.

14 c) Was die schrittweise Herstellung der Niederlassungsfreiheit als Aufhebung von Ausländerbeschränkungen bislang *faktisch* für die Struktur des Gemeinsamen Marktes bewirkt hat durch grenzüberschreitende Gründung oder Verlegung von Unternehmen, Tochtergesellschaften und Filialen, wird ersichtlich aus dem Vergleich mit der Aktivität ausländischer Unternehmen aus Drittländern im Markt. Diese Wirkung ist eine wirtschaftlich nur begrenzte. Die Erklärung hierfür liegt darin, daß sich das Mobilitätsinteresse von Unternehmen der Mitgliedstaaten nach der Liberalisierung des Warenverkehrs, an der *sie* teilhaben, abschwächt, während Drittländer-Unternehmen erst durch Niederlassung im Gemeinsamen Markt in ihren Genuß kommen[15]. Deshalb und wegen der unvergleichlich größeren Kapitalkraft solcher Unternehmen erlangen Rechtsfragen einer *Präferenz von Unternehmen aus den Mitgliedstaaten* erhöhte Bedeutung gegenüber der Liberalisierung *im Gemeinsamen Markt.* Hieraus erwachsen Postulate einer gemeinschaftlichen Niederlassungspolitik, die nur in Investitionsförderung und -lenkung bestehen könnte. Für sie ist die Gemeinschaft indes ohne Bereitstellung eines hierfür geeigneten Instrumentariums bislang nicht gerüstet. Art. 92 ff. EWGV (Subventionskontrolle) und die Wirksamkeit der Investitionsbank reichen hierfür nicht aus.

---

[11] *Nicolaysen,* in: Angleichung des Rechts der Wirtschaft in Europa, KSE 11 (1971) 78 f.

[12] *Nicolaysen* 89 f.

[13] Vgl. die beiden Gesetze zur Durchführung von Richtlinien der EWG über die Niederlassungsfreiheit und den freien Dienstleistungsverkehr vom 13. 8. 1965 (BGBl. I, 849) und vom 14. 12. 1970 (BGBl. I, 1709) sowie die auf sie gestützte Erste Durchführungsverordnung vom 14. 5. 1971 (BGBl. I, 677). — Durch das erste Gesetz wurden insbes. § 12 GewO geändert, §§ 12 a u. 15 II 2 GewO eingefügt und § 292 AktG aufgehoben. Das zweite Gesetz enthält umfangreiche Ermächtigungsvorschriften.

[14] Bericht des Abg. *Dittrich* v. 12. 2. 1971 für das Eur. Parl. über die Mitteilung der Kommission an den Rat betr. den Stand der Durchführung der Richtlinien des Rates zur Verwirklichung der Niederlassungsfreiheit und des freien Dienstleistungsverkehrs, Dok. 234, 7 f.

[15] Dazu: *Nicolaysen* 96 ff.

§ 36 FREIHEIT DES KAPITAL- UND ZAHLUNGSVERKEHRS

Abs, Le marché européen de valeurs et d'émissions en considération de financements internationaux (1964); *Börner,* Die fünfte Freiheit des Gemeinsamen Marktes: Der freie Zahlungsverkehr, Fs Ophüls 19; *Börner,* Rechtsfragen des Zahlungs- und Kapitalverkehrs in der EWG, EuR 1966, 97; *Burgard,* Einige Bemerkungen zu Artikel 106 des EWG-Vertrages, Integration 1970, 104; *Campet,* Le marché commun bancaire, RevMC 1970, 441; *Delvaux,* La libération des mouvements de capitaux, RevMC 1960, 325; Europees kapitaalverkeer en europese kapitalmarkt (1965); *Giannoni,* Gli ostacoli fiscali alla libera circolazione dei capitali nella C. E. E. (1965); *Gleske,* Rechtsangleichung und Verflechtung der Kapitalmärkte, in: Angleichung des Rechts der Wirtschaft in Europa, KSE 11 (1971) 236; *von der Groeben,* Probleme europäischer Währungspolitik, Fs Schmölders (1968); *von Horn,* Zahlungsbilanz-Schwierigkeiten und Zahlungsbilanz-Krise nach dem EWG-Vertrag, EuR 1969, 37; *Jasinski,* Régime juridique de la libre circulation des capitaux (1967); *Leleux,* Le rapprochement des legislations et l'interdépendance des marchés de capitaux, in: Angleichung des Rechts der Wirtschaft in Europa, KSE 11 (1971) 251; *Lieberherr,* Le développement d'un marché européen des capitaux, RevMC 1967, 614; *Lamfalussy,* Les marchés financiers en Europe (1968); *Lipfert,* Geld und Kapital im Gemeinsamen Markt (1962); *Portmann,* Ansätze zu einem europäischen Kapitalmarkt (1965); Probleme des internationalen Zahlungsverkehrs im europäischen Integrationsprozeß (1969); *Rijnvos,* Economische orde en europese monetaire integratie (1970); *Ruding,* Naar een geintegreerde europees kapitalmarkt? (1969); *Ruding,* Kapitaaliberalisatie in de EEG, SEW 1970, 71; *Truquet,* Le développement d'un marché européen des capitaux, RevMC 1967, 565; *Waelbroeck,* La libre circulation des paiements, DrCommEur Nr. 1911.

1 Solange die Gemeinschaften von Schwierigkeiten und Bewegungen im Bereich der Währungspolitik und der Handhabung der Wechselkurse nicht sonderlich betroffen waren, sind gemeinschaftsrechtliche Fragen des Zahlungs- und Kapitalverkehrs nicht in den Vordergrund getreten. Ihre Relevanz hat sich erwiesen, als mitgliedstaatliche Ab- und Aufwertungen sowie andere Wechselkursmaßnahmen das Bild änderten und insbesondere die Anfälligkeit der Agrarmarktordnung gegenüber solchen monetären Veränderungen sichtbar machten[1]. Der Grund ist einleuchtend: die Verwirklichung der vier Freiheiten des Warenverkehrs, der Arbeitnehmer-Freizügigkeit, der Niederlassung und der Dienstleistungen hinkt, wenn sie nicht, weil zwangsläufig geboten, ergänzt wird durch eine *Freiheit des Zahlungsverkehrs.* Denn in aller Regel bedeutet die Nutzung der Freiheiten den Austausch von Lei-

---

[1] *Börner* EuR 1966, 97. — Die Daten: 28. 12. 1958 Franc-Abwertung um 15 %; 6. 3. 1961 DM-Aufwertung um 5 %; 11. 8. 1969 Franc-Abwertung um 12,5 %; 27. 10. 1969 DM-Aufwertung um 9,3 %; 10. 5. 1971 Freigabe der Wechselkurse in der BRD (hierzu: *Morawitz* EuR 1971, 335) und den Niederlanden; 18./19. 12. 1971 Beschluß über die Neufestsetzung der Paritäten auf der Währungskonferenz in Washington.

stung und Gegenleistung als zahlbarem Entgelt. Mit gutem Grund hat man sie daher die *fünfte Freiheit des Gemeinsamen Marktes* genannt[2]. Auch ist vor dem Leerlauf der vier Freiheiten gewarnt worden, wenn die fünfte Freiheit sie nicht ergänzt. Entsprechendes gilt von der *Freiheit des Kapitalverkehrs,* die den Warenverkehr ergänzt und insbesondere die Niederlassungsfreiheit zu realisieren ermöglicht.

I. Bedeutung und Rechtsgrundlagen

1. Zusammenhänge

2 Die von Art. 2 EWGV erstrebten Ziele können durch eine Gesamtversorgung im Gemeinsamen Markt gefördert werden, wenn die unbeschränkte Beweglichkeit von Kapital eine kostenorientierte Standortverteilung der Produktion ermöglicht. Überkommene nationale Devisenbeschränkungen des Kapitalverkehrs standen dem bei Beginn der Integration entgegen. Seine Liberalisierung bleibt indes nicht ohne Einfluß auf die Zahlungsbilanz, die durch einseitige Wertübertragungen belastet wird. Die Vertragsregelung hat daher Kompromißcharakter: einerseits wird die Liberalisierung des Kapitalverkehrs zwecks optimaler Arbeitsteilung angestrebt; sie wird andererseits beschränkt auf das zum Funktionieren des Gemeinsamen Marktes erforderliche Maß eben wegen ihrer Auswirkungen auf die Zahlungsbilanz und die Kapitalmärkte[3]. Wegen des Einflusses des Kapitalverkehrs auf die Zahlungsbilanz stehen die Art. 67 ff. EWGV auch in sachlichem Zusammenhang mit Art. 104 ff. über Zahlungsbilanz und Zahlungsverkehr.

2. Kapitalverkehr

3 *Kapitalverkehr,* dessen Liberalisierung in Grenzen erstrebt wird, umfaßt Vorgänge verschiedener Art, wenn ein daran Berechtigter in einem anderen als dem Mitgliedstaat ansässig ist, in dem sie stattfinden, insbesondere also Leistungen die Grenze überschreiten[4]. Das Devisenrecht hat hierfür zahlreiche Tatbestandsbeispiele geliefert: Beteiligung an Gründung oder Betrieb von Unternehmen oder Zweigniederlassungen, Beteiligungserwerb, Erwerb oder Veräußerung von Kapitalmarktpapieren, Kreditgeschäfte, Bürgschafts-, Garantieverträge, Grunderwerb. Kapitalverkehr *dieser* Art, Sach- und Geldkapital umfassend, nicht dagegen die auf ihn bezüglichen Zahlungen entgegengesetzter Richtung (Zinsen, Dividenden, Gewinne)[5], ist für Deutung und Anwendung der einschlägigen Vertragsregelungen aus diesen selbst

---

[2] *Börner* Fs Ophüls 19; *Waelbroeck* DrCommEur Nrn. 1911—1920.
[3] *Wohlfarth* u. a. Komm. Vorbem. 3 vor Art. 67.
[4] *Wohlfarth* u. a. Komm. 3 zu Art. 67.
[5] *Börner* EuR 1966, 110.

zu begreifen, mithin aus Art. 67 ff., nicht aus Art. 106 I. Dieser spricht lediglich wiederholend von Zahlungen der Gegenrichtung, „die sich auf den ... Kapitalverkehr beziehen". Gegenüber dem Waren- und Dienstleistungsverkehr wird der Vorgang des Kapitalverkehrs also gekennzeichnet durch die *einseitige Wertübertragung* aus einem Mitgliedstaat in einen anderen (oder innerhalb eines Mitgliedstaates an einen Devisenausländer), die regelmäßig zugleich eine Vermögensanlage darstellt.

3. *Zahlungsverkehr*

4 Im *Zahlungsverkehr* vollzieht sich die Gegenbewegung, die in aller Regel bei Nutzung einer der Freiheiten ausgelöst wird: Kaufpreis im Warenverkehr, Arbeitsentgelt des Arbeitnehmers, Werklohn für Dienstleistung usw. Das sind die in Art. 106 I genannten Zahlungen, die sich auf den Waren-, Dienstleistungs- und Kapitalverkehr beziehen. Soweit der Waren-, Dienstleistungs-, Kapital- und Personenverkehr (d. h. der aus der Freizügigkeit der Arbeitnehmer erwachsende) nach Gemeinschaftsrecht liberalisiert ist, sind Zahlungen in der Währung des Gläubigersitzes und der Transfer von Kapitalbeträgen und Arbeitsentgelten zu genehmigen.

4. *Rechtsgrundlagen*

5 Art. 67—73 EWGV bilden die Vertragsgrundlagen für die *Freiheit des Kapitalverkehrs.*

a) Nach Art. 67 hatten die Mitgliedstaaten untereinander während der Übergangszeit schrittweise alle Beschränkungen des Kapitalverkehrs für alle in den Mitgliedstaaten ansässigen Berechtigten zu beseitigen und alle Diskriminierungen auf Grund der Staatsangehörigkeit oder des Wohnortes der Parteien oder des Anlageortes aufzuheben. Dieses Liberalisierungsgebot wird indes im Sinne des mit Rücksicht auf die Zahlungsbilanzen gebotenen Kompromisses eingeschränkt auf den Kapitalverkehr, *soweit* seine Verwirklichung *notwendig* ist für das *Funktionieren des Gemeinsamen Marktes.* Dieser Vorbehalt, der für die anderen Kapitel des Titels III (Freizügigkeit, Niederlassungsrecht, Dienstleistungen) nicht gemacht ist, soll nachteilige Folgen der Liberalisierung für Zahlungsbilanzen und Kapitalmärkte ausschließen. Spekulations- und Fluchtkapital, das nicht zum Einsatz in Handel und Produktion bestimmt ist, soll an der Verkehrsliberalisierung nicht teilhaben[6].

Eine weitere Einschränkung des Liberalisierungsgrundsatzes ergibt sich aus Art. 73. Nach dieser Vorschrift, die (anders als Art. 226) auch nach Beendigung der Übergangszeit und notfalls zunächst ohne Gemeinschaftskompetenz der Kommission zur Anwendung kommt (Abs. II), können Schutz-

[6] *Wohlfarth* u. a. Komm. 9 zu Art. 67.

maßnahmen auf dem Gebiet des Kapitalverkehrs getroffen werden, wenn Kapitalbewegungen Störungen im Funktionieren des Kapitalmarktes zur Folge haben. Der Mitgliedstaat, der ohne Verfahren nach Abs. I (Ermächtigung durch die Kommission) aus Gründen der Geheimhaltung oder Dringlichkeit nach Abs. II verfahren ist, kann aber von der Kommission zur Änderung oder Aufhebung seiner Schutzmaßnahmen angewiesen werden.

Nach Art. 69 hat der Rat die Richtlinienkompetenz zur schrittweisen Durchführung des Art. 67.

b) Art. 68 ergänzt die Grundsatzbestimmung des Art. 67 in mehreren Richtungen. Abs. I hält die Mitgliedstaaten zu möglichst großzügiger Handhabung einer etwa noch stattfindenden Devisenkontrolle an. Abs. II beseitigt die Ausländer-Diskriminierungen zu Lasten der Marktbürger, die im nationalen Recht des Kapitalmarkt- und Kreditwesens stattfinden. Abs. III soll verhindern, daß die Liberalisierung zur Anleiheaufnahme eines Mitgliedstaates für seinen öffentlichen Finanzbedarf in einen anderen führt und damit den Anleihemarkt des in Anspruch genommenen Staates schwächt. Deshalb wird hierüber eine Verständigung der beteiligten Staaten gefordert, bevor solche Anleihe aufgelegt oder untergebracht wird. Die Tätigkeit der Investitionsbank, die vielfach mittelbar zur Finanzierung von Mitgliedstaaten beiträgt, darf dadurch indes nicht behindert werden.

c) Während Art. 70 mit Hilfe einer *Koordinierung der Devisenpolitik* hinsichtlich des Kapitalverkehrs mit *Drittländern* (etwa entsprechend Art. 105 I für die allgemeine Wirtschaftspolitik) die gemeinschaftsschädliche Ausnutzung eines unterschiedlichen Liberalisierungsstandards zu verhindern sucht, ergänzt Art. 71 die Zielsetzung des Art. 67 durch zusätzliche Bindungen: devisenrechtliche Stillhalteverpflichtung (Abs. I), Zusatzbereitschaft der Mitgliedstaaten zu weitergehender Liberalisierung über Art. 67, 69 hinaus (Abs. II), einschlägige Empfehlungskompetenz der Kommission (Abs. III). Art. 72, der die Berichterstattung der Mitgliedstaaten an die Kommission über Kapitalbewegungen im Verhältnis zu Drittländern vorsieht, unterstützt insbesondere die Zielsetzung des Art. 70 I (Koordinierung der Devisenpolitik).

5. *Freiheit des Zahlungsverkehrs*

6 Art. 106 EWGV, innerhalb der Vorschriften über die Zahlungsbilanz (Art. 104—109) plaziert, stipuliert die sog. *fünfte Freiheit des Zahlungsverkehrs* der hier *(36/4)* umschriebenen Bedeutung. Sein Grundsatz (Abs. I) will sicherstellen, daß für eine gemeinschaftsrechtlich liberalisierte Leistung auch die zu ihrer Erbringung erforderliche Zahlung oder die der für sie vereinbarten Gegenleistung zulässig ist[7]. Die Mitgliedstaaten sind auch insoweit

---

[7] *Wohlfarth* u. a. Komm. 1 zu Art. 106.

zu weitergehender Liberalisierung verpflichtet. Abs. II bis IV des Art. 106 dienen der Vervollständigung des Grundsatzes des Abs. I (hinsichtlich der die Zahlungen auslösenden Grundgeschäfte, der sog. unsichtbaren Transaktionen, etwa erforderlicher Ersatzlösungen bei Wegfall der Konvertibilität).

II. Stand der Durchführung

1. Kapitalverkehr

7 Die gemäß Art. 69 ergangene Erste Richtlinie zur Liberalisierung des Kapitalverkehrs i. S. des Art. 67 vom 11. Mai 1960 (ABl. 921), geändert und ergänzt durch die Zweite Richtlinie vom 18. Dezember 1962 (ABl. 62), hat den bis dahin erreichten Liberalisierungsstand (in einem für die einzelnen Mitgliedstaaten unterschiedlichen Ausmaß) konsolidiert.

a) Die Erneuerung von Kapitalverkehrskontrollen ist seither nur unter den Voraussetzungen des Vertragsrechts (Art. 73, 108, 109) und nach den Regeln des Gemeinschaftsverfahrens zulässig. Soweit ein Mitgliedstaat über das Pflichtmaß hinaus liberalisiert hat, darf er autonom reduzieren, wenn auch nach Art. 71 (und Art. 6 der Ersten Richtlinie) solche Rückschritte tunlichst vermieden werden sollen. Da nach § 1 AWG in der Bundesrepublik auch der Kapitalverkehr grundsätzlich frei ist und Beschränkungen i. S. der §§ 22, 23 AWG nur in geringem Ausmaß bestehen, hat das deutsche Recht die Bestrebung des Art. 71 weitgehend verwirklicht.

b) Seit 1962 sind weitere Fortschritte bei der Liberalisierung des Kapitalverkehrs nicht erzielt worden. Das erklärt sich daraus, daß Konjunktur-, Währungs- und Finanzpolitik weiterhin zur Zuständigkeit der Mitgliedstaaten gehören und diese um eine Beschränkung ihrer Kompetenzen besorgt sind, wenn ein völlig freier Kapitalverkehr ihre Investitions-, Regional-, Kapitalmarktpolitik und die Finanzierung ihrer öffentlichen Aufgaben beeinflussen könnte. Deshalb ist die Koordinierung dieser Bereiche der Wirtschaftspolitik Voraussetzung für eine intensivere Verwirklichung des in Art. 67 erstrebten Ziels[8].

c) Da Art. 67 ff. im wesentlichen auf Kontrollabbau und Ausräumung von Diskriminierungen gerichtet sind, würde aber auch ihre perfekte Vollziehung noch nicht die völlige Freiheit des Kapitalverkehrs gewährleisten. Dies deshalb nicht, weil der Verflechtung der Kapitalmärkte zahlreiche Abweichungen der nationalen Rechts- und Verwaltungsvorschriften im Wege stehen, die — wiewohl als solche nicht diskriminierend — erst durch ihre Angleichung geeignete Verflechtungsvoraussetzungen schaffen würden (so z. B. Börsenzulassungsregelungen, Mündelsicherheitsvorschriften, Publizitätsregeln, Steuernormen und -sätze usw.). Erst solche Angleichung könnte den Aufbau eines europäischen Kapitalmarktes ermöglichen, der die nationalen

---

[8] *Gleske*, in: Angleichung des Rechts der Wirtschaft in Europa, KSE 11 (1971) 240 ff.

Kapitalmärkte integriert und bewirken würde, daß das „natürliche" (d. h. institutionell bedingte) Verharren der Zahlungsströme innerhalb der Währungsgrenzen überwunden wird und Kapitalangebot und -nachfrage im Gemeinsamen Markt grenzenlos einander ergänzen[9].

d) Im Anschluß an den 1967 abgeänderten Entwurf einer dritten Richtlinie über den Kapitalverkehr hat die Kommission das Memorandum an den Rat vom 5. März 1969 über Notwendigkeit und Einzelheiten einer Aktion auf dem Gebiet des Kapitalverkehrs[10] vorgelegt. Sie will der Abkapselung der einzelstaatlichen Märkte entgegenwirken, und zwar durch Aufhebung aller diskriminierenden Rechts- und Verwaltungsvorschriften bei der Zulassung von Emittenten anderer Mitgliedstaaten, bei der Börseneinführung von Wertpapieren und ihrem Erwerb, ferner durch Gewährleistung einer Mindest-Gegenseitigkeit bei der Erfüllung der devisenrechtlichen Verpflichtungen der Mitgliedstaaten sowie durch Harmonisierungsmaßnahmen (für Steuervorschriften, solche für institutionelle Anleger, für die Publizität über Wertpapiere, für die Wertpapierarten, für das Recht der bankmäßigen Sicherheiten und Garantien). Die Kommission sieht auch in einer solchen Aktion nicht einen Selbstzweck, sondern ein Mittel zu größerer effektiver Mobilität des Kapitals, damit zur Verwirklichung des Gemeinsamen Marktes.

2. *Zahlungsverkehr*

8 Zur Durchführung des Art. 106 sind die Richtlinien vom 31. Mai 1963 (ABl. 1609) und vom 30. Juli 1963 (ABl. 2240) ergangen. Auch sie dienen der Konsolidierung des erreichten Liberalisierungsstandards, ohne Kontrollen des Zahlungsverkehrs durch die Mitgliedstaaten auszuschließen, und der Anwendung des Art. 106 III über die sog. unsichtbaren Transaktionen.

Fragwürdig geworden sind im Zusammenhang mit Art. 106 EWGV insbesondere zwei Komplexe, nämlich (a) die den Mitgliedstaaten im internationalen Währungssystem und gegenüber den Reservewährungen obliegenden Pflichten, und (b) die rechtliche Zuordnung des Zahlungsverkehrs mit Drittstaaten zu den Vertragsregeln über die Handels- und die Wirtschaftspolitik (Art. 105 — Art. 111, 113), die sich nach Kompetenzzuweisung und Verfahren unterscheiden[11].

a) Die Liberalisierung des Zahlungsverkehrs wird letztlich bedingt durch das Verhalten der Mitgliedstaaten im Bereich der *Währungspolitik*. Ob und inwieweit ihnen insoweit Vertragserfüllungs- und Aufgabenerleichterungspflichten i. S. des Art. 5 EWGV obliegen oder die Mitgliedstaaten hierin nationale Kompetenz und Freiheit international-rechtlicher Entschließung bewahrt haben, hängt insbesondere ab von den Integrationsfortschritten in der Währungspolitik. Nach den Gründungsintentionen des Vertrages zunächst sicherlich als Attribut staatlicher Souveränität den Mitgliedstaaten

[9] *von der Groeben*, Probleme europäischer Währungspolitik, Fs Schmölders 167 bis 182.
[10] BullEG 5/1969.
[11] Hierzu: *Börner* EuR 1966, 97; *Nicolaysen* EuR 1966, 159.

reserviert, kann ihr Verhalten in Fragen der Währungspolitik bei fortschreitender Integration (wenigstens sektoral) unter teleologischer Vertragsauslegung auch die Grenzen des Art. 5 erreichen oder überschreiten, wenn das Funktionieren des Gemeinsamen Marktes ernsthaft bedroht wird. Die Frage bedarf also einer Antwort dynamischer Interpretation *(45/16)*.

b) Ob der *Zahlungsverkehr mit Drittländern zugleich* den Vertragsregeln zur Handels- *und* zur Wirtschaftspolitik zu folgen habe, also den Koordinierungskompetenzen der Gemeinschaft *und* den weitergehenden Kompetenzen der Art. 111 und 113 (Ratsbeschlüsse mit qualifizierter Mehrheit), ist zweifelhaft. Wenn Art. 105 (ohne echte Gemeinschaftskompetenz) nicht die gesamte Wirtschaftspolitik, sondern (arg. „Zahlungsbilanz") von dieser nur *eine Seite* und folglich nur ihre Koordinierung betrifft, verbliebe es (für den Zahlungsverkehr und die Kompetenz zum Abschluß von Zahlungsabkommen) bei der eben nicht nur auf den *Waren*verkehr bezüglichen Anwendbarkeit des Art. 113 IV über die Handelspolitik. Damit bestünde die Möglichkeit, ein mitgliedstaatliches Veto zu überwinden.

§ 37 ÖFFENTLICHE UNTERNEHMEN UND FINANZMONOPOLE

De Beaumont, L'aménagement des monopoles d'état français visés par l'article 37 du Traité de Rome (1969); *Beck,* Die Umformung der staatlichen Handelsmonopole in der EWG, Diss. Freiburg/Schweiz (1970); *Catalano,* Application des dispositions du Traité C. E. E. aux entreprises publiques, Fs Riese 133; *Colliard,* Les entreprises publiques et l'évolution du Marché commun, RevTrimDrEur 1965, 1; *Colliard,* Le régime des entreprises publiques, DrCommEur Nr. 2149; *Delion,* Entreprises publiques et Communauté Economique Européenne, RevMC 1966, 67; *Deringer,* The interpretation of article 90 (2) of the E. E. C. Treaty, CMLR 1964, 129; *Deringer,* Die staatlichen Handelsmonopole nach Ablauf der Übergangszeit. Zur Auslegung und Anwendung des Art. 37 EWGV, EuR 1971, 193; L'entreprise publique et la concurrence. Les articles 90 et 37 du Traité C. E. E. et leurs relations avec la concurrence. Semaine de Bruges 1968 (1969, Cahiers de Bruges N. S. 22); Die Entwicklung der öffentlichen Wirtschaft in der Europäischen Gemeinschaft in den sechziger Jahren, Hg. Europ. Zentrale der öffentl. Wirtsch. — CEEP — (1971); *van der Esch,* French oil legislation and the EEC Treaty, CMLR 1970, 36; *van Ginkel,* La notion juridique de „monopole national présentant un caractère commercial" dans l'article 37 C. E. E., RevMC 1970, 238; *Grussendorf,* Zur Problematik des Artikels 90 EWG-Vertrag, WuW 1965, 383; *Hack,* Zur Auslegung des Artikels 90 II EWGV und dessen Bedeutung für die Elektrizitätswirtschaft, Diss. Mainz (1966); *van Hecke,* Government enterprises and national monopolies under the E. E. C. Treaty, CMLR 1966, 450; *Huth,* Die Sonderstellung der öffentlichen Hand im Bereich der Europäischen Gemeinschaften, Diss. Hamburg (1964); *Huth,* Staatliche Handelsmonopole und EWG-Vertrag, WRP 1965, 428; *Ipsen,* Öffentliche Unternehmen und Gemeinsamer Markt, NJW 1964, 2336; *Joliet,* Contributions à l'etude du régime des entreprises publiques dans la CEE, in: Annales de la Faculté de Droit de Liège 1 (1965) 23; *Kaiser,* Staatliche Handelsmonopole in der Dynamik des Gemeinsamen Marktes. Orientierung über aktuelle Rechtsprobleme, EuR 1967, 1; *Malzer,* EWG-Kartellrecht und Energieversorgung. Die Bedeutung des Art. 90 für die Energieversorgung, WuW 1963, 203; *Gert Meier,* Die Umformung des deutschen Branntweinmonopols durch Erhebung einer besonderen Ausgleichsabgabe auf eingeführten Branntwein?, AWD 1970, 498; *Nicolaysen,* Planeinsatz öffentlicher Unternehmen und EWG-Vertrag (Art. 90), in: Planung III (1968) 311 = Le secteur public dans le cadre d'un plan national, in: L'entreprise publique et la concurrence, Cahiers de Bruges N. S. 22 (1969) 328; *Nissen,* Die Umformung der Handelsmonopole in der EWG, WuW 1963, 106; Öffentliche Wirtschaft in Europa. Ergebnisse einer internationalen Studientagung in Brüssel (1962); Die Aufgaben der öffentlichen Unternehmen in der Wirtschaft des Gemeinsamen Marktes. Ergebnisse der internationalen Studientagung in Rom (1963); Die öffentlichen Unternehmen in der zweiten Stufe des Gemeinsamen Marktes. 3. Europäische Konferenz der öffentlichen Wirtschaft Berlin 1964 (1965); *Pappalardo,* Die Umformung der staatlichen Handelsmonopole (Art. 37 EWGV), WuW 1971, 235; *Schindler,* Public enterprises and the EEC Treaty, CMLR 7 (1970) 57; *Reimer Schmidt,* Öffentliche Unternehmen als Instrument planender Verwaltung — rechtsvergleichende und europarechtliche Aspekte, in: Planung III (1968) 291; *Scholz,* Wettbewerbsrecht und öffentliche Hand, ZHR 132 (1969) 97; *Solari,* L'impresa pubblica nel trattato istitutivo della Comunità Economica Europea (1965); *Tavernier,* Les marchés publiques dans la Communauté économique européenne, Diss. Lyon (1967); *Turot,* Les entreprises publiques en Europe (1970); *Verloren van Themaat,* De aanpassing van de staatshandelsmonopolies, SEW 1970, 423; *Vygen,* Öffentliche Unternehmen im Wettbewerbsrecht der EWG. Ihre Stellung nach Art. 90 EWGV im Vergleich zu privaten Unternehmen (1967).

1 Im Bereich der Gemeinschaften wird die Wirtschaft nicht nur von Privaten getragen und betrieben. Trägerschaft und Wahrnehmung liegen zum Teil, unterschiedlich nach Sektoren, unterschiedlich auch in den einzelnen Mitgliedstaaten, in der Hand öffentlicher Unternehmen. Die Gemeinschaftsverträge haben diesen Bereich öffentlicher Wirtschaft durch öffentliche Unternehmen und Monopole auch rechtlich erfaßt, insbesondere in ihrer besonderen Einfügung in die Wettbewerbsordnung. Das geschieht in Einzelregelungen der Verträge, nicht in der Bereitstellung eines geschlossenen Rechtsstatuts, und auch ohne einheitliche Terminologie für ihre national verschiedenen Erscheinungsformen[1]. Sie befassen sich mit öffentlichen Unternehmen, öffentlichen Forschungszentren, mit Unternehmen, denen ausschließliche oder besondere Rechte gewährt sind, mit Finanz- und Handelsmonopolen sowie mit Tätigkeiten, die dauernd oder zeitweise mit der Ausübung öffentlicher Gewalt verbunden sind, die aus Gründen der öffentlichen Ordnung (der Polizei) stattfinden oder Beschäftigung in der öffentlichen Verwaltung oder des öffentlichen Dienstes darstellen. So wird unterschiedlich angeknüpft an eine besondere Tätigkeit oder einen Aufgabenträger öffentlicher Besonderheit. Zentralnorm der ganzen Thematik ist Art. 90 EWGV, dessen Erörterung daher im Mittelpunkt stehen muß.

I. Bedeutung

1. Entwicklung

2 Wirtschaft durch öffentliche Unternehmen in dem vom Gemeinschaftsrecht erfaßten Sinne hat in etwa mit der Jahrhundertwende eingesetzt[2]. Sie begann, als das neomerkantilistische „Gesetz der wachsenden Staatstätigkeit" neben der alten Form der Konzessionsverwaltung mit öffentlichen Unternehmen (insbes. den Eisenbahnen) vornehmlich in Energie- und Verkehrswirtschaft neue öffentliche Träger der Daseinsvorsorge hervorrief und die Verwaltung selbst eigene Wirtschaftsunternehmung entwickelte. Staats- und Regiebetriebe, rechtsfähige Wirtschaftsanstalten (mit privatrechtlicher Funktionswahrnehmung) und handelsrechtliche Kapitalgesellschaften staatlicher Beteiligung (sog. gemischt-wirtschaftliche Unternehmen) sind — nicht nur in Deutschland — ihre drei wichtigsten Erscheinungsformen. Mit ihnen und ihrer in Einzelzügen unterschiedlichen Rechtsverformung und -gestaltung in den Mitgliedstaaten hatte das Gemeinschaftsrecht zu rechnen, wenn es ihre Einfügung in die Wettbewerbsordnung regeln wollte. Es stand dabei vor

[1] Vgl. *Huth,* Die Sonderstellung der öffentlichen Hand 2.
[2] *Huth* 14.

ähnlichen Schwierigkeiten wie das nationale Wettbewerbsrecht (so auch das deutsche GWB und UWG) bei der Grenzbestimmung ihrer Verbindlichkeit für die wirtschaftliche Tätigkeit der öffentlichen Hand[3]. § 98 I GWB, die allgemein angenommene (wirtschaftspolitisch weniger empfindliche) Anwendbarkeit des UWG auf diese, Art. 66 § 7 EGKSV und Art. 90 I EWGV stehen dabei grundsätzlich in einer Linie prinzipieller Anwendbarkeit des Wettbewerbsrechts auf öffentliche Wirtschaftsfunktionen.

2. *Private und öffentliche Wirtschaft*

3 Die Unterscheidungslinien zwischen privater und öffentlicher Wirtschaftstätigkeit (etwa dem Verkehr, dem Banken- und Versicherungswesen, der Energieversorgung) verlaufen in den Mitgliedstaaten der Gemeinschaften nicht einheitlich, weder sektoral noch quantitativ. Das hat verschiedene, teils historisch-zufällige, jedenfalls nicht immer organisch-planvolle Gründe. Solche Gründe liefern auch die nationale verfassungsrechtliche Einlassung zur Eigentumsordnung, die Art. 222 EWGV, 83 EGKSV unberührt gelassen haben, und die nationale Zulässigkeit erwerbswirtschaftlicher Wettbewerbstätigkeit der öffentlichen Hand in Konkurrenz mit der Privatwirtschaft.

4 a) Art. 90 EWGV und seine Parallelnormen nehmen *einen* Teilbereich der Gesamtwirtschaften in Anspruch. Dadurch gewinnt der *ökonomische Befund* einer „Arbeitsteilung“ zwischen privater und öffentlicher Wirtschaftstätigkeit auch juristisch für die Frage ihrer gemeinschaftsrechtlichen Erfassung seine Bedeutung. Es gibt gewisse Bereiche, die in allen Staaten des Gemeinsamen Marktes ganz oder überwiegend gleichermaßen der öffentlichen Wirtschaft zuzurechnen sind. Das ist der Energiesektor und weithin das Verkehrswesen (einschl. Nachrichtenverkehr) sowie die Wasserwirtschaft; ferner in weitem, wenn auch national unterschiedlichem Umfang (mit Gefälle von West nach Ost und Süd nach Nord) das Banken- und Versicherungswesen sowie Einzelbereiche der Grundstoffindustrie.

5 b) Was die *Form* der Wirtschaftstätigkeit angeht, so überwiegen in Frankreich und Italien direkte Gestaltungen, in der BRD und den Benelux-Staaten indirekte verschiedener Art. Nach dem 2. Weltkriege waren es in Frankreich und Italien Unternehmen der öffentlichen Hand, die die Einstellung des Staates zur Wirtschaft in ihrem Sinne aktivierten, während für die BRD zum Teil Rückzugserscheinungen feststellbar waren. Jedenfalls erklärt sich aus diesen Unterschiedlichkeiten, daß Rang, Wert und Notwendigkeit öffentlicher Wirtschaft bei der Errichtung des Gemeinsamen Marktes nicht einheitlich beurteilt worden sind[4]. Das hat insbes. die Formulierung des Art. 90 EWGV mitbestimmt und bleibt bei seiner Exegese zu berücksichtigen.

6 c) Nach *Wirtschaftszweigen und Volumen* betrachtet, sind Erzeugung und Verwertung der Atomenergie weithin verstaatlicht. Entsprechendes gilt (von der Trägerform abgesehen) für den Schienenverkehr. In den anderen Verkehrszweigen bestehen große Unterschiede, so insbes. für die Seeschiffahrt (in Italien über 60 %

[3] Dazu: *Scholz* ZHR 132 (1969) 97.

[4] Dazu: *Ipsen*, Sozialisierungsabschluß, Fs Jahrreiß (1964) 115; *ders.*, Rechtsfragen zur „Ausgliederung“ des Werbefernsehens. Zugleich als Beitrag zu den „Grenzen öffentlicher Wirtschaftstätigkeit“, NJW 1963, 2102.

öffentlich, in Frankreich weithin unternehmerisch-staatlich, in den anderen Mitgliedstaaten privatwirtschaftlich betrieben). Kohleförderung und -handel sind in Frankreich und den Niederlanden direkt öffentlich beeinflußt, in der BRD und sonst überwiegend privat. Im Stahlsektor haben französische Nationalisierungen der Nachkriegszeit keinen Einfluß gehabt (anders Italien: Roheisen zu 87 %, Stahl zu 55 % verstaatlicht); sonst ist die Stahlerzeugung in der Hand der Privatwirtschaft. In der Elektrizitätswirtschaft ist die Stromverteilung weithin überall öffentlich beeinflußt (in der BRD zu 97 %), geringer die Erzeugung (in der BRD zu 62 %); ähnlich steht es mit der Gaswirtschaft. Banken und Versicherungswesen sind — intensiver als in der BRD — in Frankreich und Italien über die Zentralbanken öffentlich. Von den Monopolen haben die für Tabak und Zündhölzer in Frankreich und Italien den Charakter staatlicher Handels- und Produktionsmonopole, in Frankreich das für Kali, in der BRD das für Branntwein. Italien verfügt noch über 10 Staatsmonopole, Frankreich 7, die BRD deren 2 (außer Branntwein das für Zündhölzer). Die Benelux-Staaten kennen keine Monopole. Bei allen Monopolen muß gemeinschaftsrechtlich zwischen ihrem Fiskalcharakter als Finanzmonopolen und ihrer Wirtschaftsfunktion unterschieden werden.

7 d) Im Volumen öffentlicher Wirtschaftstätigkeit steht unter den *Mitgliedstaaten* Italien an der Spitze; ihm folgen Frankreich (insbes. wegen seiner Nachkriegs-Nationalisierungen), danach mit Abstand die BRD und die Benelux-Staaten. Dieser Befund ergibt, daß jede Vorzugs- und Nachteilsbehandlung öffentlicher Wirtschaft durch das Gemeinschaftsrecht die Mitgliedstaaten unterschiedlich berührt: Staaten mit ausgedehnter öffentlicher Wirtschaft werden hiervon intensiver erfaßt als die mehr privatwirtschaftlich orientierten. Gemeinschaftsrecht, das nur für die Privatwirtschaft gilt, ist in den Mitgliedstaaten quantitativ unterschiedlich anwendbar. Normen, die öffentliche *und* private Wirtschaft gleichmäßig betreffen, vermeiden als solche zwar alle Unterschiede, ignorieren aber die tatsächlich differierenden strukturellen und sog. Startbedingungen im Wettbewerb.

8 e) Die Mitgliedstaaten sind über ihre eigene Eigentumsordnung nach Art. 222 EWGV, 83 EGKSV Herren geblieben, damit auch Herren der Verteilung von Wirtschaftsfunktionen zwischen privater und öffentlicher Hand. Deshalb können sie die Tragweite des Art. 90 EWGV und seiner Parallelvorschriften national variieren[5]. Nur für die Handelsmonopole werden hierin durch Art. 37 EWGV teilweise Grenzen gesetzt. Die Mitgliedstaaten können durch den Einsatz öffentlicher Unternehmen Interventionsziele verfolgen und Wirtschaftsplanung betreiben. Dadurch haben sie die Chance, auch auf den Vollzug der Wirtschaftsverfassung der Gemeinschaften durch nationale Entscheidungen mittelbar Einfluß zu nehmen.

3. Plan-Einsatz öffentlicher Unternehmen

9 Diese Einflußmöglichkeit ist eine Folge der Tatsache, daß der Plan-Einsatz öffentlicher Unternehmen, damit ihre Funktion als Instrument planender Verwaltung, im Gemeinsamen Markt im Wachsen begriffen ist[6]. Das lehrt nicht nur das französische Planification-Beispiel. Es geht dabei im Kern

---

[5] *Joliet,* in: Annales de la Faculté de Droit de Liège 1 (1965) 45; *Ipsen* NJW 1964, 2338.

[6] *Nicolaysen,* Planung III (1968) 311; *R. Schmidt* ebenda 291.

nicht um den Einsatz staatlicher, wesentlich prohibitiver, den Funktionsschutz sichernder Staats*aufsicht über* öffentliche Unternehmen[7]. Es geht vielmehr um die *Funktionalisierung des öffentlichen Unternehmens selbst* im Rahmen des Vollzuges nationaler Wirtschaftsplanung und der Gemeinschaftsverfassung, die als solche eine „partielle und spezielle Planungsverfassung" darstellt. Darin liegt auch die Gefahr der Konfrontation zweier wirtschaftsrechtlicher Instrumente unterschiedlicher, möglicherweise nicht konkordanter Zielsetzungen. Der Planeinsatz öffentlicher Unternehmen wirft damit nicht nur Fragen national-rechtlicher Zulässigkeit und solche gemeinschaftsrechtlicher Vereinbarkeit auf, sondern auch die möglicher Kollisionen zwischen Gemeinschafts- und nationalem Recht[8]. Dabei kommt der Einsatz öffentlicher Unternehmen im Planungsinstrumentarium in Betracht als Vorgang der Neuerrichtung oder der Übernahme bislang privater Wirtschaftsfunktionen, als Finanzierungsinstitute zur Investitionspolitik oder eigener Investitionslenkung, durch eigene Produktionsquotierung oder ihr gelenktes Marktverhalten inbes. in der Preisgestaltung, schließlich — insgesamt — durch die Ausrichtung ihrer Wirtschaftstätigkeit auf Planziele.

In allen Einsatzfunktionen öffentlicher Unternehmen im Rahmen nationaler und supranationaler Planung bleibt ihre „doppelte Zweckhaftigkeit" zu bedenken[9]: die Zielsetzung möglicher Gewinnmaximierung (die die private Wirtschaft prinzipiell kennzeichnet) *und* die dadurch bewirkte mittelbare Entlastung des öffentlichen Haushalts einerseits, andererseits die Zielsetzung öffentlicher Daseinsvorsorge oder sonstiger Wirtschaftspolitik intervenierenden und planenden Charakters.

II. Rechtsgrundlagen

1. EGKSV

10 Art. 80 EGKSV stellt für den montanrechtlichen Unternehmensbegriff ausschließlich auf die Ausübung einer Produktionstätigkeit auf dem Gebiet von Kohle und Stahl ab. Da hierbei nicht nach öffentlicher oder privater Unternehmensqualität zu unterscheiden ist, werden insoweit im *Montanbereich* auch spezifische Rechtspflichten öffentlicher Unternehmen oder Privilegierungen zu ihren Gunsten nicht statuiert. Art. 66 § 7, der öffentliche *und* private Unternehmen gleichermaßen der Beherrschungskontrolle unterstellt, schafft insoweit keine Unterschiede. Art. 63 EGKSV auferlegt auch

[7] So *R. Schmidt* Planung III (1968) 295 zutreffend gegen *Stein,* Wirtschaftsaufsicht (1967).

[8] Unter diesem Aspekt: *Mestmäcker,* Die Vermittlung von europäischem und nationalem Recht im System unverfälschten Wettbewerbs (1969) 86—104 zu Art. 90 EWGV.

[9] *Ipsen,* Kollision und Kombination von Prüfungsvorschriften des Haushalts- und Aktienrechts, JZ 1955, 598.

den Mitgliedstaaten als „Käufern" (bei Geschäftsabschlüssen der Organisationen der öffentlichen Hand) das Diskriminierungsverbot bei der Vergabe öffentlicher Aufträge. Fiskalische Beteiligung an der Bildung von Kartellen ist ebenfalls den Art. 65, 66 unterworfen[10]. Damit schließt der Vertrag eine Sonderstellung der öffentlichen Hand aus. Das auch die Mitgliedstaaten bindende allgemeine Diskriminierungsverbot des Art. 4 b untersagt ihnen, ihre eigene öffentliche Wirtschaftstätigkeit gegenüber gleicher Tätigkeit privater Wirtschaftsträger zu bevorzugen. Das generelle Subventionsverbot (Art. 4 f), das Verbot der Transporttarif-Diskriminierung (Art. 70), die Pflicht, die Freizügigkeit für Kohle- und Stahlfacharbeiter herzustellen (Art. 69), gehen auch die wirtschaftende öffentliche Hand an. Allenfalls in der Handhabung des Art. 86 IV könnten die Mitgliedstaaten sich in *tatsächlicher* Beziehung eine besondere Behandlung bei der Kontrolle durch Gemeinschaftsorgane verschaffen.

2. EAGV

11 Im *Bereich des EAGV* ist die Frage einer Sonderstellung der im Unternehmen wirtschaftenden öffentlichen Hand per se nicht aktuell[11]. Dies aus mehreren Gründen: wegen des Fehlens einer Wettbewerbsordnung, wegen der Existenz der Versorgungsagentur, schließlich wegen der weitgehenden Verstaatlichung der Atomwirtschaft.

3. EWGV

12 Im *EWGV* haben einige Regelungen periphere Bedeutung für die öffentlichen Unternehmen, andere prinzipiellen Rang.

a) Im Bereich der Freizügigkeit der Arbeitnehmer (Art. 48) sind zugunsten der nationalen Erfordernisse der öffentlichen Sicherheit und Ordnung sowie der öffentlichen Verwaltung Vorbehalte auch für öffentliche Wirtschaftsträger wirksam. An der Niederlassungsfreiheit (Art. 55) nehmen auch öffentliche Wirtschaftseinheiten teil. Entsprechendes gilt kraft Art. 66 für den Dienstleistungsverkehr[12]. In der Freiheit des Kapitalverkehrs sind Regiebetriebe der öffentlichen Hand beschränkt, weil (Art. 68 III) in einem anderen Mitgliedstaat zu zeichnende oder in den Verkehr zu bringende Anleihen zu ihren Gunsten der Zustimmung dieses Staates bedürfen.

b) Sekundärrechtlich ist im Verkehrssektor und hinsichtlich des Art. 90 II EWGV von Bedeutung die Ratsverordnung Nr. 1191/69 (ABl. L 156, 1) über das Vorgehen der Mitgliedstaaten bei mit dem Begriff des öffentlichen Dienstes verbundenen Verpflichtungen auf dem Gebiete des Eisenbahn-, Straßen- und Binnenschiffsverkehrs *(48/22, 28).*

---

[10] *Huth* 239. [11] *Huth* 256. [12] *Huth* 300, 310, 315

c) Für die Stellung der öffentlichen Unternehmen im Wettbewerb bildet *Art. 90 EWGV* die *Grundnorm*, deren genaue Exegese geboten ist *(37/13 bis 23)*. In ihm zielt Abs. II Satz 2 auf die Freiheit und Entwicklung des Handelsverkehrs und die Rolle der *Finanzmonopole* in ihrer Handelsfunktion. Die staatlichen *Handelsmonopole* als solche unterliegen dem Umformungsgebot des Art. 37 *(37/24)*.

III. Art. 90 EWGV: öffentliche Unternehmen

13 Art. 90, erst am Ende der Vertragsverhandlungen fixiert, ist keine Regelung aus einem Guß und hat Kompromißcharakter[13]. Er erklärt sich vornehmlich aus dem sektoral und quantitativ unterschiedlichen Befund öffentlicher Unternehmenswirtschaft und der darin begründeten national unterschiedlichen Interessenlage. So motivierte französische Bemühungen, für Staatsbetriebe eine vollkommene Ausnahme von den Wettbewerbsregeln des Vertrages zu erwirken, hatten nur Teilerfolg.

Die rechtliche Durchdringung des Art. 90 hat erst eingesetzt, als das Phänomen öffentlicher Wirtschaftstätigkeit in der wirtschaftswissenschaftlichen Diskussion bereits intensiv erörtert worden war. Dabei hat diese die lex lata des Art. 90 weithin ignorieren oder bagatellisieren zu können geglaubt. Diese Haltung wäre begründet und berechtigt gewesen, wenn Art. 90 sich auf die Grundsatzverpflichtung seines Abs. I beschränkte. Denn: „Die Grundlagen des Wettbewerbssystems der Gemeinschaften könnten infrage gestellt werden, wenn die Mitgliedstaaten in der Lage wären, das Verhalten von Unternehmen im Wettbewerb als solches zum Instrument staatlicher Wirtschaftspolitik zu machen. Eine solche Möglichkeit besteht, wenn die Mitgliedstaaten als Unternehmer handeln“[14]. Indes enthält Art. 90 II 1 eine nicht unwesentliche Einschränkung dieses Grundsatzes. Art. 90 wird also in seinem Gesamtgehalt zu würdigen sein.

1. Stellung im Vertrag

14 Sein Gesamtgehalt wird bereits deutlicher, wenn Art. 90 in seiner Stellung im Vertrag geklärt wird.

a) Art. 90 steht im Dritten Teil des EWGV: „Die Politik der Gemeinschaft“, dort in Titel I: „Gemeinsame Regeln“, unter ihnen (neben Kapitel 2: „Steuerliche Vorschriften“ und Kapitel 3: „Angleichung der Rechtsvorschriften“) im Kapitel 1 mit der Überschrift „Wettbewerbsregeln“. Dieses Kapitel 1 umfaßt die Art. 85—94, die ihrerseits wieder in drei Abschnitte zerfallen: Art. 85—90 (Vorschriften für Unternehmen), Art. 91 (Dumping),

---

[13] Dazu: *Ipsen* NJW 1964, 2337; *Schindler* CMLR 7 (1970) 57.
[14] *Mestmäcker*, Die Vermittlung 86.

Art. 92—94 (staatliche Beihilfen). Art. 91 und 92—94 sind i. e. S. diejenigen Wettbewerbsregeln, die sich mit Verfälschungen *durch die Mitgliedstaaten* befassen. Aber auch Art. 90 I, wiewohl in den Vorschriften *für Unternehmen* plaziert, befaßt sich mit dem wettbewerblichen *staatlichen* Verhalten. Deshalb erscheint jedenfalls dieser Abs. I des Art. 90 nicht systemgerecht eingefügt.

b) Art. 90 wird aber auch insgesamt nicht zulänglich charakterisiert, wenn seine Einfügung gerade in die Wettbewerbsregeln als allein prägend angesehen wird. Denn sein Regelungsgehalt überschreitet den Rahmen der Wettbewerbsregeln: seine Grundsätze beziehen sich auf den *gesamten* Vertrag. Die Anwendbarkeitserklärungen hinsichtlich der Wettbewerbsregeln sind lediglich Spezialverweisungen (arg. „insbesondere"), wenn auch solche vorrangiger Bedeutung[15]. Wortlaut und Inhalt des Art. 90 sowie die Begründung einer besonderen Kommissionskompetenz in seinem Abs. III geben der Vorschrift eigenständige Bedeutung. Sie übersteigt den Bereich der Wettbewerbsregeln. So bildet Art. 90 die *Grundentscheidung des Vertrages über die Behandlung öffentlicher Unternehmen.*

c) Art. 90 erschöpft seine Bedeutung aber auch nicht in einer durch die Kontroll- und Sanktionskompetenz des Abs. III geschärften Wiederholung der mitgliedstaatlichen Pflichten aus Art. 5 II, nämlich alles zu unterlassen, was die Zielverwirklichung der Gemeinschaft gefährden könnte[16]. Art. 90 I faßt zwar den Herrn (den Mitgliedstaat), nicht den Knecht (sein öffentliches Unternehmen)[17], und er *verpflichtet* — eben wie Art. 5 II — den *Staat.* Aber diese Spezifikation bindet die Staaten zugleich auch in den *Mitteln* wirtschaftlicher Betätigung. Diese müssen *als solche* mit den Wettbewerbsregeln vereinbar sein. Gebunden ist der Staat also nicht nur in der Zweck-Respektierung seiner Wirtschaftstätigkeit. Daraus folgt, daß die Staaten die Zielverwirklichung des Vertrages nicht mit Hilfe einer öffentlichen Unternehmenswirtschaft verfolgen dürfen, die *als solche* und *prinzipiell* den Wettbewerb auszuschließen bestimmt ist. Und da der Grundsatz des Abs. I, der die Staaten verpflichtet und ihre Maßnahmen, d. h. insbes. auch ihre normative Hoheitsentfaltung, als Tatbestandsmerkmal erfaßt, „selbständige Bedeutung" hat[18], setzt seine Anwendung *nicht* ein die Art. 85, 86 verletzendes Verhaltens *der Unternehmen selbst* voraus. Die Staaten sind aus Art. 90 I unmittelbar in Pflicht genommen, und *ihre* Maßnahmen sind am Vertrag, insbes. an den Art. 7, 85—94 zu messen.

---

[15] *Ipsen* NJW 1964, 2337; *Joliet* 48.
[16] *Ipsen* NJW 1964, 2338; *Mestmäcker,* Die Vermittlung 87.
[17] *Ipsen* NJW 1964, 2338; zustimmend: *Schindler* CMLR 7 (1970) 59.
[18] *Mestmäcker,* Die Vermittlung 89.

2. *Vier Begriffe öffentlicher Unternehmen*

15 Art. 90 verwendet *vier Unternehmensbegriffe:* (1) das öffentliche Unternehmen (ohne nähere Charakterisierung) in Abs. I 1. Alternative; (2) das privilegierte Unternehmen in Abs. I 2. Alternative; (3) das betraute Unternehmen in Abs. II; (4) die Finanzmonopole in Abs. II. Zumal der EWGV — anders als der EGKSV — einen Oberbegriff des Unternehmens nicht kennt und in den Art. 85—89 einen wettbewerblichen Unternehmensbegriff gebraucht[19], der sich mit denen des Art. 90 nicht einheitlich deckt, ist die Erfassung und Abgrenzung innerhalb des Quartetts des Art. 90 nicht ohne Schwierigkeiten.

16 a) Öffentliche Unternehmen i. S. der 1. Alternative des Abs. I, die Art. 90 nicht näher charakterisiert, sind nach seiner Intention solche, die potentiell staatlicher Einwirkung dahin ausgesetzt sind, sich als Marktteilnehmer den Wettbewerbsregeln zuwider zu verhalten. Die Intention des Art. 90 I will diese „Anfälligkeit" inhibieren und wendet sich an die Mitgliedstaaten, deren Einflußnahme auf die Unternehmensleitung zu besorgen ist. Deshalb kann es rechtlich nicht darauf ankommen, ob das mitgliedstaatliche Recht seinerseits das Unternehmen ausdrücklich als „öffentliches" qualifiziert[20]. Denn solche Selbst-Qualifikation würde den Mitgliedstaaten autonome Exemtionen von Art. 90 ermöglichen. Sein Zweck gebietet, im Interesse einheitlicher Gemeinschafts-Auslegung unabhängig von nationaler Rechtsgestaltung und materiell auf die staatliche Einwirkungsmöglichkeit abzustellen[21]. Sie kann sogar schon in den Rechtsakten bestehen, „welche die Sonderstellung konstituieren", so z. B. eben in der Verleihung von Ausschließlichkeitsrechten[22].

17 b) Das öffentliche Unternehmen der 2. Alternative des Abs. I ist ein Unterfall desjenigen der 1. Alternative. Dies aus der Erwägung, daß die staatliche Gewährung besonderer oder ausschließlicher Rechte an ein derart *privilegiertes Unternehmen* spezifische Anfälligkeiten gegenüber staatlicher Beeinflussung mit sich zu bringen pflegt. Als *Ursache* solcher spezifischen Anfälligkeit ist also die mitgliedstaatliche Privilegierung anzusehen, die ihrerseits — den unterschiedlichen nationalen Rechtsordnungen entsprechend — verschiedenartig stattfinden kann und sich als solche dem Gemeinschaftsrecht entzieht. *Ob* solche Privilegierung aber als *Tatbestandsmerkmal* i. S. des Art. 90 I relevant ist, bestimmt sich wiederum nach den Maßstäben des Gemeinschaftsrechts, das auf den materiellen Gehalt der jeweiligen Privilegierung abheben muß.

---

19 *Nicolaysen,* Planung III (1968) 316.

20 Dazu: *Püttner,* Die öffentlichen Unternehmen. Verfassungsfragen zur wirtschaftlichen Betätigung der öffentlichen Hand (1969) 286.

21 *Pappalardo* in: *Quadri* u. a. Komm. 5 zu Art. 90; *Mestmäcker,* Die Vermittlung 90.

22 *Nicolaysen,* Planung III (1968) 315; *Mestmäcker,* Offene Märkte im System unverfälschten Wettbewerbs in der EWG, Fs Böhm 389.

Hauptbeispiele solcher Privilegierungen sind sog. Beleihungen und Konzessionierungen. Diese werden allein schon im deutschen Verwaltungsrecht — historisch, sektoral, wirtschaftspolitisch bedingt — höchst unterschiedlich qualifiziert und konstruiert. Sie befinden sich in ihrer rechtlichen Tragweite und Würdigung gerade jetzt in der Wandlung. In den Rechtsordnungen der anderen Mitgliedstaaten ist das Bild nicht einheitlicher, auch nicht eindeutiger. Zur gemeinschaftsrechtlich maßgeblichen Qualifizierung solcher Privilegierungen kommt es also darauf an, ob diese nach dem jeweils zuständigen nationalen Recht die Befugnis begründen, sich dem allgemeinen Wettbewerbsrecht zu entziehen. Solche Befugnisse können ihrerseits „verliehen" oder auch unmittelbar gesetzlich begründet werden (so z. B. durch gesetzliche Mindestpreisregelungen, durch Investitionsanordnungen usw.). Es obliegt der Kommission gemäß Art. 90 III, solche nationalen Befugnis-Einräumungen oder gesetzlichen Wettbewerbsbeschränkungen im Hinblick auf das Gemeinschaftsrecht zu kontrollieren und gegebenenfalls durch Richtlinien oder Entscheidungen zu beeinflussen.

18 c) Art. 90 II, aus französischer Initiative im Hinblick auf die services publics (und aus italienischer Unterstützung) herrührend, zielt auf die *öffentlichen Funktionen* der von ihm angesprochenen Unternehmen. *Sie* nämlich werden durch Abs. II adressiert, *nicht* — wie in Abs. I — *die Mitgliedstaaten.* Für den „gegenwärtigen Stand(e)" der Integration hat der Gerichtshof dem Art. 90 II allerdings die Eignung abgesprochen, „individuelle Rechte zu begründen, die die nationalen Gerichte zu beachten haben"[23].

19 aa) Art. 90 II sucht den Ausgleich zwischen dem Gemeinschaftsinteresse an voller Vertragserfüllung auch durch betraute öffentliche Unternehmen einerseits, dem anerkannten legitimen Interesse der Mitgliedstaaten an gemeinwirtschaftlicher Aufgabenerfüllung dieser Unternehmen andererseits. Konstruktiv und im Effekt kann Abs. II also wie eine sog. Bereichsausnahme entsprechend einer in Art. 85 III vorgesehenen wirken. Das geschieht in der Technik einer Legalbefreiung, ohne daß das in Abs. II anerkannte nationale Staateninteresse darauf angewiesen wäre, um die Gunst einer Kann-Befreiung gemäß Art. 85 III nachzusuchen[24]. Das muß gefolgert werden aus dem Charakter des Art. 90 als eines Spezialstatuts der öffentlichen Unternehmen. Das würde übersehen, wenn die wichtige Ausgleichsfunktion des Art. 90 II auf den Freistellungsmechanismus des Art. 85 III angewiesen bliebe. Daß diese Bereichsausnahme unter dem Vorbehalt der gemeinschaftskonformen Entwicklung des Handelsverkehrs (Abs. II Satz 2) und auch

---

[23] EuGH Rs 10/71, Urt. v. 14. 7. 1971, EuR 1972, 35 mit Anm. *Emmerich;* dessen Kritik („Verblüffung") insbes. S. 44 ff. aaO.; vgl. auch *Poletti* DirScambiIntern 1971, 480.

[24] Entsprechend: *Hartmann,* in: Der Wettbewerb zwischen dem öffentlichen und dem privaten Sektor in der EWG (Art. 90 EWGV), Kolloquium Brüssel (März 1963) 123; kritisch: *Mestmäcker,* Die Vermittlung 102 mit Anm. 39, sowie — als Folge des vorerwähnten EuGH-Urt. — *Emmerich* EuR 1972, 44 ff., 46.

seine Wahrung unter der Kommissionskontrolle nach Abs. III steht, sichert die Ausgleichsfunktion im Gemeinschaftsinteresse vor mitgliedstaatlichem Mißbrauch. Die Vorstellung der Bereichsausnahme führt also nicht zur pauschalen Freistellung ganzer Unternehmensbereiche oder zur Freistellung von sämtlichen Vertragsvorschriften wegen einer speziellen öffentlichen Aufgabe, die die Unternehmen wahrnehmen. Es kommt jeweils auf die Einzelaufgabe und ihre Funktion im Wettbewerb an[25].

20 bb) *Worin* die *Betrauung von Unternehmen* „mit Dienstleistungen von allgemeinem wirtschaftlichen Interesse" besteht und zu sehen ist, *inwieweit* diese ihre *Funktionserfüllung* (nämlich „die Erfüllung der ihnen übertragenen besonderen Aufgabe") *„rechtlich oder tatsächlich verhindert"* wird, *falls* die Vertragsvorschriften (insbesondere die Wettbewerbsregeln) auf sie Anwendung finden, ist *weder* von den nationalen Rechtsordnungen einheitlich *noch* vom Gemeinschaftsrecht seinerseits bestimmt. Aber sowohl die Frage der „Betrauung" wie auch die der etwaigen „Funktionsverhinderung" verlangen Antworten. Denn von ihnen hängt der Anwendungsbereich des Art. 90 ab.

21 cc) Worin die Betrauung mit Dienstleistungen von allgemeinem wirtschaftlichen Interesse, also die Funktionsausstattung besteht, ist streitig. Dies insbesondere dahin, ob sie nur hoheitlich herstellbar ist oder auch zivilrechtlich und vertraglich vermittelt werden kann. Im deutschen Recht ist diese Frage insbesondere für die Elektrizitätswirtschaft bedeutsam geworden, dort auch unter der rechtlich schwer bestimmbaren Kategorie der sog. Daseinsvorsorge (so durch Versorgungsbetriebe und Verkehrsmittel), *wenn* diese (was eben nicht unbestritten ist) einem ausschließlich *öffentlich*-rechtlichen Statut unterstünde.

Betrauung und Funktionsausstattung in Art. 90 II sind auch nicht in wörtlicher Auslegung i. S. des Dienstleistungsbegriffs des Art. 60 EWGV oder (i. S. seiner französisch initiierten Entstehung) als service public des französischen Rechtskreises zu bestimmen[26]. Andererseits kann eine Verweisung dieser Begriffsqualifikationen in die *ausschließlich mitgliedstaatliche* (indes gemäß Abs. III kontrollierbare) *Kompetenz,* also die im nationalen Recht feststellbare *substantielle* Betrauungs-Zuordnung zum Öffentlichen (ohne Rücksicht auf die verwendete Rechtsverformung), gerechtfertigt werden: weil es eben das allgemeine wirtschaftliche, also das öffentliche Interesse der Mitgliedstaaten ist, das die Bereichsausnahme rechtfertigt[27]. *Dieses öffentliche* Interesse zielt in aller Regel auf die Funktionserfüllung der betrauten Unternehmen *ohne* Rücksicht darauf, ob sie marktwirtschaftlich-unternehmerisch vertretbar wäre. Deshalb darf diese Funktionserfüllung eben durch

---

[25] Ebenso *Püttner,* Die öffentlichen Unternehmen (1969) 287.

[26] *Püttner* 287 mit Anm. 16; *Mestmäcker,* Die Vermittlung 96.

[27] *Ipsen* NJW 1964, 2338; *ders.,* NJW 1963, 2104; *ebenso* Schindler, CMLR 7 (1970) 69, 70.

die Anwendung der Wettbewerbsregeln weder rechtlich noch tatsächlich verhindert werden. Das aber würde geschehen, wenn die Anwendung des Gemeinschaftsrechts die mitgliedstaatliche Gestaltung rechtlich verdrängen oder tatsächlich unmöglich machen würde. Die „soweit"-Voraussetzung sollte jedenfalls dann als erfüllt gelten, wenn die sonst gebotene Anwendung der Wettbewerbsregeln notwendig zu Beihilfe-Abgeltungen nach Art. 77 EWGV führen müßte *(48/11)*.

Im deutschen Recht stehen als betraute und funktionsqualifizierte Unternehmen vor allem in Frage solche der Energieversorgung, der Personenbeförderung, des Güterlinientransports, des Luftverkehrs und der öffentlich-rechtlichen Versicherung — sämtlich unter der Voraussetzung des Kontrahierungszwanges, der Betriebs- und Beförderungspflicht, des Versicherungs- und Annahmezwanges. Ihre Betrauung mit Diensten öffentlichen Interesses ergibt sich aus den für sie maßgeblichen Rechtsgrundlagen.

22 dd) Nach Art. 90 II 2 darf die Ausnahmebehandlung die Entwicklung des Handelsverkehrs nicht gemeinschaftsschädlich beeinträchtigen. Das entspricht dem wirtschaftspolitischen Interesse der Gemeinschaft, wie es auch in Art. 85 III b zum Ausdruck kommt. Hier setzt sich das Gemeinschaftsinteresse also gegenüber dem in Abs. II Satz 1 anerkannten nationalen öffentlichen Funktionsinteresse im Konfliktfall durch. Die Konfliktentscheidung steht nach Abs. III wiederum der Kommission zu.

3. Kommissions-Kontrolle

23 Die Kommissions-Kompetenz des Art. 90 III zur Kontrolle des Art. 90 ist lex specialis zu Art. 155. Sie ermächtigt die Kommission (nicht den Rat) zu Richtlinien und Entscheidungen an die Mitgliedstaaten (nicht die Unternehmen). Sie ist nicht beschränkt auf den Erlaß rechtlich schwächerer Empfehlungen. Die Kommission kann sich dabei auf ihr Auskunfts- und Prüfungsrecht nach Art. 213 EWGV berufen. Die Staaten haben demgegenüber vollen Rechtsschutz aus Art. 173 EWGV.

IV. Finanzmonopole

Ebenso wie für betraute Unternehmen, sieht Art. 90 II auch für Unternehmen, die „den Charakter eines Finanzmonopols haben", die Anwendbarkeit der Wettbewerbsregeln vor, soweit dadurch die Erfüllung der ihnen übertragenen besonderen Aufgaben nicht verhindert wird.

1. Disposition über Finanzmonopole

24 a) Finanzmonopole (vgl. Art. 105, 106, 108 GG) sind geschaffen, um dem Staat bestimmte Einnahmequellen vorzubehalten (in der Bundesrepublik das Branntwein- und das Zündwarenmonopol, sonst insbes. Tabakmonopole[28]). Ebenso wie nach Art. 90 i. Verb. mit Art. 222 EWGV grundsätzlich den Mitgliedstaaten die Entscheidung über Verstaatlichung oder Privatisierung sowie die Organisation des öffentlichen Sektors überlassen bleibt[29], steht ihnen auch die Disposition über ihre Finanzmonopole zu. Dies indes nur in den Grenzen der *Fiskalfunktion* der Finanzmonopole, nicht hinsichtlich ihrer — gleichfalls denkbaren und gegebenen — Funktion als *Lenkungsinstrument* (speziell für den Handel). Denn insoweit unterliegen *Monopole als Handelsmonopole* dem Umformungsgebot des Art. 37 EWGV: es gilt (Art. 37 II) für alle staatlichen oder durch staatliche Übertragung zu Monopolfunktionen befähigten Einrichtungen, durch die ein Mitgliedstaat unmittelbar oder mittelbar die Einfuhr oder Ausfuhr zwischen den Staaten rechtlich oder tatsächlich kontrolliert, lenkt oder merklich beeinflußt. Und das Umformungsgebot zielt nach Art. 37 I dahin, jede Diskriminierung in den Versorgungs- und Absatzbedingungen zwischen den Marktbürgern auszuschließen[30].

b) Die Kommission hat am 25. November und am 22. Dezember 1969 Empfehlungen an Frankreich, Italien und die BRD gerichtet, in denen Maßnahmen zur Monopol-Umformung zwecks Ausschluß von Versorgungs- und Absatzdiskriminierungen vorgesehen sind[31]. Für Monopole fiskalischen Charakters, also die Finanzmonopole, werden Lösungen empfohlen, die der Ausnahmeregelung des Art. 90 II EWGV Rechnung tragen. Für Monopole, die — wie das deutsche Branntweinmonopol — Bedeutung für die Agrarpolitik haben, ist eine Zuordnung zum Marktordnungsrecht erforderlich, für solche zwischenstaatlicher Verknüpfung (wie das Zündwarenmonopol auf Grund des Abkommens mit Schweden[32]) eine solche zu bestehenden Vertragsregelungen mit Drittstaaten. Aus diesen Gründen ist die durch Art. 37 EWGV gebotene Umformung noch nicht abgeschlossen und sind die Finanzmonopole i. S. des Art. 90 II EWGV noch nicht einheitlich erfaßt.

2. Deutsche Finanzmonopole

25 In der BRD hat das Zündwarenmonopol überwiegend Fiskalfunktion, das Branntweinmonopol (im Hinblick auf das höhere Gewicht der Branntweinsteuer

---

[28] Übersicht bei: *Pappalardo* WuW 1971, 235; *Wohlfarth* u. a. Komm. 5 zu Art. 90; *Püttner* 164; *Badura,* Das Verwaltungsmonopol (1963) 337. Zur Entwicklung des Abbaues der Handelsmonopole für Tabakwaren in Frankreich und Italien vgl. die Kommissionsantwort auf die Anfrage des Abg. *Artzinger* v. 5. 10. 1971, ABl. 1971 C 108, 9.

[29] *Nicolaysen,* Planung III (1968) 340.

[30] *Kaiser* EuR 1967, 6; *Deringer,* Die staatlichen Handelsmonopole nach Ablauf der Übergangszeit. Zur Auslegung und Anwendung des Art. 37 EWGV, EuR 1971, 193.

[31] ABl. 1970 L 6, 13, 16; L 31, 1—26; hinsichtlich der Stellungnahmen der Mitgliedstaaten zu diesen Empfehlungen vgl. u. a. die Antwort der Kommission v. 28. 4. 1971 auf die schriftl. Anfrage Nr. 530/70 des Abg. *Vredeling,* ABl. 1971 C. 46, 7.

[32] Dazu: *Stödter,* Rechtsfragen des Zündwarenmonopols (1953); *Badura,* Das Verwaltungsmonopol (1963) 236.

gegenüber dem Gewinn der Monopolverwaltung) mehr die eines Instrumentes der Agrar- und Mittelstandspolitik. Insoweit ist es der Ausnahmebehandlung des Art. 90 II nicht teilhaftig geworden. Auf Grund des Gesetzes über die Erhebung einer besonderen Ausgleichsabgabe auf eingeführten Branntwein vom 23. Dezember 1970 (BGBl. I, 1878; Änd. v. 23. 12. 1971, BGBl. I, 2137) konnte die Bundesmonopolverwaltung für Branntwein die noch bestehenden mengenmäßigen Beschränkungen der Trinkbranntwein-Einfuhr aus Mitgliedstaaten aufheben[33]. Seine Vereinbarkeit mit Art. 12, 37 EWGV ist bezweifelt worden[34]. Die Monopol-Umgestaltung für Äthylalkohol hängt ab von der Einrichtung einer einschlägigen gemeinsamen Marktorganisation, da solcher landwirtschaftlichen und anderen Ursprungs nicht unterscheidbar ist[35]. Eine Ausnahmebehandlung des Zündwarenmonopols nach Art. 90 II EWGV kommt in Betracht.

---

[33] Bekanntmachung v. 23. 12. 1970, BAnz. Nr. 243 v. 31. 12. 1970.

[34] *Meier* AWD 1970, 498; vgl. hierzu auch die Kommissionsantwort v. 28. 4. 1971 auf die Anfrage Nr. 513/71 des Abg. *Kriedemann,* ABl. 1971 C 46, 5, in der die Vereinbarkeit der Ausgleichsabgabe mit Art. 37 IV EWGV vertreten wird, sowie *Schmidt,* Branntweineinfuhr und Branntweinmonopol-Umformung, AWD 1971, 480; schließlich EuGH Rs 13/70 Rspr. XVI, 1089.

[35] *Pappalardo* WuW 1971, 243.

§ 38 SUBVENTIONEN, SONDERLASTEN, DUMPING

Börner, Diskriminierungen und Subventionen, in: Zehn Jahre Rechtsprechung des Gerichtshofs der Europäischen Gemeinschaften, KSE 1 (1965) 215; *Börner,* Dumping und Diskriminierung, Fs Hallstein 36; *Colliard,* Les pratiques du dumping, DrCommEur Nr. 2171; *Ehle,* Grundsatzfragen der gemeinschaftlichen Antidumping-Regelung, AWD 1968, 288; *Ehle-Meier,* EWG-Warenverkehr. Außenhandel — Zölle — Subventionen (1971); Europäische Investitionsbank 1958—1968, Hg. Europäische Investitionsbank; *Everling,* Die Regelungen des EWGV zur Abwehr von Dumping-Praktiken im Warenverkehr zwischen den Mitgliedstaaten, Betrieb 1960, 999; *Gehring,* Die Harmonisierung der staatlichen Ausfuhrbeihilfen gemäß Artikel 112 des EWG-Vertrages am Beispiel der Exportkreditversicherung, Diss. Köln (1968); *Götz,* Recht der Wirtschaftssubventionen (1966); *Winfried Grabitz,* Das Dumping innerhalb der Europäischen Wirtschaftsgemeinschaft (1966); *Hochbaum,* Das Diskriminierungs- und Subventionsverbot in der EGKS und EWG (1962); *Ipsen,* Verwaltung durch Subventionen, VVDStRL 25 (1967) 257; *Käser,* Darlehen der Europäischen Investitionsbank — Darlehen der Weltbank, EuR 1967, 289; *Käser,* Aufgaben und Ziele der Europäischen Investitionsbank (1970); *Killmer,* Die Europäische Investitionsbank, Diss. Frankfurt (1963); *Koppensteiner,* Das Subventionsverbot im Vertrag über die Europäische Gemeinschaft für Kohle und Stahl (1965); *Koppensteiner,* Fragen der Kokskohlensubvention, AWD 1967, 373; *Laubereau,* Die Schutzbestimmungen des EWG-Vertrages gegen Dumping-Praktiken innerhalb des Gemeinsamen Marktes, ZfZ 1960, 7; *Licari,* The European Investment Bank, JournCommMarkStud 1970, 192; *Mastropasqua,* Le Marché Commun et la défense contre le dumping (1965); *Menais,* La Banque Européenne d'Investissement (1968); *Obernolte,* Subventionen im gemeinsamen Markt. Sind vertragswidrige Beihilfen zurückzugewähren?, in: Europäische Wirtschaft 1961, 64; *Ortmann,* Die Errichtung des Europäischen Ausrichtungs- und Garantiefonds für die Landwirtschaft (1966); *Roth,* Staatliche Strukturhilfen im nationalen und übernationalen Recht, in: Zur Stellung der Mitgliedstaaten im Europarecht (1967, Hg. Bülck) 121; *Rüber,* Die Konkurrentenklage deutscher Unternehmer gegen wettbewerbsverzerrende Subventionen im Gemeinsamen Markt, NJW 1971, 2097; *Seelmäcker,* Die Agrarfinanzierung der Europäischen Wirtschaftsgemeinschaft, Diss. Hamburg (1969); *Servidio,* Linee esegetiche degli articoli 92, 93 e 94 del Trattato di Roma, RivDirEur 1970, 173, 249; *Steindorff,* Sonderlasten und Subventionen im Gemeinsamen Markt der EGKS, WuW 1967, 633; *Venceslai,* Progetti di aiuto e communicazione nel quadro dell'esame preventivo di cui all'art. 93, 3 del Trattato di Roma, RivDirEur 1969, 257; *Wockenfoth,* Antidumping-Gesetzgebung in der EWG, AWD 1959, 77; 1960, 99; *Zacher,* Verwaltung durch Subventionen, VVDStRL 25 (1967) 308.

A. Subventionen

1 Das Gemeinschaftsrecht richtet an die Mitgliedstaaten das Verbot, einzelne Marktbürger oder Gruppen von ihnen durch Subventionierung zu bevorzugen, weil dadurch die Gleichheit im Wettbewerb beeinträchtigt werden kann. Dieses Subventionsverbot ist eine Variante des Diskriminierungsverbotes *(§ 30)*. Das Gemeinschaftsrecht geht also davon aus, *daß* die Mitgliedstaaten subventions-geneigt sind — und das mit guten Gründen.

So hat eine Realanalyse für die Bundesrepublik erwiesen, daß der Etataufwand der Subventionsverwaltung auch in seiner Eingrenzung auf die Wirtschaftssubventionierung i. e. S. erheblich ist und seine steigende Tendenz bislang nicht eingebüßt hat[1]. Die Wirtschaftssubventionierung ist hier ein wirtschaftswissenschaftlich und wirtschaftspolitisch ebenso wie verfassungsrechtlich anerkanntes Instrument des Wirtschaftsinterventionismus. Sie ist Interventionsmittel, auch ein solches von Planung und Planulismus[2]. Sie hat ihren unbestreitbaren Platz in den Gestaltungsformen, mit denen der Staat seine Verantwortung für das Funktionieren und das Wachstum einer Wirtschaft wahrnimmt, die selbst prinzipiell nicht staatliche, sondern private Wirtschaft ist. Es besteht im deutschen Recht Einmütigkeit darüber, daß die verfassungsrechtliche Staatszielbestimmung der Sozialstaatlichkeit, die das Angewiesensein auf staatliche Sozialgestaltung vorgefunden, nicht erst geschaffen hat, die Erscheinung der Subventionierung erklärt, das öffentliche Subventionieren also in den Bereich öffentlicher Aufgabenerfüllung einbezieht. Art. 109 II—IV GG liefert hierfür jetzt hinsichtlich der Haushaltswirtschaft den Verfassungsrahmen. Seine Einsetzbarkeit in der Funktion eines „politischen Mehrwertes" zählt überdies, wie Erfahrung lehrt, zu jenen „über-legalen Prämien", die der legale Machtbesitz auszahlt. Dieser primär innerpolitische Effekt kann, wie der Agrarsektor zeigt, auch im Integrationsbereich von Belang sein.

Die Subvention ist in vergleichbarer Weise auch in den anderen Mitgliedstaaten ein Instrument staatlicher Wirtschaftspolitik, ohne daß es auf quantitative oder sektorale Unterschiede oder gar solche ihrer Rechtsverformung ankäme. Von diesem Befund geht das Gemeinschaftsrecht aus. Es mußte deshalb den Tatbestand der Subventionierung begrifflich umfassend beschreiben und hierfür auf den Begriff der staatlichen oder aus staatlichen Mitteln gewährten „Beihilfe" (Art. 92 I EWGV) abstellen, die Art. 4 c EGKSV neben den Subventionen nennt. Da das Gemeinschaftsrecht — anders als das nationale Recht — hinsichtlich der staatlichen Beihilfen und Subventionen *an ihrer Auswirkung auf die Wettbewerbslage im Gemeinsamen Markt* orientiert ist, erscheinen sie dort in einer anderen „Dimension" als im staatlichen Recht[3]. Das erklärt auch, daß die speziell das deutsche

---

[1] *Ipsen* VVDStRL 25 (1967) 259—264. — Ein bei der Kommission erstellter Bericht über „Die öffentliche Finanzhilfe an Unternehmen und ihre Verteilung nach Wirtschaftstätigkeiten" ist nicht veröffentlicht worden; vgl. Kommissionsantwort v. 21. 5. 1970 auf die Anfrage 451/69 des Abg. *Vredeling*, ABl. 1970 C 66, 1; vgl. auch die nach § 12 StabGes. v. d. BReg. zu erstattenden Subventionsberichte: 1. = BT-Drucks. V/2423, 2. = VI/391, 3. = VI/2994.

[2] *Ipsen*, Öffentliche Subventionierung Privater (1956) 9; *ders.*, Rechtsfragen der Wirtschaftsplanung, in: Planung II (1966) 69, 76.

[3] Dazu: *Koppensteiner* ZGesStW 127 (1971) 184; *ders.*, Das Subventionsverbot im Vertrag über die Europäische Gemeinschaft für Kohle und Stahl.

Subventionsrecht belastenden wesentlichen Rechtsprobleme für das Gemeinschaftsrecht durchweg nicht gestellt sind, nämlich die Fixierung zulässiger öffentlicher Subventionsinteressen, der Hoheitscharakter der Subventionierung mindestens in ihrer ersten Stufe, ihre Ermächtigungsgrundlagen und Verfassungsgrenzen, Gestaltungsformen und Rechtsschutz-Gewährleistungen[4].

Im folgenden steht „Subvention" statt und neben Beihilfe, da der deutsche juristische Sprachgebrauch sich durchgängig *dieses* Terminus bedient und der Ausdruck „Beihilfe" in der deutschen Rechtssprache einen anderen Platz (nämlich im öffentlichen Dienstrecht) einnimmt[5]. Indes ist die Verwechslungsgefahr gering, da der kranke Beamte von seinem Dienstherrn schwerlich „subventioniert" wird und die von gemeinschaftsrechtlich erheblichen Beihilfen Bedachten keine Beamten zu sein pflegen.

I. Rechtsgrundlagen

1. EWGV

2 Einzelregelungen des EWGV, die Subventionen betreffen, dienen i. S. des Art. 3 f der Errichtung eines Systems, das den Wettbewerb innerhalb des Gemeinsamen Marktes vor Verfälschungen schützt.

a) Sie haben folgerichtig ihren Standort in Abschnitt 3 des Kapitels 1: Wettbewerbsregeln — Art. 92—94. Von ihnen enthält Art. 92 I ein Beihilfeverbot, Abs. II die Kennzeichnung der zulässigen, weil mit dem Gemeinsamen Markt vereinbaren Beihilfen, Abs. III den Katalog derjenigen Beihilfen, die nicht per se mit dem Gemeinsamen Markt vereinbar sind, indes als vereinbar angesehen werden können. Art. 93 I, II begründet die Kontroll- und Sanktionskompetenz der Kommission zur fortlaufenden Überprüfung mitgliedstaatlicher Beihilferegelungen, zur verbindlichen Feststellung der Unvereinbarkeit oder mißbräuchlichen Anwendung von Beihilfen und zur Entscheidung über ihre Aufhebung oder Umgestaltung. Abs. II befugt die Kommission oder einen betroffenen Mitgliedstaat — wegen möglicher Eilbedürftigkeit in Abweichung von Art. 169, 170 — zur unmittelbaren Anrufung des Gerichtshofs, falls der Beihilfe gewährende Staat der Kommissionsentscheidung nicht nachkommt. Unter außergewöhnlichen Umständen (besonderen wirtschaftlichen Schwierigkeiten) kann der Rat die Kommissionsentscheidung auf Antrag des gewährenden Mitgliedstaates für einzelne Beihilfen in Abweichung von Art. 92 und Regelungen gemäß Art. 94 korrigieren. Seit Ablauf der Übergangszeit und Auslauf des Art. 226 kann das von besonderer Bedeutung sein[6]. Art. 93 III sichert die rechtzeitige

---

[4] Vgl. *Ipsen* und *Zacher* VVDStRL 25 (1967) 257, 308.

[5] *Hans J. Wolff*, Verwaltungsrecht III 2. Aufl. (1967) 215; *ders.*, Verwaltungsrecht II 3. Aufl. (1970) 473.

[6] Speziell zum Beihilferecht im Rahmen des Schutzklausel-Systems vgl. *Müller-Heidelberg*, Schutzklauseln im Europäischen Gemeinschaftsrecht (1970) 276—291.

Unterrichtung und Kontrollwahrnehmung der Kommission vor mitgliedstaatlichen Beihilfemaßnahmen. Nach Art. 94 hat der Rat die Kompetenz zum Erlaß von Durchführungsverordnungen zu den Art. 92, 93[7].

b) Sonderregelungen über Beihilfen in einzelnen Wirtschaftsbereichen enthalten Art. 42 (landwirtschaftliche Erzeugnisse), Art. 77, 80 (Verkehr).

c) Nicht in diesen Zusammenhang gehören Beihilfen und Zuschüsse, die nach Art. 125 EWGV vom Europäischen Sozialfonds für die dort genannten Zwecke auf Antrag eines Mitgliedstaates gewährt werden können. Das gilt auch für die Finanzierungsaufgaben der Europäischen Investitionsbank nach Art. 130 EWGV. Hier treten Gemeinschaftseinrichtungen selbst subventionierend auf (zur Frage eigener Gemeinschaftskompetenzen zur Subventionierung: *38/14—20*).

2. EGKSV

3 Anders als das EWG-Recht, enthält Art. 4 EGKSV ein absolutes, *allgemeines* und unmittelbar wirkendes Beihilfe- und Subventionsverbot, das auch dem Art. 70 IV (Unterstützungstarife) zugrunde liegt. Es rechtfertigt sich daraus, daß es von den Verhältnissen des bereits hergestellten Gemeinsamen Marktes für Kohle und Stahl ausgeht. Ob Art. 67, der die Wettbewerbsmaßnahmen eines Mitgliedstaates unter Gemeinschaftskontrolle stellt, auch solche in Gestalt von Subventionen und Beihilfen erfaßt, ist streitig geworden[8]. Er bezieht sich insbes. auf solche, die Produktionskosten (nicht Ertrag und Einkommen) beeinflussen, also vornehmlich Steuerregelungen.

3. EAGV

4 Hilfen, die die Kommission nach Art. 6 a—c EAGV zur Förderung der Durchführung der Forschungsprogramme in Gestalt von finanziellen Hilfen (nicht aber als Subventionen), der Lieferung von Stoffen, der Zurverfügungstellung von Anlagen, Ausrüstungen oder Fachpersonal gewähren kann, gehören ebenfalls nicht in den hier behandelten Zusammenhang. Auch hier tritt die Gemeinschaft selbst finanziell oder finanzwertig fördernd auf. Die von Art. 6 a gedachte Unterscheidung zwischen finanziellen Hilfen und Subventionen ist — jedenfalls nach deutschen Rechtsvorstellungen — schwer vollziehbar, es sei denn, daß hier unter Subvention nur der verlorene Zuschuß gemeint sein soll oder aber — was sinnvoller wäre, tatbestandlich im Rahmen von Forschungsverträgen aber kaum in Betracht kommen dürfte — solche Finanzhilfe, die i. S. des Art. 92 I eine Wettbewerbsverfälschung im zwischenstaatlichen Handel bewirkt.

---

[7] Übersicht über die Durchführung bei *Ipsen* VVDStRL 25 (1967) 271 mit Anm. 32.

[8] *Götz,* Recht der Wirtschaftssubventionen 221; EuGH Rs 30/59 Rspr. VII, 46.

II. Begriffe und allgemeine Regeln

1. Begriffe

5 Einen einheitlichen Subventions- oder Beihilfebegriff kennt das Gemeinschaftsrecht nicht. Außerdem ist für die begriffliche Eingrenzung zu bedenken, daß das Gemeinschaftsrecht — und insbes. der EWGV — staatliche Maßnahmen der Wirtschaftsförderung nicht einheitlich und nur gerade sub specie subventionis erfaßt. Seine Kontroll- und Sanktionsregelungen betreffen gesondert und unterschiedlich staatliche Förderungsaktivität gegenüber der Wirtschaft jeweils im Zusammenhang mit den zur Herstellung des Gemeinsamen Marktes wirksamen Gemeinschaftszielen über die Errichtung der Zollunion, den Abbau der mengenmäßigen Beschränkungen, die Steuern — und eben die Kontrolle der Beihilfen[9]. Ebenso wie im deutschen Recht, wo deshalb zwischen offenen und verdeckten Subventionen unterschieden wird, bedarf es jeweils der Prüfung, ob eine Maßnahme staatlicher Wirtschaftsförderung Beihilfecharakter i. S. des spezifischen Gemeinschafts-Subventionsrechts hat oder nicht. Die Entscheidungskompetenz der Kommission nach Art. 93 II EWGV hat auch deshalb großes Gewicht. Ihre Prüfungsbefugnis gestattet, bei der Beurteilung einer Beihilferegelung *alle* den Wettbewerb und den Handel betreffenden und tatsächlichen Begleitumstände zu berücksichtigen, darunter auch die Finanzierungsweise als integrierenden Bestandteil der Beihilferegelung. Und die Vereinbarkeit einer Besteuerungs-Regelung mit Art. 95 EWGV schließt keineswegs aus, daß sie beihilferechtlich zu beanstanden ist. In diesem Sinne kommt den Art. 92 ff. EWGV geradezu eine Funktion der Lückenschließung zu, um durch Kombination mehrerer, isoliert nicht zu beanstandender Maßnahmen versuchte Umgehungspraktiken der Mitgliedstaaten zu verhindern[10].

Da der Vertrag nach Art. 90 II EWGV nicht gilt „für Unternehmen, die mit Dienstleistungen von allgemeinem wirtschaftlichen Interesse betraut sind“, soweit die Anwendung der Wettbewerbsregeln „die Erfüllung der ihnen übertragenen besonderen Aufgabe rechtlich oder tatsächlich verhindert“, ist es auch mit seiner Hilfe möglich, die finanzielle Abgeltung der durch „Indienstnahme“ erwachsenden Kosten vom Subventionsbegriff zu scheiden. Diese Frage hat besondere Bedeutung für die Abgeltung bestimmter, mit dem Begriff des öffentlichen Dienstes zusammenhängender Leistungen, die Art. 77 EWGV als mit dem Vertrag vereinbare „Beihilfen“ bezeichnet. Weil solche Leistungs-Abgeltungen für gemeinwirtschaftliche Dienste der Deutschen Bundesbahn geraume Zeit in der deutschen Praxis und in der Haushaltswirtschaft einem Vulgärbegriff der Subventionierung zugeordnet worden sind, war vorübergehend ein schiefes Bild über ihre

---

[9] *Götz* 121.

[10] EuGH Rs 47/69 Rspr. XVI, 487 = EuR 1971, 136 mit Anm. *Scheuing*.

Finanzlage und den Charakter der Bundesfinanzleistungen für sie entstanden. Daß hier jetzt in der deutschen Praxis säuberlich differenziert wird, ist auch der gemeinschaftsrechtlichen Entwicklung zu verdanken, obwohl Art. 77 mit der „Beihilfe"-Bezeichnung für solche Abgeltungen und ihrer naheliegenden Identifizierung mit dem Subventionsbegriff dazu nicht gerade beigetragen hat *(48/28)*.

6 a) Der Subventionsbegriff des EGKSV ist schon deshalb kategorischer als der des EWGV, weil im Montanrecht alle Beihilfekompetenzen auf Gemeinschaftsinstanzen übergegangen sind und ihre nationale Wahrnehmung als im Sinne des Art. 5 II 3 EGKSV vertragswidrig *verboten* ist (da der rationellsten Verteilung der Produktion auf dem höchsten Leistungsstand und normalen Wettbewerbsbedingungen zuwiderlaufend)[11]. Gegenüber der mitgliedstaatlich möglichen Vielfalt von Qualifikationen und Erscheinungsformen ist die montanrechtlich noch zulässige also gemeinschaftsrechtlich-einheitlich geprägt. Das Verbot nationaler Subventionierung richtet sich nicht nur gegen positive Leistungen, sondern gegen alle „Maßnahmen, die in verschiedener Form die Belastungen vermindern, welche ein Unternehmen normalerweise zu tragen hat und die somit keine Subventionen im strengen Sinne des Wortes darstellen, diesen aber nach Art und Wirkung gleichstehen"[12].

7 b) Nach Art. 92 ff. EWGV ist begriffswesentlich, daß die Subvention (1) eine staatliche oder aus staatlichen Mitteln gewährte ist, daß sie (2) ein wirtschaftliches Unternehmen oder einen Produktionszweig begünstigt, daß (3) durch diese Begünstigung eine Wettbewerbsverfälschung auf dem Gemeinsamen Markt bewirkt wird oder eine Beeinträchtigung des Handels zwischen Mitgliedstaaten droht.

aa) Staatliche oder aus staatlichen Mitteln stattfindende Gewährung setzt nicht voraus, daß die Mittel durch den staatlichen Haushalt bereitgestellt werden. Denn da Art. 92 den Staat als den letztlich für die Beihilfe Verantwortlichen fassen will, genügt es, daß die Finanzierung, wiewohl von der Wirtschaft (und eben nicht vom Staat) aufgebracht, durch staatliche Abgabenregelung geregelt wird. Es kommt also auf die staatliche Mitwirkung am Finanzierungssystem an.

bb) Das Finanzierungssystem als solches kann die Beihilfe kennzeichnen, indem es etwa den Umfang der Beihilfe vom Ertrag einer der Wirtschaft auferlegten Abgabe abhängig macht und seinerseits störend einwirkt auf den zwischenstaatlichen Handel, so durch Förderung der heimischen Industrie gegenüber der der anderen Mitgliedstaaten, deren Einfuhren in den subventionierenden Mitgliedstaat derselben Abgabe unterworfen werden.

cc) Obwohl Art. 92 I EWGV auf die *Beeinträchtigung* des zwischenstaatlichen Handels abstellt, genügt (im Sinne des Art. 85 I EWGV), daß

---

[11] EuGH Rs 30/59 Rspr. VII, 43.
[12] Ebenda 42.

die Beihilfe zur Beeinträchtigung *geeignet* ist[13], wobei es auf die „Spürbarkeit“ nicht ankommt und (zur Vermeidung von Umgehungen) auch geringfügige Beihilfen relevant sein können.

dd) Steuerrechtliche Maßnahmen der Mitgliedstaaten mit Subventionierungseffekt unterfallen als solche den Art. 92—94 nicht, weil sie in Art. 95 ff. — der Systematik des Vertrages entsprechend — gesondert behandelt werden. Indes ist auch eine, an sich nach Art. 95 EWGV zulässige, Regelung zur Abgabenerhebung daraufhin zu prüfen, ob die durch sie geschaffene Finanzierungsweise in Verbindung mit der aus der Abgabe gespeisten Beihilfe den Art. 92, 93 genügt[14].

8 c) Die Anwendung des Gemeinschafts-Subventionsrechts wird erleichtert, wenn das nationale Recht die Subventionsverwaltung durch verkündete Rechtssätze ausgestaltet und damit transparent macht. Davon sind die nationalen Rechtsordnungen indes weit entfernt, auch die deutsche. Auch sie ist noch weithin in Form einer nach Verwaltungsrichtlinien verfahrenden Fondsverwaltung organisiert. Ihre Vergesetzlichung ist aus verschiedenen Gründen schwerlich zu erwarten, erscheint verfassungsrechtlich auch nicht geboten[15]. Art. 93 III EWGV stellt diese Lage in den Mitgliedstaaten in Rechnung und erstreckt ihre Unterrichtungspflicht deshalb auf alle Vorhaben und Maßnahmen der Subventionierung ohne Rücksicht auf ihre Rechtsverformung.

2. *Irrelevante Beihilfen*

9 Es bedeutet keine rechtsbegriffliche Eingrenzung der Subvention, wenn Art. 92 II die dort genannten Beihilfen (soziale Verbrauchersubventionen, Schadensbeihilfen anläßlich Naturkatastrophen u. dgl., Wirtschaftsbeihilfen für die durch die Teilung Deutschlands betroffenen Gebiete, Zonenrandgebiete, Berlin) ohne besondere Zulassung als mit dem Gemeinsamen Markt vereinbar bezeichnet. Sie werden wegen ihrer fehlenden Gemeinschaftsrelevanz geduldet. Entsprechendes gilt für diejenigen, die als mit dem Gemeinsamen Markt vereinbar angesehen werden können, und zwar kraft allgemeiner Zulassung durch Ratsverordnung nach Art. 94 oder kraft Einzelzulassung durch Kommission oder Rat nach Art. 93 II. Das sind nach Abs. III solche für unterentwickelte Gebiete (Süditalien), für wichtige Vorhaben gemeinsamen europäischen Interesses (Landgewinnung, Europastraßen) oder zur Behebung beträchtlicher Störungen im Wirtschaftsleben eines Mitgliedstaates sowie zur Förderung der Entwicklung gewisser Wirtschaftszweige oder -gebiete (Regionalpolitik, Standortpolitik), die einen Entwicklungsrückstand aufzuholen bezweckt[16] *(52/7, 8)*.

---

[13] EuGH Rs 3/58 Rspr. VI, 411.

[14] Vgl. die vom EuGH Rs 47/69 Rspr. XVI, 487 = EuR 1971, 136 entwickelten Auslegungsgrundsätze; dazu Anm. *Scheuing* (139—145); ferner: *Götz*, Recht der Wirtschaftssubventionen (1966) 121.

[15] *Ipsen* VVDStRL 25 (1967) 289.

[16] *Roth*, in: Zur Stellung der Mitgliedstaaten im Europarecht 139.

3. Verbotsgrundsatz des EGKSV

10 Die weitestgehende Regel des Subventionsrechts enthält Art. 4 c EGKSV mit seinem Verbotsgrundsatz absoluter und unmittelbarer Wirksamkeit (auch auf nur einen nationalen Teilmarkt). Sie gehört nach Art. 2 EGKSV zu den Konstitutionsprinzipien des Kohle- und Stahlmarktes[17] und darf selbst im Wege der kleinen Vertragsrevision nach Art. 95 III EGKSV nicht angetastet werden. Ihr kommt materiell-rechtlicher, nicht lediglich kompetenzregelnder (nämlich die mitgliedstaatliche Subventionskompetenz auf die Gemeinschaft verlagernder) Charakter zu. Danach ist jede Subventionierung der Mitgliedstaaten ausgeschlossen. Deshalb — und weil der EGKS selbst eine ausreichende Subventionierungskompetenz abgeht — hat sich diese starre Konzeption des EGKSV in der Krise des Kohleüberschusses als unzulänglich und energiepolitisch verfehlt erwiesen. Die Einführung eines Systems gemeinschaftlicher Beihilfen in der Entscheidung der Hohen Behörde Nr. 3/65 vom 17. Februar 1965 (ABl. 480; jetzt Kommissionsentscheidung Nr. 3/71 vom 22. 12. 1970, ABl. 1971 L 3, 7) hat de facto das Verbot unterlaufen *(49/9)*.

4. Relevante EWG-Beihilfen

11 Ein ebenso weitgehendes allgemeines materielles Subventionsverbot vergleichbarer Art enthält Art. 92 I EWGV nicht. Er vermeidet den Verbotsausspruch und stellt auf Unvereinbarkeit ab. Außerdem bezieht sich der Vorbehalt anderweitiger Regelung in Abs. I mit der Zulassung von Beihilfen für die Landwirtschaft (Art. 42, 43), der Verkehrsbeihilfen (Art. 74, 75) und der von Kommission und Rat nach Art. 92 III als vereinbar erachteten Beihilfen tatsächlich auf alle Subventionserscheinungen, die für den zwischenstaatlichen Handel im Gemeinsamen Markt bedeutsam sein können. Ob Subventionen letztlich unvereinbar — weil gemeinschaftsschädlich — sind, bestimmt sich mithin nicht ex lege kraft allgemeiner Normierung, sondern nach den subventionspolitischen Entscheidungen der zur Kontrolle zuständigen Gemeinschaftsorgane. Nur die spezifische Dimension mitgliedstaatlicher Subventionierung, *die den zwischenstaatlichen Handel beeinträchtigt*, erscheint dem Gemeinschaftsrecht relevant. *Diese* Dimension steht in Frage, wenn Subventionen die Handelsbedingungen in einer Weise verändern, die dem gemeinsamen Interesse zuwiderläuft (vgl. die Formulierung in Art. 92 III c). *Sie* ist relevant, wenn die Subvention durch ihren Begünstigungseffekt für bestimmte Unternehmen oder Produktionszweige den Wettbewerb im zwischenstaatlichen Handel beeinträchtigend verfälscht oder zu verfälschen droht (Art. 92 I). Subventionen *nur innerstaatlicher* oder solche von Wirksamkeit *nur gegenüber Drittstaaten* sind also gemeinschaftsrechtlich

[17] *Götz* 217.

irrelevant. Verhindern will das Gemeinschaftsrecht im Grunde also — ebenso wie gemäß Art. 85 hinsichtlich wettbewerbsbeschränkender Vereinbarungen —, daß Subventionen mißbraucht werden, um die Wirkungen des Zoll- und Kontingentabbaues mit anderen Mitteln auszugleichen. Nachdem dieser mit dem Ende der Übergangszeit erreicht wurde, ist die gemeinschaftsrechtliche Subventionskontrolle in ihrer Bedeutung also gestiegen[18]. Dasselbe ist der Fall in den Bereichen, in denen — wie in Verkehr und Landwirtschaft — eine gemeinsame Politik Platz greift.

III. Kontrollkompetenzen und -verfahren

1. Kontrolle

12 Die den Gemeinschaftsorganen — Kommission und Rat — in Art. 93 EWGV zugewiesenen *Kontrollkompetenzen* zielen auf *Überprüfung, Prävention* und *Repression.* Im EGKS-Recht mit seinem allgemeinen Subventionsverbot überwiegt die Präventionskompetenz und die Überwachung von Vertragsverletzungen durch verbotene Subventionierung. Sie ist insbesondere zur Anwendung gekommen hinsichtlich der als Subventionen wirksamen Unterstützungstarife, die nach Art. 70 IV EGKSV per se gemäß Art. 4 c verboten, aber ausnahmsweise und auf Zeit genehmigungsfähig sind, wenn sie mit den Grundsätzen des Vertrages in Einklang stehen. Diese Kompetenz hat eine eigene Tarifpolitik der Kommission (vorher der Hohen Behörde) ermöglicht. Ihre Handhabung ist in den zahlreichen Prozessen um deutsche und französische Unterstützungstarife behandelt worden. Ihre Entscheidungen durch den Gerichtshof haben zur Klärung des Diskriminierungs- und Subventionsverbotes ebenso beigetragen wie zur Deutung der Gemeinschaftskompetenzen in der Verkehrspolitik (Art. 70 EGKSV, Art. 79, 80 EWGV) *(48/39, 40).*

a) Die *Überprüfung* kraft Dauerkompetenz nach Art. 93 I bezieht sich auf alle in den Mitgliedstaaten bestehenden Beihilferegelungen. Sie geht aus von einer bestehenden und verbleibenden Subventionierungszuständigkeit der Mitgliedstaaten. Sie vollzieht sich in Zusammenarbeit zwischen der Kommission und allen Mitgliedstaaten (also nicht nur dem subventionierenden allein). Sie zielt primär auf eine Verhandlungsverständigung aller Beteiligten im Interesse fortschreitender Entwicklung und des Funktionierens des Gemeinsamen Marktes. Hierzu obliegt der Kommission, zweckdienliche Maßnahmen (auch als Empfehlungen i. S. von Art. 189 V EWGV) vorzuschlagen, die erforderlichenfalls Inhalt ihrer Entscheidung i. S. von Art. 93 II werden können. Ihre Entscheidungskompetenz wirkt in diesem Sinne vor ihrer Ausübung gegenüber den Mitgliedstaaten stimulierend; ihr Einsatz bleibt subsidiär.

---

[18] *Götz* 103.

b) Dieser Kompetenz zur fortlaufenden Überprüfung entspricht nach Art. 93 III eine *Präventionskontrolle* der Kommission, um zu verhindern, daß ein Mitgliedstaat eine mit dem Gemeinsamen Markt unvereinbare Subvention einführt oder eine bestehende so umgestaltet, daß sie unvereinbar wird. Um ihre Wahrnehmung zu ermöglichen, hat der Mitgliedstaat die Kommission so rechtzeitig vorher zu unterrichten, daß sie sich zu diesem Vorhaben äußern kann. Nimmt die Kommission Unvereinbarkeit an, setzt sie ihr Verfahren in gleicher Weise fort wie nach dem Scheitern einer Verhandlungs-Verständigung im Rahmen fortlaufender Überprüfung, d. h. im streitigen Verfahren gemäß Art. 93 II, ohne daß der Mitgliedstaat seinerseits seine beabsichtigte Maßnahme durchführen dürfte. Das Recht vorläufigen Vollzuges steht ihm also nicht zu.

c) Nach Art. 93 II verfügt die Kommission — gegenüber bestehenden und beabsichtigten Subventionsregelungen (vgl. Art. 93 II 2) — über eine (variable) *Repressionskompetenz,* nämlich die Befugnis, ihre Aufhebung, Umgestaltung oder die Untersagung ihrer Einführung anzuordnen, wenn diese Regelungen nach Art. 92 mit dem Gemeinsamen Markt unvereinbar sind oder mißbräuchlich angewandt werden.

d) Die *Sonderkompetenz des Rates* nach Art. 93 II UA 3 kann die Repressionskompetenz der Kommission in ihrer Wirksamkeit schwächen oder durchbrechen. Mit ihrer Hilfe kann der Rat die strengere Kontrollpolitik der Kommission „durchkreuzen“[19]. Er kann nämlich auf Antrag eines Mitgliedstaates einstimmig Subventionen zulassen, wenn außergewöhnliche Umstände diese rechtfertigen. Wiewohl im Sinne einer Schutzklausel wirksam, besteht diese Ratskompetenz *auch nach* dem Ende der Übergangszeit. Ihrer mißbräuchlichen Handhabung sollte das Erfordernis der Einstimmigkeit entgegenwirken.

e) Alle den Gemeinschaftsorganen zustehenden Kompetenzen im Subventionswesen sind zwar vertragsrechtlich gebunden und keinesfalls solche nur subventionären Ermessens, wie dies für die staatliche Subventionszuteilung in der Bestimmung von Prioritäten und der Bemessung von Kontingentierungen, für Rangierung und Dosierung in Betracht kommt[20]. Indes verwendet das Gemeinschafts-Subventionsrecht mit Begriffen und Maßstäben wie Wettbewerbsverfälschung oder ihrer Drohung, Beeinträchtigung des zwischenstaatlichen Handels, Erforderlichkeit zum Ausgleich von Nachteilen, Rechtfertigung durch außergewöhnliche Umstände, ebenso mit dem der zweckdienlichen Maßnahmen solche Maßstäbe, die den Kompetenzinhabern in concreto mindestens Beurteilungsspielräume, z. T. auch Ermessen einräumen. Insofern sind dann auch der gerichtlichen Prüfung von Subventionsentscheidungen Grenzen gesetzt[21].

---

[19] *Götz* 114.

[20] *Ipsen* VVDStRL 25 (1967) 283.

[21] Auch hierauf dürfte es zurückzuführen sein, daß der EuGH sich auf die

2. *Kontrollverfahren*

13 Das *Kontrollverfahren* ist im Anfangsstadium auf die Zusammenarbeit zwischen Kommission und Mitgliedstaaten abgestellt und strebt tunlichst multilaterale Verständigung an. Es geht in ein streitiges Verfahren über, wenn diese ausbleibt und auch eine Fristsetzung der Kommission gegenüber den Beteiligten erfolglos bleibt.

a) Die (zu begründende) Kommissionsentscheidung gegenüber dem in Betracht kommenden Mitgliedstaat, seine Subventionsregelung aufzuheben, umzugestalten oder ihre beabsichtigte Einführung zu unterlassen, ergeht kraft supranationaler Gemeinschaftskompetenz gegenüber der in ihrer Zuständigkeit zur Subventionierung nicht zweifelhaften nationalen Hoheit[22]. Diese Regelung dient der Durchsetzung des Gemeinschaftsinteresses und der Verhinderung eines Subventions-„Handels" unter den Mitgliedstaaten. Ob sie einen solchen im Rat nachholen können, hängt von der Handhabung der Ratskompetenz nach Art. 93 II UA 3 ab *(38/12)*.

b) Es entspricht der Rechtsstaatlichkeit des Verfahrens, daß der Mitgliedstaat Gelegenheit zur fristbemessenen Äußerung erhält, bevor die Kommission im Sinne ihrer Feststellung über die Vertragswidrigkeit der Subventionsregelung entscheidet. Intensität und Umfang der Entscheidungsbegründung können sich nach dem Informationsstand richten, der sich für den Mitgliedstaat aus dem Vorverfahren ergeben hat *(24/25)*.

c) Kommt der von der Entscheidung unmittelbar betroffene Mitgliedstaat ihr innerhalb der festgesetzten Frist nicht nach, so kann die Kommission und jeder andere betroffene Staat in Abweichung von Art. 169, 170 EWGV den Gerichtshof *unmittelbar* anrufen, d. h. *ohne* Erfordernis vorheriger Stellungnahme und *ohne* vorherige Befassung der Kommission. Sie erübrigen sich nach dem Verfahrensablauf. Der von der Entscheidung unmittelbar betroffene Mitgliedstaat kann diese mit der Nichtigkeitsklage anfechten. Die Unternehmen selbst, die die Subventionierung angeht, haben keine Klagbefugnis[23]. Denn die Kommissionsentscheidung hat lediglich die staatliche Subventionsregelung zum Gegenstand. Sie regelt nur die Rechtsbeziehungen zwischen der Gemeinschaft und den Mitgliedstaaten, betrifft indes nicht die Unternehmen individuell[24].

Untersuchung der abstrakten Eigenschaften der Beihilferegelung beschränkt und Feststellungen über die durch sie ausgelösten effektiven Beeinträchtigungen unterläßt. Auch er operiert also mit gewissen Vermutungen über die Subventionsqualität der Regelung, wie dies vom Subventionsausschuß des GATT als sachgemäß bezeichnet worden ist; vgl. *Scheuing* EuR 1971, 143 mit Anm. 16.

[22] *Jaenicke*, Der übernationale Charakter der Europäischen Wirtschaftsgemeinschaft, ZaöRVR 19 (1958) 188, 196; *Götz* 114.

[23] Zur Frage der Klagbefugnis des Konkurrenten eines Subventionsbegünstigten vgl. *Nicolaysen* EuR 1970, 167, dort Anm. 11—13 auch zur Rechtslage nach den mitgliedstaatlichen Rechtsordnungen; zum deutschen Recht vgl. *Scholz*, Wirtschaftsaufsicht und subjektiver Konkurrentenschutz (1971).

[24] *Götz* 116.

IV. Gemeinschafts-Subventionierung

14 Öffentliche Subventionierung ist der Sache und dem Zweck nach Wahrnehmung von Wirtschaftspolitik. Sie setzt die Disposition über öffentliche Subventionsmittel voraus. *Gemeinschafts-Subventionierung* steht daher nur in Frage, wenn und soweit die Gemeinschaften wirtschaftspolitische Zuständigkeiten besitzen oder erlangen und ihnen Eigenmittel zur Verfügung stehen. Damit sind, soweit die Integration (wie im Agrarsektor mit dem Ausrichtungs- und Garantiefonds für die Landwirtschaft, VO 17/64 v. 5. 2. 1964, ABl. 586[25], oder mit der Investitionsbank) nicht bereits zu Erscheinungen gemeinschaftseigener Subventionierung fortgeschritten ist, für das Problem der Beschaffung von Subventionsmitteln und der Kontrolle ihrer Bewirtschaftung prinzipielle Verfassungs- und Strukturfragen der Gemeinschaften gestellt. So erklärt sich, daß solche Probleme im Agrarsektor aus Verfassungsgründen zur Krise führten und ihre grundsätzliche Lösung in der Haager Konferenz vom Dezember 1969 zutreffend als Verfassungsfortschritt qualifiziert worden ist. An dieser Subventionsthematik kann sich insbesondere auch die Integrationsfrage der Währungshoheit entzünden[26], mehr noch die der Stellung des Parlaments und seiner Zuständigkeit zur Budgetkontrolle, folglich auch die seiner unmittelbaren Wahl.

Gegenwärtig bietet das Vertragsrecht folgende Ansätze und Variationen gemeinschaftseigener Subventionierungen:

1. Landwirtschaft

15 Der Ausrichtungs- und Garantiefonds (Art. 40 IV EWGV, VO 25 v. 4. 4. 1962, ABl. 991, VO 17/64 v. 5. 2. 1964, ABl. 586) ist Teil des EWG-Haushalts und dient der gemeinsamen Finanzierung des Landwirtschaftsförderungsprogramms. In der Endphase des Gemeinsamen Marktes wird der Fonds aus den Abschöpfungseinnahmen gebildet, die auf sämtliche Drittlandeinfuhren von Marktordnungsgütern erhoben werden. Leistungen aus der Abteilung Ausrichtung des Fonds dienen der Finanzierung klassischer Maßnahmen der Agrarstrukturverbesserung und Agrarmarktförderung. Leistungen aus der Abteilung Garantie finanzieren die Erstattungen bei Ausfuhren in Drittländer und marktregelnde Interventionen (Preisausgleich gegenüber höheren Weltmarktpreisen, Deckung von Interventionskosten für

[25] Dazu *Ortmann,* Die Errichtung des Europäischen Ausrichtungs- und Garantiefonds für die Landwirtschaft; *Seelmäcker,* Die Agrarfinanzierung der Europäischen Wirtschaftsgemeinschaft.

[26] Bezeichnend die Wendung des Bundesernährungsministers *Höcherl* im Rat am 1. 7. 1966, Beihilfen „beinflußten das Haushaltsrecht und berührten klassische (!) Staatsaufgaben, die ... weiterhin im Einflußbereich der Nationalstaaten bleiben müßten"; vgl. FAZ Nr. 150 v. 2. 7. 1966 S. 3; *Ipsen* VVDStRL 25 (1967) 273 Anm. 32.

Stützungskäufe). Die ziffernmäßige Begrenzung der aus dem Garantiefonds zu leistenden Zahlungen war wesentlicher Streitpunkt zwischen empfangenden und leistenden Mitgliedstaaten *(47/28 ff.)*.

2. *Sozialfonds*

16 Zweck des Europäischen Sozialfonds (Art. 123 ff. EWGV) ist die Verbesserung der Beschäftigungsmöglichkeiten der Arbeitskräfte im Gemeinsamen Markt. Die Fondsmittel-Zuteilungen sollen innerhalb der Gemeinschaft die berufliche Verwendbarkeit, die örtliche und berufliche Freizügigkeit der Arbeitskräfte fördern. Die Besonderheit dieses Subventionierungssystems liegt darin, daß der Sozialfonds nicht unmittelbar an die individuell Begünstigten leistet, sondern sich mit einem Anteil an den mitgliedstaatlichen Kosten zur Aufrechterhaltung eines funktionsfähigen Arbeitsmarktes beteiligt. Deshalb bedarf es jeweils mitgliedstaatlichen Antrages auf Kostenmitübernahme (Art. 125 I EWGV). Näheres über die Subventionsvoraussetzungen und -bedingungen regeln Art. 125 II ff. und die gemäß Art. 127 erlassenen Durchführungsvorschriften. Der Sache nach handelt es sich also um Subventionierung nicht Privater, sondern zwischen Finanzmassen *(51/10)*.

3. *Investitionsbank*

17 Zweck der Europäischen Investitionsbank (Art. 129 ff. EWGV, Satzung gemäß Art. 129 III als solche nach Art. 239 Vertragsbestandteil) ist ihr Beitrag zur ausgewogenen und reibungslosen Entwicklung des Gemeinsamen Marktes im Interesse der Gemeinschaft[27]. Hierzu gewährt die Bank unter Einschaltung des Kapitalmarktes und Verwendung ihrer Eigenmittel ohne Verfolgung eines Erwerbszweckes Darlehen und Bürgschaften zur Finanzierung wirtschaftlicher Vorhaben. Näheres regelt u. a. Art. 18 ihrer Satzung: Darlehen an private oder öffentliche Unternehmen für Investitionsvorhaben in den europäischen Hoheitsgebieten der Mitgliedstaaten, soweit Mittel anderer Quellen zu angemessenen Bindungen nicht verfügbar sind. Nach Art. 18 IV der Satzung kann die Bank auch Bürgschaften für Anleihen übernehmen. Art. 19, 20 a.a.O. regeln die Darlehenszinsfragen, die Bürgschaftsprovisionen, die Kreditkontrolle und -überwachung.

---

[27] *Killmer*, Die Europäische Investitionsbank; *Menais*, La Banque Européenne d'Investissement; *Käser*, Aufgaben und Ziele der Europäischen Investitionsbank; *ders.* EuR 1967, 289; *Licari* JournCommMarkStud 1970, 192.

4. EAGV

18 Im Bereich des EAGV werden Subventionierungen durch die Gemeinschaft zugunsten einzelner und von Unternehmen sowie für gemeinsame Unternehmen ermöglicht.

a) Nach Art. 6 a—c EAGV können Leistungen an Personen und Unternehmen zur Förderung der der Gemeinschaft übermittelten Forschungsprogramme gewährt werden. Partner solcher Forschungsverträge können nur Mitgliedstaaten, Personen oder Unternehmen gemäß Art. 196, 198 EAGV (Art. 6 i. Verb. mit Art. 5) sein. Da Art 6 a im Gegensatz zu finanziellen Hilfen Subventionen ausdrücklich ausschließt, nach lit. b und c andererseits Naturalsubventionen zuläßt, dürfte das Vertragsrecht hier — in Abweichung von sonstiger Begriffsverwendung — unter Subventionen nur verlorene Zuschüsse verstehen, die gemeinhin ebenfalls als solche verstanden werden.

b) Daß der EAG insbesondere die Förderung ihrer gemeinsamen Unternehmen i. S. des Art. 45 obliegt, erklärt sich aus ihrer Gemeinschaftsfunktion. Das ermöglicht Art. 48 I EAGV i. Verb. mit Anhang III zum EAGV. Die in ihm genannten Vergünstigungen können (im Interesse flexibler Regelung und zur Verhinderung wettbewerbsverfälschender Vorzugsstellung gegenüber ähnlichen Unternehmen in der Gemeinschaft) auch nur teilweise gewährt werden. Die Subventionsentscheidung obliegt einstimmiger Beschlußfassung des Rates. Nach ihr ist jeder Mitgliedstaat alsdann in seinem Bereich zu ihrer Gewährung verpflichtet. Die Vergünstigungen bestehen in: Erleichterungen für Grunderwerb und Enteignungsverfahren, Abgabenbefreiungen, Zoll- und Devisenerleichterungen, Sicherung der Freizügigkeit für die Bediensteten. Die Förderung besteht also überwiegend nicht in üblichen Subventionsleistungen, sondern in Privilegierungen in der Rechtsbehandlung und in solchen Hilfen, die das nationale Recht mittelbare Subventionierungen nennen würde. Da die Erbringung dieser Förderung Sache der Mitgliedstaaten ist, handelt es sich de iure nicht um gemeinschaftseigene Subventionierung i. e. S., sondern um eine gemeinschaftseigene, die Mitgliedstaaten bindende Subventionierungskompetenz. So erklärt sich auch das Erfordernis der Einstimmigkeit der Ratsentscheidung.

5. EGKSV

19 Der Struktur des von Beginn an vollzogenen gemeinsamen Kohle- und Stahlmarktes, dem intensiveren Interventionscharakter seiner Verfassung und der Besonderheit der Finanzierung durch die Montanumlage entsprechend, hat der EGKSV eine breite Skala gemeinschaftseigener Subventionsverfahren bereitgestellt und praktiziert.

a) Nach Art. 5 II EGKSV stellt die Gemeinschaft den Unternehmen Finanzierungsmittel für ihre Investitionen zur Verfügung und beteiligt sie sich an den Lasten der Anpassung. Unter Rückgriff auf Art. 95 EGKSV sind den Unternehmen der Kohleindustrie zwecks Zielverfolgung gemäß Art. 5 seit 1959 Kredite und Zuschüsse zur Vermeidung und Überbrückung von Absatzschwierigkeiten gewährt worden (Haldenfinanzierung, in ihrer Funktion zur Vermeidung von Nachteilen für die Arbeitnehmer, im Effekt den Wiederanpassungsmaßnahmen i. S. von Art. 56 EGKSV vergleichbar)[28].

b) Das Schwergewicht der montanrechtlichen Subventionsverwaltung hat von Beginn an in ihrer Finanzhilfe für Investitionsprogramme gelegen. Art. 54 EGKSV unterscheidet zwischen Krediten und Anleihegewährleistungen für Montan-Unternehmen i. S. des Art. 80, also solchen, die der Gemeinschaft unterfallen, und anderen (auch Nicht-Montanunternehmen) für die Finanzierung von Arbeiten und Einrichtungen, die unmittelbar und in erster Linie dazu beitragen, die Produktion zu steigern, die Gestehungskosten zu senken oder den Absatz von Montanerzeugnissen zu erleichtern. Für die Kreditierung *dieser* Art sind besondere sachliche Voraussetzungen und jeweils einstimmige Ratsentscheidungen erforderlich. Das Bewilligungsverfahren folgt weithin der sog. Zweistufentheorie[29]. Für die Subventionierung der erstgenannten Art verfügt die Kommission gemäß Art. 54 III—VI i. Verb. mit Art. 47 über eine besondere Kompetenz zur Investitionskontrolle hoher Interventions- und Lenkungsintensität, die insbes. auch repressiv wirken kann. Eine nach Abs. V als Entscheidung i. S. von Art. 14 ergehende negative Stellungnahme der Kommission hinsichtlich eines Investitionsprogramms eines Unternehmens gilt als (mit Geldbuße sanktionierbares) Verbot, zu seiner Durchführung andere als Eigenmittel zu verwenden, also als Verbot der Inanspruchnahme auch des Kapitalmarktes. Wegen seiner Tragweite genießt das Unternehmen hiergegen gerichtlichen Rechtsschutz gemäß Art. 33 II.

c) Nach Art. 55 § 2 b und c EGKSV kann die Kommission nach Anhörung des Beratenden Ausschusses und mit Zustimmung des Rates Mittel aus den Umlagen oder unentgeltlichen Zuwendungen zur Förderung der technischen und wirtschaftlichen Forschung bewilligen, also als Kredite oder verlorene Zuschüsse. Sie ist hierbei nicht an Montanunternehmen als Empfänger gebunden, wohl aber bei Zuwendungen aus Anlagemitteln in ihrer Höhe (Art. 55 § 2 c i. Verb. mit Art. 50 § 2).

d) Nach Art. 56 EGKSV kann die Kommission in Industriezweigen und zugunsten von Unternehmen subventionieren (durch Kreditierung, Verbürgung, verlorenen Zuschuß) im Interesse der Arbeitnehmer, deren Wiederbeschäftigung als Folge von Rationalisierungsmaßnahmen Anpassungsschwierigkeiten hervorgerufen hat. Unter den dort detailliert bezeichneten unterschiedlichen Voraussetzungen kommt Subventionierung in Betracht,

---

[28] Dazu: *Wittig*, Die Sicherung der Anleihegläubiger der Montanunion (1964) 58.

[29] *Wittig* 43; *Ipsen* VVDStRL 25 (1967) 274 Anm. 32; *Börner*, Die Entscheidungen der Hohen Behörde (1965) 18.

wenn die beteiligten Regierungen der Mitgliedstaaten dahingehende Anträge stellen und sich u. U. an der Anpassungshilfe paritätisch beteiligen.

6. Subventions-Lastverteilung

20 a) Es entspricht allgemeiner Erfahrung der Subventionsverwaltung, daß sie Subventionierung Privater aus dem Haushalt des Trägers der bewilligenden Finanzmasse mit anteiliger Subventionierung aus Mitteln eines anderen öffentlichen Haushalts zu kombinieren versteht, wenn solche Einwirkungsmöglichkeiten zwischen den Finanzmassen und ihren Trägern bestehen. Das ist herkömmlich der Fall zwischen Bundesstaat, Gliedstaaten und Gemeinden. Solche Kombinationen der Subventions-Lastverteilung hat folgerichtig auch das Gemeinschaftsrecht vorgesehen und entwickelt.

b) Hiervon zu unterscheiden ist die Kompetenz der Gemeinschaft, die Mitgliedstaaten ihrerseits zu Subventionierungen zu veranlassen, ohne selbst Subventionierung vorzunehmen. Hierbei nimmt die Gemeinschaft eine Funktion der Subventionspolitik wahr, deren Durchführung und Finanzierung den Mitgliedstaaten obliegt. Eine Rechtsgrundlage hierzu kann die EWG aus Art. 235 EWGV herleiten, die EGKS aus Art. 95 I, II EGKSV. Im Montanrecht liegt darin eine Überspielung des absoluten Subventionsverbotes des Art. 4 c EGKSV[30] *(38/10)*.

B. Sonderlasten

21 Sonderlasten[31] sind Maßnahmen der Mitgliedstaaten, die sich fühlbar auf die Wettbewerbsbedingungen und als solche gemeinschaftswidrig auswirken. Das Gemeinschaftsrecht hat sich ihrer nur im Montanbereich angenommen: Art. 4 c i. Verb. mit der Spezifizierung in Art. 67, und zwar im Sinne eines allgemeinen Sonderlastenverbotes strengen Charakters. Sie sind — wiederum als Erscheinungen einer Diskriminierung — von solchen Belastungen zu unterscheiden, die ein Mitgliedstaat auf Grund *allgemeiner* wirtschaftspolitischer Erwägungen *allgemein* und *gleich* auferlegt und deren Auferlegung den Mitgliedstaaten gemeinschaftsrechtlich nicht verwehrt ist. Eine Sonderlast liegt dann vor, wenn sie die Produktionskosten von Erzeugern vergleichbarer Lage so beeinflußt, daß Verzerrungen bei der Verteilung der Produktion entstehen, die ihrerseits nicht von einer Veränderung der

[30] Vgl. Entscheidung 3/65 der Hohen Behörde v. 17. 2. 1965 (ABl. 480), mit Wirkung ab 1. 1. 1971 Kommissionsentscheidung 3/71 v. 22. 12. 1970 (ABl. 1971 L 3, 7); *Götz* 233.

[31] *Steindorff* WuW 1967, 633; *Boulouis,* AnnFrDrInt 1956, 441; *Daig* JZ 1958, 204, 238; *Deringer,* Zur Auslegung des Montanvertrages, WuW 1956, 725. — Aus der Rechtsprechung des EuGH: Rs 7 u. 9/54 Rspr. II, 60; Rs 12/57 Rspr. IV, 503; Rs 14/59 Rspr. V, 471; Rs 30/59 Rspr. VII, 7.

Produktivität herrühren. Sie entstehen z. B. also nicht, wenn Lasten auf Grund gemeinsamer finanzieller Einrichtungen ungleich verteilt werden, sofern dies auf objektiv festgesetzten Tatbestandsmerkmalen beruht. Die Sonderlast kann also auch aus ihrem Kontrastcharakter zur Subvention gedeutet werden.

Die der Kommission gegenüber schädlichen Auswirkungen mitgliedstaatlicher Sonderlast-Auferlegung zustehenden Kompetenzen umschreibt Art. 67 § 2. Sie kann danach innerhalb des Mitgliedstaates Beihilfen zulassen, bei Auswirkungen in anderen Mitgliedstaaten diesen ausgleichende Maßnahmen empfehlen.

C. Dumping

22 Dumping[32] ist — nach der GATT-Definition seines Art. VI 1 — die einen Wirtschaftszweig des Importlandes schädigende Einfuhr von Erzeugnissen eines Landes in den Markt eines anderen zu einem geringeren Preis als ihrem normalen Wert, also die Verwendung eines unter dem vergleichbaren Inlandpreis liegenden Exportpreises. Dumping kann die Funktion des zwischenstaatlichen Handels, die internationale Arbeitsteilung zu fördern, zum Schaden des Importlandes stören. Deshalb hat Art. 91 EWGV seine Praktizierung — ob durch staatliche Subventionierung oder private Preisunterbietung — insbesondere für die Übergangszeit unter Gemeinschaftskontrolle und schützende Gegenmaßnahmen (Einfuhrbeschränkung, Zölle, Mindestpreisregelungen) stellen müssen. Nach der Beseitigung von Schutzzoll- und Kontingentierungsmaßnahmen sind Dumpingpraktiken, die zu ihnen ein geeignetes Korrelat bilden können, ohne wirtschaftliche Funktion und deshalb für den Vertrag nicht mehr relevant. Sog. „soziales Dumping", d. h. Preisunterbietung auf Grund niedrigerer Arbeitskosten, ist nicht Dumping i. S. des Art. 91, ebensowenig solches im Handelsverkehr mit Drittstaaten; insoweit ist Art. 113 anwendbar[33].

---

[32] *Winfried Grabitz,* Das Dumping innerhalb der Europäischen Wirtschaftsgemeinschaft (1966); *Börner* Fs Hallstein 36; *Mastropasqua,* Le Marché Commun et la défense contre le dumping; *Everling* Betrieb 1960, 999; *Laubereau* ZfZ 1960, 7; *Ehle* AWD 1968, 288; *Colliard* DrCommEur Nr. 2171; *Wockenfoth,* Antidumping-Gesetzgebung in der EWG, AWD 1959, 77; 1960, 99; zur deutschen Wirtschafts- und Rechtslage: *Pankow,* Die gegenwärtige Bedeutung von Dumpingeinfuhren und außenwirtschaftlichen Marktstörungen für die Wirtschaft der BRD (1970).

[33] *Wohlfahrt* u. a. Komm. 1 zu Art. 91.

§ 39 RECHTSANGLEICHUNG

Angleichung des Rechts der Wirtschaft in Europa. Intern. Kongr. Köln März 1969, KSE 11 (1971); *Aubin*, Zum Aufbau des Tatbestandes in Art. 101 des Vertrages zur Gründung der Europäischen Wirtschaftsgemeinschaft, Fs Riese 245; *Beuve-Mery*, Les applications des articles 100, 101 et 102 du Traité de la C. E. E. de 1958 à 1970, RevTrimDrEur 1970, 303; *Ermacora*, Probleme der europäischen Rechtsvereinheitlichung, ZeitschrRVergl 1967, 129; *Glaesner*, Probleme der europäischen Rechtsangleichung, in: Die Entwicklung eines europäischen Gemeinschaftsrechts (1963) 53; *von der Groeben*, Die Politik der Europäischen Kommission auf dem Gebiet der Rechtsangleichung, NJW 1970, 359; *Hallstein*, Angleichung des Privat- und Prozeßrechts in der Europäischen Wirtschaftsgemeinschaft, RabelsZ 28 (1964) 211; L'harmonisation dans les Communautés (1968); *Houin*, Rechtsangleichung in der EWG am Ende der Übergangszeit, in: Angleichung, KSE 11 (1971) 778; *Ipsen*, Richtlinien-Ergebnisse, Fs Ophüls 67; *Kreplin*, Die Richtlinie als Instrument zur Rechtsangleichung nach Art. 100 EWGV, NJW 1965, 467; *Lecourt-Chevallier*, Chances et malchances de l'harmonisation des législations européennes, Recueil Dalloz 1963 Chronique 273; *Lecourt-Chevallier*, Comment progresse le rapprochement des législations européennes?, Recueil Dalloz 1965 Chronique 147; *Gert Meier*, Der Gemeinsame Markt nach Beendigung der Übergangszeit, NJW 1970, 969; *Möhring*, Rechtsvereinheitlichung und Rechtsgarantien im EWG-Bereich, NJW 1965, 2225; *Neri*, Les actes des organes de la C. E. E. en tant que moyen du rapprochement, in: Angleichung, KSE 11 (1971) 199; *Rodière*, L'harmonisation des législations européennes dans le cadre de la CEE, RevTrimDrEur 1965, 336; *Schwartz*, Zur Konzeption der Rechtsangleichung in der Europäischen Wirtschaftsgemeinschaft, Fs Hallstein 474; *Seidel*, Aktuelle Probleme der Rechtsangleichung gemäß Art. 100 EWGV, EuR 1967, 202; *Seidel*, Die Rechtsangleichung zur Herstellung des gemeinsamen Marktes und der Wirtschaftsunion, in: Einführung 207; *Seidl-Hohenveldern*, Rechtsakte der Organe der EWG als Mittel der Angleichung, in: Angleichung, KSE 11 (1971) 170; *Semini*, La CEE. Harmonisation des législations (1971); *Strauß*, Fragen der Rechtsangleichung im Rahmen der Europäischen Gemeinschaften (1959); *Verloren van Themaat*, Die Rechtsangleichung als Integrationsinstrument, Fs Ophüls 243; *Zweigert*, Les principes généraux du droit des Etats membres, DrCommEur Nr. 1198; *Zweigert*, Grundsatzfragen der europäischen Rechtsangleichung, ihrer Schöpfung und Sicherung, Fs Dölle II 401.

Die Tätigkeit der Gemeinschaft i. S. des Art. 2 EWGV umfaßt nach Art. 3 h auch „die Angleichung der innerstaatlichen Rechtsvorschriften, soweit dies für das ordnungsmäßige Funktionieren des Gemeinsamen Marktes erforderlich ist". Rechtsangleichung, als solche und derart nach Konzeption, Zuständigkeitsausweisung und Mittelausstattung *nur im EWGV* organisiert, ist danach ein Instrument zur Herstellung und Funktionssicherung des Gemeinsamen Marktes. Sie wird „von den Institutionen der Gemeinschaft nicht als l'art pour l'art betrieben", und sie ist zum ersten Mal „nicht dem Zufall, dem freien Spiel der ungebundenen völkerrechtlichen Verständigung anheimgegeben"[1].

[1] *Hallstein*, RabelsZ 28 (1964) 214.

I. Zielsetzung und Rechtsgrundlagen

Der Vertrag setzt die Rechtsangleichung als Instrument zur Funktionssicherung des Gemeinsamen Marktes ein. Deshalb werden ihre Ziele durch seine Merkmale und die schrittweise Annäherung der Wirtschaftspolitik der Mitgliedstaaten bestimmt, wie Art. 2 EWGV sie als Aufgabe der Gemeinschaft umschreibt.

1. Dynamische Funktion

1 Der Gemeinsame Markt ist gekennzeichnet durch die Zollunion mit gemeinsamem Außenzolltarif, die vier Freiheiten des Waren-, Dienstleistungs-, Personen- und Kapitalverkehrs und das System unverfälschten Wettbewerbs. Er wird außerdem geprägt durch eine gemeinsame Landwirtschafts-, Verkehrs- und Außenhandelspolitik sowie eine koordinierte Wirtschaftspolitik der Mitgliedstaaten. Die Zielsetzung der vertraglichen Rechtsangleichung als Sicherung des ordnungsmäßigen Funktionierens des so begriffenen Gemeinsamen Marktes stellt der Rechtsangleichung eine insgesamt dynamisch konzipierte, nicht a priori fixierte Aufgabe. Denn der Gemeinsame Markt duldet in der Herstellung gemeinsamer Politiken und der Koordinierung der mitgliedstaatlichen Wirtschaftspolitik nicht Beharrung. Er fordert Entwicklung.

2. Rechtsgrundlagen

Dieser Charakterisierung entsprechen diejenigen Vertragsvorschriften, die Angleichungsaufgaben in ihren Zielsetzungen umschreiben oder solche aus den Zusammenhängen der Gemeinschaftsaufgaben erkennen lassen.

2 a) Die *allgemeinen* und *Grundsatzregeln* über die Rechtsangleichung in Art. 100—102 bilden als Kapitel 3 — nach den Wettbewerbsregeln des Kapitels 1 (Art. 85—94) und den Steuerlichen Vorschriften des Kapitels 2 (Art. 95—99) — einen Komplex innerhalb der Gemeinsamen Regeln, die für die „Politik der Gemeinschaft“ gelten. Daß die Rechtsangleichung, die in der Rechtsharmonisierung der indirekten Steuern auf Grund der Sonderkompetenz des Art. 99 innerhalb dieses Normenkomplexes entsprechend wirken soll, derart als *Mittel der Gemeinschaftspolitik* erscheint, verknüpft ihre Zielsetzung mit der Errichtung des Marktes, seinem Funktionieren und der Politik der Gemeinschaft schlechthin. Schon hieraus folgt, daß Rechtsangleichung nicht nur *im Abbau,* sondern auch *gestaltend* zur Wirkung kommen kann oder erforderlichenfalls so wirken muß. Art. 100 bis 102 dienen — unterschiedlich nach ihren Anwendungsvoraussetzungen, ihrer Stoßrichtung, ihren Organzuständigkeiten und Mittelzuweisungen — der Unterbindung von Funktionsstörungen, der Beseitigung spezifischer Wettbewerbsverzerrungen und ihrer Verhinderung. Der Vollzug der Rechtsangleichung überhöht diese ihre Wirkung kraft ihres „Funktionswandels“, der sich aus einer Zuständigkeitsverlagerung auf die Gemeinschaft ergibt[2] *(39/16).*

aa) Nach Art. 100 erläßt der *Rat einstimmig* auf Vorschlag der Kommission Richtlinien für die Angleichung derjenigen Rechts- und Verwaltungsvorschriften der Mitgliedstaaten, die sich unmittelbar auf die Errichtung oder das Funktionieren des Gemeinsamen Marktes auswirken. Die Versammlung und der Wirtschafts- und Sozialausschuß werden zu solchen Richtlinien gehört, deren Durchführung in einem Mitgliedstaat oder in mehreren eine Änderung von gesetzlichen Vorschriften zur Folge haben würde.

bb) Nach Art. 101 tritt die Kommission mit den betreffenden Mitgliedstaaten in Beratungen ein, wenn sie feststellt, daß *vorhandene* Unterschiede in den Rechts- und Verwaltungsvorschriften der Staaten die Wettbewerbsbedingungen auf dem Gemeinsamen Markt verfälschen und dadurch eine Verzerrung hervorrufen, die zu beseitigen ist. Dabei kommt es auf den *objektiven* Tatbestand einer Verzerrung an. Ob der Mitgliedstaat verfälschen oder die Verzerrung hervorrufen *wollte,* ist unerheblich. Gelingt die Beseitigung in dieser Weise nicht, so erläßt der Rat mit qualifizierter Mehrheit auf Kommissionsvorschlag die erforderlichen Richtlinien. Kommission und Rat können auch alle sonstigen, vertraglich vorgesehenen zweckdienlichen Maßnahmen treffen.

cc) Ein Mitgliedstaat, der Rechts- oder Verwaltungsvorschriften zu erlassen *beabsichtigt,* von denen die Verursachung einer Verzerrung i. S. des Art. 101 zu befürchten ist, hat sich nach Art. 102 I mit der Kommission ins Benehmen zu setzen. Sie empfiehlt nach Beratung mit den Mitgliedstaaten den beteiligten von ihnen die zur Vermeidung der Verzerrung geeigneten Maßnahmen. Art. 102 II zieht die Folgerungen aus der Nichtbefolgung solcher Kommissionsempfehlungen.

3 b) Besondere Rechtsangleichungsregeln sind denjenigen Vertragsvorschriften eingeordnet, die zur Errichtung der Zollunion, zur Gestaltung der gemeinsamen Handelspolitik und zur Herstellung der vier Freiheiten ergangen sind.

aa) Nach Art. 27 hatten die Mitgliedstaaten schon vor Ende der ersten Stufe die erforderliche Angleichung ihrer Rechts- und Verwaltungsvorschriften auf dem Gebiet des Zollwesens zur Vorbereitung der Zollunion vorzunehmen *(29/9 ff.).*

bb) Die Angleichung des Außenhandelsrechts im Interesse der Gestaltung der gemeinsamen Handelspolitik ist vorgesehen in den Art. 111—113.

cc) Der Herstellung der Freizügigkeit der Arbeitskräfte, der Niederlassungsfreiheit der Selbständigen, der Freiheit des Dienstleistungs- und Kapitalverkehrs dienen Angleichungsgebote in den Art. 49, 54, 56, 57, 63, 69.

4 c) Abgesehen von der konstruktiven Bedeutung, die die Angleichung des

[2] *Seidel,* in: Einführung 217.

Außenhandelsrechts für die Gestaltung der gemeinsamen Handelspolitik hat, kommt der Rechtsangleichung entsprechende Wirkung zu im Bereich der Verkehrspolitik, der Agrarpolitik sowie der Politiken in Angelegenheiten der Konjunkturbeeinflussung, des Währungswesens und der sozialen Sicherung. Die Vertragsermächtigungen zu dahingehender Rechtsangleichung finden sich in Art. 75 (Verkehr), 43 II (Landwirtschaft), 103 III (Konjunkturpolitik), 106 II, III (Währungswesen) und 117, 118 (Sozialpolitik). In diesen Bereichen kommt der Rechtsangleichung ebenfalls überwiegend die Aufgabe der Funktionssicherung des Gemeinsamen Marktes zu; in der Sozialpolitik rechnet Art. 117 dagegen eher umgekehrt mit seiner Wirksamkeit als Antrieb für Fortschritte der sozialen Sicherung, so daß hier die Rechtsangleichung weniger Funktionsinstrument als vielmehr Auswirkung des Gemeinsamen Marktes sein dürfte[3].

5 d) Die Anwendung der allgemeinen und der speziellen Vertragsvorschriften zur Rechtsangleichung wirft praktisch bedeutsame Auslegungsfragen auf.

aa) Art. 3 h sieht die Angleichung der innerstaatlichen Rechtsvorschriften — gleichrangig neben den anderen in Art. 3 genannten — als *Tätigkeitsbereich* (als „Agende") der Gemeinschaft vor, „soweit dies für das ordnungsmäßige Funktionieren des Gemeinsamen Marktes erforderlich ist". Art. 100 bis 103 im Kapitel 3 der für die Politik der Gemeinschaft insgesamt gemeinsamen Regeln wiederholen den Maßstab der „Erforderlichkeit" nicht. Sie umschreiben dagegen selbst die auf den Gemeinsamen Markt bezogene Eigenart jener Vorschriften, die sie als *angleichbar* und *angleichungsbedürftig* ansehen. Diese Eigenart äußert sich in ihrer unmittelbaren Auswirkung auf Errichtung und Funktionieren des Gemeinsamen Marktes, ihrer Verfälschungs- und (effektiven oder potentiellen) Verzerrungswirkung für die Wettbewerbsbedingungen. Aus dieser Zuordnung und Wortgebung sind Folgerungen gezogen worden, die die Tragweite und Bedeutung der Rechtsangleichung in unzutreffender Weise verkürzen[4].

„Erforderlich" i. S. des Art. 3 h ist einmal schon nicht, wie behauptet worden ist, als Ermächtigungs*beschränkung* mit restriktiver Auswirkung auf Art. 100—103 zu verstehen. Denn der Agenden-Katalog des Art. 3 liefert seinerseits überhaupt nicht Ermächtigungsgrundlagen zum Handeln der Gemeinschaftsorgane, weshalb er auch keine Ermächtigungs*einschränkung* anordnen kann. Er stellt lediglich eine Aufgaben-Beschreibung der Gemeinschaft *als solcher* dar, für die die Handlungsermächtigung der Gemeinschafts*organe* (arg.: „nach Maßgabe dieses Vertrages") den jeweils anwendbaren Vertragsvorschriften zu entnehmen ist — hier also allgemein den Art. 100 bis 103, speziell den genannten Sondervorschriften. Zum anderen könnte

[3] *Seidel* 216; *Schwartz* Fs Hallstein 485.
[4] So *Seidl-Hohenveldern*, in: Angleichung des Rechts der Wirtschaft in Europa (Kölner Tagung 1969) KSE 11 (1971) 170.

die „Erforderlichkeit“ in Art. 3 h auch nicht den Sinn einer — quasi polizeirechtlich verständlichen — Ermächtigungs-Eingrenzung in bezug auf Art. 100—103 haben mit der Folge, daß die Gemeinschaftsorgane nur zu jenen *lediglich notwendigen* Maßnahmen befugt wären, die zur *Gefahrenabwehr* für das Funktionieren des Gemeinsamen Marktes eben gerade „erforderlich“ seien. Im Sinnzusammenhang des Art. 3 h mit den Art. 100—103 und der ratio aller Rechtsangleichungspolitik, die der Gemeinschaft aufgegeben ist, kann „erforderlich“ nur positiv und konstruktiv als *für das Funktionieren des Gemeinsamen Marktes nützlich und förderlich* begriffen werden[5]. Das schließt selbstverständlich gefahrenabwehrende oder -beseitigende Maßnahmen nicht aus, sondern bezieht sie ein. Insofern ist die billigenswerte Feststellung[6], Rechtsangleichung im Gemeinschaftsrecht sei nicht Selbstzweck, sondern Mittel zum Zweck, durchaus geeignet, ihre Nützlichkeit und Förderlichkeit für das Funktionieren des Gemeinsamen Marktes als solchen hervorzuheben. Sie ist andererseits aber zugleich geeignet, auch Grenzen ihres Einsatzes zu erkennen, ihre Entbehrlichkeit nämlich in jenen Bereich des Wirtschaftsrechts und seiner grenzüberschreitenden Sachverhalte, in denen Funktionen des Gemeinsamen Marktes nicht in Frage stehen. Der Rechtsangleichungsaufgabe und ihrer Verfolgung nach Art eines selbstzweckbezogenen Perfektionismus sind also durchaus Grenzen gesetzt.

bb) Das gilt insbesondere für Tendenzen, das gesamte Wirtschafts- (oder jedenfalls in ihm das Handels-)recht durch Vereinheitlichung anzugleichen, weil dies der „Weiterentwicklung“ des Gemeinsamen Marktes nützlich sei[7]. Nützlichkeit und Förderlichkeit der Rechtsangleichung sind jedenfalls immer „eingebunden“ in seine vertraglich fixierten Merkmale. Sie wirken aber nicht darüber hinaus. Daraus folgt, daß die vertraglich eingeräumten Organbefugnisse zur Rechtsangleichung, insbesondere die zum Richtlinien-Erlaß, rechtlich auf diese Grenzen verwiesen sind. Darüber hinausreichende, zur Weiterentwicklung nützlich erscheinende Rechtsangleichungen bleiben dem Abschluß entsprechender Abkommen der Mitgliedstaaten vorbehalten. Allenfalls bietet Art. 235 („um im Rahmen des Gemeinsamen Marktes eines ihrer — der Gemeinschaft — Ziele zu verwirklichen“) die Handhabe zu neuartiger Gemeinschafts-Rechtsschöpfung, die als solche über die Aufgabe der Rechtsangleichung hinausgeht[8].

---

[5] *Ipsen* gegen *Seidl-Hohenveldern* in der Diskussion auf der Kölner Tagung vom März 1969, in: Angleichung 222; vgl. dort auch *Everling* 220 und *Matthies* 219; Hinweise hierauf auch bei *Zuleeg* DVBl. 1969, 654.

[6] *Schwartz* Fs Hallstein 486.

[7] So insbes. *Lecourt* und *Chevallier*, Recueil Dalloz 1963 Chronique 276—277; 1965 Chronique 147; vgl. *Schwartz* Fs Hallstein 485.

[8] Vgl. hierzu den Kommissions-Vorschlag einer — auf Art. 235 EWGV zu stützenden — Verordnung des Rates über das Statut für Europäische Aktiengesellschaften vom 30. 6. 1970 (ABl. 1970 C 124, 1 = BullEG Sonderbeilage zu Nr. 8/1970); zum Problem: *Gericke*, Allgemeine Rechtsetzungsbefugnisse nach Art. 235 EWGV (1970).

cc) Weil die allgemeinen Rechtsangleichungsregeln der Art. 100—102 und die speziell anwendbaren sich teilweise in der Bestimmung des von ihnen geschützten Rechtsgutes überschneiden (etwa die Freiheit des Wettbewerbs hier, die vier Freiheiten dort), stehen allgemeine und spezielle Regelungen insoweit nicht in der üblichen Zuordnung des Vorrangs der Spezialnorm vor der Generalnorm. Soweit die Spezialregelungen zur Zollunion und zu den vier Freiheiten zur Sicherung unverfälschten Wettbewerbs nicht ausreichen, sind daher Art. 100, 101 zusätzlich anwendbar[9].

II. Rechtsangleichungs-Materien

1. Programme

6 Welche *Rechtsmaterien* der Angleichung zugänglich oder unterworfen sind, ergibt sich aus ihrer Zielsetzung. Nach ihr haben die Gemeinschaftsorgane, insbesondere die Kommission, Angleichungsprogramme entwickelt, in denen die Angleichungsgegenstände, die Motive und die Zeitfolge der Angleichung bezeichnet sind.

Ein am 16. Juni 1965 vor dem Parlament angekündigtes *allgemeines* Programm für die Rechtsangleichung hat die Kommission bislang nicht vorgelegt[10]. Indes hat ihr Mitglied *von der Groeben* dem Parlament am 27. November 1969 einen mündlichen Bericht über die Rechtsangleichung gegeben[11]. Einzelprogramme[12] sind u. a. enthalten in der Denkschrift der Kommission über das Aktionsprogramm der Gemeinschaft für die Zweite Stufe vom 24. Oktober 1962[13], ihrem Aktionsprogramm auf dem Gebiet der Zollgesetzgebung vom 10. Oktober 1963[14], ihrer „Initiative 1964" vom 30. September 1964[15], der Entscheidung des Rates vom 13. Mai 1965 über die Harmonisierung bestimmter Vorschriften des Verkehrsrechts[16], den Programmen der Kommission vom 8. Februar und vom 26. Juni 1967 für die Steuerharmonisierung[17], dem Memorandum der Kommission über die Notwendigkeit und die Modalitäten einer Aktion auf dem Gebiet des Kapitalverkehrs vom 5. März

---

[9] *Schwartz* Fs Hallstein 480.

[10] In ihrer Antwort vom 7. 4. 1967 auf die Anfrage Nr. 53 des Abg. *Deringer* hatte die Kommission noch der Hoffnung Ausdruck gegeben, dieses Programm „in einiger Zeit" unterbreiten zu können (ABl. 1967, 1313).

[11] Verhandlungen des Eur. Parl. Nr. 119, Sitzungen vom 24. bis 28. 11. 1969, 155—162, 166. In diesem Bericht wird offengelassen (S. 162), ob seine Konkretisierung in einem Rechtsangleichungs-Programm noch erforderlich sei. Der Bericht ist mit geringfügigen Änderungen und Kürzungen unter dem Titel „Die Politik der Europäischen Kommission auf dem Gebiet der Rechtsangleichung" in NJW 1970, 359 abgedruckt.

[12] Zu ihnen sowie zu Motiven und Zeitfolge der Angleichung: *von der Groeben* NJW 1970, 359.

[13] Dok KOM (62) 300.

[14] Vgl. 7. Gesamtbericht EWG Nr. 18; vgl. auch das Allgemeine Programm für die Angleichung des Zollrechts von Ende April 1971.

[15] Dok KOM (64) 400.

[16] ABl. 1965, 1500.

[17] Bull EWG Sonderbeilage zu Nr. 8/1967.

1969[18] und dem Allgemeinen Programm des Rates zur Beseitigung technischer Hemmnisse im Warenverkehr vom 28. Mai 1969[19].

Der zuständige Ausschuß des Parlaments[20] und dieses selbst[21] haben zum Zweiten Gesamtbericht der Kommission über das Jahr 1968 beanstandet, daß die Rechtsangleichungsaktivität von Rat und Kommission trotz aller Fortschritte der Dynamik der Integration und der gebotenen Einheitlichkeit des Vorgehens nicht gerecht werde. Die Beanstandung kann nur ins Licht rücken, wie umfangreich, kompliziert, politisch-anfällig und -belastet die Aufgabe der Rechtsangleichung ist.

2. *Materienkatalog*

7 Die von der Angleichung erfaßten Rechtsmaterien ergeben sich im einzelnen aus den (seit 1965 jährlich durch Fortschreibung ergänzten) Tabellen, die in den jährlichen Gesamtberichten der Kommission enthalten sind. Die von Anfang 1958 bis Ende 1969 durchgeführten Angleichungsarbeiten sind in einer Übersichts-Tabelle enthalten[22]. Ihre Systematik gleicht derjenigen in den Gesamtberichten und gliedert sich nach:

I. Zollrecht — Außenhandelsrecht
II. Freizügigkeit der Arbeitnehmer
III. Niederlassungsrecht und Dienstleistungsverkehr
IV. Kapitalverkehr
V. Wettbewerb und freier Warenverkehr
VI. Sozialrecht
VII. Landwirtschaft
VIII. Verkehrsrecht

Den umfänglichsten Materienkatalog enthält die Gruppe V: Wettbewerb und freier Warenverkehr. Sie reicht vom Thema der technischen Handelshemmnisse über Post- und Fernmelderecht, gewerblichen Rechtsschutz und Gesellschaftsrecht bis zum Steuerrecht.

3. *Verwirklichung*

8 Bis zum 31. Dezember 1970 hat die Gemeinschaft auf dem Gebiet der Rechtsangleichung 88 Richtlinien, 10 Entscheidungen, 22 Empfehlungen und 3 Entschlie-

[18] Vgl. Bull EWG Nr. 5/1969, 23 sowie die Ratsentschließung in ABl. 1969 C 139, 37.

[19] ABl. 1969 C 76, 1.

[20] Bericht *Corona* im Namen des eingesetzten Redaktionsausschusses, EurParl-SitzDok 1969—70 Dok. 66 v. 24. 6. 1969, 18.

[21] Vgl. die Aussprache des Parlaments zum vorgenannten Bericht (Verhandlungen Nr. 116, Sitzungen vom 30. 6. bis 4. 7. 1969, 133) sowie die Entschließung vom 2. 7. 1969 (ABl. C 97, 45).

[22] „Gemeinschaftliche Maßnahmen zur Rechtsangleichung — 1958—1969" (Bull EG Sonderbeilage zu Nr. 6/1970); ergänzende Angaben für das Jahr 1970 im 4. Gesamtbericht S. 59.

ßungen erlassen, außerdem 38 Richtlinien zur Gleichbehandlung von In- und Ausländern bei der Niederlassung und beim Dienstleistungsverkehr. Am 31. Dezember 1969 lagen dem Rat Entwürfe für 78 Richtlinien, 5 Entscheidungen und 2 Empfehlungen zur Rechtsangleichung vor, während bei der Kommission zum gleichen Zeitpunkt noch 87 Richtlinien, 1 Empfehlung und 20 Angleichungsmaßnahmen noch nicht näher bestimmter Rechtsform in Vorbereitung waren. Im Jahre 1970 hat die Kommission 33 Richtlinienvorschläge zur Rechtsangleichung fertiggestellt und dem Rat unterbreitet[23].

4. Mitgliedstaatliche Ausführung

9 Die von den Mitgliedstaaten zur Ausführung der Rats-Richtlinien erlassenen Angleichungsvorschriften werden ebenfalls in tabellarischen Übersichten der Kommission erfaßt. Diese Übersichten gleicher Systematik der bezeichneten Art *(39/7)* weisen die mitgliedstaatlichen Maßnahmen im einzelnen nach, und zwar nach Art, Publikation und Fundstelle. Die lückenlose Übersicht für die bis zum 30. Juni 1967 getroffenen nationalen Maßnahmen zur Ausführung der bis zum 31. März 1966 ergangenen Ratsrichtlinien[24] ist bislang noch nicht fortgeschrieben worden.

5. Verfahrens-Tabellen

10 Zur Anwendung der Art. 101, 102 stattfindende Beratungs- und etwaige Sanktionsverfahren der Gemeinschaftsorgane in bezug auf nationale Rechtsnormen oder Rechtsetzungsvorhaben werden entsprechend tabellarisch ausgewiesen. Die Tabelle informiert auch über den jeweiligen Stand ihrer Behandlung durch die Gemeinschaftsorgane[25].

III. Kriterien, Mittel und Gang der Rechtsangleichung

1. Kriterien

11 Nach welchen Kriterien die Rechtsangleichung zu verfolgen ist, hängt von der Funktionserheblichkeit der einzelnen Rechtsmaterie für den Gemeinsamen Markt ab, vom jeweiligen Stand der einschlägigen nationalen Rechtsregelungen und der Eignung und Verhältnismäßigkeit der vertraglich verfügbaren Angleichungsmittel, das erstrebte Angleichungsziel zu verwirklichen.

a) Es entspricht der Konzeption der Generalklausel in Art. 100, die für die Vergemeinschaftung erforderlichen Rechtsstrukturen in aller Regel *zweistufig* durch Angleichung der existierenden mitgliedstaatlichen Regelungen bereitzustellen[26]. Die Angleichung erfolgt also primär nicht durch Schaffung

---

[23] Vgl. zu allem die Angaben im 4. Gesamtbericht (1970) 58 und im 3. Gesamtbericht (1969) 97.
[24] Bull EG Sonderbeilage zu Nr. 5/1968 S. 46—54.
[25] Ebenda S. 21 ff. sowie 4. Gesamtbericht (1970) 70.
[26] *Schwartz* Fs Hallstein 505; *von der Groeben* NJW 1970, 362.

neuen Gemeinschaftsrechts, das sich seinerseits den nationalen Rechtsregelungen verdrängend substituiert. Diese Regel schließt indes nicht aus, daß Richtlinien-Angleichung im Effekt solche Verdrängung und Ersetzung herbeiführt. Das geschieht, wenn die Richtlinie den Erlaß einer loi uniforme vorsieht oder zur Erzielung hinreichender Richtlinien-Ergebnisse bis zur letzten Detailregelung vordringen muß. Sie schließt aber auch die einstufige Normierung der Materie durch neues Gemeinschaftsrecht nicht aus, und dies insbesondere dann nicht, wenn es in einzelnen Mitgliedstaaten an angleichungsfähigen Regelungen überhaupt fehlt[27]. Denn „Rechtsangleichung" bedeutet im Wortsinne nicht notwendig „Angleichung" an existentes nationales Recht. Aber: „Damit soll keineswegs einer zunehmenden Verdrängung des innerstaatlichen Rechts durch unmittelbar anwendbares Gemeinschaftsrecht das Wort geredet werden. In der Mehrzahl der Fälle ist es nämlich auch aus der Sicht der Gemeinschaft nicht zweckmäßig, Normkomplexe aus ihrer Einbettung in den Zusammenhang der Gemeinschaft zu transponieren."[28] Zwischen anerkennenswerter Kontinuität der Rechtsentwicklung, bewährter historisch-organischer Verknüpfung innerhalb der nationalen Rechtsordnung einerseits, der Funktionsbedingtheit angeglichener nationaler und selbst verdrängender gemeinschaftsrechtlicher Regelung für den Gemeinsamen Markt andererseits ist jeweils abzuwägen. Maßgeblich sollte sein: „Die geographische Verbreitung einer Regel, ein prozentualer Anteil der verschiedenen nationalen Systeme und ähnliches wären unsachliche Erwägungen. Was zählt, ist allein die Güte der Lösung, gemessen an den Bedingungen und Notwendigkeiten eines neuen, großen, modernen Rechtsraumes."[29]

b) „Rechtsangleichung ist nicht gleichzusetzen mit unvollkommener Rechtsvereinheitlichung."[30] Deshalb hängt die *Intensität* der Rechtsangleichung von den Zielsetzungen und den Funktionserfordernissen des Gemeinsamen Marktes ab, nicht von dem Bestreben, aus der Addition der vorhandenen nationalen Regelungen eine kalkulierte Mittelregelung („arithmetisches Mittel") zu gewinnen. Vertragsgemäße Angleichung könnte daher sogar auch darin bestehen, eine einzelne fortschrittliche, funktions-optimale nationale Regelung durch Richtlinien-Gebot in allen anderen Mitgliedstaaten einzuführen. Was die Wissenschaft von der Rechtsvergleichung in ihren modernen Erkenntnissen „wertender Vergleichung" zu dieser Thematik hervorgebracht hat[31], ist mit Nachdruck auch zur erforderlichen und nützlichen Rechtsangleichung im Sinne des Art. 3 h EWGV zu verwerten.

---

[27] And. Ans. *Seidl-Hohenveldern,* These 9 seines Referats auf der Kölner Tagung, in: Angleichung 196.
[28] *von der Groeben* NJW 1970, 362; vgl. auch *Verloren van Themaat* Fs Ophüls 243.
[29] *Hallstein* RabelsZ 28 (1964) 231.
[30] *von der Groeben* NJW 1970, 361.
[31] *Zweigert* DrCommEur Nr. 1203.

2. *Mittel*

12 *Hauptmittel der Rechtsangleichung* ist die *Richtlinie,* ausnahmsweise die Verordnung (Art. 43 II, 49), die Empfehlung (Art. 27) und die Stellungnahme (Art. 118). Komplementärmittel ist das völkerrechtliche Abkommen der Mitgliedstaaten, worauf Art. 220 sie für wesentliche Materien verweist. Art. 51, 75, 99, 111, 113, 117 sehen Rechtsangleichung *ohne* bestimmte Mittelzuweisung vor, so daß die zuständigen Gemeinschaftsorgane nach den allgemeinen Handlungsregeln unter Mittelwahl verfahren können. Soweit den Gemeinschaftsorganen mehrere Angleichungsmittel verfügbar und sie insoweit vertragsrechtlich nicht gebunden sind, kommt es für die Mittelwahl auf seine Eignung und seine Verhältnismäßigkeit an — beide in Relation zur Verwirklichung des Angleichungszieles.

a) Vorrangig angewendetes, hierfür spezifisch geeignetes und bereits erprobtes Angleichungsmittel ist die *Richtlinie* (Art. 189 III). Ihre Anwendung bedeutet eine Zweistufigkeit des Angleichungsvorgangs: den Erlaß der Richtlinie als Gemeinschafts-Rechtsakt, ihren Vollzug durch Rechtsakt der Mitgliedstaaten *(21/27—30).* Hinsichtlich des zu erreichenden Zieles (ihrer angestrebten „Ergebnisse") ist die Richtlinie für jeden Mitgliedstaat, an den sie gerichtet ist, verbindlich. Sie überläßt den innerstaatlichen Stellen jedoch die Wahl der Form und der Mittel.

aa) Die mitgliedstaatliche Verbindlichkeit erstreckt sich auf *alle* innerstaatlichen Stellen, also nicht nur die normsetzenden und exekutiven, sondern auch die nationalen Gerichte. Dabei haben die Gerichte Art. 177 zu beachten.

bb) Die Verbindlichkeit äußert sich *primär* in der Bindung der nationalen *Rechtsetzungsorgane,* weil *ihnen* die „Umsetzung" der Richtlinie in nationales Recht obliegt. Diese Bindung wird durch primäre und einmalige Umsetzung nicht konsumiert und nicht gelöst. Sie besteht weiterhin derart, daß die nationalen Rechtsetzungsorgane auch in ihrer künftigen Rechtsetzung durch die Richtlinie gebunden bleiben. Die gegenteilige Auffassung[32] würde den erstrebten und durch Umsetzung erreichten Angleichungseffekt alsbald wieder zur Disposition der Mitgliedstaaten stellen und diesen potentiellen Auflösungsprozeß dann wiederum dem gemeinschaftsrechtlichen Kontrollmechanismus des Art. 102 unterwerfen — eine Konsequenz, die dem Ziel der Rechtsangleichung und der Sicherung ihrer Ergebnisse zuwiderliefe. Ob die hier gebilligte Auffassung der fortwirkenden Richtlinien-Verbindlichkeit gegenüber den nationalen Rechtsetzungsorganen zu einem „Funktionswandel" der Rechtsangleichung im Sinne einer Kompetenzverlagerung führt und dieser vertragsrechtlich gerechtfertigt erscheint, bleibt zu prüfen *(39/16).*

---

[32] So *Seidl-Hohenveldern,* Thesen 12, 15 seines Referats auf der Kölner Tagung 1969, in: Angleichung 196 f.; wie hier: *von der Groeben* NJW 1970, 362.

cc) Es ist anerkannt, daß die Richtlinie erforderlichenfalls das zu erreichende Angleichungsziel *bis in Einzelheiten* normativ fixieren kann[33], so daß die nationale Umsetzung sich letztlich in der Rezeption der Richtlinie erschöpfen müßte. Insofern schließt Art. 189 III eine Angleichung durch die Uniformität von Ziel, Mitteln und Formen nicht aus[34]. Die Praxis hat gezeigt, daß die Zielkonzeption als solche oft nicht genügt, sondern detaillierter materieller Ausformung in Rechtssätzen bedarf, so z. B. im Zollrecht, im Recht der Freizügigkeit, der Niederlassung, im Arznei- und Lebensmittelrecht, im Recht der öffentlichen Aufträge und der Betriebssicherheit — insgesamt also Normenkomplexen *überwiegend öffentlichen* Rechts.

dd) Ob und inwieweit eine derartige Angleichungsperfektion auch im *Zivilrecht* geboten und dort etwa durch Richtlinien im Typ einer loi uniforme (oder einer solchen als Modell-Anlage) erreicht werden kann und darf, ist umstritten und bislang gemeinschaftsrechtlich nicht erprobt[35].

b) Speziell in Bereichen des zivilen Wirtschafts- und Handelsrechts, auf die z. T. im Art. 220 verwiesen wird, hat sich erwiesen, daß die Rechtsangleichung im engeren Sinne (also eine Angleichung existierender nationaler Rechtsregelungen) den Zielvorstellungen des Gemeinsamen Marktes nicht gerecht werden kann.

aa) Art. 220 nennt hierunter die Beseitigung der Doppelbesteuerung, die Anerkennung (Art. 58 II) und Sitzverlegung von Gesellschaften, die grenzüberschreitende Verschmelzung von Gesellschaften, die gegenseitige Anerkennung und Vollstreckung von richterlichen Entscheidungen und Schiedssprüchen. Weitere Rechtsmaterien dieser Komplementär-Beziehungen sind das Gesellschaftsrecht und der gewerbliche Rechtsschutz (Patent-, Muster-, Markenrecht). Die Gesamtberichte der Kommission und die genannten Tabellen *(39/7,9 f.)* informieren auch über die in diesen Rechtsmaterien zustande gekommenen oder in der Vorbereitung begriffenen Abkommen.

Auf der Grundlage von Art. 220 EWGV haben die Mitgliedstaaten gemeinsam bislang zwei Übereinkommen abgeschlossen: am 29. 2. 1968 dasjenige über die gegenseitige Anerkennung von Gesellschaften und juristischen Personen[36], am 27. 9. 1968 dasjenige über die gerichtliche Zuständigkeit und die Vollstreckung gerichtlicher Entscheidungen in Zivil- und Handelssachen[37]. Beide sind mangels Ratifi-

[33] *Ipsen* Fs Ophüls 71 mit Nachweisen in Anm. 15.

[34] *Schwartz* Fs Hallstein 506; *Zweigert* Fs Dölle II, 411.

[35] Dazu: *Schwartz* Fs Hallstein 506.

[36] Sonderbeil. zum BullEG 2/69, 5. Dazu: *Beitzke,* Zur Anerkennung von Handelsgesellschaften im EWG-Bereich, AWD 1968, 91; *Gessler,* Europäisches Gesellschaftsrecht am Scheideweg?, Betrieb 1969, 1001; *Goldman,* Bericht zu dem Übereinkommen (1968); *Cerexhe,* La reconnaissance mutuelle des sociétés et personnes morales dans la CEE, RevMC 1968, 578.

[37] Sonderbeil. zum Bull EG 2/69, 17. Dazu: *Jenard*-Bericht (1969); *Nagel,* Die Anerkennung und Vollstreckung ausländischer Urteile unter westeuropäischen Staaten — eine Zwischenbilanz, Betrieb 1969, 2323; *Habscheid,* Rechtsstreit und Vollstreckung, in: Angleichung des Rechts der Wirtschaft in Europa (Kölner Tagung 1969) KSE 11 (1971) 649; *Arnold,* Das EWG-Gerichtsstands- und Vollstreckungsübereinkommen vom 27. 9. 1968, AWD 1969, 89; L'efficacia delle sentenze stra-

kation durch sämtliche sechs Vertragspartner noch nicht in Kraft getreten. Für die künftige Auslegung der Übereinkommen haben die Mitgliedstaaten am 3. 6. 1971 eine an Art. 177 EWGV orientierte Vorabentscheidungskompetenz des Gerichtshofs begründet[38]. — Die zunächst gleichfalls unter dem Gesichtspunkt von Art. 220 EWGV in Angriff genommenen Arbeiten zur Schaffung einer Europäischen Aktiengesellschaft haben sich mittlerweile zu dem Kommissionsvorschlag einer — auf Art. 235 EWGV zu stützenden — Verordnung über das Statut für Europäische Aktiengesellschaften vom 30. 6. 1970[39] verdichtet. — An dem Entwurf eines Übereinkommens über grenzüberschreitende Fusionen arbeitet ein Sachverständigenausschuß der Regierungen seit 1965[40]. Im Hinblick auf *nationale* Fusionen von Aktiengesellschaften hat die Kommission am 16. 6. 1970 eine Richtlinie zur Koordinierung der Schutzbestimmungen im Sinne des Art. 58 II EWGV vorgeschlagen[41]. — Für eine Konvention über ein europäisches Patenterteilungsverfahren, an der sich voraussichtlich 19 europäische Staaten beteiligen werden, ist der zweite Vorentwurf Ende April 1971 fertiggestellt worden; gleichfalls im zweiten Entwurf liegt seit Herbst 1971 die Konvention für ein europäisches Gemeinschaftspatent vor, an der sich nur die Mitgliedstaaten der Gemeinschaft beteiligen können[42]. — Schließlich ist erarbeitet der Vorentwurf eines Übereinkommens über Konkurse, Vergleiche und konkursähnliche Verfahren[43].

---

niere nelle conventioni multilaterali dell'Aja e della CEE (1969); *Goldman*, Un traité fédérateur, RevTrimDrEur 1971, 1.

[38] Vgl. die entsprechenden Protokolle der Regierungen der Mitgliedstaaten in der Sonderbeil. zum BullEG Nr. 7/71 sowie BullEG Nr. 7/71, 9.

[39] ABl. 1970 C 124, 1 = BullEG Sonderbeil. zu Nr. 8/1970. Hierzu: *Nissen*, Die europäische Handelsgesellschaft, Diss. Hamburg (1969); *André*, Europäisches Gesellschaftsrecht, in: Einführung 247; *Bärmann*, Europäische Integration im Gesellschaftsrecht (1970); *Krogmann*, Die Koordinierung des Gesellschaftsrechts nach dem EWGV, Diss. Bonn (1970); *Lutter* und *Silcher*, Empfehlen sich für die Zusammenfassung europäischer Unternehmen neben oder statt der europäischen Handelsgesellschaft und der internationalen Fusion weitere Möglichkeiten der Gestaltung auf dem Gebiete des Gesellschaftsrechts?, Gutachten f. d. 48. DJTag 1970, Bd. I Teil H, Bd. II Teil R; *van Ryn*, RevTrimDrEur 1971, 563; *Dubois*, Eine wirtschaftliche Interessengemeinschaft („Groupement d'intérêt économique" — WiG —) auf europäischer Ebene?, WuW 1971, 327; zu ihr auch Plan der Kommission: VWD Europa Nr. 214/71 v. 4. 12. 1971 I/1 und *Guyénot* RevMC 1971, 422; *Sanders*, The European Company on its way, CMLR 8 (1971) 29; *Verloren van Themaat*, De Europese naamloze vennootschap, SEW 1971, 231. Zur Mitbestimmungsfrage in diesem Zusammenhang vgl. *51/27 ff*.

[40] Kommissionsantwort vom 8. 5. 1971 auf die Anfrage Nr. 8/71 des Abg. *Vredeling*, ABl. C 50, 10.

[41] ABl. 1970 C 89, 20. — Zum Thema: *Goldman*, La fusion des sociétés de capitaux relevant de législations nationales différentes, in: Angleichung 289; *Sanders*, Zusammenfassung von Kapitalgesellschaften über die Grenze, ebenda S. 311; *Sonnenberger*, Der Vorentwurf eines Abkommens über die internationale Fusion, Die AG 1969, 381; *Meyer-Ladewig*, Der Kommissionsvorschlag für eine Dritte Richtlinie des Rates zur Koordinierung des Gesellschaftsrechts (Nationale Fusion) BB 1970, 1517; *Lutter*, DJTag-Gutachten.

[42] *Beier*, Stand und Aussichten der europäischen Rechtsvereinheitlichung auf dem Gebiete des gewerblichen Rechtsschutzes, in: Angleichung 491; *Schwab*, Die Vereinheitlichung des Rechts der gewerblichen Schutzrechte, in: Einführung 263; *Demaret*, Justification et problèmes d'élaboration d'un droit européen des brevets, RevTrimDrEur 1970, 215; *Alexander-Suurmond* SEW 1972, 131; *van Empel*, CMLR 1972, 13; zu den *ersten* Vorentwürfen außerdem *Haertel*, *van Benthem* und *Savignon*, GRUR/Ausl. 1970, 95, 102, 122 sowie *Tetzner* JZ 1970, 607.

[43] VWD Europa Nr. 38/72 v. 22. 2. 1972 I/1; *Bleutge* AWD 1971, 451; *Ganshof* CahDrEur 1971, 146.

bb) Der Abschluß von Abkommen nach Art. 220 EWGV steht den Mitgliedstaaten zweifellos kraft ihrer völkerrechtlichen Vertragsschließungskompetenz zu. Insoweit würden ihnen gemeinschaftsrechtliche Besonderheiten oder Qualitäten nicht zukommen. Andererseits verweist Art. 220 die Mitgliedstaaten auf diesen Angleichungsweg, und daß das von ihnen verfolgte Angleichungsziel sich *nicht nur anläßlich* ihrer gemeinsamen Mitgliedschaft in der EWG stellt, sondern selbst ein solches der Gemeinschaft ist, prägt ihre Abkommen gemeinschaftsrechtlich: „Denn materiell ergänzen sie den EWGV, was in Art. 220 zum Ausdruck kommt; sie werden nur geschlossen, weil und soweit es die Errichtung und das Funktionieren des Gemeinsamen Marktes erfordern; sie dienen den Zielen des EWGV und ihrer Verwirklichung; sie werden zwischen denselben Staaten geschlossen wie der EWGV; wie bei diesem handelt es sich nicht um zwei-, sondern um mehrseitige Verträge; sie haben die gleiche räumliche Geltung wie der EWGV; sie besitzen die gleiche allgemeine und unmittelbare Geltung wie der EWGV; sie werden im Rahmen der Organe der EWG ausgehandelt und unterzeichnet.“[44] Deshalb sollten solche Abkommen durch ihre Bezeichnung als „Gemeinschaftsabkommen“ auch in ihrer Benennung von anderen, nicht gemeinschafts-bezogenen Abkommen, an denen Mitglieder der Gemeinschaft beteiligt sind, abgehoben werden.

3. Gang

13 Die Zahl und Bedeutung der Angleichungs-Grundlagen des Vertragsrechts, der bisher ergangenen und der in Vorbereitung befindlichen Rechtsangleichungsmaßnahmen können nicht darüber hinwegtäuschen, daß der *Gang der Rechtsangleichung* — dem Ductus und der Dynamik der Integration zuwider — weder zügig genannt werden noch sich unbehindert der Gangart bedienen kann, die das Vertragsrecht vorsieht. Das hat verschiedene Gründe. Sie sind teilweise solche, die auch sonst und allgemein den Willensbildungsmechanismus der Gemeinschaftsorgane stören oder belasten. Zum Teil erklären sie sich aus dem Wesen jeder Rechtsangleichung, und hier spezifisch einer solchen, die zwar regelmäßig (wegen erforderlicher Einstimmigkeit des Ratsbeschlusses) nicht gegen den erklärten mitgliedstaatlichen Willen stattfindet, gleichwohl aber im Zugzwang der Vertragserfüllung gemeinschaftsrechtlich aktiviert wird und, einmal beschlossen, meist auch mitgliedstaatlicher Durchführung bedarf.

a) Rechtsangleichung bedeutet für die Mitgliedstaaten im Effekt — unterschiedlich nach Intensität und Zahl der Vorgänge, weil vom jeweiligen nationalen Normen-Standard und -Beitrag zur Erreichung des Angleichungsziels abhängig — mehr oder minder tiefgreifende Einwirkungen auf den Bestand

[44] *Schwartz* Fs Hallstein 504.

ihrer geltenden, souverän geschaffenen Rechtsordnung. Rechtsangleichung ist also ein permanenter Prozeß von „Souveränitätspreisgaben", und dies — weil eben Einwirkung auf die *Normsetzung* — weithin im Bereich der Legislative, also derjenigen Gewalt, die national primär demokratisch legitimiert ist und aus diesem Grunde noch empfindlicher reagiert auf supranationale Interventionen als die nur rechts*anwendenden* Gewalten der Exekutive und Rechtsprechung.

b) Die Pflicht der Mitgliedstaaten zur Vertragserfüllung durch Befolgung von Angleichungsrichtlinien bedeutet regelmäßig nicht nur Hinnahme von Gemeinschaftsakten mit Folgepflichten, sondern aktive Teilnahme an ihrer Verwirklichung durch „Umsetzung". Soweit das — wie auf Grund dahingehender innerstaatlicher Ermächtigungen weithin in Frankreich, Italien, teilweise in Belgien — im Wege *exekutiver* Durchführungsverordnungen geschieht[45], wird die gemeinschaftsrechtliche Folgepflicht weniger eingreifend empfunden als dort, wo die nationale Umsetzung parlamentarischer Gesetzgebung bedarf[46]. So wird etwa in der BRD, wo nur einzelne gemeinschaftsbezogene Sonderermächtigungen dieser Art bestehen und Art. 80 I GG hierfür allgemein nicht anwendbar ist[47], ein Bundestagsgesetz zur Durchführung einer EWG-Richtlinie jedenfalls solange als Stachel im parlamentarisch-demokratischen Verfassungsgefüge empfunden, wie eine parlamentarische Konsentierung der Richtlinie durch das Straßburger Parlament fehlt und dieses auf ein Anhörungsrecht verwiesen bleibt. Daß „die Kommission ihre Gesamtpolitik auf dem Gebiet der Rechtsangleichung vor dem Parlament zu verantworten" hat[48], trifft zweifellos zu. Das reicht im Blickfeld nationalstaatlich orientierter Konsensbedürfnisse aber nicht aus, dem Richtlinien-Angleichungs-Zwang das Stigma exekutiver Herkunft zu nehmen.

c) In diesen beiden Gründen liegen wesentliche Ursachen dafür, daß das vertraglich geordnete Zusammenwirken zwischen vorschlagsberechtigter Kommission und gebunden-entscheidungsberechtigtem Rat — über die sonst allgemein bemerkbaren Hemmungen noch hinausgehend — gerade auf dem Gebiet der Rechtsangleichung spezifischen Schwierigkeiten ausgesetzt ist. Das Initiativrecht der Kommission und die — erfahrungsgemäß durchaus gemeinschaftsförderliche Anhörungsbeteiligung des Parlaments — haben sich als nicht ausreichend erwiesen, um in der Vielzahl der Fälle notwendig einstimmiger Angleichungsentscheidungen die zentripetalen Tendenzen im Rat

---

[45] *Zuleeg*, Recht 304; allgemein hierzu: *Sohier* und *Mégret*, Le rôle de l'exécutif national et du législateur national dans la mise en oeuvre du droit communautaire, in: Droit communautaire et droit national (Semaine de Bruges 1965) 107.

[46] *Ob* das erforderlich ist, bestimmt das nationale Verfassungsrecht, nicht das Gemeinschaftsrecht. In der BRD bestimmt sich auch nach seinem Verfassungsrecht, ob es der Durchführung durch Bundes- oder Landesrechtsetzung bedarf; vgl. *Ipsen* Fs Hallstein 260; *Zuleeg*, Recht 311.

[47] Vgl. für das Agrarrecht: *Götz*, Europäisches Gemeinschaftsrecht und deutsches Recht. Die Getreidemarktorganisation als Beispiel, JZ 1963, 265.

[48] *von der Groeben* NJW 1970, 364, auch zum Folgenden.

zu überwinden. Das war insbesondere dann der Fall, wenn förmliche, langjährig vorbereitete Richtlinienvorschläge der Kommission in den (auch mit nationalen, weisungsgebundenen Beamten beschickten) Arbeitsgruppen des Rates erörtert und oft wesentlich abgewandelt wurden, ohne daß der Rat zu einer politischen Grundentscheidung über das „Ob" und die Substanz des unveränderten Kommissionsvorschlages gefordert worden wäre oder sich sua sponte dazu entschlossen hätte. Die allgemeine institutionelle Besorgnis, daß das originär vertraglich statuierte Zusammenwirken von Kommissionsinitiative und Ratsentscheidung durch den mitgliedstaatlich orientierten administrativen „Unterbau" des Rates „unterlaufen" wird, steigert sich im Bereich der Rechtsangleichung zu einer ernsten Vollzugssorge für wesentliche Vertragsziele. Sie ist um so begründeter, als in wichtigen Materien die Rechtsangleichung gerade als ein wesentliches Instrument der Gemeinschaftspolitik[49] fungieren soll, wie dies die Art. 100 und 101 als „allgemeine Regeln" über „die Politik der Gemeinschaft" vorsehen.

IV. Folgen der Rechtsangleichung für die Normierungskompetenz

14 Ob der Erlaß einer Rechtsangleichungsrichtlinie oder jedenfalls ihr mitgliedstaatlicher Vollzug Folgen hat für die *mitgliedstaatliche Kompetenz, eine im Bereich der Angleichungsmaterie bisher zustehende Normierungsbefugnis wahrzunehmen,* hängt von der der Richtlinie zugedachten Bindungswirkung und der Stufen-Qualität der innerstaatlichen Vollzugsregelungen ab.

1. Nationale Umsetzung

15 Die vom Mitgliedstaat im Zuge der Richtlinien-Umsetzung erlassenen Rechtsnormen sind solche des *nationalen* Rechts, *nicht* des *Gemeinschaftsrechts*[50]. Daß sie sich inhaltlich — auch bis zum Wortlaut — mit der Richtlinie „decken" können, hebt diese Unterscheidung nach dem Geltungsgrund nicht auf und bewirkt auch weder „mutation" noch „dédoublement". Die

---

[49] Rechtsangleichung = Instrument der Gemeinschaftspolitik — und nicht Erscheinung einer „Aufsichtsgewalt der Gemeinschaftsorgane", wie *Cartou,* Europäische Organisationen 2. Aufl. (1967) 186/187 sie sachlich und sprachlich ganz abwegig zu charakterisieren versucht.

[50] *Ipsen* Fs Ophüls 78; *Zuleeg,* Recht 326; *Zieger,* Das Grundrechtsproblem in den Europäischen Gemeinschaften (1970) 44; *Meier,* Gemeinschaftsrecht und mitgliedstaatliches Gemeinrecht, EuR 1970, 330; nicht ohne Widerspruch abweichend: *Constantinesco,* Die unmittelbare Anwendbarkeit von Gemeinschaftsnormen und der Rechtsschutz von Einzelpersonen im Recht der EWG (1969) 23 Anm. 22 — andererseits 78: „gemeinschaftsrechtlich in ihrem Inhalt, aber national in ihrer Form". Der Widerspruch liegt z. T. an mangelnder Unterscheidung zwischen der Richtlinie als solcher und dem nationalen Ausführungsakt.

nationale Ausführungsnorm wird nicht „vergemeinschaftet" und auch nicht zum rechtlichen Zwitter. Anders als beim Erlaß von Gemeinschaftsverordnungen, die im Mitgliedstaat als Normen nichtstaatlichen Rechts die dort geltende Rechtsmasse „verdoppeln", führt die Richtlinie zur Anreicherung oder Veränderung *nur* durch die Entstehung *neuen nationalen* Rechts. Nach Quellenherkunft und Rechtsform bleibt hier auch im Falle der Rechtsangleichung die Einheit des Binnenrechts *formal* also gewahrt, obwohl die *substantielle* Wandlung, die dieses eben durch die Angleichung erfährt, auf der Verfolgung von Gemeinschaftszielen beruht und ihnen dient. Der Mitgliedstaat wendet seine Hoheitsbefugnisse an im Dienst der gebundenen Erfüllung von Gemeinschaftsaufgaben. Durch die „Umsetzung" von Richtlinien, die sich zwecks Rechtsangleichung an alle Mitgliedstaaten richten, entsteht derart „allgemeines Recht".

2. *„Sperrwirkung"*

16 Infolgedessen gilt insoweit für die nationale Ausführungsregelung das nationale „Normregime", also z. B. hinsichtlich der Voraussetzungen ihrer Wirksamkeit und ihrer gerichtlichen Anfechtbarkeit[51]. Fraglich bleibt, ob das fortan *auch* gilt hinsichtlich der *bis* zu ihrem Erlaß bestehenden mitgliedstaatlichen *Kompetenz* zur Normierung der fraglichen Materie. Wenn das „Gebrauchmachen" der gemeinschaftsrechtlichen Angleichungskompetenz (auf Grund Art. 100, 101 oder der Spezialnormen des Vertrages) durch den Rat im Wege des Richtlinienerlasses sog. „Sperrwirkung" äußerte nach Art des Art. 72 II GG (dort im Falle der Wahrnehmung konkurrierender Gesetzgebungskompetenz durch den Bund gegenüber der Landesgesetzgebungskompetenz), würde eine mitgliedstaatliche Normierungskompetenz an der Änderung des Durchführungsrechts und der Abweichung von ihm gehindert sein. Das würde die bisher angenommene Verbindlichkeit der Richtlinien im Sinne einer Umsetzungspflicht der Mitgliedstaaten um ihre Sperrwirkung zu Lasten nationaler Normierungskompetenz im Bereich der Angleichungsmaterie überhöhen. Die weitere Folge wäre, falls die nationale Regelungskompetenz gesperrt wäre, eine zwangsläufig entsprechende „Anreicherung" der Gemeinschaftskompetenz. Sie würde sich im Bereich der Angleichungsmaterie aus einer (vertragsrechtlich im wesentlichen auf das Mittel der Richtlinie beschränkten) Angleichungs-Zuständigkeit in eine gemeinschaftsrechtliche Normierungskompetenz verwandeln, die auf das Mittel der Verordnung als das fortan geeignetste verweist. Diese Konsequenzen sind in der Sache selbst bereits zutreffend bezeichnet worden[52]: „Mit jeder Rechts-

---

[51] Dazu: *Meier* EuR 1970, 332.

[52] *Seidel*, in: Einführung 217; entsprechend: *Meier* EuR 1970, 326, 332; *ders.* NJW 1970, 973; *Verloren van Themaat* Fs Ophüls 252. — Die Rechtsprechung des EuGH kann im gleichen Sinne verstanden werden: vgl. Rs 9/70 Rspr. XVI, 825;

angleichungs-Richtlinie geht somit — faktisch — Gesetzgebungshoheit von den Mitgliedstaaten auf die Gemeinschaft über ... Aus der Rechtsangleichung mit einer rein instrumentalen Zielsetzung wird im Zuge der Durchführung der Rechtsangleichung eine Gesetzgebungskompetenz mit einer echten gesetzgebungspolitischen Funktion. Der Funktionswandel, der mit der Durchführung der Rechtsangleichung eintritt, ist unausweichlich." Dem ist im Ergebnis im Sinne einer *faktischen Sperrwirkung* beizupflichten, so daß Verfahren nach Art. 102 de facto insoweit nicht mehr in Betracht kommen könnten[53]. Allerdings bewirkt dieser Funktionswandel *nicht,* was an sich mittelkonform wäre, daß in angeglichenen Materien deshalb statt der vertraglich ausdrücklich vorgesehenen Richtlinie fortan der Erlaß von *Verordnungen* zulässig wäre. Die faktisch „zugewachsene" Gemeinschaftskompetenz darf auch wiederum *nur* durch das Mittel der *Richtlinie* wahrgenommen werden.

Rs 17/67 Rspr. XIII, 592; Rs 40/69 Rspr. XVI, 69; Rs 72/69 u. 74/69 Rspr. XVI, 427 u. 451.

[53] And. Ans. *Seidl-Hohenveldern,* Thesen 12, 15 seines Referats auf der Kölner Tagung 1969, in: Angleichung 196 f.; nicht eindeutig: *Zuleeg,* Recht 331 mit der Annahme, die Voraussetzungen der „Aufhebung" der nationalen Ausführungsvorschrift seien „dem staatlichen Recht zu entnehmen", indes könne die Interpretation der Ausführungsnorm ergeben, daß ihre Gültigkeit von der „des zugrunde liegenden Gemeinschaftsrechts abhängig sein soll".

§ 40 STEUERRECHT

Albers, Die Harmonisierung der Steuern im Gemeinsamen Markt, Wirtschaftsdienst 1968, 141; *Berthold,* Die Steuerharmonisierung gemäß dem EWG-Vertrag (1968); *Biehl,* Ausfuhrland-Prinzip, Einfuhrland-Prinzip und Gemeinsamer Markt-Prinzip. Ein Beitrag zur Theorie der Steuerharmonisierung (1968); *Dosser-Han,* Taxes in the EEC and Britain. The problem of harmonisation (1968); *Ebentheuer,* Die Harmonisierung des Steuerrechts, in: Einführung 237; *Ehle,* Auslegungsprobleme der steuerrechtlichen Vorschriften (Art. 95—98) des EWG-Vertrages, NJW 1967, 1689; *Eichelberg,* Fortentwicklung der Harmonisierung der Umsatzsteuer (Mehrwertsteuer) in den Europäischen Gemeinschaften im Rahmen der Integrationspolitik, ZfZ 1970, 353; Fiscale harmonisatie in de EEG (1966); *Fischer,* Harmonisierung der Steuergesetzgebung in der EWG, NJW 1968, 321; *Ganser-Wilhelmi,* Harmonisierung der Steuersysteme in der EWG (1958); *von der Groeben,* Die Bedeutung der Steuerangleichung für die europäische Integration (1968); *Haferkamp,* Die europäische Steuerharmonisierung, EurGem 6/1971, 9; *Hesse,* Methoden und Möglichkeiten, die Steuern unter solche Gesichtspunkte neu zu gliedern, die sich bei der Harmonisierung der Steuersysteme der Mehrwertsteuer der EWG ergeben (1970); *van Houtte,* Les dispositions fiscales, DrCommEur Nr. 2184; *Hutchings* und *Cardyn,* Le rapprochement des systèmes fiscaux en Europe, in: Angleichung des Rechts der Wirtschaft in Europa, KSE 11 (1971) 515, 527; *Kempf,* Europäische Mehrwertsteuer (1968); *Mennel,* Die Steuersysteme in den sechs Mitgliedstaaten der Europäischen Wirtschaftsgemeinschaft, in sechs Mitgliedstaaten der Europäischen Freihandelszone und in den Vereinigten Staaten von Amerika (1965); *Metze,* Steuerharmonisierung in einer Wirtschaftsgemeinschaft (1969); *Montagnier,* Le rapprochement des fiscalités européennes, in: Annales de la Faculté de Droit de Lyon (1970) 97; *Prouzet,* L'application territoriale du système commun de T. V. A. (Mehrwertsteuer), RevMC 1971, 294; *Regul* (Hg.), Steuern und Zölle im Gemeinsamen Markt (1962 ff. 4 Ordner); *Reindl,* Die Problematik der Harmonisierung der direkten Steuern in der EWG unter spezieller Berücksichtigung der Körperschaftssteuer, Diss. Zürich (1968); *Sessa-Vitali,* La politica fiscale della CEE (1969); *Seuffert,* Zum Fortgang der europäischen Steuerharmonisierung, Fs Alex Möller (1968) 81; *van den Tempel,* Körperschaftssteuer und Einkommensteuer in den Europäischen Gemeinschaften (1971); *Vogelaar,* Steuerharmonisierung in der Europäischen Gemeinschaft, AWD 1970, 198; *Wägenbaur,* Das Verbot steuerlicher Diskriminierung nach dem EWG-Vertrag im Lichte der Rechtsprechung des Gerichtshofs, EuR 1969, 20; *Zeitel,* Probleme der Steuerharmonisierung im Gemeinsamen Markt, in: Hamburger Jahrbuch für Wirtschafts- und Gesellschaftspolitik (1965) 68.

1 Innerhalb der Gemeinsamen Regeln über die Politik der Gemeinschaft (*nach* Kapitel 1 mit den Wettbewerbsregeln und *vor* Kapitel 3 zur Angleichung der Rechtsvorschriften) enthält Kapitel 2 mit den Art. 95—99 EWGV *steuerliche Vorschriften.* Von ihnen ist Art. 99 eine Sondernorm zur Harmonisierung des Rechts der indirekten Steuern. Sie ist in Intention und Gegenstand im Zusammenhang mit den allgemeinen Regeln über die Angleichung der Rechtsvorschriften in Art. 100—102 *(§ 39)* zu sehen. Denn auch Rechtsharmonisierung ist ein Vorgang zur Angleichung[1]. Art. 95—98 enthalten Vorschriften über Ausgleichsmaßnahmen im grenzüberschreitenden Warenverkehr innerhalb des Gemeinsamen Marktes. Er ist zwar nach Herstellung der Zollunion am 1. Juli 1968 *(29/9 ff.)* nicht mehr Wirkungsbereich nationaler Zollpolitik. Er ist indes noch nicht-harmonisierter Steuerpolitik der Mitgliedstaaten ausgesetzt, die innere Grenzkontrollen erforderlich macht. Obwohl Art. 99 nur die Harmonisierung der *indirekten* Steuern vorsieht, steht *auch* die Harmonisierung *direkter* Steuern in Frage, und zwar in ihren den Wettbewerb betreffenden Wirkungen. Das gilt vornehmlich für die Kapitalbeschaffung der Unternehmen, für ihre Umstrukturierung und Konzentration, ihre Sitzwahl und die ihrer Niederlassungen, für die Freizügigkeit von Dienstleistungen oder Arbeitskräften, die für sie erbracht werden oder tätig sind. Insoweit stehen deshalb die allgemeinen Regelungen der Art. 100 und 101 als Angleichungsgrundlage zu Gebote. Auch für Realsteuern, die in der BRD Kommunalsteuern sind, kann die Harmonisierung bedeutsam werden. Zur Beseitigung der Doppelbesteuerung innerhalb der Gemeinschaft, die zu einer Wettbewerbsbenachteiligung führen kann, verpflichtet Art. 220 die Mitgliedstaaten zu Verhandlungen, um die steuerliche Rechtsstellung ihrer Staatsangehörigen in den anderen Mitgliedstaaten sicherzustellen[2].

Steuerharmonisierung, die zwangsläufig eine Einschränkung der Finanzhoheit der Mitgliedstaaten bewirkt, gehört zu den Maßnahmen, die für die erste Stufe zur Verwirklichung der Wirtschafts- und Währungsunion (also bis Ende 1973) nach der Entschließung des Rates und der in ihm vereinigten Regierungsvertreter vom 9. Februar/22. März 1971 erforderlich und vorgesehen sind. Ihrer bedarf es auch, um die (teilweise) Eigenfinanzierung der Gemeinschaft aus Mehrwertsteuereinnahmen von 1975 an zu ermöglichen *(18/12)*. Die in der BRD vorbereitete Steuerreform ist, wie dies im Auftrag an die Reformkommission formuliert wurde, darauf angelegt, „die Harmonisierungsbestrebungen innerhalb der EWG zu berücksichtigen".

---

[1] *van Houtte* DrCommEur Nr. 2194.

[2] *Fischer* NJW 1968, 321; Berichte von *Millarg* (JZ 1969, 807) und *Grabitz* (EuR 1970, 79) über die Arbeitssitzung der Wissenschaftlichen Gesellschaft für Europarecht auf der Tagung für Rechtsvergleichung 1969 in Regensburg: Die Harmonisierung der Unternehmensbesteuerung im Gemeinsamen Markt; *Haferkamp* EurGem 6/1971, 9; *Ebenthener,* in: Einführung 237; *Vogelaar* AWD 1970, 198. — Übersicht der bilateralen Abkommen zur Vermeidung von Doppelbesteuerungen innerhalb der Gemeinschaft und Darstellung ihrer Anwendungsmodalitäten nach Steuerarten in der Kommissionsantwort v. 8. 6. 1971 auf die Anfrage Nr. 1/71 des Abg. *Spénale* (ABl. 1971 C 62, 3).

I. Staatliche Abgabenhoheit und Wettbewerb im Gemeinsamen Markt

1. Grundsatz

2 Grundsätzlich hat das Recht des EWGV die Finanz- und Steuerhoheit der Mitgliedstaaten zunächst nicht berührt. Nur die Zölle, denen Protektions- und Ertragszweck zukommt, sind mit der Herstellung der Zollunion und der Einführung des Gemeinsamen Außenzolltarifs von der Vergemeinschaftung erfaßt. Indes mußte der Vertrag sich auch solcher mitgliedstaatlicher Abgaben annehmen, die als Kostenfaktoren für die Erzeugung die Wettbewerbslage im zwischenstaatlichen Warenverkehr beeinflussen können[3]. Der Abbau derart wirkender Abgabengrenzen ist indes — anders als der Abbau der Zollgrenzen — nicht ebenfalls in zeitgestuften Planschritten und detailliert vorgesehen. Dies deshalb nicht, weil die Abgabenhoheit die Substanz nationalstaatlicher Finanzhoheit tangiert, weil sie zunehmend über ihre Funktion zur Deckung des nationalen Finanzbedarfs hinaus als Lenkungs- und Steuerungsmittel der Wirtschaftspolitik dient, weil schließlich in Steuer- und Abgabensystemen und -praktiken besonders tiefgreifende Unterschiede zwischen den mitgliedstaatlichen Rechtsordnungen bestehen. Hieraus ergeben sich die Maßstäbe einer Steuerharmonisierung: „Das Ziel ist eine Steuerharmonisierung in einem Maße, das die Finalität des Gemeinsamen Marktes erfordert. Die Steuerharmonisierung muß sich also darauf beschränken, diejenigen Ziele anzustreben, die sich die Gemeinschaft für die jeweilige Integrationsstufe gesteckt hat. Doch damit nicht genug. Den Mitgliedstaaten ist eine hinreichende budgetäre Manövriermasse zu erhalten; sie dürfen nicht mehr als notwendig daran gehindert werden, mit den Mitteln des Steuerrechts außerfiskalische Zielsetzungen zu verfolgen.“[4]

2. Systemangleichung

3 Die Ausschaltung oder Milderung von Beeinflussungen der Wettbewerbslage durch nationale Abgabenregelungen mußte von der Tatsache ausgehen, daß alle Mitgliedstaaten auf Einfuhrwaren Ausgleichsabgaben erheben, um sie hinsichtlich ihrer Abgabenbelastung den im Inland produzierten entsprechenden Waren gleichzustellen. Sie mußte ebenso erkennen, daß die Mitgliedstaaten ihre Ausfuhrwaren von den Abgaben befreien, die bei Verbleib im Inland anfallen würden, und für sie solche Abgaben rückvergüten, die in ihren Preis eingegangen sind. So ist allerseits ein gebräuchliches Rückvergütungssystem auf Verbrauchs- und Umsatzsteuern entstanden. Rückvergütung und Ausgleichsabgabe sind in dieser ihrer Wirkung auch als Instrumente staatlicher Ausfuhrförderung und zum Schutz der heimischen Produktion eingesetzt worden.

[3] *Wohlfarth* u. a. Komm. Vorbem. 1 vor Art. 95.
[4] *Haferkamp*, EurGem 6/1971, 9.

Die Grenzen derart zulässiger Einfuhrbelastung und Ausfuhrentlastung waren international bereits im GATT-Art. III 2 und im Ratsbeschluß der OEEC vom 14. Januar 1955 fixiert, als die einschlägigen Regelungen des EWGV ergingen[5]. Seine Art. 95 bis 98 gestatten grundsätzlich auch weiterhin die Anwendung solcher Ausgleichsmaßnahmen im Warenverkehr, was im Steuerstreit in der Montanunion noch streitig gewesen war[6]. Zwischen der Belastung der Warenpreise nicht nur mit indirekter (insbes. Umsatz-)Steuer, sondern auch mit überwälzbaren direkten Steuern einerseits, der nationalen Disposition über den Wechselkurs andererseits besteht Zusammenhang und mögliche Rückwirkung. Deshalb kann die Beseitigung von Wettbewerbsverzerrungen letztlich nur dann gelingen, wenn die *nationalen Steuersysteme und -belastungen* einander angeglichen werden.

3. Rechtsgrundlagen

4 Was Art. 95 bis 98 EWGV insoweit regeln, vermag diesen Angleichungseffekt allerdings nicht hinreichend herzustellen. Art. 95, 96 verbieten den Mitgliedstaaten, Einfuhrwaren höher zu belasten und Ausfuhrwaren durch Rückvergütung höher zu entlasten als gleichartige inländische Waren steuerlich belastet sind. Das dient ersichtlich dem Zweck zu verhindern, daß mit Hilfe der Zollunion beseitigte Zollbelastungen oder vertraglich verbotene Beihilfen als sonstige Abgaben beibehalten werden. Da den Mitgliedstaaten danach zwar eine höhere, nicht aber eine niedrigere Importbesteuerung oder geringere Rückvergütungsentlastung verwehrt ist, können sie auch ohne förmliche Wechselkursänderung auf solche Weise Währungspolitik betreiben, ohne daß der Mechanismus des Art. 107 II praktiziert werden müßte.

Der Abbau der Zollgrenzen innerhalb der Gemeinschaft bewirkt wegen der weiteren Zulassung von Ausgleichsabgaben nicht gleichermaßen auch den Abbau der Steuergrenzen. Deshalb setzt die Herstellung binnenmarktgleicher Verhältnisse im Gemeinsamen Markt die intensive Steuerharmonisierung gemäß Art. 99 voraus, und dies über den Kreis der indirekten Steuern hinaus[7]. Auch zwischen bestimmten Maßnahmen der Rechtsangleichung im übrigen und dem Gebot zur Steuerharmonisierung bestehen Zusammenhänge, so bei der Koordinierung der nationalen Gesellschaftsrechte nach

---

[5] *Wohlfarth* u. a. Komm. Vorbem. 4—6 vor Art. 95.

[6] Es ging um die Behandlung der Umsatzsteuern im grenzüberschreitenden Warenverkehr. Die Entscheidung der Hohen Behörde Nr. 30/53 (ABl. 110) erklärte nach gutachterlicher Erörterung das Prinzip des Bestimmungslandes als maßgeblich. Das entsprach der bisherigen Handhabung, während die BRD das Prinzip des Ursprungslandes hatte angewendet wissen wollen. Das Gutachten hatte auf die Erheblichkeit der jeweiligen Wechselkurse abgestellt.

[7] Deshalb ist der Unterschied der mitgliedstaatlichen Steuersysteme ein Hindernis der Harmonisierung. So sind in der BRD die Steuereinnahmen überwiegend solche aus direkten, in Frankreich dagegen aus indirekten Steuern. Harmonisierung kann nur auf ein „Nachgeben" aller Mitgliedstaaten hinzielen.

Art. 54 III g EWGV, bei Abkommen über die gegenseitige Anerkennung, die grenzüberschreitende Fusionierung und die Sitzverlegung von Gesellschaften nach Art. 220 III und im Falle der Kreation einer europäischen Handelsgesellschaft[8].

II. Gemeinschaftskompetenzen und -aufträge

1. Gleichbehandlungsgebote

5 Art. 95, 96 und 97 I enthalten an die Mitgliedstaaten gerichtete, zur Gleichbehandlung verpflichtende Rechtssätze. Sie sind nach einem dem internationalen Wirtschaftsrecht schon vor-vertraglich bekannten Prinzip des Bestimmungslandes gestaltet: die Einfuhrware wird im Ursprungsland entlastet und im Bestimmungsland den dort geltenden Steuersätzen unterworfen.

a) Durch diese Rechtssätze sind zunächst eindeutig die Mitgliedstaaten gemeinschaftsrechtlich verpflichtet. Ihre Befolgung steht unter der Sanktion des Art. 169, der die Kommission befugt, bei ihrer Nichtbeachtung letztlich den Gerichtshof wegen Vertragsverletzung anzurufen.

b) Darüber hinaus hat (über Art. 97 I, der auf die Grundsätze der Art. 95, 96 verweist) die Anwendung des Art. 95 zu der Frage geführt, ob der einzelne Marktbürger sich im eigenen Interesse auf die gemeinschaftsrechtliche Verpflichtung seines Staates berufen kann, seine Normierungskompetenz nur unter Beachtung des Art. 95 wahrzunehmen. Dies deshalb, weil der Marktbürger die Kommission zum Verfahren nach Art. 169 nicht zu zwingen vermag, wenn sie sich weigert, es aus eigener Initiative einzuleiten[9]. Die Frage ist bejaht worden. Im Vorlageverfahren nach Art. 177 hat der Gerichtshof entschieden, daß Art. 95 sich nicht nur an die Mitgliedstaaten wendet, sondern rechtlich unmittelbar auch gegenüber dem Marktbürger wirkt. Das außerordentlich bedeutsame *Lütticke*-Urteil vom 16. Juni 1966[10] hat klargestellt, daß Art. 95 I (auch in seinen Abs. II und III) letztlich *von den nationalen Gerichten*, die der Marktbürger anrufen kann, durchzusetzen ist, wenn die nationale Normsetzung insoweit versagt. Obwohl Art. 97 I, der auf die Grundsätze des Art. 95 verweist, offenbar (anders als Art. 12 mit seiner Stillhalteverpflichtung) den Mitgliedstaaten einen Regelungsspielraum zur Erfüllung seines Diskriminierungsverbotes beläßt, setzt der Gerichtshof

---

[8] *Fischer* NJW 1968, 325. — Hierzu: *39/12.*

[9] *Bandilla,* Das Klagrecht der Mitgliedstaaten der Europäischen Gemeinschaften gegen Durchgriffsakte (1965) 100.

[10] Rs 57/65 Rspr. XII, 258 = EuR 1966, 356 mit Anm. *Ipsen;* dazu auch: *Constantinesco,* Die unmittelbare Anwendbarkeit von Gemeinschaftsnormen und der Rechtsschutz von Einzelpersonen im Recht der EWG (1969) 102, 131. — Zum Schadensersatzanspruch der Firma Lütticke wegen angeblich vertragswidriger Untätigkeit der Kommission in diesem Zusammenhang vgl. EuGH Rs 4/69 Rspr. XVII, 325 = EuR 1971, 370.

hier die nationale Gerichtsbarkeit zum Integrationsvollzug ein. Die Bedeutung dieser Rechtsprechung reicht über den Anwendungsbereich der steuerlichen Vorschriften weit hinaus und wirft grundsätzliche Fragen des Vollzuges des Gemeinschaftsrechts auf *(5/64)*.

2. *Art. 97 II EWGV*

6 Nach Art. 97 II konnte die Kommission geeignete Richtlinien oder Entscheidungen an den betreffenden Mitgliedstaat richten, wenn dieser, noch nach dem System der kumultativen Mehrphasen-Umsatzsteuer verfahrend, für Ausgleichsabgaben und Rückvergütungen höhere Durchschnittssätze festlegte, als dies nach den Grundsätzen der Art. 95 und 96 zulässig war[11]. Mit der Einführung des Mehrwert-Umsatzsteuersystems in den Mitgliedstaaten (1. 1. 1972, Italien später) hat Art. 97 II seine Bedeutung verloren.

3. *Art. 98 EWGV*

7 Nach Art. 98 kann der Rat (regelmäßig durch Entscheidung) gegenüber einem Mitgliedstaat auf Vorschlag der Kommission mit qualifizierter Mehrheit und befristet genehmigen, daß dieser für andere Abgaben als Umsatzsteuer, Verbrauchsabgaben und sonstige indirekte Steuern Entlastungen und Rückvergütungen bei der Ausfuhr, Ausgleichsabgaben bei der Einfuhr anwendet. Solche Genehmigung kann im Effekt einer Maßnahme i. S. des Art. 108 I zur Behebung von Zahlungsbilanzschwierigkeiten gleichkommen und gleicht daher der Zustimmung zu einer indirekten Teil-Abwertung. Ihre Durchführung müßte die Festlegung des Begriffs des Warenursprungs voraussetzen, um die aus Drittländern stammenden Waren von den Erzeugnissen der Mitgliedstaaten zu unterscheiden. Denn sonst würden die Regelungen des GATT und der OEEC *(40/3)* verletzt werden. Praktisch ist Art. 98 ohne Bedeutung geblieben[12].

4. *Rechtsharmonisierung*

8 Der der Kommission zur Prüfung, dem Rat zur einstimmigen Entscheidung in Art. 99 überantwortete Auftrag zur *Harmonisierung der Rechtsvorschriften* über Umsatzsteuer, Verbrauchsabgaben und sonstige indirekte Steuern einschließlich der Ausgleichsmaßnahmen für den Handelsverkehr zwischen den Mitgliedstaaten soll dem „Interesse des Gemeinsamen Marktes" dienen, also der Beseitigung von Wettbewerbsverfälschungen mit Mitteln der Abgabenhoheit[13].

---

[11] Zum Beurteilungsspielraum der Kommission im Rahmen von Art. 97 II EWGV vgl. EuGH Rs 4/69 Rspr. XVII, 325 = EuR 1971, 370.
[12] *Fischer* NJW 1968, 323; *Wohlfarth* u. a. 3 zu Art. 98.
[13] *van Houtte* DrCommEur Nr. 2194.

a) Der Prüfungsauftrag der Kommission ist zeitlich nicht befristet, gleichwohl mehr als ein unverbindlicher Hinweis auf ein erstrebtes und zu verfolgendes Gemeinschaftsziel. In diesem Sinne hat die Kommission denn auch Initiativen entfaltet und Ratsentscheidungen herbeigeführt, ohne daß die Erledigung des Auftrages bereits greifbar wäre.

b) Harmonisierungsentscheidungen des Rates, die — der Aufgabe der Angleichung entsprechend — nur in Gestalt von Richtlinien in Betracht kommen, bedürfen nach Art. 99 der Einstimmigkeit, zumal ihre Durchführung nationale Gesetzgebungsakte erforderlich macht. Indes läßt Art. 99 II die Vorschriften der Art. 100 und 101 (über die Rechtsangleichung) ausdrücklich unberührt. Deshalb können Harmonisierungsrichtlinien zur Beseitigung von Wettbewerbsverzerrungen gemäß Art. 101 II seit Beginn der zweiten Stufe vom Rat auch mit qualifizierter Mehrheit beschlossen werden, und dies eben auch im steuerlichen Bereich des Art. 99.

c) Die Steuerharmonisierung ist erforderlich, um Wettbewerbsverzerrungen durch Angleichung der mitgliedstaatlichen Steuersysteme und außer den schon gefallenen Zollgrenzen auch die Steuergrenzen innerhalb des Gemeinsamen Marktes zu beseitigen. Erst diese doppelte Grenzaufhebung macht den Gemeinsamen Markt zum Binnenmarkt. Aber auch in ihm werden Ausgleichsmaßnahmen im grenzüberschreitenden Warenverkehr erst dann ganz entbehrlich, wenn auch die Steuer*sätze* angeglichen sind. Angesichts der nach Steuersystemen und Steuersätzen bestehenden nationalen Unterschiede und der Fragwürdigkeit eines wirtschaftspolitisch eindeutig optimalen Steuersystems liegt in der Erfüllung des Harmonisierungsauftrages des Art. 99 eine besonders komplexe, langwierige Aufgabe. Das wird durch den Überblick über die bislang getroffenen Maßnahmen und den Kreis der noch für erforderlich gehaltenen bestätigt *(40/9—15)*.

III. Steuerliche Gemeinschaftsmaßnahmen

1. Umsatzsteuer

9 a) Bei Inkrafttreten des EWGV wurde die Umsatzsteuer in allen Mitgliedstaaten außer in Frankreich nach dem System der kumulativen Mehrphasensteuer erhoben. Art. 97 entspricht dieser Ausgangslage. Nach diesem System werden Waren und Dienstleistungen auf jeder Stufe nach dem Entgelt besteuert. Die Steuerbelastung ist Kostenelement und wird im Preis auf den Abnehmer abgewälzt, so daß die Belastung sich in Stufen kumuliert. Verringerung der Herstellungs- und Vertriebsstufen verkürzt die Belastung des Verbrauchers, ist also Anreiz zur Betriebskonzentration. Sie ist damit zugleich mögliche Ursache für unterschiedliche Belastung gleicher Waren und für Berechnungsschwierigkeiten beim Vorbelastungs-Ausgleich im grenzüberschreitenden Verkehr, damit für Wettbewerbsverzerrungen. Demgegenüber ist das Mehrwertsteuersystem wettbewerbsneutral und kein Stimulans zur Konzentration. Es ist wegen der Überwälzbarkeit der Steuer letztlich auf den Verbraucher kein Kalkulations- und nur für den Endverbraucher ein Preiselement. Für Ausgleichsmaßnahmen ist es ohne Schwierigkeit transparent und bestimmbar. Dieses System ist daher (unter Verwertung der französischen Erfahrungen) auf Kommissionsvorschlag nach Rats-Richtlinien von 1967, 1969 und 1971[14] in fünf der sechs Mitgliedstaaten zum 1. Januar 1972 eingeführt worden. Mit dieser Einführung (in der BRD bereits seit dem 1. Januar 1968, in Italien bis spätestens 1. Juli 1972) ist der Geltungsbereich der Art. 95—97 zwangsläufig eingeengt worden.

10 b) Die weitere Harmonisierung erfordert eine Vereinheitlichung der Bemessungsgrundlagen und den Abbau der Steuergrenzen innerhalb der Gemeinschaft, um derart die Besteuerung von Einfuhren und die steuerliche Entlastung von Ausfuhren im Handelsverkehr innerhalb des Gemeinsamen Marktes zu beseitigen. Endziel ist die Angleichung der national unterschiedlichen Mehrwertsteuersätze (nach ihrer Zahl) und letztlich eine etwaige Annäherung nach ihrer Höhe[15].

2. *Spezielle Verbrauchssteuern*

11 Ihre Harmonisierung bereitet wegen ihres unterschiedlichen Anteils in den Steuersystemen der Mitgliedstaaten und der differenzierenden Bedeutung der nationalen Finanzmonopole *(37/24, 25)*, auch wegen der voneinander abweichenden Verbrauchsgewohnheiten besondere Schwierigkeiten. Die Umgestaltung der Finanzmonopole nach Art. 37, in deren Monopolpreisen der Verbrauchssteueranteil erweisbar werden müßte, würde ihre Erzeugnisse dem Verkehr im Gemeinsamen Markt öffnen und dem Wettbewerb unterwerfen[16]. In diesem Bereich zielen die Harmonisierungsvorschläge der Kommission zweistufig zunächst auf die Angleichung der Anwendungsbereiche, der Bemessungsgrundlagen und der Erhebungsmodalitäten. Sie befassen sich insbesondere mit den Steuern auf Tabakwaren[17], Alkohol und Mineralöl[18]. Da es in den Mitgliedstaaten insgesamt 26 besondere Verbrauchssteuern gibt und gemeinschaftsrechtlich nur solche relevant sind, die einen spürbaren Einfluß auf den Handel haben, wird ein Teilbereich, dessen Grenzausgleichung für den Handel nicht erforderlich erscheint, unterschiedlich bestehen bleiben können.

---

[14] Erste Richtlinie v. 11. 4. 1967 (ABl. 1301); Zweite Richtlinie (Struktur und Anwendungsmodalitäten des gemeinsamen Mehrwertsteuersystems) v. 11. 4. 1967 (ABl. 1303); Dritte Richtlinie (Einführung der Mehrwertsteuer in den Mitgliedstaaten) v. 9. 12. 1969 (ABl. L 320, 34); Vierte Richtlinie (Einführung in Italien) v. 20. 12. 1971 (ABl. L 283, 41). — Dazu: *Fischer* NJW 1968, 323; *Kempf*, Europäische Mehrwertsteuer (1968), ZfZ 1970, 353.

[15] *Haferkamp*, EurGem 6/1971, 10. [16] *van Houtte* DrCommEur Nr. 2204.

[17] Geänd. Richtlinienvorschlag v. 20. 11. 1970 (ABl. 1971 C 4, 22).

[18] Richtlinienvorschlag v. 28. 12. 1970 (ABl. 1971 C 14, 25).

3. *Indirekte Steuern auf Kapitalansammlungen*

12 Entsprechend der Entschließung des Rates und der Regierungsvertreter vom 9. Februar/22. März 1971 zielt die Harmonisierung der Gesellschaftssteuer[19], der Wertpapiersteuer, der Steuern auf Einkünfte aus Schuldverschreibungen auf den Aufbau eines europäischen Kapitalmarktes. Fragen des sog. Quellenabzuges und der Doppelversteuerung (von Dividenden als Gesellschaftsgewinn und als Aktionäreinkommen) sind hier zu lösen. Ergangen ist die Richtlinie des Rates vom 17. Juli 1969[20] betreffend die indirekten Steuern auf die Ansammlung von Kapital. Auf diesem Gebiet steht die Harmonisierung vor einer schwierigen Aufgabe. Denn das Gemeinschaftsinteresse zielt auf intensive Anpassung, während die Mitgliedstaaten hier unterschiedliche, außerhalb der eigentlichen Steuerpolitik liegende (auch gesellschaftspolitische) Ziele verfolgen[21].

4. *Direkte Steuern*

13 Ihre in den Auftrag des Art. 99 nicht einbezogene Harmonisierung ist erforderlich, soweit sie in ihren wettbewerbsrelevanten Elementen Einfluß haben auf die Kapitalbeschaffung der Unternehmen, ihre Umstrukturierung, Konzentrationsvorhaben, Sitz- und Niederlassungssitz-Wahl und die Freizügigkeit ihrer Dienstleistenden und Arbeitskräfte. Die Kommission hat hierfür das Programm für die Harmonisierung der direkten Steuern vom 7. Februar/23. Juni 1967 aufgestellt[22]. Es zielt unter Rangeinstufungen und Prioritäten für die wettbewerbsrelevanten Steuerfaktoren auf Systemveränderungen zwecks Harmonisierung[23]. Sie würden insbesondere auch das Steuerrecht der BRD wesentlich berühren, und zwar für den Kapitalverkehr, für die Umstrukturierung und Konzentration von Unternehmen, für die steuerliche Behandlung von Investitionen[24]. Der Plan der Errichtung einer Europäischen Handelsgesellschaft *(39/12)* wirft ebenfalls Steuerprobleme auf, deren ab ovo harmonisierte Lösung die Kommission zu berücksichtigen für erforderlich hält.

---

[19] Hierzu vgl. den Kommissionsvorschlag für eine Richtlinie betr. die Festsetzung gemeinsamer Sätze der Gesellschaftssteuer (ABl. 1971 C 34, 1).

[20] ABl. 1969 L 249, 25.

[21] *Haferkamp,* EurGem 6/1971, 11.

[22] Dok. SEK (67) 385 endg. und 1480 endg. = Sonderbeilage zum Bull EWG 8/1967.

[23] *Ebentheuer* in: Einführung 242; *Fischer* NJW 1968, 324.

[24] Vgl. die zwei Memoranden der Kommission v. 5. 3. 1969 zum Kapitalmarkt und seinen steuerlichen Fragen (Bull EG 5/1969, 23), die dem Rat am 16. 1. 1969 von der Kommission unterbreiteten Vorschläge für Richtlinien über das gemeinsame Steuersystem für Fusionen, Spaltungen und die Einbringung von Unternehmensteilen, die Gesellschaften verschiedener Mitgliedstaaten betreffen (ABl. 1969 C 39, 1) sowie über das gemeinsame Steuersystem für Mutter- und Tochtergesellschaften verschiedener Mitgliedstaaten (ABl. C 39, 7). Zu den Richtlinienvorschlägen: *Sass* AWD 1970, 533; *Prym* in: Die Aktiengesellschaft 1971, 263.

5. *Realsteuern*

14 Soweit auch ihre Harmonisierung erforderlich erscheint, um bei ihrer Aufrechterhaltung als Ertragssteuern neben den Einkommensteuertypen grenzüberschreitende Diskriminierungswirkungen auszuschließen, entstehen für die BRD besondere Verfassungsfragen der föderalen Ordnung und der Garantie der kommunalen Selbstverwaltung. Denn die Realsteuern bilden in der deutschen Finanzverfassung ein wesentliches Element der Landes- und Kommunalzuständigkeiten.

6. *Doppelbesteuerungen*

15 Der von der Kommission eingesetzte Steuer- und Finanzausschuß (sog. *Neumark*-Ausschuß) hat in seinem Bericht von 1962 die Ansicht vertreten, im Gemeinsamen Markt solle die Steuerveranlagung im Wohnsitzstaat zentralisiert werden[25]. Diesem Fernziel, dessen Erreichung intensivste Angleichung des Steuerrechts voraussetzt, streben zunächst zweiseitige Doppelbesteuerungsabkommen gemäß Art. 220 zu[26]. Die Kommission hat die Initiative ergriffen, um multilaterale Regelungen herbeizuführen. Solange solche Abkommen die Doppelbesteuerung nicht verhindern, wird der Marktbürger sich auf die unmittelbare, ihm günstige Anwendbarkeit des Art. 220 nicht berufen können. Denn die von der Rechtsprechung des Gerichtshofs den Art. 12 und 95 zugedachte derartige Wirkung wohnt dem Art. 220 nicht inne, da er allenfalls Verhandlungspflichten der Mitgliedstaaten statuiert, nicht i. S. des Art. 169 sanktionierte Folgepflichten[27].

---

[25] *Fischer* NJW 1968, 325.
[26] Übersicht: ABl. 1971 C 62, 3.
[27] Im Ergebnis ebenso: *van Houtte* DrCommEur Nr. 2205.

Siebter Teil

RECHTSSTELLUNG DES MARKTBÜRGERS

§ 41 GRUNDRECHTE

Badura, Bewahrung und Veränderung demokratischer und rechtsstaatlicher Verfassungsstruktur in den internationalen Gemeinschaften, VVDStRL 23 (1966) 34; *Burghardt,* Die Eigentumsordnungen in den Mitgliedstaaten und der EWGV — Zur Auslegung von Art. 222 EWGV (1969); *Erler,* Das Grundgesetz und die öffentliche Gewalt internationaler Staatengemeinschaften, VVDStRL 18 (1960) 7; *Escher,* Die Geltung der Europäischen Menschenrechtskonvention gegenüber den drei Europäischen Gemeinschaften, Diss. Saarbrücken (1964); *Fuß,* Die Europäischen Gemeinschaften und der Rechtsstaatsgedanke (1967); *Gorny,* Verbindlichkeit der Bundesgrundrechte bei der Anwendung von Gemeinschaftsrecht durch deutsche Staatsorgane (1969); *von der Groeben,* Über das Problem der Grundrechte in der Europäischen Gemeinschaft, Fs Hallstein 226; *Herpers,* Die staatliche Verfügungsmacht über Grundrechte auf der Basis des Art. 24 Abs. 1 GG, behandelt am Beispiel des Art. 86 EAGV, Diss. Köln (1965); *Kleinmann,* Verfassungsbeschwerde gegen deutsche Gesetze, die europäisches Gemeinschaftsrecht transformieren, NJW 1969, 355; *Krämer,* Das Recht der europäischen Integrationsgemeinschaften und die deutschen Grundrechte, Diss. Kiel (1962); *Kropholler,* Die Europäischen Gemeinschaften und der Grundrechtsschutz, EuR 1969, 128; *Dietrich Küchenhoff,* Grundrechte und europäisches Staatengemeinschaftsrecht, DÖV 1963, 161; *Lambach,* Probleme einer Bindung der nach Art. 24 I des Grundgesetzes den Europäischen Gemeinschaften übertragenen Hoheitsgewalt an die Grundsätze des demokratischen Rechtsstaats, insbesondere an die Grundrechte, Diss. München (1964); *Lecheler,* Die allgemeinen Rechtsgrundsätze in der Rechtsprechung des Europäischen Gerichtshofs, Diss. Erlangen/Nürnberg (1967); *Lecheler,* Der Europäische Gerichtshof und die allgemeinen Rechtsgrundsätze (1971); *Joachim Martens,* Die rechtsstaatliche Struktur der Europäischen Wirtschaftsgemeinschaft, EuR 1970, 210; *von Meibom,* Der EWG-Vertrag und die Grundrechte des Grundgesetzes, DVBl. 1969, 437; *Menzel,* Verfassungsrang für die Normen der Europäischen Menschenrechtskonvention nach dem Recht der Bundesrepublik Deutschland?, Fs Guggenheim 573; *Meyer-Lindenberg,* Die Menschenrechte im Völkerrecht, BerDtGesVöR 4 (1961) 84; *Partsch,* Die Rechte und Freiheiten der Europäischen Menschenrechtskonvention (1966); *Pescatore,* Les droits de l'homme et l'intégration européenne, CahDrEur 1968, 629; *Pescatore,* Die Menschenrechte und die europäische Integration, Integration 1969, 103; *Pescatore,* Fundamental rights and freedoms in the system of the European Communities, AmJCompL 1970, 343; *Pescatore,* The protection of human rights in the European Communities, CMLR 1972, 73; *Rupp,* Die Grundrechte und das Europäische Gemeinschaftsrecht, NJW 1970, 353; *Scholz,* Der innerstaatliche Schutz des Staatsbürgers in der BRD gegenüber Hoheitsakten der überstaatlichen europäischen Gemeinschaften, Diss. Würzburg (1962); *Schwaiger,* Zum Grundrechtsschutz gegenüber den Europäischen Gemeinschaften, NJW 1970, 975; *Spanner,* EWG-Recht und Grundrechtsschutz, BayVerwBl. 1970, 341; *Stendardi,* Il soggetto privato nell'ordinamento comunitario europeo (1967); *Thieme,* Das Grundgesetz und die öffentliche Gewalt internationaler Staatengemeinschaften, VVDStRL 18 (1960) 50; *Torrelli,* L'individu et le droit de la Communauté économique européenne (1970); *Valenti,* Aspetti della tutela degli interessi dei privati nel diritto comunitario, RivDirEur 1967, 117; *Wengler,* Grundrechtsminimum und Äquivalenz der Grundrechtsschutzsysteme, JZ 1968, 327; *Ziegler,* Das Grundrechtsproblem in den Europäischen Gemeinschaften (1970); *Zuleeg,* Fundamental rights and the law of the European Communities, CMLR 1971, 446.

Das Gemeinschaftsrecht und in seiner Anwendung ergehende Hoheitsakte können den Bereich individueller Freiheit der Marktbürger berühren, zu dessen Gewährleistung und Schutz im nationalen Verfassungsrecht Grundrechte bestehen. Das Verfassungsrecht der Mitgliedstaaten hat den Grundrechtsschutz unterschiedlich nach Form und Intensität ausgestaltet. Er hat in der BRD in Art. 1—19 GG und in weiteren Rechtsschutzgewährleistungen eine besonders hervorgehobene und durch perfekte Rechtsweggarantien sanktionierte Ausprägung erfahren. Er ist überdies durch die Rechtsprechung des Bundesverfassungsgerichts vervollkommnet und zusätzlich dimensioniert worden (Wertordnung, Drittwirkung). Hierin steht die BRD im Kreis der Mitgliedstaaten an der Spitze eines verfassungsrechtlich akzentuierten „Grundrechts-Bewußtseins". Das ist ein wesentlicher Grund dafür, daß der Frage des Grundrechtsschutzes des Marktbürgers im Bereich des Gemeinschaftsrechts und seiner Anwendung in deutscher Theorie und Rechtsprechung eine ungewöhnliche Bedeutung zugemessen worden ist, wie das — von gewissen, aber weniger intensiven Erscheinungen entsprechender Art in Italien abgesehen — im übrigen in den anderen Mitgliedstaaten nicht festgestellt werden kann. Ein weiterer Grund für dieses besondere deutsche „Engagement" liegt darin, daß die Grundrechts-Thematik in der BRD als Testfrage gestellt worden ist für die Verfassungsgrenzen der Integrationsgewalt des Art. 24 I GG und für die Rangordnung zwischen Gemeinschafts- und nationalem Recht. Angesichts dieser Situation ist es geboten, die Grundrechts-Thematik zunächst nach ihrer Bedeutung einzugrenzen, ihre Entwicklung zu kennzeichnen und in ihren übergreifenden Zusammenhängen zu plazieren.

I. Bedeutung des Grundrechtsschutzes — Entwicklung seiner Forderung — Zusammenhang mit dem Rechtsstaatsprinzip

1. Bedeutung

1 Daß der Grundrechtsschutz der Marktbürger im Geltungs- und Anwendungsbereich des Gemeinschaftsrechts vornehmlich und am intensivsten in der *deutschen* Theorie und Rechtsprechung für bedeutsam gehalten worden ist, erklärt sich *nicht* aus der *nächstliegenden* und *legitimen* Ursache: dieses Engagement ist weder im deutschen Schrifttum noch in der Rechtsprechung dadurch entstanden, daß gegenüber deutschen Staatsangehörigen Gemeinschaftsnormen oder Gemeinschaftsakte besonders zahlreich oder gravierend als Rechtsbeeinträchtigungen in Erscheinung getreten wären, die, am deutschen Grundrechtssystem gemessen, als evidente Grundrechtsverletzungen hätten empfunden werden können. Von einer aus der Wirklichkeit der Integrationserfahrung drückenden Last von Grundrechtsverletzungen kann schlechterdings nicht die Rede sein. Es gibt bis in die jüngste Zeit hinein umfangreiche und monographische Untersuchungen, die mit Nachdruck und

Pathos die grundrechtliche Schutzlosigkeit des deutschen Marktbürgers gegenüber der öffentlichen Gemeinschaftsgewalt beklagen und hieraus weit übergreifende dogmatische und rechtspolitische Folgerungen ziehen, ohne auch nur zu erwägen, geschweige denn differenziert zu prüfen, welche Normen des Gemeinschaftsrechts unmittelbar oder im Falle ihrer Anwendung durch Gemeinschaftsakt deutsche Grundrechtspositionen auch nur tangieren könnten[1]. Methodisch nicht weniger spekulativ indes verfahren andere Untersuchungen, die die Normen und Äußerungen der Gemeinschaftsgewalt zwar nicht in die Grenzen gerade der *deutschen* Grundrechtsordnung verweisen wollen, andererseits aber grundrechtlich gleichwohl unbesorgt zu dieser Folgerung gelangen ohne Darlegung der rechtsstaatlichen Freiheitsverbürgungen und -sicherungen, die dem Gemeinschaftsrecht selbst innewohnen und deren Wirksamkeit seine Entbindung von nationalen Grundrechten rechtsstaatlich erst vertretbar machen kann.

Die Mängel dieser Betrachtungsweise liegen darin, daß sie die Grundrechtsfrage losgelöst und distanziert vom Gemeinschaftsrecht und seiner tatsächlichen oder potentiellen Wirksamkeit zu beantworten suchen. Sie ist eben lediglich spekulativ orientiert an der Vorstellung, eine nicht-deutsche Hoheitsgewalt, deren Verfassung einen den Art. 1—19 GG entsprechenden Grundrechtskatalog nicht besitze, könne im Schutzbereich der deutschen Grundrechte gegenüber deutschen Grundrechtsträgern belastend wirksam werden.

Eine zutreffende Erörterung setzt demgegenüber voraus, daß die mögliche Grundrechtsrelevanz von Normen und Akten der Gemeinschaftsgewalt substantiell umschrieben *(41/4—14)* und der rechtsstaatlich-grundrechtliche Gehalt des Gemeinschaftsrechts sichtbar gemacht wird *(41/15—24)*.

2. *Entwicklung der Forderung*

2 Zutreffend ist im Hinblick gerade auf die deutsche Auseinandersetzung zur Grundrechtsthematik gefragt und geantwortet worden: „Was ist von derartigen Diskussionen zu halten, die offensichtlich für die Wirksamkeit des Gemeinschaftsrechts und den Zusammenhalt des europäischen Gemeinschaftsgebäudes nicht ohne Gefahr sind? Zunächst ist festzuhalten, daß in der Gemeinschaftspraxis bislang kein ernsthaftes Problem des Menschenrechtsschutzes aufgetreten ist. Die Diskussionen über diese Frage waren deshalb rein theoretisch; aber allein die Tatsache, daß Diskussionen geführt werden, droht die Wirksamkeit des Gemeinschaftsrechts zu erschüttern."[2]

Diese Erkenntnis deckt die Ursachen für die auffällige deutsche Interessiertheit am Grundrechtsthema, die sicherlich auch aus dem allgemein ge-

---

[1] *Rupp* NJW 1970; *Gorny,* Verbindlichkeit der Bundesgrundrechte; dazu kritisch: *Ipsen,* Verfassungsperspektiven 22; *Martens* EuR 1970, 230.

[2] *Pescatore* Integration 1969, 109, 126.

steigerten deutschen Grundrechtsbewußtsein gespeist wird, allerdings noch nicht hinreichend auf. Sie reichen zeitlich zurück bis in den Anfang der 50er Jahre. In der deutschen Grundrechts-Diskussion zum Gemeinschaftsrecht prolongiert sich bis heute eine verfassungsrechtliche Auseinandersetzung um die Auslegung und Tragweite des Art. 24 I GG und die deutsche Teilnahme an supranationaler Integration. Diese hat mit dem Streit um die EVG und dem Kampf um den Wehrbeitrag eingesetzt und Fortgang erfahren, obwohl sie in ihren Kernfragen seither verfassungstheoretisch und in der Verfassungswirklichkeit erledigt worden ist. Die Grundrechtsdiskussion ist — weit über ihr durchaus begründetes rechtsstaatliches Anliegen hinaus — deshalb einmal ein verspätetes Nachhutgefecht um den Einsatz der Integrationsgewalt, andererseits zugleich aber auch eine Präventivaktion gegen den Fortgang der funktionellen Wirtschaftsintegration ohne simultane Aufrichtung einer europäischen Bundesstaatlichkeit. Die Stadien dieser Diskussion und ihre rechtspolitischen Stoßrichtungen können das verdeutlichen.

a) Im — gerichtlich nicht ausgetragenen — Verfassungsstreit um den „Wehrbeitrag" und den Beitritt der BRD zur EVG war das Postulat struktureller Kongruenz und Homogenität zwischen dem Grundgesetz und der Verfassung der Integrationsgemeinschaft auch auf den — hier interessierenden — grundrechtlichen Schutz der individuellen Freiheitssphäre bezogen worden[3]. Dieses Erfordernis ist dann — bis heute immer wieder zur Geltung gebracht — auf die Fundamentalentscheidung des Grundgesetzes zum Grundrechtsschutz reduziert worden mit der einschränkenden These, die Gemeinschaftsgewalt sei jedenfalls an den Gehalt des Art. 79 III GG, damit an die Grundsätze der Art. 1 und 20 GG, zu binden[4]. Das Homogenitätserfordernis wird mit der in der Wirkung vergleichbaren, nur anders konstruierenden Auffassung entbehrlich, die Gemeinschaftsgewalt sei jedenfalls an die Schranken der in den Mitgliedstaaten übereinstimmend geltenden Grundrechte als „ungeschriebenes Verfassungsrecht der Staatengemeinschaft" gebunden[5].

Erst einer diese Dualismen überwindenden ganzheitlichen, gemeinschaftsimmanenten Betrachtungsweise gelingt es dann, das Gemeinschaftsrecht aus den Begrenzungen nationaler Grundrechtsverbürgungen zu lösen. Sie verweist die rechtsstaatliche Eingrenzung der Gemeinschaftsgewalt *in das Gemeinschaftsrecht selbst* und erkennt, daß diese Eingrenzung eine notwendig einheitliche, nicht national differierende sein kann[6]. Denn wenn die Gemeinschaftsgewalt als solche in ihrer „unantastbaren Eigenart, in der Gemeinschaft ganzheitlich und einheitlich zu gelten"[7], im begründeten Individual-

[3] Art. 3 § 1 EVGV hatte übrigens vorgesehen, die Gemeinschaft habe bei ihren Eingriffen „die staatsbürgerlichen Rechte und die Grundrechte des einzelnen" zu wahren. [4] *Erler* VVDStRL 18 (1960) 43. [5] *Thieme* ebenda 53.

[6] *Badura* VVDStRL 23 (1966) 102; *Ipsen* ebenda 135; *Ziegler*, Das Grundrechtsproblem in den Europäischen Gemeinschaften 9; *Pescatore* Integration 1969, 110.

[7] *Ipsen*, Bensheim-Referat 21.

interesse beschränkt wird, kann auch solche Beschränkung nur einheitlich gelten, nicht von Mitgliedstaat zu Mitgliedstaat differenziert wirken, soweit die nationalen Grundrechtsverbürgungen sich voneinander unterscheiden. Obwohl das Bundesverfassungsgericht in seinem Beschluß vom 18. Oktober 1967[8] in seinen tragenden Erwägungen den Vorgang der Vergemeinschaftung nach Art. 24 I GG verfassungsrechtlich nicht in Zweifel zieht, die Gemeinschaften als selbständige und unabhängige Träger originärer öffentlicher Gewalt, ihre autonome Rechtsordnung, ihre Supranationalität, ihr einheitliches Rechtsschutzsystem und damit insgesamt den fortschrittlichen Standpunkt der deutschen Theorie anerkennt, hat es hinsichtlich des Grundrechtsschutzes einen Vorbehalt stipuliert, und zwar im Rückgriff auf das jetzt auf die Grundrechtsthematik begrenzte Homogenitätspostulat. Wiewohl die genaue Exegese des Beschlusses erweist, daß das Gericht hiermit etwas „reservieren" will, was nach seiner eigenen Argumentation nicht reservierbar ist, hat es mit seinem Homogenitäts-Vorbehalt im Grundrechtsbereich jener deutschen Diskussion neue Nahrung zugeführt.

b) Diese deutsche Grundrechtsdiskussion, die die Gemeinschaftsgewalt im Sinne der Art. 1—19 GG kraft *deutschen* Verfassungsrechts begrenzt und gebunden sehen will, versucht nicht nur verspätet, den Integrationsschritt als solchen in Frage zu stellen oder in verfassungsrechtlicher Schwebe zu halten. Sie will auch präventiv den Fortschritt der funktionellen Integration verhindern oder hemmen. Dies deshalb, weil sie, wenn überhaupt, eine weitere Öffnung deutscher Staatlichkeit zu supranationaler Ordnung nur in der Gestaltung europäischer Bundesstaatlichkeit nach dem grundgesetzlichen Modell zu sehen vermag. Verfassungspolitisch beruht das auf dem Postulat, die Konstitutionsprinzipien des Nationalstaates modellhaft einzusetzen, unter ihnen das des parlamentarisch-demokratischen Regierungssystems, seines Konsensprinzips und — was hier interessiert — *auch seines* Systems der Gewaltenteilung und grundrechtlicher Freiheitsverbürgung. Indem die konstitutionelle Gewährleistung des liberalen Grundrechtssystems als Strukturelement vorgegeben, unabdingbar, unersetzlich und maßgeblich erscheint, verstellt sich eine derartige Grundrechtsdiskussion aber den Blick für die Frage, ob die funktionelle Vergemeinschaftung nicht anderer Gestaltungsformen rechtsstaatlicher Sicherungen der individuellen Freiheit bedarf und — vor allem — über sie im geltenden Gemeinschaftsrecht nicht schon verfügt. Ihre Ignorierung, Verleugnung oder Abwertung bedeutet daher nicht nur de lege lata eine verfassungsrechtliche Verzeichnung der bestehenden Zuordnung zwischen Gemeinschaftsgewalt und Marktbürger, sondern zugleich de lege ferenda eine präventive Verkürzung der im Gemeinschaftsrecht enthaltenen rechtsstaatlichen Entwicklungschancen.

---

[8] BVerfGE 22, 293 = EuR 1968, 134 mit Anm. *Ipsen*; vgl. auch BVerfG-Beschluß vom 9. 6. 1971 — ZBvR 225/69 — EuR 1972, 51 mit Anm. *Ipsen*.

c) Da die deutschen Grundrechte Verfassungsrang haben und ihre Verletzung durch Normenkontrolle und Verfassungsbeschwerde verfassungsgerichtlich geprüft wird, kann die Beantwortung der Frage, ob die Gemeinschaftsgewalt durch sie begrenzt und an sie gebunden ist, auch vom Inhalt der *Rangordnung* zwischen Gemeinschafts- und nationalem Recht abgeleitet werden. Denn wenn Gemeinschaftsrecht allem nationalen Recht schlechthin im Rang vorgeht, entfiele logisch die Verletzbarkeit nationaler Grundrechte durch Gemeinschaftsgewalt. Wenn der Gemeinschaftsvorrang als nur gegenüber dem *einfachen* nationalen Gesetz wirksam gilt, bleibt die nationale Grundrechtsgewährleistung gemeinschaftsfest, soweit Gemeinschaftsrecht die nationale gesetzliche Grundrechtsbeschränkbarkeit nicht überschreitet. Und elementarer Grundrechtsschutz i. S. des Art. 79 III GG bleibt rechtslogisch jedenfalls dann wirksam gegenüber der Gemeinschaftsgewalt, wenn der sonst gebilligte Vorrang des Gemeinschaftsrechts diese letzte Homogenitätsgrenze respektieren muß.

So erklärt sich, daß die deutsche Erörterung der Grundrechtsthematik weithin stattfindet in der Einbettung in die Rang- und Kollisionsfrage (hierüber *§ 10*)[9]. Mit der (hier vertretenen) Annahme des Vorrangs des Gemeinschaftsrechts *auch vor* nationalem *Verfassungs*recht ist die Grundrechtsthematik, wiewohl rechtslogisch ausgeräumt, indes in ihrer Substanz nicht erledigt. Denn sie hat ihr eigenes Gewicht.

d) Der Vergleich der Verfassungen der sechs Mitgliedstaaten im Hinblick auf ihren integrationsrelevanten Grundrechtsgehalt[10] zeigt, daß Gleichheits-, Eigentums-, Vereinigungs- und Koalitionsrecht, Berufsfreiheit, Gleichberechtigung von Mann und Frau sowie der Rechtsschutz Ausgestaltungen erfahren haben, die in wesentlichen Zügen kommensurabel sind. Dem vorrangigen Interesse an der Grundrechtsthematik in der BRD stehen die anderen Mitgliedstaaten nach, insbesondere Frankreich und die Benelux-Staaten. Die italienische Rechtsprechung ist vornehmlich der Frage nachgegangen, ob die gemeinschaftsrechtlichen *Rechtsschutz*garantien denen der italienischen Verfassung gleichwertig sind, und zwar mit durchweg bejahendem Ergebnis. In den anderen nationalen Gerichtsbarkeiten ist das Thema, soweit ersichtlich, nicht aktuell geworden[11].

3. *Rechtsstaatsprinzip*

3 Die Annahme des Vorrangs des Gemeinschaftsrechts vor dem nationalen Recht kann die Grundrechtsthematik nur rechtslogisch, formal und vordergründig entschärfen. Ihre Eingrenzung auf das der Gemeinschaftswirklich-

[9] Beispiele: *Wagner*, Beschlußrecht 252; *Gorny*, Verbindlichkeit der Bundesgrundrechte 21—134.

[10] Vergleichende Übersichten bei *Pescatore*, Integration 1969, 128—134.

[11] *Pescatore* 108/109.

keit adäquate Maß — durch empirische Ermittlung möglicher Kollisionstatbestände und durch Klarstellung der grundrechtswirksamen inneren Gemeinschaftsstrukturen und Handlungsprinzipien — kann die legitime Sorge um Freiheitsverkürzung wesentlich verringern. Das begründete Anliegen, im nationalen Verfassungsrecht gewährleistete Grundrechtsgarantien durch ihre Öffnung gegenüber öffentlicher Gemeinschaftsgewalt rechtsstaatlich nicht zu entblößen, bedarf dieser doppelten Überprüfung, und dies auch zur Aufbereitung künftiger Verfassungsentscheidungen und -gestaltungen der Gemeinschaften und zur Klärung, ob die gemeinschaftsimmanenten Mechanismen rechtsstaatlicher Freiheitssicherung im Ansatz funktionieren und ausreichen.

II. Gemeinschaftsrelevante Grundrechtsbereiche

4 Aus der Ziel- und Aufgabenbegrenzung der funktionellen Wirtschaftsintegration folgt, daß bestimmte, für das nationale Verfassungsrecht relevante Grundrechtsbereiche indifferent sind gegenüber möglicher Beeinträchtigung durch Gemeinschaftsgewalt. Das gilt — nach den Bereichsbestimmungen des deutschen Grundrechtskatalogs umschrieben — vom Recht auf Leben und körperliche Unversehrtheit[12] sowie von der Freiheit der Person (Art. 2 II), von Glaubens- und Bekenntnisfreiheit (Art. 4), vom Recht der freien Meinungsäußerung und der Freiheit von Kunst, Wissenschaft, Forschung und Lehre (Art. 5), von den Schutzbereichen der Art. 6 und 7 (Ehe, Familie, uneheliche Kinder, Schulwesen)[13], von der Versammlungsfreiheit (Art. 8), der Freizügigkeit im Bundesgebiet (Art. 11), dem Schutzbereich des Art. 16 (Ausbürgerung, Auslieferung, Asylrecht), des Art. 17 (Petitionsrecht), des Art. 103 II (Rückwirkungsverbot für Strafgesetze) und des Art. 104 (Rechtsgarantien bei Freiheitsentziehung)[14]. Für andere Grundrechtsbereiche, denen Irrelevanz im Gemeinschaftsrecht attestiert worden ist[15], bleibt nähere Prüfung geboten (Art. 10: Brief-, Post-, Fernmeldegeheimnis, Art. 13: Unverletzlichkeit der Wohnung, Art. 103 III: Verbot des ne bis in idem für allgemeine Strafgesetze).

---

[12] Die nach Art. 30 II c EAGV vorgesehenen Grundsätze für die ärztliche Überwachung der Arbeitskräfte mit möglichem Untersuchungszwang halten sich im Rahmen des Art. 2 II 3 GG; vgl. *Krämer,* Das Recht der europäischen Integrationsgemeinschaften und die deutschen Grundrechte 100.

[13] Art. 10—12 der Freizügigkeits-VO Nr. 1612/68 v. 15. 10. 1968 (ABl. L 257, 2), die die Diskriminierung der Arbeitnehmer auf Grund ihrer Staatsangehörigkeit beseitigt, erweitern hinsichtlich der Arbeitnehmer-Familien die Grundrechtswirkungen des Art. 6 GG; zu den entsprechenden Vorschriften der zuvor geltenden Freizügigkeits-VO Nr. 38/64 (ABl. 965) vgl. *von der Groeben* Fs Hallstein 238.

[14] Zur gemeinschaftsrechtlichen Irrelevanz der Art. 4—8, 11, 16, 17, 103 II, 104 GG vgl. *Krämer* 110—113, 148, 151, 152.

[15] *von der Groeben* Fs Hallstein 229; *Zieger* 13.

Gemeinschaftsrelevanz kommt im übrigen vornehmlich denjenigen Grundrechtsbereichen zu, in denen der Marktbürger sich *wirtschaftlich* entfaltet oder die Wirtschaftsfreiheit ihre Respektierung voraussetzt: Wirtschaftsfreiheit i. S. des Art. 2 I GG, Gleichheit (Art. 3 I, II), Vereinigungsfreiheit (Art. 9), Berufsfreiheit (Art. 12 I), Brief-, Post-, Fernmeldegeheimnis (Art. 10), Unverletzlichkeit der Wohnung (Art. 13), Freiheit des Eigentums (Art. 14), Rechtsweggewährleistung (Art. 19 IV), ne bis in idem-Gebot (Art. 103 III). Ihre etwaige Gefährdung steht — unterschiedlich berührt durch denkbare Einwirkungen des Gemeinschaftsrechts und seiner Anwendung — um so eher und intensiver in Frage, je umfassender und tiefgreifender planende, intervenierende und kontrollierende Maßnahmen vom Vertragsrecht zugelassen sind. Ihrer Struktur nach gilt das im Gefälle primär vom EAGV, danach vom EGKSV, weniger im EWGV-Bereich, dort sektoral unterschiedlich und vorwiegend erst kraft Sekundärrechts.

1. Wirtschaftsfreiheit

5 Die Wirtschaftsfreiheit ist als ein durch Art. 2 I GG gewährleistetes Grundrecht zu begreifen, das sich nicht in der Addition oder Einzelausprägung der dekliniert gewährleisteten wirtschaftserheblichen Einzelgrundrechte (des Eigentums, der Berufsfreiheit, Vertragsfreiheit und der Freiheit von Vergemeinschaftung) erschöpft. Gegenüber hoheitlich-öffentlicher Einwirkung, wie sie kraft deutschen öffentlichen oder kraft Gemeinschaftsrechts in Frage steht, schützt Art. 2 I GG die Wirtschaftsfreiheit als unternehmerische Dispositionsfreiheit. Sie wirkt nicht nur vermögenswertig, sondern eigenständig aus dem Wesensgehalt des privaten Wirtschaftens über Ob und Wie der wirtschaftlichen Disposition, über Unternehmerinitiative und Unternehmerentscheidung[16].

Soweit hierdurch nicht unmittelbar grundrechtliche Eigentumsbefugnisse berührt werden, deren Schutz Art. 14 GG gewährleistet, ist diese Wirtschaftsfreiheit eingeschränkt im Bereich des EAGV durch Anzeige-, Anbietungs- und Ablieferungsgebote (Art. 16, 41 ff.; 57 II, 62), im Hinblick auf Rohstoffversorgung durch das Versorgungsmonopol der Agentur für Erze, Ausgangs- und besondere spaltbare Stoffe (Art. 52 ff., 57 ff.), ferner durch Preisfestsetzungen (Art. 68 III, 69). Darin liegende Beschränkungen der Vertragsfreiheit gehen über die nach Art. 2 I GG zugelassenen nicht hinaus[17].

---

[16] *Ipsen*, Rechtsfragen der Wirtschaftsplanung, Planung II (1966) 96; *ders.*, Gesetzliche Bevorratungspflicht Privater. Erläutert am Modell des Gesetzes über Mindestvorräte an Erdölerzeugnissen vom 9. September 1965 (BGBl. I, 1217), AöR 90 (1965) 430; hieran ist mit Nachdruck festzuhalten, auch nachdem BVerfGE 30, 292 sich in einer starren und exklusiven Zuordnung der Elemente der Wirtschaftsfreiheit nur zu den Art. 12 und 14 GG selbst den Weg verschlossen hat, gesetzliche Einschränkungen der Wirtschaftsfreiheit an Art. 2 I GG zu messen und dabei den Prinzipien der Erforderlichkeit und der Verhältnismäßigkeit des Eingriffs gerecht zu werden. Auf diese Weise werden gesetzliche Freiheitsbeschränkungen durch Indienstnahme zu öffentlichen Aufgaben ohne finanzielle Abgeltung ermöglicht, die unentgeltlich aufzuerlegen eben weder erforderlich noch verhältnismäßig ist, und dies einfach deshalb, weil sie, fälschlich dem Art. 14 GG zugeordnet, nach seinem Verständnis durch das Gericht mit dem Vermögen nicht das Eigentum treffen.

[17] *Krämer* 99.

Im EGKSV können vergleichbare Wirkungen ausgehen von Lohn-, Preis- und Quotenfestsetzungen (Art. 60 ff., 68), von der Investitionskontrolle (Art. 54), der Einflußnahme auf Produktion und Verteilung (Art. 58 ff.). Mindestpreisfestsetzungen gestattet auch Art. 44 EWGV im Agrarsektor. Das Kartellrecht der Art. 85 ff. EWGV, 65 ff. EGKSV ermöglicht ein System hoheitlicher Einwirkungen auf die Entfaltung der Wirtschafts- und Vertragsfreiheit. Seine Ausgestaltung durch das Sekundärrecht hat bewirkt, daß Ermessensbefugnisse der Gemeinschaftsinstanzen in ähnlicher Weise eingegrenzt worden sind wie durch die Regelungen des GWB, das seinerseits ebenfalls vom Verbotsprinzip mit Erlaubnisvorbehalt bestimmt wird. Auch hier stehen Grundrechtsbeeinträchtigungen, die die durch Art. 2 I GG zugelassenen überschreiten, nicht in Frage.

Daß zahlreiche Gemeinschaftsakte unter möglicher Sanktionierung durch Zwangsgelder und Bußen (z. B. Art. 47 EGKSV) stehen und Unternehmen der Kohle- und Stahlindustrie der Umlagepflicht nach Art. 49 EGKSV unterworfen sind (solche i. S. des EAGV möglicherweise nach Art. 173 EAGV), kann ihre wirtschaftliche Dispositionsfreiheit durch Auferlegung von Geldleistungspflichten beschränken. Soweit sie grundrechtlich nicht dem Art. 14 GG unterfällt, kann sie als Beschränkung der Wirtschaftsfreiheit gemessen werden, geht über die Grenzen des Art. 2 I GG indes nicht hinaus.

2. *Gleichheit*

6 Der allgemeine Gleichheitssatz — Gleichheit vor dem Gesetz i. S. des Willkürverbots (Art. 3 I GG) — findet im positiven Gemeinschaftsrecht keinen allgemeinen Ausdruck, indes in allen Bereichen vielfältige Spezifizierung *(§ 30)*. Das nationale verfassungsrechtliche Willkürverbot wird durch sie gemeinschaftsrechtlich intensiviert und überhöht. Daß Berufung auf das Willkürverbot im wirtschaftlichen Bereich höheren Freiheitsschutz vermitteln könnte als diejenige auf das jeweils konkret anwendbare Diskriminierungsverbot des Gemeinschaftsrechts, erscheint jedenfalls im Bereich der Eingriffsverwaltung ausgeschlossen. Auch in der Leistungsverwaltung der Gemeinschaften können konkretisierte Diskriminierungsverbote die Gleichheit in der „Zuteilung" intensiver gewährleisten als die Berufung auf das allgemeine Willkürverbot. Das gilt etwa im Bereich der Subventionsverwaltung weitesten Sinnes, so für Anpassungshilfen, Ausgleichszahlungen, Investitionsförderungen (Art. 56, 58, 54 EGKSV), für Anpassungshilfen nach Art. 123 EWGV, Investitionsförderung durch die Europäische Investitionsbank (Art. 130 EWGV), ebenso für die finanzielle Investitionsförderung von Forschungs-, Schürfungs- und Anlagevorhaben nach Art. 6, 46, 70 EAGV.

Das Gebot der Geschlechter-Gleichbehandlung des Art. 3 II GG wiederholt sich substantiiert in Art. 119 EWGV als eine von den Mitgliedstaaten übernommene Vertragspflicht. Seine unmittelbare Wirksamkeit zugunsten der einzelnen Arbeitnehmer ist zu bejahen *(30/11)*.

Im übrigen wirken die Diskriminierungsverbote des Gemeinschaftsrechts — vielfältiger als die Gleichheitssätze des GG — in zahlreichen Ausgestaltungen auch gegenüber privater Wirtschaftsmacht Dritter. Sie besitzen insoweit also sog. Drittwirkung *(30/10, 11)* und tragen dadurch dazu bei, die Wirtschaftsfreiheit und die Berufsfreiheit des einzelnen zu intensivieren, so z. B. durch Art. 4 b und d i. Verb. mit Art. 3 b.

Sollte im gemeinschaftsrechtlichen Wirkungsbereich des Gleichheitssatzes bei Anwendung von Ermessensbefugnissen hingegen ungerechtfertigt differenziert werden, liegt hierin in aller Regel ein Ermessensmißbrauch, weil damit „ein anderes Ziel verfolgt worden ist, als (das handelnde Gemeinschaftsorgan) rechtmäßigerweise verfolgen durfte"[18]. Dieser Rechtsmangel kann materiellrechtlich und prozessual vom Betroffenen geltend gemacht werden. Das gilt auch, falls aus Gründen diskriminiert würde, die Art. 3 III GG ausschließt, und zwar in Vergleichspaarungen, die (Abstammung, Rasse, Herkunft, Glauben, politische Überzeugung) im Wirtschaftsrecht der Gemeinschaften realiter allerdings ohne Interesse und ohne Relevanz sind und deshalb Rechtskonflikte schwerlich auslösen können.

3. *Vereinigungsfreiheit*

7 Die Vereinigungsfreiheit des Art. 9 GG, insbes. die Koalitionsfreiheit seines Abs. III, ist für das Gemeinschaftsrecht ein Schutzgut erstrebter europäischer Dimensionierung unter dem Gleichheitsgebot des Art. 7 EWGV. Das Durchführungsrecht zu Art. 48—51 über die Freizügigkeit der Arbeitskräfte hat dieses Gebot verwirklicht, ohne damit die Koalitionsfreiheit der Staatsangehörigen beeinträchtigen zu können. Soweit das Gemeinschafts-Kartellrecht — außer der Wirtschaftsfreiheit — auch die Vereinigungsfreiheit des Art. 9 III GG berührt, gehört es zu den potentiellen Gefährdungsbereichen.

Wenn Art. 48 EGKSV die Freiheit der Unternehmen zur Bildung von Verbänden (wegen des Kartellverbotes der Art. 65, 66) hervorhebt, ihre Tätigkeit nach Abs. I Satz 2 aber von der Vereinbarkeit mit dem Vertrage und Sekundärrecht abhängig macht, so steht diese Eingrenzung allenfalls ihrer Aktivität, nicht ihrer Existenz entgegen. Sanktionen gegen Verstöße sind nicht vorgesehen. Die nicht ausdrücklich statuierte Koalitionsfreiheit der Arbeitnehmer wird, wie Art. 18 I EGKSV über den Beratenden Ausschuß erweist, als selbstverständlich vorausgesetzt[19].

4. *Briefgeheimnis*

8 Das Briefgeheimnis des Art. 10 GG könnte berührt werden, wenn das allgemeine Auskunftsrecht der Kommission nach Art. 213 EWGV, 47 I EGKSV, 187 EAGV, das ein Einsicht und Prüfung einbeschließendes Nachprüfungsrecht umfaßt (vgl. speziell hierfür Art. 82 II EAGV), gegenüber dem Schriftwechsel vor Postaufgabe geltend gemacht werden würde. Die für Einsichtnahmen und Prüfungen erforderliche gesetzliche Grundlage deutschen Rechts findet sich im Wirtschaftsbereich z. B. in § 46 I 2 GWB, § 36 I 1 OWiG, § 44 I 3 AWG, §§ 162 X, XI, 171 II, 193 I AO[20]. Unter Berufung auf das Auskunftsrecht stattfindende Eingriffe in das Briefgeheimnis müßten an Hand dieser Regelungen gemessen werden.

Im gegenständlichen Zusammenhang mit dem Auskunftsrecht der Gemeinschaften, das das Briefgeheimnis berühren könnte, steht das etwaige Auskunftsverweigerungsrecht eines Betroffenen, soweit er sich sonst der Gefahr der Selbstbezichtigung aussetzt. Hier kommt eine Berufung auf Art. 2 I GG in Betracht[21].

---

[18] EuGH Rs 2/57 Rspr. IV, 136; *Krämer* 106.

[19] *Scholz,* Der innerstaatliche Schutz des Staatsbürgers 65; *Krämer* 111.

[20] Dazu: *Oehler,* Postgeheimnis, in: Neumann-Nipperdey-Scheuner, Die Grundrechte II (1954) 609; *Hanebuth,* Das Auskunftsrecht im europäischen Wirtschaftsrecht (1967) 270, 273.

[21] *Zieger* 55 mit Anm. 257; *Würdinger,* in: *Würdinger-Wohlfarth,* Das Auskunftsrecht gegenüber Unternehmen und Unternehmenszusammenschlüssen innerhalb internationaler Gemeinschaften (1964) 20; *Wohlfarth* ebenda 42, 83. Die Aussprache hierzu (a.a.O. 67 ff.) hat ergeben, daß die Frage praktisch lösbar ist.

5. Berufsfreiheit

9 Im grundrechtlichen Schutzbereich der Berufsfreiheit (Art. 12 I GG) als solcher können sich die Gemeinschaftsregelungen zur Herstellung der vier Freiheiten *(§§ 34—36)* nicht im Sinne möglicher Zusatzbeschränkungen zu den nach deutschem Recht zugelassenen auswirken[22]. Sie äußern sich vielmehr in der durch Art. 7 EWGV angezeigten Dimension zur Ausräumung mitgliedstaatlicher Beschränkungen aus Gründen der Staatsangehörigkeit und zur Inländergleichbehandlung der Staatsangehörigen der anderen Mitgliedstaaten. Hier verwandelt das Gemeinschaftsrecht also ein Deutschen-Grundrecht, ohne es für Deutsche zu verkürzen, in ein europäisches Grundrecht der Marktbürger. Art. 220 EWGV wirkt in gleicher Richtung, ebenso Art. 221 aaO.

6. Unverletzlichkeit der Wohnung

10 Die Unverletzlichkeit der Wohnung (Art. 13 GG), zu der auch zu Geschäftszwecken benutzte Räume zählen, kann berührt werden, wenn Gemeinschaftsmaßnahmen der Sicherheitsüberwachung und Inspektion nach Art. 77 ff., 81, 83 EAGV und solche der Kontrolle nach Art. 86 IV EGKSV Wohnungen und Geschäftsräume von Personen betreffen, die sich beruflich mit überwachungspflichtigen oder kontrollierten Stoffen, Ausrüstungsgegenständen oder Anlagen beschäftigen. Indessen handeln die Kontrollbeamten der EGKS jeweils in den Grenzen des nationalen Rechts, die EAG-Inspektoren deshalb auf gesetzlicher Grundlage, weil der EAGV, der in deutsches Recht transformiert worden ist, hierfür die nach Art. 13 GG erforderliche Grundlage gibt.

7. Eigentum

11 a) Art. 222 EWGV, 83 EGKSV lassen die Eigentumsordnung in den Mitgliedstaaten unberührt. Hierdurch wird aber nur das Verhältnis der Mitgliedstaaten zu den Gemeinschaften geregelt, und zwar im Sinne einer Kompetenzabgrenzung. Rechtsschutzwirkungen zugunsten des einzelnen Marktbürgers, also als Abwehr- und Freiheitsrecht-Gewährleistung gegenüber der öffentlichen Gemeinschaftsgewalt, die ihr Eigentum berührt, kommt diesen Regelungen nicht zu; sie sind nicht gemeinschaftsrechtliche individuelle Eigentumsgewährleistungen. Deshalb bleibt das Eigentum als verfassungsrechtlich geschütztes Grundrecht anfällig gegenüber Einwirkungen des Gemeinschaftsrechts[23].

Diese Anfälligkeit ist indes keine größere als die gegenüber Wirtschaftsinterventionen und sonstigen Beschränkungsmaßnahmen *deutschen* Rechts. Nach der zu Art. 14 GG ergangenen Rechtsprechung des Bundesverfassungsgerichts über zulässige gesetzliche Eigentumsbeschränkungen und die Grenzen des Enteignungsschutzes ist das Eigentum gegenüber Einwirkungen des Gemeinschaftsrechts in nicht höherem Maße anfällig als gegenüber solchen des deutschen Rechts. So erklärt sich, daß bislang denn auch kein Fall praktisch oder sonst ersichtlich geworden ist, in dem ein Bedürfnis nach deutscher Grundrechtsgewährleistung gegenüber öffentlicher Gemeinschaftsgewalt akut geworden wäre. Soweit Berufungen auf Art. 14 GG gegen-

---

[22] *Krämer* 114.

[23] *Burghardt,* Die Eigentumsordnungen in den Mitgliedstaaten und der EWGV 71, 104; *Quadri* u. a. Komm. 6 zu Art. 222; and. Ans. *Krämer* 120 („relative Garantie“).

über Gemeinschaftsmaßnahmen stattgefunden haben und der Gerichtshof solche Überprüfung bislang aus seiner Sicht hat ablehnen müssen[24], war es evident oder bei Prüfung an Hand des Art. 14 GG unschwer erkennbar, daß die fragliche Einwirkung auch nach deutschen Grundrechtsmaßstäben nicht zu beanstanden gewesen wäre.

12 b) In Intensität ist diese Frage vertieft worden im Hinblick auf Art. 86, 57 ff., 52 ff., 14 ff. EAGV. Nach diesen Regelungen steht der Gemeinschaft das Eigentum an den besonderen spaltbaren Stoffen zu, die von einem Mitgliedstaat, einer Person oder einem Unternehmen erzeugt oder eingeführt werden und der Sicherheitsüberwachung unterliegen. Sie räumen der Gemeinschaft ein Bezugsrecht an allen Erzen und Ausgangsstoffen und ein Versorgungsmonopol sowie das Recht auf Zwangslizenzierungen an Patenten, Patentanmeldungen und Gebrauchsmustern ein[25]. Die Regelung beruht auf Intentionen, die dem Art. 15 GG vergleichbar sind. Für die Grundrechtsprüfung bleibt beachtlich, daß das unbeschränkte Nutzungs- und Verbrauchsrecht der Besitzer nach Art. 87 gewährleistet ist und Art. 89 EAGV in der Führung des Finanzkontos durch die Agentur eine Entschädigungsregelung bereitgestellt hat. Auch bleibt zu bedenken, daß bei Inkrafttreten des EAGV deutsches Privateigentum an Kernbrennstoffen nicht existierte[26]. Daß Art. 91 EAGV für die Ordnung des Eigentums an anderen Objekten auf das Recht der Mitgliedstaaten verweist, hat zwar auch nicht die Funktion einer gemeinschaftsrechtlichen Grundrechtsgewährleistung, sondern — ebenso wie Art. 222 EWGV, 83 EGKSV — die einer (partiellen) Kompetenzabgrenzung zwischen der EAG und den Mitgliedstaaten. Ihrer bedarf es indessen auch nicht, um die eigentumswirksamen Regelungen des EAGV nach den Maßstäben des Grundgesetzes als dem deutschen Recht konform anzusehen. Denn nach zutreffender Auffassung handelt es sich bei Art. 86 EAGV um den Vorgang einer Überführung in Gemeineigentum, und zwar von Stoffen, die ihrerseits solcher Überführung i. S. des Art. 15 GG zugänglich sind (Naturschätze, Produktionsmittel). Daß als ihr künftiger Träger mit der EAG eine nicht-deutsche Organisation vorgesehen ist, wird durch Art. 24 I GG ermöglicht. Am Zustand der „Sozialisierungsreife" der spaltbaren Stoffe, am öffentlichen Interesse an ihrer Vergemeinschaftung (vgl. nur § 1 Ziff. 2, § 5 Atomgesetz vom 23. Dezember 1959, BGBl. I, 814), an der Voraussetzung gesetzlicher Regelung der Vergemeinschaftung (eben durch die transformierten EAGV-Vorschriften) bestehen keine Zweifel, so daß insoweit die Voraussetzungen des Art. 15 GG erfüllt sind. Erfüllt ist aber letztlich auch die Voraussetzung, wonach die Entschädigungsregelung dem Art. 14 III 3, 4 GG entsprechen muß. Das ergibt sich aus Art. 88, 89 EAGV über die Entschädigungsbuchungen des Finanzkontos und daraus, daß dem betroffenen Eigentümer, der nur das juristische Eigentum an die EAG als „Sicherungseigentümerin" verliert, die wirtschaftliche Eigentumsnutzung verbleibt[27].

Die sonstigen, Art. 14, 15 GG gegenständlich berührenden EAGV-Regelungen (insbes. Art. 16 ff. über Zwangslizenzierungen, Art. 30, 31 über Grundformen für Gesundheitsschutz, Art. 52 ff. über das Bewirtschaftungssystem der Versorgungs-

---

[24] Z. B. EuGH Rs 18/57 Rspr. V, 89; Rs 36—38, 40/59 Rspr. VI, 885: in dieser Sache hatte Generalanwalt *Lagrange* (940) trotz der Annahme, der EuGH sei zur Anwendung *mitgliedstaatlicher* Grundrechtsverbürgungen *nicht* befugt, unterstrichen, *auch* nach *ihren* Maßstäben sei die Klägerin nicht betroffen: „Auch wenn man den Eingentumsbegriff sehr weit faßt, so kann von einem Eingriff in das Eigentum durch die Hohe Behörde nicht gesprochen werden." Die Klägerin hatte einen Eingriff in ihren eingerichteten und ausgeübten Gewerbebetrieb durch Entscheidungen gemäß Art. 65 EGKSV behauptet.

[25] Dazu: *Scholz* 72; *Krämer* 123. [26] *Zieger* 55 Anm. 257.

[27] *Krämer* 139; *Errera-Symon-van der Meulen-Vernaeve,* Euratom, Analyse et Commentaires du Traité (1958) 163; *Catalano,* Manuel 231.

agentur, Art. 79 über Kontrollen und Überwachungen und Art. 80 über die zwangsweise Hinterlegung von spaltbarem Material) sind weit überwiegend solche Beschränkungen, die auch nach Art. 14 I GG gesetzlich zulässig sein würden. Allein das Zwangslizenzierungsverfahren (Art. 17, 22) verläßt den Gesetzesvorbehalt i. S. des Art. 14 I 2 GG, genügt indes als Enteignung allen Anforderungen des Art. 14 III GG, zumal der Rechtsweg vor die ordentlichen Gerichte eröffnet bleibt, und dies vor deutschen Gerichten auch gegen die EAG (Art. 91, 185, 155 EAGV)[28].

8. Rechtsweggewährleistung

13 Die Garantie des gerichtlichen Rechtsschutzes gegen Akte der öffentlichen Gewalt durch Art. 19 IV GG ist — bis auf die Ausnahme des Art. 19 IV 3 zu Art. 10 II 2 GG (Brief-, Post-, Fernmeldegeheimnis-Beschränkungen aus Staatsschutzgründen)[29] — lückenlos. Der gemeinschaftsrechtlich eröffnete Gerichtsschutz gegen Gemeinschaftsakte ist unvollkommen *(43/44)*. Hier kann das deutsche Grundrecht durch die öffentliche Gemeinschaftsgewalt berührt sein. Indes hat sich erwiesen, daß das Vorlageverfahren nach Art. 177 EWGV auch dem deutschen Kläger vor deutschen Gerichten Möglichkeiten eröffnet, die behauptete Grundrechtsverletzung auf der Ebene gemeinschaftseigener Grundrechte zur Entscheidung des Gerichtshofs zu bringen *(43/48 ff.)*.

9. Ne bis in idem

14 Ob das Gemeinschaftsrecht und seine Anwendung dieses Grundrecht, das mehrmalige Bestrafung wegen derselben Tat auf Grund der allgemeinen Strafgesetze verbietet (Art. 103 III GG), verletzt hat, ist im Zusammenhang mit Kartellrechts-Bußgeldverfahren des Bundeskartellamtes und der Kommission akut geworden. Der Rechtsprechung des Bundesverfassungsgerichts für die Ahndung derselben Tat im Straf- und Disziplinarverfahren vergleichbar[30], hat der Gerichtshof entschieden[31], daß das Prinzip ne bis in idem hierdurch nicht verletzt wird. Der Bundesgerichtshof[32] teilt diese Auffassung *(26/9)*.

III. Individuelle Freiheitsverbürgungen des Gemeinschaftsrechts

15 Nach der Bereichs-Eingrenzung möglicher Grundrechtsberührungen, die das Gemeinschaftsrecht und seine Anwendung hervorrufen können, und ihrer Vergleichung mit den nach deutschem Verfassungsrecht unbedenklich zugelassenen Auswirkungen kann eine Art Kontrastierung klären, in welchen Bereichen das Gemeinschaftsrecht selbst individuelle Freiheitsverbürgungen enthält oder durch Kompetenzbegrenzung der Gemeinschaften solche des nationalen Rechts ausdrücklich respektiert. Denn soweit der Marktbür-

[28] *Krämer* 141, 145.
[29] Dazu BVerfGE 30, 1.
[30] BVerfGE 21, 378, 391; *Mestmäcker*, Parallele Geltung von Verbotsnormen des deutschen und des europäischen Rechts der Wettbewerbsbeschränkungen, BB 1968, 1297.
[31] Rs 14/68 Rspr. XV, 1 = EuR 1969, 147 mit Anm. *Hootz*; zur Anrechnung einer in den USA verhängten Geldstrafe auf ein von der Kommission festgesetztes Bußgeld vgl. Rs 7/72, ABl. 1972 C 24, 2.
[32] BGHSt 24, 54 = AWD 1971, 82 mit Anm. *Reinhart.*

ger sich gegenüber der Gemeinschaftsgewalt auf solche Verbürgungen zu berufen vermag, fehlt es schon am Bedürfnis eines nationalen Grundrechtsschutzes, und eine vom Gemeinschaftsrecht ohnehin respektierte nationale Grundrechtssicherung beläßt ihm den Rechtsschutz seiner Verfassung.

Daß gemeinschaftsrechtliche Freiheitsverbürgungen sich — abweichend von solchen der Verfassungen und speziell von Art. 1 bis 19 GG mit dem Aktualitätsgebot des Art. 1 III GG — teilweise in Zielbestimmungen und Programmsätzen finden, degradiert sie nicht zu grundrechtlich minder relevanten Programmen, mit denen nationale Verfassungen Staatsziele verkünden oder gesetzgeberische Aktivität verheißen[33]. Denn Ziel- und Programmbestimmungen der Verträge sind zugleich — anders als solche von Staaten mit ihrer grundsätzlichen Omnipotenz der Staatsgewalt — Eingrenzungen der öffentlichen Gemeinschaftsgewalt und damit Kompetenzbeschränkungen, die im Interesse des einzelnen wirken.

1. Wirtschaftsfreiheit

16 Die im Wirtschaftsverhalten wirksame Freiheit, die Art. 2 I GG allgemein als Wirtschaftsfreiheit[34] vermittelt, ist gemeinschaftsrechtlich in den vertraglichen Zielbestimmungen angelegt und vielfältig konkretisiert. Die Freiheiten des Wettbewerbs, des Waren- und Kapitalverkehrs, der Niederlassung und Dienstleistungen, der Arbeitnahme sind konstituierende Elemente des Gemeinschaftsrechts[35]. Die in ihren unmittelbar anwendbaren Vertragsvorschriften und im durchführenden Sekundärrecht wirkende Liberalisierung ist zwar, dem Wesen der Integration und des Gemeinsamen Marktes entsprechend, primär nicht auf *zusätzliche* Freiheitsvermittlung zugunsten des Marktbürgers gerade gegenüber *seiner* Staatsgewalt angelegt. Ihre Wirkungstendenz zielt eindeutig auf die *Grenzüberwindung zwischen den Mitgliedstaaten,* die Aufhebung der Unterscheidung nach der Staatsangehörigkeit (Art. 7, 220, 221 EWGV) im zwischenstaatlichen Wirtschaftsverkehr, insgesamt also auf eine Gemeinschaftsdimensionierung der Wirtschaftsfreiheit. Damit ist aber eine gemeinschaftsrechtliche Verkürzung des nationalstaatlich gewährten Freiheitsbereichs grundsätzlich weder bezweckt noch bewirkt, ihre *Bewahrung* vielmehr eindeutig vorausgesetzt und jedenfalls nicht in Frage gestellt, weil *nur ihre ungeschmälerte* Erstreckung nach dem Prinzip der Inländergleichbehandlung den Vertragszielen gerecht wird.

2. Gleichheit

17 Die Konkretisierungen des Gleichheitssatzes, insbesondere in seinen Ausgestaltungen als Diskriminierungsverbot, entfalten im Geltungs- und An-

[33] *Zieger* 30. [34] Vgl. Anm. 16.
[35] *Zieger* 28; *Pescatore,* Integration 1969, 118.

wendungsbereich des Gemeinschaftsrechts vielfache Wirkungen[36]: für das Recht der Zölle, Steuern und mengenmäßigen Beschränkungen, der Versorgungs- und Absatzbedingungen im Bereich von Handelsmonopolen, von Kartellen und marktbeherrschenden Unternehmen, in der Agrarmarktorganisation, der Organisation des Kohle- und Stahlmarktes und der Kernenergie für das Verhältnis zwischen Erzeugern und Verbrauchern, für das Recht des Kapitalverkehrs, im Montanbereich für Preise, Lieferungsbedingungen, Beförderungstarife usw. Das Gleichbehandlungsgebot verpflichtet nicht nur die Mitgliedstaaten, sondern im Rahmen seiner Drittwirkung die Marktbürger untereinander mit Schutzwirkung gegenüber privater Wirtschaftsmacht, im Gemeinschaftsarbeitsrecht Arbeitgeber und Gewerkschaften, dies speziell auch als Gebot der Geschlechtergleichbehandlung.

3. Eigentum

18 Im Bereich des Eigentumsschutzes und der Eigentumsgewährleistung bedient sich das Vertragsrecht der EWG und der EGKS des Mittels der vollständigen mitgliedstaatlichen Kompetenzbewahrung hinsichtlich der Eigentumsordnung, das Recht der EAG mit Ausnahme des vergemeinschafteten Eigentums an den besonderen spaltbaren Stoffen. Auf diese Weise bleibt die mitgliedstaatliche Eigentumsgewährleistung institutionell gemeinschaftsrechtlich respektiert. Art. 36 EWGV (im Rahmen der Liberalisierungsvorschriften für den Warenverkehr) beläßt den Mitgliedstaaten speziell die Kompetenz zum Schutz des gewerblichen und kommerziellen Eigentums. Punktuell wird damit statuiert, was den Konstitutionsprinzipien der Verträge zugrunde liegt: die Anerkennung des Privateigentums als Rechtsinstitut und als Individualrecht, und dies im EAGV auch, soweit Vergemeinschaftung stattfindet, da das Vertragsrecht die wirtschaftliche Eigentumsbefugnis beläßt oder im Falle ihrer Entziehung angemessen entschädigt.

4. Andere Bereiche

19 Andere Grundrechtsbereiche werden in Einzelregelungen gemeinschaftsrechtlich anerkannt: das Koalitionsrecht (Art. 118 I EWGV, Art. 48 I EGKSV), das Petitionsrecht (Art. 48 II EGKSV), der Schutz des Geschäfts- und Berufsgeheimnisses (Art. 214 EWGV, 194 EAGV, 47 II, IV EGKSV).

5. Rechtsschutz

20 Den gerichtlichen Rechtsschutz gegen Rechtsbeeinträchtigung durch Akte der Gemeinschaftsgewalt sichert im Rahmen seiner Zulässigkeitsgrenzen das Rechtsschutzsystem der Verträge einschließlich des Vorabentschei-

[36] *Zieger* 26; *Pescatore* Integration 1969, 118.

dungs-Instituts *(43/22 ff., 48 ff.)*. Das rechtsstaatliche Prinzip der Haftung für rechtswidrige Gemeinschaftsakte findet in Art. 215 EWGV, 118 EAGV, 34 EGKSV seinen Ausdruck. Dabei verweisen Art. 215 EWGV, 188 EAGV auf die allgemeinen Rechtsgrundsätze, die den Rechtsordnungen der Mitgliedstaaten gemeinsam sind *(§ 27)*.

6. Vergleichs-Folgerungen

21 Wenn im Vergleich dieser dem Gemeinschaftsrecht eigenen Freiheitsverbürgungen mit dem Grundrechtskatalog des Grundgesetzes formal und inhaltlich ein rechtsstaatliches Gefälle vom Staat zur Gemeinschaft und sogar eine Gemeinschaftsherrschaft „ohne Grundrechte" behauptet wird, bleiben gewichtige und entscheidende Gesichtspunkte außer Betracht.

a) Es trifft *schon im Ansatz nicht* zu, die „durch das primäre Gemeinschaftsrecht begründete Herrschaft ... sei Herrschaft ohne Grundrechte"[37], und dies deshalb, weil die Gemeinschaftsorgane ihre Legitimation nur und ausschließlich aus der durch den Vertrag verfaßten Gemeinschaftsordnung bezögen und dieser keinen Grundrechtskatalog enthalte.

Diese Argumentation ist doppelt verfehlt: die Gemeinschaftsorgane handeln aus vertragsrechtlicher Legitimation, die ihrerseits durch die demokratische Gewalt der Mitgliedstaaten begründet und permanent-mittelbar bestätigt wird. Und nicht darauf kommt es an, ob das Vertragsrecht das Grundrechts-Katalog-Modell des Grundgesetzes nachahmt, sondern allein auf seinen substantiell-grundrechtlichen Gehalt. Es trifft diesen Kern der Dinge, wenn der Gerichtshof in seinem bedeutsamen Urteil vom 12. November 1969 in der Rs 29/69[38] von den „in den allgemeinen Grundsätzen der Gemeinschaftsrechtsordnung ... enthaltenen Grundrechten der Person" gesprochen hat, „deren Wahrung der Gerichtshof zu sichern hat" *(41/22)*. Der Gerichtshof anerkennt damit eine den Marktbürger *unmittelbar gegenüber der öffentlichen Gemeinschaftsgewalt* schützende Grundrechtsgewährleistung *des Gemeinschaftsrechts selbst*. Er schließt damit gegenüber seiner früheren Judikatur, in der er die Berufung des Marktbürgers auf seine nationalen Grundrechte als für ihn irrelevant erklärt hatte[39], eine Lücke. Seine Begrün-

---

[37] So *Rupp* NJW 1970, 354.

[38] Rspr. XV, 419 = EuR 1970, 39 mit Anm. *Ehlermann;* ganz entsprechend EuGH Rs 11/70 Rspr. XVI, 1125 = AWD 1971, 181 mit Anm. *Rittstieg* = DVBl. 1970, 614 mit Anm. *Meier.* Der EuGH stellt auch hier fest: „Denn die Beachtung der Grundrechte gehört zu den allgemeinen Rechtsgrundsätzen, deren Wahrung der Gerichtshof zu sichern hat. Die Gewährleistung dieser Rechte muß zwar von den gemeinsamen Verfassungsüberlieferungen der Mitgliedstaaten getragen sein, sie muß sich aber auch in die Struktur und die Ziele der Gemeinschaft einfügen." — Vgl. auch EuGH Rs 25/70 Rspr. XVI, 1161 = EuR 1971, 145 mit Anm. *Ehlermann* S. 250.

[39] So z. B.: EuGH Rs 18/57 Rspr. V, 89; Rs 1/58 Rspr. V, 43; Rs 12/63 Rspr. IX, 187; Rs 40/64 Rspr. XI, 295.

dung folgt der schon früher genutzten Erwägung, „elementare Rechtsprinzipien zu beachten, die auch in Bestimmungen der nationalen Verfassungen ihren Ausdruck finden“[40]. Die neue Rechtsprechung hebt die Grundlegung der allgemeinen Rechtsgrundsätze in den gemeinsamen Verfassungsüberlieferungen der Mitgliedstaaten hervor, betont zugleich aber die Notwendigkeit ihrer Einfügung in die Struktur und Ziele der Gemeinschaft. Das führt mit Recht zu einer *integrationsgemäßen Grundrechtsinterpretation.*

b) Das Postulat, hinreichender Grundrechtsschutz sei *allein nach Art des grundgesetzlichen Katalogmodells* gewährleistet und gegenüber der Gemeinschaftsgewalt nicht gesichert, da das Vertragsrecht solchen Katalog nicht enthalte, verkennt die Zielsetzungen der Integration und die Strukturen ihres Rechtes. Sie sind — adäquater und fortschrittlicher als die des Grundgesetzes — ausgeprägt orientiert an der Aufgabe öffentlicher Daseins- und Wachstumsvorsorge ausgleichender Sozialgestaltung. Ihr gegenüber tritt die Funktion liberalen Grundrechtsschutzes, die das Grundgesetz prinzipiell kennzeichnet, zurück. Deshalb konnte das Gemeinschaftsrecht sie in ähnlicher Weise, nur in umgekehrter Richtung, auf eine Funktion verweisen, die die liberale Grundrechtsordnung des Grundgesetzes aus den Maßstäben der Sozialpflichtigkeit empfängt[41] *(41/24).*

c) Es dürfte sich aus mangelnder Vertrautheit mit dem Gemeinschaftsrecht und seiner „Gemeinschaftswirklichkeit“ erklären, daß die im Integrationsrecht typische und adäquate Betrachtungsweise verkannt bleibt. Dort wird nämlich nicht — anders als im deutschen Verfassungsrecht — die Vorstellung höherrangiger Grundrechtsgewährleistung auf konkrete Sachbereiche und Konfliktsituationen *deduktiv* zur Anwendung gebracht. Es erklärt sich strukturell und funktionell, daß die Wirksamkeit des Gemeinschaftsrechts in seiner konkreten Anwendung vielmehr primär gemessen wird an denjenigen rechtsstaatlichen Handlungsmaßstäben, die das Verwaltungsrecht der Mitgliedstaaten übereinstimmend entwickelt und dem Gemeinschaftsrecht zugrunde gelegt hat. „Der Interessenausgleich zwischen der öffentlichen Gewalt und dem ‹Marktbürger› wird grundsätzlich auf der Ebene des Verwaltungsrechts gesucht“, also in seinen *objektiven Grundsätzen*[42]. Das entspricht der Grundanlage des Vertragsrechts, das die Handlungsbefugnisse der Gemeinschaftsorgane nicht „von oben her“ verfassungsrechtlich, sondern „von der Quelle“ her nach dem Prinzip der begrenzten Zuständigkeiten einschränkt *(41/23).*

d) Inwieweit die Durchführung des Gemeinschaftsrechts durch Rechtsanwendung und Verwaltungsvollzug deutscher Behörden sowie durch Erlaß deutscher Ausführungsregelungen die Berufung auf deutsche Grundrechte

[40] So Generalanwalt *Roemer* Rs 18/57 Rspr. V, 163.
[41] So zutreffend: *Zieger* 58.
[42] *Zieger* 41; zur Wandlung objektiver Verfassungsprinzipien zu subjektiven Rechten und Konvergenz der Entwicklung in den Staaten und den Gemeinschaften vgl. *Bülck* VVDStRL 23 (1966) 123.

gegenüber Gemeinschaftsrecht ermöglicht, ist gesondert zu prüfen *(41/25 bis 28)*.

e) Ob darüber hinaus auch allgemeine Regeln des Völkerrechts oder solche des Vertragsvölkerrechts, aus denen die Gemeinschaften selbst und — oder nur — ihre Mitgliedstaaten in der Gewaltausübung gegenüber einzelnen beschränkt sind, zusätzlichen grundrechtsartigen Schutz gewähren, bleibt ebenfalls zu erörtern *(41/29, 30)*.

IV. In den allgemeinen Grundsätzen der Gemeinschaftsrechtsordnung enthaltene Grundrechte

In dieser Präzision erstmalig hat der Gerichtshof in seiner Entscheidung vom 12. November 1969[43] von den „in den allgemeinen Grundsätzen der Gemeinschaftsrechtsordnung ... enthaltenen Grundrechten der Person" gesprochen, „deren Wahrung der Gerichtshof zu sichern hat".

1. Allgemeine Rechtsgrundsätze

22 Es gehört zu den methodisch gesicherten und allgemein anerkannten Mitteln der Rechtserkenntnis und der Rechtsfortbildung, daß der Gerichtshof sich auf ungeschriebene „allgemeine Rechtsgrundsätze" beruft *(5/17 bis 22)*. Im Zusammenhang mit der Grundrechtsthematik und deshalb, weil Grundrechtsgewährleistungen gegenüber Beeinträchtigungen durch die öffentliche Gewalt regelmäßig solche der *nationalen Verfassungen* gegenüber Maßnahmen der *Staatsgewalt* sind, stehen hier primär solche allgemeinen Rechtsgrundsätze in Frage, die Bestandteil der in den Mitgliedstaaten herrschenden gemeinsamen Rechtsüberzeugungen sind und dort Verfassungsrang besitzen[44]. Sie haben ihre intensivste Verdichtung insoweit erlangt, als sie für die Grundrechtsthematik in den mitgliedstaatlichen Verfassungen positiviert worden sind. In dieser Weise könnte nach den Grundrechten als gemeinschaftsrechtlich allgemeinen Rechtsgrundsätzen gefragt werden, die (im Sinne der Formulierung des Art. 215 II EWGV) „den Rechtsordnungen der Mitgliedstaaten gemeinsam sind".

Der rechtsvergleichende Überblick[45] hierüber erweist, daß — vom Grundrechtsstandard des Grundgesetzes aus betrachtet — in allen gemeinschaftsrechtlich relevanten Grundrechtsbereichen *(41/4—14)* mit der einzigen Ausnahme des Grundrechts der Berufsfreiheit (Art. 12 GG) von einem mitgliedstaatlich durchaus vergleichbaren Grundrechtsniveau gesprochen werden kann. Das gilt insbesondere für das Gleichheitsgrundrecht, das Eigentum, die

---

[43] Vgl. Anm. 38.
[44] Hierzu: *Kropholler* EuR 1969, 135; zur Methode: *Zieger* 34.
[45] *Pescatore*, Integration 1969, 103.

Vereinigungsfreiheit, den Rechtsschutz. Hinsichtlich der Berufsfreiheit ist allein Art. 11 VI der luxemburgischen Verfassung dem Art. 12 I GG vergleichbar. Da der Grundrechtsschutz durch das Gemeinschaftsrecht, dem Prinzip der Funktionssicherung entsprechend, nur ein in *allen* Mitgliedstaaten *gleichmäßig wirksamer* zu sein vermag, kann bereits mit der Methode vergleichender Eruierung gemeinsamer Grundrechtsgrundsätze zur Inhaltserfüllung des Gemeinschaftsrechts, also nach Art des Art. 215 II EWGV verfahrend, ein befriedigender grundrechtlicher Standard fixiert werden. Er würde, wie die Vergleichung (mit Ausnahme eben zur Berufsfreiheit des Art. 12 I GG) erweist, auch nicht an jenem Mangel leiden, der die Vergemeinschaftung eines gemeinsamen grundrechtlichen Minimumstandards zum „Asyl der verschiedenen Mängel der einzelnen Rechtsordnungen"[46] machen müßte. Wenn die Rechtsprechung des Gerichtshofs also fortan in dieser an den nationalen Verfassungspositivierungen orientierten Methode allgemeine Grundrechtsgrundsätze des Gemeinschaftsrechts eruieren und sichern würde, müßte integrationsrelevanten Grundrechtseinwirkungen der Gemeinschaftsgewalt durchweg bereits begegnet sein.

Obwohl in *dieser* Methode ein Berufsfreiheitsrecht nicht eruiert werden könnte, entsteht ein grundrechtlicher Verlust für deutsche Marktbürger jedenfalls insoweit nicht, als Gemeinschaftseinwirkungen die nach Art. 12 I GG zulässigen Einschränkungen nicht überschreiten. Im übrigen bliebe zu bedenken, ob aus der zwischenstaatlichen beruflichen Freizügigkeit, die das Vertragsrecht gewährleistet, nicht auch auf eine *gemeinschaftsrechtliche Freizügigkeitsgewährleistung als solche* geschlossen werden muß. Sie würde die Gemeinschaftsgewalt daran hindern, die Berufsfreiheit intensiver zu beschränken als irgendein nationales Verfassungsrecht — und so insbes. Art. 12 I GG — dies überhaupt zuläßt. Das liefe konstitutionell-methodisch auf die für das schweizerische Verfassungsrecht verwendete Lückenschließung[47] hinaus und würde rechtsvergleichend der wertenden Methode entsprechen. Denn darin läge die „beste" Lösung[48], die die gemeinschaftsrechtliche Freizügigkeit auch in den Mitgliedstaaten optimal realisiert.

2. *Verwaltungsrechts-Grundsätze*

23 Wirkungen eines gemeinschaftsrechtlichen Grundrechtsschutzes erwachsen außerdem aus der Anwendung anderer allgemeiner Grundsätze, die die

[46] *Heldrich*, Art. 215 Abs. 2 des Vertrages über die EWG — Ein Irrweg zu europäischer Rechtseinheit, JZ 1960, 685.

[47] *Giacometti*, Die Freiheitsrechtskataloge als Kodifikation der Freiheit, ZSchweizR 74 (1955) 165; *Zieger* 34.

[48] *Zweigert*, Grundsatzfragen der europäischen Rechtsangleichung, ihrer Schöpfung und Sicherung, Fs Dölle II (1963) 417; *ders.*, Der Einfluß des europäischen Gemeinschaftsrechts auf die Rechtsordnungen der Mitgliedstaaten, RabelsZ 28 (1964) 610; *Dölle*, Bemerkungen zu Art. 17 des Einheitsgesetzes über den Internationalen Kauf beweglicher körperlicher Gegenstände, Fs Ficker (1967) 144.

Rechtsprechung des Gerichtshofs unter weitgehender Anerkennung im Schrifttum bislang bereits als Bestandteil der in den Mitgliedstaaten herrschenden gemeinsamen Rechtsüberzeugungen erkannt und zur Anwendung gebracht hat. Diese Grundsätze sind überwiegend solche objektiven Rechts auf der „Ebene des Verwaltungsrechts"[49], die die Gemeinschaftsgewalt in ihrer reflexartigen Schutzwirkung für den Marktbürger im Effekt nicht anders binden als Grundrechte. Ersichtlich hat sich insoweit der Einfluß des französischen Verwaltungsrechts und der Stil des Verwaltungsrechtsschutzes in Frankreich ausgewirkt. Zu diesen Grundsätzen gehören[50] das Prinzip der Gesetzmäßigkeit, der Grundsatz von Treu und Glauben und das Verbot des venire contra factum proprium, das Gebot der Wahrung wohlerworbener Rechte in der Zulassung des Widerrufs von Verwaltungsakten, der Grundsatz der Verhältnismäßigkeit und das Übermaßverbot, der Grundsatz der Rechtssicherheit, das Prinzip der Gleichheit bei Auferlegung öffentlicher Lasten, der Rechtssatz des ne bis in idem, das Erfordernis rechtlichen Gehörs, des Begründungszwanges, der geordneten Rechtspflege, der Haftung für außervertragliche Schadenszufügung, der Unzulässigkeit der Rechtsverweigerung. Es handelt sich insgesamt also um Grundsätze, die in speziellen Zielrichtungen jeweils „die öffentliche Gewalt der Gemeinschaft unter das Gerechtigkeitsprinzip stellen"[51]. Soweit diese Grundsätze, wiewohl auf der Ebene des *Verwaltungs*rechts wirksam, als Spezifikationen von Verfassungsrechtssätzen, insbes. des Rechtsstaatsprinzips nach deutschem Verständnis, selbst Verfassungsrang besitzen, gewährleisten sie zugunsten des deutschen Marktbürgers grundrechtsgleichen Schutz.

3. Grundrechts-Auslegung

24 Die Antinomie zwischen grundrechtlichem Freiheitsschutz, wie er im Grundrechtskatalog des Grundgesetzes weithin in liberaler Tradition formiert worden ist, und anspruchsbegründenden und gewährende Zuteilung verlangenden Sozialrechten hat in der Formel vom sozialen Rechtsstaat keine Lösung gefunden, sondern einen Verfassungsauftrag gestellt. Das erweist sich immer deutlicher mit der Weiterentwicklung der Wirtschafts- und Sozialordnung[52]. Erklärlich aus ihrer wirtschafts- und sozialbezogenen Aufgabenstellung, sind die Gemeinschaften primär mit Funktionen der Sozialgestaltung befaßt und insoweit mehr Leistungsträger als Organisationen mit Eingriffsbefugnissen. Ihr Handlungsinstrumentarium ist daher vornehmlich

---

[49] *Fuß,* Die Europäischen Gemeinschaften und der Rechtsstaatsgedanke 38; *Zieger* 39.

[50] *Pescatore,* Integration 1969, 115 mit Nachweisen aus der Rechtsprechung; zum Grundsatz der Verhältnismäßigkeit zuletzt: EuGH Rs 11/70 Rspr. XVI, 1125 = AWD 1971, 181 mit Anm. *Rittstieg* = DVBl. 1970, 614 mit Anm. *Meier;* Rs 25/70 Rspr. XVI, 1161 = EuR 1971, 145 mit Anm. *Ehlermann* S. 250.

[51] *Zieger* 40.

[52] Vgl. *Suhr,* Rechtsstaatlichkeit und Sozialstaatlichkeit, Der Staat 9 (1970) 67.

nicht auf potentielle Eingriffe in Freiheit und Eigentum gerichtet, die zu gewährleisten die urtümliche Grundrechtsfunktion ausmacht. Ihr funktionelles Schwergewicht ist vielmehr auf die „Sicherung der Gleichheit verlagert“[53], wie dies den sozialen Rechtsstaat kennzeichnet. So sehr die liberale Grundrechtsordnung des Grundgesetzes sozialstaatlicher Komplemente, ihre Interpretation der Verbreiterung und Vertiefung der Sozialstaatsentscheidung bedarf[54], wird die Wirtschafts- und Sozialgestaltung des Gemeinschaftsrechts mit ihrer Verbreiterung sozialer Gleichheit bedingt durch korrespondierende rechtsstaatliche Freiheitssicherungen. Denn die Verträge setzen hierin im Vergleich zum Grundgesetz unterschiedliche Schwerpunkte, und sie haben einen grundsätzlich anderen Ausgangspunkt als das Grundgesetz bezogen.

Die Mitgliedstaaten, unter ihnen die BRD, haben kraft Art. 24 I GG die Vergemeinschaftung als Gestaltungsprinzip verfassungsrechtlich zugelassen und angewendet. Dieses bildet für die Auslegung der nationalen Grundrechte deshalb einen ebenfalls beachtlichen Maßstab. Wenn mit der Rechtsprechung des Bundesverfassungsgerichts[55] angenommen wird, die Verfassung sei als materiale Einheit zu begreifen, in der tradierte und neue Verfassungsprinzipien als in einer „Wertordnung“[56] verbunden sind, bestimmt diese auch die Verfassungsinterpretation. Für eine solche Auslegung kann dann aber auch das Integrationsprinzip nicht ignoriert werden. Das bedeutet: in Kollisionsfällen zwischen öffentlicher Gemeinschaftsgewalt und deutschen Grundrechtsgewährleistungen hat ihre Auslegung jedenfalls *auch* zu beachten, daß die Gemeinschaftsgewalt zur Verwirklichung von Integrationszielen agiert. Soweit diese von den Gemeinschaftsorganen in ihren Handlungen respektiert werden, ihre Akte also gemeinschaftsrechtlich nicht zu beanstanden sind, verdient eine Auslegung etwa betroffener deutscher Grundrechtsverbürgungen den Vorzug, die die Wirkungen der Gemeinschaftsakte nicht behindert, also das Prinzip der Funktionsfähigkeit beachtet. Dieser Auslegungsgrundsatz sollte sowohl für nationale Gerichte wie auch für den Gerichtshof[57] beachtlich sein. Auch indem der Gerichtshof Sozialbindungen bei der Abwägung zwischen öffentlichen und privaten Interessen beachtet und damit gemeinschaftsrechtliche Zielverwirklichungen ermöglicht, wirkt er bereits in dieser Richtung[58].

---

[53] *Ipsen,* Gleichheit, in: Neumann-Nipperdey-Scheuner, Die Grundrechte II (1954) 174.

[54] *Ipsen,* Enteignung und Sozialisierung, VVDStRL 10 (1952) 74.

[55] Vgl. *Hesse,* Grundzüge des Verfassungsrechts der BRD, 4. Aufl. (1970) 4.

[56] Diese Anführung soll keine Gefolgschaft gegenüber der „Wertordnungs“-Methode bedeuten, deren Rechtfertigung genauer Überprüfung schwerlich standhält. Es geht hier nur darum, *wenn* „Werte“ — oder was sonst immer — der Verfassungsinterpretation zugrunde gelegt werden, *jedenfalls* den *„Wert“ des Integrationsprinzips* nicht zu ignorieren.

[57] EuGH Rs 32/65 Rspr. XII, 483 = EuR 1966, 338 mit Anm. *Koenigs.*

[58] *Ipsen* NJW 1964, 340; Belege aus der Rechtsprechung bei *Zieger* 41.

V. Grundrechtsschutz bei mitgliedstaatlicher Durchführung des Gemeinschaftsrechts

1. Unterscheidungen

25 Innerstaatlich wirksames Gemeinschaftsrecht wird entweder von nationalen Behörden *im Einzelfall angewendet* (durch Verwaltungsvollzug oder Gerichtsentscheidung), *ohne* daß es hierzu der Vermittlung *nationaler Normsetzung* bedarf; oder das Gemeinschaftsrecht wird *durch Erlaß nationaler Rechtsnormen* auf seiner Grundlage *ausgeführt*[59]. Akte des Gemeinschaftsrechts sind nicht immer als in diesem Sinne anzuwendende *oder* auszuführende unterscheidbar, da sie *gleichzeitig* Entscheidungsgrundlage für den Einzelfall *und* Anlaß zu nationaler Ausführungsregelung sein können. In beiden Fällen werden nationale Instanzen tätig zur *Durchführung* von Gemeinschaftsrecht.

Ob und in welcher Weise der einzelne vor nationalen Gerichten geltend machen kann, bei nationaler Durchführung von Gemeinschaftsrecht in Grundrechten betroffen zu sein, hängt *prozessual* ab von der Art des anwendenden oder ausführenden Rechtsaktes, der seine Betroffenheit herbeiführt. Materiell-rechtlich ist danach zu unterscheiden, ob der Betroffene die Verletzung nationaler Grundrechte geltend machen kann oder solcher grundrechtsgleichen Rechte, die sich unmittelbar aus dem Gemeinschaftsvertragsrecht ergeben sowie (in der Formulierung des Gerichtshofs) der „in den allgemeinen Grundsätzen der Gemeinschaftsrechtsordnung ... enthaltenen Grundrechte".

2. Gegen Verwaltungsakte

26 Gegenüber dem deutschen *Verwaltungsakt*, der in *zutreffender Anwendung* einer Rechtsnorm des Gemeinschaftsrechts ergeht, ist die Geltendmachung der Verletzung *deutscher* Grundrechte ausgeschlossen. In Betracht kommt die Berufung darauf, die gemeinschaftsrechtliche Norm sei unvereinbar mit grundrechtsgleichen Rechten des Vertragsrechts oder mit den in den allgemeinen Grundsätzen der Gemeinschaftsrechtsordnung enthaltenen Grundrechten. Der angerufene deutsche Verwaltungsrichter ist nicht befugt, die Gemeinschaftsrechtsnorm am Maßstab der deutschen Grundrechte zu prüfen. Deshalb ist das Vorlageverfahren gemäß Art. 100 I GG nicht anzuwenden. Er hat aber die Befugnis, das Vorabentscheidungsverfahren gemäß Art. 177 I b EWGV einzuleiten, und zwar mit der Vorlagefrage an den Gerichtshof, ob die Gemeinschaftsrechtsnorm, in deren zutreffender Anwendung der angefochtene Verwaltungsakt erging, mit den im Vertrag oder in den allgemeinen Grundsätzen der Gemeinschaftsrechtsordnung enthaltenen Grundrechten vereinbar, also gültig sei[60].

[59] *Zuleeg*, Recht 47.
[60] *Ehlermann* EuR 1970, 45; *Meier* NJW 1967, 1209; *ders.* NJW 1969, 388.

3. *Gegen Ausführungsnormen*

27 Gegenüber deutscher *Ausführungsregelung* als solcher zu Gemeinschaftsrecht — in Form von Gesetzen oder Rechtsverordnungen — stellt das deutsche Recht (von der Verfassungsbeschwerde abgesehen) Rechtsmittel in der Regel nicht zur Verfügung. Ihre Unvereinbarkeit mit Grundrechtsgewährleistungen kann nur geltend gemacht werden im Zuge der Anfechtung von Verwaltungsakten, die auf ihrer Grundlage ergehen.

a) Stellt diese Grundlage ein *Bundesgesetz* dar, kommt auch hier das Vorlageverfahren gemäß Art. 100 I GG nicht in Betracht, wenn das Gesetz die gemeinschaftsrechtliche Ermächtigung eingehalten und diese mit dem Vertragsrecht vereinbar ist. Denn das auf der Ermächtigungsgrundlage des Gemeinschaftsrechts zu seiner Ausführung ergangene deutsche Gesetz hat wegen der Gemeinschaftszuständigkeit im Regelungsgegenstand und der durch Gemeinschaftsermächtigung begrenzten deutschen Ausführungszuständigkeit Wirksamkeit nur in den Grenzen der Gemeinschaftsregelung, muß insoweit aber auch seine Wirksamkeit beanspruchen, und dies auch gegenüber dem Grundgesetz. Das folgt aus dem Vorrang des Gemeinschaftsrechts vor nationalem Recht. Wenn das deutsche Gesetz also, wie behauptet, die Grundrechtssphäre verletzt, verbleibt demgegenüber nur die Berufung auf die gemeinschaftsrechtlichen (vertraglichen oder allgemeinen) Grundrechtsverbürgungen. Das Prozeßgericht hat also nicht nach Art. 100 I GG, sondern nach Art. 177 EWGV zu verfahren.

b) Stellt die Grundlage für den Verwaltungsakt eine *Rechtsverordnung des Bundes* dar, kommt das Vorlageverfahren gemäß Art. 100 I GG nach der Rechtsprechung des Bundesverfassungsgerichts ohnehin nicht in Betracht. Denn hier ist dem Prozeßgericht überlassen, die Vereinbarkeit der Rechtsverordnung mit der Ermächtigungsgrundlage zu prüfen. Da für die das Gemeinschaftsrecht zutreffend ausführende deutsche Rechtsverordnung hinsichtlich ihrer beanspruchten und begrenzten Wirksamkeit — eben im Rahmen der Gemeinschaftsermächtigung — dasselbe gilt wie für ein ausführendes Bundesgesetz, ist auch hier das Verfahren nach Art. 177 EWGV eröffnet, damit die Prüfung ihrer Vereinbarkeit mit den gemeinschaftsrechtlichen Grundrechten.

4. *Insbesondere gegen Gesetze*

28 a) Gegen *deutsche Gesetze* ist nach Art. 93 I Nr. 4 a GG i. Verb. mit § 93 II BVerfGG binnen eines Jahres seit ihrem Inkrafttreten die Verfassungsbeschwerde wegen Grundrechtsverletzung zugelassen. Gegen ein Bundesgesetz, das auf der Grundlage von Gemeinschaftsrecht zu seiner Ausführung ergangen ist und von ihm gedeckt wird, ist die Verfassungsbeschwerde wegen Verletzung der in Art. 93 I Nr. 4 a GG genannten

Grundrechte indessen nicht zulässig[61]. Die Gründe sind dieselben, die dem Vorlageverfahren gemäß Art. 100 I GG entgegenstehen. Denn wenn das deutsche Ausführungsgesetz die Beeinträchtigung eines dieser Grundrechte kraft hinreichender Ermächtigung zuließe, würde es damit dem Ausführungsauftrag des Gemeinschaftsrechts entsprechen, das seinerseits Vorrang im Mitgliedstaat gegenüber nationalem Recht verlangt. Da die Verfassungsbeschwerde als außerordentliches Rechtsmittel auch gegen Gesetze nur zugelassen ist wegen etwaiger Verletzung *deutscher* Grundrechte, ist das Bundesverfassungsgericht auch nicht zur Einleitung des Vorabentscheidungsverfahrens gemäß Art. 177 EWGV befugt[62]. Auch das würde nämlich voraussetzen, daß das Verfassungsbeschwerdeverfahren als solches zulässig ist. Das bedeutet also, daß der betroffene Marktbürger gegen Ausführungsgesetze zum Gemeinschaftsrecht unter den genannten Voraussetzungen Verfassungsbeschwerde nicht erheben kann und darauf verwiesen bleibt, im Falle ihrer Anwendung durch Verwaltungsakt die Rechtsmittel des Verwaltungsstreitverfahrens anzuwenden.

b) Für die Annahme, die Verfassungsbeschwerde gegen deutsche Ausführungsgesetze zum Gemeinschaftsrecht sei unzulässig, spricht letztlich auch dasjenige Argument, mit dem das Bundesverfassungsgericht[63] die Zulassung der Verfassungsbeschwerde gegen EWG-Verordnungen (von Rat oder Kommission) abgelehnt hat. Denn danach sind beschwerdefähige Akte der „öffentlichen Gewalt" nur Akte der staatlichen, deutschen, *„an das Grundgesetz gebundenen"* öffentlichen Gewalt. Eben diese Bindung aber geht dem deutschen Ausführungsgesetz wegen des Vorrangs des Gemeinschaftsrechts ab. Dieses stellt seinerseits *andere* Bindungen her, innerhalb deren der deutsche Ausführungsgesetzgeber handelt. Zwar hat das Bundesverfassungsgericht für die Eingrenzung seiner Zuständigkeit betont, hierfür sei „allein die formale Qualifikation des Organs entscheidend, das den angegriffenen Akt erlassen hat". Indes würde in der Anwendung dieses Kriteriums ein Eingriff in den Vorrang des Gemeinschaftsrechts liegen. Es mag hierin begründet sein, daß das Gericht es dahingestellt gelassen hat, ob eine Verfassungsbeschwerde zulässig sein würde gegen deutsche Rechtsvorschriften mit einem dem Gemeinschaftsrecht identischen Inhalt. Denn nach seinem Formalkriterium hätte es auch solche Verfassungsbeschwerde zulassen müssen[64].

Die praktische Tragweite der hier erörterten Frage sollte nicht überschätzt werden, obwohl das deutsche Ausführungsrecht zum Gemeinschaftsrecht auch in *Gesetzesform* an Umfang zunimmt. In Betracht kommen in

---

[61] And. Ans. („wohl") *Kropholler* EuR 1969, 143 Anm. 111; bei *Zuleeg* 341 ff. ist diese Frage nicht erörtert.

[62] And. Ans. *Kleinmann* NJW 1969, 357. Im praktischen Ergebnis sind die Abweichungen unerheblich.

[63] BVerfGE 22, 293 = EuR 1968, 137 mit Anm. *Ipsen*.

[64] Dazu: *Schlenzka*, Die Europäischen Gemeinschaften und die Verfassungen der Mitgliedstaaten (1967) 39; *Kleinmann* NJW 1969, 355; *Kropholler* EuR 1969, 142.

erster Linie Gesetze zur Ausführung von Agrarmarktrecht, die teilweise Regelungen der EWG-Verordnungen wiederholen[65].

VI. Völkerrechtliche Grundrechtsbindungen der Gemeinschaftsorgane

1. Menschenrechtskonvention

29 „Die Auseinandersetzungen über die Privilegierung des europäischen Gemeinschaftsrechts lassen erkennen, daß hier — mit verschiedener Begründung — vom Vorrang der Vertragsnormen ausgegangen wird."[66] Dieser Vorrang des Gemeinschaftsrechts (nicht nur des Primärrechts der Gemeinschaftsverträge, sondern auch des Sekundärrechts) vor dem nationalen Recht beruht darauf, daß ihm mit dem „Integrationshebel" der Verfassungen, in der BRD des Art. 24 I GG, im Interesse der Funktionsfähigkeit der Gemeinschaften und zur Sicherung seiner einheitlichen Geltung in allen Mitgliedstaaten, die in Art. 189 II EWGV ihren Ausdruck findet, dieser Vorrang eingeräumt worden ist. Das gilt für die *allgemeinen Regeln des Völkerrechts,* die nach Art. 25 GG den Gesetzen vorgehen, jedenfalls hinsichtlich des Grundgesetzes selbst *nicht.* Denn hierfür stehen Gemeinschaftsinteressen der Funktionsfähigkeit nicht in Frage. Auch ist in Art. 25 GG ein „Integrationshebel" zur Vergemeinschaftung deutscher Hoheitsrechte nicht bereitgestellt. Deshalb hat sich, wer früher diese Auffassung zu Art. 25 GG als „staatsrechtlicher Saulus" vertrat[67], auch nicht in einen „europarechtlichen Paulus" gewandelt[68], wenn er heute den Vorrang des europäischen Gemeinschaftsrechts vertritt. Und deshalb kann unter Berufung auf den Gemeinschaftsvorrang auch kein gleichartiger Vorrang der Konvention zum Schutze der Menschenrechte und Grundfreiheiten (MRK) angenommen werden mit der Folge, ihre Gewährleistungen innerhalb der Gemeinschaften vermöchten als Grundrechtsbindungen der Gemeinschaftsorgane gegenüber den Marktbürgern zu wirken.

a) Die am 3. September 1953 in Kraft getretene MRK vom 4. November 1950 ist mit Ausnahme von Frankreich, das sie aber ebenfalls unterzeichnet hat, von allen Mitgliedstaaten der Gemeinschaften ratifiziert worden. Zweifellos liegt darin, zumal die Nicht-Ratifizierung durch Frankreich keine prinzipielle Ablehnung bedeutet[69], die Verlautbarung gemeinsamer grundrechtlicher Wertvorstellungen in allen Mitgliedstaaten[70]. Indes besitzt die MRK — ebensowenig wie die im Jahre 1948 von der Vollversammlung der

---

[65] Beispiele bei *Kleinmann* NJW 1969, 356.
[66] *Menzel,* Fs Guggenheim (1968) 603.
[67] Nämlich: *Ipsen,* Grundgesetz und richterliche Prüfungszuständigkeit, DVBl. 1949, 490.
[68] Wie *Menzel* 599 glaubt annehmen zu können.
[69] *Kropholler* EuR 1969, 133.
[70] *Fuß,* Die Europäischen Gemeinschaften und der Rechtsstaatsgedanke 37.

Vereinten Nationen angenommene programmatische „Universelle Deklaration der Menschenrechte“[71] — nicht die Kraft, die Gemeinschaftsorgane unmittelbar zu binden. Denn die MRK ist nach ihrer Satzung auf den Beitritt aus dem Kreis derjenigen Völkerrechtssubjekte beschränkt, die *Staaten* sind[72]. Zu ihnen gehören die Gemeinschaften nicht.

b) Die Mitgliedstaaten, unter ihnen die BRD, die die MRK ratifiziert haben, waren bei Gründung der Gemeinschaften auch nicht derart durch sie gebunden, daß ihre Übertragung von Hoheitsrechten, damit die „Ausstattung“ der Gemeinschaftsorgane mit Gemeinschaftsgewalt, mit einer „völkervertraglichen Hypothek“ belastet worden wäre[73]. Diese Folgerung verkennt ebenfalls die Eigenständigkeit des Gemeinschaftsrechts und der Gemeinschaftsgewalt.

c) Auch Art. 234 EWGV, Art. 105 EAGV (anders der vor Inkrafttreten der MRK geschlossene EGKSV) können die unmittelbare Geltung der MRK in den Römischen Gemeinschaften nicht rechtfertigen. Zwar werden danach die Rechte und Pflichten der Mitgliedstaaten aus vorher mit dritten Ländern geschlossenen Übereinkünften nicht berührt. Indessen haben die der MRK angehörenden Mitgliedstaaten einen Vorbehalt zu ihren Gunsten nicht stipuliert. Da Frankreich insoweit ungebunden ist, kann auch ein stillschweigendes Einverständnis aller Mitgliedstaaten zugunsten unmittelbarer Geltung der MRK im Gemeinschaftsrecht nicht angenommen werden[74].

d) Dieses negative Ergebnis kann um so eher hingenommen werden, als dem etwa betroffenen Marktbürger verfahrensrechtliche Durchsetzungsmöglichkeiten der MRK ohnehin nicht zur Verfügung stehen würden. Denn hierzu hätte es der Unterwerfung der Gemeinschaftsorgane unter die Individualbeschwerde bedurft. Daran fehlt es. Ein Rechtsweg zum Gerichtshof würde insoweit nicht eröffnet sein. *Materiell*rechtlich würden die Gewährleistungen der MRK, die nicht speziell auf die Wirtschaftstätigkeit der Gemeinschaften zugeschnitten sind, überdies keinen gleich- oder gar höherrangigen Schutzstandard liefern als die im Gemeinschaftsrecht vertraglich und allgemein wirksamen Gewährleistungen.

2. *Allgemeine Regeln des Völkerrechts*

30 Daß die *allgemeinen Regeln des Völkerrechts* von der Existenz und Anerkennung eines elementaren Mindeststandards an Menschenrechten ausgehen, und zwar im Sinne der Bindung nicht nur souveräner Staatsgewalt, sondern auch nichtstaatlich verfaßter öffentlicher Gewalt, wie sie in den Ge-

---

[71] UNYB 1948/49, 535.

[72] H. M.: *Kropholler* EuR 1969, 134; *Pescatore* Integration 1969, 121; *Partsch*, Die Rechte und Freiheiten der europäischen MRK 67; *Zuleeg* AöR 94 (1969) 637.

[73] *Zieger* 19 Anm. 71 gegen *von der Heydte* VVDStRL 18 (1960) 83.

[74] *Kropholler* EuR 1969, 133.

meinschaften wirksam ist, entspricht der herrschenden Auffassung[75]. Indes reicht dieser Standard kaum hinaus „über den Grundsatz der Achtung und Schutzwürdigkeit der menschlichen Persönlichkeit und eines allgemeinen Willkürverbotes ..., speziell in der Form des Verbots ..., nach Rasse, Geschlecht, Sprache und Religion zu diskriminieren“[76].

Eine gewisse Präzisierung erfährt dieser Standard durch Art. 3 der Satzung des Europarates, dem alle Mitgliedstaaten der Gemeinschaften angehören: „Jedes Mitglied des Europarates erkennt den Grundsatz der Vorherrschaft des Rechts und den Grundsatz an, daß jeder, der seiner Hoheitsgewalt unterliegt, der Menschenrechte und Grundfreiheiten teilhaftig werden soll.“ Zwar wird hierdurch *formal* eine Grundrechtsbindung der Gemeinschaftsorgane selbst nicht hergestellt. Indes vermag der Grundsatz überall dort mindestens subsidiär und als Auslegungsprinzip das Handeln aller Gemeinschaftsorgane einschließlich des Gerichtshofs zu bestimmen, wo es in Ermangelung positivierter Vertragsregeln auf die Ermittlung allgemeiner und ungeschriebener Grundrechtsgewährleistungen ankommt[77]. Mit ihrer Hilfe mag auch der Weg zur Fixierung eines partikulären Gewohnheitsrechts im Gemeinschaftsbereich eröffnet oder schon beschritten sein, das sich an Art. 3 a.a.O. und dem Inhalt der MRK orientiert[78].

---

[75] Belege bei *Zieger* 22.
[76] *Zieger* 23.
[77] *Pescatore* Integration 1969, 121; *Zieger* 23.
[78] *Meyer-Lindenberg* BerDtGesVöR 4 (1961) 105; *Wengler* JZ 1968, 329 Anm. 12; and. Ans. *Badura* VVDStRL 23 (1966) 84.

§ 42 PFLICHTEN DES MARKTBÜRGERS

Hanebuth, Das Auskunftsrecht im europäischen Wirtschaftsrecht. Rechtsgrundlagen und Handhabung (1967); *Porteu de la Morandière,* Les pouvoirs d'information de la Communauté, RevMC 1971, 300, 391, 435; *Roblot,* La Communauté et les entreprises. Droits et devoirs des entreprises de la Communauté — sanctions, Actes off. IV (1958) 19; *Schermers,* Het toezicht door de Commissie op de naleving der verdragsverplichtingen door lid-staten en particulieren, in: De rechtsorde der Europese Gemeenschappen tussen het internationale en het nationale recht (1966) 135; *Torelli,* L'individu et le droit de la Communauté économique européenne (1970); *Würdinger* und *Wohlfarth,* Das Auskunftsrecht gegenüber Unternehmen und Unternehmenszusammenschlüssen innerhalb internationaler Gemeinschaften (1964).

1 Soweit das Gemeinschaftsrecht *Rechte* des einzelnen Marktbürgers berührt, mußte sich die Frage stellen, ob sie nach seinem nationalen Verfassungsrecht als Grundrechte besonders gewährleistet sind und auch gegenüber der Gemeinschaftsgewalt besonderen Schutz beanspruchen können. Das Gemeinschaftsrecht räumt auch selbst Rechte ein. Das geschieht durch positive Regelungen in Einzelfällen ausdrücklich (z. B. in Art. 48 III EWGV: Recht des Arbeitnehmers auf Arbeitnahme), ist in anderen durch die Rechtsprechung des Gerichtshofs im Wege der Auslegung entnommen worden (so zuerst zu Art. 12 EWGV, Rs 26/62 Rspr. IX, 1). Solche Erscheinungen haben in jenem Sinne aber keine vergleichbare grundrechtliche Relevanz. Sie kann indes entstehen, wenn das Gemeinschaftsrecht *Pflichten* des Marktbürgers derart begründet, daß dadurch der nach nationalem Verfassungsrecht grundrechtlich gewährleistete Freiheitsbereich berührt wird. Hier gelten dann die Erkenntnisse, die für seine Respektierung auch durch das Gemeinschaftsrecht gewonnen worden sind *(§ 41).*

Durch diese besondere Problematik nicht belastet ist im übrigen die Frage, in welchen Zusammenhängen, Erscheinungsformen und Ausgestaltungen das Gemeinschaftsrecht sonst Pflichten des Marktbürgers (des einzelnen, von Unternehmen) statuiert, wem und zu wessen Gunsten sie ihm auferlegt sind, wie die Pflichterfüllung überwacht und erforderlichenfalls sanktioniert wird.

I. Begriff, Rechtsgrundlagen, Einteilung

1. Begriff

2 Gemeinschaftspflichten des Marktbürgers sind ihm gemeinschaftsrechtlich auferlegte Verhaltensanforderungen (zu einem Tun, Dulden oder Unterlassen). Ob Normen des Gemeinschaftsrechts ein solches Verhalten abverlangen, ist ihrem Wortlaut oder, soweit erforderlich, ihrer Auslegung zu entnehmen. Dabei ist insbesondere erheblich, ob die Norm unmittelbar gegenüber dem Marktbürger anwendbar (im Sinne des Durchgriffs) und vollziehbar ist oder vorerst, um diese Wirkung auszulösen, mitgliedstaatlicher Durchführungsregelung bedarf. Hierfür sind entsprechende Maßstäbe und Auslegungsgrundsätze anzuwenden, wie zur Klärung der Frage, ob Gemeinschaftsnormen dem einzelnen Rechte verschaffen. Daß die Norm sich ausdrücklich nur an die Mitgliedstaaten zu richten scheint, schließt danach eine solche Durchgriffswirkung nicht aus *(5/61)*. Wie Normen, die ausdrücklich die Mitgliedstaaten verpflichten, zugleich Rechte des einzelnen begründen können, mögen Normen, die ausdrücklich berechtigen, zugleich den einzelnen verpflichten. Wie der Gerichtshof festgestellt hat[1], es entspreche dem Sinn der Gemeinschaftsverträge, dem einzelnen bei klaren und eingeschränkten Staatenverpflichtungen Rechte einzuräumen, erscheint es ebenso sinnvoll, solche *Pflichtbegründungen des einzelnen* anzunehmen, wenn das Gemeinschaftsrecht klare und uneingeschränkte *Staatenberechtigungen* herstellt: hier wird eben gemeinschaftsrechtlich eine Veränderung der in den Mitgliedstaaten geltenden Rechtsordnung *zu Lasten des einzelnen* bewirkt. Derselbe Schluß ist indes nicht gerechtfertigt, wenn eine *Pflicht* von Gemeinschaftsrecht *ausschließlich den Mitgliedstaaten* auferlegt wird. Denn hier bedarf es mitgliedstaatlicher Durchführungsregelung, um die Verpflichtung auf die einzelnen zu erstrecken[2].

2. *Rechtsgrundlagen*

3 Pflichtbegründende Normen des Gemeinschaftsrechts können solche des Vertrags- und des Sekundärrechts sein. Wenn es zur Pflichtbegründung zunächst durchführender mitgliedstaatlicher Normsetzung bedarf, entsteht die Verpflichtung zwar kraft nationalen Rechts, indes zulässigerweise nur dann und insoweit, als die nationale Norm durch das Gemeinschaftsrecht gedeckt ist. Das zu überprüfen und erforderlichenfalls zu sanktionieren, ist Sache des vom pflichtigen Marktbürger angerufenen nationalen Gerichts. Dieses kann (oder muß) bei Auslegungs- oder Gültigkeitszweifeln an der gemeinschaftsrechtlichen Rechtsgrundlage die Vorabentscheidung des Gerichtshofs herbeiführen. Ohne solche Zweifel hat es der vom Gemeinschaftsrecht nicht gedeckten nationalen Norm die Anwendung zu versagen, die Verpflichtung also zu verneinen.

---

[1] EuGH Rs 26/62 Rspr. IX, 24; Rs 6/64 Rspr. X, 1274; Rs 57/65 Rspr. XII, 267; *Zuleeg*, Recht 181. — Es handelt sich um „eine gemeinschaftsrechtlich bewirkte Veränderung der in den Mitgliedstaaten geltenden Rechtsordnung"; vgl. *Ipsen* EuR 1966, 359.

[2] *Zuleeg*, Recht 188.

3. Einteilung

Eine Bestandsaufnahme aller Gemeinschaftsrechtsnormen nach den in ihnen begründeten Pflichten des Marktbürgers steht hier nicht in Frage. Nach Bedeutung und Vorkommen sind gewisse Gruppierungen zu erkennen:

4 a) *Pflichten zu einem Tun* werden in solchen Normen begründet, die zur Ermöglichung oder Erleichterung von Organaufgaben eine Mitwirkung des Marktbürgers erfordern.

5 aa) Das ist z. B. der Fall bei der Auferlegung von Pflichten zur Auskunftserteilung an die Kommission (Art. 213 EWGV, 187 EAGV, und zwar im Rahmen und nach näherer Bestimmung durch den Rat[3]; Art. 47 I EGKSV in unmittelbarer Anwendbarkeit). Im Anwendungsbereich des EAGV sind einzelne Auskunftspflichten ferner vorgesehen in den Art. 4—11, 12—29, 40—44 (insbes. 41), 77—85, insbes. 91, 101—106 (insbes. 104 II) sowie in Art. 194. Im Anwendungsbereich des EGKSV sind außerdem einschlägig: Art. 46 III 5, 48 III, IV, 54 III, 65 III, 66 IV, 80, 86 IV. Auskunftsverlangen dürfen sich nur beziehen auf Tatsachen, nicht auf Meinungen oder Werturteile. Sie müssen zumutbar und zur Erfüllung der Aufgaben der Kommission erforderlich sein. Sie allein ist auch auskunftsberechtigt[4].

6 bb) Ein *Tun* verlangen auch solche pflichtbegründenden Normen, nach denen Meldungen oder Anzeigen zu erstatten oder Anträge zu stellen sind, deren Bescheidung es bedarf, um die Vereinbarkeit bestimmten Marktverhaltens mit dem Gemeinschaftsrecht zu klären, das Verhalten transparent zu machen oder andere Auswirkungen des Gemeinschaftsrechts auszulösen. Das gilt z. B. für die Behandlung von Investitionsvorhaben nach Art. 40 ff. EAGV und Art. 54 ff. EGKSV. Kommissionsfeststellungen nach Art. 54 V EGKSV, wonach die Finanzierung eines angemeldeten Programms oder eines danach vorgesehenen Betriebes vertragswidrige Subventionen, Beihilfen, Schutzmaßnahmen oder Diskriminierungen mit sich bringen würde, haben zur Folge, daß das Unternehmen zur Programmdurchführung nur eigene Mittel verwenden darf. Investitionsvorhaben, die nach Art. 41 EAGV fristgemäß anzuzeigen sind, werden von der Kommission hinsichtlich der Vertragsziele erörtert (Art. 43). Anders als nach Art. 54 IV EGKSV bedarf die Veröffentlichung von Investitionsvorhaben gemäß Art. 44 EAGV der Zustimmung der Beteiligten.

Nach Art. 2 der VO Nr. 17 erläßt die Kommission Negativatteste, wonach kein Anlaß zum Einschreiten gegen Vereinbarungen, Beschlüsse oder Verhaltensweisen gemäß Art. 85 I, 86 EWGV besteht, auf Antrag des beteiligten Unternehmens. Will dieses die Unbedenklichkeit attestiert erhalten, ist es verpflichtet, die Attesterteilung zu beantragen. Indem es so verfährt,

---

[3] Dazu *Hanebuth,* Das Auskunftsrecht 29—30 (Verzeichnis der Sekundärrechtsquellen); *Würdinger-Wohlfarth,* Das Auskunftsrecht 12, 13; *Tomuschat* AöR 95 (1970) 625.

[4] *Wohlfarth* u. a. Komm. 5 zu Art. 213.

erfüllt es also eine Pflicht gegen sich selbst, eine Obliegenheit, um die Vertragsgemäßheit seines Marktverhaltens verbindlich zu klären. Entsprechendes gilt nach Art. 4 a.a.O., um eine Freistellungs-Erklärung gemäß Art. 85 III EWGV zu erwirken.

7 cc) Andere gemeinschaftsrechtliche *Pflichten zum Tun* zielen auf die Erbringung finanzieller Leistungen. Im Montanbereich zählt hierzu die Hauptverpflichtung der Unternehmen zur Entrichtung von Umlagen auf die Erzeugung von Kohle und Stahl nach Art. 49, 50 EGKSV. Nach Art. 87 II a EWGV können bei Verstößen gegen Wettbewerbsregeln Geldbußen und Zwangsgelder verhängt werden (hierzu Art. 172 EWGV). Art. 47 III, 54 VI, 64 ff. EGKSV ermöglichen entsprechende Sanktionen, durch die finanzielle Leistungspflichten begründet werden.

8 dd) Andere *Verpflichtungen zum Tun* sind dadurch gekennzeichnet, daß sie den Marktbürger zu einem positiven Verhalten nicht gegenüber Gemeinschaftsorganen, sondern gegenüber anderen Marktbürgern anhalten (Anbietungs-, Abnahmepflichten im Rahmen der Agrarmarktordnungen; Lieferpflichten). Zwangslizenzierungen gemäß Art. 17 ff. EAGV betreffen zwar auch die Rechtsbeziehungen zwischen Marktbürgern und wirken pflichtbegründend, finden indes statt durch Vermittlung von Akten zuständiger Gemeinschaftsorgane.

b) *Pflichten zur Duldung* bestehen dort, wo der Marktbürger gemeinschaftsrechtlich gehalten ist, Handlungen von Gemeinschaftsorganen hinzunehmen.

9 aa) Im Zusammenhang mit Auskunftspflichten stehen solche, Nachprüfungen der Kommission zur Erfüllung der ihr übertragenen Aufgaben zu dulden (Art. 213 EWGV, 187 EAGV, 47 I EGKSV). Insgesamt können sie stattfinden in der Wahrnehmung verschiedenartiger „wirtschaftspolizeilicher" Funktionen, und zwar solcher wettbewerbs-, gewerbe-, sicherheits- oder gesundheitspolizeilicher Art[5]. Sie können zielen auf Einsicht, Besichtigung, letztlich auf Durchsuchung. Das Gemeinschaftsrecht nennt sie in wechselnder Terminologie Nachprüfungen, Kontrollen, Überwachungen oder Überprüfungen. Es ist nicht anzunehmen, daß solche zu duldenden Maßnahmen jeweils nur subsidiär und auskunfts-abhängig sind, also zeitlich und inhaltlich an ein vorausgegangenes Auskunftsersuchen geknüpft sind[6]. Denn das Vertragsrecht skandiert in dieser Weise nicht. Indes ist jeweils das Prinzip der Erforderlichkeit der Maßnahme zu beachten.

10 bb) *Duldungspflichten* bestehen auf Grund und im Rahmen von Rats- oder Kommissionsentscheidungen, die eine Zahlung auferlegen und als solche vollstreckbare Titel sind (Art. 192 EWGV, 164 EAGV, 92 EGKSV). Ent-

---

[5] *Hanebuth* 248. — Pflichten dieser Art erwachsen nicht nur aus wirtschafts*polizeilichen* Aufsichtsgesichtspunkten. Auch solche wirtschafts*politischer* Aufsichtsinterventionen können vom Gemeinschaftsrecht begründet werden; hierzu: *Ipsen*, in: *Würdinger-Wohlfarth*, Das Auskunftsrecht 55.

[6] Dazu *Hanebuth* 253.

sprechendes gilt von den Urteilen des Gerichtshofs (Art. 187 EWGV, 159 EAGV, 44 i. Verb. mit Art. 92 EGKSV). Die Vollstreckung findet nach dem Zivilprozeßrecht der Mitgliedstaaten statt.

II. Pflichten-Träger

1. Allgemeines

11 a) Soweit das pflichtbegründende Gemeinschaftsrecht den *Pflichten-Träger* hinreichend deutlich kennzeichnet, sind (abgesehen von den den Mitgliedstaaten obliegenden, hier nicht zu behandelnden Pflichten) die Marktbürger als Individuen und als Unternehmen, die Verbände oder Zusammenschlüsse von einzelnen oder Unternehmen zu unterscheiden *(42/13—16)*. Dabei macht die Kennzeichnung des Individuums als des pflichtigen Marktbürgers in der Regel rechtlich keine Schwierigkeiten. Die Pflichtigkeit des Individuums als Marktbürger trifft diesen weit überwiegend in seiner Qualität als Unternehmer. Aber auch in anderer Eigenschaft kann er pflichtig werden, so z. B. auskunftspflichtig als Arbeitnehmer gemäß Art. 118 II EWGV in Fragen des Arbeitsrechts und der Sozialpolitik, wenn Auskünfte der Unternehmen oder der Mitgliedstaaten nicht ausreichen. Da das Montanrecht auf Unternehmen abstellt (Art. 80 EGKSV) und Art. 196 EAGV Personen und Unternehmen unterscheidet, ist hierfür nähere Bestimmung erforderlich *(42/13—15)*.

12 b) Soweit das Gemeinschaftsrecht zuläßt, daß seine Ausgestaltung nicht nur die Mitgliedstaaten, sondern auch den Marktbürger verpflichtend erfaßt[7], hängt die Inpflichtnahme *auch des Marktbürgers* davon ab, ob die Gemeinschaftsnorm die Verpflichtung nach Zweck und Zusammenhang sowie in einer durch Auslegung feststellbaren, hinreichend deutlichen Adressierung erkennbar macht. Für die Zweckermittlung kommt es primär auf die jeweils in Frage stehenden Gemeinschaftsziele an. Aus rechtsstaatlichen Gründen spricht jedenfalls *keine Vermutung* für die Inpflichtnahme *auch* des Marktbürgers. Und soweit *ausdrücklich nur* die Mitgliedstaaten in Pflicht genommen sind, ist die Inpflichtnahme des Marktbürgers aus gleichen Gründen ausgeschlossen[8].

2. Unternehmen

Der Begriff des in Pflicht genommenen *Unternehmens* richtet sich — unterschiedlich nach den drei Verträgen, teilweise auch nach den in ihnen jeweils geregelten Materien — nach dem Regelungsgegenstand und -zweck der pflichtbegründenden Normen.

[7] Zur etwa nur subsidiären Inanspruchnahme des Marktbürgers: *Ipsen*, in: *Würdinger-Wohlfarth*, Das Auskunftsrecht 56.
[8] Im Ergebnis ebenso: *Zuleeg*, Recht 187.

13 a) Der EWGV kennt keinen einheitlichen Unternehmensbegriff, da er — anders als die beiden anderen Verträge — auf die Vielfalt möglicher Teilhabe am Markt abstellt.

aa) Art. 85 I bestimmt seinen Unternehmensbegriff nicht, sondern setzt ihn voraus, und zwar als zum Vertragsschluß befähigten Rechtsträger (ohne Rücksicht auf die Rechtsform), nicht nur als Wirtschaftseinheit. Ob der Konzern als Wirtschaftseinheit gleichermaßen wie das Unternehmen pflichtgebunden ist, entscheidet sich nach Sinn und Zweck der pflichtbegründenden Norm.

bb) Art. 92 I erklärt staatliche oder aus staatlichen Mitteln gewährte Beihilfen, die den zwischenstaatlichen Handel beeinträchtigen, als mit dem Gemeinsamen Markt unvereinbar, wenn sie (u. a.) durch die Begünstigung bestimmter Unternehmen den Wettbewerb verfälschen oder zu verfälschen drohen. Auch hier gilt als in Pflicht genommenes Unternehmen, das sich der Beihilfe-Annahme zu enthalten hat, ein solches i. S. des Art. 85 I[9].

cc) Adressaten der nach Art. 79 I zu begründenden Pflicht, gleiche Frachten und Beförderungsbedingungen anzuwenden und Diskriminierungen zu unterlassen, sind Verkehrsunternehmen. Das sind alle Rechtsträger, die sich mit der gewerbsmäßigen Beförderung von Personen oder Gütern befassen einschließlich der als Sondervermögen organisierten staatlichen Eisenbahngesellschaften. Auf ihre Rechtsform kommt es also auch hier nicht an[10].

14 b) Nach Art. 196 b EAGV ist Unternehmen i. S. des Vertrages, also auch Pflichten-Träger, jedes Unternehmen oder jede Einrichtung, die ihre Tätigkeit ganz oder teilweise in den Hoheitsgebieten der Mitgliedstaaten auf dem Gebiet wirtschaftlicher Betätigung ausübt, das in dem entsprechenden Kapitel des Vertrages bezeichnet ist. Ob sie eine öffentlich-rechtliche oder privat-rechtliche Stellung hat, ist unerheblich.

15 c) Art. 80 EGKSV liefert eine nach dem Regelungsgegenstand differenzierende Legaldefinition des Unternehmens i. S. des Vertrages: Unternehmen, die innerhalb der in Art. 79 I genannten Gebiete eine Produktionstätigkeit auf dem Gebiet von Kohle und Stahl ausüben. Was die Art. 65 und 66 sowie die zu ihrer Anwendung erforderlichen Auskünfte (und die ihretwegen erhobenen Klagen) angeht, so sind Unternehmen i. S. des Vertrages ferner diejenigen Unternehmen und Organisationen, die gewerbsmäßig eine Vertriebstätigkeit ausüben mit Ausnahme des Verkaufs an Haushaltungen oder an Kleingewerbetreibende.

Die pflichtbegründenden Regelungen wenden sich also *nicht* an die *wirtschaftlichen* Produktionseinheiten, die als solche in den Mitgliedstaaten keine Rechtsfähigkeit besitzen, und das Vertragsrecht verleiht ihnen auch nicht eine solche. Adressaten sind also die einzelstaatlichen Rechtssubjekte (natürliche oder juristische Personen). „Der Unternehmensbegriff ist insofern als

---

[9] Zu den Rechtsfolgen der Pflichtverletzung: *Zuleeg*, Recht 203.
[10] *Wohlfarth* u. a. Komm. 2 zu Art. 78.

stellvertretender Rechtsbegriff zu werten."[11] Mehrere Konzerngesellschaften verschiedener Rechtspersönlichkeit bilden daher selbst dann nicht *ein* Unternehmen, wenn sie wirtschaftlich zur Einheit zusammengefaßt sind[12].

3. Verbände

16 Als Pflichtige können vom Gemeinschaftsrecht auch *Verbände* (Wirtschafts-, Berufsverbände) in Anspruch genommen werden, so nach Art. 213 EWGV, 187 EAGV zu Auskünften. Art. 48 IV EGKSV statuiert diese Auskunftspflicht der Unternehmensverbände ausdrücklich hinsichtlich ihrer Tätigkeit. Nach Abs. III a.a.O. soll sich die Kommission zur Erleichterung ihrer Aufgaben der Erzeugerverbände bedienen.

III. Aus Marktbürger-Pflichten Berechtigte

Aus Pflichten, die das Gemeinschaftsrecht dem Marktbürger auferlegt, können die *Gemeinschaften, Mitgliedstaaten oder Dritte berechtigt* sein.

1. Gemeinschaften

17 Soweit die pflichtbegründende Norm des Gemeinschaftsrechts ein Gemeinschaftsorgan befugt, ein bestimmtes Verhalten des Marktbürgers zu fordern, ist die *Gemeinschaft* aus der Norm berechtigt. Es hängt vom Inhalt der Pflicht ab, von welchem Gemeinschaftsorgan und in welcher Weise ihre Erfüllung geltend gemacht wird.

Im wichtigen Bereich der *Auskunftsverpflichtungen* und der *Durchführung von Nachprüfungen* sind besondere Inspekteure eingesetzt, deren Tätigkeit auf Dienstverhältnis oder privatrechtlichem Vertragsverhältnis beruhen kann.

18 a) In zahlreichen Kontrollvorschriften geht das Gemeinschaftsrecht davon aus, daß die Gemeinschaftsorgane durch ihre eigenen Bediensteten tätig werden, so in Art. 14 II VO (EWG) Nr. 11, Art. 14 I VO (EWG) Nr. 17; Art. 81 I, 82 I, II EAGV; Art. 86 IV EGKSV. Solche Inspekteure und Kontrolleure sind tätig im Steinkohlenbergbau und in der Eisen- und Stahlindustrie, in der Sicherheitsüberwachung und für den Gesundheitsschutz des EAGV, im EWG-Bereich zur Kontrolle der Kartelle, Monopole und Dumpingpraktiken.

---

[11] *Peter Ulmer*, Der Unternehmensbegriff im EGKSV (1960) 139.

[12] Die Rechtsprechung zum montanrechtlichen Unternehmensbegriff (EuGH Rs 42 u. 49/59 Rspr. VII, 109) ist trotz ihrer allgemeinen Formulierungen aber unter dem Gesichtspunkt zu würdigen, daß es um Abgrenzungskriterien im Streit um den sog. „Konzernschrott" ging; *Hanebuth* 89.

19 b) Das Gemeinschaftsrecht läßt es teilweise zu, daß Private mit der Durchführung von Nachprüfungen beauftragt werden, so in Art. 14 II VO (EWG) Nr. 11 (Sachverständige), Art. 47 I 2 EGKSV (vornehmen „lassen")[13], Art. 1, 2 EGKS-Entscheidung Nr. 14/64 (Beauftragte). Der beauftragte Private ist nicht befugt, aus der Pflichtnorm erwachsene Hoheitsbefugnisse auszuüben und Sanktionen zu verhängen. Er hat Nachprüfungen nur in den Grenzen seines Auftrages durchzuführen. Rechtsschutz, Geheimnisschutz, Haftungsschutz des Pflichtigen dürfen durch die Beauftragung eines Privaten mit Nachprüfungen nicht beeinträchtigt werden.

2. *Mitgliedstaaten*

20 Das Gemeinschaftsrecht kann in unterschiedlicher Weise Pflichten des Marktbürgers begründen, die zu erfüllen ihm *gegenüber einem Mitgliedstaat* obliegt[14] — seinem eigenen oder einem anderen gegenüber. Dann ist der *Mitgliedstaat* aus der Pflichtennorm berechtigt.

21 a) Wer als Einführer landwirtschaftlicher Erzeugnisse zur Zahlung von Abschöpfungsbeträgen auf Grund einer Agrarmarktregelung verpflichtet ist, schuldet einem Mitgliedstaat. Daß Abschöpfungen schrittweise Gemeinschaftseinnahmen werden *(18/12)*, kann hieran ändern. Entsprechendes gilt in anderen Fällen vergleichbarer Pflichtbegründungen. Ihre Durchsetzung zu verlangen, ist der Mitgliedstaat unter Einsatz seiner Organe und unter Anwendung seines Verwaltungsverfahrensrechts befugt, soweit das Gemeinschaftsrecht es nicht geregelt hat. Nach seinem Recht bestimmt sich auch die Abwicklung, so z. B. die Erstattung von Überzahlungen[15].

22 b) Gegenüber einem Mitgliedstaat zu erfüllende Pflichten des Marktbürgers können dadurch begründet werden, daß Gemeinschaftsrechtsnormen „den Anwendungsbereich von Vorschriften für das Verhältnis der Mitgliedstaaten zu den Gewaltunterworfenen ausdehnen"[16]. Das geschieht etwa durch Koordination des Sozialversicherungsrechts der Mitgliedstaaten für Wanderarbeiter (Art. 12 der VO-EWG-Nr. 3 v. 25. 9. 1958, ABl. 561). Auch Art. 194 I UA 2 EAGV wirkt in diesem Sinne, da er nationale Strafrechtsnormen gemeinschaftsrechtlich ausdehnt, damit Verhaltenspflichten gegenüber einem Mitgliedstaat kraft Gemeinschaftsrecht begründet[17].

---

[13] EuGH Rs 18/62 Rspr. IX, 595: Darin liegt keine „Übertragung" der Befugnisse des Gemeinschaftsorgans. Erforderlich ist nur, daß die mit der Nachprüfung beauftragte Person geeignet und unvoreingenommen ist (596).

[14] *Zuleeg*, Recht 205.

[15] *Zuleeg*, Recht 205; *Ulmer*, Das Verbot der steuerlichen Diskriminierung von Einfuhrwaren in Art. 95 des EWG-Vertrags und seine Auswirkungen auf das nationale Abgabenrecht, AWD 1966, 281.

[16] *Zuleeg*, Recht 206.

[17] BGHZ 17, 121 hat an der Vereinbarkeit dieser Regelung mit Art. 103 II GG keine Zweifel geäußert.

3. Dritte

23 Ob gemeinschaftsrechtlich begründete Pflichten eines Marktbürgers in einer Art. „Drittwirkung" (also „horizontal") *einen anderen Marktbürger berechtigen,* und zwar zur Durchsetzung der Pflichterfüllung oder (bei Nichterfüllung) zur Sanktionierung (durch Geltendmachung der Nichtigkeit eines Rechtsverhältnisses oder von Schadensersatzansprüchen), führt in einen weiten und komplizierten Fragenkreis (dazu aus dem wichtigsten Fragenbereich der Diskriminierungsverbote: *30/9 ff.*). Er läßt sich gegenständlich und konstruktiv durch einzelne Normenbeispiele veranschaulichen, ohne daß er hier in allen Zusammenhängen mit dem nationalen Zivilrecht, das insoweit dem Gemeinschaftsrecht Anwendungshilfe gibt, beantwortet werden könnte[18].

24 a) Daß das Gemeinschaftsrecht die Rechtsbeziehungen *zwischen den Marktbürgern* normiert, ist Ausnahme, nicht die Regel. Soweit das gleichwohl geschieht, kann die Kontrolle dieser Gestaltungen, insbesondere die Erfüllung von gemeinschaftsrechtlich begründeten Marktbürgerpflichten gegenüber einem anderen Marktbürger, gemeinschaftsrechtlich geregelt und gesichert werden. Das ist dann der Fall, wenn — wie z. B. im Kartellrecht — Gemeinschaftsorgane Kontrollbefugnisse und -aufgaben zugewiesen erhalten haben. Wo das Gemeinschaftsrecht sich hinsichtlich der Kontrolle und Sanktionierung ausschweigt und deshalb solche durch Gemeinschaftsorgane nicht anzunehmen oder nicht wirksam sind, kann das Gemeinschaftsrecht sich zu seiner Durchsetzung des Eigeninteresses des begünstigten Marktbürgers bedienen: dieser kann sich auf das Gemeinschaftsrecht berufen, um den nach seinen Normen ihm gegenüber pflichtigen Marktbürger zur Pflichterfüllung anzuhalten. Im Rechtsstreit vor nationalen Gerichten können nämlich *gemeinschaftsrechtliche Verpflichtungen und Berechtigungen von Marktbürgern untereinander* Streitgegenstand sein. Auf diese Weise wird die Wirksamkeit des Gemeinschaftsrechts durch das Eigeninteresse von Marktbürgern aktiviert. Da Kontrollmechanismen der Gemeinschaftsorgane ohnehin nicht perfekt funktionieren, diese auch berechtigten Anlaß haben können, Tatbestände von Gemeinschaftsrecht-Verletzungen zu ignorieren oder jedenfalls nicht hoheitlich zu beanstanden und zu sanktionieren, bildet diese mögliche Mobilisierung marktbürgerlichen Eigeninteresses ein integrationsförderndes Mittel zur Durchsetzung des Gemeinschaftsrechts.

b) Das *nationale Recht* der Mitgliedstaaten kennt *Blankettnormen,* die durch pflichtbegründende Normen des Gemeinschaftsrechts ausgefüllt werden können. Das gilt für Regelungen, die — an Verbote, rechtswidriges Verhalten, Schutzgesetz-Verletzung anknüpfend — unterschiedliche Rechtsfolgen statuieren: Nichtigkeit von Rechtsgeschäften, Entstehung von Schadensersatzansprüchen, von Unterlassungsansprüchen, von Kontrahierungszwang. In diesem Bereich können die nationalen Gerichte die gemeinschafts-

[18] Zum folgenden: *Zuleeg,* Recht 189—209.

rechtliche Auffüllung nationaler Blankettnormen und ihre Sanktionierung kraft nationalen Rechts nicht mit der Begründung verweigern[19], das Gemeinschaftsrecht ermögliche die hoheitliche Kontrolle und Sanktionierung der pflichtbegründenden Gemeinschaftsnorm im Interesse des berechtigten Marktbürgers.

c) Soweit das Gemeinschaftsrecht selbst die horizontalen Wirkungen seiner Pflichtnormen im Verhältnis der Marktbürger zueinander *ausdrücklich und abschließend* regelt (wie in Art. 85 II EWGV, Art. 65 § 4 EGKSV: Nichtigkeit wettbewerbsbeschränkender Abreden) *oder* aber (so gemäß Art. 79 III EWGV i. Verb. mit Rats-VO v. 27. 6. 1960, ABl. 1121) privatrechtliche Wirkungen der gemeinschaftsrechtlichen Verbotsverletzung, also der Nichterfüllung der Pflicht, *ausdrücklich ausschließt,* kommt eine Durchführung des Gemeinschaftsrechts mit Hilfe des nationalen Rechts *nicht* in Betracht. Das kann sich, soweit das Gemeinschaftsrecht sich ausschweigt, auch aus Sinn und Zweck der gemeinschaftsrechtlichen Pflichtnorm ergeben. Das wird z. B. angenommen für Art. 60 § 2 EGKSV: aus der pflichtwidrigen Nichtveröffentlichung der Preistafeln und Verkaufsbedingungen erwachsen Käufern und Mitbewerbern weder Rechte aus Kontrahierungszwang noch Schadensersatzansprüche. Ebensowenig sind Vertragsschlüsse auf Grund der nichtveröffentlichten Tafeln nichtig.

d) Speziell im *Anwendungsbereich von Diskriminierungsverboten und Gleichbehandlungsgeboten* kann ihre Verletzung durch den Marktbürger, also die Nichterfüllung einer gemeinschaftsrechtlichen Pflicht gegenüber einem anderen Marktbürger, Rechtsfolgen haben, die das nationale Recht für die Erfüllung derartiger Tatbestände (Verletzung eines Schutzgesetzes: § 823 II BGB; Verletzung eines gesetzlichen Verbotes: § 134 BGB) vorsieht. Diese Folgen treten unabhängig davon ein, ob Gemeinschaftsorgane kraft ihrer Kontrollbefugnisse öffentlich-rechtliche Sanktionen herbeiführen *(30/10,11).* Die aus dem nationalen Recht letztlich zu ziehenden zivilrechtlichen Folgerungen kommen z. B. in Betracht für den Anwendungsbereich von Art. 7 EWGV nebst seinen Spezialisierungen sowie von Art. 46, 60 § 1, 70 I, II EGKSV.

[19] Anders: BGHZ 30, 74.

§ 43 RECHTSSCHUTZ

André, Beweisführung und Beweislast im Verfahren vor dem Europäischen Gerichtshof (1966); *André,* Zur Rechtskraft und Gestaltungswirkung der Urteile des Europäischen Gerichtshofs im Anfechtungsprozeß, EuR 1967, 97; *Auby-Fromont,* Untersuchung über den Rechtsschutz gegen Wirtschaftsverwaltungsakte im Recht der Mitgliedstaaten der Europäischen Wirtschaftsgemeinschaft, Kollektion „Studien" der Kommission, Reihe Wettbewerb — Rechtsangleichung Nr. 12 (1971); *Bandilla,* Das Klagrecht der Mitgliedstaaten der Europäischen Gemeinschaften gegen Durchgriffsakte (1965); *Basse,* Das Verhältnis zwischen der Gerichtsbarkeit des Gerichtshofs der Europäischen Gemeinschaften und der deutschen Zivilgerichtsbarkeit (1967); *Baumann,* Die Nachprüfungsbefugnis des Gerichtshofs der Europäischen Gemeinschaften gegenüber Würdigungen der wirtschaftlichen Gesamtlage durch die Exekutivorgane der Gemeinschaften, Diss. Hamburg (1965); *Bebr,* Judicial remedy of private parties against normative acts of the European Communities. The role of exception of illegality, CMLR 1966, 7; *Bebr,* Recours en annulation et en carence, DrCommEur Nr. 868; *Berri,* The special procedures before the Court, CMLR 1971, 5; *Bonifazi,* Sulle competenze a titolo pregiudiziale della Corte di Giustizia delle Comunità Europee, RivDirInt 1964, 573; *Brinkhorst-Schermers,* Judicial remedies in the European Communities. A case book (1969); *Catalano,* Les voies de recours ouvertes aux personnes physiques ou morales contre les actes non réglementaires de la Commission de la C. E. E., SEW 1965, 525; *Catalano,* La protection juridictionelle indirecte dans le système des Traités de Rome, RevTrimDrEur 1966, 371; *Chevallier,* Commentaire de l'article 177 du Traité C. E. E. à l'usage des juges et des justiciables français (1964); *Chevallier,* Compétence de la Cour de justice des Communautés européennes pour statuer en interprétation du droit communautaire sur renvoie par une juridiction nationale (1966); *Chevallier,* La procedure devant la Cour de Justice, DrCommEur Nr. 1089; *Cintura,* L'objectivisme juridique et la Cour de Luxembourg. Nécessité d'un ordre public communautaire, RevTrimDrEur 1970, 272; *Clever,* Ermessensmißbrauch und détournement de pouvoir nach dem Recht der Europäischen Gemeinschaften im Licht der Rechtsprechung ihres Gerichtshofes (1967); *Czasche,* Die Untätigkeitsklage vor dem Europäischen Gerichtshof (1969); *Däubler,* Erweiterung des Rechtsschutzes gegen EWG-Verordnungen durch Drittwiderspruchsklage, AWD 1966, 172; *Daig,* Die Gerichtsbarkeit in der Europäischen Wirtschaftsgemeinschaft und der Europäischen Atomgemeinschaft mit vergleichenden Hinweisen auf die Europäische Gemeinschaft für Kohle und Stahl, AöR 83 (1958) 132; *Daig,* Zum Klagerecht von Privatpersonen nach Art. 173 Abs. 2 EWG-, 146 Abs. 2 EAG-Vertrag, Fs Riese 187; *Degenhardt,* Die Auslegung und Berichtigung von Urteilen des Gerichtshofs der Europäischen Gemeinschaften (1969); *Donner,* Die Klagemöglichkeit privater Personen gegen Maßnahmen der Kommission, die an Mitgliedstaaten gerichtet sind, nach Art. 173 Abs. 2 EWG-Vertrag, Diss. Tübingen (1965); *Donner,* Les rapports entre la compétence de la Cour de Justice des Communautés européennes et les Tribunaux internes, Recueil des Cours 1965, 1; *Dumon,* Questions préjudicielles, DrCommEur Nr. 948; *Ehle,* Nichtigkeitsklage privater Personen nach dem EWG-Vertrag, NJW 1963, 2193; *Ehle,* Die einstweilige Anordnung nach dem EWG-Vertrag, AWD 1964, 39; *Ehle,* Klage- und Prozeßrecht des EWG-Vertrages mit Entscheidungssammlung (1966 ff., 2 Ordner); *Ferrière,* Le contrôle de la légalité des actes étatiques par la Cour de justice des Communautés européennes (1968); *Fromont,* L'influence du droit français et allemand sur les conditions de révocabilité du recours en annulation devant la Cour de Justice des Communautés Européennes, RevTrimDrEur 1966, 47; *Geisseler* und *Zweigert*, Empfiehlt es sich, Bestimmungen über den Rechtsschutz zu ändern?, in: Zehn Jahre Rechtsprechung des Gerichtshofs der Europäischen Gemeinschaften, KSE 1 (1965) 599, 580; *Goffin*, Recours en indemnité, DrCommEur Nr. 922; *Günther*, Die Präklusion neuer Angriffs-, Verteidigungs- und Beweismittel im Verfahren vor dem Gerichtshof der Europäischen Gemeinschaften, KSE 12 (1970); *Gutsche*, Die Bindungswirkung der Urteile in den Klagen vor dem gemeinsamen Gerichtshof der Europäischen Gemeinschaften, Diss. Göttingen (1967); *Hammes*, Gedanken zu Funktion und Verfahren des Gerichtshofs der Europäischen Gemeinschaften, EuR 1968, 1; *Hay*, Une approche politique de l'application de l'art. 177 du Traité CEE par les juridictions nationales, CahDrEur 1971, 503; *Hellner*, Das Vorlageverfahren der Europäischen Gemeinschaften gemäß Art. 41 EGKSV, 177 EWGV, 150 EAGV unter besonderer Berücksichtigung des innerstaatlichen Prozeßrechts der Mitgliedstaaten, Diss. Bonn (1965); *Holloway*, Are you satisfied with art. 177?, in: Symposium Europa (Europa-Kolleg Brügge, 1971) 229; *Individuele* rechtsbescherming in de Europese Gemeenschappen (1964); *Juillard*, Procédure des questions préjudicielles et renforcement du lien communautaire, RevTrimDrEur 1968, 293; *Kheitmi*, La fonction consultative de la Cour de Justice des Communautés Européennes, RevTrimDrEur 1967, 553; *Knöpfle*, Das Klagerecht Privater vor dem Gerichtshof der Europ. Gemeinschaften, NJW 1959, 553; *Kovar*, Le droit des personnes privées à obtenir devant la Cour des Communautés le respect par les Etats membres du droit communautaire, AnnFrDrInt 1966, 509; *Lagrange*, The European Court of Justice and national Courts. The theory of the acte clair: a bone of contention or a source of unity?, CMLR 1971, 313; *Lassalle*, L'application de l'art. 177 du Traité CEE par le Conseil d'État français, RivDirEur 1971, 193; *Martinez*, The nature and functionning of article 177 of the Rome Treaty, JCMSt 1966, 113; *Mashaw*, Ensuring the observance of law in the interpretation and application of the EEC Treaty. The role and functionning of the renvoi d'interprétation under article 177, CMLR 1970, 258, 423; *Matthies*, Zur Nachprüfungsbefugnis des Gerichtshofs der Montanunion, ZaöRVR 16 (1956) 427; *Meister*, Ermessensmißbrauch oder détournement de pouvoir als Fehlertatbestand der Nichtigkeitsklage des Montanvertrages, Diss. Würzburg (1969); *Monaco*, Les principes d'interprétation suivis par la Cour de Justice des Communautés Européennes, Fs Rolin 217; *Neri*, La protection des particuliers dans les Communautés européennes (1965); *Neri*, Le recours en annulation dans les Communautés Européennes; Rôle et limites, RevMC 1967, 452; *Pépy*, Les questions préjudicielles dans les Traités de Paris et de Rome et la jurisprudence de la Cour de Justice des Communautés européennes, CahDr Eur 1965, 194; *Pépy*, Le rôle des juridictions nationales dans l'application de l'article 177 et la jurisprudence de la Cour de Justice, CahDrEur 1966, 21; *Pépy*, Le rôle de la Cour de justice des Communautés européennes dans l'application de l'article 177 du Traité de Rome, CahDrEur 1966, 459; *Plouvier*, Le recours en révision devant la Cour de Justice des Communautés européennes, CahDrEur 1971, 428; *Reuter*, Le recours de la Cour de Justice des Communautés Européennes à des principes généraux de droit, Fs Rolin 263; *Riese*, Einheitliche Gerichtsbarkeit für vereinheitlichtes Recht?, RabelsZ 26 (1961) 604; *Riese*, Über den Rechtsschutz innerhalb der Europäischen Gemeinschaften, EuR 1968, 24; *Riese*, Das Sprachenproblem in der Praxis des Gerichtshofs der Europäischen Gemeinschaften, Fs Dölle 507; *Rietz*, Die Vorabentscheidung im Recht der Europäischen Gemeinschaften, Diss. Saarbrücken (1962); *Rodière*, L'art. 177 du Traité de Rome instituant la Communauté économique européenne et l'interprétation du Traité (1964); *Roemer*, Die Untätigkeitsklage im Recht der Europäischen Gemeinschaften, SEW 1966, 1; *Rupprecht*, Die Nachprüfungsbefugnis des Europäischen Gerichtshofs gegenüber Ermessenshandlungen der Exekutive in der Montanunion und der Europäischen Wirtschaftsgemeinschaft, Diss. Kiel (1962); *Schumann*, Das Verhältnis des deutschen Richters zum Gerichtshof der Europäischen Gemeinschaften, ZZP 78 (1965) 77; *von Simson*, Zur Kritik am Rechtsschutz in den Europäischen Gemeinschaften, DVBl. 1966, 653; *Socini*, La competenza pregiudiziale della Corte di giustizia delle Comunità europee (1967); *Strauß*, Der Gerichtshof der Europäischen Gemeinschaften und seine Rechtsprechung, in: Staat und Wirtschaft im nationalen und übernationalen Recht (1964) 203; *Tomuschat,* Die gerichtliche Vorabentscheidung nach den Verträgen über die Europäischen Gemeinschaften (1964); *Ule,* Empfiehlt es sich, die Bestimmungen des europäischen Gemeinschaftsrechts über den Rechtsschutz zu ändern und zu ergänzen?, Gutachten für den 46. DJT (1966); *Ule,* Der gerichtliche Rechtsschutz des einzelnen gegenüber der vollziehenden Gewalt in den Europäischen Gemeinschaften, in: Gerichtsschutz gegen die Exekutive, Beiträge zum ausl. öff. Recht und Völkerrecht 52 (1969) Bd. 2, 1193; *Valentine,* The Court of Justice of the European Communities, Bd. 1: Jurisdiction and procedure (1965); *Vandersanden,* Le recours en tierce opposition devant la Cour de Justice des Communautés européennes, CahDrEur 1969, 666; *Waelbroeck,* La notion d'acte susceptible de recours dans la jurisprudence de la Cour de Justice des Communautés européennes, CahDrEur 1965, 225; *Wall,* The Court of Justice of the European Communities, jurisdiction and procedure (1966); *Weber,* La preuve du détournement de pouvoir devant la Cour de Justice des Communautés européennes, RevTrimDrEur 1967, 507.

Der Gerichtshof der Europäischen Gemeinschaften — neben Versammlung, Rat und Kommission eines der vier Organe der Gemeinschaften — sichert die Wahrung des Rechts bei der Auslegung und Anwendung der Verträge. Seine Stellung innerhalb der Gesamtorganisation der Gemeinschaften ergibt sich aus dieser Aufgabe *(§§ 11, 15).* In ihrem Rahmen nimmt er auch seine Zuständigkeit wahr als *Verfassungsgericht* zur Entscheidung von Feststellungsklagen zwischen Rat, Kommission und Mitgliedstaaten wegen Verstoßes gegen Vertragsverpflichtungen *(9/64—78),* zwischen Mitgliedstaaten wegen Verstoßes gegen Vertragsverpflichtungen *(9/79—82)* und zwischen Rat und Kommission über die Rechtmäßigkeit ihres Handelns *(15/13).* Seine Hauptaufgabe zum Rechtsschutz des Marktbürgers erfüllt er in *verwaltungsgerichtlicher Zuständigkeit* und in seinen *Vorabentscheidungen auf Vorlage nationaler Gerichte.* Seine verfassungsgerichtliche Zuständigkeit kann auch im Interesse des Individualrechtsschutzes wirksam werden, wenn ein Mitgliedstaat sich ihrer zu diesem Zweck bedient *(43/44).*

I. Grundsätze für Zuständigkeit, Verfahren und Entscheidungsvollstreckung

1. Supranationaler Gerichtsschutz

1 Der Verwaltungsrechtsschutz des Marktbürgers gegen Akte vollziehender Gewalt von Rat oder Kommission, für den der Gerichtshof zuständig ist, unterscheidet sich grundsätzlich von der Aufgabe internationaler Gerichte[1]. Das erklärt sich aus der Supranationalität der Gemeinschaften und ihrer Eigenart, Rechtsbeziehungen nicht nur zwischen sich und den Mitgliedstaaten, sondern „im Durchgriff" auch unmittelbar zu den Marktbürgern herzustellen.

Der Rechtsschutz ist in dieser Weise, ausgehend vom Recht des EGKSV, ausgestaltet worden vornehmlich unter dem Einfluß des französischen, aber

[1] *Daig,* AöR 83 (1958) 150; *Ule,* DJT-Gutachten 66.

auch des deutschen Verwaltungsprozeßrechts. Die Römischen Verträge haben den Rechtsschutz gegen Einzelakte fortentwickelt, den gegenüber Rechtsvorschriften beseitigt. Seine Vereinheitlichung und Perfektionierung ist geboten und wiederholt mit Recht gefordert worden, insbesondere zur Erweiterung der Klagbefugnisse des Marktbürgers. Sie sollte ein Anliegen der Fusionierung der drei Gemeinschaften sein, nachdem die Fusionierung der Organe sie noch nicht zum Anlaß genommen hat.

2. *Aufgabe des Gerichtshofs*

2 Nach Art. 164 EWGV, 136 EAGV sichert der Gerichtshof die *Wahrung des Rechts bei der Auslegung und Anwendung der Verträge* (Art. 31 EGKSV: und der Durchführungsvorschriften, was selbstverständlich ist und in Art. 173 EWGV, Art. 146 EAGV für die Nichtigkeitsklage denn auch zusätzlich klargestellt bleibt)[2].

3 a) Danach obliegt dem Gerichtshof grundsätzlich die Prüfung der *Rechts*anwendung, die der Ermessenshandhabung nur unter dem Rechtsgesichtspunkt des *Ermessensmißbrauchs*. Soweit die Zuständigkeitsbestimmungen dies ausdrücklich zulassen, übt er ausnahmsweise auch Ermessenskontrolle. Die im deutschen Verwaltungsrecht so genannte „Ermessensüberschreitung" erfüllt regelmäßig die Voraussetzungen der Vertragsverletzung, damit zulässiger Rechtskontrolle. Ermessensmißbrauchskontrolle hat sich nach der Praxis des Gerichtshofs weitgehend als entbehrlich erwiesen[3], da sich seine Prüfungsbefugnisse im Rahmen anderer Klaggründe aus Rechtsgründen als zur Entscheidung ausreichend erwiesen.

Soweit der Gerichtshof Ermessen, darunter Zweckmäßigkeit oder Billigkeit des Organhandelns prüft und beurteilt, ist auch er der Beachtung und Verfolgung der Vertragsziele und dem Gleichbehandlungsgebot verpflichtet.

4 b) Die Rechtswahrungs-Aufgabe des Gerichtshofs setzt ihm Grenzen in der Wahrnehmung seiner Zuständigkeiten und in der Methode seiner Rechtsfindung. Wie der Vergleich des Art. 95 EGKSV in seinem dreistufig zulässigen Verfahren zur Vertragsfortbildung und -änderung mit dem zweistufigen Verfahren der Art. 235, 236 EWGV, 203, 204 EAGV erweist[4], ist auch der Gerichtshof außerstande, für sich autonom *neue Zuständigkeiten* in Anspruch zu nehmen. Indes obliegt ihm im Sinne aller richterlichen Funktion, durch Auslegung des Rechts zu seiner *Fortentwicklung* beizutragen. Dem ist er in seiner Rechtsprechung gerecht geworden.

5 c) Die Aufgabe, das *Recht* zu wahren, bezieht sich auf das *Gemeinschaftsrecht, nicht* auf das *nationale* Recht. Das gilt auch, wenn Art. 215 EWGV, 188 EAGV auf die allgemeinen Rechtsgrundsätze verweisen, die

---

[2] *Daig,* AöR 83 (1958) 150—154.

[3] *Clever,* Ermessensmißbrauch und détournement de pouvoir nach dem Recht der Europäischen Gemeinschaften 150; *Ule,* DJT-Gutachten 23.

[4] *Daig,* AöR 83 (1958) 152.

den Rechtsordnungen der Mitgliedstaaten gemeinsam sind. Denn diese werden durch solche Verweisung „vergemeinschaftet". Die häufige Klagberufung auf Grundrechte der mitgliedstaatlichen Verfassungen ist schon aus diesem Grunde verfehlt und deshalb vom Gerichtshof mit Recht nicht angenommen worden *(41/21)*. Im übrigen ergibt sich diese Folgerung auch aus dem Vorrang des Gemeinschaftsrechts vor nationalem Recht *(§ 10)*.

6 d) Daß der Gerichtshof in der Auslegung des Gemeinschaftsrechts spezifischen Methoden — und nicht den für die Spruchpraxis internationaler Gerichtshöfe zu völkerrechtlichen Verträgen entwickelten — folgt, erklärt und rechtfertigt sich aus der Besonderheit des Gemeinschaftsrechts *(5/71—82)*.

7 e) Die Zuständigkeit des Gerichtshofs ist im Verhältnis zur nationalen Gerichtsbarkeit eine *ausschließliche*. Das folgt aus Art. 183 EWGV, 155 EAGV. Soweit er nach den Verträgen zuständig ist, ist *allein er* zuständig, und soweit er danach keine Zuständigkeit besitzt, kann sie ihm — von Art. 181, 182 EWGV, 153, 154 EAGV, 42, 89 II EGKSV (auf Grund einer Schiedsklausel oder eines Schiedsvertrages) abgesehen — auch nicht übertragen werden. Indes sind die Gemeinschaften selbst grundsätzlich der nationalen Gerichtsbarkeit nicht entzogen (vgl. nur Art. 211 EWGV, 185 EAGV), soweit sich aus dem Protokoll über ihre Vorrechte und Immunitäten (Art. 1, 2) nichts anderes ergibt.

3. Gerichtliche Verfahrensgarantien

8 *Garantien* des Verfahrens als eines *gerichtlichen Verfahrens* im übereinstimmenden Verfassungsverständnis aller Mitgliedstaaten ergeben sich aus der Stellung der Richter des Gerichtshofs, seiner normierten Entscheidungszuständigkeit und bestimmten Verfahrensregeln[5].

9 a) Die *sachliche und persönliche Unabhängigkeit der Richter* beruht auf der Stellung des Gerichtshofs im Verhältnis zu den anderen Gemeinschaftsorganen und ihren Auswahlvoraussetzungen. Daß sie von den Regierungen und nur auf Zeit ernannt werden, erfüllt nicht die höchsten Anforderungen und sollte de lege ferenda überdacht werden, obwohl bislang Unabhängigkeitszweifel nicht aufgekommen sind[6]. Ihre Unparteilichkeit ist durch Inkompatibilitätsvorschriften (Art. 4 der Satzungen), ihre etwaige Ausschließung vom Richteramt oder Selbstablehnung und (zulässige) Ablehnung durch eine Partei ebenfalls (Art. 16 EWG- und EAG-Satzung, Art. 19 EGKS-Satzung) gewährleistet.

10 b) Da der Gerichtshof regelmäßig als Plenum (anders in der erweiterten Zehnergemeinschaft, Art. 20 BeitrA) entscheidet und seine Kammerzuständigkeit für Personalprozesse jährlich festgelegt wird, ist das *Prinzip des gesetzlichen Richters* gewahrt.

[5] *Ule*, in: Gerichtsschutz gegen die Exekutive, Beiträge z. ausl. öff. Recht u. Völkerrecht 52 (1969) Bd. 2, 1193—1198.

[6] *Ule*, DJT-Gutachten 125.

11 c) Das *rechtliche Gehör der Parteien* ist nach der einschlägigen Rechtsprechung des Gerichtshofs, der in seiner Gewährleistung einen elementaren Rechtsgrundsatz erblickt[7], präziser gesichert als nach positiven Verfahrensregeln (Art. 47 § 2 II, 46 § 3, 54 Verfahrensordnung), die von ihr ausgehen. Er ist nicht ausdrücklich verpflichtet, die Streitsache mit den Parteien tatsächlich und rechtlich zu erörtern. Er pflegt nach seiner Übung ein Rechtsgespräch auch nicht oder nur sehr beschränkt zu führen, sondern verfährt überwiegend als schweigendes Gericht[8]. Das erfüllt nicht immer alle Anforderungen rechtsstaatlichen Verfahrens in befriedigender Weise.

12 d) Der Gerichtshof unterliegt keinen ausdrücklichen Fristbindungen zur Prozeßerledigung. Der Konzentrationsgrundsatz des Art. 42 § 2 I VerfO wirkt aber in diesem Sinne: danach können neue Angriffs- oder Verteidigungsmittel, die nicht in Klagschrift oder Klagbeantwortung enthalten sind, grundsätzlich im weiteren Verfahren nicht mehr vorgebracht werden. Neue Beweismittel können bei Begründung der Verspätung vorgebracht, neue Angriffs- und Verteidigungsmittel nach Ermessen des Gerichts zugelassen werden. Es wird allerdings nicht großzügig gehandhabt. Derartige Ausschlußwirkungen des Konzentrationsverfahrens und die (französischem Prozeßrecht entnommene) strenge Trennung des Verfahrens in einen schriftlichen Teil (mit kurz bemessener Terminierung zum schriftlichen Vorbringen ausschließlich in Klage, Klagbeantwortung, Replik und Duplik) und die mündliche Verhandlung können darin unerfahrenen deutschen Prozeßbeteiligten Schwierigkeiten bereiten.

Das gilt auch für die Verfahrensbeteiligung des *Generalanwalts* (Art. 166, 167 EWGV, 138, 139 EAGV, Art. 32 a, b EGKSV). Ihm obliegt, in völliger Unparteilichkeit und Unabhängigkeit begründete Schlußanträge zu den dem Gerichtshof unterbreiteten Rechtssachen in öffentlicher Sitzung zu stellen, um ihn bei der Erfüllung seiner Aufgabe zu unterstützen *(15/7)*. Denn nicht selten zielen seine Schlußanträge auf weitere Aufklärung zur Sachlage, die die Parteien überraschen mögen. Damit können Fragen berührt werden, die auch nach dem Vorbericht des Berichterstatters vor der mündlichen Verhandlung und seiner Einlassung zu Beweiserhebungsfragen (zu der die Parteien sich nicht zu äußern vermögen) noch nicht aufgeworfen waren.

13 e) Im Verfahren genießen beide Parteien *prozessuale Gleichberechtigung*. Sie wird für arme Parteien durch mögliche Bewilligung des Armenrechts gewährleistet. Dieses kann ohne den sonst geltenden *Anwaltszwang* beantragt werden (§ 76 §§ 1, 2 VerfO, Art. 4 f. der zusätzlichen VerfO; Art. 17 II EWG- und EAG-Satzung, Art. 20 II EGKS-Satzung).

[7] EuGH Rs 42 u. 49/59 Rspr. VII, 114: „Es würde gegen elementare Rechtsgrundsätze verstoßen, eine gerichtliche Entscheidung auf Tatsachen und Urkunden zu gründen, von denen die Parteien oder auch nur eine der Parteien keine Kenntnis nehmen und zu denen sie daher auch nicht Stellung nehmen konnten."

[8] *Zweigert,* in: Zehn Jahre Rechtsprechung des Gerichtshofs der Europäischen Gemeinschaften, KSE 1 (1965) 587.

14 f) Die *Verfahrenssprache* — eine der Amtssprachen des Gerichtshofs — wird grundsätzlich vom Kläger bestimmt, dem die Wahl zusteht (Art. 29 §§ 1, 2 VerfO); im Vorlageverfahren ist sie diejenige des vorlegenden Gerichts.

4. *Prozeßgrundsätze*

15 Die für das Verfahren vor dem Gerichtshof geltenden *Prozeßgrundsätze* ergeben sich im übrigen aus seiner Verfahrensordnung[9].

16 a) Der Gerichtshof ermittelt den Sachverhalt, der seiner Entscheidung zugrunde liegen wird, ohne ausdrückliche Bindung an den Untersuchungs- oder Verhandlungsgrundsatz überwiegend *von Amts wegen* ohne Bindung an Vorbringen oder Beweisanträge der Parteien. Die Anwendung des Untersuchungsgrundsatzes wird indes eingeschränkt durch den das Verfahren bestimmenden Konzentrationsgrundsatz, der verspätete Angriffs- und Verteidigungsmittel grundsätzlich ausschließt[10]. Auch die Zulassung von Versäumnisurteilen gegen den Beklagten schränkt den Untersuchungsgrundsatz ein, hat indes bislang praktisch keine Bedeutung gewonnen. Soweit der Gerichtshof nach ausdrücklicher Verfahrensregelung bestimmte Fragen von Amts wegen zu prüfen hat, wird dadurch die Herrschaft des Untersuchungsgrundsatzes bestätigt. Das gilt nach Art. 92 VerfO für die Prüfung der Sachurteilsvoraussetzungen, z. B. seiner Zuständigkeit und der Zulässigkeit der Klage. In der Nachprüfung der Nichtigkeitsgründe bei einer Nichtigkeitsklage neigt er dazu, Zuständigkeits-, Form- und Verfahrensmängeln ohne Rücksicht auf den Parteivortrag nachzugehen, materiell-rechtlichen Nichtigkeitsgründen dagegen von Amts wegen nicht.

17 b) Für die Frage, in wessen Hand der Prozeßbetrieb liegt, hat sich das Verfahrensrecht des Gerichtshofs für den *Amtsbetrieb* entschieden. Er gilt z. B. für Zustellungen, Ladungen und Terminbestimmungen.

18 c) In der Frage, ob die Parteien Herren des Streitgegenstandes und damit über das Ganze des Verfahrens sind, hat sich das Verfahrensrecht für eine Art Offizialprinzip, den *Verfügungsgrundsatz* — und damit gegen den Verhandlungsgrundsatz — entschieden. So ist insbes. die Klageänderung ausgeschlossen, während die Klagerücknahme zugelassen ist (Art. 78 VerfO), dies indes nicht zur außergerichtlichen Einigung der Parteien über Streitfragen aus Nichtigkeits- und Untätigkeitsklagen, da insoweit ein allgemeines Interesse an gerichtlicher Entscheidung angenommen wird.

19 d) Das Verfahren des Gerichtshofs folgt den Grundsätzen der *Mündlichkeit, Unmittelbarkeit und Öffentlichkeit* (Art. 54 I VerfO; Art. 28 EWG-Satzung, Art. 29 EAG-Satzung, Art. 26 EGKS-Satzung). Beweis-

[9] Hierüber: *Ule*, DJT-Gutachten 66—83.

[10] Vgl. hierzu: *Günther*, Die Präklusion neuer Angriffs-, Verteidigungs- und Beweismittel.

aufnahmen können auch vor einer Kammer des Gerichtshofs oder dem Berichterstatter stattfinden (Art. 44 § 2, 45 § 3 VerfO).

20 e) Beweiswürdigungsregeln enthält das Verfahrensrecht des Gerichtshofs nicht. Deshalb ist vom *Grundsatz der freien Beweiswürdigung* auszugehen.

5. *Vollstreckung*[11]

21 Urteile des Gerichtshofs sind *vollstreckbare Titel.* Ihre Zwangsvollstreckung findet nach den Vorschriften des Zivilprozeßrechts (Art. 187, 192 EWGV, 159, 164 EAGV; 44, 92 EKGSV: des Verfahrensrechts) des Staates statt, in dessen Hoheitsgebiet sie erfolgt. Das gilt indes nur für Urteile, die eine Zahlung auferlegen (und nicht für solche, die hierzu Mitgliedstaaten verpflichten). Urteile auf Nichtigkeits- oder Untätigkeitsklagen sind also nur hinsichtlich der Kosten vollstreckbar.

II. Klagearten

1. Überblick

22 Der Marktbürger findet vor dem Gerichtshof gerichtlichen Rechtsschutz gegenüber der öffentlichen Gemeinschaftsgewalt, die durch ihre Maßnahme unter Verletzung des Rechts ihm gegenüber eine Pflicht geltend macht oder ein Recht verweigert, die unter Rechtsverletzung eine Maßnahme unterläßt oder die ihm durch rechtswidrige Vornahme oder Unterlassung einer Maßnahme Schaden zufügt. Dem Marktbürger stehen hierfür die Nichtigkeits-, die Untätigkeits- und die Amtshaftungsklage zur Verfügung.

23 a) Von ihnen hat, wie die Erfahrung der Praxis lehrt, die *Nichtigkeitsklage* die größte Bedeutung. Sie ist, da sie auf Nichtigerklärung der angefochtenen Handlung gerichtet ist, eine Anfechtungsklage. Für ihre Zulässigkeit müssen bestimmte Voraussetzungen der Betroffenheit des Marktbürgers erfüllt sein, die — insbes. auch nach der Rechtsprechung des Gerichtshofs hierzu — den Rechtsschutz eingrenzen. Eingrenzung seines Rechtsschutzes liegt auch darin, daß der Marktbürger — anders als ein Mitgliedstaat oder ein Gemeinschaftsorgan — selbst und unmittelbar Rechts*normen,* d. h. Verordnungen und allgemeine Entscheidungen, nicht anfechten kann *(43/44).* Indes vermag er mit der Anfechtungsklage gegen einen Einzelakt die incidente Nachprüfung der Norm, auf die dieser gestützt wird, mit der Wirkung herbeizuführen, daß diese bei Fehlerhaftigkeit als Rechtsgrundlage des angefochtenen Einzelaktes unangewendet bleibt und der danach ohne Rechtsgrundlage, d. h. rechtswidrig ergangene Einzelakt für nichtig erklärt wird. Dieser incident wirksame Rechtsschutz kraft Rechtswidrigkeitseinrede kann die Begrenzung der Klagbefugnis des Marktbürgers teilweise ausgleichen *(43/45—47).*

[11] *Ule,* DJT-Gutachten 103—105.

24 b) Da ein System gerichtlichen Rechtsschutzes unvollkommen bleibt, das nur gegen positives Tun, nicht auch gegen rechtswidriges Unterlassen der öffentlichen Gewalt wirksam ist, hat das Gemeinschaftsrecht von Beginn an auch die *Untätigkeitsklage* zugelassen.

25 c) Die auf *Amtshaftung*, d. h. Gemeinschaftshaftung gerichtete *Schadensersatzklage* zielt auf Wiedergutmachung des Schadens durch Gewährung einer Entschädigung *(§ 27)*.

26 d) Nach Art. 185 EWGV, 39 I, II EGKSV haben Klagen grundsätzlich (anders als nach deutschem Recht) *keine aufschiebende Wirkung*. Der Gerichtshof kann aber, wenn er es nach den Umständen für nötig hält, die Durchführung der angefochtenen Handlung aussetzen. Nach Art. 157 EAGV ist, abweichend hiervon, für Klagen gegen Organakte Suspensiveffekt vorgesehen, soweit der Vertrag dies ausdrücklich anordnet.

27 e) Nach Art. 186 EWGV, 158 EAGV, 39 III EGKSV kann der Gerichtshof in den bei ihm anhängigen Sachen die erforderlichen *einstweiligen Anordnungen* treffen. Es bedarf hierzu des Parteiantrages. Die Anordnung darf der Entscheidung in der Hauptsache nicht vorgreifen.

28 f) Da der Gerichtshof stets in erster und letzter Instanz entscheidet, kennt sein Recht *keine Rechtsmittel*. Ob sich die Einführung einer zweitinstanzlichen Gerichtsbarkeit empfiehlt, um einer zweiten Instanz die Entscheidung von Rechtsfragen vorzubehalten, ist de lege ferenda erwogen worden und umstritten[12].

2. *Nichtigkeits-(Anfechtungs-)klage*

29 a) Diese Klage ist zulässig gegen individuelle Entscheidungen und Empfehlungen i. S. des Art. 14 II, III EGKSV (also nicht gegen die dort genannten unverbindlichen Stellungnahmen) sowie gegen Entscheidungen i. S. der Art. 189 IV EWGV, 161 IV EAGV (also ebenfalls nicht gegen die in Art. 189 V EWGV, 161 V EAGV genannten unverbindlichen Empfehlungen und Stellungnahmen). Das ergibt sich aus Art. 33 II EGKSV, 173 II EWGV, 146 II EAGV. Allgemeine Entscheidungen i. S. von Art. 14 II EGKSV und die ihnen entsprechenden Verordnungen der Art. 189 II EWGV, 161 II EAGV sind als Rechts*normen* für den klagenden Marktbürger unmittelbar *nicht* angreifbar *(43/44)*.

Sachurteils- und Zulässigkeitsvoraussetzung der Nichtigkeitsklage ist also primär, daß es sich bei der anzufechtenden Handlung um einen rechtliche Verbindlichkeit beanspruchenden Akt zur Regelung eines Einzelfalles handelt. Das ist seinem Inhalt, nicht seiner Formgebung zu entnehmen. Ausdrückliche Bestätigung hierfür sind Art. 173 II EWGV, 146 II EAGV: die Klage kann danach auch gegen diejenigen Entscheidungen erhoben werden,

---

[12] *Zweigert* KSE 1 (1965) 585; *Geisseler* ebenda 602.

„die, obwohl sie als Verordnungen oder als eine an eine andere Person gerichtete Entscheidung ergangen sind, sie unmittelbar und individuell betreffen".

30 b) Wer unter den Marktbürgern *Klagbefugnis* besitzt, bestimmt sich im EGKSV-Bereich nach der Art der Marktteilnahme als Unternehmen oder Verband, im Bereich der Römischen Verträge ohne Rücksicht hierauf allein nach der Betroffenheit.

aa) Nach Art. 33 II EGKSV sind klagbefugt Unternehmen (Art. 80) und Verbände (Art. 48: Unternehmenszusammenschlüsse). Unternehmen sind danach Kohle- und Stahlproduzenten, im Anwendungsbereich der Art. 65, 66 Großhandelsunternehmen.

bb) Nach Art. 173 II EWGV, 164 II EAGV kann jede natürliche oder juristische Person zur Klage befugt sein.

31 c) Personale Klagbefugnis kann wahrnehmen, wer Adressat des Aktes oder in ihm bezeichnet ist, obwohl er nicht an ihn adressiert wurde (Art. 189 IV EWGV, 161 IV EAGV). In dieser Adressiertheit oder Bezeichnung liegt die Kennzeichnung des Marktbürgers als desjenigen, der durch den Akt betroffen ist. Fehlt es hieran, ist die Entscheidung insbesondere als Verordnung bezeichnet (und infolgedessen weder adressiert noch nach Betroffenen bezeichnet) oder aber an eine andere Person (als den Kläger) gerichtet, setzt seine Klagbefugnis voraus, daß er durch sie unmittelbar und individuell betroffen ist. Hierzu bedarf es also in Ermangelung äußerer Kennzeichnung des Nachweises materieller Betroffenheit i. S. der Unmittelbarkeit und der Individualität dieser Wirkung.

aa) *Unmittelbarkeit* der Entscheidungswirkung liegt dann vor, wenn es zur Auslösung der Entscheidungswirkungen gegenüber dem Marktbürger mitgliedstaatlicher Vollziehung nicht mehr bedarf oder diese sich ohne Möglichkeit gestaltender Ermessenshandhabung im technischen Vollzug erschöpft — was nicht engherzig begriffen werden sollte[13].

bb) *Individuelle Betroffenheit* setzt Allein- oder besonders schwere Betroffenheit des Klägers in seiner Besonderheit innerhalb einer Gruppe voraus.

cc) Da die Rechtsprechung des Gerichtshofs intensiver auf das Merkmal individueller Betroffenheit als auf das der Unmittelbarkeit abstellt und diese unerörtert läßt, wenn es an jener fehlt, kommt dem Individualitätsmerkmal vorrangige Bedeutung zu. Es wird dann angenommen, „wenn die Entscheidung den Kläger wegen bestimmter persönlicher Eigenschaften oder besonderer, ihn aus dem Kreis aller übrigen Personen heraushebender Umstände berührt und ihn daher in ähnlicher Weise individualisiert wie den Adressaten"[14]. Da hiernach die Klagbefugnis auch in Grenzfällen versagt werden kann, in denen die Verweisung auf Rechtsverfolgung vor nationalen Gerichten mit der Möglichkeit eines Vorabentscheidungsverfahrens vor dem

[13] *Daig*, AöR 83 (1958) 172.
[14] EuGH Rs 38/64 Rspr. XI, 277, 284.

Gerichtshof nicht befriedigt, sprechen rechtsstaatliche Gründe de lege ferenda für den Verzicht auf die Voraussetzungen unmittelbarer und individueller Betroffenheit[15]. Auch das deutsche Verwaltungsprozeßrecht kennt sie nicht. Betroffenheit in rechtlich geschützten Interessen reicht hier aus und genügt zur Ausschaltung von Popularklagbefugnissen.

32 d) Die *Klagfrist* beträgt nach Art. 33 III EGKSV einen Monat, nach Art. 173 III EWGV, 146 III EAGV zwei Monate seit Zustellung (Bekanntgabe) oder Kenntniserlangung. Da das Gemeinschaftsrecht ein Verwaltungsvor-(Widerspruchs-)verfahren vor Klagerhebung nicht kennt, spricht das Rechtsschutzinteresse der Betroffenen de lege ferenda für eine einheitliche Zweimonats-Klagfrist.

33 e) Das Gemeinschaftsrecht läßt einheitlich (nach dem Vorbild des französischen Rechts) *vier Rügen als Klaggründe* (sog. moyens) zu. *Insgesamt* umfassen sie die dem deutschen Verwaltungsprozeßrecht geläufige Klagevoraussetzung der *Rechtswidrigkeit.* Das wird durch die formalistische Enumeration der Klaggründe verdeckt, kann andererseits zur Gliederung der Klagbegründung nützlich sein. Deshalb wird in der Praxis in der Regel auch danach verfahren, und der Gerichtshof pflegt danach seine Urteilsbegründungen zu disponieren. Daß Art. 33 II EGKSV die dort begrenzt zugelassene Klagbefugnis gegen allgemeine Entscheidungen auf dem Klaggrund des Ermessensmißbrauchs beschränkt (was Art. 173 II EWGV, 146 II EAGV verständlicherweise nicht voraussetzen), sollte de lege ferenda behoben werden.

34 aa) *Unzuständigkeit*[16] ist fehlende Handlungsbefugnis des Gemeinschaftsorgans oder der Gemeinschaft selbst. Unzuständig ist ein Gemeinschaftsorgan zur Anwendung gerade der mit der Klage angefochtenen Art der Rechtshandlung auch dann, wenn das Vertragsrecht eine andere ausdrücklich vorschreibt. Unzuständigkeit liegt auch bei Zuständigkeitsüberschreitung vor.

35 bb) *Verletzung wesentlicher Formvorschriften* kann sich aus Gemeinschaftsrecht jeder Stufe ergeben, auch aus den für die Organe maßgeblichen Geschäftsordnungen. Zu ihnen zählen Nichtbeachtung der Willensbildungsregeln (Mehrheitserfordernisse, Beschlußfähigkeit), der Regeln über Begründung, Veröffentlichung, Zustellung, Beteiligung, Sprachenregelung. Die Grenze zwischen Form- und Verfahrensregeln ist flüssig, z. T. auch die zu Vertragsregeln, die ihrerseits eben solche der Form und des Verfahrens sein können. Die Differenzierung ist rechtlich ohne Belang, da ihre Verletzung jedenfalls durch *einen* der einschlägigen Klaggründe gedeckt wird.

36 cc) Klaggrund ist auch die *Verletzung des Vertrages,* also bindender Vorschriften der Verträge selbst, der zu ihnen ergangenen Protokolle, Durchführungsabkommen, Satzungen und des Sekundärrechts, nämlich der bei ihrer Durchführung anzuwendenden Rechtsnormen. Soweit die Gemein-

---

[15] *Ule,* DJT-Gutachten 21.
[16] *Wohlfarth* u. a. Komm. 6—9 zu Art. 173.

schaftsorgane anerkanntermaßen und insbesondere nach der Rechtsprechung des Gerichtshofs auch ungeschriebenen Rechtsgrundsätzen verpflichtet sind, kann auch ihre Verletzung gerügt werden.

37 dd) Der *Klaggrund des Ermessensmißbrauchs* ist — im Sinne des französischen Rechts des détournement de pouvoir — nicht nur als zweckfremde Befugnisanwendung, sondern auch als Ermessensüberschreitung und Ermessensfehlgebrauch i. S. des deutschen Verwaltungsprozeßrechts zu begreifen. Die Eingrenzung dieses Klaggrundes kann erheblich sein für die Bemessung der dem Gerichtshof zustehenden Nachprüfungsbefugnis, die i. d. R. eine Ermessenskontrolle nicht zuläßt *(43/38)*[17].

38 f) Art. 33 I 2 EGKSV hat es unternommen, in der Begrenzung der Nachprüfungsbefugnis des Gerichtshofs gegenüber wirtschaftspolitischen Maßnahmen einen Bereich nicht justiziablen, politischen Handlungsraums der Exekutive zu bestimmen, nämlich den exekutiver Würdigung der Gesamtlage, die sich aus den wirtschaftlichen Tatsachen oder Umständen ergibt und die ihrerseits zu der angefochtenen Rechtshandlung geführt hat. Nur insoweit, als die Kommission hierbei ihr Ermessen *mißbraucht* oder das Gemeinschaftsrecht *offensichtlich* verkannt hat, darf die Nachprüfung des Gerichtshofs sich auf die Kontrolle auch dieser Handlungen erstrecken.

Dieser normative Versuch der Bestimmung eines gerichtsfreien politischen Handlungsraums der Exekutive ist von den Römischen Verträgen nicht wiederholt worden. Da der Gerichtshof grundsätzlich auf die Aufgabe der Rechtswahrung verwiesen ist und Ermessenskontrolle auch nach den Römischen Verträgen die Ausnahme, nicht die Regel bildet, verbleibt es gleichwohl jedenfalls dabei, daß er die wirtschaftliche „ensemble"-Würdigung der Kommission nicht immer und schlechthin ignorieren und ihr die seinige substituieren darf. Denn wirtschaftliche Gesamtwürdigung ist und bleibt ein regelmäßig nicht nachvollziehbarer Vorgang wirtschaftspolitischer Einschätzung und Entschließung, der als solcher keinen Vorgang der Rechtsanwendung bildet[18]. Andererseits wird die Grenze zur Rechtsanwendung überschritten und ihre Wahrung nachprüfbar, wenn die Kommission dabei unbestimmte Rechtsbegriffe offensichtlich verkennt oder jene Grenze in vorwerfbarer Weise, d. h. schuldhaft außer acht läßt[19].

In drei Entscheidungen hat der Gerichtshof die Tragweite dieser Nachprüfungsbegrenzung erwogen[20]. Da in allen Fällen offensichtliche Verkennung der Rechts-

[17] *Daig*, AöR 83 (1958) 150, 174, 184.

[18] Zu dieser Problematik allgemein zuletzt: *Herb. Krüger*, Die verfassungsgerichtliche Beurteilung wirtschaftspolitischer Entscheidungen, DÖV 1971, 289; ferner: *Hoffmann* und *Seidl-Hohenveldern*, Die Grenzen rechtlicher Streiterledigung im Völkerrecht und in Internationalen Organisationen, BerDtGesVöR 9 (1969), insbes. 25—28 sowie die Diskussion 123, 145 *(Scheuner)*, 127, 135 *(Ophüls)*.

[19] Dazu: *Ule*, DJT-Gutachten 24, 97—99 mit Nachweisen aus der Rechtsprechung; *Matthies* ZaöRVR 16 (1956) 427.

[20] EuGH Rs 6/54 Rspr. I, 213; Rs 15 u. 29/59 Rspr. VI, 9; Rs 36—38 und 40/59 Rspr. VI, 885.

lage und Ermessensmißbrauch zu verneinen waren, blieb die exekutive Gesamtwürdigung unüberprüft.

39 g) Die erfolgreiche Nichtigkeitsklage führt zur Nichtigerklärung der angefochtenen Rechtshandlung ex tunc, ohne zugleich die vom beklagten Organ nach dem Urteil (und seinen Gründen) zu treffenden Maßnahmen zu ersetzen. Dies zu tun, obliegt dem Gemeinschaftsorgan (Art. 176 I EWGV, 149 I EAGV, 34 EGKSV). Seine Pflicht zur Schadensersatzleistung besteht unabhängig hiervon.

3. *Untätigkeitsklage*

40 Die — in den Verträgen nicht so benannte — *Untätigkeitsklage*[21] bietet Rechtsschutz gegen Untätigkeit der Gemeinschaftsorgane, wenn sie zur Tätigkeit rechtlich verpflichtet sind. Dieses Rechtsinstitut hat im EGKSV eine von den Römischen Verträgen in Einzelzügen abweichende Regelung gefunden.

a) Art. 35 EGKSV läßt eine Art Nichtigkeitsklage zu, wenn die nach Art. 33 II EGKSV klagebefugten Unternehmen oder Verbände die Kommission „damit befassen"[22], eine ihnen pflichtgemäß obliegende Entscheidung oder Empfehlung zu erlassen. Die Klage ist zulässig binnen Monatsfrist und richtet sich gegen die dem zweimonatigen Schweigen der Kommission zu entnehmende ablehnende Entscheidung. Entsprechendes gilt bei ermessensmißbräuchlicher Unterlassung von Ermessensakten gleicher Art. Die Klage zielt also auf Nichtigerklärung eines fingierten Ablehnungsaktes, nicht auf Vornahmeverpflichtung. Indes hat das Urteil für das beklagte Organ verpflichtende Wirkung. Ihre Sanktionierung liegt in der etwaigen Verpflichtung zum Schadensersatz.

b) Nach Art. 175 III EWGV, 148 III EAGV kann jede natürliche oder juristische Person vor dem Gerichtshof „Beschwerde darüber führen", daß ein Gemeinschaftsorgan es unter Vertragsverletzung unterlassen hat, einen verbindlichen Rechtsakt an sie zu richten. Die Beschwerdeführung in Form der Klagerhebung setzt voraus, daß das Organ zum Tätigwerden aufgefordert worden war. Die Klage kann binnen zwei Monaten erhoben werden, wenn das Organ binnen zwei Monaten nach Aufforderung nicht Stellung genommen hat. Die Klage stellt eine Feststellungsklage dar. Damit erübrigt sich die Fiktion einer Ablehnungsentscheidung i. S. des Art. 35 III EGKSV. Urteilswirkung und -folgen entsprechen denen des EGKSV-Verfahrens (vgl. Art. 176 I, II EWGV, 149 I, II EAGV).

---

[21] *Ule,* DJT-Gutachten 26—31; *Daig,* AöR 83 (1958) 177—180.

[22] Zur Frist für die Befassung vgl. EuGH Rs 59/70 Rspr. XVII, 639 = EuR 1972, 47.

4. *Besondere Klagearten*

41 Das Gemeinschaftsrecht stellt dem Marktbürger in besonderen Fällen *besondere Klagearten*[23] zur Verfügung, die ihrer Natur nach ebenfalls Anfechtungs- oder Untätigkeitsklagen darstellen und insgesamt unbeschränkte Ermessensnachprüfung ermöglichen.

42 a) In dieser Weise können *Zwangsmaßnahmen* angefochten werden, nämlich finanzielle Sanktionen und die Feststellung von Zwangsgeldern. Der Gerichtshof ist zur Aufhebung ihrer Festsetzung und auch zu ihrer anderweitigen Festsetzung befugt (Art. 172 EWGV, 144 EAGV, 36 II EGKSV). Dabei kann mit der Klage zwar die Rechtswidrigkeit, d. h. die Nichtigkeit der die Zwangsmaßnahme stützenden Norm geltend gemacht und vom Gerichtshof incidenter geprüft werden, nicht aber die des unanfechtbaren Rechtsaktes selbst, dessen Durchsetzung die Zwangsmaßnahme dient.

43 b) Nach Art. 12 IV i. Verb. mit Art. 144 a EAGV kann ein Lizenznehmer mit einer Gestaltungsklage beim Gerichtshof die Festsetzung angemessener Bedingungen für die *Lizenzerteilung* durch die Kommission beantragen. Er setzt anstelle der Kommission die ihm angemessen erscheinenden Bedingungen fest.

III. Normenkontrolle

44 Anders als das deutsche Recht (mit der Verfassungsbeschwerde gegen Gesetze und der nach § 47 VwGO zulässigen abstrakten Normenkontrolle der Landesrechte) kennt das Gemeinschaftsrecht allgemein *keine abstrakte Normenkontrolle*[24] als Mittel des gerichtlichen *Individual*rechtsschutzes. Sie steht nur Mitgliedstaaten, Rat und Kommission zu. Lediglich Art. 33 II EGKSV befugt solche Unternehmen und Verbände i. S. des Art. 48 zur Nichtigkeitsklage, die durch die Anwendung einer allgemeinen Entscheidung oder Empfehlung einen Nachteil erlitten oder in absehbarer Zeit zu erwarten haben. Diese Klagbefugnis ist aber an die Voraussetzung gebunden, daß der Rechtsakt dem Kläger gegenüber einen Ermessensmißbrauch darstellt, was er durch schlüssige Begründung darzutun hat. Andere Klaggründe sind hierfür nicht zugelassen. Die Rechtsprechung des Gerichtshofs[25] hat den Ausnahmecharakter dieses Rechtsmittels durch seine Auslegung des Art. 33 II EGKSV unterstrichen. Die Römischen Verträge haben gänzlich davon Abstand genommen, es zuzulassen. Diese Reduzierung des Individualrechtsschutzes ist mit Recht beanstandet worden[26]. Sie sollte de lege ferenda behoben werden.

---

[23] *Ule*, DJT-Gutachten 36—42; *Daig*, AöR 83 (1958) 184—188.
[24] *Ule*, DJT-Gutachten 51—65.
[25] EuGH Rs 8/55 Rspr. II, 226; Rs 9/55 Rspr. II, 366.
[26] *Ule*, DJT Gutachten 57; *Geisseler* KSE 1 (1965) 600.

Normenkontrolle mit dem Zweck des Individualrechtsschutzes findet also nur *incidenter* als sog. *konkrete Normenkontrolle* statt, indem der wegen eines Einzelaktes mit der Nichtigkeitsklage angerufene Gerichtshof die diesen Akt tragende Norm auf ihre Gültigkeit hin nachprüft.

Daß der Mitgliedstaat eines betroffenen Marktbürgers ein abstraktes Normenkontrollverfahren beantragen kann, vermittelt ihm keinen Individualrechtsschutz. Denn der einzelne hat keinen Anspruch auf Klageerhebung seines Staates, zumal die Schutzpflicht des Staates gegenüber seinen Staatsangehörigen mit staatlichen Interessen kollidieren und eine Klagepflicht der BRD auch nicht aus Art. 19 IV GG hergeleitet werden kann[27].

1. *Incidente Normenkontrolle*

45 Die *incidente (konkrete) Normenkontrolle,* die dem deutschen Rechtsschutzsystem nicht erst seit Art. 100 I GG selbstverständlich geworden ist, war innerhalb des Gemeinschaftsrechts positiv und ausdrücklich zuerst nur in Art. 36 III EGKSV anerkannt worden. Danach kann in einer Klage gegen die Festsetzung finanzieller Sanktionen und von Zwangsgeldern gemäß Art. 33 I geltend gemacht werden, daß die wegen Nichtbefolgung derart sanktionierten Normen fehlerhaft sind. Der Gerichtshof hat in seiner Judikatur[28] indes alsbald anerkannt, daß der dem Art. 36 III zugrunde liegende Rechtsgedanke *allgemein* anzuwenden ist. Art. 184 EWGV, 156 EAGV haben ihm dann positiv Ausdruck gegeben: „Ungeachtet des Ablaufs der in Artikel 173 Absatz 3 (EWGV; Art. 146 III EAGV) genannten Frist kann jede Partei in einem Rechtsstreit, bei dem es auf die Geltung einer Verordnung des Rates oder der Kommission ankommt, vor dem Gerichtshof die Unanwendbarkeit dieser Verordnung aus den in Artikel 173 Absatz 1 (EWGV; Art. 146 I EAGV) genannten Gründen geltend machen."

2. *Einrede der Rechtswidrigkeit*

46 Die durch die sog. *Einrede der Rechtswidrigkeit* geltend gemachte, aber auch von Amts wegen zu berücksichtigende Fehlerhaftigkeit und Unanwendbarkeit der beanstandeten Norm führt nicht — wie im Verfahren der abstrakten Normenkontrolle — zu ihrer Nichtigerklärung oder Nichtigkeitsfeststellung mit Wirkung für alle. Sie führt nur zu ihrer *konkreten Nichtanwendung* im Rechtsstreit der Parteien. Darin liegt der Rechtsschutz des Marktbürgers. Der Bestand der Norm im übrigen wird rechtlich durch die Entscheidung des Gerichtshofs nicht berührt. Folge*pflichten* für den Normgeber entstehen nicht. Daß Folgerungen gezogen werden können und in der Regel gezogen werden, entspricht der Stellung des Gerichtshofs.

---

[27] *Bandilla,* Das Klagrecht der Mitgliedstaaten 68, 99; dazu *Bülow* EuR 1966, 88.
[28] EuGH Rs 9/56 Rspr. IV, 27; Rs 10/56 Rspr. IV, 67; Rs 15/57 Rspr. IV, 191; Rs 1/58 Rspr. V, 71; Rs 32 u. 33/58 Rspr. V, 314.

3. *Richtlinien-Incidentprüfung*

47 Die Incidentprüfung ist vertragsrechtlich ausdrücklich nur für Verordnungen, nicht für Richtlinien vorgesehen. Ihre Erstreckung auf Richtlinien im Wege analoger Anwendung (wie für Art. 173 II EWGV) ist erwägenswert[29], zumal Anlaß besteht, „die unbefriedigende Einschränkung des Rechtsschutzes nach Art. 173 teilweise auszugleichen". Da die Initiative der Mitgliedstaaten, ihnen zustehenden Rechtsschutz gegen Richtlinien in Anspruch zu nehmen, häufig „von politischen Überlegungen und Rücksichtnahmen mitbestimmt" ist und vom Marktbürger nicht erzwungen werden kann *(43/44)*, könnte die staatliche Unterlassung auch hier zur Duldung von „Abweichungen von Rechtsregeln (führen), die zugunsten der Gemeinschaftsbürger eingeführt wurden"[30]. Zweifellos steht die eigenwillige Konstruktivität der Richtlinie der Verwirklichung dieses Gedankens hinderlich im Wege. Um ihn zu realisieren, wäre also ein schöpferischer Entschluß jener Art erforderlich, wie ihn der Gerichtshof in der Rechtssache 26/62[31] gefaßt hat: die Annahme nämlich, daß zur neuen Rechtsordnung der Gemeinschaft, „deren Rechtssubjekte nicht nur die Mitgliedstaaten, sondern auch die Einzelnen sind", ebenfalls die Richtlinien zählen, und dies in ihrer Gestalt als solche, nicht in jener, die die Mitgliedstaaten ihnen durch innerstaatliche Verwirklichung ihrer Ergebnisse vermitteln. Es ist aber zweifelhaft, ob der Gerichtshof mit einer einschlägigen Fallgestaltung befaßt werden kann.

IV. Vorabentscheidungen[32]

48 Art. 100 GG regelt das Verhältnis zwischen Prozeßgerichten, die in incidenter konkreter Normenkontrolle entscheidungserhebliche Rechtsvorschriften auf ihre Vereinbarkeit mit höherrangigen Normen prüfen, und den Verfassungsgerichten, denen im Interesse der Rechtseinheit insoweit eine Verwerfungskompetenz zusteht. In ähnlicher Weise hat das Gemeinschaftsrecht die Zuordnung der nationalen Gerichte zum Gerichtshof bestimmt. Es hat hierzu in Art. 177 EWGV, 150 EAGV das Rechtsinstitut der *Vorabentscheidung* entwickelt, nachdem Art. 41 EGKSV hierzu den Ansatz geliefert hatte, der seinerseits wiederum deutschen Anregungen und Erfahrungen mit Art. 100 GG zu verdanken ist.

---

[29] *Ipsen,* Richtlinien-Ergebnisse, Fs Ophüls 84 mit weiteren Nachweisen in Anm. 53; *Ule,* DJT-Gutachten 64.

[30] Generalanwalt *Roemer,* Schlußanträge Rs 73 u. 74/63 Rspr. X, 47.

[31] Rspr. IX, 25.

[32] *Ule,* DJT-Gutachten 109—122; *Schumann,* ZZP 78 (1965) 77; *Basse,* Das Verhältnis zwischen der Gerichtsbarkeit des Gerichtshofs der Europäischen Gemeinschaften und der deutschen Zivilgerichtsbarkeit; *Merchiers,* Bericht über die Probleme der Anwendung von Art. 177 EWGV (Europ. Parl., Sitzungsdokumente 1969/1970, Dok. 94 v. 15. 9. 1969); Vorabentscheidungen (Art. 177 EWGV), 1958 bis 1968 (1968, Hg. EuGH).

Das Vorlage- und Vorabentscheidungsverfahren besteht darin, daß es dem Gerichtshof auf Vorlage nationaler Gerichte bestimmte Entscheidungen über das Gemeinschaftsrecht ermöglicht, dessen Anwendung vor nationalen Prozeßgerichten konkret entscheidungserheblich wird. Solche Entscheidungen können der Auslegung des Vertragsrechts, der Gültigkeit und der Auslegung von Organhandlungen und der Auslegung von Satzungen der vom Rat geschaffenen Einrichtungen dienen. Der Zweck des Rechtsinstituts ist ein zweifacher: es sichert die Einheitlichkeit in Auslegung und Anwendung des Gemeinschaftsrechts durch die nationalen Gerichte; es wirkt als Rechtsschutzeinrichtung im Interesse des Marktbürgers. Diese Rechtsschutzfunktion, die erst bei Fortschritt der Integration praktisch geworden und ins Blickfeld getreten ist, steht hier in Zusammenhang mit den anderen Rechtsschutzeinrichtungen im Interesse des Marktbürgers.

Als Vorbild hat das 177er-Verfahren gedient für die Übereinkommen der Mitgliedstaaten vom Juni 1971 über die Auslegung ihrer beiden auf Art. 220 EWGV basierenden Übereinkommen über die gegenseitige Anerkennung von Gesellschaften und juristischen Personen und über die gerichtliche Zuständigkeit und die Vollstreckung gerichtlicher Entscheidungen in Zivil- und Handelssachen *(39/12).*

1. Vorlage-Initiative

49 Die Römischen Verträge (Art. 177 III EWGV, 150 III EAGV) *verpflichten* diejenigen einzelstaatlichen Gerichte zur Vorlage beim Gerichtshof, deren Entscheidungen mit Rechtsmitteln des mitgliedstaatlichen Rechts nicht mehr angefochten werden können. Nach Art. 177 II EWGV, 150 II EAGV sind *andere* nationale Gerichte zur Vorlage *berechtigt.* Art. 41 EGKSV kennt nur eine Vorlage*pflicht* der nationalen Gerichte. Für die Frage der Unanfechtbarkeit der nationalen Gerichtsentscheidung, die für den Vorlagezwang maßgeblich ist, sollte es auf die konkrete, auf den Einzelfall bezogene Unanfechtbarkeit ankommen, nicht darauf, ob Entscheidungen des nationalen Gerichts allgemein unanfechtbar sind (wie die der obersten Bundesgerichtshöfe und der Verfassungsgerichte)[33]. Ob es sich jeweils um ein streitiges oder ein summarisches Verfahren vor dem nationalen Gericht handelt, sollte unerheblich sein[34].

2. Entscheidungserheblichkeit

50 Vorlage- und vorabentscheidungsfähig sind Rechtsfragen des Gemeinschaftsrechts, die für das vorlegende nationale Gericht *entscheidungserheblich*

[33] *Ule,* DJT-Gutachten 114 in Übereinstimmung mit der h. L. in der BRD; anders die abstrakte Betrachtungsweise in den anderen Mitgliedstaaten; vgl. *Tomuschat,* Die gerichtliche Vorabentscheidung 43 mit Anm. 163.

[34] So denn auch: VG Stuttgart Beschl. v. 18. 6. 1969; vgl. EuGH Rs 29/69 Rspr. XV, 419 = EuR 1970, 39 mit Anm. *Ehlermann,* dort insbes. 42.

sind und deren Beantwortung durch den Gerichtshof deshalb *erforderlich* ist. Ob das der Fall ist, hängt nicht von der Rechtsauffassung der Prozeßparteien, die Vorlage folglich auch nicht von ihrem Antrag ab, ist vielmehr von Amts wegen zu prüfen und zu entscheiden. Gleichwohl sollte die auf Vorlage zielende Parteiinitiative beachtenswert sein. Ob der Gerichtshof an das Vorlagethema ebenso gebunden ist wie an die Vorlage-Entscheidung als solche, müßte nach dem Wortlaut von Art. 177 II bejaht werden. Denn danach kommt es darauf an, ob das *nationale Prozeßgericht* die Vorlageentscheidung für erforderlich hält. Daß er die Vorlage als nach seiner Rechtsauffassung entscheidungsunerheblich nicht zurückweisen kann, ist — anders als im Art. 100 GG - Vorlageverfahren zum Bundesverfassungsgericht — gerechtfertigt, weil die Frage der Entscheidungserheblichkeit vom nationalen Recht abhängen kann. Auch kann der Gerichtshof die Rechtszweifel, die das vorlegende Gericht zur Vorlage veranlassen, nicht als unbegründet oder durch frühere Vorabentscheidungen bereits geklärt ansehen. Wenn das vorlegende Gericht allerdings eine Rechtsfrage als solche des nationalen Rechts qualifiziert, die der Gerichtshof als solche des Gemeinschaftsrechts ansieht, muß dieser, wenn überhaupt im Vorlageverfahren mit der Sache befaßt, insoweit seine Qualifikation derjenigen des nationalen Gerichts substituieren können.

3. Gegenstand

51 *Vorlage- und Vorabentscheidungsgegenstand* ist nach Art. 41 EGKSV allein die *Gültigkeit* von Rats- oder Kommissionsbeschlüssen, nach den Römischen Verträgen *auch* die *Auslegung* von Organhandlungen, der Verträge und der Einrichtungs-Satzungen. Im EWG- und EAG-Bereich ist damit das *gesamte objektive Gemeinschaftsrecht aller Stufen* in dieser Weise auslegungsfähig und sind alle sonstigen Organhandlungen der Gültigkeitsprüfung zugänglich, auf die Art. 41 EGKSV beschränkt ist. *Nationale* Rechtsregeln oder Hoheitsakte können *nicht* Vorlage- und Vorabentscheidungsgegenstand sein. Ob mitgliedstaatliche Rechtsakte ihrerseits mit dem Gemeinschaftsrecht vereinbar sind, obliegt allein der Prüfung und Entscheidung der *nationalen* Gerichtsbarkeit[35].

4. Verfahren

52 Das *Verfahren* zur Herbeiführung von Vorabentscheidungen bewirkt mit Aussetzung des Prozesses vor dem nationalen Prozeßgericht, Vorlage

[35] EuGH Rs 100/63 Rspr. X, 1230; Rs 6/64 Rspr. X, 1268. — Zur Entscheidung der Inzidentfrage, ob eine innerstaatliche Norm des deutschen Rechts mit einer vorrangigen Gemeinschaftsnorm nicht vereinbar, deshalb unanwendbar ist, sind die jeweils zuständigen Gerichte berufen, nicht das Bundesverfassungsgericht kraft Anrufung mit der Verfassungsbeschwerde (BVerfG Beschl. v. 9. 6. 1971 — 2 BvR 225/69, EuR 1972, 51 mit Anm. *Ipsen*).

zum Gerichtshof, seinem Verfahren und dem abschließenden Fortgang des nationalen Prozesses eine Teilung und Verzögerung des nationalen Rechtsstreites. Die Zügigkeit, mit der der Gerichtshof bislang Vorlageverfahren zur Vorabentscheidung geführt hat (im Durchschnitt binnen 6½ Monaten), mildert diese Hemmungen. Das Gemeinschaftsrecht nötigt im übrigen zu ihrer Inkaufnahme, um die Einheitlichkeit seiner Auslegung und Anwendung, damit seine Funktionsfähigkeit als Integrationsinstrument zu sichern. Sie liegt auch im Interesse des Rechtsschutz suchenden Marktbürgers.

5. *Wirkungen*

53 Das Vertragsrecht regelt — anders als das deutsche Recht — nicht ausdrücklich die der Vorabentscheidung zukommenden *Rechtswirkungen.* Daraus, daß dem Gerichtshof die Befugnis zur Vorab*entscheidung* zusteht, ist zu folgern, daß das vorlegende nationale Gericht an diese *gebunden* ist[36]. „Gesetzeskraft" kommt ihr nicht zu. Indes kann ihr Inhalt vorlageberechtigte nationale Gerichte weiterer Vorlageanlässe entheben, wenn der Gerichtshof sonst bestehende Rechtszweifel ausgeräumt hat.

6. *Praxis*

54 Die *Praxis* des Gerichtshofs hat für den Rechtsschutz der Marktbürger eine kaum zu überschätzende *Bedeutung* erlangt. Das wurde erst ermöglicht, seitdem die nationalen Gerichte das Vorlageinstitut hinreichend zur Anwendung brachten. Das hing für nicht hierzu verpflichtete Gerichte von ihrer Bereitschaft zur Mitwirkung an der Integration ab, am Beginn nicht weniger auch von ihrer Vertrautheit mit dem Gemeinschaftsrecht. Die Statistik erweist, daß der Gerichtshof bis Ende 1971 in 125 von 144 anhängig gemachten (darunter 8 später wieder gestrichenen) Vorlagesachen entschieden hat, und zwar zunächst (seit Juli 1961) fast ausschließlich auf Vorlage niederländischer Gerichte, bis im Jahre 1964 auch aus Italien vorgelegt wurde. Erst seit Februar 1965 haben auch deutsche Gerichte vorgelegt. Heute ist die BRD mit 48 % an intensivsten an Vorlageverfahren beteiligt; die Niederlande (22 %), Belgien (10 %), Frankreich (10 %), Italien (7 %) und Luxemburg (3 %) folgen, wobei der Umfang der nationalen Gerichtsbarkeiten in Rechnung zu stellen bleibt. Ohne Verpflichtung hierzu haben nationale Gerichte 60 % der Vorlageverfahren zur Entscheidung gebracht. In der BRD liegt das Schwergewicht bei der Finanzgerichtsbarkeit (47 Vorlagen). Verwaltungsgerichte waren mit 11, Arbeitsgerichte mit 2 und Sozialgerichte mit 4 Verfahren beteiligt, die ordentlichen Gerichte mit 5 Verfahren. Von den obersten Gerichtshöfen der BRD haben bislang das Bundesverwaltungsgericht, der Bundesfinanzhof, das Bundesarbeits- und das Bundessozialgericht vorgelegt.

---

[36] Das BVerfG leitet die Bindungswirkung in seinem Beschluß vom 9. 6. 1971 (vgl. Anm. 35) aus Art. 24 I GG her.

Achter Teil

RECHTSGRUNDLAGEN GEMEINSCHAFTLICHER WIRTSCHAFTS- UND SOZIALPOLITIK

§ 44 WIRTSCHAFTSPOLITIK

Albrecht, Planwirtschaftliche und marktwirtschaftliche Elemente in der EWG, EA 1965, 663; *Barre,* Die Grundlagen der Wirtschafts- und Währungsunion, BullEG 3/1970, 5; *Baumann,* Mittelfristige Wirtschaftspolitik für die Europäischen Gemeinschaften (1969); *Berg,* Auf dem Weg zu einer mittelfristigen Wirtschaftspolitik der EWG, Wirtschaftsdienst 1966, 489; *Berbers,* Staatliche Autonomie und internationale Konjunkturpolitik, Fs Müller-Armack 243; *Burgard,* Einige Bemerkungen zu Art. 103 des EWG-Vertrages, ZGesStW 1966, 291; *Cartou,* Réflexions sur la politique économique dans la C. E. E., RevTrimDrEur 1965, 28; *Denton,* Planning in the EEC. The mediumterm economic policy programme of the European Economic Community (1967); *von Dohnanyi,* Une politique économique européenne, in: Les problèmes de l'Europe (1970) 7; *Everling,* Die Koordinierung der Wirtschaftspolitik in der EWG als Rechtsproblem (1964); *Everling,* Die Koordinierung der Wirtschaftspolitik der Mitgliedstaaten in der EWG, in: Zur Stellung der Mitgliedstaaten im Europarecht (1967, Hg. Bülck) 1963; *Fantini,* Coordinazione e armonizzazione delle politiche economiche nell'ambito della Comunità Economica Europea, RivStudiEur 1966, 37; *Friauf,* Öffentlicher Haushalt und Wirtschaft, VVDStRL 27 (1969) 1; *Friauf,* Probleme der Durchführung europäischer Gemeinschaftsplanungen in der Bundesrepublik Deutschland, in: Planung IV (1970) 41; *Fuß,* Rechtliche Aspekte einer gemeinsamen Wirtschaftspolitik in der EWG, Integration 1969, 137; *Günther,* Die ordnungspolitischen Grundlagen des EWG-Vertrages, WuW 1963, 191; *Hirsch,* Die französischen Planungsmethoden und ihre Ausdehnung auf den gemeinsamen Markt (1962); *Ipsen,* Das Aktionsprogramm der Europäischen Wirtschaftsgemeinschaft für die Zweite Stufe, NJW 1963, 1713; *Kantzenbach,* Möglichkeiten und Grenzen der Konjunkturpolitik in der Europäischen Wirtschaftsgemeinschaft (1959); *Kees,* Zur Strategie europäischer Konjunkturpolitik, Integration 1970, 95; *Kobbert,* Mittelfristige Wirtschaftspolitik — eine neue Phase der Europäischen Wirtschaftsgemeinschaft, EA 1965, 127; *Lannes,* Raison d'être et caractères de la politique économique à moyen terme, RevMC 1966, 833; *Lisein-Norman,* Le transfert des objectifs de politique économique des gouvernements nationaux à des autorités communautaires (1969); *Lochner,* Was bedeuten die Begriffe Harmonisierung, Koordinierung und gemeinsame Politik in den Europäischen Verträgen?, ZGesStW 118 (1962) 35; *Gert Meier,* Das Programm für die mittelfristige Wirtschaftspolitik der EWG (1966—1970), EuR 1967, 320; *Molitor,* Die mittelfristige Wirtschaftspolitik in der EWG, in: Planung IV (1970) 129; *Morissens,* La politique économique de la Communauté économique européenne (1965); *Morissens,* La cohérence de l'integration des politiques économiques dans la Communauté économique européenne (1968); *Müller-Armack,* Institutionelle Fragen der europäischen Konjunkturpolitik, in: Wirtschaftspolitische Chronik (1958) 7; *Müller-Armack,* Die Wirtschaftsordnung des Gemeinsamen Marktes, in: Wirtschaftspolitische Chronik 1964, 7; *Neunreither,* Zwischenbilanz der mittelfristigen Wirtschaftspolitik der EWG. Koordinierte Globalsteuerung mit leichter Hand, EA 1967, 53; *Nizard,* Le modèle économique européen, in: La décision dans les Communautés européennes (1969) 423; *Oulès,* Les raisons de la planification économique au niveau européen, Fs Riese 111; *Rambow,* Die Rechtsfragen einer gemeinsamen Wirtschaftspolitik, in: Einführung 107; *Roth,* Dokumentation zur Koordinierung der Konjunktur- und Strukturpolitik der Mitgliedstaaten in der EWG, in: Zur Stellung der Mitgliedstaaten im Europarecht (1967, Hg. Bülck) 204; *Scherer,* Die Wirtschaftsverfassung der EWG (1970); *Herbert Schmidt,* Möglichkeiten und Wege zu einer europäischen Wirtschaftsverfassung (1964); *Sergé,* La coordination des politiques de conjoncture dans la CEE, in: Institutions communautaires et institutions nationales (1968) 207; *Stammati,* La politica economica comune delle Comunità europee, in: 4. Corso di Diritto e di Economia, Università di Ferrara (1966) 281; *de Vergottini,* Planificazione statale e interventi comunitari (1967); *Waelbroeck,* La politique économique, DrCommEur Nr. 2255; *Wagner,* Öffentlicher Haushalt und Wirtschaft, VVDStRL 27 (1969) 47.

1 Die Darstellung des Europäischen Gemeinschaftsrechts kann nicht — und soll nicht — zum Gegenstand haben, was Sache der Ökonomen ist: die Ermittlung und Beschreibung des wirtschaftlichen Zustandes der Gemeinschaften, insbesondere der EWG, seit dem Ende der Übergangszeit und der Maßnahmen, die insgesamt wirtschaftspolitisch geboten erscheinen, um den nächsten Integrationsschritt zur Herstellung der Wirtschafts- und Währungsunion zu tun. Hier sind lediglich die im Primärrecht der Verträge existierenden Rechtsgrundlagen für eine gemeinschaftliche Wirtschafts- und Sozialpolitik sowie diejenigen sekundärrechtlichen und sonstigen Folgeakte zu umreißen, die gegenwärtig den *verfügbaren Rechtsrahmen des Gemeinschaftsrechts* für weitere Integrationsakte bilden. Sie sind nach ihren Zielsetzungen, ihren Kompetenzzuweisungen und den bereitgestellten Handlungsinstrumentarien zu beschreiben. Die Zeichnung des vorhandenen Rechtsrahmens wird verdeutlichen, wo und inwieweit dieser Rahmen rechtspolitisch Erweiterung verlangt.

Die danach *begrenzte Aufgabe der juristischen Darstellung* wird veranschaulicht durch die knappe Skizzierung der Lage und der Ziele der Vergemeinschaftung nach dem Ende der Übergangszeit, die *Walter Hallstein* im Jahre 1969 gegeben hat[1]:

„In Wahrheit ist das Politikum von Anfang an gegenwärtig (schon in der Zollunion mindestens in Gestalt der Zollpolitik, d. h. eines wichtigen Teils der Handelspolitik), und erst recht stellt sich die Wirtschaftsunion wesentlich als Verschmelzung von Politiken dar. Im ganzen geht es bei ihr um drei Operationen: die Abschaffung der Wirtschaftsgrenzen; die Herstellung gemeinschaftlichen Rechts; gemeinsame Politiken. Alle drei wurden und werden nebeneinander vorgenommen, nicht nacheinander. Alle drei sind heute notwendig, um das herbeizuführen, was man beabsichtigt: ‹binnenmarktähnliche Verhältnisse›, den Gemeinsamen Markt, die Verschmelzung der Volkswirtschaften. Diese aber sind die Bedingung für die Kettenwirkung, in der der wirtschaftliche Sinn der Integration gesehen wird: Erhöhung der Standortvorteile, insbesondere Erweiterung der Standortwahl; bessere Arbeitsteilung; stärkere Spezialisierung; Massenproduktion; billigere Produktion; Hebung des Lebensstandards.

Die Wirtschaftsgrenzen sind zum Teil älteren Datums, zu einem beträchtlichen Teil aber auch Symptome des Zerfalls der Weltwirtschaft in der großen Krise nach dem Ersten Weltkrieg. Im 19. Jahrhundert und bis zum Ersten Weltkrieg war die wirtschaftliche Bedeutung der Grenzen im allgemeinen gering. Erst die absolute Priorität der binnenwirtschaftlichen Zielsetzungen zusammen mit der Zunahme der staatlichen Einwirkungen überhaupt hat dann auch eine wirtschaftliche Zerstückelung Europas herbeigeführt, die angesichts der natürlichen Geschlossenheit der euro-

[1] *Hallstein,* Bundesstaat 93—97.

päischen Wirtschaftslandschaft geradezu widersinnig war. Jene Wirtschaftsgrenzen sind von vielfältiger Art. Der klassische Typus wird durch die Zollgrenzen dargestellt. Diese sind am 1. Juli 1968 durch die Abschaffung der Zölle niedergelegt worden. Zugleich ist der gemeinsame Außenzolltarif in Kraft getreten — eine notwendige Ergänzung der Abschaffung der Binnenzölle, da Unterschiede in den Außenzöllen der Mitgliedstaaten zu nicht gerechtfertigten Verkehrsverlagerungen geführt hätten. Seitdem besteht, nachdem auch die ergänzenden Maßnahmen getroffen sind, namentlich die Vereinheitlichung des Zollrechts, die Zollunion. Aber das ist noch nicht der Gemeinsame Markt. Was weiter dafür notwendig ist, macht die Wirtschaftsunion aus.

Weitere Grenzen sind in der wirtschaftlichen Landschaft sichtbar, ja sie sind, seit die Zollwälle sie nicht mehr verdecken, deutlicher bemerkbar geworden. Es gibt noch die Steuergrenze: Unterschiede gewisser für den Wirtschaftsverkehr bedeutsamer Steuern — Umsatzsteuern, Verbrauchsteuern — veranlassen die Staaten, um diese Unterschiede auszugleichen und so die Wettbewerbsbedingungen gleichzuschalten, Steuerrückvergütungen und Steuerausgleichszahlungen vorzusehen. Dies führt zu Grenzkontrollen. Die Harmonisierung der Steuerstrukturen und -sätze ist geboten, um das überflüssig zu machen. Ähnlich wirkt die Verwaltungsgrenze: Maßnahmen zur öffentlichen Ordnung, zum Gesundheitsschutz, technische Vorschriften, Normen über Pflanzenschutz und Gesundheitskontrollen und dergleichen sind verschieden und führen daher gleichfalls zu Prüfungen an der Grenze. Die Zöllner sind daher nicht verschwunden, sie heißen nur nicht mehr so. Das ist nicht nur lästig, sondern führt auch in die Versuchung, sozusagen lautlos die Zollunion zu umgehen. Wiederum bietet sich die Harmonisierung der Vorschriften an, auch sie erübrigt die Kontrollen. Und alle diese erschweren und verteuern nicht nur den Wirtschaftsverkehr, sie sind auch psychologisch schädlich, sie entfremden.

Die gebotene Bewegung in dem neuen und großen vereinigten Raum kann aber nicht durch Schlagbäume verhindert werden. Es gibt auch unsichtbare Grenzen, solche, die sich nicht in physischen Kontrollen äußern. Sie werden durch die Rechtsordnungen (einschließlich der Verwaltungsordnungen) errichtet. Sie bestehen darin, daß Staatsangehörige verschiedener Länder oder Tatbestände in verschiedenen Staatsgebieten verschieden behandelt werden. Einer diskriminiert den anderen. Das wird besonders dort spürbar, wo es um andere Bewegungen geht als die der Waren. In der Tat ist der Gemeinsame Markt ja auch freie Bewegung von Menschen: von Arbeitnehmern (Freizügigkeit), Unternehmern (Niederlassungsrecht); freie Bewegung von Dienstleistungen (darunter besonders des Verkehrs); von Kapital — die ‹Faktormobilität› sagen die Nationalökonomen, die ‹vier Freiheiten› sagen die Europäer. Die Rechtsordnung muß also ihres diskriminierenden Einschlags entledigt werden. Damit öffnet sich ein Tor zu einer Entwicklung, deren Anwendungsfeld zunächst schmal zu sein scheint — Herstellung gleicher Bedingungen des wirtschaftlichen Wettbewerbs —, die aber eine grundsätzliche Wendung von schwer ermeßlicher Bedeutung einleitet. Neue Gleichungen werden in Geltung gesetzt. Gleich sind nicht nur Tatbestände derselben Nationalität (wenn dieses Bild erlaubt ist), sondern Gemeinschaftstatbestände. Der Arbeiter, der in einem anderen Mitgliedsland der Gemeinschaft Arbeit nimmt, ist kein Fremder, noch ist es der Unternehmer, der sich dort niederläßt. Aber hier macht die Entwicklung nicht halt. Nicht nur vor dem Forum der nationalen Rechtsordnung sind die Gemeinschaftsbürger gleich. Derselbe Drang nach fairen Wettbewerbsbedingungen auf dem allen gemeinsamen Markt, der diese Vorstellungen möglich, ja zwingend macht, bringt auch das Verlangen hervor, die Rechtsnormen selber einander anzunähern oder anzugleichen. Das geschieht in Zusammenarbeit, das heißt in der Gemeinschaft. Die konzentrierteste Form erreicht dieser Prozeß in dem Gemeinschaftsrecht, das durch den

Gründungsvertrag oder auf dessen Grundlage durch die Gemeinschaftsgesetzgebung geschaffen wird.

Auch damit aber ist nur ein Teil des Notwendigen, vielleicht nur der kleinere Teil getan. Nicht nur die auf Dauer angelegte, die statische, wenn man will: konservative Ordnung tritt in den Dienst des Zusammenwachsens der Wirtschaften und ihrer Subjekte, sondern auch die dynamische: die Politik. Die Einwirkung der öffentlichen Gewalt auf die ‹Daten›, die Bedingungen wirtschaftlichen Tuns, ist auf einem so lebensvollen Gebiet nicht nur erhaltender, bewahrender, sondern noch mehr verändernder Natur. Eine gemeinsame Wirtschaftspolitik entsteht, ebensosehr aus den überkommenen Grundwertungen und Zielsetzungen der Mitgliedstaaten erwachsend, wie dem neuen Ziel der Einheit dienstbar.

Der Systematik folgend, die sich in neuerer Zeit, jedenfalls im Gebiet der Gemeinschaft, durchgesetzt hat, ist diese Wirtschaftspolitik der Gemeinschaft einerseits allgemeine Wirtschaftspolitik — sie gilt, soweit keine Ausnahmen gemacht sind, und wird bei uns, um sie von der Konjunkturpolitik zu unterscheiden, ‹mittelfristige Wirtschaftspolitik› genannt —, andererseits Sonderpolitik für bestimmte Bereiche. In der Sonderpolitik spiegelt sich der Interventionismus, der für den wirtschaftspolitischen Stil unserer Zeit und unserer europäischen Zivilisation charakteristisch ist. Während die grundsätzliche Losung Marktwirtschaft ist — ‹soziale Marktwirtschaft›, um das treffende deutsche Etikett nicht preziös zu vermeiden —, sind interventionistische Einflußnahmen der öffentlichen Gewalt durchweg anerkannt. Der Staat beschränkt sich also nicht auf die ‹Globalsteuerung› des im wesentlichen dem Wettbewerb überlassenen wirtschaftlichen Geschehens, zum Beispiel durch Veränderungen des Diskontsatzes, durch Korrekturen des Wechselkurses, sondern kommt auch den wirtschaftlichen Kräften zu Hilfe. Welchen? Dafür gibt es kein einheitliches Kriterium außer dem des von der öffentlichen Gewalt anerkannten Bedürfnisses. Denn der Interventionismus verfährt pragmatisch ‹punktuell›; aber nicht nur dadurch unterscheidet er sich von der Planwirtschaft. Seine Ansatzpunkte sind sowohl ganze Wirtschaftsbereiche (Landwirtschaft, Verkehr, Handel, besonders Außenhandel, Handwerk, neuerdings auch die Industrie — seit diese wegen massiver Anpassungsschwierigkeiten besonderer wirtschaftspolitischer Aufmerksamkeit bedarf), wie Produktionsfaktoren (Arbeit), wie einzelne Datenelemente (so das Geographische bei der Regionalpolitik) oder Wirtschaftsabläufe (Konjunktur usw.). Die Sonderzweige der Wirtschaftspolitik werden also durch die Interventionen definiert. Vornehm abgesondert steht auch, obwohl von eminenter wirtschaftlicher und wirtschaftspolitischer Bedeutung, die Währung, dem hohen Orden der Zentralbanken mit in Obhut gegeben.

Dieser vorgefundenen Unterscheidung scheint der Vertrag von Rom eine weitere an die Seite zu stellen, die sich auf den Integrationsgrad der Wirtschaftspolitik der Gemeinschaft bezieht. Er nennt vier Arten der Vergemeinschaftung: Erstens kann ein Thema der Wirtschaftspolitik zum ‹Gegenstand gemeinsamen Interesses› erklärt sein; das gilt für die Wechselkurse, als Mindestforderung auch für die Konjunkturpolitik. Zweitens kann ‹Zusammenarbeit› vorgesehen sein; so in der Sozialpolitik. Drittens kann ‹Koordinierung› vorgeschrieben sein; so allgemein für die Wirtschaftspolitik. Viertens schließlich ist als Höchststufe europäischer Wirtschaftspolitik ‹gemeinsame Politik› ausdrücklich angeordnet für die Handelspolitik, die Landwirtschaftspolitik, die Verkehrspolitik.

Zweierlei wird jedenfalls auch durch solch künstliche Differenzierungen der Integrationsintensität nicht in Frage gestellt: die umfassende Zuständigkeit der Gemeinschaft auf dem Gebiet der Wirtschaftspolitik und der Zwang zur Koordinierung in allen Sparten."

I. Wirtschaftspolitik im Gemeinschaftsrecht

2 Titel II des Dritten Teils des EWGV umfaßt Regelungen unter der Überschrift „Die Wirtschaftspolitik". Diesen Begriff verwendet auch der zentrale Art. 145 EWGV, nach dem der Rat „für die Abstimmung der Wirtschaftspolitik der Mitgliedstaaten" sorgt. Titel II a.a.O. mit seinen Art. 103 bis 116 ist in seinen drei Kapiteln unterteilt nach Konjunkturpolitik, Zahlungsbilanz und Handelspolitik. Damit sind drei wichtige Bereiche der Wirtschaftspolitik erfaßt, die unterschiedlich nach dem Grad ihrer Gemeinschaftsaffinität dem Gemeinschaftsrecht zu- oder untergeordnet werden. Diese Bereiche umfassen aber nicht das Ganze der Wirtschaftspolitik. Diese umfaßt gemeinschaftsrechtlich *alle* Wirtschaftssparten und ist daher *im weitesten Sinne* zu begreifen, soweit damit die Integrationsaufgabe der Gemeinschaft zur Entwicklung der Wirtschaftsunion bezeichnet werden soll.

Das kommt — aus sprachlichen Gründen dort eindeutiger als in deutscher Sprache — in den anderen Sprachfassungen zum Ausdruck, die in Art. 145 von „politiques économiques générales", „politiche economiche generali" und von „allgemeen economisch beleid" handeln. Die Delegationsleiter haben bei der Aushandlung des Textes im Jahre 1957 deshalb zu Art. 145 eine entsprechende authentische Auslegungserklärung formuliert[2]: „Die Koordinierung der Wirtschaftspolitiken der Mitgliedstaaten, die in Art. 145 des Vertrages vorgesehen ist, betrifft die Wirtschaftspolitiken im weitesten Sinne verstanden, d. h. die Wirtschaftspolitik, Sozialpolitik, Währungspolitik usw. Um eine Aufzählung zu vermeiden, verwenden der französische, italienische und niederländische Text den Ausdruck ‹allgemeine Wirtschaftspolitiken›. Aus sprachlichen Gründen verwendet der deutsche Text den Ausdruck ‹Wirtschaftspolitik›, der daher hier in einem weiteren Sinn verstanden werden muß, als im Titel II des Dritten Teils."

1. Gemeinschaftsrechtlich unterscheidbare Bereiche der Wirtschaftspolitik

3 a) Die Wirtschaftswissenschaften[3] nennen Wirtschaftspolitik die „Gesamtheit aller Bestrebungen, Handlungen und Maßnahmen, die darauf abzielen, den Ablauf des Wirtschaftsgeschehens in einem Gebiet oder Bereich zu ordnen, zu beeinflussen oder unmittelbar festzulegen" *(H. Giersch)* oder „alle gestaltenden Maßnahmen, die der Staat oder von ihm abgeleitete oder faktisch zuständige Einrichtungen im Hinblick auf Wirtschaftsprozeß, Wirtschaftsstruktur und Wirtschaftsordnung treffen"[4]. Im wesentlichen wird Wirtschaftspolitik auch im Rechtssinne nicht anders zu begreifen sein, und dies ebenfalls im Gemeinschaftsrecht mit der Maßgabe, daß hier die gestaltenden und zielgerichteten Bestrebungen in bezug auf die Wirtschaft in spezifischem Sinne, wenn auch in der Intensität unterschiedlich, solche von

---

[2] Vgl. *Hallstein,* Bundesstaat 97—98.
[3] Vgl. *Hans Möller* und *Holzheu,* Wirtschaftspolitik, EvStLex 2546.
[4] *Schiller,* Wirtschaftspolitik, HWBSozWiss 12 (1965) 210.

*Gemeinschafts*interessen, *Gemeinschafts*zuständigkeiten oder *Gemeinschafts*einwirkungen sind.

Während nationale Wirtschaftspolitik ihre Abscheidung von anderen „Politiken" des Staates findet und Instrument oder Funktionalisierung auch der „hohen" Politik ist oder sein kann, verbindet das Gemeinschaftsrecht die Wirtschaftspolitik mit der Sozialpolitik, weil und soweit diese wirtschaftspolitisch relevant ist. Sie wird — systematisch der Wirtschaftspolitik gleichgeordnet — im EWGV im Folgetitel III des Dritten Teils in den Art. 117 bis 128 erfaßt, während EAGV und EGKSV sozialpolitische Aspekte punktuell im jeweils wirtschaftspolitischen Zusammenhang behandeln.

4 b) Von dieser vertragsrechtlich hergestellten Unterscheidbarkeit der Sozialpolitik von der Wirtschaftspolitik abgesehen, läßt sich die Wirtschaftspolitik im weiteren Sinne des EWGV und in ihrer sektoralen Erfassung in den beiden anderen Verträgen so in ihren Bereichen gliedern, daß die Darstellung ihres gemeinschaftsrechtlichen Rechtsrahmens und seiner Ausfüllung überschaubar wird und Überschneidungen und Auslassungen tunlichst vermeidet.

5 c) Die Systematik des EWGV entspricht nicht den — selbst nicht einheitlichen — Vorstellungen der Wirtschaftstheorie über System und Einteilungsgesichtspunkte zum Begriff und Gegenstand der Wirtschaftspolitik[5].

aa) Art. 2 EWGV nennt u. a. die „schrittweise Annäherung der Wirtschaftspolitik der Mitgliedstaaten" als Gemeinschaftsziel, Art. 3 g die „Koordinierung der Wirtschaftspolitik" als Mittel zur Zielverwirklichung, ebenso Art. 6 I, wo diese Koordinierung in enger Zusammenarbeit mit den Gemeinschaftsorganen im Rahmen der Zielsetzung den Mitgliedstaaten auferlegt wird. Korrespondierend hierzu spricht Art. 145 von der Aufgabe des Rates, für die Abstimmung der Wirtschaftspolitik der Mitgliedstaaten zu sorgen. In diesen nicht spezifisch bereichsorientierten, allgemeinen Vertragsnormen kann Wirtschaftspolitik nur undifferenziert als „allgemeine Wirtschaftspolitik" verstanden sein und werden, ohne daß damit im Rechtssinne irgendwelche normativen Erkenntnisse verbunden werden dürften.

bb) Solche Erkenntnisse werden auch in nur sehr begrenztem Umfang gewonnen werden können aus der Kennzeichnung und Systematik des genannten Titels II: Wirtschaftspolitik, Art. 103—116. Zunächst steht danach fest, daß er jedenfalls nicht die „allgemeine Wirtschaftspolitik" erfaßt, die die Art. 2, 3, 6, 145 betreffen. Die Titel-Überschrift und die Verwendung desselben Begriffs „Wirtschaftspolitik" nur in den Art. 104 und 105, die zum Kapitel 2 „Die Zahlungsbilanz" gehören, und die Spezifizierung nach Konjunktur- und Handelspolitik, die sich in den Art. 103 und 110—116 des Titels II findet, bestätigen, daß die Vertragssystematik — wenn es eine solche gibt — jedenfalls zwischen „allgemeiner Wirtschaftspolitik" und Kon-

---

[5] *Fuß*, Integration 1969, 140.

junkturpolitik unterschieden wissen will. Diese Unterscheidung aber ist nach allen wirtschaftswissenschaftlichen Vorstellungen in erster Linie *keine gegenständlich-sektorale*, sondern eine solche *im Zeitmaß:* „allgemeine Wirtschaftspolitik" = längerfristige (mittelfristige) Politik im Interesse von Wachstum und Stabilität; „Konjunkturpolitik" = Politik zu kurzfristiger Beeinflussung der Wirtschaft im Interesse der „Bewältigung des sog. magischen Dreiecks"[6].

Aber auch dieser Unterscheidung wird das Vertragsrecht noch nicht gerecht: indem Art. 104 (im Kapitel 2: Die Zahlungsbilanz) dem einzelnen Mitgliedstaat aufgibt, die Wirtschaftspolitik zu betreiben, die erforderlich ist, um unter Wahrung eines hohen Beschäftigungsstandes und eines stabilen Preisniveaus das Gleichgewicht seiner Gesamtzahlungsbilanz zu sichern und das Vertrauen in seine Währung aufrechtzuerhalten, beschreibt er mit dieser Formulierung eben das Gesetz vom magischen Dreieck — im wesentlichen nicht anders als § 1 StabGes. das „magische Viereck" (durch Hinzufügung der Wachstumsvorsorge). Und die Befolgung dieses ökonomischen Gesetzes und seine Verwirklichung ist eben nach allem Gemeinverständnis Sache der *Konjunkturpolitik kurzer Fristen.* Nur: in Art. 103 des Kapitels 1 „Die Konjunkturpolitik", wo diese Aufgabenstellung ihren systemgerechten Platz gehabt hätte, wird sie eben nicht nach Art des Art. 104 beschrieben, sondern begrifflich vorausgesetzt.

Ein sinnvolles Verständnis wird also nur dadurch ermöglicht, daß „Konjunkturpolitik" i. S. des Art. 103 inhaltlich so begriffen wird, wie Art. 104 sie umschreibt. Und *daß Art. 104* sie umschreibt, kann im Kapitel 2 „Die Zahlungsbilanz", dem Art. 104 angehört, den Zweck haben, die Sicherung des Gleichgewichts der Gesamtzahlungsbilanz, also des außenwirtschaftlichen Gleichgewichts, als entscheidendes Element der mitgliedstaatlichen und damit auch der allein im Gemeinschaftsinteresse liegenden Wirtschaftspolitik zu bezeichnen, die — kurzfristig im Rahmen der (und als) Konjunkturpolitik betrieben — dem letzten Ziel aller Wirtschaftspolitik dient. In der Formulierung des § 1 StabGes. könnte dieses letzte Ziel das „gesamtwirtschaftliche Gleichgewicht" genannt werden.

Daß Art. 104 — und nicht Art. 103 — das „wirtschaftspolitische Credo"[7] enthält, mag entstehungsgeschichtlich erklärbar sein aus der bei Vertragsvorbereitung akuten Bedeutung von Zahlungsbilanzkrisen für den Handelsverkehr, aber auch aus ihrer besonderen Schädlichkeit für das Funktionieren der Zollunion. Eine zusätzliche Erklärung liegt darin, daß die zur Bewältigung des magischen Dreiecks erforderlichen Aufgaben (Preisstabilität, Beschäftigungsstand, Wachstum) primär zwar solche der Mitgliedstaaten sind, aber gerade unter dem Aspekt der Zahlungsbilanz-Gleichgewichtigkeit gemeinschaftserheblich werden.

---

[6] *Fuß*, Integration 1969, 141.

[7] *Rambow*, in: Einführung 109.

6 d) Als gemeinschaftsrechtlich unterscheidbare Bereiche der Wirtschaftspolitik können danach bezeichnet werden:

(1) Die längerfristig, mindestens *mittelfristig verfolgte* Wirtschaftspolitik mit dem Ziel des gesamtwirtschaftlichen Gleichgewichts *(44/9—12);*

(2) die nicht längerfristig verfolgte *Konjunkturpolitik (44/13—15),* zu deren Mitteln im Rahmen der

(3) *Währungspolitik* speziell die *Politik zur Sicherung der Gesamtzahlungsbilanz,* außerdem die *Finanz- und Haushaltspolitik* gehört *(§ 45)* sowie die

(4) *Handelspolitik (§ 46).* Im *Zeitmaß unterschiedlich einsetzbar* wirkt die

(5) *Struktur- und Regionalpolitik (§ 52),* in der die *Industriepolitik (§ 50)* gesamtwirtschaftliche, einzelwirtschaftliche und branchenbezogene, also sektoral-strukturpolitische Aspekte hat[8].

Sektoral abgrenzbar und im Vertragsrecht deutlich so erfaßt, sind zu unterscheiden die

(6) *Agrarpolitik (§ 47)* und die

(7) *Verkehrspolitik (§ 48)*

sowie — in ihrer Funktion für die Wirtschaftspolitik — die im EWGV gesondert geregelte, in den beiden anderen Verträgen passim berührte

(8) *Sozialpolitik (§ 51).*

In der Verknüpfung des Kohle-Sektors des EGKSV mit der Kernenergie als Energiequelle im EAGV und den anderen Energieträgern im EWGV ist ein Bereich der

(9) *Energiepolitik (§ 49)* erfaßbar, in entsprechender Methode ein Bereich der

(10) *Forschungs-, Technologie- und Industriepolitik (§ 50).*

Ohne von den Verträgen als solche namentlich qualifiziert zu werden, sind in ihnen Grundlagen einer

(11) *Entwicklungshilfepolitik (§ 53)* erkennbar.

Nach dieser Aufgliederung werden die Rechtsgrundlagen gemeinschaftlicher Wirtschafts- und Sozialpolitik in den folgenden §§ 45—53 zu behandeln sein.

2. *Harmonisierung, Koordinierung, gemeinsame Politik*

7 Die Anwendung und Durchführung der Verträge ist auf Normierungen angewiesen, die in einer Vielzahl von Bezeichnungen und Begriffen Schritte und Maßnahmen der Wirtschafts- und Sozialpolitik, Techniken oder Vorgänge der Integration angeben, die in die Zuständigkeit der Gemeinschaften, der Mitgliedstaaten oder in beider Kompetenz fallen. Ihre wichtigsten sind: Harmonisierung, Koordinierung, gemeinsame Politik. Außerdem werden fol-

---

[8] *Everling,* Die Rechtsfragen einer Industriepolitik, in: Einführung 120.

gende Begriffe verwendet: Angleichung, Annäherung, Anpassung, Abstimmung, Vereinheitlichung[9].

Insgesamt bezeichnen sie sämtlich vertraglich festgelegte *Verfahrensweisen des Integrationsprozesses,* d. h. der Zusammenfügung mehrerer bisher selbständiger Einheiten zu einer Einheit, hier also der Wirtschafts- und Sozialpolitik der Staaten zur Gemeinschaftspolitik oder zu Vorstufen ihrer Erreichung.

Die Anwendung dieser Begriffe im Vertragsrecht ist nicht einheitlich, nicht immer folgerichtig und auch systematisch nicht einwandfrei. Das erklärt sich teils aus der Entstehungsgeschichte, teils aus dem Kompromißcharakter einzelner Regelungen, teils (für den EGKSV) aus der Fremdsprachigkeit, sonst (für die Römischen Verträge) aus der Viersprachigkeit der Texte und Übersetzungsfolgen.

Eine genaue vergleichende Exegese hat ergeben, daß die Auslegung dieser Begriffe in ihrem rechtlichen Unterscheidungsertrag nicht überbewertet werden darf, ihnen andererseits auch keine sonderlich „geheimnisvolle Bedeutung" beizumessen ist[10]. Jedoch hat ihre jeweilige Verwendung in den auf die Wirtschafts- und Sozialpolitik bezüglichen Regelungen und ihre Deutung durch die Gemeinschaftsorgane in ihren Folgemaßnahmen ihre juristische Relevanz.

8 a) Nach dieser Exegese soll *Harmonisierung* inhaltlich den Begriffen Angleichung, Annäherung, Anpassung, Abstimmung, Koordinierung in ihrer Bedeutung gleichkommen und im entscheidenden die „Beseitigung oder Verringerung von Unterschieden" zum Inhalt haben. Seine nähere Präzisierung empfängt der Begriff jeweils durch die Charakterisierung der zu beseitigenden oder zu verringernden Unterschiede. Bei ihnen handelt es sich um solche, die

„1. das Funktionieren des Gemeinsamen Marktes gefährden oder aus allgemein ethischen und politischen Gründen in einer engeren Staatsgemeinschaft nicht tragbar sind,

2. weil sie künstliche Verzerrungen der Wettbewerbsbedingungen oder sonstiger Gegebenheiten darstellen, oder

3. den allgemein ethischen und politischen Zielen der Gemeinschaft zuwiderlaufen;

4. Unterschiede, die die verschiedensten wirtschaftlichen und rechtlichen Gegebenheiten betreffen können, wobei es nicht darauf ankommt, ob diese Gegebenheiten selbst oder andere von ihnen beeinflußte Größen den Zielen des Vertrages widersprechen;

5. Beseitigung oder Verringerung dieser Unterschiede in einem Maße, das von einer geringfügigen Annäherung bis zur Herstellung einer völligen Gleichheit reichen kann, je nachdem, was die zugrunde liegenden Motive erfordern, wobei die Neuregelung eher durch Annäherung an ein neu zu erarbeitendes gemeinsames

---

[9] Hierzu und zum folgenden: *Lochner* ZGesStW 118 (1962) 35; *Wagner,* Beschlußrecht 219 mit Nachweisen in Anm. 10; *von der Groeben* u. a. Komm. 6 zu Art. 57; 1 und 3 zu Art. 6.

[10] *Lochner* ZGesStW 118 (1962) 61.

Ziel als durch Bildung eines schematischen Durchschnittes der bestehenden Regelungen geschieht,

6. und der zu erreichende Zustand nicht etwas Endgültiges darstellt, sondern stets den Notwendigkeiten angepaßt werden muß, wobei neuen Auseinanderentwicklungen stattzugeben ist, wenn sie die Vertragsziele nicht gefährden, jedoch entgegengewirkt werden muß, wenn dies der Fall ist;

7. Beseitigung oder Verringerung der genannten Unterschiede soweit wie möglich durch Förderung automatischer Anpassungsprozesse, wo nötig aber durch aktives Eingreifen der Exekutiven,

8. wobei den Regierungen der Mitgliedstaaten, solange eine gemeinsame Regelung nicht getroffen ist, die Verpflichtung obliegt, keine Maßnahmen zu ergreifen, die die bestehenden Unterschiede vergrößern könnten, woraus sich eine Konsultationspflicht ergibt,

9. und wobei einem stufenweisen Fortschreiten in der Regel der Vorzug zu geben ist

10. und darauf zu achten ist, daß durch die Maßnahmen der Exekutiven nicht die Entwicklung eines Landes in erwünschter Richtung im Interesse der Angleichung gebremst wird, sondern umgekehrt alles daran gesetzt werden muß, die Entwicklung in den zurückbleibenden Staaten so zu forcieren, daß sich in keinem Stadium eine weitere unerwünschte Auseinanderentwicklung ergibt."[11]

b) Die Exegese erfüllt die „Harmonisierung" und ihre Synonyma mit einem Höchstmaß wirtschafts- und sozialpolitischen Integrationsgehalts, zugleich aber auch (insbesondere in Ziffer 7: Prinzip des Interventionsminimums, und in Ziffer 8: Prinzip der „Gemeinschaftstreue") mit der Wirksamkeit allgemeiner Rechtsprinzipien, die das Gemeinschaftsrecht bestimmen.

c) Gegenüber „Koordinierung" und den ihr entsprechenden Begriffen entfaltet der Begriff „Vereinheitlichung" zwar keine in der Richtung abweichende Tendenz, wohl aber eine solche höherer Intensität, die die engere Zusammenarbeit voraussetzt. Auch eine „gemeinsame Politik" (Art. 110), eine Politik als eine „Angelegenheit von gemeinsamem Interesse" (Art. 103 I) intendiert die der Harmonisierung immanenten Tendenzen zur Beseitigung oder Verringerung von Unterschieden mit dem Ziel ihrer Aufhebung.

d) Für die Rechtsauslegung und -anwendung bleibt erforderlich, dem jeweils verwendeten Begriff denjenigen Intensitätsgrad zuzuweisen, der sich aus den in Frage stehenden Vertragszielen und den Besonderheiten des geregelten Wirtschaftsbereichs im Hinblick auf diese Ziele ergibt.

II. Mittelfristige Wirtschaftspolitik

9 Die *mittelfristige Wirtschaftspolitik*, die auf der Grundlage des EWGV gemeinschaftsrechtlich definiert wird und deren Rechtsrahmen, Kompetenzgrundlagen und Handlungsformen hier zunächst zu umschreiben sind, bildet den *Überbau* für die in den Einzelbereichen der Wirtschaft und für die Sozialgestaltung verfolgte Politik. Ihre Entfaltung findet statt innerhalb

[11] *Lochner* ZGesStW 118 (1962) 60.

des Gemeinsamen Marktes, der seinerseits als größerer und integrierter Wirtschaftsraum mit Hilfe der Zollunion, der Aufhebung der Warenverkehrsbeschränkungen, der Freiheiten für Personen-, Dienstleistungs- und Kapitalverkehr geformt worden ist. Auch die Maßnahmen der Rechtsangleichung einschließlich der Steuerharmonisierung zählen zu den — in Teilen noch zu entwickelnden — Vorbedingungen des Gemeinsamen Marktes, in dem eine mittelfristige Wirtschaftspolitik erst wirksam werden kann[12].

Sie selbst findet statt — und das setzt allen ihren Maßnahmen den größeren Rechtsrahmen — innerhalb derjenigen Ordnung und ihrer Rechtsgrenzen nach Intensität und Gestaltung, die die sog. Wirtschaftsverfassung der Gemeinschaft *(28/27, 30, 31)* darstellt. Daraus folgt, daß alle mittelfristige Wirtschaftspolitik sich, rechtlich bewertet, in den Rechtsrahmen der Wirtschaftsverfassung der Gemeinschaft einzufügen hat. Dieses Gebot gilt, was anzumerken nicht überflüssig ist, *auch* für die *Wirtschaftswissenschaften,* die um die theoretische Grundlegung und Ausgestaltung der mittelfristigen Wirtschaftspolitik bemüht sind.

1. Rechtsgrundlagen

10 Der im EWG-Vertragsrecht nur unsystematisch gelungenen Unterscheidung der Einzelbereiche der Wirtschaftspolitik entspricht die Ausgestaltung der wirtschaftspolitischen Kompetenzumschreibungen[13]: auch sie ist weder eindeutig noch in der Zuordnung von nationalen und Gemeinschaftszuständigkeiten so gelungen, daß die wirtschaftspolitischen Maßnahmen der Gemeinschaft nach Grundlage und Handlungsform präzise vorbestimmt sind. Im Bereich der mittelfristigen Wirtschaftspolitik erklärt sich das einmal aus der Komplexität der der Gesamtwirtschaft zugehörigen Einzelbereiche mit ihrer unterschiedlichen Behandlung im Vertragsrecht, zum anderen aus dem Umstand, daß Kernbereiche der Wirtschaftspolitik in der Zuständigkeit der Mitgliedstaaten verblieben sind.

a) Nach Art. 105 EWGV, der sie nur insofern erfaßt, als die Zahlungsbilanzpolitik sie beeinflußt, ist die Wirtschaftspolitik als solche weder in die Gemeinschaftszuständigkeit überführt, noch auch nur zur gemeinsamen Politik erklärt worden. Art. 105 sieht lediglich vor, daß die Mitgliedstaaten ihre nationale Wirtschaftspolitik koordinieren — wozu zur Erleichterung der in Art. 104 erstrebten Zahlungsbilanzpolitik einzelne Organisations- und Verfahrensregeln gesetzt werden (Zusammenarbeit der zuständigen Verwaltungsstellen und der Zentralbanken; Empfehlungen der Kommission an den Rat zur Herbeiführung dieser Zusammenarbeit) *(45/5—8).* Dagegen fehlt es hier für die Wirtschaftspolitik als solche an einer Empfehlungskompetenz der Kommission ebenso wie an einer Entscheidungskompetenz des Rates. Die

[12] *Rambow,* in: Einführung 108.
[13] *Everling,* Die Koordinierung der Wirtschaftspolitik 19.

Erklärung hierfür liegt eben darin, daß der Vertrag insoweit von der weiteren Zuständigkeit der Mitgliedstaaten ausgeht.

b) Andererseits wird die in Art. 105 begründete Koordinierungspflicht der Staaten nach Art. 6 in die Gemeinschaftsaufgaben eingebunden: danach koordinieren die Mitgliedstaaten ihre Wirtschaftspolitik „in enger Zusammenarbeit mit den Organen der Gemeinschaft", soweit dies zur Erreichung der Vertragsziele erforderlich ist. Damit wird auch die Zuständigkeit des Rates aus Art. 145 in Bezug genommen, für die Abstimmung der Wirtschaftspolitik der Mitgliedstaaten zu sorgen. Zwar wird dem Rat damit nicht eine einschlägige Entscheidungskompetenz zur materiellen Gestaltung der Wirtschaftspolitik der Mitgliedstaaten im Sinne ihrer Koordinierung zuerkannt. Denn seine Sorgepflicht obliegt ihm nur „nach Maßgabe des Vertrages", d. h. in den Grenzen der einzelnen Vertragsermächtigungen, und die ihm ebenfalls in Art. 145 zugewiesene Entscheidungsbefugnis ist gleichermaßen vertragsimmanent begrenzt. Indes ist die Rats-Zuständigkeit aus Art. 145 auch nicht lediglich eine inhaltslose, weil auf andere Vertragsermächtigungen verweisende: ihm obliegt jedenfalls die *Abstimmungsaufgabe* als solche. Ihr vermag er aber nur nachzukommen, wenn er für den Abstimmungsvollzug und seine Modalitäten sorgt, m. a. W. das *Verfahren sicherstellt,* in dem die Staaten ihrer Koordinierungspflicht nachkommen. Daraus folgt — und das wird durch sinnvolle Deutung des Art. 105 bestätigt —, daß der Rat zur *Regelung des Abstimmungsverfahrens* durch Beschlußfassung nach Art. 148 I (mit einfacher Mehrheit) befugt ist[14].

c) Da Art. 235 insoweit nicht anwendbar erscheint, sind die Mitgliedstaaten angesichts dieser Rechtslage und der nur begrenzten Ratszuständigkeit zur materiellen Gestaltung ihrer zu koordinierenden Wirtschaftspolitik auf Beschlüsse ihrer im Rat vereinigten Regierungsvertreter *(22/2 ff.)* verwiesen. Ob und inwieweit solche Beschlüsse nach nationalem Recht der Mitwirkung der gesetzgebenden Körperschaften bedürfen, bestimmt sich nach ihrem Inhalt. Um hiervon ihre Wirksamkeit tunlichst nicht abhängig zu machen, haben die zur mittelfristigen Wirtschaftspolitik bislang gefaßten Beschlüsse inhaltlich und in ihrer Rechtsverbindlichkeit hierauf Rücksicht genommen.

d) Die auf dem Gebiet der mittelfristigen Wirtschaftspolitik bisher getroffenen Maßnahmen passen sich in den so gezogenen Rechtsrahmen ein. Dabei sind Zustandekommen und Inhalt der Programme von den erforderlichen organisatorischen und verfahrensmäßigen Regelungen zu unterscheiden.

2. Programme

11 a) Schon in den beiden ersten Stufen zur Verwirklichung des Gemein-

[14] *Everling,* Die Koordinierung 21; *Nicolaysen* NJW 1963, 2212.

samen Marktes haben Gemeinschaftsorgane eine Wirtschaftspolitik mit dem Ziel verfolgt, „die langfristige Grundausrichtung für eine ausgewogene Entwicklung der Wirtschaft in der Gemeinschaft festzulegen, und zwar sowohl im Gesamtrahmen als auch auf regionaler Ebene“[15].

aa) Erstmalig ist dieses Ziel einer planhaften Grundausrichtung ohne kurzfristige Zeitbegrenzung verdeutlicht worden im *Aktionsprogramm der EWG-Kommission für die Zweite Stufe* vom 24. Oktober 1962[16] — einer Umschreibung der „Maßnahme-Gesamtheit“, die eine bedeutsame und tiefgreifende Auseinandersetzung über den Planungsstil der Gemeinschaft und über die Wirtschaftsverfassung der BRD augelöst hat. Sie hat am 20. November 1962 in dem Disput zwischen *Hallstein* und *Erhard* (damals Bundeswirtschaftsminister)[17] die Initialzündung zur Besinnung darüber gegeben, ob und in welcher Weise sich in einer Rechtsordnung (und speziell auch der deutschen) die Präsenz des Staates in der Wirtschaft ausdrückt und was es bedeutet, daß der ständig präsente Staat durch eine Änderung von Gegebenheiten in der Rechtsordnung und ihrer Interventionen mit seinen Entscheidungen auf die Wirtschaft einwirkt. Diese Auseinandersetzung hat für das nationale deutsche Recht die bis dahin verdrängte Frage provoziert, in welchem Verfassungsrahmen gegenüber einer prinzipiellen Wirtschaftsfreiheit des einzelnen eine planvolle hoheitliche Einwirkung auf die Wirtschaft zulässig sei. Sie hat ebenso aufgeworfen, ob und in welchen Rechtsgrenzen das Gebot planvoller, vorausschauender und vorsorgender staatlicher Wirtschafts- und Finanzpolitik ein aus der Natur allen Wirtschaftens ebenso gebotenes planvolles und rationales Verhalten des einzelnen beeinflussen dürfe.

bb) Die rechtliche Exegese des Aktionsprogramms vom 24. Oktober 1962 hat ergeben, daß die Kommission — *nur sie, nicht der Rat* hatte es entwickelt — diese für die Zuordnung der Staaten zur Wirtschaft wesentliche Erkenntnis ihren Maßnahmen der (nicht nur kurzfristigen) Wirtschaftspolitik von Beginn an zugrunde gelegt und dabei trotz aller anfänglichen Anlehnung an französische planification-Vorstellungen das Vertragsrecht respektiert hat. In der Folgezeit hat sich die Gemeinschaftsprogrammierung vom Beispiel der französischen planification weiter gelöst. In der BRD ist die Einsicht in die Aufgaben mittelfristiger Planung bis hin zum Erlaß des Stabilitätsgesetzes vom 8. Juni 1967 zunehmend gewachsen. In dieser Weise haben sich die Stile der deutschen und der gemeinschaftlichen Wirtschaftspolitik einander angenähert[18].

b) In der Verfolgung der mit dem Aktionsprogramm für die Zweite Stufe begonnenen Projektion einer längerfristigen Wirtschaftspolitik hat der Rat auf der Grundlage eines Kommissionsvorschlages[19], ihrer Empfehlung vom 26. Juli 1963 und der Art. 105 und 145 EWGV mit seinem Beschluß

---

[15] *Cartou,* Europäische Organisationen 192. [16] Dazu: *Ipsen* NJW 1963, 1713.

[17] Verhandlungen des Europ. Parlaments 19.—23. 11. 1962, Sitz.-Ber. Nr. 60 III/63 S. 50—155, insbes. 58—64, 74—84; dazu: *Ipsen,* EuR 1967, 198 in seiner Rede zur Ehrenpromotion von Professor Dr. Dr. h. c. Walter Hallstein durch die Rechtswissenschaftliche Fakultät der Universität Hamburg am 3. 7. 1967.

[18] Hierzu: *Hallstein,* Bundesstaat 132; *Meier* EuR 1967, 320; *Molitor,* in: Planung IV (1970) 129; *Friauf,* ebenda 41, 50.

[19] BullEWG 8/1963, Sonderbeilage.

vom 15. April 1964[20] einen *Ausschuß für mittelfristige Wirtschaftspolitik* eingesetzt. Die jetzt — statt, wie bis dahin, längerfristig — *mittelfristig* benannte Programmierung selbst wurde auf jeweils 5 Jahre bemessen.

Der Ausschuß besteht aus je zwei Vertretern der Kommission und eines jeden Mitgliedstaates. Das Gremium, in das die Staaten fachlich zuständige Beamte entsenden, ist beratendes Organ der Kommission. Seine Aufgabe besteht in der Erarbeitung eines Programm-Entwurfs für die mittelfristige Wirtschaftspolitik, dessen Grundausrichtung die Mitgliedstaaten und die Gemeinschaft bei ihrem Vorgehen zugrunde legen.

Für die Programm-Verabschiedung bedarf es der Annahme durch den Rat *und* die Regierungen der Staaten. In der Annahme liegt die Absichtserklärung, entsprechend den im Programm vorgesehenen Leitgedanken zu handeln. Gemäß Ziffer 3 des Beschlusses vom 15. April 1964 wird die Wirtschaftspolitik der Mitgliedstaaten im Ausschuß auch auf ihre Vereinbarkeit mit den im Programm festgelegten Leitlinien geprüft. Darin liegt eine wirtschaftspolitische Sanktion der Programmierung, die zugleich neue Erkenntnisse für die Programm-Fortschreibung liefert.

aa) Inhaltlich baut das Programm auf wirtschaftlichen Vorausschätzungen als gemeinsamen Überlegungen über die Zukunft auf. Diese *„Vorschau“*[21] wird von einer von der Kommission eingerichteten Sachverständigengruppe erstellt, der „unabhängige Sachverständige zur Untersuchung der mittelfristigen Perspektiven der wirtschaftlichen Entwicklung der Gemeinschaft“ angehören (Ziffer 39 der Empfehlung). Die Vorschau erstellt deskriptive Voraussetzungen ohne eigene Zieldefinitionen, die jährlich überprüft und fortgeschrieben werden.

bb) Die Vorschau bildet die Voraussetzung für die Aufstellung des *Europäischen Programms* als Rahmen und Koordinierung der mittelfristigen Politik der Mitgliedstaaten. Den Vorentwurf des Programms stellt der Ausschuß für die mittelfristige Wirtschaftspolitik auf. Zur Verabschiedung des Programms bedarf es der Zustimmung des Rates *und* der Annahme durch die Regierungen *deshalb,* weil auch diese mit der Annahme ihre Absicht der Programmbefolgung bekunden.

c) Das Erste Programm für die *mittelfristige* Wirtschaftspolitik ist unter Berufung auf Art. 6, 105, 145 EWGV für die Jahre 1966—1970 am 11. April 1967 beschlossen worden[22]; das zweite, am 12. Mai 1969 beschlossene[23], stellt lediglich eine Ergänzung und Vertiefung des ersten Programms dar. Das dritte Programm (für die Jahre 1971—1975) ist am 9. Februar 1971 verabschiedet worden[24].

---

[20] ABl. 1964, 1031.
[21] *Cartou,* Europäische Organisationen 296.
[22] ABl. 1967, 1513.
[23] ABl. 1969 L 219, 1.
[24] ABl. 1971 L 49, 5. — Eine Ergänzung findet das dritte Programm in den (schon während seiner Erarbeitung herangezogenen) „Perspektiven bis 1975“, die von der Sachverständigengruppe für mittelfristige wirtschaftliche Perspektiven der Kommission im März 1971 vorgelegt worden sind (Dok 20791/II/1970 endg.). Die „Perspektiven“ zeigen „Makroökonomische Entwicklung und wirtschaftspolitische Probleme in der Europäischen Gemeinschaft“ (so der Untertitel) auf und glie-

Der Ratsbeschluß vom 15. April 1964 und die bisher ergangenen drei Programmbeschlüsse von 1967, 1969 und 1971 haben die verfügbaren Rechtsgrundlagen rechtlich einwandfrei zur Anwendung gebracht.

aa) Soweit der Beschluß vom 15. April 1964 den Ausschuß für mittelfristige Wirtschaftspolitik instituiert, stellt er eine nach Art. 145 i. Verb. mit Art. 105 und 6 EWGV zulässige Regelung des Abstimmungs- und Koordinierungsverfahrens dar. Zweifel daran, ob der durch den Beschluß ebenfalls umschriebene Auftrag des Ausschusses in gleicher Weise gedeckt ist, erscheinen nicht begründet. Denn Koordinierungs*entscheidungen materieller* Art sind dem Ausschuß durch Umschreibung seines Mandats *nicht* überantwortet worden[25].

bb) Die Regelung des Verfahrens zur Programmverabschiedung (durch die Regierungen *und* den Rat) berücksichtigt zweierlei: einmal, daß der Rat in Einzelbereichen der Wirtschaftspolitik, die das Programm umgreift, eigene Zuständigkeiten besitzt, so daß es insoweit seiner Mitentscheidung bedarf (Verkehr, Landwirtschaft); zum anderen, daß im übrigen die Mitgliedstaaten zuständig geblieben sind. Daß der Beschluß sich als Absichtserklärung des Rates und der Regierungen kennzeichnet, entspricht denselben Gründen.

3. Rechtsnatur und Rechtsgehalt des Programms[26]

12 a) Das Programm enthält nach Art der Wirtschaftsplanung deutschen Verfassungsverständnisses als eine Maßnahme-Gesamtheit eine Bündelung von Leitlinien zur Gestaltung einzelner Wirtschaftsbereiche und zu ihrer wechselseitigen Abstimmung, insgesamt die „großen Linien der von den Mitgliedstaaten und den Organen der Gemeinschaft" für den Programmzeitraum „beabsichtigten Wirtschaftspolitik" und ihre Koordinierung. Dem entspricht der Aufbau des Programms nach Gesamtkonzeption, Analyse der Wachstumsbedingungen und Prognosen, Hinweisen für die Einzelbereiche und speziellen Direktiven für einzelne Politiken.

b) Adressaten des Programmgehalts sind der Rat und — obwohl nicht ausdrücklich so bezeichnet — die Regierungen der Mitgliedstaaten, die ihre Absicht verlautbaren, den Programmleitlinien entsprechend zu handeln. Der Rat seinerseits bekundet damit die Bereitschaft der Gemeinschaft und ihrer Organe zur programmentsprechenden Ausrichtung ihrer Wirtschaftspolitik im Planungszeitraum. Zugleich richtet der Rat damit die Leitlinien als Verhaltensregeln an die Mitgliedstaaten, soweit diese für ihre Beachtung und Umsetzung zuständig sind. Hierin und in der Absichtserklärung der Regierungen, leitliniengemäß zu handeln, liegt rechtlich ein Gesamtakt, der auf

---

dern sich in Teil I: Perspektiven und Probleme auf Gemeinschaftsebene, Teil II: Projektionen der Mitgliedsländer.

[25] *Everling*, Die Koordinierung 28.

[26] Dazu insbes.: *Meier* EuR 1967, 320—336.

seiten des Rates eine nicht-förmliche Empfehlung, auf seiten der Staaten die Erklärung der Befolgungsbereitschaft darstellt. Damit entsteht also keine Vereinbarung (zwischen der Gemeinschaft und den Staaten, dem Rat und den Regierungen, der Staaten oder Regierungen untereinander). Wohl aber entsteht damit eine nicht nur politisch, sondern *gemeinschaftsrechtlich relevante Verhaltensregelung*, die in den Bereich der den Mitgliedstaaten in Art. 5 zugewiesenen Aufgaben und den ihrer Koordinierungspflicht i. S. des Art. 6 I fällt. Die durch das Programm fixierte Verhaltensregelung stellt danach eine zeitbemessene Substantiierung mitgliedstaatlicher Vertragspflichten aus Art. 5, 6 I dar. Soweit diese substantiierten Pflichten justiziabel erscheinen, würden sie unter der möglichen gerichtlichen Sanktion der Art. 169, 170 stehen. Indes wird ihre Anwendung praktisch nicht in Betracht kommen. Sie ist auch bisher nicht angewendet worden.

c) Die *Marktbürger* sind weder Adressaten noch unmittelbar aus dem Programm Berechtigte oder Verpflichtete. Wegen mangelnder inhaltlicher Eignung zur unmittelbaren Anwendbarkeit kommt den die Mitgliedstaaten angehenden empfehlenden Gehalten des Programms *keine Durchgriffswirkung* zu. Insoweit gilt für das Programm, was bereits zum Aktionsprogramm der Kommission für die Zweite Stufe festgestellt werden konnte[27]. Ob der Marktbürger sich bei Programmänderungen auf Rechtsgrundsätze einer „Plangewährleistung“[28] berufen kann, beurteilt sich nicht nach Gemeinschaftsrecht und betrifft nicht seine Rechtsbeziehung zur Gemeinschaft. Das beurteilt sich allein nach den Auswirkungen nationaler Rechtsänderungen, die ihrerseits in Befolgung von Programmempfehlungen ergehen und gegenüber dem Marktbürger Rechtsfolgen der Plangewährleistung auslösen können. Entsprechendes gilt für die Bereitstellung des prozessualen Rechtsschutzes.

III. Konjunkturpolitik

13 Die wirtschaftswissenschaftlich gebotene, vom Gemeinschaftsrecht nicht systematisch verfolgte Unterscheidung der Bereiche der Wirtschaftspolitik i. w. S. *(44/3—5)* differenziert zwischen der mittelfristig verfolgten Wirtschaftspolitik mit ihrem Ziel des gesamtwirtschaftlichen Gleichgewichts *(44/9—12)* und der Konjunkturpolitik. *Diese* bezweckt, den Wirtschaftsablauf *kurzfristig* zu beeinflussen, um die innere und äußere Stabilität zu gewährleisten. Da sie Maßnahmen in wirtschaftspolitisch verschiedenen Bereichen verwendet, ist sie zur Bestimmung ihres Rechtsrahmens nicht geschlossen er-

[27] *Ipsen* NJW 1963, 1715.

[28] *Ipsen*, Fragestellungen zu einem Recht der Wirtschaftsplanung, in: Planung I (1965) 60; *ders.*, Rechtsfragen der Wirtschaftsplanung, in: Planung II (1966) 106; *ders.*, VVDStRL 11 (1954) 129; *Forsthoff*, Über Mittel und Methoden moderner Planung, in: Planung III (1968) 36; *Oldiges*, Grundlagen eines Plangewährleistungsrechts (1970); BGHZ 45, 83.

faßbar. Ihr Gesamt-Rechtsrahmen setzt sich aus einzelnen Rechtsbegrenzungen zusammen, die gemeinschaftsrechtlich in Einzelbereichen der Wirtschaftspolitik gezogen sind. Das gilt beispielhaft für die Währungs-, Finanz- und Haushaltspolitik, aber auch für die Handels-, Struktur- und Regionalpolitik einschließlich der Industriepolitik. Wegen der Unterschiedlichkeit der gemeinschaftsrechtlichen Grundlagen für die Einzelbereiche der Wirtschaftspolitik bedarf es zunächst ihrer Darlegung und Zuordnung zu denen der Konjunkturpolitik.

1. Rechtsgrundlagen

14 a) Im Unterschied zur mittelfristigen Wirtschaftspolitik begründet Art. 103 EWGV eine umfassende Gemeinschaftskompetenz[29]. In seinem Abs. I heißt es zunächst: „Die Mitgliedstaaten betrachten ihre Konjunkturpolitik als eine Angelegenheit von gemeinsamem Interesse." Das entspricht in etwa dem Art. 105 I hinsichtlich der Wirtschaftspolitik: zwar sind es die Mitgliedstaaten, die Konjunkturpolitik in eigener Zuständigkeit betreiben, und deshalb spricht Art. 103 I von „ihrer" Konjunkturpolitik wie Art. 105 I von „ihrer" Wirtschaftspolitik. Aber hinsichtlich *beider* Politik-Bereiche sieht das Vertragsrecht ihre *Integration* vor: durch ihre Anerkennung als Angelegenheit von gemeinsamem Interesse in Art. 103, durch ihre Unterwerfung unter eine Pflicht zur Koordinierung in Art. 105.

b) Anders aber als nach Art. 105, der die Gemeinschaftsorgane auf Koordinierungsempfehlungen *verfahrensmäßiger* Art verweist, verleiht Art. 103 II eine *sachliche Entscheidungskompetenz:* „Auf Vorschlag der Kommission kann der Rat unbeschadet der sonstigen in diesem Vertrag vorgesehenen Verfahren einstimmig über die der Lage entsprechenden Maßnahmen entscheiden."

Diese Entscheidungskompetenz ist umfassend. Die dem Rat zu Gebote stehenden Maßnahmen haben sich lediglich auszurichten an dem Zweck, der Lage — d. h. der Konjunkturlage — zu entsprechen, also die Konjunktur in der konjunkturpolitisch erwünschten Zielrichtung zu beeinflussen. Ihrem Inhalt nach sind die zulässigen Maßnahmen nicht begrenzt, so daß sie in allen konjunkturerheblichen Bereichen erfolgen können. Die Ratskompetenz des Art. 103 II entzieht den Mitgliedstaaten zwar nicht ihre in Abs. I vorgesehene Zuständigkeit zu eigener Konjunkturpolitik. Diese steht aber dem Zugriff des Rates zur Disposition, weil die mitgliedstaatliche Zuständigkeit durch die Inanspruchnahme der Rats-Kompetenz verdrängt wird, so daß der Rat auf diese Weise selbst eine Gemeinschaftskonjunkturpolitik initiieren kann. Er hat dabei allerdings wegen der Interessen-Gemeinsamkeit auf die Staaten Rücksicht zu nehmen und ist in der Wahrnehmung seiner eigenen Kompetenz insoweit begrenzt, als in bestimmten konjunkturpolitisch rele-

[29] *Rambow,* in: Einführung 112.

vanten Bereichen (Geld- und Finanzpolitik) der Gemeinschaft eigene Mittel zur Verwirklichung einer Konjunkturpolitik fehlen.

c) Ob der Rat in Anwendung des Art. 103 II von anderen Vertragsbestimmungen abweichen kann, ist zweifelhaft[30], insbesondere, ob der Rat Befugnisse aus Sonderregelungen (z. B. für Zollkontingente gemäß Art. 25) unter Berufung auf Art. 103 „aufwerten" darf. Ausgeschlossen erscheint das nicht, da Art. 103 II es nicht verbietet. Indes steht die konjunkturpolitische Kompetenz des Rates vornehmlich für Sachbereiche in Frage, in denen das Vertragsrecht ihm Entscheidungsbefugnisse nicht einräumt, so in der Haushaltspolitik der Staaten, der Steuer-, Kredit-, Lohn- und Sozialpolitik. Außerdem hat Art. 103 II seine Bedeutung dort, wo Regelungen verschiedener Bereiche im Interesse und als Maßnahmen der Konjunkturpolitik aufeinander abgestimmt werden müssen.

d) Da die Ratskompetenz als solche der Konjunkturpolitik auf kurzfristig beeinflussende Maßnahmen beschränkt ist und ihm für mittelfristige Interventionen der Wirtschaftspolitik nach Art. 105 eine gestaltende Kompetenz fehlt *(44/10)*, können aus der nicht vorhersehbaren Wirksamkeit einzelner Maßnahmen Schwierigkeiten ihrer Legalisierung eintreten[31]. Deshalb ist für konjunkturpolitische Maßnahmen dann in Art. 103 II eine Rechtsgrundlage nicht mehr gegeben, wenn sie schon ihrer Intention nach auf eine längerfristige Wirtschaftsbeeinflussung zielen.

e) Da Art. 103 II die Handlungsformen des Rates nicht näher bestimmt, kann er seinen Maßnahmen die Rechtsform der Verordnung, Entscheidung oder Richtlinie geben. Das wird auch durch Abs. III a.a.O. nicht ausgeschlossen[32]. Denn die Kompetenz des Rates, die er durch Erlaß von Richtlinien zur Durchführung seiner nach Abs. II getroffenen Entscheidungen wahrnimmt, soll hierdurch in ihrer Handhabung nur erleichtert werden (Zulassung der qualifizierten Mehrheit).

f) Daß das in Art. 103 „vorgesehene Verfahren" nach Abs. IV auch für Schwierigkeiten in der Versorgung mit bestimmten Waren anwendbar ist, entspricht seiner notwendigen Kurzfristigkeit. Diese Konjunkturpolitik des Mangels bedient sich also nicht des Verfahrens des Art. 59 EGKSV, das nach Erklärung der Mangellage insbesondere Bewirtschaftungsmaßnahmen vorsieht. Abs. IV stellt vielmehr primär auf *marktkonforme* Mangelbekämpfung ab, ohne indes den Einsatz nationaler Bewirtschaftungsmaßnahmen auszuschließen.

2. *Wirkungsbereiche*

15 a) Die möglichen Wirkungsbereiche der Konjunkturpolitik können erschöpfend nicht aufgezählt werden, es sei denn, *alle* Wirtschaftsbereiche wür-

[30] *Everling*, Die Koordinierung 19.
[31] *Everling*, Die Koordinierung 25.
[32] *Rambow*, in: Einführung 113.

den potentiell wirkungsrelevant genannt, soweit ihre Beeinflussung in concreto konjunkturwirksam und — im Unterschied von der mittelfristigen Wirtschaftspolitik — kurzfristig effizient ist. Beispielhaft sind praktiziert und genannt worden kreditpolitische Maßnahmen (der Zentralbanken durch Festsetzung der Diskontsätze und der Mindestreserven sowie der Offenmarktpolitik), antizyklische finanzpolitische Maßnahmen (insbes. der staatlichen Etatwirtschaft durch Einsatz oder Stillegung von Haushaltsmitteln), Maßnahmen der Steuerpolitik (zur Beeinflussung der Spar- und Investitionstätigkeit) usw.

b) Die Gemeinschaft kann im Interesse der Koordinierung der Konjunkturpolitik auch Einfluß auf Mittel und Methoden nehmen, mit denen die Mitgliedstaaten ihrerseits die Aufgaben der Konjunkturpolitik wahrnehmen. Auch ihnen kann entnommen werden, in welchen Bereichen die Konjunkturpolitik vornehmlich wirksam wird[33].

Bereits nach dem Programm für die Zweite Stufe (Ziff. 93) hatte die Kommission eine „Verstärkung des den einzelstaatlichen Behörden zur Verfügung stehenden antizyklischen Instrumentariums" vorgesehen. Der Währungsausschuß hat „Die währungspolitischen Instrumentarien in den Ländern der EWG" untersucht[34]. Auch die Ratsempfehlung vom 15. April 1964 für Maßnahmen zur Wiederherstellung des inneren und äußeren Gleichgewichts der Wirtschaftsentwicklung[35] enthält einen Kodex von Maßnahmen, die zur Bekämpfung konjunkturpolitischer Krisenlagen insbesondere inflationärer Art geeignet sind.

c) Mit seiner auf Art. 103 gestützten Entscheidung vom 9. März 1960[36] hat der Rat einen *Ausschuß für Konjunkturpolitik* bei der Kommission eingesetzt. Er besteht aus je drei Mitgliedern der Kommission und eines jeden Mitgliedstaates. Er hat mitzuwirken bei den in Art. 103 I 2 vorgesehenen Beratungen zwischen den Staaten und der Kommission. Die Regierungen haben die Kommission über die großen Linien ihrer Vorhaben zu unterrichten, falls ihr Erfolg nicht von Geheimhaltung abhängt.

d) Nach der auf Art. 103 II, 105 I gestützten Entscheidung des Rates vom 17. Juli 1969[37] über die Koordinierung der kurzfristigen Wirtschaftspolitik müssen wichtigen Entscheidungen oder Maßnahmen der Staaten, die dahingehende Auswirkungen haben können, Konsultationen im Währungs-, Konjunkturpolitik- und Haushaltsausschuß voraufgehen, bei besonderer Bedeutung auch im Rat. Sofern besondere Umstände nicht entgegenstehen, dürfen die Maßnahmen der Mitgliedstaaten erst nach der Konsultation getroffen werden. — Eine Verstärkung der Koordinierung der kurzfristigen Wirtschaftspolitik hat die auf Art. 103, 145 EWGV gestützte Ratsentscheidung vom 22. März 1971[38] gebracht, die zugleich einer teil-

[33] *Cartou,* Europäische Organisationen 274.
[34] Bericht vom August 1962.
[35] ABl. 1964, 1029.
[36] ABl. 1960, 764.
[37] ABl. 1969 L 183, 41.
[38] ABl. 1971 L 73, 12; zu ihr *Ehlermann,* Die Entscheidungen des Rates zur Einleitung der ersten Stufe der Wirtschafts- und Währungsunion, EuR 1972, 16 ff., *29 ff.*

weisen Verwirklichung der Entschließung des Rates und der Regierungsvertreter vom 9. Februar/22. März 1971 über die stufenweise Verwirklichung der Wirtschafts- und Währungsunion in der Gemeinschaft *(45/17 ff.)* dient. Nach dieser Entscheidung finden jährlich drei Ratstagungen zur Prüfung der Wirtschaftslage der Gemeinschaft statt mit dem Ziel der Festlegung von Leitlinien der kurzfristigen Wirtschaftspolitik für die Gemeinschaft und die Mitgliedstaaten. Vorgesehen ist u. a. die Fixierung quantitativer Orientierungsdaten für die Eckwerte der staatlichen öffentlichen Gesamthaushalte. Das Ergebnis der Rats-Tagungen soll jeweils gegen Ende des dritten Quartals die Verabschiedung eines Jahreswirtschaftsberichts sein mit der Festlegung der Leitlinien für die mitgliedstaatliche Wirtschaftspolitik des Folgejahres, der den nationalen Parlamenten vorzulegen ist. Die Anwendung der Entscheidung ist im Gang[39]. Am 26. Oktober 1971 hat der Rat den ersten Jahresbericht über die Wirtschaftslage der Gemeinschaft gebilligt[40].

Zur Intensivierung der Entscheidung vom 22. März haben Rat und Regierungsvertreter mit ihrer Entschließung vom 25. März 1972[41] betr. die Anwendung derjenigen über die Verwirklichung der Wirtschafts- und Währungsunion beim Rat eine Koordinierungsgruppe geschaffen zwecks ständiger Unterrichtung der Mitgliedstaaten über ihre Konjunktur- und Finanzpolitik und deren Koordinierung im Rahmen der vom Rat festgelegten Leitlinien. Die Gruppe besteht aus je einem besonderen Vertreter des mitgliedstaatlich zuständigen Ministers und einem Vertreter der Kommission. Zu den Sitzungen werden ggf. die Präsidenten des Konjunkturpolitik-, des Währung- und des Haushaltspolitik-Ausschusses zugezogen. Mit dem Ausschuß der Ständigen Vertreter arbeitet die Gruppe insbes. eng zusammen zur Vorbereitung der drei Ratstagungen zur Koordinierung der Wirtschaftspolitik. Will ein Mitgliedstaat von den vom Rat nach der Entscheidung vom 22. März 1971 festgelegten Leitlinien abweichen, ist eine Konsultation in der Koordinierungsgruppe, bei erheblichen Vorbehalten auf Antrag eines Mitgliedstaates oder der Kommission eine solche im Rat vorgesehen.

e) Bereits seit 1964 hat der Rat wiederholt auch auf Art. 103 EWGV gestützte *Einzelempfehlungen* erlassen, darunter halbjährlich oder jährlich bemessene Leitlinien für konjunkturpolitische Dispositionen der Mitgliedstaaten[42].

---

[39] Vgl. als erstes Resultat: Memorandum der Kommission an den Rat vom 2. 6. 1971 über die Ausrichtung der kurzfristigen Wirtschaftspolitik, die wesentlichen Teile der Wirtschaftsbudgets und die quantitativen Orientierungsdaten für die öffentlichen Gesamthaushalte für 1972 (Dok KOM — 71 — 626 = BullEG Nr. 7/1971, 14).

[40] ABl. 1971 L 253, 13; Vorschlag der Kommission vom 15. 9. 1971: Dok KOM (71) 1100; Aussprache im Parlament: Verhandlungen des Europ. Parl. Nr. 142, Sitzungen vom 18.—22. 10. 1971, 33—73. — Zur Frage nach der Rechtsverbindlichkeit durch den Abg. *Vredeling* hat die Kommission am 4. 11. 1971 erklärt: „Der Grad der Rechtsverbindlichkeit ist von der Art der vom Rat beschlossenen Rechtsakte abhängig" (ABl. 1971 C 117, 5).

[41] ABl. 1972 C 38, 3; dort insbes. Ziff. I.

[42] Beispiele: Empfehlung über Maßnahmen zur Wiederherstellung des inneren und äußeren Gleichgewichts der Wirtschaftsentwicklung der Gemeinschaft v. 15. 4. 1964 (ABl. 1964, 1029); Empfehlung betr. die Konjunkturpolitik im weiteren Verlauf des Jahres 1965 v. 8. 4. 1965 (ABl. 1965, 985); Empfehlung über die Leitlinien der Konjunkturpolitik für das Jahr 1967 v. 22. 12. 1966 (ABl. 1966, 4059); Empfehlung über die Leitlinien der Konjunkturpolitik für das 2. Halbjahr 1967 und die ersten konjunkturpolitischen Dispositionen für das Jahr 1968 v. 11. 7. 1967 (ABl. 1967 Nr. 159, 6); Empfehlung über die Konjunkturpolitik im Jahre 1968 v. 9. 3. 1968 (ABl. 1968 L 63, 5).

§ 45 WÄHRUNGSPOLITIK

Albrecht, Die Reservewährungen, das Währungssystem und die Politik der EWG, EA 1968, 543; *Andretsch,* De devalutie van de Franse frank per 11 augustus 1969 en de gevolgen voor de gemeenschappelijke landbouwmarkt, SEW 1969, 598; *Aust,* Währungsordnung und Zahlungsbilanz im Gemeinsamen Markt Europas (1959); *Bachmann,* Entwicklungen und Stand der Notenbankpolitik in den Ländern des Gemeinsamen Marktes und Möglichkeiten einer zukünftigen Gestaltung, Diss. Frankfurt (1968); *Barre,* Die währungspolitische Zusammenarbeit der Europäischen Wirtschaftsgemeinschaft, EA 1969, 563; *Barre,* Politique monétaire de la Communauté, RevTrimDrEur 1969, 49; *Beyfuß,* Die europäische Wirtschafts- und Währungsunion, Pläne und Probleme (1970); *Bochud,* Fundamentale Fragen künftiger Währungspolitik (1965); *Börner,* Die fünfte Freiheit des Gemeinsamen Marktes: Der freie Zahlungsverkehr, Fs Ophüls 19; *Carreau,* Souveraineté et coopération monétaire internationale (1970); *Carreau,* La Communauté économique européenne face aux problèmes monétaires, RevTrimDrEur 1971, 586; *Cartou,* La politique monétaire de la CEE (1970); *Ehlermann,* Die Entscheidungen des Rates zur Einleitung der ersten Stufe der Wirtschafts- und Währungsunion EuR 1972, 16; *Everling,* Die Entwicklung der Europäischen Gemeinschaft zur Wirtschafts- und Währungsunion, NJW 1971, 1481; *Everling,* Institutional aspects of a European Economic and Monetary Union, CMLR 8 (1971) 495; *Garelli,* Pour une monnaie européenne (1969); *Gleske,* Möglichkeiten und Grenzen einer europäischen Währungsintegration, EA 1968, 333; *Gleske,* Währungspolitik und Agrarmarkt in der EWG, EA 1970, 15; *von der Groeben,* Probleme europäischer Währungspolitik. Für die schrittweise Errichtung eines europäischen Währungssystems, Sonderdruck der Kommission der Europäischen Gemeinschaften aus: Fs Schmölders (1968); *Hahn,* Monetäre Integration — Illusion oder Realität?, in: Währungspolitik in der europäischen Integration (1964) 121; *Hettlage,* Finanzrechtsprobleme der Europäischen Gemeinschaften, Fs Ficker 225; *Hoffmann (-Riem),* Rechtsfragen der Währungsparität (1969); *Hoffmann-Riem,* Rechtsprobleme der Aufwertung 1969, BB 1969, 1374; *von Horn,* Zahlungsbilanz-Schwierigkeiten und Zahlungsbilanz-Krise nach dem EWG-Vertrag, EuR 1969, 37; *Integration* durch Währungsunion? Symposion des Instituts für Weltwirtschaft an der Univ. Kiel Juni 1970 (1971, Hg. Giersch); *Issing,* Monetäre Probleme der Konjunkturpolitik in der EWG (1964); *Kapteyn,* Het institutionele bestel van de Europese Gemeenschap en de verwezenlijking van de economische en monetaire unie, SEW 1971, 326; *Kern,* Vers une monnaie unique en Europe?, RevMC 1963, 281; *Klasen,* Die Verwirklichung der Wirtschafts- und Währungsunion in der EWG aus der Sicht der Deutschen Bundesbank, EA 1970, 449; *Kohler-Schlaeger,* Ein Markt und eine Währung, 1. Aufl. (1968), 2. Aufl. (1971) unter dem Titel: Wirtschafts- und Währungsunion für Europa; *Krämer,* Wirtschaftliche und rechtliche Probleme der monetären Integration in der Europäischen Wirtschaftsgemeinschaft (1966); *Lipfert,* Geld und Kapital im Gemeinsamen Markt. Vorschläge zur Koordinierung und Entwicklung der Finanzmärkte der EWG (1962); *Maas,* De bevoegdheden van de Gemeenschap en de verwezenlijking van de economische en monetaire unie, SEW 1971, 347; *Marjolin,* La C. E. E. et les questions monétaires internationales, RevTrimDrEur 1965, 207; *Gert Meier,* Währungsabsicherungsgesetz und EWG-Vertrag, AWD 1969, 1; *Gert Meier,* Die Weiterentwicklung des Gemeinsamen Marktes zur Wirtschafts- und Währungsunion — Aufgabe des Integrationsprinzips?, AWD 1971, 497; *Menais,* A la recherche d'une monnaie unique européenne (1964); *Mitzka,* Auf dem

Wege zur Wirtschafts- und Währungsunion, ZfZ 1971, 161; *Morawitz,* Die Freigabe des Wechselkurses der Deutschen Mark 1971, EuR 1971, 335; *Nicolaysen,* Gemeinschaftsverfahren im Zeichen der Wirtschafts- und Währungsunion, Integration 1971, 90; *Oppermann,* Währungsparitätsänderungen und Gemeinsamer Markt, EuR 1970, 32; *Oppermann,* Währungsunion und EWG-Vertragsrevision, EuR 1971, 130; *Pfleiderer,* Währungsordnung und europäische Integration (1964); *Rijnvos,* Economische orde en europese monetaire integratie (1970); *Rometsch,* Monetäre Integration — Das Problem einer Währungsunion im Gemeinsamen Markt (1968); *Schlaeger,* Probleme einer gemeinschaftlichen EWG-Währung (1969); *Schlichting,* Sur la voie de l'union économique et monétaire, RevMC 1970, 255; *Schuster,* Zentralbankpolitik und Bankenaufsicht in den EWG-Staaten (1967); *Segré,* Vers un marché financier européen (1963); *Szàsz,* The monetary union debate, CMLR 1970, 407; *Thiel,* Europäische Währungskooperation und der britische Beitritt zur EWG, EA 1970, 91; *Tietmeyer,* Europäische Wirtschafts- und Währungsunion — eine politische Herausforderung, EA 1971, 409; *Tigery,* Ambitions et difficultés d'une politique monétaire commune, RevMC 1969, 161; *Uri,* A propos de la monnaie européenne, in: Fundamentale Fragen künftiger Währungspolitik (1965) 220; *Verloren van Themaat,* De wettelijke basis van de nederlandse economische politiek op korte en middellange termijn in een economische en monetaire unie, SEW 1971, 381; *Währungspolitik* in der europäischen Integration (mit Beiträgen von *Schmölders, Röpke, Triffin, Gleske u. a.,* 1964); *Wauters,* De economische en monetaire unie in de EEG, SEW 1971, 307; *Weides,* Rechnungseinheiten der Europäischen Gemeinschaften, FinArch 26 (1967) 278; *Willgerodt,* 14 Thesen zur europäischen Währungsintegration, ZgesKreditwesen 1970, 827.

1 Währungspolitik äußert sich in den Bestimmungen und Entscheidungen über Geldschöpfung und Geldumlauf[1]. Eine Integration der Währungspolitik empfängt ihre Impulse zwar von der Verflechtung der nationalen Volkswirtschaften und der Herstellung des Gemeinsamen Marktes, und die Ansätze zur Stufenplanung einer Wirtschafts- und Währungsunion sind auch durch seine Vollendung ausgelöst worden[2]. In diesem Zusammenhang einer Begleitfolge erschöpft sich die Bedeutung einer integrierten Währungspolitik indes nicht. Sie ist umgekehrt auch ihrerseits ein wesentlicher Faktor im Prozeß der Verschmelzung nationaler Volkswirtschaften zum Gemeinsamen Markt. Der EWGV hat das von Beginn an in Rechnung gestellt, obwohl er selbst insoweit wegen der Beharrung der Gründerstaaten auf nationaler Währungspolitik noch keine progressiven Normierungen aufstellen konnte. Die Entwicklung der EWG hat diese doppelten Zusammenhänge eindeutig bestätigt, und dies auch gerade in den zahlreichen währungspolitischen Krisensituationen, die sie selbst, ihre Mitgliedstaaten und Drittstaaten betroffen haben[3].

---

[1] *Waelbroeck,* La libre circulation des paiements, DrCommEur Nrn. 1912 bis 1920; *ders.,* La politique économique, a.a.O., Nrn. 2273—2282.

[2] *Gleske* EA 1968, 333.

[3] Darstellung bei: *Hallstein,* Bundesstaat 107—124; allgemein: *Kahn,* Pour comprendre les crises monétaires (1969). — Zur Chronik der Währungskrisen:

28. Dezember 1958: Abwertung des französischen Franc um 15 Prozent;

1960: Erste große Spekulation gegen den Dollar; Goldpreis steigt am Londoner Markt auf 41,5 Dollar je Unze;

6. März 1961: Aufwertung der D-Mark um 5 Prozent;

1963: Zur Eindämmung der Kapitalausfuhr belegt Washington den Erwerb ausländischer Wertpapiere mit einer Zinsausgleichsteuer. Schwere Krise des englischen Pfundes; London führt Importabgabe von 15 Prozent ein;

Der der Währungspolitik in der EWG vertragsrechtlich gezogene Rechtsrahmen hat diese Zusammenhänge berücksichtigt, soweit sie bei Vertragsschluß bedenkbar und normierbar waren. Die zur Durchführung dieser Rechtsgrundlagen getroffenen Maßnahmen organisatorischer und normierender Art beruhen wesentlich auf doppeltem Bemühen. Es geht einmal dahin, die Währungspolitik als Instrument der Wirtschafts- und Konjunkturpolitik im Gemeinschaftsinteresse zu aktivieren. Es sucht andererseits hinsichtlich der Währungspolitik der Mitgliedstaaten die Folgerungen daraus zu ziehen, daß die Herstellung des Gemeinsamen Marktes die nationale Autonomie ihres Einsatzes zwangsläufig schrittweise beschränken muß. „Diesem Sachzwang des Integrationsprozesses kann sich auch die Währungspolitik nicht entziehen. Die schrittweise Beseitigung der verschiedenartigen Beschränkungen im Waren-, Dienstleistungs- und Kapitalverkehr, die entstehende Freizügigkeit des Personenverkehrs sowie die Herstellung der Niederlassungsfreiheit und schließlich die gemeinsam konzipierte und betriebene Politik auf so wichtigen Gebieten wie dem Außenhandel, der Landwirtschaft, dem Verkehr, der Energie und dem Wettbewerb haben ihre weitreichenden direkten und indirekten Konsequenzen auch für die Währungspolitik. Besonders die wachsende Verflechtung der Volkswirtschaften und die damit verbundene Abhängigkeit der wirtschaftlichen Entwicklung jedes Mitgliedslandes von der aller anderen Partner zieht einer autonomen Währungs- und Finanzpolitik jedes Mitgliedstaates zunehmend engere Grenzen."[4]

Die oft gefragte „pompöse Formel", ob eine Währungsunion mit gemeinsamer Währungspolitik, also eine Veränderung der nationalen Währungsverfassungen als „Motor" die übrigen Mittel der Wirtschaftsintegration er-

---

18. November 1967: Abwertung des englischen Pfundes um 14,3 Prozent;

1968: Neuer großer Run auf das Gold; Spaltung des Goldpreises in einen festen Preis für Notenbanken und einen freien Marktpreis;

11. August 1969: Abwertung des französischen Franc um 12,5 Prozent. 27. Oktober 1969: Aufwertung der D-Mark um 9,3 Prozent;

1. Januar 1970: Einführung der Sonderziehungsrechte als neue Währungsreserve; 9,5 Milliarden Dollar in Dreijahresraten. Rekord-Defizit der amerikanischen Zahlungsbilanz von rund 10 Milliarden Dollar;

6. Mai 1971: Wegen übermäßigen Dollarzuflusses werden in der Bundesrepublik, in Holland, Belgien und in der Schweiz die Devisenbörsen geschlossen. 10. Mai: Bundesrepublik und Holland geben Wechselkurs frei, die Schweiz wertet um 7, Österreich um 5 Prozent auf. 15. August: USA suspendieren Goldeinlösungspflicht für den Dollar und ordnen zehnprozentige Importabgabe an. Die Devisenbörsen werden geschlossen. 23. August: Wiedereröffnung der Devisenbörsen; danach geben immer mehr Länder ihre Wechselkurse ganz oder begrenzt frei. 30. August: Auch Japan läßt den Yen floaten; lediglich Frankreich praktiziert Kursspaltung. Währungskompromiß des Zehnerclubs in Washington am 19. Dezember 1971 (Chronik nach *Roeper,* Droht eine neue Weltwirtschaftskrise?, FAZ Nr. 204 v. 4. 9. 1971 S. 15); vgl. auch: Die internationalen währungspolitischen Ereignisse, BullEG 9-10/71, 11-51; 11/71, 9-35; 12/71, 11-22; 2/72, Dokumentation zur Freigabe des Wechselkurses der Deutschen Mark am 9. Mai 1971; *Meyer, Schirmer, Stadtmüller,* Flexible Wechselkurse (1971); *Morawitz,* Die Freigabe des Wechselkurses der Deutschen Mark 1971, EuR 1971, 335.

[4] *Gleske* EA 1968, 334—335.

gänzen oder aber als „Krönung“ am Ende des Integrationsprozesses stehen soll[5], kann bei der Darlegung der einschlägigen Rechtsgrundlagen zur Währungspolitik nicht eindeutig beantwortet werden. Soweit eine Antwort überhaupt möglich ist, kann die Währungspolitik — um im Bilde zu bleiben — *im geltenden Vertragsrecht selbst* allenfalls als „Hilfsmotor“ verstanden werden. Zur „Krönung“ bedarf es daher wesentlicher Vertragsänderungen, was hier nicht auszubreiten ist *(45/19)*. Indes haben auch die allgemein gehaltenen Primärregelungen ermöglicht, die Währungspolitik in wichtigen Zügen den Integrationsfortschritten wenigstens anzupassen.

I. Rechtsgrundlagen

2 Kap. 2 des Titels II (Die Wirtschaftspolitik) faßt Art. 104 bis 109 unter der Überschrift „Die Zahlungsbilanz“ zusammen. Diese Bezeichnung sieht die währungspolitischen Regelungen also primär unter dem Gesichtspunkt solcher Schwierigkeiten, die wegen unterschiedlicher Nationalwährungen mit autonomer Wechselkurskompetenz aus Verschiebungen der Kaufkraftparitäten erwachsen können, weil die Beseitigung von Handelshemmnissen den Zahlungsbilanzausgleich behindert[6]. Unter den nach Bedeutung und Präzision ungleichen Art. 104—109 umschreibt Art. 106 die Grundsätze des Zahlungsverkehrs; Art. 104 und 107 statuieren die allgemeinen Verpflichtungen der Mitgliedstaaten; Art. 105 enthält Koordinierungsregelungen, darunter solche organisatorischer Art; Art. 108 und 109 liefern Schutzklauseln und ordnen Verfahren gegenseitigen Beistandes bei Zahlungsbilanzschwierigkeiten und plötzlichen Krisen.

1. Zahlungsverkehr

3 Art. 106 umschreibt die Pflichten der Mitgliedstaaten zur Sicherung derjenigen Freiheit, die — in Ergänzung der vier Freiheiten des Personen-, Waren-, Dienstleistungs- und Kapitalverkehrs nach den Art. 9—37, 48—73 EWGV — die *fünfte Freiheit* des EWGV genannt worden ist: *die Freiheit des Zahlungsverkehrs*[7]. Art. 106 steht hierfür im Zusammenhang mit Art. 107—109 und mit Art. 67 II für die mit dem Kapitalverkehr verbundenen laufenden Zahlungen.

a) Art. 106 I UA 1 stellt auf die jeweilige Durchsetzung der anderen vier Freiheiten ab: soweit in ihrem Bereich liberalisiert ist, sind die Mitgliedstaaten auch verpflichtet zur Genehmigung von Zahlung und Transfer. „Zahlung bedeutet die rechtsgeschäftliche Erfüllung der Schuld durch Geldmittel, Transfer das tatsächliche Verbringen des Geldes über die Staatsgrenze.“[8] Für den Personenverkehr ist dies devisenrechtlich in aller Regel unerheblich

---

[5] *Hallstein,* Bundesstaat 108.
[6] *Cartou,* Europäische Organisationen 277.
[7] *Börner* Fs Ophüls 19.
[8] *Börner* Fs Ophüls 23.

und bleibt deshalb unerwähnt. Art. 106 I UA 1 sichert grundsätzlich den freien Transfer bei Kapitalbeträgen und Arbeitsentgelten. Damit wird von der Liberalisierung des Zahlungsverkehrs der Gesamtbereich des freien Wirtschaftsverkehrs zwischen den Mitgliedstaaten erfaßt.

b) Nach Art. 106 I UA 2 sind die Mitgliedstaaten bereit, über diese Liberalisierung des Zahlungsverkehrs hinauszugehen, soweit ihre Wirtschaftslage im allgemeinen und der Stand ihrer Zahlungsbilanz im besonderen dies zulassen. Diese Bereitschaft ist praktisch ohne große Bedeutung geblieben und bezieht sich nur auf Liberalisierungen außerhalb der vier Freiheits-Bereiche[9]. Auch Art. 106 II, der die Devisenkontrollen wie Kontingente abgebaut wissen will, hat keine sonderliche Bedeutung erlangt.

c) In gleicher Tendenz, in der Abs. I und II des Art. 106 der Liberalisierung des Zahlungsverkehrs gelten, verhindert Abs. III UA 1 a.a.O., daß die Mitgliedstaaten *neue Transferbeschränkungen* einführen. Dabei wurde auf den in der OEEC bei Vertragsschluß bereits erreichten Liberalisierungsstand abgestellt. UA 2 des Abs. III ordnet wiederum in gleicher Tendenz den schrittweisen Abbau bestehender Beschränkungen an, soweit er i. S. der Abs. I und II a.a.O. nicht bereits vollzogen ist[10].

d) Insgesamt sind damit die währungspolitischen Pflichten der Mitgliedstaaten hinsichtlich des Devisenverkehrs und ihrer Zahlungsbilanz in die Fortschritte zur Herstellung der vier anderen Freiheiten eingepaßt worden, indem die darin verbürgte Freiheit des Zahlungsverkehrs den Gebrauch der anderen Freiheiten ermöglicht und sichert.

2. Sicherung der Währungsstabilität

4 Art. 104, 105 und 107 sollen die *Währungsstabilität* der Mitgliedstaaten sichern.

a) Art. 104, der die Wirtschaftspolitik der Mitgliedstaaten unter das Gesetz des magischen Dreiecks stellt (Vollbeschäftigung, Preisstabilität, Gesamtzahlungsbilanz = Gleichgewicht), verpflichtet die Staaten durch ihre Verweisung auf diese Gestaltung zur Sicherung ihrer Gesamtzahlungsbilanz und zur Aufrechterhaltung des Vertrauens in ihre Währung. Diese Faktoren sind für Art. 104 die in der Wirtschaftspolitik wesentlich berührten. Zwar liefert Art. 104 selbst *keine* wirtschaftspolitische Leitlinie *auch für die Gemeinschaft.* Aber nach Art. 2 und 6 II EWGV ist die Gemeinschaft ihr gleichermaßen verpflichtet, da ihre Organe die innere und äußere finanzielle Stabilität nicht nur nicht gefährden dürfen, sondern zu vergrößern die Aufgabe haben, und dies um so mehr, weil die Gemeinschaft als Zollunion von Zahlungsbilanzkrisen besonders getroffen werden würde. Die Schutzklauseln der Art. 108 und 109 sind hieraus verständlich.

[9] *Börner* Fs Ophüls 23.
[10] Dazu die Richtlinie des Rates v. 30. 7. 1963 (ABl. 1963, 2240).

Obwohl Art. 104 mit seinem programmatischen Gehalt das Gleichgewicht der Zahlungsbilanz als vorrangig erachtet, beläßt er den Mitgliedstaaten einen wirtschaftspolitischen Gestaltungsraum. Es war deshalb nicht vertragswidrig, daß § 1 StabGes. die Wachstumsvorsorge als viertes Element in die wirtschaftspolitische Zielsetzung zusätzlich aufgenommen und die „in Art. 104 genannten Ziele — rechtlich gesehen — dadurch relativiert" hat[11]. Solange die Wirtschaftspolitik eines Mitgliedstaates oder der Gemeinschaft die Grundsatzorientierung i. S. des Art. 104, die in den Art. 39 (Agrarpolitik) und 110 (Handelspolitik) variiert und determiniert wird, nicht radikal ignoriert, wird die in Art. 104 enthaltene Bindung rechtlich nicht relevant. Und das gilt auch für die Währungspolitik als Faktor und Funktion der Wirtschaftspolitik, wie Art. 104 sie erfaßt.

b) Art. 105 I UA 1 bezweckt, die Ziele des Art. 104 dadurch zu verwirklichen, daß die Mitgliedstaaten ihre Wirtschaftspolitik koordinieren. Da dies für Zoll- und Handelspolitik (Art. 12 ff., 110 ff.), Agrarpolitik (Art. 38 ff.), Arbeits- und Sozialpolitik (Art. 48 ff., 117 ff.), Gewerbepolitik (Art. 57), Wettbewerbs- und Subventionspolitik (Art. 85 ff., 92 ff.), Steuerpolitik (Art. 95 ff.) und Konjunkturpolitik (Art. 103) unterschiedlich zwar, aber mindestens mit Koordinierungsanspruch bereits vorgesehen ist[12], erfaßt Art. 105 I UA 1 bereichsmäßig insbesondere die verbleibende *Währungspolitik*. Das entspricht dem Standort des Art. 105 im Kapitel 2 und ebenso den Organisations- und Verfahrensregelungen seines Abs. II, die speziell auf die Förderung *dieser* Koordinierung — der Währungspolitik eben — abstellen. Daneben wird die *Finanzpolitik* der Staaten Gegenstand der mitgliedstaatlichen Koordinierungspflicht. Inhalt und Intensität der Koordinierung empfangen ihre Ausrichtung durch Art. 105 II UA 1: Koordinierung „in dem für das Funktionieren des Gemeinsamen Marktes erforderlichen Umfang". Die Ausrichtung ist danach nicht statisch zu bemessen, sondern dynamisch jeweils im Zusammenhang mit dem Funktionsinteresse des Gemeinsamen Marktes, bei Integrationsfortschritt sicherlich also nicht regressiv, sondern progressiv.

c) Nach Art. 105 I UA 2 hat die Kommission dem Rat Verfahrens-Empfehlungen (nicht förmliche Vorschläge i. S. des Art. 149) zur Herbeiführung der Zusammenarbeit zu unterbreiten, die Satz 2 des Abs. I UA 1 den Mitgliedstaaten aufgibt: Einrichtung der Zusammenarbeit zwischen ihren zuständigen Verwaltungsstellen und zwischen ihren Zentralbanken. Solche Empfehlungen hat die Kommission mit vier Beschlußentwürfen am 24. Juni 1963 vorgelegt, denen der Rat durch Beschlüsse vom 8. Mai 1964 entsprochen hat[13]. Sie haben durch Einsetzung von drei Ausschüssen und Bestimmung ihrer Aufgaben die von Art. 105 I UA Satz 2 geforderte Zu-

---

[11] *Rambow*, Die Rechtsfragen einer gemeinsamen Wirtschaftspolitik, in: Einführung 109.

[12] *Wohlfarth* u. a. Komm. 2 zu Art. 105.

[13] ABl. 1964, 1205, 1206, 1207.

sammenarbeit der Verwaltungen und der Zentralbanken organisiert und geregelt.

5 aa) Der *Ausschuß für Haushaltspolitik* besteht aus je einem Vertreter der Kommission und der Mitgliedstaaten. Er untersucht und vergleicht die Haushaltspolitik der Staaten, um die Koordinierung der Wirtschafts- und Finanzpolitik zu erleichtern. Er gibt gegenüber Rat und Kommission Stellungnahmen ab und koordiniert seine Arbeit mit den anderen Ausschüssen.

6 bb) Der *Ausschuß der Präsidenten der Zentralbanken,* an dessen Sitzungen die Kommission in der Regel teilnehmen kann, führt Konsultationen über die allgemeinen Grundsätze und großen Leitlinien der Zentralbankpolitik, insbes. auf den Gebieten des Kredits, des Geld- und Devisenmarktes. Zentralbankmaßnahmen sollen, soweit angängig, erst nach Informationsaustausch und Prüfungen im Ausschuß erfolgen.

Auf Grund der Ziffer 8 des Haager Communiqués und in Verfolg der Entschließung des Rates und der Regierungsvertreter vom 9. Februar/22. März 1971 über die stufenweise Verwirklichung der Wirtschafts- und Währungsunion in der Gemeinschaft *(45/17—20),* hat der Rat am 22. März 1971 die Entscheidung über die Verstärkung der Zusammenarbeit zwischen den Zentralbanken[14] erlassen. Nach ihr sollen sie ihre Geld- und Kreditpolitik koordinieren und allgemeine Leitlinien aufstellen hinsichtlich der Entwicklung der Bankenliquidität, der Bedingungen der Kreditgewährung und des Zinsniveaus. Die Einzelheiten der Durchführung sind von den Zentralbanken selbst festzulegen.

7 cc) Der *Beratende Währungsausschuß*[15], dessen Einrichtung *unmittelbar* auf Art. 105 II zurückgeht und der aus je zwei Mitgliedern der Kommission und von den Mitgliedstaaten ernannten Ausschußmitgliedern besteht, hat die dort umschriebenen Aufgaben: (1) Beobachtung der Währungs- und Finanzlage der Staaten und der Gemeinschaft sowie ihres allgemeinen Zahlungsverkehrs; (2) regelmäßige Berichterstattung hierüber an Rat und Kommission; (3) Abgabe von Stellungnahmen an Rat oder Kommission auf deren Ersuchen oder aus eigener Initiative. Weitere Aufgaben dieses Ausschusses sind in den Art. 69, 71 I UA, II, 107 II, 108 I UA 2, 109 III vorgesehen.

8 dd) Der dritte Ratsbeschluß vom 8. Mai regelt außerdem die Zusammenarbeit zwischen den Mitgliedstaaten auf dem Gebiet der *internationalen Währungsbeziehungen:* soweit Umstände und Fristen dies gestatten, haben sie sich im Währungsausschuß zu konsultieren vor Entscheidungen oder Stellungnahmen, die das Funktionieren des internationalen Währungssystems im allgemeinen betreffen, die Inanspruchnahme von Mitteln, die aus internationalen Übereinkünften verfügbar sind, die Teilnahme an Währungsstützungsaktionen zugunsten von Drittländern.

---

[14] ABl. 1971 L 73, 14; zu ihr *Ehlermann* EuR 1972, 32; zur Durchführung: L'accord des banques centrales de la Communauté instituant un système de soutien monétaire à court terme, RevTrimDrEur 1971, 709.

[15] Satzung v. 18. 3. 1958 (ABl. 1958, 390) mit Änd. v. 2. 4. 1962 (ABl. 1962, 1064).

3. *Wechselkurse*

9 Da der Gemeinsame Markt ein Markt ohne Binnengrenzen ist, wirkt sich eine Wechselkursänderung intensiver auf den wirtschaftlichen Austausch zwischen den Mitgliedstaaten als Währungsgebieten aus als im internationalen Handelsverkehr, in dem die beteiligten Staaten durch Außengrenzen abgeschirmt sind[16]. Die Disposition über den Wechselkurs, über den Preis für Devisen, kann als Mittel der Währungspolitik auch zum Nachteil anderer mißbraucht werden. Denn seine Änderung vermag die Wettbewerbsbedingungen zu verfälschen.

10 a) Art. 107, der die *Wechselkurspolitik* betrifft, enthält nicht — wie angeregt worden war — eine Verpflichtung der Mitgliedstaaten, den Wechselkurs bei Disparität zwischen Binnen- und Außenwert der Währung zu korrigieren. Auch hat sich eine dahingehende Gemeinschaftskompetenz nicht begründen lassen. Nach Art. 107 I behandelt *jeder* Mitgliedstaat (anders also als für die Konjunkturpolitik nach Art. 103 I: *die* Mitgliedstaaten!) seine Politik auf dem Gebiet der Wechselkurse „als eine Angelegenheit von gemeinsamem Interesse". Das unterstreicht die verbliebene nationale Zuständigkeit. Nur sind die Staaten verpflichtet, ihre Wechselkurspolitik allseitig unter Rücksichtnahme aufeinander und ihre Gemeinschaft wahrzunehmen. Daraus folgt, daß ein Mitgliedstaat auf mißbräuchliche Wechselkurspolitik eines anderen reagieren darf und Schutz genießt.

Im Sinne dieser Verhaltensregel haben die Mitgliedstaaten durch die Vertreter ihrer Regierungen im Rat am 8. Mai 1964 erklärt[17]: „Vor jeder Änderung der Wechselkursparität der Währung eines oder mehrerer Mitgliedstaaten konsultieren die Regierungen der Mitgliedstaaten einander nach geeigneten Modalitäten, die nach Stellungnahme des Währungsausschusses festgelegt werden." Die Kommission nimmt an diesen Konsultationen teil.

11 b) Nimmt ein Mitgliedstaat eine Wechselkursänderung vor, die den Zielen des Art. 104 (magisches Dreieck, darin: Gleichgewicht der Gesamtzahlungsbilanz, Währungsstabilität) nicht entspricht und die Wettbewerbsbedingungen schwerwiegend verfälscht, so kann die Kommission nach Anhörung des Währungsausschusses andere Mitgliedstaaten ermächtigen, für eine begrenzte Frist die erforderlichen Maßnahmen zu treffen, um den Folgen dieses Vorgehens zu begegnen. Die Kommission legt die Bedingungen und Einzelheiten dieser Schutzmaßnahmen fest, ohne daß der Rat (wie in anderen Schutzklausel-Tatbeständen) zu ihrer Wiederaufhebung befugt wäre. Solche schützenden Ausgleichsmaßnahmen können in besonderen Beihilfen oder Sonderabgaben für Einfuhren aus dem betreffenden Mitgliedstaat bestehen *(9/95)*.

12 c) Besonders schwerwiegend wirken sich Wechselkursänderungen im Bereich der *Agrarmarktordnungen* aus. Denn hier sind die gemeinsamen Prei-

[16] *Rambow,* in: Einführung 111.

[17] ABl. 1964, 1226.

se in Rechnungseinheiten[18] *(18/20)* festgelegt. Einseitige Wechselkursänderungen bedeuten deshalb einen Einbruch in das gemeinsame Agrarpreissystem, zumal die Agrarpreise in diesen Ordnungen eine bislang nicht angetastete Doppelfunktion haben: als Faktor des Marktausgleichs *und* der Einkommenssicherung. Die Franc-Abwertung vom August 1969, die DM-Aufwertung vom Oktober 1969[19] und die Freigabe der Wechselkurse in der Bundesrepublik und den Niederlanden Anfang Mai 1971 haben deshalb in diesen Mitgliedstaaten zu innerstaatlichen Folgerungen geführt, in der Bundesrepublik zu neuen Subventionsleistungen, um die Mindererträge der Landwirtschaft auszugleichen.

4. Schutzklauseln und Beistand bei Zahlungsbilanzschwierigkeiten

13 Art. 108 und 109 versuchen eine *organisierte Währungshilfe*[20] zu regeln, falls ein Mitgliedstaat hinsichtlich seiner Zahlungsbilanz in Schwierigkeiten oder in eine plötzliche Krise gerät. Art. 108 zielt auf Hilfsmaßnahmen, die Kommission und Rat durch Gewährung gegenseitigen Beistandes treffen. Art. 109 befugt den betroffenen Mitgliedstaat unter Kontrolle der Kommission zu eigenen Notstandsmaßnahmen.

a) Nach Art. 108 kann der Rat auf Empfehlung der Kommission mit qualifizierter Mehrheit einen gegenseitigen Beistand beschließen.

aa) Das setzt voraus, daß die Zahlungsbilanzschwierigkeiten bereits eingetreten sind oder drohend bevorstehen. Vorher obliegt es der Kommission, die Lage des betroffenen Staates sowie die von ihm getroffenen oder ihm gemäß Art. 104 möglichen Maßnahmen zu prüfen und ihm entsprechende Empfehlungen zu geben (Art. 108 I UA 1). Dabei wird vorausgesetzt, daß die Schwierigkeiten das Funktionieren des Gemeinsamen Marktes oder die schrittweise Verwirklichung der gemeinsamen Handelspolitik gefährden. Haben die nationalen Maßnahmen keinen Erfolg, leitet die Kommission durch Empfehlung an den Rat das Beistandsverfahren ein (Abs. I UA 2).

bb) In *Beistandsverfahren* (Abs. II) regelt der Rat durch Richtlinien oder Entscheidungen die Bedingungen und Einzelheiten. Der Beistand kann bestehen: in einem abgestimmten Vorgehen bei anderen internationalen Organisationen (OECD, GATT, IWF), das die anderen Mitgliedstaaten unterstützen; in Maßnahmen zur Vermeidung von Verkehrsverlagerungen, falls der betroffene Staat gegenüber Drittländern mengenmäßige Beschränkungen beibehält oder wiedereinführt (dies in Zusammenhang mit Art. 115, wobei die anderen Staaten den betroffenen in der Realisierung der Beschränkungen

[18] *Weides* FinArch 26 (1967) 278; *Gleske* EA 1970, 15; *von der Groeben*, Probleme europäischer Währungspolitik 10.

[19] Dazu: *Hoffmann-Riem* BB 1969, 1374; *ders.*, Rechtsfragen der Währungsparität 134; *Oppermann* EuR 1970, 32; *Meier* AWD 1969, 1; Zusammenstellung der Währungskrisen: Anm. 3.

[20] *Cartou*, Europäische Organisationen 278.

unterstützen); in der Bereitstellung von Krediten begrenzter Höhe durch die anderen, hierzu bereitwilligen Mitgliedstaaten. Als temporäre Hilfe sind Kreditgewährungen besonders wichtig, wirksam indes nur als vorübergehende Hilfe unter Begleitung dauerhaft effektiver Maßnahmen vorwiegend struktureller Art zur Behebung der Schwierigkeits-Ursachen[21]. Insgesamt stellt Art. 108 II keinen Beistands-Automatismus sicher, wiewohl ein solcher dem Gemeinschaftsprinzip entsprechen würde. Verfahren und Instrumentarium des Beistands in Gestalt von gegenseitigen Kreditgewährungen hat der Rat mit Wirkung ab 1. Januar 1972 in seiner Entscheidung vom 22. März 1971[22] über die Einführung eines Mechanismus für den mittelfristigen finanziellen Beistand festgelegt. Ihre Durchführung bedarf weiterer mitgliedstaatlicher Maßnahmen. In der BRD ist das Durchführungsgesetz vom 24. Dezember 1971 (BGBl. I, 2156) ergangen, nach dem die einschlägigen Befugnisse der Deutschen Bundesbank zustehen. Die Entscheidung sieht Bereitstellungsplafonds von insges. 2 Mrd. RE vor, begrenzt die im Einzelfall durch Ratsrichtlinie oder -entscheidung mit qualifizierter Mehrheit bereitzustellenden Kredite auf eine Laufzeit von zwei bis fünf Jahren und trifft Regelungen für die Rückzahlung.

cc) Lehnt der Rat die Beistandsempfehlung der Kommission ab oder bleibt der von ihm organisierte Beistand ohne Erfolg, so soll die Schutzklausel des Art. 108 III, zu deren Anwendung es der Kommissionsermächtigung bedarf, dem betroffenen Mitgliedstaat zu Gebote stehen. Insbesondere kommt hierfür die vorübergehende Suspension einzelner Vertragsvorschriften in Betracht, also z. B. die Wiedereinführung oder Beibehaltung von Kontingentierungen[23]. Der Rat kann die Kommissionsermächtigung aufheben oder ändern (Abs. III UA 2).

b) Art. 109 bildet eine Schutzklausel für den (in aller Regel selten eintretenden) Fall einer plötzlichen, also sich vorher nicht abzeichnenden Zahlungsbilanzkrise. Sie befugt den betroffenen Staat, falls eine Beistandsentscheidung nach Art. 108 II nicht unverzüglich getroffen wird, zu vorsorglichen eigenen Schutzmaßnahmen. Sie sind streng gebunden an das Prinzip der Erforderlichkeit und der Verhältnismäßigkeit, um Funktionsstörungen des Gemeinsamen Marktes zu vermeiden. Sie werden i. d. R. in Kontingentierungsmaßnahmen bestehen. Der sich derart schützende Staat ist zu sofortiger Berichterstattung an die Kommission verpflichtet. Der Rat ist berechtigt, seine Maßnahmen mit qualifizierter Mehrheit zu ändern oder außer Kraft zu setzen.

---

[21] Beispiel: Richtlinie des Rates v. 20. 7. 1968 (ABl. 1968 L 189, 13) über die Gewährung des gegenseitigen Beistandes zur Wiederherstellung der Stabilität der französischen Wirtschaft. [22] ABl. 1971 L 73, 15; zu ihr *Ehlermann* EuR 1972, 21.

[23] Beispiel: Entscheidung der Kommission v. 23. 7. 1968 (ABl. 1968 L 178, 15) nebst Änderung v. 4. 12. 1968 (ABl. 1968 L 295, 10) über die Ermächtigung Frankreichs zu bestimmten Schutzmaßnahmen (Devisenkontrolle, Ausfuhrbeihilfen, Einfuhrbeschränkungen).

II. Entwicklung der Währungspolitik

14 Die Entwicklung der Währungspolitik, die sich in der EWG seit 1958 vollzogen hat, kann hier nur insoweit umrissen werden, als es sich um die Auslegung, Anwendung, Ausnutzung und Ausgestaltung des Gemeinschaftsrechts handelt. Solcher Vollzug hat stattgefunden auf Grund der einschlägigen Regelungen des Vertrages durch organisierende und normierende Rechtsakte und durch das Realverhalten der Gemeinschaftsorgane und der Mitgliedstaaten — dieses insbesondere in Krisensituationen. Eine ansatzweise Entfaltung der Währungspolitik zeigt sich außerdem in der Entwicklung der Gemeinschaft als solcher, der Herstellung der Zollunion und des Gemeinsamen Marktes, in den Zusammenhängen der verschiedenen Bereiche der Wirtschaftspolitik und ihrer aller zwangsläufigen Verschränkung mit der Währungspolitik. Diese Zusammenhänge haben Abhängigkeiten erwiesen und Automatismen hervorgebracht. Sie haben die Schlüsselfunktion der Währungspolitik für die Wirtschaftspolitik so sichtbar gemacht, wie das in Art. 104 angedeutet ist: Sicherung der Gesamtzahlungsbilanz und der Währungsstabilität als entscheidendes Mittel einer Wirtschaftspolitik, die auch die anderen Ziele des Drei- oder Vierecks zu erreichen verspricht.

1. Seit 1958 sieben Perioden

15 Bis zum Ende der Übergangszeit sind sechs Perioden in der Entwicklung der Währungspolitik der Gemeinschaft unterschieden worden[24]. Die siebte bildet den Beginn eines mehrstufigen Plans zur Verwirklichung der Wirtschafts- und Währungsunion. Hierüber hat der unter dem Vorsitz des luxemburgischen Ministerpräsidenten und Finanzministers *Pierre Werner* stehende Ausschuß im Oktober 1970 dem Rat und der Kommission seinen Bericht zugeleitet. Er beruht auf den Weisungen der Haager Konferenz vom 1./2. Dezember 1969, dem Ratsbeschluß vom 6. März und den Schlußfolgerungen des Rates vom 8./9. Juni 1970, schließt an den Zwischenbericht vom Mai an und mündete schließlich in die Entschließung des Rates und der Vertreter der Regierungen vom 9. Februar/22. März 1971 *(45/17—20)*.

a) In der ersten Periode von 1958 bis zum Frühjahr 1961 (erste Aufwertung der DM und des holländischen Guldens) war die währungspolitische Arbeit der Gemeinschaft auf die Bestandsaufnahmen durch den Währungsausschuß beschränkt, ferner auf die Sammlung erster Erkenntnisse über die Bedeutung der Wechselkurspolitik für die Integration und die Notwendigkeit, die Währungspolitik der Mitgliedstaaten auch international zu koordinieren. Während das gegenüber dem IWF weitgehend gelungen ist, hat die DM-Aufwertung noch ohne innergemeinschaftliche Koordinierung stattgefunden.

---

[24] Darstellung bei: *Hallstein*, Bundesstaat 109—119.

b) Die zunehmende Marktverflechtung in der zweiten Stufe, insbesondere auch die fortschreitende Entwicklung des Gemeinsamen Agrarmarktes, hat schon im Aktionsprogramm der Kommission für die Zweite Stufe von Oktober 1962 (Nr. 128 II) zu der notwendigen Feststellung geführt, daß die Herstellung einer Wirtschaftsunion feste Wechselkurse voraussetzt, was „wesensgemäß auf eine Währungsunion hinausläuft". Das Aktionsprogramm und das Kommissionsmemorandum vom Juni 1963 zielten deshalb auf die Intensivierung der Konsultationsverfahren, konkretere Verpflichtungen zum gegenseitigen Beistand, auf die Einsetzung des Ausschusses der Präsidenten der Zentralbanken sowie die vorgängige Konsultation bei Wechselkursänderungen. Bis Ende 1963/Anfang 1964 blieben diese seit 1962 verfolgten Initiativen indes noch ohne entscheidende Wirkungen.

c) Die wachsende Marktintegration mit zunehmender Geld- und Kapitalmobilität bewirkte seit 1963, daß Konjunkturschwankungen mit inflationistischen Erscheinungen über die mitgliedstaatlichen Grenzen hinausgingen, ohne daß die nationalen konjunkturpolitischen Kompetenzen zu ihrer Eingrenzung ausreichten. Dem suchte der Rat mit Empfehlungen zur Herstellung des inneren und äußeren Gleichgewichts entgegenzuwirken, und dies unter Bewahrung liberaler Einfuhrpolitik und unter Einsatz etwa notwendiger Gemeinschaftshilfen durch Kooperation im Währungsausschuß. Der Kommissionsempfehlung zur Einrichtung des Präsidentenausschusses der Zentralbanken hat der Rat am 8. Mai 1964 entsprochen *(45/6)*.

d) In der vierten Periode (1964 bis zum Herbst 1967 und der Pfundabwertung), in der die Gemeinschaft ihre Krise vom Sommer 1965 bis Anfang 1966 zu überwinden hatte, wurden die währungspolitischen Auseinandersetzungen zwischen Frankreich, den USA und Großbritannien sowie die durch den Agrarmarkt und seine Währungsverfassung hergestellten Verknüpfungen mit der Dollarwährung für die Währungspolitik der Gemeinschaft relevant. Die Ratsverordnung Nr. 653/68 vom 30. Mai 1968[25] über die Bedingungen für die Änderung des Wertes der Rechnungseinheit für die gemeinsame Agrarpolitik sollte deshalb den Gemeinsamen Agrarmarkt auch nach etwaiger Änderung einzelner Währungsparitäten sichern und die währungspolitische Zusammenarbeit verstärken. In den großen internationalen Währungskonferenzen der Jahre 1967/68 konnten die Mitgliedstaaten schließlich so einheitlich auftreten, daß sie im IWF in wichtigen Weltwährungsfragen nach der geänderten Satzung der Organisation nicht mehr ausgeschaltet werden dürfen.

e) Die fünfte Periode wurde von der Pfundabwertung im November 1967 eröffnet, nachdem Großbritanniens neuerlicher Aufnahmeantrag von Frankreich a limine zurückgewiesen worden war. In ihrer Stellungnahme zu dieser Beitrittsfrage hat die Kommission auf mögliche Konflikte verwiesen, in die ein Mitgliedstaat mit Reservewährung — wie Großbritannien — in einer Gemeinschaft geraten muß, die auch die Währungs- und Finanzpolitik ihrer Mitglieder zunehmend koordiniert. Beistandsverfahren gemäß Art. 108 EWGV für Frankreich in den revolutionären Monaten Juni/Juli 1968, der Beschluß zur Liquidation des Sterling-Blocks vom 9. September 1968 und die Aussetzung erwarteter Aufwertung in der BRD, erwarteter Abwertung in Frankreich im November 1968 waren für die EWG währungspolitisch wesentliche Vorgänge: die Art. 108-Anwendung konnte die Notwendigkeit einer Solidarität der Währungspolitik ebenso unterstreichen wie das Ausweichen der BRD und Frankreichs vor Wechselkursänderungen in Ein- und Ausfuhr-Abgaben-Manipulation und neue Restriktionsmaßnahmen. Großbritanniens Entbindung aus dem Sterling-Block hat währungspolitisch seine neuerliche Aufnahmebemühung erleichtert.

f) Seit Ende 1968 hat die Kommission (in Memoranden vom 5. Dezember 1968 und 12. Februar 1969) zunehmend postulativ auf das Gemeinschaftsinteresse an der

---

[25] ABl. 1968 L 123, 4.

Wechselkurspolitik und monetärer Zusammenarbeit mit einem Dauersystem wechselseitigen Beistandes hingewiesen und die Zielsetzung des Aktionsprogramms von 1962 erneuert. Der Rat hat den Beistandsplan im Juli 1969 im Grundsatz angenommen[26] *(45/13)*. Die Entwicklung seit der Jahreswende 1969/70 ist darüber hinausgegangen. Sie ist bestimmt worden durch den Beschluß der Konferenz der Staats- und Regierungschefs der Mitgliedstaaten in Den Haag am 1./2. Dezember 1969 (Absatz 8), einen „Stufenplan für die Errichtung einer Wirtschafts- und Währungsunion" auszuarbeiten, und ihre Auffassung, „die Entwicklung der Zusammenarbeit in Währungsfragen sollte sich auf die Harmonisierung der Wirtschaftspolitik stützen". Diese Entwicklung steht an ihrem Beginn *(45/20)*.

2. *Rechtliche Aspekte*

16 Die Exegese und Handhabung der währungspolitischen Rechtsgrundlagen des Vertrages und ihres Folgerechts *(45/2—13)* ebenso wie die bisherige Entwicklung der Währungspolitik *(45/14,15)* eröffnen bestimmte rechtliche Aspekte. Sie ergeben sich aus der Funktion der Währungspolitik für die Wirtschaftspolitik insgesamt und ihre Einzelbereiche[27], insbesondere die Konjunkturpolitik. Sie ergeben sich ebenfalls aus dem Wandel, den der Stil der Wirtschaftspolitik in den Mitgliedstaaten, vornehmlich auch in der BRD, seit der Errichtung der EWG und unter ihrem Einfluß erfahren hat.

a) Währungspolitik in ihrer Funktion innerhalb der Wirtschaftspolitik auch im Sinne des Gemeinschaftsrechts hat einen großen, in sich vielfältigen Bereichsumfang. Er wird durch die einschlägigen, insoweit dürftigen Art. 104—109 EWGV ebensowenig umschrieben und benannt wie durch die Kapitelüberschrift „Die Zahlungsbilanz" oder die Verweisung der Währungspolitik in einen bloßen Koordinierungsbereich der Wirtschaftspolitik in Art. 105 II. Diese Verkürzung wird erklärt — nicht gerechtfertigt — dadurch, daß Währungspolitik gemeinschaftsrechtlich im wesentlichen, aus der Entstehungssituation des Vertrages begreiflich, als Politik zur Sicherung des Gleichgewichts der Gesamtzahlungsbilanz und hinsichtlich der Freiheit des Zahlungsverkehrs als Devisenpolitik gesehen wird. Daß Währungspolitik auch im Gemeinschaftsrecht *alle* Elemente des Währungs- und Finanzwesens angehen sollte, macht das Vertragsrecht selbst nicht sichtbar. Daß dem indes *so ist*, erweist erst der der Gemeinschaft gestellte Auftrag, über Maßnahmen zur Konjunkturpolitik als mitgliedstaatliche Angelegenheit gemeinsamen Interesses zu entscheiden und für die Koordinierung der mittelfristigen Wirtschaftspolitik der Staaten zu sorgen. Erst die Konjunkturpolitik und die mittelfristige Wirtschaftspolitik der Staaten selbst, die es gemeinschaftsrechtlich auszurichten und zu koordinieren gilt, lassen auch die Elemente hervortreten, die gemeinschaftsrechtlich relevant werden müssen,

---

[26] Zur Vorgeschichte: *Hallstein*, Bundesstaat 119—124.

[27] Hierzu: *Kohler-Schlaeger*, Ein Markt und eine Währung (1968), 2. Aufl. (1971): Wirtschafts- und Währungsunion für Europa; *Rometsch*, Monetäre Integration; *Gleske* EA 1968, 338; Integration durch Währungsunion? Symposion des Instituts für Weltwirtschaft an der Univ. Kiel Juni 1970 (Hg. Giersch, 1971).

ohne daß das Vertragsrecht sie ausdrücklich anspricht: Kredit-, Haushalts-, Steuer-, Devisen-, Kapitalmarktpolitik, Entscheidungen über Liquidität, Zinssätze, Reserven usw.

Außer der Währungspolitik im engen Sinne des Vertragsrechts ist deshalb gemeinschaftsrechtlich relevant *auch der Gesamtbereich der Finanzpolitik.* Denn sie bildet das entscheidende Instrument der Wirtschafts- und Sozialpolitik, seitdem das Finanzverhalten des Staates zum erstrangigen volkswirtschaftlichen Planfaktor geworden und die neutrale Finanzgebarung der öffentlichen Hand beendet ist[28]. Ebenso wie dieser Befund *innerstaatlich* die Frage nach der Integration der Finanzverfassung in die allgemeine Verfassungsordnung aufgeworfen hat, stellt sich dem Gemeinschaftsrecht folgerichtig die Frage seiner Zuordnung zu den Finanzverfassungen der Mitgliedstaaten. Das gehört letztlich in die Perspektiven der Verfassungspolitik der Gemeinschaften *(§ 54).*

b) Die von der Kommission seit ihrem Aktionsprogramm für die Zweite Stufe vom Oktober 1962 zur Geltung gebrachte Einsicht setzt zutreffend die „Präsenz des Staates in der Wirtschaft" voraus[29]. Dies so, wie sie in der BRD in der Neufassung des Art. 109 II GG, also in einer Norm der Finanzverfassung, als Verfassungsgebot der Sicherung des gesamtwirtschaftlichen Gleichgewichts und der Wachstumsvorsorge Ausdruck und im darauf gestützten StabGes. vom 8. Juni 1967 Ausgestaltung gefunden hat. Es besteht Einmütigkeit darin, daß die Selbststeuerung der Wirtschaft nicht genügt und staatliche Wirtschaftspolitik für das gesamtwirtschaftliche Gleichgewicht zu sorgen hat[30]. Diese heute dem Staat obliegende Aufgabe, wie sie ungeschrieben auch allen Mitgliedstaaten der Gemeinschaft neben der BRD nicht anders obliegt, kann makroökonomisch nur mit dem Instrumentarium der Wirtschaftsplanung erfüllt werden, und das heißt: im Anwendungsbereich der Finanzpolitik über die öffentlichen Haushalte als Steuerungsmittel im Wege der Finanzplanung[31]. Dem entspricht in der BRD die auf der Grundlage des StabGes. eingeleitete mittelfristige Finanzplanung[32].

Eine im Gemeinschaftsinteresse verfolgte Währungspolitik der Staaten, die es gemeinschaftsrechtlich zu koordinieren gilt, umfaßt daher *mit der Finanzpolitik auch die Haushaltspolitik und die Finanzplanung.* Soweit gemeinschaftsrechtliche Pflichten der Mitgliedstaaten den Einsatz ihrer Haushaltspolitik und Finanzplanung in den von der Gemeinschaft verfolgten

---

[28] *Wagner,* Öffentlicher Haushalt und Wirtschaft, VVDStRL 27 (1969) 41 (Leitsätze 3—5).

[29] Zu dieser Formulierung von *Hallstein* vgl. *Ipsen,* Das Aktionsprogramm der Europäischen Wirtschaftsgemeinschaft für die Zweite Stufe, NJW 1963, 1715 mit Anm. 11.

[30] *Wagner* VVDStRL 27 (1969) 78—79 (Leitsätze 4, 5).

[31] *Friauf,* Probleme der Durchführung europäischer Gemeinschaftsplanungen in der Bundesrepublik Deutschland, in: Planung IV (1970) 71.

[32] *Zavelberg,* Die mehrjährige Finanzplanung, Die Verwaltung 3 (1970) 283.

wirtschaftspolitischen Programmen verlangen[33], stellen sich Rechtsfragen großer Tragweite.

c) Daß sie nach geltendem Gemeinschaftsrecht zur Währungspolitik noch nicht entscheidend relevant geworden sind und sich erst mit der Entwicklung der Wirtschafts- und Währungsunion stellen[34], erklärt sich daraus, daß die Gemeinschaftskompetenz insoweit beschränkt ist. Nur im Bereich der Konjunkturpolitik, in dem der Rat Beschlußbefugnis nach Art. 103 II, III EWGV besitzt, können gegenwärtig bereits rechtlich verbindliche Maßnahmen die Haushaltspolitik und Finanzplanung der Mitgliedstaaten beeinflussen, soweit sie konjunkturpolitisch zum Einsatz kommen. Mit einer Verstärkung der einschlägigen Gemeinschaftskompetenzen können solche Einwirkungen zunehmen, insbesondere dann, wenn sie nicht nur kurzfristig-konjunkturell, sondern auch in der mittelfristigen Wirtschaftspolitik zulässig werden. Wenn dadurch Einwirkungen gemeinschaftlicher Währungspolitik auf die nationalen Haushalte stattfinden, ist das Problem weiterer staatlicher Entscheidung in Fragen eigener allgemeiner Politik in aller Schärfe gestellt. „Der Haushalt jedes Staates ... ist der quantifizierte Ausdruck der innen- und außenpolitischen Ziele, die sich ein Staat setzt. Ihn ... der Kontrolle einer Gemeinschaftsinstanz zu unterwerfen, bedeutet daher, Gemeinschaftselemente auch in die Willensbildung für die allgemeine Politik einzuführen. Dies gilt auch dann, wenn diese Kontrolle sich lediglich auf die globalen Größen des Haushalts erstreckte und die Zusammensetzung der Ausgaben und Einnahmen nicht umfaßte."[35]

In dieser Weise stellt das Gemeinschaftsrecht zur Währungspolitik jedenfalls bei integrierender Weiterentwicklung mit Zwangsläufigkeit wegen der Schlüsselfunktion der staatlichen Haushalte und ihrer Finanzplanung entscheidende Verfassungsfragen. Sie betreffen nicht nur „eine weitere Stufe in dem ... Prozeß der fortschreitenden Erosion des parlamentarischen Budgetrechts"[36], sondern das Problem der „Erosion" der Staaten selbst in der Gemeinschaft. Der Grund hierfür liegt darin, daß Währungs- und Finanzpolitik in unlösbarem Zusammenhang stehen mit allen anderen Elementen der Wirtschaftspolitik. Als Faktor dieser Politik ist die Währungs- und Finanzpolitik bestimmend für „das Maß möglicher Integration auf anderen Sachgebieten". Das entspricht der Sachlogik des Vertrages, der Fortentwick-

---

[33] *Friauf*, in: Planung IV (1970) 50, 71.

[34] Die Schlußfolgerungen des Rates vom 8./9. 6. 1970 (ABl. 1970 C 136, 19) zum Zwischenbericht des Werner-Ausschusses weisen zutreffend darauf hin, daß zwischen dem Ausgangs- und dem Endpunkt der Entwicklung der Wirtschafts- und Währungsunion „einige Maßnahmen eine Änderung des Vertrages von Rom erfordern". Die hierfür notwendigen Vorbereitungen müßten schon in der ersten Stufe abgeschlossen werden. Indessen könnten auf Grund der geltenden Vorschriften schon substantielle Fortschritte erzielt werden.

[35] *Gleske* EA 1968, 344.

[36] *Friauf*, in: Planung IV (1970) 71; *ders.* VVDStRL 27 (1969) 11.

lung des Gemeinschaftsrechts aus Sachzwang und in Zeitfolge und ist für die weitere Integration „ebenso ein Datum wie der Vertrag selbst“[37].

d) Daraus folgt, daß die jeweilige vertragsrechtliche Zumessung von Gemeinschaftskompetenzen und die Einräumung gemeinschaftsrechtlicher Interventions- und Planungsbefugnisse auf dem Gebiet der Währungspolitik weit verstandenen Sinnes eine zentrale Bedeutung für die Integration als solche besitzen. Dieser Bedeutung wird die gegenwärtige Regelung der Art. 104 bis 109 weder nach Benennung noch Thematik noch Inhalt gerecht. Wo Beratung vorgesehen ist, wäre Empfehlung, wo Koordinierung, wäre Beschlußkompetenz geboten, insgesamt eine Heraufstufung des gemeinsamen Staateninteresses zum öffentlichen Gemeinschaftsinteresse. Die Unzulänglichkeit und zugleich die Relevanz der einschlägigen Art. 104—109 werden erst erkennbar in der Art der Wahrnehmung der vertragsrechtlich begründeten Gemeinschaftskompetenzen, der Einlassung der Mitgliedstaaten auf sie und in ihrem Verhalten zur Weiterentwicklung der Gemeinschaftsverfassung. Das, was das geltende Recht als Währungspolitik nur punktuell erfaßt, bildet in seiner haushalts- und finanzpolitischen Substanz den Schlüssel zur weiteren Entwicklung. Sie soll sich vollziehen im zehnjährigen Stufenplan für die Errichtung einer Wirtschafts- und Währungsunion.

III. Der Stufenplan für die Errichtung einer Wirtschafts- und Währungsunion

1. Grundlagen[38]

17 a) Grundlage des Stufenplans für die Errichtung einer Wirtschafts- und Währungsunion ist Absatz 8 des Kommuniqués der Konferenz der Staats- und Regierungschefs der EWG-Mitgliedstaaten in Den Haag am 1. und 2. Dezember 1969: „Sie bekräftigen ihren Willen, den für die Stärkung der Gemeinschaft und für ihre Entwicklung zur Wirtschaftsunion erforderlichen weiteren Ausbau beschleunigt voranzutreiben. Sie sind der Auffassung, daß der Prozeß der Integration zu einer Gemeinschaft der Stabili-

---

[37] *Rometsch,* Monetäre Integration 40; *Gleske* EA 1968, 334, 338; *Ipsen,* Fusionsverfassung 71.

[38] Der Zwischenbericht des Werner-Ausschusses ist im ABl. 1970 C 94, 1—9, sein abschließender Bericht v. 8. 10. 1970 im ABl. 1970 C 136, 1—15 veröffentlicht; dort als Anlage 1 (S. 15) das Communiqué der Konferenz der Staats- und Regierungschefs der EWG-Mitgliedstaaten in Den Haag v. 1./2. 12. 1969, als Anlage 2 (17) der Ratsbeschluß v. 6. 3. 1970 über das Verfahren für die Zusammenarbeit in Wirtschafts- und Währungsfragen (Mandat für den Werner-Ausschuß), als Anlage 3 (18) seine Zusammensetzung, als Anlage 4 (19) Auszug aus der Zusammenfassung der Ratsbeschlüsse v. 8./9. 6. 1970 zum sog. Zwischenbericht des Werner-Ausschusses v. 20. 5. 1970 (ABl. 1970 C 94, 2). Anlage 5 (20—38) enthält den Bericht der vom Ausschuß der Präsidenten der Zentralbanken eingesetzten Expertengruppe v. 1. 8. 1970 zu einem vom Werner-Ausschuß aufgestellten währungspolitischen Fragenkatalog.

tät und des Wachstums führen muß. Zu diesem Zweck sind sie übereingekommen, daß im Rat, ausgehend vom Memorandum der Kommission vom 12. Februar 1969 und in enger Zusammenarbeit mit dieser, im Laufe des Jahres 1970 ein Stufenplan für die Errichtung einer Wirtschafts- und Währungsunion ausgearbeitet wird. Die Entwicklung der Zusammenarbeit in Währungsfragen sollte sich auf die Harmonisierung der Wirtschaftspolitik stützen. Sie sind übereingekommen, die Möglichkeit der Errichtung eines europäischen Reservefonds prüfen zu lassen, zu dem eine gemeinsame Wirtschafts- und Währungspolitik hinführen müßte."

Zur Durchführung dieser Entschließung hat der Rat am 6. März 1970 den unter dem Vorsitz des luxemburgischen Ministerpräsidenten und Finanzministers *Pierre Werner* gebildeten Ausschuß zur Ausarbeitung eines analysierenden Berichts eingesetzt. Dieser hat seinen Zwischenbericht vom Mai 1970, seinen abschließenden Bericht vom 8. Oktober 1970 vorgelegt. Auf seiner Grundlage haben der Rat und die Vertreter der Regierungen der Mitgliedstaaten am 9. Februar 1971 die (rückwirkend am 1. Januar 1971 in Kraft getretene) Entschließung über die stufenweise Verwirklichung der Wirtschafts- und Währungsunion in der Gemeinschaft verabschiedet, die in der endgültig am 22. März 1971 beschlossenen Fassung veröffentlicht ist[39].

18 b) Das Kommuniqué von Den Haag vom 1./2. Dezember 1969 hatte die Folgerungen gezogen aus einer seit Mitte der 60er Jahre deutlicher gewordenen Entwicklung[40], die für den Fortgang der Integration eine die Art. 103—109 EWGV überwindende Entscheidung erforderte. Sie war geboten wegen der steigenden Unterschiede der Kosten-Preis-Lage in den verschiedenen Mitgliedstaaten und der Gefahr inflationärer Ausbreitungen innerhalb der Gemeinschaft, wegen der Diskrepanzen zwischen der währungspolitisch vorweg integrierten Agrarmarktfinanzierung und den Ab- und Aufwertungen des Franc und der DM, schließlich wegen der ausstehenden, vom EWGV nicht präjudizierten Entscheidung über das Integrationsziel nach Ablauf der Übergangszeit. So hatte sich als Grundalternative gestellt: „Rückentwicklung der Gemeinschaft zu einer Freihandelszone mit weitgehend autonomer Wirtschafts- und Währungspolitik *oder* Weiterentwicklung zur vollständigen Wirtschafts- und Währungsunion"[41], was für die Währungsintegration den Übergang zu flexiblen Wechselkursen oder aber die Bindung an feste Paritäten (evtl. mit Einführung einer europäischen

---

[39] ABl. 1971 Nr. C 28, 1; Ausführungsentscheidungen über die Verstärkung der Koordinierung der kurzfristigen Wirtschaftspolitik (hierzu *44/15 a. E.*) und der Zusammenarbeit zwischen den Zentralbanken *(45/6)*, sowie über die Einführung eines Mechanismus für den mittelfristigen finanziellen Beistand *(45/13)* v. 22. 3. 1971 (ABl. 1971 L 73, 12, 14, 15).

[40] Vgl. die Darstellung bei: *Tietmeyer* EA 1971, 409—420 (auch zum folgenden); vgl. auch *Oppermann* EuR 1971, 130 (abgeschl. *vor* der Entschließung über die Wirtschafts- und Währungsunion).

[41] *Tietmeyer* 412.

Einheitswährung) zur Wahl stellte. Die Entschließung von Den Haag hat die jeweils zweitgestellte Alternative bejaht.

19 c) Die Sachverständigenarbeit des Werner-Ausschusses hat aus zwei Konzeptionen (einer vorwiegend „monetaristisch" orientierten, insbes. von Frankreich, Belgien und Luxemburg vertretenen, einer vornehmlich „ökonomistischen", von der BRD, den Niederlanden, teilweise auch von Italien befürworteten) eine zum Ökonomismus hinneigende Kompromißlösung entwickelt.

aa) Danach ist Ziel der Entwicklung bis 1980 eine Währungsunion mit innerer vollständiger und irreversibler Konvertibilität der Währungen, Beseitigung der Bandbreiten der Wechselkurse, unwiderruflicher Festsetzung der Paritäten und voller Liberalisierung des Kapitalverkehrs, letztlich mit einer einheitlichen Währung[42].

bb) Da die Währungsunion nur in einer Wirtschaftsunion realisierbar erscheint, sollen mitgliedstaatliche Befugnisse der Finanz- und Steuerpolitik, der Kapitalmarkt-, Geld-, Kredit- und Regionalpolitik auf die Gemeinschaft übergehen. Damit kann die Wirtschafts- und Währungsunion als „Ferment" einer künftigen politischen Union wirken, deren Herstellung ihrerseits auf Dauer die Existenzvoraussetzung einer Wirtschafts- und Währungsunion bildet[43]. Im Rahmen des Stufenplans sollen die wirtschafts- und währungspolitischen Integrationsmaßnahmen sich jeweils in strenger Parallelität vollziehen.

cc) Der Bericht des Werner-Ausschusses zieht aus diesen Postulaten auch die erforderlichen institutionellen Konsequenzen. Sie zielen auf die Errichtung oder Umformung von Gemeinschaftsorganen, so des Parlaments (neuer Wahlmodus, Aufgabenerweiterung), eines wirtschaftspolitischen Entscheidungsgremiums (aus Umgestaltung der Kommission, des Rates oder der Art ihres Zusammenwirkens), eines gemeinschaftlichen Zentralbanksystems.

---

[42] Vgl. *Kohler-Schlaeger* a.a.O. (Anm. 27); *Schlaeger,* Probleme einer gemeinschaftlichen EWG-Währung; *Garelli,* Pour une monnaie européenne; Europa-Währung 1980, EurGem 3/1970, 5; *Rustow,* Stabilität und Integration. Vorschläge für eine neue Währungsordnung in der EWG, FAZ Nr. 117 v. 23. 5. 1970, 15; Ende 1970 hat die Kommission eine neue Anleiheform im Rahmen des Kreditbedarfs für die Kohle- und Stahlindustrie entwickelt, und zwar symbolisiert in einer europäischen Währungseinheit. Diese bindet für die Dauer der Anleihelaufzeit die Währung der Mitgliedstaaten entsprechend dem offiziellen Kursverhältnis am Emissionstag. Zahlung der Zinsen und Rückzahlung können vom Inhaber zu jedem Fälligkeitstermin nach seiner Wahl in einer der sechs mitgliedstaatlichen Währungen zur ursprünglichen Parität gefordert werden. Die neue Formel ist in der Perspektive der Verwirklichung eines neuen Kapitalmarktes gewählt worden, der mit den Vorschlägen des Werner-Berichts angestrebt wurde. Das bedeutet für den Anleihezeichner eine Abwertungs-Absicherung, indes einen Verzicht auf etwaigen Aufwertungsgewinn; vgl. VWD Europa Nr. 225 v. 19. 11. 1970, I/11.

[43] *Tietmeyer* EA 1971, 415 verweist auf die Feststellung von *Krämer* (Experience with historical monetary unions, in: Integration durch Währungsunion? Kieler Symposion, Juni 1970 — 1971 — 118), Währungsunionen seien bisher nur dann erfolgreich gewesen, wenn die beteiligten Staaten sich von vornherein oder in absehbarer Zeit auch zu einer politischen Union zusammengeschlossen hätten.

dd) In der Zeitstufung des Planes sind für die erste Dreijahresstufe Maßnahmen besserer Koordinierung der Wirtschaftspolitik, eine erste Verringerung der Bandbreiten zwischen den Gemeinschaftswährungen und u. U. auch bereits ein Europäischer Fonds für währungspolitische Zusammenarbeit vorgesehen. In einer auch sonst gemeinschaftsrechtlich bereits erprobten Technik *(5/69, 22/16)* sollen Aktionsprogramme für die beiden Folgestufen auf Grund einer Ergebnisbilanzierung der ersten Stufe gemäß Art. 236 EWGV von einer Regierungskonferenz aufgestellt werden, auf der dann auch die erforderlichen Vertragsänderungen zu beschließen sein würden. In dieser Weise ist die Zeit- und Stufenplanung kombiniert aus einem Maßnahmekatalog erster Stufe und einer Verfahrensregelung für den Fortgang.

2. Ansatz zur Verwirklichung

20 Die Entschließung des Rates und der Regierungsvertreter vom 9. Februar/22. März 1971 sowie die zur ersten Verwirklichung ihrer Ziele ergangenen Ratsentscheidungen vom 22. März 1971 sind nach schwierigen Auseinandersetzungen zustande gekommen. Alsbald, nämlich schon im Mai 1971, ist ihre Durchführung durch die deutschen und niederländischen Maßnahmen zur Freigabe des Wechselkurses bereits im Anlauf belastet worden[44]. Obwohl die Entschließung sich *verfahrensmäßig* an den Bericht des Werner-Ausschusses anlehnt, folgt sie *in der Sache* weiteren Kompromißvorstellungen.

a) Die für die erste Stufe zur Errichtung der Wirtschafts- und Währungsunion (1971—1973) vorgesehenen Maßnahmen zielen in Übereinstimmung mit dem Bericht auf einen mittelfristigen Währungsbeistand (Abschn. III Nr. 5), die versuchsweisen Verringerungen der Wechselkurs-Bandbreiten innerhalb der Gemeinschaft (III 7), den Verzicht auf autonome Maßnahmen mit Rückwirkungen auf das internationale Wechselkurssystem (III 6) sowie die Errichtung eines Europäischen Fonds für die währungspolitische Zusammenarbeit (III 8). Maßnahmen zur Koordinierung der Wirtschaftspolitik (III 1) wie solche steuer- (III 2), kapitalmarkt- (III 3) und regionalpolitischer (III 4) Bedeutung sollen die Parallelität zur Stärkung der Wirtschaftsunion wahren.

---

[44] Zum Gang der Ereignisse: BullEG Nr. 7/1971, 48. — Nach Konsultationen im Währungsausschuß erließ der Rat am 9. 5. 1971 eine Entschließung zur monetären Situation (ABl. C 58, 1). Die dort in Ziff. 4 für den Agrarhandelsverkehr vorgesehenen Maßnahmen wurden am 12. 5. 1971 festgelegt in der Ratsverordnung über bestimmte konjunkturpolitische Maßnahmen, die in der Landwirtschaft im Anschluß an die vorübergehende Erweiterung der Bandbreiten der Währungen einiger Mitgliedstaaten zu treffen sind (ABl. 1971 L 106, 1); Durchführungsvorschriften enthalten die Kommissionsverordnungen vom 17. 5. 1971 (ABl. L 110, 8, 10 m. Änd.). — Vgl. jetzt auch die Richtlinie des Rates v. 21. 3. 1972 zur Regelung der internationalen Finanzströme und zur Neutralisierung ihrer unerwünschten Wirkungen auf die binnenwirtschaftliche Liquidität, ABl. L 91, 13.

b) Die Verfahrensregelung für den Übergang in die zweite Stufe (ab 1974) (Abschn. IV) entspricht weitgehend dem Bericht-Vorschlag. Sie verzichtet allerdings auf die Darlegung notwendiger Vertragsänderungen für die Maßnahmen der beiden Folgestufen.

c) Entgegen französischem Widerstand, der sich gegen eine Prinzipienfixierung für die Endstufe wendete, haben Rat und Regierungsvertreter bestimmte Grundsätze aufgestellt, die in der Sache indes hinter dem Werner-Bericht zurückbleiben. Sie übernehmen seine Definition der Endstufe (Abschn. I), sein Parallelitätsprinzip (Abschn. II), bekunden den Entschluß zur Schaffung der Union binnen 10 Jahren vom 1. Januar 1971 an und stimmen der erforderlichen Befugniszuweisung an die Gemeinschaftsorgane zu. In der Frage der institutionellen Ausgestaltung folgt die Entschließung nur dem Vorschlag zur Errichtung eines eigenverantwortlichen gemeinschaftlichen Zentralbanksystems (I 2). Im übrigen erschöpft sie sich in der Formel: „Die Organe der Gemeinschaft werden in die Lage versetzt, ihre wirtschafts- und währungspolitische Verantwortung wirksam und rasch auszuüben. Die im Rahmen der Wirtschafts- und Währungsunion geführte Gemeinschaftspolitik wird vom Europäischen Parlament beraten und unterliegt dessen Kontrolle."

d) Weil die Entschließung vom 9. Februar/22. März 1971 hinsichtlich der schließlichen politischen Gemeinschaftsstrukturierung unergiebig bleibt, ist die auf deutsche Initiative aufgenommene „Terminklausel" („Vorsichtsklausel", auch als „Angstklausel" bezeichnet) politisch besonders bedeutungsvoll. Nach ihr (Abschn. III Nr. 9) sollen alle in der ersten Stufe bis Ende 1973 getroffenen währungspolitischen Gemeinschaftsmaßnahmen nur dann und nur bis Ende 1975 Bestand behalten, wenn nicht bis zu diesem Zeitpunkt Einigung erzielt wird über den konkreten Inhalt der weiteren Entwicklung bis zur Endstufe. Damit soll der Grundsatz der Parallelität auch für die weitere Stufenplanung gesichert und verhindert werden, daß durch die zunächst erfolgenden währungspolitischen Maßnahmen begünstigte Mitgliedstaaten sich ihres Fortbestandes erfreuen, ohne an den gebotenen weiteren wirtschaftspolitischen Integrationsschritten mitwirken zu wollen. Die Klausel und ihre politische Motivierung zielen auf den Kern der Verfassungsperspektiven der Vergemeinschaftung *(54/64)*.

e) Ein Jahr nach ihrer Entschließung vom 9. Februar/22. März 1971 haben Rat und Regierungsvertreter dem Plan der Wirtschafts- und Währungsunion mit einer weiteren Entschließung vom 21. März 1972[45] einen neuen Anstoß gegeben. In ihr ersucht der Rat u. a. die mitgliedstaatlichen Zentralbanken (Ziff. III) zwecks eines ersten (versuchsweisen) Schritts zur Bildung eines gemeinschaftseigenen bandbreitenfreien Währungsraumes um schrittweise Verringerung der Bandbreiten mit dem Ziel, daß zunächst der

[45] Betr. die Anwendung der Entschließung vom 22. 3. 1971: ABl. 1972 C 38, 3.

Abstand zwischen zwei Währungen ab 1. Juli 1972 2,25 % nicht mehr übersteigt. Die insoweit erforderlichen Interventionen und Konsultationen der Zentralbanken sind im einzelnen vorgezeichnet[46]. — Bis zum 30. Juni 1972 sollen der Währungs- und der Ausschuß der Zentralbankpräsidenten überdies einen Bericht über Errichtung, Aufgaben und Satzung des Europäischen Fonds für währungspolitische Zusammenarbeit vorlegen. Über dessen Schlußfolgerungen will der Rat vor Ende 1972 beschließen.

[46] Zur Einigung der Zentralbankpräsidenten vom 10. 4. 1972 und der Praktizierung ab 24. 4. 1972: VWD Europa Nr. 83/72 v. 28. 4. 1972, I/9 u. I/a-b und Nr. 84/72 v. 2. 5. 1972, I/5.

§ 46 HANDELSPOLITIK

Alting von Geusau (Hg.), Economic relations after the Kennedy Round (1969); *Alting von Geusau,* The institutional framework for international trade relations, in: Econcmic relations after the Kennedy Round 94; *Beseler,* Die gemeinsame Ausfuhrregelung der EWG, AWD 1970, 109; *Beseler,* Die gemeinsamen Einfuhrregelungen der EWG, AWD 1970, 308; *Bianconi,* Gli accordi commerciali della Comunità economica europea, RivDirEur 1971, 115, 235; *Brémaud,* Le commerce extérieur des six pays de la C. E. E. (1969); *Colombo,* Gli accordi commerciali della Comunità economica europea, DirScambiIntern 1967, 13; *Ehle - Meier,* EWG-Warenverkehr. Außenhandel — Zölle — Subventionen (1971); *Everling,* Rechtsprobleme der Gemeinsamen Handelspolitik in der Europäischen Wirtschaftsgemeinschaft, in: Beiträge zum internationalen Wirtschafts- und Atomenergierecht I/5, 189; *Everling,* Legal problems of the common commercial policy in the European Economic Community, CMLR 1966, 141; *Kim,* La Communauté économique européenne dans les relations commerciales internationales (1971); *Kim,* Developments in the commercial policy of the European Economic Community, CMLR 1971, 148; *Kock,* International trade policy and the GATT 1947—1967 (1969); *Léonard — Simon,* La mise en oeuvre de la politique commerciale commune: passage de la période de transition à la période définitive, RevTrimDrEur 1971, 107; *Le Tallec,* Die Auswirkungen der Handelspolitik auf das Vorgehen der Gemeinschaft und ihrer Mitgliedstaaten, AWD 1971, 105; *Le Tallec,* La politique commerciale de la C. E. E., ses conséquences sur l'action de la Communauté et des Etats membres, RevMC 1971, 172; *Louis,* Droit et politique des relations extérieures des Communautés européennes, CahDrEur 1971, 3; *Maas,* Enkele aspecten van handelspolitieke problemen van de EEG, Travaux et conférences Faculté de droit, Université de Bruxelles II (1963); *Möhler,* Die Entwicklung einer gemeinsamen Handelspolitik im Rahmen der Europäischen Gemeinschaften, EA 1969, 241; *Nöll von der Nahmer,* EWG und Weltwirtschaft, Integration 1970, 1; *Oppermann,* Die Schutzklausel des Artikels 115 des EWG-Vertrages, AWD 1964, 97; *Oppermann,* La clause de sauvegarde de l'article 115 du Traité de la C. E. E. Interprétation et pratique à l'intérieur de la Communauté, RevMC 1965, 376; *Papisca,* Aspetti giuridici delle relazioni commerciali C. E. E. — U. S. A.,RivPolEc 1970, 821; *Pedini,* La C. E. E. e la sua politica commerciale, RivPolEc 1967, 601; *Pescatore,* La politique commerciale, DrCommEur Nr. 2287; *Pigasse,* Bilan et perspective de la politique commerciale au sein de la C. E. E., PolEtr 1970, 67; *Rambow,* Die Rechtsfragen einer Außenhandelspolitik, in: Einführung 189; *Rauschning,* Rechtsfragen zum handelspolitischen Arrangement zwischen der EWG und den sich um den Beitritt bewerbenden Staaten, EuR 1969, 287; *J. Schneider,* La mise en oeuvre de la politique commerciale commune de la C. E. E.: bilan et perspectives, RevMC 1970, 11; *Skinner,* Trade regulation in the Common Market. The development of a european approach, ColJournTranspL 1969, 246; *Wellenstein,* Die gemeinsame Handelspolitik am Ende der Übergangszeit, EurGem 12/1969, 10.

1 *Handelspolitik* im Gemeinschaftsrecht ist *Außen*handelspolitik, Erscheinung und Bereich der *Außenwirtschaftspolitik*[1]. Sie wird hier schlechthin „Handelspolitik" genannt, weil Kapitel 3 des Titels II des EWGV „Die

[1] *Hallstein,* Bundesstaat 195.

Wirtschaftspolitik" — nach Kapitel 1 „Die Konjunkturpolitik" und Kapitel 2 „Die Zahlungsbilanz" — unter dieser Bezeichnung in den Art. 110—116 zusammenfassend behandelt. Was der Sache nach unter dieser „Handelspolitik" zu begreifen ist, wird zunächst — vor normativer Exegese — ersichtlich aus den Zusammenhängen, in denen sie nach den Zielen und Regelungen des Vertrages, nach Funktion und Bedeutung steht.

I. Die Zusammenhänge

Die Zusammenhänge bestehen innerhalb der miteinander verschränkten Sachbereiche der Wirtschafts- und der allgemeinen Politik, sodann in der Stufen- und Zeitplanung der Vergemeinschaftung zur Zollunion und zur Herstellung des Gemeinsamen Marktes, schließlich in der Automatik des Sachzwanges zum Fortschreiten der Integration, der auch die Handelspolitik erfaßt und von ihr ebenso wieder ausgeht.

1. Zusammenhänge der Sachbereiche

2 a) Handelspolitik ist die Außenseite der innerhalb der Gemeinschaft wirkenden Wirtschafts- und Sozialpolitik[2]. Letztes Gemeinschaftsziel ist es, was Art. 116 in der Tendenz ausspricht: daß die Gemeinschaft in den Wirtschaftsbeziehungen zu Drittstaaten und zu internationalen Wirtschaftsorganisationen in gleichem Sinne *als Einheit* handelt wie ihre Mitgliedstaaten von innen her die Einheit der Gemeinschaft darstellen. Seitdem die Entwicklung nach dem Zweiten Weltkrieg zu multilateralen Vertragssicherungen der internationalen Handelsfreiheit und zum Abbau von Zoll- und Handelsschranken, damit zu intensiver internationaler Verflechtung geführt hat, ist die *staatliche* Außenwirtschaftspolitik in ihrer Wirkungsbreite geschrumpft, zugleich anfälliger geworden gegenüber Bewegungen der Konjunktur[3]. Wo Staats- und Wirtschaftsverfassung dies gebieten und zulassen — so insbesondere in Staatshandelsländern — und wo Staaten dieser Struktur und andere, der Welthandelsfreiheit aufgeschlossene sich begegnen, wird Handelspolitik auch als Instrument der Außenpolitik eingesetzt. Davon hat auch die BRD Gebrauch gemacht.

3 b) Die Entstehung einer Zollunion großer Industriestaaten in der EWG hat für das Welthandelssystem einen Abschließungseffekt. Er kann wirtschafts- und allgemeinpolitisch stören, wenn er nicht durch Produktivitätssteigerung und Handelsausweitung ausgeglichen wird. Dieser Effekt entsteht, weil die aus der Zollunion der Mitgliedstaaten erwachsenen Vorteile den

---

[2] Vgl. *Pescatore* DrCommEur Nr. 2287.
[3] *Everling*, Rechtsprobleme der Gemeinsamen Handelspolitik 197.

ihnen handelsvertraglich verbundenen Drittstaaten als Meistbegünstigung nicht zustehen. Art. XXIV des GATT sanktioniert diese Wirkung. Hieraus können und konnten Fronten entstehen zwischen der Zollunion der EWG und anderen Wirtschaftsräumen und -zonen — USA, Japan, EFTA. Es hängt auch von der Handelspolitik der Gemeinschaft ab, ob sie diese Fronten verhärtet oder durchlässig macht[4]. Hierzu haben die Mitgliedstaaten der EWG nach Überlieferung und eigener Handelspolitik keine einheitliche Auffassung. Jedenfalls hängt die *BRD* einer *Abschließungspolitik nicht* an.

Mit steigender Verflechtung durch Außenhandel wächst die Anfälligkeit der Gesamtwirtschaft gegenüber Außenhandelsstörungen, insbesondere auch solchen, die eine nationale Währungspolitik auslöst. Für Zahlungs- und Kapitalverkehr gilt Entsprechendes. Sie können Einzelbereiche der Wirtschaft besonders treffen, andere begünstigen, sich damit strukturell und auch sozialpolitisch auswirken.

c) *Insgesamt:* in der Handelspolitik konzentriert sich die Komplexität der Bereichszusammenhänge. Durch sie wird die Flanke der inneren Wirtschaftspolitik — der Gemeinschaft und ihrer Mitgliedstaaten — nach außen geöffnet, damit für Störungen anfällig, die sich aus der Handelspolitik anderer Wirtschaftsräume und -zonen oder ihrer Konfrontation mit der gemeinschaftlich betriebenen ergeben. Daraus folgt, daß die Handelspolitik nicht als Wirtschaftspolitik *eines* Wirtschafts*bereichs allein* zu begreifen ist, sondern die Außenfunktion *aller* Wirtschaftspolitik der Gemeinschaft bildet.

2. *Zusammenhang mit Errichtung der Zollunion und des Gemeinsamen Marktes*

a) Eine gemeinsame Handelspolitik hat im Grunde *nicht vor* dem Ende der Übergangszeit beginnen können. Der Vertrag unterscheidet darin sehr deutlich. Art. 113 I 1 gibt dem Ausdruck: „Nach Ablauf der Übergangszeit wird die gemeinsame Handelspolitik nach einheitlichen Grundsätzen gestaltet." Art. 111 hatte *während* der Übergangszeit eine Koordinierung der Handelspolitik der Mitgliedstaaten mit Drittländern derart vorgesehen, „daß am Ende der Übergangszeit die erforderlichen Voraussetzungen für die Durchführung einer gemeinsamen Politik auf dem Gebiet des Außenhandels gegeben sind", wie dies auch in Art. 3 b vorgesehen ist. Dieser Koordinierung dienten die Anpassung der geltenden Zollvereinbarungen mit Drittländern und die Vereinheitlichung der Liberalisierungslisten auf möglichst hohem Stand (Art. 111 Ziff. 4, 5). Art. 112 sah entsprechend während der Übergangszeit die schrittweise Vereinheitlichung der Ausfuhrbeihilfen-Systeme der Mitgliedstaaten vor.

---

[4] Dazu *Dahrendorf,* Offensive der Öffnung und Liberalisierung, EurGem 2/1971, 19.

Vereinheitlichung der Zollpolitik der Mitgliedstaaten, ihrer gegenständlichen und quantitativen Liberalisierungsabkommen mit Drittländern waren damit Vorstufen und Voraussetzungen für die Schaffung der Zollunion, deren Errichtung ihrerseits eine der beiden Bedingungen für eine außenhandelspolitische Gemeinschaftskompetenz bildete.

Für die Zollunion als eine der Grundlagen für eine gemeinsame Handelspolitik[5] wird in Art. 110 I formuliert, worin das liberale außenhandelspolitische Ziel der Gemeinschaft besteht: „Durch die Schaffung einer Zollunion beabsichtigen die Mitgliedstaaten, im gemeinsamen Interesse zur harmonischen Entwicklung des Welthandels, zur schrittweisen Beseitigung der Beschränkungen im internationalen Handelsverkehr und zum Abbau der Zollschranken beizutragen." Art. 29 a EWGV zielt in dieselbe Richtung. Es ist bemerkenswert, daß dasselbe Ziel, nämlich gemeinsame Handelspolitik (als Beitrag) zur fortschreitenden Beseitigung der Beschränkungen im zwischenstaatlichen Wirtschaftsverkehr, als solches zwar von der Vertrags*präambel* genannt, *nicht* aber in *Art. 3 b* wiederholt wird. Dort ist nur die Einführung der gemeinsamen Handelspolitik gegenüber dritten Ländern, nicht aber auch ihre auf die Entwicklung des Welthandels gerichtete weitere Tendenz genannt.

c) Ist in dieser Weise Art. 3 b nur im Zusammenhang mit Art. 110 I zu begreifen, um den Zielgehalt der Präambel vollständig auszudrücken, so verweist Art. 110 II (ebenso Art. 29 b) seinerseits auf die durch den Gemeinsamen Markt erwartete Steigerung der Wettbewerbsfähigkeit der Unternehmen. Diese soll zur Ausweitung wirtschaftlicher Tätigkeit, zur Nachfragesteigerung und Ausweitung des Außenhandels führen, um derart den Abschließungseffekt der Zollunion auszugleichen. Art. 110 II bezieht sich damit auf die zweite Voraussetzung einer nach dem Ende der Übergangszeit möglichen gemeinsamen Außenhandelspolitik: die Errichtung des Gemeinsamen Marktes, dessen Grundlage zwar die Zollunion bildet (Art. 9 I), in deren Errichtung sich der Gemeinsame Markt aber nicht erschöpft. Indem Art. 113 I an den Ablauf der Übergangszeit als Beginn der einheitlichen gemeinsamen Handelspolitik anknüpft, hat er auf den zwölfjährigen Stufenablauf des Art. 8 und seine Verwirklichung abgestellt. Sie sind Ende 1969 erreicht worden.

3. Sachzwang-Zusammenhänge bei fortschreitender Integration

4 Ebenso wie zur Fortentwicklung der gemeinsamen Währungs- und Finanzpolitik *(45/16)*, muß eine gemeinsame Handelspolitik aus Zusammenhängen von Sachzwängen zu Kompetenzanreicherungen in anderen Berei-

---

[5] *Pescatore* DrCommEur Nr. 2288.

chen führen[6]. Das hat die Kommission bereits in der Einleitung zu ihrem Aktionsprogramm für die Zweite Stufe vom 24. Oktober 1962 dargetan. Hierzu ist an dieser Stelle nicht zu erörtern, ob eine solche Anreicherung vertrags*immanent* in Betracht kommt oder Vertrags*änderung* voraussetzt, ebensowenig, ob solche Kompetenzänderung strukturelle Voraussetzungen hat — etwa für die Stellung und Befugnisse des Parlaments — und anderer Legitimierungen demokratischen Prinzips bedarf, als sie jetzt im Vertragsrecht angelegt sind. Jedenfalls bestehen Sachzwang-Zusammenhänge zwischen der Entwicklung und Wahrnehmung einer gemeinsamen Handelspolitik auf der einen Seite, der Gestaltung der mittel- und auch der kurzfristigen Wirtschafts- und Konjunkturpolitik, der Struktur-, Regional-, Entwicklungshilfe- und Energiepolitik auf der anderen Seite, durch einige dieser Bereiche auch mit der Sozialpolitik. Überall, wo die Gesamtwirtschafts- und Sozialpolitik der Gemeinschaft sich durch außenwirtschaftliche Aktivität ihrer Mitgliedstaaten nach außen öffnet und damit zum Gegenstand einer gemeinsamen Handelspolitik werden muß, stehen Sachzusammenhänge in Frage, die für die Kompetenzzuordnung zwischen Gemeinschaft und Mitgliedstaaten, damit für die Kompetenzausstattung der Gemeinschaftsorgane automatische oder zwangsläufige Rückwirkungen äußern können. Das bleibt bei der Interpretation und Handhabung insbesondere der Art. 111, 113, 116, aber auch beim Einsatz der Schutzklauseln des Art. 115 zu bedenken.

II. Rechtsgrundlagen

Seit dem Ende der Übergangszeit, deren Regelungen keine wesentliche Bedeutung mehr haben, sind Art. 110, 113—116 EWGV die für die Handelspolitik maßgeblichen Rechtsgrundlagen.

1. Zusammenhang der Rechtsgrundlagen

5 a) Art. 113 I sieht vor, daß die gemeinsame Handelspolitik „nach einheitlichen Grundsätzen gestaltet" wird. *Insbesondere* soll diese Gestaltung nach einheitlichen Grundsätzen gelten für die Änderung von Zollsätzen, den Abschluß von Zoll- und Handelsabkommen, die Vereinheitlichung der Liberalisierungsmaßnahmen, die Ausfuhrpolitik und die handelspolitischen Schutzmaßnahmen. Für diese werden als Beispiele Dumping und Subventionen *(§ 38)* genannt.

Die für die Gestaltung der gemeinsamen Handelspolitik maßgeblichen einheitlichen Grundsätze sind u. a. dem Art. 110 zu entnehmen. Er legt in

[6] *Everling,* Rechtsprobleme der Gemeinsamen Handelspolitik 225 ff., auch zum folgenden.

Abs. I die Absichten der Mitgliedstaaten dar, die sie mit der Schaffung der Zollunion verfolgt haben (und nach ihrer Schaffung insbesondere durch die Handhabung des Außenzolltarifs weiter verfolgen). Er gibt in Abs. II auf, auch die durch den Gemeinsamen Markt ermöglichte Ausweitung des Handelsvolumens zu berücksichtigen. Der innere Zusammenhang des Art. 113 mit Art. 110 ist um so bedeutsamer, als er in Art. 3 b zum Inhalt der gemeinsamen Handelspolitik (anders als in der Präambel) nicht zum Ausdruck kommt.

b) In Art. 113 II, IV sind Kompetenz- und Verfahrensregelungen bereitgestellt für die Durchführung der gemeinsamen Handelspolitik. Besonders eingehend geregelt ist hierzu das Verfahren zur Aushandlung, zur Führung und zum Abschluß von Zoll- und Handelsabkommen in Art. 113 III und Art. 114.

c) Art. 116 ergänzt die Umschreibung der gemeinsamen Handelspolitik durch das den Mitgliedstaaten auferlegte Gebot, seit Ablauf der Übergangszeit in den internationalen Organisationen mit wirtschaftlichem Charakter bei allen Fragen, die für den Gemeinsamen Markt von besonderem Interesse sind, nur noch gemeinsam vorzugehen. Art. 116 enthält hierzu in Abs. I 2 eine Verfahrensregelung, die der des Art. 113 II, IV entspricht.

d) Art. 115 regelt den Schutz vor den Folgen unterschiedlicher handelspolitischer Maßnahmen der Mitgliedstaaten, die als Verkehrsverlagerungen und wirtschaftliche Schwierigkeiten auch unter einer gemeinsamen Handelspolitik auftreten können. Dies deshalb, weil *gemeinsame* Handelspolitik *nicht einheitliche* ist und auch die Schutzklauselanwendung nach Art. 108 III, 109 (Zahlungsbilanzschwierigkeiten und -krisen) solche Folgen auslösen kann.

e) Unter Umständen können andere Vertragsvorschriften in mittelbaren Zusammenhang treten mit der Regelung der Handelspolitik[7], insbes. die Art. 9, 10, 18, 25, 27, 28 aus dem Recht der Zollunion, die Art. 3 k, 131, 238 zum Assoziierungsrecht, endlich die allgemeinen Bestimmungen der Art. 5 und 6 über die Aufgaben und Pflichten der Mitgliedstaaten, darunter die zur Zusammenarbeit mit den Gemeinschaftsorganen.

2. Art. 113 EWGV: Gemeinsame Handelspolitik nach einheitlichen Grundsätzen

6 a) Die insoweit nicht gelungene Formulierung des Art. 113 I 1. Halbsatz (Gestaltung der gemeinsamen Handelspolitik nach einheitlichen Grundsätzen) kann *nicht* als *Abschwächung* eben der *Gemeinsamkeit*, d. h. der Gemeinschaftlichkeit der Politik gedeutet werden, nämlich dahin, sie erschöpfe sich in der Entwicklung einheitlicher Grundsätze und es sei Sache

[7] *Pescatore* DrCommEur Nr. 2293.

der Mitgliedstaaten, in ihrem Rahmen eigene Handelspolitik zu betreiben[8]. Zwar weicht Art. 113 I mit der Modifizierung der Handelspolitik „nach einheitlichen Grundsätzen" etwa von den Art. 39 und 74 ab, die ohne diese Abwandlung gefaßt sind. Aber aus der Gegenüberstellung zu Art. 111, der für die Übergangszeit ausdrücklich noch von der Politik *der Mitgliedstaaten* spricht (außer aus der zu Art. 103: Die Mitgliedstaaten und *ihre* Konjunkturpolitik), und aus dem Zusammenhang mit Art. 3 b („gemeinsame Handelspolitik" ohne Einschränkung als Gemeinschaftstätigkeit) kann sinnvoll nur gefolgert werden, daß Art. 113 I 1. Halbsatz eine zuständigkeits-*beschränkende* Auslegung *zu Lasten der Gemeinschaft nicht* verträgt. Seinem zutreffenden Verständnis kommt die Annahme näher, daß die „einheitlichen Grundsätze" die gemeinsame Handelspolitik *thematisch* verweisen auf die im 2. Halbsatz des Satzes 1 beispielhaft bezeichneten Einzelbereiche[9]. Das entspricht auch der Lage, wenn die Gemeinschaft selbst etwa zu handelspolitischen Aktionen aus besonderen Gründen nicht imstande und auf solche der Mitgliedstaaten angewiesen ist (so z. B. im Vertragsschluß mit Ostblockstaaten, weil diese die EWG nicht anerkennen).

b) Den *Umfang* der gemeinsamen Handelspolitik umschreibt Art. 113 I 2. Halbsatz *nicht* in der Absicht *vollständiger* Erfassung (arg. „insbesondere"). Andererseits zählen gewisse Regelungsbereiche des Vertrages trotz ihres Zusammenhangs mit der Handelspolitik nicht zu der in Art. 113 als solcher bezeichneten Aufgabe. Die Abgrenzung ist rechtlich relevant. Denn eine Gemeinschaftszuständigkeit nach Art des Art. 113 ist keineswegs gleichermaßen auch in jenen Regelungsbereichen begründet[10].

aa) Autonome Änderung oder Aussetzung von Zollsätzen gemäß Art. 28 ohne Abschluß von Zollabkommen bedarf *einstimmigen* Ratsbeschlusses, sofern es sich nicht um kurzbefristete und begrenzte i. S. seines Satzes 2 handelt. Für bestimmte andere Zollmaßnahmen und -regelungen kommt nur Rechtsangleichung gemäß Art. 27, 100 in Betracht[11].

bb) Mit der Vereinheitlichung der Liberalisierungsmaßnahmen (Kontingente für mengenmäßige Beschränkungen) ergänzt Art. 113 I 2. Halbsatz *nach außen*, was Art. 30—36 *nach innen* für das Verhältnis der Mitgliedstaaten zueinander geregelt hatten[12]. Gesichtspunkte des Art. 36, die Beschränkungen des Warenverkehrs aus Sicherheits-, Gesundheits- und ähnlichen Gründen zulassen, müssen auch als Faktoren der Handelspolitik berücksichtigt werden können[13].

---

[8] Hierzu: *Everling*, Rechtsprobleme 206; zutreffend: *Rambow*, in: Einführung 192 (in der Kritik an *Everling* aber zu weitgehend).

[9] *Everling*, Rechtsprobleme 207; ferner: *Carstens*, Die Errichtung des gemeinsamen Marktes in der Europäischen Wirtschaftsgemeinschaft, Atomgemeinschaft und Gemeinschaft für Kohle und Stahl, ZaöRVR 18 (1958) 498.

[10] *Everling*, Rechtsprobleme 202.

[11] *Pescatore* DrCommEur Nr. 2302.

[12] *Pescatore* DrCommEur Nr. 2303.

[13] *Pescatore* DrCommEur Nr. 2304.

cc) Mit der Ausfuhrpolitik und mit handelspolitischen Schutzmaßnahmen der Abwehr wird auf den *Warenverkehr* gezielt, so daß Art. 113 auch *nur* den *auf ihn bezüglichen Zahlungsverkehr* erfaßt. Für Kapitalverkehr (Art. 70) und Verkehrspolitik (Art. 74 ff.) gelten die einschlägigen Sondervorschriften.

dd) Die für die *Agrarpolitik* entstandenen besonderen außenwirtschaftlichen Lösungen *(47/26)*, die auf Art. 39 zurückgehen und von eigenen Faktoren bestimmt sind, vermögen die gemeinsame Handelspolitik im *gewerblichen* Bereich *nicht* zu orientieren. Das ergibt sich aus spezifisch agrarpolitischen Zielsetzungen und ihrer Fragwürdigkeit an sich, ihrer Unmaßgeblichkeit für andere Wirtschaftsbereiche.

c) Der *Inhalt* der gemeinsamen Handelspolitik wird in seiner *grundsätzlichen Ausrichtung* durch Art. 110 determiniert: harmonische Entwicklung des Welthandels, Beseitigung der internationalen Handelsverkehrsbeschränkungen, Abbau der Zollschranken, Berücksichtigung der günstigen Auswirkungen auf die Steigerung der Wettbewerbsfähigkeit ihrer Unternehmen, die die Abschaffung der Zölle zwischen den Mitgliedstaaten haben kann. Diese Elemente finden gleichermaßen Ausdruck in der Vertragspräambel und in einer gemeinsamen Erklärung über die Zusammenarbeit mit den Mitgliedstaaten der internationalen Organisationen[14], teilweise auch in Art. 18, 29 a, 70 I 2, 111 V.

aa) Art. 110 macht diese Elemente, ihrer Formulierung gemäß, nur zum Gegenstand einer Absichtserklärung der Mitgliedstaaten, bezogen auf ihr Vorhaben zur Schaffung der Zollunion. Indes erschöpft sich ihre Bedeutung nicht in einer rechtlichen Unverbindlichkeit, ebensowenig in einer bloßen Funktionsdeutung der Zollunion. Ihre Plazierung an der Spitze des Kapitels 2: „Handelspolitik" kennzeichnet diese Elemente als diejenigen, die den *Gehalt* der in Art. 113 I 1. Halbsatz bezeichneten „einheitlichen Grundsätze" der gemeinsamen *Handelspolitik als eines Ganzen* ausmachen. Und über das begrenzte rechtliche Wirkungsmaß einer vertraglichen Absichtserklärung hinaus kommt dem Art. 111 das Gewicht einer Rechtsbindung der Staaten *und* der Gemeinschaft (und ihrer Organe) zu. Denn die Mitgliedstaaten verpflichten sich in dieser Formel nicht isoliert nach außen, sondern gesamtaktlich als *Gemeinschaftsglieder*, die in dieser Qualität im Bereich der Gemeinschaftszuständigkeit des Art. 113 eben durch die Gemeinschaftsorgane gemeinsam handeln[15].

bb) Daß die für Art. 113 in Art. 110 umschriebenen Grundsatz-Elemente der gemeinsamen Handelspolitik in ihrer inhaltlichen Determiniertheit nicht den Ansprüchen justiziabler und rechtssicher vollziehbarer Tatbestandsmerk-

---

[14] BGBl. 1957 II, 760.

[15] Im Ergebnis ebenso: *Wohlfarth* u. a. Komm. 1 zu Art. 111; *Everling*, Rechtsprobleme 202; abweichend: *Pescatore* DrCommEur Nr. 2298, weil es schwierig sei, den Inhalt der Verpflichtung zu konkretisieren.

male genügen, ist evident. Das erklärt sich aus ihrem Charakter einer Qualifizierung des Politischen und aus ihrer Funktion, den zu ihrer Anwendung berufenen Organen Entfaltungsspielraum und Gestaltungsermessen einzuräumen. Damit entfällt aber nicht ihr normativer Charakter. Daß Art. 110 i. Verb. mit Art. 113 diesen Organen gleichwohl bindende Direktiven ihres politischen Ermessens aufgibt, folgt aus dem ökonomisch in der Substanz einheitlichen Verständnis einer arbeitsfähigen, verflochtenen Weltwirtschaft und tunlicher Liberalisierung des Handelsverkehrs. Daß die zur gemeinsamen Handelspolitik zuständigen Organe — im Umkehrsinne des Art. 110 II — bei der Abwägung der hierzu wesentlichen Elemente auch den jeweils gegebenen Status der unternehmerischen Wettbewerbsfähigkeit im Gemeinsamen Markt berücksichtigen dürfen, liegt in ihrem Gestaltungsermessen. Es kann ihnen nicht verwehrt sein, bei aller Öffnung der Gemeinschaft nach außen gleichwohl das Eigeninteresse ihrer mitgliedstaatlichen Wirtschaften und ihrer Träger in Rechnung zu stellen, und dies fallweise selbst auch durch konkrete Anerkennung ihrer Priorität[16].

III. Zuständigkeits- und Verfahrensregelungen

1. Art. 113 I, II, IV EWGV: Gestaltung der gemeinsamen Handelspolitik

7 a) Daß im Verhältnis der Gemeinschaft zu den Mitgliedstaaten in Art. 113 I die Handelspolitik *gemeinsamer* Gestaltung zugänglich gemacht ist, stellt schon an sich eine Entscheidung hoher Integrationskraft dar. Sie bedeutet letztlich das Ende der Handelsautonomie der Mitgliedstaaten[17]. Die Entscheidung ist um so gewichtiger, als der Rat nach Art. 113 IV bei der Ausübung aller ihm zur Handelspolitik übertragenen Befugnisse mit *qualifizierter Mehrheit* entscheidet — jedenfalls entscheiden *kann,* auch wenn er wegen der Tragweite in concreto hiervon keinen Gebrauch macht. Dieselbe Zuständigkeit hat der Rat nach Art. 116 I auch hinsichtlich der Regelung über Ausmaß und Durchführung des gemeinsamen Vorgehens der Mitgliedstaaten in den internationalen Wirtschaftsorganisationen.

b) Daß dem Rat zusteht, handelspolitische Beschlüsse zu fassen, wird zwar nicht in Art. 113 II selbst ausgedrückt, ergibt sich aber aus Abs. IV, der auf *alle,* vom Rat bei der Ausübung der ihm im ganzen Art. 113 übertragenen Befugnisse zu fassenden Beschlüsse Bezug nimmt. Anders wäre auch nicht zu begreifen, daß die Kommission dem Rat nach Abs. II Durchfüh-

[16] Ebenso: *Pescatore* DrCommEur Nr. 2298; *Maas,* Enkele aspecten van handelspolitieke problemen 21.

[17] *Pescatore,* DrCommEur Nr. 2309: „L'article 113 a pour effet de transférer à la Communauté l'objet de la politique commune, de façon qu'une politique nationale dans ce domaine, au sens d'une liberté de décision autonome, est devenue désormais inconcevable."

rungsvorschläge zur gemeinsamen Handelspolitik vorlegt. Denn Durchführung erfordert Beschluß, gestattet nicht nur Kenntnisnahme von Vorschlägen.

c) Als Rechtshandlungen stehen dem Rat *alle* in Art. 189 bezeichneten Formen zu Gebote[18]. Ihre Wahl wird sich nach dem Durchführungsgegenstand und -zweck zu richten haben. Das gilt auch für die Gestaltung der einheitlichen handelspolitischen Grundsätze als solcher. Für sie kommen indes auch andere, nicht im Vertrag geregelte Handlungsformen in Betracht. Wesentliches Handlungsinstrument ist, außer diesen internen Rechtsakten, der Abschluß von Zoll- und Handelsabkommen. Er ist gesondert geregelt *(46/8)*.

d) Nach Art. 113 II unterbreitet die Kommission dem Rat Vorschläge für die Durchführung der gemeinsamen Handelspolitik. Obwohl diese Formulierung von der sonst im Vertrag gebräuchlichen abweicht, weil Beschlußkompetenz des Rates und Vorschlagsrecht der Kommission an verschiedenen Stellen (in Abs. IV und Abs. II des Art. 113) genannt sind, handelt es sich um eine Gesamtregelung i. S. des Art. 149. Das heißt, daß der Kommissionsvorschlag auch hier nicht unverbindlich ist und seine Änderung vom Rat nur einstimmig beschlossen werden kann. Damit ist der Kommission auch in diesem Bereich die Stellung des Initiativorgans zugewiesen[19].

2. *Art. 113 III, 114 EWGV: Abschluß von Zoll- und Handelsabkommen*

8 a) Nach Art. 114 werden die in Art. 113 I, III vorgesehenen Zoll- und Handelsabkommen *im Namen der Gemeinschaft vom Rat geschlossen,* und zwar wiederum auf Grund seiner Beschlußfassung mit qualifizierter Mehrheit. Der Rat handelt also, dem Art. 228 I entsprechend, als Abschluß- (nicht als Zustimmungs-)organ. Der Abschluß erfolgt durch Unterzeichnung des Ratspräsidenten nach Ratsbeschlußfassung. Im übrigen bleibt Art. 228 II unberührt: vor Vertragsschluß kann ein Gutachten des Gerichtshofs über die Vereinbarkeit des Abkommens mit dem Vertrag eingeholt werden. Und nach Abs. III des Art. 228 ist das vom Rat geschlossene Abkommen für die Gemeinschaftsorgane *und* für die Mitgliedstaaten *auch ohne* Zustimmung ihrer gesetzgebenden Körperschaften verbindlich.

b) Für die *Aushandlung* der Abkommen sieht Art. 113 III drei Stadien vor:

aa) Zunächst legt die Kommission dem Rat *Empfehlungen* zur Einleitung von Abkommensverhandlungen vor. Sie sind solche i. S. des Art. 189 V, also nicht im Sinne des Art. 149 obligatorisch[20].

---

[18] *Pescatore* DrCommEur Nr. 2306 (h. M.).
[19] Ebenso: *Rambow,* in: Einführung 192; *Everling,* Rechtsprobleme 211.
[20] *Wohlfarth* u. a. 7 zu Art. 113.

bb) Zur Führung der Verhandlungen ist die Kommission zuständig, und zwar im Benehmen mit einem zu ihrer Unterstützung vom Rat bestellten besonderen Ausschuß und nach Maßgabe der Richtlinien, die ihr der Rat erteilen kann.

cc) Zur Verhandlungsführung selbst (zu ihrer „Einleitung") bedarf die Kommission der Ermächtigung durch den Rat. Dieser disponiert auch über Dauer und etwaigen Abbruch der Verhandlungen.

3. Art. 116 EWGV: Gemeinsames Vorgehen in internationalen Wirtschaftsorganisationen

9 a) Art. 116 zielt darauf, ein gemeinsames Vorgehen jedenfalls der Mitgliedstaaten in den internationalen Organisationen mit wirtschaftlichem Charakter sicherzustellen, wenn ein Auftreten der Gemeinschaft selbst ihnen gegenüber nicht gangbar ist. Das Gemeinsamkeitsinteresse orientiert sich an allen Fragen, die für den Gemeinsamen Markt von besonderem Interesse sind.

b) Auch hierfür unterbreitet die Kommission dem Rat Vorschläge nach Art und Ausmaß des gemeinsamen Vorgehens. Der Rat beschließt über sie mit qualifizierter Mehrheit.

c) Soweit der Rat die Mitgliedstaaten danach in ihrem Vorgehen „orientiert"[21], bedarf es hierzu seiner Entscheidung oder Richtlinie, um die Staaten rechtlich (wenn auch nur im Ziel) zu binden, soweit Konsultationen nicht ausreichen. In der Praxis wird ein Vertreter des jeweils den Ratsvorsitz führenden Mitgliedstaates, ein Vertreter der Kommission als Wortführer oder Beobachter oder aber eine gemischte Kommission tätig, die die gemeinsamen Interessen wahrnehmen.

4. Art. 112 EWGV: Vereinheitlichung von Ausfuhrbeihilfen

10 Nach Art. 112 II kann der Rat mit qualifizierter Mehrheit auf Vorschlag der Kommission Richtlinien erlassen, um die Systeme der von den Mitgliedstaaten für die Ausfuhr nach Drittländern gewährten Beihilfen zu vereinheitlichen. Das soll geschehen, um Wettbewerbsverfälschungen zwischen den Unternehmen der Gemeinschaft zu vermeiden. Deshalb handelt es sich nicht eigentlich um eine handelspolitische Maßnahme im Hinblick auf Drittländer, so daß Art. 112 systematisch in Kapitel 1 und 2 (Art. 85 ff., dort zu Art. 96 und 98) gehören würde. Ausfuhrbeihilfen sind danach — anders als die der Art. 96, 98 — grundsätzlich nicht verboten. Sie dürfen nur nicht den Wettbewerb verfälschen. Das sucht Art. 112 durch ihre Vereinheitlichung zu verhindern.

---

[21] *Pescatore* DrCommEur Nr. 2338.

Für Zoll- und Abgabenrückvergütungen, die die Steuervorbelastung nicht überschreiten und nach Art. 96 zulässig sind, gilt nach seinem Abs. II das Vereinheitlichungsgebot des Art. 112 I nicht.

5. Art. 115 EWGV: Schutzklausel

11 a) Die Schutzklausel des Art. 115 soll sicherstellen, daß handelspolitische Maßnahmen der Mitgliedstaaten, die im Einklang mit der gemeinsamen Handelspolitik erfolgen, nicht durch Verkehrsverlagerungen verhindert werden. Sie soll auch Schwierigkeiten begegnen, die in einem Mitgliedstaat durch solche Maßnahmen eines anderen entstehen können. Deshalb ist dieser Schutztatbestand der umfassende.

b) Primär hat die Kommission Methoden der Zusammenarbeit zu empfehlen, die Schutzwirkung versprechen. Sekundär kann sie die Staaten zu notwendigen Schutzmaßnahmen ermächtigen und ihre Einzelheiten festlegen.

c) Das in Abs. III des Art. 115 als maßgeblich für alle Schutzmaßnahmen bezeichnete Prinzip der Verhältnismäßigkeit entspricht dem auch ungeschrieben allgemein geltenden Grundsatz gleichen Inhalts. Das Funktionsinteresse des Gemeinsamen Marktes ist der bei der Mittelwahl zu respektierende Zweck.

IV. Durchführung

1. Maßnahmen der Übergangszeit

12 Die Einführung des gemeinsamen Zolltarifs für die Außenbeziehungen der in der Zollunion des Gemeinsamen Marktes vereinigten Mitgliedstaaten (Art. 9, 19 EWGV) war Voraussetzung und ist eine Grundlage der gemeinsamen Handelspolitik. Ihre Gestaltung in Durchführung des Art. 113 hat sich seit Beendigung der Übergangszeit den Regelungen und Maßnahmen angeschlossen, die in den Art. 111, 112 getroffen und vorgesehen waren.

a) Sie waren solche zunächst der Koordinierung der Handelspolitik der Mitgliedstaaten[22]. Durch eine Entscheidung des Rates vom 9. Oktober 1961[23] wurde die Laufzeit künftig zu schließender Abkommen der Mitgliedstaaten auf die Dauer der Übergangszeit begrenzt, durch eine andere vom gleichen Tage[24] ein Verfahren gegenseitiger Unterrichtung über die

---

[22] *Cartou,* Europäische Organisationen 206; *Rambow,* in: Einführung 193 f.

[23] ABl. 1961, 1274 m. Änd. v. 29. 12. 1965 (ABl. 3275); vgl. aber auch die Entscheidung vom 28. 1. 1969 zur Genehmigung der stillschweigenden Verlängerung bestimmter zwischen den Mitgliedstaaten und dritten Ländern geschlossener Handelsabkommen über die Übergangszeit hinaus (ABl. 1969 L 43, 15 m. Änd.).

[24] ABl. 1961, 1273 m. Änd. v. 16. 12. 1969 (ABl. L 326, 39).

Wirtschaftsverhandlungen geregelt, welche die Mitgliedstaaten führen. Nach Einführung eines Verfahrens zu gemeinsamer Informationsauswertung auf Gemeinschaftsebene (durch Zusammenfassung der Arbeit der diplomatischen Vertretungen der Staaten im Ausland, wie sie im November 1970 in München entsprechend für die Koordinierung der Außenpolitik vorgesehen worden ist und seither praktiziert wird *(54/19))*, sind alle Wirtschaftsabkommen der Staaten mit Drittländern systematisch untersucht worden. Die Entscheidung des Rates über ein Arbeitsprogramm auf dem Gebiet der gemeinsamen Handelspolitik vom 25. September 1962[25] hat Einzelheiten zur Vereinheitlichung ihrer Ein- und Ausfuhrpolitik bestimmt: zu den Liberalisierungslisten, zur Kontingentpolitik, zu Schutzmaßnahmen und zur Ausfuhrbeihilfepolitik. Hierzu sind später drei Ratsverordnungen vom 10. Dezember 1968[26] ergangen, womit Art. 111 V zum Teil erfüllt wurde. Von diesen Verordnungen berührte die über Sonderverfahren bei der Einfuhr bestimmter Waren aus bestimmten Ländern den Handel der Mitgliedstaaten mit Staatshandelsländern. Hierin äußert sich weiterhin ein Element eigentlicher Außenpolitik der Mitgliedstaaten, zumal die Gemeinschaft mangels Anerkennung durch diese Drittstaaten zu eigenem Abkommensabschluß nicht imstande ist. Diese Übergangsverordnungen sind durch zwei Verordnungen des Rates vom 25. Mai 1970 ersetzt worden[27] *(46/13)*.

b) Nachdem die EWG in Verfolgung des Art. 110 EWGV bereits im Jahre 1959 angeboten hatte, die *Sätze des Gemeinsamen Zolltarifs* linear um 20 % zu *senken*[28], hat sie seit 1960 an den Verhandlungsrunden teilgenommen, deren Rahmen das GATT (Dillon-Runden, Kennedy-Runde) und die UNO bildeten. Sie hat Abkommen ausgehandelt und geschlossen über die schrittweise Senkung der Sätze des Gemeinsamen Zolltarifs (Kennedy-Runde) und an den Arbeiten der GATT-Ausschüsse mitgewirkt. Abkommen, die wesentlich die Aussetzung von Zöllen betreffen, sind zuerst mit dem Iran am 14. Oktober 1963[29] und Israel am 4. Juni 1964[30] geschlossen worden. Die Gewährung von Zollaussetzungen und Zollpräferenzen zugunsten der Entwicklungsländer *(53/17)* geht zurück auf die United Nations Conference for Trade and Development (UNCTAD).

c) Zwar zählt der Abschluß von *Assoziierungsabkommen* nicht vertragssystematisch zur Handelspolitik, wohl aber teilweise nach Inhalt und Vertragszweck. Insbesondere gilt das für die Abkommen mit Griechenland und der Türkei, die auch der Vorbereitung eines späteren Beitritts dienen sollen *(7/22, 23)*[31].

---

25 Ziff. 93 (ABl. 1962, 2353).

26 ABl. 1968 L 303, 1, 39, 43; hierzu: *Rambow,* in: Einführung 194.

27 ABl. 1970 L 124, 1 und 6.

28 6. Gesamtbericht Juni 1963 Ziff. 263.

29 ABl. 1963, 2554.

30 ABl. 1964, 1518.

31 *Rambow,* in: Einführung 197; *Everling,* Rechtsprobleme 213.

d) Im Bereich der *Agrarpolitik* ist im Rahmen der Marktordnungen das frühere System der Zölle und Kontingente durch das Abschöpfungs- und Erstattungssystem ersetzt worden *(47/23,24)*. Die Höhe der Einfuhrbelastung entspricht danach dem inneren Preisniveau. Damit entfallen handelspolitische Abstimmungen. Die dadurch entstehenden Auswirkungen gegenüber Drittstaaten bedürfen indes der Lösung[32].

2. *Entwicklung des Sekundärrechts seit dem Ende der Übergangszeit*

13 Für *Ausfuhren* in *alle* Drittländer, für *Einfuhren* (unterschiedlich) aus *Staatshandelsländern* und *allen übrigen Drittländern* gelten einheitliche Regelungen seit 1969/1970[33].

a) Nach der Verordnung vom 20. Dezember 1969[34] für *Ausfuhren in alle Drittländer* gilt grundsätzlich, daß diese mengenmäßigen Beschränkungen nicht unterliegen (von Ausnahmen einer Negativliste abgesehen). Den Gemeinschaftsorganen obliegt danach die Überwachung der Marktentwicklung bei bestimmten Erzeugnissen und die Anordnung etwaiger Schutzmaßnahmen.

b) Die Verordnung vom 19. Dezember 1969 zur Festlegung einer gemeinsamen Regelung für die *Einfuhr aus Staatshandelsländern*[35] verzeichnet listenmäßig die kontingentfrei einführbaren Erzeugnisse. Die Listen können erweitert werden[36]. Auch hier obliegt den Gemeinschaftsorganen Überwachung und etwaige Schutzvorkehrung.

c) Die Verordnung vom 25. Mai 1970 zur Festlegung einer *gemeinsamen Regelung für die Einfuhr aus (allen übrigen) dritten Ländern*[37] enthält ebenfalls Liberalisierungslisten, sieht Informations- und Konsultationsverfahren sowie Überwachung und Schutzmaßnahmen vor. Sie dürfen hier allerdings — anders als im Handelsverkehr mit Staatshandelsländern — nicht (auch nur vorübergehend) von den Mitgliedstaaten selbst getroffen werden.

d) Die Ratsverordnung zur Festlegung eines *gemeinsamen Verfahrens für die Verwaltung mengenmäßiger Kontingente* vom 25. Mai 1970[38] regelt für

---

[32] Bekanntestes Beispiel: der sog. „Hähnchenkrieg" mit den USA; vgl. *Walker*, Dispute settlement: The chicken war, AmJournIntL 1964, 671; *Daleiden*, Agricultural policy and the import of poultry-meat from the United States, CMLR 1963, 339. Als Fallstudie ist der „chicken war" behandelt bei: *Chayes-Ehrlich-Lowenfeld*, International legal process. Materials for an introductory course (1968); dazu: *Seidl-Hohenveldern* AmJournCompL 18 (1971) 146.

[33] Darstellung bei *Deringer* NJW 1970, 490.

[34] Verordnung zur Festlegung einer gemeinsamen Ausfuhrregelung, ABl. 1969 L 324, 25 m. Änd.

[35] ABl. 1970 L 19, 1 m. Änd.

[36] Solche Erweiterungen bspw. mit Verordnungen v. 20. 7. 1970 (ABl. L 166, 1), v. 27. 10. 1970 (ABl. L 239, 1), v. 14. 12. 1970 (ABl. L 276, 1), v. 8. 3. 1971 (ABl. L. 60, 1), v. 8. 11. 1971 (ABl. L 249, 3 u. 12).

[37] ABl. 1970 L 124, 6 m. Änd.

[38] ABl. 1970 L 124, 1.

alle Drittländer die Aufteilung der Gemeinschaftskontingente in nationale Anteile sowie das Verfahren für die Erteilung von Ein- und Ausfuhrgenehmigungen und die Zusammenarbeit der nationalen Behörden mit den Gemeinschaftsorganen.

e) Die Entscheidung des Rates vom 16. Dezember 1969[39] über die *schrittweise Vereinheitlichung der Abkommen zwischen den Mitgliedstaaten und dritten Ländern* und über die Aushandlung der gemeinschaftlichen Abkommen, die die Übergangsregelungen von 1961 *(46/12)* ersetzt, ist zuerst beim Abkommen zwischen der EWG und Jugoslawien vom 19. März 1970 angewendet worden.

f) Die Verordnung des Rates vom 5. April 1968[40] regelt, dem Art. 113 I 2. Halbsatz EWGV entsprechend, den *Schutz gegen Praktiken von Dumping, Prämien oder Subventionen* aus nicht zur EWG gehörenden Ländern.

3. Künftige Gestaltung der gemeinsamen Handelspolitik

14 a) Beim Ende der Übergangszeit ist angenommen worden, daß die Koordinierungsziele des Art. 113 EWGV im Bereich der Zollsätze und Kontingente zu etwa 85 % erreicht waren. Ebenso wie für die Zollpolitik ist auch im Bereich der Agrarmarktordnungswaren, d. h. für 90 % aller Agrareinfuhren, die Zuständigkeit der Gemeinschaft hergestellt worden. Nur etwa 10—15% des Handels vollzog sich noch im Kontingentsystem, und dies weit überwiegend im Osthandel. Die Koordinierung handelspolitischer Schutzmaßnahmen, insbesondere die Genehmigung einer gemeinsamen Antidumpingregelung, zählt zu den Ergebnissen beginnender Vergemeinschaftung der Handelspolitik[41].

b) Die vom Rat beschlossenen Programme zur weiteren Entwicklung der Handelspolitik und entsprechende Initiativen der Kommission sind bislang nur teilweise realisiert worden[42]. Sie zielen auf handelspolitische Abwehrmaßnahmen gegen Dumping und zur Behebung von Versorgungsschwierigkeiten. Im Verhältnis zum Niedrigpreisland Japan, das EWG-Kontingentierungen ausgeräumt sehen will, bestehen schon Schwierigkeiten der Kontingent-Vereinheitlichung, im Verhältnis zu den Staatshandelsländern des Ostblocks auch solche der Außenpolitik. Außerdem ist ihre Organisation im COMECON wesentlich nach innen orientiert und geprägt durch die Hegemonie der UdSSR[43]. Im Verhältnis zu den USA, die die Agrar-, Präferenz-

---

[39] ABl. 1969 L 326, 39 m. Änd.

[40] ABl. 1968 L 93, 1.

[41] Vgl. VWD Europa Nr. 10/69 v. 15. 1. 1969 I, 2.

[42] Übersicht bei *Everling*, Rechtsprobleme 218.

[43] *Hallstein*, Bundesstaat 199 äußert begründete Zweifel, „daß die Supermacht Sowjetunion sich jemals einer COMECON-Disziplin unterordnen und insoweit auf ihre Außenhandelssouveränität auch nur teilweise zugunsten der kleineren Ostblockstaaten verzichten wird"; zum Thema auch: *Zellentin*, Intersystemare Beziehungen in Europa (1970) 239.

und Assoziationspolitik (Israel, Spanien) der EWG beanstanden und mit nationaler Handelsgesetzgebung (Mill's Bill, Einführung einer 10 %igen Sondersteuer für Importe im Sommer 1971) prohibitiv zu reagieren neigen, bleibt handelspolitisch zu beachten, daß die amerikanischen Direktinvestitionen im EWG-Raum die europäischen in den USA und die USA-Einfuhren in die EWG die EWG-Ausfuhren nach den USA weit übersteigen[44]. Insgesamt fragt sich, ob die Gestaltung der gemeinsamen Handelspolitik nach einheitlichen Grundsätzen, die Art. 113 EWGV seit dem Ablauf der Übergangszeit aufgibt, nicht intensiver als bislang geschehen von Reaktivität zu Konstruktivität übergehen muß. Daß Art. 113 *rechtlich* hierfür Raum gibt, sollte nicht zweifelhaft sein. Denn die „insbesondere"-Katalogisierung solcher Grundsätze im 2. Halbsatz von Art. 113 I hat rechtlich keine einschränkende Bedeutung, und überdies verweist die Aufgabe der Gestaltung der Handelspolitik schlechthin — ebenso wie die entsprechende Vorschlagsinitiative der Kommission nach Art. 113 II — auf eine konstruktiv begreifbare Zuständigkeit. Entsprechend sollte denn auch i. S. des Art. 113 III „die kleinliche Praxis der Verhandlungsrichtlinien, die der Ministerrat bisher zelebriert hat"[45], zur Stärkung der Verhandlungsfähigkeit der Kommission korrigiert werden.

---

[44] Zahlen bei: *Hijzen,* Das Verhältnis zu den USA, EurGem 2/1971, 23.
[45] *Hallstein,* Bundesstaat 198.

§ 47 AGRARPOLITIK

Agrarpolitik in der EWG. Heinrich Niehaus zum 70. Geburtstag (1968); *Agrarrecht* der EWG. Kolloquium Bad Ems 28. u. 29. 3. 1968, KSE 10 (1969); *Bade-Fendt,* Die deutsche Landwirtschaft im Ringen um den Agrarmarkt, Schriftenreihe Europäische Wirtschaft 43 (1971); *Barberis,* Sociologia del Piano Mansholt (1970); *Barthelmy,* Le fonctionnement de l'organisation commune des marchés, RevMC 1969, 549; *Börner,* Das Inverventionssystem der landwirtschaftlichen Marktordnungen der EWG, in: Agrarrecht der EWG, KSE 10 (1969) 1; *Braun,* Bilden die Agrarbestimmungen des Vertrages zur Gründung der Europäischen Wirtschaftsgemeinschaft eine mögliche Grundlage für eine dirigistische Wirtschaftspolitik?, Diss. Basel (1966); *Carreau,* Les unités de compte des Communautés européennes, RevTrimDrEur 1966, 228; *Casadio,* Una politica agricola per l'Europa. I problemi del finanziamento (1967); *Clavel,* Le dossier agricole du Marché Commun (1969); *Clerc,* Le Marché Commun agricole, 4. Aufl. (1970); *Cordts,* Finanzierung des EWG-Agrarmarktes, in: Agrarrecht der EWG, KSE 10 (1969) 189; *Cormegna,* La politica agricola della Comunità Economica Europea (1969); *Dams,* Probleme und Ansätze einer Agrarstrukturpolitik in der Europäischen Wirtschaftsgemeinschaft, in: Regionale Wirtschaftspolitik und Agrarstrukturpolitik in der EWG (1966) 71; *Dams,* Agrarpolitische Entscheidungen der Europäischen Wirtschaftsgemeinschaft und ihre rechtliche Normierung, in: Zur Einheit der Rechts- und Staatswissenschaften (1967) 69; *Ditges - Ehle,* Die Europäische Agrarmarktordnung und ihre Rechtsprobleme, NJW 1964, 473; *Friedrich Ebeling,* Die EWG-Getreidemarktordnung unter besonderer Berücksichtigung der Schutzklausel, Diss. Hamburg (1969); *Jürgen Ebeling,* Die Rechtsnatur der in dem Gemeinsamen Markt erhobenen Abschöpfungen, Diss. Würzburg (1965); *Ehlermann,* Die Schutzklauseln in den Agrarverordnungen der EWG, EuR 1966, 305; *Ehlermann,* Grenzen der gemeinsamen Agrarpolitik, in: Agrarrecht der EWG, KSE 10 (1969) 57; *Ehlermann,* Die wichtigsten Steuerungsmechanismen der gemeinsamen Organisation der Agrarmärkte in der EWG, Integration 1969, 294; *Engel* (Hg.), Der Gemeinsame Markt. Handbuch der Europäischen Agrarwirtschaft (1962 ff.); *Fuchs,* Übersicht über die EWG-Marktordnungen, ZfZ 1967, 321; *Gide - Loyrette - Nouel,* Les coopératives agricoles dans le Marché Commun (1969); *Gleiss-Wolff,* Interventionsverwaltung in den europäischen Agrar-Marktordnungen. Vergleichende Darstellung ihrer Organisation in den Mitgliedstaaten der EWG, AWD 1971, 366; *Gleske,* Währungspolitik und Agrarmarkt in der Europäischen Wirtschaftsgemeinschaft, EA 1970, 15; *Götz,* Europäisches Getreidepreisrecht, JZ 1963, 157; *Götz,* Zum Recht der gemeinsamen Agrarpolitik der Europäischen Wirtschaftsgemeinschaft, NJW 1968, 1545; *Götz,* Die Finanzierung der gemeinsamen Agrarpolitik, in: Agrarrecht der EWG, KSE 10 (1969) 169; *Gotschlich,* Erstattungsrecht der gemeinsamen EWG-Marktorganisationen, AWD 1967, 416; *Gueben - Keller - Noëllet,* Les difficultés et les paradoxes de la politique agricole commune, RevTrimDrEur 1969, 293; *Happle,* Die rechtliche Grundstruktur der Agrarmarktorganisation, in: Einführung 272; *Heints,* Ausfuhrerstattung und Ursprung der Ausfuhrware, ZfZ 1970, 294; *Hocke - Goerlich,* Zum EWG-Abschöpfungs- und Erstattungsrecht, in: Deutsche Außenwirtschafts-Rundschau 1968, 221; 1969, 61; *Jaenicke,* Das Verhältnis zwischen Gemeinschaftsrecht und nationalem Recht in der Agrarmarktordnung der EWG, ZaöRVR 23 (1963) 483; *Jaenicke,* Institutionelle Probleme des Agrarmarkts in der EWG, in: Agrarrecht der EWG, KSE 10 (1969) 119; *Johannsen,* Zum Begriff der landwirtschaftlichen Marktordnung im EWG-Vertrag, RLdw 1969,

90; *Josling*, Exchange rate flexibility and the common agricultural policy of the European Economic Community, Weltwirtschaftliches Archiv 1/1970, 57; *Krohn*, Verbesserung der Marktstruktur in der Europäischen Gemeinschaft als Problem und Aufgabe, Vortrag mit Diskussion (1968); *Kuiper*, Financiering van het landbouwbeleid en eigen middelen van de Europese Gemeenschappen, SEW 1970, 615; Der Mansholt-Plan. Kritik und Alternativen, Hg. Bundesministerium für Ernährung, Landwirtschaft und Forsten (1969); *Mégret*, La politique agricole commune, RevTrimDrEur 1971, 457; *Melchior*, Les organisations communes des marchés agricoles de la C. E. E., CahDrEur 1967, 247; *Melchior*, L'organisation des marchés agricoles de la CEE au stade du marché unique, CahDrEur 1970, 127; *Müller-Armack*, Die Dauerkrise der europäischen Agrarpolitik, in: Aus Politik und Zeitgeschichte, 17/1970, 19; *Müller-Armack*, Die Subventionskontingentierung als agrarpolitisches Instrument, in: Wirtschaftspolitische Chronik, Inst. f. Wirtschaftspolitik Universität Köln, 3/1970, 51; *Nass*, Institutionelle Probleme des Agrarmarktes, in: Agrarrecht der EWG, KSE 10 (1969) 147; *Niehaus*, Aktuelle Fragen der Agrarpolitik im Rahmen der europäischen Integration (1965); *Olmi*, Rôle respectif des institutions communautaires et nationales dans la mise en oeuvre de la politique agricole commune (1968); *Olmi*, L'agriculture, DrCommEur Nr. 1766; *Olmi*, Les décisions du 21 avril 1970 sur le financement de la politique agricole commune, RevMC 1970, 202; *Ortmann*, Die Errichtung des europäischen Ausrichtungs- und Garantiefonds für die Landwirtschaft, KSE 7 (1966); *Plate*, Agrarmarktpolitik II: Die Agrarmärkte Deutschlands und der EWG (1970); *Priebe*, Agrarmarkt und Währungspolitik, Wirtschaftsdienst 1971, 639; *Rahn*, Zum Recht der Ausfuhrerstattungen, AWD 1971, 110; Regionale Wirtschaftspolitik und Agrarstrukturpolitik in der EWG (1966); *Ries*, Die Rechtsfragen der Agrarpolitik, in: Einführung 155; *Ries*, Vers la réforme de l'agriculture économique, RevMC 1970, 183; *Ries - Guida*, L'application des règles de concurrence du Traité CEE à l'agriculture, CahDrEur 1968, 60, 166; *Rohr - Cordts*, EWG-Abschöpfungen und Ausfuhrerstattungen (1963 ff.); *Schmidt-Volkmar*, Die Rationalität der europäischen Agrarpolitik, Bd. 10 der Reihe „Wirtschaftspolitische Studien" (1967); *Schmitt* (Hg.), Möglichkeiten und Grenzen der Agrarpolitik in der EWG (1969); *Schmitz*, Die Durchführung des gemeinschaftlichen Landwirtschaftsrechts in der Bundesrepublik Deutschland, Landesbericht zum V. FIDE-Kongreß Berlin 23.—26. 9. 1970, in: Gemeinschaftsrecht und nationale Rechte. Das Zusammenwirken der europäischen Rechtsordnung mit den nationalen Rechtsordnungen, KSE 13 (1971) I/3; *Seelmäcker*, Die Agrarfinanzierung der Europäischen Wirtschaftsgemeinschaft, Diss. Hamburg (1969); *von Trotha*, Die Grundlagen des gemeinsamen europäischen Agrarmarktes (1965); *Ventura*, Principes de droit agraire communautaire (1967); *Vergès*, L'élaboration du système de financement de la politique agricole commune, in: La décision dans les Communautés européennes (1969) 297; *Wagner*, Die preisdifferenzierende Wirkung von Außenhandelsinstrumenten. Abschöpfungen, Zölle und Kontingente im Agraraußenhandel der EWG (1968); *Weides*, Rechnungseinheiten der Europäischen Gemeinschaften, FinArch 26 (1967) 278; *Zijlmans*, Die Finanzierung der gemeinsamen Agrarpolitik, Agrarwirtschaft 1970, 253.

I. Die Sonderlage der Landwirtschaft

1 „Der Gemeinsame Markt umfaßt auch die Landwirtschaft und den Handel mit landwirtschaftlichen Erzeugnissen." In dieser Formulierung des Art. 38 I 1, der den Titel II. „Die Landwirtschaft" des Zweiten Teils des EWGV einleitet, deutet das Wort „auch" an, daß die Einbeziehung der Landwirtschaft in den Gemeinsamen Markt nicht ebenso selbstverständlich erscheint wie die anderer Wirtschaftsbereiche. Abs. IV des Art. 38, nach dem mit dem Funktionieren und der Entwicklung des Gemeinsamen Marktes für landwirtschaftliche Erzeugnisse die Gestaltung einer gemeinsamen Agrarpolitik der Mitgliedstaaten Hand in Hand gehen muß, und der entsprechende Art. 3 d (Einführung einer gemeinsamen Politik auf dem Gebiet der Landwirtschaft) verlautbaren in der Ziel- und Kompetenzumschreibung, welche Konsequenz sich aus der so angedeuteten Sonderlage der Landwirtschaft ergibt: eine *Gemeinschaftspolitik,* wie sie in *dieser* Art *außerdem* für den Sonderbereich der Verkehrspolitik nach Art. 74 EWGV postuliert wird. Diese Sonderlage und die aus ihr erwachsenden besonderen Rechtsfolgerungen beruhen auf verschiedenen Umständen, von denen der EWGV und seine Zielsetzung der Errichtung eines Gemeinsamen Marktes und der Zollunion ausgehen mußten.

1. Faktoren der Sonderlage

2 a) Die Sonderlage der Landwirtschaft bestand und besteht unterschiedlich noch heute in ihrem vergleichsweise niedrigen Einkommensniveau einerseits, ihrer natürlichen Abhängigkeit von Boden, Klima und Witterung als entscheidenden Produktionsbedingungen andererseits. Die natürlichen Abhängigkeiten vervielfachen sich als Entscheidungsfaktoren für eine Agrarpolitik, die bislang überschaubare nationale Grenzen und Erfahrungen überschreiten und in einem Gemeinsamen Markt von bisher nationalen Landwirtschaften gemeinsam wirksam werden muß. Die Agrarmärkte, in ihren Einzelerzeugnissen untereinander von großer Vielfalt und Unterschiedlichkeit, sind gekennzeichnet von stark wechselnden Angeboten, aber weit weniger schwankenden, also stabileren Nachfragen. Das hat zur Folge, daß die auf ihnen stattfindenden Preisschwankungen quantitativ und temporär die Variationsbreite anderer Marktbewegungen überschreiten. Eine rationalisierende Verbesserung der Produktionsmethoden stößt aus Gründen nur sehr begrenzter Eigenfinanzierung, aus sozialen, bildungspolitischen, landsmannschaftlichen, aus tradierten Beharrungsumständen, strukturellen und natürlichen Ursachen auf größere Schwierigkeiten als in anderen Sektoren. Auch die Altersschichtung der Landwirte zählt hierzu. Die Landwirtschaft ist vergleichsweise überaltert.

b) Die enge Verzahnung des Agrarsektors mit dem der Industrieerzeugnisse (insbes. der verarbeitenden Industrie), der Beitrag der Landwirtschaft zum Volkseinkommen (im Jahre 1968 in den einzelnen Mitgliedstaaten zwischen 4,5 und 11,1 %, 1980 nach Schätzungen zwischen 3 und 7 %) und der Anteil ihrer Erwerbstätigen an deren Gesamtzahl (jeder Siebente der EWG-Erwerbsbevölkerung, dazu die Erwerbstätigen des Agrarhandels und der Lebensmittelindustrie) zwingen andererseits dazu, den Agrarsektor in den Gemeinsamen Markt einzubeziehen, der ohne ihn kein zulänglicher Markt dieser Gemeinsamkeit zu sein vermöchte[1]. Daß die Mitgliedstaaten sich in

[1] Vgl. *Schmitt,* Die Landwirtschaft in der volkswirtschaftlichen Entwicklung der

der Eigenversorgungsfähigkeit ihrer Bevölkerung stark unterscheiden, sie deshalb unterschiedlich auf Einfuhren angewiesen sind, Importe aus Drittländern für wesentliche Erzeugnisse zu niedrigeren Welt-Handelspreisen möglich wären als solche aus Mitgliedstaaten, erhöht die Zahl der Faktoren, die sich aus den Mitgliedstaaten für die Vergemeinschaftung einer Agrarpolitik stellen.

c) Eine aus der Sonderlage der Landwirtschaft etwa gebotene Ausklammerung aus dem Gemeinsamen Markt verbot sich danach aus im wesentlichen drei Gründen[2]: (1) in bestimmten Tätigkeitszweigen (Nahrungsmittelindustrie) kann zwischen landwirtschaftlichen und gewerblichen Erzeugnissen nicht unerschieden werden; (2) von einer Zoll- und Wirtschaftsunion kann die landwirtschaftliche Erzeugung nicht ausgeschlossen werden, weil sie in einzelnen Mitgliedstaaten besondere Bedeutung besitzt; (3) die politische Fortentwicklung einer Wirtschaftsunion würde blockiert werden, wenn mit der Landbevölkerung ein wesentlicher Teil der Erwerbstätigen aus der Integration ausgeschlossen bliebe. Die Einsicht in diese Gründe und ihre Anerkennung konnten allein die Schwierigkeiten einer vertraglichen Konzeption der Agrarpolitik aber weder ausräumen noch vermindern. Im Gegenteil: gerade wegen dieser Einsichten war „für die Autoren des Vertrages ... die Landwirtschaft ein schier unlösbares Problem“[3], und angesichts der Schwierigkeiten ihrer Entwicklung und der mehrfachen existentiellen Krisen, die gerade die Agrarpolitik für die Gemeinschaft ausgelöst hat, ist auch nachträglich wiederholt gefragt worden: „Konnte die traditionell national gehandhabte Landwirtschaft nicht aus dem Gemeinschaftswerk EWG ausgeklammert werden?“[4] Der EWGV hat das mit guten Gründen verneint. Diese Entscheidung hat rechtliche Konsequenzen, die die notwendige Besonderheit eines gemeinsamen Agrarmarktes und einer gemeinsamen Agrarpolitik auch rechtlich kennzeichnen.

2. *Rechtliche Besonderheiten*

3 a) Zahlreiche Faktoren der Sonderlage, in der die Landwirtschaft als Urproduktion sich befindet, haben seit langem bewirkt, daß in allen Mitgliedstaaten (wie auch sonst in der Welt) und weithin unabhängig von der

---

BRD, der EWG und einer erweiterten EWG, in: Landwirtschaft 1980. Aus den öffentlichen Anhörungen des Ausschusses für Ernährung, Landwirtschaft und Forsten des Dt. BT (1971) 14; Statistische Grundzahlen der Gemeinschaft, 10. Aufl. (1970) 20, 25. — Der Anteil des Agrarsektors am Sozialprodukt der Gemeinschaft betrug 1968 7 % und wird für 1980 auf 4 % geschätzt. Zu den Verhältnissen in den einzelnen Mitgliedstaaten: *Klug*, Zahlen, die zu denken geben, EurGem 10/1971, 35; vgl. auch *6/23* Tabelle 3.

[2] *Cartou*, Europäische Organisationen 244.

[3] *Ries*, in: Einführung 155.

[4] Agrarmarkt und Agrarpolitik in der Europäischen Gemeinschaft (Veröff. d. Sprechergruppe und des Presse- und Informationsdienstes der Europ. Gemeinschaften, 1967) 7.

sonst herrschenden Wirtschaftsverfassung für sie umfangreiche und intensive hoheitliche Interventionssysteme entwickelt worden sind. Auf ihrer Grundlage haben die Staaten den Agrarmarkt nach den Zielen ihrer Agrarpolitik und ihrer sonstigen einschließlich ihrer großen Politik beeinflußt. Die große Politik — Außenpolitik, Wehrwesen und Verteidigung — hat die Agrarpolitik mitbestimmt im Interesse der Versorgung der Bevölkerung, der Bevorratung für Krisen- und Kriegszeiten, der Intendanturbedürfnisse der Heere, der Steigerung der Autarkie zur Lösung von ausländischen Abhängigkeiten. Die Geschichtswissenschaft kann eine Historie des „gelenkten Brotes" liefern, die sogar nicht nur neuere Geschichte ist[5].

Sie lehrt, daß Agrarpolitik nicht immer nur vom Gesetz rationalen Handelns bestimmt worden ist. Sie ist emotional anfällig. Die Geschichte lehrt auch, daß — gleichviel aus welchen Gründen — Wettbewerb und freie Marktwirtschaft auch dort und dann, wo und wenn die Wirtschaft im übrigen ihren Gesetzlichkeiten folgte, von der Agrarwirtschaft weder akzeptiert noch ihr zugemutet wurden. Überproduktionsneigungen und Nachfrageschwächen haben auch hierin ihre Ursachen, dies ganz unabhängig von der Vergemeinschaftung und ihren Preissicherungs-Ordnungen. Mindestens seit der Weltwirtschaftskrise der dreißiger Jahre haben alle europäischen Staaten aus verschiedenen Motiven und systemunterschiedlich ihre Landwirtschaft einer hoheitlich geregelten Schutzordnung unterstellt. Eine solche Interventionsordnung hat in der BRD auch nach der Aufhebung der Nachkriegsbewirtschaftung und trotz der sonstigen Liberalisierung von 1948 bis zum Inkrafttreten des EWGV bestanden. Die deutsche Ernährungswirtschaft war nach ihren vier Hauptgebieten Getreide, Zucker, Milch und Fett sowie Vieh und Fleisch seit 1950 gegenständlich gesondert geregelt. Diese Ordnung fand bis zur Freistellung vom Okkupationsrecht ergänzende Regelung durch das Besatzungs-Devisenrecht[6].

Als die Integration im EWGV begann, fand sie — wie in der BRD — in allen Mitgliedstaaten eine mit staatlichen Interventionen operierende nationale Landwirtschaftspolitik vor. Ihre Unterschiedlichkeiten schlossen es aus, eines dieser Systeme oder eine ad hoc herstellbare Synthese aus ihnen der gemeinsamen Agrarpolitik zugrunde zu legen. Erschwert wurde eine solche Konzeption dadurch, daß die staatliche Intervention in die Landwirtschaft besonderen Methoden zu folgen pflegt, die sich vom Interventionismus in anderen Bereichen unterscheiden[7]: der Staat ist primär bemüht, helfend und unterstützend die allgemeinen Produktionsbedingungen zu verbessern, wozu er Subventionsleistungen und reale Maßnahmen z. B. der Infrastrukturförderung einsetzt. Durch Verbesserung der Absatzbedingungen sucht der Staat Konjunkturschwankungen auszugleichen und die Erlöse zu heben und zu stabilisieren. Anders als in anderen Sektoren enthält sich der Staat eigener landwirtschaftlicher Prdouktionstätigkeit. Gegenüber ausländischem Wettbewerb sucht der Staat die heimische Agrarwirtschaft vor billigeren Ein-

---

[5] *Ipsen,* Konstruktionsfragen der Getreideeinfuhr-Lenkung, Fs Jellinek (1955) 593.

[6] *Ipsen* a.a.O. 595 ff.

[7] *Cartou,* Europäische Organisationen 243.

fuhren zu schützen, ihre Exporte ins Ausland zu fördern. In diesen Interventionszielen und -methoden haben alle Staaten ein hohes Maß nationaler Eigenart und politischen Einsatzes entfaltet. Das alles traf auch zu für die Mitgliedstaaten der Gemeinschaft.

b) Daß die Integration an ihrem Beginn vom status quo derart sechs verschiedener agrarpolitischer Interventionssysteme ausgehen mußte, bildet zugleich den Rechtsgrund dafür, daß auch der *Gemeinsame Markt des Agrarsektors* besonderen Regeln zu entsprechen hat und nicht den allgemeinen Regeln folgen kann, die die Wirtschaftsverfassung des Vertrages ausmachen[8]. Das Ziel der EWG, in einer Wirtschaftsunion binnenmarktähnliche Verhältnisse herzustellen, in der Staatsgrenzen den Wirtschaftsverkehr nicht mehr behindern, wird für den Warenverkehr durch die Beseitigung von Zöllen und Kontingenten erreicht. Darin liegt ein Aktionselement auch der Agrarpolitik und ihrer Maßnahmen. Für die Beseitigung sonstiger Grenzhindernisse, die nicht in Zoll oder Kontingent bestehen, liefern Art. 37, 95 bis 99, 100 und 101 EWGV Generalklauseln. Ihre Anwendungswirksamkeit hängt aber vom unterschiedlichen nationalen Standard einschlägigen Eigenschutzes ab. Entsprechendes gilt von nationalen Rechtsregelungen ohne Grenzbehinderung aber von Einfluß auf den Wettbewerb. Um im Agrarsektor einen Gemeinsamen Markt herzustellen, der in seiner Gemeinsamkeits-Intensität dem anderer Bereiche entspricht, genügt die Beseitigung von Zöllen und Kontingenten nicht. Ebensowenig ist sie erreichbar durch die Handhabung der genannten Generalklauseln. Dies deshalb nicht, weil die vorgefundenen agrarpolitischen Interventions- und Lenkungssysteme der Mitgliedstaaten auf diese Weise weder „aufgelöst" noch gar „vergemeinschaftet" werden. Hier war und ist es deshalb erforderlich, „den gesamten Interventionskomplex neu (zu) ordnen", weil die nationale Regelung des Agrarsektors von hoher Interventionsintensität ist: „Hier muß man an die Stelle einer intensiven nationalen eine ähnlich intensive Gemeinschaftsintervention setzen, will man die Öffnung der Grenzen überhaupt ermöglichen und innerhalb des Gemeinsamen Marktes gleiche Wettbewerbsbedingungen schaffen."[9]

c) Rechtsfolge des im Sekundärrecht entwickelten Marktordnungssystems ist die Notwendigkeit, für die Anwendung und den Vollzug seiner Interventionsnormen und -mechanismen nationale Vorkehrungen zu treffen. Denn die Gemeinschaft verfügt hierzu über keine Exekutive. Selbst mit der Durchgriffswirkung von Interventionsnormen allein ist der Interventionsvollzug nicht gesichert. Nationale Durchführungsmaßnahmen normativer

---

[8] *Börner*, in: Agrarrecht der EWG, KSE 10 (1969) 4.

[9] *Börner*, in: Agrarrecht 8; *Melchior* CahDrEur 1967, 257; *Dams*, in: Zur Einheit der Rechts- und Staatswissenschaften (1967) 74; zum Entscheidungsprozeß dieser Interventionen: *Delorme*, L'adoption du prix unique des céréales, in: La décision dans les Communautés européennes (1969) 269; *Vergès* ebenda 297.

und organisatorischer Art aber bedürfen der harmonischen Einpassung in das sonstige nationale Rechtssystem, vom Verfassungsrecht her (in der BRD z. B. wegen der Begrenzung der Normierungsbefugnisse der Exekutive durch Art. 80 GG) bis etwa hin zum Strafrecht. Und soweit nationale Instanzen im Verkehr mit landwirtschaftlichen Erzeugnissen an der Außengrenze des Gemeinsamen Marktes zu Drittländern fungieren, handeln sie, weil Gemeinschaftsrecht anwendend, in eigenartiger „Auftragsverwaltung" der Gemeinschaft[10]. Das stellt ihre hierarchische Zuordnung zur Verwaltungsspitze ihres Staates in Frage und kann einem exekutiven „Durchgriff" der Gemeinschaftshoheit gleichkommen. So wirft die gemeinsame Agrarpolitik besondere Rechtsfragen auf, die sich in anderen Integrationsbereichen in dieser Art nicht stellen und das Agrarrecht als Rechtsmasse besonderer Art qualifizieren.

d) Das aus diesen Gründen geschaffene System des EWG-Agrarrechts ist derart umfänglich, detailliert, perfektioniert und kompliziert, daß es sich einer überschaubaren Darstellung innerhalb der hier beschriebenen „Rechtsgrundlagen gemeinschaftlicher Wirtschafts- und Sozialpolitik" schlechthin entzieht. Daß das sekundäre Agrarrecht mehr als 90 % der gesamten EWG-Rechtsetzung ausmacht (deshalb manchen als „das" Gemeinschaftsrecht erscheint) und diese jährlich mittlerweile über 2500 Gemeinschaftsverordnungen umfaßt, mag ebenso als Rechtfertigung hierfür dienen wie der Hinweis, daß es, wie gezählt und bestimmt worden ist[11], nicht weniger als 18 verschiedene Preisbegriffe verwendet, deren Terminologie normativ relevant ist. Aus diesen Gründen kann hier auch nicht einmal der Versuch wiederholt werden, in der Eruierung eines „Allgemeinen Teils" der Verordnungsmasse, den Grundstrukturen der Agrarmarktordnungen folgend, wenigstens identische Formelemente des Marktordnungsrechts zu bestimmen. Versucht werden kann allenfalls, in knappem Überblick die einschlägigen Kompetenzen zu benennen, die möglichen Entscheidungsinhalte der Kompetenzträger und die verfügbaren Rechtsformen zu bezeichnen. Wegen alles weiteren muß auf die Spezialliteratur verwiesen werden, und dies auch hinsichtlich der Kritik am bestehenden System der Agrarpolitik und ihrer erwogenen und beginnenden Reformierung[12].

---

[10] *Pescatore,* Das Zusammenwirken der Gemeinschaftsrechtsordnung mit den nationalen Rechtsordnungen, EuR 1970, 317, dies auch in: Gemeinschaftsrecht und nationale Rechte, KSE 13 (1971) S (= Schlußvortrag zum V. FIDE-Kongreß Berlin 1970).

[11] *Börner,* in: Agrarrecht 53—55.

[12] Vgl. etwa: *Priebe,* Landwirtschaft in der Welt von morgen (1971); *Schmidt-Volkmar,* Die Rationalität der europäischen Agrarpolitik; *Gleske,* EA 1970, 15; Beiträge von *Heeremann, Foshag, Schlier, Mozer, Symnofsky, Ries, Freisberg* in: EurGem 10/1970; Dokumentation in: Der Spiegel Nr. 14/1970.

II. Zielsetzungen und Kompetenzregelungen

Das Vertragsrecht bestimmt die Ziele der gemeinsamen Agrarpolitik. Gleichzeitig ihre Ausgestaltung zu fixieren, war aus den bezeichneten Gründen *(47/3)* ausgeschlossen. Das Vertragsrecht mußte daher, nach bewährter Methode der Verlegenheit des Normsetzers abhelfend, statt inhaltlicher Beschreibung der agrarpolitischen Gestaltungsmaßnahmen sich damit begnügen, *Kompetenzen* derjenigen Organe auszuweisen, denen die Entwicklung der Agrarpolitik zur Zielverwirklichung überantwortet wurde. Aus dieser zwangsläufigen Vertragstechnik ergibt sich die wechselseitige Verschränkung und Abhängigkeit von Ziel- und Kompetenzregeln, die ihre zusammenhängende Darlegung erforderlich machen.

1. Zielsetzungen

4 a) Nach Art. 39 I EWGV verfolgt die gemeinsame Agrarpolitik fünf Ziele: (1) Steigerung der Produktivität der Landwirtschaft; (2) Gewährleistung angemessener Lebenshaltung der landwirtschaftlichen Bevölkerung; (3) Stabilisierung der Märkte; (4) Sicherstellung der Versorgung; (5) Sicherung angemessener Verbraucherpreise. Von diesen fünf Zielsetzungen sind die drei erstgenannten (Art. 39 I a bis c) orientiert an den wirtschaftlichen und sozialen Interessen der landwirtschaftlichen *Erzeuger,* die beiden weiteren (Art. 39 I d und e) an den Interessen der *Verbraucher.*

5 b) Dieses Ziel-Quintett, das die wesentlichen Elemente aller nach internationaler Erfahrung anstehenden agrarpolitischen Bemühungen um die Bewältigung der Sonderlage der Landwirtschaft zusammenfaßt, ist in seiner Komposition und Realisierbarkeit vergleichbar den wirtschaftswissenschaftlichen Vieleck-Modellen (des magischen Drei- oder Vierecks etwa des Art. 104 EWGV und des § 1 StabGes.): wegen ihrer strukturellen Antinomien können keinesfalls alle Zielsetzungen gleichzeitig und gleichrangig realisiert werden. Die Verfolgung *eines* Zieles kann jeweils die eines *anderen* in Frage stellen. Deshalb ist die Annäherung der komplexen Zielverwirklichung insgesamt abhängig von einer jeweils wechselnden Intensivierung oder Abschwächung der Einzelziel-Interessen. Es obliegt dem zuständigen Kompetenzträger, um ihre tunliche Gesamtberücksichtigung bemüht zu sein. Ihre simultane Perfektionierung ist indes ausgeschlossen. Dem Kompetenzträger muß daher zwangsläufig gestaltender Ermessensraum zu Gebote stehen. So erklärt sich die rechtlich bedeutsame Zuordnung von Ziel- und Kompetenznormen der gemeinsamen Agrarpolitik.

6 c) Der Inhalt der zur gemeinsamen Agrarpolitik bislang getroffenen Maßnahmen — überwiegend in Gestalt des verordneten Marktordnungsrechts — bezieht sich auf die Markt- und Preispolitik: die Marktordnungen enthalten im wesentlichen Handelsregelungen für den zwischenstaatlichen Handel innerhalb der Gemeinschaft, zwischen den Mitgliedstaaten und Drittländern sowie Preisregelungen. Danach erscheinen markt- und preispolitische Maßnahmen bislang als die vorwiegend in Betracht kommenden Instrumente zur Zielverfolgung des Art. 39 I. Daß sie hierzu auch geeignet sein können, ist nicht zu bezweifeln[13]: durch Markt- und Preispolitik können die Märkte stabilisiert, kann die Selbstversorgung der Gemeinschaft angemessen gewährleistet, für die Verbraucher eine angemessene Preisgestaltung gesichert, das Einkommen der Landwirte erhöht werden. Die Entwicklung hat indes erwiesen, daß die beiden ersten Zielsetzungen des Art. 39 I, nämlich a) die Produktivitätssteigerung und b) die Gewährleistung angemessener Lebenshaltung in der Landwirtschaft, mit hinreichender Intensität und Dauerhaftigkeit *allein durch Markt- und Preismaßnahmen nicht* zulänglich verwirklicht werden können. Das setzt vielmehr eine *Agrarstrukturpolitik* voraus: eine durch Intervention bestimmte Lenkung von Produktion und Absatz, Einwirkung auf Betriebsgröße und -struktur und Bewirtschaftungsmethoden. Heute befindet sich die gemeinsame Agrarpolitik in einer Phase der Wandlung, die dieser Einsicht zu folgen bemüht ist.

7 d) Der rechtliche Zusammenhang zwischen komplexer Zielsetzung, Kompetenzzuweisung und Bestimmung der Maßnahme-Inhalte erweist sich in der Frage, *ob die vertragsrechtlich vorgesehenen Kompetenzzuweisungen,* die in Art. 43 II vorwiegend auf die Organisationsform der Marktordnung (Art. 40—42) verweisen, in *dieser* Weise *instrumental beschränkt* sind oder *auch andere* Instrumente bereitstellen. Denn Agrarstrukturpolitik kann allein mit dem Mittel der Erzeugnis-Marktordnung nicht betrieben werden. Sie verlangt Rechtsetzung *anderen* Inhalts, insbesondere auch solche der Finanzierung und finanzieller Lastverteilung. Ziel- und Kompetenzregeln stehen also im Zusammenhang mit der Frage, ob „ein direkter Weg von den Kompetenzen nach Art. 43 zu den Zielen des Art. 39"[14] führt oder ob alle Kompetenzen aus Art. 43 an die Verwendung *nur* des Instrumentariums *der Art. 40—42* gebunden sind. Wird diese Frage verneint und verfügt der Kompetenzträger des Art. 43 auch über andere Mittel als die der Marktordnung, so ist ihm der Weg zur ungehemmten Zielverfolgung des Art. 39 I a im Sinne einer Agrarstrukturpolitik eröffnet[15]. Anderenfalls ist er auf strukturpolitische Einzelkompetenzen der Art. 41 und 42 und pragmatische Lösungen angewiesen *(47/10).*

2. *Kompetenzen und Verfahren*

Art. 43 EWGV regelt das Verfahren, in dem die gemeinsame Agrarpolitik

[13] *Ries,* in: Einführung 156.
[14] *Götz* NJW 1968, 1546.
[15] So *Quadri* u. a. Komm. 3 zu Art. 43; and. Ans. *Götz,* Recht der Wirtschaftssubventionen (1966) 132.

zu erarbeiten war und zu gestalten ist. Ihm sind auch die Kompetenzregelungen zu entnehmen[16].

8 a) Das Verfahren ist in drei Abschnitte gegliedert. Im ersten Abschnitt (Art. 43 I) einer „Informationsphase" sollte eine Konferenz der Mitgliedstaaten ihre Agrarpolitik vergleichen, und zwar insbesondere durch Gegenüberstellung ihrer Produktionsmöglichkeiten und ihres Bedarfs. Diese Konferenz hat vom 3. bis 12. Juli 1958 in Stresa stattgefunden und zu einer Entschließung geführt[17]. In einem zweiten Abschnitt (Art. 43 II UA 1) hatte die Kommission Vorschläge (im untechnischen Sinn) vorzulegen „zur Gestaltung und Durchführung der gemeinsamen Agrarpolitik ..., welche unter anderem die Ablösung der einzelstaatlichen Marktordnungen durch eine der in Art. 40 II vorgesehenen gemeinsamen Organisationsformen sowie die Durchführung der in diesem Titel bezeichneten Maßnahmen vorsehen". Das ist erstmalig im Dezember 1959 geschehen[18]. Im dritten Abschnitt (Art. 43 II UA 3) erläßt dann der Rat (seit der dritten Stufe mit qualifizierter Mehrheit auf Vorschlag der Kommission) Verordnungen, Richtlinien oder Entscheidungen. Obwohl diese Ratskompetenz inhaltlich nicht bestimmt ist, steht ihre Ausgestaltung im sachlichen Zusammenhang mit dem im ersten Abschnitt gewonnenen Konferenzergebnis und dem Gesamtplan, den die Kommission auf seiner Grundlage vorgeschlagen hat. Der Umfang der Ratskompetenz empfängt hieraus seine Umgrenzung.

9 b) Nach dem der Kommission in Art. 43 II UA 1 erteilten Planungsauftrag können innerhalb der gemeinsamen Agrarpolitik drei Gestaltungs- und Durchführungsaufgaben unterschieden werden:

aa) *Erste Aufgabe* war die Ablösung der einzelstaatlichen Marktordnungen durch eine der in Art. 40 II UA 2 vorgesehenen gemeinsamen Organisationsformen. Diese Organisationsformen sind: (1) gemeinsame Wettbewerbsregeln; (2) die bindende Koordinierung der verschiedenen einzelstaatlichen Marktordnungen; (3) eine Europäische Marktordnung — und dies jeweils eine „je nach Erzeugnis". Jede Organisationsform stellt die „gemeinsame Organisation" der Agrarmärkte i. S. des Art. 40 II UA 1 dar. Von ihr besagt Art. 40 III UA 1 weiterhin, daß sie „alle zur Durchführung des Art. 39 erforderlichen Maßnahmen einschließen kann, insbesondere Preisregelungen, Beihilfen für die Erzeugung und die Verteilung der verschiedenen Erzeugnisse, Einlagerungs- und Ausgleichsmaßnahmen, gemeinsame Einrichtungen zur Stabilisierung der Ein- oder Ausfuhr". Daraus folgt, daß die drei bereitgestellten Organisationsformen der gemeinsamen Agrarpolitik über eine Vielfalt von Ordnungs- und Interventionsmitteln verfügen, die auch

---

[16] Hierzu: *Ehlermann,* in: Agrarrecht der EWG, KSE 10 (1969) 59—90; *ders.,* Integration 1969, 294.

[17] ABl. 1958, 281; Dokumente, Veröffentlichungsdienst der Europ. Gemeinschaften 2116/1/59/5.

[18] *Quadri* u. a. Komm. 3 und 4 zu Art. 43.

nach der Praxis und Erfahrung der Mitgliedstaaten bereits Verwendung fanden. Daraus hat sich ergeben, daß die gemeinsame Marktorganisation in vielen Zügen den früheren der Mitgliedstaaten ähnelt, so daß das Wesentliche der Vergemeinschaftung hier nicht so sehr in der Neu- und Andersartigkeit der Marktorganisation als vielmehr in der Kompetenzablösung besteht[19].

bb) *Zweite Aufgabe* ist die Durchführung der im Titel „Landwirtschaft" bezeichneten Maßnahmen. Zu diesen Maßnahmen gehörte zunächst — aus dem Bereich der ersten Aufgabe (und insofern beide Aufgaben zusammenfassend) — die „große Ablösung" der einzelstaatlichen Marktordnungen. Zu ihnen zählt ferner die in Art. 41 vorgesehene Koordinierung der Berufsausbildung, der Forschung, der Verbreitung landwirtschaftlicher Fachkenntnisse (evtl. unter gemeinsamer Finanzierung) sowie die Verbrauchsförderung bestimmter Erzeugnisse. Zu ihnen zählt gemäß Art. 42 außerdem eine spezifische Wettbewerbsregelung, die die Ziele der Art. 39 respektiert und strukturelle und sonstige Beihilfen sowie Entwicklungsförderung zuläßt.

cc) Die *dritte Aufgabe* erscheint in Art. 42 II UA 1 als „Leertitel", dessen Inhalt nur aus der Subtraktion der ersten beiden Aufgaben von der Gesamtaufgabe „gemeinsame Agrarpolitik" ermittelt werden könnte. Daß es sich dabei jedenfalls um rechtlich zulässige agrarpolitische Aktivitäten der Gemeinschaft handelt und der Vertrag nicht annimmt, die gemeinsame Agrarpolitik könne sich in den ersten beiden Aufgaben erschöpfen, läßt die Wendung „unter anderem" erkennen. Die rechtliche Schwierigkeit liegt darin, die Gemeinschaftskompetenzen dieses dritten Aufgabenbereichs zu bemessen. Dabei wird die Grenzziehung die in den beiden ersten Aufgabenbereichen selbst gesetzten Sachgrenzen zu beachten haben, um ihre Limitierung nicht zu umgehen.

10 c) Der innere Zusammenhang zwischen der Zielsetzung der gemeinschaftlichen Agrarpolitik einerseits, ihren Kompetenz- und Verfahrensregelungen auf der anderen Seite hat nach Erfüllung der beiden ersten Aufgaben zu der schon genannten Rechtsfrage geführt, ob eine auf Dauer notwendige Agrarstrukturpolitik eine hinreichende Grundlage in der „unter anderem"-Kompetenz des Art. 43 II UA 1 zu finden vermag. Wenn der Gemeinschaft insoweit lediglich durch die Thematik „Agrarpolitik" bestimmte, sonst unbegrenzte Befugnisse zustünden, würde sie durch den Rat nach Art. 43 II UA 3 zur Rechtsetzung und auf dem Wege des Art. 200 II EWGV auch imstande sein, die Mitgliedstaaten zur Refinanzierung aller ihrer strukturpolitischen Maßnahmen zu verpflichten. Ein solcher Schluß erscheint mit den besseren Gründen indes nicht gerechtfertigt[20], was sich insbesondere aus Art. 40 IV, 41, 42 mit ihren strukturpolitisch begrenzten

[19] *Cartou,* Der Gemeinsame Markt und das öffentliche Recht (1960) 214.
[20] Wie hier: *Götz* NJW 1968, 1546.

Aufgabenumschreibungen ergibt. Dem ist die Gemeinschaftspraxis bisher gefolgt.

11 Ein am 4. Dezember 1962 durch Ratsentscheidung[21] eingesetzter Ständiger Agrarstrukturausschuß aus Vertretern der Mitgliedstaaten, dem ein Vertreter der Kommission vorsitzt und der jährlich berichtet, ist in diesem Sinne denn auch von strukturpolitischen Zuständigkeiten der *Mitgliedstaaten* ausgegangen. Der Ausschuß sorgt für die gegenseitige Unterrichtung der Mitgliedstaaten und der Kommission. Während diese sich zu einschlägigen Maßnahmen der Staaten in Stellungnahmen oder Empfehlungen äußern kann, trifft der Rat nach Art. 3 der Entscheidung die gemäß Art. 43 zur Koordinierung der Agrarstrukturpolitik erforderlichen Maßnahmen. Im Rahmen der gemeinsamen Finanzierung der Agrarpolitik und der Anwendung der Wettbewerbsregeln gemäß Art. 42 kann Einfluß genommen werden auf Gestaltung und Durchführung der mitgliedstaatlichen Agrarstrukturpolitik.

12 Ein Gesamtkonzept einer künftigen Strukturpolitik ist im Memorandum der Kommission zur Reform der Landwirtschaft in der EWG vom 18. Dezember 1968 *(Mansholt-Plan)*[22] entwickelt worden. Zu seiner Durchführung übermittelte die Kommission dem Rat am 5. Mai 1970 fünf Richtlinienvorschläge und einen Verordnungsvorschlag[23]. Nach Beratung und Stellungnahme des Europäischen Parlaments sowie des Wirtschafts- und Sozialausschusses bekundete der Rat in einer am Ende des Agrarmarathons vom 22. bis 25. März 1971 gefaßten, am 25. Mai 1971 endgültig verabschiedeten Entschließung über die Neuausrichtung der gemeinsamen Agrarpolitik[24] seinen Willen zu gemeinsamen Maßnahmen für die Verbesserung der Agrarstruktur im Sinne des Art. 6 der Verordnung (EWG) Nr. 729/70 vom 21. 4. 1970 über die Finanzierung der gemeinsamen Agrarpolitik[25], die sich auf gemeinschaftliche Kriterien stützen und mit Hilfe von Rechts- und Verwaltungsvorschriften der Mitgliedstaaten durchgeführt werden sollen.

Auf der Grundlage dieser Entschließung hatte die Kommission dem Rat am 10. Juni 1971 ihre ursprünglichen Vorschläge in abgeänderter Form erneut vorgelegt[26]. Erlassen wurden am 17. April 1972 drei Richtlinien: über die Modernisierung der landwirtschaftlichen Betriebe[27], zur Förderung der Einstellung der landwirtschaftlichen Erwerbstätigkeit und der Verwendung der landwirtschaftlich ge-

---

[21] ABl. 1962, 2892; dazu: *Ries*, in: Einführung 164. — Außerdem hat sich die Kommission mit Beschluß vom 29. 7. 1964 (ABl. 2256) einen *Beratenden Ausschuß für Fragen der landwirtschaftlichen Strukturpolitik geschaffen*, dessen Zusammensetzung mit Beschluß vom 26. 1. 1971 (ABl. L 32, 15) geändert wurde.

[22] Dok. KOM (68) 1000 bestehend aus den Teilen A bis F: (A und B) Landwirtschaft 1980. Memorandum ... mit Anlagen = Bull EG Sonderbeilage zu Nr. 1/1969, (C) Maßnahmen auf mittlere Sicht betr. verschiedene landwirtschaftliche Märkte, (D) Bericht über die Lage der Landwirtschaft und auf den landwirtschaftlichen Märkten, (E) Vorschläge betr. die Festsetzung der Preise für verschiedene landwirtschaftliche Erzeugnisse, (F) Bericht über die Strukturpolitik der Mitgliedstaaten der Gemeinschaft. — Hierzu: Der Mansholt-Plan. Kritik und Alternativen, Hg. Bundesministerium für Ernährung, Landwirtschaft und Forsten (1969).

[23] ABl. 1970 C 70, 1—43. Zum Gang der folgenden Entwicklung und zum Inhalt der neuen Vorschläge vgl. auch Bull EG Nr. 7/1971, 35.

[24] ABl. 1971 C. 52, 1—7.

[25] ABl. 1970 L 94, 13.

[26] ABl. 1971 C 75, 5 ff.

[27] ABl. 1972 L 96, 1.

nutzten Fläche für Zwecke der Strukturverbesserung[28] und über die sozio-ökonomische Information und berufliche Qualifikation der in der Landwirtschaft tätigen Personen[29]. Noch nicht verabschiedet sind die Vorschläge über die Gewährung einer Einkommensbeihilfe an bestimmte Gruppen landwirtschaftlicher Betriebsinhaber, sowie über die landwirtschaftlichen Erzeugergemeinschaften und ihre Vereinigungen[30]. Zur Erreichung der angestrebten Ziele sind vielfältige Beihilfeformen vorgesehen. Später sollen noch Maßnahmen zur Förderung der Aufforstung und der Schaffung von Erholungsgebieten vorgeschlagen und Entwürfe für Empfehlungen zur Einführung von Studienstipendien für Kinder minderbemittelter Landwirte unterbreitet werden. Für regionalpolitische Maßnahmen der Gemeinschaft in Agrargebieten, die mit Vorrang zu fördern sind, hat die Kommission dem Rat am 28. Mai 1971 zwei Verordnungsvorschläge zugeleitet[31]. Die vorgesehenen Maßnahmen fügen sich ein in den Entscheidungsvorschlag der Kommission über die Mittel eines Vorgehens der Gemeinschaft auf dem Gebiet regionaler Entwicklung vom Oktober 1969[32].

III. Gemeinsame Agrarmarktorganisationen

13 Die Schaffung einer gemeinsamen Organisation der Agrarmärkte ist das Mittel, das Art. 40 I zur Erreichung der Ziele der gemeinsamen Agrarpolitik i. S. des Art. 39 vorsieht. Zwar umfaßt diese nach Art. 41 auch die Berufsausbildung und die Forschung, nach Art. 42 ebenso die Regelung des Wettbewerbs. Die Schaffung des Ausrichtungs- und Garantiefonds gemäß Art. 40 IV zählt ebenfalls zu den Mitteln einer gemeinsamen Agrarpolitik. Diese auf die Landwirtschaftspolitik innerhalb der Gemeinschaft gerichteten Maßnahmen bedürfen außerdem der Ergänzung durch eine einschlägige Handelspolitik, da die Mitgliedstaaten auf Ein- und Ausfuhren im Verhältnis zu Drittländern angewiesen sind. Das wird u. a. in den Art. 40 III UA 1, 43 IV und 45 III berücksichtigt. Endlich gebietet Art. 39 II c die Beachtung der Tatsache, „daß die Landwirtschaft in den Mitgliedstaaten einen mit der gesamten Volkswirtschaft eng verflochtenen Wirtschaftsbereich darstellt“.

Zu den Faktoren, die die Gestaltung der gemeinsamen Agrarpolitik und der hierfür anzuwendenden Methoden zu berücksichtigen hat, gehören (Art. 39 II a) die besondere Eigenart der landwirtschaftlichen Tätigkeit, die sich aus dem sozialen Aufbau und den strukturellen und naturbedingten Unterschieden und Agrargebiete ergibt, sowie die Notwendigkeit, die geeigneten Anpassungen stufenweise, d. h. auch in Zeitschritten durchzuführen.

Die Schaffung der gemeinsamen Agrarmarktorganisation war an diese Voraussetzungen und Entwicklungsbedingungen gebunden. Ihr Aufbau und die hierbei aufgetretenen Komplikationen, die über den Bereich der Agrarpolitik weit hinausgreifen, haben die außerordentlichen Schwierigkeiten des

[28] ABl. 1972 L 96, 9.
[29] ABl. 1972 L 96, 15.
[30] ABl. 1971 C 75, 66 und 23.
[31] ABl. 1971 C 90, 14—24; hierzu vgl. auch Bull EG Nr. 7/1971, 27.
[32] ABl. 1969 C 152, 6.

Vorhabens gekennzeichnet, die untrennbare Verknüpfung dieses Wirtschaftsbereichs mit der Gesamtwirtschaft, darüber hinaus aber auch die institutionellen Anfälligkeiten der gesamten Integrationsverfassung gegenüber notwendigen Fortentwicklungen an den Tag gebracht. Daß die schließlich geschaffene gemeinsame Organisation in sich noch nicht die vollendete Zielverwirklichung des Art. 39 darstellt, daß Marktpolitik der Handels- und Preisregelung allein die Gemeinsamkeit der Agrarpolitik nicht ausschöpft, ist die Erkenntnis der jetzt abgeschlossenen Phase. Ihr muß und soll eine weitere wesentlich strukturpolitischer Intentionen folgen, die angelaufen ist.

Gleichwohl ist es geboten, das Gesamtbild der jetzt bestehenden gemeinsamen Agrarmarktorganisationen in den Grundzügen zu zeichnen, und zwar nach ihrer Entstehung, nach Thematik, Zahl und Typ des Marktordnungs-Bestandes, nach ihrer Funktion als Preis- und Handelsregelung.

1. Entwicklungsphasen

14 Nach dem Abschluß der in Erfüllung des Art. 43 I abgehaltenen Konferenz von Stresa sind schematisch *fünf Phasen der Entwicklung* unterschieden worden[33].

a) Die erste Phase von 1959 bis Ende Juli 1962, mit den auf den Konferenzergebnissen von Stresa beruhenden Kommissionsvorschlägen vom Herbst 1959 beginnend, die der Rat am 30. Juni 1960 verabschiedete, führte im Dezember 1961/Januar 1962 zu der ersten Verhandlungsrunde. Sie ist in Ausmaß, Stil und Beschlußtechnik als erstes „Agrarmarathon" nicht nur für agrarpolitische Integrationsschritte beispielhaft geworden: Erzielung von Gemeinschaftslösungen unter dem Termindruck normierter Zeitplanung und im Stil des sog. package deal zur Erzielung von Kompromißentscheidungen. Um die Jahreswende 1961/1962 hatte der Übergang von der Ersten in die Zweite Stufe (Art. 8 III EWGV) und der Entschluß zur ersten Beschleunigung den Fortschritt in der Agrarpolitik notwendig gemacht. Seinem Ergebnis entsprechend wurden im Januar 1961 die ersten Marktordnungen und die Finanzregelung erlassen. In ihnen entstand die Abschöpfungsregelung und die organisatorische Grundlage der Verwaltungsausschüsse zur Durchführung der gemeinsamen Politik.

b) In der zweiten Phase, in die der Abbruch der ersten Beitrittsverhandlungen mit Großbritannien, das französische Ultimatum vom Juli 1963 und die Auseinandersetzungen um die Kennedy-Runde fallen, wurden weitere Marktordnungen erlassen. Im Dezember 1964 sind die Schwierigkeiten um die Festsetzung des gemeinsamen Getreidepreises überwunden worden.

c) Die Jahre 1965 und 1966 waren beherrscht vom Problem der Finanzierung der Agrarpolitik. Mit ihr erhoben sich Fragen zunehmender Supranationalisierung und notwendig erscheinender parlamentarischer Kontrolle, damit einer Kompetenzerweiterung der Versammlung. Sie führten zum Auszug Frankreichs aus dem Rat im Sommer 1965 und zu der Bestandskrise der Gemeinschaft, die Ende Januar 1966 durch den Luxemburger Akkord beendet wurde. Die Krisenliquidation ermöglichte im Sommer 1966 die Beschlußfassung über die Agrarmarktfinanzierung, weitere Preisfestsetzungen und Marktordnungen.

d) In der vierten Phase 1967/1968 konnte die Entwicklung der Agrarmarkt-

---

[33] Vgl. *Hallstein,* Bundesstaat 148.

organisation durch Inkraftsetzung der gemeinsamen Preisregelungen für die wichtigsten Erzeugnisse (Getreide, Milch, Rindfleisch) den Gleichtakt mit der Errichtung der Zollunion und der Herstellung der Marktfreiheiten erreichen.

15 e) Die fünfte Phase dauert an. Sie hat begonnen mit dem Kommissionsmemorandum „Landwirtschaft 1980" vom 18. Dezember 1968, dem sog. Mansholt-Plan, dessen Orientierung und Ausgestaltung erörtert wird und in der Realisierung begriffen ist *(47/12)*. Der Plan zielt auf Rationalisierung und Modernisierung der Landwirtschaft, um sie hierin der industriellen Entwicklung anzunähern. Er will die Produktivität steigern, nicht wettbewerbsfähige Überproduktion begrenzen, entbehrliche Arbeitskräfte freisetzen, Einkommen und sozialen Status in der Landwirtschaft der gewerblichen Wirtschaft anpassen. Marktgleichgewicht und Begrenzung der Finanzierungslasten sind gleichzeitig verfolgte, mit den anderen schwer vereinbare Zielsetzungen. Auch wenn Übereinstimmung in ihnen besteht, differieren die mitgliedstaatlich und gemeinschaftlich empfohlenen Methoden: in der BRD langfristige Anpassung unter struktureller Umschichtung, in Frankreich und Italien Postulate dringlicher Veränderung, im Kommissionsplan Beschleunigungssubventionierungen mit sozial- und bildungspolitischen Hilfsmaßnahmen.

16 f) In der Phasenraffung kann die Auseinandersetzung um den Mansholt-Plan als eine dritte Periode gelten, wenn nach der ersten, vom Vertrag selbst begrenzten Vorbereitungszeit als zweite Periode die der Organisation der Agrarmärkte gilt, um deren Kennzeichnung es hier geht. Sie ist in Einrichtung und Rechtsetzung in hohem Maße perfektioniert und zentralisiert.

2. Bestand der Marktordnungen

17 a) Eine gemeinsame Marktorganisation besteht[34] für die Erzeugnisse Getreide, Reis, Schweinefleisch, Eier, Geflügelfleisch, Rindfleisch, Milch und ihre Produkte, Fette, Zucker, Obst, Gemüse und ihre Verarbeitungsprodukte, lebende Pflanzen und Waren des Blumenhandels sowie weitere Erzeugnisse des Anhangs II des EWGV. Für Wein, Tabak, Fische[35], Flachs und Hanf[36],

---

[34] Darstellung bei: *Sattler,* Entwicklung 40; zu einzelnen dieser Marktordnungen: *Friedr. Ebeling,* Die EWG-Getreidemarktordnung; *Gotschlich,* Das Zoll- und Abschöpfungssystem der EWG-Rindfleischmarktordnung, ZfZ 1965, 33; *Wockenfoth,* Die EWG-Marktordnungen für Milch und Milcherzeugnisse sowie für Rindfleisch, AWD 1964, 343; *Thiele,* Die EWG-Milchmarktordnung, ZfZ 1970, 257.

[35] Nachweise bei *Deringer-Sedemund,* NJW 1971, 313; zu diesen Marktordnungen: *Hochbaum,* Die Europäische Marktordnung für Wein, ZfZ 1970, 193; *Schäfer,* Die Tabakmarktintegration in der EWG, Diss. Köln (1969); *Chiniard-Giufrida,* Mesures communautaires dans le secteur du tabac, RevMC, 1970, 288, 341; *Fuiano,* L'organizzazione europea del mercato del tabacco, RivDirEur 1970, 203; *Schneider,* Die EWG-Fischmarktordnung, ZfZ 1971, 97; *Bahr,* Die EWG-Fischmarktordnung, BullBReg 35/1971, 360; *Fleischer,* Der Zugang zu den Fischereigebieten und der Vertrag von Rom, RevMC 1971, 148; *Gueben - Keller - Noéllet,* Aspects juridiques de la politique de la CEE en matière de pêche, RevMC 1971, 246.

[36] ABl. 1970 L 146, 1.

Hopfen[37] sind Marktorganisationen zuletzt geschaffen worden. Für Schaffleisch und Alkohol sollen sie noch erlassen werden. Für Kartoffeln hat Belgien sie gefordert.

Die Marktordnungen sind zum Teil schrittweise entwickelt worden, mit dem Fortschritt des Organisationsaufbaues und nach seinen Erfahrungen zunehmend in geschlossener Regelung. Den Ordnungen ist gemeinsam, daß sie für die von ihnen erfaßten Erzeugnisse den freien Warenverkehr innerhalb der Gemeinschaft durch Untersagung von Zoll- und Abgabenerhebung, von Kontingentierungen und von Mindestpreisanwendung gemäß Art. 44 EWGV verwirklichen. Die meisten Ordnungen enthalten ein für den Binnenmarkt der Gemeinschaft und den Handelsverkehr mit Drittstaaten wirksames System, das im Interesse angemessener Lebenshaltung der landwirtschaftlichen Bevölkerung (Art. 39 I b) die Erzeugerpreise auf einem bestimmten Mindestniveau zu halten gewährleistet. Die hierzu angewendeten Maßnahmen sind: Festsetzung gemeinsamer Richt- und Interventionspreise, Übernahmeverpflichtung oder -möglichkeit der mitgliedstaatlichen Interventionsstellen für ihnen angebotene Erzeugnisse, Erhebung von Abschöpfungen bei Einfuhren aus Drittländern und Gewährung von Erstattungen bei Ausfuhren in Drittländer. Die Zielsetzung des Art. 39 I b, in dieser Weise einem Wirtschaftszweig und seinem Berufsstand eine angemessene Lebenshaltung zu gewährleisten, ist innerhalb des Gemeinschaftsrechts *einmalig* und *einzigartig*. Die Mittel und Methoden, dieses Ziel in der gemeinsamen Agrarmarktorganisation zu verwirklichen, sind es in ihrer Perfektion gleichermaßen.

18 b) Eine *Typologie der Marktordnungen* könnte unter verschiedenen Gesichtspunkten entwickelt werden, ohne daß das hier geschehen soll. Vom Ansatz der Methode her gesehen, in der hoheitlich-intervenierend auf Preis und Absatzchancen eingewirkt wird, kann unterschieden werden nach Marktordnungen, die Preisunterschiede abschöpfen (Getreide, Reis, Milch und Milcherzeugnisse, Rindfleisch, Obst und Gemüse, Zucker), solchen, die die Futterkostenunterschiede durch Abschöpfung angleichen (Schweinefleisch, Geflügelprodukte) und anderen, die das Instrument des Zollschutzes verwenden (Wein, Fette)[38].

Die gemeinsame Marktorganisation besteht aus einem System von Ratsverordnungen, Durchführungsregelungen und Organisations- und Verfahrensregeln für ihre Durchführung. Im Vorschlagverfahren hat der Rat für jedes Erzeugnis oder jede Erzeugnisgruppe eine Grundverordnung erlassen. Er setzt jährlich die Agrarpreise fest. Für einzelne Durchführungsmaßnahmen hat er seine Zuständigkeit vorbehalten, im übrigen die Kommission mit der Durchführung gemäß Art. 155 UA 4 EWGV betraut. Die Kommission

---

[37] ABl. 1971 L 175, 1.

[38] *Klemm - v. Marlin*, Die EWG- Marktordnungen für Agrarprodukte und die Entwicklungsländer (1965) 32.

erläßt ihre Regelungen im Verwaltungsausschußverfahren[39] *(47/36)*. Die Gesamtordnung der Marktorganisation ist angewiesen auf die Angleichung der mit ihr zusammenhängenden Rechts- und Verwaltungsvorschriften und die Harmonisierung des Steuerrechts. Entsprechendes gilt für das Lebensmittel-, Veterinär-, Saat- und Pflanzengut-, Pflanzenschutz-, Tierzucht- und Futtermittelrecht[40].

19 c) Alle Festsetzungen gemeinsamer Preise in den Marktordnungen beziehen sich auf *Rechnungseinheiten*[41]. Ihr Wert ist durch Ratsverordnung vom 23. Oktober 1962[42] über die Feingoldbewertung dem US-Dollar gleichgestellt („grüner Dollar"). Der Wert der Rechnungseinheit ändert sich automatisch bei gleichzeitiger einheitlicher Änderung der Währungsparität der Mitgliedstaaten. Bei uneinheitlichen Änderungen muß der Rat binnen drei Tagen die Folgen überprüfen. Er kann den Wert der Rechnungseinheit einstimmig ändern. Geschieht das nicht, muß ein abwertender Mitgliedstaat seine Interventions- oder Ankaufspreise erhöhen, während der aufwertende Staat sie zu senken hat. Bei der französischen Abwertung vom August 1969 ist Frankreich durch Ermächtigung gemäß Art. 103 EWGV befugt worden, die notwendige Erhöhung schrittweise vorzunehmen mit der Maßgabe, den dadurch entstehenden Preisunterschied zu den anderen Mitgliedstaaten durch Einfuhrsubventionen und Ausfuhrausgleichszahlungen zu nivellieren. Die BRD hat nach ihrer Aufwertung vom Oktober 1969 ihre Interventions- und Ankaufpreise alsbald (ab 1. Januar 1970) gesenkt, nachdem sie vom Rat zur ausgleichenden Beihilfeleistung an die betroffene deutsche Landwirtschaft ermächtigt worden war. Entsprechende Auswirkungen ergaben sich bei der Freigabe der Wechselkurse durch die BRD im Mai 1971 (sog. Agrar-Grenzausgleich, der nach der Dollarabwertung vom Dezember 1971 und vor neuer Wertbestimmung der RE = „grüner Dollar" allgemein praktiziert wird). Die Koppelung der organisierten Agrarpreise mit dem Dollar hat also bei einseitigen Währungsmaßnahmen der Mitgliedstaaten zu der leidigen Konsequenz geführt, daß die Gemeinsamkeit der Agrarmärkte partiell und temporär verloren ging. Der Mechanismus des Abschöpfungs- und Erstattungsverfahrens in Verbindung mit dieser Währungsbindung wird durch die nähere Kennzeichnung der in den Marktordnungen enthaltenen Preisregelungen verdeutlicht *(47/20—24)*. Daß die organisierten Agrarpreise an eine bestimmte Währungseinheit gebunden wurden, und dies eben durch die Rechnungseinheit an den Dollar nebst Feingoldbewertung, war im noch herrschenden System beweglicher Wechselkurse unvermeidlich. Die Beseiti-

---

[39] Tabellarische Übersicht über die Tätigkeit der Verwaltungsausschüsse seit ihrer Einsetzung, die künftig in den jährlichen Gesamtberichten der Kommission fortgeschrieben werden soll, in der Antwort der Kommission v. 17. 5. 1971 auf die Anfrage Nr. 494/70 des Abg. *Vredeling* (ABl. 1971 C 57, 1).

[40] *Happle*, in: Einführung 273.

[41] *Weides* FinArch 26 (1967) 278; *Carreau* RevTrimDrEur 1966, 229.

[42] ABl. 1962, 2553.

gung dieser Bindung zu fordern, wie dies wiederholt angesichts der Änderungen von Währungsparitäten und der Wechselkursfreigabe gefordert worden ist, erscheint irreal, falls nicht weltweit oder jedenfalls innerhalb der Gemeinschaft ein anderes Bezugssystem bereitgestellt wird.

3. Marktordnungen als Preisregelungen

20 a) Mit Recht ist hervorgehoben worden, daß die Marktordnungen in ihren Elementen der Preisregelung auch in ihrem juristischen Gehalt aktuelle Beispiele einer Wirtschaftsplanung darstellen[43]. Vom Beginn der rechtswissenschaftlichen Erfassung der Planung an waren in dieser Weise die landwirtschaftlichen Marktordnungen, in der BRD hierzu § 2 des Getreidegesetzes, als Erscheinungsformen rechtlich verfaßter Wirtschaftsplanung erkannt worden[44]. In ihnen ist die Erreichung und Gewährleistung eines bestimmten Erzeugerpreises, des sog. Richtpreises, das primäre Planungsziel. Als *Richtpreis* gilt „der von den Marktordnungen angestrebte Marktpreis, der den Erzeugern einen Mindestpreis sichern soll". Ein solcher Richtpreis besteht für die Grunderzeugnisse der Landwirtschaft: Getreide, Reis, Milch, Zucker, Olivenöl, Ölsaaten. Seiner Erreichung dienen die Interventionen auf dem EWG-Binnenmarkt und an der Außengrenze der EWG. Vom Richtpreis als Planziel leiten sich deshalb die *Interventionspreise* (für Binnenmarktvorgänge) und die *Schwellenpreise* (bei Einfuhren) ab[45]. Im Sinne der allgemeinen Begriffsbestimmung der Wirtschaftsplanung[46] gehört die Preisregelung zur Gesamtheit der hoheitlichen zielverbundenen Maßnahmen, die ein Ziel der gemeinsamen Agrarpolitik dadurch verwirklichen, daß die Bedingungen der Marktteilnahme der Erzeuger im Planungszeitraum bestimmt werden.

Um das Planziel der Marktordnungen als Preisregelungen zu verwirklichen, bedient sich das Agrar-Sekundärrecht *dreier Instrumente* in Gestalt von rechtserheblichen Akten: (1) der *Intervention,* (2) der *Beihilfe,* die bei Ausfuhren als Erstattung erscheint, (3) der *Abschöpfung.* Im Zentrum des Einsatzes dieser Instrumente steht die Intervention.

21 b) Die *Intervention* vollzieht sich in der Regel in der Form des Aufkaufs der Ware durch eine staatliche Stelle, und zwar für bestimmte Erzeugnisse auf Grund einer in den Marktordnungsregelungen unmittelbar verbindlich angeordneten Aufkauf*pflicht* hinsichtlich der angebotenen Erzeugnisse, sonst auf Grund einer Aufkauf*möglichkeit.* Der Aufkauf findet statt zu

---

[43] Dazu: *Happle,* in: Einführung 272; *Ebeling,* Die EWG-Getreidemarktordnung, 11 ff.; *Götz* NJW 1968, 1547.

[44] *Ipsen,* Fragestellungen zu einem Recht der Wirtschaftsplanung, in: Planung I (1965) 44.

[45] *Börner,* in: Agrarrecht 54.

[46] *Ipsen,* Rechtsfragen der Wirtschaftsplanung, in: Planung II (1966) 89.

einem garantierten Interventionspreis. Dieser orientiert sich am festgesetzten Richtpreis.

Interventionen finden für die meisten Erzeugnisse auf dem Binnenmarkt statt. Dies gilt nicht für Wein, Blumen und lebende Pflanzen sowie Veredelungserzeugnisse aus Obst und Gemüse, ferner nicht für Eier und Geflügelfleisch als solche[47]. Für sie finden Interventionen nur an den Außengrenzen als Abschöpfungen statt. Wird den Erzeugern insofern also zwar kein Mindestpreis garantiert, so bleibt ihnen indes derjenige für die Rohstoffe ihrer Veredelung gewährleistet, und zwar über den Interventionspreis für Getreide.

aa) Eine mengenmäßig unbegrenzte Aufkauf*pflicht* ohne Rücksicht auf den Marktpreis besteht für Weizen, Gerste, Reis, Roggen, Olivenöl, Rohreis, Raps- und Rübensamen sowie Sonnenblumenkerne, ebenso für Butter und Rindfleisch bei niedrigem Marktpreis, eine mengenmäßig begrenzte für Zucker. Aufkauf*möglichkeiten* nach Ermessen der Interventionsstelle und abhängig vom Marktpreis, evtl. auch seiner Tendenz, bestehen für Rindfleisch, Obst und Gemüse sowie Schweinefleisch. Aufkäufe als Interventionen sollen dem Erzeuger den Zwang zur Ausfuhr abnehmen, der sich teilweise auch aus der Natur der Sache verbietet. Über die Verwendung der Aufkäufe disponieren die Mitgliedstaaten, die die Erzeugnisse teils einlagern, um sie nach Preisanstieg zum Export oder auf dem Binnenmarkt wieder zu verkaufen, oder auch denaturieren (Getreide zu Futtergetreide). Die Abgabe als Wiederverkauf erfolgt durch öffentliche Ausschreibung.

bb) Ob der Erzeuger zum Aufkauf anbietet und ob die Interventionsstelle kauft, hängt für den Produzenten vom Verhältnis des für ihn erzielbaren Marktpreises zum Interventionspreis, für die Interventionsstelle von ihrer Aufkaufpflicht, bei Aufkaufmöglichkeit von der Markt- und Preislage und ihrer Tendenz ab. Da der Interventionspreis nur einen *Minimalerlös* sichern soll, wird er regelmäßig *unter* dem normal erhofften Marktpreis, eben dem Richtpreis, liegen. In dieser Differenzierung wirkt die erwünschte Abwehr gegen die Gefahr, statt primär auf dem Markt unbesehen an die Interventionsstelle zu verkaufen. Die Interventionspreisregelung wirkt also auch psychologisch auf das Marktverhalten ein.

cc) Die *Rechtsnatur der beim Interventionsaufkauf stattfindenden Vorgänge* bedarf besonderer Darstellung. Da der Interventionspreis als Aufkaufpreis oft niedriger ist als der Erlös, der dem Erzeuger zukommen soll, kann er durch Beihilfen und Subventionen erhöht werden[48]. Hier stehen Angebot, Aufkauf, Preis und Beihilfe im rechtlichen Zusammenhang eines Gesamtvorganges, der allein zivilrechtlich nicht adäquat erfaßt wird und öffentlichrechtlich qualifiziert werden muß. Damit entstehen Konstruktions-

---

[47] *Börner*, in: Agrarrecht 36.
[48] *Börner*, in: Agrarrecht 27.

fragen, wie sie bereits aus dem deutschen Agrarwirtschaftsrecht geläufig sind[49].

dd) Das der Agrarorganisation zugrunde liegende Prinzip garantierter Preise, insbesondere in Verbindung mit der Aufkaufpflicht der Interventionsstellen und der darin liegenden Abnahmegarantie, ruft einen Anreiz zu vermehrter Erzeugung hervor. Die Produktion von Überschüssen drängt zum Export. Dieser kann zum Druck auf die Welthandelspreise führen. Das wiederum erhöht den Erstattungs-Subventionsaufwand. Hierin liegen die Ursachen für die Entstehung von Erzeugungs-„Bergen" und die Steigerung des Finanzaufwandes zur Subventionierung. Gerade diese Erhöhung des Finanzaufwandes hat die unterschiedliche Stellung der Mitgliedstaaten in der gemeinsamen Agrarpolitik hervortreten lassen, insbesondere zwischen Frankreich und der BRD. Denn Frankreich als Überschüsse produzierender und exportierender Mitgliedstaat empfängt ungleich höhere Finanzleistungen als es selbst zur Agrarfinanzierung beiträgt, während die BRD ein Mehrfaches ihrer eigenen Subventionsempfänge beizutragen hat[50]. Diese Erscheinungen haben in der öffentlichen Meinung und in der politischen Bewertung die gemeinsame Agrarmarktorganisation mit Recht diskreditiert und zugleich offenbart, daß ihr System grundlegender Veränderung durch Maßnahmen der Strukturpolitik bedarf.

c) *Beihilfen* kommen in verschiedenen Erscheinungsformen vor:

22 aa) Sie werden dem Erzeuger auf dem Binnenmarkt gewährt, wenn es aus agrarpolitischen Gründen geboten ist, den Interventionspreis zu korrigieren. Sie kommen auch dann zur Anwendung, wenn bestimmte Grade einer Absatzkrise eintreten. In ihr werden Beihilfen begrenzter Höhe gezahlt, um den Erzeuger zur Herausnahme seiner Erzeugnisse aus dem Markt zu veranlassen und sonst notwendigen Interventionskäufen vorzubeugen. Außerdem können Beihilfen als Ersatz für Interventionskäufe wirksam werden, indem sie private Lagerhaltung oder Denaturierung finanziell ermöglichen.

23 bb) *Erstattungen*[51] (als Ausfuhrsubventionen) sind (im Rahmen der Handelsregelungen der Marktordnungen, aber mit Preiswirkung) vorgesehen, wenn ein Erzeugnis in dritte Länder ausgeführt wird und sein Binnenpreis über dem Weltmarktpreis liegt. Mit Hilfe der Erstattung wird der Binnenpreis so herabgesetzt, daß das Erzeugnis auf dem Weltmarkt absatzfähig wird. Ob Erstattung gewährt wird, hängt für die Ermessensentscheidung der Behörde von mehreren Umständen ab, darunter von der Lage des Binnenmarktes und dem Ausfuhrzweck. Sie wird wöchentlich oder monatlich im voraus festgesetzt.

---

[49] *Ipsen*, Konstruktionsfragen (vgl. Anm. 5) 593; *Ebeling*, Die EWG-Getreidemarktordnung, 66.

[50] *Seelmäcker*, Die Agrarfinanzierung 164.

[51] *Börner*, in: Agrarrecht 46.

24 d) *Abschöpfungen* dienen der Angleichung des Einfuhrpreises, der bei Importen wegen des durchweg niedrigeren Weltmarktpreisniveaus geringer ist, an den höheren Binnenmarktpreis. In ihrer Funktion ist die Abschöpfung („eine Art vervollkommneter Gleitzoll"[52]) an die Stelle der Zölle und Kontingente getreten, deren Wirkungen sie präziser und anpassungsfähiger ersetzt. Sie ist auch von Mitgliedstaaten früher schon angewendet worden. Hierbei dient der Schwellenpreis der Berechnung der Abschöpfungshöhe. Er wird so bemessen, daß die Importe unter Berücksichtigung der Transportkosten das angestrebte Preisniveau des Binnenmarktes (den Richtpreis) erreichen. Er verhindert gleichzeitig, daß der Preis der Importe im Verhältnis zum Interventionspreis zu niedrig ist und der Binnenpreis das Richtpreisniveau übersteigt. Die Abschöpfung stellt *nicht* auf den für die Einfuhrware *im Einzelfall* gezahlten Kaufpreis ab, sondern auf das jeweils günstigste Weltmarktangebot. Hierin liegt ein Risiko des Importeurs. Es kann durch individuelle Festsetzung der Abschöpfung auf der Grundlage des konkreten Kaufpreises aber nicht ausgeschlossen werden. Denn sie würde eine konkrete Qualitätsprüfung der Einfuhrware voraussetzen. Eine solche ist nicht gangbar. Auf dem Getreidesektor wird dieses Risiko gemindert, weil die Abschöpfung für einen bemessenen Zeitraum im voraus pauschal festgesetzt werden kann und der Getreidekauf in der Regel als Termingeschäft abgewickelt wird. Bei Abschöpfungen für eingeführte Verarbeitungs- oder Veredelungsprodukte wird auf den Unterschied zwischen Binnen- und Weltmarktpreis von Grundprodukten abgestellt oder ihre Höhe von der Abschöpfung anderer Produkte abgeleitet.

4. Marktregelungen als Handelsregelungen

25 a) Die Handelswirkungen der Marktregelungen bestehen im wesentlichen darin, daß sie alle beschränkenden *Handelsregelungen* innerhalb der Gemeinschaft *aufheben*[53]. Deshalb sind Zölle und mengenmäßige Beschränkungen ersatzlos entfallen. Nach dem sog. *Mindestpreissystem* des Art. 44 EWGV konnten die Mitgliedstaaten bis zur Vollendung der gemeinsamen Agrarmarktorganisation zum Schutz ihrer Agrarpreise für bestimmte Erzeugnisse selbst ein System von Mindestpreisen anwenden. Bei ihrer Unterschreitung durfte die Einfuhr eingestellt oder eingeschränkt oder von der Erzielung eines über dem Mindestpreisniveau liegenden Erlöses abhängig gemacht werden. Art. 44 II—VI hatte hierfür Modalitäten, Verfahren und Kompetenzen geregelt. Diese vorübergehenden Schutzmaßnahmen haben ihre Bedeutung verloren. Entsprechendes gilt für Art. 46 EWGV, der eine Sonderregelung über die Erhebung von Ausgleichsabgaben durch die Mitgliedstaaten zur Beseitigung von Wettbewerbsverfälschungen vorsieht. Denn

[52] *Börner*, in: Agrarrecht 37.
[53] *Götz* NJW 1968, 1547.

seine Anwendung war abhängig vom Bestand nationaler Marktordnungen oder Regelungen gleicher Wirkung. Solche existieren nicht mehr.

26 b) Für den Handelsverkehr der Gemeinschaft mit Drittländern ist das Abschöpfungssystem *(47/24)* an die Stelle von Zöllen und Kontingenten getreten. Das hat die Wirkung, daß es für Einfuhren aus Drittländern den geplanten Binnenmarktpreisstand sichert. In dieser Weise bildet im Rahmen der Handelsregelung die Abschöpfung die „Außenseite der Preisregelung“[54].

IV. Finanzierung

27 Für den mit der gemeinsamen Agrarmarktorganisation verfolgten Plan der Preisbemessung, die mit dem Mechanismus der Binnenmarktintervention und der Ausfuhrerstattung funktioniert, müssen öffentliche Mittel eingesetzt werden, um das Planziel zu verwirklichen. Nach der Grundregel des Art. 199 EWGV sind alle Einnahmen und Ausgaben der Gemeinschaft im Haushaltsplan der Gemeinschaft zu veranschlagen, und der Haushalt wird aus den Finanzbeiträgen der Mitgliedstaaten gespeist. Indes bildet die gemeinsame Agrarpolitik den Hebel dafür, für ihre Verwirklichung eine Gemeinschaftsfinanzierung einzusetzen. Dafür liefert Art. 201 EWGV die Rechtsgrundlage. Art. 40 IV hat für die Finanzierung der Marktorganisation die Schaffung eines oder mehrerer Ausrichtungs- oder Garantiefonds für die Landwirtschaft vorgesehen.

1. Europäischer Ausrichtungs- und Garantiefonds für die Landwirtschaft

28 a) Dieser Fonds[55], ein Teil des Haushalts der Gemeinschaft, ist durch die Ratsverordnung Nr. 25 vom 4. April 1962[56] errichtet worden. Er gliedert sich in mehrere Abteilungen verschiedener Aufgaben. Aus seiner Abteilung „Garantie“ werden die aus der Agrarpreisfestsetzung resultierenden Ausgaben für Ausfuhrerstattungen und Preisinterventionen finanziert, aus seiner Abteilung „Ausrichtung“ die finanziellen Beteiligungen der Gemeinschaft an Strukturmaßnahmen der Mitgliedstaaten bestritten. Aus den Sonderabteilungen werden Ausgleichszahlungen an die Mitgliedstaaten geleistet für die Senkung nationaler Preise bei Einführung der Gemeinschaftspreise. Das Volumen des Garantiefonds hatte bereits 1968 die 7 Mrd DM-Grenze erreicht, das der anderen Fonds bewegt sich um Zehntel dieser Summe[57].

[54] *Götz* NJW 1968, 1547.

[55] *Sattler,* Entwicklung 48; *Götz,* in: KSE 10 (1969) 169; *Seelmäcker,* Die Agrarfinanzierung 80.

[56] ABl. 1962, 991.

[57] Zur Entwicklung der Fonds-Finanzierung vgl. *Seelmäcker,* Die Agrarfinanzierung 139.

29 b) Alle mitgliedstaatlichen Aufwendungen für Interventionen und Erstattungen werden aus dem Fonds erstattet. Gespeist wird der Fonds primär aus dem Abschöpfungsaufkommen der Mitgliedstaaten, das seit dem 1. Januar 1971 vollen Umfangs (bis dahin zu 90 %) der Gemeinschaft als eigene und unmittelbare Einnahme zusteht. Soweit diese Einnahmen die notwendigen Fondseinnahmen nicht deckten, hatten die Mitgliedstaaten seine Finanzierung bis Ende 1969 durch Leistungen nach festen Sätzen zu erbringen, und zwar Belgien zu 8,1 %, die BRD zu 31,2 %, Frankreich zu 32 %, Italien zu 20,3 %, Luxemburg zu 0,2 %, die Niederlande zu 8,2 %[58]. Die Poolung der Agrarüberschüsse und der zu ihrer Subventionierung benötigten öffentlichen Mittel hat den Überschüsse produzierenden Mitgliedstaaten mit Hilfe der Finanzausgleichswirkung des Fonds finanzielle Vorteile gebracht. Die Sekundärfinanzierung durch Leistungen der Mitgliedstaaten hat diese unterschiedliche Behandlung nicht ausgeglichen, da ihre prozentuale Aufteilung sich nicht an den Produktionsziffern orientierte. Auch die Leistungen an die Mitgliedstaaten aus der Abteilung „Ausrichtung" auf dem Gebiete der Strukturpolitik haben einen solchen Ausgleich nicht herstellen können.

2. *Neuordnung durch den Ratsbeschluß vom 21. April 1970 und den Vertrag vom 22. April 1970*

30 a) Das im Ausrichtungs- und Garantiefonds organisierte System der gemeinsamen Agrarfinanzierung und seiner Zusatzspeisung aus prozentual fixierten Leistungen der Mitgliedstaaten hat sich als unzulänglich und anfällig erwiesen. Die Entscheidungen über den Umfang der Finanzierung, damit der Finanzbelastung der Mitgliedstaaten, folgen unmittelbar aus der Ausgestaltung der Marktorganisationen durch Einbeziehung von Erzeugnissen in Marktordnungen, Festsetzung von Richtpreisen und die Regelung des Interventionsverfahrens. Die finanziell wirksamen und folgenschweren Entscheidungen fallen also im Grunde *außerhalb* des Finanzierungssystems. Das ist der Grund dafür, daß die Aufwendungen der Mitgliedstaaten ohne Begrenzung und unvorhersehbar automatisch ansteigen mußten, sobald die landwirtschaftliche Erzeugung den Bedarf und den Selbstversorgungsgrad der Gemeinschaft insbesondere an Weichweizen, Milch (Butter) und Zucker überstieg und der Absatz dieser Überschüsse auf dem Weltmarkt zunehmend schwieriger wurde. Die Reform der Agrarmarktfinanzierung ist deshalb dringlicher geworden als die Chance erfüllbar, die Ursachen dieser Überproduktion durch Strukturpolitik zu beseitigen. Da die Vergemeinschaftung der Finanzierung in ihrer grundsätzlichen und institutionellen Bedeutung für den Integrationsprozeß den Gegenstand des Agrarsektors überschreitet,

---

[58] Dazu *Götz* NJW 1968, 1548.

soll die notwendige Reform im Rahmen der Neuordnung des allgemeinen Finanz- und Haushaltsrechts der Gemeinschaften stattfinden. Sie bedeutet im Prinzip eine Umstellung des bisherigen Finanzierungssystems mit Beiträgen der Mitgliedstaaten auf eine Finanzierung aus eigenen Gemeinschaftsmitteln, und zwar schrittweise in zwei Stufen ab 1971 und 1975.

31 b) Rechtsgrundlage der Reform ist zunächst der Ratsbeschluß vom 21. April 1970 über die Ersetzung der Finanzbeiträge der Mitgliedstaaten durch eigene Mittel der Gemeinschaften (ABl. L 94, 19). Er ist gestützt auf Art. 201 EWGV, 173 EAGV. Nach Abs. III dieser Bestimmungen bedurfte der einstimmige Ratsbeschluß der Annahme durch die Mitgliedstaaten gemäß ihren verfassungsrechtlichen Vorschriften. Die BRD hat dem Beschluß durch Gesetz vom 4. Dezember 1970[59] zugestimmt. Die damit gesteigerte Finanzverantwortung der Gemeinschaften hat eine Verstärkung und Erweiterung der Haushaltsbefugnisse des Parlaments erforderlich gemacht. Es soll künftig dort eintreten, wo die Überwachungsfunktionen der nationalen Parlamente enden. Hierfür mußten die einschlägigen Vertragsbestimmungen entsprechend geändert werden. Die Mitgliedstaaten haben hierüber in Luxemburg den Vertrag vom 22. April 1970[60] geschlossen. Die BRD hat ihm durch Gesetz vom 14. Dezember 1970[61] zugestimmt. Der Inhalt der Neuregelung, die sich nicht nur auf die Finanzierung der Agrarpolitik, sondern die *aller* Gemeinschaftsausgaben bezieht, gehört zur Darstellung der Finanzverfassung *(18/10—12)*.

Künftig soll der EAGFL auch für Maßnahmen der Regionalentwicklung benutzt werden können, wozu nähere Beschlußfassung des Rates indes noch aussteht[62].

V. Gemeinsame Wettbewerbsregeln

1. Vertragsgrundlagen

32 a) Durch Art. 42 I EWGV wird die *unmittelbare* Geltung der Wettbewerbsregeln der Art. 85—94 für die Landwirtschaft ausgeschlossen. Diese werden nur insoweit anwendbar, als der Rat dies unter Berücksichtigung der Ziele des Art. 39 im Rahmen des Art. 43 II, III und nach dem dort geregelten Verfahren bestimmt. Damit werden die auf die Landwirtschaft anwendbaren Wettbewerbsregeln von Beginn an „eingebunden" in die dort umschriebenen Gestaltungsgrundsätze der Agrarpolitik.

b) Im Unterschied zum Inhalt der Art. 92—94 kann der Rat nach Art. 42 II genehmigen, daß Beihilfen gewährt werden zum Schutz von Betrieben, die durch strukturelle oder naturgegebene Bedingungen benachteiligt sind, sowie solche im Rahmen landwirtschaftlicher Entwicklungsprogramme. Da-

[59] BGBl. II 1970, 1261; in Kraft getreten am 1. Januar 1971 (BGBl. II 1971, 7).

[60] Vertrag zur Änderung bestimmter Haushaltsvorschriften der Verträge zur Gründung der Europäischen Gemeinschaften und des Vertrages zur Einsetzung eines gemeinsamen Rates und einer gemeinsamen Kommission der Europäischen Gemeinschaften, ABl. 1971 L 2, 1.

[61] BGBl. II 1970, 1281; in Kraft getreten am 1. Januar 1971 (BGBl. II 1971, 8).

[62] Vgl. Ziff. II der Entschließung des Rates und der Regierungsvertreter v. 21. 3. 1972 betr. die Anwendung der Entschließung v. 22. 3. 1971 über die stufenweise Verwirklichung der Wirtschafts- und Währungsgremien, ABl. 1972 C 38, 3.

durch werden Beihilfen sowohl für Einzelbetriebe wie auch in strukturpolitischer Zielsetzung für größere Programme ermöglicht.

2. *Durchführung*

33 a) Durch die Verordnung Nr. 26 vom 4. April 1962[63] zur Anwendung bestimmter Wettbewerbsregeln auf die Produktion landwirtschaftlicher Erzeugnisse und den Handel mit ihnen hat der Rat bestätigt, daß auch die Landwirtschaft grundsätzlich den Wettbewerbsregeln unterliegt und diese Bindungen zur gemeinsamen Agrarpolitik gehören. Auch die Agrarmarktordnungen verlautbaren diesen Grundsatz. Nach ihm werden die landwirtschaftlichen Unternehmen als solche, ihre Dumping-Praktiken und ihre Subventionierung durch staatliche Beihilfen erfaßt.

b) Die durch Art. 1 der VO Nr. 26 statuierte Anwendbarkeit des allgemeinen Wettbewerbsrechts und seiner Durchführungsnormen auf Produktion und Handel der Landwirtschaft bezog sich im Sinne des Art. 85 I nicht auf Bestandteile einzelstaatlicher Marktordnungen, die Vereinbarungen, Beschlüsse oder Verhaltensweisen der Unternehmen trafen, oder solche, die zur Zielverwirklichung i. S. des Art. 39 notwendig waren. Mit der Vergemeinschaftung der Marktorganisation ist diese Ausnahme bedeutungslos geworden.

c) Über alle staatlichen Beihilfen haben die Mitgliedstaaten die Kommission zu unterrichten. Ihr obliegt, sie gemäß Art. 92—94 dahin zu kontrollieren, ob sie das Funktionieren der Agrarmarktorganisation stören.

VI. Durchführung der gemeinsamen Agrarmarktorganisation

Die Durchführung der gemeinsamen Agrarmarktorganisation obliegt teils der Kommission, teils den Mitgliedstaaten, die hierzu normative und exekutive Maßnahmen treffen.

1. *Durchführung durch die Kommission*

34 a) Durch die Marktordnungen sind die marktregelnden Befugnisse in großem Umfang bei der Kommission konzentriert, und zwar solche der Normsetzung und des Vollzuges[64]. Das gilt vornehmlich für die Festlegung der Abschöpfungs- und Erstattungssätze und die Anordnung von Schutzmaßnahmen bei übermäßigen Drittländer-Importen. Konzentration und Zentralismus, damit Ausschaltung der Mitgliedstaaten in ihrer früheren Durchführungsaufgabe, sind erforderlich geworden, um an der gesamten Außengrenze der Gemeinschaft eilbedürftige und einheitliche Regelung und Handhabung zur Vermeidung von Wettbewerbsverfälschungen und Verkehrsverlagerungen sicherzustellen. Jedenfalls soweit die danach zu treffenden Kommissionsentscheidungen wesentlich rechnerische Deduktionen aus Marktordnungen und Marktdaten sind, kann diese sonst unkontrollierte Kommissionskompetenz nicht beanstandet werden. Im Streitfall muß die

---

[63] ABl. 1962, 993.

[64] Dazu *Jaenicke*, in: Agrarrecht der EWG, KSE 10 (1969) 128.

Kommission ihre Berechnungsfaktoren vor dem Gerichtshof offenlegen[65]. Der für ihre Aufgabe erforderliche Verwaltungsaufwand der Kommission ist erheblich. Ihre „Marktferne" kann zu Fehlentscheidungen führen. Ein derartiger Fall hat gemeinschaftsrechtlich erhebliche Haftungsfragen aufgeworfen *(27/10)*.

35 b) Diese Aufgaben bewirken eine fachliche und quantitative Überforderung der Kommission als Kollegium. Sie äußert sich im Zwang, täglich termingebunden mehrere Verordnungen erlassen und wöchentlich Hunderte von Festsetzungen treffen zu müssen, deren Vollzug im Agritelex-Verfahren zwar technische Beschleunigung, aber keine sachliche Entscheidungshilfe bedeutete[66]. Nach dem vergeblichen Versuch, durch Bildung von Arbeitsgruppen (aus Kommissionsmitgliedern) oder schriftliche Entscheidungsverfahren abzuhelfen, ist insbesondere für die Festsetzung von Einfuhrabschöpfungen und Ausfuhrerstattungen die Beschlußfassung durch das mit *Mandat der Kommission*[67] ausgestattete zuständige Kommissionsmitglied eingeführt worden. Die gemeinschaftsrechtliche Zulässigkeit dieses Verfahrens setzt wegen des Kollegialprinzips des Art. 163 EWGV voraus, daß die Kommission als Kollegium, in deren Namen der Mandatar handelt, Kontroll- und Evokationsbefugnis behält. Gleichwohl hat das Mandatsverfahren Kritik ausgelöst[68].

36 c) Soweit die Marktordnungen der Kommission neue, vertraglich noch nicht vorgesehene Befugnisse zugeteilt haben, bedienen sie sich seit 1962 des *Verwaltungsausschußverfahrens*[69]. In ihm kommen Kommissionsbeschlüsse unter Mitwirkung eines für die verschiedenen Erzeugnisse zuständigen, unter Vorsitz eines Vertreters der Kommission tätigen Gremiums zustande, in dem die Mitgliedstaaten vertreten sind. Im Ausschuß werden die Stimmen der Mitgliedstaaten nach Art. 148 II EWGV gewogen. Der Vorsitzende nimmt an der Abstimmung nicht teil. Lehnt der Ausschuß einen Kommissionsentwurf ab, wird der Rat mit einem gleichwohl gefaßten Kommissionsbeschluß befaßt. Der Rat kann mit qualifizierter Mehrheit anders entscheiden. Stimmt der Ausschuß dem Vorschlag mehrheitlich zu, bleibt der Kommission gleichwohl Entschließungsfreiheit. Will sie ihren im Ausschuß positiv behandelten Vorschlag noch ändern, bliebe ihr rechtlich wiederholte Beschlußfassung und Ausschußbehandlung nicht erspart. In der Praxis bleibt dem Kommissionsvertreter im Verwaltungsausschuß hinreichend Verhandlungsspielraum, so daß die meisten Kommissionsvorlagen bislang befürwortet und danach verabschiedet worden sind.

Daß die Kommission in dieser Verfahrensweise gewisse Bindungen hinnehmen muß und ihre Entscheidungen unter mitgliedstaatlicher Einwirkung

---

65 EuGH Rs 16/65 Rspr. XI, 1151; *Jaenicke*, Institutionelle Probleme, 131.
66 *Nass*, in: Agrarrecht der EWG, KSE 10 (1969) 156.
67 Beschluß v. 3. 4. 1968, ABl. 1968 L 89, 13 m. zahlr. Änd.
68 *Nass*, in: KSE 10 (1969) 160.
69 *Nass*, in: KSE 10 (1969) 156.

zustande kommen, hat Zweifel an ihrer Vereinbarkeit mit dem Vertrag, insbesondere der Unabhängigkeit der Kommission (Art. 10 II FusV) hervorgerufen. Diese Zweifel sehen im Verwaltungsausschußverfahren Erscheinungen einer unzulässigen „Mischverwaltung". Da den Verwaltungsausschüssen selbst aber materielle Rechtsetzungsbefugnisse nicht zustehen, ihre Stellungnahmen nur verfahrensrechtlich erheblich sind, ist ihre Einschaltung mit der der Kommission erteilten Delegation generell vereinbar. Das hat auch der Gerichtshof bestätigt[70]. Letztlich kann der Rat die Einhaltung der Delegation überwachen. Näheres ergibt die Darstellung dieses Verfahrens im Rahmen des Organisationsrechts *(20/53—58)*.

2. *Durchführung in der BRD*

Die nationale Durchführung des gemeinsamen Agrarrechts, insbesondere der Marktordnungen, bedarf normierender Regelungen und des exekutiven Vollzuges[71].

37 a) *Normierende* Durchführungsregelungen sind erforderlich, soweit der Mitgliedstaat auf Grund der an ihn gerichteten Gemeinschaftsgebote zu Regelungen verpflichtet ist, ihm gestattet wird, in Abweichung oder Ergänzung eigene Maßnahmen zu treffen oder Gemeinschaftsregelungen mit Durchgriffswirkung des nationalen Verwaltungsvollzuges bedürfen.

aa) Nachdem zunächst in der deutschen Durchführungsgesetzgebung als Rechtsgrundlage auf *einzelne* Verordnungsbestimmungen verwiesen worden war, dienen die Gemeinschaftsverordnungen jetzt *in toto* als Normierungsgrundlage. Die deutschen Durchführungsgesetze sind ihrem Typ nach Rahmen- und Verfahrensgesetze. Drei solche Gesetze sind 1967 und 1968 ergangen als Durchführungsgesetz EWG Fette[72], Durchführungsgesetz EWG Getreide, Reis, Zucker, Schweinefleisch, Eier, Geflügelfleisch, Verarbeitungserzeugnisse aus Obst und Gemüse mit Zuckerzusatz[73], Durchführungsgesetz EWG Milch, Milcherzeugnisse sowie Rindfleisch[74]. Nach Abschluß der gesamten Marktorganisation sollen alle Gesetze zu *einem* „Durchführungsgesetz EWG" zusammengefaßt werden[75]. Sie behandeln die Durchführung hinsichtlich der Ein- und Ausfuhrlizenzen, der Vorausfestsetzungen von Abschöpfungen, Einfuhrsubventionen, Ermäßigung von Einfuhrabschöpfungen, Binnenmarktregelungen, Schutzmaßnahmen und Ausfuhrerstattungen. Weitere Durchführungsgesetzgebung betrifft die Handelsklassenregelung und die Abschöpfungserhebung. Ein Gesetz für die Erhebung von Ausfuhrabgaben wird vorbereitet. Für Einfuhrzollerhebung ist das Zollgesetz anwendbar.

---

[70] EuGH Rs 25/70 Rspr. XVI, 1161 = EuR 1971, 145 m. Anm. *Ehlermann* S. 250.

[71] Dazu *Schmitz*, in: Gemeinschaftsrecht und nationale Rechte, KSE 13 (1971) I/3; *Gleiss - Wolff* AWD 1971, 366.

[72] Gesetz v. 12. 6. 1967 (BGBl. I 593) m. Änd. v. 24. 5. 1968 (BGBl. I 503), v. 30. 7. 1968 (BGBl. I 847, 876), v. 15. 9. 1969 (BGBl. I 1626).

[73] Gesetz v. 30. 6. 1967 (BGBl. I 617) m. Änd. v. 24. 5. 1968 (BGBl. I 503), v. 30. 7. 1968 (BGBl. I 874).

[74] Gesetz v. 19. 7. 1968 (BGBl. I 838).

[75] *Schmitz*, in: Gemeinschaftsrecht und nationale Rechte, KSE 13 (1971) I/3, 6; vgl. den Gesetzentwurf in BT-Drucks. VI/2553.

bb) Die deutschen Durchführungsregelungen sind Normen *deutschen* Rechts auch, soweit sie kraft Ermächtigung oder Verpflichtung des Gemeinschaftsrechts ergehen[76]. Durch Verweisung des deutschen Durchführungsgesetzes auf das einschlägige Marktordnungsrecht in Gestalt einer Rats-VO erfüllt der deutsche Gesetzgeber zugleich die Anforderungen des Art. 80 I 2 GG. Zur weiteren Ausführung des Gesetzes können also *deutsche* Rechts*verordnungen* ergehen, deren Inhalt, Zweck und Ausmaß auf diese Weise ihrerseits durch die Rats-VO hinreichend bestimmt werden[77]. Die durch solche deutschen Normen als zuständig bezeichneten Verwaltungsstellen üben *deutsche* Hoheitsgewalt aus. Das ist für Haftung und Rechtsschutz relevant.

38 b) Die Zuständigkeit für den *verwaltungsmäßigen Vollzug* des Marktorganisationsrechts richtet sich nach *deutschem* Recht (Art. 70 ff., 105 GG). Für Zölle und Abgaben besteht danach (Art. 87 I i. Verb. mit Art. 108 I GG) die *ausschließliche* Zuständigkeit der *Bundes*finanzverwaltung. Gemäß Art. 87 III 1 und 2 GG verfügt der Bund über das Bundesamt für Ernährung und Forstwirtschaft sowie die vier Einfuhr- und Vorratsstellen zur Vollziehung der Aufgaben der Marktorganisation. Ihr Schwergewicht liegt also beim Bund.

---

[76] BVerfGE 22, 293.

[77] BVerfGE 29, 211 ff.

§ 48 VERKEHRSPOLITIK

Alexander, De E. E. C.-mededingingsregels en het vervoer (1964); *Babudieri,* Les transports maritimes dans le cadre de l'intégration européenne, EurTranspL 1969, 405; *Berkenkopf,* Grundfragen einer einheitlichen europäischen Verkehrspolitik, Fs Müller-Armack 363; *Blindheim,* Harmoniserings - og integrerings-bestrebelsene i europeisk transportpolitikk. Fallesmarkedets transportpolitikk (1968); *Bodson,* Entwicklungsaussichten der Gemeinsamen Verkehrspolitik. Exposé, dem Rat am 4. Juni 1970 vorgelegt (1970); *Braun,* Differenzierung und Diskriminierung bei Transportpreisen im Recht der Montanunion und der Europäischen Wirtschaftsgemeinschaft, Diss. München (1963); *Capelli,* I trasporti nel Mercato Comune — l'armonizzazione delle legislazioni nazionali nel settore dei trasporti, DirScambi-Intern 1968, 213; *Les chemins de fer* et l'Europe (1969); *Debois - Baeyens,* Les transports dans la Communauté Européenne du Charbon et l'Acier, EurTranspL 1966, 28, 178; *Despicht,* The transport policy of the European Communities (1969); *Despicht,* Great-Britain and the integration of transport in Europe, EurTranspL IV (1969) 467; *Doni,* Die Binnenschiffahrt in der europäischen Integration (1965); *Dousset,* Bilan et perspectives de la politique commune des transports, RevMC 1967, 174; *Dousset,* La coordination des investissements d'infrastructure dans les transports, EurTranspL (1969) 381; *Duwel,* Verordening no 1017/E. E. G. van de Raad van 19 juli 1968, houdende de toepassing van de mededingingsregels op het vervoer per spoor, over de weg en over de binnenwateren, NedJBl 1968, 985; *Duwel,* Incorporatie van communautaire verordeningen in de nationale vervoerwetgeving, NedJBl 1971, 457; *Erdmenger,* Die Anwendung des EWG-Vertrages auf Seeschiffahrt und Luftfahrt. Zur Auslegung von Art. 84 Abs. 2 des Vertrages (1962); *Faller,* Der Rohrleitungsverkehr im Rahmen der europäischen Integration, in: Gemeinsamer Markt und Verkehr (1969) 263; *Fischer,* L'organisation des transports dans le cadre de l'Europe des Six (1968); *Freimuth,* Zur Frage der Kontingentierung des gewerblichen Straßengüterverkehrs in einer marktwirtschaftlich orientierten Wirtschaftsordnung (1969); *Frohmeyer,* Die Rechtsträger der Verkehrspolitik, in: Einführung 146; *Gaudet - Bayens,* Aperçu de quelques problèmes juridiques communautaires concernant les transports dans la C. E. C. A. et dans la C. E. E., EurTranspL IV (1969) 205; *Goergen,* Le régime fiscal des transports par chemin de fer, par route et par voie navigable et la tarification de l'usage des infrastructures, EurTranspL IV (1969) 365; *van Huffel,* Où en est la tarification routière du marché commun?, EurTranspL 1970, 3; *Jaquet,* Die Verkehrspolitik der Europäischen Wirtschaftsgemeinschaft unter besonderer Berücksichtigung der Binnenschiffahrt (1961); *Jürgensen - Aldrup,* Verkehrspolitik im europäischen Integrationsraum (1968); *Kantzenbach,* Die Harmonisierung der Montan-Transporttarife unter Berücksichtigung der gemeinsamen Verkehrspolitik im Rahmen der EWG (1962); *Kapteyn,* Europa sucht eine gemeinsame Verkehrspolitik (1968); *Klaer,* Direkte internationale Tarife. Studien zur Rechtsgrundlage, Entstehungsgeschichte und Einführung direkter internationaler Eisenbahngütertarife in der Europäischen Gemeinschaft für Kohle und Stahl, ArchEisenbahnwesen 70 (1960) 49; *Klaer,* Der Verkehr im Gemeinsamen Markt für Kohle und Stahl. Beiträge zur europäischen Verkehrspolitik (1961); *Klaer,* La pubblicità dei prezzi e le condizioni di transporto nel Mercato Europeo (1961); *Klaer,* Die Anwendung von Diskriminierungsverboten im Gemeinsamen Verkehrs-Markt, in: Zur Stellung der Mitgliedstaaten im Europarecht (1967, Hg. Bülck) 98; *Krauss,* Die gemeinsame Verkehrspolitik nach dem Ende der Übergangszeit, in: Internationales Verkehrswesen

4/1970, 90; *Lauwaars,* De toepassing van mededingingsregels op het gebied van het vervoer, SEW 1969, 335; *Lemmens,* Les discriminations en matière de prix et conditions de transport et les tarifs de soutien dans le Traité de Rome, EurTranspL 1969, 321; *Malatesta,* La regolamentazione giuridica dei trasporti su strada nell'ambito del Mercato Comune, DirScambiIntern 1970, 63; *Matschl,* Die Europäischen Gemeinschaften und die Freiheit der Rheinschiffahrt, Diss. Köln (1965); *Alex Meyer,* Zur Frage der Anwendbarkeit des Vertrages zur Gründung der EWG auf die Luftfahrt. Rechtsgutachten, Zeitschrift für Luftrecht und Weltraumrechtsfragen 1962, 1969; *Much,* Ausnahmetarif und Wirtschaftsintegration, ZHR 124 (1961) 110; *Müller,* Die Binnenschiffahrt im Gemeinsamen Markt (1967); *Müller-Hermann,* Die Grundlagen der gemeinsamen Verkehrspolitik in der Europäischen Wirtschaftsgemeinschaft. Eine Untersuchung über die Anwendung des Wettbewerbsprinzips im gemeinsamen Verkehrsmarkt (1963); *Neue Wege* europäischer Verkehrspolitik (1969); *Posthumus,* Bemerkungen zur Harmonisierung von Sozialvorschriften im Rahmen der gemeinsamen Verkehrspolitik, EurTranspL IV (1969) 349; *Riphagen,* The transport legislation of the European Communities, its relationship to international treaties, and its effect in Member States, CMLR 1965, 291; *Riphagen,* Vrijheid van rijnscheepvaart en douane-regime, NedTijdschrIntR 1969, 1; *Rittstieg,* Rheinschiffahrt im Gemeinsamen Markt. Eine Untersuchung zur Kollision zwischenstaatlicher Rechtsordnungen (1971); *Rodière,* Coopération européenne et Marché Commun en matière de droit des transports. Conférences données les 7 et 8 janvier 1965 (1965); *Rodière,* Les transports, DrCommEur Nr. 1921; *Schaus,* Europäische Verkehrspolitik: von der Kooperation zur Integration, EurTranspL 1967, 2; *Scheider,* Die Tarifpolitik der Hohen Behörde und das deutsche Verkehrswesen (1956); *Schlochauer,* Die Ausnahmetarife im Recht der EGKS. Rechtsgutachten (1960); *Sohier,* Aperçu du développement actuel de la politique commune des transports, CahDrEur 1970, 154; *Stabenow,* Die Rechtsgrundlagen der europäischen Verkehrsintegration, ZHR 126 (1964) 228; *Stabenow,* Das rechtliche Instrumentarium der europäischen Verkehrsintegration, in: Gemeinsamer Markt und Verkehr (1969) 57; *Stabenow,* Das rechtliche Instrumentarium der europäischen Verkehrsintegration, EurTranspL 4 (1969) 241; *Stukenberg,* EWG-Politik und Deutsche Bundesbahn — eine Bestandsaufnahme, in: Die Bundesbahn 1968, 567; *Het vervoer* in de Europese Gemeenschappen (1969); *Wägenbaur,* Die Mineralölfernleitungen in der EWG. Bemerkungen anläßlich einer Entschließung des Ministerrats, AWD 1964, 206; *Wägenbaur,* Die Verkehrspolitik der EWG kommt voran. Stand nach der Ratstagung vom 18./19. Juli 1968, AWD 1968, 325; *Wägenbaur,* Die Ermächtigung des Rates der EWG zum Erlaß „zweckdienlicher Vorschriften" auf dem Gebiet des Verkehrs, ZHR 130 (1968) 217; *Wägenbaur,* Die EWG-Kartellregelung für den Verkehr vor der Verabschiedung, AWD 1968, 256; *Wägenbaur,* Wettbewerbsregeln für den Verkehr in der EWG, AWD 1968, 415; *Watermann,* Kartellregelung und gemeinsame Verkehrspolitik, ZVerkWiss 39 (1968) 131; *Watermann,* Die gemeinsame Verkehrspolitik auf Grund des EWG-Vertrages. Versuch einer Zwischenbilanz und Vorausschau, ZVerkWiss 40 (1969) 63; *Wijffels - Stabenow - van Huffel,* Gemeinsamer Markt und Verkehr (1969); *Wulf,* Die Binnenschiffahrt im Gemeinsamen Markt, in: Internationales Verkehrswesen 4/1970, 108.

I. Entwicklung unter den Verträgen

1 Im Zweiten Teil des EWGV „Grundlagen der Gemeinschaft" hat der Verkehr als Titel IV seine Regelung in den Art. 74—84 gefunden — nach Titel I: Der freie Warenverkehr, Titel II: Die Landwirtschaft, Titel III: Die Freizügigkeit, der freie Dienstleistungs- und Kapitalverkehr. Die Einführung einer gemeinsamen Politik auf dem Gebiet des Verkehrs zählt unter Art. 3 e zu den Vertragszielen und Gemeinschaftsaufgaben.

Im EGKSV nennt Art. 4 b unter den Maßnahmen oder Praktiken, die als unvereinbar mit dem Gemeinsamen Markt aufgehoben und untersagt werden, auch solche, die eine Diskriminierung zwischen Erzeugern, Käufern oder Verbrauchern insbesondere hinsichtlich der Beförderungstarife herbeiführen. Kap. IX im dritten Vertragstitel (Wirtschafts- und Sozialbestimmungen) mit seinem einzigen Art. 70 über Frachten und Transporte rangiert zwischen der Wettbewerbs- und der Handelspolitik.

1. Das ironische Kapitel

2 Die Verkehrspolitik ist in der europäischen Integration ihr „ironisches Kapitel" genannt worden[1]. Dies deshalb, weil die Funktion des Verkehrs in seiner ständig gewachsenen Fähigkeit, immer größere Räume in immer größerer Schnelligkeit zu überwinden, sich umgekehrt verhalte zu den dürftigen Fortschritten der gemeinsamen Verkehrspolitik, die bislang eine „Biedermeieridylle" geblieben sei. Das ist ein hartes Urteil über einen Sachverhalt, dessen Zustand seine Gründe hat.

a) Verkehrspolitik besteht aus den von politischen Instanzen ausgehenden Maßnahmen, die die mit dem Verkehr in Verbindung stehenden einzelwirtschaftlichen Aktivitäten nach bestimmten Zielen ordnen und beeinflussen[2]. Ihr Träger ist vornehmlich der Staat. Es gehört zu den Bedingungen, unter denen eine gemeinsame Verkehrspolitik i. S. des Art. 74 EWGV verfolgt werden soll, daß in den Mitgliedstaaten über die Zielsetzungen der Verkehrspolitik eine einheitliche Auffassung und ein vergleichbarer Rechtszustand nicht vorhanden waren. Zu diesen Bedingungen zählt weiter, daß diese Uneinheitlichkeit sich erklärt aus der national unterschiedlichen Zuordnung der Verkehrspolitik zur allgemeinen Wirtschaftspolitik. Zu ihnen zählt außerdem, daß innerhalb der Mitgliedstaaten in bezug auf die verschiedenen Verkehrsträger uniforme Vorstellungen nicht existieren. Auch die wesentlichen Wandlungen, die sich mit dem Aufkommen des motorisierten Straßenverkehrs einstellen mußten, vollzogen sich derart in den Mitgliedstaaten unter verkehrspolitisch höchst unterschiedlichen Voraussetzungen.

b) Die Verkehrspolitik der Mitgliedstaaten hat — ebenso wie etwa die in den USA — unter der Frage gestanden, ob der Verkehr als Antriebselement (als „Diener") der Wirtschaft allgemein oder aber um seiner selbst willen zu entwickeln sei[3]. Sie hat sich — in einer üblich gewordenen Unterscheidung der Verkehrswissenschaften — einmal geäußert als *Ordnungs*politik, um das reibungslose Funktionieren der Verkehrsmärkte zu sichern, und dies entweder unter Bevorzugung staatsdirigistischer Methoden oder unter autonomer Selbststeuerung durch Wettbewerb. Als *Struktur*politik hingegen findet die Verkehrspolitik ihren Einsatz, um mit dem Mittel der Verkehrsinvestition Ziele der Gesamtwirtschaft zu befördern.

---

[1] *Hallstein,* Bundesstaat 176; zur starken Verzögerung bei der Verwirklichung der gemeinsamen Verkehrspolitik vgl. aus jüngster Zeit die Kritik des Verkehrsausschusses des Europäischen Parlaments in seiner an den Rat gerichteten mündlichen Anfrage Nr. 5/71, die Antwort des amtierenden Ratspräsidenten *Vincelli* hierauf sowie die anschließende Aussprache im Parlament (Verhandlungen des Eur. Parl. Nr. 140, Sitzungen vom 5. bis 9. 7. 1971, 174) und die Mitteilung der Kommission vom 20. 9. 1971 auf die Anfrage Nr. 147/71 der Abg. *Posthumus* und *Seefeld,* daß dem Rat Mitte Juli 1971 21 Vorschläge zur Verkehrspolitik zur Verabschiedung vorgelegen hätten (ABl. 1971 C 97, 3); allgemein vgl.: *Watermann* ZVerkWiss 40 (1969) 63; *Stabenow* ZHR 126 (1964) 228.

[2] *Jürgensen,* Verkehrspolitik, EvStLex 2367. [3] *Rodière* DrCommEur Nr. 1921.

In allen Mitgliedstaaten knüpft die Entfaltung der modernen Verkehrspolitik an das Aufkommen der Verkehrsträger *Eisenbahn* an. In Deutschland ist die Eisenbahn am intensivsten — wohl im Gefälle an der Spitze stehend mit Italien über Frankreich, Belgien zu den Niederlanden — bis hinein in den Zeitraum beginnender europäischer Integration als gemeinwirtschaftliches Instrument dirigistisch-hoheitlich eingesetzt worden zur Verfolgung unterschiedlicher öffentlicher Interessen. Von ihnen stehen hier wirtschaftlich solche der Standort- und Strukturpolitik sowie fiskalische und soziale an Bedeutung voran. Auch militärische Interessen sind zu beachten. Öffentliches Eigentum am Eisenbahnunternehmen einschließlich seiner Wege — nach schrittweiser Ausschaltung der Privateisenbahnen —, Betriebs- und Beförderungspflicht nebst Tarifzwang, Tarifstarre und Monopolstellung waren Ausdruck dieser primär gemeinwirtschaftlichen Lage und Funktion des ersten modernen Verkehrsträgers. Eine Staatstheorie[4], nach der „die Vorhaltung von öffentlichen Wegen und die Darbietung von Verkehrsmöglichkeiten der ausschließlichen Entscheidung des Staates nach dem Maßstab des Gemeinwohls" zusteht, die einen „staatlichen Sinn des Wegewesens", die Staatlichkeit aller Wege als Element der Allgegenwärtigkeit der Staatlichkeit und Staatsgewalt voraussetzt, muß in der Staatseisenbahn gemeinwirtschaftlicher Funktion ihre Bestätigung sehen. Ob sie sich seit dem Aufkommen der neuen motorisierten Verkehrsträger in Kraft- und Luftfahrt und einer Wiederbelebung der Binnenschiffahrt in gleicher Richtung fortzusetzen vermag, gehört zu den Fragestellungen auch einer gemeinsamen Verkehrspolitik.

Eine solche erhob sich, als die dank ihres Monopols trotz eigener Wegekostenlasten bis dahin Überschuß erzielende Eisenbahn der Motorkonkurrenz auf staatlich vorgehaltenen Wegen ausgesetzt wurde und die Verkehrspolitik darüber entscheiden mußte, ob Kraftwagen (und Binnenschiffahrt) zum freien Wettbewerb zuzulassen oder — wie die Eisenbahn — hoheitlich zu binden seien. Solche Bindung hat in Deutschland und auch in Frankreich stattgefunden, aber ohne nachhaltigen Erfolg. Mit der erkannten Notwendigkeit, zwischen den Verkehrsträgern arbeitsanteiligen Wettbewerb zuzulassen, erwuchs die andere, sie in der Wegekostenfinanzierung oder den sonstigen Teilnahmebedingungen einander gleichzustellen. Zu diesen Bedingungen zählt die besondere, die Eisenbahn von ihren sozialpolitischen und sonstigen gemeinwirtschaftlichen Aufgaben zu entlasten oder diese Lasten auszugleichen, wie dies in Frankreich im Verhältnis zwischen Staat und Eisenbahn seit geraumer Zeit vertraglich statuiert worden war. In der Bereitschaft, zwischen den Verkehrsträgern einen Wettbewerb möglichst geringer staatlicher Beeinflussung zuzulassen, stehen die Niederlande, jedenfalls hinsichtlich des Straßen- und Eisenbahnverkehrs, unter den Mitgliedstaaten voran.

2. *Die zurückgebliebene Entwicklung der Verkehrspolitik*

3 Gegenüber den Hauptzielen der Vergemeinschaftung bis zum Ende der Übergangszeit und auch noch seither ist die Verkehrspolitik mit ihrer Aufgabe der Vergemeinschaftung zurückgeblieben.

4 a) Das ist nicht eigentlich der Fall im EGKS-Bereich. Denn hier ist in dem begrenzten Ausmaß, in dem Art. 4 b und 70 EGKSV Gemeinschaftseinwirkungen auf Tarife und Frachten vorsehen, das wesentlich Erforderliche geschehen und mit Hilfe der Rechtsprechung des Gerichtshofs gegen deutschen, französischen und nie-

---

[4] *Herbert Krüger*, Allgemeine Staatslehre 2. Aufl. (1966) 128; *ders.*, Marktwirtschaftliche Ordnung und öffentliche Vorhaltung der Verkehrswege (1969) 16.

derländischen Widerstand von der früheren Hohen Behörde auch durchgesetzt worden: die Beseitigung von Diskriminierungen, die Offenlegung von Frachten, Frachttafeln und Tarifbestimmungen, die Beseitigung und Kontrolle von Unterstützungstarifen, ihre kontrollierte Abgrenzung von zulässigen (effektiven und potentiellen) Wettbewerbstarifen, die Harmonisierung der durchgehenden internationalen Tarife[5]. Daß die vom EGKSV gestellten Gemeinschaftsaufgaben im Verkehrssektor noch befriedigend gelöst werden konnten, erklärt sich wesentlich daraus, daß er im Sinne des Art. 70 V das Schwergewicht der Verkehrspolitik den Mitgliedstaaten beließ, nämlich insbesondere die Aufstellung oder Änderung von Frachten und Beförderungsbedingungen, also die Tarifpolitik einschließlich ihrer Änderung zur Sicherung des finanziellen Gleichgewichts der Transportunternehmen. Der EGKSV unterstellte den Verkehr lediglich hinsichtlich des Kohle- und Stahltransportes der Gemeinschaftskompetenz und -kontrolle, insoweit mit dem Ziel der Beseitigung aller Tarifdiskriminierungen und der Gleichbehandlung aller in vergleichbarer Lage befindlichen Verbraucher, der Tarifpublizität, der Sicherung der Durchgangstarife sowie der Ausschaltung einer Standortpolitik mit Subventionstarifen. Damit blieben die schwierigsten Probleme der allgemeinen Verkehrspolitik in der Verantwortung der Mitgliedstaaten. Fehlleistungen der Gemeinschaft oder ihre Unterlassungen konnten deshalb schon aus der Sache heraus nicht das Ausmaß des EWG-Bereichs annehmen.

5 b) Daß Art. 74—84 EWGV die Errichtung einer gemeinsamen Verkehrspolitik — anders als in anderen Wirtschaftsbereichen, deren Integration der Vertrag vorsieht — nur unvollkommen gestuft und terminiert haben[6], dürfte einen Grund für den heute feststellbaren Entwicklungsrückstand bilden. Das Fehlen zulänglicher Stufung und Zeitplanung im Vertrag ist seinerseits aber nicht auf Redaktionsmängel, sondern eben auf jene Schwierigkeiten zurückzuführen, die die nationalen verkehrspolitischen Unterschiede in den Mitgliedstaaten und die jeweils in ihnen selbst umstrittenen Zielsetzungen darstellten. Der Verkehrstitel IV verweist zur Erzielung einer gemeinsamen Verkehrspolitik — neben insoweit relativ unwesentlichen Anliegen in Art. 75 I a und b — auf die Kompetenz des Rates in Abs. I c, „alle sonstigen zweckdienlichen Vorschriften zu erlassen". Das kann in der Inhaltslosigkeit der Zielbestimmung nur als Ausdruck der Konzeptionslosigkeit gedeutet werden. Angesichts der geradezu dogmatischen Verhärtung und Immobilität der nationalen verkehrspolitischen Vorstellungen, ihrer Unterschiede untereinander und der innerstaatlichen Kampfsituationen zwischen Verkehrsträgern, verkehrswissenschaftlichen Lehrmeinungen, öffentlichen und organisierten Verkehrsinteressen erschien eine Inhaltsbestimmung einer gemeinsamen Verkehrspolitik offensichtlich unvollziehbar. Diese Situation und die lange Anlaufzeit bis zum Ende der zweiten Stufe haben schon die Bestandsaufnahme der nationalen Regelungen, darüber hinaus die Vorbereitung erster Kommissionsvorschläge bis 1963 verzögert.

6 c) Bis 1967 (Leber-Plan) hat die Vorbereitung einer gemeinsamen Verkehrspolitik darunter gelitten, daß ihre Bearbeitung ohne Einbindung in gesamtwirtschaftliche Integrationsziele überwiegend in der engen fachlichen Begrenzung der Ressortminister und ihrer Bürokratien stattgefunden hat. Offensichtlich hat sie auch nicht hinreichende Impulse der zuständigen Kommissionsmitglieder erfahren. In beiden Beziehungen unterscheidet sich die gemeinsame Verkehrspolitik von der Agrarpolitik. Daß in den meisten Mitgliedstaaten — mit den Worten des Art. 77 (und entsprechend des Art. 90 II) EWGV — der Verkehr nicht als Wirtschaftsfunktion, sondern als „öffentlicher Dienst" begriffen und demgemäß mit seiner Hilfe Sozial-, Regional-, Mittelstands-, Finanz- und gar Außenpolitik betrieben

[5] *Klaer* ArchEisenbahnwesen 70 (1960) 49.
[6] *Hallstein,* Bundesstaat 180.

wird[7], hat seine gemeinsame Politisierung in der Gemeinschaft behindert und verzögert. Die Unterschiedlichkeit der Verkehrsträger — öffentliche defizitäre Monopol-Eisenbahnen, private Binnenschiffahrts- und Güterkraftverkehrsunternehmen höchst unterschiedlicher Größenordnungen —, die Unterschiede ihrer Wettbewerbsvoraussetzungen und öffentlichen Indienstnahmen bildeten hierfür weitere Gründe.

d) Nach der ersten Verkehrsdenkschrift der Kommission von 1961, ihrem Aktionsprogramm von 1962, ihrem ersten Vorschlag an den Rat vom Mai 1963, niederländischem Widerstand gegen eine Veränderung der Rhein-Tariffreiheit und dem Vorschlag von Margentarifen erging die erste Ratsentscheidung in Gestalt der sog. Harmonisierungsverordnung. Ihr Vollzug steht in wesentlichen Teilen noch heute aus. Ihr Zeitplan ist — ebenso wie weitere, im Juni 1965 und im Sommer 1966 angenommene — nicht erfüllt worden. Da diesen Zeitplänen überdies das Kernstück einer gemeinsamen Tarifpolitik fehlte, hat das Kommissionsmemorandum vom Februar 1967 sich zunächst der Wettbewerbsregelung angenommen. Neue Impulse setzte der deutsche Leber-Plan vom Herbst 1967, der die Zuordnung der beiden Hauptverkehrsträger auf nationaler Ebene verfolgte, sowie der damit im Zusammenhang stehende Ratsbeschluß vom Dezember 1967 über Margentarife und die Einführung sog. Gemeinschaftskontingente im grenzüberschreitenden Verkehr. Ob die von der Haager Konferenz vom Dezember 1969 ausgelösten Initiativen auch die Verkehrspolitik entscheidend mobilisieren werden, ist bislang nicht erkennbar geworden. Auch weiterhin scheint die Verkehrspolitik wiederum ohne rechten Zusammenhang mit der Gesamtententwicklung zu bleiben. Ein neuer Impuls kann sich auf Grund der Mitteilungen der Kommission über die gemeinsame Organisation des Verkehrsmarktes vom 20. September 1971 (Dok SEK — 71 — 3190 endg.) und über die Entwicklung der gemeinsamen Verkehrspolitik vom 8. November 1971 (Dok SEK — 71 — 3923 endg. = Sonderbeil. 8/71 zum BullEG 12/1971) ergeben.

II. Das Vertragsrecht zur Verkehrspolitik

1. Überblick

7 Nach Art. 232 EWGV in Verbindung mit Art. 70 EGKSV sind die verkehrsrechtlichen Vorschriften des EWGV nicht auf Beförderungen von Kohle und Stahl anzuwenden, soweit der EGKSV hierfür besondere Bestimmungen vorsieht. Der Inhalt des Art. 70 i. Verb. mit Art. 4 b EGKSV ist daher in seinem einschlägigen Sondergehalt jeweils bei der Auslegung und Anwendung der Art. 74—84 EWGV zu berücksichtigen.

8 a) Nach Art. 74 EWGV verfolgen die Mitgliedstaaten auf dem Sachgebiet „Verkehr“ die Ziele des Vertrages im Rahmen einer gemeinsamen Verkehrspolitik. Ihre Einführung gehört deshalb zu den in Art. 3 umschriebenen Tätigkeiten der Gemeinschaft i. S. der Zielsetzungen des Art. 2 (vgl. Art. 3 e). Nach Art. 84 I gilt der Verkehrs-Titel für Beförderungen im Eisenbahn-, Straßen- und Binnenschiffsverkehr. Nach Abs. II kann der Rat einstimmig darüber entscheiden, ob, inwieweit und nach welchen Verfahren geeignete Vorschriften für die Seeschiffahrt und Luftfahrt zu erlassen sind.

9 b) Abgesehen von der Möglichkeit, derart den *sachlichen* Geltungs-

---

[7] *Hallstein,* Bundesstaat 181.

bereich der Verkehrsvorschriften ausweiten zu können, liegt ihr Schwergewicht in der Bestimmung des Art. 75, und zwar in Abs. I c und III.

aa) Danach hat der Rat zur Durchführung des Art. 74 unter Berücksichtigung der Besonderheiten des Verkehrs auf Kommissionsvorschlag nach Anhörung des Wirtschafts- und Sozialausschusses und der Versammlung (seit dem Ende der zweiten Stufe mit qualifizierter Mehrheit) *alle zweckdienlichen Vorschriften* zu erlassen (Abs. I c). In Abweichung hiervon erläßt der Rat nach Abs. III mit Einstimmigkeit die Vorschriften über die Grundsätze der Verkehrsordnung, deren Anwendung die Lebenshaltung und die Beschäftigungslage in bestimmten Gebieten sowie den Betrieb der Verkehrseinrichtungen ernstlich beeinträchtigen könnte. Auch hat er dabei die Notwendigkeit der Anpassung an die wirtschaftliche Entwicklung zu berücksichtigen, die sich aus der Errichtung des Gemeinsamen Marktes ergibt. Art. 78 gebietet zusätzlich, daß jede Maßnahme auf dem Gebiet der Beförderungsentgelte und -bedingungen, die im Rahmen des Vertrages getroffen wird, der wirtschaftlichen Lage der Verkehrsunternehmer Rechnung zu tragen hat.

bb) Neben dieser Generalklausel hatte Art. 75 I a und b dem Rat schon für die Übergangszeit (Abs. II) die Aufgabe zugewiesen, für den internationalen Verkehr aus oder nach dem Hoheitsgebiet eines Mitgliedstaates oder für den Durchgangsverkehr durch das Hoheitsgebiet eines oder mehrerer Mitgliedstaaten gemeinsame Regeln aufzustellen und die Bedingungen festzulegen für die Zulassung von Verkehrsunternehmern zum Verkehr innerhalb eines Mitgliedstaates, in dem sie nicht ansässig sind (Cabotageverkehr).

10 c) Die Stillhalteverpflichtung des Art. 76 steht in Relation zu der Entwicklung der gemeinsamen Verkehrspolitik i. S. der Art. 74, 75. Bis dahin dürfen die Mitgliedstaaten ihr nationales Verkehrsrecht in seinen unmittelbaren und mittelbaren Auswirkungen auf die Verkehrsunternehmer mit Sitz in anderen Mitgliedstaaten im Vergleich zu ihren inländischen Unternehmern nicht ungünstiger gestalten. Darin liegt eine Spezifikation der Staatenverpflichtungen aus Art. 5 und 7.

11 d) Art. 77 erklärt Beihilfen für zulässig, die den Erfordernissen der Verkehrskoordinierung oder der Abgeltung bestimmter Leistungen entsprechen, die mit dem Begriff des öffentlichen Dienstes zusammenhängen. Die Vorschrift zielt, vom französischen Beispiel ausgehend, auf die besondere Abgeltung gemeinwirtschaftlicher Leistungen der Eisenbahnen und hat auch für die BRD und die Bundesbahn Bedeutung.

12 e) Eine Gruppe von speziellen Beförderungsvorschriften umfassen die Art. 78—90 EWGV, wozu Art. 70 EGKSV Sonderrecht für Kohle- und Stahltransporte darstellt.

aa) Das programmatische Gebot des Art. 78 zielt dahin, in der gemeinsamen Verkehrspolitik die hoheitliche Auferlegung einer Tarifstruktur auszuschließen, die zu finanziellen Nachteilen der Verkehrsunternehmer, insbesondere zu einer Rentabilitätsgefährdung führt.

bb) Das Diskriminierungsverbot des Art. 79, beschränkt auf Ungleichbehandlungen in den Frachten und Beförderungsbedingungen für Güter „auf denselben Verkehrsverbindungen" und insoweit weniger wirkungsvoll als das des Art. 70 II EGKSV für Montantransporte, bedarf der (erleichterten) Ausführung durch den Rat. Dieser wird hierdurch an sonstigen einschlägigen Maßnahmen nach Art. 75 I nicht gehindert (Abs. II des Art. 79). Die Kommission hat hierfür Überwachungsbefugnisse (Abs. IV a.a.O.).

cc) Mit Art. 80, einer Sonderregelung zu Art. 79, werden die sog. Unterstützungstarife grundsätzlich verboten. Das sind von einem Mitgliedstaat (dem Verkehrsträger hoheitlich) auferlegte Frachten und Beförderungsbedingungen, die in irgendeiner Weise der Unterstützung oder dem Schutz eines oder mehrerer Unternehmen oder Industrien dienen. Unterstützungstarife haben also Subventionscharakter. Sie werden nicht schon ohnehin von Art. 79 erfaßt, weil diese Tarife nicht nach dem Herkunfts- oder Bestimmungsland differenzieren, sondern nach anderen Faktoren innerhalb desselben Mitgliedstaates (z. B. der Standort- oder sonstigen Strukturpolitik). Weniger kategorisch als in der Parallelvorschrift des Art. 70 IV EGKSV begrenzt, kann die Kommission nach Art. 80 I letzter Halbsatz i. Verb. mit Abs. II a.a.O. nach bestimmten regionalpolitischen Gesichtspunkten ihres pflichtgemäßen Ermessens Ausnahmen vom Verbot erteilen. Sie kann in dieser Weise (ähnlich wie nach Art. 93) der Sache nach Beihilfen zulassen, und zwar unter Berücksichtigung der Erfordernisse einer angemessenen Standortpolitik, der Bedürfnisse unterentwickelter Gebiete und der Probleme der durch die politischen Umstände schwer betroffenen Gebiete. Speziell für die deutschen Zonenrandgebiete beläßt Art. 82 der deutschen Tarifpolitik den Einsatz solcher Unterstützungstarife. Während Art. 70 V letzter Halbsatz EGKSV insoweit auf die den Mitgliedstaaten belassene Hoheit der Tarifpolitik zur Verkehrs- und Wettbewerbsharmonisierung verweist, werden durch Art. 80 EWGV die sog. Wettbewerbstarife vom Verbot des Abs. I ausgenommen. Ihre zutreffende Abgrenzung, insbesondere auch die der sog. potentiellen Wettbewerbstarife, von den Unterstützungstarifen kann im Anwendungsbereich beider Verträge zu Schwierigkeiten und Streitfragen führen. Zu ihnen hat die Rechtsprechung des Gerichtshofs aber bereits klärend gewirkt *(48/38)*.

13 f) Da mit der Errichtung des Gemeinsamen Marktes die Kosten der Grenzabfertigung sinken, ist Art. 81 um die Verringerung der den Verkehrsunternehmer belastenden, hierfür anfallenden Abgaben und Gebühren bemüht. Sie dürfen unter dem Gesichtspunkt des Kostendeckungsprinzips eine angemessene Höhe nicht überschreiten. Hierzu kann die Kommission Empfehlungen abgeben.

14 g) Organisatorischer Art ist die Vorschrift des Art. 83: nach ihr ist bei der Kommission ein beratender Ausschuß gebildet worden, der aus Sachverständigen (ein bis zwei höheren Beamten der Zentralverwaltungen und weiteren, nichtbeamteten Sachverständigen) besteht, die die Regierungen der Mitgliedstaaten ernennen. Er ist von der Kommission nach Bedarf zu hören. Seine gutachtlichen Stellungnahmen binden diese nicht. Die Befugnisse der fachlichen Gruppe Verkehr des Wirtschafts- und Sozialausschusses (Art. 197 II) werden dadurch nicht berührt.

2. Anwendbarkeit auf die Verkehrsträger

15 Art. 70 EGKSV nennt die von seinen Regelungen erfaßten „Verkehre", damit die verschiedenen, für die Wahrnehmung von Kohle- und Stahltransporten in Betracht kommenden Verkehrsträger ausdrücklich nicht. Tatsächlich kommen hierfür in erster Linie die Eisenbahnen und die Binnenschiffahrt zum Einsatz, in geringerem Umfang der Straßenverkehr. Art. 70 ff. EWGV sind ausdrücklich nur auf den Eisenbahn-, Straßen- und Binnenschiffsverkehr für anwendbar erklärt worden, nicht auf andere Verkehrsmittel und -träger. Ihre Erstreckbarkeit auf Seeschiffahrt und Luftfahrt sieht Art. 84 II vor. Über die Unterstellung des insbesondere für Öltransporte bedeutsamen Rohrleitungsverkehrs äußert sich der Vertrag nicht.

16 a) Daß *Seeschiffahrt und Luftfahrt* zunächst dem Verkehrsrecht des Vertrages nicht unterstellt worden sind, erklärt sich aus ihrer internationalen, wesentlich auch auf den Verkehr mit Drittländern bezogenen Funktion und der Existenz internationaler, über den Mitgliederbestand der Gemeinschaft weit hinausgreifender multilateraler Vertragsbindungen. Ihre gegenwärtige Sonderlage wirft mehrere gemeinschaftsrechtliche Fragen auf[8]:

aa) Zunächst die, ob unabhängig von der möglichen Bereichserstreckung nach Art. 84 II, die bislang nicht stattgefunden hat, die *allgemeinen* Vertragsvorschriften, unter ihnen insbesondere die des Niederlassungs- und des Arbeitskräfte-Freizügigkeitsrechts, auf Seeschiffahrt und Luftfahrt anwendbar sind. Das ist anzunehmen (und wird auch von der Kommission bejaht), indes mit dem Vorbehalt, daß dadurch einstweilen noch bestehende nationale Zuständigkeiten für die Seeschiffahrts- und Luftverkehrspolitik nicht in ihrem Wesensgehalt beeinträchtigt werden[9].

---

[8] Dazu: *Erdmenger,* Die Anwendung des EWG-Vertrages auf Seeschiffahrt und Luftfahrt.

[9] *Erdmenger* 145. — Die *Rechtsstellung der Seehäfen* im Licht der Verkehrs- und Regionalpolitik wird gemeinschaftsrechtlich auch davon beeinflußt werden, ob und inwieweit eine Bereichserstreckung nach Art. 84 II EWGV stattfindet; hierzu das Referat von *Stabenow* auf dem Kolloquium „Verkehr und Gemeinschaftsrecht" der Wissenschaftl. Ges. f. Europarecht, Bad Ems 1./2. 4. 1971, demnächst als KSE 18 (1972); Entsprechendes gilt von der Seeschiffahrt, insbes. nach der Erweiterung der Gemeinschaften; hierzu *Hellwig,* ebenda; Tagungsberichte *Saupe* EuR 1971, 271; *Wißmann* DÖV 1971, 271; *Wägenbaur* Integration 1971, 117. — Der EWG-Anteil an der Welthandelstonnage, der zunächst 13 % beträgt, wird nach dem Beitritt 35 % betragen. Dieser Situation steht eine EWG-Seeschiffahrtspolitik bislang unvorbereitet gegenüber; vgl. *Hellmann,* EWG kann Seeschiffahrtspolitik nicht weiter links liegenlassen, VWD Europa Nr. 79 v. 26. 4. 1971, I/1—4.

bb) Wegen der steigenden Verflechtung zwischen Binnenverkehrs-, Seehafen- und Seeschiffahrtspolitik und dieser aller mit der Luftverkehrswirtschaft, deren Ausmaß für Personen- und Güterbeförderung ständig zunimmt, wird eine gemeinsame Verkehrspolitik i. S. der Art. 74, 75 die beiden gegenwärtig noch eximierten Verkehrsträger nicht unberücksichtigt lassen können. Die in Art. 84 II dem Rat eingeräumte, der des Art. 235 EWGV vergleichbare Befugnis zu autonomer Vertragsergänzung wird also zunehmende Aktualität gewinnen. Erst ihre Anwendung wird eine umfassende gemeinsame Verkehrspolitik ermöglichen. Die einschlägige Ratskompetenz mit einstimmiger, rechtlich an Kommissions- und Parlamentsmitwirkung nicht gebundener Beschlußbefugnis bietet hierfür eine geeignete Rechtsgrundlage.

17 b) Der *Produktenleitungs-Verkehr* (Rohrleitungen, Pipeline-Verkehr), der in sich den Verkehrs*weg* mit dem Verkehrs*mittel* kombiniert und seit mehr als einem Jahrzehnt an Bedeutung wächst, ist zweifelsfrei den *allgemeinen* Vertragsvorschriften unterworfen. Daß er nicht ebenfalls unter die Ausdehnungsklausel des Art. 84 II aufgenommen worden ist, erklärt sich aus dem Zeitpunkt des Vertragsschlusses. In ihm erschien der Rohrleitungsverkehr (heute über 6000 km umfassend) noch nicht relevant. Da Art. 84 I die erfaßten Verkehre eindeutig bezeichnet, muß angenommen werden, daß die Produktenleitungen von den *Verkehrs*vorschriften *unmittelbar nicht* erfaßt werden[10]. Ihre Einbeziehung würde also die Anwendung des Verfahrens nach Art. 235 voraussetzen. Für die Entwicklung einer gemeinsamen Verkehrspolitik ist diese Frage bedeutsam. Denn der neue Verkehrsweg vermindert die Kollisionsgefahren anderer Binnenverkehre und verbilligt den Transport von Öl als Primärenergieträger in küstenferne Gebiete. Andererseits vermindert er das Verkehrsaufkommen von Eisenbahn und Binnenschiffahrt aus Öl- und Kohlefrachten, die ihrerseits zum internen Kostenausgleich beitragen. Die Einbeziehung des Rohrleitungsverkehrs ist also auch ein Gebot der Verkehrsharmonisierung, die zur gemeinsamen Verkehrspolitik zählt.

3. Zuordnung zum sonstigen Vertragsrecht

18 a) Obwohl im Titel IV des Vertrages als den „Verkehr" betreffend zusammengefaßt, stellen seine Art. 74—84 keine abschließende Sonderregelung des Gemeinschaftsrechts für den Verkehr dar, der im übrigen vom allgemeinen Vertragsrecht nicht berührt würde. Die dahingehende Auffassung[11] ist abzulehnen. Sie ist nicht zu vereinbaren mit der „Universalität

---

[10] *Stabenow,* in: Gemeinsamer Markt und Verkehr 58; *Faller,* ebenda 267; *Wägenbaur* AWD 1964, 206.

[11] *Wohlfarth* u. a. Komm. 4 zu Art. 74; wie hier: *Frohnmeyer,* in: Einführung 147; *Wägenbaur* ZHR 130 (1968) 221; *Stabenow* EurTranspL IV (1969) 241.

des Vertrages“, die mit zutreffenden Gründen die Integration des Verkehrsmarktes in gleicher Weise gebietet wie die der übrigen Wirtschaftsbereiche. Deshalb ist die Anwendbarkeit der allgemeinen Vertragsregelungen auf den Verkehr nur insoweit zu verneinen, als sie ausdrücklich ausgeschlossen ist oder sich aus der Besonderheit des Verkehrs ergibt. Praktische Bedeutung hat die Frage für die Wettbewerbsregeln, unter ihnen insbesondere auch für das Statut der öffentlichen Unternehmen, das Beihilfeverbot des Art. 92, die Steuerharmonisierung des Art. 99 sowie die Regeln der Sozialpolitik (Art. 117—122). Während die Kommission und die Niederlande dem Universalitätsprinzip folgen, befürwortet Frankreich (teilweise auch die BRD) die isolierte und abschließende Anwendung nur der Art. 74—84 auf den Verkehr. Der Rat hat die Streitfrage durch sekundärrechtliche Regelungen in wichtigen Bereichen praktisch entschärft, nachdem die Kommission von Beginn an den Vertrag als geschlossenes Ganzes begriffen hatte, dessen allgemeine Regelungen auf alle Wirtschaftsbereiche anwendbar seien, soweit er nicht ausdrückliche Ausnahmen stipuliere.

b) Gewerbezweige mit Hilfs- und Vermittlerfunktionen für den Verkehr sind grundsätzlich dem allgemeinen Gemeinschaftsrecht, nicht seinem Verkehrsrecht unterworfen[12]. Für Spediteure insbesondere können sich aus verkehrspolitischen Maßnahmen aber besondere Pflichten ergeben[13].

4. Zuordnung zur Rheinschiffahrstakte[14]

19 Das Regime der Rheinschiffahrt beruht auf der revidierten Mannheimer Akte vom 17. Oktober 1868, deren Vertragspartner seit ihrer Revision vom 20. November 1963[15] Belgien, Deutschland, Frankreich, die Niederlande, Großbritannien und die Schweiz sind. Es geht auf naturrechtlich begründete, in der Französischen Revolution formulierte und in der Schlußakte des Wiener Kongresses (Art. 108, 109) programmierte Forderungen nach der Freiheit der Rheinschiffahrt zurück, die zuerst in der Mainzer Akte vom 31. März 1831 verwirklicht wurden. Sie zielen auf drei Prinzipien, denen die Akte folgt: Schiffahrtsfreiheit (Art. 1), Abgabenfreiheit (Art. 3), Gleichbehandlung (Art. 4)[16]. In ähnlicher Weise, wie das Thema „Verkehrspolitik“ das „ironische Kapitel“ des EWGV genannt worden ist, muß festgestellt werden, daß die rechtliche Zuordnung der Rheinschiffahrtsakte zum EWGV bis heute Gegenstand der Auseinandersetzungen geblieben ist,

---

[12] *Stabenow*, in: Gemeinsamer Markt und Verkehr 59.

[13] *Stabenow* ZHR 126 (1964) 238.

[14] Dazu zuletzt: *Rittstieg*, Rheinschiffahrt im Gemeinsamen Markt (dort 85—86 Verzeichnis der Spezialliteratur); *Zuleeg*, EWG-Vertrag und Rheinregime, Referat auf dem Wiss. Kolloquium „Verkehr und Gemeinschaftsrecht“ v. 1./2. 4. 1971 Bad Ems (vgl. Anm. 9).

[15] BGBl. 1966 II, 560; Bekanntmachung der Neufassung: BGBl. 1969 II, 597.

[16] *Rittstieg*, Rheinschiffahrt 9.

obwohl beide Vertragswerke vergleichbare Ziele verfolgen: die Akte die Befreiung des Binnenschiffsverkehrs auf dem Rhein von Beschränkungen der Uferstaaten, der EWGV die Liberalisierung des Wirtschaftsverkehrs zwischen den Mitgliedstaaten insgesamt. Daß gleichwohl beide Verträge kollisionsträchtig erscheinen, erklärt sich teilweise aus der Unterschiedlichkeit der beiden Mitgliederkreise der Vertragswerke; zum anderen aus spezifischen Positionen am Rhein, die zwei Mitgliedstaaten einnehmen: die Niederlande und die Bundesrepublik — aus Geographie und historisch gewachsener Funktion ihrer Verkehrsträger: deutsche Wasserstraße und deutsche Eisenbahn haben mit denen der Niederlande zwar das Wasser und die Schiene gemein, nicht aber in allem die Ansicht über ihre Funktion, ihre Organisation, ihre Zuordnung zueinander und zum Staat.

Letztlich und überwiegend ist das Kollisionsproblem erwachsen aus der Veränderung der wirtschaftspolitischen Konzeption, die in der Forderung einer gemeinsamen Verkehrspolitik in Art. 74 EWGV und in der Ratskompetenz hierzu (Art. 75 I c) ihren Ausdruck, aber noch keinen perfekten Vollzug gefunden hat. Die Rheinschiffahrtsakte ragt in eine *neue Periode gebotener Gemeinschaftsgestaltung der Verkehrspolitik* hinein, in der diese als Strukturelement einen Faktor der allgemeinen Wirtschaftspolitik bildet. Das hat die neuere Rechtsprechung des niederländischen Hoge Raad[17] bereits eindeutig zum Ausdruck gebracht: „Es kann gezeigt werden, daß zur Zeit des Zustandekommens der revidierten Rheinschiffahrtsakte den vertragschließenden Parteien eine Ordnung des Wirtschaftslebens, wie sie hier beabsichtigt ist (Frachtenregelung), ebenso übrigens ein guter Teil der oben erwähnten Beschränkungen der Vertragsfreiheit (Preisregelungen, Maximalfrachtenfestsetzungen) und Sozialvorschriften, nicht vor Augen waren. Daraus ergibt sich jedoch kein Anlaß für die Annahme, daß eine solche Ordnung den Vertrag verletzt.“ *Darum eben geht es:* daß die gemeinschaftsrechtliche Wirtschaftsrechtsetzung als *allgemeine* „Gesetzgebung“, die *nicht besondere, gerade die Rheinschiffahrt als solche* treffende „Gesetzgebung“ ist, die Freiheiten der Rheinschiffahrt, die nicht nur das Befahren des Stroms als solches zum Inhalt haben, einzuschränken vermag — ganz so, wie ein Rheinuferstaat bislang seine nationale Schiffahrt seiner eigenen allgemeinen Wirtschaftsgesetzgebung zu unterstellen vermochte.

Nach dieser Differenzierung ist zu den Kollisionsfragen zwischen der Rheinschiffahrtsakte und dem Gemeinschaftsrecht anzunehmen[18]:

a) Regeln des allgemeinen Völkerrechts und Gesichtspunkte der Anciennität oder der Fortschrittlichkeit vermögen die Vorrangfrage normativ wirksam nicht zu beantworten. Auch Art. 234 I EWGV liefert nur eine einstweilige Antwort. Art. 234 II zielt vielmehr letztlich auf die Durch-

---

[17] Urteil v. 28. 3. 1950, Nederlandse Jurisprudentie 1950, 1060 (in deutscher Übersetzung bei *Rittstieg*, Rheinschiffahrt 79—80).

[18] Vgl. *Rittstieg*, Rheinschiffahrt 75—76.

setzung des Gemeinschaftsrechts, indem die Mitgliedstaaten dazu angehalten werden, Unvereinbarkeiten ihrer früheren völkerrechtlichen Vertragsbeziehungen mit dem EWGV mit allen geeigneten Mitteln, unter wechselseitiger Hilfeleistung und gegebenenfalls in gemeinsamer Haltung zu beheben. Damit verpflichtet Art. 234 II die Rheinufer-Mitgliedstaaten im Sinne des Art. 5 I zu aktivem Verhalten. Die BRD hat die gewohnheitsrechtlich erwachsenen Teilhaberechte der Schweiz aus der Mannheimer Akte im Jahre 1965 anerkannt. Die Rheinuferstaaten haben sich durch den Vertrag von Versailles gegenüber allen alliierten und assoziierten Mächten zu ihrer Einhaltung verpflichtet. Großbritannien hat diese Rechte bei Inkrafttreten des EWGV noch in Anspruch genommen.

b) In einer den Erfordernissen der Gegenwart folgenden Auslegung der Akte, deren Interpretation durch die Straßburger Zentralkommission allerdings rechtsbildende Kraft nicht zukommen kann, ist Art. 4 wenig problematisch: nach Art. 4 sind ausländische Rheinschiffe nur bei der Ausübung der Rheinschiffahrtsfreiheiten den inländischen gleichzustellen, nicht aber z. B. in der Schiffahrtssubventionierung. Andererseits verbietet Art. 4 den Uferstaaten den Vorbehalt inländischer Beförderung auf dem Rhein, also die Cabotage. Für den Binnenverkehr der eigenen Staatsangehörigen gelten die Freiheiten der Akte nicht.

c) Art. 1 der Akte beschränkt die Uferstaaten auf den Erlaß polizeilicher Vorschriften. Das gilt indes nur für das Recht, den Rhein zu befahren. Die sonstigen Rheinschiffahrtsfreiheiten stehen unter dem Vorbehalt der *allgemeinen* Uferstaaten-Gesetzgebung, die als solche *keine besondere* Gesetzgebung für die Rheinschiffahrt darstellt. Insoweit diese allgemeine Gesetzgebung der Uferstaaten, die Mitgliedstaaten der Gemeinschaft sind, im Rahmen und nach Maßgabe des EWGV eine solche der Gemeinschaft geworden ist oder werden wird, kann diese folglich in diesem Zusammenhang bei der Anwendung ihrer Wirtschaftsgesetzgebung auf die Rheinschiffahrt nur so angesehen werden, als ob sie ein „neu entstandener Uferstaat" wäre. Das hat, ganz entsprechend dem Rechtsgehalt des Art. 4 der Akte, zur Folge, daß Marktbürger sich im Verkehr innerhalb der Gemeinschaftsgrenzen gegenüber beschränkendem Gemeinschaftsrecht nicht auf die Schiffahrtsfreiheiten der Akte zu berufen vermögen. Weitere Folge der „Uferstaaten-Qualität" der EWG ist, daß ihre allgemeine Wirtschaftsgesetzgebung auch die Rheinschiffahrttreibenden aus Drittstaaten angeht.

d) Die Kollisionsfragen zwischen EWGV und Rheinschiffahrtsakte sind abschließend noch nicht entschieden[19]. Sie betreffen in der Sache solche des

[19] Zur Überraschung mancher Beteiligten hat Frankreich im Juni 1971 vorgeschlagen, daß Italien und Luxemburg der Mannheimer Akte als Mitglieder beitreten, um im Rahmen der Akte und der Zentralkommission über Schiffsraumstillegungen zu verhandeln; vgl. Revue de la navigation v. 10. und 25. 6. 1971. Dagegen hat die Kommission (deutschen Anregungen entsprechend) beim Rat um ein Mandat für Verhandlungen mit der Schweiz nachgesucht (Vereinbarungen über

Diskriminierungsverbotes, des Kartellrechts, der Frachten- und Wegekostenregelungen, der Regelung des Marktzugangs und der Harmonisierung der Sozialvorschriften. Da der Geltungsbereich des Gemeinschaftsrechts nahezu den gesamten schiffbaren Teil des Rheins umfaßt, kann dieses hinsichtlich des innergemeinschaftlichen Verkehrs von Marktbürgern weitgehend an die Stelle der uferstaatlichen Rechtsordnungen treten. Insoweit sind die Behörden der Mitgliedstaaten zur Anwendung des Gemeinschaftsrechts verpflichtet und kann sich der Marktbürger ihnen gegenüber wiederum auf die Rheinschiffahrtsfreiheiten der Akte nicht berufen. Kompetentiell entspricht diesen Folgerungen, daß im Rahmen ihrer Zuständigkeiten die Gemeinschaftsorgane an Stelle der Vertragsstaaten, die zugleich Mitgliedstaaten sind, in der Zentralkommission auftreten.

III. Maßnahmen zur gemeinsamen Verkehrspolitik

20 Die bisher zur Entwicklung einer gemeinsamen Verkehrspolitik getroffenen Maßnahmen haben nur Einzelbereiche erfaßt. Eine Gesamtkonzeption ist noch nicht verwirklicht. Überdies sind auch diese Maßnahmen noch nicht hinreichend vollzogen. Die Gründe hierfür liegen in den dargetanen Umständen *(48/2)*. Auch die Ratssitzung der Verkehrsminister vom 7. Dezember 1970 hat keine wesentlichen Fortschritte gebracht[20]. Sie wurden vorübergehend zusätzlich auch deshalb behindert, weil aus einem Vorgang der Verkehrspolitik eine grundsätzliche Streitfrage zwischen Kommission und Rat entstanden war, die der Gerichtshof zu entscheiden hatte. Es ging um die Verhandlungskompetenz der Kommission (Art. 228 EWGV), die der Rat nicht respektierte, und zwar anläßlich des Neuabschlusses eines Europäischen Übereinkommens über die Arbeit der im internationalen Straßenverkehr beschäftigten Fahrzeugbesatzungen (AETR). Zuvor hatte bereits der Rat am 25. März 1969 seine denselben Gegenstand berührende VO Nr. 543/69 über die Harmonisierung bestimmter Sozialvorschriften im Straßenverkehr[21] erlassen. Sie sah einheitlich eine Achtstundenfahrzeit für Fahrpersonal im Straßenverkehr vor, während das AETR von einer Neunstundenregelung ausgeht *(48/41)*. In der Kompetenzfrage als solcher hat der

---

Schiffsraumstillegungen) in der Auffassung, ihr obliege die Verhandlungsführung nach dem in Anm. 22 zitierten Urteil des EuGH — was nur folgerichtig ist; vgl. Die Welt Nr. 207 v. 7. 9. 1971 S. 11. Die französische Initiative wendet sich ersichtlich gegen Kommissionskompetenzen im Bereich der Beziehungen zu Drittstaaten; vgl. dazu: La Cour de Justice de Luxembourg a-t-elle outrepassé ses compétences? in: Le Monde 27. 4. 1971, 19 ff.; vgl. auch *Sasse*, EuR 1971, 208.

[20] Der Rat faßte auf dieser Tagung eine Entschließung über die Zusammenarbeit zwischen den Eisenbahnunternehmen (ABl. 1971 C 5, 1) auf technischer, kommerzieller und betrieblicher Ebene *(48/44)*.

[21] ABl. 1969 L 77, 49; mittlerweile zwei Änderungen v. 28. 2. 1972, ABl. L 67, 1 und 11.

Gerichtshof[22] den Standpunkt der Kommission gebilligt. Daß die Kommission im Rechtsstreit zum AETR-Abkommen unterlag, hat hierfür keine allgemeine Bedeutung. Daß die Kommission auch für Wettbewerbsregelungen und Kapazitätseinschränkungen der Rheinschiffahrt hinsichtlich der revidierten Mannheimer Akte eine entsprechende Kompetenz verlangt *(48/19 a. E.)*, behindert ebenfalls den Fortgang. Vor der gerichtlichen Erledigung der ersten Streitfrage wurden Entscheidungen des Rates gehemmt, weil die Kommission ihre weiteren Vorschläge zurückhielt. Infolgedessen liefert die Bestandsaufnahme der für die gemeinsame Verkehrspolitik bislang getroffenen Maßnahmen nur ein Bild der Unvollkommenheit, fehlender Geschlossenheit und noch ausstehender Vollziehung.

1. Wettbewerb der Verkehrsträger

21 Die gemeinsame Verkehrspolitik sieht ihr Ziel darin, die Unterschiede zu beseitigen, die die Wettbewerbsbedingungen im Verkehr wesentlich zu verfälschen geeignet sind. Hierfür geeignete Maßnahmen bezwecken, Rechts- und Verwaltungsvorschriften der Mitgliedstaaten auf dem Verkehrsgebiet zu harmonisieren oder anzugleichen. Sie beziehen sich — unterschiedlich nach der Sachlage — einmal auf die *Beziehungen der drei Verkehrsträger Eisenbahn, Straße, Binnenschiffahrt untereinander*, zum anderen auf das *Verhältnis gleichartiger Verkehrsträger zu ihren Mitgliedstaaten*. Zu harmonisierende oder anzugleichende Unterschiede treten insbesondere auf bei staatlichen Eingriffen auf dem eigentlichen Gebiet des Verkehrs sowie im damit zusammenhängenden Steuerrecht, Arbeits- und Sozialrecht.

22 a) Hierzu ist als wichtigste Regelung die an die Mitgliedstaaten gerichtete Ratsentscheidung vom 13. Mai 1965[23] über die Harmonisierung bestimmter Vorschriften, die den Wettbewerb im Eisenbahn-, Straßen- und Binnenschiffsverkehr beeinflussen, auf Grund der Art. 75 und 99 EWGV ergangen.

aa) Art. 5—9 der Entscheidung wollen hinsichtlich der staatlichen Eingriffe möglichst weitgehend diejenigen Verpflichtungen abbauen, die unter den Begriff des den Verkehrsträgern auferlegten öffentlichen Dienstes fallen. Für beibehaltene Belastungen einschließlich der durch soziale Tarifermäßigungen entstehenden will die Entscheidung einen angemessenen Ausgleich schaffen. Hierzu sollen ferner die „Konten" der Verkehrsträger, insbes. auch der Eisenbahnen „normalisiert" und Schritte zur Verwirklichung ihrer finanziellen Eigenständigkeit sowie zur Beseitigung von Beihilferegelungen unter Berücksichtigung der Verkehrsbesonderheiten getan wer-

---

[22] EuGH Rs 22/70, Rspr. XVII, 263 = Eur 1971, 242; dazu: *Sasse*, Zur auswärtigen Gewalt der EWG — Besprechung des AETR-Urteils, EuR 1971, 208; *Werbke*, Staatliche und gemeinschaftliche Kompetenz zum Handeln. Die Rechtslage in der Verkehrspolitik nach dem AETR-Urteil, NJW 1971, 2103; *Louis* CahDrEur 1971, 468; *Waelbroeck*, L'arrêt A. E. T. R. et les compétences externes de la Communauté économique européenne, Integration 1971, 79; *Constantinesco* RevTrimDr Eur 1971, 796; *Fuß* DVBl. 1972, 237; *Raux* RevGén DrIntPubl 76 (1972) 36 ff.

[23] ABl. 1965, 1500.

den. Damit werden Rechtsfolgen (insbesondere auch in der BRD) ausgelöst, die bis an das Verfassungsrecht heranreichen.

Zur Anwendung der Art. 5—9 a.a.O. hat der Rat die beiden Verordnungen vom 26. Juni 1969[24] über das Vorgehen der Mitgliedstaaten bei mit dem Begriff des öffentlichen Dienstes verbundenen Verpflichtungen auf dem Gebiet des Eisenbahn-, Straßen- und Binnenschiffsverkehrs sowie über gemeinsame Regeln für die Normalisierung der Konten der Eisenbahnunternehmen erlassen. Speziell zur Durchführung des Art. 8 der Harmonisierungsentscheidung (schrittweise Harmonisierung der Vorschriften über die finanziellen Beziehungen der Eisenbahnunternehmen zu den Staaten) liegt der Kommissionsvorschlag vom 18. August 1971 für eine Ratsentscheidung über die Sanierung der Situation der Eisenbahnunternehmen und über die Harmonisierung der Vorschriften betr. die finanziellen Beziehungen zwischen ihnen und den Staaten vor, der sich in seinen Art. 23—25 indes als „Richtlinie" bezeichnet *(48/34)*. Zu Art. 9 a.a.O. (Anwendung des Art. 77 EWGV) ist die Ratsverordnung Nr. 1107/70 vom 4. Juni 1970[25] über Beihilfen im Eisenbahn-, Straßen- und Binnenschiffsverkehr ergangen.

bb) Art. 1—4 der Entscheidung sollen der Beseitigung der Doppelbesteuerung von Kraftfahrzeugen, der Rechtsvereinheitlichung über die abgabenfreie Einfuhr von Treibstoff in den Kfz-Treibstoffbehältern, der Berechnungsgrundlagen für die Kraftfahrzeugsteuer, der Steuern für den Güterverkehr und der Einbeziehung der Verkehrsleistungen in das gemeinsame Umsatzsteuersystem dienen. Einzelausführung ist auch insoweit bereits im Gange[26]. Die Handhabung des Art. 4 a.a.O. hat zu den weittragenden Entscheidungen des Gerichtshofs in den Rs 9/70 vom 6. Oktober 1970[27], 20/70 und 23/70 vom 21. Oktober 1970[28] (Leber-Pfennig) geführt (Durchgriffswirkung einer an die Mitgliedstaaten gerichteten Entscheidung und einer Richtlinie) *(5/63, 64)*.

cc) Art. 10—13 a.a.O. dienen der Angleichung von Arbeits- und Sozialvorschriften über die Zusammensetzung des Fahrpersonals, über Arbeits- und Ruhezeiten und ihre Kontrolle. Hierzu ist die Ratsverordnung Nr. 543/69 vom 25. März 1969[29] *(48/20)* ergangen.

23 b) Nachdem der Rat durch seine VO Nr. 17 vom 6. Februar 1962[30] die Anwendbarkeit der Art. 85, 86 EWGV auf die Praktiken der Verkehrsmärkte zunächst ausgesetzt hatte, gilt für Wettbewerbsbeschränkungen im Eisenbahn-, Straßen- und Binnenschiffsverkehr jetzt die Ratsverordnung Nr. 1017/68 vom 19. Juli 1968[31]. Zu ihrer Anwendung hat die Kommission ausreichende Verwaltungsbefugnisse (Kontrollen, Entscheidungen, Untersuchungen, Sanktionen). In Art. 31 der Verordnung wird ihre spätere Änderung vorbehalten, soweit sich hierzu aus der Rheinschiffahrtsakte Verpflichtungen ergeben können. Für das Gebiet der Gemein-

---

[24] ABl. 1969 L 156, 1 und 8.

[25] ABl. 1970 L 130, 1.

[26] Vgl. z. B. die Richtlinie des Rates vom 19. 7. 1968 zur Vereinheitlichung der Vorschriften über die abgabenfreie Einfuhr des in den Treibstoffbehältern der Nutzfahrzeuge enthaltenen Treibstoffs (ABl. 1968 L 175, 15).

[27] EuGH Rspr. XVI, 825.

[28] EuGH Rspr. XVI, 861 und 881; zu allen drei Urteilen vgl. u. a. *Grabitz*, Entscheidungen und Richtlinien als unmittelbar wirksames Gemeinschaftsrecht — Zur Analyse der Leber-Pfennig-Urteile, EuR 1971, 31; vgl. auch *de Ripainsel - Landy* CahDrEur 1971, 445.

[29] ABl. 1969 L 77, 49; Änderungen v. 28. 2. 1972, ABl. L 67, 1 u. 11.

[30] ABl. 1962, 204 m. Änd.

[31] ABl. 1968 L 175, 1; dazu: *Wägenbaur* AWD 1968, 256; *ders.* AWD 1968, 415; *Watermann* ZVerkWiss 39 (1968) 131; *Stabenow*, in: Gemeinsamer Markt und Verkehr 68, 76.

schaft ist die Verordnung vom Rat indes unabhängig vom Ausgang der hierzu erforderlichen Verhandlungen mit Drittstaaten (Schweiz, Großbritannien) bereits in Kraft gesetzt worden. Der Änderungsvorbehalt geht auf niederländische Initiative zurück mit dem Ziel, die Einheit der Rheinschiffahrtsregelung auf dem Gebiet des Wettbewerbs alsbald wiederherzustellen[32].

24 c) Die der Kommission nach Art. 93 EWGV obliegende Aufgabe, im Zusammenwirken mit den Mitgliedstaaten die nationalen Beihilferegelungen laufend zu überprüfen und über die Pflicht zur Aufhebung vertragswidriger Beihilfen zu entscheiden, ist auch im Verkehrssektor wirksam, und zwar insbesondere im Hinblick auf den für ihn geltenden Ausnahmetatbestand des Art. 77. Darin zugelassene Beihilfen zum Zweck der Leistungsabgeltung öffentlicher Dienste sind insbesondere für die Eisenbahnen von Belang *(48/25 ff.)*.

2. *Insbesondere: Stellung der Eisenbahnen*

25 Die auf gleiche Wettbewerbsbedingungen der Verkehrsträger zielende gemeinsame Verkehrspolitik muß berücksichtigen, daß die *Eisenbahnen* aus historischen und aktuellen Gründen der nationalen Wirtschafts-, Finanz- und Verkehrspolitik innerhalb der Mitgliedstaaten besonderen staatlichen Einwirkungen unterliegen. Außerdem ist wesentlich, daß sie sich wegen ihrer Eigenverantwortung für ihre Verkehrswege gegenüber den Verkehrsträgern der Straße und der Binnenschiffahrtswege in einer einzigartigen Lage befinden. Die Eisenbahnen sind von den Staaten mit Vorrang seit jeher für zahlreiche gemeinwirtschaftliche öffentliche Aufgaben (des „öffentlichen Dienstes" im Verständnis des französischen service public) in Anspruch genommen worden. Unter den drei Verkehrsträgern sind sie die einzigen, die grundsätzlich ihre Verkehrswege auf eigene Kosten vorzuhalten haben. Wegen dieser Belastungen „öffentlichen Dienstes" und aus der Selbstfinanzierung ihrer Wegekosten befinden sich die Eisenbahnen gegenüber den beiden anderen Binnenverkehrsträgern in einer wesentlichen „Ungleichheit der Startbedingungen" für einen Verkehrs-Wettbewerb, den herzustellen die gemeinsame Verkehrspolitik nach den Grundsätzen des EWGV bemüht sein muß. Diese Ungleichheit von Grund auf durch finanzielle Verselbständigung der Eisenbahnen zu beseitigen, ist mit berechtigter Skepsis als eine Arbeit bezeichnet worden, „die selbst Herakles nicht hätte auf sich nehmen können"[33]. Die Harmonisierungsentscheidung des Rates vom 13. Mai 1965 *(48/22)* hat sie gleichwohl in Angriff genommen, sie mit den beiden Verordnungen vom 26. Juni 1969 gefördert, die Kommission hierzu in ihrem Entscheidungsvorschlag vom 18. August 1971 (ABl. C 106, 42) zur Durchführung ihres Art. 8 Vorschläge entwickelt. Danach sind für die Zuordnung der

---

[32] *Frohnmeyer,* in: Einführung 149; *Wägenbaur* AWD 1968, 424.
[33] *Kapteyn,* Europa sucht eine gemeinsame Verkehrspolitik 57.

Eisenbahnen zu ihrem Staat, für die Rechtsstellung und ihre wettbewerbliche Gleichstellung mit den anderen Verkehrsträgern Maßnahmen vorgesehen, die insbesondere auch die Stellung der Deutschen Bundesbahn (DB) wesentlich beeinflussen müssen.

26 a) Nach §§ 1, 3 Bundesbahngesetz vom 13. Dezember 1951 (und auch nach seinen Änderungen von 1953, 1955, 1960, 1961 und 1969)[34] ist die DB mit Kapital ausgestattet, das zum Vermögen der BRD gehört. Die Frage des Eigenvermögens ist indes weniger bedeutsam als die der finanziellen Eigenständigkeit und der effektiven Nutzung, die beide von den staatlichen Aufsichts- und Kontrollbefugnissen abhängen. Nach §§ 14 ff. BBahnGes. sind diese staatlichen Einwirkungsbefugnisse stark ausgestaltet. Andererseits muß die DB ohne Rücksicht auf ihre Eigentümer- oder Verwalter-Stellung ihre Verkehrswege selbst schaffen und unterhalten.

27 b) Das Gemeinschaftsrecht der Harmonisierungsentscheidung und die Erwägungen der Kommission zielen dahin, die Eisenbahnen finanziell und in ihrer Geschäftsführung eigenständig zu machen, die Eigenverantwortung für ihre Finanzgebarung herzustellen, einen Wegekostenanteil künftig allen Verkehrsträgern gleichmäßig anzulasten, staatliche Beihilfen zu beseitigen, dagegen ihre Indienstnahme für andere öffentliche Aufgaben finanziell auszugleichen. Die Herstellung dieser Handlungsfreiheit und wettbewerblichen Gleichheit hatte bereits zum Inhalt des Aktionsprogramms der Kommission für die gemeinsame Verkehrspolitik vom 23. Mai 1962 gehört und ist auch auf der Studientagung der EWG über Probleme der Eisenbahnen vom Oktober 1966[35] als geboten bezeichnet worden.

28 c) Die Ratsverordnung Nr. 1191/69 vom 26. Juni 1969[36] nennt als *Verpflichtungen des öffentlichen Dienstes,* die auch den Eisenbahnen obliegen, die Betriebs-, die Beförderungs- und die Tarifpflicht. Von ihnen sollen die Mitgliedstaaten diejenigen aufheben, die die Eisenbahnen als Verkehrsunternehmen im eigenen wirtschaftlichen Interesse nicht oder nicht im gleichen Umfang oder nicht unter gleichen Bedingungen übernehmen würden. Belastungen aus öffentlichen Diensten dieser Art, die der Staat trotz dahingehenden Antrages nicht aufhebt, weil sie zur Sicherstellung ausreichender Verkehrsbedienung unerläßlich sind, sollen finanziell ausgeglichen werden. Dasselbe gilt für den Ausgleich der Belastung aus auferlegten Beförderungsentgelten und -bedingungen im Personenverkehr im Interesse bestimmter Bevölkerungsgruppen, deren Aufhebung nicht vorgesehen ist. Die Verordnung regelt die Voraussetzungen und Methoden der Auferlegung und Beibehaltung solcher Dienste und des Ausgleichs ihrer Belastungen im einzelnen.

---

[34] Geltende Fassung in: *Ossig-Glaser,* Taschenbuch der Eisenbahngesetze, 3. Aufl. (1969) 23.

[35] 12. Beiheft zu: Die Bundesbahn Sept. 1968; Mitteilung der Kommission an den Rat über die Tagungsergebnisse v. 26. 4. 1967.

[36] ABl. 1969 L 156, 1.

aa) Diese Regelungen betreffen *thematisch* den Tatbestand, der für die DB teilweise bereits in §§ 16 IV, 28 a BBahnGes. (jetzt i. F. des Gesetzes vom 6. März 1969) geregelt ist. Danach übernimmt der Bund den Ausgleich für die damit verbundenen Mehraufwendungen, Investitionsausgaben oder Mindererträge, soweit er von der DB die Änderung von Verkehrstarifen verlangt oder ihr die Genehmigung für eine tarifliche Maßnahme versagt. Nach § 28 a entscheidet bei Meinungsverschiedenheiten über die Ausgleichshöhe jetzt eine Einigungsstelle paritätischer Zusammensetzung, der zusätzlich ein unabhängiger Wirtschaftssachverständiger angehört — angesichts der Unzulässigkeit prozessualer Auseinandersetzung zwischen der DB und dem Bund gegenüber früherem Rechtszustand ein erster Schritt zur gemeinschaftsrechtlich angestrebten Eigenständigkeit der DB.

bb) Ebenso, wie zu § 28 a und seinen Ausgleichsleistungen auch früher bereits hervorgehoben worden ist, stellt die Regelung in der Ratsverordnung Nr. 1191/69 hinreichend klar, daß der *Belastungsausgleich* dogmatisch und in seiner Zweckbestimmung *nicht* zum Sammelbegriff der *Subvention* gehört. Ausgleichsleistung des deutschen Rechts und gemeinschaftsrechtlicher Belastungsausgleich sind vielmehr Gegenleistung oder „Aufwendungsersatz" im Sinne derjenigen Begriffe, die insoweit vergleichbar für das Rechtsinstitut der gesetzlichen Indienstnahme Privater für Verwaltungsaufgaben entwikkelt worden sind[37]. Es hat vieler Jahre bedurft, bis es gelungen ist, diese Leistungen des Bundeshaushalts an die DB aus ihrer Etikettierung als „Subventionen" herauszulösen, um damit ein innerdeutsches Ergebnis einer „Normalisierung der Konten" zu erreichen und die DB in der öffentlichen Meinung vom Makel des Subventionsempfängers zu befreien[38].

cc) Was die Verordnung Nr. 1191/69 in dieser Weise zu regeln unternimmt, entspricht dem Vorbehalt des Art. 77 EWGV gegenüber dem sonst generell bestehenden Verbot staatlicher Beihilfen in Art. 92. Daß Art. 77 diese Ausnahmeregelung eingeführt hat, ist auf französische Initiative und Erfahrung zurückzuführen. Zwischen dem französischen Staat und der Société Nationale des Chemins de fer Français (SNCF) hatte bereits seit 1937 eine Konvention zur Abgeltung derartiger service public-Belastungen bestanden[39], deren weitere gemeinschaftsrechtliche Zulässigkeit unter Abhebung von den Beihilfetatbeständen des Art. 92 EWGV mit Hilfe des Art. 77 sichergestellt wurde.

29 dd) Die Verordnung Nr. 1191/69 liefert ein bemerkenswertes Beispiel rechtsdogmatischer Entwicklung. Diese äußert sich zugleich in wechselseitiger Befruchtung der nationalen Rechtssysteme, in ihrer fortschrittlichen gemeinschaftsrecht-

---

[37] Dazu: *Ipsen*, Verwaltung durch Subventionen, VVDStRL 25 (1967) 280 mit Anm. 43.

[38] *Stukenberg*, Rechtsstatus und finanzieller Status der Eisenbahnen, Studientagung der EWG über Probleme der Eisenbahnen (Anm. 35) 14; *ders.*, in: Die Bundesbahn 1968, 567; *Freimuth*, Die Problematik der gemeinschaftlichen Lasten im Rahmen der Kommerzialisierungsbestrebungen der Deutschen Bundesbahn, ZVerkWiss 40 (1969) 83.

[39] *de Laubadère*, Traité théorique et pratique des contrats administratifs II (1956) 345; *ders.*, Traité élémentaire de droit administratif III (1966) 630 ff.

lichen Vereinheitlichung und in ihrer Systembereinigung für einzelne nationale Rechtsordnungen — hier der deutschen. Es geht um die Durchsetzung und die Emanzipation des Rechtssatzes, daß der Staat dem Wirtschaftsunternehmen zum finanziellen Ausgleich verpflichtet ist, wenn er es in schwerwiegender Weise in seiner Wirtschaftsfunktion für öffentliche Aufgaben in Dienst nimmt. Dieser Rechtssatz findet sich hinsichtlich der Verkehrsträger in Art. 1 IV der Verordnung Nr. 1191/69. Er liegt auch der Verordnung Nr. 1192/69 des Rates vom 26. Juni 1969 über gemeinsame Regeln für die Normalisierung der Konten der Eisenbahnunternehmen[40] zugrunde.

30 Zu Art. 1 IV der Verordnung Nr. 1191/69 ist in diesen Zusammenhängen folgendes festzuhalten:

(1) Nach dieser Vorschrift *sind die den Verkehrsunternehmen* durch die Aufrechterhaltung von Verpflichtungen „öffentlichen Dienstes" und die Anwendung von Beförderungsentgelten und -bedingungen, die für die Sicherstellung einer ausreichenden Verkehrsbedienung unerläßlich sind, *entstehenden Belastungen grundsätzlich auszugleichen.* Die Präambel und Art. 1 II der Verordnung Nr. 1192/69 bringen denselben Rechtssatz für die Normalisierung der Konten der Eisenbahnunternehmen zur Anwendung.

(2) Dieser Satz des Gemeinschaftsrechts hat seinen Vorläufer im französischen Recht. Er ist dort speziell für die Zuordnung der Eisenbahn zum Staat zur Anwendung gekommen in der seit 1937 geübten Praxis, und zwar in der Rechtsform von Konventionen zwischen dem Staat und der SNFC. Im Januar 1971 sind diese Konventionen neu geschlossen worden. Im deutschen Recht hat dieser Rechtssatz Ausdruck gefunden in § 28 a BBahnGes.

(3) In Deutschland ist seit 1950 der Standpunkt vertreten worden[41], daß dieser Rechtssatz *allgemeine* Geltung beansprucht und *eigenständig* ist. Seine Begründung war insbesondere darum bemüht, ihn aus dem Nexus mit dem Enteignungsentschädigungsrecht und mit dem Rechtsinstitut des enteignungsgleichen Eingriffs zu lösen, da diese Verknüpfung seiner Eigenart nicht gerecht wird. Der Rechtssatz hat seither zunehmend Anerkennung gefunden[42]. Das Bundesverfassungsgericht

---

[40] ABl. 1969 L 156, 8; Änderungsvorschlag der Kommission vom 18. 8. 1971: ABl. C 106, 48.

[41] *Ipsen,* Gesetzliche Indienstnahme Privater für Verwaltungsaufgaben, Fs Kaufmann (1950) 141; *ders.,* Gesetzliche Bevorratungsverpflichtung Privater. Erläuterung am Modell des Gesetzes über Mindestvorräte an Erdölerzeugnissen vom 9. September 1965, AöR 90 (1965) 393, 421.

[42] *Fromm,* Der Ausgleichsanspruch für die Erfüllung gemeinwirtschaftlicher Leistungen in der Verkehrsgesetzgebung, DVBl. 1971, 161; aus der Gesetzgebung: Gesetz über die unentgeltliche Beförderung von Kriegs- und Wehrdienstbeschädigten sowie von anderen Behinderten im Nahverkehr vom 27. 8. 1965 (BGBl. I, 978) i. F. d. Ges. v. 20. 12. 1965 (BGBl. I, 2065), dessen Beförderungsverpflichtung ohne Entgelt nach § 1 ein Rechtsanspruch auf Erstattung der dadurch entstehenden Fahrgeldausfälle durch Bund und Länder entspricht. Das Gesetz hat die Folgerungen aus BVerwGE 14, 160 gezogen und dabei die hier vertretene Abgeltungskonstruktion verwendet; ferner: *Krohn,* Zulässigkeit und Grenzen der Überwälzung von Steuerabführungspflichten auf private Unternehmer, BB 1969, 1233; *Püttner,* Die öffentlichen Unternehmen (1969) 95. — *Ehlermann,* Wirtschaftslenkung und Entschädigung (1957) 62 und *Janssen,* Der Anspruch auf Entschädigung bei Aufopferung und Enteignung (1961) 147 knüpfen in abzulehnender Konstruktion an Enteignungsgrundsätze an, *Heinze,* Autonome und heteronome Verteilung. Rechtsordnung staatlicher Lenkung von Produktion und Verteilung (1970) 98 an Art. 12 und 3 GG, ohne damit der Eigenart der Rechtsbeziehung gerecht werden zu können.

hat ihn[43] zur gesetzlichen Verpflichtung der Mineralölwirtschaft zur Bevorratung ohne zulängliche Erörterung gelassen und die Abgeltungsfragen über den Leisten des Art. 12 I GG geschlagen. Das kann schwerlich das letzte Wort gewesen sein. Mit seiner gemeinschaftsrechtlichen Statuierung wird der Rechtssatz in seinem Anwendungsbereich ein solcher des *gemeinen* Rechts. Seine derartige Anerkennung ist geeignet, seine innerstaatliche Geltung auch in anderen Anwendungsbereichen zu sützen.

31 (4) Diese Erkenntnis ist auch von Bedeutung für die Auslegung und Anwendung der beiden Verordnungen Nrn. 1191 und 1192/69. Nach ihrem Art. 19 I gilt die VO Nr. 1191/69 für den Schienenverkehr der dort genannten großen Eisenbahnen der sechs Mitgliedstaaten. Sie sind teils unmittelbar staatlich organisiert, teils unter Benutzung zivilrechtlicher Gestaltungsformen verfaßt, insgesamt aber de facto „die Staatseisenbahnen" der Mitgliedstaaten. Nach Abs. II des Art. 19 gilt die Verordnung hinsichtlich der Unternehmen der *übrigen Verkehrsarten* nicht für Unternehmen, die hauptsächlich Beförderungen mit örtlichem oder regionalem Charakter durchführen. Nach Abs. III des Art. 19 beschließt der Rat binnen drei Jahren nach Inkrafttreten der Verordnung auf der Grundlage der in Abschnitt II seiner Harmonisierungs-Entscheidung vom 13. Mai 1965[44] festgelegten Grundsätze und Ziele, welche Maßnahmen bei mit dem Begriff des öffentlichen Dienstes verbundenen Verpflichtungen zu treffen sind *für die nicht in den Anwendungsbereich dieser Verordnung fallenden Verkehrsleistungen.*

(a) Danach ist insbesondere zweifelhaft, ob die in der BRD *neben der Deutschen Bundesbahn* bestehenden *Eisenbahnen* i. S. des § 1 des Allgemeinen Eisenbahngesetzes vom 29. März 1951 ausgleichsberechtigt sind. *Dafür spricht,* daß sie in ihrer Funktion und in ihrer „Indienstnahme" für öffentliche Aufgaben der DB im Prinzip gleichstehen. Daß sie wegen ihrer örtlichen oder regionalen Funktionen gemäß Art. 19 II vom Ausgleich ausgeschlossen sind, ist nicht anzunehmen, weil diese Ausnahmeklausel *andere* Verkehrsarten als eben den *Schienen*verkehr betrifft. Im übrigen stehen diese Eisenbahnen zum Teil funktionell und tariflich in so enger Verknüpfung mit der DB, daß ihre Beförderungen (im wesentlichen Gütertransporte) nicht nur örtlichen oder regionalen Charakter haben. Jedenfalls spricht das Gebot der Gleichbehandlung dafür, diese Eisenbahnen den Staatsbahnen gleichzustellen. Werden die Gemeinschaftsverordnungen nicht in diesem Sinne ausgelegt, fragt sich, ob der Rat durch die Ausnahmebehandlung dieser Eisenbahnen seine Verordnung nicht ermessensmißbräuchlich gestaltet hat. Näher liegt indes die Erwägung, daß seine Verordnung in dieser Auslegung gegen Art. 75 III EWGV verstößt. Denn danach darf diese als eine Regelung über Grundsätze der Verkehrsordnung u. a. nicht den Betrieb der Verkehrseinrichtungen ernstlich beeinträchtigen.

---

[43] BVerfGE 30, 292 = DÖV 1971, 454. Daß, wie das Gericht annimmt, die Indienstnahme Privater für öffentliche Aufgaben *als solche* nicht verfassungswidrig ist, bleibt unbestreitbar. Fraglich bleibt eben, ob das auch zutrifft, wenn die Indienstnahme *unentgeltlich* abverlangt wird. Das Gericht beurteilt diese Frage lediglich an Hand des Art. 12 I 2 GG und läßt die grundrechtliche Wirtschaftsfreiheit des Art. 2 I GG, die sich eben nicht in der Berufsausübungsfreiheit erschöpft, ebenso unbeachtet wie das Verhältnismäßigkeitsprinzip. Denn unentgeltliche Bevorratungsverpflichtung ist, grundrechtlich gemessen, eben ein unverhältnismäßiges und als solches nicht erforderliches Mittel. Und daß die gesetzlich in Dienst Genommenen in ihrer Dispositionsfreiheit vermögenswertiger Bedeutung belastet werden, kann mit den Hinweisen auf die Unanwendbarkeit von Art. 14 I GG schwerlich entkräftet werden. Das Gericht ignoriert auch gänzlich die Anwendung des Abgeltungsgrundsatzes in der einfachen Notstandsgesetzgebung und referiert über ausländische Regelungen, auf die es sich beruft, in nicht zutreffender Weise.

[44] ABl. 1965, 1500.

Das aber würde angesichts ihrer defizitären Situation bei Vorenthaltung von Ausgleichsleistungen für die hier in Frage stehenden Eisenbahnen geschehen.

(b) Sollte der Rat — hiervon abgesehen — gemäß Art. 19 III VO Nr. 1191/69 *nicht fristgemäß* eine Ausgleichsregelung *auch für diese* Eisenbahnen treffen, erhebt sich die Frage, ob sie unter Berufung auf diese Unterlassung unmittelbar ausgleichsberechtigt sind. Die Antwort hängt davon ab, ob eine terminierte und inhaltlich vorbestimmte Selbstbindungs-Klausel nach Art des Art. 19 III nach ergebnislosem Fristablauf Durchgriffswirkung („unmittelbare Anwendbarkeit") entfaltet und in dem Sinne „aktuell" wird, daß der Durchgriffs-Begünstigte aus ihr vollziehbare Rechtsansprüche herzuleiten vermag. Im Sinne der Rechtsprechung des Gerichtshofs zur Durchgriffswirkung *(5/61—64)* erscheint diese Folgerung nicht ganz abwegig. Indes sind damit grundsätzliche Fragen insbesondere der terminierenden Selbstbindung der Verordnungsgewalt des Rates gestellt.

Die Parallelklausel des Art. 3 II der Verordnung Nr. 1192/69 verspricht hierzu weniger: nach ihr schlägt die Kommission dem Rat spätestens am 1. Januar 1973 die Bestimmungen vor, die sie für notwendig hält, um andere Unternehmen des Schienenverkehrs (als die Staatsbahnen) in den Geltungsbereich der Verordnung einzubeziehen. Hier hat der Rat sich selbst noch nicht gebunden.

32 d) Um auch im übrigen eine Gleichbehandlung aller Verkehrsträger zu sichern, unter denen den Eisenbahnen besondere Lasten auferlegt, aber auch gewisse Vorteile eingeräumt sind, hat die Ratsverordnung Nr. 1192/69 gemeinsame Regeln für die *Normalisierung der Konten der Eisenbahnunternehmen* aufgestellt. Hierzu müssen ihre Lasten und Vorteile im Vergleich zu der Lage ermittelt werden, in der sie sich befänden, wenn sie unter den Bedingungen der anderen Verkehrsträger tätig wären. Als zu vergleichende Sachlagen (mit Ausnahme der Verpflichtungen des öffentlichen Dienstes) zählt die Verordnung insgesamt 15 Kategorien von Lasten und Vorteilen auf, die z. T. stufenweise zu beseitigen sind. Ihre endgültige Berücksichtigung im übrigen kann der Rat im Zusammenhang mit den Durchführungsbestimmungen zu Art. 8 der Harmonisierungsentscheidung regeln. Bis dahin obliegt den Mitgliedstaaten, die Ursachen bestimmter Lasten und Vorteile zu beseitigen. Unter den 15 Konten-Kategorien befinden sich insbesondere Personal-, Versorgungs- und Soziallasten, aber auch Aufwendungen für Kreuzungsanlagen, für die Aufrechterhaltung unwirtschaftlicher Betriebseinrichtungen und Kriegsfolgelasten. Die Handhabung der Konten-Normalisierung ist technisch und in der rechtlichen Durchführung ein Vorhaben ebenso großer Tragweite wie Kompliziertheit.

33 e) Für die Angleichung der Wettbewerbsbedingungen der Eisenbahnen an die anderen Verkehrsträger und die Anlastung der Infrastrukturkosten ist die spezifische *Besteuerung des Verkehrs* ebenso wichtig wie die *gleichmäßige Tragung der Wegekosten,* die die Wegebenutzer der Allgemeinheit verursachen. Beide stehen in sachlichem Zusammenhang. Neben der allgemeinen Regelung über die Harmonisierung der indirekten Steuern gemäß Art. 99 EWGV kommen als Rechtsgrundlagen zum Erlaß gemeinsamer Regeln für den internationalen Verkehr und im übrigen Art. 75 I a und c EWGV in Betracht. Sie sind denn auch bereits für steuerliche Maßnahmen herangezogen worden[45]. Die Kommission sieht in spezifischen Straßenverkehrssteuern ein Mittel zur Schaffung einer Tarifordnung für die Benutzung der Verkehrswege[46]. Für die Eisenbahnen würde eine Gleichstellung mit den anderen Verkehrsträgern erst durch eine gemeinschaftliche Tarifordnung für die Benutzung der Verkehrswege geschaffen werden können. Hierzu bedarf es umfassender Vorbereitungen. Sie sind durch die Ratsentscheidung vom 22. Juni 1964 zur Durchführung einer Enquête[47] (Wegekosten-Enquête) eingeleitet worden. Gestützt auf ihren Art. 7 sowie auf Art. 75 EWGV hat der Rat durch die Verordnung Nr. 1108/70 vom 4. Juni 1970[48] mit Wirkung ab 1. Januar 1971 eine einheitliche und ständige Buchführung über die Ausgaben für die Eisenbahn-, Straßen- und Binnenschiffsverkehrswege eingeführt. Am 29. März 1971 hat die Kommission dem Rat den Vorschlag einer auf Art. 75 zu stützenden Entscheidung über die Einführung eines gemeinsamen Systems der Abgeltung der Benutzung der Verkehrswege[49] unterbreitet.

34 f) Die Durchführung des *Art. 8 der Harmonisierungsentscheidung* (schrittweise Harmonisierung der Vorschriften über die finanziellen Beziehungen zwischen den Eisenbahnunternehmen und den Staaten) wird die Rechtsstellung der DB und ihre Zuordnung zum Bund beeinflussen, und zwar im Sinne ihrer rechtlichen und finanziellen Verselbständigung. Entsprechende Empfehlungen hat die Kommission am 31. Januar 1968[50] an die BRD gerichtet zu ihrem verkehrspolitischen Programm vom 8. November 1967 für die Jahre 1968 bis 1972[51]. Gemeinschaftsrechtlich ist anzunehmen, daß Art. 8 a.a.O. selbst als Rechtsgrundlage für einzelne wichtige Durchführungsmaßnahmen nicht ausreicht. Insoweit ist wiederum auf Art. 75 I c EWGV zu rekurrieren, sofern im übrigen als Rechtsgrundlage nicht auch Art. 100 EWGV in Betracht kommt. Ihren Vorschlag vom 18. August 1971 (ABl. C 106, 42) für eine Ratsentscheidung über die Sanierung der Situation der Eisenbahnunternehmen und über die Harmonisierung der genannten Finanzvorschriften hat die Kommission denn auch auf Art. 75

---

[45] *Stabenow,* in: Gemeinsamer Markt und Verkehr 70.

[46] Empfehlung der Kommission an die BRD v. 31. 1. 1968 (ABl. 1968 L 35, 14) u. a. zum Gesetzentwurf über die Besteuerung des Straßengüterverkehrs. Das Gesetz wurde am 28. 12. 1968 erlassen (BGBl. I, 1461) und durch Gesetz vom 23. 12. 1970 (BGBl. I, 1869) in seiner ursprünglichen Geltungsdauer bis zum 31. 12. 1970 um ein Jahr verlängert. Auf Grund der Kommissionsentscheidung vom 23. 7. 1971 (ABl. L 179, 37) hatte die BRD bestimmte in ihm enthaltene Steuerausnahmen, -ermäßigungen und -erleichterungen wegen Unvereinbarkeit mit Art. 92 EWGV unverzüglich einzustellen.

[47] ABl. 1964, 1598 m. Entscheidungen zur Anwendung in ABl. 1965, 1473 und 1970 L 23, 24; dazu: *D. Meyer,* Beitrag zur Weiterentwicklung der vergleichenden Wegekostenrechnung, ZVerkWiss 39 (1968) 151.

[48] ABl. 1970 L 130, 4. [49] ABl. 1971 C 62, 15. [50] ABl. 1968 L 35, 14.

[51] Sog. Leber-Plan; dazu: *Ritschl,* Das verkehrspolitische Programm der Bundesregierung und sein Schicksal, Hamb.Jb. f. Wirtschafts- und Gesellschaftspolitik 14 (1969) 111.

EWGV allein gestützt. Wenn die gemeinsame Verkehrspolitik in ihrer Substanz die Stellung der Eisenbahnen als öffentliche Unternehmen i. S. des Art. 90 II EWGV (wie eben heute die der DB) beseitigen wollte, würde dieser Intention Art. 222 EWGV im Wege stehen. Denn — anders als nach Art. 37 hinsichtlich der staatlichen Monopole — sind die Mitgliedstaaten nicht verpflichtet, auch ihre öffentlichen Unternehmen umzuformen. Art. 90 II bildet insoweit eine Ergänzung zu Art. 222, kraft dessen die Staaten über Umfang und Einsatz des öffentlichen Sektors zu verfügen berechtigt geblieben sind[52]. In diesem Zusammenhang kommt deshalb vom Gemeinschaftsrecht her eine Änderung des Art. 87 I GG, wonach die Bundeseisenbahnen in bundeseigener Verwaltung geführt werden, nicht in Betracht[53].

3. *Zugang zum Verkehrsmarkt*[54]

35 a) Die Zulassung zum Kraftverkehrsgewerbe und zur Binnenschiffahrt ist in Art. 75 I b EWGV nur im Hinblick auf die nach allgemeinem Völkerrecht nicht verwehrte sog. kleine Cabotage geregelt, also im Hinblick auf den Ausschluß Fremder vom Binnenverkehr. Ihre Zulässigkeit war in der Rheinschiffahrt umstritten und praktisch, seit Aufhebung deutscher Zulassungsbeschränkungen im Jahre 1956[55] aber unerheblich geworden. Aus der Aufgabe, gemeinsame Regeln für den internationalen Verkehr aufzustellen (Art. 75 I a), ergibt sich indes die Notwendigkeit, auch ein *gemeinschaftliches Zulassungsrecht* zu entwickeln. Außerdem gebieten auch die Niederlassungsfreiheit und die Koordinierung der Rechts- und Verwaltungsvorschriften über die Aufnahme und Ausübung selbständiger Tätigkeiten, die Vergemeinschaftung des Zulassungsrechts zu betreiben. Bereits das Ratsprogramm zum Niederlassungsrecht vom 18. Dezember 1961[56] hatte hierfür einen Zeitplan vorgesehen.

b) Inhaltlich entsprechen die hierzu bislang getroffenen Regelungen, die sich auch nur auf den Kraftverkehr beziehen, nicht den Programmanforderungen. Kommissionsvorschläge, die sich außerdem auch auf den Zugang zum Markt im Binnenschiffsgüterverkehr beziehen, sind bisher nicht verabschiedet worden[57]. Einzig die Ratsverordnung Nr. 1018/68 vom 19. Juli

---

[52] *Nicolaysen*, Planeinsatz öffentlicher Unternehmen und EWG-Vertrag (Art. 90), in: Planung III (1968) 341. — Ein (ohne Beteiligung der Generaldirektion Verkehr) entstandener Kommissionsvorschlag einer Ratsverordnung v. 14. 9. 1971 (ABl. 1971 C 107, 15) zur Gründung von gemeinsamen Unternehmen zielt auf Tätigkeiten des öffentlichen Dienstes auch im Bereich des Verkehrs, damit auch auf eine europäische Zusammenfassung der nationalen Eisenbahnen. Insoweit ist der Vorschlag schwerlich schon ausgereift.

[53] Ebenso: *Stukenberg*, in: Die Bundesbahn 1968, 573.

[54] Dazu: *Stabenow*, in: Gemeinsamer Markt und Verkehr 65.

[55] Bek. im BAnz v. 28. 4. 1956; vgl. *H. Krüger*, Cabotage, in: *Strupp-Schlochauer*, Wörterbuch I (1960) 263.

[56] ABl. 1962, 36.

[57] Vgl. die Richtlinienvorschläge in ABl. 1970 C 72, 10 ff. — Ergangen ist die

1968[58] über die Bildung eines *Gemeinschaftskontingents für den Güterkraftverkehr* zwischen den Mitgliedstaaten kann als Beginn einer Gemeinschafts-Zugangsordnung gewertet werden. Nach ihr wurden für die Zeit bis 1971 insgesamt 1200 Gemeinschaftsgenehmigungen erteilt, die zu Beförderungen auf sämtlichen Verkehrswegen zwischen den Mitgliedstaaten berechtigen und unter Zugrundelegung ihres mutmaßlichen Bedarfs unter den Mitgliedstaaten aufgeteilt worden sind. Erteilung und Widerruf der Genehmigung obliegt den nationalen Behörden. Die Kommission sammelt die statistischen Angaben über die Kontingent-Verwendung zur Vorbereitung einer endgültigen Regelung.

4. Tarifpolitik

36 Beförderungspreise und -bedingungen der Verkehrsträger werden in *Tarifen* aufgestellt. Über ihre Gestaltung, damit über die Tarifpolitik, bestimmt das Verkehrsrecht des EWGV lediglich, daß Frachtendiskriminierungen (Art. 79) und Unterstützungstarife (Art. 80) verboten sind. Aus der Aufgabe der gemeinsamen Verkehrspolitik, gemeinsame Regeln für den internationalen Verkehr zu entwickeln sowie weiterhin alle zweckdienlichen Vorschriften zu treffen, ergibt sich aber auch eine Kompetenz, die *Tarifpolitik* durch *allgemeine* Preisregelungen zu gestalten. Dabei ist ihrer Handhabung aufgegeben (Art. 78), der wirtschaftlichen Lage der Verkehrsunternehmen Rechnung zu tragen, die Tarifpolitik also marktwirtschaftlich zu orientieren.

Art. 70 EGKSV hat in den Abs. I und II für Kohle- und Stahltransporte das Diskriminierungsverbot spezifiziert, in Abs. III die Publizitätspflicht für Tarife eingeführt, in Abs. IV Ausnahmetarife unter Genehmigungsvorbehalt gestellt und in Abs. V auch die Tarifpolitik im übrigen als den Mitgliedstaaten belassen erklärt.

a) *Im EGKS-Bereich* sind die tarifpolitischen Befugnisse der Gemeinschaft zur Anwendung gekommen, und zwar einmal hinsichtlich der Überprüfung und Kontrolle der nationalen Ausnahmetarife *(48/37—39)*, zum anderen zur Einführung direkter internationaler Tarife und der Tarifpublizität. Die durch das Abkommen zur Einführung von Direkttarifen im internationalen Eisenbahnverkehr vom 21. März 1955[59] getroffene Regelung ist durch Zusatzabkommen für den Durchgangsverkehr durch die Schweiz[60] und Öster-

---

Empfehlung der Kommission v. 31. 7. 1968 (ABl. 1968 L 218, 10) an die Mitgliedstaaten über die strukturelle Sanierung des Marktes im Binnenschiffsgüterverkehr.

[58] ABl. 1968 L 175, 13; dazu: *Wägenbaur* AWD 1968, 325; *Stabenow,* in: Gemeinsamer Markt und Verkehr 67; *Sattler,* Entwicklung 73.

[59] ABl. EGKS 1955, 701; Ergänzungsabkommen v. 16. 3. 1956 (ebenda 1956, 130) und v. 23. 3. 1959 (ABl. 1959, 431).

[60] Abkommen v. 28. 7. 1956 (ABl. EGKS 1957, 223).

reich[61] auch über die Gemeinschaft hinaus und insbesondere für Italien wirksam geworden. Für den Verkehr mit Montangütern auf dem Rhein ist das Abkommen über Frachten und Beförderungsbedingungen vom 9. Juli 1957[62] anwendbar. Zur Veröffentlichung oder Bekanntgabe von Frachttafeln, Frachten und Tarifbestimmungen gemäß Art. 70 III EGKSV, die als Voraussetzung gehörigen Wettbewerbs wirksam werden muß, ist die Empfehlung Nr. 1/61[63] der Hohen Behörde an die Regierungen der Mitgliedstaaten vom 1. März 1961 ergangen. Ihre Durchsetzung hat sich insbesondere in den Niederlanden als schwierig erwiesen, dies aber auch für bestimmte Kohletarife im DB-Verkehr mit Italien.

b) Eine *gemeinsame Tarifpolitik der EWG* steht erst in den Anfängen. Die Kommission hat dem Rat auf dem Gebiet der allgemeinen Preispolitik im Tarifwesen am 10. Mai 1963 einen Vorschlag zur Einführung eines *Margentarifsystems* im Güterverkehr aller drei Verkehrsträger[64] vorgelegt. Bisher ist er aber nur partiell verwirklicht worden, und zwar durch die zunächst bis Ende 1971 befristete Ratsverordnung Nr. 1174/68 vom 30. Juli 1968[65], deren Geltung nach ihrem Art. 17 inzwischen bis Ende 1972 verlängert ist, da der Rat bis zum 31. Dezember 1971 keinen Beschluß über eine anderweitige Regelung gefaßt hat. Weitere Ratsentscheidungen zu dem umfassenden Kommissionsvorschlag stehen aus. Das Margentarifsystem soll durch eine begrenzte Elastizität die Berücksichtigung der Verkehrsmarktlage ermöglichen und einen durch Festtarife verhinderten Wettbewerb eröffnen. Nach der Verordnung sind für den grenzüberschreitenden Verkehr Margen (= Unterschiede) von der oberen Tarifgrenze bis zu 23 % zugelassen. Die Vereinbarung von Beförderungsentgelten außerhalb des Margentarifs ist — von besonderen, festgesetzten Voraussetzungen ausgenommen — verboten. Danach zulässige Sondervereinbarungen sind der zuständigen Behörde unverzüglich mitzuteilen und in bestimmten Einzelheiten zu veröffentlichen. Ob das Margentarifsystem die ihm im Wettbewerb zugedachte Funktion erfüllt, ist umstritten.

Die Margentarife für den grenzüberschreitenden Verkehr innerhalb der Gemeinschaft setzen nach Art. 4 der Verordnung die Mitgliedstaaten im gegenseitigen Einvernehmen fest. Kommt eine Einigung, zu der die Kommission ihre Empfehlung abgeben kann, nicht zustande, entscheidet diese auf mitgliedstaatlichen Antrag. Diese Entscheidung wird binnen 20 Tagen wirksam, wenn auf Antrag eines Mitgliedstaates nicht der Rat mit der Sache befaßt wird. Dieser hat innerhalb weiterer, gleicher Frist mit qualifizierter Mehrheit zu entscheiden.

---

[61] Abkommen v. 26. 7. 1957 (ABl. EGKS 1958, 78) mit Ergänzungsabkommen v. 29. 11. 1960 (ABl. 1961, 1237).

[62] ABl. EGKS 1958, 49. [63] ABl. 1961, 469. [64] Dok KOM (63) 168.

[65] ABl. 1968 L 194, 1; geändert durch VO Nr. 293/70 v. 16. 2. 1970 (ABl. L 40, 1).

Die dem Rat am 29. März 1971 von der Kommission vorgeschlagene Entscheidung über die Einführung eines gemeinsamen Systems der *Abgeltung der Benutzung der Verkehrswege*[66] soll mit der Festlegung einer ersten Ausrichtung und allgemeiner Grundsätze spätere Durchführungsmaßnahmen sowie die gegenseitige Annäherung der einzelstaatlichen Abgeltungsregelungen fördern. Der Vorschlag faßt eine schrittweise Einführung der gemeinschaftlichen Abgeltungsregelung ins Auge. Sie soll, vorbehaltlich eventueller Fristenverlängerung, im Straßenverkehr bis zum 31. Dezember 1981, im Binnenschiffsverkehr bis zum 31. Dezember 1986 abgeschlossen sein.

5. *Ausnahmetarife*

37 Einen in der Tarifpolitik wesentlichen Komplex, den der *Ausnahmetarife,* haben Art. 80 EWGV und Art. 70 IV EGKSV unter besonderes Gemeinschaftsrecht und unter Gemeinschaftskontrolle gestellt.

38 a) Durch Ausnahmetarife räumt der Verkehrsträger dem Verkehrsnutzer vom Normaltarif abweichende günstigere Beförderungsbedingungen ein. Die Vergünstigung hat Beihilfe- oder Subventionswirkung und stellt für den Verkehrsnutzer eine Unterstützung dar *(38/7).* Art. 80 EWGV nennt daher als Haupttatbestand der Ausnahmetarife die Unterstützungstarife und verbietet sie grundsätzlich. Denn sie sind — ebenso wie Zölle, Kontingente, Diskriminierungen und andere Beihilfen — geeignet, den Wettbewerb auf dem gemeinsamen Warenmarkt zu verfälschen. Die Transportkosten sind Preiselement und bestimmen die Wettbewerbsvoraussetzungen mit.

Während Art. 70 IV EGKSV insoweit weder eingrenzt noch differenziert, zielt Art. 80 I EWGV speziell auf die „von einem Mitgliedstaat *auferlegten* Frachten und Beförderungsbedingungen" mit Unterstützungseffekt, d. h. auf solche Unterstützungstarife, deren Einräumung dem Verkehrsträger *hoheitlich auferlegt* ist und nicht notwendig auf seiner eigenen wirtschaftlich bedingten Entscheidung beruht. Hierin wird besonders erkennbar, daß Art. 80 eine Spezialregelung zu Art. 92 darstellt, der staatliche oder aus staatlichen Mitteln gewährte Beihilfen verbietet.

Ausnahmetarife gehören seit dem 19. Jahrhundert zu vielfach praktizierten Instrumenten der Wirtschafts- und Verkehrspolitik insbesondere im Eisenbahn- und für den Massengutverkehr. Bei Beginn der Integration galt der „Besitzstand" bestimmter Tarifbevorzugung für eine Reihe deutscher Montanunternehmen als „unwandelbares Element ihrer Standortbedingungen"[67]. Um ihre Vereinbarkeit mit Art. 70 EGKSV hat der bisher umfang-

[66] ABl. 1971 C 62, 15; dazu: Mitteilung der Kommission an den Rat vom 27. 9. 1971 betr. die Annahme eines Abgeltungssystems für die Benutzung der Verkehrswege (Dok SEK — 71 — 3309 endg.) sowie: Fragen im Zusammenhang mit der Anwendung eines Systems zur Abgeltung der Benutzung der Straßen, Sammlung Studien Reihe Verkehr 2/1970 (Hg. Kommission).

[67] *Much* ZHR 124 (1961) 112; vgl. ferner: *Klaer,* Der Verkehr im Gemeinsa-

reichste Komplex von Prozessen vor dem Gerichtshof stattgefunden, nachdem die Hohe Behörde ihre Aufhebung angeordnet hatte. In ihm klagten die Bundesregierung und 21 deutsche und französische Unternehmen der Stahlindustrie und des Eisenerzbergbaues gegen die Entscheidungen der Hohen Behörde vom 9. Februar 1958. Sie wurden von sechs deutschen Ländern als Streithelfern unterstützt. Der Unternehmensverband und einige Unternehmen der lothringischen Stahlindustrie, denen die französische Regierung als Streithelferin beitrat, klagten ihrerseits gegen die Hohe Behörde, weil diese die durch deutsche Ausnahmetarife geschaffene nationale Tarifdiskriminierung zum Nachteil der französischen Stahlindustrie mit ihren Entscheidungen noch nicht hinreichend vollständig beseitigt habe. Durch seine Urteile vom 10. Mai und 15. Juli 1960[68] hat der Gerichtshof die Entscheidungen der Hohen Behörde in allen wesentlichen Punkten bestätigt. Diese Rechtsprechung und die sich anschließende sowie diejenige des Gerichtshofs zu Art. 80 EWGV[69] hat die zur Tarifdiskriminierung durch Ausnahmetarife anstehenden Rechtsfragen in den wesentlichen Punkten geklärt.

39 b) Zu Art. 70 IV EGKSV steht danach fest, daß jeder Ausnahmetarif zugunsten von Montanunternehmen begriffsnotwendig diskriminiert, gleichzeitig das Subventionsverbot des Art. 4 c EGKSV verletzt und es für die Bestimmungen der „vergleichbaren Lage“ i. S. des Art. 70 I *nur* auf die Verhältnisse hinsichtlich des *Transports* ankommt, nicht auf Standort und Wirtschaftslage des Unternehmens und seiner Region. Sonst wäre letztlich jedes Unternehmen nur mit sich selbst vergleichbar. Vergleichbarkeit *hinsichtlich des Transports* verlangt aber *auch* den Vergleich, ob der Transportnutzer die Wahl zwischen mehreren, im Wettbewerb stehenden Verkehrsträgern hat. Wer *solche* Wahl hat, ist mit anderen, die auf ein *einziges* Verkehrsmittel angewiesen sind, *nicht* vergleichbar. Deshalb liegt in der Tarifbegünstigung durch einen Verkehrsträger *aus Gründen seines Wettbewerbs mit anderen Verkehrsträgern,* um diesen den Verkehrsnutzer abzuwerben oder ihn sich zu erhalten, *keine* unzulässige Tarifdiskriminierung. Das ist der Rechtsgrund für die Unterscheidung von unzulässigen Unterstützungs- und zulässigen Wettbewerbstarifen.

Da das Diskriminierungs- und Subventionsverbot des Art. 4 b und c „gemäß den Bestimmungen des EGKSV“ (Eingangsformel des Art. 4) gilt und infolgedessen Art. 70 IV zu beachten ist, stellt die dort ermöglichte Genehmigung eines Unterstützungstarifs durch die Hohe Behörde (Kommission)

---

men Markt für Kohle und Stahl 119; *Scheider,* Die Tarifpolitik der Hohen Behörde 67; zur Begriffsbildung: *Paillard,* La notion de tarif exceptionnel en trafic marchandises, ArchVerkWiss. 1946, 123; *Schlochauer,* Die Ausnahmetarife im Recht der EGKS.

[68] EuGH Rs 3—18, 25 u. 26/58 Rspr. VI, 373; dazu Rs 19/58 Rspr. VI, 481; Rs 27—29/58 Rspr. VI, 513.

[69] Zu Art. 70 EGKSV das Saartarif-Urteil vom 8. 2. 1968, Rs 28/66 Rspr. XIV, 1; zu Art. 80 EWGV: Rs 1/69 Rspr. XV, 277.

rechtlich einen *Dispens* dar, d. h. eine individuelle Freistellung von der Verbotsnorm des Art. 4. Durch ihn verliert die Tarifbegünstigung den Charakter unzulässiger Diskriminierung. Dabei setzt eine Dispenserteilung voraus, daß außer den Marktgrundsätzen des Art. 4 auch die allgemeinen Zielsetzungen der Art. 2 und 3 EGKSV von der Genehmigungsinstanz berücksichtigt werden.

40 c) In Art. 80 I EWGV sind die Unterstützungstarife (zur Unterstützung oder zum Schutz eines oder mehrerer bestimmter Unternehmen oder Industrien) verboten, sofern die Kommission sie nicht genehmigt. Nach Abs. II hat die Kommission von sich aus oder auf Antrag eines Mitgliedstaates die Unterstützungstarife zu überprüfen und bei ihrer Entscheidung (nach Beratung mit jedem in Betracht kommenden Mitgliedstaat) die dort genannten Gesichtspunkte der Genehmigungsfähigkeit zu berücksichtigen. Dies sind: (1) die Erfordernisse einer angemessenen Standortpolitik, (2) die Bedürfnisse der unterentwickelten Gebiete, (3) die Probleme der durch politische Umstände schwer betroffenen Gebiete (weitgehende Sonderregelung für die deutschen Zonenrandgebiete in Art. 82 EWGV), (4) Auswirkungen der Unterstützungstarife auf den Wettbewerb zwischen den Verkehrsarten.

Wie auch zu Art. 70 IV EGKSV bereits in der Rechtsprechung des Gerichtshofs anerkannt, sind Ausnahmetarife danach zunächst genehmigungsfähig als sog. „Verkehrserhaltungstarife", d. h. im eigenwirtschaftlichen Interesse des Verkehrsträgers selbst, der sich durch ihre Einräumung (ohne Unterstützungsintention gegenüber dem Verkehrsnutzer) ein sonst einem anderen Verkehrsträger zufallendes Verkehrsaufkommen zu erhalten sucht[70]. Die übrigen Genehmigungsgesichtspunkte sind insgesamt solche regionalpolitischer Art, über die die Kommission nach pflichtgemäßem Ermessen zu befinden hat. Da insoweit in der Präzision möglicher Entwicklungsprognosen Unsicherheiten liegen und zwischen Maßnahmen der Regionalpolitik sowie solchen sonstiger Wirtschafts-, z. B. der gemeinsamen Agrarpolitik Zusammenhänge wirksam sind, sollen Genehmigungen für Unterstützungstarife regelmäßig *befristet* erteilt werden. Insofern wird mit ihnen auch ein gewisser „Erziehungseffekt" verfolgt[71].

Nach Art. 80 III gilt das Verbot der Ausnahmetarifierung ausdrücklich *nicht* für die (nicht auferlegten) *Wettbewerbstarife*, was im Montanrecht bereits als Ergebnis der Rechtsprechung angenommen worden ist. Ihr Hauptbeispiel sind die *Seehafenausnahmetarife* der DB[72]. Art. 80 III hat —

---

[70] *Much* ZHR 124 (1961) 132.

[71] *Ips*en EuR 1969, 336 zu EuGH Rs 1/69 Rspr. XV, 277.

[72] Hierzu: *Ipsen*, Hamburgs Verfassung und Verwaltung (1956) 184 mit Anm. 69. — Verkehrsgeschichtlich ist interessant, daß sich in einer Denkschrift deutscher Industrie- und Handelskammern vom Mai 1947, die auf Initiative des Sekretariats Friedensvertrag des Hamb. Senats zustande gekommen ist, zum erstenmal die deutsche Rheinschiffahrt und die deutschen Seehäfen zusammenfanden — in der Abwehr niederländischer Forderungen auf Beseitigung der deutschen Seehafenaus-

ebenso wie im Montanrecht — Bedeutung auch für die potentiellen Wettbewerbstarife (sog. „als ob-Tarife"), d. h. solche, die letztlich im Interesse des Verkehrsträgers gewährt werden, um zu verhindern, daß ein weiteres, konkurrierendes Verkehrsmittel geschaffen wird. Aktuelles Beispiel sind die DB-Saartarife, die im Hinblick auf den potentiellen Wettbewerb des geplanten Saar-Mosel-Kanals der Saarwirtschaft eingeräumt worden sind. Die Kommission hat sie als solche befristet anerkannt, macht ihre Beibehaltung aber abhängig von der realen Verfolgung des Kanalbaues[73].

6. Sonstige Maßnahmen

41 a) Die *sozialpolitischen* Regelungen des EWGV gelten auch für den Verkehr. Außer den einschlägigen Art. 117—128 sind hierfür auch die besonderen verkehrspolitischen Ermächtigungen anwendbar.

Die Entscheidung Nr. 65/271 vom 13. Mai 1965[74] sieht demnach die Angleichung der spezifischen Rechts- und Verwaltungsvorschriften über die Arbeitsbedingungen bei den drei Verkehrsträgern vor, ferner der Regelungen über die Zusammensetzung des Fahrpersonals, seine Arbeits- und Ruhezeiten. Die hierauf zurückgehende Ratsverordnung Nr. 543/69 vom 25. März 1969[75] über die Harmonisierung bestimmter Sozialvorschriften im Verkehr sieht Mindestanforderungen für das Alter des Fahrpersonals, seine Lenk- und Ruhezeiten und ihre Überwachung vor. Ihre Anwendung auf sämtliche Beförderungen im Gemeinsamen Markt und im Verkehr mit Drittländern war aufgeschoben, um in Verhandlungen mit diesen den Text des Europäischen Übereinkommens über die Arbeit der im internationalen Straßenverkehr beschäftigten Fahrzeugbesatzungen (AETR) an die Verordnung anzupassen. Hierüber war es zu dem Konflikt zwischen Rat und Kommission über die Verhandlungskompetenz gekommen, über den der Gerichtshof entschieden hat *(48/20)*.

Den Mitgliedstaaten bleibt überlassen, die Sozialvorschriften im Interesse des Personals über die gemeinschaftsrechtlichen Mindestanforderungen hinaus zu verbessern. Daß die Sozialregelungen wegen ihres Kostenaufwandes auch die Wettbewerbsbedingungen beeinflussen, bestätigt die Bedeutung der Sozialpolitik auch für den Sektor Verkehr als Wirtschaftsbereich.

---

nahmetarife und der Wettbewerbsfähigkeit der deutschen Seehäfen. — Unverzüglich einzustellen hatte die BRD nach der Kommissionsentscheidung vom 23. 7. 1971 (ABl. L 179, 37) u. a. die in § 3 VII des Gesetzes über die Besteuerung des Straßengüterverkehrs vom 28. 12. 1968 (BGBl. I, 1461, Verlängerung bis 31. 12. 1971 durch Gesetz vom 23. 12. 1971, BGBl. I, 1869) zugunsten des Seehafen-*Straßen*verkehrs festgelegten *Steuer*ausnahmen.

[73] Die Kommission hat die Anwendung dieser Tarife für EGKSV-Produkte mit Entscheidung vom 22. Juli 1971 (ABl. L 179, 33) bis Ende 1975 genehmigt. Zwischen 1976 und 1980 muß die DB den Abstand der Tarife zu den Normaltarifen um jährlich 20 % verringern. Damit ist ein jahrelanger Streit zwischen der Kommission und der Bundesregierung beigelegt worden.

[74] ABl. 1965, 1500.

[75] ABl. 1969 L 77, 49; Änderungen ABl. 1972 L 67, 1 u. 11. — Für die BRD vgl. Verordnung vom 28. 10. 1971 über die Beschäftigungszeiten im Straßenverkehr mit den einschlägigen Neuregelungen der StVZO (BGBl. I, 1729).

42 b) Ihre Bedeutung erstreckt sich aber auch auf die *Sicherheit des Verkehrs.* Die Ermächtigung zum Erlaß aller zweckdienlichen Vorschriften zur Herstellung einer gemeinsamen Verkehrspolitik in Art. 75 I c würde schon aus diesem Grunde auch Regelungen im Interesse der Verkehrssicherheit rechtfertigen[76]. Sie als solche zu fördern, ist aber auch im übrigen, insbes. auch unter dem Gesichtspunkt des Umweltschutzes ein berechtigtes Anliegen einer gemeinsamen Verkehrspolitik.

43 c) *Gemeinschaftsregelungen über Investitionen für die Infrastruktur* des Verkehrs liegen im Interesse auch der gemeinsamen Verkehrspolitik — an sich und wegen der Notwendigkeit ihrer Harmonisierung. Eigene Aktivitäten der Investitionspolitik vermag die Gemeinschaft indes nicht zu entfalten, da sie hierfür — anders als in der Agrarpolitik — über Haushaltsmittel nicht verfügt.

Der Rat hat durch seine Entscheidung Nr. 66/161 vom 28. Februar 1966[77] aber ein Beratungsverfahren für gemeinschaftlich interessierende Infrastruktur-Investitionen eingeführt. Es betrifft den Bau neuer und die Kapazitätserweiterung vorhandener Verkehrswege. Der Kommission obliegt, auf Antrag oder von Amts wegen solche Vorhaben mit den Mitgliedstaaten zu beraten und Empfehlungen abzugeben.

44 d) In einer Entschließung vom 7. Dezember 1970[78] hat der Rat die Eisenbahnunternehmen der Mitgliedstaaten zu einer verstärkten Zusammenarbeit aufgefordert. Sie soll sich auf technische, kommerzielle und betriebliche Fragen erstrecken. Es wird u. a. vorgeschlagen, die Möglichkeiten zur Entwicklung von internationalen Gesellschaften oder Organisationen für bestimmte inländische und grenzüberschreitende Verkehrsdienste sowie zur Schaffung einer gemeinsamen kaufmännischen Organisation zwecks späterer Integration der Streckennetze zu prüfen. Der Beschluß dürfte, falls er nicht ohnehin einen Rückzug aus der Anregung zu einer Gemeinschaftslösung organisatorischer Art markiert, kaum mehr anregen als ohnehin seit langem an Kooperation besteht. Über die Entwicklung ihrer Zusammenarbeit sollen die Eisenbahnunternehmen dem Rat jährlich einen gemeinsamen Bericht unterbreiten.

---

[76] Zutreffend: *Stabenow,* in: Gemeinsamer Markt und Verkehr 73.
[77] ABl. 1966, 583.
[78] ABl. 1971 C 5, 1.

§ 49 ENERGIEPOLITIK

Albonetti, Les entreprises communes dans le droit du Traité de l'Euratom et des statuts de l'Agence Européenne pour l'Energie nucléaire de l'O. C. D. E., in: Droit Nucléaire Européen 1968, 169; *Ballerstedt,* Das Eigentum an Kernbrennstoffen, in: Veröff. d. Instituts für Energierecht 6 (1962) 34; *Blondel-Spinelli,* L'énergie dans l'Europe des six — Fondements d'une politique énergétique commune (1966); *Blum,* Kartellpolitik und Energiewirtschaft in der Montanunion, ZGesStW 1963, 152; *Börner,* Rechtsfragen zu Art. 90 EWGV, in: Wegerecht und europäisches Wettbewerbsrecht (1966) 124; *Börner,* Das Zusammentreffen der nationalen und supranationalen Rechte im Energiebereich, in: Angleichung des Rechts der Wirtschaft in Europa (Kölner Tagung für Europarecht vom März 1969) KSE 11 (1971) 586; *Bonomi,* Die Aufgaben der öffentlichen Unternehmen bei der Lösung des Energieproblems, in: Die öffentlichen Unternehmen in der 2. Stufe des Gemeinsamen Marktes (1965) 91; *Bukow,* Eine gemeinsame Energiepolitik in der EWG?, in: Die öffentliche Wirtschaft 1969, 20; *Burchard,* Wege zu einer europäischen Energiepolitik, in: Außenpolitik 1970, 176; *Burchard - Müller-Michaelis,* Europas Energiestruktur im Wandel (1967); *Burgbacher - Wessels - Müller,* Die Energiewirtschaft im Gemeinsamen Markt (1963); *Carpentier,* En commencer avec une politique européenne de l'énergie nucléaire?, RevMC 1968, 1000; *Errera - Symon - van der Meulen - Vernaeve,* Euratom. Analyse et Commentaires du Traité (1958); *van der Esch,* Juridische aspecten van een europees energiebeleid, SEW 1964, 217; *Franceschelli,* L'entreprise communautaire, RevTrimDrEur 1968, 538; *von der Groeben,* Die energiepolitische Konzeption der EWG. Vortrag am 16. September 1965 auf der Energiekonferenz der Europäischen Bewegung in Haarlem (1965); *Haferkamp,* Grundzüge einer Energiepolitik in der Europäischen Gemeinschaft, EA 1969, 115; *Haferkamp,* Grundlagen und Ansätze einer gemeinsamen Energiepolitik, in: Wirtschaftsdienst 1970, 422; *Hellwig,* Protektion — Zölle, Steuern und Kontingente — oder Subventionen als Instrumente der Energiewirtschaftspolitik, in: Probleme einer einheitlichen Energiewirtschaftspolitik im Gemeinsamen Markt (13. Arbeitstagung des Energiewirtschaftsinstituts an der Universität Köln am 25. u. 26. 3. 1965 — 1966 —) 151; *Ippolito,* Contribution à l'étude du problème énergétique communautaire (1969); *Ipsen,* Gesetzliche Bevorratungsverpflichtung Privater. Erläuterung am Modell des Gesetzes über Mindestvorräte an Erdölerzeugnissen vom 9. September 1965, AöR 90 (1966) 393; *Kaiser,* Das Zusammenwirken der europäischen Rechtsordnung mit den nationalen Rechtsordnungen (auf dem Energiesektor), in: Gemeinschaftsrecht und nationale Rechte (V. FIDE-Kongreß 23.—26. 9. 1970 Berlin) KSE 13 (1971) III/3; *Kleps,* Energiepolitik im gemeinsamen Markt (1963); *Kovar,* Les crises du charbon et de l'acier: une épreuve pour les institutions et la solidarité communautaire, RevTrimDrEur 1967, 337; *Lapie,* Die politische Bedeutung einer gemeinsamen Energiewirtschaftspolitik für den Fortgang der Europäischen Integration, in: Probleme einer einheitlichen Energiewirtschaftspolitik im Gemeinsamen Markt (13. Arbeitstagung des Energiewirtschaftlichen Instituts an der Universität Köln 25. u. 26. 3. 1965 — 1966 —) 61; *Lapie,* La politique énergétique commune, ses étapes et ses difficultés, RevMC 1967, 134; *Libbrecht,* Les caractères essentiels des entreprises communes de l'Euratom, RevTrimDrEur 1971, 623; *Lukes,* Schranken für die Reformbestrebungen zum Energiewirtschaftsgesetz aus dem Recht der Europäischen Gemeinschaften, Betrieb 1971, 2295; *Malzer,* EWG-Kartellrecht und Energieversorgung, WuW 1963, 203; *Mathijsen,* Aspects juridiques des problèmes énergétiques dans les trois Communautés européennes, AnnFacDr Liège 12 (1967) 374;

Mathijsen, La diffusion des connaissances, DrCommEur Nr. 2757; *Mengozzi,* L'Agenzia di Approvvigionamento dell'Euratom (1964); *D. Mueller,* Die Energiewirtschaftspolitik im gemeinsamen Markt und die Probleme ihrer Koordinierung, Diss. Köln (1965); *Müller-Michaelis,* Die Integration der westeuropäischen Energiemärkte (1968); *Olivier,* Aspects juridiques de l'adaptation du Traité CECA à la crise charbonnière, CahDrEur 1967, 3; *Probleme* einer einheitlichen Energiewirtschaftspolitik im Gemeinsamen Markt. 13. Arbeitstagung des Energiewirtschaftsinstituts an der Universität Köln 25. u. 26. 3. 1965 (1966); *Püttner,* Die Rechtsfragen einer Energiepolitik, in: Einführung 138; *Regul,* Allgemeine Ziele für Energie und Koordinierung der Energiepolitik in der EWG, in: Planung I (1965) 283; *Regul,* Die Preispolitik auf den Kohle- und Ölmärkten der Gemeinschaft, in: Probleme einer einheitlichen Energiewirtschaftspolitik im Gemeinsamen Markt, 112; *Sauwens,* Esquisse d'une politique pétrolière de la Communauté, RevMC 1968, 653; *Schumacher,* The struggle for a european energy policy, JCMSt 1964, 199; *Sereni,* Le imprese comuni dell'Euratom, RivDirIntern 1960, 203; *Svoboda,* Die Rechtsgrundlagen der Versorgung mit Erzen, Ausgangsstoffen und besonderen spaltbaren Stoffen in der Europäischen Atomgemeinschaft, Diss. Mainz (1968); *Vayleux,* Le régime juridique des mouvements européens d'énergie électrique (1967).

1 Die „Doppelproblematik" der Energiepolitik ist mit der entsprechenden der Agrarpolitik verglichen worden[1]: auch im Bereich der Energiepolitik verlangt die fortschreitende Wirtschaftsintegration eine zunehmende Vergemeinschaftung für den Gemeinsamen Markt. Gleichzeitig vollziehen sich im Energiebereich ganz unabhängig von der Integration grundlegende Veränderungen in der Disposition über Energiequellen und in den Methoden ihrer Nutzung für die Energieversorgung. Der Vergleich bietet sich aber auch in dritter Richtung an: ähnlich wie im Landwirtschaftssektor haben die Gemeinschaftsverträge in den Mitgliedstaaten ein intensiv entwickeltes staatliches oder sonst hoheitlich oder fiskalisch wirksames Interventionssystem hinsichtlich der bei ihrem Inkrafttreten bekannten und genutzten Energiearten vorgefunden, nämlich für die Kohle als Primärenergiequelle, für die Elektrizität als Sekundärenergiequelle, die auf Kohle oder Wasserkraft beruht. In einer vierten Richtung allerdings hinkt der Vergleich nicht nur, sondern besteht, gemeinschaftsrechtlich gewertet, ein eklatanter Gegensatz: während Art. 3 d und 38 IV EWGV für die Landwirtschaft als Ziel der Entwicklung und des Funktionierens des Gemeinsamen Marktes eindeutig die Gestaltung einer gemeinsamen Politik anordnen, fehlt es hieran im EGKSV für die Kohle, im EAGV für die Kernenergie, im EWGV für die anderen Energieträger (Öl, Erdgas, Wasserkraft). Im EWGV, der allein hierfür den Standort hätte abgeben können, fehlt es überdies an jeder Normierung einer die verschiedenen Energien insgesamt umfassenden Konzeption. Art. 232 EWGV sanktioniert diese Unterlassung geradezu, indem er den EGKSV und den EAGV ausdrücklich als durch seine Vorschriften nicht berührt erklärt.

Diese Vorbedingungen und dieser Status bezeichnen also die Lage der Energiepolitik aus der Sicht des Gemeinschaftsrechts: *es gibt keine gemeinsame Energiepolitik.* Die für ihre Gestaltung erforderlichen Rechtsgrund-

[1] *Hallstein,* Bundesstaat 168.

lagen sind *nicht vorhanden.* Die im Rahmen der Verträge, insbesondere des EGKSV und des EAGV, versuchte Energiepolitik hat sich auch in ihrem sektoral begrenzten Bereich als unzulänglich erwiesen. Soweit das Instrumentarium der Verträge und andere Konstruktionshilfen zur Anwendung gelangt sind, um energiepolitische Ziele zu verfolgen, hat diese zu rechtlich nicht zulänglich gesicherten und sachlich nur unvollkommenen und bescheidenen Ansätzen geführt.

Um dieses Resultat darzulegen, ist es auch erforderlich, in Strichen zu skizzieren, welche Rechtsgrundlagen der EGKSV für die Kohle und der EAGV für die Kernenergie für energiepolitische Maßnahmen bereitgestellt haben und wie sie gehandhabt worden sind *(49/9—21).*

I. Energien und Energiepolitik

1. Energien

2 a) Unter den Primärenergiearten, die als Heiz- und Brennstoffe Rohenergien darstellen, ist die Kohle im Jahre 1952 Gegenstand des EGKSV in einem Zeitpunkt geworden, in dem sie knapp und teuer war und zu bleiben drohte. Deshalb hat der Vertrag in wesentlichen Zügen auf eine Kohlen*mangellage* abgestellt (Art. 59 EGKSV). Selbst dem Saarvertrag vom 27. Oktober 1956 (BGBl. II, 1587), der Frankreich Kohlebezüge aus den Saargruben sicherte, die abzunehmen alsbald eine Last wurde, lag noch die Annahme zugrunde, die Energielücke sei nicht zu schließen. Im Herbst 1957 schlug der Kohlemarkt um und wurde schnell zum *Überhang*markt mit der Folge, daß der Energiemarkt innerhalb weniger Jahre sich grundlegend verwandelte. Heizöl und Erdgas erwiesen sich als ständig vordringende Substitutionsenergien in den wichtigsten Mitgliedstaaten der Gemeinschaft. Der Kohleanteil im Energieverbrauch ging von rund drei Vierteln auf nahezu ein Viertel zurück. Die Gemeinschaft wurde zu mehr als 50 % von Einfuhrenergie abhängig. Dabei wuchs der Kohleüberhang zusätzlich durch Rationalisierung, Stillegung unrentabler Zechen, Konzentration auf mechanisierte Förderung. Neue Wandlungen der Energieversorgung finden statt, weitere stehen bevor mit zunehmendem Einsatz von Kernenergie und schnell steigender Versorgung mit Erdgas[2].

b) Der Umschwung am Kohlemarkt im Herbst 1957 hat in drastischer Weise die Schwierigkeiten zuverlässiger Nachfragevorausschauen und der Einschätzung der Energiequellen demonstriert. Die Bewertung der noch nicht übersehbaren Erdgasreserven und ihrer Nutzbarmachung fordert eben-

[2] Zahlenangaben bei *Hallstein,* Bundesstaat 169, 170; Tabellen 1—9 (S. 41—52) Anlage 1 zur Kommissionsmitteilung an den Rat „Erste Orientierung für eine gemeinschaftliche Energiepolitik“ v. 18. 12. 1968 (= Bull EG Sonderbeilage zu Nr. 12/1968).

so Unsicherheitsmargen wie die des technischen Fortschritts im Kernenergiesektor, auf dem die Gemeinschaft im Uranbedarf ebenfalls einfuhrabhängig ist. Die schnelle Strukturveränderung des Energiemarktes verändert die Wettbewerbslage der Energiearten. Der Kohle- und Koksbedarf konzentiert sich zunehmend auf die Eisen- und Stahlindustrie sowie die Wärmekraftwerke[3]. Mit ihren Förderkosten kann die Gemeinschaftskohle gegenüber ihren konkurrierenden Energieträgern nicht bestehen, selbst nicht gegenüber der mit Transportkosten belasteten Importkohle aus den USA. Mit ihrem Erdöleinfuhrbedarf für mehr als 50 % ihres Energieverbrauchs nimmt die Gemeinschaft zu mehr als einem Drittel am Welthandel teil, da ihre eigene Ölproduktion unerheblich ist. In gleichem Ausmaß ist die Gemeinschaft abhängig vom Funktionieren des Welthandels und einer gemeinsamen Energieeinfuhrpolitik, die als solche vertragsrechtlich nicht vorbestimmt ist.

2. Energiepolitik im Mitgliedstaat

3 a) Trotz aller Unterschiede im übrigen ist die Energiewirtschaft in allen Mitgliedstaaten intensiv hoheitlicher oder öffentlich wirksamer Intervention verschiedenartiger Rechtsgestaltung unterworfen. Das erklärt sich nicht nur aus dem hohen langfristigen Investitionsbedarf dieses Sektors, seiner Angewiesenheit auf die Benutzung öffentlichen Grundes für die Anlegung von Leitungswegen[4] und der Bedeutung der Energieversorgung für die Daseinsvorsorge der Menschen und die Wirtschaft insgesamt. Ähnlich wie im Agrarsektor ist auch die Energieversorgung Gegenstand nationaler Autarkieansprüche und -sorgen geworden, hat die Verfügung über Energievorkommen, ihre Erhaltung und Sicherung innen- und außenpolitisch den Rang höchster Nationalinteressen eingenommen. Das deutsche Beispiel der Ruhrkohle spricht für sich. Das hat zu einer Sonderstellung der Energiewirtschaft und -politik auch in solchen Wirtschaftssystemen geführt, die sich ansonsten dem Wettbewerb und seinen Funktionen der Marktregulierung verpflichtet fühlen. Das gilt eindeutig auch für die BRD. Die Energiepolitik und das Energiewirtschaftsrecht als ihr Gestaltungsmittel in der BRD ähneln insoweit grundsätzlich dem auf die Energie bezogenen Stil in Recht und Politik der anderen Mitgliedstaaten. Von ihnen allen ist zutreffend festgestellt worden, daß sie weder überzeugt haben noch überzeugend sind. Sie präsentieren „sich in fast allen Staaten als die Hohe Schule des Interventionismus,

---

[3] Erste Orientierung, Einführung 37—39.

[4] Dazu: *Marschall,* Die Benutzung von Bundesfernstraßen zum Zwecke der öffentlichen Versorgung, in: Wegerecht und europäisches Wettbewerbsrecht (1966) 1; *Maunz,* Die Kostenverteilung zwischen Straßenbaulastträgern und öffentlichen Versorgungsunternehmen, ebenda 19; *Dreyfous-Ducas,* L'emploi des voies publiques pour le transport de l'énergie, ebenda 43; *Börner* ebenda 132, 134.

und zwar falscher Eingriffe, als Schauplatz von Machtkämpfen und politischen und ökonomischen Fehlentscheidungen. Dabei reichen ihre Wirkungen in fast alle Bereiche der Wirtschaftspolitik hinein. Sie hat sozialpolitische, konjunkturpolitische, regionalpolitische, wettbewerbspolitische und vor allem auch steuer- und finanzpolitische Aspekte“[5]. Das Beispiel der Ruhrkohle zeigt, daß auch gewichtige innen- und gesellschaftspolitische Aspekte im Spiel sind.

4 b) Als plastisches Beispiel nationaler Energiepolitik solcher Erscheinungsformen, mit denen die Gestaltung einer gemeinsamen Energiepolitik zwangsläufig rechnen muß, und zwar hinsichtlich der im intensivsten Wettbewerb miteinander stehenden Energiearten Kohle und Öl, kann für die letzte Entwicklungsperiode deshalb die deutsche Energiepolitik gelten. Sie kennzeichnet sich als Summe von Einzelinterventionen, die nur insoweit in einem ihnen zugrunde liegenden Gesamtzusammenhang stehen, als ihnen eine Energiegesamtplanung vorgegeben war. Im Rahmen einer solchen Planung kam den Einzelinterventionen, die isoliert ohne Planbezug erschienen, die Funktion zu, im einander ergänzenden Zusammenwirken nach einer Methode des „Planulismus“ zur Zielverwirklichung des Planes beizutragen[6]. So galt auf dem Höhepunkt der Kohle-Überproduktion Mitte der 60er Jahre als hoheitlich gesetztes Planziel der Energiepolitik, dem Bergbau eine Förderung und einen Absatz von jährlich 140 Millionen Tonnen zu garantieren. Auf diese Weise sollten die Stellung der Kohle im Wettbewerb mit dem Öl behauptet, die hinreichende Beschäftigung im Bergbau und seine Funktionsfähigkeit gesichert, die Energieversorgung nationaler Disposition für alle Fälle gewährleistet werden. Dieser Zielverwirklichung dienten als planulistische Einzelinterventionen gleichzeitig: im Kohlesektor einfuhrbeschränkende Zollkontingentierungen gegenüber US-Importen, Stillegungsprämien und Feierschichtenfinanzierungen, Haldenfinanzierung, Finanzierung von Haldenverkäufen und ihrer dezentralisierten Vorratslagerung unter Übernahme der Transportkosten, Subventionierungen für den Bau von Steinkohlenkraftwerken, Kohlefrachtsubventionen, steuerliche Begünstigungen von Rationalisierungsumwandlungen, in Ablösung der früheren Bergmannsprämie als Surrogat die Knappschafts-Entlastung des Bergbaues, die Belassung öffentlich mitfinanzierter Bergmannswohnungen bei Arbeitsplatzwechsel, Garantien für Bergschädenrisiken zur Freimachung von Bergbaugelände für Industrieansiedlungen; im Ölsektor: Verlängerung der Heizölbesteuerung, Einführung einer Kontingentierungsbefugnis für Ölimporte, Genehmigungsvorbehalt und Kontrolle von Pipeline-Bauten, Selbstbeschränkung der Öleinfuhren kraft „Vereinbarung“ zwischen Regierung und Mineralölwirtschaft[7], gesetzliche Begründung einer Pflicht der Mineralölwirtschaft zur unentgeltlichen Bevorratung für einen Vergleichszeitraum des Verbrauchs an 65 Tagen, und dies ersichtlich auch zur Beeinflussung der Wettbewerbslage zwischen Öl und Kohle[8], deren „Bevorratungs“-, d. h. Überschußhalden demgegenüber aus öffentlichen Mitteln mitfinanziert wurden.

---

[5] *Hallstein*, Bundesstaat 171.

[6] Darstellung bei *Ipsen*, Rechtsfragen der Wirtschaftsplanung, in: Planung II (1966) 76—79.

[7] Zu solchen „industriellen Absprachen im öffentlichen Interesse“: *Kaiser* NJW 1971, 585; 586 zur Rechtsnatur des „Quotenkartells“ der Selbstbeschränkung.

[8] Einen solchen „Nebenzweck“ des Bevorratungsgesetzes, „die Struktur des Wettbewerbs auf dem Energiemarkt zu beeinflussen, insbes. die Marktstellung des Steinkohle-Bergbaus vor dem Wettbewerb der Heizölanbieter zu schützen“, hat das BVerfG in seinem Beschluß v. 16. 3. 1971 BVerfGE 30, 292 für legitim und inner-

Diese exemplarische Augenblicksaufnahme eines energiepolitischen Planulismus nur *eines* Mitgliedstaates spiegelt wider, welchem nationalen Befund die Entwicklung einer gemeinsamen Energiepolitik gegenübersteht, die „dieses Engagement der Staaten zu berücksichtigen und ... in die eigene, koordinierende Politik einzubauen oder auf einen allmählichen Übergang zu einem entsprechenden europäischen Engagement zu dringen“ hat[9].

c) Insgesamt wird die energiepolitische Situation in der BRD[10] gegenwärtig durch folgende Regelungen bestimmt:

5 aa) *Kohle:* Seit den planulistischen Bemühungen der Mitte und der zweiten Hälfte der 60er Jahre *(49/4)* ist nach zahlreichen Anläufen und Vorschlägen „zur Anpassung und Gesundung des deutschen Steinkohlenbergbaues und der deutschen Steinkohlenbergbaugebiete“ auf Initiative des Bundeswirtschaftsministeriums und der Gewerkschaften die Einheitsgesellschaft Ruhrkohle AG gegründet worden[11]. Ihre Errichtung folgt dem Wettbewerbsprinzip weder hinsichtlich des Verhältnisses der Energieträger zueinander noch innerhalb der Energiearten. Denn sie vereinigt in sich nahezu sämtliche Bergwerksunternehmen des Ruhrreviers durch Verträge, an denen die BRD, das Land Nordrhein-Westfalen, der Unternehmensverband Ruhrbergbau und die zuständige Gewerkschaft teilhaben und deren Verpflichtungen gegenüber den vereinigten Unternehmen die öffentliche Hand weitgehend verbürgt. Der staatliche Einfluß nähert die Gesellschaft einem staatlichen Eigenunternehmen an, falls die Bürgschaft in Anspruch genommen werden muß. „Flankierende Maßnahmen“ zum Wettbewerbsschutz der Kohle sind Heizölsteuer, Einfuhrbeschränkung für Heizöl, Förderung der Steinkohleverwendung in Kraftwerken und zahlreiche Kohleabsatz-Subventionierungen. Die Aktionsgemeinschaft Deutsche Steinkohlenreviere GmbH verfolgt die Stillegung unrentabler Gruben mit öffentlicher Finanzhilfe. Ein Bundesbeauftragter verfügt über weitreichende Aufsichtsbefugnisse und Sanktionen, die u. a. im Subventionsentzug und der Enteignungsandrohung bestehen. Anfang 1972 steht auch die Einheitsgesellschaft wiederum vor bedrohlichen Finanzschwierigkeiten.

6 bb) *Öl:* Ein Basisprogramm für die Mineralölpolitik vom 24. Februar 1969 und der Einsatz einer durch Vertrag der BRD verbundenen Erdölversorgungsgesellschaft (DEMINEX) soll die Erschließung neuer Erdöl- und Erdgaslagerstätten außerhalb der Gemeinschaften, ihren Erwerb, den Abschluß von Lieferverträgen und den Öltransport unter staatlicher Finanzhilfe fördern und die Versorgung sichern. Steuerliche Maßnahmen und Anpassungshilfen unterstützen die Programmverwirklichung.

7 cc) *Erdgas, Gas und Elektrizität:* Als zu den Bodenschätzen gehörig unterliegt Erdgas — wie die Kohle — dem Staatsvorbehalt. Seine Gewinnung steht unter Konzessionsvorbehalt und staatlicher Aufsicht; im übrigen unterfällt auch diese Energieart dem Energiewirtschaftsgesetz vom 13. Dezember 1935 (RGBl. I 1451). Dieses Gesetz bezieht sich auf Gas und Elektrizität. Sein Ziel ist es, die Energie-

---

halb der wirtschaftspolitischen Entschließungsfreiheit des Gesetzgebers liegend erachtet. „Die überragende Bedeutung der Energiewirtschaft rechtfertigt an sich schon weitergehende staatliche Interventionen, als sie auf anderen Wirtschaftsgebieten üblich und zulässig sind. Diese Auffassung vertritt auch die Kommission der Europäischen Gemeinschaften.“ Wie üblich, hat das Gericht es nicht für erforderlich gehalten, die Behauptung dieses letzten Satzes zu belegen — eine Methode, unter der gerade dieser Beschluß des Gerichts leidet (so z. B. auch zu der Vergleichung mit ausländischen Bevorratungsregelungen).

[9] *Püttner,* in: Einführung 138.

[10] Zu ihrer Entwicklung: *Biedenkopf,* Thesen zur Energiepolitik (1967).

[11] *Kaiser,* in: Gemeinschaftsrecht und nationale Rechte, KSE 13 (1971) III/3,3; *Flore,* ebenda III/8, 6—7 (Generalbericht).

versorgung zu sichern, volkswirtschaftlich schädliche Auswirkungen des Wettbewerbs zu verhindern, einen zweckmäßigen Ausgleich durch Verbundwirtschaft zu fördern und die Energieversorgung so sicher und billig wie möglich zu gestalten. Hierzu untersteht die gesamte Energiewirtschaft staatlicher Aufsicht, und dies ohne Rücksicht auf Rechtsform und Eigentumsverhältnisse der Unternehmen. Ihnen obliegt eine generelle Anschluß- und Versorgungspflicht. Sie unterstehen einer Vertrags- und Preiskontrolle. Durch Demarkationsverträge werden die Versorgungsgebiete abgegrenzt und aufgeteilt. Insoweit findet das Kartellrecht keine Anwendung (§§ 103 I 1 und 104 GWB). Die Energieunternehmen dürfen für ihre Leitungen öffentliche Wege in Anspruch nehmen, und zwar als Sondernutzung des Wegerechts oder durch Konzessionsverträge, in denen die Gemeinden als Wegeeigentümer Konzessionsabgaben ausbedingen.

8 dd) *Kernenergie:* Das deutsche Kernenergierecht ist im Gesetz über die friedliche Verwendung der Kernenergie und den Schutz gegen ihre Gefahren vom 23. Dezember 1959 (BGBl. I, 814) in Anlehnung an Gemeinschafts- und internationales Recht schutzgesetzlich geregelt. Die Atomenergieunternehmen (der Elektrizitäts- und Chemiewirtschaft) sind privatrechtlich organisiert. Die deutsche Kernenergiepolitik äußert sich in Atomprogrammen aus der Zusammenarbeit des Staates mit der in der deutschen Atomkommission repräsentierten Privatwirtschaft.

II. Gemeinschaftsrecht für Kohle

Ebenso wie hinsichtlich der anderen Energiearten *(49/16—25)* ist für die *Kohle* der Status des geltenden, energiepolitisch relevanten Gemeinschaftsrechts aus dem einschlägigen Vertragsrecht und seiner bisherigen Anwendung zu ermitteln. Auf der Grundlage dieser Bestandsaufnahmen kann der bisherige Ansatz einer gemeinsamen Energiepolitik bewertet und erwogen werden, welcher Rechtsgrundlagen und Instrumente sie weiterhin bedarf.

1. Grundsätze des EGKSV

9 a) Der EGKSV berücksichtigt — ebenso wie in bezug auf die Stahlerzeugung — auch für die Kohleproduktion, daß die sie angehenden nationalen energiepolitischen Regelungen einen nur begrenzten Wettbewerb zulassen und dieser ökonomisch durch die Größe der Unternehmen, rechtlich durch staatlichen Interventionismus unterschiedlicher Zielsetzung gedrosselt wird. Die Vertragspräambel des EGKSV und die grundlegenden Art. 3 bis 5 zielen auf eine im Interesse der Gemeinschaft liegende Regelung des Wettbewerbs unter gleichzeitiger Verhinderung seines Ausschlusses und seiner Verfälschung durch private oder staatliche Verhaltensweisen und Maßnahmen. Art. 3 EGKSV stellt hierfür die Gemeinschafts-Interventions*befugnisse,* Art. 5 die Interventions*mittel* bereit. Art. 4 beschreibt mit seinen zwingenden Aufhebungs- und Verbotsregelungen den Marktzustand, der gemeinschaftsrechtlich als Gemeinsamer Markt geregelten Wettbewerbs gefordert ist. Soweit diese Grundsätze weiterhin einen hoheitlichen Interventionismus zulassen, wird er durch Kompetenzverlagerung teilweise ein solcher in der Zuständigkeit der Gemeinschaft, im übrigen (als in mitgliedstaatlicher Zuständigkeit belassen) ihrer Kontrolle unterstellt.

b) Die materiellen und kompetentiellen Grundsatzartikel 2 bis 4 sind vertragsrechtlich auch gegen sonst nach Art. 95 III im vereinfachten Verfahren zulässige Revision für unantastbar erklärt („vertragsfestes Minimum"). Nach Eintritt der Überhanglage im Jahre 1958 hat sich diese Starrheit des Vertrages als energiepolitisches Hindernis erwiesen. Über die Strenge des staatlichen Subventions- und Beihilfeverbots in Art. 4 c ist die Gemeinschaft bei ihrer Freigabe mitgliedstaatlicher Sanierungs-, Stufungs- und Stilllegungsbeihilfen in der Entscheidung Nr. 3/65 vom 17. Februar 1965[12] in rechtlich umstrittener Einlassung hinweggegangen *(38/10)*. Ihre Begründung erachtete das Verbot für anwendbar nur bei unkoordinierten, wettbewerbsverfälschenden Finanzhilfen der Mitgliedstaaten, nicht bei einem — wie geschehen — gemeinschaftsrechtlich geregelten Beihilfensystem, das zur Vertragszielverwirklichung beitrage[13]. Die Begründung steht und fällt mit der Einheitlichkeit oder Unterschiedlichkeit der mitgliedstaatlichen Durchführung und der Wirksamkeit der Gemeinschaftskontrolle über die wettbewerbsrelevante Gleichmäßigkeit der nationalen Beihilferegelungen.

c) In der Aufzählung der gemeinschaftsrechtlichen Interventionsbefugnisse in Art. 3 greift das Gemeinschaftsrecht auf den Erfahrungsschatz mitgliedstaatlichen Interventionismus' zurück: Konjunkturbeeinflussung, Preisüberwachung, Investitionslenkung, Einflußnahme auf Lohn- und Sozialpolitik, auf die Handelspolitik. Auch die Interventionsmittel des Art. 5 sind in der Disposition der Gemeinschaftsorgane nach Art und Einsatzmöglichkeit keine anderen als die vom nationalen Energierecht entwickelten. Daß sie nur nach dem Prinzip des Interventionsminimums, der Erforderlichkeit, der Verhältnismäßigkeit und der Vertragsgemäßheit anzuwenden sind, entspricht dem Charakter der Gemeinschaft als verfaßter Rechtsgemeinschaft und dem gemeinsamen rechtsstaatlichen Standard der Mitgliedstaaten.

2. *Wettbewerbsregeln*[14]

10 Der dreiteilige Bereich der die Kohle betreffenden Wettbewerbsregelungen für Erzeugung und Handelsverkehr — über (a) Preise, (b) Kartelle und Zusammenschlüsse, (c) staatliche Subventionen und Beihilfen — zielt

---

[12] ABl. 1965, 480; mit Wirkung ab 1. 1. 1971 ersetzt durch die Entscheidung Nr. 3/71 der Kommission vom 22. 12. 1970 über das gemeinschaftliche System von Maßnahmen der Mitgliedstaaten zugunsten des Steinkohlenbergbaus (ABl. 1971 L 3, 7); hierzu Durchführungsentscheidung der Kommission vom 10. 12. 1971 (ABl. 1972 L 13, 1).

[13] *Sattler*, Entwicklung 59; *Börner*, in: Angleichung des Rechts der Wirtschaft in Europa, KSE 11 (1971) 586 ff.

[14] *Cartou*, Europäische Organisationen 377 ff.; auch zum Folgenden.

auf eine gemeinschaftsrechtliche Ordnung und Überwachung des Wettbewerbs, die intensiver ist als die des EWGV für andere Energien. Diese Ordnung soll zu den Voraussetzungen beitragen, „die von sich aus die rationellste Verteilung der Erzeugung auf dem höchsten Leistungsstande sichern" (Art. 2 II), andererseits ihnen widerstreitende Einwirkungen der Unternehmen und der Staaten unterbinden.

a) Art. 60—64, diese auf die Grundsätze des Art. 4 b und c zurückgehend, bilden das gemeinschaftliche *Preisrecht*. Es zielt auf die Sicherung der Gleichbehandlung, ermöglicht Preisregelungen und die Einrichtung von Ausgleichszahlungssystemen.

aa) Art. 60 § 1 verbietet Preispraktiken unlauteren Wettbewerbs insbesondere zur Erlangung einer Monopolstellung sowie diskriminierende Praktiken eines Verkäufers gegenüber verschiedenen Käufern, namentlich auf Grund seiner Nationalität. Um diesen Gleichbehandlungsgrundsatz zu sichern, müssen die Unternehmen Preistafeln und Verkaufsbedingungen veröffentlichen und diesen eine dem Gleichbehandlungsgrundsatz entsprechende Frachtbasis zugrunde legen (Art. 60 § 2). Um zu gewährleisten, daß dieser Grundsatz auch von Händlern, Vertriebsunternehmen und Käufern respektiert wird, verlängert und sanktioniert Art. 63 die Wirkungen des Art. 60 diesen gegenüber. Danach sind die Gemeinschaftsorgane befugt, auch die Mitgliedstaaten zu solchen Sicherungen anzuhalten.

bb) Außer der Sicherung des Gleichbehandlungsgebotes in der Kohle*preisgestaltung* verfügt die Gemeinschaft über die Befugnis zur *Festsetzung von Höchst- und Mindestpreisen* (Art. 61). Sie können innerhalb des Gemeinsamen Marktes festgesetzt werden bei Eintritt oder Drohung einer Krise und im Zielinteresse des Art. 3, für die Ausfuhr unter der Voraussetzung wirksamer Kontrolle wegen einer aus der Marktlage für die Unternehmen erwachsenen Gefahr oder im handelspolitischen Zielinteresse des Art. 3 f.

cc) Die in Art. 62 eröffnete Gemeinschaftsbefugnis, *Ausgleichszahlungssysteme* zwischen revierverschiedenen oder reviergleichen Unternehmen zu schaffen oder ihre Einrichtung zu genehmigen, zählt mit den Art. 53 und 58 zu den Mitteln, die der Gemeinschaft nach Art. 3 obliegenden Aufgaben zu erfüllen, und zwar speziell der in Art. 3 a ihr aufgegebenen Sicherung der Versorgung. Art. 62 sollte nach seiner ratio bei Kohle*mangellage* den Betrieb auch unrentabler Gruben ermöglichen, deren überhöhte Produktionskosten ausgleichsbedürftig waren. Während der Kohle*überproduktion* ist Art. 62 obsolet geworden. Auf dem Kohlesektor sind deshalb Erfahrungen erspart geblieben, die wegen des strukturellen Schrottdefizits der Gemeinschaft zum Preisausgleich mit Importschrott höherer Weltmarktpreise gemacht werden mußten, als in den Jahren 1953 bis 1958 genehmigte nationale Ausgleichskassen und eine gemeinschaftliche errichtet wurden. Das Positivum dieser Erfahrungen liegt im Grunde — abseits der Sache selbst — in der für wichtige Fragen des Gemeinschaftsrechts ergiebigen Rechtsprechung des Gerichtshofs in den zahlreichen „Schrott-Prozessen“[15].

b) Der Grundsatz des Art. 4 d, wonach *einschränkende Praktiken* aufgehoben und untersagt sind, die auf eine Aufteilung oder Ausbeutung der Märkte abzielen, wird in den Art. 65 und 66 für *Kartelle, Zusammenschlüsse* und *Marktbeherrschungs-Mißbrauch* spezifiziert.

aa) Art. 65 umschreibt in § 1 die *verbotenen Praktiken,* ohne sie abschließend aufzuzählen, als Einwirkungen auf den „normalen Wettbewerb“. Das Kartellverbot trifft nicht nur (wie im EWGV) solche, die den zwischenstaatlichen Handel beeinflussen, sondern *jede* Wettbewerbsbeeinträchtigung auf dem Gemeinsamen Markt für Kohle (und Stahl). Art. 65 will die Erlangung einer marktbeherrschenden Stellung von Unternehmen verhindern, die rechtlich getrennt bleiben, aber gemeinsam vorgehen. Ausnahmegenehmigungen vom Verbot ermöglicht § 2 des Art. 65 unter bestimmten Voraussetzungen für Vereinbarungen über Spezialisierung oder über gemeinsamen Ein- oder Verkauf sowie streng analoge Vereinbarungen. §§ 3 bis 5 des Art. 65 regeln Informations-, Kontroll- und Sanktionsrechte der Gemeinschaft sowie die Rechtsfolgen des Kartellverbots.

In der Kohlenkrise hat die Genehmigungsfähigkeit der gemeinschaftlichen Kohleverkaufsorganisationen im Hinblick auf die Voraussetzungen des Art. 65 § 2 c ökonomische und Rechtszweifel aufgeworfen. Eine 1959/60 geplante einheitliche Verkaufsorganisation für den Ruhrkohleabsatz ist nicht genehmigt worden. Der Versuch, gemäß Art. 95 III im Wege der kleinen Revision Art. 65 zu ändern, um die Genehmigung zu ermöglichen, ist an der negativen Stellungnahme des Gerichtshofs gescheitert. Genehmigt worden ist schließlich durch die Entscheidungen Nrn. 5 und 6/63 im Frühjahr 1963[16] die Organisation in zwei getrennten Verkaufsgesellschaften (Geitling und Präsident), die bis zur Errichtung der Ruhrkohle AG im Jahre 1969 Bestand hatten.

bb) Art. 66 will ebenfalls *Marktbeherrschung* verhindern, anders als Art. 65 indes solche, die sich *durch Unternehmenszusammenschluß oder Beteiligung* (vertikal oder horizontal) vollzieht, wenn *nur ein* beteiligtes Unternehmen dem Art. 80 EGKSV unterfällt. Da der Montanmarkt auch für Kohle seiner Natur nach oligopolistisch strukturiert ist und zur Bildung marktbeherrschender Unternehmen tendiert, können Konzentrationen im Zielinteresse der Art. 2 und 3 in Grenzen auch energiepolitisch erwünscht sein. Durch Art. 66 werden deshalb Zusammenschlüsse nicht per se gemeinschaftsrechtlich verboten, sondern unter Meldepflicht, Kontrolle und Genehmigungsvorbehalt gestellt. Hierfür nennt § 2 des Art. 66 die Voraussetzungen, die auf den Einfluß des Zusammenschlusses auf Erzeugung und Preise sowie die Entstehung von Ein- und Verkaufsmonopolen zielen, die verhindert werden sollen. § 3 des Art. 66 stellt unschädliche kleinere Zu-

---

[15] Zu den sog. „Schrottprozessen“: *Sattler,* Entwicklung 54.
[16] Aufgehoben durch die Entscheidungen v. 27. 11. 1969 (ABl. L 304, 11 und 12).

sammenschlüsse von Genehmigungsvorbehalt frei. Informations-, Auskunfts-, Sanktions- und Sicherungsbefugnisse der Gemeinschaftsorgane runden die Konzentrationskontrolle ab. Den Zusammenschluß nahezu aller Ruhrkohleunternehmen in der Ruhrkohle AG hat die Kommission Ende 1969 genehmigt, weil der Kohlemarkt angesichts des Vordringens anderer Energiearten (Öl, Erdgas) seine frühere Funktion auf dem Energiemarkt eingebüßt hat und auch die einzige Ruhrkohle AG nicht die Fähigkeit besitzt, auf ihm einen wirksamen Wettbewerb zu verhindern.

Art. 66 hat insoweit im Grunde nur noch Bedeutung für den *Stahlsektor*. Für ihn wurde zur Aufrechterhaltung eines wirksamen Wettbewerbs gemeinschaftsrechtlich zunächst gefordert, daß die Zahl der Unternehmen, die 90 % des Rohstahls der Gemeinschaft erzeugen, nicht unter zehn sinkt[17]. In einem Memorandum zur Wettbewerbspolitik auf dem Stahlmarkt hat die Kommission später Unternehmenseinheiten mit Anteilen von 10 bis 14 % als optimal bezeichnet und einen wirksamen Wettbewerb schon zwischen fünf oder sechs gleichgewichtigen Gruppen erwartet. Die im März 1967 erteilten Genehmigungen für die sog. Stahlkontore der westdeutschen Stahlindustrie sind über den 30. Juni 1971 hinaus nicht verlängert worden. Die Kommission hat — in ihrer Nachfolge, aber im wesentlichen ohne Funktionen des gemeinsamen Verkaufs — die Bildung von vier Rationalisierungsgruppen genehmigt, zur gleichzeitigen Vereinbarung von Produktionsquoten ihre Genehmigung aber verweigert[18] *(33/8)*.

cc) Kartellverbot und Konzentrationskontrolle werden gemäß Art. 4 c, 67, 68 und 70 in Regelungen zur Ordnung des Wettbewerbs ergänzt durch Gemeinschaftsbestimmungen, die sich gegen *wettbewerbsverfälschendes Verhalten der Mitgliedstaaten* wenden. Art. 4 c erklärt als absolut aufgehoben und untersagt die von den Staaten bewilligten Beihilfen und Subventionen sowie von ihnen auferlegte Sonderlasten. Art. 67 und 68 § 5 verpflichten die Mitgliedstaaten, der Kommission solche Interventionsmaßnahmen zur Kenntnis zu bringen, die auf den Gebieten der Steuer-, Sozial-, Sozialversicherungs-, Wechselkurs- und Preisgesetzgebung die Wettbewerbsbedingungen in den Produktionskosten fühlbar beeinträchtigen können. Die Kommission kann hiergegen bei Einwirkungen auf Unternehmen innerhalb desselben Staates Beihilfegewährung genehmigen, bei Einwirkungen in anderen Mitgliedstaaten Gegenmaßnahmen empfehlen. Die durch transportpolitische Maßnahmen in Gestalt von Unterstützungstarifen wirksame Subventionierung ist nach Art. 70 IV in Verbindung mit Art. 4 c verboten und nur in Ausnahmefällen dispensabel *(48/37—40)*.

3. *Gemeinschaftsinterventionen*

Das Kohleenergierecht des EGKSV stellt der Gemeinschaft *Interventionsbefugnisse* zur Verfügung, die teils solche der Mitgliedstaaten ablösen, teils ihrer Koordinierung dienen.

[17] *Sattler*, Entwicklung 56 mit Nachweisen.
[18] Entscheidungen v. 27. 7. 1971 (ABl. 1971 L 201, 1, 12, 19, 27).

11 a) Intervention bedingt Information. Information ermöglicht Prognose und Programm, um Interventionen im Planulismus zur Planung zu bündeln. Art. 46—48 EGKSV bilden hierfür die Rechtsgrundlagen. Die Kommission ist zu Konsultationen, zur Einholung von Auskünften, Nachprüfungen und zu Vorausschätzungen, Aufstellung von allgemeinen Zielen und Programmen befugt und berufen. Sie sollen die am Markt Beteiligten indikativ über die Marktentwicklung informieren und das Gemeinschaftshandeln zeitbemessen bestimmen. Während danach „Allgemeine Ziele Stahl" regelmäßiger publiziert wurden, sind „Allgemeine Ziele Kohle" wegen der krisenhaften Entwicklung nur 1955 und 1957 genannt worden[19]. An ihre Stelle sind danach vorbereitende Untersuchungen, langfristige „Energiewirtschaftliche Aussichten" und Memoranden über das Steinkohlenförderziel 1970 und die Kohlewirtschaftspolitik getreten.

12 b) Konjunkturpolitische Funktion kommt den Gemeinschafts-Inverventionsbefugnissen hinsichtlich der Erzeugung in Krisenlagen zu, die die Art. 57—59 zusammenfassen.

aa) Art. 57 stellt Generalregeln für ihre Handhabung auf: Subsidiarität, Vorrang indirekter vor direkten Maßnahmen, Vorzugsanwendung indirekter Maßnahmen in Zusammenarbeit mit den Regierungen (Einflußnahme auf den Verbrauch der öffentlichen Dienste) oder auf den Gebieten der vertraglich zulässigen Preis- und Handelspolitik. Erst *nach* ihrer Ausschöpfung stehen die Krisenbefugnisse der Art. 58, 59 zu Gebote.

bb) Der Krise wegen *Nachfragerückgang* kann nach Art. 58 durch Beschränkung und Quotierung der Erzeugung begegnet werden. Der Versuch seiner Anwendung im Frühjahr 1959 wegen des Kohleüberhangs hat nicht die Zustimmung des Rates gefunden[20]. Art. 74 ermöglicht zusätzlich Abwehrmaßnahmen gegen Drittstaaten, deren Handelspraktiken den Gemeinsamen Markt beeinflussen.

cc) Der in (förmlich festzustellender) *ernster Mangellage* bestehenden Krise kann durch Festsetzung von Verwendungsprioritäten, Einführung eines Verteilungssystems und Exportbeschränkung begegnet werden. Dadurch wird der „Mangel gemeinschaftsrechtlich verwaltet".

dd) Im Verlauf der seit Ende 1957 fühlbaren Kohlenkrise sind die Art. 37 (Schutzklausel), 74 I 3 (Einfuhrrestriktionen), 95 I, III, IV (kleine Vertragsrevision) zur Anwendung gekommen: erste Maßnahmen zum Schutz des belgischen Kohlebergbaues; Beihilfegewährungen zur Haldenfinanzierung und zur Feierschichtenfinanzierung im belgischen Bergbau; Verpflichtung der BRD zur Zollerhebung auf Teile der Kohleimporte aus den USA; vorübergehende weitgehende Abriegelung des belgischen Bergbaues vom Gemeinsamen Markt von Ende 1959 bis Ende 1962 gemäß Art. 37 II; Ermächtigung der Kommission zur Gewährung von Umstellungskrediten und

---

[19] *Sattler*, Entwicklung 53.

[20] *Sattler*, Entwicklung 57.

Anpassungsbeihilfen auch bei grundlegenden Änderungen der Absatzbedingungen durch tatbestandliche Erweiterung des Art. 56[21].

13 c) Im Bereich der energiewirtschaftlichen *Investitionspolitik* verfügt die Gemeinschaft über nur begrenzte Interventionsbefugnisse. Sie kann nach Art. 54 I durch Kredite und Bürgschaften (aus Anleihemitteln, begrenzt aus Umlageaufkommen, Art. 50 § 1) Unternehmen Investitionshilfe gewähren oder auch an Unternehmen nicht gebundene Vorhaben fördern (Art. 54 II). Investitionen der Unternehmen unterliegen einer Kontrolle dahin, ob ihre Einzelprogramme im Rahmen der nach Art. 46 bestimmten allgemeinen Ziele der Gemeinschaft liegen (Art. 54 IV). Für Einzelprogrammfinanzierungen der Unternehmen mit Durchführungsvorhaben, die zu vertragsrechtlich unzulässigen Diskriminierungen führen würden, dürfen die Unternehmen andere als eigene Mittel nicht verwenden (Art. 54 V). In beiden Einwirkungsmöglichkeiten liegen Interventionen zur Ausrichtung der Investitionspolitik im Gemeinschaftsinteresse. Einschlägige Gemeinschaftsmaßnahmen haben der Entwicklung von Überkapazitäten entgegengewirkt und den Absatz von Ballastkohle (durch den Bau von Zechenkraftwerken) gefördert.

14 d) *Sozialpolitische Interventionen* der Gemeinschaft sind zulässig, um die Wiederbeschäftigung freigesetzter Arbeitnehmer zu fördern (Art. 56), die Lohnpolitik der Mitgliedstaaten zu kontrollieren (Art. 68) und die Freizügigkeit der Facharbeiter zu sichern (Art. 69).

4. Außenbeziehungen

15 Obwohl das Montanrecht des EGKSV die mitgliedstaatlichen Zuständigkeiten für ihre Außenbeziehungen zu Drittstaaten nicht beseitigt, werden sie durch *einzelne* Interventionsbefugnisse der Gemeinschaft *eingegrenzt* und *kontrolliert.*

a) Nach Art. 72 steht den Mitgliedstaaten weiterhin die Zollfestsetzung zu. Denn der Gemeinsame Markt des EGKSV bildet keine Zollunion und kennt keinen gemeinsamen Außentarif *(29/1).* Die Staaten können bei der Zollfestsetzung aber nach Mindest- und Höchstgrenzen gebunden werden. Entsprechend kann die Gemeinschaft einwirken auf die mitgliedstaatliche Einfuhr- und Ausfuhrpolitik im Ausmaß der Lizenzerteilungen sowie (nach Art. 75) auf den Abschluß von Handelsabkommen mit Drittstaaten.

b) Soweit es erforderlich ist, *Drittstaaten von der Gemeinschaft und dem Gemeinsamen Markt abzuwehren,* stehen ihr stärkere Befugnisse zu. Sie können nach Art. 74 angewendet werden gegen Dumpingpraktiken, gegen vertragswidrige Wettbewerbsmaßnahmen von Unternehmen, die dem EGKSV nicht unterstehen, sowie gegenüber nachteiligem Importdruck, wie er durch Kohleeinfuhren aus den USA vorübergehend eingetreten war.

---

[21] *Sattler,* Entwicklung 57—58.

III. Gemeinschaftsrecht für Kernenergie

16 Eine populäre, im italienischen Ratifikationsverfahren zum EAGV gebrauchte Formulierung zu seiner Kennzeichnung hat definiert, Euratom sei „gleichzeitig ein Forschungslaboratorium, ein Industriebetrieb, eine Handelsgesellschaft und eine Behörde für Gesundheitsüberwachung und Gesundheitsschutz“[22]. Darüber hinaus ist Euratom auch ein gemeinsamer Markt für Kernenergie. Nach Art. 2 EAGV, der die Gemeinschaftsaufgaben umschreibt, sind in diesen Maßnahmen zusammengefaßt, die in den Bereich der Wirtschafts-, der engeren Energie- und der Unternehmenspolitik gehören (Art. 2 c, d, f, g, h), außerdem in den Bereich der Förderung von Forschung und Entwicklung (Art. 2 a), und die schließlich dem Gesundheitsschutz der Bevölkerung und der Arbeitskräfte dienen (Art. 2 b, e). In der Kombination bildet dieser Aufgabenkomplex ein in der Zweckeinheit konzentriertes Instrumentarium gemeinschaftsrechtlicher Interventionsbefugnisse, wie es in dieser Geschlossenheit in der nationalen Politik für andere Energien nicht existiert. Seine Hauptfunktion besteht darin, auf Grund der Gemeinschaftsforschung zur Bildung und Entwicklung der Atomindustrie beizutragen. Der Grund für den Gemeinschaftsversuch dieser Art liegt darin, daß die Mitgliedstaaten bei Errichtung der EAG praktisch im Kernenergiebereich weder über Vorleistungen noch Erfahrungen oder Produktionsmittel verfügten. Der EAGV konnte deshalb ohne Rücksicht auf ihre Respektierung konzipiert werden. Daß seine Ausführung bislang höchst unvollkommen geblieben ist, sein Vollzug stagniert, erklärt sich teils aus mangelnder Eignung seiner Konzeption, die der Forschungspolitik den Vorrang vor der Energiepolitik gibt, teils aus der Entfaltung nationaler Kompetenzansprüche, die bei seinem Abschluß noch nicht wirksam waren.

Energiepolitisch relevant als Gemeinschaftsrecht für Kernenergie im engeren Sinne sind aus dem Vertrags- und dem Sekundärrecht vornehmlich die Regelungen über Kernenergieerzeugung und hierfür erforderliche Produktionsmittel sowie über den Freiverkehr auf dem Gemeinsamen Markt für Kernenergie und die einschlägigen Außenbeziehungen der EAG. Im weiteren Sinne können diejenigen Vorkehrungen des Gemeinschaftsrechts zu Elementen einer Energiepolitik gezählt werden, die in Auswertung der gemeinsamen und der nationalen Forschungsergebnisse der „Verbreitung der Kenntnisse“ auf dem Kernenergiegebiet dienen. Sicherheits- und Schutzvorkehrungen des Gemeinschaftsrechts dienen öffentlichen Interessen, die in nur mittelbarem Zusammenhang mit der Kernenergiepolitik als solcher stehen. Die Skizzierung des Gemeinschaftsrechts für Kernenergie beschränkt sich an dieser Stelle deshalb auf die Komplexe: 1. Erzeugung und Produktionsmittel, 2. Freiverkehr und Außenbeziehungen, 3. Verbreitung der Kenntnisse, 4. Gemeinschaftsförderung der Kernindustrie. Die die Forschung be-

[22] *Cartou,* Europäische Organisationen 319 mit Beleg in Anm. 2.

treffenden Regelungen werden in anderem Zusammenhang behandelt *(50/7—9)*.

1. Erzeugung und Produktionsmittel

17 a) Art. 2 d EAGV entsprechend, wonach die Gemeinschaft für regelmäßige und gerechte Versorgung aller ihrer Benutzer mit Erzen und Kernbrennstoffen Sorge zu tragen hat, regelt Kapitel VI des Zweiten Titels (Art. 52—76) die *Versorgung* mit den benötigten Ausgangsstoffen.

aa) Grundsatz der gemeinsamen Versorgungspolitik ist der *gleiche Zugang zu den Versorgungsquellen* (Art. 52 I). Danach ist jedes Gebaren verboten, das darauf abzielt, einzelnen Verbrauchern eine Vorzugsstellung zu sichern. Versorgungszentrale der Gemeinschaft ist als öffentliches Gemeinschaftsunternehmen die unter der Aufsicht der Kommission stehende *Agentur* mit besonderen Ausschließlichkeitsrechten (Art. 53—66). Sie hat ein Bezugsrecht für alle im Gebiet der Mitgliedstaaten erzeugten Ausgangsstoffe. Sie verfügt über das ausschließliche Recht, Lieferungsverträge hierüber mit Ländern innerhalb und außerhalb der Gemeinschaft abzuschließen. Eine unterschiedliche Behandlung der Verbraucher auf Grund ihrer an sich zulässigen Verwendungsabsichten für die beantragten Lieferungen ist ihr verwehrt, falls Lieferer aus Drittländern sie nicht ausbedungen haben.

bb) Die Agentur hat Rechtspersönlichkeit und genießt finanzielle Autonomie. Ihre Kapitalmehrheit muß der Gemeinschaft und den Mitgliedstaaten gehören. In den Mitgliedstaaten hat die Agentur Auskunftsberechtigung hinsichtlich ihrer Ausschließlichkeitsbefugnisse und das Recht freier Betätigung. Die Kommission ernennt ihren Generaldirektor und seinen Vertreter, erteilt ihr Richtlinien und hat Einspruchsrecht gegenüber ihren Entscheidungen.

cc) Das Bezugsrecht der Agentur ist unterschiedlich ausgestaltet, und zwar zum Erwerb von Nutzungs- und Verbrauchsrechten an den besonderen spaltbaren Stoffen, die nach Art. 86 ff. Gemeinschaftseigentum sind[23], und zum Eigentumserwerb an Erzen und Ausgangsstoffen. Produzenten solcher Stoffe aus der Gemeinschaft sind verpflichtet, sie der Agentur anzubieten. Soweit die Agentur ihre Bezugsrechte nicht ausübt, bleiben die Stoffe gleichwohl unter einer Gemeinschaftskontrolle, insbesondere bei beabsichtigter Ausfuhr.

dd) Da die Agentur Bezugsberechtigung besitzt, um für gleichmäßige Verteilung an die Verbraucher zu sorgen, obliegt ihr nach Art. 60 die Vermittlung zwischen diesen und den Erzeugern. Hierzu sind Bedarfs- und Angebotsmeldungen vorgesehen. Erforderlichenfalls hat die Agentur zu repartieren.

ee) Nach Art. 64—66 hat die Agentur ein Einfuhrmonopol und hierzu

[23] Vgl. *41/12; Ballerstedt,* Das Eigentum an Kernbrennstoffen, in: Veröff. d. Instituts für Energierecht 6 (1962) 34.

das ausschließliche Recht, Lieferungsabkommen oder -übereinkünfte aus gemeinschaftsfremden Aufkommen abzuschließen. Falls die Gesamtnachfrage zu normalen Preisen nicht gedeckt werden kann, dürfen die Verbraucher sich unter Kommissions- und Agenturkontrolle selbst eindecken (Art. 66).

ff) Art. 67—69 gebieten, daß die Preise nach Angebot und Nachfrage zu bilden, erforderlichenfalls von der Kommission oder dem Rat zur Sicherung gleichen Zugangs festzusetzen sind. Die Agentur kann auch einen Preisausgleich unter den Verbrauchern vorschlagen.

gg) Nach Art. 70—72 hat die Gemeinschaft Interventions- und Kontrollbefugnisse gegenüber den Mitgliedstaaten, und zwar zur Förderung und Mitfinanzierung der Schürfung und Erzgewinnung, hinsichtlich der mitgliedstaatlichen steuer- und bergrechtlichen Gesetzgebung und der Anlage von Handels- und Sicherheitsbeständen.

hh) Die vorstehend skizzierten Vertragsvorschriften über Erzeugung und Produktionsmittel beziehen sich auf die *primäre Kernenergie, nicht* auf elektrische Energie, die mit ihrer Hilfe *sekundär* erzeugt wird. Insoweit ist die Energiepolitik Sache der Mitgliedstaaten, soweit nicht der EWGV Anwendung findet[24]. Die EAG kann die Elektrizitätsgewinnung auf Kernenergiebasis also nicht quotieren und infolgedessen — jedenfalls durch unmittelbare Intervention — den Wettbewerb zwischen den Energiearten auch nicht beeinflussen.

18 b) Art. 52—75 sind gemäß Art. 76 II von Beginn an unter einen Revisionsvorbehalt gestellt worden: nach Ablauf von 7 Jahren, also seit 1964, konnte der Rat diese Regelungen in ihrer Gesamtheit bestätigen, anderenfalls waren nach dem in Art. 76 I vorgesehenen Verfahren (Einstimmigkeit des Rates) neue einschlägige Vorschriften zu erlassen. Beides ist trotz Bemühungen nicht geschehen, woraus Frankreich — entgegen der Kommission — gefolgert hat, daß die Versorgungsregelungen obsolet geworden und nicht mehr zu beachten seien. So hat Frankreich (zeitweise auch Italien) die Meldevorschriften nicht beachtet und z. B. ohne Meldung an die Agentur angereichertes Uran sowie Plutonium eingeführt und für ein italienisches Marineschiff angereichertes Uran geliefert, worauf die Kommission ein Vertragsverletzungsverfahren einleitete und schließlich nach Art. 141 EAGV den Gerichtshof anrief, der am 14. Dezember 1971 gegen Frankreich entschied[25].

In dieser zwischen der Kommission und Frankreich streitigen Rechtsfrage sprachen bessere Gründe für die Kommissionsauffassung, zumal der ersatz-

---

[24] *Püttner*, in: Einführung 143.

[25] Rs 7/71. — Der Rat hat der Kommission am 20. 9. 1971 ein Mandat für Verhandlungen über ein Verifikationsabkommen für EAG-Kontrollen im Rahmen des Atomsperrvertrages erteilt. Frankreich (abgesehen vom beitretenden Großbritannien bislang einziger Kernwaffenstaat der Gemeinschaft) wird damit von EAG-Kontrollen weitgehend befreit werden, was eine Vertragsänderung erfordern wird.

lose Wegfall der Art. 52 ff. die Grundbestimmung des Art. 2 d unvollziehbar machen und damit ein wesentliches Element aus der EAGV-Gesamtkonzeption ersatzlos herausbrechen würde. Das erscheint mit ihrem Verfassungscharakter unvereinbar. Daß Art. 76 II sich über diese Situation ausschweigt, was mit Recht alsbald nach Vertragsschluß bemerkt worden ist[26], konnte schwerlich den gegenteiligen, von Frankreich vertretenen Schluß rechtfertigen, zumal letztlich das allgemeine Vertragsänderungsverfahren des Art. 204 EAGV offensteht.

aa) Die etwaige Neufassung der Art. 52—75 würde die Versorgungserfahrungen zu beachten haben[27]. Entgegen der Annahme bei Vertragsschluß ist eine Mangellage auf dem Uranmarkt nicht eingetreten, so daß Agentur und Kommission das Bezugsverfahren alsbald in der Tendenz des Art. 66 (der seinerseits aber gerade eine Mangellage voraussetzt) und des Art. 74 zu Direktbezügen der Verbraucher ermächtigen konnten. Für besondere spaltbare Stoffe ist die Agentur als Vertragspartner insbesondere der United States Atomic Energy Commission aufgetreten.

bb) Da bis 1980 ein starker Anstieg des Uranbedarfs angenommen wird, hat die Kommission Änderungen der Art. 52 ff. vorgeschlagen, die die Agenturvorrechte zum Bezug einschränken, ihre versorgungspolitischen Befugnisse aber stärken. Da die amerikanischen Liefermöglichkeiten gegenüber wachsendem Gemeinschaftsbedarf ihre Grenzen haben, sind von Rat und Kommission seit 1969 Vorschläge zur Errichtung von Gemeinschaftsanlagen zur Urananreicherung gemacht worden. Hierüber bestehen Interessenunterschiede unter den Mitgliedstaaten, die mit der Frage einer Beteiligung Großbritanniens und seines Beitritts zur Gemeinschaft und auch mit dem Kontrollproblem auf Grund des Atomsperrvertrages zusammenhängen.

2. *Freiverkehr und Außenbeziehungen*

19 Der EWG insoweit vergleichbar, bildet auch die EAG einen Gemeinsamen Markt für die ihrem Vertrag unterfallenden Güter und Erzeugnisse, der ebenfalls in den Außenbeziehungen als Einheit erscheint (Art. 92—100, 101—106).

a) Für den einschlägigen Güter-, Personen-, Dienstleistungs-, Kapital- und Zahlungsverkehr gelten Vereinheitlichung, Liberalisierung, Aufhebung aller Zölle, Abgaben, mengenmäßigen Beschränkungen. Für selbständig und unselbständig Erwerbstätige gelten Niederlassungsfreiheit und Freizügigkeit.

b) Nach Art. 94, 95 ist ein gemeinsamer Zolltarif durch Abkommen der Mitgliedstaaten aufgestellt worden. Mit Drittstaaten, ihren Angehörigen und zwischenstaatlichen Einrichtungen kann die Gemeinschaft Abkommen

---

[26] *Errera - Symon - van der Meulen - Vernaeve,* Euratom-Kommentar 150.
[27] *Sattler,* Entwicklung 66.

und Vereinbarungen schließen. Hinsichtlich der von den Mitgliedstaaten geschlossenen hat sie präventive Aufsichtsbefugnisse.

3. Verbreitung der Kenntnisse

20 Die Entwicklung der Forschung ist Voraussetzung der Verbreitung der technischen Kenntnisse, die Art. 2 a der Gemeinschaft aufgibt — hinsichtlich derjenigen, über die sie verfügen kann, und hinsichtlich der sonstigen, ihr selbst nicht verfügbaren. Art. 12, 13 sowie Art. 14—23 regeln die Kenntnisverbreitung in minutiöser Weise.

a) Die Mitgliedstaaten, Personen und Unternehmen, die sie wirksam zu nutzen vermögen, können die Einräumung nichtausschließlicher Lizenzen an Erfindungsrechten verschiedener Art verlangen, die die Gemeinschaft innehat, und Unterlizenzen erlangen an der Gemeinschaft zustehenden Lizenzen, die dies zulassen. Sonstige, der Gemeinschaft verfügbare Kenntnisse müssen auf Antrag ebenfalls zugänglich gemacht werden, soweit die Gemeinschaftsverfügung reicht.

b) Andere, der Gemeinschaft nicht verfügbare Kenntnisse können nur in rechtlich komplizierter Weise verbreitet werden.

aa) Nach Art. 14 hat die Gemeinschaftsbemühung, die Verbreitung auf gütlichem Wege durch Verhandlung zu ermöglichen, die Priorität, und zwar durch Einräumung von Nutzungslizenzen.

bb) Kenntnisse, die für das Kerngebiet eigentümlich sind oder deren Gegenstand mit der Kernenergieentwicklung unmittelbar zusammenhängt und hierfür wesentliche Bedeutung hat, sind in den in Art. 16 geregelten besonderen Verfahren der Gemeinschaft mitzuteilen und dort zu dokumentieren. Ihre Nutzung bedarf der Zustimmung des Kenntnisberechtigten oder der Lizenzerteilung.

cc) Solche Lizenzerteilungen ermöglicht Art. 17, wenn ein gütliches Einvernehmen nicht zu erzielen ist, im Wege des Schiedsverfahrens (Art. 18) oder von Amts wegen (Art. 19—23), und zwar an die Gemeinschaft, ihre gemeinsamen Unternehmen (Art. 48), Personen oder Unternehmen. Der Kenntnisinhaber wird entschädigt. Letztlich kann im Streitfall der Gerichtshof angerufen werden. Das war bislang nicht erforderlich.

c) Die Verbreitung der Kenntnisse wird durch Regelungen gesichert, die ihre Geheimhaltung gewährleisten (Art. 24—27). Bei ihrer Verletzung kann die Gemeinschaft schadensersatzpflichtig werden (Art. 28).

4. Gemeinschaftsförderung der Kernindustrie[28]

21 Nach ihrem im April 1966 gemäß Art. 40 EAGV vorgelegten ersten Programm über Ziele der Kernenergieerzeugung für die Jahre 1970 bis

[28] *Sattler*, Entwicklung 65; *Hallstein*, Bundesstaat 160.

1979 ist bisher gemäß Art. 45 vier Unternehmen — als „zur Entwicklung der Kernindustrie der Gemeinschaft von ausschlaggebender Bedeutung" — der *Status eines gemeinsamen Unternehmens* verliehen worden. Außerdem trägt die Gemeinschaft zu den Anlaufkosten von fünf weiteren Kernkraftwerken bei. Ihr Ziel ist eine koordinierte Industriepolitik auf dem Kerngebiet, an der es wegen der bislang rein national orientierten Entwicklungsarbeit der Elektrizitätserzeuger fehlt. Trotz dahingehender Entschließungen von Ende 1968 hat der Rat entsprechende Kommissionsvorschläge, die Investitionshilfen vorsehen, bislang nicht verabschiedet. Daß die Mitgliedstaaten ihre nationale Industrie im Kernbereich — wie auch sonst im Energiesektor — mit Hilfe zunehmender Konzentration in den eigenen Grenzen entwickeln, entspringt immer noch wirksamem Autarkiestreben und intensiviert die nationalen Bindungen zwischen den Staaten und subventionsabhängiger Industrie. Da der EAGV die Industriepolitik zugunsten der Forschung und Entwicklung vernachlässigt hat, steht eine vertragsrechtlich gebotene Gemeinschaftsinitiative, die dieser „Renationalisierung" entgegenwirken könnte, gemeinschaftsrechtlich nicht zur Verfügung.

IV. Gemeinschaftsrecht für andere Energien[29]

22 Weder für die übrigen Primärenergien (Erdöl, Erdgas) noch für Sekundärenergien (Elektrizität, Gas), auf die der EGKSV und der EAGV nicht anwendbar sind, enthält der zuständige EWGV einschlägige Vorschriften oder gar einen Spezialtitel. Infolgedessen wird das Gemeinschaftsbedürfnis nach einer gemeinsamen Energiepolitik irgendeiner Form- und Inhaltsbestimmung auch nicht im EWGV, der nach dem geltenden Rechtszustand allein hierfür in Betracht käme, befriedigt. Daß die Fusionierung der Exekutiven — trotz aller damit ermöglichten Aktionssynthese — hierfür nicht die Grundlage geschaffen hat, erklärt sich aus der materiell unveränderten Dreiteilung des Vertragsrechts und der unterschiedlichen Bereichszuweisung aller Energiearten auf ihre in keiner Weise hierfür abgestimmten Regelungen.

1. Elektrizität und Gas

23 a) Während für sie in Ermangelung spezieller Regelungen die allgemeinen EWG-Vorschriften (insbesondere über den freien Warenverkehr, die Freizügigkeit und den Wettbewerb) Anwendung finden, bietet Art. 90 II EWGV den Mitgliedstaaten eine (zwar nicht nur für den Energiesektor bestimmte, wohl aber für ihn praktisch relevante) Handhabe, ihre Eigenzuständigkeit gegenüber der Gemeinschaft zu behaupten. Während Art. 90 I

---

[29] *Püttner*, Einführung 143.

die öffentlichen Unternehmen zunächst dem gesamten Vertrags- einschließlich des Wettbewerbsrechts unterstellt, werden nach Abs. II diejenigen öffentlichen Unternehmen, die mit Dienstleistungen von allgemeinem wirtschaftlichen Interesse betraut sind, vom Wettbewerbsrecht freigestellt, soweit seine Anwendung die Erfüllung der ihnen übertragenen besonderen Aufgaben rechtlich oder tatsächlich verhindert. Nur darf dadurch der Handelsverkehr nicht in einem Ausmaß beeinträchtigt werden, das dem Gemeinschaftsinteresse zuwiderläuft *(37/18—22)*.

b) Während in anderen Mitgliedstaaten die Elektrizitätsversorgung praktisch monopolisiert und nationalisiert ist (Frankreich: Electricité de France — E. D. F.; Italien: Ente Nazionale per l'Energia Elettrica — ENEL), bestehen in Belgien, den Niederlanden und der BRD Mischsysteme ohne Monopol und ohne Verstaatlichung, indes insbesondere in der BRD mit starker zivil- und öffentlichrechtlicher Beteiligung und Einwirkung der öffentlichen Hand. Die sieben größten deutschen Elektrizitätswerke bestehen als privatrechtliche Aktiengesellschaften. Wegen dominierenden öffentlichen Kapitaleinflusses von Bund und Ländern und ihrer Bindungen aus Konzessionierung und Energiewirtschaftsgesetz sind sie mit Versorgungsdienstleistungen von allgemeinem wirtschaftlichen Interesse befaßt[30]. In der Art ihrer Dienstleistungen unterfallen sie nach zutreffender Auffassung dem Art. 90 II. Für die überwiegend von Kommunalunternehmen betriebene Gasversorgung gilt Entsprechendes. Zweifelhaft kann indes sein, ob in der BRD — anders als sicherlich in Frankreich und Italien — nach einschlägigem deutschen Recht und seiner nicht einheitlichen Handhabung durchweg von ihrer *Betrauung mit besonderen Aufgaben* gesprochen werden kann[31]. Hiervon hängt einmal ab, ob für diese Energieversorgung die Legalausnahme des Art. 90 II überhaupt Platz greift. Zum anderen bestimmt sich danach, ob die Abgrenzung der Versorgungsgebiete durch Demarkationsverträge und das Konzessionierungssystem mit seiner Bereitstellung von Versorgungswegen zu gemeinschaftsrechtlich anmeldepflichtigen und kontrollierbaren Praktiken des Wettbewerbsrechts zählt. §§ 103 I 1 und 104 GWB haben diesen Bereich vom *deutschen* Kartellrecht jedenfalls ausgenommen.

2. *Erdöl und Erdgas*

Für diese Primärenergien existiert ebenfalls kein besonderes Gemeinschaftsrecht. Sie sind schlechthin wie Ware zu behandeln.

---

[30] *Flore*, Rapport sur les travaux de la commission „Energie" (auf dem FIDE-Kongreß Berlin 1970) in: Gemeinschaftsrecht und nationale Rechte, KSE 13 (1971) III/8, 15.

[31] *Börner*, in: Wegerecht und europäisches Wettbewerbsrecht (1966) 160 nimmt an, daß die deutschen Energieversorgungsunternehmen gemäß Art. 90 II *nicht* betraut sind, sofern ihnen gemäß Art. 87 II c ein Rechtsanspruch gegen den Rat auf Bereichsausnahme und Freistellung von Art. 85 ff. zusteht.

24 a) Für *Erdöl* ist insoweit die Zoll-, Außenhandels- und Wettbewerbspolitik bedeutsam. Die zur Mineralölbevorratung ergangene Richtlinie vom 20. Dezember 1968[32] ist auf Art. 103 EWGV gestützt worden. Inzwischen hat die Kommission eine Erhöhung der Bevorratung von 65 auf 90 Tage Verbrauch vorgeschlagen. Die Richtlinie dient der Versorgungssicherung. Insoweit ist sie auch eine energiepolitische Maßnahme. Daß das zu ihrer Durchführung „vorweg" erlassene deutsche Gesetz über Mindestvorräte an Erdölerzeugnissen vom 9. September 1965 (BGBl. I, 1217) mit seiner Verpflichtung zu unentgeltlicher Vorratshaltung nicht nur der Versorgungssicherung, sondern auch der Wettbewerbsbeeinflussung zwischen Öl und Kohle dient, wird von der Richtlinie nicht gefordert. *Zusätzliche* Bevorratung über das Richtlinien-Maß hinaus wird jetzt ohne Inanspruchnahme der gesetzlichen Methode und unter Einsatz öffentlicher Mittel betrieben[33]. Solange das Bundesverfassungsgericht[34] mit der Frage der Verfassungsmäßigkeit des Gesetzes befaßt war, ist seine Durchführung jedenfalls gegenüber den Importeuren gehemmt gewesen, weil der Vollzug seiner Sanktionsmittel durch verwaltungsgerichtliche Rechtsprechung ausgesetzt worden war. Daß die Zusatzbevorratung inzwischen andere Wege eingeschlagen hat, dürfte auch hieraus erklärlich sein. Die großen Erdölkonzerne in der BRD haben das Gesetz trotz teilweiser Einsicht in die Verfassungszweifel vollzogen. Das hatte verschiedene Gründe.

25 b) Für *Erdgas* (vornehmlich aus niederländischer Disposition erheblich) steht die Anwendung des Wettbewerbsrechts zur Verhinderung nationaler Diskriminierungen im Vordergrund des Interesses.

V. Instrumentarium und Ansätze gemeinschaftlicher Energiepolitik

1. Instrumentarium

26 Über ein für die Entwicklung gemeinschaftlicher Energiepolitik spezifisch geeignetes Organisations- und Handlungsinstrumentarium verfügen die Gemeinschaften nicht. Im Plan einer Fusionierung der Gemeinschaften und ihrer Verträge ist daher von deutscher Seite für eine Minimallösung u. a. vorgeschlagen, einem auf alle Wirtschaftsbereiche zu erstreckenden EWG-Vertrag, der den EGKSV und den EAGV „konsumiert", einen Titel „Energiewirtschaft" für alle Energien und Energieträger einzufügen, und zwar nach Art der schon vorhandenen Spezialtitel „Landwirtschaft" und „Verkehr"[35]. Koordinierungsbemühungen der noch nicht fusionierten Gemein-

---

[32] ABl. 1968 L 308, 14; dazu: *Ipsen* AöR 90 (1966) 405; Änderungsvorschlag der Kommission vom 29. 7. 1971: ABl. C 106, 1.

[33] BT-Drucks. VI/941.

[34] Beschluß v. 16. 3. 1971 BVerfGE 30, 292.

[35] *Ipsen,* Fusionsverfassung 43, 44 mit Anm. 52.

schaftsorgane waren bis zur Verschmelzung der Exekutiven im Juli 1967 noch ohne wesentlichen Ertrag geblieben — man dachte weiterhin „nicht energiepolitisch, sondern kohlepolitisch, ölpolitisch oder kernenergiepolitisch“[36]. Das zeigte sich in der Entwicklung.

a) Nachdem der Gedanke der Errichtung einer besonderen Europäischen Energiegemeinschaft mit Rücksicht auf den EGKSV verworfen worden war, hat schon frühzeitig zunächst eine „Vereinbarung“ zwischen Rat und Hoher Behörde der EGKS vom 8. Oktober 1957 die Fixierung von „Mitteln und Wegen zu einer koordinierten Energiepolitik“ als eine Aufgabe bezeichnet, die die unerläßliche Voraussetzung für die gesamte wirtschaftliche Integration bilde. Das darüber fixierte Protokoll[37] zielte auf Gesamtvorausschätzungen des Energiepotentials und -bedarfs, periodische Berichterstattung, allgemeine Hinweise und Empfehlungen, deren Federführung der Hohen Behörde überantwortet war. Aber weder diese Vereinbarung noch die Einsetzung einer Interexekutiven Arbeitsgruppe „Energie“ (aus je zwei Mitgliedern der drei Exekutiven) am 25. Mai 1959[38] führten zu wirksamen Beschlüssen und Resultaten.

b) Die Ministerkonferenz der Mitgliedstaaten mit Mitgliedern der Hohen Behörde und beider Kommissionen vom 5. April 1962[39] verdichtete die bisherigen nicht realisierbaren Einsichten zur Zielsetzung eines gemeinsamen Energiemarktes „außerhalb der Normen“[40], also in der Intention einer Vertragsänderung. Das Memorandum der drei Exekutiven vom 25. Juni 1962[41] und ihre Untersuchungen der langfristigen energiewirtschaftlichen Aussichten vom 21. Dezember 1962[42] bildeten die Grundlage eines nicht ratifizierten Regierungsabkommens vom 21. April 1964 (sehr umstrittener Rechtsgestaltung)[43]. Der Sache nach hat es im Grunde das geltende Vertragsrecht zum Energiesektor nicht unberührt gelassen. In der Gestalt eines „Protokolls eines Abkommens betr. die Energiefragen“ wurde das Gesamtvorhaben eines gemeinsamen Energiemarktes ohne förmliche Vertragsänderung umschrieben. In seinem besonderen Teil sind die Vorhaben für einzelne Energien bezeichnet worden, darunter im konkreten Ersuchen an die Hohe Behörde zur Entwicklung eines gemeinschaftlichen Beihilfesystems[44]. Das Protokoll zielte außerdem auf eine (im EGKSV für Kohle nicht vorgesehene) Energie-Handelspolitik sowie gemeinsame Wettbewerbsregeln und -bedingungen für alle Energieträger[45].

---

36 *Hallstein,* Bundesstaat 173.
37 ABl. 1957, 574.
38 8. Gesamtbericht EGKS 1960, 90.
39 12. Gesamtbericht EGKS 1964, 79.
40 So: *Lapie,* in: Probleme einer einheitlichen Energiewirtschaftspolitik im Gemeinsamen Markt 61.
41 Bull EGKS 1962, 2. Sondernummer.
42 Bull EGKS Dezember 1962.
43 Protokoll ABl. 1964, 1099; dazu: *Püttner,* in: Einführung 140.
44 *Sattler,* Entwicklung 60.
45 *Hallstein,* Bundesstaat 173.

c) Was insbesondere *organisatorisch* zur Realisierung dieses Abkommens fehlte, nämlich eine einheitliche Exekutive, die die Arbeitsgruppe „Energie" nicht ersetzen konnte, ist mit der Fusionierung der Exekutiven im Sommer 1967 ermöglicht worden. Ihre Frucht war die Erste Orientierung für eine gemeinschaftliche Energiepolitik[46], die der Rat auf Kommissionsvorschlag vom 18. Dezember 1968 am 13. November 1969 grundsätzlich gebilligt hat[47]. Einzelne Durchführungsmaßnahmen hierzu hat er inzwischen beschlossen *(49/28)*.

2. *Orientierung einer gemeinschaftlichen Energiepolitik*

27 Die „Erste Orientierung" kann eine Grundlage für die künftige Entwicklung einer gemeinschaftlichen Energiepolitik bilden. Ihre Gestaltung und ihr Vollzug hängen zwar nicht nur, aber doch wesentlich von dem Problem der Fusionierung der Verträge und der Gemeinschaften sowie den Fortschritten zur Wirtschafts- und Währungsunion ab.

a) Der „Ersten Orientierung" ist eine umfassende, die erforderlichen Daten aufbereitende *Bestandsaufnahme* über die „gegenwärtige Lage des Energiemarktes in der Gemeinschaft" (Anlage I) mit der Darlegung der Angebots- und Nachfragesituation auf dem Energiemarkt sowie eine *Problemanalyse* „Grundprobleme einer gemeinschaftlichen Energiepolitik" (Anlage II) angeschlossen.

b) Die „Erste Orientierung" als Vorschlag eines energiepolitischen Handlungsrahmens verzichtet — anders als noch das Memorandum vom Juni 1962 und das Abkommens-Protokoll vom April 1964 — auf eine neue „Ziel-Philologie"[48], betont die Verbraucherinteressen und ist in der Technik des EWG-Stils um pragmatische Lösungen bemüht. Sie reserviert subsidiäre Gemeinschaftsinterventionen, soweit Gemeinschaftsinteressen dies erfordern. Die Orientierung verliert sich auch nicht in Produktionszielen und Förderrichtzahlen, sondern bevorzugt die Methode mittelfristiger Vorausschau, Orientierung und Konjunkturanalyse.

aa) Was die Orientierung unter Verweisung auf das Abkommen von 1964 an Zielsetzungen nennt — billige und sichere Versorgung, freie Verbraucherwahl, gerechter Wettbewerb unter den Energien, Einbettung der Energiepolitik in die allgemeine Wirtschaftspolitik und fortschreitende Substituierbarkeit der Energien —, stellt wesentlich eine Wiederholung allgemeiner Integrationsziele des EWGV dar, betont aber die Verbraucherinteressen und die Sicherheit der Versorgung.

---

[46] Bull EG 12/68 — Sonderbeilage; vgl. auch Memorandum der Kommission über die Verwirklichung der „Ersten Orientierung" vom 22. 7. 1971, Dok KOM (71) 810 endg.
[47] Bull EG 2/70, 88.
[48] *Hallstein,* Bundesstaat 173.

bb) Als besondere Aufgaben der gemeinsamen Energiepolitik hebt die Orientierung die Koordinierung der Handelspolitik für die Versorgung aus Drittländern und die Wettbewerbsregelungen unter den Energieträgern hervor. Nur eine gemeinsame Energiehandelspolitik ermöglicht nach ihren zutreffenden Vorstellungen eine Abstimmung kontrollierter Anpassungen in der Bergbauförderung, die zugleich eine zusätzliche Versorgung absichert. Die durch Art. 37 EWGV gebotene Umformung der Handelsmonopole ist nach der Orientierung angesichts der energiewirtschaftlichen Konzentrationsvorgänge und ihrer bedenklichen Folgen für zulänglichen Wettbewerb im Verbraucherinteresse von besonderer Dringlichkeit.

cc) Interventionen der Gemeinschaft sollen nur als ultima ratio Einsatz finden und mit EWG-Empfehlungen beginnen. Bis zur Vertragsfusionierung und vor der Begründung etwaiger neuer Gemeinschaftsbefugnisse sollen Vereinbarungen der Mitgliedstaaten als Steuerungsmittel dienen.

28 c) Der entscheidende Vollzug der Ersten Orientierung steht in allen Energiebereichen noch weithin aus. Einzelausführung ist im Gang.

aa) Die bereits seit 1961 jährlich veröffentlichte Untersuchung über die Konjunktur im Energiebereich folgt für das Jahr 1970[49] erstmals den in der Ersten Orientierung niedergelegten Grundzügen. Seit ihrer grundsätzlichen Billigung durch den Rat finden monatliche Erörterungen von Regierungsvertretern mit der Kommission über die Energieversorgungslage statt[50].

bb) Fortschritte sind im Bereich der Niederlassungs- und Dienstleistungsfreiheit erzielt worden. Die Ratsrichtlinie vom 13. März 1969[51] betrifft ihre Verwirklichung für die selbständigen Tätigkeiten des Schürfens und Bohrens bei der Erdöl- und Erdgasgewinnung, die Richtlinie vom 30. November 1970[52] ihre Verwirklichung im Kohlengroßhandel und für die Vermittlungstätigkeiten auf dem Sektor Kohle. Im Bereich der Steinkohlensubventionierung ist die umstrittene Entscheidung Nr. 3/65 der Hohen Behörde mit Wirkung vom 1. Januar 1971 durch die Entscheidung Nr. 3/71 der Kommission vom 22. Dezember 1970[53], im Bereich der Subventionierung von Kokskohle und Koks die Entscheidung Nr. 1/67 mit Wirkung vom 1. Januar 1970 durch die Entscheidung Nr. 70/1 vom 19. Dezember 1969[54] ersetzt worden. Beide haben die bisherigen Beihilfesysteme grundlegend erneuert. Zur Anwendung des Art. 115 I EWGV (Schwierigkeiten aus Verkehrsverlagerungen wegen Einfuhrbeschränkungen) auf die Energiewirtschaft ist die Kommissionsentscheidung vom 22. Dezember 1969[55] ergangen.

cc) Vorschläge hat die Kommission unterbreitet für eine Richtlinie zur Angleichung der Rechtsvorschriften über die technischen Sicherheitsmaßnahmen beim Bau

---

[49] Die Konjunktur im Energiebereich der Gemeinschaft, Lage 1970 — Aussichten 1971 (1971).

[50] VWD Europa Nr. 216 v. 6. 11. 1970, II/4; Nr. 218 v. 10. 11. 1970, II/2.

[51] ABl. 1969 L 68, 4.

[52] ABl. 1970 L 267, 14.

[53] ABl. 1971 L 3, 7; Durchführungsentscheidung der Kommission vom 10. 12. 1971; ABl. 1972 L 13, 1.

[54] ABl. 1970 L 2, 10; Durchführungsentscheidung der Kommission v. 16. 7. 1970 (ABl. L 162, 24).

[55] ABl. 1970 L 14, 12; Verlängerung bis längstens Ende 1973 durch Kommissionsentscheidung vom 15. 12. 1971 (ABl. 1972 L 16, 14).

und Betrieb von Ölfernleitungen[56], für Verordnungen über die Mitteilung von Öleinfuhrplänen[57] und von bestimmten Investitionsvorhaben gemeinschaftlichen Interesses in der Erdöl-, Erdgas- und Elektrizitätswirtschaft[58] sowie über die Anwendung des Statuts des „gemeinsamen Unternehmens" auf Tätigkeiten der Erdölindustrie[59]. Ein Entwurf zur Neufassung des Versorgungskapitels VI des EAGV (Art. 52—75)[60] gilt der Erfüllung der Revisionsklausel des Art. 76 EAGV und der Ausräumung der mit Frankreich hierüber bestehenden Differenzen *(49/18)*.

---

[56] ABl. 1968 C 123, 6.

[57] ABl. 1970 C 9, 10.

[58] ABl. 1970 C 11, 9.

[59] ABl. 1971 C 106, 2; vgl. auch den allgemeineren Vorschlag einer Verordnung zur Gründung von gemeinsamen Unternehmen im Geltungsbereich des EWG-Vertrages (ABl. 1971 C 107, 15), die mit Dienstleistungen im öffentlichen Interesse betraut sind oder die auf dem Gebiet der technologischen Entwicklung oder der Rohstoffversorgung (mit Ausnahme des Erdölbereichs) wichtige Tätigkeiten von gemeinsamem europäischem Interesse ausüben. Beide Verordnungen sollen nach Vorstellung des Rates auf Art. 235 EWGV gestützt werden.

[60] Synoptische Gegenüberstellung der Kommissionsvorschläge und der Änderungswünsche des Parlaments in seiner Entschließung vom 15. 11. 1971 (ABl. 1971 C 124, 7).

§ 50 FORSCHUNGS-, TECHNOLOGIE UND INDUSTRIEPOLITIK

Alting von Geusau, De Europese Gemeenschap en de industriepolitiek (1968); *Bähr,* Die Rechtsfragen einer Forschungspolitik, in: Einführung 130; *Béraud - Ventura,* Aspetti giuridici della politica industriale della Comunità Economica Europea, DirScambiIntern X (1971) 51; *Béraud - Ventura,* De juridische aspecten van de industriepolitiek van de Gemeenschap, SEW 1971, 360; *Berger,* Forderungen an eine europäische Forschungspolitik, Wirtschaftsdienst 1970, 380; *Catroux,* L'Europe des réalités: grandes firmes et pouvoir d'innovation, RevMC 1971, 273; *Colonna di Paliano,* Die Industriepolitik der Gemeinschaft (1969); *von Dohnanyi,* Europa jetzt. Überlegungen zu einer europäischen Technologiepolitik, EA 1970, 487; *Carl A. Erhardt,* Gemeinsame Industriepolitik: Mehr Wettbewerb oder mehr Dirigismus?, EurGem 4/1971, 22; Europas technologische Lücken und die Möglichkeiten ihrer Überwindung (mit Beiträgen von *Moser, Knoernschild, Pretsch,* 1968); *Everling,* Rechtsfragen einer Industriepolitik im Gemeinsamen Markt, EuR 1968, 175; *Everling,* Die Rechtsfragen einer Industriepolitik, in: Einführung 120; *Foix,* La politique communautaire de la recherche et du développement, Diss. Toulouse (1968); *Glaesner,* Neue Formen europäischer Forschung auf dem Gebiet des Kernsektors, in: Europas technologische Lücken und die Möglichkeit ihrer Überwindung (1968) 43; *Glaesner,* Rechtliche Aspekte der modernen Forschung und Technologie, DVBl. 1970, 597; *Gudenkauf,* Gemeinsame Industriepolitik: Die Reaktionen auf das Memorandum der Kommission, EurGem 4/1971, 22; *Hauser,* Gemeinsame Industriepolitik: Die sozialen Aspekte, EurGem 4/1971, 27; *Hellwig,* Die Forschungs- und Technologiepolitik der Europäischen Gemeinschaften, Festvortrag zum V. FIDE-Kongreß Berlin 23.—26. 9. 1970, in: Gemeinschaftsrecht und nationale Rechte, KSE 13 (1971) E/3; *Hubert,* La planification de la recherche à la CEEA, in: Planung IV (1970) 145; *Industrie und EWG.* Veröff. d. List-Gesellschaft 68 (1970); *Layton,* Technologischer Fortschritt für Europa. Ein Integrationsprogramm (1969); *Maciotti,* Europe and technology (1968); *Maillet,* Politique technologique et développement industriel (1969); *Oulès,* Planification et technologie dans l'Europe unie (1968); *Pretsch,* Versuche zur Schließung europäischer technologischer Lücken, in: Europas technologische Lücken und die Möglichkeit ihrer Überwindung (1968) 14; *Salomon,* L'Europe et les écarts technologiques, AnnEur XVI (1968) 94; *Seidel,* Die Industriepolitik der Europäischen Gemeinschaft. Die Diskussion über den Kommissionsvorschlag vom März 1970, EA 1971, 9; *Standke,* Europäische Forschungspolitik im Wettbewerb (1970); *Toulemon,* Des idées nouvelles en politique industrielle, RevMC 1970, 385; *Ungerer,* Europäische technologische Zusammenarbeit; Pläne für eine europäische Technologiepolitik, Außenpolitik 1969, 661; *Vellas,* L'Europe face à la révolution technologique américaine (1969); *Vers une politique* industrielle européenne. Kolloquium Brüssel 24. u. 25. 10. 1968 (1970); *Wickham,* L'espace industriel européen (1969); *Wisdorff,* Gemeinsame Industriepolitik: Marktöffnung oder Quotenkartell?, EurGem 4/1971, 26.

1 *Forschung,* im Gegenstande spezifisch nicht gebunden ein *Mittel zu Zwecken außerhalb ihrer selbst,* erscheint dem Gemeinschaftsrecht ihrer Funktion nach als *Stufe zur Innovation,* d. h. zur Umsetzung von Forschungsergebnissen in Anwendung, Erzeugung, Verwertung[1]. Ihren wesentlichen Gegenständen nach gilt die so in Bezug genommene Forschung, am Innovationszweck gemessen, dem jüngsten Sonderzweig der Wirtschaftspolitik, der *Industriepolitik*[2]. Ihre Hauptbereiche sind einmal traditionelle Wirtschaftssektoren, insbesondere die Montanindustrie der Bergwerke und Hütten, Teile der Textil- und Papierindustrie, der Industrie für Eisenbahnmaterial, Post, Telegraphie sowie der Schiffbau, zum anderen die sog. Zukunftsindustrien: Datenverarbeitung (Informatik), Kerntechnik, Luft- und Raumfahrt, die gemeinsam den Sammelbegriff „Technologie" ausmachen. *Forschung und Technologie* in ihrer Mittel-Zweck-Relation bilden also den für die Zukunftsentwicklung wesentlichen Bereich der *Industriepolitik*. Was das Gemeinschaftsrecht hinsichtlich der Forschung für die traditionellen Wirtschaftssektoren vorsieht, ist industriepolitisch von geringerer Bedeutung als das sonst einschlägige Instrumentarium zur Errichtung und Funktionssicherung des Gemeinsamen Marktes. Das erklärt sich auch daraus, daß der Forschungsbedarf öffentlicher Mittel im technologischen Bereich ungleich größer ist als in den überlieferten Industriesektoren. Für die Industriepolitik der tradierten Bereiche genügt daher eine verweisende Zusammenfassung. Für die Technologie-Sektoren ist der Mitteleinsatz der Forschung besonders zu behandeln. Denn sie stellt ihr wichtigstes industriepolitisches Instrument dar.

I. Forschung und Industriepolitik

2 Es ist zutreffend bemerkt worden, daß der EWGV sich zwar in besonderen Kapiteln der Agrar- und der Verkehrspolitik annimmt und die Gesamtwirtschaft unter den Aspekten der Wirtschafts-, Konjunktur- und Handelspolitik, nicht aber die Industriepolitik besonders behandelt[3]. Das erscheint um so bemerkenswerter, als die Industrie im Gemeinsamen Markt etwa die Hälfte des Sozialprodukts hervorbringt.

1. Industriepolitik im EWGV

3 Diese Enthaltsamkeit des Vertragsrechts erklärt sich daraus, daß die traditionelle Industrie, mit der der EWGV rechnet — anders als etwa Landwirtschaft und Verkehr —, nicht in vergleichbar typischer Weise Gegenstand nationaler Wirtschaftsinterventionen und wirtschaftspolitischer Beeinflussung war, als die Gemeinschaft entstand. Im überlieferten Industrie-

---

[1] *Hallstein,* Bundesstaat 158; *Bähr,* in: Einführung 130; *Glaesner* DVBl. 1970, 597.
[2] *Everling* EuR 1968, 175.
[3] *Everling,* in: Einführung 120; *ders.* EuR 1968, 175.

bereich existierte kein „staatlich manipulierter Markt". Das Vertragsrecht glaubte deshalb davon ausgehen zu können, „daß im allgemeinen ein von staatlichen Hindernissen befreiter Markt mit unverfälschtem Wettbewerb zu den wirtschaftspolitisch erwünschten Ergebnissen führt"[4]. Wenn danach ein gegenständlich und intentionell geschlossenes Instrumentarium einer Industriepolitik im EWGV nicht vorgesehen ist, müssen die Ermächtigungen und Grenzen gleichwohl gebotener hoheitlich zulässiger Einwirkungen seinen sonstigen Handlungsgrundlagen und Zielsetzungen entnommen werden. Dem entsprachen die Zuständigkeitsverteilung der Kommission und ihr Memorandum vom 4. Juli 1967[5]. Danach sollte die Industriepolitik beitragen zur Verbesserung der Gesamtproduktivität, zur Beibehaltung eines hohen Beschäftigungsgrades, zur Verstärkung der internationalen Wettbewerbsfähigkeit durch Anpassung der Unternehmen an die Entwicklung und unter Verhinderung von Wettbewerbsverzerrungen. Deshalb wirkt die Industriepolitik nach geltendem Gemeinschaftsrecht wesentlich als Strukturpolitik in drei Richtungen.

a) Sie ist eingefügt in die gesamtwirtschaftliche Zielsetzung des Art. 104 i. Verb. mit Art. 2 EWGV, und dies sowohl im gleichzeitigen Interesse der allgemeinen Wirtschaftspolitik, an der die Industrie quantitativ wesentlich teilhat, wie auch der Industrie selbst.

b) In ihren Wirkungen auf die Struktur der einzelnen Industrieunternehmen soll die Industriepolitik ihre Teilnahme am Wettbewerb und an der Erzeugung steigern und stärken. Dazu bieten gemeinschaftsrechtliche Lösungen des Gesellschafts-, Steuer-, Niederlassungs- und Wettbewerbsrechts Anpassungshilfen.

c) Soweit die Industriepolitik auf die Struktur von Industriesektoren zielt, ist sie veranlaßt durch Anpassungs- und Umstellungsaufgaben. Sie ergeben sich aus Wandlungen der technischen Bedingungen, des Verbrauchs, der Energie- und Verkehrskosten, der internationalen Verflechtung und der Verdichtung des Gemeinsamen Marktes selbst. Ihre Maßnahmen reichen von der Bereitstellung gemeinschaftsrechtlicher Normierung und Rechtsvereinheitlichung über handels- und zollpolitische Aktionen bis hin zur Beihilfenförderung und steuerlichen Entlastung. Hier werden die Grenzen der Zuständigkeitsaufteilung zwischen Gemeinschaft und Mitgliedstaaten und ihre Zuordnung relevant. Denn die staatliche Industriepolitik, gemeinschaftsrechtlich im übrigen nur koordiniert, unterliegt im Bereich der Subventionsverwaltung gemeinschaftsrechtlicher Kontrolle. Von der Gemeinschaft selbst verfolgte industriepolitische Anpassungsinterventionen haben insbesondere dem Schiffbau, der Blei- und Zink-, Textil- und Papierindustrie gegolten[6].

4 d) Daß die Gemeinschaftsverträge in ihrer industriepolitischen Enthaltsamkeit der wissenschaftlich-technologischen Gesamtentwicklung unvorberei-

---

[4] *Everling*, in: Einführung 120—121.

[5] Dok. SEK (67) 1201 endg.

[6] *Hallstein*, Bundesstaat 155.

tet gegenüberstanden, erklärt die Reaktionen, die die amerikanische und die japanische „Herausforderung" seit 1970 in der Gemeinschaft hervorgerufen hat. Sie konzentrieren sich im *Memorandum der Kommission vom 24. März 1970 betr. die Industriepolitik der Gemeinschaft*[7]. Mit ihm sind wesentliche Fragen aufgeworfen und in der Diskussion, die an Prinzipien der Wirtschaftsverfassung der Integration rühren. Denn das Memorandum zielt auf einen *Gemeinschaftsinterventionismus,* wie er in diesem Bereich vom Vertragsrecht ausdrücklich jedenfalls nicht vorgezeichnet ist. Da damit auftretende Rechtsfragen am deutlichsten gekennzeichnet werden auf dem Hintergrund des geltenden Gemeinschaftsrechts für Forschung und Technologie und dem Stand seiner Durchführung, sind die Elemente des Industriepolitik-Memorandums und seine Perspektiven nach der Schilderung dieses Hintergrundes darzustellen *(50/17—20).*

2. Forschung im EWGV

5 a) *Forschung* als besonderes *Instrument der Industriepolitik* wird vom EWGV — anders als im EGKSV und EAGV — *nicht* hervorgehoben. Daß Art. 41 a EWGV zur Erreichung der Ziele des Art. 39 eine Koordinierung der Forschung vorsieht, bleibt auf den Bereich der Landwirtschaft beschränkt und findet für industrielle Sektoren keine Entsprechung. Das ist um so bemerkenswerter, als die schnelle Entwicklung der gemeinsamen Agrarpolitik entsprechende Bedürfnisse im industriellen Bereich geweckt hat. In ihm sind wegen gewichtiger Wandlungen und Anpassungsschwierigkeiten hoheitliche wirtschaftspolitische Hilfs-Interventionen notwendig geworden. Ihrer hatte die Industrie nicht bedurft, solange sie sich in marktwirtschaftlicher Methode der Entwicklung anzupassen vermochte.

b) In der Erkenntnis, daß Forschung als Mittel der Wirtschafts- und speziell der Industriepolitik gemeinschaftserheblich ist, hat der Rat in seinem Beschluß vom 15. April 1964[8] über die Einsetzung eines Ausschusses für mittelfristige Wirtschaftspolitik als Unterausschuß die Arbeitsgruppe „Politik der wissenschaftlichen und technischen Forschung" gebildet. Sie besteht aus je zwei Beamten der Mitgliedstaaten und zwei Mitgliedern der Kommission. Sie soll die Probleme der koordinierten oder gemeinsamen Wissenschafts- und Forschungspolitik untersuchen und geeignete Maßnahmen ihrer Verfolgung vorschlagen, die im Zusammenhang mit der allgemeinen Wirtschaftspolitik der Staaten und der Gemeinschaft stehen.

---

[7] Rats-Dok. R/644/70 (ECO), abgedruckt auch als BT-Drucks. VI/606 v. 9. 4. 1970 S. 3—151; dazu *Seidel* EA 1971, 9; Industrie und EWG, Veröff. d. List-Gesellschaft 68 (1970).

[8] ABl. 1964, 1031; dazu *Bähr,* in: Einführung 133.

3. Forschung im EGKSV

6 Nach Art. 55 § 1 EGKSV hat die Kommission die technische und wirtschaftliche Forschung für die Erzeugung und die Steigerung des Verbrauchs von Kohle und Stahl sowie für die Betriebssicherheit in diesen Industrien zu fördern sowie zu diesem Zweck eine geeignete Zusammenarbeit zwischen den vorhandenen Forschungsstellen zu organisieren. Die EGKS ist also — anders als die EAG — nicht selbst Forschungsträger, andererseits wegen ihrer finanziellen Autonomie der EAG gegenüber in günstigerer Lage. Nach § 2 a.a.O. kann sie solche Forschungen anregen und erleichtern durch Maßnahmen zur gemeinsamen Finanzierung der beteiligten Unternehmen, durch Mittelbewilligung aus unentgeltlichen Zuwendungen (Art. 49 II) sowie (mit Ratszustimmung und in Grenzen) durch solche aus Umlageaufkommen (Art. 50 § 1). Nach § 3 a.a.O. fördert die Kommission durch Stellungnahmen die Verbreitung technischer Verbesserungen insbesondere durch Austausch von Patenten und Ausstellung von Lizenzen. In Wahrnehmung dieser Kompetenzen sind zahlreiche Maßnahmen getroffen worden, unter ihnen auch solche der Normenvereinheitlichung[9]. Umfassende Forschungsprogramme mit arbeitsteiliger Durchführung sind indes nicht zustande gekommen. Die Konkurrenzlage der beteiligten Unternehmen hat sich hierbei als hinderlich erwiesen.

4. Forschung im EAGV

Aus dem Entwicklungsstand der Kernindustrie erklärlich, nimmt die Forschung gemeinschaftsrechtlich im EAGV eine hervorragende Stellung ein.

7 a) Zwar haben die Gemeinschaftskompetenzen im EAGV keinen ausschließlichen, sondern einen die Zuständigkeiten der Mitgliedstaaten nur ergänzenden Charakter. Indes reichen sie weiter als die im EGKSV vorgesehenen. Die Kommission wird in ihren Aufgaben durch einen gemäß Art. 134 EAGV bei ihr errichteten Ausschuß für Wissenschaft und Technik unterstützt, der in allen wesentlichen Fällen durch Anhörung beteiligt ist. Er besteht aus zwanzig vom Rat auf Kommissionsvorschlag auf fünf Jahre bestellten weisungsfreien Mitgliedern, die aus ihrer Mitte ihr Präsidium wählen.

aa) Der Forschungsbereich des EAGV wird nach Art. 4 II durch die dem Vertrag als Anhang beigefügte Liste der Forschungsgebiete abgegrenzt. Sie gliedert sich nach: Rohstoffen; angewandter Physik auf dem Gebiet der Kernenergie; physikalischer Chemie der Reaktoren; Behandlung der radioaktiven Stoffe; Verwendung der Radioelemente; Untersuchung der radioaktiven Stoffe; Untersuchung schädlicher Auswirkungen der Strahlungen auf

---

[9] Vgl. *Suetens,* La recherche technique et économique, DrCommEur Nrn. 1449 bis 1454.

Lebewesen; Ausrüstungen; wirtschaftliche Gesichtspunkte der Energieerzeugung. Diese Gebiets-Liste kann auf Kommissionsvorschlag vom Rat geändert werden. Nach Art. 122 kann auch der Rat hierzu die Initiative ergreifen.

bb) Nach Art. 4 I hat die Kommission zur Förderung der Forschung auf diesen Gebieten zwei Kompetenzen: diejenige der Förderung und Erleichterung der Kernforschung in den Mitgliedstaaten und — zu ihrer Ergänzung — diejenige zur Durchführung des Forschungs- und Ausbildungsprogramms der Gemeinschaft selbst.

8 b) Im Rahmen ihrer Aufgabe, die mitgliedstaatliche Forschung zu fördern, obliegt der Kommission die Durchführung der Art. 5 und 6 EAGV: Koordinierung, Stellungnahme zu Forschungsprogrammen und Veröffentlichung der Stellungnahme zwecks Verhinderung nationaler Doppelarbeiten und Anregung zu noch nicht hinlänglich bearbeiteten Forschungsfragen; Veranstaltung von Sachverständigen-Tagungen; Gewährung finanzieller Hilfen im Rahmen von Forschungsverträgen; Bereitstellung von Forschungsmaterial, Anlagen, Ausrüstungen, Fachkräften; Maßnahmen zur gemeinsamen Finanzierung durch die Mitgliedstaaten, Personen oder Unternehmen.

9 c) Eigene Gemeinschaftsforschung obliegt der Kommission in Ergänzung mitgliedstaatlicher Wahrnehmung im Rahmen der Art. 7 bis 11 EAGV.

aa) Nach Art. 7 hat der Rat auf Kommissionsvorschlag einstimmig die Forschungs- und Ausbildungsprogramme für einen Zeitraum von höchstens fünf Jahren festzulegen, und zwar unter Finanzierung aus Mitteln des Forschungs- und Investitionshaushalts. Die Kommission hat für die Programmdurchführung zu sorgen, die Programme nach Art. 11 zu veröffentlichen, den Wirtschafts- und Sozialausschuß laufend zu unterrichten und über Stand und Fortgang der Arbeiten zu berichten.

bb) Für die Durchführung der Forschungsprogramme der Gemeinschaft und ihre übrigen Aufgaben hat die Kommission nach Art. 8 EAGV eine *Gemeinsame Kernforschungsstelle* errichtet. Diese sorgt auch für die Festlegung einer einheitlichen Fachsprache und eines einheitlichen Maßsystems auf dem Kerngebiet mit einer Zentralstelle für das Meßwesen. Aus geographischen oder arbeitstechnischen Gründen kann die Tätigkeit der Kernforschungsstelle in getrennten Anlagen ausgeübt werden. Das geschieht *(50/12)*.

cc) Durch Vertrag kann die Kommission gemäß Art. 10 mit der Durchführung bestimmter Teile ihres Forschungsprogramms Dritte betrauen, und zwar Mitglied- und andere Staaten oder ihre Angehörigen sowie zwischenstaatliche Einrichtungen.

dd) Nach Art. 9 I kann die Kommission im Rahmen ihrer Kernforschungsstelle Schulen für die Ausbildung von Fachkräften gründen. Abs. II bestimmt: „Es wird eine Anstalt im Range einer Universität gegründet; die Einzelheiten ihrer Errichtung werden vom Rat mit qualifizierter Mehrheit auf Vorschlag der Kommission festgelegt". Sie soll 1973 Wirklichkeit werden *(1/27)*.

II. Technologische Forschung

10 Es liegt in der Natur der in der Technologie gestellten Aufgaben, daß der Innovationsschritt zur Produktion von Forschungen hohen Investitionsaufwandes und überlegener Planung abhängt. Das hierfür erforderliche technologische Plan-Gesetz ist geradezu als neuartiger besonderer Gesetzestyp den überlieferten Formen des klassischen, des Maßnahmegesetzes und des sozialistischen Plangesetzes an die Seite gestellt worden[10]. Denn es ist nicht auf einen Endzustand seiner Durchführung fixiert und wird nicht durch Vollzug konsumiert, sondern umschreibt auf Dauer berechnete Ziele in ihrer Tendenz und muß auf Änderungen der Plandaten reagieren.

Elemente solcher Plangesetzlichkeit kennzeichnen die Rechtsfiguren, die das Gemeinschaftsrecht vornehmlich im EAGV für die Politik auf dem Gebiet der technologischen Forschung in Gestalt der Forschungsprogramme verwendet. Erfahrungen der modernen amerikanischen Technologie haben gezeigt, daß Forschungspolitik unter Beschränkung auf Programmaufstellung und -durchführung nur *ein* Glied einer technologischen Kette darstellt. Erst die Zusammenfügung mit anderen Gliedern führt jenen industrie- und gesamtwirtschaftlichen Effekt herbei, der technologischen Fortschritt darstellt[11]. Erforderlich ist eine enge Zusammenarbeit von der Grundlagenforschung über die angewandte Forschung und Patentnutzung zu Innovation, Produktion und Absatz unter gleichzeitiger Berücksichtigung aller in ihrem Umkreis dadurch ausgelösten wirtschafts- und sozialpolitischen Auswirkungen[12].

Solche in Ketten und Kreisen auf Fortschritte bedachte Politik der technologischen Forschung drängt aus der Natur der Sache in große Wirtschaftsräume und Märkte, verlangt finanziell und personell höchste Einsätze und ihre optimale Organisation („management"). Das erklärt die besondere Eignung einer die nationalen Zuständigkeiten und Kräfte überwindenden und zusammenfassenden Vergemeinschaftung der technologischen Forschung in Europa, zugleich das Gebot einer Ausweitung der Gemeinschaftsgrenzen, insbesondere durch Einbeziehung Großbritanniens. „Die technologische Industrie ist ein geradezu klassisches Argument für eine integrierte europäische Wirtschaftspolitik."[13]

---

[10] *Denninger,* Die Herausforderung der Technik an das Recht in der technologischen Gesellschaft, in: Universitas 1970, 1135.
[11] *Hubert,* in: Planung IV (1970) 145.
[12] *Bähr,* in: Einführung 132.
[13] *Hallstein,* Bundesstaat 162.

Was in Ausführung des EAGV insoweit bislang tatsächlich geschehen und erreicht ist, entspricht diesen Postulaten nicht. Die Gründe sind verschiedener Art. Unter ihnen ragen allgemein- und verteidigungspolitisch motivierte Souveränitäts-Behauptungen hervor. Nationale Rücksichten wirtschafts-, finanz-, industriepolitischer Art haben gleichermaßen gehemmt: „Man will überall ein Maximum an Selbstversorgung und ein Minimum an Abhängigkeit."[14] Dieser auf die Atomwirtschaftspolitik bezogene Satz hat im Bereich der Technologie im Gemeinschaftsraum allgemein Gültigkeit. Die Übersicht über die Programmentwicklungen der EAG, ihre unvollkommene Durchführung, die mangelnde Zusammenfassung der technologischen Forschung für alle drei Gemeinschaften liefern hierfür den Beleg.

1. Forschungs- und Ausbildungsprogramme

11 Art. 7 EAGV entsprechend sind für die Jahre 1958—1962 und 1963 bis 1967 zwei auf jeweils fünf Jahre bemessene Forschungs- und Ausbildungsprogramme festgelegt worden. Danach sind zunächst Programme nur jeweils einjähriger Dauer und schrumpfender Finanzkraft zustande gekommen[15].

12 a) Das erste Forschungs- und Ausbildungsprogramm i. S. des Art. 7 ist dem EAGV gemäß Art. 215 I bereits als Anhang V bei seinem Zustandekommen beigefügt worden[16]. Es diente in erster Linie der Entwicklung und dem Bau von Reaktoren und der Finanzierung von Untersuchungen auf dem Gebiet gesteuerter thermonuklearer Reaktionen.

aa) Hierzu sind von der Kommission als Einrichtungen der Gemeinsamen Kernforschungsstelle gemäß Art. 8 II EAGV vier Kernforschungsanstalten errichtet worden, und zwar in Ispra (Italien), Petten (Niederlande), Karlsruhe (BRD) und Geel (Belgien).

bb) In Anwendung des Art. 10 EAGV sind Arbeiten des Programms von nationalen Forschungszentren, Hochschulen und Unternehmen im Wege vertraglicher Betreuung durchgeführt worden. Mit nationalen Stellen und Gesellschaften hat die Gemeinschaft insgesamt über 400 sog. Assoziierungsverträge zur Bearbeitung langfristiger Operationen geschlossen und einzelne Forschungsaufträge vertraglich vergeben. Ihre Finanzierung hat mehr als die Hälfte der verfügbaren Gemeinschaftsmittel beansprucht[17].

13 b) Das zweite Forschungs- und Ausbildungsprogramm für die Jahre 1963—1967[18], finanziell mehrfach ergänzt, hat die Vorhaben des ersten Programms fortgesetzt und ergänzt und sich wiederum vertraglichen Dritteinsatzes gleichen finanziellen Aufwandes bedient.

---

[14] *Hallstein*, Bundesstaat 160.
[15] *Sattler*, Entwicklung 61.
[16] Änderungsbeschlüsse des Rates: ABl. 1960, 1449; 1961, 1064.
[17] *Hubert*, in: Planung IV, 157.
[18] ABl. 1962, 2008 m. Änd. ABl. 1965, 1892 und 1967 Nr. 187, 12.

14 c) Die für 1968[19] und 1969[20] nur jährlich zustande gekommenen Programme haben im wesentlichen der Finanzierung der schon vorhandenen Kernforschungsanstalten gedient und Dritt-Auftragsforschung nur in geringem Umfang ermöglicht. Dadurch wurde auch die Koordinierung der nationalen Kernforschung in Mitleidenschaft gezogen. Hierdurch ist die Kapazität der vier Forschungsanstalten personell, sachlich und in der Forschungsplanung beeinträchtigt worden, zumal die Mitgliedstaaten in Abweichung vom Aufbringungsschlüssel des Art. 172 II EAGV nicht einheitlich zur Programmfinanzierung beigetragen haben. Diese Entwicklung hat den Fortbestand der EAG zunehmend in Frage gestellt, bis der Grundsatzbeschluß des Rates vom 6. Dezember 1969 über die künftige Tätigkeit der EAG im Anschluß an die Konferenz der Staats- und Regierungschefs in Den Haag am 1./2. Dezember 1969[21] die Erhaltung der Gemeinsamen Kernforschungsstelle und die Aufstellung eines neuen Mehrjahresprogramms statuierte. Der Beschluß sichert nicht nur die Kontinuität der Arbeiten, sondern ermöglicht — in Abweichung von der bisherigen Programmgestaltung —, daß die Stelle gegen Vergütung auch Aufträge auf dem Kerngebiet ausführt sowie für nichtnukleare wissenschaftliche und technologische Forschung (Datenverarbeitung, Umweltschutz) eingesetzt wird.

15 d) Trotz der Befürwortung von Mehrjahresprogrammen in der Entschließung vom 6. Dezember 1969 sind aber auch für 1970[22] und 1971[23] zunächst nur jährliche Programme zustande gekommen. Indessen hat der Rat mit zwei Beschlüssen vom 21. Juni 1971[24] rückwirkend ab 1. Januar 1971 Einzelgebiete aus dem Jahresprogramm für 1971 herausgelöst und insoweit fünfjährige Forschungs- und Ausbildungsprogramme (1971—1975) festgelegt, und zwar für die Gebiete Biologie und Gesundheitsschutz sowie Kernfusion und Plasmaphysik.

16 e) Die nach der Entschließung vom 6. Dezember 1969 vorgesehene Reaktivierung und Neuorientierung stießen auf Schwierigkeiten, die ihren Grund auch in der allgemeinen Lage der Kernforschung in der ganzen Welt haben[25]. Sie werden im Gemeinschaftsbereich erhöht durch die Konkurrenz paralleler Vorhaben in nationalen Forschungsstellen und Unternehmen, das Beharrungsvermögen der vorhandenen Institutionen und die weitere Angewiesenheit der Gemeinschaftsforschung auf nationale Finanzierung. Nach zunächst vergeblichen Bemühungen des Rates im Oktober 1970 zur Reorganisation der Gemeinsamen Kernforschungsstelle, nach dem Kommissions-

---

19 ABl. 1967 Nr. 311, 23.

20 ABl. 1969 L 64, 6 m. Änd. ABl. 1969 L 169, 2.

21 Vgl. die Aufzeichnung der Kommission für den Rat über eine umfassende Gemeinschaftsaktion auf dem Gebiet der wissenschaftlich-technologischen Forschung und Entwicklung, Sonderbeilage zum Bull EG 1/71, 6.

22 ABl. 1970 L 20, 9.

23 ABl. 1970 L 245, 27 m. Änd. ABl. 1971 L 31, 14.

24 ABl. 1971, L 143, 31, 33.

25 *Glaesner*, DVBl. 1970, 600.

vorschlag, durch einen Zentralausschuß und eine neue Ausführungs-Agentur die gemeinsamen Forschungs- und Entwicklungsvorhaben zu koordinieren, und nach der Vorlage des Entwurfs eines neuen Forschungsprogramms (Sachverständigenbericht der „vier Weisen") hat der Rat am 17. Dezember 1970[26] zunächst den Forschungs- und Investitionshaushalt der EAG für 1971 verabschiedet. Mit Beschluß vom 13. Januar 1971[27] hat die Kommission schließlich die Gemeinsame Kernforschungsstelle reorganisiert. Sie untersteht nunmehr der Leitung eines Generaldirektors (mit Sitz in Ispra/Italien), so daß Rat und Kommission bestimmte vertragsrechtliche Befugnisse ihr gegenüber nicht weiterhin ausüben. Ihnen obliegen nur noch die Festlegung der allgemein definierten Forschungs- und Ausbildungsprogramme, allgemeiner Leitlinien, des Gesamtbetrages der finanziellen Mittel, der Gesamtzahl der Bediensteten[28] und die weiteren Aufgaben eines Aufsichtsorgans. In Einzelentscheidungen verfügt die Forschungsstelle frei. Dem Generaldirektor stehen ein Allgemeiner Beirat und ein Wissenschaftlicher Rat zur Seite. Der Allgemeine Beirat, aus je drei von den Mitgliedstaaten ernannten Vertretern (jeweils einer aus dem Staatsdienst, der Wissenschaft sowie der Wirtschaft und Industrie) gebildet[29], ist vor allem an der Erstellung der Programmentwürfe durch den Generaldirektor beteiligt. Der Wissenschaftliche Rat, zu zwei Dritteln aus den Leitern der Hauptabteilungen und Projekte, zu einem Drittel aus Vertretern des wissenschaftlichen und technischen Personals zusammengesetzt, ist vom Generaldirektor regelmäßig zu allen mit der Tätigkeit der Forschungsstelle zusammenhängenden wissenschaftlichen und technischen Fragen anzuhören.

Da seit 1967 drei Generaldirektionen (Gewerbliche Wirtschaft, Allgemeine Forschung und Technologie, Gemeinsame Forschungsstelle) mit Forschungspolitik und der Überwachung der Forschungsstellen befaßt waren und die Generaldirektion Verbreitung der Kenntnisse ihren Sitz in Luxemburg hat, legte die Reorganisation eine konzentrierende Neuordnung auch dieser Zuständigkeitsaufteilung nahe. Sie ist erfolgt durch die Vereinigung der beiden erstgenannten Generaldirektionen zu einer neuen Generaldirektion Gewerbliche Wirtschaft, Technologie und Wissenschaft, die sieben Direktionen umfaßt[30]. Die Überwachung der Sicherheit von Euratom ist der erweiterten Generaldirektion Energie und Überwachung der Sicherheit Euratom unterstellt worden[31].

---

[26] ABl. 1971 L 37, 1.

[27] ABl. 1971 L 16, 14.

[28] Insoweit vgl. die Ratsentschließung vom 17. 12. 1970 über die Einzelheiten der Annahme der Forschungs- und Ausbildungsprogramme (ABl. 1971 L 16, 13).

[29] Vgl. hierzu die Entschließung der im Rat vereinigten Regierungsvertreter der Mitgliedstaaten v. 17. 12. 1970 (ABl. 1971 L 16, 13).

[30] Vgl. Bull EG 4/1971, 140; 5/1971, 117.

[31] Bull EG 7/1971, 112. — Zum Organisationsplan der Kommission insgesamt: *(14/10 ff.).*

2. *Technologie-Politik*

17 Über Inhalt und Gestaltung einer die *Technologie umfassenden Politik aller drei Gemeinschaften,* deren umstrittene Ausrichtung im Rahmen der nuklearen Forschungsplanung, der Organisation und Finanzierung der Gemeinsamen Kernforschungsstelle schließlich bis zur Existenzbedrohung der EAG geführt hatte, waren anläßlich der Fusionierung der Exekutiven in Rat und Kommission zwar schon 1967 einhellige Auffassungen zustande gekommen. Im Geltungsbereich der EAG haben sie sich indes kaum ausgewirkt.

18 a) Da der EAGV auch hinsichtlich der Technologie-Politik auf dem Nuklearsektor beschränkt ist und seine Ausweitung auf andere technologische Bereiche zur Zeit der Exekutiven-Fusionierung noch nicht in Frage stand, hatten Rat und Kommission in ihrem Beschluß vom 31. Oktober 1967[32] zur Förderung des wissenschaftlichen und technischen Fortschritts Ansätze einer allgemeinen Politik auf den Gebieten der Forschung, Wissenschaft und Technologie konzipiert.

Als vorrangige Forschungsgebiete werden darin u. a. bezeichnet: Informationsverarbeitung und -verbreitung, Fernmeldewesen, Entwicklung neuer Verkehrsmittel, Ozeanographie, Metallurgie, Schmutz- und Lärmbekämpfung. Die Einbeziehung weiterer Gebiete (Luft- und Raumfahrt) und die Konsultierung der Industrieunternehmen bei der Ausarbeitung einer Politik für Wissenschaft und Technik wurden vorgesehen. Als geeignetes Mittel zur Förderung der Forschung und der Innovation werden hervorgehoben: Statut einer Europäischen Gesellschaft, Europäisches Patent, Steuerharmonisierung, um die Errichtung wirksamer industrieller Strukturen in der Gemeinschaft zu begünstigen.

19 b) Das ungewöhnliche Zustandekommen des Beschlusses hat die Frage seiner Rechtsnatur und Wirksamkeit aufgeworfen. Obwohl als Entschließung des Rates bezeichnet, ist er gemeinsam vom Rat, den im Rat vereinigten Vertretern der Mitgliedstaaten und der Kommission ergangen. Die Kommission hat die Rechtsförmlichkeit des Beschlusses mit gutem Grund unentschieden gelassen[33] und seiner eigenartigen Formgebung den Zweck zugedacht, späteren Lösungen der Zuständigkeitsfragen nicht vorzugreifen, zumal Teile der konzipierten Politik-Bereiche von keinem der Gemeinschaftsverträge erfaßt werden. Aus Sachzusammenhang könnten die Informatik dem EAGV, Metallurgie und Umweltschutz diesem und dem EGKSV zugeordnet werden, während es im übrigen bei mitgliedstaatlicher Zuständigkeit verbleibt.

Von Rechtsform- und Zuständigkeitsfragen abgesehen, kommt dem Beschluß vom 31. Oktober 1967 vornehmlich das Gewicht einer Einsichts- und Absichtserklärung zu. Zu seiner Realisierung steht den Mitgliedstaaten und den Gemeinschaften mit ihm ein Rahmenprogramm zur Verfügung, das sie ausfüllen können, soweit und sobald sie hierzu politisch gewillt und imstande sind. Die Kommission und die zuständige Arbeitsgruppe haben seit 1967 weitgehend auf seiner Grundlage gearbeitet, soweit ihre vertraglichen Zuständigkeiten ausreichten.

---

[32] *Bähr,* in: Einführung 134 f.

[33] Dazu: *Bähr,* in: Einführung 135.

3. Kernindustrie und technologische Entwicklung

20 a) Im engeren Bereich der nuklearen Technologie hat die EAG ihr eigentliches Ziel — die Entwicklung einer leistungsfähigen europäischen Kernindustrie — nur in geringem Umfang erreicht[34]. Zwar ist sie im Vergleich zu den USA und auf dem Weltmarkt wettbewerbsfähig geworden. Ein gemeinsamer Markt der europäischen Atomindustrie ist bislang aber nicht verwirklicht, eine Koordinierung der Atomwirtschaftspolitik der Mitgliedstaaten bisher nicht wirksam geworden. Das ist im wesentlichen auf eine nur nationale Orientierung des Ausschreibungs- und Subventionswesens und darauf zurückzuführen, daß auf diesem Gebiet Unternehmungen europäischer Dimension noch nicht bestehen.

21 b) Die Kommission hat gemäß Art. 40 EAGV zur Förderung der Entwicklung der Kernindustrie im April 1966 ihr Erstes hinweisendes Programm der EAG[35] für die Jahre 1970—1979 bekannt gemacht, da die Entwicklung bis 1970 nicht mehr zu beeinflussen war. Auf Grund der Art. 45 ff. sind durch Ratsentscheidungen der Jahre 1961 bis 1966[36] vier *gemeinsame Unternehmen mit Rechtspersönlichkeit* errichtet worden, und zwar die Société d'énergie nucléaire franco-belge des Ardennes (1961), das Kernkraftwerk RWE-Bayernwerk GmbH (1963), das Kernkraftwerk Lingen GmbH (1964) und das Kernkraftwerk Obrigheim GmbH (1966). An fünf weiteren Kernkraftwerken ist die Gemeinschaft finanziell beteiligt. Kommissionsvorschläge zur weiteren Entwicklung und strukturellen Verbesserung der Kernindustrie durch finanzielle Förderung und Teilgarantien sind trotz einer dahingehenden Absichtsentschließung des Rates vom 20. Dezember 1968 noch nicht verwirklicht worden.

22 c) In den Ziffern 9—11 des Schlußkommuniqués der Haager Konferenz vom 1./2. Dezember 1969 ist eine solche Aktivierung wiederum vorgesehen, und zwar über den Bereich der Nuklearforschung hinaus für die gesamte wissenschaftlich-technologische Forschung und Entwicklung. Zu ihrer Verwirklichung hat die Kommission ihre *Aufzeichnung über eine umfassende Gemeinschaftsaktion auf dem Gebiet der wissenschaftlich-technologischen Forschung und Entwicklung* vorgelegt[37]. Sie behandelt nach der Darlegung der derzeitigen Situation und der Vorgeschichte die Programmierung und Beschlußvorbereitung in Forschung und Entwicklung auf Gemeinschaftsebene, die Gemeinschaftsaktionen in einer Skala der in Frage kommenden Tätigkeiten (von der reinen Grundlagenforschung bis zum Umweltschutz), das Management, die Finanzierung und die Durchführung der Gemeinschaftsaktionen. Die Aufzeichnung gipfelt in der Absichtserklärung der Kommission, die Errichtung einer beigeordneten Europäischen Agentur für Forschung und Entwicklung vorzuschlagen, die mit einem eigenen Gemeinschaftsfonds auszustatten wäre. Die Kommission will aus der von ihr vor-

---

[34] *Hallstein*, Bundesstaat 159, 164; *Sattler*, Entwicklung 65.
[35] ABl. 1966, 1145.
[36] Vgl. ABl. 1961, 1173; 1963, 1745; 1964, 3642; 1966, 2681 jeweils m. Änd.
[37] Sonderbeilage zum Bull EG 1/71.

gezeichneten Forschungs- und Entwicklungspolitik auf eine spätere tiefgreifende Revision der Verträge und ihrer gegenwärtigen Organe folgern, ohne daß es ihrer indes zur Verfolgung ihrer Vorschläge zunächst schon bedürfte. Das führt zu der Frage, welche Möglichkeiten insoweit das derzeit geltende Vertragsrecht bietet.

4. Vertragsergänzung und Vervollständigung der Rechtsgrundlagen

23 Nicht nur deshalb, weil der EAGV gegenüber der Forschungspolitik die Politik der technologischen und industriellen Umsetzung und Auswertung vernachlässigt, sondern auch wegen der schnellen Fortentwicklung und Konnexitäten im Gesamtbereich der Technologie kann eine Ergänzung der vorhandenen Vertragsgrundlagen in der Tat notwendig werden. Eine Fusionierung der Gemeinschaften ebenso wie der Beitritt Großbritanniens können hierzu zusätzlichen Anlaß und Gelegenheit bieten[38]. *Vertragsimmanent* eröffnen Art. 235 EWGV, 203 EAGV und 95 EGKSV den Weg zu Vertragsergänzungen, falls eine Gemeinschaftstätigkeit erforderlich erscheint, um Gemeinschaftsziele zu verwirklichen, für die das Vertragsrecht Befugnisse nicht vorsieht. Speziell im EAGV stehen auch bereits nach Art. 4 II und 122 Entwicklungsmöglichkeiten zur Verfügung. Wenn zur Verwirklichung des gemeinsamen Beschlusses vom 31. Oktober 1967 *(50/18, 19)* und im Sinne des Kommuniqués von Den Haag die erforderliche politische Bereitschaft der Mitgliedstaaten besteht, können schon auf diesen Rechtsgrundlagen Fortschritte erzielt werden, auch ohne daß es der Vertragsänderung gemäß Art. 236 EWGV, 204 EAGV und 96 EGKSV bedürfte.

III. Das Kommissionsmemorandum zur Industriepolitik vom 24. März 1970

24 Das *Kommissionsmemorandum zur Industriepolitik*[7] ist in seinen über den Gemeinsamen Markt hinaus auf den *Weltmarkt* zielenden Perspektiven mit dem Mansholt-Plan für die Agrarpolitik verglichen worden. Seit seiner Vorlage ist es nicht nur Gegenstand der Erörterung in den Regierungen der Mitgliedstaaten und eines Sachverständigenausschusses des Rates, sondern einer breiten öffentlichen Diskussion geworden. Der Dialog hat sich im Frühjahr 1972 auf einer internationalen Konferenz zum Thema „Industrie und Gesellschaft in der Gemeinschaft“ in Venedig fortgesetzt[39]. In den Fragen, die die Wirtschaftsverfassungs-Prinzipien der Integration berühren,

---

[38] Dazu der Bericht von *Millarg* EuR 1971, 78 zu den Verhandlungen des FIDE-Kongresses Berlin 1970.

[39] Zu einzelnen Referaten auf diesem v. 20.—22. 4. 1972 von der Kommission veranstalteten Kongreß vgl. die Resümees in VWD Europa Nrn. 77/72 v. 20. 4. 1972, II/6, 79/72 v. 24. 4. 1972, II/4.

ist der Disput in manchen Zügen vergleichbar mit dem vom November 1962 um das Aktionsprogramm der Kommission für die Zweite Stufe *(44/11)*: primär Steuerungsfunktion des Marktes, planulistischer Interventionismus (nicht mehr nur der Mitgliedstaaten, sondern auch der Gemeinschaft) oder gar Gemeinschaftsplanung größerer Globalität und Intensität?

Das Memorandum umfaßt ein *erstes Dokument* mit den Grundgedanken und allgemeinen Zielvorstellungen der Kommission, ein *zweites Dokument*, das seinerseits aus vier Teilen besteht.

1. Inhalt des Ziel-Memorandums (Erstes Dokument)

25 a) Die Grundgedanken und allgemeinen Zielvorstellungen beschreiben zunächst (I) die zur Vollendung des Gemeinsamen Marktes gebotenen Maßnahmen: 1. Beseitigung der technischen Handelshemmnisse; 2. Beseitigung der Diskriminierungen bei der Vergabe öffentlicher Aufträge; 3. Beseitigung der Steuerschranken. Zur Schaffung einer einheitlichen Rechts-, Steuer- und Finanzordnung (II) nennt die Kommission 1. den Rechtsrahmen, dessen es bedarf zur Kooperation oder Fusionierung der Unternehmen über die Landesgrenzen hinweg, 2. die hierfür gebotenen Maßnahmen zur Harmonisierung des Steuerrechts, 3. den Rechtsrahmen, dessen es zur Finanzierung solcher Expansionen bedarf. Um auch bei höherem Konzentrationsgrad der Wirtschaft die grundsätzliche Entscheidung für den Wettbewerb beizubehalten, erachtet die Kommission bei einer „Umstrukturierung" der Unternehmen (III) für geboten, daß alle Hindernisse gegen die Entstehung transnationaler europäischer Unternehmen beseitigt und öffentliche Kredite zum Aufbau der Spitzenindustrien eingesetzt werden. Die im Interesse des industriellen Fortschritts notwendigen Veränderungen und Anpassungsvorgänge bedürfen nach den Zielvorstellungen der „Steuerung" (IV), und zwar 1. hinsichtlich der Veränderungen auf dem Arbeitsmarkt, 2. hinsichtlich der industriellen Verwertung von Innovationen, 3. hinsichtlich der unternehmerischen Führungsmethode und der Heranbildung des Führungsnachwuchses. Da die Gemeinschaft als erste Handelsmacht der Welt ihre Verantwortung für den Welthandel in ihrer Handelspolitik trage, zielt die Kommission (V) auf eine Erweiterung der Gemeinschaftssolidarität in den Wirtschaftsbeziehungen zu Drittländern, und dies 1. in der Zollpolitik, 2. in der Solidarisierung bei neu auftretenden Drittländer-Beziehungen.

b) Insgesamt sieht die Kommission die Funktion ihres Ziel-Memorandums darin, eine Beschleunigung laufender Arbeiten ihrer Zielvorstellungen und die Billigung ihrer bereits vorliegenden Vorschläge durch den Rat zu erreichen, der auch ihre neuartigen Leitlinien oder Aktionen prüfen und billigen möge. Die Kommission hebt schließlich hervor, daß wesentliche, danach erforderliche Ratsentscheidungen vergleichbar sein werden der Durchführung der ersten Programme für mittelfristige Wirtschaftspolitik.

Anregungen für spezifische *Rechtsverformungen* oder *Erwägungen* darüber, *ob das geltende Vertragsrecht die erforderlichen Rechtsgrundlagen bereitstellt oder es zusätzlicher Ermächtigungen bedürfte*, enthält das Zielmemorandum der Kommission *nicht*. Offenbar geht es davon aus, daß das geltende primäre Gemeinschaftsrecht insoweit den erforderlichen Rechtsrahmen bereitstellt und seine Ziele mit Hilfe sekundärrechtlicher Maßnahmen realisierbar sind.

2. *Inhalt des zweiten Dokumentes*

26 a) Das *Zweite Dokument* liefert im Ersten Teil einen Bericht über die „Lage der Gemeinschaft“, und zwar 1. über die Leistung der Industrie der Gemeinschaft nach Sektoren von 1962 bis 1968 sowie 2. über das „Leben der Unternehmen“ (Gründung und Schließung, Niederlassung, Zusammenarbeit, Beteiligung, Fusion, Betriebsgrößen). Dieser Lage-Bericht, umfangreich und detailliert statistisch belegt, kommt zu dem Ergebnis, daß Unternehmen der Gemeinschaft mehr zu Verbindungen auf *nationaler* Ebene oder zu solchen in *Drittländern* als zu solchen *anderer Mitgliedstaaten* neigen. Die Kommission erachtet das für den Aufbau der Gemeinschaft als unerwünscht. Sie beanstandet außerdem, daß die Unternehmen im wesentlichen die für eine optimale Leistungsfähigkeit gebotene Größe noch nicht erreichen.

b) Der Zweite Teil zielt auf die „Verbesserung der Umweltbedingungen für die Unternehmen der Gemeinschaft“, und zwar 1. durch Vollendung des Binnenmarktes der Gemeinschaft, 2. Kooperation und Konzentration der Unternehmen in der Gemeinschaft, 3. Maßnahmen zu ihrer Finanzierung und 4. solche der Handels- und Industriepolitik gemeinschaftlicher Wahrnehmung gegenüber den großen dritten Industrieländern (insbes. USA, Japan).

c) Die auf Kooperation, Konzentration und Wettbewerb mit den Industrien der großen Drittländer zielenden Maßnahmen müssen die „Anpassungsfähigkeit der Industrie der Gemeinschaft“ (Dritter Teil) in Rechnung stellen und zielentsprechend „aufrüsten“, dies 1. durch Anpassung der Industrieproduktion, 2. durch Reformen der Unternehmensführung und Kräfteausbildung für die Industrie sowie 3. durch industrielle Innovation (technologische Vorausschau, Forschung, Entwicklung, Kenntnisverbreitung).

d) Um die Verwirklichung der Gemeinschaft in den technologischen Spitzenbereichen zu aktivieren, erörtert das Memorandum (Vierter Teil) vielfältige Maßnahmen der „Industrieförderung“: kooperative technologische Entwicklungsprogramme, Vermarktung der Erzeugnisse, Rationalisierung der technologischen Entwicklung und Vergabe von industriellen Entwicklungsverträgen durch die Gemeinschaft nebst einer „Konzertierung“ in Investitions- und Produktionsplanung der Unternehmen, Anreize zur Rationalisierung der Industriestrukturen, Verlängerung der Normung und der Produktionsserien.

3. *Rechtsfragen zum Kommissionsmemorandum*

27 Das Memorandum bezeichnet sich in beiden Dokumenten als Diskussionsgrundlage. In seiner Absicht, Beschlußverfahren des Rates über bereits vorliegende Kommissionsvorschläge zu stimulieren und zu beschleunigen, wirft es *zusätzliche* Rechtsfragen *nicht* auf. Denn die sachlich einschlägigen Kommissionsvorschläge beziehen und stützen sich ihrerseits sämtlich auf existierende Vertragsgrundlagen des Gemeinschaftsrechts.

Soweit die Kommission indes ihre Absicht bekundet, ihre sonstigen Zielvorstellungen und die zu ihrer Realisierung erforderlichen Maßnahmen in förmlichen Vorschlägen zu Rechtshandlungen des Rates zu verdichten, wird sie zu gegebener Zeit allerdings an die *Grenzen des geltenden Gemein-*
beider Dokumente des Memorandums hinreichend klar zum Ausdruck, ins-
schafts-Vertragsrechts stoßen. Das aber kommt *an keiner zentralen Stelle*

besondere auch nicht am Ende des Ersten Dokuments[40], wo solche Rechtsrahmen-Klarstellung systematisch ihren adäquaten Standort gefunden hätte. Dort heißt es lediglich, „ein Teil der in diesem Memorandum enthaltenen Hinweise ist für die Unternehmen bestimmt und bedarf keiner Entscheidung des Rates". Andere Zielvorstellungen könnten durch Maßnahmen der Mitgliedstaaten „sehr gefördert werden". Im übrigen behalte die Kommission sich vor, ihre Vorschläge zu präzisieren und zu vervollständigen, während die neuen Überlegungen und Zielvorstellungen im Ausschuß für mittelfristige Wirtschaftspolitik auf ihre Einfügung in das dritte Programm[41] zu prüfen seien, einzelne sektorale Maßnahmen in Kürze dem Rat vorgeschlagen werden würden.

Insgesamt trägt das Memorandum danach alle typischen Züge einer ökonomistisch entwickelten Zielprogrammierung, die — nicht minder für solche typisch zu nennen — in wesentlichen Teilen einer *Begründung* oder auch nur eine *Erörterung über ihre gemeinschaftsrechtlich einwandfreie Realisierbarkeit vermissen läßt* und sich ansonsten hierzu in unverbindlichen und unpräzisen, rechtlich unergiebigen Wendungen erschöpft. Das ist *angesichts der inhaltlichen Tragweite des Memorandums zu beanstanden,* zumal insoweit unter den Mitgliedstaaten und in ihnen unter den Beteiligten keineswegs einhellige Auffassungen bestehen[42]. Es kann den Realisierungschancen und der integrationspolitischen Glaubwürdigkeit derartiger Projektionen der Kommission nur dienen und es muß im Interesse unabdingbar gebotener Rechtsprinzipien der Vergemeinschaftung verlangt werden, daß die ökonomistische Arbeit der Kommission sich nicht — bewußt oder fahrlässig unbewußt — im juristischen Niemandsland entfaltet. Derartige Aktionsvorschläge benötigen klare Erwägungen und Aussagen über die vertragsrechtliche Vereinbarkeit des Gewollten und etwa erforderliche Maßnahmen der Vertragsergänzung oder -änderung. Das läßt das Memorandum vom 24. März 1970 vermissen.

Die wesentlichen Rechtsfragen dieser Relevanz, aber dieser von der Kommission geübten Enthaltsamkeit sind folgende:

a) Die zielgemäß vorgesehenen Maßnahmen zur Vervollkommnung des Gemeinsamen Marktes und zur Herstellung einheitlicher Wettbewerbsbedingungen sind im wesentlichen durch die Verpflichtungen des geltenden Vertragsrechts geboten und „gedeckt"[43]. Das gilt insbesondere für die Verwirklichung der „Freiheiten" nebst einschlägiger Rechtsangleichung, die Schaffung europäischer Normen- und Regelwerke, die Öffnung der von der öffentlichen Hand beherrschten Beschaffungsmärkte, die Steuerharmonisie-

[40] BT-Drucks. VI/606, 18.

[41] Drittes Programm für die mittelfristige Wirtschaftspolitik v. 9. 2. 1971 (ABl. L 49, 1).

[42] Vgl. *Seidel* EA 1971, 9 (auch zum folgenden des Textes unter a—c); Beiträge von *Ehrhardt, Gudenkauf, Wisdorff, Hauser,* in: EurGem 4/1971, 22, 26, 27.

[43] Ebenso: *Seidel* EA 1971, 13.

rung und die Maßnahmen auf dem Gebiet des Gesellschafts- und Fusionsrechts sowie zur Liberalisierung des Kapital- und Kreditmarktes. Insofern ist das Memorandum gemeinschaftsrechtlich „neutral".

b) Das Memorandum-Ziel der industriepolitischen Umstrukturierung zur Großindustrie in den technologischen Spitzenbereichen erwartet die Kommission nicht vom Wettbewerb als Selbststeuerungsinstrument, auch nicht von bloßer Koordinierung mitgliedstaatlich-nationaler, bislang für unverzichtbar erachteter Ingerenzen und Interventionen, *sondern nur von Aktionen und Instrumenten gemeinschaftlicher Kompetenz:* Finanzmitteleinsatz der Europäischen Investitionsbank und der vergleichbaren EGKS-Befugnisse, konzertierte öffentliche Vergabepolitik, und zwar *auch* für gemeinsame Entwicklungs- und Beschaffungsaufträge, unter Privilegierung transnationaler Unternehmen des Gemeinsamen Marktes, Kontrolle von Investitionsvorhaben drittländischer Unternehmen im Gemeinsamen Markt.

Es kann nicht zweifelhaft sein, daß die Gemeinschaftsorgane in dieser Weise zu auswählender und dirigierender Einwirkung auf die Unternehmensstrukturierung und auf Marktvorgänge berufen sein würden. Zweifelhaft indes ist und bleibt, ob das Vertragsrecht hierfür die erforderlichen Rechtsgrundlagen liefert, ohne daß insoweit hier auch die wirtschaftspolitische Zweckmäßigkeit und Eignung jener Maßnahmen in Frage zu stellen ist. Beides ist nicht unbestritten. Weil der in dieser Weise im Memorandum entworfene Interventionismus quantitativ und qualitativ über jene Maße, Objekte und Bereiche hinausgeht, die bislang als der Wirtschaftsverfassung der Gemeinschaften ohne weiteres adäquat erachtet werden konnten, tritt der Mangel „juristischer Planung" des Memorandums um so deutlicher hervor.

c) Die vom Memorandum erwogenen Maßnahmen zur Förderung des technologischen Fortschritts, zur strukturellen Anpassung und auf dem Gebiet der Sozialpolitik sind in ihrer gemeinschaftsrechtlichen „Neutralität" im wesentlichen nicht zu beanstanden. Ob das auch gilt für das System der Vergabe gemeinschaftlicher Entwicklungsaufträge zum Zweck strukturpolitischer Beeinflussung von Unternehmenszusammenschlüssen, ist nicht ebenso zweifelsfrei. Denn damit zwangsläufig — und auch nach den Vorstellungen des Memorandums — verbundene Abnahmegarantien und Vorzugsbehandlungen können wiederum mit den Prinzipien des außenwirtschaftlich freien Wettbewerbs in Widerspruch geraten.

§ 51 SOZIALPOLITIK

Baeten, De harmonisatie van de sociale zekerheid in het raam van de Europese Economische Gemeenschap, RW 31 (1968) 1582; *Bellagamba*, Il regolamento europeo die sicurezza sociale, Diss. Florenz (1961); *Brown*, Recent developments in the social policy of the European Economic Community, CMLR 1965, 158; *Charalambis*, Die Arbeitnehmer im EWG-Recht, Diss. Erlangen/Nürnberg (1970); *Clair*, L'article 119 du Traité de Rome. Le principe de l'égalisation des salaires masculins et féminins dans la Communauté économique européenne, DrSoc 1968, 149; *Collins*, Towards a european social policy, JCMSt 1966, 26; *Coppini*, Il problema dell'armonizzazione dei sistemi di sicurezza sociale dei paesi della C. E. E. (1969); *Crayencour*, La reconnaissance mutuelle des diplômes dans le Traité de Rome, RevMC 1970, 447; *van Crevenstein*, Le Fonds Social Européen — nouveau style, RevMC 1971, 192; *Driver*, Die Integration des europäischen Arbeitsmarktes, Diss. Köln (1962); *Erdmann*, Probleme harmonisierter Sozialpolitik, in: Die EWG als Sozialgemeinschaft. Heft 6 der Europäischen Schriften des Bildungswerkes Europäische Politik (1964) 33; *L'Europe sociale* 1971. Problèmes communautaires actuels, DrSoc Nr. 11/1971; *Fredebeul*, Gemeinsame Politik der Berufsausbildung in der EWG. Grundsätze — Programme — Aktionen, BArbBl. 1965, 192; *Händler*, Die Reform des Europäischen Sozialfonds, BArbBl. 1971, 238; *Haug*, Die soziale Sicherheit der Wanderarbeitnehmer in der Rechtsprechung des Gerichtshofs der Europäischen Gemeinschaften, in: Die Sozialgerichtsbarkeit 1967, 337; *Heise*, Sozialpolitik in der Europäischen Wirtschaftsgemeinschaft. Zweckmäßigkeit und Grenzen einer sozialen Harmonisierung im Bereich der Europäischen Wirtschaftsgemeinschaft unter besonderer Berücksichtigung der Maßnahmen zur sozialen Sicherung (1966); *Heynig*, Problèmes institutionnels posés par la mise en oeuvre d'une politique sociale au niveau communautaire, RevMC 1967, 198; *Heynig*, La réforme du Fonds Social, RevMC 1968, 703, 756; *Heynig*, Europäische Tarifverträge?, AWD 1968, 212; *Heynig*, Ist eine Lösung für das Dilemma der europäischen Sozialpolitik in Sicht?, AWD 1969, 227; *Kaupper*, Aufbau, Problematik und zukünftige Entwicklung der EWG-Verordnungen Nr. 3 und 4, in: Die Betriebskrankenkasse 1971, 117; *Kuipers*, Werkt het beginsel van gelijke beloning voor mannen en vrouwen rechtstreeks?, SEW 1968, 571; *Levi-Sandri*, Die Sozialpolitik der Gemeinschaft zu Beginn der siebziger Jahre, BullEG 1970, 23; *Levi-Sandri*, Realizzazioni e prospettive della politica sociale della Comunità europea, RivStudEur 1970, 3; *Lyon-Caen*, Cours du droit social européen (1967); *Lyon-Caen*, Droit social européen. Actualité du Fonds Social Européen, RevTrimDrEur 1967, 868; *Lyon-Caen*, L'harmonisation sociale dans la Communauté économique européenne, in: L'harmonisation dans les Communautés (1968) 145; *Lyon-Caen*, La jurisprudence sociale de la Cour de Justice. Variations sur un thème ancien et recherches de sonorités nouvelles, RevTrimDrEur 1968, 148; *Lyon-Caen*, Beitrag zu den Möglichkeiten der Vertretung der Interessen der Arbeitnehmer in der Europäischen Aktiengesellschaft (1969); *Lyon-Caen*, La représentation des intérêts des travailleurs dans les sociétés européennes, RevTrimDrEur 1971, 473; *Mazzoni*, Diritto comunitario del lavoro, RivDirIntCompL VIII (1968) 129; *Miller*, Die Koordinierung der Sozialpolitik der Mitgliedstaaten in der EWG, in: Zur Stellung der Mitgliedstaaten im Europarecht (1967, Hg. Bülck) 182; *Rampini*, Die soziale Sicherheit (1966); *Ribas*, Les aspects sociaux de la politique régionale de la Communauté Economique Européenne, RevMC 1966, 734; *Ribas*, La politique sociale des Communautés européennes (1969); *Schlotfeldt*, Die Rechtsfragen der Arbeits- und Sozialpolitik, in: Einführung 166; *Schlotfeldt,* Die Rechtsnatur der „Allgemeinen Grundsätze zur Berufsausbildung" der EWG, in: DIHT-Schriftenreihe, Heft 91, 63; *Schmidt,* Die arbeitsrechtliche und sozialversicherungsrechtliche Stellung der europäischen Wanderarbeiter im Rahmen der Europäischen Wirtschaftsgemeinschaft, Diss. Würzburg (1964); *Schnorr,* L'apport du droit communautaire au droit du travail et de la sécurité sociale, CahDrEur 1970, 544; *Séché,* Bilan de la jurisprudence de la Cour de Justice des Communautés européennes relative aux règlements nos. 3 et 4 concernant la sécurité sociale des travailleurs migrants, RevTrimDrEur 1968, 475; *Séché,* The revision of regulations nos. 3 and 4 in the light of their interpretation by the Court of Justice, CMLR 1969, 170; *Suetens,* Strikes and the law in the Common Market countries, CMLR 1967, 291; *Troclet,* La politique sociale, DrCommEur Nr. 2349; *Vollmer,* Der Europäische Sozialfonds am Ende der Übergangszeit, BArbBl. 1969, 759; *Wanders,* Internationale soziale Sicherheit im Spiegel der Rechtsprechung des Europäischen Gerichtshofes, in: Deutsche Rentenversicherung 1970, 34.

1 Titel III im Dritten Teil des EWGV „Die Politik der Gemeinschaft" mit seinen Art. 117—128 heißt „Die Sozialpolitik" — plaziert nach den Gemeinsamen Regeln (Art. 85—102) im Titel I und dem Titel II „Die Wirtschaftspolitik" (Art. 103—116). Aber diese hervorhebende und zusammenfassende Einordnung der *Sozialpolitik* in die Gemeinschaftspolitik insgesamt, die der Bedeutung des Sozialbereichs in der modernen öffentlichen Ordnung durchaus entsprechen würde, findet im *normativen* Zuständigkeits- und Ermächtigungsgehalt der Art. 117—128 EWGV *keinen* zulänglichen Ausdruck. Insoweit geht auch der EWGV über die im EAGV und EGKSV nur punktuell getroffenen einschlägigen Regelungen in seiner sozialpolitischen Integrationskraft nicht hinaus. Der oft gehörte vordergründige Vorhalt[1], der Gemeinsame Markt sei vornehmlich Sache der Unternehmer und für den Arbeitnehmer wenig oder nichts, hat auch hierin seine Ursache. Ausbildung, Arbeitsplatz, Arbeitsentgelt, Arbeitsbedingungen und soziale Sicherheit als Kernfragen der Sozialpolitik erscheinen im positiven Gemeinschaftsrecht der Verträge — jedenfalls nach aktuellen, vollziehbaren und sanktionsfähigen Zuständigkeiten und Ermächtigungen bemessen — nicht in einer dem *Sozialstaatsgebot* adäquaten Gemeinschaftsausstattung, wenn es in den Vertragsformulierungen auch am sozialpolitischen Aspekt und Impuls nicht fehlt. Das hat seine Gründe, die in die Entstehungsgeschichte insbesondere des EWGV zurückreichen.

Die *Europäische Sozialcharta* des Europarates vom 18. Oktober 1961 zielt zwar in ihrer thematischen Breite auf eine umfängliche Beeinflussung der einzelstaatlichen Sozialordnungen und geht insoweit über das Gemeinschaftsrecht hinaus. Aber ihre Rechte sind weder self-executing noch von Durchgriffscharakter und liefern nur Wertmaßstäbe und Rahmen für die Ausgestaltung der Sozialordnungen, zu der die Vertragsstaaten sich völkerrechtlich verpflichten[2].

---

[1] Vgl. *Heynig* AWD 1969, 227.

[2] *Schambeck,* Grundrechte und Sozialordnung. Gedanken zur Europäischen Sozialcharta (1969) 97.

I. Bereich, Funktion und Rechtsgrundlagen

Die *gemeinschaftsrechtlichen Grundlagen der Sozialpolitik* können in wesentlichen Zügen gedeutet werden aus dem Verständnis, das die Verträge vom Bereich und der Funktion der Sozialpolitik haben[3].

1. Bereich und Funktion

2 a) Sozialpolitik, in hinreichender Inhaltsverdichtung nur zeit- und raumgebunden begreifbar[4], kann auch im Gemeinschaftsrecht nur in Rücksicht auf die konkreten und aktuellen Ordnungsvorstellungen verstanden werden, die in den Mitgliedstaaten über die Lebens- und Arbeitsbedingungen ihrer Angehörigen bestehen und von den wirtschaftlichen Integrations-Veränderungen erwartet werden. „Die Integration (hat) auch auf diesem Gebiet nicht nur vorgefundene Probleme, sondern nicht weniger auch solche zu lösen ..., die sie selber unvermeidlich hervorbringt."[5] Deshalb muß die Sozialpolitik des Gemeinschaftsrechts zwar, wie Art. 117 I EWGV dies formuliert, auf eine Verbesserung der Lebens- und Arbeitsbedingungen der Arbeitskräfte hinwirken. Ihre Aufgabe, diese Bedingungen einander anzugleichen, kann nur in *Fortschritts-Angleichung,* damit in einer Anhebung auf vergleichbare optimale Standards bestehen. Sie muß aber durch Umstellungs-Anpassung auch solche Integrationswirkungen auffangen, die den sozialen Status der Arbeitskräfte beeinträchtigen. Gemeinschafts-Sozialpolitik umfaßt deshalb Bereiche, die wesentliche Gebiete der Ausbildungs- und Arbeitspolitik einschließen.

3 b) Über die Frage, welche *Funktion* der in diesem Sinne weit ausgreifenden Sozialpolitik im Gesamtzusammenhang der Wirtschaftsintegration zukommt, ist mit solcher Bereichsumgrenzung noch nicht entschieden. Nach ihren Zielsetzungen sind die Gemeinschaften ersichtlich nicht *Sozialgemeinschaften an sich,* die dem sozialen Fortschritt durch Integration zu dienen errichtet worden sind, wie sie noch weniger Integrationsgemeinschaften *gesellschaftspolitischer Intention* darstellen[6] (worin ein Grund dafür liegen dürfte, daß ihre Anziehungskraft für die jüngere Generation im Schwinden ist[7]). Gleichwohl kann auch Wirtschaftsintegration vorrangig jedenfalls als

---

[3] *Lyon-Caen,* in: L'harmonisation dans les Communautés 145.

[4] *Lampert,* EvStLex 2077, 2085. [5] *Hallstein,* Bundesstaat 140—141.

[6] *von der Groeben,* Europa: Wunsch und Wirklichkeit. Eine Zwischenbilanz der Europa-Politik, EA 1971, 7; *Jansen,* Zur Situation des westeuropäischen Integrationssystems — Aufriß einer Analyse, Integration 1970, 204 (Sozialpolitik als Gesellschaftspolitik der Innenpolitik der Mitgliedstaaten vorbehalten); zu den antikapitalistischen gesellschaftspolitischen Vorstellungen insbes. hinsichtlich der Sozialpolitik vgl. *Joachim Steffen,* Wie sozial ist die EWG?, und *Ernest Mandel,* Ist die EWG eine kapitalistische Einrichtung?, EurGem 3/1971, 18, 21.

[7] Dazu *Gasteyger, Kewenig, Kohlhase,* Ortsbestimmung der Zukunft Europas, EA 1970, 587.

Antrieb zu fortschrittlicher Sozialpolitik wirken und begriffen werden. In diesem Sinne ist eine der grundlegenden Wirtschaftsfreiheiten, die Freizügigkeit der Arbeitnehmer, ein detailliert normiertes, vollziehbares und sanktioniertes Element fortschrittlicher gemeinschaftlicher Sozialpolitik[8].

Wenn dagegen Sozialpolitik auch gemeinschaftsrechtlich in ihrer Funktion als *Kostenfaktor* gewertet wird, der die Wettbewerbslage mitbestimmt, setzt die Integration der Gleichheit der Wettbewerbsbedingungen wegen a limine eine *Sozialkostenangleichung* voraus. Art. 117 EWGV macht erkennbar, daß der Vertrag die Sozialpolitik wohl eher in jener als in dieser Funktion begreifen will. Die Entstehungsgeschichte des Titels III bestätigt das ebenso wie sein beschränkter Kompetenz- und Ermächtigungsgehalt, während seine in einer ersten Phase versuchte Ausdeutung und Handhabung mit dem Ziel einer vereinheitlichten Sozialpolitik jedenfalls im Effekt einer Sozialkostenangleichung wieder nähergekommen wäre. Insofern wirkt der Streit um die Auslegung des Art. 117 EWGV bis heute nach.

Es wird von der Handhabung der Sozialvorschriften abhängen, ob und inwieweit die Wirtschaftsverfassung der Gemeinschaften dem Sozialen eine selbständige Bedeutung zuerkennt. Ihr Konzept, in der Verwirklichung des wirtschaftlich Vernünftigen zugleich die soziale Wohlfahrt zu fördern, reicht hierfür schwerlich aus. Daß das Gemeinschaftsrecht „in dem Sozialen ein selbständiges Moment der Beurteilung“ und darin eine Funktion der „Verklammerung“[9] sieht, bedarf noch des Beweises durch Vollzug.

2. Entstehungsgeschichte des Titels „Die Sozialpolitik“[10]

4 Der von den Regierungen der Mitgliedstaaten den Vertragsverhandlungen im Jahre 1956 zugrunde gelegte Spaak-Bericht hatte einen geschlossenen Regelungskomplex zur Sozialpolitik nicht vorgesehen. Das widersprach der wirtschafts- und sozialpolitisch begründeten Forderung Frankreichs nach sog. sozialer Harmonisierung, d. h. einer der Integration vorausgesetzten umfassenden Angleichung der Sozialkosten. Sie fußte auf der Annahme, die Kostenbelastung seines vergleichsweise fortgeschrittenen Sozialsystems (Arbeitszeitverkürzung, Lohngleichheit für Männer und Frauen, Familienlastenausgleich) werde sich als Wettbewerbsbenachteiligung auswirken. Das französische Anliegen ist einmal wirtschaftswissenschaftlich entkräftet worden, weil — von extremen Einzelunterschieden abgesehen — Arbeitsentgeltunterschiede beim Fortbestand von Produktivitätsdifferenzen verschiedener Ursachen der sozialen und natürlichen Strukturen einer Liberalisierung des zwischenstaatlichen Handels nach aller Erfahrung nicht im Wege stehen müssen. Die französische Forderung begegnete außerdem dem Argument der Verhandlungspartner, daß die bestehenden Ungleichheiten mehr wechselkurs- als sozialpolitisch bedingt waren. Das ist durch die Wirkungen der späteren französischen Ab- und der deutschen Aufwertungen auf den Sozialkostenvergleich bestätigt worden. Der Theo-

---

[8] *Hallstein,* Bundesstaat 140.

[9] *Ophüls,* Grundzüge europäischer Wirtschaftsverfassung, ZHR 124 (1961) 151.

[10] *Hallstein,* Bundesstaat 138; *Wohlfarth* u. a. Komm. Vorbem. 1—4 vor Art. 117; *Erdmann,* in: Die EWG als Sozialgemeinschaft 33; *Heynig* AWD 1969, 227.

rienstreit um die Frage, ob Sozialleistungen als künstliche und deshalb im Interesse der Wettbewerbsgleichheit zu harmonisierende Kosten oder als natürliche (standortbedingte) Kosten ohne Wettbewerbsrelevanz zu gelten haben, ist letztlich politisch dahin entschieden worden, daß der Vertrag in seinen sozialpolitischen Regelungen generell von ihrer Unerheblichkeit für den Wettbewerb ausgeht. Nur in Art. 117 II, 119 und 120 macht das Vertragsrecht hiervon Einzelausnahmen[11]: zur Angleichung der Rechts- und Verwaltungsvorschriften gemäß Art. 100—102, zur Lohngleichheit von Mann und Frau, zur Freizeitbezahlung, ferner in Kap. II des Protokolls betreffend Frankreich (Vergütung von Überstunden-Schutzmaßnahmen für die französische Industrie).

Nach notwendig gewordener Intervention der Regierungschefs im Endstadium der Verhandlungen ist die Kompromißlösung und der selbständige Titel „Sozialpolitik" zustande gekommen. Ihm ist zutreffend ein im Sozialbereich durchaus abwegiger Zug von „Konservativismus" beigemessen worden. Im Verhältnis zum Integrationsprinzip wirkt außerdem ein weiterer Umstand konservativ: „Die nationalen Sozialsysteme haben alle eine große technische Starrheit ausgebildet. Sie werden daher von den nationalen Sozial-Technokraten mit gefährlicher Gutgläubigkeit verteidigt — nicht nur gegen den europäischen Fortschritt, sondern auch im Innern der Staaten gegen Reformen, die nicht aus dem Fach selbst kommen."[12] Die Entwicklung der Sozialpolitik in den Gemeinschaften hat hierfür hemmende Beispiele geliefert.

3. EWG-Rechtsgrundlagen

5 Die Vorschriften des Titels III „Die Sozialpolitik" umfassen in den Art. 117—122 die sog. Sozialvorschriften, in den Art. 123—127 Statut und Verfahrensregelung für den Europäischen Sozialfonds, in Art. 128 die Grundsätze-Regelung für die Berufsausbildung, die thematisch Art. 41 a zuzuordnen ist. Innerhalb der Regelung der Freizügigkeit der Arbeitskräfte (Art. 48—51) haben vornehmlich Art. 49 und 50 sozialpolitische Bedeutung und den Rang detaillierter Normierung.

6 a) Art. 117, der die Angleichung der Lebens- und Arbeitsbedingungen der Arbeitskräfte vorsieht, verlautbart das Einvernehmen der Mitgliedstaaten über die Notwendigkeit, auf ihre Verbesserung hinzuwirken und dadurch auf dem Wege des Fortschritts ihre Angleichung zu ermöglichen (Abs. I). In Abs. II äußern sie die Auffassung, daß sich eine solche Entwicklung sowohl aus dem Wirken des Gemeinsamen Marktes ergeben wird, der eine Abstimmung der Sozialordnungen begünstigt, als auch aus den vertraglich vorgesehenen Verfahren (Art. 48—51, 118, 123—128) und der Angleichung ihrer Rechts- und Verwaltungsvorschriften (Art. 100—102). Der in Art. 117 formulierte Kompromiß folgt der Annahme, Sozialkosten seien wettbewerbsneutral, indem er trotz Einsicht in die Angleichungsnotwendigkeit auf eine Angleichungsverpflichtung der Staaten verzichtet — von Art.

---

[11] *Wohlfarth* u. a. Komm. Vorbem. 7 vor Art. 117: „logischer Bruch in der theoretischen Konzeption des Vertrages und ... nur als politisches Ergebnis der Vertragsverhandlungen" erklärlich.

[12] *Hallstein*, Bundesstaat 138.

119 abgesehen. Er entspricht indes der These von der Wettbewerbsrelevanz der Sozialleistungen, indem er von der Wirksamkeit des Gemeinsamen Marktes mit ihrer Ausräumung von Wettbewerbsverfälschungen eine Angleichung der Lebens- und Arbeitsbedingungen erwartet[13].

7 b) Art. 118 ist zwischen Art. 117 mit seinem jedenfalls partiell wettbewerbspolitisch orientierten Gehalt und den eindeutig derart motivierten Art. 119 und 120 plaziert. Er wirkt in seinen thematisch weit ausgreifenden Formulierungen, seinem lediglich programmatischen Rechtsgehalt gleichzeitig anspruchsvoll und — jedenfalls im Vergleich zu den Folgeartikeln 119 und 120 — unergiebig[14].

aa) Er weist in Abs. I der Kommission die Aufgabe zu, den allgemeinen Vertragszielen entsprechend eine enge Zusammenarbeit zwischen den Mitgliedstaaten in sozialen Fragen zu fördern. Diesem an die Kommission gerichteten Koordinierungsgebot entspricht keine *spezielle* Kooperations*pflicht* der Staaten, sondern nur die aus Art. 5 I 2, der Kommission die Erfüllung ihrer Aufgabe zu erleichtern. Nach Abs. II, III soll die Kommission zur Erfüllung ihrer Aufgabe in enger Verbindung mit den Mitgliedstaaten durch Untersuchungen, Stellungnahmen (nach Anhörung des Wirtschafts- und Sozialausschusses) und Vorbereitung von Beratungen tätig werden, gleichviel ob es sich um innerstaatliche oder um solche Probleme handelt, die internationalen Organisationen gestellt sind.

bb) Als *„soziale Fragen"* nennt Art. 118 I ohne abschließende Aufzählung: Beschäftigung, Arbeitsrecht und -bedingungen, berufliche Aus- und Fortbildung, soziale Sicherheit, Verhütung von Berufsunfällen und -krankheiten, Arbeits-Gesundheitsschutz, Koalitionsrecht und das kollektive Arbeitsrecht. Die Kommission kann diesen Fragenbereich in den Grenzen der Sache anreichern.

8 c) Art. 119 und 120 zielen im Interesse der Wettbewerbsgleichheit auf *sozialpolitische Gleichwertigkeit* — Art. 119 in Form einer (im Titel III einzigartigen) konkreten Verpflichtung zu gleicher Entlohnung von Männern und Frauen bei gleicher Arbeit, Art. 120 als übereinstimmende Feststellung der Mitgliedstaaten, die bestehende (bei Vertragsschluß festgestellte) Gleichwertigkeit der Freizeitbezahlung beibehalten zu wollen.

9 d) Art. 121 und 122 dienen der *Verfahrensregelung:* Nach Art. 121 kann der Rat der Kommission bestimmte Verwaltungsaufgaben insbesondere auf dem Gebiet der sozialen Sicherheit der Wanderarbeiter (Art. 48—51) übertragen, um die Einrichtung zwischenstaatlicher Sonderverwaltungen zu vermeiden. Nach Art. 122 obliegt der Kommission, in ihre der Versammlung zu erstattenden Berichte stets ein *Sonderkapitel* über die *Entwicklung der sozialen Lage* einzufügen. Die Versammlung kann solche Berichterstattung auch selbst anfordern.

---

[13] *Wohlfarth* u. a. Komm. 3 zu Art. 117.

[14] *Heynig* AWD 1969, 228.

10 e) Art. 123—127 EWGV über den *Europäischen Sozialfonds* sehen Maßnahmen zur Beseitigung bestehender und neu auftretender Arbeitslosigkeit vor, insgesamt also solche produktiver Art zur Sicherung der Beschäftigung und eines Arbeitsplatzes, nicht der finanziellen Vorsorge wegen Arbeitslosigkeit. Der nach Art. 123 errichtete Europäische Sozialfonds hat den Zweck, innerhalb der Gemeinschaft die berufliche Verwendbarkeit und die örtliche und berufliche Freizügigkeit der Arbeitskräfte zu fördern. Anders als nach Art. 56 EGKSV, der die Finanzierung von Investitionsvorhaben zur Schaffung neuer Arbeitsplätze und Wartegeldzahlung bei Nichtbeschäftigung ermöglicht und den Zusammenhang zwischen Markterrichtung und Arbeitsplatzverlust voraussetzt, fungiert der Sozialfonds im Sinne der Art. 123 ff. nicht primär als Anpassungs- oder Umstellungsfonds. Mit der Gewährung (nachträglich) geleisteter, nicht rückzahlungspflichtiger Zuschüsse und Beihilfen (Art. 125) hat der Fonds bislang wesentlich als *zwischenstaatlicher Finanzausgleich* gewirkt. Das hatte zur Folge, daß er als „sozialpolitische Ausgleichskasse“[15] von den Mitgliedstaaten zur Mitfinanzierung ihrer Umschulungsmaßnahmen möglichst in jenem Ausmaß in Anspruch genommen wurde, in dem sie zu seiner Finanzausstattung beitrugen („juste retour“) — ein Ergebnis, das letztlich seinen Grund darin hatte, daß dem von der Kommission verwalteten Fonds eigenständige Lenkungsbefugnisse fehlten und er auf nationale Strukturmaßnahmen nur nachträglich zu reagieren vermochte. Die in Art. 126 b zum Ende der Übergangszeit vorgesehene Reorganisation des Fonds mit neuer Aufgabenstellung im Wege autonomer Vertragsänderung ist nach langwierigen Bemühungen am 1. Februar 1971[16] vom Rat beschlossen worden *(51/18)*.

11 f) Art. 128 gilt der *Berufsausbildung*. Für sie sollte der Rat allgemeine Grundsätze zur Durchführung einer gemeinsamen Politik aufstellen, die zu einer harmonischen Entwicklung sowohl der einzelnen Volkswirtschaften als auch des Gemeinsamen Marktes beitragen kann. Das ist durch Ratsbeschluß vom 2. April 1963[17] geschehen *(51/20, 21)*.

12 g) Aus dem Recht der *Freizügigkeit der Arbeitskräfte* (Art. 48—51) kommt der Durchführung des Art. 49 und dem Art. 50 (Förderung des Austausches junger Arbeitskräfte) sozialpolitische Bedeutung zu. Sie dient der sozial- und arbeitsrechtlichen Gleichstellung des von der Freizügigkeit Gebrauch machenden Arbeitnehmers mit den eigenen Arbeitnehmern seines Gastlandes *(34/4—8)*.

4. Rechtsgrundlagen im EAGV und EGKSV

13 a) Die sozialpolitischen Regelungen des EAGV dienen der Sicherung der Freizügigkeit und dem in seinem Anwendungsbereich besonders dring-

---

[15] *Hallstein*, Bundesstaat 143.

[16] Beschluß über die Reform des Europäischen Sozialfonds v. 1. 2. 1971 (ABl. 1971 L 28, 15).

[17] ABl. 1963, 1338.

lichen Gesundheitsschutz auch der Arbeitskräfte gegen ionisierende Strahlungen.

aa) Nach Art. 96 EAGV hatten die Mitgliedstaaten alle auf die Staatsangehörigkeit gegründeten *Beschränkungen des Zugangs* zu qualifizierten Beschäftigungen auf dem Kerngebiet zu beseitigen.

bb) Art. 30—39 treffen detaillierte Regelungen über den *Gesundheitsschutz* und die Kontrolle ihrer Durchführung. In ihrer Schutzwirkung für die Arbeitskräfte (außer für die Bevölkerung allgemein) haben sie sozialpolitische Funktion, da sie Arbeitsbedingungen regeln.

14 b) Art. 56 EGKSV sieht Hilfen vor, wenn im Rahmen der allgemeinen Ziele der Kommission neue technische Verfahren oder Produktionsmittel eingeführt werden, die den Bedarf an Arbeitskräften der Montanindustrie außergewöhnlich vermindern und besondere Schwierigkeiten für die Wiederbeschäftigung der frei gewordenen Arbeitskräfte mit sich bringen. Auch im Rahmen der Freizügigkeitsregelung sind entsprechende Erleichterungen vorgesehen (Art. 69 § 3).

5. *Zuständigkeitsverteilung*

15 a) Wie Art. 118 I ergibt, ist die Kommission auf die Aufgabe beschränkt, die enge *Zusammenarbeit zwischen den Mitgliedstaaten* in sozialen Fragen *zu fördern*[18]. Danach ist *grundsätzlich* von der weiteren *Zuständigkeit der Mitgliedstaaten* in der Sozialpolitik auszugehen, und dies insbesondere auch in der Rechtsetzung. Soweit Gemeinschaftszuständigkeiten bestehen, handelt es sich um einzelne Durchbrechungen dieses Grundsatzes.

Das ist weder unbestritten gewesen noch geblieben, und zwar wegen der zweifelhaften Auslegung des Art. 117 II. In seinem Hinweis auf die vertraglich vorgesehenen Verfahren und die Gemeinschaftskompetenzen zur Angleichung der nationalen Rechts- und Verwaltungsvorschriften ist eine Angleichungszuständigkeit der Gemeinschaftsorgane gesucht worden, während der Angleichungseffekt sonst — was Art. 117 II ebenfalls hergibt — von der automatischen Wirksamkeit des Gemeinsamen Marktes erwartet wird.

Die seitherige Entwicklung der sozialpolitischen Gemeinschaftsaktivität spiegelt diese Diskrepanz wider.

aa) Bis 1966 hat die Kommission mit Unterstützung des Parlaments unter Berufung auf die Vertragspräambel („stetige Besserung der Lebens- und Beschäftigungsbedingungen") und in extensiver Deutung der Art. 117 und 118 die mitgliedstaatlichen Sozialordnungen ***aktiv zu beeinflussen*** versucht. In Formulierungen parlamentarischer Entschließungen von 1965[19] gesprochen, hat die Kommission Versuche zur Durchführung einer „gemeinsamen Sozialpolitik" unternommen und noch

[18] *Schlotfeldt*, in: Einführung 166.

[19] Vgl. *Heynig* AWD 1969, 228 Anm. 8.

in ihren Leitlinien vom November 1966[20] vorgesehen. Sie galten Fragen der Wanderarbeiter, des Kindergeldes, des Mutterschutzes, der Berufskrankheiten, des betriebsärztlichen Dienstes u. a., ohne daß ihre finanziellen Auswirkungen für die Mitgliedstaaten in Kommissionsempfehlungen i. S. des Art. 155[21] in Rechnung gestellt werden konnten[22]. Da die Kompetenzbehauptung der Staaten Ratsentscheidungen verhinderte, sind seit 1966 neue Initiativen anderer Art ergriffen worden.

bb) Ein 1967 und 1968 verabschiedetes, auf Vorschlägen des Ratspräsidenten, der Kommission und der Regierungen beruhendes *Arbeitsprogramm* hat in pragmatischer Methode bereits in Vorbereitung befindliche und neue Vorhaben zusammengefaßt, die auf die nach Art. 118 gebotene Zusammenarbeit der Mitgliedstaaten abstellen. Nach ihm sollen u. a. die Kosten der sozialen Sicherheit, ihre Verteilung auf Arbeitnehmer und Arbeitgeber sowie ihre anteilige öffentliche Finanzierung, ferner die Harmonisierung der Begriffe und Definitionen der nationalen Sozialordnungen untersucht werden. Am 13. März 1969 hat der Rat außerdem auf der Grundlage eines Kommissionsberichts über die Zusammenhänge der Sozialpolitik mit der übrigen Gemeinschaftspolitik bestimmter Bereiche (Landwirtschaft, Verkehr, mittelfristige Wirtschaftspolitik) Schlußfolgerungen gezogen und der Kommission Aufträge erteilt mit dem Ziel, um die soziale Gleichgewichtigkeit insbesondere in der Beschäftigungslage bemüht zu sein. Einen weiteren Impuls hat der Rat der sozialpolitischen Entwicklung mit seiner Entscheidung zur Umgestaltung des Sozialfonds gegeben *(51/18)*.

16 b) Während sich derart die grundsätzliche Entscheidung des Vertrages zur mitgliedstaatlichen Zuständigkeit im Bereich der Sozialpolitik durchgesetzt hat, sind bestimmte Einzelkompetenzen der Gemeinschaft verfügbar oder schon zur Anwendung gekommen: Art. 48—51 (Herstellung der Freizügigkeit der Arbeitskräfte), Art. 100 (Anwendbarkeit auf handelshemmende unterschiedliche Arbeits- und Unfallvorschriften), Art. 122 (jährlich gesonderte Berichterstattung der Kommission über die Entwicklung der sozialen Lage). Auf Art. 41 a und 128 hat die Kommission ihr Aktionsprogramm für die Sozialpolitik in der Landwirtschaft vom 19. September 1963 gestützt[23]. Der weitreichende Art. 75 I c konnte die Rechtsgrundlage bilden für die Sozialregelungen, die in der Verkehrs-Harmonisierungsentscheidung des Rates vom 13. Mai 1965[24] enthalten sind, sowie ebenfalls für die Ratsverordnung vom 25. März 1969[25] über die Harmonisierung bestimmter Sozialvorschriften im Straßenverkehr *(48/41)*.

17 c) Am 17. März 1971[26] hat die Kommission eine *„Vorläufige Ausrichtung für ein Programm einer gemeinschaftlichen Sozialpolitik“* vorgelegt, um eine Diskussion über die weitgehende Abstimmung der Sozialpolitik der Mitgliedstaaten anzuregen, die in die schrittweise Festlegung eines Aktionsprogramms münden soll. Das Dokument zielt auf Maßnahmen zur beschleunigten Vollendung des gemeinsamen Arbeitsmarktes, Beseitigung der Unterbeschäftigung und struktureller Arbeitslosigkeit, Verbesserung der

[20] Bull EWG Sonderbeilage Nr. 2/1967, 12.
[21] Vgl. ABl. 1962, 2118, 2181, 2188; 1966, 2696, 2753; 1967, 405.
[22] *Schlotfeldt*, in: Einführung 170.
[23] Dok. V/VI KOM (63) 353 endg
[24] ABl. 1965, 1500.
[25] ABl. 1969 L 77, 49.
[26] Bull EG Sonderbeilage zu Nr. 4/1971.

Sicherheits- und Hygienebedingungen am Arbeitsplatz, Verbesserung der Stellung der arbeitenden Frau, Förderung der Eingliederung von Behinderten in das Erwerbsleben, Aufstellung eines EWG-Sozialbudgets und zur Verbesserung der Zusammenarbeit mit den Sozialpartnern. Im Einvernehmen mit der Kommission hat der Rat am 27. Juli 1971 ein Arbeitsprogramm zur Durchführung von Art. 118 EWGV festgelegt (ABl. 1972 C 32, 20).

II. Einzelfragen der Sozialpolitik

Aus dem umfangreichen und heterogenen Gesamtbereich der Sozialpolitik sind Einzelfragen herauszuheben, die durch Aktualität, Bedeutung, rechtliche Ausgestaltung oder rechtspolitische Relevanz gekennzeichnet sind.

1. Neugestaltung des Europäischen Sozialfonds

18 Nach Vorbereitung der Reformgrundzüge im Juli 1970 durch den Rat, seinem Beschluß vom 26. November 1970 und dem vom 1. Februar 1971[27], ist der Europäische Sozialfonds einer Reform unterzogen worden. Art. 126 EWGV hatte hierzu bereits den Weg vorgezeichnet. Sie besteht im wesentlichen darin, daß die Gemeinschaft mit dem Instrument des Fonds künftig die Auswirkungen wirtschaftspolitischer Gemeinschaftsentscheidungen zu berücksichtigen und sozial abzusichern in der Lage sein wird. Das kann bedeutsam werden für Anpassungsschwierigkeiten bestimmter Berufsgruppen im Gefolge von industrie- und regionalpolitischen Maßnahmen. Die Reform stellt einen Kompromiß dar zwischen der italienischen Forderung, mit Hilfe des Fonds primär die strukturelle Arbeitslosigkeit zu bekämpfen, und der der anderen, bereits an Arbeitskräftemangel leidenden Mitgliedstaaten, aus ihm die Ausbildung, Umschulung und Wiedereingliederung von Arbeitskräften zu fördern.

a) Wie bereits in Art. 126 a EWGV für die Zeit nach dem Ende der Übergangszeit vorgesehen, werden künftig die in Art. 125 vorgesehenen 50%igen Zuschüsse an die Mitgliedstaaten zu den Kosten von Berufsumschulungen und Umsiedlungsbeihilfen nicht mehr gewährt. Neue Fondsaufgaben, die den in Art. 123 definierten Zielen entsprechen, werden durch Art. 3—5 des Ratsbeschlusses gestellt: Aktionen im Interesse der Arbeitsmarktlage, die infolge besonderer Maßnahmen der Gemeinschaftspolitik oder koordinierter Zielverfolgung erforderlich werden oder bei Störungen erheblichen Ausmaßes einer besseren Abstimmung zwischen Stellenangebot und -nachfrage dienen; sonstige Aktionen in Regionen, Wirtschaftszweigen oder Unternehmensgruppen wegen Schwierigkeiten, die nicht auf besondere Maß-

[27] ABl. 1971 L 28, 15. Zur Entwicklung: *Vollmer* BArbBl. 1969, 759.

nahmen der Gemeinschaftspolitik, sondern indirekt auf das Funktionieren des Gemeinsamen Marktes zurückzuführen sind oder den harmonischen Ausbau der Gemeinschaft behindern. Hier sollen Fondszuschüsse zur Beseitigung langdauernder struktureller Arbeitslosigkeit und Unterbeschäftigung gewährt werden.

b) Der Fonds beteiligt sich (Art. 8) zu 50 % an den erstattungsfähigen Ausgaben für Maßnahmen der öffentlichen Hand oder sonstige Vorhaben, deren ordnungsgemäße Durchführung mitgliedstaatlich garantiert wird.

c) Die Einzelheiten der Durchführung des Reform-Beschlusses vom Februar 1971 hat der Rat mit drei Verordnungen vom 8. November 1971 (ABl. 1971 L 249, 54, 58 und 61) geregelt.

d) In einem beim Rat mit Beschluß vom 14. Dezember 1970[28] neu errichteten *Ständigen Ausschuß für Beschäftigungsfragen,* der aus Vertretern der Sozialpartner, der Mitgliedstaaten und der Kommission besteht und unter Vorsitz des den Ratsvorsitz stellenden Mitgliedstaates arbeitet, soll die Beschäftigungslage und -politik ständig erörtert werden. Daß der Ausschuß beim *Rat* und *nicht* bei der *Kommission* gebildet ist und auch *nicht ihrem* Vorsitz untersteht, bedeutet eine Abschwächung des Art. 124 I, kann in seiner Zusammensetzung und Rats-Nähe angesichts der mitgliedstaatlichen Zuständigkeitsreservate indes nützlich sein.

2. *Berufsausbildung*

19 Art. 118 I EWGV — *thematisch* vergleichbar den Art. 41 a, 57 EWGV, 56 I c und II b EGKSV — weist der Kommission im Rahmen ihrer allgemeinen Kooperationsförderung auch die Aufgabe zu, die Zusammenarbeit zwischen den Mitgliedstaaten auf dem Gebiet „der beruflichen Ausbildung und Fortbildung“ zu fördern. Abs. II und III a.a.O. benennen die ihr zu diesem Zweck zu Gebote stehenden Mittel: Untersuchungen, Stellungnahmen, Vorbereitung von Beratungen. Zum Gegenstand „Berufsausbildung“ begründet Art. 128 zusätzlich eine spezielle Kompetenz des Rates: ihm obliegt hierzu die Aufstellung „allgemeiner Grundsätze zur Durchführung einer gemeinsamen Politik . . ., die zu einer harmonischen Entwicklung der einzelnen Volkswirtschaften als auch des Gemeinsamen Marktes beitragen kann“[29].

20 a) Der Rat hat in Anwendung des Art. 128 am 2. April 1963 *zehn allgemeine Grundsätze* zur Durchführung einer gemeinsamen Berufsausbildungspolitik[30] aufgestellt. Sie gelten (Grundsatz 1 III) für die Ausbildung Jugendlicher und Erwachsener, die für eine Berufstätigkeit bis zu mittleren

---

[28] ABl. 1970 L 273, 25. Zu seiner ersten Sitzung am 18. 3. 1971: Bull EG Nr. 5/1971, 29.

[29] Hierzu: *Ipsen,* Berufsausbildungsrecht für Handel, Gewerbe und Industrie (1967) 114—119.

[30] ABl. 1963, 1338.

Stellungen, d. h. ohne Fach- oder Hochschulstudium, in Betracht kommen. Nach Grundsatz 1 IV obliegt die Anwendung der Grundsätze im Rahmen des Vertrages den Mitgliedstaaten und den zuständigen Gemeinschaftsorganen.

b) Soweit nach deutschem Recht ein *System der Betriebslehre* besteht, wird es von den Grundsätzen nur mittelbar berührt, so im Grundsatz 2 h, wo auf „engste Beziehungen zwischen den verschiedenen Formen der Berufsausbildung und den Wirtschaftsbereichen" abgestellt wird, „damit die Berufsausbildung möglichst weitgehend den Erfordernissen der Wirtschaft ... gerecht wird"; ferner in Grundsatz 8 im Hinblick auf die Ordnungsmittel des Berufsbildes und der Berufsanforderungen, in dem die Kommission mit der Aufstellung aufeinander abgestimmter Beschreibungen der Grundanforderungen für den Zugang zu den verschiedenen Ausbildungsstufen und der Anleitungen der Prüfungsanforderungen betraut wird. Rechtlich bemerkenswert im Hinblick auf den einer Planung und Lenkung an sich widerstreitenden Freiheitsgehalt des Art. 12 I GG sind die Grundsätze 3, 4 III (auch 9). Sie sehen Vorausberechnungen und Schätzungen des Bedarfs an Arbeitskräften und die Empfehlung entsprechender Maßnahmen der Mitgliedstaaten sowie Dringlichkeitsordnungen und Programme vor.

c) Der in Grundsatz 4 V zur Unterstützung der Kommission vorgesehene *beratende* dreigliedrige *Ausschuß* ist auf Grund der vom Rat beschlossenen Satzung vom 18. Dezember 1963[31] aus 36 Mitgliedern und 18 Stellvertretern gebildet worden und besteht unter Kommissionsvorsitz paritätisch aus Vertretern der Regierungen, der Arbeitgeber und Arbeitnehmer. In Erfüllung der Programmaufgaben hat die Kommission dem Rat am 5. Mai 1965 ein *Aktionsprogramm*[32] vorgelegt. Es bildet den Übergang zu konkreten Vorschlägen, darunter dem der beschleunigten Berufsausbildung zur Behebung des Facharbeitermangels.

21 d) Ihrer *Rechtsnatur* nach sind die Grundsätze in ihrem überwiegenden Inhalt Zielbeschreibungen und Absichtserklärungen. *Als solche* sind sie nicht geeignet, die Mitgliedstaaten vor die Frage ihrer normativen Verbindlichkeit und entsprechender Folgepflichten zu stellen. Indes erhebt sie sich für andere Inhalte der Grundsätze.

aa) Nach Grundsatz 1 IV messen sie sich *Anwendbarkeit* zu im Sinne gemeinschaftsrechtlicher Wirksamkeit in den Mitgliedstaaten aus ihrer Zugehörigkeit zur Gemeinschaft. Sie enthalten auch Bestimmungen, die nach Inhalt, Zweck und Adressierung *geeignet* erscheinen, tatbestandlich Rechte und Pflichten der Mitgliedstaaten zu begründen, wie andere als Ermächtigungen an die Kommission angesehen werden müssen. Das gilt etwa für Grundsatz 1, wonach jeder Mitgliedstaat Programme aufstellt und Vorhaben verwirklicht, die mit den Grundsätzen übereinstimmen, ferner für Grundsatz 10 II i. Verb. mit Grundsatz 9 (Kommissionshandlungen zur ge-

---

[31] ABl. 1963, 3090 m. Änd. v. 9. 4. 1968 (ABl. L 91, 26).
[32] Dok. V/SEK (65) 1355 endg.

meinsamen Finanzierung von berufsausbildungspolitischen Maßnahmen). Danach bleibt für Einzelbestimmungen der Grundsätze die Frage ihrer rechtlichen Verbindlichkeit und ihrer Eignung als Handlungsermächtigung zu beantworten.

bb) Da Art. 128 mit der Ratsermächtigung zur Aufstellung von Grundsätzen auf eine atypische, in Art. 189 nicht vorgesehene Handlungsform verweist, deren *Entstehungsverfahren* indes weniger absonderlich geregelt ist, besteht über ihre rechtliche Qualifizierung keine Einmütigkeit. Die Annahme der Kommission, die Grundsätze verpflichteten — auch ohne Richtlinien-Rechtsform — die Mitgliedstaaten zur Befolgung zwecks Ergebnisherstellung *gemäß Art. 5,* erscheint *nicht* begründet. Denn danach sind sie nur zur Erfüllung von Verpflichtungen gehalten, die sich *aus dem Vertrag* ergeben — was für Art. 128 lediglich eine Pflicht zur Mitwirkung an der Durchführung einer gemeinsamen Politik ergibt, nicht aber eine Bindung an Pflichten aus den Ratsgrundsätzen, die ihrerseits erst auf Grund des Art. 128 ergehen. Indes ist der Standpunkt der Kommission *im Ergebnis* zu billigen: während Art. 118 II sich darauf beschränkt, die Kommissionsaufgaben in der Vornahme von Untersuchungen, der Abgabe von Stellungnahmen und der Vorbereitung von Beratungen zu umschreiben, stellt Art. 128 ersichtlich eine *zusätzliche* und *weitergehende, den Art. 118 ergänzende* Aufgabenumschreibung dar, eben die des Rates, allgemeine Grundsätze zur Durchführung einer gemeinsamen Politik aufzustellen. Da diese nach der grundsätzlichen Zuständigkeitsaufteilung des Art. 117 nicht in eigenen Gemeinschaftsakten bestehen kann, ist die Durchführung zwangsläufig auf die Mitwirkung der Mitgliedstaaten in der Gestaltung und Handhabung ihrer eigenen Sozialpolitik angewiesen. Infolgedessen können Ratsgrundsätze dieser Zielsetzung rechtlich nur die Funktion von *Richtlinien* haben, die als solche der erstrebten *Ergebnisfixierung verbindlich* sind, den Staaten jedoch die Wahl der Form und Mittel zur Ergebnisherstellung überlassen. Da Art. 128 — anders als Art. 123 ff. — jedoch keine ausdrückliche Ermächtigung enthält über die Aufbringung der erforderlichen Finanzmittel, geht Grundsatz 10 II, der finanzielle Verpflichtungen der Staaten vorsieht, über eine zulässige Richtlinienwirkung hinaus. Denn die *Art der Finanzierung* gehört zu den Formen und Mitteln der Durchführung, deren Wahl den Staaten freisteht. Art. 128 hat also nicht die Kraft, einen Rechtsgrundsatz i. S. dieser Bestimmung als Handlungsermächtigung i. S. des Art. 155 auszugestalten, kraft deren die Kommission die Mitgliedstaaten zur Finanzierung von Durchführungsmaßnahmen gemäß Art. 128 verpflichten könnte[33].

e) Auf Art. 128 EWGV sowie die „allgemeinen Grundsätze" gestützt, hat der Rat am 29. September 1970[34] eine erste Empfehlung an die Mitglied-

---

[33] Insoweit ebenso: *Schlotfeldt,* Die Rechtsnatur der „Allgemeinen Grundsätze zur Berufsausbildung" der EWG, in: DIHT-Schriftenreihe Heft 91, 63; *Fredebeul* BArbBl. 1965, 194.

[34] ABl. 1970 L 219, 1.

staaten gerichtet über die Anwendung eines Europäischen Berufsbildes, und zwar für die Ausbildung von Facharbeitern an spanenden Werkzeugmaschinen.

f) Da die Arbeit der Kommission auf Grund der „allgemeinen Grundsätze" nicht die erwarteten Ergebnisse gebracht hat, hat der Rat zur Intensivierung der Gemeinschaftstätigkeit in diesem Bereich am 26. Juli 1971[35] *Allgemeine Leitlinien* zur Ausarbeitung eines gemeinschaftlichen Tätigkeitsprogramms auf dem Gebiet der Berufsausbildung erlassen. In ihnen werden die künftigen Aktivitäten ins einzelne gehend vorgezeichnet.

3. Soziale Sicherheit

22 a) Die Förderung und Erweiterung der *sozialen Sicherheit der Arbeitnehmer* gehört zu den Angleichungsfortschritten, über deren Notwendigkeit die Mitgliedstaaten in Art. 117 ihre Einmütigkeit bekunden und für die die Kommission nach Art. 118 die enge Zusammenarbeit zwischen den Mitgliedstaaten zu fördern hat. Im Rahmen des Titels III steht der Gemeinschaft indes eine Zuständigkeit und stehen ihren Organen Handlungsermächtigungen zu unmittelbar wirksamen oder die nationalen Sozialordnungen beeinflussenden Angleichungsmaßnahmen *nicht* zu. Das gilt insbesondere auch für das *Recht der Sozialversicherung* als das spezifische Ordnungssystem der sozialen Sicherung. Insoweit ist es grundsätzlich bei der ausschließlichen Regelungskompetenz der Mitgliedstaaten verblieben.

Die allgemeinen Rechtsangleichungsbefugnisse der Gemeinschaftsorgane nach Art. 100—102 sind in *ausschließlich sozialpolitischer* Zielsetzung *unanwendbar*, weil sie wettbewerbsbezogen orientiert sind. Nur bei Behinderung des zwischenstaatlichen Wirtschaftsverkehrs durch spezifische Sozialkostenbelastung stünde ihre Anwendbarkeit in Frage. Dies hat aber zur Voraussetzung, daß Soziallasten als Wettbewerbsfaktor generell der Harmonisierung fähig sind, was umstritten ist[36]. Deshalb muß das Gemeinschaftsrecht grundsätzlich vom Fortbestand der verschiedenen nationalen Sozialversicherungssysteme ausgehen. Daß in ihnen vergleichbar einheitliche Tendenzen wirksam sind (Ausdehnung des Versicherungsschutzes, Leistungsverbesserung und -dynamisierung), ist also nicht das Resultat gemeinschaftsrechtlicher Harmonisierung, sondern allgemeinen Sozialfortschritts, der allerdings, wie Art. 117 II formuliert und sich realiter bestätigt, durch das Wirken des Gemeinsamen Marktes begünstigt wird.

23 b) Wo das Gemeinschaftsrecht dem auf soziale Sicherheit angewiesenen Arbeitnehmer ermöglicht, unter freier Wahl seines Arbeitsplatzes in den

---

[35] ABl. 1971 C 81, 5.

[36] Vgl. *R. Schmidt,* Zur Frage einer etwaigen Harmonisierung der gesetzlichen Krankenversicherung innerhalb der EWG (Gutachten), VersR 15 (1964) 560; *Erdmann,* Probleme harmonisierter Sozialpolitik 42.

Geltungsbereich einer ihm fremden nationalen Sozialrechtsordnung einzutreten, hat es folgerichtig dafür Vorsorge getroffen, daß er sozialversicherungsrechtlich dem inländischen Arbeitnehmer gleichgestellt wird. Seine Mobilität soll also seine soziale Sicherheit nicht gefährden. Das ist auf Grund des Art. 51 durch die Verordnungen Nrn. 3 und 4 über die soziale Sicherheit der Wanderarbeitnehmer gewährleistet[37], die demnächst durch die Verordnung (EWG) Nr. 1408/71 vom 14. Juni 1971[38] zur Anwendung der Systeme der sozialen Sicherheit auf Arbeitnehmer und deren Familien, die innerhalb der Gemeinschaft zu- und abwandern, abgelöst wird. Sie machen die nationalen Sozialversicherungstatbestände dem Versicherten über die Grenzen hinaus nutzbar. Im Sinne einer „Ausstrahlungstheorie" und unter Überwindung des Territorialitätsprinzips kann die heimische Sozialversicherung auf Zeit trotz Beschäftigung im EWG-Ausland in Kraft bleiben. In der Kranken- und Unfallversicherung erhält etwa der in seiner Heimat versicherte Italiener als Arbeitnehmer in der BRD Leistungen. In der Rentenversicherung leistet der Versicherungsträger, der Beiträge empfangen hat, an den Heimgekehrten. Für die Wartezeiterfüllung werden in der EWG insgesamt zurückgelegte Versicherungszeiten addiert. Auch die Rentenanpassung findet in allen Mitgliedstaaten statt.

Im Ergebnis hat sich eine zum Höchststand tendierende *weitgehende Angleichung der Sozialleistungen* und entsprechende Belastung des Sozialprodukts herausgestellt. Die Rechtsprechung des Gerichtshofs insbesondere in Vorabentscheidungsverfahren auf Vorlage nationaler Sozialgerichte hat zur Angleichung durch einheitliche Rechtsauslegung beigetragen[39]. Anwendungsschwierigkeiten zu den Verordnungen Nrn. 3 und 4 haben zwar zu der Forderung geführt, die sozialen Sicherungssysteme der Staaten als solche einander anzugleichen. Hierfür aber fehlt die Gemeinschaftskompetenz[40]. Die Gewährleistung der sozialen Sicherheit obliegt also dem sekundären Gemeinschaftsrecht, das seinerseits damit die Herstellung der Freizügigkeit der Arbeitnehmer innerhalb der Gemeinschaft sanktioniert. So verbindet sich das Freiheitsprinzip des Gemeinschaftsrechts mit dem „allen Vertragspartnern der EWG gemeinsamen Streben nach einem möglichst umfassenden System der sozialen Sicherheit innerhalb des Gebietes der EWG"[41].

---

[37] VO Nr. 3 des Rates vom 25. 9. 1958 über die soziale Sicherheit der Wanderarbeitnehmer (ABl. 561); VO Nr. 4 des Rates vom 3. 12. 1958 zur Durchführung und Ergänzung der VO Nr. 3 (ABl. 597), jeweils mit zahlreichen späteren Änderungen; dazu: *Schlotfeldt*, in: Einführung 172.

[38] ABl. 1971 L 149, 2. Die neue Verordnung tritt nach ihrem Art. 99 zu Beginn des siebenten Monats nach Veröffentlichung der auf Grund ihres Art. 97 erlassenen Durchführungsverordnung Nr. 574/72 des Rates vom 21. 3. 1972 (ABl. L 74), damit also am 1. 10. 1972 in Kraft.

[39] Darüber: *Haug*, in: Die Sozialgerichtsbarkeit 1967, 337; *Lyon-Caen* RevTrimDrEur 1968, 148; *Séché* RevTrimDrEur 1968, 475; *ders.* CMLR 1969, 170; *Wanders*, in: Deutsche Rentenversicherung 1970, 34.

[40] *Schlotfeldt*, in: Einführung 172.

[41] BSGE 11, 290.

4. Arbeitsrecht

24 a) Da sich Art. 118 I auch hinsichtlich des *Arbeits- und des Koalitionsrechts*[42] auf die Zusammenarbeit der Mitgliedstaaten und ihre Förderung durch die Kommission beschränkt und es an gemeinschaftsrechtlich verbindlicher Regelung (von Art. 119 und 120 abgesehen) für die Staaten fehlt, ist eine europäische Tarifvertragspolitik bislang nicht wirksam geworden. Weitere Gründe hierfür sind die unterschiedlichen Strukturen in der Organisation der Tarifpartner und der Wirtschaftsbereiche in den Mitgliedstaaten sowie die verschiedenartige rechtliche Einordnung der Tarifverträge in die nationalen Rechtsordnungen. Auch unterschiedliche Regelungen über die Wirkungsweise der Tarifverträge, über Friedenspflicht und die Zulassung von Arbeitskämpfen stehen hinderlich im Wege. Deshalb ist es auf diesem Gebiet zunächst bei Erörterungen in einer paritätischen Arbeitsgruppe und wiederholten Anregungen im Parlament verblieben. Die Kommission hat eine Studie über die Möglichkeiten des Abschlusses von Tarifverträgen auf europäischer Ebene in Auftrag gegeben und dem Rat Vorschläge zur Schaffung einer europäischen Zentralkartei für Tarifverträge unterbreitet[43].

25 b) Im *Arbeitskonfliktrecht* hat das für Wanderarbeiter geltende Sekundärrecht einzelne Regelungen bereitgestellt, die im Sinne der Ausstrahlungstheorie das heimische Arbeitsrecht des Arbeitnehmers für weiterhin anwendbar erklären. Den Vorschlag einer Verordnung über das Arbeitskonfliktrecht, das vom Übereinkommen über die gerichtliche Zusändigkeit und die Vollstreckung gerichtlicher Entscheidungen in Zivil- und Handelssachen vom 27. September 1968[44] nicht erfaßt wird, hat die Kommission am 23. Februar 1972 unterbreitet (BT-Drucks. VI/3239).

26 c) Wie der Einfluß multinationaler Gesellschaften Probleme gewerkschaftlicher Vertretung (Konzern-Betriebsräte) und internationaler kollektiver Tarifverhandlungen aufwirft, stellen sie sich vergleichsweise auch im Gemeinsamen Markt mit wirtschaftlicher Konzentration und der Neugestaltung des Gesellschaftsrechts. Der Internationale Bund Freier Gewerkschaften (IBFG) hat auf der Genfer Weltwirtschaftskonferenz im Juni 1971 seine nationalen Mitgliedsverbände auf gemeinsame Richtlinien u. a. für Maßnahmen gegen einen Machtmißbrauch multinationaler Gesellschaften festgelegt.

5. Mitbestimmung

27 Die Frage der Arbeitnehmer-Mitbestimmung[45], die der Katalog des Art. 118 I verständlicherweise nicht erwähnt, greift in ihrer Bedeutung über

---

[42] *Schlotfeldt,* in: Einführung 175; *Troclet* DrCommEur Nrn. 2358—2369, 2384.

[43] Vgl. Antwort der Kommission vom 6. 8. 1971 auf die Anfrage Nr. 182/71 des Abg. *Cousté,* ABl. 1971 C 84, 7.

[44] Bull EG Sonderbeilage zu Nr. 2/1969, 17. Dieses Übereinkommen ist bislang noch nicht in Kraft getreten.

[45] Letzte Gesamtdarstellungen: *E. R. Huber,* Grundgesetz und wirtschaftliche

die Sozialpolitik hinaus und stellt Integrationsprobleme der Gesellschafts- und Eigentumspolitik. Sie werden auch mit den Reservatklauseln der Art. 222 EWGV, 83 EGKSV, wonach die Verträge die Eigentumsordnung in den Mitgliedstaaten unberührt lassen, nicht bewältigt.

28 a) Die Mitbestimmungsfrage ist zweifach aktuell[46]: einmal in der Konzentrationsbewegung, die durch die Erleichterung grenzüberschreitender *Fusionen von Gesellschaften* gefördert werden soll und die die Beteiligung von Arbeitnehmervertretern in den Gesellschaftsorganen in Frage stellt; sodann in der Verfassung einer *Europäischen Gesellschaft.* Hier stehen die sozialpolitische Vertretung von Arbeitnehmerinteressen und die eigentumspolitische Mitbestimmung über Unternehmenszweck und -führung in der Auseinandersetzung[47] — beide organisatorisch befrachtet mit dem Problem des Verhältnisses zwischen Betriebsvertretungsorganen und Gewerkschaften. Daß Betriebsverfassungs- und Mitbestimmungsrecht (in der Montanindustrie) in der BRD eine Ausprägung erfahren haben, die sich von der der anderen Mitgliedstaaten wesentlich abhebt, daß das Mitbestimmungsrecht in der BRD durch das Betriebsverfassungsgesetz vom 15. Januar 1972 (BGBl. I, 13) neugestaltet wurde und die BRD schon bislang glaubte, „nicht über den Schatten des eigenen Mitbestimmungsrechts springen zu können"[48], bildet eines der zahlreichen Hindernisse für eine im Konzentrations- und Gesellschaftsrecht einheitliche Lösung des Gemeinschaftsrechts[49].

29 b) Für das *Recht einer Europäischen Gesellschaft* bestehen unterschiedliche Erwägungen und Vorschläge einer Behandlung der Mitbestimmungs-Frage: eigenständige, einheitliche Regelung im Statut der europäischen Gesellschaft oder weitgehende Verweisung auf die nationalen Rechtsordnungen. Der *Sanders-Bericht*[50] entschied sich für die zweite Alternative. Nur wenn weniger als 90 % und mehr als 25 % der Arbeitnehmer einer Gesellschaft in Betrieben in der BRD arbeiten, sollte die im Statut zu entwickelnde Anpassungsregelung gelten. In allen anderen Fällen sollten die nationalen Rechtsordnungen fortgelten. Nach einem komplizierten Mechanismus, der auf die Anzahl der Arbeitnehmer in den verschiedenen Mitgliedstaaten abstellt, würde sich bestimmen, welches nationale Recht im Einzelfall zur Anwendung kommt.

Mitbestimmung (1970); *Schwerdtfeger,* Unternehmerische Mitbestimmung der Arbeitnehmer und Grundgesetz (1972).

[46] *Schlotfeldt,* in: Einführung 174; *Hallstein,* Bundesstaat 106.

[47] *Loussouarn, Scholten, van Ryn, Houin,* in: La société européenne, L'harmonisation dans les Communautés (1968) 9, 47, 65, 79.

[48] *Hallstein,* Bundesstaat 107.

[49] Hierzu: Bericht über die Studientagung 4.—6. 10. 1965 (Luxemburg) der EGKS: Die Arbeitgeber-Arbeitnehmer-Beziehungen im Betrieb und Unternehmen — Formen und Funktionen.

[50] *Sanders,* Vorentwurf eines Statuts für eine europäische Aktiengesellschaft; Kommission der Europäischen Gemeinschaften, Studien, Reihe Wettbewerb, 1966 Nr. 6.

Als *Anpassungsregelung* stehen *drei Möglichkeiten* zur Wahl:

(1) eine im wesentlichen dem geltenden deutschen Recht gleichende Regelung, (2) Schaffung eines Aufsichtsorgans aus Arbeitnehmern mit den gleichen Befugnissen wie der herkömmliche Aufsichtsrat, (3) eine Regelung der Mitbestimmung in der Satzung der Gesellschaft, die insoweit aber der Genehmigung einer nationalen oder zentralen Instanz bedarf.

Die *Kritik am Sanders-Entwurf* richtete sich gegen die Methode, neben die nationalen Rechte eine europäische Lösung mit beschränktem Anwendungsbereich zu stellen. Hierin wird eine „Flucht" in die europäische Mitbestimmung gesehen, um einer unwillkommenen nationalen Regelung zu entgehen.

Das Gutachten von *Lyon-Caen*[51] ging dagegen von der Notwendigkeit einer einheitlichen eigenständigen Regelung für die europäische Gesellschaft aus. Zweck jeder Mitbestimmung sei nicht die institutionelle Vertretung der Arbeitnehmer in den Organen der Gesellschaft, sondern ihre Teilhabe am wirtschaftlichen Entscheidungsprozeß. Voraussetzungen dafür seien informative Kontrolle der Belegschaft über die allgemeine Wirtschaftspolitik des Unternehmens und Entscheidungskontrolle der lang- und kurzfristigen Wirtschaftspolitik des Unternehmens mit Auswirkungen auf die Beschäftigung. Sie könnten durch verschiedene Mechanismen auf verschiedenen Ebenen erreicht werden. Entscheidend sei allein die funktionale Gleichwertigkeit solcher Modelle. Das Statut der Gesellschaft sollte danach eine zwingende Verpflichtung enthalten, eine Form der Mitbestimmung einzurichten, und zwar auf Grund von Verhandlungen mit den Gewerkschaften. In ihnen sollte zwischen den verschiedenen Modellen der Mitbestimmung gewählt werden.

Die *drei Modelle* sehen vor: (A) Mitbestimmung durch Vertretung in den Organen der Gesellschaft; minderheitliche Vertretung der Arbeitnehmer im Aufsichtsrat, die durch eine Technik qualifizierter Mehrheiten und die Gegenwart unabhängiger Sachverständiger ausgeglichen werden soll; (B) Mitbestimmung durch Einschaltung eines beratenden Unternehmensrates mit umfassenden Informations- und Konsultationsbefugnissen; ihm wird in bestimmten Bereichen ein Veto- oder Zustimmungsrecht eingeräumt; die Gewerkschaften sind bei der Wahl und innerhalb des gewählten Rates maßgeblich zu beteiligen; (C) Schaffung eines eigenen Aufsichtsorgans der Arbeitnehmer innerhalb der Gesellschaft neben dem herkömmlichen, aus Vertretern der Kapitalgeber bestehenden Aufsichtsrat; beide Organe haben unterschiedliche und ergänzende Befugnisse; ein Veto- oder Zustimmungsrecht ist diesem Organ in den Fällen einzuräumen, in denen im Modell A nur mit qualifizierter Mehrheit des Aufsichtsrates entschieden werden kann. Neben der Wahl dieser im Statut der Gesellschaft angebotenen Modelle sollten die Sozialpartner auch durch einen Kollektivvertrag sui generis die Rechte der Belegschaft in der Gesellschaft bestimmen oder verhandlungsfähige Bereiche abstecken können, damit einseitige Entscheidungen mit Auswirkungen auf die Beschäftigung nicht getroffen werden könnten.

Nach den Forderungen des *Europäischen Bundes der Freien Gewerkschaften in der Gemeinschaft*[52] soll der Aufsichtsrat zu drei gleichen Teilen aus Vertretern der Anteilseigner, der Arbeitnehmer (auf Vorschlag der Gewerkschaften) und solchen

[51] Beitrag zu den Möglichkeiten der Vertretung der Interessen der Arbeitnehmer in der Europäischen Aktiengesellschaft; Kommission der Europäischen Gemeinschaften, Studien, Reihe Wettbewerb (Rechtsangleichung) 1970 Nr. 10.

[52] Forderungen des Europäischen Bundes der Freien Gewerkschaften in der Gemeinschaft (EBFG) zur Mitwirkung der Arbeitnehmer in der Europäischen Aktiengesellschaft, in: Das Mitbestimmungsgespräch 1970, 94.

Personen bestehen, die durch Kooptation von den übrigen Mitgliedern des Aufsichtsrates gewählt werden. Daneben sei ein zentraler Unternehmensrat zu bilden, der in sozialen Angelegenheiten ein Mitentscheidungs-, in Fragen der allgemeinen Wirtschaftspolitik ein Informations-, bei Entscheidungen mit Auswirkungen auf die Beschäftigung ein Konsultationsrecht habe. Ferner sei im Statut festzulegen, daß im Vorstand ein Mitglied für Personal- und Sozialfragen zuständig sei.

Am 30. Juni 1970 hat die Kommission dem Rat den *Vorschlag einer Verordnung über das Statut für Europäische Aktiengesellschaften*[53] vorgelegt. Titel V des vorgeschlagenen Statuts befaßt sich mit der Vertretung der Arbeitnehmer: ein Europäischer Betriebsrat vertritt die Interessen der in der Gesellschaft tätigen Arbeitnehmer, sofern es sich um Angelegenheiten handelt, die die gesamte Gesellschaft oder mehrere ihrer Betriebsstätten betreffen und für die keine tarifvertragliche Regelung i. S. der Art. 146, 147 des Statuts besteht (Art. 118). Neben einem Mitentscheidungsrecht in Angelegenheiten, die den Arbeitnehmer unmittelbar betreffen (wie Berufsausbildung, Arbeitszeiten, Wohlfahrtseinrichtungen und Entlohnungsgrundsätze, Art. 113), hat der Rat das Recht, vor Entscheidungen des Vorstands hinsichtlich der Bewertung von Arbeitsplätzen und der Regelung von Akkord- und Stücklohnsätzen gehört zu werden (Art. 124). Ein Anhörungsrecht besteht ferner bei Stillegung und Verlegung von Unternehmensteilen, bei Beschränkungen und Erweiterungen von Unternehmenstätigkeiten sowie bei Änderungen in der Unternehmensorganisation. Daneben hat der Rat hinsichtlich der allgemeinen Wirtschaftspolitik des Unternehmens ein Informationsrecht (Art. 120). Im Rat ist eine minderheitliche Vertretung der Arbeitnehmer im Verhältnis 1:2 vorgesehen. Unter drei Vertretern der Arbeitnehmer soll mindestens ein unternehmensexterner, unter vier sollen mindestens zwei Externe sein (Art. 137). Daneben besteht die Möglichkeit, Tarifverträge zwischen der Gesellschaft und den in ihren Betriebsstätten vertretenen Gewerkschaften über die Arbeitsbedingungen zu schließen (Art. 146). Ferner muß der Aufsichtsrat ein Mitglied des Vorstands bezeichnen, das mit der Behandlung von Personalfragen und solchen der Arbeitsbeziehungen beauftragt ist (Art. 63).

Dieser Vorschlag der Kommission hat Kritik gefunden, weil die Arbeitnehmer im Aufsichtsrat nicht gleichberechtigt mit den Kapitalgebern vertreten sind[54].

---

[53] ABl. 1970 C 124, 1 = Bull EG Sonderbeilage zu Nr. 8/1970. — Literatur in Anm. 39 zu § *39*.

[54] Stellungnahme des Deutschen Gewerkschaftsbundes, in: Das Mitbestimmungsgespräch 1970, 114.

§ 52 REGIONALPOLITIK

Albert, Regionale Wirtschaftspolitik in der EWG, in: Informationen des Instituts für Raumforschung (1964) 23 und 815; *Barzanti,* The underdeveloped areas within the Common Market (1965); *Bersani,* La C.E.E. et la politique de développement régional, CahDrEur 1966, 21; *Bird,* Regional policies in a Common Market, in: Fiscal harmonization in common markets I (1967) 385; *Compagna,* L'Europa delle regioni (1964); *Campolongo,* L'indirizzo economico regionale e la Comunità economica europea, RivPolEc 1970, 1279; *Dupont,* La politique de la Banque Européenne d'Investissement dans les régions frontalières européennes, in: Les régions frontalières (1970) 323; *Goffin,* La politique régionale dans la perspective communautaire, CahDrEur 1968, 734; *Lavenir,* Les perspectives régionales de l'Europe, in: Res Publica 1968, 133; *Périn,* Le régionalisme dans l'intégration européenne (1969); *Périn,* La politique régionale et la Communauté économique européenne (1970); *La politique régionale* du Marché Commun (1971, Hg. Centre d'Etudes Européennes Löwen); *Raynaud,* La politique régionale communautaire, Diss. Marseille (1970); *Regionale Wirtschaftspolitik* und Agrarstrukturpolitik in der EWG, Heft 3 der Schriftenreihe des Gustav-Stresemann-Instituts e. V. (1967); Les régions frontalières à l'heure du Marché Commun. Kolloquium Brüssel 27. und 28. 11. 1969 (1970); *Ribas,* Les aspects sociaux de la politique régionale de la C. E. E., RevMC 1966 734; *Romus,* L'originalité des régions frontalières dans la construction européenne, RevMC 1971, 283; *Sunnen,* La contribution des Communautés européennes au développement des régions frontalières européennes, in: Les régions frontalières (1970) 297; *Wäldchen,* Grundlagen der Regionalpolitik in der EWG, AWD 1966, 353; *Weinmann,* Wirtschaftsplanung in Regionen. Französische Planungssystematik und Wachstumspolitik der EWG (1967).

I. Die Aufgabe

„Die Regionalpolitik steht nicht auf der gleichen Ebene wie die Verkehrspolitik, Energiepolitik, Landwirtschaftspolitik, Währungspolitik etc. Sie durchdringt alle diese Bereiche der Wirtschaftspolitik, allerdings ohne daß sie über ein eigenes, nur der Regionalpolitik zugeordnetes Instrumentarium verfügt. Jede Wirtschaftspolitik ist gewollt oder ungewollt Regionalpolitik und hat Konsequenzen für die Regionen."[1]

1. Zusammenhänge

1 a) Diese zutreffende Erkenntnis beruht darauf, daß Regionalpolitik die durch den Sonderfaktor „Raum" charakterisierte Wirtschaftspolitik in allen ihren Bereichen darstellt und selbst nicht einen fachlich ausgegrenzten Sektor

---

[1] Abg. *Birkelbach* Europ. Parl. Dok. 99/1963—64, 1.

der Wirtschaftspolitik bildet. Sie „durchdringt alle Bereiche. Sie ist ein Element, eine Eigenschaft alles wirtschaftspolitischen Tuns. Wo immer wir wirtschaftspolitisch handeln, erzeugen wir auch Wirkungen im Raum. Deshalb entstammen auch die Mittel, die in den Staaten für die Regionalpolitik eingesetzt werden, allen Zweigen der Politik“[2].

b) Regionalpolitik ist danach schon in jedem einzelnen Mitgliedstaat eine Aufgabe komplexer Zielsetzung, Zuständigkeiten und Instrumente. Die Aufgabe einer gemeinschaftlichen Regionalpolitik wird kompliziert durch Antinomien, die sich ihrerseits gerade aus Raum-, Verfassungs- und Funktionsprinzipien der Vergemeinschaftung selbst dialektisch ergeben: Vergemeinschaftung ist ein Vorgang der Raumerweiterung und der Grenzaufhebung mit dem Ziel, für Menschen und Unternehmen des größeren Raumes progressiv zu entwickelnde und möglichst gleiche Lebens- und Wirtschaftsbedingungen zu schaffen; in der Verfolgung ihres Integrationsprinzips und in der Gewährleistung möglicher Freiheit und Gleichheit strebt die Vergemeinschaftung nach Liberalisierung und Aufhebung von Ungleichheiten, die sich für Mensch und Unternehmen aus den Zwängen räumlicher Daseinsbestimmung ergeben. Je intensiver Vergemeinschaftung und Integration dieser Zielsetzungen und Gesetzlichkeiten stattfinden, desto gewichtiger und folgenschwerer können sich Ungleichheiten und Belastungen für Menschen und Unternehmen auswirken, die wegen ihrer „Regionalität“ unter Raumzwang stehen.

Die Kommission hat diese Zusammenhänge plastisch an den Beispielen zweier Bereiche der gemeinsamen Wirtschaftspolitik in der Begründung ihres Entscheidungsvorschlages über die Mittel eines Vorgehens der Gemeinschaft auf dem Gebiet regionaler Entwicklung vom 17. Oktober 1969 verdeutlicht[3]: „Die Errichtung des Gemeinsamen Marktes und die schrittweise Annäherung der Wirtschaftspolitik ... können nur erfolgreich sein, wenn die Regionalstrukturen, auf die sie Anwendung finden, genügend angepaßt sind. Daher ... beschwören die gemeinsame Verkehrspolitik und die Einführung einer Energiepolitik der Gemeinschaft, wenn sie im Bereich der Infrastrukturen auf eine unausgewogene regionale Ausgangslage Anwendung finden, stets die Gefahr herauf, die Ungleichgewichte noch zu verschärfen ... (und) besteht die Gefahr, daß die Tarif- und Preispolitik in den Bereichen Verkehr und Energieversorgung sowie die gesamte Wettbewerbspolitik durch die vielfältigen Korrekturmaßnahmen behindert werden, die notwendig sind, um die Entwicklungsmöglichkeiten der rückständigen Gebiete nicht noch mehr zu beeinträchtigen.“ Daraus folgt zwangsläufig, daß allgemeine und sektorale gemeinschaftliche Wirtschaftspolitik hinsichtlich der „regional“ charakterisierten Gebiete der Gemeinschaften mit einer auf diese gezielten Regionalpolitik harmonisch abgestimmt werden und diese selbst dahin zielen muß, die Regionen ihrerseits auf eine dem übrigen Raum der Gemeinschaften anzunähernde Ausgangslage anzuheben.

---

[2] *Hallstein*, Bundesstaat 183.

[3] Grundsätze und Möglichkeiten für eine gemeinsame Regionalpolitik, Bull EG 11/1969, 13 Ziffer 2, Begründung zum Kommissionsvorschlag einer Ratsentscheidung über die Mittel eines Vorgehens der Gemeinschaft auf dem Gebiet regionaler Entwicklung v. 17. 10. 1969 (ABl. C 152, 6).

2. Regionen

2 a) Unausgesprochen und wie selbstverständlich ist in diesen Zusammenhängen den *Regionen in der Gemeinschaft*[4] nicht nur eine *Raum*eigenschaft, sondern zugleich auch eine im Vergleich zum nicht „regionalen" Raum der Gemeinschaften charakteristische Sonder- oder Minderqualität zuerkannt. Sie besteht in ihrem vergleichsweisen wirtschaftlichen Entwicklungsrückstand, der verschiedene Ursachen haben kann: naturbedingte (Bevölkerung, Landschaft, Bodenqualität, Klima, natürliche Verkehrserschließung oder -abschnürung usw.), allgemein-, wirtschafts-, bevölkerungspolitisch bedingte. Es handelt sich insgesamt um zahlreiche mögliche, oft miteinander verknüpfte Kausalitäten, die die Region wirtschaftlich als „Standort" dann im Sinne ihres Entwicklungsrückstandes kennzeichnen, wenn die Summe aller Standortbedingungen wesentlich hinter denen des überwiegenden sonstigen Gemeinschaftsraumes zurücksteht. *Region* ist danach ein *durch Besonderung gekennzeichnetes Gebiet, die* im Sinne des Gemeinschaftsrechts und der gemeinsamen Wirtschaftspolitik *in seinem wirtschaftlichen Entwicklungsrückstand* besteht.

3 b) *Territorial* sind *fünf Bereiche einer gezielten Regionalpolitik* bezeichnet worden[5]: die großen Randregionen der Gemeinschaft (West- und Südfrankreich, Süditalien); die von den großen Industriezentren nicht weit entfernten ländlichen Gebiete; die „alten klassischen" Industriegebiete; die Regionen an den gemeinsamen Grenzen der Mitgliedstaaten; die Zonenrandgebiete der BRD und Julisch-Venetien (Triest). Insgesamt können die Regionen dreifach typisiert werden: (1) als industrialisierte (mit 16 % Gemeinschaftsgebiet, 42 % Gemeinschaftsbevölkerung), (2) als halbindustrialisierte (mit jeweils Drittelung nach Gebiet und Bevölkerung der Gemeinschaft); (3) als agrarische (mit mehr als der Hälfte des Gemeinschaftsgebietes und eben einem Viertel der Gemeinschaftsbevölkerung).

4 c) Die mit Entschließung vom 20. Oktober 1971[6] von den im Rat vereinigten Regierungsvertretern gebilligten, von der Kommission erarbeiteten[7] Grundsätze für eine Koordinierung der allgemeinen Beihilfenregelungen mit regionaler Zielsetzung und Ziff. 1, 2 der im Anhang hierzu niedergelegten Anwendungsmodalitäten *(52/14)* unterscheiden innerhalb der Gemeinschaft zwischen *„Zentralgebieten"* und *„Randgebieten"*. Die Zentralgebiete umfassen die gesamte Gemeinschaft mit Ausnahme: (1) von Berlin, (2) des deutschen Zonenrandgebietes[8], (3) des gegenwärtig durch Entwick-

---

[4] Vgl. z. B. die Aufteilung der Gemeinschaft in 100 Basisregionen, in: Analytische Bilanz 1971 über die regionale Entwicklung in der EWG (Hg. Kommission) sowie auch die Tabelle der Regionen: *6/23.*

[5] *Hallstein*, Bundesstaat 187.

[6] ABl. 1971 C 111, 1.

[7] ABl. 1971 C 111, 7; vgl. auch BRats-Drucks. 507/71; VWD Europa Nr. 138/ v. 21. 7 . 1971, I/7 u. Nr. 139/71 v. 22 . 7. 1971, I/10.

[8] Definiert in der Anlage zu § 9 des Ges. z. Förderung des Zonenrandgebietes v . 5. 8. 1971 (BGBl. I, 1237).

lungsprämien begünstigten französischen Gebietes[9], (4) des als „Mezzogiorno“ bezeichneten italienischen Gebietes[10].

5 d) Als eine auf einen besonderen Raum bezogene Politik entspricht an sich eine *mitgliedstaatliche* Regionalpolitik ihren Bedürfnissen eher als eine zwangsläufig raumferner wahrgenommene Gemeinschaftsregionalpolitik. Die Zusammenhänge zwischen allgemeiner und sektoraler Wirtschaftspolitik der Gemeinschaften und der Regionalpolitik erfordern indessen ein Minimum an Koordination und Planmäßigkeit, im Instrumentarium außerdem die Einsetzbarkeit auch von Gemeinschaftsmitteln. In den Mitgliedstaaten selbst, die sich in ihrer regionalpolitischen Problematik selbstverständlich unterscheiden, bieten föderale oder dezentralisierte Strukturen — wie in der BRD und in begrenztem Ausmaß in Italien — geeignetere Mittel zu wirksamer Regionalpolitik als zentralistische Einheitsstaatlichkeit (wie in Frankreich)[11]. Prozesse dieser und jener Tendenz — etwa zur Gebietsreform im Sinne einer Verringerung der Länderzahl und einer Konzentration der Regierungs- und Kreisinstanz in der BRD, zur Teil-Föderalisierung in Belgien, zur Regionalisierung in Frankreich — können deshalb auch Einfluß gewinnen auf die Gestaltung einer gemeinschaftlichen Regionalpolitik und die Gemeinschaftskontrolle der nationalen Regionalpolitik. Aber auch generell bedarf alle mitgliedstaatliche Regionalpolitik einer Gemeinschaftskontrolle dahin, ob sie unter dem Titel „Regionalpolitik“ etwa gemeinschaftswidrige Wirtschaftsförderung betreibt. So hat die Kommission Ende 1970 unter Beihilfe-Gesichtspunkten Bedenken angemeldet gegen die von Bund und Ländern beabsichtigte Ausdehnung ihrer Regionalhilfeprogramme auf weitere Zonen, die insgesamt etwa die Hälfte des Bundesgebietes erfassen würden[12].

II. Rechtsgrundlagen

Nur der EWGV hat die Aufgabe einer Regionalpolitik im Rahmen von Gemeinschaftszielen *allgemein* hervorgehoben. EGKSV und EAGV beschränken sich — ebenso wie der EWGV im übrigen — auf *punktuelle* Regelungen. Sie sind teils *ausdrücklich gebietsbezogen* (regional i. e. S.) oder *auf den Entwicklungsstand* von Regionen *zugeschnitten* formuliert, teils —

[9] Definiert in der VO Nr. 69—285 v. 21. 3. 1969 und im Erlaß v. 21. 3. 1969 (JO v. 30. 3. 1969) nebst Ergänzung durch die VO Nr. 70—386 v. 27. 4. 1970 (JO v. 10. 5. 1970).

[10] Definiert in Art. 1 des „Testo unico“ der Gesetze über den Mezzogiorno, VO Nr. 1523 v. 30. 6. 1967 (G. U. Nr. 159 v. 24. 6. 1968).

[11] *Hallstein,* Bundesstaat 184; *Hirsch,* Die rechtliche Sonderstellung von Gebieten innerhalb von Einheitsstaaten, Diss. Hamburg (1971) geht auf diese Zusammenhänge nicht ein; zur „grenzüberschreitenden Regionalpolitik in Nordwesteuropa“ vgl. die Referate von *Halsteinberg, Stabenow, Brösse* in der Veröff. d. Arbeitsgemeinschaft für Rationalisierung des Landes Nordrhein-Westfalen Heft 119 (1971).

[12] VWD Europa Nr. 228/70 v. 24. 11. 1970 I, 8.

wenn auch ohne solche ausdrückliche Bezüglichkeit — in ihrer regionalpolitisch *geeigneten* Wirksamkeit charakterisiert. Weitere Regelungen, die hier deshalb nicht besonders hervorzuheben sind, *können* sich regionalpolitisch auswirken, sind aber weder spezifisch regional bezogen noch geeignet.

1. EWGV

6 a) Die Präambel des EWGV stellt auf das Bestreben der Mitgliedstaaten ab, ihre Volkswirtschaften zu einigen und deren harmonische Entwicklung zu fördern, *indem sie den Abstand zwischen einzelnen Gebieten und den Rückstand weniger begünstigter Gebiete verringern.* Art. 2 EWGV konzentriert sich im Sinne dieser Präambelformulierung auf die Aufgabe der Gemeinschaft, eine harmonische Entwicklung des Wirtschaftslebens innerhalb der Gemeinschaft zu fördern, ohne die Regionalpolitik als Mittel hierfür nochmals hervorzuheben — wie sie auch in Art. 3 EWGV in der Aufzählung der Tätigkeitsbereiche der Gemeinschaft nicht wiederholt wird. *Rechtliche* Folgerungen sind aus diesem „Gefälle" von der Präambel zu den Art. 2 und 3 *nicht* herzuleiten, da das Vertragsrecht die Regionalpolitik als Mittel zur Entwicklungsharmonisierung in Einzelvorschriften substantiiert.

7 b) Mitgliedstaatliche Regionalpolitik, die sich des Mittels staatlicher Beihilfen der Subventionsverwaltung bedient, kann mit dem Gemeinschaftsrecht vornehmlich im Bereich der Wettbewerbsregelungen in Kollision geraten. So erklärt sich, daß der Einsatz regionalpolitischer staatlicher Subventionen im Rahmen der Beihilferegelungen als gemeinschaftsrechtlich kontrollierte Ausnahme erscheint *(38/9)*:

aa) Nach Art. 92 II *sind* — sonst unvereinbare (aber nicht „verbotene") — staatliche Beihilfen mit dem Gemeinsamen Markt *vereinbar* (lit. b) als solche zur Beseitigung von Schäden, die durch Naturkatastrophen oder sonstige außergewöhnliche Ereignisse entstanden sind (was jeweils nur regional bedingt ist) sowie (lit. c) als solche für die Wirtschaft bestimmter, durch die Teilung Deutschlands betroffener Gebiete der BRD.

bb) Nach Art. 92 III *können* als mit dem Gemeinsamen Markt vereinbar angesehen werden (lit. a) Beihilfen zur Förderung der wirtschaftlichen Entwicklung von Gebieten, in denen die Lebenshaltung außergewöhnlich niedrig ist oder eine erhebliche Unterbeschäftigung herrscht, sowie (lit. b) solche zur Förderung der Entwicklung gewisser Wirtschaftsgebiete, soweit sie die Handelsbedingungen nicht in einer dem gemeinsamen Interesse zuwiderlaufenden Weise verändern.

8 c) In Einzelbereichen der gemeinsamen Wirtschaftspolitik enthält das Vertragsrecht „Regionalvorbehalte", nach denen bei ihrer Verwirklichung die Sonderlage von Regionen zu berücksichtigen ist. Das geschieht für:

aa) die *Verkehrspolitik* in Art. 80 II, wonach sonst verbotene Unterstützungstarife genehmigt werden dürfen unter Berücksichtigung der unterentwickelten Gebiete und der Probleme der durch politische Umstände schwer betroffenen Gebiete; auch Erfordernisse einer angemessenen Standortpolitik können regionalpolitisch relevant werden *(48/40)*. In Art. 75 III wird diese Berücksichtigung bei der Gestaltung der gemeinsamen Verkehrspolitik durch das Erfordernis einstimmiger Beschlußfassung erreicht;

bb) die *Agrarpolitik* in Art. 39 II (Gestaltung u. a. im Hinblick auf die strukturellen und naturbedingten Unterschiede der verschiedenen landwirtschaftlichen Gebiete) und in Art. 42, der Beihilfegenehmigungen ermöglicht zum Schutz von Betrieben, die durch strukturelle oder naturgegebene Bedingungen benachteiligt sind, sowie im Rahmen wirtschaftlicher Entwicklungsprogramme *(47/12);*

cc) die *Herstellung der Freizügigkeit der Arbeitnehmer* in Art. 49 d durch die Schaffung geeigneter Verfahren für die Zusammenführung und den Ausgleich von Angebot und Nachfrage auf dem Arbeitsmarkt zu Bedingungen, die eine ernstliche Gefährdung der Lebenshaltung und des Beschäftigungsstandes in einzelnen Gebieten ausschließen *(34/8)*.

9 d) Soweit das Gemeinschaftsrecht zur Entfaltung und Verwirklichung gemeinschaftspolitischer Aufgaben besondere *Einrichtungen einer Gemeinschaftsfinanzierung* geschaffen hat, sind diesen auch regionalpolitische Funktionen (ausdrücklich oder schlüssig, ihrer Aufgabenstellung entsprechend) zugewiesen. Das ist der Fall für:

aa) die *Europäische Investitionsbank* nach Art. 130: Vorhaben zur Erschließung weniger entwickelter Gebiete, zur Modernisierung oder Umstellung von Unternehmen oder zur Schaffung neuer Arbeitsmöglichkeiten;

bb) den *Europäischen Sozialfonds* nach Art. 123 ff.: Gewährung von Zuschüssen zur Berufsumschulung, zu Umsiedlungsbeihilfen, zum Ausgleich für Lohnausfall infolge der Umstellung eines Unternehmens auf andere Produktionsziele; die Neuordnung des Fonds gemäß Art. 126 EWGV *(51/18)* zielt auf geänderte Verfahren;

cc) den *Agrarfonds* gemäß Art. 40 IV i. Verb. mit Art. 40 II, 39 II a.

10 e) Regionalpolitisch relevant werden kann auch die Verpflichtung der Mitgliedstaaten, ihre Wirtschaftspolitik in enger Zusammenarbeit mit den Organen der Gemeinschaften zu *koordinieren* (Art. 3 g, 6 I, 145).

11 f) Im Bereich der *Schutzklausel-Gestaltung und -Anwendung* gewährleistet das Vertragsrecht eine Rücksichtnahme auf regionalpolitische Interessen der Mitgliedstaaten, indem es insoweit Einstimmigkeit der Beschlußfassung vorsieht (so allgemein in Art. 226 und speziell hinsichtlich der BRD in Art. 82) *(9/99)*.

12 g) Ergänzungsregelungen zum EWGV in den Protokollen betr. Italien[13] und Luxemburg[14] sowie in der Berlin-Erklärung[15] sind ebenfalls — mehr oder minder eindeutig — regionalpolitisch zu werten.

---

[13] BGBl. 1957 II, 988. [14] BGBl. 1957 II, 990. [15] BGBl. 1957 II, 760.

2. *EAGV*

13 Nach Art. 40 sind die Programme zur Investitionspolitik insoweit auch regionalpolitisch zu orientieren, als hierdurch eine abgestimmte Entwicklung auf dem Kerngebiet erleichtert wird. Bei der Planung zur Errichtung gemeinsamer Unternehmen ist die Frage des Standortes zu berücksichtigen (Art. 46 II a EAGV).

3. *EGKSV*

14 a) Art. 56 n. F.[16] ermöglicht Beihilfegewährung durch die Kommission an Unternehmen zur Schaffung neuer Arbeitsplätze sowie an Arbeitnehmer während der Zeit der Arbeitslosigkeit, zur Erlangung eines neuen Arbeitsplatzes und zur Umschulung, wenn durch neue technische Verfahren oder Produktionsmittel und darauf beruhenden Minderbedarf an Arbeitskräften in einem Gebiet oder in mehreren Gebieten besondere Schwierigkeiten entstehen. Insoweit können auch Art. 46 III 4 und Art. 54 relevante Rechtsgrundlagen für regionalpolitische Maßnahmen sein.

b) Gemeinschaftsfinanzierungshilfe auch im regionalpolitischen Interesse wird ermöglicht für Investitionsprogramme gemäß Art. 54, während Art. 46 III 4 hierfür die Zusammenarbeit zwischen Kommission und Mitgliedstaaten aktiviert.

III. Kompetenzen und Instrumente

15 Die vertragsrechtlichen Grundlagen der Regionalpolitik verdeutlichen, daß eine in allen ihren Wirkungsbereichen *einheitliche* Zuständigkeitsaufteilung oder -abgrenzung zwischen den Gemeinschaften und den Mitgliedstaaten *nicht* besteht. Das eben erklärt sich aus dem Gegenstand der Regionalpolitik, der eine raumbezogene Bedingungs-, Sach- und Zielkomplexität darstellt[17]. Wenn unter ihren Aktionsbereichen unterschieden wird nach (1) dem Einsatz gemeinschaftlicher Finanzierungsmittel, (2) der begleitenden regionalpolitischen Zielverfolgung bei der Handhabung der gemeinsamen Politik verschiedener Bereiche und (3) der Koordinierung der nationalen Regionalpolitik in Zusammenarbeit mit den Gemeinschaftsorganen, erweisen sich auch die Kompetenzverteilung und -zuweisung sowie die Bereitstellung des Instrumentariums als entsprechend ungleichmäßig geordnet.

---

[16] In der Fassung des Beschlusses des Rates und der Hohen Behörde v. 26. 1. 1960 (ABl. 781; BGBl. 1960 II, 1574).

[17] *Wäldchen* AWD 1966, 353.

1. Finanzierung

16 a) Die Tätigkeiten der Investitionsbank, des Sozialfonds und des Ausrichtungs- und Garantiefonds für die Landwirtschaft können im Rahmen der für sie geltenden Vorschriften zwar in Gemeinschaftszuständigkeit und Unabhängigkeit wahrgenommen werden. Ihre *Wirksamkeit* ist indes bedingt durch ihre Finanzausstattung, die — wie das Beispiel des Sozialfonds gezeigt hat — erst dann (und nur insoweit) die wirksame Wahrnehmung einer Gemeinschaftskompetenz erlaubt, wenn sie die Praxis des juste retour überwindet *(51/10, 18)*. Mit wachsender Disposition über eigene Gemeinschaftseinnahmen steigt auch die Gemeinschaftskompetenz zum regionalpolitischen Einsatz gemeinschaftlicher Finanzmittel, damit zur lenkenden und steuernden Einwirkung.

b) Soweit die Mitgliedstaaten selbst im Interesse der Regionalpolitik subventionieren, stehen sie unter Kommissionskontrolle. Hier obliegt dem Gemeinschaftsorgan insbesondere, sowohl mitgliedstaatliche Beeinträchtigungen der gemeinschaftlichen Wettbewerbs- und Verkehrspolitik zu verhindern wie andererseits bei ihrem Vollzug regionalpolitisch berechtigte Interessen zu berücksichtigen, soweit das Vertragsrecht dies gestattet und vorsieht *(38/12)*.

2. Koordinierung

17 Indem beim Vollzug der Gemeinschaftspolitik verschiedener Bereiche regionalpolitische Interessen beachtet werden, stellt sich in gewissem Umfang bereits ein Koordinierungseffekt ein. Dessen bedarf es darüber hinaus, um zwischen Gemeinschaftsorganen und Mitgliedstaaten in Zielsetzung, Methode und Vollzug nicht nur defensiv Überschneidungen und Abweichungen zu verhindern, sondern positiv eine *mit den Gemeinschaftszielen übereinstimmende Gestaltung der Regionalpolitik* zu gewährleisten. Hierfür sieht das Vertragsrecht indes die erforderlichen Befugnisse *nicht* vor, so daß die Kommission um zusätzliche Ermächtigungen bemüht ist.

IV. Durchführungsmaßnahmen

Zur Kennzeichnung der kompetentiell und instrumentell gemeinschaftsrechtlich unbefriedigenden Lage können beispielhaft einzelne Maßnahmen bezeichnet werden, die bislang auf dem Gebiet der Regionalpolitik ergangen sind.

1. Verkehrs- und Agrarpolitik

18 a) In der Ratsentscheidung vom 28. Februar 1966[18] über die Ein-

[18] ABl. 1966, 583.

führung eines Beratungsverfahrens auf dem Gebiet der Infrastruktur-Investitionen für den Verkehr wird ausdrücklich vorgesehen, daß die Investitionsauswirkungen auf die Entwicklung eines Gebietes oder mehrerer Gebiete zu berücksichtigen sind.

b) Nach der auf Art. 39 II a EWGV gestützten Ratsentscheidung über die Koordinierung der Agrarstrukturpolitik vom 4. Dezember 1962[19] haben die Mitgliedstaaten ihre Entwürfe für Mehrjahrespläne und Regionalprogramme der Kommission mitzuteilen und unter ihrem Vorsitz zu erörtern. Diese nicht nur auf den Agrarsektor zielende Entscheidung sieht regionalpolitisch ergänzende Maßnahmen vor, um die Anpassung der Agrarregionen an die wirtschaftliche und soziale Entwicklung zu fördern.

c) In seiner Entschließung über die Neuausrichtung der Agrarpolitik vom 25. März 1971[20] sieht der Rat u. a. gemeinsame Maßnahmen zugunsten von Personen vor, die aus der Landwirtschaft ausscheiden wollen. Dabei sollen die Mitgliedstaaten und die Gemeinschaft ein System von Anreizen für die regionale Entwicklung einführen, indem sie insbesondere in Gebieten mit einem landwirtschaftlichen Arbeitskräfteüberhang die Schaffung von Arbeitsplätzen fördern. Der Ausrichtungs- und Garantiefonds für die Landwirtschaft, Abteilung Ausrichtung, soll u. a. die Umstellung der Landwirtschaft erleichtern[21] (vgl. auch *47/12 u. 31).*

2. *Freizügigkeit der Arbeitnehmer*

19 a) Nach Art. 14, 15, 17 der Ratsverordnung über die Freizügigkeit der Arbeitnehmer innerhalb der Gemeinschaft vom 15. Oktober 1968[22] haben die Mitgliedstaaten der Kommission u. a. nach Gebieten aufgegliederte Angaben über die *Beschäftigungslage* zu machen. Den regionalen Dienststellen obliegt, auf Grund dieser Angaben und ihres Austausches den *Stellenausgleich* unmittelbar vorzunehmen.

b) Nach Art. 19, 20 der Verordnung und im Anschluß an Art. 49 d EWGV ist die Kommission von bestimmten *Arbeitsmarktstörungen* zu unterrichten und kann ein Mitgliedstaat nach entsprechender Kommissionsfeststellung sonst gebotene Ausgleichsverfahren auf dem Arbeitsmarkt aussetzen. Damit soll in dem betroffenen Gebiet die normale Arbeitsmarktlage wiederhergestellt werden.

---

[19] ABl. 1962, 2892.

[20] ABl. 1971 C 52, 1.

[21] Hierzu vgl. den Verordnungsvorschlag der Kommission v. 26. 5. 1971 über die Finanzierung von Vorhaben durch den EAGF, Abt. Ausrichtung, im Rahmen von Maßnahmen zur Entwicklung von Agrargebieten, die mit Vorrang zu fördern sind (Anlage I zum Dok. KOM (71) 500 endg.: Regionalpolitische Maßnahmen der Gemeinschaft in den Agrargebieten, die mit Vorrang zu fördern sind = ABl. 1971 C 90, 14, 19).

[22] ABl. 1968 L 257, 2.

3. Gesamtmaßnahmen

20 a) Seit 1961 hat die Kommission durch Bestandsaufnahmen über die mitgliedstaatliche Regionalpolitik und Berichterstattung von Sachverständigengruppen die Grundlagen zur Entwicklung einer gemeinschaftlichen und harmonisierten Regionalpolitik erarbeitet[23]. „Die Theorie einer gemeinschaftlichen Regionalpolitik ist gründlich ausgearbeitet. Das Dossier Regionalpolitik ist in gutem Zustand."[24]

21 b) Eine erste Mitteilung der Kommission über die Regionalpolitik in der EWG vom 11. Mai 1965[25] ist inhaltlich als Kapitel VI „Regionalpolitik" in das Programm für die mittelfristige Wirtschaftspolitik (1966—1970) vom 11. April 1967[26] eingegangen. Es enthält Leitlinien für die Mitgliedstaaten und die Gemeinschaftsinstitutionen unter den Gesichtspunkten: Aufgabenstellung, Infrastruktur, Frachten- und Beförderungsbedingungen, Beihilfen, regionale Untersuchungen und Programme, Finanzierungsmittel der Gemeinschaft, Regionalpolitiken auf Gemeinschaftsebene. Das Zweite Programm für die mittelfristige Wirtschaftspolitik vom 12. Mai 1969[27] enthielt lediglich eine Ergänzung und Korrektur des Ersten für den bis Ende 1970 verbleibenden Zeitraum. Neue Leitlinien für die Regionalpolitik sind im Dritten Programm (1971—1975) vom 9. Februar 1971[28] fixiert.

22 c) Nach der durch Krise und Fusionierung der Exekutiven bedingten Unterbrechung hat die Kommission den Vorschlag vom 17. Oktober 1969 für eine Ratsentscheidung über die Mittel eines Vorgehens der Gemeinschaft auf dem Gebiet regionaler Entwicklung[29] vorgelegt. Der Vorschlag wird ergänzt durch seine Begründung und die Aufzeichnung über die Regionalpolitik, die ihre Probleme, ihren Gegenstand, ihre Ziele und die Grundsätze für den Mitteleinsatz behandelt. Als planungsbedürftig und -dringlich gelten nach Art. 1 I des Vorschlages: (1) in ihrer Entwicklung zurückgebliebene (überwiegend landwirtschaftlich genutzte) Gebiete, (2) auf Grund veränderter, vorherrschend wirtschaftlicher Tätigkeit im Rückgang befindliche Gebiete, (3) Grenzlagen-Gebiete besonders spürbar notwendiger Koordinierung zwischen Mitgliedstaaten (Beispiel: Lothringen/Saarland), (4) Gebiete struktureller Arbeitslosigkeit.

Der Vorschlag, der auf eine auf Art. 235 EWGV zu stützende Ratsentscheidung zur Verfolgung des Art. 2 EWGV zielt, sieht vor:

aa) Nach Art. 1 bis 6 findet eine Abstimmung der Regionalplanung zwischen den Mitgliedstaaten und der Kommission statt. Das Abstimmungsverfahren, in dessen Verlauf die Kommission Stellungnahmen und Empfehlungen an die Mitgliedstaaten richten darf, kann zur Erörterung von Entwicklungsplänen in einem (nach Art. 8 zu errichtenden) Ständigen Ausschuß für regionale Entwicklung führen. Sie ist obligatorische Voraussetzung für die Gewährung einer (in Art. 6 vorgesehenen) gemeinschaftlichen Beihilfe in

---

[23] Dokumente der (von der Kommission einberufenen) Konferenz über Fragen der regionalen Wirtschaft v. 6.—8. 12. 1961 in Brüssel, 2 Bände (1963); Berichte von Sachverständigengruppen über die „Regionalpolitik in der EWG" (1964); Bericht des Abg. *Bersani* üb. d. Erste Mitt. d. Kommission üb. d. Regionalpolitik in der EWG v. 11. 5. 1965, Europ. Parl. Dok. 58 (1966—67).

[24] *Hallstein*, Bundesstaat 187.

[25] Dok. II/SEK (65) 1170 endg.

[26] ABl. 1967, 1563—1567.

[27] ABl. 1969 L 129, 1.

[28] ABl. 1971 L 49, 1, insbes. S. 35 f.

[29] ABl. 1969 C 152, 6.

Form einer Zinsvergütung oder Bürgschaft für Darlehen der Investitionsbank oder anderer Finanzierungsinstitute, die neben dem koordinierten Einsatz vertragsgemäßer Aktionsmittel der Gemeinschaft vorgesehen ist.

bb) Nach Art. 6 und 7 wird ein Zinsvergütungsfonds für regionale Entwicklung geschaffen[30], der von der Kommission verwaltet und aus Haushaltsmitteln unterhalten wird, daneben ein ebenso verwaltetes Bürgschaftssystem für regionale Entwicklung, das durch die Mitgliedstaaten nach einem Aufbringungsschlüssel gedeckt wird.

cc) Nach Art. 10 veranlaßt die Kommission eine Zusammenarbeit zwischen den in den Mitgliedstaaten regionalpolitisch tätigen Einrichtungen und Verbänden, um private und öffentliche Investoren, die zur Verwirklichung regionaler Entwicklungspläne beitragen können, besser zu informieren. Die Kommission kann zur Gründung und zum Ausbau solcher Institutionen auch anregen, wenn das Informationsnetz nicht ausreicht, um die in Art. 1 I bezeichneten Regionen zu erfassen.

23 d) Während der Kommissionsvorschlag vom 17. Oktober 1969 *die gemeinsame Regionalpolitik als solche* nach Organisierung, Programmierung, Kommunikationsverfahren und Mitteleinsatz betrifft, gelten die neuen Koordinierungsgrundsätze der im Rat vereinigten Regierungsvertreter vom 20. Oktober 1971[6] nebst anhangweise publizierten Anwendungsmodalitäten demjenigen *Instrument*, das primär für die Regionalpolitik eingesetzt wird, der *Beihilfe*. Sie folgen der im Dritten Programm für die mittelfristige Wirtschaftspolitik für die Zeit von 1971 bis 1975 hervorgehobenen Notwendigkeit, das gegenseitige Überbieten in der regionalen Beihilfepolitik zu beenden und diese auf Gemeinschaftsebene zu koordinieren. Denn die steigende mitgliedstaatliche Aktivität hatte intervenierende Wirkungen für den Wettbewerb und — mit dem Abbau der Zollschranken — für den zwischenstaatlichen Handel gehabt. Die neuen Koordinierungsgrundsätze verdichten die allgemeinen Beihilferegelungen des Vertragsrechts und ermöglichen eine auch vorausschauend vollziehbare Kommissionskontrolle. Hauptelemente der Koordinierungsgrundsätze sind:

aa) Beihilferegelungen regionaler Zweckbestimmung werden zunächst in den am stärksten industrialisierten Gemeinschaftsgebieten, den sog. Zentralgebieten, schrittweise ab 1. Januar 1972 im Verlauf einer einjährigen Übergangszeit koordiniert. Die Koordination setzt also bei denjenigen Gebieten der Gemeinschaft ein, die im Sinne einer auf Wirtschaftsniveau-Angleichung zielenden Regionalpolitik *nicht* zu den zu fördernden *Randgebieten* zählen. Für *diese Randgebiete* soll eine entsprechende Koordinierung nachfolgen. Die Koordinierung bezieht sich auf einheitliche Höchstgrenzen der Beihilfen, ihre Transparenz, ihre Spezifität und ihre sektorale Auswirkung regionaler Zweckbestimmung.

---

[30] Hierzu vgl. den Verordnungsvorschlag der Kommission vom 26. 5. 1971 über den Europäischen Zinsvergütungsfonds für die regionale Entwicklung (Anlage II zum Dok. KOM (71) 500 endg.: Regionalpolitische Maßnahmen der Gemeinschaft in den Agrargebieten, die mit Vorrang zu fördern sind = ABl. 1971 C 90, 14, 23).

bb) Als *Beihilfe-Höchstgrenze* ist zunächst ein Satz von 20 % eines „Nettosubventionsäquivalents“ vorgesehen mit dem Ziel weiterer Senkung, unter gleichzeitiger nur punktueller Zulassung und nur ausnahmsweise zulässiger Einzelfallüberschreitung kraft Genehmigung nach Art. 93 EWGV. Wegen der unterschiedlichen Besteuerung und Bewertungsgesichtspunkte in den Mitgliedstaaten enthalten die Anwendungsmodalitäten genaue Regelungen über die Bemessungsmethoden.

cc) Koordinierung und gleichmäßige Bewertung erfordern *Transparenz* der Beihilfen und ihrer Regelungen. Entsprechende Verpflichtungen der Mitgliedstaaten zielen auf eine Anpassung ihrer Regelungen und Abschaffung solcher, die Transparenz nicht gewährleisten.

dd) *Regionale Spezifität* verlangt, daß (mit Ausnahme Luxemburgs) Regionalbeihilfen sich nicht auf das gesamte Staatsgebiet erstrecken dürfen und diese eindeutig geographisch oder quantitativ abgegrenzt werden. Regionale und sektorale Beihilfen*kumulation* ist untersagt.

ee) Die *Kontrolle der Kommission* wird dadurch ermöglicht, daß die Mitgliedstaaten ihr die wichtigsten Anwendungsfälle nachträglich mitteilen, sie die Anwendungsergebnisse mit den zuständigen nationalen Beamten prüft und jährlich über sie dem Rat berichtet.

§ 53 ENTWICKLUNGSHILFEPOLITIK

Adam, La portée de l'aide communautaire dans l'ensemble des aides (bilatérales et multilatérales) aux pays en voie de développement, RevJurPol 1969, 3; *Doll,* Die Rechtsfragen der Entwicklungshilfepolitik, in: Einführung 199; *Ellenberger,* Der Europäische Entwicklungsfonds, ZfZ 1966, 289; Gerechtigkeit und Solidarität. 87 Empfehlungen zum Wirtschaftsverhalten der EWG gegenüber den Entwicklungsländern. Eine europäische Denkschrift (Hg. Lefringhausen) 1969; *Janssen,* L'harmonisation des politiques d'aide au développement, in: L'harmonisation dans les Communautés (1968) 245; *Kraehe,* Structures et agents de l'assistance technique de la C. E. E., RevTrimDrEur 1969, 187; *Lisein-Norman,* L'évolution de l'aide de l'Europe aux pays sousdéveloppés (1968); *Pedini,* Il Fondo Europeo di Sviluppo nella associazione tra la C. E. E. e i paesi africani e malgasci, RivPolEc 1965, 1569; Les relations entre la Communauté Économique Européenne et les pays en voie de développement. (Kolloquium Berlin September/Oktober 1968) (1970); *Rochereau,* Le deuxième Fonds Européen de Développement, RevMC 1965, 424; *Schiller,* Möglichkeiten einer rationalen Entwicklungspolitik, in: Weltwirtschaftliche Probleme der Gegenwart (1965) 645; *Wells,* The EEC and trade with developing countries, JCMSt 1965, 150.

1 Das vom Gemeinschaftsrecht bereitgestellte Instrument zur rechtlichen Verformung der Entwicklungshilfepolitik[1] ist die Assoziierung. Sie ist die „dauerhafte Verbindung eines außerhalb der Gemeinschaft stehenden Staates mit der in ihrem Bestand und insbesondere ihren Organen unberührten Gemeinschaft"[2]. In dieser an sich neutralen Funktion ist die Assoziierung verschiedenartigen Zwecken der Gemeinschaftspolitik verfügbar. Ihre rechtliche Charakterisierung hat deshalb systematisch ihren Platz „in der Mitte" zwischen der mitgliedstaatlichen Strukturierung der Gemeinschaften und ihren Außenbeziehungen zu Drittstaaten und internationalen Organisationen *(7/8).* In ihren Rechtsgrundlagen hat das Gemeinschaftsrecht der EWG indes in den Art. 131—136 (Assoziierung der überseeischen Länder und Hoheitsgebiete) gezielt und speziell eine bei Integrationsbeginn anstehende Aufgabe (auch) der Entwicklungshilfepolitik rechtlich umschrieben und geordnet, nämlich in bezug auf die mit vier Mitgliedstaaten (Belgien, Frankreich, Italien, Niederlande) aus kolonialen Ursprüngen besonders verbundenen Überseegebiete.

In den Art. 238 EWGV, 206 EAGV ist *ohne* diesen spezifischen Bezug eine Assoziierungsgrundlage bereitgestellt, die *allgemein* verfügbar und des-

[1] *Hallstein,* Bundesstaat 200; *Doll,* in: Einführung 199; *Janssens,* in: L'harmonisation dans les Communautés (1968) 245.

[2] *Everling,* Die Neuregelung des Assoziationsverhältnisses zwischen der EWG und den afrikanischen Staaten und Madagaskar sowie den überseeischen Ländern und Hoheitsgebieten, ZaöRVR 24 (1964) 477.

halb auch geeignet ist, bestimmte *Assoziierungsbeziehungen zu Zwecken der Entwicklungshilfepolitik* herzustellen oder auszugestalten. Das ist in den beiden Jaunde-Abkommen bereits geschehen. Territorial weitergreifend, als Art. 3 k EWGV dies in seiner Beschränkung auf Überseegebiete vorsieht, eröffnen Art. 238 EWGV, 206 EAGV Assoziierungen im Rahmen der Entwicklungshilfepolitik auch für andere Gebiete.

I. Aufgaben und Bereich

1. Aufgaben

2 a) Politik der Entwicklungshilfe bezweckt primär die Förderung der wirtschaftlichen und technischen Entwicklung des Assoziierten. Sie sieht in ihr zugleich ein Mittel zur allgemein-politischen, sozialen und gesellschaftspolitischen Entwicklung. Soweit sie ehemals einzelnen Mitgliedstaaten kolonial verbundenen Gebieten zuteil wird, kann die Gemeinschafts-Entwicklungshilfe nicht ohne diesen Bezug auf Verantwortlichkeiten gesehen werden, die aus der kolonialen Vergangenheit herrühren. In bezug auf europäische Assoziierungen, denen entwicklungspolitische Elemente innewohnen, wie dies begrenzt für Griechenland und die Türkei zutrifft, sind andere Gesichtspunkte relevant: das Streben der Assoziierten nach Mitgliedschaft in den Gemeinschaften und die Notwendigkeit, ihre Wirtschaft zunächst schrittweise und langfristig den Beitrittsvoraussetzungen anzunähern.

b) Entwicklungshilfe als weltweite, nicht nur den Gemeinschaften gestellte Aufgabe ist weder in Zielsetzung und Methode noch in ihrer wirtschaftlichen und technischen Ausgestaltung ein bislang verfestigter und ausgeformter Bereich öffentlicher Tätigkeit. Dem entspricht, daß auch seine Rechtsverformung nicht vorgesehen ist. Aus Beziehungsperioden und -räumen, in denen weniger entwickelten Gebieten und Einheiten von voll entwickelten Industriestaaten Hilfe zuteil wurde, ist die Entwicklungshilfepolitik belastet mit der Vorstellung mehr oder minder deutlicher Interventionen und Auflagen. Insbesondere finanzielle Entwicklungshilfe ist in diesem Sinne der Gefahr ausgesetzt, nur unter der Bedingung erwarteter politischer Gegenleistungen gewährt zu werden. In Abwandlung des Satzes „Das Geschenk ist keine ökonomische Kategorie“[3] steht die finanzielle Wirtschaftshilfe auch heute noch in verfänglichen Zusammenhängen mit Verhaltenserwartung und Verhaltensbindung. Es verdient daher Hervorhebung, daß die Aufgabe der *gemeinschaftlichen* Entwicklungshilfepolitik auch dem Prinzip „der Abwesenheit jeder direkten oder indirekten politischen Auflage“[4] untergeordnet worden ist. Die beiden anderen Prinzipien heißen: An-

---

[3] *Schumpeter,* Theorie der wirtschaftlichen Entwicklung 3. Aufl. (1931) 220; dazu: *Ipsen,* Verwaltung durch Subventionen, VVDStRL 25 (1967) 288.

[4] *Hallstein,* Bundesstaat 200; entsprechend: *Zellentin,* Regieren für eine humane

wendung rein ökonomischer Kriterien bei der Auswahl und der Behandlung der Projekte und Ausschaltung bilateraler Elemente aus den Beziehungen der Entwicklungshilfe[5].

c) Präzis umrissen werden die Aufgaben einer gemeinschaftlichen Entwicklungshilfepolitik erstmals in dem Memorandum der Kommission vom 27. Juli 1971[6]. Dieses Dokument zieht die Bilanz der bisherigen nationalen und gemeinschaftlichen Entwicklungshilfe im Rahmen der Gemeinschaft und zeigt die Möglichkeiten für eine schrittweise Koordinierung unterschiedlicher Konzeptionen auf. Dieser Koordinierung der mitgliedstaatlichen Politiken untereinander sowie mit der Politik der Gemeinschaft räumt die Kommission Vorrang ein vor einer späteren schrittweisen Vertiefung der Befugnisse der Gemeinschaft in diesem Bereich. Mit Vorrang soll auch weiterhin die Entwicklungshilfe im Rahmen der bestehenden Assoziationsbeziehungen gewährt werden. Im Interesse einer geographisch besser ausgewogenen Politik hält es die Kommission indes für unerläßlich, daß die Gemeinschaft nach und nach mit zusätzlichen Mitteln für die technische und finanzielle Zusammenarbeit ausgestattet wird, um den zur Zeit noch regional bestimmten Charakter ihrer Entwicklungshilfepolitik zum Teil überwinden zu können.

2. Bereich

3 a) Daß der gemeinschaftlichen Entwicklungshilfepolitik, soweit sie sich des Instrumentes der Assoziierung bedient, *geographisch* keine Grenzen gesetzt sind, ergibt sich aus Art. 238 EWGV, 206 EAGV. Das neue (II.) Jaunde-Abkommen vom 29. Juli 1969, das am 1. Januar 1971 in Kraft getreten ist, hat — in Fortsetzung des Abkommens vom 20. Juli 1963 und unter Berücksichtigung der zwischenzeitlichen staatsrechtlichen Veränderungen in Afrika — die Beziehungen von 17 assoziierten afrikanischen Staaten und Madagaskar (AASM) mit der Gemeinschaft (zunächst bis 1975) verlängert *(7/11—15)*.

Das gleichfalls am 1. Januar 1971 in Kraft getretene Abkommen von Arusha vom 24. September 1969 hat die Republiken Tansania, Uganda und Kenia assoziiert. Es ist in seiner Ablaufregelung mit dem Jaunde-Abkommen II koordiniert worden. Dieses Abkommen sowie die Assoziierungsab-

---

Welt, in: Genießen — Verteilen — Regieren. Planung für eine humane Welt (1970) 187.

[5] Dazu: Gerechtigkeit und Solidarität. 87 Empfehlungen zum Wirtschaftsverhalten der EWG gegenüber den Entwicklungsländern. Eine europäische Denkschrift (Hg. Lefringhausen) (1969).

[6] Memorandum der Kommission über eine gemeinschaftliche Politik der Zusammenarbeit mit den Entwicklungsländern — Zusammenfassung, Dok. SEK (71) 2700 endg. = Sonderbeilage zum BullEG 9—10/71; vgl. auch das Programm der Kommission für eine erste Reihe von Maßnahmen v. 2. 2. 1972, BT-Drucks. VI/3203 = Beil. 2/72 zum BullEG.

kommen mit Tunesien und Marokko vom 28. März 1969 und 31. März 1969 und mit Malta vom 5. Dezember 1970 enthalten keinen speziellen Entwicklungshilfe-Titel wie das Jaunde-Abkommen, haben aber hinsichtlich des Warenverkehrs gewisse dahinzielende Elemente *(7/21).*

b) Die Abkommen mit Griechenland vom 9. Juli 1961 und der Türkei vom 12. September 1963 haben die spezifischen Annäherungsgehalte, um den erstrebten Beitritt vorzubereiten *(7/22, 23).*

c) Auch zur Libanesischen Republik und zu Israel ist die Gemeinschaft in besondere Beziehungen getreten. Indes kommen den mit ihnen geschlossenen Handelsverträgen vom 21. Mai 1965[7] und vom 29. Juni 1970[8] spezifisch entwicklungspolitische Aufgaben nicht zu, wenn von der dem Libanon zugesicherten technischen Hilfe (Art. V—VIII des Abkommens) abgesehen wird.

Daß Israel nach Art. 12 des Abkommens bestimmte Handelszugeständnisse zurücknehmen kann, soweit sich für die Erfordernisse seiner Industrialisierung und seiner Entwicklung Schutzmaßnahmen als notwendig erweisen, stellt eine lediglich aus entwicklungspolitischen Gründen flexibel gehaltene Handelsregelung dar. Das Abkommen mit Spanien vom 29. Juni 1970[9] enthält auch nicht eine solche Regelung und insgesamt keine entwicklungshilfepolitischen Elemente.

II. Rechtsgrundlagen und Gestaltung

1. Vertragsrecht

4 Da die überseeischen Länder und Hoheitsgebiete i. S. des Art. 131 EWGV unmittelbar durch den Vertrag selbst (in Verbindung mit dem Durchführungsabkommen hierzu) assoziiert worden sind (Art. 227 III), enthielten die Art. 132—136 bereits einschlägige Regelungen [im folgenden a) bis d)]. Eine Assoziierung *gemäß Art. 238* kommt erst durch ein zu schließendes Abkommen zustande, das als solches durch Art. 238 selbst *nicht inhaltlich,* sondern nur in seinem *System* vorbestimmt ist [dazu e)].

a) In Anknüpfung an Art. 3 k EWGV, der — speziell die *überseeische* — *Assoziierung als Mittel zur Förderung der wirtschaftlichen und sozialen Entwicklung* durch gemeinsame Bemühungen vorsieht, und im Anschluß an Art. 131 II nennt Art. 131 III als Assoziierungszweck in erster Linie die Interessen der Einwohner und ihre Wohlstandsförderung, „um sie der von ihnen erstrebten wirtschaftlichen, sozialen und kulturellen Entwicklung entgegenzuführen".

b) In Art. 132 EWGV und seinem der Assoziierung zugedachten *Zweckkatalog* werden zugleich Folgen der Assoziierung gekennzeichnet. Abs. I bis

---

[7] BGBl. 1967 II, 1673 = ABl. 1968 L 146, 2.
[8] ABl. 1970 L 183, 2.
[9] ABl. 1970 L 182, 2.

V nennen die hierfür vorgesehenen, zweckbestimmten Maßnahmen: grundsätzliche Anwendung der zwischen den Mitgliedstaaten geltenden Handelsverkehrsregelungen auch auf den Handelsverkehr mit dem Assoziierten; entsprechend gleiche Anwendung seines zum europäischen Beziehungsstaat bestehenden Handelsverkehrssystems durch den Assoziierten gegenüber den übrigen Mitgliedstaaten und den anderen Assoziierten; Beteiligung der Mitgliedstaaten an Entwicklungshilfe-Investitionen insbesondere der Infrastruktur; Beteiligungsgleichheit für alle Marktbürger und Angehörigen der Assoziierten bei Ausschreibungen von Investitionsvorhaben, die aus Gemeinschaftsmitteln finanziert werden; allseitige Niederlassungsfreiheit gleichen personalen Umfangs.

c) Art. 133 konkretisiert die *Handelsverkehrsregelungen* des Art. 132 I, II hinsichtlich der zwischen den Mitgliedstaaten und den Assoziierten bestehenden Zölle. Art. 134 trifft Vorsorge für den Eintritt nachteiliger Verkehrsverlagerungen, die einen Mitgliedstaat in Anwendung des Art. 135 I treffen können.

d) Art. 135 sieht die Herstellung allseitiger *Freizügigkeit* innerhalb der Gemeinschaft und der Gebiete der Assoziierten durch besondere Abkommen vor.

e) Der *Systemvorbehalt des Art. 238* für *sonstige Assoziierungen,* die ihrerseits entwicklungspolitische Elemente enthalten können, gilt zwar — außer für das gemeinsame Vorgehen und die Herstellung besonderer Verfahren — *auch* für die Begründung *gegenseitiger Rechte und Pflichten.* Dadurch sind indes Assoziierungen, die *einseitige Vergünstigungen,* also auch Entwicklungshilfe, gewähren, rechtlich nicht ausgeschlossen. Denn das entspricht den Absichtserklärungen, die die Mitgliedstaaten gemäß Art. 227 EWGV abgegeben haben[10]. Außerdem kann die Aufgabenbestimmung des Art. 3 k, die zur Entwicklungshilfepolitik auf das Instrument der Assoziierung verweist und sich dabei auf die überseeischen Gebiete beschränkt, *nicht* als *räumliche Begrenzung der Aufgabe als solcher* gedeutet werden. Derselbe Gedanke kommt, wenn auch wiederum raumbezogen, in Art. 227 II zum Ausdruck für (das inzwischen verselbständigte) Algerien und die französischen überseeischen Departements: Sorge der Gemeinschaftsorgane für die wirtschaftliche und soziale Entwicklung.

2. *Durchführungsrecht*

5 a) Das Durchführungsabkommen über die Assoziierung der überseeischen Länder und Hoheitsgebiete mit der Gemeinschaft vom 25. März 1957 (Anhang XV zum EWGV) war durch das Abkommen von Jaunde I *(53/3)* und den Ratsbeschluß vom 25. Februar 1964[11] überholt und ersetzt worden. Dieser auf Art. 136 II EWGV gestützte Beschluß bildete die Nachfolgeregelung für das bei Vertrags-

---

[10] *Wohlfarth* u. a. Komm. 11 zu Art. 227.

[11] ABl. 1964, 1472.

schluß zustande gekommene Assoziierungsabkommen von 1957 in bezug auf die noch abhängigen überseeischen Länder und Gebiete. Da sie zum Vertragsschluß nicht imstande waren, hatte der Ratsbeschluß die Assoziierung erneuert und die insoweit weiterhin anwendbaren Art. 131 ff. ergänzt. Sein Anhang VII hatte im Ergebnis Anhang IV des EWGV (Liste der Länder und Gebiete) abgelöst.

Der neue Ratsbeschluß vom 29. September 1970[12] paßt die Regelung der Fortentwicklung der Jaunde-Abkommen an. Die Bereichs-Liste des Anhangs hat die Verselbständigungs-Entwicklung fortgeschrieben.

6 b) Das Jaunde-Abkommen I zwischen der EWG und den mit ihr Assoziierten Afrikanischen Staaten und Madagaskar (AASM) vom 20. Juli 1963 mit seiner Laufzeit von 5 Jahren ist durch das Jaunde-Abkommen II vom 29. Juli 1969 gleicher Laufzeit abgelöst worden. Es ist nach allseitiger Ratifizierung am 1. Januar 1971 in Kraft getreten *(7/11)*.

Die umstrittene Frage[13] nach der Rechtsgrundlage der Jaunde-Abkommen wird in der Vertragspräambel durch eine allgemeine Bezugnahme auf den EWGV beantwortet. Da Art. 136 II EWGV gegenüber den inzwischen selbständig gewordenen afrikanischen Staaten nicht mehr anwendbar erschien, ist er in eine Ermächtigung zum Vertragsschluß mit ihnen umgedeutet worden. Die Kommission hatte auch die Heranziehung des Art. 238 EWGV für erforderlich gehalten. Ob das Abkommen sich als Fortsetzung der ursprünglichen Assoziierung oder als Neuregelung versteht, hat auch seine Formulierung offengelassen. Gewichtige Gründe sprechen für Neuregelung, damit für Art. 238 als Rechtsgrundlage. Diesen Standpunkt hat auch die BRD eingenommen[14].

7 c) „Hilfe für Entwicklungsländer“ hatte schon in Kapitel X des Aktionsprogramms der Gemeinschaft für die Zweite Stufe vom 24. Oktober 1962 eine Zielplanung erhalten, die sich im Inhalt der Assoziierungsabkommen und im Durchführungsrecht niedergeschlagen hat. Zu seinem Thema „Ausbau der technischen Hilfe“ ist durch Ratsbeschluß vom 9. Oktober 1960[15] eine Gruppe Technische Hilfe errichtet worden mit der Aufgabe, Anträge von Entwicklungsländern zu prüfen und Vorschlagsinitiativen für gemeinsame Aktionen zu erarbeiten.

8 d) Zum Thema „Koordinierte Finanzierung durch Zuschüsse und Darlehen“ des Programms sind seit 1958 Regelungen getroffen worden über einen Europäischen Entwicklungsfonds (EEF) und spezifisch entwicklungspolitische Funktionen der Investitionsbank. Nach einem 1. EEF (1958 bis 1962) und einem 2. EEF (1964—1969) gilt für den 3. EEF (1971—1976) das Interne Abkommen über die Finanzierung und Verwaltung der Hilfe

---

[12] ABl. 1970 L 282, 83.

[13] Dazu: *Lochner*, Rechtsfragen des Abkommens von Jaunde, in: Afrika Spectrum, Assoziierung afrikanischer Staaten an die Europäischen Gemeinschaften (1968) 17; *Albrecht*, Das neue Assoziierungsabkommen von Jaunde, in: Verfassung und Recht in Übersee 1970, 204.

[14] *Lochner*, Rechtsfragen 19; *Everling* ZaöRVR 24 (1964) 493.

[15] ABl. 1960, 1429.

der Gemeinschaft vom 29. Juli 1969[16]. Es ist zur Durchführung des Jaunde-Abkommens II und des Ratsbeschlusses vom 29. September 1970 geschlossen worden.

III. Maßnahmen und Organisation der Entwicklungshilfe

9 Die *Maßnahmen* der Entwicklungshilfe der Gemeinschaft sind nach Zielsetzung, Mitteln und Ausmaß geplant und zeitbemessen. Ihrem Plancharakter entspricht ihre Anpassung an den Entwicklungsstand der Länder und Gebiete. Ihr Zeitmaß ist an der Zielsetzung orientiert, infolgedessen ein anderes für Griechenland und die Türkei, die das Ziel der Beitrittsfähigkeit verfolgen, als für die Jaunde-Länder mit ihrem Fünfjahres-Rhythmus.

Die *Organisation* folgt dem Prinzip der Gleichberechtigung der Assoziationspartner. Sie kennt für die institutionellen Beziehungen zur Gemeinschaft als oberstes Organ einen Rat, der von einem Ausschuß unterstützt wird, eine Parlamentarische Konferenz und ein unabhängiges Schiedsgericht. Die Maßnahmen der Entwicklungshilfe betreffen in unterschiedlicher Funktion den Warenverkehr und das für ihn geltende Zollwesen, die finanzielle und technische Zusammenarbeit und ihre Finanzierung, unterschiedlich auch Fragen des Niederlassungs- und Dienstleistungsrechts, des Zahlungs- und Kapitalverkehrs.

1. Länder und Gebiete in Übersee

10 Für diesen Bereich stattfindende Entwicklungshilfe ist nach dem gegenwärtigen Stand ihrer Organisation und dem Inhalt ihrer Maßnahmen gemessen, im Jaunde-Abkommen II von 1969 beispielhaft umschrieben. An seinem Inhalt orientiert sich auch die Entwicklungshilfe für die noch nicht verselbständigten überseeischen Gebiete *(7/16)*.

11 a) Als *Ziel* dieser Politik bezeichnet die Vertragspräambel das Bestreben, die Diversifizierung der Wirtschaft zu erleichtern und die Industrialisierung zu fördern, um das wirtschaftliche Gleichgewicht der Länder und ihre wirtschaftliche Unabhängigkeit zu festigen. In der Erweiterung des Handelsverkehrs wird ein Mittel zur Begünstigung der wirtschaftlichen und sozialen Entwicklung ebenso gesehen wie in finanziellen Maßnahmen und technischer Zusammenarbeit (Art. 1). Damit geht die Zielsetzung des Jaunde-Abkommens II über die des ersten Abkommens, das wesentlich den Warenverkehr förderte, hinaus. Hinsichtlich der vom Ratsbeschluß vom 29. September 1970 bezeichneten noch unselbständigen afrikanischen Gebiete hat diese neue Zielsetzung noch nicht die gleiche Intensität.

---

[16] ABl. 1969 L 282, 47 = BGBl. 1970 II, 636 mit Finanzregelung des Rates für den EEF v. 26. 1. 1971 (ABl. 1971 L 31, 1).

12 b) In den Regelungen des Warenverkehrs (Art. 2—16) ist das Prinzip gegenseitiger Liberalisierung des Handels aus entwicklungspolitischen Gründen abgeschwächt. So kann der Assoziierte Zölle beibehalten oder einführen, die den Erfordernissen seiner Entwicklung entsprechen oder seiner Haushaltsfinanzierung dienen. Unter vergleichbaren Voraussetzungen sind auch mengenmäßige Einfuhrbeschränkungen zulässig. In Legaldefinitionen des zu Art. 3 vereinbarten Protokolls Nr. 2 sind die Voraussetzungen für die Handhabung von Entwicklungs-Schutz- und Finanzzöllen und von Entwicklungskontingenten definiert und ist im Streitfall hierfür die Entscheidung des Schiedsgerichts vorgesehen. Seine Entscheidung bindet die Vertragsparteien.

Die entwicklungspolitisch motivierten Schutzvorbehalte haben Zweifel an der Vereinbarkeit des Abkommens mit dem GATT hervorgerufen. Die Vorbehalte dürften aber im Sinne seines Art. XVIII gerechtfertigt sein, der Ausnahmen von den Anforderungen an eine Freihandelszone im Interesse von Entwicklungsländern gestattet[17]. Vergleichbare Probleme werden sich einstellen, weil wegen des Beitritts Großbritanniens afrikanischen Commonwealth-Ländern der Assoziierungs-Status des Jaunde-Abkommens eingeräumt wird. Die EWG-Präferenzzone erhält damit eine Erweiterung, die vor allem auf amerikanische Bedenken stößt.

13 c) Das entwicklungspolitische Schwergewicht des Abkommens liegt in seinen *Finanzhilfe-Regelungen*. Im Sinne des Art. 132 EWGV wird die Finanzhilfe folgerichtig in Verbindung mit dem Internen Finanzierungsabkommen vom 29. Juli 1969 zum 3. Europäischen Entwicklungsfonds fortgesetzt. Für die Mittelaufbringung, die Hilfsformen und die Verwendung der Hilfe ist vorgesehen:

aa) Die für den 3. EEF verfügbaren *Gesamtmittel* von 900 Millionen Rechnungseinheiten werden nach einem Schlüssel von den Mitgliedstaaten aufgebracht (paritätisch zu 298,5 Millionen von der BRD und Frankreich und zu 80 Millionen von Belgien und den Niederlanden, während Italien mit 140,6 und Luxemburg mit 2,4 Millionen beteiligt ist). Die Europäische Investitionsbank bringt 100 Millionen Rechnungseinheiten für Darlehenszwecke auf. Die Gesamthilfe beträgt danach 1 Milliarde Rechnungseinheiten (gegenüber 800 Millionen nach dem Jaunde-Abkommen I).

bb) Finanzhilfe (Art. 17 ff.) wird als *Darlehen zu Sonderbedingungen* gewährt (bis zu 40 Jahren Laufzeit, für 10 Jahre tilgungsfrei, unter möglicher Zinsvergütung um 2—3 % zum Zinssatz von 3 %). Die Gemeinschaft (nicht die Investitionsbank) kann nunmehr zur Bildung haftenden Kapitals beitragen, indem sie Eigenmittel von Unternehmen durch Beteiligung (Aktien) verstärkt. Da weder die Kommission noch der EEF, sondern nur die Gemeinschaft rechtsfähig ist, muß *diese* als Beteiligungserwerber auftre-

[17] *Lochner*, Rechtsfragen 24.

ten[18]. Als *Empfänger* der Hilfe kommen in Betracht: die Assoziierten; juristische Personen dieser oder der Mitgliedstaaten, die nicht primär Erwerbszwecke, sondern allgemeine Interessen verfolgen und staatlicher Aufsicht unterstehen; Erzeugerverbände; regionale und zwischenstaatliche Einrichtungen; Fachinstitute und evtl. industriell und kaufmännisch geführte Unternehmen. Gemeinschaftshilfe wird als Mitfinanzierung gewährt.

cc) Die *Verwendung der Hilfe* ist für vier Gruppen von Vorhaben zulässig: (1) für Investitionen der Erzeugung und der Infrastruktur im Rahmen von Entwicklungsplänen oder -programmen; (2) für technische Zusammenarbeit im Zusammenhang mit Investitionen; (3) für technische Zusammenarbeit allgemeiner Art; (4) als Verkaufs- und Vermarktungshilfe. Eine Produktionshilfe (wie nach dem Jaunde-Abkommen I) zur Anpassung der Vermarktungserfordernisse an die Welthandelspreise ist nicht erneuert worden. Für Ausnahmesituationen sind die Mittel eines Reservefonds zur Gewährung verlorener Zuschüsse verstärkt worden.

dd) Die allgemeine Ausrichtung der finanziellen und technischen Zusammenarbeit obliegt dem Assoziationsrat, die Antragsprüfung der Gemeinschaft im Benehmen mit den Assoziierten, ihre Bescheidung der Kommission nach Stellungnahme durch den (mitgliedstaatlich nach Finanzierungsanteil besetzten) EEF-Ausschuß („Fondsausschuß"). Bei Meinungsverschiedenheiten entscheidet letztlich der Rat. Die Hilfszusage wird verbindlich mit Abschluß des Finanzierungsabkommens, nicht schon mit Gemeinschaftsbeschluß[19]. Die Mittelverwendung wird von der Gemeinschaft kontrolliert.

ee) Im wesentlichen sind die nach dem Jaunde-Abkommen II gehandhabten Hilfsverfahren auch für die unselbständigen Gebiete Frankreichs und der Niederlande anwendbar. Die Gesamthilfe für sie beträgt 82 Millionen Rechnungseinheiten. Sie kann *hier auch* zur *Produktions*förderung eingesetzt werden.

14 d) Außerhalb der im Rahmen der Assoziierung vorgesehenen Entwicklungshilfen liegt die sog. *EWG-Nahrungsmittelhilfe.* Sie hat Zusammenhang mit den Agrarüberschüssen der EWG und besteht in der Bereitstellung von Getreide und Milcherzeugnissen (Butteröl und Magermilchpulver), künftig auch von Eiprodukten, Reis und Reisverarbeitungserzeugnissen. Die Nahrungsmittelhilfe beruhte zunächst auf dem von den Mitgliedstaaten ratifizierten und vom Rat angenommenen Übereinkommen von 1967[20] im Rahmen der Internationalen Getreide-Übereinkunft von 1967[21]. Das Abkommen von 1967 ist ab 1. Juli 1971 durch ein neues Übereinkommen über Nahrungsmittelhilfe vom 3. Mai 1971[22] ersetzt worden. Mehrere Rats-

---

[18] *Albrecht,* in: Verfassung und Recht in Übersee 1970, 217; *Doll,* in: Einführung 205.

[19] *Albrecht* 218.

[20] BGBl. 1969 II, 720 = ABl. 1970 L 66, 25; Ratsbeschluß über den Abschluß v. 17. 3. 1970 (ABl. 1970 L 66,1).

[21] BGBl. 1969 II, 614. Die Getreide-Übereinkunft umfaßt außerdem das Weizenhandels-Übereinkommen (BGBl. 1969 II, 618 = ABl. 1970 L 66, 2).

[22] Noch nicht im ABl.

verordnungen[23] regeln die Bereitstellung und Finanzierung der Hilfe. Verpflichtungen zur Nahrungsmittelhilfe ist die EWG für Getreidelieferungen (anders als für Butteröl-Lieferungen) im Rahmen der Kennedy-Runde eingegangen.

Mit diesen Hilfen[24] sollen zugleich die Nahrungsmittelversorgung der Entwicklungsländer und das Marktgleichgewicht durch Entlastung von Überschüssen verbessert werden. Für Exportländer liegt hierin auch ein Ersatz für Zusicherungen des Marktzuganges. Die Last der Hilfe wird durch ihre gemeinschaftliche Organisation auf leistungsfähige Länder verteilt. Die Lieferungen werden geschenkt oder in der Währung des Einfuhrlandes finanziert, dessen Zahlungen unkonvertiert und nicht transferiert in Gegenwertfonds im Einfuhrland zur Finanzierung sonstiger Entwicklungshilfe verfügbar werden. Künftig kommen auch Lieferungen auf Kredit in Betracht. Soweit die Finanzierung der Gemeinschaft obliegt, werden die Mittel von den Mitgliedstaaten nach einem Schlüssel aufgebracht. In einer Auseinandersetzung um die Kompetenz zur Verteilung der Hilfe, die zugleich die Außenhandels- und die Entwicklungshilfepolitik betrifft, hat ein Ratsbeschluß vom Dezember 1968 per compromissium nationale *und* Gemeinschaftsaktionen vorgesehen.

2. *Afrikanischer Mittelmeerraum*

15 Die auf Art. 238 EWGV beruhenden Assoziierungsabkommen der EWG mit dem Königreich *Marokko* vom 31. März 1969[25] und mit der *Tunesischen Republik* vom 28. März 1969[26] *(7/24)* sind vorläufige Abkommen zur Vorbereitung endgültiger, die auch Entwicklungshilfe-Absprachen vorsehen sollen. Einzelne auf den Handelsverkehr bezügliche Regelungen der jetzt geltenden Abkommen haben insoweit bereits gewissen entwicklungspolitischen Einschlag, als sie das Industrialisierungsinteresse dieser Länder durch Ausnahmen und Schutzvorkehrungen fördern. Sie zählen (darin dem Jaunde-Abkommen finanziell vergleichbar) zum System der Zollpräferenzen für Entwicklungsländer, soweit sie auf Erfordernisse der Entwicklung abstellen.

3. *Europäische Assoziierte*

16 Den Assoziierungsabkommen mit *Griechenland* (1961) und der *Türkei* (1963) *(7/22, 23)* ist entwicklungshilfepolitisch gemeinsam, daß sie durch Finanzhilfe den Wirtschaftsaufbau, die Produktivität und die Industrialisierung fördern und durch degressive handelspolitische Zugeständnisse für Landesprodukte den Assoziierten in etwa zwei Jahrzehnten die Anpassung an den Gemeinsamen Markt ermöglichen. Hier hat die Entwicklungshilfe

---

[23] Getreidemarktordnung v. 13. 6. 1967 (ABl. 1967, 2269), VO zur Festlegung der Kriterien für die Bereitstellung von Getreide für die Nahrungsmittelhilfe v. 17. 2. 1969 (ABl. 1969 L 41, 2) m. Änd. v. 2. 5. 1969 (ABl. 1969 L 107, 3), v. 25. 11. 1969 (ABl. 1969 L 298, 8), v. 13. 10. 1970 (ABl. 1970 L 228, 1); VOen zur Aufstellung der Grundregeln für die Lieferung von Milchfett bzw. Magermilchpulver v. 17. 7. bzw. 16. 9. 1969 (ABl. 1969 L 179, 14 bzw. L 237, 1); VO betr. die gemeinschaftliche Finanzierung der Ausgaben für die Durchführung des Übereinkommens über die Nahrungsmittelhilfe v. 17. 10. 1969 (ABl. 1969 L 263, 6).

[24] Zur Durchführung der EWG-Nahrungsmittelhilfe seit 1968 vgl. die Zahlenangaben in: Europ. Parl./Sitzungsdokumente 1971—1972 Dok. 90/71 v. 5. 7. 1971.

[25] ABl. 1969 L 197, 3. [26] ABl. 1969 L 198, 3.

eindeutig das Endziel der Mitgliedschaft zur Gemeinschaft. Allerdings hat Griechenland durch seine eigene Verfassungsentwicklung inzwischen und einstweilen diese „finalité politique" selbst suspendiert[27].

a) Auf Grund des dem Abkommen mit *Griechenland* beigefügten Abkommens über das Finanzprotokoll[28] sind — als Beispiel entwicklungspolitischer *Finanzhilfen* — von den Mitgliedstaaten verbürgte Kredite der Investitionsbank an den griechischen Staat und griechische Unternehmen vorgesehen. Aus Gemeinschafts-Haushaltsmitteln stehen Zinsvergütungen zur Verfügung.

b) Als entwicklungspolitisch gestaltete *Handelsregelung* sieht das Abkommen mit der *Türkei* beispielhaft vor, daß ihr für bestimmte Warengruppen, die 40 % ihres Exportvolumens darstellen (Tabak, Weintrauben, Haselnüsse, Trockenfeigen), zollbegünstigte Kontingente eingeräumt sind. Ziel der Handels- und Zollregelung ist nach 12jähriger Übergangszeit, die verlängert werden kann, die Verwirklichung einer Zollunion zwischen der Türkei und der EWG.

c) Daß vornehmlich für die Türkei (in geringerem Umfang für Griechenland) auch eine von der BRD, also mitgliedstaatlich eingeräumte Entwicklungshilfe besonderer Art wirksam wird, steht zur Gemeinschaftshilfe kraft Assoziierung nicht im Widerspruch, sondern ergänzt sie. Das ist die Beschäftigung von Gastarbeitern (1971: 600 000 Türken) in der BRD. Sie stärken nicht nur das Devisenpotential des Assoziierten, sondern auch das Arbeits- und Kenntnis-, damit das Produktions- und Wirtschaftspotential. Denn technische Hilfe, die in Afrika aus Europa eingeführt werden muß, importieren die europäischen Assoziierten durch ihre eigenen, aus der BRD heimkehrenden Arbeitskräfte.

4. Entwicklungsländer allgemein

17 Einen weiteren Beitrag zur Entwicklung der Dritten Welt stellt die Inkraftsetzung allgemeiner Zollpräferenzen durch die Gemeinschaft zugunsten von 91 unabhängigen Ländern und weiteren von den Mitgliedstaaten oder von Drittländern abhängigen oder von diesen verwalteten Ländern und Gebieten dar. Diese Präferenzen gelten für gewerbliche Fertig- und Halbfertigwaren, landwirtschaftliche Verarbeitungserzeugnisse und best. unter den EGKSV fallende Eisen- und Stahlerzeugnisse mit Ursprung in den begünstigten Ländern und Gebieten. Die Vergünstigungen bestehen in der Eröffnung von Gemeinschaftszollkontingenten oder der Einräumung von Zollfreiheit oder Zollsenkungen. Mit sieben Verordnungen des Rates und zwei Beschlüssen der in ihm vereinigten Regierungsvertreter[29] zunächst bis Ende 1971 eingeräumt, sind sie Ende 1971 verlängert worden[30].

---

[27] *Hallstein,* Bundesstaat 217.
[28] ABl. 1963, 352.
[29] ABl. 1971 L 142.
[30] ABl. 1971 L 287; Literatur vgl. Verzeichnis *§ 29.*

Neunter Teil

PERSPEKTIVEN

§ 54 VERFASSUNGSPOLITIK

1 Wenn dieses Buch Leser findet, werden nicht wenige mit dieser „Verfassungspolitik" beginnen. Manche werden sich damit auch begnügen. Vornehmlich wird das für seine Rezensenten gelten, und unter ihnen wiederum für jene, die nicht Juristen sind.

Der Verfasser würde das bedauern. Denn § 54 sollte in den §§ 1—53 des Buches gleichsam „mitgelesen" werden. Und § 54 ist in seinen Intentionen für den gedacht, der über den Inhalt der §§ 1—53 verfügt.

Als Erwägung der „Verfassungspolitik" ist dabei zu begreifen, was unter kritischer Diagnose des normativen und realen Befundes des *Gemeinschaftsrechts* und des *Integrationsprozesses* in Frage steht und in zeitlich und politisch überschaubaren Grenzen für die weitere Entwicklung der *Rechtsgestaltung* geboten und realisierbar erscheint. Mit Überlegungen dieser Art wird *nicht* beansprucht, eine *politische Theorie der Gemeinschaften* zu entwikkeln. Das bedürfte mehr als juristischer Ausweisung. Hierzu fehlt es dem Verfasser am Vermögen noch mehr als ohnehin schon zu der auch nur *rechtswissenschaftlich* zulänglichen Gesamtdarstellung des Gemeinschaftsrechts *(1/1)*. Versucht wird lediglich, einzelne Einsichten einer Verfassungsanalyse für eine — wie anders sollte es sein — vom Verfasser als *Juristen* gewonnene Perspektive zu nutzen, um den Fortgang der Vergemeinschaftung in ihrem Verfassungsrahmen zu deuten, also eine begrenzte und sich bescheidende Prognose zu stellen.

Die gegliederte Thematik dieser Skizze zeigt, was § 54 entwerfen will; *Grenzen von Perspektiven und Prognosen* (I) werden hier nicht nur der Sinnperspektivität einer politischen Gemeinschaftstheorie gezogen, sondern mehr noch der Vorhersehbarkeit ökonomischer und allgemein politischer Entwicklungen. Sie aber eben bedingen alle Gemeinschaftstheorie. Damit stellen sich Methodensorgen und Erkenntnisschranken ganzer Wissenschaftsdisziplinen ein, auf die eine Gemeinschaftslehre ihrerseits angewiesen ist. Und daß diese Begrenztheit auch schon für das Vorfeld kritischer Bestandsaufnahmen und ihrer Auswertungen gilt, kann am Beginn nicht klar genug hervorgehoben werden. Das *Ziel* (II) der Integration ist zwar in den Vertragsbestimmungen normativ fixiert. Es ist indes im räumlichen und gesamtpolitischen „Kontext" nach den Zwängen und Maßen zu überprüfen, die sich aus der Rolle eines vergrößerten Integrations-Europa in der Welt und aus den Funktionen eines öffentlichen Verbandes ergeben, der in wachsendem Umfang solche von Staaten der Industriegesellschaft übernimmt. Die *Sache* der Vergemeinschaftung (IV), der vergrößerte *Raum* wirksamer Integration (V), ihr Maß in der *Zeit* (VI), ihre *Verfahrensarten* und *institutionellen Mittel* (VII) fragen nach Erprobung und Besserung bisheriger Rechtsgestaltung. Sie aber bestimmt und bemißt sich vorrangig nach dem Zustand der *Menschen* (III) in der Gemeinschaft, der Orientierung und Organisation ihrer Gruppen, nach ihrem Bewußtseinsstand und Gruppenverhalten, nach der Artikulierung ihrer Interessen und der Formierung ihrer Präger und Träger. „Die Menschen und die Gemeinschaften" — dieses Thema wiederholt jenseits der Staaten, was „Staat und Gesellschaft" bislang der politischen Theorie als „Strukturelement der Staatlichkeit" aufgegeben hat[1]. Von den „Menschen" (III) spannt sich — zugleich verfassungskritisch gegenüber geltendem Gemeinschaftsrecht und der Gemeinschaftswirklichkeit sowie perspektivisch zu den Chancen und Grenzen der institutionellen Fortentwicklung — der Bogen zur politischen Substanz der Integrationsthematik: zur Frage der *Konsentierung* der Gemeinschaftsgewalt und *Legitimierung* des Gemeinschaftswillens (VIII), zur Frage nach der adäquaten *Gestaltform* der Gemeinschaft naher und weiterer Zukunft (IX).

I. Grenzen von Perspektiven und Prognosen

2 *Die Vergemeinschaftung ist ein auf Dauer angelegter Entwicklungsprozeß.* Die Verträge kalkulieren nicht mit Ablaufterminen. Auch die fünfzigjährige Vertragsdauer des EGKSV kann schwerlich anders begriffen werden. Die Zielbestimmungen der Verträge sind trotz komplexer Vielfalt ihrer Beschreibungen unzulänglich. Das gilt auch, perspektivisch gesehen, für den Entwurf eines Gemeinschafts-Regierungssystems, angemessener Verfahren, entwicklungsfähiger Institutionen und die Ausprägung letztlich gedachter Gestaltform. Vertrags*immanent* — und allein die *Verträge* sind einstweilen die *den Gemeinschaften verfügbare Basis* hierfür — vermögen diese sich selbst weder ein Handlungssystem noch eine Gestaltform der Zukunft zu entwerfen, geschweige denn zu gestalten. Daß ihre *Mitgliedstaaten* (graduell abgesehen von Frankreich), wiewohl dazu imstande, ihr *eigenes* überkommenes Regierungssystem trotz unvermeidlich anstehender Reformbedürftigkeit prinzipiell ebensowenig in Frage stellen, ist für die Gemeinschaften kein Alibi. Denn *sie* zuerst — und *nicht* die *Staaten* — haben in ihrer unbefangenen Neuartigkeit die verpflichtende Chance, wegen der ihnen übertragenen Verantwortung im Wirkungsbereich der Wirtschafts- und Sozial-

[1] Dies im Sinne der Fragestellung bei *Forsthoff*, Der Staat der Industriegesellschaft (1971) 21, 22.

politik für die Industriegesellschaft, in dem unsere nationalen Verfassungsstrukturen verunsichert sind, neue, effektivere, adäquatere Methoden zu entwickeln als die den Staaten aus dem 19. Jahrhundert überlieferten[2]. Und nicht dieses politische System der Staaten kann Modellanspruch für das der Gemeinschaften erheben, sondern es sind die Gemeinschaften, die ihrerseits katalysatorisch für die Verwandlung staatlicher Strukturen zu wirken geeignet sind und in manchem bereits gewirkt haben[3]. Zwar sind die *Staaten* die Schöpfer der Gemeinschaften, *ihre* Regierungen disponieren im Rat letztlich über die Gemeinschaftspolitik, die *Staaten* beanspruchen, im Rückgriff auf ihre Völkerrechtssubjektivität die Herren der Verträge zu bleiben. Aber diese Erkenntnis kann die Existenz der Gemeinschaften als ihrer Geschöpfe und die Realität ihrer Wirksamkeit nicht ausräumen. Und daraus eben folgt, daß *ihnen* Zukunftsverantwortung obliegt. Es gilt also, in Perspektiven einer Verfassungspolitik nach Mitteln und Formen zu fragen, die die Gemeinschaften in ihren *pouvoirs constitués* zu *eigener Verfassungsevolution* befähigen, obwohl die *Staaten* in sich den *pouvoir constituant* zu bewahren trachten.

Soll das politische Gemeinschaftssystem im Telos der Integration entwikkelt werden, ohne sich in unbesehener Analogie zu staatlichen Strukturen und ihren Unzulänglichkeiten rezeptiv zu erschöpfen, bedarf es folgerichtiger Entwürfe. Sie müssen nationale Verfassungsdefizite vermeiden und zugleich beschreiben, wie die Gemeinschaften als Staaten überwindende, größere Funktionsträger öffentlicher Aufgaben optimal zu organisieren und zu legitimieren sein werden.

In dieser Lage hat die wissenschaftliche Theorie *aller* zuständigen Disziplinen ihre Aufgaben. Daß sie und ihr zugehörige empirische Forschung auch nur partiell schon ein „Stadium der Reife“ erlangt hätten[4], kann schwerlich behauptet werden, mögen Theorie und Forschung über internationale Gemeinschaftsbildungen und regionale Integration allgemein sich auch eines besseren Zustandes erfreuen. Eine Skizzierung der zur Theorie der Gemeinschaften unternommenen Bemühungen — nach wissenschaftlich unterschiedlicher Zuständigkeit, Methodik und Prognose-Intensität betrachtet — wird das erweisen. Dabei sind Rechts-, Sozial- und Wirtschaftswissenschaften in beispielhaften Äußerungen zu berücksichtigen.

---

[2] *Ipsen*, Verfassungsperspektiven 20. — *Warnecke*, American regional integration theories and the European Community, Integration 1971, 17 Anm. 40 verweist auf zwei entsprechende Feststellungen von *Görlitz*, Demokratie im Wandel (1965): „First, that the rhetoric of the European Community uses 19th century concepts which no longer have an adequate social, economic and political basis in the present. Second, the Community has failed to recognize this anomaly.“

[3] *Neunreither*, Bemerkungen zum gegenwärtigen Leitbild des Europäischen Parlaments, ZParl 1971, 343.

[4] So *Rittberger*, Westeuropäische Integration — Fortschritt oder Stagnation?, PolVJSchr 1970, 342 für die Sozial- und Wirtschaftswissenschaften.

1. Zuständigkeiten und Methoden zur politischen Gemeinschaftstheorie

3 a) Politische Gemeinschaftstheorie ist auf das Zusammenwirken der Disziplinen angewiesen. Daran hat es bislang gefehlt, nicht zuletzt im *deutschen* Wissenschaftsbereich, und dort vor allem deshalb, weil Rechts- und Wirtschaftswissenschaften früher und intensiver sich ihres Gegenstandes angenommen haben als Politikwissenschaft und Soziologie.

Im Bereich der *Wirtschaftswissenschaften* hat, um ein Beispiel zu nennen, *Hans R. Krämer* den Versuch einer Systematik über „Formen und Methoden der internationalen wirtschaftlichen Integration" (1969) unternommen. Seine Methodenlehre liefert Hilfen für die Begriffsbildung im EWGV, die Rechtsformen der Koordinierung und die Verbindung institutioneller Ausgestaltung und angewandter Integrationsmethode. In der Umfangsbeschreibung der Integration werden mit Raum, Sektoren und erfaßten Staatsfunktionen Elemente erfaßt, deren Verfassungsrelevanz für das geltende Gemeinschaftsrecht ebenso bedeutsam ist wie für seine kritische Analyse und rechtspolitische Fortentwicklung.

Der Plan der Wirtschafts- und Währungsunion *(45/17 ff.)* hat zu einzelnen Vorschlägen notwendig erscheinender Verfassungsausgestaltung der Gemeinschaften, ihrer Institutionen und Verfahren geführt. Die Untersuchungen von *Hans Möller*, insbesondere seine schon 1961 vorgelegte, aus der Erfahrung in der OEEC gewachsene Darstellung „Internationale Wirtschaftsorganisationen" hat große Linien der „Zusammenschau" gezeichnet, in der die Gemeinschaften einen besonderen Platz einnehmen. Den großen Entwurf einer Gemeinschaftsgestalt, die über aktuelle Anforderungen einer Wirtschafts- und Währungsunion hinausgreift, hat die Wirtschaftswissenschaft bislang indes nicht geliefert. Sie wird wohl auch mit Recht erklären dürfen, *das* gehöre *nicht* zu *ihrem* Beruf.

4 b) *Öffentlich-rechtliche* Monographien über das Beschlußverfahren im Gemeinschaftsrecht (*Heinz Wagner*, 1965) und über das Prinzip der „funktionellen Integration" (*Andreas Sattler*, 1967) haben über ihre eigentliche Thematik hinaus Elemente der politischen Gemeinschaftstheorie als Erkenntnisvoraussetzung oder -ertrag entwickelt. Zwei deutsche *Staatsrechtslehrertagungen* (Erlangen 1959, Kiel 1964) haben die Zuordnung der grundgesetzlichen Ordnung zur öffentlichen Gemeinschaftsgewalt und die Bewahrung und Veränderung demokratischer und rechtsstaatlicher Verfassungsstruktur in den Gemeinschaften behandelt. Im Abstand von nur fünf Jahren zwischen diesen kollektiven Bemühungen der deutschen Staatsrechtslehre liegt ein bedeutender Erkenntnissprung. Er hat von grundgesetzintrovertierter „Nabelschau" zu einer dem neuen Integrationsstil und seinen katalysatorischen Rückwirkungen auf die nationale Verfassungsordnung aufgeschlossenen Einstellung geführt. In wichtigen Fragen hat diese Wendung, unterstützt durch die Rechtsprechung des Luxemburger Gerichtshofs, sich in der Judikatur des Bundesverfassungsgerichts, von dort in weiterer Rechtsprechung niedergeschlagen. Zur Frage einer fusionierten Gemeinschaft und zu ihren Verfassungsperspektiven ist in der deutschen Diskussion erwogen worden, ob die Demokratisierungsklausel des Art. 138 III EWGV in ihrem Assimilationsanspruch zur parlamentarischen Regierungsform der Staaten Glaubwürdigkeit und Realisierungschancen beanspruchen kann und der Verfassungsentwicklung durch ihre Normierung nicht vorschnell und allzu etatistisch präjudiziert worden ist[5].

5 c) Insgesamt sind diese Bemühungen der deutschen Staatsrechtslehre aber noch nicht in die größere Methoden- und Sachdiskussion eingebettet, die sich insbesondere aus amerikanischer Politik- und Wirtschaftswissenschaft anbietet. Daß die deutschen Sozialwissenschaften insoweit bis in die jüngste Zeit ebenso beziehungslos waren, hat noch ernstere Gründe: sie hatten die Vergemeinschaftung überhaupt nicht als Gegenstand ihrer Disziplin zur Kenntnis genommen. Noch Ende 1969 hatte *Heinrich Schneider*[6] festgestellt: „Wollte man sagen, das Interesse der deutschen Politikwissenschaft an den Problemen der Integration sei vergleichsweise geringer (als das der deutschen Rechtswissenschaft), so wäre das eine sehr zurückhaltende Formulierung. Die Integrationspolitik stand bisher noch nie auf der Traktandenliste einer wissenschaftlichen Plenartagung der Deutschen Vereinigung für Politische Wissenschaft.“ Sie ist dort auch bis Ende 1971 nicht erschienen, und der Münchener Weltkongreß der Politologen vom Frühherbst 1970 hat in seiner Arbeitsgruppe „Europäische Integration“ deutsche Referenten nicht in Erscheinung treten sehen. *Hans-Peter Schwarz*[7] hat deshalb treffend von der Methodenlehre als von einem „Stiefkind der Integrationsforschung“ gesprochen, dabei als Stiefeltern primär die deutschen Sozialwissenschaften gemeint und mit seiner „Methodenkritik der europäischen Integration“ als erster nach *Heinrich Schneider* einen Methodenaufbau endlich fruchtbar begonnen.

6 d) Diese Kritik stellt die gebotene Verbindung her zu den Integrationstheorien amerikanischer Sozialwissenschaftler. Sie untersuchen die „Möglichkeiten, Entwicklungsstufen und die Dynamik einer Integration von Nationalstaaten zu größeren politischen Einheiten“ und beschreiben mit Funktions- und Strukturbegriffen Integrationsprozesse, deren Ablauf in der europäischen Vergemeinschaftung zugleich empirische Anschauung, Überprüfung und perspektivische Aspekte liefert[8]. Es geht hier weder um die Darstellung

---

[5] *Ipsen*, Fusionsverfassung 57; dazu *Wagner*, Staat 9 (1970) 267; *Ipsen*, Verfassungsperspektiven 14 ff.

[6] *Heinrich Schneider*, Zur politischen Theorie der Gemeinschaft, Integration 1969, 23; zur gleichen Frage: *Heinrich Schneider*, Funktionalismus und europäische Friedensordnung, Integration 1971, 67.

[7] *Hans-Peter Schwarz*, Europa föderieren — aber wie?, Fs Eschenburg 377.

[8] Eine kritische Übersicht liefert jetzt *Steven Warnecke*, American regional integration theories and the European Community, Integration 1971, 1—20; dort

dieser Integrationstheorien noch um ihre kritische Bewertung oder ihre spezifische Eignung und Verwendung für eine Verfassungspolitik der Gemeinschaften. Es geht sehr wohl aber um den gebotenen Hinweis, daß eine in Europa — und speziell auch auf deutscher Seite — betriebene Wissenschaft dieser Verfassungspolitik, und auch eine von Juristen betriebene, diese vorbildlich kollektiv unternommene Erforschung regionaler Integrationsvorgänge nicht ignorieren oder a limine durch „Prozeßurteil" abweisen darf, wie dies bislang weithin der Fall war.

Karl W. Deutsch[9] und seine Schule haben die Entstehung größerer, integrierter Einheiten vornehmlich an Hand historischer Vorgänge analysiert und hieraus auf Gesetzlichkeiten des Integrationsprozesses zu folgern unternommen. Auch die deutsche Verfassungsentwicklung bis zur Reichsgründung zählt hierbei zum Anschauungsmaterial. Aus historischer Vergleichung sind auch die Fallstudien von *Etzioni*[10] gespeist. Während die gelungene amerikanische Föderation zu den USA analysiert worden ist, sind, wie *Schwarz*[11] zutreffend erinnert, gegenwartsbezogene Vergleichsanalysen zu den wichtigsten Staatsintegrationen des vorigen Jahrhunderts (Belgien, Schweiz, Deutschland, Italien, Kanada, Australien) und solchen unseres Jahrhunderts bisher nicht durchgeführt worden, wenn von *Deutsch* und seiner Schule abgesehen wird. Allein das schwer faßbare — und wohl auch so gewählte — Stichwort *Pompidous* von der „Konföderation" sollte zur Deckung dieses Nachholbedarfs Anlaß geben *(54/118)*.

7 Die auf *Mitrany*[12] zurückgehende Theorie des supranationalen Funktionalismus und ihre am Integrationsprozeß der EWG vollzogene empirische Überprüfung durch *Haas*[13] und *Lindberg*[14] vermögen in der Methodik und

Anm. 3, 7, 8, 14, 17, 20, 23, 27 die Einzelnachweise der wichtigsten einschlägigen Arbeiten von *Lindberg, Scheingold, Haas, Hoffmann, Etzioni, Deutsch* u. a., auf die verwiesen sei. Mit *Taylor*, International co-operation today. The european and the universal pattern (1971) befaßt sich kritisch *Eva Senghaas-Knobloch*, Integration 1971, 135. — Eine kritische Kurz-Analyse der Theorie der Konstitutionalisten, Funktionalisten und Neo-Funktionalisten stellt *Heinrich Schneider* an in: Integration 1971, 61 ff. anläßlich der Rezension von *Gerda Zellentin*, Intersystemare Beziehungen in Europa (1970), deren Werk eine Anwendung des Funktionalismus auf ihre Fragestellung darstellt. — Über die im April 1969 in Madison (Wisconsin/USA) abgehaltene Tagung amerikanischer Sozialwissenschaftler zum Thema ihrer Integrationsforschungen und ihren Ertrag in der Sammlung von *Lindberg* und *Scheingold* (Hg.), Regional integration: Theory and research, in: International Organization 24 (1970) 607—1020 (1971 unter gleichem Titel auch als Buch), berichtet *Eva Senghaas-Knobloch* in: Integration 1971, 75.

[9] *Karl W. Deutsch*, Political Community at the international level (1954); *ders.*, Political Community and the north atlantic area (1957); *ders., Edinger, Macridis, Merritt*, France, Germany and the Western Alliance. A study of elite attitudes on European integration and world politics (1967).

[10] *Etzioni*, Political unification (1965); *ders.*, The active society (1968) insbes. 554 ff.: Political Communities.

[11] A.a.O. (Anm. 7) 377, 378. [12] *Mitrany*, A working peace system (1966).

[13] *E. B. Haas*, Beyond the nation-state (1964); *ders.*, International integration, in: International Organization 15 (1961) 366 ff.

[14] *Lindberg*, The political dynamics of european economic integration (1963).

in ihrem perspektivischen Gehalt schlagartig zu erhellen, was in der kontinentaleuropäischen Diskussion, insbesondere auch in der deutschen Staatsrechtslehre[15] hinsichtlich der Gemeinschaften und ihrer verfassungspolitischen Zukunft an Ansätzen und Gegensätzen erkennbar geworden ist: die *Konstitutionalisten* vermögen die endliche Gestaltform der Gemeinschaft mit zwangsläufigem Automatismus nur in der Föderation eines europäischen Bundesstaates zu sehen, weil die staatlichen Ordnungs- und Wertprinzipien sich kraft einer Art „Isonomie"-Wirkung in der Vergemeinschaft durchsetzen müßten. Die *Funktionalisten* verschiedener Schattierungen erkennen dagegen in der graduellen Supranationalisierung bislang staatlicher Einzelfunktionen öffentlicher Bedürfnisbefriedigung ohne staatliche Neuformierung die adäquate Integrationsmethode. Ihnen ist die Entflechtung bislang staatlicher Funktionen und ihre integrierte Wahrnehmung in Entscheidungsorganen wesentlich, deren Aktivitäten aus Sachzusammenhang im sog. spillover-Effekt weitere Funktionen dem Integrationsprozeß zuführen. Diese Variante des Neo-Funktionalismus kann auf Perioden ihrer Bewährung in der europäischen Vergemeinschaftung verweisen.

Im Licht dieser Polarität zwischen Konstitutionalismus und Funktionalismus kann die Demokratisierungsklausel des Art. 138 III EWGV, eben konstitutionalistisch begriffen, ebenso als unverbindliche „Verbeugung gegenüber dem Zeitgeist"[16] verstanden werden wie vielleicht jene Einfügung in die französische Regierungserklärung vom 9. Mai 1950, die die Montanunion „die erste Etappe der europäischen Föderation" nennt. Denn *Monnet*, der Kenner und Anhänger des *Mitrany*-Funktionalismus, wollte damit möglicherweise „nur den europäischen Aufputz an einem Projekt im Sinne *Mitranys*" gemeint wissen[17]. In der Sicht dieser Polarität, die der amerikanische Methodenstreit verdeutlicht, würden die Erlanger Staatsrechtslehrertagung von 1959 — jedenfalls in ihren Referenten — und ebenso *Andreas Sattlers* Buch (trotz seines Titels von der „funktionellen Integration") der Richtung der Konstitutionalisten zuzurechnen sein. Die „Kieler Welle" der Staatsrechtslehrertagung von 1964 hat die deutsche Theorie zwar von manchen konstitutionalisierenden Fesseln emanzipiert. Aber ihr positiver Ansatz ist doch begrenzt geblieben (insbesondere in der Suche nach der Legitimierung der Gemeinschaftsgewalt), und die „Grundbegriffe des Beschlußrechts" von *Heinz Wagner* (1965)[18] konnten trotz ihrer verheißungsvollen Einleitung (insbes. S. 8 ff.) in ihrer verfassungspolitischen Perspektive nicht den Stand überwinden, den seine Diagnose der noch von *de Gaulle* bestimmten Gemeinschafts-Lage durchaus zutreffend erkannt hatte. Denn seine auf *U. W.*

---

[15] Auf diese Zusammenhänge mit den Vorstellungen von *Bülck*, *Ipsen* und *Kaiser* weist *Heinrich Schneider*, Integration 1971, 67 Anm. 8 zutreffend hin.

[16] *Wagner* Staat 9 (1970) 268.

[17] So *Schwarz* a.a.O (Anm. 7) 419.

[18] Dazu *Heinrich Schneider*, Integration 1971, 67 Anm. 8: eine „gescheite, gleichwohl problematische Habilitationsschrift".

Kitzinger gestützte Einsicht, es komme nicht darauf an, „aus Nationalstaaten Super- oder Supranationalstaaten zu machen, sondern den Nationalstaat funktionell zu entflechten“ (S. 10), die Gemeinschaften seien „gemeinsame Instrumente der Staaten zur Bewältigung von Aufgaben, die weder im staatlichen Rahmen noch in den losen Formen früherer Bündnisse und Verträge gelöst werden können“ (S. 9), und seine wahrlich zutreffende Erkenntnis, Forderung für die Gegenwart sei „Bewahrung, Ausbau und optimale Weiterentwicklung der funktionellen Integration“ (S. 8/9), finden letztlich keine Entsprechung in den verfassungspolitischen Elementen seiner Darstellung. Nichts zeigt das deutlicher als seine insoweit gänzlich heterogene Einlassung zur Frage des Vorrangs des Gemeinschaftsrechts (S. 349: „ein unbedingter Vorrang des Gemeinschaftsrechts gegenüber dem mitgliedstaatlichen Recht ist rechtspolitisch nicht erwünscht“).

8 aa) Der internationale Funktionalismus als Handlungslehre[19] ist intendiert als Methode der grenzüberwindenden Friedenssicherung in den Großräumen der Industriegesellschaft. Er ist als Friedensstrategie ein Produkt der Nachkriegserfahrung und gewinnt in dem Maße größeren Wirkungsraum, in dem die Staaten als Umverteilungs- und Vorsorgeapparaturen Leistungsstaaten, ihre Verwaltungen Leistungsverwaltungen werden. Sein Wirkungsgegenstand sind Funktionen, „gleichbedeutend mit solchen wirtschaftlichen, gesellschaftlichen und administrativen Aufgaben und Bedürfnissen, die sich durch transnationale Interaktion optimal regeln oder befriedigen lassen“[20]. Sie sind, schlichter formuliert, öffentliche Aufgaben nicht-mehr-staatlicher Wahrnehmbarkeit. Wesentlich hierfür ist folgendes: auch nach Auffassung der Funktionalismus-Theorie ist zur Ingangsetzung nicht-mehr-staatlicher Funktionswahrnehmung eine *übereinstimmende politische Entscheidung der Staaten* vorauszusetzen. Deshalb kann sich funktionelle Integration auf der konsentierenden Grundlage dieser politischen Entscheidung im Rahmen vertraglicher Regelungen weithin in technischer Selbstbestimmung vollziehen. So erklärt sich auch, daß die Frage der Gestaltformung des Funktionsverbandes kein primäres Anliegen dieser Theorie zu sein braucht: „form follows function.“ Das ist zwar eine recht abstrakte und abkürzende Denkfigur, die im Zielansatz mehr den zu entflechtenden Staat als das Geflecht der Zukunftsform betrifft[21]. Aber sie hat die Kraft der Antithese zum Konstitutionalismus, der sich mit seinem Isonomie-Anspruch im Grunde hegemonial versteht.

---

[19] Dazu *Zellentin,* Intersystemare Beziehungen in Europa (1970) 172 ff.; Besprechung von *Heinrich Schneider,* Integration 1971, 61.

[20] *Zellentin* 181.

[21] Das wird von *Heinrich Schneider,* Integration 1971, 68, 69 kritisiert. Aber die Unbestimmtheit und Mehrdeutigkeit der Formel — „je nachdem, zu welchen Formen funktionelle Verflechtungsmaßnahmen letztlich führen sollen“ — liegt eben in ihrem Gehalt selbst: Funktionalismus ist eine in diesem Sinne „offene“, d. h. der Endphase gegenüber nicht präjudizierende Methode, was sich aus der Zielbestimmung der Integration ergibt *(54/124).*

Die nicht-mehr-staatliche Funktionalisierung öffentlicher Aufgaben, die Vergemeinschaftung *eines* Bereichs, kann zwangsläufig die gleichartige Funktionalisierung anderer Bedürfnisbereiche bewirken und sich daraus mit weiterhin den Staaten verbleibenden Leistungsaufgaben auch verknüpfen. Deshalb sehen Neofunktionalisten — über *Mitranys* technische Selbstbestimmung hinausgreifend — im spill-over-effect dieser Art die Chance und die Erwartung gradueller Politisierung der Gemeinschaft, damit in ihr eine neue „Existenzbedingung der Mitgliedstaaten"[22]. *Aber:* Ob das zur Rivalisierung zwischen ihnen und den Gemeinschaften, damit etwa zur Renationalisierung führt, oder ob die Gemeinschaften derart der Föderalisierung zuschreiten, vermögen weder Funktionalisten noch Neofunktionalisten zu beantworten, und wer als *Jurist* in ihrer Methode verfassungspolitisch denkt, tut recht darin, seinerseits solche Antwort zu verweigern. Die umfassende Analyse dieses Prozesses, die einer Antwort näher käme, steht noch aus. Sie zu liefern, gehört primär in die Zuständigkeit der Wirtschaftswissenschaften und der Soziologie. Hierzu bedürfte es der Bestimmung geeigneter Indikatoren, unter deren Anwendung erst Wahrscheinlichkeitsmodelle regionaler Integrationsprozesse entwickelt werden könnten[23]. In welcher Weise ökonomische und soziologische Disziplinen sich hieran gemeinsam versuchen, bleibt zu erörtern *(54/10)*.

9 bb) Der *Konstitutionalismus* hat ersichtlich die Anfänge der Vergemeinschaftung bestimmt und begleitet, soweit es um die politische Kennzeichnung ihrer Ziele in den Verträgen und ihre Wertbestimmung jedenfalls in der Bundesrepublik ging[24]. Konstitutionalismus will die Verbreitung einer bestimmten Regierungsform nicht nur als förderliches Friedenselement empfehlen, sondern auch als Strukturprinzip regionaler Zusammenschlüsse und damit die Föderation als ihre Gestaltform. Hier gilt der Satz: „function follows form", und dies unter der Vorstellung, Vergemeinschaftung verfolge das Ziel bundesstaatlicher oder ähnlicher Staatsbildung nach einer den Verfassungsstrukturen und Regierungssystemen der Mitgliedstaaten homogenen Ausgestaltung.

In diesem Sinne „konstitutionalistisch" ist lange Zeit und unter den Nachwirkungen des Verfassungsstreites um den Wehrbeitrag gerade auch in der deutschen Lehre das Problem der strukturellen Homogenität zwischen Staats- und Gemeinschaftsverfassung erörtert worden. Obwohl als solches überwunden, wirkt es punktuell noch heute fort, so in der Vorrangfrage zwischen Gemeinschafts- und nationalem Recht und im Anspruch auf natio-

---

[22] *Zellentin* 195; entsprechend *Schwarz* 417.

[23] *Puchala*, Entwicklung und Strukturen regionaler Integration, Integration 1970, 171.

[24] *Zellentin* 146, 181 (auch zum folgenden). Die Bemerkung 175 Anm. 105 a. E. („Die Europäischen Gemeinschaften wurden bei ihrer Gründung in der BRD als Durchgang zur staatlichen Souveränität und zur nationalen Wiedervereinigung propagiert") verkennt in der Souveränitätsfrage völlig die Tragweite des Art. 24 I GG.

nale Grundrechtsbehauptung gegenüber der Gemeinschaftsgewalt. Vor allem aber wirkt es „unreflektiert“ fort im Postulat gerade parlamentarisch-demokratischer Legitimierungsformen für die Organe der Gemeinschaften und ihre Willensbildung. Art. 138 III EWGV bildet hierfür den gemeinschaftsrechtlichen „Leertitel“.

Die konstitutionalistische Methode fügt sich für das Endstadium der Integration in den angeblich unausweichlichen Zwang einer Föderalgestaltung der Gemeinschaft. Sie drängt auf tunliche Zeitbeschleunigung und Phasenverdichtung ohne kritische Vorprüfung ihrer außerrechtlichen Voraussetzungen. Damit verkennt sie einen spezifischen Zug der Vergemeinschaftung und ihrer Verfassung, denn: Vergemeinschaftung ist ein grundsätzlich *offenes System*[25]. Es stellt sich sowohl in seiner eigenen Wirkungskraft wie auch unter der Mitwirkung und dem Einfluß seiner Mitgliedstaaten künftigen Entwicklungen weit aufgeschlossener und zugänglicher dar als das Verfassungssystem des *insoweit* immer noch „geschlossenen“ Nationalstaates. Konstitutionalismus ist schon deshalb eine der Vergemeinschaftung weniger adäquate Methode politischer Theorie. Denn sie wirkt per se konservierend, und sie entbehrt des notwendig dynamischen Gehalts, den eine neuen Bedürfnissen und Aufgaben entsprechende Fortschrittlichkeit für die Legitimation von Entscheidungsträgern und ihr Entscheidungsverfahren verlangt.

10 d) *Methoden* der Analyse — diese als Voraussetzung und Grundlage aller auch verfassungspolitisch für relevant erachteten Prognostik und deshalb für den insoweit unzuständigen Juristen unentbehrlich — sind für die europäische Integration zwar auch in ihren Mitgliedstaaten[26], vornehmlich aber in den amerikanischen Wirtschafts- und Sozialwissenschaften entwickelt und erprobt worden. Damit wurden wirtschaftliche und gesellschaftliche Prozesse nicht nur als mit der politischen Integration korrespondierend durchleuchtet[27]. Die Deutung ihres Verlaufs und ihrer Richtung wurde zugleich zur Bestimmung des politischen Integrationsstandes und möglichen -fortschrittes nutzbar gemacht. Allerdings haben diese übergreifenden Analysenvergleiche auch Differenzen zwischen den Integrationszielen und ihrer Bewertung sowie über den „Stellenwert“ der Wirtschaftsintegration in einer europäischen Gemeinschaftspolitik sichtbar gemacht[28], deren Unterdrückung und Verschweigung nur Schaden anrichtet.

---

[25] *Heinrich Schneider,* Integration 1969, 35 unter Bezugnahme auf *Hermann Heller,* Staatslehre (1934) 55.

[26] Beispielhaft: La décision dans les Communautés européennes. Grands colloques européens de l'Association pour le développement de la science politique européenne (ADESPE), organisé par l'Institut d'Études politiques de Lyon (November 1966) (1969).

[27] *Schwarz* Fs Eschenburg 383.

[28] Daraus zieht *Heinrich Schneider,* Integration 1969, 27 die zutreffende Folgerung, die Vorstellungen der beteiligten Disziplinen über wirtschaftliche und politische Integration bedürften schon begrifflich vorgängiger Abstimmung. Dem dient hier die Befassung mit den Zielen *(54/13 ff.)* und der Sache *(54/37 ff.)* der Vergemeinschaftung.

Auf die Darstellungen und Anwendungen der amerikanischen Theorie kann nur verwiesen werden, um ihre verfassungspolitische Verwertbarkeit zu überprüfen, zumal sie sich teilweise auf ein weiteres Feld internationaler, auch intersystemarer Beziehungen erstrecken. So ist z. B. die Skala der von *Karl W. Deutsch* und seiner Schule verwendeten Ansätze und Mittel überaus breit: sie reicht von theoretischen Bezugsrahmen und Hypothesen, die mit Hilfe von Testverfahren, Datenermittlung oder qualitativen Beschreibungen überprüft werden, bis zu Auseinandersetzungen um ihre Auslegung und Auswertung mit dem Ziel, vorausgeschätzte Integrationsabläufe zu bestimmen und ihre Resultate als politische Entscheidungshilfen anzubieten. Es muß dabei in der Beurteilungszuständigkeit nicht-juristischer Disziplinen verbleiben, Aussagekraft und Zuverlässigkeit etwa von Eliteninterviews, Repräsentativumfragen, Pressekommentaren o. dgl. zu bemessen. Für eine verfassungspolitische Theorie können allenfalls ihre *Resultate* zur Kenntnis genommen werden. Ob und wie sie relevant erscheinen, bleibt dann verfassungspolitisch zu verantworten. Entsprechendes gilt von der Relevanz bestimmter Transaktionen (Touristenverkehr, Studentenaustausch, Briefverkehr usw.). Mit Güteraustausch, Kapitalverkehr, Binnenwanderung, Handelsverflechtung, Außenhandelsanteil, Bruttosozialprodukt bieten sich Meßzahlen und Meßinstrumente an, deren Zusammenfassung in einen Index of relative acceptance (RA-Index)[29] Schlüsse auf Stand und Tendenzen des nicht nur wirtschaftlichen Integrationsprozesses gestattet. Diese diagnostischen Mittel der Wirtschaftswissenschaften erscheinen verfassungspolitischer Bewertung eher eingängig als solche der engeren Sozialwissenschaften. Denn sie kommen dem juristischen Bedürfnis nach Berechenbarkeit und Überprüfbarkeit entgegen.

Den Bewertungs- und Erkenntniszielen einer Gemeinschaftslehre und einer Verfassungspolitik der Gemeinschaften kommen insbesondere auch solche Methoden näher, die aus ökonomischen Daten und Messungen auf Einzelzüge und Elemente des Integrationsprozesses zu schließen versuchen. Das geschieht etwa, wenn aus der unterschiedlichen Disposition über Mittel des Bruttosozialprodukts mit Hilfe der Steuer- und Etathoheit der Mitgliedstaaten oder der Gemeinschaften auf die Kompetenzverteilung zwischen nationalen und supranationalen Entscheidungs- und Kontrollinstanzen geschlossen wird — und dies im Vergleich zur Ausnutzungsintensität vertraglich stipulierter Handlungsermächtigungen oder Nationalvorbehalte. Entsprechendes gelingt methodisch zulänglich beim Vergleich der Einzelsektoren praktischer Politik und der zu ihrer Wahrnehmung unterscheidbaren Zuständigkeiten.

---

[29] Dies eine auf *Deutsch* zurückgehende Formel, mit deren Hilfe dieser und seine Schule geringere Integrationswirkungen glauben feststellen zu müssen als etwa lediglich an Hand der überkommenen Handelsstatistiken; hierzu: *Heinrich Schneider*, Integration 1969, 26; *Rittberger* PolVJSchr 1970, 346 ff. — Das Beispiel einer aus

In dieser Weise verfahren *Lindberg* und *Scheingold* in „Europe's wouldbe polity" (1970), und zwar zusätzlich zu politologisch-soziologischen Methoden der Bewußtseins-Diagnose der Marktbürger in ihrem Verhältnis zur Gemeinschaft, zum Nationalstaat und in ihrer Konsentierungsbereitschaft. Sie ermitteln derart Einsichten[30] in Fortentwicklungen der Integration im Vertragsrahmen, in Integrationsrückschritte, in nur statisch-administrative Ausfüllung erreichter Integrationsstände, in Rückentwicklungen dieses Standes unter Verletzung von Vertragsregeln oder Zielen sowie in das Auftreten qualitativ neuer Integrationsimpulse ohne bereits getroffene Vertragsentscheidungen. Solche Einsichten ermöglichen eine verfassungspolitisch erwägenswerte Bewertung der Vertragsanwendung, der Sekundärrechtsetzung, der Rechtsprechung, der Entscheidungspraxis und Verhaltensweisen von Rat und Kommission. In dieser Methode durchgeführte Fallstudien[31] zur Agrar- und Verkehrspolitik, zur Zollunion, zum Energie-(Kohle-)Sektor und zu den einschlägigen Krisenerscheinungen sind geeignet, die Vertragsgestaltungen rechtspolitisch in ihrer Eignung oder Revisionsbedürftigkeit zu überprüfen. Mit der Infragestellung eines „permissive consensus"[32], also einer zur Erhaltung und Weiterentwicklung der Vergemeinschaftung im Bewußtsein der Betroffenen und der politischen Träger erforderlichen Bereitschaftshaltung, greift die sozio-ökonomische Methode, die diesen consensus zu ergründen sucht, auf die Verfassungsfrage des adäquaten Konsentierungsverfahrens über *(54/100 ff.)*.

2. *Perspektiven und Prognosen*

In einer Kritik[33] an der von *Karl W. Deutsch* geführten Integrationstheorie und ihren Methoden heißt es abschließend, es wäre wissenschaftlich reiz-

---

Daten der Wirtschaftsintegration gewonnenen Diagnose der Krisenlage der Gemeinschaften zum Zweck juristischer Auslegungsfolgerungen über ihre Struktur und Dauerhaftigkeit hat *Kaiser*, Das Europarecht in der Krise der Gemeinschaften, EuR 1966, 5 ff. gegeben.

[30] Dabei operieren *Lindberg-Scheingold* (vgl. die Figur 4.3. The European Community Political System, S. 113) mit der Formel S. 114: $ds = f [S + Su) (dD + dL)] + e_n$, in der d = Veränderung, f = Funktion, S = System, Su = Systemunterstützung, D = Anforderung, L = Führerschaft, e_n = genereller Irrtumsfaktor bedeuten. Mit ihrer Hilfe wird versucht, in politischen Entscheidungsabläufen aus dem „input" politischer Anforderungen, politischer Unterstützung und Führung, dem Einsatz von Kompetenzbereichen und institutionellen Befugnissen Entscheidungsresultate zu ermitteln, die sich aus dem Zusammenwirken dieser Faktoren als „output" ergeben. Diese Entscheidungsergebnisse werden näher bestimmt, und zwar danach, ob sie die Erfüllung grundlegender Vertragspflichten darstellen, solche abbauen oder überziehen. Dabei erkennbare kreative Fortentwicklungen der Integration über grundlegende Vertragspflichten hinaus würden Paradebeispiele des neofunktionalistischen Modells bilden; Verpflichtungsabbau durch Nichterfüllung bedeutet Integrationsrückschritt, Vertragserfüllung im nur noch administrativen Vollzug entspricht gleichgewichtiger Stabilität und wird der Integration als Prozeß bereits nicht mehr gerecht.

[31] *Lindberg-Scheingold* 141, 182.

[32] *Lindberg-Scheingold* 249.

[33] *Rittberger* PolVJSchr 1970, 342.

voller gewesen, wenn er „eine unabhängige Meßkategorie für Integration entwickelt und diese dann, über eine längere Zeitspanne, in Beziehung zu RA-Indexwerten für verschiedene Transaktionsströme ebenso wie zu Werten, die die Interdependenz der Mitgliedstaaten ausdrücken, gesetzt hätte. Da vermutlich durch Transaktionen konstituierte Interdependenz und Diskontinuität nicht ausreichen, um allein ein großes Maß an Varianz in der Integrationsvariablen zu erklären, wäre es ratsam, noch den Aspekt der Homogenität und Gleichheit, insbesondere bezüglich des Machtpotentials und des sozioökonomischen Entwicklungsstandes der Mitgliedstaaten, sowie den Grad der politisch-ideologischen Übereinstimmung unter den nationalen Führungsgruppen als zusätzliche erklärende Variablen einzuführen".

11 a) Wer diese Methodenkritik und -empfehlung zur Integrationsanalyse[34] hört, Analyse als Voraussetzung jeder Perspektive und Prognose erkennt und überdies die Gefahrenquellen richtig einschätzt, die im Gedankenschluß von Analyse zu Prognose liegen, wird die Verwertungsgrenzen jeder Perspektive und ihrer verfassungspolitischen Einsatzfähigkeit evident nennen müssen. Kritische Zurückhaltung ist geboten und mit Recht wiederholt gefordert worden, und dies nicht nur (was allein hier interessiert) gegenüber ihrer denkbaren Zuverlässigkeit und Verwertbarkeit für die Gemeinschaftstheorie und ihre Verfassungspolitik. Skepsis stellt sich um so mehr auch ein, je länger der Zeitraum einer für verfassungspolitische Erwägungen verwertbaren Prognostik bemessen wird. Der Plan der Wirtschafts- und Währungsunion mißt mit einem Zeitraum von zehn Jahren. Das geht wirtschaftspolitisch über das Maß mittelfristiger Orientierung bereits hinaus, für deren Integrationsschritte *Deutsch*[35] mit drei bis fünf Jahren einsetzt und zehn Jahre bereits einen langfristigen Prozeß nennt. Perspektiven der Verfassungspolitik möchten und sollten mit größeren Zeitmaßen rechnen. Sie sehen sich in der zunächst als Wirtschaftsintegration fungierenden Vergemeinschaftung aber kürzeren Phasen gegenüber, deren Ablauf und Auswirkung ihrerseits erst Raum geben für die Normierung neuer, adäquater Zuständigkeiten und Entscheidungsverfahren. So ist die schrittweise Ausstattung des Parlaments mit Budgetbefugnissen im Haushaltsvertrag eines Jahrzehnts *eine* Seite, die Frage ihrer institutionellen Auswirkungen auf die Zuständigkeit des Parlaments im Verfassungssystem der Gemeinschaften die *andere* Seite dieses Prozesses. Daraus ist zu folgern: wirtschafts- und sozialwissenschaftliche Perspektiven vermögen in ihren Zeitmaßen den

---

[34] Ganz entsprechend kritisiert *Warnecke,* Integration 1971, 1 ff. an amerikanischen Integrationstheorien, daß sie ahistorisch und apolitisch verknüpfte Funktions- und Strukturbegriffe zur Beschreibung von Integrationsprozessen verwenden. Er fordert deshalb spezifische historische Inbeziehungnahme, und dies insbesondere auch zur Außenpolitik der Staaten, die ihrerseits integrationserheblich zu sein vermöge.

[35] Vgl. den Bericht von *Handley,* Integration 1970, 321 über das Genfer Kolloquium vom 20. 6. 1970.

prognostischen Bedarf verfassungspolitischer Gemeinschaftstheorie kaum befriedigend zu decken, und das wiederum nötigt zur Zurückhaltung in ihrer Verwertbarkeit. *Wissenschaftlich* liegt deshalb in der Tat nahe, was *Katharina Focke*[36] für mögliche europäische Optionen nach Den Haag festgestellt hat: „Es dürfte heute überhaupt verfrüht sein, mitten in einem dynamischen Entwicklungsprozeß der Gemeinschaft zu beschreiben oder festzulegen, wie sie in einem Endstadium — wenn es überhaupt ein Endstadium gibt — einmal auszusehen habe." Indes: dem *Politiker* wird damit nicht die Passivität anempfohlen[37], und eine *wissenschaftliche* Gemeinschaftstheorie wird damit auch nicht der Aufgabe ledig, wenigstens die nächst überschaubaren Phasen der Entwicklung vorzudenken.

12 b) Ob Intuition, politischer Instinkt oder Ideologie bessere Motivationen und Triebkräfte einer Gemeinschaftspolitik liefern mögen, ist hier schwerlich zu erörtern. Für eine nach *Rechtsgestaltung* fragende Gemeinschaftslehre und Verfassungspolitik verdient aber zweifellos *jede* Methode den Vorzug, die Erkenntnisse *ohne* Angewiesenheit auf *solche* Motivationen und Triebkräfte vermittelt — mag es sich nun letztlich als von Nutzen oder von Schaden erweisen, daß politische Gestaltung in aller Regel ohne sie nicht stattzufinden pflegt. In dieser Lage kann und darf eine Theorie der Gemeinschaftspolitik auch auf nur spärlichste Einsichten nicht verzichten, die Sozial- und Wirtschaftswissenschaften selbst in anfechtbarer Methodik aus Integrationsanalysen für Perspektiven und Prognosen anzubieten vermögen. Vorbehalte erleidet zwar jede interdisziplinäre Betrachtung. Sie verträgt sie aber auch, weil jeder Verzicht auf eine „integrierte" Gemeinschaftslehre Anregungen und Kontrollen ausschlägt, die mindestens geprüft werden müssen. Das gilt z. B., wie zutreffend bemerkt worden ist[38], für den Ansatz von *Ernst Haas* und *Scheuners* Präföderalität der Gemeinschaften, für *Lindbergs* Funktionalismus-Kategorien und die hier den Gemeinschaften zugedachte Modellierung als Zweckverbände *(8/27, 54/125)*. Jedenfalls trägt solche Modellvergleichung zwischen den Disziplinen dazu bei, eine „Entideologisierung der Forschungsansätze" zu befördern — und das wäre schon Ertrag genug.

II. Das Ziel

1. Gemeinschaftsziele und Staatszwecke

13 a) Die vertraglichen Rechtsgrundlagen der Vergemeinschaftung *(28/1 bis 11)* bestimmen ihre Zielsetzungen, ihre Aufgaben und die zur Zielver-

---

[36] Europa-Politik nach Den Haag. Neubeginn in der europäischen Integration?, EA 1970, 278.
[37] Das bemerkt *Jansen,* Integration 1970, 213 Anm. 20 hierzu mit vollem Recht.
[38] Von *Heinrich Schneider,* Integration 1969, 35.

wirklichung in der Aufgabenerfüllung einsetzbaren Mittel. „Ziele" und „Aufgaben" dieser Regelungen erfassen verschiedene Aspekte desselben Gegenstandes. Deshalb erlauben sie insgesamt Schlüsse auf die Komplexität des von den Verträgen begriffenen „Ziels" der Integration an sich. Diese normierte „Zielbestimmung" ist den in den Vertragspräambeln enthaltenen Aussagen über die zugedachte Zielsetzung zuzuordnen.

Im EWGV erweist sich danach die Zielbestimmung der Wirtschaftsintegration als Prozeß zum engeren Zusammenschluß der Völker, zur Förderung ihrer Wohlfahrt, ihrer Freiheit und des Friedens. Der EAGV erstrebt mit seiner Zielnormierung friedlichen Fortschritt und Wohlstandsförderung der Völker. Dem EGKSV gilt die Vergemeinschaftung der Grundstoffindustrien als Beitrag eines *organisierten* Europa zur Weltfriedenssicherung, zur Wohlstandsförderung und als „erster Grundstein" *institutioneller Grundlagen* einer weiteren und vertieften Gemeinschaft bislang entzweiter und rivalisierender Völker.

Im Ziel-Zugriff der Präambeln bleiben die Römischen Verträge damit hinter dem Ansatz des EGKSV zurück, der in der organisierten Vertiefung der Gemeinschaft selbst sogar eine Richtungsweisung für ein den Gemeinschaftsvölkern „gemeinsames Schicksal" zu sehen glaubt.

14 b) Die Präambeldiktion der Verträge steht dem überlieferten Stil staatlicher Verfassungen in Wortwahl und Pathos nicht nach. Mit dem nüchternen Normengehalt der institutionellen und Verfahrensregelungen der Wirtschaftsintegration ist sie kaum zu vereinbaren. Der Zielgehalt der Präambeln ist aber auch sachlich unergiebig, soweit er anderes als Wohlstands-Fortschritt und Freiheit postuliert oder verheißt. Denn insoweit wiederholt er nur, was Wirtschaftsintegration nach Art der Verträge bewirkt: den Ausschluß nicht-friedlicher Mittelanwendung unter den Mitgliedstaaten, damit Sicherung des Binnen-Friedens der Gemeinschaften, soweit eben Verträge dies zu tun vermögen. Ob die europäische Integration zur Weltfriedenssicherung beizutragen vermag, liegt außerhalb ihres Konzeptionsbereichs jedenfalls, soweit es um gemeinschaftszuständige Zielsetzung geht. Allein die Präambelvorstellung nach Art des EGKSV (vom organisierten Europa und einer Erweiterung und Vertiefung der Gemeinschaft durch weitere Institutionalisierung) liegt im Bereich eigener gemeinschaftspolitischer Entwicklung. Daß die nachfolgenden Römischen Verträge insoweit unverbindlicher präambulieren, kann von skeptischer Einsicht ebenso zeugen wie von der politischen Konstellation zur Zeit des Vertragsschlusses.

15 c) Werden die Gemeinschaften als Mittel der von den Völkern der Mitgliedstaaten verfolgten Ziele und Zwecke, also *instrumental* begriffen, so proklamieren die Verträge und ihre Präambeln gleichwohl *keine* auf die *Auflösung der Staaten gerichteten Ziele.* Gemeinschafts-Instrumentalisierung erscheint danach, soweit die Verträge sprechen, jedenfalls nicht, wie der liberalen Theorie zugedacht und der marxistischen Lehre wesentlich, als

„Schritt auf einem Wege, durch dessen Beschreiten sich die Menschen der Staatlichkeit ihres Zusammenlebens überhaupt zu entledigen hoffen“[39]. Andererseits folgt aus dem instrumentalen Verständnis der Vergemeinschaftung, daß sie einer Ziel- und Zweckbestimmung selbstverständlich nicht entbehren kann: selbst wenn es zutrifft[40], daß *Staat* und *Staatlichkeit* der Ziel- und Zweckbestimmung *unzugänglich* sind, weil sie *jedweder* Aufgabe und Lage gerecht werden müssen, sind die *Gemeinschaften* ziel*bedürftig* und ihrer Funktion entsprechend ziel*gebunden.* Denn sie sind *Einzel-* oder *Mehrzweck*-Verbände, nicht *Allzweck*-Verbände, wie die Staaten noch ausschließlicher Zuständigkeit. In dieser Einsicht liegt auch die Bestätigung dafür, daß Wohlstands-Förderung und -Fortschritt, Freiheit und Friedenssicherung, wie die Vertragspräambeln sie umschreiben, *keine* geeigneten und adäquaten Zielbestimmungen *gerade der Vergemeinschaftung* zum Ausdruck bringen. Denn sie unterscheiden sich *in nichts* von denkbarer *Staatszweck*bestimmung. Dabei wird nicht übersehen, daß die Disposition über Leistung und Zuteilung gerade in der modernen Industriegesellschaft denjenigen anziehend macht, der sie besitzt — weshalb die Staaten ihre eigene Erhaltung fördern, indem sie und solange sie disponieren, und sie in Frage stellen, wenn sie die Disposition an die Gemeinschaften abtreten[41]. Aber gleichviel, *wo* disponiert wird: das *Ziel* der Aufgabenwahrnehmung bleibt *dasselbe.*

16 d) Es gibt viele Erwägungen, der europäischen Integration ein *Endziel* zu setzen: die Herstellung eines europäischen „Nationalismus“, eines europäischen Machtzentrums innerhalb der Weltpolitik, eines ökonomisch rational perfekten Funktionsapparates oder — nach Art einer noch nicht geschriebenen Integrationsphilosophie — einer Institution zu optimal gesicherter menschenwürdiger Lebensführung[42]. Das alles sind außervertragliche, allenfalls verfassungspolitische Spekulationen oder Entwürfe. Bislang erschöpft sich das Gemeinschaftsziel nämlich in der Einsetzung von Institutionen und der Ingangsetzung von Verfahren[43] zu optimaler Wahrnehmung nicht-mehr-staatlicher öffentlicher Aufgaben im weitesten Bereich des Wirtschaftlichen. Andere Ziele, die der Gemeinschaft verfolgbar erscheinen, können nur die ihrer Staaten sein, die von *ihren* Institutionen und in *ihren* Verfahren aber nicht mehr zulänglich erreichbar sind. *Nicht* die öffentliche Aufgabe *als solche* also mutiert in der Integration, sondern die *Art ihrer Wahrnehmung.*

Ob empirische Politologie oder philosophische Politik-Theorie eine Gemeinschafts-Ziellehre zu entwickeln vermögen, die den Gemeinschaften

---

[39] *Herbert Krüger*, Allgemeine Staatslehre 2. Aufl. (1966) 197.

[40] So *Herbert Krüger* 256.

[41] *Schwarz* Fs Eschenburg 307.

[42] *Heinrich Schneider*, Integration 1969, 43; *Schwarz* Fs Eschenburg 428: „absolute immaterielle Werte“.

[43] *Deutsch* spricht — ganz ungegenständlich — von der „Entwicklung neuer Steuerungsmechanismen für die Regierungstätigkeit“; vgl. den Tagungsbericht von *Handley*, Integration 1970, 321.

Eigenwert beimißt, steht dahin. *Hier* findet solche Entwicklung jedenfalls *nicht* statt. Die Verträge, die die gegenwärtige Integration tragen, können in ihrem Zielgehalt einstweilen nur begriffen werden als Instrumental-Normierungen zur besseren Erfüllung staatlich nicht mehr wahrnehmbarer öffentlicher Aufgaben[44].

2. *Zielschritte*

17 a) Die Organisation der Staaten der Industriegesellschaft, die die Gemeinschaften bilden, ist überfordert. Sie stehen vor der Alternative, ihre Staatlichkeit zu vermindern oder sich im Bereich des Organisatorisch-Funktionellen zu ändern[45]. Die Vergemeinschaftung, die sie eingegangen sind, stellt eindeutig eine *Entscheidung im Änderungs-Sinne* dar: die Integration soll die Stabilisierung der Ordnung, die der Leistungsstaat gewährleistet, in den Integrations-Institutionen und -Verfahren besser darbieten als nationale Wahrnehmung dies noch vermöchte. Ob das gelungen ist und weiterhin gelingen wird, hängt heute davon ab, ob die Voraussetzungen zur Aufrichtung der Wirtschafts- und Währungsunion erfüllt und die für ihre Verwirklichung im nächsten Jahrzehnt erforderlichen Maßnahmen geschaffen werden. Im Sinne jener Änderungs-Entscheidung ist es nur logisch, daß der Werner-Bericht sich in der Zielbeschreibung der Wirtschafts- und Währungsunion mit dem Satz begnügt: „Sie soll es ermöglichen, Wachstum und Stabilität in der Gemeinschaft zu sichern, den Beitrag der Gemeinschaft zum wirtschaftlichen und monetären Gleichgewicht in der Welt zu verstärken und aus der Gemeinschaft einen Stabilitätsblock zu machen.“[46] Das so umschriebene nächste Gemeinschaftsziel erfordert bestimmte institutionelle und

---

[44] Dazu einerseits *Heinrich Schneider,* Integration 1969, 44 — andererseits *Schwarz* Fs Eschenburg 427.

[45] *Eschenberger,* Leistungsstaat und Demokratie (1969) 14.

[46] Vgl. Abschnitt A unter VII. Schlußfolgerungen im sog. Werner-Bericht v. 8. 10. 1970, EA D 544; dazu *Schweizer,* in: Über die Zukunft der EWG (Hg. Dietz, 1971) 21. — Auf die Unumkehrbarkeit solcher Zielsetzungen nach dem „Sozialgesetz der favorisierenden Irreversibilitäten“ weist *Eichenberger* a.a.O. 15 zutreffend hin, wenn einflußreiche Sozialgruppen vermeintlich oder wirklich Begünstigung, Erleichterung oder Schutz erlangt haben; ebenso *Forsthoff,* Der Staat der Industriegesellschaft (1971) 34. — Zur Frage, ob „das von der Mehrheit gewollte Konsumentenparadies“ human ist und gestattet, auch immaterielle menschliche Bedürfnisse wieder zu wecken, vgl. *Eichenberger* 15 und *Gerda Zellentin,* Regieren für eine humane Welt — Innen- und außenpolitische Prinzipien, in: Genießen — Verteilen — Regieren, Planung für eine humane Welt (1970) 173, 175. — Für *Heinz Kuby* in: Europa 1970. Bilanz und Zukunft der Europapolitik, Krisenmanagement oder Emanzipationsstrategie 23, 57 ff. geht es — summarisch formuliert — um die „radikale Veränderung des Alltags“ *(54/31),* während *Rupp,* Die Dogmatik des Verwaltungsrechts und die Gegenwartsaufgaben der Verwaltung, DVBl. 1971, 672 meint, eine zukünftige Generation werde „die Europäischen Gemeinschaften mehr am Stellenwert der Verwirklichung demokratischer Ideen, denn am Ertrag wirtschafts- und preispolitischer Einigungsformeln messen“. So scheiden sich die Geister!

Verfahrensentscheidungen, die die Gemeinschaft unter Aufrüstung ihrer Organe, Kompetenzen und Kontrollen instrumental aktivieren. Aber die Gemeinschaften werden damit nicht ihrerseits in Selbstzweck-Träger verwandelt, deren Zwecke und Ziele sie von denen ihrer Mitgliedstaaten unterscheiden.

18 b) Gegenüber dem Ziel der Verwirklichung der Wirtschafts- und Währungsunion ist das terminierte Ziel der *Fusionierung der Verträge* vertagt worden *(6/41)*. Ob der Fusionierung im hier erwogenen Zusammenhang überhaupt selbständiger Zielcharakter zukommt, ist zweifelhaft. Die Antwort hängt ab von der Ausgestaltung der Fusionierung. Nur wenn sie, über eine rechtstechnische Zusammenfassung der Verträge und Verschmelzung der drei Gemeinschaften hinausgehend, sich in einem Integrationsschritt vollzieht, der zugleich die Entwicklung zur Wirtschafts- und Währungsunion einschließt, könnte sie ziel-relevant stattfinden. Aber auch eine fusionierte Einheits-Gemeinschaft, die die institutionellen und verfahrensmäßigen Ausgestaltungen zur Verwirklichung der Wirtschafts- und Währungsunion aufweist, wird damit nicht zum Selbstzweck-Träger anderer öffentlicher Aufgaben, als sie den vorher hierfür ausschließlich zuständigen Mitgliedstaaten oblagen.

19 c) Die Inangriffnahme des nächsten Zielschrittes einer Wirtschafts- und Währungsunion hat nicht ausgeschlossen, daß die Mitgliedstaaten der Gemeinschaften in dieser ihrer Gliedstellung *außerhalb wirtschaftlich* bestimmter Leistungsverantwortung Ansätze zur gemeinsamen Verfolgung *anderer* Staatsaufgaben unternommen haben. Soweit das in der Absicht einer zwar nicht gemeinschaftsimmanenten, aber mit der Gemeinschaft verknüpften und aus der Gliedstellung der Staaten erwachsenden Fortentwicklung zur „politischen Union" geschehen ist, geht der jüngste Anstoß auf die Haager Konferenz vom Dezember 1969 zurück. Wenn Ziffer 15 des Haager Schluß-Communiqués vom Endstadium der Vereinigten Staaten von Westeuropa spricht, gehört diese Formel zur politischen Programmatik, nicht zur Rechtsverformung.

Auf Grund eines Auftrages der Außenminister hatte der unter Vorsitz des Belgiers *Davignon* stehende Studienausschuß Vorschläge für regelmäßige *außenpolitische Konsultationen* gemacht. Sie haben zum Beschluß der Außenministerkonferenz in Viterbo vom 29. Mai 1970 geführt, jährlich zweimal zu Konsultationen über alle wichtigen außenpolitischen Fragen zusammenzutreffen. Die darüber getroffene sog. Davignon-Vereinbarung ist am 27. Oktober 1970 abgeschlossen worden. Seither haben Konsultationskonferenzen regelmäßig stattgefunden[47]. Ebenso wie das Parlament den Zusam-

---

[47] Hierzu: Probleme der europäischen Einigung (IV). Neue Entwürfe für die politische Einigung und für den Ausbau der Europäischen Gemeinschaften, EA 1970, D 519; Bericht der Außenminister (Davignon-Bericht) v. 20. 7. 1970 betr. mögliche Fortschritte auf dem Gebiet der politischen Einigung, EA 1970, D 520;

menhang zwischen der Schaffung der Wirtschafts- und Währungsunion und dem Ziel der politischen Einigung hervorgehoben hat[48], wird dies im Zweiten Teil Ziffern I, V und im Vierten Teil Ziffer I der Vereinbarung betont: sofern die Arbeiten der Außenminister Auswirkungen auf die Tätigkeit der Gemeinschaften haben, wird die Kommission zur Stellungnahme aufgefordert, und im Hinblick auf die neuen Mitgliedstaaten wird der Zusammenhang zwischen der Gemeinschaftszugehörigkeit und der Beteiligung an Tätigkeiten hervorgehoben, die Fortschritte auf dem Gebiet der politischen Einigung ermöglichen sollen.

Der *Zielgehalt selbst* des Konsultationsverfahrens ist gegenständlich *nicht beschrieben.* Er ist letztlich nur auf eine Intensivierung der Solidarität der Mitgliedstaaten gerichtet. Ziffer I des Zweiten Teils bezeichnet als Ziele der Zusammenarbeit, „durch regelmäßige Unterrichtung und Konsultationen eine bessere gegenseitige Verständigung über die großen Probleme der internationalen Politik zu gewährleisten, die Harmonisierung der Standpunkte, die Abstimmung der Haltung und, wo dies möglich und wünschenswert erscheint, ein gemeinsames Vorgehen zu begünstigen und dadurch die Solidarität zu festigen". Wegen fehlender Sachorientierung und folglich auch jeder Terminierung von Zielvorstellungen erschöpft sich dieser Schritt, bezogen auf die allgemeine Zielsetzung der Integration, in der verfahrensmäßig organisierten Bereitschaft der Mitgliedstaaten, eine *Harmonisierung der Außenpolitik* anzustreben und hieran Gemeinschaftsorgane zu beteiligen, soweit ihre Zuständigkeit berührt wird.

Elemente einer Verzielung zur „politischen Union" werden durch dieses Verfahren *nicht* geliefert. Weder gemeinschaftsvertraglich noch im Verfahren selbst, das die Beteiligung der Gemeinschaftsorgane minimalisiert, werden Fortschritte zur politischen Vergemeinschaftung in verfassungspolitisch relevanter Weise gesichert[49]. Die außenpolitische Ausschließlichkeit staat-

---

Konsultationen der Außenminister in München am 19. 11. 1970, am 13./14. 5. 1971 in Paris, am 5. 11. 1971 in Rom; am 6. 11. 1971 wurden in Bracciano die Vertreter der Beitrittsanwärter informiert: vgl. EA 1970 Z 258, 1971 Z 119, 1971 Z 247; Bull EG 12/1971, 23; vgl. auch den ersten der jährlich der Versammlung zu erstattenden Berichte über die Entwicklung der Arbeiten für die politische Einigung, Verh. d. Eur. Parl. Nr. 139, Sitzungen 7.—11. 6. 1971, 168; *Hansen,* Politische Zusammenarbeit in Westeuropa. Der neue Ansatzpunkt des Luxemburger Berichts, EA 1971, 456; *Schumacher,* Les termes utilisés pour exprimer la notion de formation d'un système politique européen, RevMC 1971, 329.

[48] Vgl. EA 1970, D 519.

[49] *Hallstein,* Das freie Europa muß mit einer Stimme sprechen, in: Die Welt Nr. 85 v. 13. 4. 1971 S. 4, stellt gegenüber der Konföderations-Initiative *Pompidous* und ihrer Plazierung innerhalb der Gemeinschaftsentwicklung fest: „Das ist im wohltuenden Gegensatz zu der Art, wie man bei der erwähnten Konsultationspraxis der Sechs (eben auf Grund der Davignon-Vereinbarung) — nicht zuletzt auch auf Betreiben der Bundesregierung — den organischen Zusammenhang mit der Europäischen Gemeinschaft peinlich vermieden hat." Soweit damit das Fehlen *gemeinschaftsrechtlicher* Verknüpfung gemeint ist, trifft das zweifellos zu. Im gleichen Sinne: *Carstens,* Politische Führung (1971) 263.

licher Zuständigkeit bleibt unberührt. Kein vertraglich erprobtes Verfahren der Integration findet Anwendung. Auch die Abrede zur „Harmonisierung“ außenpolitischer Standpunkte ist nicht verfahrensmäßig oder institutionell vertraglich eingebunden wie Harmonisierungs-Regelungen auf anderen Gebieten, die die Verträge vorsehen. Für das gedachte und vorgegebene Ziel der politischen Union, das die Haager Konferenz genannt hat, kann die Davignon-Vereinbarung deshalb kein geeignetes Instrument darstellen. Integrationspolitisch steht sie auf einer Vor- oder Unterstufe, die sich von überlieferten Methoden außenpolitischen Verkehrs zwischen Staaten letztlich kaum unterscheidet. Nicht Integration, sondern Kooperation ist die Methode. Die verabredete Regelmäßigkeit der Konsultationen und die Beteiligung von Kommission und Parlament ändern hieran im Prinzip nichts.

d) Es gehört zu den Bemühungen solcher Disziplinen, die wissenschaftlich mit den Voraussetzungen und den Strategien einer *europäischen Friedenspolitik* befaßt sind, hierin die Rolle und die Chancen der Wirtschaftsintegration zu bestimmen[50]. Insbesondere geht es ihnen um die Faktoren und Strukturen der Staaten der Gemeinschaften und derjenigen des COMECON als Voraussetzungen einer etwaigen intersystemaren Annäherung. Ob technische, in diesem Sinne unpolitische und funktionelle Zusammenarbeit zwischen den Gemeinschaften und den Ostblockstaaten friedenspolitisch relevant sein kann, ist aus der friedenssichernden Strukturierung der Gemeinschaften selbst nicht zu entnehmen. Denn in ihnen und zwischen ihren Gliedern bestehen grundlegende und die wirtschaftliche Integration erst ermöglichende politische Vorentscheidungen und Homogenitäten, an denen es intersystemar gerade fehlt. Daß die UdSSR die Gemeinschaften nicht anerkannt hat, ist äußerer Ausdruck der systemaren Diskrepanz[51].

Zu ihrer Überwindung existieren Zielsetzungen der Gemeinschaften nicht. Das findet seine Erklärung darin, daß die Außenpolitik nicht Integrationsgegenstand geworden ist. Ob die intersystemare Lage der Gemeinschaften im Konsultationsverfahren der Außenminister Gegenstand der Erörterung oder Entscheidung werden kann, ist Sache der großen Außenpolitik, der Frage der europäischen Sicherheitskonferenz und weltpolitischer Entwick-

---

[50] Hierzu zuletzt — und im deutschen Schrifttum grundsätzlich zuerst: *Gerda Zellentin,* Intersystemare Beziehungen in Europa (1970); Besprechung von *Heinrich Schneider,* Integration 1971, 61, von *Ipsen* HPB 19 (1971) 217. — Vgl. ferner: La paix par la recherche scientifique, Kolloquium v. 5./6. 11. 1969 des Centre de Sociologie de la Guerre (Brüssel, 1970), dort S. 151 ff.: *Buchmann,* La recherche de la paix par le régionalisme international.

[51] *Hallstein* hat auf der 7. Internationalen Konferenz für internationale Probleme in Rockville am 9. 10. 1971 die Auffassung vertreten, die UdSSR wolle sich die Anerkennung der EWG „als Trumpfkarte für die geplante europäische Sicherheitskonferenz aufsparen“, obwohl bilaterale Wirtschaftsbeziehungen und indirekte Bindungen über die GATT-Mitgliedschaft einiger Ostblockstaaten bereits bestünden. Der Aufnahme von Rechtsbeziehungen zwischen EWG und COMECON stehe im übrigen entgegen, daß die Wirtschaftsorganisation des Ostblocks kein Rechtssubjekt sei: vgl. FAZ Nr. 235 v. 11 . 10. 1971, 3.

lungen. Die Gemeinschaften selbst sind insoweit impotent. Soweit die Wirtschaftsintegration intersystemar friedensbewahrende Wirkungen hervorzubringen vermag[52], treten sie nicht ein auf Grund vertraglicher Zielbestimmungen oder Zielschritte. Sie können allenfalls befördert werden im technischen Ablauf der Außenhandelsbeziehungen. Da die Handelspolitik nach Art. 113 EWGV grundsätzlich einheitlicher Gemeinschaftsgestaltung unterliegt *(46/6)*, ermöglicht diese Zuständigkeit intersystemare Beziehungen, die ihrerseits friedensbewahrend wirken können. Ein außenpolitisch relevantes Eigengewicht hat das Vertragsrecht dem Präambelziel der Friedenswahrung in diesem Zusammenhang aber nicht zugemessen. Es erscheint auch verfassungspolitisch nicht realisierbar, solange die Gemeinschaften nicht Kompetenzträger der Außenpolitik sind.

3. Zielbedarf

20 a) Vergemeinschaftung ist ein Prozeß. Obwohl die Verträge unbefristet oder — wie der EGKSV mit seiner fünfzigjährigen Dauer — jedenfalls politisch ohne Zeitgrenze angelegt sind, verlautbaren sie *kein Endziel des Prozesses.* Was insoweit der Integration, wenn auch vertragsrechtlich unausgesprochen, zugrunde gelegt, von ihrem Verlauf erwartet und erhofft, von anderen wiederum stillschweigend ausgeschlossen worden ist, zählt jedenfalls *nicht* zum *Verfassungsgegenstand* der Gemeinschaften. Auch die Präambelwendungen des EGKSV, die am ehesten gegenständlich genannt werden können, beschränken sich auf die Vorstellung eines organisierten Europa, einer Erweiterung und Vertiefung der Gemeinschaft, die ihrerseits hierfür eine institutionelle Grundlage bilde. Auch sie bezeichnen *Prozeßelemente, kein Endziel.* Die Vergemeinschaftung gegenwärtiger Rechtsverformung zeichnet also kein Leitbild als Ziel, keinen anderen formierten Zielsinn des Integrationsprozesses als eben den seines Fortganges[53]. Gleiches gilt auch für den Beitrittsvertrag vom 22. Januar 1972.

Das entspricht einer Deutung der Integration und ihres Prozeßcharakters, die es als ihrer „Natur“ zuwider erachtet, Integrationsziele von Beginn an auf einen Endzustand irgendwie gearteter Einheit oder Formgebung auszurichten, weil Integration als Verfahrensweise nicht-mehr-staatlicher, gemeinschaftlicher Entscheidungsweisen und Aufgabenerledigung eine „offene“ Ordnung bezweckt.

Ob die Gemeinschaftsverträge, die insoweit enthaltsam sind, alsbald oder demnächst einen Zielbedarf befriedigen müssen, hängt verfassungspolitisch also davon ab, ob die Vergemeinschaftung die ihr einstweilen gesetzten Ziele ohne rechtzeitige Fixierung eines Endziels weiterhin nicht sinnvoll zu

[52] Dazu die Kritik von *Heinrich Schneider,* Integration 1971, 67 an *Gerda Zellentin,* Intersystemare Beziehungen 239, 240.

[53] Dazu: *Heinrich Schneider,* Zur politischen Theorie der Gemeinschaft, Integration 1969, 30/31 unter Bezugnahme auf *Lindberg.*

verfolgen vermag. Und bei jedem weiteren Zielschritt notwendiger Vertragsergänzung — wie bei der Inangriffnahme der Wirtschafts- und Währungsunion — fragt sich von neuem, ob bei seiner Rechtsverformung eine gleichzeitige Endzielbestimmung notwendig oder ihre Unterlassung unschädlich oder gar geboten ist.

Der Schuman-Plan und seine Juridifizierung im EGKSV waren ebenso wie eine erste Phase der Integration von der politischen Idee einer künftigen Föderalisierung begleitet. Diese Idee gehört — wenn auch in unterschiedlicher Nuancierung — zum Arsenal immer wiederholter Aktivitäten. Der Gedanke des Endziels europäischer Bundesstaatlichkeit zählt hierzu ebenso wie der einer höchst ambivalenten Konföderations-Idee. In Situationen besonderer Bedeutung für die Integration — so während der großen Krisen und zuletzt vor der Beitrittsentscheidung des Britischen Unterhauses — hat die Endziel-Bestimmung eine wesentliche Rolle in der Argumentation und der Auseinandersetzung gespielt. Damit wurde im Meinungsstreit teilweise auch unterstellt, bereits der in den Verträgen rechtsverfaßte Integrationsprozeß präjudiziere der Endzielbestimmung, obwohl das Vertragsrecht selbst sie ersichtlich nicht hergibt.

21 b) Keiner dieser Gesichtspunkte verdient Zustimmung: weder der eines gegenwärtigen gemeinschaftsvertraglichen Endziel-*Bedarfs,* noch der einer in den Verträgen bereits unausgesprochen enthaltenen Endziel-*Präjudizierung.* Das geltende Vertragsrecht, seine Institutionen und Verfahren sind den vertraglich fixierten und terminierten Nahzielen selbst genügende Regelungen. Sie sind verfassungspolitischer Fortschreibung durch Vertragsänderung zugänglich. Für die Wirtschafts- und Währungsunion wird es solcher bedürfen. Einer Fortschreibung dieser Art würde auch eine Vertragsverformung dessen dienen können, was die Davignon-Vereinbarung bezweckt. Ein Art. 113 EWGV neuer Art könnte auch die Außenpolitik zum Gegenstand haben. Eine solche Fortschreibung von Integrationszielen und -schritten erscheint verfassungspolitisch adäquat und praktikabel, *ohne* hinsichtlich des Integrations-*Endzieles mehr* zu verlautbaren, als dies *in den geltenden Verträgen* geschieht: nämlich *nichts* zu verlautbaren. Aufgabe der Vertragsgestaltung nächster Phasen kann nur sein, unter Berücksichtigung der jeweiligen Zielverwirklichung etwa in der Technik des Art. 8 EWGV *(22/16)* neue Ziele und Zielschritte zu stipulieren und die für ihre Erreichung erforderlichen institutionellen und Verfahrensentscheidungen zu treffen.

Jedenfalls heute — in dem Zeitpunkt, in dem die Wirtschafts- und Währungsunion im Rahmen eines auf zehn Jahre bemessenen Integrationsschrittes noch der Rechtsverformung bedarf und auf dem Gebiet der Außenpolitik eine vertragsimmanente Zielsetzung noch nicht in Frage steht — ist ein *vertragsrechtlich zu fixierender Endziel-Bedarf verfassungspolitisch nicht anzuerkennen.* Schon 1960 ist die These vertreten worden: „Die europäische Integration entwickelt sich in Richtung auf verschiedene Einheiten, und so kann es für lange Zeiten weitergehen. Über das Endergebnis kann man nur Vermutungen anstellen; aber es mag nicht ganz abwegig sein, die Entstehung einer bislang unbekannten pluralistischen politischen Struktur vorherzusagen. Eine derartige Struktur könnte den beteiligten Nationen sehr wohl gestatten, ihre Identität zu einem hohen Grade aufrechtzuerhalten, während sie gleichwohl in Organisationen zusammengeschlossen sind, die die nationale Ebene transzendieren."[54]

Das mag, das kann so sein und so werden. Es kann auch anders werden. Integration prozediert, und der Prozeß der Wirtschaftsintegration, der jetzt gerade zwei Jahrzehnte andauert, füllt in der Relation zu historischen Staatsbildungs- und Umformungsprozessen bislang erst einen minimalen Zeitraum. Aus diesem Grunde und wegen der beispiellosen Besonderheit ihres Vorganges spricht alles für die *Offenhaltung ihres Endziels,* für die einstweilige Enthaltsamkeit gegenüber einer jeden präjudizierenden Fixierung eines solchen. Adäquat erscheint deshalb eine *dialektische Verfassungspolitik.* Sie vollziehe sich im Wechsel zwischen nächst anliegender Zielbestimmung, Bereitstellung hierfür adäquater Institutionen und Verfahren, Zielverwirklichung, Zielerneuerung und neuer Instrumentalisierung, bis letztlich *eine* Zielerneuerung in der Endzielbestimmung oder der Feststellung seiner Erreichung bestehen mag, wenn — so die EGKSV-Präambel — die Integration Grundlagen geschaffen haben wird, „die einem nunmehr allen gemeinsamen Schicksal die Richtung weisen können".

22 c) Einer Verfassungspolitik, die außerhalb und jenseits der Aufgabe *rechtlicher Gestaltung* betrieben wird — ob von Politikern, Politologen, Publizisten oder wem sonst auch immer —, bleibt die Frage der Endzielbestimmung selbstverständlich überantwortet. Dazu ist *hier* aber *nichts* beizutragen. Nur soweit die Frage der endlichen Gestaltform der Gemeinschaft als Einheits- und Strukturproblem ansteht, bleibt ihre Erörterung auch ein Anliegen juristisch engagierter Verfassungspolitik *(54/118 ff.).*

III. Die Menschen

1. Gemeinschaft ohne Gemeinschaftsvolk

23 Das Gemeinschaftsrecht verbreitert und erweitert die *Gleichheit des Menschen* in der Gemeinschaft gegenüber der öffentlichen Gewalt. Es fördert die Gleichbehandlung des ausländischen Marktbürgers mit dem Staatsangehörigen des Mitgliedstaates. Gleichzeitig verbreitert und erweitert es

[54] An diese These von *Schocking* und *Anderson,* Observations on the European Integration Process, Journal of Conflict Resolution 4 (1966) 388 hat *Heinrich Schneider* wiederholt (Integration 1969, 30/31; 1971, 68) und zutreffend erinnert. Sie ist auch heute noch begründet und für die „offene" Vergemeinschaftung verfassungspolitisch maßgebend.

damit die *Freiheit des Menschen* in der Gemeinschaft, indem es freiheitshinderliche Grenzen zwischen den Mitgliedstaaten niederlegt. Freizügigkeit und Freiheit der Arbeitnehmer sind die das Individuum am unmittelbarsten berührenden Auswirkungen dieser Art. Die anderen Freiheiten des Gemeinsamen Marktes und der Gleichheitssatz des Art. 7 EWGV erstrecken diese Wirkungen in weite Bereiche der Teilnahme an der Wirtschaft.

Der Schutz der Gleichheit und der Freiheit im ökonomischen Bereich, den der Nationalstaat zu gewährleisten sucht, um gesellschaftliche Ungleichheiten zu begrenzen und ihren Mißbräuchen zu wehren[55], ist im Rahmen der Übertragung staatlicher Hoheitsrechte der öffentlichen Gemeinschaftsordnung überantwortet worden. Dadurch hat die Zuordnung von Staat und Gesellschaft, wegen der wachsenden Verflechtung staatlicher Funktionen mit gesellschaftlichen Abläufen in ihrer Unterscheidbarkeit in Frage gestellt, in der integrierten Ebene der mitgliedstaatlichen Vergemeinschaftung keine Veränderung erfahren. *Denn der Marktbürger bleibt primär Glied der Gesellschaft seines staatlichen Verbandes.* Die Integration hat in ihrer normierten Zielsetzung und Ausgestaltung keine gesellschaftliche Dimension[56]. Dem entspricht ihre geltende Rechtsverformung: die Menschen in der Gemeinschaft sind weiterhin Staatsangehörige der Mitgliedstaaten, ihre Gruppierungen politischer Teilhabe weiterhin solche staatlicher Teilhabe, ihre Interessen, Verhaltensweisen und Bewußtseinsgehalte solche, die auf das gesellschaftliche Leben in *Staaten* ausgerichtet sind, nicht auf die Gemeinschaft und die Willensbildung ihrer Organe, die Formierung öffentlichen Gemeinschaftsinteresses, die Konsentierung öffentlicher Gemeinschaftsgewalt. Es trifft diesen Sachverhalt, wenn Art. 137 EWGV die Versammlung „aus Vertretern der Völker der in der Gemeinschaft zusammengeschlossenen Staaten" bestehend nennt.

Zwar wird dem ausländischen Marktbürger im fremden Mitgliedstaat eine Stellung vermittelt, die ihn von der Geltung des aus Staatshoheit wirkenden Fremdenrechts ausnimmt. Er überwindet in seiner ökonomischen Funktion die Geschlossenheit des mitgliedstaatlichen, auf Staatsangehörig-

---

[55] *Forsthoff*, Der Staat der Industriegesellschaft (1971) 22.

[56] Dazu: *Schwarz* Fs Eschenburg 414 unter Hinweis auf *Ernst B. Haas*, The Uniting of Europe (1958), „der den Blick auf die gesellschaftliche Dimension politischer Integration gelenkt" habe. Der Vorhalt mangelnder gesellschaftlicher Dimensionierung der Integration hat — und dies eindeutig kritisch, wenn nicht feindselig — seine neue, gesellschafts*politische* Zuspitzung erfahren, seitdem das Postulat der Demokratisierung im gesellschaftlichen Bereich zum „zielstrebigen Abbau der Privilegien auf allen Gebieten" *(W. Brandt)* verfolgt wird; vgl. dazu (beispielhaft) einerseits: *Agnoli* und *Brückner*, Die Transformation der Demokratie (1967), andererseits: *v. Schrenck-Notzing*, Demokratisierung. Konfrontation mit der Wirklichkeit (1972). Speziell zur Wirtschaftsintegration ist aufschlußreich in diesem Zusammenhang: Europa 1970. Bilanz und Zukunft der Europapolitik. Krisenmanagement oder Emanzipationsstrategie. Neunzehntes Europäisches Gespräch (i. A. des DGB hgg. von *Karl Braukmann*), dort insbes. das Referat von *Heinz Kuby* 23—44, 57—77.

keit fußenden Anspruchs auf Bestimmung dessen, was für den Mitgliedstaat Nation bedeutet *(9/140)*. Indes: die gemeinschaftsrechtliche Veränderung des Status der Staatsangehörigen im anderen Mitgliedstaat und die Mutation aller Staatsangehörigen aller Mitgliedstaaten in Marktbürger vermag mit Mitteln des geltenden Gemeinschaftsrechts nichts zu ändern an der grundsätzlichen Zuordnung der Gesellschaft in den Gemeinschaftsstaaten zu diesen, und schon gar nicht im Sinne einer Formierung einer Gemeinschafts-Gesellschaft im Verhältnis zur Gemeinschaft, also im Sinne einer gesellschaftlich integrierenden Europäisierung. Ob in der Folge gemeinschaftsrechtlicher Gleichheits- und Freiheitsverbürgung auch gesellschaftliche Bezüge und Strukturen europäisch integriert werden, ist mit den Mitteln rechtlicher Erkenntnis schwerlich zu bestimmen oder vorherzusagen. Disziplinen der Sozialwissenschaften sind insoweit um Aufklärung bemüht. Ihre Resultate können für rechtspolitische Folgerungen relevant werden, so auch in der Frage institutioneller Fortentwicklung der Versammlung, ihrer Wahl, ihrer Aufgabenausstattung *(54/112—114)*.

2. *Gruppeninteressen und Gruppenorganisation*

24 In den für die Integration wesentlichen verfassungspolitischen Anliegen kommt es weniger auf das Individuum und sein Einzelinteresse als vielmehr auf die Interessenlage von *Gruppen* und ihre Formierung, also auf *Gruppenorganisation* an. Ein Gesellschaftsmodell, das auf der „Addierung von Individuen“ beruht, entspricht nicht mehr der Erkenntnis, „daß heute die meisten Menschen in ihrem Bewußtsein der Gesellschaft nicht mehr unmittelbar, sondern nur noch auf dem Umwege über *Gruppen- und Verbandsbildungen* angehören“[57]. Ein Integrationsprozeß, der primär die Sache „Wirtschaft“ zum Gegenstande hat und die Menschen als Teilhaber wirtschaftlicher Vorgänge erfaßt *(54/38)*, muß mit einem solchen Gruppen-Gesellschaftsmodell um so zwangsläufiger rechnen, als das *ökonomische Interesse* in der modernen Industriegesellschaft per se und vorrangig gruppenorientierend und gruppenstiftend wirksam ist. Nach diesen Maßstäben können die in den Mitgliedstaaten existenten Gruppierungen der Menschen in ihren Interessen und ihrem Organisationsstande integrationspolitisch unterschiedlich umschrieben und bewertet werden.

25 a) Dabei mag die höchste und primär existente Gruppierung der Menschen in der Gemeinschaft, nämlich die der in Staatsvölkern organisierten *Nationen*, aus mehreren Gründen außer Betracht bleiben. Insoweit hat die Gemeinschaftsverfassung nämlich entschieden und in der Errichtung (und Erweiterung) der Gemeinschaften dahin befunden, daß die Staaten mit dem

---

[57] *Herzog*, Allgemeine Staatslehre (1971) 69; *Görlitz*, Demokratie im Wandel (1969) 100.

Element ihres Staatsvolkes bestimmte Hoheitsbefugnisse ihrer Organisation integrieren. Verfassungspolitisch kann mit Wirkung für die Staatsvölker eine Veränderung des Übertragungsbereichs, der Institutionen und Verfahren der Vergemeinschaftung und ihrer Konsentierungsweisen in Frage stehen, letztlich auch die Gestaltform der integrierten Einheit und damit die Auflösung der Staatsvolk-Gruppierung — möglicherweise zur Formierung einer neuen politischen Einheit einer Europa-Nation. *Indes liegt diese Endfrage außerhalb aller gegenwärtigen und bis auf weiteres anstehenden und interessierenden Verfassungspolitik.* Die Grundentscheidung der Vergemeinschaftung, ihr gegenwärtiger Status und absehbarer Fortschritt gestatten nur, weiterhin die Staatsvolkgruppierung in verfaßten Nationalstaaten der Rechtsgestaltung derart zugrunde zu legen, wie sie in den Regelungen über die Stellung der Mitgliedstaaten zum Ausdruck kommt *(9/1—63)*. Die Anregung der *Times* zum 22. Januar 1972, dem Tag der Unterzeichnung der Beitrittsdokumente, die Integration durch Einführung einer europäischen Gemeinschaftsbürgerschaft zu fördern, war publizistisch effektvoll, gemeinschaftspolitisch schlechthin irreal. Dagegen: wie es um den Staat und die Staatlichkeit dieser Gemeinschafts-Mitglieder selbst bestellt ist, kann allerdings weder für die Legitimität der Vergemeinschaftung selbst *(54/100 ff.)* noch für ihre künftige Gestaltform *(54/118 ff.)* außer Betracht bleiben.

Weil dem so ist, stellt sich verfassungspolitisch auch nicht die Frage, ob mit Mitteln der Rechtsgestaltung eine Homogenisierung der Völker der Mitgliedstaaten zu einer europäischen Nation betrieben werden kann oder betrieben werden sollte. Der Integrationsprozeß vermag *aus sich heraus* zu wirken, um historische Gegensätze zwischen Mitgliedstaaten abzubauen (Deutschland — Frankreich), alte Allianzen zu erneuern (Frankreich — Großbritannien) oder wechselnde Koalitionen der Staaten zu ermöglichen, die historischer Erfahrung widerstreiten. Die Verfahrens- und Willensbildungsregelungen der Verträge schließen solche Vorgänge nicht aus, wenn sie ihre Entfaltungsmöglichkeiten auch in Grenzen verweisen, die großen Krisen der Integration aber gerade beweisen, daß Staaten der Gemeinschaft sich gegen solche Grenzziehungen immer wieder aufbäumen.

26 In den *Sprachregelungen* der Verträge einerseits, ihrer praktischen Handhabung andererseits werden Faktoren wirksam, die in der Begriffsbestimmung von Volk und Nation seit jeher relevant waren und im Mitgliedstaat Belgien noch jüngst die Einheit der Staatlichkeit in Frage gestellt haben. Die Sprachen-Diskussion anläßlich des englischen Beitritts, die französische Sorge um das Sprachenprivileg angesichts englisch-skandinavischen Sprachen-Einflusses in der Gemeinschaft[58] illustrieren zusätzlich, daß die Menschen-Gruppierung *in Nationen* und nach *ihren* tragenden Merkmalen insoweit integrationsförderliche Impulse nicht erwarten läßt und solche

[58] Dazu: *Naß*, Englands Aufbruch nach Europa. Ein erster Überblick über die Beitrittsverhandlungen (1971) 83/84.

rechtspolitisch auch nicht dienstbar zu machen sind. Selbst die bisherige faktische Vorherrschaft der französischen Sprache als Gemeinschaftssprache kann integrationspolitisch nicht positiv bewertet werden.

27 Religion, Rasse[59], Kulturniveau, Geschichtsbewußtsein und andere Faktoren zur Völkergruppierung und Nation-Bildung dienlicher Art sind ebensowenig geeignet, integrationspolitisch zu wirken — es sei denn, im negativen Sinne. Aus der funktionellen Vergemeinschaftung von Staaten mit Staatsvölkern erfahren solche Haltungen, die innerstaatlich Treue, Loyalität oder Vaterlandsliebe genannt werden, im Zuge der Integration keine Überhöhung. Von entsprechender „integrierter" Haltung der Menschen der Mitgliedstaaten im Sinne wachsender Gemeinschafts-Loyalität oder „Europa-Liebe" kann schlechterdings keine Rede sein. Insoweit dürften gerade auch Menschen, die ihrem Staat gegenüber Bindungen empfinden und solcher Regungen überhaupt fähig sind, im Verhältnis zur Gemeinschaft amorph geblieben sein — weshalb dieser Verhaltensfaktor verfassungspolitisch jedenfalls nicht positiv in Rechnung zu stellen ist. Es ist deshalb auch müßig, sich von direkten Wahlen zur Versammlung eine sonderliche Aktivierung des Gemeinschaftsbewußtseins zu versprechen. Was insoweit mit modernen sozialwissenschaftlichen Methoden eruiert worden ist, sollte nicht überbewertet und nur mit höchster Vorsicht in ein verfassungspolitisches Kalkül einbezogen werden.

28 Insgesamt kann die Fortentwicklung des Gemeinschaftsrechts, soweit es um die Zuordnung des Individuums zur öffentlichen Ordnung geht, weiterhin nur mit Staatsvölkern der Mitgliedstaaten und mit einer Gesellschaft in ihnen rechnen, deren Bewußtseinslage sich an den Staaten orientiert[60]. Es bleibt Aufgabe sozialwissenschaftlicher Forschung zu ermitteln, ob diese

---

[59] Daß „Rasse" innerhalb der europäischen Integration bislang keine Rolle spielte, erklärt sich aus dem Fehlen solcher Erscheinungen, die das Buch von *Delbrück*, Die Rassenfrage als Problem des Völkerrechts und nationaler Rechtsordnungen (1971) auch in ihrer soziologischen Spannweite (13—19) geschildert hat. Ob der Beitritt Großbritanniens mit seiner einschlägigen Gesetzgebung hieran etwas ändern wird, bleibt zu beobachten.

[60] Dazu: *Schwarz* Fs Eschenburg 406; *Zellentin,* in: Genießen — Verteilen — Regieren. Planung für eine humane Welt (1970) 186; *Puchala,* Integration 1970, 168; *Erler,* Die Krise der Europäischen Gemeinschaften — Europäischer Bundesstaat oder Europa der Vaterländer? (1966) 25/26: „Ein solches europäisches Staatsbewußtsein gibt es aber bis heute nicht. ... Das europäische Bewußtsein ist gewiß ein Bewußtsein europäischen kulturellen Erbes und gemeinsamer wirtschaftlicher Verbundenheit, aber es ist noch kein Bewußtsein gemeinsamen politischen Vertrauens und Sich-Anvertrauens." Das trifft zu, selbst wenn — mit *Erler* — unterstellt werden kann, daß es heute auch nur noch *Staats*bewußtsein gibt, woran zu zweifeln vielerlei Anlaß besteht; dazu: *Schmölders,* Der verlorene Untertan (1971), dessen Typologie des Staatsbürgers nur noch kennt: den überschätzten, überforderten, überlisteten, listenreichen, schlitzohrigen und abtrünnigen Staatsbürger. Da diese Erkenntnisse aus *sozialökonomischer* Verhaltensforschung erwachsen sind, müssen sie gerade auch für die Typologie des „Marktbürgers" beachtet werden. Eine solche ist bislang noch nicht entwickelt worden, was wiederum nicht der *Rechtswissenschaft* anzulasten ist.

Feststellung sich aus der Sache selbst oder aus einem Versagen der Integrationspolitik und der für sie in den Staaten und in den Gemeinschaften Verantwortlichen erklärt: ob nämlich von dem politisch bewußten Bürger, auf den es ankommt, in den Mitgliedstaaten nicht mehr gefordert worden sei, als Entscheidungen der Staatsleitung zu approbieren oder hinzunehmen, statt ihn selbst integrationsbewußt oder -nachdenklich vor solche Entscheidungen zu stellen[61].

29 Ob dasselbe gilt für die Artikulierung und Orientierung *gesellschaftlicher Gruppeninteressen* und ihre *Gruppenorganisation,* ist nicht mit gleicher Sicherheit zu beantworten und Gegenstand sozialwissenschaftlicher Diagnosen, deren Resultate verfassungspolitisch zu beachten sind[62]. Solche Erwägungen sind angestellt worden und zu bedenken hinsichtlich spezifischen Generationsverhaltens *(54/30),* hinsichtlich eines besonderen Emanzipationsbewußtseins bestimmter gesellschaftlicher Schichten in den Staatsvölkern der Gemeinschaft *(54/31),* hinsichtlich der Organisation von Wirtschaftsinteressen *(54/32)* und — im unmittelbaren Vorfeld zur geregelten politischen Repräsentation — hinsichtlich der Europäisierung der politischen Parteien *(54/33).* Was hierzu erkennbar ist, gestattet letztlich Rückschlüsse auf die Relevanz gesellschaftlicher Gruppierungen und ihre Wirksamkeit für die weiteren Aussichten des Integrationsprozesses *(54/34—36).*

30 b) Für alle weitere Exegese und Bewertung von gesellschaftlichen Gruppeninteressen und ihrer Organisation im Vorfeld politischer Willensbildung ist die Einlassung und Bewußtseinshaltung der *Generationen* von Belang. Es ist daher legitim, daß sozialwissenschaftliche Methodenanalysen und -kritiken[63] dahingehenden empirischen Bemühungen ihre besondere Aufmerksamkeit gewidmet haben. Sie verdienen gleiche Aufmerksamkeit unter verfassungspolitischen Aspekten, selbst wenn in Rechnung gestellt wird, daß der Wechsel der jüngeren Generation in Gruppenorganisationen wirtschaftlicher oder politischer Art und in Berufsbindungen alsbald Bewußtseins- und Verhaltensveränderungen herbeiführen kann, die das Analyseergebnis beeinflussen. Die Kommission ist sich der Bedeutung der Frage bewußt geworden. Das von ihr vom 12.—14 Juni 1970 veranstaltete Kolloquium „Die Jugend und die Europäische Gemeinschaft"[64] hat nach ihrer

---

[61] Zu solchen Fragestellungen: *Kuby-Kitzmüller,* Transnationale Wirtschaftspolitik. Zur politischen Ökonomie Europas (1970).

[62] Vgl. die Würdigung der Untersuchungen von *Ernst B. Haas* bei: *Heinrich Schneider,* Integration 1969, 29; *Friedrich,* Integration 1970, 230; *Jansen,* ebenda 204.

[63] Vgl. etwa: *Rittberger,* Westeuropäische Integration — Fortschritt oder Stagnation?, PolVJSchr 1970, 342 ff.

[64] „Die Jugend und die Europäische Gemeinschaft", Brüssel 12.—14. Juni 1970, Dokumente (Hg. Kommission); Mitteilung der Kommission an den Rat mit den Schlußfolgerungen aus dem Kolloquium, v. 24. 6. 1970, Dok. SEK (70) 2526 endg. (auch zu den Zitaten im Text). Auf dem Kolloquium vertraten 260 Teilnehmer etwa 200 Organisationen. — In der Beantwortung mehrerer Anfragen im Parlament hat sich die Kommission über die Auswahlmethoden zur Teilnahme und mit

Auffassung als „bedeutendstes Ergebnis ... die Bestätigung des Wunsches der Jugend nach einer größeren Beteiligung an dem europäischen Einigungswerk (erbracht), dem künftig Rechnung getragen werden sollte“. Der Verlauf des Kolloquiums und selbst die Zusammensetzung der beteiligten Delegationen „aus den wichtigsten politischen, gewerkschaftlichen, bäuerlichen und studentischen Jugendorganisationen, die in den sechs Ländern legal tätig sind“, schließen indes doppelt begründete Skepsis nicht aus: einmal dahin, ob der Verlauf Schlußfolgerungen hinsichtlich der Haltung der europäischen Jugend *im allgemeinen* zuläßt, weil die schweigende Mehrheit sich in dieser Weise gerade nicht repräsentiert und artikuliert; zum anderen deshalb, weil die allgemein kritisch orientierte *ideologische* Einstellung dieser Generation gegenüber der „Industriegesellschaftlichkeit“ der staatlichen und ökonomischen Strukturen und die verbreitete Annahme ihrer technokratisch-undemokratischen Perfektionierung in den Gemeinschaften *rational* erforderliche Erwägungen der Verfassungspolitik verdrängt oder behindert. Aus diesen Gründen sieht sich eine Verfassungspolitik der Gemeinschaften in der Einschätzung der jungen und jüngeren Generation solchen Problemen, denen der mitgliedstaatliche Willensbildungsprozeß gerade in den größeren Mitgliedstaaten gegenübersteht, in erhöhter Intensität ausgesetzt. Nur in dem Maße, in dem sie *mitgliedstaatlich* bewältigt werden, kann auch eine *gemeinschaftliche* Verfassungspolitik damit rechnen, daß diese Probleme nicht gerade *integrationshemmend* wirksam werden[65]. Staatsverdrossenheit und antistaatliche Haltung derart ideologischer Begründung, wie sie gegenwärtig wirksam sind, werden als Entstaatlichungstendenzen keineswegs gerade der Vergemeinschaftung Antrieb geben, sondern sie eindeutig zu hemmen wissen, weil „sich jetzt in der Generation der Zwanzigjährigen eine Opposition gegen die Idee der europäischen Einigung zu formieren beginnt. Die Anhänger der Europa-Idee werden sich daher künftig nicht nur gegenüber Verfechtern der unverminderten nationalen Souveränität zu verteidigen haben, sondern auch gegen die wachsende Gruppe jener, die im Namen eines ‹Europa der Realitäten› andere Wirtschaftsstrukturen und neue Inhalte der Integrationspolitik fordern“[66].

---

dem Vorhalt auseinandergesetzt, die Pressereaktionen auf das Kolloquium seien wegen der Art der Auseinandersetzungen und der Linksorientierung seiner Beschlüsse überwiegend negativ gewesen; vgl. die Anfragen Nrn. 157/70 (Abg. *Biaggi*), 161/70 (Abg. *Müller*), 182/70 (Abg. *Romeo*) und die Antworten der Kommission vom 15. 9. 1970 (ABl. C 118, 14, 16 u. 18.). — Generations-orientiert sind auch die Konferenzen „Junge Parlamentarier in der EWG“, deren dritte am 22./23. 11. 1971 in Aachen/Bonn stattgefunden hat; vgl. Woche im Bundestag 1971 Ausgabe 9/10/11 S. 37.

[65] Zu den Chancen dieser Richtung vgl. *Schelsky*, Die Strategie der „Systemüberwindung“. Der lange Marsch durch die Institutionen, in: FAZ Nr. 286 v. 10. 12. 1971 S. 11/12. Von *Schelskys* „skeptischer Generation“ zu dieser nur allzu zutreffenden Analyse war der Marsch nicht sonderlich lang: nur runde 20 Jahre.

[66] *Gasteyger, Kewenig, Kohlhase*, Ortsbestimmung der Zukunft Europas, EA 1970, 587.

31 c) Getragen wird diese Haltung von der Behauptung, eine Bilanzierung der Europapolitik ergebe keinen Beitrag „für die Befreiung der Menschen und die Freisetzung ihrer Fähigkeiten", Integration habe sich also nicht als „Emanzipationsstrategie" bewährt, sondern allenfalls als „Krisenmanagement" funktioniert[67]. Die so begründete Forderung — und damit die für geboten erachtete Zielsetzung einer auch rechtlich zu gestaltenden Verfassungspolitik der Vergemeinschaftung — geht deshalb dahin, die Übel der Industriegesellschaft, die binnenstaatlich das System des Alltags prägen, durch *gesellschaftspolitische Integration* zu beheben. Sie findet die in den Staaten existierende, mit der von demokratischen Verfassungen vorausgesetzten Norm immer weniger übereinstimmende Machtverteilung in Wirtschaft und Gesellschaft in der Wirtschaftsintegration noch intensiver disharmoniert. Sie empfindet diese Disharmonie in der Integration überdies zusätzlich gesteigert, weil das schon binnenstaatlich als erheblich erachtete Demokratie-Defizit in den Gemeinschaftsinstitutionen und -verfahren weiterhin ansteigt[68]. Es muß — in einer Kurzformel simplifiziert — damit gerechnet werden, daß der Widerstand gegen den „Spätkapitalismus" sich auch im Widerstand gegen die Integration äußert, weil diese als überhöhte „spätkapitalistische" Herrschaftsordnung plakatiert wird.

Gesellschaftspolitische Diagnose und Verfassungskritik dieser Art sind hier nicht weiter auszubreiten oder zu erörtern. Sie sind indes in Rechnung zu stellen. Denn Verfassungspolitik gemeinschaftsrechtlicher Gestaltung kann eben keineswegs vom guten und gesicherten Zustand mitgliedstaatlicher Verfassungsordnung ausgehen. Sie muß den innerstaatlichen Reformbedarf auch sich selbst zurechnen. Deshalb trifft es zwar zu, daß, *falls* und *soweit* es eine solche gibt, wie behauptet wird[69], „die entscheidende Fehlerquelle ... diesseits der Gemeinschaft (liegt): sie liegt in den Bedingungen, unter denen in Europa Politik getrieben wird, in den Regierungen, Parteien, Verbänden, in der Öffentlichkeit, letzten Endes im antipolitischen Alltag ...". Jedenfalls: alle Perspektiven einer Verfassungspolitik der Gemeinschaften müssen den mitgliedstaatlichen Verfassungszustand in Rechnung stellen und sich der Tatsache bewußt bleiben, daß die *Vergemeinschaftung* eine gewichtige Chance *ihrer eigenen Legitimierung* gerade *darin* hat, in *ihrer Verfassungsgestaltung staatliche Verfassungsdefizite auszugleichen.*

32 d) Die *Vertretung organisierter Interessen* im Rahmen der Vergemeinschaftung ist gemeinschaftsrechtlich in den Einrichtungen der Ausschüsse *(§ 16)* kanalisiert. Die Interessenvertretung dieser Weise eröffnet aber weder

---

[67] *Kuby* in dem Anm. 56 zitierten Referat. [68] *Kuby* 39, 41.

[69] *Kuby* 35; ähnlich der Vizepräsident der Kommission *Haferkamp* vor der 3. Konferenz „Junge Parlamentarier in der EWG" am 23. 11. 1971: erforderlich sei eine gemeinsame Gesellschaftspolitik, um „die sich bildenden Machtstrukturen ins Gleichgewicht zu bringen, wirtschaftliche Macht zu kontrollieren ... und eine gemeinsame Sozialpolitik in Europa anzustreben"; vgl. Woche im Bundestag 1971 Ausgabe 9/10/11 S. 37.

einen zweiten Weg demokratischer Konsentierung noch vermag sie eine solche zu ersetzen. Das folgt einmal bereits *normativ* aus der nur begrenzten Teilhabe dieser Einrichtungen am Entscheidungsprozeß der Gemeinschaftsorgane, zum anderen *realiter* aus der Art ihrer Besetzung und ihrer Wirksamkeit. Daß die Europäisierung der Interessenorganisation zwar Fortschritte gemacht[70], aber die grundsätzlich nationale Fundierung nicht überwunden hat, zählt zu den weiteren Ursachen dieses unbefriedigenden Zustandes. Eine wirksame Verlagerung der Interessenrepräsentation in die Integrationsstufe, ihre „supranationale Umfunktionierung"[71], hat bislang nicht stattgefunden. Organisierte Interessenten haben sich zwar in zunehmendem Maße in der Integrationsebene orientiert[72]. Aber in dem Maße, in dem der Entscheidungsprozeß der Gemeinschaften mitgliedstaatlich bestimmt wird und die Zuständigkeitsaufteilung den Staaten die Disposition über die Leistungsverwaltung beläßt, setzt die Interessenorganisation wirksamer im nationalen Parlament und in der nationalen Bürokratie an als in der Gemeinschaftsstufe. Deshalb hängt verfassungspolitisch die Integration der Interessenverbände weit weniger von ihrer eigenen organisatorischen Supranationalisierung als vielmehr davon ab, *wo* über die Interessen hoheitlich entschieden wird, die sie verfolgen. Der integrationspolitische Eigeneffekt des Aufbaues europäischer Verbandseinrichtungen steht also in einer Funktionsabhängigkeit zur Zuständigkeitsverteilung. Daraus folgt, daß normative Intensivierungen der Ausschuß-Mitwirkung am gemeinschaftlichen Entscheidungsprozeß auch nur in dieser Funktionsabhängigkeit relevant werden können.

33 e) Entsprechendes gilt von der Formierung politischer Interessen in den *politischen Parteien.* Eine Integration des politischen Parteiwesens existiert in einer gemeinschaftsrechtlich relevanten Wirksamkeit bislang jedenfalls nicht[73]. Verfassungspolitische Perspektiven müssen diesen Befund für

---

[70] *Neunreither* ZParl 1971, 329 verweist auf die Aktivität der Kommission, die sich seit 1958 systematisch „ein eigenes Netz europäischer Verbände heranzuzüchten" gewußt habe, um ihre „Regierungs"-Rolle zu unterstützen — während das Parlament insoweit versagt habe mit der Folge, daß es für Wirtschaftsverbände uninteressant geblieben sei.

[71] *Schwarz* Fs Eschenburg 439 Anm. 73.

[72] Besonderes Beispiel: die im Dachverband COPA (Comité des organisations professionnelles agricoles de la C. E. E.) zusammengeschlossenen elf Bauernverbände in ihrem Einfluß auf die gemeinschaftliche Agrarpolitik; vgl. *Naß,* Die Träger der Agrarpolitik in der Europäischen Wirtschaftsgemeinschaft, in: Die Willensbildung in der Agrarpolitik (1971) 189—191; *Nielsen,* Notes on interest aggregation and articulation in the European Community: C. O. P. A., in: Symposium Europa 1950—1970. Liber discipulorum, hgg. anläßlich des 20jährigen Bestehens des Europa-Kollegs Brügge (1971) 249—275. — Von der EWG-Sparkassenvereinigung ist ein „eigener Status" für europäische Verbände, ihre „Akkreditierung" für alle europäischen Institutionen sowie ihre Vertretung im Wirtschafts- und Sozialausschuß gefordert worden, um ihnen Information und Zugang zu sichern, wie er ihnen auf nationaler Ebene zukomme; vgl. VWD Europa Nr. 239/71 v. 10. 12. 1971 I/4.

[73] *Neunreither* ZParl 1971, 329 nennt die Zusammenarbeit der Parteien vor

die rechtliche Ausgestaltung von institutionellen und Verfahrensregelungen ebenso in Rechnung stellen wie für neue Gestaltungsformen der demokratischen Legitimierung. Ein gesamteuropäisches Parteiensystem, dessen es zu einem perfekt parlamentarischen System der Gemeinschaften bedürfte[74], erscheint perspektivisch nicht nur auf absehbare Zeit gänzlich irreal. Es setzt im Grunde die Verwandlung der Mitgliedstaaten in „Selbstverwaltungsverbände" der Gemeinschaften voraus, deren Zuständigkeitsabgrenzung Bund-Länder-artige Proportionen des deutschen Verfassungsrechts aufweisen müßte.

Die Geschichte der *Europäisierung der politischen Parteien*[75], die hier nicht nachzuzeichnen ist, bestätigt diese Zusammenhänge. Dasselbe gilt von dem als echte Parteiformierung kaum einzuschätzenden Versuch der Europa-Partei, die sich selbst denn auch nicht anders denn als eine organisierte Demonstration der Europa-Idee begreifen dürfte. Daß die Dynamik der als Abgeordnete der Versammlung tätigen Parteipolitiker von ihren heimischen Parlamenten mühelos „absorbiert" werden kann und ihre integrative Wirksamkeit dort aus mehreren Gründen nur gering einzuschätzen ist[76], entspricht dieser Lage. Verfassungspolitisch wesentlich bleibt deshalb die mit Art. 138 III EWGV gestellte Frage, ob die repräsentierende Wirksamkeit der Versammlungs-Abgeordneten allein schon durch ihre Direktwahl gesteigert werden kann, wie dies vertragsrechtlich offensichtlich unterstellt wird. Daran bestehen begründete Zweifel *(54/113)*.

3. *Integrative Gruppen*

34 In der Fragestellung „Europa föderieren — aber wie?", einer Methodentheorie der europäischen Integration, ist eine solche Kräftekombination, „die politische Integrationsprozesse initiiert, koordiniert und kraftvolle Im-

allem in den Fraktionen des Parlaments zwar „das Paradestück jeder wohlwollenden Betrachtung", verweist demgegenüber aber auf die vergleichbar schwächere Position der Fraktionen und die stärkere „Einbindung" der Abgeordneten in diejenigen ihrer heimischen Volksvertretung.

[74] Richtig: *Neunreither* 332; *Schwarz* Fs Eschenburg 428. — Die Darstellung von *Guy van Oudenhove*, The political parties in the European Parliament (1965), die die Lage bis Ende 1962 zeichnet, bedürfte der Erneuerung; zu allem vgl.: Les partis politiques et l'intégration européenne, Colloque de Bruges 1969—70.

[75] Dazu und zu Europabewegungen, Europa-Parteien, europäischen Partei-Internationalen: *Schwarz* Fs Eschenburg 393—398. — Jüngstes Beispiel für den Versuch eines „Europäischen Parteiprogramms" ist die Entschließung des 8. Kongresses der Sozialdemokratischen Parteien der Europäischen Gemeinschaft in Brüssel v. 28. bis 30. 6. 1971; vgl. EA 1971 D 386. Für ihre *eigene* Vergemeinschaftung wird in Ziff. 4 des Programms „enge Zusammenarbeit" verabredet. Und sie müsse zu einer solchen Struktur führen, „daß für die sozialistischen Parteien verbindliche Beschlüsse gefaßt werden können". Bislang existiert diese Struktur nicht.

[76] *Schwarz* 440 Anm. 81: das Parlament = eine Versammlung „europäischer Parlaments-Notabeln"; *Neunreither* ZParl 1971, 330—336. — *Schwarz* kündigt als Hamb. Diss. an: *Peter Reichel*, Der deutsche Bundestag und die europäische Integration.

pulse erteilt“, als „Föderator“ bezeichnet worden[77]. In den aus Historie, Vergleichung und strategisch-taktischen Überlegungen gewonnenen Theoremen erscheinen als mögliche Föderatoren dieser Rolle ein von anderen Staaten als *führender* anerkannter Staat, eine Zwang einsetzende *Hegemonialmacht,* ein *extern* die Föderation *fördernder* Staat, politisch und gesellschaftlich im Zwischenstaatsbereich zusammenwirkende sowie solche *Gruppen,* auf die sich supranationale, von den Regierungen der Staaten gebilligte Institutionen und Organe stützen.

Der so verwendete Terminus „Föderator“ wirkt jedenfalls in einer *juristisch* erwogenen Verfassungspolitik präjudiziell, weil er auf eine *Föderation* als *endliche Gestaltform der Integration* abstellt. Er hat *hier* deshalb *keinen* Platz. Denn die hier erwogene Verfassungsperspektive kann in ihrem Zeitmaß mit der Föderation als Endform der Vergemeinschaftung nicht oder jedenfalls noch nicht rechnen *(54/118 ff.).* Der Gehalt dieser Kennzeichnung einer integrativen Kräftegruppe bleibt indes verwendbar, wenn die *Menschen* in ihrer Einlassung und Wirksamkeit für die Vergemeinschaftung *als Gruppen* in Rede stehen. Solche *integrativen Gruppen* verdienen verfassungspolitisches Interesse auch außerhalb von Interessen- und Parteiorganisationen, weil sie in nicht spezifisch gemeinschaftsbezogenen Funktionen agieren oder ihr Anteil am Integrationsprozeß sich als Mitgestaltung der öffentlichen Meinung äußert. Auch ihre Darstellung und Wertung ist zwar keine rechtswissenschaftliche Aufgabe, unmittelbar auch nicht solche wissenschaftlicher Rechtspolitik. Indes gilt es, um beiden gerecht zu werden, sich ihrer Existenz und Wirksamkeit bewußt zu werden, soweit es der Stand der einschlägigen sozialwissenschaftlichen Bemühungen um *dieses* „Föderatoren“-Phänomen ermöglicht.

35 a) „Das Kernproblem für jede Integrationsmethode besteht darin, die ‹von außen› kommenden Kräfte mit dem Regierungshandeln so zu verzahnen, daß radikale Neugestaltungen möglich sind.“[78] Soweit diese Kräfte sich in Menschengruppen, ihren Auffassungen und ihrer Artikulation in Organisation und öffentlicher Meinungsbildung darstellen, können sie letztlich bis unmittelbar an die Grenze hoheitlicher Willensbildung wirken. Das geschieht integrationsfördernd, wenn politische Parteien die Organbestellung und den parlamentarischen Entscheidungsprozeß direkt in diesem Sinne beeinflussen. Nach dem gegenwärtig feststellbaren Befund *(54/33)* ist dieser Zugang heute noch und bis auf weiteres ein überwiegend *innerstaatlich* und *staats-verfassungsrechtlich* kanalisierter, *kein integrierter* und *kein gemeinschaftsrechtlich geöffneter.* Von außen kommende — d. h. nicht staatlich verfaßte oder gebundene Kräfte, die sich auch nicht in Parteigruppierungen oder -programme einbinden lassen, können dank ihrer Elite-Qualität als Spitzen- oder Schlüsselgruppen integrativ wirken. Daß in ihnen ein „Europa-

[77] *Schwarz* Fs Eschenburg 385. [78] *Schwarz* 384.

gedanke" an sich, puristisch und sublimiert, am Wirken wäre, ist nur ausnahmsweise, generell aber nicht anzunehmen. „‹Europeanism› ist ein recht vages Symbol, das für verschiedene Gruppen inhaltlich Verschiedenes bedeutet, und der gemeinsame Nenner der Doktrinen, die im Integrationsprozeß motivkräftig sind, ist sehr ineffektiv."[79] Dem Gefühl europäischer Verbundenheit, christlich-humanistisch und historisch verwurzelt und in vielen Plänen einer Europa-Einheit programmiert, haftet „immer noch eine gewisse nicht zu leugnende Schwäche an"[80]. Die bisherige Rechtsverformung der Integration, ihr Verlauf und ihr anliegender rechtlicher Gestaltungsbedarf der nächsten Stufe sind zweifellos *nicht* geeignet, diese Gefühle zu stärken und elitären Gruppen mit *ihrer* Geltendmachung integrative Chancen zu eröffnen.

Die sozialwissenschaftlichen Methoden der Elitenbefragungen[81] haben diese Gesichtspunkte zutreffend in Rechnung gestellt, und wo das abwegigerweise nicht geschah, ist ihren Resultaten deshalb mit größter Vorsicht zu begegnen. Die empirische Forschung steht in dieser Weise nicht nur vor der Schwierigkeit der Fragestellung, sondern ebenso vor der Elitenauswahl (mit der Gefahr der Selbstauswahl), der Elitenqualifikation nach der erfolgreichen tatsächlichen Teilnahme an Entscheidungen und letztlich der Ergebnisbewertung[82]. Soweit deshalb zur Diagnostizierung der öffentlichen Meinung, der für ihre Entwicklung wesentlichen Eliten-Meinungen und der verfassungspolitischen Aufgaben der Integration empirische Erfahrungen Anwendung finden, bedürfen sie jedenfalls der Kontrolle am Maßstab kanalisierter Gruppenteilhabe, d. h. der politischen Realisierungschancen über Parteien und andere teilnehmende Gruppen.

36 b) *Eine* integrative Gruppe kann in ihrer Interessenorientierung einem *allgemeinen europäischen Integrationsinteresse*, einem *insoweit abstrakten* Europagedanken, noch am ehesten zugeordnet werden: die am Integrationsprozeß beteiligte *Bürokratie* in den Gemeinschaftsorganen *und* (wenn auch weniger wirksam) in den Mitgliedstaaten, sofern ihre gruppierende und verallgemeinernde Zusammenfassung selbst nicht bereits in anfechtbarer Weise integrativ „praejudiziert". Der am Alltag des Integrationsprozesses kraft Berufs stetig teilhabende „Funktionär" des Zweckverbandes „Gemeinschaft" kann Staat, Staatlichkeit und Souveränität als Grundvorstellungen öffentlicher Aufgabenerledigung und -verantwortung durch die tägliche Erfahrung überwindender, supranationaler Wahrnehmbarkeit ersetzen, „und er wird geneigt sein, das Prinzip der Supranationalität zu entmythologisieren"[83].

---

[79] *Heinrich Schneider*, Integration 1969, 29.

[80] *Meyer-Cording*, Die europäische Integration als geistiger Entwicklungsprozeß, ArchVR 10 (1962) 45.

[81] Zu ihren Methoden: *Rittberger* PolVJSchr 1970, 343; *Puchala*, Entwicklung und Strukturen regionaler Integration, Integration 1970, 180.

[82] *Rittberger* 350 mit Anm. 16; *Neunreither* ZParl 1971, 338 Anm. 43.

[83] *Heinrich Schneider*, Integration 1969, 39.

Es hängt von solchen Erfahrungen der Funktionär-Elite ab, ob diese Neigung sich bekräftigt fühlen darf oder enttäuscht wird, und von ihrer Qualität, ob ihre Verhaltensentwicklung Integrativ-Wirkung äußert. Hierzu kann ein sozialwissenschaftlich beschriebener „Lernvorgang“[84] relevant werden, der von den Experten-Funktionären über Interessenverbände beider Ebenen und deren Experten bis zu „nationalen Empfängern“ funktionaler Vor- und Nachteile reicht. Und dieser Prozeß mag verfassungspolitisch nach Inhalt und Einfluß auch dort im Bereich der nationalen Kompetenzträger integrativ wirksam werden, wo Entscheidungen zur Vergemeinschaftung fallen und Rechtsgestaltung annehmen.

IV. Die Sache

1. Die Sache der Gemeinschaft ist auch Politik

37 a) Die „Sache“ der Vergemeinschaftung, in der zielbestimmenden Sprache der Verträge ihre „Aufgabe“, ist mit einem *Begriff des Politischen weder positiv noch negativ zu erfassen.* Dies aus mehreren Gründen: das Politische kann nicht den Sachbereich einer bestimmten Hoheitstätigkeit bezeichnen. Es ist nicht Sachkategorie, sondern Intensitätsgrad eines Berührungs- oder Spannungsverhältnisses[85]. Die Bejahung eines *Sachbereichs des Politischen* würde die Ausscheidung eines homogenen Gebiets öffentlicher Aufgaben mit ihren möglichen Lösungskonflikten und ihre spezifische Zuordnung zum Politischen bedingen. Diese Bedingung ist nicht erfüllbar. Es ist deshalb nicht nur müßig, sondern abwegig zu erörtern, ob die Sache der Gemeinschaften zur Politik gehöre oder nicht, ob ihre Verweisung auf die Wirtschaft im weitesten Sinne sie entpolitisiere und die Politik den Mitgliedstaaten belassen habe, ob es einer Politisierung der Gemeinschaften bedürfe, um die Integration ihrem Endziel einen Schritt näher zu bringen. „Die strikte Unterscheidung zwischen Vorgängen der wirtschaftlichen und politischen Integration ist eine gedankliche Fiktion, die an der Wirklichkeit vorbeigeht und zu falschen Schlüssen hinsichtlich der Integrationsmethode zu führen droht oder schon geführt hat. Die politische Integration hat schon begonnen, denn der Übergang von der wirtschaftlichen zur politischen Integration vollzieht sich allmählich und kontinuierlich.“[86]

Nicht nur spricht der Dritte Teil des EWGV (Art. 85 ff.) selbst von der „Politik der Gemeinschaft“, von der Wirtschafts-, in ihr von der Konjunktur-, Handels-, Sozial-, weiter auch von der Agrar- und der Verkehrspolitik.

---

[84] *Zellentin,* Intersystemare Beziehungen in Europa (1970) 192 mit Anm. 153; *Puchala,* Integration 1970, 173.

[85] *Ipsen,* Politik und Justiz. Das Problem der justizlosen Hoheitsakte (1937) 231, 234, 239.

[86] *Janz,* Führen alle Wege nach Europa?, Integration 1970, 187.

Damit sind zutreffend Sachbereiche bezeichnet, die in voller Übereinstimmung mit sonst üblichem Sprachgebrauch und Sachverständnis öffentliche Aufgabenbereiche meinen, die in ihrer Wahrnehmung und ihrem potentiellen Konfliktgehalt sämtlich dem Politischen zugehören. Sie können nicht deshalb apolitisch, „nur ökonomisch", entpolitisiert, technologisch oder wie sonst genannt werden, weil andere Bereiche politischer Affinität — wie Außen-, Verteidigungs-, Sicherheitspolitik — nicht zur Sache der Gemeinschaften, sondern der Mitgliedstaaten gehören.

Die Differenzierung zwischen — immer noch — „unpolitischen" (und deshalb noch unvollkommenen) Gemeinschaften hier, den Mitgliedstaaten und ihren Regierungen dort als Besitzern des „Politikmonopols"[87] trifft also nicht die Unterscheidung zwischen der Sache der Gemeinschaften und der Sache der Staaten. Sie vermag lediglich zu kennzeichnen, *daß* wichtige „Politiken" (eben vornehmlich Außen- und Sicherheitspolitik, aber auch andere, ökonomische wie die Währungspolitik und nicht-ökonomische wie die Kulturpolitik) *nicht* integriert sind, und sie will zum anderen besagen, daß den Mitgliedstaaten die politische Entscheidung darüber verblieben ist, *ob* solche Politiken vergemeinschaftet werden oder nicht.

Eine verfassungspolitisch sinnvolle Bewertung des *normativ* begründeten Integrationsstandes, seiner automatischen spill-over-Anreicherung und erstrebenswerten Vervollständigung durch Übertragung weiterer „Politiken" kann deshalb danach stattfinden, in welchen 15—20 Sektoren praktischer Politik und bis zu welchem Grade in ihnen relevante Entscheidungen national oder integriert stattfinden. Eine derartige Indikation[88] vermag über den Politikgehalt der „Sache" der Gemeinschaften und ihren „Politikbedarf", damit auch über die rechtspolitischen Fragen normativer Erfaßbarkeit und Regelungsbedürftigkeit mehr und zuverlässigeres zu besagen als Pauschalerwägungen über eine beklagenswerte „Entpolitisierung" der Gemeinschaften und ein „Politikmonopol" der Mitgliedstaaten.

38 b) Die Vergemeinschaftung hat, nach Aufgabenbeschreibung bestimmbar, die *Wirtschaft im weitesten Sinne* zu ihrer Sache gemacht, nachdem der Sachansatz „Verteidigung und Sicherheit" sich als Fehlschlag, der Sachansatz „Politikmonopol" einer sog. politischen Gemeinschaft sich als irreal erwiesen hatte. Mit dem Plan der Wirtschafts- und Währungsunion ist eine Entscheidung zur *Sacherweiterung* gefallen, die sich zwar immer noch mit der Sache „Wirtschaft" im weitesten Sinne verbindet, in ihrer sektoralen Ausweitung aber in einen Politik-Bereich hineinwirkt, der *dieser* Sache *nicht* mehr zuzurechnen ist: über die Haushaltspolitik in die Innenpolitik und die heute sog.

---

[87] *Gasteyger, Kewenig, Kohlhase,* Ortsbestimmung der Zukunft Europas, EA 1970, 587.

[88] Sie ist mehrfach unternommen worden; über *Lindberg,* The European Community as a political system, in: Journal of Common Market Studies 5 (1966/67) 356 ff. berichtet *Rittberger,* PolVJSchr 1970, 352/353; eine andere Indikation dieser Methode liefern *Lindberg-Scheingold,* Europe's would-be polity (1970) 74 ff.

Gesellschaftspolitik, über die Währungspolitik in die Außenpolitik. Zweifellos bedeutet diese Entscheidung einen Politisierungsschritt der Integration und einen entsprechenden Abstrich am noch bestehenden sog. „Politikmonopol“ der Staaten, insoweit diese sich eben in rechtlicher Bindung des Anspruchs auf nationale Aufgabenwahrnehmung begeben. Die Frage[89], ob die *Entscheidung für die Wirtschafts- und Währungsunion* in der „Sache“ der Gemeinschaft eine *qualitativ andere*, integrationspolitisch höherrangige darstellte als die *bei Integrationsbeginn* für die Errichtung der *Zollunion* und des *Gemeinsamen Marktes* getroffene, ist schwerlich zutreffend gestellt. *Integrationspolitisch* ist der *Integrationsbeginn* durch *nichts* zu übertreffen. Die Frage nach der qualitativen Andersartigkeit der Gemeinschaft im neuen Stadium der Wirtschafts- und Währungsunion hat ihre Berechtigung vornehmlich in bezug auf die Gemeinschafts*struktur*, und dies eben in ihrer Politik-Intensität im Verhältnis zu den Mitgliedstaaten und am Maßstab der Gewichtigkeit der eigentlichen Innen- und Außenpolitik.

2. *Die Sachbereiche*

39 Eine am Politik*gehalt* orientierte Wertskala, die überliefertermaßen der *Außen-* und *Sicherheits*politik Rangvorrang einräumt, ist *gemeinschaftsrechtlich nicht* gerechtfertigt. Dies einmal deshalb nicht, weil alle Mitgliedstaaten wegen ihrer gegenwärtig *außerhalb des Gemeinschaftsrechts* bestehenden Bindungen insoweit über ein „Politikmonopol“ ohnehin nicht mehr oder nur begrenzt verfügen; zum anderen nicht, weil Wirtschafts- und Sozialpolitik jedenfalls für die Mitgliedstaaten in ihrer industriegesellschaftlichen Struktur zur Sache ihrer „großen“ Politik geworden ist[90]. In dem Maße, in dem Wirtschafts- und Sozialpolitik nach der Vollendung von Zollunion und Gemeinsamem Markt in der Entwicklung zur Wirtschafts- und Währungsunion Sache solcher „großen“ Politik werden kann, wird die Gemeinschaft im Verhältnis zu den Staaten in relevantem Sinne „politisiert“. Wenn die Aufgabe *sozialer* Realisation des Staates der Industriegesellschaft künftig hinter seine *technische* Realisation zurücktritt[91] und dieser Prozeß in Grenzen gehalten werden muß, kann eher den Gemeinschaften als den Einzelstaaten die Fähigkeit zu seiner Steuerung zukommen[92]. Auch darin

[89] Hierzu: *Scheuner*, Verfassungsprobleme der Wirtschafts- und Währungsunion, Thesen zum Vortrag im Arbeitskreis Europäische Integration e. V. (26. 11. 1971, Bad Godesberg, unter I 1). Der Vortrag erscheint in Integration 1971.

[90] *Lindberg-Scheingold*, Europe's would-be polity (1971) 276: „Moreover, if material well-being is what is most important to a society, it is difficult to agree with *Hoffmann*, who identifies high politics and salience with such nonmaterial values as nationhood, leadership, and prestige. As one of the principal agents in Europe of mass consumption, the Community under conditions of social homogeneity would be very much a creature of its time.“ Man mag das bedauern. Aber das ist die Realität, und mit ihr ist verfassungspolitisch zu rechnen.

[91] *Forsthoff*, Der Staat der Industriegesellschaft (1971) 32.

[92] *Kaiser* DÖV 1971, 321 (Besprechung von *Forsthoff*).

erwiese sich ihre zunehmende Politisierung. Die Kennzeichnung der in Frage stehenden Sachbereiche vermag das zu verdeutlichen:

40 a) Von ihnen ist festzustellen, daß wesentliche, in der Wirtschafts- und Währungsunion als Sache der Gemeinschaft anstehende Aufgaben keine gänzlich neuartigen sind. Das gilt etwa von der Währungspolitik wegen der bereits bestehenden Pflicht zur Koordinierung und Konsultierung (Art. 107 EWGV) *(45/10—12)*, von der Konjunkturpolitik (Art. 103) *(44/14)*, von Aufgaben der Handels- *(46/13—15)* und der Regionalpolitik *(52/17)*, die in Handhabung, Programmierung und sekundärrechtlich in unterschiedlicher Intensität gemeinschaftlich wahrgenommen werden. Die neue Unionsstruktur der Gemeinschaft erfordert in ihrer Endstufe aber einmal in diesen Sachbereichen höhere Intensitätsgrade der Vergemeinschaftung, so insbesondere in der Währungspolitik mit ihren Auswirkungen auf die nationale Geld- und Kreditpolitik, in der Konjunkturpolitik und der Regionalpolitik. Zum andern steigert sich diese Vergemeinschaftung im Sachbereich der Währungspolitik mit gleichzeitiger integrierter Zentralbankorganisation bis zur Ausschaltung nationaler Währungspolitik. Insbesondere dringt die Integration über die Steuerung der nationalen Haushaltspolitik in die Substanz der heute „groß" zu nennenden Innenpolitik der Staaten ein. Mit der Festlegung von Etat-Eckdaten, die das Haushaltsvolumen begrenzen, die Investitionen und Verbrauch beeinflussen, Anleihepolitik eingrenzen und insgesamt eine gemeinschaftsrechtliche Präjudizierung des hoheitlichen Entscheidungsraumes zulassen, den in der BRD Art. 109 III, IV GG und das StabGes. vom 8. Juni 1967 öffnen, würde „ein entscheidendes Zentrum nationaler Verfügung ... den Staaten entgleiten und in die Hand der Gemeinschaft gelegt werden", würde „die Lage der Einzelstaaten sich grundlegend verändern"[93]. Dieser „Verlust an staatlichem Handlungsspielraum in der Wirtschafts- und Währungsunion" überschreitet bereits den „rein wirtschaftlichen, utilitaristischen Bereich"[94].

41 b) Die Grenzen hoheitlicher Planung und Lenkbarkeit des Wirtschaftsablaufs nach den „Erfordernissen des gesamtwirtschaftlichen Gleichgewichts", die Art. 109 II GG postuliert, sind mit gleichem verfassungsrechtlichen Anspruch durch das Institut der Koalitionsfreiheit und der Autonomie der Sozialpartner gezogen. Der Integrationsschritt zur Wirtschafts- und Währungsunion mit seiner Intensivierung und Erweiterung der „Sache" der Gemeinschaft erfaßt *diesen* Bereich der Lohn-, Arbeits- und Sozialpolitik *nicht*[95], womit auch aller gemeinschaftsrechtlichen Planung und Lenkung eine Grenze möglicher Wirksamkeit gezogen, nationalen gesellschaftlichen Kräften Wirkungsraum belassen wird. Wenn der Werner-Bericht (zu III)

---

[93] *Scheuner* (vgl. Anm. 89) unter I 4.

[94] Dazu: *Ehlermann*, Verfassungsprobleme der Wirtschafts- und Währungsunion, Korreferat zu *Scheuner* (vgl. Anm. 89) unter 2.

[95] Richtig: *Scheuner* (vgl. Anm. 89) unter I 5.

insoweit eine konzertierte Abstimmung vorsieht, setzt er gesellschaftspolitische Integrationsfortschritte voraus, deren Erreichung normativ jedenfalls weder gesichert noch legalistisch überhaupt erfaßbar ist. Hier kann der Übergang von währungs- und finanzpolitischen Aufgaben in die integrierte Ebene, die notwendig in „policy mix" betrieben werden müssen, Komplikationen auslösen, weil die „Vorstellungen vom wünschbaren Wirtschaftswachstum und von der erreichbaren Preisstabilität"[96] in den einzelnen Mitgliedstaaten wegen ihrer innen- und gesellschaftspolitischen Abweichungen nicht hinreichend homogen sind. Geradezu symbolkräftig heben hierzu Art. 222 EWGV, 83 EGKSV mit ihrer Unberührbarkeits-Garantie der mitgliedstaatlichen Eigentumsordnung hervor, daß die Staaten ihre gesellschaftspolitische Autonomie zu behaupten trachten *(41/11, 18)* und insoweit aller Gemeinschafts-Konvergenz letzte Grenzen gesetzt bleiben.

42 c) Auswirkungen in dem klassischen Sachbereich der *Außenpolitik* müssen sich einstellen aus der Aktivierung gemeinschaftlicher Handelspolitik und der Vergemeinschaftung der Währungspolitik durch die Herstellung voller Konvertibilität der Währungen und die Integration des Zentralbanksystems. Auf diese Weise können *vertragsimmanent* Elemente in den Integrationsprozeß einbezogen werden, die die Mitgliedstaaten als Sache der Außenpolitik bislang gerade außervertraglicher Koordinierung vorbehalten haben *(54/19)*. Daß die gemeinschaftliche, integrierte Wahrnehmung handels- und währungspolitischer Aufgaben, die die Gemeinschaft als Einheit aktionsfähig zeigt, entscheidende außenpolitische Relevanz hat, erweist sich an den Reaktionen der UdSSR und der USA — dort in der russischen Sorge um eine Gemeinschafts-*Handels*politik (und *nicht nur* um *diese*), hier in der amerikanischen Einlassung zu einer solchen und einer einheitlichen EWG-Währungspolitik. Die Zusammenhänge mit der Frage der europäischen Repräsentanz auf einer Sicherheitskonferenz sind evident. Neofunktionalistisch gesehen würde sich hier ein echter spill-over-effect vollziehen. Soweit insbesondere hierdurch mitgliedstaatliche Aufgaben und Interessen betroffen werden, die nicht mehr „politisch neutralen und technischen Bereichen" zuzurechnen sind, verknüpft sich damit zunehmend die Frage der Gestaltform der Gemeinschaft, insbesondere nach der Fortexistenz der Staaten unter gleichzeitiger supranationaler Verbandsorganisation zunehmend politischer Sachbereiche[97].

3. Der Sachzustand

Der Zustand der den Gemeinschaften übertragenen Sache ist sehr unterschiedlich zu bewerten. Er wird im Hinblick auf die Aufgaben der Verfas-

---

[96] *Hankel*, Referat v. 26. 11. 1971 (vgl. Anm. 89) unter II 2 (3).

[97] Zu dieser Fragestellung: *Erler*, Die Krise der Europäischen Gemeinschaften — Europäischer Bundesstaat oder Europa der Vaterländer? (1966) 29.

sungspolitik insbesondere durch die *Passiva* einer Bilanzierung verdeutlicht.

43 a) Programmintensität und Zeitplanung in den Verträgen haben sich als geeignete Mittel zur Zielverwirklichung erwiesen. Das gilt primär für die Errichtung der Zollunion, der Agrarmarktorganisation und des Gemeinsamen Marktes. Aber: zeitplangemäße Vertragserfüllung ist *keine Gewähr* dafür, daß die *Vertragsregelung selbst zulänglich oder sachlich befriedigend* war und ist, daß der Vertrag tatsächlich *in allen Elementen sekundärrechtlich erfüllt* wurde, daß der durch Vertragserfüllung *geschaffene Sachzustand* unter dem Einfluß unvorhergesehener und unvorhersehbarer Umstände *nicht mangelhaft und änderungsbedürftig werden* kann. Daß eine abhelfende Vertragsänderung ungleich schwieriger (und deshalb praktisch unrealistischer) ist als die Änderung einer reformbedürftigen staatlichen Gesetzgebung, erweist die Immobilität der Integrationsgrundlagen, die auch mit Verfahren nach Art. 235 EWGV *(20/38 ff.)* nur in Grenzen korrigiert werden können.

Die Passiva der Sachzustand-Bilanzierung liefern hierfür Beispiele aus verschiedenen Bereichen: die *Agrarmarktorganisation* hat sich als währungspolitisch höchst anfällig erwiesen *(47/19)*. Neue strukturpolitische Grundlagen sind erforderlich für ihre Reformierung *(47/12)*. Ihr Zustand beweist, daß die Vertragsgrundlage insoweit unvollkommen, jedenfalls aber ihre Anwendung mangelhaft war. Während die Zollunion und der Gemeinsame Außenzolltarif bestehen und insgesamt befriedigend funktionieren, weist die rechtliche Ausgestaltung des Gemeinsamen Marktes empfindliche Lücken auf, und zwar insbesondere in der *Verwirklichung einzelner Marktfreiheiten (§§ 34—36)*.

44 b) Stagnation herrscht im Bereich der *Regionalpolitik (52/20—23)* und der *Technologie (50/17—23)*, Kontroverse über wirtschaftstheoretische Modellvorstellungen vertragsblinder Entwürfe in dem der *Industriepolitik (50/24—27)*, Destruktion im *Forschungsbereich der EAG* wegen fehlender mehrjähriger Programme *(50/11—16)*, nur punktueller und sehr begrenzter, auch verspäteter und nur zögernder Fortschritt in der *Verkehrspolitik (48/3—6)*. Daß die Kommission ein Mandat erhalten hat, mit der Wiener Atomagentur über das im Atomsperrvertrag vorgesehene Verifikationsabkommen zu verhandeln[98], kann den Zustand der *Euratomkontrolle* nicht erhellen. Frankreich, das den Atomsperrvertrag nicht unterzeichnete, hat sich ihr partiell entzogen *(49/18)*. Daß der Gerichtshof seine Vertragsverletzung festgestellt hat[99], verbessert den Sachzustand nicht. Ob die verspätete Neugestaltung des *Sozialfonds (51/18)* insbesondere den Anforderungen eines integrierten Arbeitsmarktes unter Belastungen gerecht werden kann, soll sich noch erweisen.

---

[98] Am 20. 9. 1971; vgl. VWD Europa Nr. 181/71 v. 20. 9. 1971 II/6; BullEG 11/1971, 93.

[99] Urteil in der Rs 7/71 vom 14. 12. 1971.

Der Katalog von Fehlleistungen, Rückständen und korrekturbedürftigen Mängeln im Sachzustand der Gemeinschaftsaufgaben ist damit nicht erschöpft. Sie werden in ihrer Tragweite um so deutlicher erkennbar im Zusammenhang mit Mängeln des Entscheidungsprozesses und solchen institutioneller Art, auf die Sachmängel teilweise gerade zurückzuführen sind — weshalb der rechte Ansatz zur Sachmängelbehebung in manchen Bereichen weniger sach- als vielmehr verfahrensorientiert zu suchen ist *(54/65 ff.)*. Kritische Sachzustands-Bilanzierung wird allerdings, was oft verkannt wird, *im Wirkungsbereich der Gemeinschaften* schwerlich andere Maßstäbe anlegen dürfen als sie für die Beurteilung des Sachzustandes der öffentlichen Aufgabenerledigung *in den Mitgliedstaaten selbst* verwendet werden. Zwar ist die Wirtschaftsintegration aus der Sache selbst höherer Kritik ausgesetzt als die Staatlichkeit, die jene funktionell mit dem Anspruch besserer Aufgabenerledigung überwinden will. Aber die *Sache,* um die es geht, *ist für die Gemeinschaft keine andere als für die Staaten,* die sie ihr zur Wahrnehmung übertrugen.

45 c) Der Sachzustand wird zusätzlich gekennzeichnet und kompliziert durch Initiativen zur Befassung mit Aufgaben, die *als solche vertraglich nicht* vorgesehen sind, sich aber in den Mitgliedstaaten stellen und ihre Gemeinschaftsrelevanz aus Sachzusammenhängen gewinnen. Das gilt, um aktuelle Beispiele zu nennen, einmal für Aufgaben des Umweltschutzes[100], deren Wahrnehmung mitgliedstaatlich im Licht ihrer Eigentumsordnungen differiert und sich mit ihren unterschiedlich belastenden Anforderungen an die Wirtschaft wettbewerbserheblich auswirken kann. Das gilt zum anderen für die notwendige Koordinierung nationaler Maßnahmen zur Bekämpfung der Rauschgiftsucht[101], weil solche der Mitgliedstaaten nach Herstellung der Freizügigkeit unzulänglich bleiben können. Beide Aufgaben kennzeichnen den Zusammenhang vertraglich normierter Sachaufgaben der Gemeinschaft mit neu sich stellenden Staatsaufgaben, insgesamt also zwischen der stetigen Wandelbarkeit und gegenständlichen Unbegrenzbarkeit öffentlicher

---

[100] Nach der vom Vorsitzenden des IUCN-Komitees für Umweltrecht (International Union for the Conservation of Nature) *Burhenne* geäußerten Auffassung werden deutsche Maßnahmen zum Umweltschutz durch EWG-Rücksichten, d. h. aber aus wettbewerbspolitischen Gründen, behindert (Die Welt Nr. 219 v. 21. 9. 1971 S. 2); zur Problematik nach deutschem Recht: *W. Weber,* Umweltschutz im Verfassungs- und Verwaltungsrecht, DVBl. 1971, 806; vgl. auch die Erste Mitteilung der Kommission über die Politik der Gemeinschaft auf dem Gebiet des Umweltschutzes vom 22. 7. 1971, Dok. SEK (71) 2616 endg., sowie das Umweltprogramm der BReg. vom 14. 10. 1971, BT-Drucks. VI/2710.

[101] Auf Vorschlag des Staatspräsidenten *Pompidou* hat der Rat am 20. 9. 1971 die Koordinierung nationaler Maßnahmen zur Bekämpfung der Rauschgiftsucht und einen jährlichen Erfahrungsaustausch der zuständigen Minister beschlossen (Die Welt Nr. 219 v. 21. 9. 1971 S. 2); vgl. auch den Bericht des Abg. *Laudrin* des Europ. Parl. „über das Erfordernis einer Gemeinschaftsaktion zur Rauschgiftbekämpfung" (Sitzungsdokumente 1971/72 Dok. 229/71 v. 14. 1. 1972) und die Aussprache hierzu (Verh. Eur. Parl. Nr. 145, Sitzungen 17.—19. 1. 1972, 22—46).

Aufgaben an sich, der notwendig vertragsrechtlichen Fixierung der Gemeinschaftsaufgaben und ihrem zwangsläufigen Anpassungsbedürfnis andererseits.

V. Der Raum

1. Vergemeinschaftung als horizontale Raumerweiterung begrenzter Kompetenzen

46 Menschliches Leben hängt von Raumtatsachen ab. Aber erst die geographische Lage *und* raumbezogene geschichtliche, wirtschaftliche, soziale Bewegung füllen den Kulturraum aus[102] und machen „Raum" als „Staatsgebiet" zu einem Element der Staatlichkeit[103]. Staatlichkeit dieser Raumbeziehung bedeutet ausschließliche Allzuständigkeit räumlicher Begrenzung und denkt organisatorisch vertikal. „Heutzutage sollten wir als Modell noch eine weitere Dimension einführen, die horizontale ... Nicht unbegrenzte Kompetenzen in einem begrenzten geographischen Bereich, sondern begrenzte Kompetenzen in einem unbegrenzten geographischen Bereich, besser: in einem geographischen Bereich, der kongruent ist mit der Geographie eines Problems."[104]

In diesem Sinne ist die Vergemeinschaftung eine *raumübergreifende Horizontalorganisation*, die die räumlich beschränkte staatliche Allzuständigkeit in einem die Staatsgebiete verlassenden größeren Raum unter Wahrnehmung begrenzter Zuständigkeiten ablösend überwindet. Welche Raumgrenzen der Vergemeinschaftung ihrerseits gesetzt sind, hängt nun allerdings nicht nur von der „Geographie *eines* Problems" ab. Sonst spräche allzu vieles für weltweite Vergemeinschaftung wichtiger öffentlicher Aufgaben[105]. Die Raumbegrenzung der Integration solcher Intensität, wie die europäischen Gemeinschaften sie darstellen, ist von vielen Faktoren bestimmt, die sich nicht geographisch problematisieren lassen. Sie bedürfen auch der Abwägung zu allen anderen Faktoren, die die Stellung der Gemeinschaft zu ihrer engeren und weiteren Umwelt bestimmen.

Sie insgesamt sind maßgeblich für die Frage der Gemeinschafts-Erweiterung durch Beitritte, für ihre räumlichen Ausstrahlungen durch Assoziierun-

---

[102] Erste Systematisierung bei: *Ratzel*, Anthropogeographie (1882/1891).

[103] Gegen die nur naturalistische Verwendung von Raum und Gebiet als Element der Drei-Elementen-Lehre *Georg Jellineks: Herbert Krüger*, Allgemeine Staatslehre 2. Aufl. (1966) 146.

[104] *Kitzinger*, Wohin treibt die EWG? Bergedorfer Gesprächskreis 6 (1964) 66. — Entsprechend: *Hogan*, Political representation and european integration, Integration 1970, 288: „Under these conditions, the persistence of the nation-state has created a discrepancy between political organization and social reality. The jurisdiction of governments has not kept pace with the geographic and functional scope of the activities and conflicts requiring regulation."

[105] Dazu: *Meyer-Cording*, Die europäische Integration als geistiger Entwicklungsprozeß, ArchVR 10 (1962) 66.

gen, Präferenzabkommen, Handelsverträge, für die Stellung der Gemeinschaft im Raumbezug zu anderen europäischen Staaten, zu anderen Regionalgemeinschaften, zu den örtlichen und überseeischen Großmächten. Ihre Ermittlung und Bewertung ist für die Stellung und Entwicklung der Gemeinschaften auch verfassungspolitisch von Bedeutung — ob im Bereich der Handels-, der Währungs- oder der Technologiepolitik, um nur gegenwärtige Gemeinschaftsaufgaben zu nennen. Ihre Bedeutung steigt mit zunehmender „Politisierung“, insbesondere bei Integrationsschritten der Außen- und Sicherheitspolitik. Raumbestimmende Faktoren dieser Vielfalt und verfassungspolitischer Relevanz zu ermitteln, zu systematisieren und zu bewerten, verläßt die juristische Kompetenz und kann deshalb hier nicht stattfinden. In ihren Grenzen kann verfassungspolitisch nur erwogen werden, mit welchen Mitteln der Rechtsgestaltung die Raumorientierung der Gemeinschaft stattfindet und der Veränderung zugänglich ist.

Aus der Raumbegrenzung der Vergemeinschaftung und ihrer Abschirmung nach außen erwachsen Gefahren prohibitiver und protektionistischer Haltung. Eine einseitige Binnensicht des Gemeinschaftsrechts kann entsprechend und damit schädlich wirken. Es liegt im Interesse seiner Fortentwicklung, sich Neugestaltungen zu öffnen, auch wenn sie sich nicht gerade in den Gemeinschaften selbst abzeichnen. Die Raumerweiterung durch beitretende Staaten aus eigenen Rechtskreisen kann hierzu beitragen *(54/51—55)*. Sie nötigt zur Rechtsvergleichung erweiterten Horizonts, zur Auseinandersetzung mit bislang nicht berührten Rechtskreisen und nicht berücksichtigten Rechtssystemen.

2. Der Wirkungsraum der Verträge

47 a) Die Verträge bestimmen, unterschiedlich formuliert aber inhaltlich übereinstimmend, ihren räumlichen Anwendungsbereich in Europa und in solchen außereuropäischen Gebieten, die den Mitgliedstaaten unterstehen *(4/2—8)*. Daß Berlin einen Sonderraum ihrer Anwendbarkeit darstellt und die deutsche Teilung hinsichtlich des Warenverkehrs zu einer Raum-Öffnung der Gemeinschaften gegenüber dem Nicht-Mitglied DDR geführt hat, wird vertragsrechtlich ausdrücklich in Rechnung gestellt *(4/9—17)*. Die Aufnahme und Weiterentwicklung vertraglicher Beziehungen zwischen der BRD und der DDR kann insoweit auch veränderte gemeinschaftsrechtliche Gestaltung erforderlich machen oder herbeiführen. Sie wird nicht einem *allgemeinen* Modell der Gemeinschaftsbeziehungen zu Staatshandelsländern folgen können.

48 b) Die in ihrer Ausgestaltung unterschiedlichen Assoziierungsbeziehungen *(7/7—24)* bedeuten *keine Raumerweiterung* der Gemeinschaften, sondern auf Dauer, teils auf späteren Beitritt angelegte Verbindungen der Gemeinschaften mit außerhalb stehenden Staaten, so daß die Gemeinschaften *als solche* auch in ihrem *Raumbestand unberührt* bleiben. Rechtspolitisch kritisch kann die Teilnahme solcher Assoziierten an den Gemeinschaftszielen werden, die zeitgeplant vertragsrechtlich die Vergemeinschaftung selbst anstreben *(7/22, 23)*, wenn sie im Endpunkt der Zeitplanung und der vorgesehenen Mitgliedschaft maßgebliche Verfassungsvoraussetzungen nicht mehr erfüllen, die im Zeitpunkt der Assoziierung gegeben waren (Griechenland). *Neue* Assoziierungen können aus solchen Gründen gehemmt werden (Spanien). Indes ist dieser Tatbestand verfassungspolitisch weniger problematisch als der des den Beitritt anstrebenden, bereits assoziierten Staates.

49 c) In *andere, außerhalb* ihrer selbst bestehende *Räume* staatlicher Organisation oder sonstiger regionaler Verbindung wirken die Gemeinschaften mit den Mitteln völkerrechtlichen Vertragsschlusses, ohne insoweit raumbezogene Kompetenzen zu besitzen oder zu begründen. Hier wirken die Gemeinschaften deshalb, weil sie in horizontaler, die mitgliedstaatlichen Grenzen überwindender Kompetenz ein *wirtschaftliches Raumgewicht* zur Geltung bringen, das *ohne* Integration und *einzelstaatlich* im Ausstrahlungsraum derart *nicht* relevant sein würde. Obwohl die Gemeinschaften sich in diesem Außenraum des *Völkerrechts* bedienen und bedienen müssen, kann diese Rechtsgestaltung wegen ihres spezifischen, gemeinschaftsbezogenen Inhalts besondere Züge annehmen. Ihre Systematisierung als *„Gemeinschafts-Außenrecht"* kann auch rechtspolitisch nützlich sein.

Primärraum solcher Ausstrahlung sind die restlichen EFTA-Mitgliedstaaten nach dem Beitritt der übrigen zu den Gemeinschaften. Soweit sie einen Neutralitäts-Status innehaben und zu bewahren trachten, wirft ihre Zuordnung Sonderfragen auch rechtlicher Gestaltung auf, die ihrerseits auf das Verhältnis der Neutralen zu Drittstaaten Rücksicht nehmen muß *(7/25)*. Jedenfalls entstehen hier besondere Beziehungen zu den Gemeinschaften.

Sekundär entsteht ein weiter Raum der Auswirkungen im Bereich solcher Staaten und Staatengruppen (außer den Assoziierten), zu denen die Gemeinschaften in *Präferenzbeziehungen* treten. In der Erklärung der außerordentlichen Ministertagung der Sonderkommission für lateinamerikanische Koordinierung (CECLA) in Buenos Aires vom 29. Juli 1970[106] haben 22 lateinamerikanische Staaten die Absicht engerer Bindungen an die Gemeinschaften verlautbart. Ein Präferenzangebot haben diese an Indien und Pakistan gerichtet. Kuba, Taiwan und Staatshandelsländer stehen zur Einordnung in ein Präferenzsystem an. Die Zahl der Präferenzabkommen mit Mittelmeerstaaten nimmt zu.

So sind bereits insgesamt 58 Staaten gezählt worden, die zu den Gemeinschaften in besonderen Beziehungen stehen oder sie herzustellen sich anschicken. „Entsteht hier ein nahezu geschlossener regionaler Block vom Polarkreis bis zur Nordgrenze Südafrikas?"[107]

---

[106] EA 1971, D 54.

[107] *Dahrendorf*, Möglichkeiten und Grenzen einer Außenpolitik der Gemeinschaf-

50 d) Die Gemeinschaften als engerer Wirkungsraum der Integration und in ihrer räumlichen Ausstrahlung bilden eine *Realität der Weltpolitik.* Sie wirkt primär ökonomisch, aber deshalb nicht unpolitisch. Die Einlassung der USA, die sich zunehmend kritisch wandelt, und die der UdSSR, die die Anerkennung der Gemeinschaften weiterhin ablehnt, erklären sich als Reaktion dieser Gemeinschaftswirkungen. Sie trifft die Gemeinschaften als solche ohne außenpolitische Zuständigkeiten, in ihnen ihre Mitglieder als Träger ihrer nationalen Außenpolitik. Eine Verfassungspolitik der Gemeinschaften muß folgerichtig auf ihre *eigene außenpolitisch einheitliche Handlungsfähigkeit* gerichtet sein, *und dies jedenfalls insoweit, als Gemeinschaftsaufgaben in Frage stehen.* Es bedarf einer gemeinsamen Handelspolitik weiteren Verständnisses, als es bislang dem Art. 113 EWGV zuteil wurde[108], und eines hierzu geeigneten Instrumentariums.

3. Raumerweiterung durch Beitritt

51 Nach den im Jahre 1971 und 1972 bereits gefallenen[109], für 1972 noch anstehenden letzten Entscheidungen[110] werden die Gemeinschaften vom Jahre 1973 an durch *Beitritt von vier neuen Mitgliedstaaten* im Raum erweiterte Gemeinschaften sein. Die Gemeinschaften werden insbesondere durch den neuen Mitgliedstaat *Großbritannien* in ihrer Stellung und Struktur verändert. Dies *nicht* im *Rechtssinne,* weil auch für Großbritannien der acquis communautaire gelten und seine Gliedstellung keine andere als die der anderen Mitgliedstaaten sein wird. Indes bewirkt vornehmlich der Beitritt Großbritanniens, daß bereits bestehende Hemmungen des gemeinschaftlichen Entscheidungsprozesses und erkennbare Mängel seiner Legitimation sich verstärken und vertiefen können. Das gilt speziell für die Handhabung der Abstimmungsregeln und die Durchsetzbarkeit des Mehrheitsprinzips, sodann für den Eintritt eines parlamentsbewußten Mitgliedstaates in die parlamentarisch „hinkenden" Gemeinschaften mit Frankreich als weithin unparlamentarisch regiertem Gliedstaat.

---

ten, EA 1971, 119; dort 117 ff. ein Überblick über die Gemeinschafts-„Ausstrahlungen" und ihre anstehende Entwicklung. — Zu den „neuen Dimensionen der Beziehungen zwischen einer erweiterten Europäischen Gemeinschaft und den Vereinigten Staaten" vgl. *Schaetzel* EA 1971, 859.

[108] *Dahrendorf* EA 1971, 123—124.

[109] Daten der Verhandlungsgeschichte seit Mai 1967: VWD Europa Nr. 14/72 vom 20. 1. 1972 I/9 — I/12; die Verhandlungen wurden abgeschlossen mit Dänemark am 8., mit Großbritannien am 13. 12. 1971, mit Irland am 13., mit Norwegen am 15. 1. 1972 (a.a.O. I/12). Am 28. 10. 1971 hatten sich mit großer Mehrheit das britische Unter- (356:244:22) und Oberhaus (451:58) für den Beitritt ausgesprochen; am 18. 12. 1971 hatte das dänische Parlament die Regierung mit Mehrheit (141:32) zur Unterzeichnung der Beitrittsakte ermächtigt.

[110] In den nationalen Ratifizierungsverfahren. — In Dänemark und Norwegen sollen voraussichtlich im September 1972 Volksabstimmungen über den Beitritt stattfinden, deren Ausgang in Dänemark für das Parlament bindend ist; vgl. auch *2/64—67.*

Die ohnehin anstehende Aufgabe einer Reform und Fortentwicklung des Entscheidungsverfahrens und seiner Konsentierung wird dadurch dringlicher, ihre Lösung nicht einfacher.

52 a) Den Beitrittsverhandlungen, die mit Großbritannien, Dänemark, Norwegen und Irland geführt worden sind und zur Unterzeichnung der Beitrittsdokumente am 22. Januar 1972 geführt haben[111], lagen vier Prinzipien zugrunde: die Annahme des geltenden Gemeinschaftsrechts, die etwa erforderliche Anpassung an diesen Rechtszustand durch befristete Übergangsbestimmungen, die ungestörte Weiterentwicklung der noch nicht erweiterten Gemeinschaften während der Verhandlungen und die Regelung aller Beitrittsfragen im Verhandlungswege vor Unterzeichnung der Dokumente. Als einheitliche Übergangszeit sind fünf Jahre vom Zeitpunkt des Beitritts an vorgesehen, also von Anfang 1973 bis Ende 1977. Sie wird in Einzelfragen verkürzt oder verlängert. Bereits seit Mitte November 1971 und bis zum Inkrafttreten des Beitritts nehmen die beitretenden Staaten in einem besonders vereinbarten Informations- und Konsultationsverfahren auf die Gemeinschaftsentscheidungen Einfluß[112].

Bis Mitte 1977 wird unter planmäßigem Abbau der Binnenzölle in fünf Etappen die Ausdehnung des Gemeinsamen Außenzolltarifs auf den erweiterten Gemeinschaftsraum ermöglicht. Am 1. April 1973 beginnend, sinken die Binnenzölle zwischen den alten und den neuen Mitgliedstaaten schrittweise (jeweils am 1. Juli der Jahre 1974—1977) um je 20 %. Am 1. Januar 1974 folgt die erste Annäherung an den Außenzolltarif um 40 %, die weiteren um je 20 % jeweils zu Beginn der Jahre 1975—1977. Zollkontingente (für 13 Produkte) erleichtern den Übergang in die Zollunion. Auch die Übernahme der Agrarmarktorganisation und -regelung findet schrittweise statt, für Großbritannien zum Ende des Jahres 1977.

53 b) Die Beitrittsverhandlungen sind zwischen den Gemeinschaften (also nicht ihren einzelnen Mitgliedstaaten) unter Leitung des jeweiligen Ratspräsidenten (BRD — Frankreich — Italien) und den beitrittswilligen Staaten geführt worden. Verhandlungsgrundlage der Gemeinschaften waren vom Rat verabschiedete Beschlüsse, die (anders als in den gescheiterten Verhand-

---

[111] ABl. 1972 L 73. — Einen ausgezeichneten Überblick über den Verlauf der Beitrittsverhandlungen (aus der Sachnähe der Beteiligten und mit dem Horizont für die Gesamtproblematik) liefert *Naß*, Englands Aufbruch nach Europa, Europäische Schriften des Bildungswerks Europäische Politik 28 (1971); zu den Verhandlungsprinzipien dort 21—39; *ders.*, Verfahrensaspekte der Beitrittsverhandlungen, EuR 1971, 379.

[112] Vgl. ABl. 1972 L 73, 203 f.; auch die Gemeinschaft kann ihrerseits die Regierungen der Beitrittsanwärter um Informationen und Konsultationen zu gemeinschaftsrelevanten Regelungen auf nationaler Ebene ersuchen. — Schon vor dem Beitritt ist *Christopher Layton*, britischer Politiker und Technologie-Experte, in das Kabinett des Kommissionsmitgliedes *Spinelli* als „Hauptberater" eingetreten. Nach dem Beitritt soll er Kabinettschef werden (VWD Europa Nr. 169/71 v. 11. 10. 1971, I/4).

lungen 1961/63) eine einheitliche und geschlossene Vertretung der Gemeinschaften ermöglichten. Diese sind von der Kommission vorbereitet und während der Verhandlungen laufend in neuen Vorschlägen der Entwicklung angepaßt worden. Die Beitrittsdokumente sind von zuständigen Vertretern der bisherigen und der neuen Mitgliedstaaten unterzeichnet worden, für die Gemeinschaften vom Ratspräsidenten, nachdem der Disput über die Teilnahme der Kommission an der Unterzeichnung in diesem Sinne beendet worden war[113].

54 c) Der Beitrittsvertrag (für EWG und EAG) bzw. -beschluß (des Rates für die EGKS) enthält die Grundsatzentscheidung über die Erweiterung der Gemeinschaften. Die Beitritts-Akte gliedert sich in Regelungen über die Beitrittsgrundsätze, die technische Anpassung der Verträge und des Folgerechts, über Übergangsmaßnahmen für die einzelnen Wirtschaftsbereiche sowie über ihre Durchführung und Inkraftsetzung. Anhänge und Protokolle ergänzen das Vertragswerk. Die Beitrittsakte wird die Gemeinschaftsverträge, den Fusions- und den Haushaltsvertrag ändern *(3/2—20)*. Eine „konsolidierte Fassung" der Verträge gültiger Fassung unter Berücksichtigung aller bisherigen Änderungen und Durchbrechungen existiert nicht. Das hat die britischen Unterhändler mit ihrem Respekt vor geschriebenem Recht in nicht geringes Erstaunen versetzt[114]. Nach dem Inkrafttreten des Beitritts wird ein besonderes Bedürfnis nach einer „konsolidierten Fassung" der Verträge um so mehr bestehen, als mit einer alsbaldigen „Totalrevision" der Verträge schwerlich zu rechnen sein wird.

55 d) Mit der Erweiterung erhöht sich die Heterogenität der von der Vergemeinschaftung berührten Rechtsordnungen[115]. Die sechs Gründerstaaten gehören der kontinentalen Rechtsfamilie und dem römisch-germanischen Rechtskreis an. Die neuen Mitglieder zählen zum Common Law- und zum Nordischen Rechtskreis, und diese Kreise selbst werden in den beigetretenen Staaten nur partiell erfaßt. Für die Rechtsangleichung und die Bestimmung und Bewahrung allgemeiner Rechtsgrundsätze liegen hierin zugleich Erschwernisse und Chancen wechselseitiger Befruchtung.

---

[113] Genaue Schilderung bei: *Naß*, Englands Aufbruch nach Europa (1971) 41—63; VWD Europa Nr. 15/72 vom 21. 1. 1972 I/2, Nr. 16/72 vom 22. 1. 1972 I/2.

[114] *Naß* 26.

[115] Darüber die Mannheimer Tagung der Gesellschaft für Rechtsvergleichung vom 22.—25. 9. 1971 in der von der Wissenschaftlichen Gesellschaft für Europarecht organisierten Fachgruppensitzung zum Thema: „Die Anwendung des Rechts der Europäischen Gemeinschaften in Dänemark, Großbritannien, Irland und Norwegen" (*1/21*, S. 23 Ziff. 5); unter dem Obertitel: Die Erweiterung der Europäischen Gemeinschaften als KSE 15 (1972); Bericht darüber von *Petersmann*, JZ 1972, 795; *Millarg*, EuR 2/1972, dieser auch zu einer Analyse einzelner Grundsatz- und Durchführungsbestimmungen der Beitritts-Akte.

VI. Die Zeit

56 Zeit ist Instrument des Integrationsprozesses, Merkmal rechtlicher Normierungen und rechtspolitisch erwogener Einsetzbarkeit als Dimension an sich, als rhythmisches Element, als Faktor der Zielbestimmung, als Stufenmaß der Planung und als Entscheidungs-Zwangsmittel. In ihrer *Funktion,* ihrer *Dimensionierung* und ihrer auch rechtlichen Relevanz als *Mittel der Normsanktionierung* gehört ihre Rolle zu den Fragestellungen verfassungspolitischer Perspektiven, und dies auch, um solche Perspektiven selbst dimensional zu begrenzen.

1. Zeitfunktion

57 Durch Zeitbemessungen und Terminierungen werden Programm- und Stufenregelungen der Verträge, des Sekundärrechts und sonstiger Gemeinschaftsmaßnahmen skandiert. Sie werden auch im Organisations- und Willensbildungsrecht verwendet und zur schrittweisen Kompetenzabgrenzung zwischen Gemeinschaftsorganen und denen der Mitgliedstaaten. Zu normativ vorgesehener Beschleunigung von Integrationsschritten und zur Willensbildungsverdichtung in zeitbemessener Stufenfolge bildet der Zeitfaktor ein Strukturelement des Gemeinschaftsrechts. Er fungiert hier in zahlreichen Bedeutungen *(5/69),* deren systematische Erfassung noch aussteht[116]. Integrationspolitisch wirken zeitgebundene Revisions- und Überprüfungsklauseln. Die Dreijahresklausel des Fusionsvertrages, in solcher Funktion gedacht *(3/50),* hat ihren Zweck nicht erfüllt, weil eine Integrationsaufgabe höheren Ranges, nämlich die Lösung der Beitrittsfragen, Priorität beanspruchte. Für den Beitritt sind Zeitbemessungen notwendig zum anpassenden Übergang in den acquis communautaire, und die Erfahrung lehrt, daß sie von nicht geringerer Bedeutung sind als Sachentscheidungen[117]. In der den Beitrittsentschluß Norwegens berührenden Frage des Fischerei-Vorbehalts ging es letztlich um seine Zeitbegrenzung an sich oder seine Dauerhaftigkeit.

In dieser Vielfalt funktionaler Verwendung ist der Zeitfaktor Strukturelement des Integrationsrechts, das sich wegen seines dynamischen und auf Fortschritt bedachten Charakters vom staatlichen, insbesondere vom eher statisch begriffenen Verfassungsrecht unterscheidet.

---

[116] Darauf weist *Zellentin,* Intersystemare Beziehungen in Europa (1970) 194 zutreffend hin; einstweilen vgl. *Ipsen,* Fusionsverfassung 72—74 mit Anm. 98; *Haeckel,* Der Faktor Zeit in der Verwirklichung der Europäischen Gemeinschaftsverträge (1965). — *Gasteyger, Kewenig, Kohlhase,* Ortsbestimmung der Zukunft Europas, EA 1970, 584 halten einen gemeinsamen Markt nur dann für reibungslos funktionsfähig, wenn der Integrationsgrad in allen sachlich zusammenhängenden Bereichen „im gleichen zeitlichen Rhythmus fortentwickelt wird".

[117] Als die Ratssitzung vom 27. 10. 1970 die Frage der Übergangszeit für die Beitrittsanwärter anging, sah sie darin den Entschluß, „in das Herz der Verhandlungen" vorzustoßen; vgl. *Naß,* Englands Aufbruch nach Europa (1971) 75.

2. *Zeitdimension*

58 a) Die *Dimensionierung des Zeitmaßes* ist abhängig vom Normierungsgegenstand und -ziel. Die in der Wirtschafts- und Finanzplanung entwickelte Unterscheidung kurz-, mittel- und langfristiger Zeitbemessung findet im Gemeinschaftsrecht für vergleichbare Aufgaben Anwendung. Sie reicht regelmäßig über 4 Jahre nicht hinaus. Die großen Beispiele der Errichtung des Gemeinsamen Marktes und der Wirtschafts- und Währungsunion operieren mit 12 und 10 Jahren in einer Dimension, die der „Schaffung eines integrierten Systems" bestimmter Zielsetzung angemessen zu sein scheint[118]. Dieses Zeitmaß dürfte das denkbar höchst bemessene normierbarer Zielsetzung ausmachen, die auf die Integration eines Teilsystems und damit auf einen großen Integrationsschritt gerichtet ist. Das bedeutet verfassungspolitisch, daß auch institutionelle, kompetentielle und Willensbildungsregelungen als rechtliches Instrumentarium solcher großen Integrationsaktionen diese Zeitdimension berücksichtigen müssen. Sie dürfen in ihrer zeitlichen Projektion weder wesentlich weitergreifen noch vorschnell präjudizieren. Sie müssen ohne entbehrliche Fixierungen insbesondere institutioneller Entscheidungen offenbleiben für Revision, Anpassung, Ablösung durch Neuregelungen, die ihrerseits dem *neuen* Ziel einer *neuen* zehnjährigen Integrationsstufe adäquat sein können. Jede *auf Dauer* angelegte Normierung im Gesamtbereich des Verfahrens weitesten Sinnes *(54/65)*, die sich nach Intention und Gestaltung als unabänderlich geriert, kann einer adäquaten Instrumentalisierung eines weiteren Integrationsschrittes hinderlich werden. Das bedeutet *keinen Verzicht* auf die permanente normative Verwirklichung und Behauptung *tragender Integrationsprinzipien (54/89)*, verlangt aber einen rechtspolitischen Regelungsansatz, der *innerhalb dieser Prinzipien geöffnet* bleibt für eine bewegliche, anpassungsfähige, revisionsbereite Rechtsfortentwicklung.

59 b) Weil dem so ist und bleiben muß, ist jede Zeitspekulation auf den *Endzustand* und *seine Gestaltform* abwegig und verfänglich. Daß die Römischen Verträge — anders als der fünfzigjährige EGKSV — einen Endzeitpunkt nicht fixieren, ist deshalb weniger relevant wegen der darin ausgedrückten Dauerhaftigkeit der Vergemeinschaftung als vielmehr wegen des *Verzichts auf ein Terminziel.* Er verlautbart treffend die (was das *Zeitmaß* angeht) nicht vorhersehbare Endlosigkeit des Integrationsprozesses und seine ebensowenig vorhersehbare Gestaltformung. In einem Zeitpunkt, in dem gerade zwei Jahrzehnte dieses Prozesses verstrichen, ein drittes Jahrzehnt mühselig konzipiert und seine Instrumentalisierung noch nicht gefunden ist, kann es keine ernsthafte und anspruchsvolle verfassungspolitische Perspektive geben über den Zeitpunkt und die Gestalt des Endzustandes

---

[118] So *Deutsch* auf dem Genfer Kolloquium v. 20. 6. 1970; vgl. *Handley,* Integration 1970, 321.

der Integration. Zwei Jahrzehnte des Integrationsprozesses und aller wirtschaftlichen und politischen Vorgänge und Abläufe dieses Zeitraums in den Mitgliedstaaten, den Gemeinschaften und ihrem weltweiten politisch-historischen „Kontext“ beweisen die Irrealität verfassungspolitisch denkbarer und terminierter End-Perspektiven. Ob zunehmende Integration zu einem Zustand führt, der einen „Abbau des Zeitfaktors“[119] bewirkt, weil der erreichte Zustand sich schlicht als Endzustand bewährt, entzieht sich ebenfalls rechtspolitischer Verfassungserwägung. Das gilt außerdem im Hinblick auf verschiedene, derart erwogene Gesichtspunkte:

60 aa) Insoweit der Integrationsprozeß begrenzt bleibt auf öffentliche Aufgaben und Interessen, die *funktional* und *nicht* — wie in der Staatlichkeit — *universal* orientiert sind, kann eine End-Perspektive auch in zeitlicher Dimension auf „einen staatsähnlichen Endzustand als statischen Maßstab“ verzichten[120]. Auch die spill-over-Kalkulation dieses Modells, wonach *eine* Sektorintegration die eines *anderen* auslöst, um Sachzwängen zu genügen oder solche auszugleichen, kann die Frage des Endpunktes und seiner Terminierung offenlassen, solange eben funktional hin zur „Vielzweckorganisation“ und nur nicht universal zur Allzweckorganisation integriert wird.

61 bb) Begrenzte End-Perspektiven im Maß des Zeitablaufs entwickelt auch die Erwägung, der Fortgang der Integration erreiche — oder habe schon erreicht — einen Zeitpunkt ausgeschlossener Umkehr, einen point of no return. Umkehrausschluß dieser Vorstellung kann sich primär nicht ergeben aus den Soll-Geboten der Verträge, zur Gemeinschaft vertragstreu zu stehen und den Vertragsbruch der Sezession zu unterlassen *(4/26). Umkehrausschluß* erscheint hiernach also *nicht* als *legalistische Rechtsfolge,* sondern als Folge wirtschaftlicher Verflechtung und Integrationsdichte zwangsläufiger Unentrinnbarkeit, also einer Interessenabwägung zwischen Vorteilen des Integrationszustandes und Nachteilen der Desintegration[121]. Umkehrausschluß kann zusätzlich oder alternativ aus der gemeinschaftlich respektierten Geltung der vereinbarten Gemeinschaftsverfahren, dem Gemeinschaftssystem an sich, legitimiert erscheinen[122]. Das setzt verfassungspolitisch indes eine Konsentierung der Gemeinschaftsgewalt voraus, die den mitgliedstaatlichen Ansprüchen genügt *(54/100 ff.).* Die Sicherheit eines Umkehrausschlusses wird von der Staatengeschichte nicht gerade historisch erwiesen. Die Geschichte hat sie sogar für bundesstaatliche Vollintegrationen negiert.

---

[119] *Deustch;* vgl. *Handley* Integration 1970, 322.

[120] *Heinrich Schneider,* Zur politischen Theorie der Gemeinschaft, Integration 1969, 33 zum Integrationsmodell von *Lindberg;* dazu auch *Zellentin,* Intersystemare Beziehungen in Europa (1970) 193.

[121] Einen solchen Umkehrausschluß hat das Haager Communiqué v. 1./2. 12. 1969 (ABl. 1970 C 136, 15) in Abs. 3 formuliert: „Der Eintritt in die Endphase des Gemeinsamen Marktes heißt ja nicht nur die Unumstößlichkeit des bisher von der Gemeinschaft Erreichten anerkennen, ...“

[122] *Heinrich Schneider,* Integration 1969, 34, der auf *Max Webers* Ausführungen über die Geltung von „rules of procedure“ verweist.

„Wenn selbst voll ausgebildete Föderationen vor der Desintegration nicht sicher sind, so ist es erst recht unwahrscheinlich, daß ein Integrationsprozeß zwischen autonomen Staaten unter dem Gesetz irgendeiner historischen Determiniertheit voranschreiten muß, das den unvollendeten Bundesstaat *(Hallstein)* der Vollendung zuführen müßte."[123]

62 cc) *Jedenfalls:* verfassungspolitisch ist unter den Maßstäben rechtlicher Gestaltung weder ein zeitbestimmter Endzustand noch die terminierte Fixierung eines Umkehrverbotes normierbar, das höheren rechtlichen Wirkungsgrad besäße als die vertragliche Regelung der Staatengliedstellung und die Verfassung ihrer Gemeinschaft. Wenn das Gemeinschaftsrecht in seiner Zeitstufung „Sollbruchstellen" einkalkuliert[124], nämlich den Sachzwang zu weiteren Integrationsschritten über die zunächst geplanten hinaus, wie dieser sich jetzt beim Übergang zur Wirtschafts- und Währungsunion ergab, so stellt jede derartige Zeitschwelle vor ein Entscheidungspostulat. Ob ihm entsprochen wird oder nicht, hängt nicht nur, aber auch ab von der *Sanktion*, die das Gemeinschaftsrecht mit dem Merkmal des Zeitfaktors und seiner Tatbestandserfüllung verbindet.

3. Zeitsanktion

63 a) An Zeiterfüllung, Zeiteintritt und Zeitwende können Entscheidungs- oder Rechtsfolgenvorbehalte geknüpft werden, die den Zeitfaktor sanktionieren. Das jüngste Beispiel dieser Art ist die „Terminklausel" in Abschnitt III Nr. 9 der zur ersten Verwirklichung des Werner-Plans einer Wirtschafts- und Währungsunion ergangenen Entschließung vom 22. März 1971 *(45/20)*. Danach sollen alle in der ersten Stufe bis Ende 1973 getroffenen währungspolitischen Gemeinschaftsmaßnahmen *nur dann* und *nur bis Ende 1975* Bestand behalten, wenn nicht bis zu diesem Zeitpunkt Einigung erzielt wird über den konkreten Inhalt der weiteren Entwicklung bis zur Endstufe dieser Union. Hier wirkt die Terminklausel zur Sanktionierung des Parallelitätsprinzips in der weiteren Stufenplanung, nämlich dagegen, daß währungspolitisch in der ersten Stufe begünstigte Mitgliedstaaten begünstigt bleiben, ohne sich an ihnen lästigen Integrationsschritten der nächsten Stufe zu beteiligen. Hier wirkt der Zeitfaktor mit seiner Sanktionsandrohung als Stufenklammer der zehnjährigen Gesamtplanung.

64 b) Die Terminklausel der Wirtschafts- und Währungsunion ist eine Verfeinerung der in der Stufenerrichtung des Gemeinsamen Marktes verwendeten Normierungstechnik des Art. 8 III, IV EWGV *(22/16)*. Seine Stufen-Feststellungen gleichen Planfeststellungen i. S. einer Statuierung der Zielerreichung einer Zeitstufe, d. h. der Vornahme und Vollziehung der

---

[123] *Schwarz* Fs Eschenburg 426.

[124] *Janz,* Führen alle Wege nach Europa?, Integration 1970, 185. Die Überwindung solcher Bruchstellen kann in der Integration einen „qualitativen Sprung" darstellen.

Gesamtheit von Maßnahmen, die ihr entsprechend zusammen eingeleitet und durchgeführt werden müssen (Art. 8 III EWGV), sowie der Einhaltung der mit ihr verbundenen Verpflichtungen. Die Terminklausel der Wirtschafts- und Währungsunion enthält eine mögliche Umkehrsanktion. Ihre Wirkung wird nur durch das Zustandekommen einer Endplanung ausgeräumt. Die Zeitklauseln des Art. 8 III, IV EWGV enthalten dagegen bei positiver Stufen-Feststellung eine einfache Fortgangs-Sanktionswirkung. Sie genügte, weil dieser Fortgang selbst bereits vertraglich vor-geplant war.

Daraus folgt rechtspolitisch, daß der Zeitfaktor um so sanktionsintensiver auszugestalten ist, je weniger eine Zeitstufenplanung bereits *sämtliche Stufen bis zum Planende* vorbestimmt. Diese Erkenntnis erlaubt und bestätigt zugleich den Schluß, daß jede rechtliche Normierung eines *Endziels* der Vergemeinschaftung als solcher in ihrem gegenwärtigen Zustand *irreal* erscheint. Denn sie wäre in ihrer Gesamtplanung auf Zeitsanktionen derart hoher Intensität angewiesen, daß der dadurch bedingte Stufenvollzug sich letztlich in der Unberechenbarkeit ihres Eintritts oder Nicht-Eintritts verlieren müßte. Dieser Schluß ist verfassungspolitisch auch deshalb gerechtfertigt, weil ein zeitbemessener oder gar zeitsanktionierter *zyklischer* Ablauf der Vergemeinschaftung weder berechenbar ist noch auch nur denkbar erscheint[125]. Selbst wenn Wirtschaftsabläufe sich in solchen Zyklen vollziehen, ihr Rhythmus berechenbar sein sollte und die Sache der Vergemeinschaftung wesentlich die Wirtschaft ist, folgt daraus *nicht auch die Zyklik der Vergemeinschaftung selbst.* Denn Vergemeinschaftung hat die Wirtschaft zum Gegenstand, sie selbst aber vollzieht sich in einem *nichtwirtschaftlichen,* nämlich *politischen Entscheidungsprozeß.*

VII. Das Verfahren

65 *„Verfahren"* steht hier für den *Inbegriff von institutionellen, Zuständigkeits- und Handlungsregelungen der Verträge.* „Verfahren" faßt also einheitlich zusammen, was verfassungspolitisch hinsichtlich der *Bereitstellung und Kompetenzausstattung von Gemeinschaftsorganen sowie ihrer Entscheidungsregelungen* für die gegenwärtigen und im Rahmen der Wirtschafts- und Währungsunion vorgesehenen Aufgaben der Gemeinschaften in Frage steht. „Verfahren" dieses Verständnisses geht davon aus, „daß die Optionen zu den Sachkompetenzen aufs engste mit denen zur Organverfassung verknüpft sind (und) . . . beide Optionsgruppen einander bedingen"[126].

[125] *Zellentin,* Intersystemare Beziehungen in Europa (1970) 194 verweist auf Phasen und Sequenzen der Integrationsausdehnung und fügt „Zyklen" mit gutem Grund nur in Klammern und mit einem Fragezeichen hinzu. Ihre Frage ist eindeutig zu verneinen.

[126] *Ehlermann,* Sachkompetenzen und Organverfassung der Gemeinschaft. Rechtliche Folgen einer Wirtschafts- und Währungsunion, Integration 3/1971 unter I 2.

Im *Zeitmaß* gilt diese Infragestellung dem *Jahrzehnt bis Ende 1980*, nachdem der Stufenplan zur Schaffung einer Wirtschafts- und Währungsunion gemäß Abschnitt I Nr. 1 der Entschließung des Rates und der Vertreter der Regierungen der Mitgliedstaaten vom (9. Februar)/22. März 1971 *(45/17)* am 1. Januar 1971 in Kraft getreten ist.

Jede rechtspolitische Erwägung zur Verfahrensgestaltung dieses Zwecks und dieses Zeitmaßes setzt die *Kritik an der normativ geltenden Verfahrensregelung und der Realität ihrer Handhabung* voraus. Deshalb muß sich die Verfahrensperspektive für das Jahrzehnt, in dem der „Prozeß" der Errichtung der Wirtschafts- und Währungsunion sich vollziehen soll, zugleich an der Kritik der Verfassungslage der Gemeinschaft und an den Erfordernissen künftiger adäquater Verfassungsgestaltung orientieren.

1. Das für die Wirtschafts- und Währungsunion erforderliche Verfahren

66 a) Für die *Endstufe der Union* (die zweite, mit dem Jahr 1975 beginnende Stufe) hatte der *Werner-Bericht* vom 8. Oktober 1970 *(45/19)* in seinen Schlußfolgerungen (VII D) „auf institutioneller Ebene" *zwei Gemeinschaftsorgane* als erforderlich bezeichnet: „Ein wirtschaftspolitisches Entscheidungsgremium und ein gemeinschaftliches Zentralbanksystem. Diese Institutionen müssen ihre Aufgaben unter Wahrung der jeweiligen Eigenverantwortlichkeit mit einer effektiven Entscheidungsgewalt ausüben und zur Verwirklichung der gleichen Ziele beitragen. Das wirtschaftspolitische Entscheidungsgremium muß einem europäischen Parlament gegenüber politisch verantwortlich sein." Diesem Entscheidungsgremium sollten wesentliche Kompetenzen der gemeinschaftlichen Gesamtwirtschaftspolitik zustehen, insbesondere in der Einwirkung auf die Haushaltspolitik der Mitgliedstaaten, der Bestimmung der Währungsparitäten und der Koordinierung der Integrationsbereiche der Wirtschafts- und Sozialpolitik (VII H), wobei von Aktionen „in zunehmend verbindlicheren Formen" die Rede ist. Insgesamt zielt der Bericht (VII B) dahin, „daß die wichtigsten wirtschaftspolitischen Entscheidungen auf Gemeinschaftsebene getroffen werden und infolgedessen die erforderlichen Befugnisse von nationaler Ebene auf die Ebene der Gemeinschaft übertragen werden müssen". Der Werner-Bericht läßt (VII G 11) keinen Zweifel daran, daß die von ihm vorgesehene Verfahrensgestaltung *durch Vertragsänderung* gemäß Art. 236 EWGV herbeizuführen sein würde.

67 b) Die Entschließung vom 22. März 1971 bleibt hinter diesen Erfordernissen zurück: zwar sieht auch sie (I 3) ein gemeinschaftliches Zentralbanksystem vor, das unter Wahrung seiner Eigenverantwortung zur Verwirklichung des Ziels der Stabilität und des Wachstums der Gemeinschaft beiträgt. Das Parlament soll die im Rahmen der Wirtschafts- und Währungsunion geführte Gemeinschaftspolitik erörtern und kontrollieren, ohne daß seine Kompetenz damit über Art. 137 EWGV hinausgehend umschrieben würde. Das „wirtschaftspolitische Entscheidungsgremium" des Werner-Berichts ist als Institution nicht mehr vorgesehen. Die Entschließung begnügt sich insoweit mit der Wendung: „Die Organe der Gemeinschaft werden in die Lage versetzt, ihre wirtschafts- und währungspolitische Verantwortung wirksam und rasch auszuüben."[127] Sie stellt (IV) für die Verfahrensgestaltung nicht nur ab auf etwaige Vertragsänderung gemäß Art. 236 EWGV, sondern auch „auf die Grundlage der bestehenden Bestimmungen des Vertrages" und auf Art. 235 EWGV, mithin auf die Chance einer auch vertragsimmanenten Verfahrensregelung, wie sie ebenso in ihrem Bezug auf die *bestehenden Organe* der Gemeinschaft vertrags*immanent* formuliert. — Mit Entschließung vom 21. März 1972 haben Rat und Regierungsvertreter inzwischen eine besondere Koordinierungsgruppe beim Rat geschaffen *(44/15 a. E.)*.

68 c) Welche Verfahrens-Ausgestaltung für die Endstufe der Wirtschafts- und Währungsunion *erforderlich* ist, welche *Gestaltungsform* innerhalb des Vertrages oder unter seiner Änderung in Betracht kommt, kann sich nicht lediglich nach den vagen rechtspolitischen Vorstellungen der Entschließung vom 22. März 1971 richten. Maßgeblich hierfür müssen auch die Endzielvorstellungen für die Errichtung der Union sein sowie die Einsichten verfassungskritischer Überprüfung des geltenden Rechts und der Realitäten seiner Handhabung.

69 d) Ob, inwieweit und in welcher Form die danach auszurichtenden Verfassungspostulate eine Chance der sachlich und zeitlich adäquaten Verwirklichung haben, hängt von der nüchtern-zutreffenden Feststellung des Werner-Berichts (VII A) ab: „Die Wirtschafts- und Währungsunion kann im Laufe dieses Jahrzehnts erreicht werden, sofern der auf der Haager Konferenz feierlich verkündete politische Wille der Mitgliedstaaten, dieses Ziel zu verwirklichen, vorhanden ist." Anfang 1972, da diese Wendung hier wiederholt sei, kann eine Prognose über Existenz und Tragweite dieses politischen Willens mit hinreichender Sicherheit nicht gegeben werden. Daß das auch nicht Aufgabe der Rechtswissenschaft sei, ist ein Trost, wenn auch ein schwacher.

2. *Die Mängel des bestehenden Verfahrens*

Die ersichtlichen *Mängel des bestehenden Verfahrens* — um es zu wiederholen: in den institutionellen, den Zuständigkeits- und Handlungs-Regelungen der Verträge — beruhen teilweise auf ihrem *Normgehalt*, teilweise auf der Art und Weise ihrer *tatsächlichen Handhabung* oder *Nicht-Handhabung*. Die Kritik, die die Mängel des Integrationsverfahrens zu statuieren

---

[127] *Ehlermann*, Verfassungsprobleme (vgl. Anm. 94) unter 12) verweist darauf, daß zwischen dem Werner-Bericht und der Entschließung vom (9. 2.)/22. 3. 1971 *Pompidous* Konföderationskonzept auf der Pressekonferenz vom 21. 1. 1971 vorgelegt worden sei.

hat, ist also *zugleich normative Verfassungskritik und solche,* die sich aus der *Vergemeinschaftungs-Wirklichkeit* einstellen muß. Sie betrifft im wesentlichen vier Komplexe: a) den Rat, die Rolle der Mitgliedstaaten in ihm, die Rolle der Ständigen Vertreter der Regierungen der Mitgliedstaaten; b) die effektive, vertragswidrige Nicht-Anwendung des Mehrheitsprinzips im Entscheidungsprozeß des Rates; c) die dem Vertragsrecht nicht mehr entsprechende Rolle der Kommission und ihrer Zuordnung zum Rat und zu den Mitgliedstaaten; d) die Rolle des Parlaments.

Verfassungsperspektiven und rechtspolitische Erwägungen für die zur Errichtung der Wirtschafts- und Währungsunion erforderliche Verfahrensgestaltung[128] müssen ohne Einschätzung dieser vierfachen Mangelerscheinungen irreal, hypothetisch, wenn nicht gar abwegig bleiben. Verfassungspolitik zur Wirtschafts- und Währungsunion hat die Systemmängel der Vergemeinschaftung, die sich hierin äußern, in Rechnung zu stellen und muß ihrerseits versuchen, im Entwurf einer Verfahrensgestaltung für die Union zugleich existente Verfahrensmängel nach Kräften zu überwinden.

70 a) Das *Entscheidungsverfahren des Rates* entspricht nicht den ihm im Integrationsprozeß vertragsrechtlich obliegenden Aufgaben. Und er nimmt seine Zuständigkeiten nicht in der vertragsrechtlich vorgesehenen und möglichen Weise wahr.

71 aa) Er handelt nicht im Gleichtakt der Kommissionsvorschläge, oft nicht rechtzeitig, oft ohne eindeutige Entscheidung, oft überhaupt nicht unter Aufschub des Entscheidungsnotwendigen. Sein Verfahren ist schwerfällig. Seine Erweiterung durch neue Ratsmitglieder der beitretenden Staaten ist kein Faktor zu erwartender Verfahrenserleichterung oder -beschleunigung. Eher ist das Gegenteil zu erwarten. Integrationspolitische Impulse selbst nur vertragsimmanenter Planung sind zunehmend nicht mehr vom zuständigen Rat ausgegangen, sondern in krisenhaften Situationen nur noch ad hoc und deshalb unorganisch durch sog. „Gipfelkonferenzen“ der Regierungschefs und Staatsoberhäupter zustande gekommen.

72 bb) Unter Mißachtung von Verfahrensregelungen der Verträge hat der Rat — und dies seit der Luxemburger „Vereinbarung“ *(23/19)* bewußt und planmäßig — *Einstimmigkeit* seines Entscheidungsprozesses praktiziert,

---

[128] Hinzuweisen ist insbes. auf: *Everling,* Die Entwicklung der Europäischen Gemeinschaft zur Wirtschafts- und Währungsunion. Ihre Bedeutung für die Verfassungsordnung der Mitgliedstaaten, NJW 1971, 1481; dazu: *Ehlermann,* Sachkompetenzen und Organverfassung der Gemeinschaft. Rechtliche Fragen einer Wirtschafts- und Währungsunion, Integration 1971; *Meier,* Die Weiterentwicklung des Gemeinsamen Marktes zur Wirtschafts- und Währungsunion — Aufgabe des Integrationsprinzips?, AWD 1971, 497; *Oppermann,* Währungsunion und EWG-Vertragsrevision EuR 1971, 130; *Nicolaysen,* Gemeinschaftsverfassung im Zeichen der Wirtschafts- und Währungsunion, Integration 1971, 90; ferner die Referate von *Scheuner, Ehlermann, Hans Möller, Haeckel* im Arbeitskreis Europäische Integration e. V. v. 26./27. 11. 1971 sowie die Referate von *Krämer, Tietmeyer, Herzog, Sautter, Sasse, Frowein* auf der Tagung der Wiss. Ges. f. Europarecht Bad Ems April 1972: Die Entwicklung der Gemeinschaft in den siebziger Jahren.

Vetoanwendung geduldet, wo vertragsrechtlich nach dem Mehrheitsprinzip zu handeln war. Der Rat hat damit und auch in anderer Weise gleicher Wirkung „intergouvernementale“ Züge angenommen und so Prinzipien des Gemeinschaftsrechts vernachlässigt oder verletzt. Die Mitgliedstaaten haben sich im Rat in der Gemeinschaftspraxis eine Zuständigkeit zugemessen, die das Vertragsrecht dem *Rat als Gemeinschaftsorgan nicht* zugedacht hat. Ein Prozeß der Re-Nationalisierung, der im Gemeinschaftssystem auch sonst wirksam ist, hat den integrationspolitisch vorgesehenen und rechtlich geordneten Prozeß der Entnationalisierung öffentlicher Funktionen zwar nicht abgelöst, aber behindert, gehemmt, verzögert.

73 cc) Der Rat verfügt im *Ausschuß der Ständigen Vertreter der Mitgliedstaaten (13/8—11),* den Art. 4 FusV vertragsrechtlich unmittelbar instituiert hat, über eine „Infrastruktur“[129] wachsenden Einflusses. Mit seiner Hilfe als einem permanent fungierenden Vertretungs- und faktischem Ersatzentscheidungs-Gremium wird der Rat teils „mediatisiert“, andererseits der „intergouvernementale“[130] Mechanismus einstimmiger Entscheidung verdoppelt und die vertragsrechtliche Zuordnung der Kommission zum Rat verfälscht: die Kommission steht zunehmend nicht mehr dem Rat als solchem, sondern dem Ausschuß der Ständigen Vertreter gegenüber und wird so im Verhältnis zum Rat auch ihrerseits mediatisiert.

74 dd) Das Vertragsrecht sieht den *Rat nicht* als *Regierung* innerhalb eines parlamentarischen Regierungssystems und kennt deshalb keine politische Kontrolle des Rates durch das Parlament. Der Ansatz eines solchen Systems — mit Hilfe der politischen Kontrolle der Kommission durch das Parlament — zielt eher auf die *Regierungsrolle der Kommission.* Eine politisch-parlamentarische Kontrolle kann sich in der Konstruktion des Vertrages nur mittelbar auf den Rat auswirken, und zwar auf der mitgliedstaatlichen Verfassungsebene der Ministerverantwortlichkeit im Hinblick auf ihre Teilhabe an der Ratswillensbildung. Diese politische Kontrolle ist — jedenfalls in der BRD, und dort auch mitbestimmt durch ihr Kanzlersystem — mitgliedstaatlich aber ohne hinreichende Effizienz[131]. Dadurch wird das Gewicht der Regierungen im Rat, damit ihre Position im Gesamtsystem der Gemeinschaftsorganisation, über das Maß der Verträge hinaus gesteigert und die in ihm angelegte Gewaltenteilung geschwächt. Die Re-Nationalisierung in der Gemeinschaft vollzieht sich in der Stärkung der *Regierungsgewalt.* Da es an gehöriger „Rückkopplung“[132] zwischen dem Parlament der Gemeinschaften und den nationalen Volksvertretungen fehlt, wird diese Gewichtsstörung auch nicht mit ihrer Hilfe ausgeglichen.

75 b) Das *Einstimmigkeitsverfahren* in der Willensbildung des Rates wird

---

[129] *Neunreither* ZParl 1971, 337; dazu insbes. *Nicolaysen,* Integration 1971, 93.
[130] *Ehlermann,* Verfassungsprobleme (vgl. Anm. 94) unter 8 (2).
[131] *Ehlermann,* Sachkompetenzen (vgl. Anm. 128) unter III 4.
[132] *Neunreither* ZParl 1971, 340.

seit dem Luxemburger Akkord dem Vertrag zuwider praktiziert, soweit dieser Mehrheitsentscheidung ermöglicht und solche durch Veto oder andere Praktiken verhindert wird oder unterbleibt. Da das Mehrheitsprinzip zu den Elementen des Prinzips supranationaler Integration zählt *(23/21)*, kann seine Außerachtlassung verfassungspolitisch weder bagatellisiert noch ignoriert werden, solange die Vergemeinschaftung als Prozeß der Supranationalisierung zu begreifen ist. Das Einstimmigkeitsprinzip fördert den „intergouvernementalen" Entscheidungsstil des Rates und leistet einer Konföderations-Vorstellung Vorschub, die als solche dem geltenden Gemeinschaftsrecht fremd ist. Dieser Vorschub wird auch nicht dadurch gemildert, daß der Rat sich auf *grundlegende* Beschlüsse beschränkt[133]. Sicherlich setzen „Mehrheitsentscheidungen ... einen hohen Integrationsstand voraus, weil sie von dem Unterlegenen die Bereitschaft zur Hinnahme eines ungewollten Beschlusses verlangen". Indes: daß die Gemeinschaft diesen Stand in wichtigen Zuständigkeiten erreicht hat und in der Wirtschafts- und Währungsunion in noch wichtigeren Bereichen zu überhöhen im Begriff ist, steht nicht nur außer Zweifel, sondern, rechtlich fixiert, im zeiterfüllten Vertrag und der Entschließung vom 22. März 1971. Daß das Einstimmigkeitsprinzip, damit das Vetorecht eines jeden Mitgliedstaates in einer *erweiterten* Gemeinschaft der Zehn ihre „Regierbarkeit"[134] zusätzlich erschwert, weil die Veto-Gefahr nicht nur mit der Mitgliederzahl, sondern auch mit der Interessenpluralisierung steigt, wird durch alle internationale Organisierung derartiger Konföderationsstruktur und ihre Erfahrungen bestätigt. Nur die unverzügliche Einbindung auch der neuen Mitgliedstaaten in die Vertragsregeln des Mehrheitsprinzips[135] könnte verhindern, daß der Luxemburger Akkord sich in einem von Bonn geduldeten Paris-London-Akkord[136] prolongiert und schrittweise als „constitutional convention" das Vertragsrecht gewohnheitsrechtlich aushöhlt. Die Annahme[137], das Mehrheitsprinzip in den Verträgen sei überfordert, die Einlassung auf das Einstimmigkeitsprinzip entspreche besserer Einsicht, ignoriert den bei Vertragsschluß eindeutig stipulierten politischen Willen der Mitgliedstaaten. Wenn er seit dem Luxemburger Akkord erlahmt ist, andererseits von neuen Mitgliedstaaten im Beitrittsvertrag uneingeschränkte Vertragshinnahme gefordert, von diesen ak-

[133] Dazu: *Everling* NJW 1971, 1485.

[134] *Meier* ADW 1971, 501; *Nicolaysen,* Integration 1971, 95.

[135] *Schwarz* Fs Eschenburg 432: Vieles hänge davon ab, „ob es bald gelingt, das Prinzip der Mehrheitsentscheidungen im Rat rigoros durchzusetzen. Dann würde die Position der Kommission von selbst gestärkt".

[136] Vgl. hierzu die Erklärung von Premierminister *Heath* vor dem britischen Unterhaus am 24. 5. 1971, der zufolge er mit Staatspräsident *Pompidou* darin übereinstimmte, „daß Wahrung und Stärkung der Struktur der Zusammenarbeit in einer solchen Gemeinschaft erfordert, daß Entscheidungen in der Praxis einstimmig getroffen werden, wenn lebenswichtige Interessen eines oder mehrerer Mitglieder auf dem Spiel stehen" (EA 1971, D 277 f.).

[137] Von *Herzog,* Allgemeine Staatslehre (1971) 410.

zeptiert wird und die Staaten den Fortschritt der Vergemeinschaftung in der Wirtschafts- und Währungsunion wollen, muß auch während der Errichtung der Union im Prinzip auf der Anwendbarkeit der Mehrheitsentscheidung jedenfalls im bisher vorgesehenen Ausmaß bestanden werden. Geschähe das nicht, würde die Verfassungspolitik der Gemeinschaft den Vorwurf innerer Systemwidrigkeit hinnehmen müssen. Daß das Mehrheitsprinzip für Stufenentscheidungen innerhalb des Zehnjahresplans der Union selbst geboten und politisch diskutabel sei, folgt daraus selbstverständlich nicht.

76 c) Die *Kommission* ist dasjenige Gemeinschaftsorgan, dessen vertraglich vorgesehene und in der Übergangszeit lange wahrgenommene Rolle am fragwürdigsten geworden ist.

77 aa) Das hat seine Erklärung einmal — aber sicherlich nicht zuletzt — in ihrer personellen Zusammensetzung nach Rang und Qualität ihrer Mitglieder und ihrer Präsidenten. Es gibt Mitgliedstaaten, die die selbstverständlichen, in Art. 10 FusV umschriebenen Maßstäbe ihrer Präsentationsaufgabe vernachlässigt oder verletzt haben. Proporzmanipulation und politische Karriere-Selektion statt allein sachgerechter Eliteauswahl[138] haben zum Schaden der Sache Pate gestanden, und dies auch in der BRD, das seine Pflichten am Beginn der Vergemeinschaftung erfüllt hatte. Fehler des Präsentationsverfahrens, die nachträglich sichtbar wurden, sind auch nicht korrigiert worden, soweit Art. 10 II FusV hierzu Anlaß hätte geben müssen *(14/4)*.

78 bb) Das Vorschlagsmonopol der Kommission als gleichgewichtiges Element im Entscheidungsverfahren des Rates *(32/22)* ist geschwächt, wenn nicht erlahmt oder gebrochen. Dies einmal wegen der Praxis der Rats-Einlassung auf Kommissionsvorschläge, die die Kommission entmutigt hat; zum anderen wegen der selbstgesuchten, aber auch vom Rat und von den Mitgliedstaaten beförderten Vor-Klärung ihrer Vorschläge in verschiedenen Abstimmungsverfahren mit den Mitgliedstaaten *(23/4)*[139]. Statt sich, gemeinschaftsrechtlich embryonal so erkennbar, in Richtung auf eine Gemeinschaftsregierung zu entwickeln, hat die Kommission Züge eines Organisations-Sekretariats angenommen[140]. Das Gewicht der Kommissions-Bürokratie sinkt mit der „Rollenkapazität" der Kommission[141]. Es kann weiter sinken, wenn eine nationale Personalpolitik und ihr Abordnungssystem eine autonome Personalrekrutierung durch die Kommission und eine entspre-

---

[138] Zu diesen gebotenen Anforderungen vgl. *Schwarz*, Fs Eschenburg 432 unter Bezugnahme auf *Hallstein:* „nur ministrable Politiker ... oder noch besser Regierungsmitglieder." — Es gibt sogar Anlaß zum Zweifel, ob auch dieser Maßstab genügt. Jedenfalls kann Art. 10 I FusV nicht ernst genug genommen werden: „allgemeine Befähigung" und „volle Gewähr für ihre Unabhängigkeit", was beides durch parteipolitische Proporz-Ausmendelung noch nicht gewährleistet wird. Vestigia terrent!

[139] Dazu: *Neunreither* ZParl 1971, 327, 337.

[140] *Ehlermann*, Verfassungsprobleme (vgl. Anm. 94) unter 8 (2).

[141] *Neunreither* ZParl 1971, 337.

chende Besoldungspolitik behindert oder — wie gegenwärtig der Fall — ausschließt. In ihrer permanenten Konfrontation mit dem Ausschuß der Ständigen Vertreter als dem Gehilfen des Föderalorgans der Gemeinschaft *(23/7)* und in der „Misch-Beratung" zahlreicher, von den Regierungen und der Kommission beschickter Ausschüsse ist diese einem ständigen mitgliedstaatlichen Einwirkungsprozeß ausgesetzt. Für eine auch personell in ihrer Gemeinschaftsfunktion nicht mehr hinreichend selbstbewußte und voll aktionsfähige Kommission hat dieser sachlich zwar nützliche, gemeinschaftspolitisch aber risikovolle Dauerkontakt mit mitgliedstaatlichen Interessen zu Erscheinungen *auch ihrer* „Nationalisierung" geführt. Daß auch ihre eigenen Entscheidungen sich — analog dem Ratsverfahren — zunehmend (und entgegen Art. 17 I FusV) dem Einstimmigkeitsprinzip unterwerfen, ist sowohl Folge dieser Kontaktierung wie der Schwächung ihrer Position gegenüber dem Rat.

79 cc) Das Gemeinschaftssystem mit seiner Gewaltenteilung hat unter diesen Einwirkungen eine doppelte Gewichtsverlagerung erfahren: mit der Schwächung der Kommission ist auch die ihr gegenüber bestehende Kontrollzuständigkeit des Parlaments, damit jenes Mindestmaß demokratischer Kontrollwirksamkeit abgewertet worden, das das Vertragsrecht vorsieht. Deshalb ist eine Kontrolle der Kommission zwar nicht entfallen. Sie ist aber mit ihrer effektiven Wahrnehmung durch die nationalen Bürokratien in den Ausschußverfahren zur Erarbeitung von Kommissionsvorschlägen auf die *Exekutiven* der Mitgliedstaaten übergegangen[142]. Das hat die ohnehin wirksame Einflußnahme der Exekutive im Rat und im Ausschuß der Ständigen Vertreter zusätzlich überhöht. Damit vollzieht sich eine Entwicklung, die in der Gemeinschaftsverfassung nicht angelegt ist, dem Art. 138 EWGV nicht entspricht und den nationalen Regierungssystemen — jedenfalls der BRD — nicht gerecht wird. Wenn diese Entwicklung im französischen Regierungssystem eine Entsprechung findet, wirkt sie sich überdies im Sinne einer gemeinschaftswidrigen Privilegierung *eines* Mitgliedstaates aus.

80 dd) Insgesamt bedeutet dieser Rollenwandel der Kommission einen *Spannungsverlust* im Gemeinschaftssystem, das zugleich auf dem Dualismus Rat — Kommission *und* dem Prinzip aufeinander angewiesener Willensbil-

---

[142] *Neunreither* ZParl 1971, 334 bezeichnet es als „eine der erstaunlichsten Fragen der bisherigen Entwicklung der Gemeinschaften", daß das „exekutiv-bürokratische Element der nationalen Systeme" sich „als das politische Element der Gemeinschaft darzustellen (verstand), das die ‹Brüsseler Technokratie› ... zu kontrollieren habe". Diese Erscheinung wird weniger erstaunlich, wenn bedacht wird, daß der Entscheidungsprozeß gegenwärtiger Hoheitsentfaltung aus der Sache heraus ein solcher der Planung und des Planvollzuges ist und es ihm gegenüber parlamentarischer Kontrolle neuer Gestaltung bedarf. Daß dort, wo solche Kontrolle weder gemeinschafts-parlamentarisch noch staatlich-parlamentarisch hinreichend funktioniert, nationale Exekutivorgane „einspringen", die ihrerseits immerhin von einem politisch verantwortlichen Minister geleitet werden, kann so sonderlich nicht überraschen. Daß diese Erkenntnis Systemmängel der Gemeinschaftsverfassung offenbart, ist indes nicht zu bestreiten; vgl. dazu auch *Neunreither*, 335, 338.

dung beruht, nach dem eine unabhängige Kommission als Hüter und Promotor des öffentlichen Gemeinschaftsinteresses gegenüber den Interessen der Mitgliedstaaten zu wirken berufen ist. Die Doppelung der Entscheidungsebenen[143], die die Verträge in den Mitgliedstaaten und in den Gemeinschaften voraussetzen und dort in Struktur und Zusammenwirken von Rat und Kommission zu realisieren suchen, wird durch den Spannungsverlust zwischen einer national „eingebundenen" Kommission und einem „re-nationalisierten" Rat in Frage gestellt.

81 d) „Die Welt des Europäischen Parlaments ist noch heil."[144] Das mag einem „gegenwärtigen Leitbild" des Parlaments und der Verheißung des Art. 138 II EWGV entsprechen. Und doch liegt darin eine Selbsttäuschung. Denn dieses Leitbild ist rezeptiv nach der Vorlage nationaler Verfassungsmodelle gezeichnet, ohne sich der dort anstehenden Parlamentarismus-Kritik an sich zu stellen, ohne den Funktionswandel des Parlaments in seiner Kontrollaufgabe gegenüber moderner wirtschafts- und finanzplanender Regierungstätigkeit zu bedenken[145], ohne die Andersartigkeit eines politischen Gemeinschaftssystems im Vergleich zum nationalen Verfassungssystem in Rechnung zu stellen, auch ohne zu erwägen, ob die Vergemeinschaftung nicht eine Chance neuer Systemkonzeptionen und Kontrollmechanismen bietet[146].

82 aa) Das Parlament hat in den Grenzen des Haushaltsvertrages *(18/12 bis 18, 12/32—34)* seine *Budgetbefugnisse* erweitert und damit die in der Krise 1965/66 zurückgedrängten Forderungen teilweise verwirklicht. Daß insoweit ein *erster Schritt*, dem weitere folgen mögen, getan ist, erscheint verfassungspolitisch wesentlicher als der noch bescheidene Umfang der Budgetbefugnisse[147].

83 bb) Da das Parlament im Bereich der *Normsetzung* vertragsrechtlich weder Entscheidungsbefugnisse besitzt noch solche in Aussicht gestellt sind, seine vom Rat praktizierte, aber sachlich kaum respektierte Anhörungsbeteiligung ihr Fehlen auch nicht kompensiert, geht ihm dieses Essentiale einer Parlaments-Kompetenz ab. Das ist um so wesentlicher, als der gemeinschaftsrechtlich bewirkte legislative Kompetenzschwund der nationalen Parlamente durch entsprechende Kompetenzanreicherung des Europäischen Parlaments nicht ausgeglichen wird. Das *exekutive Element* des Gemeinschaftssystems wird also *auch auf diese Weise* intensiviert. Die demokratische Legitimationslücke bleibt gemeinschaftsrechtlich ungeschlossen und erweitert sich in der nationalen Ebene[148].

---

[143] *Scheuner*, Verfassungsprobleme (vgl. Anm. 89) unter 12 b).
[144] *Neunreither* ZParl 1971, 321.
[145] *Meier* AWD 1971, 501.
[146] *Ipsen*, Verfassungsperspektiven 20.
[147] *Ehlermann*, Verfassungsprobleme (vgl. Anm. 94) unter 8 (3).
[148] *Ehlermann*, Sachkompetenzen unter III 4; *Neunreither* ZParl 1971, 329, 335, 338.

84 cc) Die durch das geltende System an sich ermöglichte Kontroll-Fusion zwischen den nationalen Parlamenten und dem Europäischen Parlament, die eine Kontroll-„Leihe“ über die Straßburger Abgeordneten nicht ausschließen würde, findet nicht oder nur ohne sonderliche Wirkungen statt. Denn die europäischen Abgeordneten haben aus verschiedenen Gründen keine hinreichende Funktion in ihren heimischen Parlamenten. Ihr Europa-Potential bleibt ungenutzt *(54/33)*.

85 dd) Die Option des Art. 138 III EWGV erscheint einstweilen irreal und selbst bei etwa möglicher Verwirklichung in Gestalt teilweiser, einzelstaatlicher Direktwahlen politisch ohne sonderliche Relevanz. Denn die wesentlichen Voraussetzungen einer Konsentierungs- und Repäsentanz-Wirkung fehlen, solange das Parteiwesen unintegriert bleibt *(54/33)*.

86 ee) Für das Jahrzehnt der Errichtung der Wirtschafts- und Währungsunion sehen die vorhandenen vertragsrechtlichen Zuständigkeiten und Handlungsregelungen, die für ihre vertragsimmanente Entwicklung im Kapitalverkehr, in Konjunktur- und gemeinsamer Handelspolitik verfügbar sind, nicht einmal eine Anhörungsbefugnis des Parlaments vor[149]. Hier fehlt also schon ein Entwicklungsansatz.

87 ff) Ob der Beitritt Großbritanniens mit seiner tradierten Parlamentspraxis zu einer Aktivierung und Aufwertung des Europäischen Parlaments beizutragen vermag, steht dahin. Denn auch der neue Mitgliedstaat ist an die vertragliche Eingrenzung der Parlamentsbefugnisse gebunden. Es bleibt zu beobachten, ob Abgeordnete des Unterhauses im Europäischen Parlament (und umgekehrt) eine kontroll-fusionierende Funktion wahrnehmen können und werden.

88 e) Die normative und reale Verfassungskritik des Gemeinschaftssystems trifft Anfang, Mitte und Zukunft der Gemeinschaftsverfassung: Zweifel an der Richtigkeit und Eignung ihrer Konstruktion, Abweichung von Verfassungsprinzipien in der Gemeinschaftspraxis, Chance der Mängelbehebung und Prinzipienbewahrung in der Verfahrensgestaltung für die Wirtschafts- und Währungsunion. Die Aufgabe eines vervollkommneten Gemeinschaftssystems bleibt auch wissenschaftlich gestellt[150]. Eine sich bescheidende Verfassungsperspektive bis 1980 kann lediglich integrationspolitisch unverzichtbare Verfassungsprinzipien hervorheben, in ihrer Anwendung eine Verfahrensgestaltung skizzieren, die hierfür denkbaren Gestaltungswege angeben.

3. Verfahrensgestaltung für die Wirtschafts- und Währungsunion

89 a) Für die Verfahrensgestaltung zur Wirtschafts- und Währungsunion müssen *die dem geltenden Vertragsrecht zugrunde liegenden Prinzipien* maßgeblich bleiben: das Integrationsprinzip, das Prinzip der Supranationalität

---

[149] *Ehlermann,* Sachkompetenzen unter III 4.
[150] Richtig: *Neunreither* ZParl 1971, 343.

einschließlich des Mehrheitsprinzips mindestens in seiner vertraglich bislang normierten Einsetzbarkeit. Das Prinzip demokratischer Konsentierung und Kontrolle kann auch in der Wirtschafts- und Währungsunion nur wirken, soweit es in der Einrichtung des Parlaments und dem Auftrag des Art. 138 II EWGV manifestiert und nicht entbehrlich oder substituierbar ist *(54/109 bis 111).*

90 b) Die für die Errichtung der Union erforderliche Organisation kann — mit Ausnahme des gemeinschaftlichen Zentralbanksystems — *in den vorhandenen Gemeinschaftsorganen* bereitgestellt werden, wie dies die Entschließung vom 22. März 1971 (I 3) vorsieht, vom Werner-Bericht (VII D: zwei Gemeinschaftsorgane, und zwar neben dem gemeinschaftlichen Zentralbanksystem „ein wirtschaftliches Entscheidungsgremium") in dieser Weise nicht eindeutig vorbestimmt war. *Außer den existierenden Organen* sind *andere* zur Wahrnehmung wirtschafts- und währungspolitischer Verantwortung — wiederum abgesehen vom Zentralbanksystem — *nicht erforderlich, wenn* sie nur zu ihrer „wirksamen und raschen" Ausübung instand gesetzt werden. Hier, zur Behauptung der unabdingbaren Verfassungsprinzipien und zur Heilung oder Vermeidung der aufgetretenen Verfahrensmängel, kommen Veränderungen der Organkompetenzen in Betracht.

91 aa) Da die Verwirklichung der Union den Übergang wichtiger Wirtschafts-, Währungs- und Haushaltsbefugnisse auf die Gemeinschaft voraussetzt, muß die *Kommission* als *Hüter des Gemeinschaftsinteresses* in *optimaler* personeller Besetzung und unter *Begrenzung ihrer nationalen Einbindung* wirken können. Ihr Zusammenwirken mit dem *Rat* bedarf zugleich der Wiederherstellung und Stärkung ihrer planvollen Vorschlagsinitiative und einer Beschleunigung seines, des Rates Entscheidungsprozesses. Konjunktur- und Währungspolitik in der Hand der Gemeinschaft verlangen aus der Natur der Sache prompte und zügige Entscheidungen. Die Kommunikation zwischen der mitgliedstaatlichen Willensbildung und ihrer Geltendmachung im Rat und der Wahrnehmung des Gemeinschaftsinteresses durch die Kommission[151] sollte im Sinne des Art. 149 EWGV tunlichst *immediat* stattfinden. Daraus folgt eine notwendige Eingrenzung der Funktionen der Ständigen Vertreter ebenso wie eine solche der Ausschüsse, in denen die Kommission vor Vorschlagsentschließung ihre Intentionen abklärt. Rang, Gewicht und Wirksamkeit der Kommission bedürfen der Stärkung. Ihre Immediatstellung zum Rat würde sie bewirken können. Der Gedanke[152], der Kommission für Eilfälle oder solche, in denen der Rat nicht zur Entscheidung kommt, subsidiäre Befugnisse einzuräumen, könnte in Verbindung mit Zeitsanktionen den Entscheidungsprozeß beschleunigen. Zur Wahrung des Spannungsverhältnisses zwischen Kommission und Rat kämen demgegenüber Einspruchsbefugnisse des Rates in Betracht.

---

[151] Dazu: *Schwarz* Fs Eschenburg 399.

[152] *Meier* AWD 1971, 500.

92 bb) Von der Grundsatzfrage geeigneter Konsens- und Kontrollmechanismen abgesehen, die sich *nicht nur* vertrags*immanent* stellt, kann eine *Stärkung der Parlamentsbefugnisse* die Stufenschritte der Union erleichtern. Dies deshalb, weil die Übertragung der in Frage stehenden Hoheitsbefugnisse der Mitgliedstaaten sonst bisher existente Konsens- und Kontrollräume der nationalen Parlamente schließt, ohne sie gemeinschaftsrechtlich zugleich zu öffnen. Der mitgliedstaatliche Impetus zum Integrationsfortschritt im Rahmen der Union wird durch die Schaffung parlaments*freier* Bereiche *nicht* gefördert, sondern behindert. Da der Rat im geltenden Gemeinschaftssystem nicht als Regierung angelegt, deshalb sein Entscheidungsprozeß ein weniger geeignetes Kontrollobjekt des Europäischen Parlaments ist und — wenn auch mittelbar — nur mitgliedstaatlich kontrolliert wird, sprechen gute Gründe für eine Stärkung der Parlaments-Befugnisse im Verhältnis zur Kommission[153]: einmal durch Mitwirkung bei der Ernennung ihrer Mitglieder, zum anderen durch intensivere Teilhabe am Vorschlagsverfahren der Kommission. Diese Erwägung liegt auch in der Intention des Art. 144 EWGV. Ob dem Parlament eine Mitwirkung am legislativen Entscheidungsprozeß des Rates einzuräumen ist, erscheint zweifelhafter. Variationen der Teilhabe (aufschiebendes Einspruchsrecht, begrenzte Zustimmungsvorbehalte) könnten auf verschiedene Entscheidungsgegenstände zugeschnitten werden. Ihre Anwendung setzt indes im Verhältnis zum Rat — mehr als hinsichtlich der Kommission — voraus, daß die integrierte Basis des Parlaments erweitert wird. Der Vollzug des Art. 138 II EWGV allein würde hierzu schwerlich ausreichen.

93 cc) Der *Ausschuß der Ständigen Vertreter,* der die Immediatstellung der Kommission zum Rat behindert, ist ebensowenig wie der Rat als Regierungsorgan der Gemeinschaft angelegt. Die Stärkung seiner Stellung bedeutet eine Schwächung der Kommission. Für die Verwirklichung der Wirtschafts- und Währungsunion, die einen entscheidenden Integrationsschritt supranationalisierender Wirkung darstellt, steht *seine* Funktion *nur als Hilfsorgan des Rates* in Frage, *nicht als selbständiger Teilhaber am Entscheidungsprozeß*. Der französische Vorschlag, seine Mitglieder im Ministerrang als „Europaminister" und als solche in den mitgliedstaatlichen Regierungen auszuweisen, verbietet sich bereits aus der sektoralen Vielfalt der Gemeinschaftsaufgaben, in der BRD überdies aus Art. 65 GG[154].

94 c) Das in der Entschließung vom 22. März 1971 vorgesehene *gemeinschaftliche Zentralbanksystem* erfordert einen *Zentralbankrat der Gemeinschaft* mit Befugnissen, die über die des bestehenden Ausschusses der Zentralbankpräsidenten *(45/6)* erheblich hinausgehen. Die Entschließung denkt diesem Organ die notwendigen Befugnisse auf monetärem Gebiet zur „Führung der Union" (I 3) zu, die durch intensivere Koordinierung der Wäh-

[153] Vorschläge hierzu bei *Ehlermann,* Sachkompetenz, unter III/5.
[154] Dazu: *Meier* AWD 1971, 501, 502.

rungs- und Kreditpolitik der Mitgliedstaaten im Währungsausschuß und im Ausschuß der Zentralbankpräsidenten vorbereitet werden soll (III 5). Für die Einrichtung des Zentralbankrates stellt sich die Frage seiner Unabhängigkeit von den anderen Gemeinschaftsorganen, wie sie in der BRD gemäß § 12 Satz 2 des Bundesbankgesetzes für die Deutsche Bundesbank gegenüber der Bundesregierung vorgesehen ist[155]. Der Werner-Bericht (VII D) stellt auf eine Eigenverantwortlichkeit des Zentralbankrates ab. Er wird indes mindestens eine solche, die Gemeinschaftspolitik des Rates unterstützende Funktion wahrzunehmen haben, wie sie der Deutschen Bundesbank gegenüber der allgemeinen Wirtschaftspolitik der Bundesregierung obliegt. Im Verhältnis zur unabhängigen Kommission muß der Zentralbankrat eine auf Kooperation bedachte Stellung einnehmen.

4. Rechtsformen der Verfahrensgestaltung

Die zur *Verfahrensgestaltung* der Wirtschafts- und Währungsunion in Betracht kommenden *Rechtsformen* können *nicht einheitlich* sein, weil es sich um unterschiedliche Gestaltungsanliegen handelt.

95 a) Daß jede Rechtsgestaltung, die sich *innerhalb* des geltenden Vertragsrechts erreichen läßt, rechtspolitisch den Vorzug verdient, bedarf keiner weiteren Begründung. Denn jede Vertragsänderung birgt außer der Gefahr des Zeitverlustes und des Scheiterns im Ratifizierungsverfahren auch nur eines Mitgliedstaates die eines „Dominoeffektes" in sich: des Versuchs, geltende und an sich zur Änderung nicht anstehende Vertragsregelungen bei Gelegenheit des Änderungsverfahrens ihrerseits zu ändern, was wiederum andere Änderungsbegehren anderen Interesses auslöst. Da nicht gesichert ist, daß hierdurch nicht auch Verfassungsprinzipien und Institutionen der Verträge in Frage gestellt werden, ist der Versuch *ausschließlich vertragsimmanenter* Gestaltung verständlich. Ob er integrationspolitisch letztlich zweckmäßig ist, die Gefahr einer Vertragsänderung nicht auch überschätzt wird, ist rechtswissenschaftlich nicht zu beurteilen. Außerdem wird sich erweisen, daß die perfekte Verfahrensgestaltung für die Wirtschafts- und Währungsunion *ohne jede* Vertragsänderung ohnehin *nicht* realisierbar erscheint[156].

96 b) Eine — *nur durch Vertragsänderung erreichbare* — Ziel- und Aufgabenerneuerung der Gemeinschaft ist erforderlich, soweit diejenigen der Wirtschafts- und Währungsunion in ihrer Umschreibung der Entschließung vom 22. März 1971 nicht bereits durch die gegebenen Bestimmungen und die entsprechenden Kompetenzregeln erfaßt sind. In nuce ist das der Fall, und

[155] *Everling* NJW 1971, 1485 mit Anm. 32; *Meier* AWD 1971, 502. — Das Gutachten „Wege und Irrwege zur europäischen Wirtschaftsunion" von *Willgerodt, Domsch, Hasse, Merx, Kellenbenz* (1972) geht wie selbstverständlich davon aus, daß das Notenbanksystem im Sinne des deutschen Rechts Unabhängigkeit genießen müsse.

[156] *Ehlermann*, Verfassungsprobleme (vgl. Anm. 94) unter 5; *Scheuner*, Verfassungsprobleme (vgl. Anm. 89) unter 7.

zwar in den Art. 67, 70, 99, 100, 103, 105, 106 im Hinblick auf Währungs-, Wirtschafts- und Konjunktur-, Steuer- und Haushaltspolitik, Handels- und Regionalpolitik. Indes decken diese Regelungen weder gegenständlich noch in der Intensität ihrer Integrationsmaßnahmen das Programm der Entschließung ab, so daß eine vertrags*ergänzende Ziel- und Aufgabenausweisung unvermeidbar* erscheint. Dasselbe gilt für alle etwaigen Maßnahmen zur Verstärkung der Parlamentsbefugnisse und die Einrichtung des gemeinschaftlichen Zentralbankrates.

97 c) Die nach Art. 100 EWGV zu Gebote stehende *Rechtsangleichung,* die nach Art einer Dauerkompetenz verfügbar ist, kann auch wirtschaftspolitisch nutzbar sein. *Höhere Integrationsgrade* als solche, wie die Wirtschafts- und Währungsunion sie anstrebt, vermag die Rechtsangleichung *nicht* herzustellen, da sie an das Funktionieren des Gemeinsamen Marktes anknüpft, dieser aber nur der im Integrationsgrad jeweils verwirklichte ist.

98 d) Die Ermächtigung des *Art. 235 EWGV* zur Vertragslückenschließung *(20/37—42),* die bisher restriktiv begriffen worden ist, mag auch extensiverer Auslegung zugänglich sein[157]. Auch wenn die in Art. 235 vorausgesetzte Zielverwirklichung, für die der Vertrag die erforderlichen Befugnisse nicht vorsieht, die weitgefaßte Zielsetzung des Art. 2 meint und die Markterrichtung und Annäherung der Wirtschaftspolitik nur instrumental begreift, erfaßt seine Sonderermächtigung doch nicht den gesamten Zielkreis der Wirtschafts- und Währungsunion. Insbesondere befugt Art. 235 nach der Rechtsprechung des Gerichtshofs nicht, einem vertraglich nicht vorgesehenen Organ wie dem zu errichtenden Zentralbankrat Entscheidungsbefugnisse zu delegieren[158], so daß auch insoweit eine Vertragsänderung erforderlich würde.

99 e) Einzelne Elemente der Verfahrensgestaltung können durch formlose Abmachungen der beteiligten Organe und der Regierungen der Mitgliedstaaten verwirklicht werden, wie sie z. B. als „constitutional conventions" über die Zusammenarbeit in Haushaltsverfahren zwischen Rat und Parlament zustande gekommen sind[159]. Ein solches Verfahren ist in seiner

---

[157] Dafür: *Ehlermann,* Verfassungsprobleme (vgl. Anm. 94) unter 6; ablehnend: *Oppermann* EuR 1971, 133; zur Auslegung des Art. 235 EWGV zuletzt: *von Donnersmarck,* Planimmanente Krisensteuerung in der Europäischen Wirtschaftsgemeinschaft. Funktion und Bedeutung des Art. 235 EWGV (1971).

[158] *Ehlermann,* Verfassungsprobleme (vgl. Anm. 94) unter 6.

[159] *Ehlermann* ebenda unter 18. — In solchen formfreien Absprachen mögen auch Vorkehrungen dafür getroffen werden, daß Kommissionsvorschläge im Rat einer terminierten Behandlung unterworfen werden, um u. a. ihre fristgemäße „Wiedervorlage" zu sichern oder ihre Erledigung von Beginn an unter Terminzwang zu stellen; vgl. dazu die Anregungen des Kommissionsmitglieds *Haferkamp* in seinem Interview in: EurGem 1/1972, 12. — Hinsichtlich derartiger Absprachen vgl. jüngst die Entschließung des Rates und der Regierungsvertreter vom 21. 3. 1972 betr. die *Anwendung* ihrer Entschließung über die Wirtschafts- und Währungsunion (ABl. 1972 C 38, 3) mit den terminlichen Selbstbindungen des Rates in Ziff. II a. E., III 4 a. E. und IV.

Formungebundenheit elastisch und progressiv anwendbar. Grenzen sind ihm aber gesetzt, soweit institutionelle und Kompetenzentscheidungen erforderlich sind. Im übrigen ist ein solches Verfahren nicht ungefährlich, weil es auch für integrationsschädliche Intentionen gebraucht, genauer: mißbraucht werden kann. Eine Verfahrensgestaltung für die Wirtschafts- und Währungsunion, die *lediglich diesen Weg* zu begehen sucht, kann deshalb nicht als aus der Sache adäquat angesehen werden. Politische Absicht, wie die Entschließung vom 22. März 1971 sie verlautbart, kann nur in solchem Verfahren angemessen verwirklicht werden, das dem Stil der Integration entspricht.

VIII. Der Konsens

100 Die Mitgliedstaaten der Gemeinschaften sind — wenn auch in unterschiedlicher Ausgestaltung — nach dem *demokratischen Prinzip* verfaßt. Ihre Staatsorgane sind Amtswalter, die ihre Machtausübung auf ein Mandat des Volkes zurückführen, die ihre Legitimation vom Volk ableiten, deren Amtsausübung vom Volk konsentiert ist. Die Frage nach der Legitimität der öffentlichen Gewaltausübung, die den Organen der Gemeinschaften obliegt, soll im Sinne dieser „Verkürzung" als die nach dem „Konsens" gestellt werden — dahin, ob auch sie des Konsenses „bedürfen" und in welcher Weise er zu „beschaffen" ist.

1. Konsens-Bedarf

a) Die Konsens-Frage hat das geschriebene Gemeinschaftsrecht zwar nicht ignoriert, wohl aber als solche vernachlässigt oder aber nur mittelbar beachtet[160].

101 aa) Es hat die Versammlung im Erscheinungsbild der nationalen Parlamente instituiert, ihr Beratungs- und Kontrollbefugnisse zugemessen, ihre Abgeordneten aus den nationalen Parlamenten rekrutiert und mit der Inaussichtstellung ihrer allgemeinen unmittelbaren Wahl ein integriertes Gemeinschaftsparlament ersichtlich als europäische Volksvertretung parlamentarischer Funktionen konzipieren wollen. Weil das Gemeinschaftsrecht sein Parlament aber bislang weder integriert noch parlamentarisch voll befugt hat, ist dieser positivierte Ansatz zur Konsentierung der öffentlichen Gemeinschaftsgewalt unvollkommen und irreal geblieben. Die erste Ausweitung der Parlamentsbefugnisse in der Budget-Kontrolle *(12/33,34)* ist zwar prinzipiell wesentlich, sachlich aber noch ohne entscheidendes Gewicht. Die Einführung allgemeiner unmittelbarer Wahlen steht noch aus. Und auch ihre

[160] Zur Bedeutung dieses Umstandes vgl. *Schwarz*, Fs Eschenburg 433 und 381: demokratisches Prinzip in den Mitgliedstaaten als Komplikation für „jeden Föderationsversuch".

Einführung vermöchte angesichts fehlender Integration des vor-parlamentarischen Raumes das Parlament selbst nicht derart zu integrieren, wie dies in seiner Zuordnung zu integrierten Organen der Gemeinschaft allein adäquat wäre.

102 bb) Die Konsentierung der Amtsträger der Gemeinschaft wird vom Gemeinschaftsrecht weitgehend *dem demokratischen System der Mitgliedstaaten* überantwortet und als Frage integrierter Legitimierung *gemeinschaftsrechtlich nicht* beantwortet.

Die Mitglieder des Rates sind als solche mitgliedstaatsrechtlich legitimiert und verantwortlich. Das Kollegialorgan Rat als solches findet gemeinschaftsrechtlich einen Konsens weder in seiner Instituierung noch in seiner Amtsausübung. Auch zum *Parlament* besteht eine solche Zuordnung de iure communitatis nicht. Seine zunehmende Teilhabe am Budgetrecht stellt solche Zuordnung nur in den bescheidenen Ausmaßen seiner Zuständigkeiten und in den Grenzen der Mitteldisposition her. Im legislativen Bereich erschöpft sie sich in Beteiligungsformen, die eine Mit-Entscheidung oder auch nur ein Vetorecht nicht zulassen.

Die Mitglieder der *Kommission* und des *Gerichtshofs* führen ihre zeitbegrenzte Amtswalterschaft auf die Regierungen der Mitgliedstaaten zurück, ihre Konsentierung damit auf eine mehrfach mediatisierte Mandatserteilung „der Völker der in der Gemeinschaft zusammengeschlossenen Staaten“. Die politische Verantwortlichkeit der Kommission gegenüber dem Parlament, die sich in der Gemeinschaftspraxis allerdings effektiver als nach positivem Recht auswirkt, wird verfassungsrechtlich in dem Maße beschränkt, in dem die Parlamentsbefugnisse selbst limitiert sind und seine eigene Konsentierung unintegriert bleibt. Letztlich wird die parlamentarische Konsentierung der Kommission gemeinschaftsrechtlich nur durch das Mittel möglicher Amtsenthebung sanktioniert, ohne seinerseits durch das Mittel der Ersetzungsbefugnis ergänzt zu werden, das wiederum nur den Regierungen der Mitgliedstaaten verfügbar ist.

103 cc) Dieses Bild nur unvollkommener Konsentierung der Gemeinschaftsgewalt und ihrer Organwalter durch das Gemeinschaftsrecht zeigt, daß ihre „Rückführbarkeit“ „auf ein Mandat“ der Völker der Gemeinschaft, „die Trägerschaft des Volkes“[161] gegenüber den Gemeinschaftsorganen de iure und gemeinschaftswirklich zurücksteht hinter dem Konsens-Niveau, das die Mitgliedstaaten ihrerseits verfassungsrechtlich verwirklichen. Allerdings bedarf dieses Bild nicht nur einer Retouche, sondern wesentlicher und im Sinne des demokratischen Prinzips aufhellender Restauration, die das Gemeinschaftsverfassungssystem selbst vornimmt: wenn das demokratische Prinzip Machtkonsentierung durch das Volk zum Zweck der Machtbegrenzung und -kontrolle, damit der Freiheitsbehauptung verlangt, wird ihm

[161] Solche Umschreibungen des demokratischen Prinzips bei: *Herzog*, Allgemeine Staatslehre (1971) 208.

insoweit auch Genüge getan, als Gemeinschaftsorganen eine Machtausübung kraft *demokratisch konsentierter Rechtsregelung nur in Grenzen* ermöglicht wird. Das dem Gemeinschaftsrecht eigene Prinzip der begrenzten Zuständigkeiten aller Gemeinschaftsorgane *(20/21 ff.)* beschränkt diese nicht nur im Interesse der Mitgliedstaaten, sondern auch in der Intention des demokratischen Prinzips, damit aber auch den Konsens*bedarf*. In der Anwendung des Prinzips der begrenzten Zuständigkeit liegt deshalb eine Teilantwort auf die Konsens-Frage: „Power which does not exist does not need an external control to be consistent with ‹democracy›“ lautet hierzu das lakonische, im Prinzip aber zutreffende Aperçu des amerikanischen Beobachters[162] des Integrationsprozesses.

104 b) Die tadelnde Feststellung, die Vergemeinschaftung verfüge über keinen demokratischen Konsens, und die Folgerung, sie bedürfe eines solchen und er sei nach mitgliedstaatlichem Verfassungsmodell herzustellen, sind allgemein und weit verbreitet[163]. Sie wurzeln teilweise auch in der Vorstellung, die Gemeinschaften müßten unausweichlich ihre endliche Gestaltform in neuer Staatlichkeit finden, Supranationalisierung vermöchte sich letztlich nur in einer Föderation staatlichen Charakters zu formieren und in ihr finde Konsentierung eben nur nach Art der Staatsverfassungen statt. Feststellung und Folgerung beruhen, ohne sich indessen in aller Regel hierüber Rechenschaft zu geben, auf der Annahme, nur die mitgliedstaatlichen parlamentarischen Regierungssysteme eines demokratischen Konsensstandards vermöchten den Maßstab auch für eine sich vollendende Gemeinschaftsverfassung bereitzustellen *(6/48)*. Das Postulat struktureller Homogenität oder Kongruenz gilt ihnen als verfassungspolitische Richtschnur aller Perspektiven der Vergemeinschaftung. Ob das politische System der Mitgliedstaaten, und insbesondere ihr Parlamentarismus ihrerseits überprüfungs- und revisionsbedürftig, ob ihre Fehlentwicklungen und Ausfälle wiederholenswert sind oder ob die Wahrnehmung von Gemeinschaftsgewalt und die Vergemeinschaftung als solche nicht Aufgabe und Chance zum Versuch neuer politischer Systembildung stellt und bietet, bleibt dabei ungefragt[164].

Ungefragt bleibt auch, ob das staatliche Konsentierungsverfahren, das in den Wahlen zur Volksvertretung die Chance einer rotation of rule anbietet

---

[162] *Hogan,* Representative government and european integration (1967) 207; *ders.,* Political representation and european integration, Integration 1970, 294.

[163] Vgl. zuletzt etwa: *Janz,* Führen alle Wege nach Europa?, Integration 1970, 192; *Rupp,* Die Dogmatik des Verwaltungsrechts und die Gegenwartsaufgaben der Verwaltung, DVBl. 1971, 672.

[164] Präzise Fragestellung allerdings bei *Neunreither* ZParl 1971, 343: „Die Europäische Gemeinschaft ist, soviel steht fest, jedenfalls schon jetzt zu einem entscheidenden Katalysator der Entwicklung der parlamentarischen Systeme in ihren Mitgliedstaaten geworden. Bekennt sie sich, wie gegenwärtig, offen zu einer rein dekorativen Funktion der Parlamente, wird zusätzlich zu dem materiellen Entscheidungsschwund der nationalen Parlamente auch die Theorie auf die Dauer nicht umhin können, Repräsentation und Legitimität neu zu begründen . . .“

und mit dem Dualismus zwischen Regierung und Opposition rechnet, mit diesem Instrumentarium einer Konkurrenz-Demokratie den Anforderungen des Gemeinschaftssystems gerecht wird. Sollte eine Opposition in der Integrationsgemeinschaft für Desintegration eintreten, für nationale Partikularinteressen oder für Alternativen der Gemeinschaftspolitik? Mit guten Gründen ist an der Modelleignung der Konkurrenz-Demokratie gezweifelt und darauf hingewiesen worden, die Gemeinschaften bedürften „stabiler Strukturen der Leitung", und für sie seien die „Züge eines auf Parteienkampf und Regierungswechsel abgestellten ‹agonalen› Leitungssystems" ungeeignet[165]. Diese Erwägung legt den Gedanken einer *zeitlich* begrenzten Gemeinschafts-Organwalterschaft und den Ausschluß ihrer vorzeitigen Abrufbarkeit nahe. Jedenfalls: die Alternative, zwischen unbesehener Nachahmung staatlicher Systemmodelle und Neubesinnung zu optieren, bleibt in dieser Weise ungenutzt, und das gilt primär gerade auch für die Frage des Konsenses.

105 c) Ihre Beantwortung steht vor einem Komplex von Vorfragen, die zunächst aufzuwerfen Anlaß besteht *(54/106—111)*, *bevor* der Konsens-*bedarf* bemessen wird, dessen Beschaffung zu organisieren der Verfassungspolitik obliegt *(54/112—117)*.

106 aa) Es erklärt sich auch aus den Konsens-Lücken des Gemeinschaftssystems, daß die Wirtschaftsintegration in zunehmendem Maß solcher Kritik ausgesetzt ist, die sich in den Mitgliedstaaten innenpolitisch in den Forderungen nach mehr Demokratisierung, mehr Mitbestimmung, mehr Gleichheit artikuliert. Ideologisch getragene Impulse gegen das Verfassungssystem der Industriegesellschaft übertragen sich auf das Gemeinschaftssystem in „radikaler Kritik an der Legitimität des funktionalistischen Supranationalismus", und auch die Integration wird mit den „bürokratie- und planungsfeindlichen westeuropäischen Fundamentaldemokraten" zu rechnen haben[166]. Denjenigen, die die Vergemeinschaftung schlechthin und global als Prozeß der Entdemokratisierung spätkapitalistischer Herrschaftskonzentration einschätzen[167], kann nicht allein mit der notwendigen Sachrationalität des Vorgangs begegnet werden, die ihnen ohnehin nicht einleuchtet. Ihnen muß auch Antwort gegeben werden mit Argumenten und Lösungen, die Konsensbedürfnisse befriedigen.

107 bb) Mit der Vergemeinschaftung wichtigster Entscheidungsprozesse bis hin zur Ausrichtung der Wachstums- und Haushaltspolitik der Staaten, wie die Wirtschafts- und Währungsunion sie in der Endstufe vorsieht, wächst die Gefahr einer Ausuferung *nationaler* Fehlentwicklungen zum Nachteil *anderer* Mitgliedstaaten: nicht nur Inflationen sind importanfällig, Gesamtwirtschaftliche Prozesse, die — *einzelstaatlich* verursacht — sich in der *Ge-*

---

[165] *Scheuner,* Verfassungsprobleme (vgl. Anm. 89) unter 13 c).

[166] „und Kommunisten": *Schwarz* Fs Eschenburg 430. Zur Stellung der Gemeinschaften im Ost-West-Verhältnis vgl. *54/50.*

[167] Typische Formel: „Der EWG-Imperialismus".

meinschaft nachteilig auswirken, werden *innerstaatlich* leicht der Verantwortung der *nationalen* Regierungen zugerechnet[168]. Solange das Staatsvolk nur *seine* nationale Regierung konsentiert und Fehlentwicklungen *von ihr* zu verantworten sieht, wird die staatliche Führung gegenüber zunehmender Integration zurückhaltend zu reagieren geneigt sein und eher den Kredit der Vergemeinschaftung als sich selbst in der heimischen öffentlichen Meinung in Frage stellen. Ein ungedeckter Konsensbedarf der Gemeinschaftsgewalt kann so die Ursache dafür bilden, daß innerstaatlich bei Wählern *und* Regierungen integrationsschädliche Reaktionen auftreten.

108 cc) *Umgekehrt:* erfolgreiche Wahrnehmung öffentlicher Aufgaben bislang staatlicher Verantwortung durch die Gemeinschaften kann nationale Instanzen dazu verlocken, den Wählern gegenüber die Frucht dieser Erfolge sich selbst zuzurechnen. Das wird erleichtert, solange die legitimierende Konsentierung sich ausschließlich im Verhältnis des Marktbürgers zu seinen Staatsorganen vollzieht und ihm die mediatisierte Konsentierung der Gemeinschaftsgewalt nicht bewußt wird. Paradoxerweise findet ein „Umschlag" von nur administrativer Aufgabenwahrnehmung durch Gemeinschaftsorgane und ihre Bürokratien in eine demokratisch konsentierte Verantwortung nicht statt: „Je besser die übernationalen Verwaltungen die verminderte staatliche Leistungsfähigkeit kompensieren, je erfolgreicher sie Prosperität und Sicherheit vermehren, desto stärker wird das Nationalbewußtsein der Regierungen, die versuchen, sich die Erfolge der übernationalen Verwaltungen national zuzuschreiben. Die Folge ist, daß die Regierungen verhindern, daß die übernationalen Bürokratien politische Legitimität erhalten."[169] Die Agrarpolitik liefert ein Beispiel solcher Auswirkungen, und dies gerade in den größten Mitgliedstaaten der Gemeinschaft.

109 dd) Zu den Vorfragen eines Konsensbedarf-Nachweises zählt der Zweifel, ob die zur Integration gelangten und anstehenden öffentlichen Aufgaben *nach ihrer Art und Wahrnehmbarkeit* einer demokratischen Legitimation überhaupt bedürfen, ob sie sich ihr aus der „Natur der Sache" heraus nicht entziehen oder eine solche ihrer rationalen und effektiven Erledigung nicht gar hinderlich ist. Genährt werden solche Zweifel durch die Erkenntnis, daß die nationalen parlamentarisch-demokratischen Systeme gegenüber neuen Aufgabenstellungen der Industriegesellschaft Substanzverluste erfahren haben, die die Eignung des demokratischen Konsentierungsverfahrens in Frage stellen. In der theoretischen Fundierung der Integration als solcher funktioneller Vergemeinschaftung[170] erscheinen Wirtschaftliches und Soziales weithin als nicht-kontroverse Agenden unpolitischer Technizität und pro-

---

[168] Dazu: *Kohler-Schlaeger,* Wirtschafts- und Währungsunion für Europa (1971); 127/128; *Zellentin,* Intersystemare Beziehungen in Europa (1970) 196.

[169] *Zellentin,* Regieren für eine humane Welt (vgl. Anm. 46) 185.

[170] Durch *Mitrany,* „dessen Begeisterung für die internationale Zusammenarbeit nur noch von seiner Aversion gegen einen europäischen Bundesstaat übertroffen wird"; vgl. *Schwarz* Fs Eschenburg 381.

zeßhafter Berechenbarkeit, deren Eigenart demokratischer Konsentierung nicht bedarf, weil sie sich ihr der Sache wegen entziehen. Eine solche Charakterisierung wesentlicher Gemeinschaftsfunktionen[171] als „organisierte Wissensbildung" überschätzt zwar den Sachzwang in Wirtschafts- und Finanzplanung und vernachlässigt die ihnen vorgegebenen politischen Willensentscheidungen. Gleichwohl enthält die Substanz der Gemeinschaftsaufgaben — und zwar in höherem Maße als in der staatlichen Ebene — Elemente der Zweckrationalität und der sachbedingten Planhaftigkeit, die *als solche konsens-neutral* sind, weil sie sich politischer Wertung entziehen. Hier öffnet sich, wie es pointiert formuliert worden ist[172], das Feld einer Theorie „plebiszitärer Telekratie und aufgeklärter Technokratie", die Repräsentation, Legitimität und Konsentierung neu zu überdenken hätte. Als Vorfrage zur Ermittlung des gemeinschaftsrechtlichen Konsens-Bedarfs hat diese Erwägung primär zunächst die Funktion einer Vor-*Warnung* — davor nämlich, Konsensanforderungen nicht der Natur der Sache zuwider zu übersteigern, andererseits aber auch ihre Berechtigung nicht zu eskamotieren, indem Plan und Sachzwang unbesehen und fälschlich zur *Substanz* der Gemeinschaftsfunktionen erklärt werden.

110 ee) Wo und soweit unter demokratischer Konsentierung Gemeinschaftsaufgaben *in Rechtsnormen begrenzt* ausgewiesen sind, stellt sich die Frage des Konsens-Bedarfs nicht oder weniger dringlich. Das gilt in erster Linie für die Zielbestimmungen und Aufgabenkataloge der Verträge, die trotz aller „Unbestimmtheit" ihrer „Rechtsbegriffe" im Sinne der Konsensfrage nicht als bloße „Leerformeln" entwertet werden können. Die Rechtsprechung des Gerichtshofs hat sich als fähig erwiesen, diesen Vorhalt zu entkräften *(28/26)*. *Aber:* „Innerhalb dessen, was nicht vertragszielwidrig ist und auf der Basis der Zielbestimmungen möglich erscheint, gibt es doch wohl nicht unerhebliche Spielräume für den politischen Willen, sozusagen innerhalb magischer n-Ecke; und: bedarf der Wille, der sich innerhalb dieser Spielräume betätigt, keiner Legitimation?"[173] Es wäre wirklichkeitsfremd und verfassungspolitisch abwegig, diese wohlbegründete Frage schlechthin zu verneinen. Eine Anreicherung vertraglicher Zielbestimmungen möglichster Präzisierung, Terminierung und Sanktionierung, ihrerseits vollzogen im Verfahren des Art. 236 EWGV durch ratifikationsbedürftige Vertragsänderung, kann gleichwohl zur Befriedigung des Konsens-Bedarfs wesentlich beitragen und eine solche auch für den terminierten Zeitraum ihres Vollzuges annehmen[174]. Diese Deutung übersieht selbstverständlich nicht, daß die Gemein-

[171] Dazu: *Ipsen,* Fusionsverfassung 64/65 mit Nachweisen in Anm. 84 ff.; *Nicolaysen,* Integration 1971, 99—103; *Schwarz* Fs Eschenburg 415 (Gradualismus und kluge Nutzung von Sachzwängen); *Hans Maier,* Reform in der Demokratie, ZPol 1968, 393 zu den Belastungen der Reformdiskussion unter diesen Aspekten.

[172] *Neunreither* ZParl 1971, 343.

[173] *Heinrich Schneider,* Integration 1969, 42.

[174] Hierzu: *Ipsen,* Fusionsverfassung 62.

schaftsorgane in Zielverwirklichung (so Art. 145 EWGV für den Rat) und Vertragserfüllungs-Gewährleistung (so Art. 155 EWGV für die Kommission) durch ihre vertragliche Verweisung auf öffentliche Gemeinschaftsinteressen vor Auslegungs- und Anwendungsschwierigkeiten gestellt sind, und dies um so mehr, je häufiger in einer auf die Wirtschafts- und Währungsunion angelegten Gemeinschaftsverfassung wirtschafts-, währungs- und sozialpolitische Tatbestände und Intentionen normativ zu juridifizieren sind. Hier erwachsen alle bekannten Komplikationen der Fixierung der Interessengegenstände, der Interessenträger, der Normintention und -finalität, etwa gebotener Interessenabwägung oder -privilegierung und der Subsumtion unter Wert- und Erfahrensbeurteilung. Die darin liegenden Komplikationen der Rechtsbindung öffentlicher Gemeinschaftsgewalt sind unübersehbar, und sie sind im Gemeinschaftsrecht eher größer als im gleichermaßen komplizierten nationalen Recht. Gleichwohl kommt solchen Ziel- und Aufgabenbestimmungen[175] demokratisch konsentierter Entstehung in den Grenzen ihrer Vollziehbarkeit und Kontrollierbarkeit der Effekt der Konsentierung nicht nur einmaliger, sondern auf Dauer angelegter Wirksamkeit zu. Mit anderen Worten: *Ziel- und Aufgabennormierung kann Konsensbedarf decken,* und die verbreitete Scheu oder Zurückhaltung vor ratifikationsbedürftiger Aufrüstung der Verträge zur Wirtschafts- und Währungsunion müßte in Kauf nehmen, einen möglichen Weg der Konsentierung auszuschlagen.

111 ff) „Supranationale Systemüberwindung", die die Gemeinschaften in einer alle Kongruenzansprüche der staatlichen Systeme ablehnenden Methode verfassen wollte, könnte die Frage des Konsens-Bedarfs auf *ihre* Weise beantworten: eine Gestaltung, die „die Stufe des europäischen Parteienstaates quasi zu überspringen und unmittelbar zu einem europäischen Präsidialregime zu gelangen" suchte[176], würde einer Konsentierung letztlich nur in einer einzigen plesbiszitären Aktion bedürfen. Eine solche Konzeption nähert sich dem Gedankenspiel einer „konsularischen Diktatur"[177], und es mag ein dankenswertes Objekt normativer und realer Verfassungsvergleichung sein, ob *ein* Mitgliedstaat der Gemeinschaft in der Richtung ihrer konsularischen oder jener Präsidial-Intention nicht bereits Vorleistungen erbracht hat, die

---

[175] *Hans Möller* hat auf der in Anm. 89 bezeichneten Arbeitstagung v. 26./27. 11. 1971 angeregt, die Wirtschafts- und Währungsunion nicht durch Zentralisierung und neue Organe, sondern durch Dezentralisierung *unter Regelbindung* zu errichten. Auf diese Weise stelle sich auch das Problem der demokratischen Kontrolle der zuständigen Instanzen in einfacher Form: es müsse lediglich die Einhaltung der festgelegten Regeln überwacht werden, also ihr regelgebundenes Verhalten. Das Prinzip sei in der Konzernorganisation bewährt und werde jetzt auch für die deutsche Globalsteuerung vom Sachverständigenrat erörtert.

[176] *Neunreither* ZParl 1971, 326 Anm. 10. In diese Richtung zielen die Erwägungen von *Hogan* (vgl. Anm. 162).

[177] *Litten,* Bergedorfer Gesprächskreis, Protokoll Nr. 37 (1970) S. 20 unter Ziff. 21.

integrationspolitisch von Belang sein könnten. Vielleicht ergäbe solche Vergleichung auch, daß ein nationales System dieser Art eben *wegen* seiner integrationspolitischen Verwendbarkeit *dem* Mitgliedstaat, dem es eignet, eine — wenn nicht hegemoniale, so doch jedenfalls — *führende* Position im Gemeinschaftssystem vermittelt. Daß Frankreich sie auch *nach de Gaulle* noch zu behaupten weiß, ist in diesem Zusammenhang jedenfalls verfassungspolitisch für die Gemeinschaften des Nachdenkens wert.

Voraussetzung aller solcher Erwägungen wäre die radikale Überprüfung des Repräsentationsprinzips, die Entwicklung einer auf die Integration zugeschnittenen spezifischen Repräsentationstheorie und die Begründung dafür, daß „the use of independent authorities to perform a specialized task is in no way inconsistent with democracy“[178]. Das aber gehört bereits zu den Fragen möglicher Konsens-Beschaffung *(54/112 ff.)*.

2. *Konsens-Beschaffung*

112 Erforderliche Konsentierung der öffentlichen Gemeinschaftsgewalt und ihrer Organwalter zu beschaffen, bieten sich staatstheoretisch überlieferte, von den Verfassungen der Mitgliedstaaten praktizierte Verfahren sowie Surrogate an, die das Gemeinschaftsverfassungsrecht bereitstellt und die aus der Natur der Gemeinschaftsfunktionen sowie den Verfahren des Integrationsprozesses resultieren. Letztlich ist sogar gefragt worden, ob das *Gemeinschaftssystem aus sich selbst heraus* ein *autonomes* Konsentierungsverfahren zu erzeugen vermöchte.

a) Konventionell-staatsrechtlich und auf Kongruenz bedacht sind die durch Art. 138 III EWGV, den Ansatz des Haushaltsvertrages, die Beteiligungspraxis des Parlaments an Ratsentscheidungen und die Parlamentskontrolle der Kommission vorgezeichneten Verfahren.

113 aa) Die unmittelbare Wahl des Parlaments[179] — in toto oder partiell — kann das Konsentierungsbewußtsein der Versammlung selbst und in der öffentlichen Meinung befördern und stärken. Daß ohne hinreichende Integration des europäischen Parteiensystems und des übrigen vorparlamentarischen Raumes dadurch allein eine Konsentierung innerstaatlich üblicher Intensität nicht stattfindet, steht aber außer Zweifel *(54/33)*. Der Vollzug des Art. 138 III EWGV darf in seiner Konsens-Wirksamkeit also nicht überschätzt, aus seiner Anwendung nicht gefolgert werden, der Konsens-Bedarf sei zulänglich gedeckt.

114 bb) Die Konsens-Wirksamkeit allgemeiner unmittelbarer Wahlen zum Parlament kann gesteigert werden durch Anreicherung seiner Befugnisse.

[178] *Hogan,* Integration 1970, 289, 295.

[179] Dazu zuletzt: *Kohler,* Direkte Wahlen zum Europäischen Parlament. Grundlagen und Probleme der gegenwärtigen Initiativen, EA 1971, 727; im übrigen vgl. *12/8—10.*

Eine solche *ohne* Direktwahlen wirkt zwar auch konsensförderlich, dies aber in geringerem Maße. Zuständigkeitserweiterung steht in Frage im legislativen Bereich, im Budgetrecht, im Verfahren zur Einsetzung und Kontrolle der Kommission[180].

Die politische Kontrolle der Kommission durch das Parlament kann in ihrer Konsenswirkung die Intensität eines parlamentarischen Prinzips der Vertrauensabhängigkeit und der Abberufbarkeit im staatsrechtlichen Sinne nicht erreichen. Denn die Kommission ist in ihrer durch Art. 10 II FusV und das Vertragsrecht umschriebenen Stellung als Hüter und Promotor des Gemeinschaftswohls *(14/21)* als „stabiles Leitungsorgan"[181] ausgewiesen und kein Kontrollobjekt einer Konkurrenz-Demokratie. Sie kann dem parteienstaatlichen Wechselmechanismus zwischen Regierung und Opposition nicht ausgesetzt sein.

Die parlamentarische Teilhabe und Kontrolle im verzahnten Entscheidungsprozeß von Rat und Kommission müßte berücksichtigen, daß Planung, Maßnahme und Entscheidung in Sachregelung und Finanzdisposition des Integrationsbereichs keine primär der parlamentarischen *Kontrolle,* als vielmehr parlamentarischer *Mitgestaltung* bedürftige und zugängliche Aufgaben darstellen. Konsensbeschaffung durch das Parlament findet mithin eher durch seine originäre Teilhabe am Entscheidungsprozeß als durch seine nachträgliche Kontrolle statt.

115 b) Die *konsentierende Wirksamkeit vertraglicher Ziel- und Aufgabennormierung* — in ihren Grenzen, aber auch in ihrer mittelbaren Effizienz — hängt vom politischen Willen der Mitgliedstaaten ab, sich den Risiken von Vertragsänderungsverfahren auszusetzen, ihre Chancen zu nützen. *Geborener Initiator* solcher Änderungsverfahren ist dort, wo das von den Regierungen *auch schon in Absichtsentschließungen bekundete* Gemeinschaftsinteresse und die Integrationsprinzipien sie erfordern, die *Kommission.* Es hat guten Grund, daß Art. 236 I EWGV nicht nur den Regierungen, sondern auch der Kommission diese Initiativ-Zuständigkeit zuweist. Von ihrem Gewicht hängt es ab, ob sie gehörig genutzt wird[182]. Eine — in ihrem Bereich

[180] Die von der Kommission im Oktober 1971 gebildete unabhängige Arbeitsgruppe *(12/36)* sollte sich mit folgenden Fragen befassen: Teilnahme des Parlaments an der ständigen Aufgabe der Verfassungsgesetzgebung der Gemeinschaften, am Gesetzgebungsprozeß in allen Bereichen der Gemeinschaftskompetenz, Definition seiner Haushaltsvollmachten, seiner Aufgaben der politischen Kontrolle der Regierungsvollmachten der Gemeinschaftsorgane, Auswirkungen der Vollmachten-Verstärkung auf die Beziehungen zwischen den Organen, ihr Zusammenhang mit der Direktwahl; vgl. VWD Europa Nr. 199/71 v. 14. 10. 1971, I/7—8. — Die Gruppe hat ihren Bericht am 25. 3. 1972 fertiggestellt.

[181] *Scheuner,* Verfassungsprobleme (vgl. Anm. 89) unter 13 c, dort 14 auch zum folgenden.

[182] *Hallstein* am 3. 12. 1971 anläßlich der Verleihung der Ehrenbürgerschaft der Stadt Brüssel: „Die Kommission, die in freierer Entfaltung ihre eigentliche Aufgabe, das gemeinsame Interesse zu definieren und es im Dialog mit dem Rat nach innen durchzusetzen und nach außen zu vertreten, sollte erfüllen können"; vgl. VWD Europa Nr. 234/71 v. 3. 12. 1971, I/3.

zu beobachtende — Haltung des taktierenden „quieta non movere" kann für die zügige Entwicklung der Wirtschafts- und Währungsunion schädlich sein. Vertragsänderung zur neuen Zielbestimmung sollte in ihrer Konsens-Relevanz nicht unterschätzt werden.

116 c) Alle im Vertrags- und Sekundärrecht angelegten und außerdem in der Gemeinschaftspraxis geübten *Verfahren des Zusammenwirkens* in Gemeinschaftsebene und zwischen Gemeinschaftsorganen einerseits, Staatsorganen und Gruppenorganisationen andererseits können in ihrem Effekt der Gewaltenteilung und -begrenzung und wechselseitiger Beteiligung und Kontrolle konsentierende Wirkungen hervorbringen. Sie sind in der Regel weder in solcher Weise ausdrücklich gekennzeichnet noch von den Beteiligten immer derart intendiert. Aufgabe rechtspolitisch nützlicher Vergleichsempirie würde es sein, diese Verfahrensweisen — auch unter Einbeziehung sonstiger weltweiter Erfahrungen — auf ihren Konsensgehalt oder ihre Eignung dahin systematisch zu überprüfen, ob sie Konsens-Surrogate zu liefern vermögen. Das moderne Planungsrecht kann hierfür Anregungen liefern[183]. Dabei obläge es sozialwissenschaftlicher Beurteilung, die Rolle der gemeinschaftlichen und nationalen Bürokratien, der technokratischen Personaleliten, der unabhängigen Experten, die Funktion der verschiedenen Wissenschaftsdisziplinen für die Rekrutierung des Gemeinschaftspersonals und andere Faktoren in Rechnung zu stellen, die solchen Verfahren ihr personales Substrat geben.

117 d) „Insofern die übernationalen Strukturen die verminderte staatliche Leistungsfähigkeit kompensieren, werden sie zu Existenzbedingungen der Mitgliedstaaten"[184]. Wer diese Realität anerkennt, mag auch zu Erwägungen neigen, den Gemeinschaften eine *autonome Selbst-Konsentierung* zuzuerkennen, die aus der Rationalität ihrer Leistung legitimierend erwächst. In der Integrationstheorie hat es an solchen nicht gefehlt[185], ob eben unter Berufung auf die positiven Wirkungen ökonomischer Sachlichkeit, auf das Eigengewicht neuer, sich bewährender Verfahrensweisen oder die schlichte Einsicht in integrative Vorteilsbewahrung gegenüber nachteiligerer Desintegration. In der Konsensfrage können sie relevant werden, wenn solche Leistungsfaktoren der Integration in „Interaktionen" der Marktbürger untereinander, zwischen ihnen und den Gemeinschaftseinrichtungen, vor allem aber zwischen diesen und den Eliten eine wachsende approbierende „Annahme"-Haltung gegenüber der Vergemeinschaftung hervorzurufen vermögen — jene Haltung, die als „permissive consensus" bezeichnet worden ist[186].

---

[183] *Ipsen,* Diskussionseinleitung auf der Regensburger Staatsrechtslehrertagung 1971 zu den Leitsätzen 12—16 des Mitberichts *Brohm* zum Thema: Die Dogmatik des Verwaltungsrechts vor den Gegenwartsaufgaben der Verwaltung; vgl. DÖV 1971, 739/740 und den Tagungsbericht von *Folz,* ebenda 733.

[184] *Zellentin,* Intersystemare Beziehungen in Europa (1970) 195 unter Bezugnahme auf *Max Webers* „Legitimitätsgeltung rationalen Charakters" und ihre Erstreckbarkeit auf die Gemeinschaften.

[185] Hinweise (insbes. auf *Lindberg)* bei *Heinrich Schneider,* Integration 1969, 34.

[186] *Lindberg-Scheingold,* Europe's would-be polity (1970) 294.

Indes: in den perspektivischen Grenzen einer Rechtsgestaltung für die Wirtschafts- und Währungsunion und in der Einsicht in die politischen Realitäten dieser Zeit und bis 1980 zählen solche Erwägungen noch nicht zu den verwertbaren Faktoren der Verfassungspolitik. Konsensbeschaffung im Rahmen des nötigen Konsensbedarfs bleibt einstweilen auf die bezeichneten Verfahren und Surrogate verwiesen. In einer autonomen Legitimation der Vergemeinschaftung an sich kann sie derzeit nicht gesehen werden. Die Chance dafür mag bestehen.

IX. Die Gestaltform

1. Fragestellung

118 Perspektiven der Verfassungspolitik der Gemeinschaften sind regelmäßig — und allzuoft präjudiziell-voreilig — auf ihre künftige oder gar endliche *Gestaltform* gerichtet: auf die Einheit ihrer Rechtserscheinung, wie sie sich aus der Gesetzlichkeit ihres Aufbaues und ihrer Aufgaben ergebe oder ergeben müsse. Aussagen hierüber werden gestützt auf die vertraglich vorgesehene, also rechtlich bereits verformte und zeitgestufte Abfolge von Integrationsschritten, aus denen — gespeist auch aus präambulierenden Absichts- oder Zielvorstellungen der Verträge — auf eine aus dem Integrationsprozeß erwachsende Gestaltqualität, eine Gestaltform der Gemeinschaften gefolgert werden dürfe.

Es entspricht teils dem integrationspolitischen Engagement solcher Erwägungen, wohl auch ihrer nationalen und historischen Befangenheit in erstrebten Abläufen staatlicher Einigungsprozesse, daß diese Gestaltform mit Selbstverständlichkeit als Endstufe des *Dreisprungs Bündnis — Staatenbund — Bundesstaat* gesucht und gefunden wird. Diese Vorstellungen haben — begreiflicherweise — vornehmlich ihre Vertreter im deutschen Teilnehmerkreis der Integration, die für ihre Perspektiven zusätzliche Anschauung im Prozeß der nordamerikanischen Einigung zum Bundesstaat und in ihrer staatstheoretischen Grundlegung suchten *(8/10 ff.)*.

Es entspricht, um die maßgebliche Alternative zu bezeichnen, ebenso nationaler und historischer Einbindung, dazu aber auch nationalstaatlicher Selbstbehauptung und — wenn nicht gerade hegemonialen, so doch — eindeutigen Ranganspruchen, perspektivischen Dreisprung-Konsequenzen jener Art Grenzen zu setzen: für die endliche Gestaltform der Gemeinschaften sei verfassungspolitisch allenfalls bis zur Stufe eines Typs des *Staatenbundes* zu denken. So jedenfalls dürfte die in ihrer Rechtsqualität ohnehin höchst ambivalente französische *Konföderations-Formel*[187] zu begreifen sein, wenn

[187] Erklärung des Staatspräsidenten *Pompidou* auf seiner Pressekonferenz v. 21. 1. 1971 (EA 1971 D 131). Außenminister *Schumann* hat vor der Nationalversamm-

ihr wenigstens im Zusammenhang mit den französisch-englischen Beitrittsstipulationen und dem Beharren auf dem Einstimmigkeitsprinzip überhaupt ein Minimum an Gestaltqualität abgewonnen werden kann.

Für eine so gedachte Gestaltform der Gemeinschaft als Konföderation könnte dann unschwer jene Charakterisierung gelten, die für den Konföderationsplan der im Jahre 1861 zum Ausscheiden aus den Vereinigten Staaten von Amerika entschlossenen Rebellenstaaten veranschaulicht worden ist[188]: mit einer *als Vertrag* zwischen den Staaten gedachten *Verfassung, fortdauernder Souveränität* der vereinbarenden Staaten, dem Recht der *Nullifikation* bundesrechtswidriger Gesetze durch die in der Minorität verbliebenen Einzelstaaten und ihrem *Sezessionsrecht* bei tiefgreifendem, sonst nicht lösbaren Konflikt, so daß die Konföderation mit ihrer „Vereinsgewalt" und ihrer Abhängigkeit vom „einhelligen Willen der Gliedstaaten" „schließlich fortdauernd auf den guten Willen ihrer Mitglieder gestellt" sein würde.

Verfassungspolitische Erwägungen über die Gestaltform der Gemeinschaften mögen in den Grenzen solcher „Eckwerte" — zwischen Bundesstaat hier, Konföderation dort — sowohl eine politische Gemeinschaftstheorie beschäftigen und befruchten wie auch zu den Spannweiten gegenwärtiger und künftiger politischer Argumentation zählen. Für den hier bemessenen Perspektiven-Zeitraum des begonnenen Jahrzehnts beabsichtigter Errichtung der Wirtschafts- und Währungsunion und geraume Zeit darüber hinaus können sie schwerlich eingesetzt werden. Denkbar und geboten sind insoweit nur zwei als maßgeblich erkennbare, weil realiter unbestreibare Umstände und Erkenntnisse: einmal die Einsicht in die unter und in der Integration zunehmende *Entflechtung der Staatlichkeit (54/119—123)*, zum anderen die Folgerung, daß die Gestaltform der Gemeinschaft *offen ist und offen zu halten bleibt*, ohne sie vorgreifend staatlich oder staatsartig zu qualifizieren *(54/124, 125)*.

2. *Staatlichkeit im Entflechtungsprozeß*

119 Die Mitgliedstaaten der Gemeinschaften befinden sich in einem Prozeß fortschreitender *Entflechtung ihrer Aufgaben.* Ihr Ausmaß und das Verfahren dieses Prozesses werden bestimmt durch die Verträge und ihre Ausfüh-

---

lung die Auffassung geäußert, diese Formel werde „vielleicht in der Zukunft als der erste Baustein der europäischen Konföderation betrachtet werden"; vgl. hierzu: *Berger,* Vor der Wiedergeburt Europas à la Wiener Kongreß? Die Europa-Vorschläge Staatspräsident Pompidous, EA 1971, 665. — Gegenüber dem Präsidenten *Behrendt* der Versammlung hat Staatspräsident *Pompidou* am 10. 1. 1972 die Ansicht geäußert, Europa müsse jedenfalls eine Zeitlang „den Weg der Konföderation gehen", bevor es das Ziel einer „Föderation" erreiche — womit Konföderation als letzte Gestaltform eben wieder in Frage gestellt würde, wenn das diplomatische Wortspiel überhaupt im Rechtssinne ernst genommen werden kann; vgl. den Bericht über das Gespräch in VWD Europa Nr. 7/72 v. 11. 1. 1972 I/3.

[188] *Georg Jellinek,* Allgemeine Staatslehre 3. Aufl. (1921) 766, 767.

rung. Ursachen und Folgen dieses Prozesses sind für die Staatlichkeit der Mitgliedstaaten und für die Gestaltwerdung von komplexer Art.

120 a) Die Übertragung bislang staatlicher Aufgaben auf die Gemeinschaften und ihre Mutation zu solchen gemeinschaftlicher Zuständigkeit und Wahrnehmung haben bewirkt, daß die *Allzuständigkeit der Staaten* und ihr *Monopol über das Öffentliche beendet* ist. Daß die Gemeinschaften als Rechtsgemeinschaften über physische Gewalt zur Durchsetzung ihrer Gemeinschaftshoheit nicht (und schon gar nicht monopolistisch) verfügen — weder gegenüber ihren Mitgliedern noch gegenüber den Marktbürgern — und dieses Monopol den Staaten verblieben ist, die Gemeinschaften insoweit auf ihre „Amtshilfe" angewiesen sind, ist für den Entflechtungsprozeß *nicht* entscheidend. Maßgeblich ist vielmehr die Aufgaben- und Verantwortungs-Verlagerung mit der Folge, daß die Staaten entbunden und entlastet werden, den Gemeinschaften Kompetenz und Verantwortung zuwachsen. In dieser Art wird der Staat „von seinen eigenen Funktionen her gesprengt"[189], und in seinem Gebiet und für seine Staatsangehörigen werden neue, nichtmehr-staatliche Entscheidungsträger und Rechtsverfahren hoheitlich wirksam, über die der Staat autonom nicht mehr verfügt. *Der Staat,* der als Mitgliedstaat derart zugleich — mit anderen gemeinsam — Integrationsträger und Integrationsobjekt ist, *verändert* damit *seine Staatlichkeit.* Er gerät in einen Verwandlungsprozeß, den er selbst eingeleitet hat und durch Rechtsverformung in den Verträgen und Organbeteiligung mitverantwortet.

121 b) Intensität und Quantität der Entflechtung und der damit bewirkten Verwandlung mögen meßbar und verfassungspolitisch für weitere Integrationsschritte kalkulierbar sein. Wirtschafts- und Sozialwissenschaften sind um die Entwicklung hierfür geeigneter Berechnungsmethoden bemüht[190]. Messungen können verfassungsrechtlich auch mit Vergleichen der staatlichen und gemeinschaftlichen Zuständigkeitskataloge angestellt werden. Die Entflechtung kann und soll außer ihrer Übertragungswirkung auf beiden Seiten auch *Zusatzeffekte* hervorrufen: auf seiten der Staaten, daß die Gewichtung und Zuordnung der verbliebenen Aufgaben untereinander sich verschieben; auf seiten der Gemeinschaften, daß die übertragenen Staatsaufgaben als die ihrigen in anderer Intention und jedenfalls in einer gemeinschaftlich, nicht mehr national orientierten Politik wahrgenommen werden. Solange das Gemeinschaftssystem selbst nicht voll entwickelt ist und — etwa im Willensbildungsprozeß oder in seiner Konsentierung — Defizite aufweist, entspricht der funktionellen Entflechtung nicht zugleich auch eine volle Entlassung der Aufgabenerledigung aus dem politischen System der Staaten: in

---

[189] *Jansen,* Zur Situation des westeuropäischen Integrationssystems — Aufriß einer Analyse, Integration 1970, 211; entsprechend (gegen *Herbert Krüger* DÖV 1959, 725): *Kaiser,* Zur gegenwärtigen Differenzierung von Recht und Staat. Staatstheoretische Lehren der Integration, ÖstZöffR X (1960) 418 Anm. 16.

[190] *Rittberger,* Westeuropäische Integration — Fortschritt oder Stagnation?, PolVJSchr 1970, 352.

Einzelzügen bleibt das Gemeinschaftssystem zwangsläufig „die Verlängerung von bestimmten Elementen der politischen Entscheidungssysteme der Mitgliedstaaten“[191]. Dadurch verliert die Entflechtung ihre volle, an sich der Integration zugedachte Wirksamkeit, und in der „verlängerten“ Einflußnahme der Mitgliedstaaten auf die Wahrnehmung integrierter Aufgaben — und zwar auch außerhalb der Gemeinschaftsverfahren, an denen sie vertragsgemäß teilhaben — liegen zugleich Risiken der Integration und Chancen sich „verlängernder“ Staatlichkeit. In dieser „Zwischenlage“ befinden sich die Gemeinschaften gegenwärtig. Der Beitritt neuer Mitgliedstaaten wird ihren Abbau nicht gerade beschleunigen. Andererseits kann die Errichtung der Wirtschafts- und Währungsunion Verfahrenselemente und institutionelle Neuerungen hervorbringen, die die Entflechtungswirkungen der Integration steigern mögen.

122 c) Jedenfalls: *Souveränität* ist *nicht mehr geeigneter Maßstab* für Existenz und Qualität der *Staatlichkeit* der Mitgliedstaaten *(9/49 ff.)*. Eine Souveränitätslehre, die ihre Einzigartigkeit und Unteilbarkeit voraussetzt, muß den Mitgliedstaaten Souveränität absprechen *(9/54)*. Indes läge hierin kein Erkenntniswert. Und deshalb ist das diplomatische Spiel mit dem Souveränitätsbegriff — so vor dem britischen Beitrittsbeschluß in den Gesprächen zwischen *Pompidou* und *Heath*[192] ebenso wie im Vokabular der Unterhausdebatte[193] — gemeinschafts- und staats*rechtlich* schlechthin uninteressant. Entscheidend ist vielmehr, ob Staatlichkeit eines noch hinreichenden Verantwortungsbereichs besteht. Die Verantwortung für Außenpolitik, Verteidigung, innere Verwaltung, Sicherheit und Rechtsfrieden, Kultur und Wohlfahrt ist — trotz aller Berührungspunkte und peripherer Grenzüberschreitungen — den Staaten in der Substanz verblieben *(9/56)*. Staatliche Verantwortlichkeiten im Vieleck ökonomischer, sozialer und gesellschaftlicher Zielsetzung, wie sie beispielsweise in § 1 StabGes. umschrieben und im gesellschaftspolitischen Impetus der Gegenwart nach Mitbestimmung und Umverteilung ergänzt sind, rangieren heute an der Spitze öffentlicher Aufgaben. Sie sind bereits integriert oder stehen in der Wirtschafts- und Währungsunion zur Integration an. Das berührt die Verantwortungssubstanz der Staaten zunehmend[194]. Der weitere Entflechtungsprozeß würde hierin nicht nur quantitativ, sondern auch qualitativ tiefer greifen als alle bislang vertraglich vollzogenen Vorgänge dieser Art. Daß Entsprechendes eintreten würde mit einer Integration des vom Davignon-Bericht umschriebenen Bereichs der Außenpolitik *(54/19)*, ist ebensowenig zweifelhaft. Zumal alle

---

[191] *Neunreither* ZParl 1971, 334.

[192] Vgl. die Erklärung *Pompidous* vor der Presse in Anwesenheit von *Heath* am 21. 5. 1971, EA 1971 D 275.

[193] Erklärung des Premierministers *Heath* vor dem Unterhaus am 24. 5. 1971, EA 1971 D 277.

[194] Dazu drastisch: *Hogan*, Political representation and european integration, Integration 1970, 297.

Mitgliedstaaten in der Verteidigungs- und Sicherheitspolitik bereits einem gesonderten kollektiven Bündnissystem angehören, stellt sich für eine Bewertung des Entflechtungsprozesses zunehmend die Frage, wo — in der öffentlichen Gesamtverantwortung gesehen — das substantielle Schwergewicht alsbald liegen würde: bei den Staaten — oder bei ihrer Gemeinschaft.

123 d) Das etwa ist in der Formulierung gefragt worden, ob — und wie lange — die Staaten ihre nationale „Identität"[195] sub integratione noch bewahren oder sie verlieren werden. Aber diese Identitäts-Frage findet ihre Beantwortung nicht in konstruktiven Vorhersagen über die Gestaltform der Gemeinschaft. Im übrigen verbirgt sich hinter der Identitäts-Formel, unter der sich die Öffnung der Gemeinschaft für Großbritannien vollzogen hat, allenfalls negativ die Absage an ihre staatsartige Formgebung, keine positive Aussage zu ihrer Gestaltung. Entflechtung, Integrationsfortschritt und Verwandlung der Staatlichkeit der Gemeinschaftsmitglieder stellen jedenfalls weiterhin zur Option, daß ihr Endergebnis „die Entstehung einer bislang unbekannten pluralistischen Struktur" sein mag und keineswegs mit Sicherheit oder auch nur wahrscheinlich in einer etatistischen Gestaltform bestehen müsse. „Eine derartige Struktur könnte den beteiligten Nationen sehr wohl gestatten, ihre Identität zu einem hohen Grade aufrechtzuerhalten, während sie gleichwohl in Organisationen zusammengeschlossen sind, die die nationale Ebene transzendieren."[196]

2. *Offene Gestaltform ohne Staatlichkeits-Präjudiz*

Verfassungspolitisch ergibt sich hieraus das Gebot, die anstehenden Entscheidungen über nächste Schritte der Aufgabenbestimmung, der institutionellen und verfahrensmäßigen Ausstattung *nicht* unter den Ziel- und Zugzwang einer *„Ver-Staatlichung"* der Gemeinschaften zu stellen, sondern ihre Gestaltformung *offen*zuhalten. Das gilt insbesondere auch, nachdem Ziffer 15 des Haager Kommuniqués Erwägungen vorgesehen hat, wie „am besten Fortschritte auf dem Gebiet der politischen Einigung erzielt werden können"[197].

124 a) Die in der konstitutionalistischen Integrationstheorie angelegte, verfassungsrechtlich als Prinzip der strukturellen Homogenität oder Kon-

---

[195] Diese Formel insbes. in den französisch-britischen Verhandlungen vom Mai 1971 vor dem britischen Beitritt; vgl. EA 1971 D 275, 278.

[196] Vgl. den Hinweis von *Heinrich Schneider,* Integration 1969, 30 auf diese Wendung von *Schokking* und *Anderson* aus dem Jahre 1960. — Entsprechend: *Lindberg-Scheingold,* Europe's would-be polity (1970) 309 unter Berufung auf *Yondorf,* Europe of the six: Dynamics of integration. — *Erler,* Die Krise der Europäischen Gemeinschaften — Europäischer Bundesstaat oder Europa der Vaterländer? (1966) 28 spricht von „bundesstaatsähnlichen ‹Zwitterinstitutionen›" und will die Gemeinschaften *damit* vom „überkommenen Typus völkerrechtlicher Staatenbünde" absetzen.

[197] EA 1971 D 44.

gruenz vertretene Perspektive einer Gemeinschafts-Verfassungspolitik ist daher ebenso verfehlt wie die vertragsimmanent gedachte Automatik zur bundesstaatlichen Metamorphose der Gemeinschaften. Eine „in den Bahnen des Souveränitätsdenkens" operierende, auf eine „europäische Herrschaftsinstanz" zielende Konzeption, die wiederum in Staatlichkeit gipfelt, ist nicht geeignet, das der Vergemeinschaftung eigene Prinzip der Supranationalität einem funktionellen Zweckverband ohne Staatscharakter zuzuordnen[198]. Sie ist ebenso ungeeignet, der Integration solche „Werte" fernzuhalten, die sich in Mythen und Ideologien artikulieren. Dessen aber bedarf es notwendig.

Aber auch eine in funktionalistischen Integrationstheorien gedachte Automatik des Integrationsprozesses[199] genügt nicht dem Gebot, die Gestaltformung der Gemeinschaften offenzuhalten. Zwar erscheint „die Wirtschafts- und Währungsunion als ein Ferment der politischen Union, ohne die sie auf Dauer nicht bestehen kann", stellt der Werner-Bericht[200] fest. Aber die Planung der Wirtschafts- und Währungsunion rechnet gleichwohl und zutreffend *nicht* mit *automatischem* Fortschritt, sondern mit politischer Gemeinschaftsentscheidung über den Zugang zur zweiten Stufe. Offenhaltung der formenden Gestaltung bedingt also Entscheidungen ohne Präjudiz und mit Optionsmöglichkeiten und schließt eine Automatik aus, deren Auswirkungen weder in ihrer Effektivität noch in ihrer Erwünschtheit und Integrationseignung vorhersehbar sind.

125 b) Als einstweilige und bis auf noch überschaubare Zeitmaße geeignete Kennzeichnung hinreichender Offenheit hat sich die Figur des *Zweckverbandes* angeboten *(8/24 ff.)*. In ihr mag die sachlich und sprachlich glücklich benannte „Gemeinschaft" einstweilen eine adäquate Gestaltform ohne Ansprüche finden. Im „Zweckverband" stellt sich auch nicht notwendig ein Anti-Begriff zum Staat vor, zumal auch darin Präjudiz läge. Er ist offen in seiner Neutralität. Er ist weder historisch noch ideologisch oder mythisch belastet. Er ist rational und in Verbindung mit dem Supranationalitäts-Prinzip jener Art von Funktionalismus zugeordnet, der „das bisher effektivste aller praktisch erprobten Förderator-Konzepte darstellt"[201], weil es auf gleichzeitige und befriedigende Gemeinschafts-Wahrnehmung unterschiedlicher öffentlicher Aufgaben unterschiedlicher Gemeinschaftsmitglieder zielt.

---

198 Zutreffend: *Heinrich Schneider*, Integration 1969, 39.

199 *Kohler-Schlaeger*, Wirtschafts- und Währungsunion für Europa (1971) 120 mit den Nachweisen in Anm. 21.

200 Unter VII B am Ende.

201 *Schwarz* Fs Eschenburg 421/422, 382

STICHWORTVERZEICHNIS

Die Zahlen verweisen auf *Paragraphen* (vor dem Schrägstrich) *und Randnummern* (nach dem Schrägstrich). 10/88 bedeutet also: § 10 Randnummer 88.